© PI&ERRE

Todos los derechos reservados. Prohibida la transmisión, reproducción y almacenaje total o parcial, tanto por medios audiovisuales y mecánicos como electrónicos, del contenido de este libro sin el permiso de PI&ERRE.

Equipo de trabajo:
    Director: Carlos González Sáez.
    Responsable editorial: Javier Luengo.
    Equipo de cata: Carlos González, Javier Luengo, Boris Olivas y Ziyang Zhang.
    Elaboración de textos: Javier Luengo y Carlos González.
    Proceso de datos y logística: Erika Laymuns.
    Publicidad: Usue Aburto, María del Carmen Hernández y Sara Felix.
    Diseño y maquetación: Luis Salgado.
    Ilustración de Portada: Javier Navarrete.

EDITA: PI&ERRE
López de Hoyos, 141 – 3º dcha.
28002 Madrid
Tel.: 914 119 464
comunicacion@guiapenin.com
www.guiapenin.com
www.guiapenin.wine

ISBN 978 84 127 52 038
Depósito legal: M-31632-2012
Imprime: Rotocobrhi

DISTRIBUYE: GRUPO COMERCIAL ANAYA
Juan Ignacio Luca de Tena, 15
Tel: 913 938 800
28027 MADRID

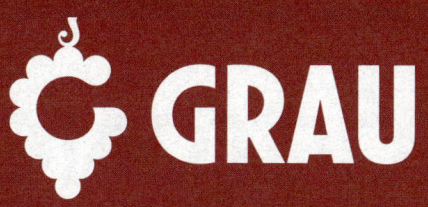

LA REBELIÓN
DE LO AUTÓCTONO

Volvemos con una nueva edición de la Guía Peñín con la que cumplimos 35 años, un pequeño paso en la inmensidad del tiempo, pero muy grande si lo tomamos como referencia los ciclos del vino y de las personas que lo habitan. Se pone el broche a un año de cata apasionante, con grandes retos climáticos en la que muchos elaboradores han sacado todo su conocimiento y agallas para responder sin titubear a los diferentes envites del clima, como las sequías registradas en los años 2022 y 2023 en el levante español, que han puesto al límite a zonas muy arraigadas a la producción agrícola y en especial al vino, como ha sido el caso del Penedès.

> **MUCHOS DE LOS VINOS QUE COLMAN LAS CATAS DE ESTE AÑO SON ASÍ, DESLUMBRANTES, EMOCIONANTES Y DIFERENTES, Y EN LA DIFERENCIA ESTÁ PARTE DE LA SINGULAR ENERGÍA QUE DESPRENDEN**

La lucha, en ocasiones carrera, por ensalzar lo autóctono ha alcanzado su cenit este año con prácticamente todos los grandes vinos del año vinculando su calidad a las variedades más arraigadas a sus lugares de origen. En cierta medida la propia Guía Peñín es un ente autóctono en la búsqueda de la difusión de la calidad de las diferentes tipologías de vinos que existen en España, por lo que nos sentimos especialmente vinculados a este fenómeno. Esto no quiere decir que no existan grandes vinos realizados con uvas de otros lugares. Los dogmatismos son derribados año a año en este sector a base de trabajos que echan por tierra cualquier teoría unidireccional y monolítica, por eso en Guía Peñín siempre hemos intentado dar cabida a todos los estilos, sensibilidades y calidades en torno al vino, algo de lo que realmente nos sentimos orgullosos aunque algunos evangelizadores se empeñen en lo contrario.

Basta con ver los vinos más puntuados del año, los vinos de 100 puntos, donde se reflejan las diferentes formas de entender e interpretar la perfección. La opulencia de Artadi El Pisón, la elegancia de La Roza, el campo silvestre de Les Manyes, la profundidad de un espumoso catalán como el Enoteca Gramona, la mineralidad del Dominio del Águila Albillo Viñas Viejas, la perfecta evolución de un albariño como La Fillaboa 1898 o los blancos de interior con potencia y mineralidad a partes iguales, como el Belondrade Les Parcelles, representan lo mejor de todo un año de viajes.

Constantemente se están abriendo nuevas vías de trabajo que nos hacen maravillarnos del ingenio y la sensibilidad humana. Porque no nos engañemos, el viñedo es importantísimo, sin duda, pero la mano del hombre para interpretarlo y llevarlo por el buen camino también lo es. Es el juego de la interpretación en viña y en bodega el que permite que un vino llegue a convertirse en un fuera de serie. Un trabajo es grande cuando es capaz de transmitir emoción, y hay vinos que llegan a transmitir estas emociones como auténticas obras de arte, donde el elaborador debe tener un don para poder transmitirlo y el consumidor la sensibilidad para poder valorarlo.

Muchos de los vinos que colman las catas de este año son así, deslumbrantes, emocionantes y diferentes, y en la diferencia está parte de la singular energía que desprenden.

LOS 100 PUNTOS GUÍA PEÑÍN

En medio de este boom cualitativo que vivimos 8 vinos han alcanzado este año la máxima puntuación. Para ello tuvieron que batirse en duelo en una segunda cata comparativa, bautizada internamente como La Recata. La hacemos en el mes de julio. A lo largo de cuatro días todos los que formamos parte del equipo de cata de la Guía Peñín debatimos los mejores vinos del año, vino a vino, cata a cata. Se trata de un ejercicio de prescripción exclusivo de la Guía Peñín que empieza a partir de los 95 puntos.

Para que se hagan una idea, de los 9.800 vinos catados a lo largo del año y que están a su disposición en el interior de esta Guía, se volvieron a Recatar cerca de 400, todos ellos espectaculares y vibrantes, la élite del vino español. Sobre estos super-series sólo ocho fueron más allá, logrando lo inalcanzable para el resto, escalando punto a punto hasta convertirse en los mejores del año.

Estos gigantes del año han sido cuatro tintos; **Contador Las Paulejas 2020, Viña el Pisón 2022, Dominio de Atauta La Roza 2018,** y **Les Manyes 2022.** Tres blancos: **Belondrade Les Parcelles 2019, Dominio del Águila Albillo Viñas Viejas 2016,** y **La Fillaboa 1898 2016** y un único espumoso, **Enoteca Gramona 2011 Brut Nature.** En la página 42 y siguientes encontrará más información sobre cada uno de estos vinos y las razones que nos han llevado a considerarlos los mejores vinos de esta edición 2025.

Resulta llamativo que cuatro de los mejores vinos del año, la mitad, hayan decidido prescindir del aval de una denominación de origen. Una tendencia que ha de servir de llamada de atención y a la vez de revulsivo para que las Denominaciones de Origen se esfuercen por adaptarse con mayor rapidez a fin de conseguir que estos supervinos no necesiten salirse de su amparo por un problema de estilo o variedad siempre que su calidad sea incuestionable.

VINOS REVELACIÓN, NUEVOS CAMINOS A PESAR DE LA INCERTIDUMBRE

Como cada año, hay vinos recién llegados a la Guía que nos rompen los esquemas con nuevas formas de interpretar el lugar de donde provienen. Aunque sólo uno es el Vino Revelación del año, todos los demás vinos son también importantes en la medida en que sus trabajos abren nuevos caminos. Nadie les ha garantizado el éxito de sus proyectos en la medida en que nadie lo ha hecho antes. Todos son valientes y de alguna manera rupturistas con la tendencia. Estos vinos han sido **Simeta 2021 tinto** (Javi Revert Viticultor), **Territorio Luthier Blanco de Guarda 2020** (Territorio Luthier), **Mas de Mancuso Cariñena 2019 tinto** (Navascués Enología), **Los Pelados 2021** (Bodega Hermanos Mesa) y **MA Andrea Mufatto Dona Blanca 2022** (Michelini i Mufatto), todos ellos excepcionales vinos a nivel cualitativo pero cuya mera presencia inicia algo más. Toda la información sobre estos vinos y el ganador del año lo pueden encontrar a partir de la página 54.

Que España vive uno de sus mejores momentos en cuanto a la calidad de sus vinos es algo que ya hemos comentado en diferentes ocasiones. Lo más llamativo de este hecho es que a pesar de la creciente calidad el sector no transita por el mejor momento.

Nos encontramos en un punto de inflexión en el consumo de vino. El aterrizaje de los nuevos consumidores, los más jóvenes, no está acabando de afianzarse por diversos motivos. Las bodegas son conscientes de que existe un cambio en el modelo de nuevo consumidor y todavía no han encontrado el camino a seguir. Habrá que equilibrar la balanza comercial al nivel de la cualitativa, y esperamos que así sea. Como siempre la difusión en eventos profesionales será vital, pero no la única. Se requiere ingenio y capacidad de trasladar un mensaje del vino que sea asimilable por los nuevos consumidores. Pero ojo, que los jóvenes beben menos pero de mayor calidad y en este segmento de calidad cada año que pasa estamos mejor posicionados. El futuro es incierto, sin duda, pero cualitativamente nos llega en nuestro mejor momento. ¿Seremos capaces de generar oportunidades ante esta situación de incertidumbre?.

YSIOS
LAS NAVES
DESCUBRE LO /INESPERADO/
Ysios, la gema oculta de Rioja: vanguardia y excelencia en viñedos centenarios.
EL VINO SOLO SE DISFRUTA CON MODERACIÓN
WINE in MODERATION
ELIGE | COMPARTE | CUIDA

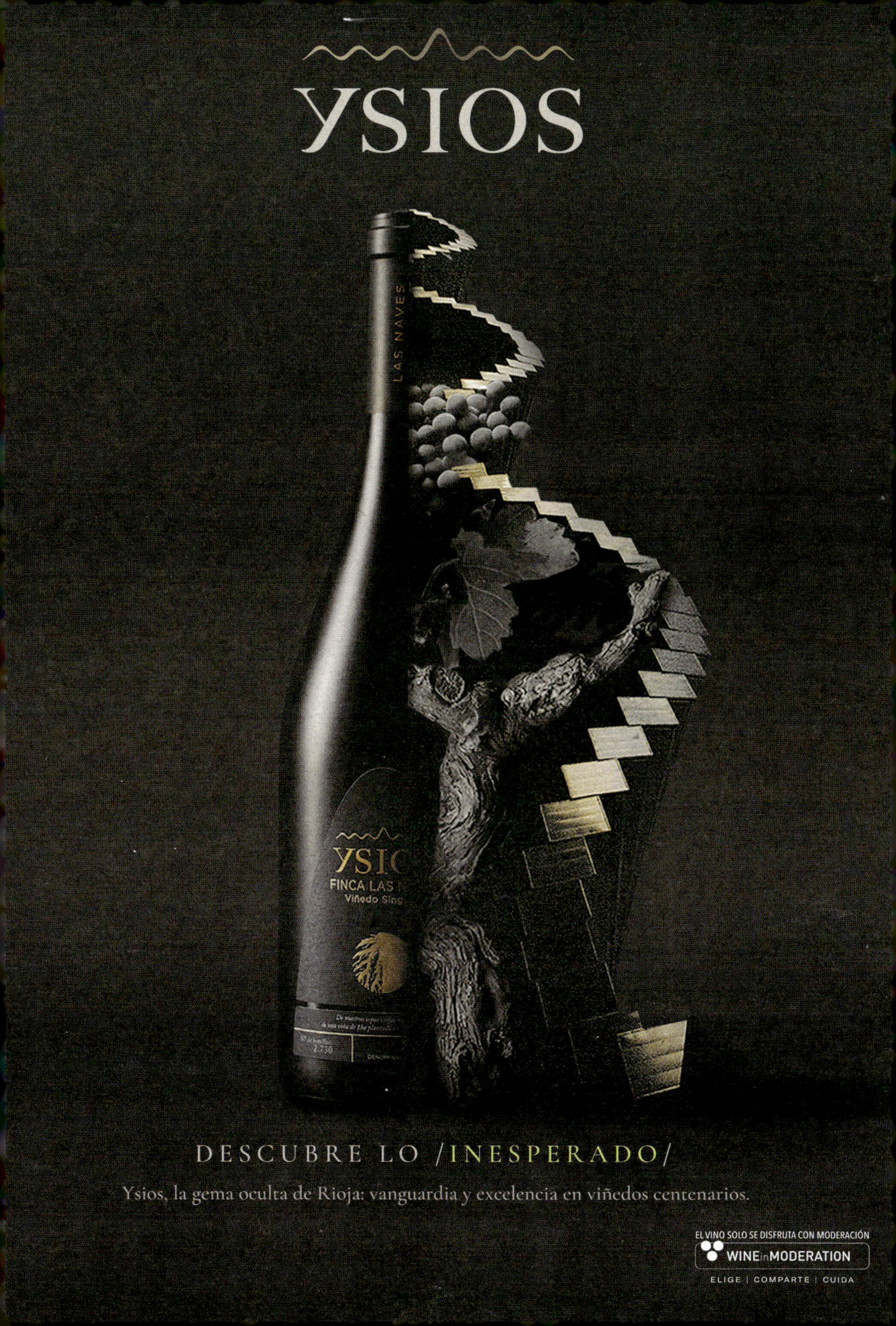

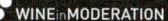

SUMARIO

-CÓMO USAR ESTA GUÍA

- Zonas vinícolas 12
- Bodegas 12
- Los Vinos 14
- Criterios de relación calidad/precio 14
- Calificación de cosechas GP 14
- Tabla de equivalencias 16
- Índices 16

-CÓMO SE HAN CATADO LOS VINOS 18

- ¿Cuándo se catan las muestras? 18
- Tipo de puntuación 18
- ¿Cuántos vinos se han catado? 20
- ¿Cómo se califican y puntúan los vinos? ... 20
- ¿Cómo se realizan las catas? 20
- ¿Cómo interpretar las catas? 22
- Tabla de abreviaturas 24
- Los vinos no catados 28

- Guía de tiendas especializadas 32
- Los mejores vinos de la Guía Peñín 2025 42
- Vino revelación y nominados 54
- El podio (Vinos excepcionales) 62

- BODEGAS Y CATAS DE VINOS POR DENOMINACIÓN DE ORIGEN 75

- Abona 76
- Alella 80
- Alicante 84
- Almansa 100
- Arabako Txakolina 107
- Arlanza 111
- Arribes 115
- Bierzo 120
- Binissalem Mallorca 142
- Bizkaiko Txakolina 146
- Bullas 153
- Calatayud 159
- Campo de Borja 168
- Cariñena 176
- Catalunya 183
- Cava 191
- Cigales 229
- Conca de Barberà 238
- Condado de Huelva 244
- Costers del Segre 248
- El Hierro 258
- Empordà 262
- Getariako-Txakolina 276
- Gran Canaria 282
- Granada 286
- Jerez-Xérès-Sherry - Manzanilla de Sanlúcar de Barrameda 291
- Jumilla 310
- La Gomera 328
- La Mancha 331
- La Palma 345
- Lanzarote 348
- León 352
- Málaga - Sierras de Málaga 358
- Manchuela 367
- Méntrida 375
- Mondéjar 381
- Monterrei 383
- Montilla-Moriles 388
- Montsant 395
- Navarra 411
- Penedès 431
- Pla de Bages 454
- Pla i Llevant 458
- Priorat 463
- Rías Baixas 491
- Ribeira Sacra 527
- Ribeiro 542
- Ribera del Duero 555
- Ribera del Guadiana 634
- Ribera del Júcar 639
- Rioja 643
- Rueda 739
- Somontano 770
- Tacoronte-Acentejo 780
- Tarragona 787
- Terra Alta 793
- Tierra del Vino de Zamora 808
- Toro 811
- Uclés 833
- Utiel-Requena 836
- Valdeorras 848
- Valdepeñas 861
- Valencia 866
- Valle de Güimar 880
- Valle de la Orotava 884
- Vinos de Madrid 890
- Ycoden-Daute-Isora 900
- Yecla 903

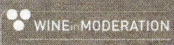

SUMARIO

- VINOS DE PAGO: 909
  - Pago Abadía Retuerta 913
  - Pago Aylés 913
  - Pago Bolandín 914
  - Pago Calzadilla 915
  - Pago Campo de la Guardia 915
  - Pago Casa del Blanco 915
  - Pago Chozas Carrascal 916
  - Pago de Arínzano 916
  - Pago de Otazu 917
  - Pago de Tharsys 918
  - Pago Dehesa del Carrizal 918
  - Pago Dehesa Peñalba 919
  - Pago El Terrerazo 919
  - Pago El Vicario 920
  - Pago Finca Élez 920
  - Pago Florentino 921
  - Pago Guijoso 921
  - Pago Heredad de Urueña 921
  - Pago La Jaraba 922
  - Pago los Balagueses 923
  - Pago Los Cerrillos 923
  - Pago Prado de Irache 924
  - Pago Vallegarcía 924
  - Pago Vera de Estenas 924
- VINOS DE CALIDAD / D.O.P. 925
  - VC de Cangas 927
  - VC de Cebreros 928
  - VC de las Islas Canarias. 931
  - VC de Lebrija 935
  - VC de los Valles de Benavente 935
  - VC de Sierra de Salamanca 936
  - VC de Valtiendas 940
- VINOS DE LA TIERRA / I.G.P. 942
  - VT 3 Riberas 949
  - VT Altiplano de Sierra Nevada 950
  - VT Bajo Aragón 950
  - VT Barbanza e Iria 951
  - VT Betanzos 952
  - VT Cádiz 952
  - VT Castellón 955
  - VT Castilla 957
  - VT Castilla-Campo de Calatrava 984
  - VT Castilla y León 985
  - VT Córdoba 1006
  - VT Costa de Cantabria 1006
  - VT Eivissa 1006
  - VT Extremadura 1007
  - VT Formentera 1009
  - VT Illa de Menorca 1010
  - VT Illes Balears 1011
  - VT Laujar-Alpujarra 1012
  - VT Liébana 1012
  - VT Mallorca 1013
  - VT Murcia 1023
  - VT Ribeiras do Morrazo 1024
  - VT Ribera del Gállego - Cinco Villas 1024
  - VT Ribera del Queiles 1025
  - VT Sierra Norte de Sevilla 1025
  - VT Val do Miño-Ourense 1025
  - VT Valle del Cinca 1026
- VINOS DE MESA / VINOS 1027
- VINOS ESPUMOSOS / VINOS 1071
- ÍNDICES 1085
- Las mejores compras 1086
- Vinos ecológicos 1096
- Índice de bodegas 1118
- Índice de vinos catados 1139
- MAPA DE LAS DENOMINACIONES DE ORIGEN VINÍCOLAS DE ESPAÑA Y VINOS DE PAGO 1244
- MAPA DE LOS VINOS DE LA TIERRA Y VINOS DE CALIDAD 1246

AGRADECIMIENTOS

A todos los Consejos Reguladores que han colaborado eficazmente, ya sea brindando sus instalaciones y personal para la logística de cata o aglutinando las muestras para enviarlas a nuestras oficinas. Asimismo, nuestro agradecimiento especial a Juan Luis Pérez de Eulate de la tienda La Vinoteca, en Palma de Mallorca y a todas aquellos bodegueros que ante la imposibilidad de viajar a los lugares de origen nos han enviado amablemente las muestras a nuestras oficinas.

FAMILIA TORRES
Desde 1870

UN COMPROMISO FAMILIAR CON LA NATURALEZA

Nuestro legado es cuidar la Tierra para las futuras generaciones

MIGUEL Y MIREIA TORRES MACZASSEK,
5ª GENERACIÓN EN ELS TOSSALS (DOQ PRIORAT)

THE 2024 #1 MOST ADMIRED WINE BRAND IN THE WORLD
DRINKS INTERNATIONAL

WWW.TORRES.E

Gracias a todos los profesionales del vino por reconocer Familia Torres como

#1 LA MARCA DE VINO MÁS ADMIRADA DEL MUNDO 2024

DRINKS INTERNATIONAL

Descubre más sobre el programa de Torres & Earth

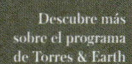

INTERNATIONAL WINERIES FOR CLIMATE ACTION
GOLD MEMBER

CÓMO USAR ESTA GUÍA

ZONAS VINÍCOLAS

En la actualidad existen en España 99 indicaciones geográficas, incluidas las 25 denominaciones de vino de pago existentes hasta ahora: Aylés, Calzadilla, Campo de la Guardia, Casa del Blanco, Dehesa del Carrizal, Dominio de Valdepusa, El Vicario, Finca Élez, Los Cerrillos, La Jaraba, Pago Florentino, Pago del Guijoso, Prado de Irache, Señorío de Arínzano, Vallegarcía, Pago de Otazu, El Terrerazo, Los Balagueses, Chozas Carrascal, Vera de Estenas Urueña, Bolandín, Abadía Retuerta, Dehesa Peñalba y Tharsys.

Todas las denominaciones aparecen por orden alfabético, mientras que el resto de etiquetas reseñadas y catadas figuran en los apartados Vinos de la Tierra –en el que también se inscriben los VCPRD por orden estrictamente alfabético-, o bajo el epígrafe Vinos de Mesa. Este último se ha ordenado por comunidades: Andalucía, Aragón, Baleares, Castilla-La Mancha, Castilla-León, Cataluña, Extremadura, La Rioja, Navarra y Valencia.

Por último, el apartado Vinos Espumosos engloba los vinos espumosos elaborados de igual modo que los cavas –por el sistema de segunda fermentación en botella– , y otros vinos donde existe una relación directa con el carbónico.

× **EN CADA ZONA SE DISTINGUEN LOS SIGUIENTES APARTADOS:**

- Mapa ilustrativo de la DO y áreas de mayor concentración de viñedo.
- Visión general de la zona, con información sobre su clima, suelos, variedades autorizadas, etc.
- Características generales de sus vinos.
- Calificación de la cosechas según la Guía Peñín (excelente, muy buena, buena, regular y mediocre) como producto terminado, a través de sus vinos jóvenes.
- Relación de bodegas y catas de los vinos.

BODEGAS

Están detalladas por orden alfabético dentro de la zona vinícola en la que se integran. De cada bodega consta el nombre, dirección, teléfono, correo electrónico y Web. Esta información está suministrada por los elaboradores hasta el 30 de junio de 2024. Toda la información básica de datos generales (dirección, teléfonos y marcas en el mercado) se ha actualizado prácticamente al 100% en esta edición. Aquellas bodegas que no han facilitado vino alguno para su cata no aparecerán reseñadas en esta nueva edición de la Guía. Si una misma firma elabora vinos acogidos a diferentes DO o zonas vinícolas, los datos disponibles sobre ella aparecerán en todas ellas y en el apartado de índice por bodegas figurarán tantas entradas como zonas o regiones vinícolas en las que trabaje. El caso más frecuente se producirá con las firmas que elaboran simultáneamente cava y vinos.

Dentro de los diferentes niveles de producción (denominaciones de origen, vino de la tierra, vino de calidad, etc...) incluimos tanto bodegas elaboradoras, como embotelladoras o comercializadoras que poseen al menos un vino con la contraetiqueta del consejo regulador en el que las ubicamos. Ya que a día de hoy se pueden encontrar vinos elaborados por bodegas pertenecientes a una zona de producción (DO, Vino de la Tierra, etc.) que son comercializados por empresas externas ajenas a esa zona, los denominados "para, por".

Y es que el consumidor final busca los vinos por zonas y una vez localizados puede tratar de ponerse en contacto con la bodega propietaria de la marca para hacer una compra o para buscar cualquier tipo de información sobre la misma.

LOS VINOS

Los vinos y sus catas correspondientes ocupan el grueso del texto. Figuran siempre a continuación de la información sobre la bodega que los produce, de acuerdo con las siguientes especificaciones: Cada vino aparece con su marca, crianza y cosecha (cuando así lo detalle el elaborador en la etiqueta). Se especifica también el tipo de vino, la DO a la que pertenece y el precio aproximado de venta al público que nos facilitan las bodegas.

También se incluye una distinción en aquellos vinos que poseen una buena relación calidad/precio, que van de cinco estrellas a tres estrellas, según el baremo explicado en el siguiente cuadro.

Dado el imperioso motivo de no incrementar más de lo posible el número de páginas, con el fin de no disminuir su manejabilidad, sólo aparecen descritos los vinos con nota de cata cuya puntuación sea igual o superior a 88 puntos. En el resto sólo se incluye la puntuación, si bien las características y descripciones de todos ellos están archivadas y disponibles a través de www.guiapenin.com.

Los comentarios de cata resaltan las características principales de los vinos. En el caso que una bodega decida no enviar vinos de marcas notorias, se intenta adquirir la muestra por otros medios. Aunque, normalmente, las bodegas que consideran que pueden recibir altas calificaciones son bastante resueltas a la hora de enviar sus vinos para ser examinados.

× CRITERIOS DE RELACIÓN CALIDAD / PRECIO

PUNTOS	★★★★★ EXCELENTE	★★★★ BUENO	★★★ CORRECTO
87 pts		≤7€	>7€ ≤8€
88 pts		≤8€	>8€ ≤9€
89 pts		≤9€	>9€ ≤10€
90 pts	≤10€	>10€ ≤12€	>12€ ≤14€
91 pts	≤12€	>12€ ≤14€	>14€ ≤16€
92 pts	≤14€	>14€ ≤16€	>16€ ≤18€
93 pts	≤16€	>16€ ≤18€	>18€ ≤20€
94 pts	≤18€	>18€ ≤20€	>20€ ≤22€
95 pts	≤20€	>20€ ≤22€	>22€ ≤24€
96 pts	≤25€	>25€ ≤30€	>30€ ≤35€
97 pts	≤30€	>30€ ≤35€	>35€ ≤40€
98 pts	≤35€	>35€ ≤40€	>40€ ≤45€
99 pts	≤40€	>40€ ≤45€	>45€ ≤50€
100 pts	≤45€	>50€ ≤55€	

*Los precios de venta al público (P.V.P.) reflejados en la presente edición han sido facilitados por las propias bodegas.

CALIFICACIÓN DE COSECHAS GUÍA PEÑÍN

En las fichas de introducción de cada Denominación de Origen, además de una breve descripción de cada zona a través de sus variedades, suelos, clima, calificación de cosecha realizada por cada consejo regulador, etc. se incluye una Calificación de Cosecha GUÍA PEÑÍN.

Dicha calificación obedece a un criterio cualitativo de los vinos jóvenes catados en la presente Guía, con el fin de dar un valor global de la cosecha a través de un producto terminado y comercializado.

Para ello se extraen las puntuaciones medias de todos los vinos jóvenes catados en cada zona de producción, y en función de dicha puntuación media se establece la calificación final.

TABLA DE EQUIVALENCIAS

En ocasiones las bodegas se quejan de la dificultad de saber cuales son las equivalencias entre los distintos sistemas de puntuaciones numéricas que hoy aparecen en los medios de comunicación y en las guías de vinos. La Guía Peñín adoptó a partir de la edición del año 1992 la puntuación americana simplemente porque el impacto en el mercado mundial del vino comenzaba a ser relevante sobre el sistema de iconos (copas, estrellas, racimos, etc.) y puntuación de 0 a 20, ambas de implantación europea. El colofón fue la rápida difusión que las puntuaciones de Wine Advocate liderado por Robert Parker, comenzaba a tener en el mercado mundial. Nuestra intención fue proyectar al mundo los vinos españoles como el primer catálogo independiente de marcas con valoración de la calidad y precio, lo cual nos hizo prescindir del sistema académico español del 0 al 10 puntos ya en desuso y adecuarnos a un modelo cada vez más extendido en el mundo. La Guía ha querido desentrañar los distintos formatos de puntuación con las equivalencias con la calificación de nuestra Guía.

Jancis Robinson, Bettane Desseauve, Vinum, Revista do Vinho					
0-20	0	2	4	6	8
	10	12	14	16	18	20

Wine Enthusiast, Wine Spectator, Wine Advocate (Robert Parker) Guía de Vino Gourmet, Proensa, James Suckling, Decanter					
50-100	50	55	60	65	70
	75	80	85	90	95	100

ÍNDICES

Además de los consabidos índices alfabéticos por marcas de vino y bodegas, existe un índice con "Las mejores compras", un índice de relación calidad/precio que refleja, por segmentos de puntuación, aquellos vinos que aparecen como excelentes (5*) y constituyen una buena compra para el consumidor. En esta edición 2025 de la Guía y debido al gran número de vinos con calificación de 90 o más puntos, la sección "EL PODIO" se circunscribe a los vinos comprendidos entre 95 y 100 puntos, ambos inclusive, bajo el nombre de VINOS EXCEPCIONALES. De 94 a 90 puntos, los catalogamos con el nombre de VINOS EXCELENTES (Véase pág. 18). Asimismo se incluye un listado de denominaciones de origen y designaciones de vinos de la tierra. El objetivo de esta guía es informar eficaz y rápidamente de las características de los vinos que se pueden encontrar en el mercado durante el último trimestre de 2024 y el año 2025. Los juicios que se emiten son de entera responsabilidad de la Guía Peñín a través de su equipo de cata y sólo se deben valorar en la medida de la fe que el lector tenga en sus diagnósticos. Calificaciones que, por otra parte, deben interpretarse con un margen de flexibilidad máxima equivalente a una desviación del 6%.

Excepto en los vinos de marcado carácter, se ha simplificado la cata destacando los aspectos más significativos y fácilmente detectables por cualquier consumidor. Se ha evitado la descripción demasiado prolija o técnica, a nuestro entender ciertamente confusa para el consumidor medio. No obstante existe un vocabulario donde aparecen los términos que pudieran parecer más o menos técnicos para el consumidor no avezado.

UNA TARDE DE CONFIDENCIAS Y RISAS

Cualquier momento Con_Vino no es un momento cualquiera

El vino solo se disfruta con moderación.

¿CUÁNDO SE CATAN LAS MUESTRAS?

El grueso de las catas se realiza desde finales de enero hasta el 30 de junio. Por tanto, todas las muestras recibidas con posterioridad no aparecerán en la Guía.

Para cada zona se establece un periodo de cata, de forma que se pueda sistematizar el elevado número de degustaciones que debe realizarse en un espacio de tiempo relativamente corto.

AVISO: ante el hecho de que en la Guía no podemos permitirnos ausencias de marcas notorias en el mercado español, en el caso de no recibir las muestras antes de la fecha marcada, 30 de junio, el equipo de cata de la Guía se reserva el derecho de adquirir dichas muestras en el mercado, siempre que entienda que por su importancia debe de aparecer en la Guía. Ahora bien, el equipo no se responsabiliza de que las botellas adquiridas en establecimientos especializados estén en perfectas condiciones de conservación para la cata.

¿CÓMO SE HAN CATADO LOS VINOS?

No hemos ido en busca de los vinos rezagados, salvo los que considerábamos que por su calidad, en orden a experiencias anteriores, tendrían una puntuación alta. Cada vez más, las bodegas aprecian el prestigio que la Guía Peñín va obteniendo. Y así, año tras año, aumenta el número de muestras recibidas. Casi todos los mejores vinos españoles han llegado por su propio pie. Las ausencias, en cambio, se deben a la sospecha por parte de los elaboradores de que sus vinos estarían puntuados en el furgón de cola.

También porque la bodega ha vendido toda su producción, ya sea por la gran demanda o por la escasa cosecha.

En ocasiones pudiera detectarse alguna ausencia notoria debido a un factor accidental achacable a nuestra organización. En el supuesto de que la razón fuera imputable a la bodega, nosotros recurriríamos a la compra del vino en el mercado, siempre –repetimos– que la marca tuviera cierta notoriedad bien mediática o comercial.

TIPO DE PUNTUACIÓN

Por razones de su mayor utilización a nivel internacional, hemos elegido el sistema de puntuación americana, según el cual 0 equivale a 50. Esta calificación expresa las distintas calidades de los vinos de un modo general, atendiendo a conceptos detallados por tramos de puntuación. Hay que aclarar que estas valoraciones no son equivalentes a la escala de los 10 puntos más tradicional y que otras guías adoptan como referencia. Para realizar una equivalencia lo más exacta posible puede acudir a la Tabla de Equivalencias que figura en la pág. 16. A la vista de ello, el lector deberá acudir a esta página para conocer la descripción general relacionada con esa calificación concreta y examinar después la descripción particular del vino de acuerdo con la siguiente escala:

95-100 VINO EXCEPCIONAL

Sobresale entre los de su tipo, añada y tipicidad de la zona. Impresiona extraordinariamente todos los sentidos. Complejo, lleno de registros tanto olfativos como gustativos, producidos por el conjunto de valores del suelo, variedad, elaboración y crianza; es elegante y fuera de lo común; es decir, alejado de los estándares comerciales y, en algunos casos, extraño para el gran público.

90-94 VINO EXCELENTE

Vinos con los mismos valores señalados en el apartado anterior, pero con un menor relieve y claridad de matices. Muestra matices propios de su terruño o de una elaboración muy cuidada que le hace destacar sobre el resto.

88-89 VINO BUENO

Equilibrado, responde plenamente a los matices que su tipología debe ofrecer. Destacan algunos matices adquiridos a lo largo de su vinificación y/o crianza o por los inherentes a la variedad de uva. Un vino de características específicas bien definidas pero sin destacar plenamente en ninguna de ellas y sin aportar nítidamente valores del terruño.

85-87 VINO ACEPTABLE

El producto responde con sencillez a los rasgos exigibles a su tipología pero sin ningún matiz destacable. No posee ningún defecto, pero tampoco ninguna virtud.

80-84 VINO POCO RECOMENDABLE

Se trata de un vino en el cual aparece algún defecto entre sus matices organolépticos, ya sea por su elaboración, punto de madurez o porque el vino apenas perdura en la boca.

<80 VINO DEFECTUOSO

Se trata de un vino en el cual aparecen defectos que dañan al conjunto y que por tanto no son recomendables para el consumidor.

Legacy

Hemos alcanzado la nueva frontera de la consistencia.

Resultado de la combinación de 3 innovaciones exclusivas utilizadas en conjunto.

1		2		3
	+		+	
Consistencia Sensorial TCA		Consistencia Funcional Tasa de Transferencia de O$_2$		Consistencia Sensorial Desviaciones Sensoriales

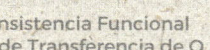

NUEVA TECNOLOGÍA

corksupply.com

CÓMO SE HAN CATADO LOS VINOS

× **¿CUÁNTOS VINOS SE HAN CATADO?**

Es difícil precisar el número, ya que sobre el grueso de los vinos dudosos a partir de 80 puntos, se han repetido las catas en numerosa ocasiones. Sobre los vinos catados y comentados, hay que añadir aproximadamente 1.500 catas repetitivas.

× **¿CÓMO SE CALIFICAN Y SE PUNTÚAN LOS VINOS?**

El equipo de cata de la Guía es reacio a las puntuaciones numéricas. Sin embargo, la descripción pura y simple de las catas, sin el matiz de los puntos, no explica suficientemente al consumidor no experto las diferencias entre marcas, encontrándose en la disyuntiva de qué vino elegir entre dos o varias descripciones semejantes. Es evidente que los calificativos negativos y los positivos tienen sus respectivas fronteras, sin necesidad de puntuación. Y se podría pensar que bastaría con establecer las categorías de bueno, muy bueno y excelente. Pero no queremos utilizar estos términos como calificación, cuando hay que diferenciar un vino bueno de otro.

¿CÓMO SE REALIZAN LAS CATAS?

A diferencia de las catas comparativas y las de concurso, el equipo de la Guía realiza las catas a etiqueta descubierta por dos motivos:

- **1- Para establecer la tipicidad del vino:** la zona de producción, el clima, las variedades utilizadas, la cosecha, etc… sitúan al vino dentro de un contexto y marcarán por tanto el patrón de un vino en una determinada zona.
- **2- Por viabilidad:** el ingente volumen de vinos que cada año se cata para la Guía, no sería posible si se tuviera que hacer las catas a ciegas y posteriormente vincular la cata a cada marca.

× **HE AQUÍ EL MODO DE REALIZACIÓN DE LAS CATAS**

- Se extrae una impresión general no sólo de los resultados de las diferentes degustaciones efectuadas en distintos lugares, situaciones y momentos, sino que también se tiene en cuenta la línea, estilo o segmentación de calidad de la bodega.
- El conocimiento general por parte del equipo del estilo (generalmente continuista) de cada bodega, a través de los últimos años, aminora los errores de cata, donde, a veces, pueden confundirse los defectos nacidos en el interior de una botella determinada (no puntuables) con las deficiencias en la elaboración y crianza (sí puntuables) del vino.
- Con las nuevas bodegas (o con las marcas que aparecen por vez primera en la Guía y contrastan con el estilo habitual de la firma reseñada), el equipo de cata puede realizar un pequeño sondeo entre los propios colegas y confrontar pareceres con otros colaboradores.
- Por otro lado, somos conscientes de que en España, bien por razones climáticas relativamente uniformes en gran parte de las zonas y –cómo no– por la picaresca del ensamblaje nunca abandonada por gran número de bodegas, las diferencias de añada son menores que los cambios de estilo. Esta última práctica normalmente es anunciada y también detectada en la cata.

× **CATAS DE VINOS DE EMBOTELLADOS PRECOCES**

En anteriores ediciones han aparecido puntuaciones relativamente más bajas en vinos de gran calidad embotellados en un periodo inferior a tres meses. Es evidente que al cabo de seis meses ese vino es merecedor de una calificación superior a la vista de su mejora, tanto al olfato como al gusto, y ya sin remedio para la rectificación, pues habría que esperar a la edición del año siguiente.

Aun conociéndose los factores negativos que supone catar un vino en el citado periodo (frutosidad hermética, roble y vino sin ensamblar, taninos a veces secantes) e incluso abstrayéndose de esta circunstancia, es arriesgado puntuar más alto de lo que se percibe sensorialmente.

Por ello, el equipo de cata recomienda a las bodegas que no estén seguras del total desarrollo gustativo y olfativo del vino, se abstengan de remitir las muestras en esta circunstancia, ya que para ellas puede ser un riesgo y para el equipo el descrédito de puntuar erróneamente una marca. En estos casos convendría remitir la cosecha anterior con unas características totalmente asentadas, incluso en el caso de estar agotado en bodega, ya que posiblemente continuará en el mercado que es el factor más esencial para la publicación en la Guía.

¿CÓMO INTERPRETAR LAS CATAS?

En cada descripción de un vino aparecen dos tipos de conceptos:

× OBJETIVO

Son las descripciones "valorables", que no están condicionadas por el estado del catador y sus costumbres, y que pueden ser fácilmente contrastadas por cualquier aficionado. Es la más fiable.

- **Estilo:** se trata de términos que describen el vino en líneas generales. Estos términos aparecen en primer lugar dentro de la descripción del vino. Se trata de un acercamiento que hará saber al lector la identidad global de un vino, si es corpulento, sencillo o su tipología es más frutal o herbal por citar solo unos ejemplos.

- **Color:** la intensidad y la transparencia; por ejemplo, si el vino es intenso, abierto, pálido, velado, cristalino, etc.

- **Aroma:** la intensidad, defectos, excesos de aroma de algún elemento contenido en el vino (ej.: madera y tipo de variedad, afrutado o no, crianza, etc.)

- **Sabor:** la intensidad y estructura; si es carnoso, con cuerpo, redondo, los sabores esenciales (acidez, amargor –taninos– dulce, ácido, salado) y todos los reseñados en el aroma.

× SUBJETIVO

Son las descripciones "no valorables" y de tipo personal referidas a comparaciones con otros productos que el equipo de cata conoce por su experiencia, y cuyo valor es servir de orientación para el lector. Ejemplos: el color "dorado, cereza, oro viejo, caoba, pajizo, etc.."; aroma y sabor "torrefacto, confitura, cereza, desván, etc."Para otro catador, por ejemplo, el torrefacto podría ser equivalente a un matiz tostado y el "desván" reseñable como polvo o madera vieja.

Nos permitimos llamar su atención sobre el uso del roble en muchos vinos españoles que salen al mercado sin indicativos de crianza, tales como roble, barrica, crianza, etc. Cada vez es más habitual que muchos vinos lleguen al mercado con un paso de tres o cuatro meses por barrica, con objeto de que estén más hechos y pulidos.

En este sentido sólo informamos de que el vino ha sido envejecido en barrica, sin precisar el número de meses. Si en la etiqueta figura el distintivo de "roble", lo incluiremos en la identificación del vino. Asi mismo, se han empleado abreviaturas para identificar los distintos tipos de vino descritos.

BODEGA FAMILIAR

COMPROMETIDOS
con la *sostenibilidad*
y el **medio ambiente**

www.vinosdearganza.com

WINERIES for Climate Protection

BRC FOOD CERTIFICATED

IFS Food

LAS ABREVIATURAS EN EL NOMBRE DE CADA VINO DEBEN INTERPRETARSE DE LA SIGUIENTE MANERA:

ABREVIATURAS POR TIPO DE VINO/COLOR

BLANCO	B
ROSADO	RD
TINTO	T
BLANCO ESPUMOSO	BE
BLANCO FORTIFICADO	BF
ROSADO ESPUMOSO	RE
ROSADO FORTIFICADO	RF
TINTO ESPUMOSO	TE
TINTO FORTIFICADO	TF

ABREVIATURAS POR DULZOR

BRUT NATURE	BN
EXTRA BRUT	EBR
BRUT	BR
EXTRA SECO	ES
SECO	S
SEMISECO	SS
DULCE	D
SEMIDULCE	SD
MEDIUM	MED
CREAM	CRM

OTRAS ABREVIATURAS

BARRICA	BA
CRIANZA	C
FERMENTADO EN BARRICA	FB
GRAN RESERVA	GR
MACERACIÓN CARBÓNICA	MC
RESERVA	R
ROBLE	RB
AGUJA	AG
AROMATIZADO	AROM
FINO	FI
PEDRO XIMÉNEZ	PX
FONDILLÓN	FO
PÁLIDO/PALE	PL
MOSCATEL	MO
RANCIO	RC
AMONTILLADO	AM
MANZANILLA	MZ
OLOROSO	OL
PALO CORTADO	PC

Azpilicueta™

FRESCO Y EXPRESIVO.
TEMPRANILLO DE PEQUEÑAS PARCELAS PERO **GRAN CARÁCTER,** QUE CONFIRMA QUE HACES BIEN AL SEGUIR **TU INSTINTO.**

ELIGE INSTINTO, ELIGE AZPILICUETA.

EL VINO SÓLO SE DISFRUTA CON MODERACIÓN

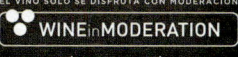

ELIGE | COMPARTE | CUIDA

El vino solo se disfruta con moderación.
Contenido dirigido para mayores de edad
No reenviar a menores de 18 años.

VINOS DE LA BODEGA LIDL

DO JUMILLA

Gamellón 2023 T C
monastrell, syrah

90 ★★★★★   **2,99€**

Color: cereza, borde violáceo. Aroma: potente, fruta madura, hierbas secas. Boca: fruta madura, sabroso, fácil de beber.

PAGO AYLÉS

Volaverunt 2023 T BA
garnacha, tempranillo, merlot, cabernet sauvignon

90 ★★★★★ 🌱   **6,49€**

Color: cereza intenso, cereza brillante. Aroma: balsámico, hierbas de monte. Boca: especiado, balsámico, buena acidez.

DO RIBEIRO

Coto de Ibedo 2022 B

90 ★★★★★   **4,99€**

Color: pajizo brillante, borde verdoso. Aroma: fruta fresca, cítricos, hierbas silvestres, anisado. Boca: fresco, frutoso, buena acidez, fino amargor.

DO RIBERA DEL DUERO

Finca la Cruz 2020 T R
tempranillo

93 ★★★★★   **8,49€**

Color: cereza oscuro, borde granate. Aroma: fruta madura, ebanistería, tabaco, especias dulces. Boca: especiado, taninos maduros, largo, complejo, maduro, lleno.

Hachón 2021 T C
tempranillo

88 ★★★★   **4,99€**

Correcto, tostado, maduro, sabroso, algo secante.

Hachón 2020 T R
tempranillo

89 ★★★★   **5,49€**

Corpulento, especiado, jugoso, lleno, persistente, sabroso.

Neo 2020 T C
tempranillo

91 ★★★★★   **6,79€**

Color: cereza intenso. Aroma: fruta madura, fruta negra, tostado, roble cremoso. Boca: especiado, taninos maduros, fácil de beber, agradable, frutal, representativo.

Garabato 2023 T RB
tempranillo

88 ★★★★ **5,99€**

Correcto, confitado, maduro, tostado, ahumado, sabroso.

Tramuz 2023 T
tempranillo

91 ★★★★★ **4,79€**

Color: cereza borde violáceo. Aroma: expresión frutal, fruta roja, floral, especiado- Boca: sabroso, frutoso, buena acidez.

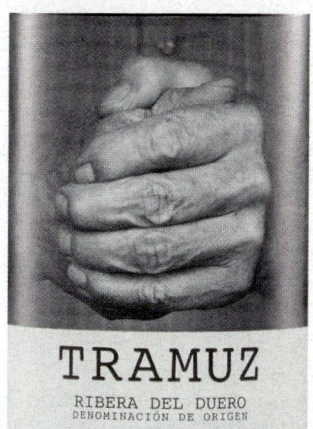

DO Ca RIOJA

Marqués de Vinuesa 2019 T R

89 ★★★★ **6,79€**

Frutal, hierbas secas, especiado, maduro, algo secante.

Marqués de Vinuesa 2020 T C
tempranillo

89 ★★★★ **3,99€**

Especiado, maduro, sabroso, frutal, portente, tostado.

Cepa Lebrel 2018 T GR
90 ★★★★★ **7,99€**

Color: cereza oscuro, borde granate. Aroma: fruta madura, fruta confitada, ebanistería, tabaco, especias dulces. Boca: especiado, taninos maduros, largo. clásico.

DO RUEDA

Vega del Pas Verdejo sobre lías 2022 B
verdejo

89 ★★★★ **4,79€**

Agradable, suave, herbal, floral.

VT CASTYLE

Encanto Selección 2023 T
verdejo

90 ★★★★★ **3,99€**

Color: cereza intenso. Aroma: fruta madura, hierbas secas, roble cremoso, hierbas de monte, balsámico. Boca: fruta madura, especiado, taninos maduros.

CÓMO SE HAN CATADO LOS VINOS

LOS VINOS
NO CATADOS

Existen dos grupos de vinos no catados*:

× **LOS VINOS PERTENECIENTES A BODEGAS QUE SÓLO HAN ENVIADO PARTE DE SUS MARCAS**

La ausencia puede deberse a que, o bien el vino se ha agotado en bodega (una razón absurda, ya que el vino puede estar en el mercado), o que el elaborador crea que, al tratarse de marcas de menor calidad, recibirán una puntuación más baja. En este último caso, deducimos que se trata de vinos de nivel inferior a los catados y calificados de estas firmas. Como las marcas ya recibidas nos permiten conocer el estilo de la bodega, no insistiremos en las etiquetas ausentes en la guía.

× **LOS VINOS PERTENECIENTES A BODEGAS QUE NO HAN ENVIADO NINGUNA MUESTRA**

Sabemos con certeza que, salvo rarísimas excepciones, los vinos no sobrepasarían la calificación de 79 aunque seguiremos insistiendo en próximas ediciones para que envíen sus muestras para la cata ya que, a pesar de tener una valoración baja, los vinos pueden alcanzar una buena relación calidad/ precio, siendo atractivos para el comprador, internacionalmente hablando.

* En ambos casos los vinos no catados no serán reseñados en la Guía.

DO CAMPO DE BORJA

VALDEFLOR 2021 T C
88 ★★★★　　　　　　　　　　**3,39€**

Boca: fácil de beber. Agradable, especiado, frutal, maduro, jugoso.

VALDEFLOR 2020 T R
90 ★★★★★　　　　　　　　　**3,79€**

Color: cereza intenso. Aroma: fruta madura, hierbas secas, roble cremoso. Boca: potente, fruta madura, especiado, taninos maduros."

DO CARIÑENA

PUENTE DE PIEDRA GARNACHA VIÑAS VIEJAS 2022 T
garnacha
89 ★★★★　　　　　　　　　　**4,89€**

Agradable, aromas nítidos, maduro, frutal.

PUENTE DE PIEDRA 2023 T
garnacha, tempranillo
87 ★★★★　　　　　　　　　　**1,99€**

Amable, herbal, jugoso, frutal, boca correcta, suave, sencillo.

PUENTE DE PIEDRA 2020 T R
cariñena
87 ★★★★　　　　　　　　　　**2,99€**

Clásico, tostado, maduro, ligero, amargoso.

DO CAVA

VALL DE JUY BE BR
88 ★★★★ 🌱　　　　　　　　**4,95€**

Frutal, hierbas secas, fresco, sencillo.

DO NAVARRA

DIACONO 2020 T C
87 ★★★★　　　　　　　　　　**3,39€**

Tostado, maduro, especiado, cálido.

DO RIBERA DEL DUERO

VEGA DE NAVA 2016 T R
100% tinta del país
87

Cálido, clásico, tostado, maduro.

NUESTROS VINOS EXCLUSIVOS

DO RIOJA

BARÓN DE URZANDE 2012 T GR
89

Con vejez, frutal, persistente, sabroso, tostado.

BARÓN DE URZANDE 2023 T
88 ★★★★   3,25€

Cálido, maduro, suave.

BARÓN DE URZANDE 2019 T R
89 ★★★★   7,25€

Tostado, maduro, sabroso, jugoso."

DO RUEDA

VALTROPÍN VERDEJO 2023 B
87 ★★★★   1,98€

Amable, tropical, suave, sencillo.

DO SOMONTANO

SALTO DE BIERGE CABERNET-SYRAH-MERLOT 2019 T R
cabernet sauvignon syrah merlot

89 ★★★★   4,99€

Boca: fácil de beber. Balsámico, clásico, corpulento, confitado, especiado, hierbas secas, maduro, ligera reducción.

DO VALDEPEÑAS

CERRO DE LOS PASTORES 2019 T R

BARÓN DE URZANDE 2021 T C
88 ★★★★   4,95€

Tostado, maduro, clásico, especiado.

87 ★★★★   2,59€

Cálido, clásico, sencillo, suave.

GUÍA DE TIENDAS

ASTURIAS

Moutas Área Gourmet
Alto de Buenavista, 7
33006 Oviedo, Asturias, España.
Telf: 985 27 11 74
www.moutasareagourmet.com
vinosmoutas@yahoo.es

VINOS NACIONALES	1960
VINOS EXTRANJEROS	560
DESTILADOS	860
ENVÍO A DOMICILIO	Sí
CURSOS DE CATA	Sí
COMPRA ON LINE	Sí
OTROS PRODUCTOS	

Satelite Centre Wset, asesoramiento, formacion profesional, formacion grupos de cata, enoturismo, regalos de empresa, aceites, quesos y conservas.

BARCELONA

Decántalo
C/ Puig i Cadafalch, 26
08191 Rubí. Barcelona, España.
Telf: 93 44 63 766
www.decantalo.com
comunicacion@decantalo.com

VINOS NACIONALES	4500
VINOS EXTRANJEROS	4180
DESTILADOS	1250
ENVÍO A DOMICILIO	Sí
CURSOS DE CATA	-
COMPRA ON LINE	Sí

Idyllica
Rambla de Prat, 11
08012 Barcelona, España.
Telf: 934 15 17 25
www.idyllica.es
online@idyllica.es

VINOS NACIONALES	3500
VINOS EXTRANJEROS	500
DESTILADOS	700
ENVÍO A DOMICILIO	Sí
CURSOS DE CATA	Sí
COMPRA ON LINE	Sí
OTROS PRODUCTOS	

Regalos de empresa, lotes de Navidad, productos gourmet, accesorios.

Wine Palace
Edificio Forum. C/ Del Vallespir, 5. 08173 Sant Cugat del Vallès. Barcelona.
Telf: 935907838 santcugat@winepalace.es
Avda. Sarrià, 28-30. 08029 Barcelona
Telf: 934192876 - sarria@winepalace.es
Rambla del Garraf, 48-60. 08810 Sant Pere de Ribes. Barcelona
Telf: 938930712 - santpereribes@winepalace.es
www.winepalace.es

VINOS NACIONALES	2000
VINOS EXTRANJEROS	500
DESTILADOS	1000
ENVÍO A DOMICILIO	Sí
CURSOS DE CATA	Sí
COMPRA ON LINE	Sí
OTROS PRODUCTOS	

Embutidos y quesos seleccionados, productos delicatessen, cervezas artesanas y lotes de empresa.

VINOS
UTIEL
REQUENA

DESCUBRE EL SENTIDO DE LA VID

MÁS DE
2.600 AÑOS
DE HISTORIA

GUÍA DE TIENDAS

GIRONA

Comas Calls vinateria
C/ Pompeu Fabra, 4
17450 Hostalric - Girona, España.
Telf: 972 86 46 60
www.lavinateria.net
info@lavinateria.net

VINOS NACIONALES	2000
VINOS EXTRANJEROS	350
DESTILADOS	1250
ENVÍO A DOMICILIO	Sí
CURSOS DE CATA	Sí
COMPRA ON LINE	Sí
OTROS PRODUCTOS	

Aceites y vinagres, Cervezas, Accesorios, Packs para regalo, Lotes para empresa, etc

Wine Palace
C/ Arquitecte Ricard Giralt, 1. 17600 Figueres. Girona
Telf: 972678579 - figueres@winepalace.es
C/ Barcelona, 181. 17003 Girona
Telf: 872 081 266 - girona@winepalace.es
C/ Juli Garreta, 23. 17250 Platja D'Aro. Girona
Telf: 972817283 - platjadaro.parking@winepalace.es
www.winepalace.es

VINOS NACIONALES	3500
VINOS EXTRANJEROS	900
DESTILADOS	1500
ENVÍO A DOMICILIO	Sí
CURSOS DE CATA	Sí
COMPRA ON LINE	Sí
OTROS PRODUCTOS	

Embutidos y quesos seleccionados, productos delicatessen, cervezas artesanas y lotes de empresa

GUADALAJARA

Valentín Moreno e hijos
C/ Méjico, 8
19004 Guadalajara, España.
Telf: 949 21 52 31
www.vinoguadalajara.com / www.valentinmorenoehijos.com
vmoreno@vinoguadalajara.com

VINOS NACIONALES	700
VINOS EXTRANJEROS	30
DESTILADOS	200
ENVÍO A DOMICILIO	Sí
CURSOS DE CATA	-
COMPRA ON LINE	Sí

ISLAS CANARIAS

Vinofilos
Triana C/ Viera y Clavijo nº 23
35002 Las Palmas de Gran Canaria - España.
Telf: 828 07 16 56 - tienda@vinofilos.es
Santa Cruz C/ Adán Martín Menis nº 5 Torre 2 Local 1
38003 Santa Cruz de Tenerife - España.
Telf: 663 387 208 - santacruz@vinofilos.es
www.vinofilos.es

VINOS NACIONALES	900
VINOS EXTRANJEROS	300
DESTILADOS	-
ENVÍO A DOMICILIO	Sí
CURSOS DE CATA	Sí
COMPRA ON LINE	Sí
OTROS PRODUCTOS	

Vermús, copas y decantadores riedel, coravin, accesorios para el vino, Exquisiteces gourmet

Bodega Tajinaste
Camino de la Habanera, 3, La Perdoma
38315 La Orotava
Santa Cruz de Tenerife. España.
Telf: 622 95 81 57
visitas@bodegatajinaste.com
www.bodegatajinaste.com

VINOS NACIONALES	400
VINOS EXTRANJEROS	100
DESTILADOS	-
ENVÍO A DOMICILIO	Sí
CURSOS DE CATA	Sí
COMPRA ON LINE	Sí

GUÍA DE TIENDAS

MADRID

Barolo Spirits
C. de Ros de Olano, 9, local 3
28002 Madrid, España.
Telf: 603 82 95 63
www.enotecabarolo.com
spirits@enotecabarolo.com

VINOS NACIONALES	-	
VINOS EXTRANJEROS	-	
DESTILADOS	500	
ENVÍO A DOMICILIO	Sí	
CURSOS DE CATA	Sí	
COMPRA ON LINE	Sí	
OTROS PRODUCTOS		

250 Whisky, 50 Rones, 50 Ginebras, 30 Vermuts, 20 Vodkas, 10 Armagnac, 10 Sake 25 Mezcal, Pisco y Tequila, 40 licores varios (Cognac, Orujos, Grappas etc)

Enoteca Barolo
C/ Principe de Vergara, 211
28002 Madrid, España.
Telf: 91 745 19 27
www.enotecabarolo.com
info@enotecabarolo.com

VINOS NACIONALES	1200	
VINOS EXTRANJEROS	1100	
DESTILADOS	-	
ENVÍO A DOMICILIO	Sí	
CURSOS DE CATA	Sí	
COMPRA ON LINE	Sí	

Vinario
C/ Canillas, 93
28002 Madrid, España.
Telf: 91162 02 29
www.vinario.es / @vinariobyfelixlanz
vinario@vinario.es

VINOS NACIONALES	600	
VINOS EXTRANJEROS	200	
DESTILADOS	150	
ENVÍO A DOMICILIO	Sí	
CURSOS DE CATA	Sí	
COMPRA ON LINE	Sí	
OTROS PRODUCTOS		

Antigua bodega fundada en 1966, con cueva y txoko en la planta de abajo rodeada de antiguas tinajas de vino. Restaurada en 2022, gran colección de vinos del mundo y productos gourmet (quesos, anchoas, jamón, caviar, conservas). Cursos de cata y maridajes magistrales dirigidos por Félix Lanz, conocido enólogo y sumiller.

Vinoteca Tierra
C/ Ronda de Segovia,7
28005 Madrid, España.
Telf: 91 365 96 28
www.vinotecatierra.es
mercado@vinoitecatierra.es

VINOS NACIONALES	300	
VINOS EXTRANJEROS	75	
DESTILADOS	-	
ENVÍO A DOMICILIO	Sí	
CURSOS DE CATA	Sí	
COMPRA ON LINE	Sí	

TARRAGONA

Wine Palace
Centro Comercial "Port Halley"
43840 Vila Seca - Salou - Tarragona - España.
Telf: 97 732 56 80
www.winepalace.es
salou@winepalace.es

VINOS NACIONALES	2000	
VINOS EXTRANJEROS	600	
DESTILADOS	1500	
ENVÍO A DOMICILIO	Sí	
CURSOS DE CATA	Sí	
COMPRA ON LINE	Sí	
OTROS PRODUCTOS		

Embutidos y quesos seleccionados, productos delicatessen, cervezas artesanas y lotes de empresa

VALENCIA

TENDAVINS
C/ Dos de Maig 203, bajo, Ontinyent
46870 Valencia, España.
Telf: 962 91 11 72 / 629 308 137
www.tendavins.com
info@tendavins.com

VINOS NACIONALES	800	
VINOS EXTRANJEROS	30	
DESTILADOS	400	
ENVÍO A DOMICILIO	Sí	
CURSOS DE CATA	Sí	
COMPRA ON LINE	Sí	
ACCESORIOS		

Peñín

Guía de Enoturismo

La *Cápsula de Estaño*

Desarrollada a partir de los lingotes de la más alta pureza, la cápsula de estaño es un signo de **distinción** que representa la continuidad del trabajo fiel y honesto de los más prestigiosos elaboradores de vino y licores: elaboración, paciencia, tradición y calidad.

www.crealisgroup.com

Close to you Open to the future

selección euromadi

DO ALICANTE
EXILIUM 2023 T

monastrell
87 ★★★★ **3,59€**
Color: cereza borde granate. Aroma: fruta confitada con ligera pasificación, notas tostadas torrefactadas. Boca: suave, sabroso, maduro.

DO CARIÑENA
ADALEIS 2023 T R

cariñena
90 ★★★★★ **6,49€**
Color: cereza borde granate. Aroma: fruta madura, especias dulces, mineral. Boca: sabroso, largo, especiado, potente.

DO CAVA
SIGLO XXI 2021 BN

chardonnay, macabeo, xarel lo
87 ★★★★ **3,99€**
Color: pajizo. Aroma: fruta madura, ligera nota de panadería. Boca: sabroso, buena acidez, ligero amargor.

DO MANCHA
VIÑA ALCAZABA 2023 T

tempranillo
87 ★★★★ **2,59€**
Color: cereza cubierto. Aroma: algo de fruta tropical, frutas negras, hierbas verdes. Boca: amargoso, tanino presente, fruta negra.

DO MONTILLA-MORILES
JARA REAL FI

pedro ximenez
88 **2,69€**
Color: amarillo brillante Aroma: fruta escarchada, cierta salinidad. Boca: sabroso, buena acidez, fino amargor y algo de dulcedumbre.

JARA REAL PX

pedro ximenez
92 **5,99€**
Color: caoba claro. Aroma: fruta pasificada, café, chocolate, tostado. Boca: sabroso, dulce, estructurado, tostado y persistente.

DO NAVARRA
SEÑORÍO DE ARRASTIA 2023 T

tempranillo, garnacha
87 ★★★★ **2,69€**
Color: cereza cubierto Aroma: fruta confitada, fruta negra. Boca: carnoso, buena acidez.

SEÑORÍO DE ARRASTIA 2023 RD

garnacha
88 ★★★★ **2,99€**
Color: cereza brillante. Aroma: fruta roja madura, expresivo. Boca: redondo, sabroso, frutal y suave.

SEÑORÍO DE ARRASTIA 2020 T C

tempranillo
88 ★★★★ **3,59€**
Color: cereza borde granate. Aroma: fruta negra y roja, hierbas verdes y especias dulces. Boca: sabroso, buena acidez, fruta madura, agradable.

DO RIAS BAIXAS
MAREJADA 2023 B

albariño
90 ★★★★★ **7,99€**
Color: pajizo amarillo. Aroma: fruta fresca, hierbas verdes, cítrico. Boca: Sabroso, buena acidez, frutal.

DO RIBEIRO
CASAL DA BARCA SELECCIÓN 2023 B

treixadura - torrontés
88 ★★★★ **5,95€**
Color: pajizo verdoso. Aroma: fruta madura, fruta blanca, hierbas secas. Boca: suave, agradable, fácil de beber, ligeramente dulce.

DO RIBERA DEL DUERO
NAVAS DEL EMPERADOR 2023 T R

tempranillo
87 ★★★★ **3,99€**
Color: cereza oscuro. Aroma: fruta negra muy madura, notas confitadas, chocolate y tostado presente. Boca: madura, tanino redondo.

NAVAS DEL EMPERADOR 2019 R

tempranillo
89 ★★★★ **7,99€**
Color: cereza borde granate. Aroma: fruta negra madura, especias dulces, tostados algo marcado, ligeras notas reducidas. Boca: sabroso, buena acidez, cuerpo medio.

DO RUEDA
NAVAS DEL EMPERADOR 2023 B

verdejo
87 ★★★★ **2,99€**
Color: pajizo brillante. Aroma: fruta tropical, hierbas verdes. Boca: buena acidez, suave.

DO RIOJA
CAMPO DE GULES 2023 B

viura
87 ★★★★ **3,49€**
Color: amarillo brillante. Aroma: fruta madura, ligeros tropicales. Boca: buena acidez, fruta fresca.

CAMPO DE GULES 2023 RD
tempranillo, viura
87 ★★★★　　　　　　　　　　　　　3,49€
Color: cobrizo. Aroma:fruta fresca, fruta roja. Boca: suave, sabroso, buena acidez.

CAMPO DE GULES 2023 T
tempranillo
87 ★★★★　　　　　　　　　　　　　3,49€
Color: cereza cubierto. Aroma:fruta madura, algo confitada. Boca: sabroso, potente, muy maduro con algo de confitura.

CAMPO DE GULES 2021 T C
tempranillo
88 ★★★★　　　　　　　　　　　　　4,49€
Color: cereza borde granate. Aroma: fruta negra muy madura, mora y café propios de la crianza en barrica. Boca:potente, maduro, persistente.

CAMPO DE GULES 2019 T R
tempranillo
89 ★★★★　　　　　　　　　　　　　5,49€
Color: cereza borde granate. Aroma: fruta negra madura, especias dulces, cuero y tabaco. Boca: cuerpo medio, fruta negra muy madura, ligero amargor.

DO SOMONTANO
PASION 2023 T
garnacha, merlot y syrah
87 ★★★★　　　　　　　　　　　　　3,99€
Color: cereza borde violáceo. Aroma: fruta roja y negra, ligera confitura. Boca: dulzona con algún vegetal incluso, muy concentrado.

DO VALDEPEÑAS
SEÑORIO DE VALDENAVA 2023 T
tempranillo
88 ★★★★　　　　　　　　　　　　　2,39€
Color: cereza borde granate. Aroma: fruta roja, intensidad media. Boca:sabroso, frutal, ligero, fácil de beber.

V.T. CASTILLA
PLAZA MAYOR 2023 T
tempranillo
88 ★★★★　　　　　　　　　　　　　3,99€
Color: cereza muy oscuro. Aroma: fruta negra madura, buena intensidad y rasgos de juventud. Boca: sabroso, buena acidez, fruta madura.

Trabajar con *pasión* respetando la *tradición*

Trabajamos con pasión, mimando nuestras creaciones, para llevar a tu mesa una **selección de las principales DO españolas**. Un recorrido por **el sabor y la tradición** a través de los sentidos.

Así son nuestros vinos, tan pasionales como tradicionales.

LOS MEJORES VINOS DE LA GUÍA PEÑÍN 2025

CONTADOR LAS PAULEJAS 2020

Tipo: tinto
Variedades de uva: 100% tempranillo
Productor: Bodega Contador
Zona de producción: DOCa Rioja

El proyecto de Benjamín Romeo arranca oficialmente en 1996, cuando llega la primera cosecha de su primer vino que llevaría por nombre La Cueva del Contador. Este enólogo y viticultor iniciaba así un proyecto personal que acabaría convirtiéndose en uno de los más reconocidos precursores de la nueva Rioja.

Si echamos la vista atrás, vemos que Benjamín fue uno de los grandes valedores de Artadi. Junto a Juan Carlos López de Lacalle construyó una parte importantísima de la identidad de los vinos de esta bodega, lo que nos da una idea de la importancia y peso de su figura cuando decidió iniciar su propio camino.

Hasta la fecha su vino más icónico, Contador, ya había cosechado grandes éxitos desde su primera añada. El tiempo fue haciendo crecer la fama de este productor que representó a la perfección "la nueva Rioja" a comienzos del s.XXI, un modelo que fue rápidamente asimilado por muchos pequeños productores que vieron en él el camino a seguir.

El éxito de Contador como bodega es el hecho de haber sido capaz de crear un estilo perdurable en el tiempo y que se movía en la búsqueda de la autenticidad del origen con la modernidad de la expresión frutal. Se alejaba del Rioja donde la identidad giraba en torno a los matices terciarios generados por un largo envejecimiento en barrica y botella.

Las Paulejas 2020 es la culminación de toda una carrera al servicio del vino y a la obsesión que siempre ha acompañado a Benjamín Romeo de querer crear el mejor Rioja posible. Representa la fortaleza de un lugar como San Vicente de la Sonsierra, uno de los rincones más especiales de la región que cuenta con una fuerza y un estilo muy particular y diferenciador. Si Contador era un canto a la magia de la Sonsierra este vino supone poner el foco en un viñedo muy especial, Las Paulejas, que para su creador ofrece las mejores uvas que él es capaz de conseguir.

Posee el estilo Contador, fuerza contenida, madurez generosa, roble presente, de calidad, pero no invasivo, y una tensión caliza muy bien definida. Este vino llegó a nuestra mesa de cata y causó desde el primer momento un hondo impacto. Aúna con maestría todas las patas que sostienen la excelencia en un vino, un trabajo minucioso y perfeccionista en el viñedo para obtener una materia prima impoluta, un trabajo en bodega de alto nivel para permitir mantener intactas y en equilibrio todas las variables; fruta, madera, acidez y suelo; y el diferenciador estilo de la casa. El estilo Contador está bien presente y esto es quizá lo más auténtico de este vino y lo más difícil de conseguir. Se le augura un largo recorrido en el tiempo por lo que recomendamos a los afortunados que tengan acceso a él, ronda los 580 euros la botella y tan sólo se han elaborado 300, lo conserven a buen recaudo.

VIÑA EL PISÓN 2022

Tipo: tinto
Variedades de uva: tempranillo
Productor: Vila El Pisón (Bodegas y Viñedos Artadi)
Zona de producción: Vino de Mesa elaborado en Álava.

Juan Carlos López de Lacalle ha sido uno de los grandes valedores del Vino de 'RIOJA' con letras mayúsculas. Lo fue hasta que decidió abandonar la DO en diciembre de 2015. Muchos estuvieron pendientes de ver si la bodega mantendría vivo su brillo sin la ayuda del sello Rioja. La respuesta salta a la vista. Viña El Pisón es un vino de los que emocionan por todo lo que contiene en su interior.

Existe una imagen clara de lo que El Pisón es con independencia de las inclemencias climáticas y eso es gracias a la fuerza de un viñedo tocado por una varita mágica. Esta viña plantada en 1945 se encuentra ubicada en Laguardia, Álava, a unos 480 metros de altitud y asentada sobre suelos arcillo – calcáreos. En su interior posee también parte de la esencia del paisaje local, algo parecido a lo que vimos en el Contador las Paulejas 2020 de Benjamín Romeo (100 puntos), pero aquí además encontramos un mayor protagonismo de la fruta.

Pisón es la mejor expresión del tempranillo que se puede encontrar en la zona. Probar este vino te traslada nítidamente al corazón de ésta uva y a un paisaje alavés de frescura, rectitud y profundidad.

Pero no sólo es eso. Si nos preguntásemos a qué sabe Laguardia, tendríamos que responder que a El Pisón 2022. No existe este año en la región un vino que aúne con tanta definición el paisaje, la fruta, el clima y el suelo como este vino que nos rompió metafóricamente la cabeza. Un tanino finísimo, presente pero artísticamente definido, una fruta roja viva como si exprimieses un racimo con tus propias manos, una acidez perfecta, una maduración justa, una complejidad única, y un larguísimo recorrido. Lo más curioso de este vino es que todo parece fluir de forma natural, como si caminase sólo. Y es que Artadi ha conseguido hacer lo que para nosotros es lo más complejo en un vino, alcanzar la perfección a través de un trabajo donde se han esforzado al máximo porque no se note la mano del hombre. La entrada en bodega de Carlos, hijo de Juan Carlos López de Lacalle, ha supuesto un fuerte revulsivo en los vinos de la casa, si todavía era posible mejorar. Un joven enólogo que ha sido capaz de dar más profundidad a lo que serían los vinos de viñedos singulares. El Pisón es un ejemplo perfecto de ello. Esta cosecha 2022 lleva en su interior no sólo una viña única, sino una parte importante de sus creadores, padre e hijo, aunque como decimos se esfuercen para permanecer en un segundo plano.

Artadi, una de las casas de la que más se ha podido escribir en este país, es capaz de estas grandísimas cosas, un vino memorable, de una parcela única, y de un estilo único.

Valeria Valdebenito.
Tienda de vinos.

Gracias a ti,
por facilitarnos una elección crítica.

Gracias por orientarnos hacia
una experiencia única.

València
VINOS DE VALENCIA
DENOMINACIÓN DE ORIGEN PROTEGIDA

GENERALITAT VALENCIANA

UNIÓN EUROPEA
Fondo Europeo Agrícola
de Desarrollo Rural

DOMINIO DE ATAUTA LA ROZA 2018

Tipo: tinto
Variedades de uva: 100% tinto fino
Productor: Dominio de Atauta
Zona de producción: DO Ribera del Duero

Existe la falsa creencia de que la Ribera del Duero es como un gran bloque monolítico, como si todo fuera igual, cuando existen en ella diferencias importantes en función de la ubicación. La propia DO lo sabe, los productores lo saben, pero hasta la fecha nadie se ha lanzado a explorar las diferentes subzonas y expresiones que en ella se dan. Nos consta que el Consejo Regulador tiene en un cajón un ambicioso estudio de suelos que bien podría marcar las líneas para subdividir esta gran región del vino. Tarde o temprano acabarán haciéndolo, mientras tanto los vinos seguirán hablando por sí mismos, como es el caso de La Roza 2018. Son estos vinos los que de forma aislada nos muestran los diferentes caminos y expresiones que existen en la Ribera del Duero.

Dominio de Atauta ha dado la campanada con un vino que representa la mejor expresión del terruño de la Ribera soriana. Su gran fortaleza es la gran finura y mineralidad que contiene en su interior, brillante y perfectamente definida. Este vino da un paso más en la construcción de vinos de la Ribera sutiles, afilados y muy singulares que contrastan con los poderosos y estructurados riberas, más conocidos por el gran público. Sucede además que durante la Recata este vino fue escalando punto a punto hasta ganarse los 100 puntos, lo que demuestra lo importante que es este ejercicio de cata.

La bodega llevaba años dando el aviso con vinos soberbios. De entre los 25 terruños que componen el Valle de Atauta, algunos de ellos destacan por su potencial y por su calidad. Estos lugares son elaborados por separado, pues tienen identidad suficiente para hablar de forma más detallada de un paraje o lugar.

La Roza 2018 es un vino que procede de tres microparcelas de 0,24 hectáreas, donde se recogen las uvas de 779 cepas para obtener unas escasísimas 574 botellas. Arena suelta con cantos rodados y un fondo de arcilla, y su ubicación en un claro de bosque de encinas y monte bajo aportan al vino ese carácter silvestre que tanto nos ha gustado. Toda la viticultura de este terruño se ha llevado a cabo siguiendo el calendario biodinámico, una tendencia en la gran mayoría de los grandes vinos que nacen en nuestro país.

Pero los vinos no se hacen solos, las personas son igualmente importantes y en este proyecto hay dos figuras trascendentales, Ismael Sanz, responsable de viticultura, y Jaime Suárez a los mandos de la enología. Existe en ellos una pasión extra por lo que hacen y por su lugar de origen que sirve de motor para hacer vinos pasionales. Son unos enamorados de este rincón que es el Valle de Atauta, a unos 1.000 metros de altitud sobre un fondo de suelo de roca calcárea. La pasión de todo un equipo, la presencia de viñas viejísimas y la singularidad y austeridad soriana, con sus inviernos gélidos y sus importantes oscilaciones térmicas, ponen el broche a una trayectoria que toca cielo para la Guía Peñín con La Roza 2018. Un vino fino, con una personalidad única, capaz de hacernos viajar sensorialmente, como sólo hacen los grandes vinos del mundo.

LES MANYES 2022

Tipo: tinto
Variedades de uva: garnacha peluda
Productor: Terroir al Limit
Zona de producción: DOQ Priorat

La joya de la corona del proyecto Terroir al Limit en la DOQ Priorat en su cosecha 2022 marca un antes y un después de una casa que no tuvo reparos en iniciar un nuevo camino en la definición de estilos dentro de una denominación de origen con toda una historia a sus espaldas. El tiempo les ha dado la razón. Era posible encontrar una nueva vía en la que la elegancia, fluidez y expresión de terruño pudieran convivir en perfecta armonía en Priorat.

Este vino llegó a nuestra copa con un 100 absoluto. En él se respira campo y suelo. Un vino con tensión, con fruta muy viva y con un fondo mineral deslumbrante. Más sorprendente aún ha sido conseguir esta expresión en una cosecha seca y calurosa como la 2022, lo que demuestra la capacidad de expresión de un vino en años difíciles si las manos que lo trabajan son maestras y si el lugar de procedencia es mágico. Les Manyes es un viñedo orientado al oeste ubicado en Scala Dei, a 800 metros en las laderas del Montsant. Resulta paradójico que sea la cosecha 2022 de Les Manyes la primera en obtener los 100 puntos, cuando la 2016 fue mucho más benévola (99 puntos en la Guía Peñín 2020). Cierto es que por aquel entonces 99 había sido la mayor puntuación otorgada por la Guía Peñín hasta la llegada de los primeros 100 puntos en la edición 2023.

2022 fue un año especialmente complicado en el Priorat. Se trata de la primera añada en la zona con interminables golpes de calor y con escasísimos recursos hídricos, algo que sucedió de nuevo en la posterior cosecha 2023. A pesar de todo, la viejas viñas prioratinas en vaso, como las de Les Manyes, tienen una excepcional capacidad de adaptación. Hemos visto con nuestros propios ojos cómo en zonas productoras vecinas, las plantas se mostraban extenuadas ante la ausencia de agua y el exceso de calor mientras que en el Priorat permanecían bellas y brillantes a pesar de estar bajo las mismas condiciones climáticas. Es sin duda parte de la magia del lugar, capaz de romper todo tipo de esquemas. A pesar de esta capacidad de resistencia estas plantas requieren apoyo humano. Se adaptan al año climático siempre y cuando se responda con firmeza y rapidez a sus necesidades de campo y estamos seguros que esto tuvo que darse para conseguir la materia prima que dio a luz a este supervino.

Sucede además que este vino está elaborado con garnacha peluda, una variante de la garnacha que tiene una característica hoja vellosa en el envés, capaz de conservar parte de la humedad a pesar del sol abrasador. Dominik A. Huber es la última piedra sobre la que se sostiene todo este proyecto. El resto es un complejo, ilusionado y joven equipo y unas viñas de ensueño. Estamos seguros que no ha sido fácil abrirse un hueco en el poblado cielo de estrellas del vino de Priorat, pero sin duda su lugar es bien merecido y justificado, aunque al principio mirasen con escepticismo su forma de entender el vino.

BELONDRADE LES PARCELLES 2019

Tipo: Blanco
Variedades de uva: 100% verdejo
Productor: Belondrade
Zona de producción: Vino de Mesa

La llegada de Didier Belondrade a tierras castellanas en 1994 fue un revulsivo para la zona en la medida en que venía con la firme intención de elaborar grandes vinos blancos en tierras castellanas. ¿Quién no querría tener un vecino así?

Desde su llegada, esta casa no ha hecho más que defender el trabajo minucioso y perfeccionista en viña para crear vinos únicos y de alto nivel. Sus vinos, todos blancos, han estado siempre entre los mejor valorados de la zona por la Guía Peñín. Su vino más emblemático hasta la fecha, Belondrade y Lurton Fermentado en Barrica se etiqueta hasta la fecha con el sello de la DO Rueda. Sin embargo, sus otros dos vinos, Quinta Apolonia y Quinta Clarisa, lo hacen con el distintivo de Vino de la Tierra de Castilla y León. ¿Un toque de atención por la deriva productiva que ha tomado la DO en los últimos años? Lo cierto es que este nuevo vino de la bodega sale etiquetado como Vino de Mesa.

Los 100 puntos Les Parcelles 2019 convierten a este productor en un icono del vino blanco de España. Se trata de un vino completamente atípico, que se aleja del estilo Belondrade para adentrarse en algo diferente y rupturista. Ensalza el valor de las largas crianzas y de la capacidad de envejecimiento de la uva verdejo, una característica casi inexplorada en la zona y que expone con claridad la fortaleza de una de las grandes uvas blancas españolas. Esta historia comienza tal y como reconocen en la bodega con el descubrimiento y la adquisición de dos parcelas excepcionales, tan distintas como complementarias.

La Cruz, un viñedo de más de 50 años, plantado sobre suelos de canto rodado y arcilla, y Alameda, un viñedo en vaso de cerca de 70 años con suelos marcadamente arenosos; ambos ubicados a escasa distancia de la bodega. Estos estilos de profundidad y finura respectivamente decidieron destinarlos a algo nuevo. Querían empujar un poco más la crianza para ver hasta dónde podría llegar. Empezaron a explorar la definición del vino con las cosechas 2016 y 2017, y es en la añada 2018 cuando deciden lanzarla al mercado por primera vez. Desgraciadamente esta cosecha no llegó a caer en nuestra copa por lo que fue con la añada 2019 con la que pudimos comprobar la profundidad real de este vino.

Posee una crianza en barrica de un año y medio, y posteriormente permanece en botella durante más de tres años, por lo que el vino sale al mercado tras cinco años de vida. Sus creadores lo definen como "una interpretación única de su terroir y de la verdejo". Les Parcelles sólo saldrá al mercado cuando consideren que esté en su plenitud, lo que abre la posibilidad de que no se comercialicen todas las añadas. Es la primera vez que un vino de estas características alcanza 100 puntos, lo que nos muestra que los vinos elaborados en estos rincones también pueden alcanzar la gloria si se lo proponen, aunque no sea precisamente ni fácil ni accesible a todo el mundo. De este vino tan sólo se han elaborado 1684 botellas a un precio que ronda los 275 euros la botella.

DOMINIO DEL ÁGUILA ALBILLO VIÑAS VIEJAS 2016

Tipo: blanco
Variedades de uva: albillo mayor
Productor: Dominio del Águila
Zona de producción: Vinos de Mesa

Sobre la denominación de origen Ribera del Duero, tan de tintos hoy y tan de claretes en el pasado, rondaba tiempo atrás la idea de abrir la mano a la elaboración de vinos blancos. Se debatió intensamente qué variedad debieran aprobar en su pliego de condiciones y entre las nominadas estaban la castellana verdejo, pero también la albillo mayor, una uva local que se encontraba dispersa por sus viñedos entre cepas de tinto fino (tempranillo), cabernets y malbecs, y que servía las veces de alimento para los vendimiadores y para las familias del lugar. Fue en 2019 cuando se aprobó incluir la categoría de vinos blancos en la DO. Vinos blancos de albillo mayor, todo un acierto, dicho sea de paso. La variedad ya se había testado y embotellado en varias bodegas ribereñas con mayor o menor éxito. Pero si alguien consiguió darle un aire más elitista éste fue Jorge Monzón de Dominio del Águila.

La primera cosecha que cayó en nuestras manos fue la 2012 (93 puntos) que tuvimos ocasión de probarlo para nuestra Guía Peñín 2017. Este mismo vino cinco años más tarde, Guía Peñín 2022, ya obtuvo 97 puntos. Lo que en esta segunda cata pudimos constatar es la increíble capacidad evolutiva del albillo mayor. Lo mismo nos volvió a suceder con este 2016 que hoy ha obtenido los 100 puntos Peñín. Catamos este vino por primera vez a mediados de 2021, cuando contaba con 5 años de vida. Ya vimos un excelente potencial en aquella primera ocasión, sin embargo no imaginamos que su crecimiento fuera a ser así. Está claro que este vino fue ideado para enlazarse con el tiempo, un vino no apto para impacientes.

Dominio del Águila Viñas Viejas 2016 ha sido el más singular de los vinos blancos catados este año. Destacamos en él un profundo carácter mineral, con una gran textura y sapidez. Además de los matices de pedernal que en él afloran, encontramos una profundidad soberbia, un vino que te lleva por un recorrido de capas y más capas.

Desde la aprobación de la albillo como variedad apta para elaborar vinos blancos con sello Ribera del Duero los blancos de este rincón de la España mesetaria han ido ganando profundidad, especialmente aquellos que apuestan por jugar con la variable del tiempo.

No entendemos por qué sigue siendo éste un Vino de Mesa cuando su papel en la dignificación de esta variedad en la Ribera ha sido fundamental. A pesar de todo, el vino está ahí, para todos aquellos que quieran disfrutar de un vino local diferente a lo establecido y que a la vez quieran degustar uno de los grandes vinos blancos de España. Se trata de una añada que ya no está disponible en el mercado, pero que quisimos volver a catar para poder transmitir el valor del tiempo en esta tipología de vinos. Esperamos que este ejercicio sirva para que muchos consumidores se anticipen a esta evolución y sepan adquirir estos vinos cuando están en el mercado, pensando siempre en consumirlo años más tarde.

LA FILLABOA 1898 2016

Tipo: blanco
Variedades de uva: albariño
Productor: Bodegas Fillaboa
Zona de producción: DO Rías Baixas (Condado de Tea)

Otro gran ejemplo de la capacidad de envejecimiento de la uva albariño en los dominios de Rías Baixas. Tras el bombazo que supuso el pasado año el Pazo Señorans Selección de añada 2013 (100 puntos Guía Peñín 2024), nos ha llegado otra muestra más de la perfección que es capaz de alcanzar la uva albariño en Rías Baixas. Su llegada a la mesa de cata fue espectacular y su forma de ir creciendo comparativamente con el resto de grandes vinos blancos en nuestra Recata del mes de Julio, hasta convertirse en un 100 claro, fue puramente reveladora. En los últimos años Rías Baixas se ha convertido en el foco vital de los grandes vinos blancos de España, algo a tener en cuenta.

La Fillaboa 1898 es un vino cuya añada 2016 procede de una parcela ubicada en una de las fincas vitícolas más grandes de Galicia en Salvaterra de Miño, Pontevedra. 50 hectáreas de viñedo propio divididas en 12 pagos diferentes de uva albariño. Uno de estos pagos es Monte Alto, el origen de este 2016 que nos cautivó.

Se trata de una parcela de 6,20 has. que se encuentra a 150 metros de altitud. El viñedo tiene 33 años de edad y las cepas están conducidas en espaldera. Su suelo se caracteriza por tener una textura franco-arenosa con presencia de cantos rodados por su proximidad al río Miño.

Siendo diferente a aquel Señorans del 2013 que nos cautivó el pasado año, vemos en él un nexo de unión con éste que nos hace reflexionar, pues se ha conseguido un vino perfecto a partir de un viñedo excelente pero con una elaboración sencilla y nada rupturista, que tan sólo busca no interferir en la expresión local.

La gran fuerza de este vino radica en el triángulo formado por la uva albariño, el clima atlántico y el paso del tiempo. Ninguna zona de España aúna todos estos elementos de forma tan perfecta como lo hace Rías Baixas, lo que nos hace pensar que han de llegar todavía muchos más vinos de calidad perfecta en el futuro.

Los 100 puntos de este supervino abren una ventana más a la profundidad expresiva de los vinos de largo envejecimiento, afortunadamente una tendencia ya en este lugar de España. Cada vez son más las bodegas que se animan a profundizar en las elaboraciones con largas crianzas, toda una suerte allí, pues la acidez atlántica es un excelente compañero de viaje para la uva autóctona albariño. Así lo entedió Isabel Salgado enóloga de esta emblemática bodega.

La Fillaboa 1898 2016 ha permanecido durante seis años en depósitos de acero inoxidable sobre sus lías, realizando bâtonages periódicos para mantener las lías en suspensión y, de esta forma, evitar oxidaciones obteniendo a su vez mayor volumen y redondez en boca. Para Bodegas Fillaboa la añada 2016 fue una de las mejores cosechas de la historia.

Tiene todo lo que se puede exigir a un grande de la zona, salinidad, viveza fresca y ácida, y un conjunto de expresivos y nobles matices terciarios. Rías Baixas ha vuelto a dar en la diana, y cada vez lo hacen más productores.

ENOTECA GRAMONA 2011 BRUT NATURE

Tipo: blanco espumoso
Variedades de uva: 55% macabeo y 45% xarel.lo
Productor: Gramona
Zona de producción: Vino espumoso sin protección de origen - Corpinnat

Gramona siempre ha tenido la convicción de que el espumoso catalán tendría mucho que decir y aportar sujeto a un largo envejecimiento. Lo hizo hace muchos años, cuando nadie lo veía posible, y desde entonces no ha dejado de seguir por esta senda hasta demostrarlo y convertirse, por derecho propio, en una de las grandes valedoras del vino espumoso de calidad en nuestro país. Xavi Gramona tristemente nos dejó este año tras un fatídico accidente, pero su memoria y su legado están hoy más presentes que nunca con otra genialidad más nacida en sus manos y en las de su primo Jaume, una pareja tan mágica y brillante como lo son los vinos que han creado.

El primer Enoteca, la culminación de una extrema crianza de un vino espumoso, vio la luz con la cosecha 2001, con la que se ponía el foco en los límites de la crianza de un espumoso y en la que se abordaban precios mucho más altos a los vistos hasta la fecha. Tan convencidos estaban de lo que hacían que desde el primer momento el vino rompió todos los moldes conocidos.

Este espumoso procede de unas uvas cultivadas en la Finca Font de Jui, un paraje que cuenta con 22 hectáreas de viñas de macabeo y xarel.lo que se extienden entre el Río Anoia hasta el cerro de Mas Escorpí (a 350 m. sobre el nivel del mar). Los suelos son de carácter arcilloso calcáreo, con placas de arena junto al río y con rocas en la zona más alta y seca. El vino ha sido criado en botella con sus lías durante cerca de 11 años y medio con tapón de corcho lo que ha permitido la relación del vino con el oxígeno durante todo este tiempo, lo que Xavier Gramona bautizó como la oxi-reducción del vino espumoso. Lo cierto es que estos matices confieren al vino un carácter sensiblemente oxidativo que se va acomplejando conforme crecen en él los matices de frutos secos como la avellana y las notas ligeramente tostadas y especiadas. La burbuja en él es una fiesta de cremosidad, centelleante, sutil y muy duradera. Un vino muy sápido que permanece por largo tiempo en nuestro paladar, con notas de hierbas silvestres y con un ligero fondo mineral, su parte de terruño más evidente. El Enoteca conserva parte del carácter de espumoso catalán, como la sensación de un final seco y rico en notas silvestres. Posee también una fruta madura que en ocasiones nos recuerda a la fruta escarchada. Coquetea ligeramente con el estilo achampanado, pero sin alejarse del todo de su origen que no es otro que el de las tierras catalanas cercanas a Sant Sadurní. Con este 2011 Gramona se corona como la primera bodega de vino espumoso en obtener 100 puntos en la Guía Peñín, tras romper en la edición 2017 la barrera de los 99 puntos. Un hito más en la historia de una bodega única e irrepetible.

EL GODELLO ES DE VALDEORRAS

Y AHORA TAMBIÉN ES TUYO.

Fuimos los primeros en confiar en esta uva,
tanto, que sigue siendo la inspiración de todos nuestros blancos.

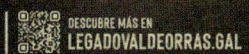
DESCUBRE MÁS EN
LEGADOVALDEORRAS.GAL

XUNTA DE GALICIA

FEADER
Europa inviste no rural
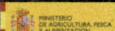
MINISTERIO DE AGRICULTURA, PESCA Y ALIMENTACIÓN

LOS NOMINADOS A VINO
REVELACIÓN 2025

Texto escrito por Javier Luengo y Carlos González

Llega el momento de hablar de los vinos más singulares y rompedores de este año de catas. Los nominados a Vino Revelación son un reducidísimo grupo de vinos, a veces cuatro, otras veces seis, cinco..... que sobresalen sobre el resto al trasladarnos nuevas y vibrantes perspectivas de trabajo.

Por norma son vinos que por su filosofía o estilo se salen de lo establecido. Su presencia puede suponer un antes y un después en las zonas productoras o regiones donde han nacido. No son fáciles de encontrar, muy pocos llegan a ofrecer un estilo rupturista o revelador, pues es mucho más incierto emprender un nuevo camino que seguir la senda del resto.

El criterio para la selección de estos vinos se basa en que sean pioneros en sus lugares de origen, ya sea por su método de elaboración, su calidad, su filosofía de trabajo o estilo y que el vino haya sido catado por nuestro equipo de cata por primera vez en la Guía. Su cata ha de representar un valor no sólo para el consumidor, sino también, y este es el más difícil de los requisitos, que su presencia sea capaz de llegar a la excelencia a través de caminos poco o nada explorados.

TERRITORIO LUTHIER BLANCO DE GUARDA 2020

Tipo: blanco reserva
Variedades de uva: albillo mayor y pirulés
Productor: Territorio Luthier
Zona de Producción: DO Ribera del Duero

Territorio Luthier es un proyecto que inició su andadura en el año 2009 con el ánimo de buscar "la elegancia y la sutileza por encima de modas y críticos". Una buena premisa. Aunque nosotros seamos críticos, el camino que cada uno emprende ha de ser honesto y fiel a una idea propia, olvidándose de las tendencias y de lo que opine la prescripción. El resto llegará sólo si se ha hecho bien.

Territorio Luthier está inspirado en la esencia del luthier, el "artesano que mantiene un oficio milenario trabajando madera y cuerda hasta crear instrumentos capaces de alegrar almas durante siglos", una declaración de intenciones de Fernando Ortiz y Cristina Alonso, quienes abanderan esta bodega. El concepto artístico acompaña a muchas pequeñas bodegas que buscan en sus vinos hacer algo único que transmita y conmueva. Este vino transmite y conmueve. Se trata del blanco de albillo mayor que más nos ha impactado dentro de la DO Ribera del Duero. ¡Éste sí! Su llegada marca el primer hito dentro de la denominación de origen de un camino recién iniciado. Hasta la fecha muchos de los albillos catados se quedaban en un primer nivel al salir al mercado demasiado jóvenes. Ello incentivaba el carácter primario del vino haciéndolo disfrutón pero sin una excesiva complejidad. Este vino demuestra que el tiempo es un aliado que puede aportar complejidad a esta uva castellana. Este hecho parecía exclusivo de los vinos atlánticos gallegos o vascos, pero no es así. Bajo otro estilo podemos ver como los albillos de la Ribera del Duero pueden mostrar su mejor cara si ponen la mirada en el tiempo con unas crianzas, ya sea en lías o barrica, que puedan soportar esta apuesta a futuro del vino.

Conviene recordar que anteriormente hubo antes un vino, Alrzuaga Albillo 2008, que alcanzó los 99 puntos en la Guía Peñín 2021 fruto de una exploración que se hizo tiempo atrás. Pero Territorio Luthier Blanco de Guarda 2020 es el primero que llega al Podio (≥95) con el reglamento ya aprobado dentro de la DO, lo que quiere decir que se hizo una vez sentadas las bases de la elaboración de vino blanco, por lo que se convierte en el primer vino blanco de la nueva era de Ribera del Duero en alcanzar estos niveles de calidad.

Se trata de un vino que procede de una selección manual de parcelas de más de 90 años situadas en Aranda de Duero y Zazuar (Burgos). Suelos franco-arenosos, fermentado en tinajas de barro y barrica de roble con levadura autóctona. Posteriormente se crio en barricas de roble húngaro durante 20 meses y el resto del tiempo en botella hasta afinarse. Sus creadores estiman que tiene un tiempo de guarda de 30 años a partir de ahora, por lo que sería interesante mantenerlo tiempo en nuestra bodega si tenemos la suerte de conseguir alguna de estas 4.490 botellas numeradas que han salido al mercado a un P.V.P. de 50 euros.

MAS DE MANCUSO CARIÑENA 2019

Tipo: tinto
Variedades de uva: cariñena
Productor: Navascués Enología
Zona de producción: DO Cariñena

Resulta paradójico que Cariñena sea uno de los pocos lugares donde la uva cariñena no llega alcanzar altos niveles de expresión. Así ha sido hasta que este año llegó a nuestra copa una cariñena de altos vuelos. De allí precisamente, de Cariñena. Toda una alegría cuando esta zona posee viñas excepcionales y capacidad de sobra para mostrar vinos de gran calidad, a la altura de los grandes de España. Por desgracia el negocio de Cariñena a lo largo de los años ha sido el de proveer de volumen con vinos de escasa ambición enológica a los mercados que más a precio van a la hora de abastecerse. Así que la sorpresa al catar Mas de Mancuso Cariñena 2019 fue mayúscula.

Si de alguien se esperaba que fuese a dar la campanada con un vino en plena DO Cariñena ese era Jorge Navascués, un aragonés de toda la vida, que divide su escaso tiempo entre la exigente dirección técnica de las Bodegas Contino en Rioja y Pagos de Galir en DO Valdeorras (Grupo CVNE) y su proyecto personal en Cariñena, Navascués Enología, con el que se ha convertido en el mejor representante de toda la denominación de Origen.

Este año dos de sus vinos han sobresalido, un blanco hecho a base de macabeo Mas de Mancuso 2020 y esta cariñena que hoy nos ha traído aquí: Mas de Mancuso Cariñena 2019.

La llegada de una cariñena de este nivel a la zona es una llamada de atención para todos aquellos que se centraron única y exclusivamente en la comercialización de vinos sencillos y sin pretensiones. Es la dignificación de un territorio con una profunda vinculación con el vino, la defensa de un lugar y la demostración viva de que otro tipo de vinos se pueden hacer allí.

La uva cariñena, mazuela en Rioja, carignan en el Languedoc-Roussillon o samsó en Cataluña, es una de las grandes variedades del noreste español. Cada vez vemos mejores vinos de esta variedad en lugares tan emblemáticos como el Priorat, donde mejor expresión cualitativa ha tenido hasta la fecha. Se trata de una uva rebelde, con estructura, con color y acidez, excelentes argumentos que en buenas manos se convierten en potencialidades. La capacidad evolutiva de los vinos de cariñena es también digna de mención. Jorge Navascués nos muestra un 2019 completamente vivo, con un largo recorrido por delante. A destacar el carácter varietal tan vivo en él, con notas silvestres, la presencia de hierbas de monte, su carácter balsámico y su excelente acidez. Un vino perfectamente equilibrado que pone la pica en lo mejor de lo mejor en la DO Cariñena. Ya era hora de que esto llegara. Esperamos que sean muchos más productores los que se sumen a la elaboración de este tipo de vinos, aunque no sea fácil conseguirlos.

LOS PELADOS 2021

Tipo: blanco
Variedades de uva: 100% listán blanco
Productor: Bodega Hermanos Mesa
Zona de producción: DO Valle de Güimar

Los Pelados es un buen ejemplo del fenómeno de microbodegas que llegan a España y que venimos comentando desde hace unos años. Este proyecto vio sus orígenes hace más de 70 años cuando José Mesa, comenzó a elaborar vinos en el pueblo de Arafo, al sur de Tenerife. Por aquel entonces José llevaba su vino hasta Santa Cruz de Tenerife en carros arrastrados por burros para intercambiarlo por otros bienes de primera necesidad. La segunda generación, Tomás Guzmán Mesa, se encargó de crear oficialmente la bodega, que llevaba como pasatiempo aunque ya empezaran a comercializar vinos bajo el nombre de Viñas Mesa. Son los hijos de Tomás, Fernando, Tomás y Carmen, la tercera generación, los que en esta nueva etapa han sabido dar un cambio en profundidad al proyecto con elaboraciones que reflejan una nueva forma de entender y vivir el vino. Estos tres hermanos son el fiel ejemplo de lo que los jóvenes de hoy están haciendo en favor del vino en España.

Su forma de vivir este oficio nace del profundo conocimiento de un entorno en el que han crecido y con la información organoléptica adquirida de vinos singulares de diferentes puntos del planeta. Han sabido entender qué hace grande un vino y plasmarlo en su lugar de origen gracias al conocimiento del entorno y de las uvas del lugar.

Los Pelados 2021 llegó como un soplo de aire fresco para nosotros. Un vino maduro que aunque proviene de una añada cálida mantiene su frescura, con el añadido de poseer una gran tensión, mineralidad y lo que llamamos 'silvestrismo', que no es otra cosa que trasladar aromática y gustativamente las hierbas locales al propio vino. Un ejemplar que refleja el terruño del Valle de Güimar, que nos muestra la capacidad de expresión de la uva listán blanca en un paraje muy particular, Los Pelados. El viñedo se encuentra a 1.300 metros sobre el nivel del mar, asentado sobre un suelo volcánico evolucionado con arcilla y con presencia de rocas de basalto y con una orientación Sur-Este.

Se trata de un vino directo, sin ornamentos superficiales y que representa perfectamente la identidad de un rincón como el Valle de Güimar, donde pocos elaboradores han explotado su lado más silvestre y "natural". Hasta la fecha tan sólo un vino había logrado alzarse con 94 puntos, Los Loros La Bota de Mateo que elabora con maestría Juan Francisco Fariña Pérez. Si este vino coqueteaba con las elaboración bajo velo de flor, Los Pelados abre un diálogo abierto con la zona, sin la intromisión de elementos que pueden enturbiar la esencia del lugar. Por este motivo Los Pelados es un vino revelación de plenos derechos, porque marca el cielo al resto de bodegueros del lugar, con los argumentos zonales como protagonistas indiscutibles: suelo, altitud, variedad y respeto por la viña.

VINOS REVELACIÓN

Nominado Vino Revelación — Guía Peñín 2025

MA ANDREA MUFATTO DONA BLANCA 2022

Tipo: blanco
Variedades de uva: dona blanca
Productor: Michelini i Mufatto
Zona de producción: DO Bierzo

En el mundo del vino las conexiones entre países son más frecuentes de lo que a simple vista parece. Muchos bodegueros aprovechan las distintas fechas de vendimia que ofrecen los dos hemisferios para sacar el mayor conocimiento posible sin necesidad de tener que aguardar un año para una nueva vendimia. Productores inquietos suelen buscar a sus semejantes en otros puntos del planeta y así fue probablemente como nació el encuentro entre un grande del Bierzo como César Márquez con otro grande de Mendoza, los Michelini i Mufatto. Las ansias de conocimiento, la inquietud elaboradora y el afán por despertar las viejas tradiciones de cada lugar de origen unía a las dos familias, por lo que no fue difícil que despegase un proyecto como el que Michelini i Mufatto inauguró en 2015 en el corazón del Bierzo.

Hasta hace bien poco Bierzo sólo sobresalía por sus espectaculares tintos de mencía, su variedad reina. Sin embargo, en los últimos años y tras la firme apuesta por la variedad godello por parte del Consjo Regulador y las bodegas que lo componen, la identidad del Bierzo también se escribe con letras capitulares en los vinos blancos.

Habíamos visto un excelente crecimiento en la calidad de los blancos de godello de sus bodegueros. Bodegas y Viñedos Mengoba dio la campanada en la Guía Peñín 2013 con un excepcional Herencia del Capricho 2009, con el que zona obtuvo su primer 94 puntos a un vino blanco. El tiempo ha ido trayendo más y mejores vinos, hasta que el pasado año llegó un soberbio 99 puntos de la mano de César Márquez: El Val 2021. Aquel vino nos rompió los esquemas haciéndonos ver que Bierzo competiría de tú a tú con los sobresalientes blancos de Rías Baixas y Valdeorras. Hoy nos llega un excelente ejemplo de la trayectoria y dimensión que están tomando esta tipología de vinos en estas tierras, pero no con la uva godello, sino con la dona blanca (doña blanca, dona branca). Habíamos visto excelentes ejemplos de esta uva acompañada de la godello (Brezo Godello y Doña Blanca 2011 – Guía Peñín 2013), pero no la habíamos visto brillar como monovarietal.

MA Andrea Mufatto Dona Blanca 2022 es el mejor vino de dona blanca catado por la Guía Peñín hasta la fecha. Una elaboración que parte de la sensibilidad de una enóloga como Andrea Mufatto, quien junto a su hijo Manuel y su marido Gerardo Michelini, hizo realidad el sueño de elaborar grandes vino en el Bierzo que les cautivó. Que esté vino esté a este nivel demuestra que en Bierzo no sólo el godello es capaz de hacer grandes vinos en la zona. También la dona blanca, acostumbrada a compartir protagonismo en vinos de ensamblaje con un porcentaje minoritario, es capaz de expresar grandes cosas. Se trata de un vino fermentado en barrica usada, donde la madera no acapara el protagonismo. Es un vino reductivo, rico en notas de pólvora que se adhieren a la fruta, especias de la barrica y que cuenta con una boca grasa muy envolvente. La dona blanca ya tiene un nuevo camino abierto a la espera de que lleguen nuevos exploradores que profundicen en sus grandes posibilidades.

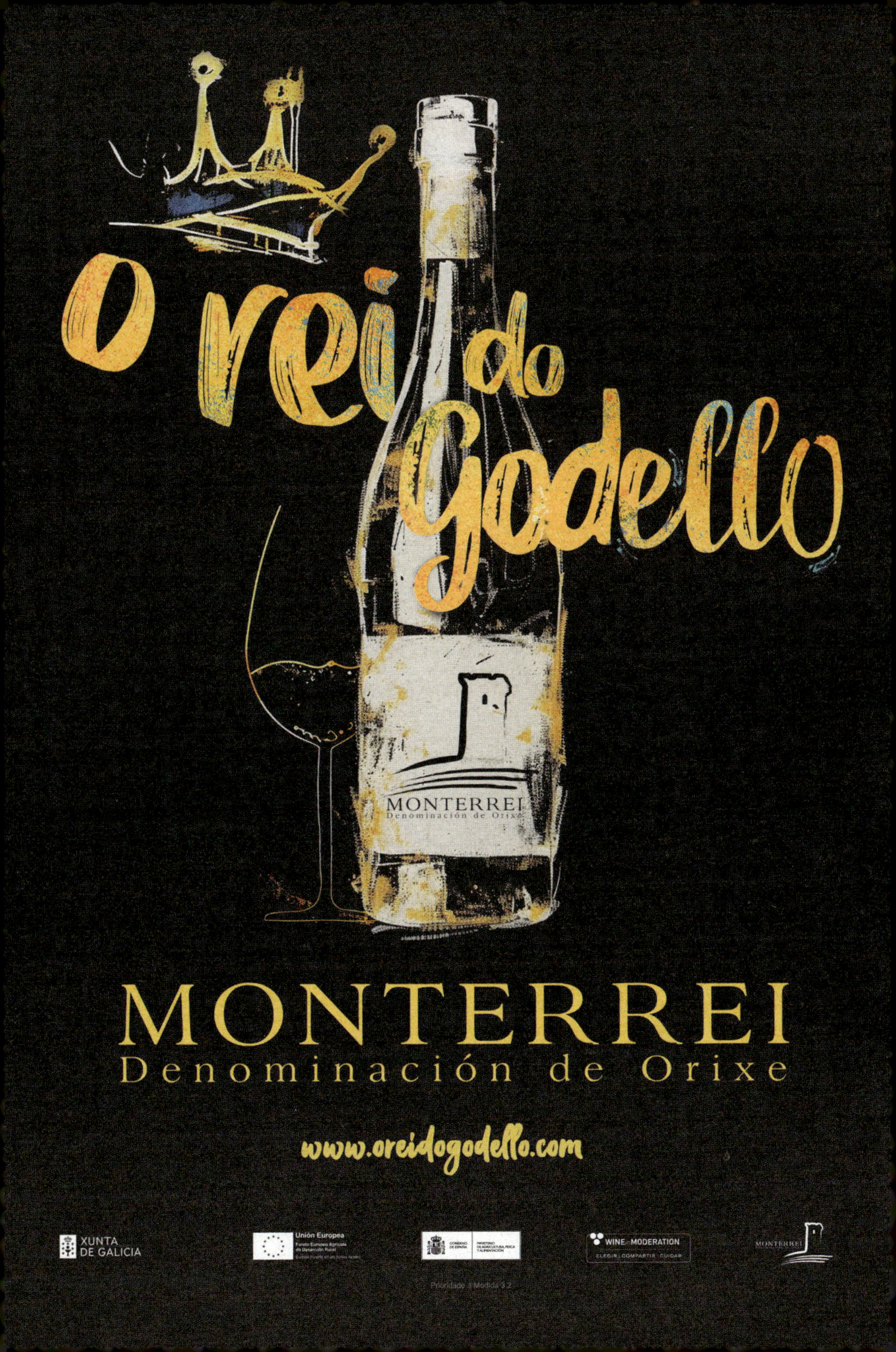

O rei do Godello

MONTERREI
Denominación de Orixe

www.oreidogodello.com

 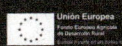   

VINO REVELACIÓN GUÍA PEÑÍN 2025

SIMETA 2021

Tipo: tinto
Variedades de uva: arcos
Productor: Javi Revert Viticultor
Zona de Producción: DO Valencia

Nuestro ganador indiscutible, el Vino Revelación de la Guía Peñín 2025, es un fuera de serie que pone el foco en Valencia.

En estas tierras se está viviendo un dulce momento gracias al trabajo de pequeños productores empecinados en mostrar el brillo de la Valencia pasada y alejada de la invasión de variedades foráneas que han poblado su territorio en las últimas décadas. El epicentro del cambio viene de un lugar muy concreto, Terres Del Alforins, ubicada en el sur de Valencia y norte de Alicante, donde Rafael Cambra, uno de los pioneros en la zona, ya ha hecho un excelente trajo de divulgación con vinos excepcionalmente silvestres y locales con uvas autóctonas. O Fil·loxera & Cía., una bodega garaje que produce vinos de corte natural bien elaborados y con un interesantísimo plan de recuperación de variedades autóctonas casi extintas. Desde este pequeño lugar se está cociendo una pequeña revolución local que trae consigo grandes expectativas de crecimiento cualitativo. Aunque Javi Revert no fue el primero en llegar, su proyecto arranca en 2014 tras su paso por la bodega Celler del Roure, sí que ha sido el primero en ofrecer una nueva dimensión cualitativa de los vinos de allí con puntuaciones y niveles de expresión nunca antes alcanzados.

Simeta 2021 es un vino de parcela elaborado con la uva local arcos (arcos de Miguel), un vino que nos acerca con gran nitidez al nuevo paisaje mediterráneo con un estilo vibrante y muy adaptado a los nuevos tiempos, donde la fruta cobra especial relevancia dentro del discurso estilístico. Lo hace desde un prisma silvestre y muy afilado. Rico en expresión frutal, con tensión y gran viveza. Rafael Cambra ya había experimentado con esta uva elaborada como monovarietal en su vino Casa Labor, pero nunca se había conseguido una expresión como la alcanzada por Simeta. Se trata de un vino que demuestra que es posible conseguir uno de los mejores vinos tintos de España con uvas desconocidas y minoritarias como ésta. Javi da un paso más dignificando al máximo esta variedad y abriendo el camino a nuevas exploraciones varietales, pues si con esta uva valenciana se ha conseguido este resultado, ¿qué otra podría dar de nuevo la campanada?.

El mosto fermentó en depósito de hormigón con levadura autóctona y con un 70% de racimo entero, con una maceración de 20 días con sus pieles. Tras esto, se crió en barricas de 500 litros durante 12 meses, para posteriormente afinarlo durante 3 meses en huevo hormigón. El hormigón es responsable de parte de la tensión que el vino ofrece, si bien el momento óptimo de vendimia también ha influido en la afilada sensación de frescura que transmite.

Simeta representa el valor por defender lo propio sin tener referentes claros y sin que el público sepa de qué se trata. Es como nadar a contracorriente hasta que das con la tecla que te convierte en un grande, aunque como decimos no tuvieras referentes suficientes sobre los que sostenerte. Los trabajos artesanales son un foco de inspiración y de revolución pues con sus pequeñas producciones y su visión artística del vino consiguen abrir nuevos horizontes. Esta elaboración es reveladora y se convierte por derecho propio en el Vino Revelación de la Guía Peñín 2025. Estamos deseando ver qué nuevas propuestas nacen como fruto de este inspirador relato vitícola.

Aula de Formación de la DOCA Priorat, donde la tierra es el origen

www.doqpriorat.com

DOQ Priorat, c. Major, 2, 43737 Torroja del Priorat (Tarragona)

Síguenos en las redes sociales: @d.o.q.priorat @doqpriorat

EL PODIO
VINOS EXCEPCIONALES - TRADICIONALES, DULCES Y ELABORACIONES ESPECIALES

VINO	DO	PRECIO	PÁG
99 PUNTOS			
Amontillado de añada 1975 BF AM	Jerez	299,00 €	303
La Saca de Altanza BF PC S	Jerez	140,00 €	293
Manuel Aragón Premium BF OL S	Jerez	56,85 €	308
Old Mountain 2012 B D	Málaga y Sierras de Málaga	200,00 €	363
Reliquia BF AM S	Jerez		296
Reliquia BF PC S	Jerez		296
98 PUNTOS			
Amontillado Tradición VORS BF AM S	Jerez		299
La Bota de Manzanilla Pasada nº 120 (Botas NO) BF MZ	Jerez		303
Lustau Palo Cortado VORS BF PC S	Jerez	60,70 €	306
Oloroso Tradición VORS BF OL S	Jerez		300
Tío Pepe Cuatro Palmas BF AM S	Jerez	137,89 €	304
97 PUNTOS			
Brotons Gran Fondillon Reserva 1978 T FO D	Alicante	50,00 €	94
D. Benigno BF PC	Jerez	110,00 €	295
Fondillón Luis XIV 25 años T FO	Alicante	50,00 €	96
La Cañada BF PX D	Montilla-Moriles	58,30 €	394
Manuel Aragón Premium BF PC S	Jerez	56,85 €	307
Palo Cortado Tradición VORS BF PC S	Jerez		300
Pedro Ximénez Tradición VOS BF PX D	Jerez		300
Reliquia BF OL S	Jerez		296
96 PUNTOS			
1730 VORS BF AM S	Jerez	61,55 €	294
Altanza Colección Roberto Amillo Amontillado BF AM S	Jerez	47,00 €	293
Altanza Colección Roberto Amillo Palo Cortado BF PC S	Jerez	47,00 €	293
Amón BF AM S	Montilla-Moriles	16,60 €	390
Brotons Gran Fondillon Reserva 1964 T FO	Alicante	65,00 €	94
Chivite Moscatel Viejo Saca 2024 B	VT 3 Riberas		949
Fondillón Ed. Limitada 1959 T FO	Alicante	410,50 €	90
Harveys Pedro Ximénez VORS BF PX D	Jerez		297
Jorge Ordóñez & Co. Nº3 Viñas Viejas (sin fortificar) 2022 B D	Málaga y Sierras de Málaga		365
La Bota de Amontillado Viejísimo (Bota nº 125) "Bota NO" B AM	Montilla-Moriles		391
Lustau Oloroso VORS BF OL S	Jerez	60,70 €	306
Manuel Aragón Premium BF AM S	Jerez	56,85 €	308
Recóndita Armonía 2011 T Solera D	Vino de Mesa		1040
Venerable VORS BF PX D	Jerez		299
Victoria Regina VORS BF OL	Jerez		301
Viña Corrales Pago Balbaina BF FI	Jerez		294
95 PUNTOS			
1730 VORS BF OL S	Jerez	61,55 €	293
1730 VORS BF PC S	Jerez	61,55 €	294
1730 VORS BF PX D	Jerez	64,00 €	294
61 Dorado en Rama BF Solera S	Rueda	40,00 €	742
Abadal Sagristia C-1 BF RC	Vino de Mesa	37,50 €	1028
Altanza Colección Roberto Amillo Oloroso BF OL S	Jerez	47,00 €	293
Altanza Colección Roberto Amillo Pedro Ximénez BF PX D	Jerez	47,00 €	293
Alvear Palo Cortado Nº 7 BF PC	Montilla-Moriles	25,20 €	390
Amontillado del Duque VORS BF AM S	Jerez	95,75 €	303
Amontillado VORS Fino Imperial BF AM	Jerez		301
Bac de les Ginesteres B RC D	Empordà	40,00 €	275
Brotons Gran Fondillon Reserva 1970 T FO	Alicante	55,00 €	94
Canasta 20 años BF OL D	Jerez	32,42 €	300
Chivite Colección 125 Vendimia Tardía 2022 B FB D	VT 3 Riberas	32,95 €	949
De Alberto Dorado Verdejo 100% BF Solera	Rueda	32,00 €	749
De la Cruz de 1767 BF PC S	Jerez	60,00 €	295
Dios Baco Imperial VORS Pedro Ximénez BF PX	Jerez	150,00 €	297
Dos Cortados 20 Años BF PC S	Jerez		300
El Tresillo 1874 Amontillado Muy Viejo BF AM S	Jerez		305
Escondido BF PC	Jerez		308
Fernando de Castilla "Fino Antique" BF FI S	Jerez	24,90 €	303
Fernando de Castilla "Palo Cortado Antique" BF PC S	Jerez	48,90 €	303
Fernando de Castilla Pedro Ximénez Singular BF PX D	Jerez	159,00 €	303
Fino Granero en Rama BF FI	Jerez	12,00 €	307

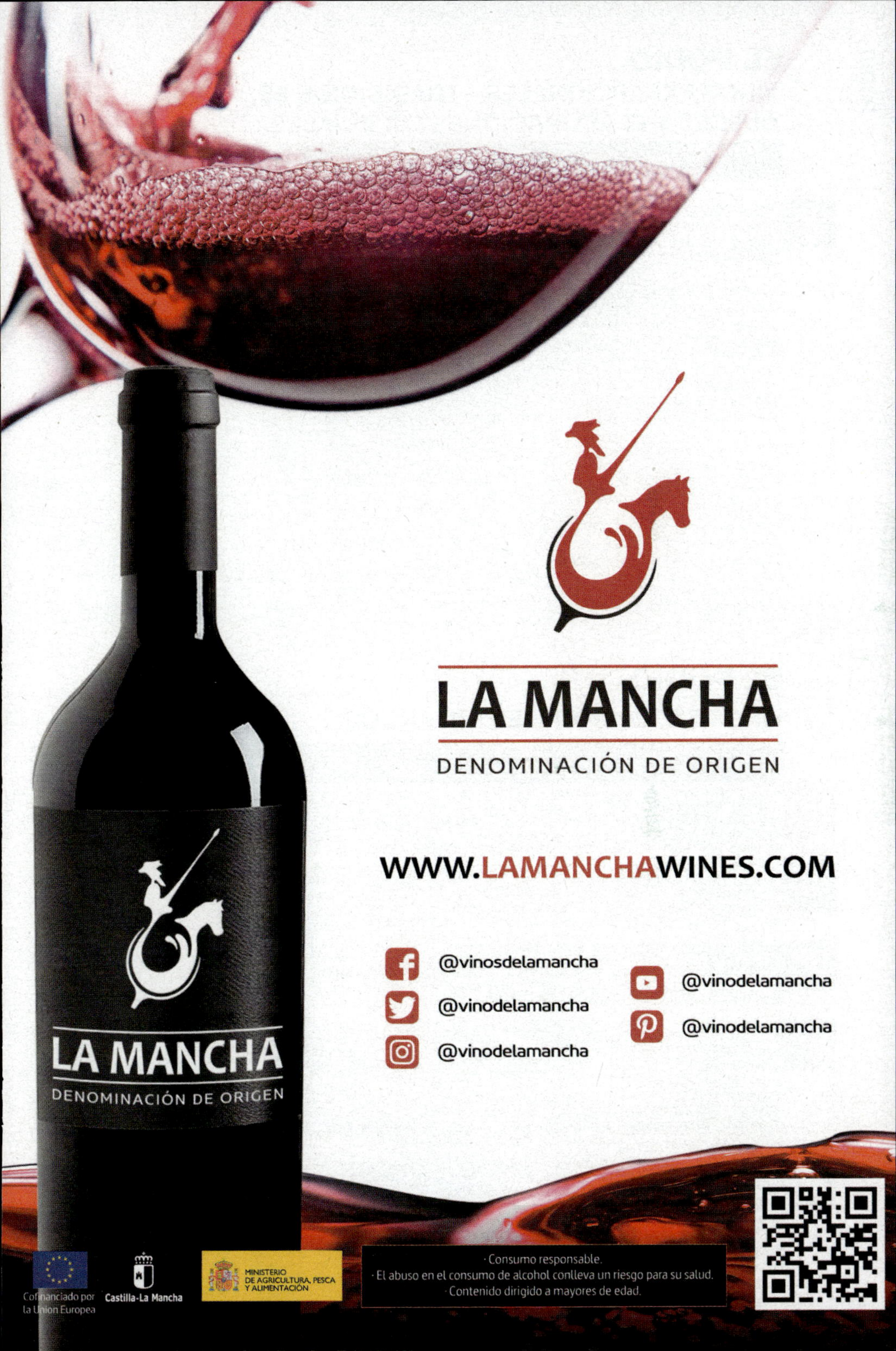
LA MANCHA
DENOMINACIÓN DE ORIGEN
WWW.LAMANCHAWINES.COM
@vinosdelamancha
@vinodelamancha
@vinodelamancha
@vinodelamancha
@vinodelamancha
LA MANCHA
DENOMINACIÓN DE ORIGEN
Cofinanciado por la Unión Europea
Castilla-La Mancha
MINISTERIO DE AGRICULTURA, PESCA Y ALIMENTACIÓN
· Consumo responsable.
· El abuso en el consumo de alcohol conlleva un riesgo para su salud.
· Contenido dirigido a mayores de edad.

EL PODIO
VINOS EXCEPCIONALES - TRADICIONALES, DULCES Y ELABORACIONES ESPECIALES

	VINO	DO	PRECIO	PÁG
95 PUNTOS	Fino Tradición BF FI S	Jerez		299
	Fondillón 1944 T FO	Alicante	495,00 €	89
	Fondillón 1975 T FO	Alicante	160,00 €	90
	González Palacios 1986 BF PC	Vino de Calidad de Lebrija		935
	Gran Barquero en Rama B FI S	Montilla-Moriles	16,60 €	393
	Guardianes del Fondillón 1955 T FO D	Alicante	140,00 €	99
	Harveys Amontillado VORS BF AM S	Jerez	65,00 €	297
	Harveys Palo Cortado VORS BF PC MED	Jerez	55,00 €	297
	Jorge Ordóñez & Co Nº 2 Victoria Dulce (sin fortificar) 2023 B D	Málaga y Sierras de Málaga		365
	La Bota de Fino (Bota nº 124) B FI	Montilla-Moriles		391
	La Bota de Palo Cortado (Bota nº 121) BF PC	Jerez		303
	La Diva Dulce 2020 B D	Vino de Mesa		1040
	La Gitana Aniversario BF MZ S	Jerez	34,95 €	298
	Lustau Almacenista Amontillado del Castillo Antonio Caballero y Sobrinos BF AM S	Jerez	28,25 €	306
	Lustau Almacenista Manzanilla Pasada Manuel Cuevas Jurado BF MZ	Jerez	23,10 €	306
	Lustau Moscatel VORS BF D	Jerez	60,70 €	306
	Matusalem VORS BF OL CRM	Jerez	95,75 €	304
	O Luar do Sil Tostado 2021 B	Valdeorras	115,00 €	857
	Olvidado BF AM S	Jerez		309
	Perinet Ranci 1950 B RC	Vino de Mesa	180,00 €	1061
	Primitivo Quiles Gran Imperial 1892 BF Solera D	Alicante	180,00 €	98
	Sitta Dulce Nana 2022 B D	Vino de Mesa	57,00 €	1030
	Solear en Rama saca de invierno BF MZ S	Jerez		296
	Tío Pepe Dos Palmas BF FI S	Jerez	34,80 €	304
	Tío Pepe Tres Palmas BF FI S	Jerez	46,79 €	304
	Viejo C.P. VOS BF PC S	Jerez	45,50 €	309

EL PODIO
VINOS EXCEPCIONALES - BLANCOS

	VINO	DO	PRECIO	PÁG
100 PUNTOS	Belondrade Les Parcelles 2019 B	Vino de Mesa	275,00 €	1032
	Dominio del Águila Albillo Viñas Viejas 2016 B	Vino de Mesa		1052
	La Fillaboa 1898 2016 B	Rías Baixas	55,00 €	502
99 PUNTOS	Muchada-Léclapart Lumière 2021 B	Vino de Mesa	49,95 €	1060
	Pazo Señorans Selección de Añada 2014 B	Rías Baixas	51,90 €	518
	Sorte Antiga 2022 B	Valdeorras		858
98 PUNTOS	Dominio del Águila Albillo Viñas Viejas 2019 B	Vino de Mesa		1052
	El Val 2022 B	Bierzo		134
	Sorte O Soro 2022 B	Valdeorras		858
97 PUNTOS	El Jardín de las Iguales Macabeo 2021 B	Vino de Mesa	192,75 €	1039
	La Comtesse Gran Vino de Guarda 2019 B FB	Rías Baixas	120,00 €	516
	La Riva "Las 10" 2021 B	Vino de Mesa		1051
	Muchada-Léclapart Etoile 2019 B	Vino de Mesa	39,95 €	1060
	Remelluri 2021 B	Rioja	75,00 €	712
	Sin Palabras V 186 2018 B	Rías Baixas	30,00 €	495
	Suertes del Marqués Edición 1 2022 B	Valle de la Orotava	95,00 €	889
96 PUNTOS	Belondrade y Lurton 2022 B FB	Rueda	46,00 €	742
	Frontonio La Loma y Los Santos 2022 B	Vino de Mesa	49,83 €	1039
	La Caña Navia 2022 B	Rías Baixas	27,85 €	503
	La Escribana 2022 B	Vino de Mesa		1034
	La Riva San Cayetano 2022 B	Vino de Mesa		1052
	La Sombrilla 2021 B	Ribeiro	45,00 €	549

EL PODIO
VINOS EXCEPCIONALES - BLANCOS

VINO	DO	PRECIO	PÁG
96 PUNTOS			
Lapena 2021 B	Ribeira Sacra		534
Mixtura Etiqueta Dorada 2021 B	Vino de Mesa		1059
Nivarius Finca La Nevera 2019 B	Rioja	31,00 €	682
Ossian Capitel 2021 B FB	VT CastyLe	171,00 €	1002
Pedrouzos Magnum 2019 B FB	Valdeorras		859
Selma de Nin 2018 B	Priorat		478
Territorio Luthier Blanco de Guarda 2020 B R	Ribera del Duero	50,00 €	627
95 PUNTOS			
Albamar Finca O Pereiro 2022 B	Rias Baixas		500
Algueira Escalada 2022 B FB	Ribeira Sacra	30,00 €	531
Arínzano Eternidad B	Pago de Arínzano	200,00 €	916
Armán Finca Misenhora 2021 B	Ribeiro	28,00 €	548
As Sortes Val do Bibei 2022 B	Valdeorras		858
Capellania 2019 B GR	Rioja	85,00 €	719
Carralcoba Albariño 2022 B	Rias Baixas		511
Claudia 2019 B	Rias Baixas		509
Dolç de Foc Flama B	Vino de Mesa	76,50 €	1028
Emilio Rojo 2021 B	Ribeiro		553
Fai un Sol de Carallo 2020 B	Ribeiro	92,00 €	549
Falcoeira Branco 2021 B	Valdeorras	90,00 €	855
Finca La Terrenal 2020 B	Terra Alta		802
Itsasmendi Artizar Magnum 2018 B	Bizkaiko Txakolina	93,00 €	149
Izadi El Regalo 2021 B	Rioja	48,00 €	669
John Stone 2022 B	El Hierro		260
José Pariente 25 Años de Crianza en Barrica 1998 B RB	Vino de Mesa	75,00 €	1041
Kalamity 2022 B	Rioja		721
Les Margues 2021 B R	Priorat	39,70 €	484
MA Andrea Mufatto Godello 2022 B	Bierzo	34,50 €	138
Malvasía Victoria Torres 2022 B	La Palma		347
Muchada-Léclapart Univers 2021 B	Vino de Mesa		1060
Nelin 2021 B	Priorat		476
Nivarius Valdesabril 2021 B	Rioja	51,00 €	682
Ossian 2022 B	VT CastyLe	45,00 €	1002
Parajes del Infierno "La Sillería" 2021 B FB	Vino de Mesa	37,50 €	1031
Peña Cruzada Piesdescalzos 2022 B	Vinos de Madrid		897
Pezas da Portela 2019 B FB	Valdeorras	75,00 €	859
Porta Franca 2023 B	Vino de Mesa		1060
Suertes del Marqués Vidonia V.P. 2022 B C	Valle de la Orotava	63,00 €	889
Tamerán Marmajuelo 2022 B FB	Gran Canaria	32,00 €	284
Terra Vermella de Nin 2016 B	Priorat		479
Valtuille Godello Paraje El Val 2022 B BA	Bierzo		134
Zárate El Balado 2022 B	Rias Baixas		525

EL PODIO
VINOS EXCEPCIONALES - ROSADOS

VINO	DO	PRECIO	PÁG
96 PUNTOS			
Peñas Aladas Clarete 2020 RD	Ribera del Duero		611

EL PODIO

VINOS EXCEPCIONALES - TINTOS

VINO	DO	PRECIO	PÁG
100 PUNTOS			
Contador Las Paulejas 2020 T	Rioja	580,00 €	653
Dominio de Atauta La Roza 2018 T	Ribera del Duero	248,95 €	579
Les Manyes 2022 T	Priorat	272,00 €	489
Viña El Pisón 2022 T	Vino de Mesa		1068
99 PUNTOS			
1902 Tossal d'en Bou Gran Vinya Classificada 2022 T C	Priorat	425,00 €	484
Alabaster 2021 T	Toro		831
Castillo Ygay 2012 T GR	Rioja	280,00 €	719
Contador 2016 T	Rioja	375,00 €	653
Sei Solo 2021 T	Ribera del Duero	62,00 €	626
98 PUNTOS			
Artadi El Carretil 2022 T	Vino de Mesa		1045
Contador 3 Parcelas Magnum 2020 T	Rioja	760,00 €	653
Dominio de Atauta San Juan 2018 T	Ribera del Duero	248,95 €	579
Las Beatas 2021 T	Rioja	290,00 €	702
Pico Ferreira 2022 T	Bierzo	33,00 €	134
Pingus 2022 T	Ribera del Duero		610
Sierra Cantabria Mágico 2020 T	Rioja	700,00 €	736
97 PUNTOS			
Amancio 2020 T	Rioja	80,00 €	735
Artadi La Hoya 2022 T	Vino de Mesa		1045
Artuke La Condenada 2022 T	Rioja	80,00 €	648
Canta la Perdiz 2018 T R	Ribera del Duero		611
Contador 2021 T	Rioja	362,00 €	653
Cuentaviñas Los Yelsones 2021 T	Rioja		703
Dominio de Atauta Valdegatiles 2018 T	Ribera del Duero	135,20 €	579
Dominio do Bibei 2021 T	Ribeira Sacra		534
El Jardín de las Iguales Garnacha 2022 T	Vino de Mesa	221,31 €	1039
Gran Reserva 904 Selección Especial 2015 T GR	Rioja	75,00 €	717
Gran Vino de Remelluri 2020 T R	Rioja	120,00 €	711
La Faraona 2022 T BA	Bierzo		135
La Nieta 2021 T	Rioja	100,00 €	734
La Quebrá 2021 T BA	Vino de Calidad de Cebreros	90,00 €	930
Les Aubaguetes 2022 T C	Priorat		465
Les Tosses 2022 T C	Priorat	272,00 €	489
Marqués de Riscal 150 Aniversario 2019 T GR	Rioja	80,00 €	713
Pago de Carraovejas "Cuesta de las Liebres" 2020 T R	Ribera del Duero		621
Tapias de Marqués de Riscal 2020 T	Rioja	120,00 €	713
Teso La Monja 2018 T	Toro		831
Valtuille la Vitoriana 2022 T	Bierzo		134
Vega Sicilia Único 2015 T	Ribera del Duero		597
Vega Sicilia Único Reserva Especial T GR	Ribera del Duero		598
96 PUNTOS			
1903 Centenary Grenache 2022 T	Priorat		484
1903 Coma de Cases Garnatxa Velles Vinyes 2022 T C	Priorat	425,00 €	484
Acediano 2021 T C	Ribera del Duero	64,00 €	625
Alión 2021 T	Ribera del Duero	85,00 €	600
Alma 2021 T	Rioja	120,00 €	652
Anza Especial 2021 T	Rioja		705
Aro 2021 T	Rioja	280,00 €	680
Arrebatacapas 2021 T	Vino de Calidad de Cebreros	65,00 €	929
Artadi La Poza de Ballesteros 2022 T	Vino de Mesa		1045
Artadi San Lázaro 2022 T	Vino de Mesa		1045
Artuke El Escolladero 2022 T	Rioja	70,00 €	648
Benjamín Romeo Colección Nº 2: La Cañoca 2012 T GR	Rioja	190,00 €	653
Casa Castillo Las Gravas 2022 T	Jumilla	55,00 €	314
Clos Erasmus 2021 T BA	Priorat		476
Cuentaviñas El Tiznado 2021 T	Rioja		703
Dominio de Atauta Dos Fincas 2021 T	Ribera del Duero	47,60 €	579
Dominio de Atauta Llanos del Almendro 2018 T	Ribera del Duero	135,20 €	579
Dominio del Aguila 2020 T R	Ribera del Duero		611
El Puntido 2021 T	Rioja	40,00 €	734
El Rapolao Vino de Paraje 2022 T	Bierzo		134
El Retablo IV T	Ribera del Duero		603
Espectacle 2021 T C	Montsant		409

KOALA
professional wine tools

NUEVO
TITAN

EL SACACORCHOS MÁS RESISTENTE Y DURADERO

koalaspain.com

info@koalaspain.com | +34 986 90 05 80

EL PODIO
VINOS EXCEPCIONALES - TINTOS

VINO	DO	PRECIO	PÁG
96 PUNTOS			
Flor de Pingus 2022 T	Ribera del Duero		610
Fuente de Los Huertos 2022 T	Vinos de Madrid	20,00 €	896
Grimalt Caballero 2020 T	VT Mallorca		1013
Guix Vermell Negre 2022 T	Montsant	300,00 €	409
Jirón de Niebla 2021 T C	Vino de Calidad de Cebreros	40,00 €	930
Juan Gil Etiqueta Azul/Blue Label 2022 T	Jumilla	26,50 €	316
L'Ermita 2022 T C	Priorat		465
La Estrada 2021 T	Rioja	90,00 €	702
La Florens 2022 T	Montsant	24,00 €	407
Las Alas de Frontonio La Tejera 2022 T FB	Vino de Mesa	62,75 €	1039
Las Lamas 2022 T BA	Bierzo		135
Las Suertes 2022 T	Valle de la Orotava	36,00 €	889
Lo Mas D'Edetària 2021 T	Terra Alta		802
Lola de Fos 2016 T GR	Rioja	41,90 €	668
Luthier 2012 T GR	Ribera del Duero		627
Marqués de Riscal 2019 T GR	Rioja	56,50 €	714
Pago de Torrosillo 2022 T	Ribera del Duero	79,50 €	612
Peñas Aladas 2018 T GR	Ribera del Duero		611
Pepe Mendoza Fierroca 2021 T	Alicante		98
Post-Crucifixión 2022 T	Bierzo	149,00 €	138
Pujanza Cisma 2020 T	Rioja		699
Pujanza Norte 2021 T	Rioja		700
San Vicente 2020 T BA	Rioja	40,00 €	728
Scala Dei Masdeu 2018 T	Priorat	88,00 €	474
Scala Dei Masdeu 2019 T	Priorat	88,00 €	474
Simeta 2021 T	Valencia	42,00 €	876
Suertes del Marqués Edición 1 2022 T	Valle de la Orotava	45,00 €	888
Sufreiral 2022 T	Bierzo		134
Tapias de Marqués de Riscal 2021 T	Rioja		714
Tr3smano Tm 2019 T BA	Ribera del Duero	125,00 €	566
Valbuena 5º 2020 T	Ribera del Duero	130,00 €	597
Viña Arana 2016 T GR	Rioja	35,00 €	717
Viña Sastre Pesus 2016 T	Ribera del Duero	350,00 €	631
Vivaltus 2019 T	Ribera del Duero	115,00 €	633
95 PUNTOS			
4 Kilos 2022 T	VT Mallorca		1013
Aalto PS (Pagos Seleccionados) 2022 T	Ribera del Duero		557
Abadía Retuerta Pago Garduña 2020 T	Pago Abadía Retuerta	97,00 €	913
Abadía Retuerta Petit Verdot PV 2020 T	Pago Abadía Retuerta	145,00 €	913
Abel Mendoza Tempranillo Grano a Grano 2020 T	Rioja	46,80 €	650
Alpendre Merenzao 2022 T	Ribeira Sacra	45,00 €	539
Arbossar 2022 T C	Priorat	77,60 €	489
As Caborcas 2021 T	Valdeorras	64,50 €	855
Atteca Armas 2022 T	Calatayud	37,00 €	162
Ausàs Interpretación 2022 T	Ribera del Duero	50,00 €	559
Avancia Nobleza Carballedo 2022 T	Valdeorras	53,00 €	854
Barón de Chirel 2019 T	Rioja	105,00 €	713
Barrera de Sol 2021 T BA	Vino de Calidad de Cebreros	40,00 €	930
Benjamín Romeo Colección Nº 3: El Bombón 2015 T	Rioja	190,00 €	653
Benjamín Romeo Colección Nº 4: La Dehesa 2015 T	Rioja	190,00 €	653
Bernabeleva Arroyo de Tórtolas Tres Vendimias T	Vinos de Madrid	58,00 €	892
Bernabeleva Viña Bonita 2022 T	Vinos de Madrid	48,00 €	892
Beronia Gran Reserva Cosecha Fundacional 1973 T GR	Rioja	210,00 €	660
Blecua Magnum 2016 T R	Somontano	172,00 €	772
Cantos del Diablo 2021 T	Méntrida	75,00 €	380
Cardia Brancellao 2022 T	Ribeira Sacra	119,00 €	529
Cardia Uceira 2022 T	Ribeira Sacra	49,50 €	529
Carraquintana de Amaren 2020 T BA	Rioja	68,00 €	658
Casa Castillo Pie Franco 2022 T C	Jumilla	160,00 €	314
Celia Vizcarra 2021 T	Ribera del Duero	65,00 €	599
César Príncipe 2020 T C	Cigales	25,00 €	231
Cirsion 2021 T	Rioja	220,00 €	686
Clar del Bosc 2022 T	Priorat	38,50 €	482
Clos Mogador 2021 T C	Priorat		476
Cobrana 2022 T	Bierzo		125
Cofrades Bideona 2021 T	Rioja		651
Cuentaviñas 2021 T	Ribera del Duero		608
Curii Dra. Jekyll 2022 T	Vino de Mesa		1051

CONSEJO REGULADOR DENOMINACIÓN DE ORIGEN
EL HIERRO

Un referente de biodiversidad para la vida

EL PODIO
VINOS EXCEPCIONALES - TINTOS

VINO	DO	PRECIO	PÁG
95 PUNTOS			
Dalmau 2020 T R	Rioja		719
Doix Costers de Vinyes Velles 2022 T C	Priorat	102,00 €	484
Dominio de Atauta 2021 T C	Ribera del Duero	30,90 €	579
Dominio de Calogía by José Manuel Pérez Ovejas Doble M 2020 T	Ribera del Duero	39,00 €	609
El Nido 2021 T	Jumilla	145,00 €	315
El Pas de L'Estudiant 2022 T	Montsant	37,00 €	407
El Puntido 2008 T GR	Rioja		734
El Titán del Bendito 2021 T	Toro	49,00 €	824
Els Escurçons 2021 T	Priorat		485
Essences Nº3 T	Ribera del Duero	139,00 €	591
Figuero Tinus 2020 T	Ribera del Duero	260,00 €	612
Finca A Ponte Guímaro 2020 T	Ribeira Sacra		531
Finca Capeliños Guímaro 2021 T	Ribeira Sacra		531
Finca Dofí 2022 T C	Priorat		465
Finca El Bosque 2021 T	Rioja	80,00 €	736
Finca La Personal de Edetària 2021 T	Terra Alta		802
Finca Terrazo 2021 T	Pago El Terrerazo		919
Finca Villacreces Nebro 2021 T C	Ribera del Duero	189,00 €	614
Frontonio La Cerqueta 2022 T	Vino de Mesa	45,00 €	1039
Gallinas & Focas 2020 T	VT Mallorca		1013
Galtzada Bideona 2022 T	Rioja		651
Grans Muralles 2019 T R	Conca de Barberà		242
Hacienda Monasterio 2019 T R	Ribera del Duero	65,00 €	584
Hacienda Solano Finca Cascorrales 2021 T	Ribera del Duero		615
Ignios Origenes Listán Negro Vendimia Seleccionada 2021 T	Ycoden-Daute-Isora		902
Jerónimo 2022 T	La Palma		347
José Gil El Bardalo 2022 T	Rioja		716
La Baixada 2022 T	Priorat		465
La Bovila 2021 T	Vino de Mesa	50,00 €	1065
La Breña 2021 T	Vino de Calidad de Cebreros		929
Lacima 2021 T	Ribeira Sacra		534
Lalama 2021 T	Ribeira Sacra		534
Lalomba Finca Valhonta 2019 T	Rioja		725
Las Ocho 2020 T	Pago Chozas Carrascal	22,00 €	916
Las Tierras de Javier Rodríguez El Teso Alto 2018 T	Toro	77,00 €	820
Lousas Rosende 2022 T	Vino de Mesa		1053
Lousas Seoane 2022 T	Vino de Mesa		1053
Luthier 2014 T GR	Ribera del Duero	190,00 €	627
Malpuesto 2022 T	Rioja		683
Manttoni 2022 T	Rioja		721
Martínez Lacuesta Colección Familia 2012 T GR	Rioja	40,00 €	678
Matallana 2021 T	Ribera del Duero	75,00 €	608
Matarromera Pago de las Solanas 2016 T R	Ribera del Duero	279,09 €	562
Milagros de Figuero 2022 T	Ribera del Duero	50,00 €	612
Milsetentayseis 2021 T	Ribera del Duero		619
Moncerbal 2022 T	Bierzo		135
Pancrudo de Gómez Cruzado 2022 T	Rioja	45,00 €	695
Pegaso "Barrancos de Pizarra" 2021 T	Vino de Calidad de Cebreros	42,00 €	929
Pepe Mendoza Giró de Abargues 2021 T C	Alicante		98
Perelada Finca Garbet 2021 T R	Empordà	122,00 €	273
Pico de Luyas 2020 T	Ribera del Duero	66,00 €	595
Pino 2022 T RB	Manchuela	24,00 €	371
Popul 2021 T C	Priorat	28,00 €	488
Por los Cien 2020 T	Rioja	100,00 €	668
Porrera Vi de Vila de Vall Llach 2022 T C	Priorat	55,00 €	473
Proelio La Canal del Rojo 2020 T	Rioja	59,00 €	685
Proelio Puerto Rubio 2020 T	Rioja	59,00 €	685
Protos '27 2021 T	Ribera del Duero	28,95 €	624
Protos Selección Finca el Grajo Viejo 2020 T	Ribera del Duero	69,50 €	624
PSI 2022 T	Ribera del Duero		610
Quincha Corral 2021 T	Pago El Terrerazo		919
Quinta Milú Valdevicente 2022 T	Ribera del Duero		625
Real de Asúa 2021 T	Rioja		704
Reserva Real 2019 T R	Penedès	225,00 €	442
Reserva Real 2020 T R	Penedès		442
Roc 2021 T	Bierzo		125
Roda I 2020 T R	Rioja	60,00 €	686
Salas 2021 T	Rioja	90,75 €	645
Scala Dei Sant Antoni 2021 T	Priorat		474
Son Agulló 2022 T C	Binissalem Mallorca	33,00 €	144

EL PODIO
VINOS EXCEPCIONALES - TINTOS

	VINO	DO	PRECIO	PÁG
95 PUNTOS	Sot Lefriec 2019 T	Vino de Mesa	70,00 €	1029
	Supersónico Frontonio 2022 T	Vino de Mesa	24,49 €	1039
	Tabuerniga 2020 T	Rioja		703
	Tabuerniga 2021 T	Rioja	90,00 €	703
	Termanthia 2016 T	Toro	250,00 €	814
	Torre Muga 2020 T	Rioja	76,25 €	681
	Tourán 2021 T	Campo de Borja	115,00 €	174
	Tumba del Rey Moro 2021 T	VT CastyLe		998
	Unanimous Finca La Tejera 2021 T C	Ribera del Duero	47,00 €	627
	Valtuille Cepas Centenarias 2022 T BA	Bierzo		134
	Valtuille La Cova de la Raposa 2022 T	Bierzo		134
	Valtuille Vino de Paraje Rapolao 2022 T C	Bierzo		134
	Valtuille Vino de Villa 2022 T	Bierzo	20,00 €	135
	Vatan 2021 T	Toro		822
	Vatan Arena 2017 T	Toro		822
	Velázquez Colección Artistas Españoles 2011 T R	Rioja	45,00 €	647
	Victorino 2021 T	Toro	42,00 €	831
	Viña Zorzal Señora de las Alturas 2022 T	Navarra		430

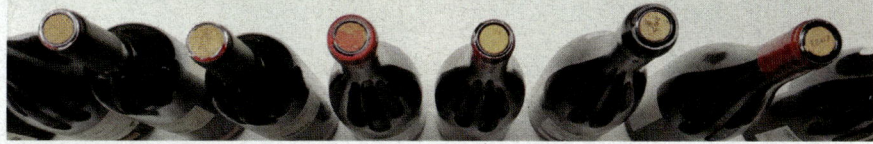

EL PODIO
VINOS EXCEPCIONALES - ESPUMOSOS Y CAVAS

	VINO	DO		
100 PUNTOS	Enoteca Gramona 2011 BE BN	Vinos Espumosos		1076
99 PUNTOS	Enoteca Personal Manuel Raventos 2008 BE BN	Vinos Espumosos	139,15 €	1079
	Reserva Particular de Recaredo 2014 BE BN	Vinos Espumosos	87,00 €	1080
	Turo d'en Mota de Recaredo 2010 BE BN	Vinos Espumosos	145,00 €	1080
98 PUNTOS	Gramona Celler Batlle 2014 BE BR	Vinos Espumosos		1076
	Parés Baltà Bassegues 2010 BE	Cava		221
97 PUNTOS	Alta Alella 10 2012 BE GR BN	Cava	120,00 €	193
	Llopart Original 1887 Viñas Singulares Les Flandes 2013 BE BN	Vinos Espumosos	66,00 €	1078
96 PUNTOS	Alta Alella Mirgin Exeo Evolució + 2004 BE GR BN	Cava	120,00 €	193
	Alta Alella Mirgin Exeo Paraje Calificado Vallcirera 2017 BE GR BN	Cava	58,00 €	193
	Izar-Leku 2019 BE BN	Getariako Txakolina		280
	Manuel Raventós Negra Magnum 2013 BE GR BN	Vinos Espumosos	181,50 €	1079
	Mas del Serral Clos Petit 2013 BE	Vinos Espumosos	350,00 €	1082
95 PUNTOS	Alta Alella Mirgin Opus Paraje Calificado Vallcirera 2019 BE BN	Cava	38,00 €	194
	Gran Juvé Camps 2018 BE GR BR	Cava		215
	Janes 2019 BE	Vinos Espumosos	45,00 €	1073
	Juvé & Camps Reserva de la Familia 2009 BE GR BN	Cava		216
	Llopart Llegat Familiar 2010 BE BN	Vinos Espumosos	140,00 €	1077
	Manuel Raventós Negra Magnum 2016 BE GR BN	Vinos Espumosos	165,01 €	1080
	Mas del Serral 2013 BE BN	Vinos Espumosos	174,65 €	1082
	Pere Ventura Gran Vintage Paraje Calificado Can Bas 2015 BE GR BR	Cava	82,00 €	221
	Torelló Collection 2012 BE BN	Vinos Espumosos	107,00 €	1082
	Juvé & Camps La Siberia 2015 RE GR BN	Cava	120,00 €	215

BODEGAS Y CATAS DE VINOS POR DENOMINACIÓN DE ORIGEN

VINOS ECOLÓGICOS

D.O.P. DENOMINACIÓN DE ORIGEN PROTEGIDA

I.G.P. INDICACIÓN GEOGRÁFICA PROTEGIDA

SC SIN CALIFICAR

CRITERIOS DE RELACIÓN CALIDAD / PRECIO

PUNTOS	★★★★★ EXCELENTE	★★★★ BUENO	★★★ CORRECTO
87 pts		≤7€	>7€ ≤8€
88 pts		≤8€	>8€ ≤9€
89 pts		≤9€	>9€ ≤10€
90 pts	≤10€	>10€ ≤12€	>12€ ≤14€
91 pts	≤12€	>12€ ≤14€	>14€ ≤16€
92 pts	≤14€	>14€ ≤16€	>16€ ≤18€
93 pts	≤16€	>16€ ≤18€	>18€ ≤20€
94 pts	≤18€	>18€ ≤20€	>20€ ≤22€
95 pts	≤20€	>20€ ≤22€	>22€ ≤24€
96 pts	≤25€	>25€ ≤30€	>30€ ≤35€
97 pts	≤30€	>30€ ≤35€	>35€ ≤40€
98 pts	≤35€	>35€ ≤40€	>40€ ≤45€
99 pts	≤40€	>40€ ≤45€	>45€ ≤50€
100 pts	≤45€	>50€ ≤55€	

TIPO DE PUNTUACIÓN

95-100	VINO EXCEPCIONAL
90-94	VINO EXCELENTE
88-89	VINO BUENO
85-87	VINO ACEPTABLE
80-84	VINO POCO RECOMENDABLE
>80	VINO DEFECTUOSO

*Los precios de venta al público (P.V.P.) reflejados en la presente edición han sido facilitados por las propias bodegas.

DO. ABONA
CONSEJO REGULADOR

Martín Rodríguez, 9
38588 Porís de Abona - Arico (Santa Cruz de Tenerife)
☎: +34 922 164 241
@: vinosdeabona@vinosdeabona.com
www.vinosdeabona.com

SITUACIÓN:

En la zona sur de la isla de Tenerife, con viñedos que ocupan las laderas del Teide hasta la costa. Engloba los términos municipales de Adeje, Arona, Vilaflor, San Miguel de Abona, Granadilla de Abona, Arico y Fasnia.

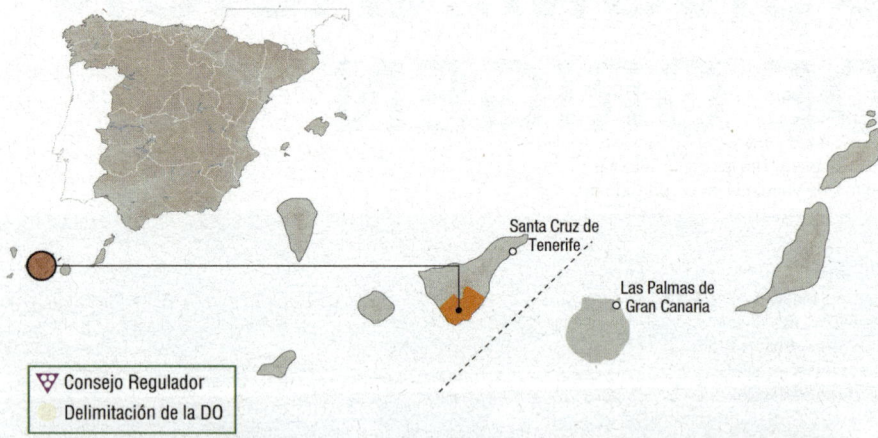

VARIEDADES:

BLANCAS:
Preferentes: albillo, marmajuelo, forastera blanca, güal, malvasía, moscatel alejandría, sabro, verdello y vijariego.
Autorizadas: baboso blanco, listán blanco, pedro ximénez y torrontés.

TINTAS:
Preferentes: castellana negra, listán negro, malvasía rosada, negramoll y tintilla.
Autorizadas: baboso negro, cabernet sauvignon, listán prieto, merlot, moscatel negro, pinot noir, ruby cabernet, syrah, tempranillo y vijariego negro.

DATOS CONSEJO REGULADOR:

Nº Has. Viñedo: 826– **Nº Viticultores:** 1.396– **Nº Bodegas:** 20 – **Cosecha 22:** Muy Buena – **Producción 22:** 1.047.316 L. – **Comercialización:** 95% Nacional - 5% Internacional.

SUELOS:

Puede distinguirse entre los terrenos arenosos y calcáreos de las medianías y las tierras más arcillosas y bien drenadas, por su condición volcánica, de las zonas altas. Son típicos los suelos llamados "jable", que no es sino una fina arena volcánica de color blanquecino con la que los viticultores locales cubren el viñedo para retener la humedad y evitar el nacimiento de malas hierbas. El viñedo se ubica a altitudes que van de los 300 a los 1.750 metros (en las zonas altas es donde se cultivan las uvas de mayor calidad), lo que determina diferentes fechas de vendimia en un periodo que va desde principios de agosto hasta octubre.

CLIMA:

De tipo mediterráneo en la franja costera, va refrescando, por la influencia de los vientos alisios, a medida que se avanza hacia el interior. Las lluvias oscilan entre los 350 mm. anuales en la costa y los 550 mm. en las medianías. En la zona más alta, Vilaflor, el viñedo no se beneficia de estos vientos por orientarse ligeramente al oeste. Sin embargo, las más de 200 hectáreas de esta pequeña meseta producen unos vinos de una acidez de 8 grs./l. debido a la altitud, pero con una graduación alcohólica de 13º, ya que la zona goza del mayor número de horas de sol de la isla.

CARACTERÍSTICAS GENERALES DE LOS VINOS

BLANCOS Presentan un color amarillo pálido; son afrutados y, en ocasiones, con aromas florales; en boca resultan secos, agradables y equilibrados.

ROSADOS Se caracterizan por su color rosáceo; son frescos, ligeros y agradables de beber, aunque algo menos fragantes que los de Tacoronte.

TINTOS Aunque menos representativos que los blancos, presentan un color cereza granate, aromas a frutos rojos maduros y balsámicos, y una estructura más bien ligera.

CALIFICACIÓN DE COSECHAS DE VINOS JÓVENES GUÍA**PEÑÍN**

2019	2020	2021	2022	2023
SC	BUENA	SC	MUY BUENA	BUENA

DO ABONA / D.O.P.

ALTOS DE TREVEJOS
Calle la Constitución s/n
38620 San Miguel de Abona
(Santa Cruz de Tenerife)
☎: +34 922 929 294
bodega@altosdetrevejos.com
www.altosdetrevejos.com

Trevejos Albillo Criollo 2020 BE GR BN
albillo criollo

90 — 25€
Afilado, salino. Color: amarillo brillante. Aroma: fruta madura, lías finas, equilibrado, hierbas secas. Boca: buena acidez, sabroso, fruta madura.

Trevejos Listán Blanco 2020 BE BN
listán blanco

91 — 18€
Color: pajizo brillante. Aroma: fruta madura, lías finas, hierbas secas, flores marchitas, especias dulces. Boca: sabroso, buena acidez, burbuja fina, fruta madura.

Trevejos Mountain Wines Baboso Negro 2021 T
baboso

92 — 35€
Aroma: fruta madura, fruta negra, hierbas silvestres, expresivo, especiado, tostado. Boca: sabroso, frutoso, fresco, equilibrado, taninos maduros.

Trevejos Mountain Wines Listán Blanco & Malvasía 2022 B
listán blanco

91 — 24€
Austero, mineral. Color: pajizo brillante. Aroma: hierbas de tocador, lías finas, fruta blanca, hierbas secas. Boca: lleno, graso, largo, buena acidez.

Trevejos Mountain Wines Listán Prieto 2022 T FB
listán prieto

92 ♣ — 28€
Color: cereza, borde violáceo. Aroma: expresión frutal, fruta roja, floral, especiado, terroso. Boca: sabroso, frutoso, buena acidez, mineral.

Trevejos Mountain Wines Organic Listán Blanco 2022 B S
listán blanco

91 ★★★★★ ♣ — 12€
Color: pajizo brillante. Aroma: hierbas de tocador, lías finas, fruta blanca, mineral. Boca: lleno, graso, buena acidez.

Trevejos Rosado 2020 RE BN
listán prieto

88 — 18€
Equilibrado, flores secas, fresco, hierbas secas, sabroso, salino.

Trevejos Mountain Wines Vijariego Negro 2022 T
vijariego negro

91 — 35€
Color: cereza, borde violáceo. Aroma: expresión frutal, fruta roja, floral, especiado. Boca: sabroso, frutoso, buena acidez.

Trevejos Volcanic Wines Baboso Negro & Syrah 2020 T
baboso, syrah

90 — 22€
Color: cereza intenso. Aroma: hierbas secas, roble cremoso, fruta negra, ahumado. Boca: fruta madura, especiado, taninos maduros.

Trevejos Volcanic Wines Blanco Albillo & Verdejo 2023 B
albillo criollo, verdello

92 ★★★★ — 15€
Color: pajizo brillante. Aroma: lías finas, fruta blanca, hierbas secas. Boca: lleno, graso, buena acidez, sabroso, mineral.

BODEGA MENCEY CHASNA
Marta, 3 Chimiche
38589 Granadilla de Abona
(Santa Cruz de Tenerife)
☎: +34 922 777 285
ventas@menceychas.com
www.menceychasna.com

Listán 1414 de Altura 2021 B
listán blanco

92 — 20€
Clásico, confitado, goloso. Aroma: incienso, madera vieja, fruta escarchada, flores secas. Boca: jugoso, sabroso.

Los Tableros 2022 T BA
syrah, vijariego negro

86 — 8€

Los Tableros Vijariego Blanco - Albillo 2023 B
vijariego negro, albillo criollo

87 ★★★ — 8€

Mencey Chasna Seco 2023 B
listán blanco

87 ★★★★ — 6,3€

Mencey Chasna Semiseco 2023 B SS
listán blanco, albillo criollo

86 — 5,9€

78 | Guía Peñín | VINOS DE ESPAÑA

**Mencey de Chasna
Vijariego Negro 2023 T**
vijariego negro

86 .... 6,3€

BODEGAS REVERÓN
Ctra. Gral. Vilaflor - La Escalona, Los Quemados, 8
38618 Vilaflor (Santa Cruz de Tenerife)
☎: +34 609 857 226
bodegasreveron1947@gmail.com
www.bodegareveron.com

Pagos de Reverón 2023 B S
100% listán blanco

86 🌱 .... 10€

Pagos de Reverón 2023 B S
100% listán blanco

87 .... 10€

Pagos de Reverón 2023 T S
listán negro, tempranillo

87 🌱 .... 10€

Pagos de Reverón Afrutado 2023 B SD
listán blanco

86 .... 8€

Pagos Reverón Afrutado 2023 RD SD
listán negro

86 .... 8€

Pagos Reverón Malvasia 2023 B S
100% malvasía

88 .... 15€
Aromático, varietal, floral, exuberante, maduro, boca correcta.

SOC. COOPERATIVA CUMBRES DE ABONA
Camino Bajada El Viso, S/N. Teguedite
38580 Arico (Santa Cruz de Tenerife)
☎: +34 922 768 604
tecnico@cumbresdeabona.es
www.cumbresdeabona.com

Flor de Chasna Albillo Premium 2023 B
100% albillo criollo

88 .... 15,5€
Equilibrado, herbal, lleno, sabroso.

**Flor de Chasna Blanco
Selección Premium 2022 B**
50% marmajuelo, 50% moscatel

89 .... 12,6€
Sabroso, maduro, floral, mineral, herbal.

**Flor de Chasna Marmajuelo
Premium 2023 B**
100% marmajuelo

89 .... 15,5€
Cálido, floral, mineral, maduro, sabroso.

**Testamento Malvasía
Aromática 2022 B FB S**
malvasía

90 ★★★★ .... 10,74€
Color: pajizo. Aroma: fruta madura, hierbas secas, flores marchitas, lías finas. Boca: potente, fruta madura, equilibrado, sabroso, salino, carnoso.

**Testamento Malvasía
Aromática Dry 2023 B**
100% malvasía

87 .... 9,35€

VENTO
El Pilón, 88, Las Zocas
38638 San Miguel de Abona (Santa Cruz de Tenerife)
☎: +34 630 038 886
clientes@bodegavento.com
www.bodegavento.com

Vento 2023 B S
listán blanco

89 ★★★ 🌱 .... 10€
Aromas nítidos, frutal, equilibrado, poco intervencionista, suave.

Vento Origen (Piedra y Jable) 2022 B
listán blanco

91 🌱
Color: pajizo brillante, borde verdoso. Aroma: expresivo, franco, caramelo de limón, fresco. Boca: jugoso, muy vivo, fino amargor, equilibrado.

Vento Origen Arcilla 2020 B

91 🌱
Exuberante, maduro, hierbas secas, poco intervencionista. Aroma: flores secas, fina reducción, notas almizcladas, notas de cereal, piel de naranja, fruta de hueso.

Vento Origen Arcilla 2022 B
listán blanco

90 🌱 .... 17€
Color: pajizo brillante. Aroma: expresión frutal, fruta madura, franco, con carácter, expresivo. Boca: sabroso, fresco, buena acidez.

Vento Vendimia Seleccionada 2022 T
listán negro, castellana

90 🌱 .... 15€
Poco intervencionista. Aroma: franco, con oscuridad, intensidad media, especiado. Boca: correcto, con tensión.

DO ABONA / D.O.P.

DO. ALELLA
CONSEJO REGULADOR

Avda. San Mateu, 2
Masía Can Magarola
08328 Alella (Barcelona)
☎: +34 935 559 153
@: doalella@doalella.org
www.doalella.org

SITUACIÓN:

Se extiende por las comarcas barcelonesas del Maresme y el Vallès. Engloba los municipios de Alella, Argentona, Cabrils, El Masnou, La Roca del Vallès, Martorelles, Montornès del Vallès, Montgat, Orrius, Premià de Dalt, Premià de Mar, Santa Mª de Martorelles, Sant Fost de Campsentelles, Teià, Tiana, Vallromanes, Vilanova del Vallès y Vilasar de Salt. La característica principal de la zona es el entorno urbano que comprime esta pequeña extensión de viñedo; de hecho, es una de las denominaciones más pequeñas de España.

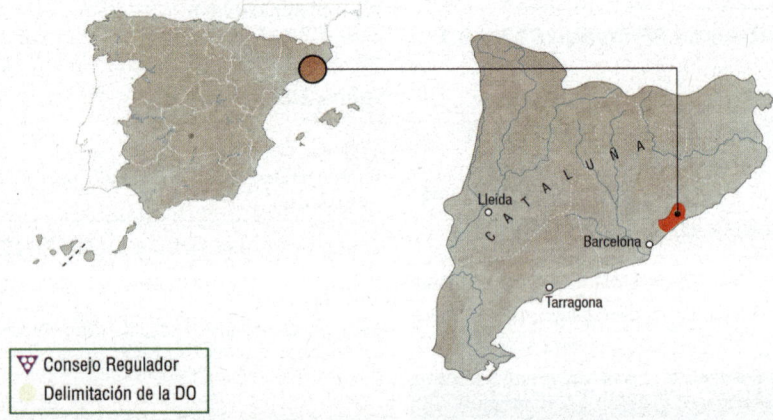

▽ Consejo Regulador
▢ Delimitación de la DO

DO ALELLA / D.O.P.

VARIEDADES:

Blancas: pansa blanca (similar a la xarel-lo de otras regiones catalanas), garnatxa blanca, pansa rosada, picapoll, malvasía, macabeo, parellada, chardonnay, sauvignon blanc y chenin blanc.

Tintas (minoritarias): monastrell, garnatxa negra, ull de llebre (tempranillo), merlot, pinot noir, syrah, cabernet sauvignon, sumoll y mataró.

DATOS CONSEJO REGULADOR:

Nº Has. Viñedo: 227 – **Nº Viticultores:** 56 – **Nº Bodegas:** 9 – **Cosecha 16:** Pendiente– **Producción 16:** 700.000 L.

SUELOS:

Se puede distinguir entre los de la vertiente interior de la sierra litoral, de composición arcillosa, y los situados más cerca del mar. Estos últimos, conocidos como sauló, son los más característicos. De color casi blanco, se distinguen por su alta permeabilidad y gran capacidad para retener los rayos solares, lo que ayuda a una mejor maduración de la uva.

CLIMA:

Microclima típicamente mediterráneo, con inviernos suaves y veranos secos y cálidos. Es importante la acción de la sierra que actúa como barrera protectora frente a los vientos y condensa la humedad procedente del mar.

CARACTERÍSTICAS GENERALES DE LOS VINOS

BLANCOS — Son los más característicos de la zona. Se puede distinguir entre el Alella tradicional, ligero, aromático y bastante suave (aunque sin llegar a ser dulce), y otros vinos secos, de color pajizo pálido, frescos, con buenos rasgos frutales, equilibrados, bastante finos y con cierta persistencia en boca. También hay interesantes ejemplos de blancos fermentados en barrica.

ROSADOS — No son los más abundantes, pero se elaboran rosados muy correctos, frescos y bastante sabrosos en boca.

TINTOS — Los ejemplos más interesantes de la zona son aquellos que provienen de garnacha, aunque también se incluyen variedades foráneas en los ensamblajes, sobre todo merlot y cabernet sauvignon; donde destacan por sus rasgos balsámicos y afrutados.

CALIFICACIÓN DE COSECHAS DE VINOS JÓVENES GUÍAPEÑÍN

2019	2020	2021	2022	2023
MUY BUENA	SC	SC	SC	SC

DO ALELLA / D.O.P.

ALTA ALELLA
Camí Baix de Tiana s/n
08328 Alella (Barcelona)
☎: +34 934 693 720
info@altaalella.wine
www.altaalella.wine

AA Cau D'en Genis 2021 B
pansa blanca

92 ★★★ 🌱   17,8€

Color: pajizo brillante. Aroma: fruta madura, hierbas de tocador, lías finas, apio, piedra seca. Boca: lleno, graso, buena acidez.

AA Cau D'en Genis 2022 B
pansa blanca

92 ★★★ 🌱   17,8€

Color: pajizo brillante. Aroma: fruta madura, hierbas de tocador, lías finas, mineral. Boca: lleno, buena acidez, equilibrado.

AA Lanius 2021 B S
chardonnay

92 🌱   22,8€

Color: amarillo brillante. Aroma: potente, roble cremoso, fruta madura, especiado, tostado. Boca: graso, estructurado, largo, tostado, fino amargor.

AA Parvus Chardonnay 2023 B
chardonnay

89 🌱   11,5€

Amable, frutal, maduro, suave, herbal.

AA Parvus Syrah 2022 T
syrah

89 🌱   16,15€

Amable, frutal, hierbas secas, maduro, sabroso.

Alta Alella GX 2023 T
garnacha

90 ★★★★ 🌱   10,4€

Frutal, fresco, hierbas secas, sabroso. Color: cereza, borde violáceo. Aroma: fruta roja, muy primario.

Alta Alella PB 2023 B
pansa blanca

87 🌱   10,4€

BODEGAS ROURA, J.A. PEREZ ROURA
Valls de Rials, s/n
08328 Alella (Barcelona)
☎: +34 933 527 456
roura@roura.es
www.roura.es

Roura Coupage 2020 T C
32,25% garnacha, 55,9% merlot, 8,45% syrah, 3,3% tempranillo

87 ★★★★   6,4€

Roura Merlot 2023 RD
100% merlot

84   6€

Roura Sauvignon Blanc 2023 B
100% sauvignon blanc

86   7,2€

Roura Xarel.lo 2023 B
100% xarel.lo

86   6€

CELLER MARFIL
Passatge del Vi Marfil s/n
08328 Alella (Barcelona)
☎: +34 651 906 934
xavi@cellermarfil.com
www.cellermarfil.com

Ivori Vinya La Finka 2022 B
100% pansa blanca

89 🌱   16€

Maduro, notas de levadura, oxidativo, sabroso, hierbas secas.

Marfil Clàssic 2023 B
60% pansa blanca, 40% garnacha blanca

89 🌱   12€

Equilibrado, especiado, maduro, hierbas secas, oxidativo, boca correcta.

Marfil Molt Dolç B Solera MED
100% pansa blanca

92   28€

Color: caoba claro. Aroma: fruta madura, fruta escarchada, notas amieladas, con carácter, expresivo. Boca: sabroso, untuoso, dulce.

Supermarfil B SS
50% pansa blanca, 50% garnacha blanca

90   18€

Maduro, oxidativo, amable. Color: pajizo. Aroma: fruta madura, hierbas secas, flores marchitas, curry, frutos secos, apio. Boca: fruta madura, equilibrado, graso.

DO ALELLA / D.O.P.

Vallmora 2021 T
100% garnacha

88 🌿   18€

Reducido, con oscuridad. Aroma: fruta negra, reducción precoz. Boca: sabroso, potente, fruta madura, balsámico.

ELVIWINES
Ctra T-300 Falset-Marça, km 0.97
43775 Marça (Tarragona)
☎: +34 606 186 565
info@elviwines.com
www.elviwines.com

Herenza 2023 B
70% pansa blanca, 30% sauvignon blanc

89   14,26€

Balsámico, austero, hierbas secas, notas de levadura, sabroso.

VINS DE LA MEMÒRIA
Aribau 168, 1-1
08036 Barcelona (Barcelona)
☎: +34 672 429 920
info@vinsdelamemoria.com
www.vinsdelamemoria.com

elbadiu 2022 B
100% pansa blanca

92   24,8€

Color. pajizo brillante. Aroma: hierbas de tocador, lías finas, fruta blanca, lácticos. Boca: lleno, graso, buena acidez.

DO. ALICANTE
CONSEJO REGULADOR

Monjas, 6
03002 Alicante
☎: +34 629 513 934
@: info@vinosalicantedop.org
www.vinosalicantedop.org

SITUACIÓN:

Engloba más de 50 municipios de la provincia de Alicante y una pequeñísima parte de Murcia y Albacete. El viñedo se extiende por toda la provincia, desde las áreas más cercanas a la costa hasta el interior, y está agrupado en ocho subzonas: L´Alacantí, L'Alcoià, Alto Vinalopó, Medio Vinalopó, Bajo Vinalopó, La Marina Alta, La Marina Baja, El Comtat y los viñedos ubicados dentro de la demarcación del "Parque Natural de las Lagunas de la Mata y Torrevieja".

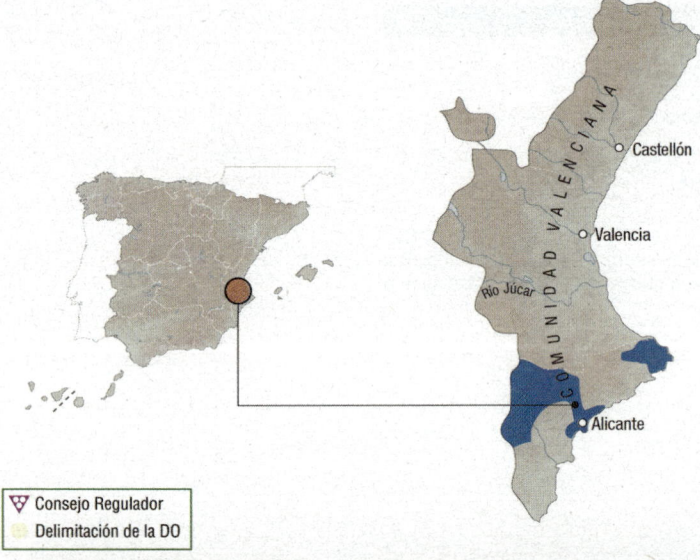

▽ Consejo Regulador
  Delimitación de la DO

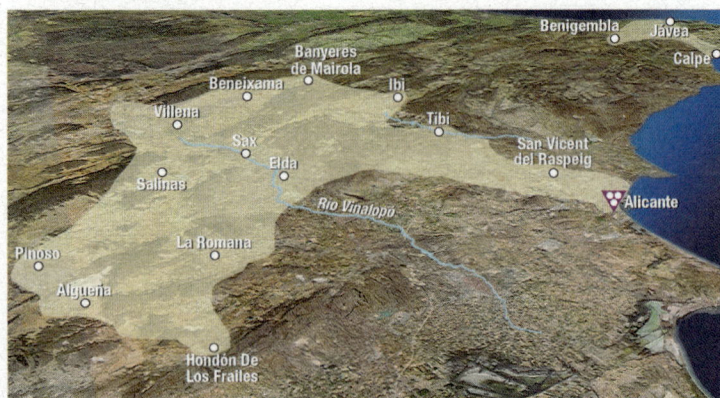

DO ALICANTE / D.O.P.

VARIEDADES:

BLANCAS: moscatel de Alejandría, alarije, subirat parent (malvasía), merseguera (verdosilla) y verdil, como variedades principales; tortosí, pedro ximénez, forcallat blanca, planta nova o tardana y valencí blanco como variedades históricas; y airén, chardonnay, moscatel de grano menudo, macabeo, planta fina de Pedralba, sauvignon blanc, viognier, verdejo y garnacha blanca como variedades secundarias.

TINTAS: monastrell, garnacha tintorera o alicante bouschet, garnacha tinta (gironet, giró), bobal, como variedades principales; forcallat tinta, bonicaire, Miguel del Arco, garro, mandó, trepat, valencí tinto como variedades históricas; y cabernet sauvignon, cabernet franc, merlot, pinot noir, petit verdot, syrah y tempranillo como variedades secundarias.

DATOS CONSEJO REGULADOR:

Nº Has. Viñedo: 10.628– **Nº Viticultores:** 2.100– **Nº Bodegas:** 46 – **Cosecha 23:** SC – **Producción 22:** 14.106.100L. – **Comercialización:** 69% Nacional - 31% Internacional.

SUELOS:

En general, la mayoría de los suelos de la zona son de tipo pardo-calizo, con poca arcilla y escasa materia orgánica.

CLIMA:

Hay que marcar la diferencia entre los viñedos situados más cerca de la costa, donde el clima es netamente mediterráneo y algo más húmedo, y los del interior, que reciben influencias continentales y gozan de un menor índice de precipitaciones.

CARACTERÍSTICAS GENERALES DE LOS VINOS

BLANCOS — Los blancos más relevantes son elaborados fundamentalmente con moscatel. Suelen presentar un color amarillo pajizo; en nariz resultan francos, afrutados y florales; en boca son agradables de beber. Existen también algunos que reflejan el carácter de la variedad, pero recubierta de matices de fruta madura que le da su cultivo en zonas mediterráneas. Los moscateles dulces de la zona de La Marina, presentan recuerdos a miel, notas auvadas y un carácter almizclado característico de la variedad.

ROSADOS — De color rosáceo; aromas frescos y afrutados, y fáciles y agradables de beber.

TINTOS — Los tintos están marcados por el carácter mediterráneo. Poseen cierta calidez, son carnosos y con buena estructura; en nariz pueden desarrollar aromas balsámicos (hojarasca, eucalipto). Existe otra línea de tintos más actuales, elaborados con garnacha o giró, en los que se busca una menor extracción y donde aparecen muchos matices a flores silvestres y campo mediterráneo, con bocas más suaves y menos tánicas.

FONDILLÓN — Es el vino histórico de la región (vino viejo de alta graduación alcohólica y carácter oxidativo). En estos vinos conviven los matices característicos de un largo envejecimiento de tendencia oxidativa que van desde los frutos secos, hasta los acetaldehídos y barnices en los vinos de mayor envejecimiento.

ESPUMOSOS — Elaborados por el método tradicional de segunda fermentación en botella. Frescos y con toques de levaduras, aunque en general algo más pesados que los cavas.

CALIFICACIÓN DE COSECHAS DE VINOS JÓVENES — GUÍAPEÑÍN

2019	2020	2021	2022	2023
MUY BUENA	MUY BUENA	MUY BUENA	MUY BUENA	BUENA

DO ALICANTE / D.O.P.

BODEGA FUEGO LENTO
Partida Umbría Alta de Algayat, 42
03669 La Romana (Alacant/Alicante)
☎: +34 689 717 870
fuegolento@fuegolento.wine
www.fuegolento.wine

Fuego Lento 2018 T C S
70% monastrell, 15% syrah, 15% alicante bouschet

92   25,75€

Corpulento. Color: cereza, borde granate. Aroma: fruta confitada, potente, hierbas de monte, hierbas secas, chocolate, especiado. Boca: sabroso, largo, taninos maduros, especiado.

Fuego Lento Dolç D'Alexandría B D
moscatel

94   29€

Color: amarillo brillante. Aroma: notas amieladas, floral, cítricos, toques silvestres. Boca: sabroso, untuoso, frutoso, dulce.

Fuego Lento Dolç de Monastrell T D
monastrell

92   29€

Opulento, representativo. Color: cereza muy intenso. Aroma: fruta negra, fruta pasificada, equilibrado, potente, incienso. Boca: sabroso, lleno, balsámico.

Fuego Lento Monastrell Secano Extremo 2020 T BA
100% monastrell

90 ★★★   14€

Amable, clásico. Color: cereza brillante. Aroma: especias dulces, fruta madura, regaliz negro, hierbas secas, terroso. Boca: frutoso, especiado, taninos maduros.

Fuego Lento Rose 2021 RE BN
monastrell

88   22€

Amable, boca correcta, correcto, notas de levadura, jugoso, frutal.

BODEGA LAS VIRTUDES
Ctra. de Yecla, 27
03400 Villena (Alacant/Alicante)
☎: +34 965 802 187
oficina@virtudes.net
www.bodegavirtudes.com

Patojo 2021 T
100% monastrell

89 🌱   10,5€

Corpulento, confitado. Aroma: tabaco, cera, con carácter, potente.

Tesoro de Villena Fondillón 1972 T FO D
100% monastrell

92   38,5€

Color: caoba claro. Aroma: fruta confitada, tostado, fruta al licor, con carácter. Boca: potente, sabroso, lleno, largo.

Vinalopó Alicante Bouschet 2021 T C
100% alicante bouschet

87 ★★★   8€

BODEGA MASOS

CV-70 Partida Clot de Morera
03516 Benimantell (Alacant/Alicante)
☎: +34 636 059 318
direccion@masos.es
www.masosguadalest.com

Albor de Masos 2022 T C
monastrell, alicante bouschet, cabernet sauvignon

93 24,5€

Color: cereza, borde violáceo. Aroma: hierbas verdes, arbusto, franco, fruta negra. Boca: sabroso, balsámico, carnoso.

Vidal Balaguer 2021 T R

92 60€

Clásico, ahumado. Color: cereza, borde granate. Aroma: fruta confitada, potente, terroso, especias dulces, regaliz negro. Boca: sabroso, largo, taninos maduros, balsámico.

Mas de la Mona 2022 B
chardonnay

91 27€

Maduro, especiado. Aroma: fruta de hueso, fruta madura, especiado, roble cremoso, floral. Boca: equilibrado, fino amargor, sabroso, largo, fruta madura, especiado.

Penya El Castellet 2022 RD
monastrell

90 14,5€

Color: rosáceo pálido. Aroma: fruta roja, hierbas de tocador, flores secas. Boca: especiado, buena acidez, fino amargor.

BODEGA SANTA CATALINA DEL MAÑÁN

Ctra. Monóvar-Pinoso, Km. 10,5
03649 Monóvar (Alacant/Alicante)
☎: +34 966 960 096
info@bodegasantacatalina.com
www.bodegasantacatalina.com

Caterina 2020 T
monastrell

87 16€

Embaucador Monastrell 2021 T
monastrell

87

Gran Mañán 1982 T FO D
monastrell

91 39€

Con vejez, confitado, oxidativo, algo apagado. Color: Cereza, borde anaranjado. Aroma: notas almizcladas, fruta al licor, terroso. Boca: sabroso, varietal.

Locura 2023 RD
monastrell

87 ★★★ 7,5€

Rustic 2020 T C
cabernet sauvignon

87 9,3€

Terra del Mañá 6 meses 2022 T C
alicante bouschet

87 ★★★ ♣ 7,2€

DO ALICANTE / D.O.P.

DO ALICANTE / D.O.P.

BODEGAS ARRÁEZ
Pol. 6 Parcela 386 Paraje Ciscar
46630 La Font de la Figuera (València/Valencia)
☎: +34 962 290 031
info@bodegasarraez.com
www.bodegasarraez.com

Bala Perdida 2022 T
100% alicante bouschet
87 ★★★★ — 6,9€

Mínimo 2022 T
100% alicante bouschet
88 ★★★★ ♣ — 6,9€
Balsámico, correcto, especiado, herbal, maduro, tostado. Aroma: incienso.

Mínimo 2023 B
100% chardonnay
85 ♣ — 6,9€

BODEGAS BOCOPA
Paraje Les Pedreres, Autovía A-31, km. 200 - 201
03610 Petrer (Alacant/Alicante)
☎: +34 966 950 489
info@bocopa.com
www.bocopa.com

Laudum 2022 T RB
monastrell, syrah
87 ★★★★ ♣ — 5,8€

Laudum Chardonnay 2023 B
chardonnay
86 ♣ — 5,2€

Laudum Fondillón 1994 T FO D
monastrell
91 — 42,5€
Color: caoba. Aroma: fruta negra, fruta confitada, especiado, frutos secos, especias dulces, caramelo tostado. Boca: sabroso, opulento, lleno.

Laudum Monastrell 2022 T RB
monastrell
86 — 5,7€

Marina Alta 2023 B
moscatel
86 — 5€

Marina Espumante BE
moscatel
86 — 5€

BODEGAS E. MENDOZA
Camino del Romeral, 42
03580 Alfaz del Pi (Alacant/Alicante)
☎: +34 965 888 639
bodegas-mendoza@bodegasmendoza.com
www.bodegasmendoza.com

Enrique Mendoza Chardonnay 2023 B
100% chardonnay
88 ★★★ — 8,5€
Cítrico, correcto, fresco, herbal.

Enrique Mendoza Chardonnay 2023 B FB
100% chardonnay
90 ★★★★ — 11,5€
Color: pajizo brillante. Aroma: hierbas de tocador, lías finas, fruta blanca, piedra seca, notas anisadas. Boca: lleno, graso, buena acidez.

Enrique Mendoza Estrecho Monastrell 2022 T C
100% monastrell
94 ★★★ — 21€
Color: cereza intenso. Aroma: fruta negra, toques silvestres, hierbas de monte, balsámico, terroso, mineral. Boca: potente, fruta madura, especiado, taninos maduros, jugoso.

Enrique Mendoza Finca Xaconero 2022 T
100% monastrell
91 ★★★★ — 12,5€
Color: cereza brillante. Aroma: fruta madura, hierbas secas, roble cremoso, especias dulces. Boca: potente, fruta madura, especiado, taninos maduros.

Enrique Mendoza Las Quebradas 2022 T C
100% monastrell
92 — 21€
Color: cereza intenso. Aroma: fruta madura, hierbas secas, roble cremoso, fruta negra, pimienta negra. Boca: potente, fruta madura, especiado, taninos maduros, sabroso, taninos secos pero maduros.

Enrique Mendoza Moscatel de la Marina Dulce 2023 B D
100% moscatel de alejandría
91 ★★★★★ — 8,5€
Color: amarillo brillante. Aroma: fruta madura, fruta escarchada, notas amieladas, expresión frutal, piel de naranja, notas tropicales. Boca: sabroso, untuoso, frutoso, dulce.

Enrique Mendoza Santa Rosa 2022 T C
35% monastrell, 35% cabernet sauvignon, 15% merlot, 15% syrah

93 21€

Color: cereza intenso. Aroma: fruta madura, terroso, cacao fino, hierbas silvestres. Boca: fruta madura, especiado, taninos maduros.

BODEGAS FAELO

Camino de los Coves.
Partida de Matola, Poligono 3, Nº18
03296 Elche (Alacant/Alicante)
☎: +34 655 856 898
info@vinosladama.com
www.vinosladama.com

La Dama 2020 T C
50% monastrell, 50% cabernet sauvignon

90 16€

Aromático, balsámico. Color: Cereza, borde granate. Aroma: cera, hierbas secas, especiado. Boca: correcto, equilibrado, taninos maduros.

Palma Blanca Dulce B Mistela D
moscatel

90 ★★★ 14€

Color: amarillo brillante. Aroma: fruta madura, fruta escarchada, notas amieladas. Boca: frutoso, dulce, buena acidez.

BODEGAS FRANCISCO GÓMEZ

Ctra. Villena-Pinoso Km. 8'8
03400 Villena (Alacant/Alicante)
☎: +34 965 979 195
info@bodegasfranciscogomez.es
www.bodegasfranciscogomez.es

Fruto Noble Rosado 2023 RD
monastrell, syrah

87 ★★★ 🌱 5€

Fruto Noble Sauvignon Blanc 2023 B
sauvignon blanc

85 🌱 7€

Fruto Noble Vino de Finca 2022 T RB
monastrell, syrah

88 ★★★ 🌱 9€

Correcto, herbal, maduro, silvestre, jugoso, sabroso.

La Viña de Mateo 2008 T D
monastrell

92

Color: cereza, borde granate. Aroma: fruta confitada, fruta madura, especiado, tostado. Boca: sabroso, lleno, jugoso, dulce, equilibrado.

La Viña de Mateo 2022 T
monastrell, merlot

89 🌱 19€

Agradable, balsámico, jugoso, herbáceo, maduro, frutal, correcto. Boca: fácil de beber.

La Viña de Mateo 2023 B FB
sauvignon blanc, moscatel

89 🌱 16€

Herbal, jugoso, correcto, especiado, agradable, boca correcta.

BODEGAS MONÓVAR

Ctra. Monovar-Salinas CV-830 Km 3
03640 Monóvar (Alacant/Alicante)
☎: +34 965 076 435
info@mgwinesgroup.com
www.mgwinesgroup.com

El Caire 2023 RD
monastrell

88 ★★★★ 4,5€

Amable, correcto, ácido, herbal, suave. Boca: fácil de beber, fruta madura.

El Caire Monastrell 2021 T
monastrell

89 ★★★★ 5,66€

Clásico, con oscuridad, correcto, hierbas secas. Aroma: notas cárnicas, fina reducción, cera. Boca: fino amargor.

Fondillón 10 años 2000 T FO
monastrell

92

Color: caoba. Aroma: barniz, fruta escarchada, fruta macerada, pastelería, caramelo tostado. Boca: sabroso, jugoso.

🏆 PODIO

Fondillón 1944 T FO
monastrell

95 495€

Clásico, complejo, con personalidad. Color: caoba, yodo, borde ambarino. Aroma: frutos secos, yodado. Boca: estructurado, potente, largo, madera vieja, equilibrado, redondo.

Fondillón 1968 T FO
monastrell

94 327€

Complejo, con vejez. Color: caoba. Aroma: fruta escarchada, fruta al licor, especiado, barniz. Boca: matices de solera, amargoso, concentrado, potente, sabroso.

DO ALICANTE / D.O.P.

DO ALICANTE / D.O.P.

🏆 PODIO

Fondillón 1975 T FO
monastrell

95   160€

Color: caoba claro. Aroma: fruta al licor, ebanistería, pastelería, rancio, barniz, complejo. Boca: concentrado, amargoso, especiado, largo.

Fondillón 1996 Gran Reserva T FO D

94   72,25€

Color: oro viejo. Aroma: espirituoso, fruta escarchada, madera vieja, pastelería, praliné. Boca: sabroso, lleno, largo, especiado.

Fondillón 50 Años T FO D
monastrell

94   194,25€

Oxidativo, representativo. Color: caoba claro. Aroma: potente, complejo, frutos secos, tostado, acetaldehído. Boca: graso, largo, especiado, redondo, madera vieja, persistente.

🏆 PODIO

Fondillón Ed. Limitada 1959 T FO
monastrell

96   410,5€

Color: caoba claro. Aroma: acetaldehído, punzante, barniz, ebanistería, roble cremoso. Boca: potente, sabroso, especiado, largo, equilibrado.

BODEGAS MURVIEDRO

Ampliación Pol. El Romeral, s/n
46340 Requena (València/Valencia)
☎: +34 962 329 003
murviedro@murviedro.es
www.murviedro.es

Galeam 2019 T C
100% monastrell

88 ★★★★   7,95€

Madera marcada, confitado, sabroso, tostado. Aroma: praliné, especias dulces.

Galeam Dry Muscat 2023 B
100% moscatel

87 ★★★★   6,35€

Murviedro Cepas Viejas Monastrell 2019 T R SS
100% monastrell

88   9,5€

Amable, confitado, especiado, goloso, madera marcada. Aroma: tostado, incienso.

Finca El Serrano 2022 T
100% monastrell

92 ★★★   16,95€

Clásico, equilibrado, especiado. Color: cereza intenso. Aroma: fruta madura, hierbas secas, roble cremoso, terroso. Boca: potente, fruta madura, especiado, taninos maduros.

Murviedro Colección Eko 2023 T
100% monastrell

88 ★★★★ 🌱   4€

Correcto, especiado, maduro, sabroso, sencillo, varietal.

Sericis Cepas Viejas Monastrell 2019 T R
100% monastrell

88   11,15€

Con vejez, confitado, ahumado, madera marcada.

BODEGAS ORTIGOSA

Camino de Ravalet, 8
03640 Monóvar (Alacant/Alicante)
☎: +34 606 457 232
bodegasortigosa@gmail.com
www.bodegasortigosa.com

La Pitxotxa Cabernet Sauvignon 2020 T C
cabernet sauvignon

88   12€

Herbáceo, ahumado, maduro. Aroma: incienso, pan tostado, pimienta negra.

La Pitxotxa Moscatel de Alejandría B SD
moscatel de alejandría

86   8€

La Pitxotxa Rosé 2023 RD
monastrell

87 ★★★   8€

Modernitxen Vino Noble de Alicante 2020 TF Trasañejo CRM
monastrell

87 14€

BODEGAS PINOSO
Paseo de la Constitución, 82
03650 Pinoso (Alacant/Alicante)
☎: +34 965 477 040
export@bodegaspinoso.com
www.bodegaspinoso.com

Camarillas 2021 T RB
monastrell

92 25€

Color: Cereza. Aroma: balsámico, especias dulces, hierbas de monte, hierbas silvestres, equilibrado. Boca: especiado, balsámico, buena acidez, fácil de beber, jugoso.

Pinoso Alta Expresión 2021 T C
monastrell

91 🌱 18€

Color: Cereza. Aroma: balsámico, especias dulces, hierbas de monte, terroso. Boca: especiado, balsámico, buena acidez, retronasal ahumado, tostado.

Pinoso Clásico 2021 T C
monastrell

89 🌱 13€

Aromas nítidos, balsámico, varietal, silvestre, herbáceo, maduro, sabroso, especiado.

Vergel Selección 2021 T C
80% monastrell, 15% syrah, 5% merlot

90 🌱 18€

Exuberante, tostado, silvestre, hierbas secas, confitado. Aroma: cera, terroso. Boca: estructurado, jugoso, sabroso.

BODEGAS RIKO
Avda. Pla de la Séquia, 33
03727 Xaló (Alacant/Alicante)
☎: +34 966 480 294
bodegasrikoxalo@gmail.com
www.bodegasrikoxalo.com

Giró Oscar Mestre 2021 T C
100% giró

93 🌱 21€

Maduro, silvestre, representativo, poco intervencionista. Color: cereza poco intenso. Aroma: flores secas, flores marchitas, fruta madura, fruta roja, franco. Boca: jugoso, muy vivo, sabroso, fácil de beber.

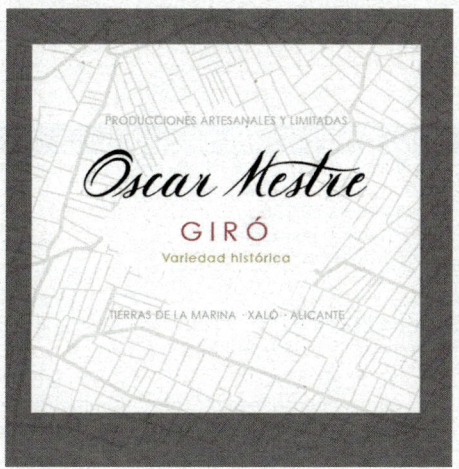

Renaix de Giró 2022 T
giró, syrah

91 ★★★★★ 🌱 10€

Color: cereza poco intenso. Aroma: intensidad media, franco, expresión frutal, hierbas secas, flores secas. Boca: frutoso, fluido, taninos finos, cierta persistencia.

DO ALICANTE / D.O.P.

DO ALICANTE / D.O.P.

Renaix La Passió 2023 B
moscatel, macabeo, merseguera

89 ★★★ 🌱 10€

Aromático, amable, correcto, floral, herbal, cítrico, boca correcta. Boca: equilibrado, fino amargor.

BODEGAS SIERRA SALINAS
Ctra. Villena-Pinoso (CV-813) Km. 18
03400 Villena (Alacant/Alicante)
☎: +34 965 979 786
info@mgwinesgroup.com
www.sierrasalinas.com

Mo
Salinas 2021 T FB
90% monastrell, 10% alicante bouschet

91 ★★★★★ 6,65€

Color: cereza intenso. Aroma: fruta madura, hierbas secas, roble cremoso. Boca: potente, fruta madura, especiado, taninos maduros, fácil de beber.

Puerto
Salinas 2017 T R
85% monastrell, 15% garnacha tintorera

92 ★★★★★ 13,95€

Color: cereza, borde granate. Aroma: fruta confitada, potente, hierbas secas, hierbas de monte, terroso. Boca: sabroso, largo, taninos maduros.

BODEGAS VIVANZA
Ctra. Jumilla Pinoso, Km. 13
La Alberquilla
30520 Jumilla (Murcia)
☎: +34 966 078 686
agomez@vivanza.es
www.vivanza.es

Lascala 2022 B
verdil, sauvignon blanc

84 3,5€

Vivanza 2016 T C
cabernet sauvignon, merlot

86 5€

Vivanza Elite 2017 T C
monastrell, cabernet sauvignon, syrah

89 15€

Confitado, con vejez, clásico, correcto. Aroma: regaliz negro, hierbas secas.

Vivanza Gold 2019 T C
monastrell, syrah, pinot noir

89 ★★★★ 7€

Correcto, clásico, con vejez. Aroma: fruta negra, cuero muy curtido, cera, notas anisadas, regaliz negro.

BODEGAS VOLVER
Ctra. de Pinoso a Fortuna, s/n
03658 Rodriguillo (Alacant/Alicante)
☎: +34 966 185 624
export@bodegasvolver.com
www.bodegasvolver.com

Alicante Bouschet by Tarima 2021 T BA
alicante bouschet, monastrell

91 18,44€

Tostado. Color: cereza intenso. Aroma: fruta madura, hierbas secas, roble cremoso. Boca: fruta madura, especiado, taninos maduros.

Eje Monastrell 2022 T
monastrell

89

Silvestre, varietal, especiado, sabroso.

Eje Monastrell 2023 T
88

Cálido, maduro, tostado, sabroso, madera marcada.

Tarima al Natural
Orgánico sin Sulfitos 2023 T
100% monastrell

88 ★★★★ 🌱 7,39€

Equilibrado, especiado, hierbas secas, boca correcta.

Tarima Hill 2022 T
100% monastrell

89 13,46€

Especiado, hierbas secas, muy tostado (torrefactado), maduro.

Tarima Hill 2023 B FB
90% chardonnay, 10% merseguera

89 13,46€

Tostado, amaderado, maduro, sabroso, potente.

Tarima Selección 2023 T
90% monastrell, 10% syrah

89 ★★★★ 7,5€

Equilibrado, especiado, hierbas secas, maduro, tostado.

Triga 2020 T GR
85% monastrell, 15% cabernet sauvignon

93 38,36€

Color: cereza oscuro. Aroma: tostado, especiado, cacao fino, fruta negra, fina reducción. Boca: sabroso, tostado, fino amargor, carnoso.

Triga 2023 B
100% chardonnay

91 19,95€

Color: amarillo brillante. Aroma: potente, roble cremoso, fruta madura, especiado. Boca: graso, estructurado, largo, tostado.

BODEGAS XALO
Ctra. Xaló Alcalali, s/n
03727 Xaló (Alacant/Alicante)
☎: +34 966 480 034
comercial@bodegasxalo.com
www.bodegasxalo.com

1962 Origen 2020 T
giró

90 18€

Reductivo. Aroma: cera, fruta al licor, incienso, especiado, regaliz negro. Boca: sabroso, correcto, especiado.

Riu Rau Dulce 2021 B Mistela D
moscatel

91 ★★★★ 13€

Corpulento, cremoso, goloso. Color: oro viejo. Aroma: floral, cítricos, fruta escarchada, notas amieladas. Boca: lleno, sabroso, dulce.

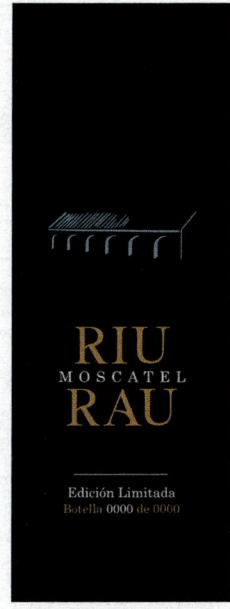

DO ALICANTE / D.O.P.

DO ALICANTE / D.O.P.

Bahía de Denia 2021 B FB
moscatel

89   14€

Aromático, tostado, maduro, especiado. Aroma: pan tostado, fruta de hueso. Boca: graso.

Duquesa de la Vall 2021 T C
giró

89   14€

Especiado, fruta golpeada, hierbas secas, maduro. Aroma: fruta negra, flores secas.

Marnes 2023 B
moscatel

86   6€

Vall de Xaló Giró
Vino de Licor 2022 TF Mistela D
giró

89 ★★★★   6€

Amable, balsámico, confitado, especiado, herbal, opulento, persistente.

BODEGAS Y VIÑEDOS EL SEQUÉ
El Sequé, 59
03650 Pinoso (Alacant/Alicante)
☎: +34 945 600 119
info@elseque.es
www.elseque.es

El Sequé 2022 T
100% monastrell

94 ♣

Varietal, silvestre, representativo. Color: cereza, borde granate. Aroma: cera, fruta madura, expresivo, equilibrado, hierbas silvestres, tomillo. Boca: jugoso, muy vivo, varietal, sabroso.

BROTONS V & A
Caserío Culebrón, 59
03650 Pinoso (Alacant/Alicante)
☎: +34 965 477 267
info@vinosculebron.com
www.vinosculebron.com

🏆 PODIO

Brotons Gran Fondillon
Reserva 1964 T FO
100% monastrell

96   65€

Con vejez. Color: caoba claro. Aroma: acetaldehído, barniz, fruta escarchada, frutos secos, notas amieladas, rancio. Boca: frutoso, sabroso, dulce, redondo, madera vieja.

🏆 PODIO

Brotons Gran Fondillon
Reserva 1970 T FO
100% monastrell

95   55€

Complejo, con vejez. Color: oro viejo. Aroma: almendra tostada, caramelo tostado, pastelería, barniz. Boca: sabroso, concentrado, dulce, largo, madera vieja, tostado.

🏆 PODIO

Brotons Gran Fondillon
Reserva 1978 T FO D
100% monastrell

97   50€

Clásico, con tipicidad, con vejez, oxidativo. Aroma: frutos secos, acetaldehído, punzante, ebanistería. Boca: lleno, opulento, pulido, especiado, crianza clásica.

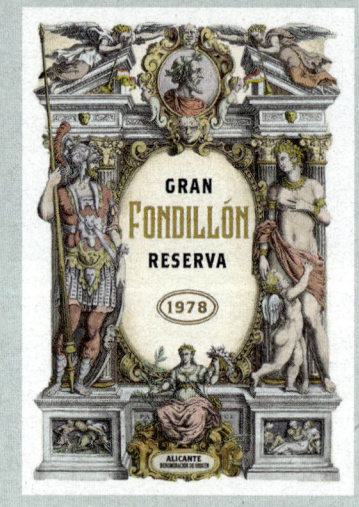

CARABIBAS
La Molineta, s/n
03638 Salinas (Alacant/Alicante)
☎: +34 647 515 590
info@carabibas.com
www.carabibas.com

Carabibas Merseguera 2023 B
merseguera

90   14,5€

Color: pajizo. Aroma: hierbas secas, cítricos, hierbas de monte, hierbas silvestres. Boca: frutoso, equilibrado, buena acidez, fino amargor.

Carabibas Monastrell 2021 T
monastrell

91   16,5€

Hierbas secas, maduro, silvestre, varietal, frutal, sabroso. Aroma: franco. Boca: frutoso, varietal, jugoso.

CASA CORREDOR
Autovía Alicante, Salida 1687
02660 Caudete (Albacete)
☎: +34 966 842 064
info@mgwinesgroup.com
www.mgwinesgroup.com

Alagu Rosé 2022 RD
forcallat

91 ★★★★   12,45€

Color: rosáceo pálido. Aroma: fruta roja, floral, hierbas de tocador, fósforo. Boca: ligero, buena acidez, fino amargor, fácil de beber.

CASA SICILIA 1707
Paraje Alcaydias, 4
03660 Novelda (Alacant/Alicante)
☎: +34 965 605 385
administracion@casasicilia1707.es
www.casasicilia1707.es

Casa Sicilia 1707 Monastrell 2022 T
89

Amable, aromas nítidos, balsámico, frutal. Aroma: terroso, flores secas, hierbas de monte, hierbas silvestres.

Cesilia La Garnacha 2022 T
89 🌿

Color: cereza brillante. Aroma: fruta fresca, hierbas secas, hierbas silvestres. Boca: buena acidez, especiado, taninos finos, fácil de beber.

Cesilia Rosé La Reserve 2023 RD
88 🌿

Correcto, especiado, ácido, cítrico. Color: cobrizo. Aroma: fruta de hueso, fruta madura.

Cesilia Rosé La Réserve Especial 2019 RD
garnacha

90 🌿

Ligera oxidación, poco intervencionista, notas de levadura, hierbas secas. Color: cobrizo. Aroma: especiado. Boca: sabroso.

Cesilia VS 2019 T
cabernet sauvignon

87 🌿

Perfume de Julia 2006 B D
94

Color: oro viejo, borde ambarino. Aroma: barniz, caramelo tostado, pastelería, cacao fino. Boca: concentrado, sabroso, redondo, largo, especiado, persistente, equilibrado.

CELLER LES FRESES
Alqueria de Ferrando s/n
03749 Jesús Pobre - Denia (Alacant/Alicante)
☎: +34 682 539 463
celler@lesfreses.com
www.lesfreses.com

Blanc Moscatel Sec Les Freses de Jesús Pobre 2022 B MO
moscatel de alejandría

89

Aromas nítidos, representativo, varietal, silvestre. Boca: varietal, ligero, fácil de beber, cierta persistencia.

Blanc Sec Ámfora Les Freses de Jesús Pobre B MO
91

Aromas nítidos, varietal, silvestre, con personalidad, poco intervencionista. Color: amarillo brillante. Aroma: floral, hierbas silvestres. Boca: con tensión, equilibrado, fino amargor.

blanc sec
ÀMFORA
les freses de jesús pobre

DO ALICANTE / D.O.P.

DO ALICANTE / D.O.P.

CELLER LES SOQUES
Partida de Asprillas, Pol.1, 136
03292 Elche (Alacant/Alicante)
☎: +34 646 364 848
info@cellerlessoques.es
www.cellerlessoques.es

Atabalat Summer Wine 2022 T RB
100% monastrell

91 ★★★ 15,5€

Aromático, silvestre. Aroma: fruta negra, fruta madura, flores marchitas, violetas. Boca: frutoso, jugoso, balsámico, buena acidez, fino amargor, fácil de beber.

Rebombori Moscatell 2022 B
100% moscatel de alejandría

91 ★★★ 14,5€

Agradable, silvestre. Color: amarillo brillante. Aroma: flores marchitas, hierbas de tocador, hierbas silvestres, expresivo, franco. Boca: fresco, jugoso, varietal.

COLECCIÓN DE TONELES CENTENARIOS
Pintor Sorolla, 8
03409 Cañada (Alacant/Alicante)
☎: +34 667 669 287
fondillonluisxiv@gmail.com
www.fondillonluisxiv.com

🏆 PODIO

Fondillón Luis XIV 25 años T FO
monastrell

97 50€

Aromas nítidos, clásico, con tipicidad. Color: caoba. Aroma: fruta al licor, pastelería, barniz, complejo, especias dulces. Boca: lleno, potente, equilibrado, buena acidez.

Las Blancas Tradicionales 2023 B
50% verdil, 50% malvasía

92 ★★★★★ 13€

Aromas nítidos, flores secas. Aroma: toques silvestres, notas anisadas, hierbas de monte, fruta blanca. Boca: jugoso, equilibrado, fino amargor, fácil de beber.

Lo de Pepitín 2023 T
70% monastrell, 20% giró, 5% arco, 5% bobal

92 20€

Color: Cereza. Aroma: balsámico, hierbas de monte, notas anisadas, toques silvestres. Boca: especiado, balsámico, buena acidez, equilibrado, largo, fácil de beber.

Luis XIV Brisat 2023 B
50% verdil, 25% malvasía, 25% moscatel

91 ★★★★ 14€

Aromático, floral. Color: amarillo, pálido. Aroma: con carácter, flores blancas. Boca: jugoso, fino amargor, correcto.

Luis XIV Ánforas 2023 T
70% monastrell, 15% giró, 10% arco, 5% bonicaire

91 ★★★★ 13,5€

Silvestre, suave. Color: Cereza. Aroma: balsámico, especias dulces, hierbas de monte, franco, equilibrado. Boca: especiado, largo, fruta madura, fino amargor, equilibrado.

Luis XIV Vino Noble T Solera
100% monastrell

94 30€

Confitado, corpulento, exuberante. Color: caoba oscuro. Aroma: fruta escarchada, notas amieladas, piel de naranja, fruta al licor. Boca: opulento, pulido, dulce, sabroso.

COOP. SAN VICENTE FERRER DE TEULADA
Avda. las Palmas, 32
03725 Teulada (Alacant/Alicante)
☎: +34 965 740 051
bodegateulada@gmail.com
www.bodegateulada.com

La Sisca de Paqui 2023 B
100% moscatel romano

86 9€

Mistela Selecta de Teulada BF Mistela D

88

Clásico, con vejez, cremoso, cálido, dulce, exuberante, fruta golpeada, sabroso.

Vent de Gregal 2023 B MO SS
100% moscatel romano

86 7,2€

Vent de Llebeig 2023 RD AG SS
15% giró, 85% moscatel

87 ★★★ 7,2€

Viña Teulada 2023 B
moscatel de alejandría

85 7,2€

FINCA COLLADO
Ctra. de Villena, s/n
03638 Salinas (Alacant/Alicante)
☎: +34 607 510 710
eestevan@fincacollado.com
www.fincacollado.com

Delit 2020 T
monastrell

92 ★★★ 18€

Color: cereza, borde granate. Aroma: fruta confitada, potente, regaliz negro. Boca: sabroso, largo, taninos maduros, equilibrado.

Delit 2021 T
monastrell

93 ★★★★ 18€

Herbal, silvestre. Color: cereza, borde granate. Aroma: hierbas de monte, fina reducción, cera, fruta madura. Boca: lleno, sabroso, varietal, taninos dulces.

Fet a Mà 2021 T
90% monastrell, 10% bobal, garnacha, forcallat

90 ★★★★ 12€

Color: Cereza. Aroma: balsámico, hierbas de monte, cera, notas cárnicas. Boca: especiado, sabroso, taninos maduros.

Finca Collado Garnatxa Monastrell 2022 T
65% garnacha, 35% monastrell

89 ★★★★ 9€

Aromas nítidos, frutal, maduro, muy primario, sabroso. Aroma: especiado. Boca: correcto, fácil de beber.

Finca Collado Messeguera 2021 B
merseguera

92 ★★★ 18€

Color: dorado brillante. Aroma: fruta de hueso, flores secas, notas de levadura, hidrocarburo. Boca: buena acidez, fino amargor, fácil de beber, muy vivo.

Va de Bo 2021 T C
bobal

91 18€

Agradable, aromas nítidos, frutal, muy primario. Color: cereza brillante. Aroma: fruta roja, fruta madura. Boca: jugoso, muy vivo, equilibrado, especiado, fruta madura.

HAMMEKEN CELLARS
03700 Denia (Alacant/Alicante)
☎: +34 965 791 967
cellars@hammekencellars.com
www.hammekencellars.com

Gran Allegranza 2022 T

90

Color: cereza, borde granate. Aroma: fruta confitada, fruta al licor, potente, tostado. Boca: sabroso, dulcedumbre, largo.

JOAN DE LA CASA. VITICULTOR
03720 Benissa (Alacant/Alicante)
☎: +34 670 209 371
info@joandelacasa.com
www.joandelacasa.com

GG 2020 T
giró

90 🌱

Ligera reducción, con vejez. Color: Cereza. Aroma: terroso, fruta confitada, regaliz negro, cera, especiado. Boca: sabroso, seco, taninos secos pero maduros.

Nimi Ancestral BE

87 🌱

Nimi Gerra 2020 B
moscatel de alejandría

91 🌱

Con personalidad, herbal, oxidativo, rústico. Color: dorado brillante. Aroma: flores marchitas, con carácter, expresivo. Boca: jugoso, sabroso, varietal.

Nimi Naturalment Dolç 2017 B FB D
moscatel de alejandría

93

Color: oro viejo. Aroma: fruta escarchada, fruta sobremadura, frutos secos, notas amieladas, cítricos, pastelería. Boca: estructurado, sabroso, equilibrado, jugoso, lleno, fino amargor.

Nimi Tossal 2019 B R
moscatel

89 🌱

Oxidativo, poco intervencionista, especiado. Color: oro viejo. Aroma: acetona, flores marchitas, notas almizcladas.

DO ALICANTE / D.O.P.

DO ALICANTE / D.O.P.

MAREA SELECTION
Avda. Andalucía, 4 1G
29680 Estepona (Málaga)
☎: +34 639 112 488
mareaselection@gmail.com

Sylarion 2022 T
monastrell

93 105€

Corpulento, potente, tostado. Color: cereza muy intenso. Aroma: muy tostado (torrefactado), café aromático, potente, fruta negra. Boca: retronasal ahumado, persistente, taninos maduros.

PEPE MENDOZA CASA AGRÍCOLA
Madrid, 6 2º
03580 Alfaz del Pi (Alacant/Alicante)
☎: +34 688 344 767
info@casaagricola.es
www.casaagricola.es

Paciencia Infinita 2020 T D
monastrell, giró

92

Color: cereza, borde granate. Aroma: fruta confitada, especiado, tostado, hierbas de monte. Boca: potente, sabroso, lleno, taninos rugosos.

Pepe Mendoza Casa Agrícola 2022 T
monastrell, giró, alicante bouschet

93

Color: Cereza. Aroma: complejo, expresivo, especiado, mineral, fruta roja. Boca: lleno, largo, persistente.

Pepe Mendoza Casa Agrícola Velo Flor 2021 B
48% macabeo, 48% merseguera, 4% moscatel

92

Color: pajizo brillante. Aroma: expresivo, floral, lías finas, fruta de hueso, franco. Boca: lleno, complejo, largo.

Pepe Mendoza El Veneno 2021 T BA
100% monastrell

94

Color: Cereza. Aroma: complejo, expresivo, especiado, mineral, chocolate, fruta negra. Boca: elegante, lleno, largo, persistente.

🏆 **PODIO**

Pepe Mendoza Fierroca 2021 T
100% giró

96

Color: cereza brillante. Aroma: complejo, expresivo, especiado, mineral, terroso. Boca: lleno, largo, persistente.

🏆 **PODIO**

Pepe Mendoza Giró de Abargues 2021 T C

95

Color: cereza intenso. Aroma: fruta madura, hierbas secas, roble cremoso, con carácter, complejo, terroso. Boca: fruta madura, especiado, taninos maduros.

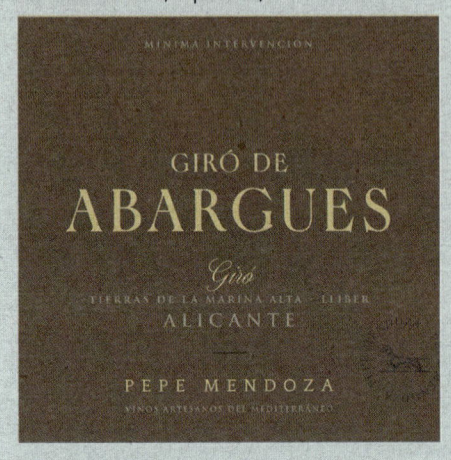

PRIMITIVO QUILES
Mayor, 4
03640 Monóvar (Alacant/Alicante)
☎: +34 965 470 099
info@primitivoquiles.com
www.primitivoquiles.com

Primitivo Quiles Fondillón 1948 T FO
monastrell

93 65€

Color: cereza, borde granate. Aroma: fruta sobremadura, fruta pasificada, especias dulces, tostado, almendra tostada. Boca: fruta madura, cálido, amargoso, correcto.

🏆 **PODIO**

Primitivo Quiles Gran Imperial 1892 BF Solera D
moscatel

95 180€

Color: caoba. Aroma: fruta al licor, fruta pasificada, con carácter, complejo, expresivo, especias dulces, café aromático. Boca: largo, dulce, lleno, sabroso.

VICENTE GANDÍA

Ctra. Cheste a Godelleta, s/n
46370 Chiva (València/Valencia)
☎: +34 962 524 242
info@vicentegandia.com
www.vicentegandia.es

El Miracle Art 2021 T
syrah, monastrell

88 ★★★★ 6,99€

Equilibrado, especiado, sabroso, maduro.

Puerto Alicante Aromático 2023 B S

85 5,99€

VINOS DE ALGUEÑA

Ctra. Rodriguillo, km. 29,5
03668 Algueña (Alacant/Alicante)
☎: +34 965 476 113
bodega@vinosdealguenya.es
www.vinosdealguenya.es

Fondonet Selección 5 años 2010 T BA D
monastrell

89 11€

Con vejez, correcto, dulce, especiado. Aroma: café aromático, chocolate, barniz, caramelo tostado, fruta al licor.

🏆 **PODIO**

Guardianes del Fondillón 1955 T FO D
monastrell

95 140€

Complejo, con vejez. Color. caoba claro. Aroma: barniz, fruta al licor, notas amieladas, almendra tostada, especias dulces, pastelería. Boca: sabroso, potente, equilibrado, complejo.

Casa Jiménez 2020 T C
monastrell

86 5,5€

Dominio de Torreviñas Rosado Lágrima 2023 RD
monastrell

85 3,7€

Dominio de Torreviñas Verdil 2023 B
verdil

84 3,7€

Flor de Enya 2022 T RB
monastrell

89 ★★★★ 🌿 5,5€

Agradable, aromas nítidos, balsámico, varietal, sabroso, maduro.

VINOS SIERRA NORTE

Paraje La Raja, s/n
30520 Jumilla (Murcia)
☎: +34 962 323 099
info@bodegasierranorte.com
www.bodegasierranorte.com

Porta Regia VF Chardonnay 2023 B
chardonnay

87 ★★★ 🌿 8€

Porta Regia VF Monastrell 2021 T
monastrell

89 ★★★★ 🌿 8€

Correcto, frutal, maduro, clásico, jugoso, silvestre. Aroma: especias dulces.

DO ALICANTE / D.O.P.

DO. ALMANSA
CONSEJO REGULADOR

Avda. Carlos III (Apdo. 158)
02640 Almansa (Albacete)
☎: +34 967 340 258 - +34 635 027 519
@: info@denominacion-origen-almansa.com
www.denominacion-origen-almansa.com

SITUACIÓN:

Los vinos de Almansa se producen en el extremo sudeste de la provincia de Albacete. Los viñedos se extienden por los municipios de Almansa, Alpera, Bonete, Corral-Rubio, Higueruela, Hoya-Gonzalo, Pétrola y El Villar de Chinchilla. Es la zona más oriental de La Mancha, de transición hacia Levante, lindando con Yecla y Alicante.

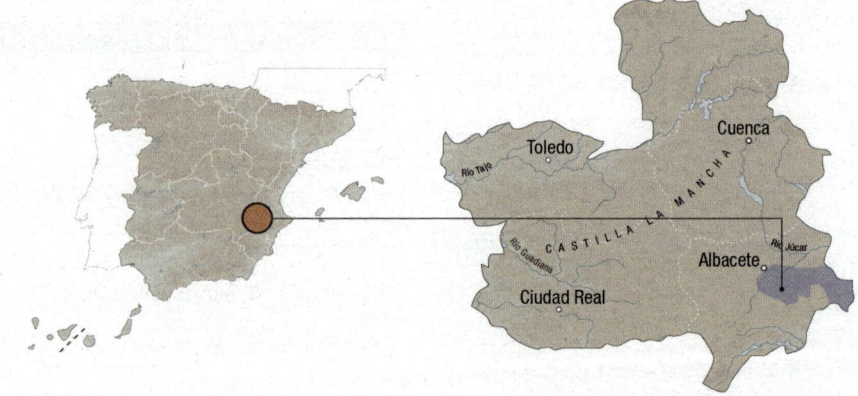

▽ Consejo Regulador
◯ Delimitación de la DO

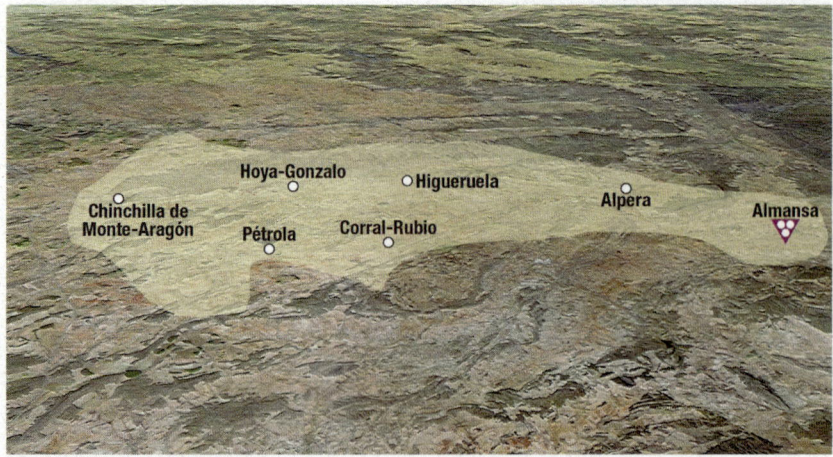

DO ALMANSA / D.O.P.

VARIEDADES:

BLANCAS: chardonnay, verdejo, sauvignon blanc, moscatel de grano menudo y macabeo.

TINTAS: garnacha tintorera (mayoritaria), cencibel (tempranillo), monastrell (segunda en extensión), syrah, merlot, garnacha, cabernet sauvignon, petit verdot, pinot noir y cabernet franc.

DATOS CONSEJO REGULADOR:

Nº Has. Viñedo: 9.800 – **Nº Viticultores:** 760 – **Nº Bodegas:** 11 – **Cosecha 23:** Muy Buena – **Producción 23:** 8.065.700 L – **Comercialización:** 26% Nacional - 74% Internacional.

SUELOS:

De tipo calizo, pobres en materia orgánica y con algunas zonas arcillosas. El viñedo se asienta a una altitud de unos 700 metros.

CLIMA:

De tipo continental, algo menos extremo que el de La Mancha, pero con veranos también muy calurosos ya que se alcanzan fácilmente los 40°C. Las precipitaciones, por otro lado, son escasas y se sitúan en torno a los 350 mm. de media anual. La mayoría del viñedo se cultiva en el llano, aunque existen algunas viñas en zonas de laderas.

CARACTERÍSTICAS GENERALES DE LOS VINOS

BLANCOS — Cada vez menos presentes en la denominación de origen, se elaboran con verdejo y sauvignon blanc, mientras que hace unos años imperaban los de airén. Son de color amarillo pajizo, ligeros, afrutados, en boca suelen ser sabrosos y fáciles de beber.

ROSADOS — Presentan un color rosáceo o rosáceo asalmonado; francos en nariz, frescos y afrutados, en boca suelen ser sabrosos y fáciles de beber.

TINTOS — La garnacha tintorera posee todo el protagonismo de la DO dando vinos potentes, muy frutales, frescos y carnosos, ya sea sola o acompañada de monastrell.

CALIFICACIÓN DE COSECHAS DE VINOS JÓVENES GUÍAPEÑÍN

2019	2020	2021	2022	2023
SC	MUY BUENA	MUY BUENA	MUY BUENA	MUY BUENA

DO ALMANSA / D.O.P.

BODEGAS ATALAYA
Ctra. Almansa - Ayora, Km. 1
02640 Almansa (Albacete)
☎: +34 968 435 022
info@gilfamily.es
www.gilfamily.es

Alaya Tierra 2022 T
94 27,5€
Varietal, suave. Color: Cereza. Aroma: complejo, expresivo, especiado, mineral, tostado. Boca: lleno, largo, persistente.

El Vigía de la Atalaya 2023 T
garnacha tintorera
91 ★★★★★ 6,8€
Varietal. Color: cereza, borde violáceo. Aroma: fruta roja, floral, especiado. Boca: frutoso, buena acidez, largo.

La Atalaya del Camino 2022 T
85% garnacha tintorera, 15% monastrell
92 ★★★★★ 13,5€
Varietal, suave. Color: cereza, borde granate. Aroma: fruta confitada, potente, hierbas verdes. Boca: sabroso, dulcedumbre, largo.

La Bien Plantá 2023 T
100% garnacha
90 ★★★★★ ♣ 7€
Color: Cereza. Aroma: balsámico, especias dulces, hierbas de monte, expresión frutal. Boca: especiado, balsámico, buena acidez.

Laya 2023 T
70% garnacha tintorera, 30% monastrell
91 ★★★★★ 6,8€
Varietal, goloso. Color: cereza intenso. Aroma: fruta madura, hierbas secas. Boca: fruta madura, especiado, taninos maduros.

BODEGAS CANO
Ctra. CM-3209
02694 Higueruela (Albacete)
☎: +34 690 273 457
adolfo.cano@bodegascano.com
www.bodegascano.com

1860 2022 B FB
sauvignon blanc
89 ♣
Amable, equilibrado, hierbas secas, tropical, frutal, maduro, especiado, jugoso.

1860 Selección 2019 T R
garnacha tintorera
92
Varietal. Color: cereza, borde granate. Aroma: fruta confitada, fruta al licor, potente, hierbas de monte. Boca: sabroso, dulcedumbre, largo.

Finca Casa del Hondo 2022 B
verdejo
91
Color: pajizo brillante. Aroma: expresivo, mineral, lías finas. Boca: lleno, especiado, largo, elegante.

Finca Hoya Mañas 2022 B
100% sauvignon blanc
91
Color: pajizo brillante. Aroma: fruta fresca, hierbas silvestres, equilibrado, franco. Boca: frutoso, buena acidez, fino amargor, sabroso.

La Herrada 2022 T FB
garnacha tintorera
90 ♣
Color: cereza, borde granate. Aroma: fruta sobremadura, roble cremoso, cálido, terroso. Boca: confitado, potente, taninos dulces.

Los Prados 2022 T
garnacha tintorera
92 ♣
Color: cereza brillante. Aroma: balsámico, especias dulces, hierbas de monte, fruta roja. Boca: especiado, balsámico, buena acidez.

BODEGAS PIQUERAS
Zapateros, 11
02640 Almansa (Albacete)
☎: +34 659 905 957
javier@bodegaspiqueras.com
www.bodegaspiqueras.com

Los Losares Monastrell 2019 T
monastrell

90

Color: cereza oscuro. Aroma: fruta negra, fruta madura, hierbas de monte, cera. Boca: jugoso, especiado, fruta madura, fácil de beber.

Los Losares Monastrell 2020 T
monastrell

91

Color: cereza oscuro, borde granate. Aroma: con carácter, fruta al licor, notas cárnicas, cera, hierbas de monte, especiado. Boca: taninos dulces, especiado, fruta madura, fácil de beber.

BODEGAS VOLVER
Ctra de Pinoso a Fortuna, s/n
03658 Rodriguillo (Alacant/Alicante)
☎: +34 966 185 624
export@bodegasvolver.com
www.bodegasvolver.com

La Quinta de Rafa 2022 T
70% garnacha, 30% syrah

88 ★★★   8,66€

Corpulento, cremoso, hierbas secas, muy tostado (torrefactado).

Quinta del 67 2022 T
100% garnacha tintorera

90 ★★★   13,46€

Color: cereza intenso. Aroma: fruta madura, hierbas secas, roble cremoso, terroso, madera marcada. Boca: fruta madura, especiado, taninos maduros.

BODEGAS Y VIÑEDOS VENTA LA VEGA
Ctra. de Alpera, CM 3201 Km. 98,6
02640 Almansa (Albacete)
☎: +34 965 928 857
info@mgwinesgroup.com
www.mgwinesgroup.com

Adaras Lluvia 2023 B SS
87

Aldea de Adaras 2022 T BA
88

Equilibrado, especiado, herbáceo, maduro.

Sarada Calizo Garnacha Tintorera 2021 T
88

Con oscuridad, equilibrado, especiado, frutal, herbal, maduro.

Ternario 1 2021 T BA
90

Color: cereza, borde violáceo. Aroma: fruta roja, especiado, balsámico, pan tostado. Boca: sabroso, frutoso, buena acidez.

Ternario 10 2018 T
91

Color: cereza intenso. Aroma: hierbas secas, roble cremoso, fruta negra, terroso. Boca: potente, fruta madura, especiado, taninos maduros.

COOP. SANTA QUITERIA - TINTORALBA
Baltasar González Sáez, 34
02694 Higueruela (Albacete)
☎: +34 967 287 012
info@tintoralba.com
www.tintoralba.com

Altitud 1100 2023 T
100% garnacha tintorera

87 ★★★★   4,6€

Cerro del Buey 2022 T
100% garnacha tintorera

90

Corpulento. Aroma: hierbas secas, especiado, madera marcada, roble cremoso, fruta negra, fruta macerada. Boca: sabroso, opulento, taninos dulces.

Piedras Coloradas 2022 T RB
100% garnacha tintorera

89

Ahumado, tostado, potente, cálido, confitado, exuberante, sabroso, persistente.

Tintoralba Cantorral Sauvignon Blanc - Verdejo 2023 B
sauvignon blanc, verdejo

86   5,4€

Tintoralba El Cantorral 2023 T
100% garnacha tintorera

86   5,4€

Tintoralba El Romeral 2020 T
garnacha tintorera

88   10,9€

Equilibrado, especiado, cremoso, tostado, maduro.

DO ALMANSA / D.O.P.

DO ALMANSA / D.O.P.

Tintoralba Las Casillas 2023 T
garnacha tintorera

86   6,4€

DOMINIO DE CASALTA
Ctra. de Pétrola Km. 3,2
02695 Chinchilla de Monte-Aragón (Albacete)
☎: +34 658 846 188
info@rodriguezdevera.com
www.rodriguezdevera.com

Dominio de Casalta 2019 T
merlot, cabernet sauvignon, syrah, garnacha tintorera

91   19,95€

Color: cereza intenso. Aroma: fruta negra, expresión frutal, fruta madura, hierbas silvestres, especiado, tostado. Boca: sabroso, frutoso, equilibrado, taninos secos pero maduros, especiado.

Dominio de Casalta 2022 RD
pinot noir

88   14,7€

Frutal, hierbas secas, maduro, silvestre.

Hoya Colorá "Pinot Noir" 2020 T
pinot noir

91   39,9€

Color: cereza, borde violáceo. Aroma: expresión frutal, fruta roja, especiado, flores secas, terroso. Boca: sabroso, buena acidez, equilibrado.

Jumenta Merlot Syrah Garnacha Tintorera 2022 T
merlot, syrah, garnacha tintorera

88   10,5€

Frutal, maduro, hierbas secas, especiado, algo secante.

Vallejo de Víctor "Alta Extracción" 2020 T
garnacha tintorera

93   39,9€

Color: cereza brillante. Aroma: fruta madura, fruta negra, hierbas silvestres, balsámico, especiado, expresivo. Boca: frutoso, sabroso, equilibrado, fruta madura, retronasal ahumado, taninos secos pero maduros, persistente.

Vallejo de Víctor "Baja Extracción" 2020 T
garnacha tintorera

91   39,9€

Ligera oxidación, con oscuridad. Color: Cereza. Aroma: balsámico, hierbas de monte, fruta negra, terroso. Boca: especiado, balsámico, buena acidez, sabroso.

ENVERO WINE COMPANY
Colón, 28
13700 Tomelloso (Ciudad Real)
☎: +34 630 565 000
info@allblackwines.com
www.allblackwines.com

Allblack Garnacha Tintorera 2020 T
100% garnacha tintorera

86   23€

HAMMEKEN CELLARS
03700 Denia (Alacant/Alicante)
☎: +34 965 791 967
cellars@hammekencellars.com
www.hammekencellars.com

Abrigo Edad de Bronce 2021 T
garnacha tintorera

88   12€

Confitado, corpulento, cálido. Aroma: fruta negra, fruta sobremadura. Boca: sabroso, lleno.

Abrigo Edad de Bronce Limited Edition 2019 T
garnacha tintorera

90   38€

Confitado, corpulento. Aroma: fruta negra, fruta confitada, fruta macerada, pimienta negra, con carácter. Boca: concentrado, crianza clásica, especiado.

MONTEMUNDO UVAS Y VINOS
Calle El Pardal, 144
02449 Aldea El Pardal (Molinicos) (Albacete)
☎: +34 627 158 445
vinos@montemundo.com
www.montemundo.com

Pico del Oso 2021 T RB
monastrell

88   13,5€

Madera marcada, tostado, sabroso, maduro, especiado, herbáceo.

Roquero Rojo 2023 T
garnacha tintorera

89   10,9€

Amable, aromático, correcto, frutal, maduro, muy primario, sabroso.

PACO MULERO

Partida de la Hoya Torres s/n
30520 Jumilla (Murcia)
☎: +34 968 105 997
info@pacomulero.com
www.pacomulero.com

Aldeón de Lar Garnacha Tintorera 2023 T
100% garnacha tintorera

90 ★★★★★ 7€

Color: cereza, borde granate. Aroma: fruta negra, fruta madura, potente. Boca: confitado, sabroso.

Paco Mulero Quince Meses Garnacha Tintorera 2021 T
100% garnacha tintorera

92 24€

Color: cereza intenso, borde violáceo. Aroma: fruta madura, hierbas secas, roble cremoso, fruta negra, varietal. Boca: potente, fruta madura, especiado, frutoso, taninos secos pero maduros.

Paco Mulero Quince Meses Garnacha Tintorera 2022 T
100% garnacha tintorera

94 24€

Exuberante, jugoso. Color: cereza oscuro, borde granate. Aroma: fruta madura, fruta confitada, especias dulces. Boca: especiado, taninos maduros, largo.

Prisma Garnacha Tintorera Monastrell 2023 T
garnacha tintorera, monastrell

91 ★★★★★ 6,5€

Varietal. Color: cereza intenso. Aroma: fruta madura, hierbas secas, roble cremoso. Boca: potente, fruta madura, especiado, taninos maduros.

SANTA CRUZ DE ALPERA SOC. COOP. DE C-L-M

Cooperativa, s/n
02690 Alpera (Albacete)
☎: +34 967 330 108
laboratorio@bodegasantacruz.com
www.bodegasantacruz.com

Cueva de Chamán Roble Monastrell 2022 T RB
monastrell

88 ★★★★ 5,46€

Ahumado, amaderado, herbal, especiado. Aroma: fruta negra.

Rupestre de Alpera Garnacha Tintorera 2018 T R
garnacha tintorera

89 11,03€

Cálido, confitado, tostado, clásico.

Rupestre Gold Garnacha Tintorera 2021 T C
garnacha tintorera

90 ★★★ 13,44€

Color: cereza muy intenso. Aroma: muy tostado (torrefactado), café aromático, potente, cacao fino, fruta negra. Boca: retronasal ahumado, persistente, taninos maduros.

Santa Cruz Pure 2023 RD
syrah

84 5,09€

DO ALMANSA / D.O.P.

DO ALMANSA / D.O.P.

Santa Cruz Pure Garnacha Tintorera 2023 T MC
garnacha tintorera

90 ★★★★★   5,09€

Aromas nítidos, sencillo, potente, muy primario. Aroma: fruta roja. Boca: sabroso, muy vivo, fácil de beber.

Santa Cruz Pure Sauvignon Blanc 2023 B
sauvignon blanc

84   5,09€

DO. ARABAKO TXAKOLINA
CONSEJO REGULADOR

Dionisio Aldama, 7- 1ºD Apdo. 36
01470 Amurrio (Álava)
☎: +34 945 393 786 / 656 789 372
@: merino@txakolidealava.eus
www.txakolidealava.com

SITUACIÓN:

Comprende la comarca de Aiara (Ayala), situada en la zona noroccidental de la provincia de Álava y que se corresponde con la cuenca del río Nervión. En concreto aglutina los municipios de Amurrio, Artziniega, Aiara (Ayala), Laudio (Llodio) y Okondo.

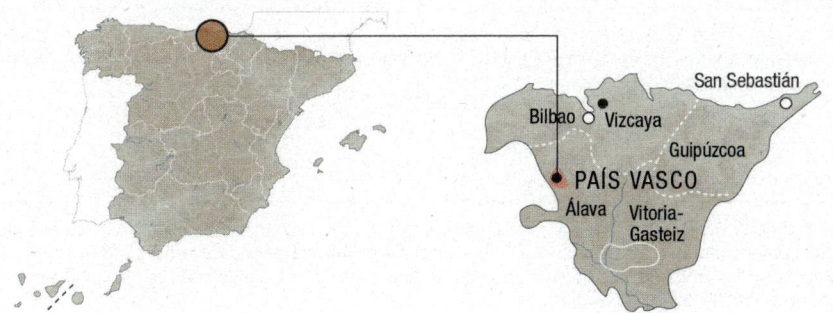

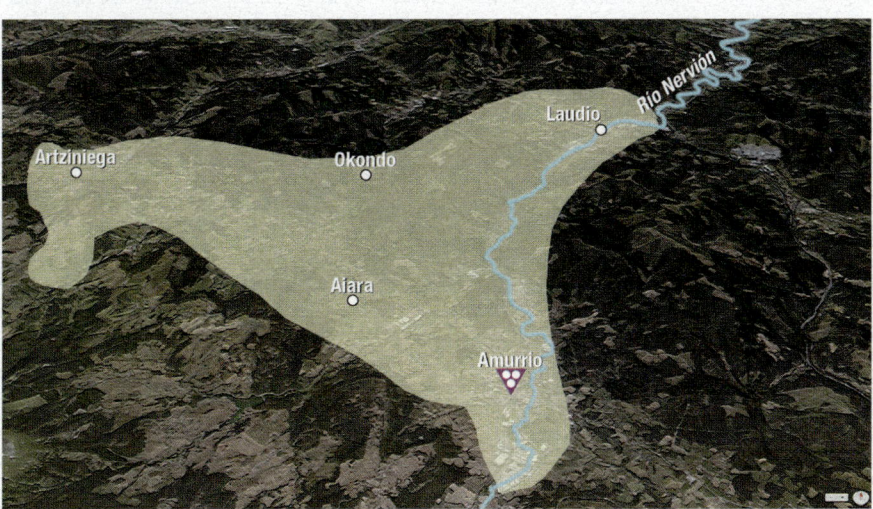

DO ARABAKO TXAKOLINA / D.O.P.

VARIEDADES:

BLANCAS

Preferentes: hondarrabi zuri (80%).

Autorizadas: petit manseng, petit courbu y gross manseng.

DATOS CONSEJO REGULADOR:

Nº Has. Viñedo: 94 – **Nº Viticultores:** 42 – **Nº Bodegas:** 7 – **Cosecha 23:** Excelente – **Producción 23:** 276.100 L – **Comercialización:** 60% Nacional - 40% Internacional.

SUELOS:

Se encuentra una gran diversidad de formaciones, desde arcillosas a otras fundamentalmente cascajosas, precisamente las que hasta la fecha están dando los mejores resultados y donde se consiguen unas maduraciones bastante estables.

CLIMA:

Similar al de la DO Bizkaiko Txakolina, determinado por la influencia marítima del Cantábrico aunque algo menos húmedo y más seco y fresco que éste. De hecho, el principal riesgo de la zona radica en las heladas primaverales. Sin embargo, tampoco hay que olvidar que parte de su viñedo linda con las plantaciones más interiores de la DO Bizkaiko Txakolina.

CARACTERÍSTICAS GENERALES DE LOS VINOS

BLANCOS
Elaborado principalmente con la variedad autóctona hondarrabi zuri, el chacolí alavés tiene grandes similitudes con los de las otras dos provincias vascas, sobre todo con el de Vizcaya. De color pálido acerado o verdoso, ofrece notas de hierbas frescas y un carácter afrutado ligeramente más maduro que el de sus vecinos. En boca resulta algo más redondo y sabroso, gracias a unas graduaciones ligeramente más altas y, aunque fresco, presenta una acidez menor en boca.

CALIFICACIÓN DE COSECHAS DE VINOS JÓVENES GUÍAPEÑÍN

2019	2020	2021	2022	2023
SC	SC	SC	SC	SC

ARTOMAÑA TXAKOLINA

Masalarreina, s/n
01468 Amurrio (Araba/Álava)
☎: +34 620 007 452
info@artomanatxakolina.com
www.artomanatxakolina.eus

Eukeni Aparduna 2021 BE EBR
hondarrabi zuri

91 ★★★　　　　　　　　　　15€

Cremoso. Color: amarillo brillante. Aroma: lías finas, equilibrado, hierbas secas, fruta blanca, fruta asada, panadería, lácticos. Boca: buena acidez, sabroso, fruta madura.

Eukeni Txakoli 2023 B
hondarrabi zuri, petit corbú, petit manseng, gros manseng

88 ★★★★　　　　　　　　　7€

Frutal, hierbas secas, cítrico, fresco, muy primario.

ASTOBIZA

Bº Jandiola 16
01409 Okondo (Araba/Álava)
☎: +34 945 898 516
astobiza@astobiza.es
www.astobiza.es

Astobiza 2023 B
100% hondarrabi zuri

91 ★★★★★　　　　　　　　12€

Color: pajizo brillante, borde verdoso. Aroma: fruta fresca, cítricos, hierbas silvestres, notas anisadas. Boca: fresco, frutoso, buena acidez, fino amargor, muy vivo.

Astobiza Rosé 2023 RD
50% hondarrabi zuri, 50% hondarrabi beltza

89　　　　　　　　　　　　13,5€

Suave, hierbas secas, floral.

Astobiza Vendimia Tardía 2019 B D
100% gros manseng

93　　　　　　　　　　　　22€

Aromático. Aroma: floral, azafrán, cítricos, notas amieladas. Boca: sabroso, lleno, dulce.

Malkoa Private Collection 2017 B BA S
100% hondarrabi zuri

93　　　　　　　　　　　　198€

Color: dorado brillante. Aroma: fruta asada, fruta confitada, especiado, pastelería, hierbas silvestres, flores marchitas. Boca: frutoso, sabroso, equilibrado, buena acidez, cierta persistencia, especiado.

Malkoa Txakoli 2017 B
100% hondarrabi zuri

93　　　　　　　　　　　　36€

Color: dorado brillante. Aroma: fruta asada, fruta confitada, flores marchitas, hierbas secas, especiado. Boca: frutoso, fresco, sabroso, equilibrado, buena acidez, retronasal ahumado.

BODEGA BATGARA TXAKOLINA

Barrio Urtaran, 21
01450 Lezama Amurrio (Araba/Álava)
☎: +34 609 884 826
info@batgara.com
www.batgara.com

Batgara 18 meses 2021 B C
100% hondarrabi zuri

94 ★★★　　　　　　　　　　22€

Oxidativo, tostado. Color: amarillo brillante. Aroma: fruta madura, especiado, frutos secos, lías finas. Boca: largo, tostado, fino amargor, afilado.

Batgara Aromas del Sur 2021 B BA
100% hondarrabi zuri

93　　　　　　　　　　　　22€

Oxidativo. Color: pajizo brillante. Aroma: hierbas de tocador, lías finas, fruta asada, frutos secos, hierbas secas, especias dulces. Boca: buena acidez, sabroso, equilibrado.

Sutsu 2021 B AG
100% hondarrabi zuri

91　　　　　　　　　　　　24€

Oxidativo. Color: pajizo brillante. Aroma: fruta madura, hierbas de tocador, lías finas, azafrán. Boca: lleno, buena acidez, especiado.

Uno Txakoli 2022 B
95% hondarrabi zuri, 5% riesling

92 ★★★★★　　　　　　　9,85€

Oxidativo. Color: pajizo brillante. Aroma: hierbas de tocador, lías finas, fruta asada. Boca: lleno, graso, buena acidez, sabroso.

Urtaran 2021 B FB
95% hondarrabi zuri, 5% riesling

93 ★★★★　　　　　　　　　18€

Color: amarillo brillante. Aroma: fruta fresca, pan tostado, hierbas verdes, lías finas. Boca: fino amargor, afilado, especiado.

DO ARABAKO TXAKOLINA / D.O.P.

DO ARABAKO TXAKOLINA / D.O.P.

Urtaran 2022 B FB
95% hondarrabi zuri, 5% riesling

93 ★★★★ 18€

Color: amarillo brillante. Aroma: roble cremoso, fruta madura, especiado, fruta blanca, fruta asada, lías finas. Boca: estructurado, tostado, fino amargor, sabroso.

Tantaka Diapiro (Lacre Calabaza) 2022 B
80% hondarrabi zuri, 20% petit corbú

94 ★★★★ 19,15€

Color: pajizo brillante. Aroma: hierbas de tocador, lías finas, fruta blanca, cítricos. Boca: lleno, largo, buena acidez, estructurado.

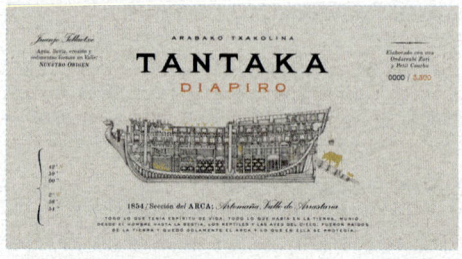

TANTAKA WINES
Pol. Maskuribai Pabellón Z 12
01470 Amurrio (Araba/Álava)
☎: +34 656 714 709
info@tantaka.eus
www.tantaka.eus

Tantaka 2022 B
100% hondarrabi zuri

93 ★★★★★ 14,65€

Color: pajizo brillante. Aroma: hierbas de tocador, lías finas, fruta blanca, hierbas secas. Boca: lleno, buena acidez, sabroso.

Tantaka 2021 T
hondarrabi beltza

91 16,25€

Color: cereza brillante. Aroma: balsámico, hierbas de monte, fruta roja, terroso, fósforo. Boca: especiado, balsámico, buena acidez.

Tantaka Petit Courbu 2022 B
100% petit corbú

92 ★★★ 16,25€

Color: pajizo brillante, borde verdoso. Aroma: fruta fresca, cítricos, hierbas silvestres, lías finas. Boca: fresco, frutoso, buena acidez, fino amargor.

TXAKOLI GÁRATE
Goienuri, 20 Alto Garate
01400 Llodio (Araba/Álava)
☎: +34 659 060 391
Josuegoitz@gmail.com
www.txakoligarate.com

Txakoli Irribarrak 2020 B
hondarrabi zerratia, petit corbú

91

Color: pajizo brillante. Aroma: fruta madura, hierbas de tocador, lías finas, ahumado. Boca: lleno, graso, largo, buena acidez.

Txakoli Irribarrak 2021 B
hondarrabi zuri, petit corbú

90

Color: pajizo brillante. Aroma: fruta madura, hierbas de tocador, lías finas, flores marchitas. Boca: lleno, graso, buena acidez, salino.

VINTAE / ATLANTIS
Caserío Beldio – Barrio Galdea
01400 Llodio (Araba/Álava)
☎: +34 608 302 372
marketing@vintae.com
www.vintae.com

Atlantis Txakoli 2021 B
hondarrabi zuri

88 11,25€

Frutal, cítrico, maduro, fresco.

DO. ARLANZA
CONSEJO REGULADOR

Ronda de la Cárcel, 4 - Edif. Arco de la Cárcel
09340 Lerma (Burgos)
☎: +34 947 171 046
@: info@arlanza.org
www.arlanza.org

SITUACIÓN:

Con sede en Lerma, los vinos de Arlanza comprenden el área central de la provincia de Burgos, hacia la zona sureña, y se extienden en los valles medio y bajo del río Arlanza y sus afluentes. Se extiende hasta el río Pisuerga y por el sureste a lo largo de 13 pueblos de Palencia.

▽ Consejo Regulador
○ Delimitación de la DO

DO ARLANZA / D.O.P.

VARIEDADES:

BLANCAS: Albillo y viura.

TINTAS: Tempranillo, garnacha, mencía, cabernet sauvignon, merlot y petit verdot.

DATOS CONSEJO REGULADOR:

Nº Has. Viñedo: 300– **Nº Viticultores:** 226 – **Nº Bodegas:** 18 – **Cosecha 23:** Excelente – **Producción 23**: 408.075 L – **Comercialización:** 95% Nacional - 5% Internacional.

SUELOS:

Los suelos, por lo general, son profundos con un subsuelo de rocas blandas. El relieve es variado con ondulaciones y laderas, donde el viñedo aparece en aquellos suelos sin problemas de humedad. Abundan los terrenos arcillo-arenosos, silíceos, graníticos y los formados por margas calizas.

CLIMA:

La región burgalesa está influida por un clima continental, acusado de ser uno de los más duros de Castilla y León, con temperaturas más bajas y frescas a medida que se avanza hacia el oeste. Las lluvias son más intensas en el este (800 mm.), conforme se asciende a las tierras más altas de Soria.

CARACTERÍSTICAS GENERALES DE LOS VINOS

TINTOS En su mayoría los vinos son elaborados con tempranillo y guardan cierto parecido a los de la Ribera, con los que comparten un clima extremo, aunque los de Arlanza son más aromáticos, con mayor frescura y más suaves en sus taninos. A medida que nos acercamos al oeste, cuando la altitud desciende, los vinos son más potentes y de mayor graduación, con un factor de acidez común por explotar.

CALIFICACIÓN DE COSECHAS DE VINOS JÓVENES GUÍAPEÑÍN

2019	2020	2021	2022	2023
SC	SC	SC	SC	SC

BODEGA COVARRUBIAS
Gómez Salazar, 18 bajo
09346 Covarrubias (Burgos)
☎: +34 652 331 770
info@valdable.com

Abadía Covarruvias 2020 T
tempranillo

86 12,5€

Viña Valdable 2020 T C
tempranillo

87 ★★★★ 6,5€

Viña Valdable 2021 T
tempranillo

85 4,5€

BODEGA SEPTIEN
Santa Genoveva Torres, 4 6ºB
09007 Puentedura (Burgos)
☎: +34 661 000 983
aseptien5@hotmail.com

Boticario de Silos (Ismael & Garapito) 2022 T
tempranillo, garnacha, mencía

91 31€

Color: cereza brillante, borde violáceo. Aroma: expresión frutal, fruta negra, hierbas silvestres, especiado, tostado, cacao fino. Boca: fresco, frutoso, sabroso, taninos secos pero maduros, cierta persistencia.

Boticario de Silos 2022 B
albillo, viura

90 25,5€

Oxidativo, madera marcada. Color: amarillo brillante. Aroma: potente, roble cremoso, fruta madura, especiado. Boca: graso, estructurado, tostado, fino amargor.

BODEGAS DECORUS
09340 Lerma (Burgos)
☎: +34 670 273 809
info@bodegasdecorus.com
www.bodegasdecorus.com

Decorus 2023 B
albillo mayor, viura, rojal

89 25€

Aromático, correcto, frutal, sabroso, maduro, jugoso.

Decorus Rosé 2023 RD

87 14€

Decorus Valdura 2022 T BA S
tempranillo, garnacha, albillo mayor

88 14€

Correcto, especiado, herbáceo, maduro, tostado.

BODEGAS LERMA
Travesía Madrid-Irún, A-1, Km. 202.5
09340 Lerma (Burgos)
☎: +34 947 177 030
info@tintolerma.com
www.bodegaslerma.com

Gran Lerma Vino de Autor 2018 T R
tempranillo

92 21,7€

Color: cereza intenso. Aroma: fruta madura, hierbas secas, roble cremoso, fina reducción. Boca: potente, fruta madura, especiado, taninos maduros.

Lerma 2019 T C
tempranillo

88 9,75€

Algo caído, confitado, especiado, hierbas secas, tostado.

BODEGAS VALDESNEROS
Avda. La Paz, 4
34230 Torquemada (Palencia)
☎: +34 979 800 545
sv@bodegasvaldesneros.com
www.bodegasvaldesneros.com

Cornitero 2023 T MC
tempranillo

87 8,5€

Neros 2022 B
albillo, viura

88 9,5€

Equilibrado, maduro, lleno, hierbas secas, sabroso.

Neros Rosé 2023 RD
tempranillo, garnacha, mencía

89 11,5€

Fresco, maduro, hierbas secas, notas de levadura, sabroso.

Valdesneros 2021 T RB
tempranillo

88 ★★★ 8,5€

Equilibrado, especiado, hierbas secas, tostado.

DO ARLANZA / D.O.P.

DO ARLANZA / D.O.P.

BODEGAS Y VIÑEDOS VALTRAVIESO
Finca La Revilla, s/n
47316 Piñel de Arriba (Valladolid)
☎: +34 983 484 030
comunicacion@valtravieso.com
www.valtravieso.com

Cerro Cerezo 2021 T
92
Color: cereza intenso. Aroma: fruta roja, fruta negra, hierbas de monte, terroso. Boca: potente, fruta madura, especiado, taninos maduros.

Las Mamblas 2020 T
tempranillo, mencía, monastrell, bobal, garnacha
93
Color: cereza intenso. Aroma: hierbas secas, roble cremoso, fruta negra. Boca: potente, fruta madura, especiado, taninos maduros.

Muniadona 2021 B FB
92
Color: pajizo brillante. Aroma: equilibrado, expresivo, fina reducción, fósforo, fruta blanca, fruta madura, piedra seca. Boca: sabroso, lleno, complejo.

BUEZO
Paraje Valdeazadón, s/n
09228 Mahamud (Burgos)
☎: +34 947 616 899
info@buezo.com
www.buezo.com

Buezo 1928 2009 T
mencía, garnacha, tempranillo
92   190€
Color: cereza intenso. Aroma: roble cremoso, fruta negra, hierbas de monte. Boca: potente, fruta madura, especiado, taninos maduros.

Buezo Nattan 2006 T R
100% tempranillo
90   31€
Color: cereza oscuro, borde granate. Aroma: fruta confitada, tabaco, especias dulces, fruta negra. Boca: especiado, taninos maduros.

Buezo Petit Verdot Tempranillo 2006 T R
50% petit verdot, 50% tempranillo
89   25,5€
Especiado, equilibrado, con vejez, maduro.

Buezo Tempranillo 2006 T
100% tempranillo
89   20€
Equilibrado, especiado, hierbas secas, maduro, tostado, con vejez.

Buezo Varietales 2006 T R
25% cabernet sauvignon, 25% merlot, 50% tempranillo
88   22€
Corpulento, especiado, hierbas secas, maduro, con vejez.

DO. ARRIBES
CONSEJO REGULADOR

Plaza Mayor, 1
49230 Cibanal (Zamora)
☎: +34 669 216 576 - 687 846 655
@: info@doarribes.es
www.doarribes.es

SITUACIÓN:

La comarca de vinos de Arribes se encuentra en pleno Parque Natural de Las Arribes, integrando una franja alargada a lo largo del suroeste de Zamora y el noroeste de Salamanca. El viñedo se extiende por los valles con buenas inclinaciones que surcan el río Duero. En Fermoselle se agrupa el 90% del viñedo.

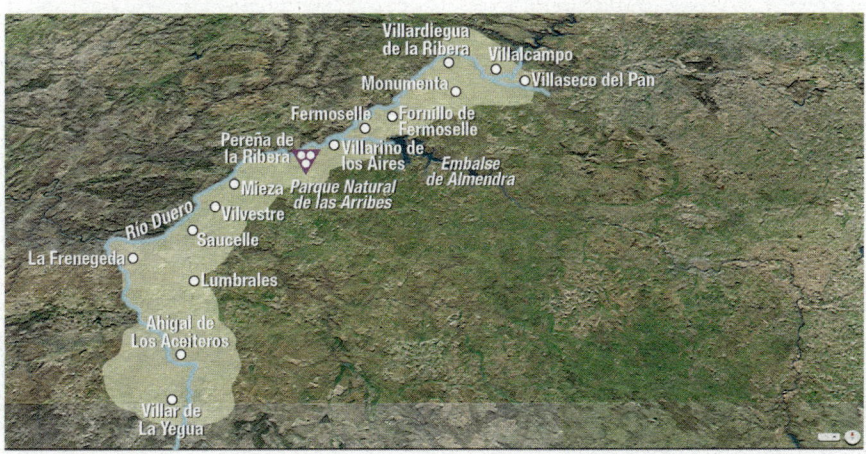

VARIEDADES:

BLANCAS: Malvasía, verdejo, albillo y Puesta en cruz..

TINTAS:

Preferentes: Bruñal, Juan garcía, rufete, tempranillo, syrah mencía y garnacha.
Autorizadas: Bastardillo Chico, Gajo Arroba, Mandón y Tinta Jeromo.

DATOS CONSEJO REGULADOR:

Nº Has. Viñedo: 289 – **Nº Viticultores:** 161 – **Nº Bodegas:** 21 – **Cosecha 23:** Excelente – **Producción 23:** 637.000 L – **Comercialización:** 60% Nacional - 40% Internacional.

SUELOS:

El terreno se define por suelos de arena poco profundos con abundancia de piedra y cuarzo sueltas, que pueden toparse con formaciones rocosas de granito, muy extendido en la zona de Fermoselle. En general abundan también suelos de pizarra en la zona salmantina como una proyección del Douro portugués. En el subsuelo, la pizarra es una garantía térmica para acumular el sol del día y desprender el calor por la noche.

CLIMA:

Está marcado por una influencia mediterránea. Los grandes desniveles y abundantes laderas configuran un clima con importantes diferencias en función de su altitud y la ubicación del viñedo, como por ejemplo en los cañones, donde no se conocen las heladas y las temperaturas medias en invierno es de 9º y en verano 26º. En la penillanura los inviernos son fríos y largos, y los veranos cortos y calurosos; mientras que en los valles de los ríos, el arribe, se alcanzan temperaturas considerablemente elevadas, que superan en unos 5 ºC, a las de la penillanura; los inviernos resultan más cortos, y por el contrario los veranos se prolongan más. Este territorio cuenta con un microclima tan marcado que permite incluso el cultivo de naranjos y olivos.

CARACTERÍSTICAS GENERALES DE LOS VINOS

BLANCOS Muy escasos, casi todos de malvasía, reciben las ventajas del clima más mediterráneo de la cuenca del Duero español. Los suelos de pizarra los hacen ser más minerales.

TINTOS Los vinos elaborados con juan garcía son de colores brillantes y de intensidad media, las uvas bien expuestas a la insolación y en ensamblaje mejorante pueden ofrecer un carácter muy afrutado y explosivo. No obstante, el mayor cuidado en la viticultura está logrando que el tamaño del grano sea más pequeño y, en consecuencia, la pigmentación de esta variedad también sea más intensa. Todos los vinos tienen un deje mineral de los suelos pizarrosos que los hacen asemejarse a los del Douro portugués.

CALIFICACIÓN DE COSECHAS DE VINOS JÓVENES GUÍA**PEÑÍN**

2019	2020	2021	2022	2023
SC	SC	SC	SC	SC

ARRIBES DEL DUERO

Ctra. Masueco, s/n
37251 Corporario - Aldeadavila (Salamanca)
☎: +34 923 169 195
secretaria@bodegasarribesdelduero.com
www.bodegasarribesdelduero.com

Arribes de Vettonia 2021 T C
juan garcía, tempranillo

87 ★★★★　　　　　　　　　　　　5,3€

Arribes de Vettonia 2022 T
juan garcía

88 ★★★★　　　　　　　　　　　　3,9€

Corpulento, especiado, fresco, herbal, sabroso.

Arribes de Vettonia 2022 T RB
juan garcía, tempranillo

87 ★★★★　　　　　　　　　　　　4,6€

Arribes de Vettonia 2023 B
malvasía

87 ★★★★　　　　　　　　　　　　4,1€

Arribes de Vettonia Vendimia Selecionada 2018 T R
bruñal

91　　　　　　　　　　　　　　　　17€

Color. cereza brillante. Aroma: fruta madura, chocolate, hierbas silvestres, tostado, incienso. Boca: especiado, taninos maduros, fruta madura, largo.

Hechanza Real 2021 T C
juan garcía, tempranillo

88 ★★★★　　　　　　　　　　　　6,1€

Corpulento, especiado, madera marcada, tostado, maduro, hierbas secas.

BODEGA PARDAL Y PUNTO

Fontanicas, 50
49220 Fermoselle (Zamora)
☎: +34 656 252 611
info@bodegapardalypunto.com

Salsipuedes 2021 T C
tempranillo, juan garcía, bruñal

88　　　　　　　　　　　　　　　　11€

Confitado, especiado, corpulento, maduro.

BODEGA QUINTA LAS VELAS

Humilladero, 44
37248 Ahigal de Los Aceiteros (Salamanca)
☎: +34 619 955 735
quiontalasvelas@gmail.com
www.quintalasvelas.net

Bruñal Quinta las Velas 2020 T C
bruñal

91 ★★★★★　　　　　　　　　　　12€

Color. cereza, borde violáceo. Aroma: fruta roja, floral, especiado, hierbas silvestres. Boca: frutoso, buena acidez, largo, con tensión, fácil de beber.

Origen Bruñal Quinta las Velas 2020 T R
bruñal

91 ★★★★　　　　　　　　　　　　14€

Herbal, silvestre, representativo. Color. cereza intenso. Aroma: fruta madura, roble cremoso. Boca: equilibrado, varietal, jugoso, frutoso, fácil de beber.

Quinta las Velas Tempranillo 2021 T C
tempranillo

89 ★★★　　　　　　　　　　　　　10€

Correcto, especiado, confitado. Aroma: frutos secos, hierbas secas, fruta negra, fruta confitada, pimienta negra.

BODEGAS PASCUAL FERNÁNDEZ - FRONTERA NATURAL

Subida Las Fontanicas 38
49220 Fermoselle (Zamora)
☎: +34 630 027 097
bodega@bodegaspascualfernandez.com
www.sietepeldaños.com

Cascarrabias 2022 T
bruñal, mandón, juan garcía, tempranillo

90　　　　　　　　　　　　　　　　15€

Con personalidad, herbal. Aroma: fruta madura, toques silvestres, franco, hierbas de tocador. Boca: jugoso, correcto, balsámico.

Siete Peldaños Bruñal 2022 T
bruñal

92　　　　　　　　　　　　　　　　50€

Color. cereza, borde violáceo. Aroma: especiado, especias dulces, roble cremoso, hierbas silvestres, hierbas de monte. Boca: sabroso, frutoso, buena acidez, largo.

Siete Peldaños Juan García 2022 T
100% juan garcía

92　　　　　　　　　　　　　　　　25€

Aromas nítidos, balsámico, frutal, silvestre. Aroma: especias dulces, fruta roja, fruta madura. Boca: sabroso, muy vivo, frutoso, con tensión.

DO ARRIBES / D.O.P.

DO ARRIBES / D.O.P.

Siete Peldaños Malvasía Selección 2023 B
malvasía

92 — 35€

Aromático, floral. Color: amarillo. Aroma: expresivo, franco, mineral. Boca: jugoso, muy vivo, fino amargor, equilibrado.

Siete Peldaños Mandón 2022 T
100% mandón

91 — 50€

Herbal, muy vivo, silvestre. Aroma: hierbas silvestres, hierbas secas, hierbas de monte, terroso. Boca: jugoso, con tensión, especiado, fácil de beber, fruta madura.

Siete Peldaños Mandón Rosé 2023 RD
100% mandón

87 — 45€

Siete Peldaños Mencía 2023 T
100% mencía

91 — 35€

Color: cereza intenso, borde violáceo. Aroma: pimienta negra, fruta golpeada, expresivo, franco, balsámico. Boca: frutoso, jugoso, muy vivo, con tensión.

BODEGAS VIÑA ROMANA
España, 50
37160 Villarino de Los Aires (Salamanca)
☎: +34 629 756 328
joseluis@vinaromana.com
www.vinaromana.com

Heredad del Viejo Imperio Homenaje 2018 T
bruñal

90 — 45€

Color: cereza intenso. Aroma: fruta madura, roble cremoso, chocolate. Boca: potente, fruta madura, especiado, taninos maduros.

Winner Premium 2018 T C
juan garcía, bruñal

89

Clásico, corpulento, equilibrado, especiado, hierbas secas, maduro, sabroso.

BRUNEO
Subida a Fontanicas, 135
49220 Fermoselle (Zamora)
☎: +34 618 437 870
info@bruneo.es
www.bruneo.es

Bruneo Bruñal 2020 T C
bruñal

92 — 30€

Clásico, corpulento. Color: cereza oscuro. Aroma: fruta madura, fruta confitada, ebanistería, especias dulces, cacao fino. Boca: especiado, taninos maduros, largo.

Bruneo Juan García 2020 T
juan garcía

91 — 18€

Color: cereza muy intenso. Aroma: potente, con carácter, balsámico, hierbas de monte, hierbas secas, fruta negra, fruta madura. Boca: fino amargor, largo, confitado, buena acidez.

LA SETERA
Calzada, 7
49232 Fornillos de Fermoselle (Zamora)
☎: +34 676 052 315
info@lasetera.com
www.lasetera.com

La Setera 2021 T C
juan garcía

89 ★★★★ — 9€

Corpulento, hierbas secas, maduro, sabroso, tostado.

La Setera 2022 T
juan garcía

89 ★★★★ — 6,5€

Algo apagado, correcto, maduro, silvestre. Aroma: fruta roja, fruta madura, varietal.

La Setera Selección Especial 2014 T C
touriga nacional

91 ★★★★★ 12€

Color: cereza, borde granate. Aroma: potente, chocolate, fruta negra, fruta madura. Boca: sabroso, largo, taninos dulces.

La Setera Tinaja Varietal 2015 T RB
juan garcía, mencía, rufete, bastardillo, bruñal, tinta Madrid

89 17€

Hierbas secas, reducido, con vejez. Aroma: fruta negra, fruta madura. Boca: sabroso, largo.

OCELLUM DURII
San Juan 57 - 58
49220 Fermoselle (Zamora)
☎: +34 651 721 639
ocellumdurii@hotmail.com
www.bodegasocellumdurii.com

Entrelímites 1905 El Renacer 2016 T C
bruñal, juan garcía, tempranillo, mencía

89 16€

Especiado, maduro, sabroso, madera marcada, algo secante, boca correcta, correcto. Aroma: incienso.

Entrelimites La Balanza 2009 T GR
juan garcía, bruñal, tempranillo, rufete, garnacha

92 50€

Color: cereza, borde granate. Aroma: fruta confitada, potente, con carácter, roble cremoso, cera. Boca: largo, lleno, sabroso, taninos maduros.

Entrelimites Limite Natural 2016 T
juan garcía, tempranillo, bruñal

90 ★★★★ 12€

Herbal, maduro. Aroma: especias dulces, cacao fino, fruta madura. Boca: jugoso, frutoso, buena acidez, fácil de beber, especiado.

VALPERDIZ
Pol. 13, Par. 523
49220 Fermoselle (Zamora)
☎: +34 609 753 437
vinoolvido@hotmail.com
www.bodegasolvidofermoselle.es

Olvido Tempranillo 2022 T
tempranillo

89 ★★★★ 8€

Equilibrado, especiado, corpulento, hierbas secas, maduro.

DO. BIERZO
CONSEJO REGULADOR

Mencía, 1
24540 Cacabelos (León)
☎: +34 987 549 408
@: info@crdobierzo.es
www.crdobierzo.es

SITUACIÓN:

En el noroeste de la provincia de León. Engloba 23 municipios: Benuza, Berlanga del Bierzo, Fabero, Folgoso de la Ribera, Igüeña, Oencia, Sobrado, Toreno, Torre Del Bierzo y Trabadelo y ocupa varios valles en zona montañesa y una llana depresión situada a menor altitud que la meseta leonesa, con temperaturas más elevadas pero con una pluviometría mayor. Puede considerarse como una zona de transición entre Galicia, León y Asturias.

▽ Consejo Regulador
  Delimitación de la DO

VARIEDADES:

BLANCAS: godello, dona blanca, palomino y malvasía.

TINTAS: mencía o negra, garnacha tintorera, estaladiña y merenzao.

DATOS CONSEJO REGULADOR:

Nº Has. Viñedo: 2.395 – **Nº Viticultores:** 1.030 – **Nº Bodegas:** 74 – **Cosecha 23:** Excelente – **Producción 23:** 8.097.924 L. – **Comercialización:** 71% Nacional - 29% Internacional.

SUELOS:

En las zonas de montaña están formados por una mezcla de elementos finos, cuarcitas y pizarras. En general, los suelos de la DO son de tierra parda húmeda y ligeramente ácidos. Los mayores índices de calidad están asociados a las terrazas de poca inclinación próximas a los ríos, las laderas semiabancaladas o aquellas de pronunciada inclinación situadas a una altitud de entre 450 y 1.000 metros.

CLIMA:

De tipo templado y bastante benigno con cierta humedad por la influencia gallega, pero también seco como el castellano. Gracias a la baja altitud se evitan bastante bien las heladas tardías y la vendimia se suele adelantar un mes sobre el resto de Castilla. El índice de pluviometría media anual es de 721 mm.

CARACTERÍSTICAS GENERALES DE LOS VINOS

BLANCOS — De color amarillo pálido, ligeros, frescos y afrutados. Los de mayor carácter son aquellos en los que participa la variedad godello, con una boca envolvente y grasa, y con un final largo y equilibrado.

ROSADOS — El color puede ir desde el piel de cebolla a los tonos rosáceos; en la nariz destacarán los aromas a fresas y frambuesas propios de la mencía, que debe suponer al menos el 50% del ensamblaje. Son, en general, ligeros y suaves.

TINTOS — Es el producto más caracterizado de la denominación. Destacan los tintos jóvenes a veces con el peligro de una acidez algo baja debido a la rápida maduración de la mencía en un clima tan benigno. De color cereza intenso con borde violáceo vivo, muy afrutados y con gran potencia aromática (fresas, zarzamora) propios de la variedad; en la boca son secos, ligeros, afrutados y con gran carácter varietal. Se elaboran también tintos de crianza en madera.

CALIFICACIÓN DE COSECHAS DE VINOS JÓVENES GUÍA**PEÑÍN**

2019	2020	2021	2022	2023
MUY BUENA	MUY BUENA	EXCELENTE	EXCELENTE	MUY BUENA

DO BIERZO / D.O.P.

13 VIÑAS VIÑEDOS Y BODEGA
Campo del Obispo, 13
24492 Cubillos del Sil (León)
Fax: +34 649 312 360
trecevinas@gmail.com
www.13viñas.com

A Ponte Vella 2020 T RB
90% mencía, 10% jerez, valenciana, godello

90 ★★★ 12,95€

Color: cereza intenso. Aroma: fruta madura, hierbas secas, roble cremoso. Boca: potente, fruta madura, especiado, taninos maduros.

Alto de la Judiega 2020 T RB
100% mencía

84 8,95€

Babu 2022 B
jerez, valenciana, godello

91 ★★★★★ 4,95€

Color: pajizo brillante, borde verdoso. Aroma: cítricos, hierbas secas, anisado, camomila. Boca: frutoso, buena acidez, fino amargor.

Jonas Clarete 2021 RD
55% mencía, 45% jerez, valenciana

85 5,95€

Locura de Yayos
Vino de Paraje 2021 T
85% mencía, 15% palomino

91

Color: cereza brillante. Aroma: expresivo, hierbas silvestres, regaliz negro, hierbas de monte. Boca: buena acidez, correcto, jugoso, frutoso, fácil de beber, cierta persistencia.

Mingus 2021 T
100% mencía

90 ★★★★★ 4,95€

Confitado, especiado. Aroma: fruta negra, fruta golpeada, flores marchitas. Boca: sabroso, fruta madura.

ALMÁZCARA MAJARA
Las Eras, 5
24398 Almázcara (León)
☎: +34 609 322 194
info@almazcaramajara.com
www.almazcaramajara.com

Cobija del Pobre 2023 B
100% godello

90 15,3€

Color: pajizo brillante. Aroma: expresión frutal, fruta madura, floral. Boca: sabroso, fresco, buena acidez, retronasal afrutado.

Demasiado Corazón 2022 B FB
100% godello

92 30€

Color: pajizo. Aroma: fruta madura, hierbas secas, flores marchitas, fruta escarchada, cera. Boca: potente, fruta madura, equilibrado.

Jarabe de Almázcara Majara 2020 T
100% mencía

88 20€

Especiado, maduro, tostado, ahumado, madera marcada, correcto, sabroso.

L'Aphrodisiaque Godello 2023 B
85% godello, 15% jerez

90 ★★★★★ 9,5€

Color: pajizo. Aroma: flores blancas, jazmín, hierbas secas, cera. Boca: sabroso, frutoso, equilibrado.

L'Aphrodisiaque Rosé 2022 RD
mencía, godello

87 9,2€

Los Hombres de la CIA 2023 T
100% mencía

89 ★★★ 9,2€

Agradable, frutal, balsámico, suave.

ÁLVAREZ DE TOLEDO

Río Selmo, 8
24560 Toral de los Vados (León)
☎: +34 987 544 831
admon@bodegasalvarezdetoledo.com
www.bodegasalvarezdetoledo.com

Álvarez de Toledo Mencía 2023 T RB
91

Balsámico, complejo. Color: cereza oscuro. Aroma: tostado, especiado, cacao fino. Boca: sabroso, tostado, fino amargor.

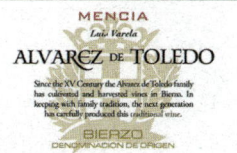

ARTURO GARCÍA VIÑEDOS Y BODEGAS

La Escuela, 3
24516 Toral de los Vados (León)
☎: +34 987 553 000
info@bodegasarturo.com
www.bodegasarturo.com

Hacienda Elsa Godello 2023 B
godello
88 ★★★★ 7,9€

Atípico, correcto, hierbas secas, balsámico, suave.

Hacienda Elsa Mencía 2023 T
mencía
88 ★★★★ 6,9€

Agradable, frutal, maduro, silvestre, ligera reducción, correcto.

Hacienda Sael Godello 2023 B
godello
88 ★★★★ 7,9€

Correcto, sencillo, frutal. Boca: fácil de beber, cierta persistencia.

Hacienda Sael Mencía 2023 T
mencía
89 ★★★★ 6,9€

Herbal, frutal, maduro, jugoso, amargoso, correcto, especiado, persistente.

Solar de Sael Mencía 2020 T C
mencía
89 12€

Corpulento, cremoso, especiado, maduro, sabroso, tostado.

Valderica Mencía 2023 T
mencía
88 ★★★★ 5,5€

Sabroso, maduro, silvestre, frutal, herbal, correcto.

ATTIS BODEGA Y VIÑEDOS

Lg. Morouzos, 16D - Dena
36967 Meaño (Pontevedra)
☎: +34 986 744 790
administracion@attisbyv.com
www.attisbyv.com

Sangarida El Morredero 2022 T C
100% mencía
94 42,5€

Color: Cereza. Aroma: balsámico, hierbas de monte, hierbas de tocador, fruta roja, fruta madura. Boca: especiado, balsámico, buena acidez, equilibrado.

Sangarida La Guiana 2022 B FB
100% godello
93 42,5€

Color: amarillo brillante. Aroma: fruta madura, especiado, mineral. Boca: graso, estructurado, largo, tostado, fino amargor.

Sangarida La Yegua 2022 B FB
80% godello, 20% dona blanca
92 24,7€

Color: pajizo brillante. Aroma: expresivo, lías finas, mineral, franco, fresco. Boca: lleno, largo, persistente, varietal.

Sangarida Pico Tuerto 2022 T
100% mencía
93 24,7€

Color: cereza brillante. Aroma: balsámico, hierbas de monte, hierbas verdes. Boca: especiado, balsámico, buena acidez, con tensión.

DO BIERZO / D.O.P.

DO BIERZO / D.O.P.

AURELIO FEO VITICULTOR
Camino del Oteiro, 11
24491 San Andrés de Montejos (León)
☎: +34 987 401 865
bodega@bodegafeo.es
www.bodegafeo.es

Buencomiezo Godello Selección 2021 B
godello

91 — 17,5€
Color: amarillo brillante. Aroma: potente, roble cremoso, fruta madura, especiado. Boca: graso, estructurado, largo, tostado, fino amargor.

Buencomiezo Mencía Selección 2019 T
mencía

88 — 15€
Correcto, especiado, hierbas secas, maduro. Aroma: fruta negra, fruta madura. Boca: amargoso.

Collage 2023 B
godello, doña blanca, palomino

88 — 10€
Amable, aromático, correcto, frutal, fresco, jugoso, boca correcta.

Cruz de San Andrés 2021 T RB
mencía

92 ★★★★★ — 9€
Color: Cereza. Aroma: balsámico, especias dulces, hierbas de monte. Boca: especiado, balsámico, buena acidez.

Montelios Mencía Centenaria 2016 T
mencía

91 — 25€
Clásico, con vejez. Color: cereza oscuro, borde granate. Aroma: tabaco, especiado, fruta negra, regaliz negro. Boca: especiado, taninos maduros, largo, confitado.

BODEGA CEPALL
24439 Sancedo (León)
☎: +34 607 409 669
celoma@telecable.es

Cepall 2021 T
100% mencía

89 ★★★★ — 6€
Amable, correcto, frutal, maduro, jugoso, sabroso, equilibrado.

Cepall 2023 RD
100% mencía

87 ★★★★ — 7€

Llodío 2023 B
godello

89 ★★★★ — 8€
Correcto, frutal, maduro. Aroma: fruta madura, fruta blanca. Boca: sabroso, fácil de beber.

Llodío Selección 2022 B
godello

91 ★★★ — 15€
Color: amarillo brillante. Aroma: fruta madura, hierbas secas, flores marchitas. Boca: potente, fruta madura, equilibrado.

Rollura 2021 T
mencía

89 — 12€
Amable, correcto, hierbas secas, maduro, madera marcada, especiado.

BODEGA DEL ABAD
Ctra. N-VI, Km 396
24549 Carracedelo (León)
☎: +34 987 562 417
vinos@bodegadelabad.com
www.bodegadelabad.com

Abad Dom Bueno 2023 RD
100% mencía

90 ★★★★★ — 8,9€
Color: rosáceo pálido. Aroma: elegante, fruta roja, floral, hierbas de tocador. Boca: ligero, especiado, buena acidez, fino amargor.

Abad Dom Bueno Godello 2023 B
100% godello

88 ★★★ — 9€
Maduro, tropical, frutal, sencillo.

Abad Dom Bueno Mencía 2023 T
100% mencía

88 ★★★★ 6€

Agradable, ligero, frutal, fresco, sencillo, boca correcta. Boca: fácil de beber.

Carracedo 2018 T RB
100% mencía

91 17,7€

Color: cereza intenso. Aroma: fruta madura, hierbas secas, roble cremoso. Boca: potente, fruta madura, especiado, taninos maduros.

San Salvador Godello 2020 B FB
100% godello

92 ★★★ 18€

Color: pajizo. Aroma: fruta madura, hierbas secas, flores marchitas, tostado, roble cremoso. Boca: potente, fruta madura, equilibrado.

Tesín de la Campana 2020 T RB
100% mencía

93 21€

Color: cereza, borde violáceo. Aroma: expresión frutal, floral, especiado, arándano azul, caramelo de violetas. Boca: sabroso, frutoso, buena acidez, largo.

BODEGA VERÓNICA ORTEGA
24530 Valtuille de Abajo (León)
☎: +34 696 506 485
veronica@veronicaortega.es
www.veronicaortega.es

🏆 PODIO

Cobrana 2022 T
95

Aromas nítidos. Color: cereza, borde violáceo. Aroma: fruta roja, floral, especiado, con carácter, complejo. Boca: sabroso, frutoso, buena acidez, largo.

Kinki T
93

Color: cereza brillante. Aroma: fruta fresca, hierbas de monte, balsámico, con oscuridad, expresivo. Boca: buena acidez, especiado, taninos finos.

La Llorona 2022 B
godello

93

Color: amarillo brillante. Aroma: fruta escarchada, lías finas, pastelería, lácticos. Boca: redondo, especiado, largo, persistente.

Quite 2022 T
93 ★★★★★ 14€

Balsámico, con oscuridad. Color: cereza, borde violáceo. Aroma: fruta roja, floral, especiado. Boca: sabroso, frutoso, buena acidez.

🏆 PODIO

Roc 2021 T
95

Aromas nítidos, complejo, elegante. Color: cereza brillante. Aroma: mineral, hierbas de monte, notas anisadas, hierbas secas, expresivo. Boca: jugoso, largo, buena acidez.

Tormenta 2021 B
93

Oxidativo. Color: dorado. Aroma: piel de naranja, notas de levadura, flores marchitas, flores secas. Boca: jugoso, muy vivo, acidez marcada, fino amargor.

BODEGA Y VIÑEDOS ANSELMO ÁLVAREZ
Ctra. Sanabria, Km. 2
24415 San Lorenzo - Ponferrada (León)
☎: +34 626 452 839
bodega_a.a@hotmail.com
www.bodegaanselmoalvarez.com

Gandadia 2022 T
mencía

92 20€

Color: cereza, borde granate. Aroma: potente, fruta madura, especiado, varietal, hierbas secas, hierbas silvestres. Boca: fruta madura, sabroso, equilibrado, fino amargor.

Seulalia Godello 2023 B
godello

92 ★★★★★ 14€

Color: pajizo brillante, borde verdoso. Aroma: fruta fresca, hierbas silvestres, fósforo, cera. Boca: fresco, frutoso, buena acidez, fino amargor.

DO BIERZO / D.O.P.

DO BIERZO / D.O.P.

Seulalia Mencía 2021 T
100% mencía

88   10,9€

Amable, frutal, sabroso.

BODEGA Y VIÑEDOS HEREDAD MORÁN & LÓPEZ
Camino Escaril, 35 Puente Boeza
24401 Ponferrada (León)
☎: +34 676 509 621
heredad.moran.lopez@gmail.com
www.heredadmoranlopez.com

Buleza 2023 RD
100% mencía

84   4,4€

Heredad 26 2020 T RB
100% mencía

89 ★★★★   5,54€

Frutal, maduro, confitado, especiado, hierbas secas.

Heredad 26 Godello 2021 B
100% godello

91 ★★★★★   6,5€

Color: pajizo brillante. Aroma: fruta madura, hierbas de tocador, lías finas, cera. Boca: lleno, graso, buena acidez.

Heredad 26 Mencía 2023 T
mencía

89 ★★★★   3,99€

Frutal, hierbas secas, maduro, especiado, sabroso, tostado.

Heredad Altos de Talana 2022 B FB
100% godello

92 ★★★★★   12,95€

Oxidativo, cremoso. Color: amarillo brillante. Aroma: potente, roble cremoso, fruta madura, especias dulces. Boca: graso, estructurado, tostado, fino amargor.

Rincón de Heredad 2021 T
100% mencía

91 ★★★★   14€

Color: cereza, borde violáceo. Aroma: fruta roja, especiado, flores secas, terroso. Boca: sabroso, frutoso, buena acidez.

Valdesalas 2023 B
100% godello

88 ★★★★   5,45€

Equilibrado, frutal, herbal, lleno, maduro, goloso.

BODEGAS ADRIÁ
Ctra. Antigua Madrid - Coruña, Km. 407
24500 Villafranca del Bierzo (León)
☎: +34 987 540 907
aperez@bodegasadria.com
www.bodegasadria.com

Bodegas Adria Godello 2023 B
100% godello

88 ★★★   9€

Fresco, boca correcta, jugoso, silvestre, sencillo, equilibrado.

Bodegas Adria Godello Orange 2020 B
100% godello

89   39€

Correcto, oxidativo, maduro. Aroma: fruta asada, caramelo tostado, con carácter.

Bodegas Adria Mencía 2023 T
100% mencía

88 ★★★★   7€

Reductivo, con oscuridad, correcto, diferente, hierbas secas, maduro.

Bodegas Adria Silk 2021 T RB
100% mencía

90 ★★★★★   9€

Color: cereza intenso. Aroma: fruta madura, hierbas secas, roble cremoso. Boca: potente, fruta madura, especiado, taninos maduros.

Bodegas Adria Velvet 2019 T
100% mencía

91   24€

Reductivo, correcto. Aroma: cera, fruta negra, tostado. Boca: sabroso, fruta madura, especiado, fácil de beber.

Bodegas Adria Villa El Toleiro 2019 B C
godello

91   24€

Color: amarillo brillante. Aroma: flores secas, fruta escarchada, lías finas, pastelería, tostado, praliné. Boca: redondo, especiado, largo, persistente.

Etapa 24 2020 B SS
100% godello

91 ★★★★ 14€

Con personalidad, con vejez. Aroma: fruta madura, cítricos, flores marchitas. Boca: jugoso, fino amargor.

BODEGAS BERNARDO ÁLVAREZ
San Pedro, 75
24530 Villadecanes (León)
☎: +34 987 562 129
vinos@bodegasbernardoalvarez.com
www.bodegasbernardoalvarez.com

Campo Redondo 2023 T RB
mencía

89 ★★★★ 7€

Amable, especiado, maduro, tostado.

Campo Redondo Godello 2023 B
godello

88 ★★★ 9€

Aromático, maduro, tropical, sabroso, frutal.

Viña Migarrón 2018 T C
mencía

88 ★★★ 9€

Amable, varietal, silvestre, sencillo, maduro, hierbas secas, correcto.

Viña Migarrón 2022 T
mencía

88 ★★★★ 7€

Muy tostado (torrefactado), maduro, suave.

Viña Migarrón 2023 RD
mencía

90 ★★★★★ 7€

Color: rosa vivo, borde violáceo. Aroma: expresión frutal, fruta roja, lácticos, floral. Boca: equilibrado, retronasal afrutado, fácil de beber.

Viña Migarrón 2024 B
godello, dona blanca, palomino

88 ★★★★ 7€

Aromático, correcto, frutal, maduro, sencillo, suave.

BODEGAS CANTALOBOS
Avda. Galicia, 187
24411 Ponferrada (León)
☎: +34 619 055 411
info@cantalobos.es
www.cantalobos.es

Cantalobos 2021 T
88

Agradable, especiado, maduro.

Cantalobos 2023 B
godello

88

Flores secas, frutal, hierbas secas, maduro, correcto, sencillo. Aroma: frutos secos.

Cantalobos 2023 T
88

Agradable, suave, maduro.

BODEGAS CONDE DEL PAZO
Ctra. LE-4211
24548 Quilós (León)
☎: +34 948 379 994
info@marquesdelatrio.com
www.condedelpazo.com

Conde del Pazo Godello 2023 B
godello

91 ★★★★★ 11,5€

Color: pajizo brillante, borde verdoso. Aroma: fruta fresca, cítricos, hierbas silvestres, flores blancas. Boca: fresco, frutoso, buena acidez, fino amargor.

BODEGAS EMILIO MORO
Ctra. Peñafiel - Valoria, s/n
47315 Pesquera de Duero (Valladolid)
☎: +34 983 878 400
bodega@emiliomoro.com
www.emiliomoro.com

Bestizo 2023 T
100% mencía

88

Correcto, aromático, especiado, maduro. Aroma: fruta de hueso.

El Polvorete 2023 B
100% godello

91 ★★★★★ 10,3€

Aromas nítidos. Aroma: hierbas de monte, notas anisadas, fruta fresca, notas de levadura. Boca: frutoso, jugoso, equilibrado, especiado.

DO BIERZO / D.O.P.

Guía Peñín — VINOS DE ESPAÑA

DO BIERZO / D.O.P.

El Zarzal 2022 B BA
100% godello

90   16,5€

Color: amarillo brillante. Aroma: fruta madura, especiado, ahumado. Boca: graso, estructurado, largo, fino amargor.

La Revelia 2021 B
100% godello

91

Color: amarillo brillante. Aroma: roble cremoso, fruta madura, especiado, cacao fino. Boca: estructurado, largo, tostado, fino amargor.

La Revelia 2022 B
100% godello

91   28,9€

Color: pajizo. Aroma: fruta de hueso, roble cremoso, fruta madura, flores secas. Boca: potente, fruta madura, especiado, largo.

BODEGAS ESTEFANIA, TILENUS
La Lechería, 3
24390 Dehesas (León)
☎: +34 987 420 015
info@tilenus.com

Tilenus Entrecuestas Godello 2022 B FB
godello

93 ★★★★   16,9€

Color: amarillo. Aroma: expresivo, lías finas, mineral, flores secas. Boca: lleno, especiado, largo, amargoso.

Tilenus Godello Monteseiros 2023 B
godello

89 ★★★   9,45€

Amable, agradable, sabroso, floral.

Tilenus La Florida 2019 T C
100% mencía

91 ★★★   14,75€

Color: cereza brillante, cereza oscuro. Aroma: fina reducción, franco, regaliz negro, hierbas secas. Boca: sabroso, especiado, fruta madura, largo.

Tilenus Pagos de Posada - Paraje La Florida 2018 T BA
mencía

92   18,7€

Color: Cereza. Aroma: fruta madura, fina reducción, cera, con carácter, varietal. Boca: especiado, largo, fino amargor, fácil de beber.

Tilenus Laderas 2021 T
mencía

88   10,6€

Aromático, ligera reducción, correcto, especiado. Aroma: fruta madura, fruta negra.

Tilenus Pieros - Paraje Alto de los Cotos 2018 T
mencía

93   40,65€

Aromas nítidos, balsámico, con tipicidad. Color: cereza brillante. Aroma: equilibrado, expresivo, hierbas de monte, hierbas silvestres. Boca: varietal, jugoso, frutoso.

BODEGAS GODELIA
Antigua Ctra. N-VI, km. 403,5
24547 Pieros-Cacabelos (León)
☎: +34 987 546 279
info@godelia.es
www.godelia.es

Godelia Godello 2023 B
90% godello, 10% dona blanca

88   12,3€

Sencillo, correcto, cítrico, agradable, muy primario.

Godelia Mencía 2019 T RB
100% mencía

89   14€

Amable, aromas nítidos, correcto, frutal, jugoso, agradable, varietal.

Godelia Selección Godello 2020 B
100% godello

91   21€

Color: pajizo brillante. Aroma: fruta madura, lías finas, hierbas de monte, notas anisadas. Boca: graso, buena acidez, equilibrado, jugoso.

Godelia Selección Mencía 2017 T
100% mencía

92   33€

Aromático. Aroma: hierbas de monte, hierbas silvestres, expresivo, franco. Boca: sabroso, jugoso, equilibrado, fruta madura.

Viernes Godello 2023 B
100% godello

88 ★★★   8,7€

Cítrico, fresco, fluido, boca correcta, sencillo.

Viernes Mencía 2022 T
100% mencía

88 ★★★   8,7€

Tostado, maduro, especiado.

BODEGAS MAURO

Ctra. Villabañez, km. 1
47320 Tudela de Duero (Valladolid)
☎: +34 983 521 972
comunicacion@bodegasmauro.com
www.bodegasmauro.com

Valeyo 2022 T
95% mencía, 5% godello

91 34,6€

Color: cereza intenso. Aroma: hierbas secas, roble cremoso, fruta negra, hierbas de monte, especiado. Boca: fruta madura, especiado, taninos maduros, sabroso.

BODEGAS PEIQUE

El Bierzo, s/n
24530 Valtuille de Abajo (León)
☎: +34 987 562 044
bodega@bodegaspeique.com
www.bodegaspeique.com

Cova de la Raposa 2020 T
mencía

92

Color: cereza, borde violáceo. Aroma: expresión frutal, fruta roja, toques silvestres, hierbas silvestres, hierbas secas, especiado. Boca: frutoso, fresco, muy vivo, equilibrado, retronasal afrutado, taninos maduros.

Luis Peique 2020 T RB
mencía

93 44€

Color: cereza intenso. Aroma: notas cárnicas, fruta madura, hierbas secas, pimienta negra, expresivo, con carácter. Boca: estructurado, jugoso.

Mata los Pardos 2020 T

90

Color: cereza oscuro. Aroma: tostado, especiado, cacao fino, fruta madura, fruta negra. Boca: sabroso, tostado, fino amargor, taninos secos pero maduros, retronasal ahumado.

El Pedregal 2022 B
godello

92

Color: amarillo brillante. Aroma: caramelo de limón, fruta blanca, fruta madura, hierbas silvestres, flores marchitas. Boca: frutoso, fresco, sabroso, jugoso.

El Rapolao 2021 T
mencía

92

Color: cereza, borde violáceo. Aroma: expresión frutal, fruta roja, hierbas silvestres, especiado. Boca: frutoso, fresco, sabroso, equilibrado, taninos maduros.

Peique Godello 2023 B
godello

89 ★★★ 9,95€

Agradable, fresco, aromático, frutal, jugoso, muy primario, sencillo.

Peique Mencía 2023 T
mencía

89 ★★★★ 6,9€

Aromas nítidos, correcto, frutal, exuberante, láctico, sencillo. Aroma: fruta roja, fruta madura.

Peique Ramón Valle 2022 T
mencía

90 ★★★★★ 9,5€

Color: cereza brillante. Aroma: hierbas secas, fina reducción, expresión frutal. Boca: fruta madura, especiado, fino amargor, muy vivo.

Peique Selección Familiar 2020 T
mencía

92 28,65€

Color: cereza muy intenso. Aroma: equilibrado, franco, cera, especiado, tostado, fruta madura. Boca: sabroso, largo, fruta madura.

Peique Viñedos Viejos 2021 T RB
mencía

90 ★★★ 13,2€

Color: Cereza. Aroma: hierbas de monte, especiado, fina reducción, franco, intensidad media. Boca: especiado, balsámico, buena acidez.

Tesin de la Campana 2021 T
mencía

91

Color: cereza, borde violáceo. Aroma: fruta roja, toques silvestres, hierbas silvestres, especiado, ahumado. Boca: frutoso, fresco, sabroso, equilibrado, taninos secos pero maduros.

DO BIERZO / D.O.P.

BODEGAS VALDECONTINA

Avda. de Bembibre, 4
24310 Albares de la Ribera (León)
☎: +34 601 108 460
ventas@valdecontina.com
www.valdecontina.com

Bodegas Valdecontina Godello 2022 B FB
godello

92   24,5€

Color: amarillo brillante. Aroma: roble cremoso, fruta madura, especiado. Boca: graso, largo, tostado, fino amargor.

Bodegas Valdecontina Godello 2023 B
godello

90 ★★★   12,9€

Color: pajizo. Aroma: fruta madura, hierbas secas, flores marchitas. Boca: potente, fruta madura, equilibrado.

Bodegas Valdecontina La Galapana 2022 T
mencía

90 ★★★★   11,9€

Color: cereza oscuro. Aroma: tostado, especiado, cacao fino, fruta madura. Boca: sabroso, tostado, fino amargor.

Bodegas Valdecontina María Pía 2022 T
mencía

91   35€

Color: cereza oscuro, borde granate. Aroma: fruta confitada, ebanistería, tabaco, especias dulces, lácticos. Boca: especiado, taninos maduros, largo.

Bodegas Valdecontina Valle del Río 2022 T
mencía

90 ★★★★   11,9€

Color: cereza intenso. Aroma: fruta madura, hierbas secas, roble cremoso, especias dulces. Boca: fruta madura, especiado, taninos maduros.

Bodegas Valdecontina Viña de Martín 2022 T
mencía

92   28€

Exuberante. Color: cereza intenso, borde granate. Aroma: ebanistería, fruta madura, cacao fino, tostado. Boca: sabroso, especiado, tostado, taninos potentes.

BODEGAS VIAZÁLEZ

Avda. de Bembrive 2,4
24310 Albares de la Ribera (León)
☎: +34 653 903 960
info@viazalez.com
www.viazalez.com

Denuedo Godello 2023 B
godello

89   12€

Aromático, suave, sabroso, maduro.

Hego Mencía 2021 T
mencía

92 38€

Color: cereza intenso. Aroma: fruta madura, hierbas secas, roble cremoso, especias dulces, tostado. Boca: potente, fruta madura, especiado, taninos maduros.

Viazález Mencía 2021 T
mencía

92 19€

Aromas nítidos, balsámico. Color: cereza intenso. Aroma: fruta madura, hierbas secas, roble cremoso. Boca: potente, fruta madura, especiado, taninos maduros.

BODEGAS Y VIÑEDOS GANCEDO
Vistalegre, s/n
24548 Quilós (León)
☎: +34 987 134 980
gancedo@bodegasgancedo.com
www.bodegasgancedo.com

Capricho Val de Paxariñas 2023 RD
100% mencía

88 10€

Aromático, correcto, fresco, frutal, sencillo, suave.

Capricho Val de Paxariñas Godello 2023 B
100% godello

90 ★★★★ 11,5€

Color: pajizo brillante. Aroma: fruta madura, lías finas, flores secas. Boca: graso, largo, buena acidez, jugoso.

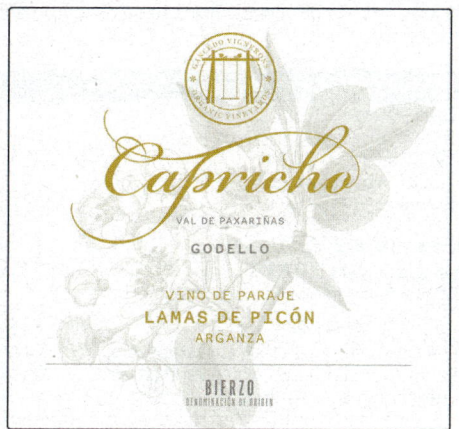

Gancedo Mencía 2023 T RB
100% mencía

90 ★★★★ 9€

Color: cereza brillante. Aroma: especias dulces, fruta madura, madera marcada, pan tostado. Boca: frutoso, especiado, taninos maduros.

Herencia del Capricho 2021 B FB
100% godello

92 25€

Ahumado, especiado, madera marcada. Color: amarillo brillante. Aroma: especiado, fruta madura, con carácter. Boca: graso, sabroso, potente.

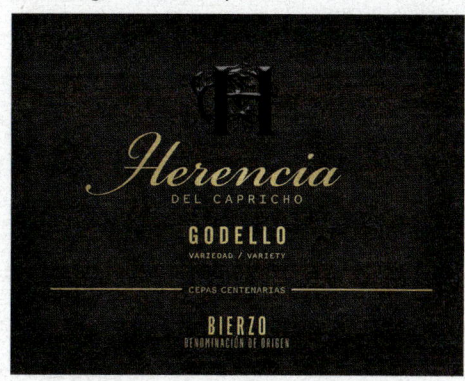

Ucedo 2021 T RB
100% mencía

92 25€

Clásico. Color: cereza oscuro. Aroma: roble cremoso, cacao fino, especias dulces, franco. Boca: estructurado, opulento, sabroso, largo, fruta madura, taninos maduros.

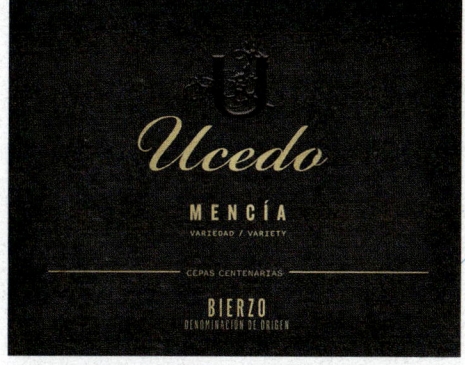

Xestal 2022 T RB
mencía

91

Color: Cereza. Aroma: hierbas de monte, hierbas de tocador, floral, cera. Boca: especiado, balsámico, buena acidez.

DO BIERZO / D.O.P.

DO BIERZO / D.O.P.

BODEGAS Y VIÑEDOS LUNA BEBERIDE
Ant. Ctra. Madrid - Coruña, Km. 402
24540 Cacabelos (León)
☎: +34 605 723 551
calidad@lunabeberide.es
www.lunabeberide.es

Finca Luna Beberide T RB
91
Color: cereza intenso. Aroma: fruta madura, hierbas secas, roble cremoso, balsámico. Boca: potente, fruta madura, especiado, taninos maduros.

Luna Beberide Mencía 2023 T
89
Fruta golpeada. Aroma: balsámico, hierbas de monte, fruta madura, equilibrado. Boca: balsámico, buena acidez.

Paixar Mencía 2022 T
94
Aromas nítidos, balsámico. Color: Cereza. Aroma: complejo, expresivo, especiado, mineral. Boca: lleno, largo, persistente.

BODEGAS Y VIÑEDOS MERAYO
Ctra. de la Espina, km. 3.5
24491 San Andrés de Montejos (León)
☎: +34 669 372 307
jmerayo@byvmerayo.com
www.bodegasmerayo.com

La Galbana 2021 T R
100% mencía
92   40€
Color: cereza brillante. Aroma: hierbas secas, arándano azul, fruta madura, pimienta negra, roble cremoso. Boca: potente, fruta madura, especiado, taninos maduros.

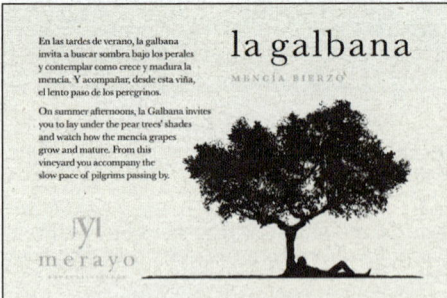

Aquiana 2021 T C
100% mencía
90   15€
Color: cereza intenso. Aroma: especiado, fruta madura, equilibrado, tabaco, cera. Boca: sabroso, largo, fruta madura.

Las Tres Filas 2022 T RB
100% mencía
91 ★★★★★   10€
Color: cereza, borde violáceo. Aroma: expresión frutal, fruta roja, floral, especiado. Boca: sabroso, frutoso, buena acidez, largo.

Merayo Finca El Llano 2020 T BA
100% mencía
93   35€
Color: Cereza. Aroma: complejo, expresivo, especiado, mineral, hierbas secas, hierbas silvestres, regaliz negro. Boca: lleno, largo, persistente.

Merayo Godello 2023 B
100% godello
90 ★★★★★   10€
Color: pajizo. Aroma: expresivo, flores blancas, jazmín, hierbas secas. Boca: sabroso, frutoso, equilibrado.

Merayo Mencía 2023 T
100% mencía
90 ★★★★★   6€
Color: cereza, borde violáceo. Aroma: balsámico, fruta roja, hierbas de monte. Boca: balsámico, frutoso, equilibrado.

CANTARIÑA
Calle Ribadeo, 35
24500 Villafranca del Bierzo (León)
☎: +34 606 075 194
info@vinoscantarina.es
www.vinoscantarina.es

Cantariña 2 Viña de los Pinos 2021 T
90% mencía, 10% palomino
91 ★★★ 🌱   15€
Con personalidad, herbal, silvestre. Color: cereza brillante. Aroma: franco, expresivo, hierbas secas. Boca: frutoso, jugoso, muy vivo.

Cantariña 3 El Triángulo 2021 T
95% mencía, 5% palomino
91 🌱   30€
Color: cereza intenso. Aroma: hierbas secas, incienso, arbusto, balsámico. Boca: jugoso, sabroso, varietal.

Cantariña 6 Merenzao 2022 T
merenzao

93 30€

Color: cereza brillante. Aroma: balsámico, especias dulces, hierbas de monte, fruta roja. Boca: especiado, balsámico, buena acidez.

Cantariña 7 A Freita 2022 T
85% mencía, 13% palomino, 2% merenzao

94 30€

Color: Cereza. Aroma: complejo, expresivo, especiado, mineral, hierbas de tocador. Boca: lleno, largo, persistente.

Cantariña El Godello de Consuelo 2022 B FB
godello

93 65€

Color: amarillo brillante. Aroma: flores secas, fruta escarchada, lías finas, pastelería, pólvora, fósforo. Boca: redondo, especiado, largo, persistente.

CASAR DE BURBIA
Travesía la Constitución, s/n
24549 Carracedelo (León)
☎: +34 987 562 910
info@casardeburbia.com
www.casardeburbia.com

Casar de Burbia 2022 T RB
100% mencía

90 ★★★ 13,2€

Color: cereza intenso. Aroma: fruta madura, hierbas secas, roble cremoso. Boca: fruta madura, especiado, taninos maduros.

Casar de Burbia Godello 2023 B
100% godello

91 ★★★★ 13,5€

Color: pajizo. Aroma: fruta madura, fruta de hueso, floral. Boca: equilibrado, frutoso, sabroso.

Casar Godello (Vino de Paraje - Valdepiñeiro) 2022 B FB
100% godello

91 24,1€

Aromático. Color: amarillo brillante. Aroma: fruta de hueso, hierbas silvestres, especiado, jazmín. Boca: jugoso, equilibrado, fino amargor, buena acidez.

Hombros (Vino de Paraje - Valdaiga) 2022 T BA
100% mencía

92 19,9€

Color: cereza, borde granate. Aroma: fruta confitada, fruta al licor, chocolate, hierbas de monte. Boca: sabroso, dulcedumbre, largo.

Nemesio (Vino de Paraje - Barreiriñas) 2021 T RB
100% mencía

93 55€

Color: cereza, borde granate. Aroma: potente, tostado, chocolate, fruta negra, fruta madura. Boca: sabroso, largo.

Tebaida 2022 T RB
100% mencía

93 28,6€

Color: cereza intenso. Aroma: fruta madura, hierbas secas, roble cremoso, balsámico. Boca: fruta madura, especiado, taninos maduros.

Tebaida nº5 (Vino de Paraje - Valdepiñeiro) 2021 T RB
100% mencía

92 60€

Tostado. Color: cereza intenso. Aroma: fruta madura, hierbas secas, roble cremoso, tostado. Boca: fruta madura, especiado, taninos maduros.

CASTRO VENTOSA
Finca El Barredo, s/n
24530 Valtuille de Abajo (León)
☎: +34 987 562 148
info@castroventosa.com
www.castroventosa.com

El Castro de Valtuille 2023 T

92

Color: cereza, borde violáceo. Aroma: balsámico, fruta roja, hierbas de monte, tomillo. Boca: balsámico, frutoso, equilibrado.

El Castro de Valtuille Godello 2022 B BA

93

Color: pajizo brillante. Aroma: expresión frutal, fruta madura, floral, fósforo. Boca: sabroso, fresco, buena acidez, retronasal afrutado.

DO BIERZO / D.O.P.

🏆 PODIO
Valtuille Cepas Centenarias 2022 T BA
95
Complejo, con oscuridad. Color. Cereza. Aroma: balsámico, especias dulces, hierbas de monte, fruta roja. Boca: balsámico, buena acidez, sabroso.

🏆 PODIO
Valtuille Godello Paraje El Val 2022 B BA
95
Color: pajizo brillante. Aroma: fruta madura, hierbas de tocador, lías finas, mineral, fósforo. Boca: lleno, graso, largo, buena acidez.

🏆 PODIO
Valtuille La Cova de la Raposa 2022 T
95
Color: cereza, borde violáceo. Aroma: fruta roja, floral, especiado, hierbas de monte, hierbas de tocador, balsámico. Boca: sabroso, frutoso, buena acidez.

🏆 PODIO
Valtuille la Vitoriana 2022 T
97
Aromas nítidos, aromático, balsámico. Color: cereza brillante. Aroma: fruta madura, hierbas secas, roble cremoso, hierbas silvestres. Boca: fruta madura, especiado, taninos maduros.

Valtuille Villegas 2022 T BA
94
Agradable, aromático, complejo. Color. Cereza. Aroma: balsámico, especias dulces, hierbas silvestres, fruta roja. Boca: especiado, balsámico, buena acidez.

Valtuille Vino de Paraje Rapolao 2022 T C
95
Aromático, balsámico. Color: cereza poco intenso. Aroma: fruta roja, fruta negra, hierbas silvestres, hierbas de tocador, especias dulces. Boca: sabroso, muy vivo, jugoso.

Valtuille Vino de Villa 2022 T BA
94 ★★★★★ 16€
Con tensión, complejo. Color. Cereza. Aroma: balsámico, especias dulces, hierbas de monte, fruta roja. Boca: especiado, balsámico, buena acidez.

CÉSAR MÁRQUEZ BODEGAS Y VIÑEDOS
Calle Antigua Ctra. N-VI, 34A
24530 Valtuille de Abajo (León)
☎: +34 625 603 223
caesar15_m@hotmail.com

🏆 PODIO
El Rapolao
Vino de Paraje 2022 T
96
Agradable, aromas nítidos, complejo, con tensión. Color. Cereza. Aroma: balsámico, especias dulces, hierbas de monte, fruta roja. Boca: especiado, balsámico, buena acidez, sabroso.

🏆 PODIO
El Val 2022 B
godello
98
Amable, lleno. Color: pajizo brillante. Aroma: fruta madura, hierbas de tocador, lías finas, mineral, cera, fósforo. Boca: lleno, graso, largo, buena acidez.

La Salvación 2022 B
94 ★★★ 22€
Complejo. Color: pajizo brillante. Aroma: fruta madura, hierbas de tocador, lías finas. Boca: graso, largo, buena acidez.

Parajes
Vino de Región 2022 T
93
Color: cereza intenso. Aroma: hierbas secas, fruta madura, fruta roja, hierbas de monte. Boca: fruta madura, especiado, balsámico.

🏆 PODIO
Pico Ferreira 2022 T
98 ★★★★★ 33€
Balsámico, aromático, complejo. Color: cereza, borde violáceo. Aroma: floral, especiado, expresión frutal, mineral. Boca: sabroso, frutoso, buena acidez, largo.

🏆 PODIO
Sufreiral 2022 T
96
Aromas nítidos, suave. Color: cereza intenso. Aroma: fruta madura, hierbas secas, especias dulces, tiza. Boca: fruta madura, especiado, taninos maduros.

🏆 PODIO

Valtuille Vino de Villa 2022 T

95 ★★★★★   20€

Color: cereza, borde violáceo. Aroma: fruta roja, floral, especiado, caramelo de violetas, balsámico, hierbas de monte. Boca: sabroso, frutoso, buena acidez, largo.

DESCENDIENTES DE J. PALACIOS
Chao do Pando, 1
24514 Corullón (León)
☎: +34 987 540 821
info@djpalacios.com
www.alvaropalacios.com

🏆 PODIO

La Faraona 2022 T BA
98% mencía, 2% jerez, godello

97 🍷

Balsámico, aromas nítidos, complejo. Color: cereza, borde violáceo. Aroma: fruta roja, floral, especiado, hierbas de tocador, mineral. Boca: sabroso, frutoso, buena acidez, largo.

🏆 PODIO

Las Lamas 2022 T BA
92% mencía, otras

96 🍷

Balsámico, herbal. Color: cereza brillante. Aroma: fruta fresca, fruta roja, hierbas de monte, fina reducción. Boca: buena acidez, especiado, taninos finos, mineral.

🏆 PODIO

Moncerbal 2022 T
95% mencía, otras

95 🍷

Aromático, balsámico. Color: cereza, borde violáceo. Aroma: expresión frutal, fruta roja, especiado, hierbas verdes. Boca: sabroso, frutoso, buena acidez, largo.

Pétalos del Bierzo Viñas Viejas 2022 T

92

Color: cereza, borde violáceo. Aroma: expresión frutal, fruta roja, floral, especiado, hierbas silvestres. Boca: sabroso, frutoso, buena acidez, largo.

Villa de Corullón 2022 T
93% mencía, 2,5% alicante bouschet, 0,5% gran negro, otras

94 🍷

Agradable, aromas nítidos, balsámico. Color: Cereza. Aroma: balsámico, especias dulces, hierbas de monte, fruta roja, fruta madura. Boca: especiado, buena acidez.

DOMINIO DE ANZA
24530 Valtuille de Abajo (León)
☎: +34 606 971 740
diego@dominiodeanza.com

Dominio de Anza Finca El Rapolao 2022 T

93

Silvestre, frutal. Color: cereza, borde granate. Aroma: fruta confitada, expresivo. Boca: sabroso, largo.

Dominio de Anza Selección de Parcelas 2022 T

93

Con oscuridad, equilibrado. Aroma: hierbas secas, fina reducción. Boca: pulido, largo, jugoso.

Valdehorta 2022 T

94

Complejo, mineral, por hacer. Color: Cereza. Aroma: expresivo, equilibrado, elegante. Boca: frutoso, sabroso, taninos maduros, con tensión.

DOMINIO DE TARES
Los Barredos, 4
24318 San Román de Bembibre (León)
☎: +34 987 514 550
info@dominiodetares.com
www.dominiodetares.com

Bembibre 2019 T R
100% mencía

93   27,4€

Color: cereza brillante. Aroma: hierbas de monte, cera, hierbas silvestres, notas anisadas, equilibrado, franco. Boca: especiado, balsámico, buena acidez, jugoso.

Dominio de Tares Cepas Viejas 2021 T C
100% mencía

92 ★★★   16,4€

Color: Cereza. Aroma: complejo, expresivo, especiado, mineral. Boca: elegante, lleno, largo, persistente.

Dominio de Tares Godello 2023 B FB
100% godello

91   18,5€

Color: amarillo brillante. Aroma: roble cremoso, fruta madura, especiado. Boca: estructurado, largo, tostado, fino amargor.

La Sonrisa de Tares 2023 B
100% godello

92 ★★★★★   11,45€

Color: pajizo brillante, borde verdoso. Aroma: cítricos, hierbas silvestres, fósforo, cera. Boca: frutoso, buena acidez, fino amargor.

DO BIERZO / D.O.P.

Guía Peñín | **VINOS DE ESPAÑA**

DO BIERZO / D.O.P.

Tares P. 3 2019 T R
100% mencía

93   57,9€

Hierbas secas, maduro, reductivo. Color: cereza intenso. Aroma: fruta negra, regaliz negro, con carácter, varietal, balsámico. Boca: estructurado, sabroso.

ENCIMA WINES
Era, 35
24413 Molinaseca (León)
☎: +34 660 469 565
info@encimawines.com
www.encimawines.com

La Cigüeña Godello 2023 B
100% godello

89 ★★★★ 🌿   7,5€

Agradable, cítrico, frutal.

La Cigüeña Mencía 2022 T
100% mencía

89 ★★★★ 🌿   6,6€

Amable, aromático, correcto, maduro, muy primario, sencillo. Aroma: cera.

Para Muestra un Botón 2021 B
100% godello

90 ★★★★ 🌿   12€

Color: pajizo brillante. Aroma: fruta madura, floral, especiado. Boca: buena acidez, retronasal afrutado, equilibrado, fino amargor.

Para Muestra un Botón 2021 T
mencía

91 ★★★★★ 🌿   12€

Color: Cereza. Aroma: balsámico, especias dulces, hierbas de monte, fruta madura. Boca: especiado, balsámico, buena acidez.

Para Muestra un Botón Edición Limitada Fermentada bajo sus Lías 2020 B FB
100% godello

92 🌿   20€

Color: amarillo brillante. Aroma: potente, fruta madura, especiado, lías finas. Boca: graso, estructurado, largo, fino amargor.

ESTÉVEZ BODEGAS Y VIÑEDOS
Calle Las Flores, 35
24530 Valtuille de Abajo (León)
☎: +34 638 732 732
comercial@estevezbodegas.com
www.estevezbodegas.com

Versos de Valtuille
Pal de la Vega Godello 2022 B FB
godello

92   20€

Fresco, cítrico. Aroma: pólvora, varietal, fruta blanca, hierbas silvestres. Boca: fresco, frutoso, buena acidez.

Versos de Valtuille
Paraje Casares 2022 T
85% mencía, 10% alicante bouschet, 5% palomino

92   30€

Aromas nítidos, correcto, floral. Color: cereza brillante. Aroma: franco, expresivo. Boca: frutoso, jugoso, largo, fácil de beber.

Versos de Valtuille
Paraje El Rapolao 2022 T
mencía

94   30€

Equilibrado, jugoso, muy vivo. Color: Cereza. Aroma: complejo, expresivo, mineral, floral, tomillo, hierbas silvestres. Boca: elegante, lleno, largo, persistente.

Versos de Valtuille
Paraje La Vitoriana 2022 T
85% mencía, 10% alicante bouschet, 5% palomino

94   45€

Aromas nítidos, con tipicidad, equilibrado. Aroma: franco, expresivo, equilibrado, elegante, fruta roja. Boca: varietal, largo, jugoso, muy vivo.

Versos de Valtuille Paraje Mata Los Pardos 2022 T
mencía

91   30€

Color: cereza brillante. Aroma: fruta madura, roble cremoso, hierbas secas, notas anisadas. Boca: fruta madura, especiado, taninos maduros, sabroso.

Versos de Valtuille
Paraje Villegas 2022 T
90% mencía, 10% alicante bouschet

92   30€

Color: cereza intenso, borde granate. Aroma: con carácter, especiado, roble cremoso, equilibrado, hierbas secas, hierbas de monte. Boca: sabroso, largo, fruta madura.

FAMILIA ARIAS VIDAL VITICULTORES
Avda. de la Martina, 54
24403 Ponferrada (León)
☎: +34 676 218 209
davarvi@hotmail.com

Escambron 2022 T C
mencía

92   20€

Color: cereza, borde granate. Aroma: fruta confitada, fruta al licor, potente. Boca: sabroso, dulcedumbre, largo.

Recunco 12 meses 2022 T C
mencía

91 ★★★★★   9€

Color: cereza, borde violáceo. Aroma: expresión frutal, floral, especiado, arándano azul. Boca: sabroso, frutoso, buena acidez, largo.

GALLINA DE PIEL WINES
17005 Girona (Girona)
info@gallinadepielwines.com
www.gallinadepielwines.com

Lagalin 2022 T
94% mencía, 6% merenzao

92   39,95€

Con oscuridad. Color: cereza intenso. Aroma: fruta madura, hierbas secas, notas almizcladas, especiado, balsámico. Boca: potente, fruta madura, especiado, taninos maduros.

JOSÉ ANTONIO GARCÍA GARCÍA
El Puente s/n
24530 Valtuille de Abajo (León)
☎: +34 648 070 581
jose.viticultor@gmail.com

Unculín
Mencía de Valtuille 2022 T
mencía

91 ★★★   15,5€

Color: cereza brillante. Aroma: cera, notas almizcladas, fruta roja, tostado. Boca: sabroso, carnoso, buena acidez.

LOSADA, VINOS DE FINCA
Ctra.a Villafranca LE-713, Km. 12
24540 Cacabelos (León)
☎: +34 987 548 053
bodega@losadavinosdefinca.com
www.losadavinosdefinca.com

Altos de Losada El Cepón 2022 T
100% mencía

93   39€

Color: cereza brillante. Aroma: fruta madura, roble cremoso, cacao fino, hierbas silvestres, regaliz negro. Boca: fruta madura, especiado, taninos maduros.

Altos de Losada La Bienquerida Paraje Las Chas 2022 T C
95% mencía, 5% otras

92   45€

Color: cereza intenso. Aroma: fruta negra, ahumado, especiado, pimienta negra, notas anisadas, hierbas secas. Boca: especiado, fruta madura, largo.

Altos de Losada Villa de Valtuille de Arriba 2022 T BA
100% mencía

91   20,3€

Color: cereza intenso. Aroma: hierbas secas, roble cremoso, fruta negra, fruta madura, especiado. Boca: potente, fruta madura, especiado, taninos maduros.

DO BIERZO / D.O.P.

DO BIERZO / D.O.P.

Losada 2022 T
99% mencía, 1% dona blanca

89   12,9€

Madera marcada, tostado, sabroso, maduro, frutal, especiado, correcto.

Losada Godello 2023 B
100% godello

91 ★★★   15,5€

Color: pajizo. Aroma: fruta madura, hierbas secas, flores marchitas. Boca: potente, fruta madura, equilibrado.

MARIA ZAMARREÑO
Camino Las Salgueras s/n
24413 Molinaseca (León)
☎: +34 639 202 403
mariazv.bierzo@gmail.com
www.mariazamarreño.com

Van Gus Vana 2016 T
mencía

88

Clásico, notas animales, correcto, equilibrado, herbal, maduro.

MICHELINI I MUFATTO
Toral, 19
24448 Toral de merayo (León)
☎: +34 665 128 522
lbonetto@cvdi.wine
www.michelinimufatto.com

A Merced 2022 T
mencía, alicante bouschet, dona blanca

93   27,5€

Color: cereza intenso. Aroma: fruta madura, roble cremoso, hierbas secas, hierbas de monte. Boca: potente, fruta madura, especiado, taninos maduros.

Encinado 2022 T
mencía, godello, alicante bouschet

94   122€

Balsámico, maduro. Color: Cereza. Aroma: balsámico, especias dulces, hierbas de monte. Boca: especiado, balsámico, buena acidez.

Encrucijada 2022 T
mencía, palomino

94   104€

Balsámico, con oscuridad. Color: Cereza. Aroma: balsámico, especias dulces, hierbas de monte, fruta madura. Boca: especiado, balsámico, buena acidez.

MA Andrea Mufatto Dona Blanca 2022 B
dona blanca

94   34,5€

Color: amarillo brillante. Aroma: potente, roble cremoso, fruta madura, especiado, cera, pólvora. Boca: graso, estructurado, largo, fino amargor.

🏆 **PODIO**

MA Andrea Mufatto Godello 2022 B
godello

95   34,5€

Color: pajizo brillante. Aroma: fruta madura, floral, lías finas, mineral, cera, pólvora. Boca: lleno, complejo, especiado, largo, elegante.

Nominado Vino Revelación

🏆 **PODIO**

Post-Crucifixión 2022 T
mencía, merenzao, brancellao, godello, dona blanca

96   149€

Con oscuridad, balsámico. Color: cereza brillante. Aroma: complejo, expresivo, especiado, mineral. Boca: elegante, lleno, largo, persistente, sabroso.

PÉREZ CARAMÉS
Peña Picón, s/n
24500 Villafranca del Bierzo (León)
☎: +34 619 782 968
info@perezcarames.com
www.perezcarames.com

Casar de Valdaiga
Paraje El Toleiro 2023 T

86 🌱   10€

PROYECTO DE VINOS CARIÑOSOS
San Blas, 206
24390 Villaverde de la Abadía (León)
☎: +34 687 801 250
monicagdineiro@yahoo.es

Altos de Hornixa 2023 T
mencía

91 ★★★   15€

Color: cereza, borde violáceo. Aroma: fruta roja, floral, especiado, hierbas de tocador. Boca: sabroso, frutoso, buena acidez, largo.

SEÑORÍO DE LOS ARCOS
Ctra.. Caboalles, 332
24191 Villlabalter (León)
☎: +34 987 226 594
admin@senoriodelosarcos.es
www.senoriodelosarcos.es

Dobiñon 2022 T
100% mencía

90 ★★★★ 5,5€
Tostado, maduro, frutal.

SOTO DEL VICARIO
Ctra. Cacabelos- San Clemente, Pol. Ind. 908
Parcela 155
24547 San Clemente (León)
☎: +34 670 983 534
sandra.luque@pagodelvicario.com
www.pagodelvicario.com

Soto del Vicario El Origen 2018 T
100% mencía

91 30€
Color: cereza, borde granate. Aroma: fruta confitada, potente, madera marcada, roble cremoso. Boca: sabroso, largo, taninos dulces.

Soto del Vicario Go de Godello 2023 B FB
100% godello

90 ★★★★★ 9€
Agradable, aromático, exuberante, fresco, frutal, herbal. Boca: correcto, amargoso, fácil de beber.

Soto del Vicario Men de Mencía 2018 T C
mencía

92 ★★★★★ 8,5€
Color: cereza, borde granate. Aroma: balsámico, fruta madura, hierbas de monte, fina reducción. Boca: sabroso, balsámico, especiado.

Soto del Vicario Orange Marrows 2023 B
48% palomino, 45% dona blanca, 4% godello, 3% malvasía

90 ★★★★★ 7,5€
Color: pajizo brillante, borde verdoso. Aroma: cítricos, hierbas silvestres, camomila, jazmín. Boca: frutoso, buena acidez, fino amargor.

VINOS DE ARGANZA
Río Ancares, 2
24560 Toral de los Vados (León)
☎: +34 987 544 831
admon@vinosdearganza.com
www.vinosdearganza.com

Castillo Colina 2023 T

91
Color: cereza, borde violáceo. Aroma: fruta roja, floral, especiado. Boca: sabroso, frutoso, buena acidez.

Flavium Selección T

91
Color: cereza intenso. Aroma: fruta madura, hierbas secas. Boca: potente, fruta madura, especiado.

VINOS DEL BIERZO S. COOP. - VINOS GUERRA
Avda. Constitución, 106
24540 Cacabelos (León)
☎: +34 987 546 150
info@vinosdelbierzo.com
www.bodegasguerra.com

Armas de Guerra 2023 B
dona blanca, godello

86 3,8€

Armas de Guerra 2023 RD
mencía

87 ★★★★ 3,8€

Armas de Guerra Godello 2023 B
godello

88 ★★★★ 5,7€
Agradable, sencillo. Aroma: fruta madura, floral. Boca: fresco, buena acidez.

Armas de Guerra Mencía 2023 T
mencía

89 ★★★★ 3,8€
Agradable, frutal, herbal, maduro.

Señorío del Bierzo Godello 2020 B
godello

90 23€
Especiado, madera marcada. Color: amarillo. Aroma: caramelo tostado, fruta madura, ahumado. Boca: sabroso, potente.

Señorío del Bierzo Mencía 2019 T C
mencía

90 22€
Clásico, ligera reducción, madera marcada. Aroma: cera, fruta madura, con carácter, hierbas secas. Boca: varietal, fruta madura.

VINOS VALTUILLE
Promadelo, s/n
24530 Valtuille de Abajo (León)
☎: +34 987 562 165
info@vinosvaltuille.com
www.vinosvaltuille.com

Cabanelas 2019 T
100% mencía

92 42€
Color: cereza, borde granate. Aroma: hierbas secas, tabaco, cera, fruta madura. Boca: sabroso, lleno, varietal, especiado.

DO BIERZO / D.O.P.

DO BIERZO / D.O.P.

Pago de Valdoneje 2023 T
mencía

90 ★★★★★ 8€

Color: cereza, borde violáceo. Aroma: expresión frutal, fruta roja, floral. Boca: frutoso, sabroso, equilibrado.

Pago de Valdoneje El Valao 2022 T BA
mencía

92 ★★★★★ 13,5€

Color: cereza, borde violáceo. Aroma: expresión frutal, floral, especiado, arándano azul. Boca: sabroso, frutoso, buena acidez, largo.

Pago de Valdoneje La Cerrada 2023 B
godello

91 ★★★★ 13,5€

Color: pajizo brillante. Aroma: fruta madura, mineral, hierbas silvestres, lías finas. Boca: sabroso, fresco, buena acidez, retronasal afrutado.

Rapolao 2020 T C
100% mencía

92 39€

Color: cereza, borde granate. Aroma: balsámico, hierbas de monte, cuero muy curtido, fruta confitada, hierbas secas, tabaco. Boca: sabroso, especiado, taninos secos pero maduros.

VIÑAS DEL BIERZO
Cº de Santiago, s/n
24410 Camponaraya (León)
☎: +34 987 463 009
vdelbierzo@granbierzo.com
www.granbierzo.com

Gran Bierzo Godello 2023 B

90

Color: pajizo brillante. Aroma: fruta madura, floral, cera. Boca: sabroso, buena acidez, retronasal afrutado.

Gran Bierzo Origen 2021 T
95% mencía, 5% estaladiña

91

Color: cereza intenso. Aroma: fruta madura, hierbas secas, roble cremoso, hierbas de monte. Boca: potente, fruta madura, especiado, tostado.

Valmagaz Mencía 2023 T
mencía

89

Agradable, aromático, frutal, jugoso, fresco, boca correcta.

VIÑEDOS SAMPEDRO Y ALONSO
Los Pinares, 2
24530 Villadecanes (León)
☎: +34 619 740 699
hola@sampedroyalonso.com
www.sampedroyalonso.com

Xardín De Xampedro 2021 T BA
100% mencía

89 13€

Maduro, potente, sabroso, silvestre, tostado, lleno.

VIÑEDOS SINGULARES
Avda. de La Riera, 11 Nave 1
08960 Sant Just Desvern (Barcelona)
☎: +34 934 807 041
info@vinedossingulares.com
www.vinedossingulares.com

Corral del Obispo 2022 T RB

90

Color: cereza, borde violáceo. Aroma: expresión frutal, fruta roja, especiado, toques silvestres, flores secas. Boca: sabroso, frutoso, buena acidez, largo.

VIÑEDOS Y BODEGAS PITTACUM
De la Iglesia, 11
24546 Arganza (León)
☎: +34 987 548 054
egomez@pittacum.com
www.pittacum.com

La Maragata 2019 B FB
100% godello

92 42€

Color: amarillo brillante. Aroma: roble cremoso, fruta madura, especiado, praliné. Boca: graso, estructurado, largo, tostado, fino amargor.

La Prohibición 2019 T RB
100% garnacha tintorera

91 26,8€

Color: Cereza. Aroma: amaderado, fruta negra, fruta madura, ahumado. Boca: potente, estructurado, sabroso, retronasal ahumado.

Pittacum Aurea 2019 T RB
100% mencía

93 29,3€

Color: cereza intenso, borde granate. Aroma: fruta madura, fruta negra, especiado, pimienta negra, hierbas secas. Boca: sabroso, lleno, taninos maduros.

Pittacum Val de la Osa 2019 T RB
100% mencía

92 ★★★★ 14,15€

Color: cereza brillante. Aroma: varietal, franco, con carácter, balsámico, especiado. Boca: sabroso, jugoso, especiado, largo.

Petit Pittacum 2023 T
100% mencía

90 ★★★★★ 7,5€

Color: cereza, borde violáceo. Aroma: expresión frutal, fruta roja, balsámico. Boca: frutoso, buena acidez, largo, acidez marcada, amargoso.

Pittacum 2020 T RB
100% mencía

91 ★★★★★ 11,55€

Balsámico, boca correcta. Color: cereza brillante. Aroma: hierbas silvestres, notas anisadas, fruta madura. Boca: jugoso, frutoso, correcto, especiado, fruta madura.

DO. BINISSALEM MALLORCA
CONSEJO REGULADOR

Celler de Rei, 9-1º
07350 Binissalem (Mallorca)
☎: +34 971 512 191
@: info@binissalemdo.com
www.binissalemdo.com

SITUACIÓN:

En la zona central de la isla de Mallorca. Comprende los términos municipales de Santa María del Camí, Binissalem, Sencelles, Consell y Santa Eugenia.

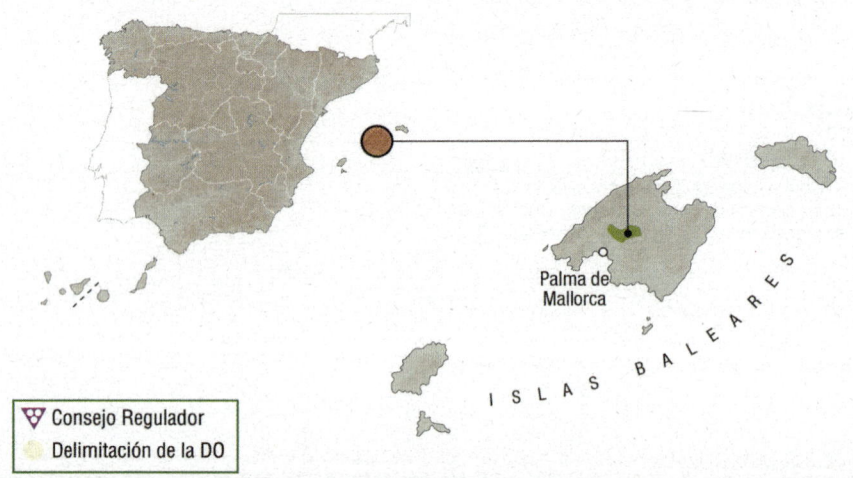

▽ Consejo Regulador
◇ Delimitación de la DO

VARIEDADES:

BLANCAS: moll o prensal blanc (46 has.), macabeo, parellada, giró ros, moscatel y chardonnay.

TINTAS: manto negro (mayoritaria: 229 has.), callet, gorgollassa, tempranillo, syrah, monastrell, cabernet sauvignon (segunda variedad tinta: 56 has.) y merlot.

DATOS CONSEJO REGULADOR:

Nº Has.Viñedo: 583 – **Nº Viticultores:** 107– **Nº Bodegas:** 14 – **Cosecha 23:** SC– **Producción 23:** 874.562 L – **Comercialización:** 87% Nacional - 13% Internacional.

SUELOS:

Están formados por arenas, calizas y gredas yesíferas que reposan sobre arcillas y margas. El contenido en caliza es muy variable y puede oscilar, dependiendo de las distintas zonas, entre el 1% y el 35%.

CLIMA:

Mediterráneo suave, con veranos secos y calurosos e inviernos cortos; las precipitaciones medias anuales se sitúan en el entorno de los 450 mm. La zona de producción está protegida de los vientos del norte por la Sierra de Tramuntana o Sierra de Alfabia.

CARACTERÍSTICAS GENERALES DE LOS VINOS

BLANCOS — Presentan un color amarillo pajizo. Se caracterizan por sus rasgos silvestres, afrutados, toques de hierbas de monte y carácter muy mediterráneo; en los mejores, donde destaca la personalidad de la uva local prensal, se consigue además gran complejidad de matices y un excelente equilibrio en boca.

ROSADOS — De color rosáceo, se caracterizan por sus notas de fruta madura, propias de viñedos que han recibido una gran insolación.

TINTOS — Son los más característicos de la zona y representan casi las tres cuartas partes de la producción de la denominación. Se encuentran jóvenes y, sobre todo, de crianza. Su carácter viene determinado por las peculiaridades de la variedad autóctona manto negro, que aporta aromas de fruta madura y toques caramelizados; en boca, los vinos presentan un buen equilibrio y son bastante persistentes.

CALIFICACIÓN DE COSECHAS DE VINOS JÓVENES GUÍAPEÑÍN

2019	2020	2021	2022	2023
MUY BUENA	SC	MUY BUENA	SC	SC

DO BINISSALEM MALLORCA / D.O.P.

BODEGAS JOSÉ L. FERRER
Conquistador, 103
07350 Binissalem (Illes Balears/Islas Baleares)
☎: +34 971 511 050
secretaria@vinosferrer.com
www.vinosferrer.com

Ferreret Mantonegro 2021 T
manto negro

90   17,5€

Agradable. Color: cereza, borde violáceo. Aroma: floral, especiado, terroso, fruta roja, fruta confitada. Boca: sabroso, frutoso, buena acidez.

José L. Ferrer 2020 T C
manto negro, cabernet sauvignon, tempranillo, callet, syrah

87   8,3€

Veritas 2018 T R
manto negro, callet, cabernet sauvignon

89   27€

Clásico, confitado, especiado, con vejez, rústico.

Veritas Millesimé 2019 BE BN
moll

89   17,5€

Equilibrado, hierbas secas, maduro, lleno, notas de levadura.

Veritas Roig 2023 RD
manto negro

88   14€

Fresco, frutal, hierbas secas, notas de levadura.

CA'N VERDURA VITICULTORS
S'Era, 6
07350 Binissalem (Illes Balears/Islas Baleares)
☎: +34 695 817 038
info@vinscanverdura.com
www.vinscanverdura.com

Ca'n Verdura 2022 T
44% manto negro, 31% merlot, 11% callet, 10% syrah, 3% monastrell, 1% cabernet sauvignon

93 ★★★★★   10€

Color: cereza, borde violáceo. Aroma: especiado, hierbas de monte, terroso, fruta roja, fruta madura. Boca: sabroso, fluido, ligero, equilibrado.

Ca'n Verdura Supernova Mantonegro 2022 T C
manto negro

94

Jugoso, potente. Color: cereza, borde granate. Aroma: fruta roja, fruta madura, hierbas de monte, terroso, mineral. Boca: sabroso, frutoso, buena acidez.

Ca'n Verdura Supernova Moll 2023 B
100% moll

92 ★★★★★   13€

Suave. Color: pajizo brillante. Aroma: fruta madura, lías finas, flores blancas, expresivo. Boca: sabroso, salino, mineral.

Ca'n Verdura Supernova Rosat 2023 RD
manto negro

90 ★★★★   12€

Color: piel cebolla. Aroma: hierbas de tocador, fruta blanca, flores secas, lías finas. Boca: buena acidez, equilibrado, ligero.

🏆 **PODIO**

Son Agulló 2022 T C
manto negro

95   33€

Color: cereza, borde granate. Aroma: especiado, fruta madura, fruta roja, violetas, flores secas, mineral. Boca: sabroso, buena acidez, largo, carnoso.

FINCA BINIAGUAL
Camí Vell de Muro, s/n – LLogaret de Biniagual
07350 Binissalem (Illes Balears/Islas Baleares)
☎: +34 971 870 211
info@finca-biniagual.com
www.finca-biniagual.com

Binimare 2023 RD
100% manto negro

90 🌿   40€

Color: rosáceo pálido. Aroma: elegante, fruta roja, floral, hierbas de tocador. Boca: ligero, fino amargor, equilibrado.

Finca Biniagual Gran Verán 2021 T C
50% manto negro, 50% syrah

93   50,95€

Color: cereza, borde violáceo. Aroma: expresión frutal, fruta roja, floral, hierbas de monte. Boca: frutoso, sabroso, equilibrado, carnoso, lleno.

Finca Biniagual Mantonegro 2021 T FB
100% manto negro

92   44€

Color: cereza, borde violáceo. Aroma: especiado, hierbas silvestres, cacao fino, fruta negra, fruta roja. Boca: sabroso, frutoso, buena acidez, largo.

Finca Biniagual Negre 2020 T R
44% manto negro, 34% merlot, 18% cabernet sauvignon, 4% syrah

92 ★★★   17€

Jugoso. Color: Cereza. Aroma: hierbas secas, expresivo, fruta negra, fósforo. Boca: fruta madura, fino amargor, sabroso.

DO BINISSALEM MALLORCA / D.O.P.

Finca Biniagual Verán 2021 T BA
51% manto negro, 26% syrah, 23% cabernet sauvignon

91 — 26€

Color: cereza brillante. Aroma: floral, fruta madura, equilibrado, fruta roja, hierbas de monte. Boca: sabroso, frutoso, buena acidez, carnoso.

Finca Biniagual Verán Blanc 2023 B

89 — 30€

Equilibrado, especiado, hierbas secas, maduro, tostado.

JAUME DE PUNTIRÓ
Pza. Nova, 23
07320 Santa María del Camí
(Illes Balears/Islas Baleares)
☎: +34 606 429 023
pere@vinsjaumedepuntiro.com
www.vinsjaumedepuntiro.com

Amicamat Negre 2022 T BA
manto negro

87 — 21€

Amicamat Rosat 2022 RD
manto negro

89 — 15€

Equilibrado, amable, herbal, correcto.

Buc 2018 T C
manto negro, cabernet sauvignon

91 — 18€

Color: cereza intenso. Aroma: hierbas secas, fruta negra, pan tostado, terroso. Boca: fruta madura, especiado, taninos maduros.

Daurat 2022 B FB
prensal

89 — 16€

Cremoso, especiado, notas de levadura, sabroso, tostado, equilibrado.

J.P. 2018 T R
manto negro, cabernet sauvignon

92 — 48€

Con vejez, jugoso. Color: Cereza. Aroma: hierbas secas, expresivo, fruta negra, terroso. Boca: fruta madura, fino amargor, equilibrado.

Jaume de Puntiró Blanc 2023 B
prensal

89 — 12€

Maduro, notas de levadura, sabroso, oxidativo, hierbas secas.

Jaume de Puntiró Carmesí 2022 T
manto negro

89 — 14€

Equilibrado, especiado, herbal, maduro, sabroso.

SANTA CATARINA
07140 Sencelles (Illes Balears/Islas Baleares)
☎: +34 971 137 115
administracion@bodegasantacatarina.com
www.bodegasantacatarina.com

Sta Mantonegro 2021 T
100% manto negro

91 — 21€

Color: cereza, borde violáceo. Aroma: especiado, fruta roja, fruta al licor, regaliz negro, terroso. Boca: fruta madura, sabroso, equilibrado.

VINS NADAL
Ramón Llull, 2
07350 Binissalem
(Illes Balears/Islas Baleares)
☎: +34 971 511 058
vinsnadal@vinsnadal.es
www.vinsnadal.es

Coupage 110 Vins Nadal 2019 T R
manto negro, merlot, cabernet sauvignon

89 — 25,3€

Clásico, cremoso, especiado, hierbas secas, tostado.

Negre 110 Mantonegro 2023 T
manto negro

90 ★★★ — 14€

Color: cereza oscuro. Aroma: notas de levadura, panadería, fruta negra, hierbas secas. Boca: jugoso, balsámico, fácil de beber.

DO. BIZKAIKO TXAKOLINA
CONSEJO REGULADOR

Bº Mendibile, 42
48940 Leioa (Bizkaia)
☎: +34 946 076 071
@: info@bizkaikotxacolina.eus
www.bizkaikotxakolina.org

SITUACIÓN:

En la provincia de Vizcaya. La zona de producción comprende tanto zonas costeras como otras áreas del interior. Comprende tanto zonas costeras como otras áreas del interior, tanto en valles interiores como en ladera de montaña.

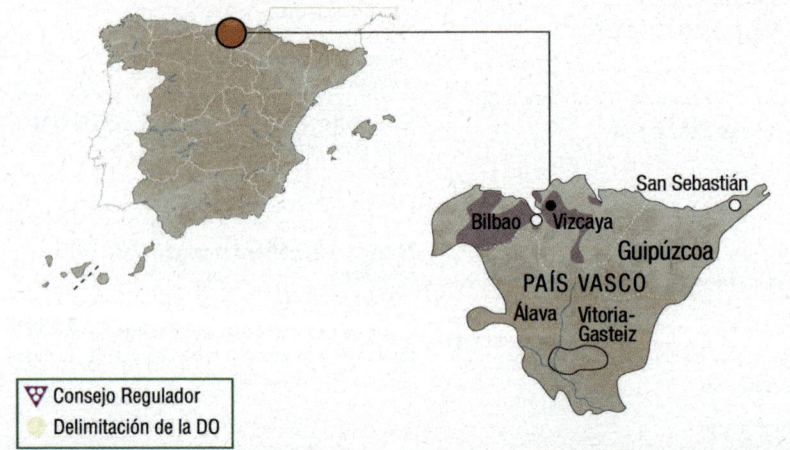

VARIEDADES:

BLANCAS:
  Recomendadas: hondarrabi zuri y hondarrabi zuri zerratia (petit courbu).
  Autorizadas: mune mahatsa (folle blanche), izkiriota (gros manseng), izkiriota ttipia (petit manseng), sauvignon blanc, riesling y chardonnay.

TINTAS:
  Recomendadas: hondarrabi beltza
  Autorizadas: cabernet franc y pinot noir.

DATOS CONSEJO REGULADOR:

Nº Has. Viñedo: 436 – **Nº Viticultores:** 172 – **Nº Bodegas:** 36 – **Cosecha 23:** Muy Buena – **Producción 23:** 1.457.146 L – **Comercialización:** 95% Nacional - 5% Internacional

SUELOS:

Son principalmente de tipo arcilloso, en algunos casos ligeramente ácidos y con un contenido bastante alto de materia orgánica.

CLIMA:

Bastante húmedo y templado por la influencia del Cantábrico, que suaviza las temperaturas. Las precipitaciones son bastante abundantes y la media anual se sitúa entre los 1.000 y 1.300 mm.

CATEGORÍAS DE VINOS:

  Apartak – Singulares: vinos obtenidos por elaboraciones menos convencionales.

  Uztagoienak – Última Vendimia: vinos obtenidos con uvas sobremaduradas.

  Berezia – Especial: txakolí con una crianza mínima de 5 meses ya sea en barrica, botella o con sus lías.

  Apardunak – Espumosos: vinos espumosos de segunda fermentación en botella y con una crianza mínima de 9 meses con sus lías.

CARACTERÍSTICAS GENERALES DE LOS VINOS

BLANCOS — Son los más característicos de la Denominación. Se distinguen por su color amarillo pajizo, en ocasiones con irisaciones verdosas; en la nariz combinan notas florales y frutosas, aunque poseen un carácter más herbáceo que los de Getaria debido a la participación, junto a la hondarrabi zuri, de la variedad folle blanche. En la boca resultan ligeros, fáciles de beber y con la frescura que les da su alta acidez.

ROSADOS — En la región se conoce este tipo de vino como ojo de gallo. Representan una parte muy pequeña de la producción; resultan frescos y ligeros, pero en boca suelen tener una acidez algo acusada.

TINTOS — También minoritarios como los rosados; de hecho, sólo se elaboran en localidades donde existe una cierta tradición. En general, resultan excesivamente ácidos.

CALIFICACIÓN DE COSECHAS DE VINOS JÓVENES GUÍAPEÑÍN

2019	2020	2021	2022	2023
MUY BUENA	MUY BUENA	MUY BUENA	MUY BUENA	BUENA

DO BIZKAIKO TXAKOLINA / D.O.P.

DO BIZKAIKO TXAKOLINA / D.O.P.

BASOBE
Barrio Mendiondo polígono 2 parcela 56
48620 Laukiz (Bizkaia/Vizcaya)
☎: +34 687 888 989
jmuroj@gmail.com

Basobe 2022 B
90% hondarrabi zuri, 10% folle blanch

90 ♣   25€
Ácido, cítrico, herbáceo, silvestre, poco intervencionista. Aroma: franco, fresco. Boca: con tensión, correcto.

BODEGA BERROJA TXAKOLI
Ctra. de Zugastieta a Balcón de Bizkaia, Ajuria Bº Berroja
48392 Muxika (Bizkaia/Vizcaya)
☎: +34 944 106 254
txakoli@bodegaberroja.com
www.bodegaberroja.com

Lento Latido 2019 B
hondarrabi zuri, riesling, hondarrabi zerratia

91 ★★★   15€
Aromas nítidos, equilibrado. Color: amarillo brillante. Aroma: lías finas, cítricos, floral. Boca: jugoso, fácil de beber, salino.

Ola Oeste 2022 B
100% hondarrabi zuri

89   25€
Correcto, maduro. Aroma: fruta madura, especiado, lácticos. Boca: graso.

Txakoli Aguirrebeko 2022 B
85% hondarrabi zuri, 10% riesling, 5% hondarrabi zerratia

89   12€
Afilado, fresco, herbal, notas de levadura, sabroso.

Txakoli Aguirrebeko 2023 B
85% hondarrabi zuri, 10% riesling, 5% hondarrabi zerratia

90 ★★★★   12€
Color: pajizo brillante. Aroma: fruta madura, hierbas de tocador, lías finas. Boca: lleno, graso, buena acidez, sabroso, salino.

Txakoli Berroja 2020 B
hondarrabi zuri, riesling

90   20€
Aromas nítidos, frutal, notas de levadura. Aroma: franco, fresco, cítricos, fruta blanca, hierbas verdes. Boca: fresco, buena acidez.

Txakoli Maddy 2022 B
100% hondarrabi zuri

91   18€
Color: pajizo brillante. Aroma: fruta madura, hierbas de tocador, lías finas. Boca: lleno, largo, buena acidez.

BODEGA MAGALARTE ZAMUDIO
Arteaga Auzoa, 107
48170 Zamudio (Bizkaia/Vizcaya)
☎: +34 695 722 885
kaixo@bodegamagalartezamudio.com
www.bodegamagalartezamudio.com

Aretxabaleta 2021 B
90
Color: amarillo. Aroma: lías finas, caramelo de limón, fruta blanca. Boca: graso, fruta madura, acidez marcada.

Magalarte Zamudio 2021 B FB
91
Color: amarillo brillante. Aroma: fruta madura, especiado, equilibrado, tostado. Boca: graso, largo, tostado, fino amargor.

Zabalondo 2023 B
87

BODEGA ULIBARRI
Isuskiza Handi, 1
48192 Gordexola (Bizkaia/Vizcaya)
☎: +34 665 725 735
ulibarriartzaiak@gmail.com

Artzai 2020 B FB
89 ♣
Equilibrado, especiado, fresco, tostado. Aroma: caramelo tostado.

Ulibarri 2022 B
90 ♣
Color: pajizo brillante. Aroma: hierbas de tocador, lías finas, fruta blanca. Boca: buena acidez, sabroso.

BODEGAS DE GALDAMES
El Ventorro, 4
48191 Galdames (Bizkaia/Vizcaya)
☎: +34 627 992 063
info@vinasulibarria.com
www.vinasulibarria.com

Torre de Loizaga Bigarren 2023 B
87

Torre de Loizaga Crianza en ánfora 2022 B
89
Diferente, equilibrado, flores secas. Aroma: fruta golpeada, notas de levadura, punzante, frutos secos.

Torre de Loizaga Selección 2022 B
90

Sabroso, rústico. Color: amarillo brillante. Aroma: con carácter, fruta madura, fruta blanca. Boca: equilibrado, acidez marcada, fino amargor.

BODEGAS ITSASMENDI
Barrio Arane, 66
48300 Gernika (Bizkaia/Vizcaya)
☎: +34 946 270 316
info@bodegasitsasmendi.com
www.bodegasitsasmendi.com

Itsasmendi 7 2020 B
hondarrabi zuri, hondarrabi zerratia, riesling

90 18€

Color: pajizo brillante. Aroma: hierbas de tocador, lías finas, fruta fresca, cítricos. Boca: fino amargor, seco, correcto.

Itsasmendi 7 Magnum 2019 B C
49% hondarrabi zerratia, 36% hondarrabi zuri, 15% riesling

93 36€

Con tipicidad. Color: amarillo. Aroma: expresivo, equilibrado, franco. Boca: muy vivo, buena acidez, fino amargor, fácil de beber, fresco.

Itsasmendi Artizar 2020 B
hondarrabi zerratia

93 35€

Muy vivo, cítrico, afilado, con potencial. Aroma: lías finas, fina reducción, franco, expresivo, complejo. Boca: fresco, fino amargor, equilibrado.

🏆 **PODIO**

Itsasmendi Artizar Magnum 2018 B
57% hondarrabi zuri, 25% hondarrabi zerratia, 18% riesling

95 93€

Color: amarillo brillante. Aroma: expresivo, fruta madura, lías finas, mineral, hidrocarburo, flores marchitas, cera. Boca: complejo, largo, lleno.

Itsasmendi Paradisuak Leioa 2021 B
60% hondarrabi zuri, 40% hondarrabi zerratia

93 28,5€

Color: pajizo brillante, borde verdoso. Aroma: fruta fresca, cítricos, hierbas silvestres, cera. Boca: fresco, frutoso, buena acidez, fino amargor, salino.

Itsasmendi Paradisuak Morga 2021 B
100% hondarrabi zuri

91 28€

Amaderado. Color: amarillo brillante. Aroma: potente, fruta madura, especiado. Boca: graso, estructurado, largo, tostado.

Itsasmendi Paradisuak Txirene 2021 B
100% hondarrabi zerratia

92 21€

Color: amarillo. Aroma: expresivo, equilibrado, fina reducción, flores secas, hierbas de monte. Boca: fresco, jugoso, muy vivo.

BODEGAS VIRGEN DE LOREA
Barrio La Flor, s/n
48869 Zalla (Bizkaia/Vizcaya)
☎: +34 946 671 871
pedidos@bodegasvirgendelorea.com
www.bodegasvirgendelorea.com

Aretxaga Txakoli 2023 B
hondarrabi zuri, hondarrabi zerratia

88 9,15€

Aromático, correcto, frutal, maduro, sencillo.

Laínoa 2021 B
hondarrabi zuri, sauvignon blanc

91 20€

Color: pajizo brillante. Aroma: fruta madura, lías finas, especias dulces. Boca: lleno, graso, largo, buena acidez.

Laínoa 2022 B
hondarrabi zuri, sauvignon blanc

92 20€

Color: pajizo brillante, borde verdoso. Aroma: fruta fresca, cítricos, hierbas silvestres, bajamar. Boca: fresco, frutoso, buena acidez, fino amargor.

Loreako Ama 2022 B
hondarrabi zuri

87 11€

Señorío de Otxaran 2021 B
hondarrabi zerratia, sauvignon blanc

93 ★★★★★ 13,5€

Color: pajizo brillante. Aroma: hierbas de tocador, lías finas, cítricos. Boca: lleno, largo, buena acidez.

Señorío de Otxaran 2022 B
hondarrabi zerratia, sauvignon blanc

91 ★★★★ 13,5€

Color: pajizo brillante, borde verdoso. Aroma: fruta fresca, cítricos, hierbas silvestres. Boca: fresco, frutoso, buena acidez, fino amargor.

DO BIZKAIKO TXAKOLINA / D.O.P.

DO BIZKAIKO TXAKOLINA / D.O.P.

BUTROI UPATEGIA
Iguatua, 25
48110 Gatika (Bizkaia/Vizcaya)
☎: +34 639 469 738
txakoli@butroi.com

Aihen 2020 B
hondarrabi zuri, hondarrabi zerratia
87 ....10€

Butroi 2023 B
hondarrabi zuri, hondarrabi zerratia
87 ★★★★ ....7€

Etxebarria 2023 B
hondarrabi zuri, folle blanch, riesling
85 ....6,5€

Oletxe 2023 B
hondarrabi zuri, folle blanch, riesling
84 ....6,5€

Sasine 2023 RD
hondarrabi zuri, folle blanch, riesling
84 ....6,5€

DE BRINGAS
Molinar, 26
48891 Karrantza Harana (Bizkaia/Vizcaya)
☎: +34 609 776 119
luribc@hotmail.com

De Bringas 2023 B
88
Sencillo, suave, fresco, representativo, boca correcta.

GARKALDE TXAKOLINA
Goitioltza, 8
48196 Lezama (Bizkaia/Vizcaya)
☎: +34 677 578 664
garkaldetxakolina@hotmail.com

Garkalde Txakolina 2023 B
65% hondarrabi zuri, 35% petit corbú
87 ★★★★  6€

GORKA IZAGIRRE
Barrio Legina, s/n
48195 Larrabetzu (Bizkaia/Vizcaya)
☎: +34 946 742 706
txakoli@gorkaizagirre.com
www.gorkaizagirre.com

Ama de Gorka Izagirre 2021 B
92
Aromas nítidos, especiado. Color: amarillo brillante. Aroma: flores marchitas, lías finas, expresivo, franco. Boca: jugoso, fino amargor, buena acidez.

Arima by Gorka Izagirre Vendimia Tardía 2022 B
92
Color: amarillo brillante. Aroma: equilibrado, intensidad media, floral, cítricos. Boca: sabroso, frutoso, dulce, jugoso, buena acidez.

G22 de Gorka Izagirre 2022 B
91
Color: amarillo. Aroma: lías finas, cítricos, equilibrado, hierbas silvestres. Boca: graso, largo, buena acidez.

Gorka Izagirre 2023 B
89
Cítrico, con tipicidad, correcto, equilibrado. Aroma: hierbas secas, cera.

Ilun Gorka Izagirre 2022 T
92
Frutal, ahumado. Color: Cereza. Aroma: balsámico, especias dulces, hierbas de monte, frambuesa. Boca: especiado, balsámico, buena acidez.

Zura 2021 B
93
Atípico. Aroma: notas de levadura, lías finas, caramelo de limón, flores marchitas. Boca: sabroso, equilibrado, fino amargor, muy vivo.

LMT WINES (LUIS MOYA)
Cerro Amurdi
31190 Cizur Menor (Navarra)
☎: +34 645 841 928
hola@lmtwines.com
www.lmtwines.com

Gorobel 2021 B
hondarrabi zuri
90 ....20€
Color: dorado brillante. Aroma: fruta madura, hierbas secas, flores marchitas, especiado. Boca: fruta madura, equilibrado, fresco, frutoso, sabroso.

LURE WINES
Bº Murueta, s/n
48419 Orozko (Bizkaia/Vizcaya)
☎: +34 722 726 894
info@lurewines.com
www.lurewines.com

Xuxur 2022 B
hondarrabi zuri

91 45€

Cítrico, flores secas, notas de levadura. Aroma: metálico, con carácter. Boca: jugoso, muy vivo, fresco.

MAGALARTE LEZAMA
B. Garaioltza, 92 B
48196 Lezama (Bizkaia/Vizcaya)
☎: +34 672 249 868
magalarte@icloud.com
www.magalartelezamatxakolina.com

Aitu! 2022 T
hondarrabi beltza

89 ★★★★ 9€

Corpulento, equilibrado, especiado, con oscuridad, herbáceo, tostado.

Ieup! 2023 B
hondarrabi zuri

89 ★★★★ 9€

Cítrico, fresco, herbal, notas de levadura, sabroso.

Ieup! Barrikan 2019 B FB
hondarrabi zuri, izkiota txikia

91 ★★★★★ 12€

Color: amarillo brillante. Aroma: caramelo de limón, tostado, especiado, lías finas. Boca: graso, sabroso, largo, fruta madura, especiado.

Ieup! Sobre lías 2022 B
hondarrabi zuri

90 ★★★★ 12€

Color: pajizo brillante. Aroma: fruta madura, hierbas de tocador, lías finas. Boca: lleno, largo, buena acidez.

Ieup! Sobre lías Magnum 2019 B
hondarrabi zuri

93 24€

Color: amarillo brillante. Aroma: hierbas de monte, hierbas silvestres, lías finas, notas de levadura, complejo. Boca: equilibrado, fino amargor, lleno.

Magalarte Lezama 2023 B
hondarrabi zuri, riesling, mune mahatsa

88 ★★★★ 8€

Correcto, fresco, frutal, sencillo, cítrico.

MERRUTXU UPELTEGIA
Caserio Merrutxu, Bº Arboliz, 15
48311 Ibarrangelu (Bizkaia/Vizcaya)
☎: +34 626 140 830
koldosaezunzilla@gmail.com
www.txakolibizkaia.com

Aran 2022 BE BR
65% hondarrabi zuri, 35% chardonnay

87 20€

Merrutxu 2023 B
75% hondarrabi zuri, 20% chardonnay, 5% mune mahatsa

87 ★★★★ 7€

OXER WINES
Ctra. Navaridas
01300 Laguardia (Araba/Álava)
☎: +34 616 984 118
oxer@oxerwines.com
www.oxerwines.com

Marko Gure Arbasoak 2023 B FB
hondarrabi zuri, hondarrabi zerratia, izkiota txikia

94 ★★★ 🌿 22€

Color: pajizo. Aroma: fruta madura, hierbas secas, flores marchitas, especias dulces, mineral. Boca: potente, fruta madura, equilibrado, sabroso.

TALLERI BERRIA UPATEGIA ETA MAHASTIAK
Bº Erroteta, 36
48115 Morga (Bizkaia/Vizcaya)
☎: +34 946 138 318
admin@bodegatalleri.com
www.bodegatalleri.com

Bitxia Berria 2023 B
hondarrabi zerratia, hondarrabi zuri

87 10€

Gure Aberria 2023 B
hondarrabi zerratia, hondarrabi zuri

89 ★★★ 10€

Cítrico, fresco, suave, representativo. Aroma: lías finas, franco.

Gure Natura Magnum 2020 B
hondarrabi zerratia

92 26€

Oxidativo, con personalidad. Color: dorado. Aroma: flores marchitas, con carácter, expresivo, hierbas de monte, lías finas. Boca: buena acidez, con tensión, fino amargor.

Kaberri 2023 B
hondarrabi zerratia, hondarrabi zuri

88 10€

Cítrico, fresco, frutal, herbal.

DO BIZKAIKO TXAKOLINA / D.O.P.

DO BIZKAIKO TXAKOLINA / D.O.P.

TX Berria Magnum 2020 B
hondarrabi zerratia
90   26€
Ligera oxidación, cítrico, correcto, algo caído. Aroma: fina reducción, notas almizcladas, flores secas. Boca: largo, sabroso.

TXAKOLI TXATXABARRI
Barrio Muñeran, 17
48850 Zalla (Bizkaia/Vizcaya)
☎: +34 625 708 114
txabarri@txakolitxabarri.com
www.txakolitxabarri.com

Abeitxa 2022 B
86

Txakolitza 2022 B
88
Amable, correcto, ácido, fresco, ligero.

Txatxabarri 2023 B
87

Txatxabarri 2023 RD
86

Txatxabarri 2023 T
86

Txatxabarri Extra 2023 B
88
Frutal, hierbas secas. Aroma: frutos secos, franco, equilibrado. Boca: fácil de beber.

DO. BULLAS
CONSEJO REGULADOR

Balsa, 26
30180 Bullas (Murcia)
☎: +34 968 652 601
@: consejoregulador@vinosdebullas.es
www.vinosdebullas.es

SITUACIÓN:

Lros vinos de la Denominación de Origen Bullas se elaboran con uvas procedentes de viñedos situados en los términos municipales de Bullas, Cehegín, Mula, Pliego y Ricote y en parte de los términos de Calasparra, Caravaca, Lorca y Moratalla.

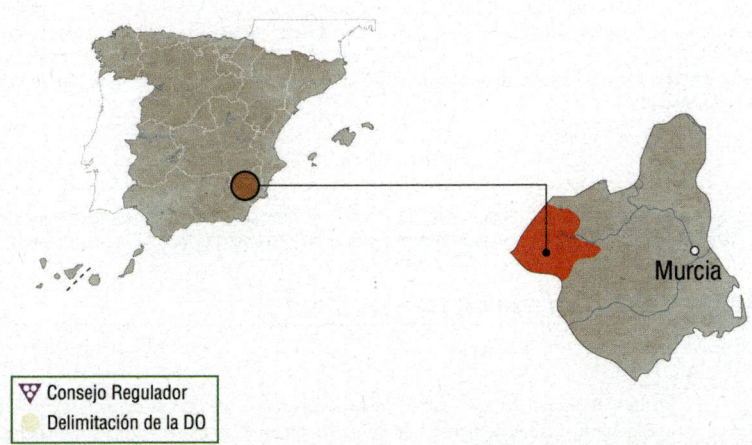

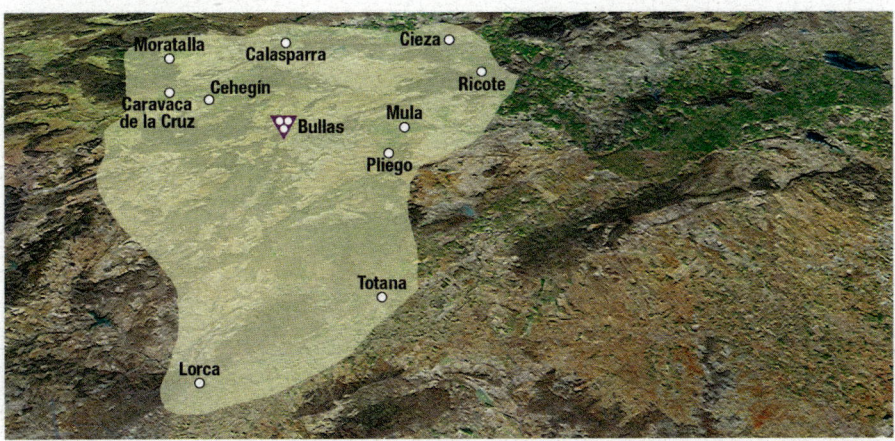

VARIEDADES:

BLANCAS:

Preferentes: macabeo .

Autorizadas: airén, chardonnay, malvasía, moscatel, moscatel de grano menudo y sauvignon blanc.

TINTAS:

Preferentes: monastrell

Autorizadas: tempranillo, cabernet sauvignon, syrah, merlot, garnacha, garnacha tintorera y petit verdot.

DATOS CONSEJO REGULADOR:

Nº Has. Viñedo: 1.160 – **Nº Viticultores:** 246– **Nº Bodegas:** 13 – **Cosecha 23:** SC – **Producción 23:** 1.700.000 L – **Comercialización:** 65% Nacional - 35% Internacional.

SUELOS:

Pardo-calizos de costra caliza y aluviales. El terreno es accidentado y determinado por la configuración de pequeños valles con microclimas propios. Existen tres zonas diferenciadas: una al norte-noreste con una altitud de 400-500 metros; otra en la parte central, situada a 500-600 metros de altitud; y la tercera en la parte occidental y noroccidental, la de mayor altitud (500-810 metros), mayor concentración de viñedo y mejor potencial de calidad.

CLIMA:

Mediterráneo, con una temperatura media anual de 15,6ºC y precipitaciones escasas (media de 300 mm.anuales). Otro elemento definitorio son los fuertes aguaceros y tormentas que se producen en la zona.

CARACTERÍSTICAS GENERALES DE LOS VINOS

ROSADOS — En los elaborados con monastrell destaca el carácter varietal de esta cepa. Son ligeros, agradables y fáciles de beber. Los de garnacha aportan gran sabrosidad en boca.

TINTOS — Destaca la monastrell por su carácter mediterráneo, notas de fruta soleada y buena expresión frutal, aunque son algo menos rotundos que los de Jumilla y Alicante. Por otro lado, la inclusión en el ensamblaje de nuevas variedades como syrah o petit verdot aportan mayor estructura y frutalidad a los tintos.

BLANCOS — Elaborados con uvas de la variedad macabeo, cultivadas en las zonas altas de la DO. Son vinos correctos con buena acidez y fácil trago.

CALIFICACIÓN DE COSECHAS DE VINOS JÓVENES GUÍAPEÑÍN

2019	2020	2021	2022	2023
BUENA	MUY BUENA	MUY BUENA	BUENA	REGULAR

BODEGA BALCONA

Ctra. Carretera de Bullas – Avilés
Km. 9.7 Paraje Aceniche
30180 Cehegin (Murcia)
☎: +34 609 104 111
info@bodegabalcona.com
www.bodegabalcona.com

37 Barricas 2018 T C
monastrell

88 🌿   12€

Equilibrado, especiado, herbal, tostado, con oscuridad.

Mabal 2022 T
monastrell

87 ★★★ 🌿   7,5€

MaBal Macabeo de Balcona 2022 B
macabeo

89 🌿   12,5€

Austero, cítrico, herbal, balsámico.

Partal Cepas Viejas 2018 T
monastrell

91 ★★★ 🌿   16€

Color: cereza intenso. Aroma: hierbas secas, roble cremoso, fruta negra, fruta madura, cuero muy curtido. Boca: potente, fruta madura, especiado, taninos maduros.

Partal de Autor 2006 T
60% monastrell, 20% syrah, 10% tempranillo, 10% cabernet sauvignon, merlot

91   18€

Color: cereza oscuro, borde granate. Aroma: fruta madura, fruta confitada, ebanistería, tabaco, especias dulces, notas cárnicas, hierbas de monte. Boca: especiado, taninos maduros.

BODEGA MONASTRELL

Ctra. Bullas-Avilés, km. 9,3 "Valle Aceniche"
30180 Bullas (Murcia)
☎: +34 968 654 925
info@bodegamonastrell.com
www.bodegamonastrell.com

Almudí 2020 T
70% monastrell, 25% tempranillo, 5% petit verdot

90 ★★★★★   10€

Color: cereza intenso. Aroma: hierbas secas, hierbas de monte, fina reducción, cacao fino, fruta negra, fruta confitada. Boca: potente, fruta madura, especiado, taninos maduros.

Almudí Uno P.V. 2020 T C
petit verdot

91 🌿   22€

Color: cereza brillante, cereza intenso. Aroma: balsámico, hierbas silvestres, especiado, hierbas secas. Boca: equilibrado, jugoso, sabroso, fruta madura.

Chaveo 2021 T C
100% monastrell

92 ★★★★ 🌿   16€

Color: cereza intenso. Aroma: fruta madura, hierbas secas, hierbas silvestres, regaliz negro, hierbas de monte. Boca: fruta madura, especiado, taninos maduros, fácil de beber, largo.

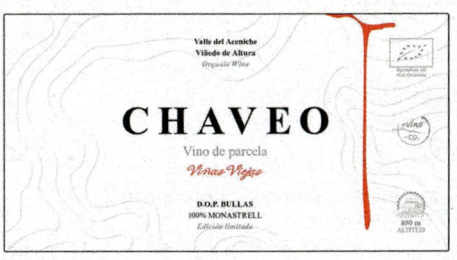

Valché 2020 T C
100% monastrell

92 🌿   27€

Especiado, frutal, maduro. Color: cereza intenso. Aroma: fruta madura, hierbas secas, roble cremoso, cera. Boca: fruta madura, especiado, taninos maduros.

BODEGA SAN ISIDRO

Pol. Ind. Marimingo, Altiplano, s/n
30180 Bullas (Murcia)
☎: +34 968 654 991
administracion@bodegasanisidrobullas.com
www.bodegasanisidrobullas.com

Cepas del Zorro 2020 T C
100% monastrell

88 ★★★   9€

Aromático, balsámico, sabroso. Aroma: fruta negra, fruta madura, hierbas secas, cera.

Cepas del Zorro 2023 RD
80% monastrell, 20% garnacha

87 ★★★★   5€

Cepas del Zorro 2023 T RB
85% monastrell, 15% syrah

87 ★★★★   6€

Cepas del Zorro Macabeo 2023 B
100% macabeo

86   5€

Cepas del Zorro Monastrell 2023 T
100% monastrell

87 ★★★★   5€

DO BULLAS / D.O.P.

BODEGA TERCIA DE ULEA

Tercia de Ulea, s/n (Ctra. B-35, Km. 3,5)
30440 Moratalla (Murcia)
☎: +34 968 433 213
bodega@terciadeulea.com
www.terciadeulea.com

Rambla de Ulea 2023 T
100% monastrell

86 .... 6€

Rebeldía 2023 RD
60% monastrell, 40% tempranillo

82 .... 5,5€

Travesura Cabernet Sauvignon 2023 T
100% cabernet sauvignon

84 .... 6€

Travesura Shiraz 2023 T
100% syrah

89 ★★★★ .... 6€
Especiado, corpulento, confitado.

Viña Botial 2022 T RB
50% monastrell, 50% syrah

88 ★★★★ .... 6,2€
Especiado, herbáceo, lleno, maduro, sabroso.

BODEGAS CARREÑO

Ginés de Paco, 22
30430 Cehegin (Murcia)
☎: +34 968 740 004
info@bodegascarreno.com
www.bodegascarreno.com

Begastri 2020 T C
60% monastrell, 40% petit verdot

88 ★★★★ .... 6,7€
Equilibrado, especiado, herbáceo, maduro, tostado.

Begastri 2023 B
macabeo

86 .... 4,5€

Begastri 2023 RD
monastrell

86 .... 4,5€

Begastri 2023 T
monastrell

87 ★★★★ .... 4,5€

Viña Azeniche Syrah 2020 T C
syrah

88 ★★★ .... 8,6€
Equilibrado, especiado, herbáceo, maduro.

BODEGAS DEL ROSARIO

Avda. de la Libertad, s/n
30180 Bullas (Murcia)
☎: +34 968 652 075
export@bodegasdelrosario.es
www.bodegasdelrosario.es

Las Reñas Selección Monastrell Syrah 2021 T C
75% monastrell, 25% syrah

91 ★★★ .... 15,7€
Color: cereza intenso, borde violáceo. Aroma: fruta madura, hierbas secas, roble cremoso, especiado, ahumado. Boca: potente, fruta madura, especiado, taninos maduros, equilibrado.

Inmortalis Monastrell 2022 T
100% monastrell

88 ★★★★ .... 6,75€
Frutal, herbal, maduro, especiado, sabroso.

Niño de las Uvas 2023 B
macabeo, malvasía

87

Niño de las Uvas Monastrell 2022 T RB
monastrell

90
Color: cereza brillante. Aroma: expresión frutal, fruta roja, especiado. Boca: sabroso, frutoso, equilibrado, taninos secos pero maduros.

El Borde 2020 T C
100% monastrell

91 🌿   16,95€

Color: cereza intenso. Aroma: fruta madura, hierbas secas, roble cremoso, fruta negra, especiado, tostado. Boca: potente, fruta madura, especiado, frutoso, taninos secos pero maduros.

BODEGAS LAVIA
Paraje Venta del Pino, Parcela 38,
Ctra. Portugal, Km. 12
30430 Cehegín (Murcia)
☎: +34 638 046 694
info@mgwinesgroup.com
www.bodegaslavia.com

Lavia Finca Paso Malo 2021 T C
monastrell

91   33€

Jugoso, hierbas secas, varietal. Color: cereza, borde violáceo. Aroma: especiado, fruta negra, hierbas de monte, cacao fino. Boca: sabroso, frutoso, buena acidez, taninos maduros.

Lavia Valle del Aceniche 2021 T C
monastrell

91   17€

Color: cereza, borde granate. Aroma: hierbas secas, especiado, pan tostado, hierbas de monte. Boca: fruta madura, especiado, taninos maduros, mineral.

Lavia Valle Venta del Pino 2021 T C
monastrell

92 ★★★   17€

Color: cereza intenso. Aroma: fruta negra, pan tostado, hierbas silvestres, terroso, flores secas. Boca: fruta madura, especiado, estructurado.

Pueblo de Lavia 2021 T
monastrell

90 ★★★★   11€

Color: cereza intenso. Aroma: hierbas secas, fruta negra, hierbas de monte, pan tostado. Boca: fruta madura, especiado, taninos maduros.

BODEGAS LLANO & MONTE
30193 Mula (Murcia)
☎: +34 868 087 355
info@bodegasllanoymonte.com
www.bodegasllanoymonte.com

El Secreto del Abuelo 2020 T C
87 ★★★   7,25€

Algo secante, sobremaduro, confitado, frutal, maduro.

CARRASCALEJO
Finca Carrascalejo, s/n
30180 Bullas (Murcia)
☎: +34 968 652 003
carrascalejo@carrascalejo.com
www.carrascalejo.com

Carrascalejo 2020 T C
60% monastrell, 20% syrah, 20% cabernet sauvignon

86   7,5€

Carrascalejo 2022 T
100% monastrell

86   4,2€

Carrascalejo 2023 RD
100% monastrell

85   4,2€

Rosmarinus 2021 T
80% monastrell, 10% tempranillo, 10% syrah

86 🌿   5,5€

DO BULLAS / D.O.P.

DO BULLAS / D.O.P.

Rosmarinus 2021 T RB
80% monastrell, 20% syrah

86 🌿   6,5€

EL SESEO
Paraje de la Venta del Pino
30340 Cehegín (Murcia)
☎: +34 649 357 529
info@elseseo.com
www.elseseo.com

Narya Monastrell 2021 T
monastrell

92

Color: cereza intenso. Aroma: fruta madura, hierbas secas, roble cremoso, flores secas, tomate. Boca: potente, fruta madura, especiado, cierta persistencia, taninos secos pero maduros.

Narya Monastrell 2022 T
monastrell

92

Color: cereza intenso, cereza, borde violáceo. Aroma: fruta madura, hierbas secas, roble cremoso, fruta negra, especias dulces, expresivo. Boca: potente, fruta madura, especiado, taninos maduros, fresco, taninos secos pero maduros.

JULIA CASADO
Finca La Junquera
30412 Caravaca (Murcia)
☎: +34 634 402 086
ladelterreno@gmail.com
www.facebook.com/LADELTERRENO

Ninja de las Uvas 2022 T
100% garnacha

89 🌿

Agradable, balsámico, maduro, ligera oxidación, con poca acidez.

DO. CALATAYUD
CONSEJO REGULADOR

Ctra. de Valencia, 8
50300 Calatayud (Zaragoza)
☎: +34 976 884 260
@: administracion@docalatayud.com
www.docalatayud.com

SITUACIÓN:

Está ubicada en la parte occidental de la provincia de Zaragoza, en las estribaciones del Sistema Ibérico, marcada por la red fluvial que tejen diferentes afluentes del Ebro: Jalón, Jiloca, Manubles, Mesa, Piedra y Ribota, y engloba 46 términos municipales del Valle del Ebro.

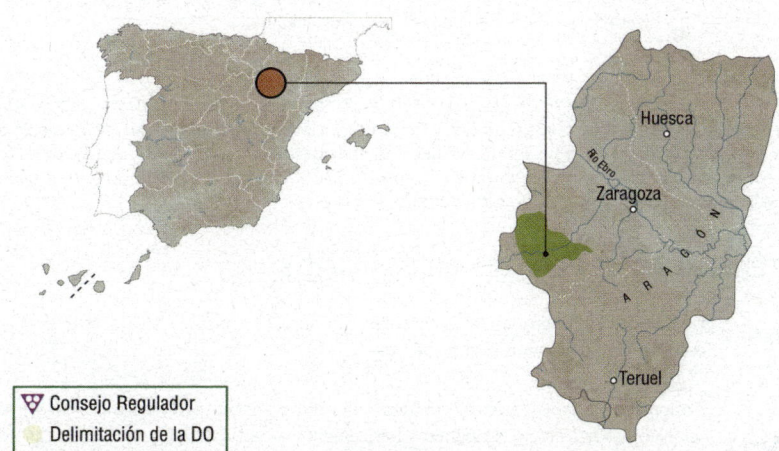

DO CALATAYUD / D.O.P.

VARIEDADES:

BLANCAS
Preferentes: macabeo (25%) y malvasía.

Autorizadas: moscatel de Alejandría, garnacha blanca, chardonnay, sauvignon blanc y gewürztraminer.

TINTAS
Preferentes: garnacha tinta (61.9%), tempranillo (10%) y mazuela.

Autorizadas: monastrell, cabernet sauvignon, merlot, bobal y syrah.

DATOS CONSEJO REGULADOR:

Nº Has. Viñedo: 3.600 – **Nº Viticultores:** 860 – **Nº Bodegas:** 11 – **Cosecha 23:** SC – **Producción 23:** 4.889.268 L – **Comercialización:** 15% Nacional - 85% Internacional.

SUELOS:

En general tienen un alto contenido en caliza. Están formados por materiales pedregosos poco rodados, procedentes de las sierras próximas y acompañados, en muchos casos, de arcillas rojizas. La zona es la más accidentada de Aragón y el viñedo se asienta entre los 550 y 880 metros.

CLIMA:

Semiárido y seco, aunque más fresco que Cariñena y Borja, con inviernos fríos, una temperatura media anual que se sitúa entre los 12 y los 14°C y un período de heladas, de entre cinco y siete meses, que incide de forma importante sobre la producción. La pluviometría oscila entre los 300-550 mm. anuales y durante la época de maduración se registran importantes diferencias térmicas entre el día y la noche.

CARACTERÍSTICAS GENERALES DE LOS VINOS

BLANCOS
De color amarillo pálido; se caracterizan por su estilo fresco y afrutado. Existe alguna experiencia de fermentación en barrica.

ROSADOS
Antiguamente constituían el producto más característico de la zona por su excelente relación calidad/precio. Elaborados básicamente a partir de garnacha, destacan por su buena expresión varietal, el color frambuesa muy vivo, la frescura, la potencia aromática y la sabrosidad en boca propia de la variedad.

TINTOS
La garnacha es la reina indiscutible de sus tintos. Imprime a estos vinos un color oscuro y vivo. Los mejores ejemplos ofrecen una nariz bastante potente, con notas de frutos negros maduros; en la boca resultan sabrosos y, en algunas ocasiones, algo cálidos. Lo más característico de sus tintos es su gran mineralidad que se expresa tanto en nariz como en boca.

CALIFICACIÓN DE COSECHAS DE VINOS JÓVENES GUÍAPEÑÍN

2019	2020	2021	2022	2023
MUY BUENA	MUY BUENA	MUY BUENA	MUY BUENA	MUY BUENA

AGUSTÍN CUBERO
Pg. La Charluca, s/n
50300 Calatayud (Zaragoza)
☎: +34 976 882 332
export@bodegascubero.com
www.bodegascubero.com

Altaya 2022 T
garnacha
88 ★★★★   4,5€
Equilibrado, especiado, hierbas secas, frutal.

Stylo 4 meses 2022 T
garnacha
89 ★★★★   7,5€
Especiado, equilibrado, hierbas secas, maduro, tostado, sabroso.

Stylo 8 meses 2021 T BA
garnacha
89   14€
Cremoso, especiado, tostado, maduro, hierbas secas.

BODEGA LA CERRADA
Ctra. de Sagunto-Burgos, 253
50300 Calatayud (Zaragoza)
☎: +34 630 822 247
bodega.lacerrada@gmail.com
www.vinosatrevidos.com

1931 Natural 2019 T
garnacha
89   18€
Corpulento, especiado, hierbas secas, maduro, sabroso, tostado, potente, madera marcada.

1931 Natural 2020 T
garnacha
88   13,5€
Confitado, ligera oxidación, dulzón, suave.

Dora Peñín Natural 2019 T
garnacha
89   13€
Frutal, fresco, herbal, especiado, sabroso.

Dora Peñín Natural 2020 T
garnacha
88   12€
Confitado, frutal, hierbas secas, especiado.

María La Baltasara Natural 2020 T
garnacha
87   12,5€

BODEGA LA DOLORES
Juan José Lorente, 19 bajo
50005 Zaragoza (Zaragoza)
☎: +34 609 251 412
pregunta@bodegaladolores.com
www.bodegaladolores.com

El Hijo de La Dolores 2023 T
tempranillo, garnacha
88 ★★★★   6€
Frutal, especiado, hierbas secas, sabroso.

La Dolores Viñas Viejas 2022 T
garnacha
88 ★★★★   8€
Equilibrado, especiado, frutal, hierbas secas.

La Tribu de Olva 2022 T
garnacha
88   14€
Cremoso, muy tostado (torrefactado), maduro, opulento.

DO CALATAYUD / D.O.P.

DO CALATAYUD / D.O.P.

BODEGA VIRGEN DE LA SIERRA S. COOP.
Avda. de la Cooperativa, 21-23
50310 Villarroya de La Sierra (Zaragoza)
☎: +34 976 899 015
manuel@bodegavirgendelasierra.com
www.bodegavirgendelasierra.com

Albada Finca Alberto 2022 T
60% monastrell, 40% garnacha

90   24€

Jugoso. Color. cereza intenso. Aroma: hierbas secas, roble cremoso, fruta negra. Boca: potente, fruta madura, especiado, taninos maduros.

Albada Finca Gemelo 2020 T
garnacha

91   24€

Color. Cereza. Aroma: balsámico, especias dulces, hierbas de monte, fruta negra. Boca: especiado, balsámico, buena acidez.

Albada Finca Santos 2021 T
garnacha

90   24€

Color. cereza, borde violáceo. Aroma: expresión frutal, fruta roja, especiado, hierbas de monte. Boca: sabroso, frutoso, buena acidez.

Albada Garnacha Viñas Viejas sobre Lías 2023 T
garnacha

88 ★★★★   6,5€

Jugoso, maduro, sabroso, tostado, herbal.

Albada Macabeo Viñas Viejas sobre Lías 2023 B
macabeo

87 ★★★★   6,5€

Albada Paraje La Cañadilla 2022 T
garnacha

91 ★★★★   12,5€

Color. cereza intenso. Aroma: hierbas secas, fruta roja, fruta negra, tostado, especiado. Boca: fruta madura, especiado, taninos maduros.

Albada Paraje Llano Herrera 2020 T
garnacha

91 ★★★★   12,5€

Color. cereza, borde violáceo. Aroma: expresión frutal, fruta roja, floral, especiado. Boca: sabroso, frutoso, buena acidez.

Cruz de Piedra Selección Especial Garnacha 2022 T
100% garnacha

88 ★★★★   8€

Frutal, maduro, especiado, tostado.

BODEGAS ATECA
Ctra. N-II, s/n
50200 Ateca (Zaragoza)
☎: +34 968 435 022
info@gilfamily.es
www.gilfamily.es

Atteca 2022 T
100% garnacha

93 ★★★★★   13,25€

Complejo, jugoso. Color. Cereza. Aroma: expresivo, especiado, mineral, fruta madura, fruta negra. Boca: lleno, largo, persistente.

🏆 **PODIO**

Atteca Armas 2022 T
100% garnacha

95   37€

Aromas nítidos, amable, maduro. Color. Cereza. Aroma: expresivo, especiado, mineral. Boca: lleno, largo, persistente.

Atteca Selección de la Familia 2021 T

91

Maduro. Color. cereza oscuro. Aroma: tostado, especiado, cacao fino. Boca: sabroso, tostado, fino amargor.

Honoro Vera Garnacha 2023 T
100% garnacha

91 ★★★★★   6,8€

Color. cereza, borde violáceo. Aroma: fruta roja, floral, especiado. Boca: sabroso, frutoso, buena acidez.

Salto de Rana 2023 T
100% garnacha

90 ★★★★★    6,5€

Color. cereza brillante. Aroma: fruta fresca, fruta roja. Boca: buena acidez, especiado, taninos finos.

BODEGAS AUGUSTA BILBILIS
Carramiedes, s/n
50331 Mara (Zaragoza)
☎: +34 677 547 127
bodegasaugustabilbilis@hotmail.com
www.bodegasaugustabilbilis.com

Samitier 2021 T RB
garnacha

87

Samitier 2022 T RB
garnacha

88 ★★★★   8€

Frutal, confitado, sabroso, correcto.

Samitier Garnacha Blanca 2022 B FB
garnacha blanca

89   14€

Correcto, madera marcada, maduro, tostado, ahumado. Aroma: fruta de hueso, con carácter.

Samitier Garnacha Blanca 2023 B SS
garnacha blanca

87 ★★★   8€

Samitier Garnacha Viñas Viejas 2021 T
garnacha

89   14€

Frutal, especiado, maduro, algo secante, confitado.

Segeda Garnacha 2022 T
garnacha

92 ★★★   17€

Color: cereza, borde violáceo. Aroma: expresión frutal, fruta roja, floral, especiado, hierbas verdes. Boca: sabroso, frutoso, buena acidez, cierta persistencia, taninos maduros.

BODEGAS ESTEBAN CASTEJÓN
Portada, 13
50236 Ibdes (Zaragoza)
☎: +34 610 070 784
bodegasesteban@bodegasesteban.es
www.bodegasesteban.es

180 Noches 2023 B
malvasía

88 ★★★★   6,2€

Cítrico, equilibrado, maduro, lleno, hierbas secas, frutal.

Sargas de Idues Garnacha 2022 T
garnacha

87 ★★★★   6,8€

Sargas de Idues Garnacha Blanca 2022 B
garnacha blanca

88 ★★★★   6,8€

Tostado, sabroso, opulento, frutal, madera marcada.

Tranquera Garnacha 2023 T
garnacha

88 ★★★★   4,6€

Frutal, floral, maduro, lleno, especiado.

BODEGAS LANGA HNOS.
Ctra. N-II, Km. 241,700
50300 Calatayud (Zaragoza)
☎: +34 976 881 818
cesar@bodegas-langa.com
www.bodegas-langa.com

Castillo de Ayud 2022 T R
garnacha

89

Aroma: fruta confitada, potente, hierbas secas, cera. Boca: sabroso, largo, taninos secos pero maduros.

Langa Classic 2022 T
garnacha

89 🌱   15€

Especiado, frutal, hierbas secas, maduro, algo secante.

Langa Frenesí 2022 T

87 🌱

Marco Valero Marcial 2021 T
garnacha

91 🌱

Color: cereza intenso. Aroma: hierbas secas, roble cremoso, fruta negra, fruta confitada. Boca: potente, fruta madura, especiado, taninos maduros.

Reyes de Aragón "El Frasno" 2022 T
garnacha

91

Color: cereza intenso. Aroma: fruta madura, hierbas secas, roble cremoso, mineral. Boca: fruta madura, especiado, taninos maduros.

BODEGAS SAN ALEJANDRO
Ctra. Calatayud - Cariñena, Km. 16
50330 Miedes de Aragón (Zaragoza)
☎: +34 976 892 205
sergio@san-alejandro.com
www.san-alejandro.com

Baltasar Gracián El Político 2023 T
garnacha

89 ★★★★   7,49€

Agradable, frutal, sabroso, confitado.

Baltasar Gracián Viñas Viejas El Héroe 2022 T
garnacha

90 ★★★★   10,5€

Maduro, mineral, frutal. Color: cereza, borde granate. Aroma: varietal, floral, fruta confitada. Boca: estructurado, frutoso, jugoso.

DO CALATAYUD / D.O.P.

DO CALATAYUD / D.O.P.

Baltasar Gracián Viñas Viejas Macabeo "El Oráculo" 2022 B FB
macabeo

91 ★★★★★   10,5€

Color: pajizo. Aroma: fruta madura, hierbas secas, flores marchitas, pan tostado. Boca: equilibrado, sabroso, mineral.

Clos Baltasar 2022 T
garnacha

92 ★★★   16,5€

Color: Cereza. Aroma: expresivo, especiado, mineral, fruta negra. Boca: lleno, largo, persistente.

Las Rocas Garnacha Viñas Viejas 2022 T
garnacha

91 ★★★★   14€

Color: cereza intenso. Aroma: hierbas secas, roble cremoso, especias dulces, fruta confitada, regaliz negro. Boca: potente, fruta madura, especiado, taninos maduros.

Querencia Corache 2023 T
garnacha

88 ★★★★ 🌿   5€

Agradable, aromático, equilibrado, frutal, confitado. Aroma: frutos secos, fruta madura.

GALLINA DE PIEL WINES
17005 Girona (Girona)
info@gallinadepielwines.com
www.gallinadepielwines.com

Mimetic 2023 T
98% garnacha, 2% otras

89 ★★★   9,95€

Frutal, hierbas secas, maduro, sabroso.

LA GAVACHA WINES
28701 San Sebastián de los Reyes (Madrid)
☎: +34 646 168 510
info@lagavacha.com
www.lagavacha.com

La Gavacha Garnacha 2022 T BA
100% garnacha

91 ★★★★★   10,9€

Color: cereza intenso. Aroma: fruta madura, hierbas secas, especiado, pimienta negra. Boca: potente, fruta madura, especiado, taninos maduros.

PACO MULERO
Partida de la Hoya Torres s/n
30520 Jumilla (Murcia)
☎: +34 968 105 997
info@pacomulero.com
www.pacomulero.com

Aldeón de Lar Calatayud Garnacha 2023 T
garnacha

90 ★★★★★ 🌿   6,5€

Amable. Color: cereza brillante. Aroma: fruta fresca, hierbas de monte. Boca: buena acidez, especiado, taninos finos.

Paco Mulero Garnacha 2022 T
garnacha

92 ★★★★   14,5€

Color: cereza oscuro, borde granate. Aroma: fruta madura, ebanistería, tabaco, especias dulces. Boca: especiado, taninos maduros.

Prisma Garnacha 2023 T
91

Color: cereza, borde violáceo. Aroma: expresión frutal, floral. Boca: sabroso, frutoso, buena acidez.

PAGO DE LA BOTICARIA
Diseminados, 31
50360 Daroca (Zaragoza)
☎: +34 636 093 554
pilar@pagodelaboticaria.com
www.pagodelaboticaria.com

Trilo-Vites 2021 T
100% garnacha

91 25€

Color: cereza, borde violáceo. Aroma: fruta madura, fruta negra, hierbas silvestres, especiado. Boca: frutoso, sabroso, retronasal torrefactado, equilibrado, fino amargor.

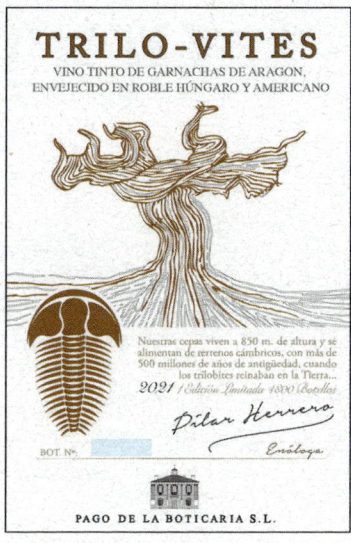

Viña Satoshi Orange 2022 B
garnacha blanca

87 16€

PAGOS ALTOS DE ACERED
Fontana de Trevi, 30
50410 Cuarte de Huerva (Zaragoza)
☎: +34 636 474 723
manuel@lajas.es
www.lajas.es

Lajas "Finca el Peñiscal" 2019 T
93% garnacha, 7% monastrell, bobal, garnacha blanca, macabeo

92 27,5€

Color: cereza, borde violáceo. Aroma: fruta roja, especiado, fruta madura, hierbas secas. Boca: sabroso, frutoso, buena acidez.

PROYECTO GARNACHAS/VINTAE
Ctra Villalengua, s/n
50312 Cervera de la Cañada (Zaragoza)
☎: +34 608 302 372
marketing@vintae.com
www.vintae.com

La Garnacha Olvidada de Aragón 2021 T
garnacha

90 ★★★★ 11,35€

Color: cereza intenso. Aroma: fruta madura, hierbas secas, roble cremoso, lías finas. Boca: fruta madura, especiado, taninos maduros.

RAÍCES IBÉRICAS
Avda. Mudejar, 61
50340 Maluenda (Zaragoza)
☎: +34 976 893 017
contact@raices.wine
www.raicesibericas.com

Andrés Alonso Selección Especial 2022 T
90% garnacha, 10% syrah

89 11,95€

Equilibrado, especiado, hierbas secas, lleno, maduro.

Las Pizarras Fabla 2023 T BA
80% garnacha, 20% syrah

90 ★★★★★ 8,9€

Color: cereza, borde granate. Aroma: fruta confitada, potente, mineral. Boca: sabroso, largo.

Las Pizarras Las Lomas 2022 T
100% garnacha

92 34,95€

Color: cereza intenso. Aroma: fruta negra, hierbas de monte, cacao fino, terroso, notas animales. Boca: potente, fruta madura, especiado, taninos maduros.

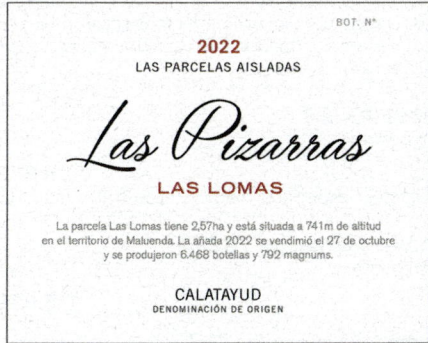

DO CALATAYUD / D.O.P.

DO CALATAYUD / D.O.P.

Las Pizarras Viña Acered 2022 T
100% garnacha

92 ★★★   16,9€

Color: cereza intenso. Aroma: fruta madura, hierbas secas, roble cremoso, arándano azul. Boca: potente, fruta madura, especiado, taninos maduros.

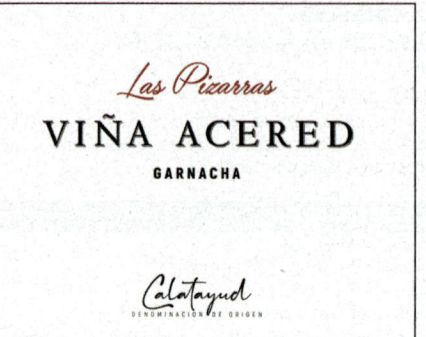

Las Pizarras Viña Alarba 2022 T BA
100% garnacha

87   14,95€

Sin Duda 2023 T
100% garnacha

87   14,95€

SAN GREGORIO
Ctra. Villalengua, s/n
50312 Cervera de la Cañada (Zaragoza)
☎: +34 976 899 206
enologia@bodegasangregorio.com
www.armantes.es

Armantes Vendimia Seleccionada 2020 T
70% tempranillo, 30% garnacha

90 ★★★★★   6,95€

Color: cereza intenso. Aroma: hierbas secas, roble cremoso, lías finas, chocolate. Boca: fruta madura, especiado, taninos maduros.

Ontos 2022 T
100% garnacha

89   18,95€

Equilibrado, especiado, hierbas secas, frutal, maduro.

Rizoma Garnacha 2022 T
100% garnacha

85   6,95€

Rizoma Tempranillo 2022 T
100% tempranillo

88 ★★★★   6,95€

Amable, maduro, sabroso, frutal.

VINOS DIVERTIDOS
Nicolas de Bussi 10
03203 Elche (Alacant/Alicante)
☎: +34 966 105 325
info@vinosdivertidos.es
www.vinosdivertidos.es

900 Viñas 2022 T RB
garnacha

90 ★★★★★   7,95€

Agradable, aromas nítidos, correcto, especiado, herbal, sabroso. Aroma: varietal, franco. Boca: equilibrado, fácil de beber.

Camino a Pardos 40 2022 T
garnacha

89 ★★★★   8,25€

Confitado, flores secas, opulento, persistente, sabroso, hierbas secas. Aroma: chocolate.

900 Viñas Edición Limitada 2020 T C
100% garnacha

90 ★★★ 13,75€

Cremoso, madera marcada. Color: cereza brillante. Aroma: especias dulces, fruta madura, chocolate. Boca: frutoso, especiado, taninos maduros.

WEIN & VINOS
Hardenbergstr. 9A
10623 Berlin (Berlin)
☎: +49 303 150 6080
info@vinos.de
www.vinos.de

Caliber 2021 T BA
garnacha

92 24,9€

Color: cereza brillante. Aroma: fruta madura, lácticos, especias dulces, balsámico. Boca: especiado, taninos maduros, fruta madura, largo, sabroso.

Little Caliber 2021 T
95% garnacha, 5% syrah

91 ★★★ 14,95€

Color: cereza intenso. Aroma: fruta madura, hierbas secas, roble cremoso. Boca: potente, fruta madura, especiado, taninos maduros.

DO CALATAYUD / D.O.P.

DO. CAMPO DE BORJA
CONSEJO REGULADOR

Subida de San Andrés, 6
50570 Ainzón (Zaragoza)
☎: +34 976 852 122
@: vinos@docampodeborja.com
www.docampodeborja.com

SITUACIÓN:

Son 16 los municipios que componen la DO Campo de Borja, situados al noroeste de la provincia de Zaragoza, a 60 kilómetros de la capital, en una zona de transición entre las montañas del Sistema Ibérico (en las faldas del Moncayo) y el Valle del Ebro: Agón, Ainzón, Alberite, Albeta, Ambel, Bisimbre, Borja, Bulbuente, Burueta, El Buste, Fuendejalón, Magallón, Malejan, Pozuelo de Aragón, Tabuenca y Vera del Moncayo.

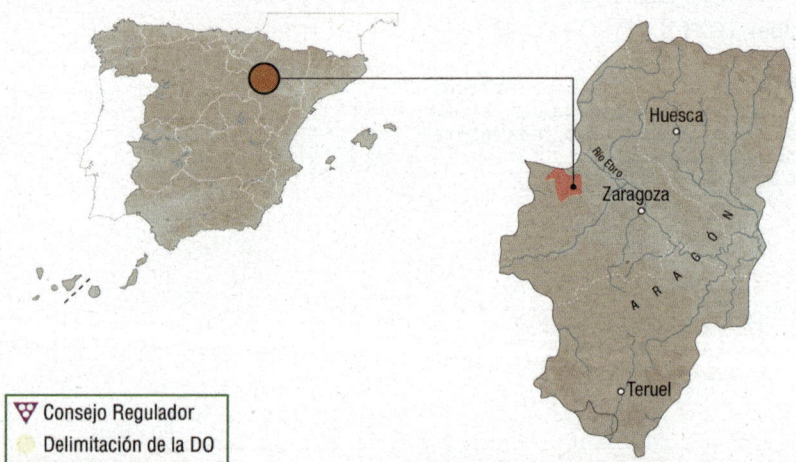

- Consejo Regulador
- Delimitación de la DO

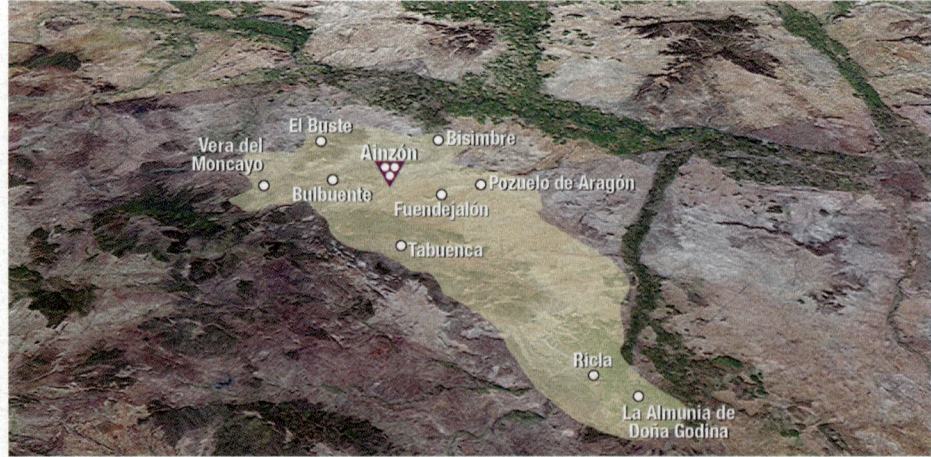

VARIEDADES:

BLANCAS: macabeo, garnacha blanca, moscatel, chardonnay, sauvignon blanc, viognier y verdejo.

TINTAS: garnacha (mayoritaria con el 75%), tempranillo, mazuela, cabernet sauvignon, merlot, syrah, caladoc y marselan.

DATOS CONSEJO REGULADOR:

Nº Has. Viñedo: 6.093– **Nº Viticultores:** 820– **Nº Bodegas:** 17 – **Cosecha 23:** SC– **Producción 23:** 15.466.000 L – **Comercialización:** 55% Nacional - 45% Internacional.

SUELOS:

Los más abundantes son los de tipo pardo calizo, los suelos de terraza y los arcillo-ferrosos. El viñedo se asienta entre los 350 y 700 metros de altitud en pequeñas laderas suavemente onduladas, en las terrazas del río Huecha y los Llanos de Plasencia, en lo que constituye el somontano del Moncayo.

CLIMA:

De tipo continental bastante extremado, con inviernos fríos y veranos secos y cálidos. Una de sus características principales es la influencia del cierzo, viento frío y seco del noroeste. Las precipitaciones son bastante escasas y se sitúan entre los 350 y los 450 mm. anuales.

CARACTERÍSTICAS GENERALES DE LOS VINOS

BLANCOS — Elaborados fundamentalmente a partir de macabeo y moscatel, resultan ligeros, frescos y agradables. También existen experiencias de blancos de fermentación en barrica.

ROSADOS — Con un nivel de calidad bastante notable, se elaboran sobre todo a partir de garnacha; son algo más frescos que los de Cariñena y destacan por el carácter sabroso en boca que aporta la variedad.

TINTOS — Apoyados también en la garnacha, es el tipo de vinos más importante de la zona. De color cereza oscuro en su juventud, tienen buena intensidad aromática y ofrecen notas de frutos negros maduros; en el paladar son sabrosos, afrutados y carnosos. Los de crianza resultan algo más suaves y redondeados; en los reservas y grandes reservas de elaboración tradicional, sin embargo, pueden aparecer aromas animales y de reducción precoz fruto del carácter oxidativo de la garnacha.

CALIFICACIÓN DE COSECHAS DE VINOS JÓVENES GUÍAPEÑÍN

2019	2020	2021	2022	2023
MUY BUENA	MUY BUENA	MUY BUENA	MUY BUENA	SC

DO CAMPO DE BORJA / D.O.P.

ARTIGA FUSTEL
Progrés, 19 Bajo
08720 Vilafranca del Penedés (Barcelona)
☎: +34 938 182 317
info@artiga-fustel.com
www.artiga-fustel.com

La Bestia Garnacha 2021 T RB
100% garnacha

91 ★★★★★   10,95€

Color: cereza intenso. Aroma: fruta madura, hierbas secas, roble cremoso, especiado. Boca: fruta madura, especiado, taninos maduros, fluido, elegante.

BODEGAS AINZÓN
Ctra. de Tabuenca ,s/n
50570 Ainzón (Zaragoza)
☎: +34 976 869 696
bodegas@bodegasainzon.es
www.bodegasainzon.es

Flor de Añon 2022 T RB
85% garnacha, 15% syrah

89 ★★★★   6€

Frutal, maduro, lleno, sabroso, tostado.

Flor de Cayus 2021 T BA
garnacha

90   15€

Color: cereza intenso. Aroma: fruta madura, hierbas secas, cacao fino. Boca: fruta madura, especiado, taninos maduros.

Peñazuela Vendimia Seleccionada Garnacha 2021 T RB
garnacha

89 ★★★   10€

Hierbas secas, lleno, maduro, equilibrado, especiado.

Peñazuela Vendimia Seleccionada Garnacha Blanca 2023 B
garnacha blanca

87 ★★★   8€

Terrazas del Moncayo Garnacha 2020 T BA
garnacha

91   30€

Color: cereza, borde violáceo. Aroma: expresión frutal, fruta roja, floral, especiado. Boca: sabroso, frutoso, buena acidez.

Viña Ainzón 2021 T C
garnacha

88 ★★★★   6,5€

Equilibrado, especiado, fresco, frutal, hierbas secas.

BODEGAS ALTO MONCAYO
Ctra. Borja - El Buste,
CV-606 Km. 1,700
50540 Borja (Zaragoza)
☎: +34 976 868 098
m.arilla@bodegasaltomoncayo.com
www.bodegasaltomoncayo.com

Alto Moncayo 2020 T
100% garnacha

92   34€

Color: cereza muy intenso. Aroma: muy tostado (torrefactado), potente, fruta negra, hierbas de monte, especias dulces, roble cremoso. Boca: retronasal ahumado, persistente, taninos maduros.

Alto Moncayo Veratón 2021 T
100% garnacha

92   26€

Color: cereza, borde violáceo. Aroma: floral, especias dulces, frambuesa, fruta madura, madera marcada. Boca: sabroso, frutoso, buena acidez.

Aquilón 2017 T
100% garnacha

94   110€

Opulento. Color: cereza muy intenso. Aroma: muy tostado (torrefactado), café aromático, potente, fruta negra, fruta madura. Boca: persistente, taninos maduros.

Barambán 2021 T
50% garnacha, 50% tempranillo

90 17€

Color: cereza muy intenso. Aroma: muy tostado (torrefactado), café aromático, potente, fruta negra. Boca: retronasal ahumado, persistente, taninos maduros.

Gruñon 2019 T
50% garnacha, 50% syrah

91 17€

Color: cereza intenso. Aroma: roble cremoso, arándano azúl, hierbas silvestres, expresivo. Boca: potente, fruta madura, especiado, taninos maduros.

Zismero 2022 T
100% garnacha

89 11€

Equilibrado, especiado, frutal, herbal, sabroso, fresco.

BODEGAS ARAGONESAS
Ctra. Magallón, s/n
50529 Fuendejalón (Zaragoza)
☎: +34 976 862 153
info@bodegasaragonesas.com
www.bodegasaragonesas.com

Aragonia Chardonnay Special Selection 2023 B
chardonnay

88 ★★★★ 6€

Agradable, aromático, fresco, sabroso.

Aragonia Garnacha Special Selection 2023 RD
garnacha

88 ★★★★ 6€

Aromas nítidos, floral, frutal, sabroso.

Aragonia Selección Especial 2020 T
garnacha

91 ★★★ 16€

Color: cereza intenso. Aroma: hierbas secas, roble cremoso, fruta al licor, fruta madura, tabaco. Boca: potente, fruta madura, especiado, taninos maduros.

Azzulo B SD
86

Coto de Hayas Garnacha Syrah 2023 T
89 ★★★★ 4€

Aromas nítidos, aromático, sabroso, frutal.

DO CAMPO DE BORJA / D.O.P.

DO CAMPO DE BORJA / D.O.P.

Nabulé Terroir 2020 T
garnacha

92   26€

Color. Cereza. Aroma: balsámico, especias dulces, hierbas de monte, fruta negra. Boca: especiado, balsámico, buena acidez.

Nabulé Terroir Esencia 2019 T
garnacha

91   46€

Color. cereza muy intenso. Aroma: café aromático, potente, fruta negra, ahumado. Boca: retronasal ahumado, persistente, taninos maduros.

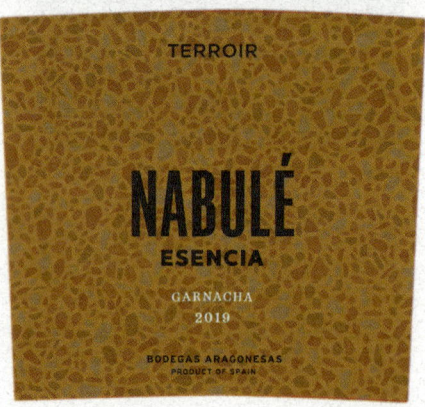

Fagus de Coto de Hayas 2022 T BA
garnacha

89   21€

Color. cereza muy intenso. Aroma: muy tostado (torrefactado), café aromático, potente, fruta madura. Boca: retronasal ahumado, persistente, taninos maduros.

Garnacha Centenaria de Coto de Hayas 2022 T
garnacha

89 ★★★   10€

Aroma: fruta madura, hierbas secas, roble cremoso. Boca: fruta madura, especiado.

Viñas del Cierzo de Coto de Hayas 2019 T R
garnacha

90 ★★★★   11€

Color. cereza brillante, borde granate. Aroma: fruta roja, especiado, fina reducción, hierbas silvestres. Boca: fresco, equilibrado, buena acidez.

BODEGAS BORSAO
Camino del Tejar s/n
50540 Borja (Zaragoza)
☎: +34 976 867 116
m.sancho@bodegasborsao.com
www.bodegasborsao.com

Borsao Berola 2020 T
garnacha, syrah

90 ★★★★   12€

Color. cereza, borde violáceo. Aroma: fruta roja, floral, especiado, roble cremoso. Boca: sabroso, frutoso, buena acidez, carnoso.

Borsao Bolé 2021 T RB
garnacha, syrah

89 ★★★★   6,25€

Equilibrado, especiado, hierbas secas, maduro, tostado.

Borsao Cabriola 2020 T
garnacha, syrah, mazuelo

90 ★★★★ 11€

Color: cereza, borde violáceo. Aroma: fruta roja, especiado, hierbas de monte, fruta madura. Boca: sabroso, frutoso, buena acidez, carnoso.

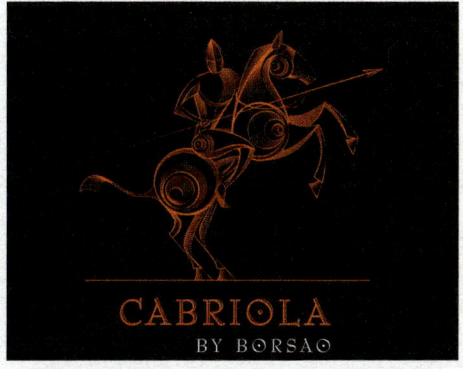

Borsao Selección 2023 B
chardonnay, macabeo

87 ★★★★ 5,15€

Borsao Selección 2023 RD
garnacha

85 5,15€

Borsao Selección 2023 T
garnacha, syrah, tempranillo

87 ★★★★ 5,15€

Borsao Suia 2022 B
viognier

90 29€

Amaderado. Aroma: roble cremoso, fruta madura, especiado, caramelo tostado, fruta de hueso. Boca: graso, estructurado, tostado, fino amargor.

Borsao Zarihs 2020 T
syrah

91 ★★★ 14,5€

Cremoso, tostado. Color: cereza muy intenso. Aroma: muy tostado (torrefactado), café aromático, potente, notas cárnicas. Boca: retronasal ahumado, persistente, taninos maduros.

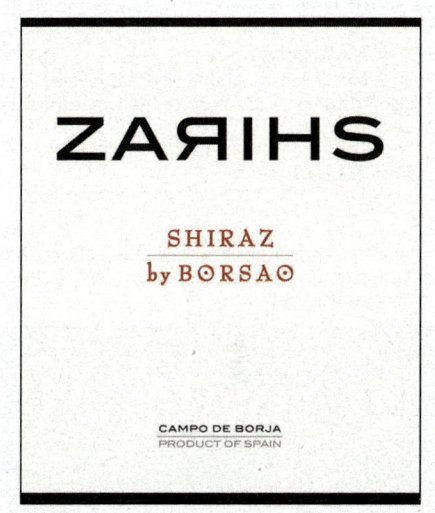

BODEGAS CARLOS VALERO
Castillo de Capúa, 10 Nave 1
50197 Pol. Pla-Za (Zaragoza)
☎: +34 976 180 634
info@bodegasvalero.com
www.bodegasvalero.com

Heredad X Garnacha Blanca y Radiante 2023 B
garnacha blanca

87 ★★★★ 5,9€

Matarile 2022 T
garnacha

90 ★★★★★ 7,11€

Color: cereza, borde violáceo. Aroma: expresión frutal, fruta roja, floral, especiado. Boca: sabroso, frutoso, buena acidez.

DO CAMPO DE BORJA / D.O.P.

DO CAMPO DE BORJA / D.O.P.

BODEGAS MORCA
Pol. Molinillo del Fraile s/n
50540 Borja (Zaragoza)
☎: +54 968 435 022
info@gilfamily.es
www.gilfamily.es

Flor de Morca 2023 T
100% garnacha

90 ★★★★★ 8,25€

Color: cereza intenso. Aroma: hierbas secas, roble cremoso, fruta negra. Boca: fruta madura, especiado, taninos maduros.

Godina 2022 T
100% garnacha

93 21,75€

Exuberante, jugoso. Color: cereza, borde violáceo. Aroma: fruta roja, floral, especiado. Boca: sabroso, frutoso, buena acidez, largo.

Morca 2021 T
100% garnacha

94 36,4€

Corpulento, cremoso, tostado. Color: cereza, borde violáceo. Aroma: especiado, roble cremoso, chocolate, fruta negra, fruta madura. Boca: sabroso, frutoso, buena acidez, largo.

🏆 PODIO

Tourán 2021 T
100% garnacha

95 115€

Color: cereza muy intenso. Aroma: muy tostado (torrefactado), café aromático, potente, notas cárnicas, fruta negra, fruta madura. Boca: retronasal ahumado, persistente, taninos maduros.

BODEGAS ROMÁN
Ctra. Gallur-Agreda, 1
50546 Bulbuente (Zaragoza)
☎: +34 976 852 936
info@bodegasroman.es

Portal de Moncayo Ilusión 2022 T
87 10€

Portal de Moncayo Pasión 2020 T
garnacha

90 17€

Color: cereza, borde violáceo. Aroma: expresión frutal, floral, especiado, hierbas verdes, fruta negra. Boca: sabroso, frutoso, buena acidez, largo.

Portal de Moncayo Pasión 2021 T
89

Equilibrado, especiado, frutal, maduro, lleno.

Portal de Moncayo Rosé 2020 RD
garnacha

87 ★★★★ 7€

Román 2019 T
garnacha

92 37€

Color: cereza intenso. Aroma: fruta madura, hierbas secas, roble cremoso, fina reducción. Boca: fruta madura, especiado, taninos maduros.

Senda de Hoyas Orígenes 2022 T RB
garnacha

88 ★★★★ 8€

Equilibrado, especiado, herbal, fluido, frutal.

GIL PEJENAUTE
Calle Carretera, 24
50547 Tabuenca (Zaragoza)
☎: +34 677 454 000
info@gilpejenaute.com
www.gilpejenaute.com

Las Paradas 2022 T
garnacha

94 80€

Aromas nítidos, confitado, corpulento. Color: cereza brillante. Aroma: terroso, fruta roja, expresión frutal. Boca: sabroso, potente, taninos dulces, especiado, fruta madura.

Pilar del Cerro 2022 T
garnacha

94 35€

Con tensión, especiado, hierbas secas, silvestre. Color: cereza, borde granate. Aroma: hierbas silvestres, hierbas secas. Boca: jugoso, muy vivo, sabroso.

Tabuca 2022 T
garnacha

92   25€

Color: cereza, borde granate. Aroma: balsámico, fruta confitada, fruta roja, tostado. Boca: sabroso, largo, fino amargor.

PAGOS DEL MONCAYO
Ctra. de Zaragoza 372, Km. 1,6
50580 Vera de Moncayo (Zaragoza)
☎: +34 976 900 256
bodega@pagosdelmoncayo.com
www.pagosdelmoncayo.com

Prados Colección Syrah 2022 T
100% syrah

92 ★★★   16,95€

Color: cereza intenso. Aroma: hierbas secas, fina reducción, fruta negra, terroso. Boca: potente, fruta madura, especiado, taninos maduros.

Prados Fusion Garnacha Syrah 2022 T
garnacha, syrah

90 ★★★★   10,25€

Color: cereza, borde violáceo. Aroma: especiado, fruta negra, fruta roja, cacao fino. Boca: sabroso, frutoso, buena acidez.

Prados Privé 2021 T C
syrah

92   31,95€

Color: cereza muy intenso. Aroma: muy tostado (torrefactado), café aromático, potente, notas cárnicas, fruta negra. Boca: retronasal ahumado, persistente, taninos maduros.

PALMERI SICILIA
Cabernet Sauvignon, 3
50547 Tabuenca (Zaragoza)
☎: +34 687 163 015
info@palmerisicilia.com
www.palmerisicilia.es

Palmeri Adán 2018 T GR
100% garnacha

90 🍃   57,48€

Color: cereza intenso. Aroma: fruta madura, hierbas secas, roble cremoso, tostado. Boca: potente, fruta madura, especiado, taninos maduros, sabroso.

Palmeri Eva 2022 B
100% garnacha blanca

89 🍃   36,4€

Potente, opulento, especiado, alcohólico, madera marcada.

DO. CARIÑENA
CONSEJO REGULADOR

Camino de la Platera, 7
50400 Cariñena (Zaragoza)
☎: +34 976 793 143 / +34 976 793 031
@: secretaria@elvinodelaspiedras.es
www.elvinodelaspiedras.es

SITUACIÓN:

En la provincia de Zaragoza, ocupa el valle del Ebro y engloba 14 términos municipales: Aguarón, Aladrén, Alfamén, Almonacid de la Sierra, Alpartir, Cariñena, Cosuenda, Encinacorba, Longares, Mezalocha, Muel, Paniza, Tosos y Villanueva de Huerva.

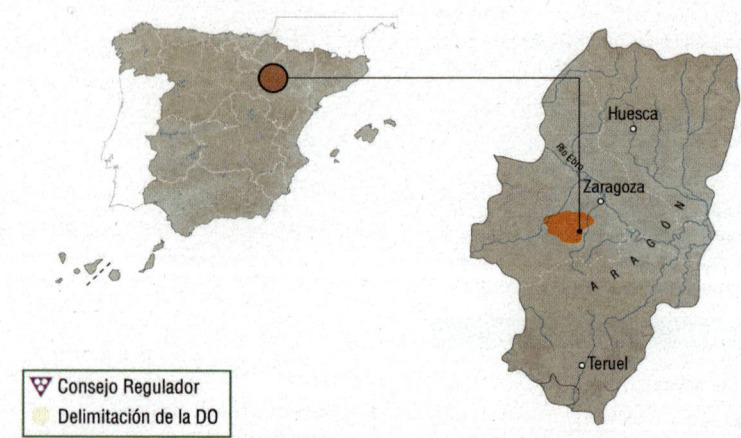

VARIEDADES:

BLANCAS:
Preferentes: macabeo (mayoritaria - 20%).
Autorizadas: garnacha blanca, moscatel de Alejandría, parellada, chardonnay, verdejo y sauvignon blanc.

TINTAS:
Preferentes: garnacha tinta (mayoritaria- 55%), tempranillo y cariñena (o mazuela).
Autorizadas: juan ibáñez, cabernet sauvignon, syrah, merlot, monastrell y vidadillo.

DATOS CONSEJO REGULADOR:

Nº Has. Viñedo: 13.890 – Nº Viticultores: 1.358 – Nº Bodegas: 27 – Cosecha 23: Muy Buena – Producción 23: 42.091.700 L. – Comercialización: 35% Nacional - 65% Internacional.

SUELOS:

Son en su mayoría pobres; pueden ser pardo-calizos o pardo rojizos asentados sobre depósitos rocosos, o tierras pardas asentadas sobre depósitos aluviales. El viñedo se asienta entre los 400 y los 800 ms. de altitud.

CLIMA:

De tipo continental, con inviernos fríos, veranos calurosos y bajos índices de pluviometría. La viticultura está marcada también por el efecto del cierzo.

CARACTERÍSTICAS GENERALES DE LOS VINOS

BLANCOS — No son los más significativos de la zona. Se caracterizan por un color amarillo pajizo, notas a fruta madura y carácter afrutado.

ROSADOS — La mayoría son fruto de las nuevas tecnologías: de color rosáceo, con buena intensidad frutal y sabrosos en boca, gracias a la intervención de la garnacha.

TINTOS — Son los vinos por excelencia de la zona, bastante robustos y de carácter cálido. Los jóvenes presentan un color cereza oscuro con matices violáceos y aromas de fruta madura que recuerdan las moras y las ciruelas; también, con una gran sabrosidad en boca que les otorga la garnacha. Los crianzas mantienen estas características aunque más suavizadas por el aporte de la madera; en estos pueden aparecer notas balsámicas y toques torrefactos; al paladar son suaves y cálidos.

CALIFICACIÓN DE COSECHAS DE VINOS JÓVENES GUÍAPEÑÍN

2019	2020	2021	2022	2023
MUY BUENA	MUY BUENA	MUY BUENA	BUENA	BUENA

DO CARIÑENA / D.O.P.

BODEGAS CARE
Ctra. Aguarón, km 47,100
50400 Cariñena (Zaragoza)
☎: +34 976 793 016
bodega@bodegascare.com
www.bodegasare.com

Care Finca Bancales 2020 T R
garnacha

91 ★★★ 14,5€

Cremoso. Color. cereza brillante. Aroma: fruta madura, frutos secos, especias dulces, madera marcada. Boca: sabroso, jugoso, cálido, taninos maduros.

Care Finca Marimú 2021 T BA
cariñena

92 ★★★★ 14,5€

Color. cereza intenso. Aroma: fruta madura, hierbas secas, fruta negra. Boca: potente, fruta madura, especiado, taninos maduros, tostado.

Care Garnacha Blanca 2023 B
garnacha blanca

89 ★★★ 9,5€

Agradable, aromático, frutal, sabroso.

Care Garnacha Nativa 2022 T
garnacha

89 ★★★ 9,5€

Corpulento, sabroso, potente, maduro, especiado.

Care XCLNT 2019 T
garnacha, cariñena

92 25€

Color. cereza intenso. Aroma: fruta madura, hierbas secas, roble cremoso, madera marcada, con carácter, complejo. Boca: potente, fruta madura, especiado, taninos maduros.

Care XCLNT 2021 B
garnacha blanca

91 25€

Color. pajizo. Aroma: hierbas secas, flores marchitas, fruta blanca, frutos secos. Boca: fruta madura, equilibrado, carnoso.

BODEGAS CARLOS VALERO
Castillo de Capúa, 10 Nave 1
50197 Pol. Pla-Za (Zaragoza)
☎: +34 976 180 634
info@bodegasvalero.com
www.bodegasvalero.com

Heredad X Garnacha Carlos Valero 2021 T
garnacha

86 5,9€

BODEGAS COVINCA
Ctra, Valencia, s/n
50460 Longares (Zaragoza)
☎: +34 976 142 653
info@covinca.es
www.covinca.es

Clave de Sol Garnacha Rosé 2023 RD
100% garnacha

86 5€

Clave de Sol Macabeo Chardonnay 2023 B
90% macabeo, 10% chardonnay

85 5€

Terrai OVC Old Vine Cariñena 2022 T RB
100% cariñena

90 ★★★★★ 6€

Aromático, correcto, corpulento. Aroma: fruta negra, incienso. Boca: opulento, sabroso.

Terrai OVG Vendimia Seleccionada Garnacha 2021 T BA
100% garnacha

89 ★★★★ 8€

Frutal, confitado, especiado, flores secas, sabroso.

Torrelongares Old Vine Garnacha 2022 T RB
100% garnacha

87 ★★★★ 6€

Torrelongares Old Vine Tempranillo 2022 T RB
100% tempranillo

87 ★★★★ 6€

BODEGAS HACIENDA MOLLEDA
Ctra.A-220, km 29
50154 Tosos (Zaragoza)
☎: +34 976 620 702
haciendamolleda@gmail.com
www.haciendamolleda.com

Finca La Matea Garnacha 2020 T C
garnacha

89 — 20€
Frutal, maduro, floral, sabroso, algo secante.

GHM C+G - Gran Hacienda Molleda Cariñena+Garnacha 2020 T C
50% cariñena, 50% garnacha

88 — 10,2€
Correcto, herbal, maduro, agradable, especiado, tostado.

GHM Cariñena - Gran Hacienda Molleda Cariñena+Cariñena 2021 T C
mazuelo, 100% cariñena

88 — 10,2€
Frutal, confitado, especiado, ligera oxidación, algo secante.

GHM Garnacha - Gran Hacienda Molleda Garnacha 2020 T C
100% garnacha

87 — 10,2€

Hacienda Molleda Cariñena 2023 T
cariñena

88 ★★★ — 8,2€
Confitado, frutal, maduro, hierbas secas, sabroso.

Hacienda Molleda Garnacha 2023 T
100% garnacha

89 ★★★★ — 7,2€
Agradable, aromático, frutal, jugoso, muy primario.

BODEGAS IGNACIO MARÍN
Ctra. N-330, Km. 449
50400 Cariñena (Zaragoza)
☎: +34 976 142 494
sales@ignaciomarin.com
www.ignaciomarin.com

Campo Marín 2021 T C
80% garnacha, 15% tempranillo, 5% cabernet sauvignon

87

Marín Garnacha Blanca 2023 B
garnacha blanca

88 ★★★★ — 6€
Agradable, correcto, especiado, frutal, boca correcta, aromático, cítrico, suave. Aroma: especiado.

Marín Reserva Especial C.V.C T
50% cariñena, 25% garnacha, 25% cariñena

92 ★★★ — 18€
Color: cereza intenso. Aroma: fruta madura, hierbas secas, roble cremoso, terroso, notas cárnicas. Boca: potente, fruta madura, especiado, taninos maduros.

Marín Viñas Viejas 2022 T RB
100% garnacha

88 ★★★★ — 6€
Amable, confitado, maduro, persistente, silvestre, herbal. Boca: sabroso, largo.

BODEGAS LUIS MARÍN
San Valero, 1
50400 Cariñena (Zaragoza)
☎: +34 976 621 129
info@luismarin.eu
www.luismarin.eu

Barón de La Joyosa 2017 T GR
garnacha, tempranillo, cariñena

87 — 12€

El Gordo 2023 T
garnacha

89 ★★★★ — 6€
Corpulento, especiado, hierbas secas, lleno, maduro, madera marcada.

Essentia 2020 T R
garnacha

88 — 18€
Especiado, lleno, sabroso, tostado, corpulento, amaderado.

Essentia Garnacha Blanca Moscatel 2023 B
garnacha blanca, moscatel de alejandría

89 ★★★★ — 8€
Equilibrado, fresco, herbal, notas de levadura, sabroso, floral.

Gabarda Selección 2021 T
cariñena, garnacha

91 ★★★★★ — 12€
Color: cereza brillante. Aroma: fruta madura, equilibrado, especiado. Boca: frutoso, especiado, taninos maduros, fruta madura, largo.

Luis Marín Garnacha Amethyst Edición Limitada 2021 T C
garnacha

89 ★★★★ — 8€
Amable, correcto, maduro. Aroma: fruta negra, especias dulces. Boca: sabroso.

DO CARIÑENA / D.O.P.

DO CARIÑENA / D.O.P.

BODEGAS PANIZA
Ctra. Valencia, Km. 53
50480 Paniza (Zaragoza)
☎: +34 976 622 515
info@bodegaspaniza.com
www.bodegaspaniza.com

Fábula Priminillo 2023 T
tempranillo
88
Correcto, maduro, herbal, hierbas secas, agradable, sabroso.

Ibero de Paniza III 2018 T GR
60% cabernet sauvignon, 30% tempranillo, 10% garnacha
89
Corpulento, maduro, tostado. Aroma: incienso, fruta negra, fruta madura.

Paniza Ancestor's Garnacha 2021 T
garnacha
88
Aroma: chocolate, fruta confitada, fruta sobremadura. Boca: especiado, taninos dulces.

Paniza Garnacha from Slate 2022 T
garnacha
91
Color: cereza intenso. Aroma: hierbas secas, roble cremoso, fruta madura, fruta macerada. Boca: potente, fruta madura, especiado, taninos maduros.

BODEGAS SAN VALERO
Ctra. N-330, Km. 450
50400 Cariñena (Zaragoza)
☎: +34 976 620 200
bsv@sanvalero.com
www.sanvalero.com

8.0.1 Edición Limitada C.V.C T R
cabernet sauvignon, merlot, syrah
91 ★★★★★   10€
Color: cereza intenso. Aroma: fruta madura, hierbas secas, tomate, especiado. Boca: potente, taninos maduros.

CARRA 2021 T
garnacha
88
Frutal, especiado, maduro, algo secante, equilibrado.

Particular Cariñena Viñas Viejas 2022 T
cariñena
89 ★★★★   7,5€
Balsámico, herbal, silvestre, suave, frutal, sabroso, varietal.

Particular Chardonnay & Moscatel de Alejandría 2023 B
chardonnay, moscatel de alejandría
88 ★★★★   6,5€
Agradable, aromático, frutal, suave.

Particular Garnacha 2023 T
87

Particular Garnacha Old Vine 2022 T C
garnacha
88 ★★★★   7,5€
Amable, correcto, frutal, flores secas, silvestre, suave.

Particular Garnacha Viñas Centenaria 2018 T
100% garnacha
90   15€
Aromas nítidos, correcto, silvestre. Aroma: fruta madura, especiado, hierbas secas. Boca: sabroso, frutoso, fácil de beber.

BODEM BODEGAS
Crta. Z-V-1201 Km 0,3
50108 Almonacid de La Sierra (Zaragoza)
☎: +34 976 780 136
marketing@axialvinos.com
www.bodembodegas.com

Las Margas Los Cerezos 2021 T BA
garnacha
91   24,5€
Color: cereza, borde granate. Aroma: fruta madura, varietal, franco, equilibrado. Boca: sabroso, largo, taninos maduros, equilibrado.

CASTILLO DE MONSÉRAN
50400 Cariñena (Zaragoza)
☎: +33 785 129 543
hortenseryman@vinartus.fr
www.monseran.com

Castillo de Monséran Garnacha 2022 T
100% garnacha
86

Castillo de Monséran Garnacha Blanca 2023 B
100% garnacha blanca
85

Castillo de Monséran Old Vine Garnacha 2021 T
100% garnacha
87

GRANDES VINOS

Ctra. Valencia Km 45,700
50400 Cariñena (Zaragoza)
☎: +34 976 621 261
info@grandesvinos.com
www.grandesvinos.com

Anayón Cariñena 2021 T
cariñena

91   21€

Color: Cereza. Aroma: fruta madura, hierbas secas, cera, tabaco. Boca: potente, fruta madura, especiado, taninos maduros.

Anayón Parcela 65 Juan Ibánez 2021 T
juan ibáñez

92   38€

Color: cereza brillante. Aroma: especias dulces, fruta madura, chocolate. Boca: frutoso, especiado, taninos maduros, concentrado, sabroso.

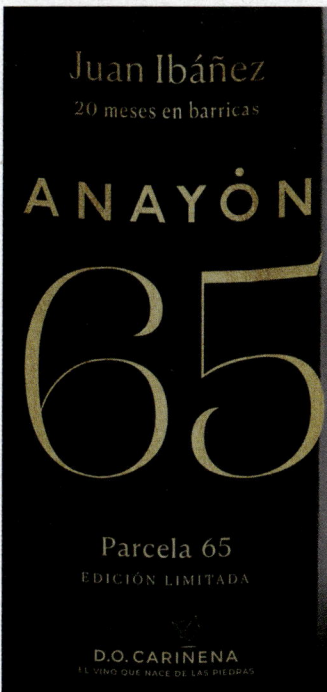

Anayón Parcela 81 Garnacha 2019 T
garnacha

90   38€

Color: cereza, borde granate. Aroma: fruta confitada, fruta al licor, potente, tostado, pimienta negra. Boca: sabroso, largo.

Anayón Chardonnay 2023 B FB
chardonnay

90 ★★★   13€

Color: amarillo brillante. Aroma: roble cremoso, fruta madura, especiado. Boca: estructurado, largo, tostado, fino amargor.

Anayón Parcela 15 Cariñena 2019 T
cariñena

91   38€

Color: cereza, borde granate. Aroma: fruta confitada, potente, hierbas secas, terroso, pimienta negra, regaliz negro. Boca: sabroso, largo, taninos maduros.

Anayón Selección 2021 T BA
syrah, cariñena, tempranillo, merlot

90   18€

Color: Cereza. Aroma: ahumado, especias dulces, hierbas secas. Boca: especiado, estructurado, sabroso, amargoso.

HEREDAD ANSÓN

Camino Eras Altas, s/n
50450 Muel (Zaragoza)
☎: +34 606 858 296
info@bodegasheredadanson.com
www.bodegasheredadanson.com

Heredad de Ansón 2023 B
macabeo

84   4,1€

Heredad de Ansón 2023 RD
garnacha

86

LIBRE Y SALVAJE

Camino del Bosque, s/n
50108 Almonacid de La Sierra (Zaragoza)
☎: +34 627 445 357
info@libreysalvaje.com
www.libreysalvaje.com

Camino del Bosque 2021 T
70% garnacha, 25% cariñena, 5% vidadillo

92 ★★★★★ 🌱   13,5€

Con oscuridad, especiado. Color: cereza, borde granate. Aroma: fina reducción, fruta madura, hierbas silvestres, regaliz negro. Boca: especiado, largo, crujiente.

Libre y Salvaje Garnacha 2021 T
garnacha

91 🌱

Color: Cereza. Aroma: balsámico, hierbas de monte, floral, hierbas silvestres, fruta roja, fruta madura. Boca: frutoso, jugoso, muy vivo.

DO CARIÑENA / D.O.P.

Guía Peñín | VINOS DE ESPAÑA 181

DO CARIÑENA / D.O.P.

**Libre y Salvaje
Garnacha Blanca 2022 B**
garnacha blanca

92 ★★★ 🌱   18€

Aromas nítidos, con tensión, varietal. Color: pajizo brillante. Aroma: fruta blanca, arcilloso, terroso. Boca: jugoso, muy vivo, pulido, largo.

**Libre y Salvaje
Narancha 2021 B**
70% garnacha blanca, 30% moscatel

91 🌱

Con personalidad. Color: oro viejo. Aroma: notas amieladas, piel de naranja, floral, flores marchitas. Boca: sabroso, largo, matices de solera.

Paco el Feo 2020 T
100% cariñena

90 🌱

Color: cereza, borde granate. Aroma: fruta confitada, fruta macerada, hierbas secas, notas anisadas. Boca: sabroso, largo, equilibrado, fruta madura, especiado.

Porretón 2020 T
100% garnacha

93

Confitado. Aroma: fruta confitada, fruta negra, notas anisadas, hierbas secas. Boca: largo, sabroso, fácil de beber, especiado, persistente.

NAVASCUÉS ENOLOGÍA

Avda. Ejército, 32 Bajo B
50400 Cariñena (Zaragoza)
☎: +34 651 845 176
jorgenavascues@hotmail.com
www.cutio.es

Cutio Garnacha 2020 T
90% garnacha, 10% cariñena

91 ★★★★★   8€

Frutal. Color: Cereza. Aroma: balsámico, hierbas de monte, fruta roja. Boca: especiado, balsámico, buena acidez.

Cutio Macabeo 2021 B
macabeo

92 ★★★★★   8€

Poco intervencionista. Color: pajizo. Aroma: fruta madura, hierbas secas, flores marchitas. Boca: fruta madura, equilibrado, buena acidez.

Mancuso 2020 T

94 ★★★★★   14€

Color: cereza intenso. Aroma: hierbas secas, expresión frutal, fruta roja, fruta madura, especias dulces. Boca: potente, fruta madura, taninos maduros.

Mas de Mancuso 2018 T

93   28€

Color: cereza intenso. Aroma: hierbas secas, roble cremoso, frambuesa, fruta madura. Boca: fruta madura, especiado, sabroso.

Mas de Mancuso 2020 B
macabeo

94   28€

Amable, maduro, muy vivo. Color: amarillo brillante. Aroma: expresivo, fruta madura, floral, lías finas, mineral. Boca: lleno, complejo, especiado, largo, elegante.

**Mas de Mancuso
Cariñena 2019 T**
cariñena

94   28€

Varietal, silvestre, potente. Color: cereza brillante. Aroma: balsámico, especias dulces, hierbas de monte, fruta madura, varietal. Boca: especiado, balsámico, buena acidez.

Nominado Vino Revelación

SOLAR DE URBEZO

San Valero, 14
50400 Cariñena (Zaragoza)
☎: +34 976 621 968
comercial@solardeurbezo.es
www.solardeurbezo.es

Urbezo Chardonnay 2023 B
chardonnay, moscatel de alejandría

88 🌱   9,8€

Frutal, maduro, potente, sabroso.

DO. CATALUNYA
CONSEJO REGULADOR

Edifici de l`Estació Enológica
Passeig Sunyer, 4-6 1º
43202 Reus (Tarragona)
☎: +34 977 328 103
@: info@do-catalunya.com
www.do-catalunya.com

SITUACIÓN:

La zona de producción engloba las zonas vitícolas tradicionales catalanas y prácticamente se corresponde con las DO existentes actualmente en Cataluña más algunos municipios de vocación vitícola.

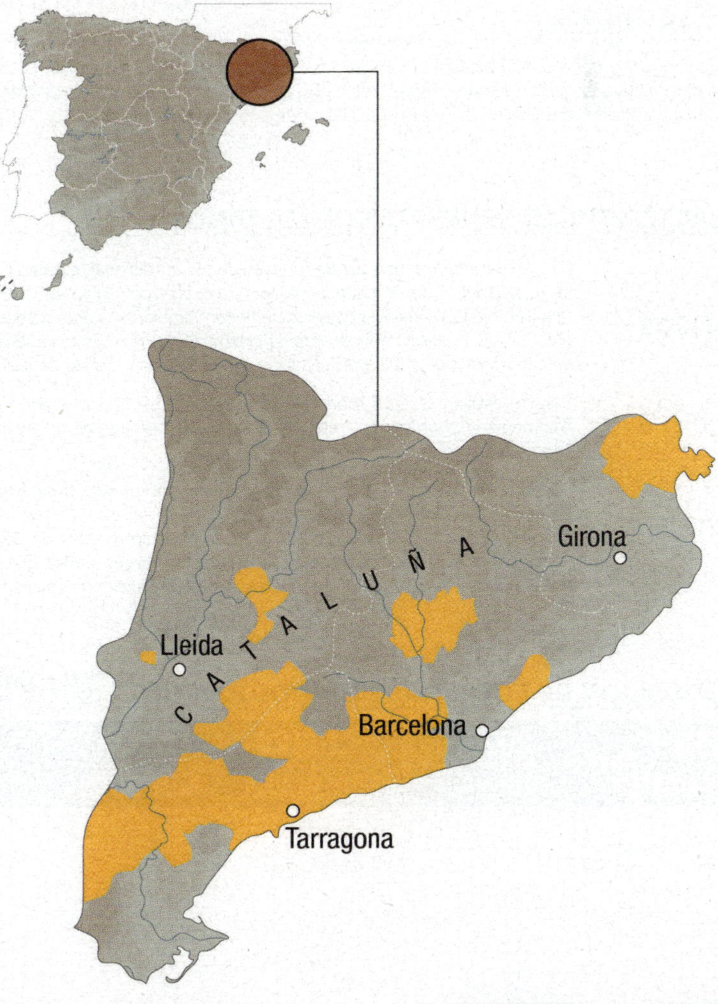

VARIEDADES:

BLANCAS: chardonnay, garnacha blanca, macabeo, moscatel de alejandría, moscatel de grano menudo, parellada, riesling, xarel.lo, gewürztraminer, subirat parent (malvasía), malvasía de Sitges, picapoll blanc, pedro ximénez, chenin, riesling, albariño, sumoll blanco, viognier, vinyater y sauvignon blanc.

TINTAS: cabernet franc, cabernet sauvignon, garnacha roja (gris), garnacha negra, garnacha peluda, garnacha tintorera, merlot, monastrell, petit verdot, picapoll negro, pinot noir, samsó (cariñena), sumoll, syrah, trepat ull de llebre (tempranillo), xarel.lo rosat, marselán y mandó (garró).

DATOS CONSEJO REGULADOR:

Nº Has. Viñedo: 36.982 – **Nº Viticultores:** 4.317 – **Nº Bodegas:** 183 – **Cosecha 23:** Muy Buena – **Producción 23:** 35.498.980 L – **Comercialización:** 50% Nacional - 50% Internacional.

SUELOS Y CLIMA:

Dependiendo de dónde esté ubicado el viñedo, los propios de las DO catalanas, cuyas características aparecen definidas en esta misma guía. Ver Alella, Empordà-Costa Brava, Conca de Barberà, Costers del Segre, Montsant, Penedès, Pla de Bages, Priorat, Tarragona, Terra Alta.

CARACTERÍSTICAS GENERALES DE LOS VINOS

BLANCOS
En general predominan los de las variedades autóctonas catalanas, macabeo, xarel.lo y parellada. Son de color amarillo pajizo, frescos y afrutados en nariz; a la boca resultan bastante ligeros y fáciles de beber. También se pueden encontrar algunos de chardonnay con algo más de expresividad frutal propia de la variedad, pero tampoco en exceso, ya que suelen proceder de viñedos de altos rendimientos.

ROSADOS
Son de estilo bastante moderno, la mayoría presenta un color rosáceo o rosáceo frambuesa y el aroma es fresco y afrutado, con recuerdos de frutos rojos; en boca, ligeros y correctos.

TINTO
Pueden estar elaborados con uvas autóctonas, sobre todo ull de llebre (tempranillo) y garnacha. De color cereza suelen ser afrutados en nariz con notas de frutas silvestres; en boca afrutados, sin demasiado cuerpo, pero agradables de beber. También hay ejemplos de variedades foráneas, sobre todo cabernet, en los que pueden aparecer notas balsámicas y en ocasiones vegetales y que poseen mayor estructura en boca.

CALIFICACIÓN DE COSECHAS DE VINOS JÓVENES GUÍAPEÑÍN

2019	2020	2021	2022	2023
MUY BUENA	BUENA	MUY BUENA	MUY BUENA	BUENA

BLANCHER-CAPDEVILA PUJOL
Plaça Pont Romà, Edifici Blancher
08770 Sant Sadurní d'Anoia (Barcelona)
☎: +34 938 183 286
blancher@blancher.es
www.blancher.es

Blancher Parcel.les 2023 B
pansa blanca

87 12€

BODEGAS CLOS D'AGON
Carrer del Mas Gil, 14
17251 Calonge (Girona/Gerona)
☎: +34 972 661 486
info@closdagon.com
www.closdagon.com

Clos D'Agon 2021 T
46% cabernet franc, 41% syrah, 7% petit verdot, 6% cabernet sauvignon

93 44€

Maduro, silvestre, balsámico, clásico. Aroma: fruta madura, hierbas secas, hierbas de monte, equilibrado, roble cremoso, especiado, fruta negra, fruta roja. Boca: potente, sabroso, estructurado.

Clos D'Agon 2022 B
100% viognier

92 35€

Color: amarillo. Aroma: fruta blanca, fruta madura, especiado, cera. Boca: jugoso, fino amargor, equilibrado, largo.

Clos D'Agon Selección Especial 2021 T
94 115€

Cremoso, equilibrado, herbal. Color: cereza muy intenso. Aroma: hierbas silvestres, hierbas de monte, especiado, roble cremoso, equilibrado, expresivo. Boca: estructurado, lleno, especiado, fruta madura, largo.

Clos D'Agon Viognier 2022 B FB
100% viognier

92 50€

Color: amarillo brillante. Aroma: roble cremoso, fruta madura, especiado, franco, almendra tostada. Boca: graso, estructurado, largo, fino amargor.

Clos D'Agon Valmaña 2022 B
100% viognier

89 19€

Correcto, equilibrado, jugoso, sencillo. Aroma: fruta fresca, hierbas silvestres, floral. Boca: fácil de beber.

BODEGAS MASET
Ctra. Vilafranca-Igualada C-15 Km.19
08792 La Granada (Barcelona)
☎: +34 900 200 250
info@maset.com
www.maset.com

Maset Syrah 2020 T R
syrah

90 ★★★ 13,85€

Color: cereza oscuro, borde granate. Aroma: fruta confitada, ebanistería, tabaco, especias dulces. Boca: especiado, taninos maduros, largo.

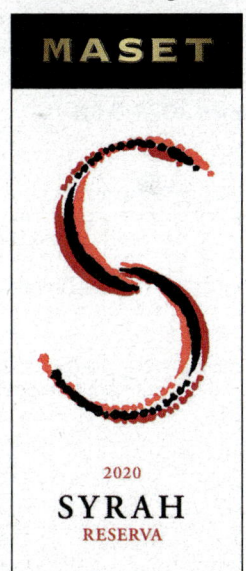

DO CATALUNYA / D.O.P.

DO CATALUNYA / D.O.P.

BODEGAS PUIGGRÒS
Ctra. de Manresa, Km. 13
08711 Ódena (Barcelona)
☎: +34 629 853 587
info@bodegaspuiggros.com
www.bodegaspuiggros.com

Exedra 2022 T
garnacha

92 ★★★★★   11€

Frutal. Color: cereza, borde violáceo. Aroma: fruta roja, floral, especiado, expresivo. Boca: sabroso, frutoso, buena acidez.

Exedra 2023 B
garnacha blanca

91 ★★★★★   11€

Color: pajizo brillante. Aroma: hierbas de tocador, lías finas, fruta blanca, hierbas silvestres. Boca: buena acidez, equilibrado, sabroso.

Mestre Vila Vell 2019 T
sumoll

90   25€

Color: cereza, borde violáceo. Aroma: expresión frutal, fruta roja, floral, especiado, toques silvestres. Boca: frutoso, buena acidez.

Sense Sentits 2019 T

90

Con vejez. Color: Cereza. Aroma: balsámico, hierbas de monte, fina reducción, regaliz negro. Boca: especiado, balsámico.

Sentits Blancs 2021 B FB
garnacha blanca

91   22€

Color: amarillo brillante. Aroma: fruta madura, especiado, especias dulces, madera marcada, piedra seca. Boca: estructurado, tostado, fino amargor.

Sentits Negres Garnatxa Negra 2019 T
garnacha

92   22€

Color: cereza intenso. Aroma: hierbas de monte, terroso, cacao fino. Boca: fruta madura, especiado, taninos maduros.

CA N'ESTRUC
Finca Ca N'Estruc Ctra. C-1414, Km. 1,05
08292 Esparreguera (Barcelona)
☎: +34 937 777 017
info@canestruc.com
www.canestruc.com

Ca N'Estruc Blanc 2023 B
91

Aromático. Color: pajizo. Aroma: flores blancas, jazmín, hierbas secas. Boca: sabroso, frutoso, equilibrado.

Idoia Blanc 2021 B FB
93

Color: pajizo brillante. Aroma: expresivo, fruta madura, floral, lías finas, cera. Boca: complejo, especiado, largo, elegante.

CABELLUT
Masia Cabellut
43718 Mas Llorenç (Tarragona)
☎: +34 607 507 805
xavier.ortiz@masiacabellut.com
www.masiacabellut.com

Anse Micheline 2021 T
cabernet sauvignon, garnacha, merlot

91 🍇

Jugoso, maduro. Color: cereza intenso. Aroma: roble cremoso, fruta negra, hierbas de monte. Boca: potente, fruta madura, especiado, taninos maduros.

Cabellut Cabernet Sauvignon 2021 T FB
cabernet sauvignon

91 🍇

Color: cereza, borde violáceo. Aroma: expresión frutal, especiado, fruta negra, hierbas secas, terroso. Boca: sabroso, frutoso, buena acidez, largo.

Cabellut Garnatxa 2022 T
garnacha

91 🍇

Color: cereza, borde violáceo. Aroma: expresión frutal, fruta roja, floral, especiado. Boca: sabroso, frutoso, buena acidez.

Cabellut Xarel.lo 2021 B
xarel.lo

90 🌱

Color: amarillo brillante. Aroma: hierbas secas, fruta madura, flores secas, flores marchitas, notas de levadura. Boca: jugoso, fino amargor, correcto.

Ella Charles 2021 B
macabeo, sauvignon blanc

89 🌱

Equilibrado, fresco, herbal, sabroso, mineral, afilado.

CAN GRAU VELL
Can Grau Vell, s/n
08781 Hostalets de Pierola (Barcelona)
☎: +34 676 586 933
info@grauvell.cat
www.grauvell.cat

Alcor 2016 T
91

Color: cereza oscuro, borde granate. Aroma: fruta madura, fruta confitada, fina reducción, cera. Boca: especiado, taninos maduros, balsámico.

Quike 2023 RD
89

Agradable, aromático, maduro, sabroso.

Tramp 2020 T
90

Maduro, sabroso. Aroma: fruta madura, hierbas secas, terroso. Boca: fruta madura, especiado, taninos maduros, fácil de beber.

CAN PALOMA
Ctra. B-113 Esparraguera
08292 Barcelona (Barcelona)
☎: +34 609 424 676
info@vicanpaloma.com
www.vicanpaloma.com

Can Paloma 2018 T R
syrah, merlot, cabernet sauvignon

86   12€

CAVES BOHIGAS
Finca Can Macià
08700 Ódena (Barcelona)
☎: +34 938 048 100
info@bohigas.es
www.fermibohigas.com

Bohigas Garnatxa Negra 2022 T BA
100% garnacha

87   13,65€

Bohigas Xarel.lo 2023 B
xarel.lo

87   8,95€

Udina de Fermí Bohigas 2022 B
100% garnacha blanca

88   10,55€

Amable, maduro, sabroso, boca correcta, flores secas.

CELLER DE CAPÇANES
Llebaria, 9
43776 Capçanes (Tarragona)
☎: +34 977 178 319
cellercapcanes@cellercapcanes.com
www.cellercapcanes.com

Cap Sentit Orange Wine 2022 B
100% garnacha blanca

89 ★★★   9,8€

Correcto, herbal, frutal, maduro, sabroso, persistente, cítrico.

Cap Sentit Pinot Noir 2022 T
100% pinot noir

90 ★★★★★   8,9€

Color: cereza, borde violáceo. Aroma: fruta roja, floral, especiado, fruta negra. Boca: sabroso, frutoso, buena acidez, largo, carnoso.

Mas Picosa Blanc 2023 B
100% garnacha blanca

87 ★★★★ 🌱   7€

Mas Picosa Negre 2023 T
garnacha, syrah, cabernet sauvignon

89 ★★★★ 🌱   7€

Especiado, frutal, maduro, muy primario.

DO CATALUNYA / D.O.P.

DO CATALUNYA / D.O.P.

CELLER GRAU I GRAU
Ctra. C-37, Km. 75,5
08255 Castellfollit del Boix (Barcelona)
☎: +34 938 356 002
info@cellergrauigrau.com
www.cellergrauigrau.com

Jaume Grau i Grau Col.lecció Sumoll Blanc 2022 B
sumoll blanc, garnacha blanca

89 18€

Correcto, floral, fresco, frutal, hierbas secas, maduro, ligero.

Jaume Grau i Grau Garnatxa Col.lecció 2019 T
100% garnacha

89 25€

Correcto, herbáceo, maduro, sencillo, silvestre, persistente.

CELLERS UNIÓ
Joan Oliver, 16
43206 Reus (Tarragona)
☎: +34 977 330 055
info@cellersunio.com
www.cellersunio.com

Masia Pubill 2023 T
tempranillo, garnacha

86 5,95€

Masia Pubill Blanc 2023 B
macabeo

84 5,95€

DOMENIO
Avinguda de Catalunya, 35
43426 Rocafort de Queralt (Tarragona)
☎: +34 977 677 135
comercial@domeniowines.com
www.domeniowines.com

Capvespre Sunset 2023 B
macabeo, parellada, garnacha blanca

86 5,29€

Capvespre Sunset 2023 RD
ull de llebre, trepat

87 ★★★★ 5,29€

FREIXENET
Joan Sala, 2
08770 Sant Sadurní d'Anoia (Barcelona)
☎: +34 938 917 000
comunicacion@freixenet.com
www.freixenet.es

Freixenet Selección Especial 2022 T
87

Freixenet Selección Especial 2023 B
87

L'OLIVERA
La Plana, s/n
25268 Vallbona de Les Monges (Lleida/Lérida)
☎: +34 973 330 276
olivera@olivera.org
www.olivera.org

Tossudes 2022 T
52% garnacha, 30% syrah, 10% cariñena, 5% monastrell, 3% trepat

88 ♦ 11,2€

Equilibrado, herbal, maduro, frutal, hierbas secas.

Vinyes de Barcelona 2021 T FB
53% garnacha, 27% syrah, 20% cariñena

90 ♦ 23,9€

Color: cereza intenso. Aroma: hierbas secas, roble cremoso, fruta negra, cacao fino. Boca: fruta madura, especiado, taninos maduros.

MAS DE LA PANSA
Comerç, 2
43422 Barberà de la Conca (Tarragona)
☎: +34 667 894 636
info@masdelapansa.com
www.masdelapansa.com

Mas de la Pansa Macabeu 2019 B
100% macabeo

92 ♦ 26€

Con vejez, oxidativo. Color: oro viejo, borde ambarino. Aroma: flores marchitas, flores secas, con carácter, equilibrado, expresivo, notas anisadas. Boca: jugoso, sabroso.

Mas de la Pansa Parellada 2019 B
100% parellada

91 ♦ 26€

Color: amarillo brillante. Aroma: fruta madura, especiado, pan tostado. Boca: graso, estructurado, largo, tostado, fino amargor.

MASÍA BACH
Ctra. Martorell a Capellades, Km 20,5
08635 Sant Esteve Sesrovires (Barcelona)
☎: +34 610 486 352
n.vives@raventoscodrniu.com
www.codorniu.com

Bach Extrísima T
86

Bach Extrísimo Semidulce B SD
87

Bach Viña Extrísima B
86

Bach Viña Extrísima RD
87

PLA DE MOREI
Cami de la Garça s/n
08789 La Torre de Claramunt (Barcelona)
☎: +34 931 313 454
plademorei@plademorei.com
www.plademorei.com

Filigrana 2022 B
garnacha blanca, chardonnay

89 ★★★ 🌱   10€

Aromático, hierbas secas, flores secas, frutal, maduro, sabroso, equilibrado.

Filigrana 2022 T
tempranillo, merlot

89 ★★★ 🌱   10€

Corpulento, equilibrado, especiado, maduro, hierbas secas, tostado.

Mirador 2021 T BA
merlot, tempranillo

89 🌱   15,6€

Equilibrado, especiado, hierbas secas, maduro, sabroso, corpulento.

Saial 2022 B BA
garnacha blanca, chardonnay, sauvignon blanc

89 🌱   15,6€

Agradable, ahumado, correcto, especiado, maduro. Aroma: frutos secos.

SANT JOSEP VINS
Estació, 2
43780 Bot (Tarragona)
☎: +34 977 428 352
info@santjosepwines.com
www.santjosepvins.com

L'Estació Blanc 2020 B
garnacha blanca

90   25€

Color: amarillo brillante. Aroma: roble cremoso, especiado, fruta blanca, fruta madura, lías finas. Boca: graso, estructurado, tostado, fino amargor.

L'Estació Negre 2020 T C
cabernet sauvignon

92   25€

Color: cereza intenso. Aroma: fruta madura, hierbas secas, roble cremoso, fruta negra, varietal, expresivo. Boca: potente, fruta madura, especiado, taninos maduros.

Plana d'en Fonoll Blanc 2023 B
55% sauvignon blanc, 45% moscatel grano menudo

87 ★★★★   6,25€

Plana d'en Fonoll Sauvignon Blanc 2023 B
sauvignon blanc

88 ★★★★   7,95€

Equilibrado, fresco, herbal, notas de levadura.

Plana d'en Fonoll Syrah 2021 T
syrah

88 ★★★★   7,25€

Equilibrado, especiado, frutal, hierbas secas.

Selecció 259 2015 T C
mazuelo, syrah, cabernet sauvignon

92   20€

Color: cereza, borde granate. Aroma: fruta madura, hierbas secas, flores marchitas, caramelo tostado. Boca: potente, fruta madura, especiado, taninos maduros, equilibrado.

TORRES ICONS
Miguel Torres i Carbó, 6
08720 Vilafranca del Penedés (Barcelona)
☎: +34 938 177 400
prensa@torres.es
www.torres.es

Coronas 2021 T C
tempranillo, cabernet sauvignon

86   6,6€

Sangre de Toro 2019 T R
garnacha, syrah

89   14,8€

Cremoso, tostado, corpulento. Aroma: fruta negra, notas cárnicas, cacao fino.

DO CATALUNYA / D.O.P.

Guía Peñín | VINOS DE ESPAÑA

DO CATALUNYA / D.O.P.

Sangre de Toro Original 2022 T
garnacha, syrah

88 ★★★★   4,9€

Frutal, hierbas secas, maduro, sencillo.

Viña Sol 2023 B
parellada, garnacha blanca

86 🌿   5,9€

UNIVERSITAT ROVIRA I VIRGILI

Ctra TV 7211 km 7
43120 Constanti (Tarragona)
☎: +34 977 520 197
pedro.cabanillas@urv.cat
https://www.fe.urv.cat/es/facultad/bodega-mas-dels-frares

Universitat Rovira i Virgili 2023 B
100% moscatel de alejandría

88 ★★★   9€

Aromas nítidos, varietal. Aroma: franco, equilibrado. Boca: correcto, fino amargor.

VINS DE TALLER

Camí de St. Miquel amb
Ctra. St Tomàs de Fluvià, s/n
17469 Siurana d'Empordà (Girona/Gerona)
☎: +34 629 773 917
Info@vinsdetaller.com
www.vinsdetaller.com

Vins de Taller Baseia 2022 B
viognier

90 🌿   35€

Jugoso, varietal, flores secas. Aroma: franco, fruta madura. Boca: sabroso, lleno, fino amargor.

Vins de Taller Geum 2023 T C
merlot

89 🌿   25€

Amaderado, cremoso, especiado, hierbas secas.

Vins de Taller Gris 2023 RD
merlot, garnacha gris

90 🌿   25€

Frutal. Color: rosáceo pálido. Aroma: fruta roja, floral, hierbas de tocador. Boca: ligero, buena acidez, fino amargor.

Vins de Taller Phlox 2023 B
marsanne, garnacha blanca, moscatel de alejandría

90 🌿   25€

Color: pajizo brillante. Aroma: floral, fruta blanca, flores secas, cítricos. Boca: retronasal afrutado, frutoso, jugoso, fácil de beber.

DO. CAVA
CONSEJO REGULADOR

Avinguda Tarragona, 24
08720 Vilafranca del Penedès (Barcelona)
☎: +34 938 903 104
@: consejo@crcava.es
www.crcava.es

SITUACIÓN:

La región determinada del cava comprende los vinos espumosos elaborados, según el método tradicional de segunda fermentación en botella, de 63 municipios de la provincia de Barcelona, 52 de Tarragona, 12 de Lleida y cinco de Girona, así como los de los términos municipales de Laguardia, Moreda de Álava y Oyón, en Álava; Almendralejo, en Badajoz, Mendavia y Viana, en Navarra; Requena, en Valencia, Ainzón y Cariñena, en Zaragoza, y 18 municipios más de La Rioja.

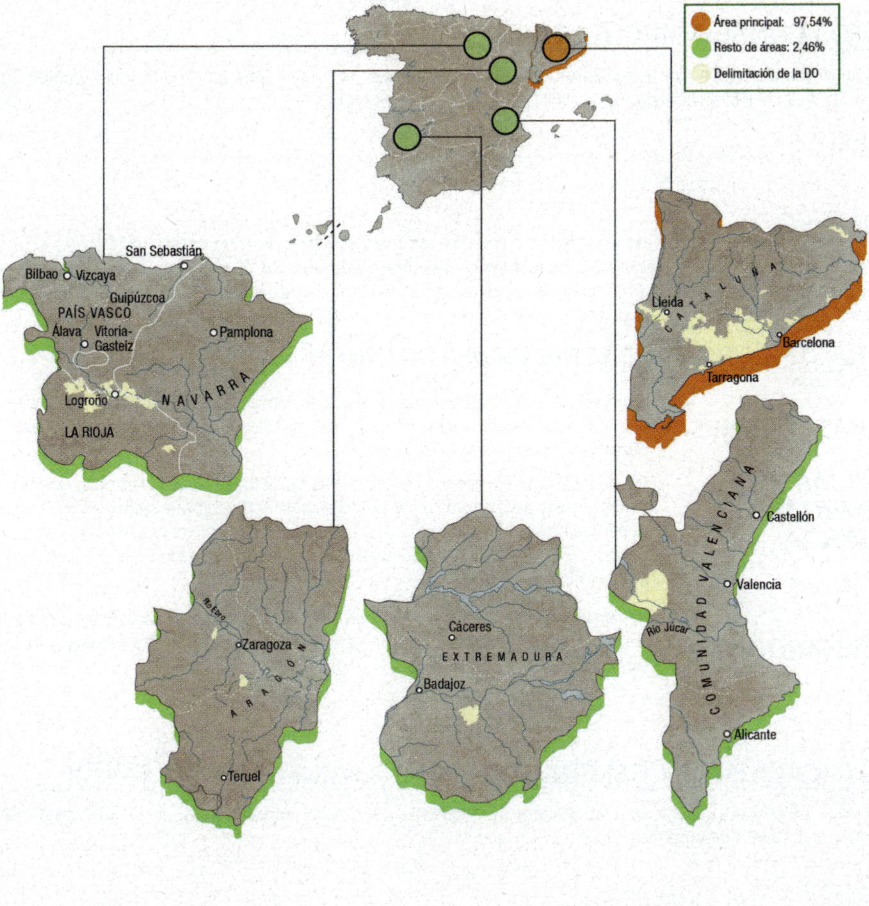

- Área principal: 97,54%
- Resto de áreas: 2,46%
- Delimitación de la DO

DO CAVA / D.O.P.

VARIEDADES:

BLANCAS: macabeo (viura), xarel.lo, parellada, subirat (malvasía riojana) y chardonnay.
TINTAS: garnacha tinta, monastrell, trepat y pinot noir.

CATEGORÍAS DE LOS CAVAS:

CAVA DE GUARDA: Crianza mínima en botella a partir de 9 meses.
CAVA DE GUARDA RESERVA: A partir de 18 meses.
CAVA DE GUARDA SUPERIOR GRAN RESERVA: A partir de 30 meses.
CAVA DE DE GUARDA SUPERIOR "PARAJE CALIFICADO": Categoría de Cava aprobada por ley en 2015. Agrupa aquellos cavas producidos en un paraje calificado entendido como "área menor homologada especialmente como extraordinaria y singular por sus condiciones edáficas y climatológicas". Crianza mínima a partir de 36 meses.

CALIFICACIÓN SEGÚN SU CONTENIDO EN AZÚCAR:

Brut Nature: entre 0 y 3 gramos de azúcar por litro (sin adición de azúcares).
Extra Brut: entre 0 y 6 gramos por litro.
Brut: entre 0 y 12 gramos por litro.
Extra Seco: entre 12 y 17 gramos por litro.
Seco: entre 17 y 32 gramos por litro.
Semiseco: entre 32 y 50 gramos por litro.
Dulce: más de 50 gramos por litro.

DATOS CONSEJO REGULADOR:

Nº Has. Viñedo: 38.099 – **Nº Viticultores:** 6.088 – **Nº Bodegas:** 345 – **Cosecha 23:** Buena – **Producción 23:** 190.378.722 L.– **Comercialización:** 32% Nacional - 68% Internacional.

SUELOS:

Dependerán también de cada zona de elaboración.

CLIMA:

El propio de cada zona de elaboración señalada en el epígrafe anterior. No obstante, la zona en la que se concentra la mayor parte de la producción (Penedès), posee un clima de tipo mediterráneo, con algunas áreas de producción más altas y frescas.

CARACTERÍSTICAS GENERALES DE LOS VINOS

CAVAS JÓVENES
Su juventud se debe a un tiempo menor de crianza en botella (el mínimo estipulado por el Consejo es de nueve meses). Son más ligeros, frescos y fáciles de beber, presentan notas frutosas y vegetales.

CON MAYOR TIEMPO DE CRIANZA
Puede distinguirse entre los de estilo más tradicional, normalmente con aromas a frutos secos y a almendras amargas, y los más modernos, que combinan en la nariz notas ligeramente frutales y florales, incluso a hierbas, con matices de pan tostado y frutos secos; se caracterizan además por una finura y elegancia que les acerca más al champaña.

DE CHARDONNAY
Se caracterizan por tener mayor cuerpo en boca y un ligero tacto graso; en nariz destacan por su carácter floral. En ocasiones pueden desarrollar aromas a frutas tropicales.

CALIFICACIÓN DE COSECHAS DE VINOS JÓVENES GUÍA**PEÑÍN**

Esta zona debido al proceso de elaboración generalmente no ofrece vinos del año, por lo que omitimos cualquier valoración de cosecha.

ALDONZA

Ctra. N-430 km 462,3
02612 Munera (Albacete)
☎: +34 967 217 711
info@aldonzagourmet.com
www.aldonzagourmet.com

Aldonza BE BN
xarel.lo, macabeo, parellada

87   9,5€

Aldonza BE BR
xarel.lo, macabeo, parellada

87   9€

Aldonza BE R BR
chardonnay, xarel.lo, macabeo

90   24€

Color: amarillo brillante. Aroma: fruta madura, lías finas, equilibrado, hierbas secas. Boca: buena acidez, sabroso, fruta madura.

Aldonza Rosé RE BR
trepat

86   9,5€

ALSINA & SARDÁ

Barri Les Tarumbes, s/n
08733 El Pla del Penedès (Barcelona)
☎: +34 938 988 132
alsina@alsinasarda.com
www.alsinasarda.com

Alsina & Sardá 2021 BE R BN

90 ★★★★ 🏆   9,83€

Color: pajizo brillante. Aroma: fruta fresca, cítricos, lías finas, hierbas de tocador, mineral. Boca: fresco, frutoso, buena acidez.

Alsina & Sardá Gran Reserva Especial 2017 BE GR BN
50% chardonnay, 50% xarel.lo

91   19€

Color: amarillo brillante. Aroma: fruta madura, lías finas, equilibrado, hierbas secas. Boca: buena acidez, sabroso, fruta madura, largo.

Alsina & Sardá Sello 2020 BE GR BN
macabeo, xarel.lo, parellada, chardonnay, pinot noir

90 ★★★ 🏆   12,23€

Color: pajizo brillante. Aroma: lías finas, floral, hierbas de tocador, expresivo. Boca: potente, sabroso, buena acidez, burbuja fina.

Alsina & Sardá Vestigis Gran Cuvée 2018 BE GR BN
macabeo, xarel.lo, parellada, chardonnay, pinot noir

92   25,5€

Afilado, cítrico. Color: amarillo brillante. Aroma: brioche, flores secas, flores marchitas. Boca: fresco, frutoso, largo.

ALTA ALELLA

Camí Baix de Tiana, s/n
08328 Alella (Barcelona)
☎: +34 934 693 720
info@altaalella.wine
www.altaalella.wine

🏆 PODIO

Alta Alella 10 2012 BE GR BN
chardonnay

97 🏆   120€

Ahumado, complejo. Color: dorado brillante. Aroma: lías finas, frutos secos, hierbas de tocador, tostado, praliné. Boca: potente, sabroso, buena acidez, burbuja fina, fino amargor.

Alta Alella Laietà 2019 BE GR BN
pansa blanca, chardonnay, pinot noir

94 🏆   23,85€

Con tensión. Color: dorado brillante. Aroma: lías finas, hierbas de tocador, con carácter, fruta madura, frutos secos. Boca: potente, sabroso, buena acidez, burbuja fina.

Alta Alella Laietà Rosé 2019 RE GR BN
mataró

92 🏆   25,5€

Color: salmón. Aroma: especias dulces, fruta roja, hierbas de tocador, flores secas, panadería. Boca: lleno, sabroso, especiado.

Alta Alella Mirgin 2020 BE R BN
pansa blanca, macabeo, parellada

92 ★★★★ 🏆   14,4€

Afilado. Color: pajizo brillante. Aroma: lías finas, floral, hierbas de tocador, expresivo. Boca: potente, sabroso, buena acidez, burbuja fina.

🏆 PODIO

Alta Alella Mirgin Exeo Evolució + 2004 BE GR BN
pansa blanca, chardonnay

96 🏆   120€

Con tensión. Color: dorado brillante. Aroma: frutos secos, hierbas de tocador, complejo, lías finas, especias dulces, expresivo. Boca: potente, sabroso, buena acidez, burbuja fina, fino amargor.

🏆 PODIO

Alta Alella Mirgin Exeo Paraje Calificado Vallcirera 2017 BE GR BN
pansa blanca, chardonnay

96 🏆   58€

Color: dorado brillante. Aroma: lías finas, frutos secos, hierbas de tocador, complejo, tostado. Boca: potente, sabroso, buena acidez, burbuja fina, fino amargor.

DO CAVA / D.O.P.

DO CAVA / D.O.P.

🏆 PODIO

Alta Alella Mirgin Opus Paraje Calificado Vallcirera 2019 BE BN
pansa blanca, chardonnay

95 🍃   38€

Color: pajizo brillante. Aroma: lías finas, frutos secos, hierbas de tocador, complejo, tostado, especias dulces. Boca: potente, sabroso, buena acidez, burbuja fina, fino amargor.

Alta Alella Mirgin Rosé 2020 RE R BN
mataró

90 🍃   14,4€

Agradable, frutal, sabroso, maduro.

ANTONIO MASCARÓ
Casal, 9
08720 Vilafranca del Penedés (Barcelona)
☎: +34 938 901 628
mascaro@mascaro.es
www.mascaro.es

Antonio Mascaró Indómit 2020 BE GR BN
garnacha

92   20,25€

Color: pajizo brillante. Aroma: lías finas, floral, hierbas de tocador, expresivo. Boca: potente, sabroso, buena acidez, burbuja fina, equilibrado.

Antonio Mascaró Initium 2020 BE R BR
macabeo, xarel.lo, parellada

88   11,25€

Correcto, cítrico, frutal, maduro.

Cuvée Antonio Mascaró 2016 BE GR BN
chardonnay, xarel.lo, parellada

92   23€

Color: pajizo brillante. Aroma: lías finas, floral, hierbas de tocador, expresivo. Boca: potente, sabroso, buena acidez, burbuja fina.

Mascaró Ambrosia BE R SS
macabeo, xarel.lo, parellada

90 ★★★★★   9,35€

Color: pajizo brillante. Aroma: fruta madura, lías finas, hierbas secas, flores marchitas. Boca: sabroso, burbuja fina, dulce.

Mascaró Pure 2019 BE R BN
parellada

90 ★★★   13,7€

Color: pajizo brillante. Aroma: fruta madura, lías finas, hierbas secas, flores marchitas. Boca: sabroso, buena acidez, burbuja fina.

Mascaró Rubor Aurorae 2020 RE BR
garnacha

88   13,7€

Correcto, especiado, tostado, notas de levadura.

ARTCAVA – MASIA CAN BATLLE
Masia Can Batlle s/n
08793 Avinyonet del Penedès (Barcelona)
☎: +34 647 906 742
reserves@artcava.com
www.artcava.com

Palagó Blanc de Noir Selection 2017 BE R BN
100% pinot noir

91   32€

Austero. Color: amarillo brillante. Aroma: lías finas, equilibrado, hierbas secas, fruta blanca. Boca: buena acidez, sabroso, fruta madura, amargoso.

Palagó Farmer's Selection 2018 BE R BN
100% xarel.lo

90   22€

Color: amarillo brillante. Aroma: fruta madura, lías finas, equilibrado, hierbas secas, brioche. Boca: buena acidez, sabroso, fruta madura.

Palagó Foodie's Selection 2019 BE R BN
50% xarel.lo, 50% chardonnay

88   18€

Floral, hierbas secas, equilibrado, fresco.

Palagó Rosé Selection 2021 RE BN
100% pinot noir

88   13€

Poco aromático, ligero, correcto.

Palagó Winemaker Selection 2021 BE BN
xarel.lo, macabeo, parellada
87   12,5€

AVINYÓ
Masia Can Fontanals
08793 Avinyonet del Penedès (Barcelona)
☎: +34 938 970 055
avinyo@avinyo.com
www.avinyo.com

Avinyó 2020 BE R BN
70% xarel.lo, 25% macabeo, 5% parellada
90 ★★★   13€
Color: pajizo brillante. Aroma: intensidad media, hierbas secas, lías finas, floral, fruta madura. Boca: fresco, frutoso, sabroso, tostado.

Avinyó 2021 BE R BR
60% xarel.lo, 25% macabeo, 15% parellada
89   12€
Frutal, hierbas secas, láctico, maduro, fresco.

Avinyó Blanc de Noirs 2021 BE R BN
100% pinot noir
90   19€
Color: pajizo brillante. Aroma: fruta fresca, cítricos, lías finas. Boca: fresco, frutoso, buena acidez.

Avinyó Rosé Sublim 2021 RE R BR
100% pinot noir
87   14€

Avinyó Selecció La Ticota 2017 BE GR BN
100% xarel.lo
90   20€
Color: amarillo brillante. Aroma: fruta madura, equilibrado, hierbas secas, fruta blanca, notas amieladas. Boca: buena acidez, sabroso, fruta madura.

BLANCHER-CAPDEVILA PUJOL
Plaça Pont Romà, Edifici Blancher
08770 Sant Sadurní d'Anoia (Barcelona)
☎: +34 938 183 286
blancher@blancher.es
www.blancher.es

Blancher 2018 BE GR BN
xarel.lo, macabeo, parellada
90   15,5€
Color: pajizo. Aroma: flores blancas, lías finas, hierbas de tocador. Boca: sabroso, frutoso, fresco, buena acidez.

Blancher 2019 BE R BN
xarel.lo, macabeo, parellada
89   12€
Frutal, cítrico, hierbas secas, sencillo.

Blancher de la Tieta 2014 BE GR BN
xarel.lo, macabeo, parellada
92   31€
Color: dorado brillante. Aroma: lías finas, hierbas de tocador, con carácter, fruta madura, frutos secos. Boca: sabroso, buena acidez, burbuja fina, fino amargor, fruta madura.

Blancher Rosat 2022 RE R BR
pinot noir, macabeo
86   12€

Capdevila Pujol 2020 BE R BN
xarel.lo, macabeo, parellada
89 ★★★★   9€
Correcto, fresco, herbal. Boca: amargoso, seco, fácil de beber.

Carbo Capdevila 1975 BE GR BR
94   250€
Con vejez, con personalidad, algo caído. Color: dorado brillante. Aroma: frutos secos, complejo, lías finas, especias dulces, expresivo, tostado, pan tostado. Boca: sabroso, buena acidez, burbuja fina, fino amargor, elegante.

BODEGA ARANLEÓN
Ctra. Caudete, 3
46310 Los Marcos (València/Valencia)
☎: +34 963 631 640
vinos@aranleon.com
www.aranleon.com

Aranleón Sólo BE BR
75% macabeo, 25% chardonnay
88   12€
Aromas nítidos, floral, frutal, muy primario.

BODEGA JAUME SERRA
Ctra.Vilanova i la Geltrú a Vilafranca del Penedés, km 2,5
08800 Vilanova i la Geltrú (Barcelona)
☎: +34 938 936 404
atcliente@jgc.es
www.jaumeserra.com

Jaume Serra 2019 BE R BN
macabeo, xarel.lo, parellada
87 ★★★★   6€

Jaume Serra BE BN
macabeo, xarel.lo, parellada
85   6€

Jaume Serra BE SS
macabeo, xarel.lo, parellada
83   6€

DO CAVA / D.O.P.

DO CAVA / D.O.P.

Jaume Serra Chardonnay 2018 BE GR BN
100% chardonnay

90 20€

Color: pajizo brillante. Aroma: lías finas, floral, hierbas de tocador, expresivo, panadería, caramelo de violetas. Boca: potente, sabroso, buena acidez, burbuja fina, equilibrado.

Jaume Serra Pinot Noir Rosé RE BR
pinot noir

86 8€

Jaume Serra Vintage 2020 BE R BN
chardonnay, macabeo, xarel.lo, parellada

88 ★★★★ 7€

Amable, maduro, sabroso. Aroma: lías reducidas, flores marchitas, notas cocidas.

BODEGA SANSTRAVÉ
De la Conca, 10
43210 Solivella (Tarragona)
☎: +34 617 687 965
bodega@sanstrave.com
www.sanstrave.com

Sanstravé Brindis 2018 BE GR BN
macabeo, parellada, xarel.lo

89 13€

Frutal, láctico, maduro, sabroso.

BODEGA VERA DE ESTENAS
Ctra. N-III, km. 266 - Paraje La Cabezuela
46300 Utiel (València/Valencia)
☎: +34 962 171 141
estenas@veradeestenas.es
www.veradeestenas.es

Cava Estenas BE BN
chardonnay, macabeo

87

BODEGAS AESSIR
Santa Maria, 76
08340 Vilassar de Mar (Barcelona)
☎: +34 937 591 832
info@aessir.com
www.aessir.com

La Crusset BE R BN
35% macabeo, 35% parellada, 30% xarel.lo

91 ★★★★★ 11,95€

Equilibrado. Color: amarillo brillante. Aroma: fruta madura, lías finas, equilibrado, hierbas secas, ahumado, notas cocidas. Boca: buena acidez, sabroso, fruta madura.

BODEGAS ARRÁEZ
Pol. 6 Parcela 386 Paraje Ciscar
46630 La Font de la Figuera (València/Valencia)
☎: +34 962 290 031
info@bodegasarraez.com
www.bodegasarraez.com

Sutra by Toni Arraez BE BR
90% macabeo, 10% chardonnay

86 6,9€

Sutra by Toni Arraez BE R BR
80% macabeo, 20% chardonnay

88 ★★★ 8,9€

Equilibrado, hierbas secas, sabroso, floral.

BODEGAS CA N'ESTELLA
Masia Ca n'Estella, s/n
08635 Sant Esteve Sesrovires (Barcelona)
☎: +34 934 161 387
a.vidal@fincacanestella.com
www.fincacanestella.com

Rabetllat i Vidal Gran Reserva Xarel·lo 2016 BE GR
100% xarel.lo

92 30,1€

Color: dorado brillante. Aroma: lías finas, frutos secos, hierbas de tocador, pan tostado. Boca: potente, sabroso, buena acidez, burbuja fina, fino amargor.

Rabetllat i Vidal 2020 BE R BN
60% chardonnay, 20% macabeo, 20% xarel.lo

89 ★★★ 9,2€

Frutal, maduro, hierbas secas, sencillo.

Rabetllat i Vidal Brut Ca N'Estella BE BR
70% macabeo, 30% xarel.lo

88 ★★★★ 6,9€

Correcto, suave, hierbas secas. Aroma: intensidad media. Boca: fácil de beber, cierta persistencia.

Rabetllat i Vidal Gran Reserva de la Finca 2019 BE GR BN
70% chardonnay, 15% macabeo, 15% xarel.lo

91 16,75€

Color: dorado brillante. Aroma: lías finas, fruta madura, frutos secos, hierbas secas. Boca: sabroso, buena acidez, burbuja fina, fino amargor.

Rabetllat i Vidal Rosat 2020 RE R BR
50% trepat, 50% garnacha

89 ★★★ 9,2€

Frutal, hierbas secas, correcto, fresco.

BODEGAS CAPITÀ VIDAL
Ctra. Vilafranca- Igualada, C-15, km 31
08733 El Pla del Penedès (Barcelona)
☎: +34 938 988 630
administracion@capitavidal.com
www.capitavidal.com

Fuchs de Vidal 2017 BE GR BN
50% xarel.lo, 30% macabeo, 20% parellada

90 🌱 15€

Color: amarillo brillante. Aroma: fruta madura, lías finas, equilibrado, hierbas secas, floral. Boca: buena acidez, sabroso, fruta madura, largo.

Fuchs de Vidal 2020 BE R BN
40% xarel.lo, 35% macabeo, 25% parellada

89 12€

Frutal, herbal, flores secas, correcto, fresco.

Fuchs de Vidal Rosé Pinot Noir 2021 RE R EBR
100% pinot noir

88 🌱 15€

Amable, maduro, sabroso, frutal.

Fuchs de Vidal Unic 2021 BE R BN
50% chardonnay, 35% pinot noir, 15% macabeo, xarel.lo, parellada

89 🌱 18€

Agradable, sabroso, frutal, floral.

Gran Fuchs de Vidal 2020 BE R BN
xarel.lo

90 🌱 18€

Color: pajizo brillante. Aroma: fruta madura, lías finas, hierbas secas, flores marchitas, lácticos. Boca: sabroso, buena acidez, burbuja fina, equilibrado.

Palau Solá 2022 BE BN
parellada, macabeo, xarel.lo

86 7€

BODEGAS COVIÑAS
Avda. Rafael Duyos, s/n
46340 Requena (València/Valencia)
☎: +34 628 124 926
palvarez@covinas.com
www.covinas.com

Aula BE BN
macabeo

85 5,33€

Aula BE BR
macabeo

85 4,27€

Aula BE SS
macabeo

85 5,12€

Aula Chardonnay BE R BN
chardonnay

87 ★★★★ 6,6€

Aula RE BR
garnacha

87 ★★★★ 5,24€

Auténtico BE BR
macabeo, chardonnay

86 🌱

Enterizo BE BN
86

BODEGAS EMILIO CLEMENTE
Camino de San Blas, s/n
46340 Requena (València/Valencia)
☎: +34 601 410 728
administracion@eclemente.es
www.eclemente.es

Regulus BE BR
macabeo

87 ★★★ 7,55€

DO CAVA / D.O.P.

DO CAVA / D.O.P.

BODEGAS HISPANO SUIZAS
Ctra. N-322, Km. 451,7
46357 El Pontón (València/Valencia)
☎: +34 962 349 370
info@bodegashispanosuizas.com
www.bodegashispanosuizas.com

Tantum Ergo Chardonnay Pinot Noir 2021 BE BN
chardonnay, pinot noir

90 27,5€

Correcto, suave. Color: pajizo brillante. Aroma: lías finas, floral, intensidad media. Boca: buena acidez, fácil de beber.

Tantum Ergo Exclusive Magnum 2013 BE GR BN
55% chardonnay, 45% pinot noir

91 161€

Oxidativo. Color: pajizo brillante. Aroma: lías reducidas, panadería, fruta asada, fruta golpeada, notas cocidas. Boca: sabroso, buena acidez, burbuja fina, equilibrado.

Tantum Ergo Pinot Noir Rosé 2021 RE BN
100% pinot noir

91 27,5€

Aromático, amable. Color: rosáceo pálido. Aroma: fruta roja, pétalos de rosa. Boca: fresco, frutoso.

Tantum Ergo Vintage 2019 BE BN
60% chardonnay, 40% pinot noir

92 46,5€

Color: pajizo brillante. Aroma: fruta blanca, expresión frutal, flores marchitas, expresivo, lías finas. Boca: burbuja fina, equilibrado, muy vivo, sabroso.

BODEGAS MARTÍNEZ PAIVA
Ctra. Gijón - Sevilla N-630, Km. 646 Apdo. 87
06200 Almendralejo (Badajoz)
☎: +34 924 671 130
info@bodegasmartinezpaiva.com
www.bodegasmartinezpaiva.com

Paiva 2020 BE R BN
70% macabeo, 30% chardonnay

89 11€

Equilibrado, herbal, austero, cítrico.

Paiva 2022 BE BN
70% macabeo, 30% chardonnay

87 8,5€

BODEGAS MASET
Ctra. Vilafranca-Igualada C-15 Km.19
08792 La Granada (Barcelona)
☎: +34 900 200 250
info@maset.com
www.maset.com

Maset 1917 2020 BE GR BN
xarel.lo, macabeo, pinot noir

92 23,95€

Color: pajizo brillante. Aroma: lías finas, floral, hierbas de tocador, expresivo. Boca: potente, sabroso, buena acidez, burbuja fina.

Maset L'avi Pau 2020 BE GR BN
xarel.lo, macabeo, chardonnay

90 17,65€

Austero. Color: amarillo brillante. Aroma: lías finas, equilibrado, hierbas secas. Boca: buena acidez, sabroso, fruta madura.

Maset L'avi Pau Magnum 2020 BE GR BN
xarel.lo, macabeo, chardonnay

92

Aroma: expresivo, frutos secos, hierbas de tocador, especiado. Boca: sabroso, burbuja fina, largo, persistente.

Maset Reserva Familiar 2008 BE GR BN
xarel.lo, macabeo, parellada

92 23,15€

Con vejez, tostado. Aroma: frutos secos, hierbas de tocador, lías reducidas. Boca: potente, sabroso, buena acidez, burbuja fina, fino amargor.

Maset Reserva Familiar 2018 BE GR BN
xarel.lo, macabeo, parellada

90 23,15€

Color: amarillo brillante. Aroma: fruta madura, lías finas, equilibrado, hierbas secas, cacao fino, tostado. Boca: buena acidez, sabroso, fruta madura, largo.

Maset Vintage 2020 BE GR BN
xarel.lo, macabeo, parellada

90 🍃   15,35€

Color: amarillo brillante. Aroma: fruta madura, lías finas, equilibrado, hierbas secas, caramelo tostado. Boca: buena acidez, sabroso, fruta madura.

BODEGAS MUGA
Avda. Vizcaya, s/n
26200 Haro (La Rioja)
☎: +34 681 236 390
miguel@bodegasmuga.com
www.bodegasmuga.com

Conde de Haro 2020 BE R BR
75% viura, 25% chardonnay

90   16€

Color: pajizo brillante. Aroma: lías finas, floral, fruta blanca, franco. Boca: buena acidez, equilibrado, fácil de beber, cierta persistencia.

Conde de Haro Rosé 2021 RE BR
garnacha

90

Color: cobrizo, brillante. Aroma: notas de levadura, panadería, equilibrado, fruta roja. Boca: correcto, fácil de beber, tostado.

BODEGAS ROMALE
Pol. Ind. Parc. 6, Manzana D - Mecánica s/n
06200 Almendralejo (Badajoz)
☎: +34 924 667 255
romale@romale.com
www.romale.es

Fusión 2022 BE BR
macabeo, xarel.lo, parellada

87 ★★★★   3€

Privilegio de Romale 2020 BE R BN
macabeo, parellada

87 ★★★★   4,2€

Viña Romale 2022 BE BN
macabeo, parellada, xarel.lo

85   3,2€

Viña Romale 2022 BE SS
macabeo, parellada, xarel.lo

86   2,8€

Viña Romale Rosado 2022 RE SS
garnacha

87 ★★★★   3,5€

Viña Romale Xarel.lo 2022 BE BN
xarel.lo

86   4,2€

BODEGAS ROURA, J.A. PEREZ ROURA
Valls de Rials, s/n
08328 Alella (Barcelona)
☎: +34 933 527 456
roura@roura.es
www.roura.es

Roura 5* BE BN
70% xarel.lo, 30% chardonnay

88   9,2€

Frutal, herbal, cítrico, sencillo.

Roura BE BN
70% xarel.lo, 30% chardonnay

88 ★★★★   7,8€

Agradable, fresco, herbal, suave, correcto. Boca: cierta persistencia.

Roura BE BR
70% xarel.lo, 30% chardonnay

88 ★★★★   6,6€

Amable, correcto, equilibrado, afilado, fluido, fresco.

BODEGAS SAN VALERO
Ctra. N-330, Km. 450
50400 Cariñena (Zaragoza)
☎: +34 976 620 400
bsv@sanvalero.com
www.sanvalero.com

Particular Blanc de Noirs BE BN
garnacha

87   10€

Particular Garnacha Rosé RE BN
garnacha

88 ★★★★   7,5€

Frutal, herbal, rústico, sabroso.

BODEGAS TROBAT
Castelló, 10
17780 Garriguella (Girona/Gerona)
☎: +34 972 530 092
xavier.picazo@bmark.es
www.bodegastrobat.com

Gran Amat BE BN
35% parellada, 35% macabeo, 30% xarel.lo

88 ★★★★   8€

Frutal, cítrico, herbal, sencillo.

Trobat 2019 BE R BN
40% xarel.lo, 15% chardonnay, 30% macabeo, 15% parellada

91 ★★★★★   11€

Color: dorado brillante. Aroma: lías finas, hierbas de tocador, con carácter, fruta madura, frutos secos. Boca: potente, sabroso, burbuja fina, fino amargor.

DO CAVA / D.O.P.

DO CAVA / D.O.P.

Trobat 2018 BE GR BN
30% xarel.lo, 30% macabeo, 20% parellada, 20% chardonnay

92 ★★★★ 15€

Color: pajizo brillante. Aroma: lías finas, floral, hierbas de tocador, expresivo. Boca: potente, sabroso, buena acidez, burbuja fina, equilibrado.

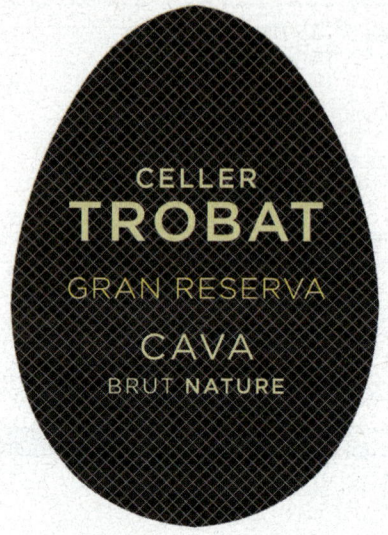

Trobat Rosat 2020 RE BR
20% merlot, 80% trepat

87 9€

BODEGAS VEGALFARO
Ctra. Pontón - Utiel, Km. 3
46340 Requena (València/Valencia)
☎: +34 962 320 680
oficina@vegalfaro.com
www.vegalfaro.com

Caprasia 2021 BE R BN
macabeo, chardonnay

89 12€

Agradable, frutal, sabroso, suave.

Caprasia Macabeo BE BR
87 ★★★ 8€

Vegalfaro 2018 BE GR BN
75% macabeo, 25% chardonnay

88 17,5€

Aromático, floral, sabroso, correcto, notas de levadura. Boca: fácil de beber, fino amargor.

BODEGAS VEGAMAR
Garcesa, s/n
46175 Calles (València/Valencia)
☎: +34 962 781 443
amalia.alcocer@vegamar.es
www.vegamar.es

Cava Esencia Vegamar BE BN
90

Color: pajizo brillante. Aroma: fruta madura, caramelo tostado, roble cremoso, fruta tropical. Boca: sabroso, fresco, burbuja fina.

Vegamar Privée 18 BE R BN
90

Color: amarillo brillante. Aroma: lías finas, equilibrado, hierbas secas, fruta blanca, fruta escarchada. Boca: buena acidez, sabroso, fruta madura.

BODEGAS VILLA CONCHI - ARAEX
Ramon y Cajal 7 1º A
01007 Vitoria-Gasteiz (Araba/Álava)
☎: +34 945 150 589
araex@araex.com
www.araex.com

Villa Conchi Imperial 2019 BE EBR
93

Color: dorado brillante. Aroma: lías finas, hierbas de tocador, con carácter, fruta madura, frutos secos. Boca: sabroso, buena acidez, burbuja fina.

Villa Conchi 2018 BE GR BN
30% parellada, 30% xarel.lo, 30% macabeo, 10% chardonnay

92

Color: dorado brillante. Aroma: frutos secos, hierbas de tocador, complejo, tostado, brioche, lías reducidas, panadería. Boca: sabroso, buena acidez, burbuja fina, fino amargor.

BODEGAS Y VIÑEDOS U.V.R.
Pg. Lentiscares, c/Carralaverde, 59
26370 Navarrete (La Rioja)
☎: +34 941 451 129
info@premiumfincas.com
www.premiumfincas.com

Don Román BE BR
macabeo, xarel.lo, parellada

87 ★★★★   5€

Don Román BE R EBR
macabeo, xarel.lo, chardonnay

91   19€

Equilibrado. Color: pajizo. Aroma: frutos secos, hierbas de tocador, especiado, tostado. Boca: sabroso, burbuja fina, largo, persistente.

BODEGUES SUMARROCA
Calle del Rebato s/n
08739 Subirats (Barcelona)
☎: +34 938 911 092
ncata@sumarroca.com
www.sumarroca.com

Núria Claverol Allier 2016 BE GR BR
chardonnay

93 ♣   35,9€

Color: pajizo brillante. Aroma: lías finas, floral, hierbas de tocador, expresivo, pan tostado, especias dulces. Boca: potente, sabroso, buena acidez, burbuja fina, equilibrado.

Núria Claverol Homenatge 2016 BE GR BR
xarel.lo

93 ♣   56,15€

Color: dorado brillante. Aroma: lías finas, flores blancas, notas de levadura. Boca: buena acidez, burbuja fina, fino amargor, elegante, equilibrado.

Sumarroca 2 CV Inalterat 2021 BE R
xarel.lo

90   14,75€

Color: pajizo brillante. Aroma: fruta asada, fruta madura, hierbas de tocador, lácticos. Boca: frutoso, fresco, equilibrado.

Sumarroca 2020 BE GR BN
xarel.lo, macabeo, parellada

90 ♣   17,45€

Color: amarillo brillante. Aroma: lías finas, equilibrado, hierbas secas, fruta blanca. Boca: buena acidez, sabroso, fruta madura.

Sumarroca 2021 BE R BR
xarel.lo, macabeo, chardonnay, parellada

90 ★★★★ ♣   11,75€

Color: amarillo brillante. Aroma: lías finas, equilibrado, hierbas secas, flores secas. Boca: buena acidez, sabroso, equilibrado.

Sumarroca Letargia 2012 BE GR BN
xarel.lo, macabeo, parellada

93   33,5€

Color: pajizo. Aroma: lías finas, hierbas de tocador, con carácter, fruta madura, frutos secos. Boca: potente, sabroso, buena acidez, burbuja fina, fino amargor.

CANALS I MUNNÉ
Plaza Pau Casals, 6
08770 Sant Sadurní d'Anoia (Barcelona)
☎: +34 938 910 318
marketing@canalsimunne.com
www.canalsimunne.com

ADN Canals 2019 BE GR BN
40% macabeo, 30% chardonnay, 30% parellada

90   17,4€

Color: amarillo brillante. Aroma: fruta madura, lías finas, equilibrado, hierbas secas. Boca: buena acidez, sabroso, fruta madura, largo.

Canals & Munné Insuperable 2021 BE R BR
40% macabeo, 30% xarel.lo, 30% parellada

89 ♣   11,7€

Correcto, especiado, maduro, notas de levadura, hierbas secas, amable.

Canals & Munné Reserva de L'Avi 2019 BE GR BN
50% chardonnay, 15% macabeo, 20% xarel.lo, 15% parellada

91   25,4€

Color: amarillo brillante. Aroma: lías finas, hierbas de tocador, fruta madura, frutos secos. Boca: potente, sabroso, buena acidez, burbuja fina, fino amargor.

Gran Duc 2017 BE GR BN

93   39,4€

Color: dorado brillante. Aroma: lías finas, frutos secos, hierbas de tocador, complejo, tostado. Boca: potente, sabroso, buena acidez, burbuja fina, fino amargor.

Insignia 2020 BE GR BR
50% xarel.lo, 30% macabeo, 20% parellada

91 ★★★★★   12€

Color: pajizo brillante. Aroma: intensidad media, fruta fresca, hierbas secas, lías finas, floral. Boca: fresco, frutoso, sabroso, buena acidez.

Lola Rosé Pinot Noir RE R BR
100% pinot noir

89   17,4€

Aromas nítidos, frutal, golosinas, flores secas, maduro, sabroso.

DO CAVA / D.O.P.

DO CAVA / D.O.P.

CANALS NADAL
Ponent, 2
08733 El Pla del Penedès (Barcelona)
☎: +34 938 988 081
cava@canalsnadal.com
www.canalsnadal.com

Adda 2020 BE R BN
60% parellada, 20% macabeo, 20% xarel.lo

89 🌱   10,85€

Herbal, equilibrado, correcto, agradable, sencillo, cítrico.

Antoni Canals Nadal Cupada Selecció 2019 BE GR BR
50% macabeo, 40% xarel.lo, 10% parellada

90   15,85€

Color: amarillo brillante. Aroma: lías finas, hierbas secas. Boca: buena acidez, fruta madura, correcto, fino amargor, fácil de beber, cierta persistencia.

Canals Nadal 2019 BE GR BN
50% macabeo, 40% xarel.lo, 10% parellada

90 ★★★   12,8€

Agradable, hierbas secas. Aroma: lías finas, notas de levadura. Boca: buena acidez, fácil de beber.

Canals Nadal CN 1986 Blanc de Noirs 2019 BE R BR
100% pinot noir

90 🌱   30,95€

Color: pajizo brillante. Aroma: lías finas, floral, hierbas de tocador, expresivo, fruta madura. Boca: sabroso, buena acidez, burbuja fina, equilibrado.

Canals Nadal Ecológico 2021 BE R BN
45% macabeo, 40% xarel.lo, 15% parellada

89 🌱   10,15€

Agradable, sabroso, maduro, floral.

Canals Nadal Rosé 2022 RE BR
100% trepat

88 🌱   11,05€

Correcto, equilibrado, flores secas, frutal.

CASA RAVELLA
Finca Casa Ravella
08739 Ordal - Subirats (Barcelona)
☎: +34 938 179 245
bodega@casaravella.com
www.casaravella.com

Casa Ravella 2021 BE R BN
xarel.lo vermell, macabeo, parellada

88 🌱   14,2€

Frutal, cítrico, láctico, sencillo.

Casa Ravella 2022 BE BN
xarel.lo, macabeo, parellada

87 🌱   9,55€

Casa Ravella Rosé 2021 RE R BR
xarel.lo, garnacha

88 🌱   13,4€

Cítrico, correcto, fresco, hierbas secas.

CASTELL D'OR
Ctra. de Santes Creus, s/n
43814 Vila-Rodona (Tarragona)
☎: +34 977 459 860
castelldor@castelldor.com
www.castelldor.com

Castell D'Or BE BN
xarel.lo, macabeo, parellada

89 ★★★★   7,8€

Cítrico, fresco, herbal, sabroso.

Castell D'Or BE C BR
xarel.lo, macabeo, parellada

89 ★★★★   7,35€

Cítrico, correcto, especiado, fresco.

Castell D'Or BE GR BN
xarel.lo, macabeo, parellada, chardonnay

89   14,35€

Equilibrado, especiado, hierbas secas, maduro, lleno.

Castell D'Or Brut Rosat RE BR
trepat

86   7,8€

Castell D'Or Orgànic BE BR
xarel.lo, macabeo, parellada

87 🌱   8,6€

Castell D'Or Reserva Imperial BE R BR
xarel.lo, macabeo, parellada, chardonnay

89 ★★★   9,55€

Frutal, maduro, flores secas, sabroso.

CASTELL DEL REMEI
Finca Castell del Remei s/n
25333 Castell del Remei (Lleida/Lérida)
☎: +34 973 580 200
info@castelldelremei.com
www.castelldelremei.com

La Cuvée Castell del Remei BE BN
xarel.lo, macabeo, parellada

89 ★★★   9,95€

Agradable, suave, sabroso, frutal.

CAVA & HOTEL MASTINELL
Ctra. Vilafranca a Sant Martí Sarroca, km. 0,5
08720 Vilafranca del Penedés (Barcelona)
☎: +34 938 170 586
info@mastinell.com
www.mastinell.com

MasTinell Brut Real 2015 BE GR BR
macabeo, xarel.lo, parellada

90

Color: amarillo. Aroma: lías finas, hierbas de tocador, champiñón. Boca: potente, sabroso, buena acidez, burbuja fina, fino amargor.

MasTinell Brut Rosé 2020 RE R BR
100% trepat

89

Agradable, aromático, correcto, hierbas secas, rústico. Boca: burbuja gruesa.

MasTinell Carpe Diem 2018 BE GR BN

91

Color: pajizo brillante. Aroma: hierbas silvestres, notas anisadas, frutos secos, especiado, tostado. Boca: buena acidez, correcto, fino amargor.

MasTinell Chapó 2015 BE R BR
100% chardonnay

85

MasTinell Cristina 2016 BE GR EBR
10% macabeo, 35% xarel.lo, 35% parellada, 20% chardonnay

92

Color: pajizo brillante. Aroma: lías finas, hierbas de tocador, expresivo, notas anisadas. Boca: sabroso, buena acidez, burbuja fina, equilibrado.

MasTinell Nature 2014 BE GR BN
35% macabeo, 35% xarel.lo, 30% parellada

90

Agradable, frutal, amable. Aroma: frutos secos, notas de levadura. Boca: sabroso, correcto, equilibrado.

CAVA JOAN COLET RIUS
Pi i Margall, 10
08770 Sant Sadurní d'Anoia (Barcelona)
☎: +34 637 035 882
info@cavajoancolet.com
www.cavajoancolet.com

Audaç 2020 BE GR BN
xarel.lo, macabeo, pinot noir

92 ★★★ 🌿   18€

Color: amarillo brillante. Aroma: expresivo, frutos secos, hierbas de tocador, especiado. Boca: sabroso, burbuja fina, largo, persistente.

L'Origen 2019 BE GR BN
xarel.lo, macabeo, parellada

90 🌿   16€

Color: pajizo brillante. Aroma: intensidad media, fruta fresca, hierbas secas, lías finas, flores marchitas. Boca: fresco, frutoso, sabroso, buena acidez, equilibrado.

Solera 2020 BE GR BN
xarel.lo

90 🌿   25€

Color: amarillo brillante. Aroma: fruta madura, lías finas, equilibrado, hierbas secas, notas de levadura. Boca: buena acidez, fino amargor, fácil de beber.

CAVA REVERTÉ
Pss. Estació, 4
43885 Salomo (Tarragona)
☎: +34 630 929 380
reverte@cavareverte.com
www.cavareverte.com

Cava Reverté "Electe" BE R BN

88

Aromático, tostado, diferente. Boca: fácil de beber, acidez marcada.

Cava Reverté "Electe" Magnum 2018 BE R BN

91

Color: pajizo brillante. Aroma: lías finas, floral, hierbas de tocador, expresivo, fruta madura. Boca: potente, sabroso, buena acidez, equilibrado.

Cava Reverté BE R BN

87

Cava Reverté RE R BN

87

CAVA VARIAS
Plaça Manuel Raventós, 8
08770 Sant Sadurní d'Anoia (Barcelona)
☎: +34 938 912 763
info@cavavarias.es
www.cavavarias.es

La Bona Vida 2022 BE BR
macabeo, xarel.lo, parellada

87   9€

Varias Al·legoria 2018 BE R BN
macabeo, xarel.lo, parellada, chardonnay

90 ★★★★   12€

Color: pajizo. Aroma: expresivo, frutos secos, hierbas de tocador, especiado. Boca: sabroso, burbuja fina, frutoso, seco, fino amargor.

DO CAVA / D.O.P.

DO CAVA / D.O.P.

Varias Al·legoria 2018 BE R BR
macabeo, xarel.lo, parellada, chardonnay

90 ★★★★ 12€
Tostado, maduro, notas de levadura, aromas nítidos, correcto. Aroma: frutos secos. Boca: fino amargor.

Varias Cuvée Imperial 2009 BE GR BN
macabeo, xarel.lo, chardonnay

90 25€
Algo caído, con vejez. Aroma: lías reducidas, panadería, flores secas, flores marchitas. Boca: sabroso, amargoso.

Varias Edició Limitada Xarel.lo 2008 BE GR BN
100% xarel.lo

93 50€
Color: dorado brillante. Aroma: lías finas, hierbas de tocador, fruta madura, frutos secos. Boca: potente, sabroso, buena acidez, burbuja fina, fino amargor.

Varias Genuí 2022 BE BN
macabeo, xarel.lo, parellada

88 ★★★★ 8€
Equilibrado, fresco, herbal.

CAVA VIVES AMBRÒS
Mayor, 39
43812 Montferri (Tarragona)
☎: +34 639 521 652
mail@vivesambros.com
www.vivesambros.com

Vives Ambròs 2020 BE R BR
40% xarel.lo, 35% macabeo, parellada

90 ★★★★★ 9,6€
Color: pajizo brillante. Aroma: lías finas, floral, hierbas de tocador, expresivo. Boca: potente, sabroso, buena acidez, burbuja fina, equilibrado.

Vives Ambròs Jujol 2020 BE GR BN
100% xarel.lo

93 44,05€
Color: dorado brillante. Aroma: hierbas de tocador, con carácter, fruta madura, frutos secos, brioche. Boca: sabroso, burbuja fina, fino amargor, equilibrado.

Vives Ambròs Rosat 2021 RE R BR
40% garnacha, 40% pinot noir, 20% monastrell

88 12,55€
Frutal, láctico, fresco, maduro.

Vives Ambròs Tradició 2017 BE GR BN
60% xarel.lo, 40% macabeo

92 21,45€
Color: dorado brillante. Aroma: lías finas, frutos secos, hierbas de tocador, complejo, fruta madura. Boca: potente, sabroso, burbuja fina, fino amargor, fruta madura.

CAVAS BERTHA
Crtra. Sant Sadurní a Vilafranca km. 2,4
08739 Subirats (Barcelona)
☎: +34 938 911 091
hola@cavabertha.com
www.cavabertha.com

Bertha 2021 BE R BN
xarel.lo, macabeo, parellada

89 12,5€
Cítrico, frutal, equilibrado, hierbas secas.

Bertha Cardús 2019 BE GR BN
xarel.lo, macabeo, parellada

90 19,75€
Maduro, cremoso. Color: pajizo, pálido. Aroma: fruta blanca, fruta asada, hierbas secas, brioche. Boca: equilibrado, fino amargor.

Bertha Cardús Magnum 2010 BE GR BN
xarel.lo, macabeo, parellada

92 34,3€
Color: dorado brillante. Aroma: lías finas, hierbas de tocador, fruta madura, frutos secos, brioche. Boca: sabroso, buena acidez, burbuja fina, fino amargor.

Bertha Max 2008 BE GR BN
xarel.lo, macabeo, chardonnay, pinot noir

91 35€
Color: dorado brillante. Aroma: lías finas, con carácter, fruta madura, frutos secos, notas cocidas, ahumado. Boca: sabroso, buena acidez, burbuja fina, fino amargor.

Bertha Segle XXI Magnum 2009 BE GR BN
xarel.lo, macabeo, parellada, chardonnay

93 59€
Color: dorado brillante. Aroma: lías finas, frutos secos, hierbas de tocador, complejo, especiado, pastelería. Boca: potente, sabroso, buena acidez, burbuja fina, fino amargor.

Bertha Segle XXI Rosé 2018 RE GR BR
pinot noir

90 25€
Amable, suave. Color: pajizo. Aroma: expresivo, lías finas, hierbas de tocador, fruta de hueso, flores secas. Boca: sabroso, frutoso, fresco.

CAVAS BOLET
Ctra. BV 2117, Km. 15
08732 Castellví de la Marca (Barcelona)
☎: +34 636 579 646
comunicacio@cavasbolet.com
www.cavasbolet.com

Bolet Cartoixà 2014 BE GR BN
100% xarel.lo

91   17,49€

Color: dorado brillante. Aroma: lías finas, hierbas de tocador, fruta madura, frutos secos. Boca: sabroso, buena acidez, burbuja fina, fino amargor, fruta madura, algo plano.

Bolet Classic Eco 2022 BE BN
xarel.lo, macabeo, parellada

87

Bolet Classic Eco 2022 BE BR
50% xarel.lo, 40% macabeo, 10% parellada

87 ★★★   7,8€

Bolet Eco 2014 BE GR BR
50% xarel.lo, 40% macabeo, 10% parellada

92 ★★★   17,49€

Color: pajizo brillante. Aroma: lías finas, floral, hierbas de tocador, expresivo. Boca: potente, sabroso, buena acidez, burbuja fina, equilibrado.

Bolet Eco 2021 BE R BN
50% xarel.lo, 40% macabeo, 10% parellada

88   9,2€

Agradable, cítrico, correcto, equilibrado, frutal, sabroso.

Bolet Eco 2021 BE R BR
50% xarel.lo, 40% macabeo, 10% parellada

88 ★★★   8,77€

Amable, correcto, maduro.

Bolet Pinot Noir Rosat 2018 RE R BR
100% pinot noir

88   9,8€

Maduro, sabroso, frutal, amable. Aroma: flores secas, fruta roja.

CAVAS HILL
Bonavista, 2
08734 Moja-Olèrdola (Barcelona)
☎: +34 938 900 588
cavashill@cavashill.com
www.cavashill.es

Cavas Hill Cuvée 1887 BE BN
87

Cavas Hill Panot Gaudí BE BR
90

Color: pajizo brillante. Aroma: hierbas de tocador, frutos secos, lías finas, lías reducidas. Boca: sabroso, buena acidez, equilibrado.

Cavas Hill Panot Gaudí Coral 2021 RE BR
89

Agradable, amable, aromas nítidos, correcto, floral, frutal, notas de levadura.

CAVAS JANÉ SANTACANA
Masia Baldús s/n
08792 Santa Fe del Penedès (Barcelona)
☎: +34 601 905 458
cava@janesantacana.com

Baldús 2019 BE R BN
50% xarel.lo, 25% macabeo, 25% parellada

88   9,5€

Cítrico, equilibrado, herbáceo, fresco, láctico.

Baldús Producció Limitada 2016 BE GR BN
45% macabeo, 40% xarel.lo, 10% parellada, 5% chardonnay

88   15€

Fresco, herbáceo, equilibrado, cítrico.

Jane Santacana 2018 BE GR BN
60% xarel.lo, 30% macabeo, 10% parellada

89 ★★★★   8€

Frutal, láctico, maduro, fresco.

Jane Santacana Etiqueta Blanca 2020 BE R BN
20% xarel.lo, 70% macabeo, 10% parellada

87 ★★★★   6€

Jane Santacana Etiqueta Cobre 2020 BE R BR
20% xarel.lo, 70% macabeo, 10% parellada

88 ★★★★   6€

Frutal, hierbas secas, láctico, maduro.

Jane Santacana Etiqueta Dorada 2020 BE R BN
60% xarel.lo, 30% macabeo, 10% parellada

90 ★★★★★   6€

Cremoso, con vejez. Color: dorado brillante. Aroma: lías finas, hierbas de tocador, con carácter, fruta madura, frutos secos. Boca: potente, sabroso, buena acidez, burbuja fina, fino amargor.

DO CAVA / D.O.P.

CAVAS MAREVIA

Construcción 74, Pl. Ind. El Romeral
46340 Requena (València/Valencia)
☎: +34 962 323 343
laboratorio@cavasmarevia.com
www.cavasmarevia.com

Marevia Chardonnay Ecológico VGN 2019
100% chardonnay

88 ♣ — 12€

Equilibrado, especiado, fresco, tostado.

Marevia Ecológico VGN 2019 BE R BR
50% chardonnay, 50% pinot noir

88 ♣ — 12€

Flores secas, hierbas secas, notas de levadura, silvestre, suave, correcto.

Vega Medien Ecológico BE BR
75% macabeo, 25% chardonnay

89 ★★★★ ♣ — 6,11€

Frutal, floral, maduro, sabroso, fresco.

Vega Medien Rosé RE BR
100% garnacha

85 ♣ — 6,11€

CAVES BOHIGAS

Finca Can Macià
08700 Òdena (Barcelona)
☎: +34 938 048 100
info@bohigas.es
www.fermibohigas.com

Bohigas 2020 BE GR BN
50% xarel.lo, 25% macabeo, 15% parellada, 10% chardonnay

89 — 18€

Cítrico, hierbas secas, maduro, frutal.

Bohigas BE R BN
55% xarel.lo, 30% macabeo, 15% parellada

88 — 12,6€

Frutal, hierbas secas, láctico, fresco.

Bohigas RE BR
100% trepat

89 — 12,25€

Aromas nítidos, frutal, maduro, silvestre, varietal, sabroso.

Noa de Bohigas BE R BN
50% xarel.lo, 50% pinot noir

90 ♣ — 21,5€

Color: pajizo brillante. Aroma: fruta fresca, cítricos, lías finas, hierbas de tocador. Boca: fresco, buena acidez, fácil de beber.

CAVES MIQUEL PONS

Baix Llobregat, 5
08792 La Granada (Barcelona)
☎: +34 938 974 541
miquelpons@cavamiquelpons.com
www.cavamiquelpons.com

Eulàlia de Pons Cuvée 2021 BE R BR
55% macabeo, 45% xarel.lo

90 ★★★ ♣ — 14€

Color: pajizo brillante. Aroma: lías finas, equilibrado, hierbas secas, cítricos. Boca: buena acidez, largo, fresco.

Miquel Pons 2020 BE R BN
55% xarel.lo, 45% macabeo, parellada

87 ♣ — 9,5€

Miquel Pons Gran Reserva Vintage 2018 BE GR BN
50% xarel.lo, 45% macabeo, 5% parellada

93 ★★★★★ — 12,5€

Color: dorado brillante. Aroma: lías finas, frutos secos, hierbas de tocador, complejo. Boca: potente, sabroso, buena acidez, burbuja fina, fino amargor.

Miquel Pons Montargull 2017 BE GR BN
55% xarel.lo, 45% macabeo

92 — 26€

Color: dorado brillante. Aroma: lías finas, hierbas de tocador, frutos secos, fruta macerada. Boca: sabroso, burbuja fina, fino amargor, equilibrado.

Miquel Pons Montargull Xarel.lo 2020 BE GR BN
80% xarel.lo, 20% macabeo

89 — 15€

Frutal, hierbas secas, maduro, sencillo.

Núria de Montargull Rosé 2020 RE R BR
trepat

87 ♣ — 10€

CAVES VIDAL I FERRÉ
Nou, 2
43815 Les Pobles (Tarragona)
☎: +34 977 638 554
vidaliferre@vidaliferre.com
www.vidaliferre.com

Vidal i Ferré BE BR
88
Amable, suave, sabroso.

Vidal i Ferré BE GR BN
90
Aroma: fruta madura, lías finas, equilibrado, hierbas secas. Boca: buena acidez, sabroso, fruta madura, largo.

Vidal i Ferré BE R BN
87

Vidal i Ferré Blanc de Noirs BE R BN
89
Frutal, láctico, flores secas, maduro.

Vidal i Ferré Rosat RE BR
87

CELLER CARLES ANDREU
Sant Sebastià, 19
43423 Pira (Tarragona)
☎: +34 977 887 404
info@cavandreu.com
www.cavandreu.com

Carles Andreu 2020 BE GR BN
xarel.lo, parellada, chardonnay, macabeo
92 ★★★★★ 14€
Color: amarillo brillante. Aroma: lías finas, hierbas de tocador, con carácter, fruta madura, frutos secos, lácticos. Boca: potente, sabroso, buena acidez, burbuja fina, fino amargor.

Carles Andreu 2021 BE BN
parellada, macabeo, xarel.lo
88 9,5€
Cítrico, correcto, fresco, floral, agradable.

Carles Andreu Barrica 2019 BE R BN
parellada, macabeo, chardonnay, xarel.lo
89 19€
Equilibrado, fresco, hierbas secas, sabroso.

Carles Andreu Rosat Barrica 2021 RE R BR
trepat
92 22€
Color: salmón. Aroma: fruta madura, lías finas, hierbas secas, flores marchitas, lácticos. Boca: sabroso, buena acidez, burbuja fina, cierta persistencia.

Carles Andreu Rosat RE BR
trepat
91 ★★★★★ 10,5€
Color: salmón. Aroma: floral, fruta roja, fruta madura, hierbas de tocador, expresivo. Boca: potente, equilibrado, sabroso, fresco, burbuja fina.

Carles Andreu L'Era del Celdoni 2014 BE GR BN
parellada
91 32€
Fresco, tostado. Aroma: lías finas, hierbas de tocador, frutos secos. Boca: sabroso, buena acidez, burbuja fina, fino amargor.

CELLER JORDI LLUCH
Masia Casa Nova, Barri Les Casetes d'en Raspall
08777 Sant Quintí de Mediona (Barcelona)
☎: +34 938 988 138
www.vinyaescude.com

Vinya Escudé 523 2018 BE R EBR
macabeo, xarel.lo, parellada
87 9€

Vinya Escudé Daurat 2019 BE R BN
macabeo, xarel.lo, parellada
88 ★★★★ 7€
Frutal, láctico, maduro, flores secas.

DO CAVA / D.O.P.

VINOS DE ESPAÑA

DO CAVA / D.O.P.

CELLER KRIPTA
La Serra s/n
08770 Sant Sadurní d'Anoia (Barcelona)
☎ +34 938 911 173
info@cellerkripta.com
www.agustitorellomata.com

**Agustí Torelló Mata
Barrica Gran Reserva 2019 BE GR BN**
100% macabeo

93 — 29,6€
Color: dorado brillante. Aroma: lías finas, hierbas de tocador, con carácter, fruta madura, frutos secos, tostado. Boca: potente, sabroso, buena acidez, burbuja fina, fino amargor.

**Agustí Torelló Mata
Kripta Gran Anyada 2013 BE GR BN**
45% macabeo, 20% xarel.lo, 35% parellada

93 — 84,5€
Color: pajizo brillante. Aroma: lías finas, floral, hierbas de tocador, expresivo, brioche. Boca: potente, sabroso, buena acidez, burbuja fina, equilibrado.

**Agustí Torelló
Mata Magnum 2019 BE GR BN**
45% macabeo, 20% xarel.lo, 35% parellada

94 — 57,3€
Color: pajizo brillante. Aroma: lías finas, floral, hierbas de tocador, expresivo, complejo, con carácter. Boca: potente, sabroso, buena acidez, burbuja fina, equilibrado.

**Agustí Torelló
Mata Rosat Trepat 2021 RE R BR**
100% trepat

91 ★★★ — 15,8€
Aromas nítidos, notas de levadura. Aroma: fruta roja, fruta madura, equilibrado, lías finas. Boca: sabroso, frutoso, buena acidez, fino amargor.

Icònic 2018 BE GR BN
36% macabeo, 14% xarel.lo, 50% parellada

92 — 19,9€
Color: dorado brillante. Aroma: lías finas, frutos secos, hierbas de tocador, panadería. Boca: sabroso, buena acidez, burbuja fina, fino amargor.

Agustí Torelló Mata Ubac 2019 BE GR BR
35% macabeo, 28% xarel.lo, 37% parellada

92 — 18,9€
Color: dorado brillante. Aroma: lías finas, hierbas de tocador, con carácter, fruta madura, frutos secos. Boca: potente, sabroso, buena acidez, burbuja fina, fino amargor.

CELLER VELL CAVA
Partida Mas Solanes, s/n
08770 Sant Sadurní d'Anoia (Barcelona)
☎ +34 938 910 290
info@cellervell.com
www.cellervell.com

Estruch Inici 2018 BE GR BN
pinot noir, chardonnay

87 — 17€

CELLERS CAROL VALLÈS
Can Parellada, s/n - Corral del Mestre
08739 Subirats (Barcelona)
☎: +34 938 989 078
info@cellerscarol.com
www.cellerscarol.com

**Gran Reserva Familiar
Millenium 2013 BE GR BR**
32% xarel.lo, 22% parellada, 26% macabeo, 20% chardonnay

93 — 45€
Color: dorado brillante. Aroma: lías finas, frutos secos, hierbas de tocador, complejo. Boca: potente, sabroso, buena acidez, burbuja fina, fino amargor.

Guillem Carol 2018 BE GR BN
56% xarel.lo, 24% macabeo, 15% chardonnay, 5% pinot noir

91 ★★★ — 15,5€
Color: amarillo brillante. Aroma: lías finas, equilibrado, hierbas secas. Boca: buena acidez, correcto, fino amargor, fácil de beber.

Mallerenga 2017 BE GR BN
40% xarel.lo, 40% chardonnay, 20% xarel.lo

93 — 23€
Color: dorado brillante. Aroma: lías finas, hierbas de tocador, fruta madura, frutos secos, apio. Boca: sabroso, buena acidez, fino amargor.

Rossinyol 2017 BE GR BN
60% chardonnay, 40% pinot noir

91 — 23€
Color: pajizo brillante. Aroma: lías finas, floral, hierbas de tocador, expresivo. Boca: potente, sabroso, buena acidez, burbuja fina, equilibrado.

CHOZAS CARRASCAL
46390 San Antonio de Requena (València/Valencia)
☎: +34 963 410 395
chozas@chozascarrascal.es
www.chozascarrascal.com

Cava Eterno 2016 BE GR BN
100% chardonnay

94 🌿 35€
Color: dorado brillante. Aroma: lías finas, frutos secos, hierbas de tocador, complejo, tostado. Boca: potente, sabroso, buena acidez, burbuja fina.

Cava Roxanne 2022 BE BR
chardonnay, macabeo

90 ★★★★ 🌿 12€
Color: pajizo. Aroma: equilibrado, hierbas secas, intensidad media, flores marchitas. Boca: buena acidez, fruta madura, cierta persistencia, fácil de beber.

CODORNÍU
Avda. Jaume Codorníu, s/n
08770 Sant Sadurní d'Anoia (Barcelona)
☎: +34 610 486 352
n.vives@raventoscodorniu.com
www.codorniu.com

Anna de Codorníu BE BR
86

Ars Collecta Blanc de Noirs 2019 BE R BR
85% pinot noir, 10% trepat, 5% xarel.lo

93 ★★★ 19,95€
Sutil. Color: pajizo. Aroma: expresivo, flores blancas, lías finas, hierbas de tocador. Boca: sabroso, frutoso, fresco, fino amargor, con tensión.

Codorniu Gran Plus Ultra Pinot Noir Rosado RE R BR
100% pinot noir

88 15,95€
Agradable, frutal, maduro, suave. Boca: fino amargor, fácil de beber.

Ars Collecta 459 2010 BE GR BR
94 175€
Color: dorado brillante. Aroma: lías finas, hierbas de tocador, fruta madura, anisado, brioche, pan tostado. Boca: sabroso, buena acidez, burbuja fina, fino amargor.

Ars Collecta La Pleta Chardonnay 2014 BE GR BR
100% chardonnay

94 90€
Color: dorado brillante. Aroma: frutos secos, hierbas secas, complejo, especiado. Boca: potente, sabroso, buena acidez, burbuja fina, fino amargor.

Codorniu Ars Collecta Blanc de Blancs 2021 BE R BR
85% chardonnay, 10% xarel.lo, 5% parellada

90 19,95€
Afilado, sutil. Color: amarillo brillante. Aroma: lías finas, equilibrado, hierbas secas, floral. Boca: buena acidez, sabroso, fruta madura.

Codorniu Ars Collecta Grand Rosé 2021 RE GR BR
85% pinot noir, 10% trepat, 5% xarel.lo

92 19,95€
Color: salmón. Aroma: fruta roja, hierbas de tocador, flores secas, mineral. Boca: lleno, sabroso, especiado, dulcedumbre, largo, burbuja fina.

Codorniu Gran Plus Ultra 2021 BE R BN
100% chardonnay

90 15,95€
Color: pajizo brillante. Aroma: floral, hierbas de tocador, fruta blanca, fruta madura. Boca: sabroso, burbuja fina, acidez marcada.

Codorniu Non Plus Ultra 2020 BE R BR
33% macabeo, 34% xarel.lo, 33% parellada

91 ★★★★ 🌿 13,95€
Color: pajizo brillante. Aroma: lías finas, hierbas de tocador, expresivo. Boca: buena acidez, burbuja fina, equilibrado, fresco.

CUM LAUDE
Mossen Lluis Maria Vidal, 8
08770 Sant Sadurní d'Anoia (Barcelona)
☎: +34 941 454 050
rrpp@bodegasriojanas.com
www.bodegasriojanas.com

Cum Laude BE R BN
40% xarel.lo, 30% macabeo, 30% parellada

87 ★★★ 7,95€

DO CAVA / D.O.P.

DO CAVA / D.O.P.

CUSCÓ BERGA
Esplugues, 7
08793 Avinyonet del Penedès (Barcelona)
☎: +34 660 829 402
cuscoberga@cuscoberga.com
www.cuscoberga.com

Cuscó Berga 2013 BE GR BN
30% macabeo, 40% xarel.lo, 30% parellada

92 ★★★ 🌱   18€

Aroma: fruta madura, lías finas, equilibrado, hierbas secas. Boca: buena acidez, sabroso, fruta madura, largo.

Cuscó Berga 2013 BE GR BR
30% macabeo, 40% xarel.lo, 30% parellada

91 ★★★ 🌱   15€

Color: pajizo. Aroma: lías finas, equilibrado, hierbas secas, notas de levadura. Boca: buena acidez, sabroso, fruta madura, fácil de beber.

Cuscó Berga 2020 BE R BN
20% macabeo, 60% xarel.lo, 20% parellada

89 🌱   11€

Agradable, sabroso, maduro, frutal.

Cuscó Berga 2021 BE R BR
20% macabeo, 60% xarel.lo, 20% parellada

89 ★★★ 🌱   9,75€

Aromático, correcto, hierbas secas, flores secas, maduro, notas de levadura.

Cuscó Berga Rosé RE R BR
100% trepat

86   11€

DE NARÍZ
Gran Vía, 22 3C
30004 Murcia (Murcia)
☎: +34 670 368 585
pedro.martinez@denariz.wine
www.denariz.wine

De Nariz Monastrell Zero Dosage 2020 RE BN
89% monastrell, 11% trepat

89   17,9€

Cítrico, flores secas, herbáceo, correcto.

DOMENIO
Avinguda de Catalunya, 35
43426 Rocafort de Queralt (Tarragona)
☎: +34 977 677 135
comercial@domeniowines.com
www.domeniowines.com

Tres Naus 2017 BE R BN
xarel.lo, macabeo, parellada

88 ★★★★   7,95€

Cítrico, flores secas, frutal, hierbas secas, maduro.

Tres Naus 2018 BE BN
xarel.lo, macabeo, parellada

88 ★★★★   6,49€

Correcto, fresco, herbal, floral.

Tres Naus 2018 BE BR
xarel.lo, macabeo, parellada

87 ★★★★   5,95€

Tres Naus Rosé 2021 RE BR
trepat

88 ★★★   8,35€

Flores secas, herbal, afilado, equilibrado.

DOMINIO DE LA VEGA
Ctra. Madrid - Valencia, Km. 270,6
46390 San Antonio de Requena (València/Valencia)
☎: +34 962 320 570
dv@dominiodelavega.com
www.dominiodelavega.com

Dominio de la Vega Cerro Tocón Blanc de Noirs 2017 BE R BR
100% pinot noir

93   49€

Color: dorado brillante. Aroma: lías finas, hierbas de tocador, fruta madura, frutos secos, notas amieladas. Boca: sabroso, buena acidez, fino amargor.

Dominio de la Vega Cuvée Prestige 2019 BE R BN
100% chardonnay

94   29€

Color: pajizo brillante. Aroma: lías finas, expresivo, fruta madura, praliné, panadería. Boca: potente, sabroso, buena acidez, equilibrado.

Dominio de la Vega Nº 23 2021 BE
macabeo, xarel.lo

89 🌱   12€

Cítrico, fresco, hierbas secas, equilibrado.

Dominio de la Vega Nº1 2022 BE BR
100% macabeo

88 ★★★★ 🌱   7,85€

Cítrico, fresco, herbal, equilibrado.

Dominio de la Vega
Reserva Especial 2020 BE R BR
80% macabeo, 20% chardonnay

91   20,2€

Color: amarillo brillante. Aroma: fruta madura, lías finas, equilibrado, hierbas secas. Boca: buena acidez, sabroso, fruta madura.

Dominio de la Vega
Reserva Especial Rosé 2020 RE R BR
100% pinot noir

89   22,4€

Equilibrado, maduro, hierbas secas, notas de levadura, sabroso.

ESTEL D'ARGENT
Font-Rubí, 2 4º 1ª
08720 Vilafranca del Penedés (Barcelona)
☎: +34 677 182 347
cava@esteldargent.com
www.esteldargent.com

Estel D'Argent 2018 BE GR BN
macabeo, xarel.lo, parellada

89 ❦   12,25€

Amable, correcto, equilibrado, flores secas, persistente, silvestre.

Estel D'Argent 2019 BE R BN
macabeo, xarel.lo, parellada

90 ★★★★   11,85€

Austero, balsámico. Color: amarillo brillante. Aroma: fruta madura, lías finas, equilibrado, hierbas secas. Boca: buena acidez, sabroso, fruta madura.

Estel D'Argent Especial 2019 BE GR EBR
macabeo, xarel.lo, chardonnay

91 ★★★   15,85€

Color: amarillo brillante. Aroma: lías finas, hierbas de tocador, flores secas. Boca: sabroso, buena acidez, burbuja fina, fino amargor.

Estel D'Argent Especial 2019 BE R EBR
macabeo, xarel.lo, chardonnay

91 ★★★   14,85€

Color: pajizo brillante. Aroma: lías finas, floral, panadería, notas de levadura. Boca: sabroso, buena acidez, burbuja fina, equilibrado.

Estel D'Argent Rosé 2019 RE R BN
pinot noir, trepat

88   12,5€

Herbal, notas de levadura, ahumado, fresco.

FERRÉ I CATASÚS
Masía Gustems, Crta. Sant Sadurní a Vilafranca, Km.8
08792 La Granada (Barcelona)
☎: +34 938 974 558
info@ferreicatasus.com
www.ferreicatasus.com

Cava Ballbé BE BN
xarel.lo, macabeo, parellada

87 ❦

Maria Catasús BE R BN
xarel.lo, macabeo

88

Correcto, tostado, suave. Boca: amargoso, correcto.

FINCA BATLLORI
Els Casots s/n
08739 Subirats (Barcelona)
☎: +34 687 823 819
marcal@fincabatllori.com
www.fincabatllori.com

Batllori 2019 BE R BN
30% macabeo, 45% xarel.lo, 25% parellada

87 ❦   11,9€

Batllori 2020 BE BN

88 ❦   9,3€

Frutal, hierbas secas, notas de levadura, fresco.

Batllori Rosat 2020 RE BR
pinot noir

88 ❦   12,95€

Correcto, hierbas secas, sabroso, maduro, frutal.

Olivé Batllori 2018 BE GR BN
75% macabeo, xarel.lo, parellada, 25% pinot noir, chardonnay

90 ❦   17,25€

Especiado, notas de levadura, correcto. Aroma: flores secas, flores marchitas. Boca: fino amargor.

FINCA TORREMILANOS
Finca Torremilanos
09400 Aranda de Duero (Burgos)
☎: +34 947 512 852
bodega@torremilanos.com
www.torremilanos.com

Peñalba-López BE BN
95% viura, 5% chardonnay

87 ❦   14€

DO CAVA / D.O.P.

FREIXA RIGAU

Santa Llucia, 15
17750 Capmany (Girona/Gerona)
☎: +34 972 549 012
comercial@grupoliveda.com
www.grupoliveda.com

Batec 2015 BE GR BR
pinot noir, xarel.lo

92 29,95€

Con personalidad. Aroma: flores secas, flores marchitas, especiado, tostado, fruta escarchada. Boca: largo, fruta madura, persistente, amargoso, buena acidez.

Gran Rigau Chardonnay BE R BN
100% chardonnay

91 ★★★★★ 10€

Cremoso. Color: amarillo brillante. Aroma: lías finas, equilibrado, hierbas secas, panadería. Boca: buena acidez, sabroso, fruta madura.

Nit de Lluna Plena 2019 BE R BN
macabeo, xarel.lo, parellada

91 ★★★★★ ♣ 10€

Color: amarillo brillante. Aroma: lías finas, equilibrado, hierbas secas, fruta blanca. Boca: buena acidez, sabroso, fruta madura.

FREIXENET

Joan Sala, 2
08770 Sant Sadurní d'Anoia (Barcelona)
☎: +34 938 917 000
comunicacion@freixenet.com
www.freixenet.es

Cuvée D.S. 2019 BE GR BR

93 ★★★★★ 14,99€

Color: dorado brillante. Aroma: lías finas, frutos secos, hierbas de tocador, complejo. Boca: potente, sabroso, buena acidez, burbuja fina.

Elyssia BE BN

89

Correcto, herbal, hierbas secas, sencillo. Boca: fácil de beber, fino amargor.

Elyssia Gran Cuvée BE BR
chardonnay, macabeo, parellada, pinot noir

89 ★★★ 9,99€

Aromático, frutal, maduro, láctico, sabroso.

Elyssia Pinot Noir Rosé RE BR
pinot noir

88 9,99€

Agradable, frutal, suave, amable, boca correcta, notas de levadura.

Freixenet Malvasía Dulce 2014 BE GR D
malvasía

90 14,99€

Color: dorado brillante. Aroma: lías finas, con carácter, fruta madura, frutos secos. Boca: potente, sabroso, burbuja fina, dulce.

Freixenet Trepat Rosado 2021 RE R BR
trepat

89 14,99€

Equilibrado, flores secas, herbal, sabroso.

Reserva Real 2021 BE R BR

93 ★★★ 19,99€

Color: pajizo brillante. Aroma: lías finas, hierbas de tocador, con carácter, fruta madura, frutos secos, elegante. Boca: sabroso, buena acidez, burbuja fina, fino amargor.

GATELL

Ctra. T-202 km-10,5
43884 Bonastre (Tarragona)
☎: +34 609 342 642
director.comercial@cavagatell.com
www.cavagatell.com

Gatell Ambrosía 2017 BE GR BN
xarel.lo, macabeo, parellada

91 20,5€

Color: dorado brillante. Aroma: lías finas, hierbas de tocador, con carácter, fruta madura, frutos secos. Boca: sabroso, buena acidez, burbuja fina, fino amargor.

Gatell Heritage 2017 BE GR BN
macabeo, xarel.lo, parellada, chardonnay

89 24,5€

Frutal, maduro, hierbas secas, fresco.

Gatell Initial 2017 BE GR BN
xarel.lo, macabeo, parellada, malvasía

91   22€

Color: pajizo brillante. Aroma: lías finas, floral, hierbas de tocador, expresivo. Boca: potente, sabroso, buena acidez, burbuja fina, equilibrado.

Gatell Rosé 2017 RE GR BN
garnacha, pinot noir

87   21,5€

GIRÓ DEL GORNER
Finca Giró del Gorner, s/n
08720 Puigdalber (Barcelona)
☎: +34 938 988 032
gorner@girodelgorner.com
www.girodelgorner.com

Giró del Gorner 2019 BE R BN
macabeo, xarel.lo, parellada

90 ★★★   13,65€

Agradable, notas de levadura, especiado, equilibrado, fresco. Aroma: lías finas, panadería. Boca: buena acidez, fino amargor.

Giró del Gorner 2019 BE R BR
macabeo, xarel.lo, parellada

89   11,85€

Suave, sabroso, maduro, floral.

Giró del Gorner Rosat 2022 RE BR
100% pinot noir

90 🌿   15,1€

Color: rosáceo pálido. Aroma: elegante, fruta roja, floral, hierbas de tocador. Boca: ligero, especiado, buena acidez, fino amargor.

GIRÓ RIBOT
Finca El Pont, s/n
08792 Santa Fe del Penedès (Barcelona)
☎: +34 938 974 050
giroribot@giroribot.es
www.giroribot.es

Giro Ribot AB Origine Brut Reserva 2019 BE R BR
50% macabeo, 30% xarel.lo, 20% parellada

91 ★★★★★ 🌿   11€

Color: pajizo brillante. Aroma: lías finas, hierbas de tocador, expresivo, brioche. Boca: potente, sabroso, buena acidez, burbuja fina.

Giró Ribot Avant 2018 BE R BR
45% xarel.lo, 45% chardonnay, 10% macabeo

92   25€

Color: amarillo brillante. Aroma: notas de levadura, panadería, frutos secos, tostado. Boca: sabroso, fino amargor, balsámico.

Giró Ribot Excelsus 100 Months Magnum 2012 BE GR BR
xarel.lo, macabeo, parellada

93   115€

Color: dorado brillante. Aroma: lías finas, hierbas de tocador, fruta madura, frutos secos, mineral. Boca: potente, sabroso, buena acidez, burbuja fina, fino amargor.

Giró Ribot UMa 2020 BE GR BR
40% xarel.lo, 40% chardonnay, 20% pinot noir

91 ★★★★ 🌿   14€

Color: pajizo brillante. Aroma: intensidad media, fruta fresca, hierbas secas, lías finas, floral. Boca: fresco, frutoso, sabroso, buena acidez.

Giró Ribot Unplugged Rosado 2019 RE R BR
85% pinot noir, 15% chardonnay

91   25€

Color: piel cebolla. Aroma: lías finas, floral, hierbas de tocador, expresivo, lácticos. Boca: potente, sabroso, buena acidez, burbuja fina, equilibrado.

Paul Cheneau 2019 BE R BR
45% macabeo, 40% xarel.lo, 15% chardonnay

91 ★★★★★   11,5€

Color: amarillo brillante. Aroma: fruta madura, fruta al licor, lías reducidas, hierbas secas. Boca: correcto, algo evolucionado.

DO CAVA / D.O.P.

DO CAVA / D.O.P.

JANÉ VENTURA
Ctra. de Calafell, 2
43700 El Vendrell (Tarragona)
☎: +34 977 660 118
janeventura@janeventura.com
www.janeventura.com

Jané Ventura "Do M" Vinyes Velles 2018 BE GR BN
xarel.lo, macabeo

92 ★★★   17€
Color: dorado brillante. Aroma: lías finas, hierbas de tocador, fruta madura, frutos secos. Boca: sabroso, buena acidez, burbuja fina, fino amargor.

Jané Ventura 1914 Vinyes Velles Centenari Magnum 2009 BE GR BN
xarel.lo, macabeo, parellada

94   80€
Color: amarillo brillante. Aroma: lías finas, hierbas de tocador, con carácter, fruta madura, frutos secos, fruta asada. Boca: potente, sabroso, buena acidez, burbuja fina, fino amargor.

Jané Ventura Reserva de la Música Magnum 2018 BE R BN

92
Color: amarillo brillante. Aroma: fruta madura, lías finas, equilibrado, hierbas secas. Boca: buena acidez, sabroso, fruta madura, fresco.

Jané Ventura Reserva de la Música Rosé 2021 RE R BR
garnacha

91 ★★★★★ 🌱   12€
Flores secas, hierbas secas, muy vivo, poco intervencionista. Color: salmón. Aroma: intensidad media, franco. Boca: equilibrado, fino amargor.

Jané Ventura 1914 Vinyes Velles Centenari 2013 BE GR BN
xarel.lo, macabeo

94   35€
Color: amarillo brillante. Aroma: lías finas, frutos secos, hierbas de tocador, complejo, tostado. Boca: potente, buena acidez, burbuja fina, fino amargor, graso.

Jané Ventura Reserva de la Música 2021 BE R BN
xarel.lo, macabeo, parellada

91 ★★★★★   12€
Aromas nítidos, con personalidad, poco intervencionista. Color: pajizo brillante. Aroma: hierbas silvestres, notas anisadas, tomillo. Boca: buena acidez, fino amargor.

JAUME GIRÓ I GIRÓ
Montaner i Oller, 5
08770 Sant Sadurní d'Anoia (Barcelona)
☎: +34 938 910 165
cavagiro@cavagiro.com
www.cavagiro.com

Bombonetta 2019 BE GR BR
30% xarel.lo, 30% macabeo, 10% parellada, 15% chardonnay, 15% pinot noir

92 🌱   26,31€
Color: dorado brillante. Aroma: lías finas, hierbas de tocador, con carácter, fruta madura, frutos secos, notas tropicales, praliné. Boca: potente, sabroso, buena acidez, burbuja fina, fino amargor.

Grandalla 2013 BE GR BR
45% xarel.lo, 25% parellada, 20% chardonnay, 10% pinot noir

92 🌱   29€
Color: amarillo brillante. Aroma: fruta madura, lías finas, equilibrado, hierbas secas, brioche. Boca: buena acidez, sabroso, fruta madura, largo.

Jaume Giró i Giró Barón Merten 2011 BE GR BN
45% xarel.lo, 20% parellada, 20% macabeo, 15% chardonnay

93   42,01€
Color: pajizo brillante. Aroma: lías finas, floral, hierbas de tocador, expresivo, fruta madura. Boca: potente, sabroso, buena acidez, burbuja fina, equilibrado.

Jaume Giró i Giró Montaner 2017 BE GR BN
45% xarel.lo, 20% parellada, 20% macabeo, 15% pinot noir

91 ★★★ 🌱   15,61€
Color: pajizo brillante. Aroma: fruta madura, lías finas, hierbas secas, flores marchitas. Boca: sabroso, buena acidez, burbuja fina.

Jaume Giró i Giró Pinot Noir Rosado 2021 RE BR
100% pinot noir

87   14,51€

Jaume Giró i Giró Selecte 2013 BE GR BN
50% xarel.lo, 30% parellada, 20% chardonnay

91 🌱   20,21€
Color: pajizo brillante. Aroma: lías finas, floral, hierbas de tocador, notas de levadura. Boca: sabroso, buena acidez, burbuja fina, equilibrado.

JAUME LLOPART ALEMANY

Cl. Font Rubí, 9
08736 Font-Rubí (Barcelona)
☎: +34 938 979 133
info@jaumellopartalemany.com
www.jaumellopartalemany.com

Aina Jaume Llopart Alemany Rosado 2020 RE R BR
pinot noir

88 14,5€

Cítrico, flores secas, maduro, notas de levadura.

Jaume Llopart Alemany 2017 BE GR BN
macabeo, xarel.lo, parellada

91 ★★★ 15,5€

Color. pajizo. Aroma: hierbas de tocador, especiado, notas de levadura. Boca: sabroso, seco, fino amargor.

Jaume Llopart Alemany BE R BN
macabeo, xarel.lo, parellada

89 ★★★ 9,8€

Amable, correcto, amargoso, notas de levadura, suave.

Jaume Llopart Alemany BE R BR

89

Cítrico, hierbas secas, maduro, notas de levadura.

Vinya d'en Ferran Jaume Llopart Alemany 2015 BE GR BN
pinot noir, chardonnay

91 28€

Color. amarillo brillante. Aroma: fruta madura, lías finas, equilibrado, hierbas secas, regaliz negro. Boca: buena acidez, sabroso, fruta madura, con poca acidez.

JUVÉ & CAMPS

Sant Venat, 1
08770 Sant Sadurní d'Anoia (Barcelona)
☎: +34 938 911 000
juveycamps@juveycamps.com
www.juveycamps.com

🏆 PODIO

Gran Juvé Camps 2018 BE GR BR

95 🌱

Color. dorado brillante. Aroma: frutos secos, hierbas de tocador, lías finas, especias dulces, brioche. Boca: sabroso, buena acidez, burbuja fina, fino amargor.

🏆 PODIO

Juvé & Camps La Siberia 2015 RE GR BN
pinot noir

95 🌱 120€

Color. cobrizo. Aroma: elegante, hierbas de tocador, fruta escarchada, fruta roja, brioche. Boca: especiado, buena acidez, fino amargor, largo.

Juvé & Camps Milesimé 2019 BE R BR
chardonnay

92 🌱

Corpulento. Color. pajizo brillante. Aroma: hierbas secas, hierbas silvestres, con carácter, especiado, notas de levadura, panadería. Boca: lleno, sabroso, concentrado.

DO CAVA / D.O.P.

DO CAVA / D.O.P.

Juvé & Camps Milesimé Blanc de Noirs - Rieral 2019 BE GR BR
100% pinot noir

92   27,75€

Color: dorado brillante. Aroma: lías finas, frutos secos, hierbas de tocador, complejo, tostado. Boca: sabroso, buena acidez, burbuja fina, carnoso, opulento.

Juvé & Camps Milesimé Chardonnay Can Rius Magnum 2008 BE BN

93

Color: amarillo brillante. Aroma: tostado, caramelo de limón, lías reducidas, equilibrado, expresivo, hierbas secas. Boca: largo, equilibrado, fino amargor, redondo.

Juvé & Camps Milesimé Xarel.lo Olivera 2017 BE GR BN
xarel.lo

92 🍃   27€

Aromas nítidos, herbal, con tensión, representativo. Color: pajizo brillante. Aroma: anisado, franco, expresivo, varietal, fósforo. Boca: fresco, fácil de beber.

🏆 PODIO

Juvé & Camps Reserva de la Familia 2009 BE GR BN
30% macabeo, 50% xarel.lo, parellada, 10% chardonnay

95 🍃

Color: dorado brillante. Aroma: frutos secos, hierbas de tocador, complejo, lías finas, especias dulces, brioche. Boca: potente, sabroso, buena acidez, burbuja fina, fino amargor.

Juvé & Camps Reserva de la Familia 2012 BE GR BN
18% macabeo, 55% xarel.lo, 4% parellada, 24% chardonnay

93 🍃

Color: amarillo brillante. Aroma: lías finas, hierbas de tocador, con carácter, frutos secos, curry, especiado. Boca: sabroso, buena acidez, burbuja fina, fino amargor.

Juvé & Camps Reserva de la Familia 2019 BE GR BN
55% xarel.lo, 35% macabeo, 10% parellada

92 🍃   20,4€

Color: amarillo brillante. Aroma: lías finas, hierbas de tocador, con carácter, fruta madura. Boca: potente, sabroso, buena acidez, burbuja fina.

L'ORIGAN

Avernó, 28
08770 Sant Sadurní d'Anoia (Barcelona)
☎: +34 938 183 602
lorigan@lorigancava.com
www.lorigancava.com

Aire de L'O de L'Origan Rose 2021 RE BN

89

Correcto, notas de levadura, sencillo. Color: piel cebolla, cobrizo. Aroma: fruta escarchada, flores marchitas, fruta golpeada.

Aire de L'Origan 2021 BE BN

90

Color: pajizo brillante. Aroma: fruta fresca, intensidad media, hierbas secas. Boca: frutoso, buena acidez, cierta persistencia.

L'O de L'Origan BE BN
50% xarel.lo, 30% macabeo, 10% parellada, 10% chardonnay

90

Color: pajizo. Aroma: especiado, hierbas verdes, sotobosque húmedo. Boca: sabroso, burbuja fina, largo, persistente.

LACRIMA BACCUS
Finca La Porxada
08729 Castellet i la Gornal (Barcelona)
☎: +34 938 918 281
lacrimabaccus@bardinet.es
www.lacrimabaccus.com

Heretat D'Lácrima Baccus 2022 BE R BR
87

Lacrima Baccus 2022 BE R BN
87

Lácrima Baccus Rosé RE C BR
88
Amable, frutal, maduro, sabroso, notas de levadura.

Lácrima Baccus Summum 2019 BE R BN
xarel.lo, pinot noir
89
Austero, fresco, herbáceo, correcto.

MARÍA CASANOVAS
Crta. Sant Sadurni a Piera BV-2242 Km. 7,5
08784 Sant Jaume Sesoliveres (Barcelona)
☎: +34 938 910 812
mariacasanovas@mariacasanovas.com
www.mariacasanovas.com

María Casanovas 2020 BE GR BN
42% chardonnay, 38% pinot noir, 20% xarel.lo, macabeo, parellada
92   22€
Color: amarillo brillante. Aroma: fruta madura, lías finas, equilibrado, hierbas secas, cítricos, ahumado. Boca: buena acidez, sabroso, fruta madura.

María Casanovas Pinot Noir Rosé RE R BN
100% pinot noir
90   24€
Agradable, correcto, amable, cítrico. Color: rosáceo pálido. Aroma: flores secas, expresión frutal. Boca: fácil de beber, fino amargor.

María Casanovas XP 2019 BE GR BN
50% xarel.lo, 50% pinot noir
90   30€
Aroma: flores secas, fruta escarchada, notas de levadura, piel de naranja, lías reducidas. Boca: burbuja gruesa, correcto.

MARIA RIGOL ORDI
Fullerachs, 9
08770 Sant Sadurní d'Anoia (Barcelona)
☎: +34 684 472 424
cava@mariarigolordi.com
www.mariarigolordi.com

Maria Rigol Ordi 2016 BE GR BN
xarel.lo
92   21,7€
Color: dorado brillante. Aroma: lías finas, frutos secos, hierbas de tocador, complejo. Boca: potente, sabroso, buena acidez, burbuja fina.

Maria Rigol Ordi Màgnum Cupatge Dos Mil Disset 2017 BE R BN
xarel.lo, macabeo, parellada
93   39,75€
Color: dorado brillante. Aroma: lías finas, hierbas de tocador, con carácter, fruta madura, frutos secos. Boca: potente, sabroso, buena acidez, burbuja fina, fino amargor.

Maria Rigol Ordi Mil·lenni 2019 BE R BN
xarel.lo, macabeo, parellada, chardonnay
89   22,95€
Agradable, correcto, equilibrado. Aroma: cítricos, floral. Boca: buena acidez, fino amargor.

MAS CODINA
El Gorner - Mas Codina
08797 Puigdalber (Barcelona)
☎: +34 938 988 166
info@mascodina.com
www.mascodina.com

Mas Codina 2019 BE GR BN
macabeo, xarel.lo, chardonnay, pinot noir
89   12,5€
Correcto, equilibrado, herbáceo, frutal, hierbas secas, notas de levadura.

Mas Codina 2021 BE R BN
macabeo, xarel.lo, chardonnay, pinot noir
87   8,5€

Mas Codina Rosé 2021 RE R BR
pinot noir
88   11,5€
Aromático, agradable, correcto, maduro, sabroso, frutal.

DO CAVA / D.O.P.

MATA I COLOMA
Ctra. Sant Boi - La Llacuna, Km. 10.07
08770 Sant Sadurní d'Anoia (Barcelona)
☎: +34 639 785 533
info@matacoloma.com
www.matacoloma.com

Pere Mata 20 Aniversari 2009 BE GR BN
100% xarel.lo

91 .... 35€
Aromático, con vejez. Color: amarillo. Aroma: frutos secos, lías reducidas, notas cocidas. Boca: sabroso, fino amargor, buena acidez, complejo.

Pere Mata Cupada Nº 30 2019 BE R BN
macabeo, xarel.lo, parellada

88 ✿ .... 10€
Ligera oxidación, frutal, herbal, láctico, sencillo.

Pere Mata Cupada Rosé 2021 RE R BR
garnacha, parellada

88 ✿ .... 10€
Frutal, maduro, sencillo. Boca: fácil de beber, fino amargor.

Pere Mata L'Ensamblatge 2018 BE GR BN
macabeo, xarel.lo, parellada

90 ★★★ ✿ .... 14€
Color: pajizo brillante. Aroma: fruta madura, lías finas, hierbas secas, flores marchitas. Boca: buena acidez, equilibrado, fino amargor, fácil de beber.

Pere Mata L'Origen 2018 BE GR BR
macabeo, xarel.lo

91 ★★★★★ .... 12€
Color: amarillo brillante. Aroma: fruta madura, lías finas, equilibrado, hierbas secas. Boca: buena acidez, sabroso, fruta madura, largo.

Pere Mata Reserva Familia 2018 BE GR BN
50% macabeo, 25% xarel.lo, 25% parellada

91 ★★★ ✿ .... 15€
Color: amarillo brillante. Aroma: fruta madura, lías finas, equilibrado, hierbas secas, pan tostado. Boca: buena acidez, sabroso, fruta madura, largo.

MONT MARÇAL VINÍCOLA
Finca Manlleu
08732 Castellví de la Marca (Barcelona)
☎: +34 938 918 281
export@mont-marcal.com
www.mont-marcal.com

Mont Marçal 2022 BE R BR

87 ✿

Mont Marçal Extremarium 2021 BE R BN
xarel.lo, macabeo, parellada, chardonnay

87 ✿

MONTESANCO
Casa de la Viña, Ctra. Utiel-Los Isidros km. 7
46340 Requena (València/Valencia)
☎: +34 962 121 626
vinos@montesanco.com
www.montesanco.com

Món Macabeo 2019 BE R BN
100% macabeo

90 ✿ .... 27€
Color: pajizo brillante. Aroma: hierbas de tocador, expresivo, fruta de hueso, fruta madura. Boca: sabroso, buena acidez, burbuja fina.

MONTESQUIUS
Rambla de la Generalitat, 1-9
08770 Sant Sadurní d'Anoia (Barcelona)
☎: +34 938 911 551
info@montesquius.com
www.montesquius.com

Montesquius La Esencia 2016 BE GR BN
xarel.lo, macabeo, parellada

91 .... 24,95€
Color: amarillo brillante. Aroma: fruta madura, lías finas, equilibrado, hierbas secas, especiado. Boca: buena acidez, sabroso, fruta madura.

Montesquius Naturelovers Rosé 2021 RE R BN
monastrell

87 .... 12,9€

Montesquius Vintage 2019 BE R EBR
macabeo, xarel.lo, parellada

90 .... 16,95€
Color: pajizo brillante. Aroma: lías finas, notas de levadura, floral, franco. Boca: equilibrado, largo, fino amargor.

Montesquius Vintage Rosé 2019 RE R EBR
monastrell, pinot noir, trepat

90 .... 16,95€
Aromas nítidos, floral, agradable. Aroma: fruta roja, intensidad media, franco. Boca: equilibrado, fino amargor.

MUSCÀNDIA - VIADER
Finca Can Rosell de la Llena
08790 Gelida (Barcelona)
☎: +34 625 632 620
ev@muscandia.com
www.muscandia.com

Muscàndia 2018 BE GR BN
xarel.lo, macabeo, parellada

91 ♣   22€

Color: pajizo, pálido. Aroma: lías finas, hierbas de tocador, fruta madura, frutos secos, brioche. Boca: sabroso, buena acidez, burbuja fina, fino amargor.

Muscàndia Anhel Blanc de Noirs 2018 BE GR BN
pinot noir

91 ♣   24€

Color: amarillo brillante. Aroma: fruta madura, lías finas, equilibrado, hierbas secas, brioche. Boca: buena acidez, sabroso, fruta madura.

Muscàndia BE R EBR
xarel.lo, macabeo, parellada

90 ♣   14,9€

Color: amarillo brillante. Aroma: fruta madura, lías finas, equilibrado, hierbas secas. Boca: buena acidez, sabroso, fresco.

Muscàndia Rosé Pinot Noir 2021 RE R EBR
pinot noir

88 ♣   15,9€

Fresco, frutal, herbal, correcto.

OLIVER VITICULTORS
Cal Xic de L'Agustí - Can Batista
08770 Subirats (Barcelona)
☎: +34 609 375 242
sadurni@oliverviticultors.com
www.oliverviticultors.com

Gemma 2019 BE GR BN
macabeo, xarel.lo, chardonnay

92 ★★★ ♣   17€

Color: pajizo brillante. Aroma: intensidad media, fruta fresca, hierbas secas, lías finas, flores marchitas. Boca: fresco, frutoso, sabroso, buena acidez.

Oliver Viticultors 2022 BE BN
macabeo, xarel.lo, parellada

87 ★★★ ♣   8€

Oliver Viticultors Rosé RE BN
garnacha

87 ♣   9€

Sadurní Oliver 2019 BE R BN
macabeo, xarel.lo, parellada, chardonnay

90 ★★★★★ ♣   10€

Color: pajizo brillante. Aroma: lías finas, floral, hierbas de tocador, expresivo. Boca: potente, sabroso, buena acidez, burbuja fina, equilibrado.

Sadurní Oliver Cuvee Barrica 2020 BE R BN
macabeo, xarel.lo, parellada, chardonnay

90 ★★★ ♣   14€

Color: amarillo brillante. Aroma: lías finas, equilibrado, hierbas secas, pan tostado. Boca: buena acidez, sabroso, fruta madura.

Sadurní Oliver Rosat Pinot Noir 2022 RE BN
pinot noir

88 ♣   11€

Frutal, flores secas, maduro, fresco.

ORIOL ROSSELL
Propietat Cal Cassanyes
08732 Sant Marçal (Barcelona)
☎: +34 977 671 061
oriolrossell@oriolrossell.com
www.oriolrossell.com

Oriol Rossell Ariadna 2017 BE GR BN
xarel.lo, pinot noir

92 ♣   23,5€

Color: amarillo brillante. Aroma: hierbas de tocador, con carácter, frutos secos, fruta escarchada. Boca: buena acidez, burbuja fina, fino amargor, sabroso.

Oriol Rossell Gran Propietat Enoteca Familiar 2008 BE GR BN
xarel.lo, macabeo

94   100€

Color: dorado brillante. Aroma: lías finas, frutos secos, hierbas de tocador, complejo, almendra tostada. Boca: potente, sabroso, buena acidez, burbuja fina, fino amargor.

Oriol Rossell Gran Propietat Enoteca Familiar 2010 BE GR BN
xarel.lo, macabeo

91   100€

Color: dorado brillante. Aroma: lías finas, hierbas de tocador, con carácter, fruta madura, frutos secos, panadería. Boca: sabroso, burbuja fina, fino amargor, equilibrado.

DO CAVA / D.O.P.

DO CAVA / D.O.P.

Oriol Rossell Mitic 2019 BE GR BN
xarel.lo, macabeo

91   16,7€

Color: amarillo brillante. Aroma: fruta madura, lías finas, equilibrado, hierbas secas, almendra tostada. Boca: buena acidez, sabroso, fruta madura, largo.

Oriol Rossell Reserva de la Propietat 2016 BE GR BN
xarel.lo

93   35,7€

Color: amarillo. Aroma: frutos secos, tostado, flores marchitas, brioche. Boca: graso, sabroso, largo, fino amargor.

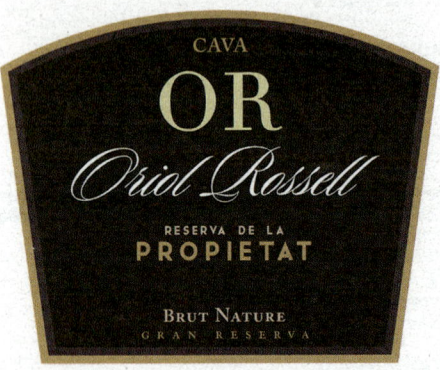

Oriol Rossell Reserva de la Propietat Rosé 2017 RE GR BR
pinot noir

91   37,2€

Color: rosáceo pálido. Aroma: con carácter, fruta madura, hierbas secas, lías reducidas, notas de levadura. Boca: sabroso, burbuja fina, fino amargor.

PAGO DE THARSYS
Ctra. Nacional III, km. 274
46340 Requena (València/Valencia)
☎: +34 962 303 354
pagodetharsys@pagodetharsys.com
www.pagodetharsys.com

Carlota Suria Organic 2021 BE R BN
macabeo

88   11€

Fresco, especiado, notas de levadura, floral.

Carlota Suria Organic 2021 BE R BR
macabeo

88   11€

Frutal, cítrico, por hacer, sencillo, fresco.

Pago de Tharsys Cerámica 2018 BE GR BN
chardonnay

92   24€

Color: amarillo brillante. Aroma: fruta madura, lías finas, equilibrado, hierbas secas. Boca: buena acidez, sabroso, fruta madura, largo.

Pago de Tharsys Cerámica Rosé 2018 RE GR BN
garnacha

90   24€

Color: rosa vivo. Aroma: balsámico, fruta roja, hierbas silvestres, lácticos. Boca: fresco, frutoso, buena acidez.

Pago de Tharsys Millesime 2019 BE R BR
chardonnay

89   18€

Aromas nítidos, equilibrado, correcto, silvestre, notas de levadura. Aroma: anisado, hierbas secas.

Pago de Tharsys Millésime Rosé Reserva 2019 RE R BR
garnacha

89   18€

Frutal, hierbas secas, maduro, sabroso, fresco.

PARATÓ
Can Respall de Renardes s/n
08733 El Pla del Penedès (Barcelona)
☎: +34 938 988 182
info@parato.es
www.parato.es

Ática Rosé 2021 RE R EBR
pinot noir, chardonnay

88 🏆   17€

Frutal, floral, equilibrado, correcto, sabroso.

Parató 2020 BE R BN
macabeo, xarel.lo, parellada, chardonnay

87    12€

PARÉS BALTÀ
Masía Can Baltá, s/n
08796 Pacs del Penedès (Barcelona)
☎: +34 938 901 399
comunicacio@paresbalta.com
www.paresbalta.com

🏆 PODIO

Parés Baltà Bassegues 2010 BE
98

Color: dorado brillante. Aroma: lías finas, frutos secos, hierbas de tocador, complejo, tostado. Boca: potente, sabroso, buena acidez, burbuja fina, fino amargor.

Parés Baltà Blanca Cusiné 2016 BE GR BN
83% xarel.lo, 10% pinot noir, 7% chardonnay

94 🏆   25€

Con personalidad, floral, fresco. Color: pajizo brillante. Aroma: lías finas, hierbas de tocador, notas de levadura. Boca: frutoso, buena acidez, graso, sabroso.

Parés Baltà Cuvée de Carol 2015 BE GR BN
82% macabeo, 18% chardonnay

94 🏆   58€

Color: dorado brillante. Aroma: fruta madura, notas anisadas, tomillo, hierbas de monte, anisado, lácticos, con carácter. Boca: frutoso, equilibrado, burbuja fina, cierta persistencia.

Parés Baltà Historic 2019 BE GR BN
macabeo, xarel.lo, parellada

93 ★★★★ 🏆   18€

Color: pajizo brillante. Aroma: lías finas, floral, hierbas de tocador, expresivo, anisado. Boca: potente, sabroso, buena acidez, burbuja fina.

Parés Baltà Rosa Cusiné 2020 RE GR BN
100% garnacha

92 🏆   28€

Color: piel cebolla. Aroma: especias dulces, fruta roja, hierbas de tocador, flores secas, tostado. Boca: lleno, sabroso, especiado, dulcedumbre, burbuja fina.

PERE VENTURA
Ctra. de Vilafranca km. 0,4
08770 Sant Sadurní d'Anoia (Barcelona)
☎: +34 938 183 371
comunicacio@pereventura.com
www.pereventuragroup.com

🏆 PODIO

Pere Ventura Gran Vintage Paraje Calificado Can Bas 2015 BE GR BR
50% macabeo, 50% xarel.lo

95 🏆   82€

Color: dorado brillante. Aroma: lías finas, frutos secos, hierbas de tocador, complejo, tostado. Boca: potente, sabroso, buena acidez, burbuja fina, fino amargor.

Pere Ventura Tresor Anniversary 2018 BE GR BR
40% xarel.lo, 40% macabeo, 20% parellada

93   28€

Color: dorado brillante. Aroma: lías finas, frutos secos, hierbas de tocador, pan tostado. Boca: potente, sabroso, buena acidez, burbuja fina, fino amargor.

Pere Ventura Tresor Magnum 2016 BE GR BR
xarel.lo, macabeo, parellada

93   52€

Color: pajizo brillante. Aroma: franco, expresivo, equilibrado, lías finas, panadería. Boca: equilibrado, fino amargor, largo.

Pere Ventura Tresor Rosé RE R BR
100% trepat

90   20€

Goloso. Color: rosáceo pálido. Aroma: fruta roja, floral. Boca: ligero, especiado, buena acidez, fino amargor.

Pere Ventura Vintage 2016 BE GR BR
60% xarel.lo, 40% chardonnay

93   36€

Color: dorado brillante. Aroma: lías finas, frutos secos, hierbas de tocador, panadería. Boca: potente, sabroso, buena acidez, burbuja fina, fino amargor.

Pere Ventura Vintage Rosé 2018 RE GR BR
100% pinot noir

93   38€

Color: rosáceo pálido. Aroma: fruta roja, floral, hierbas de tocador, notas cocidas, panadería. Boca: especiado, buena acidez, fino amargor.

DO CAVA / D.O.P.

DO CAVA / D.O.P.

PLANAS ALBAREDA
Ctra. a Guardiola, (BV-2127), km.3
08735 Vilobí del Penedès (Barcelona)
☎: +34 607 340 098
joanplanas82@gmail.com
www.planasalbareda.com

Planas Albareda 2021 BE R BN
30% macabeo, 40% xarel.lo, 15% parellada, 15% chardonnay

89 ★★★★ 🌿   6,6€
Frutal, cítrico, sabroso, hierbas secas.

Planas Albareda 2022 BE BN
35% macabeo, 45% xarel.lo, 20% parellada

85 🌿   4,95€

Planas Albareda 2022 BE BR
35% macabeo, 45% xarel.lo, 20% parellada

87 ★★★★ 🌿   4,95€

Planas Albareda Gran Reserva de L'Avi 2019 BE GR BN
macabeo, xarel.lo, parellada, chardonnay

90 ★★★ 🌿   12,85€
Color: pajizo brillante. Aroma: intensidad media, hierbas secas, lías finas, fruta madura. Boca: fresco, frutoso, sabroso.

Planas Albareda Rosat 2021 RE BR
45% garnacha, 55% pinot noir

88 ★★★★ 🌿   6,2€
Correcto, especiado, maduro, sabroso, amable.

PONY FOODS
Hermanos Maristas, 27
36700 Tui (Pontevedra)
☎: +34 698 145 790
info@ponyfoods.es

Gaudir 2023 BE BN
xarel.lo, macabeo, parellada

88 ★★★   8,75€
Cítrico, flores secas, frutal, herbal, sabroso.

RAMÓN CANALS
Avda. Montserrat, 9
08769 Castellví de Rosanes (Barcelona)
☎: +34 937 755 246
info@ramoncanals.com
www.ramoncanals.com

Duran 5V 2017 BE GR BR
chardonnay, xarel.lo, macabeo, parellada, pinot noir

90   22€
Flores secas. Color: amarillo brillante. Aroma: fruta madura, lías finas, equilibrado, hierbas secas. Boca: buena acidez, sabroso, fruta madura.

Duran 5V RD 2008 BE GR BR
chardonnay, xarel.lo, macabeo, parellada, pinot noir

94   65€
Color: dorado brillante. Aroma: expresivo, frutos secos, hierbas de tocador, especiado. Boca: sabroso, burbuja fina, largo, persistente.

Duran 5V RD 2015 BE
chardonnay, xarel.lo, macabeo, parellada, pinot noir

92 🌿   28€
Equilibrado, especiado, tostado. Color: pajizo. Aroma: lías finas, floral, hierbas de tocador, expresivo. Boca: sabroso, buena acidez, burbuja fina.

Duran Origin 2020 BE GR BR
xarel.lo, macabeo, parellada, chardonnay

90 ★★★ 🌿   14€
Color: pajizo brillante. Aroma: fruta madura, lías finas, hierbas secas, flores marchitas. Boca: sabroso, buena acidez, burbuja fina.

Duran Rosé 2017 RE GR BR
pinot noir

90 🌿   18€
Flores secas. Color: frambuesa. Aroma: fruta madura, hierbas secas, fruta roja. Boca: buena acidez, sabroso, fruta madura, equilibrado, frutoso.

Ramón Canals Gran Reserva Limitada 2018 BE GR BN
xarel.lo, macabeo, parellada

92   22€
Color: pajizo brillante. Aroma: lías finas, floral, hierbas de tocador, expresivo. Boca: potente, sabroso, buena acidez, burbuja fina, equilibrado.

REXACH BAQUES
Santa María, 12
08736 Guardiola de Font-Rubí (Barcelona)
☎: +34 679 800 135
info@rexachbaques.com
www.rexachbaques.com

Rexach Baques 2019 BE GR BN
30% xarel.lo, 30% macabeo, 40% parellada

90 ★★★★ 🌿   11,55€
Color: amarillo brillante. Aroma: fruta madura, lías finas, equilibrado, hierbas secas. Boca: buena acidez, sabroso, fruta madura.

Rexach Baques Brut Imperial 2021 BE R BR
30% xarel.lo, 30% macabeo, 40% parellada

88 ★★★ 🌿   8,93€
Frutal, hierbas secas, láctico, fresco.

RIMARTS

Avda. Cal Mir, 44
08770 Sant Sadurní d'Anoia (Barcelona)
☎: +34 938 912 775
rimarts@rimarts.net
www.rimarts.net

Rimarts 2018 BE GR EBR
xarel.lo, macabeo, parellada, chardonnay

92 ★★★★ 🌱   15,25€

Color: pajizo brillante. Aroma: lías finas, floral, hierbas de tocador, expresivo. Boca: potente, sabroso, buena acidez, burbuja fina, equilibrado.

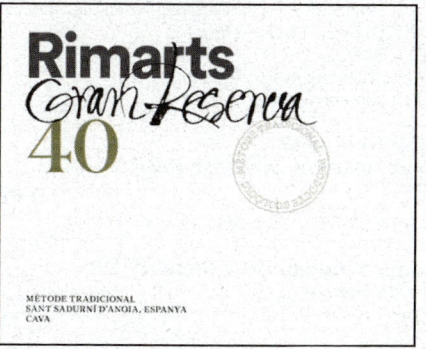

Rimarts 2021 BE R BN
xarel.lo, macabeo, parellada

90 ★★★★ 🌱   11,8€

Color: amarillo brillante. Aroma: fruta madura, lías finas, equilibrado, hierbas secas. Boca: buena acidez, sabroso, fruta madura.

Rimarts 2022 BE R BR
xarel.lo, macabeo, parellada

90 ★★★★ 🌱   10,5€

Color: pajizo brillante. Aroma: fruta fresca, cítricos, lías finas, hierbas de tocador. Boca: fresco, frutoso, buena acidez.

Rimarts Gran Reserva Especial Chardonnay 2018 BE GR BN
chardonnay

93 🌱   20,3€

Color: dorado brillante. Aroma: lías finas, hierbas de tocador, con carácter, fruta madura, frutos secos, elegante. Boca: sabroso, burbuja fina, fino amargor, equilibrado.

Rimarts Martínez Rosé 2021 RE BN
garnacha, pinot noir

87 🌱   13,4€

ROBERT J. MUR

Rambla de la Generalitat, 1-9
08770 Sant Sadurní d'Anoia (Barcelona)
☎: +34 938 911 551
info@robertjmur.com
www.robertjmur.com

Robert J. Mur Especial Tradició 2021 BE R BN
macabeo, xarel.lo, parellada

89   10,95€

Agradable, aromas nítidos, frutal, sabroso.

Robert J. Mur Royal Magnum 2019 BE R BN
macabeo, xarel.lo, parellada

91   45,8€

Color: amarillo brillante. Aroma: lías finas, hierbas de tocador, con carácter, fruta madura, frutos secos. Boca: potente, sabroso, buena acidez, fino amargor.

Robert J. Mur Signature 2015 BE GR BN
xarel.lo, macabeo

93   38,8€

Color: dorado brillante. Aroma: hierbas de tocador, con carácter, fruta madura. Boca: potente, sabroso, buena acidez, burbuja fina.

ROGER GOULART (CVNE)

Major, 6
08635 Sant Esteve Sesrovires (Barcelona)
☎: +34 934 191 000
sac@rogergoulart.com
www.rogergoulart.com

Roger Goulart 2021 BE R BN
40% xarel.lo, 30% macabeo, 30% parellada

90 ★★★   13€

Color: amarillo brillante. Aroma: lías finas, equilibrado, hierbas secas. Boca: buena acidez, sabroso, fino amargor.

Roger Goulart Coral Rosé 2022 RE BR
70% garnacha, 30% pinot noir

89   11€

Equilibrado, especiado, fresco, frutal, hierbas secas, notas de levadura.

Roger Goulart Ecológico 2021 BE R BR
50% macabeo, 30% xarel.lo, 20% parellada

91 ★★★★ 🌱   13€

Amable. Color: pajizo. Aroma: frutos secos, hierbas de tocador, especiado. Boca: correcto, fácil de beber.

Roger Goulart Millesimé 2022 BE BR
40% xarel.lo, 30% macabeo, 30% parellada

89 ★★★   10€

Cítrico, frutal, fresco, sabroso.

DO CAVA / D.O.P.

DO CAVA / D.O.P.

Roger Goulart
Josep Valls 2020 BE GR EBR
35% xarel.lo, 35% chardonnay, 15% macabeo, 15% parellada

91 19€
Color: amarillo. Aroma: lías finas, floral, hierbas de tocador. Boca: sabroso, buena acidez, burbuja fina, fácil de beber.

Roger Goulart
Rosé Millésime 2021 RE BR
85% garnacha, 10% monastrell, 5% pinot noir

89 11€
Frutal, goloso, hierbas secas, flores secas, maduro.

ROVELLATS
Bº La Bleda
08731 Sant Martí Sarroca (Barcelona)
☎: +34 934 880 575
rovellats@cavasrovellats.com
www.cavarovellats.com

Rovellats Col.lecció 2017 BE GR EBR
55% xarel.lo, 35% macabeo, 10% chardonnay

93 44,9€
Color: pajizo. Aroma: lías finas, frutos secos, hierbas de tocador, complejo. Boca: buena acidez, burbuja fina, fino amargor.

Rovellats Cuvée Especial 2010 BE R BN
70% macabeo, 30% xarel.lo

90 14,6€
Color: amarillo brillante. Aroma: fruta madura, lías finas, equilibrado, hierbas secas. Boca: buena acidez, sabroso, fruta madura, amargoso.

Rovellats Gran Reserva Original 2017 BE GR BN
20% macabeo, 65% xarel.lo, 15% parellada

90 17,75€
Color: amarillo brillante. Aroma: fruta madura, lías finas, equilibrado, hierbas secas. Boca: buena acidez, fino amargor, fácil de beber.

Rovellats Magnum 2019 BE BN
60% xarel.lo, 25% macabeo, 15% parellada

90 36,4€
Color: amarillo brillante. Aroma: fruta madura, lías finas, equilibrado, hierbas secas. Boca: buena acidez, sabroso, fruta madura.

Rovellats Masia S. XV 2014 BE GR BN
23% macabeo, 64% xarel.lo, 8% parellada, 5% chardonnay

92 36€
Color: dorado brillante. Aroma: lías finas, frutos secos, hierbas de tocador, ahumado. Boca: sabroso, buena acidez, burbuja fina, fino amargor.

Rovellats Reserva Imperial 2020 BE BR
65% macabeo, 20% xarel.lo, 15% parellada

89
Austero, cítrico, correcto, herbáceo, sencillo.

Rovellats Reserva
Imperial Rosé 2020 RE R
100% garnacha

88 13,6€
Flores secas, fresco, herbáceo, sabroso.

SEGURA VIUDAS
Ctra. Sant Sadurní a St. Pere de Riudebitlles, Km. 5
08775 Torrelavit (Barcelona)
☎: +34 938 917 000
comunicacion@freixenet.com
www.seguraviudas.com

Segura Viudas
Brut Reserva 2021 BE R BR

88 9,69€
Goloso, amable, flores secas, frutal, sencillo.

Segura Viudas Brut Rosé RE BR
garnacha, pinot noir

88 10,49€
Boca correcta, flores secas, frutal, hierbas secas, sencillo.

Segura Viudas Lavit BE BN
macabeo, parellada

88 9,49€
Agradable, fresco, herbal, suave, correcto. Boca: fácil de beber.

Segura Viudas
Reserva Heredad 2017 BE GR BR
60% macabeo, 20% chardonnay, 20% parellada

92 29,99€
Con vejez. Aroma: lías finas, hierbas de tocador, con carácter, fruta madura, frutos secos, humedad, lías reducidas. Boca: sabroso, burbuja fina, fino amargor.

Segura Viudas Vintage 2016 BE GR BN
macabeo, parellada

90 14,99€
Color: pajizo brillante. Aroma: intensidad media, fruta fresca, hierbas secas, lías finas. Boca: frutoso, buena acidez, fino amargor, fácil de beber.

Torre Galimany 2017 BE GR BN
macabeo, xarel.lo, parellada, chardonnay

90 14,99€
Color: pajizo brillante. Aroma: hierbas de tocador, expresivo, notas de levadura, lías finas. Boca: buena acidez, equilibrado, fino amargor, fácil de beber.

SOGAS MASCARÓ
Barri Las Tarumbas, 4
08733 Pla del Penedès (Barcelona)
☎: +34 931 022 212
nuria@sogasmascaro.com
www.sogasmascaro.com

Sogas Mascaró 2022 BE BN
34% macabeo, 32% xarel.lo, 34% parellada

88 ★★★★ 🌱 .... 6,5€

Cítrico, fresco, herbal, sabroso.

Sogas Mascaró 2022 BE BR
34% macabeo, 32% xarel.lo, 34% parellada

88 ★★★★ .... 6,5€

Frutal, flores secas, láctico, muy primario.

TORRENS MOLINER
Ctra. Sant Sadurní – Piera, Km. 10.5 BV-2242
08784 La Fortesa Piera (Barcelona)
☎: +34 616 936 714
tormol@torrensmoliner.com
www.torrensmoliner.com

Torrens & Moliner 2020 BE GR BN
chardonnay, xarel.lo, macabeo, parellada

90 🌱 .... 14,5€

Color: dorado brillante. Aroma: lías finas, hierbas de tocador, fruta madura, frutos secos. Boca: sabroso, buena acidez, burbuja fina, fino amargor.

Torrens & Moliner 2021 BE R BN
xarel.lo, chardonnay

87 🌱 .... 12,5€

Torrens & Moliner Gran Seleccio 2019 BE GR BN
xarel.lo, macabeo, parellada, chardonnay

89 🌱 .... 18€

Fresco, hierbas secas, notas de levadura, sabroso, oxidativo.

Torrens & Moliner Reserva Particular 2021 BE BN
xarel.lo, macabeo, parellada

89 ★★★ 🌱 .... 10€

Fresco, maduro, sabroso, hierbas secas, fruta golpeada, con personalidad.

Torrens & Moliner Trepat Rose 2022 RE R BR
trepat

87 .... 12€

VALLDOLINA VITICULTORS I ELABORADORS
Masia Can Tutusaus - Plaça de la Creu, 1
08795 Olesa de Bonesvalls (Barcelona)
☎: +34 938 984 181
info@valldolina.com
www.valldolina.com

Tutusaus 2019 BE GR BN
42% xarel.lo, 33% macabeo, 18% parellada, 7% chardonnay

90 ★★★★ 🌱 .... 11,9€

Color: pajizo brillante. Aroma: fruta madura, lías finas, hierbas secas, flores marchitas. Boca: sabroso, buena acidez, fresco, burbuja gruesa.

VallDolina 2018 BE GR BR
xarel.lo, macabeo, parellada, chardonnay

91 ★★★ 🌱 .... 15,9€

Color: pajizo brillante. Aroma: lías finas, floral, hierbas de tocador, expresivo. Boca: potente, sabroso, buena acidez, equilibrado.

VallDolina 2021 BE R BN
42% xarel.lo, 38% macabeo, 15% parellada, 5% chardonnay

90 ★★★★★ 🌱 .... 9,6€

Color: amarillo brillante. Aroma: fruta madura, lías finas, equilibrado, hierbas secas. Boca: buena acidez, sabroso, fruta madura.

VICENTE GANDÍA
Ctra. Cheste a Godelleta, s/n
46370 Chiva (València/Valencia)
☎: +34 962 524 242
info@vicentegandia.com
www.vicentegandia.es

El Miracle Rosé RE BR
macabeo, chardonnay

85 .... 6,66€

Hoya de Cadenas BE R BR
macabeo, chardonnay

86 🌱 .... 9,99€

DO CAVA / D.O.P.

DO CAVA / D.O.P.

VID VICA
08770 Sant Sadurní d'Anoia (Barcelona)
☎: +34 666 592 641
nicole@vidvica.com

Amorany Cuvée Especial BE BR
30% macabeo, 30% xarel.lo, 30% parellada, 10% chardonnay

89 ★★★★　　　　　　　　　　　　　　　4,5€
Correcto, herbal, sencillo, flores secas, agradable.

Arestel BE BR
87

VILARNAU
Ctra. d'Espiells, Km. 1,4 Finca "Can Petit"
08770 Sant Sadurní d'Anoia (Barcelona)
☎: +34 938 912 361
prensa@gonzalezbyass.es
www.vilarnau.es

Albert de Vilarnau Chardonnay Pinot Noir 2017 BE GR BN
50% chardonnay, 50% pinot noir

93　　　　　　　　　　　　　　　　　44,29€
Color: pajizo brillante. Aroma: lías finas, floral, hierbas de tocador, expresivo. Boca: potente, sabroso, buena acidez, burbuja fina, equilibrado.

Albert de Vilarnau Fermentado en Castaño 2017 BE GR BN
xarel.lo

92　　　　　　　　　　　　　　　　　44,29€
Aromas nítidos, con personalidad. Color: dorado brillante. Aroma: lías finas, hierbas de tocador, frutos secos, fruta blanca, apio. Boca: sabroso, buena acidez, burbuja fina, fino amargor.

Vilarnau 2021 BE R BN
50% macabeo, 35% parellada, 15% chardonnay

90　　　　　　　　　　　　　　　　　15,95€
Color: amarillo brillante. Aroma: fruta madura, lías finas, equilibrado, hierbas secas. Boca: buena acidez, sabroso, fruta madura, largo.

Vilarnau 2021 BE R BR
88
Agradable, boca correcta, cítrico, correcto, flores secas, hierbas secas.

Vilarnau Brut Rosé Delicat 2021 RE R BR
85% garnacha, 15% pinot noir

88　　　　　　　　　　　　　　　　　15,95€
Amable, aromas nítidos, flores secas, frutal, maduro, sabroso.

Vilarnau Vintage 2017 BE GR BN
40% macabeo, 30% parellada, 25% chardonnay, 5% pinot noir

92　　　　　　　　　　　　　　　　　19,35€
Color: dorado brillante. Aroma: lías finas, hierbas de tocador, fruta madura, brioche. Boca: potente, sabroso, buena acidez, burbuja fina, fino amargor.

VINÍCOLA DE NULLES - ADERNATS
Estacio, s/n
43887 Nulles (Tarragona)
☎: +34 977 602 622
botiga@vinicoladenulles.com
www.adernats.cat

Adernats BE R BN
macabeo, xarel.lo, parellada

89 ★★★　　　　　　　　　　　　　　　9,5€
Aromático, frutal, goloso, flores secas, láctico, fresco.

Adernats de Guarda Eco 2021 BE BN
70% macabeo, 20% xarel.lo, 10% parellada

88 ★★★★　　　　　　　　　　　　　　7,8€
Fresco, hierbas secas, correcto.

Adernats Purn BE GR BN
macabeo, xarel.lo

93   22,5€

Color: dorado brillante. Aroma: hierbas de tocador, con carácter, fruta madura, frutos secos. Boca: potente, sabroso, buena acidez, burbuja fina, fino amargor.

VINÍCOLA SARRAL I SECCIÓ DE CRÈDIT

Avda. de la Conca, 33
43424 Sarral (Tarragona)
☎: +34 977 890 031
cavaportell@gmail.com
www.cava-portell.com

Portell Blanc de Trepat 2023 BE BR
trepat

89 ★★★   9,3€

Frutal, maduro, hierbas secas, fresco.

Portell Guarda Superior 2022 BE R BN
macabeo

87 ❦   8,9€

Portell La Parellada 20236 BE BR
parellada

88   9,1€

Sencillo, suave, frutal.

Portell Petrignano 2018 BE GR BN
macabeo, parellada

90 ★★★★   10,3€

Color: pajizo brillante. Aroma: lías finas, floral, hierbas de tocador, expresivo. Boca: potente, sabroso, buena acidez, burbuja fina.

Portell Rosat Trepat 2023 RE BR
trepat

87 ★★★   8€

Portell Vintage 2018 BE R BN
macabeo, parellada

89 ★★★★   8,5€

Frutal, maduro, hierbas secas, láctico, fresco.

VINOS I CAVAS NAVERAN

Can Parellada - Sant Martí Sadevesa
08735 Torrelavit (Barcelona)
☎: +34 938 988 274
sadeve@naveran.com
www.naveran.com

Naveran Nature 2021 BE BN
macabeo, xarel.lo, parellada, chardonnay

89 ❦   11€

Floral, fresco, silvestre, suave, equilibrado. Boca: fácil de beber.

Naveran Perles Blanques 2017 BE BR
60% pinot noir, 40% chardonnay

91 ❦   18€

Color: amarillo. Aroma: hierbas secas, con carácter, notas cocidas, lías reducidas. Boca: sabroso, especiado.

Naverán Perles Roses Pinot Noir 2021 RE BR
100% pinot noir

91 ❦   18€

Color: rosáceo pálido. Aroma: lías finas, floral, hierbas de tocador, expresivo, fruta madura, fruta roja, brioche. Boca: sabroso, buena acidez, burbuja fina.

DO CAVA / D.O.P.

DO CAVA / D.O.P.

VINS EL CEP
Can Llopart de Les Alzines, s/n
08770 Sant Sadurní d'Anoia (Barcelona)
☎: +34 938 912 353
comercial@vinselcep.com
www.vinselcep.com

**Claror Paratge Qualificat
Can Prats 2016 BE GR BN**
50% xarel.lo, 30% macabeo, 20% parellada

93   46€

Color: dorado brillante. Aroma: lías finas, hierbas de tocador, con carácter, fruta madura, frutos secos. Boca: potente, sabroso, buena acidez, burbuja fina, fino amargor.

Clos Gelida 4 Heretats 2019 BE GR BN
50% xarel.lo, 30% macabeo, 15% pinot noir, 5% chardonnay

91 ★★★   15€

Color: pajizo brillante. Aroma: lías finas, floral, expresivo, cítricos. Boca: sabroso, buena acidez, equilibrado.

**Mim Natura
Blanc de Noirs 2019 BE GR BN**
100% pinot noir

91   20€

Color: amarillo brillante. Aroma: fruta madura, lías finas, equilibrado, hierbas secas. Boca: buena acidez, sabroso, fruta madura, largo.

VINS I LICORS GRAU
Torroella, 163
17200 Palafrugell (Girona/Gerona)
☎: +34 972 301 835
comunicacio@vinsilicorsgrau.es
www.grauonline.es

Charlotte Rigaud 2021 BE R BN
35% macabeo, 30% parellada, 35% xarel.lo

90 ★★★★★   9,99€

Color: amarillo brillante. Aroma: fruta madura, lías finas, equilibrado, brioche. Boca: buena acidez, sabroso, fruta madura.

VIÑA MEMORIAS
Ctra. Madrid-Valencia, Km 270
46390 San Antonio de Requena (València/Valencia)
☎: +34 669 043 007
contact@vinamemorias.com
www.vinamemorias.com

Memorias del Rambam 2021 BE R BR
macabeo

89   19,9€

Oxidado, flores secas, especiado, con personalidad, notas de levadura.

DO. CIGALES
CONSEJO REGULADOR

Corro Vaca, 5
47270 Cigales (Valladolid)
☎: +34 983 580 074
@: consejo@do-cigales.es
www.do-cigales.es

SITUACIÓN:

La comarca se extiende al norte de la depresión del Duero y a ambos lados del río Pisuerga, limitada por los Cérvalos y los montes Torozos. Los viñedos se encuentran a una altitud media de 750 metros; la DO comprende desde parte del término municipal de Valladolid (el pago conocido como "El Berrocal") hasta el municipio palentino de Dueñas, incluyendo además Cabezón de Pisuerga, Cigales, Corcos del Valle, Cubillas de Santa Marte, Fuensaldaña, Mucientes, Quintanilla de Trigueros, San Martín de Valvení, Santovenia de Pisuerga, Trigueros del Valle y Valoria la Buena.

Consejo Regulador
Delimitación de la DO

DO CIGALES / D.O.P.

VARIEDADES:

BLANCAS: verdejo (principal), albillo, viura y sauvignon blanc.

TINTAS: tinta del país (tempranillo), garnacha tinta y garnacha gris, merlot, syrah y cabernet sauvignon.

DATOS CONSEJO REGULADOR:

Nº Has. Viñedo: 1.913 – Nº Viticultores: 294 – Nº Bodegas: 31 – **Cosecha 23:** Excelente – **Producción 23:** 5.850.000 L – **Comercialización:** 75% Nacional - 25% Internacional.

SUELOS:

Están formados por arenas, calizas y gredas yesíferas que reposan sobre arcillas y margas. El contenido en caliza es muy variable y puede oscilar, dependiendo de las distintas zonas, entre el 1% y el 35%.

CLIMA:

De tipo continental con influencias atlánticas y marcado por grandes oscilaciones térmicas, tanto a lo largo del año como entre el día y la noche. Existe una fuerte sequía estival; los inviernos son crudos y prolongados, con heladas y nieblas frecuentes; y la pluviometría irregular.

CARACTERÍSTICAS GENERALES DE LOS VINOS

ROSADOS — Se puede distinguir entre los más tradicionales, con el clásico color piel de cebolla, frescos, afrutados, de intensidad aromática media, y ligeros y suaves en boca; y los de estilo más moderno: color frambuesa, aromas más potentes y mayor frutosidad en boca. Existen también rosados de crianza envejecidos durante un mínimo de seis meses en barrica y un año en botella.

TINTOS — Se elaboran vinos jóvenes y de crianza. Los primeros van en la línea de tintos frescos y afrutados, agradables y fáciles de beber. Los que han pasado por madera, son bastante correctos y equilibrados. Los mejores despuntan por haber obtenido más color y concentración, por el uso de maderas más finas y una mayor expresión frutal y del terroir.

CALIFICACIÓN DE COSECHAS DE VINOS JÓVENES GUÍAPEÑÍN

2019	2020	2021	2022	2023
MUY BUENA	MUY BUENA	MUY BUENA	MUY BUENA	MUY BUENA

AVELINO VEGAS
Grupo Calvo Sotelo, 8
40460 Santiuste de San Juan Bautista (Segovia)
☎: +34 921 596 002
ana@avelinovegas.com
www.avelinovegas.com

Vega Los Zarzales 2023 RD
tempranillo

89 ★★★★ 5€

Agradable, floral, frutal, sabroso, especiado.

BODEGA CARLOS MARTÍN
Camino las Bodegas, s/n
47282 Trigueros del Valle (Valladolid)
☎: +34 620 302 692
carlos@guadauto.es

Viña X 2023 RD
syrah

87 ★★★★ 6€

Frutal, maduro, sencillo.

BODEGA CÉSAR PRÍNCIPE
Ctra. Fuensaldaña-Mucientes Km. 1
47194 Fuensaldaña (Valladolid)
☎: +34 983 663 123
cesarprincipe@cesarprincipe.es
www.cesarprincipe.es

13 Cántaros Nicolás 2022 T RB
100% tempranillo

90 ★★★★★ 10€

Color: cereza, borde granate. Aroma: fruta confitada, potente. Boca: sabroso, largo, potente.

🏆 **PODIO**

César Príncipe 2020 T C
100% tempranillo

95 25€

Color: cereza oscuro, borde granate. Aroma: fruta madura, ebanistería, tabaco, especias dulces. Boca: especiado, taninos maduros, largo, elegante, equilibrado.

César Príncipe 2022 B
60% verdejo, 40% sauvignon blanc

91 20€

Color: amarillo brillante. Aroma: fruta madura, hierbas secas, flores marchitas, roble cremoso. Boca: potente, fruta madura, equilibrado.

Charlatán 2023 RD
100% garnacha

92 ★★★★★ 11€

Color: rosáceo pálido. Aroma: elegante, hierbas de tocador, flores blancas, flores secas. Boca: ligero, especiado, buena acidez.

Clarete de Luna 2023 RD
80% tempranillo, 20% verdejo, albillo, garnacha

91 ★★★★★ 7€

Color: rosa vivo. Aroma: balsámico, fruta roja, hierbas silvestres. Boca: fresco, frutoso, buena acidez.

DO CIGALES / D.O.P.

DO CIGALES / D.O.P.

BODEGA COOPERATIVA CIGALES
Las Bodegas, s/n
47270 Cigales (Valladolid)
☎: +34 983 580 135
administracion@bodegacigales.com
www.bodegacigales.es

Gran Torondos 2022 T
91
Color: cereza intenso. Aroma: fruta madura, hierbas secas, tiza. Boca: potente, fruta madura, especiado, taninos maduros.

Torondos Clarete 2023 RD
89
Agradable, suave, sabroso.

Torondos Rosé 2023 RD
90
Color: rosáceo pálido. Aroma: fruta roja, floral, hierbas de tocador. Boca: ligero, especiado, buena acidez.

Torondos Verdejo 2023 B
verdejo
87

BODEGA VALDELOSFRAILES
Ctra. Cubillas de Santa Marta, s/n
47290 Cubillas de Santa Marta (Valladolid)
☎: +34 983 485 028
valdelosfrailes@matarromera.es
www.valdelosfrailes.es

Valdelosfrailes 2017 T R
tempranillo
92 — 26,56€
Clásico, especiado. Color: cereza oscuro, borde granate. Aroma: ebanistería, tabaco, especias dulces, fruta negra, fruta confitada. Boca: especiado, taninos maduros, largo.

Valdelosfrailes 2021 T C
tempranillo
88 — 12,2€
Confitado, muy tostado (torrefactado), potente.

Valdelosfrailes Clarete 2023 RD
tempranillo
91 ★★★★★ — 6,46€
Color: frambuesa. Aroma: fruta madura, flores marchitas, expresivo. Boca: carnoso, sabroso, potente.

Valdelosfrailes Rosé 2023 RD PL
tempranillo, merlot, garnacha, albillo, verdejo
92 ★★★★★ — 10,28€
Color: cobrizo. Aroma: elegante, fruta roja, floral, hierbas de tocador. Boca: ligero, especiado, buena acidez.

BODEGAS EMINA
Ctra. Cubillas de Santa Marta, s/n
47290 Cubillas de Santa Marta (Valladolid)
☎: +34 983 683 315
emina@emina.es
www.emina.es

Emina Rosé 2023 RD
tempranillo, verdejo, garnacha, merlot, cabernet sauvignon
88 ★★★★ — 6,61€
Agradable, amable, floral.

Emina Rosé Prestigio 2023 RD
tempranillo, verdejo, garnacha tintorera, garnacha gris, albillo, viura
91 ★★★ — 15,82€
Color: rosáceo pálido. Aroma: elegante, fruta roja, floral, hierbas de tocador. Boca: ligero, especiado, buena acidez, fino amargor.

BODEGAS HIJOS DE FÉLIX SALAS
Corrales, s/n
47280 Corcos del Valle (Valladolid)
☎: +34 616 099 148
bodega@bodegasfelixsalas.com
www.bodegasfelixsalas.com

Félix Salas 2018 T C
tempranillo
88 ★★★★ — 6,8€
Agradable, tostado, sencillo, maduro.

Félix Salas 2021 T
tempranillo
85 — 5,1€

Viña Picota 2023 RD
tempranillo, verdejo, syrah
86 — 5€

BODEGAS LEZCANO-LACALLE

Ctra. Trigueros a Valoria, s/n
47282 Trigueros del Valle (Valladolid)
☎: +34 629 280 515
info@lezcano-lacalle.com
www.lezcano-lacalle.com

Lezcano-Lacalle 2018 T R
tempranillo, merlot

93 ★★★ 20€

Complejo, exuberante. Color: Cereza. Aroma: complejo, expresivo, especiado, mineral. Boca: elegante, lleno, largo, persistente.

Lezcano-Lacalle Dú 2019 T
tempranillo, merlot

92 36€

Cálido, clásico. Color: cereza oscuro, borde granate. Aroma: fruta confitada, ebanistería, tabaco, especias dulces. Boca: especiado, taninos maduros, largo.

Maudes 2021 T C
tempranillo, merlot

91 ★★★★★ 12€

Color: cereza oscuro. Aroma: tostado, especiado, cacao fino, fruta negra. Boca: sabroso, tostado, fino amargor.

BODEGAS MUCY

Ctra. Mucientes-Villalba, km. 1
47194 Mucientes (Valladolid)
☎: +34 675 096 755
info@mucy.es
www.mucy.es

Alpairo 2023 RD
garnacha gris, albillo, tempranillo

88 ★★★★ 7€

Mucy 12 meses 2019 T C
tempranillo

91 ★★★★★ 11€

Color: cereza oscuro, borde granate. Aroma: fruta madura, ebanistería, tabaco, especias dulces. Boca: especiado, taninos maduros, largo.

Mucy 2023 RD
tempranillo, verdejo

88 ★★★★ 5€

Agradable, frutal, sabroso.

Paño de Lágrimas 2022 T RB
tempranillo

89 ★★★★ 7,5€

Maduro, tostado, potente, especiado.

BODEGAS PROTOS

Ctra. VP-4405 km. 3
47290 Cubillas de Santa Marta (Valladolid)
☎: +34 983 878 011
fvillalba@bodegasprotos.com
www.bodegasprotos.com

Aire de Protos 2023 RD
40% tempranillo, 30% garnacha, 15% albillo, 15% otras

92 ★★★★★ 8,95€

Color: salmón. Aroma: fruta roja, hierbas de tocador, flores secas. Boca: lleno, sabroso, especiado, largo.

Protos Clarete 2023 RD
85% tempranillo, 15% garnacha

91 ★★★★★ 7,5€

Color: rosa vivo, borde violáceo. Aroma: expresión frutal, fruta roja, lácticos. Boca: equilibrado, retronasal afrutado, fácil de beber.

BODEGAS SALVUEROS

Ctra. Mucientes-Cigales, km. 12,8
47194 Mucientes (Valladolid)
☎: +34 625 115 619
bodegas@salvueros.com
www.salvueros.com

La Guerrera 2018 T C
tempranillo

89 18€

Cálido, confitado, tostado, potente.

DO CIGALES / D.O.P.

DO CIGALES / D.O.P.

La Guerrera Finca Centenaria 2020 T MC
tempranillo

94 ★★★ 21€

Balsámico, complejo. Color: cereza, borde violáceo. Aroma: expresión frutal, fruta roja, floral, especiado, balsámico. Boca: sabroso, frutoso, buena acidez, largo.

Salvueros 2023 RD
tempranillo, albillo, verdejo

92 ★★★★★ 5€

Color: rosa vivo, borde violáceo. Aroma: expresión frutal, fruta roja, lácticos, floral. Boca: equilibrado, retronasal afrutado, fácil de beber.

Salvueros Garnacha Gris 2023 RD
garnacha gris

89 ★★★ 10€

Flores secas, frutal, tropical.

BODEGAS SINFORIANO
Ctra. de Villalba, Km. 1
47194 Mucientes (Valladolid)
☎: +34 983 663 008
sinfo@sinforianobodegas.com
www.sinforianobodegas.com

50 Vendimias de Sinforiano 2015 T
100% tempranillo

93 44€

Color: cereza oscuro, borde granate. Aroma: fruta madura, ebanistería, tabaco, especias dulces, fina reducción. Boca: especiado, taninos maduros, largo.

50 Vendimias de Sinforiano 2023 RD
80% tempranillo, 10% verdejo, 10% albillo

90 ★★★★★ 6€

Color: rosa vivo, borde violáceo. Aroma: expresión frutal, fruta roja, lácticos, floral. Boca: equilibrado, retronasal afrutado, fácil de beber.

Liala Albillo 2021 B FB
100% albillo

88 27€

Tostado, sabroso, flores secas, especiado.

Quelías Rosé 2023 RD
50% albillo, 10% tempranillo, 10% verdejo, 30% garnacha

91 ★★★★★ 12€

Color: salmón. Aroma: especias dulces, fruta roja, hierbas de tocador, flores secas. Boca: lleno, sabroso, especiado, largo.

Sinfo 2022 RD FB
80% tempranillo, 10% verdejo, 10% albillo

91 ★★★★ 14€

Color: cereza claro. Aroma: potente, fruta madura, roble cremoso, especias dulces. Boca: carnoso, sabroso, especiado.

Sinfo Rosé 2023 RD
60% tempranillo, 20% albillo, 20% garnacha

89 ★★★★ 9€

Agradable, aromas nítidos, sabroso, suave.

Sinforiano 2017 T R
96% tempranillo, 4% albillo

92 24€

Color: cereza intenso, borde granate. Aroma: ebanistería, cacao fino, habano, tostado. Boca: sabroso, especiado, tostado.

BODEGAS THESAURUS CIGALES
Ctra. Valladolid, 14
47270 Olivares de Duero (Valladolid)
☎: +34 983 250 319
blanca@ciadevinos.com
www.bodegasthesaurus.com

Casa de Castilla 2023 RD
tempranillo

87 ★★★★ 6,5€

Domine 2023 RD S
tempranillo, garnacha

88 ★★★ 8,5€

Frutal, suave, sabroso.

Viña Goy 2023 RD
tempranillo

88 ★★★★ 6,5€

Fresco, frutal, maduro.

BODEGAS Y VIÑEDOS ALFREDO SANTAMARÍA

Poniente, 18
47290 Cubillas de Santa Marta (Valladolid)
☎: +34 615 052 287
info@bodega-santamaria.com
www.bodega-santamaria.com

Alfredo Santamaría Selección Especial 2018 T
tempranillo

90   25€

Color: cereza intenso. Aroma: fruta madura, hierbas secas, roble cremoso, equilibrado. Boca: potente, fruta madura, especiado, taninos maduros.

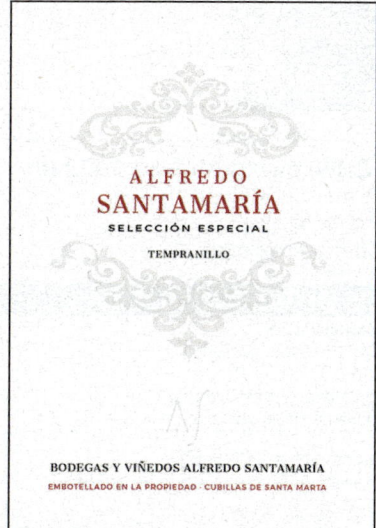

Pago el Cordonero Tempranillo 12 meses 2020 T BA
tempranillo

87   12,95€

Pago el Cordonero Tempranillo 9 meses 2021 T
tempranillo

88   10,55€

Tostado, potente, maduro.

BODEGAS Y VIÑEDOS ROSAN

47270 Cigales (Valladolid)
☎: +34 983 580 006
rodriguezsanz@telefonica.net

Albéitar 2022 T

89

Sabroso, potente, maduro.

CONCEJO BODEGAS

Ctra. Valoria, Km. 3.6
47200 Valoria La Buena (Valladolid)
☎: +34 983 502 263
info@concejobodegas.com
www.concejobodegas.com

+Concejo 2021 T
100% tempranillo

92   100€

Color: cereza intenso. Aroma: fruta madura, hierbas secas, roble cremoso, terroso. Boca: fruta madura, especiado, taninos finos.

Carredueñas Organic Rosé 2023 RD
tempranillo, garnacha

88 ★★★   8,7€

Agradable, amable, frutal, maduro.

Carredueñas Tinto Fino 2022 T RB
100% tinto fino

88 ★★★   8,7€

Potente, cálido, confitado, tostado.

Concejo Clarete Aged 2023 RD
tempranillo, garnacha

90   16€

Color: salmón. Aroma: especias dulces, fruta roja, hierbas de tocador, flores secas, tostado. Boca: lleno, sabroso, especiado, largo.

Concejo Colección 1999 T GR
100% tempranillo

91   80€

Color: Cereza, borde anaranjado. Aroma: cuero mojado, cera, fruta al licor, notas animales. Boca: ligero, amargoso, taninos suaves.

Concejo Vino de Paraje 2019 T R
100% tempranillo

92 ★★★★   16€

Color: cereza intenso. Aroma: complejo, expresivo, mineral, roble cremoso, tostado. Boca: elegante, lleno, largo, persistente.

FINCA MUSEUM

Ctra. Cigales a Corcos, km. 3
47270 Cigales (Valladolid)
☎: +34 983 581 029
info@bodegasmuseum.com
www.bodegasmuseum.com

La Renacida 2022 T

91   16,5€

Color: Cereza. Aroma: balsámico, especias dulces, hierbas de monte, fruta roja, cálido. Boca: especiado, balsámico, buena acidez.

DO CIGALES / D.O.P.

DO CIGALES / D.O.P.

Museum 2020 T R
tempranillo

91 ★★★★★ 11,5€

Color: cereza poco intenso. Aroma: fina reducción, fruta madura, ebanistería, especiado. Boca: largo, taninos finos, fino amargor.

Museum Rosé 2023 RD
garnacha, tempranillo, verdejo

91 ★★★★★ 7,95€

Aromático. Color: rosáceo pálido. Aroma: elegante, floral, hierbas de tocador. Boca: ligero, buena acidez, fino amargor.

Vinea 2021 T C
tempranillo

92 ★★★★★ 7,5€

Color: cereza, borde violáceo. Aroma: fruta roja, floral, especias dulces, balsámico. Boca: sabroso, frutoso, buena acidez, largo.

Vinea 2023 RD
tempranillo, verdejo

91 ★★★★★ 5,3€

Color: rosáceo pálido. Aroma: fruta roja, floral, hierbas de tocador. Boca: especiado, buena acidez, fino amargor.

FRUTOS VILLAR
Ctra. Burgos- Portugal, Km. 113,5
47270 Cigales (Valladolid)
☎: +34 983 586 868
comercial@bodegasfrutosvillar.com
www.bodegasfrutosvillar.com

Calderona 2021 T C
100% tempranillo

90 ★★★★★ 8€

Color: cereza oscuro. Aroma: tostado, especiado, cacao fino, fruta negra. Boca: sabroso, tostado, fino amargor.

Calderona 2022 T
100% tempranillo

88 ★★★★ 5,4€

Corpulento, herbal, maduro.

Conde Ansúrez 2023 RD
100% tempranillo

89 ★★★★ 4€

Agradable, amable, frutal.

Viña Cansina 2023 RD
100% tempranillo

88 ★★★★ 4€

Aromático, frutal, sabroso.

Viña Calderona 2023 RD
100% tempranillo

88 ★★★★ 4,5€

Amable, fresco, frutal, suave.

Viña Calderona Blush Rosé 2023 RD
garnacha, viura

88 ★★★★ 4,5€

Frutal, fresco, flores secas.

HIJOS DE RUFINO IGLESIAS
La Canoniga, 25
47194 Mucientes (Valladolid)
☎: +34 983 587 778
bodega@hijosderufinoiglesias.com
www.hijosderufinoiglesias.com

Carratraviesa 2023 RD
80% tempranillo, 10% garnacha, 10% albillo, verdejo

91 ★★★★★ 4,5€

Color: rosa vivo, borde violáceo. Aroma: expresión frutal, fruta roja, lácticos, floral. Boca: equilibrado, retronasal afrutado, fácil de beber.

LAGAR DEL DUQUE
Cº de la Ermita s/n
47194 Fuensaldaña (Valladolid)
☎: +34 685 181 363
info@bodegalagardelduque.com
www.bodegalagardelduque.com

Lagar del Duque 2023 RD
tempranillo, garnacha, verdejo

89 ★★★★ 5€

Amable, aromas nítidos, frutal.

Lagar del Duque 2023 T
100% tempranillo

89 ★★★★ 5€

Agradable, amable, frutal, suave.

OVIDIO GARCÍA

Zona de Bodegas Malpique s/n
47270 Cigales (Valladolid)
☎: +34 628 509 475
patricia@ovidiogarcia.com
www.ovidiogarcia.com

Ovidio García de Autor 2018 T R
100% tempranillo

91 20€

Color: cereza brillante, borde granate. Aroma: especiado, hierbas silvestres, roble nuevo. Boca: fresco, equilibrado, buena acidez, taninos finos.

Ovidio García Esencia 2020 T C
100% tempranillo

92 ★★★★★ 10€

Color: cereza intenso. Aroma: fruta madura, hierbas secas, roble cremoso, tiza. Boca: potente, fruta madura, especiado, taninos maduros.

Ovidio García Selección 2022 T RB
100% tempranillo

88 ★★★★ 5€

Confitado, potente, maduro.

REMIGIO DE SALAS JALON

Carril de Vinateras
34210 Dueñas (Palencia)
☎: +34 979 780 056
amadasalasortega@gmail.com
www.remigiodesalasjalon.com

Las Luceras 2014 T C
86

Las Luceras 2023 RD
88
Agradable, frutal, maduro.

Las Luceras B
87

TRASLANZAS BODEGAS Y VIÑEDOS

Peñaflor, 9-11
47194 Mucientes (Valladolid)
☎: +34 628 409 819
traslanzas@traslanzas.com
www.traslanzas.com

Remolón Rosé 2023 RD PL S
tempranillo, garnacha, verdejo, albillo

89 11€

Agradable, flores secas, sabroso.

Traslanzas 2019 T
100% tempranillo

93 ★★★ 20€

Color: cereza brillante. Aroma: complejo, expresivo, especiado, mineral. Boca: elegante, lleno, largo, persistente.

Traslanzas 2020 T
tempranillo

91 20€

Color: cereza intenso. Aroma: hierbas secas, roble cremoso, intensidad media. Boca: fruta madura, especiado, taninos maduros.

Traslanzas 2023 RD
85% tempranillo, 15% albillo

90 ★★★★★ 7€

Color: frambuesa, borde violáceo. Aroma: expresión frutal, fruta roja, floral. Boca: frutoso, buena acidez, fácil de beber.

Traslanzas Verdejo +Albillo 2022 B
80% verdejo, 20% albillo

89 12€

Tostado, sabroso, maduro, especiado.

Tres Cuestas 2022 T BA S
100% tempranillo

91 ★★★★★ 7€

Color: cereza intenso. Aroma: fruta madura, hierbas secas, roble cremoso. Boca: potente, fruta madura, especiado, taninos maduros.

VINOS DE LA LUZ

Tejar, s/n
47270 Cigales (Valladolid)
☎: +34 983 878 007
info@vinosdelaluz.com
www.vinosdelaluz.com

Hiriart 2023 RD
tempranillo, garnacha, verdejo, cabernet sauvignon

90 ★★★★★ 5€

Color: frambuesa, borde violáceo. Aroma: expresión frutal, fruta roja, floral. Boca: frutoso, buena acidez, fácil de beber.

Valcerracín Selección Limitada 2023 RD
tempranillo

88 ★★★ 9€

Aromas nítidos, suave, frutal.

DO CIGALES / D.O.P.

DO. CONCA DE BARBERÀ
CONSEJO REGULADOR

Torre del Portal de Sant Antoni
De la Volta, 2
43400 Montblanc
☎: +34 977 926 905
@: cr@doconcadebarbera.com
www.doconcadebarbera.com

SITUACIÓN:

En el norte de la provincia de Tarragona con una zona de producción que aglutina a 14 municipios, a los que se ha incorporado Vilanova de Prades.

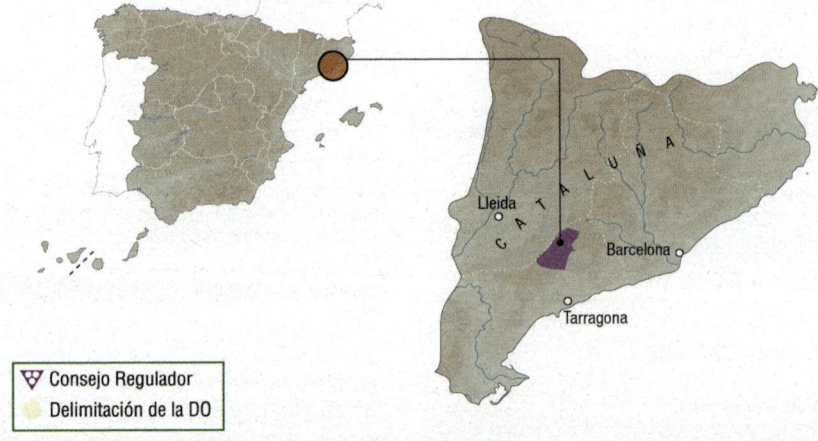

▽ Consejo Regulador
   Delimitación de la DO

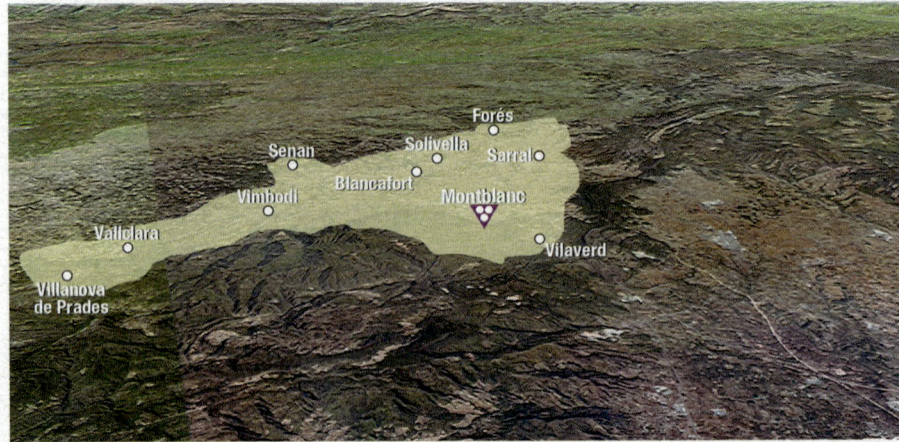

VARIEDADES:

BLANCAS: macabeo, parellada (mayoritaria - 3.000 has.), chardonnay, sauvignon blanc, viognier y sumoll blanc.

TINTAS: trepat, ull de llebre (tempranillo), garnatxa, cabernet sauvignon, merlot, syrah, pinot noir, sumoll negre, querol, garró y mandó.

DATOS CONSEJO REGULADOR:

Nº Has. Viñedo: 2.656– **Nº Viticultores:** 546 – **Nº Bodegas:** 29– **Cosecha 23:** SC– **Producción 23:** 541.900 L – **Comercialización:** 85% Nacional -15% Internacional.

SUELOS:

En su mayoría son de tipo pardo-calizo. La vid se cultiva en laderas protegidas por bosques. Un aspecto importante es la altitud que condiciona unos vinos de carácter fresco y ligero.

CLIMA:

Influencias mediterráneas y continentales, ya que el viñedo ocupa un valle fluvial rodeado de cadenas montañosas sin contacto directo con el mar.

CARACTERÍSTICAS GENERALES DE LOS VINOS

BLANCOS — De color pálido y brillante, son afrutados, agradables de beber y muy ligeros, aunque no excesivamente aromáticos.

ROSADOS — De color rosáceo-frambuesa, bastante modernos en su estilo de elaboración; con aromas a frutos rojos, bastante frescos, sabrosos y un buen equilibrio.

TINTOS — El tiempo los ha posicionado como vinos con buena estructura debido a la influencia continental y a su carácter mediterráneo. En nariz son balsámicos, con recuerdos a jara, y en boca son potentes, carnosos y concentrados.

CALIFICACIÓN DE COSECHAS DE VINOS JÓVENES GUÍAPEÑÍN

2019	2020	2021	2022	2023
BUENA	BUENA	MUY BUENA	MUY BUENA	MUY BUENA

DO CONCA DE BARBERÀ / D.O.P.

DO CONCA DE BARBERÀ / D.O.P.

ABADÍA DE POBLET
43448 Vimbodi i Poblet (Tarragona)
☎: +34 977 870 358
j.pujol@codorniu.com
www.codorniu.com

Abadía de Poblet Blanc 2020 B
90% macabeo, 10% parellada

93 ★★★ 🌿   19,95€

Color: pajizo brillante. Aroma: hierbas de tocador, lías finas, fruta blanca, especias dulces, piedra seca. Boca: lleno, graso, largo, buena acidez.

BODEGA SANSTRAVÉ
De la Conca, 10
43412 Solivella (Tarragona)
☎: +34 617 687 965
bodega@sanstrave.com
www.sanstrave.com

Llum de Vi Blanc 2023 B
chardonnay, moscatel, garnacha blanca

88   10,5€

Cítrico, herbal, floral, ligero, equilibrado.

Sanstravé Agraïment 2022 T GR
syrah

91 ★★★★   14€

Aromas nítidos, varietal. Aroma: fruta madura, notas cárnicas, pimienta negra, franco. Boca: redondo, sabroso, jugoso, frutoso.

Sanstravé Partida dels Jueus 2022 T C
merlot, garnacha, cabernet sauvignon, tempranillo, trepat

90 ★★★★   12€

Aromas nítidos, balsámico. Aroma: franco, fruta madura, hierbas silvestres. Boca: frutoso, jugoso, fácil de beber.

BODEGA VEGA AIXALÁ
De la Font, 11
43439 Vilanova de Prades (Tarragona)
☎: +34 636 519 821
info@vegaaixala.com
www.vegaaixala.com

Vega Aixalà Carinyena 2015 T R
cariñena

93   26€

Con vejez, especiado, herbal, representativo. Color: cereza, borde granate. Aroma: fruta madura, hierbas de monte, fina reducción. Boca: sabroso, balsámico, especiado, varietal.

Vega Aixalà Garnatxa Vilanova 2015 T R S
garnacha

91   26€

Con vejez, flores secas. Aroma: especiado, pimienta negra, fruta madura, con carácter. Boca: especiado, largo, sabroso, varietal.

Vega Aixalà La Bauma 2023 B
garnacha blanca

90   15€

Oxidativo. Color: pajizo. Aroma: hierbas secas, flores marchitas, fruta madura, notas de cereal. Boca: fruta madura, equilibrado, sabroso.

Vega Aixalà La Font dels Aubacs 2019 T BA
pinot noir

90   26€

Color: cereza, borde violáceo. Aroma: expresión frutal, fruta roja, especiado, flores secas, sotobosque. Boca: sabroso, frutoso, buena acidez, largo.

Vega Aixalà Viern 2014 T R S
garnacha, cariñena, cabernet sauvignon, syrah

89   18€

Balsámico, herbal, sabroso, maduro. Aroma: terroso, fruta negra, frutos secos.

CARA NORD CELLER
Plaça Sant Sebastià, 13
25457 El Vilosell (Lleida/Lérida)
☎: +34 973 176 029
hola@caranordceller.com
www.caranordceller.com

Cara Nord Blanc 2023 B
macabeo, chardonnay, trepat

89 🌿

Aromas nítidos, correcto, equilibrado, maduro, silvestre, flores secas, suave, agradable.

Cara Nord Garrut 2022 T
100% garrut

91

Color: cereza poco intenso. Aroma: hierbas silvestres, notas almizcladas, hierbas secas, intensidad media. Boca: fluido, fácil de beber, correcto.

Cara Nord Negre 2021 T C

90

Color: Cereza. Aroma: hierbas de monte, flores secas, fruta madura, hierbas secas. Boca: especiado, balsámico, buena acidez, fácil de beber.

Cara Nord Single Estate 2022 T
garnacha

92

Color: cereza intenso. Aroma: fruta madura, hierbas secas, roble cremoso. Boca: potente, fruta madura, especiado, taninos maduros, frutoso.

Cara Nord Trepat Negre 2023 T

92 🍇

Aromático, aromas nítidos, balsámico. Color: cereza, borde violáceo. Aroma: expresión frutal, fruta roja, floral, especiado. Boca: sabroso, frutoso, buena acidez, largo.

Cara Nord Trepat Rosat 2023 RD
trepat

87 🍇

CASTELL D'OR
Ctra. de Santes Creus, s/n
43814 Vila-Rodona (Tarragona)
☎: +34 977 459 860
castelldor@castelldor.com
www.castelldor.com

Castell d'Or Cabernet Sauvignon, Ull de Llebre, Trepat 2023 T
cabernet sauvignon, ull de llebre, trepat

87 ★★★★ 6,75€

Castell d'Or Trepat 2023 RD
trepat

88 ★★★★ 6,75€

Fresco, herbal, frutal, equilibrado.

CELLER CARLES ANDREU
Sant Sebastià, 19
43423 Pira (Tarragona)
☎: +34 977 887 404
info@cavandreu.com
www.cavandreu.com

Carles Andreu 12@ 2023 T

90 🍇

Aromas nítidos, frutal, silvestre, suave. Aroma: fruta roja, fruta madura, intensidad media. Boca: correcto, fácil de beber.

Carles Andreu Parellada 2022 B

90

Austero, acidez marcada. Color: pajizo brillante, borde verdoso. Aroma: fruta fresca, cítricos, hierbas verdes. Boca: fresco, frutoso, buena acidez.

Carles Andreu Trepat 2021 T BA

91

Color: Cereza. Aroma: balsámico, especias dulces, hierbas de monte, fruta al licor, fruta roja. Boca: especiado, balsámico, buena acidez.

CELLER RENDÉ MASDÉU
Ctra. N-240 km 39,5
43440 L'Esplugá de Francolí (Tarragona)
☎: +34 977 871 361
celler@rendemasdeu.cat
www.rendemasdeu.cat

Arnau de Rendé Masdéu 2021 T C S
syrah

90 ★★★ 🍇 13€

Amable, hierbas secas, maduro, especiado. Aroma: fruta negra, notas cárnicas, notas anisadas. Boca: sabroso.

El Follet Rosat 2023 RD
syrah

88 ★★★★ 🍇 8€

Aromático, correcto, frutal, golosinas, maduro, sabroso.

Genuina de Rendé Masdéu 2022 B
garnacha blanca, trepat

90 🍇 17€

Color: amarillo brillante. Aroma: roble cremoso, fruta madura, especiado, cera. Boca: estructurado, largo, tostado.

inQuiet de Rendé Masdéu 2023 T
trepat, syrah

87 ★★★ 🍇 8€

La Nimfa Blanc 2023 B
macabeo, garnacha blanca, trepat, parellada

88 ★★★★ 🍇 8€

Agradable, frutal, sabroso.

DOMENIO
Avinguda de Catalunya, 35
43426 Rocafort de Queralt (Tarragona)
☎: +34 977 677 135
comercial@domeniowines.com
www.domeniowines.com

Anima Nua Cor Viu 2023 B
macabeo, parellada

89 ★★★★ 🍇 7,5€

Equilibrado, notas de levadura, herbal, fresco.

Domenio Trepat 2019 T
trepat

89 15€

Aromas nítidos, hierbas secas, maduro, ligera reducción, correcto, silvestre, suave.

Domenio Ull de Llebre 2019 T
ull de llebre

87 15€

DO CONCA DE BARBERÀ / D.O.P.

DO CONCA DE BARBERÀ / D.O.P.

Anima Nua Cor Viu 2023 T
ull de llebre, trepat

91 ★★★★★ 🌱   7,5€

Amable, aromas nítidos, correcto, frutal, maduro, sencillo, jugoso. Color: cereza brillante.

Capvespre Sunset 2023 T
ull de llebre, cabernet sauvignon, syrah

88 ★★★★   5,29€

Amable, frutal, herbal, jugoso, suave.

FAMILIA TORRES
Castell de Milmanda - Ctra. N-240, Km 45
43430 Vimbodí i Poblet (Tarragona)
☎: +34 938 177 400
prensa@torres.es
www.torres.es

🏆 PODIO

Grans Muralles 2019 T R
garnacha, cariñena, querol, monastrell, garró

95

Color: cereza, borde granate. Aroma: equilibrado, fruta negra, especiado, cacao fino. Boca: sabroso, persistente, pulido.

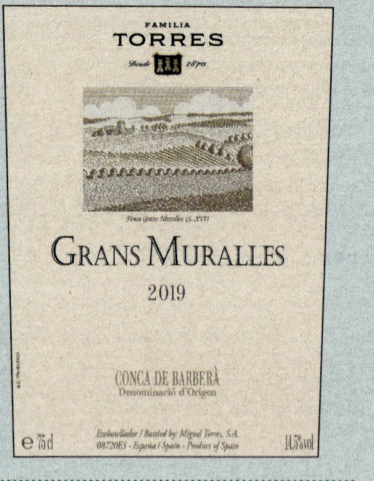

Milmanda 2021 B C
chardonnay

93   61€

Color: pajizo brillante, borde verdoso. Aroma: fruta fresca, cítricos, hierbas silvestres, pan tostado, especias dulces. Boca: fresco, frutoso, buena acidez, fino amargor.

JOSEP FORASTER
Camí de L'Ermita de Sant Josep, s/n
43400 Montblanc (Tarragona)
☎: +34 977 860 229
info@josepforaster.com
www.josepforaster.com

Josep Foraster Blanc Selecció 2023 B
50% garnacha blanca, 40% macabeo, 10% chardonnay

91 ★★★★★ 🌱   12€

Color: pajizo brillante, borde verdoso. Aroma: fruta fresca, cítricos, hierbas silvestres. Boca: fresco, frutoso, buena acidez, fino amargor.

Josep Foraster Pep 2022 T

94   39€

Color: Cereza. Aroma: complejo, expresivo, especiado, mineral, fruta roja, hierbas de monte, balsámico. Boca: elegante, lleno, largo, persistente.

Josep Foraster Trepat 2022 T
trepat

93 ★★★★★ 🌱   14€

Color: Cereza. Aroma: balsámico, especias dulces, hierbas de monte, fruta roja, terroso. Boca: especiado, balsámico, buena acidez.

Julieta 2022 T
trepat

93 ★★★ 🌱   20€

Aromas nítidos. Color: cereza brillante, cereza poco intenso. Aroma: balsámico, hierbas de monte. Boca: especiado, balsámico, buena acidez, fácil de beber, cierta persistencia, muy vivo.

MAS DE LA PANSA
Comerç, 2
43422 Barberà de la Conca (Tarragona)
☎: +34 667 894 636
info@masdelapansa.com
www.masdelapansa.com

Mas de la Pansa Trepat 2019 T RB
100% trepat

91   40€

Color: cereza poco intenso. Aroma: balsámico, hierbas de monte, fina reducción. Boca: balsámico, especiado, taninos suaves, jugoso.

VINÍCOLA SARRAL I SECCIÓ DE CRÈDIT

Avda. de la Conca, 33
43424 Sarral (Tarragona)
☎: +34 977 890 031
cavaportell@gmail.com
www.cava-portell.com

Portell 2019 T R
cabernet sauvignon, merlot, ull de llebre

88 16,5€

Herbáceo, maduro, confitado, ahumado, cálido, clásico, potente.

Portell Blanc de Blancs 2023 B S
macabeo, parellada

85 5,6€

Portell Glatim Negre de Trepat 2022 T
100% trepat

89 14€

Correcto, fruta golpeada, frutal, hierbas secas. Aroma: fruta madura. Boca: jugoso, varietal.

Portell Macabeu Blanc de Bóta 2023 B FB
macabeo, parellada

86 6,15€

Portell Rosat Trepat 2023 RD
trepat

86 5,7€

Portell Secrets Pàl.lid de Trepat 2023 RD
trepat

86 6,7€

VINS DE LA MEMÒRIA

Aribau 168, 1-1
08036 Barcelona (Barcelona)
☎: +34 672 429 920
info@vinsdelamemoria.com
www.vinsdelamemoria.com

pólVora 2022 T
100% trepat

90 20,9€

Color: cereza brillante. Aroma: fruta madura, fruta roja, hierbas silvestres, ahumado, especiado. Boca: frutoso, ligero, sabroso, taninos secos pero maduros.

VINS DE PEDRA

Carrer Muralla Alfons III, 18
43400 Montblanc (Tarragona)
☎: +34 630 405 118
celler@lavinyeta.es
www.vinsdepedra.es

El Trempat 2022 T
100% trepat

88 15€

Confitado, algo caído, fruta golpeada. Aroma: pimienta negra, hierbas secas, regaliz negro, notas cárnicas.

L'Orni 2022 B
90% chardonnay, 10% parellada

91 ★★★ 15€

Color: pajizo brillante. Aroma: hierbas de tocador, lías finas, flores blancas, fruta blanca, fruta de hueso. Boca: lleno, graso, largo, buena acidez.

La Musa 2020 T
90% cabernet sauvignon, 10% garnacha

90 15€

Color: cereza, borde granate. Aroma: potente, fruta negra, varietal, hierbas secas, hierbas de monte. Boca: sabroso, largo, taninos maduros.

DO CONCA DE BARBERÀ / D.O.P.

DO. CONDADO DE HUELVA / VINO NARANJA DEL CONDADO DE HUELVA
CONSEJO REGULADOR

Plaza Ildefonso Pinto, s/n.
21710 Bollullos Par del Condado (Huelva)
☎: +34 959 410 322
@: cr@condadodehuelva.es
www.condadodehuelva.es

SITUACIÓN:

En el sureste de Huelva, ocupa la llanura del bajo Guadalquivir. La zona de producción engloba los términos de Almonte, Beas, Bollullos Par del Condado, Bonares, Chucena, Gibraleón, Hinojos, La Palma del Condado, Lucena del Puerto, Manzanilla, Moguer, Niebla, Palos de la Frontera, Rociana del Condado, San Juan del Puerto, Villalba del Alcor, Villarrasa y Trigueros.

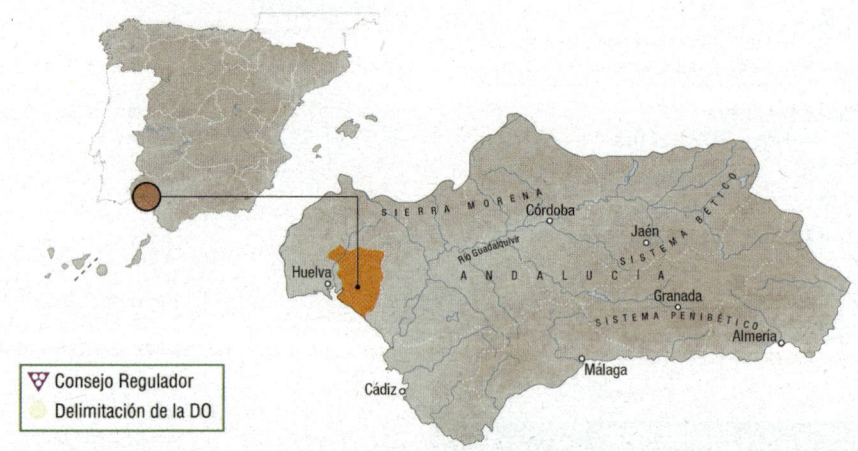

VARIEDADES:

BLANCAS: zalema (mayoritaria con el 86% del viñedo), palomino, listán de Huelva, garrido fino, moscatel de Alejandría, colombard, sauvignon blanc, chardonnay, pedro ximénez, verdejo y moscatel de grano menudo.

TINTAS: merlot, syrah, tempranillo, cabernet sauvignon y cabernet franc.

DATOS CONSEJO REGULADOR:

Nº Has. Viñedo: 2.103 – **Nº Viticultores:** 1.003– **Nº Bodegas:** 25– **Cosecha 23:** Buena – **Producción 23:** 6.299.980 L. – **Comercialización:** 90% Nacional - 10% Internacional.

SUELOS:

En general se encuentran terrenos llanos o ligeramente ondulados; son suelos bastante neutros, francos y de fertilidad media. Predominan las tierras rojizas, pardas y áreas de aluvión en las zonas próximas al Guadalquivir.

CLIMA:

De tipo mediterráneo, pero con influencias atlánticas. Los inviernos y primaveras son bastante suaves y los veranos largos y cálidos. La temperatura media anual es de 18ºC, el índice de precipitaciones se sitúa en torno a los 550 mm. anuales y la humedad relativa etre el 60% y el 80%.

CARACTERÍSTICAS GENERALES DE LOS VINOS

BLANCOS JOVENES	Elaborados a partir de la variedad autóctona zalema, se caracterizan por sus matices ligeramente vegetales, con recuerdos a matorral; son agradables y fáciles de beber.
CONDADO PÁLIDO	Son bastante similares a otros finos de Andalucía (jerezanos y montillanos). En su elaboración se emplea la uva palomino, la misma que se utiliza en Jerez, aunque tienen un carácter biológico algo menor.
CONDADO VIEJO	Son los vinos más tradicionales de la zona, que sólo se mantienen ya en algunas pocas bodegas y que proceden de las soleras más antiguas.

CALIFICACIÓN DE COSECHAS DE VINOS JÓVENES GUÍAPEÑÍN

2019	2020	2021	2022	2023
BUENA	SC	SC	BUENA	SC

DO CONDADO DE HUELVA / D.O.P.

BODEGA PRIVILEGIO DEL CONDADO
San José, 2
21710 Bollullos par del Condado (Huelva)
☎: +34 959 410 261
comercial@vinicoladelcondado.com
www.vinicoladelcondado.com

Misterio Condado Viejo BF S
89
Especiado, lleno, con vejez. Aroma: rancio, caramelo tostado.

Misterio Dulce BF Mistela D
87

Misterio Orange Naranja BF Solera D
89
Cítrico. Aroma: piel de naranja, franco, fruta escarchada, fruta al licor.

Privilegio del Condado B S
87

BODEGAS DEL DIEZMO NUEVO
Osario, 2
21800 Moguer (Huelva)
☎: +34 959 370 004
info@bodegadiezmonuevo.com
www.bodegadiezmonuevo.com

Melquiades Saenz "Vino de Naranja" B
88
Lleno, maduro, cítrico, especiado, sabroso. Aroma: notas amieladas, especias dulces, piel de naranja.

BODEGAS DEL SOCORRO
Carril de los Moriscos, 72
21720 Rociana del Condado (Huelva)
☎: +34 665 937 977
diegobort4141@gmail.com
www.bodegasdelsocorro.com

Don Frede 2020 T C
84

Don Frede 2023 T
85

Don Frede RD
83

El Gamo 2023 B
84

Viñagamo Seco 2022 B
84

Viñagamo Semidulce 2023 BE AG SD
84

BODEGAS JUNCALES
Calle Andalucía, 14
21710 Bollullos par del Condado (Huelva)
☎: +34 959 410 302
info@bodegasjuncales.es
www.bodegasjuncales.es

Bodegas Juncales Juncales BF
88
Cítrico, correcto, dulce, especiado, flores secas. Aroma: fruta al licor, espirituoso.

Bodegas Juncales PX B
pedro ximénez
91
Color: caoba oscuro. Aroma: fruta pasificada, pastelería, tostado, chocolate. Boca: untuoso, potente, algo dulzón.

Verdeluz Condado Viejo BF
zalema, pedro ximénez
94
Complejo, con vejez, equilibrado. Color: oro viejo. Aroma: acetaldehído, frutos secos, caramelo tostado, barniz. Boca: lleno, opulento, sabroso, madera vieja.

Verdeluz Cream BF OL CRM
zalema
91
Con tipicidad, clásico. Color: caoba claro. Aroma: notas amieladas, especias dulces, chocolate, cacao fino, almendra tostada. Boca: potente, sabroso, dulce.

BODEGAS MAM
Ctra. A-493, Km. 1.5
21700 La Palma del Condado (Huelva)
☎: +34 959 402 567
dinfante@dinfante.com
www.dinfante.com

Albaleia Colombard 2019 B
colombard
91 ★★★★   14€
Color: amarillo brillante. Aroma: flores secas, notas de levadura, especiado, fruta de hueso. Boca: sabroso, largo, salino, fino amargor.

Flor de Kaldeva 2023 B
moscatel, colombard

86 7,3€

Amable, correcto, floral, sencillo. Boca: fácil de beber.

BODEGAS OLIVEROS
Rábida, 12
21710 Bollullos par del Condado (Huelva)
☎: +34 959 410 057
oliveros@bodegasoliveros.com
www.bodegasoliveros.com

Oliveros 2020 T C
tempranillo, syrah

86 8€

Oliveros Coupage 2023 B

86 8€

Oliveros Pedro Ximénez 2020 BF PX D
90 ★★★★ 11€

Color: caoba. Aroma: café aromático, praliné, fruta al licor, notas amieladas, fruta pasificada. Boca: dulce, concentrado, cremoso.

Oliveros Vino Naranja BF Mistela D
zalema, pedro ximénez

89 ★★★★ 9€

Amable, cítrico, correcto, dulce, frutal, goloso, sabroso.

BODEGAS SAUCI
Doctor Fleming, 1
21710 Bollullos par del Condado (Huelva)
☎: +34 959 410 524
sauci@bodegassauci.es
www.bodegassauci.es

Espinapura BF FI ES
90 ★★★★★ 9,7€

Color: amarillo brillante. Aroma: equilibrado, fresco, expresivo, levaduras de flor, camomila, hierbas de monte. Boca: sabroso, fino amargor.

Espinapura Cruzado BF FI ES
listán blanco, palomino

90 ★★★ 12,6€

Color: amarillo brillante. Aroma: fresco, expresivo, levaduras de flor, hierbas secas, rancio. Boca: sabroso, fino amargor.

Riodiel Condado Viejo BF OL S
listán blanco, palomino

88 12,7€

Cremoso, especiado, tostado, representativo.

S' Naranja BF AROM D
90 15,5€

Aromas nítidos, con tipicidad. Aroma: piel de naranja, cítricos, expresión frutal, fruta confitada. Boca: dulce, cremoso, largo.

Sauci 2020 T C
syrah, tempranillo

85 12,5€

Sauci BF AM
100% zalema

90 25,5€

Color: yodo, borde ambarino. Aroma: especias dulces, frutos secos, tostado, hierbas secas. Boca: seco, especiado, equilibrado.

DO. COSTERS DEL SEGRE
CONSEJO REGULADOR

Complex de la Caparrella, 97
25192 Lleida
☎: +34 973 264 583
@: info@costersdelsegre.es
www.costersdelsegre.es

SITUACIÓN:

En la zona meridional de Lleida y algún término de Tarragona. Comprende las subzonas de: Artesa de Segre, Garrigues, Pallars Jussà, Raimat, Segrià, Urgell y Valls del Riu Corb.

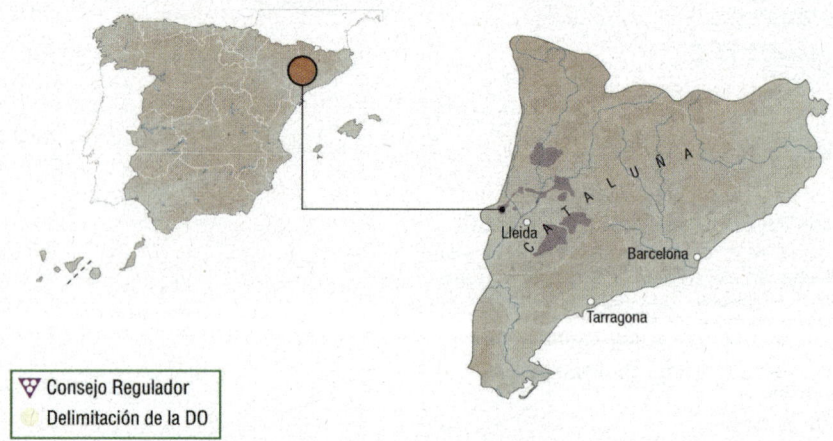

Consejo Regulador
Delimitación de la DO

SUBZONAS:

Artesa de Segre: situada al pie de la sierra del Montsec, al norte de la comarca de Noguera, posee suelos calcáreos.

Urgell: se encuentra ubicada en la parte central de la provincia de Lleida, a una altitud media de 350 metros sobre el nivel del mar. El clima predominantes es de tipo mediterráneo-continental.

Garrigues: en el sureste de la provincia de Lleida. Se trata de una zona de compleja orografía, asentada sobre unos suelos francos. Posee una altitud próxima a los 700 metros sobre el nivel del mar.

Pallars: se trata de la subzona más septentrional, situada en los Pirineos. Su suelo es predominantemente franco-calcáreo y su clima es de tipo mediterráneo-continental.

Raimat: situada en Lleida se caracteriza por tener suelos predominantemente calcáreos y un clima mediterráneo de inviernos fríos y veranos calurosos.

Segriá: es la subzona central de la DO. Posee suelos calcáreos.

Valls del Riu Corb: se encuentra en el sureste de la DO. El clima es mediterráneo-continental suavizado por el viento que proviene del mar (la marinada). Además está sujeta a la influencia de "el Seré" viento de interior fresco y seco.

VARIEDADES:

BLANCAS: Recomendadas: macabeo, xarel.lo, parellada, chardonnay, garnacha blanca, riesling, sauvignon blanc, moscatel de grano grande o de Alejandría, malvasía, gewürztraminer y subirat parent. Autorizadas: albariño, moscatel de grano pequeño de Frontignan, chenin y viognier.

TINTAS: Recomendadas: garnacha negra, ull de llebre (tempranillo), cabernet sauvignon, merlot, monastrell, trepat, samsó, pinot noir, syrah y cabernet franc. Autorizadas: garnacha tintorera, petit verdot, gonfaus, garnacha peluda y sumoll.

DATOS CONSEJO REGULADOR:

Nº Has. Viñedo: 3.954 – **Nº Viticultores:** 303 – **Nº Bodegas:** 34 – **Cosecha 23:** Excelente – **Producción 23:** 5.121.873 L – **Comercialización:** 77% Nacional - 23% Internacional.

SUELOS:

En su mayoría, son de tipo calcáreo y granítico, la mayor parte del viñedo se asienta sobre suelos pobres en materia orgánica, pardo-calizos, con elevado porcentaje de caliza y escasa arcilla.

CLIMA:

Continental bastante seco en todas las subzonas, con temperaturas mínimas con frecuencia bajo cero en invierno, veranos con máximas que superan en ocasiones los 35 grados, e índices de pluviometría bastante bajos: 385 mm/año en Lleida y 450 mm/año en el resto de las zonas.

CARACTERÍSTICAS GENERALES DE LOS VINOS

BLANCOS — Los elaborados con uvas tradicionales (macabeo, parellada y xarel-lo), son vinos ligeros, afrutados, frescos y con buenos índices de acidez. Por otro lado, están los chardonnays, tanto en su versión de vinos jóvenes o fermentados en barrica, poseen un buen carácter varietal siguiendo una interpretación mediterránea de la cepa.

ROSADOS — Elaborados con ull de llebre (tempranillo), merlot o cabernet sauvignon, son vinos de color rosáceo, con buen carácter frutal, frescos y caracterizados por la personalidad de la variedad empleada.

TINTOS — Son vinos de carácter mediterráneo, monovarietales o fruto del ensamblaje de cepas autóctonas y foráneas. En general son cálidos, con buena potencia aromática y carácter de fruta madura. Algunos pueden desarrollar aromas balsámicos y, en la boca, se caracterizan por su calidez y sabrosidad.

CALIFICACIÓN DE COSECHAS DE VINOS JÓVENES GUÍA PEÑÍN

2019	2020	2021	2022	2023
MUY BUENA	MUY BUENA	MUY BUENA	MUY BUENA	MUY BUENA

DO COSTERS DEL SEGRE / D.O.P.

3V & SINGULAR WINES

Plaça del Carme, 15
25300 Tárrega (Lleida/Lérida)
☎: +34 667 839 403
israel.ayats@gmail.com

Valerna 2021 T BA
90
Color: cereza, borde granate. Aroma: fruta madura, hierbas secas, roble cremoso. Boca: fruta madura, especiado, taninos maduros, cierta persistencia.

Valerna 2022 B FB
91
Aromático, notas de levadura. Aroma: panadería, flores secas, flores marchitas, fruta madura, cera. Boca: sabroso, especiado, largo.

CAR VINÍCOLAS REUNIDAS

Avda. Tarragona, s/n
25300 Tárrega (Lleida/Lérida)
☎: +34 667 839 403
israel.ayats@carviresa.com
www.carviresa.com

Don Quien 2022 B FB
chardonnay, macabeo
89
Amable, correcto, flores secas, hierbas secas, especiado, maduro.

Sotneral Garnacha 2023 RD
garnacha
87

Sotneral Macabeu 2023 B
87

Sotneral Syrah 2023 T
89
Frutal, maduro, sabroso, especiado.

3 Setmanes 2023 T
90
Color: cereza, borde violáceo. Aroma: expresión frutal, fruta roja, hierbas secas. Boca: frutoso, sabroso, equilibrado.

Don Quien 2021 T BA
89
Frutal, confitado, especiado, algo secante.

CASTELL D'ENCUS

Ctra. Tremp a Santa Engracia, Km. 5
25630 Talarn (Lleida/Lérida)
☎: +34 973 252 974
ipinedo@castelldencus.com
www.castelldencus.com

Acusp 2020 T
pinot noir
91
Color: guinda, pálido. Aroma: fruta roja, floral, lácticos, hierbas secas. Boca: frutoso, sabroso, equilibrado.

Ekam 2022 B
riesling, albariño
92
Amable, herbal. Color: pajizo. Aroma: fruta madura, hierbas silvestres, balsámico, mineral. Boca: equilibrado, carnoso.

Quest 2016 T
cabernet sauvignon, cabernet franc, merlot, petit verdot
92
Amable. Color: cereza intenso. Aroma: fruta negra, fruta roja, terroso, hierbas silvestres, cacao fino. Boca: fruta madura, especiado, taninos maduros.

tALEIA 2022 B
93
Goloso, lleno. Color: pajizo. Aroma: fruta madura, hierbas silvestres, lías finas. Boca: fruta madura, equilibrado, sabroso.

ThALARN 2018 T
syrah
93
Amable, elegante. Color: cereza intenso. Aroma: hierbas secas, fruta negra, terroso, notas cárnicas. Boca: fruta madura, especiado, taninos maduros.

CASTELL DEL REMEI
Finca Castell del Remei s/n
25333 Castell del Remei (Lleida/Lérida)
☎: +34 973 580 200
info@castelldelremei.com
www.castelldelremei.com

Castell del Remei 1780 2019 T
cabernet sauvignon, tempranillo, garnacha
93
Especiado, maduro. Color: cereza oscuro, borde granate. Aroma: fruta madura, fruta confitada, ebanistería, tabaco, especias dulces. Boca: especiado, taninos maduros, largo.

Castell del Remei 2018 B GR
macabeo, chardonnay
92
Color: amarillo brillante. Aroma: potente, roble cremoso, fruta madura, especiado. Boca: graso, tostado, fino amargor, larga crianza.

Castell del Remei Gotim Blanc 2023 B
sauvignon blanc, garnacha blanca, macabeo
88
Amable, correcto, hierbas secas, frutal, suave.

Castell del Remei Gotim Bru 2021 T
89
Agradable, tostado, balsámico, especiado.

Castell del Remei Oda Blanc 2022 B FB
chardonnay, macabeo
89
Cremoso, especiado, maduro, sabroso. Aroma: roble cremoso, fruta madura.

Castell del Remei Oda Negre 2021 T C
90
Color: cereza, borde granate. Aroma: fruta confitada, potente, tostado, roble cremoso. Boca: sabroso, dulcedumbre, largo.

Garnatxa Castell del Remei 2022 T
92
Color: cereza, borde violáceo. Aroma: expresión frutal, fruta roja, floral, especiado. Boca: sabroso, frutoso, buena acidez, largo.

CELLER BATLLIU DE SORT
Bord Batlliu s/n
25568 Olp (Lleida/Lérida)
☎: +34 628 125 473
josep@batlliudesort.cat
www.batlliudesort.cat

Biu Finca de la Borda 2019 B
riesling
90 15€
Color: dorado brillante. Aroma: expresión frutal, fruta madura, floral, cítricos. Boca: sabroso, fresco, buena acidez, retronasal afrutado.

Finca Les Lleres 2017 B BA
viognier
93 25€
Color: amarillo brillante. Aroma: fruta blanca, fruta asada, hierbas silvestres, flores marchitas, especiado. Boca: frutoso, fresco, lleno, sabroso, cierta persistencia, equilibrado.

Nero de Sort 2022 T
pinot noir
90 22€
Color: cereza, borde violáceo. Aroma: expresión frutal, fruta roja, especiado, flores secas, sotobosque. Boca: sabroso, frutoso, buena acidez, largo.

Pantigana 2022 B
garnacha blanca, macabeo
88 11,5€
Frutal, maduro, sencillo, cremoso.

Salvavides 2022 T
89 11,5€
Con vejez, confitado, hierbas secas, lleno, con oscuridad.

DO COSTERS DEL SEGRE / D.O.P.

CELLER CERCAVINS

Ctra. LV 2101 KM 0,500
25340 Verdú (Lleida/Lérida)
☎: +34 699 960 301
info@cellercercavins.com
www.cellercercavins.com

Bru Blanc 2023 B
garnacha blanca, chardonnay, sauvignon blanc

90 ★★★★★   8,5€

Frutal, herbal, maduro, sabroso, cítrico.

Bru de Verdú 14 2020 T
syrah, tempranillo, cabernet sauvignon

88   15€

Tostado, hierbas secas, confitado, corpulento.

Bru de Verdú 2021 T
tempranillo, syrah, cabernet sauvignon

87   9,5€

Guillamina 2023 B
sauvignon blanc, albariño, gewürztraminer, moscatel

87 ★★★★   7€

CELLER MONTSEC

25730 Artesa de Segre (Lleida/Lérida)
☎: +34 973 402 037
info@cellermontsec.com
www.cellermontsec.com

Artesià Baluard 2022 T
cabernet sauvignon, merlot, ull de llebre

85   4,8€

Garbuix Verema Vermella 2023 RD
88   9,6€

Confitado, equilibrado, hierbas secas, lleno.

Astronòmic 2021 T
cabernet franc

88   18€

Equilibrado, especiado, herbáceo, con oscuridad.

Bellpuig de Les Avellanes 2021 T BA
cabernet sauvignon, merlot, ull de llebre, monastrell

86   10,9€

Coop 1958 2021 T
merlot, cabernet sauvignon

87

CELLER PURGATORI

Ctra. de Bellpuig A Flix C233 – km 59,3
25430 Juneda (Lleida/Lérida)
☎: +34 938 177 400
prensa@torres.es
www.torres.es

Purgatori 2021 T BA
garnacha, cariñena

91 🍷 33,8€

Color: cereza intenso. Aroma: fruta madura, hierbas secas, roble cremoso, fruta roja. Boca: fruta madura, especiado, taninos maduros, sabroso, frutoso.

CELLER VILA CORONA

Camí els Nerets, s/n
25654 Vilamitjana (Lleida/Lérida)
☎: +34 973 652 638
info@vilacorona.cat
www.vilacorona.cat

Llabustes Cabernet Sauvignon 2021 T C
cabernet sauvignon

88 ★★★★ 8€

Corpulento, confitado, hierbas secas, maduro.

Llabustes Chardonnay 2023 B
chardonnay

87 ★★★ 8€

Llabustes Merlot 2023 T C
merlot

88 ★★★★ 8€

Confitado, especiado, herbal, maduro, sabroso, tostado.

Llabustes Riesling 2023 B
riesling

88 12€

Ahumado, boca correcta, fresco, sencillo.

Llabustes Ull de Llebre 2022 T C
ull de llebre

86 7€

Tu Rai 2022 T BA
monastrell, ull de llebre, garnacha

88 ★★★★ 8€

Equilibrado, especiado, maduro, tostado.

CÉRVOLES CELLER

Avda. Les Garrigues, 26
25471 La Pobla de Cèrvoles (Lleida/Lérida)
☎: +34 973 176 029
info@cervoles.com
www.cervoles.com

Cérvoles Blanc 2022 B FB
macabeo, chardonnay

91 🍷

Color: amarillo brillante. Aroma: fruta madura, especiado, hierbas silvestres, flores secas. Boca: graso, estructurado, largo, tostado, fino amargor.

Cérvoles Colors Blanc 2023 B
macabeo, albariño, chardonnay

89 🍷

Aromático, correcto, floral, frutal, jugoso, equilibrado. Boca: fino amargor, fácil de beber.

Cérvoles Colors Negre T C

89 🍷

Aroma: hierbas secas, roble cremoso, fruta negra, fruta confitada. Boca: fruta madura, especiado.

Cérvoles Estrats 2019 T
garnacha, cabernet sauvignon, merlot

94 🍷

Color: cereza intenso. Aroma: fruta madura, roble cremoso, arándano azúl, con carácter, expresivo, potente, cacao fino. Boca: fruta madura, especiado, taninos maduros, estructurado, lleno.

DO COSTERS DEL SEGRE / D.O.P.

DO COSTERS DEL SEGRE / D.O.P.

Cérvoles Negre Vinyes Altes de Les Garrigues 2021 T
93
Maduro, complejo. Color: Cereza. Aroma: complejo, expresivo, especiado, mineral. Boca: elegante, lleno, largo, persistente.

Garnatxa de Cérvoles 2022 T
91
Cálido. Color: cereza intenso. Aroma: hierbas secas, roble cremoso, fruta negra. Boca: fruta madura, especiado, taninos maduros.

Tros del Tossal 2021 T
syrah
91
Corpulento, maduro, potente. Color: cereza muy intenso, cereza opaco. Aroma: con carácter, potente, pimienta negra, especiado, notas cárnicas, fruta confitada. Boca: redondo, largo, fruta madura, taninos maduros, taninos dulces.

CLOS PONS
Crta. LV-7011, Km. 4.5
25155 L'Albagés (Lleida/Lérida)
☎: +34 973 070 737
nacional@grup-pons.com
www.ponshome.es

Clos Pons Alges 2018 T C
50% garnacha, 30% syrah, 20% cariñena
90 ★★★ 12,9€
Color: cereza, borde granate. Aroma: fruta confitada, potente, hierbas de monte, terroso, pólvora. Boca: sabroso, dulcedumbre, largo.

Clos Pons Aura 2021 T C
100% garnacha
90 26€
Color: cereza intenso. Aroma: fruta madura, hierbas secas, especias dulces. Boca: fruta madura, especiado, taninos maduros.

Clos Pons Cingles 2018 B
100% garnacha blanca
91 26€
Color: pajizo brillante. Aroma: fruta madura, hierbas de tocador, lías finas, flores marchitas, flores secas, equilibrado. Boca: lleno, graso, largo.

Clos Pons Pla del Tet 2021 T C
92 26€
Color: cereza intenso. Aroma: hierbas secas, fruta negra, especias dulces, tostado. Boca: potente, fruta madura, especiado, taninos maduros, jugoso.

Clos Pons Roc Nu 2013 T R
cabernet sauvignon, garnacha, 20% tempranillo
93 25€
Clásico. Color: cereza oscuro, borde granate. Aroma: fruta madura, fruta confitada, ebanistería, tabaco, especias dulces, notas cárnicas. Boca: especiado, taninos maduros, largo.

Clos Pons Sisquella 2020 B C
70% garnacha blanca, 30% albariño
89 12,9€
Maduro, lleno, especiado, sabroso, tostado, suave.

COSTERS DEL SIÓ
Ctra. de Agramunt, Km. 4,2
25600 Balaguer (Lleida/Lérida)
☎: +34 973 424 062
administracio@costersio.com
www.costersio.com

Alto Siós 2022 T R
syrah, tempranillo, garnacha
91 17€
Color: cereza intenso. Aroma: fruta madura, hierbas secas, roble cremoso, fruta negra, especiado, tostado. Boca: fruta madura, especiado, taninos secos pero maduros, cierta persistencia.

Finca Siós 2021 T C
tempranillo, garnacha, syrah, petit verdot
91 27€
Color: cereza intenso, borde violáceo. Aroma: fruta madura, hierbas secas, roble cremoso, fruta confitada. Boca: fruta madura, especiado, sabroso, frutoso, taninos secos pero maduros.

Siós Brut Blanc de Noirs 2021 BE R BR
pinot noir
92 24€
Color: dorado brillante. Aroma: lías finas, hierbas de tocador, con carácter, fruta madura. Boca: sabroso, buena acidez, burbuja fina, fino amargor.

Siós Cau del Gat 2022 T C
garnacha, tempranillo, syrah
91 ★★★★ 13,5€
Color: cereza intenso. Aroma: fruta madura, hierbas secas, roble cremoso, especiado, tostado. Boca: fruta madura, especiado, sabroso, retronasal ahumado, taninos secos pero maduros.

Siós Pla del Lladoner 2022 B
garnacha blanca, chardonnay
90 ★★★ 13,5€
Aromático, correcto, equilibrado, cítrico. Aroma: hierbas secas, lías finas. Boca: frutoso, fácil de beber.

Siós Rosé 2022 RE R BR
pinot noir

90 24€

Color: rosa vivo. Aroma: balsámico, fruta roja, hierbas silvestres. Boca: fresco, frutoso, buena acidez, fácil de beber.

COTA 730
Flora Cadena, 44
25594 Rialp (Lleida/Lérida)
☎: +34 657 961 858
vinyescota730@gmail.com
www.cota730.com

Horitzó 2022 B
70% riesling, 30% garnacha

92 ★★★★ 15€

Color: pajizo brillante. Aroma: expresión frutal, fruta madura, floral, fruta blanca, hierbas silvestres, apio. Boca: sabroso, fresco, buena acidez, retronasal afrutado, frutoso.

Infint 2022 T
50% cabernet sauvignon, 50% garnacha

89

Frutal, maduro, tostado, ahumado, astringente.

L'OLIVERA
La Plana, s/n
25268 Vallbona de Les Monges (Lleida/Lérida)
☎: +34 973 330 276
olivera@olivera.org
www.olivera.org

Agaliu 2022 B FB
100% macabeo

90 ★★★ 🌱 13,3€

Color: pajizo. Aroma: fruta madura, hierbas secas, flores marchitas, tostado. Boca: potente, fruta madura, equilibrado.

Blanc de Serè 2023 B
80% macabeo, 12% parellada, 8% garnacha blanca

86 🌱 9,95€

L'Olivera 2021 BE R BN
84% macabeo, 16% parellada

89 🌱 13,5€

Cítrico, equilibrado, maduro, sabroso, notas de levadura.

L'Olivera Reserva Superior 2019 BE GR BN
100% macabeo

91 🌱 21,5€

Color: amarillo brillante. Aroma: fruta madura, lías finas, equilibrado, hierbas secas. Boca: buena acidez, sabroso, fruta madura.

Missenyora 2021 B FB S
100% macabeo

88 🌱 14,95€

Cremoso, especiado, hierbas secas, suave.

Naltres 2022 T C S
55% garnacha, 25% cabernet sauvignon, 20% cariñena

89 🌱 14,3€

Fresco, lleno, frutal, exuberante, especiado.

MAS BLANCH I JOVÉ
Pol. Ind. 9 Parc. 129 Paratge Llinars
25471 La Pobla de Cèrvoles (Lleida/Lérida)
☎: +34 973 050 018
sara@masblanchijove.com
www.masblanchijove.com

Petit Saó 2021 T
50% tempranillo, 30% garnacha, 20% cabernet sauvignon

89 🌱 10,91€

Corpulento, equilibrado, especiado, hierbas secas, sabroso, tostado.

Saó Abrivat 2021 T C
65% garnacha, 15% tempranillo, 10% cabernet sauvignon, 10% syrah

89 🌱 13,99€

Corpulento, equilibrado, especiado, maduro, sabroso.

Saó Blanc 2022 B FB
90% macabeo, 10% garnacha blanca

90 🌱 14,75€

Color: pajizo brillante. Aroma: fruta madura, hierbas de tocador, lías finas, pan tostado. Boca: lleno, graso, largo, buena acidez.

Saó Riesling 2022 B
100% riesling

88 🌱 14,75€

Cítrico, equilibrado, fresco, herbal.

Troballa Blanc 2022 B
100% garnacha blanca

90 ★★★ 🌱 13,78€

Color: pajizo. Aroma: hierbas secas, flores marchitas, fruta blanca. Boca: potente, fruta madura, equilibrado.

Troballa Negra 2021 T
100% garnacha

88 🌱 13,78€

Con oscuridad, confitado, goloso, sobremaduro. Aroma: fruta macerada, notas animales.

DO COSTERS DEL SEGRE / D.O.P.

DO COSTERS DEL SEGRE / D.O.P.

RAIMAT
Passeig Manuel Raventós, s/n
25111 Raimat (Lleida/Lérida)
☎: +34 973 724 000
reservas@raimat.com
www.raimat.com

Raimat Chardonnay 2023 B
89 ⚘

Aromas nítidos, amable, frutal, maduro.

Raimat El Molí 2020 T C
cabernet sauvignon, syrah

90 ★★★★ ⚘   11,95€

Color: cereza intenso. Aroma: hierbas secas, roble cremoso, fruta negra, cacao fino. Boca: fruta madura, especiado, taninos maduros.

Raimat El Niu de la Cigonya 2021 B
chardonnay, xarel.lo, albariño

89 ⚘   11,95€

Tostado, suave, agradable.

Turons de la Pleta 2021 B
100% chardonnay

92 ★★★ ⚘   17,99€

Color: amarillo brillante. Aroma: flores secas, fruta escarchada, lías finas, pastelería. Boca: redondo, especiado, largo, persistente.

Turons Vallcorba 2020 T C
cabernet sauvignon

91 ⚘   19€

Color: cereza intenso. Aroma: fruta madura, hierbas secas, fruta negra, cacao fino. Boca: potente, fruta madura, especiado, taninos maduros.

Vol D'Anima de Raimat Blanc 2023 B
88 ⚘

Agradable, tropical, suave, sencillo.

TERRER DE PALLARS
Del Vent, 28
25655 Figuerola d'Orcau (Lleida/Lérida)
☎: +34 616 701 080
nuria@terrerdepallars.com
www.terrerdepallars.com

Conca de Tremp 2021 T C
syrah, cabernet sauvignon

92 ★★★★   16€

Color: cereza intenso. Aroma: hierbas secas, fruta negra, fina reducción, cacao fino. Boca: potente, fruta madura, especiado, taninos maduros.

Conca de Tremp Blanc 2022 B
garnacha blanca, macabeo

91 ★★★★★   12€

Color: pajizo brillante, borde verdoso. Aroma: fruta fresca, cítricos, hierbas verdes, notas anisadas. Boca: fresco, frutoso, buena acidez, fino amargor.

El Presumit del Pallars 2022 T
90 ★★★★★   10€

Aromas nítidos, correcto, floral, maduro. Aroma: fruta madura, violetas. Boca: sabroso, fácil de beber.

La Presumida del Pallars 2022 B
garnacha blanca, macabeo

91 ★★★★★   10€

Color: pajizo brillante. Aroma: expresión frutal, fruta madura, hierbas silvestres, fruta blanca. Boca: sabroso, fresco, buena acidez, retronasal afrutado.

TOMÁS CUSINÉ
Plaça Sant Sebastià, 13
25457 El Vilosell (Lleida/Lérida)
☎: +34 973 176 029
info@tomascusine.com
www.tomascusine.com

Auzells 2023 B
macabeo

90 ⚘

Aromas nítidos. Color: pajizo brillante. Aroma: fruta blanca, fruta madura, cítricos, franco. Boca: correcto, fino amargor.

Finca Barqueres 2019 T C
cariñena

92 ⚘

Con vejez. Color: cereza oscuro, borde granate. Aroma: ebanistería, tabaco, hierbas secas, fruta al licor. Boca: especiado, largo.

Finca Comabarra 2020 T C
93 ⚘

Color: cereza, borde granate. Aroma: fruta confitada, potente, equilibrado, cacao fino, terroso. Boca: sabroso, largo, taninos maduros, especiado.

Finca Racons 2018 B
100% macabeo

93 ⚘

Color: amarillo. Aroma: frutos secos, pan tostado, notas de levadura, con carácter, expresivo, caramelo tostado. Boca: sabroso, amargoso.

Geol 2019 T C
cariñena, merlot, cabernet sauvignon

92 🌱
Color: cereza, borde granate. Aroma: fruta negra, fruta confitada, hierbas secas, hierbas de monte, terroso, especiado. Boca: sabroso, largo, taninos maduros, especiado, equilibrado.

Llebre 2022 T
89
Correcto, maduro, hierbas secas, especiado, sabroso. Boca: fácil de beber.

Vilosell 2021 T
tempranillo, syrah, garnacha

91 🌱
Balsámico. Aroma: franco, equilibrado, hierbas secas, fruta madura. Boca: frutoso, sabroso, especiado, fruta madura, fácil de beber.

VALL DE BALDOMAR
Ctra. de Alós de Balaguer, s/n
25737 Baldomar (Lleida/Lérida)
☎: +34 973 402 205
info@valldebaldomar.com
www.valldebaldomar.com

Baldomà Selecció 2021 T
88
Equilibrado, especiado, maduro, sabroso, tostado, fresco.

Cristiari 2022 B
88
Sencillo, suave, silvestre.

Cristiari 2023 RD
88
Frutal, maduro, muy primario, sabroso.

Cristiari d'Alòs Merlot 2021 T BA
88
Corpulento, equilibrado, especiado, herbáceo, maduro, tostado.

Petit Baldomà 2023 B
86

Petit Baldoma 2023 T
85

VINYA ELS VILARS
Camí de Puiggrós, s/n
25140 Arbeca (Lleida/Lérida)
☎: +34 973 149 144
vinyaelsvilars@vinyaelsvilars.com
www.vinyaelsvilars.com

Gerard T R
100% merlot

89 16€
Corpulento, equilibrado, especiado, herbal, maduro, tostado.

Leix 2021 T
100% syrah

86 16€

Quim 2023 B
macabeo

90 ★★★★ 🌱 10,5€
Austero. Color: pajizo brillante. Aroma: hierbas de tocador, lías finas, fruta blanca. Boca: lleno, buena acidez, equilibrado.

Tallat de Lluna 2022 T
100% syrah

88 19€
Con oscuridad, equilibrado, corpulento, tostado, sabroso.

Vilars 2021 T C
syrah, merlot

86 11€

DO COSTERS DEL SEGRE / D.O.P.

DO. EL HIERRO
CONSEJO REGULADOR

C/ El Hoyo, 1
38911 Frontera (El Hierro)
☎: +34 922 55 96 22
@: doelhierro@doelhierro.es
www.doelhierro.es

SITUACIÓN:

En la isla canaria de El Hierro. La zona de producción comprende toda la isla, pero las principales áreas de cultivo son Valle del Golfo, Sabinosa, El Pinar y Echedo.

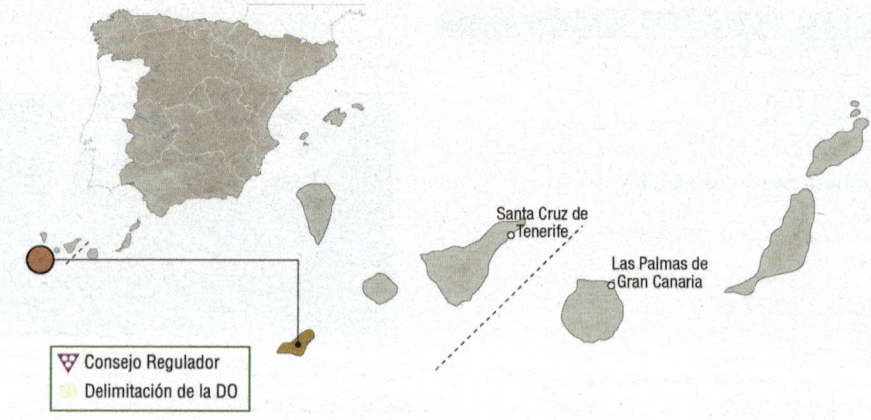

VARIEDADES:

BLANCAS: verijadiego (mayoritaria: 50% de todas las blancas), listán blanca, bremajuelo, uval (gual), pedro ximénez, baboso y moscatel.

TINTAS: listán negro, negramoll, baboso negro y verijadiego negro.

DATOS CONSEJO REGULADOR:

Nº Has. Viñedo: 122 – **Nº Viticultores:** 250 – **Nº Bodegas:** 13 – **Cosecha 23:** Buena – **Producción 22:** 112.000 L. – **Comercialización:** 85% Nacional - 15% Internacional.

SUELOS:

De origen volcánico, con buena capacidad para la retención y almacenamiento del agua. Aunque el cultivo tradicional del viñedo primaba las zonas altas, actualmente la mayoría de las parcelas están a escasa altitud, lo que determina una rápida maduración de la uva.

CLIMA:

En general es bastante templado, aunque se registran mejores índices de humedad en las zonas altas de montaña. Las precipitaciones son poco abundantes.

CARACTERÍSTICAS GENERALES DE LOS VINOS

BLANCOS — Son el producto más característico de la isla. Se elaboran, sobre todo, a partir de las variedades verijadiego y listán blanco. Presentan un color amarillo pajizo; son bastante frescos y afrutados y, en ocasiones, ofrecen notas de frutos tropicales.

ROSADOS — Se caracterizan por un color frambuesa-anaranjado y resultan bastante frescos y afrutados.

TINTOS — Por lo general están muy marcados por los suelos de carácter volcánico de la isla, por una expresión frutal muy pronunciada y por bajos niveles de alcohol.

CALIFICACIÓN DE COSECHAS DE VINOS JÓVENES GUÍAPEÑÍN

2019	2020	2021	2022	2023
SC	SC	SC	MUY BUENA	MUY BUENA

DO EL HIERRO / D.O.P.

BIMBACHE VINÍCOLA
Valderde
38900 El Hierro (Santa Cruz de Tenerife)
info@bimbache.com
www.bimbache.es

Bimbache 2022 B
93
Poco intervencionista. Color: pajizo brillante. Aroma: fruta madura, lías finas, piedra seca, ahumado. Boca: lleno, buena acidez, sabroso, salino.

Bimbache tinto 2022 T
93
Fluido. Color: cereza, borde violáceo. Aroma: fruta roja, floral, especiado, hierbas silvestres, ahumado. Boca: sabroso, frutoso, buena acidez, equilibrado.

Echedo 2022 T
94
Color: cereza, borde violáceo. Aroma: fruta roja, especiado, balsámico, mineral. Boca: sabroso, frutoso, buena acidez, carnoso.

Gran Cruz del Calvario 2022 B
94
Afilado, poco intervencionista. Color: pajizo. Aroma: cítricos, piedra seca, ahumado, fósforo. Boca: potente, sabroso, acidez marcada, salino.

🏆 PODIO

John Stone 2022 B
vijariego blanco, listán blanco
95
Poco intervencionista, potente. Color: pajizo brillante. Aroma: fruta madura, lías finas, mineral, piedra seca. Boca: lleno, graso, largo, buena acidez.

BODEGA CORNICALES
☎: +34 609 083 773
vinoscornicales@gmail.com

Cornicales 2023 B
verijadiego blanco, marmajuelo, gual, listán blanco
87

Cornicales 2023 T
listán negro, vijariego negro, baboso
90
Rústico, silvestre. Aroma: con carácter, fruta madura, expresivo, equilibrado. Boca: jugoso, muy vivo, fácil de beber.

Cornicales Afrutado 2023 B SD
87

BODEGA PADRÓN
Chamorro, 12
38914 El Pinar de El Hierro
(Santa Cruz de Tenerife)
☎: +34 619 388 359
bodegapadron@gmail.com

Bodega Padrón 2023 B
60% listán blanco, 20% verijadiego blanco, 10% baboso blanco, 10% verdello del hierro
89
Agradable, correcto, flores secas, maduro. Aroma: piel de naranja, fruta madura. Boca: sabroso, jugoso.

Bodega Padrón Afrutado 2023 B SD
60% listán blanco, 20% verijadiego blanco, 20% moscatel
89
Agradable, balsámico, equilibrado, herbal, frutal, silvestre, suave. Boca: fácil de beber.

ELYSAR
C/ de la Plaza de la Iglesia, 8
38914 El Pinar de El Hierro
(Santa Cruz de Tenerife)
☎: +34 609 270 479
exp.elysar@hotmail.es

Elysar Varietal 2023 B
listán blanco
86

Elysar Vijariego 2022 T
vijariego negro
90
Representativo, silvestre. Color: Cereza. Aroma: especias dulces, hierbas de monte, hierbas de tocador, varietal. Boca: especiado, buena acidez, equilibrado.

Elysar Vijariego 2023 T
vijariego negro
90
Color: cereza brillante, borde violáceo. Aroma: balsámico, hierbas silvestres, fruta roja, fruta madura, franco, equilibrado. Boca: jugoso, muy vivo, sabroso, fino amargor.

HM LAS VETAS
☎: +34 679 181 577
cornicales@gmail.com

HM Las Vetas Dulce 2019 B
85% vijariego blanco, 10% gual, 5% listán blanco
93
Con tipicidad, con vejez. Color: oro viejo. Aroma: fruta escarchada, pastelería, especias dulces. Boca: sabroso, largo, madera vieja, persistente.

MIRADOR DE ADRA
☎: +34 647 629 599
acostaarmas73@gmail.com

7 Marías Lías 2021 B
vijariego blanco, verdello, gual
92
Aromático, representativo, silvestre. Color: amarillo. Aroma: expresivo, fruta madura, floral, lías finas, cítricos, piel de naranja. Boca: lleno, complejo, especiado, largo, elegante.

7 Marías Lías 2022 B
vijariego blanco, verdejo, gual, baboso blanco
90
Equilibrado, jugoso, frutal, silvestre. Color: pajizo brillante. Aroma: fruta de hueso, especiado. Boca: largo, fruta madura, equilibrado.

Mirador de Adra 2020 B SD
92
Aromas nítidos, cítrico, exuberante. Aroma: caramelo tostado, especias dulces, pastelería, cítricos, acetaldehído. Boca: sabroso, largo, fruta asada.

Vera-Pinto 2021 B
verijadiego blanco
93
Color: dorado, cobrizo. Aroma: fruta escarchada, notas amieladas, franco, expresivo, equilibrado. Boca: equilibrado, frutoso, buena acidez.

SDAD. COOPERATIVA DEL CAMPO FRONTERA - VINÍCOLA INSULAR
El Matorral, s/n
38911 Frontera - El Hierro (Santa Cruz de Tenerife)
☎: +34 922 556 016
coopfrontera@cooperativafrontera.com
www.cooperativafrontera.com

Gran Salmor Dulce 2017 B GR D
verijadiego blanco, bremajuelo
92
Color: oro viejo, borde ambarino. Aroma: especiado, madera vieja, fruta escarchada, cítricos, potente. Boca: sabroso, dulce.

Louis Goudard 2022 B
60% baboso blanco, 40% verdello del hierro
90
Aromático. Aroma: piel de naranja, fruta blanca, expresivo, intensidad media, franco, flores secas. Boca: jugoso, equilibrado, fino amargor.

Viña Frontera Baboso 2021 T
88
Especiado, hierbas secas, maduro, silvestre, confitado, herbáceo, rústico.

Viña Frontera Afrutado Selección 2023 B
vijariego blanco, listán blanco
87

Viña Frontera Baboso Blanco 2021 B
baboso blanco
90
Color: dorado brillante. Aroma: frutos secos, pan tostado, especias dulces, fruta madura, fruta escarchada, madera marcada. Boca: lleno, graso, sabroso, largo, fruta madura.

Viña Frontera Baboso Blanco 2022 B
baboso blanco
91
Color: pajizo brillante. Aroma: expresivo, flores blancas, hierbas secas, especiado. Boca: frutoso, equilibrado, fino amargor.

Viña Frontera Dulce 2018 T GR D
91
Balsámico, dulce. Color: Cereza, borde anaranjado. Aroma: hierbas silvestres, especiado, con carácter, franco. Boca: lleno, concentrado.

Viña Frontera Seco 2023 B
60% vijariego blanco, 40% listán blanco
87

Viña Frontera Tradicional 2022 T
90% listán negro, baboso, vijariego negro, negramoll
86

Viña Frontera Varietales 2021 T
baboso, vijariego negro, listán negro
87

Viña Frontera Vijariego 2022 T
vijariego negro
88
Balsámico, reducido, herbal, frutal, sabroso, silvestre, maduro. Boca: sabroso.

UWE URBACH
El Matorral, 66
38911 Frontera (Santa Cruz de Tenerife)
☎: +34 619 015 087
uweurbach@terra.es

Uwe 2023 T
100% verijadiego
88 🍷
Azufrado, herbal, reductivo, rústico, silvestre, afilado, sabroso.

Uwe Clarete 2023 RD
forastera, verijadiego, baboso, listán negro
88 🍷
Aromático, frutal, fruta golpeada, maduro, sabroso, persistente.

DO EL HIERRO / D.O.P.

DO. EMPORDÀ
CONSEJO REGULADOR

Plaça del Sol, sn
17600 Figueres (Girona)
☎: +34 972 507 513
@: info@doemporda.cat
www.doemporda.cat

SITUACIÓN:

En el extremo nororiental de Cataluña, en la provincia de Girona. La zona de producción engloba 55 términos municipales y ocupa las laderas de las sierras de Rodes y Alberes describiendo un arco, que va desde el cabo de Creus a la llamada Garrotxa d'Empordà, en el caso del Alt Empordà, y con el Macizo de las Gabarres y el Macizo del Montgrí en el caso del Baix Empordà.

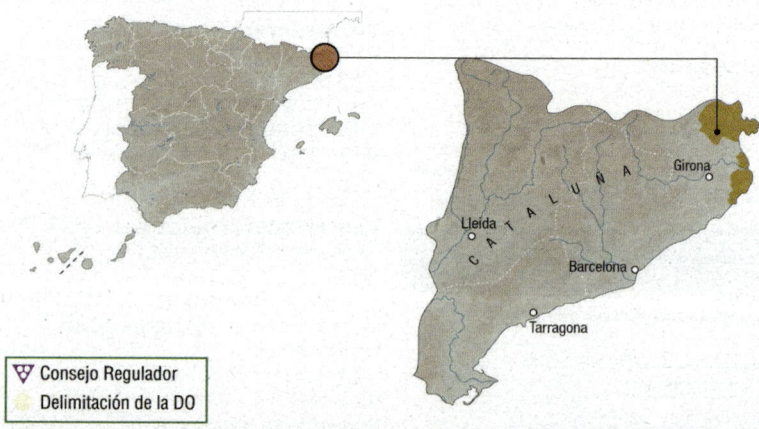

VARIEDADES:

BLANCAS:

Preferentes: garnacha blanca, macabeo (viura) cariñena blanca y moscatel de Alejandría.

Autorizadas: xarel.lo, chardonnay, gewürztraminer, malvasía, moscatel de gra petit, picapoll blanc, cariñena gris y sauvignon blanc.

TINTAS:

Preferentes: cariñena, garnacha roja (lladoner roig) y garnacha tinta.

Autorizadas: cabernet sauvignon, cabernet franc, merlot, monastrell, tempranillo, syrah y garnacha peluda.

DATOS CONSEJO REGULADOR:

Nº Has. Viñedo: 1.836– **Nº Viticultores:** 254 – **Nº Bodegas:** 50– **Cosecha 23:** SC – **Producción 23:** 4.834.800 L – **Comercialización:** 93% Nacional - 7% Internacional.

SUELOS:

En general son suelos pobres, de naturaleza granítica en las zonas montañosas, de tipo aluvial en la llanura y pizarrosos en la franja costera.

CLIMA:

La climatología está condicionada por la tramontana, fuerte viento del norte que afecta a los cultivos. Por lo demás, los inviernos son suaves, con escasas heladas, y los veranos calurosos pero moderados por la acción de la brisa del mar. Respecto al índice de lluvias, se sitúa en torno a los 600 mm. anuales.

CARACTERÍSTICAS GENERALES DE LOS VINOS

BLANCOS — Cada vez son más las bodegas que se vuelcan en la elaboración de estos vinos. Conviven variedades locales y foráneas. Son frescos, fáciles de beber y sabrosos. En ellos impera el carácter puramente mediterráneo.

TINTOS — Han pasado de elaborar tintos *novell* (de comercialización inmediata tras la vendimia y para consumir en el año) de color cereza granate, ligeros, fáciles y agradables de beber, con buenos índices de acidez y aromas a frutos rojos, a volcarse en la creación de vinos con crianza, con mucho equilibrio entre fruta y madera y ricos matices balsámicos.

LICOROSOS — Vinos tradicionales de la región elaborados a partir de garnacha. De color ámbar rojizo, desarrollan en nariz notas a mistela y rancio; en la boca destacan por su dulzor y pastosidad.

ROSADOS — De color rosáceo-frambuesa, son afrutados y relativamente intensos, frescos y ligeros. Poseen una amplia gama cromática y estilística, desde los rosa pálido a los frambuesa intensos. Son frescos, frutales y poseen una buena acidez.

CALIFICACIÓN DE COSECHAS DE VINOS JÓVENES GUÍAPEÑÍN

2019	2020	2021	2022	2023
MUY BUENA	MUY BUENA	MUY BUENA	MUY BUENA	MUY BUENA

DO EMPORDÀ / D.O.P.

ALEGRE WINES & SPIRITS
Balmes, 345
08006 Barcelona (Barcelona)
☎: +34 935 641 262
administracion@alegrews.com
www.alegrews.com

Cala Marquesa 2023 B
garnacha blanca
89
Aromático, cítrico, flores secas, frutal, hierbas secas, maduro.

ALREGI
Pol. Ind. Empordà Internacional s/n
17469 Vilamalla (Girona/Gerona)
☎: +34 972 526 061
alregi@alregi.es
www.winepalace.es

Bufarut 2021 T C
garnacha, cabernet sauvignon
87 ★★★   7,99€

AV BODEGUERS
Sant Baldiri, 23
17781 Vilamaniscle (Girona/Gerona)
☎: +34 620 006 476
info@avbodeguers.com
www.avbodeguers.com

Elitia Carinyenes Velles 2020 T R
100% cariñena
91   25€
Color: cereza brillante. Aroma: fruta negra, fruta madura, especiado, ahumado, hierbas silvestres. Boca: frutoso, estructurado, fresco, sabroso, taninos potentes.

Elitia Garnatxa d'Empordà B Solera D
100% garnacha blanca
94 ★★★★   20€
Color: ámbar. Aroma: fruta pasificada, frutos secos, madera vieja, especias dulces, caramelo tostado, cacao fino, hierbas secas. Boca: dulce, frutoso, sabroso, redondo, cierta persistencia.

Nereus Garnacha Negra 2021 T
100% garnacha
89   15€
Frutal, hierbas secas, maduro, sabroso.

Nereus Selecció 2022 T C
50% garnacha, 30% cariñena, 20% syrah
91 ★★★★   12,95€
Color: cereza, borde violáceo. Aroma: caramelo de violetas, fruta negra, fruta madura, hierbas secas, especiado. Boca: frutoso, equilibrado, fresco, taninos secos pero maduros.

Suneus 2023 RD
100% garnacha
89 ★★★   9,95€
Flores secas, hierbas secas, frutal, muy primario.

Suneus Blanc 2023 B
100% macabeo
88   12€
Amable, cítrico, frutal, hierbas secas, maduro.

Suneus Negre 2022 T RB
60% garnacha, 20% syrah, 20% merlot
88   9,95€
Frutal, hierbas secas, flores secas, maduro, rústico.

BODEGAS CLOS D'AGON
Carrer del Mas Gil, 14
17251 Calonge (Girona/Gerona)
☎: +34 972 661 486
info@closdagon.com
www.closdagon.com

Amic de Clos D'Agon 2022 T
83% garnacha, 9% garnacha tintorera, 8% syrah
90   18€
Aroma: fruta negra, hierbas secas, especiado, ahumado, flores secas. Boca: frutoso, fresco, especiado, taninos maduros, equilibrado.

Amic de Clos D'Agon 2023 B
77% garnacha blanca, 23% garnacha roja
89   16€
Frutal, flores secas, herbal, maduro, sabroso.

Amic de Clos D'Agon 2023 RD
100% garnacha
89   17€
Austero, frutal, herbáceo, muy primario, fresco.

Clos D'Agon Alba del Tinar 2023 RD
88% garnacha gris, 12% cabernet franc
92   33€
Color: salmón. Aroma: fruta fresca, fruta roja, hierbas silvestres, hierbas de tocador, flores marchitas. Boca: fresco, frutoso, muy vivo, sabroso, cierta persistencia, equilibrado.

Clos D'Agon Mas Palet 2021 T
100% syrah
92   115€
Color: cereza, borde violáceo. Aroma: fruta madura, fruta negra, hierbas silvestres, balsámico, incienso, madera de cedro. Boca: frutoso, fresco, muy vivo, equilibrado, taninos maduros.

Clos d'Agon
Valmaña 2021 T
72% merlot, 20% cabernet franc, 5% syrah, 3% cabernet sauvignon

92 — 25€

Color: cereza, borde violáceo. Aroma: expresión frutal, fruta negra, fruta madura, fruta roja, hierbas silvestres, pimiento verde, especiado, madera de cedro. Boca: frutoso, sabroso, potente, equilibrado, retronasal ahumado.

BODEGAS TROBAT
Castelló, 10
17780 Garriguella (Girona/Gerona)
☎: +34 972 530 092
xavier.picazo@bmark.es
www.bodegastrobat.com

Amat Xarel.lo 2023 B
100% xarel.lo

87 ★★★★ 🌱 — 5€

Espiadimonis 2023 B
40% macabeo, 60% garnacha blanca

87 ★★★★ — 4€

Espiadimonis 2023 RD
100% merlot

88 ★★★★ — 4€

Frutal, hierbas secas, maduro, sabroso.

Espiadimonis 2023 T
cariñena, garnacha

88 ★★★★ — 4€

Frutal, maduro, sencillo, correcto, sabroso.

BRUGAROL
Camino de Bell-Lloc, 63
17253 Palamòs (Girona/Gerona)
☎: +34 972 315 161
bell-lloc@brugarol.com
www.brugarol.com

Celler Brugarol Negre 2018 T

91 — 23€

Color: cereza intenso. Aroma: fruta negra, fruta madura, especiado, ahumado, tostado. Boca: sabroso, frutoso, carnoso, retronasal ahumado, taninos potentes.

Celler Brugarol Xarel.lo 2022 B
xarel.lo

90 — 27,5€

Color: amarillo brillante. Aroma: fruta madura, fruta blanca, notas anisadas, hierbas secas, flores secas, piedra seca. Boca: frutoso, graso, fresco, sabroso, varietal, cierta persistencia.

Txatxatxa 2021 T
garnacha, garnacha roja, garnacha blanca

91 ★★★ — 14,5€

Color: cereza brillante. Aroma: expresión frutal, fruta madura, fruta roja, flores marchitas, hierbas silvestres, expresivo. Boca: frutoso, sabroso, fresco, equilibrado, fácil de beber, taninos maduros.

CELLER ARCHÉ PAGÈS
Sant Climent, 31
17750 Capmany (Girona/Gerona)
☎: +34 626 647 251
bonfill@capmany.com
www.cellerarchepages.com

Bonfill 2021 T C
garnacha, cariñena

90 — 22€

Color: cereza, borde violáceo. Aroma: fruta madura, hierbas secas, roble cremoso, fruta negra. Boca: fruta madura, especiado, taninos maduros, sabroso.

Cartesius Blanc 2023 B FB
garnacha blanca

90 ★★★ — 14€

Color: pajizo brillante. Aroma: expresión frutal, fruta blanca, flores blancas, hierbas silvestres. Boca: frutoso, muy vivo, sabroso, equilibrado, fino amargor.

Cartesius Negre 2021 T
garnacha, merlot, cabernet sauvignon

86 — 14€

Cartesius Rosat 2023 RD
garnacha roja

88 — 14€

Amable, frutal, flores secas, hierbas secas, muy primario.

Sàtirs Negre 2020 T C
garnacha, cariñena, cabernet sauvignon, syrah

90 ★★★★★ — 7,1€

Color: cereza, borde granate. Aroma: fruta madura, fruta negra, especiado, tostado, pimienta negra. Boca: sabroso, frutoso, equilibrado, retronasal ahumado, taninos secos pero maduros.

Ull de Serp
La Closa Carinyena 2020 T C
cariñena

90 — 28€

Color: cereza brillante. Aroma: fruta madura, fruta negra, madera vieja, especiado, tostado. Boca: sabroso, frutoso, cierta persistencia, especiado, retronasal ahumado, tostado.

DO EMPORDÀ / D.O.P.

DO EMPORDÀ / D.O.P.

Ull de Serp La Closa Macabeu 2022 B FB
macabeo

92   21€

Color: dorado brillante. Aroma: fruta asada, fruta madura, especias dulces, tostado, hierbas secas. Boca: frutoso, sabroso, potente, fino amargor, equilibrado, tostado.

CELLER COOPERATIU D'ESPOLLA
Crta. De Roses, s/n
17753 Espolla (Girona/Gerona)
☎: +34 972 563 178
info@celleespolla.com
www.celleespolla.com

Babalà – Vi Negre Eixerit 2023 T
85% lledoner, 15% lledoner roig

88 ★★★★   6,75€

Frutal, muy primario, maduro, sencillo.

Babalà Vi Blanc Simpàtic 2023 B
75% cariñena blanca, 25% moscatel de alejandría

88 ★★★★   6,75€

Aromático, flores secas, frutal, maduro, muy primario.

Babalà Vi Rosat Alegre 2023 RD
70% lledoner roig, 30% lledoner

88 ★★★★   6,75€

Frutal, flores secas, hierbas secas, maduro, muy primario.

Clos de les Dòmines 2020 T R
65% cariñena, 35% cabernet sauvignon

89   12,5€

Frutal, herbal, maduro, confitado, especiado.

Clos de les Dòmines Blanc 2022 B FB
45% garnacha rosada, 25% cariñena, 20% garnacha blanca, 10% moscatel de alejandría

91 ★★★★★   12€

Color: amarillo brillante. Aroma: fruta fresca, fruta blanca, flores marchitas. Boca: fresco, frutoso, muy vivo, sabroso, equilibrado, especiado.

Solera 1931 Espolla Garnatxa d'Empordà BF Solera D
lledoner blanco, lledoner roig

89   14€

Frutal, goloso, sabroso, tostado, dulce.

CELLER COOPERATIU D'ESPOLLA – VINS DE POSTAL
Ctra. Roses, s/n
17753 Espolla (Girona/Gerona)
☎: +34 972 563 178
vinsdepostal@celleespolla.com
www.vinsdepostal.com

Soliserena Espolla Garnacha D'Empordà BF Solera D
lledoner blanco, lledoner roig

91   20€

Color: caoba oscuro. Aroma: fruta escarchada, roble cremoso, madera vieja, incienso, caramelo tostado, fruta confitada. Boca: dulce, frutoso, sabroso, cierta persistencia, retronasal torrefactado.

Vins de Postal - Camí de Mollet 2019 B
100% garnacha rosada

93 ★★★   19,5€

Color: amarillo brillante. Aroma: caramelo de limón, expresión frutal, fruta asada, hierbas secas, hierbas de monte. Boca: frutoso, lleno, fresco, sabroso, equilibrado, buena acidez, fino amargor.

Vins de Postal - Coll de Ribera 2014 T BA
100% cariñena

91   30€

Color: cereza brillante, cereza, borde granate. Aroma: fruta madura, fruta negra, hierbas silvestres, hierbas de tocador, flores secas, violetas. Boca: frutoso, sabroso, equilibrado, especiado, taninos maduros.

Vins de Postal - L'Estany 2020 B
100% lledoner blanco

91   19,5€

Color: amarillo brillante. Aroma: fruta asada, fruta madura, hierbas silvestres, caramelo tostado, especiado. Boca: frutoso, fresco, sabroso, lleno, equilibrado, especiado, retronasal ahumado, cierta persistencia.

Vins de Postal – La Coromina 2016 T
100% cariñena

91   30€

Color: cereza brillante. Aroma: caramelo de violetas, expresión frutal, fruta negra, fruta madura, hierbas de tocador, flores marchitas, especias dulces. Boca: frutoso, sabroso, equilibrado, taninos maduros.

Vins de Postal – Les Planes 2020 B
100% cariñena blanca

93 ★★★   19,5€

Color: pajizo brillante. Aroma: lías finas, mineral, hierbas de monte, notas anisadas, tostado. Boca: lleno, complejo, especiado, largo.

CELLER GERISENA
Ctra de Roses, s/n
17780 Garriguella (Girona/Gerona)
☎: +34 972 530 002
info@cellergerisena.com
www.cellergerisena.com

Blanc de Gerisena 2022 B RB
garnacha blanca

90 ★★★★★   9,75€

Color: amarillo brillante. Aroma: roble cremoso, fruta madura, especiado, fruta asada, frutos secos. Boca: graso, estructurado, tostado, fino amargor, cierta persistencia.

Finca Les Roques 2022 B RB
cariñena blanca

91   16,4€

Color: dorado brillante. Aroma: fruta madura, fruta blanca, hierbas silvestres, especiado. Boca: frutoso, fresco, sabroso, fruta madura, equilibrado.

Finca Masdeneres 2021 T RB
cariñena

91   31€

Color: cereza brillante. Aroma: fruta negra, expresión frutal, café aromático, ahumado, especiado, hierbas silvestres. Boca: concentrado, estructurado, frutoso, retronasal ahumado, taninos secos pero maduros.

Negre de Gerisena 2022 T
garnacha

90 ★★★★   10,6€

Color: cereza brillante. Aroma: fruta madura, fruta negra, hierbas secas, ahumado, especiado. Boca: frutoso, sabroso, equilibrado, taninos secos pero maduros.

Rosat de Gerisena 2023 RD
garnacha gris

89 ★★★★   8,9€

Frutal, fresco, flores secas, hierbas secas, maduro. Color: salmón. Aroma: fruta roja, fruta madura, hierbas secas, expresión frutal. Boca: frutoso, muy vivo, sabroso, equilibrado.

Somnis de Gerisena RF Añejo D
garnacha gris

94   22,75€

Color: caoba oscuro. Aroma: fruta pasificada, notas amieladas, caramelo tostado, especias dulces, madera vieja. Boca: dulce, frutoso, potente, sabroso, equilibrado, persistente, tostado.

CELLER JOC
17750 Capmany (Girona/Gerona)
☎: +34 607 222 002
info@vinojoc.com
www.vinojoc.com

9 Set 2 2021 T
cabernet sauvignon, merlot, garnacha

88   13€

Frutal, especiado, herbal, silvestre, maduro.

De Cap a Peus 2022 B
57% garnacha blanca, 42% macabeo, 1% moscatel grano menudo

89   11€

Frutal, hierbas secas, maduro, muy primario, sabroso. Boca: fino amargor.

Petardo 2022 T
garnacha, merlot, cabernet sauvignon

90 ★★★★   11€

Color: cereza brillante. Aroma: fruta negra, fruta madura, especiado, tostado, pimienta negra, hierbas secas. Boca: frutoso, equilibrado, especiado, retronasal ahumado, taninos maduros.

CELLER MARIÀ PAGÈS
Pujada, 6
17750 Figueres (Girona/Gerona)
☎: +34 972 549 160
info@cellermpages.com
www.cellermpages.com

Celler Marià Pagès Garnatxa d'Empordà Dulce 2021 B D
80% garnacha, 20% garnacha blanca

90 ★★★★★   10€

Color: ámbar. Aroma: fruta escarchada, madera vieja, pastelería, tostado, ebanistería. Boca: frutoso, dulce, graso, cierta persistencia.

Celler Marià Pagès Moscat d'Empordà Dulce 2023 B D
moscatel de alejandría

89 ★★★   10€

Dulce, varietal, maduro, frutal, flores secas.

Celler Marià Pagès Rosa-T 2023 RD
garnacha

87 ★★★★   7€

Celler Marià Pagès Vinya de L'Hort 2023 B
70% garnacha, 30% garnacha roja

87 ★★★★   7€

Mar de Lluna Moscat 2023 B
moscatel de alejandría

86   8€

DO EMPORDÀ / D.O.P.

Guía Peñín | VINOS DE ESPAÑA

DO EMPORDÀ / D.O.P.

Senyor de Les Pedres 2019 T RB
garnacha, cariñena, cabernet franc, cabernet sauvignon

88 — 10€

Frutal, hierbas secas, especiado, maduro, sabroso.

CELLER MARTÍ FABRA
Barrio Vic, 26
17751 Sant Climent Sescebes (Girona/Gerona)
☎: +34 972 563 011
info@cellermartifabra.com
www.cellermartifabra.com

Flor D'Albera 2021 B FB
100% moscatel

90 ★★★★ — 10,8€

Color: amarillo brillante. Aroma: expresión frutal, fruta blanca, hierbas silvestres, notas anisadas, flores secas. Boca: fresco, frutoso, muy vivo, equilibrado.

L'Oratori 2022 T
50% garnacha, 35% cariñena, 8% tempranillo, 3% cabernet sauvignon, 2% merlot, 2% syrah

90 ★★★★★ — 7,1€

Color: cereza brillante. Aroma: fruta negra, fruta roja, pimienta negra, especiado, madera de cedro, hierbas silvestres. Boca: frutoso, fresco, sabroso, taninos secos pero maduros.

La Tribana 2021 T
garnacha

92

Color: cereza brillante. Aroma: fruta madura, fruta roja, especiado, pimienta negra, tostado, hierbas secas. Boca: frutoso, potente, sabroso, equilibrado, retronasal ahumado, taninos maduros, cierta persistencia.

Martí Fabra Selecció Vinyes Velles 2022 T RB
55% garnacha, 25% cariñena, 20% cabernet sauvignon

91 ★★★★★ — 11,3€

Color: cereza, borde violáceo. Aroma: fruta madura, fruta negra, especiado, caramelo tostado, tostado. Boca: sabroso, jugoso, frutoso, fresco, equilibrado.

Masía Carreras Blanc 2021 B FB
40% cariñena blanca, 30% cariñena rosada, 10% garnacha blanca, 10% garnacha rosada, 10% picapoll blanc

93 ★★★★ — 17,9€

Color: amarillo brillante. Aroma: fruta blanca, fruta madura, fruta de hueso, flores marchitas, flores blancas. Boca: frutoso, fresco, sabroso, lleno, equilibrado, especiado, cierta persistencia.

Masía Carreras Negre 2021 T
100% cariñena

92 — 19,8€

Color: cereza, borde violáceo. Aroma: fruta negra, hierbas silvestres, café aromático, especiado, tostado. Boca: sabroso, frutoso, fresco, equilibrado, fruta madura, cierta persistencia, taninos secos pero maduros.

Masía Pairal Can Carreras Garnatxa de l'Empordà BF Solera D
garnacha blanca, garnacha rosada

94 ★★★★ — 18,5€

Color: oro viejo, borde ambarino. Aroma: expresión frutal, fruta escarchada, notas amieladas, roble cremoso, pastelería, especias dulces, caramelo tostado, cacao fino. Boca: frutoso, fresco, lleno, equilibrado, fino amargor, tostado, persistente, dulce, complejo.

CELLER MASSIS DE L'ALBERA
La Roca, 1
17750 Capmany (Girona/Gerona)
☎: +34 972 549 012
info@massisdelalbera.com
www.massisdelalbera.com

Camins de L'Albera 2021 T
garnacha

90 — 30€

Color: cereza brillante. Aroma: fruta madura, fruta roja, hierbas secas, violetas, ebanistería. Boca: frutoso, fresco, sabroso, mineral, retronasal afrutado.

El Visionari 2023 RD
garnacha

90 🌱   19€

Color: salmón. Aroma: frambuesa, expresión frutal, fruta madura, fruta roja, hierbas de tocador, pétalos de rosa. Boca: frutoso, sabroso, equilibrado, cierta persistencia.

L'Encanteri 2022 T C
garnacha, cariñena, syrah

92   19€

Color: cereza, borde violáceo. Aroma: fruta roja, fruta madura, especiado, hierbas secas, flores secas. Boca: frutoso, fresco, sabroso, equilibrado, fruta madura, taninos maduros.

La Garnatxa D'En Pitu 2012 RF GR D
garnacha roja

94   42€

Color: yodo, borde ambarino. Aroma: fruta escarchada, frutos secos, roble cremoso, incienso, caramelo tostado. Boca: dulce, frutoso, fresco, equilibrado, buena acidez, cierta persistencia, especiado, persistente, tostado.

COOPERATIVA DE GARRIGUELLA
Ctra. de Roses, s/n
17780 Garriguella (Girona/Gerona)
☎ +34 972 530 002
info@cooperativagarriguella.com
www.cooperativagarriguella.com

Garriguella Garnatxa D'Empordá Ambré Dulce RD BA D
garnacha gris

90 ★★★★★   6,25€

Color: oro viejo, borde ambarino. Aroma: fruta escarchada, fruta pasificada, roble cremoso, pastelería, especiado. Boca: frutoso, fresco, sabroso, equilibrado, dulce.

Garriguella Garnatxa D'Empordá Robí Dulce Natural T D
garnacha

90 ★★★★★   6,25€

Color: yodo, borde ambarino. Aroma: fruta escarchada, frutos secos, pastelería, tostado, especiado. Boca: frutoso, graso, dulce, cierta persistencia, retronasal ahumado.

Garriguella Moscatel D'Empordá Dulce 2023 B MO D
moscatel de alejandría

89 ★★★★   6,25€

Aromático, frutal, láctico, varietal, sabroso, floral.

Puntils 2021 T C
garnacha

87   8,05€

Puntils Blanc 2023 B
garnacha blanca, moscatel de alejandría

86   6,75€

Puntils Negre 2023 T
garnacha, cariñena

86   6,75€

EMPORDÀLIA
Ctra. de Roses, s/n
17494 Pau (Girona/Gerona)
☎ +34 972 530 140
comunicacio@empordalia.com
www.empordalia.com

Antima 2021 T C
60% garnacha, 40% cariñena

91 ★★★   14,25€

Color: cereza intenso. Aroma: caramelo de violetas, expresión frutal, fruta madura, fruta negra, especiado, ebanistería. Boca: frutoso, fresco, potente, estructurado, equilibrado, retronasal ahumado, taninos secos pero maduros.

Daina 2023 RD
100% garnacha gris

88 ★★★★ 🌱   7,5€

Frutal, flores secas, hierbas secas, maduro.

Icnos 2019 T C
50% cariñena, 30% cabernet sauvignon, 20% syrah

93   28,5€

Color: cereza, borde violáceo. Aroma: fruta madura, fruta negra, fruta roja, hierbas silvestres, tierra húmeda, trufas, especiado, tostado. Boca: frutoso, muy vivo, sabroso, concentrado, equilibrado.

Mabre 2023 B
100% garnacha blanca

88 🌱   9,25€

Frutal, flores secas, fresco, hierbas secas, maduro.

Perdre El Nord 2022 T
100% merlot

88 ★★★★ 🌱   6,6€

Varietal, frutal, maduro, silvestre, especiado.

Sinols 2020 T R
40% cabernet sauvignon, 20% garnacha, 20% merlot, 20% syrah

88   12,3€

Frutal, hierbas secas, sabroso, equilibrado, confitado, especiado.

DO EMPORDÀ / D.O.P.

DO EMPORDÀ / D.O.P.

ESPELT VITICULTORS
Mas Espelt s/n
17493 Vilajuiga (Girona/Gerona)
☎: +34 972 531 727
info@espeltviticultors.com
www.espeltviticultors.com

Cala Rostella 2020 T
garnacha

91 🌱

Color: cereza brillante, borde granate. Aroma: fruta roja, fruta madura, hierbas silvestres, especias dulces. Boca: frutoso, sabroso, equilibrado, fruta madura, taninos maduros.

Espelt Airam Solera 1998 Dulce RF Solera D
garnacha

94

Color: oro viejo, borde ambarino. Aroma: caramelo de violetas, expresión frutal, fruta pasificada, notas amieladas, hidrocarburo, cacao fino, especias dulces. Boca: dulce, frutoso, graso, sabroso, equilibrado, persistente, taninos maduros.

Espelt ComaBruna 2018 T
cariñena

93   27€

Color: cereza intenso. Aroma: fruta negra, fruta madura, notas de cereal, hierbas secas, especiado. Boca: frutoso, sabroso, equilibrado, cierta persistencia, taninos secos pero maduros.

Espelt La Vella 2022 B
cariñena blanca

90   43,5€

Color: amarillo brillante. Aroma: fruta madura, fruta asada, hierbas silvestres, flores marchitas, expresivo. Boca: frutoso, fresco, equilibrado, muy vivo.

Espelt Lledoner Roig 2021 B
lledoner roig

92   27€

Color: amarillo brillante. Aroma: expresión frutal, fruta de hueso, fruta blanca, piel de naranja, hierbas de tocador, flores marchitas. Boca: frutoso, lleno, fresco, sabroso, equilibrado.

Espelt Terres Negres 2020 T
cariñena, garnacha

92 ★★★ 🌱   17,5€

Color: cereza, borde violáceo. Aroma: fruta madura, fruta negra, expresión frutal, hierbas silvestres, especiado. Boca: frutoso, sabroso, fresco, muy vivo, equilibrado, taninos maduros.

L'Escumós d'Anna Espelt 2015 BE
monastrell

92 🌱

Color: amarillo brillante. Aroma: cítricos, caramelo de limón, expresión frutal, fruta blanca, hierbas silvestres, hierbas de tocador, lías finas, expresivo. Boca: fresco, frutoso, muy vivo, sabroso, equilibrado, largo.

Les Elies 2020 T BA
garnacha

93 🌱   36€

Color: cereza, borde violáceo. Aroma: expresión frutal, fruta madura, fruta roja, lácticos, especias dulces, tostado, hierbas silvestres. Boca: frutoso, fresco, potente, equilibrado, taninos maduros.

Pardells 2019 B
38% macabeo, 38% lledoner roig, 24% lledoner blanco

91 🌱   36€

Color: amarillo brillante. Aroma: fruta blanca, toques silvestres, hierbas secas, notas anisadas, ahumado. Boca: frutoso, sabroso, equilibrado, fino amargor.

Pla de Tudela 2021 B
picapoll blanc

93 🌱

Color: amarillo brillante. Aroma: fruta madura, fruta de hueso, toques silvestres, hierbas de tocador, expresivo. Boca: frutoso, fresco, lleno, muy vivo, mineral, equilibrado.

GALLINA DE PIEL WINES
17005 Girona (Girona)
info@gallinadepielwines.com
www.gallinadepielwines.com

Roca del Crit 2021 T
85% cariñena, 15% garnacha

91   17,5€

Color: cereza intenso. Aroma: fruta madura, hierbas secas, balsámico. Boca: potente, fruta madura, especiado, taninos maduros.

LA VINYETA
Ctra. de Mollet de Peralada a Masarac
17752 Mollet de Peralada (Girona/Gerona)
☎: +34 647 748 809
celler@lavinyeta.es
www.lavinyeta.es

Llavors Blanc 2023 B
macabeo, garnacha roja

89 🌱   12€

Aromático, frutal, hierbas secas, maduro, láctico.

Llavors Negre 2021 T
cariñena, merlot

87 🌱   12€

DO EMPORDÀ / D.O.P.

Microvins Carinyena 2019 T
100% cariñena

91 — 21€

Color: cereza, borde granate. Aroma: fruta negra, fruta madura, hierbas secas, especiado, pimienta negra. Boca: frutoso, muy vivo, estructurado, taninos secos pero maduros, fruta madura.

Microvins Garnacha Blanca 2022 B
100% garnacha blanca

91 — 21€

Color: amarillo brillante. Aroma: fruta asada, fruta de hueso, frutos secos, notas amieladas, especias dulces, tostado. Boca: sabroso, frutoso, fresco, retronasal ahumado, tostado, cierta persistencia.

Puntiapart 2019 T
cariñena, cabernet sauvignon

89 — 15€

Frutal, hierbas secas, maduro, sabroso, silvestre, especiado.

MAS LLUNES
Ctra. de Vilajuiga, s/n
17780 Garriguella (Girona/Gerona)
☎: +34 972 552 684
info@masllunes.es
www.masllunes.es

Empórion 2020 T
63% garnacha, 37% cabernet sauvignon

91 — 19,5€

Color: cereza brillante. Aroma: expresión frutal, fruta roja, fruta negra, hierbas silvestres, flores marchitas. Boca: frutoso, sabroso, equilibrado, taninos secos pero maduros.

Finca Butarós 2018 T
60% cariñena, 40% garnacha

93 — 40€

Color: cereza brillante. Aroma: fruta madura, fruta negra, regaliz negro, hierbas silvestres, almendra tostada, café aromático. Boca: frutoso, estructurado, potente, equilibrado, cierta persistencia, taninos secos pero maduros.

Nivia 2022 B FB
86% garnacha blanca, 14% macabeo

92 ★★★★★ — 13€

Aroma: expresión frutal, fruta blanca, fruta madura, piel de naranja, hierbas silvestres. Boca: frutoso, fresco, potente, sabroso, equilibrado, especiado, cierta persistencia.

Rhodes 2021 T C
52% cariñena, 33% garnacha, 15% syrah

92 ★★★★ — 16€

Color: cereza, borde violáceo. Aroma: expresión frutal, fruta madura, fruta negra, madera de cedro, especiado, flores secas. Boca: frutoso, sabroso, fresco, equilibrado, taninos secos pero maduros.

Singulars Carinyena Blanca 2022 B
cariñena blanca

92 — 21€

Color: amarillo brillante. Aroma: fruta madura, fruta asada, hierbas secas, caramelo tostado, frutos secos. Boca: frutoso, lleno, graso, equilibrado, especiado, tostado, retronasal ahumado.

Singulars Garnatxa Roja 2022 B FB
garnacha roja

92 — 21€

Color: cobrizo. Aroma: fruta madura, fruta al licor, hierbas de tocador, flores marchitas. Boca: frutoso, fresco, sabroso, especiado, cierta persistencia, equilibrado.

OLIVEDA
La Roca, 3
17750 Capmany (Girona/Gerona)
☎: +34 972 549 012
comercial@grupoliveda.com
www.grupoliveda.com

La Bestia Negra 2022 T
garnacha, cabernet sauvignon

90 — 19€

Color: cereza brillante. Aroma: fruta negra, hierbas silvestres, ahumado, especiado. Boca: frutoso, sabroso, equilibrado, taninos potentes, cierta persistencia.

DO EMPORDÀ / D.O.P.

Rigau Ros Cabernet Sauvignon 2018 T GR
cabernet sauvignon

88 15€

Ahumado, confitado, frutal, goloso, tostado, algo secante.

Furot 2018 T R
garnacha, cabernet sauvignon, merlot

88 20€

Frutal, maduro, especiado, ahumado.

Garoina 2023 B
chardonnay

88 15€

Frutal, hierbas secas, flores secas, maduro, silvestre.

PERE GUARDIOLA
Ctra. GI-602, Km. 2,9
17750 Capmany (Girona/Gerona)
☎: +34 972 549 024
vins@pereguardiola.com
www.pereguardiola.com

Anhel d'Empordà 2022 T BA
100% cariñena

88 🌿 10€

Frutal, especiado, maduro, goloso.

Anhel d'Empordà 2023 B
100% garnacha blanca

88 🌿 10€

Cítrico, flores secas, frutal, maduro, hierbas secas.

Clos Floresta 2018 T C
syrah, garnacha, cabernet sauvignon

86 19,6€

Joncaria Garnacha Roja 2022 B
100% garnacha roja

90 🌿

Color: dorado brillante. Aroma: fruta blanca, fruta asada, notas anisadas, hierbas de monte, flores secas, expresivo. Boca: frutoso, fresco, potente, sabroso, equilibrado, fino amargor.

Torre de Capmany Garnatxa d'Empordà B GR

93

Color: ámbar. Aroma: fruta asada, fruta pasificada, notas amieladas, madera vieja, especias dulces, chocolate, caramelo tostado. Boca: dulce, frutoso, fresco, equilibrado, cierta persistencia.

PERELADA
Paratge La Granja S/n
17491 Peralada (Girona/Gerona)
☎: +34 972 538 011
pr@perelada.com
www.perelada.com

Perelada Aires de Garbet 2020 T R
100% garnacha

93 48,5€

Color: cereza, borde granate. Aroma: fruta confitada, fruta al licor, especiado, hierbas de monte. Boca: sabroso, dulcedumbre, largo.

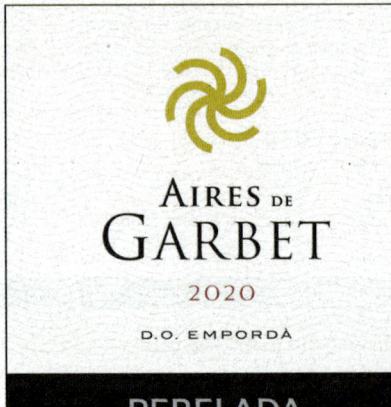

Perelada Ex Ex 14 2019 T C
100% garnacha

94 65,4€

Aromas nítidos, amable, muy vivo. Color: cereza oscuro. Aroma: especiado, cacao fino, fruta madura, fruta negra, toques silvestres, hierbas de monte. Boca: sabroso, tostado, fino amargor.

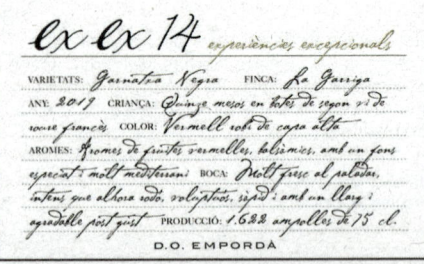

🏆 PODIO

Perelada Finca Garbet 2021 T R
100% syrah

95   122€

Aromas nítidos, maduro. Color: cereza muy intenso. Aroma: complejo, expresivo, especiado, mineral. Boca: elegante, lleno, largo, persistente.

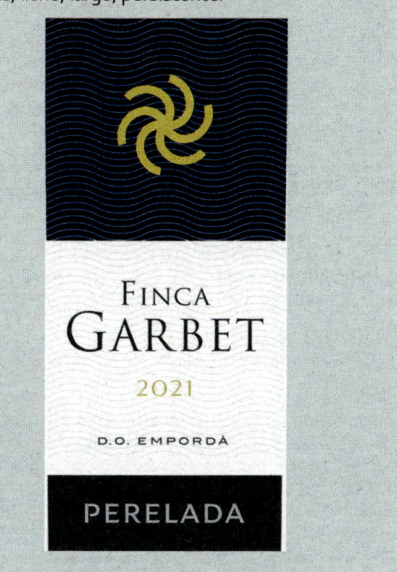

Perelada Gran Claustro 2021 T C

93   30€

Color: cereza intenso. Aroma: fruta madura, hierbas secas, roble cremoso, hierbas de monte. Boca: potente, fruta madura, especiado, taninos maduros.

Perelada Garnatxa de l'Empordà 12 Anys Dulce Natural BF Solera D
50% garnacha roja, 50% garnacha blanca

94 ★★★   21,95€

Color: caoba claro. Aroma: acetaldehído, barniz, fruta escarchada, frutos secos, fruta pasificada. Boca: frutoso, sabroso, dulce.

Perelada Finca Malaveïna 2021 T
69% merlot, 14% cabernet sauvignon, 11% garnacha, 6% cabernet franc

90   22,3€

Color: cereza intenso. Aroma: fruta madura, hierbas secas, roble cremoso, fina reducción, cuero mojado. Boca: potente, fruta madura, especiado, taninos maduros.

Perelada Finca Garbet 2005 T R
100% syrah

94   150€

Color: cereza oscuro, borde granate. Aroma: fruta madura, fruta confitada, ebanistería, tabaco, especias dulces. Boca: especiado, taninos maduros, largo.

DO EMPORDÀ / D.O.P.

DO EMPORDÀ / D.O.P.

ROIG PARALS
Les Costes s/n
17752 Mollet de Peralada (Girona/Gerona)
☎: +34 972 634 320
info@roigparals.cat
www.roigparals.cat

Camí de Cormes 2021 T C
cariñena

92 🌱   26€
Color: cereza brillante. Aroma: fruta madura, fruta negra, hierbas silvestres, especiado, madera de cedro, tostado. Boca: sabroso, frutoso, muy vivo, cierta persistencia, especiado, retronasal ahumado, taninos secos pero maduros.

L'Intrús 2021 T
cabernet sauvignon, merlot

90   18€
Color: cereza brillante. Aroma: fruta madura, fruta negra, hierbas silvestres, regaliz negro, especiado. Boca: frutoso, potente, sabroso, equilibrado, cierta persistencia.

La Botera 2019 T C
cariñena, garnacha

88   12€
Frutal, herbal, especiado, maduro, algo secante.

Mallolet 2021 T
cariñena, garnacha

88 ★★★★   8€
Frutal, herbal, maduro, especiado.

TOCAT DE L'ALA
Carrer de les Costes s/n
17752 Mollet de Peralada (Girona/Gerona)
☎: +34 619 776 948
info@tocatdelala.cat
www.tocatdelala.cat

Tocat de l'Ala Blanc 2023 B
60% garnacha blanca, 40% macabeo

90 ★★★★   11,6€
Color: pajizo. Aroma: fruta madura, hierbas secas, flores marchitas. Boca: fruta madura, equilibrado, frutoso, fino amargor.

VINS DE LA MEMÒRIA
Aribau 168, 1-1
08036 Barcelona (Barcelona)
☎: +34 672 429 920
info@vinsdelamemoria.com
www.vinsdelamemoria.com

reVolt 2021 T
cariñena

91   46,1€
Color: cereza intenso. Aroma: fruta madura, hierbas secas, roble cremoso, fruta negra, pimienta negra, especiado. Boca: potente, fruta madura, especiado, taninos secos pero maduros, cierta persistencia.

VINYES D'OLIVARDOTS
Paratge Olivardots, s/n
17750 Capmany (Girona/Gerona)
☎: +34 651 017 075
vdo@olivardots.com
www.olivardots.com

Blanc de Gresa 2022 B FB
55% garnacha blanca, 32% garnacha gris, 13% cariñena blanca

91   23€
Color: amarillo brillante. Aroma: fruta madura, fruta asada, hierbas secas, flores marchitas, camomila, especiado. Boca: frutoso, fresco, sabroso, fruta madura, tostado, retronasal ahumado.

Finca Olivardots Groc d'Àmfora 2023 B
50% garnacha blanca, 22% garnacha gris, 20% macabeo, 8% cariñena blanca

91 ★★★★ 🌱   13€
Color: amarillo brillante. Aroma: fruta madura, fruta blanca, hierbas secas, flores marchitas, expresivo. Boca: fluido, frutoso, sabroso, fruta madura.

Finca Olivardots Vermell 2020 T C
55% syrah, 25% cariñena, 12% garnacha, 8% cabernet sauvignon

89   14€
Frutal, maduro, hierbas secas, especiado.

Gresa 2017 T R
46% cariñena, 32% garnacha, 15% syrah, 7% cabernet sauvignon

92   24€
Color: cereza brillante. Aroma: fruta madura, fruta negra, especiado, chocolate, tostado. Boca: sabroso, frutoso, equilibrado, retronasal ahumado, cierta persistencia.

Vd'O 1 2017 T
100% cariñena

92 🌱   45€
Color: cereza brillante. Aroma: fruta confitada, fruta negra, especiado, ahumado, tabaco, notas cárnicas. Boca: sabroso, frutoso, estructurado, equilibrado, cierta persistencia, taninos secos pero maduros.

Vd'O 2 2017 T
100% cariñena

92 45€

Color: cereza brillante. Aroma: fruta negra, fruta madura, caramelo tostado, especiado, tostado. Boca: sabroso, frutoso, equilibrado, cierta persistencia, retronasal ahumado, taninos secos pero maduros.

Soques 2018 T R
100% garnacha

94 45€

Color: cereza brillante. Aroma: hierbas secas, flores secas, fruta madura, fruta confitada, mineral. Boca: frutoso, sabroso, equilibrado, cierta persistencia, taninos dulces.

Xot Blanc 2022 B
50% garnacha blanca, 43% sauvignon blanc, 7% picapoll blanc

93 ★★★★★ 16€

Con personalidad. Color: amarillo brillante. Aroma: fruta blanca, expresión frutal, fruta de hueso, fruta madura, piel de naranja, hierbas silvestres. Boca: frutoso, graso, lleno, muy vivo, sabroso, especiado, cierta persistencia.

DO EMPORDÀ / D.O.P.

VINYES DELS ASPRES
Requesens, 7
17708 Cantallops (Girona/Gerona)
☎: +34 619 741 442
dmolas@vinyesdelaspres.cat
www.vinyesdelaspres.cat

🏆 PODIO

Bac de les Ginesteres B RC D
100% garnacha roja

95 40€

Color: yodo, borde ambarino. Aroma: coco, frutos secos, café aromático, chocolate, almendra tostada, tostado, con carácter. Boca: sabroso, frutoso, graso, lleno, equilibrado, fino amargor, complejo, persistente.

Blanc dels Aspres 2022 B FB
100% garnacha blanca

90 18€

Color: amarillo brillante. Aroma: fruta madura, hierbas secas, flores marchitas, piedra seca. Boca: fruta madura, equilibrado, frutoso, lleno.

Negre dels Aspres 2020 T C
cariñena

91 18€

Color: cereza brillante. Aroma: expresión frutal, fruta madura, fruta roja, flores secas, especias dulces. Boca: frutoso, sabroso, muy vivo, equilibrado, taninos dulces.

S'Alou 2019 T C
62% garnacha, 38% syrah

92 35€

Color: cereza brillante. Aroma: fruta roja, fruta madura, hierbas silvestres, expresivo, especias dulces. Boca: sabroso, frutoso, fresco, fluido, equilibrado, cierta persistencia.

DO. GETARIAKO TXAKOLINA
CONSEJO REGULADOR

Parque Aldamar, 4 bajo
20808 Getaria (Gipuzkoa)
☎: +34 943 140 383
@: info@getariakotxakolina.eus
www.getariakotxakolina.eus

SITUACIÓN:

El ámbito geográfico de la Denominación es, desde 2007, toda Gipuzkoa, aunque cerca del 85% del viñedo se encuentra localizado en los municipios: Aia, Getaria y Zarautz.

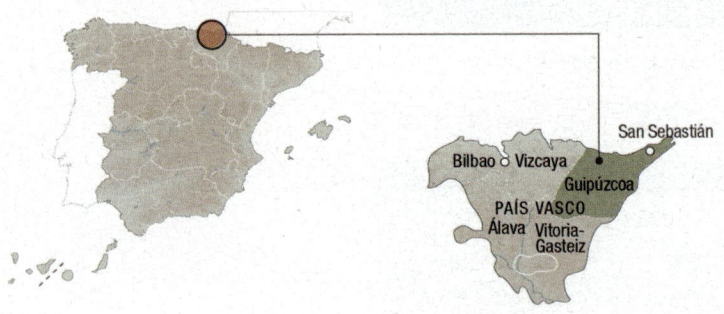

VARIEDADES:

BLANCAS: hondarrabi zuri (mayoritaria: ocupa el 90% del viñedo), gros manseng, riesling, chardonnay y petit courbu.

TINTAS: hondarrabi beltza.

DATOS CONSEJO REGULADOR:

Nº Has. Viñedo: 464 – **Nº Viticultores:** 100 – **Nº Bodegas:** 31 – **Cosecha 23:** Buena – **Producción 23:** 2.700.000 L – **Comercialización:** 82% Nacional - 18% Internacional.

SUELOS:

El viñedo está situado en pequeños valles y suaves colinas que pueden alcanzar los 200 metros de altitud. Se asienta en tierras pardas húmedo-calizas; son suelos ricos en materia orgánica.

CLIMA:

Bastante suave, gracias a la influencia marítima del Cantábrico. La temperatura media anual es de 13ºC, y las lluvias resultan muy abundantes con una media de 1.600 mm. anuales.

CARACTERÍSTICAS GENERALES DE LOS VINOS

BLANCOS — Elaborados con la variedad autóctona hondarrabi zuri, no obstante, pueden incluir un pequeño porcentaje de uva tinta (hondarrabi beltza) en el ensamblaje. El txacolí de Getaria se caracteriza por su color pálido acerado; el carácter limpio y franco del vino en la nariz, con notas agradablemente herbáceas y, en los mejores casos, con rasgos florales; en la boca es muy fresco por su alta acidez, y ligero; también puede aparecer algo de carbónico.

CALIFICACIÓN DE COSECHAS DE VINOS JÓVENES GUÍA**PEÑÍN**

2019	2020	2021	2022	2023
MUY BUENA	MUY BUENA	BUENA	BUENA	BUENA

DO GETARIAKO-TXAKOLINA / D.O.P.

DO GETARIAKO-TXAKOLINA / D.O.P.

AITAREN LURRETIK
Mardu Bidea, 2B
20740 Zestoa (Gipuzkoa/Guipúzcoa)
☎: +34 690 053 491
info@aitaren.com
www.bodegasaitaren.com

Aitaren 2022 B FB
90　　　　　　　　　　　　35,11€
Afilado. Color. pajizo brillante, borde verdoso. Aroma: fruta fresca, cítricos, hierbas silvestres. Boca: fresco, frutoso, buena acidez, fino amargor.

Lurretik 2022 B
hondarrabi zuri
90　　　　　　　　　　　　18,41€
Color. pajizo brillante. Aroma: expresión frutal, fruta madura, mineral, lías finas. Boca: sabroso, fresco, buena acidez, retronasal afrutado.

AIZPURUA
Ctra. de Meagas
20808 Getaria (Gipuzkoa/Guipúzcoa)
☎: 943 140 696
txakoliaizpurua@gmail.com
www.txakoliaizpurua.com

Aialle Txakoli 2022 B
89 ★★★★　　　　　　　　7€
Afilado, cítrico, hierbas secas, sabroso, notas de levadura.

Aizpurua Txakoli 2023 B
88 ★★★★　　　　　　　　6€
Afilado, fresco, herbal, notas de levadura.

Aizpurua Txakoli Rosado 2023 RD
87 ★★★★　　　　　　　　6,5€

AKARREGI-TXIKI
San Prudencio 27 Caserío Akerregitxiki
20808 Getaria (Gipuzkoa/Guipúzcoa)
☎: +34 635 737 079
info@akarregitxiki.com
www.akarregitxiki.com

Akarregi Txiki 2023 B AROM BR
87 ★★★★　　　　　　　　7€

Lasalde 2023 B
88 ★★★★　　　　　　　　7€
Equilibrado, fresco, herbal, ligero.

BODEGA DE TXAKOLI AMEZTOI
Bº Eitzaga, 10
20808 Getaria (Gipuzkoa/Guipúzcoa)
☎: +34 943 140 918
ameztoi@txakoliameztoi.com
www.txakoliameztoi.com

Ameztoi 2023 B S
hondarrabi zuri
88 ★★★　　　　　　　　8,5€
Afilado, cítrico, herbal, fresco, notas de levadura.

Primus Ameztoi 2022 B
100% hondarrabi zuri
90 ★★★　　　　　　　　12,5€
Color. pajizo brillante, borde verdoso. Aroma: fruta fresca, cítricos, hierbas silvestres, lías finas. Boca: frutoso, buena acidez, fino amargor.

Unicus Ameztoi 2015 BE EBR
hondarrabi zuri
89　　　　　　　　　　　　20€
Correcto, equilibrado, notas de levadura, floral, frutal suave, sencillo, amargoso. Aroma: lías finas.

BODEGA K5
Caserío Estenaga, 16 Bº Andatza
20809 Aia (Gipuzkoa/Guipúzcoa)
☎: +34 688 870 169
bodega@bodegak5.com
www.bodegak5.com

K Pilota 2023 B
91 ★★★★★　　　　　　　9,95€
Color. pajizo brillante. Aroma: hierbas de tocador, lías finas, ahumado, fruta blanca, mineral. Boca: lleno, largo, buena acidez.

K5 2015 B
92　　　　　　　　　　　　28€
Color. amarillo brillante. Aroma: roble cremoso, fruta madura, especiado, madera marcada, lías finas, ahumado. Boca: estructurado, largo, tostado, fino amargor.

K5 2021 B
hondarrabi zuri

91 18€

Color: pajizo brillante, borde verdoso. Aroma: fruta fresca, cítricos, hierbas silvestres. Boca: fresco, frutoso, buena acidez.

K5 Magnum 2019 B

94 38€

Afilado, agradable, aromas nítidos. Aroma: fruta fresca, cítricos, franco, expresivo, lías finas. Boca: complejo, jugoso, lleno, muy vivo, varietal.

K5 Vendimia Tardía 2021 B

92 23,8€

Color: amarillo brillante. Aroma: fruta escarchada, notas amieladas, especias dulces, fruta tropical, ahumado. Boca: sabroso, untuoso, frutoso, dulce.

Kaiaren 2016 B
100% hondarrabi zuri

93 37€

Color: pajizo brillante. Aroma: fruta madura, hierbas de tocador, lías finas, ahumado, mineral. Boca: lleno, graso, largo, buena acidez.

GAINTZA
Bº Akerregi, 105
20808 Getaria (Gipuzkoa/Guipúzcoa)
☎: +34 943 140 032
info@gaintza.com
www.gaintza.com

Aitako 2022 B AG
90% hondarrabi zuri, 10% chardonnay

90 18€

Color: pajizo brillante, borde verdoso. Aroma: fruta fresca, cítricos, hierbas silvestres, lías finas, lácticos. Boca: fresco, frutoso, buena acidez, fino amargor.

Gaintza 2023 B
90% hondarrabi zuri, 10% gros manseng

89 ★★★ 10€

Afilado, cítrico, fresco, herbal, sabroso.

Gaintza Roses 2023 RD
50% hondarrabi zuri, 50% hondarrabi beltza

86 12€

GAÑETA
Bº Askisu, 21
20808 Getaria (Gipuzkoa/Guipúzcoa)
☎: +34 943 140 174
admin@gaineta.com
www.gaineta.com

Gañeta 2023 B AG
hondarrabi zuri

86

Gañeta Berezia 2022 B
hondarrabi zuri

88

Cítrico, equilibrado, fresco, herbal, sabroso.

HIKA BODEGA
Otelarre, 40
20150 Villabona (Gipuzkoa/Guipúzcoa)
☎: +34 620 180 259
hika@hikabodega.com
www.hikatxakolina.com

Hika Basque Red Wine 2022 T RB
hondarrabi beltza

87 13,95€

Hika Basque Rosé Wine 2022 RD
70% hondarrabi beltza, 30% hondarrabi zuri

88 10,3€

Afilado, herbáceo, notas de levadura, sabroso.

Hika Basque White Wine 2022 B
hondarrabi zuri, chardonnay, hondarrabi zerratia

89 10,3€

Afilado, cítrico, herbal, sabroso.

Hika Bilduma 2020 B
hondarrabi zuri, chardonnay

90 19,95€

Color: pajizo brillante. Aroma: fruta madura, hierbas de tocador, lías finas, especias dulces. Boca: lleno, buena acidez, sabroso.

Hika Txinpart 2020 BE EBR
hondarrabi zuri

90 24,7€

Amable, goloso. Color: amarillo brillante. Aroma: fruta madura, lías finas, equilibrado, hierbas secas. Boca: buena acidez, sabroso, fruta madura.

HIRUZTA BODEGA
Barrio Jaizubia, 266
20280 Hondarribia (Gipuzkoa/Guipúzcoa)
☎: +34 943 646 689
info@hiruzta.com
www.hiruzta.com

Hiruzta Rosé 2023 RD
75% hondarrabi beltza, 25% hondarrabi zuri

88 ★★★ 8,5€

Equilibrado, frutal, herbal, fresco, sabroso.

Hiruzta Txakolina 2023 B
100% hondarrabi zuri

90 ★★★★★ 8€

Color: pajizo brillante, borde verdoso. Aroma: fruta fresca, cítricos, hierbas silvestres, lías finas. Boca: fresco, frutoso, buena acidez, fino amargor, con carbónico.

DO GETARIAKO-TXAKOLINA / D.O.P.

DO GETARIAKO-TXAKOLINA / D.O.P.

IZAR - LEKU MAHASTIAK
20800 Getaria (Gipuzkoa/Guipúzcoa)
☎: +34 945 600 119
comunicacion@artadi.com
www.izar-leku.com

🏆 **PODIO**

Izar-Leku 2019 BE BN
96
Complejo. Color: dorado brillante. Aroma: lías finas, frutos secos, hierbas de tocador, complejo, tostado, fruta asada, brioche. Boca: potente, sabroso, buena acidez, burbuja fina, fino amargor.

REZABAL
Asti Auzoa, 628
20800 Zarautz (Gipuzkoa/Guipúzcoa)
☎: +34 943 580 899
info@txakolirezabal.com
www.txakolirezabal.com

Txakoli Rezabal Rosé 2023 RD
85

TALAI BERRI TXAKOLINA
Talaimendi Auzoa, 728 Junto al Camping Zarautz
20800 Zarautz (Gipuzkoa/Guipúzcoa)
☎: +34 943 132 750
info@talaiberri.com
www.talaiberri.com

Finca Jakue Txakolina 2023 B
100% hondarrabi zuri
87 .... 9€

Talai Berri Rosé 2023 RD
50% hondarrabi zuri, 50% hondarrabi beltza
87 .... 12€

Talai Berri Txakolina 2023 B
90% hondarrabi zuri, 10% hondarrabi beltza
87 .... 9€

TXAKOLI ULACIA
Ctra. Meagas
20808 Getaria (Gipuzkoa/Guipúzcoa)
☎: +34 943 140 893
info@txakoliulacia.com
www.txakoliulacia.com

Txakoli Izaro 2023 B
87 ★★★★ .... 6,4€

Txakoli Ulacia 2023 B
hondarrabi zuri
87 ★★★★ .... 5,3€

TXOMIN ETXANIZ TXAKOLI
20808 Getaria (Gipuzkoa/Guipúzcoa)
☎: +34 943 140 702
txakoli@txominetxaniz.com
www.txominetxaniz.com

Eugenia Txomin Etxaniz Blanco 2020 BE R
hondarrabi zuri
90 .... 15€
Aromático, salino, silvestre. Color: pajizo brillante. Aroma: intensidad media, franco, expresivo, equilibrado. Boca: fresco, muy vivo.

TX Txomin Etxaniz 2022 B BA
100% hondarrabi zuri
92 ★★★★★ .... 13€
Color: pajizo. Aroma: fruta madura, hierbas secas, flores marchitas, especiado. Boca: potente, fruta madura, equilibrado, sabroso.

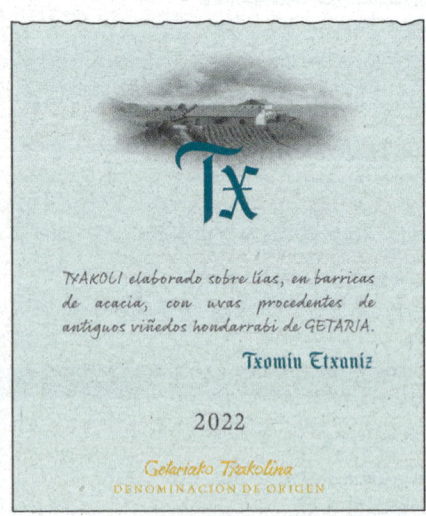

Txomin Etxaniz 2023 B
85% hondarrabi zuri, 15% hondarrabi beltza

90 ★★★★★ 9€

Color: pajizo brillante, borde verdoso. Aroma: fruta fresca, cítricos, hierbas silvestres. Boca: fresco, frutoso, buena acidez, fino amargor, con carbónico.

Txomin Etxaniz 2023 RD
50% hondarrabi zuri, 50% hondarrabi beltza

88 ★★★ 9€

Equilibrado, flores secas, sabroso, herbal, notas de levadura.

DO. GRAN CANARIA
CONSEJO REGULADOR

Calvo Sotelo, 26
35300 Santa Brígida (Las Palmas)
☎: +34 928 640 462
@: crdogc@yahoo.es
www.vinosdegrancanaria.es

SITUACIÓN:

La zona de producción abarca el 99% de la isla de Gran Canaria, ya que el clima y las condiciones del terreno permiten el cultivo desde las cotas más bajas al nivel del mar hasta las cumbres más elevadas.

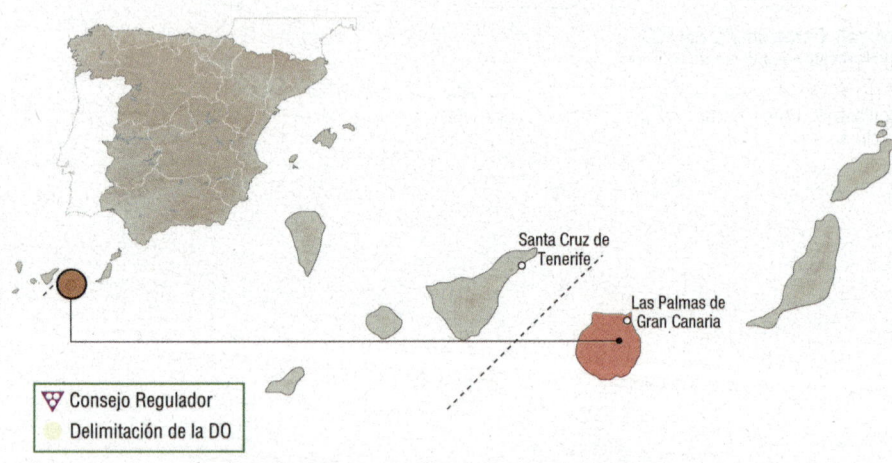

VARIEDADES:

BLANCAS:

Preferentes: malvasía, güal, marmajuelo (bermejuela), vijariego, albillo y moscatel.

Autorizadas: listán blanco, burrablanca, torrontés, pedro ximénez, brebal y bastardo blanco.

TINTAS:

Preferentes: listán negro, negramoll, tintilla y malvasía rosada.

Autorizadas: moscatel negra, bastardo negro o baboso negro, listán prieto y vijariego negro.

DATOS CONSEJO REGULADOR:

Nº Has. Viñedo: 190 – **Nº Viticultores:** 296 – **Nº Bodegas:** 33– **Cosecha 23:** SC – **Producción 23:** 264.894 L – **Comercialización:** 95% Nacional - 5% Internacional.

SUELOS:

El viñedo puede encontrarse tanto en zonas cercanas a la costa como en cotas altas hasta los 1.500 metros, cultivándose por tanto en suelos muy diferentes.

CLIMA:

Como en otras islas del archipiélago canario, las diferencias de altitud dan lugar a microclimas diversos que crean características específicas para el cultivo de la vid. No obstante, el clima está condicionado por la influencia de los vientos alisios, procedentes del este y cuya acción es más evidente en las cotas más elevadas.

CARACTERÍSTICAS GENERALES DE LOS VINOS

BLANCOS — De color amarillo brillante, suelen ofrecer aromas a florales y notas afrutadas. Se elaboran también dulces de moscatel, con el característico toque almizclado de la variedad y notas amieladas, florales y en algunos casos a hierbas.

ROSADOS — Presentan un color piel de cebolla; son algo afrutados, pero con un carácter aún sin definir.

TINTOS — De color cereza granate, ofrecen algunas notas afrutadas y característicos toques balsámicos; sin demasiado cuerpo en boca.

CALIFICACIÓN DE COSECHAS DE VINOS JÓVENES GUÍAPEÑÍN

2019	2020	2021	2022	2023
SC	SC	SC	MUY BUENA	SC

DO GRAN CANARIA / D.O.P.

DO GRAN CANARIA / D.O.P.

BODEGA HINOJO
Camino Valle los Reyes, 11
35210 Montaña las Palmas (Las Palmas)
☎: +34 609 936 327
bodegahinojo@gmail.com
www.bodegahinojo.com

Aya 2023 B
listán blanco, malvasía, moscatel

86 18€

BODEGA TAMERÁN
Finca Los Morales, Los Sitios
35290 San Bartolomé (Las Palmas)
info@bodegatameran.com

Tamerán Baboso Blanco 2022 B FB
baboso blanco

94 🌱 45€

Equilibrado, maduro. Aroma: roble cremoso, expresivo, franco, fruta blanca, hierbas silvestres, cítricos, especiado. Boca: jugoso, equilibrado, fino amargor, fácil de beber.

Tamerán Listán Negro 2022 T
listán negro

93 🌱 32€

Balsámico, especiado. Color: cereza brillante. Aroma: notas cárnicas, fruta madura, especiado, hierbas de monte, fruta roja. Boca: sabroso, fino amargor, con tensión.

Tamerán Malvasía Volcánica 2022 B FB
malvasía volcánica

94 🌱 32€

Maduro, opulento, mineral. Color: pajizo. Aroma: fruta madura, hierbas secas, flores marchitas, pan tostado. Boca: potente, fruta madura, equilibrado, persistente.

🏆 **PODIO**

Tamerán Marmajuelo 2022 B FB
marmajuelo

95 🌱 32€

Con tensión. Color: pajizo brillante. Aroma: expresión frutal, fruta madura, floral, fósforo. Boca: sabroso, fresco, buena acidez, salino.

Tamerán Verdello 2022 B FB
verdello

94 🌱 32€

Color: amarillo brillante. Aroma: hierbas secas, hierbas silvestres, notas anisadas, fruta blanca, fruta madura, flores secas. Boca: lleno, sabroso, graso.

Tamerán Vijariego Blanco 2022 B FB
vijariego blanco

93 🌱 32€

Amable. Color: pajizo. Aroma: fruta madura, hierbas secas, flores marchitas, cera. Boca: potente, fruta madura, equilibrado, amargoso.

BODEGAS LAS TIRAJANAS
Las Lagunas s/n
35290 San Bartolomé de Tirajana (Las Palmas)
☎: +34 928 155 978
info@bodegaslastirajanas.com
www.bodegaslastirajanas.com

Las Tirajanas Ayacata 2022 T
vijariego negro, listán negro

90 25€

Color: cereza, borde violáceo. Aroma: fruta roja, floral, especiado. Boca: sabroso, frutoso, buena acidez, mineral.

Las Tirajanas Hoya de los Cardos 2022 B
malvasía volcánica, malvasía

91 25€

Austero. Color: pajizo brillante. Aroma: fruta madura, hierbas de tocador, lías finas, cera, bajamar. Boca: lleno, graso, buena acidez.

Las Tirajanas Hoya de los Cardos 2022 T
listán negro, vijariego negro, tintilla

91 25€

Color: cereza, borde violáceo. Aroma: expresión frutal, fruta roja, floral, especiado, ahumado. Boca: sabroso, frutoso, buena acidez.

Las Tirajanas Llanos del Corral 2023 B
listán blanco, malvasía volcánica

89 25€

Cítrico, fresco, tropical, mineral, salino.

Las Tirajanas Malvasía Volcánica 2023 B
malvasía volcánica

87 15€

Las Tirajanas Tinamar 2022 T RB
listán negro

90 25€

Color: cereza intenso. Aroma: hierbas secas, fruta negra, fruta roja, ahumado. Boca: fruta madura, especiado, taninos maduros.

BODEGAS VIEJO ANTÓN
Ctra. del Cardonal, s/n. El Cerrillal
35460 Gáldar (Las Palmas)
☎: +34 928 880 384
gerencia@bodegasviejoanton.com
www.bodegasviejoanton.com

El Cerrillal 2023 T
listán negro

84 5€

FINCA VANDAMA
Ctra. Bandama, 116
35310 Santa Brígida (Las Palmas)
☎: +34 928 352 754
bodegonvandama@bodegonvandama.com
www.bodegonvandama.com

Vandama Hoya Oscura 2022 T
negramoll, listán negro

94 30€
Color: Cereza. Aroma: expresivo, especiado, mineral, fruta roja, fruta madura. Boca: elegante, lleno, largo.

Vandama Reventón 2022 T
listán negro

94 30€
Color: cereza, borde violáceo. Aroma: expresión frutal, floral, especiado, fruta negra, fruta roja, balsámico. Boca: sabroso, frutoso, buena acidez, largo.

Vandama Vino de Finca 2022 T
listán negro, negramoll

94 24€
Color: Cereza. Aroma: expresivo, especiado, mineral, fruta roja, balsámico. Boca: elegante, lleno, largo, persistente.

VENTURA
35309 Santa Brígida (Las Palmas)
☎: +34 606 447 919
bodegasventura@gmail.com

Algolpito 2022 T C
listán negro

90 15€
Color: cereza, borde violáceo. Aroma: fruta roja, floral, especiado, ahumado. Boca: sabroso, frutoso, buena acidez.

Cru-Z 2020 T C
listán negro

91 ★★★ 15€
Color: cereza, borde violáceo. Aroma: expresión frutal, fruta roja, floral, especiado, ahumado. Boca: sabroso, frutoso, buena acidez, jugoso.

Eidan 2023 B S
vijariego blanco, albillo

85 14€

Eidan 2023 B SD
moscatel de alejandría, malvasía, listán blanco, forastera

86 14€

Maica 2022 T C
listán negro

88 20€
Equilibrado, especiado, fresco, muy tostado (torrefactado).

DO GRAN CANARIA / D.O.P.

DO. GRANADA
CONSEJO REGULADOR

Cortijo Peinado, Carretera de Fuente Vaqueros s/n, km2
18340 Fuente Vaqueros (Granada)
☎: +34 691 032 409
@: info@dovinosdegranada.es
www.dopvinosdegranada.es

SITUACIÓN:

Ubicada en el sureste de España, en Andalucía, en plena cordillera Penibética, sistema de mayor altitud de la península. Está constituida por 168 términos municipales de la provincia de Granada y cuenta con una subzona diferenciada.

▽ Consejo Regulador
◯ Delimitación de la DO

SUBZONAS:

Sólo existe una subzona dentro de la DO Granada, Contraviesa Alpujarra y está acotada a 13 términos municipales específicos. Esta subzona cuenta con ciertas limitaciones y restricciones que la diferencian del resto de la DO, como por ejemplo un menor rendimiento de uvas por hectárea o el uso de determinadas variedades para la elaboración de sus vinos.

VARIEDADES:

TINTAS: Tempranillo, garnacha, cabernet sauvignon, cabernet franc, merlot, syrah, pinot noir, petit verdot, monastrell y romé.

BLANCAS: Vijiriego, sauvignon blanc, chardonnay, moscatel de grano menudo, moscatel de Alejandría, baladí verdejo, pedro ximénez, palomino, torrontés, Jaén blanco, blanca gordal, macabeo y viognier.

DATOS CONSEJO REGULADOR:

Nº Has. Viñedo: 264 – **Nº Viticultores:** 48 – **Nº Bodegas:** 23– **Cosecha 23:** SC – **Producción 23:** 255.893 L– **Comercialización:** 80% Nacional - 20% Internacional.

SUELOS:

Posee una compleja orografía debido a que el viñedo se planta fundamentalmente en las zonas más altas de Granada, con una altitud media que ronda los 1.200 metros sobre el nivel del mar, lo que dota a la zona de una amplitud térmica importante Los suelos presentan composiciones variables de pizarra y arcilla. La orografía de terrazas laderas y vertientes hace que el trabajo en las viñas requiera más mano de obra que en otros casos al no poderse mecanizar el proceso de recogida.

CLIMA:

Con influencia mediterránea y continental. La temperatura y las corrientes frescas del aire de Sierra Nevada influyen en el desarrollo de sus uvas. Debido a su altitud y a su ubicación en plena sierra, las integrales térmicas juegan un papel importante en el desarrollo de la vid y en las características de sus vinos. La precipitación media anual en la zona es de unos 450 mm.

CARACTERÍSTICAS GENERALES DE LOS VINOS

BLANCOS — Vinos de color limpio y brillante donde suelen destacar matices a fruta de hueso fresca y en ocasiones matices tropicales. Existen buenos ejemplos de blancos en los que la barrica y el trabajo con lías hacen acto de presencia.

ROSADOS — A día de hoy no existe una tipología clara de los rosados de la zona, pues todavía son minoritarios.

TINTOS — Son vinos que poseen grado medio-alto, generalmente tienen un color intenso, casi opaco y destacan por la presencia de fruta madura y en ocasiones confitada. Los mejores ejemplos a día de hoy los encontramos en vinos con crianza en barrica, donde la madurez y la fruta se entrelazan con las notas de la barrica. Se trata de vinos sabrosos y con estructura.

ESPUMOSOS — Se trata de vinos elaborados por el método de segunda fermentación en botella y con periodo de maduración no inferior a 9 meses y 18 meses en los Reserva. Los ejemplos a día de hoy todavía son escasos y poco vinculados a largas crianzas por lo que se presentan frescos, agradables y sencillos.

CALIFICACIÓN DE COSECHAS DE VINOS JÓVENES GUÍAPEÑÍN

2019	2020	2021	2022	2023
SC	SC	SC	SC	SC

ANCHURÓN

Calle Cortijo El Anchurón s/n
18181 Darro (Granada)
☎: +34 626 269 442
info@anchuron.es
www.anchuron.es

Anchurón 2012 T C
cabernet sauvignon, syrah

85 — 7€

Anchurón 2019 T
merlot, cabernet sauvignon, tempranillo

88 ★★★★ — 5€
Confitado, especiado, herbáceo, algo secante.

Anchurón 2021 B S
sauvignon blanc, chardonnay, moscatel

88 ★★★★ — 7€
Floral, maduro, equilibrado, cítrico.

Anchurón Merlot Dulce 2022 T D
merlot

86 — 12€

BODEGA CERRO DE LAS CRUCES

Pago de Bertillana, Pol. 62 Parc. 167
18500 Guadix (Granada)
☎: +34 630 752 343
info@cerrodelascruces.com
www.cerrodelascruces.com

Aura 2023 B
chardonnay, sauvignon blanc, moscatel grano menudo

87 ★★★★ — 6€

Tío Cato 2021 T C
tempranillo, syrah, merlot

88 ★★★★ — 8€
Confitado, especiado, maduro, sabroso, amable, hierbas secas.

BODEGA FERNÁNDEZ HERRERO

Ctra. A-4301, Pk. 10.5
18830 Huéscar (Granada)
☎: +34 686 387 550
cesarortegar@gmail.com

Irving Syrah 2021 T C
syrah

89 ★★★★ 🌱 — 6€
Especiado, maduro, tostado, sabroso, algo secante.

BODEGAS AL ZAGAL

Paraje Las Cañaillas, s/n
18518 Cogollos de Guadix (Granada)
☎: +34 958 105 605
info@bodegasalzagal.es
www.bodegasalzagal.es

Rey Zagal Sauvignon Blanc 2022 B
100% sauvignon blanc

87 🌱 — 9,65€

BODEGAS CALVENTE

Viñila, 8
18699 Jete (Granada)
☎: +34 958 644 179
ventas@bodegascalvente.com
www.bodegascalvente.com

Calvente 2022 B
89   12,1€
Floral, herbal, fresco, sabroso.

Calvente Finca de Castillejos 2020 T R
cabernet sauvignon, syrah, petit verdot, merlot
91   20,25€
Color: cereza intenso, borde violáceo. Aroma: fruta madura, hierbas secas, roble cremoso, especiado, pimienta negra. Boca: potente, fruta madura, especiado, taninos maduros, equilibrado.

Calvente Guindalera 2020 T C
tempranillo, cabernet sauvignon, merlot, syrah, petit verdot
90 ★★★★   11,35€
Color: cereza intenso. Aroma: fruta madura, hierbas secas, roble cremoso, especiado. Boca: potente, fruta madura, especiado, taninos maduros.

Calvente Rania 2018 BE BN
moscatel, chardonnay
85   13,5€

Calvente Rania Premium 2018 BE BN
pinot noir, chardonnay
87   19,95€

Rosa-O 2023 RD
petit verdot, pinot noir
87 ★★★   7,95€

BODEGAS FONTEDEI

Doctor Horcajadas, 10
18570 Deifontes (Granada)
☎: +34 958 407 957
info@bodegasfontedei.es
www.bodegasfontedei.es

Albayda 2022 B FB
sauvignon blanc, chardonnay
89   15€
Agradable, aromático, correcto, equilibrado, balsámico, herbal, maduro.

Garnata 2017 T R
garnacha, syrah
89   18€
Equilibrado, especiado, frutal, maduro, tostado, con vejez, acidez marcada.

Lindaraja 2021 T RB
tempranillo, syrah
88   10€
Especiado, hierbas secas, maduro, con oscuridad.

Lindaraja 2022 T RB
tempranillo, syrah
88   10€
Equilibrado, especiado, clásico, hierbas secas.

Prado Negro 2017 T C
tempranillo, merlot, garnacha, cabernet sauvignon
87   15€

Prado Negro 2018 T C
tempranillo, cabernet sauvignon, garnacha, merlot
87   15€

BODEGAS SEÑORÍO DE NEVADA

Ctra. de Cónchar, s/n
18659 Villamena (Granada)
☎: +34 958 777 092
info@senioriodenevada.es
www.senioriodenevada.es

Señorío de Nevada 2023 B
vijariego blanco, viognier
84   7,5€

Señorío de Nevada 2023 RD
garnacha
84   6,5€

Señorío de Nevada Bronce 2021 T
cabernet sauvignon, petit verdot, syrah, merlot, tempranillo
89 ★★★★   7,55€
Corpulento, lleno, maduro, sabroso, tostado, herbáceo.

Señorío de Nevada Oro 2021 T
syrah, cabernet sauvignon
88   17,9€
Amable, frutal, goloso, herbal, sabroso, balsámico.

Señorío de Nevada Plata 2021 T
syrah, merlot, garnacha
88   9,8€
Amable, equilibrado, especiado, lleno, maduro, sabroso, tostado.

DO GRANADA / D.O.P.

DO GRANADA / D.O.P.

LOS BARRANCOS

Ctra. Cádiar - Albuñol, km. 9,4
18440 Lobras (Granada)
☎: +34 686 387 550
cesarortegar@gmail.com

Corral de Castro 2022 T
cabernet sauvignon

88 ★★★ 🌿   9€

Cálido. Aroma: hierbas de monte, incienso, fruta negra. Boca: taninos secos pero maduros.

XOLAYR

Avda. Andalucía, 1
18659 Cozvijar (Granada)
☎: +34 620 126 514
lopezdelacasa@gmail.com

Xolayr 2021 B
moscatel grano menudo

91 ★★★   15€

Muy vivo, poco intervencionista. Color: pajizo brillante. Aroma: hierbas silvestres, cítricos. Boca: crujiente, equilibrado, fino amargor.

DO. JEREZ-XÈRÉS-SHERRY- MANZANILLA DE SANLÚCAR DE BARRAMEDA
CONSEJO REGULADOR

Avda. Álvaro Domecq, 2
11405 Jerez de la Frontera (Cádiz)
☎: +34 956 332 050
@: vinjerez@sherry.org
www.sherry.org

SITUACIÓN:

En la provincia de Cádiz. La zona de producción engloba los términos municipales de Jerez de la Frontera, El Puerto de Santa María, Chipiona, Trebujena, Rota, Puerto Real, Chiclana de la Frontera y algunos pagos de Lebrija.

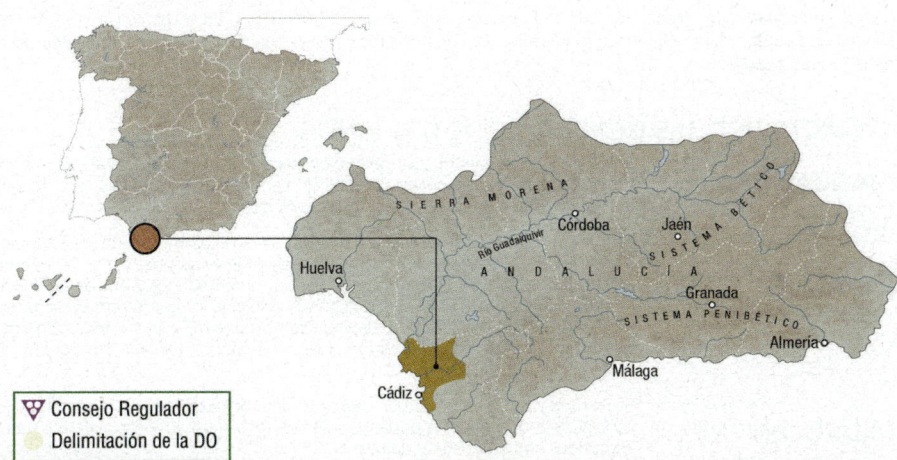

DO JEREZ / D.O.P.

VARIEDADES:

BLANCAS: palomino (90%), pedro ximénez, moscatel, palomino fino, palomino de Jerez, beba, perruno y vigiriega.

DATOS CONSEJO REGULADOR:

Nº Has. Viñedo: 6.877 – **Nº Viticultores:** 2.071 – **Nº Bodegas:** 86 – **Cosecha 23:** Muy Buena – **Producción 23:** 34.200.000 L. – **Comercialización:** 45% Nacional - 55% Internacional.

SUELOS:

Los denominados "albarizas", son un factor clave de calidad. De color prácticamente blanco, son ricos en carbonato cálcico, arcilla y sílice. Actúan de modo excelente para retener la humedad y almacenar el agua de las lluvias invernales de cara a los meses de sequía estival. Determinan asimismo lo que se entiende como "Jerez superior". Estos suelos se encuentran en Jerez de la Frontera, Puerto de Santa María, Sanlúcar de Barrameda y algunas áreas de Trebujena. El resto de las tierras, conocidas como "zona", son barros y arenas.

CLIMA:

Cálido con influencias atlánticas. Los vientos de poniente juegan un papel importante, ya que aportan humedad y actúan como elemento moderador. La temperatura media anual es de 17,5ºC y la pluviometría de 600 mm. anuales.

CARACTERÍSTICAS GENERALES DE LOS VINOS

MANZANILLA Y FINO
Presentan un color amarillo pajizo. Se caracterizan por sus matices salinos, propios de la crianza biológica bajo el velo en flor (más acusados en el caso de la manzanilla), y por los rasgos amargosos que les confiere la crianza.

OLOROSO
Con una crianza completamente oxidativa, la gama puede ser variada, dependiendo del mayor o menor corrimiento de escala (es decir, del número de sacas de vino de solera para su posterior embotellado) y, en consecuencia, el mayor o menor refrescamiento con vino sin crianza por la primera criadera. En los muy viejos es habitual suavizarlos con una mistela de pedro ximénez, que aporta notas de dulcedumbre para mitigar los taninos amargosos del roble.

PEDRO XIMÉNEZ
Se caracterizan por un sabor marcado a uvas pasas, aunque no faltan los asociados a un pequeño porcentaje de oloroso para aminorar la pastosidad. En la boca son sabrosos y dulces.

CREAM
Combinan las notas amargosas de los olorosos con los matices tostados y el dulzor de los pedro ximénez.

AMONTILLADOS
Son finos que pierden el velo de flor y terminan oxidándose. Vinos con aromas punzantes y salinos y de paladar más graso que absorben los matices tostados y complejos de la bota.

PALOS CORTADOS
Son vinos fruto de la casualidad o de la naturaleza, no siempre motivados por la mano del hombre. Combina la finura de un amontillado y la estructura de un oloroso en el paladar.

CALIFICACIÓN DE COSECHAS DE VINOS JÓVENES GUÍAPEÑÍN

Esta zona debido al proceso de elaboración generalmente no ofrece vinos del año, por lo que omitimos cualquier valoración de cosecha.

ALTANZA - COLECCIÓN R. AMILLO
Asta, 2
11404 Jerez de la Frontera (Cádiz)
☎: +34 618 629 086
altanza@altanza.com
www.altanza.com

🏆 PODIO
Altanza Colección Roberto Amillo Amontillado BF AM S
100% palomino

96 47€

Color: yodo, borde ambarino. Aroma: especias dulces, acetaldehído, frutos secos, barniz. Boca: lleno, seco, especiado, largo, fino amargor.

🏆 PODIO
La Saca de Altanza BF PC S
100% palomino

99 140€

Potente, exuberante. Color: caoba oscuro. Aroma: fruta escarchada, especiado, barniz, acetaldehído, punzante. Boca: matices de solera, amargoso, sabroso, potente, largo.

🏆 PODIO
Altanza Colección Roberto Amillo Oloroso BF OL S
100% palomino

95 47€

Color: yodo, borde ambarino. Aroma: complejo, frutos secos, tostado, barniz, acetaldehído, almendra tostada. Boca: graso, amargoso, matices de solera, largo, especiado.

🏆 PODIO
Altanza Colección Roberto Amillo Palo Cortado BF PC S
100% palomino

96 47€

Color: caoba claro. Aroma: potente, complejo, frutos secos, tostado, acetaldehído. Boca: graso, largo, matices de solera, especiado, redondo.

🏆 PODIO
Altanza Colección Roberto Amillo Pedro Ximénez BF PX D
100% pedro ximénez

95 47€

Color: caoba oscuro. Aroma: potente, expresivo, café aromático, especiado, acetaldehído, frutos secos. Boca: equilibrado, elegante, matices de solera, tostado.

ÁLVARO DOMECQ
Alamos, 23
11401 Jerez de la Frontera (Cádiz)
☎: +34 956 339 634
alvarodomecqsl@alvarodomecq.com
www.alvarodomecq.com

1730 Fino en Rama BF FI S
100% palomino

93 25,05€

Color: amarillo brillante. Aroma: levaduras de flor, lías reducidas, punzante, apio. Boca: buena acidez, amargoso, especiado, largo, potente.

🏆 PODIO
1730 VORS BF OL S
100% palomino

95 61,55€

Color: caoba claro. Aroma: potente, complejo, frutos secos, tostado, acetaldehído. Boca: graso, largo, matices de solera, especiado, redondo.

DO JEREZ / D.O.P.

DO JEREZ / D.O.P.

🏆 PODIO

1730 VORS BF PC S
100% palomino

95 61,55€

Color: caoba claro. Aroma: punzante, barniz, almendra tostada, con carácter, expresivo. Boca: sabroso, especiado, largo.

🏆 PODIO

1730 VORS BF AM S
100% palomino

96 61,55€

Color: caoba claro. Aroma: potente, complejo, elegante, frutos secos, tostado, acetaldehído. Boca: graso, largo, matices de solera, especiado.

🏆 PODIO

1730 VORS BF PX D
100% pedro ximénez

95 64€

Color: caoba oscuro. Aroma: potente, expresivo, café aromático, especiado, acetaldehído, frutos secos, cacao fino. Boca: matices de solera, concentrado, cremoso.

Alburejo BF OL S
100% palomino

91 16,85€

Color: caoba claro. Aroma: especias dulces, pastelería, frutos secos, barniz. Boca: largo, especiado.

Aranda Cream BF CRM
palomino, pedro ximénez

89 15,35€

Boca correcta, amable, goloso, maduro. Aroma: fruta pasificada, brea.

La Jaca BF MZ S
100% palomino

92 ★★★★★ 10,45€

Con vejez, ligera oxidación. Color: amarillo. Aroma: fruta madura, flores secas, frutos secos. Boca: sabroso, lleno, salino.

La Janda BF FI S
100% palomino

91 ★★★★ 12,7€

Color: amarillo brillante. Aroma: equilibrado, punzante, especias dulces. Boca: sabroso, fino amargor, largo, fácil de beber.

Viña 98 BF PX D
100% pedro ximénez

91 19,85€

Color: caoba. Aroma: espirituoso, fruta pasificada, pastelería. Boca: dulce, untuoso.

🏆 BODEGA SAN FRANCISCO JAVIER
11404 Jerez de la Frontera (Cádiz)
info@pingus.es

🏆 PODIO

Viña Corrales Pago Balbaina BF FI
96 🌿

Color: amarillo brillante. Aroma: yodado, frutos secos, barniz, acetaldehído, potente. Boca: amargoso, espirituoso, largo, potente.

BODEGAS ARFE

Molino de Viento, 12
11401 Jerez de la Frontera (Cádiz)
☎: +34 665 570 316
clubarfe1767@telefonica.net
www.bodegasarfe.com

🏆 PODIO

De la Cruz de 1767 BF PC S
palomino

95   60€

Color: caoba claro. Aroma: acetaldehído, punzante, barniz, ebanistería, roble cremoso. Boca: potente, sabroso, especiado, largo, equilibrado.

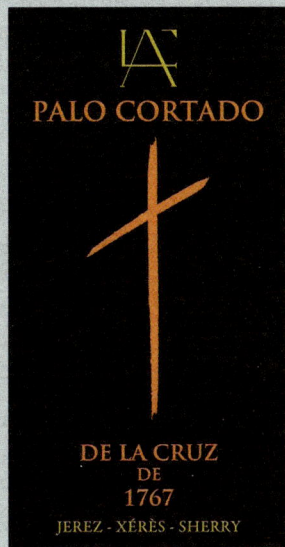

BODEGAS BARBADILLO

Luis de Eguilaz, 11
11540 Sanlúcar de Barrameda (Cádiz)
☎: +34 956 385 500
marketing@barbadillo.com
www.barbadillo.com

Arboledilla Levante BF MZ S

93

Con tensión, representativo. Color: amarillo brillante. Aroma: equilibrado, punzante, expresivo, frutos secos. Boca: sabroso, fino amargor, largo, salino.

Arboledilla Poniente BF MZ S

92

Maduro. Color: amarillo brillante. Aroma: punzante, levaduras de flor. Boca: potente, fino amargor, equilibrado, amargoso, fácil de beber.

Ás Mirabrás - Sumatorio 2019 BF MZ

94

Color: amarillo, pálido. Aroma: hierbas secas, fruta blanca, levaduras de flor, con carácter. Boca: lleno, seco, especiado, largo, con tensión, salino.

Ás Mirabrás - Sumatorio 2020 BF MZ

93

Equilibrado, flores secas. Color: amarillo. Aroma: frutos secos, equilibrado, levaduras de flor. Boca: seco, fino amargor, salino, persistente.

Barbadillo Eva Cream BF CRM
pedro ximénez, palomino

89 ★★★★   8€

Color: oro viejo, borde ambarino. Aroma: caramelo tostado, cacao fino, fruta asada. Boca: dulcedumbre, complejo.

Barbadillo La Cilla BF PX D
pedro ximénez

93 ★★★★★   9,99€

Dulce, sabroso. Color: caoba. Aroma: con carácter, expresivo, varietal. Boca: opulento, cremoso.

Barbadillo Laura BF MO D
moscatel

90 ★★★★★   5€

Color: caoba claro. Aroma: notas amieladas, floral, especias dulces. Boca: frutoso, potente, cremoso, dulce.

Barbadillo San Rafael Medium BF D
80% palomino, 20% pedro ximénez

91 ★★★★   13€

Color: yodo, borde ambarino. Aroma: complejo, frutos secos, roble cremoso, barniz. Boca: largo, especiado.

🏆 PODIO

D. Benigno BF PC

97   110€

Elegante. Color: caoba claro. Aroma: acetaldehído, punzante, barniz, ebanistería, roble cremoso, fruta escarchada. Boca: potente, sabroso, especiado, largo.

Nave Trinidad BF MZ S
palomino

92

Amable, aromas nítidos. Color: amarillo brillante. Aroma: levaduras de flor, equilibrado, franco. Boca: sabroso, seco, salino.

Pastora Pasada BF MZ S

94

Color: amarillo brillante. Aroma: frutos secos, barniz, potente, expresivo, lías reducidas, salino. Boca: amargoso, largo, seco, equilibrado.

DO JEREZ / D.O.P.

DO JEREZ / D.O.P.

🏆 PODIO
Reliquia BF AM S
99
Complejo, clásico. Color: caoba. Aroma: complejo, elegante, expresivo, con carácter, acetaldehído. Boca: lleno, especiado, con tensión, redondo, matices de solera, largo.

🏆 PODIO
Reliquia BF OL S
97
Potente. Color: caoba oscuro. Aroma: potente, complejo, frutos secos, tostado, acetaldehído, incienso. Boca: graso, largo, matices de solera, especiado, redondo, potente, salino.

🏆 PODIO
Reliquia BF PC S
99
Complejo, salino, potente. Color: caoba claro. Aroma: acetaldehído, punzante, barniz, ebanistería, roble cremoso, con carácter. Boca: potente, sabroso, especiado, largo, equilibrado.

Salicornia BF MZ
93
Color: dorado, pajizo. Aroma: fruta asada, fruta blanca, curry, levaduras de flor, hierbas de monte. Boca: equilibrado, buena acidez, salino.

Solear BF MZ S
palomino
93 ★★★★★ 6,96€
Color: amarillo brillante. Aroma: complejo, expresivo, punzante, levaduras de flor. Boca: graso, potente, fresco, fino amargor.

🏆 PODIO
Solear en Rama saca de invierno BF MZ S
95
Con personalidad. Color: dorado brillante. Aroma: expresivo, apio, hierbas silvestres, levaduras de flor, punzante, notas almizcladas. Boca: sabroso, fino amargor, amargoso, matices de solera.

BODEGAS BARÓN
Molinillo 2a 2 y 3
11540 Sanlúcar de Barrameda (Cádiz)
☎: +34 956 360 796
info@bodegasbaron.es
www.bodegasbaron.net

Xixarito BF CRM
91
Color: oro viejo, borde ambarino. Aroma: complejo, espirituoso, pastelería, tostado. Boca: dulce, muy vivo, sabroso.

Xixarito BF AM
91
Color: yodo, borde ambarino. Aroma: frutos secos, tostado, cacao fino. Boca: graso, especiado.

Xixarito BF FI
90
Color: amarillo brillante. Aroma: fresco, expresivo, punzante. Boca: sabroso, fino amargor.

Xixarito BF OL
88
Color: yodo, borde ambarino. Aroma: complejo, frutos secos, roble cremoso. Boca: graso, largo, especiado.

Xixarito BF PC
90
Color: yodo, borde ambarino. Aroma: frutos secos, roble cremoso, barniz. Boca: largo, especiado.

Xixarito BF PX
pedro ximénez
92
Color: caoba oscuro. Aroma: complejo, espirituoso, fruta pasificada, pastelería, tostado. Boca: dulce, graso, untuoso, potente.

BODEGAS CÉSAR FLORIDO
Padre Lerchundi, 35-37
11550 Chipiona (Cádiz)
☎: +34 956 371 285
florido@bodegasflorido.com
www.bodegasflorido.com

César Florido
Moscatel Pasas BF MO D
100% moscatel de alejandría
91 ★★★★ 13,6€
Goloso, varietal. Color: caoba. Aroma: notas amieladas, floral, especias dulces, fruta pasificada, fruta al licor. Boca: graso, frutoso, sabroso.

César Florido
Moscatel Dorado BF MO D
100% moscatel de alejandría

90 ★★★★★ 7,05€

Agradable, cálido. Aroma: fruta al licor, franco, varietal, notas amieladas. Boca: varietal, correcto, fácil de beber.

Cruz del Mar BF AM S
100% palomino

91 ★★★★★ 11,35€

Color: yodo, borde ambarino. Aroma: acetaldehído, frutos secos, caramelo tostado. Boca: seco, especiado, fino amargor, dulcedumbre.

Cruz del Mar BF OL S
100% palomino

90 ★★★★ 10,95€

Correcto, maduro. Aroma: fruta escarchada, especias dulces, barniz, frutos secos. Boca: sabroso, seco.

Peña del Aguila Fino en Rama BF FI S
100% palomino

94 ★★★★★ 11,05€

Color: oro viejo, borde ambarino. Aroma: yodado, frutos secos, barniz, acetaldehído, potente. Boca: amargoso, espirituoso, largo, potente.

Pleamar en Rama BF MZ S
100% palomino

92 ★★★★★ 11,35€

Afilado, aromas nítidos. Color: amarillo. Aroma: punzante, salino, almendra tostada, bajamar. Boca: lleno, muy vivo, fresco.

BODEGAS DIOS BACO
11402 Jerez de la Frontera (Cádiz)
☎: +34 956 333 337
comercial@bodegasdiosbaco.com
www.bodegasdiosbaco.com

Baco Imperial VORS BF AM S
palomino

93 100€

Color: caoba oscuro. Aroma: fruta escarchada, fruta al licor, especiado, barniz, madera vieja. Boca: matices de solera, amargoso, sabroso.

Baco Imperial VORS BF OL S
palomino

93 100€

Con vejez, cálido, exuberante, oxidativo. Color: yodo. Aroma: barniz, especiado, madera vieja. Boca: correcto, madera marcada, fino amargor.

Baco Imperial VORS BF PC S
palomino

93 100€

Sabroso, oxidativo. Color: caoba claro. Aroma: punzante, barniz, ebanistería. Boca: potente, sabroso, especiado, largo, equilibrado.

🏆 **PODIO**

Dios Baco Imperial VORS Pedro Ximénez BF PX
pedro ximénez

95 150€

Color: caoba oscuro. Aroma: potente, expresivo, café aromático, especiado, acetaldehído, almendra tostada. Boca: equilibrado, matices de solera, tostado, largo.

BODEGAS FUNDADOR
Puerta de Rota s/n
11408 Jerez de la Frontera (Cádiz)
☎: +34 956 151 535
e.herrera@bodegasfundador.com
www.harveys.es

🏆 **PODIO**

Harveys Amontillado VORS BF AM S
100% palomino

95 65€

Color: caoba oscuro. Aroma: fruta escarchada, especiado, barniz. Boca: matices de solera, amargoso, potente, opulento, largo, especiado.

Harveys Oloroso Medium VORS BF OL MED
80% palomino, 20% pedro ximénez

94 55€

Complejo, con vejez. Aroma: especiado, incienso, barniz. Boca: concentrado, sabroso, largo, amargoso, matices de solera.

🏆 **PODIO**

Harveys Palo Cortado VORS BF PC MED
98% palomino, 2% pedro ximénez

95 55€

Con personalidad, equilibrado, especiado, con vejez. Color: yodo, borde ambarino. Aroma: especiado, rancio, complejo. Boca: equilibrado, redondo, largo.

🏆 **PODIO**

Harveys Pedro Ximénez VORS BF PX D

96

Color: caoba oscuro. Aroma: potente, expresivo, café aromático, especiado, acetaldehído, frutos secos, varietal. Boca: equilibrado, elegante, matices de solera, tostado, largo.

DO JEREZ / D.O.P.

DO JEREZ / D.O.P.

BODEGAS HIDALGO-LA GITANA
Banda de la Playa, 42
11540 Sanlúcar de Barrameda (Cádiz)
☎: +34 956 385 304
bodegashidalgo@lagitana.es
www.lagitana.es

🏆 **PODIO**

La Gitana Aniversario BF MZ S
100% palomino

95   34,95€

Color: amarillo brillante. Aroma: levaduras de flor, lías reducidas, salino, notas de levadura, notas almizcladas, frutos secos. Boca: buena acidez, amargoso, especiado, largo.

La Gitana BF MZ S
100% palomino

92 ★★★★★   7,45€

Color: pajizo brillante. Aroma: levaduras de flor, punzante, salino. Boca: equilibrado, fácil de beber, largo, fino amargor.

La Gitana en Rama BF MZ S
100% palomino

93 ★★★★★   11,75€

Muy vivo, salino. Color: pajizo brillante. Aroma: expresivo, elegante, punzante. Boca: afilado, largo, muy vivo.

La Gitana Grado Natural 2017 BF MZ
100% palomino

94   47,5€

Color: amarillo, pálido. Aroma: expresivo, complejo, apio, tiza, frutos secos. Boca: sabroso, seco, salino, persistente, fino amargor.

Pastrana Manzanilla Pasada BF MZ S
100% palomino

92 ★★★★   15,5€

Color: amarillo, pálido. Aroma: frutos secos, equilibrado, especias dulces. Boca: sabroso, seco, largo, fino amargor, persistente, salino.

BODEGAS JUAN PIÑERO
Trasbolsa, 35
11540 Sanlúcar de Barrameda (Cádiz)
☎: +34 956 363 615
info@bodegasjp.com
www.bodegasjuanpinero.com

Piñero Cream Great Duke B Solera CRM
palomino

92   21,2€

Color: yodo, borde ambarino. Aroma: fruta escarchada, flores marchitas, especias dulces. Boca: equilibrado, redondo, fácil de beber.

BODEGAS LA CIGARRERA
Pza. Madre de Dios, 4
11540 Sanlúcar de Barrameda (Cádiz)
☎: +34 956 381 285
lacigarrera@bodegaslacigarrera.com
www.bodegaslacigarrera.com

La Cigarrera BF AM ES

91 ★★★★★   12€

Color: yodo, borde ambarino. Aroma: potente, tostado, fruta al licor, caramelo tostado. Boca: amargoso, largo, especiado, sabroso.

La Cigarrera BF MO D
moscatel

91 ★★★★★   9,8€

Corpulento, exuberante. Aroma: fruta pasificada, con carácter, pastelería, especias dulces, notas amieladas. Boca: sabroso, largo, dulce.

La Cigarrera BF MZ ES

91 ★★★★★   7,4€

Color: amarillo. Aroma: expresivo, franco, con carácter, levaduras de flor. Boca: lleno, seco, largo, salino.

La Cigarrera Manzanilla Pasada BF MZ ES
100% palomino

94 ★★★★★   18€

Complejo, opulento, ligera oxidación. Color: oro viejo. Aroma: expresivo, con carácter, complejo, curry. Boca: lleno, potente, sabroso, mineral, salino.

La Cigarrera BF OL S

90 ★★★★   12€

Amable. Aroma: fruta escarchada, fruta pasificada, barniz. Boca: lleno, sabroso.

La Cigarrera BF PX D
90 ★★★ 12,9€
Color: caoba. Aroma: caramelo tostado, fruta pasificada, brea, potente. Boca: sabroso, untuoso, dulce.

BODEGAS OSBORNE
Fernán Caballero, 7
11500 El Puerto de Santa María (Cádiz)
☎: +34 956 869 000
carlos.ruiz@osborne.es
www.osborne.es

10 RF BF OL S
89
Equilibrado, especiado, maduro, tostado, goloso.

Amontillado 51-1ª VORS BF AM S
94
Salino, potente. Color: caoba oscuro. Aroma: fruta escarchada, especiado, barniz, frutos secos. Boca: matices de solera, amargoso, persistente.

Bailén BF OL S
88
Sabroso, tostado, representativo, especiado.

Coquinero en Rama BF FI S
92
Color: amarillo brillante. Aroma: levaduras de flor, punzante, especiado, fruta asada. Boca: amargoso, especiado.

Fino Quinta BF FI S
91
Fresco, mineral. Color: amarillo brillante. Aroma: equilibrado, fresco, levaduras de flor. Boca: sabroso, fino amargor.

La Honda Amontillado en Rama BF AM
94
Color: yodo, borde ambarino. Aroma: elegante, especias dulces, acetaldehído, frutos secos. Boca: lleno, seco, especiado, largo, fino amargor, complejo.

La Honda Fino en Rama BF FI
93
Color: amarillo brillante. Aroma: levaduras de flor, lías reducidas, punzante, frutos secos. Boca: buena acidez, amargoso, especiado, estructurado.

Osborne Pedro Ximénez 1827 BF PX D
91
Goloso. Color: caoba. Aroma: fruta pasificada, con carácter, potente, caramelo tostado, varietal. Boca: opulento, tostado, dulce.

Santa María Cream BF CRM
89
Equilibrado, especiado, hierbas secas, notas de levadura, tostado.

🏆 **PODIO**

Venerable VORS BF PX D
96
Especiado, goloso. Color: caoba oscuro. Aroma: potente, expresivo, acetaldehído, frutos secos, pastelería. Boca: equilibrado, elegante, matices de solera, tostado, largo.

BODEGAS PRIMITIVO COLLANTES
Calle Ancha, 51
11130 Chiclana de la Frontera (Cádiz)
☎: +34 956 400 150
administracion@bodegasprimitivocollantes.com
www.bodegaprimitivocollantes.es

Fossi 2/3 Solera NO BF AM
palomino
94
Aromas nítidos, complejo, con personalidad. Color: amarillo. Aroma: punzante, salino, levaduras de flor, intensidad media, franco. Boca: muy vivo, potente, especiado, redondo, complejo.

BODEGAS TRADICIÓN
Cordobeses, 3
11408 Jerez de la Frontera (Cádiz)
☎: +34 956 168 628
info@bodegastradicion.com
www.bodegastradicion.com

🏆 **PODIO**

Amontillado Tradición VORS BF AM S
100% palomino
98
Color: caoba claro. Aroma: elegante, especias dulces, acetaldehído, frutos secos, expresivo, potente. Boca: lleno, seco, especiado, largo, fino amargor, complejo.

Cream Tradición VOS BF CRM
70% palomino, 30% pedro ximénez
94
Color: caoba oscuro. Aroma: fruta escarchada, fruta al licor, especiado, barniz. Boca: matices de solera, amargoso, dulcedumbre.

🏆 **PODIO**

Fino Tradición BF FI S
100% palomino
95
Color: oro viejo, borde ambarino. Aroma: especias dulces, acetaldehído, frutos secos, brioche. Boca: lleno, seco, especiado, largo.

DO JEREZ / D.O.P.

DO JEREZ / D.O.P.

🏆 PODIO
Oloroso Tradición VORS BF OL S
100% palomino
98
Color: caoba claro. Aroma: potente, complejo, frutos secos, tostado, acetaldehído. Boca: graso, largo, matices de solera, especiado, redondo.

🏆 PODIO
Palo Cortado Tradición VORS BF PC S
100% palomino
97
Color: caoba claro. Aroma: acetaldehído, punzante, barniz, ebanistería, roble cremoso. Boca: potente, sabroso, especiado, largo, equilibrado.

🏆 PODIO
Pedro Ximénez Tradición VOS BF PX D
100% pedro ximénez
97
Color: caoba oscuro. Aroma: potente, expresivo, café aromático, especiado, acetaldehído, frutos secos. Boca: equilibrado, elegante, matices de solera, tostado.

BODEGAS WILLIAMS & HUMBERT
Ctra. Madrid-Cádiz, PK. 641,75
11408 Jerez de la Frontera (Cádiz)
☎: +34 956 353 400
williams@williams-humbert.com
www.williams-humbert.com

🏆 PODIO
Canasta 20 años BF OL D
palomino, pedro ximénez
95   32,42€
Color: yodo, borde ambarino. Aroma: complejo, frutos secos, roble cremoso, barniz. Boca: largo, especiado, cremoso, dulcedumbre.

Don Zoilo BF AM S
palomino
92 ★★★★★   10,84€
Color: caoba oscuro. Aroma: especiado, barniz, amaderado. Boca: matices de solera, amargoso, muy vivo, afilado, con tensión.

Don Zoilo BF FI S
palomino
93 ★★★★★   9,9€
Color: amarillo brillante. Aroma: levaduras de flor, lías reducidas, punzante. Boca: buena acidez, amargoso, especiado, largo.

Don Zoilo BF OL S
palomino
92 ★★★★★   10,38€
Color: yodo, borde ambarino. Aroma: potente, elegante, frutos secos, tostado. Boca: matices de solera, largo, especiado.

Don Zoilo BF PC
palomino
93 ★★★★   17,61€
Color: yodo, borde ambarino. Aroma: especias dulces, acetaldehído, frutos secos. Boca: especiado, fino amargor, complejo.

Don Zoilo PX BF PX D
pedro ximénez
93 ★★★★★   14,91€
Color: caoba oscuro. Aroma: fruta pasificada, fruta escarchada, pastelería, cacao fino. Boca: cremoso, matices de solera, persistente, varietal.

🏆 PODIO
Dos Cortados 20 Años BF PC S
95
Complejo, con vejez, con personalidad. Color: oro viejo, borde ambarino. Aroma: expresivo, equilibrado, complejo, especias dulces, fruta asada. Boca: sabroso, amargoso.

Dry Sack Medium 15 años BF MED
93
Exuberante, con vejez. Aroma: potente, especiado, ahumado, caramelo tostado, rancio. Boca: sabroso, redondo, lleno, graso.

Jalifa VORS "30 years" BF AM S
94
Aromas nítidos, complejo. Color: caoba oscuro. Aroma: fruta escarchada, especiado, barniz, acetaldehído, frutos secos. Boca: matices de solera, amargoso, sabroso, largo.

---

300 Guía Peñín VINOS DE ESPAÑA

BODEGAS Y VIÑEDOS DIEZ MERITO
Diego Fernández Herrera, 3 y 5
11401 Jerez de la Frontera (Cádiz)
☎: +34 956 332 973
visitas@diezmerito.com
www.diezmerito.com

🏆 PODIO
Amontillado VORS Fino Imperial BF AM
95
Color: caoba claro. Aroma: fruta escarchada, fruta al licor, especiado, barniz, acetaldehído. Boca: matices de solera, amargoso.

Bertola 12 años BF PC S
93
Color: yodo, borde ambarino. Aroma: complejo, frutos secos, roble cremoso, barniz. Boca: graso, largo, especiado.

Bertola BF CRM
89
Agradable, tostado, suave, cremoso.

Pemartin BF FI S
91
Color: amarillo brillante. Aroma: expresivo, punzante, levaduras de flor. Boca: sabroso, fino amargor, largo.

Pemartín BF PX D
91
Color: caoba. Aroma: complejo, espirituoso, fruta pasificada, pastelería, tostado. Boca: dulce, graso, untuoso.

🏆 PODIO
Victoria Regina VORS BF OL
96
Color: caoba claro. Aroma: potente, complejo, frutos secos, tostado, acetaldehído. Boca: graso, largo, matices de solera, especiado, redondo.

CAYETANO DEL PINO Y CÍA.
Plaza Silos, 3
11403 Jerez de la Frontera (Cádiz)
☎: +34 956 345 736
info@cayetanodelpino.com
www.cayetanodelpino.com

Cayetano del Pino BF CRM
palomino, pedro ximénez
90   23€
Confitado, cremoso, cálido, persistente, sabroso. Aroma: fruta pasificada. Boca: dulce, equilibrado.

Cayetano del Pino BF FI
palomino
92   19€
Con vejez. Color: dorado, pálido. Aroma: apio, lías reducidas, frutos secos. Boca: sabroso, lleno.

Cayetano del Pino VORS BF AM
93   84€
Corpulento, especiado, maduro, sabroso, tostado. Aroma: barniz. Boca: sabroso, seco, fácil de beber.

COOP. ALBARIZAS DE TREBUJENA
Avda. de Jerez s/n
11560 Trebujena (Cádiz)
☎: +34 615 311 024
coopalbarizas@hotmail.com

Castillo de Guzmán BF CRM
90
Amable. Color: caoba claro. Aroma: fruta pasificada, notas amieladas, fruta escarchada, pastelería. Boca: sabroso.

Castillo de Guzmán BF AM
89
Maduro, oxidado, corpulento, especiado, sabroso. Aroma: especias dulces.

Castillo de Guzmán BF FI
92
Color: amarillo brillante. Aroma: lías reducidas, punzante, acetaldehído. Boca: buena acidez, amargoso, especiado.

Castillo de Guzmán BF OL
91
Color: oro viejo. Aroma: frutos secos, caramelo tostado, barniz. Boca: equilibrado, fino amargor, sabroso, especiado.

Castillo de Guzmán BF PC
90
Agradable, corpulento. Aroma: fruta escarchada, fruta al licor, especias dulces. Boca: sabroso.

DO JEREZ / D.O.P.

COOPERATIVA AGRÍCOLA VIRGEN DE PALOMARES
Avda. de Sevilla, 82
11560 Trebujena (Cádiz)
☎: +34 956 395 106
virgenpalomares1@gmail.com
www.vinosdetrebujena.com

Jarriero BF Solera CRM
palomino, pedro ximénez

90

Dulce. Color: oro viejo, borde ambarino. Aroma: equilibrado, fruta escarchada, especias dulces, caramelo tostado, pastelería. Boca: sabroso, lleno.

La Bota del Rincón BF OL
palomino

91

Aromas nítidos. Color: caoba claro. Aroma: fruta escarchada, frutos secos, caramelo tostado, pastelería. Boca: seco, fino amargor.

DELGADO ZULETA
Avda. Rocío Jurado, s/n
11540 Sanlúcar de Barrameda (Cádiz)
☎: +34 956 360 543
tienda@delgadozuleta.com
www.delgadozuleta.com

Barbiana en Rama BF MZ S
100% palomino

92 ★★★★   15,15€

Con tensión, corpulento. Aroma: madera vieja, acetaldehído, flores secas, equilibrado, expresivo. Boca: largo, fino amargor, lleno.

Goya XL BF MZ S
100% palomino

93   27,25€

Con personalidad, con vejez. Aroma: con carácter, complejo, frutos secos, levaduras de flor. Boca: matices de solera, lleno, seco.

La Goya BF MZ S
100% palomino

91 ★★★★★   8€

Color: amarillo brillante. Aroma: expresivo, punzante. Boca: graso, potente, fresco, fino amargor.

Monteagudo BF AM S
100% palomino

92   21,8€

Color: yodo, borde ambarino. Aroma: frutos secos, tostado, barniz. Boca: matices de solera, largo, especiado.

Monteagudo BF PC S
100% palomino

92   24,85€

Color: caoba claro. Aroma: barniz, ebanistería, roble cremoso. Boca: sabroso, especiado, largo.

Viejo Zuleta VOS BF AM S
100% palomino

94   39,95€

Color: oro viejo. Aroma: frutos secos, especiado, barniz, fruta escarchada. Boca: lleno, opulento, sabroso, tostado, amargoso.

EQUIPO NAVAZOS
11403 Jerez de la Frontera (Cádiz)
equipo@navazos.com
www.equiponavazos.com

🏆 PODIO
La Bota de Manzanilla Pasada nº 120 (Botas NO) BF MZ
98
Con tensión, suave, con vejez. Color: amarillo brillante. Aroma: yodado, frutos secos, barniz, acetaldehído, potente, con carácter, elegante. Boca: amargoso, espirituoso, largo, potente, salino.

🏆 PODIO
La Bota de Palo Cortado (Bota nº 121) BF PC
95
Con vejez, elegante. Color: caoba claro. Aroma: punzante, barniz, ebanistería, roble cremoso, elegante. Boca: potente, sabroso, especiado, largo, equilibrado.

FERNANDO DE CASTILLA
Jardinillo, 7-11
11404 Jerez de la Frontera (Cádiz)
☎: +34 956 182 454
bodegas@fernandodecastilla.com
www.fernandodecastilla.com

🏆 PODIO
Fernando de Castilla "Fino Antique" BF FI S
palomino
95   24,9€
Color: amarillo brillante. Aroma: levaduras de flor, lías reducidas, punzante, acetaldehído, complejo. Boca: buena acidez, amargoso, especiado, largo.

🏆 PODIO
Fernando de Castilla "Palo Cortado Antique" BF PC S
palomino
95   48,9€
Color: caoba claro. Aroma: potente, complejo, frutos secos, tostado, acetaldehído. Boca: graso, matices de solera, especiado, redondo.

Fernando de Castilla Fino Classic BF FI S
palomino
91 ★★★★   13,5€
Color: amarillo brillante. Aroma: equilibrado, fresco, expresivo, punzante. Boca: sabroso, fino amargor, largo.

Fernando de Castilla Fino en Rama BF FI S
palomino
93 ★★★   18,9€
Color: amarillo brillante. Aroma: levaduras de flor, punzante, expresivo, camomila. Boca: buena acidez, especiado.

🏆 PODIO
Fernando de Castilla Pedro Ximénez Singular BF PX D
pedro ximénez
95   159€
Color: caoba oscuro. Aroma: potente, expresivo, café aromático, especiado, acetaldehído, frutos secos. Boca: equilibrado, matices de solera, tostado, largo, lleno, opulento.

GONZÁLEZ BYASS JEREZ
Manuel María González, 12
11403 Jerez de la Frontera (Cádiz)
☎: +34 956 357 016
prensa@gonzalezbyass.es
www.tiopepe.com

🏆 PODIO
Amontillado de añada 1975 BF AM
palomino
99   299€
Con vejez, opulento, complejo. Color: oro viejo, borde ambarino. Aroma: fruta escarchada, barniz, especiado, acetaldehído. Boca: matices de solera, complejo, concentrado, lleno, largo, amargoso.

🏆 PODIO
Amontillado del Duque VORS BF AM S
palomino
95   95,75€
Color: caoba oscuro. Aroma: fruta escarchada, barniz, frutos secos, especias dulces. Boca: matices de solera, amargoso, curry.

Apóstoles VORS BF MED
87% palomino, 13% pedro ximénez
93   95,75€
Color: caoba claro. Aroma: especias dulces, acetaldehído, frutos secos. Boca: especiado, fino amargor, complejo, fresco, madera vieja.

Fino de Moscatel 2018 BF MO
moscatel
93   30€
Color: amarillo brillante. Aroma: equilibrado, floral, hierbas de monte, apio, curry. Boca: fino amargor, graso, con poca acidez.

DO JEREZ / D.O.P.

DO JEREZ / D.O.P.

Fino de Palomino 2016 BF FI S
palomino

92   30€

Color: amarillo brillante. Aroma: equilibrado, levaduras de flor, hierbas de monte, curry. Boca: sabroso, fino amargor.

Fino de Pedro Ximénez 2015 BF PX
pedro ximénez

93   30€

Color: amarillo brillante. Aroma: levaduras de flor, punzante, fruta asada, hierbas secas, cacao fino. Boca: buena acidez, amargoso, especiado, largo.

Leonor BF PC S
palomino

92   33,65€

Color: yodo, borde ambarino. Aroma: especias dulces, acetaldehído, frutos secos. Boca: especiado, equilibrado, fino amargor, largo.

🏆 **PODIO**

Matusalem VORS BF OL CRM
87% palomino, 13% pedro ximénez

95   95,75€

Color: caoba claro. Aroma: potente, complejo, frutos secos, tostado, acetaldehído, piel de naranja. Boca: graso, largo, matices de solera, especiado, redondo, dulce.

Néctar BF PX D
pedro ximénez

92 ★★★★★   10,45€

Color: caoba oscuro. Aroma: fruta pasificada, pastelería, hoja de té, tomate. Boca: dulce, graso, untuoso.

Noé VORS BF PX D
pedro ximénez

94   95,75€

Color: caoba oscuro. Aroma: potente, especiado, acetaldehído, frutos secos, fruta confitada, brea, tostado. Boca: matices de solera, tostado, largo, sabroso.

Tío Pepe BF FI S
palomino

93 ★★★★★   7,3€

Color: amarillo brillante. Aroma: equilibrado, camomila, hierbas de monte. Boca: fino amargor, sabroso, mineral.

Tío Pepe Estrella de los Mares BF FI
palomino

94   30€

Color: amarillo brillante. Aroma: levaduras de flor, punzante, fruta madura, especiado, frutos secos. Boca: especiado, madera vieja, equilibrado, amargoso.

🏆 **PODIO**

Tío Pepe Cuatro Palmas BF AM S
palomino

98   137,89€

Color: caoba claro. Aroma: fruta escarchada, especiado, barniz, acetaldehído, yodado. Boca: matices de solera, amargoso.

🏆 **PODIO**

Tío Pepe Dos Palmas BF FI S
palomino

95   34,8€

Color: amarillo brillante. Aroma: yodado, frutos secos, barniz, acetaldehído, potente, franco, expresivo. Boca: amargoso, largo, potente, lleno, complejo.

Tío Pepe en Rama BF FI S

94 ★★★★   18,7€

Aromas nítidos, con personalidad, con tipicidad. Color: amarillo, pálido. Aroma: fruta blanca, apio, levaduras de flor, punzante. Boca: lleno, muy vivo, curry.

🏆 **PODIO**

Tío Pepe Tres Palmas BF FI S
palomino

95   46,79€

Salino. Color: yodo, borde ambarino. Aroma: especias dulces, acetaldehído, frutos secos, punzante. Boca: seco, especiado, largo, fino amargor, complejo.

Tío Pepe Una Palma BF FI S
palomino

93   22,8€

Color: amarillo brillante. Aroma: lías reducidas, punzante, especias dulces. Boca: buena acidez, amargoso, especiado, largo.

Viña AB BF AM S
palomino

92 ★★★★   14,95€

Color: yodo, borde ambarino. Aroma: especias dulces, acetaldehído, frutos secos, levaduras de flor. Boca: seco, fino amargor, fresco, mineral, salino.

GUTIÉRREZ COLOSÍA
Avda. Bajamar, 40
11500 El Puerto de Santa María (Cádiz)
☎: +34 956 852 852
info@gutierrezcolosia.com
www.gutierrezcolosia.com

Gutiérrez Colosía BF CRM
88

Agradable, dulce, especiado, oxidativo.

Gutiérrez Colosía BF AM S
palomino

92 ★★★★   14,5€

Color: yodo, borde ambarino. Aroma: especias dulces, acetaldehído, frutos secos. Boca: seco, especiado, largo, fino amargor.

Gutiérrez Colosía BF FI S
palomino

91 ★★★★★   9,5€

Color: amarillo brillante. Aroma: fresco, expresivo, punzante. Boca: sabroso, fino amargor, largo.

Gutiérrez Colosía BF OL
palomino

92 ★★★★   14,5€

Color: yodo, borde ambarino. Aroma: potente, frutos secos, roble cremoso, barniz. Boca: graso, largo.

Gutiérrez Colosía BF PX D
pedro ximénez

92 ★★★   17,5€

Color: caoba. Aroma: espirituoso, fruta pasificada, pastelería, tostado. Boca: dulce, graso, untuoso.

Sangre y Trabajadero BF OL S
palomino

90   14,5€

Aromas nítidos, con tipicidad, oxidativo. Color: oro viejo. Aroma: tostado, rancio, frutos secos. Boca: sabroso, correcto, fino amargor.

HIDALGO
Clavel, 29
11402 Jerez de la Frontera (Cádiz)
☎: +34 956 341 078
alfonso@hidalgo.com
www.hidalgo.com

🏆 **PODIO**

El Tresillo 1874 Amontillado Muy Viejo BF AM S
95

Color: caoba oscuro. Aroma: fruta escarchada, fruta al licor, especiado, barniz. Boca: matices de solera, amargoso, concentrado, salino.

El Tresillo Amontillado Fino BF AM S
94

Color: oro viejo. Aroma: expresivo, elegante, apio, notas de levadura, punzante. Boca: complejo, muy vivo, largo, curry.

La Panesa Especial Fino BF FI S
94

Elegante, equilibrado. Color: dorado brillante. Aroma: con carácter, complejo, lías reducidas. Boca: largo, matices de solera, especiado.

Villapanés BF OL S
93

Equilibrado, amable. Color: caoba claro. Aroma: fruta escarchada, especias dulces, frutos secos, expresivo. Boca: sabroso, equilibrado, redondo.

LA GUITA
Misericordia, 1
11540 Sanlúcar de Barrameda (Cádiz)
☎: +34 956 321 004
marketing@grupoestevez.com
www.laguita.com

La Guita Amontillado en Rama BF
92

Color: yodo, borde ambarino. Aroma: complejo, elegante, frutos secos, tostado, lías reducidas, fruta escarchada. Boca: largo, matices de solera, especiado.

La Guita en Rama BF MZ S
100% palomino

93 ★★★★★   8,95€

Color: amarillo brillante. Aroma: punzante, apio, camomila, flores secas. Boca: especiado, largo, fino amargor, salino, sabroso, seco.

La Guita Pasada en Rama BF MZ
93 ★★★★   17,95€

Color: oro viejo, borde ambarino. Aroma: acetaldehído, punzante, brioche. Boca: complejo, largo, sabroso.

DO JEREZ / D.O.P.

D.O. JEREZ / D.O.P.

La Guita BF MZ S
100% palomino

91 ★★★★★   6,9€

Color: amarillo brillante. Aroma: fresco, expresivo, punzante. Boca: sabroso, fino amargor, largo.

LUSTAU
Arcos, 53
11402 Jerez de la Frontera (Cádiz)
☎: +34 956 341 597
lustau@lustau.es
www.lustau.es

🏆 PODIO
Lustau Almacenista Amontillado del Castillo Antonio Caballero y Sobrinos BF AM S
palomino

95   28,25€

Color: yodo, borde ambarino. Aroma: complejo, elegante, frutos secos, tostado. Boca: amargoso, matices de solera, largo, especiado.

🏆 PODIO
Lustau Almacenista Manzanilla Pasada Manuel Cuevas Jurado BF MZ
palomino

95 ★★★   23,1€

Color: amarillo brillante. Aroma: yodado, frutos secos, barniz, acetaldehído, potente. Boca: amargoso, espirituoso, largo, potente.

Lustau Almacenistas Pata de Gallina García Jarana BF OL S
palomino

94   23,1€

Color: yodo, borde ambarino. Aroma: complejo, elegante, frutos secos, tostado. Boca: largo, especiado, concentrado.

Lustau East India BF D
palomino, pedro ximénez

91   19,7€

Color: caoba. Aroma: barniz, fruta escarchada, pastelería, flores marchitas, fruta pasificada. Boca: frutoso, sabroso, dulce.

Lustau Fino del Puerto BF FI
palomino

92 ★★★★★   10,5€

Color: amarillo brillante. Aroma: complejo, expresivo, punzante. Boca: graso, potente, fresco, fino amargor.

🏆 PODIO
Lustau Moscatel VORS BF D
moscatel

95   60,7€

Color: caoba. Aroma: potente, acetaldehído, hierbas secas, cacao fino, especias dulces. Boca: sabroso, dulce, fresco, frutoso, buena acidez, largo, equilibrado, fácil de beber, complejo.

🏆 PODIO
Lustau Oloroso VORS BF OL S
palomino

96   60,7€

Con vejez. Color: oro viejo, borde ambarino. Aroma: complejo, con carácter, equilibrado, frutos secos. Boca: equilibrado, elegante, largo.

🏆 PODIO
Lustau Palo Cortado VORS BF PC S
palomino

98   60,7€

Color: caoba claro. Aroma: expresivo, elegante, con carácter, barniz, acetaldehído. Boca: equilibrado, redondo, sabroso.

306 Guía Peñín | VINOS DE ESPAÑA

Lustau Papirusa BF MZ S
palomino

92 ★★★★★   10,5€

Color: amarillo brillante. Aroma: equilibrado, fresco, expresivo, punzante. Boca: sabroso, fino amargor, largo.

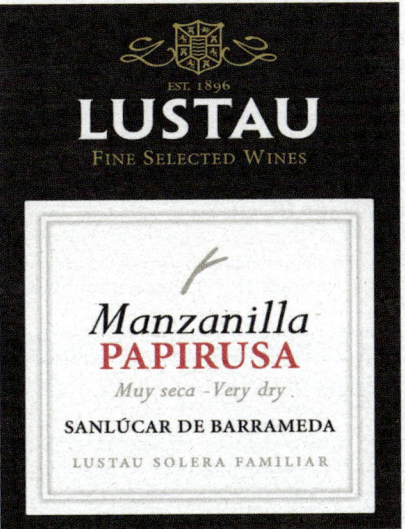

Lustau San Emilio BF PX D
pedro ximénez

93   21,2€

Color: caoba oscuro. Aroma: espirituoso, fruta pasificada, pastelería, tostado. Boca: dulce, graso, untuoso.

MANUEL ARAGÓN
Olivo, 1
11130 Chiclana de la Frontera (Cádiz)
☎: +34 956 400 756
administracion@bodegamanuelaragon.com
www.bodegamanuelaragon.com

🏆 PODIO

Fino Granero en Rama BF FI
palomino

95 ★★★★★   12€

Color: amarillo brillante. Aroma: levaduras de flor, lías reducidas, punzante, expresivo, con carácter. Boca: buena acidez, amargoso, especiado, largo.

Los Cuatro BF MO D
moscatel

92 ★★★★★   9,25€

Aromático, varietal, representativo. Color: caoba. Aroma: fruta confitada, cítricos, con carácter. Boca: dulce, largo, sabroso.

🏆 PODIO

Manuel Aragón Premium BF PC S
palomino

97   56,85€

Con vejez. Color: caoba claro. Aroma: complejo, frutos secos, acetaldehído, franco, expresivo. Boca: graso, largo, matices de solera, especiado, redondo.

DO JEREZ / D.O.P.

DO JEREZ / D.O.P.

🏆 **PODIO**

Manuel Aragón Premium BF AM S
palomino

96   56,85€

Color: caoba claro. Aroma: potente, complejo, elegante, frutos secos, tostado. Boca: amargoso, matices de solera, largo, especiado.

🏆 **PODIO**

Manuel Aragón Premium BF OL S
palomino

99   56,85€

Color: caoba claro. Aroma: potente, complejo, frutos secos, tostado, acetaldehído. Boca: graso, largo, matices de solera, especiado, redondo.

Manuel Aragón Premium BF PX D
pedro ximénez

94   50,8€

Sabroso, representativo, varietal. Color: caoba oscuro. Aroma: complejo, fruta pasificada, notas amieladas, pastelería, fruta al licor. Boca: potente, dulce, untuoso.

MARQUÉS DEL REAL TESORO
Ctra. Nacional IV, Km. 640
11408 Jerez de la Frontera (Cádiz)
☎: +34 956 321 004
marketing@grupoestevez.com
www.grupoestevez.com

Almirante BF OL S
100% palomino

92 ★★★   16,5€

Color: caoba claro. Aroma: frutos secos, tostado, barniz. Boca: graso, amargoso, matices de solera, largo, especiado.

Del Príncipe BF AM S
palomino

94 ★★★★★   16,5€

Color: yodo, borde ambarino. Aroma: complejo, frutos secos, roble cremoso, barniz, punzante. Boca: largo, especiado.

Tío Mateo BF FI S
100% palomino

90 ★★★★★   9,9€

Color: amarillo brillante. Aroma: punzante, floral. Boca: potente, fresco, fino amargor.

ROMATE
Lealas, 26
11404 Jerez de la Frontera (Cádiz)
☎: +34 956 182 212
comercial@romate.com
www.romate.com

Cardenal Cisneros BF PX D

92

Color: caoba oscuro. Aroma: espirituoso, fruta pasificada, pastelería, tostado. Boca: dulce, graso, untuoso, potente.

Encontrado BF OL S

93

Color: yodo, borde ambarino. Aroma: equilibrado, barniz, cálido, con carácter, fruta escarchada. Boca: largo, sabroso, lleno.

🏆 **PODIO**

Escondido BF PC

95

Aromas nítidos, elegante, equilibrado, oxidativo, representativo. Color: yodo, borde ambarino. Aroma: fruta escarchada, notas de levadura, punzante. Boca: equilibrado, fino amargor.

NPU BF AM S

91

Color: yodo, borde ambarino. Aroma: complejo, frutos secos, tostado. Boca: largo, especiado, dulcedumbre.

🏆 PODIO
Olvidado BF AM S
95
Color: oro viejo. Aroma: fruta escarchada, especiado, barniz, punzante. Boca: matices de solera, amargoso, lleno, opulento, seco.

Regente BF PC S
94
Color: yodo, borde ambarino. Aroma: potente, complejo, frutos secos, tostado. Boca: amargoso, matices de solera, largo, especiado.

VALDESPINO
Ctra. Nacional IV, Km. 640
11408 Jerez de la Frontera (Cádiz)
☎: +34 956 321 004
marketing@grupoestevez.com
www.bodegavaldespino.com

Deliciosa BF MZ
palomino
91 ★★★★★   11,75€
Color: amarillo brillante. Aroma: expresivo, punzante. Boca: potente, fresco, fino amargor.

El Candado BF PX D
pedro ximénez
93 ★★★★   16,9€
Color: caoba. Aroma: complejo, espirituoso, fruta pasificada, pastelería, tostado. Boca: dulce, graso, untuoso.

Promesa BF MO D
moscatel de alejandría
92 ★★★   16,75€
Agradable, amable. Color: caoba claro. Aroma: fruta asada, fruta confitada, flores marchitas. Boca: equilibrado, fácil de beber, varietal, dulce.

Tío Diego BF AM S
100% palomino
91 ★★★   15,9€
Color: yodo, borde ambarino. Aroma: especias dulces, acetaldehído, frutos secos, caramelo tostado. Boca: lleno, especiado, largo.

🏆 PODIO
Viejo C.P. VOS BF PC S
100% palomino
95   45,5€
Color: caoba claro. Aroma: acetaldehído, punzante, barniz, ebanistería, roble cremoso. Boca: potente, sabroso, especiado, largo, equilibrado.

Ynocente BF FI S
100% palomino
93 ★★★★★   14,95€
Color: amarillo brillante. Aroma: fresco, expresivo, punzante, panadería. Boca: sabroso, fino amargor, largo.

D.O. JEREZ / D.O.P.

DO. JUMILLA
CONSEJO REGULADOR

San Roque, 15
30520 Jumilla (Murcia)
☎: +34 968 781 761
@: info@vinosdejumilla.org
www.vinosdejumilla.org

SITUACIÓN:

A caballo entre las provincias de Murcia y Albacete, esta DO abarca una amplia comarca del sureste español y engloba los términos municipales de Jumilla (Murcia) y Fuente Álamo, Albatana, Ontur, Hellín, Tobarra y Montealegre del Castillo (Albacete).

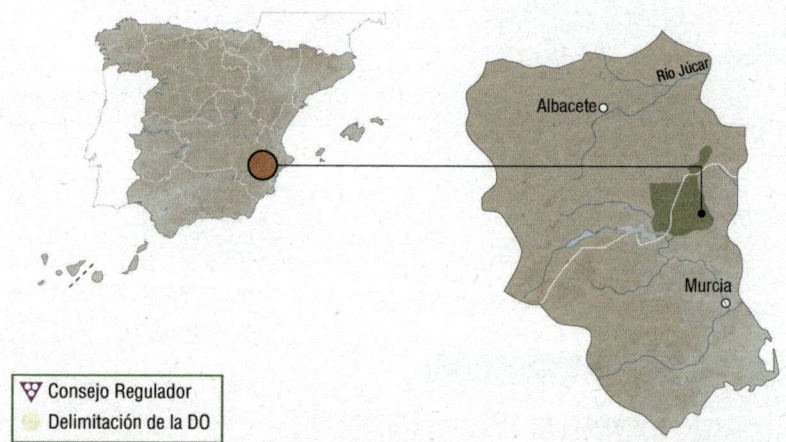

VARIEDADES:

BLANCAS: airén, macabeo, malvasía, chardonnay, sauvignon blanc, moscatel de grano menudo, pedro ximénez, verdejo, merseguera y viognier.

TINTAS: monastrell (principal), garnacha, garnacha tintorera, cencibel (tempranillo), cabernet sauvignon, merlot, petit verdot y syrah.

DATOS CONSEJO REGULADOR:

Nº Has. Viñedo: 20.500 – **Nº Viticultores:** 1.400 – **Nº Bodegas:** 39 – **Cosecha 23:** Muy Buena – **Producción 23:** 53.600.000 L. – **Comercialización:** 34% Nacional - 66% Internacional.

SUELOS:

Predominan los suelos pardos, pardo/calizos y calizos. En general, son pobres en materia orgánica, con gran capacidad de retención hídrica y permeabilidad media.

CLIMA:

De tipo continental y con influencias mediterráneas. Se caracteriza por su aridez y baja pluviometría (270 mm.), que se concentra fundamentalmente en primavera y otoño. Los inviernos son fríos y los veranos secos y bastantes cálidos.

CARACTERÍSTICAS GENERALES DE LOS VINOS

BLANCOS — En general, los blancos de Jumilla presentan un color amarillo pajizo, poseen un carácter frutal moderado, y cierto cuerpo en boca; son además equilibrados y sabrosos. En algunos casos los bodegueros recurren a la moscatel para dar mayor expresión y fuerza a sus vinos.

ROSADOS — Suelen presentar un color rosáceo-salmón; en la nariz son bastante frutosos y de buena intensidad aromática; en boca resultan sabrosos, algunos con algo más de cuerpo y ligeramente cálidos.

TINTOS — Es el vino por excelencia de la zona apoyado en una variedad, la monastrell, que, sujeta a las nuevas elaboraciones, da vinos de mucho color, intensos, con característicos aromas a frutos negros maduros y, en ocasiones, a fruta pasificada; en la boca los mejores son muy potentes, con excelente estructura tánica, sabrosos y carnosos. Los crianzas combinan este carácter frutal con los aportes de la madera, y en el caso de vinos más viejos, aunque todavía pueden aparecer notas oxidativas, cada vez se controla más la tendencia evolutiva de la variedad.

CALIFICACIÓN DE COSECHAS DE VINOS JÓVENES GUÍAPEÑÍN

2019	2020	2021	2022	2023
MUY BUENA	MUY BUENA	MUY BUENA	MUY BUENA	MUY BUENA

DO JUMILLA / D.O.P.

DO JUMILLA / D.O.P.

ALTAMENTE VINOS
Fuente Canónigos, 12 1ºB
31500 Tudela (Navarra)
☎: +34 659 857 979
admin@altamentevinos.com
www.altamentevinos.com

Altamente 2021 T

88 ★★★★ 🌱   6,5€

Frutal, maduro, especiado, sabroso.

Volalto 2021 T BA
monastrell

89 ★★★ 🌱   9,5€

Frutal, especiado, maduro, sabroso, varietal.

ARTIGA FUSTEL
Progrés, 19 Bajo
08720 Vilafranca del Penedés (Barcelona)
☎: +34 938 182 317
info@artiga-fustel.com
www.artiga-fustel.com

Camino de Seda 2023 T
65% syrah, 30% monastrell, 5% petit verdot

88

Agradable, corpulento, correcto, frutal, jugoso, maduro.

El Campeador 2023 T
syrah, monastrell, petit verdot

88

Amable, correcto, frutal, maduro, sabroso. Aroma: regaliz negro.

La Bestia Monastrell 2021 T BA
100% monastrell

90

Madera marcada, por hacer. Color: cereza, borde granate. Aroma: fruta confitada, potente, roble cremoso, tostado. Boca: sabroso, concentrado, taninos marcados de roble.

BODEGAS 1890
Ctra. Murcia, 18A
30520 Jumilla (Murcia)
☎: +34 649 461 660
atcliente@jgc.es
www.garciacarrion.com

Mayoral 2022 T
monastrell

86

Mayoral Reservado T
monastrell

86

Bodega La Ermita Jumilla 2019 T
monastrell

91

Con vejez, clásico. Aroma: fruta negra, regaliz negro, especiado, fina reducción. Boca: sabroso, lleno, taninos maduros, equilibrado.

Mayoral 2018 T C
monastrell

87

Aromático, correcto, especiado, maduro.

Pata Negra Apasionado Organic T
monastrell

87 🌿

Pata Negra Apasionado T
monastrell, petit verdot

87

Amaderado, ahumado, correcto, maduro.

BODEGAS ALCEÑO
30520 Jumilla (Murcia)
☎: +34 968 780 142
info@alceno.com
www.alceno.com

Alceño 12 Cepas Viejas 2021 T
monastrell

90 ★★★★ 🌿   12€

Color. cereza brillante. Aroma: especias dulces, fruta madura, almendra tostada, chocolate. Boca: frutoso, taninos maduros.

Alceño 150 Aniversario 2021 T
monastrell

91 ★★★   15€

Color. Cereza. Aroma: balsámico, especias dulces, hierbas de monte, flores marchitas. Boca: especiado, buena acidez, jugoso.

Alceño 50 Barricas 2022 T
85% syrah, 15% monastrell

91 ★★★★★ 🌿   11,5€

Aromático. Color. cereza brillante. Aroma: expresión frutal, violetas, floral, especiado, lácticos. Boca: jugoso, sabroso, largo, especiado.

Alceño Monastrell 4 Meses 2022 T RB
85% monastrell, 15% syrah

88 ★★★★ 🌿   7,65€

Amaderado, tostado, maduro, especiado, sabroso.

Alceño Sauvignon Blanc 2022 B FB
sauvignon blanc

90 ★★★★★   9,3€

Aromático. Aroma: caramelo tostado, especias dulces, fruta de hueso, notas tropicales. Boca: sabroso, fruta madura, fácil de beber.

Alceño Selección 2020 T R
monastrell, garnacha tintorera, syrah, tempranillo

92 ★★★   18€

Madera marcada. Color. Cereza. Aroma: incienso, con carácter. Boca: potente, taninos marcados de roble, especiado, largo, opulento, fruta madura.

BODEGAS ARRÁEZ
Pol. 6 Parcela 386 Paraje Ciscar
46630 La Font de la Figuera (València/Valencia)
☎: +34 962 290 031
info@bodegasarraez.com
www.bodegasarraez.com

Vivir sin Dormir 2021 T RB

88 🌿

Balsámico, varietal, sabroso. Aroma: hierbas de monte, cera, especiado, incienso, fruta negra.

Vivir sin Dormir 2022 T RB
100% monastrell

87 ★★★★ 🌿   6,9€

BODEGAS BLEDA
Ctra. de Ontur, Km. 2.
30520 Jumilla (Murcia)
☎: +34 968 780 012
vinos@bodegasbleda.com
www.bodegasbleda.com

Amatus Dulce 2023 T D
100% monastrell

90 ★★★★   11,5€

Amable. Aroma: hierbas de monte, incienso, fruta confitada, fruta escarchada. Boca: lleno, sabroso, varietal.

Divus 2021 T RB
100% monastrell

88   12,5€

Sobremaduro, corpulento, cremoso, especiado, tostado, potente.

Pino Doncel 12 Meses 2021 T C
70% monastrell, 30% syrah

89   10,5€

Corpulento, cremoso, especiado, goloso, maduro, sabroso, amaderado.

DO JUMILLA / D.O.P.

DO JUMILLA / D.O.P.

Pino Doncel 24 Meses Selección de Parcelas 2020 T C
80% monastrell, 20% cabernet sauvignon

91   25€

Madera marcada, tostado. Color: cereza intenso. Aroma: caramelo tostado, especias dulces, fruta negra. Boca: sabroso, potente, taninos dulces.

Pino Doncel Black 2022 T RB
50% monastrell, 30% syrah, 20% petit verdot

86   7,5€

BODEGAS CARCHELO
Casas de La Hoya, s/n
30520 Jumilla (Murcia)
☎: +34 968 435 137
info@carchelo.com
www.carchelo.com

Altico Syrah 2021 T C
syrah

91 ★★★★   14€

Color: cereza intenso. Aroma: fruta madura, hierbas secas, roble cremoso, varietal. Boca: potente, fruta madura, especiado, taninos maduros.

Carchelo 2023 T RB
monastrell

88 ★★★   8,5€

Madera marcada, correcto, especiado, maduro, sabroso, sencillo.

Carchelo Ciento80 2021 T
80% monastrell, 10% syrah, 5% garnacha

91 ★★★★★   11€

Color: cereza intenso. Aroma: fruta madura, hierbas secas, roble cremoso, cera. Boca: fruta madura, especiado, taninos maduros, sabroso.

Guarafía 2023 T
garnacha

92   24,5€

Color: Cereza. Aroma: balsámico, hierbas de monte, hierbas silvestres, floral. Boca: especiado, balsámico, buena acidez, frutoso, jugoso.

Muri Veteres 2021 T C
monastrell

92   39,5€

Clásico. Color: Cereza. Aroma: balsámico, hierbas de monte, fruta negra, cera, expresivo, franco. Boca: especiado, opulento, taninos dulces.

BODEGAS CASA CASTILLO
Filipinas Bajo 3
30520 Jumilla (Murcia)
☎: +34 968 781 691
info@casacastillo.es
www.casacastillo.es

Casa Castillo Cuvee N 2021 T BA

94

Color: cereza intenso, borde granate. Aroma: ebanistería, fruta madura, cacao fino, habano, tostado, fruta negra. Boca: sabroso, especiado, tostado, taninos potentes.

Casa Castillo El Molar 2023 T
100% garnacha

92   20€

Color: cereza, borde granate. Aroma: fruta confitada, fruta al licor, hierbas secas, hierbas silvestres. Boca: sabroso, dulcedumbre, largo.

Casa Castillo La Tendida 2023 T
90% monastrell, 10% garnacha

94 ★★★★★   15,5€

Aromas nítidos. Color: cereza, borde violáceo. Aroma: expresión frutal, fruta roja, floral, especiado, hierbas silvestres. Boca: sabroso, frutoso, buena acidez, largo.

🏆 **PODIO**

Casa Castillo Las Gravas 2022 T
100% monastrell

96   55€

Complejo, frutal, jugoso. Color: cereza brillante. Aroma: balsámico, especias dulces, hierbas de monte, fruta roja, fruta al licor. Boca: especiado, balsámico, buena acidez.

Casa Castillo Monastrell 2023 T
100% monastrell

92 ★★★★★   9€

Color: cereza, borde violáceo. Aroma: fruta madura, especiado, fruta negra, balsámico. Boca: fruta madura, sabroso, estructurado.

🏆 **PODIO**

Casa Castillo Pie Franco 2022 T C
100% monastrell

95   160€

Aromático, jugoso. Color: Cereza. Aroma: complejo, expresivo, especiado, mineral. Boca: lleno, largo, persistente.

Valtosca 2023 T
100% syrah

92   21€

Color: cereza, borde granate. Aroma: fruta confitada, potente, fruta negra, lácticos. Boca: sabroso, dulcedumbre, largo.

BODEGAS CRÁPULA & LANENA BY GABRIEL MARTÍNEZ

Paraje La Graja
30520 Jumilla (Murcia)
☎: +34 662 380 985
gmartinez@vinocrapula.com
www.crapulawines.com

Crápula Basado en Hechos Reales 2021 T C
monastrell

90 ★★★ 13€

Corpulento, especiado, sabroso. Aroma: fruta negra, incienso, hierbas secas. Boca: retronasal afrutado.

Crápula Gold 2022 T
monastrell, syrah

89 ★★★★ 7,5€

Amable, corpulento, correcto, especiado, exuberante, maduro.

Crápula Soul Edición Limitada 2021 T

91 17€

Color: cereza brillante. Aroma: especias dulces, chocolate, fruta negra, fruta madura, cera. Boca: especiado, taninos maduros, jugoso, potente.

Gabriel Martínez. Pequeños pasos, grandes ilusiones 2021 T
70% monastrell, 20% syrah, 10% garnacha tintorera

91 19,95€

Corpulento, especiado, herbal, potente. Aroma: frutos secos, fruta negra, terroso, franco. Boca: sabroso, largo.

NdQ Selección 2021 T

89 ★★★★ 8€

Varietal, especiado, maduro, sabroso. Aroma: franco, hierbas de monte, cera.

BODEGAS DELAMPA

Ctra. Jumilla - Yecla, Km. 79,3
30520 Jumilla (Murcia)
☎: +34 968 759 956
bodegas@delampa.es
www.delampa.es

Delampa 50 años 2020 T C
100% monastrell

89 ★★★ 9,5€

Corpulento, madera marcada, correcto, especiado, maduro, sabroso, tostado.

Delampa Selección 2023 T
100% monastrell

85 4,5€

Éxodo 2021 T RB
100% monastrell

87 ★★★★ 7€

Éxodo Autor 2020 T C
100% monastrell

88 9,5€

Confitado, corpulento. Aroma: hierbas secas, frutos secos. Boca: madera vieja.

Julián Santos Martínez Edición Centenario 2019 T C
100% monastrell

91 ★★★ 15€

Agradable, aromático, especiado, flores secas. Color: Cereza. Aroma: fina reducción, cera, fruta madura. Boca: jugoso, sabroso, fácil de beber, largo.

Marzas 2023 T
100% monastrell

87 ★★★★ 2,9€

BODEGAS EL NIDO

Ctra. de Fuentealamo - Paraje de la Aragona
30550 Jumilla (Murcia)
☎: +34 968 435 023
info@juangil.es
www.gilfamily.es

Clío 2021 T
70% monastrell, 30% cabernet sauvignon

94 45€

Color: cereza muy intenso. Aroma: café aromático, praliné, especias dulces, caramelo tostado. Boca: estructurado, opulento, sabroso, pulido, taninos maduros, fruta madura.

🏆 PODIO

El Nido 2021 T
70% cabernet sauvignon, 30% monastrell

95 145€

Corpulento. Color: cereza, borde granate. Aroma: potente, hierbas secas, fruta negra, fruta madura, pimienta negra, roble cremoso, roble nuevo, varietal, franco, con carácter. Boca: sabroso, largo, opulento, muy vivo, lleno.

DO JUMILLA / D.O.P.

DO JUMILLA / D.O.P.

BODEGAS JUAN GIL
Ctra. Fuentealamo - Paraje de la Aragona
30520 Jumilla (Murcia)
☎: +34 968 435 022
info@juangil.es
www.gilfamily.es

Albacea Merlot 2023 T
merlot

91

Color: cereza intenso. Aroma: fruta madura, hierbas secas, roble cremoso. Boca: fruta madura, especiado, taninos maduros.

Comoloco bajo en Histaminas Sin Sulfitos Añadidos 2023 T
100% monastrell

91 ★★★★★ 🏆   6,85€

Color: cereza intenso. Aroma: fruta madura, hierbas secas, hierbas de monte. Boca: fruta madura, especiado, taninos maduros.

Honoro Vera Orgánic 2023 T
100% monastrell

90 ★★★★★ 🏆   6,85€

Maduro. Color: cereza intenso. Aroma: fruta madura, hierbas secas. Boca: fruta madura, especiado, taninos maduros.

Juan Gil Etiqueta Amarilla/Yellow Label 2023 T
100% monastrell

90 ★★★★★ 🏆   7,2€

Color: cereza intenso. Aroma: fruta madura, hierbas secas, roble cremoso. Boca: fruta madura, especiado, taninos maduros.

🏆 **PODIO**

Juan Gil Etiqueta Azul/Blue Label 2022 T
60% monastrell, 30% cabernet sauvignon, 10% syrah

96 ★★★★   26,5€

Aromas nítidos, exuberante. Color: Cereza. Aroma: complejo, expresivo, especiado, mineral. Boca: elegante, lleno, largo, persistente.

Juan Gil Moscatel Seco 2023 B
100% moscatel grano menudo

90 ★★★★★   7,2€

Aromático, amable, correcto, jugoso. Aroma: fruta blanca, franco, flores secas. Boca: fácil de beber, fino amargor.

Juan Gil Petit Verdot 2023 T
petit verdot

92

Complejo, potente. Color: cereza, borde violáceo. Aroma: fruta roja, floral, especias dulces. Boca: frutoso, buena acidez, largo.

Juan Gil Etiqueta Plata/Silver Label 2022 T
100% monastrell

93 ★★★★★ 🏆   12,25€

Amable, sabroso. Color: cereza, borde granate. Aroma: potente, fruta madura, fruta negra, tostado, chocolate. Boca: sabroso, largo.

Juan Gil Rosado 2023 RD
50% tempranillo, 50% syrah

91 ★★★★★   11,5€

Color: rosa vivo. Aroma: expresión frutal, fruta roja, floral, hierbas silvestres. Boca: equilibrado, retronasal afrutado, fácil de beber, buena acidez.

Selección Bartolomé Abellán 2023 T BA
monastrell

91

Balsámico. Color: cereza intenso. Aroma: fruta madura, hierbas secas, roble cremoso. Boca: fruta madura, especiado, taninos maduros.

BODEGAS LUZÓN

Ctra. Jumilla-Calasparra, Km. 3,1
30520 Jumilla (Murcia)
☎: +34 968 784 135
info@bodegasluzon.com
www.bodegasluzon.com

Alma de Luzon 2021 T
monastrell, syrah

93 38€

Agradable. Color: cereza intenso. Aroma: fruta madura, hierbas secas, roble cremoso, terroso. Boca: fruta madura, especiado, taninos maduros, buena acidez.

Finca Luzón 2021 T C
monastrell, cabernet sauvignon

91 ★★★★★ 9,59€

Color: cereza brillante. Aroma: especias dulces, fruta madura, chocolate, roble cremoso. Boca: frutoso, especiado, taninos maduros.

Finca Luzón 2023 T RB
monastrell

90 ★★★★★ 6,99€

Aromas nítidos, madera marcada, pulido. Aroma: especias dulces, fruta negra, tostado. Boca: sabroso, largo, fruta madura.

Finca Luzón Monastrell Syrah 2023 T
monastrell, syrah

90 ★★★★★ 5,99€

Maduro, correcto, sabroso, especiado, equilibrado. Aroma: franco. Boca: largo, correcto, fácil de beber.

Altos de Luzón 2022 T
monastrell

92 ★★★★ 🌿 14,45€

Color: cereza muy intenso. Aroma: café aromático, potente, fruta madura, fruta negra, tostado. Boca: retronasal ahumado, persistente, taninos maduros.

Finca Luzón Sin Sulfitos Añadidos 2023 T
monastrell

90 ★★★★★ 🌿 4,89€

Agradable, jugoso. Aroma: fruta madura, frutos secos, lácticos, expresión frutal. Boca: sabroso, varietal, fácil de beber.

Gamellón 2021 T C
monastrell, cabernet sauvignon

91

Color: Cereza. Aroma: especias dulces, hierbas de monte, fruta madura. Boca: especiado, balsámico, buena acidez, tostado.

Gamellón 2023 T
monastrell, syrah

90

Color: cereza, borde violáceo. Aroma: potente, fruta madura, hierbas secas. Boca: fruta madura, sabroso, fácil de beber.

DO JUMILLA / D.O.P.

DO JUMILLA / D.O.P.

Gamellón Edición Especial Syrah 2023 T
syrah
91
Color: cereza intenso. Aroma: fruta madura, con carácter, franco. Boca: potente, fruta madura, especiado, taninos maduros.

Luzón Colección 2023 T RB
monastrell
89 ★★★★   8,2€
Agradable, sabroso, tostado, maduro, madera marcada.

Luzón Colección Monastrell 2023 T
monastrell
90 ★★★★★ 🌱   7,2€
Aromas nítidos, suave. Aroma: intensidad media, franco, varietal, hierbas secas, fruta madura. Boca: equilibrado, correcto, frutoso, jugoso.

Por Tí 2021 T
monastrell, cabernet sauvignon
93   26,9€
Color: cereza intenso. Aroma: fruta madura, roble cremoso, fruta negra, hierbas de monte, complejo. Boca: potente, fruta madura, especiado, taninos maduros.

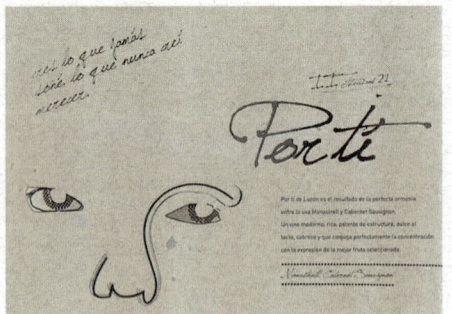

BODEGAS NIDO DE CUCO
Camino de Murcia, s/n
30520 Jumilla (Murcia)
☎: +34 968 780 754
info@bodegasnidodecuco.es
www.bodegasnidodecuco.es

Cuco del Ardal 2020 T C
100% monastrell
89 ★★★★   8,7€
Corpulento, tostado, maduro, lleno.

Cuco del Ardal 2021 T C
100% monastrell
89 ★★★★   8,7€
Algo secante, madera marcada, corpulento, especiado, hierbas secas, maduro, tostado.

N de Cuco 2020 T C
50% monastrell, 50% cabernet sauvignon
92   45€
Color: cereza, borde granate. Aroma: balsámico, fruta madura, hierbas de monte, cera, con carácter, chocolate. Boca: sabroso, balsámico, especiado, taninos maduros.

N de Cuco 2021 T C
80% monastrell, 10% syrah, 10% petit verdot
92   45€
Maduro, opulento, por hacer. Color: cereza muy intenso. Aroma: roble nuevo, roble cremoso, fruta negra. Boca: potente, opulento, largo, persistente, tostado.

BODEGAS OLIVARES
Vereda Real, s/n
30520 Jumilla (Murcia)
☎: +34 968 780 180
export@bodegasolivares.com
www.bodegasolivares.com

Olivares 2023 RD
100% garnacha
86   6,75€

BODEGAS RIBERA DEL JUÁ
Ctra. Jumilla - Albatana, km. 6
30520 Jumilla (Murcia)
☎: +34 620 540 949
gestion@bodegasriberadeljua.com
www.bodegasriberadeljua.com

Charco del Zorro 2021 T
monastrell
87 ★★★   7,26€

Exordio 2019 T
monastrell
91 ★★★   14,52€
Cálido. Color: cereza, borde granate. Aroma: fruta sobremadura, roble cremoso, cálido. Boca: confitado, potente, taninos dulces.

BODEGAS SALZILLO

Ctra. Nacional 344, km 57,200
30520 Jumilla (Murcia)
☎: +34 968 782 735
salzillo@bodegassalzillo.com
www.bodegassalzillo.com

Camelot Tinto Dulce Monastrell T D
monastrell

89 12€

Confitado, dulce, especiado, fruta golpeada, goloso, hierbas secas, opulento.

Güertana Sauvignon Blanc 2 meses Lías 2023 B
sauvignon blanc

88 ★★★★ 6€

Muy primario, aromático, no representativo, correcto, frutal, tropical, sabroso. Aroma: plátano.

Güertano Monastrell 4 meses 2022 T BA

87 ★★★ 7,5€

Matius Crianza Blend 12 Meses 2022 T C
monastrell, cabernet sauvignon, syrah

88 12€

Confitado, fruta golpeada, jugoso, hierbas secas, correcto, especiado.

Zenizate Monastrell 4 meses 2022 T
monastrell

86 6,5€

Zenizate Syrah 4 meses 2022 T
syrah

85 6,5€

BODEGAS SAN DIONISIO, S. COOP.

Ctra. de la Higuera, s/n
02651 Fuentealamo (Albacete)
☎: +34 967 543 032
sandionisio@bodegassandionisio.com
www.bodegassandionisio.com

Mainetes Petit Verdot 2022 T RB
petit verdot

90 ★★★★ 12€

Color: cereza intenso. Aroma: fruta madura, hierbas secas, roble cremoso, tabaco, pimienta negra. Boca: potente, fruta madura, especiado, taninos maduros.

Mainetes Verdejo 2023 B FB
verdejo

89 🌿 12€

Color: pajizo brillante. Aroma: potente, fruta madura, especiado, madera marcada. Boca: graso, tostado, frutoso, madera marcada, fruta madura.

Mainetes Monastrell 12 meses 2020 T C
100% monastrell

90 ★★★ 13€

Clásico. Color: cereza intenso. Aroma: fruta negra, hierbas silvestres, especiado, terroso, cera. Boca: fruta madura, especiado, taninos maduros.

Señorío de Fuenteálamo Monastrell 2021 T RB
100% monastrell

89 ★★★★ 8€

Frutal, hierbas secas, especiado, sabroso. Aroma: fruta madura, fruta confitada. Boca: varietal.

Señorío de Fuenteálamo Monastrell 2023 T
monastrell

87 ★★★★ 🌿 6,5€

Señorío de Fuenteálamo Verdejo 2023 B
verdejo

86 🌿 6,5€

BODEGAS SANTIAGO APÓSTOL

Calle Capataz Santiago, 91
02650 Montealegre del Castillo (Albacete)
☎: +34 967 336 058
info@bodegassantiagoapostol.com
www.bodegassantiagoapostol.com

Oferente 2019 B BA
95% airén, 5% verdejo

88 ★★★★ 5,9€

Correcto, maduro, tostado, ahumado. Aroma: pan tostado.

DO JUMILLA / D.O.P.

DO JUMILLA / D.O.P.

Oferente 2019 T C
100% monastrell

88 ★★★★ 5,9€

Reductivo, sabroso, especiado, jugoso, maduro. Aroma: cera, tabaco.

Oferente 2020 T C
100% monastrell

87 ★★★★ 5,9€

Oferente Selección 2022 T
100% monastrell

86 4,5€

BODEGAS SILVANO GARCÍA
Avda. de Murcia, 29
30520 Jumilla (Murcia)
☎: +34 968 780 767
info@silvanogarcia.es
www.silvanogarcia.es

Silvano García 4 meses 2022 T BA
monastrell

87 ★★★ 7,5€

Silvano García Colección Divina 2021 T C
monastrell

89 ★★★ 9,9€

Reductivo, sabroso, jugoso, hierbas secas, especiado, varietal, clásico. Aroma: cera. Boca: crianza clásica.

Silvano García Dulce Monastrell 2019 T D
monastrell

91 ★★★ 14,95€

Con tipicidad, sabroso. Color: cereza, borde granate. Aroma: fruta pasificada, pastelería. Boca: potente, sabroso, dulce.

Silvano García Etiqueta Negra 2021 T
monastrell

90 ★★★★★ 9,5€

Aromático, balsámico, correcto, equilibrado. Aroma: hierbas secas, cera, equilibrado, franco. Boca: jugoso, sabroso, equilibrado, fino amargor.

Silvano García Monastrell 2022 T
monastrell

89 ★★★★ 🌿 6,95€

Agradable, maduro, herbal, potente, sabroso, hierbas secas, varietal.

Viñahonda 2020 T C
monastrell

90 ★★★ 12,5€

Color: cereza intenso. Aroma: fruta madura, hierbas secas, cera, especiado. Boca: fruta madura, especiado, taninos maduros, estructurado.

BODEGAS VIÑA ELENA
Paraje Estrecho de Marín, N-344, km 52,5
30529 Jumilla (Murcia)
☎: +34 968 781 340
info@vinaelena.com
www.vinaelena.com

Bruma del Estrecho de Marín Finca CQ 2022 T
100% monastrell

92 ★★★★★ 13€

Aromas nítidos, confitado. Aroma: fruta negra, fruta madura, balsámico, notas anisadas. Boca: estructurado, frutoso, taninos secos pero maduros, especiado, largo.

Bruma del Estrecho de Marín Parcela Vereda 2022 T
100% monastrell

92 23€

Con personalidad, frutal, maduro. Color: cereza intenso. Aroma: expresivo, franco. Boca: jugoso, sabroso, taninos dulces.

Familia Pacheco Garnacha 2022 T
100% garnacha

89 ★★★★ 7€

Color. Cereza. Aroma: balsámico, hierbas de monte, fruta roja, fruta madura. Boca: especiado, balsámico, buena acidez, fácil de beber.

Familia Pacheco Monastrell Orgánico 2022 T
100% monastrell

88 ★★★★ 🌿 6,5€

Agradable, correcto, especiado, maduro, silvestre, suave.

Familia Pacheco Syrah 2022 T
100% syrah

89 ★★★★ 7€

Agradable, aromas nítidos, corpulento, maduro, frutal, pulido, sabroso. Boca: retronasal afrutado.

BODEGAS Y VIÑEDOS VALTRAVIESO
Finca La Revilla, s/n
47316 Piñel de Arriba (Valladolid)
☎: +34 983 484 030
comunicacion@valtravieso.com
www.valtravieso.com

Pie Firme de Valtravieso 2021 T R
100% monastrell

93 38€

Color. Cereza. Aroma: expresivo, especiado, regaliz negro, fruta negra, barniz. Boca: lleno, largo, persistente, taninos maduros, varietal, pulido.

BSI - BODEGAS SAN ISIDRO
Ctra. Murcia, s/n
30520 Jumilla (Murcia)
☎: +34 968 780 700
enotour@bsi.es
www.bsi.es

Gémina Chardonnay 2023 B FB
100% chardonnay

89 ★★★★　　　　　　　　　　　　8€

Agradable, correcto, especiado, maduro, flores secas, notas de levadura. Boca: retronasal ahumado, fácil de beber.

Gémina Cuvée Selección 2021 T C
100% monastrell

91　　　　　　　　　　　　　　16,3€

Color: cereza brillante. Aroma: especias dulces, fruta madura, chocolate. Boca: frutoso, especiado, taninos maduros.

Gémina Finca La Cabra 2020 T C
100% monastrell

93　　　　　　　　　　　　　　　30€

Complejo, varietal. Color: Cereza. Aroma: complejo, expresivo, especiado, piedra seca, terroso. Boca: lleno, largo, persistente, taninos maduros.

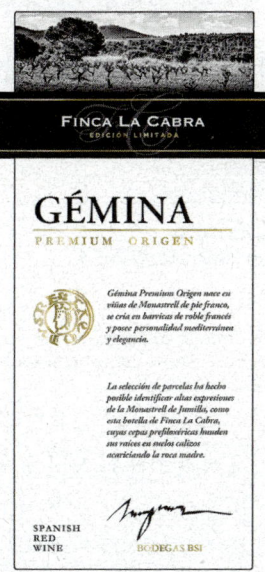

Gémina Finca Los Tomillares 2020 T
100% monastrell

92　　　　　　　　　　　　　　　30€

Corpulento, cremoso. Aroma: con carácter, roble cremoso, especias dulces, chocolate, fruta negra. Boca: sabroso, madera marcada, jugoso, fruta madura.

Gémina Selección Monastrell 2022 T
100% monastrell

89　　　　　　　　　　　　　　10,47€

Ligera oxidación, especiado, maduro, sabroso.

Gémina Sin Sulfitos Añadidos 2023 T
100% monastrell

89 ★★★★ 🍃　　　　　　　　　　8€

Con tipicidad, correcto, equilibrado, frutal, herbal, jugoso. Boca: equilibrado.

DOBLEDEPEREZ MICROBODEGA
Plaza del Ayuntamiento, 7
02653 Albatana (Albacete)
☎: +34 627 588 119
info@dobledeperez.es
www.dobledeperez.es

Camaleónica 2022 T RB
100% monastrell

91　　　　　　　　　　　　　　　17€

Poco intervencionista, silvestre. Color: Cereza. Aroma: expresivo, especiado, frutos secos, terroso, hierbas secas. Boca: lleno, largo, persistente, varietal, pulido.

En Contacto 2023 B
100% verdejo

90 ★★★　　　　　　　　　　　　14€

Color: amarillo, velado. Aroma: fruta macerada, notas anisadas, hierbas silvestres. Boca: muy vivo, equilibrado, taninos finos, fácil de beber.

Inaudita 2022 T
100% petit verdot

91　　　　　　　　　　　　　　　20€

Aromas nítidos. Color: cereza intenso. Aroma: frutos secos, hierbas silvestres, hierbas de monte, pimienta negra. Boca: sabroso, jugoso, taninos maduros.

Ingobernable 2021 T
100% garnacha tintorera

91　　　　　　　　　　　　　　　22€

Balsámico, con oscuridad, poco intervencionista. Color: cereza opaco. Aroma: fruta negra, fruta madura, regaliz negro. Boca: sabroso, jugoso, frutoso.

DOMINIO DE CASALTA
Ctra. de Pétrola Km. 3,2
02695 Chinchilla de Monte-Aragón (Albacete)
☎: +34 658 846 188
info@rodriguezdevera.com
www.rodriguezdevera.com

Pituco MST 2019 T
87

DO JUMILLA / D.O.P.

Pituco MST 2022 T
garnacha tintorera, syrah, monastrell
88   10,5€
Frutal, hierbas secas, maduro, especiado.

EGO BODEGAS
Paraje Hoya de Torres s/n
30520 Jumilla (Murcia)
☎: +34 868 680 939
info@egobodegas.com
www.egobodegas.com

3015 2023 T
100% monastrell
88 ★★★★ 🌱   7,25€
Hierbas secas, suave, frutal, jugoso, sencillo.

El Goru Gold 2021 T
monastrell, syrah, cabernet sauvignon
91 ★★★★★   11,9€
Color: cereza brillante. Aroma: fruta madura, chocolate, cera, hierbas de monte, incienso. Boca: especiado, taninos maduros, potente, sabroso, balsámico.

Fuerza By Ego 2021 T
monastrell, cabernet sauvignon
89   10,9€
Poco franco, corpulento, especiado, exuberante, maduro. Aroma: roble cremoso. Boca: taninos marcados de roble.

Infinito 2020 T C
monastrell
91   19,5€
Color: Cereza. Aroma: amaderado, roble nuevo. Boca: potente, estructurado, frutoso, jugoso, opulento, pulido, varietal.

Parcela 11
Finca del Tuerto 2021 T C
monastrell, syrah, petit verdot
91 ★★★★★   7,75€
Color: Cereza. Aroma: balsámico, especias dulces, hierbas de monte. Boca: buena acidez, equilibrado, fino amargor, fácil de beber, especiado.

Parcela 11
Finca del Tuerto 2022 T C
90
Color: cereza brillante. Aroma: especias dulces, fruta negra, tostado. Boca: especiado, taninos maduros, largo.

Pirapu 2021 T
monastrell, cabernet sauvignon
91 ★★★★★   9,5€
Color: Cereza. Aroma: especias dulces, hierbas de monte, notas cárnicas, hierbas silvestres. Boca: especiado, balsámico, buena acidez, largo, fruta madura, taninos maduros.

Talento by Ego 2023 T
monastrell, syrah
89 ★★★★   6€
Agradable, aromas nítidos, especiado, maduro, sabroso.

ESENCIA WINES CELLARS
Ctra. El Carche, Km. 11,5
30520 Jumilla (Murcia)
☎: +34 968 975 942
info@esenciawines.com
www.esenciawines.com

Casa de la Ermita
Parcela los Pinos 2022 T C
100% monastrell
93 🌱   23,95€
Color: Cereza. Aroma: complejo, expresivo, especiado, varietal, cera. Boca: lleno, largo, persistente, cremoso, fruta madura.

Casa de la Ermita 2021 T C
40% monastrell, 35% syrah, 25% cabernet sauvignon

90 ★★★★   10,5€

Ahumado, tostado. Color: cereza oscuro. Aroma: fruta negra, fruta confitada, pan tostado, ahumado. Boca: carnoso, estructurado.

Casa de la Ermita 2023 T RB
55% monastrell, 45% petit verdot

90 ★★★★★   6,5€

Color: cereza brillante. Aroma: fruta madura, especias dulces, lácticos. Boca: especiado, taninos maduros, fruta madura, retronasal afrutado, fácil de beber.

Casa de la Ermita Idílico 2021 T C
55% monastrell, 45% petit verdot

90 ★★★★   11,5€

Color: Cereza. Aroma: balsámico, especias dulces, hierbas de monte. Boca: especiado, balsámico, buena acidez, largo, tostado.

Casa de la Ermita Parcela La Solana 2023 B
100% viognier

91 ★★★★★ 🌱   13,5€

Color: pajizo. Aroma: expresivo, flores blancas, fruta de hueso, equilibrado, especiado, cítricos. Boca: sabroso, frutoso, equilibrado.

Casa de la Ermita Petit Verdot 2021 T C
100% petit verdot

91   19,95€

Color: Cereza. Aroma: especias dulces, hierbas de monte, fruta madura, fruta confitada. Boca: balsámico, buena acidez, taninos maduros.

FAUSTINO RIVERO ULECIA
Ctra. Murcia s/n
30520 Jumilla (Murcia)
☎: +34 941 380 057
www.faustinorivero.com

Conciens 2023 T
monastrell

88 ★★★★★ 🌱   4€

Agradable, amable, frutal.

FINCA BACARA
Calle Rio Taibilla, 13 - 7ºA
30110 Churra (Murcia)
☎: +34 868 680 939
info@fincabacara.com
www.fincabacara.com

Tabá 2022 T C
monastrell

92 ★★★★★ 🌱   11,5€

Color: cereza, borde granate. Aroma: fruta confitada, potente, terroso, cera. Boca: sabroso, largo, estructurado, taninos maduros.

FINCA EL OLMILLO
Ctra Higuera- Fuente-Álamo km 22,1
Pol. 1 Parc. 20009
02651 Fuente-Álamo (Albacete)
☎: +34 691 848 199
calidad@fincaolmillo.com

Finca El Olmillo 2021 T RB
monastrell

92 🌱   20,4€

Color: Cereza. Aroma: hierbas silvestres, regaliz negro, hierbas de monte, fruta madura, cera. Boca: sabroso, equilibrado, largo, especiado, balsámico.

Mirasoles 2023 B
sauvignon blanc

89 🌱   19,8€

Aromas nítidos, silvestre, flores secas, hierbas secas. Aroma: hierbas de tocador, hierbas silvestres.

DO JUMILLA / D.O.P.

DO JUMILLA / D.O.P.

FINCA MONASTASIA
Ctra. Jumilla a Ontur, km 16
02652 Ontur (Albacete)
☎: +34 624 104 762
admin@fincamonastasia.com
www.fm.wine

**Finca Monastasia
Monastrell Nobel 2022 T RB**
100% monastrell

89   19,9€

Agradable, maduro, sabroso, suave.

**Finca Monastasia
Paraje Cerro Blanco 2021 T**
monastrell, syrah, cabernet sauvignon, merlot

92   19,95€

Color: cereza intenso. Aroma: hierbas secas, terroso, mineral, fruta negra, fruta sobremadura, tostado, chocolate. Boca: fruta madura, especiado, taninos maduros.

**Finca Monastasia
Pie Franco 2021 T**
100% monastrell

93

Color: cereza, borde granate. Aroma: complejo, expresivo, especiado, mineral, fruta negra, fruta al licor. Boca: lleno, largo, persistente, sabroso.

**Finca Monastasia
Syrah Nobel 2022 T**
syrah

90 ★★★★★   9,95€

Color: cereza intenso. Aroma: fruta madura, hierbas secas, fruta roja. Boca: potente, fruta madura, especiado, taninos maduros.

**Finca Monastasia Vides Encontradas
Dulce Natural 2021 T**

89 ★★★   9,95€

Con potencial, corpulento, sobremaduro, dulzón.

HAMMEKEN CELLARS
03700 Denia (Alacant/Alicante)
☎: +34 965 791 967
cellars@hammekencellars.com
www.hammekencellars.com

**Creencia
con Actitud 2021 T**
monastrell

91   16,5€

Clásico, confitado, corpulento. Aroma: hierbas secas, especiado, incienso, fruta negra. Boca: potente, sabroso, estructurado.

**Creencia
con Virtud 2020 T**
monastrell

93   24,5€

Color: cereza oscuro. Aroma: tostado, especiado, cacao fino, fruta madura, fruta negra, hierbas secas. Boca: sabroso, tostado, frutoso, potente, cierta persistencia, taninos secos pero maduros.

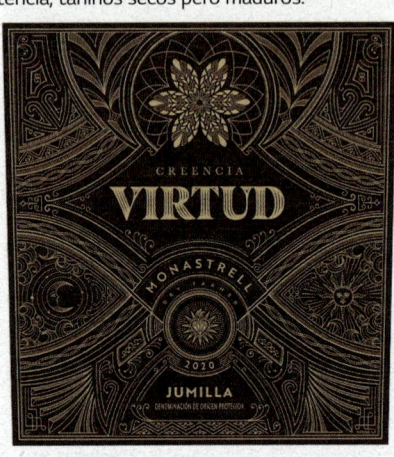

IZQUIERDO VIÑEDOS Y BODEGAS
Doctor Tabera y Araoz, 17 Bajo
02400 Hellín (Albacete)
☎: +34 615 287 362
vinosizquierdo@gmail.com
www.ramonizquierdovinos.com

Ramón Izquierdo Monastrell 2021 T
monastrell

90 ★★★★★ 🌱   10€

Especiado, reductivo. Aroma: hierbas de monte, terroso, fruta negra, incienso. Boca: lleno, sabroso, taninos maduros.

ONTALBA SOC. COOP. DE C-LM
Camino de Hellín, s/n
02652 Ontur (Albacete)
☎: +34 967 324 212
pedidos@ontalba.es
www.ontalba.es

Dominio de Ontur Monastrell 2022 T
100% monastrell

86   3€

Dominio de Ontur Syrah, Monastrell, Garnacha 2022 T
60% syrah, 30% monastrell, 10% garnacha

86   2,76€

Monastrelón 2021 T
60% monastrell, 40% syrah

88 ★★★★ 7€

Correcto, hierbas secas, ligera reducción, especiado, herbal, silvestre, varietal.

Ontalba Equilibrista 2020 T
60% monastrell, 30% syrah, 10% petit verdot

88 ★★★ 8,75€

Balsámico, especiado, hierbas secas, maduro. Aroma: frutos secos, fruta negra.

Ontalba Sauvignon Blanc 2023 B
100% sauvignon blanc

86  3€

Patre 2020 T C
100% monastrell

87 ★★★★ 6,05€

PACO MULERO

Partida de la Hoya Torres s/n
30520 Jumilla (Murcia)
☎: +34 968 105 997
info@pacomulero.com
www.pacomulero.com

Aldeón de Lar Monastrell Sin Sulfitos Añadidos 2023 T
100% monastrell

91 ★★★★★ 🌱 7€

Color: cereza, borde violáceo. Aroma: fruta madura, especiado, hierbas de monte. Boca: fruta madura, sabroso, estructurado.

Paco Mulero Monastrell 2022 T
100% monastrell

93 ★★★★★ 11€

Complejo, varietal. Color: cereza intenso. Aroma: fruta madura, hierbas secas, roble cremoso, hierbas de monte. Boca: fruta madura, especiado, taninos maduros.

Paco Mulero Veinte Meses 2021 T
monastrell, cabernet sauvignon, syrah

93 24€

Goloso, herbal. Color: cereza brillante. Aroma: especias dulces, fruta madura, chocolate. Boca: frutoso, especiado, taninos maduros, taninos dulces.

Prisma Monastrell Orgánico 2023 T
100% monastrell

90 ★★★★★ 🌱 6,5€

Maduro. Color: cereza intenso. Aroma: fruta madura, hierbas de monte. Boca: fruta madura, especiado, taninos maduros.

Paco Mulero Veinte Meses 2022 T
monastrell, cabernet sauvignon, syrah

94 24€

Aromas nítidos, jugoso. Color: cereza intenso. Aroma: fruta madura, hierbas secas, roble cremoso. Boca: fruta madura, especiado, taninos maduros.

DO JUMILLA / D.O.P.

DO JUMILLA / D.O.P.

PARAJES DEL VALLE BODEGAS Y VIÑEDOS
Avda. de Murcia, s/n
30520 Jumilla (Murcia)
☎: +34 616 426 520
nerea.bardaji@garciperezgroup.com
www.parajesdelvalle.es

Parajes del Valle Monastrell 2022 T
monastrell

89 ★★★★ 🌿   7,95€

Fluido, frutal, herbal, jugoso, maduro, silvestre, suave. Boca: fácil de beber, cierta persistencia.

Terraje 2021 T BA
monastrell

93 ★★★★★ 🌿   13,95€

Aromas nítidos, con tensión. Color. Cereza. Aroma: expresivo, especiado, piedra seca, terroso, varietal. Boca: elegante, largo, persistente, fácil de beber.

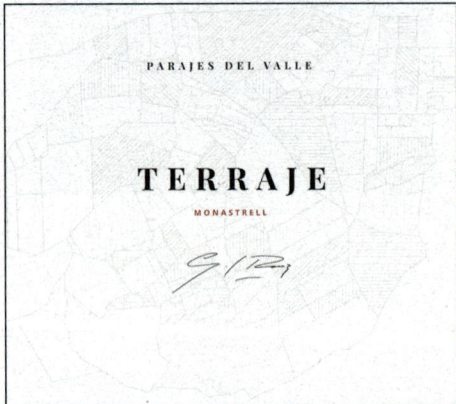

VAEL WINE - KERBEROS FOOD SOLUTIONS
Salvador Dalí 31
30520 Jumilla (Murcia)
☎: +34 644 631 045
francisco.j.lozano@kerberosfs.com
www.vaelwine.com

Vael White Wine 2023 B
chardonnay, moscatel

89 ★★★★ 🌿   9€

Cítrico, flores secas, frutal, hierbas secas.

VIDES CALIZA
Ctra. Tobarra, s/n
02652 Ontur (Albacete)
☎: +34 665 779 429
alfonso@videscaliza.com
www.videscaliza.com

Entresijo 2022 T C
monastrell

91   38€

Corpulento, madera marcada. Color. cereza intenso. Aroma: fruta madura, hierbas secas, roble cremoso, fruta negra, tostado. Boca: potente, fruta madura, especiado, taninos maduros.

VINOS SIERRA NORTE
Paraje La Raja, s/n
30520 Jumilla (Murcia)
☎: +34 962 323 099
info@bodegasierranorte.com
www.bodegasierranorte.com

Equilibrio 4 2021 T
100% monastrell

90 ★★★★★ 🌿   8€

Color. Cereza. Aroma: especias dulces, hierbas de monte, terroso, hierbas secas, cera. Boca: balsámico, buena acidez, varietal.

Equilibrio 9 2020 T BA
100% monastrell

90 ★★★★★ 🌿   9,25€

Color. Cereza. Aroma: especias dulces, hierbas de monte, amaderado. Boca: especiado, frutoso, jugoso, fino amargor, varietal.

Equilibrio Sauvignon Blanc 2023 B
sauvignon blanc

87 ★★★★ 🌿   6,05€

VIÑEDOS Y BODEGAS ASENSIO CARCELÉN
Ctra. RM-714, Km. 8
30520 Jumilla (Murcia)
☎: +34 968 435 543
bodegascarcelen@gmail.com

100 x 100 Monastrell 2022 T
monastrell

85 🌿   6€

100 x 100 Syrah 2021 T
syrah

87 ★★★★ 🌿   6€

Asensio Carcelén Monastrell 2022 T
monastrell

89 ★★★★ 🌿   7,5€

Balsámico, correcto, especiado, frutal, herbal, maduro sabroso, jugoso.

Asensio Carcelén Syrah 2022 T
syrah

88 ★★★★ 🌱 7,5€

Correcto, jugoso, maduro, sabroso. Boca: retronasal afrutado, persistente.

Pura Sangre 2016 T R
monastrell

85 🌱 10€

VIÑEDOS Y BODEGAS XENYSEL
Valle Hoya Torres Pol. 5 Parc. 5
30520 Jumilla (Murcia)
☎: +34 627 251 886
info@xenysel.com
www.xenysel.com

Calzás 2020 T C
monastrell

91 🌱 24,6€

Ahumado, con personalidad. Color: cereza oscuro. Aroma: notas cárnicas, fruta negra, pimienta negra, frutos secos. Boca: sabroso, equilibrado, redondo, taninos maduros.

Rango 2020 T C
monastrell, syrah

91 ★★★ 🌱 14,95€

Color: Cereza. Aroma: balsámico, especias dulces, hierbas de monte, terroso, fruta negra, fruta confitada. Boca: especiado, balsámico, buena acidez.

Xenys Fina Sierra de Los Gavilanes 2020 T C
80% monastrell, 20% syrah

91 ★★★ 14,95€

Color: Cereza. Aroma: balsámico, hierbas de monte, especiado, incienso, terroso, frutos secos. Boca: especiado, buena acidez.

Xenys Monastrell 12 2021 T
100% monastrell

90 ★★★★★ 🌱 9,95€

Color: Cereza. Aroma: hierbas de monte, hierbas secas, notas cárnicas. Boca: especiado, balsámico, buena acidez, jugoso.

Xenys Rosé 2023 RD
monastrell

88 ★★★★ 🌱 6,95€

Ácido, herbal, sabroso, silvestre, suave, correcto.

Xenysel Pie Franco 2022 T
monastrell

90 ★★★★★ 🌱 6,95€

Aromas nítidos, correcto, silvestre, suave. Aroma: expresivo, franco, hierbas de monte. Boca: frutoso, jugoso, fruta madura, fácil de beber.

WEIN & VINOS
Hardenbergstr. 9A
10623 Berlin (Berlin)
☎: +49 303 150 6080
info@vinos.de
www.vinos.de

Mondeo Selección Especial 2022 T BA
80% monastrell, 10% cabernet sauvignon, 10% syrah

91 ★★★ 14,95€

Color: cereza, borde granate. Aroma: fruta confitada, fruta al licor, potente. Boca: sabroso, dulcedumbre, largo.

Obsesión 2022 T BA

93 29,9€

Color: cereza intenso, borde granate. Aroma: ebanistería, fruta madura, cacao fino, tostado, chocolate. Boca: sabroso, especiado, tostado, taninos potentes.

DO JUMILLA / D.O.P.

DO. LA GOMERA
CONSEJO REGULADOR

Avda. Guillermo Ascanio, 16
38840 Vallehermoso (La Gomera)
☎: +34 922 800 801
@: vinoslagomera@gmail.com
www.vinoslagomera.com

SITUACIÓN:

La mayor extensión de viñedo se encuentra en el norte de la isla, en el municipio de Vallehermoso (unas 385 hectáreas) y en Hermigua. El resto se distribuye entre Agulo, Valle Gran Rey –en la capital de La Gomera, San Sebastián– y Alajeró, en las laderas del pico Garajonay.

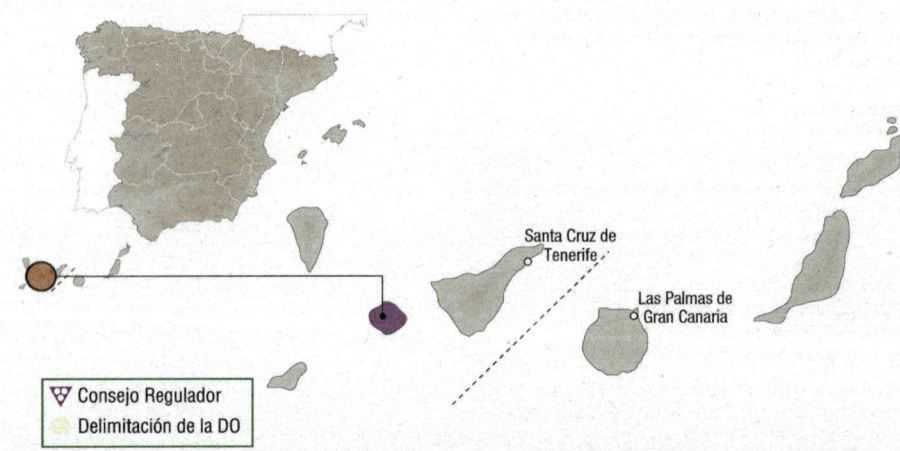

VARIEDADES:

BLANCAS: forastera gomera (90%), listán blanca, marmajuelo, malvasía y pedro ximénez.

TINTAS: listán negro y negramoll.

EXPERIMENTALES: tintilla castellana, cabernet sauvignon y rubí cabernet.

DATOS CONSEJO REGULADOR:

Nº Has. Viñedo: 125 – **Nº Viticultores:** 230 – **Nº Bodegas:** 20 – **Cosecha 22:** SC – **Producción 22:** 80.000 L – **Comercialización:** 100% España.

SUELOS:

Los que dominan en la parte más alta de la montaña son profundos y arcillosos, mientras que a medida que se desciende a cotas inferiores aparece el monte bajo, de estilo mediterráneo, con abundante piedra y bancales, similares a los de Priorat.

CLIMA:

La isla se beneficia de un clima subtropical al que se suma, a medida que ascendemos hacia las cotas más elevadas del pico Garajonay, un fenómeno de humedad permanente denominado "mar de nubes" y provocado por los vientos alisios. Este aire húmedo del norte choca con los sistemas montañosos, creando una especie de lluvia horizontal, que diseña un ecosistema particular formado por frondosos valles. La temperatura media es de 20 grados todo el año.

CARACTERÍSTICAS GENERALES DE LOS VINOS

BLANCOS
Casi todos se apoyan en la forastera, sometidos a elaboraciones artesanales que suelen pecar de sobremaduración y notas rústicas y cálidas. Los mejores ejemplos se corresponden con los de zonas más altas y menor humedad, en los que aparecen notas silvestres y de monte bajo.

TINTOS
El clima cálido imprime un sello a la mayoría de tintos jóvenes de la isla, con un sabor algo dulzón y notas balsámicas. El verdor, que se aprecia en muchos de ellos, es fruto de las altas producciones que, en contados casos, ofrecen un patrón varietal de la listán negra y la negramoll con las que se elaboran.

CALIFICACIÓN DE COSECHAS DE VINOS JÓVENES GUÍAPEÑÍN

2019	2020	2021	2022	2023
SC	SC	SC	SC	SC

DO LA GOMERA / D.O.P.

BODEGA MONTORO
MARIO RODRÍGUEZ MENDOZA
Montoro s/n Hermigua
38820 La Gomera (Santa Cruz de Tenerife)
☎: +34 695 943 245
mariorguezmend@gmail.com

Montoro 2023 B
85% forastera, 10% listán blanco, 5% marmajuelo

88 16€

Equilibrado, herbal, mineral, hierbas secas, maduro.

Montoro de Forastera 2022 B FB
100% forastera

91 21€

Oxidativo, amable. Color: pajizo. Aroma: hierbas secas, flores marchitas, fruta de hueso. Boca: fruta madura, equilibrado, carnoso.

VIÑEDOS Y BODEGA
ALTOS DE CHIPUDE
38869 Chipude (Santa Cruz de Tenerife)
☎: +34 670 665 671
info@altosdechipude.com
www.altosdechipude.com

La Montaña 2022 T
listán negro

89 16€

Color: cereza poco intenso. Aroma: expresión frutal, fruta roja, especiado, expresivo, con carácter, piedra seca. Boca: sabroso, frutoso, buena acidez, cierta persistencia.

Pribilo 2022 B
91

Color: pajizo brillante. Aroma: fruta madura, hierbas de tocador, lías finas, pan tostado, especias dulces, piedra seca. Boca: lleno, buena acidez, sabroso.

Rajadero 2022 B
forastera gomera

91 18€

Color: pajizo. Aroma: fruta madura, hierbas secas, flores marchitas, lías finas, piedra seca. Boca: potente, fruta madura, equilibrado, sabroso.

Rajadero 2023 B
forastera gomera

90

Color: pajizo. Aroma: fruta madura, hierbas secas, flores marchitas, lías finas, piedra seca. Boca: potente, fruta madura, equilibrado, sabroso.

DO. LA MANCHA
CONSEJO REGULADOR

Avda. de Criptana, 73
13600 Alcázar de San Juan (Ciudad Real)
☎: +34 926 541 523
@: consejo@lamanchawines.com
www.lamanchawines.com

SITUACIÓN:

En la meseta sur dentro de las provincias de Albacete, Ciudad Real, Cuenca y Toledo. Es la región vitivinícola más extensa de España y del mundo.

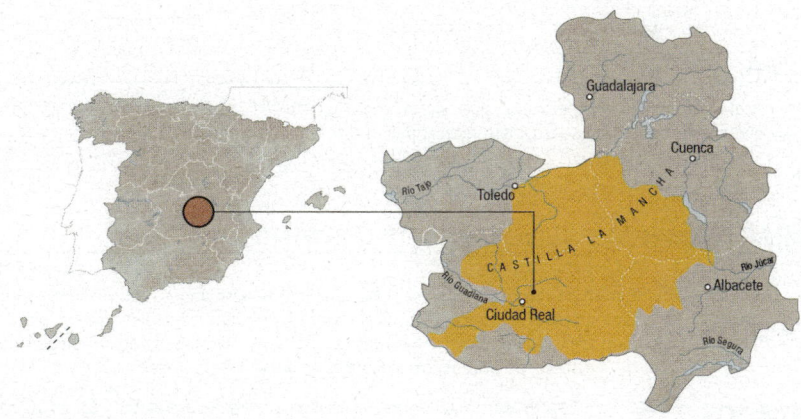

DO LA MANCHA / D.O.P.

VARIEDADES:

BLANCAS: airén (mayoritaria), macabeo, pardilla, chardonnay, sauvignon blanc, verdejo, moscatel de grano menudo, gewürztraminer, parellada, pedro ximénez, riesling, torrontés y moscatel de Alejandría.

TINTAS: cencibel (mayoritaria), garnacha, moravia, cabernet sauvignon, merlot, syrah, petit verdot, bobal, cabernet franc, graciano, malbec, mencía, monastrel, pinot noir y garnacha tintorera.

DATOS CONSEJO REGULADOR:

Nº Has. Viñedo: 151.717 – **Nº Viticultores:** 13.591 – **Nº Bodegas:** 215 – **Cosecha 23:** Muy Buena – **Producción 23:** 94.271.991 L. – **Comercialización:** 69% Nacional - 31% Internacional.

SUELOS:

El terreno es llano y los viñedos están situados a unos 700 metros de altitud sobre el nivel del mar. Los suelos son de composición arenosa, caliza y arcillosa.

CLIMA:

Continental extremo, con temperaturas que oscilan entre los 40/45ºC en verano y los -10/12ºC en invierno. La pluviometría es bastante escasa y la media anual se sitúa en torno a los 375 mm.

CARACTERÍSTICAS GENERALES DE LOS VINOS

BLANCOS — Están elaborados con un amplio abanico de variedades. Los de airén son frescos y ligeramente afrutados, a veces con notas de frutos tropicales (melón, plátano, piña) y algo limitados en boca. Algo más equilibrados y armados son los elaborados a partir de macabeo, afrutados, frescos y muy agradables de beber.

ROSADOS — Pueden presentar un color que va del piel de cebolla al rosáceo; en nariz son frescos y afrutados; en boca, suaves y muy ligeros.

TINTOS — A base de cencibel se encuentran sobre todo tintos jóvenes de buen color, frescos, afrutados y con carácter varietal en nariz; en boca resultan carnosos y bastante sabrosos. Los criados en madera mantienen estas características, pero suavizadas por el aporte de la barrica. Los reservas y grandes reservas siguen la línea de los riojanos tradicionales.

CALIFICACIÓN DE COSECHAS DE VINOS JÓVENES — GUÍAPEÑÍN

2019	2020	2021	2022	2023
BUENA	BUENA	BUENA	REGULAR	REGULAR

DO LA MANCHA / D.O.P.

BODEGA Y VIÑAS ALDOBA
Ctra. Alcázar, km. 1
13700 Tomelloso (Ciudad Real)
☎: +34 656 699 482
allozo@allozo.com
www.allozo.com

Aldoba 2023 T MC
100% tempranillo
85 .... 2,5€

Aldoba Verdejo 2023 B
100% verdejo
83 .... 2,5€

BODEGAS ALCARDET
Mayor, 130
45810 Villanueva de Alcardete (Toledo)
☎: +34 925 166 375
admin@alcardet.com
www.alcardet.com

Alcardet Natura Chardonnay 2020 B
chardonnay
87 ★★★★ 🌱 .... 3,6€

Alcardet Natura Tempranillo T
tempranillo, petit verdot
87 ★★★★ 🌱 .... 3,6€

Alcardet Tempranillo 2022 T
tempranillo
85 .... 3,8€

BODEGAS ALTOVELA
Ctra. Madrid - Alicante, Km. 100
45880 Corral de Almaguer (Toledo)
☎: +34 925 190 269
logistica@altovela.com
www.altovela.com

Altovela Chardonnay 2023 B
86 .... 5€

Altovela Sauvignon Blanc 2023 B
sauvignon blanc
86 .... 4,25€

Altovela Tempranillo 2023 T
tempranillo
87 ★★★★ .... 4,15€

Altovela Verdejo 2023 B
verdejo
85 .... 4,15€

Campo Amable 2018 T R
tempranillo
88 ★★★★ .... 7,25€
Especiado, equilibrado, hierbas secas, tostado.

Campo Amable 2021 T C
tempranillo
85 .... 5€

BODEGAS AYUSO
Polígono Eras de Santa Lucía, Parcela 35.1
02600 Villarrobledo (Albacete)
☎: +34 967 140 458
latienda@bodegasayuso.es
www.bodegasayuso.es

Estola 2016 T GR
65% tempranillo, 35% cabernet sauvignon
88 ★★★★ .... 8€
Clásico, sabroso, tostado, maduro, equilibrado.

Estola 2019 T R
75% tempranillo, 25% cabernet sauvignon
87 ★★★★ .... 5€
Frutal, especiado, maduro, sabroso.

Estola Selección 2021 T
100% tempranillo
88 ★★★★ .... 7€
Frutal, maduro, especiado, tostado.

Estola Verdejo 2023 B
100% verdejo
86 .... 4,5€

VINOS DE ESPAÑA

DO LA MANCHA / D.O.P.

BODEGAS CAMPOS REALES
Castilla La Mancha, 4
16670 El Provencio (Cuenca)
☎: +34 967 166 066
tienda@bodegascamposreales.com
www.bodegascamposreales.com

Cánfora Pie Franco 2017 T R
cencibel
93 ★★★ 20€
Potente, con oscuridad. Color cereza, borde violáceo. Aroma: especiado, fruta negra, tostado, violetas, flores secas. Boca: sabroso, frutoso, estructurado.

Canforrales 2020 T C
cabernet sauvignon
88 ★★★★ 4,5€
Equilibrado, especiado, herbáceo, sabroso.

Canforrales Alma Verdejo 2023 B
verdejo
86 4€

Canforrales Chardonnay 2023 B
chardonnay
88 ★★★★ 4,5€
Frutal, hierbas secas, maduro, fresco, sabroso.

Canforrales Clásico Tempranillo 2023 T
100% tempranillo
87 ★★★★ 3,5€

Canforrales Lucía Airén 2023 B
airén
86 3€

Canforrales Petit Verdot 2023 RD
petit verdot
87 ★★★★ 2,5€

Heredad de Loza Tempranillo 2023 T
100% tempranillo
83 1,75€

BODEGAS CASA ANTONETE
Avda. Quintanar del Rey, s/n
02100 Tarazona de La Mancha (Albacete)
☎: +34 609 578 126
export@casaantonete.com
www.casaantonete.com

Casa Antonete Macabeo 2023 B
100% macabeo
84 4€

Casa Antonete Tempranillo 2020 T C
100% tempranillo
85 5,25€

Casa Antonete Tempranillo 2022 T SS
100% tempranillo
85 4€

Négora Chardonnay 2023 B
100% chardonnay
86 4€

Négora Sauvignon Blanc 2023 B
100% sauvignon blanc
85 4€

Négora Verdejo 2023 B
100% verdejo
86 4€

BODEGAS CASTIBLANQUE
Isaac Peral, 19
13610 Campo de Criptana (Ciudad Real)
☎: +34 926 589 147
ma.castiblanque@bodegascastiblanque.com
www.bodegascastiblanque.com

Lagar de Ensancha 2023 B
100% verdejo
85 7€

BODEGAS CENTRO ESPAÑOLAS
Ctra. Alcázar, km. 1
13700 Tomelloso (Ciudad Real)
☎: +34 656 699 482
allozo@allozo.com
www.allozo.com

Allozo 2016 T GR
100% tempranillo
86 9,2€

Allozo 2019 T C
100% tempranillo
87 ★★★★ 4,9€

Allozo 2019 T R
100% tempranillo
88 ★★★★ 6€
Equilibrado, especiado, clásico, tostado.

Allozo Tempranillo 2021 T RB
100% tempranillo
86 5,1€

Allozo Tempranillo 2023 T
100% tempranillo
84 4,5€

Allozo Verdejo 2023 B
100% verdejo
84 4,5€

BODEGAS DEL SAZ
Maestro Manzanares, 57
13610 Campo de Criptana (Ciudad Real)
☎: +34 626 345 901
directoradjunto@bodegasdelsaz.com
www.bodegasdelsaz.com

Álvaro del Saz Chardonnay 2022 B FB
chardonnay

88 ★★★★   7€

Maduro, especiado, correcto. Aroma: fruta madura. Boca: sabroso, tostado, graso.

Álvaro del Saz Garnacha Tempranillo 2022 T BA
garnacha, tempranillo

88 ★★★★   7€

Agradable, especiado, hierbas secas, maduro, frutal, sabroso.

Vidal del Saz Chardonnay 2023 B
chardonnay

86   4€

BODEGAS EL VINCULO
Avda. Juan Carlos I, s/n
13160 Campo de Criptana (Ciudad Real)
☎: +34 926 563 709
elvinculo@elvinculo.com
www.familiafernandezrivera.com

El Vínculo 2018 T R
100% tempranillo

90   16,14€

Color: cereza intenso. Aroma: hierbas secas, roble cremoso, fruta negra. Boca: fruta madura, especiado, taninos maduros.

El Vínculo 2020 T C
100% tempranillo

89 ★★★   9,93€

Equilibrado, especiado, maduro, tostado.

El Vínculo Alejairén 2022 B C
100% airén

88

Especiado, oxidativo, tostado, hierbas secas.

El Vínculo Paraje la Golosa 2017 T GR
100% tempranillo

91   33,88€

Color: cereza intenso. Aroma: hierbas secas, roble cremoso, fruta negra, tostado. Boca: fruta madura, especiado, taninos rugosos.

BODEGAS GARDEL ORGANIC WINES
Toledo, 2
16650 Las Mesas (Cuenca)
☎: +34 627 730 902
omar@bodegasgardel.com
www.bodegasgardel.com

Dominio de Gardel Tempranillo Syrah 2020 T C
tempranillo, syrah

87   12€

BODEGAS ISIDRO MILAGRO
Avda. del Ebro s/n
26540 Alfaro (La Rioja)
☎: +34 941 181 207
jantonio@bodegasisidromilagro.com
www.bodegasisidromilagro.com

Conde de Monterroso 2018 T R
87

BODEGAS ISLA
Nuestra Señora de la Paz, 9
13210 Villarta San Juan (Ciudad Real)
☎: +34 926 640 004
manuel@bodegasisla.com
www.bodegasisla.com

Isla Oro Airén 2023 B
100% airén

84   3,5€

Isla Oro Cabernet Sauvignon 2023 T
100% cabernet sauvignon

84   3,5€

Isla Oro Garnacha 2023 RD
100% garnacha

84   3,5€

Isla Oro Macabeo 2023 B
100% macabeo

83   3,5€

Isla Oro Tempranillo 2023 T
100% tempranillo

86   3,5€

Isla Oro Tempranillo Cabernet Sauvignon 2020 T C
50% tempranillo, 50% cabernet sauvignon

83   5€

DO LA MANCHA / D.O.P.

DO LA MANCHA / D.O.P.

BODEGAS LA REMEDIADORA

Alfredo Atienza, 149
02630 La Roda (Albacete)
☎: +34 967 440 600
info@laremediadora.com
www.laremediadora.com

La Villa Real Cabernet Sauvignon 2020 T C S
100% cabernet sauvignon
85 .... 4,5€

La Villa Real Chardonnay 2023 B
100% chardonnay
85 .... 3,4€

La Villa Real Macabeo 2023 B
100% macabeo
84 .... 2,8€

La Villa Real Moscatel 2023 B D
100% moscatel grano menudo
86 .... 3,4€

La Villa Real Sauvignon Blanc 2023 B
100% sauvignon blanc
84 .... 3,3€

La Villa Real Tempranillo 2021 T BA S
100% tempranillo
84 .... 3€

BODEGAS LATÚE - SAN ISIDRO

Camino de la Esperilla, s/n
45810 Villanueva de Alcardete (Toledo)
☎: +34 925 166 350
info@latue.com
www.latue.com

Latúe 2023 RD
100% tempranillo
87 ★★★★ 🌱 .... 5,5€

Latúe Airén 2023 B
100% airén
86 🌱 .... 5,85€

Latúe Tempranillo 2022 T
100% tempranillo
88 ★★★★ 🌱 .... 5,35€
Frutal, aromático, herbal, sabroso.

Pingorote Sauvignon Blanc 2023 B
100% sauvignon blanc
86 .... 5,85€

Pingorote Tempranillo 2019 T C
100% tempranillo
87 .... 8,35€

Pingorote Tempranillo 2019 T R
100% tempranillo
89 ★★★ .... 10€
Maduro, especiado, amaderado.

BODEGAS LOZANO

Avda. Reyes Católicos, 156
02600 Villarrobledo (Albacete)
☎: +34 651 453 747
info@bodegas-lozano.com
www.bodegas-lozano.com

Libertario 2021 T C
85

Oristán 2021 T C
88
Frutal, maduro, tostado, confitado.

Oristán Verdejo 2023 B
86

BODEGAS MARTÍNEZ SÁEZ

Ctra. Villarrobledo Barrax, Km. 14,800
02600 Villarrobledo (Albacete)
☎: +34 967 443 088
almacen@bodegasmartinezsaez.es
www.bodegasmartinezsaez.es

Viña Orce 2020 T C
cabernet sauvignon, tempranillo
87 ★★★★ .... 7€

BODEGAS PEDROHERAS

La Mancha, 1
16660 Las Pedroñeras (Cuenca)
☎: +34 967 160 151
compras@pedroheras.es
www.bodegaspedroheras.com

Pedroheras 2018 T C
tempranillo
88 .... 9,99€
Frutal, especiado, maduro, equilibrado.

Pedroheras Airén 2023 B
airén
85 .... 3,49€

Pedroheras Macabeo Verdejo 2023 B
50% macabeo, 50% verdejo
84 .... 3,99€

Pedroheras Syrah Tempranillo 2023 T S
50% syrah, 50% tempranillo

88 ★★★★   4,99€
Frutal, maduro, herbal, especiado, sabroso.

Pedroheras Tempranillo 2022 T RB
tempranillo

86   14,99€

Pedroheras Verdejo 2023 B
verdejo

85   3,99€

BODEGAS PUENTE DE RUS
Ctra. Almarcha, 50
16600 San Clemente (Cuenca)
☎: +34 969 300 155
exportassistant@puentederus.com
www.puentederus.com

Puente de Rus 2022 BE BN
100% macabeo

86

Puente de Rus Sauvignon Blanc 2023 B
100% sauvignon blanc

86

Puente de Rus Syrah 2023 T
100% syrah

88   14€
Frutal, varietal, especiado, maduro.

Puente de Rus Tempranillo 2019 T C
100% tempranillo

87

Puente de Rus Tempranillo 2023 T
100% tempranillo

86

Puente de Rus Verdejo 2023 B
100% verdejo

87

BODEGAS SAN ANTONIO ABAD
Afueras, 17
45860 Villacañas (Toledo)
☎: +34 925 160 414
export@sanantonioabad.es
www.sanantonioabad.es

Albardiales 2023 T
tempranillo

87 ★★★★   5,5€

Villa Abad Tempranillo 2017 T R
tempranillo

89 ★★★   9,6€
Equilibrado, especiado, maduro, tostado.

BODEGAS SIMBOLO
Concepción, 135
13610 Campo de Criptana (Ciudad Real)
☎: +34 926 589 036
comunicacion@bodegassimbolo.com
www.bodegassimbolo.com

Símbolo Airén 2023 B
100% airén

86   5€

Símbolo Chardonnay Selección 2023 B
chardonnay

85   5€

Símbolo Moscatel 2023 B
100% moscatel grano menudo

85   5€

Símbolo Tempranillo 2019 T RB
100% tempranillo

83   5€

Símbolo Tempranillo 2022 T
100% tempranillo

86   5€

Símbolo Verdejo 2023 B
100% verdejo

85   5€

BODEGAS VERDÚGUEZ
Los Hinojosos, 1
45810 Villanueva de Alcardete (Toledo)
☎: +34 638 320 511
export3@bodegasverduguez.com
www.bodegasverduguez.es

Hidalgo Castilla 2017 T GR
tempranillo

89 ★★★   10€
Correcto, especiado, herbáceo, algo secante.

Hidalgo Castilla 2019 T R
tempranillo

88 ★★★   9€
Herbáceo, maduro, algo secante, tostado.

Imperial Toledo 2017 T GR
tempranillo

88   10€
Equilibrado, especiado, maduro, herbáceo.

DO LA MANCHA / D.O.P.

DO LA MANCHA / D.O.P.

Imperial Toledo 2019 T R
tempranillo
87 ★★★★ .... 4€

Imperial Toledo Oaked Selection 2022 T
60% tempranillo, 20% merlot, 20% syrah
86 .... 3€

Imperial Toledo Tempranillo 2021 T C
tempranillo
87 ★★★★ .... 3€

BODEGAS Y VIÑEDOS LADERO
Ctra. Alcázar, km. 1
13700 Tomelloso (Ciudad Real)
☎: +34 656 699 482
allozo@allozo.com
www.allozo.com

Ladero 2021 T C
100% tempranillo
84 .... 4€

Ladero Airén Verdejo 2023 B
50% airén, 50% verdejo
83 .... 2,5€

Ladero Tempranillo 2023 T
85

BODEGAS YUNTERO
Pl. de Manzanares- Ctra. Alcazar
13200 Manzanares (Ciudad Real)
☎: +34 926 610 309
yuntero@yuntero.com
www.yuntero.com

Epílogo 2020 T RB
65% tempranillo, 35% merlot
86 .... 7,3€

Epílogo Sauvignon Blanc 2023 B
sauvignon blanc
87 ★★★ .... 7,3€

Mundo de Yuntero 2023 B AG
100% verdejo
85 🌱 .... 5,45€

Yuntero Macabeo – Sauvignon Blanc 2023 B
85% macabeo, 15% sauvignon blanc
85 .... 4,25€

Yuntero Viñas Viejas 2016 T R
100% tempranillo
88 .... 9,7€
Correcto, equilibrado, herbáceo, fresco.

BOGARVE 1915
Reyes Católicos, 10
45710 Madridejos (Toledo)
☎: +34 925 460 820
bogarve@bogarve1915.com
www.bogarve1915.com

Lacruz Vega 2018 T RB
tempranillo, syrah, merlot
84 .... 6,25€

Lacruz Vega Sauvignon Blanc 2023 B
sauvignon blanc
86 .... 5,4€

Lacruz Vega Syrah 2022 T
syrah
87 ★★★★ .... 5,6€

Lacruz Vega Tempranillo 2022 T
tempranillo
86 .... 4,95€

Lacruz Vega Terroir 2016 T C
tempranillo, syrah, cabernet sauvignon
87 .... 8,05€

Lacruz Vega Verdejo 2023 B
verdejo
84 .... 5,15€

COOP. VINÍCOLA DEL CARMEN
Camino del Puente s/n
13610 Campo de Criptana (Ciudad Real)
☎: +34 926 561 257
bodega@vinicoladelcarmen.com
www.vinicoladelcarmen.com

Albaicin Chardonnay 2022 B
chardonnay
85 .... 5€

D'Gigantes Chardonnay & Riesling 2023 B
chardonnay, riesling
85

Albaicin Riesling 2023 B
riesling
84 .... 4€

Infanto Tempranillo 2023 T
tempranillo
86 🌱 .... 4€

Albaicin 2023 B
sauvignon blanc, verdejo
84　　　　　　　　　　　　　　　　4€
Correcto, frutal, herbal, sencillo.

Infanto
Cabernet Sauvignon Syrah 2023 T
cabernet sauvignon, syrah
87 ★★★★　　　　　　　　　　　4€
Frutal, especiado, herbal, correcto.

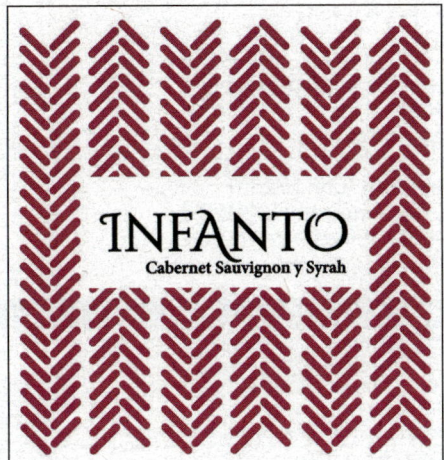

COOPERATIVA SANTA CATALINA
Cooperativa, 2
13240 La Solana (Ciudad Real)
☎: +34 926 632 194
tienda@santacatalina.es
www.santacatalina.es

Los Galanes 2015 T R
100% tempranillo
87

Los Galanes Airén 2023 B
100% airén
85　　　　　　　　　　　　　　　3€

Los Galanes Chardonnay 2023 B FB
100% chardonnay
86　　　　　　　　　　　　　　　3,5€

Los Galanes Rosé 2023 RD
100% tempranillo
85　　　　　　　　　　　　　　　3€

Los Galanes Selección 2023 T
100% tempranillo
89 ★★★★　　　　　　　　　　　8€
Frutal, maduro, sencillo, correcto.

Los Galanes Tempranillo 2023 T
100% tempranillo
86　　　　　　　　　　　　　　　3€

DCOOP SCA SECCIÓN VINOS
Mencia, s/n
13600 Alcázar de San Juan (Ciudad Real)
☎: +34 637 297 093
sara.rodriguez@dcoop.es
www.dcoop.es

Dominio de Baco Airén 2023 B
100% airén
87 ★★★　　　　　　　　　　　　8€

Dominio de Baco Tempranillo 2023 T
100% tempranillo
88 ★★★★　　　　　　　　　　　8€
Frutal, flores secas, maduro, sencillo.

Dominio de Baco Verdejo 2023 B
100% verdejo
85　　　　　　　　　　　　　　　8€

DO LA MANCHA / D.O.P.

DO LA MANCHA / D.O.P.

EL PROGRESO SDAD. COOP. CLM
Avda. de la Virgen, 89
13670 Villarubia de los Ojos (Ciudad Real)
☎: +34 926 896 135
info@bodegaselprogreso.com
www.bodegaselprogreso.com

Ojos del Guadiana 2018 T R
tempranillo

88 ★★★★ 5,29€

Especiado, maduro, tostado.

Ojos del Guadiana Sauvignon Blanc 2023 B
sauvignon blanc

85 3,99€

Ojos del Guadiana Selección 2022 T BA
cabernet sauvignon, merlot, syrah

87 ★★★★ 3,99€

Ojos del Guadiana Syrah 2022 T RB
syrah

85 3,99€

Ojos del Guadiana Tempranillo 2023 T
tempranillo

86 3,09€

Ojos del Guadiana Verdejo 2023 B
verdejo

87 ★★★★ 3,19€

ELVIWINES
Ctra T-300 Falset-Marça, km 0.97
43775 Marça (Tarragona)
☎: +34 606 186 565
info@elviwines.com
www.elviwines.com

Viña Encina Cabermet Sauvignon 2022 T
100% cabernet sauvignon

87 8,89€

Viña Encina Tempranillo 2021 T
100% tempranillo

85 8,89€

FAMILIA BASTIDA
C. Canónigo Lozano, 11
30520 Jumilla (Murcia)
☎: +34 968 780 142
info@familiabastida.com
www.familiabastida.com

Alceo Tempranillo 2022 T RB
tempranillo

89 ★★★★ 5,25€

Frutal, maduro, especiado, sabroso.

Paraje de Titos 2022 T
garnacha

90 ★★★★★ 6,5€

Color: cereza, borde violáceo. Aroma: fruta roja, fruta negra, fruta madura, hierbas secas, expresivo, especiado. Boca: frutoso, fresco, sabroso, equilibrado.

FÉLIX SOLÍS
Otumba, 2
45840 La Puebla de Almoradiel (Toledo)
☎: +34 618 416 563
mponte@felixsolisavantis.com
www.felixsolisavantis.com

Caliza Organic Tempranillo 2023 T
tempranillo

87 ★★★★ 🌱 3,99€

Caliza Organic Verdejo Sauvignon Blanc 2023 B
50% verdejo, 50% sauvignon blanc

87 ★★★★ 🌱 3,99€

Los Molinos Tempranillo 2023 T
85

Muchas Manos 2019 T C
tempranillo

87 ★★★★ 2,8€

Viña San Juan 2023 B
sauvignon blanc, airén, viura

85

Viña San Juan 2023 RD
tempranillo

87 ★★★★ 5,49€

Viña San Juan Merlot Syrah Tempranillo 2023 T
33% merlot, 33% tempranillo, 33% syrah

87 ★★★★ 5,49€

FINCA ANTIGUA
Ctra. Quintanar - Los Hinojosos, Km. 11,5
16417 Los Hinojosos (Cuenca)
☎: +34 969 129 700
info@fincaantigua.com
www.familimartinezbujanda.com

Clavis 2016 T R

92 39€

Clásico. Color: cereza intenso. Aroma: hierbas secas, cuero muy curtido, fruta negra, fruta confitada. Boca: especiado, taninos maduros, balsámico.

Finca Antigua 2018 T R

88 12,55€

Especiado, confitado, herbáceo, maduro.

VINOS DE ESPAÑA

Finca Antigua Petit Verdot 2020 T
100% petit verdot

88 ★★★★ 7,2€

Fresco, frutal, especiado, correcto.

Finca Antigua Syrah 2020 T C
100% syrah

88 ★★★★ 7,2€

Equilibrado, especiado, maduro, tostado.

Finca Antigua Único 2019 T C
50% tempranillo, 20% cabernet sauvignon, 20% merlot, 10% syrah

88 ★★★★ 7,6€

Especiado, correcto, maduro, tostado, herbáceo.

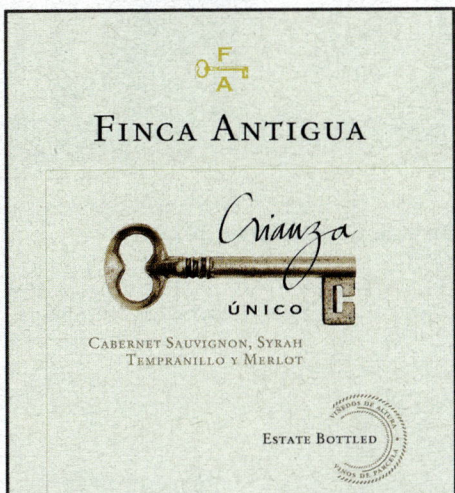

GALÁN DE MEMBRILLA - BODEGAS REZUELO
Ctra. de La Solana, 34
13230 Membrilla (Ciudad Real)
☎: +34 926 636 616
rezuelored@hotmail.com
www.galandemembrilla.es

Galán de Membrilla Airén 2023 B
100% airén

85 2€

Galán de Membrilla Tempranillo 2023 T
100% tempranillo

86 2,3€

Rezuelo Selección Moscatel 2023 B
100% moscatel grano menudo

85 2,2€

Rezuelo Selección Sauvignon Blanc 2023 B
100% sauvignon blanc

85 2,75€

Rezuelo Selección Verdejo 2023 B
100% verdejo

86 2,2€

J. GARCIA CARRION LA MANCHA
Guarnicionero, s/n
13250 Daimiel (Ciudad Real)
☎: +34 914 355 556
atcliente@jgc.es
www.garciacarrion.com

Don Luciano 2018 T R
85 5€

Don Luciano 2019 T C
tempranillo

84 5€

Don Luciano 2023 RD
tempranillo

82 3€

Don Luciano Airén 2023 B
airén

84 3€

Don Luciano Tempranillo 2023 T
tempranillo

85 3€

NTRA. SRA. DE MANJAVACAS
Camino del Campo, s/n
16630 Mota del Cuervo (Cuenca)
☎: +34 967 180 025
info@manjavacas.com
www.manjavacas.com

Sandogal Selección de Parcela Cencibel 2021 T
cencibel

88 🌱 11€

Especiado, frutal, maduro, sabroso.

Sandogal Selección de Parcela Sauvignon Blanc 2021 B RB
sauvignon blanc

89 🌱 11€

Cítrico, cremoso, equilibrado, frutal, maduro.

DO LA MANCHA / D.O.P.

DO LA MANCHA / D.O.P.

VINÍCOLA CASTILLO DE CONSUEGRA
Ctra. Alcázar de San Juan, km. 0,2
45700 Consuegra (Toledo)
info@calderico.com
www.calderico.com

Calderico 2022 T RB
100% tempranillo
85 .... 4,5€

Calderico Macabeo 2023 B
100% macabeo
84 .... 2,5€

Calderico Tempranillo 2023 T
100% tempranillo
85 .... 3€

VINÍCOLA DE CASTILLA
Pol. Ind. Calle Unión Europea, Parcela B5
13200 Manzanares (Ciudad Real)
☎: +34 926 647 800
nacional@vinicoladecastilla.com
www.vinicoladecastilla.com

Finca Vieja Airén 2022 B
85

Finca Vieja Tempranillo 2020 T C
86

Finca Vieja Tempranillo 2022 T C
100% tempranillo
85 .... 3€

Guadianeja Paraje Alto Hungrao 2021 B
airén
90

Frutal, especiado. Color: amarillo brillante. Aroma: equilibrado, con carácter, franco. Boca: graso, jugoso.

Guadianeja Paraje Alto Hungrao 2022 B
airén
90

Color: amarillo brillante. Aroma: cítricos, franco, intensidad media, equilibrado. Boca: jugoso, fácil de beber.

Guadianeja Paraje Alto Hungrao 2023 B
airén
89 .... 10,5€
Hierbas secas, maduro, aromas nítidos, sabroso.

VINÍCOLA DE TOMELLOSO
Ctra. Toledo - Albacete, Km. 130,8
13700 Tomelloso (Ciudad Real)
☎: +34 926 513 004
vinicola@vinicoladetomelloso.com
www.vinicolatomelloso.com

Añil Fresh 2023 B
50% macabeo, 50% chardonnay
87 ★★★★ 5,9€
Frutal, flores secas, herbal, maduro.

Torre de Gazate Airén 2023 B
100% airén
87 ★★★★ 4,95€
Aromático, flores secas, frutal, hierbas secas, fresco.

Torre de Gazate Verdejo 2023 B
100% verdejo
86 .... 4,95€

Mantolán BE BN
macabeo, chardonnay
86 .... 12,2€

Torre de Gazate 2017 T R
50% tempranillo, 50% cabernet sauvignon
86 .... 8€

Torre de Gazate 2021 T RB
100% tempranillo
85 .... 5,75€

VINOS COLOMAN
Goya, 17
13620 Pedro Muñoz (Ciudad Real)
☎: +34 699 080 979
direccion@satcoloman.com
www.satcoloman.com

Besana Real Macabeo 2023 B
macabeo
84 .... 2,6€

Besana Real Macabeo Selección 2023 B FB
macabeo
87 ★★★★ .... 3,1€

Besana Real Tempranillo 2018 T C
tempranillo
86 .... 5,9€

Besana Real Tempranillo 2023 T
tempranillo
86 .... 3,1€

Besana Real Verdejo 2023 B
verdejo
85 .... 2,6€

VINOS DAVID AUÑÓN
13320 Villanueva de Los Infantes (Ciudad Real)
☎: +34 600 531 264
vinos@davidaunon.com
www.davidaunon.com

Felipe Auñón 2019 T R
100% tempranillo
91 ★★★ .... 15,9€

Correcto, clásico. Color: cereza, borde granate. Aroma: especiado, incienso, fruta madura, terroso. Boca: estructurado, sabroso, taninos maduros.

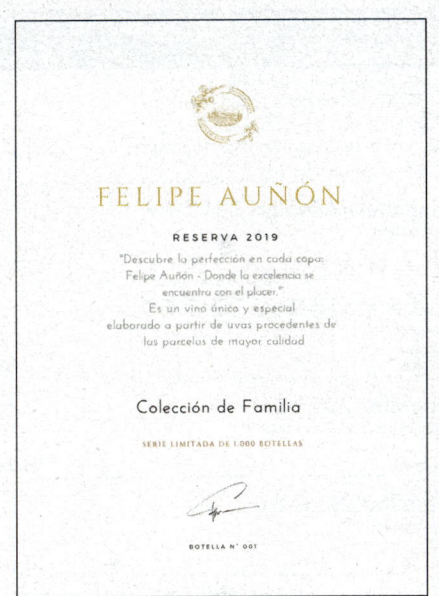

Fuente La Vieja Terroir 2013 T
tempranillo, cabernet sauvignon, syrah, merlot
88 .... 12,5€

Confitado, sobremaduro, balsámico, herbal. Aroma: terroso.

VIÑEDOS Y BODEGAS MUÑOZ
Ctra. Villarrubia, 11
45350 Noblejas (Toledo)
☎: +34 925 140 070
info@bodegasmunoz.com
www.bodegasmunoz.com

Artero 2018 T R
87 ★★★★ .... 6,7€

Artero 2021 T C
merlot, syrah, tempranillo
87 ★★★★ .... 5,1€

DO LA MANCHA / D.O.P.

DO LA MANCHA / D.O.P.

Artero 2023 RD
tempranillo
87 ★★★★ .... 3,7€

Artero Macabeo Verdejo 2023 B
macabeo, verdejo
87 ★★★★ .... 3,7€

Artero Tempranillo 2023 T
tempranillo
86 .... 3,7€

VIRGEN DE LAS VIÑAS BODEGA Y ALMAZARA
Ctra. Argamasilla de Alba, 1
13700 Tomelloso (Ciudad Real)
☎: +34 926 510 865
export.assistant@vinostomillar.com
www.vinostomillar.es

Caballero Hidalgo 2018 T R
tempranillo
87 ★★★★ .... 7€

Caballero Hidalgo 2019 T C
tempranillo
86 .... 6€

Tomillar 2017 T R
tempranillo, cabernet sauvignon
84 .... 8,5€

Tomillar 2020 T C
tempranillo
85 .... 5,5€

Tomillar Airén 2023 B
airén
85 .... 4,5€

Tomillar Tempranillo 2023 T
tempranillo
86 .... 4,5€

DO. LA PALMA
CONSEJO REGULADOR

Esteban Acosta Gómez, 7
38740 Fuencaliente (La Palma)
☎: +34 922 444 404
@: vinoslapalma@vinoslapalma.com
www.vinoslapalma.com

SITUACIÓN:

La zona de producción abarca toda la isla de San Miguel de La Palma y se encuentra dividida en tres subzonas diferenciadas: Hoyo de Mazo, Fuencaliente y norte de La Palma.

SUBZONAS:

Hoyo de Mazo: integra a Villa de Mazo, Breña Baja, Breña Alta y Santa Cruz de La Palma, entre los 200 y 700 metros de altitud. La viña se extiende de forma rastrera en terrenos de ladera, acolchados entre piedra volcánicas ("empedrados"), y en suelos de "picón granado". Se elaboran blancos y tintos sobre todo.

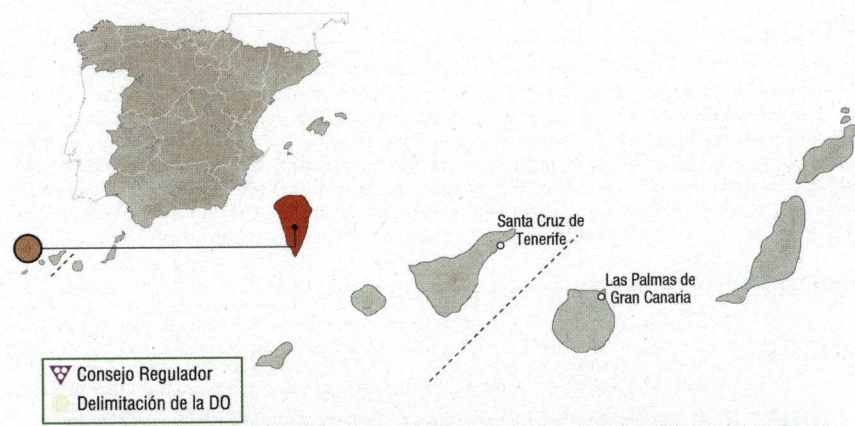

DO LA PALMA / D.O.P.

Fuencaliente: engloba los términos de Fuencaliente, El Paso, Los Llanos de Aridane y Tazacorte. Las cepas rastreras se extienden por terrenos de ceniza volcánica. entre los 200 y 1.900 metros. Destacan los blancos y malvasías dulces.

Norte de La Palma: ubicada entre los 100 y 200 metros, comprende los municipios de Puntallana, San Andrés y Sauces, Barlovento, Garafía, Puntagorda y Tijarafe. La zona posee más vegetación y las cepas se extienden en parrales y en vaso. Aquí se elaboran los tradicionales "vinos de tea".

VARIEDADES:

BLANCAS: malvasía, güal y verdillo (principales); albillo, bastardo blanco, bermejuela, bujariego, burrablanca, forastera blanca, listán blanco, moscatel de Alejandría, pedro ximénez, sabro y torrontés.

TINTAS: negramol (principal), listán negro (almúñeco), bastardo negro (baboso negro), malvasía rosada, moscatel negro, tintilla, castellana negra, vijariego negro y listán prieto.

DATOS CONSEJO REGULADOR:

Nº Has. Viñedo: 450– **Nº Viticultores:** 799– **Nº Bodegas:** 21 – **Cosecha 23:** SC – **Producción 23:** 511.679 L – **Comercialización:** 97% Nacional - 3% Internacional.

SUELOS:

Variable en función de la altitud y la orientación del viñedo. El relieve es un elemento fundamental en La Palma, ya que da lugar a diferentes climas y microclimas; no hay que olvidar que posee las mayores alturas en relación con su superficie de todas las Canarias. Sin embargo, por su situación atlántica, goza de la influencia de los vientos alisios, húmedos y de procedencia noroeste, que suavizan las temperaturas y atenúan esas diferencias climáticas.

CLIMA:

Se trata de la isla más noroccidental del archipiélago canario. Su compleja orografía con altitudes que alcanzan los 2.400 metros sobre el nivel del mar la convierten en un microcontinente con gran variedad de climas. La influencia del anticiclón de Las Azores y de los vientos alisios condicionan las variables térmicas y las precipitaciones registradas a lo largo del año. La mayor pluviometría se registra en la parte más oriental y septentrional de la isla, debido a la entrada de los vientos alisios. A lo largo de la vertiente noreste, desde Mazo hasta Barlovento, el clima es más suave y fresco, mientras que la parte occidental de la isla encontramos un tiempo más seco y caluroso. Las precipitaciones medias van aumentando desde la costa a medida que se va ascendiendo, encontrándose las mayores precipitaciones en el norte y este de la isla.

CARACTERÍSTICAS GENERALES DE LOS VINOS

BLANCOS	Elaborados principalmente a partir de bujariego o combinándola con el listán blanco. Son secos, afrutados y con ciertas notas rústicas; en ocasiones, aparecen también matices minerales y volcánicos. Los más clásicos de la isla, sin embargo, son los vinos dulces de malvasía, complejos, originales y con notas que recuerdan a flores blancas.
ROSADOS	El color es entre salmón y rosáceo. Son vinos ligeros, afrutados y delicados.
TINTOS	Elaborados sobre todo a partir de negramol, suelen presentar un color cereza granate. En ellos aparecen rasgos de frescura y ligereza. En algunos casos dominan en exceso los matices a hierba verde.
VINOS DE TEA	Vino característico de La Palma, elaborado normalmente con negramol, listán prieto y albillo y envejecido en barricas de tea (pino canario), que le aportan intensos aromas y sabores a resina, que se unen a los toques frutales y herbáceos de la uva.

CALIFICACIÓN DE COSECHAS DE VINOS JÓVENES GUÍAPEÑÍN

2019	2020	2021	2022	2023
SC	SC	SC	SC	SC

VICTORIA TORRES PECIS

Calle de Ciudad Real, s/n. Los Canarios
38740 Fuencaliente de la Palma
(Santa Cruz de Tenerife)
☎: +34 617 967 499
victoriatorrespecis@gmail.com

🏆 PODIO

Jeronimo 2022 T
95
Poco intervencionista. Color: cereza, borde violáceo. Aroma: expresión frutal, fruta roja, floral, especiado, terroso, hierbas verdes. Boca: sabroso, frutoso, buena acidez, largo, mineral.

Ladera 2022 T
94
Poco intervencionista. Color: Cereza. Aroma: expresivo, especiado, mineral, terroso, pimienta negra, fruta roja. Boca: lleno, largo, sabroso, mineral, salino.

Las Machuqueras 2021 B
94
Poco intervencionista, jugoso, ligera oxidación. Color: pajizo. Aroma: fruta madura, hierbas secas, flores marchitas, piedra seca, cítricos. Boca: potente, fruta madura, equilibrado, mineral.

🏆 PODIO

Malvasía Victoria Torres 2022 B
malvasía
95
Poco intervencionista, con personalidad. Color: pajizo brillante. Aroma: expresivo, fruta madura, floral, lías finas, mineral. Boca: lleno, complejo, especiado, largo, mineral.

Noroeste 2022 T
93
Poco intervencionista. Color: cereza, borde violáceo. Aroma: fruta roja, especiado, tomate. Boca: sabroso, frutoso, buena acidez.

DO. LANZAROTE
CONSEJO REGULADOR

Arrecife, 9
35550 San Bartolomé (Lanzarote)
☎: +34 928 521 313
@: info@dolanzarote.com
www.dolanzarote.com

SITUACIÓN:

En la isla de Lanzarote. La zona de producción comprende los municipios de Tinajo, Yaiza, San Bartolomé, Haría y Teguise.

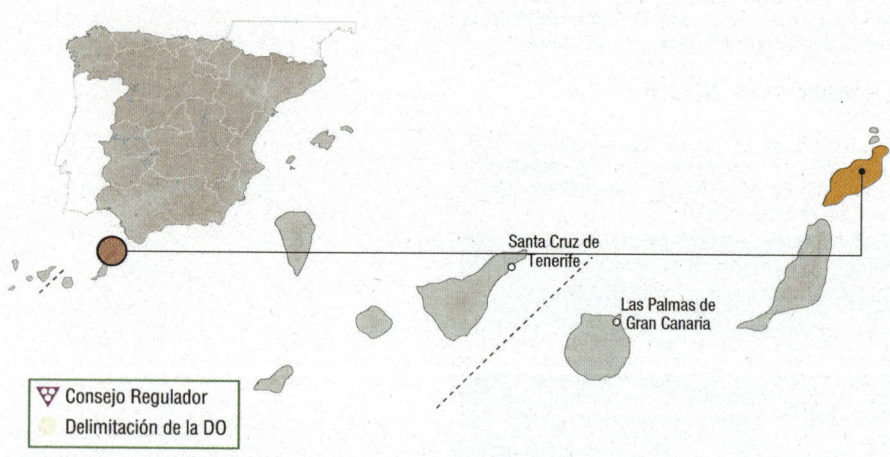

DO LANZAROTE / D.O.P.

VARIEDADES:

BLANCAS: malvasía (75%, mayoritaria), pedro ximénez, diego, listán blanco, moscatel, burrablanca y breval.
TINTAS: listán negra (15%) y negramoll.

DATOS CONSEJO REGULADOR:

Nº Has. Viñedo: 1.904– **Nº Viticultores:** 1.869– **Nº Bodegas:** 33– **Cosecha 23:** Muy Buena – **Producción 23:** 2.371.105 L.– **Comercialización:** 96% Nacional - 4% Internacional.

SUELOS:

De tipo volcánico (conocidos aquí como "picón"). De hecho, el cultivo de la vid es posible, gracias a que la arena volcánica retiene a la perfección el agua del rocío y las escasas lluvias. La isla es relativamente llana (la altitud máxima es de 670 metros) y el cultivo más característico se realiza en "hoyos", rodeados de un murete semicircular, que protegen la planta del viento. Esta peculiar disposición del viñedo determina una densidad extremadamente baja de cepas por hectárea.

CLIMA:

De tipo subtropical seco, con escasas precipitaciones (unos 200 mm. anuales), que se distribuyen de manera irregular a lo largo del año. En ocasiones, los vientos de Levante, caracterizados por su baja humedad y que transportan polvo en suspensión desde el continente africano, producen un considerable aumento de las temperaturas.

CARACTERÍSTICAS GENERALES DE LOS VINOS

BLANCOS — Los vinos más característicos de la isla son los blancos de malvasía. Presentan frescos aromas florales y matices volcánicos y minerales. Existen los más clásicos y tradicionales, de color amarillo ambarino, aromas almendrados y enranciados; los jóvenes secos, de color amarillo brillante, gran carácter varietal en nariz, frescos y sabrosos en boca; y los semi secos, de características similares a los anteriores, pero más dulces en boca.

ROSADOS — En general, presentan un color rosáceo o rosáceo-frambuesa; son frescos y afrutados.

TINTOS — Suelen ser de media capa, con un color cereza granate; resultan algo cálidos y poseen una buena estructura en boca.

CALIFICACIÓN DE COSECHAS DE VINOS JÓVENES GUÍAPEÑÍN

2019	2020	2021	2022	2023
SC	SC	SC	SC	MUY BUENA

DO LANZAROTE / D.O.P.

BODEGA EL GRIFO
El Islote, 121 Ctra. Masdache, Km. 11
35550 San Bartolomé (Las Palmas)
☎: +34 689 416 663
calidad@elgrifo.com
www.elgrifo.com

El Grifo Ariana 2022 T
60% listán negro, 40% syrah
87 .... 19,5€

El Grifo Grano a Grano 2021 T
100% listán negro
89 .... 39,6€
Especiado, maduro, herbáceo, sabroso, ahumado, mineral.

El Grifo Malvasia Colección 2023 B
malvasía volcánica
87 .... 16,5€

El Grifo Malvasía Lías 2018 B
100% malvasía volcánica
90 .... 20,87€
Color: pajizo. Aroma: fruta madura, hierbas secas, piedra seca, especiado, lías finas. Boca: fruta madura, equilibrado, sabroso.

El Grifo Moscatel de Ana B D
moscatel de alejandría
92 .... 44€
Color: caoba. Aroma: caramelo tostado, fruta asada, pastelería. Boca: sabroso, lleno.

El Grifo Rosado de Lágrima 2023 RD
100% listán negro
88 .... 18€
Amable, equilibrado, frutal, maduro, mineral.

BODEGA ERUPCIÓN
Guanche, 8
35561 Tao (Las Palmas)
☎: +34 669 065 445
marketing@bodegaerupcion.com
www.bodegaerupcion.com

Luz de Obsidiana 2022 T
100% listán negro
90 .... 45,38€
Color: cereza, borde violáceo. Aroma: especiado, ahumado, fruta negra, terroso. Boca: fruta madura, sabroso, estructurado, fluido.

Milagro de Magmasia Colección 2022 B
100% malvasía
91 .... 42,35€
Fruta golpeada, oxidativo, notas de levadura, mineral, maduro, herbal. Color: pajizo, dorado. Boca: fresco, sabroso, mineral.

BODEGA LOS BERMEJOS
Camino a Los Bermejos, 7
35550 San Bartolomé (Las Palmas)
☎: +34 928 522 463
bodegas@losbermejos.com
www.losbermejos.com

Bermejo Diego Seco 2023 B
vijariego blanco
89 .... 16€
Amable, frutal, maduro, mineral, sabroso.

Bermejo Listán Negro 2023 T MC
100% listán negro
91 ★★★ .... 16€
Color: cereza, borde violáceo. Aroma: expresión frutal, fruta roja, floral, especiado, balsámico. Boca: sabroso, frutoso, buena acidez, mineral.

Bermejo Malvasia 2022 BE BN
100% malvasía volcánica
89 .... 21€
Equilibrado, maduro, sabroso, herbal, láctico.

Bermejo Malvasía Volcánica 2023 B S
100% malvasía volcánica
89 .... 16€
Equilibrado, hierbas secas, notas de levadura, sabroso, mineral.

BODEGA MARTINON
Camino del Mentidero, 2 Bis
35572 Tías (Las Palmas)
☎: +34 690 317 942
info@bodegasmartinon.com
www.bodegasmartinon.com

Martinón Afrutado 2023 B
100% malvasía
87 .... 17€

Martinón Blanc de Noirs 2023 B
listán negro
89 .... 19€
Equilibrado, hierbas secas, mineral, notas de levadura, salino, sabroso.

Martinón Lágrima 2023 B
100% malvasía
90 .... 25€
Color: pajizo. Aroma: fruta madura, hierbas secas, flores marchitas, lías finas. Boca: potente, fruta madura, equilibrado, sabroso, mineral.

Martinón Malvasía Seco 2023 B
88 .... 17€
Amable, flores secas, frutal, maduro, suave, mineral.

JABLE DE TAO

Camino San Pedro, 28
35571 Tías (Las Palmas)
☎: +34 828 914 432
info@jabledetao.com
www.jabledetao.com

Jable de Tao 2022 B
malvasía volcánica, listán blanco, diego, listán negro

93 38€

Color: pajizo brillante. Aroma: lías finas, fruta blanca, especiado, fósforo, hierbas secas. Boca: lleno, graso, largo, buena acidez, mineral.

La Diego 2022 B
diego

91 45€

Color: pajizo brillante. Aroma: fruta madura, hierbas de tocador, lías finas, fósforo, especias dulces, pan tostado. Boca: lleno, graso, largo, buena acidez.

Paraje Chupadero 2022 B
listán blanco

90

Austero, mineral. Color: pajizo. Aroma: hierbas secas, flores marchitas, fósforo, fruta blanca. Boca: fruta madura, equilibrado, ligero, mineral.

Tenesar 2022 B
malvasía volcánica

93 48€

Color: pajizo brillante. Aroma: hierbas de tocador, piedra seca, panadería, fruta blanca, especias dulces. Boca: lleno, graso, equilibrado, mineral.

NAUTILUS LANZAROTE

Juan Rivera, 4
35560 Tinajo (Las Palmas)
☎: +34 645 996 101
info@nautiluslanzarote.com

Nautilus Malvasía volcánica Submarino 2022 B

92 84€

Color: pajizo brillante. Aroma: fruta madura, floral, lías finas. Boca: sabroso, fresco, buena acidez, retronasal afrutado.

PRODUCCIONES ARRAEZ BRAVO

Ctra. Marmoles, 86, nave 21 b
35500 Arrecife (Las Palmas)
☎: +34 686 688 343
felix.laguna@arraezbravo.es
www.lagrimademalvasia.es

Lágrima de Listán 2023 T
100% listán negro

90 16€

Sabroso, reductivo. Aroma: franco, equilibrado, café aromático. Boca: jugoso, fácil de beber, equilibrado.

Lágrima de Malvasía Volcánica 2023 B S
malvasía volcánica

88 16€

Cítrico, fresco, herbal, pulido, frutal, especiado.

Lágrima de Malvasía Volcánica 2023 B SD
malvasía

86

Lágrima de Malvasía Volcánica 2023 RD

87

DO LANZAROTE / D.O.P.

DO. LEÓN
CONSEJO REGULADOR

Edificio Mirador de la Codesa, Complejo de la Isla s/n
24200 Valencia de Don Juan (León)
☎: +34 987 751 089
@: directortecnico@doleon.es
www.dotierradeleon.es

SITUACIÓN:

Se localiza al sur de la provincia de León, agrupándose casi todo el viñedo alrededor de Valencia de Don Juan y formando un triángulo entre los ríos Cea y Esla. Integra también 19 municipios de Valladolid.

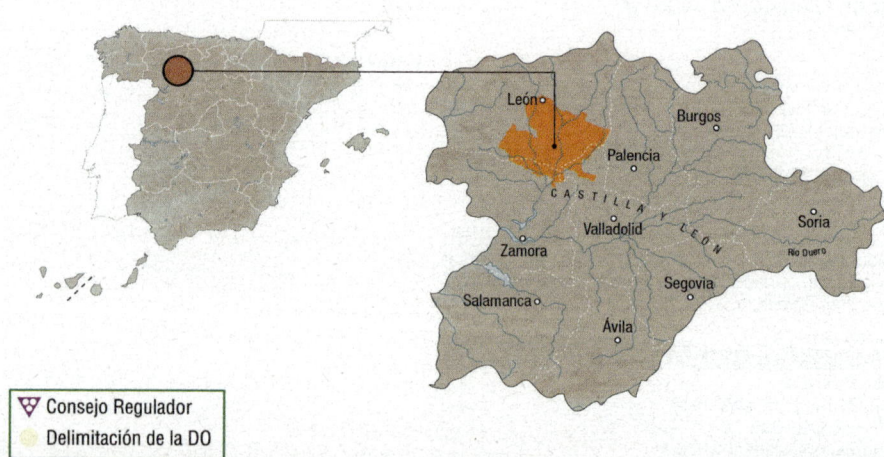

VARIEDADES:

BLANCAS: albarín, verdejo, godello, palomino y malvasía.

TINTAS: prieto picudo, mencía, garnacha y tempranillo.

DATOS CONSEJO REGULADOR:

Nº Has. Viñedo: 1.221– **Nº Viticultores:** 213– **Nº Bodegas:** 38 – **Cosecha 23:** SC– **Producción 23:** 2.108.647 L – **Comercialización:** 98% Nacional - 2% Internacional.

SUELOS:

De gran calidad para el cultivo de la vid, con facilidad para el drenaje. La mayoría se asientan sobre terrazas de aluvión, tanto los pardos sobre depósitos pedregosos como los calizos.

CLIMA:

Las temperaturas de los valles de los ríos podrían acusar un clima típicamente continental atlántico, pero la situación elevada de la meseta leonesa donde se encuentran los viñedos, favorecen un clima muy recio y frío. Fuerte contraste de temperaturas entre el día y la noche, con inviernos muy rigurosos, heladas primaverales y veranos suaves. Las lluvias son en otoño, llegando a los 500 mm.

CARACTERÍSTICAS GENERALES DE LOS VINOS

BLANCOS — Se suele utilizar la albarín local para elaborar vinos aromáticos con fruta blanca, hierbas de tocador y una buena maduración, desencadenante de que estos vinos alcancen un buen grado alcohólico.

ROSADOS — Se sigue manteniendo la tradición de los vinos rosados de la zona, subiendo un escalón de calidad. Desde aquellos vinos de aguja de antaño a los vinos más frutosos y varietales del prieto picudo.

TINTOS — Los tintos están elaborados casi todos con prieto picudo, vinos muy intensos en color, llenos de aroma a fruta fresca y hierbas, semejantes a los mencías, pero con más cuerpo, tanino y acidez.

CALIFICACIÓN DE COSECHAS DE VINOS JÓVENES GUÍAPEÑÍN

2019	2020	2021	2022	2023
MUY BUENA	MUY BUENA	MUY BUENA	BUENA	BUENA

DO LEÓN / D.O.P.

BODEGA 100 CEPAS
De las Bodegas s/n
24225 Corbillo de los Oteros (León)
☎: +34 687 809 531
cesar@100cepas.es

100 Cepas 2019 T C
prieto picudo

88
Confitado, equilibrado, especiado, muy tostado (torrefactado).

100 Cepas 2022 T
prieto picudo

88
Equilibrado, especiado, fresco, herbal, maduro.

100 Cepas 2023 B
albarín

92
Color: pajizo brillante. Aroma: fruta madura, hierbas de tocador, lías finas, flores blancas. Boca: lleno, graso, buena acidez.

BODEGAS GORDONZELLO
Alto de Santa Marina, s/n
24294 Gordoncillo (León)
☎: +34 987 758 030
info@gordonzello.com
www.gordonzello.com

Antojo 2023 B D
100% verdejo

83 — 6,9€

Gurdos 2023 RD
100% prieto picudo

90 ★★★★ — 11€
Color: rosa vivo, borde violáceo. Aroma: fruta roja, lácticos, floral. Boca: equilibrado, retronasal afrutado, fácil de beber.

Khur 2023 RD
90% prieto picudo, 10% albarín

89 — 12,45€
Equilibrado, flores secas, cítrico, fresco, herbal.

La Costana 2019 T C
100% prieto picudo

88 — 9,3€
Boca correcta, especiado, herbáceo, tostado, sabroso.

Peregrino 2023 RD
100% prieto picudo

88 ★★★★ — 6,25€
Golosinas, herbal, sabroso, maduro.

Peregrino Albarín 2023 B
100% albarín

86 — 6,9€

BODEGAS PINCERNA
Ctra. Villada, s/n
24340 Grajal de Campos (León)
☎: +34 679 997 369
alfonso@pincernawines.com
www.bodegaspincerna.com

Fáfila Pétriz 2022 B C
100% albarín

89 — 14€
Cítrico, equilibrado, herbal, maduro, notas de levadura, sabroso.

La Retorcida 2022 T
86% prieto picudo, 10% mencía, 2% garnacha, 2% tempranillo

90 — 25€
Color: cereza intenso. Aroma: fruta madura, hierbas secas, roble cremoso, fruta negra, pimienta negra. Boca: fruta madura, especiado, taninos secos pero maduros, retronasal ahumado.

Pincerna Albarín 2023 B
100% albarín

87 ★★★ — 7,5€

Pincerna Prieto Picudo 2023 RD
100% prieto picudo

88 ★★★★ — 7,5€
Amable, boca correcta, herbal, frutal.

Pincerna Prieto Picudo 2023 T
100% prieto picudo

89 ★★★★ — 7,5€
Frutal, maduro, especiado, fresco, hierbas secas.

Pincerna Sumiller 2022 T
86% prieto picudo, 10% mencía, 2% garnacha, 2% tempranillo

90 ★★★★ — 11€
Color: cereza intenso, borde violáceo. Aroma: fruta madura, hierbas secas, roble cremoso, fruta negra. Boca: fruta madura, especiado, taninos maduros, taninos secos pero maduros.

BODEGAS TAMPESTA
La Socollada, s/n
24230 Valdevimbre (León)
☎: +34 987 304 307
bodegas@tampesta.com
www.tampesta.com

Tampesta Maneki Ed. Especial 2022 B FB
100% albarín

91 ★★★★ 13€

Color: amarillo brillante. Aroma: expresión frutal, fruta blanca, hierbas silvestres, caramelo de limón, flores blancas. Boca: frutoso, sabroso, fresco, equilibrado.

Tampesta 2020 T RB
100% prieto picudo

89 ★★★★ 9€

Frutal, maduro, sabroso, muy primario, especiado.

Tampesta 2023 RD
100% prieto picudo

88 ★★★★ 7€

Frutal, golosinas, maduro, sabroso, fresco.

Tampesta Albarín 2023 B
albarín

90 ★★★★★ 8€

Color: pajizo brillante, borde verdoso. Aroma: fruta fresca, cítricos, hierbas silvestres, notas anisadas, expresivo. Boca: fresco, frutoso, buena acidez, fino amargor, muy vivo, sabroso.

Tampesta Golán 2019 T C
100% prieto picudo

90 ★★★★ 12€

Color: cereza intenso. Aroma: fruta madura, hierbas secas, roble cremoso, fruta roja, especiado. Boca: potente, fruta madura, especiado, taninos maduros, frutoso, sabroso.

Tampesta Maneki 2022 B FB
100% albarín

89 ★★★ 10€

Frutal, hierbas secas, maduro, sabroso, silvestre, especiado.

BODEGAS VITALIS
24234 Villamañán (León)
☎: +34 987 131 019
vitalis@bodegasvitalis.com
www.bodegasvitalis.com

Lágrima de Vitalis 2023 RD
prieto picudo

87

Lágrima de Vitalis Albarín 2023 B
albarín

89

Balsámico, cítrico, herbal, silvestre, suave, correcto. Aroma: lías finas. Boca: fácil de beber.

Vitalis Selección 2019 T C
prieto picudo

89

Aromático, con tipicidad, equilibrado, herbal, maduro, silvestre, agradable, balsámico.

EL SUEÑO DE LAS ALFORJAS
Manuel Cadenas, s/n
24230 Valdevimbre (León)
☎: +34 669 898 460
info@elsuenodelasalforjas.es
www.elsuenodelasalforjas.es

Cascabel 2022 B
albarín

88 ★★★★ 🌿 8€

Equilibrado, especiado, fresco, sabroso, herbal.

Cascabel 2023 B
albarín

88 ★★★★ 🌿 8€

Amable, cítrico, correcto, frutal.

El Sueño de las Alforjas Albarín 2022 B
albarín

91 🌿 20€

Color: pajizo brillante. Aroma: lías finas, fruta blanca, balsámico, fruta de hueso. Boca: lleno, graso, largo, buena acidez.

DO LEÓN / D.O.P.

DO LEÓN / D.O.P.

LAOSA
Las Cuevas, 8
24232 Ardón (León)
☎: +34 666 217 032
noelia@laosavinos.com
www.laosavinos.com

Grizzly 2020 T
90
Color: cereza intenso. Aroma: fruta madura, hierbas secas, roble cremoso, especiado. Boca: fruta madura, especiado, sabroso, taninos secos pero maduros.

Trasto 2021 T
100% prieto picudo
90
Color: cereza, borde violáceo. Aroma: expresión frutal, fruta roja, especiado, fruta negra. Boca: frutoso, taninos secos pero maduros, especiado, fruta madura.

Trasto 2022 B BA
albarín
92
Color: amarillo brillante. Aroma: potente, roble cremoso, fruta madura, especiado. Boca: tostado, frutoso, sabroso, retronasal ahumado.

Trasto Finca el Barranco 2021 T
prieto picudo
92
Color: cereza, borde violáceo. Aroma: expresión frutal, fruta roja, especiado, caramelo de violetas. Boca: sabroso, frutoso, largo, fruta madura, taninos secos pero maduros.

MELGARAJO
Plaza Mayor, 9
47687 Melgar de Abajo (Valladolid)
☎: +34 679 082 972
melgarajo@melgarajo.es
www.melgarajo.es

Melgus 2014 T R
100% prieto picudo
89 .... 18€
Aromas nítidos, reductivo, boca correcta. Aroma: hierbas secas, hierbas de monte, fruta negra, con carácter.

Melgus 2015 T C
100% prieto picudo
88 .... 15€
Balsámico, correcto, especiado, algo secante. Aroma: fruta madura, hierbas secas.

Valdeleña 2023 B
100% verdejo
85 .... 3,7€

Valdeleña 2023 RD
prieto picudo
86 .... 3,7€

Valdeleña Tinto de Autor 2014 T
100% prieto picudo
85 .... 6€

RAÍCES IBÉRICAS
Avda. Mudejar, 61
50340 Maluenda (Zaragoza)
☎: +34 976 893 017
contact@raices.wine
www.raicesibericas.com

Raíces Albarín 2023 B
albarín
90 ★★★ .... 12,95€
Color: pajizo brillante. Aroma: expresión frutal, fruta madura, hierbas silvestres, cítricos, piedra seca. Boca: sabroso, fresco, buena acidez, retronasal afrutado.

SEÑORÍO DE LOS ARCOS
Ctra.. Caboalles, 332
24191 Villlbalter (León)
☎: +34 987 226 594
admin@senoriodelosarcos.es
www.senoriodelosarcos.es

El Carriego 2023 RD
100% prieto picudo
85 .... 8€

Valdelagares 2023 RD
100% prieto picudo
86 .... 7€

Vega Carriegos 2021 T RB
100% prieto picudo
85 .... 8,5€

Vega Carriegos 2023 B
100% albarín
87 .... 9,5€

Vega Carriegos 2023 RD
100% prieto picudo
85 .... 7,5€

VILE LA FINCA, BODEGAS Y VIÑEDOS

Crta. Cembranos-Valdevimbre km 6,2
24230 León (León)
☎: +34 660 697 547
lafinca@vilelafinca.es
www.vilelafinca.es

Don Suero 2022 T RB
100% prieto picudo

87 ★★★   7,37€

Valjunco 2023 RD
100% prieto picudo

88 ★★★★   6,42€

Fresco, frutal, herbal, maduro.

Valjunco Albarín 2022 B
100% albarín

88 ★★★★   6,42€

Amable, cítrico, frutal, maduro, sabroso.

VIÑEDOS Y BODEGA PARDEVALLES

Ctra. León s/n
24230 Valdevimbre (León)
☎: +34 987 304 222
info@pardevalles.es
www.pardevalles.es

Pardevalles Albarín 2023 B
albarín

87   8,75€

Pardevalles Carroleón 2020 T C
prieto picudo

91   24€

Color: cereza intenso. Aroma: fruta madura, roble cremoso, hierbas de monte, madera marcada. Boca: potente, fruta madura, especiado, taninos maduros.

Pardevalles Carroleón 2023 B FB
albarín

88   12,95€

Afilado, cítrico, tropical, especiado, boca correcta.

Pardevalles Gamonal 2022 T C
prieto picudo

90   14,95€

Color: cereza intenso. Aroma: fruta madura, hierbas secas, cacao fino, especias dulces. Boca: fruta madura, especiado, frutoso, taninos secos pero maduros.

Pardevalles Prieto Picudo 2023 T
prieto picudo

88 ★★★★   7,95€

Agradable, frutal, herbáceo, muy primario.

DO. MÁLAGA Y SIERRAS DE MÁLAGA
CONSEJO REGULADOR

Plaza de los Viñeros, 1
29008 Málaga
☎: +34 952 227 990
@: info@vinomalaga.com
www.vinomalaga.com

SITUACIÓN:

En la provincia de Málaga. Engloba a 54 municipios de la zona costera (en torno a Málaga y Estepona) y del interior (hacia la ribera del río Genil) más la nueva subzona de la Serranía de Ronda, comarca en la que se acaban de incorporar dos nuevos términos municipales, Cuevas del Becerro y Cortes de la Frontera.

VARIEDADES:

BLANCAS: DO Málaga: pedro ximénez, doradilla, lairen y moscatel; **DO Sierras de Málaga:** chardonnay, gewürztraminer, riesling, verdejo, viognier, moscatel, pedro ximénez, macabeo, sauvignon blanc, colombard, garnacha blanca, malvasía aromática, montúa, pardina, perruno, vermentino y vijariego blanco.

TINTAS: sólo **DO Sierras de Málaga:** romé, cabernet franc, garnacha tinta, pinot noir, cabernet sauvignon, merlot, syrah, tempranillo, graciano, malbec, monastrell, tintilla, petit verdot, blaufränkisch, jaén tinto, moscatel negro y tinta velasco.

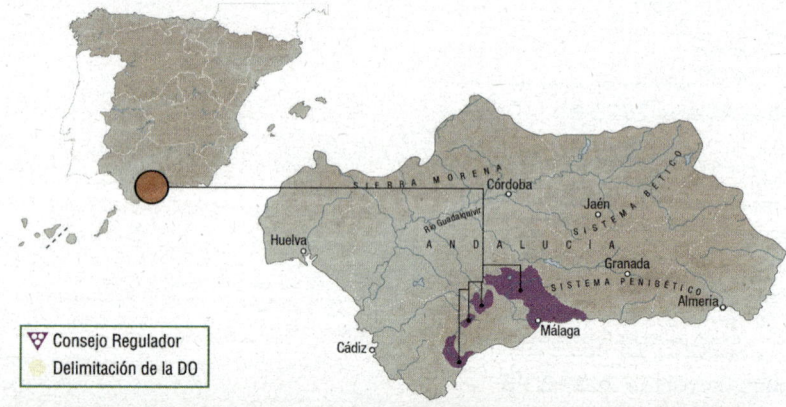

TIPOLOGÍA DE VINOS CLÁSICOS:

a) **VINOS DE LICOR:** de 15 a 22% vol.

b) **VINOS DULCES NATURALES:** de 15 a 22% vol., obtenidos de las variedades moscatel o pedro ximénez, con mostos que contengan un mínimo de 244 gramos/litro de azúcar.

c) **VINOS NATURALMENTE DULCES** (con las mismas variedades, más de 13% vol. y a partir de mostos de 300 gramos/litro de azúcar) y vinos tranquilos (de 10 a 15% vol.).

Y en función de su envejecimiento:

MÁLAGA JOVEN: vinos tranquilos no sometidos a envejecimiento. **MÁLAGA PÁLIDO:** vinos no tranquilos no sometidos a envejecimiento. **MÁLAGA:** vinos con un periodo de envejecimiento de 6 a 24 meses. **MÁLAGA NOBLE:** vinos envejecidos entre dos y tres años. **MÁLAGA AÑEJO:** vinos envejecidos entre tres y cinco años. **MÁLAGA TRASAÑEJO:** vinos envejecidos durante más de cinco años.

DATOS CONSEJO REGULADOR:

Nº Has. Viñedo: 900 – **Nº Viticultores:** 452 – **Nº Bodegas:** 45 – **Cosecha 22:** Buena – **Producción 22:** 1.964.000 L – **Comercialización:** 77% Nacional - 23% Internacional.

SUELOS:

Evolucionan desde los suelos rojos mediterráneos con componentes calizos de la zona norte hasta las pizarras en descomposición y con mucha pendiente de la Axarquía.

CLIMA:

Varía en función de la zona de producción. En el área norte los veranos son cortos y las temperaturas altas, las lluvias se sitúan en torno a los 500 mm.; en la zona de Axarquía, protegida de los vientos del norte por las cadenas montañosas y orientada al mediodía, el clima es más templado por la influencia del Mediterráneo; mientras que en el oeste el clima puede definirse como seco subhúmedo.

CARACTERÍSTICAS GENERALES DE LOS VINOS

VINOS TRADICIONALES
Su personalidad viene marcada por el arrope, mosto concentrado o deshidratado por el calor, que caramelliza el vino y le aporta su color oscuro, dulzor y pastosidad característicos. Se puede distinguir entre el "málaga", vino dulce elaborado a partir del primer mosto de la uva; el Pedro Ximénez y el moscatel, estos dos elaborados a partir de las uvas del mismo nombre.

VINOS MODERNOS
Elaborados a partir de variedades autóctonas y foráneas, están marcados por la calidez del clima, especialmente en el caso de los tintos, muy soleados y en algunos casos con notas "quemadas". Destaca la floralidad varietal de la moscatel y la singularidad del pinot noir frente a la frescura y riqueza de rasgos balsámicos de la petit verdot. Los nuevos blancos dulces naturales ofrecen agradables aromas almizclados y auvados, y una boca muy fresca y dulce a la vez.

CALIFICACIÓN DE COSECHAS DE VINOS JÓVENES GUÍAPEÑÍN

2019	2020	2021	2022	2023
MUY BUENA	SC	EXCELENTE	MUY BUENA	EXCELENTE

DO MÁLAGA Y SIERRAS DE MÁLAGA / D.O.P.

DO MÁLAGA Y SIERRAS DE MÁLAGA / D.O.P.

BODEGA ECOLÓGICA KIENINGER
Los Frontones, s/n
29400 Ronda (Málaga)
☎: +34 630 161 156
martin@bodegakieninger.com
www.bodegakieninger.com

Amara 2023 B
chardonnay
89 — 21€
Fresco, herbal, notas de levadura, mineral, sabroso.

Ezequiel 2023 T
blaufraenkisch, garnacha
90 ★★★★ — 12€
Color: cereza brillante. Aroma: fruta fresca, floral, expresivo, fruta roja, hierbas silvestres. Boca: equilibrado, buena acidez, fácil de beber.

Maxx 2019 T C
tintilla de rota, garnacha
92 ★★★ — 18€
Poco intervencionista, sabroso. Color: cereza intenso. Aroma: fruta madura, hierbas secas, fruta negra, toques silvestres. Boca: potente, fruta madura, especiado, taninos maduros.

Vinana 2019 T
cabernet sauvignon, cabernet franc, merlot
92 — 21€
Color: cereza intenso. Aroma: roble cremoso, hierbas de monte, tomillo, fruta negra. Boca: fruta madura, especiado, taninos maduros.

BODEGA F. SCHATZ
Finca Sanguijuela s/n
29400 Ronda (Málaga)
☎: +34 678 664 105
bodega@f-schatz.com
www.f-schatz.com

Acinipo 2021 T C
lemberger
90 — 17€
Poco intervencionista, con personalidad. Color: cereza brillante. Aroma: fruta madura, equilibrado, fruta roja, flores secas, vegetal. Boca: sabroso, frutoso, buena acidez.

Schatz Petit Verdot 2018 T C
petit verdot
92 — 29€
Reductivo, silvestre, poco intervencionista. Color: Cereza. Aroma: balsámico, hierbas de monte, pimienta negra, especiado, notas almizcladas. Boca: balsámico, buena acidez.

Finca Sanguijuela 2016 T C
33,5% tempranillo, 33% merlot, 33,5% cabernet sauvignon
92 — 25€
Herbal, maduro, sabroso, silvestre, cálido. Aroma: fina reducción, notas cárnicas, frutos secos, terroso, violetas.

Schatz Chardonnay 2023 B
chardonnay
90 — 29€
Poco intervencionista. Color: pajizo brillante. Aroma: fruta madura, hierbas de tocador, lías finas, especiado. Boca: lleno, buena acidez, sabroso.

Schatz Pinot Noir 2018 T C
pinot noir
88 — 27€
Notas animales, poco intervencionista, herbáceo, especiado, fluido.

Schatz Rosado 2023 RD
moscatel negro
87 — 19€

BODEGA FABIO COULLET
Plaza de la Axarquia, 19
29718 Almáchar (Málaga)
☎: +34 609 507 517
info@bodegafabiocoullet.com
www.bodegafabiocoullet.com

Fabio Coullet Romé 2023 T RB
romé
91
Color: salmón. Aroma: expresión frutal, fruta roja, floral, especiado, hierbas secas, flores marchitas. Boca: sabroso, frutoso, buena acidez, fresco, varietal.

Heréditas B D
moscatel
94
Con tipicidad, persistente, representativo. Color: caoba claro. Aroma: balsámico, floral, especias dulces, expresivo. Boca: frutoso, sabroso, elegante, buena acidez.

Hereditas Vendimia Temprana B MO D
100% moscatel de alejandría
93 ★★★ — 19,8€
Por hacer, con potencial. Color: pajizo, pálido. Aroma: cítricos, piel de naranja, jazmín, fruta asada. Boca: sabroso, frutoso, dulce, buena acidez.

Ingénito 2023 T RB
garnacha
91
Color: cereza, borde violáceo. Aroma: expresión frutal, fruta roja, floral, especiado, hierbas silvestres. Boca: sabroso, frutoso, buena acidez, muy vivo.

Orange Peels 2023 B
moscatel de alejandría

92

Color: amarillo brillante. Aroma: expresivo, fruta madura, floral, mineral, anisado, hierbas secas. Boca: lleno, complejo, especiado, largo, con tensión, fino amargor, sabroso.

Secuencial 2023 B
moscatel, pedro ximénez, doradilla

91

Color: pajizo brillante. Aroma: expresivo, fruta madura, floral, lías finas, mineral, fruta de hueso. Boca: largo, equilibrado, fruta madura, retronasal afrutado, especiado, cierta persistencia.

Villazo 2023 B
moscatel de alejandría

92

Color: pajizo brillante. Aroma: notas amieladas, floral, especias dulces, expresivo, fruta de hueso, tostado. Boca: graso, frutoso, potente, sabroso, elegante, fresco.

BODEGA LOS FRUTALES
Finca Los Frutales Paraje de los Frontones s/n
29400 Ronda (Málaga)
☎: +34 951 166 043
info@bodegalosfrutales.com
www.bodegalosfrutales.com

Finca Los Frutales 2022 RD RB
merlot

89 🌱

Cítrico, maduro, flores secas, lleno.

Finca Los Frutales Igualado 2020 T
merlot, syrah, gamay, cabernet sauvignon

88 🌱

Equilibrado, especiado, herbáceo, maduro.

Finca Los Frutales Malvasía 2022 B
malvasía

90 🌱

Color: pajizo. Aroma: expresivo, flores blancas, hierbas secas, fruta asada, balsámico. Boca: sabroso, frutoso, equilibrado, carnoso.

Hacienda de la Vizcondesa 2020 T RB
merlot, syrah

88 🌱

Equilibrado, especiado, maduro, herbáceo.

BODEGA VETAS
Cº Nador Finca El Baco
29350 Arriate (Málaga)
☎: +34 647 177 620
info@bodegavetas.com
www.bodegavetas.com

Vetas Colección 2018 T C
petit verdot, cabernet sauvignon, cabernet franc

87 — 12€

Vetas Mar de Tethys 2012 T GR
100% petit verdot

92 — 75€

Con vejez, herbal, algo caído. Color: cereza oscuro, borde granate. Aroma: cera, especiado, fruta negra, fruta confitada. Boca: concentrado, sabroso.

Vetas Petit Verdot 2014 T GR
100% petit verdot

93 — 39€

Clásico, especiado. Color: cereza intenso. Aroma: terroso, hierbas secas, fina reducción, con carácter. Boca: sabroso, varietal, taninos maduros, lleno.

Vetas Selección 2013 T GR
petit verdot, cabernet sauvignon, cabernet franc

90 — 34€

Cálido, con vejez. Color: cereza oscuro. Aroma: potente, cera, hierbas secas. Boca: sabroso, largo, especiado.

BODEGAS CARPE DIEM
Avda. de las Américas, 35
29532 Mollina (Málaga)
☎: +34 622 716 321
promocion@bodegascarpediem.com
www.bodegascarpediem.com

Carpe Diem Añejo 2022 BF Añejo D
100% pedro ximénez

89 ★★★★ — 7,55€

Maduro, opulento, cálido. Aroma: fruta pasificada, tostado, especias dulces, fruta al licor.

Carpe Diem Dulce Natural 2022 BF D
100% moscatel

88 ★★★★ — 6,1€

Cálido, exuberante, goloso, maduro, persistente.

Gadea 2022 T RB
100% syrah

88 ★★★★ — 7,94€

Corpulento, herbáceo, maduro, confitado, potente, sabroso.

Montespejo 2022 B
60% airén, 40% moscatel morisco

86 — 5,82€

DO MÁLAGA Y SIERRAS DE MÁLAGA / D.O.P.

Guía Peñín — VINOS DE ESPAÑA

DO MÁLAGA Y SIERRAS DE MÁLAGA / D.O.P.

Carpe Diem Trasañejo 1999 BF
Trasañejo D
100% pedro ximénez

91   21,66€

Tostado. Color: caoba oscuro. Aroma: café aromático, chocolate, fruta al licor, praliné. Boca: sabroso, opulento.

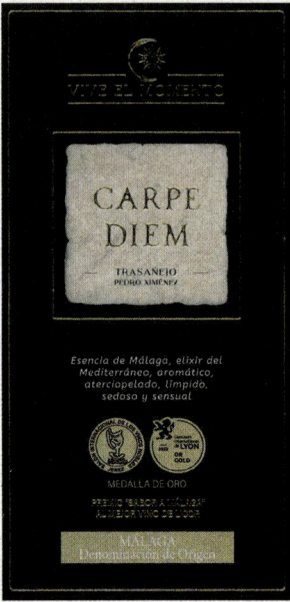

BODEGAS EXCELENCIA
Cordel del Puerto al Quejigal, s/n
29400 Ronda (Málaga)
ronda@bodegasexcelencia.com
www.bodegasexcelencia.com

Los Frontones 2014 T C
cabernet sauvignon, tempranillo, syrah, merlot

89 ★★★★   9€

Con vejez, especiado, herbáceo, tostado.

Rondarte 2019 T
tempranillo

86   10€

Tagus 2020 T RB
cabernet franc

89 ★★★★   7€

Corpulento, equilibrado, especiado, sabroso, balsámico.

BODEGAS MÁLAGA VIRGEN
29520 Fuente de Piedra (Málaga)
☎: +34 952 319 454
info@bodegasmalagavirgen.com
www.bodegasmalagavirgen.com

Don Salvador Moscatel Trasañejo 30 años BF MO D
moscatel de alejandría

94
90€

Color: caoba. Aroma: café aromático, pastelería, cacao fino, acetaldehído. Boca: complejo, concentrado, lleno, opulento, sabroso, tostado.

Málaga Virgen Dunkel BF PX D
pedro ximénez

89
17,9€

Correcto, varietal, goloso, tostado. Aroma: caramelo tostado.

Málaga Virgen Sweet BF PX D
pedro ximénez

86
8,95€

Marbella Blush Rosé 2023 RD
syrah

89
24,95€

Equilibrado, herbal, cítrico, suave.

Moscatel Reserva de Familia BF MO D
moscatel de alejandría

90 ★★★
12,95€

Color: yodo. Aroma: fruta pasificada, pastelería, tostado, caramelo tostado. Boca: dulce, untuoso, potente.

Pedro Ximénez Reserva de Familia BF PX D
pedro ximénez

91 ★★★★
12,95€

Dulzón. Color: caoba. Aroma: espirituoso, fruta pasificada, pastelería, tostado. Boca: dulce, untuoso.

Tres Leones Naturalmente Dulce B D
moscatel de alejandría

89
11,95€

Aromas nítidos, varietal, floral, dulce, correcto, suave.

BODEGAS MANILVA

Mar, 76
29691 Manilva (Málaga)
☎: +34 639 107 694
bodegasmanilva@gmail.com
www.bodegasmanilva.com

Kalma 2022 B
100% moscatel de alejandría

90 ★★★★   12€

Color: pajizo. Aroma: flores blancas, jazmín, hierbas secas, fruta asada. Boca: sabroso, frutoso, equilibrado.

Kalma Rose 2022 RD
garnacha, garnacha blanca

90 ★★★★   12€

Equilibrado, maduro, lleno, flores secas. Aroma: caramelo tostado.

Pampanito 2021 B D
100% moscatel

89

Color: amarillo brillante. Aroma: fruta escarchada, notas amieladas, fruta asada, frutos secos. Boca: sabroso, frutoso, equilibrado.

BODEGAS QUITAPENAS

Ctra. de Guadalmar, 12
29004 Málaga (Málaga)
☎: +34 952 247 595
bodegas@quitapenas.es
www.quitapenas.es

1670 Pajarete 2019 B
85% pedro ximénez, 15% moscatel de alejandría

94 ★★★★   18,75€

Color: ámbar. Aroma: fruta de hueso, fruta pasificada, especias dulces, barniz, ahumado, almendra tostada. Boca: opulento, carnoso, especiado.

Finca Ernite 2021 T
100% tempranillo

86   12,75€

Málaga Oro Viejo 2017 BF Trasañejo D
85% pedro ximénez, 15% moscatel

91   16,55€

Color: caoba. Aroma: fruta escarchada, incienso, especias dulces, tostado, frutos secos. Boca: graso, opulento, cálido, madera vieja.

Quitapenas Moscatel Dorado 2022 BF D
100% moscatel de alejandría

89   11,5€

Cítrico, confitado, floral, lleno, sabroso.

Málaga PX Noble Quitapenas BF PX D

87

Vegasur 2021 B
100% pedro ximénez

92 ★★★★★   12,75€

Diferente. Color: amarillo brillante. Aroma: frutos secos, notas de levadura, fruta madura, hierbas silvestres. Boca: sabroso, frutoso, salino, persistente, largo.

COMPAÑIA DE VINOS TELMO RODRÍGUEZ

El Monte
01308 Lanciego (Araba/Álava)
☎: +34 945 628 315
contact@telmorodriguez.com
www.telmorodriguez.com

🏆 PODIO

Old Mountain 2012 B D
moscatel

99   200€

Complejo, varietal, muy vivo. Color: dorado. Aroma: potente, notas amieladas, fruta escarchada, hierbas de tocador, acetaldehído, flores blancas, camomila. Boca: sabroso, dulce, fresco, frutoso, buena acidez, largo.

CORTIJO LOS AGUILARES

Ctra. Ronda a Campillo, km. 35
Puente de la Ventilla
29400 Ronda (Málaga)
☎: +34 952 874 457
visitas@cortijolosaguilares.com
www.cortijolosaguilares.com

Cortijo Los Aguilares Pago El Espino 2021 T BA
petit verdot, tempranillo, syrah

92   22€

Color: cereza intenso. Aroma: hierbas secas, roble cremoso, fruta negra. Boca: potente, fruta madura, especiado, taninos maduros.

Cortijo Los Aguilares Pinot Noir 2022 T C
pinot noir

94   37€

Fresco, con oscuridad, con personalidad. Color: cereza, borde violáceo. Aroma: expresión frutal, fruta roja, especiado, hierbas de monte, flores secas. Boca: sabroso, frutoso, buena acidez, largo.

DO MÁLAGA Y SIERRAS DE MÁLAGA / D.O.P.

DO MÁLAGA Y SIERRAS DE MÁLAGA / D.O.P.

Tadeo Petit Verdot Cortijo Los Aguilares 2021 T C
petit verdot

93 39€

Por hacer. Color: cereza intenso. Aroma: roble cremoso, fruta negra, hierbas de monte, tostado. Boca: potente, fruta madura, especiado, taninos maduros.

COZAR DESDE 1837
APT C3
29350 Arriate (Málaga)
☎: +34 666 644 450
cozar1837@gmail.com

A Pulmón (Blanco Buzo) 2023 B
viognier

87 10€

A Pulmón 2022 T
cabernet sauvignon

85 10€

A Pulmón 2023 RD
merlot

86 10€

NDM Cozar desde 1837 2023 B MO D
moscatel de alejandría

91 ★★★ 15€

Goloso, varietal, floral, maduro, exuberante, amable, aromático. Aroma: floral.

DIMOBE - BODEGA A. MUÑOZ CABRERA
Ctra. Almachar, s/n
29738 Moclinejo (Málaga)
☎: +34 952 400 594
ignacio@dimobe.es
www.dimobe.es

Dimobe Pajarete BF Trasañejo D
70% moscatel de alejandría, 30% pedro ximénez

92 ★★★★★ 12€

Color: ámbar. Aroma: notas amieladas, floral, especias dulces, frutos secos. Boca: frutoso, sabroso, equilibrado.

Dimobe Seco BF Trasañejo S
pedro ximénez

92 19€

Color: ámbar. Aroma: frutos secos, especias dulces, barniz. Boca: especiado, lleno, sabroso.

Maestro Viña Axarkía 2022 BF D
moscatel de alejandría

92 ★★★★★ 9€

Color: amarillo brillante. Aroma: notas amieladas, floral, especias dulces, expresivo. Boca: graso, potente, sabroso, carnoso.

Señorío de Broches Dulce Natural 2022 BF MO D
moscatel de alejandría

91 ★★★★★ 9€

Color: amarillo brillante. Aroma: notas amieladas, floral, especias dulces, expresivo, cítricos. Boca: frutoso, sabroso, equilibrado.

Zumbral Trasañejo BF MO D
moscatel de alejandría

91 ★★★★ 13€

Color: oro viejo, borde ambarino. Aroma: caramelo tostado, fruta escarchada, notas amieladas. Boca: equilibrado, buena acidez, untuoso, varietal.

HUERTO DE LA CONDESA
Calle Genal, 1
29400 Ronda (Málaga)
☎: +34 665 829 423
bodegahcronda@gmail.com
www.huertodelacondesa.com

Huerto de la Condesa 2022 T RB
40% garnacha, 40% syrah, 20% graciano

91 ★★★★ 14€

Color: cereza intenso. Aroma: hierbas secas, roble cremoso, fruta negra, fruta madura, fruta confitada. Boca: potente, fruta madura, especiado, taninos maduros.

Huerto de la Condesa 2023 B
88 — 14€
Agradable, amable, aromas nítidos.

**Huerto de la Condesa
El Pinsapo 2021 T**
100% garnacha
90 — 28€
Color: cereza intenso. Aroma: fruta madura, hierbas secas, hierbas verdes. Boca: fruta madura, especiado, taninos maduros.

**Huerto de la Condesa
La Palmera 2021 T C**
100% syrah
90 — 28€
Color: cereza, borde granate. Aroma: fruta confitada, fruta al licor, potente. Boca: dulcedumbre, largo.

**Huerto de la Condesa
Los Cipreses 2021 T C**
50% garnacha, 50% syrah
90 — 18€
Color: cereza, borde granate. Aroma: fruta confitada, fruta al licor, potente, tostado, chocolate. Boca: sabroso, dulcedumbre, largo.

**Huerto de la Condesa
Los Cipreses 2023 RD**
100% garnacha
88 — 19€
Maduro, hierbas secas, amable, goloso, sabroso. Aroma: fruta escarchada, lías finas.

**Huerto de la Condesa
Pampaneando 2023 T**
85% garnacha, 15% monastrell
90 ★★★ — 14€
Color: cereza brillante. Aroma: floral, fruta madura, equilibrado. Boca: sabroso, frutoso, buena acidez.

JORGE ORDÓÑEZ MÁLAGA
Bartolome Esteban Murillo, 11
29700 Vélez (Málaga)
☎: +34 952 504 706
info@jorgeordonez.es
www.jorgeordonez.es

Botani 2023 B
92 ★★★★ — 15,5€
Aromas nítidos, aromático. Color: pajizo brillante. Aroma: fruta fresca, cítricos, flores blancas. Boca: sabroso, muy vivo, opulento.

Botani Garnacha 2023 T
garnacha
90 — 15€
Color: cereza, borde violáceo. Aroma: expresión frutal, fruta roja, floral, especiado. Boca: frutoso, buena acidez, largo, jugoso.

Botani Nobleza 2022 B
moscatel
93 — 30,9€
Color: pajizo brillante. Aroma: fruta madura, lías finas, mineral, flores blancas. Boca: especiado, largo, elegante.

Botani Nobleza 2023 B
moscatel de alejandría
94
Color: pajizo brillante. Aroma: expresión frutal, fruta madura, flores blancas, jazmín, fruta de hueso, fruta fresca. Boca: sabroso, fresco, buena acidez, retronasal afrutado.

Jorge Ordóñez & Co Nº 1 Selección Especial Dulce (sin fortificar) 2023 B D
93
Color: amarillo brillante. Aroma: fruta madura, fruta escarchada, notas amieladas, cítricos. Boca: sabroso, frutoso, dulce, buena acidez.

🏆 **PODIO**

Jorge Ordóñez & Co Nº 2 Victoria Dulce (sin fortificar) 2023 B D
moscatel de alejandría
95
Por hacer. Color: amarillo brillante. Aroma: balsámico, notas amieladas, floral, especias dulces, expresivo, piel de naranja. Boca: frutoso, potente, sabroso, elegante.

🏆 **PODIO**

Jorge Ordóñez & Co. Nº3 Viñas Viejas (sin fortificar) 2022 B D
96
Por hacer. Color: amarillo brillante. Aroma: flores secas, fruta escarchada, lías finas, pastelería, brioche, lácticos. Boca: redondo, especiado, largo, persistente.

LA MELONERA
Paraje Los Frontones s/n
29400 Ronda (Málaga)
☎: +34 951 194 018
info@lamelonera.com
www.lamelonera.com

Encina del Inglés 2023 T
tintilla, tempranillo, syrah

91 ★★★★★ 12€
Color: cereza, borde violáceo. Aroma: fruta roja, floral, especiado. Boca: sabroso, frutoso, buena acidez, largo.

Payoya Negra 2022 T R
tintilla, romé, syrah

90 23€
Color: cereza muy intenso. Aroma: hierbas silvestres, notas cárnicas, pimienta negra, fruta negra, frutos secos. Boca: especiado, acidez marcada.

Yo Solo 2022 T FB
blasco, tintilla

93 60€
Color: Cereza. Aroma: especias dulces, hierbas de monte, hierbas secas, fruta negra, fruta madura. Boca: especiado, balsámico, buena acidez, taninos potentes.

Yo Solo Edición Melonera 2022 T C
melonera

93 80€
Con oscuridad, cálido. Color: cereza, borde granate. Aroma: fruta confitada, hierbas secas, notas cárnicas, fruta negra. Boca: sabroso, dulcedumbre, largo.

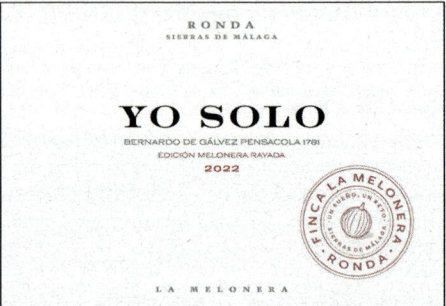

NILVA ENOTURISMO
Doctor Álvarez Leiva, 2
29691 Manilva (Málaga)
☎: +34 609 290 270
info@nilva.es
www.nilva.es

Nilva Original 2022 B
moscatel de alejandría

89 14,5€
Cítrico, equilibrado, exuberante, floral, sabroso.

Nilva Ecológico 2022 B
moscatel de alejandría

90 16€
Color: pajizo. Aroma: expresivo, flores blancas, jazmín, hierbas secas, fruta asada. Boca: sabroso, frutoso, equilibrado, carnoso.

VICTORIA ORDÓÑEZ
Ciro Alegría,75, P.I. Guadalhorce
29400 Málaga (Málaga)
☎: +34 952 228 540
administracion@comavi.es
www.victoriaordonez.com

Monticara 2023 B
moscatel

92 29€
Exuberante, salino, por hacer. Color: pajizo brillante. Aroma: fruta madura, hierbas de tocador, lías finas. Boca: lleno, largo, buena acidez.

Voladero 2022 B
100% pedro ximénez

94 29€
Varietal. Color: pajizo brillante. Aroma: fruta madura, hierbas de tocador, lías finas, cera. Boca: lleno, graso, largo, buena acidez.

Voladeros Ghiara Magnum 2018 B
pedro ximénez

94 115€
Salino, mineral. Color: amarillo brillante. Aroma: flores secas, fruta escarchada, lías finas, pastelería, cera. Boca: especiado, largo, persistente.

Camarolos 2018 T
85% cabernet sauvignon, tempranillo, syrah

93 25€
Aromas nítidos, frutal. Color: cereza, borde violáceo. Aroma: fruta roja, floral, especiado. Boca: sabroso, frutoso, buena acidez.

Martí Aguilar 2016 T
65% petit verdot, syrah, tempranillo

93 65€
Complejo. Color: cereza oscuro, borde granate. Aroma: fruta madura, fruta confitada, ebanistería, tabaco, especias dulces. Boca: especiado, taninos maduros, largo.

Camarolos Syrah 2020 T
syrah

92 29€
Color: cereza, borde granate. Aroma: fruta confitada, potente, fruta madura, fruta negra, con carácter, balsámico. Boca: sabroso, dulcedumbre, largo.

DO. MANCHUELA
CONSEJO REGULADOR

Avda. San Agustín, 9
02270 Villamalea (Albacete)
☎: +34 967 09 06 94
@: do@manchuela.wine - ana@manchuela.wine
www.manchuela.wine

SITUACIÓN:

La zona de producción comprende el territorio situado al sureste de la provincia de Cuenca y noreste de Albacete, entre los ríos Júcar y Cabriel. Abarca 70 municipios, 26 de ellos en Albacete y el resto pertenecientes a Cuenca.

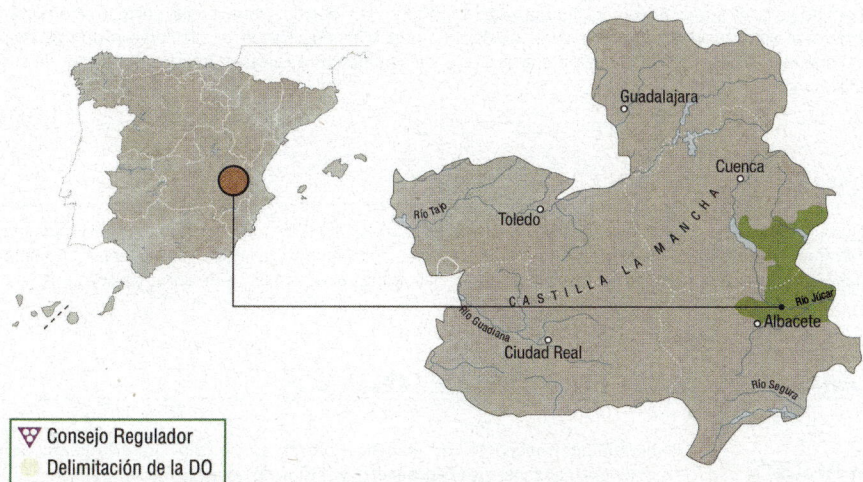

DO MANCHUELA / D.O.P.

VARIEDADES:

BLANCAS: albillo, chardonnay, macabeo, sauvignon blanc, verdejo, pardillo, viognier, moscatel de grano menudo, garnacha blanca, moscatel de alejandría y tardana.

TINTAS: bobal, cabernet sauvignon, cencibel (tempranillo), garnacha, merlot, monastrell, moravia dulce, syrah, garnacha tintorera, malbec, moravia agria, mazuelo, graciano, rojal, frasco (tinto velasco), petit verdot, cabernet franc, pinot noir y touriga.

DATOS CONSEJO REGULADOR:

Nº Has. Viñedo: 14.848 – **Nº Viticultores:** 1.284 – **Nº Bodegas:** 37 – **Cosecha 23:** Muy Buena– **Producción 23:** 904.227 L.– **Comercialización:** 15% Nacional - 85% Internacional.

SUELOS:

El viñedo se sitúa a una altitud, que oscila entre los 600 y 700 metros sobre el nivel del mar. La orografía es fundamentalmente llana, salvo por los desniveles que trazan los ríos. Respecto a la composición del terreno, bajo una superficie arcillosa, de grava o arena, prima el componente calcáreo, importante factor de calidad para la zona.

CLIMA:

Es de tipo continental, con inviernos frescos y veranos calurosos, si bien durante el verano los vientos frescos y húmedos procedentes del Mediterráneo permiten que las temperaturas nocturnas bajen, consiguiéndose unas diferencias térmicas día/noche especialmente favorables para una lenta maduración de la uva.

CARACTERÍSTICAS GENERALES DE LOS VINOS

BLANCOS Elaborados normalmente con macabeo, presentan un color amarillo pajizo, aromas afrutados a manzana, y son agradables y fáciles de beber en boca.

ROSADOS De color frambuesa, la bobal da intensos aromas afrutados a frambuesa y, en ocasiones, toques de hierbas; en boca son sabrosos, frescos y equilibrados.

TINTOS De color cereza se parecen bastante a los manchegos, con notas a zarzal, afrutados y en ocasiones con un fondo terroso; en boca son suaves, sabrosos y cálidos. Los de bobal ofrecen una expresión frutal más definida (zarzamora) y son muy sabrosos.

CALIFICACIÓN DE COSECHAS DE VINOS JÓVENES GUÍAPEÑÍN

2019	2020	2021	2022	2023
MUY BUENA	MUY BUENA	MUY BUENA	BUENA	BUENA

ALTOLANDÓN
Ctra. N-330, km. 242
16330 Landete (Cuenca)
☎: +34 962 302 329
altolandon@altolandon.com
www.altolandon.com

Con Altura 2023 BE AG
moscatel grano menudo
88 18€
Cítrico, floral, herbal, maduro, notas de levadura, tropical.

Doña Leo Altolandón 2023 B
moscatel grano menudo
90 ★★★★★ 7€
Color: pajizo. Aroma: hierbas secas, flores marchitas, fruta escarchada. Boca: fruta madura, equilibrado, lleno, con poca acidez.

Dulce Enero 2022 B D
moscatel, petit manseng, viognier
91 20€
Color: amarillo brillante. Aroma: fruta escarchada, notas amieladas, apio, especiado. Boca: sabroso, untuoso, frutoso, dulce.

Mil Historias Syrah 2022 T
100% syrah
91 ★★★★★ 7€
Color: cereza oscuro. Aroma: tostado, especiado, cacao fino, fruta negra, fruta madura. Boca: sabroso, tostado, fino amargor.

Rayuelo 2021 T
100% bobal
93 ★★★★★ 10€
Color: cereza intenso. Aroma: balsámico, especias dulces, hierbas de monte, fruta roja. Boca: especiado, balsámico, buena acidez.

BODEGA ANDRÉS INIESTA
Ctra. Fuentealbilla Villamalea, km. 1,5
02260 Fuentealbilla (Albacete)
☎: +34 967 090 650
sales@bodegainiesta.com
www.bodegainiesta.es

Corazón Loco 2022 T
tempranillo, syrah
89 ★★★★ 5,3€
Frutal, especiado, ahumado, maduro, sabroso.

Corazón Loco 2023 B
sauvignon blanc, verdejo
87 ★★★★ 5,3€

Corazón Loco 2023 RD
bobal
88 ★★★★ 5,3€
Amable, suave, sencillo, frutal.

Corazón Loco Verdejo 2023 B
verdejo
88 ★★★★ 5,3€
Aromático, agradable, frutal, floral.

Dulce Corazón 2023 B D
moscatel de alejandría
88 ★★★★ 6,5€
Amable, floral, frutal, sabroso.

Finca El Carril Valeria 2022 B
chardonnay
88 9,1€
Tropical, madera marcada, frutal, goloso. Aroma: plátano.

BODEGA PARDO TOLOSA
Villatoya, 26
02215 Alborea (Albacete)
☎: +34 963 517 067
ventas@bodegapardotolosa.com
www.bodegapardotolosa.com

La Sima 2022 T MC
tempranillo
87 ★★★★★ 4€

Mizaran 2022 B
macabeo, moscatel
86 5,5€

Mizaran Tempranillo 2020 T RB
tempranillo
86 6€

DO MANCHUELA / D.O.P.

DO MANCHUELA / D.O.P.

Senda de las Rochas Tempranillo 2018 T C
tempranillo
88 ★★★★ 🌱   8€
Maduro, frutal, especiado, sabroso.

BODEGA SAN ANTONIO ABAD COOPERATIVA DE VILLAMALEA
Valencia, 41
02270 Villamalea (Albacete)
☎: +34 967 483 023
www.bodegas-saac.com

Altos del Cabriel Albilla 2023 B
albillo
87 ★★★★ 🌱   3,5€

Altos del Cabriel Bobal 2022 T
bobal
87 ★★★★ 🌱   3,5€

Altos del Cabriel Bobal 2023 RD
100% bobal
86 🌱   3€

Altos del Cabriel Bobal Tempranillo 2022 T
bobal, tempranillo
88 ★★★★ 🌱   3€
Equilibrado, especiado, herbal, tostado.

Altos del Cabriel Macabeo 2023 B
macabeo
86 🌱   3€

Gradas Viejas 2019 T RB
syrah
87 ★★★★   3,5€

BODEGA SEÑORÍO DEL JÚCAR
Pol. Ind. Parc 64-70
02200 Casas Ibáñez (Albacete)
☎: +34 967 460 632
export@parajesdelvalle.es
www.senoriodeljucar.com

Cueva Llana Bobal 2021 T
bobal
88 ★★★★ 🌱   6,95€
Frutal, maduro, especiado, ahumado.

Cueva Llana Syrah 2021 T
syrah
90 ★★★★★ 🌱   6,95€
Color: cereza intenso. Aroma: fruta madura, hierbas secas, roble cremoso, fruta roja. Boca: potente, fruta madura, especiado, taninos maduros.

Tranco del Lobo 2020 T C
100% bobal
88 🌱   13,95€
Especiado, tostado, frutal, maduro, fresco, algo secante.

BODEGA Y VIÑEDOS MORATALLA
Calle Eras, 5
16230 Villanueva de La Jara (Cuenca)
☎: +34 677 328 536
bodegasmoratalla@gmail.com
www.bodegasmoratalla.es

Angel Bobal 2021 T
100% bobal
88 ★★★★   7,25€
Frutal, especiado, tostado, sabroso, maduro.

El Buitre 2020 T
garnacha
88   13,5€
Especiado, frutal, maduro, sabroso, equilibrado.

La Casilla de Adrián Bobal 6 Meses 2020 T RB
100% bobal
86   10,5€

La Casilla de Adrián Macabeo 2022 B
100% macabeo
88 ★★★★   7,95€
Cítrico, frutal, herbal, maduro, salino.

Viña Virginia Rosé 2023 RD
100% bobal
88 ★★★★   7,85€
Frutal, maduro, golosinas, sabroso.

BODEGAS VILLAVID
Niño Jesús, 25
16280 Villarta (Cuenca)
☎: +34 962 189 006
gerencia@villavid.com
www.villavid.com

Villavid 1952 2020 T C
30% tempranillo, 70% syrah
86   3,95€

Villavid Bobal 2021 T RB
bobal
83 🌱   3€

Villavid Bobal 2023 RD
bobal
87 ★★★★   2,6€

Villavid Verdejo 2023 B
verdejo

83   2,6€

BODEGAS Y VIÑEDOS PONCE
Ctra. CM-220, km. 54,500
16230 Villanueva de La Jara (Cuenca)
☎: +34 677 434 523
juanantonio@bodegasponce.es

Clos Lojen 2022 T
bobal

93 ★★★★★ 🌿   7,5€

Aromas nítidos. Color: cereza, borde violáceo. Aroma: expresión frutal, fruta roja, floral, especiado. Boca: sabroso, frutoso, buena acidez.

P.F. 2022 T
bobal

93 ★★★★★ 🌿   16€

Color: cereza, borde violáceo. Aroma: fruta roja, especiado, fruta madura, hierbas de monte. Boca: sabroso, buena acidez.

La Casilla 2022 T RB
bobal

94 ★★★★★ 🌿   13€

Aromas nítidos, muy vivo. Color: cereza, borde violáceo. Aroma: expresión frutal, fruta roja, floral, especiado. Boca: sabroso, frutoso, buena acidez, largo.

La Estrecha 2022 T
bobal

94 🌿   24€

Agradable, frutal. Color: Cereza. Aroma: complejo, expresivo, especiado, hierbas silvestres. Boca: elegante, lleno, largo, persistente.

La Xara 2022 T
garnacha

92 ★★★★★ 🌿   12€

Aromas nítidos, con oscuridad. Color: cereza, borde violáceo. Aroma: expresión frutal, fruta roja, floral, especiado, notas anisadas. Boca: sabroso, frutoso, buena acidez, largo.

🏆 **PODIO**

Pino 2022 T RB
bobal

95 ★★★ 🌿   24€

Aromas nítidos, muy vivo. Color: cereza, borde violáceo. Aroma: expresión frutal, fruta roja, floral, especiado, notas de cereal, hierbas de monte. Boca: sabroso, frutoso, buena acidez, largo.

CARRIL CRUZADO
Ctra. Iniesta-Villagarcía del Llano km, 13
16236 Villagarcía del Llano (Cuenca)
☎: +34 616 960 992
bodega@carrilcruzado.com
www.carrilcruzado.es

Carril Cruzado Colección Petit Verdot 2023 RD
100% petit verdot

85   10€

Carril Cruzado Colección Sauvignon Blanc 2023 B
100% sauvignon blanc

88   12€

Cítrico, frutal, herbal, fresco.

Carril Cruzado Edición Limitada Petit Vedot 2020 T C
100% petit verdot

88   30€

Con oscuridad, herbáceo, maduro, tostado, especiado.

Carril Cruzado Edición Limitada Syrah 2020 T C
100% syrah

88   30€

Frutal, especiado, maduro, sabroso.

DO MANCHUELA / D.O.P.

DO MANCHUELA / D.O.P.

Carril Cruzado Multivarietal Colección 3 Meses 2022 T
40% cabernet sauvignon, 40% syrah, 20% petit verdot
85 12€

CIEN Y PICO WINE
San Francisco, 19
02240 Mahora (Albacete)
☎: +34 610 239 186
luisjimenaz@gmail.com

Cien y Pico Doble Pasta 2021 T
garnacha tintorera
87 ★★★ 7,5€

Cien y Pico En Vaso 2021 T
100% bobal
86 7,5€

Viña La Ceja 2021 T
bobal, garnacha tintorera
86 7€

FINCA SANDOVAL
Ctra. CM-3222, Km. 26800
16237 Ledaña (Cuenca)
☎: +34 914 363 636
fincasandoval@fincasandoval.com
www.fincasandoval.com

Aurora 2022 B
pardilla
92
Cítrico, floral. Color: pajizo. Aroma: expresivo, flores blancas, jazmín, hierbas secas. Boca: sabroso, frutoso, equilibrado.

El Fundamentalista 2022 T
100% bobal
91
Aromas nítidos, fresco, frutal. Color: cereza brillante. Aroma: franco, hierbas silvestres. Boca: frutoso, jugoso, sabroso.

Finca Sandoval 2021 T
93
Color: cereza intenso. Aroma: fruta madura, hierbas secas, roble cremoso, notas cárnicas, hierbas de monte. Boca: potente, fruta madura, especiado, taninos maduros.

Salia 2022 T R
60% syrah, 40% bobal
92 ★★★★★ 14€
Balsámico, frutal. Color: cereza, borde violáceo. Aroma: fruta roja, floral, especiado, fruta madura. Boca: sabroso, frutoso, buena acidez, largo.

La Rosa Finca Sandoval 2022 T BA
bobal
94 33€
Con potencial, frutal. Color: cereza intenso. Aroma: roble cremoso, hierbas de tocador, balsámico, fruta madura, fruta roja. Boca: potente, fruta madura, especiado, taninos maduros.

HAMMEKEN CELLARS
03700 Denia (Alacant/Alicante)
☎: +34 965 791 967
cellars@hammekencellars.com
www.hammekencellars.com

Nanit Natural Wine 2023 T
bobal
88 10€
Frutal, golosinas, maduro, especiado.

LA CEPA DE PELAYO
Batán, 9
02210 Alcala del Júcar (Albacete)
☎: +34 665 973 575
yolanda.leren@bodegalacepadepelayo.com
www.bodegalacepadepelayo.com

Cupido Bobal 2022 T
bobal
91 ★★★★★ 10€
Color: cereza, borde violáceo. Aroma: expresión frutal, fruta roja, especiado, tabaco, tostado. Boca: sabroso, frutoso, equilibrado, fresco, taninos maduros.

Cupido Macabeo 2022 B BA
macabeo
90 ★★★★★ 10€
Tostado, aromático. Color: amarillo brillante. Aroma: potente, fruta madura, especiado. Boca: graso, estructurado, largo, tostado.

La Cepa de Pelayo Bobal 2020 T
bobal

91 ★★★★★ 🍃   12€

Color: cereza oscuro. Aroma: fruta madura, ebanistería, tabaco, especias dulces, ahumado. Boca: especiado, frutoso, taninos secos pero maduros, tostado.

Ole de Aromas 2023 T
bobal

89 ★★★★ 🍃   8€

Frutal, maduro, aromático, muy primario, sabroso.

LA NIÑA DE CUENCA

Muela, 1
16237 Ledaña (Cuenca)
☎: +34 629 751 027
info@laninadecuenca.com
www.laninadecuenca.com

Ildania 2018 T
85% bobal, 15% otras

91   23,5€

Silvestre, herbal. Color: Cereza. Aroma: balsámico, hierbas de monte, especiado, fruta negra. Boca: sabroso, equilibrado, jugoso.

Ingobernable 2020 T
90% garnacha, 10% moravia agria

89 🍃   19,75€

Aromas nítidos, silvestre, láctico, confitado. Aroma: hierbas silvestres, hierbas de monte, fruta al licor. Boca: jugoso, fácil de beber.

Inicial Velo de Flor 2021 B
albillo

90 🍃   16,75€

Acidez marcada. Color: amarillo. Aroma: fruta blanca, fruta madura, lías reducidas, levaduras de flor. Boca: lleno, sabroso.

Orovelo 2022 B
100% albillo

90 🍃   15,25€

Varietal, silvestre. Color: pajizo brillante. Aroma: fruta blanca, fruta madura, flores marchitas. Boca: jugoso, muy vivo, equilibrado.

Rubatos 2019 T
100% bobal

92 ★★★ 🍃   16,75€

Maduro, representativo, hierbas secas. Color: Cereza. Aroma: especias dulces, hierbas de monte, fruta negra. Boca: especiado, balsámico, buena acidez.

NTRA. SRA. DE LA CABEZA DE CASAS IBÁÑEZ SOC. COOP. DE CLM

Avda. del Vino, 10
02200 Casas Ibáñez (Albacete)
☎: +34 967 460 266
info@coop-cabeza.com
www.coop-cabeza.com

Viaril Bobal 2023 RD
bobal

88 ★★★★   3,4€

Correcto, frutal, golosinas, maduro, jugoso, sencillo. Boca: correcto, fino amargor.

Viaril Cabernet Sauvignon T
100% cabernet sauvignon

85   5€

Viaril Macabeo 2023 B
macabeo

85   5€

Viaril Macabeo B FB
macabeo

86   6€

Viaril Verdejo Sauvignon Blanc 2023 B
verdejo, sauvignon blanc

86   5€

NUESTRA SEÑORA DEL ESPINO

Arrabal, 24
16240 El Peral (Cuenca)
☎: +34 969 339 503
administracion@delespinosc.es

Olmo Hueco 2022 T RB
cencibel, syrah

84   5€

Olmo Hueco 2023 RD
bobal

85   2,5€

Olmo Hueco Cencibel 2022 T
cencibel

82   3€

Olmo Hueco Syrah 2022 T
syrah

84   3€

DO MANCHUELA / D.O.P.

DO MANCHUELA / D.O.P.

PARAJES DEL VALLE BODEGAS Y VIÑEDOS
Avda. de Murcia, s/n
30520 Jumilla (Murcia)
☎: +34 616 426 520
nerea.bardaji@garciperezgroup.com
www.parajesdelvalle.es

Parajes del Valle 2023 RD
100% bobal

87 ★★★ 🌿 .... 7,95€

Parajes del Valle Macabeo 2023 B
100% macabeo

87 ★★★ 🌿 .... 7,95€

SOC. COOP. AGRARIA DE CLM SAN ISIDRO
Príncipe, 153
16220 Quintanar del Rey (Cuenca)
☎: +34 689 667 546
export@bodegasanisidro.es
www.bodegasanisidro.es

Monte de las Mozas Bobal 2023 RD
bobal

84 .... 1,8€

Monte de las Mozas Macabeo 2023 B
macabeo

87 ★★★★ .... 1,8€

Quinta Regia Bobal 2022 T
bobal

87 ★★★★ .... 3€

Zaíno Tempranillo 2022 T C
tempranillo

87 ★★★★ .... 2,7€

Zaíno Tempranillo Syrah 2022 T
tempranillo, syrah

86 .... 2,2€

VEGA TOLOSA
Calle B, 11
02200 Casas Ibáñez (Albacete)
☎: +34 669 639 216
mariluz@vegatolosa.com
www.vegatolosa.com

Bobal Icon 2021 T RB
bobal

89 🌿 .... 14€

Agradable, aromas nítidos, frutal, jugoso, maduro, muy primario, especiado.

Capricho DiVino Chardonnay 2022 BE BN
100% chardonnay

88 🌿 .... 20€

Cálido, hierbas secas, maduro, correcto.

Finca Los Halcones Bobal 2021 T
100% bobal

91 ★★★ 🌿 .... 16€

Color: Cereza. Aroma: hierbas de monte, ahumado, especiado, hierbas silvestres. Boca: especiado, balsámico, buena acidez, fácil de beber.

Finca Los Halcones Chardonnay 2022 B FB
chardonnay

90 🌿 .... 16€

Color: pajizo. Aroma: fruta madura, hierbas secas, flores marchitas. Boca: fruta madura, equilibrado, especiado, largo.

Finca Los Halcones Viognier 2022 B FB
100% viognier

90 🌿 .... 16€

Color: pajizo. Aroma: expresivo, flores blancas, hierbas de tocador. Boca: frutoso, equilibrado, varietal, fácil de beber, cierta persistencia.

DO. MÉNTRIDA
CONSEJO REGULADOR

Calle Eras de San Francisco nº 7
45500 - Torrijos -(Toledo)
☎: +34 925 785 185
@: administracion@domentrida.es
www.domentrida.es

SITUACIÓN:

En la zona norte de la provincia de Toledo. Limita al norte con las provincias de Ávila y Madrid, al sur con el río Tajo y al oeste con la Sierra de San Vicente. Está integrada por 51 municipios de la provincia de Toledo.

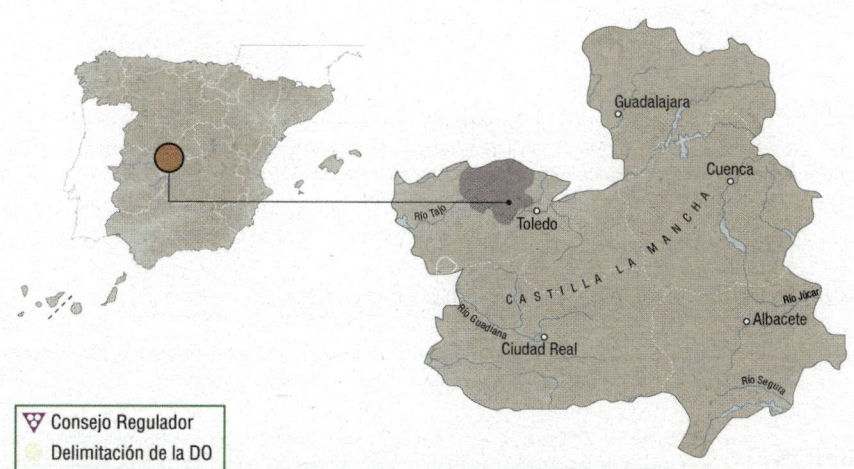

VARIEDADES:

BLANCAS: albillo, viura (macabeo), sauvignon blanc, chardonnay, moscatel de grano menudo y garnacha blanca.

TINTAS: garnacha (mayoritaria), cencibel (tempranillo), cabernet sauvignon, merlot, syrah, petit verdot, cabernet franc, graciano, garnacha peluda, garnacha tintorera y moravia agria.

DATOS CONSEJO REGULADOR:

Nº Has. Viñedo: 5.854 – **Nº Viticultores:** 1.265 – **Nº Bodegas:** 27 – **Cosecha 23:** Muy Buena– **Producción 23:** 12.610.073 L – **Comercialización:** 75% Nacional - 25% Internacional.

SUELOS:

El viñedo se asienta entre los 400 y los 600 metros de altitud, aunque algunos municipios de la Sierra de San Vicente llegan a alcanzar los 800 m. La mayor parte de los suelos son areno-arcillosos, con textura de media a suelta.

CLIMA:

De tipo continental seco y extremo, con inviernos largos y fríos, y veranos calurosos. Son bastante habituales las heladas tardías durante la primavera. La pluviometría media anual se sitúa entre los 300 y los 450 mm. y las lluvias se distribuyen de forma irregular a lo largo del año.

CARACTERÍSTICAS GENERALES DE LOS VINOS

ROSADOS Elaborados normalmente a partir de garnacha, presentan un color rosáceo frambuesa; son afrutados en nariz, y en boca resultan carnosos y suaves.

TINTOS Presentan un color cereza oscuro; en nariz destacan por los toques de fruta madura propios de las largas maduraciones; en la boca se sienten carnosos, cálidos y suaves.

CALIFICACIÓN DE COSECHAS DE VINOS JÓVENES GUÍAPEÑÍN

2019	2020	2021	2022	2023
MUY BUENA	MUY BUENA	MUY BUENA	BUENA	BUENA

ATALAQUE
Santa Cruz, 28
45510 Fuensalida (Toledo)
☎: +34 658 846 188
info@rodriguezdevera.com
www.rodriguezdevera.com

Atalaque Garnacha del Horcajo 2021 T C
garnacha

92 29,2€

Color: cereza, borde granate. Aroma: expresión frutal, fruta roja, fruta escarchada, hierbas silvestres, especias dulces. Boca: frutoso, sabroso, equilibrado, cierta persistencia, taninos secos pero maduros.

Atalaque Garnacha La Peraleda 2021 T
garnacha

91 19,95€

Color: cereza poco intenso. Aroma: especiado, fruta roja, fruta madura, hierbas de monte, terroso. Boca: sabroso, frutoso, lleno.

BODEGAS ALONSO CUESTA
Pza. de la Constitución, 4
45920 La Torre de Esteban Hambrán (Toledo)
☎: +34 925 795 742
administracion@alonsocuesta.com
www.alonsocuesta.com

Alonso Cuesta 2021 B FB
sauvignon blanc

93

Color: pajizo. Aroma: fruta madura, hierbas secas, flores marchitas, fósforo, frutos secos, especias dulces. Boca: potente, fruta madura, equilibrado.

Alonso Cuesta 2022 RD FB
100% garnacha

90 16€

Color: pálido. Aroma: fruta madura, fruta confitada, flores marchitas, notas tropicales, lías finas. Boca: carnoso, sabroso, fruta madura.

Alonso Cuesta Cállate 2021 T RB
75% garnacha, 25% syrah

91 ★★★★★ 10€

Color: cereza intenso. Aroma: hierbas secas, terroso, especiado, fruta negra, toques silvestres. Boca: fruta madura, especiado, taninos maduros.

Alonso Cuesta Cuveé 2020 T C
garnacha, cabernet sauvignon, petit verdot

91 17€

Color: cereza intenso. Aroma: fruta madura, hierbas secas, hierbas de monte, mineral. Boca: fruta madura, especiado, taninos maduros.

Alonso Cuesta La Garnacha de Lola Paraje Cuqueña 2021 T RB
100% garnacha

93 ★★★★★ 16€

Balsámico, silvestre. Color: cereza, borde violáceo. Aroma: expresión frutal, fruta roja, floral, especiado. Boca: sabroso, frutoso, buena acidez, largo.

Alonso Cuesta La Garnacha de Lola Paraje Mazalba 2021 T RB S
100% garnacha

92 ★★★★ 16€

Color: cereza, borde violáceo. Aroma: fruta roja, especiado, flores secas, hierbas de monte. Boca: sabroso, frutoso, buena acidez.

Tres Amigos 2018 T BA S
garnacha, cabernet sauvignon, syrah

92 25€

Clásico. Color: cereza oscuro, borde granate. Aroma: fruta confitada, ebanistería, tabaco, especias dulces. Boca: especiado, taninos maduros.

BODEGAS ARRAYÁN
Finca la Verdosa s/n
45513 Santa Cruz de Retamar (Toledo)
☎: +34 916 633 131
comercial@arrayan.es
www.arrayan.es

Arrayan 2023 RD
50% syrah, 35% merlot, 15% garnacha

88 🌿 9,9€

Frutal, herbal, maduro, lleno, sabroso.

Arrayán Garnacha Blanca y Gris 2022 B
garnacha gris, garnacha blanca

90 🌿 18€

Color: pajizo brillante. Aroma: fruta madura, hierbas de tocador, lías finas, flores marchitas. Boca: lleno, buena acidez.

Arrayán Graciano 2022 T
100% graciano

92 🌿 19€

Color: cereza intenso. Aroma: fruta madura, hierbas secas, toques silvestres, pan tostado. Boca: fruta madura, especiado, taninos maduros.

Arrayan Rosado de Garnacha Peluda 2023 RD
100% garnacha peluda

91 🌿 18€

Color: rosáceo pálido. Aroma: elegante, fruta roja, flores marchitas, hierbas de monte. Boca: especiado, buena acidez, fino amargor.

DO MÉNTRIDA / D.O.P.

DO MÉNTRIDA / D.O.P.

Arrayán Selección 2020 T
30% syrah, 30% merlot, 30% cabernet sauvignon, 10% petit verdot

91 ★★★★★ 🌱   11,5€

Color: cereza intenso. Aroma: hierbas secas, fruta negra, hierbas de monte. Boca: fruta madura, especiado, taninos maduros.

Arroyo de Arrayán 2021 B
55% garnacha gris, 45% garnacha blanca

92 ★★★ 🌱   18€

Con personalidad, diferente. Color: pajizo brillante. Aroma: fruta madura, lías reducidas, hierbas secas, cera. Boca: lleno, graso, largo, buena acidez.

La Suerte de Arrayán Albillo Real 2022 B
100% albillo real

93 ★★★★   16,95€

Color: pajizo. Aroma: fruta madura, hierbas secas, flores marchitas, hierbas silvestres, lías finas. Boca: potente, fruta madura, equilibrado.

La Suerte de Arrayán Garnacha 2021 T
100% garnacha

92 ★★★   16,5€

Color: cereza, borde violáceo. Aroma: expresión frutal, fruta roja, floral, especiado, hierbas de monte. Boca: sabroso, frutoso, buena acidez.

BODEGAS CANOPY
Herreros, 5
45180 Camarena (Toledo)
☎: +34 687 443 744
info@bodegascanopy.com
www.bodegascanopy.com

Castillo de Belarfonso 2023 T RB
garnacha

90 ★★★★★ 🌱   9,5€

Color: cereza, borde violáceo. Aroma: fruta roja, floral, especiado, hierbas de monte. Boca: sabroso, frutoso, buena acidez.

Ganadero 2023 T
garnacha

89 ★★★★ 🌱   6,25€

Corpulento, equilibrado, especiado, herbal, maduro, sabroso.

La Viña Escondida 2020 T
garnacha

94 🌱   32€

Color: cereza, borde violáceo. Aroma: fruta roja, floral, especiado, hierbas de monte, terroso. Boca: sabroso, frutoso, buena acidez, largo.

Loco 2022 B FB
garnacha blanca

92 🌱   23€

Color: pajizo. Aroma: fruta madura, hierbas secas, notas amieladas, flores blancas. Boca: fruta madura, equilibrado, carnoso.

Malpaso 2022 T
syrah

90 🌱   14,5€

Color: cereza, borde granate. Aroma: fruta sobremadura, tomate, hierbas de monte, con oscuridad. Boca: confitado, potente, lleno.

Tres Patas 2022 T

93 ★★★★★ 🌱   14,5€

Color: cereza intenso. Aroma: hierbas secas, hierbas de monte, regaliz negro, fruta roja. Boca: fruta madura, especiado, taninos maduros.

BODEGAS HIBÉU
Camino Las Ventas, s/n
45920 Torre de Esteban Hambrán (Toledo)
☎: +34 609 027 255
info@bodegashibeu.es
www.bodegashibeu.es

Hibeu 2022 T
86 🌱

Hibeu 2023 RD
84

Hibeu Finca La Mineral 2022 T
88 🌱

Cremoso, especiado, láctico, muy tostado (torrefactado), potente.

BODEGAS JIMÉNEZ LANDI
Avda. Solana, 39
45930 Méntrida (Toledo)
☎: +34 620 555 471
info@jimenezlandi.com
www.jimenezlandi.com

Jiménez-Landi Piélago 2022 T
garnacha

94 🌱   35€

Color: cereza intenso. Aroma: fruta madura, hierbas secas, toques silvestres. Boca: potente, fruta madura, especiado, sabroso.

Jiménez-Landi Sotorrondero 2022 T
garnacha, syrah

93 ★★★ 🌱   20€

Color: cereza intenso. Aroma: hierbas secas, roble cremoso, notas cárnicas, fruta al licor, flores marchitas. Boca: fruta madura, especiado, taninos maduros.

COOP. CONDES DE FUENSALIDA
Avda. San Crispín, 129
45510 Fuensalida (Toledo)
☎ +34 925 784 823
condesdefuensalida@hotmail.com

Condes de Fuensalida 100 años 2022 T
100% garnacha
87 ★★★★ .... 5€

Condes de Fuensalida 2023 RE D
100% garnacha
84 .... 4€

Condes de Fuensalida Garnacha 2023 RD
garnacha
86 .... 3,3€

Condes de Fuensalida Garnacha y Syrah 2023 T
87 ★★★★ .... 3€

UVA DE VIDA
Avda. de la Estación, 27 3ºB
45500 Torrijos (Toledo)
☎ +34 647 467 656
uvadevida@uvadevida.com
www.uvadevida.com

Biográfico (Etiqueta carne) 2021 T
70% graciano, 30% tempranillo
92 ★★★★★ 🌿 .... 13,9€
Silvestre, poco intervencionista, con oscuridad. Color: cereza intenso. Aroma: hierbas secas, hierbas de monte, regaliz negro, fruta negra, especiado. Boca: potente, fruta madura, especiado, taninos maduros.

Biográfico (Etiqueta gris) 2016 T
70% graciano, 30% tempranillo
90 🌿 .... 19€
Poco intervencionista, rústico. Color: cereza oscuro, borde granate. Aroma: fruta confitada, ebanistería, tabaco, terroso. Boca: especiado, taninos maduros.

Latitud 40 Graciano (Etiqueta verde) 2022 T
graciano
89 🌿 .... 14,9€
Corpulento, especiado, herbal, lleno, maduro, sabroso, notas animales.

Luna 2023 T
60% tempranillo, 40% graciano
89 🌿 .... 13,9€
Equilibrado, maduro, tostado, herbáceo, especiado.

Sol del 19 2019 T
70% graciano, 30% tempranillo
91 ★★★ 🌿 .... 16€
Poco intervencionista. Color: cereza intenso. Aroma: fruta confitada, fruta negra, hierbas de monte, terroso. Boca: fruta madura, especiado, taninos maduros.

VIÑEDOS DE CAMARENA
Ctra. Toledo - Valmojado, Km. 24.6
45180 Camarena (Toledo)
☎: +34 918 174 347
vdecamarena@hotmail.com
www.vdecamarena.com

Bastión 2023 RD
100% garnacha
85 .... 2,5€

Bastión Garnacha + Syrah 2023 T
90% garnacha, 10% syrah
87 ★★★★ .... 2€

Bastión Garnacha 2023 T
garnacha
90 ★★★★★ .... 5€
Color: cereza, borde violáceo. Aroma: fruta roja, floral, especiado, fruta madura. Boca: sabroso, frutoso.

Bastión Selección 2022 T
100% garnacha
88 ★★★★ .... 4€
Especiado, equilibrado, frutal, herbal, maduro, tostado.

Bastión Semidulce 2023 B SD
100% macabeo
85 .... 4€

Xtirpe 2021 T
100% garnacha
90 ★★★★★ .... 8€
Color: cereza, borde violáceo. Aroma: expresión frutal, fruta roja, especiado. Boca: sabroso, frutoso, buena acidez.

VIÑEDOS Y BODEGAS GONZÁLEZ
Real, 86
45180 Camarena (Toledo)
☎: +34 607 295 952
bodegasgonzalez@yahoo.es
www.vinobispo.com

Señorío del Bispo 2021 T RB
68% syrah, 32% cabernet sauvignon
85 .... 6€

Viña Bispo 2021 T
68% syrah, 32% cabernet sauvignon
85 .... 4€

DO MÉNTRIDA / D.O.P.

Viña Bispo 2023 B
sauvignon blanc
86 4€

Viña Bispo 2023 RD
100% garnacha
86 4€

VITÍCOLA MENTRIDANA
Lepanto, 62
45930 Méntrida (Toledo)
info@viticolamentridana.wine
www.viticolamentridana.wine

🏆 PODIO

Cantos del Diablo 2021 T
garnacha
95 75€
Afilado, con tensión, con tipicidad. Aroma: mineral, piedra seca, expresión frutal, elegante. Boca: jugoso, muy vivo, pulido.

Las Uvas de la Ira 2022 T
garnacha
93 ★★★ 19,85€
Equilibrado, sabroso, austero. Aroma: equilibrado, complejo, mineral. Boca: sabroso, varietal.

DO. MONDÉJAR
CONSEJO REGULADOR

Pza. Mayor, 10
19110 Mondéjar (Guadalajara)
☎: +34 949 385 284
@: crdom@crdomondejar.com
www.domondejar.es

SITUACIÓN:

En la zona suroeste de la provincia de Guadalajara. Comprende los municipios de Albalate de Zorita, Albares, Almoguera, Almonacid de Zorita, Driebes, Escariche, Escopete, Fuenteovilla, Illana, Loranca de Tajuña, Mazuecos, Mondéjar, Pastrana, Pioz, Pozo de Almoguera, Sacedón, Sayatón, Valdeconcha, Yebra y Zorita de los Canes.

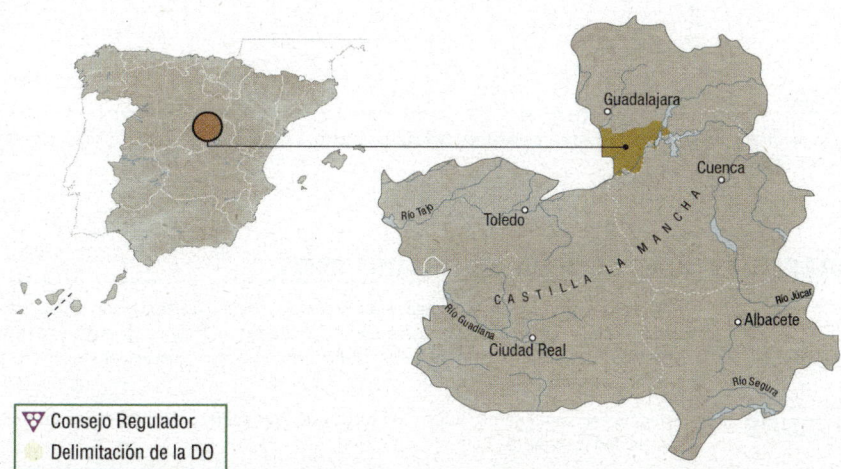

▽ Consejo Regulador
  Delimitación de la DO

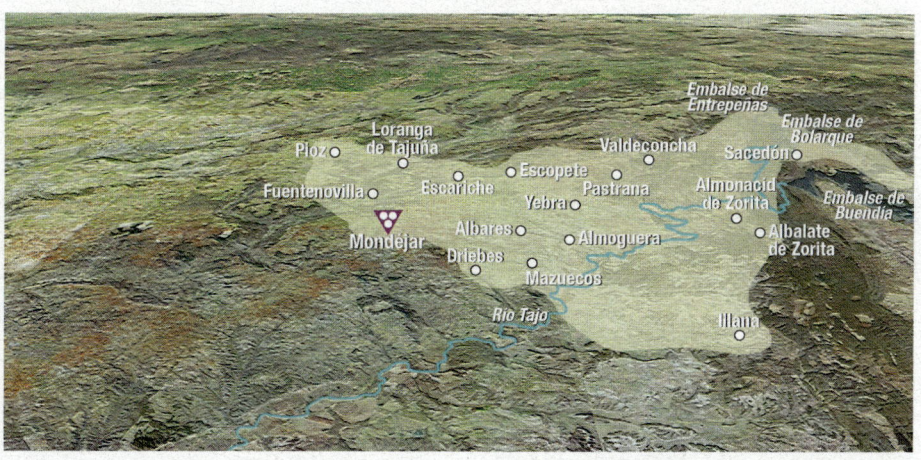

DO MONDÉJAR / D.O.P.

VARIEDADES:

BLANCAS: malvar (mayoritaria, representa el 80% de las blancas), macabeo, moscatel de grano menudo, sauvignon blanc, torrontés y verdejo.

TINTAS: cencibel (tempranillo, representa el 95% de las tintas), cabernet sauvignon, merlot y syrah.

DATOS CONSEJO REGULADOR:

Nº Has. Viñedo 2011: 3.000 – **Nº Viticultores 2011:** 300 – **Nº Bodegas 2011:** 2 – **Cosecha 11:** SC – **Producción 2011:** 421.130 litros – **Comercialización 2011:** 100% España.

SUELOS:

Se distingue entre suelos rojos sobre sedimentos limoarcillosos con grava, característicos de la zona sur de la denominación, y otros de tipo pardocalizo asentados sobre magras, areniscas y conglomerados que se encuentran en la zona norte (términos municipales de Anguix, Mondéjar, Sacedón, etc.).

CLIMA:

De tipo mediterráneo templado. La temperatura media anual se sitúa en torno a los 18ºC y el índice de lluvias sobre los 500 mm. al año.

CARACTERÍSTICAS GENERALES DE LOS VINOS

BLANCOS — Los elaborados según un estilo más moderno suelen presentar un color amarillo pajizo pálido; en nariz son ligeramente afrutados y frescos y en boca resultan ligeros y frutales; en los más tradicionales, sin embargo, pueden aparecer notas de sobremaduración.

ROSADOS — En general son ligeros, suaves y bastante agradables, aunque sin una excesiva intensidad aromática.

TINTOS — Probablemente los más interesantes de la zona. Elaborados fundamentalmente a partir de cencibel, su estilo se acerca al de los manchegos: buena intensidad aromática, con presencia de fruta madura, suaves y sabrosos en boca.

CALIFICACIÓN DE COSECHAS DE VINOS JÓVENES GUÍAPEÑÍN

2019	2020	2021	2022	2023
SC	SC	SC	SC	SC

DO. MONTERREI
CONSEJO REGULADOR

Calle Castelao, 10, Bajo
32600 Verín
☎: +34 988 59 00 07
@: info@domonterrei.com
www.domonterrei.wine

SITUACIÓN:

En la parte oriental de la provincia de Orense, en la frontera con Portugal. El viñedo ocupa el valle de Monterrei y comprende los municipios de Verín, Monterrei, Oimbra, Castrelo do Vall, Vilardevós y Riós.

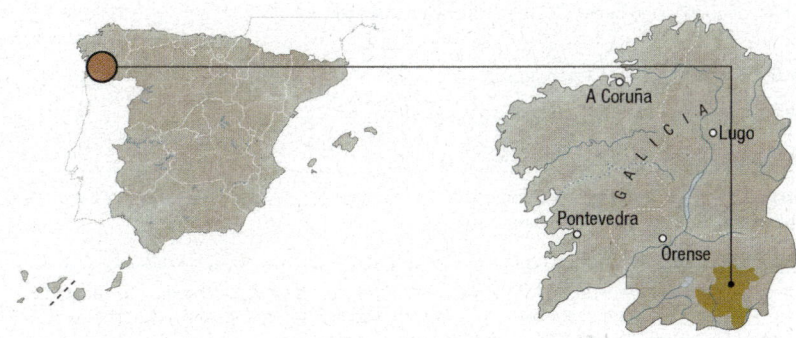

DO MONTERREI / D.O.P.

SUBZONAS:

Val de Monterrei. Comprende los viñedos situados en la zona del valle (terrenos más llanos, por tanto). Incluye las parroquias de Castrelo do Val, Pepín y Nocedo do Val del Ayuntamiento de Castrelo do Val; las parroquias de Albarellos, Infesta, Monterrei y Vilaza del Ayuntamiento de Monterrei; las parroquias de Oímbra, Rabal, y San Cibrao del Ayuntamiento de Oímbra y las parroquias de Abedes, Cabreiroá, Feces de Abaixo, Feces de Cima, Mandín, Mourazos, Pazos, Queizás, A Rasela, Tamagos, Tamaguelos, Tintores, Verín y Vila Maior do Val del Ayuntamiento de Verín.

Ladeira de Monterrei. El viñedo en esta ocasión se asienta en las colinas. Comprende el Ayuntamiento de Vilardevós, las parroquias de Gondulfes y Servoi del Ayuntamiento de Castrelo do Val; las parroquias de As Chas, Bousés, Vidiferre y A Granxa del Ayuntamiento de Oímbra; las parroquias de Fariz, Medeiros, Estevesiños y Vences, del Ayuntamiento de Monterrei; la parroquia de Queirugás del Ayuntamiento de Verín; la parroquia de Castrelo de Abaixo, los lugares de Castrelo de Cima, Covelas, O Mourisco, San Paio e A Veiga do Seixo de la parroquia de Castrelo Cima, el lugar de Fumaces de la parroquia de Fumaces, los lugares de Progo y Pousada de la parroquia de Progo, el lugar de Florderrei de la parroquia de Ríos, todos del Ayuntamiento de Ríos.

VARIEDADES:

BLANCAS:
Preferentes: dona blanca, verdello (godello) y treixadura (verdello louro).
Autorizadas: albariño, caíño blanco, loureira y blanca de Monterrei.

TINTAS:
Preferentes: mencía y merenzao (bastardo).
Autorizadas: arauxa (tempranillo), caíño tinto y sousón.

DATOS CONSEJO REGULADOR:

Nº Has. Viñedo: 720 – **Nº Viticultores:** 375 – **Nº Bodegas:** 29 – **Cosecha 23:** Excelente – **Producción 23:** 4.970.307 L – **Comercialización:** 83% Nacional - 17% Internacional.

SUELOS:

El viñedo se extiende por las laderas de los montes y valles regados por el río Támega y sus afluentes. En la comarca están presentes tres tipos de suelos: pizarrosos y esquistosos, graníticos y arenosos -provenientes de la degradación de las rocas graníticas- y suelos de tipo sedimentario.

CLIMA:

Tiene un clima mediterráneo templado con tendencia continental, influenciado por el océano atlántico. Sus veranos son calurosos y secos mientras que sus inviernos son fríos. La zona presenta unas considerables oscilaciones térmicas, de hasta 30º durante la época de maduración. Más seco que en el resto de Galicia, con máximas de 35ºC en verano y mínimas de -5ºC en invierno.

CARACTERÍSTICAS GENERALES DE LOS VINOS

BLANCOS Son de color amarillo pajizo, frescos y agradables. Los elaborados con cepas autóctonas son intensos y afrutados, sabrosos y frescos en boca, con un buen equilibrio alcohol-acidez.

TINTOS De color cereza granate, los tintos jóvenes poseen un buen carácter frutal, donde aparecen notas herbáceas; en boca son ligeros y afrutados. Los vinos con crianza empiezan a ganar peso en la zona gracias al buen equilibrio entre la fruta y los matices de la crianza.

CALIFICACIÓN DE COSECHAS DE VINOS JÓVENES GUÍA**PEÑÍN**

2019	2020	2021	2022	2023
MUY BUENA	MUY BUENA	MUY BUENA	MUY BUENA	MUY BUENA

DO MONTERREI / D.O.P.

ADEGAS MINIUS
Cabildo, 10
32613 Oímbra (Ourense/Orense)
☎: +34 986 609 060
minius@minius.es
www.valminorebano.com

Minius Godello 2023 B
100% godello

88 — 11€

Equilibrado, herbal, frutal, lleno, sabroso.

Minius Mencía 2023 T
mencía

90 ★★★★★ — 10€

Color: cereza, borde violáceo. Aroma: expresión frutal, fruta roja, especiado, flores marchitas. Boca: sabroso, frutoso, buena acidez, fresco, taninos secos pero maduros.

BODEGA LADAIRO
Ctra. Ladairo, 42
32613 O'Rosal (Ourense/Orense)
☎: +34 988 422 757
info@bodegasladairo.com
www.bodegasladairo.com

J.L. Vilela Ladairo 2019 T C
mencía, arauxa

91 — 22€

Color: cereza intenso. Aroma: hierbas secas, fruta negra, especiado. Boca: fruta madura, taninos maduros.

Ladairo 2020 T C
mencía, arauxa

90 — 15€

Color: cereza intenso. Aroma: hierbas secas, fruta roja, fruta negra, terroso. Boca: fruta madura, especiado, taninos maduros.

Ladairo 2021 B FB
godello, treixadura

91 ★★★ — 15€

Color: amarillo brillante. Aroma: fruta madura, hierbas secas, flores marchitas, flores secas. Boca: fruta madura, equilibrado, frutoso, sabroso, tostado.

Ladairo Colección Familia Godello Treixadura 2023 B
godello, treixadura

91 ★★★★★ — 9€

Color: pajizo brillante. Aroma: expresión frutal, fruta madura, notas anisadas, flores marchitas. Boca: sabroso, fresco, buena acidez, retronasal afrutado, frutoso, equilibrado.

Ladairo Colección Familia Mencía y Araúxa 2023 T
mencía, arauxa

88 ★★★★ — 8€

Equilibrado, fresco, frutal, herbal.

BODEGA PAZOS DEL REY
Carrero Blanco, 33
32618 Albarellos de Monterrei (Ourense/Orense)
☎: +34 988 425 959
info@pazosdelrey.com
www.pazosdelrey.com

Pazo de Monterrey Godello 2023 B
100% godello

88 — 11,75€

Cítrico, frutal, fresco, herbal, muy vivo.

Pazo de Monterrey Mencía 2022 T
100% mencía

90 ★★★★ — 11,7€

Color: cereza, borde violáceo. Aroma: fruta roja, floral, especiado, hierbas silvestres. Boca: sabroso, frutoso, buena acidez.

Pazo de Monterrey Raúl Boo Godello 2022 B
100% godello

93 ★★★ — 18,25€

Color: pajizo brillante. Aroma: lías finas, hierbas silvestres, mineral, fruta blanca. Boca: lleno, graso, largo, buena acidez.

Pazo de Monterrey Raúl Boo Mencía 2022 T
100% mencía

92 ★★★ — 16,75€

Color: cereza, borde violáceo. Aroma: fruta roja, floral, especiado, flores marchitas, terroso. Boca: sabroso, frutoso, buena acidez, largo.

BODEGA TAPIAS MARIÑÁN
Ctra. N-525, Km. 170,4
32619 Pazos (Ourense/Orense)
☎: +34 988 411 693
info@tapiasmarinhan.com
www.tapiasmarinhan.com

Pazo de Mariñán 2023 B
86

Pazo de Mariñan Mencía Arauxa 2022 T
87

Quintas das Tapias Godello 2023 B
88

Cítrico, herbal, fresco, frutal, correcto.

DO MONTERREI / D.O.P.

Quintas das Tapias Mencía 2023 T
mencía
90
Color: cereza, borde violáceo. Aroma: expresión frutal, fruta roja, especiado, hierbas secas. Boca: sabroso, frutoso, buena acidez, taninos secos pero maduros.

Quintas das Tapias Treixadura 2022 B
90
Color: pajizo. Aroma: fruta madura, hierbas secas, flores marchitas, lías finas. Boca: potente, fruta madura, equilibrado.

BODEGAS TRIAY
Rúa Ladairo, 36 (O Rosal)
32613 Oímbra (Ourense/Orense)
☎: +34 608 342 712
info@bodegastriay.es
www.bodegastriay.es

Tres Mulleres Godello 2022 B
godello
91 19,25€
Color: pajizo brillante, borde verdoso. Aroma: fruta fresca, cítricos, hierbas silvestres, piedra seca. Boca: fresco, frutoso, buena acidez, fino amargor, sabroso.

Triay 38 2021 T
sousón, mencía
90 33€
Confitado, especiado, frutal, herbal, maduro, sabroso, silvestre. Aroma: especiado.

Triay Godello 2023 B
godello
89 11€
Frutal, hierbas secas, mineral, fresco.

Triay Mencía 2023 T
mencía
89 10,5€
Frutal, hierbas secas, sabroso, fresco, algo secante.

BODEGAS VIONTA
Lugar de Axis s/n - Simes
36968 Meaño (Pontevedra)
☎: +34 986 747 566
vanesa.insausti@solarviejo.com
www.ferrerwines.com

Vionta Godello 2023 B
100% godello
88 12€
Aromático, cítrico, herbal, sencillo.

CREGO E MONAGUILLO
Rua Nova, s/n - A Salgueira
32618 Monterrei (Ourense/Orense)
☎: +34 988 418 164
info@cregoemonaguillo.com
www.cregoemonaguillo.com

Crego e Monaguillo Godello 2023 B
85% godello, 7,6% dona blanca, 3% albariño, 2,9% loureiro, 1,5% treixadura
88 ★★★★ 7,5€
Agradable, correcto, fresco, frutal, tropical, jugoso.

Crego e Monaguillo Mencía 2023 T
85% mencía, 10,7% sousón, 2,1% arauxa, 1,7% bastardo, 0,5% caíño
88 ★★★★ 6,5€
Frutal, hierbas secas, maduro, sabroso.

DANIEL FERNÁNDEZ (ALBA AL-BAR SL)
Quintá de Arriba, s/n
32698 Queizas Verín (Ourense/Orense)
☎: +34 608 987 263
alberto@bodegasdanielfernandez.com
www.bodegasdanielfernandez.com

Galván 2023 B
godello, treixadura
87 12€

FRAGAS DO LECER
Touza 21, Vilaza
32618 Monterrei (Ourense/Orense)
☎: +34 988 425 950
comercial@grandespagosgallegos.com
www.grandespagosgallegos.com

Fraga do Corvo Godello 2023 B
100% godello
89 13,75€
Cítrico, fresco, herbal, equilibrado, maduro.

FROM GALICIA GROUP
Orzán 150, Bajo
15003 A Coruña/La Coruña (A Coruña/La Coruña)
☎: +34 881 994 069
info@fromgaliciagroup.com
www.fromgaliciagroup.com

Mentireiro 2023 B
godello, treixadura
87 16€

PABLO VIDAL - VINOS CON PERSONALIDAD

Rúa do Miradoiro 8
32004 Ourense/Orense (Ourense/Orense)
☎: +34 609 152 251
pablovidal@vinosconpersonalidad.com
www.vinosconpersonalidad.com

Luxuria 2022 B
85% godello, 10% dona blanca, 5% loureiro

92 ★★★   18€

Color: pajizo brillante. Aroma: hierbas de tocador, lías finas, fruta blanca, especias dulces. Boca: lleno, graso, buena acidez.

PRIVIOS

Soutelo, 3 Goián
36750 Tomiño (Pontevedra)
☎: +34 986 620 137
info@primavinia.com
www.primaviniawines.com

Pájaro Loco Godello 2023 B
godello, treixadura

88   9,5€

Cítrico, fresco, herbal, equilibrado, floral.

Pájaro Loco Mencía 2022 T
mencía, arauxa

89 ★★★   9,5€

Frutal, herbal, maduro, sencillo, algo secante.

VEGA DE LUCÍA

Avda. de Sousas, 56 Bajo
32600 Verín (Ourense/Orense)
☎: +34 988 414 802
info@vegadelucia.com
www.vegadelucia.com

Vega de Lucía Godello 2023 B
godello

88   11,6€

Fresco, frutal, sencillo, fluido, láctico.

Vega de Lucía Godello sobre Lías 2022 B
godello

88   19,9€

Frutal, hierbas secas, láctico, sencillo, fresco.

Vega de Lucía Mencía 2021 T
100% mencía

88   11,6€

Frutal, hierbas secas, fresco, silvestre.

VINOS LARA

Las Tuelas, 50
32600 Verín (Ourense/Orense)
☎: +34 649 341 278
info@vinoslara.com
www.vinoslara.com

Lara da Silva 2023 B
godello

88   10,3€

Amable, maduro, correcto, frutal, persistente. Boca: fácil de beber, fino amargor.

Lara da Silva 2023 T
mencía

89 ★★★   9,3€

Herbal, silvestre. Aroma: cera, hierbas de monte, con carácter. Boca: jugoso.

DO MONTERREI / D.O.P.

DO. MONTILLA-MORILES
CONSEJO REGULADOR

José Padillo Delgado, s/n
14550 Montilla (Córdoba)
☎: +34 957 652 110
@: consejo@montillamoriles.es
www.montillamoriles.es

SITUACIÓN:

Al sur de Córdoba. Engloba todos los viñedos de los municipios de Montilla, Moriles, Montalbán, Puente Genil, Monturque, Nueva Carteya y Doña Mencía; y parte de los de Montemayor, Fernán-Núñez, La Rambla, Santaella, Aguilar de la Frontera, Lucena, Cabra, Baena, Castro del Río y Espejo.

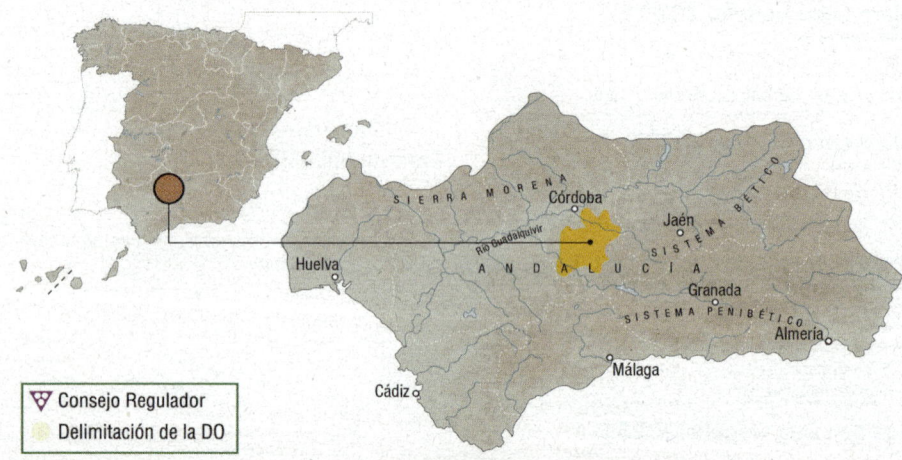

SUBZONAS:

Cabe distinguir entre los viñedos de las áreas más llanas y los de zonas altas (Sierra de Montilla y Moriles Alto). Estos últimos, asentados en suelos calcáreos, son los de mayor calidad de la DO y suponen poco más de 2.000 has.

VARIEDADES:

BLANCAS: pedro ximénez (variedad principal), airén, baladí, moscatel, torrontés, chardonnay, sauvignon blanc, macabeo y verdejo.

TINTAS: tempranillo, syrah y cabernet sauvignon.

DATOS CONSEJO REGULADOR:

Nº Has. Viñedo: 4.272 **Nº Viticultores:** 1.456– **Nº Bodegas:** 50– **Cosecha 23:** SC– **Producción 23:** 15.630.400 L – **Comercialización:** 96% Nacional - 4% Internacional.

SUELOS:

El viñedo se asienta a una altitud que va de los 125 a los 640 metros. Los suelos son francos, francoarenosos y, en las zonas más altas, de tipo calcáreo ("albarizas") que son, precisamente, los de mayor calidad, y mayoritarios en la llamada Subzona Superior, que incluye los términos municipales de Montilla, Moriles, Castro del Río, Cabra y Aguilar de la Frontera.

CLIMA:

Semicontinental mediterráneo, con veranos cálidos, largos y secos, e inviernos cortos. La temperatura media anual es de 16,8°C y el índice de lluvias se sitúa entre 500 y 1.000 mm.

CARACTERÍSTICAS GENERALES DE LOS VINOS

BLANCOS JOVENES	Son vinos ligeros y afrutados para un consumo rápido.
FINOS	Elaborados por el clásico procedimiento de crianza biológica bajo el "velo en flor". De aromas salinos, a levaduras y almendras amargas, se diferencian de los jerezanos por ser algo menos secos en boca.
OLOROSOS	De color caoba, con aromas a pastelería; dulces y sabrosos en boca.
AMONTILLADOS	Color ámbar u oro viejo. Aromas a frutos secos (almendras y avellanas); en boca con notas dulzonas y ciertos rasgos de crianza biológica por su origen biológicos.
PEDRO XIMENEZ	Es el vino por antonomasia de Montilla - Moriles. Elaborado a partir de uvas asoleadas. Su color puede ir de los tonos caoba, a marrones muy oscuros, completamente densos y concentrados. Inconfundible por sus aromas a pasas, dátiles y torrefactos; en la boca es dulce, pastoso y sabroso.

CALIFICACIÓN DE COSECHAS DE VINOS JÓVENES GUÍAPEÑÍN

2019	2020	2021	2022	2023
SC	SC	SC	SC	SC

DO MONTILLA-MORILES / D.O.P.

ALVEAR
María Auxiliadora, 1
14550 Montilla (Córdoba)
☎: +34 957 650 100
alvearsa@alvear.es
www.alvear.es

3 Miradas Paraje de Río Frío Alto 2019 B
100% pedro ximénez

93

Color: dorado, pálido. Aroma: caramelo tostado, pan tostado, fruta blanca, fruta asada, notas amieladas, levaduras de flor. Boca: sabroso, frutoso, amargoso.

Alvear Amontillado Secular B AM
100% pedro ximénez

93   36,5€

Color: ámbar. Aroma: piel de naranja, fruta escarchada, frutos secos, lácticos, lías finas, rancio, tostado. Boca: sabroso, lleno, equilibrado, potente.

🏆 **PODIO**

Alvear Palo Cortado Nº 7 BF PC
100% pedro ximénez

95   25,2€

Complejo, con vejez, elegante. Color: oro viejo, borde ambarino. Aroma: acetaldehído, barniz, roble cremoso, frutos secos, expresivo. Boca: especiado, largo, equilibrado, fino amargor.

Alvear Pedro Ximénez Solera 1920 B PX D
100% pedro ximénez

94   43,1€

Color: caoba oscuro. Aroma: potente, expresivo, especiado, frutos secos, café aromático. Boca: equilibrado, elegante, matices de solera, tostado, largo.

Capataz Solera de la Casa BF FI S
100% pedro ximénez

94 ★★★   21,45€

Con vejez. Color: amarillo brillante. Aroma: yodado, barniz, potente, frutos secos. Boca: amargoso, largo, lleno, complejo, equilibrado.

Catón BF OL
100% pedro ximénez

94   23,1€

Color: caoba claro. Aroma: potente, complejo, frutos secos, cítricos. Boca: matices de solera, especiado, sabroso, fino amargor.

BODEGAS CRUZ CONDE
Ronda Canillo, 4
14550 Montilla (Córdoba)
☎: +34 957 651 250
info@bodegascruzconde.es
www.bodegascruzconde.es

Donceles Cruz Conde B FI
100% pedro ximénez

87 ★★★★   3,25€

La Tercia B PX D
100% pedro ximénez

88 ★★★★   7,99€

Sabroso, potente, frutal, dulzón.

BODEGAS DELGADO
Cosano, 2
14500 Puente Genil (Córdoba)
☎: +34 957 600 085
fino@bodegasdelgado.com
www.bodegasdelgado.com

🏆 **PODIO**

Amón BF AM S
pedro ximénez

96 ★★★★★   16,6€

Color: caoba oscuro. Aroma: barniz, madera vieja, especias dulces, piel de naranja. Boca: matices de solera, amargoso, salino, potente.

Delgado 1874 B AM S
pedro ximénez

93   42€

Color: yodo, borde ambarino. Aroma: especias dulces, acetaldehído, frutos secos, chocolate. Boca: seco, especiado, fino amargor, sabroso.

Delgado 1874 B OL S
pedro ximénez

94   42€

Color: yodo, borde ambarino. Aroma: potente, complejo, frutos secos, tostado, piel de naranja. Boca: graso, largo, matices de solera, especiado.

Delgado 1874 BF PX D
pedro ximénez

94   42€

Color: caoba oscuro. Aroma: potente, especiado, frutos secos, fruta pasificada, pan tostado. Boca: equilibrado, matices de solera, tostado, largo.

Segunda Bota B FI
pedro ximénez

90 ★★★★★   7,2€

Color: amarillo brillante. Aroma: levaduras de flor, lías reducidas, punzante, frutos secos, ahumado. Boca: amargoso, especiado, carnoso.

BODEGAS MÁLAGA VIRGEN
29520 Fuente de Piedra (Málaga)
☎: +34 952 319 454
info@bodegasmalagavirgen.com
www.bodegasmalagavirgen.com

Lagar de Benavides B FI S
pedro ximénez

92 ★★★★★　　　　　　　　　9,9€
Color: amarillo brillante. Aroma: equilibrado, fresco, expresivo, punzante. Boca: sabroso, fino amargor, largo.

BODEGAS SILLERO
Ctra. de La Redonda, s/n
14540 La Rambla (Córdoba)
☎: +34 957 684 464
bodegassillero@gmail.com
www.bodegassillero.com

Anacleto 2019 B FI S
pedro ximénez

88
Frutal, hierbas secas, lleno, sabroso, fresco, notas de levadura.

Dulce Sillero 2022 B D
pedro ximénez

85

Las Cármenes 2017 B FI S
pedro ximénez

87

Sillero Pedro Ximénez 2022 B PX D
pedro ximénez

87

Sillero Tinaja 2022 B S
pedro ximénez

85

Viejo Rondalla 2015 B OL S
pedro ximénez

87

CÍA. VINÍCOLA DEL SUR - TOMÁS GARCÍA
Avda. Luis de Góngora y Argote, s/n
14550 Montilla (Córdoba)
☎: +34 957 650 162
info@vinicoladelsur.com
www.vinicoladelsur.com

Verbenera B FI S
pedro ximénez

90 ★★★★★　　　　　　　　　4,25€
Color: amarillo brillante. Aroma: expresivo, punzante, levaduras de flor. Boca: graso, potente, fresco.

COOP. AGRÍCOLA LA AURORA
Avda. Europa, 7
14550 Montilla (Córdoba)
☎: +34 957 650 362
administracion@bodegaslaaurora.com
www.bodegaslaaurora.com

Amanecer B
sauvignon blanc

84

Amanecer B AM S

90
Color: dorado. Aroma: especias dulces, caramelo tostado, fruta escarchada. Boca: sabroso, fino amargor.

Amanecer B PX D

88
Aromas nítidos, cremoso, exuberante, opulento, sabroso. Aroma: fruta pasificada, caramelo tostado.

Amanecer Solera Dry Oloroso BF OL S

89
Aroma: frutos secos, barniz, chocolate, especias dulces. Boca: graso, largo, correcto.

Fino Amanecer B FI S

87

EQUIPO NAVAZOS
11403 Jerez de la Frontera (Cádiz)
equipo@navazos.com
www.equiponavazos.com

Casa del Inca 2021 B PX D
pedro ximénez

93
Color: caoba. Aroma: espirituoso, fruta pasificada, pastelería, tostado, caramelo tostado. Boca: dulce, graso, untuoso.

🏆 **PODIO**

La Bota de Amontillado Viejísimo (Bota nº 125) "Bota NO" B AM

96
Clásico, elegante, con personalidad, con vejez, con tipicidad. Color: ámbar. Aroma: complejo, expresivo, fruta escarchada, frutos secos, especiado. Boca: redondo, largo, crianza clásica, potente, sabroso.

🏆 **PODIO**

La Bota de Fino (Bota nº 124) B FI

95
Amable. Color: dorado. Aroma: fruta escarchada, franco, frutos secos, especiado, caramelo tostado, lías reducidas. Boca: graso, especiado, equilibrado, fino amargor.

DO MONTILLA-MORILES / D.O.P.

GRACIA

Avda. Marqués de la Vega de Armijo, 103
14550 Montilla (Córdoba)
☎: +34 957 650 162
info@bodegasgracia.com
www.bodegasgracia.com

Fino Corredera B FI S
pedro ximénez

88 ★★★★   2,5€

Equilibrado, hierbas secas, flores secas, notas de levadura.

Gracia Pedro Ximénez Dulce Viejo BF PX D
pedro ximénez

94 ★★★★   18,55€

Color: caoba oscuro. Aroma: fruta pasificada, pastelería, tostado, café aromático. Boca: dulce, graso, untuoso, potente.

Solera Fina María del Valle en Rama B FI S

93 ★★★★★   13,7€

Color: amarillo brillante. Aroma: especias dulces, acetaldehído, frutos secos, camomila. Boca: seco, especiado, largo, fino amargor, complejo.

Tauromaquia Amontillado Viejísimo B AM S
pedro ximénez

94   24,3€

Color: yodo, borde ambarino. Aroma: potente, complejo, elegante, frutos secos, tostado, acetaldehído. Boca: graso, largo, matices de solera, especiado.

Tauromaquia Oloroso Viejísimo B OL S
pedro ximénez

92   24,3€

Color: yodo, borde ambarino. Aroma: complejo, frutos secos, roble cremoso, barniz. Boca: largo, especiado.

Tauromaquia Pedro Ximénez Superior BF PX D
pedro ximénez

92   24,3€

Color: caoba oscuro. Aroma: espirituoso, fruta pasificada, pastelería, tostado. Boca: dulce, graso, untuoso, potente.

Viñaverde 2023 B SS
pedro ximénez, moscatel, verdejo

86   4,95€

LAGAR DE LA SALUD

Ctra. Córdoba_Málaga, km. 41
14550 Montilla (Córdoba)
☎: +34 659 467 525
info@lagardelasalud.com
www.lagardelasalud.com

Dulas del Lagar de la Salud Pedro Ximénez 2021 B FB
pedro ximénez

91   18,9€

Color: pajizo. Aroma: fruta madura, hierbas secas, flores marchitas, pan tostado, lías finas. Boca: potente, fruta madura, equilibrado.

Dulas del Lagar de la Salud Pedro Ximénez sobre Lías 2022 B
pedro ximénez

90   16,1€

Color: pajizo brillante. Aroma: hierbas de tocador, lías finas, fruta blanca, fruta madura. Boca: sabroso, equilibrado.

LOS INSENSATOS DE LA ANTEHOJUELA

Lagar Cañada Navarro
14550 Montilla (Córdoba)
☎: +34 629 226 281
info@losinsensatos.com
www.losinsensatos.com

Los Insensatos de La Antehojuela. Parcela de la Manga del Negro 2021 B S
100% pedro ximénez

93 ★★★   19,8€

Aromas nítidos, con personalidad, representativo. Color: amarillo brillante. Aroma: lías reducidas, flores marchitas, levaduras de flor. Boca: lleno, pulido, sabroso.

Los Insensatos de La Antehojuela. Parcela del Barco 2022 B S
100% pedro ximénez

91   19,8€

Color: pajizo brillante. Aroma: fruta blanca, franco, equilibrado, floral, fresco, cítricos. Boca: fresco, buena acidez, fácil de beber.

Los Insensatos de La Antehojuela. Parcela del Lechinar 2022 B S
pedro ximénez

92   19,8€

Afilado, fresco. Color: pajizo brillante. Aroma: cítricos, franco, intensidad media, levaduras de flor. Boca: lleno, sabroso, muy vivo.

Los Insensatos de La Antehojuela. Parcela los Injertos 2022 B
100% pedro ximénez

90   19,8€

Ligera oxidación. Color: amarillo brillante. Aroma: flores secas, fruta madura. Boca: sabroso, correcto, jugoso.

Los Insensatos de La Antehojuela. Parcela El Pretil 2022 B S
100% pedro ximénez

91   19,8€

Color: amarillo brillante. Aroma: especiado, expresivo, floral, levaduras de flor, fruta madura. Boca: sabroso, salino, con tensión.

Los Insensatos de La Antehojuela. Parcela La Condená 2021 B S
100% pedro ximénez

93   23,8€

Oxidativo. Color: amarillo brillante. Aroma: con carácter, mineral, flores marchitas, flores secas. Boca: sabroso, especiado, largo, fino amargor, salino.

NAVISA INDUSTRIAL VINÍCOLA ESPAÑOLA

Avda. José Padillo, s/n
14550 Montilla (Córdoba)
☎: +34 957 650 450
administracion@navisa.es
www.navisa.es

Montulia 8 Años B AM
pedro ximénez

89   16€

Clásico, boca correcta, agradable. Aroma: brioche, notas de levadura, lácticos, frutos secos.

Montulia BF OL S
pedro ximénez

88   9,9€

Tostado, especiado, maduro. Aroma: caramelo tostado. Boca: correcto, fino amargor.

Montulia Etiqueta Negra B FI
pedro ximénez

88 ★★★★   5,9€

Maduro, notas de levadura, correcto, flores secas, sencillo. Aroma: frutos secos.

Naiz Chardonnay 2021 B C
chardonnay

88 ★★★   9€

Aromático, ligera oxidación, fruta golpeada. Aroma: frutos secos, madera vieja, notas de levadura.

Naiz Joven Px 2023 B
pedro ximénez

85   7,9€

Tres Pasas BF PX D
pedro ximénez

88   10€

Sabroso, varietal, opulento, dulzón. Aroma: fruta pasificada, notas amieladas.

PÉREZ BARQUERO

Avda. Andalucía, 27
14550 Montilla (Córdoba)
☎: +34 957 650 500
info@perezbarquero.com
www.perezbarquero.com

Fresquito Vino de Pasto 2021 B
pedro ximénez

93 ★★★★★   13,5€

Color: pajizo. Aroma: fruta madura, hierbas secas, flores marchitas, curry, apio, mineral. Boca: fruta madura, equilibrado, sabroso, carnoso, salino.

Fresquito Vino de Tinaja 2022 B
pedro ximénez

92 ★★★★★   9€

Color: amarillo brillante. Aroma: potente, fruta madura, especiado, frutos secos. Boca: largo, fino amargor, salino, carnoso, mineral.

Gran Barquero B AM S
pedro ximénez

94   28,4€

Color: yodo, borde ambarino. Aroma: complejo, frutos secos, tostado, barniz, acetaldehído, piel de naranja. Boca: graso, amargoso, matices de solera, largo.

Gran Barquero B OL S
pedro ximénez

93   22€

Color: yodo, borde ambarino. Aroma: potente, complejo, frutos secos, roble cremoso, barniz. Boca: graso, largo, especiado.

Gran Barquero B PC
pedro ximénez

92   34,9€

Color: oro viejo, borde ambarino. Aroma: punzante, barniz, ebanistería, roble cremoso. Boca: sabroso, especiado, largo, equilibrado.

Gran Barquero BF PX D
pedro ximénez

94 ★★★   20,6€

Color: caoba oscuro. Aroma: potente, expresivo, café aromático, especiado, acetaldehído, frutos secos. Boca: equilibrado, elegante, matices de solera, tostado, largo.

🏆 PODIO

Gran Barquero en Rama B FI S
pedro ximénez

95 ★★★★★   16,6€

Con tipicidad, salino. Color: amarillo brillante. Aroma: levaduras de flor, lías reducidas, punzante. Boca: buena acidez, amargoso, especiado, largo.

DO MONTILLA-MORILES / D.O.P.

DO MONTILLA-MORILES / D.O.P.

🏆 PODIO

La Cañada BF PX D
pedro ximénez

97   58,3€

Opulento, potente. Color: caoba oscuro. Aroma: café aromático, especiado, acetaldehído, frutos secos, chocolate. Boca: equilibrado, elegante, matices de solera, tostado, largo.

SOPLA PONIENTE

Ctra. Montilla Cabra Km. 5, Diseminados 590
14550 Córdoba (Córdoba)
☎: +34 658 846 188
info@rodriguezdevera.com
www.rodriguezdevera.com

Sopla Poniente
Cerro de la Capellanía B FI
pedro ximénez

94   59,9€

Suave, elegante. Aroma: apio, levaduras de flor, punzante, fruta escarchada, expresivo, almendra tostada, madera vieja. Boca: muy vivo, potente, salino, largo.

Sopla Poniente Salinillas 2022 B
pedro ximénez

91   26,5€

Color: amarillo brillante. Aroma: fruta asada, levaduras de flor, salino, fruta madura, hierbas secas. Boca: frutoso, fresco, equilibrado, fino amargor.

Sopla Poniente San Roque B AM
pedro ximénez

93   54,5€

Color: oro viejo, borde ambarino. Aroma: fruta escarchada, notas amieladas, pastelería, especias dulces, caramelo tostado, barniz. Boca: lleno, sabroso, especiado.

DO. MONTSANT
CONSEJO REGULADOR

Plaça de la Quartera, 6
43730 Falset (Tarragona)
☎: +34 977 831 742
@: info@domontsant.com
www.domontsant.com

SITUACIÓN:

En la comarca del Priorat (Tarragona). Comprende el Baix Priorat, parte del Alt Priorat y varios municipios de la Ribera d'Ebre, que ya estaban integrados en la subzona Falset. En total lo conforman 16 municipios: La Bisbal de Falset, Cabaces, Capçanes, Cornudella de Montsant, La Figuera, Els Guiamets, Marçá, Margalef, El Masroig, Pradell, La Torre de Fontaubella, Ulldemolins, Falset, El Molar, Darmós y La Serra d'Almos.

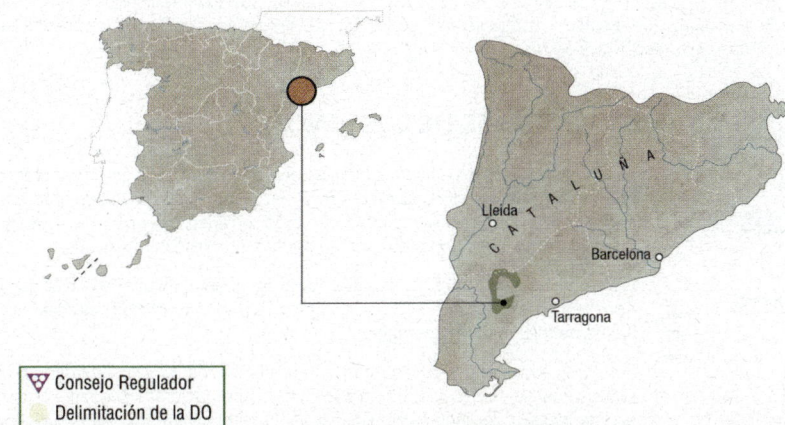

▼ Consejo Regulador
  Delimitación de la DO

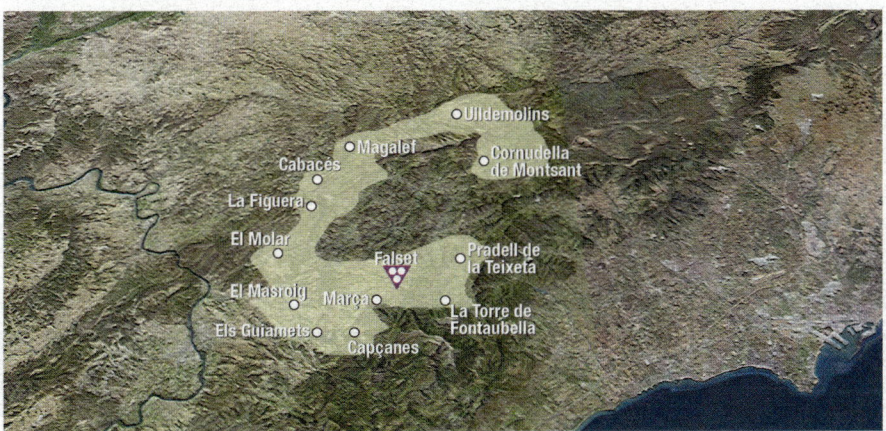

DO MONTSANT / D.O.P.

VARIEDADES:

BLANCAS: chardonnay, garnacha blanca, macabeo, moscatel de grano pequeño, pansal y parellada.

TINTAS: cabernet sauvignon, cariñena, garnacha tinta, garnacha peluda, merlot, monastrell, picapoll, syrah, tempranillo y mazuela.

DATOS CONSEJO REGULADOR:

Nº Has. Viñedo: 1.800 – **Nº Viticultores:** 550 – **Nº Bodegas:** 52 – **Cosecha 23:** Muy Buena – **Producción 23:** 3.850.789 L – **Comercialización:** 80% Nacional - 20% Internacional.

SUELOS:

Se encuentran tres tipos fundamentales: compactos y de carácter calcáreo, con guijarros en la periferia de la DO; arenas graníticas en Falset; y pizarras silíceas (las mismas llicorellas del Priorat) en ciertas zonas de Falset y Cornudella. El viñedo está plantado a gran diversidad de altitudes, desde los 200 a los 700 metros sobre el nivel del mar.

CLIMA:

Aunque ubicada en un área mediterránea, las montañas que rodean la zona la aíslan un tanto del mar, aportando una cierta continentalidad. De ahí que se beneficie de los contrastes térmicos entre día/noche, importante factor de calidad en la maduración de la uva. Sin embargo, también recibe los vientos del mar cargados de humedad, que ayudan a compensar el déficit hídrico del verano. La media de precipitaciones anuales se sitúa entre los 500 y 600 mm.

CARACTERÍSTICAS GENERALES DE LOS VINOS

BLANCOS
Los más característicos son los blancos que se apoyan en la garnacha blanca, con la que se obtienen vinos con cuerpo y cierta estructura y unas características notas de hierbas y recuerdos de monte mediterráneo que aporta la variedad. Los blancos de macabeo son algo más ligeros y finos, frescos y afrutados.

ROSADOS
No se encuentran muchos ejemplos, pero en general se apoyan en la garnacha. Son sabrosos y afrutados, quizás algo corpóreos, pero muy agradables y con buena definición de frutos rojos.

TINTOS
Son, sin duda, el producto más característico de la DO. Pueden apoyarse prácticamente en exclusiva en la garnacha o integrar esta variedad y la cariñena con variedades foráneas, en especial cabernet sauvignon o syrah. Los jóvenes son oscuros, afrutados, carnosos y sabrosos. Los mejores ejemplos entre los criados en madera presentan altos niveles de concentración frutal: son potentes, carnosos, con un componente alcohólico importante. También pueden aparecer notas minerales. Recuerdan a los del Priorat, aunque quizás con algo menos de extracción y contundencia.

VINOS TRADICIONALES
Se elaboran vinos licorosos (dulces), apoyados fundamentalmente en la garnacha. Suelen ser untuosos y pastosos en boca, con aromas y sabores a pasas y fruta compotada.

CALIFICACIÓN DE COSECHAS DE VINOS JÓVENES GUÍAPEÑÍN

2019	2020	2021	2022	2023
MUY BUENA	MUY BUENA	MUY BUENA	MUY BUENA	MUY BUENA

ACÚSTIC CELLER

Ctra. TV-3002 de Capçanes a Marçà km 3,336
43775 Marçà (Tarragona)
☎: +34 672 432 691
acustic@acusticceller.com
www.acusticceller.com

Acústic Blanc 2022 B FB
93% garnacha blanca, 1% garnacha, 5% macabeo, 1% pansal

93 ★★★★★ 🌱   13,1€

Aromático, equilibrado. Color: pajizo brillante. Aroma: floral, hierbas silvestres, franco. Boca: lleno, muy vivo, jugoso, largo.

Acústic Blanc 2023 B FB
93% garnacha blanca, 5% macabeo, 1% pansal, 1% garnacha roja

92 ★★★★★ 🌱   13,1€

Color: pajizo brillante. Aroma: expresivo, fruta madura, lías finas, especiado. Boca: lleno, especiado, largo, elegante.

Acústic Negre 2021 T RB
70% cariñena, 30% garnacha

93 ★★★★★   13,1€

Color: Cereza. Aroma: balsámico, especias dulces, hierbas de monte. Boca: especiado, balsámico, buena acidez.

Acústic Negre 2022 T RB
70% cariñena, 30% garnacha

91 ★★★★   13,1€

Color: cereza muy intenso. Aroma: tostado, café aromático, hierbas secas, terroso. Boca: equilibrado, fruta madura, fácil de beber, especiado.

Acústic Rosat 2023 RD
100% garnacha

91 ★★★★★ 🌱   11,5€

Amable, maduro. Color: rosáceo pálido. Aroma: elegante, fruta roja, floral, hierbas de tocador. Boca: ligero, especiado, buena acidez.

Auditori 2018 T C
100% garnacha

92 🌱   46€

Cálido. Aroma: fruta confitada, fruta al licor, potente, fina reducción. Boca: sabroso, largo, taninos maduros.

Auditori 2019 T C
100% garnacha

94 🌱   46€

Representativo. Color: Cereza. Aroma: complejo, expresivo, especiado, mineral, hierbas silvestres. Boca: lleno, largo, persistente, varietal.

Auditori 2020 T C
100% garnacha

93 🌱   46€

Equilibrado, frutal, flores secas. Aroma: fruta madura, hierbas secas, roble cremoso. Boca: potente, fruta madura, especiado, jugoso, varietal.

Auditori 2021 T C
100% garnacha

93 🌱   46€

Aromas nítidos, exuberante, muy primario, muy vivo. Aroma: floral, violetas, fruta madura, varietal. Boca: correcto, equilibrado, jugoso, fácil de beber.

Auditori Blanc 2021 B
76% garnacha blanca, 19% xarel.lo, 5% macabeo

92 🌱   25€

Color: amarillo. Aroma: fruta madura, lías finas, cítricos, flores marchitas. Boca: lleno, graso, largo, buena acidez.

Auditori Blanc 2022 B
76% garnacha blanca, 19% xarel.lo, 5% macabeo

92 🌱   25€

Color: pajizo. Aroma: hierbas secas, flores secas, lías finas, franco, equilibrado. Boca: sabroso, frutoso, equilibrado, fino amargor, largo.

Auditori Blanc 2023 B
76% garnacha blanca, 19% xarel.lo, 5% macabeo

92 🌱   25€

Amable, aromático. Color: amarillo. Aroma: fruta de hueso, fruta madura, especiado. Boca: sabroso, fruta madura, largo, tostado.

Braó 2020 T C
90% cariñena, 10% garnacha

93 🌱   23,5€

Balsámico, complejo, equilibrado. Color: Cereza. Aroma: expresivo, especiado, mineral. Boca: lleno, largo, persistente, sabroso.

Braó 2021 T C
90% cariñena, 10% garnacha

94 🌱   23,5€

Color: cereza, borde violáceo. Aroma: expresión frutal, floral, especiado, equilibrado, franco. Boca: sabroso, frutoso, buena acidez, largo, fácil de beber.

DO MONTSANT / D.O.P.

DO MONTSANT / D.O.P.

ALFREDO ARRIBAS
Sort dels Capellans, 23-25
43730 Falset (Tarragona)
☎: +34 932 531 760
info@portaldelpriorat.com
www.portaldelpriorat.com

Gotes del Montsant 2021 T C
garnacha, cariñena, syrah

91 ★★★   15,4€

Silvestre, sabroso. Color: cereza, borde violáceo. Aroma: expresión frutal, fruta roja, floral, especiado. Boca: sabroso, frutoso, buena acidez, largo.

Tros Blanc Notaria Magnum 2007 B R
garnacha blanca

93   190€

Con vejez, ligera oxidación. Color: oro viejo. Aroma: caramelo tostado, especias dulces, fruta escarchada, caramelo de limón. Boca: especiado, larga crianza, tostado, fino amargor.

Tros Blanc Saleres 2017 B
garnacha blanca

93   52,9€

Con personalidad, con vejez. Color: amarillo. Aroma: pólvora, fina reducción, fruta asada, mineral, caramelo tostado. Boca: jugoso, larga crianza, fruta madura, sabroso, fino amargor, equilibrado.

Tros Negre Notaria 2017 T
garnacha

93   41,65€

Color: cereza oscuro, borde granate. Aroma: fruta confitada, ebanistería, tabaco, con oscuridad, mineral. Boca: especiado, taninos maduros, largo.

Trossos Sants 2021 B
garnacha blanca

92   18,95€

Color: pajizo. Aroma: fruta madura, cera, equilibrado, flores marchitas. Boca: graso, jugoso, varietal, sabroso.

ANGUERA DOMENECH
Sant Pere, 2
43746 Darmos (Tarragona)
☎: +34 605 892 873
angueradomenech@gmail.com
www.vianguera.cat

L'Únic 88 T
89

Equilibrado, especiado, herbal, maduro, sabroso.

Reclot 2022 T
90

Color: cereza, borde violáceo. Aroma: expresión frutal, especiado, fruta negra, hierbas silvestres, tostado. Boca: sabroso, frutoso, equilibrado, fruta madura, taninos secos pero maduros.

Vinya Gasó 2018 T C
50% cariñena, 50% garnacha

91

Color: cereza intenso. Aroma: fruta madura, hierbas secas, roble cremoso, notas cárnicas, cuero mojado. Boca: fruta madura, especiado, frutoso, taninos secos pero maduros, confitado.

BODEGA BELL CROS
Pol. Sort dels Capellans, Carretera Bellmunt s/n
43730 Falset (Tarragona)
☎: +34 621 210 744
info@bellcros.com
www.bellcros.com

El Cami 2021 T
garnacha, cariñena

88 🌱   13€

Confitado, especiado, hierbas secas, silvestre, sabroso.

El Mirador 2019 T
garnacha, cariñena

92 🌱   27€

Confitado, corpulento, clásico. Aroma: mineral, regaliz negro, hierbas silvestres, fruta negra, fruta madura. Boca: equilibrado, redondo, taninos maduros.

El Tracte 2020 T
100% cariñena

91 🌱   27€

Color: cereza, borde granate. Aroma: fruta confitada, roble cremoso, fruta golpeada, terroso. Boca: sabroso, largo.

One Off #6 2022 T
garnacha

91   18€

Color: cereza, borde granate. Aroma: fruta confitada, fruta madura, notas de levadura, panadería. Boca: potente, sabroso, dulce, equilibrado.

BODEGA REBELDES
Passeig de l'Arbre, 3
43736 El Masroig (Tarragona)
☎: +34 663 931 938
info@bodegarebeldes.com
www.bodegarebeldes.com

Rebeldes 2023 B
garnacha blanca, macabeo

87   12,5€

Rebeldes 2023 T
garnacha, syrah

89   10,5€

Agradable, correcto, frutal, hierbas secas, maduro, jugoso.

Relpaso 2021 T
garnacha
90 19,5€
Equilibrado, especiado, hierbas secas, maduro, silvestre, sabroso.

CARA NORD CELLER
Plaça Sant Sebastià, 13
25457 El Vilosell (Lleida/Lérida)
☎: +34 973 176 029
hola@caranordceller.com
www.caranordceller.com

Mineral 2022 T C
85% cariñena, 15% garnacha
90
Color. Cereza. Aroma: hierbas de monte, hierbas secas, fruta madura. Boca: especiado, balsámico, taninos maduros, jugoso.

CASTELL D'OR
Ctra. de Santes Creus,s/n
43814 Vila-Rodona (Tarragona)
☎: +34 977 459 860
castelldor@castelldor.com
www.castelldor.com

Templer 2023 T
50% garnacha, 50% cariñena
87 ★★★ 7,75€

Templer Selecció 2021 T
50% garnacha, 50% cariñena
88 ★★★★ 7,75€
Frutal, herbal, maduro, especiado, sabroso, ahumado.

CELLER CAL BESSÓ
43777 Els Guiamets (Tarragona)
☎: +34 666 544 057
roquers@roquers.com
www.calbesso.com

Coret de Cal Bessó 2023 B
garnacha blanca
90 ★★★★ 🌿 12€
Floral, frutal, notas de levadura, fruta golpeada, oxidativo. Aroma: flores marchitas. Boca: sabroso.

Coret Rosat de Cal Bessó 2023 RD
70% garnacha peluda, 30% picapoll blanc
90 ★★★★ 🌿 12€
Aromas nítidos. Color. rosáceo pálido. Aroma: fruta roja, fruta madura. Boca: frutoso, jugoso, fácil de beber, largo.

Elvira de Cal Bessó 2021 B FB
garnacha blanca
92 🌿 20€
Oxidativo, especiado. Color. pajizo. Aroma: fruta madura, hierbas secas, flores marchitas. Boca: potente, fruta madura, equilibrado.

Les Rotes de Cal Pau Garnatxa Peluda 2022 T
100% garnacha peluda
90 🌿
Correcto, fruta golpeada, boca correcta, equilibrado. Aroma: expresión frutal, fruta roja, fruta madura, hierbas silvestres.

Lo Cirerer 2020 T
garnacha, cariñena, garnacha peluda, merlot, cabernet sauvignon
89 🌿 12€
Cálido, frutal, maduro, especiado, sabroso.

CELLER CEDÓ ANGUERA
Ctra. La Serra d'Almos-Darmós, Km. 0,2
43746 La Serra D'Almos (Tarragona)
☎: +34 699 694 728
celler@cedoanguera.com
www.cedoanguera.com

Anexe 2023 T
45% cariñena, 45% garnacha, 10% syrah
88 ★★★★ 6€
Frutal, hierbas secas, maduro, tostado.

Anexe Syrah 2023 T
100% syrah
88 ★★★★ 7,5€
Cremoso, tostado, lleno, maduro, hierbas secas.

Anexe Vinyes Velles de Carinyena 2022 T
100% cariñena
88 ★★★ 9€
Equilibrado, especiado, frutal, hierbas secas, maduro, tostado.

Clònic 2021 T R
60% cariñena, 30% garnacha, 10% syrah
89 18€
Frutal, goloso, maduro, algo secante.

Clònic Carinyena Vinyas Viejas 2021 T R
70% cariñena, 30% garnacha
91 20€
Color. cereza intenso. Aroma: hierbas secas, fina reducción, fruta negra, cacao fino. Boca: potente, fruta madura, especiado, taninos maduros.

DO MONTSANT / D.O.P.

DO MONTSANT / D.O.P.

Clònic Carinyena Vinyes Velles 2018 T
cariñena
92
Con vejez. Color: cereza, borde granate. Aroma: fruta al licor, potente, fina reducción, cuero muy curtido, terroso. Boca: sabroso, largo.

Lazo Rojo 2020 T
70% cariñena, 30% garnacha
89   14€
Amaderado, tostado, sabroso, maduro, herbal.

Mas D'En Brunet 2020 T R
100% cariñena
90   22€
Color: cereza intenso. Aroma: fruta madura, hierbas secas, roble cremoso, café aromático. Boca: fruta madura, especiado, taninos maduros.

CELLER COOPERATIU CORNUDELLA
Comte de Rius, 2
43360 Cornudella de Montsant (Tarragona)
☎: +34 977 821 329
info@cellercornudella.cat
www.cellercornudella.cat

8C+ 2019 T
garnacha
91   18€
Color: cereza, borde violáceo. Aroma: expresión frutal, fruta roja, floral, especiado, hierbas silvestres. Boca: sabroso, frutoso, buena acidez, muy vivo, cierta persistencia.

8C+ 2023 RD
macabeo, garnacha
91
Color: rosáceo pálido. Aroma: fruta roja, floral, hierbas de tocador, frutos secos. Boca: buena acidez, fino amargor, equilibrado, frutoso.

El Codolar 2022 T
garnacha, cariñena
88 ★★★★   7,6€
Frutal, especiado, rústico, sencillo, maduro.

Les Troies Blanc 2023 B
macabeo
87 ★★★★   6,4€

Les Troies Rosat 2023 RD
garnacha
88 ★★★★   6,4€
Cítrico, frutal, amable, maduro.

CELLER DE CAPÇANES
Llebaria, 9
43776 Capçanes (Tarragona)
☎: +34 977 178 319
cellercapcanes@cellercapcanes.com
www.cellercapcanes.com

Cabrida 2022 T C
garnacha
92   37,5€
Color: Cereza. Aroma: fruta roja, floral, especiado, hierbas silvestres. Boca: frutoso, buena acidez, largo, jugoso, varietal, sabroso.

Costers del Gravet 2022 T C
50% cariñena, 25% garnacha, 25% cabernet sauvignon
91 ★★★★   13,9€
Color: cereza intenso. Aroma: fruta negra, hierbas de monte, terroso, cacao fino. Boca: potente, fruta madura, especiado, taninos maduros.

Els Pájaros 2022 T
100% cariñena
93   37,5€
Color: Cereza. Aroma: fruta madura, hierbas secas, expresión frutal, hierbas de monte. Boca: especiado, taninos maduros, jugoso, muy vivo.

Mas Tortó Negre 2022 T C
35% cariñena, 35% cabernet sauvignon, 30% garnacha
90 🌱   24,9€
Color: cereza brillante. Aroma: fruta madura, chocolate, hierbas secas. Boca: frutoso, especiado, taninos maduros, fácil de beber.

Peraj Ha'Abib.
Flor de Primavera 2022 T C
35% cariñena, 35% cabernet sauvignon, 30% garnacha
92   29€
Balsámico, algo secante. Color: cereza oscuro. Aroma: terroso, hierbas secas, fruta negra. Boca: sabroso, taninos dulces, balsámico.

Vall del Calàs 2022 T
50% garnacha, 50% cariñena
90 🌱
Color: cereza intenso, cereza, borde violáceo. Aroma: fruta madura, hierbas secas, roble cremoso, expresivo. Boca: potente, fruta madura, especiado, taninos maduros.

CELLER GRITELLES

Carrer de Les Bodegues, 3
43360 Cornudella de Montsant (Tarragona)
☎: +34 637 407 184
celler@gritelles.com
www.gritelles.com

Gritelles Carinyena Vinyes Velles 2021 T C
cariñena

93 — 45€

Confitado, herbal, opulento. Color: cereza opaco. Aroma: fruta negra, fruta confitada, hierbas secas. Boca: estructurado, lleno, sabroso.

Gritelles Garnatxa Vinyes Velles 2021 T C
garnacha

92 — 45€

Color: cereza muy intenso. Aroma: fruta escarchada, fruta negra, hierbas de monte, especiado, tostado, cálido. Boca: frutoso, equilibrado, sabroso, cierta persistencia, taninos secos pero maduros.

Gritelles Manou 2022 T
garnacha, cariñena

90 ★★★ — 12,5€

Agradable, jugoso. Aroma: fruta madura, equilibrado, franco. Boca: equilibrado, fácil de beber, largo, fruta madura.

Gritelles Siurana Roig 2021 RD
garnacha, garnacha gris, macabeo

89 — 18€

Oxidativo, amargoso, exuberante, maduro, potente. Color: piel cebolla.

Gritelles Vedrenyes 2023 B
macabeo

90 ★★★ — 12,5€

Oxidativo, exuberante, con personalidad. Color: dorado. Aroma: expresivo, con carácter, terroso. Boca: jugoso.

Siurana Brisat 2021 B BA
macabeo

90 — 18€

Color: amarillo. Aroma: fruta macerada, terroso, camomila, flores secas, con carácter. Boca: correcto, equilibrado.

CELLER LAURONA

Pol. Ind. Sorts dels Capellans 21
43730 Falset (Tarragona)
☎: +34 977 831 712
laurona@cellerlaurona.com
www.cellerlaurona.com

Laurona 2014 T
cariñena, syrah, garnacha, cabernet sauvignon

92 — 26€

Color: cereza intenso. Aroma: fruta madura, hierbas secas, roble cremoso, fruta negra, tostado. Boca: potente, fruta madura, especiado, taninos maduros, cierta persistencia.

Nautilea 2018 T C
cariñena, garnacha, syrah

91 — 18€

Color: cereza brillante. Aroma: especias dulces, fruta madura, roble cremoso. Boca: frutoso, especiado, taninos maduros.

Plini 2019 T C
cariñena, syrah, garnacha, cabernet sauvignon

92 — 50€

Color: cereza, borde violáceo. Aroma: fruta madura, hierbas secas, roble cremoso, especiado, ahumado. Boca: potente, fruta madura, especiado, taninos maduros, frutoso, sabroso.

CELLER MAS DE LES VINYES

Cº Mas de Les Vinyes, s/n
43373 Cabacés (Tarragona)
☎: +34 652 568 848
josep@masdelesvinyes.com
www.masdelesvinyes.com

Traca i Mocador Blanc 2022 B
macabeo, garnacha blanca

91 ★★★★ — 12,6€

Color: pajizo brillante. Aroma: fruta madura, hierbas de tocador, lías finas. Boca: lleno, graso, largo.

DO MONTSANT / D.O.P.

DO MONTSANT / D.O.P.

CELLER MASROIG
Passeig de L'Arbre, 3
43736 El Masroig (Tarragona)
☎: +34 977 825 026
celler@cellermasroig.com
www.cellermasroig.com

L'Om Negre 2021 T
100% garnacha

90 ★★★★ 12€

Color. Cereza. Aroma: hierbas secas, expresivo, notas anisadas, fruta negra. Boca: potente, fruta madura, fino amargor, sabroso.

Les Sorts Jove 2023 T
60% garnacha, 30% cariñena, 10% syrah

90 ★★★★★ 7,5€

Amable. Color: cereza, borde violáceo. Aroma: expresión frutal, fruta roja, floral. Boca: frutoso, sabroso, equilibrado.

Les Sorts Sycar 2021 T
60% syrah, 40% cariñena

91 ★★★★ 13,5€

Color. cereza intenso. Aroma: fruta madura, hierbas secas, roble cremoso, fruta negra, especiado, tostado. Boca: potente, fruta madura, especiado, taninos maduros, cierta persistencia.

Les Sorts Vinyes Velles 2020 T C
90% cariñena, 10% garnacha

92 18,9€

Hierbas secas, ligera reducción. Color: cereza, borde granate. Aroma: fruta negra, fruta madura, con carácter. Boca: especiado, balsámico, persistente.

MasRoig 2021 T C
100% cariñena

92 38€

Frutal, jugoso, aromas nítidos. Aroma: franco, expresivo, hierbas silvestres, regaliz negro. Boca: muy vivo, sabroso, fruta madura, largo.

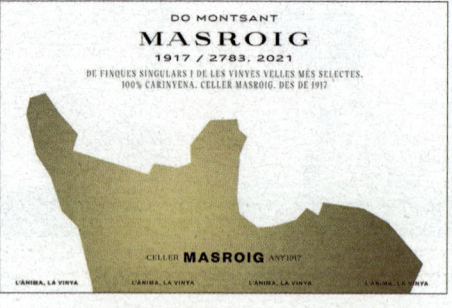

CELLER PASCONA
Camí dels Fontals, s/n
43730 Falset (Tarragona)
☎: +34 609 291 770
info@pascona.com
www.pascona.com

Pinyeres Negre 2021 T
70% garnacha, 30% cariñena

89 10,3€

Corpulento, cremoso, especiado, hierbas secas, maduro.

Cor de Granit 2022 B
100% garnacha blanca

89 15€

Amaderado, especiado, exuberante, maduro, sabroso, tostado, potente.

K_i de Pascona 2022 T
syrah

90 15€

Color: cereza, borde violáceo. Aroma: fruta roja, floral, especiado. Boca: sabroso, frutoso, buena acidez.

La Mare de Pascona 2021 T
100% garnacha

90 30€

Ligera oxidación, poco franco. Color: cereza, borde granate. Aroma: fruta confitada, potente, fruta golpeada. Boca: sabroso, largo.

Lo Noi del Sac de Pascona 2023 B
merlot

89 14€

Equilibrado, especiado, flores secas, hierbas secas.

Pascona Clàssic 2022 T C

91 17€

Con oscuridad. Aroma: balsámico, fruta madura, hierbas de monte, pimienta negra. Boca: sabroso, especiado, largo, fruta madura.

Trencaclosques de Pascona 2023 RD
syrah

87 10€

CELLER VENDRELL RIVED

Ctra. TV-3001, Km. 1.5
43775 Marçà (Tarragona)
☎: +34 637 537 383
jmvendrell1@gmail.com
www.vendrellrived.com

L'Alleu 2022 T C
garnacha, cariñena

91 ★★★   16€

Color: Cereza, borde violáceo. Aroma: caramelo de violetas, especiado, fruta madura. Boca: varietal, jugoso, fruta madura, fácil de beber.

La Miloquera 2021 T C
cariñena

90   30€

Color: Cereza. Aroma: balsámico, fruta negra, terroso. Boca: especiado, taninos maduros, fruta madura, largo.

Miloca Carinyena 2023 T
cariñena

90 ★★★★★ 🌱   9€

Color: cereza, borde violáceo. Aroma: expresión frutal, fruta roja, especiado, fruta negra, pimienta negra. Boca: sabroso, frutoso, retronasal ahumado, taninos suaves.

Miloca Garnacha 2023 T
garnacha

90 ★★★★★ 🌱   9€

Muy primario. Color: cereza, borde violáceo. Aroma: expresión frutal, fruta roja, floral, especiado, hierbas secas. Boca: sabroso, frutoso, muy vivo, fresco.

Serè 2022 T
50% garnacha, 50% cariñena

90 ★★★★★   10€

Color: cereza brillante. Aroma: fruta madura, hierbas secas, roble cremoso, fruta roja, caramelo tostado. Boca: potente, fruta madura, especiado, frutoso, fresco, taninos secos pero maduros.

Tres Germanes 2021 T
garnacha

94 ★★★ 🌱   22€

Complejo, equilibrado, con personalidad. Color: Cereza. Aroma: expresivo, especiado, mineral, piedra seca. Boca: elegante, lleno, largo, persistente.

CELLERS CAN BLAU

P.I. Pol.13 Parc. 21 – Ctra. T 734 Kmt. 9 El Molar-Masroig
43736 El Molar (Tarragona)
☎: +34 968 435 022
info@gilfamily.es
www.gilfamily.es

Blauverd 2023 T
garnacha, cariñena

90 ★★★★★ 🌱   9,25€

Color: cereza, borde violáceo. Aroma: expresión frutal, fruta roja, floral. Boca: sabroso, frutoso, buena acidez.

Can Blau 2021 T
50% cariñena, 25% syrah, 25% garnacha

91 ★★★★   13,75€

Color: cereza oscuro. Aroma: tostado, especiado, cacao fino, fruta madura. Boca: tostado, fino amargor.

Can Blau 2022 T
50% cariñena, 25% syrah, 25% garnacha

92 ★★★★★   13,75€

Color: cereza oscuro, borde granate. Aroma: fruta madura, ebanistería, especias dulces, fina reducción. Boca: especiado, taninos maduros, largo.

CELLERS SANT RAFEL

Ctra. La Torre, Km. 1,7
43774 Pradell de la Teixeta (Tarragona)
☎: +34 621 190 829
prioratvins@gmail.com
www.cellerssantrafel.com

Blanca 2023 B
100% garnacha blanca

89 ★★★★   8€

Flores secas, fresco, maduro, lleno, mineral, equilibrado.

Joana 2022 T
85% garnacha, 15% merlot

89 ★★★★   7,5€

Frutal, herbal, maduro, sabroso, tostado.

Solpost Blanc 2022 B RB
100% garnacha blanca

90 ★★★   13€

Corpulento, madera marcada, especiado. Aroma: fruta madura, flores marchitas. Boca: graso, sabroso.

Solpost Garnatxa 2017 T C
100% garnacha

91   22€

Confitado, corpulento, especiado. Aroma: terroso, hierbas secas, cálido. Boca: sabroso, taninos maduros.

DO MONTSANT / D.O.P.

DO MONTSANT / D.O.P.

Solpost Origen 2019 T
50% garnacha, 40% cariñena, 10% cabernet sauvignon

89   14€

Cálido, confitado, corpulento, herbal, maduro, sabroso. Aroma: especias dulces.

Xavi 2019 T
60% garnacha, 40% cariñena

89 ★★★   9,5€

Frutal, maduro, tostado, especiado.

CELLERS TERRA I VINS
Av. Falset, 17 Baixos
43206 Reus (Tarragona)
☎: +34 658 567 409
celler@cellersterraivins.com
www.cellersterraivins.com

Bona Nit 2021 T
garnacha, samsó, syrah

89   11,2€

Maduro, balsámico, hierbas secas, sabroso. Aroma: fina reducción, fruta negra, fruta madura.

Bona Nit VS 2020 T C
60% samsó, 25% garnacha, 15% syrah

91   17,95€

Ahumado. Aroma: fruta madura, notas cárnicas, terroso. Boca: frutoso, jugoso, fruta madura, largo.

Clos del Gos 2022 T
60% samsó, 30% garnacha, 10% syrah

89 ★★★   9,95€

Frutal, herbal, maduro, sabroso, silvestre.

CELLERS UNIÓ
Joan Oliver, 16
43206 Reus (Tarragona)
☎: +34 977 330 055
info@cellersunio.com
www.cellersunio.com

Clos del Prior 2021 T
89

Agradable, correcto, frutal, hierbas secas, jugoso.

Clos del Prior 2023 T
merlot, garnacha, tempranillo, mazuelo

88 ★★★★   4,2€

Aromático, frutal, muy primario, sabroso, fresco.

Dairo 2021 T C
garnacha, mazuelo, syrah

88 ★★★   8,75€

Frutal, herbal, correcto, maduro, sabroso.

Olla Negra 2023 T
garnacha, mazuelo, merlot, tempranillo

90 ★★★★★   6,95€

Muy primario. Color: cereza brillante. Aroma: fruta fresca, hierbas silvestres, flores secas. Boca: buena acidez, especiado, sabroso, fresco, frutoso, taninos secos pero maduros.

Perlat Blanc 2023 B
garnacha blanca, macabeo

89 ★★★★   9€

Equilibrado, frutal. Aroma: fruta madura, floral. Boca: buena acidez, fácil de beber.

Perlat Garnatxa 2021 T
garnacha

90 ★★★★   11€

Corpulento, hierbas secas, maduro, potente, tostado.

CÍA. VITÍCOLA SILEO
Sant Andreu, 17
43360 Cornudella de Montsant (Tarragona)
☎: +34 935 165 043
comunicacio@atroca.eu
www.viticolasileo.eu

Costers de Cornudella Blanc 2022 B
75% garnacha blanca, 20% macabeo, 5% garnacha

92   22€

Color: pajizo brillante. Aroma: lías finas, fruta blanca, cera, hierbas de monte. Boca: lleno, graso, largo, buena acidez.

Costers de Cornudella Negre 2021 T R
100% garnacha

92 🌱   22€

Color: cereza, borde granate. Aroma: potente, fruta negra, fruta madura, especiado, pimienta negra, cera. Boca: sabroso, largo, taninos maduros.

Esporreres 2020 T
100% garnacha

94 🌱   46€

Balsámico, maduro, representativo. Color: cereza, borde granate. Aroma: hierbas secas, hierbas de monte, con carácter, complejo, expresivo, fruta madura, mineral. Boca: lleno, muy vivo, sabroso, varietal.

Sileo 2022 T
100% garnacha

91 ★★★★★ 🌱   12€

Color: cereza, borde violáceo. Aroma: floral, especiado, fruta madura, fruta al licor. Boca: frutoso, buena acidez, largo, fácil de beber.

CINGLES BLAUS

Afores s/n - Mas de les Moreres
43360 Cornudella de Montsant (Tarragona)
☎: +34 977 310 382
info@cinglesblaus.com
www.cinglesblaus.com

Cingles Blaus Mas de les Moreres 2021 T
garnacha, cariñena, cabernet sauvignon

87 .... 13,5€

Cingles Blaus Mas de les Moreres 2022 B
garnacha blanca

90 ★★★ 13,5€
Color: pajizo. Aroma: hierbas secas, flores marchitas, fruta blanca. Boca: fruta madura, equilibrado.

Cingles Blaus Octubre 2023 RD
garnacha, merlot, tempranillo

86 .... 8,5€

Cingles Blaus Octubre Negre 2022 T
garnacha, cariñena

89 ★★★★ 8,5€
Equilibrado, especiado, herbal, frutal, maduro, sabroso.

Cingles Blaus Selecció 2021 T C

92 22,5€
Color. Cereza. Aroma: hierbas secas, roble cremoso, fruta negra, fruta madura, tabaco. Boca: potente, fruta madura, taninos maduros.

Eclíptic 2022 B
garnacha blanca, garnacha roja, macabeo

91 16,5€
Oxidativo. Color: pajizo brillante. Aroma: fruta madura, hierbas secas, con carácter. Boca: fino amargor, lleno, jugoso.

CLOS FIGUERAS

Carrer La Font, 38
43737 Gratallops (Tarragona)
☎: +34 977 830 217
info@closfigueras.com
www.closfigueras.info

Poblets del Montsant 2023 B
garnacha, macabeo

88 12,5€
Aromático, correcto, frutal, maduro, sencillo. Boca: fácil de beber.

Poblets del Montsant 2023 T
garnacha, cariñena

89 12,5€
Equilibrado, especiado, frutal, herbal, silvestre.

CLOS MOGADOR

Camí Manyetes, s/n
43737 Gratallops (Tarragona)
☎: +34 977 839 171
closmogador@closmogador.com
www.closmogador.com

Com Tu 2021 T C
10% garnacha

93
Austero, con oscuridad. Aroma: fina reducción, cera, fruta madura, hierbas silvestres, pimienta negra, tomillo. Boca: sabroso, especiado, fruta madura, largo.

COCA I FITÓ

Avda. Onze de Setembre s/n
43736 El Masroig (Tarragona)
☎: +34 619 776 948
info@cocaifito.cat
www.cocaifito.cat

Coca i Fitó Blanc 2022 B
85% garnacha blanca, 15% macabeo

89 ❦ 12,9€
Cítrico, equilibrado, fresco, herbal, notas de levadura.

Coca i Fitó Jade 2018 T C
45% garnacha, 30% syrah, 25% cariñena

88 12,8€
Frutal, confitado, especiado, tostado, algo secante.

Coca i Fitó Maragda 2018 T
55% garnacha, 25% cariñena, 20% syrah

90 18,3€
Color: cereza intenso. Aroma: hierbas secas, fruta confitada, especias dulces, tostado. Boca: potente, fruta madura, especiado, taninos maduros, sabroso.

Coca i Fitó Natura 2022 T
50% garnacha, 25% cariñena, 15% syrah, 10% cabernet sauvignon

90 ★★★★★ ❦ 9,3€
Color: cereza intenso. Aroma: fruta madura, hierbas secas, roble cremoso, fruta roja, flores marchitas. Boca: fruta madura, especiado, taninos maduros, frutoso, sabroso.

Coca i Fitó Nu 2022 T
100% garnacha

89 ❦ 17,4€
Frutal, muy primario, flores secas, hierbas secas, maduro, tostado.

Coca i Fitó Rosa 2022 RD
100% syrah

90 16,9€
Cremoso, frutal. Color: frambuesa. Aroma: fruta madura, flores marchitas, lías finas. Boca: carnoso, sabroso, fruta madura.

DO MONTSANT / D.O.P.

DO MONTSANT / D.O.P.

COOPERATIVA FALSET MARÇA
Miquel Barceló, 31
43730 Falset (Tarragona)
☎: +34 977 830 105
info@etim.cat
www.etim.cat

Ètim Dolça Carinyena TF D
100% cariñena

90 17€

Corpulento, exuberante. Color: cereza oscuro. Aroma: fruta negra, fruta confitada, hierbas de monte, con carácter. Boca: estructurado, dulce, especiado.

Ètim L'Antull 2023 B
garnacha blanca, macabeo

87 ★★★ 8€

Ètim L'Origen 2021 T C
100% garnacha

88 12€

Frutal, correcto, maduro, sencillo, tostado.

Ètim La Pausa 2023 RD
90% garnacha, 10% syrah

87 ★★★ 8€

Ètim Verema Tardana Blanc Dulce B Mistela D
100% garnacha blanca

88 ★★★ 9€

Amable, floral, exuberante, dulce, goloso. Aroma: fruta al licor, cálido, con carácter.

Fuïna 2021 T
50% cariñena, garnacha

86 🌿 13€

EDICIONES ILIMITADAS
Carrer Modolell, 56 Local A
08021 Barcelona (Barcelona)
☎: +34 932 531 760
info@edicionesi-limitadas.com

Luno Blanc 2022 B

91 ★★★★ 12,2€

Color: pajizo brillante. Aroma: equilibrado, intensidad media, hierbas silvestres, fruta blanca, fruta madura, floral. Boca: frutoso, fino amargor, buena acidez, fácil de beber.

Pell de Gerres 2022 B
garnacha blanca

91 23,4€

Exuberante, poco intervencionista, ligera oxidación. Aroma: fruta madura, cítricos, flores secas. Boca: jugoso, sabroso, frutoso.

Sud Les Obagues 2020 T
cariñena

92 29€

Con personalidad, reducido. Color: cereza, borde granate. Aroma: fruta negra, hierbas silvestres, fina reducción. Boca: muy vivo, taninos maduros, fruta madura, largo.

Sud Rompuda 2021 B
garnacha blanca

92 24€

Color: pajizo brillante. Aroma: franco, varietal, fruta blanca, fruta madura, mineral. Boca: lleno, largo, fino amargor, correcto.

Terrícola 2021 T
garnacha, cariñena, syrah, cabernet sauvignon

92 ★★★★ 15,8€

Color: cereza intenso. Aroma: hierbas secas, hierbas de monte, fruta negra, terroso. Boca: potente, fruta madura, especiado, taninos maduros.

Terrícola Blanc 2022 B
garnacha blanca

91 ★★★ 15,8€

Color: pajizo. Aroma: mineral, intensidad media, fruta madura, franco. Boca: equilibrado, jugoso, fácil de beber.

Violetes de Fang 2020 T
cariñena

92 26,9€

Reductivo. Color: cereza, borde granate. Aroma: cera, hierbas secas, hierbas de monte, fruta negra. Boca: jugoso, sabroso, varietal, buena acidez.

ELVIWINES
Ctra T-300 Falset-Marça, km 0.97
43775 Marça (Tarragona)
☎: +34 606 186 565
info@elviwines.com
www.elviwines.com

Clos Mesorah 2021 T R
42% cariñena, 37% garnacha, 21% syrah

92 🌿 64,53€

Color: cereza, borde violáceo. Aroma: fruta madura, fruta roja, flores marchitas, hierbas secas, especiado. Boca: frutoso, fresco, sabroso, equilibrado, taninos secos pero maduros.

ESTONES VINS
President Companys, 4
43470 La Selva del Camp (Tarragona)
☎: +34 666 415 735
vins@estones.cat
www.estones.cat

Coster D'En Fornós 2021 T
100% cariñena
92   55€
Maduro, reductivo, representativo. Aroma: fruta negra, fruta confitada, terroso. Boca: sabroso, equilibrado, largo, lleno, varietal.

Estones GS 2019 T
70% garnacha, 30% samsó
89   21€
Con oscuridad, confitado, especiado, hierbas secas. Aroma: notas cárnicas. Boca: estructurado.

Petites Estones Negre 2022 T
91
Amable, cremoso. Color: cereza intenso. Aroma: fruta negra, hierbas de monte, tomillo, notas cárnicas, expresivo. Boca: fruta madura, especiado, taninos maduros.

Set Tota la Vida 2022 T
50% garnacha, 35% syrah, 15% cariñena
88   13€
Frutal, hierbas secas, tostado, especiado, confitado.

HAMMEKEN CELLARS
03700 Denia (Alacant/Alicante)
☎: +34 965 791 967
cellars@hammekencellars.com
www.hammekencellars.com

Tosalet 2023 T
90
Color: Cereza. Aroma: balsámico, especias dulces, hierbas de monte, fruta negra, fruta roja. Boca: especiado, balsámico, buena acidez.

JOSEP GRAU VITICULTOR
Orient, 2
43737 Gratallops (Tarragona)
☎: +34 680 536 526
celler@josepgrauviticultor.com
www.josepgrauviticultor.com

🏆 PODIO
El Pas de L'Estudiant 2022 T
garnacha peluda, garnacha blanca, cariñena
95   37€
Color: cereza poco intenso. Aroma: mineral, expresivo, equilibrado, fruta roja, fruta madura, hierbas silvestres. Boca: frutoso, jugoso, especiado, fácil de beber, largo.

Granit 2018 B
100% garnacha blanca
92   22€
Color: pajizo brillante. Aroma: cera, franco, mineral, expresivo, equilibrado. Boca: sabroso, equilibrado, fino amargor, largo.

Granit 2022 B
garnacha blanca
93   22€
Color: pajizo brillante. Aroma: fruta madura, fruta de hueso, flores secas, hierbas secas, expresivo, varietal. Boca: jugoso, especiado, graso, fruta madura, fino amargor.

🏆 PODIO
La Florens 2022 T
garnacha
96 ★★★★★   24€
Aromas nítidos, complejo. Color: Cereza. Aroma: complejo, expresivo, especiado, mineral, fruta roja. Boca: elegante, lleno, largo, persistente.

Regina 2018 RD
90% garnacha, 10% garnacha blanca
93   24€
Con vejez, complejo. Color: rosáceo pálido. Aroma: lías finas, hierbas silvestres, hierbas de monte. Boca: jugoso, lleno, especiado, muy vivo.

Vespres 2022 T
garnacha, cariñena, syrah
91 ★★★   15€
Color: cereza intenso. Aroma: fruta madura, hierbas secas, roble cremoso, floral. Boca: fruta madura, especiado, taninos maduros.

DO MONTSANT / D.O.P.

DO MONTSANT / D.O.P.

Vespres Blanc Magnum 2021 B
93   34€
Color: pajizo brillante. Aroma: fruta madura, hierbas de tocador, lías finas, fruta blanca, cera. Boca: graso, largo, fino amargor, fruta madura.

Volador 2022 T
92 ★★★★★   9,95€
Color: cereza intenso. Aroma: fruta madura, hierbas secas, camomila. Boca: fruta madura, especiado, taninos maduros.

LA COVA DELS VINS
Del Bosquet, 5
43730 Falset (Tarragona)
☎: +34 636 395 236
f.perello@lacovadelsvins.com
www.lacovadelsvins.cat

Deler 2023 RD
88
Agradable, frutal, maduro, boca correcta, sencillo.

Deler 2023 T
90
Color: cereza, borde violáceo. Aroma: fruta roja, floral, especiado, fruta negra. Boca: sabroso, frutoso, buena acidez, carnoso.

Les Mans 2018 T
cariñena
90
Con vejez. Color: cereza intenso. Aroma: hierbas secas, cuero muy curtido, fruta negra, fruta confitada, terroso. Boca: fruta madura, especiado, taninos maduros.

Ombra 2021 T BA
89
Amable, varietal, silvestre, frutal, hierbas secas, maduro, jugoso. Boca: fruta madura, fácil de beber.

Ombra 2023 B
garnacha blanca, macabeo
89
Agradable, aromas nítidos, correcto, floral, hierbas secas. Aroma: lías finas. Boca: fruta madura.

Terròs 2021 T
91
Color: Cereza. Aroma: hierbas de monte, hierbas secas, fruta madura, equilibrado, terroso. Boca: especiado, balsámico, taninos maduros.

ORTO VINS
Passeig del Arbre, entre 3 y 5
43736 El Masroig (Tarragona)
☎: +34 629 171 246
info@ortovins.com
www.ortovins.com

La Carrerada 2019 T
100% cariñena
92   46€
Color: cereza oscuro. Aroma: especiado, cacao fino, fruta negra, fruta madura, hierbas de monte. Boca: sabroso, fino amargor, equilibrado.

Les Argiles D'Orto Vins Blanc 2023 B
90% macabeo, garnacha blanca
90 ★★★★   11€
Correcto. Color: pajizo. Aroma: fruta madura, hierbas secas, flores secas. Boca: potente, fruta madura, equilibrado, fácil de beber.

Les Argiles D'Orto Vins Negre 2023 T
90% garnacha, 10% cariñena
90 ★★★★   11€
Color: cereza intenso. Aroma: hierbas secas, roble cremoso, fruta negra, fruta madura. Boca: fruta madura, especiado, taninos maduros.

Les Comes D'Orto 2021 T C
50% cariñena, 50% garnacha
91   25€
Color: cereza, borde violáceo. Aroma: expresión frutal, fruta roja, floral, especiado. Boca: sabroso, frutoso, buena acidez.

Les Pujoles 2019 T C
100% ull de llebre
91   39€
Especiado, con vejez. Color: cereza intenso. Aroma: hierbas secas, fruta negra, fruta madura, fina reducción. Boca: fruta madura, especiado, taninos maduros.

Les Tallades de Cal Nicolau 2019 T C
100% picapoll negre
93   65€
Color: cereza, borde violáceo. Aroma: fruta roja, floral, especiado, flores secas, terroso. Boca: sabroso, frutoso, equilibrado, fruta madura, mineral.

PACO MULERO

Partida de la Hoya Torres s/n
30520 Jumilla (Murcia)
☎: +34 968 105 997
info@pacomulero.com
www.pacomulero.com

Puntes de Calnegre 2022 T
cariñena, garnacha, syrah

90 ★★★★★ 9€

Frutal, maduro, especiado, herbal.

SPECTACLE VINS

Carretera Bellmunt – Sort del Capellans
43730 Falset (Tarragona)
☎: +34 977 839 171
closmogador@closmogador.com
www.espectaclevins.com

🏆 PODIO

Espectacle 2021 T C

96

Especiado, elegante, balsámico. Color: cereza, borde violáceo. Aroma: fruta roja, floral, especiado, hierbas silvestres, mineral, pimienta negra. Boca: sabroso, frutoso, buena acidez, largo.

TERRAVINYADA

Les Esplanes s/n
43730 Falset (Tarragona)
☎: +34 679 220 702
info@terravinyada.com
www.terravinyada.com

L'Ànima de Terravinyada 2020 T C
cariñena

93 36€

Color: cereza brillante. Aroma: fruta madura, hierbas silvestres, varietal, regaliz negro, roble cremoso. Boca: frutoso, especiado, taninos maduros, sabroso.

L'Inici de Terravinyada 2021 T
100% cariñena

92 19€

Color: Cereza. Aroma: hierbas de monte, fruta madura, equilibrado, toques silvestres. Boca: especiado, balsámico, sabroso, jugoso.

TERROIR SENSE FRONTERES

Baixa Font, 12
43737 Torroja del Priorat (Tarragona)
☎: +34 977 839 391
vi@terroir-sense-fronteres.com
www.terroir-sense-fronteres.com

Coreografía Montsant 2023 T
75% garnacha, 25% cariñena

93 44,3€

Aromas nítidos, balsámico, con tensión. Color: cereza poco intenso. Aroma: fruta roja, floral, toques silvestres, expresivo. Boca: muy vivo, jugoso, frutoso.

🏆 PODIO

Guix Vermell Negre 2022 T
100% garnacha

96 300€

Silvestre, elegante. Color: Cereza. Aroma: complejo, expresivo, especiado, mineral, fruta negra, fruta roja, pimienta negra, flores secas. Boca: elegante, lleno, largo, persistente.

Marcenca 2023 T
100% garnacha

94 77,6€

Complejo, aromas nítidos, frutal. Color: Cereza. Aroma: complejo, expresivo, especiado, mineral, fruta roja. Boca: lleno, largo, persistente.

Terroir Sense Fronteres Brisat 2023 B
100% garnacha blanca

92 22,6€

Color: dorado brillante. Aroma: hierbas de tocador, camomila, flores secas, toques silvestres. Boca: muy vivo, lleno, equilibrado.

DO MONTSANT / D.O.P.

DO MONTSANT / D.O.P.

Terroir Sense Fronteres Negre 2023 T
garnacha

91 22,6€

Color: cereza, borde violáceo. Aroma: expresión frutal, fruta roja, floral, hierbas de monte. Boca: sabroso, frutoso, buena acidez.

Vértebra de la Figuera 2023 T
100% garnacha

94 38,2€

Color: cereza, borde violáceo. Aroma: expresión frutal, fruta roja, floral, especiado, tomillo. Boca: sabroso, frutoso, buena acidez.

VINYES DOMÈNECH
Cami del Collet, Km. 3.8
43776 Capçanes (Tarragona)
☎: +34 670 375 828
celler@vinyesdomenech.com
www.vinyesdomenech.com

Bancal del Bosc Garnatxa Blanca 2023 B
garnacha blanca

90 ★★★★ ♣ 11,07€

Color: pajizo brillante. Aroma: expresión frutal, fruta madura, floral. Boca: sabroso, buena acidez, retronasal afrutado, fácil de beber.

Bancal del Bosc Negre 2022 T C
garnacha, garnacha peluda, cariñena

90 ★★★★ ♣ 11,07€

Color: cereza, borde violáceo. Aroma: fruta roja, floral, especiado. Boca: sabroso, frutoso, buena acidez.

Boig per Tu 2021 T
garnacha, garnacha peluda, cariñena

91 ♣ 16,04€

Color: cereza intenso. Aroma: fruta madura, hierbas secas, roble cremoso, terroso. Boca: fruta madura, especiado, taninos maduros.

Empelts 2021 T
garnacha peluda

94 ♣ 26,37€

Color: Cereza. Aroma: complejo, expresivo, especiado, mineral, tiza. Boca: elegante, lleno, largo, persistente.

Furvus 2022 T BA
95% garnacha, 5% merlot

90 ♣ 21,05€

Color: cereza, borde granate. Aroma: fruta confitada, fruta al licor, tostado. Boca: sabroso, dulcedumbre, largo.

Vinyes Velles de Samsó 2019 T
100% cariñena

91 ♣ 46,83€

Confitado. Color: cereza opaco, cereza oscuro. Aroma: fruta confitada, fruta negra, madera marcada, regaliz negro. Boca: estructurado, taninos dulces, especiado.

VIÑEDOS SINGULARES
Avda. de La Riera, 11 Nave 1
08960 Sant Just Desvern (Barcelona)
☎: +34 934 807 041
info@vinedossingulares.com
www.vinedossingulares.com

El Veïnat 2022 T
garnacha

89

Frutal, hierbas secas, especiado, fresco, sabroso.

DO. NAVARRA
CONSEJO REGULADOR

Rúa Romana, s/n
31390 Olite (Navarra)
☎: +34 948 741 812
@: info@navarrawine.com
www.navarrawine.com

SITUACIÓN:

En la provincia de Navarra. Aglutina más de cien municipios áreas con condiciones climatológicas y edafológicas diferentes que producen vinos de características contrastadas. La DO está dividida en 5 subzonas de producción, bien diferenciadas entres si.

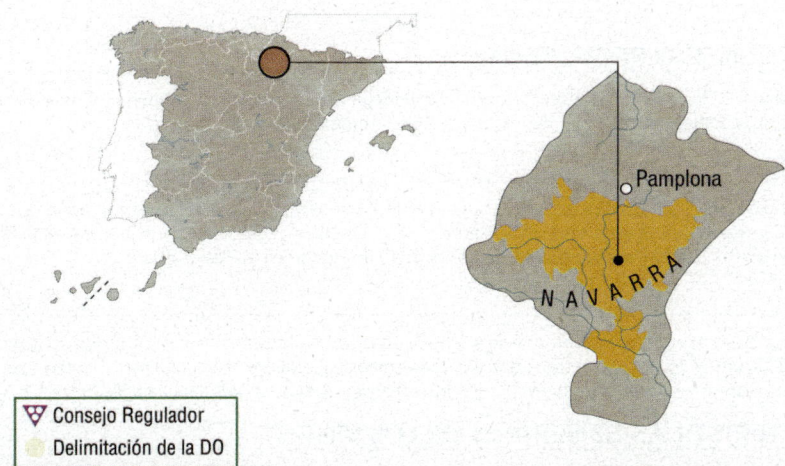

DO NAVARRA / D.O.P.

SUBZONAS:

Baja Montaña. Situada al noreste de Navarra, engloba 22 términos municipales; en ella se cultivan alrededor de 2.500 hectáreas.

Tierra Estella. En la Navarra media occidental, se extiende a lo largo del Camino de Santiago. Posee 1.800 has. de viñedo cultivadas en 38 términos municipales.

Valdizarbe. En la Navarra media. Es el centro neurálgico del Camino de Santiago. Acoge 25 términos municipales y la extensión de viñedo es de 1.100 has.

Ribera Alta. En torno a la zona de Olite, copa parte de la Navarra media y el comienzo de la zona meridional. Hay 26 términos municipales y 3.300 ha. de viñedo.

Ribera Baja. En el sur de la provincia, es la zona más importante en cuanto a extensión de viñedo (4.600 ha.). Forman parte de ella 14 términos municipales.

VARIEDADES:

BLANCAS: chardonnay, garnacha blanca, malvasía, moscatel de grano menudo, viura y sauvignon blanc.

TINTAS: cabernet sauvignon, garnacha tinta (mayoritaria), graciano, mazuelo, merlot, tempranillo, syrah y pinot noir.

DATOS CONSEJO REGULADOR:

Nº Has. Viñedo: 9.362 – **Nº Viticultores:** 1.572 – **Nº Bodegas:** 83 – **Cosecha 23:** Buena – **Producción 23:** 34.652.490 L. – **Comercialización:** 74% Nacional - 26% Internacional.

SUELOS:

La diversidad de las distintas zonas se refleja también en los suelos. Rojizos o amarillentos y cascajosos en la Baja Montaña, pardocalizos y calizos en Valdizarbe y Tierra Estella, margas calizas y de aluvión en la Ribera Alta, y suelos pardos, grises subdesérticos, pardo-calizos y de aluvión en la Ribera Baja.

CLIMA:

Propio de zonas secas subhúmedas en su franja septentrional, con índices de lluvias medios que oscilan entre los 683 y 593 mm. al año. Clima de transición en la zona media, que va evolucionando hacia condiciones más áridas en las áreas meridionales, donde la pluviometría media se reduce a 448 mm. anuales.

CARACTERÍSTICAS GENERALES DE LOS VINOS

BLANCOS Se elaboran blancos jóvenes y fermentados en barrica. Estos últimos, fundamentalmente a base de chardonnay, son de color dorado, y con unos aromas cremosos y tostados bien conjuntados con el carácter frutal de la variedad. Los dulces a base de moscatel de grano menudo arrojan aromas amielados y en boca son frescos, sabrosos y complejos.

ROSADOS La mayoría elaborados a partir de garnacha, pero también hay ejemplos a partir de tempranillo o cabernet sauvignon. De color rosado-frambuesa, son muy frescos, afrutados, con gran carácter de frutos rojos; en boca, equilibrados, sabrosos y buena frutosidad. Cada vez se elaboran mas vinos rosa pálido.

TINTOS Está determinado por la variedad y el lugar donde se encuentra el viñedo. En el norte los vinos (fundamentalmente de tempranillo) serán más frescos y ácidos, mientras que en el sur (garnachas) la fruta se muestra más madura y suave en boca, con matices balsámicos y varietales bien definidos.

CALIFICACIÓN DE COSECHAS DE VINOS JÓVENES GUÍA**PEÑÍN**

2019	2020	2021	2022	2023
MUY BUENA	MUY BUENA	MUY BUENA	BUENA	BUENA

ALIAGA
Avda. de Navarra, 17
31591 Corella (Navarra)
☎: +34 948 401 321
sales@vinaaliaga.com
www.vinaaliaga.com

**Aliaga Doscarlos
Sauvignon Blanc 2023 B**
100% sauvignon blanc
87 .... 10€

Aliaga Garnacha Viñas Vieja 2021 T
100% garnacha
88 .... 10€
Agradable, correcto, frutal, maduro, sabroso.

Aliaga Helena Syrah Syrah 2022 T
100% syrah
85 .... 10€

Aliaga Lágrima de Luna 2023 RD
100% garnacha
88 .... 10€
Equilibrado, amable, floral, lleno, maduro.

**Aliaga Moscatel
Vendimia Tardía 2023 B D**
moscatel grano menudo
89 .... 14€
Tropical, sabroso, maduro, floral.

Voilà 2023 RD
100% garnacha
89 .... 19€
Amable, goloso, herbal, frutal.

ANECOOP BODEGAS
Monforte, 1 – entlo.
46010 València/Valencia (València/Valencia)
☎: +34 963 938 500
anecoopbodegas@anecoop.com
www.anecoopbodegas.com

**Dominio
de Unx Chardonnay 2023 B**
89
Frutal, maduro, silvestre, hierbas secas, flores secas.

**Dominio de Unx
Garnacha Old Vines 2022 T**
garnacha
91
Varietal, silvestre, muy primario. Aroma: franco, expresivo, equilibrado, expresión frutal. Boca: largo.

**Dominio de Unx
Rosado de Lágrima 2023 RD**
91
Color: salmón. Aroma: elegante, fruta roja, floral, hierbas de tocador. Boca: ligero, especiado, buena acidez, fino amargor.

La Calma Mágica 2018 T
garnacha
89
Jugoso, fruta golpeada. Aroma: fina reducción, cera, fruta negra. Boca: sabroso, fino amargor.

La Calma Mágica 2020 B
100% garnacha blanca
90
Color: pajizo. Aroma: fruta madura, hierbas secas, flores marchitas, hierbas de tocador. Boca: fruta madura, equilibrado, sabroso, especiado.

Violet 2023 T
garnacha, tempranillo
87

AROA BODEGAS
Apalaz, 13
31292 Zurucuaín (Navarra)
marketing@vintae.com
www.aroawines.com

Aroa Gorena 2014 T R
garnacha, cabernet sauvignon
90 🌿 .... 17,9€
Color: cereza, borde granate. Aroma: fruta sobremadura, roble cremoso, cálido, cuero muy curtido, tabaco, especias dulces. Boca: confitado, potente, sabroso, taninos secos pero maduros.

Aroa Jauna 2018 T C
cabernet sauvignon, merlot, tempranillo, garnacha
89 ★★★★ 🌿 .... 8,3€
Frutal, especiado, maduro, sabroso, tostado.

Aroa Larrosa 2023 RD
garnacha
89 ★★★★ 🌿 .... 8,9€
Frutal, maduro, sabroso, goloso, hierbas secas.

Aroa Mutiko 2021 T
garnacha
88 ★★★ 🌿 .... 8,25€
Frutal, especiado, ahumado, maduro, sabroso.

Le Naturel 2023 B
garnacha blanca
88 🌿 .... 9,8€
Aromas nítidos, frutal, láctico, maduro, sabroso.

DO NAVARRA / D.O.P.

DO NAVARRA / D.O.P.

Le Naturel 2023 T
garnacha
87 🍷   9,25€

AZUL Y GARANZA
San Juan, 19
31310 Carcastillo (Navarra)
☎: +34 659 857 979
fernando@azulgaranza.com
www.azulygaranza.com

Abril de Azul y Garanza 2022 T
95% tempranillo, 5% merlot
88 ★★★★ 🍷   8€
Agradable, aromas nítidos, correcto, frutal, sencillo.

Desierto de Azul y Garanza 2020 T
100% cabernet sauvignon
92 🍷   30€
Color: cereza intenso. Aroma: roble cremoso, fruta negra, fruta confitada, hierbas de monte. Boca: potente, fruta madura, especiado, taninos maduros.

Garciano de Azul y Garanza 2021 T BA
graciano, garnacha
89 ★★★ 🍷   10€
Sabroso, equilibrado, especiado, herbáceo, tostado.

Naturaleza Salvaje Garnacha 2021 T
100% garnacha
90 🍷   15€
Color: Cereza. Aroma: hierbas de monte, flores marchitas, tomate, fruta madura. Boca: balsámico, fácil de beber.

Seis de Azul y Garanza 2020 T
100% merlot
89 🍷   12€
Con oscuridad, confitado, especiado, hierbas secas, sabroso.

Vitis de Azul y Garanza 2023 B
60% garnacha blanca, 40% viura
88 ★★★★ 🍷   8€
Hierbas secas, maduro, mineral, suave.

BODEGA COSECHEROS REUNIDOS
Pza. San Antón, 1
31390 Olite (Navarra)
☎: +34 948 740 067
mlacasta@bodegacosecheros.com
www.bodegacosecheros.com

1913 2023 RD
100% garnacha
88 ★★★★   4,6€
Frutal, herbal, maduro, muy primario, sabroso.

Trece de Pascual 2022 T
100% graciano
88 ★★★   9€
Equilibrado, especiado, rústico, silvestre, maduro, algo secante.

BODEGA DE SADA
Arrabal, 2
31491 Sada (Navarra)
☎: +34 659 030 432
gerente@bodegadesada.com
www.bodegadesada.com

Palacio de Sada 2023 B
garnacha, garnacha blanca
89 ★★★★   9€
Corpulento, goloso, frutal, sabroso, lleno.

Palacio de Sada 2023 RD
garnacha
88 ★★★★   6,49€
Correcto, fresco, frutal, herbal.

Palacio de Sada Cuvée Especial 2019 T C
garnacha, cabernet sauvignon, merlot
92 ★★★★★   9€
Color: cereza intenso. Aroma: hierbas secas, fruta negra, pan tostado, hierbas silvestres. Boca: fruta madura, especiado, taninos maduros, carnoso.

Palacio de Sada Garnacha 2022 T
garnacha
87 ★★★★   6,9€

BODEGA DE SARRÍA
Finca Señorío de Sarría
31100 Puente la Reina (Navarra)
☎: +34 948 202 200
rrpp@bornosbodegas.com
www.bodegadesarria.com

Señorío de Sarría 2018 T R
90% cabernet sauvignon, 10% graciano
88 ★★★   8,1€
Suave, sencillo, tostado, maduro.

Señorío de Sarría 2020 T C
cabernet sauvignon, garnacha, graciano
88 ★★★★   5,4€
Tostado, maduro, herbal, ligera reducción.

Señorío de Sarría 2023 RD
garnacha
89 ★★★★   4,2€
Frutal, fresco, herbal, equilibrado.

Señorío de Sarría Chardonnay 2023 B
chardonnay

87 ★★★★ 5,85€

Señorío de Sarría Viñedo Cinco 2023 RD
garnacha

90 ★★★★★ 5,21€

Color: frambuesa, borde violáceo. Aroma: expresión frutal, fruta roja, floral. Boca: frutoso, buena acidez, fácil de beber.

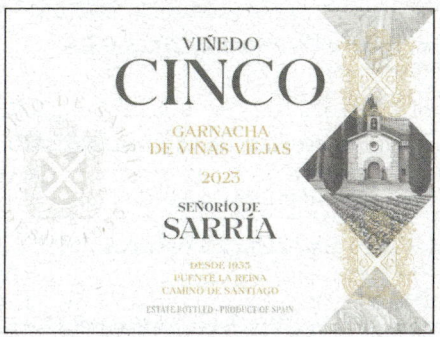

BODEGA ESLAVA
Chirria, s/n
31494 Eslava (Navarra)
☎: +34 948 733 185
rebeca@bodegaeslava.es
www.bodegaeslava.es

Paraje de Guezari 2021 T
100% garnacha

90 17,95€

Aromático, suave, fruta golpeada. Aroma: hierbas silvestres, hierbas secas. Boca: fluido, fino amargor, equilibrado.

BODEGA INURRIETA
Ctra. Falces-Miranda de Arga, km. 30
31370 Falces (Navarra)
☎: +34 948 737 309
info@bodegainurrieta.com
www.bodegainurrieta.com

Inurrieta Coral 2023 RD
61% cabernet sauvignon, 39% garnacha

87 ★★★ 7,5€

Inurrieta Cuatrocientos 2021 T C
40% cabernet sauvignon, 25% merlot, 14% graciano, 11,5% garnacha, 9,5% syrah

88 ★★★ 8,95€

Correcto, aromático, corpulento, especiado, hierbas secas, maduro. Aroma: pimiento verde.

Altos de Inurrieta 2019 T R
54% graciano, 40% cabernet sauvignon, 3% syrah, 2% merlot, 1% garnacha

90 16,25€

Pulido. Color: cereza intenso. Aroma: hierbas secas, pan tostado, fruta negra. Boca: fruta madura, especiado, taninos maduros.

Inurrieta Mediodía 2023 RD
48% cabernet sauvignon, 14% merlot, 14% graciano, 13% garnacha, 10% syrah

89 ★★★★ 5,95€

Cítrico, fresco, frutal, herbal, correcto.

Inurrieta Mimao Garnacha 2022 T
100% garnacha

89 13,11€

Maduro, tostado, sabroso, jugoso. Boca: retronasal ahumado.

Inurrieta Mimao Garnacha Blanca 2021 B BA
100% garnacha blanca

88 13,11€

Equilibrado, especiado, maduro, lleno, hierbas secas.

Inurrieta Orchídea Cuvée 2021 B
100% sauvignon blanc

89 13,61€

Equilibrado, especiado, herbal, correcto.

DO NAVARRA / D.O.P.

DO NAVARRA / D.O.P.

Inurrieta Orchídea Sauvignon Blanc 2023 B
100% sauvignon blanc

88 ★★★★　　　　　　　7,51€

Cítrico, fresco, herbal, pulido.

Inurrieta Puro Vicio 2021 T
100% syrah

91　　　　　　　　　　26,76€

Color: cereza brillante. Aroma: especias dulces, fruta madura, roble cremoso. Boca: especiado, taninos maduros, sabroso, estructurado.

Laderas de Inurrieta 2020 T
100% graciano

91　　　　　　　　　　29,72€

Color: cereza intenso. Aroma: hierbas secas, roble cremoso, fruta negra. Boca: potente, fruta madura, especiado, taninos maduros.

BODEGA MARQUÉS MONTECIERZO

San José, 62
31590 Castejón (Navarra)
☎: +34 948 814 414
info@marquesdemontecierzo.com
www.marquesdemontecierzo.com

Emergente 2021 T C
70% tempranillo, 30% garnacha

86　　　　　　　　　　5€

Emergente Chardonnay 2023 B BA
100% chardonnay

87 ★★★★　　　　　　　6€

Emergente Rosado de Lágrima 2023 RD

88 ★★★★　　　　　　　4,5€

Frutal, maduro, muy primario, sencillo.

Marlauro Garnacha 25 Barricas 2022 T
100% garnacha

89 ★★★　　　　　　　10€

Sabroso, correcto, flores secas, maduro, frutal. Aroma: especias dulces.

Montecierzo Reserva 2018 T R
100% merlot

86　　　　　　　　　　8€

Montecierzo Rosé Lágrima 2023 RD
100% merlot

88 ★★★★　　　　　　　5€

Frutal, floral, maduro, goloso, silvestre.

BODEGA PAGO DE CIRSUS
Ctra. de Ablitas a Ribafora, Km. 5
31523 Ablitas (Navarra)
☎: +34 948 386 427
info@pagodecirsus.com
www.pagodecirsus.com

Pago de Cirsus 011 Selección 2018 T
93
Amable, opulento, pulido. Color: cereza oscuro. Aroma: tostado, especiado, cacao fino, fruta negra, hierbas secas. Boca: sabroso, tostado, fino amargor.

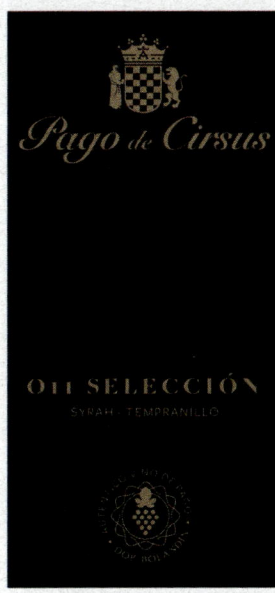

Pago de Cirsus Chardonnay 2023 B
90
Color: pajizo brillante, borde verdoso. Aroma: fruta fresca, cítricos, hierbas silvestres, hierbas verdes. Boca: fresco, frutoso, buena acidez, fino amargor, sabroso.

BODEGA PAGOS DE ARAIZ
Camino de Araiz, s/n
31390 Olite (Navarra)
☎: +34 948 926 963
info@bodegaspagosdearaiz.masaveu.com
www.bodegaspagosdearaiz.com

Blaneo Garnacha 2022 T
100% garnacha
90
Correcto, especiado, maduro, sabroso. Aroma: franco. Boca: cremoso, sabroso, varietal.

Blaneo Syrah 2021 T FB
100% syrah
89
Corpulento, equilibrado, especiado, sabroso, potente, maduro.

BODEGA REYNO DE ARTAJON
Avda. Diputación Foral de Navarra
31140 Artajona (Navarra)
☎: +34 948 364 060
info@coopartajona.es
www.bodegareynodeartajona.com

Reyno de Artajona 2021 T C
100% garnacha
85 .... 3,9€

Reyno de Artajona 2023 RD
100% garnacha
85 .... 3,5€

Viña El Dorre 2020 T C
90% tempranillo, 10% merlot
86 .... 3,9€

Viña El Dorre 2023 T
100% tempranillo
87 ★★★★ .... 2,5€

BODEGA TÁNDEM
Ctra. Pamplona - Logroño Km. 35,9
(A- 12 salida 34)
31292 Lácar (Navarra)
☎: +34 667 363 646
bodega@tandem.es
www.tandem.es

Ars Nova 2016 T
tempranillo, cabernet sauvignon, merlot
90
Color: cereza oscuro, borde granate. Aroma: fruta confitada, ebanistería, tabaco, especias dulces. Boca: especiado, taninos maduros, largo.

Incólume 2022 T
garnacha
92
Agradable, balsámico, frutal. Color: Cereza. Aroma: balsámico, especias dulces, hierbas de monte. Boca: especiado, balsámico, buena acidez.

Inmácula 2021 B FB
chardonnay, viura
91
Color: pajizo brillante. Aroma: fruta madura, lías finas, hierbas secas, arbusto. Boca: lleno, largo, buena acidez.

DO NAVARRA / D.O.P.

DO NAVARRA / D.O.P.

Inmune 2022 T
garnacha

89

Agradable, suave, sabroso, varietal.

Invoca 2022 T
garnacha

91

Color: cereza intenso. Aroma: fruta madura, hierbas secas, roble cremoso. Boca: potente, fruta madura, especiado, taninos maduros.

Mácula 2015 T
cabernet sauvignon, merlot

89

Agradable, amable, tostado, vegetal.

BODEGA Y VIÑEDOS UBETA
Ctra. Barillas- Malón, Km. 05
31523 Ablitas-Barillas (Navarra)
☎: +34 678 421 303
ubeta@ubetawines.com
www.ubetawines.com

Ubeta Airota 2022 B FB
garnacha blanca

88 🌱   17€

Corpulento, especiado, maduro, lleno, sabroso, tostado, madera marcada.

Ubeta Colección Ancestral (Parcela Meteluga) 2022 T BA
garnacha

90 🌱   19€

Correcto, frutal, muy primario. Color: cereza intenso. Aroma: fruta madura, hierbas secas, floral, franco, intensidad media. Boca: fruta madura, especiado, jugoso.

Ubeta Garnacha 2022 T FB
garnacha

88 ★★★★ 🌱   6€

Correcto, frutal, cítrico, especiado, sencillo, tostado.

Ubeta Garnacha Blanca 2023 B FB

87 ★★★★ 🌱   6€

Ubeta Rose 2023 RD
garnacha

90 ★★★★★ 🌱   6€

Equilibrado, herbal, lleno, maduro, golosinas.

BODEGAS ALCONDE
Ctra. de Calahorra, s/n
31260 Lerin (Navarra)
☎: +34 948 530 058
ventas@bodegasalconde.com
www.bodegasalconde.com

Alconde X01 Graciano 2016 T
graciano

89 ★★★★   7,5€

Equilibrado, especiado, maduro, sabroso, hierbas secas, mineral.

Moreno y Cabezón 2021 B
garnacha blanca

90   23€

Color: pajizo brillante. Aroma: lías finas, fruta blanca, hierbas silvestres. Boca: lleno, buena acidez.

Sardasol 2018 T R
tempranillo, cabernet sauvignon, merlot

88 ★★★★   7,7€

Balsámico, especiado, maduro, sabroso. Aroma: tierra húmeda, hierbas de monte, potente.

Sardasol 2023 RD
garnacha

88 ★★★★   4,4€

Fresco, frutal, herbal, muy primario.

Sardasol Tempranillo 2021 T C
tempranillo

88 ★★★★   6€

Maduro, equilibrado, hierbas secas, tostado.

Sierra Perra 2021 T
garnacha

88   19€

Fresco, frutal, hierbas secas, fluido.

BODEGAS BERAMENDI
Ctra. Tafalla, s/n
31495 San Martín de Unx (Navarra)
☎: +34 679 170 234
info@bodegasberamendi.com
www.bodegasberamendi.com

Beramendi 3 Flores 2020 T C
30% garnacha, 70% graciano

87   10,6€

Beramendi 3 Flores 2023 B
95% chardonnay, 5% moscatel

86   8€

Beramendi 3 Flores Garnacha 2023 RD
100% garnacha
86 .... 8€

Beramendi Chardonnay 2023 B
chardonnay
86 .... 6,5€

Beramendi Ensamblaje 2020 T C
50% tempranillo, 50% graciano
91 ★★★★★ 9,2€
Color: cereza intenso. Aroma: fruta madura, hierbas secas, roble cremoso, especiado, pimienta negra. Boca: potente, fruta madura, especiado, taninos maduros, frutoso, equilibrado, estructurado, cierta persistencia.

Beramendi Garnacha 2023 RD
100% garnacha
88 ★★★★ 6,9€
Cítrico, floral, frutal, herbal.

BODEGAS CAMPOS DE ENANZO S. COOP.
Mayor, 189
31521 Murchante (Navarra)
☎: +34 948 838 030
enologia@enanazo.com
www.camposenanzo.com

Remonte 2020 T C
garnacha, cabernet sauvignon, graciano
87 ★★★★ 6€

Remonte 2023 RD
garnacha
86 .... 5€

Remonte Chardonnay 2023 B
chardonnay
87 ★★★★ 5€

BODEGAS CAUDALIA
Cl. San Francisco Javier 14
31494 Lerga (Navarra)
☎: +34 670 833 340
info@bodegascaudalia.com
www.bodegascaudalia.com

Paal 01 100% Syrah 2022 T
syrah
89 11€
Frutal, fluido, especiado, amable, tostado.

Umea Garnacha 2023 T
50% garnacha, 50% garnacha roja
87 .... 9€

Umea Garnacha Blanca 2023 B
garnacha blanca
88 ★★★ 9€
Cítrico, fresco, herbal, correcto.

Umea Rosé 2023 RD
90% garnacha, 10% garnacha roja
88 ★★★ 9€
Cítrico, fresco, herbal, sencillo.

Xi'Ipal Garnacha Las Bajadas 2022 T
garnacha
90 23€
Color: cereza, borde violáceo. Aroma: expresión frutal, fruta roja, floral, especiado. Boca: sabroso, frutoso, buena acidez.

BODEGAS FERNÁNDEZ DE ARCAYA
La.Serna, 31
31210 Los Arcos (Navarra)
☎: +34 948 640 811
info@fernandezdearcaya.com
www.fernandezdearcaya.com

Fernández de Arcaya Selección Privada 2019 T R
100% cabernet sauvignon
91 25€
Clásico, cálido. Aroma: hierbas secas, regaliz negro, fruta negra, terroso. Boca: sabroso, varietal, lleno.

Viña Perguita 2020 T C
80% tempranillo, 15% cabernet sauvignon, 5% merlot
89 12€
Agradable, balsámico, correcto, especiado, maduro, herbal.

Viña Perguita 2022 T RB
85% tempranillo, 10% cabernet sauvignon, 5% merlot
86 8€

BODEGAS GRAN FEUDO
Ribera, 34
31592 Cintruénigo (Navarra)
☎: +34 932 233 022
info@granfeudo.com
www.granfeudo.com

Gran Feudo 2023 RD
100% garnacha
88 ★★★★ 4,79€
Frutal, herbal, amable, suave.

DO NAVARRA / D.O.P.

DO NAVARRA / D.O.P.

Gran Feudo Hoya de los Lobos Chardonnay 2023 B
chardonnay

88 ★★★★   7,1€
Frutal, herbal, maduro, correcto.

Gran Feudo La Casilla del Guapo 2022 T
100% garnacha

90 ★★★★★   7,35€
Color. cereza, borde violáceo. Aroma: expresión frutal, fruta roja, floral. Boca: frutoso, buena acidez, fácil de beber, cierta persistencia.

BODEGAS IÑAKI NÚÑEZ
San Prudencio, 13 4º Izda.
01005 Vitoria-Gasteiz (Araba/Álava)
☎ +34 945 140 126
ngarcia@arabafilms.com
www.bodegasiñakinuñez.es

Iñaki Núñez Vendimia Seleccionada 2021 T
100% garnacha

88 ★★★   8,95€
Equilibrado, especiado, hierbas secas, correcto.

BODEGAS IRACHE
Avda. de Monasterio de Irache, 1
31240 Ayegui (Navarra)
☎ +34 948 551 932
irache@irache.com
www.irache.com

Irache 18.91 2020 T C
tempranillo

89 ★★★★   7,05€
Amable, tostado, suave, maduro.

Irache 18.91 2023 T RB
89
Amable, tostado, sabroso, suave.

Irache 2019 T C
tempranillo, garnacha

88
Agradable, correcto, especiado, ahumado, sencillo, jugoso.

Irache 2023 RD
tempranillo, garnacha

88 ★★★★   4,1€
Herbáceo, equilibrado, fresco.

Irache Chardonnay 2023 B
chardonnay

84   4,1€

BODEGAS LA CASA DE LÚCULO
Ctra. Larraga, s/n
31150 Mendigorria (Navarra)
☎ +34 948 343 148
bodega@luculo.es
www.luculo.es

Cátulo Garnacha 2022 RD
garnacha

90 ★★★★★ 🌱   6,65€
Equilibrado, flores secas, lleno, maduro, sabroso.

Cátulo Garnacha 2023 RD
89 🌱
Agradable, flores secas, frutal, hierbas secas, maduro.

Cátulo Garnacha 2023 T
garnacha

88 ★★★★ 🌱   6,65€
Agradable, aromas nítidos, amable, correcto, flores secas, jugoso, muy primario, varietal.

Chloss Terroir 2023 T
garnacha

90 ★★★★★ 🌱   9,6€
Correcto, flores secas, maduro, jugoso, persistente, suave, sabroso, silvestre. Aroma: fruta roja, fruta madura. Boca: fácil de beber.

Lúculo Garnacha Blanca 2022 B
garnacha blanca

89 🌱   12,35€
Cítrico, correcto, maduro, lleno, herbal, notas de levadura.

BODEGAS LEZAUN

Egiarte, 1
31292 Lakar (Navarra)
☎: +34 948 541 339
info@lezaun.com
www.lezaun.com

Egiarte Rosado 2023 RD
100% garnacha
86 .... 3,7€

Lezaun 0,0 Sulfitos 2022 T
100% tempranillo
87 ★★★★ .... 5€

Lezaun 2018 T R
graciano, garnacha, cabernet sauvignon
90 ★★★ .... 12,2€
Confitado, corpulento. Aroma: fruta confitada, fruta al licor, potente, cera. Boca: sabroso, dulcedumbre, largo.

Lezaun 2020 T C
tempranillo, graciano
89 ★★★ .... 9,2€
Amable, cremoso, especiado, maduro, sabroso, agradable.

Lezaun Gazaga 2021 T RB
tempranillo, graciano, cabernet sauvignon
89 ★★★★ .... 7€
Corpulento, correcto, especiado, jugoso, persistente, maduro.

Lezaun Tempranillo 2023 T MC
100% tempranillo
89 ★★★★ .... 5€
Agradable, correcto, muy primario, frutal, aromas nítidos. Boca: sabroso, fácil de beber.

BODEGAS LUIS GURPEGUI MUGA

Avda. Celso Muerza, 8
31570 San Adrián (Navarra)
☎: +34 948 692 500
info@manzanos.com
www.luisgurpeguimuga.com

Diacono 2023 RD
87

BODEGAS MALON DE ECHAIDE

Ctra. de Tarazona, 33
31500 Cascante (Navarra)
☎: +34 948 851 411
info@malondeechaide.com
www.malondeechaide.com

Corazón de Malón 2023 RD
100% garnacha
86 .... 5,9€

Malón de Echaide 2023 B
100% chardonnay
84 .... 5,1€

Malón de Echaide 2023 RD
85 .... 4,5€

Moscatel Reinuevo 2023 B D
moscatel grano menudo
90 ★★★★★ .... 10€
Color: amarillo brillante. Aroma: notas amieladas, floral, expresivo. Boca: graso, frutoso, sabroso.

Plandenas Cuveé Selección 2020 T
60% tempranillo, 40% cabernet sauvignon
85 .... 8,4€

Viña Parot Gran Cuveé 2019 T R
85% cabernet sauvignon, 15% tempranillo
82 .... 16€

BODEGAS MANZANOS CAMPANAS

Avda. Zaragoza, 1
31398 Campanas (Navarra)
☎: +34 948 692 500
haro@manzanos.com
www.bodegasmanzanos.com

1864 Castillo de Olite 2018 T R
garnacha, tempranillo, cabernet sauvignon
90 .... 17,25€
Clásico. Aroma: fruta negra, fruta madura, tabaco, fina reducción, hierbas secas. Boca: potente, sabroso.

1864 Castillo de Olite 2020 T C
garnacha, tempranillo
90 ★★★★ .... 11,31€
Color: Cereza. Aroma: balsámico, hierbas de monte, fruta madura. Boca: especiado, balsámico, jugoso, fácil de beber.

DO NAVARRA / D.O.P.

DO NAVARRA / D.O.P.

1864 Castillo de Olite Chardonnay 2023 B FB
chardonnay

90 ★★★★ 11,31€

Color: amarillo brillante. Aroma: roble cremoso, fruta madura, fruta de hueso, tostado. Boca: graso, largo, fino amargor.

Las Campanas 2018 T R
cabernet sauvignon, merlot, tempranillo

88 ★★★ 8,46€

Correcto, tostado, hierbas secas, maduro, balsámico.

Las Campanas 2020 T C
garnacha, cabernet sauvignon, merlot, tempranillo

88 ★★★★ 6,85€

Hierbas secas, maduro, sabroso, especiado.

Las Campanas 2023 B
chardonnay

86

Las Campanas 2023 RD
garnacha

87 ★★★★ 6,32€

Las Campanas Rosé 2023 RD PL
garnacha

87 ★★★★ 6,85€

Las Campanas Tempranillo 2023 T
tempranillo

85 6,32€

BODEGAS MARCO REAL
Rua Romana 81
31390 Olite (Navarra)
☎: +34 948 712 193
enoturismo@grupolanavarra.com
www.bodegasmarcoreal.com

Homenaje 2023 RD
garnacha

87

Marco Real Finca la Pared Chardonnay 2021 B
chardonnay

89 25€

Reductivo. Aroma: lías finas, fruta de hueso, fruta confitada, pan tostado. Boca: fino amargor.

Marco Real Finca la Pared Rosé 2023 RD
garnacha

87 22€

Marco Real Pequeñas Producciones Chardonnay 2023 B
chardonnay

88 10€

Agradable, tropical, correcto, suave, sencillo.

Marco Real Pequeñas Producciones Rosé 2023 RD
garnacha

89 ★★★ 10€

Frutal, sencillo, silvestre, suave, boca correcta. Aroma: fruta de hueso.

Marco Real Pequeñas Producciones Sauvignon Blanc 2023 B
sauvignon blanc

88 10€

Aromático, balsámico, correcto, herbal, silvestre.

Marco Real Pequeñas Producciones Syrah 2022 T RB
100% syrah

90

Color: cereza brillante, cereza intenso. Aroma: fruta madura, especiado. Boca: fruta madura, taninos maduros, frutoso, jugoso.

Marco Real Selección de Familia 2018 T C
34% cabernet sauvignon, 22% merlot, 22% graciano, 22% syrah

88

Clásico, tostado, maduro. Aroma: cuero mojado.

BODEGAS OCHOA
Miranda de Arga, 35
31390 Olite (Navarra)
☎: +34 948 740 006
info@bodegasochoa.com
www.bodegasochoa.com

Ochoa 2015 T R
60% tempranillo, 30% merlot, 10% cabernet sauvignon

89 20€

Herbáceo, con vejez, especiado, maduro, tostado.

Ochoa 8A La Foto de 1938 2021 T C
40% tempranillo, 25% garnacha, 20% merlot, 15% graciano

88 ★★★★ 🌱 8€

Amable, boca correcta, especiado, maduro, sencillo.

Ochoa Moscatel Vendimia Tardía Dulce 2022 B MO D
100% moscatel

90 15€

Agradable, cítrico. Aroma: notas amieladas, fruta sobremadura, piel de naranja. Boca: sabroso, cremoso, fácil de beber, dulce.

Ochoa Rosado de Lágrima 2023 RD
40% garnacha, 40% merlot, 20% cabernet sauvignon

87 ★★★★ 🍷   7€

Ochoa Tempranillo 2021 T C
100% tempranillo

87 🍷   9€

BODEGAS PIEDEMONTE
Rúa Romana s/n
31390 Olite (Navarra)
☎: +34 948 712 406
bodega@piedemonte.com
www.piedemonte.com

Piedemonte 2019 T R
merlot, cabernet sauvignon, tempranillo

91 ★★★★★   10,05€
Color: cereza intenso. Aroma: fruta madura, hierbas secas, hierbas silvestres, cacao fino. Boca: potente, fruta madura, especiado, taninos maduros.

Piedemonte Chardonnay 2023 B
chardonnay

88   9,2€
Agradable, aromático, frutal, correcto, equilibrado, sencillo. Aroma: plátano.

Piedemonte Cuatro Tierras 2021 T C
merlot, cabernet sauvignon, tempranillo, garnacha

89 ★★★★   7,45€
Equilibrado, especiado, hierbas secas, maduro, sabroso.

Piedemonte Gamma 2023 T
cabernet sauvignon, merlot, tempranillo

87 ★★★★   4,85€

Piedemonte Moscatel 2023 B MO D
moscatel

87   9,72€

Piedemonte Old Vines Garnacha 2019 T C
garnacha

87   11,4€

BODEGAS PRÍNCIPE DE VIANA
Mayor 191
31521 Murchante (Navarra)
☎: +34 948 838 640
info@principedeviana.com
www.principedeviana.com

Príncipe de Viana 1423 2019 T R
85% tempranillo, 15% garnacha

91   22€
Color: cereza brillante, cereza intenso. Aroma: roble cremoso, especias dulces, fruta madura, chocolate. Boca: jugoso, largo, taninos maduros.

Príncipe de Viana 2019 T R
100% tempranillo

88 ★★★   9€
Agradable, correcto, aromático, tostado, ahumado, especiado.

Príncipe de Viana 2020 T C
tempranillo, merlot, cabernet sauvignon

88
Con vejez, especiado, algo apagado, boca correcta, herbal, maduro.

Príncipe de Viana Aniversario 2018 T R
40% tempranillo, 29% syrah, 25% cabernet sauvignon, 6% garnacha

91   42€
Color: cereza intenso. Aroma: hierbas secas, roble cremoso, fruta negra, especias dulces. Boca: potente, fruta madura, especiado, taninos maduros.

DO NAVARRA / D.O.P.

VINOS DE ESPAÑA

DO NAVARRA / D.O.P.

Príncipe de Viana Edición Blanca 2023 B
50% garnacha blanca, 35% chardonnay, sauvignon blanc
91 ★★★★★ 9€
Color: amarillo brillante. Aroma: fruta fresca, hierbas silvestres, fruta blanca, flores marchitas. Boca: fresco, frutoso, buena acidez, fino amargor, equilibrado.

Príncipe de Viana Edición Limitada 2020 T C
65% tempranillo, 29% syrah, 6% garnacha
88 ★★★ 9€
Equilibrado, especiado, hierbas secas, pulido, correcto.

Príncipe de Viana Edición Rosa 2023 RD
100% garnacha
91 ★★★★★ 9€
Color: rosáceo pálido. Aroma: fruta roja, floral, hierbas de tocador. Boca: ligero, especiado, buena acidez.

Príncipe de Viana Garnacha 2023 RD
88
Amable, maduro, frutal, flores secas.

BODEGAS SAN MARTÍN
Ctra. de Sanguesa, s/n
31495 San Martín de Unx (Navarra)
☎: +34 948 738 294
admon@bodegasanmartin.com
www.bodegasanmartin.com

Alma de Unx 2022 T
garnacha
89 ★★★★ 8,5€
Especiado, lleno, maduro, tostado.

Alma de Unx 2023 B BA
garnacha blanca
90 ★★★★★ 8€
Color: pajizo. Aroma: expresivo, flores blancas, jazmín, hierbas secas. Boca: sabroso, frutoso, equilibrado, fresco.

Alma de Unx 2023 RD
garnacha
89 ★★★★ 8€
Agradable, sabroso, frutal, aromático.

Ilagares 2023 RD
garnacha
88 ★★★★ 4,5€
Agradable, frutal, fresco.

Ilagares Garnacha 2023 T
garnacha
87 ★★★★ 4,95€

La Matacalva 2022 T
garnacha
89 ★★★★ 7€
Especiado, hierbas secas, maduro, tostado.

BODEGAS Y VIÑEDOS ARTAZU
Ctra. Puentelarreina
31109 Artazu (Navarra)
☎: +34 945 600 119
comunicacion@artadi.com
www.bodegasartazu.com

Artazu Pasos de San Martín 2020 T
92 ⚘
Reductivo. Color: cereza brillante. Aroma: fruta negra, fruta madura, con carácter, hierbas secas. Boca: estructurado, lleno, sabroso.

Artazu Santa Cruz de Artazu 2021 B
garnacha blanca
92 ⚘
Color: pajizo. Aroma: expresivo, flores blancas, jazmín, hierbas secas, cera. Boca: sabroso, frutoso, equilibrado.

Artazu Santa Cruz de Artazu 2021 T
94 ⚘
Con tensión, sabroso. Color: Cereza. Aroma: balsámico, especias dulces, hierbas de monte, expresión frutal, fruta roja. Boca: especiado, balsámico, buena acidez.

Artazuri 2023 RD
90 ⚘
Color: cobrizo. Aroma: fruta madura, fruta confitada, cálido, flores marchitas. Boca: carnoso, sabroso, potente, fruta madura.

CASTILLO DE MONJARDÍN
Ctra. General, s/n
31242 Villamayor de Monjardin (Navarra)
☎: +34 948 537 412
contacto@monjardin.es
www.monjardin.es

Castillo de Monjardín Chardonnay 2022 B FB
100% chardonnay
90 ★★★★★ 9,62€
Color: amarillo brillante. Aroma: flores secas, fruta escarchada, lías finas, pastelería, tostado, roble cremoso. Boca: redondo, especiado, largo, persistente.

Castillo de Monjardín Rosado de Lágrima 2023 RD
garnacha, cabernet sauvignon
90 ★★★★★ 6,29€
Color: rosa vivo. Aroma: expresión frutal, fruta roja, lácticos, floral. Boca: equilibrado, retronasal afrutado, fácil de beber.

Castillo de Monjardín Deyo Merlot de Autor 2019 T C
92
Color: cereza oscuro, borde granate. Aroma: fruta madura, ebanistería, tabaco, especias dulces. Boca: especiado, taninos maduros, largo.

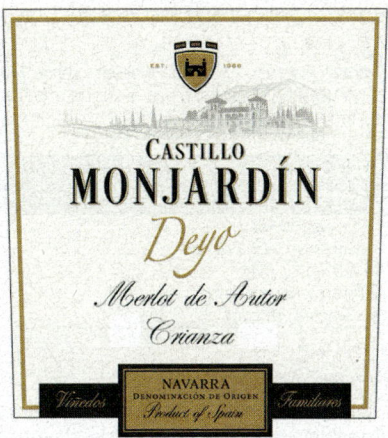

Castillo Monjardín Cabernet Sauvignon Superior 2018 T R
91
Color: cereza intenso, borde granate. Aroma: ebanistería, fruta madura, cacao fino, habano, tostado. Boca: sabroso, especiado, tostado, taninos potentes.

EMILIO VALERIO
Paraje de Argonga
31263 Dicastillo (Navarra)
☎: +34 667 753 497
bodega@bodegasemiliovalerio.es
www.bodegasemiliovalerio.com

Amburza 2021 T BA
cabernet sauvignon
87 🌱   12€

Emilio Valerio 2021 T
garnacha, tempranillo, cabernet sauvignon, merlot, graciano
90 ★★★★★ 🌱   9€
Con oscuridad, correcto, maduro. Aroma: fina reducción, notas almizcladas, fruta negra. Boca: sabroso, largo.

La Merced 2019 B FB
malvasía, garnacha blanca, viura
91 🌱   19€
Color: amarillo brillante. Aroma: potente, roble cremoso, fruta madura, especiado, flores marchitas. Boca: graso, tostado, fino amargor, fresco, cierta sobremaduración.

Viña de Aranbelza 2017 T
garnacha
91 🌱   37€
Color: cereza oscuro. Aroma: incienso, con oscuridad, especiado, pimienta negra, notas cárnicas, notas almizcladas. Boca: equilibrado, complejo.

Viña de Mirabuenas 2015 B
garnacha blanca
93 🌱   37€
Clásico. Color: pajizo brillante. Aroma: fruta madura, lías finas, coco, especias dulces, piedra seca. Boca: lleno, especiado, sabroso.

Viña de San Martín 2016 T
garnacha
91 🌱   37€
Color: cereza, borde granate. Aroma: potente, hierbas secas, hierbas silvestres, regaliz negro, fruta negra. Boca: sabroso, largo, taninos maduros.

FAUSTINO RIVERO ULECIA
Ctra. de Tudela, s/n.
31591 Corella (Navarra)
☎: +34 941 380 057
www.faustinorivero.com

Doña Isabella Garnacha 2023 T
garnacha
90 ★★★★★   7€
Color: cereza intenso. Aroma: hierbas secas, roble cremoso, fruta negra, fruta madura. Boca: fruta madura, especiado, taninos maduros.

Doña Isabella Rosé 2023 RD
90 ★★★★★   7€
Color: rosáceo pálido. Aroma: fruta roja, floral, hierbas de tocador, expresión frutal. Boca: especiado, buena acidez, fino amargor.

Faustino Rivero Ulecia Garnacha 2023 RD
garnacha
89 ★★★★   3,75€
Agradable, floral, frutal.

DO NAVARRA / D.O.P.

DO NAVARRA / D.O.P.

FINCA ALBRET
Ctra. Cadreita-Villafranca, s/n
31515 Cadreita (Navarra)
☎: +34 948 406 806
info@fincaalbret.com
www.fincaalbret.com

**Albret El Alba
Chardonnay 2023 B FB**
100% chardonnay

90 ★★★★ 12€
Color: amarillo brillante. Aroma: fruta madura, floral, notas tropicales, hierbas silvestres. Boca: frutoso, equilibrado, sabroso, especiado, tostado.

Albret El Balcón 2020 T C
51% tempranillo, 40% cabernet sauvignon, 9% syrah

91 ★★★★★ 9€
Color: cereza brillante. Aroma: especias dulces, fruta madura, chocolate. Boca: frutoso, especiado, taninos maduros.

Albret La Viña de mi Madre 2019 T R
100% cabernet sauvignon

94 26€
Clásico, elegante. Color: Cereza. Aroma: balsámico, especias dulces, hierbas de monte, terroso, hierbas silvestres. Boca: especiado, balsámico, buena acidez, taninos maduros.

Albret El Rocío 2023 RD
100% garnacha

90 ★★★★★ 9€
Color: frambuesa, borde violáceo. Aroma: expresión frutal, fruta roja, floral. Boca: frutoso, buena acidez, fácil de beber.

Albret La Loma Garnacha 2022 T RB
100% garnacha

90 ★★★★★ 8€
Color: cereza, borde violáceo. Aroma: expresión frutal, fruta roja, floral. Boca: frutoso, sabroso, equilibrado.

Albret Lastra 2019 T R
66% tempranillo, 24% cabernet sauvignon, 10% syrah

90 ★★★★ 12€
Color: cereza intenso. Aroma: hierbas secas, roble cremoso, fruta negra. Boca: fruta madura, especiado, taninos maduros.

FINCA LA CANTERA DE SANTA ANA
Cantera de Santa Ana, s/n
31521 Murchante (Navarra)
☎: +34 656 658 007
vinos@fincalacantera.com
www.fincalacantera.com

Meik 2019 T
cabernet sauvignon, merlot, syrah, garnacha

91 ★★★★ 12,85€
Color: Cereza. Aroma: balsámico, especias dulces, hierbas de monte, con carácter, terroso. Boca: especiado, balsámico, buena acidez.

Nomeolvides 2021 T
garnacha

90 ★★★ 12,85€
Aromático, frutal, herbal, correcto, silvestre, jugoso, varietal. Boca: taninos finos, fácil de beber.

**Nomeolvides
Garnacha 2023 RD**
garnacha

89 ★★★ 9,5€
Agradable, aromático, correcto, frutal, suave, golosinas, cítrico, láctico.

Nomeolvides Viura 2023 B
viura

89 ★★★ 9,5€
Cítrico, equilibrado, fresco, herbal, sabroso.

GALLINA DE PIEL WINES
17005 Girona (Girona)
info@gallinadepielwines.com
www.gallinadepielwines.com

Pinkgall 2023 RD
95% garnacha, 5% otras

87 9,95€

GONZALO CELAYETA WINES

Barrandón, 6
31390 Olite (Navarra)
☎: +34 639 010 119
info@gonzalocelayetawines.com
www.gonzalocelayetawines.com

El Duende 2021 T
garnacha

92   25€

Aromas nítidos. Aroma: fresco, hierbas silvestres, expresivo, fruta madura. Boca: muy vivo, jugoso, frutoso, fresco, varietal, fácil de beber, crujiente.

El Piano 2021 T
garnacha

90 ★★★★   11€

Flores secas, frutal, jugoso. Aroma: fruta madura, hierbas secas. Boca: fruta madura, especiado, taninos maduros.

Huracán Daniela 2023 B FB
garnacha blanca, viura, chardonnay

91 ★★★★★   11,5€

Aromático. Aroma: arcilloso, terroso, fruta blanca, fruta madura, floral. Boca: jugoso, buena acidez, equilibrado.

Huracán Daniela Cuvee 2020 B
70% garnacha blanca, 15% chardonnay, 15% viura

93   25€

Color: pajizo. Aroma: fruta madura, hierbas secas, flores marchitas, panadería, lías finas, roble cremoso, fósforo. Boca: fruta madura, equilibrado, sabroso, especiado, largo.

La Huella de Aitana 2023 RD
garnacha

90 ★★★★   11,5€

Color: cereza claro, brillante. Aroma: fresco, fruta roja, floral, expresivo, equilibrado. Boca: frutoso, equilibrado, fino amargor.

La Huella de Aitana Cuvée Zen 2021 RD C
garnacha

92   25€

Con potencial. Color: salmón. Aroma: frutos secos, terroso, arcilloso, elegante. Boca: jugoso, muy vivo, elegante.

HEREDADE DO PESO

Ctra. Estella-Sangüesa, km. 45
31495 San Martín de Unx (Navarra)
☎: +34 641 107 238
info@bodegasmaximoabete.com
www.bodegasmaximoabete.com

Guerinda El Máximo 2022 T BA
garnacha

88 🌱   11€

Con oscuridad, equilibrado, especiado, hierbas secas.

Guerinda Parcelas de Garnacha "Vino de Pueblo" 2022 T
garnacha

90   18€

Color: cereza, borde violáceo. Aroma: expresión frutal, fruta roja, floral, lías finas. Boca: frutoso, sabroso, equilibrado.

Guerinda Parcelas de Garnacha "La Abejera" 2022 T
garnacha

92 🌱   22€

Color: cereza, borde violáceo. Aroma: fruta roja, floral, especiado, notas almizcladas. Boca: sabroso, frutoso, cálido.

Guerinda Parcelas de Garnacha "Muriomozo" 2022 T BA

84 🌱

Guerinda Parcelas de Garnacha "Txirolas, Quitana y Bilarraga"" 2022 T BA

91 ★★★   15€

Color: cereza, borde violáceo. Aroma: expresión frutal, fruta roja, floral, especiado. Boca: sabroso, frutoso, buena acidez.

Guerinda+ La Rosa 2022 RD
garnacha

89 🌱   15€

Frutal, flores secas, hierbas secas, maduro, sabroso, silvestre.

Guerinda+ La Roya Blanc de Noir 2023 B
garnacha

88 🌱   12€

Afilado, cítrico, acidez marcada, notas de levadura.

DO NAVARRA / D.O.P.

DO NAVARRA / D.O.P.

LA CALANDRIA. PURA GARNACHA
Calle Mayor, 189
31521 Murchante (Navarra)
☎: +34 609 476 387
javier@lacalandria.org
www.lacalandria.com

Cientruenos 2021 T BA
100% garnacha

88   12,5€

Maduro, hierbas secas, tostado, algo secante.

Sonrojo 2023 RD
100% garnacha

88 ★★★   8,7€

Amable, correcto, frutal, herbal, aromas nítidos.

Volandera 2022 T
100% garnacha

89 ★★★★   8,7€

Equilibrado, especiado, hierbas secas, maduro.

LMT WINES (LUIS MOYA)
Cerro Amurdi
31190 Cizur Menor (Navarra)
☎: +34 645 841 928
hola@lmtwines.com
www.lmtwines.com

Kimera 2021 T
garnacha

90 ★★★   14€

Aromas nítidos, correcto, frutal, muy primario, silvestre, floral, varietal, suave. Boca: fruta madura, fácil de beber.

NEKEAS
Las Huertas, s/n
31154 Añorbe (Navarra)
☎: +34 948 350 296
nekeas@nekeas.com
www.nekeas.com

25 Vendimias 2023 B
100% garnacha blanca

89   12,5€

Herbal, frutal, maduro, silvestre.

El Camino de Nekeas 2022 T RB
40% garnacha, 30% tempranillo, 30% syrah

86   8€

El Rincón de Nekeas 2023 B
100% chardonnay

89 ★★★★   8€

Cítrico, herbal, maduro, sabroso, silvestre.

Izar de Nekeas 2017 T R
cabernet sauvignon, tempranillo, merlot

88   19,5€

Con vejez, especiado, herbáceo, tostado.

Los Olivos de Nekeas 2017 T R
50% cabernet sauvignon, 50% merlot

90 ★★★   12,5€

Clásico. Color: cereza oscuro, borde granate. Aroma: fruta confitada, ebanistería, tabaco, especias dulces, hierbas secas. Boca: especiado, taninos maduros, largo.

PAGO DE LARRÁINZAR
Camino de la Corona, s/n
31240 Ayegui (Navarra)
☎: +34 948 550 421
info@pagodelarrainzar.com
www.pagodelarrainzar.com

Rosado de Larrainzar 2023 RD
80% merlot, 20% tempranillo

87   12€

UNSI
Rúa Alcalde Maillata, 3C
31390 Olite (Navarra)
☎: +34 689 482 741
unsi@unsiwines.com
www.unsiwines.com

Unsi "Finca El Boyeral" 2018 T BA
100% garnacha

88   36€

Algo caído, sobremaduro. Color: cereza intenso. Aroma: hierbas secas, fruta negra. Boca: potente, fruta madura, especiado, taninos maduros.

Unsi "Finca Lasierra" 2017 T
100% garnacha

91   36€

Color: cereza intenso. Aroma: fruta madura, hierbas secas, roble cremoso, especiado. Boca: fruta madura, especiado, taninos maduros.

Unsi "Terrazas Blanco" 2022 B BA
garnacha blanca

89   12,95€

Frutal, maduro, sabroso, hierbas secas.

Unsi "Terrazas" 2020 T
100% garnacha

90 ★★★   12,95€

Agradable, aromas nítidos, jugoso, suave. Aroma: floral, expresión frutal. Boca: varietal, equilibrado, fácil de beber.

Unsi Dulce Garnacha RF RC D
garnacha

92   32€

Color: oro viejo. Aroma: con carácter, franco, rancio. Boca: especiado, largo, persistente, sabroso, lleno, buena acidez, dulce.

VALDELARES BODEGA Y VIÑA

Ctra. Eje del Ebro, km. 60
31579 Cárcar (Navarra)
☎: +34 616 116 703
valdelares@valdelares.com
www.valdelares.com

Valdelares 2021 T C
87

Valdelares 2023 RD
87

Valdelares Alta Expresión 2021 T C
87

Valdelares Chardonnay 2023 B
86

Valdelares Moscatel 2023 B MO
moscatel
87

Valdelares Sauvignon Blanc 2023 B
86

VINOS Y VIÑEDOS DOMINIO LASIERPE

Ribera, s/n
31592 Cintruénigo (Navarra)
☎: +34 948 811 033
comercial@dominiolasierpe.com
www.dominiolasierpe.com

Dominio Lasierpe 1920 Centenario 2020 T
100% garnacha

89 ★★★   9,95€

Correcto, especiado, hierbas secas, flores secas, sabroso, equilibrado, maduro.

Finca Lasierpe Blanco de Viura 2023 B
100% viura

85   2,95€

Finca Lasierpe Chardonnay 2023 B
100% chardonnay

85   4,6€

Finca Lasierpe Garnacha 2023 RD
100% garnacha

87 ★★★★   2,95€

Flor de Lasierpe Garnacha 2023 RD PL
100% garnacha

87 ★★★★   4,6€

Flor de Lasierpe Tinto Selección Garnacha 2022 T
100% garnacha

87 ★★★★   4,79€

VIÑA PALACIOS

Cerco de Fuera, 10
31390 Olite (Navarra)
☎: +34 616 055 414
bodega@vinapalacios.es
www.vinapalacios.es

La Carra Cabra 2022 T
garnacha

92 ★★★★★   11,5€

Elegante, con oscuridad. Color: cereza, borde violáceo. Aroma: floral, especiado, hierbas secas, fruta negra, fruta roja, fruta madura, sotobosque. Boca: sabroso, frutoso, tanino sedoso.

Trifinio 2022 T
garnacha

90   25€

Color: cereza intenso. Aroma: hierbas secas, roble cremoso, fruta roja, fruta negra, especias dulces. Boca: fruta madura, especiado, taninos maduros, sabroso.

VIÑA ZORZAL WINES

Ctra. del Villar, s/n
31591 Corella (Navarra)
☎: +34 948 780 617
info@vinazorzalwines.com
www.vinazorzalwines.com

**Viña Zorzal
4 del 4 2021 T**
100% graciano

93

Balsámico, muy vivo, silvestre, con oscuridad. Color: cereza, borde granate. Aroma: fruta roja, toques silvestres, fresco, franco, expresivo. Boca: jugoso, frutoso, persistente, buena acidez, con tensión.

**Viña Zorzal
4 del 4 2022 T**
100% graciano

93

Balsámico, muy vivo, silvestre, con oscuridad. Color: cereza, borde granate. Aroma: fruta roja, toques silvestres, fresco, franco, expresivo. Boca: jugoso, frutoso, persistente, buena acidez, con tensión.

DO NAVARRA / D.O.P.

DO NAVARRA / D.O.P.

Viña Zorzal Bakan 2023 T
94

Color: cereza, borde violáceo. Aroma: expresión frutal, floral, especiado, fruta negra, hierbas silvestres, terroso. Boca: sabroso, frutoso, buena acidez, largo, con tensión.

Viña Zorzal Garnacha Blanca 2022 B
garnacha blanca

91

Color: pajizo brillante. Aroma: expresión frutal, fruta madura, hierbas secas, flores secas, expresivo. Boca: sabroso, fresco, buena acidez, retronasal afrutado, frutoso.

Viña Zorzal Golerga 2022 T
100% garnacha

93 ★★★★ 18€

Complejo. Color: cereza intenso. Aroma: fruta madura, hierbas secas, balsámico. Boca: fruta madura, especiado, taninos maduros.

Viña Zorzal Señora de las Alturas 2022 B
viura, garnacha blanca

93 25€

Aromático, complejo. Color: amarillo brillante. Aroma: roble cremoso, fruta madura, especiado. Boca: graso, estructurado, largo, tostado, fino amargor.

🏆 **PODIO**

Viña Zorzal Señora de las Alturas 2022 T
95

Con tensión, aromas nítidos. Color: cereza, borde violáceo. Aroma: expresión frutal, fruta roja, floral, especiado, hierbas de tocador. Boca: sabroso, frutoso, buena acidez, largo.

Viñas Zorzal Malayeto 2022 T
92

Color: cereza poco intenso. Aroma: hierbas silvestres, hierbas verdes, fruta madura, franco. Boca: frutoso, jugoso, fácil de beber, con tensión, crujiente, balsámico.

DO. PENEDÈS
CONSEJO REGULADOR

Plaça Àgora. s/n.
Pol. Ind. Domenys, II
08720 Vilafranca del Penedès (Barcelona)
☎: +34 938 904 811
@: dopenedes@dopenedes.cat
www.dopenedes.cat

SITUACIÓN:

En la provincia de Barcelona, entre la sierra prelitoral catalana y las llanuras que llegan a la costa mediterránea. Se pueden distinguir tres áreas diferenciadas: Penedès Superior, Penedès Central o Medio y Bajo Penedès.

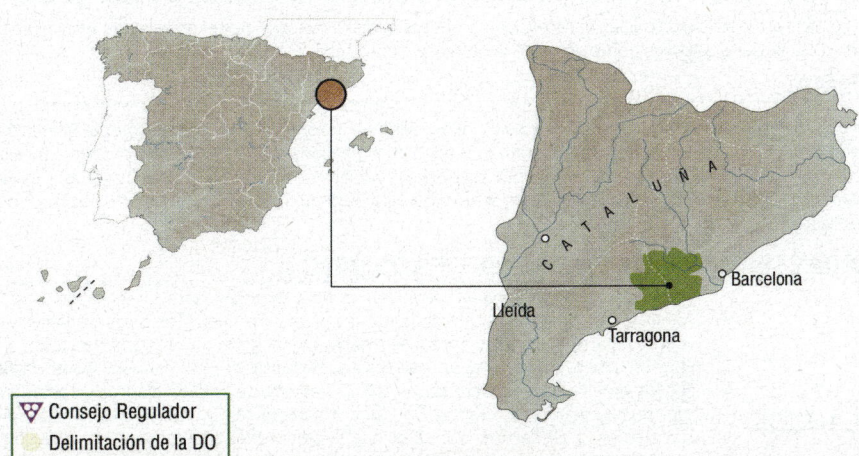

▽ Consejo Regulador
○ Delimitación de la DO

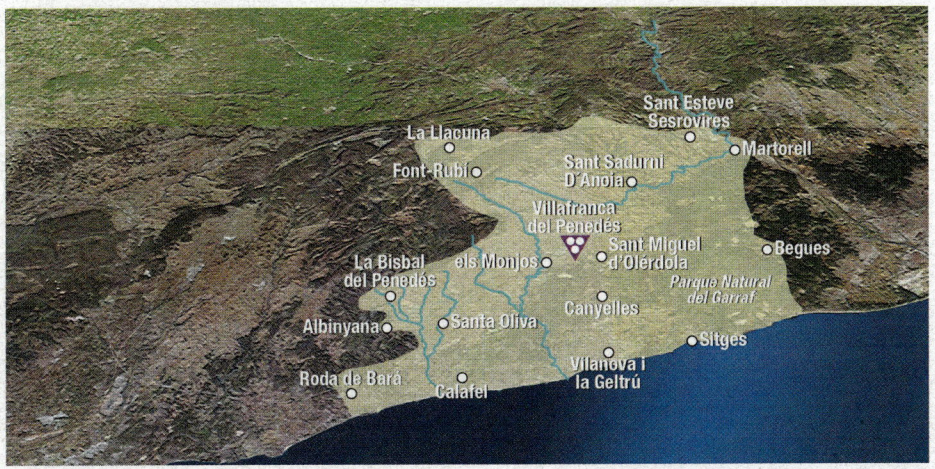

DO PENEDÈS / D.O.P.

SUBZONAS:

Penedès Superior: el viñedo puede llegar a alcanzar los 800 metros de altitud; la variedad tradicional característica es la parellada, que se adapta mejor a zonas más frescas.

Penedès Central o Medio.: gran parte de la producción de esta zona se destina a la elaboración de cava; las variedades tradicionales más abundantes son la macabeo y la xarel.lo.

Bajo Penedès: es la zona más cercana al mar, con menor altitud y vinos de marcado carácter mediterráneo.

VARIEDADES:

BLANCAS: macabeo, xarel.lo, parellada, chardonnay, riesling, gewürztraminer, chenin blanc, moscatel de Alejandría, garnatxa blanca, sumoi blanca, forcada y viognier.

TINTAS: garnacha, merlot, cariñena, ull de llebre (tempranillo), pinot noir, monastrell, cabernet sauvignon syrah, sumoll, moneu y petit verdot.

DATOS CONSEJO REGULADOR:

Nº Has. Viñedo: 4.678 – **Nº Viticultores:** 1.980 – **Nº Bodegas:** 150 – **Cosecha 23:** SC – **Producción 23:** 16.200.00 L – **Comercialización:** 75% Nacional - 25% Internacional.

SUELOS:

Se encuentran tierras profundas, ni demasiado arenosas ni muy arcillosas, permeables y que retienen bien el agua de la lluvia. El suelo es pobre en materia orgánica y poco fértil.

CLIMA:

De tipo mediterráneo, en general cálido y suave; más cálido en la zona del Bajo Penedès por la influencia del Mediterráneo, con temperaturas ligeramente más bajas en el Penedès Medio y en el Penedès Superior, donde se dan características propias del clima prelitoral (mayor contraste entre temperaturas máximas y mínimas, heladas más frecuentes e índices de lluvias que, en algunos lugares, pueden alcanzar los 990 litros por metro cuadrado).

CARACTERÍSTICAS GENERALES DE LOS VINOS

BLANCOS
Los clásicos de la zona, elaborados con las variedades xarel.lo, macabeo, parellada destacan por su carácter afrutado y gran ligereza. Son vinos frescos, agradables y para beber en el año. Los fermentados en barrica, principalmente monovarietales de xarel.lo y macabeo, poseen mayor capacidad de aguantar el paso del tiempo por el aporte de los taninos de la madera. Otro capítulo importante es el de blancos de chardonnay, ya sean jóvenes (afrutados, con notas alimonadas y buen carácter varietal) o fermentados en barrica, que combinan la personalidad frutal de la chardonnay con notas cremosas del roble. Existe una nueva tendencia de elaboración del xarel.lo en el que se busca extraer al máximo los rasgos más mediterráneos. De color amarillo brillante o casi dorados, destacan por sus aromas a flores marchitas y frutos secos, y por poseer un paso por boca más maduro y graso.

ROSADOS
De estilo moderno, color rosáceo-frambuesa, potentes, aromáticos y frescos. Se elaboran a partir de variedades tan diferentes como tempranillo, cabernet, merlot o pinot noir

TINTOS
Los elaborados con uvas autóctonas, generalmente a partir de garnacha y tempranillo, son tintos jóvenes, agradables y fáciles de beber. Respecto a los de crianza en madera, pueden proceder de variedades foráneas (fundamentalmente cabernet sauvignon y merlot), o combinar éstas con uvas locales. Integran las notas de maderas finas con aromas frutales de buena intensidad; en boca, son concentrados y carnosos.

CALIFICACIÓN DE COSECHAS DE VINOS JÓVENES GUÍAPEÑÍN

2019	2020	2021	2022	2023
MUY BUENA	MUY BUENA	MUY BUENA	MUY BUENA	BUENA

ALBET I NOYA
Can Vendrell de la Codina, s/n
08739 Sant Pau D'Ordal (Barcelona)
☎: +34 938 994 812
info@albetinoya.cat
www.albetinoya.cat

Albet i Noya El Bosc Negre 2021 B
100% xarel.lo

93 26€
Color: pajizo brillante. Aroma: expresión frutal, fruta madura, floral, fruta blanca, notas anisadas, flores marchitas. Boca: sabroso, fresco, buena acidez, retronasal afrutado, equilibrado, cierta persistencia.

Albet i Noya El Corral Cremat 2013 BE GR BR
xarel.lo

94 70€
Color: dorado brillante. Aroma: lías finas, hierbas de tocador, con carácter, frutos secos, fruta blanca. Boca: sabroso, buena acidez, burbuja fina, fino amargor.

Albet i Noya El Fanio 2022 B
xarel.lo

92 ★★★★ 16€
Color: pajizo. Aroma: fruta madura, hierbas secas, flores marchitas, especias dulces. Boca: potente, fruta madura, equilibrado.

Albet i Noya La Milana 2019 T R
garnacha, merlot

92 27,45€
Color: cereza, borde violáceo. Aroma: tostado, especiado, cacao fino, fruta madura, fruta negra. Boca: sabroso, tostado, fino amargor, retronasal torrefactado, taninos secos pero maduros.

Albet i Noya Les Timbes 2021 T C
garnacha, cabernet sauvignon

90 14,45€
Color: cereza, borde violáceo. Aroma: expresión frutal, fruta roja, floral, especiado. Boca: sabroso, frutoso, buena acidez.

Albet i Noya Reserva Martí 2017 T GR
cabernet sauvignon, merlot

92 41€
Color: cereza brillante. Aroma: especias dulces, fruta madura, chocolate, hierbas secas, hierbas de monte. Boca: frutoso, especiado, taninos maduros.

ALEMANY I CORRIO
Melió, 78
08720 Vilafranca del Penedés (Barcelona)
☎: +34 661 850 498
sotlefriec@sotlefriec.com
www.alemany-corrio.com

Principia Mathematica 2022 B

93
Balsámico, poco intervencionista. Color: pajizo brillante. Aroma: fruta madura, hierbas de tocador, lías finas. Boca: lleno, graso, largo, buena acidez.

ALSINA & SARDÁ
Barri Les Tarumbes, s/n
08733 El Pla del Penedès (Barcelona)
☎: +34 938 988 132
alsina@alsinasarda.com
www.alsinasarda.com

1894 Origens 2022 B
100% xarel.lo

91 ★★★★ 12,1€
Poco intervencionista. Color: amarillo. Aroma: lías finas, notas de levadura, cítricos, floral, notas de cereal. Boca: equilibrado.

Alsina & Sardá Finca La Boltana 2022 B
100% xarel.lo

90 ★★★★★ 9,76€
Color: amarillo brillante. Aroma: potente, fruta madura, especiado, tostado. Boca: graso, fino amargor, correcto.

Cromàtic Chardonnay + Xarel.lo 2023 B
50% chardonnay, 50% xarel.lo

86 7,48€

Inhòspit 2022 B
50% malvasía de Sitges, 50% xarel.lo

91 ★★★★ 12,1€
Agradable, aromas nítidos, varietal, representativo. Aroma: hierbas silvestres, hierbas verdes, notas anisadas. Boca: fino amargor, equilibrado.

AT ROCA
La Vinya, 15-17
08770 Sant Sadurní d'Anoia (Barcelona)
☎: +34 935 165 043
info@atroca.eu
www.atroca.eu

Anima Mundi Cantallops 2022 B
100% xarel.lo

92 23€
Color: pajizo brillante. Aroma: fruta fresca, cítricos, hierbas silvestres, expresión frutal. Boca: fresco, frutoso, buena acidez, equilibrado, retronasal afrutado.

DO PENEDÈS / D.O.P.

DO PENEDÈS / D.O.P.

Esparter 2017 BE GR BN
100% macabeo

92   24,5€

Color: pajizo brillante. Aroma: hierbas de tocador, tostado, cítricos, frutos secos. Boca: sabroso, buena acidez, burbuja fina, equilibrado.

Finca Els Gorgs 2013 BE GR
macabeo, xarel.lo

94   42€

Color: dorado brillante. Aroma: lías finas, frutos secos, tostado, brioche. Boca: potente, sabroso, buena acidez, burbuja fina, fino amargor.

Matria BE GR
xarel.lo

94   110€

Color: pajizo brillante. Aroma: lías finas, hierbas de tocador, con carácter, fruta madura, frutos secos. Boca: potente, sabroso, buena acidez, burbuja fina, fino amargor.

Pedregar 2017 RE R BN

93   26€

Color: rosáceo pálido. Aroma: elegante, fruta roja, floral, hierbas de tocador, expresivo. Boca: especiado, buena acidez, frutoso, fresco, cierta persistencia.

AVGVSTVS FORVM
Ctra. Sant Vicenç, s/n
43700 El Vendrell (Tarragona)
☎: +34 977 666 910
avgvstvs@avgvstvsforvm.com
www.avgvstvsforvm.com

Avgvstvs Antigues Reserves 1999 T R
65% cabernet sauvignon, 30% merlot, 5% cabernet franc

92   45,4€

Color: cereza oscuro, borde granate. Aroma: fruta confitada, ebanistería, tabaco, especias dulces. Boca: especiado, taninos maduros, sabroso, potente.

Avgvstvs Microvinificació Macabeo 2018 B FB
100% macabeo

92 ★★★★   14,5€

Color: amarillo brillante. Aroma: expresión frutal, fruta madura, fruta asada, especiado. Boca: sabroso, fresco, buena acidez, especiado, retronasal ahumado.

Avgvstvs Microvinificació Xarel.lo de Mar 2017 B FB
100% xarel.lo

92 ★★★★   15,75€

Oxidativo. Color: cereza brillante. Aroma: potente, roble cremoso, fruta madura, especiado, piedra seca, fósforo, frutos secos. Boca: graso, estructurado, tostado, fino amargor.

Avgvstvs Antigues Reserves Chardonnay 2015 B
100% chardonnay

92   45,1€

Color: amarillo brillante. Aroma: potente, roble cremoso, fruta madura, especiado. Boca: graso, estructurado, largo, tostado, fino amargor, fresco, retronasal ahumado.

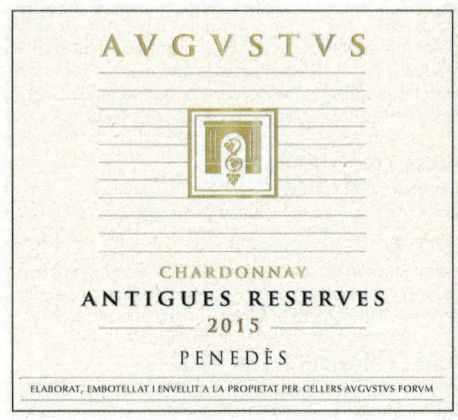

Avgvstvs Chardonnay 2022 B FB
100% chardonnay

92   22,4€

Color: amarillo brillante. Aroma: potente, roble cremoso, fruta madura, frutos secos, especias dulces, caramelo tostado. Boca: graso, estructurado, largo, tostado, fino amargor.

Avgvstvs Trajanvs 2019 T R
35,2% cabernet franc, 32,4% merlot, 16,2% cabernet sauvignon, 16,2% ull de llebre

92   24,15€

Corpulento. Aroma: balsámico, especias dulces, hierbas de monte, fruta negra, fruta confitada, frutos secos, terroso. Boca: especiado, balsámico, taninos maduros.

AYMAR - CASTELL DE PUJADES
Ctra. B-212, Km. 5,5
08732 Castellví de la Marca (Barcelona)
☎: +34 938 905 151
info@aymarwines.com
www.aymar.cat

Aymar 2017 BE R BN
60% xarel.lo, 20% parellada, 20% macabeo

87   16,04€

Aymar 2018 BE R BR
45% xarel.lo, 30% parellada, 25% macabeo

89   13,53€

Cítrico, frutal, maduro, burbuja gruesa, láctico.

Aymar
Ice 2017 BE ES
50% xarel.lo, 25% macabeo, 25% parellada

86 — 15,57€

Aymar
Reserva Única 2016 BE GR BN
60% xarel.lo, 25% macabeo, parellada

92 — 43,41€

Color: dorado brillante. Aroma: lías finas, hierbas de tocador, fruta madura, frutos secos, fruta asada. Boca: potente, sabroso, buena acidez, burbuja fina, cierta persistencia.

Aymar
Rosé 2019 RE R EBR
100% garnacha

89 — 16,04€

Fresco, frutal, herbal, equilibrado.

Celler del Foix Blanc 2023 B

87 ★★★ — 8€

BLANCHER-CAPDEVILA PUJOL
Plaça Pont Romà, Edifici Blancher
08770 Sant Sadurní d'Anoia (Barcelona)
☎: +34 938 183 286
blancher@blancher.es
www.blancher.es

Blancher Clos 7/12 2019 T C
merlot, tempranillo

88 — 11,5€

Correcto, maduro, persistente, tostado, especiado, balsámico.

Mercè Jove 2022 T
merlot, tempranillo

87 — 8,5€

Vica Radio Blanc 2023 B
xarel.lo, moscatel de alejandría

87 — 9€

BODEGA MIQUEL JANÉ
Masia Cal Costas, s/n
08736 Font-Rubí (Barcelona)
☎: +34 654 127 597
info@jmiqueljane.com
www.miqueljane.com

Clàssic Penedès Sauvignon Blanc Miquel Jané 2018 BE BN
100% sauvignon blanc

90 ★★★ — 13,5€

Aroma: fruta madura, lías finas, equilibrado, hierbas secas. Boca: buena acidez, sabroso, fruta madura, largo.

Masia Cal Costas Syrah Cabernet Sauvignon 2021 T
50% syrah, 50% cabernet sauvignon

87 — 13,5€

Miquel Jané Baltana Blanc 2022 B
100% xarel.lo

88 ★★★ — 8,2€

Austero, fresco, hierbas secas, mineral, notas de levadura.

Miquel Jané Baltana Rosat 2022 RD
100% garnacha

88 ★★★ — 8,8€

Frutal, hierbas secas, muy primario, sencillo.

Miquel Jané Sauvignon Blanc 2021 B
100% sauvignon blanc

88 — 10,5€

Cítrico, equilibrado, floral, herbal, sencillo.

Miquel Jané Syrah 2022 T
100% syrah

89 — 10,5€

Frutal, varietal, especiado, maduro, sabroso.

BODEGAS CA N'ESTELLA
Masia Ca n'Estella, s/n
08635 Sant Esteve Sesrovires (Barcelona)
☎: +34 934 161 387
a.vidal@fincacanestella.com
www.fincacanestella.com

Clot dels Oms Blanc 2022 B
100% chardonnay

89 ★★★★ — 8,5€

Hierbas secas, sabroso, equilibrado, mineral.

Clot dels Oms Gewurztraminer 2022 B
100% gewürztraminer

88 — 9,75€

Aromático, frutal, maduro, tropical, acidez marcada.

Clot dels Oms Negre 2021 T R
50% ull de llebre, 50% samsó

87 — 8,5€

Gran Clot dels Oms Chardonnay 2021 B C
chardonnay

90 ★★★ — 13,75€

Color: pajizo. Aroma: hierbas secas, flores marchitas, especias dulces, pan tostado, fruta blanca. Boca: fruta madura, equilibrado.

DO PENEDÈS / D.O.P.

DO PENEDÈS / D.O.P.

Gran Clot dels Oms Negre 2019 T GR
100% merlot

89 — 13,75€

Amaderado, tostado, potente, herbal, corpulento. Boca: taninos maduros.

Gran Clot dels Oms Xarel.lo 2021 B BA
xarel.lo

91 ★★★★ — 13,75€

Color: amarillo brillante. Aroma: especiado, fruta blanca, frutos secos, pan tostado. Boca: estructurado, fino amargor, fresco.

BODEGAS CAPITÀ VIDAL
Ctra. Vilafranca- Igualada, C-15, km 21
08733 El Pla del Penedès (Barcelona)
☎: +34 938 988 630
administracion@capitavidal.com
www.capitavidal.com

Clos Vidal Cabernet Sauvignon 2020 T RB
85% cabernet sauvignon, 15% syrah

89 ★★★★ — 9€

Aromático, maduro, especiado, herbal, persistente.

Clos Vidal Merlot 2020 T C
85% merlot, 15% tempranillo

89 ★★★★ — 7€

Frutal, maduro, muy primario, tostado, sabroso.

BODEGAS MASET
Ctra. Vilafranca-Igualada C-15 Km.19
08792 La Granada (Barcelona)
☎: +34 900 200 250
info@maset.com
www.maset.com

Maset 1777 2019 T R
cariñena, cabernet sauvignon

92 — 24,9€

Confitado, láctico, maduro. Aroma: balsámico, hierbas secas, con carácter, chocolate. Boca: sabroso, lleno, taninos maduros.

Maset Foc Merlot 2019 T R
merlot

90 ★★★ — 13,35€

Color: rubí, borde teja. Aroma: fruta sobremadura, roble cremoso, cálido, cuero muy curtido, notas cárnicas. Boca: confitado, potente, taninos dulces, especiado.

Maset La Sínia 2022 B FB
xarel.lo

90 ★★★ — 13,35€

Color: pajizo brillante. Aroma: fruta fresca, cítricos, hierbas silvestres, mineral, equilibrado. Boca: fresco, frutoso, buena acidez.

Maset La Soledad 2021 B FB
chardonnay

89 — 14,35€

Cremoso, amaderado, lleno, maduro, sabroso.

Maset Natura 2018 T R
cabernet sauvignon, merlot, garnacha

91 ★★★★ — 12,9€

Color: cereza, borde violáceo. Aroma: expresión frutal, fruta roja, especiado, fruta negra, hierbas secas, pimienta negra. Boca: sabroso, frutoso, buena acidez, largo.

Maset Natura 2020 T C
merlot, cabernet sauvignon, garnacha

91 ★★★★★ — 10,75€

Color: cereza intenso, borde violáceo. Aroma: fruta madura, hierbas secas, fruta roja, especiado, expresivo, muy primario. Boca: fruta madura, especiado, taninos maduros, equilibrado.

BODEGUES SUMARROCA
Calle del Rebato s/n
08739 Subirats (Barcelona)
☎: +34 938 911 092
ncata@sumarroca.com
www.sumarroca.com

Bòria Sumarroca 2019 T
syrah

91 — 28,1€

Color: cereza intenso. Aroma: fruta madura, hierbas secas, roble cremoso, pimienta negra, especiado, fruta negra. Boca: fruta madura, especiado, frutoso, taninos secos pero maduros.

Il·lògic Xarel·lo Orgànic Sumarroca 2023 B
xarel.lo

88 — 9,4€

Frutal, herbal, hierbas secas, cítrico.

Marger Sumarroca 2022 B FB
xarel.lo, macabeo

91 ★★★★ — 15,5€

Color: amarillo brillante. Aroma: fruta madura, hierbas secas, flores marchitas, caramelo de limón. Boca: fruta madura, equilibrado, fresco, mineral.

CAN BAS DOMINI VINICOLA
Crtra. De Vilafranca C-243, km. 4
08739 Subirats (Barcelona)
☎: +34 938 994 173
info@can-bas.com
www.can-bas.com

Can Bas La Capella 2017 T GR
70% syrah, 30% cabernet sauvignon

91 30€

Color: cereza intenso. Aroma: hierbas secas, roble cremoso, fruta negra, especiado, tostado. Boca: fruta madura, especiado, taninos maduros.

Can Bas La Creu 2022 B
100% sauvignon blanc

92 56€

Color: pajizo brillante. Aroma: cítricos, fruta blanca, notas anisadas, hierbas secas, apio. Boca: frutoso, muy vivo, sabroso, varietal, equilibrado.

Can Bas Monreal 2016 T
100% cabernet sauvignon

92 60€

Color: cereza intenso. Aroma: roble cremoso, fruta negra, hierbas silvestres, fina reducción. Boca: fruta madura, especiado, taninos maduros.

CAN LLEÓ
Barri Can Lleó, 2
08731 Sant Martí Sarroca (Barcelona)
☎: +34 660 358 780
canlleo@canlleo.com
www.canlleo.com

Ancestral Macabeu Vinya Les Pedres 2022 BE
100% macabeo

92 20€

Oxidativo. Color: amarillo brillante. Aroma: fruta madura, lías finas, equilibrado, hierbas secas, lácticos. Boca: buena acidez, sabroso, fruta madura, largo.

Brisat Macabeu Vinya Meix 2022 B
100% macabeo

91 24€

Con personalidad, maduro, silvestre, aromático. Aroma: hierbas de monte, notas anisadas. Boca: buena acidez, equilibrado, fino amargor, fácil de beber, cierta persistencia.

Brisat Parellada Vinya Martra 2022 B
100% parellada

88 12€

Equilibrado, fresco, herbáceo, sencillo, correcto.

Genuí Garnatxa Vinya La Casilla D'en Pep 2023 T
100% garnacha

90 16€

Agradable, fluido, silvestre. Color: cereza poco intenso. Aroma: hierbas silvestres, flores secas, fruta roja. Boca: correcto, jugoso.

Genuí Macabeu Vinya Les Pedres 2023 B
100% macabeo

89 16€

Poco franco, maduro, reductivo, poco intervencionista, cítrico, correcto, rústico. Aroma: notas almizcladas.

CAN RÀFOLS DELS CAUS
Can Rafols del Caus s/n
08793 Avinyonet del Penedès (Barcelona)
☎: +34 938 970 013
info@canrafols.com
www.canrafolsdelscaus.com

El Rocallís 2021 B FB
100% incrocio manzoni

93 49€

Cremoso. Color: pajizo brillante. Aroma: lías finas, fruta blanca, praliné, pan tostado. Boca: lleno, largo, buena acidez, sabroso.

Gran Caus 2019 T
cabernet franc, merlot, cabernet sauvignon

91 23€

Ligera oxidación.

Gran Caus 2022 B
75% xarel.lo, 15% chenin blanc, 10% chardonnay

91 21€

Agradable. Aroma: fruta madura, floral, lías finas. Boca: sabroso, buena acidez, retronasal afrutado.

La Calma 2021 B FB
chenin blanc

92 49€

Color: pajizo brillante. Aroma: fruta madura, floral, flores secas, especiado. Boca: sabroso, buena acidez, retronasal afrutado, jugoso.

Terraprima 2022 T
cariñena, garnacha

90 ★★★ 12,5€

Color: cereza, borde violáceo. Aroma: expresión frutal, fruta roja, especiado, fruta negra. Boca: frutoso, acidez marcada, fruta madura, especiado.

Xarel.lo Pairal 2021 B FB
100% xarel.lo

92 40€

Color: pajizo, pálido. Aroma: fruta blanca, hierbas de monte, frutos secos. Boca: sabroso, lleno, carnoso, fresco.

DO PENEDÈS / D.O.P.

DO PENEDÈS / D.O.P.

CAN SUMOI
Plaça del Roure s/n
08770 Sant Sadurní d'Anoia (Barcelona)
☎: +34 938 183 262
info@cansumoi.cat
www.cansumoi.cat

Can Sumoi
La Rosa 2023 RD
sumoll, xarel.lo

90 ★★★ 🌱 .... 13,54€
Hierbas secas, suave. Color: rosáceo pálido. Aroma: fruta fresca, hierbas secas. Boca: fresco, fino amargor.

Can Sumoi Xarel.lo 2023 B
xarel.lo

90 🌱 .... 15,05€
Amable, aromas nítidos. Color: pajizo brillante. Aroma: intensidad media, fruta fresca. Boca: equilibrado, fino amargor, fácil de beber.

CAN VALLÈS
Finca Can Vallès
08731 Sant Martí Sarroca (Barcelona)
☎: +34 938 991 483
canvalles@canvalles.com
www.canvalles.com

Xarel.lo
Jeroni Vallès 2022 B
xarel.lo

90 🌱 .... 15€
Amable, correcto, equilibrado, silvestre. Aroma: frutos secos, especiado, flores secas, flores marchitas. Boca: fruta madura, largo.

Xaxaxa 2022 B
xarel.lo, chardonnay

89 🌱 .... 11€
Cítrico, frutal, hierbas secas, mineral.

CANALS I MUNNÉ
Plaza Pau Casals, 6
08770 Sant Sadurní d'Anoia (Barcelona)
☎: +34 938 910 318
marketing@canalsimunne.com
www.canalsimunne.com

Gran Blanc Prínceps 2023 B
100% xarel.lo

88 🌱 .... 15,6€
Cítrico, fresco, herbal, sencillo, ligero.

Gran Prínceps 2017 T R
garnacha, samsó

89 🌱 .... 18,9€
Especiado, tostado, boca correcta, hierbas secas.

Idil.Lic Muscat 2024 B
100% moscatel

89 🌱 .... 12,4€
Cítrico, floral, exuberante, maduro, sabroso.

Noir Prínceps 2020 T C
50% cabernet sauvignon, 35% tempranillo, 15% syrah

87 🌱 .... 13,3€

Rosé Prínceps 2023 RD
50% merlot, 50% syrah

87 🌱 .... 10,5€

VXVX Xarello Vermell 2023 RD
88
Cítrico, frutal, herbal, pulido.

CASA RAVELLA
Finca Casa Ravella
08739 Ordal - Subirats (Barcelona)
☎: +34 938 179 245
bodega@casaravella.com
www.casaravella.com

Casa Ravella L'Isard 2021 T
garnacha

86 🌱 .... 7,85€

Casa Ravella Selección 2017 T
cariñena, garnacha

91 🌱 .... 19€
Color: cereza, borde violáceo. Aroma: fruta roja, floral, especiado, lías finas. Boca: sabroso, frutoso, buena acidez.

Casa Ravella Selección 2021 B FB
xarel.lo

91 ★★★ 🌱 .... 15,5€
Color: amarillo brillante. Aroma: potente, roble cremoso, fruta madura, especiado, tostado. Boca: estructurado, tostado, fino amargor, frutoso, fruta madura.

La Casa Llarga 2022 B
xarel.lo

88 ★★★★ 🌱 .... 7,85€
Agradable, correcto, frutal, sencillo, equilibrado.

Ton del Ros 2023 RD
merlot

89 ★★★★ 🌱 .... 8,5€
Agradable, frutal, suave. Aroma: frutos secos, especiado, fruta madura. Boca: jugoso, fácil de beber.

CAVA & HOTEL MASTINELL
Ctra. Vilafranca a Sant Martí Sarroca, km. 0,5
08720 Vilafranca del Penedés (Barcelona)
☎: +34 938 170 586
info@mastinell.com
www.mastinell.com

Alba Negre T
87

Arte 2021 T
garnacha, cariñena, cabernet sauvignon
87

Clos Sant Pau 2021 B D
88
Cítrico, floral, ligero, equilibrado.

Eliane Chardonnay 2022 B
100% chardonnay
89
Cítrico, equilibrado, fresco, mineral, austero.

Gisele 2022 B
100% xarel.lo
90
Austero, fresco. Color: pajizo brillante. Aroma: fruta madura, hierbas de tocador, lías finas. Boca: buena acidez, equilibrado, estructurado.

Irene Rosat 2023 RD
sumoll
88
Agradable, suave, sutil, ligero.

CAVA VARIAS
Plaça Manuel Raventós, 8
08770 Sant Sadurní d'Anoia (Barcelona)
☎: +34 938 912 763
info@cavavarias.es
www.cavavarias.es

Pere Punyetes Blanc 2023 B
xarel.lo, moscatel, chardonnay
87 ★★★   7,5€

Pere Punyetes Negre 2022 T
cabernet sauvignon, syrah, merlot
88 ★★★★   7,5€
Frutal, maduro, hierbas secas, especiado.

Varias Lluert B FB
macabeo
89   16€
Tostado, ahumado, maduro, sabroso, amaderado.

CAVAS BOLET
Ctra. BV 2117, Km. 15
08732 Castellví de la Marca (Barcelona)
☎: +34 636 579 646
comunicacio@cavasbolet.com
www.cavasbolet.com

Bolet Camagroc Xarel.lo 2023 B
87

Bolet Cantarelus Ull de Llebre 2021 T
89
Flores secas, herbal, maduro, equilibrado.

Bolet Fredolic (Sin Sulfitos) 2023 T
89
Equilibrado, especiado, maduro, potente, silvestre.

Bolet Garnacha Blanca 2023 B
garnacha blanca
85   12€

Bolet Sàpiens Merlot 2016 T C
merlot
87

Bolet Vinya Sota Bosc 2023 B
88
Cítrico, floral, correcto, fresco.

CAVES MIQUEL PONS
Baix Llobregat, 5
08792 La Granada (Barcelona)
☎: +34 938 974 541
miquelpons@cavamiquelpons.com
www.cavamiquelpons.com

77 Veremas Garnacha Miquel Pons 2022 T
55% garnacha, 45% syrah
88   11€
Amaderado, cremoso, especiado, frutal, maduro.

77 Veremes Xarel·lo Miquel Pons 2022 B FB
xarel.lo
89   11€
Agradable, silvestre, boca correcta, equilibrado. Aroma: hierbas de tocador, fruta de hueso, especiado. Boca: fácil de beber.

77 Veremes Xarel·lo Vermell Miquel Pons 2022 B
xarel.lo vermell
89   12€
Oxidativo, correcto, flores secas, maduro. Aroma: notas de maceración, flores marchitas.

DO PENEDÈS / D.O.P.

Miquel Pons Arrelium 2023 B
90% xarel.lo, 10% macabeo

85 .... 7€

Montargull Malvasia de Sitges 2022 B
malvasía de Sitges

90 18€

Color: amarillo brillante. Aroma: roble cremoso, especias dulces, fruta de hueso. Boca: graso, estructurado, tostado, fino amargor.

Núria de Montargull Rosé 2022 RD
ull de llebre

89 ★★★ 9,5€

Amable, flores secas, sutil, especiado.

CELLER CREDO
Tamarit, 10
08770 Sant Sadurní d'Anoia (Barcelona)
☎: +34 938 910 214
vins@cellercredo.cat
www.cellercredo.cat

Aloers 2021 B
100% xarel.lo

90 16,5€

Aromas nítidos, correcto, poco intervencionista. Aroma: franco, intensidad media, flores secas. Boca: correcto, fino amargor, fácil de beber.

Mirabelles 2019 B
100% malvasía de Sitges

92 34€

Color: amarillo brillante. Aroma: especiado, caramelo tostado, flores secas, fruta de hueso, hierbas secas, lías finas. Boca: fino amargor, equilibrado, correcto.

Miranius 2022 B
100% xarel.lo

92 ★★★★★ 13€

Color: pajizo brillante, borde verdoso. Aroma: fruta fresca, cítricos, hierbas silvestres, fruta blanca. Boca: fresco, frutoso, buena acidez, equilibrado.

Ratpenat 2021 B
100% macabeo

91 24€

Con personalidad. Color: pajizo brillante. Aroma: lías finas, notas cárnicas, fruta blanca. Boca: buena acidez, equilibrado.

Volaina 2021 B
100% parellada

91 ★★★★★ 10,3€

Color: pajizo brillante. Aroma: expresión frutal, fruta madura, floral, fruta blanca, hierbas verdes. Boca: sabroso, fresco, buena acidez, retronasal afrutado.

CELLER HOSPITAL DE SITGES
Plaça Joan Duran i Ferret s/n
08870 Sitges (Barcelona)
☎: +34 672 682 481
celler@hospitaldesitges.cat
www.cellerdelhospital.cat

Blanc Subur 2022 B
malvasía de Sitges

89 15,5€

Varietal, maduro, cálido, flores secas. Aroma: cera. Boca: graso.

Llegat Llopis 2021 B
malvasía de Sitges

91 19€

Maduro. Color: amarillo. Aroma: fruta madura, flores marchitas, con carácter. Boca: potente, fruta madura, equilibrado, sabroso.

Monembasia 2018 BE BN
malvasía de Sitges

91 22€

Color: amarillo brillante. Aroma: lías finas, con carácter, frutos secos, flores secas. Boca: sabroso, burbuja fina, fino amargor, varietal.

CELLER KRIPTA
La Serra s/n
08770 Sant Sadurní d'Anoia (Barcelona)
☎: +34 938 911 173
info@cellerkripta.com
www.agustitorellomata.com

Agustí Torelló Mata XIC 2023 B
100% xarel.lo

88 ★★★★ 7,4€

Amable, correcto, floral, flores secas, hierbas secas, sencillo, suave.

Agustí Torelló Mata XV Xarel·lo Vermell 2023 RD
100% xarel.lo vermell

88 ★★★ 9€

Agradable, boca correcta, suave. Color: rosáceo pálido. Aroma: frutos secos, flores secas, franco.

COLET
Camino del Salinar, s/n
08796 Pacs del Penedès (Barcelona)
☎: +34 938 170 809
info@colet.cat
www.colet.cat

Colet A Priori 2020 BE R BR
macabeo, chardonnay, riesling, moscatel, gewürztraminer

90 ★★★ 14€

Amable, suave, silvestre. Color: amarillo brillante. Aroma: franco. Boca: sabroso, tostado.

Colet Aniversari 2020 BE R BN
xarel.lo

92 🌿   20€

Color: amarillo brillante. Aroma: lías finas, hierbas de tocador, tostado, con carácter, frutos secos. Boca: sabroso, burbuja fina, fino amargor.

Colet Assemblage 2018 RE EBR
chardonnay, pinot noir

91 🌿   36€

Color: piel cebolla. Aroma: intensidad media, fruta fresca, hierbas secas, lías finas, floral, caramelo de violetas. Boca: fresco, frutoso, sabroso, buena acidez.

Colet Gran Cuveé 2020 BE R EBR
chardonnay, macabeo, xarel.lo

90 🌿   20€

Oxidativo. Color: amarillo brillante. Aroma: fruta madura, lías finas, equilibrado, hierbas secas, frutos secos. Boca: buena acidez, sabroso, fruta madura, largo.

Colet Navazos (etiq.naranja) 2020 BE R BN
100% xarel.lo

92 🌿

Ligera reducción, correcto, notas de levadura. Color: amarillo brillante. Aroma: franco, intensidad media, lías finas. Boca: fresco, correcto, fino amargor, fácil de beber.

Colet Navazos (etiq.verde) 2019 BE R BN
100% chardonnay

93

Complejo. Color: dorado brillante. Aroma: hierbas de tocador, con carácter, fruta madura, frutos secos. Boca: potente, sabroso, buena acidez, burbuja fina, fino amargor.

Colet Tradicional 2020 BE R BN
xarel.lo, macabeo

92 ★★★★ 🌿   16€

Flores secas, hierbas secas. Color: pajizo. Aroma: flores secas, cera, fruta blanca. Boca: sabroso, tostado, muy vivo.

Colet Vatua! 2020 BE EBR
moscatel, gewürztraminer

91 ★★★ 🌿   16€

Con personalidad, flores secas. Aroma: con carácter, flores secas, especiado, notas de levadura. Boca: sabroso.

Colet Vatua! Rosé 2020 RE BN
0% moscatel, gewürztraminer

91 ★★★ 🌿   16€

Especiado, flores secas, frutal, oxidativo. Aroma: pan tostado. Boca: largo, fruta madura, especiado.

COVIDES VINYES - CELLERS
Finca Prunamala,
Ctra. St. Sadurní a Vilafranca, Km. 1
08770 Sant Sadurní d´Anoia (Barcelona)
☎: +34 938 172 552
marketing@covides.com
www.covides.com

Comte de Foix Chardonnay B BA
87

DOMENIO
Avinguda de Catalunya, 35
43426 Rocafort de Queralt (Tarragona)
☎: +34 977 677 135
comercial@domeniowines.com
www.domeniowines.com

Anima Nua Cor Viu 2023 B
xarel.lo

90 🌿

Aromas nítidos, suave. Aroma: fruta blanca, toques silvestres, hierbas de tocador. Boca: fresco, muy vivo, equilibrado, fácil de beber.

NAT-1917 – Cabernet Sauvignon 2022 T C
cabernet sauvignon

87

NAT-1917 2023 B
chardonnay, moscatel de alejandría

87

DO PENEDÈS / D.O.P.

DO PENEDÈS / D.O.P.

ESTEL D'ARGENT
Font-Rubí, 2 4º 1ª
08720 Vilafranca del Penedés (Barcelona)
☎: +34 677 182 347
cava@esteldargent.com
www.esteldargent.com

Estel D'Argent 2023 B
xarel.lo, chardonnay, moscatel de alejandría
86 .... 7,75€

Estel D'Argent 2023 RD
merlot, cabernet sauvignon
87 ★★★ .... 7,95€

Estel D'Argent Cabernet Sauvignon 2020 T
100% cabernet sauvignon
89 ★★★ .... 9,99€
Herbal, maduro, algo secante, tostado.

Susquvat 2022 B FB
100% xarel.lo
91 ★★★★★ .... 11,45€
Agradable, equilibrado, representativo. Aroma: varietal, franco, especiado. Boca: salino, fácil de beber, correcto, equilibrado.

FAMILIA TORRES
Miguel Torres i Carbó, 6
08720 Vilafranca del Penedés (Barcelona)
☎: +34 938 177 400
prensa@torres.es
www.torres.es

Clos Ancestral 2022 T
moneu, tempranillo, garnacha
92 ★★★ 🍃 .... 16,75€
Color: Cereza. Aroma: expresivo, especiado, intensidad media, fruta roja, fruta madura. Boca: largo, jugoso, frutoso, fácil de beber, retronasal afrutado.

Clos Ancestral 2023 B
forcada, xarel.lo
90 🍃 .... 16,75€
Amable, silvestre, suave, correcto, muy primario. Color: pajizo brillante. Aroma: intensidad media, flores secas. Boca: fresco, fluido.

Fransola 2023 B
sauvignon blanc
90 🍃 .... 28,35€
Muy primario, por hacer. Color: pajizo brillante. Aroma: hierbas de tocador, lías finas, especias dulces, fruta blanca, hierbas verdes. Boca: equilibrado, sabroso.

Gonfaus 2022 T
gonfaus
93
Color: cereza, borde violáceo. Aroma: expresión frutal, especiado, fruta negra, fruta madura, hierbas verdes. Boca: sabroso, frutoso, buena acidez, cierta persistencia, especiado, muy vivo.

Gran Coronas 2020 T R
cabernet sauvignon, tempranillo
90 .... 16,55€
Color: Cereza. Aroma: balsámico, hierbas de monte. Boca: especiado, equilibrado, sabroso, fruta madura.

Mas La Plana 2019 T R
cabernet sauvignon
94
Color: cereza, borde granate. Aroma: café aromático, fruta negra, fruta madura, especiado, hierbas secas. Boca: estructurado, sabroso, taninos maduros, buena acidez.

🏆 **PODIO**

Reserva Real 2019 T R
cabernet sauvignon, merlot, cabernet franc
95 .... 225€
Color: cereza oscuro, borde granate. Aroma: fruta confitada, ebanistería, tabaco, especias dulces, fruta negra. Boca: especiado, taninos maduros, largo.

🏆 **PODIO**

Reserva Real 2020 T R
cabernet sauvignon, merlot, cabernet franc
95
Frutal, con tensión. Color: cereza intenso, borde granate. Aroma: hierbas de monte, hierbas secas, regaliz negro, equilibrado, expresivo, franco, terroso. Boca: estructurado, sabroso, varietal, taninos maduros.

Viña Esmeralda 2023 B
88 🍃
Agradable, aromático, aromas nítidos, tropical, suave.

FERRÉ I CATASÚS
Masía Gustems, Crta. Sant Sadurní a Vilafranca, Km.8
08792 La Granada (Barcelona)
☎: +34 938 974 558
info@ferreicatasus.com
www.ferreicatasus.com

Cap de Trons 2022 T
40% merlot, 40% garnacha, 20% syrah
87 🍃

Compta Ovelles 2022 B
xarel.lo, macabeo, chardonnay

87

Compta Ovelles 2022 T
syrah, cabernet sauvignon, merlot

89

Equilibrado, especiado, hierbas secas, maduro, fluido, varietal.

Gall Negre 2019 T R
merlot

89

Especiado, cremoso, maduro, amaderado, amable.

Love is Vermell 2022 B
xarel.lo vermell

91

Oxidativo. Color: oro viejo, pálido. Aroma: fruta blanca, fruta de hueso, fruta asada, especiado, hierbas secas, regaliz negro. Boca: sabroso, carnoso, estructurado.

Somiatruites 2022 B
30% xarel.lo, 30% garnacha blanca, 30% chardonnay, 10% moscatel

91

Color: pajizo brillante. Aroma: expresión frutal, fruta madura, floral, caramelo de limón. Boca: sabroso, fresco, buena acidez, retronasal afrutado, equilibrado.

FINCA VILADELLOPS
Principal, 7
08734 Viladellops - Olérdola (Barcelona)
☎: +34 938 188 371
info@viladellops.com
www.viladellops.com

Finca Viladellops Selección Garnatxa 2021 T C
100% garnacha

91 ★★★   14,49€

Color: cereza brillante, borde violáceo. Aroma: fruta madura, hierbas secas, roble cremoso, especias dulces. Boca: potente, fruta madura, especiado, taninos maduros.

Finca Viladellops XXX Xarel.lo 2022 B FB
xarel.lo

91   18,38€

Color: amarillo brillante. Aroma: potente, roble cremoso, especiado, fruta blanca, frutos secos. Boca: graso, estructurado, tostado, fino amargor.

Parany 2019 T C
100% cariñena

92   50,03€

Color: cereza, borde violáceo. Aroma: fruta roja, floral, especiado, pan tostado. Boca: sabroso, frutoso, buena acidez.

Turó de Les Abelles 2021 T
100% garnacha

89   30,19€

Especiado, frutal, hierbas secas, amaderado, algo secante.

GALLINA DE PIEL WINES
17005 Girona (Girona)
info@gallinadepielwines.com
www.gallinadepielwines.com

Ikigall 2023 B
85% xarel.lo, 10% malvasía de Sitges, 5% moscatel de alejandría

89 ★★★   9,95€

Amable, aromático, correcto, floral, frutal, maduro.

GIRÓ DEL GORNER
Finca Giró del Gorner, s/n
08720 Puigdalber (Barcelona)
☎: +34 938 988 032
gorner@girodelgorner.com
www.girodelgorner.com

Giró del Gorner 2018 T R
cabernet sauvignon, merlot

89   18,3€

Clásico, equilibrado, herbáceo, con vejez.

Giró del Gorner Blanc Ú 2022 B
macabeo, xarel.lo, parellada, chardonnay

88 ★★★   8,5€

Frutal, herbal, cítrico, sencillo.

Giró del Gorner Rosat 2023 RD
100% merlot

87   10,15€

Giró del Gorner Vinya Els Garrofers 2021 B FB
100% xarel.lo

90   18,8€

Color: pajizo brillante. Aroma: expresión frutal, fruta madura, floral, hierbas de tocador. Boca: sabroso, fresco, buena acidez, retronasal afrutado, tostado.

Giró del Gorner Vinya La Serdalla 2022 B
100% xarel.lo

90 ★★★★   11,3€

Color: pajizo brillante. Aroma: fruta madura, hierbas de tocador, lías finas, apio. Boca: buena acidez, equilibrado.

DO PENEDÈS / D.O.P.

DO PENEDÈS / D.O.P.

GIRÓ RIBOT
Finca El Pont, s/n
08792 Santa Fe del Penedès (Barcelona)
☎: +34 938 974 050
giroribot@giroribot.es
www.giroribot.es

Giró Ribot Karamba 2023 B
xarel.lo, macabeo, parellada, chardonnay

85 .... 7,8€

Giró Ribot Mimat Blanc 2023 B
moscatel de frontignan, moscatel de alejandría, malvasía de Sitges

90 ★★★★   10,7€
Color: pajizo. Aroma: flores blancas, jazmín, cítricos, hierbas silvestres. Boca: sabroso, frutoso, equilibrado.

HUGUET DE CAN FEIXES
Finca Can Feixes, 1
08718 Cabrera D'Anoia (Barcelona)
☎: +34 937 718 227
canfeixes@canfeixes.com
www.canfeixes.com

Can Feixes Blanc Selecció 2022 B
parellada, macabeo, xarel.lo, chardonnay, malvasía

89   10,5€
Frutal, flores secas, hierbas secas, maduro.

Can Feixes Negre Selecció 2021 T
tempranillo, merlot

88   10,5€
Ahumado, especiado, maduro, tostado, herbal.

Can Feixes Negre Tradició 2015 T C
merlot, petit verdot, cabernet sauvignon

90   19€
Maduro, confitado, clásico. Aroma: hierbas secas, regaliz negro, fina reducción. Boca: estructurado, sabroso.

Can Feixes Reserva Especial 2011 T GR
cabernet sauvignon, merlot

92   39€
Color: cereza, borde granate. Aroma: fruta confitada, potente, tabaco, cuero muy curtido. Boca: sabroso, largo, estructurado.

JANÉ VENTURA
Ctra. de Calafell, 2
43700 El Vendrell (Tarragona)
☎: +34 977 660 118
janeventura@janeventura.com
www.janeventura.com

Jané Ventura
Finca Els Camps Macabeu 2023 B
macabeo

92
Color: pajizo brillante. Aroma: expresivo, flores secas, hierbas silvestres, notas anisadas, franco, fruta blanca, fruta madura. Boca: graso, jugoso, varietal.

Jané Ventura
Finca Els Camps Negre 2019 T

91
Color: cereza intenso. Aroma: fruta madura, hierbas secas, roble cremoso, hierbas de monte. Boca: potente, fruta madura, especiado, taninos maduros.

Jané Ventura
Finca Els Camps Negre 2020 T

89
Flores secas, especiado, equilibrado, hierbas secas, maduro.

Jané Ventura Malvasía
de Sitges 2023 B BA
malvasía de Sitges

90
Floral, frutal, muy primario. Color: pajizo brillante. Aroma: intensidad media, franco, hierbas silvestres. Boca: fluido, fresco.

Jané Ventura Sumoll 2020 T
sumoll

90
Color: Cereza. Aroma: hierbas de tocador, hierbas silvestres, terroso. Boca: sabroso, largo, fruta madura.

Jané Ventura Xarel.lo 2023 B

92
Jugoso. Color: pajizo. Aroma: flores blancas, jazmín, hierbas secas. Boca: sabroso, frutoso, equilibrado.

JAUME GIRÓ I GIRÓ
Montaner i Oller, 5
08770 Sant Sadurní d'Anoia (Barcelona)
☎: +34 938 910 165
cavagiro@cavagiro.com
www.cavagiro.com

Tarambana 2022 B
xarel.lo

88   9,6€
Frutal, muy primario, sencillo, fresco.

Tarambana 2022 RD
merlot
87   9,6€

Tarambana Negre 2022 T C
88   9,6€
Fluido, maduro, especiado, ahumado.

JAUME LLOPART ALEMANY
Cl. Font Rubí, 9
08736 Font-Rubí (Barcelona)
☎: +34 938 979 133
info@jaumellopartalemany.com
www.jaumellopartalemany.com

Ani D'Anna 2023 B
86

Jaume Llopart Alemany Cabernet Sauvignon 2023 RD
87

Jaume Llopart Alemany Merlot 2023 T
merlot
88
Frutal, láctico, boca correcta, muy primario. Boca: fácil de beber, cierta persistencia.

Jaume Llopart Alemany Xarel.lo 2023 B
xarel.lo
87

Vinya d'en Lluc 2023 B
87

JEAN LEON
Château Leon s/n
08775 Torrelavit (Barcelona)
☎: +34 938 177 690
prensa_jeanleon@jeanleon.com
www.jeanleon.com

Jean Leon 3055 Chardonnay 2023 B
chardonnay
90 ★★★   12,95€
Color: amarillo brillante. Aroma: especiado, fruta blanca, hierbas de monte, pan tostado. Boca: estructurado, tostado, fino amargor.

Jean Leon 3055 Rosé 2022 RD
pinot noir, garnacha
89   12,95€
Hierbas secas, maduro. Aroma: hierbas de tocador, equilibrado, fruta de hueso, fruta madura. Boca: fácil de beber, cierta persistencia.

Jean Leon Vinya Gigi Chardonnay 2022 B C
chardonnay
92   24,85€
Color: amarillo brillante. Aroma: potente, roble cremoso, fruta madura, especiado, frutos secos. Boca: graso, estructurado, tostado, fino amargor.

Jean Leon Vinya La Scala Cabernet Sauvignon Gran Reserva 2017 T GR
cabernet sauvignon
93   47€
Color: cereza intenso. Aroma: hierbas secas, roble cremoso, fruta negra, hierbas de monte, cacao fino, tostado. Boca: potente, fruta madura, especiado, taninos maduros.

Jean Leon Vinya Le Havre Cabernet Sauvignon Reserva 2020 T R
cabernet sauvignon, cabernet franc
92   24,3€
Color: Rubí. Aroma: fruta confitada, potente, fruta roja, especiado, tostado. Boca: sabroso, frutoso, equilibrado, cierta persistencia, taninos maduros.

Jean Leon Vinya Palau Merlot 2020 T C
merlot
90   23,3€
Confitado, corpulento, balsámico, con vejez. Aroma: hierbas secas, hierbas de monte, con carácter, especiado, ahumado. Boca: cálido, amargoso.

DO PENEDÈS / D.O.P.

JOSEP GUILERA RIAMBAU - COMA ROMÀ
Can Guilera, s/n
08739 Sant Pau D'Ordal (Barcelona)
☎: +34 938 993 094
canguilera@comaroma.net
www.comaroma.net

Coma Romà Xarel.lo Macerat 2021 B
xarel.lo

89   17€

Con personalidad, equilibrado, exuberante, flores secas, fruta golpeada, maduro, silvestre.

LOXAREL
Masia Can Mayol
08735 Vilobí del Penedès (Barcelona)
☎: +34 938 978 001
loxarel@loxarel.com
www.loxarel.com

Elisenda de Loxarel 2021 RE R BN
xarel.lo vermell, parellada, manto negro

91   22,1€

Color: pajizo brillante. Aroma: lías finas, hierbas de tocador, expresivo, notas de levadura. Boca: sabroso, buena acidez, burbuja fina, equilibrado, fácil de beber.

Gaia de Loxarel 2022 B
sauvignon blanc

89   14,8€

Herbal, sabroso, silvestre, fresco, equilibrado.

Loxarel Garnacha Blanca 2022 B
garnacha blanca

90   14,8€

Color: amarillo brillante. Aroma: roble cremoso, especiado, flores blancas, fruta de hueso. Boca: estructurado, tostado, fino amargor.

Loxarel Xarel.lo Àmfores 2021 B
xarel.lo

91 ★★★   14,8€

Color: amarillo brillante. Aroma: flores secas, frutos secos, franco, expresivo. Boca: con tensión, fruta madura, sabroso.

MM de Loxarel 2018 RE R BN

91   27,95€

Color: rosáceo pálido. Aroma: fruta roja, floral, hierbas de tocador, fruta madura. Boca: ligero, especiado, buena acidez, sabroso.

Refugi de Loxarel 2019 BE R BN
xarel.lo

92   22,1€

Oxidativo. Color: amarillo brillante. Aroma: fruta madura, lías finas, equilibrado, hierbas secas, frutos secos. Boca: buena acidez, sabroso, fruta madura.

MAS BERTRAN
Ctra. BP-2121 Km.7,7
08731 Sant Martí Sarroca (Barcelona)
☎: +34 938 990 859
info@masbertran.com
www.masbertran.com

Argila Rosé 2018 RE GR BN
100% sumoll

91   34€

Color: salmón. Aroma: fruta madura, lías finas, hierbas secas, flores marchitas. Boca: sabroso, buena acidez, frutoso, fresco.

Balma 2017 BE GR BN
55% xarel.lo, 40% macabeo, 5% parellada

90   15€

Color: pajizo brillante. Aroma: lías finas, hierbas de tocador, expresivo, cítricos, fruta blanca. Boca: sabroso, buena acidez, burbuja fina, equilibrado.

Nutt Macabeu 2019 B
100% macabeo

91 ★★★★   12,5€

Color: amarillo brillante. Aroma: roble cremoso, fruta madura, especiado, madera marcada. Boca: graso, estructurado, tostado, fino amargor.

Nutt Sumoll 2021 T
100% sumoll

91   21,75€

Color: Cereza. Aroma: balsámico, especias dulces, hierbas de monte, fruta roja. Boca: especiado, balsámico, buena acidez.

Nutt Xarel.lo 2022 B
xarel.lo

91 ★★★★   12,6€

Color: pajizo. Aroma: hierbas secas, flores marchitas, fruta blanca, lías finas. Boca: fruta madura, equilibrado.

MAS CODINA
El Gorner - Mas Codina
08797 Puigdalber (Barcelona)
☎: +34 938 988 166
info@mascodina.com
www.mascodina.com

Mas Codina 2023 B
macabeo, xarel.lo, chardonnay, moscatel

88 ★★★★   6€

Cítrico, fresco, herbal, sencillo.

Mas Codina Cabernet Sauvignon 2021 T
cabernet sauvignon

88 ★★★   9€

Aromas nítidos, balsámico, hierbas secas, maduro, frutal, correcto.

Mas Codina Syrah 2021 T
syrah

91 ★★★ 🌱   14,5€

Color: cereza, borde violáceo. Aroma: especiado, violetas, terroso, fruta roja, fruta negra, fruta confitada. Boca: sabroso, frutoso, buena acidez.

Mas Codina Xarel.lo 2022 B
xarel.lo

91 ★★★★★ 🌱   10€

Color: amarillo brillante. Aroma: potente, roble cremoso, fruta madura, especiado, fruta blanca. Boca: graso, tostado, fino amargor, frutoso, varietal.

MAS COMTAL
Mas Comtal, 1
08793 Avinyonet del Penedès (Barcelona)
☎: +34 938 970 052
mascomtal@mascomtal.com
www.mascomtal.com

Antistiana Cabernet Franc 2017 T
cabernet franc

91 ★★★★ 🌱   14€

Color: Cereza. Aroma: balsámico, hierbas de monte, especiado, terroso. Boca: sabroso, fruta madura, taninos maduros.

Antistiana Xarel.lo 2019 B
xarel.lo

92 ★★★★★ 🌱   14€

Aromas nítidos, balsámico. Aroma: hierbas silvestres, hierbas verdes, expresivo, equilibrado. Boca: buena acidez, fresco, muy vivo, largo, persistente.

Mas Comtal 20 Aniversari Rosado 2014 RE R BN

86 🌱   45€

Mas Comtal Pomell de Blancs 2023 B
56% chardonnay, 44% xarel.lo

90 ★★★★ 🌱   11,5€

Color: pajizo. Aroma: fruta madura, flores marchitas, hierbas verdes, hierbas silvestres. Boca: potente, fruta madura, equilibrado.

Mas Comtal Rosat de Llàgrima 2023 RD
81% merlot, 19% garnacha

85 🌱   11,5€

Mas Comtal Xarel.lo 2021 BE R BN
90 🌱

Color: amarillo brillante. Aroma: floral, hierbas silvestres, franco. Boca: equilibrado, seco, fácil de beber, fino amargor.

MAS RODÓ VITIVINÍCOLA
Km. 2 Ctra. Sant Pere
Sacarrera a Sant Joan de Mediona
08773 Mediona (Barcelona)
☎: +34 932 385 780
info@masrodo.com
www.masrodo.com

Mas Rodó Cabernet Sauvignon 2015 T R
100% cabernet sauvignon

90   18,95€

Corpulento, cálido. Aroma: cera, hierbas secas, regaliz negro. Boca: taninos maduros, balsámico.

Mas Rodó Incògnit 2021 T
75% cabernet sauvignon, 25% tempranillo

87   9,5€

Mas Rodó Incògnit 2022 RD
72% cabernet sauvignon, 28% tempranillo

87   8,75€

Mas Rodó Merlot 2016 T R
100% merlot

88   15,95€

Cálido, confitado, frutal, especiado.

Mas Rodó Montonega 2020 B
100% montonega

90 ★★★   12,75€

Aromático, silvestre, especiado, equilibrado, con personalidad. Aroma: flores marchitas, lías reducidas. Boca: sabroso, equilibrado.

MESTRATGE VINS IDENTITARIS
08770 Sant Sadurní d'Anoia (Barcelona)
☎: +34 637 035 882
info@mestratgevins.com

Mestratge 2022 B
xarel.lo, malvasía de Sitges

90 ★★★★ 🌱   11€

Color: pajizo brillante, borde verdoso. Aroma: fruta fresca, cítricos, hierbas silvestres. Boca: fresco, frutoso, buena acidez.

Mestratge de Garraf 2022 B
macabeo

89 🌱   17€

Maduro, agradable. Aroma: fruta madura, tostado, especiado, madera marcada.

Persianes 2021 B
macabeo

91 🌱   25€

Color: pajizo brillante. Aroma: fruta de hueso, especiado. Boca: sabroso, tostado, especiado, largo.

DO PENEDÈS / D.O.P.

DO PENEDÈS / D.O.P.

MONTRUBÍ
L'Avellà
08736 Font-Rubí (Barcelona)
☎: +34 933 712 332
comercial@montrubi.com
www.montrubi.com

Gaintus Radical 2018 T
100% sumoll

93 ★★★★★ 🌱   15,5€

Aromas nítidos, rebelde, silvestre, suave. Color: cereza poco intenso. Aroma: pólvora, hierbas silvestres, anisado, frutos secos. Boca: pulido, equilibrado, elegante, muy vivo.

Gaintus Vertical 2017 T C
sumoll

94   35€

Color: cereza poco intenso. Aroma: balsámico, especias dulces, hierbas de monte, sotobosque, mineral. Boca: especiado, balsámico, buena acidez.

La Peona 2023 B
xarel.lo

88   14,95€

Poco intervencionista, rústico. Aroma: intensidad media, flores secas. Boca: cierta persistencia.

Serres Velles Garnatxa 2021 T
garnacha

92 🌱   26,95€

Rústico, poco intervencionista. Color: Cereza. Aroma: notas almizcladas, hierbas secas, hierbas silvestres, frutos secos. Boca: jugoso, sabroso, largo.

Serres Velles Macabeu 2022 B C
macabeo

90 🌱   21,95€

Color: pajizo brillante. Aroma: hierbas de tocador, lías finas, fruta blanca, fósforo. Boca: lleno, con poca acidez, correcto.

MUSCÀNDIA - VIADER
Finca Can Rosell de la Llena
08790 Gelida (Barcelona)
☎: +34 625 632 620
ev@muscandia.com
www.muscandia.com

Muscàndia Deliri Floral 2022 B
moscatel de frontignan, sauvignon blanc

88 🌱   11€

Cítrico, floral, suave, correcto. Boca: fácil de beber, acidez marcada, correcto, cierta persistencia.

Viader Davant del Corral 2022 B
xarel.lo

90 🌱   22,5€

Color: amarillo brillante. Aroma: especiado, fruta macerada, fruta madura, flores marchitas. Boca: graso, largo, fino amargor, sabroso.

Viader Serra del Bosc 2021 T
garnacha

91 🌱   22,5€

Silvestre, suave. Color: Cereza. Aroma: balsámico, especias dulces, hierbas de monte, pimienta negra. Boca: especiado, buena acidez, fácil de beber.

NADAL

Finca Nadal de la Boadella
08775 Torrelavit (Barcelona)
☎: +34 938 988 011
comunicacio@nadal.com
www.nadal.com

Nadal X Col·lecció Xarel.lo 2019 B
100% xarel.lo

89 🍷 15€

Tostado, aromas nítidos. Aroma: frutos secos, lías reducidas, notas de levadura, fruta escarchada.

Nadal X Col·lecció Xarel.lo 2021 B
xarel.lo

91 🍷

Color: pajizo brillante. Aroma: expresivo, fruta madura, floral, lías finas, flores marchitas, flores secas. Boca: lleno, largo.

Nadal X Col·lecció Xarel.lo 2023 B
xarel.lo

88 🍷 13€

Equilibrado, fresco, herbal, sabroso, notas de levadura.

Nadal X Col·lecció Xarel.lo Vermell 2021 B
100% xarel.lo vermell

90 🍷 17€

Corpulento, maduro, especiado, fruta golpeada, frutal. Color: amarillo brillante. Aroma: fruta madura, frutos secos, notas anisadas, hierbas de monte, lácticos. Boca: sabroso, especiado, amargoso, frutoso, varietal.

Nadal X Xarel.lo Vermell 2023 B
100% xarel.lo vermell

88 🍷 15€

Cítrico, frutal, herbal, muy primario.

OLIVER VITICULTORS

Cal Xic de L'Agustí - Can Batista
08770 Subirats (Barcelona)
☎: +34 609 375 242
sadurni@oliverviticultors.com
www.oliverviticultors.com

Brots de Xarel.lo 2021 B
xarel.lo

92 ★★★★ 🍷 16€

Color: pajizo brillante. Aroma: lías finas, mineral, fruta blanca, pan tostado, frutos secos. Boca: lleno, especiado, largo.

Brots Syrah Rosat 2023 RD
syrah

89 🍷 16€

Agradable, aromático, correcto, golosinas, láctico, frutal, sencillo, suave.

La Temptació 2021 B
malvasía de Sitges

92 ★★★★ 🍷 16€

Color: pajizo brillante, borde verdoso. Aroma: fruta fresca, cítricos, hierbas silvestres, notas anisadas, hierbas secas, varietal. Boca: fresco, frutoso, buena acidez, equilibrado.

ORIOL ROSSELL

Propietat Cal Cassanyes
08732 Sant Marçal (Barcelona)
☎: +34 977 671 061
oriolrossell@oriolrossell.com
www.oriolrossell.com

El Carro Gros 2021 T
syrah, cabernet sauvignon, merlot

92 🍷 25,9€

Con oscuridad, equilibrado, representativo. Aroma: hierbas secas, balsámico, terroso, fruta negra. Boca: sabroso, largo, especiado, estructurado.

L'Enriqueta 2022 B
macabeo

89

Con personalidad. Aroma: frutos secos, flores secas, flores marchitas, especiado. Boca: sabroso, largo.

Les Cerveres Xarel.lo 2022 B
xarel.lo

91 🍷

Color: amarillo brillante. Aroma: roble cremoso, fruta madura, especias dulces, hierbas secas. Boca: graso, estructurado, largo, tostado, fino amargor.

Rocaplana 2022 T
syrah

88 🍷 13,35€

Cálido, corpulento. Aroma: fruta negra, fruta madura, hierbas secas, terroso.

PARATÓ

Can Respall de Renardes s/n
08733 El Pla del Penedès (Barcelona)
☎: +34 938 988 182
info@parato.es
www.parato.es

Parató Rosat Pinot Noir 2023 RD
pinot noir

85 🍷 11,5€

Parató Samsó 2019 T R
cariñena

93 🍷 22€

Complejo, elegante. Color: Cereza. Aroma: balsámico, especias dulces, hierbas de monte, terroso. Boca: especiado, balsámico, buena acidez.

DO PENEDÈS / D.O.P.

VINOS DE ESPAÑA

PARÉS BALTÀ

Masía Can Baltá, s/n
08796 Pacs del Penedès (Barcelona)
☎: +34 938 901 399
comunicacio@paresbalta.com
www.paresbalta.com

Parés Baltà Absis 2018 T R
60% tempranillo, 15% cabernet sauvignon, 10% merlot, 15% syrah

93 — 76€

Color: cereza, borde granate. Aroma: fruta madura, hierbas secas, roble cremoso, fruta roja, fruta negra, especiado. Boca: potente, fruta madura, especiado, taninos maduros, equilibrado, cierta persistencia.

Parés Baltà Electio Xarel.lo 2022 B
100% xarel.lo

92 — 40€

Color: amarillo brillante. Aroma: potente, roble cremoso, especiado, notas de cereal, complejo, piedra seca. Boca: graso, estructurado, largo, tostado, fino amargor.

Parés Baltà Espigol 2023 B
100% malvasía de Sitges

88 — 16€

Correcto, hierbas secas, sencillo, floral.

Parés Baltà Hisenda Miret Garnatxa 2021 T R
100% garnacha

91 — 30€

Color: cereza, borde violáceo. Aroma: especiado, pan tostado, fruta roja, fruta negra, flores secas. Boca: sabroso, frutoso, equilibrado.

Parés Baltà Marta de Baltà 2019 T
syrah

92 — 65€

Color: cereza intenso. Aroma: hierbas secas, roble cremoso, fruta negra, madera marcada, hierbas de monte. Boca: potente, fruta madura, especiado, taninos maduros.

Parés Baltà Radix 2023 RD
syrah

90 — 23€

Por hacer, con personalidad. Color: frambuesa, borde violáceo. Aroma: potente, fruta roja, fruta madura, floral, hierbas silvestres. Boca: sabroso, fruta madura.

Parés Baltà Satèl.lit 2020 B
cariñena blanca

93 — 23€

Color: amarillo brillante. Aroma: potente, roble cremoso, fruta madura, especiado. Boca: estructurado, largo, tostado, fino amargor, frutoso.

PLANA D'EN JAN

Masia Benet, s/n
08796 Pacs del Penedès (Barcelona)
☎: +34 620 239 135
janmarrugat@planadenjan.com
www.planadenjan.com

Ametllers del Jan 2020 B FB
xarel.lo

93 — 76€

Color: amarillo brillante. Aroma: fósforo, fruta asada, flores secas, especiado. Boca: frutoso, fresco, equilibrado, fruta madura.

Camp del Cuc 2019 B BA S
100% macabeo

94

Color: amarillo brillante. Aroma: hierbas silvestres, fruta blanca, fruta asada, lías finas, con carácter. Boca: fresco, frutoso, buena acidez, fino amargor, sabroso, cierta persistencia.

D'En Jan Bon Jan Blanc 2021 B FB

92

Poco intervencionista. Color: pajizo brillante. Aroma: hierbas de tocador, lías finas, apio, fruta blanca, piedra seca. Boca: lleno, buena acidez, sabroso.

D'En Jan Trés Amfores 2018 B C S
100% macabeo

91

Color: amarillo brillante. Aroma: fruta fresca, hierbas silvestres, hierbas secas, fruta blanca. Boca: frutoso, fino amargor, fresco, equilibrado, redondo.

Plana D'En Jan Ancestral Insolit Malvasía 2022 BE
malvasía

91

Color: amarillo brillante. Aroma: fruta madura, lías finas, hierbas secas, flores marchitas, panadería. Boca: sabroso, buena acidez, burbuja fina, fresco, frutoso.

Plana D'En Jan Ancestral Insolit Xarel.lo Vermell 2022 BE
xarel.lo vermell

89

Color: pajizo brillante. Aroma: fruta madura, lías finas, hierbas secas, flores marchitas. Boca: sabroso, burbuja fina, frutoso.

PLANAS ALBAREDA
Ctra. a Guardiola, (BV-2127), km.3
08735 Vilobí del Penedès (Barcelona)
☎: +34 607 340 098
joanplanas82@gmail.com
www.planasalbareda.com

Planas Albareda Desclòs 2022 T
merlot

88 ★★★★ 5,95€

Frutal, floral, muy primario.

Planas Albareda L'Avenc 2023 B
xarel.lo

85 4,2€

Rosat de Planas Albareda 2023 RD
merlot

87 ★★★★ 4,9€

PROPIETAT D'ESPIELLS
Sant Venat, 1
08770 Sant Sadurní d'Anoia (Barcelona)
☎: +34 938 911 000
info@propietatdespiells.com
www.propietatdespiells.com

Casa Vella D'Espiells 2019 T R
100% cabernet sauvignon

91 ★★★ 15,5€

Potente. Aroma: balsámico, hierbas de monte, terroso, fruta negra. Boca: especiado, balsámico, taninos maduros.

Miranda D'Espiells 2023 B
100% chardonnay

88 11,5€

Agradable, aromas nítidos, correcto, floral, sencillo, silvestre, suave.

Viver D'Espiells 2022 B
malvasía de Sitges

91 21,5€

Color: pajizo brillante. Aroma: expresión frutal, fruta madura, floral, notas tropicales, toques silvestres, notas anisadas, varietal. Boca: sabroso, fresco, buena acidez, retronasal afrutado, equilibrado.

SURIOL
Cellers de Can Suriol del Castell s/n
08736 Font-Rubí (Barcelona)
☎: +34 938 978 426
cansuriol@suriol.com
www.suriol.com

Azimut Blanc 2022 B
xarel.lo, garnacha blanca, macabeo, malvasía de Sitges

85 7€

Azimut Negre 2019 T
ull de llebre, garnacha, monastrell, cariñena

83 7€

Suriol Donzella 2022 B
100% xarel.lo

85 11,9€

Suriol Els Bancals 2013 B
100% xarel.lo

89 11,9€

Ahumado, tostado, con vejez. Aroma: frutos secos, lías reducidas.

Suriol Mataró 2022 T BA
monastrell

87 19,9€

Suriol Sang de Drac 2016 T
ull de llebre

82 15,1€

TORELLÓ VITICULTORS
Ctra. C-243b, km. 13,4
08790 Gelida (Barcelona)
☎: +34 938 910 793
torello@torello.es
www.torello.com

Torelló 50 Lliures Magnum 2022 B
100% xarel.lo

92 32€

Color: pajizo brillante. Aroma: expresión frutal, fruta madura, floral, fruta blanca, mineral. Boca: sabroso, fresco, buena acidez, retronasal afrutado.

Torelló Gran Crisalys 2021 B FB
58% chardonnay, 42% xarel.lo

91 ★★★★ 13,5€

Color: amarillo. Aroma: fruta escarchada, floral, especias dulces, lías finas. Boca: graso, sabroso, fino amargor, largo, tostado.

Torelló Gran Crisalys 2022 B FB
58% xarel.lo, 42% chardonnay

90 14,5€

Color: amarillo brillante. Aroma: potente, roble cremoso, fruta madura, especiado, madera marcada. Boca: graso, estructurado, largo, tostado.

Torelló Mas de la Torrevella 2023 B
100% chardonnay

88 11,8€

Agradable, correcto, frutal, muy primario, persistente.

DO PENEDÈS / D.O.P.

Torelló Raimonda 2019 T BA

90 — 15,5€

Tostado, maduro, corpulento, confitado, especiado. Boca: sabroso, taninos maduros, especiado.

Vittios Garnacha 2019 T D
100% garnacha

91 — 19,25€

Color: cereza, borde violáceo. Aroma: expresión frutal, fruta roja, floral, especiado, chocolate, caramelo tostado. Boca: sabroso, frutoso, dulce, equilibrado.

TORRE DEL VEGUER

Urb. Torre de Veguer, s/n
08810 Sant Pere de Ribes (Barcelona)
☎: +34 938 963 190
torredelveguer@torredelveguer.com
www.torredelveguer.com

Raïms de la Inmortalitat Malvasia de Sitges 2022 B FB

91

Color: amarillo brillante. Aroma: roble cremoso, fruta madura, especiado. Boca: graso, estructurado, tostado.

Torre del Veguer Abellerol 2023 B

87

Torre del Veguer Fonoll 2022 B

90

Color: pajizo brillante. Aroma: fruta madura, hierbas de tocador, lías finas. Boca: lleno, buena acidez, sabroso.

Torre del Veguer Jerónimus 2021 T
garnacha

91

Color: cereza intenso. Aroma: hierbas secas, roble cremoso, fruta negra, pan tostado. Boca: fruta madura, especiado, taninos maduros.

Torre del Veguer Maricel 2022 B
malvasía de Sitges

89

Fresco, herbal, correcto, frutal.

VALLDOLINA VITICULTORS I ELABORADORS

Masia Can Tutusaus - Plaça de la Creu, 1
08795 Olesa de Bonesvalls (Barcelona)
☎: +34 938 984 181
info@valldolina.com
www.valldolina.com

Bivac 2023 B
77% xarel.lo, 16% viognier, 7% malvasía de Sitges

87 ★★★ — 7,2€

Bonesvalls Cabernet Sauvignon 2019 T BA
100% cabernet sauvignon

88 — 13,9€

Equilibrado, especiado, herbáceo, tostado, maduro.

ValldDolina Xarel.lo 2022 B
xarel.lo

89 ★★★★ — 8,75€

Amable, correcto, especiado, maduro, frutal, suave.

VILADOMAT-ARAGÓ

La Xarmada – Hisenda Casa Llivi, s/n
08796 Pacs del Penedès (Barcelona)
☎: +34 600 017 416
gerardmaristany@gmail.com
www.viladomataragó.com

Blanc de Dos Hiverns 2020 B FB
xarel.lo

92 — 27,5€

Color: amarillo brillante. Aroma: potente, fruta madura, especiado, fruta blanca, fruta asada, tostado. Boca: graso, estructurado, largo, tostado, fino amargor, retronasal ahumado, cierta persistencia.

VIMERUM

Mare Ràfols
08720 Vilafranca del Penedès (Barcelona)
☎: +34 653 320 937
vimerum@vimerum.com
www.vimerum.com

Kanpai 2023 B
sauvignon blanc

88 — 12€

Cítrico, equilibrado, herbáceo, flores secas.

VINOS I CAVAS NAVERAN
Can Parellada - Sant Martí Sadevesa
08735 Torrelavit (Barcelona)
☎: +34 938 988 274
sadeve@naveran.com
www.naveran.com

Clos del Pi 2019 T C
90 🌿   15,44€

Color: cereza intenso. Aroma: hierbas secas, hierbas de monte, fruta negra. Boca: fruta madura, especiado, taninos maduros.

VINS EL CEP
Can Llopart de Les Alzines, s/n
08770 Sant Sadurní d'Anoia (Barcelona)
☎: +34 938 912 353
comercial@vinselcep.com
www.vinselcep.com

Clot del Roure Xarel.lo 2022 B
100% xarel.lo

91 🌿   17€

Color: pajizo. Aroma: fruta madura, hierbas secas, flores marchitas. Boca: fruta madura, equilibrado, fluido.

Pla del Bosc Xarel.lo Vermell 2022 B
100% xarel.lo vermell

92 ★★★ 🌿   17€

Complejo, con tensión. Aroma: fruta madura, hierbas de tocador, lías finas. Boca: lleno, graso, largo, buena acidez.

DO PENEDÈS / D.O.P.

DO. PLA DE BAGES
CONSEJO REGULADOR

Casa de La Culla - La Culla, s/n
08240 Manresa (Barcelona)
☎: +34 938 748 236
@: info@dopladebages.com
www.dopladebages.com

SITUACIÓN:

Se extiende en uno de los extremos orientales de la Depresión Central Catalana; ocupa la comarca natural del Bages y su centro urbano es la ciudad de Manresa. La zona tiene como límite sur la cordillera de Montserrat, línea divisoria que la separa del Penedès. Engloba las localidades de Fonollosa, Monistrol de Caldres, Sant Joan de Vilatorrada, Artés, Avinyó, Balsareny, Calders, Callús, Cardona, Castellbell i el Vilar, Castellgalí, Castellfollit del Boix, Castellnou de Bages, El Pont de Vilomara, Gaià, L'Estany, Manresa, Mura, Navarcles, Navàs, Marganell, Moià i Monistrol de Montserrat, Rajadell, Sallent, Sant Feliu Sasserra, Sant Vicenç de Castellet, Sant Fruitós de Bages, Sant Mateu de Bages, Sant Salvador de Guardiola, Santpedor, Santa María d'Oló, Súria y Talamanca.

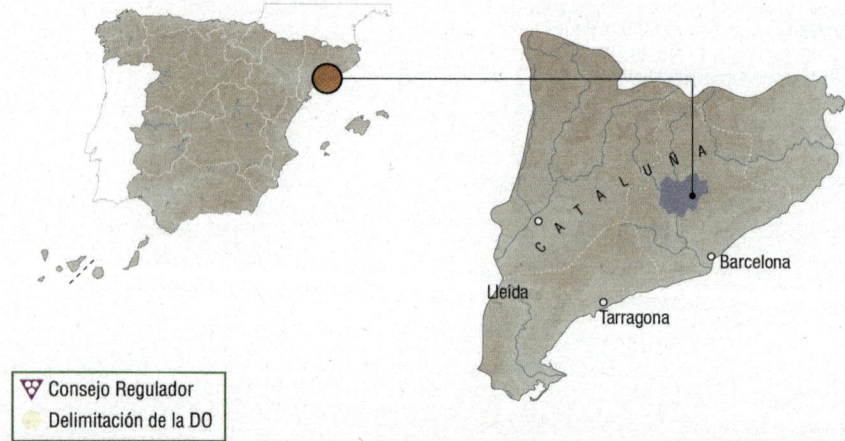

VARIEDADES:

BLANCAS: chardonnay, gewürztraminer, macabeo, picapoll, parellada, sauvignon blanc y malvasía.

TINTAS: sumoll, ull de llebre (tempranillo), merlot, cabernet franc, cabernet sauvignon, picapoll negra, syrah, mandó, cariñena y garnacha.

DATOS CONSEJO REGULADOR:

Nº Has. Viñedo: 500 – **Nº Viticultores:** 80 – **Nº Bodegas:** 17 – **Cosecha 22:** SC – **Producción 22:** 600.000 L. – **Comercialización:** 80% Nacional - 20% Internacional.

SUELOS:

El viñedo se asienta a una altitud de unos 400 metros. Son de tipo franco-arcillosos, franco-arenosos y franco-arcilloarenosos.

CLIMA:

Mediterráneo de montaña media con escasa pluviometría (500-600 mm de media anual) y oscilaciones térmicas más acusadas que en el Penedès.

CARACTERÍSTICAS GENERALES DE LOS VINOS

BLANCOS — Se sitúan dentro de la línea de otros blancos del Penedès, jóvenes, afrutados y fruto de modernas tecnologías, tanto aquellos que utilizan variedades autóctonas como los apoyados en la chardonnay. Los de picapoll ofrecen frescura, frutosidad y buena acidez.

ROSADOS — Elaborados en su mayoría con merlot y cabernet sauvignon, presentan un color rosáceo-frambuesa, son limpios y afrutados en nariz y con una buena expresión frutal de las uvas de las que provienen.

TINTOS — De color cereza-granate, frescos, con pronunciado carácter de las viníferas que sirven de base. A destacar el buen carácter varietal de los elaborados con cabernet sauvignon.

CALIFICACIÓN DE COSECHAS DE VINOS JÓVENES GUÍAPEÑÍN

2019	2020	2021	2022	2023
SC	SC	SC	SC	SC

DO PLA DE BAGES / D.O.P.

ABADAL
Masia Oliveras, s/n
08279 Santa María D'Horta D'Avinyó (Barcelona)
☎: +34 938 743 511
info@abadal.net
www.abadal.net

Abadal 3.9 (Vi de Finca) 2020 T R
100% cabernet sauvignon

90 — 28,5€

Color: cereza oscuro. Aroma: tostado, especiado, fruta confitada, hierbas de monte. Boca: sabroso, tostado, fino amargor.

Abadal Arboset 2019 T
mandó, picapoll negre, sumoll, punxo fort, cap pelat, malvasía

94 — 55,5€

Color: cereza, borde violáceo. Aroma: especiado, fruta madura, fruta roja, notas almizcladas, flores secas. Boca: sabroso, frutoso, buena acidez, largo.

Abadal Mandó 2021 T
100% mandó

91 ★★★ — 15,5€

Color: cereza, borde violáceo. Aroma: fruta roja, floral, especiado, notas almizcladas. Boca: sabroso, frutoso, buena acidez.

Abadal Nuat 2021 B C
80% picapoll blanc, 20% macabeo

91 — 34,95€

Color: pajizo brillante. Aroma: hierbas de tocador, lías finas, fruta blanca. Boca: lleno, graso, buena acidez, mineral.

Abadal Picapoll 2023 B
100% picapoll blanc

90 ★★★ — 13,95€

Color: pajizo brillante. Aroma: cítricos, hierbas silvestres, intensidad media. Boca: fresco, frutoso, buena acidez, fino amargor, fácil de beber.

CELLER SANMARTÍ
Mas Sanmartí de Serrahïma
08650 Sallent (Barcelona)
☎: +34 629 529 059
info@cellersanmarti.cat

1018 Garnatxa Sumoll 2020 T
90% garnacha, 10% sumoll

90 — 18€

Fluido, frutal. Color: cereza intenso. Aroma: hierbas secas, cacao fino, fruta roja, fruta negra. Boca: fruta madura, especiado, taninos maduros.

1018 Macabeu Picapoll 2022 B
60% picapoll blanc, 40% macabeo

90 ★★★★ — 12€

Color: pajizo brillante, borde verdoso. Aroma: cítricos, hierbas secas, hierbas silvestres, lías finas. Boca: fresco, frutoso, buena acidez, fino amargor.

CELLER SOLERGIBERT
Barquera, 40
08271 Artés (Barcelona)
☎: +34 938 305 084
josep@cellersolergibert.com
www.cellersolergibert.com

Macabeu de Solergibert 2022 B
100% macabeo

84 🌱 — 19€

Mandó de Solergibert 2021 T
100% mandó

89 — 15€

Equilibrado, especiado, herbal, maduro, fluido, tostado, notas animales.

Sdm. Solergibert de Matacans 2021 T
100% cabernet sauvignon

90 🌱 — 25€

Color: cereza intenso. Aroma: fruta madura, hierbas secas, cacao fino, hierbas de monte. Boca: potente, fruta madura, especiado, taninos maduros.

Solergibert Cabernet 2018 T R
cabernet sauvignon

90 ★★★★ — 12€

Con vejez. Color: cereza oscuro, borde granate. Aroma: fruta confitada, ebanistería, tabaco, especias dulces, fruta negra, hierbas secas. Boca: especiado, taninos maduros, sabroso.

Sumoll de Solergibert 2022 T
100% sumoll

91 🌱 — 18€

Color: cereza, borde violáceo. Aroma: expresión frutal, fruta roja, hierbas verdes. Boca: frutoso, sabroso, equilibrado.

HERETAT OLLER DEL MAS
Ctra. de Igualada C-37Z, Km. 91
08241 Manresa (Barcelona)
☎: +34 938 768 315
comunicacio@ollerdelmas.com
www.ollerdelmas.com

Arnau Oller 2019 T R
95% merlot, 5% picapoll negre

91　　　　　　　　　　　　　　　　39€

Color: cereza intenso. Aroma: hierbas secas, hierbas de monte, fruta negra, terroso, mineral, cuero muy curtido. Boca: potente, fruta madura, especiado, taninos maduros.

Bernat Oller 2019 T
50% merlot, 40% syrah, picapoll negre

90　　　　　　　　　　　　　　　　19€

Color: cereza oscuro, borde granate. Aroma: fruta confitada, ebanistería, tabaco, especias dulces. Boca: especiado, taninos maduros, largo.

Bernat Oller Blanc de Picapolls 2023 B
40% picapoll blanc, 60% picapoll negre

88　　　　　　　　　　　　　　　　16€

Agradable, amable, maduro.

Oller del Mas Especial Macabeu 2019 B
100% macabeo

91　　　　　　　　　　　　　　　　39€

Color: amarillo. Aroma: expresivo, fruta madura, lías finas, hierbas silvestres, notas anisadas, cera, camomila. Boca: especiado, largo, fácil de beber, cierta persistencia.

LES ACÀCIES
Finca Les Acàcies, B-431, km 56,5
08279 Avinyó (Barcelona)
☎: +34 618 670 063
info@lesacacies.com
www.lesacacies.com

Avinius Merlot i Syrah 2022 T
70% merlot, 30% syrah

88　　　　　　　　　　　　　　　　21€

Equilibrado, especiado, hierbas secas, maduro, tostado.

Desbordant 2022 T
40% garnacha, 30% tempranillo, 30% syrah

90　　　　　　　　　　　　　　　　18€

Color: cereza intenso. Aroma: fruta madura, hierbas secas, terroso. Boca: potente, fruta madura, especiado.

Instant de Flor 2023 B
chardonnay

89　　　　　　　　　　　　　　　　18€

Frutal, herbal, maduro, muy primario, sabroso.

Opositor Blanc 2023 B
50% picapoll blanc, 50% macabeo

88　　　　　　　　　　　　　　　　14€

Frutal, sencillo, herbal, maduro, cítrico.

Opositor Negre 2023 T BA
100% picapoll negre

91 ★★★★　　　　　　　　　　　　14€

Color: cereza, borde violáceo. Aroma: expresión frutal, fruta roja, floral, especiado. Boca: sabroso, frutoso, buena acidez, largo.

MÉS QUE PARAULES
Camí Jaumandreu, s/n
08259 Fonollosa (Barcelona)
☎: +34 936 556 057
mqp@mesqueparaules.com
www.mesqueparaules.com

Més Que Paraules Blanc 2023 B
65% picapoll blanc, 25% mandó, 10% sauvignon blanc

88　　　　　　　　　　　　　　　10,95€

Amable, cítrico, correcto, hierbas secas, suave.

Més Que Paraules Negre 2021 T C
50% mandó, 10% sumoll, 20% merlot, 20% cabernet sauvignon

90 ★★★★　　　　　　　　　　　10,95€

Color: cereza, borde violáceo. Aroma: expresión frutal, fruta roja, especiado, hierbas de monte, flores secas. Boca: sabroso, frutoso, buena acidez, largo.

Molt Mandó 2022 T C
mandó

89　　　　　　　　　　　　　　　24,5€

Agradable, aromas nítidos, varietal, sabroso, maduro.

Molt Més Que Paraules 2019 T R
80% merlot, 10% sumoll, 10% cabernet sauvignon

91　　　　　　　　　　　　　　　29,95€

Color: Cereza. Aroma: balsámico, especias dulces, hierbas de monte, fruta negra, fruta madura. Boca: especiado, balsámico, buena acidez.

Molt Picapoll 2023 B
picapoll blanc

89　　　　　　　　　　　　　　　24,5€

Amable, aromático, correcto, exuberante, muy primario, floral, hierbas secas.

DO PLA DE BAGES / D.O.P.

DO. PLA I LLEVANT
CONSEJO REGULADOR

C/ Canonge Barceló, 2
07200 Felanitx. Islas Baleares
☎: +34 971 168 569
@: correo@doplaillevant.com - promocio@doplaillevant.com
www.doplaillevant.com

SITUACIÓN:

La zona de producción se sitúa en la parte este de la isla de Mallorca y comprende un total de 18 municipios: Algaida, Ariany, Artá, Campos, Capdepera, Felanitx, Lluchamajor, Manacor, Mª de la Salud, Montuiri, Muro, Petra, Porreres, Sant Joan, Sant Llorens des Cardasar, Santa Margarita, Sineu y Vilafranca de Bonany.

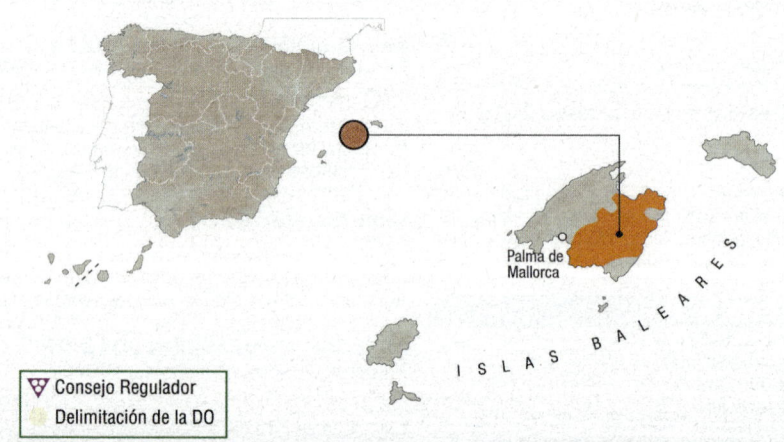

VARIEDADES:

BLANCAS: prensal blanc, macabeo, parellada, giró blanc, moscatel y chardonnay.

TINTAS: callet (la más abundante), manto negro, fogoneu, tempranillo, monastrell, cabernet sauvignon, gargollassa, merlot y syrah

DATOS CONSEJO REGULADOR:

Nº Has. Viñedo: 513 – **Nº Viticultores:** 85 – **Nº Bodegas:** 12 – **Cosecha 23:** SC – **Producción 23:** 3.032.800 L. – **Comercialización:** 94% Nacional - 6% Internacional.

SUELOS:

Tierra formada por rocas calizas que dan suelos de carácter calizo-arcilloso. Las tonalidades rojizas de estos terrenos se deben a la presencia de óxido de hierro. Las arcillas y carbonatos de calcio y magnesio proporcionan, a su vez, un color blanquecino que también puede observarse en el viñedo.

CLIMA:

De carácter mediterráneo, con una temperatura media de 16º C y con inviernos ligeramente fríos y veranos secos y calurosos. El régimen de brisas marinas durante el verano influye de manera importante en estos terrenos cercanos a la costa. El otoño es la estación más lluviosa y la media anual de precipitaciones se sitúa entre los 400-450 mm.

CARACTERÍSTICAS GENERALES DE LOS VINOS

BLANCOS — Las características de los blancos están condicionadas a las peculiaridades de las variedades foráneas. La uva prensal da lugar a vinos que expresan de un modo singular el carácter de terruño de la zona.

ROSADOS — Siguen la línea de los rosados de Binissalem, aunque la distinción viene de los elaborados con uvas francesas. La nitidez sensorial que desprenden estas variedades no impide que, en ciertos casos, pequen de cierta pesadez en nariz.

TINTOS — Comparten el estilo que caracteriza la adaptación mediterránea de las variedades francesas con que se elaboran. Así, desprenden toques balsámicos en nariz; en boca ofrecen taninos suaves y maduros; son sabrosos y con cuerpo. Los de la variedad autóctona callet muestran a la perfección el estilo de la zona, donde conviven la fruta madura y los matices a jara y monte bajo.

CALIFICACIÓN DE COSECHAS DE VINOS JÓVENES GUÍA**PEÑÍN**

2019	2020	2021	2022	2023
MUY BUENA	SC	SC	SC	BUENA

DO PLA I LLEVANT / D.O.P.

BODEGAS PERE SEDA
Cid Campeador, 22
07500 Manacor (Illes Balears/Islas Baleares)
☎: +34 971 605 087
lucasreus@telefonica.net
www.pereseda.com

Gvivm Merlot-Callet 2019 T
73% merlot, callet

91 ★★★ 16€

Tostado, jugoso. Color: cereza intenso. Aroma: hierbas secas, tostado, fósforo, fruta negra. Boca: fruta madura, especiado, taninos maduros.

Secret d´en Perico Negre 2021 T
47% merlot, 28% cabernet sauvignon, 25% callet

92 ★★★ 18€

Color: cereza intenso. Aroma: hierbas secas, especiado, balsámico, fruta negra, notas almizcladas. Boca: potente, fruta madura, especiado, taninos maduros.

L'Arxiduc Rosat 2023 RD
60% merlot, 40% tempranillo

86 5,7€

Mossèn Negre 2020 T
73% cabernet sauvignon, 27% callet

90 16,5€

Color: cereza intenso. Aroma: fruta madura, hierbas secas, fruta negra, cacao fino, tabaco. Boca: fruta madura, especiado, taninos maduros.

Myotragus Negre 2021 T
callet, merlot, cabernet sauvignon, syrah

88 13€

Equilibrado, especiado, fluido, hierbas secas, tostado.

Gvivm Blanc de Blancs 2023 B
44% chardonnay, 31% moscatel, 19% prensal, 6% giró ros

86 6,8€

BODEGAS VI REI
Ctra. Cap Blanc, km 25
07620 Llucmajor (Illes Balears/Islas Baleares)
☎: +34 971 007 460
info@bodegasvirei.com
www.bodegasvirei.com

Vi Rei Es Pop 2023 B
callet, cabernet sauvignon

87 15€

Vi Rei Merlot 2022 T
merlot

88

Especiado, hierbas secas, maduro, sabroso.

Vi Rei Prensal Blanc 2023 B
prensal

87 ★★★ 8€

ES FANGAR VINS
Son Colom 23
07200 Felanitx (Illes Balears/Islas Baleares)
☎: +34 971 581 938
sales.celler@es-fangar.com
www.es-fangar.com

Génesis Es Fangar 2023 T
manto negro

89 ♣

Corpulento, especiado, hierbas secas, maduro, correcto, ligera reducción, fruta golpeada.

Génesis Es Fangar Semi Dolç 2023 B SD
giró ros, prensal

87 ♣

Fangar Elements 2013 T R
53% cabernet sauvignon, 22% callet, 15% manto negro, 10% merlot

92 🌱 30,5€

Clásico. Color: cereza oscuro, borde granate. Aroma: fruta confitada, ebanistería, tabaco, especias dulces. Boca: especiado, taninos maduros, largo.

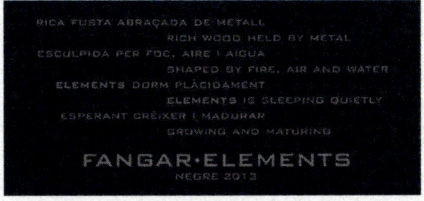

N'Amarat 2013 T GR
35% callet, 30% cabernet sauvignon, 30% merlot, 5% manto negro

91 🌱 48,9€

Cálido, con vejez. Color: cereza intenso, borde granate. Aroma: ebanistería, cacao fino, habano, tostado, fruta confitada, fruta al licor. Boca: especiado, tostado.

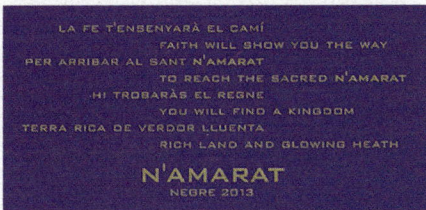

Sa Sivina 2023 B
giró ros, prensal

90 🌱

Color: pajizo brillante. Aroma: expresión frutal, fruta madura. Boca: sabroso, fresco, buena acidez, retronasal afrutado.

Son P. 2018 T BA
39% merlot, 27% cabernet sauvignon, 20% manto negro, 8% callet, 6% syrah

90 🌱 15,6€

Cálido, con oscuridad. Color: cereza intenso. Aroma: fruta madura, hierbas secas, roble cremoso. Boca: fruta madura, especiado, taninos maduros.

Twenty Twelve Pink 2023 RD
manto negro, merlot, cabernet sauvignon, callet, syrah

89 🌱

Equilibrado, fresco, frutal, herbal, amable.

Twenty Twelve White 2023 B
moscatel

88 🌱

Floral, herbal, ligero, correcto.

Sa Fita 2023 B
chardonnay, viognier, prensal

90 🌱

Correcto, frutal, maduro, sabroso. Aroma: lías finas, fruta blanca, franco. Boca: persistente, equilibrado.

MIQUEL OLIVER
Ctra. Petra-Sta. Margarita km. 1,8
07520 Petra (Illes Balears/Islas Baleares)
☎: +34 971 561 117
bodega@miqueloliver.com
www.miqueloliver.com

Aia 2018 T
merlot

91 20,9€

Color: cereza intenso. Aroma: hierbas secas, roble cremoso, fruta negra. Boca: fruta madura, especiado, taninos maduros.

Muscat Miquel Oliver 2023 B S
moscatel de alejandría, moscatel de frontignan

88 11,45€

Aromático, floral, herbal, fresco.

Orig 2023 B
giró

87 12,5€

QBQ 2022 B FB
giró

90 21,6€

Color: pajizo brillante. Aroma: fruta madura, hierbas de tocador, lías finas, pan tostado. Boca: lleno, graso, buena acidez.

Ses Ferritges 2018 T C S
callet, cabernet sauvignon, merlot, syrah

91 ★★★★ 13,75€

Color: cereza intenso. Aroma: fruta madura, roble cremoso, cacao fino, terroso, hierbas de monte. Boca: potente, fruta madura, especiado, taninos maduros.

DO PLA I LLEVANT / D.O.P.

DO PLA I LLEVANT / D.O.P.

Xperiment 2018 T FB S
callet

92   35€

Color: cereza intenso. Aroma: fruta madura, hierbas secas, hierbas de monte, especiado, tostado. Boca: potente, fruta madura, especiado, taninos maduros.

VINS MIQUEL GELABERT
Salas, 50
07500 Manacor (Illes Balears/Islas Baleares)
☎: +34 971 821 444
info@vinsmiquelgelabert.com
www.vinsmiquelgelabert.com

Chardonnay Roure 2022 B FB
chardonnay

90   26€

Color: amarillo brillante. Aroma: roble cremoso, fruta madura, especiado, piedra seca, frutos secos. Boca: estructurado, tostado, fino amargor.

Golós Negre 2018 T
callet, manto negro, fogoneu

88   24€

Herbáceo, maduro, especiado, tostado, cremoso.

Gran Vinya Son Caules 2015 T C
callet

93   29€

Clásico. Color: cereza oscuro, borde granate. Aroma: fruta madura, fruta confitada, ebanistería, tabaco, especias dulces. Boca: especiado, taninos maduros, lleno.

Sa Vall Selecció Privada 2019 B FB
giró ros, viognier, pinot noir

90   25€

Color: amarillo brillante. Aroma: roble cremoso, fruta madura, especiado, hierbas verdes. Boca: estructurado, tostado, fino amargor.

Son Moix Negre 2017 T
callet, cabernet sauvignon

92   36€

Color: cereza oscuro, borde granate. Aroma: fruta madura, fruta confitada, ebanistería, tabaco, especias dulces, hierbas secas. Boca: especiado, frutoso, sabroso, taninos secos pero maduros, cierta persistencia.

Torrent Negre Selecció Privada 2015 T

92

Con vejez, clásico. Color: cereza intenso, borde granate. Aroma: ebanistería, fruta madura, cacao fino, habano. Boca: sabroso, especiado, tostado.

DO. Ca. PRIORAT
CONSEJO REGULADOR

Major, 2
43737 Torroja del Priorat (Tarragona)
☎: +34 977 83 94 95
@: info@doqpriorat.org
www.doqpriorat.org

SITUACIÓN:

En la provincia de Tarragona. Administrativamente está formada por los términos municipales de Bellmunt del Priorat, Gratallops, El Lloar, La Morera de Montsant (con su agregado Escaladei), Poboleda, Porrera, Torroja del Priorat, La Vilella Alta y La Vilella Baixa, también la parte norte del término municipal de Falset y la parte este de El Molar.

A nivel interior está distribuida en 12 zonas de producción vitivinícola, que se corresponden con las localidades o villas que la forman. Cada una de las zonas responden a variables geográficas, ambientales, climáticas, vitivinícolas, históricas y económicas, a través de las cuales se identifica el vino, que van más allá de los límites administrativos existentes.

Las zonas de villa que forman la DO reciben el nombre de: Vi de la Vila de Bellmunt del Priorat, Vi de la Vila de Escaladei, Vi de la Vila de Gratallops, Vi de la Vila de El Lloar, Vi de la Vila de La Morera de Montsant, Vi de la Vila de Poboleda, Vi de la Vila de Porrera, Vi de la Vila de Torroja del Priorat, Vi de la Vila de la Vilella Alta, Vi de la Vila de la Vilella Baixa, Vi de la Vila dels Masos de Falset y Vi de la Vila de les Solanes del Molar.

DO Ca. PRIORAT / D.O.P.

VARIEDADES:

TINTAS

Preferentes: garnacha tinta y cariñena o samsó.

Autorizadas: garnacha peluda, cabernet sauvignon, cabernet franc, tempranillo, pinot noir, merlot, syrah y picapoll negro.

BLANCAS

Autorizadas: garnacha blanca, macabeo, Pedro Ximénez, moscatel de Alejandría, moscatel de grano menudo, pansal, picapoll blanco y chenin.

DATOS CONSEJO REGULADOR:

Nº Has. Viñedo: 2.237– **Nº Viticultores:** 509– **Nº Bodegas:** 116– **Cosecha 23:** Muy Buena– **Producción 22:** 5.427.214 L – **Comercialización:** 40% Nacional - 60% Internacional.

SUELOS:

Éste es probablemente el elemento más distintivo de la zona y, precisamente, el que la ha catapultado a primera línea de calidad, no sólo española, sino mundial. Los suelos, pobres y de constitución volcánica, están formados por pequeñas láminas de pizarra (llicorella) e imprimen un acusado carácter mineral a los vinos. El viñedo se asienta en terrazas y laderas de gran pendiente.

CLIMA:

Aunque con influencias mediterráneas, es templado y seco. Una de las características importantes es la práctica ausencia de lluvias durante el verano, que propicia un excelente estado sanitario de la viña. La media de precipitaciones se sitúa entre los 500 y 600 mm. anuales.

CARACTERÍSTICAS GENERALES DE LOS VINOS

BLANCOS — Se elaboran principalmente a partir de macabeo y garnacha blanca. De color amarillo pajizo, presentan aromas frutales y recuerdos de hierbas de monte; en la boca muestran también su carácter mediterráneo: son algo cálidos y con matices silvestres.

ROSADOS — Quizás son los menos característicos de la región. Por el clima más bien cálido en el que madura la uva, se identifican por sus notas a fruta madura; en boca son cálidos y sabrosos.

TINTOS — El producto estrella de la región. Elaborados a partir de garnacha y cariñena combinadas en los de gama alta con porcentajes menores de variedades extranjeras, se caracterizan por su color cereza intenso, muy cubierto. Los mejores ofrecen una nariz de gran complejidad, con notas de fruta muy madura y marcado carácter del terruño (debido a la influencia de los suelos pizarrosos) que da abundantes notas minerales. En boca poseen gran carácter y estructura; son potentes, carnosos, cálidos y, a la vez, rotundos de acidez, marcadamente tánicos y muy persistentes.

RANCIOS Y DULCES — Los rancios tradicionales de la zona ofrecen aromas almendrados y notas de hierbas de monte; en la boca son cálidos, sabrosos y con una buena evolución oxidativa. Existe también una gama de vinos dulces elaborados según criterios más modernos. Presentan un color cereza cubierto; en nariz desarrollan aromas a frutos negros, casi pasificados y notas tostadas por su crianza en roble; en la boca son dulces, pastosos, muy afrutados y muy equilibrados por su buena acidez.

CALIFICACIÓN DE COSECHAS DE VINOS JÓVENES GUÍA**PEÑÍN**

2019	2020	2021	2022	2023
EXCELENTE	EXCELENTE	EXCELENTE	EXCELENTE	EXCELENTE

ÁLVAREZ DURÁN PRIORAT

Avda. Cardenal Vidal i Barraquer, 2
43739 Porrera (Tarragona)
☎: +34 977 828 102
info@alvarezduranpriorat.com
www.alvarezduranpriorat.com

Dual 2022 T
91
Confitado, correcto, representativo. Color: cereza, borde granate. Aroma: con carácter, fruta negra, fruta madura. Boca: sabroso, lleno.

Dual 2023 B
93
Color: amarillo brillante. Aroma: flores secas, fruta madura, equilibrado, expresivo, hierbas silvestres. Boca: graso, jugoso, sabroso.

Porrera Vi de Vila de Álvarez Durán 2022 T
90
Confitado, corpulento, fruta golpeada, lleno, maduro, persistente, sabroso.

Terroir X La Tercera 2022 T
91
Correcto, maduro, mineral, poco franco. Color: cereza intenso. Aroma: fruta madura, fruta macerada, hierbas secas. Boca: sabroso, taninos maduros, especiado, fruta madura, largo.

Terroir X El Segundo 2022 T
93
Confitado. Color: cereza, borde granate. Aroma: hierbas de monte, hierbas silvestres, fruta confitada, mineral. Boca: lleno, sabroso, largo.

Terroir X La Viña Vieja 2022 T
92
Confitado. Color: cereza, borde granate. Aroma: fruta confitada, fruta al licor, potente, notas de levadura, panadería. Boca: sabroso, largo, taninos dulces.

ALVARO PALACIOS

Pol. 6, Parcela 26
43737 Gratallops (Tarragona)
☎: +34 977 839 195
info@alvaropalacios.com
www.alvaropalacios.com

Camins del Priorat 2022 T
91
Color: cereza, borde violáceo. Aroma: fruta roja, floral, especiado. Boca: sabroso, frutoso, buena acidez.

🏆 PODIO

Finca Dofí 2022 T C
88% garnacha, 9% cariñena, 2% picapoll negre, garnacha blanca, macabeo
95 🌱
Mineral, aromas nítidos. Color: cereza brillante. Aroma: balsámico, especias dulces, hierbas de monte, mineral, fruta roja. Boca: especiado, balsámico, buena acidez.

Gratallops Vi de la Vila 2021 T C
93 🌱
Color: cereza brillante. Aroma: fruta madura, hierbas secas, roble cremoso, terroso, hierbas de monte. Boca: fruta madura, especiado, taninos maduros.

Gratallops Vi de la Vila 2022 T C
80% garnacha, 19% cariñena, garnacha blanca, macabeo, pedro ximénez
94 🌱
Color: cereza brillante. Aroma: expresión frutal, fruta roja, hierbas silvestres, balsámico, especiado. Boca: sabroso, fruta madura, cierta persistencia.

🏆 PODIO

L'Ermita 2022 T C
92% garnacha, 7% cariñena, garnacha blanca, macabeo, pedro ximénez
96
Color: cereza, borde violáceo. Aroma: floral, expresión frutal, frambuesa, especias dulces, fruta roja. Boca: sabroso, frutoso, buena acidez, largo.

🏆 PODIO

La Baixada 2022 T
98% garnacha, 2% cariñena
95 🌱
Por hacer. Color: cereza brillante. Aroma: balsámico, especias dulces, hierbas verdes, fruta roja. Boca: especiado, balsámico, buena acidez, taninos finos, algo secante.

🏆 PODIO

Les Aubaguetes 2022 T C
86% garnacha, 13% cariñena, garnacha blanca, macabeo
97 🌱
Aromas nítidos, con tensión. Color: cereza, borde violáceo. Aroma: fruta roja, floral, especiado, hierbas silvestres, balsámico. Boca: sabroso, frutoso, buena acidez, algo secante.

Les Terrasses 2022 T
60% garnacha, 40% cariñena
93
Aromático, con tensión. Color: cereza brillante. Aroma: expresión frutal, fruta roja, floral. Boca: sabroso, ligero, frutoso.

DO Ca. PRIORAT / D.O.P.

DO Ca. PRIORAT / D.O.P.

ATAVUS PRIORAT
Ctra. 710, Km. 8,3
43737 Gratallops (Tarragona)
☎: +34 617 201 730
info@atavuspriorat.com
www.atavusvines.com

Gnatxa 2021 T
garnacha
93 45€
Con tensión. Color: cereza intenso. Aroma: fruta roja, fruta madura, especiado, mineral. Boca: potente, fruta madura, especiado, taninos maduros.

Iura 2019 B
garnacha blanca, macabeo, viognier, pedro ximénez
92 32€
Maduro, oxidativo. Color: pajizo brillante. Aroma: fruta madura, hierbas de tocador, lías finas, camomila. Boca: lleno, graso, largo, buena acidez.

Rodó 2021 T
cabernet sauvignon
92 45€
Con tensión. Color: cereza intenso. Aroma: hierbas secas, fruta negra, especiado, tostado. Boca: potente, fruta madura, especiado, taninos maduros.

BELONDRADE
Paraje de los Levantes, Quinta San Diego
47491 La Seca (Valladolid)
☎: +34 983 481 001
info@belondrade.com
www.belondrade.com

NerinTerra 2020 T
60% garnacha, 40% cariñena
92 38€
Color: cereza, borde granate. Aroma: fruta al licor, potente, terroso, fruta roja, fruta negra. Boca: sabroso, dulcedumbre, largo.

BODEGA BRAVO ESCÓS
Partida Plans, Polígono 3, parcela 10
43737 Torroja del Priorat (Tarragona)
☎: +34 675 017 698
ariadna@bodegabravoescospriorat.com
www.bodegabravoescospriorat.com

L'Escaleta 2021 T
100% cariñena
92 45€
Varietal, silvestre, reductivo. Color: cereza, borde violáceo. Aroma: cera. Boca: jugoso, sabroso.

La Font del Mosquit 2022 B
70% macabeo, 30% garnacha blanca
93 ★★★ 20€
Color: pajizo brillante. Aroma: fruta madura, hierbas de tocador, lías finas, flores secas, camomila, piedra seca. Boca: lleno, graso, largo, buena acidez, mineral.

La Roca de L'Abellar 2021 T
100% garnacha
92 45€
Color: cereza, borde violáceo. Aroma: expresión frutal, fruta roja, floral, especiado. Boca: sabroso, frutoso, buena acidez.

Les Camades 2021 T
50% cariñena, 45% garnacha, 5% cabernet sauvignon
90 24€
Color: cereza, borde violáceo. Aroma: expresión frutal, fruta roja, especiado, fruta negra, hierbas silvestres. Boca: sabroso, frutoso, buena acidez, taninos secos pero maduros.

Pas dels Caus 2022 T
50% cariñena, 30% garnacha, 20% syrah
92 ★★★★ 16€
Color: cereza, borde violáceo. Aroma: expresión frutal, fruta roja, floral, especiado. Boca: sabroso, frutoso, buena acidez.

BODEGAS MASET
Ctra. Vilafranca-Igualada C-15 Km.19
08792 La Granada (Barcelona)
☎: +34 900 200 250
info@maset.com
www.maset.com

Maset Clos Viló 2020 T C
cariñena, garnacha
92 23,9€
Color: cereza, borde violáceo. Aroma: fruta roja, floral, especiado, hierbas de monte. Boca: sabroso, frutoso, buena acidez, largo.

Maset Mas Viló 2021 T RB
garnacha, cariñena
91 16,6€
Color: cereza, borde violáceo. Aroma: expresión frutal, fruta roja, especiado, hierbas de monte, regaliz negro. Boca: sabroso, frutoso, buena acidez.

BODEGAS PUIGGRÒS
Ctra. de Manresa, Km. 13
08711 Òdena (Barcelona)
☎: +34 629 853 587
info@bodegaspuiggros.com
www.bodegaspuiggros.com

Signes Del Priorat 2021 T
cariñena

93　　　　　　　　　　　　　　　30€

Silvestre, con personalidad. Color: cereza intenso. Aroma: hierbas secas, fruta negra, fruta madura, notas cárnicas, terroso. Boca: potente, especiado, taninos maduros, jugoso.

BODEGAS Y VIÑEDOS CAL GRAU
Ctra. del Molar a El Lloar, Km. 10
43736 El Molar (Tarragona)
☎: +34 977 054 851
export@vinosiberian.com
www.vinosiberian.com

Clos Badaceli de la Solana 2018 T C
60% garnacha, 40% cariñena

91

Color: cereza intenso. Aroma: fruta madura, hierbas secas, roble cremoso, especiado, pimienta negra. Boca: potente, fruta madura, especiado, taninos secos pero maduros, cierta persistencia.

Clos Badaceli Garnacha 2020 T
100% garnacha

92

Color: cereza, borde violáceo. Aroma: fruta roja, floral, especiado, fruta madura, hierbas de monte. Boca: sabroso, frutoso, buena acidez, lleno.

La Petite Agnès 2022 T BA
garnacha, cariñena, syrah, cabernet sauvignon

90 ★★★　　　　　　　　　　　12,5€

Color: cereza, borde violáceo. Aroma: expresión frutal, fruta roja, especiado, fruta negra, hierbas silvestres. Boca: sabroso, frutoso, buena acidez, taninos secos pero maduros.

Les Ones Samsó 2019 T
samsó

93

Confitado, cremoso, corpulento, clásico. Color: cereza brillante. Aroma: especias dulces, chocolate, fruta confitada. Boca: frutoso, especiado, taninos maduros.

BUIL & GINÉ
Crta. Gratallops
a la Vilella Baixa km 11.5
43737 Gratallops (Tarragona)
☎: +34 977 839 810
roxana@builgine.com
www.builgine.com

Giné Giné 2021 T RB
50% garnacha, 50% cariñena

91 ★★★　　　　　　　　　　　15,9€

Color: cereza intenso. Aroma: fruta negra, cacao fino, hierbas de monte, terroso. Boca: fruta madura, especiado, taninos maduros.

Joan Giné 2018 T R
50% garnacha, 40% cariñena, 10% cabernet sauvignon

91　　　　　　　　　　　　　　　24€

Color: Cereza. Aroma: balsámico, hierbas de monte, terroso, equilibrado, fruta madura. Boca: especiado, balsámico, fruta madura, fácil de beber.

Pleret 2015 T GR
50% cariñena, 50% garnacha

91　　　　　　　　　　　　　　　54€

Con vejez. Color: cereza, borde granate. Aroma: fruta confitada, fruta al licor, potente, notas cárnicas, cuero mojado. Boca: sabroso, dulcedumbre, largo, frutoso, potente, taninos secos pero maduros.

CASA GRAN DEL SIURANA
Ctra. de la Mina s/n
43738 Bellmunt del Priorat (Tarragona)
☎: +34 932 233 022
pr@casagrandelsiurana.com
www.casagrandelsiurana.com

Ànima del Priorat 2022 T
garnacha, cariñena, syrah, cabernet sauvignon, merlot

92　　　　　　　　　　　　　　18,3€

Amable. Color: Cereza. Aroma: hierbas de monte, floral. Boca: especiado, balsámico, jugoso, varietal, fácil de beber.

Gran Cruor Selecció Caranyena 2015 T
cariñena

92　　　　　　　　　　　　　　　54€

Color: cereza intenso. Aroma: fruta madura, hierbas secas, roble cremoso, fruta roja, fruta negra, especiado. Boca: potente, fruta madura, especiado, taninos maduros, frutoso, con tensión, persistente.

DO Ca. PRIORAT / D.O.P.

DO Ca. PRIORAT / D.O.P.

Cruor 2019 T
39% garnacha, 33% cariñena, 25% syrah, 3% cabernet sauvignon

92   23,95€

Color: cereza intenso. Aroma: hierbas secas, roble cremoso, hierbas de monte, fruta negra. Boca: fruta madura, especiado, taninos maduros.

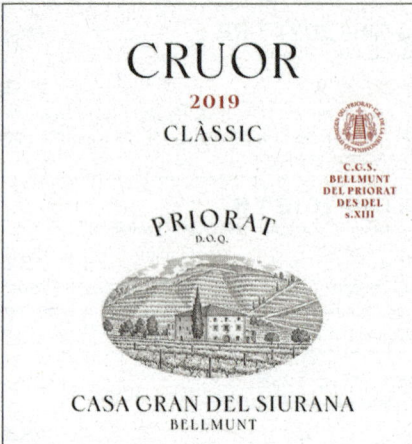

Gran Cruor Syrah 2018 T
100% syrah

93   52€

Color: cereza intenso. Aroma: fruta madura, hierbas secas, roble cremoso, fruta negra, pimienta negra. Boca: fruta madura, especiado, sabroso, equilibrado, persistente, taninos secos pero maduros.

CELLER ABELLÓ
Obac, 3
43739 Porrera (Tarragona)
☎: +34 619 949 221
cellerabelloporrera@gmail.com
www.cellerabello.com

Bram 2019 T RB
93   28€

Color: cereza intenso. Aroma: hierbas secas, roble cremoso, fruta negra, fruta confitada, hidrocarburo, terroso, tostado. Boca: potente, fruta madura, especiado, taninos maduros.

Drac 2018 T RB
33% cariñena, 33% garnacha, 33% merlot

90   19,5€

Especiado. Aroma: tostado, fruta madura, chocolate. Boca: equilibrado, correcto, especiado, fruta madura.

CELLER AIXALÀ I ALCAIT
Carrer Balandra, 43
43737 Torroja del Priorat (Tarragona)
☎: +34 629 507 807
pardelasses@gmail.com

Destrankis 2021 T BA
80% garnacha, 20% cariñena

88

Confitado, frutal, hierbas secas, algo secante.

El Coster de L'Alzina 2018 T C
100% cariñena

91

Color: cereza intenso. Aroma: hierbas secas, fruta negra, hierbas de monte, cacao fino, tostado. Boca: fruta madura, especiado, taninos maduros.

Les Clivelles de l'Alzina 2020 T
91

Color: cereza intenso. Aroma: hierbas secas, fruta negra, fruta confitada, tostado, regaliz negro, alquitrán. Boca: fruta madura, especiado, taninos maduros.

Les Clivelles de Torroja 2022 T
cariñena

92

Color: cereza intenso. Aroma: hierbas secas, regaliz negro, terroso, cacao fino, flores secas. Boca: fruta madura, especiado, taninos maduros.

Pardelasses 2019 T
cariñena

91

Clásico, maduro, reductivo. Color: cereza oscuro. Aroma: fruta madura, fruta confitada, tabaco, especias dulces. Boca: especiado, taninos maduros.

CELLER ARDEVOL
Barceloneta, 14
43739 Porrera (Tarragona)
☎: +34 639 853 282
cellerardevol@yahoo.es

Anjoli 2018 T
garnacha, cabernet sauvignon, syrah, merlot, cariñena

90 15€

Cálido, confitado, corpulento, balsámico, exuberante, sabroso. Aroma: chocolate.

Coma d'en Romeu 2019 T RB
cabernet sauvignon, syrah, merlot, garnacha

90 18€

Color: cereza intenso. Aroma: hierbas secas, roble cremoso, fruta negra, tostado, fruta confitada. Boca: fruta madura, especiado, taninos maduros.

Terra d'Hom 2019 T
merlot, garnacha, cabernet sauvignon, syrah, cariñena

91 35€

Color: cereza intenso. Aroma: fruta madura, hierbas secas, roble cremoso, fruta negra, especiado. Boca: fruta madura, especiado, taninos potentes, algo secante.

CELLER BARTOLOMÉ
Major, 23
43738 Bellmunt del Priorat (Tarragona)
☎: +34 977 830 632
info@cellerbartolome.com
www.cellerbartolome.com

Primitiu de Bellmunt 2019 T
cariñena, garnacha

92 28€

Color: cereza brillante. Aroma: especias dulces, fruta madura, flores secas, violetas, hierbas secas, hierbas de monte. Boca: frutoso, especiado, taninos maduros.

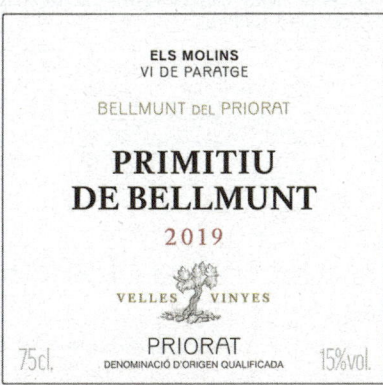

Primitiu de Bellmunt 2021 T
garnacha, cariñena

90 30€

Color: cereza intenso. Aroma: hierbas secas, roble cremoso, chocolate, fruta negra, fruta confitada. Boca: potente, fruta madura, especiado, taninos maduros.

Clos Bartolomé 2020 T BA
50% garnacha, 50% cariñena

92 20€

Balsámico. Aroma: fruta confitada, hierbas de monte, hierbas secas. Boca: frutoso, lleno, sabroso, fruta madura.

Clos Bartolomé Blanc 2023 B
garnacha blanca, macabeo

90 19€

Color: pajizo. Aroma: hierbas secas, fruta blanca, cálido. Boca: fruta madura, equilibrado, sabroso.

CELLER BURGOS PORTA
Finca Mas Sinén, s/n
43376 Poboleda (Tarragona)
☎: +34 696 094 509
burgosporta@massinen.com
www.massinen.com

Mas Sinén Clos 2018 T
garnacha, cariñena, cabernet sauvignon, syrah

92 24€

Color: cereza intenso. Aroma: fruta madura, hierbas secas, roble cremoso. Boca: potente, fruta madura, especiado, taninos maduros, frutoso, sabroso, retronasal ahumado.

Mas Sinén Coster 2017 T C
garnacha, cariñena

92 38€

Color: cereza, borde violáceo. Aroma: floral, especiado, hierbas de monte, fruta negra. Boca: sabroso, frutoso, buena acidez, jugoso.

Mas Sinén Garnatxa Negra 2019 T
100% garnacha

92 26€

Color: cereza intenso. Aroma: fruta madura, hierbas secas, violetas, cacao fino. Boca: fruta madura, especiado, taninos rugosos.

Mas Sinén La Vall 2018 T BA
garnacha, cariñena, cabernet sauvignon, syrah

89 17€

Corpulento, equilibrado, especiado, herbáceo, maduro, tostado.

DO Ca. PRIORAT / D.O.P.

CELLER CASTELLET
Font de Dalt, 11
43739 Porrera (Tarragona)
☎: +34 630 849 874
info@cellercastellet.cat
www.cellercastellet.cat

Empit 2021 T C
cariñena, garnacha peluda, syrah

90   20€

Color: cereza intenso, cereza, borde violáceo. Aroma: fruta madura, hierbas secas, roble cremoso, fruta negra, notas cárnicas. Boca: potente, fruta madura, especiado, sabroso, taninos secos pero maduros, retronasal ahumado.

Empit Selecció 2021 T R
100% cariñena

91   30€

Color: cereza, borde violáceo. Aroma: expresión frutal, fruta roja, especiado, fruta negra, hierbas silvestres. Boca: sabroso, frutoso, buena acidez, largo, potente, taninos secos pero maduros.

Solana de Riuavall Porrera 2021 B
100% garnacha blanca

91   38€

Color: amarillo brillante. Aroma: expresión frutal, fruta madura, especiado, hierbas silvestres, fruta blanca. Boca: sabroso, fresco, retronasal afrutado, frutoso, equilibrado.

Solana de Riuavall Porrera 2021 T R
50% cariñena, 50% garnacha

92   38€

Color: Cereza. Aroma: incienso, pólvora, fruta madura, equilibrado. Boca: frutoso, jugoso, fácil de beber, especiado, con tensión.

Terrotxa 2021 T
80% garnacha, 20% cabernet sauvignon

91 ★★★   14,75€

Color: cereza brillante. Aroma: fruta madura, hierbas secas. Boca: potente, fruta madura, especiado, taninos maduros.

CELLER DE L'ABADÍA
Font, 38
43737 Gratallops (Tarragona)
☎: +34 627 032 134
jeroni@cellerabadia.com
www.cellerabadia.eu

Alice 2021 T R
30% cariñena, 30% garnacha, 20% monastrell, 10% syrah, 10% cabernet sauvignon

90   35€

Color: cereza intenso. Aroma: hierbas secas, fruta negra, fruta confitada, notas almizcladas. Boca: potente, fruta madura, especiado, taninos maduros.

Clos Clara 2018 T GR
40% cariñena, 40% garnacha, 10% syrah, 10% cabernet sauvignon

90   68€

Color: cereza, borde granate. Aroma: hierbas secas, roble cremoso, fruta confitada, potente, fruta roja. Boca: fruta madura, especiado, lleno, potente, sabroso, frutoso, taninos secos pero maduros.

Sant Jeroni Dolç 2020 T GR D
50% cariñena, 50% cabernet sauvignon

89   35€

Frutal, goloso, dulce, especiado, tostado.

Sant Jeroni Forn 2022 T
100% cariñena

89   28€

Confitado, sabroso, tostado, hierbas secas.

Sant Jeroni Hort 2022 T
70% garnacha, 30% syrah

92   21€

Maduro. Color: cereza, borde granate. Aroma: hierbas silvestres, hierbas de monte, toques silvestres. Boca: jugoso, sabroso, con tensión, frutoso.

CELLER DE L'ENCASTELL
Castell, 7
43739 Porrera (Tarragona)
☎: +34 630 941 959
roquers@roquers.com
www.roquers.com

Roquers de Porrera 2019 T R
garnacha, syrah, cariñena, cabernet sauvignon, merlot

93   38€

Color: cereza intenso. Aroma: fruta madura, hierbas secas, roble cremoso, especiado, pimienta negra. Boca: potente, fruta madura, especiado, sabroso, taninos secos pero maduros.

470   Guía Peñín   VINOS DE ESPAÑA

Mas d'en Caçador Vi de Paratge Carinyena i Garnatxa 2021 T
50% cariñena, 50% garnacha

94 75€

Color: cereza intenso. Aroma: hierbas secas, fruta madura, fruta confitada, toques silvestres, violetas, hierbas de monte. Boca: potente, fruta madura, especiado, taninos maduros.

Marge 2019 T
garnacha, merlot, cabernet sauvignon, cariñena, syrah

91 18€

Color: cereza intenso. Aroma: fruta madura, hierbas secas, roble cremoso, fruta negra. Boca: fruta madura, especiado, sabroso, taninos secos pero maduros.

CELLER GRITELLES

Carrer de Les Bodegues, 3
43360 Cornudella de Montsant (Tarragona)
☎: +34 637 407 184
celler@gritelles.com
www.gritelles.com

Gritelles Macabeu Tros de la Serra 2019 B
macabeo

93 28€

Aromas nítidos, con personalidad. Color: dorado brillante. Aroma: con carácter, hierbas de monte, anisado, hierbas silvestres. Boca: fino amargor, jugoso, largo.

CELLER HIDALGO ALBERT

Pol. 14 Parcela 102
43376 Poboleda (Tarragona)
☎: +34 977 842 064
info@hidalgoalbert.com
www.hidalgoalbert.com

1270 a Vuit 2017 T
garnacha, cariñena

91 20€

Color: cereza intenso. Aroma: fruta madura, hierbas secas, roble cremoso, especiado, regaliz negro. Boca: potente, fruta madura, especiado, taninos maduros, algo secante.

1270 a Vuit 2022 B
garnacha blanca

91 20€

Color: pajizo. Aroma: fruta madura, hierbas secas, flores marchitas, fruta blanca, lías finas. Boca: fruta madura, equilibrado, lleno.

Fina 1270 a Vuit 2021 T BA
garnacha, syrah, cabernet sauvignon, merlot, cariñena

91 ★★★★★ 12€

Color: cereza intenso. Aroma: fruta madura, hierbas secas, roble cremoso, fruta negra, especiado, cacao fino. Boca: potente, fruta madura, especiado, frutoso, sabroso, taninos secos pero maduros.

Lo Petit Pau 2023 T
garnacha, syrah, cabernet sauvignon, merlot

90 ★★★★★ 10€

Color: cereza, borde violáceo. Aroma: expresión frutal, fruta roja, floral, especiado, fruta negra, pimienta negra. Boca: sabroso, frutoso, equilibrado, taninos maduros.

CELLER MAS BASTE

Font, 38
43737 Gratallops (Tarragona)
☎: +34 627 032 134
info@cellermasbaste.com
www.cellermasbaste.com

Clos Peites 2008 T BA
80% cariñena, 20% cabernet sauvignon

90 72€

Reductivo. Color: cereza oscuro, borde granate. Aroma: fruta madura, fruta confitada, tabaco, especias dulces. Boca: especiado, taninos maduros, largo.

Peites 2008 T C
80% cariñena, 10% syrah, 10% cabernet sauvignon

91 42€

Clásico. Color: rubí, borde teja. Aroma: cuero muy curtido, fruta al licor, habano, especiado. Boca: equilibrado, crianza clásica, amargoso, matices de reducción, sabroso.

CELLER MAS DE LES PERERES

Mas de les Pereres s/n
43376 Poboleda (Tarragona)
☎: +32 475 660 315
dirk@nunci.com
www.nunci.com

Nunci Cabernet Franc 2018 T
cabernet franc

90 52€

Varietal. Color: cereza intenso. Aroma: fruta madura, hierbas secas, roble cremoso, regaliz negro. Boca: potente, fruta madura, especiado, taninos maduros.

DO Ca. PRIORAT / D.O.P.

VINOS DE ESPAÑA 471

DO Ca. PRIORAT / D.O.P.

Nunci Costero 2012 T
92 36€
Color: cereza oscuro, borde granate. Aroma: fruta confitada, ebanistería, tabaco, especias dulces. Boca: especiado, taninos maduros.

Nunci Negre 2017 T
garnacha, cabernet franc, syrah, merlot, mazuelo, cabernet sauvignon
90 29€
Color: cereza intenso. Aroma: fruta madura, hierbas secas, hierbas de monte, pan tostado. Boca: potente, fruta madura, especiado, taninos maduros.

Nunci Rosé 2021 RD
garnacha blanca, viognier, macabeo, moscatel de alejandría, pedro ximénez
87 19€

Nuncito 2016 T BA
syrah, cabernet franc, garnacha, merlot, mazuelo
89 20€
Balsámico, confitado, maduro, tostado, sabroso. Aroma: fruta negra.

Nunsweet Dulce 2016 T D
merlot, garnacha, syrah, cabernet franc
91 33€
Color: cereza, borde granate. Aroma: fruta confitada, especiado, tostado, hierbas de monte. Boca: potente, sabroso, dulce.

CELLER PASANAU
43361 La Morera de Montsant (Tarragona)
☎: +34 977 827 202
info@cellerpasanau.com
www.cellerpasanau.com

Pasanau El Vell Coster 2019 T
91
Color: cereza brillante. Aroma: especias dulces, chocolate, fruta al licor, madera marcada. Boca: especiado, taninos maduros, equilibrado.

Pasanau
Finca La Planeta 2020 T
96% cabernet sauvignon, 4% garnacha
93 ❦ 36€
Con tensión. Color: cereza, borde violáceo. Aroma: expresión frutal, fruta roja, floral, especiado, tostado, hierbas de monte. Boca: sabroso, frutoso, buena acidez, largo.

Pasanau Les Myriams 2023 B
100% viognier
89 ❦ 24€
Agradable, correcto, floral, frutal, muy primario, sabroso.

Pasanau Vi de Paratge
Los Torrents 2020 T
60% garnacha, 40% cariñena
90 ❦ 30€
Color: cereza intenso. Aroma: fruta madura, hierbas secas, roble cremoso, fruta negra. Boca: potente, fruta madura, especiado, taninos maduros.

Pasanau Vi de Vila de La Morera de Montsant 2023 T
100% garnacha
91 ❦ 24€
Color: cereza, borde granate. Aroma: fruta madura, hierbas secas. Boca: fruta madura, especiado, taninos maduros, fácil de beber.

CELLER SABATÉ
Nou, 6
43374 La Vilella Baixa (Tarragona)
☎: +34 977 839 209
cellersabate@cellersabate.com
www.cellersabate.com

Mas d'en Bernat 2023 T
100% garnacha
90 ★★★★★ 9,5€
Color: cereza, borde violáceo. Aroma: expresión frutal, fruta roja, especiado, violetas. Boca: sabroso, frutoso, buena acidez.

Plantadeta Blanc 2023 B
garnacha blanca
88 10,5€
Frutal, correcto, cítrico, maduro, herbal.

Plantadeta Carinyena 2022 T
100% cariñena
91 16,5€
Color: cereza, borde granate. Aroma: fruta confitada potente, hierbas silvestres, toques silvestres. Boca: sabroso, largo.

Plantadeta Garnatxa 2021 T RB
100% garnacha
90 ★★★★ 11,5€
Color: cereza, borde granate. Aroma: fruta confitada, fruta al licor, potente, hierbas secas. Boca: sabroso, dulcedumbre, frutoso, jugoso, taninos secos pero maduros.

Plantadeta Selecció 2018 T C
70% garnacha, 30% cariñena
89 17€
Con oscuridad, con vejez, equilibrado, especiado, herbal, maduro, sabroso.

CELLER SAÒ DEL COSTER
Calle Valls, 28
43737 Gratallops (Tarragona)
☎: +34 664 142 186
info@saodelcoster.es
www.saodelcoster.es

"S" de Saó Coster 2021 T
garnacha, cariñena, cabernet sauvignon, syrah

91 ★★★★★ 12€
Color: cereza, borde violáceo. Aroma: expresión frutal, floral, especiado, fruta negra. Boca: sabroso, frutoso, buena acidez.

La Pujada 2016 T
cariñena

91 96€
Color: cereza, borde granate. Aroma: fruta confitada, fruta al licor, fruta negra, hierbas silvestres, flores secas. Boca: sabroso, dulcedumbre, largo, frutoso, taninos secos pero maduros.

Pim Pam Poom 2023 T
garnacha

90 ★★★★ 12€
Color: cereza, borde violáceo. Aroma: expresión frutal, fruta roja, floral. Boca: frutoso, sabroso, equilibrado.

Planassos 2016 T
cariñena

93 96€
Con personalidad, frutal, jugoso, silvestre, cálido. Color: cereza muy intenso. Aroma: toques silvestres, arándano azul. Boca: jugoso, lleno.

Terram 2021 T
garnacha, cariñena, cabernet sauvignon, syrah

90 30€
Confitado, maduro. Color: cereza, borde granate. Aroma: fruta golpeada. Boca: sabroso, balsámico.

CELLER VALL-LLACH
Del Pont, 9
43739 Porrera (Tarragona)
☎: +34 977 828 244
info@vallllach.com
www.vallllach.com

Embruix de Vall-Llach 2022 T
27% garnacha, 28% merlot, 21% cariñena, 12% syrah, 12% cabernet sauvignon

92 21,5€
Cálido. Color: Cereza. Aroma: balsámico, hierbas de monte, fruta madura, hierbas secas. Boca: especiado, jugoso, lleno.

Horta Colomer 2023 B
50% cariñena blanca, 50% cariñena gris

93 44€
Color: pajizo. Aroma: hierbas secas, flores marchitas, arbusto, fruta blanca, fruta madura. Boca: potente, fruta madura, equilibrado, fino amargor.

🏆 PODIO

Porrera Vi de Vila de Vall Llach 2022 T C
50% cariñena, 50% garnacha

95 55€
Color: cereza intenso. Aroma: hierbas secas, roble cremoso, especiado, tostado, fruta negra. Boca: potente, fruta madura, especiado, taninos maduros.

Porrera Vi de Vila de Vall Llach 2023 B
garnacha blanca

92 28€
Color: pajizo brillante. Aroma: expresión frutal, fruta madura, fruta blanca, hierbas secas, flores secas. Boca: sabroso, fresco, retronasal afrutado, frutoso, cierta persistencia.

Priorat Idus de Vall-Llach 2022 T
90% cariñena, 10% garnacha

93 39€
Color: cereza intenso. Aroma: hierbas secas, roble cremoso, tostado, especiado, fruta negra. Boca: potente, fruta madura, especiado, taninos maduros.

Vall Llach Mas d'en Caçador 2022 T
garnacha

94 93€
Color: cereza poco intenso, cereza oscuro. Aroma: fruta madura, expresión frutal, hierbas silvestres, hierbas de tocador. Boca: frutoso, jugoso, especiado, largo, equilibrado, varietal.

CELLERS DE SCALA DEI
Rambla de la Cartoixa, s/n
43379 Scala Dei (Tarragona)
☎: +34 935 051 551
n.vives@raventoscodorniu.com
www.scaladei.com

Scala Dei Cartoixa 2020 T R
80% garnacha, 20% cariñena

94 38€
Color: Cereza. Aroma: complejo, expresivo, especiado, mineral, violetas, hierbas de monte. Boca: elegante, lleno, largo, persistente.

Scala Dei L'Heretge 2021 T
100% cariñena

94 60€
Color: Cereza, borde violáceo. Aroma: expresivo, especiado, mineral, fruta roja, hierbas de monte. Boca: elegante, lleno, largo, persistente, mineral.

DO Ca. PRIORAT / D.O.P.

DO Ca. PRIORAT / D.O.P.

🏆 PODIO
Scala Dei Masdeu 2018 T
100% garnacha

96   88€

Color: Cereza. Aroma: complejo, expresivo, especiado, mineral, terroso. Boca: lleno, largo, persistente, elegante.

🏆 PODIO
Scala Dei Masdeu 2019 T
100% garnacha

96   88€

Color: Cereza. Aroma: expresivo, especiado, mineral, terroso, fruta roja, fruta al licor, hierbas de monte. Boca: lleno, largo, elegante.

Scala Dei Pla dels Ángels 2023 RD
100% garnacha

90   29,95€

Color: rosáceo pálido. Aroma: fruta roja, hierbas de tocador. Boca: jugoso, correcto, fruta madura, sabroso.

Scala Dei Prior 2022 T C
60% garnacha, 20% cabernet sauvignon, 20% cariñena

92   25,95€

Color: cereza, borde violáceo. Aroma: expresión frutal, fruta roja, floral, especiado, hierbas de monte. Boca: sabroso, frutoso, buena acidez.

🏆 PODIO
Scala Dei Sant Antoni 2021 T
95

Color: Cereza. Aroma: complejo, expresivo, especiado, mineral, hierbas de monte, terroso. Boca: lleno, largo, persistente.

CELLERS TERRA I VINS
Av. Falset, 17 Baixos
43206 Reus (Tarragona)
☎: +34 658 567 409
celler@cellersterraivins.com
www.cellersterraivins.com

Brúixola 2018 T C
45% garnacha, 45% samsó, 10% syrah

91 ★★★★   13,5€

Color: cereza intenso. Aroma: fruta madura, hierbas secas, roble cremoso, fruta negra. Boca: potente, fruta madura, especiado, taninos maduros, frutoso, fresco.

Brúixola 2019 B
70% garnacha blanca, 20% macabeo, 10% pedro ximénez

90   16,5€

Color: pajizo. Aroma: fruta madura, hierbas secas, camomila, lías finas. Boca: fruta madura, equilibrado, carnoso.

Brúixola VS 2019 T
85% samsó, 15% garnacha

91   35€

Color: Cereza. Aroma: fruta madura, hierbas secas, roble cremoso. Boca: potente, fruta madura, especiado, taninos maduros.

CELLERS UNIÓ - POBOLEDA
Joan Oliver, 16-24
43206 Reus (Tarragona)
☎: +34 977 330 055
info@cellersunio.com
www.cellersunio.com

Llicorella Clàssic 2020 T
garnacha, mazuelo

91   18€

Color: cereza, borde granate. Aroma: potente, fruta madura, chocolate. Boca: sabroso, largo, taninos maduros, especiado, fruta madura.

Llicorella Pedro Ximénez 2023 B
pedro ximénez

91   19€

Color: pajizo. Aroma: fruta madura, hierbas secas, flores marchitas, lías finas. Boca: fruta madura, equilibrado, graso.

Llicorella Vitis 60 2020 T
mazuelo, garnacha

91   25€

Color: cereza brillante. Aroma: fruta al licor, fruta negra, fruta confitada, hierbas silvestres. Boca: frutoso, sabroso, lleno, taninos maduros, cierta persistencia, mineral.

CLOS BERENGUER
Ctra. T-734, km. 8,3
43736 El Molar (Tarragona)
☎: +34 674 572 089
closberenguer@gmail.com
www.closberenguer.com

Clos Berenguer "Ari" 2022 T
merlot, samsó, cabernet sauvignon

90   20€

Agradable, correcto, exuberante, cálido. Aroma: chocolate, fruta negra. Boca: potente, taninos maduros.

Clos Berenguer "Ed" 2022 T R
100% garnacha

91 48€

Color: rubí, borde teja. Aroma: fruta madura, hierbas secas, roble cremoso, fruta roja, especias dulces. Boca: fruta madura, especiado, taninos maduros, frutoso.

Clos Berenguer "Min" 2022 T
samsó, cabernet sauvignon, garnacha, syrah

89 17€

Frutal, maduro, hierbas secas, especiado.

Clos Berenguer Selecció 2021 T
cariñena, cabernet sauvignon, garnacha, syrah

90 25€

Color: cereza intenso. Aroma: hierbas secas, fruta negra, hierbas de monte, cacao fino. Boca: potente, fruta madura, especiado, taninos maduros.

Clos Berenguer Vinya Les Sorts Cabernet Sauvignon 2020 T
100% cabernet sauvignon

91 48€

Color: Cereza. Aroma: hierbas de monte, hierbas secas, fruta negra, fruta madura, cera. Boca: especiado, carnoso, taninos maduros.

Clos de Tafall 2022 T
cabernet sauvignon, garnacha, syrah, cariñena

90 17€

Color: cereza brillante. Aroma: expresión frutal, fruta roja, especiado, fruta negra, hierbas silvestres. Boca: sabroso, frutoso, largo, taninos secos pero maduros, cierta persistencia.

CLOS DEL PORTAL
43736 El Molar (Tarragona)
☎: +34 932 531 760
info@portaldelpriorat.com
www.portaldelpriorat.com

Gotes del Priorat 2022 T
garnacha, cariñena, syrah

92 ★★★ 🌿 17,8€

Amable, correcto. Aroma: notas cárnicas. Boca: sabroso, lleno, fácil de beber, jugoso, persistente, fruta madura.

La Solana dels Marges 2020 T R
cariñena

93 79,4€

Color: Cereza. Aroma: expresivo, especiado, mineral, equilibrado. Boca: largo, persistente, especiado, fruta madura.

Negre de Negres 2022 T
garnacha, cariñena, syrah, cabernet franc

94 🌿 26,95€

Aromas nítidos, elegante. Color: cereza, borde granate. Aroma: cera, notas cárnicas, toques silvestres. Boca: sabroso, muy vivo, equilibrado, con tensión, especiado.

Somni 2019 T
syrah, cariñena

94 37,5€

Complejo, con personalidad, con oscuridad, varietal. Aroma: expresivo, equilibrado, tomillo, regaliz negro. Boca: jugoso, lleno, muy vivo, con tensión, equilibrado.

Tros de Clos Buscando a Darwin 2020 T

93 🌿

Con oscuridad, con personalidad, rústico. Color: cereza intenso. Aroma: con carácter, pimienta negra, fruta negra. Boca: sabroso, largo, fruta madura.

CLOS FIGUERAS
Carrer La Font, 38
43737 Gratallops (Tarragona)
☎: +34 977 830 217
info@closfigueras.com
www.closfigueras.info

Font de la Figuera 2022 T FB
garnacha, cariñena, syrah, cabernet sauvignon

94 28,5€

Silvestre, con oscuridad. Color: Cereza. Aroma: expresivo, especiado, mineral, fruta negra, hierbas de monte, regaliz negro. Boca: lleno, largo, persistente.

Font de la Figuera 2023 B
viognier, garnacha blanca, chenin blanc

91 28,5€

Color: amarillo brillante. Aroma: fruta madura, especiado, lías finas, flores secas. Boca: graso, estructurado, fino amargor.

Serras del Priorat 2023 B
100% garnacha blanca

91 18,5€

Color: pajizo. Aroma: fruta madura, hierbas secas, flores marchitas, fruta blanca. Boca: fruta madura, equilibrado.

Sweet Clos Figueras 2023 TF D
100% garnacha

90 22€

Color: cereza, borde granate. Aroma: fruta confitada, especiado, hierbas de monte. Boca: potente, sabroso, dulce.

DO Ca. PRIORAT / D.O.P.

DO Ca. PRIORAT / D.O.P.

CLOS GALENA
Camino de la Solana, s/n
43736 El Molar (Tarragona)
☎: +34 607 430 549
info@closgalena.com
www.closgalena.com

Clos Galena 2019 T R
garnacha, cariñena, syrah

92 🌱   50,95€

Color: cereza, borde violáceo. Aroma: expresión frutal, fruta roja, floral, especiado, hierbas de monte. Boca: sabroso, frutoso, buena acidez.

Crossos Priorat 2021 T
cariñena, garnacha, syrah

90   15,75€

Color: cereza intenso. Aroma: fruta madura, hierbas secas, cacao fino. Boca: fruta madura, especiado, taninos maduros.

Formiga de Seda 2023 B
garnacha blanca, viognier

89 🌱   21,9€

Frutal, herbal, maduro, cítrico, especiado.

Formiga de Vellut 2021 T
garnacha, cariñena, syrah

91 🌱   19,95€

Color: cereza, borde violáceo. Aroma: fruta roja, floral, especiado, cacao fino. Boca: sabroso, frutoso, buena acidez.

Galena 2021 T R
garnacha, cariñena, cabernet sauvignon, merlot

91 🌱   28€

Color: cereza intenso. Aroma: fruta madura, hierbas secas, cacao fino, tostado. Boca: potente, fruta madura, especiado, taninos maduros.

CLOS I TERRASSES
La Font, 1
43737 Gratallops (Tarragona)
☎: +34 977 839 022
info@closerasmus.com

🏆 **PODIO**

Clos Erasmus 2021 T BA
96

Balsámico. Color: Cereza. Aroma: complejo, expresivo, especiado, mineral, hierbas silvestres. Boca: lleno, largo, persistente, elegante.

Laurel 2021 T
93

Herbal, silvestre. Aroma: hierbas de tocador, equilibrado, expresivo, varietal. Boca: jugoso, largo.

CLOS MOGADOR
Camí Manyetes, s/n
43737 Gratallops (Tarragona)
☎: +34 977 839 171
closmogador@closmogador.com
www.closmogador.com

🏆 **PODIO**

Clos Mogador 2021 T C
45% garnacha, 29% cariñena, 16% syrah, 10% cabernet sauvignon

95

Color: Cereza. Aroma: complejo, expresivo, especiado, mineral. Boca: elegante, lleno, largo, persistente.

Gratallops
Vi de Vila Rosat 2021 RD C
60% garnacha, 20% cariñena, 20% macabeo

93

Color: salmón. Aroma: fruta madura, fruta roja, hierbas secas, flores marchitas, lías finas, notas anisadas. Boca: frutoso, lleno, sabroso, fruta madura, especiado, taninos suaves.

Manyetes
Vi de Paratge 2021 T C
100% cariñena

94

Color: Cereza. Aroma: complejo, expresivo, especiado, mineral, hierbas de monte, con oscuridad. Boca: lleno, largo, sabroso.

🏆 **PODIO**

Nelin 2021 B
garnacha blanca, macabeo, pansal, picapoll blanc, cartoixà, otras

95

Con personalidad. Color: pajizo. Aroma: fruta madura, hierbas secas, flores marchitas, especiado, piedra seca. Boca: potente, equilibrado, estructurado, mineral.

CLOS PACHEM
C. de la Font, 1D
43737 Gratallops (Tarragona)
☎: +34 621 229 185
sales@clospachem.com
www.clospachem.com

Camí
de la Mina 2020 T
50% garnacha, 50% cariñena

91   35€

Color: cereza brillante. Aroma: fruta confitada, fruta al licor, fruta roja, especias dulces, ahumado. Boca: sabroso, frutoso, equilibrado, fino amargor, especiado, algo secante.

Pachem 2020 T
garnacha

92 ★★★ 17€

Color: cereza, borde granate. Aroma: fruta madura, hierbas secas, roble cremoso, fruta roja, especias dulces, mineral. Boca: fruta madura, especiado, frutoso, sabroso, taninos secos pero maduros.

Pachem Carinyena 2021 T
cariñena

93 ★★★ 20€

Color: cereza, borde violáceo. Aroma: fruta madura, fruta negra, hierbas silvestres, pimienta negra, mineral. Boca: frutoso, sabroso, equilibrado, persistente, taninos maduros, con tensión.

Planassos 2020 T
cariñena

92 100€

Aromas nítidos, varietal. Color: cereza, borde granate. Aroma: equilibrado, fruta madura. Boca: sabroso, largo, jugoso, frutoso.

COSTERS DEL PRIORAT
Mas dels Frares s/n
43736 El Molar (Tarragona)
☎: +34 650 196 146
info@costersdelpriorat.com
www.costersdelpriorat.com

Blanc de Closos 2021 B
91 🍷

Color: pajizo. Aroma: fruta madura, hierbas secas, piedra seca, lías finas. Boca: potente, fruta madura, equilibrado.

Clos Alzina 2021 T
91 🍷

Color: cereza intenso. Aroma: hierbas secas, cacao fino, fruta negra, hierbas de monte. Boca: potente, fruta madura, especiado, taninos maduros.

Clos Cypres 2021 T
91 🍷

Color: cereza, borde violáceo. Aroma: fruta roja, especiado, hierbas de monte, cacao fino. Boca: sabroso, frutoso, buena acidez.

Pissarres 2022 T BA
91 🍷

Color: cereza intenso. Aroma: fruta negra, pan tostado, hierbas de monte, fruta roja. Boca: fruta madura, especiado, taninos maduros.

Rocafosca Blanc 2023 B
91 🍷

Color: pajizo. Aroma: hierbas secas, flores marchitas, fruta blanca. Boca: fruta madura, equilibrado.

Rocafosca Negre 2021 T
92 🍷

Color: cereza intenso. Aroma: hierbas de monte, cacao fino, fruta roja, fruta negra, terroso. Boca: fruta madura, especiado, taninos maduros.

DE MULLER
Camí Pedra Estela, 34
43205 Reus (Tarragona)
☎: +34 977 757 473
nacional@demuller.es
www.demuller.es

De Muller Carinyena 2019 T C
100% cariñena

89 33€

Amaderado, maduro. Color: cereza oscuro. Aroma: especiado, muy tostado (torrefactado), fina reducción, fruta negra, hierbas de monte. Boca: sabroso, tostado, fino amargor.

DO Ca. PRIORAT / D.O.P.

DO Ca. PRIORAT / D.O.P.

Legitim 2021 T C
garnacha, cariñena, syrah, merlot
88 10,5€
Algo apagado, confitado, especiado, sencillo. Aroma: fruta al licor, cera.

Les Pusses 2020 T C
50% merlot, 50% syrah
89 16,5€
Frutal, confitado, algo secante, especiado.

Lo Cabaló 2017 T R
75% garnacha, 5% cariñena
90 23€
Color: cereza oscuro, borde granate. Aroma: fruta confitada, ebanistería, tabaco, especias dulces. Boca: especiado, taninos maduros.

EDICIONES ILIMITADAS
Carrer Modolell, 56 Local A
08021 Barcelona (Barcelona)
☎: +34 932 531 760
info@edicionesi-limitadas.com

Fils de Vi 2021 T BA
garnacha
93 21,1€
Aromático, jugoso, muy vivo. Aroma: toques silvestres, equilibrado, expresivo. Boca: varietal, sabroso, frutoso, equilibrado, fácil de beber.

Terrestre 2021 T
garnacha
91 ★★★ 14,5€
Amable. Aroma: fruta madura, hierbas silvestres. Boca: fruta madura, especiado, fácil de beber, equilibrado.

EDUARDO GARZA
Ctra. T-734 km 8,3
43736 El Molar (Tarragona)
☎: +34 633 591 155
eg@eduardogarza.wine
www.eduardogarza.es

Eduardo Garza 2018 T
85% cariñena, 15% garnacha
91 25€
Corpulento, representativo. Color: cereza oscuro, cereza brillante. Aroma: fruta negra, mineral, hierbas secas, hierbas de monte. Boca: sabroso, taninos dulces.

Eduardo Garza Socarrats 2020 T
85% cariñena, 15% garnacha
89 25€
Confitado, corpulento, especiado. Aroma: fruta madura, hierbas secas, terroso, fruta negra, fruta golpeada.

ESPAIVI
Santa Ana, 13 Plaza Forum
43003 Tarragona (Tarragona)
☎: +34 672 266 894
espai.tgn@gmail.com

Clos Trekan 2020 T BA
50% cariñena, 50% garnacha
93 78€
Color: Cereza. Aroma: expresivo, especiado, mineral, arándano azul, violetas. Boca: lleno, largo, persistente, jugoso, frutoso.

FAMILIA NIN ORTIZ
Finca Planetes, Pol Partida Masis Parcela 288
43730 Falset (Tarragona)
☎: +34 686 467 579
carlesov@gmail.com
http://fnovins.blogspot.com.es

Nit de Nin Coma d'en Romeu 2021 T
94
Silvestre, poco intervencionista, complejo. Color: cereza, borde granate. Aroma: fruta roja, fruta confitada, hierbas silvestres, terroso, con oscuridad, complejo. Boca: sabroso, carnoso, mineral.

Planetes Classic 2021 T
garnacha, garnacha peluda, cariñena
94
Poco intervencionista, con personalidad. Color: cereza, borde granate. Aroma: fruta roja, terroso, especiado, hierbas de monte, con oscuridad. Boca: fluido, fresco, con tensión, mineral.

Planetes de Nin 2022 B
cariñena blanca
93
Suave, poco intervencionista. Color: pajizo. Aroma: fruta madura, hierbas secas, flores marchitas, piedra seca. Boca: fruta madura, equilibrado, mineral.

🏆 PODIO

Selma de Nin 2018 B
parellada, roussanne, marsanne, chenin blanc
96
Poco intervencionista, con personalidad. Color: pajizo brillante. Aroma: fruta madura, hierbas de tocador, lías finas, bajamar, yodado, cera, hidrocarburo. Boca: lleno, graso, largo, buena acidez.

Selma de Nin 2020 B
93
Color: pajizo. Aroma: hierbas secas, flores marchitas, fruta blanca, fruta madura, piedra seca. Boca: fruta madura, equilibrado, mineral.

🏆 PODIO

Terra Vermella de Nin 2016 B
parellada
95
Poco intervencionista, con personalidad. Color: pajizo, dorado. Aroma: hidrocarburo, balsámico, hierbas silvestres, camomila. Boca: carnoso, sabroso, mineral.

Terra Vermella de Nin 2019 B
parellada
94
Poco intervencionista, con potencial. Color: pajizo, dorado. Aroma: mineral, piedra seca, fósforo, fruta blanca, camomila, complejo. Boca: carnoso, equilibrado, mineral.

FAMILIA TORRES PRIORAT
La Solteta s/n
43737 El Lloar (Tarragona)
☎: +34 938 177 400
info@torres.es
www.torres.es

Mas de la Rosa 2020 T C
cariñena, garnacha
94   395€
Color: Cereza. Aroma: complejo, expresivo, especiado, mineral, hierbas de monte. Boca: lleno, largo, persistente, frutoso, elegante.

Salmos 2020 T C
cariñena, garnacha
93   29,7€
Con tensión. Color: Cereza. Aroma: expresivo, especiado, mineral, notas cárnicas. Boca: lleno, largo, persistente.

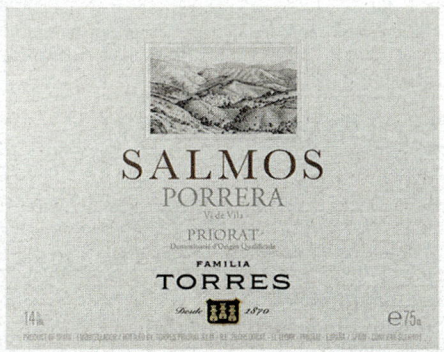

Secret del Priorat 2021 T C
garnacha, cariñena, syrah, cabernet sauvignon, merlot
91   18,95€
Correcto, hierbas secas, maduro. Aroma: expresión frutal, flores secas. Boca: frutoso, jugoso, fácil de beber.

Perpetual 2020 T C
cariñena, garnacha
94   75€
Color: cereza intenso. Aroma: fruta madura, hierbas secas, roble cremoso, fruta negra, hierbas silvestres, especiado. Boca: potente, fruta madura, especiado, taninos maduros, frutoso, lleno, con tensión.

FERRER BOBET
Ctra. Falset a Porrera, Km. 6,5
43730 Falset (Tarragona)
☎: +34 609 945 532
eguerre@ferrerbobet.com
www.ferrerbobet.com

Ferrer Bobet Selecció Especial Vinyes Velles 2019 T
cariñena, garnacha
94
Clásico, amable, equilibrado. Color: cereza intenso. Aroma: roble cremoso, fruta negra, hierbas de monte, hierbas secas, terroso. Boca: fruta madura, especiado, taninos maduros, lleno.

Ferrer Bobet Vinyes Velles 2019 T
cariñena, garnacha
93
Equilibrado, amable. Color: cereza intenso. Aroma: hierbas secas, fruta negra, fruta roja, hierbas de monte, roble cremoso. Boca: fruta madura, especiado, taninos maduros.

GALLINA DE PIEL WINES
17005 Girona (Girona)
info@gallinadepielwines.com
www.gallinadepielwines.com

Esclafit 2018 T
70% cariñena, 30% garnacha
92   24,95€
Color: cereza intenso. Aroma: hierbas secas, terroso, fruta negra, fruta confitada. Boca: potente, fruta madura, especiado, taninos maduros.

DO Ca. PRIORAT / D.O.P.

DO Ca. PRIORAT / D.O.P.

GENIUM CELLER
Nou, 92- Bajos
43376 Poboleda (Tarragona)
☎: +34 977 827 146
genium@geniumceller.com
www.geniumceller.com

Fusió 2021 T C
garnacha, cariñena, syrah

90 🍃   16€

Color: cereza intenso. Aroma: fruta madura, pimienta negra, tostado. Boca: fruta madura, especiado, taninos maduros, estructurado.

Genium Costers Vi de Guarda 2021 T R
cariñena, garnacha

92   27€

Color: cereza, borde violáceo. Aroma: floral, especiado, fruta negra, fruta roja, hierbas de monte, terroso. Boca: sabroso, frutoso, buena acidez, largo, con tensión.

Poboleda Vi de Vila Genium 2021 T C
garnacha, cariñena, syrah

90   18€

Confitado, corpulento. Aroma: mineral, fruta negra, fruta confitada. Boca: sabroso, taninos maduros.

Ximenis vi de Vila 2023 B
pedro ximénez, garnacha blanca

88   15,5€

Boca correcta, flores secas, maduro, hierbas secas.

GRAN CLOS DEL PRIORAT
Montsant, 2
43738 Bellmunt del Priorat (Tarragona)
☎: +34 977 830 675
office@granclos.com
www.granclos.com

Cartus 2012 T GR
76% garnacha, 24% cariñena

92   75€

Clásico, confitado. Color: cereza, borde granate. Aroma: fruta confitada, fruta al licor, potente. Boca: sabroso, largo, taninos dulces.

Finca El Puig 2021 T
50% garnacha, 32% cariñena, 18% syrah

89   19€

Color: cereza intenso. Aroma: hierbas secas, fruta negra, fruta confitada, terroso. Boca: fruta madura, especiado, taninos maduros.

Gran Clos 2021 B FB
75% garnacha blanca, 25% macabeo

91   19€

Color: pajizo. Aroma: fruta madura, hierbas secas, flores marchitas, frutos secos, fósforo. Boca: fruta madura, equilibrado, fresco, sabroso.

GRATAVINUM
Maset Camp Pique s/n
43737 Gratallops (Tarragona)
☎: +34 687 758 781
gratavinum@gratavinum.com
www.gratavinum.com

Gratavinum 2πr 2022 T
garnacha, cariñena, syrah

90 🍃   27€

Color: cereza intenso. Aroma: fruta madura, hierbas de monte, terroso. Boca: potente, fruta madura, especiado, taninos maduros.

Gratavinum Guinarderes 2019 T
100% cariñena

94   115€

Clásico. Color: Cereza. Aroma: especiado, mineral, fruta escarchada, fruta negra. Boca: largo, sabroso, taninos potentes, especiado, fruta madura.

Gratavinum GV5 Paratge Guinarderes 2021 T
cariñena, garnacha

93 🍃   55€

Aromas nítidos, frutal, hierbas secas, jugoso. Aroma: toques silvestres, franco, equilibrado. Boca: equilibrado, frutoso, fruta madura, largo.

HAMMEKEN CELLARS

03700 Denia (Alacant/Alicante)
☎: +34 965 791 967
cellars@hammekencellars.com
www.hammekencellars.com

Tosalet Carignan Vinyes Velles 2019 T
cariñena

93 40€

Color: cereza intenso. Aroma: fruta madura, hierbas secas, roble cremoso, especias dulces, potente. Boca: potente, fruta madura, especiado, taninos maduros, frutoso, persistente.

Tosalet Vinyes Fins a 50 anys 2023 T
garnacha, cariñena

91 19€

Correcto, goloso. Aroma: fruta confitada, expresión frutal, hierbas silvestres. Boca: sabroso, largo, fácil de beber, jugoso.

HODGKINSON PRIORAT

Mas del Habanero, Los Masos, km 2,7 T-710
43730 Falset (Tarragona)
☎: +34 687 565 171
caspar@hodgkinson-priorat.com

Hodgkinson Cariñena 2021 T R
cariñena

92 48,95€

Color: cereza, borde granate. Aroma: fruta confitada, hierbas de monte, hierbas silvestres, fina reducción. Boca: sabroso, largo, varietal.

Hodgkinson Garnacha Peluda 2019 T R
garnacha peluda

93 39,2€

Color: Cereza. Aroma: balsámico, hierbas de monte, caramelo de violetas. Boca: balsámico, jugoso, especiado, taninos maduros.

Hodgkinson Mas del Habanero 2018 T
garnacha, cariñena

92 26€

Balsámico, clásico, confitado. Color: cereza, borde granate. Aroma: fruta negra, hierbas secas, notas anisadas. Boca: sabroso, lleno.

JOSEP GRAU VITICULTOR

Orient, 2
43737 Gratallops (Tarragona)
☎: +34 680 536 526
celler@josepgrauviticultor.com
www.josepgrauviticultor.com

Pedrabona 2022 T
garnacha, cariñena

92 23€

Balsámico, herbal. Color: Cereza. Aroma: hierbas verdes, fruta roja, fruta madura. Boca: frutoso, fruta madura, fácil de beber.

LA CONRERIA D'SCALA DEI

Carrer Mitja Galta, 32
43379 Scala Dei (Tarragona)
☎: +34 977 827 055
enoturisme@vinslaconreria.com
www.vinslaconreria.com

Coster del Mario 2019 T
100% cariñena

91 102,25€

Color: cereza, borde granate. Aroma: fruta confitada, potente, equilibrado, hierbas secas. Boca: sabroso, largo, taninos maduros, especiado.

Escaladei Vi de Vila 2020 T C
75% garnacha, 25% cariñena

92 44,5€

Color: cereza intenso. Aroma: fruta madura, hierbas secas, roble cremoso, fruta confitada, especiado, fruta negra. Boca: potente, fruta madura, especiado, frutoso, sabroso, taninos secos pero maduros.

Voltons 2021 T
60% cariñena, 40% garnacha

92 56€

Color: cereza, borde violáceo. Aroma: fruta madura, fruta negra, hierbas secas, especiado, tostado. Boca: frutoso, potente, sabroso, con tensión, persistente, taninos secos pero maduros.

DO Ca. PRIORAT / D.O.P.

Guía Peñín | VINOS DE ESPAÑA

DO Ca. PRIORAT / D.O.P.

Les Brugueres 2022 T
97% garnacha, 3% syrah

93 🌿   22,8€

Color: cereza, borde violáceo. Aroma: expresión frutal, fruta roja, especiado, fruta negra, flores secas, hierbas secas. Boca: sabroso, frutoso, largo, con tensión, retronasal ahumado, especiado.

Les Brugueres 2023 B
100% garnacha blanca

90   21,5€

Agradable, equilibrado. Color: pajizo brillante. Aroma: hierbas de monte, fruta madura, toques silvestres. Boca: frutoso, fácil de beber, largo, fino amargor.

Primera Vinya Les Brugueres 2022 B
100% garnacha blanca

92 🌿   36€

Oxidativo. Color: pajizo. Aroma: fruta madura, flores marchitas, hierbas de monte, lías finas. Boca: potente, fruta madura, equilibrado, carnoso, sabroso.

LLICORELLA VINS
Carrer Vals, 6
43737 Gratallops (Tarragona)
☎: +34 968 435 022
info@gilfamily.es
www.gilfamily.es

Bluegray 2022 T
garnacha, cariñena, syrah, merlot

91   21€

Color: cereza, borde granate. Aroma: fruta al licor, potente, tostado, fruta madura. Boca: sabroso, largo.

🏆 **PODIO**

Clar del Bosc 2022 T
49% garnacha, 36% cariñena, 13% syrah, 2% cabernet sauvignon

95   38,5€

Jugoso, mineral. Color: Cereza. Aroma: complejo, expresivo, especiado, mineral. Boca: lleno, largo, persistente.

Minairó 2022 T
garnacha, cariñena, syrah, merlot

91   21,5€

Color: cereza, borde granate. Aroma: fruta confitada, fruta al licor, potente, chocolate. Boca: sabroso, largo.

MAIUS
43361 La Morera de Montsant (Tarragona)
☎: +34 696 998 575
jgomez@maiusviticultors.com

Clos del Bou 2022 T
60% garnacha, 40% cariñena

89   17€

Fresco, frutal, maduro, hierbas secas, equilibrado.

Maius Assemblage 2022 T
60% garnacha, 30% cariñena, 10% cabernet sauvignon

90 ★★★ 🌿   13€

Color: cereza poco intenso. Aroma: fruta madura, hierbas secas, roble cremoso, especiado. Boca: fruta madura, especiado, taninos maduros.

Maius Barranc de la Bruxa 2021 T C
60% cariñena, 30% garnacha, 10% cabernet sauvignon

90 🌿 17€

Color: cereza intenso. Aroma: fruta madura, hierbas secas, roble cremoso, fruta negra, especiado, tostado. Boca: potente, fruta madura, especiado, taninos maduros.

Maius Garnatxa Blanca 2022 B
100% garnacha blanca

90 🌿 14,75€

Correcto, equilibrado, flores secas, jugoso, sabroso. Aroma: lías finas, flores secas, lías reducidas.

MARCO ABELLA
Ctra. de Porrera a Cornudella de Montsant, Km. 0.7
43739 Porrera (Tarragona)
☎: +34 933 712 407
info@marcoabella.com
www.marcoabella.com

Clos Abella 2021 T
92 55€

Silvestre. Color: cereza, borde violáceo. Aroma: expresión frutal, floral, especiado, fruta negra, hierbas de monte. Boca: sabroso, frutoso, buena acidez, fluido.

Loidana Blanc 2022 B
35% garnacha blanca, 30% picapoll blanc, 20% macabeo, 15% viognier

92 ★★★ 17,9€

Color: pajizo brillante. Aroma: expresivo, fruta madura, floral, lías finas, hierbas silvestres, notas anisadas. Boca: jugoso, fruta madura, largo.

Mas Mallola 2021 T R
70% garnacha, 30% cariñena

94 29,9€

Con oscuridad, silvestre. Color: Cereza. Aroma: complejo, expresivo, especiado, mineral, terroso. Boca: elegante, lleno, largo, persistente, con tensión.

Òlbia 2022 B
75% garnacha, 25% viognier

92 38,5€

Color: pajizo. Aroma: expresivo, hierbas secas, toques silvestres, cera, especiado. Boca: sabroso, frutoso, equilibrado.

MAS ALTA
Ctra. T-702, Km. 16,8
43375 La Vilella Alta (Tarragona)
☎: +34 977 054 151
cristina@bodegasmasalta.com
www.bodegasmasalta.com

Artigas 2021 T C
80% garnacha, 10% cariñena, 10% cabernet sauvignon

92 28,3€

Color: cereza intenso, borde violáceo. Aroma: fruta madura, hierbas secas, roble cremoso, fruta negra. Boca: potente, fruta madura, especiado, taninos maduros, sabroso.

Artigas Blanc 2022 B FB
70% garnacha blanca, 20% pedro ximénez, 10% macabeo

94 28,8€

Complejo, con tensión. Color: pajizo brillante. Aroma: expresivo, floral, lías finas, mineral, fruta madura. Boca: lleno, complejo, especiado, largo, elegante.

Cirerets 2021 T
60% cariñena, 40% garnacha

92 47,15€

Amable. Color: cereza intenso. Aroma: fruta madura, pimienta negra. Boca: fruta madura, especiado, taninos maduros, sabroso, fácil de beber.

La Basseta 2020 T C
garnacha

94 78,05€

Color: cereza intenso. Aroma: fruta madura, hierbas secas, roble cremoso, hierbas de monte, fruta roja, fruta negra. Boca: potente, fruta madura, especiado, taninos maduros, dulcedumbre.

La Creu Alta 2020 T R
cariñena

94 108,3€

Corpulento, maduro, potente. Color: cereza intenso. Aroma: fruta madura, roble cremoso, pan tostado, chocolate. Boca: potente, fruta madura, especiado, taninos maduros, opulento, sabroso, madera marcada.

La Galera 2018 B
50% garnacha blanca, 50% chenin blanc

92 🌿

Cítrico, correcto. Color: amarillo brillante. Aroma: potente, especiado, muy tostado (torrefactado). Boca: largo, fino amargor.

DO Ca. PRIORAT / D.O.P.

DO Ca. PRIORAT / D.O.P.

Torbador I 2021 B
garnacha blanca

93   52,15€

Color: amarillo brillante. Aroma: potente, roble cremoso, fruta madura, especiado. Boca: graso, estructurado, tostado, fino amargor.

MAS DE L'A
43730 Falset (Tarragona)
☎: +34 629 341 231
info@alfredoarribas.com

🏆 **PODIO**

Les Marques 2021 B R
garnacha blanca

95 39,7€

Color: pajizo. Aroma: hierbas secas, flores marchitas, especias dulces, pan tostado, fruta blanca, piedra seca. Boca: potente, fruta madura, equilibrado, mineral.

Lo Noir 2021 T
garnacha, pinot noir

92 35,2€

Con oscuridad, diferente. Aroma: con carácter, notas almizcladas, notas animales, fina reducción. Boca: fino amargor, equilibrado, largo, fácil de beber.

Quars 2021 B
garnacha blanca

92 24,7€

Color: pajizo. Aroma: fruta madura, hierbas secas, flores marchitas, lías finas. Boca: potente, fruta madura, equilibrado, sabroso.

MAS DOIX
Ctra. T-702, Km. 4 - Partida Les Foreses
43376 Poboleda (Tarragona)
☎: +34 977 266 618
info@masdoix.com
www.masdoix.com

🏆 **PODIO**

1902 Tossal d'en Bou Gran Vinya Classificada 2022 T C
100% cariñena

99 425€

Color: Cereza. Aroma: expresivo, especiado, mineral, fruta negra, hierbas de monte. Boca: elegante, lleno, persistente, jugoso, mineral.

🏆 **PODIO**

1903 Centenary Grenache 2022 T

96

Con tensión. Color: Cereza. Aroma: expresivo, especiado, mineral, fruta roja. Boca: elegante, lleno, largo, persistente.

🏆 **PODIO**

1903 Coma de Cases Garnatxa Velles Vinyes 2022 T C
100% cariñena

96 425€

Color: Cereza. Aroma: especiado, mineral, fruta madura, hierbas de monte. Boca: elegante, largo, persistente, carnoso, con tensión.

🏆 **PODIO**

Doix Costers de Vinyes Velles 2022 T C
55% cariñena, 45% garnacha

95 102€

Jugoso, sabroso. Color: cereza intenso. Aroma: fruta negra, hierbas de monte, terroso, especiado. Boca: potente, fruta madura, especiado, taninos maduros.

Les Crestes 2023 T
80% garnacha, 10% cariñena, 10% syrah

92 23,2€

Color: cereza, borde violáceo. Aroma: fruta roja, fruta madura, franco, expresivo. Boca: fruta madura, sabroso, con tensión, muy vivo.

Mas Doix Poboleda Vi de Vila 2023 T
100% garnacha

93 60€

Aromas nítidos, equilibrado. Color: cereza brillante, borde violáceo. Aroma: expresivo, equilibrado, franco, varietal, fruta roja, toques silvestres. Boca: sabroso, muy vivo, con tensión, equilibrado, elegante.

Murmuri 2023 B
90% garnacha blanca, 10% macabeo

91 27,5€

Color: pajizo brillante, borde verdoso. Aroma: fruta fresca, cítricos, hierbas silvestres, fruta blanca, hierbas de monte. Boca: fresco, frutoso, buena acidez, fino amargor, muy vivo, sabroso.

Salanques 2022 T C
70% garnacha, 20% cariñena, 10% syrah

94 42,3€

Color: cereza, borde violáceo. Aroma: expresión frutal, fruta roja, floral, especiado. Boca: sabroso, frutoso, buena acidez, largo.

Salix 2023 B FB
65% garnacha blanca, 20% macabeo, 15% pedro ximénez

92 50€

Color: pajizo. Aroma: hierbas secas, flores marchitas, fruta blanca, piedra seca, especias dulces. Boca: potente, fruta madura, equilibrado.

MAS MARTINET VITICULTORS
Ctra. Falset - Gratallops, Km. 6
43730 Falset (Tarragona)
☎: +34 629 238 236
masmartinet@masmartinet.com
www.masmartinet.com

Cami Pesseroles 2021 T
94

Representativo, mineral. Aroma: fruta negra, fruta confitada. Boca: sabroso, taninos maduros, estructurado, largo, fruta madura.

Clos Martinet 2021 T
94

Color: cereza brillante. Aroma: especias dulces, fruta madura, chocolate. Boca: frutoso, especiado, equilibrado, elegante, con tensión.

🏆 PODIO

Els Escurçons 2021 T
95

Complejo, con oscuridad, silvestre. Aroma: expresivo, con carácter, notas almizcladas. Boca: sabroso, equilibrado, redondo.

Martinet Bru 2022 T
93

Aromas nítidos. Aroma: fruta madura, hierbas secas. Boca: fruta madura, especiado, equilibrado, buena acidez.

Pesseroles Brisat 2022 B
picapoll blanc, garnacha blanca, moscatel

90

Aromático, balsámico, con personalidad, poco intervencionista. Aroma: anisado, hierbas silvestres, camomila. Boca: amargoso.

MERITXELL PALLEJÀ
Carrer Piró, 10
43737 Gratallops (Tarragona)
☎: +34 670 960 735
info@nita.cat
www.nita.cat

La Costa Del Riu 2020 T C
100% garnacha

91 40€

Color: cereza intenso. Aroma: fruta madura, hierbas secas, roble cremoso, hierbas silvestres, especiado. Boca: potente, fruta madura, especiado, sabroso, taninos secos pero maduros, cierta persistencia.

Magran Partida Les Manyetes 2018 T C
garnacha

89 33€

Confitado, especiado, hierbas secas, tostado.

DO Ca. PRIORAT / D.O.P.

DO Ca. PRIORAT / D.O.P.

Nita 2021 T
garnacha, cariñena, cabernet sauvignon, syrah

90 ★★★ 14€

Color: cereza intenso. Aroma: fruta madura, roble cremoso, fruta negra, hierbas de monte. Boca: fruta madura, especiado, taninos maduros.

MERVM PRIORATI
Ctra. de Falset, km. 9,3
43739 Porrera (Tarragona)
☎: +34 977 828 307
info@merumpriorati.com
www.merumpriorati.com

Merum Priorati Desti 2021 T
60% garnacha, 30% cariñena, 10% syrah

92 43€

Aroma: fruta madura, hierbas secas, roble cremoso. Boca: fruta madura, especiado, largo, lleno, estructurado.

Merum Priorati Desti Sols Garnatxa 2020 T
garnacha

93 58€

Color: cereza oscuro. Aroma: caramelo de violetas, hierbas silvestres, expresivo, franco. Boca: sabroso, varietal, equilibrado, especiado, fruta madura, fácil de beber.

Merum Priorati El Cel 2020 T

93 98€

Color: cereza intenso. Aroma: fruta madura, hierbas secas, fruta negra, fruta roja, especiado, pimienta negra, cacao fino. Boca: potente, especiado, frutoso, sabroso, persistente, lleno, taninos maduros.

PERINET
Perinet Estate, s/n |
Ctra. de Poboleda T-702, km 1,6
43361 Cornudella de Montsant (Tarragona)
☎: +34 977 827 113
perinet@perinetwinery.com
www.perinetwinery.com

Perinet Rosé 2022 RD
33% cariñena, 33% cabernet sauvignon, 34% garnacha

91 19,5€

Color: frambuesa. Aroma: fruta madura, fruta confitada, cálido, flores marchitas. Boca: carnoso, sabroso, potente, fruta madura.

Vinya Pendents Carinyena 2018 T GR

92 120€

Color: cereza intenso. Aroma: roble cremoso, hidrocarburo, fruta roja, hierbas de monte, fruta confitada. Boca: potente, fruta madura, especiado, taninos maduros.

Vinya Mas del Xes Garnatxa 2018 T
100% garnacha

92 120€

Color: cereza, borde violáceo. Aroma: especiado, fruta confitada, hierbas de monte, tostado. Boca: sabroso, frutoso, buena acidez, largo.

Vinya Mas Vell Garnatxa 2018 T GR
100% garnacha

93 120€

Color: cereza intenso. Aroma: fruta madura, hierbas secas, roble cremoso, fruta negra. Boca: potente, fruta madura, especiado, taninos maduros.

PROYECTO GARNACHAS/VINTAE
Camí de la Pedra Estela, 34
43205 Reus (Tarragona)
☎: +34 608 302 372
marketing@vintae.com
www.vintae.com

La Garnatxa Fosca del Priorat 2021 T
garnacha

89 14,75€

Con vejez, equilibrado, especiado, hierbas secas, tostado.

RITME CELLER
Camí del Sindicat, s/n
43375 La Vilella Alta (Tarragona)
☎: +34 672 432 691
ritme@ritmeceller.com
www.ritmeceller.com

+ Ritme Blanc 2022 B
garnacha blanca

92 ★★★★ 🌱   16€

Color: pajizo. Aroma: fruta madura, hierbas secas, flores marchitas, camomila. Boca: fruta madura, equilibrado, carnoso.

+ Ritme Blanc 2023 B
100% garnacha blanca

92 ★★★★ 🌱   16€

Correcto, maduro. Color: amarillo brillante. Aroma: floral, flores blancas, franco. Boca: especiado, fácil de beber, persistente.

Etern 2021 T BA
75% cariñena, 25% garnacha

91 🌱   46,5€

Color: cereza intenso. Aroma: fruta madura, hierbas secas, roble cremoso, hierbas de monte, lácticos. Boca: fruta madura, especiado, taninos maduros.

Etern 2022 T BA
75% cariñena, 25% garnacha

91 🌱   46,5€

Color: cereza intenso. Aroma: fruta madura, hierbas secas, roble cremoso, madera marcada. Boca: fruta madura, especiado, taninos maduros.

Plaer 2021 T C
70% cariñena, 30% garnacha

92 🌱   25€

Color: cereza, borde violáceo. Aroma: fruta roja, floral, especiado, hierbas de monte. Boca: sabroso, frutoso, buena acidez.

Plaer 2022 T C
70% cariñena, 30% garnacha

92 🌱   25€

Color: cereza, borde violáceo. Aroma: especiado, hierbas de monte, fruta negra, fruta madura. Boca: sabroso, frutoso, buena acidez.

Ritme Negre 2021 T
cariñena, garnacha

92 ★★★★   15,4€

Color: cereza, borde violáceo. Aroma: fruta roja, floral, especiado, hierbas de monte. Boca: sabroso, frutoso, buena acidez, largo.

Ritme Negre 2022 T
cariñena, garnacha

92 ★★★★   15,4€

Color: cereza, borde violáceo. Aroma: expresión frutal, fruta roja, especiado, hierbas de monte. Boca: sabroso, frutoso, buena acidez, con tensión.

Sellongues 2022 T
100% cariñena

92 🌱   85€

Color: cereza intenso. Aroma: hierbas de monte, cacao fino, especiado, fruta negra. Boca: potente, fruta madura, especiado, taninos maduros.

SAMSARA PRIORAT
Ctra. T-702 Km 13
43379 Escaladei (Tarragona)
☎: +34 619 776 948
info@samsarapriorat.cat
www.samsarapriorat.cat

Samsara Priorat 2021 T
50% garnacha, 35% cariñena, 10% syrah, 5% cabernet sauvignon

92   18,9€

Agradable, equilibrado. Color: cereza, borde granate. Aroma: fruta madura, hierbas silvestres. Boca: jugoso, fácil de beber, taninos maduros.

SANDRA DOIX MORA
Carme, 115
43376 Poboleda (Tarragona)
☎: +34 605 241 851
sandra@sandradoix.com

MarLa Carinyena Vi de Paratge Les Salanques 2021 T C
cariñena

94   98€

Herbal, silvestre. Color: cereza intenso. Aroma: fruta madura, mineral, hierbas de monte, hierbas silvestres. Boca: fruta madura, especiado, equilibrado, frutoso, fácil de beber.

MarLa Garnatxa Vi de Paratge Les Salanques 2021 T
100% garnacha

93   28€

Color: cereza intenso. Aroma: fruta madura, hierbas secas, mineral. Boca: especiado, frutoso, jugoso, largo, varietal, fácil de beber.

MarLa Vi de Vila Poboleda 2021 T C
70% cariñena, 30% garnacha

94   38€

Color: cereza brillante. Aroma: expresivo, especiado, mineral, notas cárnicas. Boca: elegante, largo, persistente, jugoso, frutoso.

DO Ca. PRIORAT / D.O.P.

DO Ca. PRIORAT / D.O.P.

🏆 PODIO

Popul 2021 T C
50% garnacha, 40% cariñena, 10% syrah

95   28€

Complejo, equilibrado. Color: Cereza. Aroma: complejo, especiado, mineral, expresivo, pimienta negra. Boca: lleno, largo, persistente.

SANGENÍS I VAQUÉ
Pl. Catalunya, 3
43739 Porrera (Tarragona)
☎: +34 977 828 252
celler@sangenisivaque.com
www.sangenisivaque.com

Clos Monlleó Selecció Carinyena 2013 T R
100% cariñena

93   75€

Color: cereza, borde granate. Aroma: balsámico, hierbas de monte, fruta negra, con oscuridad. Boca: sabroso, balsámico, especiado.

Coranya 2016 T
50% garnacha, 50% cariñena

92   32€

Color: cereza oscuro. Aroma: fruta negra, fruta madura, hierbas secas, mineral, especiado. Boca: jugoso, sabroso, largo.

Garbinada 2023 T
60% garnacha, 40% cariñena

90 ★★★★ 🌿   11,2€

Color: cereza, borde violáceo. Aroma: tostado, especiado, fruta negra, ahumado. Boca: sabroso, tostado, fino amargor, frutoso, potente, taninos secos pero maduros, retronasal ahumado.

Lo Bancal de Granatxa 2022 T
100% garnacha

91   17€

Color: cereza intenso. Aroma: fruta madura, hierbas secas, roble cremoso, fruta al licor, fruta roja, especiado. Boca: potente, fruta madura, especiado, frutoso, taninos secos pero maduros, retronasal ahumado.

Lo Coster Blanc 2023 B
97% garnacha, 3% viura

89   22€

Frutal, herbal, maduro, silvestre, especiado.

Vall Por 2021 T R
60% cariñena, 40% garnacha

92 ★★★   17,5€

Color: cereza, borde violáceo. Aroma: expresión frutal, fruta roja, floral, especiado. Boca: sabroso, frutoso, buena acidez, elegante.

TERRES DE VIDALBA
43376 Poboleda (Tarragona)
☎: +34 616 413 722
info@terresdevidalba.com
www.terresdevidalba.com

D'Sempre 2020 B
garnacha blanca

92   25€

Atípico, con vejez. Aroma: hierbas secas, notas anisadas, flores secas, cera. Boca: jugoso, especiado, fruta madura, sabroso, fino amargor.

No T'ho Diré 2021 B
garnacha blanca

92   19,5€

Color: pajizo brillante. Aroma: expresivo, fruta madura, floral, lías finas, equilibrado. Boca: lleno, especiado, largo.

No T'ho Diré 2022 B
garnacha blanca

91   19,5€

Color: pajizo brillante. Aroma: fruta madura, hierbas de tocador, lías finas, panadería. Boca: lleno, graso, largo, buena acidez.

Tocs 2020 T C
garnacha, cariñena, syrah

92   33€

Color: cereza intenso. Aroma: fruta madura, hierbas secas, roble cremoso, hierbas silvestres, fruta negra, expresivo. Boca: potente, fruta madura, especiado, taninos secos pero maduros, cierta persistencia.

Vidalba 2017 T
garnacha, syrah, cariñena

89   18,5€

Confitado, frutal, tostado, sobremaduro, algo secante.

TERROIR AL LIMIT
Carrer de Baixa Font, 12
43737 Torroja del Priorat (Tarragona)
☎: +34 977 839 391
comunicacion@terroir-al-limit.com
www.terroir-al-limit.com

🏆 PODIO

Arbossar 2022 T C
100% cariñena

95   77,6€

Frutal, jugoso. Color: cereza, borde violáceo. Aroma: fruta roja, floral, especiado, terroso, hierbas de monte, notas anisadas. Boca: sabroso, frutoso, buena acidez, largo, jugoso.

Coreografía Priorat 2023 RD
85% garnacha, 15% garnacha blanca

92   44,3€

Aromas nítidos, pulido. Color: frambuesa. Aroma: fruta madura, flores marchitas, hierbas silvestres, fruta roja. Boca: sabroso, potente, fruta madura, muy vivo, lleno, taninos maduros.

Dits del Terra 2022 T C
100% cariñena

93   77,6€

Color: Cereza. Aroma: especiado, mineral, hierbas de monte, fruta roja. Boca: lleno, largo, mineral, sabroso.

🏆 PODIO

Les Manyes 2022 T
100% garnacha peluda

100   272€

Elegante, con tensión, frutal, silvestre, muy vivo, jugoso. Color: Cereza. Aroma: complejo, expresivo, especiado, mineral, floral, hierbas de monte, camomila. Boca: elegante, lleno, largo, persistente.

🏆 PODIO

Les Tosses 2022 T C
100% cariñena

97   272€

Balsámico, con tensión, flores secas. Color: cereza brillante. Aroma: complejo, especiado, mineral, elegante, equilibrado, expresivo. Boca: elegante, persistente, fino amargor.

Pedra de Guix 2022 B C
40% garnacha blanca, 30% macabeo, 30% pedro ximénez

94   77,6€

Oxidativo. Color: pajizo brillante. Aroma: fruta madura, hierbas de tocador, lías finas, piedra seca, hierbas de monte. Boca: lleno, graso, largo, buena acidez.

Terra de Cuques Blanc 2023 B
60% garnacha blanca, 40% pedro ximénez

93   38,2€

Maduro, mineral. Color: pajizo brillante. Aroma: fruta madura, hierbas de tocador, lías finas, piedra seca, mineral, cera. Boca: lleno, graso, largo, buena acidez.

Terra de Cuques Negre 2022 T
50% garnacha, 50% cariñena

94   38,2€

Color: cereza, borde violáceo. Aroma: expresión frutal, fruta roja, floral, especiado, hierbas de monte, regaliz negro. Boca: sabroso, frutoso, buena acidez.

Terroir Historic Blanc 2023 B
75% garnacha blanca, 25% macabeo

91   20,95€

Color: pajizo. Aroma: fruta madura, hierbas secas, flores marchitas, fruta blanca. Boca: potente, fruta madura, equilibrado.

TROSSOS DEL PRIORAT
Ctra. Gratallops a La Vilella Baixa, Km. 10,65
43737 Gratallops (Tarragona)
☎: +34 670 590 788
celler@trossosdelpriorat.com
www.trossosdelpriorat.com

90 Minuts 2022 T
garnacha, cariñena, cabernet sauvignon

91   17€

Amable, frutal, maduro. Aroma: fruta madura. Boca: potente, especiado, equilibrado, fácil de beber, largo.

Abracadabra 2021 B
garnacha, macabeo

92   36€

Color: amarillo brillante. Aroma: fruta madura, especiado, fruta de hueso, toques silvestres, flores secas. Boca: graso, estructurado, tostado, frutoso, sabroso, persistente.

L'Estaca 2018 T
garnacha

92 🌱   21€

Color: cereza brillante. Aroma: fruta madura, hierbas secas, roble cremoso, fruta negra, especias dulces. Boca: potente, fruta madura, especiado, taninos maduros, frutoso, sabroso.

Llum D'Alba 2022 B
garnacha, viognier, macabeo

90   19€

Color: pajizo brillante. Aroma: franco, metálico, flores secas, fruta blanca. Boca: jugoso, fácil de beber.

DO Ca. PRIORAT / D.O.P.

DO Ca. PRIORAT / D.O.P.

Lo Món 2018 T
garnacha, cariñena, syrah, cabernet sauvignon

91 26€

Color: cereza brillante. Aroma: especias dulces, fruta madura, chocolate, roble cremoso. Boca: especiado, taninos maduros, largo, persistente.

Pam de Nas 2018 T
garnacha, cariñena

92 47€

Color: cereza, borde granate. Aroma: fruta confitada, potente, con carácter, tabaco, flores secas. Boca: sabroso, largo, fruta madura, tostado.

VINÍCOLA DEL PRIORAT
Piró, s/n
43737 Gratallops (Tarragona)
☎: +34 977 839 167
info@vinicoladelpriorat.com
www.vinicoladelpriorat.com

La Vilella Baixa Vi de Vila 2018 T C
100% cariñena

93 46,25€

Color: cereza intenso. Aroma: hierbas secas, especiado, tostado, fruta negra, terroso. Boca: potente, fruta madura, especiado, taninos maduros.

Ònix Evolució 2020 T
55% cariñena, 45% garnacha

90 18,9€

Color: cereza intenso. Aroma: fruta madura, hierbas secas, roble cremoso, fruta roja, flores marchitas. Boca: potente, fruta madura, especiado, taninos maduros, frutoso, cierta persistencia.

Ranci Vinícola del Priorat T RC
50% garnacha, 50% cariñena

94 40,75€

Color: caoba claro. Aroma: frutos secos, tostado, acetaldehído, fruta asada. Boca: graso, largo, matices de solera, especiado, redondo.

Terrers de Llicorella Carinyena 2021 T
100% cariñena

92 24,7€

Color: cereza brillante. Aroma: especias dulces, fruta madura, balsámico, hierbas secas. Boca: frutoso, especiado, estructurado, jugoso.

Terrers de Llicorella Garnatxa Negra 2021 T C
100% garnacha

92 24,7€

Color: cereza intenso. Aroma: fruta madura, hierbas secas, roble cremoso, fruta roja, fruta negra, especiado. Boca: fruta madura, especiado, taninos maduros, frutoso, sabroso, cierta persistencia.

Terrers de Llicorella Pedro Ximénez 2022 B
100% pedro ximénez

91 21,4€

Color: pajizo. Aroma: fruta madura, hierbas secas, flores marchitas, lías finas, camomila. Boca: fruta madura, equilibrado, carnoso.

VINS DE LA MEMÒRIA
Aribau 168, 1-1
08036 Barcelona (Barcelona)
☎: +34 672 429 920
info@vinsdelamemoria.com
www.vinsdelamemoria.com

plOm 2021 T
100% garnacha

93 🌿 57,2€

Aroma: fruta madura, fruta negra, hierbas secas, especiado, roble cremoso. Boca: sabroso, potente, frutoso, equilibrado, cierta persistencia, taninos secos pero maduros.

XAVI PALLEJÀ VITICULTOR
Serra de les Aubagues
43730 Falset (Tarragona)
☎: +34 637 417 049
xavi.palleja@gmail.com
www.xavipalleja.cat

Buxus de les Aubagues 2022 T
75% cariñena, 25% garnacha

89 24,5€

Corpulento, fruta golpeada, confitado. Boca: sabroso, opulento, taninos maduros.

Les Aubagues 2022 T RB
cariñena

93 33€

Color: cereza, borde violáceo. Aroma: expresión frutal, especiado, hierbas de monte, fruta negra, floral. Boca: sabroso, frutoso, buena acidez, con tensión.

DO. RÍAS BAIXAS
CONSEJO REGULADOR

Edif. Pazo de Mugartegui
36002 Pontevedra
☎: +34 986 854 850
@: consejo@doriasbaixas.eu
www.doriasbaixas.com

SITUACIÓN:

En la zona suroccidental de la provincia de Pontevedra, engloba cinco subzonas diferenciadas: Val do Salnés, O Rosal, Condado de Tea, Soutomaior y Ribeira do Ulla.

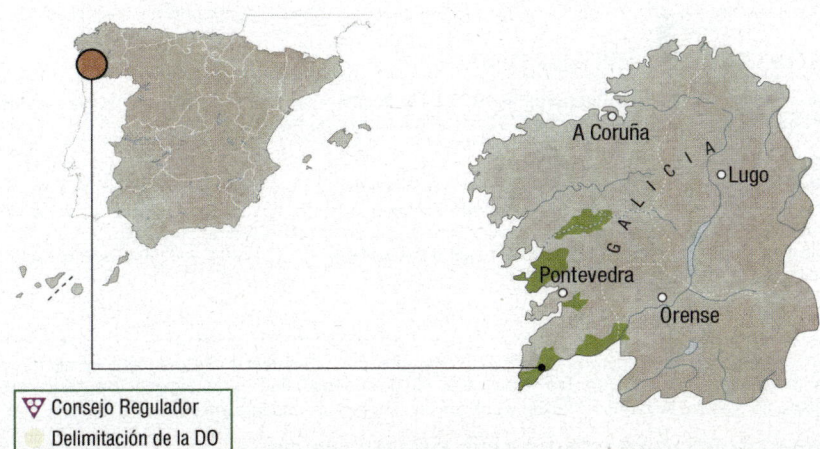

Consejo Regulador
Delimitación de la DO

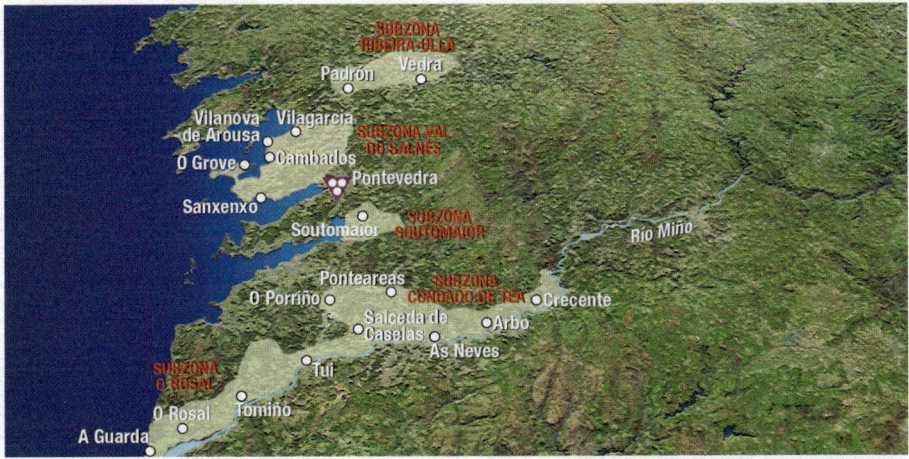

DO RÍAS BAIXAS / D.O.P.

SUBZONAS:

Val do Salnés. Es la subzona histórica de la albariño (de hecho, aquí casi todos los blancos se elaboran como monovarietales de esta uva) y tiene como centro la localidad de Cambados. Posee la orografía más llana de las cinco.

Condado do Tea. La más interior, situada en la parte meridional de la provincia y al norte del paso del Miño. Se caracteriza por su carácter más montañoso. Los vinos deben tener un mínimo del 70% de albariño y treixadura.

O Rosal. En el extremo suroccidental de la provincia, en la desembocadura del Miño por su margen derecha. Subzona más cálida donde abundan las terrazas fluviales. Los vinos deben tener un mínimo del 70% de albariño y loureira.

Soutomaior. Situada junto al río Verdugo, a unos 10 km. de Pontevedra, comprende sólo el municipio de Soutomaior. Elabora únicamente monovarietales de albariño.

Ribeira do Ulla. Nueva subzona en torno a la cuenca del río Ulla, que determina un paisaje de valles elevados a medida que se avanza hacia el interior. Abarca el término de Vedra y parte de los de Padrón, Deo, Boquixon, Touro, Estrada, Silleda y Vila de Cruce. Predominan los vinos tintos.

VARIEDADES:

BLANCAS: albariño (mayoritaria), loureira blanca o marqués, treixadura y caíño blanco; torrontés y godello.

TINTAS: caíño tinto, castañal, espadeiro, loureira tinta, sousón, mencía, loureira tinta y brancellao.

DATOS CONSEJO REGULADOR:

Nº Has. Viñedo: 4.491 – **Nº Viticultores:** 4.997 – **Nº Bodegas:** 178 – **Cosecha 23:** Muy Buena – **Producción 23:** 30.581.862 L. – **Comercialización:** 70% Nacional - 30% Internacional.

SUELOS:

De tipo arenoso, poco profundos y ligeramente ácidos que conforman suelos propicios para los vinos de calidad. El tipo de roca predominante es el granito y sólo en los concellos de Sanxenxo, Rosal y Tomillo es posible encontrar una estrecha banda de rocas metamórficas. En todas las subzonas son frecuentes los depósitos cuaternarios.

CLIMA:

De tipo atlántico, con temperaturas suaves moderadas por la influencia del mar, alta humedad relativa y precipitaciones abundantes (la media se sitúa en torno a los 1.600 mm). Siguiendo el cauce del Miño (Condado de Tea), las lluvias disminuyen y por consiguiente, la uva madura antes.

CARACTERÍSTICAS GENERALES DE LOS VINOS

BLANCOS
Marcados por la personalidad de la albariño. Presentan un color que va del amarillo pálido al amarillo verdoso. En la nariz desarrollan aromas herbáceos y florales de excelente intensidad que pueden recordar a la manzana más bien madura, el albaricoque, el hinojo o la menta. La boca se distingue por su tacto graso y glicérico, su carácter afrutado y persistencia (en los mejores ejemplos con buenas dosis de complejidad y elegancia). En los blancos trabajados con sus propias lías se aprecia una mayor profundidad en boca. De colores amarillo brillante e incluso dorados muestran una menor frescura y una mayor complejidad de matices. Estos vinos tienen la capacidad de mejorar con algo de tiempo en botella.

TINTOS
Muy minoritarios hasta la fecha. Los primeros ejemplos revelan un carácter marcadamente atlántico; son vinos de color cereza-violáceo muy luminosos; se distinguen por sus notas de frutos rojos y hierbas que pueden recordar al eucalipto y, en boca se aprecia una alta acidez.

CALIFICACIÓN DE COSECHAS DE VINOS JÓVENES GUÍA**PEÑÍN**

2019	2020	2021	2022	2023
MUY BUENA	MUY BUENA	MUY BUENA	MUY BUENA	MUY BUENA

ADEGA CONDES DE ALBAREI

Lg. A Bouza, 1 Castrelo
36639 Cambados (Pontevedra)
☎: +34 986 543 535
inf@condesdealbarei.com
www.condesdealbarei.com

Condes de Albarei Albariño 2023 B
100% albariño

90 ★★★★   12€

Color: pajizo brillante. Aroma: hierbas de tocador, lías finas, fruta blanca, flores blancas. Boca: lleno, graso, buena acidez.

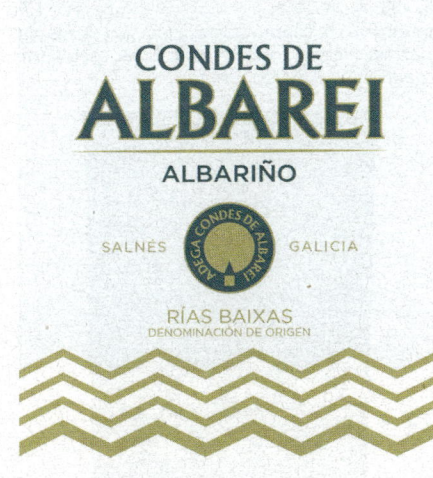

Condes de Albarei Carballo Galego 2022 B FB
100% albariño

93 ★★★   20€

Color: pajizo brillante. Aroma: fruta madura, hierbas de tocador, lías finas, pastelería, pan tostado. Boca: lleno, graso, largo, buena acidez.

Condes de Albarei Enxebre 2023 B MC
88   15€

Balsámico, cítrico, amable, herbal.

ADEGA EIDOS

Padriñán, 65
36960 Sanxenxo (Pontevedra)
☎: +34 986 690 009
enoturismo@adegaeidos.com
www.adegaeidos.com

Contraaparede 2021 B
100% albariño

93 ★★★★   17€

Color: amarillo brillante. Aroma: fruta madura, hierbas secas, flores marchitas, pétalos de rosa, expresivo. Boca: fruta madura, equilibrado, frutoso, muy vivo, sabroso, cierta persistencia.

Eidos 2022 B BA
100% albariño

92 ★★★   18€

Color: dorado brillante. Aroma: expresión frutal, fruta madura, fruta escarchada, flores marchitas, hierbas de tocador, lías finas. Boca: sabroso, fresco, buena acidez, retronasal afrutado, frutoso, persistente.

Eidos de Padriñán 2023 B
100% albariño

90 ★★★★★   10€

Color: pajizo brillante. Aroma: expresión frutal, fruta madura, floral, fruta blanca, hierbas verdes. Boca: sabroso, fresco, retronasal afrutado, frutoso.

Veigas de Padriñán 2022 B
100% albariño

91 ★★★★★   12€

Color: amarillo brillante. Aroma: expresión frutal, fruta madura, floral, piel de naranja. Boca: sabroso, fresco, buena acidez, retronasal afrutado, muy vivo.

ADEGA MAIOR DE MENDOZA

Rúa de Xiabre, 58
36600 Vilagarcía de Arousa (Pontevedra)
☎: +34 986 508 896
maiordemendoza@hotmail.es
www.maiordemendoza.com

Maior de Mendoza 3 Crianzas 2019 B
100% albariño

93 ★★★★   17,5€

Color: amarillo brillante. Aroma: fruta madura, hierbas secas, flores marchitas, lías finas. Boca: fruta madura, equilibrado, frutoso, fresco, sabroso.

Maior de Mendoza Finca Las Tablas 2018 B FB
100% albariño

94   29€

Color: amarillo brillante. Aroma: fruta madura, hierbas de tocador, lías finas, flores blancas, flores secas, mineral. Boca: graso, largo, buena acidez, fresco, frutoso, sabroso.

DO RÍAS BAIXAS / D.O.P.

DO RÍAS BAIXAS / D.O.P.

Maior de Mendoza sobre Lías 2022 B
100% albariño

90 ★★★★★   10€

Color: amarillo brillante. Aroma: fruta madura, hierbas de tocador, lías finas, expresión frutal, fruta de hueso. Boca: lleno, graso, buena acidez, frutoso, sabroso.

Maior de Mendoza sobre Lías 2023 B
100% albariño

91 ★★★★★   10€

Color: pajizo brillante. Aroma: expresión frutal, fruta madura, flores secas, mineral. Boca: sabroso, fresco, buena acidez, retronasal afrutado.

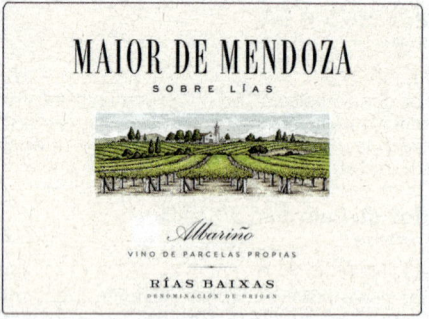

Maior de Mendoza Variedades Tintas 2022 T
loureiro, caíño, espadeiro, mencía

90   19,5€

Color: cereza, borde violáceo. Aroma: fruta roja, hierbas silvestres, expresivo, muy primario. Boca: fresco, frutoso, sabroso, taninos suaves, afilado.

ADEGAS CASTROBREY

Camanzo, s/n
36587 Vila de Cruces (Pontevedra)
☎: +34 986 583 643
bodegas@castrobrey.com
www.castrobrey.com

Nice to Meet You Madrid 2021 B
albariño

89   20€

Cítrico, fresco, frutal, herbal.

Sin Palabras 2023 B
100% albariño

91 ★★★★★   12€

Color: amarillo brillante. Aroma: expresivo, flores blancas, jazmín, hierbas secas, mineral. Boca: sabroso, frutoso, equilibrado, fresco, varietal.

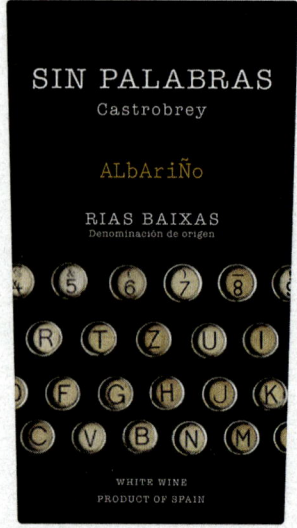

Sin Palabras crianza en Damajuana 2022 B BA
100% albariño

92   20€

Color: amarillo brillante. Aroma: fruta madura, hierbas secas, flores marchitas, caramelo de limón, expresivo. Boca: potente, fruta madura, equilibrado, frutoso, fresco, sabroso.

Sin Palabras Edición Especial 2018 B
100% albariño

94   25€

Color: dorado brillante. Aroma: fruta madura, hierbas de tocador, lías finas, fruta blanca, especiado, flores marchitas. Boca: lleno, buena acidez, fresco, frutoso, persistente, taninos suaves.

Sin Palabras P 242 2022 B
100% albariño

91 30€

Color: amarillo brillante. Aroma: expresión frutal, fruta madura, flores secas, hierbas silvestres. Boca: sabroso, fresco, buena acidez, retronasal afrutado, frutoso.

🏆 **PODIO**

Sin Palabras V 186 2018 B
100% albariño

97 ★★★★★ 30€

Oxidativo. Color: pajizo brillante. Aroma: expresivo, fruta madura, lías finas, especiado, pan tostado, yodado, balsámico, flores blancas. Boca: lleno, complejo, especiado, largo, elegante.

ADEGAS DO REXURDIR - RIAS BAIXAS
Piñeiro, 41 Baliñas
36191 Barro (Pontevedra)
☎: +34 626 767 969
info@adegasdorexurdir.com
www.adegasdorexurdir.com

Trailara 2023 B

89 ★★★ 9,95€

Amable, cítrico, maduro, herbal, notas de levadura.

ADEGAS GRAN VINUM
Viñagrande 84B – San Miguel de Deiro
36627 Vilanova de Arousa (Pontevedra)
☎: +34 986 555 742
info@adegasgranvinum.com
www.granvinum.com

Esencia Diviña 2023 B
100% albariño

89 ★★★★ 9€

Cítrico, floral, herbal, maduro, equilibrado.

Gran Vinum 2023 B
100% albariño

90 ★★★★ 12€

Color: pajizo brillante. Aroma: hierbas de tocador, lías finas, fruta blanca. Boca: lleno, buena acidez.

Mar de Viñas 2023 B
100% albariño

88 ★★★★ 7€

Cítrico, fresco, herbal, correcto.

ADEGAS MORGADÍO
Lg. Albeos, s/n
36429 Crecente (Pontevedra)
☎: +34 988 261 212
info@morgadio.com
www.bodegasgrm.com

Morgadío 2023 B
100% albariño

91 19€

Color: pajizo brillante, borde verdoso. Aroma: fruta fresca, cítricos, hierbas silvestres, lías finas. Boca: fresco, frutoso, buena acidez, fino amargor.

Puerta Santa 2023 B
100% albariño

90 15€

Color: amarillo brillante. Aroma: fruta fresca, cítricos, hierbas silvestres, fruta blanca, flores marchitas, expresivo. Boca: fresco, frutoso, buena acidez, fino amargor, muy vivo, varietal.

ADEGAS TERRA DE ASOREI
Autovía do Salnés (Salida 7) – San Martiño de Meis
36637 Meis (Pontevedra)
☎: +34 986 680 868
info@terradeasorei.com
www.terradeasorei.com

Nai E Señora 2023 B
100% albariño

88 12€

Cítrico, frutal, herbal, muy primario.

Terra de Asorei 2018 BE BR
100% albariño

89 22€

Color: amarillo brillante. Aroma: fruta madura, lías finas, equilibrado, hierbas secas, floral. Boca: buena acidez, sabroso, fruta madura.

Terra de Asorei Barrica de Carballo 2022 B FB
100% albariño

92 19€

Color: amarillo brillante. Aroma: fruta madura, especiado, caramelo tostado, fruta asada, tostado. Boca: estructurado, tostado, fino amargor, fresco, frutoso, taninos suaves.

Terra de Asorei Espadeiro 2021 T
100% espadeiro

92 19€

Color: cereza brillante. Aroma: fruta fresca, roble cremoso, balsámico, hierbas de monte, flores secas. Boca: buena acidez, especiado, fresco, frutoso, sabroso.

DO RÍAS BAIXAS / D.O.P.

DO RÍAS BAIXAS / D.O.P.

Terra de Asorei Selección Privada 2021 B
100% albariño

93 ★★★★ 17€

Color: pajizo brillante. Aroma: lías finas, hierbas silvestres, fruta blanca, floral. Boca: lleno, graso, buena acidez.

Terra de Asorei 2022 B
100% albariño

92 ★★★★★ 14€

Color: pajizo brillante. Aroma: fruta madura, hierbas de tocador, lías finas, yodado. Boca: lleno, graso, largo, buena acidez.

ADEGAS TERRA SANTA
Lugar San Antón, 23 Vilariño
36633 Cambados (Pontevedra)
☎: +34 629 858 610
info@casaruralterrasanta.com
www.casaruralterrasanta.com

Pazo San Antón Albariño 2022 B
albariño

91 ★★★★★ 10€

Color: pajizo brillante. Aroma: hierbas de tocador, lías finas, camomila, fruta blanca. Boca: lleno, graso, buena acidez.

Terra Santa Albariño 2023 B
albariño

87 ★★★★ 6,2€

ADEGAS TOLLODOURO
Ctra. de Tui a la Guardia, KM 55.5
36760 As Eiras (Pontevedra)
☎: +34 986 442 686
marketing@hgabodegas.com
www.hgabodegas.com

Tollodouro 2022 B
albariño, loureiro, treixadura

91

Correcto, maduro. Color: pajizo brillante. Aroma: lías finas, equilibrado, bajamar, franco. Boca: fino amargor, sabroso.

ADEGAS VALMIÑOR
Estrada A Guarda – Tui, 245. Barrio Portela
36760 O'Rosal (Pontevedra)
☎: +34 986 609 060
valminor@valminorebano.com
www.valminorebano.com

Abade de Couto 2021 T
sousón, caíño, castañal, brancellao

88 10€

Frutal, herbal, tostado, especiado, maduro.

Davila L-100 2022 B
100% loureiro

92

Color: pajizo brillante. Aroma: hierbas de tocador, lías finas, fruta escarchada, piedra seca, flores blancas. Boca: lleno, buena acidez, mineral.

Davila M-100 2018 B
loureiro, caíño blanco, albariño

92 25€

Color: amarillo brillante. Aroma: especiado, cera, pan tostado, fruta blanca, lías finas, ahumado. Boca: estructurado, fino amargor, sabroso.

Serra da Estrela 2023 B
100% albariño

90 ★★★★ 12€

Color: pajizo brillante, borde verdoso. Aroma: fruta fresca, cítricos, hierbas silvestres, lías finas. Boca: fresco, frutoso, buena acidez, fino amargor.

Torroxal Albariño 2023 B
100% albariño

90 ★★★★ 12€

Color: pajizo brillante. Aroma: hierbas de tocador, lías finas, fruta blanca, flores blancas. Boca: lleno, buena acidez, sabroso.

Valmiñor 2023 B
100% albariño

89 14€

Cítrico, fresco, herbal, sabroso, equilibrado.

ADEGAS VALTEA

Lg. Portela, 14
36429 Crecente (Pontevedra)
☎: +34 986 666 344
valtea@valtea.es
www.valtea.es

C de V 2023 B
albariño, treixadura, loureiro

88   11,5€
Equilibrado, maduro, fresco, herbáceo.

Finca Garabato Cepas Vellas 2022 B
100% albariño

90   23,9€
Color: pajizo. Aroma: fruta madura, hierbas secas, flores marchitas. Boca: fruta madura, equilibrado, frutoso, sabroso.

Pedras Rubras Millesime 2014 BE GR BN
100% albariño

90   40€
Color: amarillo brillante. Aroma: fruta asada, fruta escarchada, frutos secos, mineral, flores secas. Boca: muy vivo, frutoso, fresco, burbuja gruesa.

Valtea 2023 B
100% albariño

89   14,5€
Cítrico, flores secas, frutal, herbal, silvestre.

Valtea Cuvée Especial BE BN
100% albariño

90   23,9€
Color: amarillo brillante. Aroma: fruta madura, lías finas, equilibrado, hierbas secas. Boca: buena acidez, sabroso, fruta madura.

Valtea Cuvée Especial Lías 2022 B
100% albariño

91   18,9€
Color: pajizo brillante, borde verdoso. Aroma: cítricos, hierbas silvestres, fruta madura. Boca: frutoso, buena acidez, fino amargor.

ALDEA DE ABAIXO

Estrada de Novas, 62
36778 O'Rosal (Pontevedra)
☎: +34 986 626 121
info@adegasnovas.com
www.adegasnovas.com

Gran Novas Albariño 2023 B
100% albariño

88   10,28€
Cítrico, fresco, herbal, correcto.

Señorío da Torre 2023 B
70% albariño, 25% loureiro, 5% caíño

90 ★★★★   10,28€
Color: pajizo brillante. Aroma: fruta madura, hierbas de tocador, lías finas, piedra seca, flores blancas. Boca: lleno, graso, buena acidez.

Señorío da Torre sobre Lías 2022 B
85% albariño, 10% loureiro, 5% caíño

92 ★★★★   14,91€
Color: pajizo brillante. Aroma: fruta madura, hierbas de tocador, lías finas, flores blancas. Boca: lleno, graso, buena acidez.

ALTOS DE TORONA

Ctra. de Tui a la Guardia, Km 55.5
36760 As Eiras (Pontevedra)
☎: +34 986 442 073
info@altosdetorona.com
www.altosdetorona.com

Altos de Torona 2021 B BA
100% albariño

91   23€
Color: amarillo brillante. Aroma: fruta madura, hierbas de tocador, lías finas, flores marchitas, expresión frutal. Boca: lleno, graso, largo, buena acidez, frutoso, fresco.

Altos de Torona 2023 B
albariño

90 🌱   14,5€
Color: pajizo brillante. Aroma: expresión frutal, fruta madura, hierbas silvestres, flores secas. Boca: sabroso, fresco, buena acidez, retronasal afrutado, frutoso.

Altos de Torona Albariño 2023 B
100% albariño

89   13€
Cítrico, frutal, herbal, mineral, sencillo.

Altos de Torona Caíño 2023 B
100% caíño

89   17€
Equilibrado, especiado, fresco, hierbas secas, notas de levadura.

Altos de Torona Godello 2023 B
100% godello

88   12,5€
Cítrico, fresco, correcto, herbal.

Altos de Torona Rosal 2022 B
albariño, loureiro, caíño

88   13,5€
Cítrico, fresco, herbal, correcto.

DO RÍAS BAIXAS / D.O.P.

DO RÍAS BAIXAS / D.O.P.

ATTIS BODEGA Y VIÑEDOS
Lg. Morouzos, 16D - Dena
36967 Meaño (Pontevedra)
☎: +34 986 744 790
administracion@attisbyv.com
www.attisbyv.com

Attis Atalante 2021 B
100% caiño blanco

92 34,4€

Color: pajizo. Aroma: fruta madura, hierbas secas, flores marchitas, fruta asada. Boca: potente, fruta madura, equilibrado.

Attis Coribante 2021 B
caiño blanco, albariño, godello, treixadura, loureiro

93 34,4€

Color: pajizo brillante. Aroma: expresivo, floral, lías finas, mineral, ahumado, fruta asada. Boca: lleno, complejo, especiado, largo.

Attis Embaixador 2021 B
100% albariño

94 42,5€

Color: amarillo brillante. Aroma: fruta madura, hierbas secas, flores marchitas, lías finas, caramelo tostado. Boca: fruta madura, equilibrado, frutoso, fresco, muy vivo, jugoso.

Attis Lías Finas 2023 B
100% albariño

92 18,6€

Color: pajizo brillante. Aroma: hierbas de tocador, lías finas, fruta tropical, fruta madura, notas anisadas. Boca: lleno, graso, largo, buena acidez.

Attis Nana 2022 B FB
100% albariño

93 35,5€

Color: pajizo brillante. Aroma: hierbas de tocador, lías finas, pan tostado, fruta blanca. Boca: lleno, graso, largo, buena acidez.

Xión Cuvée 2020 T
pedral, sousón, espadeiro

91 ★★★ 15,4€

Con oscuridad, con tensión. Color: cereza, borde violáceo. Aroma: fruta roja, floral, especiado, pimienta negra, terroso. Boca: sabroso, frutoso, buena acidez.

BALBINA
A Barrosa, 39
36970 Portonovo (Pontevedra)
☎: +34 644 325 430
info@bodegabalbina.com
www.bodegabalbina.com

Casa Da Barrosa 2023 B
albariño

88 10,4€

Cítrico, fresco, frutal, herbal, muy primario.

BENITO SANTOS
Currás, 45B Caleiro
36629 Vilanova de Arousa (Pontevedra)
☎: +34 654 182 684
export@benitosantos.com
www.benitosantos.com

Benito Santos Albariño 2023 B
100% albariño

89 12€

Amable, maduro, notas de levadura, lleno.

Benito Santos Xoán 2019 B
100% albariño

92 20€

Color: amarillo brillante. Aroma: fruta madura, hierbas secas, flores marchitas, caramelo de limón, especiado. Boca: fruta madura, equilibrado, frutoso, fresco, sabroso.

EO, The Ocean Collection 2023 B
100% albariño

87 15€

Igrexario de Saiar 2023 B
albariño

90 ★★★★ 11€

Color: amarillo brillante. Aroma: expresión frutal, fruta madura, floral, cítricos, hierbas silvestres. Boca: sabroso, fresco, buena acidez, retronasal afrutado, frutoso.

BENJAMÍN MIGUEZ NOVAL
Porto de Abaixo, 10 - Porto
36458 Salvaterra de Miño (Pontevedra)
☎: +34 636 014 506
enoturismo@mariabargiela.com
www.mariabargiela.com

María Bargiela 2023 B
90% albariño, 8% treixadura, 2% loureiro

90 ★★★★★ 9€

Color: pajizo brillante. Aroma: expresión frutal, fruta madura, floral, cítricos, hierbas silvestres. Boca: sabroso, fresco, retronasal afrutado, frutoso.

BODEGA GIL ARMADA

Pazo de Fefiñans, s/n
36630 Cambados (Pontevedra)
☎: +34 986 524 877
gilarmada@pazodefefinans.com
www.bodegagilarmada.com

Gil Armada (Viñedos propios da Torre de San Fardán) 2022 B
100% albariño

91 ★★★ 16€

Color: pajizo brillante. Aroma: fruta madura, hierbas de tocador, lías finas, yodado. Boca: lleno, graso, buena acidez.

Gil Armada (Viñedos propios no Pazo de Fefiñáns) 2022 B
100% albariño

91 17,5€

Color: pajizo brillante. Aroma: fruta madura, lías finas, flores blancas, fruta blanca. Boca: lleno, graso, largo, buena acidez.

BODEGA GRANBAZÁN

Lg. Tremoedo, 46
36628 Vilanova de Arousa (Pontevedra)
☎: +34 986 555 562
agrodebazan@agrodebazan.com
www.bodegasgranbazan.com

Granbazán Don Álvaro de Bazán 2021 B
100% albariño

93 34,95€

Color: pajizo brillante. Aroma: hierbas de tocador, lías finas, hierbas silvestres, balsámico, cítricos, fruta blanca. Boca: lleno, graso, buena acidez.

Granbazán Etiqueta Ámbar 2023 B
100% albariño

91 17,95€

Color: pajizo brillante. Aroma: hierbas de tocador, lías finas, flores blancas, fruta blanca. Boca: lleno, graso, buena acidez.

Granbazán Etiqueta Verde 2023 B
100% albariño

90 ★★★ 13,95€

Color: pajizo. Aroma: expresivo, flores blancas, jazmín, hierbas secas, piedra seca. Boca: sabroso, frutoso, equilibrado, fresco.

Granbazán Limousin 2021 B
100% albariño

92 ★★★★★ 13,21€

Color: amarillo brillante. Aroma: fruta madura, hierbas secas, flores marchitas, cítricos, piel de naranja. Boca: fruta madura, equilibrado, sabroso, frutoso, fresco.

BODEGA PAZO DE SAN MAURO

Pombal, 3 - Lugar de Porto
36458 Salvaterra de Miño (Pontevedra)
☎: +34 986 658 285
info@marquesdevargas.com
www.marquesdevargas.com

Pazo San Mauro Albariño 2023 B
albariño

90 19€

Color: pajizo. Aroma: expresivo, flores blancas, fruta fresca, cítricos. Boca: frutoso, equilibrado, fácil de beber.

DO RÍAS BAIXAS / D.O.P.

DO RÍAS BAIXAS / D.O.P.

BODEGA VIÑA CAEIRA
Barro Fonte Arcade, 2
36456 Salvaterra de Miño (Pontevedra)
☎: +34 983 683 315
www.vinacaeira.es

Viña Caeira 2023 B
100% albariño

91 17€

Representativo. Color: pajizo. Aroma: expresivo, flores blancas, fruta fresca. Boca: sabroso, frutoso, equilibrado.

BODEGAS AGUIUNCHO
Lg. Pedreiras, 1A Villalonga
36990 Sanxenxo (Pontevedra)
☎: +34 986 720 980
info@aguiuncho.com
www.aguiuncho.com

Mar de Ons 2023 B
100% albariño

89 12€

Cítrico, floral, fresco, herbal, sabroso.

Mar de Ons Barrica 2022 B
100% albariño

92 ★★★★ 15€

Color: pajizo brillante. Aroma: fruta madura, floral, cítricos. Boca: fresco, buena acidez, retronasal afrutado.

Mar de Ons Lías 2022 B
100% albariño

91 18€

Color: pajizo. Aroma: expresivo, flores blancas, jazmín, hierbas secas. Boca: sabroso, frutoso, equilibrado, lleno.

BODEGAS ALBAMAR
O Adro, 11 - Castrelo
36639 Cambados (Pontevedra)
☎: +34 660 292 750
xurxoalbamar@gmail.com

Albamar 2023 B
albariño

92

Aromas nítidos, equilibrado. Color: pajizo brillante. Aroma: bajamar, flores blancas, cítricos. Boca: fresco, fácil de beber, varietal.

Albamar 2023 T
caiño, espadeiro, mencía

92

Aromas nítidos, herbáceo, representativo, rústico. Aroma: hierbas de monte, hierbas verdes, notas almizcladas, franco. Boca: amargoso, fresco, jugoso.

Albamar Albino Blanc de Noirs 2023 B

91

Afilado, ligera oxidación. Color: pajizo brillante. Aroma: fruta madura, hierbas de tocador, lías finas, flores secas. Boca: lleno, buena acidez, sabroso.

🏆 **PODIO**

Albamar Finca O Pereiro 2022 B
albariño

95

Austero, con tensión, por hacer. Color: pajizo brillante. Aroma: fruta madura, lías finas, piedra seca, hierbas silvestres. Boca: lleno, graso, largo, buena acidez, salino, persistente, afilado.

Albamar O Esteiro 2022 T

91

Amable. Color: cereza poco intenso. Aroma: balsámico, hierbas de monte. Boca: balsámico, buena acidez, equilibrado, fino amargor.

Albamar O Esteiro Caíño 2022 T

91

Diferente. Aroma: hierbas silvestres, balsámico, con carácter, expresivo, franco. Boca: fluido, fresco, acidez marcada.

Albamar O Esteiro Espadeiro 2022 T

92

Con oscuridad, con tensión. Color: Cereza. Aroma: balsámico, especias dulces, hierbas de monte, fruta roja. Boca: especiado, balsámico, buena acidez.

Albamar O Esteiro Mencía 2022 T

92

Herbal, silvestre. Aroma: notas almizcladas, hierbas verdes, hierbas silvestres, franco, fresco, expresivo. Boca: fluido, fresco, frutoso.

Alma de Mar 2023 B

93

Color: pajizo. Aroma: fruta madura, hierbas secas, flores marchitas, fruta blanca, cera. Boca: fruta madura, equilibrado, mineral.

Capitán Xurelo 2022 T

90

Herbal, poco intervencionista. Color: cereza, borde granate. Aroma: hierbas silvestres, con carácter, con oscuridad. Boca: correcto, fino amargor, con tensión.

PAI Edición Especial Albamar 2023 B

92

Color: pajizo brillante. Aroma: fruta madura, hierbas de tocador, lías finas, piedra seca, lácticos. Boca: lleno, graso, buena acidez, sabroso.

Pepe Luis 2022 B FB
94
Agradable, amable. Color: amarillo brillante. Aroma: potente, fruta madura, especias dulces, bajamar. Boca: graso, estructurado, largo, fino amargor.

BODEGAS AQUITANIA
Bouza, 17 Castrelo
36639 Cambados (Pontevedra)
☎: +34 986 520 895
info@bodegasaquitania.com
www.bodegasaquitania.com

Aqvitania 2023 B
albariño
89 ★★★ 9,3€
Cítrico, frutal, herbal, salino, fresco.

Bágoas Ledas 2023 B
100% albariño
87 ★★★ 8€

Bernón 2023 B
100% albariño
87 8,4€

BODEGAS AS LAXAS
As Laxas, 16
36430 Arbo (Pontevedra)
☎: +34 986 665 444
aslaxas@aslaxas.com
www.aslaxas.com

Bágoa do Miño 2023 B
100% albariño
90 ★★★ 13€
Color: pajizo brillante, borde verdoso. Aroma: fruta fresca, cítricos, hierbas silvestres. Boca: fresco, frutoso, buena acidez, fino amargor.

Condado Laxas 2023 B
70% albariño, 25% treixadura, 5% loureiro
91 ★★★★★ 11€
Color: amarillo brillante. Aroma: expresión frutal, fruta madura, floral, fruta fresca, cítricos. Boca: sabroso, fresco, buena acidez, retronasal afrutado.

Laxas 2023 B
100% albariño
89 ★★★ 10€
Cítrico, flores secas, frutal, herbal, muy primario.

Sensum Laxas BE BR
100% albariño
90 ★★★ 13€
Color: amarillo brillante. Aroma: fruta madura, lías finas, equilibrado, hierbas secas, ahumado. Boca: buena acidez, sabroso, fruta madura.

Val Do Sosego
Albariño 2023 B
89 ★★★ 9,95€
Cítrico, correcto, fresco, frutal.

BODEGAS D. MATEOS
Camino de los Agudos, s/n
26559 Aldeanueva de Ebro (La Rioja)
☎: +34 941 261 897
info@bodegasmateos.com
www.bodegasmateos.com

Lagar
Dos Mateos 2023 B
100% albariño
88 12€
Cítrico, fresco, frutal, herbal.

BODEGAS DEL PALACIO DE FEFIÑANES
Pza. de Fefiñanes
36630 Cambados (Pontevedra)
☎: +34 986 542 204
fefinanes@fefinanes.com
www.fefinanes.com

1583 Albariño
de Fefiñanes 2023 B
100% albariño
92 22€
Cremoso. Color: pajizo brillante. Aroma: hierbas de tocador, lías finas, fruta blanca, fruta madura. Boca: lleno, graso, buena acidez.

Albariño de Fefiñanes 2023 B
100% albariño
91 18€
Color: pajizo brillante. Aroma: hierbas de tocador, lías finas, mineral, fruta blanca. Boca: lleno, graso, buena acidez.

DO RÍAS BAIXAS / D.O.P.

DO RÍAS BAIXAS / D.O.P.

Albariño de Fefiñanes III Año 2021 B
100% albariño

94   34€

Color: pajizo brillante. Aroma: fruta madura, hierbas de tocador, lías finas, yodado. Boca: lleno, graso, largo, buena acidez.

Armas de Lanzós 2019 B
100% albariño

93   99€

Color: amarillo brillante. Aroma: fruta madura, hierbas de tocador, lías finas, caramelo de limón, fruta asada. Boca: lleno, largo, buena acidez, sabroso, frutoso, fresco, cierta persistencia.

BODEGAS EIDOSELA
Eidos de Abaixo, s/n - Sela
36494 Arbo (Pontevedra)
☎: +34 986 665 550
info@bodegaseidosela.com
www.bodegaseidosela.com

Ardora Maris 2023 B
albariño, treixadura, otras

89   11€

Fresco, frutal, herbal, equilibrado.

Eidosela 2023 B
100% albariño

90 ★★★   12,5€

Frutal, fresco. Color: pajizo brillante. Aroma: fruta madura, hierbas de tocador, lías finas. Boca: lleno, graso, buena acidez.

Eidosela Burbujas del Atlántico BE BN
100% albariño

90   17€

Color: amarillo brillante. Aroma: fruta madura, lías finas, equilibrado, hierbas secas. Boca: buena acidez, sabroso, fruta madura.

Eidosela Burbujas del Atlántico BE BR
albariño

88   15,5€

Austero, cítrico, frutal, herbal, sencillo.

Eidosela Selección 2017 B
100% albariño

91   20€

Color: pajizo brillante. Aroma: fruta madura, hierbas de tocador, lías finas, lácticos. Boca: lleno, graso, largo, buena acidez.

BODEGAS ESCUDEIRO
Finca Escudeiro
36636 Barrantes (Pontevedra)
☎: +34 674 148 771
bodegasescudeiro@gmail.com
www.bodegasescudeiro.com

Ribera del Umia 2023 B
100% albariño

90 ★★★★   12€

Color: pajizo brillante. Aroma: fruta madura, hierbas de tocador, lías finas. Boca: lleno, graso, buena acidez.

Viña Roel sobre Lías 2023 B
100% albariño

88   18€

Equilibrado, fresco, herbáceo, correcto.

BODEGAS FILLABOA
Lugar de Fillaboa, s/n
36458 Salvaterra do Miño (Pontevedra)
☎: +34 986 658 132
info@bodegasfillaboa.masaveu.com
www.bodegasfillaboa.com

Fillaboa 2023 B
100% albariño

90   15,9€

Color: pajizo brillante, borde verdoso. Aroma: fruta fresca, cítricos, hierbas silvestres, flores secas. Boca: fresco, frutoso, buena acidez, fino amargor.

🏆 PODIO

La Fillaboa 1898 2016 B
100% albariño

100 ★★★★   55€

Color: pajizo brillante. Aroma: expresivo, fruta madura, lías finas, mineral, yodado, ahumado. Boca: lleno, complejo, especiado, largo, elegante.

Fillaboa Selección
Finca Monte Alto 2021 B
100% albariño

92 24,5€

Color: amarillo brillante. Aroma: fruta madura, hierbas secas, flores marchitas, lías finas, panadería. Boca: fruta madura, equilibrado, fresco, frutoso, buena acidez, cierta persistencia.

BODEGAS FORJAS DEL SALNÉS
Pol. Ind. Salnes - Siete Pías Parc. 36
36630 Cambados (Pontevedra)
☎: +34 986 747 827
blancosdemar@gmail.com

Cies 2023 B
albariño

92 ★★★ 18€

Color: pajizo brillante, borde verdoso. Aroma: fruta fresca, cítricos, hierbas silvestres. Boca: fresco, frutoso, buena acidez, fino amargor.

Finca Genoveva 2020 T
caiño

94 39€

Color: rubí, borde teja. Aroma: complejo, expresivo, especiado, mineral, hierbas de monte, balsámico, arbusto. Boca: elegante, lleno, largo, persistente.

Goliardo A Telleira 2022 B C
albariño

94 27€

Color: amarillo brillante. Aroma: flores secas, fruta escarchada, lías finas, pastelería, apio, anisado. Boca: redondo, especiado, largo, persistente.

Goliardo Caiño 2020 T
caiño

94 25€

Color: rubí, borde teja. Aroma: balsámico, especias dulces, hierbas de monte, fruta madura, notas cárnicas. Boca: especiado, balsámico, buena acidez.

Leirana 2023 B
albariño

93 ★★★★ 18€

Muy vivo, representativo. Color: amarillo brillante. Aroma: mineral, fruta blanca, lías finas. Boca: fresco, frutoso, varietal, largo, salino.

Leirana Genoveva 2022 B
albariño

94 27€

Complejo, con tensión. Color: amarillo brillante. Aroma: lías finas, bajamar, hierbas de monte. Boca: lleno, graso, largo, buena acidez, afilado.

BODEGAS GERARDO MÉNDEZ
Galiñans, 10 - Lores
36968 Meaño (Pontevedra)
☎: +34 986 747 046
info@bodegasgerardomendez.com
www.bodegasgerardomendez.com

Albariño Do Ferreiro 2023 B

92

Color: pajizo brillante. Aroma: fruta blanca, fruta madura, notas anisadas, floral. Boca: fluido, fácil de beber, frutoso, varietal.

BODEGAS LA CAÑA
Camiño Novo, 36
36600 Vilagarcía de Arousa (Pontevedra)
☎: +34 952 504 706
info@jorgeordonez.es
www.jorgeordonez.es

La Caña 2023 B

93 20,1€

Color: pajizo brillante. Aroma: fruta madura, floral, lías finas, mineral. Boca: lleno, complejo, especiado, largo, elegante.

🏆 **PODIO**

La Caña Navia 2022 B
albariño

96 ★★★★ 27,85€

Aromas nítidos, floral. Color: pajizo brillante. Aroma: expresivo, fruta madura, floral, lías finas, mineral. Boca: lleno, complejo, especiado, largo, elegante.

DO RÍAS BAIXAS / D.O.

DO RÍAS BAIXAS / D.O.P.

BODEGAS LA VAL
Lugar Muguiña, s/n - Arantei
36458 Salvaterra de Miño (Pontevedra)
☎: +34 986 610 728
laval@bodegaslaval.com
www.bodegaslaval.com

La Val Albariño 2023 B
100% albariño

90 ★★★ 14€

Color: pajizo brillante. Aroma: hierbas de tocador, lías finas, fruta blanca. Boca: lleno, graso, buena acidez.

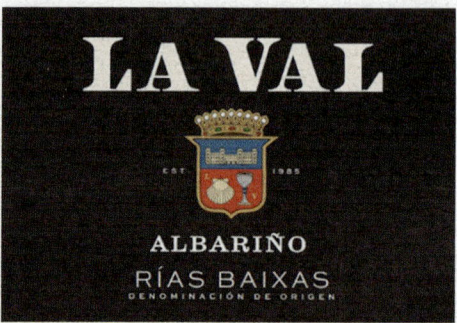

La Val Condado de Tea 2023 B
60% albariño, 20% loureiro, 20% treixadura

90 15€

Color: pajizo brillante. Aroma: hierbas de tocador, lías finas, fruta blanca. Boca: lleno, graso, buena acidez.

La Val Finca Arantei 2023 B
100% albariño

90 18€

Color: pajizo brillante. Aroma: hierbas de tocador, lías finas, fruta blanca. Boca: lleno, graso, buena acidez.

La Val Gran Añada Crianza sobre Lías 2019 B C
100% albariño

94 34,7€

Color: pajizo brillante. Aroma: expresivo, fruta madura, floral, lías finas, mineral. Boca: lleno, especiado, largo, elegante.

Orballo Albariño 2023 B
albariño

88

Afilado, cítrico, herbal, muy primario.

BODEGAS LAUREATUS
Lg. de Saramagoso, 13, San Martiño de Meis
36637 Meis (Pontevedra)
☎: +34 986 099 002
direccion@laureatus.es
www.laureatus.es

Laureatus 2023 B
albariño

92

Color: amarillo brillante. Aroma: fruta madura, hierbas de tocador, lías finas, fruta blanca, hierbas silvestres. Boca: lleno, buena acidez, fresco, frutoso, sabroso, salino, cierta persistencia.

Laureatus Dolium 2013 B C
100% albariño

92

Color: amarillo brillante. Aroma: fruta madura, hierbas de tocador, lías finas, fruta asada, flores secas. Boca: buena acidez, fresco, frutoso, sabroso.

Laureatus Lías 2019 B C
100% albariño

93

Color: pajizo. Aroma: fruta madura, flores marchitas, especiado, brioche, hierbas silvestres. Boca: potente, fruta madura, equilibrado.

BODEGAS MAR DE FRADES
Finca Valiñas
36637 Arosa (Pontevedra)
☎: +34 637 479 469
info.mardefrades@zamoracompany.com
www.mardefrades.es

Mar de Frades Finca Lobeira 2019 B
97% albariño, godello, loureiro, caíño blanco

93

Complejo, varietal. Color: amarillo brillante. Aroma: expresivo, flores blancas, jazmín, hierbas secas, arbusto. Boca: sabroso, frutoso, equilibrado.

Mar de Frades Finca Valiñas 2019 B
albariño
94
Pulido. Color: pajizo brillante. Aroma: flores blancas, fruta blanca, fruta de hueso, lías finas, ahumado. Boca: lleno, graso, largo, buena acidez.

Mar de Frades Godello Atlántico 2022 B
90
Color: pajizo brillante. Aroma: fruta blanca, fruta de hueso, hierbas silvestres, lácticos, mineral. Boca: frutoso, fresco, equilibrado, mineral, retronasal afrutado.

Mar de Frades Monteveiga 2019 B
albariño
93
Aromas nítidos, exuberante, frutal. Color: pajizo brillante. Aroma: fruta de hueso, lías finas, franco, fresco. Boca: correcto, fino amargor.

Mar de Frades Albariño 2023 B
91
Por hacer. Color: pajizo brillante, borde verdoso. Aroma: fruta fresca, cítricos, hierbas silvestres, lías finas. Boca: fresco, frutoso, buena acidez, fino amargor.

Mar de Frades BE BN
100% albariño
90
Amable, correcto, afilado, cítrico, notas de levadura, floral. Aroma: bajamar, fruta blanca, lías finas, franco, fresco, varietal.

BODEGAS MARQUÉS DE VIZHOJA
Finca La Moreira
36438 Arbo (Pontevedra)
☎: +34 986 665 825
online@marquesdevizhoja.com
www.bodegasmarquesdevizhoja.com

Señor da Folla Verde 2022 B
70% albariño, 15% loureiro, 15% treixadura
90
Cítrico, floral. Color: pajizo. Aroma: expresivo, flores blancas. Boca: sabroso, frutoso, equilibrado.

Torre La Moreira 2023 B
100% albariño
89   10,9€
Cítrico, frutal, varietal, sencillo. Aroma: fresco. Boca: fácil de beber.

DO RÍAS BAIXAS / D.O.P.

BODEGAS PABLO PADÍN

Ameiro, 17 - Dena
36967 Meaño (Pontevedra)
☎: +34 986 743 231
info@pablopadin.com
www.pablopadin.com

Feitizo da Noite BE BR
100% albariño

89   18€

Cítrico, frutal, hierbas secas, sabroso.

Segrel Albariño 2023 B
100% albariño

89   10,5€

Cítrico, fresco, herbal, correcto.

Segrel Ámbar 2023 B
100% albariño

91 ★★★★★   12€

Color: amarillo brillante. Aroma: hierbas silvestres, fruta blanca, fruta de hueso, especiado, flores marchitas. Boca: fresco, frutoso, buena acidez, sabroso, muy vivo, equilibrado.

BODEGAS PAZO CILLEIRO

Lugar de Arosa, 15C
36637 Meis (Pontevedra)
☎: +34 986 710 827
contacto@murielwines.com
www.pazocilleiro.com

Pazo Cilleiro 2023 B
100% albariño

89 ★★★   9,5€

Frutal, herbal, maduro, floral, notas de levadura.

Pazo Cilleiro Viñedo Cincuentenario 2022 B

93   35€

Color: pajizo brillante. Aroma: fruta madura, hierbas de tocador, lías finas, balsámico, yodado. Boca: lleno, graso, largo, buena acidez.

BODEGAS PAZO DE ARRETÉN

Lugar de Pousa
15917 Pazos Padrón (A Coruña/La Coruña)
☎: +34 619 724 778
elisardovidal@bodegaspazoarreten.com
www.hscala.com

Iriensis 2022 B

91   18€

Color: pajizo brillante. Aroma: fruta madura, hierbas de tocador, lías finas, flores blancas. Boca: lleno, graso, buena acidez.

Pazo de Arretén 2022 B

91   22€

Color: pajizo brillante. Aroma: fruta madura, hierbas de tocador, lías finas. Boca: lleno, graso, buena acidez.

BODEGAS PENTECOSTÉS

Barrio San Blas nº1 - Mañufe
36388 Gondomar (Pontevedra)
☎: +34 607 296 967
hola@bodegaspentecotes.com
www.bodegaspentecostes.com

Pentecostés Albariño 2022 B
100% albariño

90   15€

Color: pajizo brillante. Aroma: fruta madura, hierbas de tocador, lías finas. Boca: lleno, graso, buena acidez.

Pentecostés Varietales 2022 B
62% albariño, 15% caiño blanco, 12% loureiro, 8% treixadura, 3% godello

91 ★★★   15€

Afilado, herbal. Color: pajizo brillante. Aroma: fruta madura, hierbas de tocador, lías finas, hierbas silvestres, cítricos. Boca: lleno, buena acidez.

BODEGAS RODRÍGUEZ Y SANZO

Avda. de Tordesillas, 5
47490 Rueda (Valladolid)
☎: +34 983 150 150
comunicacion@rodriguezysanzo.com
www.rodriguezysanzo.com

María Sanzo 2022 B
100% albariño

91   16,8€

Color: pajizo brillante. Aroma: fruta madura de tocador, lías finas, brioche, flores blancas. Boca: lleno, graso, buena acidez.

BODEGAS SANTIAGO ROMA

Catariño, 6 - Besomaño
36636 Ribadumia (Pontevedra)
☎: +34 679 469 218
bodega@santiagoroma.com
www.santiagoroma.com

Burbulla de Santiago Roma 2021 BE BN
albariño

91   25€

Color: pajizo brillante. Aroma: fruta fresca, cítricos, lías finas, hierbas de tocador. Boca: fresco, frutoso, buena acidez, sabroso, muy vivo.

Colleita de Martis Albariño 2022 B
albariño

91 ★★★★   13€

Color: amarillo brillante. Aroma: fruta madura, hierbas secas, flores marchitas, bajamar, especiado. Boca: fruta madura, equilibrado, frutoso, fresco, especiado.

Pedranai de Santiago Roma Albariño 2020 B
albariño

93 60€

Color: pajizo brillante. Aroma: hierbas de tocador, lías finas, ahumado, fruta blanca. Boca: lleno, graso, largo, buena acidez.

Santiago Roma Albariño 2022 B
albariño

90 15€

Color: pajizo brillante. Aroma: expresión frutal, fruta madura, floral, mineral. Boca: sabroso, fresco, buena acidez, frutoso.

Santiago Roma Albariño Selección 2022 B
albariño

91 18€

Color: pajizo brillante. Aroma: hierbas de tocador, lías finas, fruta blanca. Boca: lleno, graso, buena acidez.

BODEGAS VIONTA
Lugar de Axis s/n - Simes
36968 Meaño (Pontevedra)
☎: +34 986 747 566
vanesa.insausti@solarviejo.com
www.ferrerwines.com

Bosque de Fuscallo 2021 B
100% albariño

92 21,5€

Color: pajizo brillante. Aroma: expresivo, fruta madura, floral, lías finas, mineral, balsámico, pastelería. Boca: lleno, complejo, especiado, largo.

Depende 2023 B
100% albariño

89 11€

Equilibrado, fresco, herbal, sabroso, notas de levadura.

Vionta 2023 B
100% albariño

90 ★★★ 13,5€

Color: pajizo brillante. Aroma: hierbas de tocador, lías finas, fruta blanca. Boca: lleno, graso, buena acidez.

You & Me 2023 B
100% albariño

88 11€

Austero, cítrico, correcto, frutal, herbal.

BODEGAS Y VIÑEDOS TAMARAL
Ctra. Nacional 122 Km 310,6
47314 Padilla de Duero (Valladolid)
☎: +34 983 878 017
club@tamaral.com
www.tamaral.com

La Carmina 2023 B
100% albariño

88 12,15€

Cítrico, fresco, frutal, herbal.

BOUZA DE CARRIL
Avda. Caponiñas, 14 - Barrantes
36636 Ribadumia (Pontevedra)
☎: +34 600 020 627
bodega@bouzadecarril.com
www.bouzadecarril.com

Bouza de Carril Albariño 2023 B
87

Hierbas secas, notas de levadura, fresco, herbal.

DO RÍAS BAIXAS / D.O.P.

BOUZA DO REI

Rua Puxafeita, 21
36636 Ribadumia (Pontevedra)
☎: +34 986 710 257
bouzadorei@bouzadorei.com
www.bouzadorei.com

Bouza Do Rei 2023 B
100% albariño

90 ★★★★ 10,5€

Color: pajizo brillante. Aroma: hierbas de tocador, lías finas, fruta blanca. Boca: lleno, graso, buena acidez.

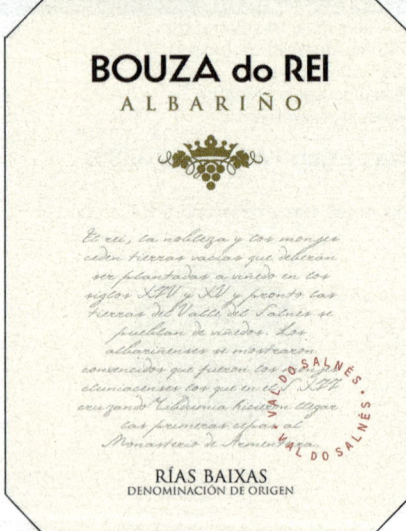

Bouza do Rei Gran Selección 2022 B
100% albariño

91 ★★★ 15,5€

Color: pajizo brillante. Aroma: hierbas de tocador, lías finas, fruta blanca. Boca: lleno, graso, buena acidez.

Castel de Bouza 2023 B
100% albariño

89 10,5€

Cítrico, equilibrado, fresco, herbal.

CAMBADOS URBAN WINERY

36630 Cambados (Pontevedra)
☎: +34 652 885 545
comercial@cambadosurbanwinery.com
www.cambadosurbanwinery.com

Desconcierto 2022 T
caiño, espadeiro, mencía

91 30€

Color: cereza brillante. Aroma: flores marchitas, violetas, flores secas, expresión frutal, fruta roja, hierbas silvestres. Boca: fresco, frutoso, acidez marcada, retronasal afrutado, taninos suaves.

Desconcierto Albariño 2023 B
albariño

91 20€

Color: pajizo brillante. Aroma: fruta madura, hierbas de tocador, lías finas. Boca: lleno, graso, buena acidez.

Pazo da Torre Albariño 2023 B
100% albariño

90 ★★★★★ 8€

Color: pajizo brillante, borde verdoso. Aroma: fruta fresca, cítricos, hierbas silvestres. Boca: fresco, frutoso, fino amargor, cierta persistencia.

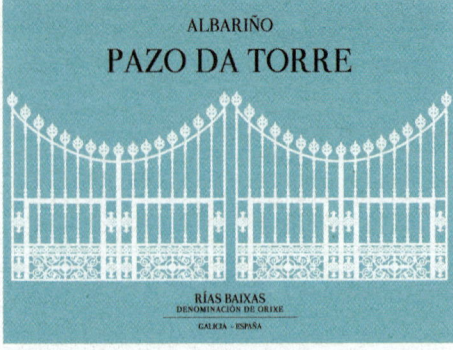

DO RÍAS BAIXAS / D.O.P.

CAMINO DE CABRAS
Hermanos Maristas, 27
36700 Tui (Pontevedra)
☎: +34 698 145 790
info@caminodecabras.com
www.caminodecabras.com

Camino de Cabras Albariño 2023 B
100% albariño

88 ★★★★   7,49€
Afilado, cítrico, austero, herbal.

Oro Valei 2023 B
100% albariño

90 ★★★★★   7,49€
Color: pajizo brillante. Aroma: fruta madura, hierbas de tocador, lías finas. Boca: lleno, graso, buena acidez.

CARLOS REY LUSTRES
Axis, 11 - Simes
36969 Meaño (Pontevedra)
☎: +34 886 600 007
info@anadigna.com
www.anadigna.com

Anadigna 1932 2023 B
100% albariño

89 ★★★★   8€
Cítrico, frutal, herbal, maduro, salino.

Anadigna Caiño 2022 T RB
100% caiño

90 ★★★★   12€
Color: cereza brillante. Aroma: flores secas, fruta roja, fruta negra, toques silvestres, hierbas silvestres. Boca: acidez marcada, frutoso, equilibrado, taninos suaves.

Anadigna Fudre 2021 B RB
100% albariño

90 ★★★   14€
Color: amarillo brillante. Aroma: fruta madura, hierbas secas, flores marchitas, notas tropicales. Boca: fruta madura, equilibrado, frutoso, sabroso.

Anadigna sobre Lías 2022 B
100% albariño

91 ★★★★★   12€
Color: pajizo brillante, borde verdoso. Aroma: cítricos, hierbas silvestres, flores secas, fruta blanca, fruta madura. Boca: fresco, frutoso, buena acidez, fino amargor, muy vivo.

Anadigna Tradicional 2023 B
100% albariño

91 ★★★★★   9€
Color: pajizo brillante. Aroma: fruta blanca, hierbas silvestres, flores blancas, expresivo. Boca: sabroso, muy vivo, frutoso, fresco, varietal.

CAZAPITAS
36740 Tomiño (Pontevedra)
☎: +34 605 625 782
cazapitassl@gmail.com
www.cazapitas.com

Eido da Salgosa Albariño 2022 B
albariño

91 ★★★   16€
Austero. Color: pajizo brillante. Aroma: hierbas de tocador, lías finas, fruta blanca. Boca: lleno, graso, buena acidez.

La Sobrada 2022 B
albariño

90   16€
Color: pajizo brillante. Aroma: fruta madura, hierbas secas, fresco, flores blancas. Boca: acidez marcada, frutoso, varietal, fruta madura.

CHAN DE ROSAS
Rua Escusa, 10
36636 Ribadumia (Pontevedra)
☎: +34 941 451 129
info@premiumfincas.com

Chan de Rosas Clásico 2023 B
100% albariño

89   10,85€
Frutal, fresco, cítrico, muy vivo, sabroso.

Chan de Rosas Cuvée Especial 2022 B
100% albariño

91 ★★★★   13,45€
Color: pajizo brillante. Aroma: fruta madura, hierbas de tocador, lías finas, camomila. Boca: lleno, graso, buena acidez.

COMPAÑIA DE VINOS TRICÓ
36883 Vigo (Pontevedra)
☎: +34 983 878 020
info@almacarraovejas.com
www.trico.es

🏆 **PODIO**

Claudia 2019 B
albariño

95
Color: pajizo brillante. Aroma: expresión frutal, fruta madura, floral, mineral. Boca: sabroso, fresco, buena acidez, retronasal afrutado.

Nicolas 2020 B
93
Con tensión, varietal. Color: pajizo. Aroma: expresivo, flores blancas, jazmín, hierbas secas. Boca: sabroso, frutoso, equilibrado.

DO RÍAS BAIXAS / D.O.P.

Tricó 2021 B
albariño

92   23,8€

Balsámico. Color: pajizo brillante. Aroma: fruta madura, floral, fósforo. Boca: sabroso, fresco, buena acidez, retronasal afrutado.

CORISCA
Bº Corisca, 7
36471 Entienza (Pontevedra)
☎: +34 615 430 296
info@bodegascorisca.com
www.bodegascorisca.com

Corisca 2021 B
albariño

92 🌱

Austero. Color: pajizo brillante. Aroma: fruta madura, hierbas de tocador, lías finas, flores blancas. Boca: lleno, graso, buena acidez.

Corisca 2022 B
90 🌱

Color: pajizo brillante. Aroma: fruta fresca, cítricos, hierbas silvestres, mineral. Boca: fresco, frutoso, buena acidez, sabroso.

DAVID MARTÍNEZ SOBRAL
Figueiró, Lago, 14
36792 Tomiño (Pontevedra)
☎: +34 603 800 239
info@pedregales.es
www.pedregales.es

Lagar Pedregales Floración 2023 B
100% albariño

90   16€

Color: pajizo brillante. Aroma: fruta fresca, cítricos, hierbas silvestres, hierbas secas, arbusto. Boca: fresco, frutoso, buena acidez, fino amargor, cierta persistencia.

DAVIDE
Serantes, 36
36614 Baión (Pontevedra)
☎: +34 620 248 165
info@davide.es
www.davide.es

Davide 2º Año 2023 B
albariño

88   22,32€

Cítrico, fresco, herbal, correcto.

Davide Observador 2023 B
50% albariño, 50% godello

89   28,13€

Cítrico, herbal, correcto, notas de levadura.

DESTINOS CRUZADOS VINOS
Pousa-Pousón, 8
36493 Crecente (Pontevedra)
i.destinoscruzados@bodegaslaval.com
www.destinoscruzados.es

Destinos Cruzados Pousada 2022 B
90% albariño, 10% treixadura

90   18,75€

Color: pajizo brillante. Aroma: hierbas de tocador, lías finas, cera, fruta blanca. Boca: lleno, graso, buena acidez.

EIDO DA FONTE
Lugar A Fonte, s/n Tallós Valeixe
36883 A Cañiza (Pontevedra)
☎: +34 986 654 242
info@eidodafonte.com
www.eidodafonte.com

Eido da Fonte Albariño 2022 B FB
100% albariño

92   22€

Color: amarillo brillante. Aroma: fruta madura, hierbas secas, flores marchitas, especiado. Boca: fruta madura, equilibrado, frutoso, fresco, sabroso, cierta persistencia.

Eido da Fonte Albariño 2023 B
100% albariño

87   14€

Eido da Fonte Plurivarietal 2021 T
mencía, sousón, pedral, caíño, brancellao

90 ★★★    14€

Color: cereza, borde violáceo. Aroma: expresión frutal, fruta roja, especiado, hierbas silvestres. Boca: sabroso, frutoso, buena acidez, taninos secos pero maduros, cierta persistencia.

Eido da Fonte Sousón 2019 T
sousón

90 ★★★   14€

Color: cereza intenso. Aroma: fruta negra, mineral, terroso, notas almizcladas, hierbas silvestres. Boca: fruta madura, especiado, taninos maduros.

ELADIO PIÑEIRO RURAL WINES

Sobrán, 38
36611 Vilagarcía de Arousa (Pontevedra)
☎: +34 986 501 218
info@eladiopineiro.com
www.eladiopineiro.com

Amodiño 2018 B
albariño
92　　　　　　　　　　　　　37,6€
Con vejez. Color: pajizo brillante. Aroma: hierbas de tocador, lías finas, fruta escarchada, caramelo tostado. Boca: lleno, graso, buena acidez.

Envidiacochina 2022 B
albariño
93　　　　　　　　　　　　　30,35€
Color: amarillo brillante. Aroma: flores secas, lías finas, pastelería, fruta asada. Boca: especiado, largo, persistente.

Envidiacochina Magnum 2021 B
albariño
94　　　　　　　　　　　　　66,65€
Color: amarillo brillante. Aroma: fruta madura, hierbas de tocador, lías finas, expresión frutal, frutos secos, toques silvestres. Boca: lleno, graso, largo, buena acidez, fresco, sabroso, persistente.

Frore de Carme 2020 B
albariño
92　　　　　　　　　　　　　48,2€
Color: pajizo brillante. Aroma: fruta madura, hierbas de tocador, lías finas, especiado. Boca: lleno, graso, largo, buena acidez.

Frore de Carme Millésime 2019 BE BN
albariño
91　　　　　　　　　　　　　42,9€
Color: pajizo brillante. Aroma: fruta fresca, cítricos, lías finas, hierbas de tocador. Boca: fresco, frutoso, buena acidez, sabroso.

La Ola 2020 B
100% albariño
91　　　　　　　　　　　　　21,75€
Color: amarillo brillante. Aroma: fruta madura, hierbas secas, flores marchitas, especiado. Boca: fruta madura, equilibrado, frutoso, fresco, sabroso.

Novoa 2018 T
caiño
89　　　　　　　　　　　　　29,15€
Frutal, herbal, silvestre, ligera reducción, hierbas secas.

FAUSTINO RIVERO ULECIA

Ctra. PO-400
36430 Arbo (Pontevedra)
☎: +34 941 380 057
www.faustinorivero.com

Faustino Rivero Ulecia Albariño 2023 B
albariño
90 ★★★　　　　　　　　　　14€
Color: pajizo brillante. Aroma: expresión frutal, fruta madura, floral. Boca: fresco, buena acidez, retronasal afrutado.

FENTO WINES

Sisangándara, 22
36636 Ribadumia (Pontevedra)
☎: +34 986 099 486
info@eulogiopomares.com
www.eulogiopomares.com

🏆 **PODIO**

Carralcoba Albariño 2022 B
95
Color: pajizo brillante. Aroma: expresivo, fruta madura, floral, lías finas, mineral, lácticos, caramelo de limón, panadería. Boca: lleno, especiado, largo.

Castiñeiro Albariño 2022 B
93
Con personalidad. Color: pajizo brillante. Aroma: fruta madura, hierbas de tocador, lías finas, especiado, notas almizcladas. Boca: lleno, graso, largo, buena acidez, sabroso, fino amargor.

Eulogio Pomares Maceración con Pieles 2022 B
94
Color: pajizo. Aroma: fruta madura, hierbas secas, flores marchitas, piel de naranja, cítricos. Boca: potente, fruta madura, equilibrado, sabroso, salino.

Pedraneira 2022 B
albariño
93
Silvestre, aromático, floral. Aroma: fruta blanca, cítricos. Boca: muy vivo, fino amargor, salino, equilibrado.

DO RÍAS BAIXAS / D.O.P.

VINOS DE ESPAÑA

DO RÍAS BAIXAS / D.O.P.

FORTUNA WINES
Camiño das Lousas, 42
36350 Nigran (Pontevedra)
☎: +34 691 561 471
info@fortunawines.es
www.winepop.es

Catavento Abariño 2023 B
100% albariño

88 11,5€
Frutal, herbal, maduro, varietal.

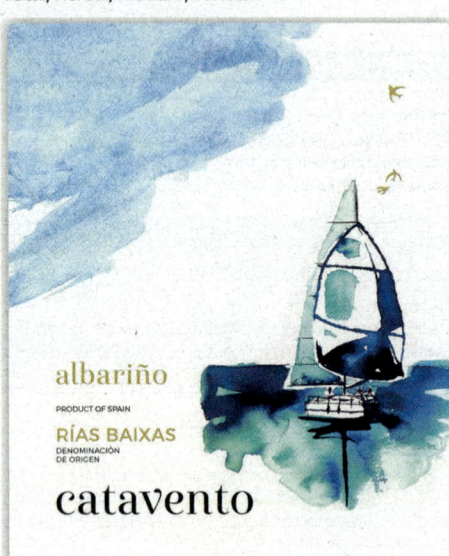

FROM GALICIA GROUP
Orzán 150, Bajo
15003 A Coruña/La Coruña (A Coruña/La Coruña)
☎: +34 881 994 069
info@fromgaliciagroup.com
www.fromgaliciagroup.com

A Vaca Cuca 2023 B
100% albariño

88 ★★★ 9€
Austero, cítrico, herbal, fresco.

HAMMEKEN CELLARS
03700 Denia (Alacant/Alicante)
☎: +34 965 791 967
cellars@hammekencellars.com
www.hammekencellars.com

Gotas de Mar Albariño 2023 B
albariño

90 19€
Color: pajizo brillante. Aroma: expresión frutal, fruta madura, flores blancas. Boca: sabroso, fresco, buena acidez, retronasal afrutado.

LAGAR DA CACHADA
Lg. da Bouciña, 25
36633 Cambados (Pontevedra)
☎: +34 670 452 929
lagardacachada@gmail.com
www.lagardacachada.es

A Illa 2023 B
albariño

88 12€
Cítrico, fresco, herbal, equilibrado.

A Nosa Victoria 2021 BE BR
albariño

91 22€
Color: pajizo brillante. Aroma: fruta fresca, cítricos, lías finas, hierbas de tocador, piedra seca. Boca: fresco, frutoso, buena acidez.

Don Ricardo 2022 B
albariño

91 18€
Color: pajizo brillante. Aroma: expresión frutal, fruta madura, floral, cítricos, hierbas silvestres. Boca: sabroso, fresco, buena acidez, retronasal afrutado, frutoso, mineral.

Lagar da Cachada 2023 B
albariño

88 12€
Cítrico, fresco, herbal, equilibrado, floral.

LAGAR DA CONDESA
Lugar de Maran s/n Arcos da Condesa
36650 Caldas de Reis (Pontevedra)
☎: +34 968 435 022
info@gilfamily.es
www.gilfamily.es

Kentia 2023 B
100% albariño

92 ★★★★ 14,75€
Color: pajizo brillante. Aroma: hierbas de tocador, lías finas, fruta blanca. Boca: lleno, graso, buena acidez.

O Fillo Da Condesa 2023 B
100% albariño

91 ★★★★★ 11,75€

Color: pajizo brillante. Aroma: hierbas de tocador, lías finas, fruta blanca, regaliz negro. Boca: lleno, graso, buena acidez.

LAGAR DE BESADA
Pazo, 11 Xil
36968 Meaño (Pontevedra)
☎: +34 986 747 473
info@lagardebesada.com
www.lagardebesada.com

Añada de Baladiña 2012 B
100% albariño

92 29€

Color: pajizo brillante. Aroma: lías finas, fruta blanca, pan tostado, especiado. Boca: lleno, graso, buena acidez.

Baladiña 2022 B
100% albariño

91 ★★★ 16€

Color: pajizo brillante. Aroma: fruta madura, hierbas de tocador, lías finas, fruta blanca. Boca: lleno, largo, buena acidez.

Baladiña Barro 2016 B
100% albariño

91 35€

Algo caído. Color: amarillo. Aroma: fruta madura, con carácter, notas de levadura, lías reducidas. Boca: jugoso, sabroso, largo.

Burbujas de Baladiña 2017 BE BN
100% albariño

91 40€

Color: amarillo brillante. Aroma: fruta madura, lías finas, equilibrado, hierbas silvestres. Boca: buena acidez, sabroso, fruta madura.

LAGAR DE COSTA
Sartaxes, 8 - Castrelo
36639 Cambados (Pontevedra)
☎: +34 669 086 569
contacto@lagardecosta.com
www.lagardecosta.com

Calabobos 2021 B
100% albariño

92 22€

Color: pajizo brillante. Aroma: lías finas, fruta asada, fruta fresca, balsámico, bajamar. Boca: lleno, buena acidez, sabroso.

Lagar de Costa 2023 B
100% albariño

89 13€

Cítrico, fresco, herbal, sabroso, por hacer.

Lagar de Costa Tradición 2021 B BA
100% albariño

91 17€

Color: pajizo brillante. Aroma: hierbas de tocador, lías finas, bajamar, fruta blanca. Boca: lleno, graso, buena acidez.

Maio 2021 B
100% albariño

91 24€

Color: pajizo brillante. Aroma: fruta madura, hierbas de tocador, lías finas, flores blancas. Boca: lleno, buena acidez, fino amargor.

LAGAR DE FORNELOS
Estrada de Loureza, 86
26200 O'Rosal (Pontevedra)
☎: +34 986 625 875
lagar@riojalta.com
www.riojalta.com

Lagar de Cervera 2023 B
100% albariño

91 ★★★ 15€

Color: pajizo brillante. Aroma: fruta madura, hierbas de tocador, lías finas, hierbas silvestres, cítricos. Boca: lleno, graso, buena acidez.

Lindeiros 2021 B
100% albariño

93 50€

Color: pajizo brillante. Aroma: hierbas de tocador, lías finas, fruta blanca, especiado. Boca: lleno, graso, buena acidez.

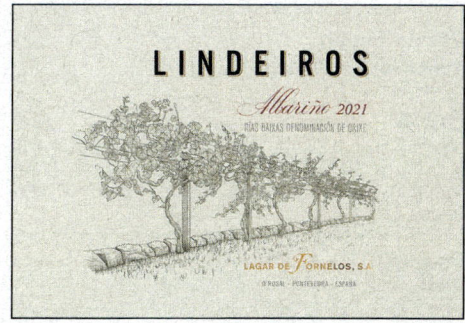

DO RÍAS BAIXAS / D.O.P.

DO RÍAS BAIXAS / D.O.P.

Pazo de Seoane O Rosal 2023 B
60% albariño, 33% loureiro, 6% caiño blanco, 1% treixadura

91 ★★★ 15€
Color: amarillo brillante. Aroma: fruta fresca, cítricos, hierbas silvestres, fruta blanca, toques silvestres. Boca: fresco, frutoso, buena acidez, fino amargor, muy vivo.

LUIS GARCÍA ALVAREZ
Cristimil, 5 Padrenda
36638 Meaño (Pontevedra)
☎: +34 616 643 559
altosdecristimil@gmail.com
www.adegaluisgarcia.com

Altos de Cristimil Etiqueta Blanca 2023 B
100% albariño

88 9,95€
Cítrico, fresco, herbal, correcto.

Dominio de Gar 2023 B
100% albariño

87 9,95€

Mexillón 2023 B
100% albariño

89 ★★★ 9,95€
Cítrico, frutal, fresco, flores secas, hierbas secas, sabroso.

MAR DE ENVERO
Lugar de Rarís
15883 Teo (A Coruña/La Coruña)
☎: +34 981 195 202

Mar de Envero sobre Lías 2022 B
albariño

92 ★★★★★ 13€
Color: pajizo brillante, borde verdoso. Aroma: cítricos, hierbas silvestres, balsámico, fruta blanca, lías finas. Boca: fresco, frutoso, buena acidez, fino amargor.

Mar de Envero Treixadura sobre Lías 2021 B
treixadura

90 ✿ 21€
Color: amarillo brillante. Aroma: expresión frutal, fruta madura, hierbas silvestres, hierbas secas, flores marchitas, piedra seca. Boca: fresco, frutoso, sabroso, varietal.

Troupe 2022 B
albariño

91 ★★★★★ 9,5€
Color: pajizo brillante. Aroma: fruta madura, hierbas de tocador, lías finas. Boca: lleno, graso, largo, buena acidez.

MÉNDEZ-ROJO (VÍA ATLÁNTICA)
Estrada da Val, 5
36760 O'Rosal (Pontevedra)
☎: +34 626 216 493
marketing@mendezrojo.com
www.mendezrojo.com

Mar del Norte Albariño 2023 B
100% albariño

90 ★★★ 14€
Color: pajizo brillante. Aroma: floral, fruta blanca, expresivo, fruta madura, notas anisadas. Boca: correcto, fácil de beber, salino.

NOTAS FRUTALES DE ALBARIÑO
Ctra. Villar – Garabelos s/n
36429 Crecente (Pontevedra)
☎: +34 609 065 858
notasfrutales@gmail.com
www.notasfrutales.es

Finca Garabelos 2022 B
albariño

92
Color: pajizo brillante. Aroma: fruta madura, hierbas de tocador, lías finas, balsámico, pastelería. Boca: lleno, graso, buena acidez.

La Trucha 2023 B
87

La Trucha Acero 2017 B
100% albariño

92
Color: amarillo brillante. Aroma: flores secas, fruta escarchada, lías finas, tostado, roble cremoso, especiado. Boca: redondo, especiado, persistente, frutoso, fresco.

La Trucha Barrica 2022 B
albariño

92
Color: amarillo brillante. Aroma: fruta madura, hierbas secas, flores marchitas, expresión frutal. Boca: fruta madura, equilibrado, frutoso, fresco, sabroso.

La Trucha de Otoño 2019 B
albariño

94

Color: amarillo brillante. Aroma: flores secas, fruta escarchada, lías finas, pastelería, hierbas silvestres. Boca: redondo, especiado, largo, persistente, frutoso, fresco, sabroso.

PACO & LOLA
Valdamor, 18 - Xil
36968 Meaño (Pontevedra)
☎: +34 986 747 779
comercial@pacolola.com
www.pacolola.com

Paco & Lola 2023 B
100% albariño

90 ★★★   13,9€

Color: pajizo brillante. Aroma: expresión frutal, fruta madura, floral, cítricos, hierbas secas. Boca: sabroso, fresco, buena acidez, retronasal afrutado.

Lola by Paco & Lola 2020 BE
100% albariño

92   32€

Color: amarillo brillante. Aroma: fruta madura, lías finas, equilibrado, brioche, especiado. Boca: buena acidez, sabroso, fruta madura.

Nº12 by Paco & Lola 2023 B
100% albariño

89   12,5€

Frutal, herbal, cítrico, sabroso.

Paco & Lola Heritage 2019 B C
100% albariño

93   37€

Color: amarillo brillante. Aroma: fruta madura, hierbas secas, flores marchitas, especiado. Boca: fruta madura, equilibrado, frutoso, fresco, sabroso.

Paco & Lola Vintage 2018 B
100% albariño

94   37€

Color: pajizo brillante. Aroma: expresivo, floral, lías finas, cítricos, fruta de hueso, hierbas silvestres, balsámico, yodado. Boca: lleno, complejo, especiado, largo.

Prime by Paco & Lola 2020 B
100% albariño

93   20,5€

Color: amarillo brillante. Aroma: fruta madura, hierbas de tocador, lías finas, fruta de hueso, pétalos de rosa, flores marchitas. Boca: lleno, fresco, frutoso, buena acidez, cierta persistencia.

PACO MULERO
Partida de la Hoya Torres s/n
30520 Jumilla (Murcia)
☎: +34 968 105 997
info@pacomulero.com
www.pacomulero.com

Paco Mulero Albariño 2023 B
100% albariño

90 ★★★★   10,5€

Color: pajizo brillante. Aroma: hierbas de tocador, lías finas, piedra seca, mineral, fruta blanca. Boca: lleno, graso, buena acidez.

PAGOS DEL REY
Autovía del Sur, km.199
13300 Valdepeñas (Ciudad Real)
☎: +34 926 322 400
fsa@felixsolisavantis.com
www.pagosdelrey.com

Medusa 2023 B
92

Color: pajizo. Aroma: fruta madura, hierbas secas, flores marchitas, fruta de hueso. Boca: potente, fruta madura, equilibrado.

DO RÍAS BAIXAS / D.O.P.

DO RÍAS BAIXAS / D.O.P.

Pulpo Albariño 2023 B
90 ★★★ 13€
Color: pajizo brillante. Aroma: hierbas de tocador, lías finas, fruta blanca. Boca: lleno, buena acidez, sabroso.

PAZO BAIÓN
Lg. Abelleira 4, 5, 6 - Baión
36614 Vilanova de Arousa (Pontevedra)
☎: +34 636 800 234
info@pazobaion.com
www.condesdealbarei.com

Pazo Baión Albariño 2022 B
100% albariño
92 20€
Color: pajizo brillante, borde verdoso. Aroma: hierbas silvestres, notas anisadas, flores secas, fruta blanca, fruta madura. Boca: fresco, frutoso, buena acidez, fino amargor, muy vivo, sabroso.

PAZO DE BARRANTES
Finca Pazo de Barrantes
36636 Ribadumia (Pontevedra)
☎: +34 986 718 211
bodega@pazodebarrantes.com
www.marquesdemurrieta.com

Gran Vino
Pazo de Barrantes Albariño 2021 B
100% albariño
93 41€
Aromas nítidos, con tensión. Color: pajizo brillante. Aroma: expresivo, fruta madura, floral, lías finas, mineral. Boca: especiado, largo, elegante.

🏆 PODIO

La Comtesse
Gran Vino de Guarda 2019 B FB
100% albariño
97 120€
Aromas nítidos, con tensión. Color: amarillo brillante. Aroma: fruta madura, floral, lías finas, mineral. Boca: lleno, complejo, especiado, largo, elegante.

PAZO DE RUBIANES

Rúa do Pazo, 7 Rubianes
36619 Vilagarcía de Arousa (Pontevedra)
☎: +34 986 510 534
info@pazoderubianes.com
www.pazoderubianes.com

Pazo de Rubianes 1411 2018 B
100% albariño

94   40€

Color: amarillo brillante. Aroma: potente, roble cremoso, fruta madura, especiado, tostado, fruta asada. Boca: estructurado, largo, tostado, fino amargor, frutoso.

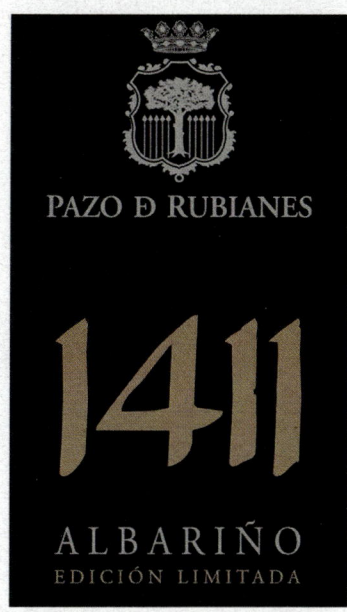

Pazo de Rubianes 1411 2021 B
albariño

93   40€

Color: amarillo brillante. Aroma: caramelo de limón, fruta asada, tostado, hierbas secas, especiado. Boca: fresco, frutoso, muy vivo, fruta madura, mineral, cierta persistencia.

Pazo de Rubianes Paloma 2020 B
albariño

91   40€

Color: amarillo brillante. Aroma: fruta madura, especiado, tostado, hierbas silvestres. Boca: graso, fino amargor, frutoso, fresco, sabroso.

Pazo de Rubianes Albariño 2014 B
albariño

93   25€

Color: dorado brillante. Aroma: fruta escarchada, especias dulces, hidrocarburo. Boca: lleno, sabroso, amargoso, buena acidez.

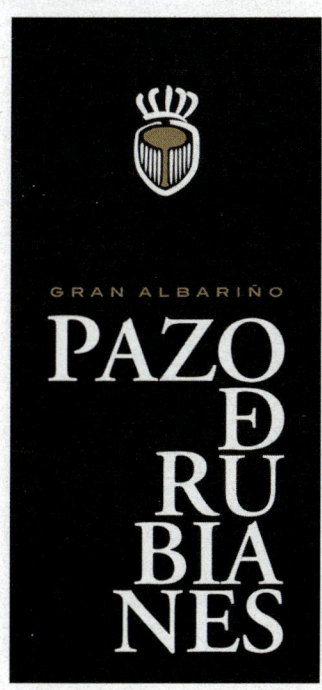

Pazo de Rubianes Albariño 2022 B
albariño

92   25€

Aroma: fruta blanca, fruta fresca, hierbas silvestres, lías finas, mineral. Boca: fresco, frutoso, sabroso, varietal, equilibrado.

Pazo de Rubianes García de Caamaño 2013 B
100% albariño

93   35€

Color: dorado brillante. Aroma: expresión frutal, fruta asada, fruta escarchada, hierbas secas, caramelo tostado, especiado, tostado. Boca: frutoso, sabroso, retronasal ahumado, fruta asada, cierta persistencia.

DO RÍAS BAIXAS / D.O.P.

DO RÍAS BAIXAS / D.O.P.

Pazo de Rubianes
García de Caamaño 2021 B
albariño

93 30€

Color: amarillo brillante. Aroma: fruta madura, hierbas secas, flores marchitas, piedra seca. Boca: fruta madura, equilibrado, fresco, frutoso, muy vivo, cierta persistencia.

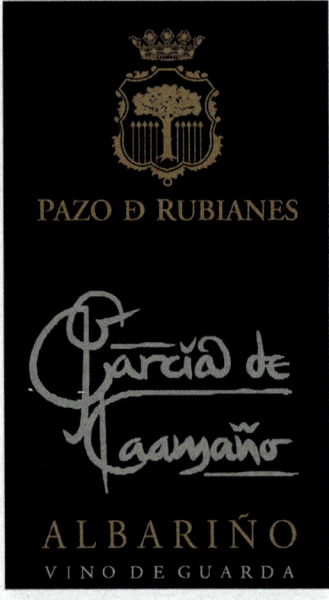

PAZO DE SEÑORANS
Vilanoviña, s/n
36616 Meis (Pontevedra)
☎: +34 986 715 373
info@pazodesenorans.com
www.pazodesenorans.com

Pazo Señorans 2023 B
100% albariño

92 ★★★★ 16€

Color: pajizo brillante, borde verdoso. Aroma: fruta fresca, cítricos, hierbas silvestres, lías finas, piedra seca. Boca: fresco, frutoso, buena acidez, fino amargor.

Pazo Señorans
Colección 2020 B
100% albariño

94 ★★★★ 20€

Color: pajizo brillante. Aroma: lías finas, fruta blanca, hierbas silvestres, balsámico, yodado. Boca: lleno, graso, buena acidez.

🏆 PODIO

Pazo Señorans
Selección de Añada 2014 B
100% albariño

99 51,9€

Color: pajizo brillante. Aroma: expresivo, fruta madura, floral, lías finas, mineral, pétalos de rosa. Boca: lleno, complejo, especiado, largo, elegante.

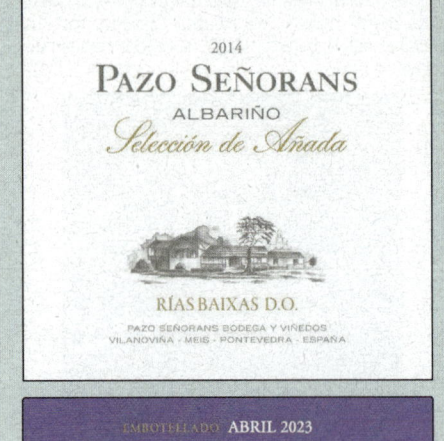

Tras los Muros 2019 B BA
100% albariño

93 45€

Color: amarillo brillante. Aroma: lías finas, pastelería balsámico, madera marcada. Boca: especiado, acidez marcada, frutoso.

PAZO DE VILLAREI
☎: +34 986 441 732
info@hgabodegas.com
www.hgabodegas.com

Pazo de Villarei Albariño 2023 B
100% albariño

90 ★★★★ 10,9€

Aromático, varietal, suave, sencillo, agradable. Aroma flores blancas, franco.

Pazo de Villarei Godello 2023 B
100% godello

88

Cítrico, fresco, herbal, correcto.

Villarei 2023 B
100% albariño

89 17€

Cítrico, fresco, herbal, equilibrado, sabroso.

PAZO PONDAL

36436 Arbo (Pontevedra)
☎: +34 986 665 551
info@pazopondal.com
www.pazopondal.com

Leira Pondal 2023 B
albariño

88 13€

Cítrico, herbal, fresco, correcto.

Miña Vida 2023 B
treixadura, albariño

91 ★★★ 16€

Color: pajizo brillante. Aroma: hierbas de tocador, lías finas, frutos secos, fruta blanca, panadería. Boca: lleno, graso, buena acidez.

Pazo Pondal 2019 BE BN
albariño

90 21€

Color: pajizo brillante. Aroma: fruta fresca, cítricos, lías finas, hierbas de tocador. Boca: fresco, frutoso, buena acidez, burbuja gruesa, cierta persistencia.

Pazo Pondal Cuvée 2019 B
albariño

93 28€

Color: dorado brillante. Aroma: fruta madura, hierbas secas, flores marchitas, fruta blanca, expresivo. Boca: fruta madura, equilibrado, frutoso, fresco, muy vivo, sabroso, cierta persistencia.

PAZOS DE LUSCO

Grixó-Alxén s/n
36458 Salvaterra do Miño (Pontevedra)
☎: +34 986 659 102
prensa@gonzalezbyass.es
www.lusco.es

Lusco Albariño 2023 B
100% albariño

91 18€

Aromas nítidos, agradable, fresco, varietal. Aroma: fruta blanca, floral. Boca: varietal, pulido, fácil de beber, cierta persistencia.

Pazo de Piñeiro 2021 B
100% albariño

93 33,5€

Aromático, varietal. Color: pajizo brillante. Aroma: fruta madura, hierbas de tocador, lías finas, bajamar. Boca: lleno, graso, largo, buena acidez.

PONTECABALEIROS

Chan da Ponte, 4B
36430 Arbo (Pontevedra)
☎: +34 986 665 444
aslaxas@aslaxas.com
www.pontecabaleiros.com

Alvinte 2023 B
100% albariño

88 ★★★★ 8€

Frutal, maduro, sabroso, herbal.

DO RÍAS BAIXAS / D.O.P.

DO RÍAS BAIXAS / D.O.P.

Ferrum 2023 B
100% albariño

88 ★★★★ 8€

Cítrico, flores secas, frutal, herbal, varietal.

Outón 2023 B
100% albariño

88

Equilibrado, frutal, herbal, correcto.

Valdocea 2023 B
100% albariño

89

Frutal, hierbas secas, flores secas, muy primario, sabroso.

PRIVIOS
Souteo, 3 Goián
36750 Tomiño (Pontevedra)
☎: +34 986 620 137
info@primavinia.com
www.primaviniawines.com

Goda 2023 B
albariño

89 11,5€

Cítrico, fresco, herbal, equilibrado.

QUINTA COUSELO
Barrio Couselo, 13
36770 O'Rosal (Pontevedra)
☎: +34 986 625 051
comercial@grandespagosgallegos.com
www.quintacouselo.com

Quinta de Couselo 2023 B
90% albariño, 5% caiño blanco, 5% loureiro

92 ★★★★ 14,5€

Color: pajizo brillante. Aroma: expresión frutal, fruta madura, floral, flores blancas, bajamar. Boca: sabroso, fresco, buena acidez, retronasal afrutado, salino.

Valdamor 2023 B
albariño

89 14,5€

Cítrico, frutal, hierbas secas, sencillo.

RECTORAL DO UMIA
Rúa do Pan, 4
36636 Pontevedra (Pontevedra)
☎: +34 986 716 360
vinos@bodegasgallegas.com
www.bodegasgallegas.com

Rectoral do Umia Albariño 2023 B
100% albariño

88 11,5€

Fresco, frutal, muy primario, correcto.

Rectoral do Umia Albariño Sobre Lías Val do Salnés 2023 B
100% albariño

90 18€

Color: pajizo brillante. Aroma: fruta madura, hierbas de tocador, lías finas. Boca: lleno, graso, buena acidez.

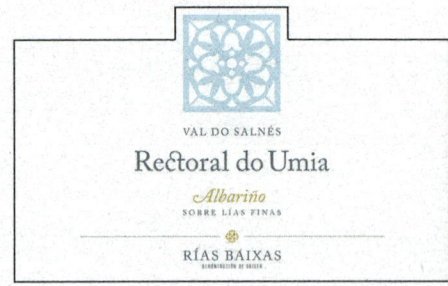

SANTIAGO RUIZ

Rua do Viticultor Santiago Ruiz
36760 San Miguel de Tabagón (Pontevedra)
☎: +34 986 614 083
info@bodegasantiagoruiz.com
www.bodegasantiagoruiz.com

Rosa Ruiz 2023 B
albariño

90   19,95€

Color: pajizo brillante, borde verdoso. Aroma: fruta fresca, cítricos, hierbas silvestres, piedra seca, fresco. Boca: fresco, frutoso, buena acidez, fino amargor.

Santiago Ruiz 2023 B
albariño, loureiro, treixadura, caiño, godello

90   14,95€

Agradable, correcto, frutal, maduro, cítrico, floral. Boca: fino amargor.

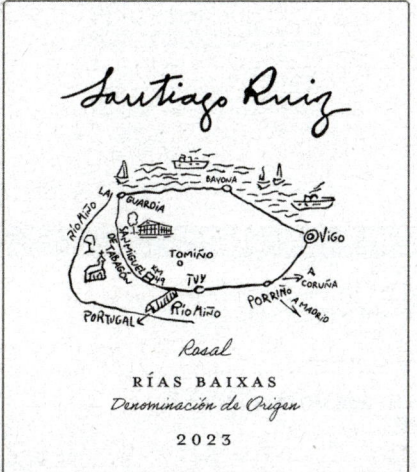

SEÑORÍO DE RUBIÓS

Bouza do Rato, s/n - Rubiós
36449 As Neves (Pontevedra)
☎: +34 986 667 212
info@srubios.com
www.srubios.com

Manuel D'Amaro Albariño Lías 2017 B
albariño

92   19,95€

Color: amarillo brillante. Aroma: potente, roble cremoso, fruta madura, especiado, lácticos, balsámico, madera marcada. Boca: graso, estructurado, largo, tostado, fino amargor.

Manuel D'Amaro Loureira 2018 B
loureiro

91   19,95€

Color: pajizo brillante. Aroma: fruta madura, hierbas de tocador, lías finas, especiado. Boca: lleno, graso, largo, buena acidez.

Señorío de Rubiós Albariño 2023 B
albariño

90 ★★★★   11,95€

Color: pajizo brillante, borde verdoso. Aroma: cítricos, hierbas silvestres, lías finas. Boca: fresco, frutoso, buena acidez, fino amargor.

Señorío de Rubiós Condado Blanco BE BN
treixadura, albariño, loureiro, godello, torrontés

90   18€

Color: amarillo brillante. Aroma: fruta madura, lías finas, equilibrado, hierbas secas. Boca: buena acidez, sabroso, fruta madura.

Señorío de Rubiós Condado do Tea Blanco 2022 B
treixadura, albariño, loureiro, godello, torrontés

91 ★★★★★   10€

Color: amarillo brillante. Aroma: fruta fresca, cítricos, hierbas silvestres, caramelo de limón. Boca: fresco, frutoso, buena acidez, fino amargor, sabroso.

Señorío de Rubiós Edición limitada 2022 T

91

Color: cereza, borde violáceo. Aroma: expresión frutal, fruta roja, floral, especiado, terroso. Boca: sabroso, frutoso, buena acidez.

TERRAS DE COMPOSTELA

36630 Cambados (Pontevedra)
☎: +34 637 021 070
info@terrasdecompostela.com
www.terrasdecompostela.com

Alma de Compostela 2022 B
albariño

92   19,5€

Color: pajizo brillante. Aroma: hierbas de tocador, lías finas, fruta blanca, fruta de hueso, jazmín. Boca: lleno, graso, largo, buena acidez.

Terras de Compostela 2021 B
albariño

89 ★★★★   9€

Sabroso, equilibrado, notas de levadura, especiado, cítrico, herbal.

DO RÍAS BAIXAS / D.O.P.

DO RÍAS BAIXAS / D.O.P.

Terras de Compostela 2022 B
albariño

91 ★★★★★ 9€

Color: pajizo brillante. Aroma: hierbas de tocador, lías finas, fruta blanca, fruta de hueso, flores blancas. Boca: lleno, graso, largo, buena acidez.

Terras Gauda 2023 B
70% albariño, 25% caiño blanco, 5% loureiro

91 ★★★ 15,95€

Color: pajizo brillante. Aroma: hierbas de tocador, lías finas, fruta blanca. Boca: lleno, graso, buena acidez.

TERRAS GAUDA
Estrada Tui a Guarda, Km. 315
36760 O´Rosal (Pontevedra)
☎: +34 986 621 001
terrasgauda@terrasgauda.com
www.terrasgauda.com

Abadía de San Campio 2023 B
100% albariño

90 ★★★ 13,65€

Color: pajizo brillante. Aroma: hierbas de tocador, lías finas, flores blancas, fruta blanca. Boca: lleno, graso, buena acidez.

La Mar de Terras Gauda 2022 B
98% caiño blanco, 2% albariño, loureiro

92 21,6€

Color: pajizo brillante. Aroma: hierbas de tocador, lías finas, fruta blanca, floral, cera, fruta de hueso. Boca: lleno, graso, buena acidez.

Terras Gauda Etiqueta Negra 2021 B FB
70% albariño, 23% caiño blanco, 7% loureiro

91 26,7€

Color: pajizo brillante. Aroma: fruta madura, hierbas de tocador, lías finas, flores blancas. Boca: lleno, graso, buena acidez.

TORRE PENELAS
Valdamor, 8
36968 Meaño (Pontevedra)
☎: +34 938 177 400
prensa@torres.es
www.torres.es

Pazo das Bruxas 2023 B
albariño

88 12,85€

Frutal, flores secas, hierbas secas, muy primario, acidez marcada.

Pazo Torre Penelas Blanco Granito 2021 B
albariño

92 42,65€

Color: pajizo brillante. Aroma: lías finas, franco, equilibrado, varietal, floral. Boca: largo, buena acidez, balsámico.

UVAS FELICES
Agullers, 7
08003 Barcelona (Barcelona)
☎: +34 902 327 777
www.vilaviniteca.es

El Jardín de Lucia 2023 B
92
Color: pajizo brillante, borde verdoso. Aroma: fruta fresca, cítricos, hierbas silvestres. Boca: fresco, frutoso, buena acidez, fino amargor.

VAL DE MEIGAS
Travesía do Freixo, 3
36636 Ribadumia (Pontevedra)
☎: +34 675 600 102
export@valdemeigas.es
www.valdemeigas.es

Val de Meigas 2023 B
100% albariño
90 ★★★★★   10€
Color: pajizo brillante. Aroma: hierbas de tocador, lías finas, fruta blanca. Boca: lleno, graso, buena acidez.

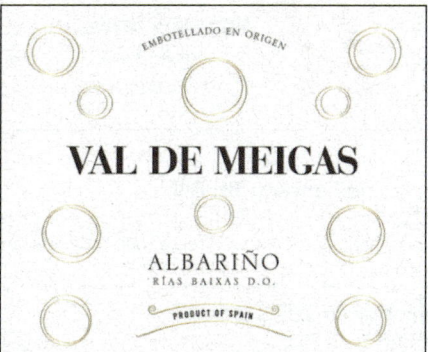

VEIGA NAUM
Vilareis, 21
36967 Dena, Meaño (Pontevedra)
☎: +34 941 454 050
bodega@bpbodegasriojanas.com
www.bodegasriojanas.com

Veiga Naúm 2023 B
100% albariño
88   12€
Cítrico, frutal, herbal, sencillo.

VICENTE GANDÍA
Ctra. Cheste a Godelleta, s/n
46370 Chiva (València/Valencia)
☎: +34 962 524 242
info@vicentegandia.com
www.vicentegandia.es

Con un Par Albariño 2023 B
88
Amable, cítrico, suave.

VINTAE / ATLANTIS
As Laxas, 16
36430 Arbo (Pontevedra)
☎: +34 608 302 372
marketing@vintae.com
www.vintae.com/vino/atlantis-albarino

Atlantis Albariño 2022 B
albariño
89   16,2€
Cítrico, fresco, frutal, herbal.

VIÑA ALMIRANTE
Peroxa, 5
36658 Portas (Pontevedra)
☎: +34 620 294 293
info@vinaalmirante.com
www.vinaalmirante.com

Adega
Viña Almirante 2023 B
albariño
90
Color: pajizo. Aroma: expresivo, flores blancas, hierbas secas, mineral. Boca: sabroso, frutoso, equilibrado, fresco, varietal.

Eivi 2023 B
albariño
88
Cítrico, correcto, fresco, herbal.

Maccerato 2023 B
100% albariño
90
Color: amarillo brillante. Aroma: fruta blanca, hierbas verdes, expresivo, mineral, hierbas silvestres. Boca: muy vivo, frutoso, fresco, sabroso.

Pionero 2023 B
100% albariño
90
Color: pajizo brillante. Aroma: fruta madura, hierbas de tocador, lías finas, panadería, especiado. Boca: lleno, graso, buena acidez.

DO RÍAS BAIXAS / D.O.P.

Vanidade 2023 B
100% albariño

91

Color: pajizo. Aroma: expresivo, flores blancas, hierbas secas, fresco, muy primario. Boca: sabroso, frutoso, equilibrado, fresco, cierta persistencia.

Vicius 2022 B
100% albariño

92

Color: amarillo brillante. Aroma: expresión frutal, fruta madura, notas tropicales, brioche, lías finas. Boca: fresco, frutoso, muy vivo, sabroso, equilibrado, cierta persistencia.

Viña Almirante Caiño Branco 2022 B
caiño blanco

90

Color: pajizo brillante. Aroma: fruta madura, hierbas de tocador, lías finas. Boca: lleno, graso, buena acidez.

VIÑA CARTIN

Baceiro, 1 - Lantaño
36658 Portas (Pontevedra)
☎: +34 615 646 442
pedidos@terrasdelantano.es
www.terrasdelantano.com

Ruta 49 2023 B
100% albariño

89   12€

Cítrico, frutal, herbal, fresco.

Terras de Lantaño 2023 B
100% albariño

90   16€

Color: pajizo brillante. Aroma: expresión frutal, floral, hierbas silvestres, cítricos, bajamar. Boca: sabroso, fresco, buena acidez, frutoso.

Terras de Lantaño BE BN

88   18€

Cítrico, herbáceo, sabroso, fresco, notas de levadura, sencillo.

Viña Cartin 2023 B
100% albariño

89   13€

Equilibrado, herbal, notas de levadura, fresco.

DO RÍAS BAIXAS / D.O.P.

VIÑA MORAIMA

Porráns 1
36191 Barro (Pontevedra)
☎: +34 679 400 756
contacto@adegamoraima.com
www.adegamoraima.com

Aba de Trasumia 2023 B
100% albariño

88   9,5€

Cítrico, frutal, hierbas secas, muy primario.

Moraima Albariño 2023 B
100% albariño

90 ★★★   13€

Color: pajizo brillante. Aroma: hierbas de tocador, lías finas, fruta blanca. Boca: lleno, buena acidez.

Moraima Caiño 2020 T
100% caiño

87   18€

Moraima Memoria 2022 B
100% albariño

92   30€

Color: amarillo brillante. Aroma: fruta madura, hierbas secas, flores marchitas, cítricos. Boca: fruta madura, equilibrado, fresco, frutoso, especiado.

VIÑA NORA

Bruñeiras, 7
36440 As Neves (Pontevedra)
☎: +34 986 667 210
info@vinanora.com
www.vinanora.com

Nora 2023 B
100% albariño

91 ★★★   15,55€

Color: pajizo brillante. Aroma: hierbas de tocador, lías finas, flores blancas, fruta de hueso. Boca: lleno, graso, buena acidez.

Nora da Neve 2021 B FB
100% albariño

93   26,45€

Color: amarillo brillante. Aroma: fruta blanca, fruta madura, hierbas silvestres, flores blancas, mineral. Boca: frutoso, fresco, muy vivo, sabroso, buena acidez, cierta persistencia, especiado.

Nora da Neve Encarnación Rodríguez 2020 B FB
100% albariño

94   33,95€

Color: amarillo brillante. Aroma: potente, roble cremoso, fruta madura, especiado, tostado, expresivo. Boca: graso, estructurado, largo, tostado, fino amargor, fresco.

VIÑEDOS SINGULARES

Avda. de La Riera, 11 Nave 1
08960 Sant Just Desvern (Barcelona)
☎: +34 934 807 041
info@vinedossingulares.com
www.vinedossingulares.com

Luna Creciente 2023 B

89

Cítrico, fresco, herbal, notas de levadura.

ZÁRATE

Bouza, 23
36638 Padrenda (Pontevedra)
☎: +34 986 718 503
info@zarate.es
www.albarino-zarate.com

🏆 PODIO

Zárate El Balado 2022 B

95

Austero. Color: pajizo brillante. Aroma: fruta madura, hierbas de tocador, lías finas, mineral. Boca: lleno, graso, largo, buena acidez, mineral, salino.

Zárate El Palomar 2021 B FB
93
Color: pajizo brillante. Aroma: expresivo, fruta madura, floral, lías finas, mineral, balsámico, hierbas silvestres. Boca: lleno, especiado.

Zárate Espadeiro Tinto 2022 T
espadeiro
94
Rústico, herbal, muy vivo, representativo. Color: Cereza. Aroma: balsámico, hierbas de monte, franco, fresco, especiado. Boca: balsámico, buena acidez, jugoso, fácil de beber.

Zárate Tras da Viña 2021 B
94
Por hacer. Color: pajizo brillante. Aroma: expresivo, fruta madura, lías finas, mineral, bajamar. Boca: lleno, especiado, largo, mineral, salino.

Zárate Albariño 2023 B
92
Aromas nítidos, con tensión. Color: pajizo brillante, borde verdoso. Aroma: fruta fresca, cítricos, hierbas silvestres. Boca: fresco, frutoso, buena acidez, fino amargor.

DO. RIBEIRA SACRA
CONSEJO REGULADOR

Rúa do Comercio, 6-8
27400 Monforte de Lemos (Lugo)
☎: +34 982 410 968
@: info@ribeirasacra.org
www.ribeirasacra.org

SITUACIÓN:

La región se extiende a lo largo de las riberas de los ríos Miño y Sil en el sur de la provincia de Lugo y la parte norte de la de Orense; engloba 19 municipios de estas áreas.

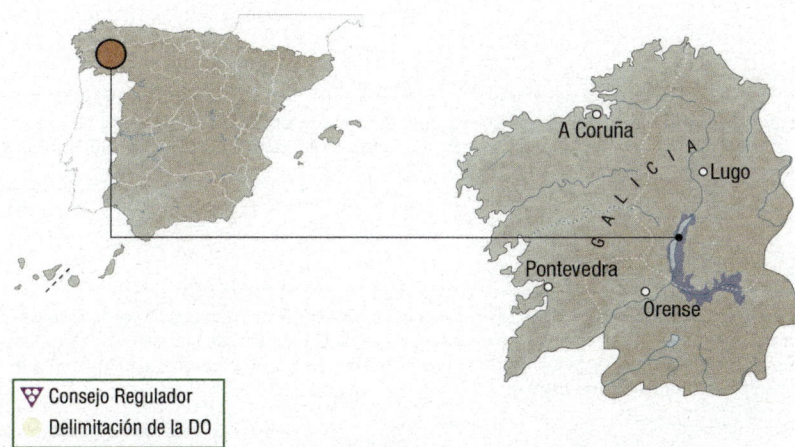

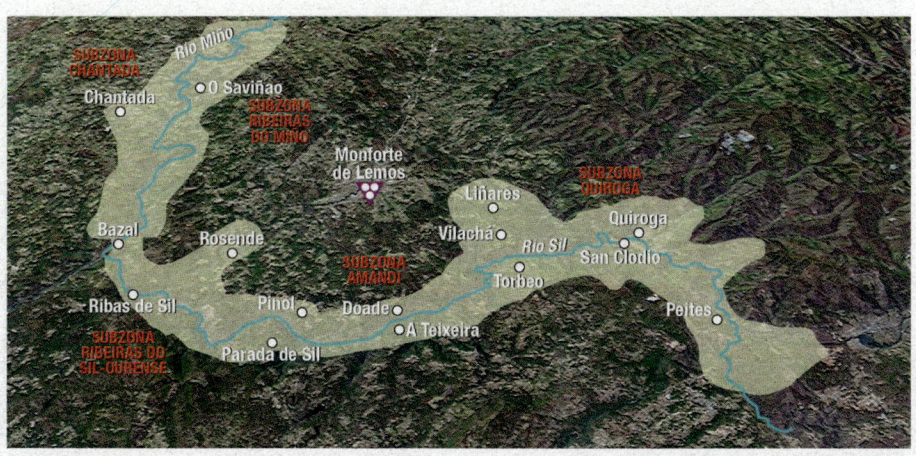

SUBZONAS:

Amandi (Lugo), Chantada (Lugo), Quiroga-Bibei (Lugo-Ourense), Ribeiras do Miño (Lugo) y Ribeiras do Sil (Ourense).

VARIEDADES:

BLANCAS: albariño, loureira, treixadura, godello, dona blanca y torrontés.

TINTAS: mencía, brancellao, merenzao, garnacha tintorera, tempranillo, sousón, caíño tinto y mouratón.

DATOS CONSEJO REGULADOR:

Nº Has. Viñedo: 1.316 – **Nº Viticultores:** 2.198 – **Nº Bodegas:** 98 – **Cosecha 23:** SC – **Producción 24:** 4.454.598 L – **Comercialización:** 90% Nacional - 10% Internacional.

SUELOS:

Como nota común, son suelos de elevada acidez, pero la composición varía notablemente de unas zonas a otras de la región. El viñedo se asienta en terrazas de fuerte inclinación y no supera los 400 - 500 metros de altitud.

CLIMA:

Bastante variable en función de las distintas áreas. Menos lluvias y clima ligeramente más fresco con mayor influencia continental en el valle del Sil, y mayor carácter atlántico en el valle del Miño. La altitud, por otro lado, también marca diferencias y los viñedos más próximos a los ríos y en orientación favorable (sur - sureste) resultan ligeramente más cálidos.

CARACTERÍSTICAS GENERALES DE LOS VINOS

BLANCOS
Se elaboran monovarietales de albariño y godello. Los primeros son de color amarillo verdoso, con el carácter y la potencia frutal propios de la albariño; los segundos son algo más frescos que los de Valdeorras y menos glicéricos en boca. También existen otros blancos fruto de la mezcla de diferentes variedades; estos últimos son de color amarillo pajizo y aroma afrutado.

TINTO
Los monovarietales de mencía, los más característicos de la región, presentan un color rojo granate de capa media; en nariz son muy frescos, aromáticos y también balsámicos; en el paladar resultan secos, afrutados y sin una estructura acusada. Con todo, lo más característico de sus vinos es su marcada mineralidad.

CALIFICACIÓN DE COSECHAS DE VINOS JÓVENES GUÍA**PEÑÍN**

2019	2020	2021	2022	2023
MUY BUENA	EXCELENTE	MUY BUENA	MUY BUENA	MUY BUENA

ABADÍA DA COVA

Avda. Buenos Aires, 12
27540 Escairón (Lugo)
☎: +34 982 452 031
abadiadacova@adegasmoure.com
www.abadiadacova.com

Abadía Da Cova Loia 2021 RD
caiño

90

Color: salmón. Aroma: expresión frutal, fruta madura, fruta roja, hierbas secas, flores secas. Boca: frutoso, fresco, sabroso, especiado, taninos suaves.

Abadía Da Cova Loia 2021 T
mencía

92

Color: cereza brillante. Aroma: fruta confitada, fruta madura, fruta negra, hierbas silvestres, especiado. Boca: frutoso, pulido, sabroso, cierta persistencia, taninos secos pero maduros.

Abadía da Cova O Cimbro 2021 T
merenzao, mencía

92

Color: cereza brillante. Aroma: caramelo de violetas, expresión frutal, fruta madura, especiado, hierbas secas, flores secas. Boca: frutoso, fresco, muy vivo, sabroso, equilibrado, taninos maduros.

Abadía da Cova Pedras Líquidas 2022 B
godello

92

Color: amarillo brillante. Aroma: fruta blanca, cítricos, toques silvestres, hierbas secas, piedra seca. Boca: frutoso, fresco, sabroso, buena acidez, equilibrado.

Abadía da Cova Penafión 2020 T BA
mencía, garnacha tintorera, otras

94

Color: cereza, borde granate. Aroma: hierbas secas, fruta negra, flores marchitas, cacao fino, sotobosque. Boca: potente, fruta madura, especiado, taninos maduros.

Abadía da Cova Veitureira 2021 T
brancellao, mencía, garnacha tintorera

93

Color: cereza, borde violáceo. Aroma: fruta madura, fruta negra, hierbas silvestres, especiado, frutos secos, notas cárnicas. Boca: frutoso, fresco, muy vivo, con tensión, buena acidez.

ADEGA DAMM

Cortiñas, 24 Amandi
27423 Sober (Lugo)
☎: +34 644 750 300
m@amandi.es

🏆 **PODIO**

Cardia Brancellao 2022 T
100% brancellao

95 119€

Aroma: fruta roja, toques silvestres, hierbas silvestres, flores marchitas, floral, pétalos de rosa, con carácter, expresivo. Boca: fresco, frutoso, muy vivo, sabroso, equilibrado, especiado, taninos suaves, cierta persistencia.

Cardia Godello 2022 B
100% godello

94 100€

Color: amarillo brillante. Aroma: hierbas silvestres, fruta blanca, fruta madura, flores secas, mineral, bajamar. Boca: frutoso, fresco, muy vivo, sabroso, equilibrado, complejo, persistente.

Cardia Pombeiras 2022 T
100% mencía

93 59,5€

Color: cereza intenso. Aroma: hierbas secas, fruta negra, fruta madura, terroso, mineral. Boca: potente, fruta madura, especiado, taninos maduros, mineral.

Cardia Seoane 2022 T
100% mencía

94 48€

Color: cereza, borde violáceo. Aroma: expresión frutal, fruta roja, fruta negra, hierbas silvestres, sotobosque, tierra húmeda, mineral. Boca: sabroso, buena acidez, largo.

🏆 **PODIO**

Cardia Uceira 2022 T
100% mencía

95 49,5€

Con oscuridad, con personalidad. Color: Cereza, borde violáceo. Aroma: hierbas secas, fruta negra, balsámico, regaliz negro, flores secas, sotobosque, café aromático. Boca: potente, fruta madura, especiado, taninos maduros, jugoso.

Cazoga Cepas Centenarias 2022 T
100% mencía

94 96€

Color: cereza intenso. Aroma: complejo, expresivo, especiado, mineral, fruta negra, cacao fino, flores marchitas. Boca: lleno, largo, persistente, taninos rugosos.

DO RIBEIRA SACRA / D.O.P.

DO RIBEIRA SACRA / D.O.P.

ADEGA PONTE DA BOGA
O Couto-Sampaio s/n
32764 Castro Caldelas (Ourense/Orense)
☎: +34 988 203 306
info@pontedaboga.es
www.pontedaboga.es

'P' Ponte da Boga 2023 T
mencía
88 9,5€
Frutal, maduro, confitado, silvestre.

´G´ Godello Ponte da Boga 2023 B
godello
90 ★★★ 13€
Color: pajizo brillante, borde verdoso. Aroma: fruta fresca, cítricos, hierbas silvestres, lías finas. Boca: fresco, frutoso, buena acidez, fino amargor.

Capricho de Godello 2022 B BA
godello
90 24,5€
Color: amarillo brillante. Aroma: fruta de hueso, hierbas secas, lácticos, flores secas, mineral. Boca: frutoso, graso, fresco, fino amargor.

Porto de Lobos 2018 T
brancellao
92 24€
Color: cereza, borde violáceo. Aroma: especiado, fruta negra, hierbas silvestres, mineral, terroso. Boca: sabroso, frutoso, buena acidez.

Capricho de Sousón 2019 T
sousón
92 24€
Color: cereza brillante. Aroma: expresión frutal, fruta negra, hierbas silvestres, expresivo, especiado. Boca: frutoso, fresco, equilibrado, taninos secos pero maduros, cierta persistencia.

Ponte Da Boga
Pizarras y Esquistos 2021 T
mencía
89 14,5€
Equilibrado, especiado, hierbas secas, maduro, tostado, madera marcada.

ADEGA SAIÑAS
Espasantes
27450 Pantón (Lugo)
☎: +34 670 243 735
adegasainas@gmail.com
www.sainas.com

Saiñas - Secreto 2021 T RB
85% mencía, 15% otras
94
Floral, balsámico. Color: cereza, borde violáceo. Aroma: fruta roja, floral, especiado, balsámico, expresivo. Boca: sabroso, frutoso, buena acidez, jugoso.

Saiñas - Secular 2021 T RB
85% mencía, 15% garnacha tintorera
94
Color: cereza, borde violáceo. Aroma: floral, especiado, hierbas silvestres, mineral, terroso, fruta negra. Boca: sabroso, frutoso, buena acidez, largo.

Saiñas - Silente 2021 T
95% mencía, 5% garnacha tintorera
93
Con oscuridad, con personalidad. Color: cereza intenso. Aroma: fruta negra, hierbas silvestres, terroso, sotobosque, mineral. Boca: fruta madura, especiado, taninos maduros.

Saiñas - Sinuoso 2021 T
mencía
93
Con oscuridad, con tensión, silvestre. Color: cereza, borde violáceo. Aroma: fruta roja, floral, especiado, hierbas silvestres, terroso. Boca: sabroso, buena acidez, jugoso, mineral.

ADEGAS GUIMARO
Sanmil, 43 Brosmos
27425 Sober (Lugo)
☎: +34 610 524 484
adegasguimaro@gmail.com
www.guimaro.es

Camiño
Real Guímaro 2021 T
94
Aromas nítidos. Color: Cereza. Aroma: complejo, expresivo, especiado, sotobosque, fruta roja, terroso. Boca: elegante, lleno, fluido.

🏆 PODIO

Finca A Ponte Guímaro 2020 T
95
Aromas nítidos, con oscuridad. Color. Cereza. Aroma: complejo, expresivo, especiado, mineral, terroso. Boca: elegante, lleno, largo.

🏆 PODIO

Finca Capeliños Guímaro 2021 T
95
Aromas nítidos. Color. Cereza. Aroma: complejo, expresivo, especiado, mineral, sotobosque, fruta confitada. Boca: elegante, lleno, largo, persistente.

Finca Meixeman Guímaro 2021 T
94
Color: cereza, borde violáceo. Aroma: fruta roja, floral, especiado, balsámico, hierbas silvestres. Boca: sabroso, frutoso, buena acidez, largo.

Guímaro 2023 B
91
Color: pajizo brillante, borde verdoso. Aroma: fruta fresca, cítricos, hierbas silvestres, lías finas. Boca: fresco, frutoso, buena acidez, fino amargor.

Guímaro Mencía 2023 T
92
Fluido, silvestre. Color: cereza, borde violáceo. Aroma: fruta roja, floral, especiado, toques silvestres, hierbas silvestres, regaliz negro, expresivo. Boca: sabroso, frutoso, buena acidez.

Guímaro Mundin 2020 T
93
Color: cereza, borde violáceo. Aroma: expresión frutal, fruta roja, floral, especiado, hierbas silvestres, sotobosque, pan tostado. Boca: sabroso, frutoso, buena acidez, fluido.

Guímaro San Pedro 2020 T
94
Silvestre. Color. Cereza. Aroma: expresivo, especiado, mineral, hierbas silvestres, fruta negra, fruta confitada, floral, flores secas. Boca: elegante, lleno, largo.

ALGUEIRA
Doade s/n
27424 Sober (Lugo)
☎: +34 982 410 299
info@algueira.com
www.algueira.com

Algueira Brandán Godello 2023 B
100% godello
92 ★★★★★   12€
Color: pajizo brillante. Aroma: fruta blanca, hierbas secas, hierbas silvestres, varietal. Boca: frutoso, sabroso, varietal, muy vivo, fresco.

Algueira Carravel 2019 T C
100% mencía
93 ★★★   20€
Color: cereza brillante. Aroma: expresión frutal, lácticos, fruta negra, toques silvestres, hierbas verdes, flores marchitas. Boca: frutoso, fresco, sabroso, equilibrado, crujiente, cierta persistencia, muy vivo.

🏆 PODIO

Algueira Escalada 2022 B FB
100% godello
95   30€
Color: pajizo brillante. Aroma: expresivo, fruta madura, floral, lías finas, mineral, bajamar, cera. Boca: lleno, especiado, elegante.

Algueira Finca Cortezada 2022 B
40% godello, 40% albariño, 20% treixadura
92 ★★★   18€
Color: pajizo. Aroma: hierbas secas, flores marchitas, lías finas, fruta blanca. Boca: fruta madura, equilibrado, sabroso.

Algueira Patrimonio 2018 T C
mencía, sousón, garnacha
90   18€
Color: cereza brillante. Aroma: fruta madura, fruta negra, tostado, especiado, regaliz negro. Boca: frutoso, fruta madura, tostado, taninos secos pero maduros.

DO RIBEIRA SACRA / D.O.P.

DO RIBEIRA SACRA / D.O.P.

ALMA DAS DONAS
Ribas de Sil, 1
27470 Pombeiro - Pantón (Lugo)
☎: +34 988 200 045
info@almadasdonas.com
www.almadasdonas.com

AlmaLarga 2023 B
godello

91 ★★★ 14,95€

Color: amarillo brillante. Aroma: fruta blanca, toques silvestres, hierbas silvestres, especiado. Boca: fresco, frutoso, sabroso, salino, equilibrado.

AlmaLarga Godello 2021 B BA
godello

92 24,95€

Color: amarillo brillante. Aroma: fruta madura, hierbas de tocador, flores secas, pastelería. Boca: sabroso, frutoso, fresco, graso, retronasal ahumado, cierta persistencia.

AlmaLola 2023 RD
mencía

85 12,95€

AlmaMadre 2018 T
mencía

88 29,95€

Corpulento, confitado, especiado, fresco, tostado, madera marcada.

AlmaNova 2022 T
mencía

91 ★★★★★ 11,95€

Color: cereza, borde violáceo. Aroma: fruta roja, floral, especiado, terroso. Boca: sabroso, frutoso, buena acidez.

ALVAREDOS-HOBBS
Os Albaredos
27390 Alvaredos (Lugo)
☎: +34 607 342 231
info@alvaredoshobbs.com
www.alvaredoshobbs.com

Alvaredos-Hobbs Godello 2021 B FB

91

Color: amarillo brillante. Aroma: fruta madura, hierbas secas, flores marchitas, almendra tostada, especiado. Boca: potente, fruta madura, equilibrado, frutoso, sabroso, fino amargor.

Alvaredos-Hobbs Mencía 2021 T RB
mencía

91

Equilibrado, herbal, jugoso, reductivo, silvestre. Aroma: balsámico, expresión frutal. Boca: especiado, balsámico, buena acidez.

Alvaredos-Hobbs Mencía Garnacha tintorera 2020 T
mencía, garnacha tintorera

89

Rústico, hierbas secas. Aroma: hierbas de monte, hierbas secas. Boca: frutoso, amargoso.

BODEGA A CARQUEIXA
Barrio A Carqueixa, 16
27400 Sober (Lugo)
☎: +34 610 765 472
info@bodegaacarqueixa.com
www.bodegaacarqueixa.com

Coronín 2022 T
100% mencía

89 ★★★★ 7,95€

Floral, herbal, sabroso, rústico, mineral.

Garoubas 2021 T RB
100% mencía

89 13,95€

Frutal, maduro, tostado, algo secante, especiado.

Tareixa 2023 RD
100% mencía

86 9,95€

BODEGAS AS LAXAS
As Laxas, 16
36430 Arbo (Pontevedra)
☎: +34 986 665 444
aslaxas@aslaxas.com
www.aslaxas.com

Val Do Sosego Mencía 2022 T
100% mencía

88 9,95€

Frutal, herbal, especiado, algo secante, maduro.

BODEGAS PETRÓN
Lugar de Francos, s/n
27424 Doade (Lugo)
☎: +34 695 747 975
bodega@bodegaspetron.es
www.bodegaspetron.es

Prómine 2022 T RB
100% mencía

87 14€

Prómine 2023 T
100% mencía

88 ★★★★ 8€

Frutal, herbal, silvestre, acidez marcada. Aroma: tierra húmeda.

Promine Singular 2022 T
100% mencía

90   22€

Color: cereza, borde violáceo. Aroma: fruta negra, fruta madura, flores secas, especiado. Boca: frutoso, fresco, sabroso, taninos secos pero maduros, equilibrado.

BODEGAS RECTORAL DE AMANDI
27423 Sober (Lugo)
☎: +34 988 384 200
vinos@bodegasgallegas.com
www.bodegasgallegas.com

Matilda Nieves Mencía 2023 T
mencía, sousón, caíño

90 ★★★★   12€

Color: cereza, borde violáceo. Aroma: fruta madura, hierbas silvestres, fruta negra. Boca: sabroso, frutoso, fresco, taninos secos pero maduros, especiado.

Rectoral de Amandi Mencía 2023 T
90

Color: cereza, borde violáceo. Aroma: expresión frutal, fruta roja, floral, especiado. Boca: sabroso, frutoso, buena acidez, largo.

Pasal de Esile Godello 2023 B
godello

90

Pulido. Color: pajizo brillante, borde verdoso. Aroma: fruta fresca, cítricos, hierbas silvestres. Boca: fresco, frutoso, buena acidez, fino amargor.

CAMINO DE CABRAS
Hermanos Maristas, 27
36700 Tui (Pontevedra)
☎: +34 698 145 790
info@caminodecabras.com
www.caminodecabras.com

Camino de Cabras Mencía 2023 T
100% mencía

89 ★★★★   7,85€

Maduro, frutal, hierbas secas, muy primario.

CASA MOREIRAS
San Martín de Siós, s/n
27430 Pantón (Lugo)
☎: +34 680 545 830
bodega@casamoreiras.com
www.casamoreiras.com

Campaza Mencía 2023 T
95% mencía, 5% garnacha

88 ★★★★   7€

Frutal, hierbas secas, correcto, silvestre, maduro.

Casa Moreiras 2022 T BA
95% mencía, 5% sousón

89   15€

Frutal, herbal, fresco, algo secante.

Casa Moreiras Godello 2023 B
97% godello, 3% treixadura

89   11€

Equilibrado, herbal, sabroso, notas de levadura.

DO RIBEIRA SACRA / D.O.P.

DO RIBEIRA SACRA / D.O.P.

Casa Moreiras Mencía 2023 T
90% mencía, 5% tempranillo, 3% garnacha, 2% sousón
88 ★★★ 9€
Equilibrado, especiado, fresco, frutal, herbal.

Casa Moreiras Selección 2022 T
95% mencía, 5% sousón
91 ★★★★★ 12€
Color: cereza, borde violáceo. Aroma: expresión frutal, fruta roja, floral, especiado. Boca: sabroso, frutoso, buena acidez.

CONDADO DE SEQUEIRAS
Sequeiras - Camporramiro
27500 Chantada (Lugo)
☎: +34 618 815 135
condadodesequeiras@grupopeago.com
www.condadodesequeiras.com

Condado de Sequeiras 2017 T RB
100% mencía
90 15€
Color: cereza oscuro, borde granate. Aroma: fruta madura, tabaco, flores marchitas, terroso. Boca: especiado, taninos maduros, sabroso.

Condado de Sequeiras Godello 2023 B
100% godello
91 ★★★★★ 9€
Color: pajizo brillante. Aroma: hierbas de tocador, lías finas, fruta blanca. Boca: lleno, graso, buena acidez.

Condado de Sequeiras Mencía 2022 T
100% mencía
89 ★★★★ 7,5€
Equilibrado, floral, balsámico, sabroso, mineral.

D´FRAN S.C.
Vilachá de Doade, 134
27424 Doabe - Sober (Lugo)
☎: +34 690 904 999
estreladfran@gmail.com
www.vinoestrela.es

Estrela 2023 T
95% mencía, 5% garnacha
88 11€
Equilibrado, especiado, flores secas, herbal, sabroso.

DOMINIO DO BIBEI
Langullo, s/n
32781 Manzaneda (Ourense/Orense)
☎: +34 670 704 028
info@dominiodobibei.com
www.dominiodobibei.com

🏆 **PODIO**

Dominio do Bibei 2021 T
97
Color: cereza brillante. Aroma: expresivo, mineral, hierbas de monte, fruta roja, terroso, pimienta negra. Boca: jugoso, elegante.

🏆 **PODIO**

Lacima 2021 T
95
Representativo. Color: cereza brillante, borde violáceo. Aroma: expresión frutal, hierbas de monte, hierbas silvestres, mineral, terroso. Boca: balsámico, especiado, fácil de beber, largo.

🏆 **PODIO**

Lalama 2021 T
95
Color: cereza brillante. Aroma: expresión frutal, fruta roja, hierbas silvestres, flores secas. Boca: jugoso, muy vivo, largo, balsámico, complejo.

🏆 **PODIO**

Lapena 2021 B
96
Por hacer. Color: amarillo brillante. Aroma: expresivo, franco, complejo, mineral, toques silvestres, floral, especias dulces. Boca: graso, jugoso, muy vivo, pulido, sabroso.

Lapola 2022 B
94
Color: pajizo brillante. Aroma: expresivo, fruta madura, lías finas, cítricos. Boca: lleno, largo, sabroso, salino, persistente.

DON BERNARDINO

Stª Cruz de Brosmos, s/n
27425 Sober (Lugo)
☎: +34 687 825 126
info@donbernardino.com
www.donbernardino.com

Don Bernardino 4ªGeneración 2019 T BA
mencía

90 24€

Color: cereza intenso. Aroma: fruta madura, hierbas secas, roble cremoso, caramelo tostado. Boca: potente, fruta madura, especiado, taninos maduros, cierta persistencia.

Don Bernardino Amandi 2023 T
mencía

90 ★★★★ 11€

Color: cereza, borde violáceo. Aroma: fruta madura, hierbas silvestres, flores secas, fruta roja. Boca: sabroso, frutoso, fresco, especiado, taninos secos pero maduros.

Don Bernardino Ibio 2020 T FB
mencía

91 16,5€

Color: cereza, borde violáceo. Aroma: fruta madura, fruta negra, especiado, hierbas silvestres, expresivo. Boca: frutoso, fresco, sabroso, muy vivo, equilibrado.

FENTO WINES

Sisangándara, 22
36636 Ribadumia (Pontevedra)
☎: +34 986 099 486
info@eulogiopomares.com
www.eulogiopomares.com

O Estranxeiro 2022 T
mencía

93

Herbal, silvestre, con personalidad. Color: cereza, borde violáceo. Aroma: fruta fresca, intensidad media, franco. Boca: jugoso, fácil de beber, acidez marcada.

FINCA CUARTA

Outeiro - Centeás, s/n
27460 Sober (Lugo)
☎: +34 982 178 852
info@priordepanton.com
www.fincacuarta.es

Finca Cuarta A Costa
por Rubén Moure 2020 T
mencía

90 25€

Ligera oxidación. Color: cereza intenso. Aroma: hierbas secas, roble cremoso, fruta negra, fruta madura, terroso, tostado. Boca: potente, fruta madura, especiado, taninos maduros.

Finca Cuarta Consentida
por Rubén Moure 2020 T

92

Color: cereza intenso. Aroma: hierbas secas, fruta negra, sotobosque, especiado. Boca: fruta madura, especiado, taninos maduros.

Finca Cuarta Godello
por Rubén Moure 2023 B
godello

89 12,5€

Aromático, correcto, frutal, jugoso. Boca: graso.

Finca Cuarta Malcriado
por Rubén Moure 2021 T C
mencía

91 28€

Color: cereza intenso. Aroma: hierbas secas, tostado, sotobosque, fruta negra. Boca: fruta madura, especiado, taninos maduros.

Finca Cuarta Mencía
por Rubén Moure 2021 T BA
mencía

90 20€

Color: Cereza. Aroma: hierbas secas, fruta negra, tostado, terroso. Boca: fruta madura, especiado, taninos maduros.

Finca Cuarta Mencía
por Rubén Moure 2023 T
mencía

90 ★★★★ 11€

Color: cereza, borde violáceo. Aroma: expresión frutal, fruta roja, floral, especiado, hierbas de monte, fruta negra. Boca: sabroso, frutoso, buena acidez, fresco, taninos secos pero maduros.

Finca Ladeira 2023 T
mencía

91 ★★★★★ 9€

Equilibrado. Color: cereza, borde violáceo. Aroma: expresión frutal, floral, especiado, fruta negra, fruta roja, sotobosque. Boca: sabroso, frutoso, buena acidez.

DO RIBEIRA SACRA / D.O.P.

DO RIBEIRA SACRA / D.O.P.

FINCA MILLARA
Lugar de A Míllara, s/n
27430 Pantón (Lugo)
☎: +34 981 110 181
info@fincamillara.com
www.fincamillara.com

Cuesta de los Olivos 2022 T
mencía

92 ★★★★★ 13€

Color: cereza, borde violáceo. Aroma: expresión frutal, fruta roja, floral, especiado, lías reducidas. Boca: sabroso, frutoso, buena acidez, largo, fresco.

Cuesta de los Olivos 2023 B
godello

91 ★★★ 15€

Color: pajizo brillante. Aroma: hierbas de tocador, lías finas, fruta blanca, mineral. Boca: lleno, graso, buena acidez.

Finca Millara 2021 T C
mencía

91 18,95€

Color: cereza brillante. Aroma: expresión frutal, fruta negra, fruta escarchada, especiado. Boca: frutoso, fresco, sabroso, muy vivo, taninos secos pero maduros.

Ribera de los Naranjos 2021 T
mencía

92 ★★★ 16,95€

Color: cereza brillante. Aroma: fruta madura, fruta negra, toques silvestres, hierbas secas, flores secas, especiado. Boca: frutoso, fresco, muy vivo, sabroso, taninos secos pero maduros.

MAR DE ENVERO
Lugar de Rarís
15883 Teo (A Coruña/La Coruña)
☎: +34 981 195 202

Volandia 2019 T C
mencía

91 18€

Color: cereza, borde violáceo. Aroma: fruta roja, floral, especiado, terroso. Boca: sabroso, frutoso, buena acidez.

MARCELINO TIERRA Y VINO
A Carqueixa, s/n
27460 Sober (Lugo)
☎: +34 647 164 040
eapsober@hotmail.com

Marcelino I 2023 T
100% mencía

87 ★★★★ 7€

MAURICIO LORCA AUTOR DE VINOS - VIÑAS DE BELESAR
Rua Monforte 9 local 210 Bajo
27003 Lugo (Lugo)
☎: +34 657 790 542
cecilia@bodegafosterlorca.com
www.bodegamauriciolorca.es

Camino Empedrado Amandi 2022 T
mencía

89 30€

Frutal, especiado, maduro, tostado, silvestre.

Camino Empedrado 2021 T
mencía

91 30€

Color: cereza, borde violáceo. Aroma: fruta roja, floral, especiado, cacao fino. Boca: sabroso, frutoso, buena acidez.

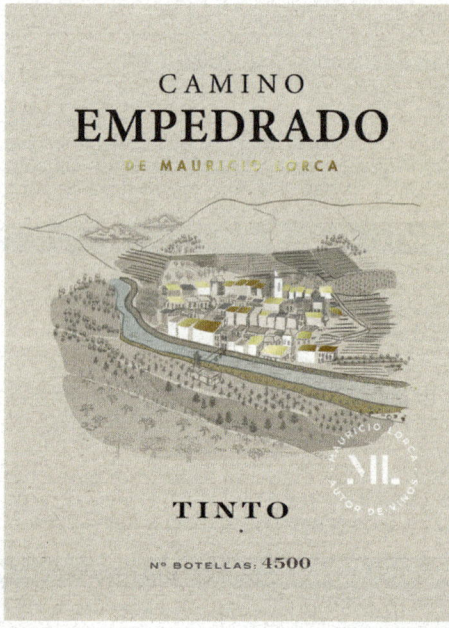

Viña Peón 2022 T RB
mencía

88 18€

Maduro, madera marcada, hierbas secas, tostado.

Viña Peón Mencía de Amandi 2022 T
mencía

90 ★★★★ 12€

Color: cereza, borde violáceo. Aroma: fruta roja, floral, especiado. Boca: sabroso, frutoso, buena acidez.

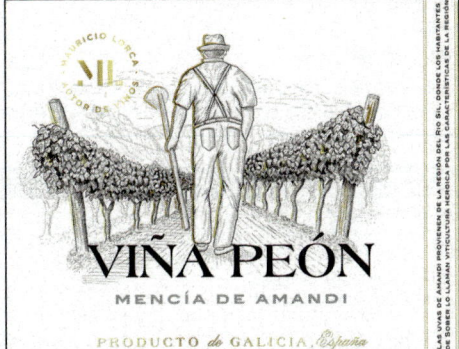

Camino Empedrado Blend de Fincas 2021 T RB
mencía

92 50€

Color: cereza intenso. Aroma: fruta madura, hierbas secas, roble cremoso, terroso. Boca: potente, fruta madura, especiado, taninos maduros.

MÉNDEZ-ROJO (VÍA ROMANA)
A Ermida Belesar
27500 Chantada (Lugo)
☎: +34 982 469 069
viaromana@viaromana.es
www.mendezrojo.com

Vía Romana Añada Mencía 2022 T
100% mencía

89 10,5€

Maduro, sabroso, especiado, equilibrado, con oscuridad.

Vía Romana do Camiño Godello 2022 B
100% godello

90 15€

Color: pajizo brillante. Aroma: fruta madura, hierbas de tocador, lías finas. Boca: lleno, graso, buena acidez.

Vía Romana do Camiño Mencía Garda 2021 T
100% mencía

91 21,9€

Color: cereza, borde violáceo. Aroma: fruta madura, fruta negra, toques silvestres, especiado. Boca: frutoso, sabroso, equilibrado, cierta persistencia, retronasal ahumado, taninos secos pero maduros.

Vía Romana do Camiño Mencía Garda Levaduras Autóctonas 2021 T RB
100% mencía

90 24,95€

Color: cereza brillante. Aroma: fruta madura, fruta negra, hierbas silvestres, regaliz negro, especiado. Boca: frutoso, fresco, sabroso, varietal, crujiente, fruta madura, cierta persistencia, taninos secos pero maduros.

DO RIBEIRA SACRA / D.O.P.

DO RIBEIRA SACRA / D.O.P.

PABLO VIDAL - VINOS CON PERSONALIDAD
Rúa do Miradoiro 8
32004 Ourense/Orense (Ourense/Orense)
☎: +34 609 152 251
pablovidal@vinosconpersonalidad.com
www.vinosconpersonalidad.com

Rock & Roll 2022 T RB
90% mencía, 5% caíño, 5% garnacha tintorera

92 20€

Silvestre. Color: cereza, borde violáceo. Aroma: expresión frutal, fruta roja, floral, especiado, pólvora, balsámico. Boca: sabroso, frutoso, buena acidez.

PAZO DE LA CUESTA
Pazo de La Cuesta – San Clodio
27310 Ribas de Sil (Lugo)
☎: +34 982 256 128
bodega@pazodelacuesta.com
www.pazodelacuesta.com

Pazo de La Cuesta Brancas 2023 B
treixadura, albariño, loureiro

89 24€

Aromas nítidos, frutal, sabroso. Aroma: fruta madura, hierbas de monte, lías finas. Boca: jugoso, sabroso.

Pazo de la Cuesta Brancellao 2022 T
89 26€

Amable, correcto, maduro, suave, madera marcada. Aroma: fruta roja, hierbas silvestres, hierbas de monte. Boca: taninos finos.

Pazo de la Cuesta Godello 2023 B
godello

88 21€

Cítrico, fresco, boca correcta. Aroma: hierbas silvestres, intensidad media.

Pazo de la Cuesta Mencía 2022 T
mencía

90 20€

Balsámico, ligera reducción, con oscuridad. Aroma: hierbas de monte, hierbas silvestres. Boca: jugoso, sabroso, varietal.

PRIOR DE PANTÓN
Santa Mariña de Eiré, s/n
27439 Pantón (Lugo)
☎: +34 982 178 852
info@priordepanton.com

Xastra 2023 T
mencía

90 ★★★★ 11€

Color: cereza, borde violáceo. Aroma: expresión frutal, fruta roja, floral, especiado, terroso, hierbas silvestres. Boca: sabroso, frutoso, buena acidez, largo.

RAMÓN MARCOS FERNÁNDEZ
Vilachá de Doade, 14
27424 Sober (Lugo)
☎: +34 609 183 352
info@adegacruceiro.es
www.adegacruceiro.es

Cruceiro 2023 T
mencía, caíño, sousón

88 ★★★★ 8€

Herbal, frutal, maduro, algo secante.

Cruceiro Rexio 2023 B
godello

85 10€

REGINA VIARUM
Doade, s/n
27424 Sober (Lugo)
☎: +34 982 096 031
info@reginaviarum.es
www.reginaviarum.es

Origen 2020 T C
sousón, mencía

91

Color: cereza brillante. Aroma: fruta fresca, fruta negra, hierbas verdes, piedra seca, especiado. Boca: fresco, frutoso, muy vivo, sabroso, equilibrado, taninos secos pero maduros.

Regina Viarum Expresión 2021 T BA
100% mencía

92

Color: cereza brillante. Aroma: fruta madura, fruta negra, toques silvestres, hierbas silvestres, flores secas, especiado. Boca: frutoso, fresco, sabroso, equilibrado, cierta persistencia, taninos maduros.

Regina Viarum Finca la Capitana 2018 T C
100% tempranillo

89

Ligera oxidación, corpulento, especiado, herbal, maduro, sabroso, mineral.

Regina Viarum Godello 2023 B
100% godello

89

Frutal, herbal, fresco, muy vivo, muy primario.

Regina Viarum Mencía 2023 T
100% mencía

90

Agradable, herbal, representativo, rústico. Color: cereza, borde violáceo. Aroma: hierbas silvestres, con oscuridad. Boca: jugoso, amargoso.

RONSEL DO SIL

Sacardebois
32747 Parada do Sil (Ourense/Orense)
☎: +34 988 984 923
info@ronseldosil.com
www.ronseldosil.com

Al Pie del Cañón 2021 T
50% caíño, 25% caíño longo, 25% caíño bravo

91 35€

Color: cereza, borde violáceo. Aroma: expresión frutal, fruta roja, floral, especiado, sotobosque. Boca: sabroso, frutoso, buena acidez.

🏆 **PODIO**

Alpendre Merenzao 2022 T
100% merenzao

95 45€

Color: Cereza, cereza poco intenso. Aroma: fruta roja, especiado, flores marchitas, sotobosque, terroso. Boca: sabroso, buena acidez, mineral.

Muller Cepa 2022 T BA

93 40€

Herbáceo, rústico, representativo. Color: Cereza. Aroma: balsámico, hierbas de monte, especiado. Boca: especiado, balsámico, buena acidez.

Ourive Dona Branca 2022 B FB
100% dona blanca

92 35€

Con personalidad, con tensión. Aroma: expresivo, fruta madura, floral, lías finas, mineral, especiado. Boca: especiado, largo, jugoso.

Ourive Godello 2022 B
100% godello

92 35€

Color: pajizo brillante. Aroma: fruta madura, hierbas de tocador, lías finas, cera. Boca: lleno, graso, largo, buena acidez.

Portico da Gloria Brancellao 2022 T
100% brancellao

93 35€

Color: cereza, borde violáceo. Aroma: especiado, hierbas silvestres, fruta negra, sotobosque, flores marchitas, regaliz negro. Boca: sabroso, frutoso, buena acidez.

Vel'Uveyra 2022 RD
50% mencía, 25% caíño, 25% brancellao

90 22€

Balsámico, correcto, con tensión. Color: frambuesa. Aroma: notas cárnicas, fruta roja, fruta madura, hierbas silvestres. Boca: jugoso, fresco, carnoso.

Vel'Uveyra Godello 2022 B BA
85% godello, 10% treixadura, 5% dona blanca

91 23€

Color: amarillo brillante. Aroma: roble cremoso, fruta madura, especiado. Boca: graso, fino amargor, jugoso, fácil de beber.

Vel'Uveyra Mencía 2022 T
85% mencía, 10% garnacha, 5% mouratón

92 ★★★ 18€

Color: cereza, borde violáceo. Aroma: fruta roja, floral, especiado, hierbas silvestres. Boca: sabroso, frutoso, buena acidez.

DO RIBEIRA SACRA / D.O.P.

DO RIBEIRA SACRA / D.O.P.

S.A.T. VIRXEN DOS REMEDIOS
Diomondi, 56
27548 O Saviñao (Lugo)
☎: +34 617 390 467
info@virxendosremedios.es
www.virxendosremedios.es

Viña Vella 2023 B
godello

91 ★★★★★   8,5€

Color: amarillo brillante. Aroma: expresión frutal, fruta blanca, cítricos, toques silvestres, hierbas verdes. Boca: fresco, frutoso, muy vivo, varietal, equilibrado, buena acidez.

Viña Vella Mencía 2023 T
mencía

88 ★★★★   7,5€

Balsámico, equilibrado, especiado, floral, mineral.

TERRAS DE COMPOSTELA
36630 Cambados (Pontevedra)
☎: +34 637 021 070
info@terrasdecompostela.com
www.terrasdecompostela.com

Camiño de Compostela 2022 T
mencía

88 ★★★   9€

Jugoso, silvestre, suave, equilibrado, correcto, herbal. Boca: fácil de beber.

TOLO DO XISTO
Lugar Rubín, Rozavales, 1
27413 Monforte de Lemos (Lugo)
☎: +34 619 776 948
info@tolodoxisto.com
www.tolodoxisto.com

Ruxe Ruxe 2022 T
100% mencía

89   12,8€

Equilibrado, especiado, floral, fresco, hierbas secas, sabroso.

Tolo do Xisto 2020 T
100% mencía

91   18,9€

Color: cereza brillante. Aroma: fruta madura, fruta negra, hierbas silvestres, especiado. Boca: frutoso, fresco, sabroso, equilibrado, taninos secos pero maduros.

UVAS FELICES
Agullers, 7
08003 Barcelona (Barcelona)
☎: +34 902 327 777
www.vilaviniteca.es

Paxaro Tolo 2022 T
mencía

91

Con tipicidad, herbal, suave. Color: Cereza. Aroma: fina reducción, cera, fruta madura. Boca: varietal, balsámico, buena acidez.

VAL DE QUIROGA
Ctra. N-120, km 489
27320 Quiroga (Lugo)
☎: +34 982 428 580
info@valdequiroga.es
www.bodegasvaldequiroga.es

Viña de Neira 2023 B
godello

88 ★★★★   7,85€

Cítrico, frutal, herbal, fresco, sabroso.

Viña de Neira 2023 T
mencía

89 ★★★★   6,25€

Equilibrado, especiado, herbal, maduro, tostado, madera marcada.

VÍCTOR MANUEL RODRÍGUEZ LÓPEZ

Cantón, 22 - Amandi
27423 Sober (Lugo)
☎: +34 629 679 639
info@valdalenda.com
www.valdalenda.com

Val Da Lenda 2023 T
100% mencía

89 ★★★   10€

Frutal, maduro, especiado, silvestre.

VIÑA FRIEIRA

Vilachá de Doabe
27424 Sober (Lugo)
☎: +34 677 385 044
v.frieira@gmail.com

Viña Frieira 2019 T BA
mencía, garnacha

89   20€

Especiado, frutal, maduro, rústico, algo secante.

Viña Frieira 2023 T
mencía, garnacha

89 ★★★★   9€

Frutal, maduro, herbal, fresco, sabroso.

DO RIBEIRA SACRA / D.O.P.

DO. RIBEIRO
CONSEJO REGULADOR

Rúa Redondela, 3 - 2º
32400 Ribadavia (Ourense)
☎: +34 988 477 200
@: info@ribeiro.wine
www.ribeiro.wine

SITUACIÓN:

En la parte occidental de la provincia de Orense. La zona de producción engloba 13 municipios de esta región marcada por el paso del Miño y de sus afluentes Avia y Arnoia.

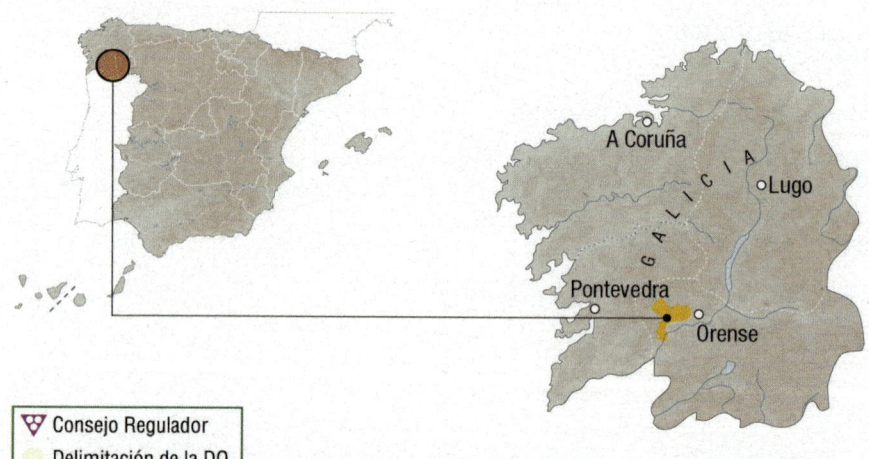

▽ Consejo Regulador
  Delimitación de la DO

VARIEDADES:

BLANCAS: treixadura, torrontés, palomino, godello, macabeo, loureira, albariño, albilla, macabeo y lado.
TINTAS: caíño, sousón, ferrón, mencía, tempranillo, brancellao y garnacha tintorera.

DATOS CONSEJO REGULADOR:

Nº Has. Viñedo: 1.257– **Nº Viticultores:** 1.518 – **Nº Bodegas:** 100– **Cosecha 23:** SC– **Producción 23:** 8.224.542 L –
Comercialización: 90% Nacional - 10% Internacional.

SUELOS:

Son principalmente graníticos, profundos y ricos en materia orgánica, aunque en algunas zonas predominan los de tipo arcilloso. El viñedo se asienta en zona de laderas (donde se suelen alcanzar mayores calidades) y en llano.

CLIMA:

De tipo atlántico, con temperaturas bajas en invierno, cierto riesgo de heladas primaverales y altas temperaturas durante los meses de verano. Las precipitaciones oscilan entre los 800 y 1.000 mm. anuales.

CARACTERÍSTICAS GENERALES DE LOS VINOS

BLANCOS
Son los más característicos de la Denominación. Los vinos elaborados a partir de variedades autóctonas (treixadura y torrontés, principalmente, aunque también con participación de lado, loureiro y godello) se caracterizan por un aroma fresco y afrutado con notas de manzana verde, hinojo y matices florales; en boca poseen una buena acidez que los hace muy frescos. Los blancos sobre lías ofrecen un mayor volumen en boca, y se acompañan de una presencia frutal más madura, junto a recuerdos a flores marchitas. Al igual que sucede en Rías Baixas, en algunos casos el paso del tiempo puede desarrollar la calidad de estos vinos.

TINTOS
Son minoría frente a los blancos. Se apoyan en cupajes de caíño, sousón, brancellao y mencía, que dan tintos de calidad media, con marcados matices herbáceos, algo agresivos y ácidos. Los de mencía, en cambio, poseen mayor potencia aromática; son frescos, ligeros y agradables de beber.

CALIFICACIÓN DE COSECHAS DE VINOS JÓVENES GUÍAPEÑÍN

2019	2020	2021	2022	2023
MUY BUENA	MUY BUENA	MUY BUENA	MUY BUENA	MUY BUENA

DO RIBEIRO / D.O.P.

A VILERMA
Finca A Villerma - Gomariz
32429 Leiro (Ourense/Orense)
☎: +34 983 816 600
contacto@vilerma.com
www.vilerma.com

A Vilerma 2023 B
treixadura, albariño, godello, loureiro, lado, torrontés

91 ★★★   16€

Color: pajizo brillante, borde verdoso. Aroma: fruta fresca, cítricos, hierbas silvestres, floral. Boca: fresco, frutoso, buena acidez, fino amargor.

ADEGA FRANCISCO FERNÁNDEZ SOUSA
Prado, 14
32430 Castrelo de Miño (Ourense/Orense)
☎: +34 678 530 898
info@terraminei.com
www.terraminei.com

Lagar de Brais 2023 B
89

Equilibrado, fresco, herbal, sabroso, mineral.

Terra Minei 2023 B
90

Color: pajizo brillante. Aroma: fruta madura, hierbas de tocador, lías finas, mineral. Boca: lleno, graso, largo, buena acidez, salino.

ADEGA MANUEL FORMIGO
Ctra. Ribadavia Carballiño, km. 4,37
32431 Beade (Ourense/Orense)
☎: +34 627 569 885
info@fincateira.com
www.fincateira.com

Cholo 2022 B
100% loureiro

91   18€

Afilado, austero. Color: pajizo brillante. Aroma: lías finas, mineral, hierbas silvestres, fruta blanca. Boca: lleno, largo, buena acidez.

Finca Teira 2023 B
treixadura, godello, caiño blanco, torrontés

91 ★★★★★   11,95€

Color: pajizo brillante. Aroma: fruta madura, lías finas, hierbas silvestres, flores blancas. Boca: lleno, buena acidez.

Formigo 2023 B
palomino, treixadura, godello, caiño blanco, torrontés, loureiro

88 ★★★   8,9€

Cítrico, fresco, herbal, equilibrado.

Teira X 2022 B
treixadura, albariño, albillo, loureiro

93 ★★★   19,45€

Color: pajizo brillante. Aroma: fruta madura, hierbas de tocador, lías finas, camomila, mineral. Boca: lleno, graso, largo, buena acidez.

Tino 2022 B
100% albillo

91   20€

Color: pajizo brillante. Aroma: hierbas de tocador, lías finas, fruta golpeada, fruta blanca. Boca: lleno, graso, buena acidez, mineral.

ADEGA SAMEIRÁS
Santo André, 98
32415 Ribadavia (Ourense/Orense)
☎: +34 678 894 963
info@adegasameiras.com
www.adegasameiras.com

1040 Sameirás 2022 B
albariño, godello, lado, treixadura

92   20€

Color: amarillo brillante. Aroma: fruta madura, lías finas, complejo, expresivo, especiado. Boca: sabroso, fresco, buena acidez.

Libro 2022 B
albariño, lado, loureiro

92   23€

Color: amarillo. Aroma: lías finas, expresivo, franco, floral, fruta fresca. Boca: lleno, sabroso, equilibrado.

Libro 2022 T
caiño, sousón, brancellao

91   23€

Color: cereza, borde violáceo. Aroma: fruta roja, floral, especiado, balsámico, hierbas silvestres. Boca: sabroso, frutoso, buena acidez.

Sameirás 2022 T
sousón, caiño, brancellao

91 ★★★   15€

Color: cereza, borde violáceo. Aroma: expresión frutal, fruta roja, floral, especiado, terroso, hierbas silvestres. Boca: sabroso, frutoso, buena acidez.

Sameirás 2023 B
treixadura, albariño, godello, loureiro, lado

90   15€

Color: pajizo brillante. Aroma: lías finas, hierbas silvestres, fruta blanca. Boca: lleno, buena acidez.

Viña Do Avó 2022 B
treixadura, albariño, godello, loureiro

87   10€

ADEGA VIÑA COSTEIRA
Valdepereira, 1
32418 Ribadavia (Ourense/Orense)
☎: +34 988 477 210
informacion@costeira.es
www.costeira.wine

Amadeus 2022 B
treixadura

89 15€

Aromático, frutal, jugoso, maduro, boca correcta, sencillo. Boca: fácil de beber.

Colección 68 2023 B
treixadura, godello, albariño

90 ★★★ 12,95€

Amable, aromático, correcto, frutal, maduro, sencillo, muy primario. Aroma: hierbas de tocador.

Meu 2023 B
treixadura

89 ★★★★ 8,95€

Amable, aromático, correcto, herbal, cítrico, sabroso, sencillo.

Modus Vivendi Ribeiro 2023 B S
treixadura, albariño, loureiro

88 11€

Aromático, frutal, maduro, sencillo, boca correcta.

Tamborá 2023 B S
godello

89 12€

Cítrico, equilibrado, herbal, fresco.

Viña Costeira 2023 B
treixadura, torrontés, godello, albariño

88 ★★★★ 7,7€

Cítrico, fresco, frutal, herbal.

ADEGAS DO REXURDIR - RIBEIRO
Sobreira, 9 Rioboó - Osmo
32454 Cenlle (Ourense/Orense)
☎: +34 626 767 969
info@adegasdorexurdir.es
www.adegasdorexurdir.es

Fala de Min Treixadura 2023 B
treixadura

88 9,8€

Herbal, maduro, frutal, sencillo, sabroso.

ADEGAS MALEIGA
N-120, 34 San Paio
32414 Ribadavia (Ourense/Orense)
☎: +34 647 740 569
adega@maleiga.com
www.maleiga.com

Maleiga Intre 2022 B
60% treixadura, 15% godello, 10% torrontés, 5% lado, 5% loureiro

92 22€

Color: amarillo brillante. Aroma: fruta blanca, flores marchitas, cera, equilibrado. Boca: lleno, graso, frutoso, equilibrado.

Maleiga Lapso 2022 T
65% caiño, 20% sousón, 15% ferrón

92 22€

Color: cereza, borde violáceo. Aroma: expresión frutal, fruta roja, floral, especiado. Boca: sabroso, frutoso, buena acidez.

ADEGAS VALDAVIA
Lugar de Cuñas, 24
32454 Cenlle (Ourense/Orense)
☎: +34 669 892 681
comercial@adegasvaldavia.com
www.vinosdoribeiro.es

Cuñas Davia 2022 B FB
60% treixadura, 20% albariño, 20% caiño

91 26€

Aromático. Color: pajizo brillante. Aroma: expresivo, flores marchitas, fruta blanca, fruta madura, especiado. Boca: graso, jugoso, fácil de beber.

Cuñas Davia 2023 B
60% treixadura, 20% albariño, 15% caiño, 5% otras

91 ★★★ 16€

Color: pajizo brillante, borde verdoso. Aroma: fruta fresca, cítricos, hierbas silvestres, flores blancas. Boca: fresco, frutoso, buena acidez, fino amargor.

Cuñas Davia A Xiada 2023 B
50% treixadura, 50% albariño

91 20€

Color: amarillo. Aroma: fruta madura, plátano, equilibrado. Boca: correcto, fácil de beber, con tensión, fino amargor.

DO RIBEIRO / D.O.P.

DO RIBEIRO / D.O.P.

La Flor de Margot Treixadura 2023 B
100% treixadura

90 ★★★★ 12€

Austero. Color: pajizo brillante. Aroma: hierbas de tocador, lías finas, fruta blanca, mineral. Boca: lleno, graso, buena acidez.

AILALA-AILALELO
Pazo Lodeiro s/n - San Fiz Do Barón
32500 O Carballiño (Ourense/Orense)
☎: +34 610 602 672
export@ailalawine.com
www.ailalawine.com

Ailalá 2022 T
sousón

90 ★★★★★ 10€

Color: cereza, borde violáceo. Aroma: expresión frutal, floral, especiado, fruta negra, flores marchitas. Boca: sabroso, frutoso, buena acidez.

Ailalá 2023 B
treixadura

89 ★★★ 10€

Aromático, correcto, exuberante, floral, frutal. Boca: fino amargor.

Ailalelo Castes Tintas 2020 T
sousón, brancellao, ferrol, caiño longo, otras

90 22€

Color: cereza, borde granate. Aroma: fruta madura, hierbas secas, hierbas silvestres, flores marchitas, terroso. Boca: fruta madura, especiado, taninos maduros.

Ailalelo Godello de Altura 2022 B
godello

91 22€

Ligera oxidación. Color: amarillo. Aroma: potente, roble cremoso, especiado, fruta asada. Boca: graso, estructurado, fino amargor.

ARCO DA VELLA A ADEGA DE ELADIO
Pza. de España, 1
32431 Beade (Ourense/Orense)
☎: +34 607 487 060
arcodavellaadegadeeladio@gmail.com
www.adegaarcodavella.com

Tarabelo 2021 T C
50% sousón, 20% caiño longo, 20% brancellao, 10% ferrón

88

Herbáceo, maduro, sabroso, silvestre, con oscuridad.

Tarabelo 2022 T C

90

Con oscuridad, silvestre. Color: cereza, borde violáceo. Aroma: balsámico, hierbas de monte, hierbas silvestres, terroso. Boca: balsámico, frutoso, equilibrado.

Torques do Castro 2022 B

89

Austero, equilibrado, fresco, herbal, notas de levadura.

BODEGA ALANÍS
Santa Cruz de Arrabaldo, 49
32990 Santa Cruz de Arrabaldo (Ourense/Orense)
☎: +34 988 384 200
vinos@bodegasgallegas.com
www.bodegasgallegas.com

Amavida Treixadura 2023 B
treixadura

88 ★★★ 8,95€

Amable, aromático, correcto, floral, frutal, sencillo.

Gran Alanís Castes Blancas 2023 B
godello, treixadura, loureiro, albariño

88 9,9€

Amable, aromático, frutal, maduro, muy primario, sencillo. Aroma: plátano.

Gran Alanís Castes Tintas 2022 T
sousón, caiño, brancellao, ferrón

88 ★★★★ 7,5€

Confitado, especiado, cremoso, hierbas secas, lleno, maduro, tostado.

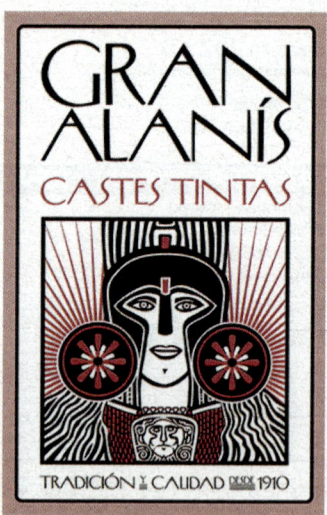

Gran Alanís Treixadura/Godello 2023 B
treixadura, godello

89 ★★★ 9,9€

Amable, aromático, correcto, floral. Boca: fácil de beber, fruta madura.

BODEGA CASAR DE VIDE
Vide, 2
32430 Castrelo de Miño (Ourense/Orense)
☎: +34 983 683 315
www.casardevide.es

Casar de Vide 2023 B
treixadura, albariño, godello, torrontés

87 14€

BODEGA SANCLODIO
OUR-CV-22
32429 Cubilledo (Ourense/Orense)
☎: +34 983 683 315
info@bodegasanclodio.com
www.bodegasanclodio.com

Casa da Porta Sanclodio 2022 B
treixadura

90 ★★★ 14€

Color: pajizo brillante. Aroma: notas de levadura, lías finas, fruta blanca, franco, equilibrado. Boca: sabroso, persistente, equilibrado, fino amargor.

Sanclodio 2023 B
treixadura, godello, loureiro, albariño

90 ★★★ 14€

Amable, aromático, equilibrado, exuberante, frutal, floral. Aroma: franco, equilibrado. Boca: fácil de beber, fruta madura.

BODEGA Y VIÑEDOS PAZO CASANOVA
Camiño Souto do Río, 1 Santa Cruz de Arrabaldo
32990 Ourense/Orense (Ourense/Orense)
☎: +34 988 384 186
comercial@grandespagosgallegos.com
www.grandespagosgallegos.com

Finca Viñoa Embotellado Tardío 2021 B
90% treixadura, 5% albariño, 3% godello, 2% loureiro

93 ★★★★ 17,25€

Color: amarillo brillante. Aroma: flores secas, fruta escarchada, lías finas, pastelería. Boca: redondo, especiado, persistente.

Finca Viñoa Paraje Penaboa 2020 B
90% treixadura, 5% albariño, 3% godello, 2% loureiro

93 27,95€

Ahumado, especiado. Color: amarillo. Aroma: fruta madura, potente, flores marchitas. Boca: equilibrado, graso, sabroso, muy vivo.

Finca Viñoa Treixadura Sobre Lías 2023 B
90% treixadura, 5% albariño, 3% godello, 2% loureiro

90 ★★★ 14€

Agradable, equilibrado. Aroma: cítricos, flores marchitas, lías finas. Boca: jugoso, graso, frutoso, fácil de beber.

BODEGAS CAMPANTE
Finca Reboreda s/n
32941 Toén (Ourense/Orense)
☎: +34 988 261 212
info@campante.com
www.bodegasgrm.com

A Telleira Caiño 2022 B
100% caiño blanco

92 25€

Color: pajizo. Aroma: fruta madura, fruta de hueso, fruta tropical, hierbas silvestres, flores blancas. Boca: potente, fruta madura, equilibrado.

A Telleira Godello 2023 B
100% godello

90 17€

Amable, aromas nítidos. Aroma: hierbas silvestres, franco, equilibrado. Boca: correcto, fino amargor, fácil de beber.

DO RIBEIRO / D.O.P.

DO RIBEIRO / D.O.P.

A Telleira Loureira 2022 B
100% loureiro

92 25€

Color: pajizo brillante. Aroma: fruta madura, lías finas, toques silvestres. Boca: lleno, graso, largo, buena acidez.

A Telleira Parcelas 2023 B
60% treixadura, 40% godello

89 15€

Aromático, correcto, equilibrado, exuberante, mineral, sabroso, muy primario. Aroma: expresión frutal, fruta madura.

Adeus 2023 B
100% treixadura

89 12€

Cítrico, floral, fresco, herbal, notas de levadura.

BODEGAS CASAL DE ARMÁN
32415 Ribadavia (Ourense/Orense)
☎: +34 680 979 763
info@casaldearman.net
www.casaldearman.net

Armán Finca Isabel Millán 2021 T
65% brancellao, 25% caíño, 10% ferrol

92 28€

Aromas nítidos, balsámico, representativo. Aroma: hierbas de monte, fruta negra, fruta roja, balsámico. Boca: jugoso, especiado, fácil de beber.

🏆 PODIO

Armán Finca Misenhora 2021 B
90% treixadura, 5% albariño, 5% godello

95 28€

Aromas nítidos, representativo. Color: pajizo brillante. Aroma: franco, expresivo, fruta de hueso, floral, azafrán. Boca: sabroso, muy vivo, lleno, largo, mineral.

Arman Finca Os Loureiros 2022 B
treixadura

94 28€

Color: pajizo brillante. Aroma: equilibrado, especiado, floral, fruta blanca, mineral. Boca: frutoso, jugoso, varietal, buena acidez, fino amargor, mineral.

Casal de Armán 2023 B
90% treixadura, 5% albariño, 5% godello

92 ★★★★★ 14€

Color: pajizo brillante. Aroma: expresivo, fruta madura, floral, lías finas, mineral, franco. Boca: largo, sabroso.

Pepe Carrasca 2022 B
treixadura

92 ★★★ 18€

Color: amarillo brillante. Aroma: expresivo, floral, fruta fresca, fruta de hueso. Boca: sabroso, largo, fruta madura.

BODEGAS CUNQUEIRO
Ctra., 4
32430 Prado de Miño (Ourense/Orense)
☎: +34 988 489 023
info@bodegascunqueiro.es
www.bodegascunqueiro.es

Cunqueiro Centenario 2022 T
mencía

90 ★★★★ 11€

Color: cereza, borde violáceo. Aroma: expresión frutal, fruta roja, floral, especiado, hierbas silvestres. Boca: sabroso, frutoso, buena acidez.

Cunqueiro Centenario 2023 B
treixadura

90 ★★★★ 11€

Color: pajizo brillante. Aroma: fruta madura, hierbas de tocador, lías finas, mineral, flores blancas. Boca: lleno, buena acidez.

Cunqueiro El Primero 2023 T
caiño longo, mencía, brancellao, sousón

91 60€

Rústico, silvestre. Color: cereza, borde violáceo. Aroma: fruta roja, floral, especiado. Boca: sabroso, frutoso, buena acidez, taninos rugosos.

Cunqueiro III Milenium 2023 B
treixadura, godello, albariño, loureiro

89 15€

Cítrico, correcto, frutal, muy primario, persistente, floral.

Mais de Cunqueiro Godello 2023 B
godello

89 16€

Aromático, correcto, hierbas secas, equilibrado, agradable. Boca: fácil de beber.

Mais de Cunqueiro Torrontés 2022 B
torrontés

91 ★★★ 16€

Color: pajizo. Aroma: expresivo, flores blancas, lías finas, fina reducción. Boca: sabroso, frutoso, equilibrado.

BODEGAS EL PARAGUAS

Lugar de A Aldea de Cobas, 135
15594 Ferrol (A Coruña/La Coruña)
☎: +34 636 161 479
info@bodegaselparaguas.com
www.bodegaselparaguas.com

El Paraguas Atlántico 2022 B
88% treixadura, 8% godello, 4% albariño

94 ★★★ 21€

Color: amarillo brillante. Aroma: fruta madura, equilibrado, especiado, lías finas. Boca: graso, jugoso, persistente, sabroso.

🏆 PODIO

Fai un Sol de Carallo 2020 B
88% treixadura, 7% godello, 5% albariño

95 92€

Color: amarillo brillante. Aroma: equilibrado, expresivo, pan tostado, panadería, lías finas. Boca: jugoso, lleno, potente, sabroso, salino.

🏆 PODIO

La Sombrilla 2021 B
94% treixadura, 6% albariño

96 45€

Color: pajizo brillante. Aroma: fruta madura, lías finas, mineral, toques silvestres, expresivo. Boca: lleno, graso, largo, buena acidez.

BODEGAS NAIROA

A Ponte, 2
32417 Arnoia (Ourense/Orense)
☎: +34 988 492 867
info@bodegasnairoa.com
www.bodegasnairoa.com

Alberte Treixadura 2023 B
treixadura

88 ★★★ 9€

Aromático, amable, boca correcta, frutal, sencillo.

Val de Nairoa 2022 B
treixadura, albariño, lado, loureiro

88 15€

Herbáceo, boca correcta, diferente, jugoso.

BODEGAS O VENTOSELA

San Clodio Leiro Ctra. OU 504, Km. 8.8
32420 Leiro (Ourense/Orense)
☎: +34 678 660 091
bodegasydestilerias@oventosela.com
www.oventosela.com

El Godello de Juan Miguez 2023 B
godello

88 13€

Cítrico, fresco, herbal.

Gran Leiriña Treixadura 2023 B
treixadura

89 12€

Fluido, fresco, frutal, sencillo, boca correcta.

Manoliño Verbenas 2023 B

87

BODEGAS PEÑA

Vide
32430 Castrelo de Miño (Ourense/Orense)
☎: +34 650 320 954
info@lancero.es
www.vinosribeiro.es

Señorío do Lancero 2023 B
treixadura, godello, torrontés

85 8,47€

DO RIBEIRO / D.O.P.

DO RIBEIRO / D.O.P.

BODEGAS SIAH
Ctra. Ribadavia a Carballiño, Km. 6
32419 Leiro (Ourense/Orense)
☎: +34 607 352 815
isabel.salgado@bodegas-siah.com
www.bodegas-siah.com

Siah Isabel Salgado 2022 B
85% treixadura, 15% godello, albariño, loureiro

90 22€

Color: pajizo brillante. Aroma: expresión frutal, fruta madura, floral. Boca: sabroso, graso, jugoso.

BODEGOSA
Fondo de Vila, 6 N2B
32430 Castrelo de Miño (Ourense/Orense)
☎: +34 988 296 113
almacengomez@hotmail.com
www.bodegosa.com

Zapicos - Fruto del Minifundio 2023 T
88
Ligera reducción, fresco, frutal, con oscuridad, sabroso.

Zapicos do Verea Godello 2023 B
godello

90

Amable, aromático. Aroma: plátano, fruta madura, muy primario, equilibrado. Boca: fácil de beber, correcto, fino amargor.

Zapicos do Verea 2023 B
70% treixadura, 20% godello, 10% torrontés

90 ★★★★ 12€

Aromático, exuberante, frutal. Aroma: floral, franco, expresivo. Boca: fresco, varietal, fácil de beber.

CASAL DO CANTEIRO
Plaza de Freás, 20
32430 Castrelo de Miño (Ourense/Orense)
☎: +34 637 858 471
info@casaldocanteiro.com

Casal do Canteiro 2023 B
80% treixadura, 20% torrontés

90 ★★★ 14€

Color: pajizo brillante. Aroma: hierbas de tocador, lías finas, fruta tropical. Boca: lleno, buena acidez.

COTO DE GOMARIZ
Barro de Gomariz s/n
32429 Leiro (Ourense/Orense)
☎: +34 610 602 672
gomariz@cotodegomariz.com
www.cotodegomariz.com

Abadía de Gomariz 2020 T
sousón, brancellao, ferrol, mencía

92 ★★★★★ 13,5€

Balsámico, silvestre, representativo. Color: Cereza. Aroma: hierbas de monte. Boca: especiado, buena acidez, equilibrado.

Coto de Gomariz 2022 B
treixadura, albariño, godello, loureiro

92 ★★★★★ 13,5€

Color: amarillo, pálido. Aroma: fruta madura, hierbas de tocador, lías finas. Boca: lleno, graso, largo, buena acidez.

Coto de Gomariz 2023 B
treixadura, albariño, godello, loureiro

91  13,5€

Color: pajizo brillante. Aroma: fruta madura, floral. Boca: sabroso, buena acidez, retronasal afrutado, fácil de beber.

Coto de Gomariz Finca O Figueiral 2020 B
treixadura, lado, godello, albariño, loureiro, otras

93 27€

Oxidativo. Color: pajizo brillante. Aroma: fruta madura, hierbas de tocador, lías finas, especias dulces. Boca: lleno, graso, largo, buena acidez.

The Flower and The Bee Treixadura 2023 B
treixadura

90 ★★★★★ 10€

Aromas nítidos, correcto, frutal, exuberante, sabroso, sencillo, muy primario.

DIEGO DONIZ DIÉGUEZ
Lg. O Pazo, s/n
32417 Arnoia (Ourense/Orense)
☎: +34 606 135 159
teardosdodi@gmail.com
www.diegodonizdieguez.com

Tear dos Dodi 2023 B
treixadura, torrontés

89 14€

Azufrado, correcto, fresco, hierbas secas, frutal. Aroma: hierbas silvestres. Boca: fino amargor.

Tear dos Dodi 2023 T
caíño, ferrón, brancellao, sousón
88   14€
Equilibrado, especiado, herbáceo, sabroso, maduro.

DOMINIO DO BIBEI
Langullo, s/n
32781 Manzaneda (Ourense/Orense)
☎: +34 670 704 028
info@dominiodobibei.com
www.dominiodobibei.com

Lalume 2022 B
treixadura
93
Color: pajizo brillante. Aroma: fruta blanca, piedra seca, expresivo, franco, fresco, lías finas. Boca: frutoso, fácil de beber, fruta madura.

EDUARDO PEÑA
Lugar de Barral, Ctra. Cartelle, s/n
32430 Castrelo de Miño (Ourense/Orense)
☎: +34 629 872 130
bodega@bodegaeduardopenha.es
www.bodegaeduardopenha.es

Eduardo Peña 2023 B
40% treixadura, 30% albariño, 20% godello, 5% loureiro, 5% lado
89   15€
Frutal, jugoso, maduro, aromático, amable, boca correcta, muy primario. Aroma: plátano. Boca: fácil de beber.

Eduardo Peña La Vista 2022 B
50% albariño, 50% treixadura
93   25€
Color: pajizo brillante. Aroma: fruta madura, hierbas de tocador, lías finas, yodado, mineral, balsámico, flores blancas. Boca: lleno, graso, largo, buena acidez.

María Andrea 2023 B
60% treixadura, 30% albariño, 10% loureiro
90 ★★★★   12€
Color: pajizo brillante. Aroma: expresión frutal, fruta madura, floral. Boca: sabroso, fresco, buena acidez, retronasal afrutado.

Sara Peña 2023 T RB
33% brancellao, 33% sousón, 33% caíño
91   18€
Color: cereza, borde violáceo. Aroma: expresión frutal, floral, especiado, fruta negra, fruta roja, terroso. Boca: sabroso, frutoso, buena acidez, carnoso.

GALLINA DE PIEL WINES
17005 Girona (Girona)
info@gallinadepielwines.com
www.gallinadepielwines.com

Manar dos Seixas 2021 B
89% treixadura, 5% albariño, 5% godello, 1% loureiro
92 ★★★   17,5€
Color: pajizo brillante. Aroma: fruta madura, hierbas de tocador, lías finas, flores blancas. Boca: lleno, graso, buena acidez.

HAMMEKEN CELLARS
03700 Denia (Alacant/Alicante)
☎: +34 965 791 967
cellars@hammekencellars.com
www.hammekencellars.com

Gotas de Mar Godello 2022 B FB
godello
91   24€
Color: amarillo brillante. Aroma: caramelo de limón, expresión frutal, fruta madura, tostado, especias dulces. Boca: frutoso, sabroso, equilibrado, tostado, retronasal ahumado, taninos suaves.

Gotas de Mar Godello 2023 B
godello
89   17€
Aromático, flores secas, frutal, goloso, maduro.

IVÁN VÁZQUEZ PATEIRO (PATEIRO VINOS DE GUARDA)
Ctra. de Francelos nº 34 2ºC
32400 Ribadavia (Ourense/Orense)
☎: +34 696 147 706
info@pateirovinosdeguarda.com
www.pateirovinosdeguarda.com

El Patito Feo Castes tintas 2023 T
90
Frutal, goloso. Color: cereza, borde violáceo. Aroma: expresión frutal, fruta roja, floral, especiado. Boca: sabroso, frutoso, buena acidez, largo.

El Patito Feo Godello 2023 B BA
90
Color: pajizo brillante. Aroma: hierbas de tocador, lías finas, fruta blanca, mineral. Boca: lleno, graso, buena acidez.

El Patito Feo Treixadura Sobre Lías 2023 B
treixadura
90
Color: amarillo brillante. Aroma: equilibrado, expresivo, hierbas silvestres, cítricos. Boca: fresco, buena acidez, amargoso.

DO RIBEIRO / D.O.P.

DO RIBEIRO / D.O.P.

Pateiro Anfora 2022 B
loureiro, treixadura
92
Color: pajizo brillante. Aroma: expresivo, fruta madura, floral, lías finas, mineral. Boca: largo, frutoso, jugoso, sabroso.

Pateiro Treixadura 2021 B BA
90
Color: pajizo brillante. Aroma: hierbas de tocador, lías finas, especias dulces, fruta blanca. Boca: lleno, graso, buena acidez.

Saramusa Treixadura 2023 B
89
Cítrico, fresco, mineral, notas de levadura.

MAURO ESTÉVEZ
A Ponte, 21
32417 Arnoia (Ourense/Orense)
☎: +34 617 090 616
joseestevezarnoia@gmail.com
www.mauroestevez.com

Mauro Estévez 2023 B
treixadura, albariño, loureiro, lado, godello
90 15€
Color: pajizo brillante, borde verdoso. Aroma: fruta fresca, cítricos, hierbas silvestres, lías finas. Boca: fresco, frutoso, buena acidez, fino amargor.

Uxía da Ponte 2023 B
100% lado
92 30€
Austero, flores secas. Color: pajizo brillante. Aroma: intensidad media, franco. Boca: equilibrado, especiado, fino amargor, fácil de beber.

PABLO VIDAL - VINOS CON PERSONALIDAD
Rúa do Miradoiro 8
32004 Ourense/Orense (Ourense/Orense)
☎: +34 609 152 251
pablovidal@vinosconpersonalidad.com
www.vinosconpersonalidad.com

Big Bang 2022 T BA S
35% caíño longo, 30% sousón, 25% brancellao, 10% ferrón
93 ★★★ 19€
Color: cereza, borde violáceo. Aroma: expresión frutal, fruta roja, floral, especiado. Boca: sabroso, frutoso, buena acidez, largo.

Renacido 2022 B
80% treixadura, 10% godello, 10% albariño
92 ★★★ 18€
Color: pajizo brillante. Aroma: hierbas de tocador, lías finas, fruta blanca, flores blancas. Boca: lleno, graso, buena acidez.

PAZO DE TOUBES
Valdepereira, 1
32415 Ribadavia (Ourense/Orense)
☎: +34 988 477 210
comercial@toubes.es
www.toubes.es

Modus Vivendi 2023 B
treixadura, albariño, loureiro
90
Aromático, frutal. Aroma: floral, fruta blanca, equilibrado. Boca: jugoso, fácil de beber, sabroso.

PAZO DE VIEITE
Ctra. Ribadavia - Carballiño, Km. 6 Vieite
32419 Leiro (Ourense/Orense)
☎: +34 988 488 229
info@pazodevieite.es
www.pazodevieite.es

Farnadas 2023 B
treixadura, godello, albariño, loureiro
90 ★★★★★ 10€
Amable, correcto, frutal, jugoso, boca correcta. Aroma: intensidad media. Boca: fácil de beber, correcto.

PAZO TIZÓN
Moldes
32514 Boborás (Ourense/Orense)
☎: +34 639 788 788
admon@pazotizon.com
www.pazotizon.com

Pazo Tizón 2023 B
albariño, treixadura, loureiro
90 ★★★★★ 10€
Color: pajizo brillante. Aroma: fruta madura, lías finas, hierbas silvestres. Boca: lleno, buena acidez.

PRIVIOS
Souteo, 3 Goián
36750 Tomiño (Pontevedra)
☎: +34 986 620 137
info@primavinia.com
www.primaviniawines.com

El Maquinista 2021 T
100% tempranillo
88 9,5€
Agradable, boca correcta, equilibrado, frutal, maduro, sabroso, sencillo.

Pepito Grillo 2022 B
treixadura, torrontés, albariño, loureiro, godello
90
Color: amarillo. Aroma: notas de levadura, lías finas, flores marchitas, flores secas. Boca: fino amargor, fácil de beber.

SEÑORÍO DE BEADE
Piñeiros, s/n
32431 Beade (Ourense/Orense)
☎: +34 988 480 050
beade@beadeprimacia.com
www.senoriodebeade.com

Beade 25 Autor 2022 B
loureiro

88 15€

Correcto, aromático, maduro, varietal, sabroso.

Beade Orixe 2016 B
treixadura, albariño, godello

90 181€

Color: amarillo brillante. Aroma: notas cocidas, hierbas silvestres, con carácter, metálico. Boca: sabroso, amargoso.

Beade Orixe 2020 T C
mencía, caíño, sousón

90 18€

Color: cereza intenso. Aroma: fruta madura, hierbas secas, roble cremoso, fruta negra. Boca: fruta madura, especiado, taninos maduros.

Beade Primacía 2023 B
treixadura

90 ★★★★ 11,9€

Amable, aromas nítidos, frutal, maduro, muy primario. Boca: equilibrado, sabroso, jugoso, frutoso.

Señorío de Beade 2023 B
treixadura, godello

88 ★★★★ 8€

Cítrico, fresco, herbal, equilibrado.

Señorío de Beade 2023 T
mencía, caíño

89 ★★★★ 7€

Equilibrado, floral, fresco, frutal, herbal.

TOLO DO XISTO
Lugar Rubín, Rozavales, 1
27413 Monforte de Lemos (Lugo)
☎: +34 619 776 948
info@tolodoxisto.com
www.tolodoxisto.com

Tolemia 2023 B
80% treixadura, 20% albariño

91 ★★★ 14,3€

Aromas nítidos, cítrico. Aroma: franco, equilibrado, fruta blanca. Boca: equilibrado, con tensión, jugoso.

VIÑA EDUARDO BRAVO
Pazo Lodeiro, s/n
32515 San Fiz do Barón
O Carballiño (Ourense/Orense)
☎: +34 653 131 487
eduardobravovino@gmail.com
www.eduardobravo.es

Eduardo Bravo 2023 B
65% treixadura, 15% albariño, 8% loureiro, 12% torrontés, godello

90 ★★★★★ 10€

Color: pajizo brillante. Aroma: expresión frutal, fruta madura, floral. Boca: sabroso, buena acidez, retronasal afrutado.

VIÑA MEIN - EMILIO ROJO
Lugar de Mein, s/n
32420 Leiro (Ourense/Orense)
☎: +34 983 878 020
info@almacarraovejas.com
www.vinamein-emiliorojo.com

🏆 PODIO

Emilio Rojo 2021 B
treixadura, lado, godello, caíño blanco, albariño, torrontés

95

Ligera reducción. Color: pajizo brillante. Aroma: expresivo, fruta madura, floral, lías finas, mineral. Boca: lleno, especiado, pulido.

Mein 2021 T
brancellao, sousón, garnacha tintorera, caíño longo

92

Color: Cereza. Aroma: balsámico, especias dulces, hierbas de monte, fruta roja, hierbas verdes. Boca: especiado, balsámico, buena acidez.

Mein 2022 B
treixadura, albariño, godello, loureiro, torrontés

90

Color: pajizo. Aroma: expresivo, flores blancas, jazmín, hierbas secas. Boca: sabroso, frutoso, equilibrado.

Meín Castes Brancas 2023 B
treixadura, godello, albariño, torrontés, loureiro, lado

92

Color: pajizo brillante. Aroma: lías finas, hierbas silvestres, fruta blanca. Boca: lleno, graso, largo, buena acidez.

O Gran Mein 2020 T
brancellao, caíño longo

94

Color: Cereza. Aroma: complejo, expresivo, especiado, mineral, arbusto, balsámico. Boca: elegante, lleno, largo, persistente.

DO RIBEIRO / D.O.P.

DO RIBEIRO / D.O.P.

O Gran Meín Castes Brancas 2022 B
treixadura, godello, albariño, torrontés, loureiro, lado

93

Color: pajizo brillante. Aroma: fruta madura, hierbas de tocador, lías finas, floral. Boca: lleno, graso, largo, buena acidez.

O Gran Mein Lustro 2019 B

94 70€

Color: amarillo brillante. Aroma: flores secas, fruta escarchada, lías finas, pastelería. Boca: redondo, especiado, largo, persistente.

DO. RIBERA DEL DUERO
CONSEJO REGULADOR

Hospital, 6
09300 Roa (Burgos)
☎: +34 947 541 221
@: info@riberadelduero.es
www.riberadelduero.es

SITUACIÓN:

A caballo entre las provincias de Burgos, Valladolid, Segovia y Soria. La zona de producción engloba 19 municipios situados en la zona este de Valladolid, 5 del noroeste de Segovia, 59 en la zona meridional de Burgos (en esta provincia se concentra la mayor parte del viñedo con unas 10.000 has.) y 6 en la parte occidental de Soria.

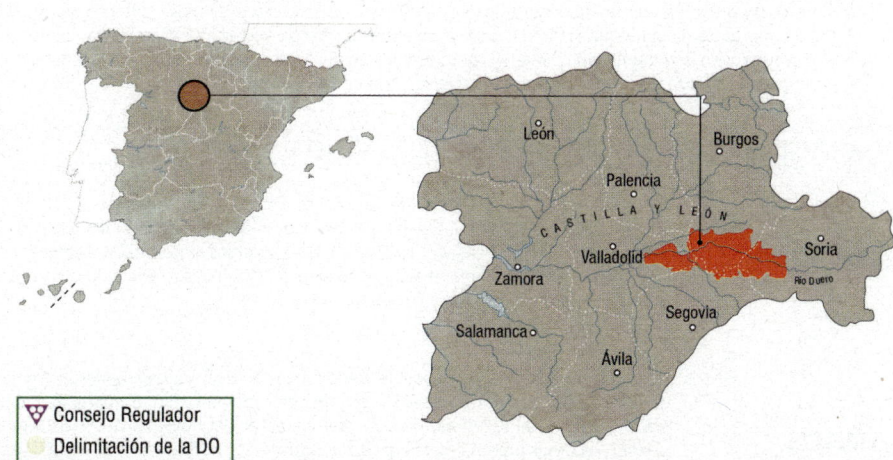

▽ Consejo Regulador
◯ Delimitación de la DO

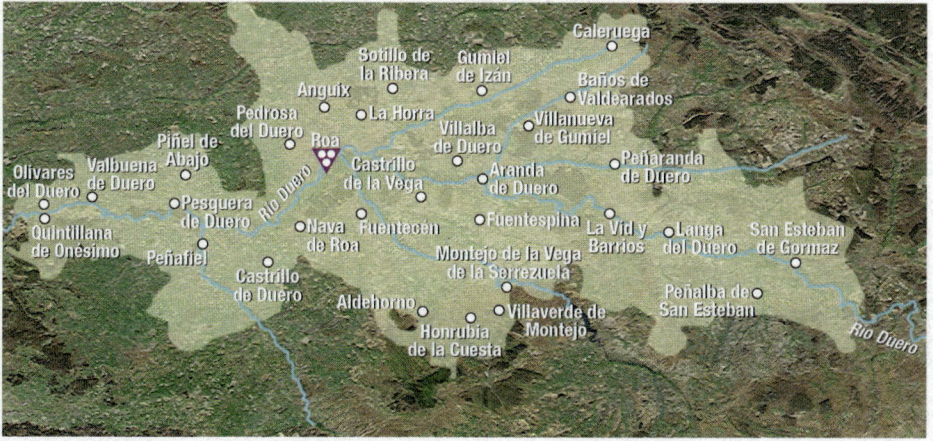

VINOS DE ESPAÑA

VARIEDADES:

BLANCAS: albillo mayor.

TINTAS: tinto del país o tinto fino (tempranillo), garnacha tinta, cabernet sauvignon, malbec y merlot.

DATOS CONSEJO REGULADOR:

Nº Has. Viñedo: 27.252– **Nº Viticultores:** 7.419 – **Nº Bodegas:** 317– **Cosecha 23:** Muy Buena– **Producción 24:** 85.226.871 L – **Comercialización:** 81% Nacional - 19% Internacional.

SUELOS:

En general se trata de terrenos sueltos, poco fértiles y con contenidos bastante altos de caliza. El mayor volumen de sedimentos está constituido por capas arenosas, limosas o arcillosas. El viñedo se asienta en las lomas interfluviales y en los valles a una altitud que oscila entre los 700 y los 850 metros.

CLIMA:

De tipo continental y con ligeras influencias atlánticas. Los inviernos son bastante fríos y los veranos cálidos, pero hay que destacar la importante variación térmica entre el día y la noche, que contribuye a una maduración más lenta de la uva y permite obtener excelentes índices de acidez. El mayor factor de riesgo de la zona lo constituyen las heladas primaverales, responsables en numerosas ocasiones de importantes caídas en la producción. El índice de precipitaciones anuales se sitúa entre los 450 y 500 mm.

CARACTERÍSTICAS GENERALES DE LOS VINOS

ROSADOS

Históricamente en la Ribera del Duero se ofrecían en su mayoría rosados de tempranillo de color relativamente intenso y alto grado. A día de hoy han evolucionado mucho, siguen existiendo los cubiertos y sabrosos, pero también, gracias a la vuelta a la elaboración tradicional de claretes (mezcla de uvas tintas y blancas), son más los pálidos, frescos y sutiles.

TINTOS

El producto por excelencia de la denominación. Elaborados fundamentalmente con tinto fino (tempranillo) suelen ser de color muy intenso. En nariz es habitual encontrar frutos muy maduros, con gran carácter del hollejo y que normalmente pueden recordar a tinta. Suelen ser sometidos a largas crianzas en barricas, ya que sus sólidos taninos y su buena estructura permiten este envejecimiento en madera. En los últimos años se está trabajando por conseguir la redondez en el vino sin caer en un excesivo uso de la madera. Es habitual encontrar aromas a cacao, chocolate o aromas tostados, fruto de estas crianzas largas.

BLANCOS

La última tipología de vinos en ser aprobada. Elaborados con la uva albillo mayor, son vinos que en su juventud tienen poca intensidad, no ofrecen muchos matices y en boca no son especialmente largos. Sin embargo, en elaboraciones especiales, ya sea con madera, lías o con tiempo en botella ofrecen una mayor complejidad, con notas más evolutivas y larga persistencia en boca.

CALIFICACIÓN DE COSECHAS DE VINOS JÓVENES GUÍAPEÑÍN

2019	2020	2021	2022	2023
MUY BUENA	MUY BUENA	MUY BUENA	MUY BUENA	MUY BUENA

AALTO BODEGAS Y VIÑEDOS
Paraje Vallejo de Carril, s/n
47360 Quintanilla de Arriba (Valladolid)
☎: +34 983 036 949
aalto@aalto.es
www.aalto.es

Aalto 2022 T
93
Jugoso. Color: cereza intenso. Aroma: hierbas secas, fruta madura, fruta roja, tostado, roble nuevo, especias dulces. Boca: fruta madura, especiado, taninos maduros.

🏆 **PODIO**

Aalto PS (Pagos Seleccionados) 2022 T
95
Potente. Color: cereza, borde granate. Aroma: roble cremoso, cálido, fruta confitada, fruta negra. Boca: potente, taninos dulces, lleno, concentrado.

ABADÍA DE ACÓN
Ctra. Hontangas, Km. 0,400
09391 Castrillo de La Vega (Burgos)
☎: +34 947 509 292
info@abadiadeacon.com
www.abadiadeacon.com

Acón 2014 T GR
85% tempranillo, 15% cabernet sauvignon
93   42,66€
Con vejez. Color: cereza oscuro, borde granate. Aroma: fruta confitada, ebanistería, tabaco, especias dulces, hierbas de monte. Boca: especiado, taninos maduros, largo.

Acón 2018 T R
85% tempranillo, 15% cabernet sauvignon
91   28,44€
Color: cereza oscuro, borde granate. Aroma: fruta madura, ebanistería, tabaco, balsámico. Boca: taninos maduros, largo, madera marcada.

Acón 2019 T C
tempranillo
92 ★★★   17,06€
Color: cereza, borde granate. Aroma: fruta confitada, fruta al licor, potente, chocolate, tostado. Boca: sabroso, dulcedumbre, largo.

Acón 2021 T RB
tempranillo
89   10,42€
Agradable, correcto, especiado, herbal, jugoso, maduro. Boca: fácil de beber.

Acón Selección 2011 T
tempranillo
92   66,36€
Color: rubí, borde teja. Aroma: cuero muy curtido, fruta al licor, habano, especiado, terroso. Boca: equilibrado, crianza clásica, matices de reducción.

Acón Tempranillo 2023 T
tempranillo
89 ★★★★   7,96€
Aromas nítidos, correcto, equilibrado, frutal, sabroso.

ALEJANDRO FERNÁNDEZ TINTO PESQUERA
Real, 2
47315 Pesquera de Duero (Valladolid)
☎: +34 983 870 037
elisa@bodegapesquera.com
www.familiafernandezrivera.com

Tinto Pesquera 2022 T C
100% tempranillo
91   20,55€
Color: cereza oscuro. Aroma: tostado, especiado, cacao fino, chocolate, fruta negra. Boca: sabroso, tostado, fino amargor.

Tinto Pesquera Albillo Mayor 2022 B
albillo mayor
91   60€
Austero. Color: amarillo brillante. Aroma: roble cremoso, fruta madura, especiado, hierbas secas, piedra seca, cera. Boca: graso, estructurado, fino amargor.

Tinto Pesquera Millenium 2019 T GR
100% tempranillo
93   130€
Color: cereza intenso. Aroma: fruta madura, hierbas secas, roble cremoso, tostado. Boca: fruta madura, especiado, taninos maduros, elegante.

Tinto Pesquera MXI 2021 T
100% tempranillo
93   26,15€
Color: cereza muy intenso. Aroma: café aromático, potente, fruta madura, fruta negra, tostado, roble cremoso. Boca: retronasal ahumado, persistente, taninos maduros.

DO RIBERA DEL DUERO / D.O.P.

ALEJANDRO HERRERO VINOS VALBUENA

Señores Herreros, s/n
47359 Valbuena de Duero (Valladolid)
☎: +34 699 001 782
alejandro@vinosvalbuena.es
www.vinosvalbuena.es

Carro de Leña 2022 T
tempranillo

87

Frutal, maduro, tostado, algo secante.

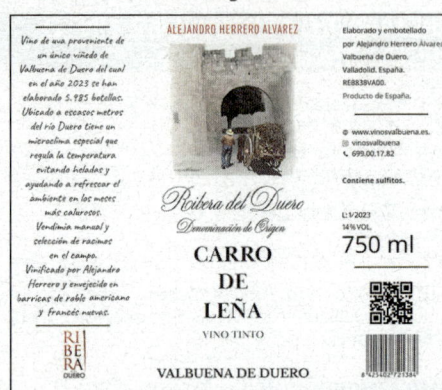

ALMA LÓPEZ WINES

Lugar Granja de Moviedro s/n
47360 Quintanilla de Arriba (Valladolid)
☎: +34 661 879 016
info@almalopezwines.com
www.almalopezwines.com

Alma López 12 meses 2022 T
tinto fino

92   20€

Color: cereza intenso. Aroma: fruta madura, hierbas secas, roble cremoso. Boca: potente, fruta madura, especiado, taninos maduros, jugoso.

Alma López Aura 2020 T
tinto fino

91   35€

Color: cereza intenso. Aroma: fruta madura, hierbas secas, roble cremoso. Boca: potente, fruta madura, especiado, taninos maduros.

Alma López Flor 2022 T
tinto fino

91 ★★★★   14€

Color: cereza, borde violáceo. Aroma: floral, especiado, fruta negra, fruta roja. Boca: sabroso, frutoso, buena acidez, carnoso.

ALTOS DEL ENEBRO

09460 Milagros (Burgos)
☎: +34 619 409 097
comercial@altosdelenebro.es
www.altosdelenebro.es

Altos del Enebro 2020 T C
100% tinto fino

92   18,5€

Especiado, frutal, maduro. Color: cereza intenso. Aroma: fruta madura, equilibrado, especiado. Boca: fruta madura, especiado, taninos maduros.

Altos del Enebro Albillo Mayor 2023 B
albillo mayor

91   16,5€

Color: pajizo brillante. Aroma: frutos secos, flores secas, cera, caramelo tostado, intensidad media. Boca: jugoso, largo, fruta madura.

Altos del Enebro Finca la Herradura 2020 T R
tinto fino

94   41€

Con potencial, corpulento, maduro. Color: cereza muy intenso, cereza opaco. Aroma: roble cremoso, cacao fino, fruta madura, potente. Boca: lleno, sabroso, taninos maduros, especiado, largo.

Altos del Enebro La Goyesca 2019 T R
garnacha, tinto fino, albillo mayor, otras

93   29€

Con vejez, clásico, maduro. Color: cereza oscuro. Aroma: fruta negra, fruta madura, hierbas de monte, hierbas secas, cera. Boca: estructurado, lleno, pulido.

Tomás González 2023 T RB

91

Color: cereza brillante, borde violáceo. Aroma: fruta roja, fruta madura, franco, equilibrado. Boca: frutoso, jugoso, especiado, fácil de beber, largo.

ASTRALES

Ctra. Olmedillo, Km. 7
09313 Anguix (Burgos)
☎: +34 647 641 947
administracion@astrales.es
www.astrales.es

Astrales 2020 T
tempranillo

92 26€

Color: cereza intenso. Aroma: hierbas secas, roble cremoso, fruta negra. Boca: potente, fruta madura, especiado, taninos maduros.

Astrales Christina 2020 T C
tempranillo

93 39€

Color: cereza oscuro. Aroma: tostado, especiado, cacao fino, fruta madura, fruta negra. Boca: sabroso, tostado, fino amargor, frutoso, especiado, cierta persistencia.

AUSÀS BODEGAS Y VIÑEDOS

Síndico, 5
47350 Quintanilla de Onésimo (Valladolid)
☎: +34 669 653 217
info@ausasbodegas.com

🏆 PODIO

Ausàs Interpretación 2022 T
tempranillo

95 50€

Amable, especiado, maduro. Color: cereza intenso. Aroma: complejo, expresivo, especiado, mineral, tiza. Boca: elegante, lleno, largo, persistente.

AVELINO VEGAS

Ctra. VA-101, km 3.7
47300 Peñafiel (Valladolid)
☎: +34 921 596 002
ana@avelinovegas.com
www.avelinovegas.com

Avelino Vegas 100 Aniversario 2020 T R
tempranillo

93 40€

Color: Cereza. Aroma: complejo, especiado, tabaco, fruta madura, fruta negra, roble cremoso, pimienta negra. Boca: lleno, largo, persistente, taninos maduros.

Avelino Vegas Áureo 2019 T R
tempranillo

92 30€

Color: cereza intenso. Aroma: fruta madura, hierbas secas, roble cremoso, mineral, fina reducción. Boca: potente, fruta madura, especiado, taninos maduros.

BADEN NUMEN

San Bernardo
47359 Valbuena de Duero (Valladolid)
☎: +34 615 995 552
bodega@badennumen.es
www.badennumen.es

Baden Numen "AU" 2021 T

91

Color: cereza intenso. Aroma: fruta madura, roble cremoso, chocolate. Boca: potente, fruta madura, especiado, taninos maduros.

Baden Numen "N" 2021 T C

89

Frutal, confitado, especiado, tostado.

Baden Numen 2021 T C
tinto fino, cabernet sauvignon

90 16€

Corpulento, potente, tostado, especiado, maduro, láctico, sabroso.

Baden Numen 2021 T RB
tinto fino, cabernet sauvignon

89 24€

Madera marcada, maduro, sabroso, potente, persistente. Aroma: fruta madura.

Baden Numen 2023 B
albillo mayor

91

Color: pajizo brillante. Aroma: fruta madura, hierbas de tocador, lías reducidas, lácticos, flores secas, expresivo. Boca: lleno, graso, buena acidez, frutoso, especiado, cierta persistencia.

DO RIBERA DEL DUERO / D.O.P.

BELA

Ctra. de Palencia-Aranda de Duero, km. 68
09443 Villalba de Duero (Burgos)
☎: +34 947 112 783
marketing@cvne.com
www.bodegabela.com

Aúrea Minerva 2022 T
100% tempranillo

92 60€

Color: cereza intenso. Aroma: hierbas secas, roble cremoso, fruta negra. Boca: potente, fruta madura, especiado, taninos maduros.

Bela 2022 RD
87 9€

Bela Ribera del Duero 2023 T
100% tempranillo

89 13€

Equilibrado, especiado, herbal, corpulento, frutal.

Cune Ribera del Duero 2023 T RB
100% tempranillo

88 ★★★ 9€

Amable, frutal, correcto, especiado, maduro.

Finca Vallejo 2021 T C
100% tempranillo

89 14€

Tostado, sabroso, maduro, especiado.

Finca Vallejo 2023 T RB
100% tempranillo

89 ★★★★ 9€

Especiado, frutal, maduro, láctico, sabroso.

Heredad de Arano 2021 T C
100% tempranillo

92 20€

Color: cereza intenso. Aroma: fruta negra, fruta madura, pimienta negra, roble cremoso, tostado. Boca: sabroso, frutoso, potente, equilibrado, retronasal ahumado, taninos secos pero maduros.

BODEGA ASCENSIÓN REPISO BOCOS

Ctra. de Valbuena, 34
47315 Pesquera de Duero (Valladolid)
☎: +34 620 280 781
info@veronicasalgado.es
www.veronicasalgado.es

Verónica Salgado Capricho 2020 T C
100% tempranillo

89 ♣ 19,5€

Frutal, maduro, ahumado, tostado, sabroso, algo secante.

BODEGA BARDOS

Cam. de Aranda
09370 Quintana del Pidio (Burgos)
☎: +34 608 302 372
marketing@vintae.com
www.bardos.wine

Bardos Villalvaro 2021 T
tinto fino

93 37,25€

Color: cereza oscuro. Aroma: tostado, especiado, cacao fino, fruta negra, fruta madura. Boca: sabroso, tostado, fino amargor.

Bardos Viñedos de Altura 2021 T
tinto fino

92 ★★★★★ 13,95€

Color: cereza intenso. Aroma: fruta madura, hierbas secas, roble cremoso, especias dulces. Boca: potente, fruta madura, especiado, taninos maduros.

BODEGA CM DE MATARROMERA

Camino Garruguele, s/n
26338 San Vicente de la Sonsierra (La Rioja)
☎: +34 941 334 093
comunicacion@bodegacmdematarromera.com
www.bodegacmdematarromera.com

Carlos Moro Finca Picón de Zurita 2019 T
92

Color: cereza intenso. Aroma: fruta madura, hierbas secas, roble cremoso. Boca: potente, fruta madura, especiado, taninos maduros, jugoso.

BODEGA CONVENTO SAN FRANCISCO

Calvario, 22
47300 Peñafiel (Valladolid)
☎: +34 983 878 052
bodega@bodegaconvento.com
www.bodegaconvento.com

Aldeasoña 2020 T R
100% tempranillo

92 36€

Color: cereza muy intenso. Aroma: café aromático, potente, fruta madura, fruta negra, fruta confitada. Boca: retronasal ahumado, persistente, taninos maduros.

Convento San Francisco 2020 T C
100% tempranillo

91 ★★★ 15€

Color: cereza intenso. Aroma: fruta madura, hierbas secas, roble cremoso, especias dulces. Boca: potente, fruta madura, especiado, taninos maduros, retronasal ahumado.

Convento San Francisco La Zapatera 2020 T R
100% tempranillo

92 45€

Cálido. Color: cereza intenso. Aroma: hierbas secas, roble cremoso, fruta al licor. Boca: potente, fruta madura, especiado, taninos maduros.

Convento San Francisco Selección Especial 2020 T BA
100% tempranillo

92 39€

Color: cereza oscuro. Aroma: tostado, especiado, cacao fino, fruta negra, fruta madura, ahumado, hierbas secas. Boca: sabroso, tostado, fino amargor, especiado, cierta persistencia, taninos secos pero maduros.

Roble del Convento 2021 T RB
100% tempranillo

91 ★★★★★ 8,5€

Color: cereza intenso. Aroma: fruta madura, hierbas secas, roble cremoso. Boca: potente, fruta madura, especiado, taninos maduros.

BODEGA CUATRO RAYAS

Camino de la Fuentecilla, s/n
47491 La Seca (Valladolid)
☎: +34 983 816 320
comunicacion@cuatrorayas.es
www.cuatrorayas.es

Cuatro Rayas Cuarenta Vendimias Ribera del Duero 2021 T
100% tempranillo

88 ★★★ 9€

Frutal, especiado, tostado, sabroso, ahumado.

Cuatro Rayas Tempranillo 2022 T RB
100% tempranillo

88 ★★★★ 7,25€

Frutal, muy primario, sencillo, herbáceo.

BODEGA DOBLE R

Ctra. Valladolid, s/n
09315 Fuentecén (Burgos)
☎: +34 947 532 693
info@bodegadobler.com
www.bodegadobler.com

Doble R 2021 T C
100% tempranillo

90 ★★★★ 12€

Color: cereza, borde granate. Aroma: fruta confitada, fruta al licor, potente, chocolate. Boca: sabroso, dulcedumbre, largo.

Doble R 2023 RD
100% tempranillo

88 ★★★★ 4,95€

Agradable, frutal, maduro.

Doble R 2023 T
100% tempranillo

87 ★★★★ 5,8€

Doble R 5 Meses 2022 T RB
100% tempranillo

88 ★★★★ 7,5€

Frutal, maduro, sabroso, tostado.

Doble R Vendimia Seleccionada 2019 T
100% tempranillo

89 16,5€

Frutal, especiado, tostado, sabroso.

BODEGA EMINA

Ctra. San Bernardo, s/n
47359 Valbuena de Duero (Valladolid)
☎: +34 983 683 315
emina@emina.es
www.emina.es

Emina 2021 T C
tempranillo

88 19,39€

Frutal, hierbas secas, herbáceo, sencillo, especiado.

Emina Atio 2019 T R
tempranillo

91 43,91€

Color: cereza intenso. Aroma: fruta madura, hierbas secas, roble cremoso. Boca: fruta madura, especiado.

DO RIBERA DEL DUERO / D.O.P.

VINOS DE ESPAÑA

DO RIBERA DEL DUERO / D.O.P.

Emina Emoción 2019 T R
tempranillo

90   28,02€

Color: cereza intenso. Aroma: fruta madura, hierbas secas, roble cremoso, fruta negra, especiado. Boca: fruta madura, especiado, frutoso, sabroso, taninos secos pero maduros.

Emina Pasión 2023 T
tempranillo

88   9,42€

Maduro, confitado, correcto, balsámico, especiado.

BODEGA HERMANOS DEL VILLAR

Cordel de las Merinas, s/n
47490 Rueda (Valladolid)
☎: +34 983 868 904
info@orodecastilla.com
www.orodecastilla.com

Gaudeamus 2022 T RB
tempranillo

90 ★★★★★   5,5€

Color: cereza, borde violáceo. Aroma: expresión frutal, especiado, fruta negra, tostado. Boca: sabroso, frutoso, equilibrado, cierta persistencia, retronasal ahumado.

Oro de Castilla 2021 T C
tinto fino

90 ★★★★   10,5€

Herbal. Aroma: franco, equilibrado, hierbas verdes, hierbas silvestres, especiado. Boca: sabroso, varietal.

BODEGA LOS OLMOS

Las Olmas s/n
09370 Quintana del Pidío (Burgos)
☎: +34 947 545 185
info@bodegalosolmos.com
www.bodegalosolmos.com

Los Olmos 2015 T R
100% tempranillo

90 ★★★★   11,9€

Color: cereza intenso, borde granate. Aroma: ebanistería, cacao fino, habano, tostado, fruta confitada. Boca: sabroso, especiado, tostado, taninos potentes.

Los Olmos 2020 T C
tempranillo

89 ★★★★   9€

Agradable, tostado, suave, frutal.

Los Olmos 2021 T RB
100% tempranillo

88 ★★★★   6,3€

Maduro, sencillo, hierbas secas, amable, balsámico, boca correcta.

Los Olmos 2023 RD
tinta del país, albillo mayor, otras

87 ★★★★   5€

Los Olmos 2023 T
tinta del país

87 ★★★★   5€

BODEGA MATARROMERA

Ctra. Renedo- Pesquera Km. 30
47359 Valbuena de Duero (Valladolid)
☎: +34 983 683 315
matarromera@matarromera.es
www.matarromera.es

Matarromera 2016 T GR
tempranillo

93   95,34€

Cremoso, clásico. Color: cereza oscuro, borde granate. Aroma: fruta madura, fruta confitada, ebanistería, tabaco, especias dulces. Boca: especiado, taninos maduros, largo.

Matarromera 2019 T R
100% tempranillo

93   41,35€

Color: cereza oscuro. Aroma: fruta madura, ebanistería, tabaco, especias dulces, fruta negra. Boca: especiado, cierta persistencia, taninos secos pero maduros, tostado.

Matarromera 2021 T C
tempranillo

91   24,57€

Color: cereza brillante. Aroma: fruta madura, hierbas secas, especias dulces. Boca: fruta madura, especiado, taninos maduros, equilibrado, largo.

🏆 PODIO

Matarromera
Pago de las Solanas 2016 T R
tempranillo

95   279,09€

Color: cereza, borde granate. Aroma: fruta confitada, fruta al licor, potente, chocolate, tostado, tabaco. Boca: sabroso, dulcedumbre, largo.

Matarromera Prestigio 2020 T
tempranillo

93   61,03€

Color: cereza intenso. Aroma: fruta madura, hierbas secas, roble cremoso, hierbas silvestres, especiado. Boca: potente, fruta madura, especiado, taninos maduros, taninos secos pero maduros.

BODEGA PINNA FIDELIS

Camino de Llanillos, s/n
47300 Peñafiel (Valladolid)
☎: +34 983 878 034
josemanuelgomez@pinnafidelis.com
www.pinnafidelis.com

De Tiros Largos 2021 T
100% tinta del país

92 ★★★ 17,5€

Color: cereza brillante. Aroma: franco, con carácter, especiado, hierbas de monte, roble cremoso. Boca: sabroso, largo, equilibrado, untuoso.

Pinna Fidelis 2019 T R
100% tinta del país

89 18,75€

Tostado, ahumado, especiado, maduro.

Pinna Fidelis 2020 T C
100% tinta del país

90 ★★★ 13,75€

Color: cereza brillante. Aroma: especias dulces, fruta madura, roble cremoso, regaliz negro. Boca: especiado, taninos maduros, fácil de beber.

Pinna Fidelis 2022 T RB
100% tinta del país

88 ★★★ 8,15€

Agradable, aromas nítidos, correcto, cremoso, especiado, maduro, sencillo.

BODEGA RENTO

Santa María, 36
47359 Olivares de Duero (Valladolid)
☎: +34 983 683 315
tienda@matarromera.es
www.bodegarento.es

Granza 2022 T
tempranillo

89 🌱 10,25€

Amable, frutal, jugoso, maduro, especiado, equilibrado.

Rento 2018 T
tempranillo

92 53,05€

Color: cereza, borde granate. Aroma: fruta negra, pimienta negra, regaliz negro, especiado, tostado. Boca: sabroso, frutoso, equilibrado, especiado, taninos maduros.

BODEGA ROQUESAN

Eras de Arriba s/n
09454 Quemada (Burgos)
☎: +34 947 553 133
bodega@roquesan.es
www.roquesan.es

Q Alta Expresión Especial 2021 T
tempranillo

87 ★★★★ 7€

Roquesan 2020 T C
tempranillo

87 ★★★ 7,6€

Roquesan 2022 T RB
tempranillo

89 ★★★★ 4,8€

Frutal, fresco, maduro, ahumado, tostado, sabroso, algo secante.

Roquesan 2023 RD
tempranillo

85

BODEGA RUDELES

42345 Peñalba de San Esteban (Soria)
info@rudeles.com
www.rudeles.com

Rudeles "23" 2022 T
95% tempranillo, 5% garnacha

90 ★★★★★ 9,5€

Color: cereza, borde violáceo. Aroma: expresión frutal, especiado, fruta negra, hierbas silvestres. Boca: sabroso, frutoso, equilibrado, cierta persistencia, taninos maduros.

Rudeles "23" 2023 B
100% albillo mayor

89 10,5€

Aromas nítidos, correcto, frutal, hierbas secas, maduro, boca correcta.

Rudeles Aire 2021 B FB
albillo mayor

91 18,5€

Color: pajizo brillante. Aroma: expresivo, fruta madura, lías finas, flores secas. Boca: especiado, largo, jugoso, sabroso.

Rudeles Cerro El Cuberillo 2021 T
100% tempranillo

92 59€

Color: cereza intenso. Aroma: hierbas secas, roble cremoso, fruta madura, fruta negra, tostado. Boca: potente, fruta madura, especiado, taninos maduros.

DO RIBERA DEL DUERO / D.O.P.

Rudeles Finca La Nación 2020 T
100% tempranillo

92   23,5€

Color: Cereza. Aroma: hierbas de monte, tiza, fruta madura, equilibrado. Boca: especiado, balsámico, buena acidez, tostado.

Rudeles Los Arenales 2020 T
100% tempranillo

89   16,5€

Agradable, maduro, tostado.

BODEGA S. ARROYO
Avda. del Cid, 137
09441 Sotillo de la Ribera (Burgos)
☎: +34 947 532 244
info@tintoarroyo.com
www.tintoarroyo.com

Tinto Arroyo 2020 T C
100% tempranillo

91 ★★★★★   10€

Color: cereza intenso. Aroma: hierbas secas, roble cremoso, fruta negra, hierbas silvestres, tomillo. Boca: potente, fruta madura, especiado, taninos maduros.

Tinto Arroyo 2022 T RB
100% tempranillo

87 ★★★   8€

Tinto Arroyo 2023 T
100% tempranillo

88 ★★★★   6€

Correcto, herbal, maduro, muy primario, sencillo.

Tinto Arroyo 2016 T GR
100% tempranillo

92   19€

Color: cereza, borde granate. Aroma: fruta al licor, potente, tostado, chocolate. Boca: sabroso, dulcedumbre, largo.

Tinto Arroyo 2019 T R
100% tempranillo

90 ★★★   13€

Color: cereza oscuro. Aroma: fruta madura, fruta confitada, ebanistería, tabaco, especias dulces. Boca: especiado, taninos maduros, sabroso, equilibrado.

Tinto Arroyo Vendimia Seleccionada 2017 T FB
100% tempranillo

91   23€

Color: cereza opaco. Aroma: fruta confitada, hierbas secas, especias dulces, hierbas de monte. Boca: estructurado, taninos maduros.

BODEGA SAN GABRIEL
Ctra. de la Aguilera, Km. 2.5
09349 Aranda de Duero (Burgos)
info@bodegasangabriel.com
www.bodegasangabriel.com

San Gabriel 2022 T RB
tempranillo

89 ★★★★   6,5€

Frutal, especiado, ahumado, maduro, sabroso.

San Gabriel 2023 RD
tempranillo

87 ★★★★   4,5€

BODEGA SAN ROQUE DE LA ENCINA
San Roque, 73
09391 Castrillo de La Vega (Burgos)
☎: +34 671 486 273
exportacion@pinadillo.com
www.pinadillo.com

299 by Monte Pinadillo 2019 T R
100% tempranillo

92   38€

Color: cereza oscuro, borde granate. Aroma: fruta madura, ebanistería, tabaco, especias dulces. Boca: especiado, taninos maduros, largo.

El Notera 2022 T RB
100% tempranillo

91 ★★★★★   7,9€

Color: cereza intenso. Aroma: fruta madura, hierbas secas, roble cremoso, flores secas, expresión frutal. Boca: potente, fruta madura, especiado, taninos maduros, fresco.

Monte Pinadillo 2020 T R
100% tempranillo

90   14,8€

Color: cereza intenso. Aroma: fruta madura, hierbas secas, roble cremoso. Boca: fruta madura, especiado, taninos maduros.

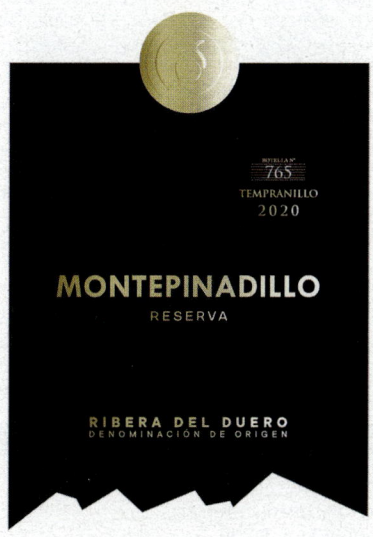

Monte Pinadillo 2021 T C
100% tempranillo

89 ★★★   9,9€

Amable, correcto, frutal, maduro, especiado, algo secante.

Monte Pinadillo 2023 T
100% tempranillo

88 ★★★★   5,7€

Correcto, frutal, maduro, amable, sencillo, varietal.

Monte Pinadillo Rosado de Lágrima 2023 RD
95% tempranillo, 5% garnacha

89 ★★★★   5,7€

Amable, aromas nítidos, frutal.

BODEGA SEVERINO SANZ

Del Río, s/n
40542 Montejo De La Vega De La Serrezuela (Segovia)
☎: +34 921 532 454
info@bodegaseverinosanz.es
www.bodegaseverinosanz.es

Muron Edición Limitada 2021 T
100% tempranillo

92 ★★★   16,94€

Color: cereza muy intenso. Aroma: complejo, expresivo, especiado, mineral, fruta negra. Boca: elegante, lleno, largo, persistente.

Muron Roble 2022 T
tempranillo

89 ★★★★   5,93€

Corpulento, correcto, maduro, sabroso, tostado, algo secante.

DO RIBERA DEL DUERO / D.O.P.

DO RIBERA DEL DUERO / D.O.P.

BODEGA TIERRA ARANDA
San Francisco, 74
09400 Aranda de Duero (Burgos)
☎: +34 947 501 311
info@vinotierraranda.es
www.vinotierraranda.es

Tierra Aranda 2018 T R
100% tempranillo

90 .... 16€
Color: cereza oscuro, borde granate. Aroma: fruta confitada, ebanistería, tabaco, especias dulces. Boca: especiado, taninos maduros, largo.

Tierra Aranda 2021 T C
100% tempranillo

88 .... 10€
Equilibrado, hierbas secas, maduro, tostado.

Tierra Aranda Edición Especial Viñedos Singulares 2021 T C
89 .... 20€
Frutal, herbal, maduro, sabroso, especiado.

Tierra Aranda Vendimia Seleccionada 2021 T C
100% tempranillo

87 .... 9,6€

Vega Valerio 2020 T C
100% tempranillo

87 .... 9,5€

Viña Hijosa 2020 T
100% tempranillo

90 ★★★★★ 🌱 .... 9,5€
Color: cereza intenso. Aroma: fruta madura, hierbas secas, roble cremoso, fruta negra. Boca: fruta madura, especiado, taninos maduros, tostado.

BODEGA TR3SMANO
Pago de las Bodegas, s/n
47314 Padilla de Duero (Valladolid)
☎: +34 682 411 854
calidad@tresmano.com
www.tresmano.com

Proventus by Tr3smano 2022 T
tempranillo

92 .... 24€
Color: cereza, borde violáceo. Aroma: expresión frutal, fruta roja, floral, especiado, tostado. Boca: sabroso, frutoso, buena acidez, largo.

Tr3smano Albillo Mayor 2022 B
91 .... 45€
Color: amarillo brillante. Aroma: potente, roble cremoso, fruta madura, especiado. Boca: estructurado, largo, tostado, fino amargor.

🏆 PODIO

Tr3smano Tm 2019 T BA
tinto fino

96 .... 125€
Color: cereza oscuro, borde granate. Aroma: fruta madura, ebanistería, tabaco, especias dulces, arándano azul, caramelo de violetas. Boca: especiado, taninos maduros, largo, opulento, muy vivo.

Tr3smano Vendimia 2022 T
100% tempranillo

93 .... 42€
Complejo, tostado. Color: cereza intenso. Aroma: fruta madura, hierbas secas, roble cremoso. Boca: potente, fruta madura, especiado, taninos maduros.

Tr3smano Viñedos Históricos 2021 T
tinto fino

94 .... 60€
Complejo, potente. Color: cereza brillante. Aroma: complejo, expresivo, especiado, mineral, fruta negra, fruta madura. Boca: lleno, largo, persistente, sabroso.

BODEGA VALDRINAL
Camino de la Vega s/n,
Polígono 4, Parcelas 130-133
40533 Aldehorno (Segovia)
☎: +34 634 578 239
general@valdrinal.com
www.valdrinal.com

Valdrinal 2022 T RB
tempranillo

90 ★★★★★ .... 8,1€
Color: cereza, borde violáceo. Aroma: expresión frutal, fruta roja, especiado, fruta negra, pimienta negra. Boca: sabroso, frutoso, retronasal ahumado, taninos secos pero maduros.

Valdrinal Rosé 2023 RD
tempranillo

86 .... 8,1€

Valdrinal SQR 2019 T
tempranillo

93 .... 42,5€
Color: cereza oscuro, borde granate. Aroma: fruta madura, fruta confitada, ebanistería, tabaco, especias dulces. Boca: especiado, taninos maduros, largo.

Valdrinal V24 2019 T R
100% tempranillo

91 .... 20€
Color: cereza intenso. Aroma: fruta madura, hierbas secas, roble cremoso, fruta al licor, violetas. Boca: potente, fruta madura, especiado, taninos maduros, algo secante.

BODEGA VIÑA ARNAIZ

Ctra. N-122, Km. 281
09463 Haza (Burgos)
☎: +34 947 536 500
info@jgc.es
www.garciacarrion.com

Bodega La Ermita
Ribera del Duero 2019 T
100% tempranillo

91 25€

Color: cereza intenso. Aroma: fruta madura, hierbas secas, roble cremoso, cacao fino. Boca: potente, fruta madura, especiado, taninos maduros.

Pata Negra 2023 T RB
88

Maduro, suave, tostado.

Viña Arnáiz 2019 T R
tempranillo

88 15€

Corpulento, especiado, herbáceo, maduro.

Viña Arnáiz 2020 T C
tempranillo

88 12€

Frutal, maduro, sencillo, especiado, tostado.

Viña Arnáiz 2022 T RB
tempranillo

85 10€

BODEGA VIRGEN DE LA ASUNCIÓN

Las Afueras, s/n
09311 La Horra (Burgos)
☎: +34 947 542 057
info@virgendelaasuncion.com
www.virgendelaasuncion.com

El Corazón de la Tierra 2019 T
100% tinta del país

91 28€

Color: cereza intenso. Aroma: fruta madura, hierbas secas, roble cremoso. Boca: potente, fruta madura, especiado, taninos maduros.

El Secreto
de María Albillo 2022 B
100% albillo mayor

91 18€

Con personalidad. Color: pajizo brillante, borde verdoso. Aroma: cítricos, hierbas silvestres, cera. Boca: fresco, buena acidez, fino amargor.

Ricardo Dumas 2016 T GR
100% tinto fino

93 40€

Color: cereza oscuro, borde granate. Aroma: fruta confitada, cera, tostado, café aromático, chocolate. Boca: cálido, confitado, taninos dulces, cierta persistencia.

Ricardo Dumas 2023 RD
100% tempranillo

88 ★★★★ 8€

Amable, frutal, suave.

Ricardo Dumas Selección 2020 T
100% tinto fino

91 18€

Con defectos. Color: cereza intenso. Aroma: fruta negra, fruta madura, hierbas secas, terroso, tiza. Boca: especiado, fruta madura, taninos maduros.

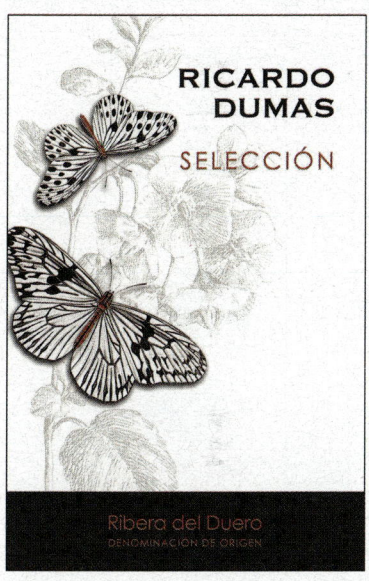

DO RIBERA DEL DUERO / D.O.P.

BODEGA VIVA EL VINO

Real, 82
09370 Gumiel de Izán (Burgos)
☎: +34 660 379 782
jmata@vinos2020.com
www.vinos2020.com

VeinteVeinte 20·20 2021 T C
100% tempranillo

88 13,3€

Equilibrado, especiado, hierbas secas, maduro.

VeinteVeinte 20·20 Edición Familiar "Casilda" 2020 T C
100% tempranillo

90 15,5€

Color: cereza intenso. Aroma: fruta madura, hierbas secas, roble cremoso. Boca: fruta madura, especiado, taninos maduros.

BODEGA Y VIÑEDOS ARTIO

Bajada al Molino, 15 Bajo
09400 Aranda de Duero (Burgos)
☎: +34 690 619 400
info@elmajuelodelabuelo.es
www.elmajuelodelabuelo.es

Ecosistema Arcco 2019 T R
tinta del país

92 60€

Color: cereza, borde granate. Aroma: fruta confitada, fruta al licor, potente, chocolate. Boca: sabroso, dulcedumbre, largo.

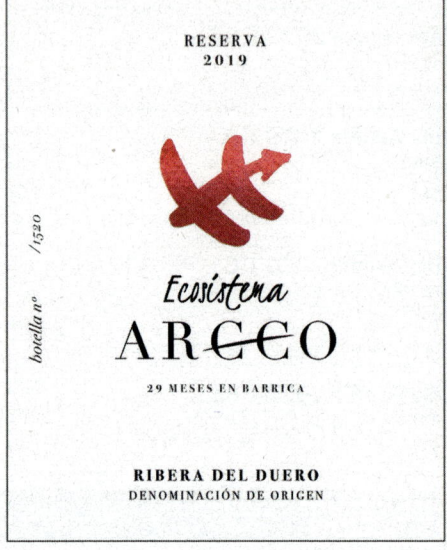

El Majuelo del Abuelo 2020 B
albillo mayor

92 50€

Color: pajizo brillante. Aroma: fruta madura, hierbas de tocador, lías finas, cera. Boca: lleno, largo, buena acidez.

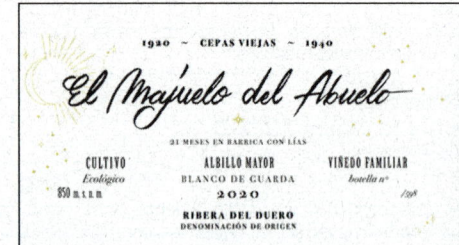

El Majuelo del Abuelo 2022 RD
95% tinta del país, 5% malbec

92 ★★★★ 15€

Color: frambuesa. Aroma: fruta madura, flores marchitas, hierbas secas. Boca: carnoso, sabroso, fruta madura.

BODEGA Y VIÑEDOS NUNTIUM
Amsterdam, 61
47008 Valladolid (Valladolid)
☎: +34 645 772 630
rodrigo@nuntium.es
www.nuntium.es

De Rodrigo 2020 T
tempranillo

92 45€

Color: cereza intenso. Aroma: hierbas secas, roble cremoso, fruta negra. Boca: potente, fruta madura, especiado, taninos maduros.

Martin & Pons 2021 T
tempranillo

89 18€

especiado, maduro, lleno, tostado, floral.

BODEGAS ABADÍA LA ARROYADA
La Tejera, s/n
09442 Terradillos de Esgueva (Burgos)
☎: +34 947 545 309
bodegas@abadialaarroyada.es
www.abadialaarroyada.es

Abadía la Arroyada 2020 T C
89 12€

Cálido, tostado, potente.

Abadía la Arroyada 2021 T RB
100% tempranillo

87 ★★★★ 7€

Abadía la Arroyada 2022 T
100% tempranillo

89 ★★★★ 5,5€

Agradable, amable, frutal.

Bocaslobas 2019 T C
100% tempranillo

90 ★★★★ 12€

Color: cereza intenso. Aroma: fruta madura, hierbas secas, roble cremoso, hierbas de monte. Boca: fruta madura, especiado, algo secante.

BODEGAS ABADÍA SAN QUIRCE
Ctra. Madrid - Irun, Km. 171
09370 Gumiel de Izán (Burgos)
☎: +34 686 413 432
sales@abadiasanquirce.com
www.bodegasabadiasanquirce.com

Abadía de San Quirce 2018 T R
100% tempranillo

92 34,5€

Color: cereza intenso, borde granate. Aroma: fruta madura, cacao fino, habano, chocolate, tostado. Boca: sabroso, especiado, tostado, taninos potentes.

Abadía de San Quirce 2020 T C
100% tempranillo

92 19,5€

Color: cereza brillante. Aroma: fruta al licor, fruta negra, fruta roja, hierbas silvestres, especiado, tostado. Boca: sabroso, frutoso, equilibrado, fruta madura, taninos secos pero maduros.

Abadía de San Quirce 6 meses 2023 T RB
100% tempranillo

90 ★★★★ 11,5€

Color: cereza, borde violáceo. Aroma: expresión frutal, floral, especiado. Boca: sabroso, frutoso, buena acidez, largo.

Abadía de San Quirce Finca Helena 2022 T
100% tempranillo

91 65€

Color: cereza intenso. Aroma: hierbas secas, roble cremoso, madera marcada, fruta negra. Boca: potente, fruta madura, especiado, taninos maduros.

Abadía de San Quirce M9 2022 T
100% tempranillo

93 39,5€

Color: Cereza. Aroma: especiado, fina reducción, fruta madura, especias dulces. Boca: largo, persistente, sabroso, taninos maduros.

BODEGAS ANTÍDOTO

Ctra. a Atauta, 63B
42330 San Esteban de Gormaz (Soria)
☎: +34 975 350 493
bodegas@bodegasantidoto.com
www.bodegasantidoto.com

Antídoto 2022 T
91 16,5€

Color: cereza intenso. Aroma: fruta madura, hierbas secas, roble cremoso. Boca: potente, fruta madura, especiado, taninos maduros.

Antídoto 2023 T
92 ★★★ 18€

Color: cereza, borde violáceo. Aroma: expresión frutal, fruta roja, floral, especiado. Boca: sabroso, frutoso, buena acidez, largo.

La Hormiga de Antídoto 2022 T
93 32€

Sabroso, exuberante. Color: Cereza. Aroma: complejo, expresivo, especiado, mineral. Boca: elegante, lleno, largo, persistente.

Le Rosé de Antídoto 2022 RD
tinto fino, albillo
93 60€

Aromas nítidos, complejo. Color: salmón. Aroma: especias dulces, fruta roja, hierbas de tocador, flores secas. Boca: lleno, sabroso, especiado, dulcedumbre, largo.

Roselito 2023 RD
91 ★★★★★ 12€

Color: cobrizo. Aroma: fruta madura, flores marchitas, especiado. Boca: carnoso, sabroso, fruta madura, graso.

BODEGAS ARCANO

09317 San Martin de Rubiales (Burgos)
☎: +34 695 382 848
info@arcanowines.com
www.arcanowines.com

Accentus 2022 T
tempranillo
90 ★★★★★ 🌿 10€

Amable. Color: Cereza. Aroma: hierbas secas, expresivo, fruta negra. Boca: fruta madura, fino amargor.

Carraroa 2021 T C
tempranillo
88 🌿 15€

Confitado, hierbas secas, sabroso, tostado.

Eternal 2018 T
tempranillo
91 🌿 35€

Color: cereza intenso. Aroma: hierbas secas, hierbas de monte, cera, fruta madura, fruta confitada. Boca: lleno, potente.

BODEGAS ARCO DE CURIEL

Calvario, s/n
47316 Curiel de Duero (Valladolid)
☎: +34 983 880 481
info@arcocuriel.com
www.arcocuriel.com

Arcum 2019 T C
tempranillo
88 15,5€

Corpulento, equilibrado, especiado, hierbas secas.

Arcum 2021 T C
tempranillo
89 15,5€

Cremoso, equilibrado, hierbas secas, maduro.

Arcum 2022 T RB
tempranillo
87 8,5€

Arcum 2023 T RB
tempranillo
86 8,5€

Neptis Expresion 2019 T R
tempranillo
92 24,5€

Clásico. Color: cereza oscuro, borde granate. Aroma: fruta madura, tabaco, especias dulces. Boca: especiado, taninos maduros, sabroso.

Previus de Neptis 2021 T RB
tempranillo

91 ★★★★★   11,5€

Color: cereza intenso. Aroma: fruta madura, hierbas secas, roble cremoso. Boca: fruta madura, especiado, taninos rugosos.

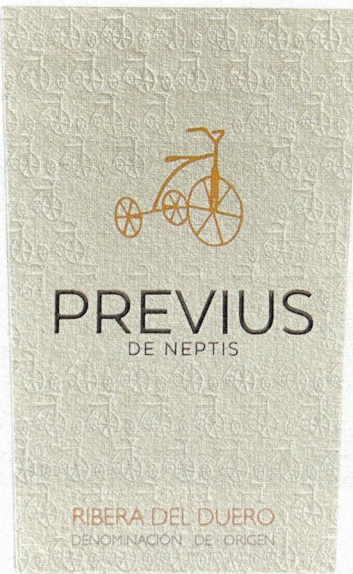

BODEGAS ARROCAL
Eras de Santa María, s/n
09443 Gumiel de Mercado (Burgos)
☎: +34 947 561 290
Info@arrocal.com
www.arrocal.com

Arrocal 2021 T C
tinto fino

92 ★★★   18€

Color: cereza oscuro. Aroma: tostado, especiado, fruta negra, fruta madura. Boca: sabroso, tostado, fino amargor, frutoso, retronasal ahumado, taninos secos pero maduros.

Arrocal Blanco de Guarda 2021 B
albillo mayor

91   22€

Aroma: caramelo de limón, expresión frutal, fruta de hueso, hierbas secas, flores marchitas. Boca: frutoso, fresco, jugoso, sabroso, equilibrado.

Arrocal Reserva de Familia 2020 T R
tinto fino

92   35€

Color: cereza oscuro. Aroma: tostado, especiado, fruta negra, fruta madura, hierbas secas. Boca: sabroso, tostado, fino amargor, frutoso, potente, taninos secos pero maduros.

Arrocal Selección Especial 2021 T
tinto fino

93   22€

Color: cereza intenso. Aroma: fruta madura, hierbas secas, roble cremoso, especiado. Boca: potente, fruta madura, especiado, taninos maduros, frutoso, taninos secos pero maduros.

BODEGAS ARZUAGA NAVARRO
Ctra. Nac. 122, Km. 325
47350 Quintanilla de Onésimo (Valladolid)
☎: +34 983 681 146
bodeg@arzuaganavarro.com
www.arzuaganavarro.com

Amaya Arzuaga 2018 T

93   85€

Color: cereza, borde granate. Aroma: equilibrado, complejo, fruta madura, especiado. Boca: sabroso, taninos maduros, equilibrado, redondo, elegante.

Arzuaga 2018 T GR

93

Clásico, sabroso. Color: cereza, borde granate. Aroma: fruta confitada, fruta al licor, potente, praliné, cuero muy curtido. Boca: sabroso, largo.

Arzuaga Reserva Especial 2019 T R
tempranillo, albillo

94

Clásico, corpulento. Color: cereza, borde granate. Aroma: complejo, fruta madura, fruta negra, roble cremoso, especias dulces. Boca: sabroso, redondo, taninos maduros.

DO RIBERA DEL DUERO / D.O.P.

DO RIBERA DEL DUERO / D.O.P.

Arzuaga 2020 T R
92   40€
Color: cereza intenso, borde granate. Aroma: ebanistería, fruta madura, cacao fino, habano, tostado. Boca: sabroso, especiado, tostado, taninos potentes.

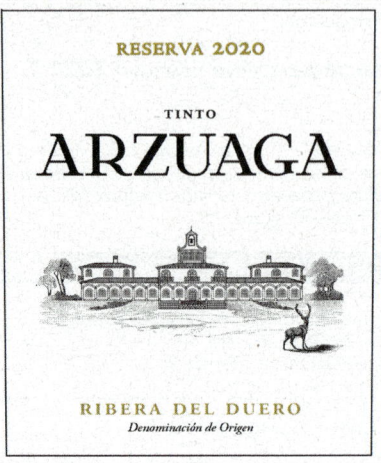

Arzuaga 2022 T C
tempranillo, malbec, cabernet sauvignon
92
Color: cereza brillante. Aroma: fruta madura, lácticos, equilibrado, expresivo, franco. Boca: frutoso, especiado, taninos maduros.

Arzuaga Ecológico 2022 T C
89 🌿
Color: cereza, borde granate. Aroma: fruta confitada, fruta al licor, potente, muy tostado (torrefactado). Boca: sabroso, dulcedumbre, largo.

Gran Arzuaga 2019 T R
93   130€
Complejo, especiado. Color: cereza intenso. Aroma: hierbas secas, roble cremoso, fruta madura, fruta roja, tostado. Boca: potente, fruta madura, especiado, taninos maduros.

La Planta 2023 T RB
90 ★★★★★   9,95€
Agradable, correcto, frutal, láctico. Aroma: especiado, especias dulces, roble cremoso. Boca: largo, fruta madura, fácil de beber.

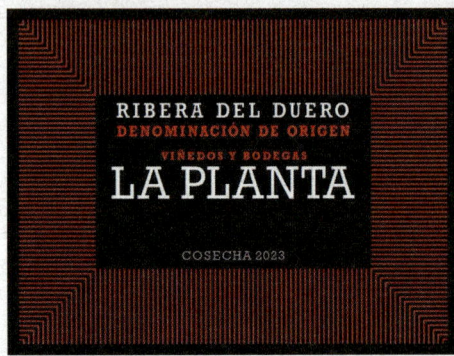

Rosae Arzuaga 2023 RD
tempranillo
90 🌿
Color: frambuesa, borde violáceo. Aroma: expresión frutal, fruta roja, floral. Boca: frutoso, buena acidez, fácil de beber.

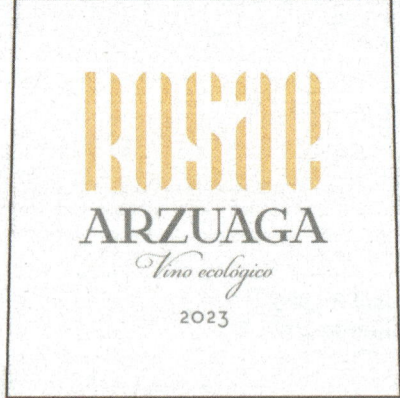

Laderas del Norte 2022 T
93 ★★★ 🌿   19€
Color: cereza, borde violáceo. Aroma: expresión frutal, fruta roja, floral, especiado. Boca: sabroso, frutoso, buena acidez, largo, mineral.

BODEGAS ASENJO & MANSO

Ctra. Palencia, Km. 58,200
09311 La Horra (Burgos)
☎: +34 636 972 524
info@asenjo-manso.com
www.asenjo-manso.com

Ceres 2021 T C
100% tempranillo

88   11€

Equilibrado, especiado, herbáceo, tostado.

Silvanus Edición Limitada 2021 T
100% tempranillo

91   22€

Color: cereza muy intenso. Aroma: muy tostado (torrefactado), café aromático, potente, fruta negra. Boca: retronasal ahumado, taninos maduros.

Ceres al Desnudo 2023 T
tempranillo

88 ★★★★   7€

Equilibrado, frutal, sabroso, herbal.

Silvanus 2020 T C
100% tempranillo

90   16€

Color: cereza brillante. Aroma: especias dulces, fruta madura, chocolate. Boca: frutoso, especiado, taninos maduros.

A&M 3 2023 T RB
tempranillo

87 ★★★★   6,5€

A&M Autor 2020 T R
100% tempranillo

91   60€

Color: cereza intenso. Aroma: fruta madura, hierbas secas, roble cremoso, muy tostado (torrefactado). Boca: potente, fruta madura, especiado, taninos maduros.

BODEGAS BALBÁS

La Majada, s/n
09311 La Horra (Burgos)
☎: +34 947 542 111
comunicacion@balbas.es
www.balbas.es

Ritus 2020 T BA
75% tempranillo, 25% merlot

91   34,6€

Color: Cereza. Aroma: balsámico, especias dulces, hierbas de monte. Boca: especiado, balsámico, taninos maduros, sabroso, tostado.

Balbás 2019 T R
100% tempranillo

90   42€

Color: cereza intenso. Aroma: hierbas secas, roble cremoso, madera marcada, fina reducción. Boca: potente, fruta madura, especiado, taninos maduros.

DO RIBERA DEL DUERO / D.O.P.

DO RIBERA DEL DUERO / D.O.P.

Balbás 2021 T C
100% tempranillo
91 24,8€
Color: Cereza. Aroma: balsámico, especias dulces, chocolate. Boca: especiado, taninos maduros, equilibrado, sabroso, varietal.

Pagos de Balbás 2022 T
88
Cremoso, especiado, corpulento, hierbas secas, amaderado.

BODEGAS BRIEGO
Ctra. Cuellar, Km. 8,8
47311 Fompedraza (Valladolid)
☎: +34 983 892 156
info@bodegasbriego.com
www.bodegasbriego.com

Briego Adalid 2019 T R
tempranillo
90 21,5€
Fluido. Color: cereza, borde violáceo. Aroma: fruta roja, floral, especiado. Boca: sabroso, frutoso, buena acidez.

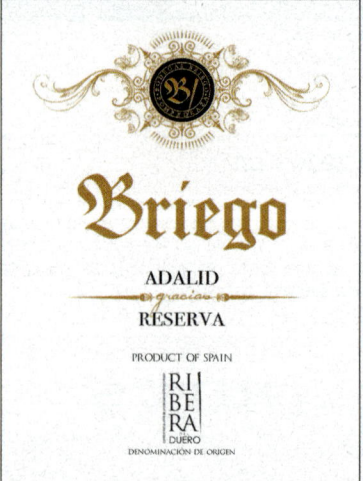

Ankal 2021 T C
tempranillo
90 14,27€
Amable. Aroma: chocolate, expresivo, roble cremoso. Boca: sabroso, madera marcada, redondo.

Supernova 2021 T C
tempranillo
93 ★★★★★ 14,27€
Color: cereza intenso. Aroma: fruta madura, hierbas secas, roble cremoso, fruta negra. Boca: potente, fruta madura, especiado, taninos maduros.

Supernova Roble 2023 T RB
tempranillo
89 ★★★★ 8,95€
Frutal, especiado, maduro, ahumado.

Jeita 2019 T R
tempranillo
91
Color: cereza intenso. Aroma: fruta madura, hierbas secas, roble cremoso, fruta roja, fruta negra. Boca: potente, fruta madura, especiado, taninos maduros, cierta persistencia.

BODEGAS BRIONES ABAD
Ctra. Roa - Fuentecén, Km. 1.2
09300 Roa (Burgos)
☎: +34 947 540 613
brionesab@cantamuda.com
www.cantamuda.com

Cantamuda 2023 T RB
100% tempranillo
88 ★★★ 8,85€
Confitado, sabroso, especiado, jugoso.

Cantamuda Finca la Cebolla 2021 T
tempranillo
90 22,15€
Color: cereza brillante. Aroma: fruta madura, fruta negra, hierbas secas, especiado, tostado. Boca: sabroso, frutoso, algo secante, tostado.

Cantamuda
La Estación 2021 T
tempranillo

90 18,35€

Color: cereza intenso. Aroma: fruta madura, hierbas secas, especiado, tostado. Boca: potente, fruta madura, especiado, taninos maduros, retronasal ahumado, cierta persistencia.

Cantamuda
Parcela 64 2021 T
tempranillo

90 15,05€

Color: cereza intenso. Aroma: fruta madura, hierbas secas, roble cremoso, chocolate. Boca: fruta madura, especiado, taninos maduros.

BODEGAS CARRAMIMBRE

Ctra. N-122, Km. 311
47300 Peñafiel (Valladolid)
☎: +34 983 880 623
export@carramimbre.com
www.carramimbre.com

Torre Pingón 2019 T R
tempranillo

90

Color: cereza intenso. Aroma: fruta madura, hierbas secas, roble cremoso. Boca: fruta madura, especiado, taninos maduros.

Altamimbre 2019 T RB
tempranillo

92

Color: cereza intenso. Aroma: fruta madura, roble cremoso, hierbas de monte. Boca: fruta madura, especiado, taninos maduros.

Carramimbre 2023 T RB
tempranillo

90

Color: Cereza. Aroma: balsámico, hierbas de monte, fruta madura, madera marcada. Boca: especiado, balsámico, buena acidez.

Carramimbre 2021 T C
tempranillo

90

Color: cereza intenso. Aroma: fruta madura, hierbas secas, roble cremoso, fruta negra, especiado. Boca: potente, fruta madura, especiado, taninos maduros, frutoso.

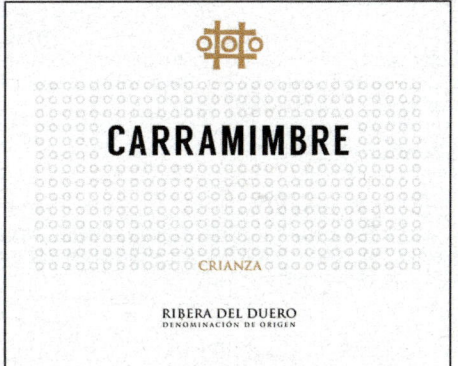

Torre Pingón 2021 T C
tempranillo

87

BODEGAS CASTILLEJO DE ROBLEDO

Ctra. Castillejo a Langa s/n
42328 Castillejo de Robledo (Soria)
☎: +34 975 355 062
info@bodegascastillejo.com
www.bodegascastillejo.com

Silentium 2017 T R
100% tempranillo

91 ★★★★   12,7€

Color: cereza intenso. Aroma: roble cremoso, fruta madura, fruta confitada, potente. Boca: fruta madura, especiado, taninos maduros.

Silentium 2023 T
100% tempranillo

88 ★★★★   4,5€

Maduro, corpulento, potente, sabroso. Aroma: frutos secos.

Silentium 2023 T RB
100% tempranillo

87 ★★★★   5,5€

Silentium Expresión 2018 T C
100% tempranillo

91   18,8€

Color: cereza muy intenso. Aroma: tostado, fruta negra, cacao fino, regaliz negro. Boca: sabroso, taninos maduros.

Silentium 2020 T C
100% tempranillo

90 ★★★★★   9,7€

Color: cereza oscuro. Aroma: especias dulces, fruta madura, chocolate. Boca: frutoso, especiado, taninos maduros, fácil de beber.

BODEGAS COMENGE

Camino del Castillo, s/n
47316 Curiel de Duero (Valladolid)
☎: +34 983 880 363
admin@comenge.com
www.comenge.com

Don Miguel Comenge 2019 T R
95% tempranillo, 5% cabernet sauvignon

93 🍃   38€

Color: cereza oscuro. Aroma: fruta madura, fruta confitada, ebanistería, tabaco, especias dulces, arándano azul. Boca: especiado, taninos maduros, cierta persistencia, equilibrado, taninos secos pero maduros.

Familia Comenge Reserva 2020 T
100% tempranillo

93 🍃   29€

Color: cereza intenso. Aroma: fruta madura, hierbas secas, roble cremoso, fruta negra, fruta roja, lácticos. Boca: potente, fruta madura, especiado, taninos maduros, cierta persistencia.

BODEGAS CONDADO DE HAZA

Ctra. La Horra, s/n
09300 Roa (Burgos)
☎: +34 947 525 254
info@condadodehaza.com
www.familiafernandezrivera.com

Alenza 2019 T GR
tempranillo

91 130€

Color: cereza intenso. Aroma: fruta madura, hierbas secas, roble cremoso, lácticos, madera marcada. Boca: fruta madura, especiado, taninos maduros.

Condado de Haza 2022 T C
tempranillo

91 ★★★  14,35€

Color: cereza, borde granate. Aroma: fruta confitada, potente, fruta negra, fruta madura, tostado. Boca: sabroso, dulcedumbre, largo.

BODEGAS CRUZ DE ALBA

Camino de las Pozas, s/n
47350 Quintanilla de Onésimo (Valladolid)
☎: +34 983 681 108
info.cruzdealba@zamoracompany.com
www.cruzdealba.es

Cruz de Alba 2021 T C
92

Color: cereza, borde violáceo. Aroma: fruta roja, especiado, fruta negra, fruta madura, madera marcada. Boca: sabroso, frutoso, especiado, tostado, taninos secos pero maduros.

Cruz de Alba 2022 T RB
90

Color: cereza, borde violáceo. Aroma: expresión frutal, fruta roja, especiado, pimienta negra, fruta negra. Boca: sabroso, frutoso, especiado, equilibrado, cierta persistencia.

Cruz de Alba Finca Los Hoyales 2018 T
93

Complejo, sabroso, pulido. Color: Cereza. Aroma: complejo, expresivo, especiado, mineral, fruta negra. Boca: elegante, lleno, largo, persistente.

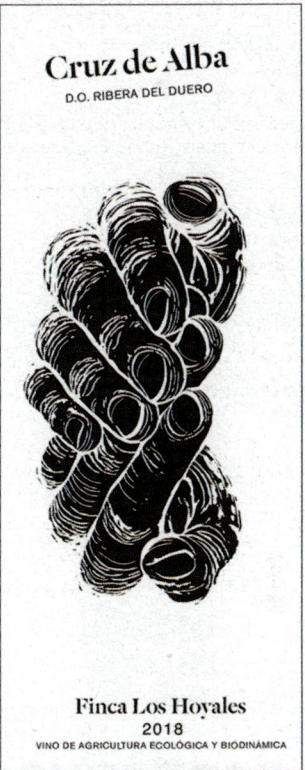

Cruz de Alba Fuentelun 2019 T R
100% tempranillo

91 🌿

Color: cereza brillante, cereza intenso. Aroma: fruta madura, especiado. Boca: sabroso, pulido, largo, fruta madura.

DO RIBERA DEL DUERO / D.O.P.

BODEGAS CUEVAS JIMÉNEZ

Ctra. Madrid-Irún, A-I km. 165
09370 Gumiel de Izán (Burgos)
☎: +34 638 007 140
administracion@ferratus.es
www.ferratus.es

Ferratus 2022 B
100% albillo mayor

92 ★★★★ 16€

Color: amarillo brillante. Aroma: potente, roble cremoso, fruta madura, especiado, madera marcada. Boca: graso, estructurado, tostado, fino amargor.

Ferratus 2023 RD FB
100% tempranillo

90 ★★★★ 12€

Color: rosáceo pálido. Aroma: fruta roja, floral, hierbas de tocador. Boca: ligero, especiado, buena acidez, fino amargor.

Ferratus AØ 2021 T RB
100% tempranillo

90 ★★★★ 12€

Color: Cereza. Aroma: especias dulces, hierbas de monte, tomillo. Boca: especiado, buena acidez, fácil de beber.

Ferratus Origen 2019 T
100% tempranillo

93 25€

Color: cereza intenso. Aroma: hierbas secas, roble cremoso, fruta negra. Boca: potente, fruta madura, especiado, taninos maduros.

BODEGAS DANI MABE WINES

Humilladero, 5
09400 Aranda de Duero (Burgos)
☎: +34 618 998 186
dani@danimabewines.com
www.danimabewines.com

D1 Mabe 2022 T
100% tempranillo

93 ★★★★ 18€

Color: cereza, borde violáceo. Aroma: expresión frutal, fruta roja, floral, especiado, especias dulces. Boca: sabroso, frutoso, buena acidez, largo.

W1 Mabe 2023 B RB
albillo mayor

89 24,5€

Amable, aromas nítidos, flores secas, frutal, hierbas secas, muy primario, sabroso, equilibrado.

BODEGAS DE LOS RÍOS PRIETO

Ctra. Pesquera-Renedo, km. 1
47315 Pesquera de Duero (Valladolid)
☎: +34 983 083 178
administracion@bodegasdelosriosprieto.com
www.bodegasdelosriosprieto.com

Prios Maximus 2018 T R

90 18,15€

Color: cereza intenso, borde granate. Aroma: ebanistería, fruta madura, cacao fino, habano, tostado. Boca: sabroso, especiado, tostado, taninos potentes.

Prios Maximus 2021 T C
tempranillo

89 12,45€

Tostado, amable, ahumado, maduro.

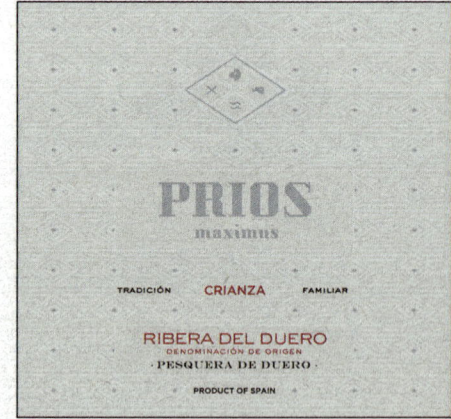

Prios Maximus 2023 T RB
tempranillo

90 ★★★★★ 7,45€

Color: cereza intenso. Aroma: fruta madura, hierbas secas, roble cremoso. Boca: fruta madura, especiado, taninos maduros.

BODEGAS DOMINIO DE ATAUTA

Ctra. a Morcuera, s/n
42345 Atauta (Soria)
☎: +34 975 351 349
info@dominiodeatauta.com
www.dominiodeatauta.com

🏆 PODIO

Dominio de Atauta 2021 T C
100% tinto fino

95 30,9€

Color: Cereza. Aroma: complejo, expresivo, especiado, mineral, tiza, hierbas de monte. Boca: lleno, largo, persistente.

🏆 PODIO

Dominio de Atauta Dos Fincas 2021 T
100% tinto fino

96 47,6€

Color: Cereza. Aroma: expresivo, especiado, mineral, expresión frutal, fruta roja, terroso. Boca: elegante, lleno, largo, persistente.

Dominio de Atauta La Mala 2018 T C
100% tinto fino

94 135,2€

Color: cereza oscuro. Aroma: tostado, especiado, cacao fino, fruta negra, fruta madura, cuero muy curtido. Boca: sabroso, tostado, fino amargor.

🏆 PODIO

Dominio de Atauta La Roza 2018 T
100% tinto fino

100 248,95€

Color: Cereza. Aroma: complejo, expresivo, especiado, mineral, fruta madura, fruta negra, habano. Boca: lleno, persistente, taninos maduros.

🏆 PODIO

Dominio de Atauta Llanos del Almendro 2018 T
100% tinto fino

96 135,2€

Balsámico, complejo. Color: cereza intenso. Aroma: fruta madura, hierbas secas, roble cremoso, especias dulces, tabaco, fina reducción. Boca: fruta madura, especiado, taninos maduros.

🏆 PODIO

Dominio de Atauta San Juan 2018 T
100% tinto fino

98 248,95€

Aromas nítidos, complejo. Color: Cereza. Aroma: complejo, expresivo, especiado, mineral, fruta roja, fruta madura. Boca: lleno, largo, persistente, muy vivo.

🏆 PODIO

Dominio de Atauta Valdegatiles 2018 T
100% tinto fino

97 135,2€

Amable, aromas nítidos. Color: cereza intenso. Aroma: fruta madura, hierbas secas, roble cremoso, fruta negra. Boca: fruta madura, especiado, taninos maduros, jugoso.

Parada de Atauta 2021 T
100% tinto fino

94 ★★★ 21,75€

Color: Cereza. Aroma: especias dulces, hierbas de monte, fruta madura, terroso. Boca: especiado, balsámico, buena acidez.

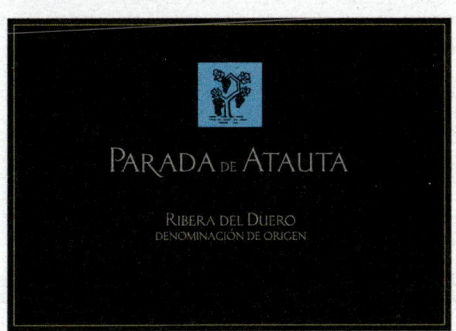

BODEGAS DOMINIO DE CAIR

Ctra. Aranda - La Aguilera. km. 9
09370 La Aguilera (Burgos)
☎: +34 947 545 276
enoturismo@dominiodecair.com
www.dominiodecair.com

Cair Cuvée 2021 T
85% tempranillo, 15% merlot

89 10,8€

Amable, correcto, equilibrado, frutal, jugoso, maduro. Boca: fácil de beber.

Cair Selección La Aguilera 2021 T
100% tempranillo

92 ★★★ 17,1€

Color: cereza brillante. Aroma: expresión frutal, fruta roja, especiado, fruta confitada, fruta negra. Boca: sabroso, frutoso, equilibrado, especiado, taninos potentes.

DO RIBERA DEL DUERO / D.O.P.

DO RIBERA DEL DUERO / D.O.P.

Cruz del Pendón 2020 T
100% tempranillo

94 69€

Agradable, balsámico. Color: Cereza. Aroma: complejo, expresivo, especiado, mineral, tostado. Boca: lleno, largo, persistente, taninos finos.

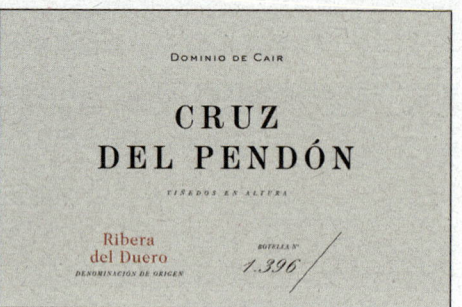

Pendón de la Aguilera 2021 T
100% tempranillo

94 226,65€

Color: Cereza. Aroma: complejo, expresivo, especiado, mineral, fruta roja, fruta madura. Boca: elegante, lleno, largo, persistente.

Tierras de Cair 2020 T R
100% tempranillo

92 35,9€

Color: cereza oscuro. Aroma: tostado, especiado, cacao fino, fruta madura, fruta negra. Boca: sabroso, tostado, fino amargor, cierta persistencia, retronasal ahumado, frutoso.

BODEGAS DURÓN
Roa, Km. 3,800
09300 Burgos (Burgos)
☎: +34 647 551 476
jblancoa@solardesamaniego.es
www.solardesamaniego.com

Cueva del Raposo 2020 T
88% tempranillo, 12% cabernet sauvignon

89 18€

Confitado, frutal, especiado, tostado, algo secante.

Durón 2019 T R
88% tempranillo, 8% merlot, 4% cabernet sauvignon

88 18€

Equilibrado, especiado, herbáceo, maduro, sabroso.

Durón 2020 T C
96% tempranillo, 3% merlot, 1% cabernet sauvignon

87 8,05€

Forjador 2022 T RB
100% tempranillo

88 ★★★★ 6,95€

Frutal, especiado, láctico, tostado, algo secante.

Maestro de Durón 2020 T C
92% tempranillo, 8% cabernet sauvignon

88 12,5€

Especiado, frutal, maduro, sabroso.

Optimo de Durón 2019 T R
76% tempranillo, 10% cabernet sauvignon, 14% merlot

91 32,6€

Color: cereza intenso. Aroma: fruta madura, roble cremoso, hierbas verdes. Boca: potente, fruta madura, especiado, taninos maduros.

BODEGAS EL HACEDOR
Avda. Estación s/n
47360 Quintanilla de Arriba (Valladolid)
☎: +34 670 972 797
cdelaserna@montevannos.com
www.montevannos.com

M Montevannos 2022 T
tempranillo

88 10,22€

Aromático, frutal, maduro, especiado.

Montevannos 2021 T RB
100% tempranillo

88 ★★★ 8,53€

Equilibrado, especiado, hierbas secas, tostado.

Opimius 2021 T
tempranillo

90 39,58€

Color: cereza intenso. Aroma: hierbas secas, roble cremoso, fruta negra, fruta confitada. Boca: fruta madura, especiado, taninos maduros.

BODEGAS EL LAGAR DE ISILLA
Camino Real, 1
09471 La Vid (Burgos)
☎: +34 947 530 434
administracion@lagarisilla.es
www.bodegasellagardeisilla.com

El Lagar de Isilla Albillo Mayor Selección de Añada 2021 B
100% albillo mayor

89 32,95€

Jugoso, maduro, sabroso, amaderado, boca correcta, opulento, por hacer.

**El Lagar de Isilla Colección
Especial Reserva de La Familia 2017 T R**
100% tempranillo

93   75,55€

Con tipicidad, corpulento. Color: cereza, borde granate. Aroma: hierbas de monte, lácticos, fruta madura, expresivo, equilibrado, complejo. Boca: estructurado, sabroso, varietal, lleno.

**El Lagar de Isilla Territorio
Matanza de Soria 2020 T RB**
95% tempranillo, 5% albillo mayor

93   32,95€

Color: cereza intenso. Aroma: fruta madura, hierbas secas, roble cremoso, fruta negra, mineral. Boca: potente, fruta madura, especiado, taninos maduros.

**El Lagar de Isilla Territorio
Parcela La Sabina 2020 T RB**
100% tempranillo

92   57,35€

Con oscuridad, correcto, cremoso. Aroma: fruta madura, equilibrado, especiado. Boca: sabroso, jugoso, equilibrado, fácil de beber, fruta madura.

**El Lagar de Isilla Terrotorio
San Juan 2021 T RB**
98% tempranillo, 2% albillo mayor

93   32,95€

Color: cereza intenso. Aroma: fruta madura, hierbas secas, roble cremoso, fruta negra. Boca: fruta madura, especiado, taninos maduros.

La Casona de la Vid Merlot 2020 T
merlot

90   15,25€

Color: cereza intenso. Aroma: fruta madura, hierbas secas, roble cremoso, fruta negra, especiado. Boca: fruta madura, especiado, taninos maduros, frutoso, sabroso.

**Paraje Peñalobos
El Lagar de Isilla 2021 T RB**
96% tempranillo, 4% albillo mayor

94   49,4€

Color: Cereza. Aroma: complejo, expresivo, especiado, mineral, fruta madura, fruta negra. Boca: elegante, lleno, largo, persistente.

BODEGAS EMILIO MORO
Ctra. Peñafiel - Valoria, s/n
47315 Pesquera de Duero (Valladolid)
☎: +34 983 878 400
bodega@emiliomoro.com
www.emiliomoro.com

Elálba de Emilio Moro 2023 RD
60% tempranillo, 40% albillo mayor

89   24,9€

Correcto, equilibrado, frutal, aromas nítidos, corpulento. Aroma: hierbas de tocador.

Emilio Moro 2021 T
tempranillo

91   21,5€

Color: cereza intenso. Aroma: fruta madura, hierbas secas, roble cremoso. Boca: potente, fruta madura, especiado, taninos maduros.

Emilio Moro Clon de la Familia 2018 T
tempranillo

92   285€

Corpulento. Aroma: fruta madura, hierbas secas, roble cremoso, tabaco, con carácter. Boca: potente, fruta madura, especiado, taninos maduros.

**Emilio Moro Vendimia
Seleccionada 2021 T**
tempranillo

92   26,9€

Agradable, varietal. Color: cereza, borde granate. Aroma: fruta madura, fruta roja, roble cremoso, tostado. Boca: sabroso, persistente.

**Emilio Moro Vendimia
Seleccionada 2022 T**
tempranillo

91   26,9€

Maduro, por hacer. Color: cereza brillante. Aroma: especias dulces, fruta madura, chocolate, madera marcada. Boca: frutoso, especiado, taninos maduros.

DO RIBERA DEL DUERO / D.O.P.

DO RIBERA DEL DUERO / D.O.P.

Finca Resalso 2023 T
tempranillo

89 ★★★ 9,8€

Aromático, correcto, maduro, herbal. Aroma: frutos secos, franco.

La Felisa 2022 T
tempranillo

91 27,5€

Color: cereza intenso. Aroma: hierbas secas, roble cremoso, fruta madura, fruta negra. Boca: potente, fruta madura, especiado, taninos maduros.

Latertius T
tempranillo

93

Equilibrado, con tensión. Color: Cereza. Aroma: complejo, expresivo, especiado. Boca: lleno, largo, persistente, jugoso.

Malleolus 2021 T
tempranillo

93 36,9€

Color: Cereza. Aroma: balsámico, hierbas de monte, fruta madura. Boca: especiado, balsámico, buena acidez, equilibrado, redondo.

Malleolus de SanchoMartín 2020 T
tempranillo

93 136,9€

Color: cereza oscuro, borde granate. Aroma: fruta madura, fruta confitada, ebanistería, tabaco, especias dulces. Boca: especiado, taninos maduros, largo.

Malleolus de Valderramiro 2020 T
tempranillo

92 99,9€

Color: cereza muy intenso. Aroma: muy tostado (torrefactado), café aromático, potente, fruta madura, fruta negra. Boca: retronasal ahumado, persistente, taninos maduros.

BODEGAS EPIFANIO RIVERA/ERIAL

Onésimo Redondo, 45
47315 Pesquera de Duero (Valladolid)
☎: +34 983 870 109
info@epifaniorivera.com
www.epifaniorivera.com

Erial TF (Tradición Familiar) Rivera Aparicio 2021 T
tinto fino

91 26€

Color: cereza intenso. Aroma: fruta madura, hierbas secas, roble cremoso, madera marcada. Boca: fruta madura, especiado, taninos maduros.

BODEGAS FRANCISCO BARONA

Ctra. Circunvalación s/n
09300 Roa (Burgos)
☎: +34 947 625 618
bodega@franciscobarona.com
www.franciscobarona.com

Francisco Barona 2022 T C
tempranillo, garnacha, albillo

93 40€

Color: cereza intenso. Aroma: fruta madura, hierbas secas, fruta roja, roble nuevo, especias dulces. Boca: potente, fruta madura, especiado, taninos maduros.

Francisco Barona
Finca Las Dueñas 2020 T R
tempranillo, garnacha, albillo

94 80€

Exuberante. Color: cereza oscuro, borde granate. Aroma: fruta madura, ebanistería, tabaco, especias dulces, tostado. Boca: especiado, taninos maduros, largo.

BODEGAS FRUTOS VILLAR
Malpica, s/n
09311 La Horra (Burgos)
☎: +34 983 586 868
comercial@bodegasfrutosvillar.com
www.bodegasfrutosvillar.com

Conde de Siruela 2018 T R
100% tinta del país

92 22€

Color: cereza, borde granate. Aroma: fruta confitada, fruta al licor, potente. Boca: sabroso, dulcedumbre, largo.

Conde de Siruela 2020 T C
100% tinta del país

89 11,6€

Corpulento, especiado, herbáceo, tostado, maduro.

Conde de Siruela 2023 T RB
100% tinta del país

88 ★★★ 8,3€

Corpulento, especiado, maduro, amaderado, hierbas secas.

Conde de Siruela Elite 2020 T
100% tinta del país

90 26€

Color: cereza oscuro. Aroma: especiado, cacao fino, fruta madura, fruta negra. Boca: sabroso, tostado, fino amargor, frutoso, equilibrado.

Riberal 2020 T C
100% tinta del país

89 10,86€

Corpulento, equilibrado, especiado, herbáceo.

Riberal 2023 T RB
100% tinta del país

88 ★★★ 8,4€

Cálido, madera marcada, especiado, maduro, sabroso.

BODEGAS FUENTESPINA
Camino Cascajo s/n
09470 Fuentespina (Burgos)
☎: +34 921 596 002
ana@avelinovegas.com
www.fuentespina.com

F de Fuentespina 2020 T R
tempranillo

92 30€

Color: cereza oscuro. Aroma: tostado, especiado, cacao fino, fruta negra, fruta madura. Boca: sabroso, tostado, fino amargor, cierta persistencia, taninos secos pero maduros.

Finca La Luna 2020 T R
tempranillo

88 15€

Frutal, confitado, sencillo, tostado, algo secante.

Fuentespina 3 2023 T RB
tempranillo

87 ★★★★ 5€

Fuentespina R 2020 T R
tempranillo

91 18€

Color: cereza intenso, borde violáceo. Aroma: fruta madura, hierbas secas, roble cremoso, especiado. Boca: fruta madura, especiado, taninos maduros, frutoso, sabroso.

Nicte 2021 T C
tempranillo

88 12€

Frutal, tostado, especiado, sencillo.

DO RIBERA DEL DUERO / D.O.P.

Fuentespina C 2021 T C
tempranillo

89 15€

Tostado, suave, maduro, cálido.

BODEGAS HACIENDA MONASTERIO
Ctra. Pesquera - Valbuena, s/n
47315 Pesquera de Duero (Valladolid)
☎: +34 983 484 002
bmonasterio@haciendamonasterio.com
www.haciendamonasterio.com

🏆 PODIO

Hacienda Monasterio 2019 T R
80% tinto fino, 20% cabernet sauvignon

95 ♣ 65€

Color: cereza oscuro, borde granate. Aroma: fruta madura, fruta confitada, tabaco, especias dulces, fruta negra, tostado. Boca: especiado, taninos maduros, persistente, fruta madura, equilibrado.

Hacienda Monasterio 2021 T
80% tinto fino, 10% cabernet sauvignon, 10% merlot

92 ♣ 42€

Color: cereza intenso. Aroma: hierbas secas, roble cremoso, fruta confitada. Boca: fruta madura, especiado, taninos maduros.

Hacienda Monasterio Reserva Especial 2018 T R
75% tinto fino, 25% cabernet sauvignon

93 ♣ 110€

Cálido, clásico. Color: cereza oscuro, borde granate. Aroma: fruta confitada, ebanistería, tabaco, especias dulces. Boca: especiado, taninos maduros, largo, untuoso.

BODEGAS HEMAR
La Iglesia, 48
09315 Fuentecén (Burgos)
☎: +34 947 532 718
info@bodegashemar.com
www.bodegahemar.com

Hemar 2022 T C
100% tempranillo

92 ★★★★ 15€

Color: Cereza. Aroma: complejo, expresivo, mineral, fruta madura, especias dulces, tostado. Boca: elegante, lleno, largo, persistente.

Llanum 2020 T R
100% tempranillo

92 25€

Color: cereza oscuro. Aroma: tostado, especiado, cacao fino. Boca: sabroso, tostado, fino amargor.

Los Jalones 2022 RD
100% tempranillo

85 8€

Los Jalones 2023 T RB
100% tempranillo

87 9,5€

BODEGAS HESVERA
Ctra. Peñafiel - Pesquera, Km. 5,5
47315 Pesquera de Duero (Valladolid)
☎: +34 626 060 516
bodegashesvera@gmail.com
www.bodegashesvera.com

Hesvera 2021 T C
100% tinto fino

89 16,5€

Especiado, tostado, potente, sabroso.

Hesvera 6 meses Barrica 2023 T RB
100% tinto fino

87 8,5€

Hesvera Cosecha Limitada 2020 T
100% tinto fino

89 40€

Confitado, especiado, herbáceo, tostado.

BODEGAS HNOS. PÁRAMO ARROYO
Ctra. de Roa - Pedrosa, km. 4
09314 Pedrosa de Duero (Burgos)
☎: +34 947 530 041
bodega@paramoarroyo.com
www.paramoarroyo.com

Eremus 2022 T RB
100% tempranillo

89 ★★★★ 7€

Equilibrado, especiado, hierbas secas, cremoso.

Ser Vivo y Natural 2023 T
100% tempranillo

91 ★★★★★ 7€

Color. cereza, borde violáceo. Aroma: expresión frutal, fruta roja, floral. Boca: frutoso, sabroso, equilibrado.

BODEGAS HNOS. PÉREZ PASCUAS – VIÑA PEDROSA
Avda. Ribera del Duero, 30
09314 Pedrosa de Duero (Burgos)
☎: +34 947 530 100
vinapedrosa@perezpascuas.com
www.perezpascuas.com

Cepa Gavilán 2022 T C
100% tinto fino

91 ★★★★ 13,5€

Tostado, sabroso. Color. cereza brillante. Aroma: especias dulces, fruta madura, chocolate. Boca: frutoso, especiado, taninos maduros.

Pérez Pascuas Gran Selección 2017 T GR
100% tinto fino

94 259€

Color. cereza opaco. Aroma: especiado, pan tostado, fruta negra, hierbas verdes, regaliz negro, terroso. Boca: sabroso, varietal, balsámico.

Viña Pedrosa 2019 T GR
100% tinto fino

94 65€

Clásico. Color. cereza muy intenso. Aroma: fina reducción, fruta madura, pimienta negra. Boca: estructurado, taninos secos pero maduros, especiado, largo.

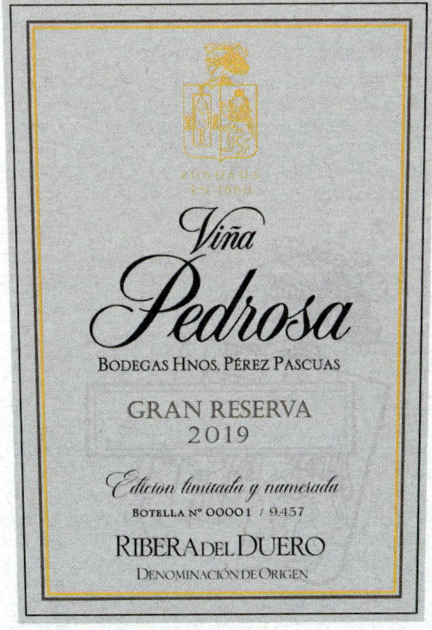

DO RIBERA DEL DUERO / D.O.P.

DO RIBERA DEL DUERO / D.O.P.

Viña Pedrosa 2021 T R
100% tinto fino

94   37,9€

Con potencial, por hacer. Color: cereza intenso, cereza brillante. Aroma: con carácter, roble cremoso, fruta madura, equilibrado. Boca: con tensión, jugoso, muy vivo, taninos maduros.

Viña Pedrosa 2022 T C
100% tinto fino

93   24,5€

Color: cereza intenso. Aroma: fruta madura, hierbas secas, roble cremoso. Boca: fruta madura, especiado, taninos maduros, jugoso, sabroso.

Viña Pedrosa Finca La Navilla 2021 T R
100% tinto fino

94   36€

Color: cereza brillante. Aroma: especias dulces, chocolate, fruta madura, fruta confitada. Boca: frutoso, especiado, taninos maduros, lleno, sabroso, largo.

BODEGAS ISMAEL ARROYO - VALSOTILLO
Los Lagares, 71
09441 Sotillo de la Ribera (Burgos)
☎: +34 947 532 309
bodega@valsotillo.com
www.valsotillo.com

ValSotillo 2019 T C
100% tempranillo

91 ★★★   15,25€

Color: cereza intenso. Aroma: fruta madura, hierbas secas, roble cremoso, fruta negra, ahumado. Boca: potente, fruta madura, especiado, taninos maduros.

ValSotillo 2022 B
95% albillo mayor, 5% otras

91 ★★★   15,25€

Color: pajizo. Aroma: fruta madura, hierbas secas, flores marchitas, roble nuevo, especiado, incienso. Boca: potente, fruta madura, equilibrado.

ValSotillo Finca Buenavista 2019 T
100% tempranillo

93 ★★★★★   10€

Color: cereza oscuro, borde granate. Aroma: fruta confitada, ebanistería, tabaco, especias dulces, hierbas de monte. Boca: especiado, taninos maduros.

ValSotillo VS "40 Aniversario" 2016 T BA
100% tinta del país

94

Corpulento, complejo. Color: cereza intenso, borde granate. Aroma: ebanistería, fruta madura, cacao fino, habano, tostado. Boca: sabroso, especiado, tostado, taninos potentes.

ValSotillo 2019 T R
100% tempranillo

91   25,9€

Clásico. Color: cereza intenso, cereza oscuro. Aroma: fina reducción, cera, especiado. Boca: lleno, varietal, taninos maduros.

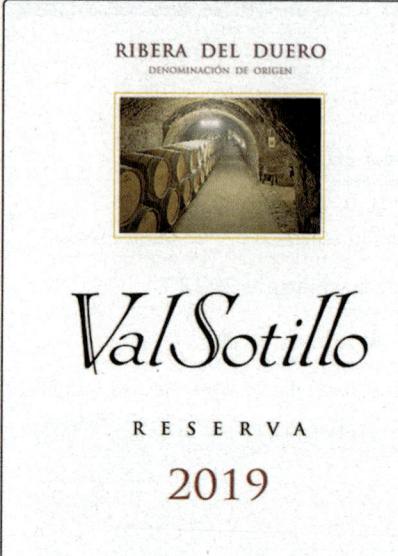

ValSotillo VS 2019 T R
100% tempranillo

93   42,5€

Color: cereza intenso. Aroma: fruta madura, hierbas secas, roble cremoso, chocolate. Boca: potente, fruta madura, especiado, taninos maduros.

BODEGAS LA HORRA
Camino de Anguix, s/n
09311 La Horra (Burgos)
☎: +34 947 613 963
rodarioja@roda.es
www.bodegaslahorra.es

Corimbo 2020 T
100% tinta del país

93   25€

Color: cereza intenso. Aroma: fruta madura, hierbas secas, roble cremoso, chocolate, café aromático. Boca: potente, fruta madura, especiado, taninos maduros.

Corimbo I 2018 T R
100% tinta del país

94 50€

Color. Cereza. Aroma: expresivo, especiado, tiza, café aromático. Boca: largo, persistente, taninos maduros.

BODEGAS LLEIROSO
Ctra. Monasterio s/n
47359 Valbuena de Duero (Valladolid)
☎ +34 983 868 116
www.bodegaslleiroso.com

Joan Miró 2017 T R

93 40,75€

Color. cereza oscuro, borde granate. Aroma: fruta confitada, ebanistería, tabaco, especias dulces, hierbas secas. Boca: especiado, frutoso, sabroso, equilibrado, cierta persistencia.

Lleiroso 2019 T R
100% tempranillo

92 25,6€

Color. cereza oscuro, borde granate. Aroma: fruta madura, fruta confitada, ebanistería, tabaco, especias dulces. Boca: especiado, taninos maduros, retronasal afrutado, taninos secos pero maduros, frutoso.

Lleiroso 2021 T C
100% tempranillo

90 14,6€

Color. cereza intenso. Aroma: hierbas secas, roble cremoso, fruta madura, fruta negra. Boca: potente, fruta madura, especiado, taninos maduros.

Luz Millar 2022 T RB
100% tempranillo

89 ★★★★ 8,15€

Amable, frutal, suave, sabroso.

BODEGAS LÓPEZ CRISTÓBAL
Barrio Estación, s/n
09300 Roa (Burgos)
☎ +34 947 561 139
bodega@lopezcristobal.com
www.lopezcristobal.com

Bagús 2021 T
100% tempranillo

90 36€

Color. cereza intenso. Aroma: fruta madura, hierbas secas, roble cremoso. Boca: potente, fruta madura, especiado, taninos maduros.

López Cristobal Albillo Mayor 2022 B S
100% albillo mayor

89 16,75€

Especiado, madera marcada, suave, frutal.

López Cristobal La Colorada 2021 T C
100% tempranillo

92 ★★★ 17,95€

Color. cereza brillante. Aroma: fruta madura, roble cremoso, franco, equilibrado. Boca: potente, fruta madura, especiado, taninos maduros.

López Cristobal La Linde 2022 T RB
tempranillo, merlot

89 ★★★ 9,75€

Exuberante, sencillo, balsámico. Aroma: especias dulces, fruta madura. Boca: fácil de beber.

López Cristobal Parcela 1 2020 T R
100% tempranillo

92 29€

Color. cereza intenso. Aroma: fruta madura, roble cremoso, coco, especias dulces. Boca: fruta madura, especiado, taninos maduros, jugoso, largo.

DO RIBERA DEL DUERO / D.O.P.

DO RIBERA DEL DUERO / D.O.P.

Viracocha 2020 T R
93   135€
Color: cereza intenso, borde violáceo. Aroma: fruta madura, hierbas secas, roble cremoso, coco, especiado, cacao fino, ahumado. Boca: potente, fruta madura, especiado, taninos maduros, frutoso, sabroso, retronasal ahumado, persistente.

BODEGAS MILVUS
Ctra. Salas de los Infantes, km 11
09490 Zazuar (Burgos)
☎: +34 696 234 476
director@bodegasmilvus.es
www.bodegasmilvus.es

Fuenconcejo 2021 T C
100% tempranillo
88   14€
Corpulento, especiado, tostado, madera marcada.

Fuenconcejo 2022 T RB
100% tempranillo
87 ★★★   8€

Fuenconcejo 2023 T
100% tempranillo
88 ★★★★   6€
Amable, correcto, goloso, maduro, jugoso.

Milvus Edición Especial 2021 T
100% tempranillo
88   24,5€
Cálido, confitado, muy tostado (torrefactado), potente.

BODEGAS NABAL
Ctra. Madrid-Irún, A-1, Salida 168
09370 Gumiel de Izán (Burgos)
☎: +34 947 544 218
info@bodegasnabal.com
www.bodegasnabal.com

Nabal 2018 T GR
90% tempranillo, 7% merlot, 3% albillo mayor
91   50€
Color: cereza intenso. Aroma: fruta madura, hierbas secas, roble cremoso. Boca: potente, fruta madura, especiado, taninos maduros.

Nabal 2019 T R
100% tempranillo
91   30€
Color: cereza intenso. Aroma: fruta madura, hierbas secas, especiado, cacao fino. Boca: fruta madura, especiado, taninos maduros.

Nabal 2021 T C
100% tempranillo
90   20€
Color: cereza intenso. Aroma: fruta madura, hierbas secas, roble cremoso. Boca: potente, especiado, taninos maduros.

Nabal Albillo Mayor 2022 B
100% albillo mayor
91   17,5€
Color: amarillo. Aroma: fina reducción, flores secas, hierbas secas. Boca: equilibrado, lleno, jugoso, especiado, fruta madura.

Nabal Rosé 2023 RD
85% tempranillo, 10% garnacha, 5% albillo mayor
90 ★★★★★   9,5€
Color: rosáceo pálido. Aroma: hierbas de tocador, notas anisadas, fruta tropical. Boca: ligero, buena acidez, fino amargor.

Valle de Nabal 2022 T
100% tempranillo
90 ★★★★   10,5€
Agradable, frutal, maduro, varietal.

BODEGAS NEO
Ctra. N-122, Km. 274,5
09391 Castrillo de La Vega (Burgos)
☎: +34 947 514 393
ivan@bodegasneo.com
www.bodegasneo.com

Neo 2021 T BA
100% tempranillo
91   20€
Color: cereza intenso. Aroma: fruta madura, hierbas secas, roble cremoso. Boca: potente, fruta madura, especiado, taninos maduros.

Crazy Tempranillo 2023 RD
100% tempranillo
89 ★★★★   5,95€
Equilibrado, fresco, frutal, herbal.

Disco 2023 T
100% tempranillo

88 ★★★★　　　　　　　　　　　6,2€

Correcto, frutal, jugoso, maduro, persistente.

El Arte de Vivir 2023 T
100% tempranillo

88 ★★★★　　　　　　　　　　　5,95€

Correcto, frutal, algo secante, aromático, balsámico.

Sentido 2021 T
100% tempranillo

90 ★★★★★　　　　　　　　　　9,55€

Color: Cereza. Aroma: balsámico, hierbas de monte, frutos secos. Boca: especiado, balsámico, buena acidez.

BODEGAS PAGOS DE MOGAR
Ctra. Pesquera, km. 0,2
47359 Valbuena de Duero (Valladolid)
☎: +34 983 683 011
comercial@bodegaspagosdemogar.com
www.bodegaspagosdemogar.com

Mo&Gar 2022 T RB
100% tinta del país

89 ★★★★　　　　　　　　　　　8,5€

Cremoso, equilibrado, especiado, tostado.

Mo&Gar Colección Privada 2019 T R
100% tinta del país

90　　　　　　　　　　　　　　23€

Color: Cereza. Aroma: hierbas de monte, hierbas secas, cera, tabaco. Boca: especiado, sabroso, equilibrado.

Mo&Gar
Vendimia Seleccionada 2021 T C
100% tinta del país

87　　　　　　　　　　　　　　15€

BODEGAS PASCUAL
Ctra. de Aranda, Km. 5
09471 Fuentelcésped (Burgos)
☎: +34 947 557 351
export@bodegaspascual.com
www.bodegaspascual.com

Buró
de Peñalosa 2017 T R
100% tempranillo

90　　　　　　　　　　　　　　19€

Color: cereza intenso. Aroma: hierbas secas, roble cremoso, fruta negra. Boca: potente, fruta madura, especiado, taninos maduros.

Buró
de Peñalosa 2020 T C
100% tempranillo

89　　　　　　　　　　　　　　15€

Equilibrado, especiado, maduro, tostado.

Diodoro Autor 2011 T
100% tempranillo

93　　　　　　　　　　　　　　62€

Color: cereza intenso. Aroma: roble cremoso, fruta negra, hierbas de monte, fina reducción. Boca: fruta madura, especiado, taninos maduros.

Diodoro Pascual 2019 T
100% tempranillo

93　　　　　　　　　　　　　　48€

Color: cereza oscuro. Aroma: tostado, especiado, cacao fino, hierbas de monte, regaliz negro, notas cárnicas. Boca: sabroso, tostado, fino amargor, potente.

Heredad
de Peñalosa 2022 T RB
100% tempranillo

88 ★★★　　　　　　　　　　　　9€

Equilibrado, especiado, maduro, lleno, sabroso.

BODEGAS PEÑAFIEL
Ctra. N-122, Km. 311
47300 Peñafiel (Valladolid)
☎: +34 983 881 622
administracion@bodegaspenafiel.com
www.bodegaspenafiel.com

Alma Serena 2019 T R
92

Con vejez. Color: cereza oscuro, borde granate. Aroma: fruta confitada, ebanistería, tabaco, especias dulces, chocolate. Boca: especiado, taninos maduros.

DO RIBERA DEL DUERO / D.O.P.

Dominio de Miros 2019 T
100% tempranillo

92   97€

Color: cereza oscuro. Aroma: fruta madura, fruta confitada, tabaco, especias dulces, fruta negra. Boca: especiado, sabroso, frutoso, cierta persistencia, retronasal ahumado, taninos secos pero maduros.

Miros de Ribera 2019 T R
100% tempranillo

90   38€

Color: cereza intenso. Aroma: fruta madura, hierbas secas, roble cremoso, madera marcada. Boca: potente, fruta madura, especiado, taninos maduros.

Miros de Ribera 2020 T C
100% tempranillo

90   21€

Con vejez. Color: cereza oscuro, borde granate. Aroma: fruta confitada, ebanistería, tabaco, especias dulces. Boca: especiado, taninos maduros.

Miros de Ribera 2022 T RB
100% tempranillo

89

Tostado, maduro, potente.

Silencio de Miros 2019 T
100% tempranillo

92   45,1€

Color: cereza, borde granate. Aroma: tostado, especiado, cacao fino, fruta confitada, hierbas silvestres. Boca: sabroso, tostado, fino amargor, frutoso, equilibrado, taninos maduros.

BODEGAS PEÑALBA HERRÁIZ
Sol de las Moreras, 3
09400 Aranda de Duero (Burgos)
☎: +34 623 500 070
oficina@carravid.com
www.bodegaspenalbaherraiz.com

Aptus 2022 T RB
100% tempranillo

89   11€

Amable, correcto, maduro, jugoso, especiado, equilibrado, sabroso.

Carravid 2021 T C
100% tempranillo

88   20€

Corpulento, cremoso, madera marcada, amable, confitado. Aroma: chocolate, con carácter, potente.

BODEGAS PORTIA
Antigua Ctra. N-I, km. 170
09370 Gumiel de Izán (Burgos)
☎: +34 947 102 700
info@bodegasportia.com
www.bodegasportia.com

Portia 10 meses 2022 T
tempranillo

89 ★★★   9,99€

Aroma: muy tostado (torrefactado), café aromático, fruta negra. Boca: taninos maduros, tostado.

Portia 24 meses 2021 T C

90   16,9€

Color: cereza brillante. Aroma: especias dulces, fruta madura, roble cremoso, chocolate. Boca: frutoso, especiado, taninos maduros, sabroso.

BODEGAS PRADO DE OLMEDO
Paraje El Salegar, s/n
09370 Quintana del Pidío (Burgos)
☎: +34 639 443 582
pradodeolmedo@pradodeolmedo.com
www.pradodeolmedo.com

Monasterio de San Miguel 1940 2022 B
albillo mayor

87 ★★★   8€

Monasterio de San Miguel 2019 T R
tempranillo

90   27€

Color: cereza oscuro. Aroma: fruta madura, hierbas secas, roble cremoso. Boca: potente, fruta madura, especiado, taninos maduros.

Monasterio de San Miguel 2021 T C
tempranillo

88   22€

Especiado, maduro, sabroso, algo secante, boca correcta, jugoso.

Monasterio de San Miguel Albillo Mayor 2023 B
albillo mayor

90 ★★★★   10,5€

Color: pajizo brillante. Aroma: expresión frutal, fruta madura, fruta blanca, hierbas silvestres, flores secas. Boca: sabroso, fresco, buena acidez, retronasal afrutado, frutoso.

BODEGAS RAÍZ Y QUESOS PÁRAMO DE GUZMÁN

Ctra. Circunvalación, s/n R-30
09300 Roa (Burgos)
☎: +34 947 541 191
info@raizyparamodeguzman.es
www.raizdeguzman.com

Raíz de Guzmán 2019 T R
tempranillo

92 33,65€

Color: cereza oscuro. Aroma: especiado, cacao fino, fruta madura, fruta negra, pimienta negra, regaliz negro. Boca: sabroso, tostado, frutoso, equilibrado, cierta persistencia, retronasal ahumado, taninos maduros.

Raíz de Guzmán 2020 T C
100% tempranillo

91 23,25€

Color: cereza oscuro. Aroma: tostado, especiado, cacao fino, fruta negra. Boca: sabroso, tostado, fino amargor.

Raíz de Guzmán 2023 RD
tempranillo

89 13,25€

Maduro, frutal, equilibrado, sabroso, persistente.

Raíz de Guzmán 9 meses 2021 T RB
100% tempranillo

90 ★★★★ 11,07€

Color: cereza, borde violáceo. Aroma: expresión frutal, especiado, fruta negra, hierbas silvestres. Boca: sabroso, frutoso, taninos maduros, algo secante, tostado.

Raiz Profunda 2019 T
100% tempranillo

93 54€

Color: cereza intenso. Aroma: fruta madura, hierbas secas, roble cremoso, especias dulces. Boca: potente, fruta madura, especiado, taninos maduros.

BODEGAS RESALTE

Ctra. N-122, Km. 312
47300 Peñafiel (Valladolid)
☎: +34 630 979 805
e.andrades@resalte.com
www.resalte.com

🏆 PODIO

Essences Nº3 T
92% tempranillo, 8% garnacha

95 139€

Color: cereza oscuro, borde granate. Aroma: fruta madura, fruta confitada, ebanistería, tabaco, especias dulces. Boca: especiado, taninos maduros, largo.

Gran Resalte 2021 T
100% tempranillo

93 59€

Color: cereza intenso. Aroma: fruta madura, hierbas secas, roble cremoso, balsámico, especiado. Boca: potente, fruta madura, especiado, taninos maduros, cierta persistencia.

Origen de Resalte 2021 T
100% tempranillo

92 18,5€

Color: cereza oscuro. Aroma: tostado, especiado, cacao fino, fruta madura, fruta negra. Boca: sabroso, tostado, fino amargor.

Resalte Expresión 2020 T R
100% tempranillo

93 36,5€

Color: cereza, borde violáceo. Aroma: fruta roja, floral, tostado, especias dulces. Boca: sabroso, frutoso, buena acidez, largo.

Resalte Vendimia Seleccionada 2022 T
100% tempranillo

91 ★★★★ 13€

Ligera reducción. Color: cereza brillante. Aroma: fruta madura, tostado. Boca: frutoso, especiado, sabroso, fácil de beber.

BODEGAS RODERO

Ctra. Boada, s/n
09314 Pedrosa de Duero (Burgos)
☎: +34 947 530 046
rodero@bodegasrodero.com
www.bodegasrodero.com

Carmelo Rodero 2022 T C
90% tempranillo, 10% cabernet sauvignon

91 24€

Amable. Color: cereza intenso. Aroma: ahumado, tostado, fruta negra, incienso. Boca: estructurado, taninos dulces.

Pago de Valtarreña 2020 T
100% tempranillo

90 54€

Color: cereza, borde violáceo. Aroma: fruta madura, fruta negra, muy tostado (torrefactado), especiado, notas cárnicas. Boca: taninos secos pero maduros, frutoso, sabroso, especiado, retronasal torrefactado.

Raza 2021 T R
90% tempranillo, 10% cabernet sauvignon

92 36€

Color: cereza brillante. Aroma: especias dulces, fruta madura, chocolate, roble cremoso. Boca: especiado, taninos maduros.

DO RIBERA DEL DUERO / D.O.P.

Carmelo Rodero TSM 2021 T
75% tempranillo, 10% cabernet sauvignon, 15% merlot

94   68€

Maduro, cremoso. Color: cereza brillante. Aroma: especias dulces, fruta madura, chocolate, roble cremoso. Boca: especiado, largo, fruta madura, taninos maduros.

BODEGAS RODRÍGUEZ Y SANZO
Avda. de Tordesillas, 5
47490 Rueda (Valladolid)
☎: +34 983 150 150
comunicacion@rodriguezysanzo.com
www.rodriguezysanzo.com

El Jesuita 2022 T
100% tempranillo

89 ★★★   9,8€

Correcto, especiado, maduro, hierbas secas. Aroma: frutos secos, terroso. Boca: fácil de beber.

Valsanzo 2020 T C
100% tinto fino

88   13,25€

Confitado, especiado, herbáceo, tostado, lleno.

Valsanzo Quinto Año 2020 T R
100% tinto fino

89   22,95€

Confitado, especiado, herbal, tostado.

BODEGAS SEMBRO
47315 Pesquera de Duero (Valladolid)
☎: +34 956 854 204
bor@vineamagna.com
www.bodegasembro.com

La Pinaleta 2021 T
tempranillo

90   45€

Color: cereza brillante. Aroma: fruta madura, fruta negra, pimienta negra, especiado, ahumado. Boca: frutoso, sabroso, especiado, tostado, retronasal torrefactado.

Sembro 12 meses 2021 T
tempranillo

90   16€

Color: cereza intenso. Aroma: fruta madura, hierbas secas, roble cremoso, fruta negra, especiado. Boca: potente, fruta madura, especiado, taninos secos pero maduros.

Sembro 2022 T
tempranillo

88 ★★★★   8€

Frutal, maduro, hierbas secas, rústico, especiado, algo secante.

BODEGAS SEÑORÍO DE NAVA
Crta. Valladolid a Soria, Km. 63
09318 Nava de Roa (Burgos)
☎: +34 987 209 712
lafinca@lafinca.es
www.senoriodenava.es

Dominio de Nava 2018 T
100% tempranillo

92   21,95€

Color: cereza intenso. Aroma: hierbas secas, roble cremoso, fruta roja, fruta madura. Boca: fruta madura, especiado, taninos maduros, elegante.

Fuentenebro Albillo Mayor 2021 B BA
100% albillo mayor

91 ★★★★★   11,49€

Color: amarillo brillante. Aroma: potente, fruta madura, especiado, caramelo de limón. Boca: graso, largo, tostado, fino amargor.

Fuentenebro Tempranillo 2022 RD
100% tempranillo

91 ★★★★★   10,44€

Color: salmón. Aroma: especias dulces, fruta roja, hierbas de tocador, flores secas. Boca: lleno, sabroso, especiado, dulcedumbre.

Señorío de Nava 2019 T C
100% tempranillo

89   17,43€

Frutal, herbal, maduro, tostado, algo secante.

Fuentenebro Tempranillo 2021 T
100% tempranillo

92 ★★★★   14,5€

Color: cereza, borde violáceo. Aroma: expresión frutal, fruta roja, floral, especiado. Boca: sabroso, frutoso, buena acidez.

BODEGAS TARSUS
Ctra. de Roa - Anguix, Km. 3
09313 Anguix (Burgos)
☎: +34 947 554 218
ignacio.lopez@pernod-ricard.com
www.tarsusvino.com

Tarsus 2021 T C
100% tempranillo

91   17,4€

Color: cereza intenso. Aroma: fruta madura, hierbas secas, roble cremoso, frutos secos. Boca: potente, fruta madura, especiado, taninos maduros.

Tarsus 2022 T RB
100% tinta del país

90 ★★★★★   9,1€

Color: cereza oscuro. Aroma: tostado, especiado, cacao fino, fruta confitada, fruta madura. Boca: sabroso, tostado, fino amargor.

Tarsus La Despistada 2022 B
100% albillo mayor

90   25€

Color: amarillo brillante. Aroma: roble cremoso, fruta madura, especiado. Boca: estructurado, fino amargor, sabroso.

BODEGAS TEÓFILO REYES
Ctra. Valladolid, s/n
47300 Peñafiel (Valladolid)
☎: +34 983 873 015
teofiloreyes@teofiloreyes.com

Teófilo Reyes 15 meses 2021 T C
100% tempranillo

90   16€

Color: borde ocre, Cereza, borde granate. Aroma: café aromático, fruta madura, franco, potente. Boca: retronasal ahumado, persistente, taninos maduros.

Teófilo Reyes 2019 T R
100% tempranillo

92   32€

Color: cereza intenso, borde granate. Aroma: cacao fino, habano, tostado, especias dulces, fruta confitada. Boca: sabroso, especiado, tostado, taninos potentes.

BODEGAS THESAURUS RIBERA DEL DUERO
Ctra. Cuellar, 17
47359 Olivares de Duero (Valladolid)
☎: +34 983 250 319
blanca@ciadevinos.com

Castillo de Peñafiel 2021 T C
tempranillo

88   16€

Amable, jugoso, sabroso, frutal, correcto, hierbas secas.

Castillo de Peñafiel 2022 T RB
tempranillo

89 ★★★   9,5€

Frutal, hierbas secas, ahumado, especiado, maduro.

DO RIBERA DEL DUERO / D.O.P.

VINOS DE ESPAÑA

DO RIBERA DEL DUERO / D.O.P.

Castillo de Peñafiel Edición Limitada 2019 T R
tempranillo

91   26€

Color: cereza intenso. Aroma: fruta madura, hierbas secas, roble cremoso, fruta negra, especias dulces. Boca: potente, fruta madura, especiado, taninos maduros, frutoso, sabroso.

Dorivm 2021 T C
tempranillo

88   15€

Corpulento, especiado, herbáceo, maduro.

Dorivm 2023 T RB
tempranillo

89 ★★★★   7,5€

Frutal, hierbas secas, maduro, muy primario, sabroso, ahumado.

Dorivm Selección de la Familia 2019 T
tempranillo

90   25€

Color: cereza intenso. Aroma: fruta madura, hierbas secas, roble cremoso, notas cárnicas, fruta negra. Boca: potente, fruta madura, especiado, sabroso, taninos secos pero maduros.

Thesaurus X 2021 T
tempranillo

90   18€

Color: cereza intenso. Aroma: fruta madura, hierbas secas, roble cremoso, fruta negra, pimienta negra, ahumado. Boca: potente, fruta madura, especiado, frutoso, sabroso, taninos secos pero maduros.

BODEGAS TORREDEROS
Ctra. Valladolid, Km. 289,300
09318 Fuentelisendo (Burgos)
☎: +34 947 532 627
administracion@torrederos.com
www.torrederos.com

Torrederos 2017 T R
100% tempranillo

90   15,85€

Cálido, confitado. Aroma: tostado, ahumado, potente, franco. Boca: estructurado, sabroso.

Torrederos 2021 T C
100% tempranillo

90 ★★★★★   9,6€

Color: cereza oscuro. Aroma: tostado, especiado, roble cremoso, fruta madura. Boca: sabroso, tostado, taninos maduros.

Torrederos 2022 T RB
100% tempranillo

88 ★★★★   6,2€

Equilibrado, especiado, hierbas secas, maduro.

Torrederos 2023 RD
100% tempranillo

87 ★★★★   4,3€

Torrederos Selección 2016 T
100% tempranillo

91   21,8€

Color: cereza oscuro, borde granate. Aroma: fruta madura, fruta confitada, ebanistería, tabaco, especias dulces. Boca: especiado, sabroso, tostado, taninos secos pero maduros.

BODEGAS TORREMORÓN
Ctra. Boada, s/n
09314 Quintanamanvirgo (Burgos)
☎: +34 947 554 075
administracion@bodegastorremoron.com
www.bodegastorremoron.com

Torremorón 2017 T R
100% tempranillo

89   11€

Clásico, confitado, tostado, suave.

Torremorón 2021 T C
100% tempranillo

89 ★★★★   7€

Frutal, especiado, láctico, tostado, sabroso.

Torremorón Tempranillo 2023 T
100% tempranillo

87 ★★★★   3,8€

Equilibrado, especiado, hierbas secas, tostado.

Torremorón 2022 T RB
100% tempranillo

88 ★★★★ 5,5€

Frutal, maduro, hierbas secas, sencillo.

BODEGAS TRENZA
Felix Mendelsohn, 8
03730 Jávea (Alacant/Alicante)
☎: +34 965 790 012
bodegas@bodegastrenza.com
www.bodegatrenza.com

Tofterup Brothers Tempranillo 2021 T
tempranillo

90 15€

Color: cereza oscuro. Aroma: fruta madura, fruta confitada, ebanistería, tabaco, especias dulces. Boca: especiado, taninos maduros, tostado, fruta madura, retronasal ahumado.

Viña Curvada Tempranillo 2021 T C
tempranillo

90 20€

Color: cereza intenso. Aroma: fruta madura, hierbas secas, roble cremoso, especiado, fruta roja, fruta fresca. Boca: potente, fruta madura, especiado, taninos maduros, retronasal ahumado.

Tofterup Brothers Tempranillo 2021 T C
tempranillo

90 20€

Tostado. Aroma: pan tostado, madera marcada, fruta negra, fruta madura, chocolate. Boca: sabroso, fruta madura, largo.

Viña Curvada Albillo Mayor 2021 B BA
albillo mayor

89 30€

Aromático, correcto, frutal, maduro, especiado. Aroma: fruta de hueso, especiado, pan tostado.

Viña Curvada Tempranillo 2021 T
tempranillo

90 15€

Color: cereza intenso. Aroma: hierbas secas, roble cremoso, fruta madura, fruta negra, chocolate. Boca: potente, fruta madura, especiado, taninos maduros.

BODEGAS TRUS
Ctra . Pesquera de Duero-Encinas km. 3
47316 Piñel de Abajo (Valladolid)
☎: +34 941 802 943
ventas@palaciosvinosdefinca.com
www.palaciosvinosdefinca.com

🏆 **PODIO**

Pico de Luyas 2020 T
100% tempranillo

95 66€

Color: cereza oscuro. Aroma: tostado, especiado, cacao fino, fruta negra. Boca: sabroso, tostado, fino amargor, potente, taninos marcados de roble.

Punto Geodésico 2021 T
100% tempranillo

94 37€

Color: cereza intenso. Aroma: hierbas secas, roble cremoso, fruta negra. Boca: potente, fruta madura, especiado, taninos maduros.

Trus 2018 T R
100% tempranillo

94 34,5€

Color: cereza oscuro. Aroma: fruta madura, fruta confitada, ebanistería, tabaco, especias dulces. Boca: especiado, sabroso, frutoso, retronasal ahumado, tostado, taninos secos pero maduros.

Trus 2021 T C
100% tempranillo

93 ★★★★ 18€

Color: cereza intenso. Aroma: hierbas secas, roble cremoso, fruta negra. Boca: fruta madura, especiado, taninos maduros, elegante.

Trus 2023 T RB
100% tempranillo

90 ★★★★ 11€

Color: cereza, borde violáceo. Aroma: fruta negra, fruta roja, fruta madura, hierbas silvestres, especias dulces. Boca: fruta madura, sabroso, estructurado.

DO RIBERA DEL DUERO / D.O.P.

DO RIBERA DEL DUERO / D.O.P.

Trus Albillo 2020 B
100% albillo mayor

92   26,5€

Color: pajizo brillante. Aroma: fruta madura, lías finas, pan tostado, notas de levadura, panadería. Boca: lleno, complejo, especiado, largo.

BODEGAS VALDEMAR
Camino Viejo de Logroño, 24
01320 Oyón (Araba/Álava)
☎: +34 945 622 188
info@valdemar.es
www.valdemarfamily.com

Fincas de Valdemacuco 2021 T C
100% tempranillo

92   18,5€

Color: cereza oscuro. Aroma: tostado, especiado, cacao fino, fruta madura, fruta negra. Boca: sabroso, tostado, fino amargor.

Fincas de Valdemacuco 2022 T RB
100% tempranillo

90 ★★★★★   9,95€

Color: cereza, borde violáceo. Aroma: expresión frutal, especiado, fruta madura, fruta negra, hierbas silvestres. Boca: sabroso, frutoso, cierta persistencia, retronasal ahumado, taninos secos pero maduros.

BODEGAS VALDERIVERO
Avda. de Aranda s/n
09318 Nava de Roa (Burgos)
☎: +34 948 379 994
info@marquesdelatrio.com
www.valderivero.es

Valderivero 2021 T C

90 ★★★★★   8€

Amable, frutal, maduro, jugoso. Aroma: fruta macerada, flores marchitas, hierbas secas. Boca: sabroso, fruta madura, largo.

Valderivero 2023 T
tempranillo

89 ★★★★   5,5€

Agradable, suave, sabroso, frutal.

Valderivero 2023 T RB

89 ★★★★   6,75€

Agradable, tostado, sabroso, maduro, especiado.

BODEGAS VALDUBÓN
Antigua Ctra. N-I, Km. 151
09460 Milagros (Burgos)
☎: +34 947 546 251
laura.martin@valdubon.com
www.valdubon.com

Etcétera 2023 T
86

Honoris de Valdubón 2019 T
96% tempranillo, 4% merlot

91

Color: cereza oscuro. Aroma: fruta madura, roble cremoso, fruta negra, chocolate, hierbas secas. Boca: potente, especiado, taninos maduros.

Valdubón 9 Meses 2022 T RB
88

Amable, madera marcada, especiado, maduro, persistente, sabroso.

Valdubón Diez T BA
89

Corpulento, especiado, equilibrado, hierbas secas, maduro, sabroso, tostado, láctico.

Valdubón Tempranillo 2023 T
86

BODEGAS VALLOBERA
Pza. Santa María, 2
09400 Aranda de Duero (Burgos)
☎: +34 648 694 441
conchi@lapicaragastroteca.com
www.vinofeliz.com

Feliz Uvas Frescas 2023 B RB
100% albillo mayor

88   16€

Cítrico, correcto, hierbas secas, maduro.

RQT Feliz, Cepas entre Viñas 2021 B C
100% albillo mayor

90   24€

Maduro. Color: pajizo. Aroma: hierbas secas, flores marchitas, piedra seca, lías finas. Boca: fruta madura, equilibrado, lleno.

BODEGAS VALPARAISO
Paraje los Llanillos, s/n
09370 Quintana del Pidío (Burgos)
☎: +34 947 545 286
marketing@grupoeguizabal.com
www.bodegasvalparaiso.com

Jardín de Valparaiso 2021 T
tempranillo

89 12€

Agradable, tostado, especiado, maduro.

Raíces de Valparaiso 2021 T
tempranillo

91 45,5€

Color: cereza intenso. Aroma: fruta madura, hierbas secas, roble cremoso. Boca: potente, fruta madura, especiado, taninos rugosos.

Valparaíso 2020 T C
tempranillo

88 15,2€

Tostado, sabroso, potente, maduro.

Valparaíso 2021 T RB
tempranillo

88 9,5€

Ahumado, frutal, maduro, láctico.

BODEGAS VEGA DE YUSO
Basilón 9
47350 Quintanilla de Onésimo (Valladolid)
☎: +34 983 680 054
comunicacion@vegadeyuso.com
www.vegadeyuso.com

Tres Matas 2021 T C
100% tempranillo

91 ★★★ 15,5€

Color: cereza oscuro. Aroma: tostado, especiado, cacao fino, fruta madura, fruta negra. Boca: sabroso, tostado, fino amargor.

Pozo de Nieve 2022 T
100% tempranillo

88 ★★★★ 7,2€

Corpulento, equilibrado, especiado, hierbas secas, tostado.

Tres Matas 2018 T R
100% tempranillo

91 26,5€

Color: cereza intenso. Aroma: fruta madura, hierbas secas, arándano azúl. Boca: fruta madura, especiado, taninos maduros, equilibrado.

Tres Matas Vendimia Seleccionada 2019 T
100% tempranillo

92 34,5€

Color: cereza intenso, borde granate. Aroma: ebanistería, fruta madura, cacao fino, habano, tostado, chocolate. Boca: sabroso, especiado, tostado, taninos potentes.

Vegantigua 2022 T RB
100% tempranillo

88 9,5€

Frutal, herbal, sencillo, algo secante.

BODEGAS VEGA SICILIA
Ctra. N-122, km 323
47359 Valbuena de Duero (Valladolid)
☎: +34 983 680 147
vegasicilia@vega-sicilia.com
www.temposvegasicilia.com

🏆 **PODIO**

Valbuena 5º 2020 T

96 130€

Color: cereza oscuro, borde granate. Aroma: fruta madura, ebanistería, tabaco, especias dulces. Boca: especiado, taninos maduros, largo.

🏆 **PODIO**

Vega Sicilia Único 2015 T

97

Complejo, elegante. Color: cereza intenso, borde granate. Aroma: ebanistería, fruta madura, cacao fino, habano, tostado. Boca: sabroso, especiado, tostado, taninos potentes.

DO RIBERA DEL DUERO / D.O.P.

🏆 PODIO

Vega Sicilia Único Reserva Especial T GR
97
Balsámico, maduro. Color: cereza intenso, borde granate. Aroma: ebanistería, fruta madura, cacao fino, habano, tostado. Boca: sabroso, especiado, tostado.

BODEGAS VETUSTA

Avda. Portugal, 54 Parc. 16 Nave 1
09400 Aranda de Duero (Burgos)
☎: +34 682 718 207
info@bodegasvetusta.com
www.bodegasvetusta.com

Vetusta 2021 T C
tempranillo
89 🌿   18,5€
Frutal, maduro, sabroso, tostado.

Vetusta Albillo Mayor 2021 B FB
91
Color: amarillo brillante. Aroma: potente, roble cremoso, fruta madura, especiado, pan tostado. Boca: estructurado, largo, tostado, fino amargor.

Vetusta Viñas de Fuentenebro 2022 T
tempranillo
90 ★★★★★ 🌿   9,95€
Color: cereza intenso. Aroma: fruta madura, hierbas secas, roble cremoso, especiado. Boca: fruta madura, especiado, taninos maduros, algo secante.

Vetusta Viñedo Especial Carrascalon Alto 2019 T
100% tempranillo
91 🌿   26,5€
Color: cereza oscuro. Aroma: tostado, especiado, cacao fino, madera marcada. Boca: sabroso, tostado, fino amargor.

BODEGAS VIÑA MAYOR

Ctra. N-122, Km. 325,6
47350 Quintanilla de Onésimo (Valladolid)
☎: +34 607 254 147
ncalaresu@entrecanalesdomecq.com
www.entrecanalesdomecq.com

Viña Mayor 2017 T GR
100% tempranillo
92
Color: cereza intenso, borde granate. Aroma: ebanistería, cacao fino, habano, tostado. Boca: sabroso, especiado, tostado, taninos potentes.

Viña Mayor 2019 T R
90% tempranillo, 10% cabernet sauvignon
91
Color: cereza oscuro, borde granate. Aroma: fruta madura, ebanistería, tabaco, especias dulces. Boca: especiado, taninos maduros.

Viña Mayor 2021 T C
89
Agradable, amable, tostado, maduro, cremoso.

Viña Mayor 2022 T RB
89
Amable, maduro, jugoso.

BODEGAS VIRTUS

Pago de Fuentecilla s/n
47313 Aldeayuso (Valladolid)
☎: +34 983 878 080
contact@virtuswine.com
www.virtuswine.com

El Sueco 2020 T C
tempranillo
92   22€
Color: cereza intenso. Aroma: fruta madura, hierbas secas, roble cremoso, fruta negra, especiado. Boca: potente, fruta madura, especiado, taninos maduros, cierta persistencia.

El Sueco Albillo Mayor 2022 B C
albillo mayor

91 25€

Color: pajizo brillante. Aroma: fruta madura, floral, lías finas, mineral, tostado. Boca: complejo, especiado, largo, elegante.

Virtus 2017 T GR
tempranillo

92 46,5€

Color: cereza, borde granate. Aroma: fruta confitada, potente, chocolate, especias dulces. Boca: sabroso, largo, fruta madura.

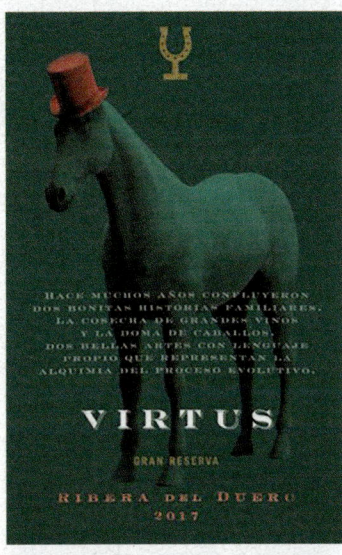

BODEGAS VIYUELA
Ctra. de Quintanamanvirgo, s/n
09314 Boada de Roa (Burgos)
☎: +34 619 848 017
viyuela@bodegasviyuela.com
www.bodegasviyuela.com

Viyuela 2016 T GR
100% tempranillo

92 30€

Color: cereza, borde granate. Aroma: balsámico, hierbas de monte, cuero muy curtido, fruta negra. Boca: sabroso, balsámico, especiado, taninos suaves.

Viyuela 2019 T R
100% tempranillo

88 18,27€

Cálido, confitado, tostado.

Viyuela 2022 T RB
100% tempranillo

89 ★★★★ 7,14€

Corpulento, equilibrado, especiado, maduro, lleno, sabroso.

BODEGAS VIZCARRA
Finca Chirri, s/n
09317 Mambrilla de Castrejón (Burgos)
☎: +34 947 540 340
bodegas@vizcarra.es
www.vizcarra.es

Alejandra Vizcarra 2022 B
100% albillo

92 27€

Aromas nítidos. Aroma: pólvora, expresivo, franco, especiado. Boca: graso, sabroso, largo, equilibrado.

🏆 **PODIO**

Celia Vizcarra 2021 T
tinto fino, garnacha

95 65€

Maduro. Color: cereza intenso. Aroma: fruta madura, hierbas secas, roble cremoso, cacao fino, fruta negra. Boca: potente, fruta madura, especiado, taninos maduros.

Inés Vizcarra 2021 T R
tinto fino, otras

94 65€

Cremoso. Color: Cereza. Aroma: especiado, mineral, fruta madura, coco. Boca: elegante, lleno.

Rosado Vizcarra 2023 RD
90% tinto fino, 10% garnacha

92 ★★★ 17€

Color: cobrizo, rosáceo pálido. Aroma: especiado, pólvora, fruta roja, fruta madura, lías finas. Boca: sabroso, largo, fruta madura, especiado.

Vizcarra 2021 T
100% tinto fino

93 ★★★★ 17€

Clásico, especiado, láctico, jugoso. Color: cereza intenso. Aroma: fruta madura, hierbas secas, roble cremoso. Boca: potente, fruta madura, especiado, taninos maduros.

Vizcarra Senda del Oro 2023 T
100% tinto fino

91 ★★★★★ 9,8€

Aromático, exuberante, muy primario, láctico, especiado. Color: cereza brillante, borde violáceo. Aroma: fruta madura. Boca: frutoso, especiado, taninos maduros.

DO RIBERA DEL DUERO / D.O.P.

Vizcarra Torralvo 2021 T
100% tinto fino

94 35€

Corpulento, jugoso. Color: cereza intenso. Aroma: fruta madura, hierbas secas, roble cremoso, fruta negra. Boca: potente, fruta madura, especiado, taninos maduros.

BODEGAS Y VIÑEDOS ALILIAN
Ctra. de la Aguilera km 3,5
09400 Aranda de Duero (Burgos)
☎: +34 947 506 659
info@bodegasalilian.es
www.bodegasalilian.es

Alilian Buenagente 2018 T
100% tempranillo

92 38€

Color: cereza intenso. Aroma: fruta madura, hierbas secas, roble cremoso, fruta negra, especiado. Boca: potente, fruta madura, especiado, frutoso, tostado, taninos secos pero maduros.

Alilian Caminata 2019 T
100% tempranillo

92 65€

Corpulento, cálido. Color: cereza oscuro, borde granate. Aroma: fruta confitada, ebanistería, tabaco, especias dulces. Boca: especiado, taninos maduros, largo.

Alilian Clarete 2022 RD
100% tempranillo

89 25€

Amable, cálido, maduro.

Alilian Prémora 2020 T BA
100% tempranillo

92 25€

Color: cereza intenso. Aroma: fruta madura, hierbas secas, roble cremoso, fruta negra, ahumado. Boca: potente, fruta madura, especiado, taninos secos pero maduros, retronasal ahumado.

BODEGAS Y VIÑEDOS ALIÓN
Ctra. N-122, Km. 312,4 Padilla de Duero
47300 Peñafiel (Valladolid)
☎: +34 983 881 236
vegasicilia@vega-sicilia.com
www.temposvegasicilia.com

🏆 **PODIO**

Alión 2021 T

96 85€

Con tensión, maduro. Color: Cereza. Aroma: complejo, expresivo, especiado, mineral, fruta madura, fruta roja. Boca: lleno, largo, persistente.

BODEGAS Y VIÑEDOS DEL CONDE DE SAN CRISTÓBAL
Ctra. Valladolid a Soria, Km. 303
47300 Peñafiel (Valladolid)
☎: +34 983 878 055
bodega@condesancristobal.com
www.marquesdevargas.com/es/bodegas/bodega-conde-san-cristobal

Conde de San Cristóbal 2021 T C
100% tinto fino

91 21,85€

Color: cereza brillante. Aroma: especias dulces, fruta madura, tostado, especiado. Boca: frutoso, especiado, taninos maduros.

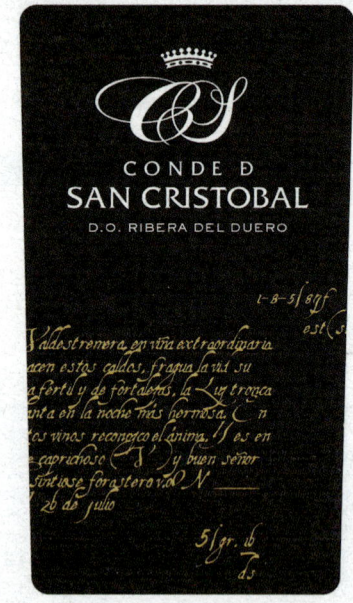

Conde de San Cristóbal Flamingo Rosé 2023 RD
100% tinto fino

91 23,5€

Color: rosáceo pálido. Aroma: elegante, fruta roja, floral, hierbas de tocador. Boca: ligero, especiado, buena acidez, fino amargor, fresco.

BODEGAS Y VIÑEDOS GALLEGO ZAPATERO

Segunda Travesía de la Olma, 4
09313 Anguix (Burgos)
☎: +34 648 180 177
bodega@bodegasgallegozapatero.com
www.bodegasgallegozapatero.com

Yotuel 2020 T BA
100% tinta del país

88 12€

Confitado, frutal, especiado, sencillo.

Yotuel Finca La Nava 2018 T
100% tinta del país

91 28€

Color: cereza intenso. Aroma: fruta madura, hierbas secas, roble cremoso. Boca: potente, fruta madura, especiado, taninos maduros.

Yotuel Finca Valdepalacios 2019 T
tinta del país

93 40€

Color: cereza oscuro, borde granate. Aroma: fruta confitada, ebanistería, tabaco, especias dulces, fruta negra. Boca: especiado, taninos maduros, largo.

Yotuel Selección 2019 T
100% tempranillo

90 19€

Color: cereza intenso. Aroma: fruta madura, hierbas secas, roble cremoso, hierbas verdes, regaliz negro. Boca: fruta madura, especiado, taninos maduros, retronasal ahumado, taninos secos pero maduros.

BODEGAS Y VIÑEDOS GORMAZ

Pol. de las Carretas s/n
42330 San Esteban de Gormaz (Soria)
☎: +34 973 350 404
export@hispanobodegas.com
www.hispanobodegas.com

12 Linajes 2019 T R
tempranillo

90 33€

Madera marcada. Color: cereza brillante. Aroma: especiado, ahumado, fruta confitada. Boca: sabroso, fruta madura, tostado, tanino domado.

12 Linajes 2020 T C
tempranillo

90 24€

Color: cereza, borde granate. Aroma: fruta confitada, fruta al licor, potente. Boca: sabroso, dulcedumbre, largo.

12 Linajes Finca Los Arenales 2019 T
tempranillo

93 42€

Fluido. Color: cereza, borde violáceo. Aroma: fruta roja, floral, especiado, chocolate. Boca: sabroso, frutoso, buena acidez, largo.

12 Linajes Grano a Grano 2020 T C
tempranillo

94 65€

Aromas nítidos, con potencial, madera marcada. Color: Cereza. Aroma: expresivo, especiado, roble cremoso, fruta madura. Boca: lleno, largo, persistente, taninos maduros, estructurado, equilibrado.

12 Linajes Senda de la Estación 2021 T
tempranillo

92 45€

Color: cereza intenso. Aroma: fruta madura, hierbas secas, roble cremoso, especiado, expresivo. Boca: fruta madura, especiado, taninos maduros, cierta persistencia.

DO RIBERA DEL DUERO / D.O.P.

DO RIBERA DEL DUERO / D.O.P.

Anier Vendimia Seleccionada 2017 T
tempranillo

92 45€

Balsámico, confitado. Color: cereza intenso. Aroma: cera, fruta al licor, balsámico. Boca: sabroso, potente, largo, especiado.

BODEGAS Y VIÑEDOS JUAN MANUEL BURGOS (AVAN VINOS)
Aranda, 39
09471 Fuentelcésped (Burgos)
☎: +34 687 222 764
avan@avanvinos.com
www.avanvinos.com

Avan 2022 T C
100% tempranillo

91

Color: cereza muy intenso. Aroma: café aromático, potente, fruta negra, fruta madura. Boca: persistente, taninos maduros.

Avan Oak 2023 T BA
100% tempranillo

86

Avan Viñedos Viejos 2022 T C

92

Color: cereza, borde violáceo. Aroma: fruta roja, floral, especiado, tostado. Boca: sabroso, frutoso, buena acidez, largo.

BODEGAS Y VIÑEDOS MONTEABELLÓN
Calvario, s/n
09318 Nava de Roa (Burgos)
☎: +34 947 550 000
comunicacion@monteabellon.com
www.monteabellon.com

Monteabellón
Finca La Blanquera 2018 T GR
100% tempranillo

94 55€

Color: cereza, borde granate. Aroma: equilibrado, complejo, fruta madura, especiado, fina reducción, hierbas silvestres. Boca: estructurado, sabroso, taninos maduros, equilibrado, persistente.

Monteabellón Finca Matambres 2019 T
100% tempranillo

91 28€

Color: cereza intenso. Aroma: fruta madura, hierbas secas, roble cremoso. Boca: fruta madura, especiado, taninos maduros.

Monteabellón 5 meses 2022 T RB
100% tempranillo

88 ★★★ 9€

Corpulento, equilibrado, especiado, hierbas secas, tostado.

Monteabellón 14 meses 2021 T C
100% tempranillo

92

Color: cereza oscuro. Aroma: tostado, especiado, cacao fino, fruta madura, fruta negra. Boca: sabroso, tostado, fino amargor.

BODEGAS Y VIÑEDOS MONTECASTRO
Ctra. VA-130, km. 7
47318 Castrillo de Duero (Valladolid)
☎: +34 983 484 013
contact@bodegasmontecastro.es
www.bodegasmontecastro.es

Montecastro 2021 T C
95% tinto fino, 5% cabernet sauvignon

93 22€

Amable, complejo. Color: cereza intenso. Aroma: fruta madura, hierbas secas, roble cremoso, hierbas de monte. Boca: potente, fruta madura, especiado, taninos maduros.

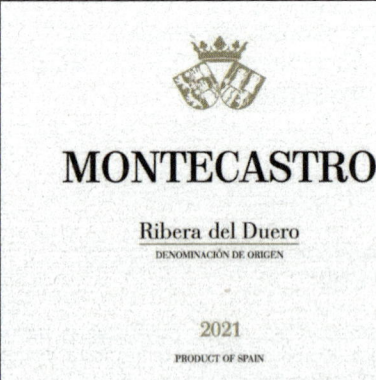

Montecastro 2020 T R
90% tinto fino, 10% cabernet sauvignon

91 33€

Color: cereza intenso. Aroma: fruta madura, hierbas secas, roble cremoso. Boca: potente, fruta madura, especiado, taninos maduros.

BODEGAS Y VIÑEDOS PRADOREY

Ctra. CL-619 (Magaz – Aranda) km.66, 1
09443 Gumiel de Mercado (Burgos)
☎: +34 947 546 900
info@pradorey.com
www.pradorey.com

Adaro 2022 T
100% tempranillo

94 ★★★ 🌱 21€

Color: cereza intenso. Aroma: fruta madura, hierbas secas, roble cremoso, fruta negra, balsámico. Boca: potente, fruta madura, especiado, taninos maduros, cierta persistencia.

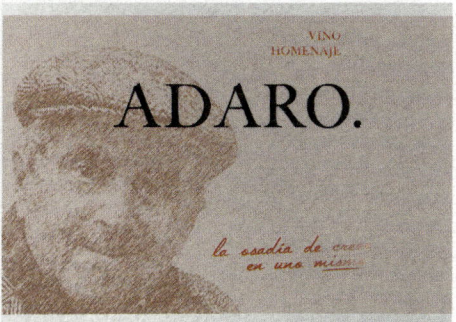

🏆 **PODIO**

El Retablo IV T
100% tempranillo

96

Cálido, clásico. Color: rubí, borde teja. Aroma: cuero muy curtido, fruta al licor, habano, especiado. Boca: ligero, equilibrado, crianza clásica, amargoso, matices de reducción.

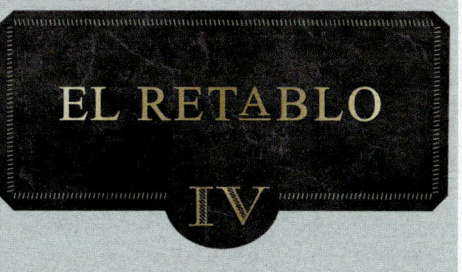

Pradorey Finca La Mina 2019 T R
100% tinto fino

93 24€

Color: cereza intenso. Aroma: fruta madura, hierbas secas, roble cremoso, tostado, piel de naranja. Boca: potente, fruta madura, especiado, taninos secos pero maduros.

Pradorey Finca Real Sitio de Ventosilla 2017 T GR
93% tinto fino, 7% merlot

91 65€

Color: cereza, borde granate. Aroma: roble cremoso, fruta confitada, especias dulces, tostado. Boca: potente, fruta madura, especiado, taninos secos pero maduros.

Pradorey Finca Valdelayegua 2021 T C

92

Herbáceo. Color: Cereza. Aroma: hierbas de monte, especiado, fruta roja, fruta madura. Boca: especiado, buena acidez, jugoso, frutoso.

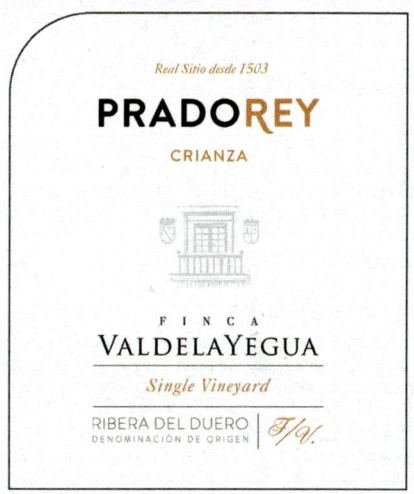

Salgüero 2020 B
100% albillo mayor

92 45€

Color: dorado brillante. Aroma: elegante, fruta escarchada, especias dulces, hidrocarburo, ebanistería. Boca: lleno, potente, sabroso, amargoso, buena acidez.

DO RIBERA DEL DUERO / D.O.P.

DO RIBERA DEL DUERO / D.O.P.

BODEGAS Y VIÑEDOS RAUDA S. COOP.
Ctra. de Pedrosa, s/n
09300 Roa (Burgos)
☎: +34 619 934 827
informacion@vinosderauda.com
www.tintoroa.es

Tinto Roa 2021 T C
100% tempranillo
87 8,8€

BODEGAS Y VIÑEDOS TÁBULA
Ctra. de Valbuena, km. 2
47359 Olivares de Duero (Valladolid)
☎: +34 676 967 948
jlm@bodegastabula.es
www.bodegastabula.es

Clave de Tábula 2020 T
tempranillo
92 75€
Color: cereza oscuro, borde granate. Aroma: fruta confitada, ebanistería, tabaco, especias dulces. Boca: especiado, taninos maduros, largo.

Damana 2021 T C
tempranillo
91 ★★★★ 14€
Color: cereza intenso. Aroma: fruta madura, hierbas secas, roble cremoso. Boca: potente, fruta madura, especiado, taninos maduros.

Damana 5 2022 T
tempranillo
91 ★★★★★ 9€
Color: cereza intenso. Aroma: fruta madura, hierbas secas, roble cremoso, regaliz negro. Boca: potente, fruta madura, especiado, taninos maduros.

Gran Tábula 2019 T
tempranillo
93 42€
Complejo, corpulento. Aroma: hierbas secas, notas anisadas, fruta negra, pimienta negra. Boca: potente, sabroso, lleno, taninos maduros.

Tábula 2020 T
tempranillo
93 22€
Color: cereza intenso. Aroma: fruta madura, hierbas secas, equilibrado. Boca: fruta madura, especiado, taninos maduros, fácil de beber, retronasal afrutado.

BODEGAS Y VIÑEDOS TAMARAL
Ctra. Nacional 122 Km 310,6
47314 Padilla de Duero (Valladolid)
☎: +34 983 878 017
club@tamaral.com
www.tamaral.com

Tamaral 2020 T C
100% tempranillo
90
Color: cereza brillante. Aroma: especias dulces, fruta madura, chocolate. Boca: frutoso, especiado, taninos maduros.

Tamaral 2020 T R
100% tempranillo
92
Color: cereza brillante. Aroma: especias dulces, fruta madura, cacao fino, tiza. Boca: frutoso, especiado, taninos maduros.

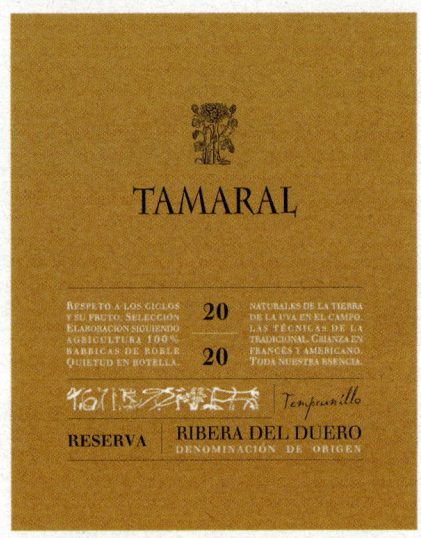

Tamaral 2023 RD
100% tempranillo
85

Tamaral Finca Velia 2020 T
100% tempranillo
91
Color: cereza brillante. Aroma: especias dulces, fruta madura, hierbas secas, roble cremoso. Boca: frutoso, especiado, taninos maduros.

BODEGAS Y VIÑEDOS VALDERIZ

Ctra. Pedrosa, km 1
09300 Roa (Burgos)
☎: +34 947 540 460
bodega@valderiz.com
www.valderiz.com

Valdehermoso 2021 T C
90
Color: cereza intenso. Aroma: hierbas secas, roble cremoso, fruta madura, fruta negra, chocolate. Boca: fruta madura, especiado, taninos maduros.

Valderiz 2021 T
91
Color: cereza muy intenso. Aroma: café aromático, potente, fruta negra, fruta madura, chocolate. Boca: retronasal ahumado, persistente, taninos maduros.

Valderiz al Alba 2019 T
92
Color: cereza intenso, borde granate. Aroma: ebanistería, fruta madura, cacao fino, habano, tostado. Boca: sabroso, especiado, tostado, taninos potentes.

Valderiz De Chiripa 2022 T
92
Color: cereza, borde violáceo. Aroma: expresión frutal, fruta roja, floral, especiado. Boca: sabroso, frutoso, buena acidez, largo.

Valderiz Juegabolos 2020 T
93
Color: cereza oscuro. Aroma: tostado, especiado, cacao fino, chocolate, fruta negra. Boca: sabroso, tostado, fino amargor, tanino domado.

Valderiz Tomás Esteban 2018 T
92
Color: cereza oscuro, borde granate. Aroma: fruta confitada, ebanistería, tabaco, especias dulces. Boca: especiado, taninos maduros, largo.

BODEGAS Y VIÑEDOS VALTRAVIESO

Finca La Revilla, s/n
47316 Piñel de Arriba (Valladolid)
☎: +34 983 484 030
comunicacion@valtravieso.com
www.valtravieso.com

El Manifiesto de Valtravieso 04 2020 B R
albillo mayor
92   62€
Reductivo. Color: pajizo brillante. Aroma: hierbas de tocador, lías finas, fósforo, fruta blanca. Boca: lleno, buena acidez.

Finca La Atalaya Valtravieso 2020 T R
75% tinto fino, 18% cabernet sauvignon, 7% merlot
92   28€
Color: cereza intenso. Aroma: fruta madura, hierbas secas, roble cremoso. Boca: potente, fruta madura, especiado, taninos maduros.

Finca Santa María Valtravieso 2022 T RB
93% tinto fino, 6% cabernet sauvignon, 1% merlot
90 ★★★★★   9,9€
Color: cereza intenso. Aroma: fruta madura, hierbas secas, roble cremoso, expresivo. Boca: potente, fruta madura, especiado, taninos maduros.

Gran Valtravieso 2019 T R
100% tinto fino
94   85€
Color: Cereza. Aroma: complejo, expresivo, especiado, mineral, hierbas de monte. Boca: elegante, lleno, largo, persistente.

Valtravieso 2021 T C
96% tinto fino, 3% cabernet sauvignon, 1% merlot
91   18€
Color: cereza intenso. Aroma: fruta madura, hierbas secas, roble cremoso. Boca: fruta madura, especiado, taninos maduros.

Valtravieso Vino de Finca 2020 T
77% tinto fino, 13% merlot, 10% cabernet sauvignon
92   24€
Color: cereza intenso. Aroma: fruta madura, hierbas secas, roble cremoso. Boca: potente, fruta madura, especiado, taninos maduros.

VT Tinto Fino Valtravieso 2020 T BA
100% tinto fino
92
Color: cereza intenso. Aroma: fruta madura, hierbas secas, roble cremoso, chocolate. Boca: fruta madura, especiado, taninos maduros.

BODEGAS Y VIÑEDOS VEGA REAL

Ctra. N-122, Km 298,6
47318 Castrillo de Duero (Valladolid)
☎: +34 679 180 532
visitas@vegareal.net
www.barbadillo.com/bodegas-vega-real

Finca El Empecinado 2018 T R
93 25€
Color: cereza oscuro, borde granate. Aroma: fruta madura, ebanistería, tabaco, especias dulces, tiza, habano. Boca: especiado, taninos maduros, largo.

Finca El Empecinado 2019 T C
90 ★★★ 14€
Color: cereza oscuro. Aroma: tostado, especiado, cacao fino, chocolate, fruta negra. Boca: sabroso, tostado, fino amargor.

Finca Vega Real Viñedo 1950 2021 T
tempranillo
92 30€
Color: cereza intenso. Aroma: fruta madura, hierbas secas, roble cremoso, fruta roja, tiza. Boca: potente, fruta madura, especiado, taninos maduros.

BODEGAS ZAPATA

Bajada Al molino 15, Bajo 2
09400 Aranda de Duero (Burgos)
☎: +34 638 088 214
info@bodegaszapata.com
www.bodegaszapata.com

Bodega Zapata Albillo Mayor 2022 B
100% albillo mayor
90 18€
Correcto, hierbas secas, sabroso, aromas nítidos, equilibrado. Aroma: cera, flores secas, notas anisadas, hierbas silvestres.

Bodega Zapata 2020 T C
100% tinta del país
89 20€
Frutal, especiado, maduro, sencillo, algo secante.

Bodega Zapata 2023 T
100% tempranillo
88 12€
Correcto, especiado, maduro, sabroso. Boca: fácil de beber.

Bodegas Zapata Selección 2020 T
100% tinto fino
91 23,99€
Color: cereza intenso. Aroma: fruta madura, hierbas secas, roble cremoso, chocolate. Boca: potente, fruta madura, especiado, taninos maduros.

Bodegas Zapata Viñas Viejas 2019 T
100% tinto fino
93 39€
Color: cereza brillante. Aroma: fruta madura, incienso, hierbas secas, franco, con carácter, arándano azul. Boca: especiado, taninos maduros, largo.

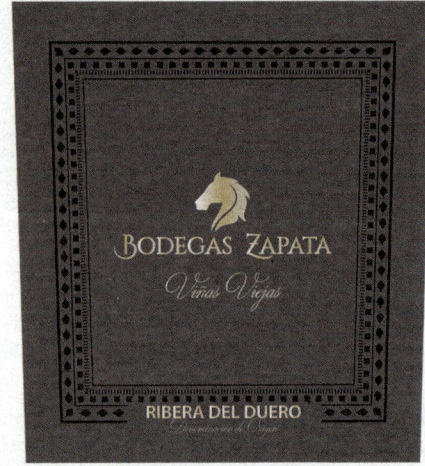

BODEGAS ZIFAR

Afueras de D. Juan Manuel, 9-11
47300 Peñafiel (Valladolid)
☎: +34 983 873 147
bodegaszifar@zifar.com
www.zifar.com

Caballero Zifar Albillo Mayor 2022 B
albillo mayor
90 22€
Color: amarillo brillante. Aroma: roble cremoso, fruta madura, especiado. Boca: estructurado, tostado, fino amargor.

Caballero Zifar Tempranillo 2020 T BA
100% tempranillo

93 30€

Exuberante. Color. Cereza. Aroma: complejo, expresivo, especiado, mineral. Boca: elegante, lleno, largo, persistente.

Senda de los Olivos 2021 T C
100% tempranillo

93 ★★★★★ 15€

Color. Cereza. Aroma: complejo, expresivo, especiado, mineral, fruta madura, fruta negra. Boca: elegante, lleno, largo, persistente.

CEPA 21
Ctra. N-122, Km. 297
47318 Castrillo de Duero (Valladolid)
☎: +34 983 484 083
comunicacion@cepa21.com
www.cepa21.com

Cepa 21 2021 T
tempranillo

91 20,5€

Color. cereza muy intenso. Aroma: café aromático, potente, fruta negra. Boca: retronasal ahumado, persistente, taninos maduros.

Hito 2023 RD
tempranillo

88 9,65€

Agradable, aromático, correcto, equilibrado, herbal, silvestre, suave.

Hito 2023 T
tempranillo

89 12,5€

Madera marcada, tostado, maduro, especiado, boca correcta. Boca: taninos maduros.

Malabrigo 2021 T
tempranillo

93 34,6€

Color. cereza, borde violáceo. Aroma: expresión frutal, especiado, fruta negra, tostado. Boca: sabroso, frutoso, cierta persistencia, taninos maduros.

CILLAR DE SILOS
Paraje El Soto, s/n
09370 Quintana del Pidío (Burgos)
☎: +34 947 545 126
bodega@cillardesilos.es
www.cillardesilos.es

Cillar 2023 T
tinto fino

90 ★★★★★ 10€

Color. cereza, borde violáceo. Aroma: expresión frutal, fruta roja, especiado, fruta negra. Boca: sabroso, frutoso, fruta madura, equilibrado.

Cillar de Silos 2021 T C
tinto fino

91 17€

Color. cereza, borde violáceo. Aroma: expresión frutal, fruta roja, especiado. Boca: sabroso, frutoso, buena acidez.

Torresilo 2021 T R
tinto fino

91 30€

Color. cereza oscuro. Aroma: tostado, especiado, cacao fino, cuero mojado. Boca: sabroso, tostado, fino amargor.

DO RIBERA DEL DUERO / D.O.P.

DO RIBERA DEL DUERO / D.O.P.

Cillar Rosado de Silos 2023 RD
tinto fino, albillo mayor

91 ★★★★★ 12€

Color: rosáceo pálido. Aroma: elegante, fruta roja, floral, hierbas de tocador. Boca: ligero, especiado, buena acidez, fino amargor.

Flor de Silos 2019 T
tempranillo

92 48€

Color: cereza oscuro. Aroma: fruta madura, fruta confitada, tabaco, especias dulces, fruta negra. Boca: especiado, taninos maduros, cierta persistencia, retronasal ahumado, taninos secos pero maduros.

La Viña de Amalio 2021 T
tinto fino

93 52€

Aromas nítidos, mineral. Color: Cereza. Aroma: complejo, expresivo, especiado. Boca: elegante, lleno, largo, persistente.

COMPAÑÍA DE VINOS TELMO RODRÍGUEZ
El Monte
01308 Lanciego (Araba/Álava)
☎: +34 945 628 315
contact@telmorodriguez.com
www.telmorodriguez.com

🏆 **PODIO**

Matallana 2021 T
95 75€

Color: cereza intenso, cereza brillante. Aroma: franco, con carácter, fruta roja, fruta madura, equilibrado, especiado. Boca: sabroso, taninos maduros, especiado, largo, jugoso.

CONVENTO OREJA
Cl. de la Fuente s/n
47318 Mélida - Peñafiel (Valladolid)
☎: +34 601 363 197
jmvaquero@conventooreja.net
www.conventooreja.es

Convento Oreja 2021 T C
100% tempranillo

90 15,25€

Color: cereza intenso. Aroma: fruta madura, hierbas secas, roble cremoso, expresión frutal, tostado. Boca: potente, fruta madura, especiado, taninos maduros, equilibrado, frutoso.

Convento Oreja 2023 T RB
100% tempranillo

90 ★★★★★ 9,25€

Color: cereza, borde violáceo. Aroma: especiado, fruta negra, fruta roja. Boca: sabroso, frutoso, buena acidez.

Convento Oreja Memoria 2020 T R
100% tempranillo

90 24,7€

Color: cereza intenso. Aroma: hierbas secas, roble cremoso, fruta confitada. Boca: potente, fruta madura, especiado, taninos maduros.

Convento Oreja Selección de Familia 2020 T
100% tempranillo

90 85€

Color: cereza intenso. Aroma: hierbas secas, roble cremoso, fruta confitada. Boca: potente, fruta madura, especiado, taninos maduros.

COPABOCA RIBERA
Avda. Cid Campeador, 1
09441 Sotillo de la Ribera (Burgos)
☎: +34 983 395 655
comunicacion@copaboca.es
www.copaboca.com

Óptimus 2021 T
88

Amable, sencillo, frutal, suave, especiado, correcto.

CUENTAVIÑAS
Vial B6 Peciña
26338 San Vicente de la Sonsierra (La Rioja)
☎: +34 686 498 183
info@cuentavinas.com

🏆 **PODIO**

Cuentaviñas 2021 T
tinto fino

95

Complejo. Aroma: tiza, mineral, expresivo, franco, cacao fino. Boca: equilibrado, con tensión, taninos maduros, crujiente, especiado.

CV SOLTERRA
Ctra. Roa a Pedrosa, km. 1,5
09300 Roa (Burgos)
☎: +34 915 196 651
info@cvsolterra.com
www.cvsolterra.com

AZ Alto de los Zorros 10 Meses 2021 T RB
88

Tostado, maduro, ligera reducción.

**AZ Alto
de los Zorros 2019 T C**
91
Color: cereza brillante. Aroma: fruta madura, fruta negra, especiado, roble cremoso, hierbas silvestres. Boca: frutoso, sabroso, equilibrado, taninos secos pero maduros, cierta persistencia.

**AZ Alto
de los Zorros 4 Meses 2022 T RB**
88
Ahumado, maduro, tostado.

**AZ Alto
de los Zorros Autor 2017 T R**
93
Color: cereza oscuro, borde granate. Aroma: fruta confitada, ebanistería, tabaco, especias dulces. Boca: especiado, taninos maduros, largo.

DETILIO BODEGA BOUTIQUE
Carretera Pesquera nº 1
47300 Peñafiel (Valladolid)
☎: +34 623 039 178
franmsj@hotmail.com
www.bodegadetilio.es

**Detilio
"Finca Teso la Talda" 2022 T**
94
Con tipicidad, frutal. Color: Cereza. Aroma: complejo, expresivo, especiado, mineral, fruta roja, fruta madura. Boca: lleno, largo, persistente.

DOMINIO BASCONCILLOS
Condado de Treviño, 55
09001 Burgos (Burgos)
☎: +34 947 473 300
comercial@dominiobasconcillos.com
www.dominiobasconcillos.com

**Dominio Basconcillos
Finca de Altura 2022 T RB**
76% tempranillo, 24% malbec
91 🏆   16,75€
Color: cereza brillante, cereza intenso. Aroma: fruta madura, hierbas secas, roble cremoso. Boca: fruta madura, especiado, taninos maduros, equilibrado.

**Dominio Basconcillos
Viña Magna 2021 T C**
92% tempranillo, 5% cabernet sauvignon, 3% malbec
92   23,5€
Tostado, goloso. Color: cereza intenso. Aroma: fruta madura, hierbas secas, roble cremoso. Boca: potente, fruta madura, especiado, taninos maduros.

**Dominio Basconcillos
Viña Magna 2020 T R**
79% tempranillo, 11% malbec, 10% cabernet sauvignon
93   53,5€
Color: cereza intenso. Aroma: fruta madura, hierbas secas, roble cremoso. Boca: potente, fruta madura, especiado, taninos maduros.

DOMINIO DE BORNOS
Ctra. Monasterio, s/n
47359 Valbuena de Duero (Valladolid)
☎: +34 983 868 116
i.oses@bornosbodegas.com
www.dominiodebornos.com

Dominio de Bornos 2022 T RB
100% tempranillo
88 ★★★★   7,8€
Ahumado, sabroso, maduro.

DOMINIO DE CALOGÍA
Ctra. Pedrosa km 0,8
09300 Roa (Burgos)
☎: +34 947 124 360
calogia@calogia.com
www.calogia.com

🏆 **PODIO**

**Dominio de Calogía by José Manuel Pérez
Ovejas Doble M 2020 T**
tinto fino
95   39€
Color: Cereza. Aroma: expresivo, especiado, mineral, fruta negra, tostado, cacao fino. Boca: lleno, largo, persistente.

Dominio de Calogía by José Manuel Pérez Ovejas 2022 T
tinto fino

93   79€

Color: cereza intenso. Aroma: hierbas secas, roble cremoso, fruta negra, roble nuevo, madera marcada. Boca: potente, fruta madura, especiado, taninos maduros.

Dominio de Calogía by José Manuel Pérez Ovejas Cuveé S 2021 T

94   177€

Color: cereza intenso. Aroma: fruta madura, hierbas secas, tostado, roble nuevo. Boca: potente, fruta madura, especiado, taninos maduros.

DOMINIO DE PINGUS
Millán Alonso, 49
47350 Quintanilla de Onésimo (Valladolid)
info@pingus.es
www.pingus.es

🏆 PODIO

Flor de Pingus 2022 T
96

Color: cereza brillante. Aroma: complejo, expresivo, especiado, mineral, balsámico, fruta roja. Boca: elegante, lleno, largo, persistente.

🏆 PODIO

Pingus 2022 T
98

Aromas nítidos, complejo, exuberante. Color: cereza poco intenso. Aroma: expresivo, especiado, mineral, fruta madura, fruta negra, fruta roja. Boca: elegante, lleno, largo, persistente.

🏆 PODIO

PSI 2022 T
95

Color: cereza, borde violáceo. Aroma: fruta roja, especiado, floral, hierbas de monte, tiza. Boca: sabroso, frutoso, buena acidez, largo.

DOMINIO DEL ÁGUILA

Los Lagares, 42
09370 La Aguilera (Burgos)
☎: +34 638 899 236
administracion@gmail.com
www.dominiodelaguila.com

🏆 PODIO

Canta la Perdiz 2018 T R
97

Floral, frutal, muy vivo. Color: Cereza. Aroma: complejo, expresivo, mineral, expresión frutal, hierbas silvestres, notas anisadas. Boca: elegante, lleno, largo, persistente.

🏆 PODIO

Dominio del Aguila 2020 T R
tempranillo, otras
96

Aromas nítidos, aromático. Color: Cereza. Aroma: complejo, expresivo, especiado, mineral. Boca: elegante, largo, persistente, algo secante.

🏆 PODIO

Peñas Aladas 2018 T GR
tempranillo, otras
96

Complejo, por hacer. Color: cereza muy intenso. Aroma: hierbas silvestres, hierbas secas, fruta roja, fruta madura, expresivo. Boca: sabroso, taninos potentes, algo secante, complejo, estructurado, frutoso.

🏆 PODIO

Peñas Aladas Clarete 2020 RD
96

Oxidativo, cremoso. Color: salmón, frambuesa. Aroma: especias dulces, fruta roja, hierbas de tocador, flores secas, pan tostado. Boca: lleno, sabroso, especiado, dulcedumbre, largo.

Pícaro del Aguila 2022 T BA
tempranillo, otras
93

Color: cereza intenso. Aroma: hierbas silvestres, fruta negra, especiado. Boca: fruta madura, especiado, taninos maduros, fluido.

DOMINIO DEL PIDIO

Lagares, 55-56
09370 Quintana del Pidío (Burgos)
☎: +34 947 545 126
contacto@dominiodelpidio.com
www.dominiodelpidio.com

Dominio del Pidio 2021 T
94   43€

Color: cereza brillante. Aroma: hierbas secas, fruta roja, fruta madura, especiado, roble cremoso. Boca: fruta madura, especiado, taninos maduros, largo, retronasal afrutado.

DOMINIO FOURNIER

Finca El Pinar, s/n
09316 Berlangas de Roa (Burgos)
☎: +34 947 533 006
prensa@gonzalezbyass.es
www.dominiofournier.com

Dominio Fournier 2020 T R
100% tinta del país
93   38€

Color: cereza intenso. Aroma: fruta madura, hierbas secas, especiado, roble cremoso. Boca: potente, fruta madura, especiado, taninos maduros.

Dominio Fournier 2021 T C
100% tinta del país
92   26€

Color: cereza intenso. Aroma: hierbas secas, roble cremoso, fruta madura, fruta negra, tostado, chocolate. Boca: potente, fruta madura, especiado, taninos maduros.

ÉBANO VIÑEDOS Y BODEGAS

Ctra. N-122 Km., 299,6
47318 Castrillo de Duero (Valladolid)
☎: +34 986 609 060
ebano@valminorebano.com
www.valminorebano.com

Ébano 6 2022 T RB
100% tempranillo
89   11€

Correcto, especiado, maduro, sabroso, madera marcada, amable.

Ébano Salvaje 2019 T C
100% tempranillo
91   25€

Color: cereza intenso. Aroma: fruta madura, cacao fino, tostado, hierbas secas, especiado. Boca: sabroso, especiado, tostado, retronasal ahumado, taninos secos pero maduros.

DO RIBERA DEL DUERO / D.O.P.

FIGUERO

Ctra. La Horra - Roa, Km. 2,2
09311 La Horra (Burgos)
☎: +34 686 008 952
cristina@tintofiguero.com
www.tintofiguero.com

Asomo Figuero 2022 T RB
100% tempranillo

92 ★★★★★   12€

Color: cereza intenso. Aroma: fruta madura, hierbas secas, roble cremoso, tostado. Boca: potente, fruta madura, especiado, taninos maduros.

Figuero 2021 T C
100% tempranillo

92   20,5€

Color: Cereza. Aroma: fruta madura, hierbas secas, especiado, tomate. Boca: potente, fruta madura, especiado, taninos maduros.

🏆 PODIO

Figuero Tinus 2020 T
100% tempranillo

95   260€

Color: Cereza. Aroma: especiado, mineral, fruta negra, pan tostado. Boca: elegante, lleno, largo, persistente.

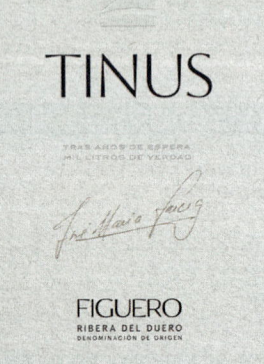

Figuero Viñas Viejas 2021 T
100% tempranillo

94   32€

Color: cereza oscuro. Aroma: fruta madura, ebanistería, tabaco, especias dulces, fruta negra. Boca: especiado, taninos maduros, cierta persistencia, frutoso, sabroso.

🏆 PODIO

Milagros de Figuero 2022 T
100% tempranillo

95   50€

Color: cereza intenso. Aroma: hierbas secas, roble cremoso, fruta negra, tostado, tiza. Boca: fruta madura, especiado, taninos maduros.

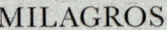

🏆 PODIO

Pago de Torrosillo 2022 T
100% tempranillo

96   79,5€

Color: cereza, borde violáceo. Aroma: fruta madura, hierbas secas, roble cremoso, fruta negra, ahumado. Boca: potente, fruta madura, especiado, taninos maduros, concentrado.

FINCA LA CAPILLA
Ctra. de Anguix, s/n
09300 Roa (Burgos)
☎: +34 941 454 000
bodegas@fincalacapilla.es
www.fincalacapilla.com

La Capilla 2018 T R
91   29€
Color: cereza, borde granate. Aroma: fruta madura, ebanistería, tabaco, especias dulces, expresivo. Boca: especiado, taninos maduros, frutoso, sabroso, cierta persistencia, equilibrado.

La Capilla 2020 T C
97% tinta del país, 3% merlot
92   19,5€
Color: cereza intenso. Aroma: fruta madura, hierbas secas, roble cremoso, chocolate. Boca: fruta madura, especiado, taninos maduros.

La Capilla Vendimia Seleccionada 2021 T
99% tinta del país, 1% merlot
90   38,5€
Color: cereza, borde granate. Aroma: fruta confitada, potente, muy tostado (torrefactado). Boca: sabroso, largo, opulento, potente.

FINCA RODMA
Ctra. N-122, Km. 321.5
47360 Quintanilla de Arriba (Valladolid)
☎: +34 983 074 077
info@fincarodma.com
www.fincarodma.com

Finca Rodma Avizor 2020 T
tempranillo
93
Con tensión. Color: cereza, borde violáceo. Aroma: expresión frutal, fruta roja, floral, especiado, fruta negra. Boca: sabroso, frutoso, buena acidez.

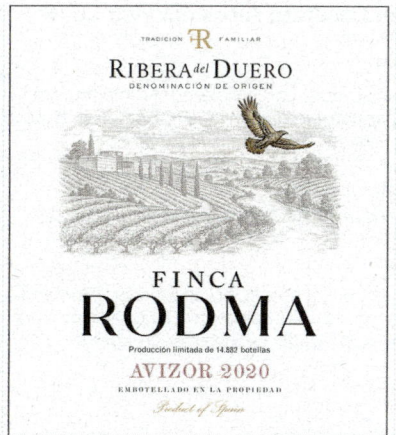

Finca Rodma Selección 2021 T C
tempranillo
93
Color: cereza intenso. Aroma: fruta madura, hierbas secas, roble cremoso, cacao fino. Boca: fruta madura, especiado, taninos maduros.

Finca Rodma Selección 2022 T C
93
Cremoso, por hacer, sabroso. Color: cereza brillante. Aroma: especias dulces, fruta madura, chocolate. Boca: frutoso, especiado, taninos maduros.

Gran Rodma 2019 T R
tempranillo
93
Color: cereza intenso. Aroma: roble cremoso, hierbas de monte, chocolate. Boca: fruta madura, especiado, taninos maduros, sabroso.

FINCA TORREMILANOS
Finca Torremilanos
09400 Aranda de Duero (Burgos)
☎: +34 947 512 852
bodega@torremilanos.com
www.torremilanos.com

Los Cantos de Torremilanos 2021 T
93% tempranillo, 4% cabernet sauvignon, 3% merlot
91 ★★★ ♣   16€
Color: Cereza. Aroma: balsámico, especias dulces, roble cremoso, hierbas silvestres. Boca: especiado, balsámico, buena acidez.

Torre Albéniz 2020 T R
95% tempranillo, 5% otras
92 ♣   33€
Con potencial, cremoso, maduro, representativo. Color: cereza intenso. Aroma: fruta madura, roble cremoso. Boca: potente, fruta madura, especiado, taninos maduros.

DO RIBERA DEL DUERO / D.O.P.

DO RIBERA DEL DUERO / D.O.P.

Montecastrillo 2023 RD
tempranillo
87 .... 10€

Torremilanos 2020 T C
tempranillo
91 .... 22€
Confitado, corpulento. Aroma: chocolate, fruta negra, equilibrado. Boca: estructurado, jugoso, taninos maduros.

FINCA VILLACRECES
Ctra. Soria N-122 Km 322
47130 Quintanilla de Onésimo (Valladolid)
☎: +34 983 680 437
villacreces@villacreces.com
www.villacreces.com

🏆 **PODIO**

Finca Villacreces Nebro 2021 T C
95 .... 189€
Color: cereza intenso. Aroma: complejo, expresivo, especiado, mineral. Boca: elegante, lleno, largo, persistente.

Pruno 2022 T
92 ★★★★★ .... 12,5€
Color: cereza, borde violáceo. Aroma: fruta roja, floral, especiado. Boca: sabroso, frutoso, buena acidez, largo.

Finca Villacreces Specimen Nº3 T
94
Color: cereza oscuro, borde granate. Aroma: fruta madura, ebanistería, tabaco, especias dulces. Boca: especiado, taninos maduros.

FINCA Y VIÑEDOS SAN COBATE
Ctra. Gumiel de Mercado – Oquillas Km 6,4
09443 Gumiel de Mercado (Burgos)
info@sancobate.com
www.sancobate.com

San Cobate La Finca 2020 T C
100% tinto fino
91 .... 19,9€
Color: cereza, borde granate. Aroma: fruta confitada, fruta al licor, potente, especiado. Boca: sabroso, frutoso, seco, confitado, cierta persistencia.

San Cucufate "Monasterio" 2019 T
100% tinto fino
92 .... 52,9€
Color: cereza intenso. Aroma: fruta madura, hierbas secas, roble cremoso. Boca: potente, fruta madura, especiado, taninos maduros.

San Cucufate Altos del Viso 2019 T
100% tinto fino
91 .... 52,9€
Color: cereza, borde violáceo. Aroma: fruta roja, floral, especiado, hierbas secas. Boca: sabroso, frutoso, buena acidez.

San Cucufate Bancales de Jalón 2019 T
100% tinto fino
93 .... 52,9€
Color: cereza oscuro, borde granate. Aroma: ebanistería, tabaco, especias dulces, fruta al licor, fruta negra. Boca: especiado, taninos maduros, largo.

GARMÓN CONTINENTAL
Camino de la Ribera s/n
47359 Olivares de Duero (Valladolid)
☎: +34 983 488 708
info@garmoncontinental.com
www.garmoncontinental.com

Garmón 2021 T
tempranillo
91 40,95€
Color: cereza brillante. Aroma: especias dulces, fruta madura, café aromático. Boca: frutoso, especiado, taninos maduros.

HACIENDA MIGUEL SANZ
Ctra. BU-930, Km. 11
09491 Vadocondes (Burgos)
☎: +34 941 454 050
rrpp@bodegasriojanas.com
www.bodegasriojanas.com

Alacer 2019 T C
100% tempranillo
88 14€
Frutal, maduro, sencillo, algo secante.

Alacer 2021 T RB
100% tempranillo
88 9,5€
Confitado, tostado, suave.

Alma Alacer 2020 T
100% tempranillo
91 24€
Color: cereza intenso. Aroma: fruta madura, hierbas secas, roble cremoso. Boca: potente, fruta madura, especiado, taninos maduros.

HACIENDA SOLANO
La Solana, 6
09370 La Aguilera (Burgos)
☎: +34 692 157 598
administracion@haciendasolano.com
www.haciendasolano.com

🏆 PODIO

Hacienda Solano Finca Cascorrales 2021 T
95
Color: cereza intenso. Aroma: fruta madura, hierbas secas, roble cremoso, terroso, mineral. Boca: potente, fruta madura, especiado, taninos maduros.

Hacienda Solano Viñas Viejas 2021 T BA
93
Color: cereza intenso. Aroma: fruta madura, hierbas secas, roble cremoso, mineral. Boca: potente, fruta madura, especiado, taninos maduros.

HAMMEKEN CELLARS
03700 Denia (Alacant/Alicante)
☎: +34 965 791 967
cellars@hammekencellars.com
www.hammekencellars.com

Aventino 200 Barrels 2021 T
tempranillo
91 27€
Maduro, opulento, madera marcada. Aroma: café aromático, fruta negra. Boca: estructurado, jugoso, sabroso, muy vivo.

Oráculo 2021 T
tempranillo
90 40€
Color: cereza brillante. Aroma: especias dulces, fruta madura, chocolate, tostado, madera marcada. Boca: especiado, taninos maduros, sabroso.

Valdepinares 2021 T
tempranillo
91 25€
Color: cereza oscuro. Aroma: tostado, especiado, fruta madura, fruta negra, hierbas secas. Boca: sabroso, tostado, frutoso, fruta madura, cierta persistencia, taninos secos pero maduros.

Valdepinares Unique Terroir 2021 T
tempranillo
92 38€
Color: cereza intenso. Aroma: roble cremoso, tostado, fruta madura, fruta negra. Boca: fruta madura, especiado, taninos maduros, lleno, frutoso.

HIJOS DE ANTONIO POLO
Ctra. Peñafiel Cogeces VA 210 Km., 1.3 Pol. 5210 Parc. 14
47300 Peñafiel (Valladolid)
☎: +34 639 708 593
info@pagopenafiel.com
www.pagopenafiel.es

Pagos de Peñafiel 2019 T R
100% tempranillo
89 22€
Especiado, frutal, tostado, sabroso.

Pagos de Peñafiel 2020 T C
100% tempranillo
89 16€
Tostado, maduro, cálido.

Pagos de Peñafiel 2022 T RB
100% tempranillo
87 ★★★ 7,9€

DO RIBERA DEL DUERO / D.O.P.

DO RIBERA DEL DUERO / D.O.P.

Pagos de Peñafiel Vendimia Selección 2022 T
100% tempranillo

91　　　　　　　　　　　　　26€

Color: cereza opaco. Aroma: fruta madura, especias dulces, cacao fino. Boca: fruta madura, especiado, taninos maduros, sabroso, jugoso.

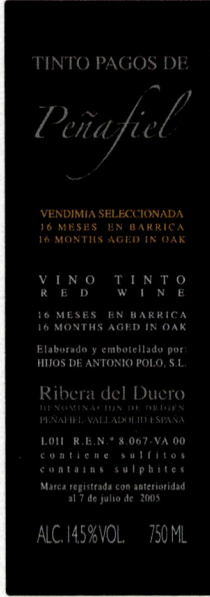

HORNILLOS BALLESTEROS
El Molino, 34
09300 Roa (Burgos)
☎: +34 947 541 071
hornillosballesteros@telefonica.net
www.hornillosballesteros.info

MiBal 2020 T C
100% tempranillo

90 ★★★★　　　　　　　　12€

Color: cereza intenso. Aroma: fruta madura, hierbas secas, roble cremoso, fruta negra, especiado. Boca: potente, fruta madura, especiado, taninos maduros.

MiBal 2022 T RB
100% tempranillo

88 ★★★　　　　　　　　　9€

Frutal, hierbas secas, maduro, sencillo, rústico.

MiBal 2023 T
100% tempranillo

88 ★★★★　　　　　　　　7€

Frutal, ahumado, maduro, sencillo.

MiBal Selección 2020 T
100% tempranillo

90 ♣　　　　　　　　　　15€

Color: cereza, borde granate. Aroma: chocolate, fruta madura, equilibrado, madera marcada. Boca: sabroso, largo.

Perfil 2020 T R
100% tempranillo

93　　　　　　　　　　　　30€

Color: cereza intenso. Aroma: fruta madura, hierbas secas, roble cremoso, fruta negra, especiado, ahumado. Boca: fruta madura, especiado, taninos maduros, equilibrado, persistente.

JESÚS DE MADRAZO WINES
San Ignacio de Loyola, 12 5ºG
26009 Logroño (La Rioja)
☎: +34 639 780 524
chus56madrazo@gmail.com

Selección Jesús Madrazo Selección Ribera del Duero 2020 T
93

Color: cereza intenso. Aroma: fruta madura, hierbas secas, roble cremoso, tostado, fruta negra. Boca: fruta madura, especiado, taninos maduros.

LA LOBA
Plaza Frontón, 7
42351 Matanza de Soria (Soria)
☎: +34 975 102 037
info@laloba.es
www.laloba.es

La Loba 2018 T
tempranillo

94　　　　　　　　　　　38,55€

Complejo. Color: cereza oscuro, borde granate. Aroma: fruta madura, ebanistería, tabaco, especias dulces, fruta negra. Boca: especiado, taninos maduros, largo.

La Lobita 2022 T
tempranillo, albillo mayor

93　　　　　　　　　　　24,5€

Color: cereza, borde violáceo. Aroma: expresión frutal, fruta roja, floral, especiado, tostado. Boca: sabroso, frutoso, buena acidez, largo.

LEGARIS

Ctra. de Peñafiel - Encinas de Esgueva, km. 4.3
47317 Curiel de Duero (Valladolid)
☎: +34 610 486 397
n.vives@raventoscodorniu.com
www.legaris.com

Legaris 2019 T R
100% tinto fino

91   25,95€

Color: cereza intenso. Aroma: fruta madura, hierbas secas, roble cremoso. Boca: fruta madura, especiado, taninos maduros, buena acidez.

Legaris 2021 T C
90% tinto fino, 10% cabernet sauvignon

90   16,95€

Color: cereza oscuro. Aroma: tostado, especiado, cacao fino. Boca: sabroso, tostado, fino amargor.

Legaris 2022 T RB
100% tinto fino

89 ★★★★   8,95€

Confitado, equilibrado, especiado, sabroso. Boca: persistente, fácil de beber.

Legaris Alcubilla de Avellaneda 2020 T BA
100% tinto fino

91   35€

Color: cereza intenso. Aroma: fruta madura, hierbas secas, roble cremoso. Boca: potente, fruta madura, especiado, taninos rugosos, dulcedumbre.

Legaris Calmo 2019 T
100% tinto fino

93   72€

Complejo, con personalidad, corpulento, con oscuridad. Color: cereza, borde granate. Aroma: fina reducción, franco, expresivo, varietal. Boca: sabroso, taninos maduros.

Legaris Gumiel de Mercado 2020 T
100% tinto fino

93   35€

Color: cereza intenso. Aroma: fruta madura, hierbas secas, hierbas silvestres, cacao fino. Boca: potente, fruta madura, especiado, taninos maduros.

Legaris Moradillo de Roa 2020 T BA
100% tinto fino

92   35€

Color: cereza intenso. Aroma: fruta madura, hierbas secas, roble cremoso. Boca: potente, fruta madura, especiado, taninos rugosos.

Páramos de Legaris 2020 T BA
100% tinto fino

90   19,95€

Fluido. Color: cereza intenso. Aroma: fruta madura, hierbas secas, roble cremoso. Boca: fruta madura, especiado, taninos maduros.

LOESS VINOS

Plaza Cuartel Viejo, 7
49006 Zamora (Zamora)
☎: +34 655 157 001
ljaime@loess.es
www.loesscollection.com

Loess Blue Cap 2021 T C
tempranillo

91   18€

Color: cereza opaco. Aroma: fruta madura, fruta confitada, potente, chocolate, con carácter. Boca: jugoso, fruta madura, largo.

Loess Collection 2020 T C
tempranillo

92   38€

Color: cereza brillante. Aroma: fruta madura, hierbas secas, hierbas de monte, fruta negra. Boca: frutoso, especiado, taninos maduros, sabroso, potente.

Loess Inspiration 2022 T
100% tempranillo

91 ★★★★★   10€

Corpulento, algo secante. Color: cereza intenso. Aroma: fruta madura, hierbas secas, roble cremoso. Boca: potente, fruta madura, taninos maduros.

LOS 3 MONOS WINES

☎: +34 670 943 999
augustoc@los3monoswines.com
www.los3monosgourmet.com

Secretos de Confesión 2020 T
tempranillo

87   10,9€

MARQUÉS DE BURGOS

Paraje de Buicio s/n
Fuenmayor (La Rioja)
☎: +34 941 450 950
info@bodegaslan.com
www.lanencasa.com/ribera

8000 Marqués de Burgos 2021 T

91   31,9€

Color: cereza intenso. Aroma: fruta madura, hierbas secas, roble cremoso, tostado, chocolate. Boca: potente, fruta madura, especiado, taninos maduros.

DO RIBERA DEL DUERO / D.O.P.

Marqués de Burgos 2021 T C
tempranillo

88 13,75€

Agradable, correcto, especiado, maduro, tostado, sabroso.

Marqués de Burgos 2022 T RB
tempranillo

90 ★★★★★ 7,95€

Color: cereza intenso. Aroma: fruta madura, hierbas secas, roble cremoso, toques silvestres, mineral. Boca: fruta madura, especiado, taninos maduros.

MARQUÉS DE VELILLA

Ctra. de Sotillo de la Riibera , s/n
09311 La Horra (Burgos)
☎: +34 947 542 166
bodega@marquesdevelilla.com
www.marquesdevelilla.com

Doncel de Mataperras 2016 T
tinta del país

92 25€

Color: cereza, borde granate. Aroma: balsámico, fruta madura, hierbas de monte, cuero muy curtido, café aromático. Boca: sabroso, balsámico, especiado, taninos suaves.

Marqués de Velilla 2020 T C
tinta del país

90 ★★★★ 12€

Color: cereza oscuro. Aroma: tostado, especiado, cacao fino. Boca: sabroso, tostado, fino amargor.

Marqués de Velilla 2022 T RB
tinta del país

88 ★★★★ 7€

Correcto, herbal, maduro, sabroso, frutal.

Finca La María 2021 T RB
tinta del país

88 ★★★ 9€

Herbáceo, maduro, tostado, algo secante.

Marqués de Velilla 2019 T R
tinta del país

89 16,5€

Especiado, frutal, goloso, sabroso, algo secante, confitado.

MARTÍN BERDUGO BODEGA Y VIÑEDOS

Camino de la Colonia, s/n
09400 Aranda de Duero (Burgos)
☎: +34 637 717 023
jvelasco@martinberdugo.com
www.martinberdugo.com

Martín Berdugo 2018 T R
100% tempranillo

90 18,5€

Color: cereza brillante. Aroma: expresión frutal, fruta roja, especiado, fruta confitada. Boca: sabroso, frutoso, equilibrado, especiado, taninos secos pero maduros.

Martín Berdugo 2021 T C
100% tempranillo

90 ★★★ 12,7€

Amable. Aroma: fruta madura, franco, equilibrado, especiado. Boca: frutoso, varietal, correcto, fácil de beber.

Martín Berdugo 2022 T RB
100% tempranillo

89 ★★★★ 8,5€

Equilibrado, especiado, hierbas secas, tostado, maduro.

Martín Berdugo Parcela 100 2021 T RB
100% tempranillo

89 🌿 28,5€

Corpulento, confitado, fruta golpeada. Color: cereza intenso. Aroma: fruta confitada, fruta escarchada. Boca: potente.

Martín Berdugo Primera Fruta 2021 T
100% tempranillo

91 ★★★ 🌿 14,5€

Color: cereza intenso. Aroma: fruta madura, hierbas secas, roble cremoso. Boca: sabroso, frutoso, fruta madura, especiado.

MILÉNICO

09317 San Martin de Rubiales (Burgos)
☎: +34 695 382 848
milenico@milenico.com
www.milenico.com

Dos Mundos 2021 T
tempranillo

90 🌱 15€

Correcto, hierbas secas, maduro. Aroma: fruta negra, notas cárnicas. Boca: sabroso, fácil de beber.

Mediterránico 2022 T
tempranillo

90 ★★★★★ 🌱 10€

Color: cereza intenso. Aroma: hierbas secas, roble cremoso, fruta negra. Boca: fruta madura, especiado, taninos maduros.

Milénico 2018 T
tempranillo

91 🌱 35€

Color: cereza oscuro. Aroma: fruta madura, ebanistería, tabaco, especias dulces. Boca: especiado, sabroso, cierta persistencia, taninos secos pero maduros, equilibrado.

MILSETENTAYSEIS

Asturias 16 - Nave 18
09400 Aranda de Duero (Burgos)
☎: +34 983 878 020
info@almacarraovejas.com
www.milsetentayseis.com

🏆 PODIO

Milsetentayseis 2021 T
tinto fino

95 🌱

Color: cereza, borde violáceo. Aroma: expresión frutal, fruta roja, floral, especiado, arándano azúl. Boca: frutoso, buena acidez, largo.

Milsetentayseis La Peña 2022 RD
tinto fino, albillo

93 🌱 60€

Color: salmón. Aroma: especias dulces, fruta roja, hierbas de tocador, flores secas. Boca: lleno, sabroso, especiado, largo.

MONTEBACO

Finca Montealto s/n
47300 Valbuena de Duero (Valladolid)
☎: +34 983 485 128
montebaco@bodegasmontebaco.com
www.bodegasmontebaco.com

Montebaco Cara Norte 2021 T C
tempranillo

90 🌱

Agradable, correcto, frutal. Aroma: intensidad media, flores marchitas, especiado. Boca: frutoso, fácil de beber, sabroso.

Montebaco de Finca 2021 T C
100% tempranillo

91

Especiado, maduro. Color: cereza brillante. Aroma: especias dulces, fruta madura, equilibrado. Boca: frutoso, especiado, taninos maduros.

Montebaco Selección Especial 2018 T
100% tempranillo

91

Color: cereza intenso. Aroma: hierbas secas, roble cremoso, fruta negra, fruta madura, franco, expresivo. Boca: potente, fruta madura, especiado, taninos maduros.

DO RIBERA DEL DUERO / D.O.P.

Semele 2022 T C
91
Color: cereza intenso. Aroma: fruta madura, hierbas secas, roble cremoso. Boca: potente, fruta madura, especiado, taninos maduros.

MONTEGAREDO
Ctra. Boada de Roa a Pedrosa, s/n
09314 Boada de Roa (Burgos)
☎: +34 600 300 636
info@montegaredo.com
www.montegaredo.com

Montegaredo 2022 T C
tinto fino
88 18€
Confitado, corpulento, especiado, maduro, sabroso. Aroma: especias dulces.

Montegaredo Gran Selección 2022 T C
100% tempranillo
91 24€
Color: cereza opaco, cereza brillante. Aroma: fruta madura, hierbas secas, roble cremoso. Boca: fruta madura, especiado, taninos maduros, sabroso, varietal.

Pirámide 2022 T C
100% tempranillo
89 22€
Correcto, maduro, varietal. Aroma: fruta madura, especias dulces. Boca: jugoso, frutoso, fácil de beber.

NEXUS BODEGAS
Ctra. Pesquera de Duero a Renedo, s/n
47315 Pesquera de Duero (Valladolid)
☎: +34 983 880 488
info@nexusfrontaura.com
www.bodegasnexusfrontaura.com

Nexus 2019 T C
91
Ligera reducción, equilibrado, hierbas secas. Color: cereza, borde granate. Aroma: tabaco, fruta madura, especiado. Boca: sabroso, taninos maduros, especiado, largo.

Nexus One 2020 T
100% tempranillo
90
Color: cereza oscuro, borde granate. Aroma: fruta confitada, ebanistería, tabaco, especias dulces. Boca: especiado, taninos maduros.

NUESTRO DE DÍAZ BAYO
Camino de los Anarinos, s/n
09471 Fuentelcésped (Burgos)
☎: +34 947 561 020
info@premiumfincas.com
www.premiumfincas.com

Diaz Bayo 15 Meses 2022 T C
91 ★★★★★ 12€
Color: cereza oscuro. Aroma: tostado, cacao fino, chocolate, especias dulces. Boca: sabroso, tostado, fino amargor.

Diaz Bayo 20 Meses 2020 T R
91 26€
Color: cereza, borde granate. Aroma: fruta confitada, fruta al licor, potente, chocolate, café aromático. Boca: sabroso, dulcedumbre, largo.

Diaz Bayo 4U 2023 T
89 ★★★★ 5,45€
Agradable, frutal, fresco.

Diaz Bayo 8 Meses 2023 T BA
91 ★★★★★ 8€
Color: cereza intenso. Aroma: fruta madura, hierbas secas, roble cremoso. Boca: potente, fruta madura, especiado, taninos maduros.

PAGO DE CARRAOVEJAS

Camino de Carraovejas, s/n
47300 Peñafiel (Valladolid)
☎: +34 983 878 020
info@almacarraovejas.com
www.pagodecarraovejas.com

🏆 PODIO

Pago de Carraovejas "Cuesta de las Liebres" 2020 T R
tinto fino

97

Aromas nítidos, con tensión. Color: cereza, borde granate. Aroma: equilibrado, complejo, fruta madura, especiado, terroso, mineral. Boca: estructurado, sabroso, taninos maduros, equilibrado.

Pago de Carraovejas 2021 T
tinto fino, merlot, cabernet sauvignon

94   45€

Amable, exuberante. Color: cereza intenso. Aroma: fruta madura, hierbas secas, roble cremoso, especias dulces. Boca: fruta madura, especiado, taninos maduros.

Pago de Carraovejas El Anejón 2020 T
tinto fino, merlot, cabernet sauvignon

94   75€

Color: cereza, borde granate. Aroma: fruta confitada, fruta al licor, potente, tostado, chocolate, habano. Boca: sabroso, dulcedumbre, largo.

PAGO DE LOS CAPELLANES

Camino de la Ampudia, s/n
09314 Pedrosa de Duero (Burgos)
☎: +34 947 530 068
bodega@pagodeloscapellanes.com
www.pagodeloscapellanes.com

Pago de los Capellanes Crianza 2022 T C
100% tempranillo

92

Color: cereza intenso. Aroma: fruta confitada, potente, fruta negra, hierbas secas, especiado, tostado. Boca: sabroso, frutoso, equilibrado, taninos secos pero maduros, persistente.

Pago de los Capellanes Parcela El Nogal 2020 T FB
100% tempranillo

91

Color: cereza intenso. Aroma: hierbas secas, roble cremoso, fruta confitada, fruta negra. Boca: potente, fruta madura, especiado, taninos maduros.

Pago de los Capellanes Doroteo 2019 T
100% tempranillo

94

Color: cereza muy intenso. Aroma: café aromático, potente, fruta negra, madera marcada. Boca: retronasal ahumado, persistente, taninos maduros.

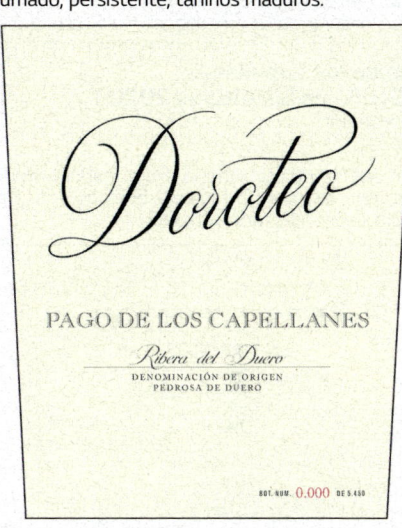

Pago de los Capellanes Parcela El Picón 2020 T
100% tempranillo

94

Potente, cálido. Color: cereza intenso. Aroma: fruta madura, hierbas secas, roble cremoso, potente. Boca: potente, fruta madura, especiado, taninos maduros.

DO RIBERA DEL DUERO / D.O.P.

DO RIBERA DEL DUERO / D.O.P.

Pago de los Capellanes Reserva 2021 T R
100% tempranillo

94
Color: cereza brillante. Aroma: fruta madura, ebanistería, tabaco, hierbas silvestres, fruta negra. Boca: especiado, taninos maduros, sabroso, equilibrado, cierta persistencia.

Pago de los Capellanes Un Sueño en las Alturas 2020 T
100% tempranillo

93
Color: cereza intenso. Aroma: fruta madura, hierbas secas, roble cremoso, fruta negra. Boca: potente, fruta madura, especiado, taninos maduros.

PAGO DEL CIELO
Camino de Magarín s/n
47529 Villafranca de Duero (Valladolid)
☎: +34 938 177 400
info@torres.es
www.torres.es

62 Millas al Cielo 2022 T
tinto fino

88   12,6€
Frutal, sencillo, maduro, especiado.

Celeste Crianza 2020 T C
100% tinto fino

90   21,45€
Color: cereza brillante. Aroma: tostado, especiado, cacao fino, fruta madura, hierbas secas. Boca: sabroso, tostado, fino amargor, frutoso.

Celeste Reserva 2019 T R
100% tinto fino

92   36,55€
Color: cereza intenso. Aroma: fruta madura, hierbas secas, roble cremoso, especiado, regaliz negro. Boca: fruta madura, especiado, taninos maduros, frutoso, sabroso.

Celeste Roble 2023 T RB
87

Pago del Cielo 2019 T R
tempranillo

91
Color: cereza intenso. Aroma: fruta madura, hierbas secas, roble cremoso. Boca: potente, fruta madura, especiado, taninos maduros.

PAGOS DE ANGUIX
Camino de la Tejera, s/n
09313 Anguix (Burgos)
☎: +34 938 911 000
info@pagosdeanguix.com
www.pagosdeanguix.com

Pagos de Anguix Barruecos 2021 T
100% tinto fino

93   29€
Potente, especiado. Color: Cereza. Aroma: complejo, expresivo, mineral. Boca: elegante, lleno, largo, persistente.

Pagos de Anguix Costalara 2021 T
100% tinto fino

94
Clásico, representativo. Color: cereza intenso. Aroma: roble cremoso, fruta madura, especiado, especias dulces, cacao fino. Boca: fruta madura, especiado, taninos maduros, lleno, largo.

VINOS DE ESPAÑA

Pagos de Anguix El Rosado 2023 RD
tinto fino, albillo mayor
90
Color: cereza claro, brillante. Aroma: expresión frutal, fruta roja, floral. Boca: frutoso, buena acidez, fácil de beber, largo.

Pagos de Anguix Prado Lobo 2019 T R
100% tinto fino
94 23,5€
Color: cereza intenso. Aroma: fruta madura, hierbas secas, roble cremoso, fruta negra, especiado. Boca: potente, fruta madura, especiado, taninos maduros, sabroso, cierta persistencia.

PAGOS DEL REY
RIBERA DEL DUERO
Ctra. Palencia-Aranda, Km. 53
09311 Olmedillo de Roa (Burgos)
☎: +34 947 551 111
riberadelduero@pagosdelrey.com
www.pagosdelrey.com

270 Vendimia Seleccionada 2022 T
87

409 2022 T C
tempranillo
89 ★★★★ 9€
Tostado, maduro, especiado, goloso.

Altos de Tamarón 2019 T R
tempranillo
89 10,75€
Ahumado, amable, maduro, sabroso.

Condado de Oriza 2023 T RB
tempranillo
88 ★★★★ 7,25€
Especiado, frutal, sabroso, suave.

Altos de Tamarón 2023 T
87

Altos de Tamarón 2023 T RB
tempranillo
87 ★★★★ 5,99€

Altos de Tamaron 2021 T C
tempranillo
88 ★★★★ 7,49€
Tostado, suave, sabroso, maduro, jugoso.

DO RIBERA DEL DUERO / D.O.P.

Pago de Fuentecojo 2020 T
tempranillo

90 16,5€

Color: cereza, borde violáceo. Aroma: floral, especiado, terroso, fruta madura. Boca: sabroso, frutoso, buena acidez, largo.

PICO CUADRO
Del Río, 22
47350 Quintanilla de Onésimo (Valladolid)
☎: +34 983 855 107
info@picocuadro.com
www.picocuadro.com

Viña El Chorro 2020 T
100% tempranillo

92 55€

Color: Cereza. Aroma: complejo, expresivo, especiado, mineral, fruta roja, fruta madura. Boca: elegante, lleno, largo, persistente.

PROTOS BODEGAS RIBERA DUERO DE PEÑAFIEL
Bodegas Protos, 24-28
47300 Peñafiel (Valladolid)
☎: +34 983 878 011
bodega@bodegasprotos.com
www.bodegasprotos.com

Protos 2016 T GR
100% tinto fino

93 53,5€

Color: cereza intenso, borde granate. Aroma: ebanistería, fruta madura, cacao fino, habano, chocolate, café aromático. Boca: sabroso, especiado, tostado, taninos potentes.

🏆 PODIO

Protos '27 2021 T
100% tinto fino

95 28,95€

Color: Cereza. Aroma: complejo, expresivo, especiado, mineral, fruta madura, fruta roja. Boca: elegante, lleno, largo, persistente.

Protos 2018 T R
100% tinto fino

94 29,95€

Color: cereza oscuro, borde granate. Aroma: fruta madura, fruta confitada, ebanistería, tabaco, especias dulces. Boca: especiado, taninos maduros, largo.

Protos 2020 T C
100% tinto fino

93

Color: cereza, borde violáceo. Aroma: especiado, fruta madura, fruta negra, balsámico. Boca: sabroso, frutoso, buena acidez, largo.

Protos 9 meses 2022 T RB
100% tinto fino

91 ★★★★ 🌱 12,95€

Color: cereza intenso. Aroma: hierbas secas, roble cremoso, fruta negra. Boca: fruta madura, especiado, taninos maduros.

🏆 PODIO

Protos Selección Finca el Grajo Viejo 2020 T
100% tinto fino

95 69,5€

Potente, exuberante. Color: Cereza. Aroma: complejo, expresivo, especiado, mineral. Boca: elegante, lleno, largo, persistente.

QUINTA MILÚ

Camino El Val, s/n
09370 La Aguilera (Burgos)
☎: +34 635 432 351
ad@lively-wines.com

Quinta Milú 2022 T
91
Color: cereza, borde violáceo. Aroma: expresión frutal, fruta roja, floral, especias dulces. Boca: frutoso, sabroso, equilibrado.

Quinta Milú Bellavista 2022 T
94
Color: Cereza. Aroma: expresivo, mineral, elegante, fruta madura, franco. Boca: elegante, lleno, frutoso, equilibrado, sabroso, muy vivo.

Quinta Milú El Malo 2022 T C
94 🌱
Color: cereza, borde violáceo. Aroma: floral, especiado, mineral, piedra seca, con carácter, tostado. Boca: sabroso, frutoso, buena acidez, largo.

Quinta Milú La Cometa 2021 T C
91
Color: cereza intenso. Aroma: fruta roja, arándano azúl, fresco, especiado. Boca: frutoso, jugoso, fácil de beber.

🏆 **PODIO**

Quinta Milú Valdevicente 2022 T
95
Color: cereza brillante, cereza intenso. Aroma: expresión frutal, elegante, franco, complejo, especiado. Boca: frutoso, jugoso, taninos maduros, especiado, retronasal afrutado, con tensión.

Quinta Milú Viñas Viejas 2022 T
94
Aromas nítidos, balsámico. Color: Cereza. Aroma: complejo, expresivo, especiado, mineral. Boca: elegante, lleno, largo, persistente.

R & G ROLLAND GALARRETA

Ramón y Cajal 7, 1ºA
01007 Vitoria-Gasteiz (Araba/Álava)
☎: +34 945 150 189
araex@araex.com
www.araex.com

Rolland Galarreta Parcelas en Altura 2020 T
85% tempranillo, 15% merlot
92
Color: cereza intenso. Aroma: fruta madura, hierbas secas, roble cremoso, chocolate, especias dulces. Boca: fruta madura, especiado, taninos maduros.

RAUL TAMAYO

Ctra. Pesquera-Encinas
47316 Piñel de Abajo (Valladolid)
+34646215911

🏆 **PODIO**

Acediano 2021 T C
tempranillo
96   64€
Color: cereza intenso. Aroma: hierbas secas, roble cremoso, fruta negra, chocolate. Boca: potente, fruta madura, especiado, taninos maduros, elegante.

Naluar 2021 T
tempranillo
94 ★★★   22€
Color: cereza intenso. Aroma: roble cremoso, fruta negra, fruta roja. Boca: potente, fruta madura, especiado, taninos maduros.

DO RIBERA DEL DUERO / D.O.P.

RIPPA DORII

Avda. Tordesillas, 49
47490 Rueda (Valladolid)
☎: +34 639 266 011
info@rippadorii.es
www.rippadorii.es

Rippa Dorii Geografías Salomón 2021 T
tempranillo

91   22€

Color: cereza intenso. Aroma: fruta madura, hierbas secas, roble cremoso, fruta negra. Boca: potente, fruta madura, especiado, taninos potentes, tostado.

RIPPA DORII

Ctra. de Roa, s/n
09315 Fuentecén (Burgos)
☎: +34 947 532 797
www.rippadorii.es

Rippa Dorii 2021 T C
tempranillo

88   12€

Corpulento, especiado, hierbas secas, madera marcada.

Rippa Dorii 2022 T RB
tempranillo

90 ★★★★★   7€

Color: cereza intenso. Aroma: fruta madura, hierbas secas, roble cremoso. Boca: potente, fruta madura, especiado, taninos maduros.

SEI SOLO BODEGAS Y VIÑEDOS

El Molino, 21
09300 Roa (Burgos)
☎: +34 947 416 699
seisolo@seisolo.es
www.seisolo.es

Preludio de Sei Solo 2021 T R
tempranillo

93   31€

Color: cereza intenso. Aroma: fruta madura, hierbas secas, roble cremoso, chocolate. Boca: potente, fruta madura, especiado, taninos maduros.

🏆 PODIO

Sei Solo 2021 T
tempranillo

99   62€

Color: cereza, borde violáceo. Aroma: fruta negra, fruta madura, hierbas secas, especiado, complejo. Boca: frutoso, sabroso, equilibrado, especiado, persistente, taninos maduros.

SEÑORÍO DE VILLÁLVARO

San Pedro, 33
42351 Villálvaro (Soria)
☎: +34 651 492 400
info@senoriodevillalvaro.com
www.senoriodevillalvaro.com

Señorío de Villálvaro 19 meses 2021 T
tinta del país

88   15€

Confitado, frutal, hierbas secas, especiado.

Señorío de Villálvaro Albillo Mayor 2022 B
100% albillo mayor

91 ★★★★   14€

Color: pajizo brillante. Aroma: fruta madura, hierbas de tocador, lías finas, especias dulces. Boca: lleno, graso, largo, buena acidez.

Señorío de Villálvaro Clarete 2022 RD
albillo mayor, tinta del país

90 ★★★   13,5€

Correcto, maduro, especiado. Aroma: potente, fruta madura, roble cremoso, especias dulces. Boca: carnoso, sabroso, especiado, fácil de beber.

Señorío de Villálvaro Selección especial 2020 T
tempranillo

89

Frutal, confitado, sabroso, algo secante.

TERRITORIO LUTHIER

Paraje La Rastrilla
09400 Aranda de Duero (Burgos)
☎: +34 947 650 034
luthier@territorioluthier.com
www.territorioluthier.com

Hispania 2021 T
80% tempranillo, 15% garnacha, 5% otras

93   33€

Color: cereza oscuro. Aroma: tostado, especiado, cacao fino, fruta madura, fruta negra. Boca: sabroso, tostado, fino amargor, taninos suaves.

Hispania 2022 B
albillo, viura, pirules, otras

92   33€

Complejo. Color: pajizo brillante. Aroma: fruta madura, hierbas secas, flores marchitas, especiado, cera. Boca: potente, fruta madura, equilibrado, jugoso.

Lara O Clarete 2021 RD C
tempranillo, bobal, garnacha, viura, pirules

92 20€

Color: frambuesa. Aroma: fruta madura, flores marchitas, hierbas de tocador, balsámico, complejo. Boca: carnoso, sabroso, potente, fruta madura.

🏆 PODIO

Luthier 2012 T GR
96

Color: cereza poco intenso, borde granate. Aroma: elegante, fina reducción, fruta madura, ebanistería, especiado, balsámico, café aromático. Boca: equilibrado, complejo, largo, taninos finos, fino amargor.

🏆 PODIO

Luthier 2014 T GR
95 190€

Color: cereza oscuro, borde granate. Aroma: fruta madura, ebanistería, tabaco, especias dulces, complejo, con carácter, balsámico. Boca: especiado, taninos maduros, largo.

Luthier 2018 B GR
94 190€

Color: dorado brillante. Aroma: flores secas, fruta escarchada, lías finas, pastelería, piedra seca, tostado. Boca: redondo, especiado, largo, persistente.

Territorio Luthier 2019 T R
90% tempranillo, 10% garnacha

92 54€

Color: cereza oscuro, borde granate. Aroma: fruta confitada, ebanistería, tabaco, especias dulces. Boca: especiado, taninos maduros, largo, jugoso.

🏆 PODIO

Territorio Luthier Blanco de Guarda 2020 B R
96 50€

Color: amarillo brillante. Aroma: flores secas, fruta escarchada, lías finas, pastelería, fósforo. Boca: especiado, largo, persistente, complejo, lleno.

Territorio Luthier Clarete de Guarda 2020 RD R
94 40€

Color: salmón. Aroma: especias dulces, fruta roja, hierbas de tocador, flores secas. Boca: lleno, sabroso, especiado, dulcedumbre, largo.

TRESPIEDRAS
09315 Fuentecén (Burgos)
☎: +34 696 746 553
jorge@bodegastrespiedras.com
www.bodegastrespiedras.com

Nobbis 2022 T
91

Color: cereza intenso. Aroma: fruta madura, hierbas secas, ahumado. Boca: fruta madura, especiado, taninos maduros.

Unanimous Finca La Maricana 2021 T
tempranillo, garnacha, albillo

93 47€

Color: cereza intenso. Aroma: hierbas secas, fruta madura, fruta negra, especias dulces, tiza. Boca: potente, fruta madura, especiado, taninos maduros.

🏆 PODIO

Unanimous Finca La Tejera 2021 T C
tempranillo, garnacha, bobal, albillo, airén, malvasía

95 47€

Aromas nítidos, con personalidad. Color: cereza intenso. Aroma: hierbas secas, roble cremoso, fruta madura, fruta negra, fruta roja, complejo, con carácter. Boca: potente, fruta madura, especiado, taninos potentes, taninos maduros.

Unanimous Pago San Vicente 2021 T
tempranillo, bobal

93

Con personalidad. Color: Cereza. Aroma: balsámico, especias dulces, hierbas de monte, fruta madura, fruta roja. Boca: especiado, balsámico, buena acidez, taninos potentes.

Unanimous Santa Cruz Albillo Mayor 2019 B
93

Color: pajizo brillante. Aroma: fruta madura, floral, lías finas, mineral. Boca: lleno, complejo, especiado, largo, elegante.

Unanimous Santa Cruz Albillo Mayor 2020 B
albillo

93 30€

Color: pajizo brillante. Aroma: fruta madura, hierbas de tocador, lías finas, fósforo, cera, roble cremoso. Boca: lleno, graso, largo, buena acidez.

DO RIBERA DEL DUERO / D.O.P.

DO RIBERA DEL DUERO / D.O.P.

UVAS FELICES
Agullers, 7
08003 Barcelona (Barcelona)
☎: +34 902 327 777
www.vilaviniteca.es

Venta Las Vacas La Cuartilleja 2019 T R
tinto fino

93

Color: cereza brillante. Aroma: especias dulces, fruta madura, chocolate, lácticos, potente. Boca: frutoso, especiado, taninos maduros.

VALDEMONJAS
Ctra. N-122 Km. 322
47360 Quintanilla de Arriba (Valladolid)
☎: +34 983 248 294
info@valdemonjas.es
www.valdemonjas.es

Entre Palabras 2021 T

91

Color: cereza intenso. Aroma: fruta madura, fruta roja, tostado, especias dulces, mineral. Boca: sabroso, frutoso, amargoso.

VALREINAS VIÑEDO Y BODEGA
Avda. Aranda, 18
09318 Nava de Roa (Burgos)
☎: +34 657 829 490
info@valreinas.com
www.valreinas.com

Piripintado 2022 RD
100% tempranillo

87 ★★★★   6,05€

Valreinas 2021 T C
tempranillo

90 ★★★★★   9,43€

Color: cereza intenso. Aroma: fruta madura, hierbas secas, roble cremoso, arándano azúl. Boca: fruta madura, especiado, taninos maduros.

Valreinas 2022 T RB
100% tempranillo

91 ★★★★★   8€

Color: Cereza. Aroma: fruta madura, hierbas secas, expresivo, cacao fino. Boca: fruta madura, fino amargor, sabroso.

VEGA CLARA
Ctra. N-122, Km 328
47350 Quintanilla de Onésimo (Valladolid)
☎: +34 677 570 779
vegaclara@vegaclara.com
www.vegaclara.com

D'Acán Vega Clara T C
90% tempranillo, 10% garnacha

92   90€

Color: cereza oscuro. Aroma: tostado, especiado, cacao fino, chocolate, café aromático. Boca: sabroso, tostado, fino amargor.

Mario VC 2021 T
75% tempranillo, 25% cabernet sauvignon

90   23€

Color: Cereza. Aroma: balsámico, hierbas de monte, fruta negra. Boca: especiado, sabroso, frutoso, equilibrado.

Nala VC 2022 B FB
100% albillo mayor

90   21€

Color: pajizo brillante. Aroma: expresivo, flores blancas, jazmín, hierbas secas. Boca: sabroso, frutoso, equilibrado.

VELVETY WINES - DOMINIO LUBIANO
Ctra. Pesquera - Valbuena de Duero (Polig. 9 Parc. 66)
47315 Pesquera de Duero (Valladolid)
☎: +34 652 905 042
info@velvetywines.com
www.velvetywines.com

Dominio Lubiano 2020 T

91

Color: cereza intenso. Aroma: fruta madura, hierbas secas, roble cremoso. Boca: fruta madura, especiado, taninos maduros.

VIEJAS DE IZAN
Real, 14
09370 Gumiel de Izán (Burgos)
☎: +34 609 088 480
infovdi@viejasdeizan.com
www.viejasdeizan.com

Viejas de Izan 2021 T C
tempranillo

94   32€

Color: cereza brillante. Aroma: complejo, expresivo, especiado, mineral, fruta negra, fruta madura. Boca: elegante, lleno, largo, persistente.

VINOS DE LA LUZ
Ctra. de Mélida, km. 3,5
47300 Peñafiel (Valladolid)
☎: +34 983 878 007
info@vinosdelaluz.com
www.vinosdelaluz.com

Iluminado Vinos de la Luz 2019 T R
100% tempranillo

91 95€

Color: cereza intenso. Aroma: fruta madura, hierbas secas, madera marcada. Boca: fruta madura, especiado, taninos maduros.

Pagos de Valcerracín 10 meses 2022 T RB
100% tempranillo

88 ★★★ 8,9€

Amable, confitado, potente, sabroso, especiado, fruta golpeada.

Pagos de Valcerracín Vendimia Seleccionada 2020 T C
100% tempranillo

88 15€

Confitado, corpulento, equilibrado, especiado, sabroso.

Peñafiel Edición Limitada 2019 T C
100% tempranillo

90 28€

Color: cereza intenso. Aroma: fruta madura, hierbas secas, roble cremoso, fruta negra. Boca: fruta madura, especiado, crujiente, taninos secos pero maduros.

VINOS DIVERTIDOS
Nicolas de Bussi 10
03203 Elche (Alacant/Alicante)
☎: +34 966 105 325
info@vinosdivertidos.es
www.vinosdivertidos.es

VD 12 2019 T
100% tempranillo

89 15,95€

Corpulento, cremoso. Aroma: especias dulces, chocolate. Boca: especiado, taninos maduros.

VD 4 2022 T RB
100% tempranillo

88 10,75€

Correcto, especiado, maduro, tostado, sabroso.

VINOS SANTOS ARRANZ
Ctra. de Valbuena s/n
47315 Pesquera de Duero (Valladolid)
☎: +34 615 322 596
lagrimanegra82@hotmail.com
www.lagrima-negra.com

Lágrima Negra 2021 T C
tempranillo

88 10,5€

Correcto, especiado, maduro, hierbas secas, confitado.

Lágrima Negra 2022 T RB
tempranillo

87 ★★★★ 6,5€

VINOS Y VIÑEDOS FAMILIA FIEL
Plaza Mayor, 1
09312 Tortoles de Esgueva (Burgos)
☎: +34 672 464 877
jm.cuenca@vinosfiel.es
www.vinosfiel.es

Colección 880 2022 T RB
tempranillo

90 ★★★★★ 9€

Color: cereza, borde violáceo. Aroma: expresión frutal, especiado, fruta negra, ahumado. Boca: sabroso, frutoso, fresco, taninos potentes, cierta persistencia.

Cuesta Roa 940 2020 T C
tempranillo

91 21€

Color: cereza intenso. Aroma: fruta madura, hierbas secas, roble cremoso, fruta negra, especiado. Boca: potente, fruta madura, especiado, taninos maduros, sabroso.

DO RIBERA DEL DUERO / D.O.P.

Cuesta Roa 940 Etiqueta Negra 2016 T R
tempranillo

90 33€

Color: cereza, borde granate. Aroma: fruta confitada, fruta al licor, potente, algo evolucionado. Boca: sabroso, dulcedumbre, frutoso, taninos secos pero maduros.

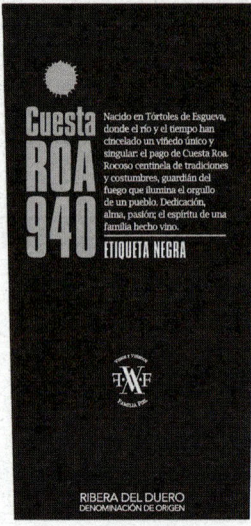

VIÑA BUENA
Avda. Portugal, 15
09400 Aranda de Duero (Burgos)
☎: +34 947 546 414
bodega@vinabuena.com
www.vinabuena.com

Viña Buena 2020 T C
100% tempranillo

87 ★★★★ 5,35€

Viña Buena 2022 T RB
100% tempranillo

88 ★★★★ 4,75€

Equilibrado, especiado, tostado, maduro.

Viña Buena 2023 T
100% tempranillo

87 ★★★★ 4,1€

VIÑA SASTRE
San Pedro, s/n
09311 La Horra (Burgos)
☎: +34 947 542 108
sastre@vinasastre.com
www.vinasastre.com/es

Regina Vides 2020 T
tinta del país

93

Color: cereza, borde granate. Aroma: fruta confitada, potente, chocolate, tostado, café aromático. Boca: sabroso, largo, retronasal ahumado.

Viña Sastre 2021 T C
100% tinta del país

92 21,5€

Color: cereza intenso, borde granate. Aroma: ebanistería, fruta madura, cacao fino, habano, tostado. Boca: sabroso, especiado, tostado, taninos potentes.

VIÑA AGUILERA
Camino del Val s/n
09370 La Aguilera (Burgos)
☎: +34 625 467 468
vinaaguilerasl@hotmail.com

Torreval 6 meses Barricas 2022 T
90% tempranillo, 10% cabernet sauvignon

90 ★★★★★ 7,9€

Color: cereza, borde violáceo. Aroma: expresión frutal, especiado, fruta negra, balsámico. Boca: sabroso, frutoso, fresco, taninos secos pero maduros.

Viña Sastre
Pago de Santa Cruz 2018 T GR
100% tinta del país

94   80€

Color: cereza oscuro. Aroma: tostado, especiado, cacao fino, fruta negra, madera marcada. Boca: sabroso, tostado, fino amargor.

🏆 PODIO

Viña Sastre Pesus 2016 T
85% tinta del país, 15% merlot, cabernet sauvignon

96   350€

Color: cereza oscuro, borde granate. Aroma: fruta madura, fruta confitada, ebanistería, tabaco, especias dulces, cuero muy curtido. Boca: especiado, taninos maduros, largo, sabroso, frutoso, equilibrado.

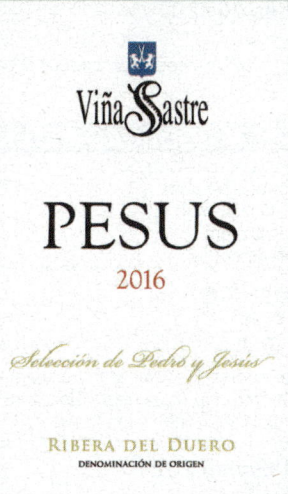

Viña Sastre Rafael Sastre 2022 T RB
100% tinta del país

92 ★★★★★   12,5€

Aromas nítidos. Color: cereza, borde violáceo. Aroma: fruta roja, floral, especiado. Boca: sabroso, frutoso, buena acidez, largo.

Viña Sastre Marcelina Gómez 2023 RD
100% tinta del país

90 ★★★   12,5€

Color: frambuesa, borde violáceo. Aroma: expresión frutal, fruta roja, floral. Boca: frutoso, buena acidez, fácil de beber.

VIÑA TUELDA

Camino de las Bodegas, 23
09310 Villatuelda (Burgos)
☎: +34 680 444 541
contacto@bodegavinatuelda.com
www.bodegavinatuelda.com

Vegamian 2019 T C

89   18€

Confitado, corpulento, especiado, sabroso, tostado, potente, persistente.

Viña Tuelda 2016 T R
100% tempranillo

90   25€

Color: cereza oscuro, borde granate. Aroma: fruta madura, especias dulces, equilibrado. Boca: especiado, taninos maduros, largo, sabroso.

Viña Tuelda 2020 T C
100% tempranillo

88   14€

Corpulento, correcto, especiado, maduro, sabroso, herbal, jugoso.

Viña Tuelda 2022 T RB
100% tempranillo

88 ★★★★   8€

Especiado, jugoso, maduro, sabroso. Aroma: fruta macerada.

VIÑAS DEL JARO

Ctra. Renedo a Pesquera de Duero Km 39
47359 Pesquera de Duero (Valladolid)
☎: +34 983 036 014
sgil@bodegajaro.com
www.vinosiberian.com

Chafandín 2021 T
100% tempranillo

91   29€

Color: cereza intenso. Aroma: hierbas secas, roble cremoso, fruta negra. Boca: potente, fruta madura, especiado, taninos maduros.

DO RIBERA DEL DUERO / D.O.P.

DO RIBERA DEL DUERO / D.O.P.

Jaros 2021 T
100% tempranillo

91 18€

Color: cereza intenso. Aroma: fruta madura, hierbas secas, roble cremoso, fruta al licor, especiado. Boca: potente, fruta madura, especiado, taninos maduros, sabroso.

Jaros 2022 T RB
tempranillo, merlot, cabernet sauvignon

90 ★★★★★  8,5€

Color: cereza oscuro. Aroma: tostado, especiado, cacao fino. Boca: sabroso, tostado, fino amargor.

Jaros Albillo Mayor 2022 B
albillo mayor

90 30€

Color: amarillo brillante. Aroma: potente, roble cremoso, fruta madura, especiado. Boca: estructurado, largo, tostado.

Sed de Caná 2019 T
tinto fino

93 90€

Color: cereza intenso. Aroma: hierbas secas, cacao fino, fruta negra. Boca: potente, fruta madura, especiado, taninos maduros.

VIÑEDOS ALONSO DEL YERRO
Ctra. Roa-Anguix, Km. 1,8
09300 Roa (Burgos)
☎: +34 947 540 014
administracion@vay.es
www.alonsodelyerro.es

"María" Alonso del Yerro 2020 T
tempranillo

93 65€

Color: cereza intenso, borde violáceo. Aroma: fruta madura, cacao fino, tostado, fruta negra, regaliz negro. Boca: sabroso, especiado, tostado, taninos potentes.

Alonso del Yerro 2020 T
tempranillo

92 27€

Fresco. Color: cereza, borde violáceo. Aroma: expresión frutal, fruta roja, floral, especiado, pan tostado. Boca: sabroso, frutoso, buena acidez, largo.

VIÑEDOS LA NAVA
Ctra. Nacional, 1 Km. 152
09471 Fuentespina (Burgos)
☎: +34 947 506 011
administracionvinos@grupotudanca.com
www.grupotudanca.com

La Nava by Tudanca 2021 T
100% tempranillo

91 ★★★★ 12,9€

Color: cereza, borde violáceo. Aroma: fruta roja, floral, especiado, hierbas de monte. Boca: sabroso, frutoso, buena acidez, largo.

La Oficina de Julián Sardina 2015 T
100% tempranillo

93 49€

Color: cereza oscuro, borde granate. Aroma: fruta confitada, ebanistería, tabaco, especias dulces. Boca: especiado, taninos maduros, largo.

Tudanca Vicenta Mater 2018 T
100% tempranillo

92 18,5€

Color: cereza oscuro, borde granate. Aroma: fruta confitada, ebanistería, tabaco, especias dulces, fruta negra. Boca: especiado, taninos maduros, largo.

VIÑEDOS SINGULARES
Avda. de La Riera, 11 Nave 1
08960 Sant Just Desvern (Barcelona)
☎: +34 934 807 041
info@vinedossingulares.com
www.vinedossingulares.com

Entrelobos 2022 T
88

Confitado, correcto, especiado, hierbas secas, madera marcada.

VIÑEDOS Y BODEGAS ÁSTER
Ctra. Palencia-Aranda, km. 54,9
09313 Anguix (Burgos)
☎: +34 947 522 700
aster@riojalta.com
www.sienteaster.com

Áster 2021 T C
100% tinta del país

92 ★★★ 18€

Color: cereza intenso. Aroma: fruta madura, hierbas secas, roble cremoso, fruta negra. Boca: potente, fruta madura, especiado, taninos maduros.

Áster El Espino 2021 T
100% tinta del país

93 34€

Color: cereza, borde granate. Aroma: fruta confitada, fruta al licor, potente, tostado. Boca: sabroso, largo.

Áster Finca el Otero 2021 T
100% tinta del país

94   54€

Aromas nítidos, exuberante. Color: Cereza. Aroma: complejo, expresivo, especiado, mineral, fruta negra. Boca: elegante, lleno, largo, persistente.

La Fleur Vivaltus 2019 T
tempranillo, merlot

94   55€

Amable, complejo. Color: cereza intenso. Aroma: fruta madura, hierbas secas, roble cremoso. Boca: fruta madura, especiado, taninos maduros.

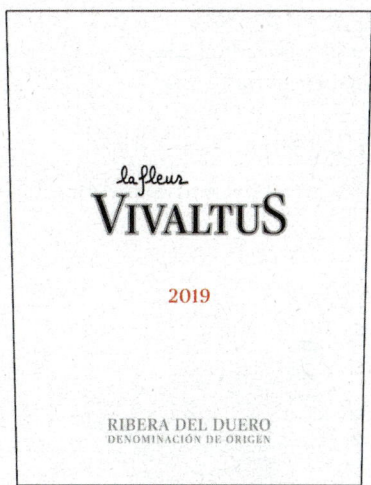

YLLERA BODEGAS & VIÑEDOS
47490 Rueda (Valladolid)
☎ : +34 983 868 097
grupoyllera@grupoyllera.com
www.grupoyllera.com

🏆 **PODIO**

Vivaltus 2019 T
tempranillo, merlot

96   115€

Aromas nítidos, complejo, exuberante. Color: Cereza. Aroma: complejo, expresivo, especiado, mineral. Boca: elegante, lleno, largo, persistente, taninos finos.

Jesús Yllera 2018 T C
tempranillo, cabernet sauvignon

92 ★★★   16,5€

Color: cereza intenso, borde granate. Aroma: ebanistería, fruta madura, cacao fino, habano, tostado. Boca: sabroso, especiado, tostado, taninos potentes.

Meraldis Albillo Mayor Vinificación Integral 2019 B FB
albillo mayor

92   20€

Complejo. Color: amarillo brillante. Aroma: flores secas, fruta escarchada, lías finas, pastelería, praliné. Boca: redondo, especiado, largo, persistente.

Pepe Yllera 2021 T RB
tempranillo, cabernet sauvignon, merlot

92 ★★★★★   8,5€

Balsámico, complejo. Color: cereza intenso. Aroma: fruta madura, hierbas secas, roble cremoso. Boca: fruta madura, especiado, taninos maduros.

DO. RIBERA DEL GUADIANA
CONSEJO REGULADOR

Avenida Presidente Juan Carlos Rodríguez Ibarra, s/n. Apdo. 299
06200 Almendralejo (Badajoz)
☎: +34 924 671 302
@: info@riberadelguadiana.eu
www.riberadelguadiana.eu

SITUACIÓN:

Ampara las seis comarcas vitícolas extremeñas, con una superficie total de algo más de 87.000 has.

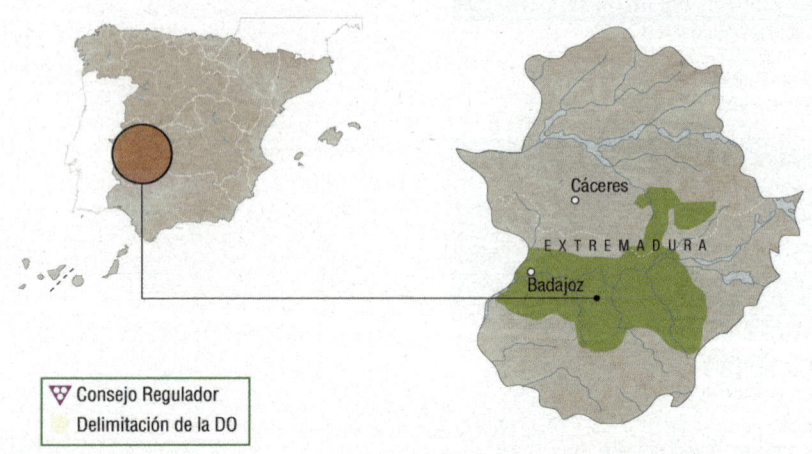

▽ Consejo Regulador
   Delimitación de la DO

DO RIBERA DEL GUADIANA / D.O.P.

VARIEDADES:

BLANCAS: alarije, borba, cayetana blanca, pardina, macabeo, chardonnay, chelva o montua, malvar, parellada, pedro ximénez, verdejo, eva, cigüente, perruno, moscatel de Alejandría, moscatel de grano menudo, sauvignon blanc, moscatel de Málaga, bobal blanco, sauvignon blanc, antão vaz, arinto, fernão pires, colombard y xarel.lo.

TINTAS: garnacha tinta, tempranillo, bobal, cabernet sauvignon, garnacha tintorera, graciano, mazuela, merlot, monastrell, syrah, pinot noir, jaén tinto, touriga nacional, castelão, trincadeira y malbec.

DATOS CONSEJO REGULADOR:

Nº Has. Viñedo: 41.503– **Nº Viticultores:** 3.478– **Nº Bodegas:** 25 – **Cosecha 23:** SC – **Producción 23:** 7.191.740 L. – **Comercialización:** 72% Nacional -28% Internacional.

SUBZONAS Y CLIMAS:

Cañamero. Al sureste de la provincia de Cáceres, en plena Sierra de Guadalupe. Comprende los municipios de Alia, Berzocana, Cañamero, Guadalupe y Valdecaballeros. El viñedo se ubica en laderas, con altitudes que van de los 600 a los 800 metros. El relieve es accidentado y los terrenos pobres y de naturaleza pizarrosa. El clima es suave, sin grandes contrastes térmicos y unos 750-800 mm. de lluvias anuales. La uva principal es la blanca alarije.

Montánchez. Integra 27 municipios. Se caracteriza por su orografía complicada, con numerosos cerros y pequeños valles. El viñedo se asienta en tierras pardas ácidas. El clima es de tipo continental y la media de lluvias anuales se sitúa entre los 500 y 600 mm. La cepa blanca borba ocupa dos tercios del viñedo de la zona.

Ribera Alta. Ocupa las Vegas del Guadiana y los llanos de La Serena y Campo de Castuera y engloba 38 municipios. Los suelos son muy arenosos. Las variedades más abundantes, alarije, borba (blancas), tempranillo y garnacha (tintas).

Ribera Baja. Integra 11 municipios. El viñedo se asienta en suelos de composición arcillo-limosa. El clima es continental, con moderada influencia atlántica y escasas variaciones climáticas. Las variedades mayoritarias son cayetana blanca y pardina entre las blancas y tempranillo entre las tintas.

Matanegra. Tiene cierta similitud con Tierra de Barros, pero la climatología es algo más suave. Engloba ocho municipios y tiene como variedades principales las beba, montua (blancas), tempranillo, garnacha y cabernet sauvignon (tintas).

Tierra de Barros. Situada en el centro de la provincia de Badajoz, es la más extensa (4.475 hectáreas y 37 municipios). Posee tierras llanas, suelos fértiles ricos en nutrientes y con gran capacidad para la retención de agua (la pluviometría es baja: 350-450 mm. anuales). Las variedades más importantes son las blancas cayetana blanca y pardina, y las tintas tempranillo, garnacha y cabernet sauvignon.

CARACTERÍSTICAS GENERALES DE LOS VINOS

BLANCOS Con las diferencias que puedan aparecer entre las distintas subzonas, los blancos son sustanciosos, con caracter mediterráneo (hierbas de monte, sotobosque), suaves en boca pero a la vez persistentes y muy sabrosos.

ROSADOS Salvo algunos de vinificación moderna, con el consabido sabor a frambuesas, en general son cálidos, muy frutosos y con un punto de dulcedumbre producido por la elevada graduación alcohólica.

TINTOS Los tintos son potentes, cálidos, suaves, con taninos dulces y balsámicos, incluso procediendo de la tempranillo. Sabores de viñas soleadas con una garnacha que proporciona el tacto maduro y frutoso, característico de esta uva.

CALIFICACIÓN DE COSECHAS DE VINOS JÓVENES GUÍAPEÑÍN

2019	2020	2021	2022	2023
REGULAR	BUENA	SC	REGULAR	REGULAR

DO RIBERA DEL GUADIANA / D.O.P.

BODEGAS CAÑALVA
Coto, 54
10136 Cañamero (Cáceres)
☎: +34 927 369 405
www.bodegascanalva.com

Cañalva Élégance Cabernet Sauvignon 2020 T C
cabernet sauvignon

89 ★★★ 9,5€

Confitado, corpulento, especiado, maduro, sabroso. Aroma: barniz.

Eburus 2020 T C
tempranillo, cabernet sauvignon

91 18€

Color: cereza intenso. Aroma: fruta madura, hierbas secas, roble cremoso, incienso. Boca: fruta madura, especiado, taninos maduros, balsámico.

Fuente Cortijo 2020 T C
tempranillo, cabernet sauvignon

89 ★★★★ 7,5€

Correcto, especiado, ligera reducción, maduro, hierbas secas, amable, balsámico.

BODEGAS LA CORTE - SCSME
Ctra. Entrín Bajo, s/n
06196 Corte de Peleas (Badajoz)
☎: +34 924 693 014
administracion@bodegaslacorte.com
www.bodegaslacorte.com

Conde de la Corte 2020 T C
100% tempranillo

87 ★★★★ 5,6€

Conde de la Corte 2023 T
100% tempranillo

86 3,6€

Conde de la Corte Macabeo 2023 B
100% macabeo

85 3,5€

Conde de la Corte Pardina 2023 B
100% pardina

85 3€

BODEGAS MARTÍNEZ PAIVA
Ctra. Gijón - Sevilla N-630, Km. 646 Apdo. 87
06200 Almendralejo (Badajoz)
☎: +34 924 671 230
info@bodegasmartinezpaiva.com
www.bodegasmartinezpaiva.com

Paiva Cosecha 2023 T
tempranillo

86 5,5€

Paiva Semidulce 2023 B SD

85 6€

BODEGAS ROMALE
Pol. Ind. Parc. 6, Manzana D - Mecánica s/n
06200 Almendralejo (Badajoz)
☎: +34 924 667 255
romale@romale.com
www.romale.es

Privilegio de Romale 2018 T R
tempranillo

87 ★★★★ 6,65€

Privilegio de Romale 2020 T C
tempranillo

87 ★★★★ 3,25€

Privilegio de Romale Coupage 2022 T RB
tempranillo, cabernet sauvignon, merlot

85 2,9€

Viña Romale Macabeo 2023 B
macabeo

84 1,6€

Viña Romale Tempranillo 2022 T
tempranillo

85 1,9€

BODEGAS VITICULTORES DE BARROS
Ctra. Badajoz, s/n
06200 Almendralejo (Badajoz)
☎: +34 924 664 852
bodegas@vbarros.com
www.viticultoresdebarros.com

Emperador de Barros Cayetana 2023 B
100% cayetana blanca

85 3,75€

Emperador de Barros Tempranillo 2022 T
100% tempranillo

87 ★★★★ 4,2€

Vizana 2020 T C S
100% tempranillo

85 5,8€

NUESTRA SRA. DE LA SOLEDAD S.C.
Santa Marta, s/n
06207 Aceuchal (Badajoz)
☎: +34 924 680 178
administracion@bodegalasoledad.com
www.bodegaslasoledad.com

Orgullo de Barros 2021 T C
tempranillo

85 .... 5€

Orgullo de Barros 2023 B SD
pardina, cayetana blanca, eva

85 .... 3,25€

Orgullo de Barros Tempranillo 2023 T
tempranillo

83 .... 3,4€

Señorío de Pedraza 2021 T C
tempranillo

85 .... 4,5€

PAGO LOS BALANCINES
Paraje la Agraria, s/n
06475 Oliva de Mérida (Badajoz)
☎: +34 924 367 399
info@pagolosbalancines.com
www.pagolosbalancines.com

Balancines Blanco Sobre Lías 2022 B RB
91
Color: amarillo brillante. Aroma: roble cremoso, fruta madura, especiado, pan tostado, hierbas verdes. Boca: estructurado, largo, tostado, fino amargor.

Balancines Garnacha & Garnacha 2020 T C
92
Color: cereza brillante. Aroma: balsámico, especias dulces, hierbas de monte, fruta roja, fruta madura, violetas. Boca: especiado, balsámico, buena acidez.

Haragán Reserva Especial 2018 T R
garnacha tintorera, tinta roriz

93
Color: cereza oscuro. Aroma: tostado, especiado, cacao fino, fruta madura, hierbas de monte. Boca: sabroso, tostado, fino amargor.

PALACIO QUEMADO
Ctra. Almendralejo - Palomas, km 6,9
06840 Alange (Badajoz)
☎: +34 924 120 296
palacioquemado@alvear.es
www.palacioquemado.es

Palacio Quemado 2021 T C S
tempranillo, petit verdot

89 ★★★★ .... 8,5€
Equilibrado, especiado, hierbas secas, fresco.

SANTA MARTA VIRGEN S.C.A.
Cooperativa s/n
06150 Santa Marta de Los Barros (Badajoz)
☎: +34 924 690 218
info@bodegasantamarta.com
www.cooperativasantamarta.com

Blasón del Turra Macabeo 2023 B
100% macabeo

85 .... 3€

Blasón del Turra Pardina 2023 B
100% pardina

84 .... 3€

Blasón del Turra Tempranillo 2023 T
100% tempranillo

84 .... 3€

Compass 2022 T RB
100% tempranillo

82 .... 3,9€

VALDEQUEMAO VIDES & VINOS
Ctra. Fuente, 6
06220 Villafranca de Los Barros (Badajoz)
☎: +34 924 524 136
info@valdequemao.com
www.valdequemao.com

Valdequemao 2021 T RB
100% tempranillo

86 .... 6,5€

Valdequemao Macabeo 2023 B
100% macabeo

86 .... 4,8€

Valdequemao Pardina 2023 B
100% pardina

88 ★★★★ .... 4,8€
Cítrico, herbal, correcto, sabroso.

Valdequemao Pardina Semidulce 2023 B SD
100% pardina

86 .... 4,8€

DO RIBERA DEL GUADIANA / D.O.P.

DO RIBERA DEL GUADIANA / D.O.P.

Valdequemao Tempranillo 2023 T
100% tempranillo

86   5,4€

VIÑAOLIVA SOC. COOP.
Automoción, 1
06200 Almendralejo (Badajoz)
☎: +34 924 677 321
info@vinaoliva.com
www.zaleo.es

Grácil de Zaleo 2019 T C
100% tempranillo

87   10€

VIÑEDOS POZANCO
Ctra. de BA-001 Km. 15,700
06800 Mérida (Badajoz)
☎: +34 924 143 249
info@bodegaspozanco.com
www.bodegaspozanco.com

Viñedos Pozanco 2020 T C
tempranillo, merlot, graciano

87 ★★★★   6,5€

Viñedos Pozanco Verdejo 2023 B
verdejo

86   4,5€

DO. RIBERA DEL JÚCAR
CONSEJO REGULADOR

Deportes, 4.
16700 Sisante (Cuenca)
☎: +34 969 387 182
@: do@vinosriberadeljucar.com
www.vinosriberadeljucar.com

SITUACIÓN:

Los siete municipios productores que integran la DO se sitúan en la zona ribereña del Júcar, al sur de la provincia de Cuenca. Son: Casas de Benítez, Casas de Guijarro, Casas de Haro, Casas de Fernando Alonso, Pozoamargo, Sisante y El Picazo. La zona cuenta con una altitud media entre 650-750 metros sobre el nivel del mar.

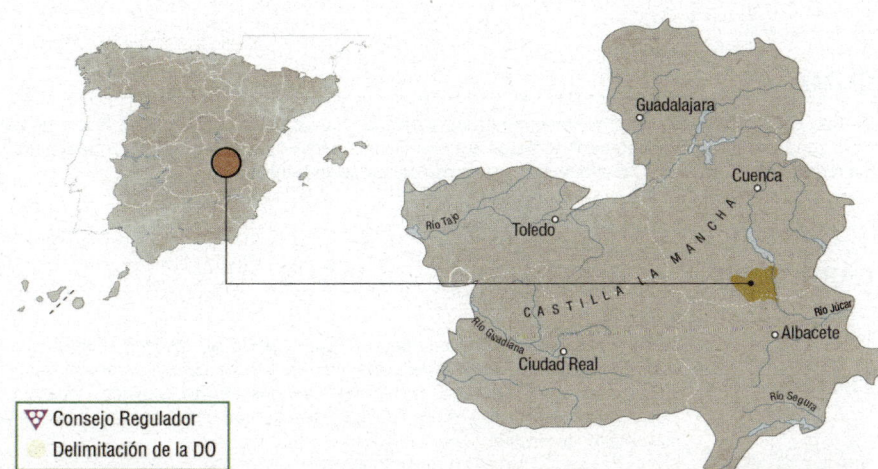

DO RIBERA DEL JÚCAR / D.O.P.

VARIEDADES:

TINTAS: Bobal, cencibel o tempranillo, cabernet sauvignon, merlot, syrah, petit verdot, cabernet franc, garnacha tinta, garnacha tintorera y monastrell.

BLANCAS: Moscatel de grano menudo, sauvignon blanc, airén, macabeo verdejo, pardillo o marisancho y chardonnay.

DATOS CONSEJO REGULADOR:

Nº Has. Viñedo: 6.700 – **Nº Viticultores:** 850 – **Nº Bodegas:** 9– **Cosecha 23:** Muy Buena – **Producción 23:** 450.000 L – **Comercialización:** 50% Nacional - 50% Internacional.

SUELOS:

El modelo que más se repite en la zona está formado por guijarros en la superficie y arcilla en el subsuelo, lo que proporciona una buena retención del agua en los niveles inferiores.

CLIMA:

De tipo continental seco, con inviernos muy fríos y veranos muy calurosos. El principal factor de calidad de la zona estriba en las diferencias térmicas entre el día y la noche, que se registra durante el período de maduración de la uva y que permite que este proceso se realice lentamente.

CARACTERÍSTICAS GENERALES DE LOS VINOS

TINTOS — De color cereza intenso y con ribete violáceo cuando son jóvenes, se asemejan a los vinos de las zonas periféricas de La Mancha, caracterizados por una menor rusticidad. En nariz destacan las notas de fruta roja y los toques terrosos. En boca son expresivos y con taninos sabrosos y vivos; de acidez fresca y con recuerdos varietales de la uva mayoritaria, la cencibel.

CALIFICACIÓN DE COSECHAS DE VINOS JÓVENES GUÍA**PEÑÍN**

2019	2020	2021	2022	2023
MUY BUENA	SC	SC	MUY BUENA	MUY BUENA

BODEGA LAS CALZADAS
Calle de la Virgen, 13
16708 Pozoamargo (Cuenca)
☎: +34 969 337 354
info@bodegalascalzadas.com
www.bodegalascalzadas.com

Tinácula El Imperio 2023 T
bobal, garnacha, otras

92 25€
Color: cereza, borde violáceo. Aroma: fruta roja, floral, especiado, fruta madura. Boca: sabroso, frutoso, buena acidez.

Tinácula El Santillo 2023 T
bobal, cencibel, pardilla, otras

90 25€
Color: cereza, borde violáceo. Aroma: expresión frutal, fruta roja, floral, especiado. Boca: frutoso, buena acidez, ligero, taninos rugosos.

Tinácula Red 2023 T
bobal

88 ★★★★ 8€
Correcto, fresco, frutal, herbal, acidez marcada.

Tinácula White 2023 B
pardilla

90 ★★★★★ 8€
Color: pajizo brillante. Aroma: expresión frutal, fruta madura, piedra seca, fruta blanca, notas de levadura. Boca: sabroso, fresco, retronasal afrutado, cierta persistencia.

Tinácula X 2021 T
bobal, cencibel

88 14€
Frutal, especiado, algo secante, maduro.

BODEGAS ALBERO ORGANIC VINEYARDS
Ctra. CM 3124 - Km. 2,5
16708 Casas de Guijarro (Cuenca)
☎: +34 912 918 326
export@bodegasalbero.com
www.bodegasalbero.com

Belsetán 2023 T
garnacha

88 ★★★★ 6€
Agradable, frutal, sabroso.

Isabella Bobal 2022 T
bobal

90 ★★★★★ 8€
Color: cereza intenso. Aroma: hierbas secas, roble cremoso, fruta negra. Boca: fruta madura, especiado, taninos rugosos.

Núñez de Garay 2023 B
verdejo

88 ★★★★ 6€
Cítrico, equilibrado, herbal, sabroso.

Núñez de Garay 2023 T
bobal, tempranillo

88 ★★★★ 6€
Corpulento, especiado, herbáceo, maduro, tostado.

BODEGAS SUCRO
C. Tapias, 8
16708 Pozoamargo (Cuenca)
☎: +34 616 426 520
nerea.bardaji@garciaperezgroup.com
www.parajesdelvalle.es

Sucro 2020 T
tempranillo

89 ★★★★ 6,95€
Correcto, maduro, amable. Aroma: fruta negra, fruta golpeada, hierbas secas.

BODEGAS TRENZA
Felix Mendelsohn, 8
03730 Jávea (Alacant/Alicante)
☎: +34 965 790 012
bodegas@bodegastrenza.com
www.bodegatrenza.com

Tofterup Brothers Tempranillo 2022 T
tempranillo

88 12€
Tostado, maduro, confitado, hierbas secas.

BODEGAS Y VIÑEDOS ILLANA
Finca Buenavista, s/n
16708 Pozoamargo (Cuenca)
☎: +34 969 147 039
info@bodegasillana.com
www.bodegasillana.com

Casa de Illana 10 meses 2022 T C
cabernet franc, petit verdot, bobal

91 ★★★ 14,8€
Color: Cereza. Aroma: balsámico, especias dulces, hierbas de monte, fruta madura, fruta roja. Boca: especiado, balsámico, buena acidez.

Illana 2023 T
tempranillo, syrah, bobal

90 ★★★★ 11€
Correcto, frutal, maduro, especiado. Aroma: notas cárnicas, franco. Boca: fruta madura, fácil de beber.

DO RIBERA DEL JÚCAR / D.O.P.

DO RIBERA DEL JÚCAR / D.O.P.

Illana Alma 2023 B
sauvignon blanc, bobal

89 ★★★ 🌿 10€

Amable, aromático, frutal, herbal, correcto, cítrico. Aroma: lías finas.

Los Bobalistas Bobal Blanc de Noir 2023 B
bobal

90 🌿 18,75€

Fresco, silvestre, suave, equilibrado. Aroma: intensidad media. Boca: buena acidez, fino amargor, equilibrado.

Los Bobalistas Bobal Clásico 2022 T
bobal

90 🌿 18,75€

Amable, jugoso, suave, silvestre, varietal, hierbas secas, fluido. Boca: fruta madura, fácil de beber, equilibrado, fino amargor.

Los Bobalistas Bobal Cuvée 2022 T
bobal

91 🌿 24,95€

Por hacer. Color. Cereza. Aroma: balsámico, hierbas de monte, intensidad media, expresión frutal. Boca: especiado, balsámico, buena acidez, fácil de beber.

Los Bobalistas Bobal Rosé 2023 RD
bobal

89 🌿 18,75€

Agradable, aromas nítidos, floral, frutal, silvestre.

ELVIWINES
Ctra T-300 Falset-Marça, km 0.97
43775 Marça (Tarragona)
☎: +34 606 186 565
info@elviwines.com
www.elviwines.com

Adar de Elviwines 2019 T R
100% tempranillo

85 14,94€

PURÍSIMA CONCEPCIÓN, S.C. DE CLM
Ctra. San Clemente, Km. 10
16610 Casas de Fernando Alonso (Cuenca)
☎: +34 969 383 043
info@vinoteatinos.com
www.vinoteatinos.com

Claros de Cuba Origen 2017 T
tempranillo

90

Amaderado, especiado. Color. cereza intenso. Aroma: fruta madura, hierbas secas, roble cremoso, habano. Boca: potente, fruta madura, especiado, taninos maduros.

Teatinos 40 Barricas Tempranillo 2017 T R
tempranillo

87

Teatinos B

85

Teatinos Claros de Cuba 2016 T R
tempranillo

88

Corpulento, especiado, hierbas secas, maduro, amaderado.

Teatinos Signvm 2018 T C
tempranillo

87

Teatinos Syrah T

88

Frutal, maduro, muy primario, sabroso, especiado.

VIÑEDOS Y BODEGA LA MAGDALENA
Ctra. La Roda, s/n
16611 Casas de Haro (Cuenca)
☎: +34 969 380 722
vinos@vegamoragona.com
www.vegamoragona.com

Vega Moragona Bobal 60's 2020 T C
100% bobal

88 ★★★★ 5,2€

Especiado, tostado, sabroso, amaderado.

Vega Moragona La Duna 2020 T
100% tempranillo

87 ★★★★ 6€

Vega Moragona Macabeo Verdejo 2023 B
macabeo, verdejo

85 3€

Vega Moragona Moscatel de Grano Menudo 2023 B D
100% moscatel grano menudo

88 ★★★★ 4€

Floral, herbal, equilibrado, especiado.

DO. Ca. RIOJA
CONSEJO REGULADOR

Estambrera, 52
26006 Logroño (La Rioja)
☎: +34 941 500 400
@: info@riojawine.com
www.riojawine.com

SITUACIÓN:

Ocupa el valle del Ebro. Limita al norte con la Sierra de Cantabria y al sur con la Sierra de la Demanda, ocupando distintos municipios de La Rioja, País Vasco y Navarra. La localidad más occidental es Haro; y la más oriental, Alfaro; entre ambas existe una distancia de 100 kilómetros. La anchura de la zona es de 40 kilómetros.

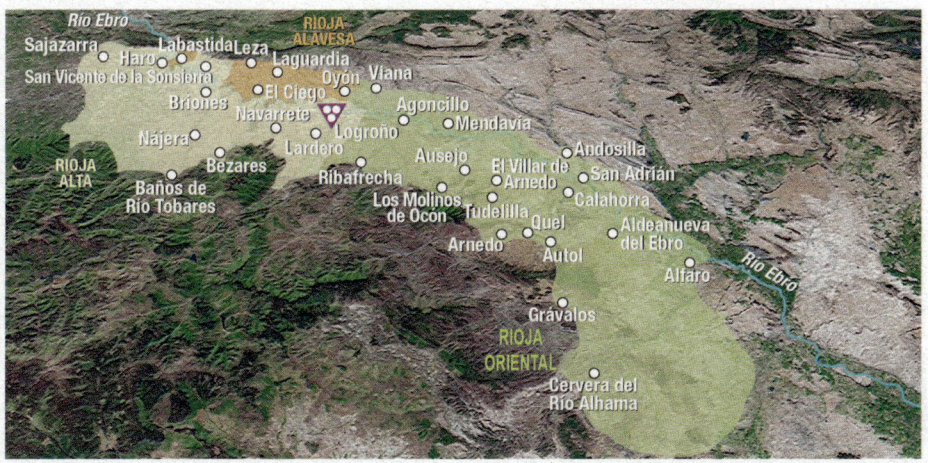

DO Ca. RIOJA / D.O.P.

VARIEDADES:

BLANCAS: viura, malvasía, garnacha blanca, chardonnay, sauvignon blanc, verdejo, maturana blanca, tempranillo blanco y torrontés.

TINTAS: tempranillo, garnacha, graciano, mazuelo y maturana tinta.

SUBZONAS:

Rioja Alta. Recibe influencias atlánticas; es la más extensa con unas 20.500 has. y elabora vinos muy aptos para el envejecimiento.

Rioja Alavesa. Cruce de influencias atlánticas y mediterráneas, con una extensión de viñedo de unas 11.500 has.; se elaboran vinos tanto jóvenes como aptos para la crianza.

Rioja Oriental. Con aproximadamente 18.000 has. La influencia es netamente mediterránea; se elaboran tintos y rosados de mayor graduación y extracto.

DATOS CONSEJO REGULADOR:

Nº Has. Viñedo: 66.902 – **Nº Viticultores:** 13.874 – **Nº Bodegas:** 600 – **Cosecha 23:** Muy Buena – **Producción 23:** 259.531.232 L. – **Comercialización:** 56% Nacional - 44% Internacional.

SUELOS:

Se puede distinguir entre los terrenos arcillo-calcáreos, ordenados en terrazas y pequeñas parcelas, que se encuentran sobre todo en Rioja Alavesa, la Sonsierra y algunas zonas de Rioja Alta; los arcillo-ferrosos, repartidos por todo el territorio y con viñedos situados en suelos rojizos y fuertes con roca dura y profunda; y los aluviales en las zonas cercanas a los ríos; éste es el viñedo más llano con las parcelas más grandes; aquí los suelos son profundos y con cantos rodados.

CLIMA:

Variable en función de las distintas subzonas. En general, se combinan las influencias atlánticas y mediterráneas, y estas últimas se van haciendo más acusadas a medida que el terreno desciende de oeste a este, evolucionando hacia un clima más seco y cálido. La media de precipitaciones anuales es algo superior a los 400 mm.

CARACTERÍSTICAS GENERALES DE LOS VINOS

BLANCOS — Se elaboran fundamentalmente con viura. Los jóvenes son de color amarillo pajizo, afrutados y con notas herbáceas. Los blancos fermentados en barrica tienden a un color más dorado y sus aromas combinan la fruta con las notas cremosas de la madera. Los blancos con crianza son más dorados y lo más característico son sus notas de roble en boca y nariz.

ROSADOS — Se elaboran básicamente a partir de garnacha, cultivada casi siempre en Rioja Oriental. Poseen un color rosáceo-frambuesa y reflejan el carácter de la variedad de la que proceden: son afrutados, frescos y agradables al paladar.

TINTOS — El vino joven cosechero de Rioja Alavesa se elabora mediante maceración carbónica por lo que serán intensos de color y con mucha fruta. El resto de vinos jóvenes no tendrán tanta intensidad, son ligeros, frescos y fáciles de beber. En vinos con crianza sus características vendrán determinadas por su tiempo de permanencia en barrica. En líneas generales, los crianzas alternan notas frutales suavizadas por la acción de la madera. En el caso de los reservas y grandes reservas aumentará la redondez y armonía del vino y su color tenderá hacia las notas anaranjadas. En los vinos más viejos encontraremos notas que recuerdan al cuero y aromas animales.

CALIFICACIÓN DE COSECHAS DE VINOS JÓVENES GUÍAPEÑÍN

2019	2020	2021	2022	2023
MUY BUENA	MUY BUENA	MUY BUENA	MUY BUENA	MUY BUENA

ADRIÁN MORENO LLORENTE
Real, 57
26310 Badarán (La Rioja)
☎: +34 679 266 837
bodega@rulei.es
www.rulei.es

Rulei Viña Barracallo 2017 T
tempranillo, garnacha, cabernet sauvignon

88 15€

Corpulento, hierbas secas, maduro, especiado.

Rulei Viña Barracallo 2020 B
viura, verdejo

90 15€

Notas de levadura. Aroma: hierbas silvestres, hierbas secas, con carácter, franco, especiado. Boca: graso, jugoso, fino amargor.

Rulei Viña Barracallo Renques de Chenin 2020 B FB
chenin blanc

91 25€

Color: pajizo brillante. Aroma: expresivo, fruta madura, lías finas, mineral, notas de levadura. Boca: lleno, especiado, largo, varietal.

Rulei Viña Barracallo Tempranillo-Garnacha 2015 T
60% tempranillo, 40% garnacha

84 10€

Rulei Viña El Moral 2019 RD FB
100% garnacha

89 12€

Poco intervencionista, ligera oxidación. Aroma: fruta madura, fruta golpeada, notas de levadura. Boca: graso, jugoso, sabroso.

Rulei Viña El Moral Viñedo Singular 2019 T
garnacha

90

Color: cereza intenso. Aroma: fruta madura, hierbas secas, roble cremoso, fruta negra, especiado. Boca: potente, fruta madura, especiado, taninos maduros, sabroso.

AIURRI
Mayor Kalea, 18
01309 Leza (Araba/Álava)
☎: +34 945 297 570
info@almacarraovejas.com
www.aiurribodega.com

Aiurri 2021 T
tempranillo, otras

94 42,35€

Color: cereza intenso. Aroma: hierbas secas, roble cremoso, fruta negra, fruta madura, cacao fino. Boca: potente, fruta madura, especiado, taninos maduros.

Landua 2021 T
tempranillo, otras

92 22,18€

Color: cereza intenso. Aroma: hierbas secas, roble cremoso, fruta negra, chocolate. Boca: fruta madura, especiado, taninos maduros.

🏆 **PODIO**

Salas 2021 T
tempranillo, otras

95 90,75€

Equilibrado, con tensión. Color: Cereza. Aroma: complejo, expresivo, especiado, mineral, pimienta negra. Boca: elegante, lleno, largo, persistente.

DO Ca. RIOJA / D.O.P.

ALIAGA

Avda. de Navarra, 17
31591 Corella (Navarra)
☎: +34 948 401 321
sales@vinaaliaga.com
www.vinaaliaga.com

Gureaga 2015 T
70% tempranillo, 30% garnacha
87   15€

ALTANZA

Ctra. Nacional 232, Km. 419,5
26360 Fuenmayor (La Rioja)
☎: +34 618 629 086
enoturismo@altanza.com
www.altanza.com

Altanza 2016 T GR
94
Color: cereza oscuro, borde granate. Aroma: fruta madura, fruta confitada, ebanistería, tabaco, especias dulces. Boca: especiado, taninos maduros, largo.

Altanza 2019 T R
100% tempranillo
93 ★★★★★   15,5€
Especiado, maduro, ligera reducción, clásico. Aroma: hierbas secas, fruta madura. Boca: sabroso, varietal.

Altanza Familia 2019 T R
100% tempranillo
92
Clásico. Color: cereza oscuro, borde granate. Aroma: fruta madura, fruta confitada, tabaco, especias dulces, terroso. Boca: especiado, taninos maduros.

Altanza Sauvignon Blanc 2023 B
100% sauvignon blanc
88 ★★★★   7,95€
Frutal, herbal, ligero, sencillo.

Valvarés de Altanza 2020 T C
100% tempranillo
92 ★★★★★   11€
Color: cereza intenso. Aroma: fruta madura, especiado, franco, equilibrado. Boca: fruta madura, especiado, taninos maduros, fácil de beber.

Altanza Club 2017 T R
100% tempranillo
93   21,5€
Aromático, clásico. Color: Cereza. Aroma: balsámico, especias dulces, hierbas de monte. Boca: especiado, balsámico, buena acidez, equilibrado.

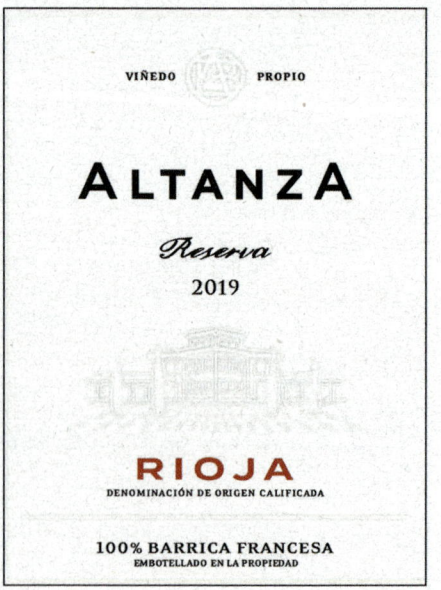

Edulis de Altanza 2021 T C
100% tempranillo

91 ★★★★★ 7,95€

Color: cereza, borde violáceo. Aroma: fruta roja, especiado, hierbas secas, tostado. Boca: frutoso, estructurado.

🏆 PODIO

Velázquez Colección Artistas Españoles 2011 T R
tempranillo

95 45€

Clásico. Color: Cereza. Aroma: complejo, expresivo, especiado, mineral, fina reducción, metálico. Boca: lleno, largo, persistente, taninos maduros.

ALTOS DE LAPUEBLA
Tejerias, 23
01306 Lapuebla de Labarca (Araba/Álava)
☎: +34 945 627 232
hello@altosdelapuebla.es
www.altosdelapuebla.es

Giraluna 2022 B FB
viura

91 30€

Color: pajizo brillante. Aroma: expresivo, fruta madura, floral, mineral, lácticos. Boca: lleno, especiado, largo, sabroso, frutoso.

Relato de Valientes 2017 T
75% tempranillo, 25% graciano

91 150€

Color: cereza muy intenso. Aroma: muy tostado (torrefactado), café aromático, potente, fruta negra. Boca: retronasal ahumado, taninos maduros, frutoso, sabroso, taninos secos pero maduros.

ALTOS DE RIOJA VITICULTORES Y BODEGUEROS
Solomillo, s/n
01309 Elvillar (Araba/Álava)
☎: +34 945 600 693
altosderioja@altosderioja.com
www.altosderioja.com

Altos R 2020 T R
100% tempranillo

90 15,9€

Color: cereza intenso. Aroma: hierbas secas, roble cremoso, fruta negra, chocolate. Boca: fruta madura, especiado, taninos maduros.

Altos R 2022 T C
100% tempranillo

91 ★★★★★ 8,9€

Color: cereza, borde violáceo. Aroma: fruta roja, floral, especiado, chocolate. Boca: sabroso, frutoso, buena acidez.

Altos R Pigeage 2022 B FB
50% viura, 50% chardonnay

88 13,9€

Frutal, maduro, sencillo, correcto.

Altos R Pigeage Graciano 2022 T
100% graciano

93 33,9€

Color: cereza intenso. Aroma: fruta madura, hierbas secas, roble cremoso, fruta negra, pimienta negra. Boca: potente, fruta madura, especiado, taninos maduros.

DO Ca. RIOJA / D.O.P.

DO Ca. RIOJA / D.O.P.

Altos R Pigeage 2021 T
80% tempranillo, 20% graciano

93 33,9€

Fluido, elegante. Color: cereza intenso. Aroma: fruta madura, hierbas secas, roble cremoso. Boca: fruta madura, especiado, taninos maduros.

ÁREA PEQUEÑA VITICULTORES
Avda. Diputación 15
01330 Labastida (Araba/Álava)
☎: +34 647 793 889
koldogq@gmail.com
www.areapequena.com

Área Pequeña 2022 T
80% tempranillo, 10% garnacha, 10% viura

93 34,5€

Color: cereza, borde violáceo. Aroma: expresión frutal, fruta roja, floral, especiado. Boca: sabroso, frutoso, buena acidez.

ARINAS GIL
Mentoste, 4
01330 Labastida (Araba/Álava)
☎: +34 678 939 064
arinasgilsociedadcivil@gmail.com

Fajero 2020 T R
maturana, tempranillo

90

Maduro, sencillo. Aroma: fruta madura, roble cremoso. Boca: fruta madura, especiado, taninos maduros.

Zuzarán Fajero 2021 T C
maturana, tempranillo

91

Color: Cereza. Aroma: balsámico, hierbas de monte, equilibrado, franco. Boca: especiado, balsámico, buena acidez.

Zuzarán Maturana 2022 T
maturana

90

Herbal, rústico, varietal. Aroma: franco, con carácter, hierbas silvestres. Boca: sabroso, correcto, amargoso, especiado.

ARTUKE BODEGAS Y VIÑEDOS
La Serna, 24
01307 Baños de Ebro (Araba/Álava)
☎: +34 945 623 323
artuke@artuke.com
www.artuke.com

🏆 **PODIO**

Artuke El Escolladero 2022 T
85% tempranillo, 15% graciano

96 70€

Color: Cereza. Aroma: expresivo, mineral, fruta roja, fruta madura. Boca: elegante, lleno, largo, persistente, jugoso.

Artuke Finca de Los Locos 2022 T
78% tempranillo, 20% graciano, 2% viura

94 27€

Jugoso, balsámico. Color: cereza, borde violáceo. Aroma: expresión frutal, fruta roja, floral, especiado. Boca: sabroso, frutoso, buena acidez, largo.

🏆 **PODIO**

Artuke La Condenada 2022 T
80% tempranillo, 20% graciano, garnacha, palomino

97 80€

Con tensión, equilibrado, fresco, frutal. Color: cereza brillante. Aroma: fruta roja, fruta madura. Boca: buena acidez, frutoso, jugoso, lleno, muy vivo, pulido, largo, elegante.

Artuke Paso Las Mañas 2022 T
100% tempranillo

93 30€

Aromas nítidos, con tipicidad, elegante. Aroma: fruta roja, muy primario, franco, fresco. Boca: elegante, con tensión, fino amargor, equilibrado.

Artuke Pies Negros 2022 T C
tempranillo

93 ★★★★★ 15€

Aromas nítidos, con tensión, fresco, frutal. Aroma: franco, expresivo. Boca: equilibrado, fácil de beber, largo, buena acidez, muy vivo, jugoso.

Trascuevas 2022 B
90% viura, 5% malvasía, 5% palomino

92 35€

Color: pajizo brillante. Aroma: fruta madura, hierbas de tocador, lías finas, hierbas verdes, piedra seca. Boca: lleno, graso, largo, buena acidez.

AZPILICUETA

Avda. de la Estación, 30
26360 Fuenmayor (La Rioja)
☎: +34 941 279 900
ignacio.lopez@pernod-ricard.com
www.azpilicueta.com

Azpilicueta 2019 T R
tempranillo

91
Color: cereza intenso. Aroma: fruta madura, hierbas secas, roble cremoso, fruta roja, hierbas silvestres. Boca: fruta madura, especiado, frutoso, taninos secos pero maduros, cierta persistencia.

Azpilicueta 2020 T C
tempranillo, graciano, mazuelo

90 ★★★★★ 8,8€
Maduro, suave. Aroma: fruta madura, especias dulces. Boca: correcto, fácil de beber.

Azpilicueta Colección Privada 2020 T
tempranillo, graciano, mazuelo

92 23,9€
Color: cereza brillante. Aroma: fruta madura, hierbas secas, especiado, equilibrado. Boca: fruta madura, especiado, taninos maduros, fácil de beber.

Azpilicueta Colección Privada 2022 B FB
100% viura

92 23,9€
Color: pajizo brillante. Aroma: expresión frutal, fruta madura, floral, fruta blanca, lácticos. Boca: sabroso, fresco, buena acidez, retronasal afrutado, frutoso, especiado.

Azpilicueta Instinto 2020 T
100% tempranillo

92
Color: cereza intenso. Aroma: hierbas secas, hierbas de monte, tostado, fruta negra. Boca: fruta madura, especiado, taninos maduros.

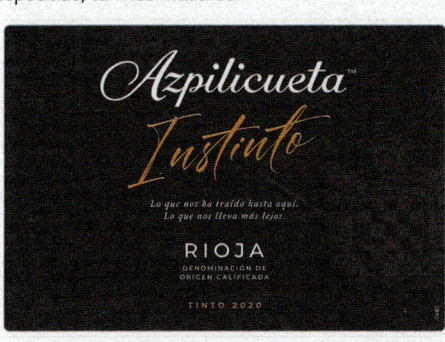

BARÓN DE LEY

Ctra. Mendavia - Lodosa, Km. 5,5
31587 Mendavia (Navarra)
☎: +34 948 694 303
acero@barondeley.com
www.barondeley.com

Barón de Ley 2018 T GR
90% tempranillo, graciano

90 19€
Color: cereza intenso, borde granate. Aroma: ebanistería, fruta madura, cacao fino, habano, tostado. Boca: sabroso, especiado, tostado, taninos potentes.

Barón de Ley 2020 T R
90% tempranillo, 5% maturana, 5% graciano

92 ★★★★★ 10€
Color: cereza intenso. Aroma: fruta madura, hierbas secas, roble cremoso, especiado, hierbas silvestres. Boca: fruta madura, especiado, taninos secos pero maduros, cierta persistencia, retronasal ahumado.

Baron de Ley 3 Viñas 2020 B R
viura, malvasía, garnacha blanca

89 13,04€
Tostado, ahumado, maduro, sabroso. Aroma: fruta de hueso, muy tostado (torrefactado).

Barón de Ley Blanc de Noirs 2020 BE R BR
garnacha

88 12,5€
Burbuja gruesa, cítrico, hierbas secas, correcto.

DO Ca. RIOJA / D.O.P.

DO Ca. RIOJA / D.O.P.

Barón de Ley Finca Monasterio 2021 T BA
100% tempranillo

92   20,5€

Color: cereza intenso. Aroma: hierbas secas, roble cremoso, chocolate, fruta negra. Boca: potente, fruta madura, especiado, taninos maduros.

Barón de Ley Varietal Maturana 2020 T BA
100% maturana

91 ★★★★★   11,85€

Color: cereza oscuro. Aroma: tostado, especiado, cacao fino, fruta negra, hierbas secas. Boca: sabroso, tostado, fino amargor, taninos secos pero maduros.

BERTA VALGAÑÓN VIÑEDOS Y VINOS
Las Cuevas, 34
26214 Cuzcurrita de Río Tirón (La Rioja)
☎: +34 630 591 159
info@bertavalganon.com
www.bertavalganon.com

Pretium White Wine 2020 B
viura, malvasía, calagraño

88   18€

Cítrico, hierbas secas, cálido, maduro, oxidativo.

BODEGA ABEL MENDOZA MONGE
Paseo de Logroño, 7
26338 San Vicente de la Sonsierra (La Rioja)
☎: +34 941 308 010
jarrarte.abelmendoza@gmail.com

Abel Mendoza 5V 2023 B
malvasía, viura, garnacha blanca, tempranillo blanco, torrontés

91   35€

Color: amarillo brillante. Aroma: especiado, fruta de hueso, fruta madura, franco. Boca: graso, estructurado, largo, fino amargor.

Abel Mendoza Graciano/Garnacha Grano a Grano 2020 T
graciano, garnacha

93   46,8€

Color: cereza intenso. Aroma: fruta madura, roble cremoso, hierbas de monte. Boca: fruta madura, especiado, taninos maduros.

Abel Mendoza Jarrarte 2023 T
tempranillo

89 ★★★   9,5€

Frutal, sencillo, boca correcta, muy primario.

🏆 PODIO

Abel Mendoza Tempranillo Grano a Grano 2020 T
tempranillo

95   46,8€

Color: Cereza. Aroma: especiado, mineral, especias dulces, roble cremoso. Boca: elegante, lleno, largo.

BODEGA BIDEONA
Ctra. Samaniego, s/n.
01307 Villabuena de Álava (Araba/Álava)
☎: +34 945 609 408
hola@bideona.wine
www.bideona.wine

Bideona L4GD4 (Laguardia) 2021 T
93

Color: cereza intenso. Aroma: hierbas secas, fruta negra, fruta madura, cacao fino, terroso. Boca: fruta madura, especiado, taninos maduros, fluido.

Bideona Las Parcelas 2021 B
viura

92 ★★★★   14,95€

Austero. Color: pajizo brillante. Aroma: lías finas, cera, hierbas secas, fruta blanca. Boca: lleno, largo, buena acidez, mineral.

Bideona Las Parcelas 2021 T
tempranillo

93 ★★★★★   14,95€

Aromas nítidos. Color: cereza, borde violáceo. Aroma: fruta roja, floral, especiado, hierbas de tocador. Boca: sabroso, frutoso, buena acidez, largo.

Bideona LNCG0 Lanciego 2021 T
93

Con oscuridad, jugoso. Color: cereza intenso. Aroma: fruta madura, hierbas secas, fruta negra, hierbas de monte. Boca: fruta madura, especiado, taninos maduros, sabroso, mineral.

Bideona Mayela "Cosechero 2.0" 2023 T
tempranillo

88 ★★★★ 7€

Agradable, fresco, frutal, sabroso.

Bideona S4MG0 (Samaniego) 2021 T
94

Con oscuridad, mineral, con tensión, jugoso. Color. Cereza. Aroma: complejo, expresivo, especiado, mineral, sotobosque, fruta negra. Boca: lleno, largo, persistente.

Bideona Tempranillo de Laderas 2021 T
tempranillo

92 ★★★★★ 8,99€

Reductivo, con personalidad. Color. cereza oscuro. Aroma: especiado, cacao fino, terroso, con oscuridad, fruta negra. Boca: sabroso, fino amargor, equilibrado.

Bideona V1BN4 (Villabuena) 2021 T
94

Color. Cereza. Aroma: complejo, expresivo, especiado, mineral, cacao fino, con oscuridad, fruta negra. Boca: elegante, lleno, largo, sabroso.

Bideona Viura de Cabezadas 2021 B
viura

90 ★★★★★ 8,99€

Color. pajizo brillante, borde verdoso. Aroma: fruta fresca, cítricos, hierbas silvestres. Boca: fresco, frutoso, buena acidez, fino amargor.

🏆 **PODIO**

Cofrades Bideona 2021 T
95

Color. cereza intenso. Aroma: fruta madura, hierbas secas, roble cremoso, fruta negra, hierbas de monte. Boca: potente, fruta madura, especiado, taninos maduros.

🏆 **PODIO**

Galtzada Bideona 2022 T
95

Color. cereza, borde violáceo. Aroma: expresión frutal, fruta roja, floral, especiado, terroso. Boca: sabroso, frutoso, buena acidez, largo.

BODEGA CASA LA RAD

Ctra. Nacional 232 Km. 376-377
26513 Ausejo (La Rioja)
☎: +34 941 430 010
info@casalarad.com
www.casalarad.com

Alma La Rad 2019 T
93 30€

Color. cereza intenso. Aroma: fruta madura, roble cremoso, hierbas silvestres, hierbas de monte. Boca: potente, fruta madura, especiado, taninos maduros.

Casa La Rad 2018 B
chardonnay, malvasía, viura

91 ★★★★ 12,95€

Amaderado, corpulento, maduro, jugoso. Aroma: flores secas, especiado. Boca: sabroso, graso.

Casa La Rad 2019 T RB
tempranillo, garnacha, otras

91 ★★★★ 13,8€

Color. Cereza. Aroma: balsámico, hierbas de monte, especiado, fina reducción. Boca: especiado, balsámico, buena acidez.

DO Ca. RIOJA / D.O.P.

Casa La Rad 2020 T RB
90 ★★★ 13,8€
Color: cereza intenso. Aroma: fruta madura, hierbas secas, roble cremoso, balsámico. Boca: potente, fruta madura, especiado, taninos maduros.

Casa La Rad P-12 Viñedo Singular Malvasía 2022 B
malvasía
89 16,55€
Cítrico, floral, lleno, especiado, maduro.

Casa La Rad P-38 2020 T
garnacha
92 ★★★ 16,55€
Aromas nítidos, elegante, equilibrado. Color: cereza, borde granate. Aroma: fruta roja, fruta madura, hierbas silvestres. Boca: fresco, jugoso, taninos finos, con tensión.

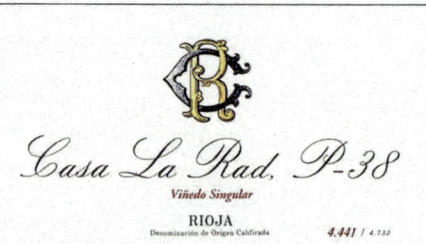

Solarce 2020 B
viura, tempranillo blanco, malvasía, chardonnay
88 ★★★★ 6,5€
Agradable, frutal, maduro. Aroma: lías finas, fruta de hueso. Boca: cierta persistencia.

Solarce 2020 T
tempranillo, graciano, maturana, mazuelo, garnacha
89 ★★★★ 7€
Balsámico, herbal, frutal, agradable, jugoso, suave. Boca: fácil de beber, cierta persistencia.

Solarce 2022 RD
tempranillo, garnacha, mazuelo, graciano
89 ★★★★ 6,5€
Aromático, correcto, frutal, golosinas, maduro, sabroso.

Solarce 2023 RD
tempranillo, garnacha, mazuelo, graciano
87 ★★★★ 6,5€

BODEGA CLEMENTE GARCÍA
Ballestería, 33
26320 Baños del Río Tobía (La Rioja)
☎ +34 669 587 755
bodegaclementegarcia@gmail.com
www.bodegaclementegarcia.com

Clemente García Garnacha 2020 T
garnacha
91 ★★★ 🌿 15€
Color: cereza intenso. Aroma: fruta madura, flores secas, toques silvestres, varietal. Boca: fruta madura, especiado, taninos maduros, largo, fácil de beber.

Clemente García Garnacha 2022 T
garnacha
90 🌿
Amable, correcto, hierbas secas, flores secas, maduro, sabroso. Aroma: varietal, con carácter.

Clemente García Tempranillo 2019 T R
tempranillo
89 🌿 18€
Especiado, maduro, goloso, sabroso. Aroma: fruta negra, fruta madura.

BODEGA CONTADOR
Ctra. Baños de Ebro, Km. 1
26338 San Vicente de la Sonsierra (La Rioja)
☎ +34 941 334 228
delatierracontador@bodegacontador.com
www.bodegacontador.com

🏆 PODIO

Alma 2021 T
91% tempranillo, 9% garnacha
96 120€
Complejo, maduro. Color: cereza intenso. Aroma: hierbas secas, roble cremoso, fruta madura, fruta negra. Boca: potente, fruta madura, especiado, taninos maduros.

Benjamín Romeo Colección Nº 1: La Liende 2015 T
100% tempranillo
94
Color: cereza oscuro, borde granate. Aroma: fruta confitada, ebanistería, tabaco, especias dulces, cuero muy curtido. Boca: especiado, taninos maduros, largo.

🏆 PODIO

Benjamín Romeo Colección Nº 2: La Canoca 2012 T GR
76% tempranillo, 11% garnacha, 5% mazuelo, 8% graciano

96 190€

Color: cereza intenso, borde granate. Aroma: ebanistería, fruta madura, cacao fino, habano, tostado. Boca: sabroso, especiado, tostado, taninos potentes.

🏆 PODIO

Benjamín Romeo Colección Nº 3: El Bombón 2015 T
100% tempranillo

95 190€

Aromas nítidos. Color: cereza oscuro, borde granate. Aroma: fruta madura, ebanistería, tabaco, especias dulces. Boca: especiado, taninos maduros, largo.

🏆 PODIO

Benjamín Romeo Colección Nº 4: La Dehesa 2015 T
100% garnacha

95 190€

Color: cereza, borde granate. Aroma: fruta confitada, potente, tierra húmeda, hierbas de monte. Boca: sabroso, largo, fruta madura.

🏆 PODIO

Contador 2016 T
100% tempranillo

99 375€

Color: cereza, borde granate. Aroma: equilibrado, complejo, fruta madura, especiado, fina reducción. Boca: estructurado, sabroso, taninos maduros, equilibrado, persistente.

🏆 PODIO

Contador 2021 T
tempranillo, garnacha

97 362€

Complejo. Color: cereza muy intenso. Aroma: complejo, expresivo, especiado, mineral, fruta madura, fruta negra. Boca: elegante, lleno, largo, persistente.

🏆 PODIO

Contador 3 Parcelas Magnum 2020 T
100% tempranillo

98 760€

Complejo. Color: Cereza. Aroma: complejo, expresivo, especiado, mineral, terroso. Boca: elegante, lleno, largo, persistente.

🏆 PODIO

Contador Las Paulejas 2020 T
tempranillo

100 580€

Exuberante. Color: cereza intenso. Aroma: fruta madura, hierbas secas, roble cremoso. Boca: fruta madura, especiado, taninos maduros, lleno.

Predicador 2021 T
92% tempranillo, 3% graciano, 3% mazuelo, 2% garnacha

94

Aromas nítidos. Color: Cereza. Aroma: expresivo, especiado, mineral, expresión frutal, fruta negra, fruta roja. Boca: lleno, largo, persistente.

Predicador 2022 B
52% viura, 36% malvasía, 12% garnacha blanca

93

Aromático, maduro. Color: amarillo brillante. Aroma: roble cremoso, fruta madura, especiado. Boca: estructurado, largo, tostado, fino amargor.

Qué Bonito Cacareaba 2022 B
37% viura, 24% malvasía, 39% garnacha blanca

93

Color: amarillo brillante. Aroma: potente, roble cremoso, fruta madura, especiado, frutos secos, madera marcada. Boca: graso, estructurado, largo, tostado, fino amargor.

BODEGA CUATRO RAYAS

Camino de la Fuentecilla, s/n
47491 La Seca (Valladolid)
☎: +34 983 816 320
comunicacion@cuatrorayas.es
www.cuatrorayas.es

Cuatro Rayas Cuarenta Vendimias Rioja 2021 T C
70% tempranillo, 20% garnacha, 10% graciano

87 ★★★ 8€

DO Ca. RIOJA / D.O.P.

BODEGA DEL MONGE-GARBATI
Ctra. Rivas de Tereso, s/n
26338 San Vicente de la Sonsierra (La Rioja)
☎: +34 659 167 653
bodegamg@yahoo.es
www.vinaane.com

El Laberinto de Viña Ane 2021 T C
100% tempranillo

91

Color: cereza, borde granate. Aroma: fruta confitada, potente, tostado, chocolate. Boca: sabroso, dulcedumbre, largo.

Incontinencia Summa 2022 B
50% viura, 50% malvasía

91

Correcto, floral, aromático. Color: pajizo, pálido. Aroma: expresivo. Boca: jugoso, sabroso, frutoso.

Pijus Magnificus 2021 T
50% tempranillo, 30% graciano, 20% garnacha

91

Color: cereza muy intenso. Aroma: muy tostado (torrefactado), café aromático, potente, fruta negra. Boca: retronasal ahumado, persistente, taninos maduros.

Viña Ane Autor 2020 T C
100% tempranillo

92

Color: cereza intenso. Aroma: roble cremoso, fruta negra, fruta madura, regaliz negro, hierbas silvestres. Boca: fruta madura, especiado, taninos maduros.

Viña Ane Centenaria 2022 B FB
19,95% viura, 3,33% malvasía, 21,99% chardonnay, 3,33% sauvignon blanc, 3,33% torrontés, 3,27% garnacha

91

Color: pajizo. Aroma: fruta madura, hierbas secas, flores marchitas. Boca: fruta madura, equilibrado, lleno.

Viña Ane Selección 2020 T
100% tempranillo

92

Color: cereza intenso. Aroma: hierbas secas, roble cremoso, fruta madura, fruta roja. Boca: potente, fruta madura, especiado, taninos maduros.

BODEGA EL HOMBRE ORQUESTA
Avda. Diputación, 25
01330 Labastida (Araba/Álava)
☎: +34 606 526 649
elhombreorquestasl@gmail.com

El Hombre Orquesta 2021 B
95% viura, 5% otras

89 ★★★★   8,5€

Aromas nítidos, jugoso, maduro, muy primario, sabroso, boca correcta.

El Hombre Orquesta 666 G 2021 T
100% garnacha

91   25€

Color: cereza, borde violáceo. Aroma: fruta roja, floral, especiado, tostado. Boca: sabroso, frutoso, buena acidez, largo.

El Hombre Orquesta 666 M 2021 T
100% mazuelo

91   25€

Color: cereza oscuro. Aroma: tostado, especiado, cacao fino. Boca: sabroso, tostado, fino amargor.

El Hombre Orquesta 666 T 2021 T
100% tempranillo

90   25€

Color: cereza, borde violáceo. Aroma: floral, especiado, frambuesa, fruta negra. Boca: sabroso, frutoso, buena acidez, largo.

El Hombre Orquesta 666 V 2021 B
100% viura

90   20€

Color: pajizo brillante. Aroma: lías finas, hierbas secas, fruta blanca. Boca: lleno, graso, buena acidez.

La Fuente de Mosito 2020 T
90% tempranillo, 10% otras

90 ★★★★★   6€

Color: cereza, borde violáceo. Aroma: expresión frutal, fruta roja, floral, especiado. Boca: sabroso, frutoso, buena acidez, largo.

BODEGA FINCA DE LOS ARANDINOS
Ctra. LR 137, km. 4,6
26375 Entrena (La Rioja)
☎: +34 941 446 065
bodega@fincadelosarandinos.com
www.fincadelosarandinos.com

Catay 2018 T R
100% tempranillo

89   14,6€

Correcto, especiado, hierbas secas, maduro, confitado, jugoso, sabroso.

Catay 2019 T C
86% tempranillo, 7% mazuelo, 7% garnacha

88 ★★★ 8,8€

Amable, correcto, especiado, hierbas secas, maduro, sencillo.

Catay 2023 RD
96% tempranillo, 4% viura

88 ★★★★ 7,4€

Frutal, herbal, maduro, sencillo.

Catay Tempranillo Mazuelo 2021 T
95% tempranillo, 5% mazuelo

87 ★★★★ 5,6€

El Conjuro 2019 T
65% tempranillo, 35% garnacha

89 🌱 16,75€

Confitado, correcto, especiado, maduro. Aroma: chocolate.

BODEGA ONTAÑON

Avda. Aragón, 3
26006 Logroño (La Rioja)
☎: +34 941 234 200
info@ontanon.es
www.ontanon.es

Ontañón 2015 T R
tempranillo, graciano

88 16€

Equilibrado, especiado, hierbas secas, tostado.

Ontañón 2020 T C
tempranillo, garnacha

88 ★★★★ 7,75€

Muy tostado (torrefactado), maduro, potente.

Ontañón Antología 2019 T C
tempranillo, garnacha, graciano

89 12€

Tostado, maduro, especiado, clásico.

Ontañón Lagarnacha 2020 T
garnacha

90 15€

Color: cereza intenso. Aroma: hierbas secas, roble cremoso, fruta negra. Boca: potente, especiado, taninos maduros.

Ontañón Natura
sin Sulfitos Añadidos 2020 T
tempranillo

90 ★★★★ 12€

Color: cereza intenso. Aroma: fruta madura, hierbas secas, roble cremoso. Boca: potente, fruta madura, especiado.

Ontañón Viura 2019 B

88 ★★★★ 7€

Aromático, correcto, maduro, tropical. Aroma: fruta de hueso.

BODEGA SAN CEBRÍN

Ctra. Circunvalación, s/n
26340 San Asensio (La Rioja)
☎: +34 941 457 640
info@sancebrin.com
www.sancebrin.com

Blanco
De Boca En Boca 2020 B
100% viura

88 ★★★★ 4,1€

Cítrico, fresco, herbal, correcto.

Crianza
De Boca En Boca 2021 T C
90% tempranillo, 10% garnacha

90 ★★★★★ 8,03€

Color: cereza intenso. Aroma: fruta madura, hierbas secas, roble cremoso, fruta roja. Boca: fruta madura, especiado, taninos secos pero maduros, frutoso.

Gobeo Garnacha 2020 T
100% garnacha

90 25€

Color: cereza, borde violáceo. Aroma: expresión frutal, fruta roja, especiado, fruta madura, roble cremoso. Boca: sabroso, frutoso, equilibrado, retronasal afrutado, taninos maduros.

Rosado
De Boca En Boca 2020 RD
75% viura, 25% garnacha

87 ★★★★ 4,1€

Tinto De Boca En Boca 2020 T
100% tempranillo

88 ★★★★ 4,1€

Frutal, maduro, rústico, correcto.

BODEGA TEODORO RUIZ MONGE

Travesía Primera San Roque, 9
San Vicente de la Sonsierra (La Rioja)
☎: +34 669 136 144
itu@bodegateodororuizmonge.com
www.bodegateodororuizmonge.com

Desniete 2021 T
100% garnacha

91 16,94€

Color: cereza brillante. Aroma: balsámico, especias dulces, hierbas de monte, fruta roja. Boca: especiado, balsámico, buena acidez.

DO Ca. RIOJA / D.O.P.

DO Ca. RIOJA / D.O.P.

Isabel Bañares 2022 T
tempranillo, garnacha, viura

91   18,15€

Color: cereza intenso. Aroma: fruta madura, hierbas secas, roble cremoso, hierbas verdes. Boca: fruta madura, especiado, taninos maduros.

La Pacha 2021 T
tempranillo, garnacha, torrontés, malvasía, mazuelo, viura

92   19,36€

Con oscuridad. Color: Cereza. Aroma: balsámico, especias dulces, hierbas de monte. Boca: especiado, balsámico, buena acidez.

Monge-Ruiz 2023 T
tempranillo, garnacha, viura

87 ★★★★   5,45€

Zortun 2022 B
95% torrontés, 5% viura

89   10,53€

Aromático, balsámico, correcto, maduro, silvestre.

Zurbano 2021 T
tempranillo, garnacha, viura

90 ★★★★★   9,32€

Color: cereza intenso. Aroma: fruta madura, hierbas secas, hierbas verdes. Boca: potente, fruta madura, especiado.

BODEGA VICO
Polígono El Raposal, 80
26580 Arnedo (La Rioja)
☎: +34 941 380 257
comercial@bodegavico.com
www.bodegavico.com

Ormus 2018 T C
100% tempranillo

88   12€

Balsámico, hierbas secas, maduro, reductivo, sabroso, boca correcta.

Ormus Edición Limitada 2021 T
tempranillo

90 🌱   15€

Color: cereza intenso. Aroma: fruta madura, hierbas secas, especiado. Boca: fruta madura, balsámico, fácil de beber.

Ormus Viura 2022 B
viura

88 🌱   10,5€

Ligera oxidación, hierbas secas, sabroso, lleno, especiado.

Pilares de Ciencuevas 2019 T R
tempranillo

90 ★★★★★   9€

Agradable, correcto, especiado, maduro. Aroma: chocolate, especias dulces. Boca: sabroso, fácil de beber.

Pilares de Ciencuevas 2020 T C
tempranillo, mazuelo, graciano

88 ★★★★   6,5€

Amable, correcto, especiado. Aroma: frutos secos, hierbas secas.

Pilares de Ciencuevas Garnacha 2021 T RB
garnacha

91 ★★★★   14€

Agradable, aromas nítidos, frutal. Color: cereza brillante. Aroma: varietal, franco, equilibrado, flores secas. Boca: correcto, fácil de beber.

BODEGA Y VIÑEDOS SOLABAL
Camino San Bartolomé, 6
26339 Ábalos (La Rioja)
☎: +34 941 334 492
solabal@solabal.es
www.solabal.com

Solabal 2020 T C
tempranillo

90 ★★★★★   8€

Color: Cereza. Aroma: hierbas secas, tostado, fruta negra. Boca: fruta madura, fino amargor.

**Esculle
de Solabal 2019 T C**
tempranillo

91 25€

Color: cereza intenso. Aroma: fruta madura, hierbas secas, roble cremoso. Boca: potente, fruta madura, especiado, taninos maduros.

Muñarrate 2023 B
viura, sauvignon blanc

86 5€

**Muñarrate
de Solabal 2023 RD**

87

**Muñarrate
de Solabal 2023 T MC**
tempranillo

88 ★★★★ 5€

Con carbónico, sencillo, frutal, especiado, correcto.

Solabal 2018 T R
89 13€

Agradable, tostado, maduro.

BODEGAS ALCONDE

Ctra. de Calahorra, s/n
31260 Lerin (Navarra)
☎: +34 948 530 058
ventas@bodegasalconde.com
www.bodegasalconde.com

Pórtico Mayor 2018 T R
tempranillo, mazuelo, graciano

89 12,9€

Equilibrado, especiado, hierbas secas, tostado.

Pórtico Mayor 2019 T C
tempranillo, garnacha, graciano

88 ★★★★ 7,7€

Tostado, maduro, cálido.

Pórtico Mayor 2022 T
tempranillo, garnacha

87 ★★★★ 4,5€

BODEGAS ALORE

Paraje La Pedrera, s/n
31261 Andosilla (Navarra)
☎: +34 948 919 011
info@bodegasalore.com
www.bodegasalore.com

Irujo Joven 2022 T
tempranillo

86 4,1€

Irujo Vendimia Seleccionada 2022 T
tempranillo, maturana

89 11,5€

Lleno, maduro, sabroso, confitado, tostado.

Viña Lombas 2022 T
garnacha

90 ★★★★★ 6,9€

Color: cereza brillante. Aroma: roble cremoso, fruta roja, hierbas de monte. Boca: buena acidez, especiado, taninos finos, sabroso.

BODEGAS AMAREN

Ctra. Villabuena de Alava, 3
01307 Samaniego (Araba/Álava)
☎: +34 945 175 240
info@bodegasamaren.com
www.bodegasamaren.com

Amaren 2021 B FB
90% viura, 10% malvasía

91 19,9€

Color: pajizo. Aroma: fruta madura, hierbas secas, flores marchitas, fruta de hueso, lías finas. Boca: potente, fruta madura, equilibrado, cierta persistencia.

**Amaren
Selección de Viñedos 2021 T BA**
90% tempranillo, 10% garnacha

91 ★★★ 14,1€

Color: cereza muy intenso. Aroma: muy tostado (torrefactado), café aromático, potente, fruta negra, fruta madura. Boca: retronasal ahumado, persistente, taninos maduros.

**Ángeles
de Amaren 2019 T**
90% tempranillo, 10% graciano

92 19,6€

Color: cereza muy intenso. Aroma: café aromático, potente, fruta negra, roble nuevo. Boca: retronasal ahumado, persistente, taninos maduros.

**El Cristo
de Samaniego 2020 T**
tempranillo, garnacha, viura, malvasía

93 47€

Color: cereza intenso. Aroma: fruta madura, hierbas secas, roble cremoso, fruta negra. Boca: potente, fruta madura, especiado, taninos maduros.

**El Regollar
de Amaren 2020 T**
tempranillo, garnacha, graciano, viura, malvasía

93 83€

Color: Cereza. Aroma: complejo, expresivo, especiado, mineral. Boca: elegante, lleno, largo, persistente.

DO Ca. RIOJA / D.O.P.

DO Ca. RIOJA / D.O.P.

🏆 PODIO

Carraquintana de Amaren 2020 T BA
tempranillo, graciano, garnacha, malvasía

95   68€
Color: cereza, borde granate. Aroma: balsámico, especias dulces, hierbas de monte, fruta roja, fruta madura. Boca: especiado, balsámico, buena acidez.

BODEGAS ARAICO
La Hoya, 5
01307 Villabuena de Álava (Araba/Álava)
☎: +34 945 623 366
info@bodegasaraico.com
www.bodegasaraico.com

Araico 2021 T C
tempranillo, garnacha

88 ★★★★   6€
Amable, amaderado, cremoso, correcto, especiado, maduro.

El Orgullo de Julian 2021 T
100% tempranillo

92   40€
Color: cereza intenso. Aroma: fruta madura, hierbas secas, tabaco, expresivo. Boca: fruta madura, especiado, taninos maduros, equilibrado, largo.

BODEGAS BAGORDI
Ctra. Estella s/n
31261 Andosilla (Navarra)
☎: +34 600 459 099
info@bagordi.com
www.bagordi.com

Bagordi 2021 T C
80% tempranillo, 20% graciano

89   12€
Tostado, maduro, especiado, clásico.

Bagordi 2022 B FB
50% sauvignon blanc, 50% garnacha blanca

88   10€
Equilibrado, maduro, especiado, tostado.

Bagordi 2023 B
50% sauvignon blanc, 50% garnacha blanca

87 ★★★★   7€

Bagordi 2023 RD
100% garnacha

88 ★★★★   7€
Frutal, sencillo, suave.

Bagordi Graciano 2019 T
100% graciano

88   10,5€
Confitado, tostado, ahumado.

Bagordi Maturana 2021 T
100% maturana

89   10,5€
Balsámico, potente, maduro, ligera reducción.

BODEGAS BAIGORRI
Ctra. Vitoria-Logroño, Km. 53
01307 Samaniego (Araba/Álava)
☎: +34 945 609 420
mail@bodegasbaigorri.com
www.bodegasbaigorri.com

Baigorri B-70 2020 T
93
Color: cereza brillante. Aroma: fruta roja, fruta madura, especias dulces, roble cremoso. Boca: buena acidez, especiado, taninos maduros.

Baigorri Belus 2019 T
92
Color: cereza, borde violáceo. Aroma: fruta roja, floral, especias dulces, tostado. Boca: sabroso, frutoso, buena acidez.

Baigorri 2018 T R
100% tempranillo

91   25,8€

Color: cereza oscuro, borde granate. Aroma: fruta madura, ebanistería, tabaco, especias dulces. Boca: especiado, taninos maduros, largo.

Baigorri 2019 B FB
90% viura, 10% malvasía

91 ★★★   16€

Correcto, especiado. Aroma: fruta madura, especiado. Boca: sabroso, fruta madura, graso.

Baigorri 2020 T C
90% tempranillo, 5% garnacha, 5% otras

90 ★★★   13,5€

Color: cereza, borde violáceo. Aroma: expresión frutal, fruta roja, floral, especiado. Boca: sabroso, frutoso, buena acidez, largo.

Baigorri Finca La Quintanilla 2020 T
100% tempranillo

92   34,5€

Color: cereza oscuro, borde granate. Aroma: fruta confitada, ebanistería, tabaco, especias dulces, fina reducción. Boca: especiado, taninos maduros, largo.

Baigorri Garnacha 2018 T
100% garnacha

92   25,7€

Color: cereza intenso. Aroma: fruta madura, hierbas secas, roble cremoso, fruta roja. Boca: potente, fruta madura, especiado, taninos maduros.

Baigorri Maturana 2021 T
maturana

93   38€

Color: cereza, borde granate. Aroma: potente, fruta negra, fruta madura, tostado. Boca: sabroso, dulcedumbre, largo.

BODEGAS BENJAMÍN DE ROTHSCHILD & VEGA SICILIA
Paraje de San Millán. Camino de las Cañas, s/n
01307 Samaniego (Araba/Álava)
☎: +34 945 567 508
macan@macan-brvs.com
www.temposvegasicilia.com

Macán 2020 T

94   55€

Color: cereza intenso. Aroma: fruta madura, hierbas secas, roble cremoso, fruta negra. Boca: fruta madura, especiado, taninos maduros.

Macán Clásico 2021 T
tempranillo, otras

94   35€

Aromas nítidos. Color: Cereza. Aroma: complejo, expresivo, especiado, mineral, fruta roja. Boca: lleno, largo, persistente.

BODEGAS BERONIA
Ctra. Ollauri - Nájera, km. 1,8
26220 Ollauri (La Rioja)
☎: +34 941 338 000
prensa@gonzalezbyass.es
www.beronia.com

Alegra de Beronia 2022 RD
70% garnacha, 30% tempranillo

89   23,5€

Agradable, aromas nítidos, correcto, equilibrado. Aroma: hierbas de tocador.

Beronia 198 Barricas 2019 T R
98% tempranillo, 2% graciano

92   29,8€

Color: cereza brillante. Aroma: especias dulces, fruta madura, chocolate, hierbas secas, regaliz negro. Boca: frutoso, especiado, taninos maduros.

Beronia 2016 T GR
95% tempranillo, 4% graciano, 1% mazuelo

93   24,5€

Color: Cereza. Aroma: expresivo, especiado, cacao fino, elegante, complejo. Boca: elegante, lleno, largo, persistente, taninos maduros.

Beronia 2019 T R
tempranillo

91   16,2€

Color: cereza oscuro, borde granate. Aroma: fruta madura, ebanistería, tabaco, especias dulces. Boca: especiado, taninos maduros, sabroso.

Beronia 50 Aniversario 2019 T
90% tempranillo, 10% graciano

91   17€

Clásico. Color: cereza oscuro, borde granate. Aroma: fruta madura, especias dulces, chocolate. Boca: especiado, taninos maduros, largo.

Beronia Graciano 2020 T
100% graciano

91 ★★★★   14€

Balsámico, varietal. Color: Cereza. Aroma: balsámico, especias dulces, hierbas de monte, hierbas verdes. Boca: especiado, balsámico, buena acidez.

DO Ca. RIOJA / D.O.P.

DO Ca. RIOJA / D.O.P.

🏆 PODIO

Beronia Gran Reserva Cosecha Fundacional 1973 T GR
tempranillo, garnacha, mazuelo, viura
95   210€
Amable, clásico, elegante. Color: rubí, borde teja. Aroma: cuero muy curtido, fruta al licor, habano, especiado. Boca: ligero, equilibrado, crianza clásica, amargoso, matices de reducción.

Beronia III a.C. 2020 T
100% tempranillo
92   73€
Color: cereza intenso. Aroma: hierbas secas, tostado, fruta madura. Boca: fruta madura, especiado, taninos maduros, frutoso, sabroso.

Beronia Mazuelo 2018 T R
100% mazuelo
91   18,5€
Herbal, maduro, silvestre. Aroma: chocolate, fruta madura. Boca: sabroso, largo, persistente, balsámico.

Beronia Rosé 2023 RD
50% garnacha, 40% tempranillo, 10% viura
86   6,5€

Vareia Beronia Viñedo Singular 2020 T
100% tempranillo
92   73€
Equilibrado, suave. Color: cereza intenso. Aroma: fruta madura, hierbas secas, roble cremoso, tostado, especias dulces. Boca: potente, fruta madura, especiado, taninos maduros.

Beronia Tempranillo Elaboración Especial 2022 T FB
100% tempranillo
88   16,8€
Madera marcada, corpulento, especiado, maduro. Boca: fruta madura, sabroso, fácil de beber.

Beronia Viñas Viejas 2020 T
100% tempranillo
90   16,8€
Correcto, frutal. Aroma: hierbas secas, cera, potente. Boca: sabroso, largo, fruta madura.

Beronia Viura 2023 B
88% viura, 12% garnacha blanca
88 ★★★★   7,5€
Agradable, frutal, tropical, suave.

BODEGAS BETOLAZA
Cuesta Dulce, 12
26330 Briones (La Rioja)
☎: +34 650 862 104
betolaza@betolaza.es
www.betolaza.es

Betolaza 2019 T R
90% tempranillo, 10% garnacha
91   20€
Color: cereza, borde granate. Aroma: fruta confitada, fruta al licor, potente. Boca: sabroso, dulcedumbre, largo.

Betolaza 2021 T C
90% tempranillo, 5% garnacha, 5% mazuelo
88 ★★★★   8€
Frutal, flores secas, especiado, tostado.

Calitrancos 2019 T
100% tempranillo
91   30€
Color: cereza oscuro. Aroma: tostado, especiado, cacao fino, fruta negra, fruta madura, ahumado. Boca: sabroso, tostado, fino amargor, potente, taninos secos pero maduros.

Las Robadas T
91   50€
Color: cereza intenso. Aroma: fruta madura, hierbas secas, roble cremoso, especias dulces. Boca: potente, fruta madura, especiado, taninos maduros.

Magadi 2019 B
100% viura
91 ★★★★★   12€
Balsámico. Color: pajizo brillante, borde verdoso. Aroma: fruta fresca, cítricos, hierbas silvestres, pan tostado. Boca: fresco, frutoso, buena acidez, fino amargor.

Resaco 2020 T
100% garnacha
92   40€
Color: Cereza. Aroma: expresivo, especiado, floral, caramelo de violetas. Boca: largo, persistente, frutoso.

BODEGAS BILBAÍNAS
Estación, 3
26200 Haro (La Rioja)
info@bodegasbilbainas.com
www.bodegasbilbainas.com

Ederra 2018 T R
88
Frutal, herbal, maduro, tostado.

Ederra 2020 T C
garnacha
88
Frutal, herbal, maduro, especiado, rústico.

La Vicalanda 2022 B
tempranillo blanco
90
Color: pajizo. Aroma: fruta madura, hierbas secas, flores marchitas. Boca: fruta madura, ligero, buena acidez.

La Vicalanda Viñas Viejas 2019 T
93
Color: cereza oscuro, borde granate. Aroma: fruta madura, fruta confitada, ebanistería, tabaco, especias dulces. Boca: especiado, taninos maduros, largo.

Viña Pomal 2015 T GR
93
Color: cereza oscuro, borde granate. Aroma: fruta madura, fruta confitada, ebanistería, tabaco, especias dulces. Boca: especiado, taninos maduros, frutoso, cierta persistencia, retronasal ahumado, equilibrado.

Viña Pomal 2018 T R
92
Color: cereza brillante. Aroma: fruta madura, hierbas secas, roble cremoso, especiado, tostado, frutos secos. Boca: fruta madura, especiado, taninos maduros, sabroso, cierta persistencia, equilibrado.

Viña Pomal 2021 T C
89
Frutal, maduro, ahumado, silvestre, sabroso.

Viña Pomal 2023 RD
86

Viña Pomal Alto de la Caseta 2019 T R
92
Color: cereza brillante. Aroma: fruta confitada, fruta negra, fruta madura, especiado, madera de cedro. Boca: frutoso, sabroso, especiado, retronasal ahumado, taninos secos pero maduros.

Viña Pomal Organic 2018 T R
91
Color: cereza brillante. Aroma: fruta roja, especiado, tostado, roble cremoso, hierbas secas. Boca: frutoso, sabroso, equilibrado, cierta persistencia, taninos secos pero maduros.

Viña Pomal Organic Ecológico 2020 T
88
Frutal, hierbas secas, herbáceo, maduro, sencillo.

Viña Pomal Selección 500 2020 T C
91
Color: cereza, borde violáceo. Aroma: expresión frutal, fruta roja, floral, especiado, fruta madura. Boca: sabroso, frutoso, buena acidez, especiado, taninos maduros.

Viña Vicuana Bodegas Bilbainas 2018 T
tempranillo, graciano
93
Color: cereza brillante. Aroma: fruta madura, fruta roja, hierbas silvestres, especias dulces, expresivo. Boca: frutoso, sabroso, equilibrado, especiado, persistente.

Viña Zaco 2019 T
88
Equilibrado, especiado, hierbas secas, tostado, sabroso.

DO Ca. RIOJA / D.O.P.

DO Ca. RIOJA / D.O.P.

BODEGAS CAMPILLO
Ctra. Logroño, s/n
01300 Laguardia (Araba/Álava)
☎: +34 945 600 826
info@bodegascampillo.es
www.bodegascampillo.com

Campillo 2015 T GR
tempranillo, otras

94   24,95€
Elegante, sabroso. Color: cereza intenso, borde granate. Aroma: ebanistería, fruta madura, cacao fino, habano, tostado. Boca: sabroso, especiado, tostado, taninos potentes.

Campillo 2020 T C

91 ★★★★   12,79€
Suave, maduro. Color: cereza intenso. Aroma: fruta madura, tostado, hierbas de monte. Boca: potente, fruta madura, especiado, taninos maduros.

Campillo Cuvée 2021 T
100% tempranillo

90 ★★★★★   9,99€
Color: cereza, borde granate. Aroma: fruta roja, fruta madura, especiado. Boca: fluido, frutoso, fresco, fácil de beber, jugoso.

Campillo Reserva Colección 2018 T R
tempranillo, graciano

91   19,99€
Color: cereza intenso. Aroma: fruta negra, fruta madura, chocolate, con carácter, regaliz negro. Boca: potente, fruta madura, especiado, taninos maduros.

BODEGAS CARLOS SAN PEDRO PEREZ DE VIÑASPRE
Páganos, 44
01300 Laguardia (Araba/Álava)
☎: +34 609 321 649
info@bodegascarlossampedro.com
www.bodegascarlossampedro.com

Carlos San Pedro Perez de Viñaspre 2020 T
tempranillo

91   25€
Color: cereza brillante. Aroma: cera, fruta madura, varietal, especiado. Boca: jugoso, sabroso, correcto, equilibrado.

Viñasperi 2016 T GR
100% tempranillo

91   20€
Color: cereza oscuro, borde granate. Aroma: fruta madura, ebanistería, especias dulces. Boca: especiado, taninos maduros, largo.

Viñasperi 2017 T R
100% tempranillo

90 ★★★★   12€
Aromas nítidos, correcto. Aroma: hierbas secas, fruta madura. Boca: jugoso, especiado, fruta madura, fácil de beber.

Viñasperi 2022 B
100% viura

91 ★★★   15€
Color: pajizo brillante. Aroma: expresión frutal, fruta madura, floral, especiado. Boca: sabroso, fresco, buena acidez, retronasal afrutado.

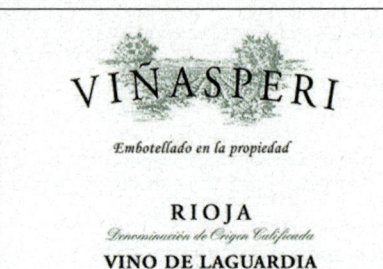

Viñasperi Blue Ocean 2020 T BA
100% tempranillo

89   165€
Corpulento, muy tostado (torrefactado), madera marcada, especiado, maduro, sabroso.

Viñasperi Selección 2018 T
100% tempranillo

89   15€
Amable, maduro, boca correcta, sabroso, madera marcada.

BODEGAS CASA PRIMICIA
Camino de la Hoya, 1
01300 Laguardia (Araba/Álava)
☎: +34 945 600 296
info@bodegascasaprimicia.com
www.bodegascasaprimicia.com

Carravalseca 2020 T C
tempranillo

89 🌱   13,9€
Madera marcada, corpulento, equilibrado, especiado.

Carravalseca 2023 T MC
tempranillo

87 🌱   8,7€

Julián Madrid 2018 T R
tempranillo

89   21,5€
Corpulento, equilibrado, hierbas secas, maduro, sabroso.

Casa Primicia 2020 T C
tempranillo

90 ★★★★★　　　　　　8,8€

Fluido, equilibrado. Color: cereza intenso. Aroma: fruta madura, hierbas secas, roble cremoso. Boca: potente, fruta madura, especiado, taninos maduros.

Casa Primicia Tempranillo 2023 T
tempranillo

88 ★★★★　　　　　　6,8€

Color: cereza, borde violáceo. Aroma: fruta roja, floral, especiado, hierbas secas. Boca: sabroso, frutoso, buena acidez.

Pensante Maturana 2015 T
maturana

92　　　　　　　　　　100€

Color: Cereza. Aroma: expresivo, especiado, mineral, hierbas de monte. Boca: elegante, lleno, largo.

BODEGAS CERROLAZA

Ctra. Navarrete, 38
26372 Hornos de Moncalvillo (La Rioja)
☎: +34 941 286 728
comercial@bodegascerrolaza.com
www.bodegascerrolaza.com

Altos del Marqués 2020 T BA
tempranillo, graciano, garnacha

87 ★★★★　　　　　　4,23€

Altos del Marqués 2021 T C
tempranillo

88 ★★★★　　　　　　6,65€

Maduro, frutal, tostado, suave.

Aticus 2016 T R
tempranillo

87　　　　　　　　　　14,1€

Aticus 2021 T C
tempranillo

90 ★★★　　　　　　12,1€

Color: cereza intenso. Aroma: fruta madura, hierbas secas, roble cremoso. Boca: potente, fruta madura, especiado.

BODEGAS CORRAL

Ctra. de Logroño, Km. 10
26370 Navarrete (La Rioja)
☎: +34 941 440 193
info@bodegascorral.com
www.bodegascorral.com

Don Jacobo 2019 T R
tempranillo

85 ⚘　　　　　　　　17€

Altos de Corral Single Estate 2019 T R
tempranillo

91 ⚘　　　　　　　　39,9€

Color: cereza intenso. Aroma: fruta madura, hierbas secas, roble cremoso, chocolate. Boca: potente, fruta madura, especiado, taninos maduros.

Don Jacobo 2011 T GR
tempranillo

90　　　　　　　　　　24,1€

Color: cereza oscuro, borde granate. Aroma: fruta confitada, ebanistería, tabaco, especias dulces. Boca: especiado, taninos maduros, largo.

Los Corrales de Moncalvillo Maturana Tinta 2020 T BA
maturana

92 ⚘　　　　　　　　25,2€

Color: cereza intenso. Aroma: fruta madura, hierbas secas, roble cremoso, hierbas de monte. Boca: potente, fruta madura, especiado, taninos maduros.

Vine Roots Garnacha 2020 T
garnacha

92 ⚘　　　　　　　　21,3€

Color: cereza, borde violáceo. Aroma: fruta roja, floral, especiado, hierbas de monte. Boca: sabroso, frutoso, buena acidez.

BODEGAS COVILA

Avda. Soto, 26
01300 Lapuebla de Labarca (Araba/Álava)
☎: +34 945 627 232
comercial@covila.es
www.bodegascovila.es

Covila 2018 T GR
tempranillo

89　　　　　　　　　　25€

Frutal, golosinas, floral, hierbas secas, maduro.

Covila 2019 T R
tempranillo

89　　　　　　　　　　16€

Frutal, especiado, hierbas secas, maduro, silvestre.

Covila 2021 T C
tempranillo

88　　　　　　　　　　10€

Frutal, maduro, especiado, sencillo.

Covila 2023 B
viura, sauvignon blanc

85　　　　　　　　　　5€

DO Ca. RIOJA / D.O.P.

Covila 2023 RD
tempranillo

88 ★★★★ 5€

Agradable, aromático, sabroso.

Covila Aex 2021 T
tempranillo, graciano

90 22€

Color: cereza intenso. Aroma: fruta madura, hierbas secas, roble cremoso, especias dulces. Boca: fruta madura, especiado, taninos maduros, sabroso, taninos secos pero maduros.

BODEGAS D. MATEOS
Camino de los Agudos, s/n
26559 Aldeanueva de Ebro (La Rioja)
☎: +34 941 261 897
info@bodegasmateos.com
www.bodegasmateos.com

C.F. La Mateo La Rosé 2022 RD
100% garnacha

90 22€

Color: rosáceo pálido. Aroma: hierbas de tocador, fruta blanca, flores secas. Boca: especiado, buena acidez, fino amargor, carnoso.

Colección de Familia La Mateo Vendimia 2020 T BA
70% tempranillo, 27% garnacha, 3% graciano

93 23€

Color: cereza intenso. Aroma: fruta madura, hierbas secas, roble cremoso, especiado. Boca: fruta madura, especiado, taninos maduros, frutoso, sabroso, cierta persistencia.

Colección de Familia La Mateo Tempranillo Blanco 2020 B
100% tempranillo blanco

91 22€

Color: amarillo brillante. Aroma: roble cremoso, fruta madura, especiado, pan tostado. Boca: graso, estructurado, tostado, fino amargor.

Colección de Familia La Mateo Garnacha Cepas Viejas 2018 T
100% garnacha

91 42€

Color: cereza oscuro, borde granate. Aroma: fruta confitada, ebanistería, tabaco, especias dulces. Boca: especiado, taninos maduros, largo.

Colección de Familia Reserva Privada 2018 T
50% tempranillo, 40% garnacha, 10% mazuelo

92 35€

Color: cereza oscuro, borde granate. Aroma: fruta madura, fruta confitada, ebanistería, tabaco, especias dulces. Boca: especiado, taninos maduros, largo, sabroso, retronasal ahumado.

El Santiguadero 2022 B
95% chardonnay, 5% tempranillo blanco

90 18€

Color: pajizo brillante, borde verdoso. Aroma: cítricos, hierbas silvestres, fruta blanca. Boca: frutoso, buena acidez, fino amargor.

Finca EL Bosquil 2022 T
100% mazuelo

92 21€

Color: cereza oscuro. Aroma: tostado, especiado, cacao fino, fruta madura, fruta negra. Boca: sabroso, tostado, fino amargor.

La Hoya El Cuerno 2022 T
100% tempranillo

93 ★★★★★ 15€

Color: cereza, borde violáceo. Aroma: fruta roja, fruta madura, hierbas silvestres, especias dulces, expresivo. Boca: frutoso, fresco, sabroso, equilibrado, largo, taninos maduros.

La Requemada 2022 T
100% garnacha

93 21€

Aromas nítidos, amable, floral. Color: cereza intenso. Aroma: fruta madura, roble cremoso, hierbas silvestres, hierbas de monte, tomillo. Boca: fruta madura, especiado, taninos maduros.

BODEGAS DAVID MORENO

Ctra. de Villar de Torre, s/n
26310 Badarán (La Rioja)
☎: +34 941 894 919
marketing@davidmoreno.es
www.davidmoreno.es

Vado de la Reina 2019 T BA
100% garnacha

88   26€

Equilibrado, especiado, hierbas secas, maduro, sabroso, tostado.

BODEGAS DE FAMILIA BURGO VIEJO

Concordia, 8
26540 Alfaro (La Rioja)
☎: +34 941 183 405
bodegas@burgoviejo.com
www.burgoviejo.com

Burgo Viejo Garnacha Organic 2023 T
garnacha

87 ★★★   7,9€

Burgo Viejo Graciano Organic 2023 T
graciano

85   7,9€

Burgo Viejo Organic 2023 B
tempranillo blanco, viura

84   7,9€

Finca Vidales 2023 B
viura

87 ★★★★   4,5€

BODEGAS DE SANTIAGO

Avda. del Ebro, 50
01307 Baños de Ebro (Araba/Álava)
☎: +34 651 707 879
info@bodegasdesantiago.es
www.bodegasdesantiago.es

Lagar de Santiago 2021 T C
8% tempranillo

88 ★★★★   5€

Tostado, sabroso, maduro, flores secas.

Lagar de Santiago 2023 B
45% malvasía, 50% viura, verdejo

85   4€

Lagar de Santiago 2023 T MC
tempranillo

88 ★★★★   3,5€

Agradable, frutal, sabroso.

Lagar de Santiago Elite 2015 T
tempranillo, graciano, garnacha

90   25€

Color: cereza oscuro. Aroma: tostado, especiado, cacao fino. Boca: sabroso, tostado, fino amargor.

BODEGAS DEL MEDIEVO

26559 Aldeanueva de Ebro (La Rioja)
☎: +34 941 163 141
info@bodegasdelmedievo.com
www.bodegasdelmedievo.com

Medievo 2018 T R
tempranillo, garnacha

90

Color: cereza intenso. Aroma: fruta madura, hierbas secas, roble cremoso, fina reducción. Boca: fruta madura, especiado, taninos maduros.

Notas del Medievo 2021 T

89

Agradable, tostado, suave, especiado.

Tuercebotas Tempranillo Blanco 2023 B
tempranillo blanco

89

Cítrico, frutal, flores secas, hierbas secas, sabroso.

Tuercebotas 2022 B FB
tempranillo blanco, chardonnay

89

Frutal, maduro, flores secas, especiado.

Tuercebotas Garnacha 2020 T C
garnacha

87

DO Ca. RIOJA / D.O.P.

Tuercebotas Graciano 2021 T C
graciano
90
Color: cereza intenso. Aroma: fruta madura, hierbas secas, roble cremoso, madera marcada. Boca: potente, fruta madura, especiado, taninos maduros.

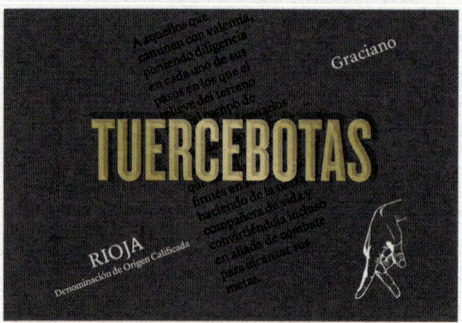

BODEGAS DIEZ DEL CORRAL
Avda. Príncipe de Asturias, 42
26210 Anguciana (La Rioja)
☎: +34 686 794 417
manuel@diezdelcorral.com
www.bodegasdiezdelcorral.com

La Piconada 2020 T C
89
Agradable, amable, boca correcta, balsámico, correcto, especiado, herbal.

La Piconada 2022 T
88
Frutal, maduro, sabroso, herbal, equilibrado.

La Piconada Maturana 2021 T
maturana
91
Herbáceo, corpulento. Aroma: café aromático, franco, equilibrado, hierbas silvestres. Boca: varietal, fino amargor, jugoso.

BODEGAS DOMECO DE JARAUTA
Camino Sendero Royal, 5
26559 Aldeanueva de Ebro (La Rioja)
☎: +34 941 163 078
info@bodegasdomecodejarauta.com
www.bodegasdomecodejarauta.com

Domeco de Jarauta Garnacha 2021 T
100% garnacha
88   13,9€
Confitado, frutal, maduro, sabroso.

Domeco de Jarauta Garnacha Blanca 2021 B
100% garnacha blanca
89   13,9€
Ahumado, tostado, maduro.

Solar de Castro Vendimia Seleccionada 2022 T
89
Color: cereza brillante. Aroma: fruta madura, fruta roja, hierbas silvestres, especias dulces, muy primario. Boca: frutoso, sabroso, equilibrado, taninos secos pero maduros.

Lar de Sotomayor Ecológico 2021 T
100% tempranillo
88 ★★★ 🌱   8,9€
Frutal, herbal, especiado, maduro.

Viña Marro 2017 T GR
70% tempranillo, 30% garnacha
90   17,9€
Color: cereza oscuro, borde granate. Aroma: fruta madura, fruta confitada, ebanistería, tabaco, especias dulces. Boca: especiado, taninos maduros, sabroso, cierta persistencia.

Viña Marro 2019 T R
90% tempranillo, 10% graciano
88   12,5€
Frutal, confitado, hierbas secas, especiado, clásico.

BODEGAS EGUÍA
Ctra. Villabuena, 9
01340 Elciego (Araba/Álava)
☎: +34 945 600 089
contacto@murielwines.com
www.murielwines.com

Viña Eguía Garnacha & Graciano 2022 T
garnacha, graciano
87 ★★★★   5,25€

Viña Eguía Garnacha, Viura & Mazuelo 2023 RD
garnacha, viura, mazuelo
87 ★★★★   5,25€

Viña Eguía Tempranillo & Mazuelo 2022 T
tempranillo, mazuelo
86   5,25€

Viña Eguía Tempranillo Blanco & Viura 2023 B
tempranillo blanco, viura
87 ★★★★   5,25€

BODEGAS ESTRAUNZA

Avda. La Póbeda, 25
01306 Lapuebla de Labarca (Araba/Álava)
☎: +34 649 826 865
contacto@bodegasestraunza.com
www.bodegasestraunza.com

Blas de Lezo 2021 T C
tempranillo

88 ★★★★ 6,9€

Hierbas secas, maduro, sabroso, flores secas, notas animales.

Solar de Estraunza 2021 T C
tempranillo

87 ★★★★ 6,95€

Solar de Estraunza 2023 B
viura

85 4,5€

Solar de Estraunza 2023 RD
viura, tempranillo

85 4,35€

Solar de Estraunza 2023 T
tempranillo

87 ★★★★ 4,3€

Equilibrado, especiado, herbal, sencillo.

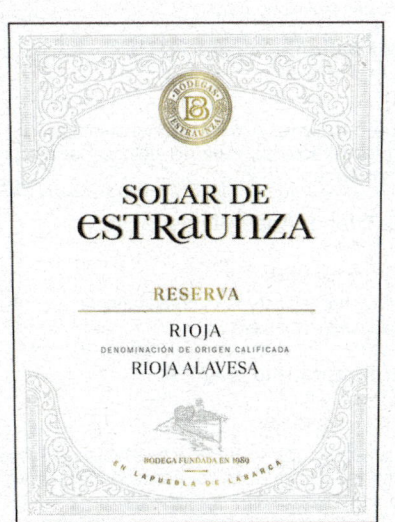

BODEGAS FAUSTINO

Ctra. de Logroño, s/n
01320 Oyón (Araba/Álava)
☎: +34 945 622 500
info@bodegasfaustino.es
www.bodegasfaustino.com

Faustino 2021 T C
tempranillo

88 ★★★★ 6,99€

Agradable, amable, frutal, tostado, sabroso.

Faustino Edición Limitada 2020 T C
80% tempranillo, 20% maturana

89 ★★★★ 8,95€

Confitado, jugoso, maduro, hierbas secas, sabroso, silvestre. Aroma: café aromático.

Faustino I 2015 T GR

93

Clásico, con personalidad. Color: cereza oscuro. Aroma: fruta madura, fruta confitada, ebanistería, tabaco, especias dulces. Boca: especiado, largo, lleno, fácil de beber.

Faustino V 2018 T R
tempranillo

90 ★★★★★ 9,99€

Color: cereza oscuro, borde granate. Aroma: fruta madura, ebanistería, tabaco, especias dulces, roble cremoso. Boca: especiado, taninos maduros, largo.

Gran Faustino I 2004 T GR
tempranillo, graciano, mazuelo

94 70€

Ahumado, clásico, elegante, equilibrado. Color: cereza, borde granate. Aroma: expresivo, incienso, fina reducción, cera. Boca: jugoso, fino amargor, equilibrado, elegante, buena acidez.

BODEGAS FOS

Término de Vialba, s/n
01340 Elciego (Araba/Álava)
☎: +34 945 606 681
fos@bodegasfos.com
www.bodegasfos.com

Finca Zuriena 2020 B
viura

93

Color: amarillo brillante. Aroma: roble cremoso, fruta madura, especiado, tostado. Boca: graso, estructurado, largo, tostado, fino amargor.

Fos Baranda 2020 T

94

Color: cereza intenso. Aroma: hierbas secas, roble cremoso, fruta madura, fruta negra, balsámico. Boca: potente, fruta madura, especiado, taninos maduros

DO Ca. RIOJA / D.O.P.

DO Ca. RIOJA / D.O.P.

Graciano de Fos 2020 T
graciano
93
Balsámico, potente. Color: cereza intenso. Aroma: hierbas secas, roble cremoso, mineral, fruta madura, fruta negra. Boca: fruta madura, especiado, taninos rugosos.

 PODIO

Lola de Fos 2016 T GR
tempranillo
96   41,9€
Color: cereza oscuro, borde granate. Aroma: fruta madura, fruta confitada, ebanistería, tabaco, especias dulces. Boca: especiado, taninos maduros, largo.

 PODIO

Por los Cien 2020 T
tempranillo
95   100€
Color: cereza brillante. Aroma: complejo, expresivo, especiado, mineral, fruta roja, roble nuevo. Boca: elegante, lleno, largo, persistente.

Saltaviñas 2021 T
91 ★★★★★   12€
Color: cereza intenso. Aroma: hierbas secas, roble cremoso, fruta roja, fruta madura. Boca: potente, fruta madura, especiado, taninos maduros.

BODEGAS FRANCO ESPAÑOLAS
Cabo Noval, 2
26009 Logroño (La Rioja)
☎: +34 650 759 205
marketing@grupoeguizabal.com
www.francoespanolas.com

Bordón 2018 T R
tempranillo
88   13,8€
Frutal, especiado, notas animales, herbal, tostado.

Bordón 2020 T C
tempranillo
89 ★★★★   7,9€
Frutal, hierbas secas, especiado, sabroso.

Bordón D'Anglade 2018 T R
tempranillo
92   27,35€
Color: cereza brillante. Aroma: fruta madura, expresión frutal, fruta roja, fruta negra, especias dulces, roble cremoso. Boca: frutoso, sabroso, equilibrado, taninos secos pero maduros.

Bordón D'Anglade 2020 T C
tempranillo
91 ★★★★   13,6€
Color: cereza, borde violáceo. Aroma: expresión frutal, fruta roja, floral, especiado, hierbas secas. Boca: sabroso, frutoso, largo, equilibrado, cierta persistencia.

Bordón Viña Sole 2017 B R
viura
92   29,95€
Color: amarillo brillante. Aroma: roble cremoso, fruta madura, especiado, tostado, flores blancas, hierbas secas. Boca: graso, estructurado, largo, tostado, fino amargor, sabroso.

Diamante B SD
87

Talla de Diamante Semidulce 2023 B SD
viura, tempranillo blanco
88 ★★★   8,3€
Frutal, hierbas secas, maduro, flores secas.

BODEGAS GARCÍA DE OLANO
Ctra. Vitoria, s/n
01309 Páganos (Araba/Álava)
☎: +34 945 621 146
info@garciadeolano.com
www.garciadeolano.com

3 de Olano Selección 2019 T
100% tempranillo
89   15€
Cálido, corpulento. Aroma: madera marcada, muy tostado (torrefactado), especias dulces. Boca: sabroso, taninos dulces.

3 de Olano Viñas Viejas 2017 T
100% tempranillo
89 ★★★★   8€
Maduro, herbal, sabroso, tostado, especiado, hierbas secas, madera marcada.

Erai Tempranillo 2021 T
100% tempranillo
90 ★★★★   12€
Color: cereza intenso. Aroma: hierbas secas, especias dulces, fruta madura, fruta confitada. Boca: fruta madura, especiado, taninos maduros, largo.

Heredad García de Olano 2020 T C
100% tempranillo
88 ★★★★   5,75€
Agradable, correcto, maduro, frutal, herbal. Aroma: cera.

Heredad García de Olano 2023 B
95% viura, 5% verdejo

86 4,5€

Heredad García de Olano 2023 T MC
95% tempranillo, 5% viura

88 ★★★★ 4,5€

Amable, correcto, floral, frutal, suave.

BODEGAS ISIDRO MILAGRO
Avda. del Ebro s/n
26540 Alfaro (La Rioja)
☎: +34 941 181 207
jantonio@bodegasisidromilagro.com
www.bodegasisidromilagro.com

Hacienda Susar 2018 T
100% tempranillo

91 20€

Color: cereza intenso. Aroma: fruta madura, hierbas secas, roble cremoso. Boca: potente, fruta madura, especiado, taninos maduros.

BODEGAS IZADI
Herrería Travesía II, 5
01307 Villabuena de Álava (Araba/Álava)
☎: +34 945 609 086
izadi@izadi.com
www.izadi.com

Izadi 2021 T C

93 ★★★★★ 12€

Amable, aromas nítidos. Color: cereza intenso. Aroma: fruta madura, hierbas secas, roble cremoso, expresivo. Boca: fruta madura, especiado, taninos maduros.

🏆 **PODIO**

Izadi El Regalo 2021 B
viura, otras

95 48€

Aromas nítidos. Color: amarillo brillante. Aroma: fruta madura, hierbas secas, flores marchitas, cera. Boca: potente, fruta madura, equilibrado.

Izadi El Regalo 2022 T

94

Color: cereza intenso. Aroma: fruta madura, hierbas secas, roble cremoso, fruta negra, tostado. Boca: fruta madura, especiado, taninos maduros.

Izadi Larrosa Blanca 2023 B

90 ★★★★★ 8,5€

Color: pajizo. Aroma: flores blancas, jazmín, hierbas secas. Boca: sabroso, frutoso.

Izadi Larrosa Negra 2023 T

91 ★★★★★ 10€

Color: cereza intenso. Aroma: hierbas secas, roble cremoso, fruta madura, fruta confitada. Boca: potente, fruta madura, especiado, taninos maduros.

Izadi Larrosa Rosé 2023 RD
garnacha

91

Color: rosáceo pálido. Aroma: elegante, fruta roja, floral. Boca: ligero, buena acidez, fino amargor.

Izadi Selección 2023 B

93

Con tensión, por hacer. Color: pajizo brillante. Aroma: expresivo, fruta madura, floral, lías finas, mineral. Boca: complejo, especiado, largo, elegante.

BODEGAS JAVIER SAN PEDRO ORTEGA
Camino de La Hoya s/n
01300 Laguardia (Araba/Álava)
☎: +34 945 600 550
info@bodegasjaviersanpedro.com
www.bodegasjaviersanpedro.com

Arca de Assa 2021 T BA
tempranillo

92 28,9€

Color: cereza intenso, borde violáceo. Aroma: fruta madura, hierbas secas, roble cremoso, fruta roja, fruta negra. Boca: fruta madura, especiado, taninos maduros, cierta persistencia, taninos secos pero maduros.

Cueva de Lobos Alpha 2021 T
100% garnacha

94 47,9€

Color: cereza, borde violáceo. Aroma: expresión frutal, fruta roja, especiado, balsámico, fruta madura. Boca: sabroso, frutoso, largo, fresco, cierta persistencia.

La Taconera 2022 T
tempranillo

94 71€

Color: cereza, borde violáceo. Aroma: expresión frutal, fruta roja, fruta negra, fruta madura, hierbas silvestres. Boca: frutoso, sabroso, equilibrado, taninos secos pero maduros, cierta persistencia.

DO Ca. RIOJA / D.O.P.

La Viña de María 2021 B
viura

92

Aromas nítidos, cítrico, fresco. Aroma: franco, fresco, flores marchitas, caramelo de limón, fruta madura. Boca: muy vivo, fino amargor.

Nunca Jamás 2022 T
97% tempranillo, 3% graciano

92 ★★★★ 14,9€

Color: cereza intenso, borde violáceo. Aroma: fruta madura, hierbas secas, roble cremoso, caramelo tostado, especiado. Boca: fruta madura, especiado, sabroso, taninos secos pero maduros.

Villahuercos 2021 B FB
100% tempranillo blanco

92 33€

Color: pajizo. Aroma: fruta madura, flores marchitas, madera marcada, con carácter. Boca: potente, fruta madura, equilibrado.

BODEGAS JER
Ctra. Huércanos - Nájera, s/n
26314 Huércanos (La Rioja)
☎: +34 635 955 448
info@bodegasjer.es
www.bodegasjer.es

426 2021 T C
tempranillo

88 ★★★★ 6,5€

Amable, jugoso, especiado, maduro, clásico.

J. Cantera 2023 B
viura

85 4,5€

J. Cantera 2023 RD
garnacha, viura

85 4,5€

Largo Plazo 2019 T R
tempranillo

88 10€

Amable, correcto, maduro, especiado, sabroso, sencillo.

Thaler de Plata 2020 T
garnacha

89 16€

Aromático, flores secas, frutal, silvestre, varietal, maduro. Boca: fácil de beber.

Vigorous 2023 RD
86

BODEGAS LA ERALTA
Pol. Ind. El Sequero, Avda. de Cameros, 27
26150 Agoncillo (La Rioja)
☎: +34 941 395 092
b2b@bodegaslaeralta.com
www.grupolaeralta.com

Altos del Bergasa 2018 T GR
100% tempranillo

90 ★★★★★ 10€

Color: cereza, borde granate. Aroma: fruta madura, fruta confitada, ebanistería, tabaco, especias dulces. Boca: especiado, taninos maduros, cierta persistencia, equilibrado.

Altos del Bergasa 2023 T
100% tempranillo

85 4€

Señorío de La Eralta 2017 T GR
tempranillo

90 ★★★★★ 10€

Color: cereza, borde granate. Aroma: fruta madura, fruta confitada, ebanistería, tabaco, especias dulces. Boca: especiado, cierta persistencia, taninos secos pero maduros, frutoso, sabroso, tostado.

Señorío de La Eralta 2018 T R
100% tempranillo

88 ★★★★ 8€

Especiado, frutal, herbal, tostado, sabroso.

Señorío de La Eralta 2020 T C
100% tempranillo

87 ★★★★ 6€

Señorío de La Eralta 2023 T
100% tempranillo

86 4€

BODEGAS LAGUNILLA MARQUÉS DE LA CONCORDIA FAMILY OF WINES
Ctra. de Elciego, s/n
26350 Cenicero (La Rioja)
www.marquesdelaconcordia.com

Lagunilla 2021 T C
87

BODEGAS LAN

Paraje del Buicio, s/n
26360 Fuenmayor (La Rioja)
☎: +34 670 583 024
amaya.cebrian@bodegaslan.com
www.bodegaslan.com

Culmen 2019 T R
87% tempranillo, 13% graciano

93 45€

Color: cereza, borde granate. Aroma: fruta confitada, especias dulces, roble cremoso, potente. Boca: sabroso, largo, fruta madura, taninos maduros.

LAN 2017 T GR
tempranillo, mazuelo

92 19,95€

Clásico. Color: cereza oscuro, borde granate. Aroma: fruta madura, fruta confitada, ebanistería, tabaco, especias dulces. Boca: especiado, taninos maduros.

LAN 2018 T R
tempranillo, mazuelo

91 ★★★★ 13,95€

Color: cereza intenso. Aroma: fruta madura, hierbas secas, especiado, cacao fino. Boca: fruta madura, especiado, taninos maduros.

LAN 2021 T C
tempranillo, garnacha, mazuelo

89 ★★★★ 8,3€

Ahumado, tostado, maduro.

LAN 7 metros 2021 T C
tempranillo

90 ★★★ 13,65€

Color: cereza oscuro. Aroma: tostado, especiado, cacao fino, cuero mojado. Boca: sabroso, tostado, fino amargor.

LAN a Mano 2021 T
75% tempranillo, 17% graciano, 6% garnacha, 2% mazuelo

92 32,9€

Color: cereza intenso. Aroma: hierbas secas, roble cremoso, fruta negra, tostado. Boca: potente, fruta madura, especiado, taninos maduros.

Viña Lanciano 2019 T R
tempranillo, graciano, mazuelo

90 17,95€

Color: cereza muy intenso. Aroma: muy tostado (torrefactado), café aromático, potente, cuero mojado. Boca: retronasal ahumado, persistente, taninos maduros.

DO Ca. RIOJA / D.O.P.

DO Ca. RIOJA / D.O.P.

LAN D-12 2021 T C
tempranillo

91 ★★★★　　　　　　　　　12,75€

Clásico. Color: cereza intenso. Aroma: fruta madura, hierbas secas, roble cremoso, fruta negra. Boca: potente, fruta madura, especiado, taninos maduros.

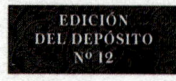

BODEGAS LANDALUCE
Ctra. de los Molinos s/n
01300 Laguardia (Araba/Álava)
☎: +34 676 360 338
info@bodegaslandaluce.es
www.bodegaslandaluce.es

Capricho de Landaluce 2020 T
91

Color: cereza intenso. Aroma: fruta roja, fruta madura, fruta negra, pan tostado, hierbas secas. Boca: fruta madura, especiado, taninos maduros.

Elle de Landaluce 2020 T
tempranillo, graciano

91

Color: cereza brillante. Aroma: balsámico, especias dulces, hierbas de monte, fruta madura. Boca: especiado, balsámico, buena acidez.

Elle de Landaluce 2023 B
88

Amable, tropical, suave.

Fincas de Landaluce 2021 T C
88

Agradable, maduro, especiado, tostado.

BODEGAS LAS CEPAS
Ctra Najera-Cenicero s/n
26313 Uruñuela (La Rioja)
☎: +34 605 375 946
wine@riojalascepas.com
www.riojalascepas.com

1921 Garnacha 2022 T
garnacha

90 🌱　　　　　　　　　　　25,4€

Varietal, floral. Aroma: fruta madura, hierbas secas. Boca: sabroso, fruta madura, fino amargor, fácil de beber.

Bocachancla 2021 T C
tempranillo

88 ★★★★　　　　　　　　　5,8€

Amable, maduro, especiado, correcto, jugoso.

Bocachancla 2023 T
tempranillo

87 ★★★★　　　　　　　　　3,5€

Costalarbol Red 2022 T
60% graciano, 20% garnacha, 20% tempranillo

88 🌱　　　　　　　　　　　13,8€

Cálido, correcto, herbal, confitado, frutal, sabroso.

Rebuzno 2022 T
maturana

91 🌱　　　　　　　　　　　24€

Color: Cereza. Aroma: balsámico, especias dulces, hierbas de monte, cera. Boca: especiado, balsámico, taninos maduros.

Serezhade 2022 B
maturana blanca

92 ★★★★ 🌱　　　　　　　14,9€

Color: amarillo brillante. Aroma: expresión frutal, fruta madura, floral, caramelo de limón, especiado. Boca: sabroso, fresco, retronasal afrutado, frutoso, especiado.

BODEGAS LAUNA
Ctra. Vitoria-Logroño, Km. 57
01300 Laguardia (Araba/Álava)
☎: +34 946 824 108
info@bodegaslauna.com
www.bodegaslauna.com

Amaita 2018 T
100% tempranillo

92

Color: cereza, borde granate. Aroma: fruta confitada, fruta al licor, hierbas de monte, terroso. Boca: equilibrado, taninos maduros.

Ikunus 2018 T
100% tempranillo
92
Color: cereza intenso. Aroma: fruta madura, hierbas secas, roble cremoso. Boca: potente, fruta madura, especiado, taninos maduros.

Launa 2021 T C
90
Color: cereza intenso. Aroma: hierbas secas, roble cremoso, fruta negra, fruta madura. Boca: fruta madura, especiado, taninos maduros.

Launa 2023 B
60% viura, 40% chardonnay
88
Correcto, maduro, sabroso, aromático, amable. Boca: frutoso, fácil de beber.

Launa Selección Familiar 2019 T R
91
Color: cereza intenso. Aroma: fruta madura, hierbas secas, roble cremoso, habano. Boca: fruta madura, especiado, taninos maduros.

Launa Selección Familiar 2020 T C
91
Color: cereza intenso. Aroma: fruta madura, hierbas secas, roble cremoso, cacao fino. Boca: fruta madura, especiado, taninos maduros, buena acidez.

Launa Selección Familiar 2022 B FB
100% viura
90
Especiado, muy tostado (torrefactado), madera marcada. Aroma: hierbas secas, fruta blanca, pan tostado. Boca: sabroso, tostado.

Laztan 2021 T
tempranillo
90
Color: cereza intenso. Aroma: fruta madura, hierbas secas, roble cremoso, tostado. Boca: fruta madura, especiado, taninos maduros.

BODEGAS LOLI CASADO
Avda. La Poveda, 46
01306 Lapuebla de Labarca (Araba/Álava)
☎: +34 678 041 484
loli@bodegaslolicasado.com
www.bodegaslolicasado.com

Jaun de Alzate Cepas Viejas 2010 B
100% viura
93   49€
Color: dorado brillante. Aroma: elegante, fruta escarchada, especias dulces, hidrocarburo, fruta blanca. Boca: lleno, potente, sabroso, buena acidez, tostado, persistente, cierta persistencia.

Loli Casado El Abrigado 2020 T
graciano, tempranillo, viura
93   37,5€
Con personalidad. Color: cereza intenso. Aroma: fruta madura, hierbas secas, roble cremoso, arándano azul. Boca: potente, fruta madura, especiado, taninos maduros.

Loli Casado La Cancilla 2022 B FB
100% viura
91   24€
Color: pajizo brillante. Aroma: expresión frutal, fruta madura, floral, fruta blanca, hierbas silvestres. Boca: sabroso, fresco, buena acidez, retronasal afrutado.

Polus 2018 T R
100% tempranillo
91   17,45€
Confitado, especiado. Color: cereza intenso. Aroma: fruta madura, hierbas secas, roble cremoso. Boca: potente, fruta madura, especiado, taninos maduros.

DO Ca. RIOJA / D.O.P.

DO Ca. RIOJA / D.O.P.

Polus 2020 T C
tempranillo

88   9,25€

Confitado, tostado, potente.

Polus Viura 2023 B
100% viura

88 ★★★★   6,05€

Frutal, hierbas secas, sencillo, correcto.

BODEGAS LÓPEZ ORIA

Ctra. Elvillar, s/n
01300 Laguardia (Araba/Álava)
☎: +34 649 628 420
info@bodegaslopezoria.com
www.bodegaslopezoria.com

Pola 2020 T C
tempranillo

89 ★★★★   9€

Maduro, sabroso, amable, agradable, especiado.

Pola 2023 T MC
tempranillo, viura

87 ★★★★   6€

Pola Antonio López 2020 T
tempranillo

92   25€

Color: Cereza. Aroma: complejo, expresivo, especiado, varietal. Boca: lleno, largo, persistente, jugoso, frutoso.

Pola Antonio López 2022 B FB
viura

90   15€

Color: amarillo brillante. Aroma: fruta madura, especiado, caramelo tostado. Boca: graso, largo, tostado, fino amargor.

Pola Valecilla 2022 T
graciano, tempranillo

89   15€

Confitado, correcto, herbal, maduro, sabroso.

BODEGAS LOZANO

Avda. Reyes Católicos, 156
02600 Villarrobledo (Albacete)
☎: +34 651 453 747
info@bodegas-lozano.com
www.bodegas-lozano.com

Marqués de Vinuesa 2020 T C
tempranillo

89

Especiado, maduro, sabroso, frutal, potente, tostado.

BODEGAS LUIS ALEGRE

Ctra. Navaridas, s/n
01300 Laguardia (Araba/Álava)
☎: +34 945 600 089
contacto@murielwines.com
www.luisalegre.com

Luis Alegre 2021 T C
tempranillo

89 ★★★   9,95€

Equilibrado, especiado, hierbas secas, maduro, tostado.

**Luis Alegre
Finca la Reñana 2019 B FB**
viura, malvasía

92   30€

Oxidativo. Color: pajizo. Aroma: hierbas secas, flores marchitas, fruta de hueso, especias dulces. Boca: potente, fruta madura, equilibrado.

**Luis Alegre Finca
La Reñana Selección Especial 2019 T R**
tempranillo, maturana

93   35€

Color: cereza intenso. Aroma: fruta madura, hierbas secas, roble cremoso, fruta negra, tostado. Boca: fruta madura, especiado, taninos maduros.

**Luis Alegre
Parcela Nº 5 2019 T R**
tempranillo

91   16,95€

Color: cereza brillante. Aroma: especias dulces, fruta madura, chocolate. Boca: frutoso, especiado, taninos maduros, fácil de beber.

**Luis Alegre
Viura sobre Lías 2022 B**

89

Cítrico, especiado, notas de levadura, sabroso.

BODEGAS LUIS CAÑAS

Ctra. Samaniego, 10
01307 Villabuena de Álava (Araba/Álava)
☎: +34 945 623 373
bodegas@luiscanas.com
www.luiscanas.com

Luis Cañas 2021 T C
95% tempranillo, 5% garnacha, graciano, rojal, viura

91 ★★★★★   10,8€

Con tipicidad, representativo. Color: cereza, borde granate. Aroma: fruta madura, hierbas secas, especias dulces. Boca: fruta madura, especiado, taninos maduros.

Luis Cañas Selección de Familia 2019 T R
85% tempranillo, 15% otras
93 22,6€
Corpulento, cremoso. Aroma: fruta madura, especiado, hierbas secas, expresivo, roble cremoso. Boca: sabroso, lleno.

El Palacio 2019 T
tempranillo, graciano, viura
94 51,7€
Color: cereza brillante. Aroma: fruta fresca, balsámico, hierbas silvestres, equilibrado, expresivo. Boca: buena acidez, especiado, fácil de beber, largo.

Luis Cañas 2018 T R
95% tempranillo, 5% graciano
91 16,2€
Color: Cereza, borde granate. Aroma: fruta madura, hierbas de monte, especias dulces, equilibrado. Boca: especiado, taninos maduros, largo.

Luis Cañas Viñas Viejas 2022 B
90% viura, 10% rojal
92 ★★★★★ 12,85€
Color: pajizo. Aroma: fruta madura, hierbas secas, flores marchitas, especiado. Boca: fruta madura, equilibrado, frutoso, muy vivo, especiado.

Poyotos 2020 T
tempranillo, garnacha, graciano, otras
94 63€
Corpulento, especiado, exuberante. Aroma: fruta negra, fruta roja, roble cremoso. Boca: sabroso, largo, jugoso, frutoso, taninos maduros.

BODEGAS LUIS GURPEGUI MUGA
Avda. Celso Muerza, 8
31570 San Adrián (Navarra)
☎: +34 948 692 500
info@manzanos.com
www.luisgurpeguimuga.com

Barón de Urzande 2019 T R
89
Tostado, maduro, sabroso, jugoso.

Barón de Urzande 2021 T C
88
Tostado, maduro, clásico, especiado.

Barón de Urzande 2023 RD
87

Barón de Urzande 2023 T
87

BODEGAS MANZANOS
Calle Prim, 11 Bajo
26200 Haro (La Rioja)
☎: +34 941 618 761
haro@manzanos.com
www.bodegasmanzanos.com

1890 Manzanos Selección Especial 2022 T
92
Color: Cereza. Aroma: balsámico, especias dulces, hierbas de monte. Boca: especiado, jugoso, sabroso.

1890 Manzanos Viñedo Singular 2022 T
garnacha
91 75€
Color: cereza, borde violáceo. Aroma: expresión frutal, fruta roja, floral, especiado, especias dulces. Boca: sabroso, frutoso, buena acidez.

Gonzalo de Berceo 2011 T GR
tempranillo, garnacha, graciano
91 24€
Clásico, algo apagado. Color: cereza oscuro, borde granate. Aroma: fruta madura, ebanistería, tabaco, especias dulces. Boca: especiado, taninos maduros, largo.

Siglo Saco Tempranillo C.V.C T
tempranillo
88 10€
Amable, maduro, herbal, jugoso, correcto.

Siglo Selección 2021 T C
89
Amable, clásico, correcto, especiado, maduro, persistente, suave.

DO Ca. RIOJA / D.O.P.

BODEGAS MARQUÉS DE CÁCERES

Avda. de Fuenmayor, 11
26350 Cenicero (La Rioja)
☎: +34 941 454 000
comunicacion@marquesdecaceres.com
www.bodegasmarquesdecaceres.com

Gaudium 2020 T R
tempranillo

93   50€

Color: cereza muy intenso. Aroma: muy tostado (torrefactado), café aromático, potente, chocolate. Boca: retronasal ahumado, persistente, taninos maduros.

Marqués de Cáceres 2018 T GR
tempranillo

93   23€

Color: cereza intenso, borde granate. Aroma: ebanistería, fruta madura, cacao fino, habano, tostado. Boca: sabroso, especiado, tostado, taninos potentes.

Marqués de Cáceres 2018 T R
tempranillo, otras

91

Color: cereza intenso. Aroma: fruta madura, hierbas secas, roble cremoso, fina reducción. Boca: fruta madura, especiado, taninos maduros.

Marqués de Cáceres 2019 T R
tempranillo

91 ★★★   14,5€

Color: cereza oscuro, borde granate. Aroma: fruta confitada, ebanistería, tabaco, especias dulces. Boca: especiado, taninos maduros, largo.

Marqués de Cáceres Excellens Cuvee Especial 2020 T C
tempranillo

90 ★★★★   11€

Color: cereza brillante. Aroma: hierbas secas, roble cremoso, fruta negra, fruta madura. Boca: potente, fruta madura, especiado, taninos maduros.

Marqués de Cáceres Generación MC 2021 T
tempranillo

91   37€

Color: cereza intenso. Aroma: fruta madura, hierbas secas, roble cremoso. Boca: fruta madura, especiado, taninos maduros, sabroso.

Marqués de Cáceres Maturana 2021 T
maturana

91   37€

Color: Cereza. Aroma: madera marcada, muy tostado (torrefactado). Boca: potente, sabroso, frutoso, lleno, taninos maduros.

Marqués de Cáceres Selección Especial 2020 T

88

Amable, suave, tostado, maduro.

BODEGAS MARQUÉS DE REINOSA

Ctra. Rincón de Soto, s/n
26560 Autol (La Rioja)
☎: +34 941 401 327
turismo@marquesdereinosa.com
www.marquesdereinosa.com

Marqués de Reinosa Private Collection Garnacha 2022 T BA
100% garnacha

89   10,8€

Equilibrado, floral, fluido, frutal, herbal.

Marqués de Reinosa Private Collection Selección Maturana 2022 T
100% maturana

90   30€

Color: cereza muy intenso. Aroma: muy tostado (torrefactado), café aromático, potente, fruta fresca. Boca: retronasal ahumado, persistente, taninos maduros.

Marqués de Reinosa Private Collection Tempranillo Blanco 2022 B
100% tempranillo blanco

89 ★★★★   9€

Frutal, herbal, maduro, sabroso.

Marqués de Reinosa Reserva Especial Garnacha 2019 T R
100% garnacha

90   17,4€

Color: cereza intenso. Aroma: hierbas secas, fruta negra, pan tostado. Boca: fruta madura, especiado, taninos maduros.

Marqués de Reinosa Reserva E special Tempranillo 2019 T R
100% tempranillo

91 17,4€
Color: cereza intenso. Aroma: hierbas secas, roble cremoso, fruta negra. Boca: fruta madura, especiado, taninos maduros.

Marqués de Reinosa Tempranillo Blanco 2023 B
100% tempranillo blanco

87 ★★★★ 5€

BODEGAS MARQUÉS DE TERÁN

Ctra. de Nájera, Km. 1
26220 Ollauri (La Rioja)
☎: +34 941 338 373
info@marquesdeteran.com
www.marquesdeteran.com

Marqués de Terán 2017 T R
tempranillo

90 ★★★ 13,9€
Color: cereza intenso. Aroma: fruta madura, hierbas secas, roble cremoso. Boca: fruta madura, especiado, taninos maduros.

Marqués de Terán 2019 T C
tempranillo

89 ★★★ 10€
Equilibrado, especiado, hierbas secas, tostado.

Marqués de Terán Selección Especial 2020 T
tempranillo

91 ★★★★ 14€
Color: cereza intenso. Aroma: hierbas secas, roble cremoso, arándano azul, especiado. Boca: potente, fruta madura, especiado, taninos maduros.

Terán Versum 2019 T
80% tempranillo, 20% graciano

92 ★★★ 16,9€
Color: cereza intenso. Aroma: fruta madura, hierbas secas, roble cremoso, fruta negra. Boca: potente, fruta madura, especiado, taninos maduros.

BODEGAS MARQUÉS DEL ATRIO

Ctra. de Logroño NA-134, km. 86,200.
31587 Mendavia (Navarra)
☎: +34 948 379 994
visitas@marquesdelatrio.com
www.marquesdelatrio.com

2 Cepas Marqués del Atrio 2020 B BA
viura, tempranillo

92 19€
Color: amarillo brillante. Aroma: roble cremoso, fruta madura, especiado, fósforo. Boca: estructurado, largo, tostado, fino amargor.

Marqués del Atrio 2019 T R
91 ★★★★★ 10€
Color: cereza oscuro, borde granate. Aroma: fruta madura, fruta confitada, ebanistería, tabaco, especias dulces. Boca: especiado, taninos maduros, largo.

Marqués del Atrio 2020 T C
90 ★★★★★ 8,5€
Color: cereza intenso. Aroma: fruta madura, hierbas secas, roble cremoso, tostado. Boca: fruta madura, especiado, taninos maduros.

Marqués del Atrio 2023 B
60% viura, 20% verdejo, 20% sauvignon blanc

89 ★★★★ 5€
Color: pajizo. Aroma: expresivo, flores blancas, jazmín, hierbas secas. Boca: sabroso, frutoso, equilibrado.

Marqués del Atrio 2023 RD
90 ★★★★★ 5€
Color: rosáceo pálido. Aroma: fruta roja, floral, hierbas de tocador. Boca: especiado, buena acidez, fino amargor.

Marqués del Atrio 2023 T
tempranillo

88 ★★★★ 5€
Agradable, frutal, jugoso, sabroso.

Marqués del Atrio Edición Limitada 2020 T
91 19€
Color: cereza intenso. Aroma: fruta madura, hierbas secas, roble cremoso, tostado. Boca: fruta madura, especiado, taninos maduros.

Marqués del Atrio Gran Selección CVC T
tempranillo, graciano

88 ★★★★ 6,5€
Agradable, muy tostado (torrefactado), sabroso.

DO Ca. RIOJA / D.O.P.

BODEGAS MARTÍNEZ LACUESTA

Paraje de Ubieta, s/n
26200 Haro (La Rioja)
☎: +34 941 310 050
info@martinezlacuesta.com
www.martinezlacuesta.com

Campeador 2019 T
tempranillo, garnacha

90   22€

Color: cereza intenso. Aroma: fruta madura, hierbas secas, roble cremoso, hierbas silvestres. Boca: fruta madura, especiado, frutoso, confitado, taninos secos pero maduros.

Campeador 2021 B
viura

93   22€

Color: amarillo brillante. Aroma: roble cremoso, fruta madura, especiado, fruta de hueso. Boca: estructurado, largo, tostado, fino amargor.

Campeador Garnacha 2023 T
garnacha

93   22€

Color: cereza, borde violáceo. Aroma: expresión frutal, fruta roja, floral, especias dulces, tostado. Boca: sabroso, frutoso, buena acidez.

Lacuesta Selecto 2022 T C
tempranillo

90 ★★★★★   9,5€

Color: cereza intenso. Aroma: hierbas secas, roble cremoso, fruta madura, fruta roja. Boca: fruta madura, especiado, taninos maduros.

Martínez Lacuesta Hinia 2020 B R
viura

94   45€

Color: amarillo brillante. Aroma: complejo, con carácter, fruta de hueso, fruta escarchada, cera. Boca: sabroso, fruta madura, graso, buena acidez.

🏆 PODIO

Martínez Lacuesta Colección Familia 2012 T GR
tempranillo, graciano, mazuelo

95   40€

Exuberante. Color: cereza, borde granate. Aroma: complejo, fruta madura, especiado, fina reducción. Boca: sabroso, taninos maduros, equilibrado, persistente.

Martínez Lacuesta Hinia 2014 T R
85% tempranillo, 10% graciano, 5% mazuelo

94   25€

Color: cereza, borde granate. Aroma: equilibrado, complejo, fruta madura, especiado, fina reducción. Boca: sabroso, taninos maduros, equilibrado, persistente.

Martínez Lacuesta La Sucursal 2022 T BA
tempranillo

93   40€

Color: cereza brillante. Aroma: complejo, expresivo, especiado, mineral, fruta negra, fruta madura, arándano azúl. Boca: lleno, sabroso, taninos maduros.

BODEGAS MASET RIOJA

Avda. Costa del Vino, 1
26200 Haro (La Rioja)
☎: +34 900 200 250
info@maset.com
www.maset.com/rioja

Maset Tempranillo 2018 T R
tempranillo

87   16,6€

Maset Tempranillo 2021 T C
tempranillo

88   9,9€

Cremoso, madera marcada, corpulento, láctico, confitado.

BODEGAS MAZUELA

Ctra. Elciego km 0,1
26350 Cenicero (La Rioja)
☎: +34 607 548 054
manuel@bodegasmazuela.com
www.bodegasmazuela.com

Corazón Indomable 2023 T MC
100% tempranillo

88 ★★★　　　　　　　　　9€

Equilibrado, especiado, hierbas secas, sabroso, maduro.

La Hoya de Mazuela 2018 T R
100% tempranillo

91　　　　　　　　　　　30€

Corpulento, cremoso, madera marcada. Color: cereza oscuro. Aroma: fruta negra, tabaco. Boca: sabroso, taninos maduros.

Liante 2022 T RB
100% tempranillo

89 ★★★　　　　　　　　10€

Frutal, maduro, hierbas secas, sabroso.

Stelvio 2020 T C
100% tempranillo

88　　　　　　　　　　　15€

Frutal, tostado, muy tostado (torrefactado), confitado.

Stelvio Blanco 2023 B
70% malvasía, 30% sauvignon blanc

89 ★★★★　　　　　　　　8€

Aromático, sencillo, suave.

Todo va a Salir Bien 2023 RD FB
100% tempranillo

88　　　　　　　　　　　17€

Frutal, goloso, maduro, sencillo.

BODEGAS MEDRANO IRAZU

San Pedro, 14
01309 Elvillar (Araba/Álava)
☎: +34 945 604 066
info@medranoirazu.com
www.medranoirazu.com

Amador Medrano Colección Privada "Finca las Aguzaderas" 2019 T
tempranillo

92　　　　　　　　　　　30€

Color: cereza oscuro. Aroma: tostado, especiado, cacao fino, notas cárnicas, fruta negra. Boca: sabroso, tostado, fino amargor.

Amador Medrano Parcela 14.8 2019 T FB
tempranillo

93　　　　　　　　　　　123€

Color: cereza oscuro, borde granate. Aroma: fruta madura, ebanistería, tabaco, especias dulces, fruta negra. Boca: especiado, taninos maduros, largo.

Amador Medrano Terra 2021 T FB
tempranillo

92 ★★★★★　　　　　　14€

Color: cereza intenso. Aroma: hierbas secas, roble cremoso, fruta negra, fruta madura, especiado. Boca: fruta madura, especiado, taninos maduros.

Amador Medrano Graciano "Finca Valdegamarra" 2021 T
graciano

91 ★★★★★　　　　　　12€

Color: cereza oscuro. Aroma: tostado, especiado, cacao fino. Boca: sabroso, tostado, fino amargor.

Amador Medrano Los Sotillos 2021 T
tempranillo

92　　　　　　　　　　　45€

Color: cereza, borde violáceo. Aroma: floral, especiado, fruta negra, fruta madura, terroso. Boca: sabroso, frutoso, buena acidez, largo.

Amador Medrano Tempranillo Blanco "Fincas Valdegamarra" 2022 B FB
tempranillo blanco

92 ★★★　　　　　　　　18€

Color: pajizo brillante. Aroma: expresión frutal, fruta madura, floral, mineral. Boca: sabroso, fresco, buena acidez, retronasal afrutado.

DO Ca. RIOJA / D.O.P.

BODEGAS MONTEALTO

Las Piscinas, 30
01307 Baños de Ebro (Araba/Álava)
☎: +34 609 353 523
info@grupomeddis.com

Robatie 2021 T C
tempranillo

88 9,9€

Amable, frutal, jugoso, sencillo, especiado.

Robatie Conis 2021 T C
100% tempranillo

92 35€

Color: cereza, borde granate. Aroma: potente, fruta madura, roble cremoso, expresivo, café aromático. Boca: sabroso, largo, taninos maduros.

Robatie Vendimia Seleccionada 2016 T
100% tempranillo

91 35€

Color: cereza, borde granate. Aroma: fruta confitada, potente, cacao fino, especias dulces. Boca: sabroso, largo, fruta madura, tostado.

BODEGAS MONTECILLO

Ctra. Fuenmayor, Km. 3
26370 Navarrete (La Rioja)
☎: +34 941 440 125
info@bodegasmontecillo.com
www.bodegasmontecillo.com

Montecillo 2017 T GR
90% tempranillo, 10% graciano

91 21,9€

Maduro, sabroso, clásico. Color: cereza oscuro. Aroma: fruta madura, ebanistería, tabaco, especias dulces. Boca: especiado, taninos maduros, fácil de beber.

Montecillo 2017 T R

91

Color: cereza oscuro, borde granate. Aroma: fruta madura, ebanistería, tabaco, especias dulces. Boca: especiado, taninos maduros, largo.

Montecillo 2019 T R

90

Color: cereza oscuro. Aroma: fruta madura, especiado. Boca: sabroso, jugoso, taninos maduros.

Montecillo 2020 T C
88% tempranillo, 12% garnacha

88 ★★★ 8,9€

Aromático, correcto, maduro, suave.

**Montecillo
Edición Limitada 2022 B FB**

88 17,9€

Aromas nítidos, amable, sabroso.

Viña Cumbrero 2015 T R
100% tempranillo

89

Agradable, clásico, tostado, suave.

Viña Cumbrero 2019 T C

87

Viña Monty Garnacha 2016 T
100% garnacha

91 39,9€

Color: cereza, borde granate. Aroma: balsámico, fruta madura, hierbas de monte, fina reducción. Boca: sabroso, balsámico, especiado.

Viña Monty Viura 2018 B R
100% viura

91 39,9€

Color: pajizo brillante. Aroma: fruta madura, hierbas de tocador, lías finas. Boca: lleno, graso, buena acidez.

BODEGAS MUGA

Avda. Vizcaya, s/n
26200 Haro (La Rioja)
☎: +34 681 236 390
miguel@bodegasmuga.com
www.bodegasmuga.com

🏆 **PODIO**

Aro 2021 T
75% tempranillo, 25% graciano

96 280€

Diferente, austero, complejo, elegante. Aroma: hierbas silvestres, fruta madura, franco, complejo, expresivo especiado, roble cremoso. Boca: sabroso, jugoso, elegante, largo, mineral, pulido, muy vivo.

El Andén 2021 T

89 12€

Herbal, maduro, confitado, especiado, sabroso, sencillo, correcto.

Flor de Muga 2021 B R
viura, garnacha blanca, maturana blanca

93 36€

Con potencial. Color: amarillo brillante. Aroma: fruta madura, especiado, complejo, fósforo, pan tostado. Boca: largo, tostado, fino amargor, muy vivo, sabroso.

**Flor
de Muga Rosé 2023 RD**
garnacha

90 21€

Aromas nítidos. Color: rosáceo pálido. Aroma: fruta fresca, floral, equilibrado. Boca: fluido, frutoso, muy vivo, fresco, equilibrado, fino amargor.

Muga 2021 T C
tempranillo, garnacha, mazuelo, graciano

92   18,6€

Complejo, con potencial, equilibrado. Color: cereza, borde granate. Aroma: fruta madura, roble cremoso, expresivo, franco. Boca: potente, fruta madura, especiado, taninos maduros.

Muga 2023 B
viura, garnacha blanca, malvasía

90 ★★★★   11€

Frutal. Color: pajizo brillante. Aroma: fruta madura, fruta blanca, especiado, equilibrado, franco. Boca: sabroso, retronasal afrutado, graso.

Muga 2023 RD
65% garnacha, 35% viura

89 ★★★   9,3€

Correcto, frutal, suave, muy primario, fresco. Boca: fino amargor, fácil de beber, cierta persistencia.

Muga Selección Especial 2020 T R
tempranillo, garnacha, graciano, mazuelo

94   32€

Con tensión, equilibrado, jugoso, lleno, complejo. Aroma: expresivo, equilibrado, roble cremoso, fruta roja, fruta madura, balsámico. Boca: sabroso, muy vivo, redondo, fino amargor, con tensión.

🏆 **PODIO**

Torre Muga 2020 T
tempranillo, mazuelo, graciano

95   76,25€

Potente, por hacer. Color: cereza oscuro. Aroma: tostado, especiado, cacao fino, fruta negra, fruta madura. Boca: sabroso, tostado, fino amargor, taninos maduros.

BODEGAS MURIEL
Ctra. de Laguardia, s/n
01340 Elciego (Araba/Álava)
☎: +34 945 606 268
contacto@murielwines.com
www.bodegasmuriel.com

Muriel 2015 T GR
tempranillo

92 ★★★★   15,95€

Color: cereza oscuro, borde granate. Aroma: fruta confitada, ebanistería, tabaco, especias dulces. Boca: especiado, taninos maduros, equilibrado.

Muriel Finca de la Villa 2021 T C
tempranillo

89 ★★★★   8,5€

Aromas nítidos, amable, especiado, frutal, sabroso, equilibrado.

Muriel Finca de la Villa 2023 B
viura

88 ★★★★   6,95€

Cítrico, fresco, herbal, amable.

Muriel Finca de la Villa 2023 RD

88 ★★★★   6,95€

Frutal, fresco, herbal, lleno, maduro, sabroso.

Viña Muriel 2020 B R
tempranillo blanco, viura

91   17,95€

Color: amarillo brillante. Aroma: roble cremoso, fruta madura, especiado, café aromático. Boca: graso, estructurado, tostado, fino amargor.

BODEGAS MURO
Avda. Gasteiz, 29
01306 Lapuebla de Labarca (Araba/Álava)
☎: +34 627 434 726
info@bodegasmuro.es
www.bodegasmuro.es

Amenital 2020 T BA
80% tempranillo, 20% graciano

91   18€

Color: cereza intenso. Aroma: hierbas secas, roble cremoso, fruta negra. Boca: potente, fruta madura, especiado, taninos maduros.

Apolinar´s Dream 2021 T BA
90% tempranillo, 5% maturana, 5% graciano

93   25€

Aromas nítidos, con tensión, equilibrado. Color: Cereza. Aroma: complejo, expresivo, especiado, mineral. Boca: elegante, lleno, largo, persistente.

Majada de Reyes 2022 T
100% garnacha

93   45€

Aromas nítidos, frutal, jugoso, muy vivo. Aroma: hierbas silvestres, flores secas. Boca: jugoso, varietal, fino amargor, equilibrado.

Muro 2018 T R
90% tempranillo, 10% graciano

91 ★★★   16€

Color: cereza intenso, borde violáceo. Aroma: fruta madura, hierbas secas, expresión frutal, especiado, tostado. Boca: fruta madura, especiado, taninos maduros, muy vivo, equilibrado.

Muro Viura Madurado 2022 B
100% viura

89 ★★★   10€

Amable, maduro, frutal, sabroso, equilibrado, correcto.

DO Ca. RIOJA / D.O.P.

Retorno a los Palomares 2021 T BA
tempranillo, graciano

92 20€

Color: Cereza. Aroma: hierbas de monte, fruta madura, hierbas secas, especias dulces, chocolate. Boca: especiado, balsámico, sabroso.

BODEGAS MURUA
Ctra. Laguardia s/n
01340 Elciego (Araba/Álava)
☎: +34 945 606 260
info@bodegasmurua.masaveu.com
www.bodegasmurua.com

M de Murua 2020 T
100% tempranillo

91 39€

Color: cereza intenso. Aroma: hierbas secas, roble cremoso, fruta madura, fruta roja, fruta negra. Boca: potente, fruta madura, especiado, taninos maduros.

Murua Blanco Fermentado en Barrica 2022 B FB
70% viura, 17% malvasía, 13% garnacha blanca

89 17,8€

Madera marcada, ahumado, maduro, sabroso.

Murua Reserva 2016 T R
92% tempranillo, 8% graciano, mazuelo

91 17,75€

Color: cereza intenso. Aroma: hierbas verdes, especiado, fruta negra, pan tostado. Boca: fruta madura, especiado, taninos maduros.

Veguín de Murua 2015 T GR
92% tempranillo, 8% graciano

93 52€

Clásico. Color: cereza intenso, borde granate. Aroma: ebanistería, fruta madura, cacao fino, habano, tostado. Boca: sabroso, especiado, tostado.

VS Murua 2021 T
87% tempranillo, 10% mazuelo, 3% otras

92 ★★★★ 15,6€

Color: cereza intenso. Aroma: fruta madura, hierbas secas, roble cremoso, hierbas de monte. Boca: fruta madura, especiado, taninos maduros.

BODEGAS NIVARIUS
Ctra. de Nalda a Viguera, 46
26190 Nalda (La Rioja)
☎: +34 941 802 943
info@palaciosvinosdefinca.com
www.palaciosvinosdefinca.com

Lía by Nivarius 2017 BE R
viura, garnacha blanca, maturana blanca

91 40€

Color: amarillo brillante. Aroma: lías finas, equilibrado, hierbas secas, fruta blanca. Boca: buena acidez, sabroso, fruta madura.

Nivarius 2016 B R
viura

93 55€

Clásico. Color: amarillo brillante. Aroma: roble cremoso, fruta madura, especiado. Boca: graso, estructurado, largo, tostado, fino amargor.

Nivarius Edición Limitada 2020 B
70% viura, 30% maturana blanca

94 ★★★★ 19€

Color: pajizo. Aroma: expresivo, flores blancas, jazmín, hierbas secas, lácticos. Boca: sabroso, frutoso, equilibrado, lleno, especiado.

🏆 **PODIO**

Nivarius Finca La Nevera 2019 B
maturana blanca

96 ★★★ 31€

Color: pajizo brillante. Aroma: fruta madura, fruta blanca, hierbas secas, jazmín, flores blancas, expresivo, varietal, especiado. Boca: fresco, frutoso, muy vivo, sabroso, persistente, retronasal ahumado, taninos suaves.

Nivarius Tempranillo Blanco 2023 B
tempranillo blanco

92 ★★★★★ 10€

Color: pajizo brillante. Aroma: fruta madura, hierbas secas, flores marchitas, especias dulces. Boca: potente, fruta madura, equilibrado.

🏆 **PODIO**

Nivarius Valdesabril 2021 B
viura

95 51€

Color: pajizo brillante. Aroma: expresión frutal, fruta blanca, hierbas secas, flores secas. Boca: fresco, frutoso, equilibrado, persistente, muy vivo, elegante.

BODEGAS ÓBALO

Ctra. N-232 A, Km. 26
26339 Ábalos (La Rioja)
☎: +34 941 744 056
ahalliwell@terraselecta.com
www.bodegaobalo.com

Óbalo Blanco 2022 B
56% chardonnay, 44% viura

91 ★★★　　　　　　　　　　14,1€

Color: pajizo brillante. Aroma: expresión frutal, fruta madura, floral. Boca: sabroso, fresco, buena acidez, retronasal afrutado.

Óbalo San Roque 2022 T
100% tempranillo

89 ★★★　　　　　　　　　　9,1€

Frutal, especiado, tostado, maduro.

Óbalo 2023 RD
100% tempranillo

91 ★★★★★　　　　　　　　9,4€

Color: rosáceo pálido. Aroma: fruta roja, floral, hierbas de tocador. Boca: especiado, buena acidez, fino amargor.

BODEGAS OLARRA

Avda. de Mendavia, 30
26009 Logroño (La Rioja)
☎: +34 941 235 299
bodegasolarra@bodegasolarra.es
www.bodegasolarra.es

Otoñal 2019 T R
89

Ahumado, clásico, tostado, suave.

Otoñal 2020 T C
87

Otoñal 2021 T C
87

BODEGAS OLLAURI - CONDE DE LOS ANDES

Sol de la Cabra, s/n
26220 Ollauri (La Rioja)
☎: +34 941 338 380
enoturismo@murielwines.com
www.bodegasollauri.com

Conde de los Andes 2019 B

91　　　　　　　　　　　　30€

Color: pajizo brillante. Aroma: fruta madura, hierbas de tocador, lías finas, hierbas silvestres. Boca: lleno, graso, buena acidez, sabroso.

Condes de los Andes 2017 T
100% tempranillo

92　　　　　　　　　　　　30€

Color: cereza intenso. Aroma: fruta madura, hierbas secas, roble cremoso, especiado, madera de cedro, café aromático. Boca: potente, fruta madura, especiado, taninos maduros, sabroso.

BODEGAS ORBEN

Ctra. Laguardia, Km. 60
01300 Laguardia (Araba/Álava)
☎: +34 945 609 086
izadi@izadi.com
www.artevino.es/bodegas/orben

Orben 2022 T

94　　　　　　　　　　　　28€

Color: cereza, borde violáceo. Aroma: fruta roja, floral, especiado, fruta madura. Boca: sabroso, frutoso, buena acidez, largo.

Malpuesto 2022 T
95

Aromas nítidos, potente. Color: cereza. Aroma: Complejo, expresivo, especiado, mineral. Boca: lleno, largo, persistente, taninos rugosos.

DO Ca. RIOJA / D.O.P.

DO Ca. RIOJA / D.O.P.

BODEGAS ORUBE
Camino de la Hoya, s/n
01300 Laguardia (Araba/Álava)
☎: +34 945 600 113
solarviejo@solarviejo.com
https://ferrerwines.com/es/orube

Orube 2019 T R
tempranillo, graciano

90   17€

Color: cereza intenso. Aroma: hierbas secas, roble cremoso, coco, fruta roja, fruta negra. Boca: fruta madura, especiado, taninos maduros.

Orube 2020 T C
tempranillo, garnacha, graciano

89 ★★★   9,5€

Corpulento, equilibrado, especiado, hierbas secas.

Orube 2022 B FB
viura, tempranillo blanco, chardonnay

88   9,5€

Frutal, sabroso, suave.

Orube Garnacha 2021 T
100% garnacha

88   9,5€

Fresco, fluido, frutal, especiado.

Orube Selección de Familia 2020 T C
100% tempranillo

91   25€

Color: cereza intenso. Aroma: hierbas secas, roble cremoso, fruta negra. Boca: potente, fruta madura, especiado, taninos maduros.

BODEGAS PALACIOS REMONDO
Avda. Zaragoza, 8
26540 Alfaro (La Rioja)
☎: +34 941 180 207
info@palaciosremondo.com
www.alvaropalacios.com

Finca La Montesa
Viñedo Esencial 2020 T C
91% garnacha, 9% otras

92 🌿

Color: Cereza. Aroma: balsámico, especias dulces, hierbas de monte, fruta roja, fruta madura. Boca: especiado, balsámico, buena acidez.

Finca La Montesa
Viñedo Esencial 2021 T C
91% garnacha, 9% otras

92 🌿

Amable, suave. Aroma: fruta madura, cacao fino, chocolate. Boca: buena acidez, equilibrado, fácil de beber.

Propiedad 2021 T
garnacha

93 🌿

Fresco, varietal. Color: Cereza. Aroma: balsámico, hierbas de monte. Boca: especiado, buena acidez, con tensión, jugoso, largo.

BODEGAS PERICA
Avda. de la Rioja, 59
26340 San Asensio (La Rioja)
☎: +34 941 457 152
www.bodegasperica.com

David Perica
Selección Familiar 2018 T
75% tempranillo, 25% maturana

91   21€

Color: cereza intenso. Aroma: fruta madura, hierbas secas, roble cremoso, hierbas verdes, especiado. Boca: fruta madura, especiado, taninos maduros, frutoso cierta persistencia.

Finca Valdelascarretas 2020 B R
100% viura

90   30€

Correcto, madera marcada. Color: amarillo brillante. Aroma: pan tostado, fruta madura. Boca: redondo, graso, sabroso.

Olagosa 2023 B
100% viura

90 ★★★★★   9,5€

Tropical, tostado. Aroma: fruta de hueso, fruta madura. Boca: frutoso, fácil de beber, amargoso.

Perica
Viña Olagosa 2012 T GR
80% tempranillo, 10% garnacha, 10% mazuelo

92   19,5€

Color: cereza, borde granate. Aroma: fruta negra, especiado, ahumado, cuero mojado. Boca: sabroso, frutoso, equilibrado, cierta persistencia, taninos maduros.

Perica
Viña Olagosa 2014 T R
80% tempranillo, 10% garnacha, 10% mazuelo

89   16€

Frutal, especiado, hierbas secas, sabroso, maduro.

Perica
Viña Olagosa 2020 T C
80% tempranillo, 10% garnacha, 10% mazuelo

88   9,2€

Frutal, especiado, tostado, sencillo.

BODEGAS PROELIO

Camino Nalda a Viguera, 46
26190 Nalda (La Rioja)
☎: +34 941 447 207
info@palaciosvinosdefinca.com
www.palaciosvinosdefinca.com

Proelio 2016 T GR
tempranillo

94   60€

Color: cereza brillante, borde granate. Aroma: especiado, fina reducción, hierbas silvestres, notas cárnicas, fruta negra, fruta roja. Boca: fresco, equilibrado, buena acidez, taninos finos.

Proelio 2021 T C
tempranillo, garnacha

93 ★★★★   18€

Color: cereza, borde violáceo. Aroma: expresión frutal, fruta roja, especiado, pan tostado. Boca: sabroso, frutoso, buena acidez, con tensión.

🏆 PODIO

Proelio La Canal del Rojo 2020 T
garnacha

95   59€

Color: cereza, borde violáceo. Aroma: expresión frutal, fruta roja, floral, especiado. Boca: sabroso, frutoso, buena acidez, largo.

🏆 PODIO

Proelio Puerto Rubio 2020 T
tempranillo

95   59€

Color: Cereza. Aroma: expresivo, especiado, hierbas de monte. Boca: elegante, lleno, largo, persistente.

Proelio Vendimia Seleccionada 2020 T R
tempranillo, garnacha, graciano

93   28€

Con tensión. Color: cereza, borde violáceo. Aroma: floral, especiado, cacao fino, fruta roja, fruta negra, tabaco. Boca: sabroso, frutoso, buena acidez, largo.

Proelio Viñedos Viejos 2020 T
garnacha

93   21€

Color: cereza, borde violáceo. Aroma: expresión frutal, fruta roja, floral, especiado, ahumado. Boca: sabroso, frutoso, buena acidez, largo.

BODEGAS RAMÍREZ DE LA PISCINA

Ctra. Vitoria Laguardia s/n
26338 San Vicente de la Sonsierra (La Rioja)
☎: +34 941 334 505
sonia@ramirezdelapiscina.com
www.ramirezdelapiscina.com

Ramírez de la Piscina 2019 T R
100% tempranillo

90 ★★★   14€

Color: Cereza. Aroma: fruta madura, hierbas secas, pan tostado. Boca: fruta madura, fino amargor.

Ramírez de la Piscina 2022 B
80% viura, 20% chardonnay

89   12,5€

Frutal, especiado, tostado, maduro, goloso.

Ramírez de la Piscina 2023 B
80% viura, 20% chardonnay

88 ★★★★   8€

Frutal, cítrico, sencillo, correcto, herbal.

Selección Ramírez de la Piscina 2020 T R
100% tempranillo

91   17€

Color: cereza oscuro. Aroma: tostado, especiado, cacao fino, ahumado. Boca: sabroso, tostado, fino amargor.

DO Ca. RIOJA / D.O.P.

BODEGAS RIOJANAS

Avda. Ricardo Ruiz Azcarraga, 1
26350 Cenicero (La Rioja)
☎: +34 941 454 050
bodega@bodegasriojanas.com
www.bodegasriojanas.com

Monte Real 2017 T GR
100% tempranillo

92   24€

Color: cereza oscuro, borde granate. Aroma: fruta confitada, ebanistería, tabaco, especias dulces, chocolate. Boca: especiado, taninos maduros, largo.

Monte Real Cepas Viejas 2022 T
tempranillo

90   16€

Color: cereza brillante. Aroma: expresión frutal, fruta roja, floral, especiado. Boca: sabroso, frutoso, buena acidez, largo.

Monte Real Colección Larredant 2020 B
tempranillo blanco

92

Clásico, maduro. Color: amarillo brillante. Aroma: flores secas, fruta escarchada, lías finas, pastelería. Boca: redondo, especiado, largo, persistente.

Monte Real Cuvée 2022 T C
67% tempranillo, 33% graciano

92 ★★★★   16€

Color: cereza intenso. Aroma: fruta madura, hierbas secas, roble cremoso, balsámico. Boca: potente, fruta madura, especiado, taninos maduros.

Monte Real Garnacha 2022 T
100% garnacha

92 ★★★★   16€

Color: Cereza. Aroma: balsámico, especias dulces, fruta roja, hierbas de tocador. Boca: especiado, balsámico, buena acidez.

Monte Real Reserva de Familia 2021 T R
100% tempranillo

91 ★★★   16€

Color: cereza intenso, borde granate. Aroma: ebanistería, cacao fino, habano, tostado, fruta al licor. Boca: sabroso, especiado, tostado, taninos potentes.

Monte Real Tempranillo Blanco 2022 B
100% tempranillo blanco

90   16€

Cítrico. Color: amarillo. Aroma: caramelo de limón, fruta madura, franco, flores marchitas. Boca: frutoso, correcto.

Puerta Vieja 2021 T C

88

Correcto, especiado, herbal, jugoso, frutal, suave.

BODEGAS RODA

Avda. de Vizcaya, 5
26002 Haro (La Rioja)
☎: +34 941 303 001
rodarioja@roda.es
www.roda.es

Bodegas Roda Sela 2022 T
89% tempranillo, 7% garnacha, 4% graciano

91   19€

Aroma: fruta madura, fruta negra, fruta roja, hierbas silvestres, especiado. Boca: sabroso, frutoso, equilibrado, taninos secos pero maduros, algo secante.

🏆 PODIO

Cirsion 2021 T
86% tempranillo, 14% graciano

95   220€

Color: cereza intenso. Aroma: caramelo de violetas, fruta madura, fruta negra, regaliz negro, especiado. Boca: frutoso, potente, estructurado, sabroso, con tensión, equilibrado, retronasal ahumado, persistente, taninos potentes.

Roda 2021 T R
89% tempranillo, 6% garnacha, 5% graciano

93   33€

Color: cereza brillante. Aroma: fruta negra, fruta madura, especiado, cacao fino, pimienta negra, tostado. Boca: sabroso, frutoso, equilibrado, fruta madura, taninos secos pero maduros.

🏆 PODIO

Roda I 2020 T R
92% tempranillo, 8% graciano

95   60€

Color: cereza brillante, cereza intenso. Aroma: fruta madura, fruta negra, hierbas silvestres, especiado, ahumado, expresivo. Boca: frutoso, sabroso, estructurado, potente, equilibrado, con tensión, fino amargor, especiado, persistente, taninos maduros.

Roda I 2021 B
viura, garnacha blanca, malvasía

94   60€

Color: pajizo brillante. Aroma: expresivo, fruta madura, lías finas, especiado, madera marcada. Boca: lleno, complejo, largo, estructurado, jugoso, sabroso.

BODEGAS RODRÍGUEZ Y SANZO
Avda. de Tordesillas, 5
47490 Rueda (Valladolid)
☎: +34 983 150 150
comunicacion@rodriguezysanzo.com
www.rodriguezysanzo.com

La Senoba 2018 T C
70% tempranillo, 30% graciano

91   29€

Color: cereza intenso. Aroma: fruta madura, hierbas secas, roble cremoso, hierbas silvestres. Boca: fruta madura, especiado, taninos maduros, cierta persistencia.

Lacrimus Crianza 2021 T C
tempranillo

89   10,15€

Frutal, maduro, tostado, especiado, algo secante.

BODEGAS SAN ESTEBAN
Ctra. Agoncillo s/n
26143 Murillo de Río Leza (La Rioja)
☎: +34 941 432 031
gerencia@bodegassanesteban.com
www.bodegassanesteban.com

Kairos de San Esteban 2019 T
100% tempranillo

92 ★★★★   12,95€

Aromas nítidos, flores secas. Aroma: expresión frutal, especiado. Boca: jugoso, muy vivo, varietal, fruta madura.

Tierras de Murillo 2019 B FB
100% viura

90 ★★★★   11,95€

Amaderado. Color: amarillo. Aroma: pan tostado, muy tostado (torrefactado). Boca: fácil de beber, especiado.

Tierras de Murillo 2019 T C
99% tempranillo, 1% otras

87 ★★★★   4,95€

Tierras de Murillo 2023 B
71% viura, 29% tempranillo blanco

88 ★★★★   3,65€

Aromático, sabroso, suave.

Tierras de Murillo 2023 RD
100% tempranillo

87 ★★★★   3,55€

Tierras de Murillo Garnacha 2021 T
100% garnacha

90 ★★★★   11,95€

Color: cereza, borde violáceo. Aroma: fruta roja, floral, especiado, varietal. Boca: sabroso, frutoso, buena acidez, fácil de beber.

BODEGAS SAN MARTÍN DE ABALOS
Camino del Prado s/n
26211 Fonzaleche (La Rioja)
☎: +34 686 942 800
bodegasanmartin@yahoo.com
www.sanmartindeabalos.com

El Chico Robusto 2022 T
100% tempranillo

91 ★★★★   12,5€

Color: cereza, borde violáceo. Aroma: fruta roja, floral, especiado, fruta negra. Boca: sabroso, frutoso, buena acidez, lleno.

La Chica Fina 2022 T
100% garnacha

90   23€

Color. Cereza. Aroma: balsámico, especias dulces, hierbas de monte, fruta roja. Boca: especiado, balsámico, buena acidez.

Las Gemelas Maravilla 2022 B
100% viura

89   10,5€

Cremoso, amaderado, especiado, lleno.

Prado de Fonzaleche 2018 T R
tempranillo

87   11€

Viña Vereda del Río 2020 T C
tempranillo

85   6,5€

BODEGAS SANTOS SODUPE ORIVE
Calle La Barrera, 3
26340 San Asensio (La Rioja)
☎: +34 651 748 939
info@bodegasantossodupe.com
www.bodegassantossodupe.com

Descuido 2023 T MC
tempranillo, garnacha

88

Amable, correcto, fluido, frutal, suave.

DO Ca. RIOJA / D.O.P.

DO Ca. RIOJA / D.O.P.

Santos Sodupe 2016 T R
tempranillo, graciano
87 .... 24,2€

Santos Sodupe 2020 T C
tempranillo, graciano, garnacha
87 .... 12,1€

Santos Sodupe Graciano 100% 2015 T C
100% graciano
88 .... 24,2€
Varietal, frutal, especiado, ahumado, sencillo.

Titis 2023 RD
garnacha
87 ★★★ .... 7,5€

Titis 2023 T
tempranillo, garnacha, graciano
87 ★★★ .... 7,5€

BODEGAS SONSIERRA
Paseo de Logroño, 3
26338 San Vicente de la Sonsierra (La Rioja)
☎: +34 941 334 031
sonsierra@sonsierra.com
www.sonsierra.com

Pagos de la Sonsierra 2015 T R
100% tempranillo
91 .... 21,9€
Color: cereza intenso, borde granate. Aroma: ebanistería, fruta madura, cacao fino, habano, tostado. Boca: sabroso, especiado, tostado.

Perfume de Sonsierra 2016 T
100% tempranillo
92 .... 31,75€
Color: cereza oscuro, borde granate. Aroma: fruta madura, ebanistería, tabaco, especias dulces, habano, chocolate. Boca: especiado, taninos maduros, largo.

Sonsierra 2015 T GR
100% tempranillo
91 .... 19,9€
Color: cereza oscuro, borde granate. Aroma: fruta madura, fruta confitada, ebanistería, tabaco, especias dulces. Boca: especiado, taninos maduros, largo.

Sonsierra 2017 T R
100% tempranillo
90 ★★★★ .... 11,85€
Especiado, ligero, maduro, tostado. Color: cereza, borde granate.

Sonsierra Tempranillo Blanco 2023 B
100% tempranillo blanco
87 ★★★★ .... 5,5€

Sonsierra Vendimia Seleccionada 2020 T C
100% tempranillo
89 .... 10,35€
Agradable, suave, sencillo, tostado.

Sonsierra Viura 2022 B FB
100% viura
88 ★★★★ .... 7,4€
Tostado, amargoso, maduro.

Viñedos de Sonsierra Duermealmas 2017 T BA
100% tempranillo
91 .... 77,52€
Color: cereza oscuro, borde granate. Aroma: fruta confitada, ebanistería, tabaco, especias dulces, chocolate. Boca: especiado, taninos maduros, largo.

Viñedos de Sonsierra El Rincón de los Galos 2018 T BA S
100% tempranillo
93 .... 74,48€
Color: cereza intenso. Aroma: hierbas secas, roble cremoso, fruta negra, fruta madura, terroso. Boca: potente, fruta madura, especiado, taninos maduros.

Viñedos de Sonsierra Viñedo de Altura 2021 T
100% tempranillo
93 .... 26€
Potente. Color: cereza brillante. Aroma: complejo, expresivo, especiado, mineral, arándano azul. Boca: lleno, largo, persistente, taninos potentes.

Viñedos de Sonsierra, Viñedo Viejo 2018 T
100% tempranillo
91 .... 28€
Color: cereza muy intenso. Aroma: muy tostado (torrefactado), café aromático, potente, fruta madura, fruta negra. Boca: retronasal ahumado, persistente, taninos maduros.

BODEGAS TARÓN
Ctra. de Miranda, s/n
26211 Tirgo (La Rioja)
☎: +34 941 301 650
info@bodegastaron.com
www.bodegastaron.com

Patiens 2017 B R
viura
91 .... 40€
Complejo, con vejez, especiado. Color: amarillo brillante. Aroma: caramelo tostado, especias dulces, notas de levadura. Boca: especiado, fruta madura, amargoso.

Tarón 2017 T R
tempranillo

90 ★★★★ 12€

Color: cereza oscuro. Aroma: fruta madura, ebanistería, especias dulces, incienso. Boca: especiado, taninos maduros, largo.

Tarón 2019 T C
tempranillo

88 9,5€

Especiado, herbal, maduro, sabroso, algo secante.

Tarón Cepas Centenarias 2020 T
tempranillo

91 26€

Color: cereza oscuro. Aroma: tostado, especiado, cacao fino, ahumado. Boca: sabroso, tostado, estructurado.

Tarón Tempranillo Blanco 2022 B C
tempranillo blanco

90 ★★★★ 11,9€

Color: amarillo brillante. Aroma: roble cremoso, fruta madura, especiado. Boca: graso, tostado.

Territorio Tarón 2017 T
100% tempranillo

91 19,9€

Ahumado, maduro. Aroma: fruta negra, roble cremoso, hierbas secas, terroso. Boca: estructurado, sabroso.

BODEGAS TIERRA
El Olmo, 16
01330 Labastida (Araba/Álava)
☎: +34 945 331 257
carlos@tierrayvino.com
www.tierrayvino.com

DO Ca. RIOJA / D.O.P.

Tierra de Marmol 2022 RD
garnacha blanca, garnacha, pinot noir, pinot meunier

91 35€

Color: piel cebolla. Aroma: fruta macerada, fruta roja, lías finas, hierbas de tocador, hierbas secas. Boca: fresco, frutoso, sabroso, equilibrado, muy vivo, cierta persistencia, taninos suaves.

Tierra Fidel 2020 T
garnacha, graciano

90 34€

Color: cereza intenso. Aroma: hierbas secas, fruta negra, fruta madura. Boca: fruta madura, especiado, taninos maduros.

El Belisario 2021 T
tempranillo

92 45€

Color: cereza, borde violáceo. Aroma: expresión frutal, fruta roja, floral, especiado. Boca: sabroso, frutoso, buena acidez.

El Primavera 2022 T
tempranillo

89 ★★★★ 7,5€

Frutal, maduro, muy primario, sabroso, algo secante.

La Abuela Visi 2022 B BA
viura, malvasía, moscatel

92 34€

Color: pajizo brillante. Aroma: expresión frutal, fruta madura, floral, cítricos, fruta blanca. Boca: sabroso, fresco, retronasal afrutado, frutoso, cierta persistencia.

Tierra 2021 T C
tempranillo

88   11,5€

Equilibrado, especiado, hierbas secas, tostado.

Tulonio 2022 B
mazuelo blanco

93   34€

Color: pajizo brillante. Aroma: expresión frutal, fruta de hueso, fruta blanca, flores marchitas, floral, lías finas, hierbas secas. Boca: frutoso, lleno, sabroso, equilibrado, persistente.

BODEGAS TOBÍA
Paraje Senda Rutia, s/n
26007 Cuzcurrita de Río Tirón (La Rioja)
☎: +34 941 301 789
yrodriguez@bodegastobia.com
www.bodegastobia.com

Tobía Cuvée 2020 T C
73% tempranillo, 27% garnacha

90 ★★★★★   10€

Amable, frutal. Color: Cereza. Aroma: balsámico, especias dulces, hierbas de monte. Boca: especiado, buena acidez.

Tobía Cuvée B
28% sauvignon blanc, 26% tempranillo blanco, 22% chardonnay, 18% viura, 4% maturana blanca, 2% garnacha

91 ★★★★★   10€

Color: pajizo brillante. Aroma: expresión frutal, fruta madura, floral, fruta blanca, hierbas silvestres. Boca: sabroso, fresco, buena acidez, retronasal afrutado, cierta persistencia.

Tobía Garnacha Blanca 2022 B
100% garnacha blanca

92   22€

Color: pajizo brillante. Aroma: fruta madura, hierbas de tocador, lías finas, fruta de hueso. Boca: lleno, graso, largo, buena acidez.

Tobía Luz de Luna 2023 RD
95% garnacha, 5% graciano

86   10€

Tobía Selección de Autor 2019 T BA
77% tempranillo, 7% graciano, 6% garnacha, 10% otras

92 ★★★★   15€

Aromas nítidos, frutal. Color: cereza, borde violáceo. Aroma: expresión frutal, fruta roja, floral, especiado. Boca: sabroso, frutoso, buena acidez, largo.

Tobía Selección de Autor 2021 B
50% chardonnay, 50% tempranillo blanco

90   16€

Color: amarillo brillante. Aroma: roble cremoso, fruta madura, especiado, plátano. Boca: estructurado, largo, tostado, fino amargor.

BODEGAS VALDEBARÓN
Ctra. de Aras, s/n
31230 Viana (Navarra)
☎: +34 948 645 300

Cepa Lebrel 2018 T GR

90

Clásico. Color: cereza oscuro, borde granate. Aroma: fruta madura, fruta confitada, ebanistería, tabaco, especias dulces. Boca: especiado, taninos maduros, largo.

BODEGAS VALDELACIERVA
Ctra. Burgos, Km. 13
26370 Navarrete (La Rioja)
☎: +34 941 440 620
export@hispanobodegas.com
www.hispanobodegas.com

Valdelacierva 2019 T R
tempranillo

91   22€

Color: cereza intenso. Aroma: fruta madura, hierbas secas, roble cremoso, especiado, notas cárnicas. Boca: fruta madura, especiado, taninos maduros, sabroso, taninos secos pero maduros.

Valdelacierva 2020 T C
tempranillo

90 ★★★★   10,5€

Color: cereza intenso. Aroma: fruta madura, hierbas secas, fruta roja, especias dulces. Boca: fruta madura, especiado, frutoso, sabroso, taninos secos pero maduros.

Valdelacierva Cantogordo 2020 T
tempranillo

92   40€

Color: cereza brillante. Aroma: fruta madura, fruta roja, hierbas silvestres, roble cremoso, especiado, tostado. Boca: frutoso, sabroso, equilibrado, especiado, taninos secos pero maduros.

Valdelacierva Grano a Grano 2020 T
tempranillo

94   59€

Color: cereza intenso. Aroma: fruta madura, hierbas secas, roble cremoso, fruta negra, balsámico, especiado. Boca: fruta madura, especiado, frutoso, sabroso, taninos secos pero maduros, cierta persistencia.

Valdelacierva La Salmuera 2020 T
tempranillo

91   35€

Color: cereza brillante. Aroma: fruta madura, fruta negra, fruta roja, especiado, ahumado. Boca: frutoso, sabroso, potente, cierta persistencia, taninos potentes.

DO Ca. RIOJA / D.O.P.

Valdelacierva Montepedriza 2020 T
garnacha

93   55€

Color: cereza brillante. Aroma: fruta madura, fruta confitada, ebanistería, tabaco, especias dulces. Boca: especiado, taninos maduros, largo, frutoso, sabroso.

BODEGAS VALDELANA
Puente Barricuelo, 67-69
01340 Elciego (Araba/Álava)
☎: +34 945 606 055
comercial@bodegasvaldelana.com
www.bodegasvaldelana.com

Agnus de Valdelana de Autor 2021 T C
95% tempranillo, 5% graciano

90 ★★★★   12€

Correcto, frutal, aromático. Aroma: especiado. Boca: fácil de beber, fruta madura, taninos maduros, equilibrado.

Ladrón de Guevara 2021 T C
tempranillo

89   12€

Frutal, especiado, herbal, maduro, tostado.

Palador 2018 T R
95% tempranillo, 5% graciano

90 ★★★   14€

Frutal, tostado, especiado. Aroma: incienso, madera marcada. Boca: frutoso, sabroso.

BODEGAS VALDEMAR
Camino Viejo de Logroño, 24
01320 Oyón (Araba/Álava)
☎: +34 945 622 188
info@valdemar.es
www.valdemarfamily.com

Altos Valdemar Sauvignon Blanc 2023 B
100% sauvignon blanc

88   16,3€

Correcto, especiado, maduro, sabroso, herbal.

Balcón de Pilatos Maturana 2020 T
100% maturana

93   28€

Color: cereza, borde violáceo. Aroma: fruta madura, fruta negra, café aromático, cacao fino, tostado, varietal. Boca: frutoso, potente, sabroso, equilibrado, cierta persistencia, retronasal ahumado, taninos secos pero maduros.

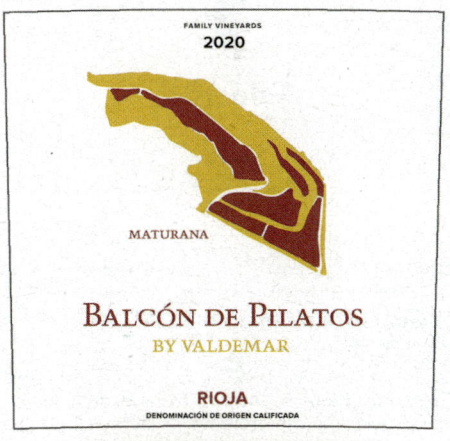

Conde de Valdemar 2017 T R

91 ★★★★   13,95€

Color: cereza oscuro. Aroma: fruta madura, fruta confitada, ebanistería, tabaco, especias dulces, fruta roja. Boca: especiado, sabroso, taninos secos pero maduros, retronasal ahumado.

Conde Valdemar Edición Limitada 2019 T
92

Color: cereza intenso. Aroma: fruta madura, hierbas secas, roble cremoso, fruta roja, ahumado. Boca: fruta madura, especiado, taninos maduros, frutoso, retronasal ahumado, taninos secos pero maduros.

Inspiración Valdemar 2020 T
85% tempranillo, 10% maturana, 5% graciano

90 ★★★★ 11,95€

Color: cereza brillante. Aroma: fruta madura, chocolate, especias dulces. Boca: frutoso, especiado, taninos maduros, equilibrado.

La Gargantilla Tempranillo 2020 T
100% tempranillo

92 35€

Color: cereza intenso. Aroma: fruta madura, hierbas secas, roble cremoso, fruta negra, lácticos. Boca: potente, fruta madura, sabroso, fresco, taninos secos pero maduros.

BODEGAS VALLOBERA
Camino de la Hoya, 5
01300 Laguardia (Araba/Álava)
☎: +34 699 357 207
enologia@vallobera.com
www.vallobera.com

Caudalia de Vallobera 2020 B FB
100% tempranillo blanco

92 ★★★★ 15€

Color: pajizo. Aroma: hierbas secas, flores marchitas, fruta blanca, pan tostado. Boca: potente, fruta madura, equilibrado.

Malarina 7 2022 T
100% tempranillo

88 ★★★★ 6€

Aromas nítidos, frutal, maduro.

Vallobera 2021 T C
100% tempranillo

89 ★★★ 9,5€

Especiado, tostado, maduro.

BODEGAS VINÍCOLA REAL
Ctra. Nalda, km. 9
26120 Albelda de Iregua (La Rioja)
☎: +34 941 444 233
info@vinicolareal.com
www.vinicolareal.com

200 Monges 1920 2018 T
garnacha

92

Clásico. Color: cereza oscuro, borde granate. Aroma: fruta madura, ebanistería, tabaco, especias dulces. Boca: especiado, taninos maduros, largo.

200 Monges 2007 B GR

94

Equilibrado, jugoso. Color: amarillo brillante. Aroma: fruta de hueso, especiado, equilibrado, potente. Boca: sabroso, lleno, fino amargor, tostado.

200 Monges Selección Especial 2006 T R
tempranillo

93

Especiado, exuberante. Color: cereza oscuro, borde granate. Aroma: fruta confitada, ebanistería, tabaco, especias dulces. Boca: especiado, taninos maduros, largo.

BODEGAS VIÑA BERNEDA
Ctra. Somalo, 59
26313 Uruñuela (La Rioja)
☎: +34 941 371 304
berneda@vinaberneda.com
www.vinaberneda.com

Algo que Contarte 2020 T
100% graciano

92 25€

Balsámico. Color: Cereza. Aroma: complejo, expresivo, especiado, mineral. Boca: lleno, largo, persistente.

Viña Berneda 2023 B
100% viura

88 ★★★★ 4€

Cítrico, hierbas secas, lleno, correcto.

Viña Berneda 2023 T MC
100% tempranillo

86 4€

BODEGAS VIÑA HERMINIA

26559 Aldeanueva de Ebro (La Rioja)
☎: +34 941 142 305
vherminia@vherminia.es
www.viñaherminia.es

Viña Herminia 2018 T R
85% tempranillo, 10% garnacha, 5% graciano

88 ★★★ 8,65€

Clásico, tostado, ahumado.

BODEGAS VIÑA LAGUARDIA

01309 Elvillar (Araba/Álava)
☎: +34 945 604 143
bodega@vinalaguardia.com
www.vinalaguardia.com

Ecania Colección Privada 2022 T
tempranillo

87

Frutal, rústico, sencillo, correcto.

Marqués de Bilar 2016 T GR
tempranillo, graciano

89

Frutal, hierbas secas, especiado, sabroso.

Pirgos 2500 Bot. 2018 T

90

Color: cereza brillante. Aroma: expresión frutal, fruta roja, especiado, hierbas de tocador. Boca: sabroso, frutoso, fresco, tostado, taninos secos pero maduros.

Bilum Limited Edition 5600 Bot. 2016 T R
tempranillo

90

Color: cereza intenso. Aroma: fruta madura, hierbas secas, roble cremoso, fruta al licor, fruta roja, especias dulces. Boca: potente, fruta madura, especiado, taninos secos pero maduros, retronasal ahumado.

Ecania 2018 T R
tempranillo, graciano, garnacha

85

Ecania 2019 T C
tempranillo, graciano

87

BODEGAS VIVANCO

Ctra. N-232, s/n
26330 Briones (La Rioja)
☎: +34 941 322 360
bodega@vivancoculturadevino.es
www.vivancoculturadevino.es

Colección Vivanco Parcelas de Garnacha 2021 T
garnacha

92 37€

Aromático, aromas nítidos. Color: Cereza. Aroma: hierbas de monte, hierbas silvestres, tomillo. Boca: especiado, buena acidez, frutoso.

Vivanco 2021 T C
95% tempranillo, 3% graciano, maturana

90 ★★★★★ 9,75€

Especiado, maduro, sabroso, boca correcta. Aroma: hierbas de monte, franco, equilibrado.

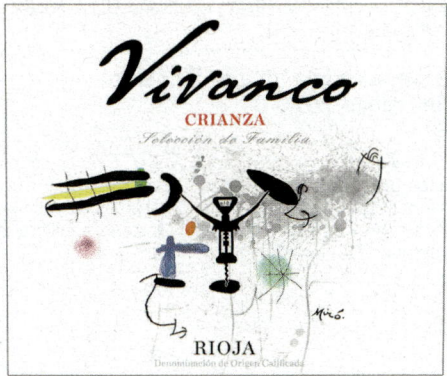

DO Ca. RIOJA / D.O.P.

DO Ca. RIOJA / D.O.P.

Vivanco 2019 T R
90% tempranillo, 10% graciano

91 ★★★   14,5€

Correcto, representativo. Color: cereza brillante. Aroma: fruta madura, hierbas secas, roble cremoso. Boca: potente, fruta madura, especiado, taninos maduros.

Vivanco Brunes 2021 T
90% tempranillo, 10% maturana

93 ★★★★★   16€

Color: cereza intenso. Aroma: fruta madura, hierbas de monte, hierbas secas, chocolate. Boca: fruta madura, especiado, taninos maduros, fácil de beber.

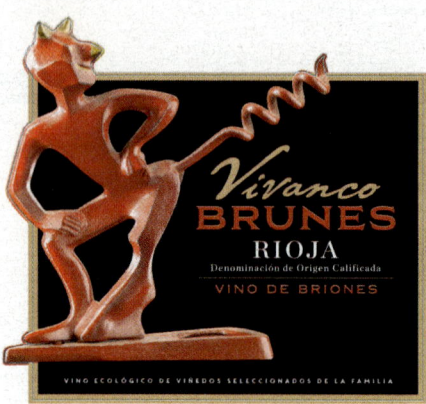

Vivanco La Isla Viñedo Singular 2020 T
96% tempranillo, 2% garnacha, 2% otras

91   55€

Confitado, especiado. Color: cereza intenso. Aroma: hierbas secas, tabaco, fruta confitada. Boca: potente, especiado, largo.

Vivanco La Isla Viñedo Singular Pie Franco 2020 B
viura

91   55€

Color: pajizo brillante. Aroma: expresión frutal, fruta madura, floral, caramelo de limón, hierbas de tocador. Boca: sabroso, fresco, retronasal afrutado, equilibrado, muy vivo.

BODEGAS Y VIÑAS DEL CONDE
Calle Bodegas 18
01306 Lapuebla de Labarca (Araba/Álava)
☎: +34 673 736 155
condedealtava@gmail.com
www.condedealtava.com

Conde de Altava 2023 B
viura

90 ★★★★★   6€

Color: amarillo brillante. Aroma: potente, fruta madura, hierbas silvestres, balsámico, mineral. Boca: estructurado, largo, tostado, fino amargor.

Conde de Altava 2023 RD
tempranillo

87 ★★★★   6€

Conde de Altava Tempranillo 2023 T
tempranillo

89 ★★★★   7€

Agradable, frutal, maduro.

BODEGAS Y VIÑEDOS ALVAREZ ALFARO
Ctra. Comarcal 384, Km. 0,8
26559 Aldeanueva de Ebro (La Rioja)
☎: +34 941 144 210
info@bodegasalvarezalfaro.com
www.bodegasavarezalfaro.com

Alvarez Alfaro Altos de Rabanera T
85% tempranillo, 7,5% garnacha, 7,5% mazuelo

90 ★★★★★   7,5€

Color: cereza intenso. Aroma: hierbas secas, roble cremoso, fruta negra, fruta madura. Boca: potente, fruta madura, especiado, taninos maduros.

Alvarez Alfaro Finca Las Traviesas 2019 T
95% tempranillo, 5% garnacha

91 ★★★★★   8,75€

Color: cereza intenso. Aroma: hierbas secas, roble cremoso, fruta negra. Boca: fruta madura, especiado, taninos maduros.

Alvarez Alfaro Garnacha Blanca 2023 B FB
100% garnacha blanca

91 ★★★★★   7,9€

Color: pajizo brillante. Aroma: expresión frutal, fruta madura, floral, hierbas secas, expresivo. Boca: sabroso, fresco, buena acidez, retronasal afrutado, fruta madura.

Alvarez Alfaro Selección Familiar 2017 T
100% tempranillo

92   24,8€

Con vejez. Color: cereza oscuro, borde granate. Aroma: fruta madura, fruta confitada, ebanistería, tabaco, especias dulces. Boca: especiado, taninos maduros, largo.

Alvarez Alfaro Selección Familiar 2018 T
100% tempranillo

91 24,8€

Color: cereza intenso. Aroma: fruta madura, hierbas secas, roble cremoso. Boca: potente, fruta madura, especiado, taninos maduros.

Alvarez Alfaro Selección Familiar 2019 T
100% tempranillo

90 24,8€

Color: cereza intenso. Aroma: fruta madura, hierbas secas, roble cremoso. Boca: especiado, taninos maduros.

BODEGAS Y VIÑEDOS CASADO MORALES

Avda. La Póveda 12
01306 Lapuebla de Labarca (Araba/Álava)
☎: +34 945 607 017
info@casadomorales.es
www.casadomorales.es

Casado Morales 2015 T GR
tempranillo, graciano

87 22€

Casado Morales 2017 T R
tempranillo

90 16,5€

Color: cereza intenso. Aroma: hierbas secas, roble cremoso, fruta madura, fruta confitada. Boca: fruta madura, especiado, taninos maduros.

Casado Morales 2019 T C
tempranillo, graciano

91 ★★★★★ 11,5€

Color: cereza intenso. Aroma: hierbas secas, roble cremoso, fruta negra. Boca: potente, fruta madura, especiado, taninos maduros.

Eme Garnacha de Casado Morales 2022 T
garnacha

90 15,5€

Color: cereza oscuro. Aroma: tostado, especiado, cacao fino, fruta madura. Boca: sabroso, tostado, fino amargor.

Eme Graciano de Casado Morales 2022 T
graciano

93 ★★★★★ 15,5€

Jugoso. Color: cereza intenso. Aroma: hierbas secas, hierbas silvestres, fruta roja, fruta negra. Boca: fruta madura, especiado, taninos maduros, elegante.

Eme Mazuelo de Casado Morales 2022 T
mazuelo

92 ★★★★ 15,5€

Aromas nítidos, frutal. Color: cereza, borde violáceo. Aroma: expresión frutal, fruta roja, floral, especiado. Boca: sabroso, frutoso, buena acidez, largo.

BODEGAS Y VIÑEDOS GÓMEZ CRUZADO

Avda. Vizcaya, 6
26200 Haro (La Rioja)
☎: +34 941 312 502
j.palau@gomezcruzado.com
www.gomezcruzado.com

El Predilecto 2022 T
65% garnacha, 35% tempranillo

92 ★★★★ 16€

Color: cereza, borde violáceo. Aroma: expresión frutal, fruta roja, floral, especiado, mineral. Boca: sabroso, frutoso, buena acidez, largo.

Gómez Cruzado 2º Año 2023 B
70% viura, 25% tempranillo blanco, 5% garnacha blanca

91 ★★★★★ 12€

Color: pajizo. Aroma: expresivo, flores blancas, hierbas secas, expresión frutal, fruta blanca. Boca: sabroso, frutoso, equilibrado, fresco.

Gómez Cruzado Honorable 2019 T
90% tempranillo, 10% garnacha, graciano

93 28€

Color: cereza oscuro, borde granate. Aroma: fruta madura, ebanistería, tabaco, especias dulces. Boca: especiado, taninos maduros, largo.

Montes Obarenes 2021 B
65% viura, 25% tempranillo blanco, 10% calagraño, malvasía, garnacha blanca

93 49€

Color: amarillo brillante. Aroma: potente, roble cremoso, fruta madura, especiado. Boca: graso, estructurado, largo, tostado, fino amargor.

🏆 PODIO

Pancrudo de Gómez Cruzado 2022 T
100% garnacha

95 45€

Aromas nítidos, aromático. Color: Cereza. Aroma: complejo, expresivo, especiado, mineral, fruta roja. Boca: elegante, lleno, largo, persistente.

DO Ca. RIOJA / D.O.P.

DO Ca. RIOJA / D.O.P.

BODEGAS Y VIÑEDOS ILURCE
Ctra. de Alfaro a Grávalos, s/n
26540 Alfaro (La Rioja)
☎: +34 941 180 829
victor@ilurce.com
www.ilurce.com

El Sueño de Amado Viñedo 2019 T C
100% garnacha
90   20€
Color: cereza oscuro. Aroma: fruta madura, fruta confitada, tabaco, especias dulces. Boca: especiado, taninos maduros, largo.

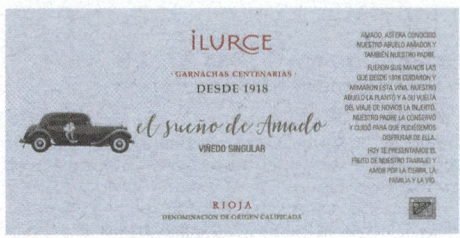

Ilurce 2021 T C
53% tempranillo, 33% garnacha, 14% graciano
88 ★★★   8,5€
Correcto, maduro, sabroso, tostado.

Ilurce 2023 RD
100% garnacha
89 ★★★★   6,4€
Agradable, frutal, golosinas.

Ilurce Tempranillo 2023 T
100% tempranillo
87 ★★★★   6,4€

Ilurce Tempranillo Blanco 2023 B
100% tempranillo blanco
88 ★★★★   8€
Cítrico, equilibrado, fresco, herbal.

Sintauto 2018 T
100% graciano
90   23,7€
Reductivo, silvestre, varietal. Aroma: hierbas secas, fina reducción, tabaco, fruta confitada. Boca: especiado, confitado.

BODEGAS Y VIÑEDOS LA MALDITA
26330 Briones (La Rioja)
☎: +34 941 322 360
info@lamalditawines.com
www.lamalditawines.com

La Maldita Garnacha 2023 RD
garnacha
89 ★★★★   8,65€
Frutal, flores secas, maduro, sabroso.

La Maldita Garnacha 2023 T
garnacha
88 ★★★   8,65€
Aromático, floral, herbal, maduro, silvestre, suave.

La Maldita Garnacha Blanca 2023 B
garnacha blanca
87   8,65€

La Maldita Revolution 2021 T
garnacha
90 ★★★   12,15€
Color: cereza brillante. Aroma: fruta madura, hierbas secas. Boca: fruta madura, especiado, taninos maduros, fácil de beber.

La Maldita Rosé 2021 RE BR
garnacha
88   12,5€
Sencillo, sabroso, maduro.

BODEGAS Y VIÑEDOS LABASTIDA
Avda. Diputación, 53
01330 Labastida (Araba/Álava)
☎: +34 945 331 161
info@bodegaslabastida.com
www.bodegaslabastida.com

Solagüen 2021 T C
tempranillo, garnacha
90 ★★★★★   7,5€
Color: cereza intenso. Aroma: hierbas secas, roble cremoso, fruta negra. Boca: fruta madura, especiado, taninos maduros.

BODEGAS Y VIÑEDOS LARRAZ
Paraje Ribarrey. Pol. 12- Parcela 50
26350 Cenicero (La Rioja)
☎: +34 639 728 581
info@bodegaslarraz.com
www.bodegaslarraz.com

Caudum Bodegas Larraz 2018 T BA
89
Especiado, equilibrado, hierbas secas, maduro, tostado.

Caudum Bodegas Larraz 2016 T BA
90 🌿

Color: cereza intenso. Aroma: hierbas secas, roble cremoso, terroso, fruta negra. Boca: fruta madura, especiado, taninos maduros.

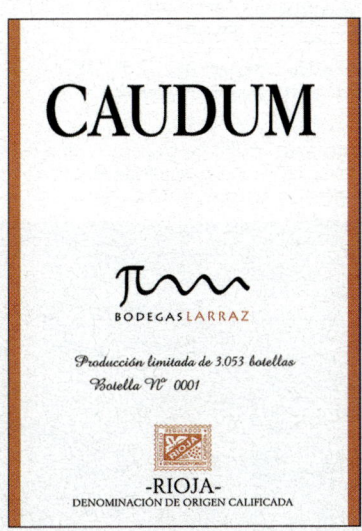

Caudum Bodegas Larraz Selección Especial 2018 T BA
100% tempranillo

91 17€

Color: cereza intenso. Aroma: hierbas secas, fruta negra, fruta confitada, terroso, alquitrán. Boca: potente, fruta madura, especiado, taninos maduros.

Caudum Bodegas Larraz Selección Especial 2019 T BA
100% tempranillo

90 17€

Color: cereza intenso. Aroma: fruta madura, hierbas secas, fruta negra, tostado, terroso. Boca: potente, fruta madura, especiado, taninos maduros.

BODEGAS Y VIÑEDOS LEZA GARCÍA

San Ignacio, 26
26313 Uruñuela (La Rioja)
☎: +34 941 371 142
bodegasleza@bodegasleza.com
www.bodegasleza.com

Leza García 2016 T GR
tempranillo

88 15,5€

Ahumado, especiado, hierbas secas, madera marcada.

Leza García Edición Graciano 2022 T
graciano

89 11€

Agradable, tostado, herbal.

LG de Leza García 2020 T
92 ★★★ 18€

Color: cereza, borde violáceo. Aroma: fruta roja, especiado, roble nuevo. Boca: sabroso, frutoso, buena acidez, largo.

Los Natos de Leza García Viñedo Singular 2021 T
tempranillo

93 40€

Complejo, tostado. Color: cereza oscuro. Aroma: tostado, especiado, cacao fino, fruta negra. Boca: sabroso, tostado, fino amargor.

Los Topos de Leza García 2021 T
tempranillo

91 35€

Color: cereza, borde granate. Aroma: fruta confitada, fruta al licor, potente, tostado, chocolate. Boca: sabroso, dulcedumbre, largo.

Nube de Leza García 2023 RD S
garnacha

85 7€

Orange by Leza García 2023 B
sauvignon blanc, viura

87 10,5€

DO Ca. RIOJA / D.O.P.

BODEGAS Y VIÑEDOS MARQUÉS DE CARRIÓN

La Cadena Kalea, 14
01330 Labastida (Araba/Álava)
☎: +34 608 343 859
info@jgc.es
www.garciacarrion.com

Antaño 2017 T R
100% tempranillo
87 ★★★★ 7€

Antaño 2018 T C
100% tempranillo
86

Antaño 2023 B
88
Sencillo, suave, floral.

Bodega La Ermita 2019 T
tempranillo
89 25€
Equilibrado, especiado, herbal, sabroso.

Marqués de Carrión 2018 T C
tempranillo, mazuelo, graciano
87 9€

Viña Arnaiz 2017 T R
90% tempranillo, 10% graciano
88 12€
Tostado, sabroso, maduro, ligera reducción.

Viña Arnaiz 2019 T C
90% tempranillo, 10% graciano
87 9€

BODEGAS Y VIÑEDOS MARQUÉS DE VARGAS

Ctra. Zaragoza, Km. 6
26006 Logroño (La Rioja)
☎: +34 941 261 401
bodega@marquesdevargas.com
www.marquesdevargas.com

Marqués de Vargas 2017 T GR
75% tempranillo, 15% garnacha, 10% mazuelo
92 42€
Color: cereza oscuro, borde granate. Aroma: fruta madura, ebanistería, tabaco, especias dulces, chocolate. Boca: especiado, taninos maduros, largo.

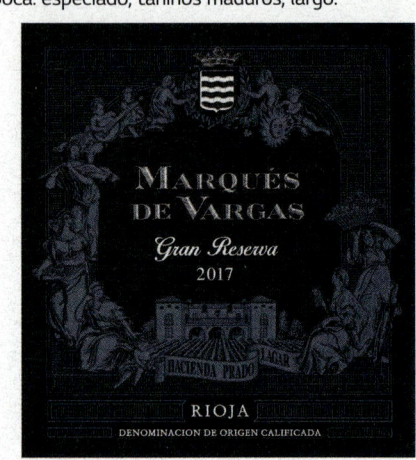

Marqués de Vargas 2019 T R
72% tempranillo, 10% garnacha, 18% mazuelo
93 29,5€
Color: cereza oscuro. Aroma: tostado, especiado, cacao fino, fruta negra, fruta madura. Boca: sabroso, tostado, fino amargor.

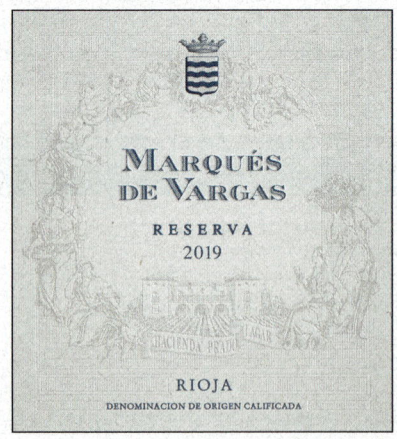

BODEGAS Y VIÑEDOS ORTEGA EZQUERRO

26512 Tudelilla (La Rioja)
☎: +34 941 152 046
info@ortegaezquerro.com
www.ortegaezquerro.com

Don Quintin Ortega 2022 B FB
viura, malvasía, garnacha blanca

89 ★★★ 9,76€

Frutal, tostado, sabroso, muy tostado (torrefactado).

OE Garnacha 2022 T
garnacha

93 ★★★★★ 14,82€

Color: Cereza. Aroma: expresivo, especiado, mineral, floral. Boca: elegante, lleno, largo, persistente, jugoso, con tensión.

Ombra de Carmelo Ortega 2021 T

89 ★★★★ 6,8€

Aroma: fruta madura, hierbas secas, roble cremoso. Boca: potente, fruta madura, especiado.

Ortega Ezquerro 2021 T C
garnacha, tempranillo

89 ★★★★ 8,98€

Confitado, corpulento, especiado, hierbas secas, maduro, sabroso, tostado, jugoso.

BODEGAS Y VIÑEDOS PUENTE DEL EA

Camino Aguachal, s/n
26212 Sajazarra (La Rioja)
☎: +34 941 320 405
administracion@puentedelea.com
www.puentedelea.com

Coraz de Puente del Ea 2020 T
100% tempranillo

90 25€

Color: cereza intenso. Aroma: fruta madura, hierbas secas, roble cremoso. Boca: potente, fruta madura, especiado, taninos maduros.

Coraz Finca la Esclavitud 2020 T
100% tempranillo

90 45€

Color: cereza oscuro. Aroma: especiado, cacao fino, muy tostado (torrefactado), fruta negra, fruta madura. Boca: sabroso, tostado, fino amargor, opulento.

Eridano 2020 T C
100% tempranillo

89 ★★★★ 8€

Equilibrado, especiado, hierbas secas, maduro, tostado.

Obar de Puente del Ea 2023 B FB
70% viura, 30% chardonnay

91 ★★★★★ 11€

Color: pajizo brillante. Aroma: expresión frutal, fruta madura, especiado, hierbas verdes, hierbas secas. Boca: sabroso, fresco, buena acidez, retronasal afrutado, frutoso.

Saiaz de Puente del Ea 2020 T
100% tempranillo

90 ★★★★★ 10€

Color: cereza intenso. Aroma: hierbas secas, roble cremoso, fruta negra. Boca: fruta madura, especiado, taninos maduros.

Saiaz de Puente del Ea 2023 RD
garnacha

86 8€

BODEGAS Y VIÑEDOS PUJANZA

Ctra. Elvillar, 12
01300 Laguardia (Araba/Álava)
☎: +34 945 600 548
info@bodegaspujanza.com
www.bodegaspujanza.com

🏆 **PODIO**

Pujanza Cisma 2020 T

96

Suave, serio, jugoso. Color: Cereza. Aroma: complejo, expresivo, especiado, mineral. Boca: elegante, lleno, largo, persistente.

Pujanza Finca Valdepoleo 2021 T

94

Complejo, sabroso. Color: cereza oscuro. Aroma: tostado, especiado, cacao fino, balsámico, hierbas de monte. Boca: sabroso, tostado, fino amargor.

Pujanza Hado 2021 T

92

Color: cereza, borde violáceo. Aroma: fruta roja, floral, especiado, balsámico. Boca: frutoso, buena acidez, largo.

DO Ca. RIOJA / D.O.P.

DO Ca. RIOJA / D.O.P.

Pujanza La Paul 2021 T
94
Aromas nítidos, mineral. Color. Cereza. Aroma: balsámico, especias dulces, hierbas de monte, fruta roja. Boca: especiado, balsámico, buena acidez.

🏆 PODIO

Pujanza Norte 2021 T
96
Aromas nítidos, aromático. Color. cereza, borde violáceo. Aroma: fruta roja, floral, especiado, balsámico, hierbas de monte. Boca: sabroso, frutoso, buena acidez, largo.

Pujanza S.J. Anteportalatina 2022 B
94
Color. amarillo brillante. Aroma: roble cremoso, fruta madura, especiado, lías finas, cera. Boca: estructurado, largo, tostado, fino amargor.

BODEGAS Y VIÑEDOS QUIROGA DE PABLO
Antonio Pérez, 24
26310 Azofra (La Rioja)
☎: +34 941 379 334
info@bodegasquiroga.com
www.bodegasquiroga.com

Abuelo Cayo 2015 T R
100% tempranillo
89
Confitado, correcto, equilibrado, herbal, maduro, sabroso.

Abuelo Cayo 2019 T C
100% tempranillo
89
Aroma: hierbas secas, fruta confitada. Boca: fruta madura, especiado, taninos maduros.

Abuelo Cayo Colección Familiar 2022 RD
garnacha, tempranillo blanco
89
Aromático, correcto, frutal, flores secas, jugoso, silvestre, maduro. Aroma: hierbas de tocador.

Abuelo Cayo Colección Familiar Field Blend 2019 T
garnacha, mazuelo, tempranillo
90
Herbal. Color. Cereza. Aroma: balsámico, hierbas de monte, frutos secos. Boca: especiado, balsámico, largo, sabroso.

Abuelo Cayo Colección Familiar Garnacha 2020 T
garnacha
91
Jugoso, frutal, maduro. Aroma: varietal, hierbas silvestres. Boca: frutoso, sabroso, largo.

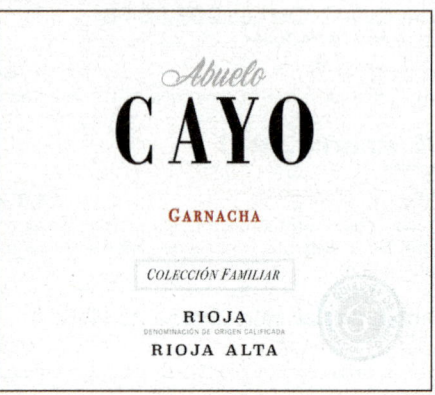

Abuelo Cayo Tempranillo Blanco 2023 B
100% tempranillo blanco
87

BODEGAS ZUGOBER
Tejerías, 13
01306 Lapuebla de Labarca (Araba/Álava)
☎: +34 945 627 228
contacto@belezos.com
www.belezos.com

Belezos 2014 T GR
95% tempranillo, 5% graciano, mazuelo
90   33€
Clásico, correcto, algo secante. Color. Cereza. Aroma: especias dulces, fruta madura. Boca: sabroso, tostado.

Belezos 2019 T R
95% tempranillo, 5% graciano, mazuelo
90   18€
Color. cereza oscuro, borde granate. Aroma: fruta madura, ebanistería, especias dulces. Boca: especiado, taninos maduros, largo, sabroso, estructurado, correcto.

Belezos Finca La Malgranda 2019 B FB
100% viura
92   21€
Color. amarillo brillante. Aroma: roble cremoso, fruta madura, especiado, pólvora. Boca: graso, estructurado, largo, tostado, fino amargor, equilibrado.

Belezos Finca Sierra Carbón 2017 T
100% tempranillo

92   32€

Color: cereza intenso. Aroma: hierbas secas, roble cremoso, frutos secos, fruta negra, fruta madura. Boca: potente, fruta madura, especiado, taninos maduros.

Belezos Finca Zarzamochuelo 2019 T
90% tempranillo, 10% graciano

91   20€

Maduro. Color: cereza intenso. Aroma: fruta negra, fruta madura, especiado. Boca: sabroso, largo, persistente, taninos secos pero maduros.

Belezos La Garnacha 2021 T
100% garnacha

91   32€

Color: Cereza. Aroma: fruta madura, hierbas secas, especiado, roble cremoso. Boca: fruta madura, sabroso, largo, especiado.

BVINO
Vía de las Dos Castillas, 33,
Edificio Ática 6, 3a planta
28224 Pozuelo de Alarcón (Madrid)
☎: +34 605 597 923
administracion@bvino.es
www.bvino.es

Guardiano 2019 T C
88

Amable, tostado, sabroso, maduro.

Guardiano 2020 T C
87

CAMPO VIEJO
Camino de la Puebla, 50
26007 Logroño (La Rioja)
☎: +34 941 279 900
ignacio.lopez@pernod-ricard.com
www.campoviejo.com/es/

Campo Viejo 2018 T R
89

Agradable, tostado, sencillo, especiado.

Campo Viejo 2023 B
86

Campo Viejo 2020 TC
tempranillo

88

Clásico, sencillo, suave, maduro, boca correcta.

CARLOS SERRES
Avda. Santo Domingo, 40
26200 Haro (La Rioja)
☎: +34 941 310 279
info@carlosserres.com
www.carlosserres.com

Carlos Serres 1896 Finca El Estanque 2018 T R
80% tempranillo, 10% graciano, 10% mazuelo

89   21€

Ahumado, tostado, madera marcada. Aroma: fruta negra, potente, con carácter, roble cremoso.

Carlos Serres 1896 Finca El Estanque 2019 T R
92

Color: cereza intenso. Aroma: fruta madura, hierbas secas, roble cremoso, pan tostado. Boca: potente, fruta madura, especiado, taninos maduros.

Carlos Serres 1896 Finca El Estanque 2020 RD R
60% mazuelo, 40% tempranillo

91   21€

Color: frambuesa. Aroma: fruta madura, fruta confitada, flores marchitas. Boca: carnoso, sabroso, fruta madura.

Carlos Serres 2018 T R
90% tempranillo, 10% graciano

89   12€

Con vejez, especiado, agradable, maduro, jugoso, clásico. Aroma: cera, especiado, franco, equilibrado.

Carlos Serres 2021 T C
tempranillo

88 ★★★★   7€

Amable, correcto, frutal, maduro, suave, sencillo.

DO Ca. RIOJA / D.O.P.

DO Ca. RIOJA / D.O.P.

CÍA. BODEGUERA DE VALENCISO
Ctra. Ollauri-Najera, Km. 0,4
26220 Ollauri (La Rioja)
☎: +34 941 304 724
valenciso@valenciso.com
www.valenciso.com

Valenciso 10 años Después Edición Limitada 2012 T
100% tempranillo

93 — 60€

Color: cereza brillante. Aroma: fruta roja, fruta madura, especiado, cacao fino. Boca: sabroso, frutoso, equilibrado, tostado, taninos maduros.

Valenciso 2018 T R
100% tempranillo

91 — 25€

Color: cereza brillante. Aroma: fruta negra, fruta madura, especiado, ahumado, tostado, hierbas silvestres. Boca: frutoso, sabroso, equilibrado, taninos maduros.

Valenciso 2022 B C
70% viura, 30% garnacha blanca

92 — 20€

Color: pajizo. Aroma: expresivo, flores blancas, hierbas secas, cítricos. Boca: sabroso, frutoso, equilibrado, mineral.

Valenciso Cemento 2020 T
100% tempranillo

91 — 21€

Color: cereza brillante. Aroma: fruta madura, fruta roja, especiado, cacao fino, tostado, lácticos. Boca: frutoso, fresco, mineral, retronasal ahumado, taninos maduros.

Valenciso Graciano 2017 T
100% graciano

92 — 37€

Color: cereza brillante. Aroma: expresión frutal, varietal, expresivo, hierbas de monte, hierbas secas. Boca: frutoso, acidez marcada, especiado, cierta persistencia, taninos maduros.

Valenciso Rosa 2022 RD
100% tempranillo

91 — 18€

Color: rosáceo pálido. Aroma: floral, hierbas de tocador. Boca: especiado, buena acidez, fino amargor.

COMPAÑÍA DE VINOS HERACLIO
Crta. Corella s/n
26540 Alfaro (La Rioja)
☎: +34 941 181 570
aanton@heraclioalfaro.com
www.terrasgauda.com

Heraclio Alfaro 2020 T C
garnacha, tempranillo, graciano

89 ★★★★ — 8,25€

Corpulento, equilibrado, especiado, maduro, sabroso.

Heraclio Alfaro Finca Estarijo 2017 T
tempranillo, garnacha, graciano, mazuelo

90 — 14,5€

Color: cereza, borde violáceo. Aroma: fruta roja, floral, especiado, pan tostado. Boca: sabroso, frutoso, buena acidez.

COMPAÑÍA DE VINOS TELMO RODRÍGUEZ
El Monte
01308 Lanciego (Araba/Álava)
☎: +34 945 628 315
contact@telmorodriguez.com
www.telmorodriguez.com

🏆 **PODIO**

La Estrada 2021 T

96 — 90€

Amable, aromático, complejo, con potencial, con tensión. Aroma: hierbas silvestres, expresivo, franco, hierbas de tocador. Boca: largo, muy vivo, jugoso, complejo.

🏆 **PODIO**

Las Beatas 2021 T

98 — 290€

Aromas nítidos, floral, con tensión. Aroma: complejo, expresivo, especiado, mineral, fruta roja. Boca: elegante, lleno, largo, persistente.

PODIO

Tabuerniga 2020 T
95
Color: cereza, borde violáceo. Aroma: fruta roja, especiado, expresivo, hierbas de tocador. Boca: sabroso, frutoso, buena acidez, largo.

PODIO

Tabuerniga 2021 T
95 90€
Aromático. Color: Cereza. Aroma: balsámico, especias dulces, hierbas de monte, tomillo, hierbas verdes, fruta roja. Boca: especiado, balsámico, buena acidez.

CREACIONES EXEO

Costanilla del Hospital
01330 Labastida (Araba/Álava)
☎: +34 605 672 313
carlos@tierrayvino.com
www.bodegasexeo.com

Cifras 2020 B
garnacha blanca
92 ★★★ 16,5€
Color: pajizo brillante. Aroma: expresión frutal, fruta madura, floral, fruta asada, especias dulces, ahumado. Boca: sabroso, buena acidez, frutoso, fruta madura, retronasal ahumado.

Cifras 2021 T
garnacha
91 16,5€
Color: cereza brillante. Aroma: fruta madura, hierbas secas, roble cremoso, fruta roja, especias dulces. Boca: fruta madura, especiado, frutoso, taninos secos pero maduros, retronasal ahumado.

Letras Minúsculas 2021 T
tempranillo, garnacha, graciano
88 ★★★ 9€
Frutal, goloso, maduro, especiado, ahumado.

CRIADORES DE RIOJA

C. los Tinos, 52, 72
26141 Alberite (La Rioja)
☎: +34 941 436 702
info@castilloclavijo.com
www.castilloclavijo.com

Alegro 2021 T C
tempranillo
87 ★★★★ 5€

Castillo Clavijo 2021 T C
tempranillo
87 ★★★★ 5€

Castillo San Lorenzo 2018 T R
tempranillo
87 ★★★★ 7€

El Guardián 2018 T R
tempranillo
88 10€
Maduro, tostado, especiado.

El Guardián 2021 T C
tempranillo
87 ★★★★ 7€

El Guardián sin Sulfitos 2023 T
tempranillo
87 ★★★★ 6€

CUENTAVIÑAS

Vial B6 Peciña
26339 San Vicente de la Sonsierra (La Rioja)
☎: +34 686 498 183
info@cuentavinas.com

Cuentaviñas Alomado 2021 T
94
Aromas nítidos, frutal, por hacer. Aroma: expresivo, franco, con carácter, roble cremoso, tostado, expresión frutal. Boca: sabroso, taninos maduros, largo.

Cuentaviñas Arriscado 2022 B
92
Color: pajizo brillante. Aroma: fruta blanca, fruta madura, mineral, floral. Boca: fresco, con tensión, especiado, jugoso.

PODIO

Cuentaviñas El Tiznado 2021 T
96
Con tensión, frutal. Color: cereza brillante. Aroma: tiza, mineral, fruta roja, fruta madura. Boca: lleno, elegante, complejo, jugoso, con tensión, buena acidez.

Cuentaviñas Garnacha CDVIN 2021 T
garnacha
94
Con tensión. Color: cereza, borde violáceo. Aroma: fresco, fruta roja, fruta madura, violetas, mineral. Boca: frutoso, fresco, jugoso, afilado, pulido.

PODIO

Cuentaviñas Los Yelsones 2021 T
97
Austero, complejo, con potencial. Aroma: fruta madura, equilibrado, franco. Boca: muy vivo, largo, mineral, lleno, complejo.

DO Ca. RIOJA / D.O.P.

DO Ca. RIOJA / D.O.P.

CVNE
Ctra. Logroño-Laguardia, km. 48
01300 Laguardia (Araba/Álava)
☎: +34 941 304 800
marketing@cvne.com
www.cvne.com

Asúa 2021 T C
90
Color: cereza, borde violáceo. Aroma: fruta roja, floral, especiado, expresión frutal. Boca: sabroso, frutoso, buena acidez.

Cune 2019 T GR
91
Color: cereza oscuro, borde granate. Aroma: fruta madura, fruta confitada, ebanistería, tabaco, especias dulces. Boca: especiado, taninos maduros, sabroso.

Cune 2020 T R
90
Color: cereza oscuro, borde granate. Aroma: fruta madura, ebanistería, tabaco, especias dulces. Boca: especiado, taninos maduros, largo.

Cune 2021 T C
tempranillo
90
Maduro. Color: cereza oscuro. Aroma: tostado, especiado, cacao fino. Boca: sabroso, tostado, fino amargor.

Cune 2023 B
viura
87

Cune 2023 RD
88
Agradable, frutal, maduro.

Cune Orgánico 2021 T
60% garnacha, 30% tempranillo, 10% graciano
90 🌱
Color: cereza intenso. Aroma: fruta madura, hierbas secas, roble cremoso, con carácter. Boca: fruta madura, especiado, taninos maduros.

Imperial 2018 T GR
93
Color: cereza intenso, borde granate. Aroma: ebanistería, fruta madura, cacao fino, habano, tostado. Boca: sabroso, especiado, tostado, taninos potentes.

Imperial 2020 T R
92
Clásico. Color: cereza intenso, borde granate. Aroma: ebanistería, fruta madura, cacao fino, habano. Boca: sabroso, especiado, tostado.

Cune Semidulce B SD
86

Monopole 2017 B GR
93
Color: amarillo brillante. Aroma: potente, roble cremoso, fruta madura, especiado, frutos secos. Boca: graso, estructurado, tostado, fino amargor.

Monopole 2023 B
88
Maduro, tropical, herbal, correcto.

Monopole Clásico 2021 B R
93
Color: amarillo brillante. Aroma: potente, roble cremoso, fruta madura, especiado. Boca: graso, estructurado, tostado, fino amargor.

🏆 PODIO

Real de Asúa 2021 T
95
Color: cereza intenso. Aroma: fruta madura, hierbas secas, roble cremoso, hierbas de monte. Boca: fruta madura, especiado, taninos maduros, carnoso, concentrado.

DIEZ-CABALLERO
Barrihuelo, 73
01340 Elciego (Araba/Álava)
☎: +34 944 807 295
diez-caballero@diez-caballero.es
www.diez-caballero.es

Díez-Caballero 2018 T R
tempranillo
90 ★★★ 12,5€
Color: cereza oscuro. Aroma: tostado, especiado, cacao fino. Boca: sabroso, tostado, fino amargor.

Díez-Caballero 2021 T C
tempranillo
91 ★★★★★ 9,5€
Color: cereza intenso. Aroma: fruta madura, hierbas secas, roble cremoso. Boca: potente, fruta madura, especiado, taninos maduros.

Díez-Caballero Pelillo Malo 2022 T
tempranillo
90
Color: cereza, borde violáceo. Aroma: fruta confitada, fruta negra, hierbas secas, especiado, tostado. Boca: sabroso, potente, frutoso, cierta persistencia, taninos secos pero maduros.

Díez-Caballero 2023 B
viura
87 ★★★★ 7€

Díez-Caballero Vendimia Seleccionada 2020 T R
tempranillo
92
Color: cereza intenso. Aroma: fruta madura, hierbas secas, roble cremoso. Boca: potente, fruta madura, especiado, taninos maduros.

Victoria Díez-Caballero 2019 T R
tempranillo
91
Color: cereza intenso. Aroma: fruta madura, hierbas secas, roble cremoso. Boca: potente, fruta madura, especiado, taninos maduros.

DOMINIO DE ANZA
24530 Valtuille de Abajo (León)
☎: +34 606 971 740
diego@dominiodeanza.com

Anza 2022 T
92
Agradable. Aroma: expresión frutal, fruta madura. Boca: fruta madura, buena acidez, equilibrado, fresco.

🏆 PODIO

Anza Especial 2021 T
96
Balsámico, complejo. Color: Cereza. Aroma: balsámico, hierbas de monte, expresión frutal. Boca: buena acidez, jugoso, con tensión.

CDVin 2021 T
93
Aromas nítidos, silvestre. Aroma: fruta fresca, hierbas silvestres, hierbas de monte. Boca: jugoso, muy vivo, fresco.

San Ginés 2022 T
94
Aromas nítidos, con tensión. Aroma: mineral, complejo. Boca: estructurado, largo, redondo.

DOMINIO DE BERZAL
Término de Río Salado s/n
01307 Baños de Ebro (Araba/Álava)
☎: +34 945 623 368
info@dominioberzal.com
www.dominioberzal.com

Dominio de Berzal 2021 T C
95% tempranillo, 5% graciano
91 ★★★★★ 10€
Color: Cereza. Aroma: equilibrado, franco, intensidad media, especiado, tomate. Boca: frutoso, sabroso.

Dominio de Berzal 2023 B
90% viura, 10% malvasía
89 ★★★★ 6€
Equilibrado, hierbas secas, sabroso, austero.

Dominio de Berzal 2023 T MC
90% tempranillo, 10% viura
86 5€

Dominio de Berzal 7 Varietales 2021 T
40% maturana, 10% graciano, 10% garnacha, 10% merlot, 10% cabernet sauvignon, 10% syrah
92 28€
Color: cereza oscuro. Aroma: tostado, especiado, cacao fino, fruta negra, ahumado. Boca: sabroso, tostado, fino amargor, frutoso, taninos secos pero maduros.

Dominio de Berzal Selección Privada 2021 T
tempranillo
92 19€
Color: cereza intenso. Aroma: fruta madura, hierbas secas, roble cremoso, café aromático, tostado. Boca: fruta madura, especiado, sabroso, taninos secos pero maduros, retronasal ahumado, cierta persistencia.

Las Laderas de José Luis 2020 T
100% tempranillo
92 40€
Madera marcada. Color: Cereza. Aroma: balsámico, hierbas de monte, ahumado. Boca: especiado, sabroso, fruta madura, largo.

DOMINIO DE NOBLEZA
Bº Bodegas San Cristóbal, 79
26360 Fuenmayor (La Rioja)
☎: +34 941 450 507
bodegas@dominiodenobleza.com
www.dominiodenobleza.com

Dominio de Nobleza 2019 T C
tempranillo
87 ★★★★ 7€

DO Ca. RIOJA / D.O.P.

DO Ca. RIOJA / D.O.P.

Dominio de Nobleza 2023 B
viura
86 7€

Dominio de Nobleza Edición Limitada 2017 T R
tempranillo
88 12€
Frutal, hierbas secas, ácido, confitado.

Dominio de Nobleza Vendimia Seleccionada 2017 T R
tempranillo
90 20€
Color: cereza brillante. Aroma: expresión frutal, fruta roja, especiado, tostado. Boca: sabroso, frutoso, taninos secos pero maduros, tostado.

DOMINIO DEL CARABO
Ctra. Nájera s/n
26323 Hormilla (La Rioja)
☎: +34 626 858 665
gonzalo@rlvinos.com
www.dominiodelcarabo.com

Carabo Dolmen Viejo 2022 T
89
Aromas nítidos, fruta golpeada, jugoso, maduro, especiado.

Carabo Selección de Viñedos 2021 T
tempranillo, viura
88
Agradable, correcto, frutal, herbal. Aroma: notas almizcladas.

Dominio del Carabo Abulon 2022 B
91
Color: amarillo brillante. Aroma: flores secas, fruta escarchada, lías finas, pastelería, brioche. Boca: redondo, especiado, largo.

Dominio del Carabo Liende 2022 T
91
Color: cereza, borde violáceo. Aroma: fruta roja, floral, especiado. Boca: frutoso, buena acidez, largo.

Dominio del Cárabo Village 2022 T
92
Agradable, aromas nítidos, frutal. Color: Cereza. Aroma: balsámico, especias dulces, hierbas de monte. Boca: especiado, balsámico, buena acidez.

DOMINIO DEL CHALLAO
El Olmo, 16
01330 Labastida (Araba/Álava)
☎: +34 665 128 522
lbonetto@cvdi.wine
www.dominiodelchallao.com

Angelita del Challao 2021 T
85% tempranillo, 10% garnacha, 5% graciano, garnacha blanca, viura, malvasía
91 27,5€
Color: Cereza. Aroma: fruta madura, roble cremoso, chocolate. Boca: potente, fruta madura, especiado, taninos maduros.

Challao 2020 B
75% viura, 15% garnacha blanca, 10% malvasía
92 65€
Color: pajizo brillante. Aroma: caramelo de limón, fruta blanca, fruta madura, hierbas secas, flores secas, especias dulces. Boca: frutoso, sabroso, fresco, equilibrado, fruta madura, taninos suaves.

Challao 2021 T
85% tempranillo, 10% garnacha, 5% graciano, malvasía, viura, garnacha blanca
90 149€
Tostado, silvestre, sabroso, maduro, persistente. Aroma: hierbas de monte, hierbas silvestres.

Dominio del Challao Garnacha 2021 T
100% garnacha
90 59€
Aromas nítidos, varietal, flores secas. Aroma: fruta roja, fruta madura, franco, equilibrado. Boca: equilibrado, fino amargor, fruta madura.

EGUREN UGARTE
Ctra. A-124, Km. 61
01309 Laguardia (Araba/Álava)
☎: +34 945 282 844
info@egurenugarte.com
www.egurenugarte.com

Eguren Ugarte 2017 T R
95% tempranillo, 5% graciano
89 16€
Equilibrado, especiado, hierbas secas, maduro.

Eguren Ugarte 2019 B R
tempranillo blanco, garnacha blanca
91 ★★★ 16€
Color: amarillo brillante. Aroma: roble cremoso, fruta madura, especiado. Boca: graso, estructurado, tostado, fino amargor.

EL COTO DE RIOJA
Camino Viejo de Logroño, 26
01320 Oyón (Araba/Álava)
☎: +34 945 622 216
info@elcoto.com
www.elcoto.com

875 m 2021 T
tempranillo
89
Aroma: muy tostado (torrefactado), café aromático. Boca: retronasal ahumado, persistente.

Coto de Imaz 2018 T GR
tempranillo
92
Color: cereza intenso, borde granate. Aroma: ebanistería, fruta madura, cacao fino, habano, tostado. Boca: sabroso, especiado, tostado.

Coto de Imaz 2020 T R
tempranillo
90
Color: cereza intenso. Aroma: fruta madura, hierbas secas, roble cremoso, tabaco. Boca: potente, fruta madura, especiado, taninos maduros.

Coto Mayor 2020 T C
tempranillo
88
Muy tostado (torrefactado), ahumado, maduro.

Coto Mayor 2023 B
sauvignon blanc
87

Coto Mayor 2023 RD
garnacha, tempranillo
87

El Coto 2020 T C
88
Tostado, maduro, especiado, clásico.

ELVIWINES
Ctra T-300 Falset-Marça, km 0.97
43775 Marça (Tarragona)
☎: +34 606 186 565
info@elviwines.com
www.elviwines.com

Herenza 2018 T R
97% tempranillo, 3% graciano
89 46,3€
Frutal, rústico, herbal, confitado.

Herenza 2020 T C
100% tempranillo
88 21,13€
Frutal, maduro, especiado, tostado.

Herenza 2021 T
100% tempranillo
86 13,61€

Herenza Collection 2020 T
100% tempranillo
88 24,84€
Frutal, maduro, especiado, sencillo.

Herenza Rosé 2021 RD
73% tempranillo, 27% garnacha
88 ★★★★ 5,19€
Amable, correcto, flores secas, maduro. Boca: fácil de beber.

ETÉREA KRIPÁN
Cº de Lanciego, s/n
01309 Elvillar (Araba/Álava)
☎: +34 665 654 477
melanie@etereakripan.com
www.etereakripan.com

Carrakripan 2019 B
viura, malvasía, garnacha blanca
93 🌿 57€
Corpulento, oxidativo. Color: pajizo. Aroma: fruta madura, hierbas secas, flores marchitas, pan tostado. Boca: potente, fruta madura, equilibrado, sabroso.

Phinca Hapa 2021 B
viura, garnacha blanca, malvasía
93 🌿 25,5€
Color: dorado brillante. Aroma: expresión frutal, fruta madura, fruta de hueso, hierbas secas. Boca: sabroso, fresco, buena acidez, retronasal afrutado, frutoso, cierta persistencia.

Phinca Hapa 2021 T
tempranillo, graciano, viura
92 🌿 23,5€
Color: cereza, borde violáceo. Aroma: expresión frutal, fruta roja, floral, especiado, tostado. Boca: sabroso, frutoso, buena acidez, largo.

Sasikume 2023 T
maturana
90 15,9€
Fresco, frutal, especiado. Color: cereza, borde violáceo. Aroma: fruta roja, floral, especiado. Boca: sabroso, frutoso, buena acidez.

DO Ca. RIOJA / D.O.P.

EUSEBIO CASADO WINEMAKER (BODEGAS VIÑA LAGUARDIA)
Ctra. de Laguardia
01309 Elvillar (Araba/Álava)
☎: +34 692 940 610
vinosdealtacalidad@gmail.com

Depósito
70 Colección Privada 2022 T
tempranillo, graciano

91

Color: cereza intenso. Aroma: fruta madura, hierbas secas, roble cremoso, especiado. Boca: fruta madura, especiado, taninos maduros, cierta persistencia.

Depósito 70 Graciano Edición Especial 2020 T C
graciano

88

Aromático, fruta golpeada, maduro, rústico.

Depósito 70 Vino de Familia 2018 T R
tempranillo, graciano

91

Color: cereza intenso. Aroma: fruta madura, hierbas secas, roble cremoso, fruta negra. Boca: fruta madura, fresco, frutoso, taninos secos pero maduros.

Depósito
70 Vino de Familia 2019 T C
tempranillo, graciano

88

Frutal, maduro, sencillo, boca correcta.

Ecania Edición Limitada 2018 B FB
viura, malvasía

92   23€

Color: pajizo brillante. Aroma: fruta madura, hierbas secas, flores marchitas. Boca: potente, fruta madura, equilibrado.

Pirgos Vino Enterrado 2018 T
tempranillo, graciano, garnacha

87

FAMILIA BASTIDA
C. Canónigo Lozano, 11
30520 Jumilla (Murcia)
☎: +34 968 780 142
info@familiabastida.com
www.familiabastida.com

Bbastida 2022 T C
100% tempranillo

90 ★★★★★   9,25€

Color: cereza oscuro, borde granate. Aroma: fruta madura, ebanistería, tabaco, especias dulces. Boca: especiado, taninos maduros, largo.

FAMILIA MARTÍNEZ ELORZA
Pol. El Collado s/n
01300 Laguardia (Araba/Álava)
☎: +34 655 819 266
familiamartinezelorza@gmail.com

Familia Martínez Elorza 2022 T BA
100% tempranillo

92 ★★★   16,67€

Color: cereza intenso. Aroma: hierbas secas, roble cremoso, fruta negra, hierbas silvestres. Boca: potente, fruta madura, especiado, taninos maduros.

FAMILIA MONTAÑA
Pol. Ind. Lentiscares
26370 Navarrete (La Rioja)
☎: +34 941 451 129
info@premiumfincas.com
www.premiumfincas.com

Montaña Finca El Faraón 2020 T R
100% maturana

91   26€

Color: cereza intenso. Aroma: fruta madura, hierbas secas, roble cremoso, fruta negra, tostado, almendra tostada. Boca: fruta madura, especiado, taninos maduros, acidez marcada, retronasal ahumado.

Montaña Finca La Claudia 2019 T R
100% garnacha

92   26€

Color: cereza oscuro. Aroma: fruta madura, fruta confitada, ebanistería, tabaco, especias dulces, pimienta negra. Boca: especiado, taninos maduros, cierta persistencia, con tensión, equilibrado.

Montaña Finca la Marquesita 2019 T
100% graciano

90   26€

Color: cereza intenso. Aroma: hierbas secas, roble cremoso, hierbas de monte, fruta negra. Boca: potente, fruta madura, especiado, taninos maduros.

Montaña Finca la Valentina 2021 T C

90 ★★★★★   5,85€

Color: cereza, borde violáceo. Aroma: fruta roja, floral, especiado, chocolate. Boca: sabroso, frutoso, buena acidez.

FAUSTINO RIVERO ULECIA

Ctra. de Soria LR-115, km. 22.8
26580 Arnedo (La Rioja)
☎: +34 941 380 057
visitas@faustinorivero.com
www.faustinorivero.com

Faustino Rivero Ulecia Semidulce 2023 B SD

88 ★★★★   4€

Agradable, amable, sabroso, suave.

Faustino Rivero Ulecia 2016 T GR
tempranillo, garnacha

91 ★★★★   12,5€

Color: cereza intenso, borde granate. Aroma: ebanistería, fruta madura, cacao fino, habano, tostado. Boca: sabroso, especiado, tostado, taninos potentes.

Faustino Rivero Ulecia 2019 T R

88 ★★★★   8€

Clásico, tostado, suave, maduro.

Faustino Rivero Ulecia 2021 T C

89 ★★★★   5,5€

Aroma: fruta madura, hierbas secas, roble cremoso. Boca: fruta madura, especiado, taninos maduros, sabroso.

Faustino Rivero Ulecia 2023 RD

86   4€

Faustino Rivero Ulecia CVC Vendimia Seleccionada T

88 ★★★★   4,75€

Agradable, suave, tostado, maduro.

Faustino Rivero Ulecia Tempranillo Garnacha 2023 T
tempranillo, garnacha

88 ★★★★   4€

Agradable, frutal, maduro, sabroso.

Faustino Rivero Ulecia Viura 2023 B

88 ★★★★   4€

Floral, suave, sabroso. Boca: buena acidez.

FERNÁNDEZ EGUILUZ

Los Morales, 7 Bajo
26339 Ábalos (La Rioja)
info@fernandezeguiluz.es
www.fernandezeguiluz.com

Cantarada de las Mozas 2021 B
viura, malvasía

91   26€

Color: pajizo brillante. Aroma: fruta madura, habano, especiado, caramelo tostado, cítricos. Boca: especiado, largo, sabroso.

Peña la Rosa 2022 T MC
tempranillo

88 ★★★★   5€

Frutal, muy primario, sencillo, correcto, herbal.

Peña La Rosa 2023 B
viura, malvasía

86   5€

Peña La Rosa Grano a Grano 2016 T
100% tempranillo

92   45€

Color: cereza intenso, borde granate. Aroma: fruta madura, hierbas secas, roble cremoso, flores marchitas, especias dulces. Boca: fruta madura, especiado, taninos secos pero maduros, cierta persistencia.

Peña La Rosa Secreto del Abuelo 2020 T
tempranillo

90   18€

Color: cereza brillante. Aroma: fruta madura, hierbas secas, fruta roja, especias dulces. Boca: fruta madura, especiado, taninos maduros, retronasal ahumado.

Peña la Rosa Vendimia Seleccionada 2020 T
tempranillo

87   9€

DO Ca. RIOJA / D.O.P.

DO Ca. RIOJA / D.O.P.

FINCA DE LA RICA
Las Cocinillas, s/n
01330 Labastida (La Rioja)
☎: +34 628 833 065
ignacio@fincadelarica.com
www.fincadelarica.com

El Buscador 2021 T C
tempranillo, garnacha

90 ★★★★★ 10€

Aromas nítidos, correcto. Aroma: hierbas silvestres, franco, intensidad media, flores secas. Boca: fácil de beber, fruta madura.

El Nómada Selección de Parcelas 2021 T
tempranillo, graciano

91 ★★★ 16€

Color: cereza intenso. Aroma: fruta madura, hierbas secas, equilibrado, franco. Boca: fruta madura, especiado, taninos maduros.

El Rincón de los Enebros 2022 T BA
tempranillo, garnacha

92 ★★★★★ 14€

Aromas nítidos, equilibrado, frutal. Color: cereza brillante. Aroma: expresivo, franco, especiado. Boca: jugoso, sabroso.

La Candelera 2023 B FB
malvasía, viura, garnacha blanca

91 18€

Color: pajizo. Aroma: fruta madura, hierbas secas, flores marchitas. Boca: potente, fruta madura, equilibrado.

FINCA MONTALVILLO
Ctra. Laguardia, s/n
01340 Elciego (Araba/Álava)
☎: +34 945 600 089
contacto@murielwines.com
www.murielwines.com

Finca Montalvillo 2022 B
garnacha blanca, maturana blanca

90

Fresco, herbal, notas de levadura, sabroso, salino, lleno.

Finca Montalvillo 2022 T
garnacha, mazuelo, maturana

91

Herbal. Aroma: fruta roja, fruta madura, hierbas silvestres. Boca: frutoso, jugoso, fácil de beber, taninos finos.

FINCA VALPIEDRA
El Montecillo s/n
26360 Fuenmayor (La Rioja)
☎: +34 941 450 876
info@bujanda.com
www.familiamartinezbujanda.com

Cantos de Valpiedra 2020 T
97% tempranillo, 3% garnacha

91 ★★★★★ 10,25€

Color: cereza intenso. Aroma: fruta madura, hierbas secas, roble cremoso, fruta roja. Boca: fruta madura, especiado, taninos maduros.

Finca Valpiedra 2018 B R
viura, garnacha blanca, malvasía, maturana blanca

92 52,95€

Color: amarillo brillante. Aroma: roble cremoso, fruta madura, especiado. Boca: graso, estructurado, tostado, fino amargor.

FINCAS DE AZABACHE
Avda. Juan Carlos I, 100
26559 Aldeanueva de Ebro (La Rioja)
☎: +34 941 163 039
info@fincasdeazabache.com
www.fincasdeazabache.com

Fincas de Azabache Tempranillo Blanco 2023 B
100% tempranillo blanco

87 ★★★★ 6,5€

Tunante Tempranillo 2023 T
100% tempranillo

89 ★★★★ 5€

Floral, frutal, golosinas.

Barón de Ebro 2021 T C
70% tempranillo, 20% garnacha, 10% graciano

87 ★★★★ 6€

Azabache Vendimia Seleccionada 2021 T C
70% tempranillo, 20% garnacha, 10% graciano

88 ★★★ 8,5€

Frutal, herbal, especiado, tostado.

Coscojares 2019 T
100% garnacha

92 25€

Color: cereza, borde granate. Aroma: fruta madura, hierbas secas, roble cremoso, fruta confitada, especias dulces. Boca: fruta madura, especiado, sabroso, retronasal ahumado, cierta persistencia.

Fincas de Azabache Garnacha 2021 T C
100% garnacha

89 15€

Color: cereza intenso. Aroma: fruta madura, roble cremoso, especiado, hierbas silvestres. Boca: fruta madura, especiado, taninos secos pero maduros, cierta persistencia.

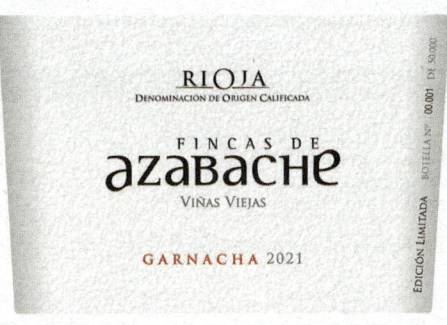

FROM GALICIA GROUP
Orzán 150, Bajo
15003 A Coruña/La Coruña (A Coruña/La Coruña)
☎: +34 881 994 069
info@fromgaliciagroup.com
www.fromgaliciagroup.com

2 Kisses 2019 T C
tempranillo, graciano

90 20€

Color: cereza intenso. Aroma: hierbas secas, hierbas de monte, fruta negra, fina reducción. Boca: fruta madura, especiado, taninos maduros, fluido.

2 Kisses 2023 T
tempranillo, garnacha

87 14€

GRANJA NUESTRA SEÑORA DE REMELLURI
Ctra. Rivas de Tereso, s/n
01330 Labastida (Araba/Álava)
☎: +34 626 386 673
mbernad@remelluri.com
www.remelluri.com

🏆 PODIO

Gran Vino de Remelluri 2020 T R

97 120€

Complejo, clásico, con tensión. Color: cereza oscuro, borde granate. Aroma: fruta madura, ebanistería, tabaco, especias dulces, roble cremoso. Boca: especiado, taninos maduros, largo.

DO Ca. RIOJA / D.O.P.

🏆 PODIO

Remelluri 2021 B
97 🌿   75€

Especiado, elegante, con tensión. Color: amarillo brillante. Aroma: flores secas, fruta escarchada, lías finas, pastelería. Boca: redondo, especiado, largo, persistente, sabroso.

HACIENDA EL TERNERO
Finca El Ternero, s/n
09200 Miranda de Ebro (Burgos)
☎: +34 941 320 021
info@elternero.com
www.elternero.com

Hacienda el Ternero 2016 T R
95% tempranillo, 5% mazuelo

91   28,5€

Color: cereza oscuro, borde granate. Aroma: fruta madura, ebanistería, tabaco, especias dulces. Boca: especiado, taninos maduros, largo.

Hacienda el Ternero 2021 B FB
100% viura

91 ★★★★   12,35€

Color: amarillo brillante. Aroma: potente, fruta madura, especiado. Boca: graso, estructurado, largo, fino amargor.

Hacienda el Ternero Selección Especial 2018 T C
100% tempranillo

91   16,55€

Color: cereza intenso. Aroma: fruta madura, hierbas secas, roble cremoso, tostado. Boca: potente, fruta madura, especiado, taninos maduros.

La Pera 2023 B
tempranillo blanco

90 ★★★★★   8,4€

Color: pajizo brillante. Aroma: expresión frutal, fruta madura, hierbas silvestres, fruta blanca. Boca: sabroso, fresco, retronasal afrutado, cierta persistencia.

Picea 650 2014 T
95% tempranillo, 5% mazuelo

90   33,35€

Color: cereza oscuro. Aroma: tostado, especiado, cacao fino, fruta madura, fruta negra. Boca: sabroso, tostado, fino amargor.

Torno Hacienda el Ternero 2018 T C
tempranillo

91 ★★★★★   11,3€

Color: cereza oscuro. Aroma: tostado, especiado, cacao fino, fruta negra. Boca: sabroso, tostado, fino amargor.

HACIENDA GRIMÓN
Gallera, 6
26131 Ventas Blancas (La Rioja)
☎: +34 941 482 184
info@haciendagrimon.com
www.haciendagrimon.es

Finca La Oración 2021 T
tempranillo

92 ★★★   18€

Color: Cereza. Aroma: especias dulces, fruta madura, cera. Boca: especiado, balsámico, buena acidez, taninos maduros.

Hacienda Grimón "Como lo haría mi Abuelo" 2021 T
tempranillo, garnacha, graciano, viura

91 ★★★★★   11€

Color: cereza oscuro, borde granate. Aroma: fruta madura, ebanistería, especias dulces, tabaco. Boca: especiado, taninos maduros, largo.

Hacienda Grimón "No me Tutees" 2022 T
tempranillo, garnacha, viura

90   18€

Aromático, herbal, silvestre. Color: Cereza. Aroma: hierbas de monte, arbusto, hierbas silvestres. Boca: especiado, balsámico, buena acidez.

Hacienda Grimón "Pa mis Amigos" 2022 B
viura, sauvignon blanc, chardonnay

91   18€

Ligera oxidación. Color: amarillo brillante. Aroma: potente, fruta madura, especiado, frutos secos. Boca: graso, estructurado, largo, fino amargor.

Hacienda Grimón Chardonnay 2022 B
chardonnay

93 ★★★★   18€

Con personalidad, oxidativo. Color: pajizo brillante. Aroma: hierbas silvestres, fósforo, fina reducción, fruta de hueso. Boca: frutoso, buena acidez, fino amargor, jugoso.

Hacienda Grimón
Sauvignon Blanc 2023 B FB
sauvignon blanc

88 ★★★ 8,5€

Balsámico, correcto, equilibrado, herbal, maduro, silvestre, suave.

HACIENDA LÓPEZ DE HARO

Camino del Cementerio, s/n
23338 San Vicente de la Sonsierra (La Rioja)
☎: +34 676 393 955
marketing@vintae.com
www.haciendalopezdeharo.com

Hacienda López de Haro 2014 T GR
tempranillo, graciano

92 19,4€

Color: cereza intenso. Aroma: fruta madura, hierbas secas, pan tostado. Boca: fruta madura, especiado, taninos maduros.

Hacienda López de Haro 2018 B R
viura

92 ★★★★ 15,5€

Color: amarillo brillante. Aroma: potente, roble cremoso, fruta madura, especiado. Boca: graso, estructurado, largo, tostado, fino amargor.

Hacienda López de Haro 2018 T R
tempranillo, graciano

89 11,9€

Equilibrado, especiado, hierbas secas, maduro.

Hacienda López de Haro 2020 T C
tempranillo, garnacha, graciano

89 ★★★★ 7,9€

Equilibrado, especiado, hierbas secas, maduro.

Hacienda López de Haro 2021 T C

89

Sabroso, sencillo. Aroma: especias dulces, fruta madura. Boca: especiado, taninos maduros.

Hacienda López de Haro 2022 B
viura

87 ★★★★ 4,99€

Hacienda López de Haro Vino de Pueblo de San Vicente de la Sonsierra 2020 T
tempranillo, mazuelo

89 15,95€

Equilibrado, especiado, hierbas secas, maduro, tostado.

HEREDEROS DEL MARQUÉS DE RISCAL

Torrea, 1
01340 Elciego (Araba/Álava)
☎: +34 945 606 000
marquesderiscal@marquesderiscal.com
www.marquesderiscal.com

🏆 **PODIO**

Barón de Chirel 2019 T
tempranillo, otras

95 105€

Potente, complejo. Color: cereza oscuro, borde granate. Aroma: fruta madura, ebanistería, tabaco, especias dulces. Boca: especiado, taninos maduros, largo, pulido, sabroso.

Finca Torrea 2020 T
tempranillo

94 31,8€

Tostado. Color: cereza oscuro. Aroma: tostado, especiado, cacao fino, fruta negra, fruta madura. Boca: sabroso, tostado, fino amargor.

🏆 **PODIO**

Marqués de Riscal 150 Aniversario 2019 T GR
tempranillo

97 80€

Clásico, maduro. Color: cereza oscuro. Aroma: tostado, especiado, cacao fino, fruta negra, fruta madura, especias dulces. Boca: sabroso, tostado, fino amargor.

Marqués de Riscal 2020 T R
tempranillo, graciano

93 ★★★★ 17,5€

Color: cereza oscuro, borde granate. Aroma: fruta madura, ebanistería, tabaco, especias dulces, habano, notas almizcladas. Boca: especiado, taninos maduros, largo.

🏆 **PODIO**

Tapias de Marqués de Riscal 2020 T
tempranillo

97 120€

Complejo, tostado. Color: Cereza. Aroma: expresivo, especiado, mineral, fruta negra, fruta madura. Boca: lleno, largo, persistente, sabroso.

XR de Marqués de Riscal 2023 RD
garnacha, viura

92 21,6€

Color: cobrizo. Aroma: fruta confitada, cálido, flores marchitas. Boca: carnoso, sabroso, fruta madura.

DO Ca. RIOJA / D.O.P.

Guía Peñín | VINOS DE ESPAÑA

DO Ca. RIOJA / D.O.P.

🏆 PODIO

Marqués de Riscal 2019 T GR
tempranillo, otras

96 56,5€

Complejo, tostado. Color: cereza oscuro, borde granate. Aroma: fruta madura, fruta confitada, ebanistería, tabaco, especias dulces. Boca: especiado, taninos maduros, largo.

🏆 PODIO

Tapias de Marqués de Riscal 2021 T
96

Color: Cereza. Aroma: expresivo, especiado, mineral, roble cremoso. Boca: elegante, lleno, largo, persistente.

XR de Marqués de Riscal 2020 T R
tempranillo, graciano

94 26,6€

Aromas nítidos, amable. Color: cereza intenso. Aroma: fruta madura, hierbas secas, roble cremoso. Boca: potente, fruta madura, especiado, taninos maduros.

HERMANOS FERNÁNDEZ
Plaza Nueva, 3
01321 Laserna (Araba/Álava)
☎ +34 945 621 103
castillolaserna@hotmail.com
www.castillolaserna.com

Castillo Laserna 2020 T C
tempranillo

87 ★★★★ 4,5€

Elatus 2020 T C
tempranillo

91 ★★★★★ 10€

Color: cereza, borde violáceo. Aroma: especiado, chocolate, fruta negra, hierbas secas. Boca: sabroso, frutoso, buena acidez.

Selva Negra 2021 T
tempranillo

90 25€

Color: cereza oscuro. Aroma: tostado, especiado, cacao fino. Boca: sabroso, tostado, fino amargor.

HERMANOS FRÍAS DEL VAL
Herrerías, 79
01307 Villabuena de Álava (Araba/Álava)
☎: +34 945 386 379
info@friasdelval.com
www.friasdelval.com

Don Peduz 2023 B
60% viura, 40% malvasía
88 12€
Frutal, maduro, sencillo.

Don Peduz 2023 T
tempranillo
89 14€
Equilibrado, especiado, floral, golosinas, herbal.

Don Peduz Viña El Flako 2022 B
70% malvasía, 30% viura
88 18€
Frutal, flores secas, hierbas secas, maduro, sabroso.

Hermanos Frías del Val 2016 T R
tempranillo
88 24€
Clásico, confitado, tostado, especiado.

La Calleja del Sastre 2018 B
viura
91 75€
Con vejez. Aroma: fruta madura, madera marcada, madera vieja, frutos secos, caramelo tostado. Boca: concentrado, graso, opulento.

La Calleja del Sastre 2021 T
tempranillo
93 70€
Lleno, frutal. Color: cereza intenso. Aroma: hierbas secas, roble cremoso, fruta roja, fruta negra. Boca: potente, fruta madura, especiado, taninos maduros.

HNOS. CASTILLO PÉREZ
Concepción, 39
26330 Briones (La Rioja)
☎: +34 667 730 651
info@bodegaszurbal.com
www.bodegaszurbal.es

Zurbal 2022 T
100% tempranillo
87 20€

Zurbal 2022 T
100% tempranillo
86 🌿 5€

Zurbal 2023 B
100% viura
85 4€

Zurbal 2023 RD
100% tempranillo
85 4€

HVMA
Ctra. de Logroño NA-134, km. 86,200
31587 Mendavia (Navarra)
marketing@marquesdelatrio.com

Hallazgo 2021 T C
tempranillo, garnacha
89
Frutal, especiado, tostado, sabroso, maduro.

Hallazgo 2023 B
86

Hallazgo 2023 T
88
Frutal, maduro, sencillo, muy primario, hierbas secas.

IBAI VITICULTORES
Esras, 31-3
01340 Elciego (Araba/Álava)
☎: +34 666 456 126
info@closibai.com
www.closibai.com

Clos Ibai 2021 B
90% viura, 10% otras
89 🌿 12,9€
Agradable, suave, sabroso.

Clos Ibai 2021 T
85% tempranillo, 10% graciano, 5% viura
92 ★★★★ 🌿 15,9€
Color: Cereza. Aroma: balsámico, especias dulces, hierbas de monte. Boca: especiado, balsámico, buena acidez.

DO Ca. RIOJA / D.O.P.

DO Ca. RIOJA / D.O.P.

Clos Ibai Garnacha Blanca 2021 B
garnacha blanca

91 ★★★★ 🍇 12,9€

Color: pajizo. Aroma: fruta madura, hierbas secas, flores marchitas. Boca: potente, fruta madura, equilibrado.

Clos Ibai Garnacha Tinta 2021 T
garnacha

89 12,5€

Agradable, suave, silvestre.

Clos Ibai Graciano 2021 T
graciano

88 🍇 14,65€

Agradable, sabroso, maduro, balsámico.

JAIME RUIZ DIAZ
Travesía de la Estación, 3
26330 Briones (La Rioja)
☎: +34 670 306 209
jaimeru84@gmail.com

Troqueao 2021 T
75% tempranillo, 25% garnacha

91 19€

Color: cereza oscuro. Aroma: tostado, especiado, cacao fino, fruta negra. Boca: sabroso, tostado, fino amargor.

JESÚS DE MADRAZO WINES
San Ignacio de Loyola, 12 5ºG
26009 Logroño (La Rioja)
☎: +34 639 780 524
chus56madrazo@gmail.com

Jesús Madrazo Ermita de San Gregorio 2021 B R
viura, malvasía

93

Color: pajizo. Aroma: expresivo, flores blancas, hierbas secas, especiado, hierbas silvestres. Boca: frutoso, jugoso, especiado, largo, tostado.

Jesús Madrazo Num. IV 2020 T

92

Color: cereza intenso, borde granate. Aroma: cacao fino, habano, tostado, fruta confitada. Boca: sabroso, especiado, tostado, taninos potentes.

Selección Jesús Madrazo Rioja Alavesa 2020 T

93

Aromas nítidos, frutal. Color: Cereza. Aroma: expresivo, mineral, roble cremoso, equilibrado. Boca: muy vivo, largo, equilibrado, especiado, jugoso.

JOSÉ GIL VIGNERON
vigneronsdelasonsierra@gmail.com

🏆 **PODIO**

José Gil El Bardallo 2022 T

95

Aromas nítidos, amable. Color: Cereza. Aroma: complejo, expresivo, especiado, mineral, fruta roja. Boca: elegante, lleno, largo, persistente.

José Gil Viñedos de San Vicente 2021 T

93

Color: cereza, borde violáceo. Aroma: expresión frutal, fruta roja, floral, especias dulces. Boca: sabroso, frutoso, buena acidez, largo.

JUAN CARLOS SANCHA
Cº de Las Barreras, s/n
26320 Baños de Río Tobia (La Rioja)
☎: +34 639 216 011
juancarlossancha@yahoo.es
www.juancarlossancha.com

Ad Libitum Maturana Blanca 2022 B
100% maturana blanca

92 ★★★★ 🍇 12€

Color: pajizo brillante. Aroma: caramelo de limón, fruta blanca, hierbas silvestres, fruta madura. Boca: sabroso, frutoso, especiado, cierta persistencia.

Ad Libitum Monastel 2022 T
monastrell

92 ★★★★ 🍇 16€

Jugoso. Color: cereza intenso. Aroma: hierbas secas, fruta negra, fruta roja, cacao fino. Boca: potente, fruta madura, especiado, taninos maduros.

Cerro La Isa Viñedo Singular 2020 T
100% garnacha

93 🍇 45€

Color: Cereza. Aroma: balsámico, especias dulces, hierbas de monte, hierbas silvestres, fruta roja. Boca: especiado, balsámico, buena acidez.

Cerro La Isa Viñedo Singular 2021 B FB
garnacha blanca, malvasía, viura, torrontés, calagraño

94 🍇 45€

Color: pajizo brillante. Aroma: expresivo, fruta madura, floral, lías finas, cítricos, pétalos de rosa. Boca: lleno, complejo, especiado, largo, elegante.

Peña El Gato Garnacha 2021 T BA
100% garnacha

92 ★★★★ 🍇 16€

Aromas nítidos, balsámico. Color: Cereza. Aroma: balsámico, especias dulces, hierbas verdes. Boca: especiado, balsámico, buena acidez.

Peña El Gato Tinaja 2021 T
100% garnacha

93 ★★★ 🌿   19€

Color: cereza oscuro, borde granate. Aroma: fruta madura, ebanistería, tabaco, especias dulces. Boca: especiado, taninos maduros, largo.

LA CARBONERA
Camino Los Arenales s/n
01330 Labastida (Araba/Álava)
☎: +34 938 177 400
info@torres.es
www.torres.es

Malpastor 2020 T C
tempranillo

90 ★★★★★   8,9€

Color: cereza brillante. Aroma: especias dulces, fruta madura, franco. Boca: frutoso, especiado, taninos maduros, fácil de beber.

LA RIOJA ALTA
Avda. de Vizcaya, 8
26200 Haro (La Rioja)
☎: +34 941 310 346
info@riojalta.com
www.riojalta.com

🏆 **PODIO**

Gran Reserva 904
Selección Especial 2015 T GR
90% tempranillo, 10% graciano

97   75€

Color: cereza oscuro, borde granate. Aroma: fruta confitada, ebanistería, tabaco, especias dulces, hierbas de monte. Boca: especiado, taninos maduros, largo.

Viña Alberdi 2020 T C
100% tempranillo

92 ★★★   17€

Color: cereza oscuro, borde granate. Aroma: fruta madura, ebanistería, tabaco. Boca: especiado, largo.

🏆 **PODIO**

Viña Arana 2016 T GR
95% tempranillo, 5% graciano

96 ★★★   35€

Cremoso, clásico. Color: cereza intenso, borde granate. Aroma: ebanistería, fruta madura, cacao fino, habano, tostado. Boca: sabroso, especiado, tostado, taninos potentes.

Viña Ardanza 2017 T R
80% tempranillo, 20% garnacha

94   28€

Color: cereza intenso, borde granate. Aroma: ebanistería, fruta madura, cacao fino, habano, tostado. Boca: sabroso, especiado, tostado.

LMT WINES (LUIS MOYA)
Cerro Amurdi
31190 Cizur Menor (Navarra)
☎: +34 645 841 928
hola@lmtwines.com
www.lmtwines.com

La Tapada 2021 T
garnacha

91 🌿   22€

Color: Cereza. Aroma: hierbas de monte, hierbas secas, franco, expresivo, fresco, intensidad media. Boca: especiado, balsámico, buena acidez.

La Tapada 2022 T
garnacha

91 🌿   22€

Aromático, frutal, maduro. Aroma: fruta madura, hierbas secas. Boca: redondo, fino amargor, retronasal afrutado, fruta madura.

LUBERRI MONJE AMESTOY
Camino de Rehoyos, s/n
01340 Elciego (Araba/Álava)
☎: +34 945 606 010
luberri@luberri.com

Biga
de Luberri 2021 T C
100% tempranillo

90 ★★★★★   8,9€

Correcto, especiado, maduro. Aroma: hierbas silvestres, tostado. Boca: sabroso.

DO Ca. RIOJA / D.O.P.

DO Ca. RIOJA / D.O.P.

Cepas Viejas de Luberri 2020 T
100% tempranillo

91 26€

Color. Cereza. Aroma: balsámico, especias dulces, fruta madura, con carácter. Boca: especiado, balsámico, buena acidez, fácil de beber, fruta madura.

Las Salinas Beltza 2021 T C
100% tempranillo

90 24,8€

Ligera oxidación. Color. cereza, borde granate. Aroma: fruta madura, hierbas secas, tostado. Boca: sabroso, equilibrado.

Las Salinas Zuri de Luberri 2023 B FB
80% viura, 20% malvasía

90 16,2€

Color. pajizo brillante. Aroma: expresión frutal, fruta madura, hierbas silvestres. Boca: sabroso, fresco, retronasal afrutado, equilibrado.

Luberri 2023 T MC
95% tempranillo, 5% viura

89 ★★★★ 6,7€

Aromático, correcto, frutal, golosinas, maduro, suave, agradable.

Luberri Zuri 2023 B
80% viura, 20% malvasía

89 ★★★★ 6,35€

Cítrico, fresco, herbal, sabroso, notas de levadura.

MACROBERT & CANALS
Soto Galo 12, Nave 1
26009 Logroño (La Rioja)
☎: +34 639 214 250
bryan@macrobertandcanals.com
www.macrobertandcanals.com

Barranco del San Ginés 2022 T

90 75€

Color. Cereza, borde anaranjado. Aroma: cera, reducido. Boca: amargoso, matices de reducción, muy vivo, sabroso, equilibrado.

Cuatro Corros 2022 T

91 35€

Aromas nítidos, muy primario, jugoso. Color. cereza, borde violáceo. Aroma: expresión frutal, floral, especiado. Boca: sabroso, frutoso, retronasal afrutado, persistente.

Laventura Garnacha 2022 T
garnacha

92 20€

Aromas nítidos, jugoso. Color. cereza, borde granate. Aroma: fruta roja, fruta madura, franco, equilibrado. Boca: frutoso, muy vivo, largo, retronasal afrutado.

Laventura Malvasía 2022 B
malvasía

92 20€

Color. amarillo brillante. Aroma: flores secas, fruta escarchada, pastelería, flores marchitas. Boca: especiado, largo, persistente.

Laventura Viura 2022 B
viura

91 20€

Color. pajizo brillante. Aroma: fruta madura, hierbas de tocador, lías finas, cera. Boca: lleno, largo, buena acidez.

Paraje de La Virgen 2022 T

93 50€

Color. Cereza. Aroma: expresivo, especiado, mineral, fruta roja, fruta madura. Boca: lleno, largo, persistente, muy vivo, jugoso.

MANUEL QUINTANO LABASTIDA
Avda. de Diputación, 53
01330 Labastida (Araba/Álava)
☎: +34 682 722 089
jcereceda@manuelquintano.com
www.manuelquintano.com

Manuel Quintano 2018 T R
98% tempranillo, 2% otras

90 25€

Color. cereza intenso. Aroma: fruta madura, hierbas secas, roble cremoso, fruta negra. Boca: fruta madura, especiado, taninos maduros.

Manuel Quintano 2022 B
95% viura, 5% tempranillo blanco

90 ★★★★★ 10€

Color. pajizo brillante. Aroma: fruta madura, hierbas de tocador, lías finas. Boca: lleno, graso, buena acidez.

Manuel Quintano Cepas Viejas 2022 T
95% garnacha, 5% otras

92 ★★★★ 14,5€

Color. cereza intenso. Aroma: fruta madura, hierbas secas, roble cremoso, fruta roja, especias dulces. Boca: potente, fruta madura, especiado, taninos maduros, frutoso, fresco, sabroso, cierta persistencia.

Manuel Quintano El Pionero 2021 T
95% tempranillo, 5% garnacha

90 ★★★★★ 10€

Color. cereza intenso. Aroma: hierbas secas, roble cremoso, fruta negra. Boca: fruta madura, especiado, taninos maduros.

Manuel Quintano Selección Particular 2021 T
95% tempranillo, 5% otras
91 18€
Color: cereza intenso. Aroma: hierbas secas, roble cremoso, fruta negra, fruta madura. Boca: potente, fruta madura, especiado, taninos maduros.

MARQUÉS DE LA CONCORDIA FAMILY OF WINES
Ctra. El Ciego, s/n
26350 Cenicero (La Rioja)
www.marquesdelaconcordia.com

Paternina Banda Azul 2022 T C
86

MARQUÉS DE MURRIETA
Ctra. N-232-A, km. 402
26006 Logroño (La Rioja)
☎: +34 941 271 374
visitas@marquesdemurrieta.com
www.marquesdemurrieta.com

🏆 PODIO
Capellania 2019 B GR
viura
95 85€
Complejo, especiado. Color: amarillo brillante. Aroma: flores secas, fruta escarchada, lías finas, pastelería, cera. Boca: redondo, especiado, largo, persistente.

🏆 PODIO
Dalmau 2020 T R
82% tempranillo, 12% cabernet sauvignon, 6% graciano
95
Color: cereza brillante. Aroma: expresivo, especiado, mineral, fruta madura, tostado, balsámico. Boca: lleno, largo, persistente.

Marqués de Murrieta 2020 T R
82% tempranillo, 8% graciano, 7% mazuelo, 3% garnacha
93 29€
Color: cereza brillante, borde granate. Aroma: fruta roja, especiado, hierbas silvestres, complejo. Boca: equilibrado, buena acidez, taninos finos.

Marqués de Murrieta Primer Rosé 2023 RD
100% mazuelo
91 36€
Color: frambuesa. Aroma: fruta madura, cálido, flores marchitas. Boca: carnoso, fruta madura.

🏆 PODIO
Castillo Ygay 2012 T GR
81% tempranillo, 19% mazuelo
99 280€
Complejo, maduro. Color: cereza, borde granate. Aroma: equilibrado, complejo, fruta madura, especiado. Boca: estructurado, sabroso, taninos maduros, equilibrado.

MARQUÉS DE TOMARES
Ctra. de Cenicero, s/n
26360 Fuenmayor (La Rioja)
☎: +34 941 451 129
info@premiumfincas.com
www.marquesdetomares.com

Marqués de Tomares 2016 B GR
91 25,95€
Color: pajizo. Aroma: hierbas secas, frutos secos, flores secas, pan tostado, fruta de hueso. Boca: potente, fruta madura, equilibrado.

Marqués de Tomares 2016 T GR
91 25,95€
Color: cereza intenso. Aroma: fruta madura, hierbas secas, roble cremoso. Boca: fruta madura, especiado, taninos maduros.

Marqués de Tomares 2017 T R
91 ★★★ 16€
Maduro, representativo, silvestre. Aroma: roble cremoso, especias dulces, cera, tabaco. Boca: sabroso.

Marqués de Tomares 2021 T C
90 ★★★★★ 9,75€
Correcto, sencillo. Aroma: fruta madura, roble cremoso. Boca: fruta madura, especiado, taninos maduros.

DO Ca. RIOJA / D.O.P.

Marqués de Tomares 2020 B FB
garnacha blanca

91 ★★★★★ 9,75€

Color: amarillo. Aroma: caramelo de limón, fruta madura, expresivo, equilibrado, especiado. Boca: especiado, largo, fino amargor, lleno.

MARQUÉS DEL PUERTO

Ctra. Logroño s/n
26360 Fuenmayor (La Rioja)
☎: +34 941 450 001
bodegas@marquesdelpuerto.com
www.marquesdelpuerto.com

Marqués del Puerto 2016 T GR
90% tempranillo, 10% mazuelo

90 18€

Color: cereza oscuro, borde granate. Aroma: fruta madura, ebanistería, tabaco, especias dulces. Boca: especiado, taninos maduros, largo.

Marqués del Puerto 2017 T R
90% tempranillo, 10% mazuelo

88 13,3€

Frutal, hierbas secas, especiado, maduro, sencillo.

Marqués del Puerto 2021 T C
100% tempranillo

88 ★★★★ 7,3€

Equilibrado, especiado, hierbas secas, sabroso.

MARTÍNEZ CORTA

Ctra. Cenicero, s/n
26313 Uruñuela (La Rioja)
☎: +34 941 898 889
info@bornosbodegas.com
www.bodegasmartinezcorta.com

Finca Iriarte 2022 T
100% tempranillo

88 ★★★ 8,2€

Cremoso, frutal, fluido, hierbas secas.

Martínez Corta 2017 T R
100% tempranillo

88 13,1€

Sobremaduro, confitado, suave.

MAYOR DE MIGUELOA

Mayor, 20
01300 Laguardia (Araba/Álava)
☎: +34 647 212 947
reservas@mayordemigueloa.com
www.mayordemigueloa.com

El Foehn 2020 T
tempranillo

94 78€

Con tensión, tostado. Color: cereza oscuro, borde granate. Aroma: fruta madura, ebanistería, tabaco, especias dulces. Boca: especiado, taninos maduros, largo.

MENDIETA OSABA WINES

Curillos, 36
01308 Lanciego (Araba/Álava)
☎: +34 945 608 140
mendi@mendietaosabawines.com
www.mendietaosabawines.com

El Camino Mendi 2021 T

91 29,4€

Color: cereza intenso. Aroma: hierbas secas, roble cremoso, fruta negra. Boca: fruta madura, especiado, taninos maduros.

Mendi 2023 RD
mazuelo

88 ★★★★ 🌱 7,85€

Agradable, aromático, frutal, jugoso, amable.

Mendi by Mendieta Osaba 2023 T
tempranillo

88 ★★★★ 🌱 7,85€

Equilibrado, frutal, herbal, especiado.

Vascomendi V.S. 2021 T
tempranillo

92 30,45€

Aromas nítidos, suave. Color: cereza, borde violáceo. Aroma: floral, especiado, fruta madura. Boca: sabroso, frutoso, buena acidez, largo.

Vascomendi V.S. 2022 B
viura, malvasía

90 30,45€

Aromas nítidos, fruta golpeada. Color: amarillo, pálido. Aroma: fruta blanca, fruta madura, especiado. Boca: sabroso.

OSTATU
Ctra. Vitoria, 1
01307 Samaniego (Araba/Álava)
☎: +34 945 609 133
ostatu@ostatu.com
www.ostatu.com

Laderas Ostatu 2018 T
95% tempranillo, 5% viura

90 32€

Color: Cereza. Aroma: roble cremoso, fruta madura, franco. Boca: frutoso, potente, varietal, taninos maduros.

Lore de Ostatu 2021 B FB
50% viura, 50% malvasía

91 20€

Color: pajizo brillante. Aroma: fruta madura, floral, notas de levadura. Boca: sabroso, fresco, buena acidez, retronasal afrutado.

Ostatu 2021 T C
90% tempranillo, 10% graciano, mazuelo, garnacha

90 ★★★★ 11,9€

Aromático, frutal. Aroma: fruta madura, equilibrado, hierbas silvestres. Boca: correcto, sabroso.

Ostatu 2023 B
85% viura, 15% malvasía

90 ★★★★★ 6,5€

Amable, aromas nítidos, sabroso, frutal.

Ostatu 2023 T MC
90% tempranillo, 3% graciano, 3% mazuelo, 4% viura

88 ★★★★ 6,5€

Correcto, hierbas secas, frutal.

Valdepedro de Ostatu 2022 T
tempranillo

91 ★★★★ 14€

Aromas nítidos. Color: cereza, borde violáceo. Aroma: fruta roja, especiado, franco. Boca: sabroso, frutoso, buena acidez, largo.

OXER WINES
Ctra. Navaridas
01300 Laguardia (Araba/Álava)
☎: +34 616 984 118
oxer@oxerwines.com
www.oxerwines.com

Ahari 2022 T
93

Color: Cereza. Aroma: especiado, notas anisadas, fruta negra, fruta madura. Boca: lleno, sabroso, taninos rugosos, jugoso.

🏆 **PODIO**

Kalamity 2022 B
95

Con potencial. Color: pajizo. Aroma: fruta madura, hierbas secas, flores marchitas, pastelería, especias dulces. Boca: potente, fruta madura, equilibrado, mineral.

Kalamity 2022 T
94

Con tensión. Color: Cereza. Aroma: complejo, expresivo, especiado, mineral, fruta roja, cacao fino. Boca: lleno, largo, persistente.

🏆 **PODIO**

Manttoni 2022 T
95

Color: Cereza. Aroma: complejo, expresivo, especiado, mineral, frambuesa. Boca: elegante, lleno, largo, persistente.

Suzzane 2022 T
92

Aromas nítidos, correcto, frutal, con tensión. Color: cereza, borde violáceo. Aroma: franco, equilibrado, floral, toques silvestres, hierbas silvestres. Boca: frutoso, sabroso.

Tartalo 2022 T
94

Color: Cereza. Aroma: especiado, mineral, fruta roja, fruta madura, hierbas verdes. Boca: lleno, persistente, taninos rugosos.

DO Ca. RIOJA / D.O.P.

PACO MULERO
Partida de la Hoya Torres s/n
30520 Jumilla (Murcia)
☎: +34 968 105 997
info@pacomulero.com
www.pacomulero.com

Prisma Tempranillo 2023 T
tempranillo

91 ★★★★★ 6,5€

Color: cereza brillante. Aroma: fruta fresca, hierbas de tocador, balsámico. Boca: buena acidez, especiado, taninos finos.

PAGO DE LARREA
Ctra. de Cenicero, Km. 0,2
01340 Elciego (Araba/Álava)
☎: +34 945 606 263
pagodelarrea@pagodelarrea.com
www.pagodelarrea.com

8 de Caecus Vendimia Seleccionada 2020 T
100% tempranillo

91 ★★★★★ 10€

Color: cereza oscuro, borde granate. Aroma: fruta madura, ebanistería, tabaco, especias dulces. Boca: especiado, taninos maduros, largo.

Caecus 2019 T R
100% tempranillo

90 ★★★ 13,1€

Color: cereza intenso, borde granate. Aroma: ebanistería, fruta madura, cacao fino, habano, tostado. Boca: sabroso, especiado, tostado, taninos potentes.

Caecus 2020 T C
100% tempranillo

88 ★★★★ 7,4€

Tostado, especiado, sabroso.

Caecus Verderón 2023 B FB
95% viura, 5% malvasía

88 ★★★★ 5,8€

Agradable, tropical, suave.

El Guardián de la Viña, Viñedo Singular 2020 T
100% tempranillo

90 38€

Especiado, herbáceo, tostado. Color: cereza, borde violáceo. Aroma: hierbas verdes, hierbas de monte, cacao fino. Boca: estructurado, equilibrado.

PAGOS DEL REY
Ctra. N-232, PK 422,7
26360 Fuenmayor (La Rioja)
☎: +34 941 450 818
rioja@pagosdelrey.com
www.pagosdelrey.com

Arnegui 2018 T R
100% tempranillo

87 9,95€

Arnegui 2019 T C
100% tempranillo

86 6,95€

Arnegui Viento Norte 2021 T RB
tempranillo

90 ★★★★★ 8,95€

Color: cereza oscuro. Aroma: tostado, especiado, cacao fino, fruta negra, fruta madura. Boca: sabroso, tostado, fino amargor.

Auténtica 2023 T
tempranillo

88 9,95€

Confitado, maduro, suave.

Auténtica RD
87

Beso de Luna 2023 B
viura

86

Beso de Luna 2023 RD
tempranillo, garnacha

87

Castillo de Albai 2019 T C
87

Castillo de Albai 2018 T R
tempranillo

88 ★★★ 8,99€

Agradable, tostado, maduro, especiado, clásico.

PAISAJES Y VIÑEDOS
Pza. Ibarra, 1
26330 Briones (La Rioja)
☎: +34 941 322 301
comunicacio@vilaviniteca.es

Paisajes Cecias 2021 T
91

Confitado. Aroma: especiado, con carácter, potente, fruta golpeada, fruta confitada. Boca: sabroso, taninos maduros, especiado, fruta madura.

Paisajes La Pasada 2021 T
tempranillo

91

Color: cereza brillante. Aroma: especias dulces, fruta madura, chocolate, tostado. Boca: frutoso, especiado, taninos maduros.

Paisajes Valsalado 2021 T
tempranillo, garnacha, mazuelo, graciano

92

Color: cereza brillante. Aroma: especiado, fruta madura, equilibrado. Boca: sabroso, frutoso, buena acidez, largo.

QUEIRÓN
Nº 9 Barrio de Bodegas de Quel
26570 Quel (La Rioja)
☎: +34 941 234 200
info@queiron.es
www.queiron.es

Queirón Ensayos Capitales Graciano 2022 T
graciano

92 36€

Color: cereza intenso. Aroma: franco, varietal, hierbas de monte, hierbas secas, regaliz negro, tomillo. Boca: jugoso, elegante, especiado, fruta madura, equilibrado.

Queirón mi Lugar 2019 T BA
tempranillo, garnacha

92 21,5€

Color: cereza intenso. Aroma: hierbas secas, roble cremoso, especiado, fruta negra. Boca: fruta madura, especiado, taninos maduros.

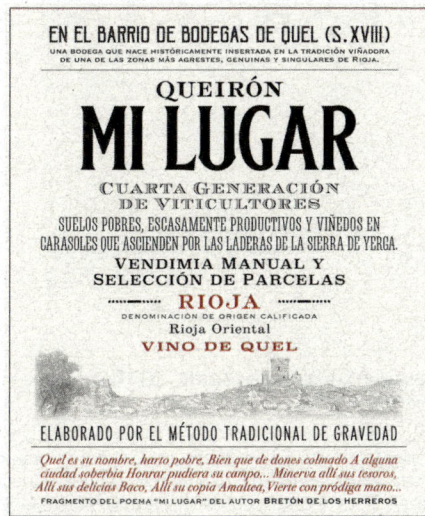

Queirón mi Lugar Tempranillo Blanco 2021 B FB
tempranillo blanco

91 21,5€

Color: amarillo brillante. Aroma: fruta fresca, cítricos, hierbas silvestres, flores marchitas. Boca: fresco, frutoso, buena acidez, fino amargor, equilibrado.

DO Ca. RIOJA / D.O.P.

DO Ca. RIOJA / D.O.P.

R & G ROLLAND GALARRETA
Ramón y Cajal 7, 1ºA
01007 Vitoria-Gasteiz (Araba/Álava)
☎: +34 945 150 189
araex@araex.com
www.araex.com

Rolland Galarreta Esencia 2018 T
93
Cremoso, suave. Color: cereza oscuro, borde granate. Aroma: fruta madura, fruta confitada, ebanistería, tabaco, especias dulces. Boca: especiado, taninos maduros, largo.

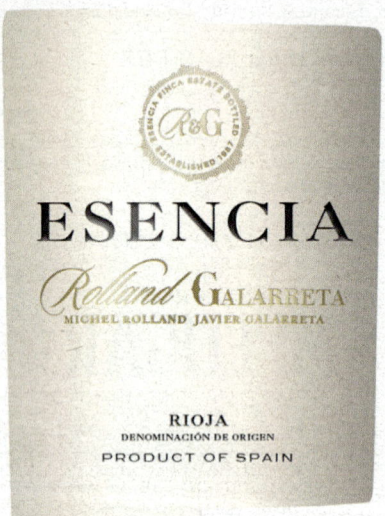

Rolland Galarreta Iconic 2018 T R
100% tempranillo
93
Clásico, tostado. Color: cereza oscuro, borde granate. Aroma: fruta confitada, ebanistería, tabaco, especias dulces, fruta negra. Boca: especiado, taninos maduros, largo.

R. LÓPEZ DE HEREDIA VIÑA TONDONIA
Avda. Vizcaya, 3
26200 Haro (La Rioja)
☎: +34 941 310 244
bodega@lopezdeheredia.com
www.tondonia.com

Viña Tondonia 2012 T R
94
Color: cereza poco intenso, borde teja. Aroma: fruta confitada, tabaco, especias dulces, hierbas de monte, notas cárnicas, metálico. Boca: especiado, taninos maduros, sabroso, fresco.

RAMÓN BILBAO
Avda. Santo Domingo, 34
26200 Haro (La Rioja)
☎: +34 941 310 316
info.ramonbilbao@zamoracompany.com
www.bodegasramonbilbao.com/es

Lalomba Finca Ladero 2018 T
70% tempranillo, 30% garnacha
94
Color: cereza brillante. Aroma: roble cremoso, fruta roja, fruta madura, flores secas. Boca: potente, fruta madura, especiado, taninos maduros.

Lalomba Finca Lalinde 2023 RD
92
Color: rosáceo pálido. Aroma: fruta roja, hierbas de tocador, flores secas, especiado. Boca: especiado, buena acidez, fino amargor.

Ramón Bilbao 2016 T GR
90% tempranillo, graciano, mazuelo
93
Equilibrado, especiado, maduro. Aroma: expresivo, fina reducción, hierbas secas, fruta madura. Boca: jugoso, pulido, sabroso, buena acidez, equilibrado.

🏆 PODIO

Lalomba Finca Valhonta 2019 T
tempranillo

95
Color: Cereza. Aroma: complejo, expresivo, especiado, mineral, fruta roja, floral. Boca: elegante, lleno, largo, persistente.

Mirto de Ramón Bilbao 2018 T
tempranillo

94
Corpulento, cremoso. Aroma: cacao fino, pimienta negra, roble cremoso, fruta madura. Boca: redondo, sabroso, largo, taninos maduros.

Ramón Bilbao 2011 T GR
90% tempranillo, 5% mazuelo, 5% graciano

94
Complejo, clásico. Color: cereza intenso, borde granate. Aroma: ebanistería, fruta madura, cacao fino, habano, tostado. Boca: sabroso, especiado, tostado, taninos potentes.

Ramón Bilbao Early Harvest 2023 RD
60% tempranillo blanco, 40% garnacha

90
Amable, aromático. Aroma: plátano, fresco, franco. Boca: muy vivo, retronasal afrutado.

Ramón Bilbao 2021 T C
tempranillo

91
Color: cereza, borde violáceo. Aroma: expresión frutal, fruta roja, especiado, hierbas silvestres, fruta madura. Boca: sabroso, frutoso, fresco, cierta persistencia, taninos maduros, tostado.

Ramón Bilbao Edición Limitada 2021 T
tempranillo

91
Color: cereza intenso. Aroma: hierbas secas, roble cremoso, fruta negra. Boca: fruta madura, especiado, taninos maduros.

Ramón Bilbao Edición Limitada Garnacha 2021 T C
garnacha

92
Color: cereza, borde violáceo. Aroma: fruta roja, especiado, notas cárnicas, flores marchitas. Boca: sabroso, frutoso, buena acidez, largo.

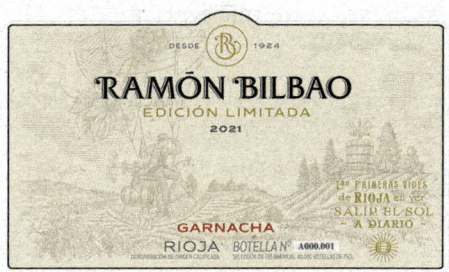

Ramón Bilbao Límite Norte 2021 B R
50% maturana blanca, 50% tempranillo blanco

91
Aromático. Color: pajizo brillante. Aroma: lías finas, notas de levadura, flores secas. Boca: fresco, buena acidez, afilado, con tensión.

Ramón Bilbao Límite Sur 2021 T C
garnacha

92
Frutal, aromas nítidos, amable. Color: cereza, borde violáceo. Aroma: fruta roja, floral, especiado. Boca: sabroso, frutoso, buena acidez, carnoso.

Ramón Bilbao Reserva de la Familia 2018 T
100% tempranillo

93   26€
Color: cereza brillante, borde granate. Aroma: especiado, hierbas silvestres, fruta madura, fruta negra. Boca: fresco, equilibrado, buena acidez, taninos finos.

DO Ca. RIOJA / D.O.P.

DO Ca. RIOJA / D.O.P.

Ramón Bilbao Viñedos de Altura 2021 T
50% garnacha, 50% tempranillo

91

Color: cereza brillante. Aroma: expresión frutal, fruta roja, especias dulces, tostado. Boca: sabroso, frutoso, equilibrado, cierta persistencia, retronasal ahumado.

RAMÓN SAENZ ORGANIC WINES & VINEYARDS
Mayor, 12
01307 Baños de Ebro (Araba/Álava)
☎: +34 945 609 212
bodegasrs@hotmail.com
www.bodegasramonsaenz.com

Cimadago 2019 T C
80% tempranillo, 10% garnacha, 10% graciano

90 ★★★★★ 🌱   8€

Color: cereza intenso, borde granate. Aroma: fruta madura, hierbas secas, fruta roja, floral, azafrán. Boca: fruta madura, taninos secos pero maduros, cierta persistencia, especiado.

Ramón Sáenz IVI One 2021 T
100% tempranillo

88 🌱   20€

Confitado, corpulento, fruta golpeada, algo caído. Aroma: chocolate, roble cremoso.

Ramón Sáenz PL One 2022 B
80% viura, 20% garnacha

92 ★★★★   15€

Color: pajizo. Aroma: hierbas secas, flores marchitas, pan tostado, fruta blanca. Boca: potente, fruta madura, equilibrado.

Ramón Sáenz, Pasión de Vida 2023 T
95% tempranillo, 5% viura

88 ★★★★ 🌱   6,5€

Confitado, potente, frutal.

Ramón Sáenz, Pequeño Bastión 2022 T RB
85% tempranillo, 15% garnacha

90 ★★★★ 🌱   12€

Color: cereza brillante. Aroma: floral, especiado, fruta madura. Boca: sabroso, frutoso, buena acidez, largo.

Ramón Sáenz, Piedras Rodantes 2022 T RB
85% tempranillo, 15% graciano

90 ★★★★ 🌱   12€

Correcto, sencillo. Color: Cereza. Aroma: especias dulces, hierbas de monte, intensidad media, equilibrado. Boca: especiado, balsámico, buena acidez, fácil de beber.

REAL AGRADO
Camino de los Agudos s/n
26559 Aldeanueva de Ebro (La Rioja)
☎: +34 941 142 389
info@realagrado.com
www.realagrado.com

Canterabuey Viñedo Singular 2019 T
100% garnacha

90   19,95€

Color: cereza intenso. Aroma: fruta madura, hierbas secas, roble cremoso, especias dulces. Boca: fruta madura, especiado, taninos maduros, carnoso.

La Lobera Cuatro Varietales 2016 T R
tempranillo, mazuelo, graciano, garnacha

90   29,95€

Color: cereza, borde granate. Aroma: fruta confitada, fruta al licor, potente. Boca: sabroso, dulcedumbre, largo.

Real Agrado 2019 T R
garnacha, tempranillo, graciano, mazuelo

91 ★★★★★   11,95€

Clásico. Color: cereza oscuro. Aroma: cacao fino, notas cárnicas, fina reducción, fruta confitada, especias dulces. Boca: sabroso, tostado, fino amargor.

Real Agrado 2020 T C
garnacha, tempranillo

88 ★★★★   7,95€

Equilibrado, especiado, hierbas secas, maduro, tostado.

Real Agrado 2023 RD
garnacha, viura

86   5,5€

Rodiles Graciano 2012 T R
100% graciano

91   49,95€

Color: cereza oscuro, borde granate. Aroma: fruta madura, ebanistería, tabaco, especias dulces. Boca: especiado, taninos maduros, largo.

RIOJA VEGA
Ctra. Logroño-Mendavia, Km. 92
31230 Viana (Navarra)
☎: +34 948 646 263
info@riojavega.com
www.riojavega.com

Rioja Vega 2019 T R

88   14€

Confitado, correcto, especiado, maduro, sabroso, sencillo.

Rioja Vega Colección Tempranillo Blanco 2023 B
100% tempranillo blanco

91 ★★★ 16€

Color: pajizo brillante. Aroma: expresión frutal, fruta madura, floral, expresivo. Boca: sabroso, fresco, buena acidez, retronasal afrutado.

Rioja Vega Edición Limitada 2021 T C
70% tempranillo, 30% garnacha

89 13€

Correcto, frutal, herbal, floral, maduro. Boca: fácil de beber.

Rioja Vega Garnacha 2023 RD
100% garnacha

87 9€

Rioja Vega Garnacha Blanca Tempranillo Blanco 2023 B
81% garnacha blanca, 19% tempranillo blanco

88 ★★★ 9€

Correcto, frutal, flores secas, maduro.

Rioja Vega Tempranillo Blanco 2021 B R
100% tempranillo blanco

92 40€

Aromático, tropical, maduro. Color: amarillo. Aroma: especias dulces, madera marcada, roble cremoso. Boca: sabroso, largo, fruta madura, redondo.

ROSARIO VERA
Camino de la Hoya, 1
01300 Laguardia (Araba/Álava)
☎: +34 968 435 022
info@gilfamily.com
www.gilfamily.es

Ai Ama ! 2023 T
100% tempranillo

91 ★★★★★ 6,45€

Color: cereza, borde violáceo. Aroma: expresión frutal, fruta roja, floral, especiado. Boca: sabroso, frutoso, buena acidez.

Honoro Vera Rioja 2023 T
100% tempranillo

91 ★★★★★ 6,75€

Color: cereza brillante. Aroma: fruta fresca, fruta roja, balsámico. Boca: buena acidez, especiado, taninos finos.

RUFINO LECEA BLANCO
Las Cuevas, 15
26340 San Asensio (La Rioja)
☎: +34 626 499 140
rufino.lecea@gmail.com
www.reminde.es

Reminde 2022 T
100% tempranillo

90 ★★★ 14€

Color: cereza, borde violáceo. Aroma: fruta roja, floral, especiado, chocolate. Boca: sabroso, frutoso, buena acidez, largo.

Reminde 2023 T MC
100% tempranillo

89 ★★★ 10€

Agradable, frutal, sabroso.

Reminde Viñedo Singular 2020 T
100% tempranillo

92 27€

Jugoso, agradable. Color: cereza intenso. Aroma: fruta madura, hierbas secas, roble cremoso. Boca: potente, fruta madura, especiado, taninos maduros.

SANTALBA
Avda. de la Rioja, s/n
26521 Gimileo (La Rioja)
☎: +34 941 304 231
santalba@santalba.com
www.santalba.com

Santalba 2018 T R
100% tempranillo

89 13,2€

Confitado, corpulento, sabroso, tostado. Aroma: fruta negra.

Santalba 2021 T C
100% tempranillo

87 9,9€

Santalba 2023 B
100% viura

88 ★★★★ 6,5€

Cítrico, fresco, frutal, herbal.

DO Ca. RIOJA / D.O.P.

SEÑORÍO DE ARANA
La Cadena, 20
01330 Labastida (Araba/Álava)
☎: +34 945 331 150
info@senoriodearana.com
www.senoriodearana.com

Sommelier 2017 T R
tempranillo

90 ★★★ 13,2€

Clásico. Color: cereza oscuro, borde granate. Aroma: fruta madura, fruta confitada, ebanistería, tabaco, especias dulces. Boca: especiado, taninos maduros.

Sommelier 2019 T C
tempranillo

89 10,1€

Confitado, clásico, especiado, equilibrado, sabroso, tostado.

Sommelier 2022 B
viura

89 12,5€

Aromático, madera marcada, especiado, maduro, sabroso. Aroma: fruta de hueso.

Viña del Oja 2015 T GR
tempranillo

90 16€

Color: cereza intenso, cereza, borde granate. Aroma: fruta madura, hierbas secas, roble cremoso, fruta roja, notas cárnicas. Boca: fruta madura, especiado, frutoso, sabroso, taninos secos pero maduros.

Viña del Oja 2017 T R
tempranillo

90 ★★★ 12,1€

Color: cereza intenso, borde granate. Aroma: fruta madura, hierbas secas, roble cremoso, fruta confitada. Boca: fruta madura, especiado, taninos secos pero maduros, retronasal ahumado.

SEÑORÍO DE LIBRARES
Ctra Arnedo-Estella, 27
26511 El Villar de Arnedo (La Rioja)
☎: +34 638 585 993
claraespinosaruiz@gmail.com
www.slibrares.com

El Marujo 2021 T C
100% tempranillo

89 🌱 15,5€

Corpulento, equilibrado, especiado, hierbas secas, sabroso, tostado.

El Marujo 2023 T
100% tempranillo

88 🌱 11€

Frutal, maduro, herbal, algo secante.

Librares 2023 B
75% viura, 25% tempranillo blanco

88 10€

Frutal, herbáceo, sencillo, correcto.

Librares Selección 2022 T
80% tempranillo, 20% graciano

91 30€

Herbal, maduro, sabroso. Aroma: hierbas secas, hierbas silvestres, especiado, ahumado, terroso. Boca: sabroso, cálido.

SEÑORÍO DE SAN VICENTE
Los Remedios, 27
26338 San Vicente de la Sonsierra (La Rioja)
☎: +34 945 600 590
info@sierracantabria.com
www.sierracantabria.com

🏆 **PODIO**

San Vicente 2020 T BA
100% tempranillo

96 40€

Complejo, clásico. Color: cereza oscuro, borde granate. Aroma: fruta madura, fruta confitada, ebanistería, tabaco, especias dulces. Boca: especiado, taninos maduros, largo.

SIERRA CANTABRIA
Amorebieta, 3
26338 San Vicente de la Sonsierra (La Rioja)
☎: +34 941 334 080
info@sierracantabria.com
www.sierracantabria.com

Murmurón 2023 T

91

Color: cereza, borde violáceo. Aroma: expresión frutal, fruta roja, floral, especiado. Boca: sabroso, frutoso, buena acidez.

Sierra Cantabria 2015 T GR
93
Color: cereza oscuro, borde granate. Aroma: fruta confitada, ebanistería, tabaco, especias dulces. Boca: especiado, taninos maduros.

Sierra Cantabria 2016 T R
92
Color: cereza, borde violáceo. Aroma: expresión frutal, fruta roja, floral, especias dulces, terroso. Boca: sabroso, frutoso, buena acidez.

Sierra Cantabria 2020 T C
92
Color: cereza intenso. Aroma: hierbas secas, terroso, cuero mojado, fruta negra, habano. Boca: potente, fruta madura, especiado, taninos maduros.

Sierra Cantabria 2023 B
89
Cítrico, herbal, notas de levadura, sabroso.

Sierra Cantabria 2023 RD
90
Color: rosáceo pálido. Aroma: hierbas de tocador, regaliz negro, fruta blanca, fruta madura. Boca: especiado, fino amargor, carnoso, cálido.

XF Sierra Cantabria 2023 RD
92 30€
Color: cobrizo. Aroma: expresión frutal, fruta roja, floral, hierbas de monte. Boca: frutoso, buena acidez, graso.

SIERRA DE TOLOÑO
La Lleca s/n
01307 Villabuena de Álava (Araba/Álava)
info@sierradetolono.com
www.sierradetolono.com

La Dula 2022 T
garnacha
92 ★★★ 16,95€
Color: Cereza. Aroma: balsámico, especias dulces, hierbas de monte, fruta roja, hierbas silvestres. Boca: especiado, balsámico, buena acidez.

Nahikun 2023 B
viura, malvasía, otras
88 🌱 23€
Afilado, balsámico, boca correcta, herbal.

Nahikun Tempranillo 2022 T
tempranillo, otras
92 🌱 36€
Color: cereza, borde violáceo. Aroma: expresión frutal, fruta roja, floral, especiado. Boca: sabroso, frutoso, buena acidez, largo.

Sierra de Toloño 2022 T
tempranillo
91 ★★★★★ 12€
Color: cereza, borde violáceo. Aroma: expresión frutal, fruta roja, floral. Boca: frutoso, sabroso, equilibrado.

Sierra de Toloño 2023 B
viura
87 12€

Tereseño 2022 T
93 32€
Balsámico. Color: Cereza. Aroma: balsámico, especias dulces, hierbas de monte, fruta roja. Boca: especiado, balsámico, buena acidez.

SOLAR DE SAMANIEGO
28036 Madrid (Madrid)
☎: +34 913 433 320
cofradia@solardesamaniego.es
www.solardesamaniego.com

Cabeza de Cuba 2020 T C
89
Frutal, especiado, hierbas secas, maduro, sabroso.

Solar de Samaniego 2020 T C
87

Solar de Samaniego 7 Cepas 2019 T R
90
Color: cereza brillante. Aroma: fruta madura, tostado, especiado, café aromático. Boca: frutoso, sabroso, equilibrado, cierta persistencia, retronasal ahumado.

Solar de Samaniego Valcavada 2019 T R
92
Color: cereza intenso. Aroma: fruta madura, hierbas secas, roble cremoso, fruta roja, especias dulces. Boca: potente, fruta madura, especiado, taninos potentes, cierta persistencia.

TOBELOS BODEGAS Y VIÑEDOS
Ctra. N 124, Km. 45
26290 Briñas (La Rioja)
☎: +34 941 305 630
visitas@tobelos.com
www.tobelos.com

Leukade Autor 2018 T
95% tempranillo, 5% graciano
91 27€
Color: cereza muy intenso. Aroma: café aromático, potente, fruta madura, fruta negra, chocolate. Boca: retronasal ahumado, persistente, taninos maduros.

DO Ca. RIOJA / D.O.P.

Quiñones de Tobelos
Viñedo Singular 2021 B BA
91
Color: pajizo. Aroma: flores blancas, jazmín, hierbas secas, fruta fresca. Boca: sabroso, frutoso, equilibrado.

Salinillas de Tobelos 2018 T
100% tempranillo
91 42€
Color: cereza intenso. Aroma: fruta madura, hierbas secas, roble cremoso, especiado. Boca: potente, fruta madura, especiado, taninos maduros.

Tahón de Tobelos 2018 T R
90% tempranillo, 10% garnacha
93 22€
Color: cereza muy intenso. Aroma: café aromático, potente, fruta negra, fruta madura. Boca: retronasal ahumado, persistente, taninos maduros.

Tahón de Tobelos 2020 B R
85% viura, 15% otras
92 24€
Color: amarillo brillante. Aroma: roble cremoso, fruta madura, especiado. Boca: graso, estructurado, largo, tostado, fino amargor.

Tobelos 2023 B
85% viura, 15% sauvignon blanc
89 ★★★ 9,8€
Aroma: expresión frutal, fruta madura, floral. Boca: fresco, buena acidez.

Tobelos Crianza 2020 T C
100% tempranillo
90 ★★★★ 11,5€
Color: cereza oscuro. Aroma: tostado, especiado, cacao fino. Boca: sabroso, tostado, fino amargor.

Tobelos Garnacha 2022 T BA
100% garnacha
91 17€
Color: cereza, borde violáceo. Aroma: fruta roja, floral, especiado. Boca: sabroso, buena acidez, largo.

TORRE DE OÑA
Finca San Martín s/n
01309 Páganos (Araba/Álava)
☎: +34 945 621 154
info@torredeona.com
www.riojalta.com

Finca Martelo 2019 T R
95% tempranillo, 5% viura, mazuelo, garnacha
94 26€
Color: cereza oscuro, borde granate. Aroma: fruta madura, ebanistería, tabaco, especias dulces. Boca: especiado, largo, taninos finos.

Finca San Martín 2020 T C
100% tempranillo
91 ★★★★★ 10€
Clásico. Color: cereza intenso. Aroma: fruta madura, hierbas secas, equilibrado, especias dulces. Boca: fruta madura, especiado, taninos maduros, sabroso.

Torre de Oña - Viñedos Artesanales 2021 T
97% tempranillo, 3% mazuelo, garnacha, viura
94 100€
Color: Cereza. Aroma: complejo, expresivo, especiado, mineral, fruta negra. Boca: lleno, largo, persistente.

TRONADO WINES
El Olmo, 16
01330 Labastida (Araba/Álava)
☎: +34 672 255 142
info@tronadowines.com
www.tronadowines.com

Capitán Trueno 2021 T
tempranillo, viura
92 30€
Color: cereza, borde violáceo. Aroma: especiado, lías finas, fruta roja, fruta negra. Boca: fruta madura, sabroso, estructurado.

UKAN WINERY
Calle La Paz 15, Pab. 2
01300 Laguardia (Araba/Álava)
☎: +34 945 625 171
info@ukanwinery.com
www.ukanwinery.com

Senderos de Ukan 2021 T
100% tempranillo

91 21,5€

Color: cereza intenso. Aroma: fruta madura, hierbas secas, roble cremoso, hierbas silvestres. Boca: potente, fruta madura, especiado, taninos maduros.

Ukan 2021 T
100% tempranillo

92 40,5€

Color: Cereza. Aroma: complejo, expresivo, especiado, mineral, fruta negra. Boca: elegante, lleno, largo, persistente.

UVAS FELICES
Agullers, 7
08003 Barcelona (Barcelona)
☎: +34 902 327 777
www.vilaviniteca.es

La Locomotora 2015 T GR
91

Color: cereza oscuro, borde granate. Aroma: fruta madura, ebanistería, especias dulces, cera. Boca: especiado, largo, fácil de beber, pulido.

VALCUERNA VITICULTORES CON ORIGEN
Cuevas, 6
26311 Cordovín (La Rioja)
☎: +34 657 900 525
comercial@bodegasvalcuerna.com
www.bodegasvalcuerna.com

El Barranco de la Molinera 2021 T
95% tempranillo, 5% otras

93 ✿ 30€

Color: cereza, borde violáceo. Aroma: fruta fresca, fruta roja, hierbas silvestres, especiado, expresivo. Boca: frutoso, sabroso, especiado, taninos secos pero maduros.

Valcuerna El Origen Clarete Fino 2019 RD
50% garnacha, 40% viura, 10% otras

91 ✿ 22€

Color: salmón. Aroma: expresión frutal, fruta escarchada, fruta roja, flores secas, expresivo. Boca: fresco, frutoso, muy vivo, sabroso.

Madam 2023 B
60% garnacha blanca, 40% sauvignon blanc

88 ★★★★ ✿ 7€

Agradable, floral, frutal.

Relevo, Colección de Parcelas 2021 T C
50% tempranillo, 45% garnacha, 5% mazuelo

93 ★★★★ ✿ 16,9€

Color: cereza, borde violáceo. Aroma: fruta roja, floral, especiado, roble cremoso, tostado. Boca: sabroso, frutoso, buena acidez, largo.

Valcuerna 2020 T C
tempranillo, otras

91 ★★★★★ ✿ 9€

Color: cereza, borde violáceo. Aroma: expresión frutal, fruta roja, especiado, hierbas silvestres, ahumado. Boca: sabroso, frutoso, equilibrado, taninos maduros.

Valcuerna Cdvin 2021 T C
garnacha

94 ✿ 29,5€

Color: cereza, borde violáceo. Aroma: expresión frutal, fruta roja, hierbas de tocador, flores secas, expresivo. Boca: frutoso, fresco, sabroso, cierta persistencia, calizo, taninos finos.

VINOS EN VOZ BAJA
Francisco Mrtínez Montiel, 22-24
26559 Aldeanueva de Ebro (La Rioja)
☎: +34 661 355 702
carlos@vinosenvozbaja.com
www.vinosenvozbaja.com

Barriopastores 2022 T
100% garnacha

91 25€

Color: cereza, borde violáceo. Aroma: expresión frutal, fruta roja, floral, especiado. Boca: sabroso, frutoso, buena acidez.

Costumbres 2022 B
40% calagraño, 30% viura, 20% garnacha roja, 10% tempranillo blanco

91 20€

Color: amarillo brillante. Aroma: fruta madura, especiado, fruta de hueso, mineral, lías finas. Boca: graso, fino amargor, sabroso.

Costumbres 2022 T
85% garnacha, 10% tinto velasco, 5% tempranillo

90 15€

Amable, frutal. Color: cereza, borde violáceo. Aroma: expresión frutal, fruta roja, floral. Boca: frutoso, sabroso, equilibrado.

DO Ca. RIOJA / D.O.P.

DO Ca. RIOJA / D.O.P.

El Outsider 2022 T
60% garnacha, 30% tempranillo, 10% calagraño

90 18€

Fresco, herbal. Color: cereza, borde violáceo. Aroma: expresión frutal, fruta roja, balsámico. Boca: frutoso, sabroso, equilibrado.

Nace la Sierra 2022 T
50% garnacha, 35% tinto velasco, 15% calagraño

93 50€

Color: cereza intenso. Aroma: hierbas secas, roble cremoso, fruta roja, fruta negra, lías finas. Boca: fruta madura, especiado, taninos maduros.

VIÑA BUJANDA
Ctra. Logroño, s/n
01320 Oyón (Araba/Álava)
☎: +34 941 450 876
info@bujanda.com
www.familiamartinezbujanda.com

Viña Bujanda 2018 T R
100% tempranillo

89 10,1€

Cálido, tostado, suave.

VIÑA DEL LENTISCO
Avda. de la Poveda, 16
01306 Lapuebla de Labarca (Araba/Álava)
☎: +34 648 117 198
info@vinovillota.com
www.vinovillota.com

Villota 2021 T
85% tempranillo, 13% graciano, 2% garnacha

93 ★★★ 20€

Jugoso. Color: cereza, borde violáceo. Aroma: fruta roja, floral, especiado, equilibrado, hierbas de monte. Boca: sabroso, frutoso, buena acidez, largo.

Villota Garnacha 2021 T
100% garnacha

91 27€

Color: cereza, borde violáceo. Aroma: especiado, frambuesa, hierbas de monte. Boca: sabroso, frutoso, buena acidez.

Villota Graciano 2021 T
100% graciano

92 35€

Jugoso, silvestre. Color: cereza intenso. Aroma: hierbas secas, roble cremoso, fruta negra, hierbas silvestres. Boca: potente, fruta madura, especiado, taninos maduros.

Viña Gena 2021 T BA
100% tempranillo

92 35€

Color: cereza muy intenso. Aroma: muy tostado (torrefactado), café aromático, fruta madura. Boca: taninos maduros, sabroso, fluido.

Villota Selvanevada 2022 B
91% viura, 6% tempranillo blanco, 3% garnacha blanca, otras

91 ★★★★★ 11,5€

Austero. Color: pajizo brillante. Aroma: fruta madura, hierbas de tocador, lías finas. Boca: lleno, graso, largo, buena acidez.

Villota Selvanevada 2022 T
75% tempranillo, 19% graciano, 3% garnacha, 3% mazuelo

93 ★★★★★ 11,5€

Color: cereza, borde violáceo. Aroma: fruta roja, floral, especiado, con carácter. Boca: sabroso, frutoso, buena acidez, largo.

VIÑA IJALBA
Ctra. Pamplona, Km. 1
26006 Logroño (La Rioja)
☎: +34 941 261 100
vinaijalba@ijalba.com
www.ijalba.com

Ijalba 2020 B R
60% maturana blanca, 40% viura

91 🌿 32€

Color: amarillo brillante. Aroma: flores secas, fruta escarchada, lías finas, pastelería. Boca: especiado, tostado.

Ijalba 2021 B C
50% viura, 30% maturana blanca, 20% tempranillo blanco

91 🌿 18,5€

Color: pajizo. Aroma: expresivo, flores blancas, hierbas secas, expresión frutal, fruta blanca. Boca: sabroso, frutoso, equilibrado, fruta madura.

Ijalba 2021 T C
85% tempranillo, 8% graciano, 7% maturana

90 ★★★★ 🌿 10,9€

Color: cereza, borde violáceo. Aroma: expresión frutal, fruta roja, especiado, con oscuridad, fruta negra. Boca: sabroso, frutoso, buena acidez.

Ijalba Maturana 2022 T
100% maturana

91 🌿 19,3€

Color: cereza intenso. Aroma: hierbas secas, roble cremoso, fruta negra, sotobosque. Boca: fruta madura, especiado, taninos maduros.

Ijalba Maturana Blanca 2023 B
100% maturana blanca

92 ★★★★ 🌿 15,75€

Color: pajizo brillante. Aroma: fruta fresca, cítricos, hierbas silvestres, fruta blanca. Boca: fresco, frutoso, buena acidez, sabroso, muy vivo, cierta persistencia.

Ijalba Tempranillo 2021 T
tempranillo

89 🌿 26€

Corpulento, muy tostado, torrefactado, maduro, herbal.

VIÑA OLABARRI

Ctra. Haro - Anguciana, s/n
26200 Haro (La Rioja)
☎: +34 941 310 937
info@bodegasolabarri.com
www.bodegasolabarri.com

Bikandi Vendimia Seleccionada 2018 T R
tempranillo

90 23,9€

Color: cereza intenso. Aroma: fruta madura, roble cremoso, fruta confitada, especias dulces. Boca: fruta madura, especiado, taninos secos pero maduros, frutoso, cierta persistencia.

Viña Olabarri 2019 T C
tempranillo

88 ★★★★ 7,7€

Aromático, especiado, hierbas secas, maduro.

Viña Olabarri 2023 B
viura

87 ★★★★ 6,5€

VIÑA REAL

Ctra. Logroño - Laguardia, Km. 4,8
01300 Laguardia (Araba/Álava)
☎: +34 945 625 255
marketing@cvne.com
www.cvne.com

La Virgen Paraje San Cristóbal Pagos de Viña Real 2021 T

94

Aromas nítidos. Color: cereza, borde violáceo. Aroma: expresión frutal, fruta roja, floral, especiado. Boca: sabroso, frutoso, buena acidez, largo.

Viña Real 2018 T GR

93

Complejo, clásico. Color: cereza oscuro, borde granate. Aroma: fruta madura, fruta confitada, ebanistería, tabaco, especias dulces. Boca: especiado, taninos maduros, largo.

Viña Real 2018 T R

90

Clásico. Color: cereza intenso. Aroma: fruta madura, hierbas secas, roble cremoso, hierbas de monte. Boca: fruta madura, especiado, taninos maduros, fluido, ligero.

Viña Real 2021 T C

90

Color: cereza, borde violáceo. Aroma: expresión frutal, floral, especiado, roble cremoso. Boca: sabroso, buena acidez, largo.

Viña Real 2022 B FB

90

Color: pajizo brillante, borde verdoso. Aroma: cítricos, hierbas silvestres, lías finas. Boca: fresco, frutoso, buena acidez.

Viña Real 2023 RD

87

VIÑA SALCEDA

Ctra. Cenicero, Km. 3
01340 Elciego (Araba/Álava)
☎: +34 945 606 125
pr@vinasalceda.com
www.vinasalceda.com

La Rellanilla 2023 T
tempranillo

90 15€

Aromas nítidos, amable. Color: cereza, borde violáceo. Aroma: expresión frutal, fruta roja, floral. Boca: sabroso, frutoso, buena acidez.

Viña Salceda 2020 T C
tempranillo, garnacha

90 ★★★★★ 8,55€

Color: cereza, borde violáceo. Aroma: expresión frutal, fruta roja, especiado, ahumado. Boca: sabroso, frutoso, cierta persistencia, retronasal ahumado, taninos secos pero maduros.

Viña Salceda sobre Lías 2023 B

89 11€

Maduro, frutal, tostado, sabroso.

DO Ca. RIOJA / D.O.P.

DO Ca. RIOJA / D.O.P.

VIÑADORES DEL NORTE
Arrabal, 4
26120 Albelda de Iregua (La Rioja)
☎: +34 658 846 188
info@rodriguezdevera.com
www.rodriguezdevera.com

Guardalobos 2020 T
tempranillo

92 35,9€

Color: cereza, borde violáceo. Aroma: fruta madura, fruta negra, hierbas silvestres, cacao fino, especiado, ahumado. Boca: frutoso, sabroso, lleno, fruta madura, retronasal ahumado, taninos secos pero maduros.

VIÑAS SILENCIOSAS
Crta Navaridas, s/n
01340 Elciego (Araba/Álava)
☎: +34 691 652 341
laulla2019@yahoo.com

Laulla 2023 T
85% tempranillo, 15% viura

89 ★★★★ 🌿 6€

Balsámico, floral, frutal, herbáceo.

Viñas Silenciosas La de Mikel 2022 T
80% tempranillo, 20% otras

93 ★★★★★ 🌿 14€

Por hacer. Color: cereza, borde violáceo. Aroma: expresión frutal, fruta roja, floral, especiado. Boca: sabroso, frutoso, buena acidez, largo.

Viñas Silenciosas Posadero 2018 B
50% viura, 50% calagraño

93 ★★★★★ 15€

Sutil, maduro. Color: pajizo. Aroma: fruta madura, hierbas secas, flores marchitas, lías finas. Boca: fruta madura, equilibrado, sabroso.

Viñas Silenciosas Regoyos 2022 T
85% tempranillo, 15% viura

93 ★★★★★ 16€

Balsámico. Color: Cereza. Aroma: balsámico, especias dulces, hierbas de monte, fruta roja. Boca: especiado, balsámico, buena acidez.

Viñas Silenciosas Valdesanjuan 2022 T
80% tempranillo, 20% graciano

92 ★★★★ 🌿 16€

Color: Cereza. Aroma: complejo, expresivo, especiado, mineral, fruta roja. Boca: elegante, lleno, largo, persistente.

VIÑEDOS DE PÁGANOS
Ctra. Navaridas, s/n
01309 Páganos (Araba/Álava)
☎: +34 945 600 590
info@sierracantabria.com
www.sierracantabria.com

Calados del Puntido 2020 T BA

93

Color: cereza intenso. Aroma: hierbas secas, roble cremoso, fruta negra, fruta madura. Boca: fruta madura, especiado, taninos maduros.

🏆 **PODIO**

El Puntido 2008 T GR

95

Con tensión, especiado. Color: cereza oscuro, borde granate. Aroma: fruta madura, fruta confitada, ebanistería, tabaco, especias dulces. Boca: especiado, taninos maduros, largo.

🏆 **PODIO**

El Puntido 2021 T
100% tempranillo

96 40€

Complejo, exuberante. Color: Cereza. Aroma: complejo, expresivo, especiado, mineral, fruta madura, fruta negra. Boca: elegante, lleno, largo, persistente.

🏆 **PODIO**

La Nieta 2021 T
tempranillo

97 100€

Con personalidad, amable. Color: cereza intenso. Aroma: complejo, expresivo, especiado, mineral, fruta roja, fruta madura. Boca: lleno, largo, persistente.

VIÑEDOS DEL CONTINO
Finca San Rafael
01321 Laserna - Laguardia (Araba/Álava)
☎: +34 945 600 201
marketing@cvne.com
www.cvne.com

Contino 2019 T GR

94

Color: cereza oscuro, borde granate. Aroma: fruta madura, ebanistería, tabaco, especias dulces. Boca: especiado, taninos maduros, largo.

Contino 2020 T R

93

Color: cereza intenso. Aroma: fruta madura, hierbas secas, roble cremoso, especias dulces. Boca: potente, fruta madura, especiado, taninos maduros.

Contino 2021 RD
89
Correcto, frutal, silvestre, maduro, jugoso. Boca: fácil de beber, fino amargor.

Contino 2022 B
90
Color: pajizo. Aroma: fruta madura, hierbas secas, flores marchitas. Boca: fruta madura, equilibrado.

Contino Garnacha 2022 T
92
Aromas nítidos. Color: cereza, borde violáceo. Aroma: expresión frutal, fruta roja, floral, especiado, hierbas de tocador. Boca: sabroso, frutoso, buena acidez, largo.

Contino Graciano 2020 T
93
Color: cereza, borde violáceo. Aroma: especiado, fruta negra, hierbas silvestres, pan tostado. Boca: sabroso, frutoso, buena acidez, largo.

Contino Mazuelo 2020 T
mazuelo
94
Balsámico. Color: Cereza. Aroma: complejo, expresivo, especiado, mineral. Boca: lleno, largo, persistente.

Contino Viña del Olivo 2021 T
94
Color: cereza intenso, borde granate. Aroma: ebanistería, fruta madura, cacao fino, habano, tostado. Boca: sabroso, especiado, tostado, taninos potentes.

VIÑEDOS EL PACTO
Ctra. de Uruñuela S/N, Carr. de Nájera, 26300 Najera (La Rioja)
☎: +34 608 302 372
marketing@vintae.com
www.vinedoselpacto.com

El Pacto de Cárdenas Ojo Gallo 2022 T
garnacha, viura
91 19,5€
Amable, aromas nítidos, fluido. Color: cereza poco intenso. Aroma: fruta roja, floral, franco. Boca: buena acidez, fácil de beber.

El Pacto de la Sonsierra 2020 T
tempranillo
91 ★★★★ 🌿 13,95€
Amable, frutal, fluido, maduro, silvestre. Aroma: flores secas, fruta madura, arándano azúl, franco, equilibrado.

El Pacto del Alto Najerilla 2022 B
viura
92 18,5€
Por hacer. Color: pajizo brillante. Aroma: fruta madura, hierbas de tocador, lías finas. Boca: lleno, graso, largo, buena acidez.

VIÑEDOS REAL RUBIO
Avda. La Rioja s/n
26559 Aldeanueva de Ebro (La Rioja)
☎: +34 941 163 672
export@realrubio.es
www.realrubio.es

Incitador BE BN
viura
89 25€
Cítrico, fresco, herbáceo, correcto.

Real Rubio 2020 T C
tempranillo, graciano
88 ★★★★ 7€
Confitado, especiado, algo caído, tostado.

Real Rubio 2023 B
sauvignon blanc, garnacha blanca
87 ★★★★ 6€

Real Rubio 2023 RD
garnacha
89 ★★★★ 6€
Agradable, frutal, sabroso.

Real Rubio Finca El Tordillo 2020 T
garnacha
92 25€
Color: cereza intenso. Aroma: fruta madura, hierbas secas, roble cremoso, hierbas de monte, fina reducción. Boca: fruta madura, especiado, taninos maduros.

Real Rubio GMT - 125 2023 B
91 ★★★★ 14€
Color: amarillo brillante. Aroma: potente, roble cremoso, fruta madura, especiado. Boca: estructurado, largo, tostado, fino amargor.

VIÑEDOS SIERRA CANTABRIA
Calle Fuente de la Salud s/n
26338 San Vicente de la Sonsierra (La Rioja)
☎: +34 941 334 080
info@sierracantabria.com
www.sierracantabria.com

🏆 PODIO

Amancio 2020 T
97 80€
Complejo, maduro. Color: cereza intenso. Aroma: complejo, expresivo, especiado, mineral, fruta negra, fruta madura. Boca: lleno, largo, persistente, sabroso.

DO Ca. RIOJA / D.O.P.

DO Ca. RIOJA / D.O.P.

🏆 PODIO

Finca El Bosque 2021 T

95   80€

Cálido, exuberante. Color: cereza intenso. Aroma: hierbas secas, roble cremoso, fruta madura, fruta negra, tostado. Boca: fruta madura, especiado, taninos maduros, sabroso.

Sierra Cantabria Colección Privada 2022 T
100% tempranillo

94   36€

Complejo, exuberante, suave. Color: cereza, borde violáceo. Aroma: fruta roja, floral, especias dulces, roble cremoso. Boca: sabroso, frutoso, buena acidez, largo.

Sierra Cantabria Cuvèe 2020 T

93   21€

Cremoso, fluido. Color: cereza oscuro. Aroma: tostado, especiado, cacao fino, chocolate, fruta negra. Boca: sabroso, tostado, fino amargor.

🏆 PODIO

Sierra Cantabria Mágico 2020 T

98   700€

Aromas nítidos, complejo. Color: cereza, borde granate. Aroma: complejo, expresivo, especiado, mineral, balsámico, hierbas de monte, chocolate. Boca: elegante, lleno, largo, persistente.

Sierra Cantabria Organza 2022 B

93 ★★★   20€

Color: amarillo brillante. Aroma: fruta madura, hierbas secas, flores marchitas, especias dulces, fruta blanca, fruta de hueso. Boca: potente, fruta madura, equilibrado, sabroso.

VIÑEDOS Y BODEGAS DE LA MARQUESA

Herrería, 76
01307 Villabuena de Álava (Araba/Álava)
☎: +34 945 609 085
info@valserrano.com
www.bodegasdelamarquesa.com

La Marquesa 2022 T
100% tempranillo

88 ★★★★   7,5€

Agradable, especiado, fluido, frutal.

Valserrano 2016 T GR
100% tempranillo

92   29,5€

Clásico. Color: cereza oscuro, borde granate. Aroma: fruta madura, fruta confitada, ebanistería, tabaco, especias dulces. Boca: especiado, taninos maduros, largo.

Valserrano 2018 T R
90% tempranillo, 10% graciano

91 ★★★   16€

Color: cereza intenso, borde granate. Aroma: ebanistería, fruta madura, cacao fino, habano, tostado. Boca: sabroso, especiado, tostado.

Valserrano 2019 B GR
viura

92   34€

Color: amarillo brillante. Aroma: potente, roble cremoso, fruta madura, especiado. Boca: estructurado, tostado, fino amargor.

Valserrano 2023 B FB
100% viura

88   10,3€

Equilibrado, fresco, frutal, ligero.

Valserrano Mazuelo 2019 T
mazuelo

91

Color: Cereza. Aroma: hierbas de monte, fruta roja, fruta madura, hierbas silvestres. Boca: especiado, buena acidez, equilibrado, jugoso.

VITICULTORES DE LAPUEBLA

Ctra. de Lapuebla km 2, s/n
26360 Fuenmayor (La Rioja)
☎: +34 671 078 035
info@viticultoresdelapuebla.com
www.viticultoresdelapuebla.com

Adventicia 2022 B
garnacha blanca

91 — 30€

Color: pajizo brillante. Aroma: expresión frutal, fruta madura, fruta blanca, hierbas silvestres, roble cremoso, caramelo tostado. Boca: frutoso, fresco, sabroso, equilibrado.

Camino de la Torre 2022 T C
100% tempranillo

92 — 39,9€

Color: cereza intenso. Aroma: fruta madura, roble cremoso, regaliz negro. Boca: potente, fruta madura, especiado, taninos maduros.

Carrelvillar 2022 T
100% tempranillo

94 — 30€

Aromático, frutal, muy vivo. Color: cereza brillante. Aroma: fruta roja, fruta madura, flores secas. Boca: buena acidez, correcto, fácil de beber.

El Propósito 2023 T
80% tempranillo, 10% garnacha, 7% merlot, 3% palomino

92 ★★★ — 18€

Color: cereza, borde violáceo. Aroma: expresión frutal, fruta roja, floral, especiado. Boca: sabroso, frutoso, buena acidez, largo.

Galáctico 2022 T
100% garnacha

91 — 30€

Color: cereza, borde violáceo. Aroma: expresión frutal, fruta roja, especiado. Boca: sabroso, frutoso, buena acidez.

Melancólica 2022 T
100% maturana

93 — 30€

Color: cereza oscuro. Aroma: especiado, café aromático, hierbas silvestres, hierbas de monte. Boca: sabroso, fino amargor, varietal, mineral.

WEIN & VINOS

Hardenbergstr. 9A
10623 Berlin (Berlin)
☎: +49 303 150 6080
info@vinos.de
www.vinos.de

L'Artesaña 2021 T C
tempranillo

91 ★★★ — 14,95€

Color: cereza oscuro. Aroma: tostado, especiado, cacao fino, fruta madura. Boca: sabroso, tostado, fino amargor.

YSIOS

Camino de la Hoya, s/n
01300 Laguardia (Araba/Álava)
☎: +34 954 600 604
clara.canals@pernod-ricard.com
www.bodegasysios.com

Ysios 2022 B
viura, tempranillo

91 — 39€

Color: pajizo brillante. Aroma: flores secas, hierbas secas, fruta madura. Boca: sabroso, graso, frutoso, fruta madura, largo.

Ysios Grano a Grano 2021 T
100% tempranillo

93 — 83,08€

Color: cereza brillante. Aroma: fruta madura, especias dulces, chocolate. Boca: especiado, largo, estructurado, fruta madura.

Ysios Rosé 2023 RD
garnacha, tempranillo, viura

91 — 35€

Aromas nítidos, golosinas. Color: rosáceo pálido. Aroma: fruta roja, hierbas silvestres, floral. Boca: largo, buena acidez, fino amargor, equilibrado.

Ysios Selección 2018 T
100% tempranillo

91 — 33,2€

Correcto, jugoso, muy primario. Color: Cereza. Aroma: expresivo, fruta madura, especias dulces. Boca: lleno, largo, persistente.

DO Ca. RIOJA / D.O.P.

DO Ca. RIOJA / D.O.P.

Ysios Lagunazuri 2019 T
100% tempranillo

93   55€

Color: cereza intenso. Aroma: hierbas secas, con oscuridad, terroso, arándano azul. Boca: potente, fruta madura, especiado, taninos maduros.

Zinio Street Art Collection Tempranillo Blanco 2022 B
tempranillo blanco

90 ★★★★★   9,8€

Color: pajizo brillante. Aroma: fruta fresca, cítricos, hierbas silvestres, flores marchitas. Boca: fresco, frutoso, fino amargor, sabroso.

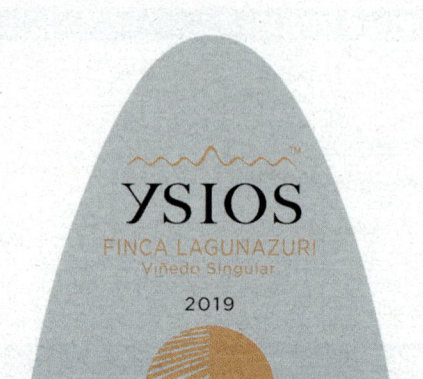

ZINIO BODEGAS
26313 Uruñuela (La Rioja)
☎ +34 941 371 319
info@ziniobodegas.com
www.ziniobodegas.com

Sancho Garcés 2020 T C

88 🌿

Maduro, frutal, especiado, algo secante.

Trenza & Zinio Finca la Rasilla 2017 T
tempranillo

91   39€

Color: cereza intenso. Aroma: hierbas secas, roble cremoso, fruta negra, madera marcada, terroso. Boca: potente, fruta madura, especiado, taninos maduros.

Zinio Finca el Aprisco 2017 T
tempranillo

91   39€

Color: cereza muy intenso. Aroma: muy tostado (torrefactado), café aromático, potente, fruta negra. Boca: retronasal ahumado, persistente, taninos maduros.

DO. RUEDA
CONSEJO REGULADOR

Real, 8
47490 Rueda (Valladolid)
☎: +34 983 868 248
@: crdo.rueda@dorueda.com
www.dorueda.com

SITUACIÓN:

En las provincias de Valladolid (53 municipios), Segovia (17 municipios) y Ávila (2 municipios). El viñedo ocupa zonas onduladas de la meseta y está condicionado por la influencia del Duero que recorre la parte norte de la zona.

DO RUEDA / D.O.P.

VARIEDADES:

BLANCAS:
Principales: verdejo, viura, sauvignon blanc, chardonnay y viognier.
Secundarias: garnacha blanca, gewüstraminer, godello, moscatel de alejandría, moscatel de grano menudo, palomino fino y riesling.

TINTAS:
Principales: tempranillo y cenicienta.
Secundarias: cabernet sauvignon, merlot, garnacha tinta, syrah y bruñal.

DATOS CONSEJO REGULADOR:

Nº Has. Viñedo: 20.737– Nº Viticultores: 1.535 – Nº Bodegas: 79 – **Cosecha 23:** Muy Buena – **Producción 23:** 130.454.699 L. – **Comercialización:** 86% Nacional - 14% Internacional.

SUELOS:

Con gran concentración de cantos rodados en la superficie. Son terrenos cascajosos, pobres en materia orgánica, con buena aireación y drenaje. La textura de los suelos es variable, aunque en general predominan los terrenos arenolimosos y limosos.

CLIMA:

De tipo continental, con inviernos fríos y veranos cortos y calurosos. La pluviometría se concentra sobre todo en primavera y otoño. La altitud media de la zona se sitúa entre los 600 y 700 metros y sólo en la provincia de Segovia se alcanzan alturas superiores a los 800 metros.

CARACTERÍSTICAS GENERALES DE LOS VINOS

BLANCOS
Se elaboran fundamentalmente a partir de verdejo. A medida que aumenta la participación de esta uva se obtiene un estilo más caracterizado. De color pajizo verdoso, ofrecen aromas finos y elegantes, frutosos, con matices de hinojo, menta y manzana. En la boca son frescos, afrutados y con un característico paso de boca amargoso que contrasta con la sensación de uva madura, dulcedumbre y frescura. Los elaborados con sauvignon blanc presentan toques cítricos, balsámicos y una acidez más marcada que le aporta mayor frescura. Es habitual encontrar también exuberantes matices a fruta tropical.

TINTOS
Se apoyan fundamentalmente en la tempranillo. Son de color cereza bastante intenso, afrutados, carnosos y sabrosos; pueden recordar a los tintos de Cigales.

ESPUMOSOS
Elaborados por el método tradicional de segunda fermentación en botella. Frescos y con toques de levaduras, aunque en general algo más pesados que los cavas.

DORADOS
Tipología de vinos histórica en la zona. Se trata de un vino seco de crianza oxidativa, de color dorado y con matices aromáticos que recuerdan a los frutos secos, y que suele venir acompañado de importantes notas tostadas y especiadas.

PÁLIDOS
Vino de elaboración tradicional que se obtiene por crianza biológica y que permanece en barrica durante al menos tres años. De color amarillo pajizo a dorado destacan por sus aromas y sabor a levadura y mazapán acompañados de notas de frutos secos. En boca nos dejarán una sensación oleosa.

CALIFICACIÓN DE COSECHAS DE VINOS JÓVENES GUÍAPEÑÍN

2019	2020	2021	2022	2023
MUY BUENA	MUY BUENA	MUY BUENA	MUY BUENA	MUY BUENA

ALREGI
Pol. Ind. Empordà Internacional s/n
17469 Vilamalla (Girona/Gerona)
☎: +34 972 526 061
alregi@alregi.es
www.winepalace.es

Obsceno 2022 B
100% verdejo

87 ★★★★ 6,19€

ÁLVAREZ Y DÍEZ
Juan Antonio Carmona, 12
47500 Nava del Rey (Valladolid)
☎: +34 983 850 136
bodegas@alvarezydiez.com
www.alvarezydiez.com

Mantel Blanco Verdejo 2022 B FB
91
Hierbas secas, tostado, sabroso. Aroma: fruta madura, hierbas secas, flores marchitas. Boca: potente, fruta madura, equilibrado.

Mantel Blanco Verdejo 2023 B
verdejo

90
Color: pajizo brillante, borde verdoso. Aroma: fruta fresca, hierbas silvestres, anisado. Boca: fresco, frutoso, buena acidez, fino amargor.

Bento 2023 B
88
Cítrico, herbal, maduro, notas de levadura, balsámico.

Hacienda Alcaraz 2023 B
88 🌱
Correcto, fresco, suave, boca correcta, cítrico.

Mantel Blanco Sauvignon Blanc 2023 B
90
Color: pajizo brillante, borde verdoso. Aroma: fruta fresca, cítricos, hierbas verdes, hierbas de monte. Boca: fresco, frutoso, buena acidez, fino amargor.

Silga 2023 B
verdejo

90
Correcto, herbal. Aroma: varietal, franco, hierbas silvestres. Boca: fresco, buena acidez, cierta persistencia.

AVELINO VEGAS
Grupo Calvo Sotelo, 8
40460 Santiuste de San Juan Bautista (Segovia)
☎: +34 921 596 002
ana@avelinovegas.com
www.avelinovegas.com

Casa de la Vega Verdejo 2023 B
100% verdejo

88 ★★★★ 3€
Sencillo, muy primario, fresco, correcto, cítrico, herbal.

Circe Verdejo 2023 B
100% verdejo

88 12€
Equilibrado, herbal, tropical.

Montespina Sauvignon 2023 B
100% sauvignon blanc

89 ★★★★ 6€
Agradable, sencillo, sabroso, floral.

DO RUEDA / D.O.P.

DO RUEDA / D.O.P.

Montespina Verdejo 2023 B
100% verdejo
88 ★★★★ 6€
Cítrico, equilibrado, herbal.

Nicte Verdejo 2023 B
100% verdejo
87 ★★★★ 4€

BARDOS
Zarzillo s/n
47490 Rueda (Valladolid)
☎: +34 608 302 372
marketing@vintae.com
www.bardos.wine

Bardos Verdejo 2023 B
verdejo
89 ★★★★ 7,5€
Aromático, frutal, flores secas, tropical.

BELONDRADE
Paraje de los Levantes, Quinta San Diego
47491 La Seca (Valladolid)
☎: +34 983 481 001
info@belondrade.com
www.belondrade.com

🏆 PODIO

Belondrade y Lurton 2022 B FB
95% verdejo, 5% otras
96 🌱 46€
Complejo, con tensión. Color: amarillo brillante. Aroma: potente, fruta madura, especiado, cítricos. Boca: graso, largo, tostado, fino amargor.

BERONIA RUEDA
Camino de la Peña, s/n. Finca La Perdiz
47490 Rueda (Valladolid)
☎: +34 983 664 460
prensa@gonzalezbyass.es
www.beronia.com

Beronia Verdejo Rueda 2023 B
verdejo
89 ★★★★ 8,3€
Sencillo, frutal, floral, cítrico.

Laslias de Beronia Rueda 2022 B
verdejo
93 ★★★★ 17€
Color: amarillo brillante. Aroma: potente, fruta madura, especiado, pan tostado. Boca: estructurado, largo, tostado, fino amargor.

BODEGA CM DE MATARROMERA
Camino Garruguele, s/n
26338 San Vicente de la Sonsierra (La Rioja)
☎: +34 941 334 093
comunicacion@bodegacmdematarromera.com
www.bodegacmdematarromera.com

CM Verdejo 2019 B FB
verdejo
89 21,37€
Amaderado, especiado, lleno, maduro, tostado.

Oinoz Verdejo 2023 B
verdejo
90 ★★★★★ 6,93€
Color: pajizo brillante, borde verdoso. Aroma: fruta fresca, cítricos, hierbas silvestres. Boca: fresco, frutoso, buena acidez, fino amargor.

BODEGA CUATRO RAYAS
Camino de la Fuentecilla, s/n
47491 La Seca (Valladolid)
☎: +34 983 816 320
comunicacion@cuatrorayas.es
www.cuatrorayas.es

🏆 PODIO

61 Dorado en Rama BF Solera S
95 40€
Con vejez. Color: oro viejo. Aroma: potente, frutos secos, barniz, rancio, fruta escarchada, cera. Boca: largo, especiado, potente, seco.

Cuatro Rayas Cuarenta Vendimias Cuvée 2022 B
100% verdejo
92 ★★★ 17€
Color: pajizo brillante, borde verdoso. Aroma: fruta fresca, cítricos, hierbas silvestres. Boca: fresco, frutoso, buena acidez, fino amargor, mineral.

Cuatro Rayas 1935 Verdejo 2023 B
100% verdejo

90 ★★★★★ 8€

Color: pajizo brillante. Aroma: fruta madura, hierbas de tocador, lías finas, notas anisadas. Boca: lleno, graso, largo, buena acidez.

Amador Diez Verdejo Cuvée 2020 B FB
100% verdejo

93 35€

Color: amarillo brillante. Aroma: potente, roble cremoso, fruta madura, especiado, hierbas secas. Boca: graso, estructurado, largo, tostado, fino amargor.

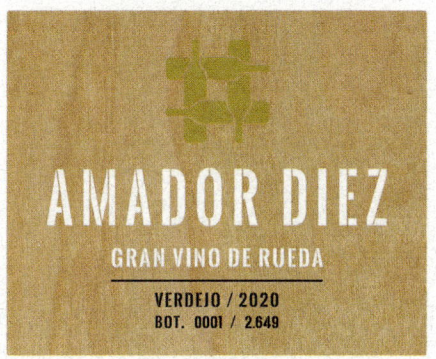

Cuatro Rayas Cuarenta Vendimias Verdejo 2023 B
100% verdejo

90 ★★★★★ 7€

Color: pajizo brillante, borde verdoso. Aroma: fruta fresca, hierbas silvestres, notas anisadas. Boca: fresco, buena acidez, fino amargor, fluido.

Cuatro Rayas Longverdejo Viñedos Centenarios 2022 B
100% verdejo

93

Color: pajizo brillante. Aroma: expresivo, fruta madura, piedra seca. Boca: lleno, complejo, especiado, largo, buena acidez, jugoso.

Cuatro Rayas Organic Verdejo 2023 B
100% verdejo

89 ★★★★ 🌿 7,5€

Aromático, correcto, fluido, fresco, hierbas secas, suave. Boca: fácil de beber.

Cuatro Rayas Vendimia Nocturna Verdejo 2023 B
100% verdejo

89 ★★★★ 🌿 6€

Correcto, herbal, varietal, suave, ácido.

Cuatro Rayas Viñedos Centenarios 2023 B
100% verdejo

92 ★★★★★ 🌿 10€

Color: pajizo brillante, borde verdoso. Aroma: fruta fresca, cítricos, hierbas silvestres, anisado, arbusto. Boca: fresco, frutoso, buena acidez, fino amargor.

Green & Social Verdejo 2023 B
100% verdejo

88 ★★★★ 🌿 5€

Cítrico, fresco, herbal.

Valtropín Verdejo 2023 B
verdejo

87

DO RUEDA / D.O.P.

DO RUEDA / D.O.P.

BODEGA EMINA RUEDA
Ctra. Medina del Campo - Olmedo, Km. 1,4
47400 Medina del Campo (Valladolid)
☎: +34 983 803 346
emina@emina.es
www.emina.es

Emina Sauvignon Blanc 2023 B
sauvignon blanc

87 ★★★ — 7,06€

Emina Verdejo 2021 B FB
verdejo

91 — 20,54€
Color: pajizo brillante. Aroma: fruta madura, hierbas de tocador, lías finas, hierbas silvestres. Boca: lleno, graso, buena acidez, salino.

Emina Verdejo 2023 B
verdejo

88 ★★★★ — 7,53€
Cítrico, equilibrado, herbal, amargoso.

BODEGA HERMANOS DEL VILLAR
Cordel de las Merinas, s/n
47490 Rueda (Valladolid)
☎: +34 983 868 904
info@orodecastilla.com
www.orodecastilla.com

Oro de Castilla Finca Los Hornos 2021 B
verdejo

91 ★★★★ — 12,5€
Varietal. Color: pajizo brillante, borde verdoso. Aroma: fruta fresca, cítricos, hierbas silvestres. Boca: fresco, frutoso, buena acidez, fino amargor.

Oro de Castilla Sauvignon Blanc 2023 B
sauvignon blanc

90 ★★★★★ — 7,5€
Equilibrado, herbal. Aroma: intensidad media, franco, fresco, varietal. Boca: correcto, equilibrado, fino amargor, fácil de beber.

Oro de Castilla Verdejo 2023 B
verdejo

90 ★★★★★ — 7,2€
Color: pajizo brillante, borde verdoso. Aroma: fruta fresca, cítricos, hierbas silvestres, anisado. Boca: fresco, buena acidez, fino amargor.

Quivira Verdejo 2023 B
100% verdejo

88 ★★★★ — 7,5€
Amable, aromático, frutal, suave, sencillo.

BODEGA MATARROMERA
Ctra. Renedo- Pesquera Km. 30
47359 Valbuena de Duero (Valladolid)
☎: +34 983 683 315
matarromera@matarromera.es
www.matarromera.es

Matarromera Verdejo 2022 B FB

90
Color: amarillo brillante. Aroma: roble cremoso, fruta madura, especiado, madera de cedro. Boca: graso, estructurado, tostado, fino amargor.

Melior de Matarromera Sauvignon Blanc 2023 B
sauvignon blanc

87 ★★★ 7,65€

Melior de Matarromera Verdejo 2023 B
verdejo

88 ★★★★ 7,37€

Agradable, tropical, suave, sabroso.

BODEGA MUELAS

Santa María, 3
47100 Tordesillas (Valladolid)
☎: +34 680 248 368
info@bodegamuelas.com
www.bodegamuelas.com

Helena La Lía 2021 B FB
100% verdejo

89 17€

Sabroso, tostado, equilibrado, especiado, láctico.

Mvedra Edición Especial 2019 T C
100% tempranillo

90 21,75€

Color: cereza brillante. Aroma: expresión frutal, fruta roja, especiado, fruta madura. Boca: sabroso, frutoso, equilibrado, cierta persistencia, taninos maduros.

Mvedra Verdejo 2022 B
verdejo

90 ★★★★★ 7€

Color: pajizo. Aroma: hierbas secas, fruta madura, flores marchitas. Boca: amargoso, correcto.

BODEGA PAGO TRASLAGARES

Autovía Noroeste km 166,400
47490 Rueda (Valladolid)
☎: +34 671 006 565
antonio@traslagares.com
www.traslagares.com

Traslagares Sauvignon Blanc 2023 B
100% sauvignon blanc

87

Traslagares Verdejo 2023 B
100% verdejo

90

Amable, cítrico, correcto, suave. Aroma: notas anisadas, hierbas secas. Boca: fino amargor, fácil de beber.

BODEGA REINA DE CASTILLA

Cº de la Moya, s/n
47491 La Seca (Valladolid)
☎: +34 691 129 799
enologo@reinadecastilla.es
www.reinadecastilla.es

El Bufón Verdejo 2023 B
100% verdejo

89 ★★★★ 4,7€

Equilibrado, hierbas secas, sabroso, cítrico.

La Loca Reina 2023 B
100% verdejo

91 ★★★★★ 7€

Color: pajizo brillante. Aroma: expresivo, flores blancas, jazmín, hierbas secas. Boca: sabroso, frutoso, equilibrado.

Reina de Castilla Organic 2023 B
100% verdejo

88 ★★★★ 6,8€

Cítrico, correcto, herbáceo.

Reina de Castilla Verdejo 2023 B
100% verdejo

90 ★★★★★ 5,55€

Color: pajizo brillante, borde verdoso. Aroma: fruta fresca, cítricos, hierbas silvestres. Boca: fresco, frutoso, buena acidez, fino amargor.

BODEGA TRES PILARES

El Rancho, 3
47491 La Seca (Valladolid)
☎: +34 983 816 682
bodega3pilares@gmail.com
www.bodega3pilares.com

Hermanos Fernández 2022 B
verdejo

91

Color: amarillo brillante. Aroma: fruta madura, hierbas secas, notas anisadas, intensidad media. Boca: correcto, sabroso, graso.

Tres Pilares Selección 2022 B

89

Amable, correcto, maduro, hierbas secas, jugoso.

Tres Pilares Verdejo 2023 B
verdejo

87

DO RUEDA / D.O.P.

BODEGA VALDECUEVAS

Ctra. Rueda- Nava del Rey, Km 2.3
47490 Rueda (Valladolid)
☎: +34 983 034 356
info@valdecuevas.es
www.valdecuevas.es

Valdecuevas Cuvée Verdejo 2022 B
92
Equilibrado, exuberante, especiado. Aroma: fruta de hueso, fruta madura, especias dulces, hierbas secas, frutos secos. Boca: redondo, sabroso, fruta madura, tostado.

Valdecuevas Orange 2022 B
93
Aromas nítidos, silvestre, suave, con personalidad. Color: dorado brillante. Aroma: cítricos, hierbas silvestres, hierbas de monte. Boca: fresco, equilibrado, fino amargor.

Valdecuevas Sauvignon Blanc 2023 B
sauvignon blanc
90
Agradable, cítrico, herbal. Aroma: fresco, franco. Boca: correcto, fino amargor, fácil de beber.

Valdecuevas Verdejo 2022 B FB
verdejo
91
Color: pajizo brillante. Aroma: especiado, fruta madura, hierbas secas. Boca: sabroso, buena acidez, retronasal afrutado, graso.

Valdecuevas Verdejo 2023 B
verdejo
90
Amable, aromas nítidos, balsámico. Aroma: hierbas silvestres, notas anisadas. Boca: cierta persistencia, fácil de beber.

BODEGA VALDEHERMOSO

Ctra. Nava del Rey - Rueda, km. 12,6
47500 Nava del Rey (Valladolid)
☎: +34 983 090 936
valdehermoso@valdehermoso.com
www.bodegavaldehermoso.com

Lagar del Rey 2021 B FB
verdejo
90   16€
Color: amarillo brillante. Aroma: roble cremoso, especiado, café aromático. Boca: graso, estructurado, largo, tostado, fino amargor.

Lagar del Rey Sauvignon Blanc sobre Lías 2023 B
sauvignon blanc
89 ★★★★   6,6€
Cítrico, equilibrado, notas de levadura, sabroso, herbal.

Lagar del Rey Verdejo sobre Lías 2023 B
verdejo
89 ★★★★   6,3€
Agradable, floral, fresco, herbáceo.

Sotavento 100% Sauvignon Blanc Lías 2023 B
sauvignon blanc
88 ★★★★   6,8€
Equilibrado, herbal, notas de levadura, sabroso.

Sotavento 100% Verdejo Lías 2023 B
verdejo
89 ★★★★   6,4€
Amable, correcto, herbal, muy primario, suave, varietal.

Verdejo 5000 2023 B
verdejo
89 ★★★★   6,9€
Agradable, tropical, suave, muy primario.

BODEGA VALDRINAL

Camino de la Vega s/n,
Polígono 4, Parcelas 130-133
40533 Aldehorno (Segovia)
☎: +34 634 578 839
general@valdrinal.com
www.valdrinal.com

Valdrinal de Santamaría 2023 B
verdejo
87

DO RUEDA / D.O.P.

BODEGAS ABADÍA SAN QUIRCE
Ctra. Madrid - Irun, Km. 171
09370 Gumiel de Izán (Burgos)
☎: +34 686 413 432
sales@abadiasanquirce.com
www.bodegasabadiasanquirce.com

Abadía de San Quirce Verdejo sobre Lías 2023 B
100% verdejo

89   11,95€

Aromas nítidos, frutal, tropical, sabroso, jugoso, equilibrado, correcto.

BODEGAS AURA
Ctra. Autovía del Noroeste, Km. 175
47490 Rueda (Valladolid)
☎: +34 941 450 950
info@bodegaslan.com
www.lanencasa.com/rueda

Aura Sauvignon Blanc Vendimia Nocturna 2023 B
100% sauvignon blanc

88   9,25€

Aromático, herbáceo, herbal, fresco, silvestre, cítrico, suave.

Aura Verdejo Vendimia Nocturna 2023 B
100% verdejo

91 ★★★★★   8,25€

Color: pajizo brillante. Aroma: expresivo, fruta madura, lías finas, hierbas silvestres, notas anisadas. Boca: lleno, largo, sabroso, fino amargor.

BODEGAS BILBAÍNAS
Estación, 3
26200 Haro (La Rioja)
info@bodegasbilbainas.com
www.bodegasbilbainas.com

Ederra Verdejo 2023 B
87

BODEGAS CABALLERO
San Francisco, 32
11500 El Puerto de Santa María (Cádiz)
☎: +34 956 751 851
marketing1@caballero.es
www.caballero.es

Marqués de Irún Verdejo 2023 B
100% verdejo

87 ★★★★   5,35€

BODEGAS CAMPO ELISEO
Calle Nueva, 12
47491 La Seca (Valladolid)
☎: +34 983 034 030
bodega@campoeliseo.com
www.campoeliseo.es

Campo Eliseo Harmonia 2022 B

93 🌱   182€

Color: amarillo brillante. Aroma: roble cremoso, fruta madura, tostado, especias dulces. Boca: graso, estructurado, largo, tostado, fino amargor.

Campo Eliseo Verdejo 2022 B FB
verdejo

92 🌱   38€

Color: amarillo brillante. Aroma: potente, roble cremoso, fruta madura, especiado. Boca: estructurado, largo, tostado, fino amargor.

Hermanos Lurton Sauvignon Blanc 2023 B
sauvignon blanc

89 ★★★★ 🌱   9€

Amable, aromas nítidos, silvestre, tropical, muy primario, frutal, suave.

Hermanos Lurton Verdejo 2023 B
verdejo

90 ★★★★★ 🌱   9€

Color: pajizo brillante, borde verdoso. Aroma: fruta fresca, cítricos, hierbas silvestres. Boca: fresco, frutoso, buena acidez, fino amargor.

DO RUEDA / D.O.P.

BODEGAS CARRAMIMBRE
Ctra. N-122, Km. 311
47300 Peñafiel (Valladolid)
☎: +34 983 880 623
export@carramimbre.com
www.carramimbre.com

Carramimbre Verdejo 2023 B
verdejo
88
Agradable, maduro, sabroso.

Torre Pingón 2023 B
verdejo
86

BODEGAS CASTELO DE MEDINA
Ctra. CL-602, Km. 48
47465 Villaverde de Medina (Valladolid)
☎: +34 983 831 932
info@castelodemedina.com
www.castelodemedina.com

Castelo de Medina Prefiloxérico 2021 B FB
100% verdejo
93 — 88€
Aromático, complejo. Color: pajizo brillante. Aroma: fruta madura, floral, lías finas, mineral, fósforo. Boca: lleno, complejo, especiado, largo, elegante.

Castelo de Medina Sauvignon Blanc Vendimia Seleccionada 2022 B
100% sauvignon blanc
92 ★★★★ — 14,1€
Color: pajizo brillante. Aroma: fruta madura, hierbas secas, flores marchitas, fruta blanca. Boca: potente, fruta madura, equilibrado.

Castelo de Medina Verdejo 2022 B FB
100% verdejo
90 — 18,1€
Madera marcada. Aroma: pan tostado, tostado. Boca: graso, sabroso, largo.

Castelo de Medina Verdejo 2023 B
100% verdejo
90 ★★★★ — 10,6€
Color: pajizo brillante, borde verdoso. Aroma: fruta fresca, cítricos, hierbas silvestres, pétalos de rosa. Boca: fresco, frutoso, buena acidez, fino amargor.

Castelo de Medina Verdejo Vendimia Seleccionada 2022 B
100% verdejo
92 ★★★★ — 14,1€
Color: pajizo brillante. Aroma: fruta madura, hierbas de tocador, lías finas, pastelería. Boca: lleno, largo, buena acidez.

Vega del Pas Verdejo sobre lías 2022 B
verdejo, viura
89 ★★★★ — 5€
Agradable, suave, herbal, floral.

Vega del Pas Verdejo sobre lías 2023 B
verdejo, viura
87 ★★★★ — 5€

BODEGAS CERROSOL
Camino Villagonzalo, s/n
40460 Santiuste de San Juan Bautista (Segovia)
☎: +34 921 596 326
administracion@bodegascerrosol.com
www.bodegascerrosol.com

Doña Beatriz BE BN
100% verdejo
88 ★★★★ — 8€
Herbal, sabroso, fresco, burbuja gruesa.

Doña Beatriz Verdejo 2023 B
100% verdejo
87 ★★★★ — 6€

Doña Beatriz Verdejo Cepas Viejas 2022 B
100% verdejo
90 ★★★★★ — 7,5€
Aromático, maduro, persistente, sabroso, amable, varietal. Aroma: lías finas. Boca: acidez marcada.

Doña Beatriz Verdejo Ecológico 2023 B
87 ★★★ 🌱 — 7,5€

BODEGAS COMENGE
Camino del Castillo, s/n
47316 Curiel de Duero (Valladolid)
☎: +34 983 880 363
admin@comenge.com
www.comenge.com

Colección
Comenge Verdejo 2023 B
100% verdejo

90 ★★★★ 🌱   9,5€

Color: pajizo. Aroma: flores blancas, jazmín, hierbas secas. Boca: sabroso, frutoso, equilibrado.

BODEGAS CONVENTO DE LAS CLARAS
Ctra.Pesquera, Km. 1.3 (Finca El Marqués)
47300 Peñafiel (Valladolid)
☎: +34 983 880 150
bodega@bodegasconventodelasclaras.com
www.bodegasconventodelasclaras.com

Convento
Las Claras Verdejo 2022 B

90

Color: pajizo brillante, borde verdoso. Aroma: cítricos, hierbas silvestres, fruta blanca, fruta de hueso. Boca: frutoso, buena acidez, fino amargor.

BODEGAS COPABOCA
Autovía A-62, Km. 148
47100 Tordesillas (Valladolid)
☎: +34 983 395 655
comunicacion@copaboca.es
www.copaboca.com

Finca Feroes 2022 B
verdejo

88

Agradable, aromático, boca correcta, maduro, notas de levadura, especiado, frutal.

BODEGAS DE ALBERTO
Ctra. de Valdestillas, 2
47231 Serrada (Valladolid)
☎: +34 983 559 107
info@dealberto.com
www.dealberto.com

De Alberto Pálido B PL
verdejo

93   37€

Oxidativo, fruta golpeada. Color: dorado brillante. Aroma: levaduras de flor, lías reducidas, fina reducción, fruta blanca, apio, anisado, rancio. Boca: potente, sabroso, redondo.

De Alberto sobre Lías Verdejo 100% 2022 B
verdejo

90 ★★★★★   7€

Varietal. Color: pajizo brillante, borde verdoso. Aroma: fruta fresca, cítricos, hierbas silvestres. Boca: fresco, frutoso, buena acidez, fino amargor.

🏆 **PODIO**

De Alberto Dorado Verdejo 100% BF Solera
verdejo

95   32€

Color: yodo, borde ambarino. Aroma: potente, complejo, elegante, frutos secos, tostado. Boca: graso, amargoso, matices de solera, largo, especiado.

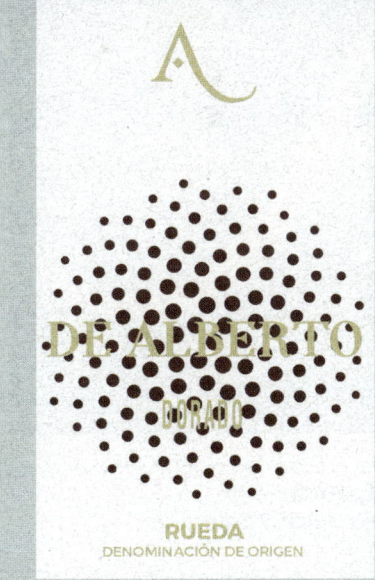

DO RUEDA / D.O.P.

DO RUEDA / D.O.P.

De Alberto Edición Limitada 2021 B
verdejo

92 19,4€

Cítrico, especiado. Aroma: lías finas, expresivo, franco. Boca: frutoso, lleno, largo, balsámico.

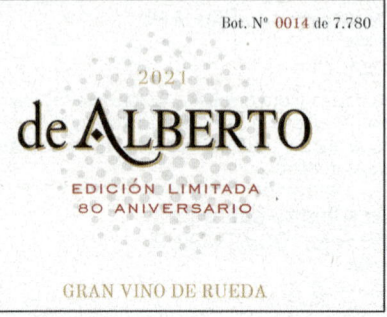

De Alberto Verdejo 2021 B FB
verdejo

92 ★★★★ 15,5€

Color: amarillo brillante. Aroma: potente, roble cremoso, fruta madura, especiado. Boca: graso, estructurado, tostado, fino amargor.

De Alberto Dorado Verdejo Dulce B Solera D
verdejo

92 32€

Agradable, especiado. Color: amarillo brillante. Aroma: fruta escarchada, lías finas, pastelería, frutos secos. Boca: especiado, sabroso, fino amargor.

BODEGAS ERESMA

Ctra. N-601, Km. 151
47410 Olmedo (Valladolid)
☎: +34 983 601 026
info@bodegaslasoterrana.com
www.bodegaeresma.com

Eresma Verdejo Vendimia Seleccionada 2023 B
100% verdejo

89 ★★★★ 7,75€

Cítrico, herbal, correcto, maduro.

Eresma+ Cuvée Especial Gran Vino 2021 B
verdejo

93 ★★★★ 18€

Color: amarillo brillante. Aroma: roble cremoso, fruta madura, especiado, lías finas, frutos secos, arbusto, balsámico. Boca: graso, estructurado, largo, tostado.

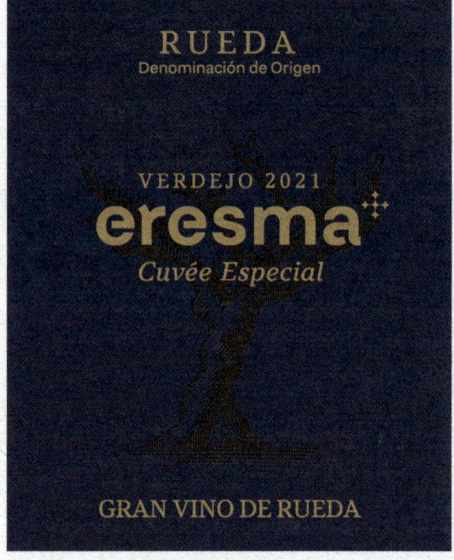

Eresma+ Fermentado Barrica 2022 B FB
100% verdejo

90 18€

Color: amarillo brillante. Aroma: potente, roble cremoso, fruta madura, especiado. Boca: graso, estructurado, tostado.

Eresma+ Verdejo sobre Lías 2023 B
100% verdejo

90 ★★★★★ 9,15€

Color: pajizo. Aroma: fruta madura, hierbas verdes, especiado, lías finas. Boca: fruta madura, equilibrado, graso.

Eresma+ Sauvignon Blanc sobre Lías 2023 B
100% sauvignon blanc

87   9,3€

BODEGAS FÉLIX LORENZO CACHAZO
Ctra. Medina del Campo, Km. 9
47220 Pozaldez (Valladolid)
☎: +34 983 822 008
bodegas@cachazo.com
www.cachazo.com

Carrasviñas 100% Verdejo 2023 B
100% verdejo

91 ★★★★   8€

Varietal. Color: pajizo brillante, borde verdoso. Aroma: fruta fresca, cítricos, hierbas silvestres. Boca: fresco, frutoso, buena acidez, fino amargor.

Carrasviñas 2023 B FB
100% verdejo

90 ★★★★   9,5€

Color: amarillo brillante. Aroma: roble cremoso, fruta madura, especiado. Boca: largo, tostado, fino amargor.

Carrasviñas Dorado 2017 B
65% verdejo, 35% palomino

91   17€

Color: dorado brillante. Aroma: frutos secos, madera vieja, fruta asada, cítricos. Boca: equilibrado, fluido, correcto.

Carrasviñas Espumoso 2022 BE BR
100% verdejo

87   9€

Carrasviñas Felix 2021 B
100% verdejo

92   28€

Oxidativo. Color: pajizo brillante. Aroma: fruta madura, hierbas de tocador, lías finas, frutos secos. Boca: lleno, buena acidez, equilibrado.

BODEGAS FÉLIX SANZ
Ronda Aradillas, s/n
47490 Rueda (Valladolid)
☎: +34 983 868 044
export@bodegasfelixsanz.es
www.bodegasfelixsanz.es

Viña Cimbrón Sauvignon 2023 B
100% sauvignon blanc

89   10,5€

Agradable, maduro, sabroso, suave.

Viña Cimbrón Verdejo 2023 B
100% verdejo

89 ★★★★   8,5€

Ahumado, cítrico, herbal, sabroso.

BODEGAS FRUTOS VILLAR
Ctra. Burgos - Portugal km. 113,5
47270 Cigales (Valladolid)
☎: +34 983 586 868
admon@bodegasfrutosvillar.com
www.bodegasfrutosvillar.com

Conde de Siruela Verdejo sobre Lías 2023 B
100% verdejo

89 ★★★★   6,22€

Agradable, boca correcta, correcto, equilibrado, frutal, herbal, sabroso.

María de Molina Verdejo 2023 B
100% verdejo

89 ★★★★   6,22€

Agradable, amable, sabroso, floral.

Muruve Verdejo sobre Lías 2023 B
100% verdejo

88 ★★★★   5,45€

Cítrico, herbal, fluido.

Viña Cansina Verdejo sobre Lías 2023 B
100% verdejo

87 ★★★★   5,45€

Viña Morejona Verdejo sobre Lías 2023 B
100% verdejo

86   6,22€

BODEGAS GARCÍAREVALO
Pza. San Juan, 4
47230 Matapozuelos (Valladolid)
☎: +34 983 832 914
administracion@garciarevalo.com
www.garciarevalo.com

Finca Tres Olmos Classic 2023 B
100% verdejo

90 ★★★★ 🌿   7,5€

Color: pajizo brillante, borde verdoso. Aroma: fruta fresca, cítricos, hierbas silvestres. Boca: fresco, frutoso, buena acidez, fino amargor.

Finca Tres Olmos sobre Lías 2023 B
100% verdejo

90 ★★★★ 🌿   8,5€

Correcto, equilibrado, frutal, herbal, maduro. Aroma: hierbas silvestres, notas anisadas, frutos secos.

DO RUEDA / D.O.P.

Harenna - Tinaja 2022 B
100% verdejo

94 ★★★★★ 15,5€

Color: pajizo brillante. Aroma: expresivo, fruta madura, floral, lías finas, mineral, terroso. Boca: lleno, complejo, especiado, largo, elegante.

Harenna 2022 B
100% verdejo

91 ★★★★ 13,5€

Color: pajizo brillante. Aroma: expresión frutal, fruta madura, floral. Boca: sabroso, fresco, buena acidez, retronasal afrutado.

BODEGAS JOSÉ PARIENTE
Ctra. de Rueda, km. 2.5
47491 La Seca (Valladolid)
☎: +34 983 816 600
info@josepariente.com
www.josepariente.com

José Pariente 2021 B FB
100% verdejo

94 ★★★★ ✿ 19€

Color: amarillo brillante. Aroma: flores secas, fruta escarchada, lías finas, pastelería, tostado. Boca: redondo, especiado, largo, persistente.

José Pariente Cuvée Especial 2021 B
100% verdejo

94 ✿ 29,5€

Balsámico, aromático. Color: amarillo brillante. Aroma: fruta madura, hierbas secas, flores marchitas, especias dulces. Boca: fruta madura, equilibrado.

José Pariente Finca Las Comas 2021 B
100% verdejo

93 ✿ 45€

Color: pajizo brillante. Aroma: fruta madura, hierbas secas, flores marchitas, tiza. Boca: potente, fruta madura, equilibrado.

José Pariente Verdejo 2023 B
100% verdejo

92 ★★★★★ 10,95€

Color: pajizo brillante, borde verdoso. Aroma: fruta fresca, cítricos, hierbas silvestres, anisado. Boca: frutoso, buena acidez, fino amargor.

BODEGAS LAN
Paraje del Buicio, s/n
26360 Fuenmayor (La Rioja)
☎: +34 670 583 024
amaya.cebrian@bodegaslan.com
www.bodegaslan.com

LAN Verdejo 2023 B
100% verdejo

90 ★★★★★ 7,25€

Color: pajizo brillante. Aroma: expresión frutal, fruta madura, floral. Boca: sabroso, fresco, buena acidez, retronasal afrutado.

BODEGAS MARQUÉS DE RISCAL
Ctra. N-VI, km. 172,600
47490 Rueda (Valladolid)
☎: +34 983 868 083
marquesderiscal@marquesderiscal.com
www.marquesderiscal.com

Finca Montico 2022 B
verdejo

93 ★★★★ ✿ 16,5€

Con tipicidad, herbal, varietal. Aroma: fruta madura, hierbas de tocador, lías finas. Boca: lleno, graso, largo, buena acidez.

Marqués de Riscal Limousin 2022 B FB
verdejo

92 19,9€

Color: amarillo brillante. Aroma: flores secas, fruta escarchada, lías finas, pastelería. Boca: redondo, especiado, largo, persistente.

Marqués de Riscal Sauvignon Blanc 2023 B
sauvignon blanc

90 ★★★ 🌿   12,1€

Color: pajizo brillante, borde verdoso. Aroma: fruta fresca, cítricos, hierbas silvestres. Boca: fresco, frutoso, buena acidez, fino amargor.

Marqués de Riscal Verdejo Organic 2023 B
verdejo

88 🌿   9,25€

Cítrico, vegetal, ligero, frutal, balsámico.

BODEGAS MOCÉN
Arribas, 7-9
47490 Rueda (Valladolid)
☎: +34 983 868 533
info@bodegasmocen.com
www.bodegasmocen.es

Hachón Sauvignon Blanc 2023 B
sauvignon blanc

86   2,69€

Hachón Verdejo Viura 2023 B
50% verdejo, 50% viura

85   1,99€

La Bien Pintá 2023 B
verdejo

87 ★★★★   3,99€

Mocén Verdejo Selección Especial 2023 B
verdejo

89 ★★★★   7,5€

Amable, equilibrado, herbal, maduro, silvestre, suave, varietal.

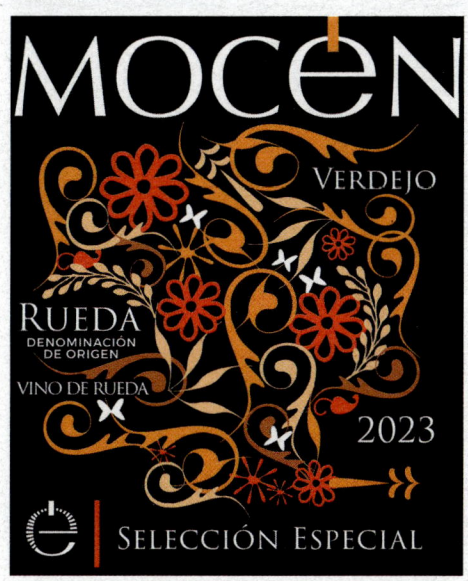

Renacce Gran Vino de Rueda 2021 B
verdejo, chardonnay

93 ★★★★★   15€

Color: pajizo brillante, borde verdoso. Aroma: fruta fresca, cítricos, hierbas silvestres, notas anisadas. Boca: frutoso, buena acidez, fino amargor, carnoso.

Mocén Sauvignon Blanc 2023 B
sauvignon blanc

89 ★★★★   8€

Cítrico, equilibrado, herbal, potente, sabroso.

DO RUEDA / D.O.P.

Mocén Verdejo 2023 B
verdejo

88 ★★★★ 6€
Agradable, aromático, correcto, fresco, frutal, herbal.

BODEGAS NAIA
Camino San Martín, s/n
47491 La Seca (Valladolid)
☎: +34 682 383 730
lsanz@terraselecta.com
www.bodegasnaia.com

K-Naia 2023 B
85% verdejo, 15% sauvignon blanc

88 ★★★★ 7,4€
Agradable, amable, suave.

Naia 2023 B
100% verdejo

89 10,5€
Cítrico, herbal, fresco, correcto.

Naia Sauvignon Blanc 2023 B
100% sauvignon blanc

90 19,2€
Fresco, herbal, sencillo, equilibrado, notas de levadura.

Naiades 2021 B FB
100% verdejo

93 24,3€
Color: pajizo brillante. Aroma: fruta madura, lías finas, hierbas verdes, especias dulces. Boca: lleno, graso, largo, buena acidez.

S-Naia 2023 B
100% sauvignon blanc

88
Aromas nítidos, aromático, cítrico.

BODEGAS NIEVA
Camino Real, s/n
40447 Nieva (Segovia)
☎: +34 921 594 628
info@vinedosdenieva.com
www.martue.com

Blanco Nieva Pie Franco 2023 B
verdejo

91 ★★★★ 13,2€
Color: pajizo brillante, borde verdoso. Aroma: fruta fresca, cítricos, hierbas silvestres, anisado. Boca: fresco, frutoso, buena acidez, fino amargor.

Blanco Nieva Sauvignon Blanc 2023 B
sauvignon blanc

90 ★★★★★ 9,3€
Color: pajizo brillante, borde verdoso. Aroma: fruta fresca, cítricos, hierbas silvestres, lías finas. Boca: fresco, frutoso, buena acidez, fino amargor.

Blanco Nieva Verdejo 2023 B
verdejo

90 ★★★★★ 8,5€
Color: pajizo brillante. Aroma: expresión frutal, fruta madura, floral. Boca: sabroso, fresco, buena acidez, retronasal afrutado.

BODEGAS PANDORA
Ctra. Nava del Rey, Km 1
47490 Rueda (Valladolid)
☎: +34 669 989 038
marketing@bodegaspandora.com
www.bodegaspandora.com

Ariabal Verdejo 2023 B
verdejo

87

Pandora 2023 B

90
Color: pajizo brillante. Aroma: expresión frutal, fruta madura, floral, hierbas verdes. Boca: sabroso, fresco, buena acidez, retronasal afrutado.

Pandora Sauvignon Blanc Criado en Barrica 2021 B C
100% sauvignon blanc

91 16,3€
Color: amarillo brillante. Aroma: roble cremoso, fruta madura, especiado. Boca: estructurado, largo, tostado, fino amargor.

Pandora Sauvignon Blanc sobre Lías 2023 B
100% sauvignon blanc

91 ★★★★★ 10,5€
Color: pajizo. Aroma: expresivo, flores blancas, jazmín, hierbas secas. Boca: sabroso, frutoso, equilibrado.

Pandora Verdejo 2021 B FB
100% verdejo

90 16,33€
Color: amarillo brillante. Aroma: fruta madura, expresión frutal, fruta tropical, especias dulces, roble cremoso, caramelo tostado. Boca: madera marcada, frutoso, concentrado, cierta persistencia, retronasal ahumado.

Pandora Ovo Verdejo 2020 B
verdejo

92   42€

Color: pajizo brillante. Aroma: fruta madura, hierbas secas, flores marchitas, anisado, lías finas. Boca: potente, fruta madura, redondo, untuoso.

Pandora Verdejo Eco 2021 B FB
verdejo

91   17€

Color: amarillo brillante. Aroma: roble cremoso, fruta madura, especiado, pastelería. Boca: estructurado, largo, tostado, fino amargor.

Pandora Verdejo Ecológico sobre Lías 2020 B

89

Hierbas secas, sabroso, especiado, equilibrado, correcto.

Pandora Verdejo Ecológico sobre Lías 2023 B
verdejo

90 ★★★★★   9,5€

Color: pajizo brillante. Aroma: fruta madura, hierbas secas, flores marchitas. Boca: potente, fruta madura, equilibrado.

Pandora Verdejo sobre Lías 2023 B
100% verdejo

88 ★★★   9€

Tostado, láctico, maduro, sabroso.

BODEGAS PASCUAL

Ctra. de Aranda, Km. 5
09471 Fuentelcésped (Burgos)
☎: +34 947 557 351
export@bodegaspascual.com
www.bodegaspascual.com

Heredad de Peñalosa 2023 B
100% verdejo

88 ★★★★   7€

Cítrico, fresco, herbal, correcto.

BODEGAS PINDAL

Los Carriles
47220 Pozaldez (Valladolid)
☎: +34 617 194 404
pindal@pindalverdejo.com
www.pindalverdejo.com

Pindal Verdejo 2023 B
100% verdejo

86

Pindal Verdejo Viñas Viejas 2023 B
100% verdejo

90

Color: pajizo brillante, borde verdoso. Aroma: fruta fresca, cítricos, hierbas silvestres. Boca: fresco, frutoso, buena acidez, fino amargor.

BODEGAS PITA

Camino Sendero del Monte s/n
47494 Rubi de Bracamonte (Valladolid)
☎: +34 651 882 974
ventas@bodegaspita.com
www.bodegaspita.com

Pita 2023 RD
garnacha

88   10€

Agradable, aromático, correcto, golosinas, láctico, sencillo.

Pita Finca La Cantera 2021 B FB
100% verdejo

91   25€

Color: amarillo brillante. Aroma: roble cremoso, fruta madura, especiado. Boca: graso, estructurado, largo, fino amargor.

Pita Sauvignon Blanc 2023 B
sauvignon blanc

89   11€

Tropical, suave, sabroso, muy vivo.

DO RUEDA / D.O.P.

Pita Terracota 2021 B
100% verdejo

94 🌱 45€

Color: pajizo brillante. Aroma: expresivo, fruta madura, floral, lías finas, mineral. Boca: lleno, complejo, especiado, largo, elegante.

Pita Verdejo (Dominio de Verderrubi) 2023 B
100% verdejo

90 ★★★★★ 🌱 10€

Color: pajizo brillante, borde verdoso. Aroma: fruta fresca, cítricos, hierbas silvestres. Boca: fresco, frutoso, buena acidez, fino amargor.

BODEGAS PROTOS
Ctra. CL-610, km 32,5
47491 La Seca (Valladolid)
☎: +34 620 547 223
hugo@bodegasprotos.com
www.bodegasprotos.com

Protos Verdejo Ecológico 2023 B
100% verdejo

91 ★★★★★ 🌱 10,95€

Agradable, aromas nítidos. Color: amarillo, pajizo. Aroma: hierbas secas, hierbas silvestres. Boca: equilibrado, fino amargor, fácil de beber.

Protos Verdejo Gran Vino 2020 B R
100% verdejo

92 21,75€

Color: amarillo brillante. Aroma: roble cremoso, fruta madura, especiado, hierbas silvestres. Boca: graso, estructurado, tostado, fino amargor.

Protos Verdejo 2023 B
100% verdejo

91 ★★★★★ 7,65€

Color: pajizo brillante, borde verdoso. Aroma: fruta fresca, cítricos, hierbas silvestres, balsámico. Boca: fresco, frutoso, buena acidez, fino amargor.

BODEGAS RODRÍGUEZ Y SANZO
Avda. de Tordesillas, 5
47490 Rueda (Valladolid)
☎: +34 983 150 150
comunicacion@rodriguezysanzo.com
www.rodriguezysanzo.com

El Quinto Paraje Verdejo 2022 B
verdejo

91 🌱

Color: pajizo brillante. Aroma: fruta madura, hierbas de tocador, lías finas, pétalos de rosa. Boca: lleno, graso, largo, buena acidez.

Rodríguez Sanzo Bajo Velo 2021 B
100% verdejo

92 21€

Atípico, especiado. Color: amarillo brillante. Aroma: con carácter, equilibrado, pan tostado, expresivo. Boca: sabroso, fruta madura, especiado.

Sanzo Viñas Viejas 2023 B
verdejo

90 🌱

Color: pajizo brillante, borde verdoso. Aroma: fruta fresca, cítricos, hierbas silvestres. Boca: fresco, frutoso, buena acidez, fino amargor.

DO RUEDA / D.O.P.

Sanzo Sauvignon Blanc 2023 B
100% sauvignon blanc

88 ★★★★ 7€

Aromas nítidos, herbal, sencillo, silvestre, varietal.

BODEGAS RUEDA PÉREZ - VIÑAS Y BODEGA FAMILIAR
Boyón, 17
47220 Pozaldez (Valladolid)
☎: +34 983 822 049
info@bodegasruedaperez.es
www.bodegasruedaperez.es

José Galo Sauvignon Blanc 2023 B
100% sauvignon blanc

88 ★★★★ 6,99€

Tropical, herbal, floral, cítrico.

José Galo Verdejo Vendimia Seleccionada 2023 B
100% verdejo

90 ★★★★★ 6,9€

Color: pajizo brillante, borde verdoso. Aroma: fruta fresca, cítricos, hierbas silvestres. Boca: fresco, frutoso, buena acidez, fino amargor.

Zapadorado Verdejo 2023 B
100% verdejo

88 ★★★★ 6,55€

Agradable, suave, sabroso, herbal.

BODEGAS SEÑORÍO DE NAVA
Crta. Valladolid a Soria, Km. 63
09318 Nava de Roa (Burgos)
☎: +34 987 209 712
lafinca@lafinca.es
www.senoriodenava.es

Señorío de Nava Verdejo 2023 B
100% verdejo

89 ★★★★ 7,25€

Aromático, correcto, maduro, silvestre, suave, jugoso, hierbas secas.

BODEGAS TARSUS
Ctra. de Roa - Anguix, Km. 3
09313 Anguix (Burgos)
☎: +34 947 554 218
ignacio.lopez@pernod-ricard.com
www.tarsusvino.com

Tarsus Verdejo 2023 B

88

Cítrico, herbal, fresco, frutal, pulido.

BODEGAS TORREDEROS
Ctra. Valladolid, Km. 289,300
09318 Fuentelisendo (Burgos)
☎: +34 947 532 627
administracion@torrederos.com
www.torrederos.com

Torrederos Verdejo 2023 B
verdejo

88 ★★★★ 5,5€

Amable, tropical, sencillo, suave.

BODEGAS VAL DE VID
Ctra. de Valladolid - Medina del Campo, Km. 26.300
47231 Serrada (Valladolid)
☎: +34 983 559 914
info@valdevid.es
www.valdevid.es

Condesa Eylo Verdejo 2023 B
verdejo

90 ★★★★★ 8,5€

Color: pajizo brillante. Aroma: expresivo, flores blancas, jazmín, hierbas secas. Boca: sabroso, frutoso, equilibrado.

Val de Vid Verdejo sobre Lías 2022 B FB
100% verdejo

92 ★★★★★ 14€

Aromático, complejo. Color: pajizo brillante. Aroma: fruta madura, hierbas de tocador, lías finas. Boca: lleno, graso, largo, buena acidez.

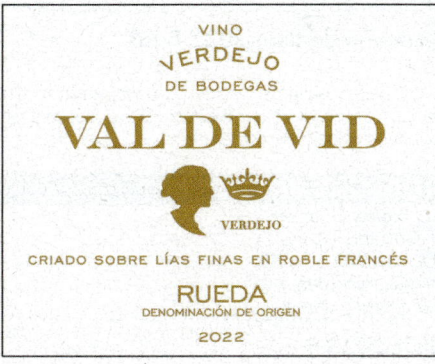

Musgo Verdejo 2023 B
verdejo

89 ★★★★ 7€

Agradable, aromas nítidos, suave, herbal.

Val de Vid Verdejo 2023 B
100% verdejo

90 ★★★★★ 9€

Color: pajizo brillante, borde verdoso. Aroma: fruta fresca, cítricos, hierbas silvestres. Boca: fresco, frutoso, buena acidez, fino amargor.

BODEGAS VALDERIVERO
Ctra. Madrid-Coruña
47490 Rueda (Valladolid)
☎: +34 948 379 994
info@marquesdelatrio.com
www.valderivero.es

Valderivero Verdejo 2023 B
verdejo

87 ★★★★ 4,75€

BODEGAS VALDUBÓN
Antigua Ctra. N-I, Km. 151
09460 Milagros (Burgos)
☎: +34 947 546 251
laura.martin@valdubon.com
www.valdubon.com

Valdubón Sauvignon Blanc 2023 B
100% sauvignon blanc

88 ★★★★ 7,5€

Cítrico, fresco, herbal, notas de levadura.

Valdubón Verdejo 2023 B
100% verdejo

89 ★★★★ 7,5€

Fresco, herbal, correcto, pulido.

Valdubón Verdejo 2023 B RB

91

Color: pajizo brillante, borde verdoso. Aroma: fruta fresca, cítricos, hierbas silvestres. Boca: fresco, frutoso, buena acidez, fino amargor.

BODEGAS VATAN
Pol. Norte, 1 Parcela 29B
49800 Toro (Zamora)
☎: +34 952 504 706
info@jorgeordonez.es
www.jorgeordonez.es

Nisia 2023 B
verdejo

92 ★★★★★ 12,5€

Color: pajizo brillante. Aroma: expresivo, fruta madura, floral, lías finas, mineral. Boca: lleno, complejo, especiado, largo, elegante.

Nisia Las Suertes 2023 B
verdejo

94

Complejo. Color: pajizo brillante. Aroma: fruta madura, floral, lías finas, mineral. Boca: complejo, especiado, largo, elegante, jugoso.

BODEGAS VERACRUZ
Juan Antonio Carmona, 1
47500 Nava del Rey (Valladolid)
☎: +34 670 581 157
bodegas@bodegasveracruz.com
www.bodegasveracruz.com

Ermita Veracruz Verdejo 2022 B FB

92

Color: pajizo brillante, borde verdoso. Aroma: expresivo, fruta madura, floral, lías finas, especiado, hierbas secas. Boca: lleno, complejo, especiado, largo, elegante.

Ermita Veracruz Verdejo 2023 B

90

Color: pajizo brillante, borde verdoso. Aroma: fruta fresca, hierbas silvestres, anisado. Boca: fresco, buena acidez, fino amargor.

BODEGAS VETUS

Ctra. Toro a Salamanca, Km. 9,5
49800 Toro (Zamora)
☎: +34 980 056 012
vetus@bodegasvetus.com
www.bodegasvetus.com

Flor de Vetus Verdejo 2023 B
89
Aromático, suave, sabroso, frutal.

BODEGAS VIORE

Miguel Hernández, 31
47490 Rueda (Valladolid)
☎: +34 661 960 019
rrpp@bodegasriojanas.com
www.bodegasriojanas.com

Pregón 2023 B
100% verdejo
87 ★★★★   6,95€

Viña Albina Verdejo 2023 B
100% verdejo
87 ★★★★   7€

Viore Organic 2023 B
100% verdejo
88 ★★★ 🌱   8,5€
Agradable, amable, tropical, suave.

Viore Verdejo 2023 B
100% verdejo
88 ★★★★   8€
Correcto, agradable, aromático, frutal, sencillo.

Viore Verdejo sobre Lías 2022 B
100% verdejo
90 ★★★★   12€
Color: pajizo. Aroma: fruta madura, hierbas secas, flores marchitas. Boca: potente, fruta madura, equilibrado.

BODEGAS Y VIÑEDOS ÁNGEL LORENZO CACHAZO

Estación, 53
47220 Pozaldez (Valladolid)
☎: +34 983 822 481
comercial@martivilli.com
www.martivilli.com

Martivillí Sauvignon Blanc 2023 B
100% sauvignon blanc
89
Aromático, cítrico, tropical.

Martivillí Verdejo 2023 B
100% verdejo
88
Fresco, herbal, correcto, herbáceo.

BODEGAS Y VIÑEDOS MAYOR DE CASTILLA

Ctra. CL-610, km. 26,7
47491 La Seca (Valladolid)
☎: +34 968 758 190
atcliente@jgc.es
www.garciacarrion.com

Mayor de Castilla Verdejo 2023 B
verdejo
87

Pata Negra Edicion Especial Fauna Sauvignon Blanc Verdejo 2023 B
50% sauvignon blanc, 50% verdejo
87

Pata Negra Verdejo 2023 B
verdejo
86

Viña Arnaiz Verdejo 2023 B
verdejo
87
Frutal, herbal, ligero, sencillo, muy primario.

BODEGAS Y VIÑEDOS MONTEABELLÓN

Calvario, s/n
09318 Nava de Roa (Burgos)
☎: +34 947 550 000
comunicacion@monteabellon.com
www.monteabellon.com

Monteabellón Verdejo 2023 B
89
Agradable, flores secas, sabroso, suave.

BODEGAS Y VIÑEDOS SHAYA

Ctra. Aldeanueva del Codonal s/n
40642 Aldeanueva del Codonal (Segovia)
☎: +34 968 435 022
info@orowines.com

Arindo 2023 B
100% verdejo
92 ★★★★★   8,75€
Varietal. Color: pajizo. Aroma: expresivo, flores blancas, jazmín, hierbas secas. Boca: sabroso, frutoso, equilibrado.

Honoro Vera Verdejo 2023 B
100% verdejo
89 ★★★★   6,45€
Cítrico, herbáceo, fresco.

Shaya 2023 B
100% verdejo
93 ★★★★★ 🌱   11,2€
Color: pajizo brillante. Aroma: fruta madura, floral, fruta fresca, especias dulces, anisado. Boca: sabroso, fresco, buena acidez.

Shaya Habis 2022 B FB
100% verdejo
94   25,5€
Aromas nítidos, jugoso. Color: pajizo. Aroma: fruta madura, hierbas secas, flores marchitas, anisado. Boca: fruta madura, equilibrado, salino.

Vidilla 2023 B
100% verdejo

89 ★★★★ 🌱   7,25€

Agradable, fresco, frutal, sabroso.

BODEGAS Y VIÑEDOS VALTRAVIESO
Finca La Revilla, s/n
47316 Piñel de Arriba (Valladolid)
☎: +34 983 484 030
comunicacion@valtravieso.com
www.valtravieso.com

Valtravieso Nogara 2022 B
100% verdejo

88 ★★★   8,9€

Amable, tropical, suave, sencillo.

CARRAMATA
Plaza San Agustín, 3
47400 Medina del Campo (Valladolid)
☎: +34 646 984 103
amalio@carramata.es
www.carramata.es

Carramata Verdejo 2023 B
100% verdejo

88 ★★★★   8€

Equilibrado, fresco, herbal, sabroso.

COMPAÑÍA DE VINOS MIGUEL MARTÍN
Ctra. Cuellar, 17
47359 Olivares de Duero (Valladolid)
☎: +34 983 250 319
blanca@ciadevinos.com
www.bodegasthesaurus.com

Dòmine 2023 B
verdejo, sauvignon blanc

88 ★★★★   7,5€

Amable, correcto, frutal, herbal, maduro, sencillo. Aroma: frutos secos.

Viña Goy Rueda 2023 B

86   6,5€

CVNE
Ctra. Logroño-Laguardia, km. 48
01300 Laguardia (Araba/Álava)
☎: +34 941 304 800
marketing@cvne.com
www.cvne.com

Bela Gran Vino de Rueda 2022 B
100% verdejo

91   17€

Color. pajizo brillante, borde verdoso. Aroma: cítricos, hierbas silvestres, especiado. Boca: frutoso, buena acidez, fino amargor.

Cune Rueda 2023 B
100% verdejo

87 ★★★★   6€

Finca Vallejo 2023 B
100% verdejo

90   17€

Con personalidad, equilibrado, herbal, silvestre, cítrico. Aroma: lías finas, hierbas secas. Boca: fresco, buena acidez.

Monopole S. XXI 2023 B
100% verdejo

89 ★★★★   7€

Balsámico, herbáceo, frutal, fresco, silvestre, suave, agradable.

FÉLIX SOLIS AVANTIS
Autovía del Sur, Km. 199
13300 Valdepeñas (Ciudad Real)
☎: +34 926 322 600
marketing@felixsolisavantis.com
www.felixsolisavantis.com

Analivia Verdejo Selección 2023 B
verdejo

88 ★★★★   6,25€

Agradable, tropical, suave, sencillo.

DO RUEDA / D.O.P.

DO RUEDA / D.O.P.

Auténtica Verdejo 2023 B
verdejo
85 .... 2,55€

Blume Sauvignon Blanc 2023 B
sauvignon blanc
87 ★★★★ .... 6,99€

Blume Verdejo Selección 2023 B
100% verdejo
88 ★★★★ .... 5,69€
Agradable, aromático, suave.

FINCA LA CAPILLA
Ctra. de Anguix, s/n
09300 Roa (Burgos)
☎: +34 941 454 000
bodegas@fincalacapilla.es
www.fincalacapilla.com

La Capilla 2022 B
50% verdejo, 50% sauvignon blanc
91 ★★★ .... 16€
Color: amarillo brillante. Aroma: fruta madura, especiado, balsámico, caramelo de limón. Boca: graso, largo, fino amargor.

FINCA MONTEPEDROSO
Camino de La Morejona, s/n
47490 Rueda (Valladolid)
☎: +34 983 868 977
montepedroso@bujanda.com
www.fincamontepedroso.com

Finca Montepedroso Verdejo 2023 B
100% verdejo
88 ★★★ .... 8,5€
Cítrico, fresco, herbal, correcto.

JAVIER SANZ VITICULTOR
Ctra. CL-610, km 29
47491 La Seca (Valladolid)
☎: +34 983 816 669
info@bodegajaviersanz.com
www.bodegajaviersanz.com

Finca Saltamontes 2018 B
100% verdejo
92 .... 44,9€
Color: pajizo. Aroma: fruta madura, hierbas secas, flores marchitas, hierbas silvestres, cítricos. Boca: fruta madura, equilibrado.

Javier Sanz Verdejo 2023 B
100% verdejo
90 ★★★★ .... 11,35€
Color: pajizo brillante, borde verdoso. Aroma: fruta fresca, cítricos, hierbas silvestres. Boca: fresco, frutoso, buena acidez, fino amargor.

V Malcorta 2022 B
100% verdejo

92   20,9€
Color: pajizo. Aroma: flores blancas, jazmín, arbusto, hierbas de monte. Boca: sabroso, frutoso, equilibrado.

LEGARIS
Ctra. de Peñafiel - Encinas de Esgueva, km. 4.3
47317 Curiel de Duero (Valladolid)
☎: +34 610 486 397
n.vives@raventoscodorniu.com
www.legaris.com

Legaris Sauvignon Blanc 2023 B
100% sauvignon blanc

88 ★★★★   7,95€
Cítrico, equilibrado, herbal, sabroso.

Legaris Verdejo 2023 B
100% verdejo

89 ★★★★   6,95€
Agradable, frutal, floral, suave.

LIBERSO CURIOSO VERDEJO
José Zorrilla 14
47331 Santibáñez de Valcorba (Valladolid)
☎: +34 983 507 439
hola@liberso.es
www.liberso.es

Liberso Curioso Verdejo 2016 B FB
100% verdejo

93 ★★★★   16,9€
Color: amarillo brillante. Aroma: fruta madura, hierbas de tocador, lías finas, expresivo. Boca: lleno, graso, largo, buena acidez.

Liberso Curioso Verdejo 2017 B FB
100% verdejo

92 ★★★   16,9€
Color: dorado brillante. Aroma: flores secas, fruta escarchada, lías finas, pastelería. Boca: redondo, especiado, largo, persistente.

Liberso Curioso Verdejo 2018 B FB
100% verdejo

90   16,9€
Color: amarillo brillante. Aroma: potente, roble cremoso, fruta madura, especiado. Boca: estructurado, tostado, fino amargor.

Liberso Curioso Verdejo 2020 B FB
100% verdejo

91   16,9€
Color: pajizo brillante, borde verdoso. Aroma: fruta fresca, cítricos, hierbas silvestres. Boca: fresco, frutoso, buena acidez, fino amargor.

Liberso Curioso Verdejo 2021 B FB
100% verdejo

89   16,9€
Ahumado, tostado, láctico, maduro.

LOESS VINOS
Plaza Cuartel Viejo, 7
49006 Zamora (Zamora)
☎: +34 655 157 001
ljaime@loess.es
www.loesscollection.com

Loess 2023 B
verdejo

90 ★★★★★   10€
Color: pajizo brillante, borde verdoso. Aroma: cítricos, notas anisadas, hierbas secas, fruta blanca. Boca: fresco, frutoso, buena acidez, fino amargor.

Loess Collection 2022 B FB
verdejo

91   17€
Color: pajizo brillante, borde verdoso. Aroma: cítricos, hierbas silvestres, fruta blanca, notas anisadas. Boca: fresco, frutoso, buena acidez, fino amargor.

MARQUÉS DE CÁCERES
Cl 610 km 23,8
26350 Serrada (Valladolid)
☎: +34 983 450 200
comunicacion@marquesdecaceres.com
www.marquesdecaceres.com

Excellens de Marqués de Cáceres Sauvignon Blanc 2023 B
sauvignon blanc

90 ★★★★   10,9€
Color: pajizo. Aroma: expresivo, flores blancas, jazmín, hierbas secas, anisado. Boca: sabroso, frutoso, equilibrado.

Excellens de Marqués de Cáceres Verdejo 2023 B
verdejo

88   9,75€
Aromático, floral, sencillo, tropical.

MARTÍN BERDUGO BODEGA Y VIÑEDOS
Camino de la Colonia, s/n
09400 Aranda de Duero (Burgos)
☎: +34 637 717 023
jvelasco@martinberdugo.com
www.martinberdugo.com

Martín Berdugo Verdejo 2023 B
100% verdejo

89 ★★★★   6,9€
Agradable, aromático, sabroso, sencillo.

DO RUEDA / D.O.P.

MARTINSANCHO BODEGA Y VIÑEDOS

Torcido, 1
47491 La Seca (Valladolid)
☎: +34 657 543 702
martinsancho@martinsancho.com
www.martinsancho.com

Martínsancho 2023 B
verdejo
90
Aromas nítidos, varietal, herbal. Aroma: cítricos, toques silvestres, lías finas, anisado. Boca: jugoso, fácil de beber.

MONTEBACO

Finca Montealto s/n
47300 Valbuena de Duero (Valladolid)
☎: +34 983 485 128
montebaco@bodegasmontebaco.com
www.bodegasmontebaco.com

Montebaco Verdejo + Sauvignon 2023 B
87
Fresco, herbal, herbáceo, boca correcta.

NUEVOS VINOS

San Juan Bosco, 32 Bajo
03804 Alcoy (Alacant/Alicante)
☎: +34 965 549 172
josecanto@nuevosvinos.es
www.nuevosvinos.es

Perla Maris Verdejo 2023 B
100% verdejo
87 ★★★★   6€

PACO MULERO

Partida de la Hoya Torres s/n
30520 Jumilla (Murcia)
☎: +34 968 105 997
info@pacomulero.com
www.pacomulero.com

Aldeón de Lar Verdejo 2023 B
verdejo
89 ★★★★ 🌱   7€
Agradable, floral, frutal.

Prisma Verdejo 2023 B
89
Agradable, suave, sencillo, frutal.

PAGO DE MARINACEA

Marqués de la Ensenada 16 - 12º
28004 Madrid (Madrid)
☎: +34 983 361 046
info@marinacea.com
www.marinacea.com

Pago de Marinacea 2022 B
verdejo
87 🌱   10,9€

PAGO DEL CIELO

Camino de Magarín s/n
47529 Villafranca de Duero (Valladolid)
☎: +34 938 177 400
info@torres.es
www.torres.es

Celeste Verdejo 2023 B
verdejo
88 ★★★★   7,6€
Cítrico, herbal, equilibrado.

PAGOS DEL REY

Avda. Morejona, 6
47490 Rueda (Valladolid)
☎: +34 926 322 400
rueda@pagosdelrey.com
www.pagosdelrey.com

Casa La Luna Verdejo Viura 2023 B
verdejo, viura
87

PALACIO DE BORNOS

Ctra. Madrid - Coruña, km. 170,6
47490 Rueda (Valladolid)
☎: +34 983 868 116
info@bornosbodegas.com
www.palaciodebornos.com

Palacio de Bornos La Caprichosa 2023 B
verdejo

90 ★★★★★   8,75€

Color: pajizo brillante, borde verdoso. Aroma: fruta fresca, cítricos, hierbas silvestres, anisado. Boca: fresco, frutoso, buena acidez, fino amargor.

Palacio de Bornos Sauvignon Blanc 2023 B
sauvignon blanc

89 ★★★★   7,95€

Suave, sencillo, herbal, frutal.

Palacio de Bornos Sauvignon Blanc Semidulce 2023 B SD

85   8,15€

Palacio de Bornos Verdejo 2023 B
verdejo

89 ★★★★   6,35€

Agradable, frutal, sabroso, suave.

PERSEO 7 BODEGAS

Montero Calvo, 7
47001 Valladolid (Valladolid)
☎: +34 983 297 830
info@perseo7.com

Perseo 7 Verdejo sobre Lías 2023 B
100% verdejo

88

Agradable, maduro, sabroso, sencillo.

R & G ROLLAND GALARRETA

Ramón y Cajal 7, 1ºA
01007 Vitoria-Gasteiz (Araba/Álava)
☎: +34 945 150 189
araex@araex.com
www.araex.com

Rolland Galarreta Rueda Verdejo Parcela 25 2020 B
verdejo

93

Aromático, complejo. Color: pajizo brillante. Aroma: fruta madura, floral, lías finas, mineral. Boca: complejo, especiado, largo.

Rolland Galarreta Verdejo Organic 2022 B

91 🍃

Color: amarillo brillante. Aroma: fruta madura, especias dulces, frutos secos, fruta de hueso. Boca: estructurado, largo, tostado, fino amargor.

RAMÓN BILBAO

Finca de las Amedias, Ctra. Rueda, Km.1
47490 Nava del Rey (Valladolid)
☎: +34 983 237 744
nathalie.porras@zamoracompany.com

Ramón Bilbao Early Harvest Verdejo 2023 B
verdejo

88

Afilado, floral, frutal, sencillo.

Ramón Bilbao Finca Las Amedias 2019 B
85% verdejo, 15% sauvignon blanc

92   45€

Color: pajizo brillante, borde verdoso. Aroma: fruta fresca, cítricos, hierbas silvestres, mineral. Boca: fresco, frutoso, buena acidez, fino amargor.

DO RUEDA / D.O.P.

DO RUEDA / D.O.P.

Ramón Bilbao Finca Las Amedias 2020 B
92
Aromas nítidos, aromático, varietal, por hacer. Color: pajizo brillante. Aroma: fruta madura, hierbas de tocador, lías finas, cítricos. Boca: lleno, graso, largo, buena acidez.

Ramón Bilbao Verdejo sobre lías 2021 B
verdejo
89
Aromático, correcto, especiado, frutal, maduro, equilibrado.

RIPPA DORII
Avda. Tordesillas, 49
47490 Rueda (Valladolid)
☎: +34 639 266 011
info@rippadorii.es
www.rippadorii.es

Rippa Dorii Geografías Los Curas 2022 B FB
verdejo
90   15,3€
Color: amarillo brillante. Aroma: potente, roble cremoso, fruta madura, especias dulces. Boca: graso, estructurado, tostado, fino amargor.

Rippa Dorii Verdejo 2023 B
verdejo
90 ★★★★★   7€
Color: pajizo brillante, borde verdoso. Aroma: fruta fresca, cítricos, hierbas verdes. Boca: fresco, frutoso, buena acidez, fino amargor.

Rippa Dorii Verdejo Organic Wine 2023 B
verdejo
89 ★★★★ 🌱   7€
Agradable, sabroso, frutal, floral.

RIVASANZ VIÑEDOS
Huerta, 5
47491 La Seca (Valladolid)
☎: +34 650 743 032
javier@rivasanz.com
www.rivasanz.com

Rivasanz Verdejo sobre Lías 2023 B
verdejo
89 ★★★★   8,5€
Cítrico, frutal, herbal, maduro, lleno.

SAN COBATE FINCA Y VIÑEDOS
Tejares, 5
47500 Nava del Rey (Valladolid)
☎: +34 660 697 547
info@sancobate.com
www.sancobate.com

San Cobate Verdejo 2020 B FB
100% verdejo
91   22,2€
Color: amarillo brillante. Aroma: potente, roble cremoso, fruta madura, especiado. Boca: estructurado, largo, tostado, fino amargor.

UVAS FELICES
Agullers, 7
08003 Barcelona (Barcelona)
☎: +34 902 327 777
www.vilaviniteca.es

El Perro Verde 2023 B
90
Aromático. Color: pajizo brillante. Aroma: expresión frutal, fruta madura, floral. Boca: fresco, buena acidez, retronasal afrutado.

VINOS DE LA LUZ
Ctra. de Mélida, km. 3,5
47300 Peñafiel (Valladolid)
☎: +34 983 878 007
info@vinosdelaluz.com
www.vinosdelaluz.com

Valcerracín Selección Limitada Verdejo 2023 B
100% verdejo
89 ★★★★   8,9€
Equilibrado, herbal, sabroso, notas de levadura.

Valpincia Verdejo 2023 B
100% verdejo

88 ★★★★   5,9€

Ácido, cítrico, herbal, correcto.

VINOS DIVERTIDOS
Nicolas de Bussi 10
03203 Elche (Alacant/Alicante)
☎: +34 966 105 325
info@vinosdivertidos.es
www.vinosdivertidos.es

Cojón de Gato Verdejo 2023 B

90

Color. pajizo brillante, borde verdoso. Aroma: fruta fresca, cítricos, hierbas silvestres. Boca: fresco, frutoso, buena acidez, fino amargor.

La Tapa loca Verdejo 2023 B
verdejo

90

Color. pajizo brillante, borde verdoso. Aroma: fruta fresca, cítricos, hierbas silvestres. Boca: fresco, frutoso, buena acidez, fino amargor.

VINOS GARCÍA DUQUE
47129 Barruelo del Valle (Valladolid)
☎: +34 649 986 156
info@quesosymantequilla.es

Alsocayo 2021 B

88

Equilibrado, especiado, oxidativo, sabroso, herbal.

Alsocayo 2022 B
sauvignon blanc

89 ★★★★   8€

Aromático, exuberante, floral, sabroso.

García Duque 2022 B
verdejo

91 ★★★★★   11€

Color. amarillo brillante. Aroma: fruta madura, especiado, hierbas silvestres. Boca: graso, estructurado, largo, tostado, fino amargor.

VINOS SANZ
Ctra. Madrid - La Coruña, Km. 170,5
47490 Rueda (Valladolid)
☎: +34 916 408 730
vinossanz@vinossanz.com
www.vinossanz.com

El Loco de Finca La Colina 2023 B
97% verdejo, 3% sauvignon blanc

91 ★★★★★   9,95€

Color. pajizo brillante. Aroma: expresión frutal, fruta madura, floral, notas anisadas. Boca: sabroso, fresco, buena acidez, retronasal afrutado.

Finca La Colina Sauvignon Blanc 2023 B
100% sauvignon blanc

92 ★★★★   16€

Color. pajizo brillante, borde verdoso. Aroma: fruta fresca, cítricos, hierbas silvestres, notas anisadas, arbusto, varietal. Boca: fresco, frutoso, buena acidez, fino amargor, sabroso, persistente.

DO RUEDA / D.O.P.

DO RUEDA / D.O.P.

Finca La Colina Verdejo Cien x Cien 2023 B
100% verdejo

91 ★★★★★ 11,15€

Color: pajizo. Aroma: fruta madura, hierbas secas, flores marchitas, flores secas. Boca: potente, fruta madura, equilibrado, frutoso, cierta persistencia.

Sanz Clásico 2023 B
70% verdejo, 30% viura

89 ★★★★ 5,1€

Amable, cítrico, frutal, fresco, muy primario.

Sanz Sauvignon Blanc 2023 B
100% sauvignon blanc

88 ★★★ 8,4€

Frutal, hierbas secas, maduro, herbal.

Sanz Verdejo 2023 B
100% verdejo

90 ★★★★★ 7,45€

Color: pajizo. Aroma: fruta madura, hierbas secas, flores marchitas, piedra seca. Boca: fruta madura, equilibrado, fresco, frutoso, sabroso.

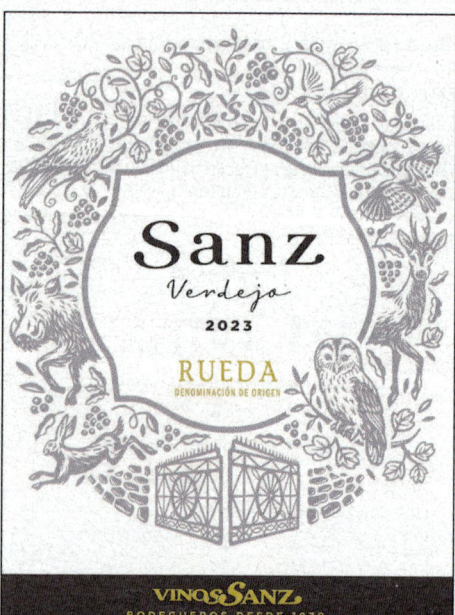

VIÑA DAMMIS
Paseo s/n
47491 La Seca (Valladolid)
☎: +34 695 949 123
info@vinadammis.es
www.vinadammis.es

Viña Dammis Verdejo 2023 B
100% verdejo

91 ★★★★ 12,9€

Color: pajizo brillante, borde verdoso. Aroma: fruta fresca, cítricos, hierbas silvestres, piedra seca. Boca: fresco, frutoso, buena acidez, fino amargor.

VIÑA MAYOR
Crta. Autovía del Noroeste, Km. 175
47490 Rueda (Valladolid)
☎: +34 670 583 024
info@bodegaslan.com

Viña Mayor Verdejo 2023 B
85% verdejo, 15% sauvignon blanc

90 ★★★★★ 6,7€

Color: pajizo brillante, borde verdoso. Aroma: fruta fresca, hierbas silvestres, anisado. Boca: fresco, frutoso, buena acidez, fino amargor.

VIÑAS MURILLO
Conde Vallellano, s/n
47238 Alcazarén (Valladolid)
☎: +34 652 054 177
administracion@vinasmurillo.es

Chapirete 2021 B FB
100% verdejo

94 ★★★★★ 14€

Color: amarillo brillante. Aroma: fruta madura, especiado, expresión frutal. Boca: estructurado, largo, tostado, fino amargor.

Chapirete Prefiloxérico 2021 B
100% verdejo

92 ★★★★★ 7€

Color: pajizo brillante. Aroma: fruta madura, floral, lías finas, mineral. Boca: lleno, especiado, largo, elegante.

Chapirete Selección 2023 B
verdejo

88 ★★★★ 5€

Cítrico, herbal, fresco, equilibrado, tropical.

Valdihuete sobre Lías 2023 B
verdejo

88 ★★★★ 5€

Cítrico, fresco, herbal, equilibrado, sabroso, amable, tropical.

VIÑEDOS SINGULARES
Avda. de La Riera, 11 Nave 1
08960 Sant Just Desvern (Barcelona)
☎: +34 934 807 041
info@vinedossingulares.com
www.vinedossingulares.com

Afortunado 2023 B
89

Cítrico, fresco, herbal, sabroso, correcto.

Afortunado 2023 B
88 🌿

Cítrico, fresco, herbal.

WEIN & VINOS
Hardenbergstr. 9A
10623 Berlin (Berlin)
☎: +49 303 150 6080
info@vinos.de
www.vinos.de

Quietus 2022 B FB
100% verdejo

90 19,95€

Color: amarillo brillante. Aroma: roble cremoso, fruta madura, especiado, hierbas silvestres. Boca: graso, estructurado, tostado, fino amargor.

Quietus Verdejo 2023 B
100% verdejo

89 ★★★ 9,95€

Equilibrado, fresco, herbal, balsámico.

YLLERA BODEGAS & VIÑEDOS
47490 Rueda (Valladolid)
☎: +34 983 868 097
grupoyllera@grupoyllera.com
www.grupoyllera.com

Cantosán Verdejo Viñas Viejas 2023 B
89

Agradable, amable, sabroso.

Meraldis Verdejo Vinificación Integral 2021 B FB
verdejo

93 ★★★ 20€

Color: amarillo brillante. Aroma: roble cremoso, fruta madura, especiado, hierbas secas, fruta de hueso. Boca: graso, estructurado, largo, tostado, fino amargor.

Yllera Sauvignon Blanc Vendimia Nocturna 2023 B
89

Agradable, suave, opulento, floral.

Yllera Verdejo Vendimia Nocturna 2023 B
verdejo, sauvignon blanc, chardonnay, viognier, viura

90 ★★★★★ 6,5€

Color: pajizo. Aroma: fruta madura, hierbas secas, flores marchitas, anisado. Boca: fruta madura, equilibrado, sabroso.

DO RUEDA / D.O.P.

DO. SOMONTANO
CONSEJO REGULADOR

Avda. de la Merced, 64
22300 Barbastro (Huesca)
☎: +34 974 313 031
@: somontano@dosomontano.com
www.dosomontano.com

SITUACIÓN:

En la provincia de Huesca, en torno a la localidad de Barbastro. La zona de producción comprende 43 municipios, enclavados fundamentalmente en la comarca de Somontano y el resto en las zonas limítrofes de Ribagorza y Monegros.

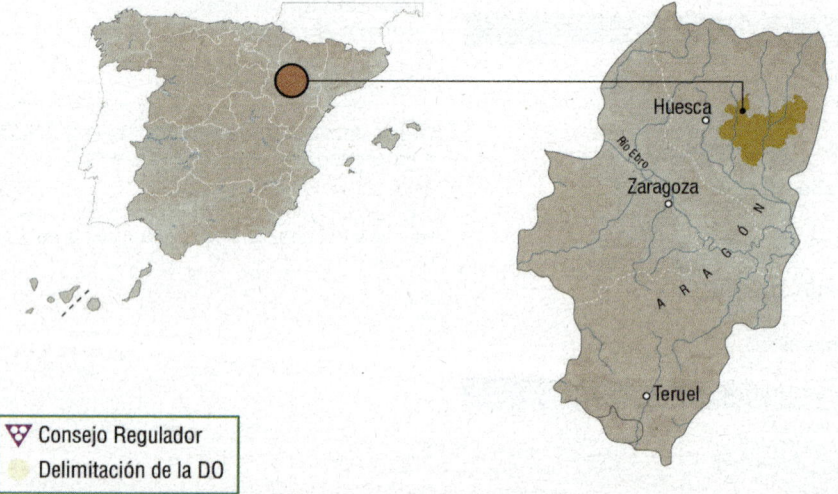

▽ Consejo Regulador
　 Delimitación de la DO

VARIEDADES:

BLANCAS: macabeo, garnacha blanca, alcañón, chardonnay, gewürztraminer, riesling y sauvignon blanc.
TINTAS: tempranillo, garnacha tinta, cabernet sauvignon, merlot, moristel, parraleta, pinot noir y syrah.

DATOS CONSEJO REGULADOR:

Nº Has. Viñedo: 3.959 – **Nº Viticultores:** 331 – **Nº Bodegas:** 28 – **Cosecha 23:** Excelente – **Producción 23:** 13.126.700 L. – **Comercialización:** 80% Nacional - 20% Internacional.

SUELOS:

Son fundamentalmente de tipo pardo-calizo, escasa fertilidad, un buen nivel de caliza y buenas condiciones de permeabilidad.

CLIMA:

Se caracteriza por inviernos fríos y veranos calurosos, con bruscos cambios de temperatura al final de la primavera y el otoño. La pluviometría media anual es de 500 mm., aunque las precipitaciones van descendiendo de norte a sur y de oeste a este.

CARACTERÍSTICAS GENERALES DE LOS VINOS

BLANCOS
Los más destacados son los elaborados con chardonnay, ya sea como vinos jóvenes o fermentados en barrica, que dan blancos de aromas potentes, con buena definición varietal, grasos y sabrosos en boca. También se pueden encontrar excelentes blancos de gewürztraminer donde destacan los aromas a lichis que ofrece la propia variedad.

ROSADOS
Elaborados a base de uvas autóctonas o foráneas, siguen la línea de los rosados modernos: color rosáceo-frambuesa, buena intensidad frutal, ligeros, frescos y fáciles de beber.

TINTOS
Históricamente el tinto tradicional de la región se elabora a partir de moristel y tempranillo y se caracteriza por ser notablemente afrutado e intenso. También existen experiencias muy interesantes de monovarietales de uvas locales, en concreto moristel y parraleta, de calidad notable; ambos vinificados como vinos jóvenes y caracterizados por un excelente carácter frutal y cierta complejidad de matices. En el resto de tintos se impone la presencia de variedades foráneas, mezcladas con las locales o presentadas por separado. Destacan los cabernets y merlots de crianza por su carácter varietal, potencia aromática y buen ensamblaje con la madera, debido a envejecimientos no excesivamente largos; en boca, presentan una buena estructura.

CALIFICACIÓN DE COSECHAS DE VINOS JÓVENES GUÍAPEÑÍN

2019	2020	2021	2022	2023
MUY BUENA	MUY BUENA	MUY BUENA	BUENA	BUENA

DO SOMONTANO / D.O.P.

DO SOMONTANO / D.O.P.

BAL D'ISÁBENA BODEGAS
Ctra. A-1605, Km. 11,200
22587 Laguarres (Huesca)
☎: +34 605 785 178
info@baldisabena.com
www.baldisabena.com

Finca La Torre Riesling 2023 B
riesling
86 8,9€

Isabena Finca El Plano Garnacha 2023 B
100% garnacha blanca
90 ★★★★★ 8€
Aromas nítidos. Aroma: fruta blanca, hierbas silvestres, hierbas secas, flores secas. Boca: frutoso, muy vivo, sabroso, equilibrado.

Isabena Finca Irene Garnacha 2022 T
100% garnacha
89 ★★★★ 8€
Aromas nítidos, floral, frutal, varietal, suave, silvestre, equilibrado. Boca: fácil de beber, retronasal afrutado.

Isabena Finca La Torre Chardonnay 2023 B
100% chardonnay
87 ★★★ 8€

Isabena Finca los Nogales 2023 B
100% gewürztraminer
88 ★★★★ 8€
Correcto, frutal, maduro, sencillo.

Isábena Merlot Selección 2020 T C
100% merlot
90 ★★★★★ 8€
Color: cereza, borde granate. Aroma: balsámico, fruta madura, hierbas de monte, terroso. Boca: sabroso, especiado.

Ixeia 2023 B
87

Ixeia 2023 RD
87

Ixeia 2023 T
85

Perrochico 2023 B
chardonnay, gewürztraminer
87

Perrochico 2023 T
80% merlot, 20% syrah
87 ★★★★ 5,95€

BATAN DE SALAS
Pol. Ind. Valle del Cinca
22312 Barbastro (Huesca)
☎: +34 974 316 217
bodega@deberoz.es
www.batandesalas.com

Batán de Salas Moristel 2022 T
moristel
87 13€

Pasotismo 2022 B
chardonnay, macabeo, alcañón
90 ★★★★ 12€
Color: pajizo brillante, borde verdoso. Aroma: fruta fresca, cítricos, hierbas silvestres, camomila, lías finas. Boca: fresco, frutoso, buena acidez, fino amargor.

Pasotismo 2022 T
syrah, garnacha, moristel, parraleta, tempranillo, cabernet sauvignon
88 12€
Agradable, frutal, suave, sencillo.

BLECUA
Ctra. de Naval, Km. 3,7
22300 Barbastro (Huesca)
☎: +34 974 302 216
prensa@gonzalezbyass.es
www.bodegablecua.com

Blecua 2019 T R
merlot, tempranillo, cabernet sauvignon, syrah
94
Color: Cereza. Aroma: balsámico, hierbas de monte, complejo, equilibrado, expresivo, cera. Boca: especiado, buena acidez, equilibrado, redondo.

🏆 PODIO

Blecua Magnum 2016 T R
cabernet sauvignon, merlot, syrah, tempranillo
95 172€
Color: cereza intenso, borde granate. Aroma: ebanistería, fruta madura, cacao fino, habano, tostado, chocolate, frutos secos. Boca: sabroso, especiado, tostado, taninos potentes.

BODEGA ALDAHARA

Ctra. Barbastro, 10
22423 Estadilla (Huesca)
☎: +34 974 305 236
bodega@aldahara.es
www.aldahara.es

Aldahara 2023 RD
merlot
86 .... 4€

Aldahara Chardonnay 2023 B
chardonnay
86 .... 6,5€

Aldahara Generaciones 2017 T
90 17€
Confitado, especiado. Aroma: fruta confitada, potente, madera marcada, tostado. Boca: sabroso, largo, opulento.

Aldahara Rasé Chardonnay 2023 B RB
chardonnay
87 ★★★ .... 8€

Aldahara Rasé Merlot 2022 T
merlot
85 .... 7,5€

BODEGA ENATE

Avda. de las Artes, 1
22314 Salas Bajas (Huesca)
☎: +34 974 302 580
bodega.enate@grupoenate.es
www.enate.es

Enate 2023 RD
cabernet sauvignon
88 ★★★ 8,75€
Amable, aromático, frutal, goloso, golosinas, maduro, sabroso.

Enate Cabernet - Cabernet 2017 T
cabernet sauvignon
88
Sobremaduro, algo caído, tostado.

Enate Cabernet - Cabernet 2021 T
cabernet sauvignon
91 23,95€
Color: cereza oscuro. Aroma: tostado, especiado, cacao fino, fruta negra. Boca: sabroso, tostado, fino amargor.

Enate Cabernet Sauvignon Merlot 2021 T
89
Agradable, amable, frutal, maduro.

Enate Chardonnay 2022 B FB
chardonnay
91 19,25€
Color: amarillo brillante. Aroma: potente, roble cremoso, fruta madura, especiado, pan tostado, tostado. Boca: graso, estructurado, largo, tostado, fino amargor, sabroso.

Enate Merlot-Merlot 2021 T R
merlot
92 23,95€
Clásico, maduro. Color: cereza oscuro. Aroma: tostado, especiado, cacao fino, fruta negra, hierbas secas. Boca: sabroso, tostado, taninos rugosos.

Enate Syrah-Shiraz 2021 T
syrah
91 23,95€
Cremoso, amable. Color: cereza intenso. Aroma: hierbas secas, roble cremoso, fruta negra. Boca: potente, fruta madura, especiado, taninos maduros.

Enate Varietales 2021 T R
cabernet sauvignon, merlot, tempranillo, syrah
91 23,95€
Color: cereza intenso. Aroma: fruta madura, hierbas secas, roble cremoso. Boca: potente, fruta madura, especiado, taninos maduros.

BODEGA LAUS

Ctra. N-240, km 154,8
22300 Barbastro (Huesca)
☎: +34 974 269 708
bodega.laus@grupoenate.es
www.bodegaslaus.es

Laus 2018 T R
cabernet sauvignon
90 ★★★★★ 8,95€
Color: cereza intenso. Aroma: hierbas secas, especiado, fruta negra, cacao fino. Boca: potente, fruta madura, especiado, taninos maduros.

Laus 2020 T C
merlot, cabernet sauvignon
88 ★★★★ 6,45€
Especiado, maduro, suave, boca correcta. Aroma: cera. Boca: fácil de beber.

Laus 2021 T BA
87

Laus 2023 RD
syrah, garnacha
87 ★★★★ 5,5€

DO SOMONTANO / D.O.P.

DO SOMOTANO / D.O.P

Laus 2023 T
merlot, syrah

88 ★★★★ 4,85€

Frutal, maduro, sencillo, silvestre, suave, muy primario.

Laus Chardonnay Garnacha 2023 B
chardonnay, garnacha blanca

87 ★★★★ 5,5€

Laus Garnacha 2022 T
garnacha

88 ★★★★ 5,95€

Agradable, aromas nítidos, correcto, frutal, maduro, flores secas. Boca: fácil de beber.

BODEGA PIRINEOS
Ctra. Barbastro - Naval, Km. 3.5
22300 Barbastro (Huesca)
☎: +34 974 312 273
info@bodegapirineos.com
www.bodegapirineos.com

3404 Tuca D'Aneto 2020 T C
cabernet sauvignon, merlot, moristel

89 ★★★ 9,5€

Amable, aromas nítidos, equilibrado, herbal, jugoso, maduro, tostado, especiado.

Marboré Cuvée 2020 T
tempranillo, merlot, moristel, parraleta

90 19€

Color: cereza oscuro. Aroma: tostado, especiado, cacao fino, hierbas secas. Boca: sabroso, tostado, fino amargor.

Pirineos Chardonnay Viñedo Seleccionado 2023 B
chardonnay

89 ★★★★ 9€

Cítrico, fresco, frutal, muy primario, sabroso.

Pirineos Gewürztraminer 2023 B
gewürztraminer

90 ★★★★★ 9€

Varietal. Color: amarillo. Aroma: expresivo, flores blancas, hierbas secas, fruta tropical. Boca: sabroso, frutoso, equilibrado, fácil de beber, retronasal afrutado.

Principio Moristel 2022 T
100% moristel

88 ★★★★ 7€

Amaderado, corpulento, lleno, tostado. Aroma: notas cárnicas.

Señorío de Lazán 2018 T R
cabernet sauvignon, merlot, moristel

90 ★★★★ 11€

Color: cereza oscuro, borde granate. Aroma: fruta madura, fruta confitada, ebanistería, tabaco, especias dulces. Boca: especiado, taninos maduros, equilibrado.

BODEGA SOMMOS
Ctra. N-240, Km. 155
22300 Barbastro (Huesca)
☎: +34 974 269 900
info@bodegasommos.com
www.bodegasommos.com

Glárima de Sommos 2023 T
merlot, tempranillo

87

Sommos Chardonnay 2023 B RB
chardonnay

89

Aroma: fruta madura, floral. Boca: sabroso, buena acidez.

Sommos Colección Cabernet Sauvignon 2020 T R
cabernet sauvignon

92 26,5€

Varietal. Color: cereza intenso. Aroma: fruta madura, hierbas secas, roble cremoso, fruta negra, especiado. Boca: potente, fruta madura, especiado, sabroso, cierta persistencia, taninos potentes.

Sommos Colección Chardonnay 2022 B
100% chardonnay

90   35€

Color: amarillo brillante. Aroma: roble cremoso, fruta madura, especiado, hierbas silvestres. Boca: graso, estructurado, tostado, sabroso, cierta persistencia.

Sommos Colección Garnacha Blanca 2022 B
100% garnacha blanca

91 ★★★★   13,5€

Color: pajizo brillante. Aroma: fruta blanca, fruta asada, expresión frutal, especiado, lácticos. Boca: frutoso, muy vivo, sabroso, equilibrado, especiado.

Sommos Colección Syrah 2020 T R
100% syrah

91   26,5€

Color: cereza intenso. Aroma: fruta madura, hierbas secas, roble cremoso, fruta negra. Boca: potente, fruta madura, especiado, taninos maduros, frutoso, cierta persistencia.

Sommos Colección Tempranillo 2020 T R
100% tempranillo

91   26,5€

Color: cereza brillante. Aroma: fruta madura, fruta negra, fruta roja, especiado, ahumado. Boca: frutoso, lleno, sabroso, equilibrado, retronasal ahumado, taninos maduros.

Sommos Premium 2019 T R
52% cabernet sauvignon, 32% syrah, 16% tempranillo

91   35€

Color: cereza intenso. Aroma: fruta madura, fruta negra, pimienta negra, tostado, especiado. Boca: frutoso, lleno, potente, equilibrado, cierta persistencia, taninos secos pero maduros.

BODEGAS ABINASA
Ctra. N-240, Km. 180
22124 Lascellas (Huesca)
☎: +34 974 319 156
info@bodegasabinasa.com
www.bodegasabinasa.com

Ana 2020 T C
86

Ana Lascellas 2023 RD
cabernet sauvignon

85

Ana Lascellas Chardonnay 2022 B
chardonnay

86

Ana Lascellas Gewurztraminer 2023 B
89

Varietal, flores secas, frutal, maduro, muy primario, sabroso.

Ana Lascellas T RB
84

BODEGAS FÁBREGAS
Cerler, 3
22300 Barbastro (Huesca)
☎: +34 974 310 498
info@bodegasfabregas.com
www.bodegasfabregas.com

Fábregas Garnacha Blanca 2021 B FB
garnacha blanca

91 ★★★★   13,5€

Color: pajizo brillante. Aroma: fruta blanca, fruta madura, hierbas secas, especiado, flores marchitas. Boca: fresco, frutoso, muy vivo, sabroso, varietal, equilibrado.

Fábregas Puro Syrah 2021 T C
syrah

91 ★★★★   13,5€

Jugoso, maduro, varietal. Aroma: notas cárnicas, fruta negra, fruta madura, roble cremoso. Boca: sabroso, equilibrado.

Mingua 2022 T
syrah, garnacha, moristel

89 ★★★★   8€

Amable, aromas nítidos, frutal, jugoso, correcto, flores secas, maduro.

BODEGAS MELER
Ctra. N-240, km. 154,2
22300 Barbastro (Huesca)
☎: +34 679 954 988
info@bodegasmeler.com
www.bodegasmeler.com

Andrés Meler 2014 T R
cabernet sauvignon

90   20€

Color: cereza intenso. Aroma: hierbas secas, fruta negra, fruta madura, cacao fino. Boca: potente, fruta madura, especiado, taninos maduros.

Meler 15 2018 T C
merlot, cabernet sauvignon

88   10€

Correcto, clásico. Aroma: incienso, hierbas secas, pan tostado, tabaco. Boca: amargoso, taninos maduros.

Meler 6 2021 T C
cabernet sauvignon, merlot, syrah

88 ★★★★   7€

Equilibrado, maduro, sabroso, tostado, hierbas secas.

DO SOMONTANO / D.O.P.

DO SOMOTANO / D.O.P.

Meler 9 2020 T
cabernet sauvignon, garnacha
86 — 8€

Meler Chardonnay 2023 B
chardonnay
88 ★★★★ — 8€
Cítrico, flores secas, frutal, láctico, maduro, rústico.

Meler Syrah 2022 T
syrah
87 ★★★★ — 5,9€

BODEGAS OSCA
La Iglesia, 1
22124 Ponzano (Huesca)
☎: +34 974 319 017
bodega@bodegasosca.com
www.bodegasosca.com

Mascún Blanc de Noirs Garnacha 2023 B
garnacha
85 — 10€

Mascún Garnacha 2019 T C
garnacha
88 — 14€
Equilibrado, especiado, maduro, potente.

Mascún Garnacha Blanca 2023 B
100% garnacha blanca
86 — 10€

Osca 2023 B
85

Osca Garnacha Blanca 2023 B
garnacha blanca
87

Osca Gran Eroles 2017 T R
cabernet sauvignon
88 — 17€
Con vejez, especiado, hierbas secas, lleno.

Riesling de Mascún 2023 B
riesling
86 — 12€

BODEGAS TRENZA
Felix Mendelsohn, 8
03730 Jávea (Alacant/Alicante)
☎: +34 965 790 012
bodegas@bodegastrenza.com
www.bodegatrenza.com

Mont Clou 2023 B
chardonnay
90
Amable, goloso. Color: pajizo. Aroma: hierbas secas, flores marchitas, especias dulces, fruta de hueso, lías finas. Boca: fruta madura, equilibrado, sabroso.

BODEGAS VALDOVINOS
Camino de la Almunia, s/n
22133 Antillón (Huesca)
☎: +34 974 260 437
info@bodegasvaldovinos.com
www.bodegasvaldovinos.com

Berdá 2021 B
parraleta
91
Color: amarillo brillante. Aroma: expresión frutal, fruta blanca, fruta madura, lías finas, lácticos, hierbas silvestres, flores blancas, especiado. Boca: sabroso, muy vivo, lleno, equilibrado, retronasal ahumado, tostado.

Bresque Sauvignon Blanc 2023 B
sauvignon blanc
88
Cítrico, frutal, hierbas secas, varietal, fresco.

Bresque Syrah 2019 T RB
syrah
89
Color: cereza intenso. Aroma: fruta madura, hierbas secas, roble cremoso. Boca: fruta madura, especiado, taninos maduros.

Valdovinos 2018 T C
cabernet sauvignon, tempranillo, garnacha
87

Valdovinos Selección Syrah 2018 T
syrah
89
Con oscuridad, con vejez, reductivo. Aroma: hierbas secas, fruta negra, cera, tabaco.

DALCAMP

Pedanía de Monte Odina, s/n
22415 Monesma de San Juan (Huesca)
☎: +34 973 760 018
info@ramondalfo.com
www.castillodemonesma.com

Castillo de Monesma 2016 T C
merlot, cabernet sauvignon

86 8€

Castillo de Monesma 2018 T R
tempranillo, syrah

87 10€

Castillo de Monesma 2018 T RB
merlot, cabernet sauvignon

86 4,2€

Castillo de Monesma T
merlot, cabernet sauvignon, syrah, tempranillo, garnacha

85 3,8€

IDRIAS

Ctra. Abiego 1229, Km 0,2
22124 Lascellas (Huesca)
☎: +34 974 340 171
info@bsdg.es
www.idrias.es

Idrias 2021 T C
merlot, cabernet sauvignon

87 🌿 10€

Idrias Chardonnay 2023 B
chardonnay

88 ★★★ 🌿 8,5€
Cítrico, frutal, maduro, sabroso, toques salinos.

Idrias T RB
merlot, cabernet sauvignon, tempranillo

85 🌿 8,5€

Idrias Tempranillo 2023 RD
tempranillo

86 🌿 6€

Idrias Tempranillo 2023 T
tempranillo

86 🌿 6€

LEO & NINE

Camino de Barbastro, 9
22423 Estadilla (Huesca)
☎: +34 974 305 780
info@leoninewines.com
www.leoninewines.com

Compartir 2021 T C
50% cabernet sauvignon, 50% merlot

91 ★★★★★ 11,4€
Color: cereza intenso. Aroma: especias dulces, fruta negra, fruta madura, notas cárnicas. Boca: frutoso, especiado, taninos maduros, jugoso.

Compartir 2022 T RB
60% merlot, 30% syrah, 10% tempranillo

89 ★★★★ 8,9€
Balsámico, especiado, herbal, maduro, sabroso, silvestre, agradable, boca correcta.

Compartir 2023 T
70% syrah, 30% tempranillo

89 ★★★★ 7,9€
Agradable, correcto, frutal, jugoso, silvestre, suave, equilibrado.

Crush 2023 RD
100% garnacha

89 ★★★★ 7,9€
Aromas nítidos, silvestre, correcto, equilibrado, fresco, frutal, sutil. Aroma: hierbas de tocador.

Vivette Chardonnay 2023 B
100% chardonnay

92 ★★★★★ 8,9€
Color: amarillo brillante. Aroma: expresivo, fruta madura, floral, lías finas, expresión frutal, fruta blanca. Boca: lleno, complejo, especiado, largo, elegante, fresco.

Vivette Gewürztraminer 2023 B
100% gewürztraminer

88 ★★★ 8,9€
Frutal, varietal, floral, maduro, muy primario, fresco.

DO SOMONTANO / D.O.P.

DO SOMONTANO / D.O.P.

ORIGEN VITICULTORES
María Zambrano, 31 WTCZ, TO, Planta 13
50018 Zaragoza (Zaragoza)
☎: +34 976 322 361
pedidos@origenviticultores.com
www.origenviticultores.com

La Malpregona 2022 T
parraleta, garnacha, moristel

90 ★★★ 12,5€

Color: Cereza. Aroma: balsámico, especias dulces, hierbas de monte, fruta roja. Boca: especiado, balsámico, buena acidez.

La Malpregona Chardonnay Macabeo Alcañón 2022 B
chardonnay, macabeo, alcañón

91

Con tensión. Color: pajizo brillante. Aroma: fruta madura, hierbas de tocador, lías finas, cera. Boca: lleno, graso, largo, buena acidez.

La Malpregona Macabeo Alcañón 2021 B
macabeo, alcañón

92 ★★★★★ 12,5€

Color: pajizo brillante. Aroma: hierbas secas, flores marchitas, fósforo, cítricos, fruta fresca. Boca: fruta madura, equilibrado.

Tozal D'A Malpregona 2022 T
moristel

92 23,5€

Color: cereza, borde violáceo. Aroma: fruta roja, floral, especiado, hierbas de monte. Boca: sabroso, frutoso, buena acidez, largo.

VINOS DIVERTIDOS
Nicolas de Bussi 10
03203 Elche (Alacant/Alicante)
☎: +34 966 105 325
info@vinosdivertidos.es
www.vinosdivertidos.es

Cojón de Gato 2021 T
merlot, syrah, cojón de gato

88

Confitado, especiado, tostado, maduro. Aroma: regaliz negro, hierbas secas.

Cojón de Gato 2023 B
10% gewürztraminer, 90% chardonnay

89 ★★★ 9,95€

Cítrico, equilibrado, fresco, frutal, floral, amable.

Cojón de Gato 2023 T
merlot, syrah

87

VIÑAS DEL VERO
Ctra. de Naval, Km. 3,7
22300 Barbastro (Huesca)
☎: +34 974 302 216
prensa@gonzalezbyass.es
www.vinasdelvero.es

Clarión de Viñas del Vero 2022 B
82% riesling, gewürztraminer, chardonnay, sauvignon blanc

91

Color: pajizo brillante. Aroma: expresión frutal, fruta madura, floral, fruta de hueso, especias dulces. Boca: sabroso, fresco, buena acidez, retronasal afrutado.

Clarión de Viñas del Vero Magnum 2020 B
94 38€
Color: pajizo. Aroma: hierbas secas, flores marchitas, lías finas, fruta blanca, hierbas silvestres. Boca: potente, fruta madura, equilibrado.

Gran Vos de Viñas del Vero Magnum 2015 T R
93 38€
Color: cereza oscuro, borde granate. Aroma: ebanistería, tabaco, especias dulces, fruta madura. Boca: especiado, taninos maduros.

Gran Vos de Viñas del Vero 2018 T R
93 ★★★ 19,8€
Clásico, complejo. Color: cereza oscuro, borde granate. Aroma: fruta madura, ebanistería, tabaco, especias dulces. Boca: especiado, taninos maduros, largo.

La Miranda de Secastilla 2021 T
100% garnacha
89 10,7€
Herbal, frutal, correcto, jugoso, suave, silvestre.

La Miranda de Secastilla Garnacha 2023 RD
100% garnacha
88 10,7€
Agradable, correcto, frutal, jugoso, silvestre, suave. Boca: fino amargor, fácil de beber.

La Miranda de Secastilla Garnacha Blanca 2023 B
garnacha blanca
90 ★★★★ 10,7€
Color: pajizo brillante. Aroma: expresión frutal, fruta madura, cítricos, fruta blanca. Boca: sabroso, fresco, buena acidez, muy vivo.

Secastilla 2020 T C
garnacha
93
Equilibrado, jugoso. Color: cereza brillante. Aroma: fruta madura, hierbas secas, roble cremoso, hierbas silvestres. Boca: fruta madura, especiado, crujiente.

Viñas del Vero Chardonnay 2022 B FB
100% chardonnay
92 ★★★★★ 10€
Color: amarillo brillante. Aroma: potente, fruta madura, especiado, caramelo de limón, fruta blanca. Boca: sabroso, frutoso, fresco, equilibrado.

Viñas del Vero Chardonnay 2023 B
91 ★★★★★ 9,6€
Aromático, aromas nítidos, sabroso. Color: pajizo brillante. Aroma: expresión frutal, fruta madura, floral, fruta blanca. Boca: sabroso, fresco, buena acidez, retronasal afrutado.

Viñas del Vero Gewürztraminer 2023 B
gewürztraminer
90
Aromas nítidos, aromático, frutal, varietal. Aroma: varietal, floral. Boca: sabroso, varietal.

Viñas del Vero Pinot Noir 2023 RD
pinot noir
87

Viñas del Vero Sauvignon Blanc 2023 B
100% sauvignon blanc
87 9€

Viñas del Vero Violeta 2022 T
syrah, garnacha
90 ★★★ 13€
Color: cereza, borde violáceo. Aroma: expresión frutal, fruta roja, floral, especiado. Boca: sabroso, frutoso, equilibrado, fácil de beber, fruta madura.

DO SOMONTANO / D.O.P.

DO. TACORONTE-ACENTEJO
CONSEJO REGULADOR

Ctra. General del Norte, 97
38350 Tacoronte (Santa Cruz de Tenerife)
☎: +34 922 560 107
@: consejo@tacovin.com
www.tacovin.com

SITUACIÓN:

Ocupa la vertiente norte de Tenerife, con una extensión longitudinal de 23 kilómetros y nueve municipios acogidos: Tegueste, Tacoronte, El Sauzal, La Matanza de Acentejo, La Victoria de Acentejo, Santa Úrsula, La Laguna, Santa Cruz de Tenerife y El Rosario.

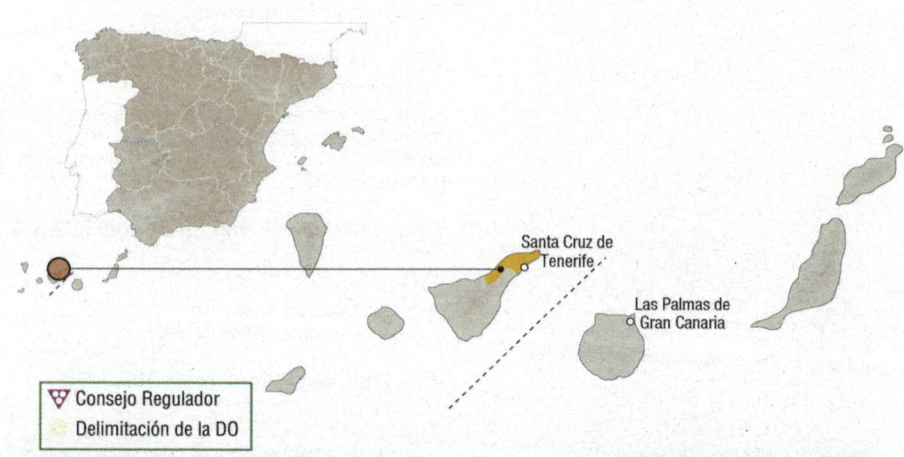

SUBZONAS:

Anaga (engloba los municipios de La Laguna, Santa Cruz de Tenerife y Tegueste) y se corresponde con la superficie del Parque Rural de Anaga.

VARIEDADES:

BLANCAS: güal, malvasía, listán blanco, marmajuelo, pedro ximénez, moscatel, verdello, vijariego, forastera blanca, albillo, sabro, bastardo blanco, breval, burrablanca y torrontés.

TINTAS: listán negro, negramoll, tintilla, moscatel negro, malvasía rosada, castellana negra, cabernet sauvignon, merlot, pinot noir, ruby cabernet, syrah, tempranillo, bastardo negro, listán prieto y vijariego negro.

DATOS CONSEJO REGULADOR:

Nº Has. Viñedo: 703 – **Nº Viticultores:** 1.143 – **Nº Bodegas:** 31 – **Cosecha 23:** Buena– **Producción 23:** 960.000 L – **Comercialización:** 98% Nacional - 2% Internacional.

SUELOS:

El suelo es volcánico, de color rojizo, constituido por materia orgánica y oligoelementos. El viñedo se cultiva tanto en los valles próximos al mar como en las cotas más altas hasta los 1.000 metros de altitud.

CLIMA:

Típicamente atlántico, alterado por la orientación de la isla y el relieve que dan lugar a una gran variedad de microclimas. Las temperaturas son en general suaves, gracias a la influencia de los vientos alisios que proporcionan altos niveles de humedad, en torno al 60%, y las lluvias resultan escasas.

CARACTERÍSTICAS GENERALES DE LOS VINOS

BLANCOS Son ligeros y afrutados; se elaboran fundamentalmente con listán blanco alternada con malvasía, moscatel o verdello. Combinan recuerdos florales aportados por la moscatel y la malvasía con rasgos herbáceos de la listán blanco En boca se muestran ligeros y fáciles de beber.

ROSADOS Elaborados fundamentalmente a partir de listán negro, mantienen el carácter varietal de esta cepa y resultan frescos y agradables de beber.

TINTOS Es el producto más característico de la DO. Los tintos jóvenes presentan un color cereza granate o rubí granate; en nariz desarrollan aromas de buena intensidad, son frescos y afrutados y transmiten un carácter silvestre muy original de la uva listán. Destacan por su marcado carácter atlántico que los hace muy frescos y singulares.

CALIFICACIÓN DE COSECHAS DE VINOS JÓVENES GUÍAPEÑÍN

2019	2020	2021	2022	2023
MUY BUENA	BUENA	MUY BUENA	MUY BUENA	BUENA

DO TACORONTE-ACENTEJO / D.O.P.

AMBORA
Ctra. El Portezuelo Las Toscas, 197
38280 Tegueste (Santa Cruz de Tenerife)
☎: +34 629 955 639
amborabodegas@gmail.com

Ambora El Roquillo 2022 B
listán blanco, gual, marmajuelo, malvasía

90 15€

Con oscuridad, poco intervencionista. Aroma: hierbas secas, frutos secos, hierbas silvestres. Boca: graso, sabroso, fruta madura, especiado.

Ambora La Calderona 2022 T
listán negro

91 ★★★★ 14€

Representativo, silvestre, ligera reducción. Color: cereza, borde granate. Aroma: hierbas de monte. Boca: sabroso, balsámico, especiado, taninos suaves.

Ambora Negramoll 2022 T
negramoll

91 17€

Ligera reducción, silvestre, herbal. Color: cereza poco intenso. Aroma: fruta madura. Boca: especiado, correcto, fruta madura, fácil de beber.

Ambora Paraje San Ignacio 2022 T
listán negro, negramoll, listán blanco

92 ★★★★ 15€

Aromas nítidos, fluido. Color: Cereza. Aroma: hierbas secas, fruta madura, hierbas silvestres. Boca: muy vivo, jugoso, equilibrado, buena acidez.

Ambora Viña de Tegueste 2022 T
listán negro, negramoll, listán blanco

90 ★★★★ 12€

Aromas nítidos, agradable, equilibrado, especiado, fluido. Aroma: intensidad media, hierbas secas, hierbas de monte. Boca: buena acidez, fácil de beber.

BODEGA LINAJE DEL PAGO
Herrera, 85
38360 El Sauzal (Santa Cruz de Tenerife)
☎: +34 687 968 597
linajedelpago@gmail.com
www.linajedelpago.com

Linaje del Pago 2020 T BA
listán negro

90 18€

Color: cereza intenso. Aroma: fruta madura, hierbas secas, roble cremoso. Boca: potente, fruta madura, especiado, taninos maduros.

Linaje del Pago 2021 T
listán negro

89 12€

Maduro, especiado, sabroso, agradable, correcto, floral, jugoso, suave.

BODEGAS CRÁTER
San Nicolás, 122
38360 El Sauzal (Santa Cruz de Tenerife)
☎: +34 922 573 272
crater@craterbodegas.com
www.craterbodegas.com

Blanco de Cráter 2023 B
90% listán blanco, 10% albillo criollo

90 18€

Color: pajizo brillante. Aroma: flores blancas, hierbas secas, fruta blanca, fruta madura. Boca: frutoso, equilibrado, fácil de beber, jugoso.

Cráter 2021 T C
listán negro, negramoll

91 25€

Color: cereza brillante. Aroma: especias dulces, fruta madura, roble cremoso. Boca: especiado, taninos maduros, equilibrado, buena acidez, fácil de beber.

Cráter El Joven 2023 T
listán negro

89 18€

Correcto, frutal, maduro, especiado, persistente. Boca: fruta madura, fácil de beber.

Magma Blanco de Cráter 2022 B
60% vijariego blanco, 40% albillo criollo

91

Color: amarillo brillante. Aroma: fruta madura, especiado, hierbas silvestres, arbusto, flores marchitas. Boca: largo, fino amargor, fresco, jugoso.

Magma de Cráter 2019 T C
90% negramoll, 10% syrah

92 42€

Color: Cereza. Aroma: fruta madura, hierbas secas, roble cremoso. Boca: potente, fruta madura, especiado, taninos maduros, estructurado, jugoso.

Magma de Cráter 25 Aniversario 2021 T
60% listán negro, 30% negramoll, 10% vijariego negro

92 100€

Corpulento. Color: cereza, borde granate. Aroma: potente, fruta negra, fruta madura, con carácter, roble cremoso. Boca: sabroso, largo, taninos dulces.

BODEGAS INSULARES TENERIFE

Vereda del Medio, 48
38350 Tacoronte (Santa Cruz de Tenerife)
☎: +34 922 570 617
contacto@bodegasinsularestenerife.es
www.bodegasinsulares.es

El Ancón 2023 T
100% listán negro

89 ★★★★   7,27€

Agradable, correcto, frutal, maduro, sabroso, láctico. Boca: fácil de beber.

Humboldt 1997 B D
100% listán blanco

94 ★★★★   18,03€

Clásico, cremoso, con vejez. Color: oro viejo, borde ambarino. Aroma: acetaldehído, barniz, fruta escarchada, pastelería. Boca: frutoso, sabroso, dulce.

Viña Norte 2023 B
100% listán blanco

88 ★★★   8,13€

Hierbas secas, flores secas, sabroso, amargoso, correcto.

Viña Norte 2023 T
100% listán negro

88   9,48€

Correcto, tostado, sabroso, boca correcta, hierbas secas. Boca: taninos maduros.

Viña Norte 2023 T MC
100% listán negro

89 ★★★★   8,13€

Amable, maduro, muy primario, sabroso, silvestre, agradable. Boca: fácil de beber.

Viña Norte Selección 2023 T
100% listán negro

88   9,48€

Maduro, fruta golpeada, herbal, sabroso, boca correcta, acidez marcada.

BODEGAS LOHER

Horno de La Teja, 26
38380 La Victoria de Acentejo (Santa Cruz de Tenerife)
☎: +34 660 658 309
vinosloher@gmail.com

100% LN by LoHer 2022 T
listán negro

89   18€

Confitado, especiado, maduro, sabroso, hierbas secas, equilibrado, persistente.

Loher 2020 T C
listán negro, syrah

90   25€

Representativo. Color: cereza poco intenso. Aroma: hierbas silvestres, hierbas secas, fina reducción. Boca: jugoso, buena acidez, equilibrado.

Loher Finca El Loro 2022 T
listán negro, negramoll

90   20€

Con personalidad, balsámico. Aroma: tabaco, fruta madura, hierbas de monte, hierbas secas. Boca: jugoso, equilibrado.

San Clemente 2021 B
malvasía, baboso blanco, marmajuelo, vijariego blanco

91   25€

Color: amarillo brillante. Aroma: especiado, fruta de hueso, pan tostado. Boca: graso, estructurado, largo, fino amargor.

San Clemente 2021 RD
listán negro, tintilla

89   15€

Madera marcada, corpulento, maduro, notas de levadura, amable, frutal, potente, sabroso. Aroma: fruta escarchada, panadería.

San Clemente 2021 T BA
listán negro, tintilla

92   20€

Reductivo, silvestre, representativo. Aroma: balsámico, hierbas silvestres, expresivo, franco, complejo. Boca: redondo, largo, persistente, salino.

BODEGAS MARBA

Ctra. Portezuelo - Las Toscas, 253
38280 Tegueste (Santa Cruz de Tenerife)
☎: +34 922 638 400
marba@bodegasmarba.es
www.bodegasmarba.com

Hugo Afrutado 2023 RD
listán negro, otras

86   8,02€

Marba 2023 B BA
listán blanco, gual, albillo, forastera gomera

87   8,98€

Marba 2023 RD
listán negro, otras

84   7,06€

Marba 2023 T BA
listán negro, negramoll, tempranillo, ruby, syrah

86   12,62€

DO TACORONTE-ACENTEJO / D.O.P.

DO TACORONTE-ACENTEJO / D.O.P.

Marba 2023 T MC
listán negro, otras
87 .... 8,02€

Marba Capricho 2022 T FB
syrah
87 .... 17,65€

COSECHERA WINES
Horno de la Teja, 26
38380 La Victoria de Acentejo
(Santa Cruz de Tenerife)
☎: +34 660 658 309
vinosloher@gmail.com

Cosechera Ensamblaje I 2020 T
listán negro, negramoll, listán blanco
89 .... 18€
Confitado, corpulento, cremoso, ligera reducción, algo apagado. Aroma: hierbas secas.

Cosechera Ensamblaje II 2020 B
malvasía, gual, vijariego blanco, listán blanco
92 .... 25€
Color: amarillo, dorado. Aroma: con carácter, flores marchitas, notas amieladas, fruta de hueso, especiado, fruta macerada, cítricos. Boca: jugoso, muy vivo, sabroso, fino amargor, equilibrado.

Cosechera Ensamblaje III 2020 T
50% castellana, 50% negramoll
90 .... 25€
Herbáceo, con personalidad, silvestre. Aroma: arbusto, fruta madura, con carácter. Boca: largo, balsámico, buena acidez, jugoso.

Cosechera Los Barranquillos Listán Negro 2019 T
listán negro
89 .... 20€
Madera marcada, especiado, balsámico. Aroma: pan tostado. Boca: jugoso, sabroso, equilibrado.

Cosechera Negramol 2022 T
negramoll
89 .... 20€
Aromas nítidos, hierbas secas, poco intervencionista. Aroma: expresivo, franco, intensidad media.

Cosechera Pieles 2021 B
listán blanco
92 .... 30€
Con tensión. Aroma: bajamar, fruta macerada, piel de naranja, expresivo. Boca: fresco, jugoso, con tensión, fino amargor, largo.

DOMÍNGUEZ CUARTA GENERACIÓN
El Calvario, 79
38350 Tacoronte (Santa Cruz de Tenerife)
☎: +34 659 974 375
info@bodegasdominguez.es
www.bodegasdominguez.es

Domínguez 2021 T
listán negro, negramoll, castellana, albillo criollo, baboso, listán blanco
89 .... 13,57€
Clásico, especiado, maduro. Aroma: fruta negra, con carácter, hierbas secas.

Domínguez Colección Castellana Baboso 2018 T
castellana, baboso
89 .... 20,36€
Clásico, con vejez, reducido, especiado, hierbas secas, maduro. Aroma: cuero muy curtido. Boca: equilibrado.

Domínguez Malvasía Clásico 2012 B D
100% malvasía
92 .... 23,75€
Color: oro viejo. Aroma: fruta escarchada, piel de naranja, notas amieladas, cera, equilibrado. Boca: redondo, untuoso, lleno, opulento.

HACIENDA ACENTEJO
38380 La Victoria de Acentejo
(Santa Cruz de Tenerife)
☎: +34 650 974 598
jjgutierrez@haciendadeacentejo.com
www.haciendadeacentejo.com

Hacienda Acentejo 2023 B S
listán blanco
86 .... 6,5€

Hacienda Acentejo 2023 T S
listán negro
89 ★★★★ .... 6,4€
Correcto, especiado, frutal, maduro, jugoso.

Hacienda de Acentejo 2023 T BA
listán negro, negramoll, tintilla
85 .... 8,5€

Serventia 2023 T
87 .... 9€

LA BALDESA
Callejon El Calvario, 67
38360 El Sausal (Santa Cruz de Tenerife)
☎: +34 617 770 495
baifo38@gmail.com
www.baldesa.com

**La Baldesa
Castellana Negra 2023 T**
castellana

88

Amable, maduro, persistente, goloso, sabroso. Boca: potente.

**La Baldesa
Listán Negro 2023 T**

89

Agradable, aromas nítidos, balsámico, maduro, silvestre, herbal, jugoso. Aroma: franco, equilibrado.

La Baldesa Negramoll 2023 T

88

Confitado, especiado, goloso, herbal, sabroso, silvestre.

OCAMPO VINOS
Los Alamos de San Juan, 5
38350 Tacoronte (Santa Cruz de Tenerife)
☎: +34 922 571 689
administracion@presasocampo.com
www.ocampovinos.com

**Ocampo
Listán Blanco 2022 B**
100% listán blanco

92   25€

Color: pajizo brillante. Aroma: fruta blanca, fruta madura, lías finas, hierbas de tocador, flores marchitas. Boca: frutoso, fresco, graso, cierta persistencia, especiado.

**Ocampo
Listán Negro 2022 T**
listán negro

92   21€

Con personalidad. Color: cereza brillante. Aroma: fruta negra, toques silvestres, hierbas silvestres, especiado, fina reducción, pólvora. Boca: sabroso, muy vivo, frutoso, fresco, equilibrado, taninos suaves.

Ocampo Vidueño Blanco 2022 B
50% malvasía volcánica, 25% marmajuelo, 15% listán blanco, 10% albillo criollo

92   25€

Color: pajizo brillante. Aroma: expresión frutal, fruta blanca, fruta madura, hierbas secas, flores marchitas, flores blancas. Boca: frutoso, fresco, sabroso, equilibrado, retronasal afrutado.

Ocampo Vijariego Tinto 2022 T
vijariego negro

91   25€

Aroma: expresión frutal, fruta madura, hierbas silvestres, caramelo tostado, fruta roja. Boca: sabroso, frutoso, fruta madura, retronasal ahumado, taninos maduros.

Presas Ocampo Gran Alysius 2021 T
50% listán negro, 50% syrah

91 ★★★   15,5€

Color: Cereza. Aroma: balsámico, hierbas de monte, equilibrado, roble cremoso, especias dulces, chocolate. Boca: buena acidez, taninos maduros, largo.

**Presas Ocampo
Vendimia Seleccionada 2022 T**
50% listán negro, 25% merlot, 25% syrah

89 ★★★★   9€

Frutal, especiado, sabroso, maduro, jugoso. Aroma: hierbas silvestres, hierbas secas.

VIÑA ESTEVEZ
Pérez Díaz, 80
38380 La Victoria de Acentejo
(Santa Cruz de Tenerife)
☎: +34 608 724 671
elena.vinaestevez@gmail.com

Viña Estévez 2022 T BA
50% vijariego negro, 50% listán negro

89   14€

Balsámico, correcto, herbal, maduro, representativo, rústico, frutal, jugoso.

**Viña Estévez
Baboso Negro 2022 T**
100% baboso

91   24€

Aromas nítidos, equilibrado, silvestre, representativo. Color: Cereza. Aroma: expresivo, especiado. Boca: lleno, largo, persistente, retronasal afrutado.

WINERY BURGMANN TENERIFE
Ctra. Tacoronte Tejina, 78A
38350 Tacoronte (Santa Cruz de Tenerife)
☎: +34 610 750 437
info@burgmannwinery.com
www.burgmannwinery.com

**Blanc de Noir
by Burgmann 2022 B**
listán negro

89   14€

Exuberante, herbal, poco intervencionista, con personalidad, con oscuridad. Aroma: especiado, notas almizcladas.

DO TACORONTE-ACENTEJO / D.O.P.

DO TACORONTE-ACENTEJO / D.O.P.

Burgmann Rosé Selection 2022 RD
listán negro

89   16€

Herbal, maduro, poco intervencionista, rústico, sabroso. Aroma: notas de maceración.

Olivia by Burgmann 2022 B
listán blanco

91   30€

Poco intervencionista. Aroma: cítricos, hierbas silvestres, con carácter. Boca: lleno, jugoso, estructurado, especiado, largo.

DO. TARRAGONA
CONSEJO REGULADOR

Calle La Cort, 41
43800 Valls (Tarragona)
☎: +34 977 217 931
@: info@dotarragona.cat
www.dotarragona.cat

SITUACIÓN:

La zona está ubicada en la provincia de Tarragona. Comprende dos comarcas vinícolas diferenciadas: El Camp y Ribera d'Ebre, y un total de 72 municipios.

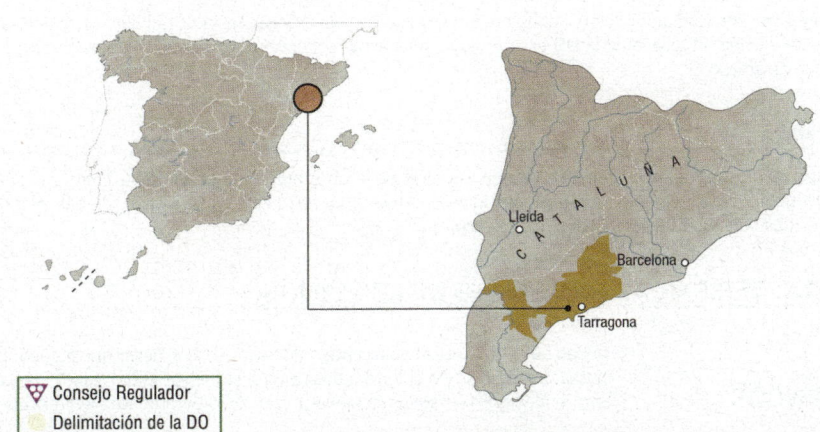

▽ Consejo Regulador
  Delimitación de la DO

DO TARRAGONA / D.O.P.

SUBZONAS:
Presenta dos zona diferenciadas; La zona de El Camp de Tarragona, con las comarcas del alt Camp baix Camp y ell Taragonès, y la zona de la Ribera d'Ebre

VARIEDADES:
BLANCAS: chardonnay, macabeo, xarel.lo, garnacha blanca, parellada, moscatel de Alejandría, moscatel de Frontignan, sauvignon blanc, y malvasía, vinyater, xarel.lo vermell, sumoi blanc y malvasía de Sitges.

TINTAS: samsó (cariñena), garnacha, ull de llebre (tempranillo), cabernet sauvignon, merlot, monastrell, pinot noir, syrah, sumoll y carignane.

DATOS CONSEJO REGULADOR:
Nº Has. Viñedo: 2.978 – **Nº Viticultores:** 690 – **Nº Bodegas:** 37 – **Cosecha 23:** SC – **Producción 23:** 1.600.000 L. – **Comercialización:** 75% Nacional - 25% Internacional.

SUELOS:
El Camp se caracteriza por sus terrenos calcáreos y ligeros, y la Ribera presenta también suelos calcáreos y otros de aluvión. El relieve de la DO es sencillo, la mayor parte del teritorio se encuentra por debajo de los 600 m. de altitud.

CLIMA:
De tipo mediterráneo en la zona de El Camp, con precipitaciones medias anuales de 500 mm. La zona de la Ribera goza de un clima algo extremo con inviernos fríos y veranos calurosos; posee, además, el índice de lluvias más bajo de la región (385 mm. anuales).

CARACTERÍSTICAS GENERALES DE LOS VINOS

BLANCOS	Tienen un carácter marcadamente mediterráneo, con notas que recuerdan a las hierbas de monte. De color amarillo pajizo, son afrutados y sabrosos en boca. Sorprenden por su frescura a pesar de ser vinos puramente mediterráneos.
ROSADOS	La mayoría presentan un color que va del salmón al frambuesa. Son frescos, afrutados, ligeros y agradables de beber.
TINTOS	Los más caracterizados son los jóvenes. Presentan un color cereza y son afrutados, sabrosos y con un toque ligeramente cálido por su influencia mediterránea, aunque mucho menos carnosos y potentes que los de Montsant.
VINOS TRADICIONALES	Son los licorosos (dulces) y los llamados rancios secos, con una graduación entre los 13,5 y 23°, y los generosos (secos) que se sitúan entre 14 y 23°. Algunos se someten también a procesos tradicionales de criaderas y soleras. La paleta aromática de estos vinos es amplísima. Alternan matices ahumados, con notas de barniz, café, fruta escarchada, almendra amarga e incluso notas amieladas según sea de una tipología u otra.

CALIFICACIÓN DE COSECHAS DE VINOS JÓVENES GUÍAPEÑÍN

2019	2020	2021	2022	2023
BUENA	MUY BUENA	SC	BUENA	BUENA

ALREGI
Pol. Ind. Empordà Internacional s/n
17469 Vilamalla (Girona/Gerona)
☎: +34 972 526 061
alregi@alregi.es
www.winepalace.es

Lo Vy 2022 B
100% cartoixà

88 10,99€

Poco intervencionista, fresco, especiado, cítrico.

Lo Vy 2022 T
65% garnacha, 35% cabernet sauvignon

89 10,99€

Con oscuridad, maduro, herbáceo, sabroso.

Lo Vy Ancestral 2022 B
100% cartoixà

90 ★★★ 13,99€

Amable, aromas nítidos, fresco. Aroma: hierbas de monte, hierbas silvestres, cítricos, notas de levadura. Boca: fino amargor, equilibrado.

Lo Vy Ancestral 2022 RD
100% sumoll

89 14,79€

Correcto, fresco, fluido, cítrico, silvestre. Aroma: notas de levadura.

BIOPAUMERÀ
Plaza San Juan, 3
43513 Rasquera (Tarragona)
☎: +34 977 265 267
biopaumera@biopaumera.com
www.biopaumera.com

Adrià de Biopaumerà 2020 T RB
100% cabernet sauvignon

84 11€

Blanc de Noirs Biopaumerà 2023 B
100% garnacha

90 ★★★★ 12€

Color: pajizo brillante. Aroma: fruta madura, hierbas de tocador, lías finas, anisado. Boca: lleno, graso, largo.

Erika de Paumera 2023 RD

85 8€

Iuvenis de Biopaumerà 2021 T
91% garnacha, 9% cabernet sauvignon

86 8€

Solus de Biopaumerà 2023 T
100% cabernet sauvignon

84 12,5€

CAVA VIVES AMBRÒS
Mayor, 39
43812 Montferri (Tarragona)
☎: +34 639 521 652
mail@vivesambros.com
www.vivesambros.com

Aïda de Vives Ambròs 2023 B
macabeo, xarel.lo

87 ★★★★ 6,25€

Aïda de Vives Ambròs 2023 T
tempranillo, garnacha

86 6,25€

Ishii de Vives Ambròs 2023 B
moscatel, xarel.lo

88 ★★★ 8,95€

Aromático, floral, exuberante, suave, boca correcta. Aroma: jazmín.

Jujol de Vives Ambròs 2022 B FB
xarel.lo vermell

88 17,8€

Corpulento, amaderado, correcto, maduro, sencillo. Aroma: fruta de hueso.

Tuït de Vives Ambròs 2020 T C
tempranillo, garnacha

88 16,2€

Correcto, herbal, hierbas secas, maduro, sabroso, silvestre, boca correcta.

Vives Ambròs Naïf Àmfora 2023 B
100% macabeo

88 13,6€

Fresco, herbal, cítrico, pulido.

CELLER MAS D'EN BAIGET
43479 L'Albiol (Tarragona)
☎: +34 670 207 279
cellermasdenbaiget@gmail.com
www.cellermasdenbaiget.cat

Nuri 2022 B
macabeo, moscatel

87 ★★★★ 7€

Pilanot Negre 2021 T
garnacha

88 12€

Equilibrado, especiado, herbáceo, tostado.

DO TARRAGONA / D.O.P.

CELLER MAS DEL BOTÓ

Camí de Porrera a Alforja, s/n
43365 Alforja (Tarragona)
☎: +34 630 982 747
pep@masdelboto.cat
www.masdelboto.cat

Ganagot 2013 T GR
cabernet sauvignon, garnacha, cariñena

86 25€

CELLER PALLARADES

Carrer Nou, 11-13
43155 Puigdelfí (Tarragona)
☎: +34 639 777 897
info@pallarades.com
www.cellerpallarades.com

L'Avi de la Pipa 2022 B
100% macabeo

90 15€

Austero. Color: pajizo. Aroma: hierbas secas, flores marchitas, fruta blanca, lías finas. Boca: fruta madura, equilibrado.

L'Espatllat 2021 B
macabeo, xarel.lo

90 ★★★★★ 10€

Color: amarillo brillante. Aroma: fruta madura, especiado, hierbas silvestres. Boca: graso, tostado, fino amargor.

L'Onclu 2022 T
merlot, ull de llebre

88 10€

Equilibrado, especiado, maduro, herbáceo.

La Pasquala 2023 T
100% garrut

88 15€

Frutal, hierbas secas, sabroso, fresco.

Macabelius 2022 B D
100% macabeo

93 25€

Color: amarillo brillante. Aroma: notas amieladas, fruta blanca, fruta asada, caramelo tostado, especiado. Boca: sabroso, untuoso, frutoso, dulce.

Sr. Cartoixà 2023 B
xarel.lo vermell

90 14,5€

Color: pajizo. Aroma: fruta madura, hierbas secas, flores marchitas, cítricos. Boca: potente, fruta madura, equilibrado.

CELLERS BLANCH

Avda. Catalunya 8
43812 Puigpelat (Tarragona)
☎: +34 649 991 509
info@cellersblanch.com
www.cellersblanch.com

Blanch Subirat BE GR BN

88

Cítrico, correcto, especiado, hierbas secas.

Identitas 2021 B

90 🌿

Aromático, agradable. Aroma: flores secas, caramelo tostado. Boca: correcto, fácil de beber, graso, frutoso.

Pont Fosc 2022 T
macabeo

89

Correcto, frutal, cítrico, ácido, silvestre, suave.

Sebastià 2021 T BA
merlot

88

Frutal, hierbas secas, maduro, tostado, acidez marcada.

CELLERS UNIÓ

Joan Oliver, 16
43206 Reus (Tarragona)
☎: +34 977 330 055
info@cellersunio.com
www.cellersunio.com

Roureda 2017 T R
tempranillo, cabernet sauvignon, merlot

86 6,25€

DE MULLER

Camí Pedra Estela, 34
43205 Reus (Tarragona)
☎: +34 977 757 473
nacional@demuller.es
www.demuller.es

De Muller Cabernet Sauvignon 2022 T C
100% cabernet sauvignon

86 6,75€

De Muller Chardonnay 2023 B FB
100% chardonnay

89 ★★★★ 8,25€

Flores secas, frutal, fresco, maduro, sabroso.

De Muller Muscat 2023 B
100% moscatel de alejandría

86 5€

Reina Violant BE R BN
50% chardonnay, 50% pinot noir

90 ★★★★   11,5€

Maduro, con vejez, algo caído. Color: dorado brillante. Aroma: lías finas, hierbas de tocador, fruta madura, frutos secos. Boca: sabroso, buena acidez, burbuja fina, fino amargor.

Solimar 2023 B
65% macabeo, 20% garnacha blanca, 10% xarel.lo

87 ★★★★   4€

Trilogía Pinot Noir Blanc de Noir BE R BN
pinot noir

90 ★★★★★   9€

Austero, diferente. Color: amarillo brillante. Aroma: fruta madura, lías finas, hierbas secas, apio. Boca: buena acidez, sabroso.

ESTOL VERD CELLER
Nou, 11
43812 Rodonya (Tarragona)
☎: +34 696 110 074
estolverd@gmail.com
www.estolverd.cat

7030 2022 T
70% syrah, 30% tempranillo

90 ★★★★★   9€

Maduro, frutal, especiado, hierbas secas, tostado.

Tatxam 2022 T
100% syrah

88 ★★★★   7,9€

Frutal, maduro, silvestre, sabroso.

UNIVERSITAT ROVIRA I VIRGILI
Ctra TV 7211 km 7
43120 Constantí (Tarragona)
☎: +34 977 520 197
pedro.cabanillas@urv.cat
https://www.fe.urv.cat/es/facultad/bodega-mas-dels-frares

Universitat Rovira i Virgili 2020 T C
40% cabernet sauvignon, 22% ull de llebre, 24% merlot, 14% garnacha

87   14€

VINÍCOLA DE NULLES - ADERNATS
Estacio, s/n
43887 Nulles (Tarragona)
☎: +34 977 602 622
botiga@vinicoladenulles.com
www.adernats.cat

100 Veremes Vinícola de Nulles 2022 B FB
macabeo

89 🌱   13,9€

Frutal, maduro, muy primario, sencillo, hierbas secas.

Parabòlic Vinícola de Nulles 2023 B
macabeo, xarel.lo

86 🌱   6,2€

Parabòlic Vinícola de Nulles 2023 T
ull de llebre, merlot

85

Seducció Vinícola de Nulles 2023 B
moscatel de alejandría

87 🌱   8,25€

Temptació Vinícola de Nulles 2021 T
merlot

88 ★★★ 🌱   8,9€

Especiado, equilibrado, hierbas secas, maduro.

Xarel.lo Vermell Vinícola de Nulles 2022 B
xarel.lo vermell

88 🌱   13,3€

Equilibrado, hierbas secas, maduro, corpulento.

VINYES DEL TIET PERE
Raval del Roser, 3
43886 Vilabella (Tarragona)
☎: +34 625 408 974
vinyesdeltietpere@gmail.com

Cami de la Font 2022 B
100% macabeo

93   29€

Poco intervencionista. Color: pajizo. Aroma: fruta madura, hierbas secas, flores marchitas, frutos secos, piedra seca. Boca: fruta madura, equilibrado, carnoso.

Escabeces Cartoixà Blanc 2022 B C
xarel.lo

90 ★★★   14€

Poco intervencionista. Color: pajizo brillante. Aroma: fruta madura, hierbas de tocador, lías finas, fósforo. Boca: buena acidez, fresco, fluido.

DO TARRAGONA / D.O.P.

DO TARRAGONA / D.O.P.

**Escabeces Cartoixà
Vermell Orange 2022 RD BA**
xarel.lo vermell

91 ★★★★ 14€

Con personalidad, poco intervencionista. Color: ámbar. Aroma: fruta de hueso, flores secas, especiado, arcilloso, mineral. Boca: fluido, sabroso.

Ostrea 2022 B
100% macabeo

92 ★★★★★ 12€

Equilibrado, poco intervencionista. Color: pajizo brillante. Aroma: fruta madura, hierbas de tocador, lías finas, mineral, especiado. Boca: lleno, graso, equilibrado.

DO. TERRA ALTA
CONSEJO REGULADOR

Ctra. Vilalba, 31
43780 Gandesa (Tarragona)
☎: +34 977 421 278
@: info@doterraalta.cat
www.doterraalta.com

SITUACIÓN:

En el sudeste de Cataluña y dentro de la provincia de Tarragona. Abarca las localidades de Arnes, Batea, Bot, Caseres, Corbera d´Ebre, La Fatarella, Gandesa, Horta de Sant Joan, Pinell de Brai, La Pobla de Massaluca, Prat de Comte y Vilalba dels Arcs.

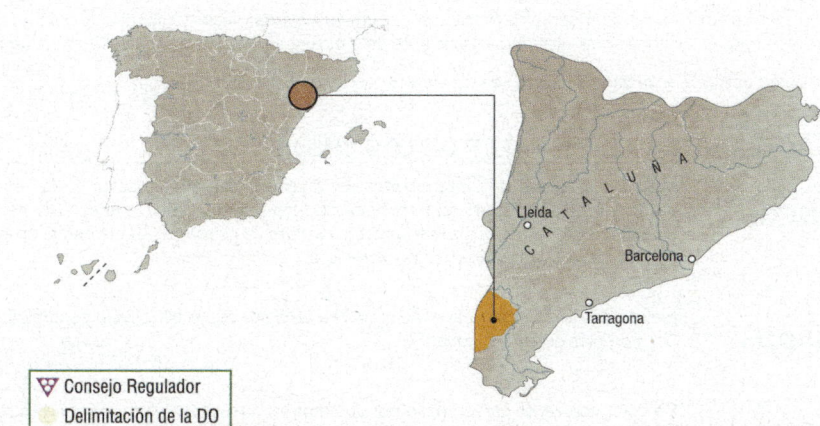

DO TERRA ALTA / D.O.P.

VARIEDADES:

BLANCAS: chardonnay, garnacha blanca, parellada, macabeo, moscatel de Alejandría, moscatel de grano pequeño, sauvignon blanc, chenin, pedro ximénez y viognier.

TINTAS: garnacha tinta, garnacha peluda, garnacha tintorera, cariñena, syrah, tempranillo (ull de llebre), merlot, cabernet sauvignon, cabernet franc y morenillo.

DATOS CONSEJO REGULADOR:

Nº Has. Viñedo: 5.520 – **Nº Viticultores:** 900 – **Nº Bodegas:** 62 – **Cosecha 23:** SC – **Producción 23:** 12.562.900 L – **Comercialización:** 70% Nacional - 30% Internacional.

SUELOS:

El viñedo se asienta en un extenso altiplano situado ligeramente por encima de los 400 metros de altitud. Los suelos son de tipo calcáreo y de textura principalmente arcillosa, pobres en materia orgánica y con abundantes cantos rodados.

CLIMA:

Mediterráneo con influencias continentales. Se caracteriza por sus veranos secos y calurosos e inviernos muy fríos, sobre todo en las zonas más altas situadas al este. El índice medio de lluvias es de 400 mm. anuales.

Otro aspecto determinante para el viñedo son los vientos: el cierzo y el "garbí" (ábrego).

CARACTERÍSTICAS GENERALES DE LOS VINOS

BLANCOS — Son los productos más interesantes de la zona. Elaborados a partir de la variedad garnacha blanca, despliegan un carácter netamente mediterráneo. De matices amarillentos, presentan aromas a frutos maduros y hierbas de monte; en la boca son suaves, cálidos, complejos y muy expresivos.

ROSADOS — Elaborados la mayoría a partir de garnacha ofrecen toda la frutosidad y sabrosidad en boca propias de esta variedad.

TINTOS — De color cereza, se caracterizan por sus aromas a frutos maduros; en boca resultan bastante sabrosos. Los de garnacha ofrecen una buena visión del estilo balsámico y maduro de la zona. Sorprenden los pocos elaborados a base de morenillo, vinos que encierran cierta complejidad y que muestran una rusticidad singular y agradable. En líneas generales los tintos destacan por su acentuado carácter mediterráneo.

GENEROSOS — Es otro de los tipos de vino tradicionales de la zona, ya sea en versión de vinos rancios o mistelas.

CALIFICACIÓN DE COSECHAS DE VINOS JÓVENES GUÍAPEÑÍN

2019	2020	2021	2022	2023
MUY BUENA	MUY BUENA	MUY BUENA	MUY BUENA	MUY BUENA

DO TERRA ALTA / D.O.P.

AGRÍCOLA CORBERA D'EBRE
Ponent, 21
43784 Corbera de Ebro (Tarragona)
☎: +34 977 420 432
administracio@agricolacorbera.com

La Cisqueta de Corbera Blanc 2023 B
garnacha blanca

87 ★★★ 8€

La Cisqueta de Corbera Negre 2023 T
cariñena

87 ★★★ 8€

La Muntera 2020 T
cariñena

88 13€

Cremoso, equilibrado, hierbas secas, maduro, tostado.

Poble Vell Blanc Dulce Natural 2021 B Solera D
garnacha blanca

91 20€

Color: caoba claro. Aroma: fruta escarchada, especias dulces, caramelo tostado, frutos secos. Boca: frutoso, sabroso, dulce.

Quatrevint Brisat 2023 B
garnacha blanca

89 ★★★★ 9€

Correcto, maduro, sabroso, frutal. Boca: largo, fruta madura.

ALEGRE WINES & SPIRITS
Balmes, 345
08006 Barcelona (Barcelona)
☎: +34 935 641 262
administracion@alegrews.com
www.alegrews.com

La Dansada 2022 B
garnacha blanca

90 ★★★★ 11,5€

Color: pajizo brillante. Aroma: fruta madura, hierbas de tocador, lías finas, fruta blanca. Boca: lleno, graso, buena acidez.

La Dansada 2022 T
garnacha

87 11,5€

ALTAVINS VITICULTORS
Ctra. Vilalba dels Arcs s/n
43786 Batea (Tarragona)
☎: +34 977 430 596
altavins@altavins.com
www.altavins.com

Almodí Roure 2023 T
garnacha peluda

91 ★★★★★ 11,7€

Color: cereza, borde violáceo. Aroma: expresión frutal, fruta roja, floral, especiado. Boca: sabroso, frutoso, buena acidez.

Domus Pensi 2019 T R
garnacha, syrah, merlot, samsó

90 20,3€

Color: cereza intenso. Aroma: fruta madura, hierbas secas, terroso. Boca: fruta madura, especiado, taninos maduros.

Hibrus Gartatxa 2023 T
garnacha

88 ★★★★ 6,95€

Frutal, floral, hierbas secas, maduro, sabroso.

Ilercavònia 2023 B
garnacha blanca

90 ★★★★ 11,7€

Color: pajizo brillante. Aroma: expresión frutal, fruta madura, floral, cítricos. Boca: sabroso, fresco, retronasal afrutado, frutoso.

Selecció Garnatxa Blanca 2020 B
garnacha blanca

92 32,5€

Color: amarillo brillante. Aroma: expresión frutal, fruta madura, hierbas secas, hierbas silvestres, flores marchitas, flores blancas, tostado. Boca: sabroso, frutoso, equilibrado, cierta persistencia, graso.

DO TERRA ALTA / D.O.P.

BIELSA RUANO VINS
Sant Isidre, 24
43782 Vilalba dels Arcs (Tarragona)
☎: +34 665 220 796
info@bielsaruano.com
www.bielsaruano.com

Lo Noi del Saxo 2022 T
garnacha, syrah
89 ★★★★ 9€
Equilibrado, especiado, frutal, herbal, hierbas secas, sabroso, tostado.

Lo Noi del Saxo 2023 RD
89 ★★★★ 🌿 9€
Floral, fresco, frutal, herbal.

Music de Carrer 2021 T C
garnacha
89 14€
Equilibrado, especiado, hierbas secas, sabroso.

Music de Carrer 2022 B
garnacha blanca
89 🌿 12€
Equilibrado, especiado, tostado, hierbas secas, maduro.

Solista Garnatxa 2021 T
garnacha
92 22€
Color: cereza, borde violáceo. Aroma: fruta roja, floral, especiado, terroso. Boca: sabroso, frutoso, buena acidez, carnoso.

Solista Garnatxa Blanca 2021 B
garnacha blanca
90 22€
Color: amarillo brillante. Aroma: potente, fruta madura, pan tostado, ahumado. Boca: graso, largo, tostado.

BODEGAS PUNKU
43780 Gandesa (Tarragona)
wines@bodegapunku.com
www.bodegapunku.com

Matilda 2022 B
garnacha blanca, viognier
90 ★★★ 🌿 13,5€
Color: pajizo brillante. Aroma: hierbas de tocador, lías finas. Boca: graso, largo, fruta madura.

CELLER ARRUFÍ
Avda. Terra Alta, 12
43786 Batea (Tarragona)
☎: +34 722 224 772
hola@cellerarrufi.com
www.cellerarrufi.com

Celler Arrufí Llicsó 2021 B BA
garnacha blanca
92 ★★★ 🌿 17,05€
Color: pajizo brillante. Aroma: fruta madura, hierbas de tocador, lías finas, flores blancas, camomila. Boca: lleno, graso, buena acidez.

Celler Arrufí Panical 2023 B
garnacha blanca
90 ★★★★★ 🌿 8,5€
Cítrico, herbal, maduro, equilibrado. Color: pajizo brillante.

Celler Arrufí Panicort 2019 T
garnacha, cariñena
89 🌿 18,2€
Confitado, especiado, flores secas, hierbas secas, correcto. Boca: sabroso, largo, fruta madura.

Celler Arrufí Trepadella 2022 T
garnacha
89 ★★★★ 🌿 8,5€
Amable, aromas nítidos, correcto, flores secas, jugoso, silvestre, suave.

Corritjola – Celler Arrufí 2023 RD
87 🌿

CELLER BÀRBARA FORÉS
Santa Anna, 28
43780 Gandesa (Tarragona)
☎: +34 977 420 160
info@cellerbarbarafores.com
www.cellerbarbarafores.com

Abrisa't Bàrbara Forés 2022 B C
92 🌿
Con personalidad, corpulento. Color: oro viejo. Aroma: flores marchitas, fruta madura, piel de naranja. Boca: jugoso, fácil de beber, largo.

Bàrbara Forés Blanc 2024 B
90 🌿
Suave, goloso. Color: pajizo. Aroma: fruta madura, hierbas secas, flores marchitas, lías finas. Boca: fruta madura, equilibrado, graso.

Bàrbara Forés Negre 2021 T
garnacha, cariñena

92 🌱

Aromas nítidos, herbal, jugoso. Aroma: hierbas silvestres, hierbas de monte, fruta madura. Boca: pulido, fácil de beber.

Bàrbara Forés Rosat 2023 RD

92 🌱

Con personalidad. Color: frambuesa. Aroma: fruta madura, fruta confitada, cálido, flores secas, hierbas secas. Boca: carnoso, sabroso, potente, fruta madura.

Coma d'En Pou Bàrbara Forés 2022 T C

94 🌱

Color: cereza intenso. Aroma: hierbas secas, fruta negra, fruta roja, cacao fino, especiado. Boca: potente, fruta madura, especiado, taninos maduros, carnoso, persistente.

El Quintà Bàrbara Forés 2022 B FB

93 🌱

Con personalidad, especiado. Color: amarillo. Aroma: hierbas silvestres, notas anisadas, fruta blanca, fruta madura. Boca: frutoso, fino amargor, jugoso, sabroso.

El Templari Bàrbara Forés 2022 T C

92 🌱

Muy vivo, poco intervencionista, con oscuridad. Color: cereza, borde granate. Aroma: fruta madura, especiado, notas cárnicas, pimienta negra. Boca: sabroso, fino amargor, equilibrado.

CELLER BATEA
Carrer del Moli, 30
43786 Batea (Tarragona)
☎: +34 696 309 474
patricia@cellerbatea.com
www.cellerbatea.com

Naturalis Mer Blanc 2023 B
100% garnacha blanca

88 ★★★★ 🌱   6€

Correcto, frutal, maduro, sabroso, flores secas.

Naturalis Mer Negre 2023 T RB
100% garnacha

89 ★★★★ 🌱   6€

Agradable, aromático, balsámico, correcto, frutal. Aroma: hierbas de tocador.

Primicia Blanc Bota 2023 B FB
100% garnacha blanca

87 ★★★★ 🌱   7€

Primicia La Borruda 2023 RD
100% garnacha peluda

87 ★★★ 🌱   8€

Tipicitat 2020 T C
60% garnacha, 40% cariñena

88   15€

Correcto, confitado, hierbas secas. Aroma: terroso.

Vivertell Blanc de Noirs 2023 B
100% garnacha

88 ★★★★   8€

Aromático, correcto, fluido, frutal, agradable, floral. Boca: fácil de beber.

CELLER COMA D'EN BONET
Méndez Núñez, 15
43780 Gandesa (Tarragona)
☎: +34 678 036 687
info@comadenbonet.com
www.comadenbonet.com

ProHom Conceptia 2023 B
garnacha blanca, viognier

88 ★★★★ 🌱   8€

Correcto, equilibrado, fresco, herbal, sabroso.

ProHom Conceptia 2023 RD
garnacha

88 ★★★★ 🌱   8€

Frutal, herbal, maduro, golosinas, amable.

ProHom Experientia 2020 T
garnacha, cariñena, syrah, cabernet sauvignon

91 ★★★★★ 🌱   12€

Color: cereza intenso. Aroma: fruta madura, hierbas secas, cacao fino. Boca: potente, fruta madura, especiado, taninos maduros.

ProHom Experientia 2023 B FB
garnacha blanca, viognier

89 🌱   12€

Equilibrado, correcto, agradable, floral, frutal, hierbas secas.

ProHom Viognier 2023 B
viognier

90 ★★★★ 🌱   12€

Color: pajizo. Aroma: fruta madura, hierbas secas, flores marchitas. Boca: potente, fruta madura, equilibrado, sabroso, graso.

Three by Three Organic Wine 2021 T
cariñena, garnacha

90 ★★★ 🌱   14€

Color: cereza intenso. Aroma: fruta madura, hierbas secas, roble cremoso, fruta negra, especiado. Boca: fruta madura, especiado, taninos maduros.

DO TERRA ALTA / D.O.P.

CELLER COOPERATIU GANDESA

Avda. Catalunya, 28
43780 Gandesa (Tarragona)
☎: +34 977 420 017
cellercooperatiugandesa@gmail.com
www.coopgandesa.com

Puresa Garnatxa Blanca 2022 B FB
90
Color: amarillo brillante. Aroma: potente, roble cremoso, fruta madura, especiado, muy tostado (torrefactado). Boca: estructurado, largo, tostado, fino amargor.

Puresa Morenillo 2017 T C
90
Color: cereza intenso. Aroma: hierbas secas, fruta confitada, hierbas de monte, habano. Boca: fruta madura, especiado, taninos maduros.

Somdinou 2019 T C
88
Equilibrado, especiado, herbáceo, silvestre, sabroso.

Somdinou 2021 B FB
90
Color: amarillo brillante. Aroma: fruta madura, especiado, tostado. Boca: estructurado, tostado, fino amargor.

Somdinou Blanc Jove 2022 B
88
Amable, frutal, hierbas secas, flores secas.

CELLER JOSEP VICENS

Avda. Aragó, 20
43780 Gandesa (Tarragona)
☎: +34 977 421 080
info@cellerjosepvicens.com
www.cellerjosepvicens.com

Lo Divuit Graus 2021 B FB
90 17,35€
Aromático, maduro. Color: pajizo brillante. Aroma: expresivo, lías finas, especiado. Boca: frutoso, equilibrado, cierta persistencia.

Lo Syrah del Grau 2019 T C
syrah
92 ★★★ 17,35€
Color: cereza intenso. Aroma: fruta madura, hierbas secas, especiado, pimienta negra. Boca: potente, fruta madura, especiado, taninos maduros.

Ma Iaia Cinta Homenatge 2020 B FB
macabeo
90 21,6€
Color: amarillo brillante. Aroma: caramelo tostado, especias dulces, pastelería, fruta escarchada. Boca: largo, especiado, sabroso.

Ma Iaia Cinta Origen 2022 B
90 ★★★★ 11,55€
Color: pajizo brillante. Aroma: fruta madura, hierbas de tocador, lías finas. Boca: lleno, graso, largo, buena acidez, fácil de beber.

Mon Iaio Sisco Homenatge 2020 T C
cariñena
90 21,6€
Corpulento, confitado. Aroma: fruta negra, hierbas secas, regaliz negro, con carácter, roble cremoso. Boca: taninos maduros, balsámico, especiado.

Mon Iaio Sisco Origen 2021 T C
garnacha, cariñena
90 ★★★★ 11,55€
Corpulento, correcto, especiado, herbal, jugoso, maduro. Aroma: fruta negra, fruta madura.

CELLER LA BOTERA

Ctra. Maella, s/n
43786 Batea (Tarragona)
☎: +34 977 430 009
agrobotiga@labotera.com
www.labotera.com

Mudèfer Blanc 2021 B C
garnacha blanca
88 16,4€
Corpulento, especiado, equilibrado, lleno, tostado.

Mudèfer Negre 2018 T C
garnacha
90 15,4€
Color: cereza intenso. Aroma: hierbas secas, fruta negra, fruta madura, hierbas de monte, cacao fino. Boca: fruta madura, especiado, taninos maduros.

Vila Closa Chardonnay 2022 B FB
chardonnay
90 ★★★★★ 9,5€
Color: pajizo brillante. Aroma: fruta madura, hierbas de tocador, lías finas, fruta de hueso. Boca: lleno, graso, buena acidez.

Vila Closa Garnacha Peluda 2020 T RB
100% garnacha peluda
91 ★★★★★ 11,9€
Color: cereza, borde violáceo. Aroma: especiado, hierbas de monte, fruta negra, fruta roja. Boca: sabroso, frutoso, buena acidez.

Vila Closa Garnatxa Blanca 2023 B
garnacha blanca
88 ★★★★ 7,7€
Sabroso, maduro, frutal.

Vila Closa Rubor 2023 RD
garnacha

87 ★★★ 7,7€

CELLER MARIOL
Les Forques, 2
43786 Batea (Tarragona)
☎: +34 977 430 303
marta@casamariol.com
www.casamariol.com

Casa Mariol Garnatxa Blanca 2023 B
88

Equilibrado, especiado, flores secas, maduro, notas de levadura.

Casa Mariol Garnatxa Negra 2023 T
garnacha

88

Amable, varietal, silvestre, maduro. Boca: fruta madura, fácil de beber, fino amargor, cierta persistencia.

Casa Mariol Samsó 2020 T C
samsó

88 ★★★★ 6,85€

Correcto, hierbas secas, maduro, cálido, especiado. Aroma: terroso. Boca: amargoso.

Casa Mariol Selección 2021 B
garnacha blanca

88 16,75€

Cítrico, frutal, notas de levadura, floral.

Casa Mariol Syrah 2019 T R
syrah

87 9,15€

CELLER PIÑOL
Avda. Aragón, 9
43786 Batea (Tarragona)
☎: +34 977 430 505
info@cellerpinol.com
www.cellerpinol.com

Anima L'Avi Arrufí 2022 B
100% garnacha blanca

92 ★★★ 18€

Color: pajizo. Aroma: fruta madura, hierbas secas, flores marchitas, mineral. Boca: potente, fruta madura, equilibrado, lleno.

Josefina Piñol Vendimia Tardía Viñas Viejas 2018 B D
morenillo

94 36€

Color: amarillo brillante. Aroma: fruta escarchada, notas amieladas, incienso, especias dulces. Boca: sabroso, untuoso, frutoso, dulce.

L'Avi Arrufí 2021 T
75% cariñena, 15% garnacha, 10% syrah

92 24€

Color: cereza intenso. Aroma: fruta madura, hierbas secas, terroso, especiado. Boca: potente, fruta madura, especiado, taninos maduros.

L'Avi Arrufí 2022 B FB
100% garnacha blanca

92 20€

Color: amarillo brillante. Aroma: potente, roble cremoso, fruta madura, especiado, caramelo tostado. Boca: graso, estructurado, tostado, fino amargor.

Mather Teresina 2020 T
75% garnacha, 15% cariñena, 10% morenillo

93 32€

Color: cereza intenso. Aroma: hierbas secas, fruta negra, fruta roja, fruta madura, cacao fino. Boca: potente, fruta madura, especiado, taninos maduros.

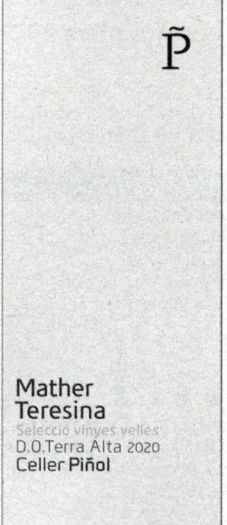

Nuestra Sra. del Portal 2023 B
90% garnacha blanca, 5% viognier, 5% sauvignon blanc

89 ★★★ 10€

Agradable, boca correcta, correcto, frutal, cítrico, balsámico.

Sa Natura 2021 T
45% garnacha, 45% cariñena, 10% syrah

90 ★★★★ 12€

Correcto, equilibrado, herbal. Aroma: terroso, balsámico, hierbas secas, cálido, potente. Boca: sabroso.

DO TERRA ALTA / D.O.P.

DO TERRA ALTA / D.O.P.

CELLER RIALLA

Saragossa, 10
43786 Batea (Tarragona)
☎: +34 637 161 849
rialla@riallavi.com
www.cellerrialla.com

Rialla Garnatxa Blanca 2023 B
100% garnacha blanca
89 ★★★ 🌿   9,5€
Correcto, maduro, algo apagado, hierbas secas. Boca: con poca acidez.

Rialla Garnatxa Peluda 2023 RD
86 🌿

Rialla Garnatxa Tinta 2022 T
100% garnacha
89 ★★★ 🌿   9,5€
Agradable, aromático, maduro, jugoso, persistente, silvestre, varietal. Aroma: frutos secos.

Rialla Garnatxa Tintorera 2021 T RB
100% garnacha tintorera
89 🌿   13€
Confitado, correcto, hierbas secas, con oscuridad. Aroma: especiado, notas almizcladas, cera.

CELLER VILANOVA

Ctra. Vilalba dels Arcs, s/n
43786 Batea (Tarragona)
☎: +34 636 920 997
vinsvilanova@gmail.com
www.celler-vilanova.com/es

4G 2022 B
garnacha blanca
90 ★★★★★ 🌿   8€
Agradable, frutal, cítrico. Aroma: hierbas silvestres, notas anisadas, fina reducción. Boca: equilibrado, jugoso.

4G 2022 T
garnacha, syrah
89 ★★★ 🌿   10€
Equilibrado, especiado, hierbas secas, tostado, maduro.

4G 2023 B
garnacha blanca
88 ★★★★ 🌿   8€
Aromático, correcto, frutal. Color: pálido. Aroma: fruta de hueso, especiado, caramelo tostado.

CELLER XAVIER CLUA

Sant Isidre, 41
43782 Vilalba dels Arcs (Tarragona)
☎: +34 977 263 069
rosa@cellerclua.com
www.cellerclua.com

Clua Mil.lennium 2019 T C
91
Color: cereza intenso. Aroma: hierbas secas, roble cremoso, fruta negra, fruta madura. Boca: fruta madura, especiado, taninos maduros.

Il.lusió de Clua 2021 T
91
Color: cereza, borde violáceo. Aroma: fruta roja, floral, especiado. Boca: sabroso, frutoso, buena acidez.

Il.lusió de Clua 2023 B
garnacha blanca
89
Aromático, correcto, maduro. Aroma: fruta madura, fruta de hueso, franco.

Mas d'en Pol 2020 T C
89
Especiado, equilibrado, hierbas secas, sabroso, tostado.

Mas d'en Pol 2023 B
87

Mas d'en Pol 2023 T
88
Equilibrado, frutal, herbal, sabroso, fresco.

CELLERS TARRONÉ

Calvari, 14
43786 Batea (Tarragona)
☎: +34 977 430 109
info@cellerstarrone.com
www.cellerstarrone.com

A Part 2022 B
garnacha blanca
90 🌿   15,5€
Color: pajizo. Aroma: hierbas secas, flores marchitas, fruta blanca. Boca: potente, fruta madura, equilibrado.

Merian Blanc 2023 B
garnacha blanca
88 ★★★★ 🌿   7€
Amable, aromático, tropical, maduro.

Merian Negre 2023 T
garnacha
88 ★★★★ 🌿   7€
Especiado, equilibrado, herbáceo, maduro.

Merian Rosat 2023 RD
garnacha
87 ★★★★ 🌱 .... 7€

Punt i... 2022 T C
garnacha, syrah
88 🌱 .... 10€
Equilibrado, especiado, hierbas secas, maduro.

Seguit 2021 T
garnacha
89 🌱 .... 13€
Equilibrado, especiado, hierbas secas, maduro, tostado.

CELLERS TERRA I VINS
Av. Falset, 17 Baixos
43206 Reus (Tarragona)
☎: +34 658 567 409
celler@cellersterraivins.com
www.cellersterraivins.com

Flor de Nit 2023 B
garnacha blanca, macabeo
87 .... 9,25€

Flor de Nit 2023 RD
garnacha
87 .... 10,5€

Flor de Nit VS 2020 B C
garnacha blanca
92 ★★★★ .... 15,9€
Color: amarillo brillante. Aroma: especiado, fina reducción, cera, flores marchitas, expresivo. Boca: jugoso, especiado, fruta madura, graso, sabroso.

La Negra Flor 2022 T
garnacha, syrah
87 ★★★ .... 7,9€

La Negra Flor 2023 B
garnacha blanca, macabeo
88 ★★★★ .... 7,9€
Boca correcta, frutal, maduro, sencillo, agradable.

CELLERS UNIÓ
Joan Oliver, 16
43206 Reus (Tarragona)
☎: +34 977 330 055
info@cellersunio.com
www.cellersunio.com

Clos del Pinell Garnatxa Blanca 2023 B
garnacha blanca
86 .... 7€

Clos del Pinell Negre 2023 T
garnacha
87 ★★★★ .... 7€

Clos del Pinell Rosat 2023 RD
garnacha
88 ★★★★ .... 7€
Cítrico, fresco, frutal, herbal, amable.

CLOS GALENA
Camino de la Solana, s/n
43736 El Molar (Tarragona)
☎: +34 607 430 549
info@closgalena.com
www.closgalena.com

Secrets de Mar 2021 T RB
garnacha, cariñena
89 ★★★★ .... 8,75€
Con vejez, equilibrado, confitado, hierbas secas.

Secrets de Mar 2023 B
garnacha blanca, macabeo
89 ★★★★ .... 8,5€
Cítrico, frutal, herbal, sabroso, notas de levadura.

CLOS PACHEM
C. de la Font, 1D
43737 Gratallops (Tarragona)
☎: +34 621 229 185
sales@clospachem.com
www.clospachem.com

Licos 2021 B
garnacha blanca
91 🌱
Color: amarillo brillante. Aroma: roble cremoso, fruta madura, especiado, lías finas. Boca: graso, estructurado, tostado, fino amargor.

Licos 2022 B
garnacha blanca
91 ★★★★ 🌱 .... 14€
Color: pajizo brillante. Aroma: fruta madura, lías finas, hierbas silvestres. Boca: lleno, graso, buena acidez.

DO TERRA ALTA / D.O.P.

DO TERRA ALTA / D.O.P.

COCA I FITÓ
Avda. Onze de Setembre s/n
43736 El Masroig (Tarragona)
☎: +34 619 776 948
info@cocaifito.cat
www.cocaifito.cat

Coca i Fitó D'Or 2022 B
80% garnacha blanca, 20% macabeo
91 16,9€
Color: pajizo brillante. Aroma: fruta madura, lías finas, camomila, hierbas silvestres. Boca: lleno, graso, buena acidez.

EDETÀRIA
Finca El Mas Ctra. Gandesa a Vilalba, Km. 2
43780 Gandesa (Tarragona)
☎: +34 977 421 534
export@edetaria.com
www.edetaria.com

Edetària Dolç 2022 B D
93
Color: amarillo brillante. Aroma: balsámico, notas amieladas, floral, especias dulces, expresivo. Boca: graso, frutoso, potente, sabroso, elegante.

Edetària Selecció 2021 B C
94
Con tensión. Color: amarillo brillante. Aroma: fruta madura, hierbas secas, flores marchitas, roble cremoso. Boca: potente, fruta madura, equilibrado.

Finca La Pedrissa 2020 T
94
Color: cereza intenso. Aroma: hierbas secas, roble cremoso, fruta negra, hierbas de monte. Boca: potente, fruta madura, especiado, taninos maduros.

🏆 PODIO
Finca La Personal de Edetària 2021 T
100% garnacha peluda
95
Color: Cereza. Aroma: balsámico, hierbas de monte, fruta roja, fruta madura, terroso, toques silvestres. Boca: especiado, balsámico, buena acidez.

🏆 PODIO
Finca La Terrenal 2020 B
95
Color: pajizo brillante. Aroma: expresivo, fruta madura, floral, lías finas, mineral, fina reducción, cera, flores secas. Boca: lleno, complejo, especiado, largo, graso, jugoso.

La Genuïna de Edetària 2020 T
garnacha
94
Color: cereza, borde violáceo. Aroma: fruta roja, floral, especiado, balsámico, tostado, terroso. Boca: sabroso, frutoso, buena acidez, largo.

🏆 PODIO
Lo Mas D'Edetària 2021 T
96
Complejo, exuberante. Color: Cereza. Aroma: expresivo, especiado, mineral, cacao fino. Boca: elegante, lleno, largo, persistente, jugoso.

Vía Edetana Blanc 2023 B
92 🌱
Color: pajizo. Aroma: hierbas secas, lías finas, fruta blanca. Boca: fruta madura, equilibrado.

Vía Edetana Negre 2022 T BA
92 🌱
Color: cereza, borde violáceo. Aroma: expresión frutal, fruta roja, floral, especiado, fruta negra. Boca: sabroso, frutoso, buena acidez, largo.

Edetària Selecció Vi de Finca El Mas 2021 T C
93
Color: cereza intenso. Aroma: fruta madura, hierbas secas, roble cremoso, expresivo. Boca: potente, fruta madura, especiado, taninos maduros.

ESSÈNCIA DE LLUNA
Carrer de Les Carnisseries
43780 Gandesa (Tarragona)
☎: +34 680 594 381
hola@essenciadelluna.com
www.essenciadelluna.com

Essència de lluna 1925 2022 T C
cariñena
92 28,5€
Color: cereza intenso. Aroma: fruta negra, fruta madura, hierbas silvestres, especiado. Boca: potente, fruta madura, especiado, taninos maduros.

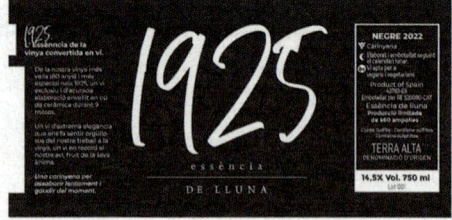

Essència de lluna Blanc Cupatge 2023 B
70% garnacha, 30% macabeo

89 ★★★★ 7,5€

Cítrico, herbal, equilibrado, sabroso.

Essència de Lluna Garnacha 2023 T
100% garnacha

88 ★★★ 8,5€

Confitado, fruta golpeada, flores secas, persistente, amable, goloso.

Essència de Lluna Garnacha Blanca 2023 B
100% garnacha blanca

90 ★★★★★ 9,5€

Austero, agradable. Color: pajizo. Aroma: fruta madura, hierbas secas, flores marchitas, notas de cereal. Boca: fruta madura, equilibrado, carnoso.

Essència de lluna Rosat 2023 RD
garnacha

86 7,5€

ESTONES VINS
President Companys, 4
43470 La Selva del Camp (Tarragona)
☎: +34 666 415 735
vins@estones.cat
www.estones.cat

Estones PX 2022 B
pedro ximénez

92 🌱 21€

Color: pajizo brillante. Aroma: expresivo, fruta madura, lías finas, fruta de hueso, flores marchitas. Boca: lleno, especiado, largo, jugoso.

Petites Estones Blanc 2023 B
garnacha blanca

88 🌱 9,5€

Agradable, aromático, correcto, frutal, maduro.

Vine – Estones de Mishima 2022 B RB
garnacha blanca

90 ★★★ 🌱 13,5€

Color: pajizo. Aroma: fruta madura, flores marchitas, roble cremoso, especias dulces. Boca: fruta madura, sabroso.

HERÈNCIA ALTÉS
Finca Lo Grau de L'Inquisidor, Ctra. N-420 Km. 798
43780 Gandesa (Tarragona)
☎: +34 977 430 681
info@herenciaaltes.com
www.herenciaaltes.com

Herència Altés Benufet 2023 B
100% garnacha blanca

90 🌱 15,9€

Color: pajizo brillante. Aroma: expresión frutal, fruta madura, floral. Boca: fresco, buena acidez, retronasal afrutado.

Herència Altés La Pilosa 2022 T
100% garnacha peluda

90 🌱 18€

Color: cereza, borde violáceo. Aroma: expresión frutal, fruta roja, floral, especiado. Boca: sabroso, frutoso, buena acidez, lleno.

Herència Altés La Serra Negre 2022 T
88% cariñena, 12% garnacha

89 🌱 39,5€

Fresco, frutal, herbáceo, sabroso, equilibrado.

Herència Altés La Xalamera 2021 T
100% garnacha

91 🌱 32€

Color: cereza intenso. Aroma: hierbas secas, fruta negra, especiado. Boca: fruta madura, especiado, taninos maduros.

Herència Altés Lo Grau de L'Inquisidor 2021 T
100% syrah

91 🌱 39,5€

Color: cereza intenso. Aroma: hierbas secas, roble cremoso, fruta negra, hierbas de monte. Boca: fruta madura, especiado, taninos maduros.

LA BRUIXA DELS MUDEFES
☎: +34 677 022 562
info@labruixadelsmudefes.cat
www.labruixadelsmudefes.cat

2052 2022 B

91 ★★★ 🌱 15€

Poco intervencionista, cremoso, oxidativo. Color: pajizo brillante. Aroma: fruta madura, hierbas de tocador, lías finas. Boca: lleno, graso, largo, buena acidez.

DO TERRA ALTA / D.O.P.

DO TERRA ALTA / D.O.P.

LAFOU CELLER
Plaça Catalunya, 34
43786 Batea (Tarragona)
☎: +34 938 743 511
info@lafou.net
www.lafou.net

LaFou de Batea 2019 T R
85% garnacha, 15% garnacha peluda, samsó

92   41,5€

Corpulento, madera marcada. Color: cereza oscuro. Aroma: tostado, especiado, cacao fino, fruta negra, hierbas de monte. Boca: sabroso, tostado, fino amargor.

LaFou de Rams 2018 B
100% garnacha blanca

93   49€

Complejo. Color: pajizo brillante. Aroma: fruta madura, floral, lías finas, mineral, cera. Boca: lleno, complejo, especiado, largo.

LaFou El Sender 2021 T C
70% garnacha, 20% syrah, 10% morenillo

91 ★★★★   12,95€

Color: cereza intenso. Aroma: hierbas secas, fruta negra, especiado, cacao fino. Boca: fruta madura, especiado, taninos maduros.

LaFou Els Amelers 2022 B
100% garnacha blanca

91   16,75€

Frutal. Color: pajizo. Aroma: fruta madura, hierbas secas, flores marchitas. Boca: potente, fruta madura, equilibrado.

LES VINYES DEL CONVENT
Ctra. T-334 Km. 0,5
43786 Horta de Sant Joan (Tarragona)
☎: +34 699 805 653
www.lesvinyesdelconvent.com

Els Costums 2020 B
100% garnacha blanca

90   14,1€

Color: pajizo brillante. Aroma: hierbas secas, notas anisadas, notas de levadura, equilibrado. Boca: correcto, sabroso, fino amargor, equilibrado.

Els Costums 2020 T C
100% garnacha

92 ★★★★   13,1€

Color: cereza brillante. Aroma: expresión frutal, fruta roja, especiado, hierbas silvestres, muy primario. Boca: sabroso, frutoso, buena acidez, cierta persistencia, taninos secos pero maduros.

La Senyoria 2020 RE BN
garnacha

87   16,7€

Lola Bel 2023 RD
100% garnacha peluda

88 ★★★ 🌿   8,7€

Correcto, golosinas, herbal, frutal, boca correcta.

Mas de Sotorres 2020 B
garnacha blanca, viognier

90   15,1€

Fresco, sencillo. Color: pajizo brillante. Aroma: fruta fresca, cítricos, hierbas silvestres. Boca: frutoso, buena acidez, fino amargor, fácil de beber.

MARCO ABELLA
Ctra. de Porrera a Cornudella de Montsant, Km. 0.7
43739 Porrera (Tarragona)
☎: +34 933 712 407
info@marcoabella.com
www.marcoabella.com

Olbieta 2023 T
80% garnacha, 15% cariñena, 5% syrah

91 ★★★★★   9,5€

Color: cereza intenso. Aroma: hierbas secas, fruta negra, tostado. Boca: potente, fruta madura, especiado, taninos maduros.

Olbieta Blanc 2023 B
75% garnacha blanca, 25% macabeo

89 ★★★   9,5€

Cítrico, equilibrado, amable, herbal, sabroso.

RAÍCES IBÉRICAS
Avda. Mudejar, 61
50340 Maluenda (Zaragoza)
☎: +34 976 893 017
contact@raices.wine
www.raicesibericas.com

La Cuna 2023 B

89

Cítrico, cremoso, herbal, maduro, lleno, sabroso.

ROSENDO ESTEVE VINS I OLIS
Rambla Democràcia, 9
43780 Gandesa (Tarragona)
☎: +34 620 331 070
rosendoesteve@gmail.com
www.rosendoesteve.com

Dos Germans Blanc 2023 B
garnacha blanca

87 ★★★★   7€

Dos Germans Blanc Cupatge 2023 B
garnacha blanca, chardonnay

88 ★★★★ 7€

Aromático, correcto, maduro, sabroso. Aroma: fruta madura, plátano.

Dos Germans Negre 2023 T
cariñena

88 ★★★★ 7€

Maduro, sabroso, frutal, boca correcta, agradable, amable.

Dos Germans Rosat 2023 RD
garnacha, syrah

88 ★★★★ 7€

Amable, correcto, frutal, golosinas, sencillo, suave.

Verdala Blanc 2022 B
garnacha blanca

90 ★★★ 14€

Aromas nítidos, varietal. Aroma: fruta madura, hierbas secas, flores secas, especiado. Boca: graso, jugoso, con poca acidez.

Verdala Negre 2022
garnacha

88 14€

Aromático, no representativo, correcto, madera marcada, herbal, maduro.

SANT JOSEP VINS
Estació, 2
43780 Bot (Tarragona)
☎: +34 977 428 352
info@santjosepwines.com
www.santjosepvins.com

Clot D'Encis Vi Ranci B RC S
garnacha blanca

91 ★★★★★ 10€

Color: amarillo brillante. Aroma: fruta escarchada, notas amieladas, frutos secos, pan tostado, especias dulces, panadería. Boca: sabroso, estructurado, tostado.

Laquarta Blanc 2º Any Vinyes Velles 2022 B
garnacha blanca

88 10€

Equilibrado, herbal, correcto, fresco.

Roc Singulars Brisat d'Agrícola St. Josep 2023 B
67% macabeo, 33% garnacha blanca

91 ★★★ 15€

Color: pajizo. Aroma: fruta madura, hierbas secas, flores marchitas, piel de naranja. Boca: fruta madura, equilibrado, sabroso.

Laquarta Grans Anyades Negre Vinyes Velles 2018 T
100% mazuelo

90 20€

Corpulento, equilibrado, especiado, maduro, potente, tostado, con oscuridad. Aroma: hierbas de monte, hierbas secas. Boca: jugoso.

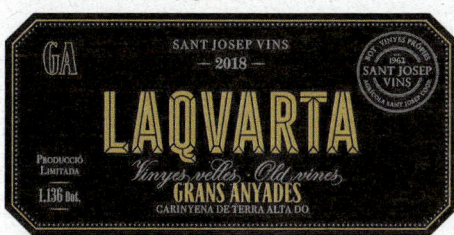

Laquarta Negre 3er. Any Vinyes Velles 2021 T
garnacha peluda

89 ★★★ 10€

Agradable, boca correcta, herbal, maduro, sabroso, silvestre, correcto.

Llàgrimes de Tardor Blanc 2022 B FB
garnacha blanca

91 ★★★★ 12,5€

Color: amarillo brillante. Aroma: roble cremoso, fruta madura, especiado. Boca: graso, estructurado, tostado, fino amargor.

SERRA & BARCELÓ
Avda. Catalunya, 18
43784 Corbera de Ebro (Tarragona)
☎: +34 649 670 430
info@serra-barcelo.com
www.serra-barcelo.com

Aucalá 2017 B
100% garnacha blanca

91

Color: amarillo brillante. Aroma: potente, roble cremoso, fruta madura, especiado, flores blancas. Boca: graso, estructurado, largo, tostado, fino amargor.

Aucalá 2021 B
garnacha blanca

91

Complejo, equilibrado, hierbas secas. Aroma: hierbas silvestres, equilibrado, lías finas, expresivo. Boca: sabroso, varietal.

Aucalá 2022 B

90

Aromático, correcto, equilibrado, flores secas. Aroma: lías finas, notas de levadura. Boca: graso, jugoso.

DO TERRA ALTA / D.O.P.

DO TERRA ALTA / D.O.P.

Aucalá 2022 T
89
Equilibrado, especiado, hierbas secas, frutal, tostado.

SERRA DE CAVALLS
Bonaire, 1
43594 El Pinell de Brai (Tarragona)
☎: +34 680 735 046
sat@serradecavalls.com
www.serradecavalls.com

Serra de Cavalls 2023 B FB
garnacha blanca
89 — 12€
Equilibrado, maduro, cremoso, especiado, tostado.

Serra de Cavalls Garnacha Blanca 2023 B
garnacha blanca
87 ★★★★ — 6,9€

Serra de Cavalls Garnatxa d'Àmfora 2022 T
garnacha
88 — 12€
Especiado, confitado, hierbas secas, ligera oxidación.

Serra de Cavalls Negre 2023 T
garnacha, ull de llebre, merlot, syrah
86 — 6,9€

Serra de Cavalls Roure 2021 T RB
syrah, merlot
87 — 10€

VINS ALGARS
Algars, 68
43786 Batea (Tarragona)
☎: +34 635 189 982
vinsalgars@vinsalgars.com
www.vinsalgars.com

Algars 2023 B
garnacha blanca
86 ♣ — 5,5€

Algars 2023 RD
garnacha, syrah
88 ★★★★ ♣ — 5,5€
Floral, frutal, sencillo, suave.

Flor Trufes Negre 2020 T
100% garnacha
89 ♣ — 11,5€
Cálido, confitado, correcto, amable.

Trufes Blanc 2023 B
garnacha blanca
88 ★★★★ ♣ — 7,5€
Agradable, correcto, floral, frutal, suave, hierbas secas.

Trufes Negre 2021 T
90% garnacha, 10% cabernet sauvignon, garnacha peluda
89 ★★★★ ♣ — 7,5€
Clásico, algo apagado, especiado, hierbas secas, maduro.

VINS DE LA MEMÒRIA
Aribau 168, 1-1
08036 Barcelona (Barcelona)
☎: +34 672 429 920
info@vinsdelamemoria.com
www.vinsdelamemoria.com

laBruixa 2023 B
80% garnacha blanca, 20% macabeo
91 ★★★ ♣ — 15,5€
Color: pajizo. Aroma: fruta madura, hierbas secas, flores marchitas, piel de naranja. Boca: fruta madura, equilibrado, estructurado.

laMemòria 2022 B
100% garnacha blanca
93 ♣ — 32,3€
Oxidativo. Color: pajizo. Aroma: fruta madura, hierbas secas, flores marchitas, frutos secos. Boca: fruta madura, equilibrado.

VINS DEL TROS
Major, 12
43782 Vilalba dels Arcs (Tarragona)
☎: +34 628 408 813
info@vinsdeltros.com
www.vinsdeltros.com

Cent x Cent Garnacha Blanca 2022 B C
garnacha blanca
89 ♣ — 12€
Amable, jugoso, maduro. Aroma: fruta madura, notas de maceración, floral.

Cent x Cent Garnacha Negra 2022 T
garnacha
90 ★★★★ ♣ — 12€
Color: cereza, borde violáceo. Aroma: expresión frutal, fruta roja, floral, especiado, terroso. Boca: sabroso, frutoso, buena acidez.

Finca Novena 2022 B
garnacha blanca
91 ♣ — 22€
Color: pajizo brillante. Aroma: fruta madura, lías finas, hierbas secas, hierbas silvestres, notas anisadas. Boca: graso, largo.

La Blanca 2022 B
garnacha blanca
91 ★★★ ♣ — 16€
Color: pajizo. Aroma: fruta madura, hierbas secas, flores marchitas, arcilloso. Boca: potente, fruta madura, equilibrado.

Lo Morenillo 2021 T
morenillo

90　　　　　　　　　　　　　24€

Color: cereza intenso. Aroma: hierbas secas, fruta negra, fruta roja, fruta madura, cacao fino. Boca: fruta madura, especiado, taninos maduros.

Señora Carmen 2021 T C
garnacha

92　　　　　　　　　　　　　22€

Fresco, balsámico. Color: cereza, borde violáceo. Aroma: expresión frutal, fruta roja, floral, especiado. Boca: sabroso, frutoso, buena acidez, largo.

DO. TIERRA DEL VINO DE ZAMORA
CONSEJO REGULADOR

Plaza Mayor, 1
49708 Villanueva de Campeán (Zamora)
☎: +34 980 560 055
@: info@tierradelvino.net
www.tierradelvino.net

SITUACIÓN:

Los viñedos que comprenden esta zona se localizan al sureste de la provincia de Zamora, a ambos márgenes del río Duero que atraviesa esta comarca. La integran 46 municipios situados en Zamora y 10 que pertenecen a Salamanca. La altitud media de los terrenos es de 750 metros.

▽ Consejo Regulador
   Delimitación de la DO

VARIEDADES:

BLANCAS: malvasía, moscatel de grano menudo, verdejo, albillo, palomino y godello.

TINTAS: tempranillo, cabernet sauvignon y garnacha.

DATOS CONSEJO REGULADOR:

Nº Has. Viñedo: 540 – **Nº Viticultores:** 137– **Nº Bodegas:** 11 – **Cosecha 23:** SC– **Producción 23:** 405.354 L – **Comercialización:** 92% Nacional - 8% Internacional.

SUELOS:

Los afluentes del río Duero que atraviesan el territorio marcan el carácter predominantemente aluvial de los suelos de la zona. Por lo general son arcillosos de fondo, con fácil retención de agua, variando en superficie en función de la altitud. Pueden ser también arenosos en las llanuras y cubiertos de guijarros en las cimas.

CLIMA:

Las temperaturas son extremas como corresponde a un clima continental seco, con veranos muy calurosos e inviernos muy fríos. No suele llover demasiado, la media anual no supera los 400 mm.

CARACTERÍSTICAS GENERALES DE LOS VINOS

BLANCOS — Son frescos y con un ligero fondo silvestre de la malvasía, de gran sapidez, buen grado alcohólico, pero con una refrescante acidez.

TINTOS — Son de color intenso, con un aroma y sabor potentes y cierta complejidad, debido a la alta proporción de cepas viejas, con una acidez ligeramente más marcada que los vinos de Toro, dada la mayor altitud de sus viñas y unos suelos con mayor retención de la humedad.

CALIFICACIÓN DE COSECHAS DE VINOS JÓVENES GUÍAPEÑÍN

2019	2020	2021	2022	2023
SC	SC	SC	SC	SC

DO TIERRA DEL VINO DE ZAMORA / D.O.P.

BODEGAS VALCABADINO
Ctra. N-122, Km. 463 Paraje Valcabadino
49026 Zamora (Zamora)
☎: +34 622 003 299
info@valcabadino.es
www.bodegasvalcabadino.es

Valcabadino 15 meses 2022 B FB
malvasía

91 ★★★★★ 12€

Color: amarillo brillante. Aroma: flores secas, fruta escarchada, lías finas, pastelería. Boca: redondo, especiado, largo, persistente.

Valcabadino 18 meses 2020 T
100% tempranillo

88 ★★★ 8,9€

Correcto, especiado, hierbas secas, maduro, sabroso, tostado, confitado.

Valcabadino Larga Custodia 2018 T
100% tempranillo

86 12€

VIÑAS DEL CÉNIT
Ctra. De Circunvalación, s/n
49708 Villanueva de Campeán (Zamora)
☎: +34 980 569 346
jmbeneitez@terraselecta.com
www.bodegascenit.com

Cénit 2020 T C S
100% tempranillo

93 32,1€

Color: cereza intenso. Aroma: hierbas secas, roble cremoso, fruta negra. Boca: potente, fruta madura, especiado, taninos maduros.

Cénit 2021 B
dona blanca, verdejo, palomino, albillo mayor

93 32,1€

Color: amarillo brillante. Aroma: potente, roble cremoso, fruta madura, especiado, fósforo. Boca: estructurado, largo, tostado, fino amargor.

Cénit Bonales 2022 T C
93

Color: cereza, borde violáceo. Aroma: expresión frutal, fruta roja, floral, especiado. Boca: sabroso, frutoso, buena acidez.

Cénit Pago Las Salinas 2020 T
100% tempranillo

93 60,5€

Color: cereza intenso. Aroma: hierbas secas, roble cremoso, fruta negra, fruta madura. Boca: potente, fruta madura, especiado, taninos maduros.

Field Blend Bonales 2022 T
tempranillo, garnacha, godello, palomino, dona blanca

90 14,45€

Color: Cereza. Aroma: especias dulces, hierbas de monte, fruta madura. Boca: especiado, balsámico, equilibrado, frutoso, sabroso.

Field Blend Las Contiesas 2022 B
dona blanca, godello, palomino, verdejo, albillo mayor

91 ★★★★ 13,1€

Color: pajizo brillante. Aroma: fruta madura, hierbas de tocador, lías finas, floral. Boca: lleno, graso, largo, buena acidez.

Field Blend Tradición 2023 RD
tempranillo, garnacha, albillo mayor, palomino, dona blanca

92 ★★★★ 14,45€

Color: frambuesa. Aroma: cálido, flores marchitas, fruta roja, fruta confitada. Boca: carnoso, sabroso, fruta madura.

Via Cenit Colección 2020 T C
100% tempranillo

92 19,25€

Color: cereza intenso. Aroma: fruta madura, hierbas secas, roble cremoso, madera marcada. Boca: potente, fruta madura, especiado, taninos maduros.

DO. TORO
CONSEJO REGULADOR

C/ Isaias Carrasco s/n
49800 Toro (Zamora)
☎:+34 980 690 335
@: consejo@dotoro.es
www.dotoro.es

SITUACIÓN:

Comprende 12 municipios de la provincia de Zamora (Argujillo, Bóveda de Toro, Morales de Toro, El Pego, Peleagonzalo, El Piñero, San Miguel de la Ribera, Sanzoles, Toro, Valdefinjas, Venialbo y Villanueva del Puente) y tres de la de Valladolid (San Román de la Hornija, Villafranca de Duero y los pagos de Villaester de Arriba y de Abajo del término de Pedrosa del Rey), que se corresponden prácticamente con la comarca agraria del Bajo Duero. La zona de producción queda al sur del paso del Duero, que cruza la región de este a oeste.

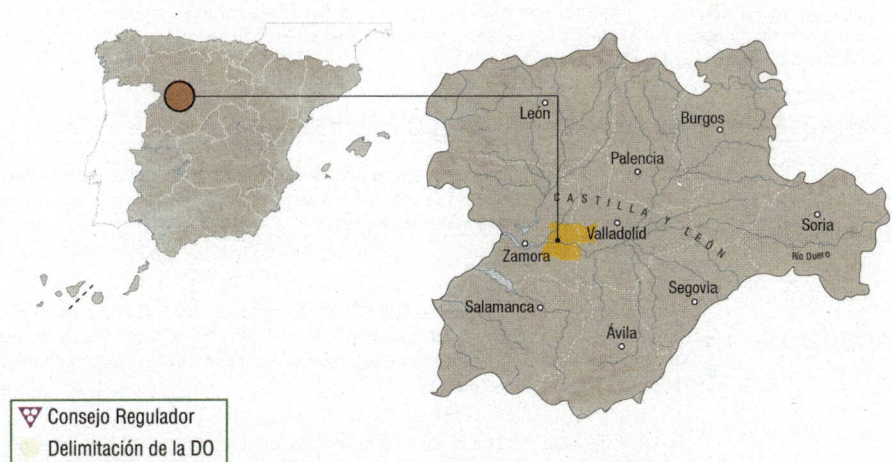

DO TORO / D.O.P.

VARIEDADES:

BLANCAS: malvasía, moscatel de grano menudo, albiño real y verdejo.

TINTAS: tinta de Toro (mayoritaria) y garnacha.

DATOS CONSEJO REGULADOR:

Nº Has. Viñedo: 5.410 – **Nº Viticultores:** 905 – **Nº Bodegas:** 64 – **Cosecha 23:** Excelente – **Producción 23:** 16.185.900 L – **Comercialización:** 65% Nacional - 35% Internacional.

SUELOS:

La geografía de la DO se caracteriza por un relieve suavemente ondulado. El viñedo se sitúa a una altitud entre los 620 y 750 metros y el suelo es, fundamentalmente, de tipo pardo calizo. Sin embargo son mejores los terrenos cascajosos de aluvión.

CLIMA:

De tipo continental extremado con influencias atlánticas y bastante árido, con precipitaciones medias anuales de 350-400 mm. Los inviernos son rigurosos (lo que implica temperaturas mínimas extremas y la prolongación del periodo de heladas) y los veranos cortos, no excesivamente calurosos y con importantes oscilaciones térmicas entre el día y la noche.

CARACTERÍSTICAS GENERALES DE LOS VINOS

BLANCOS

Elaborados principalmente a partir de malvasía, presentan un color entre amarillo pálido y amarillo verdoso; en la nariz pueden aparecer algunos matices rústicos y, en boca, tienen un final ligeramente amargoso.

ROSADOS

La variedad mayoritariamente empleada es la tinta de Toro aunque en algunos casos puede ir acompañada de garnacha. Se elaboran mezclando ambas o como monovarietales. De color rosáceo intenso, aparecen notas de frutos rojos maduros; en la boca son carnosos y afrutados.

TINTOS

Son los más característicos de la región. Poseen una astringencia propia de la variedad tinta de Toro, así como un grado alcohólico alto (13 grados o más) y buenos índices de acidez. Cuando son jóvenes presentan un color cereza oscuro con matices violáceos; en la nariz tienen buena intensidad, con notas que recuerdan las moras y los frutos negros en general; en boca son potentes, sabrosos, carnosos, en algunos casos con un punto de sobremaduración y una buena persistencia. Los criados en madera mantienen las notas de fruta madura, conjuntadas con los aportes del roble y la carnosidad en boca.

CALIFICACIÓN DE COSECHAS DE VINOS JÓVENES GUÍAPEÑÍN

2019	2020	2021	2022	2023
MUY BUENA	MUY BUENA	MUY BUENA	MUY BUENA	BUENA

ABADÍA DE ARIBAYOS

Aribayos, 32 - Bis
49150 Moraleja del Vino (Zamora)
☎: +34 640 057 098
aribayos@abadiadearibayos.es
www.abadiadearibayos.es

Mesopotamia 2021 T

89 ★★★   9,5€

Aromático, especiado, frutal. Aroma: intensidad media, franco, muy primario. Boca: fácil de beber.

ALGIL BODEGAS Y VIÑEDOS

Ctra. De la Estación, 1
47530 San Román de Hornija (Valladolid)
☎: +34 625 188 152
algil@algilbodegas.com
www.algilbodegas.com

Algil Crianza 2019 T C
100% tinta de Toro

90   16,5€

Color: cereza intenso. Aroma: hierbas secas, roble cremoso, fruta negra. Boca: potente, fruta madura, especiado, taninos maduros.

Algil Expresión 2021 T C
100% tinta de Toro

88   11,5€

Corpulento, hierbas secas, maduro, tostado.

Algil Garnacha 2021 T BA
100% garnacha

88   13,9€

Frutal, maduro, tostado, herbáceo.

Algil Malvasía Castellana 2021 B FB
100% malvasía castellana

89   12,9€

Cítrico, flores secas, fresco, hierbas secas, notas de levadura.

Finca Pepe La Majada 2020 T C
90% tinta de Toro, 10% garnacha

91   19,9€

Color: cereza intenso. Aroma: hierbas secas, roble cremoso, fruta negra. Boca: fruta madura, especiado, taninos maduros.

Finca Seve Los Quemaos 2020 T
100% tinta de Toro

92   28€

Color: cereza, borde violáceo. Aroma: expresión frutal, fruta roja, floral, especiado. Boca: sabroso, frutoso, buena acidez, largo.

BODEGA CYAN

Ctra. Valdefinjas - Venialbo, Km. 9,2
49800 Valdefinjas (Zamora)
☎: +34 983 683 315
cyan@matarromera.es
www.bodegacyan.es

Cyan 2020 T C
100% tinta de Toro

87 ♣   18€

Cyan Prestigio 2018 T R
100% tinta de Toro

90 ♣   30€

Color: cereza, borde violáceo. Aroma: roble cremoso, cálido, fruta escarchada, fruta negra, especias dulces. Boca: confitado, potente, sabroso, taninos potentes.

BODEGA LATARCE

Ctra. Medina de Rioseco, Km 1
49800 Toro (Zamora)
☎: +34 980 564 096
info@bodegalatarce.com
www.bodegalatarce.com

Latarce Gran Selección Magnum 2018 T C
tinta de Toro

94   195€

Cremoso, suave. Color: cereza oscuro, borde granate. Aroma: fruta madura, fruta confitada, ebanistería, tabaco, especias dulces. Boca: especiado, taninos maduros, largo.

Latarce Selección 2020 T
100% tinta de Toro

91   40€

Color: cereza, borde granate. Aroma: fruta confitada, potente, con carácter, especiado, roble cremoso. Boca: sabroso, largo, taninos maduros.

Latarce Verdejo 2022 B
100% verdejo

90   30€

Color: amarillo. Aroma: hierbas silvestres, fruta blanca, fruta madura, notas anisadas. Boca: frutoso, fino amargor, tostado.

DO TORO / D.O.P.

DO TORO / D.O.P.

BODEGA NUMANTHIA
Real s/n
49882 Valdefinjas (Zamora)
☎: +34 619 732 981
contact@numanthia.com
www.numanthia.com

Numanthia 2019 T
tinta de Toro

94 55€
Color: cereza intenso. Aroma: roble cremoso, fruta roja, hierbas silvestres. Boca: potente, fruta madura, especiado, taninos maduros.

🏆 PODIO

Termanthia 2016 T
100% tinta de Toro

95 250€
Color: cereza, borde granate. Aroma: equilibrado, complejo, especiado, fruta negra, hierbas de monte. Boca: estructurado, sabroso, taninos maduros, equilibrado, persistente, mineral.

Termes 2021 T
tinta de Toro

93 30€
Por hacer. Color: cereza intenso. Aroma: fruta madura, hierbas secas, roble cremoso, fruta negra. Boca: potente, fruta madura, especiado, taninos maduros, frutoso, sabroso, cierta persistencia.

Termes 2022 B

90
Color: pajizo brillante, borde verdoso. Aroma: fruta fresca, cítricos, hierbas silvestres, lías finas. Boca: fresco, frutoso, buena acidez, fino amargor.

BODEGA PAGO DE CUBAS
Ctra. Valdefinjas, km. 6,5
49882 Valdefinjas (Zamora)
☎: +34 626 410 524
direccion@bodegapagodecubas.com
www.bodegapagodecubas.com

Asterisco 2021 T
100% tinta de Toro

88 ★★★★ 4,5€
Frutal, hierbas secas, muy primario, sabroso, flores secas.

Incrédulo Blend 2021 T
100% tinta de Toro

91 🌱 18€
Color: cereza intenso. Aroma: fruta madura, hierbas secas, roble cremoso, café aromático, almendra tostada. Boca: potente, fruta madura, especiado, taninos maduros, frutoso, sabroso, taninos secos pero maduros.

BODEGA RAMÓN RAMOS/ TARDENCUBA
Camino de la Centinela s/n
49153 Venialbo (Zamora)
☎: +34 980 573 080
info@bodegaramonramos.com
www.bodegaramonramos.com

La Bien Cercada Añada Selección 2023 T
tinta de Toro

87 9€

Monte Toro 5 2022 T RB
tinta de Toro

88 ★★★★ 🌱 8€
Cremoso, especiado, tostado, maduro, hierbas secas.

Monte Toro 8 2021
tinta de Toro

87 🌱 9,5€

Ramón Ramos Serie Naranja 2020 T

91 ★★★ 🌱 15€
Color: cereza intenso. Aroma: fruta madura, hierbas secas, fruta negra, fruta roja. Boca: fruta madura, especiado, taninos maduros.

Tardencuba 2021 T RB
tinta de Toro

87 🌱 12€

Valnuevo Selección 2018 T
tinta de Toro

90 24€
Color: cereza, borde violáceo. Aroma: especiado, fruta roja, fruta madura, hierbas de monte. Boca: sabroso, frutoso, buena acidez.

BODEGA REJADORADA

Crta. de San Román de Hornija a Morales, km. 0,9
47530 San Román de Hornija (Valladolid)
☎: +34 980 693 089
info@rejadorada.com
www.rejadorada.com

Aier - Vino Cerámico 2020 T S
100% tinta de Toro

91   20€

Color: cereza intenso. Aroma: fruta madura, hierbas secas, roble cremoso, especiado, fruta negra. Boca: potente, fruta madura, especiado, sabroso, taninos secos pero maduros.

Antona García 2019 T C
100% tinta de Toro

91 ★★★★   13,5€

Color: cereza intenso. Aroma: hierbas secas, fruta negra, especiado, cacao fino. Boca: fruta madura, especiado, taninos maduros.

Novellum Temple 2020 T C
100% tinta de Toro

90 ★★★★   10,5€

Color: cereza, borde violáceo. Aroma: expresión frutal, fruta roja, especiado, chocolate. Boca: sabroso, frutoso, buena acidez.

Rejadorada Roble 2022 T RB
100% tinta de Toro

91 ★★★★★   7,5€

Color: cereza oscuro. Aroma: tostado, especiado, fruta madura, fruta negra, ahumado. Boca: sabroso, tostado, fino amargor, frutoso, cierta persistencia, retronasal ahumado, taninos secos pero maduros.

Sango de Rejadorada 2016 T R
100% tinta de Toro

92 ★★★   16,5€

Color: cereza intenso, borde violáceo. Aroma: fruta madura, hierbas secas, roble cremoso, fruta negra, hierbas silvestres. Boca: potente, fruta madura, especiado, frutoso, sabroso, taninos secos pero maduros.

BODEGA VIÑAGUAREÑA

Ctra. Toro a Salamanca, Km. 12,5
49800 Toro (Zamora)
☎: +34 980 568 013
info@vinotoro.com
www.vinotoro.com

Munia 2023 T RB
100% tinta de Toro

89 ★★★★   6,5€

Corpulento, equilibrado, especiado, herbal, maduro.

Munia Carácter 2022 T RB
100% tinta de Toro

89 ★★★★   9€

Equilibrado, especiado, herbal, maduro.

Munia Especial 2021 T GR
tinta de Toro

92   25€

Color: cereza intenso. Aroma: fruta madura, hierbas secas, roble cremoso, fruta negra, regaliz negro. Boca: potente, fruta madura, especiado, taninos maduros, retronasal ahumado, taninos secos pero maduros.

Tálamo 2020 T C
85% tinta de Toro, 15% garnacha

91 ★★★   15€

Color: cereza, borde violáceo. Aroma: fruta madura, hierbas secas, roble cremoso, fruta negra, fruta roja. Boca: potente, fruta madura, especiado, frutoso, taninos secos pero maduros.

Tres Julias 2022 T C
100% garnacha

92 ★★★★★ 🌱   10€

Color: cereza, borde violáceo. Aroma: expresión frutal, fruta roja, floral, especiado. Boca: sabroso, frutoso, buena acidez, largo.

BODEGA VOCARRAJE

Ctra. San Román
49810 Morales de Toro (Zamora)
☎: +34 630 049 312
belen@vocarraje.es
www.vocarraje.es

Abdón Segovia 2019 T C
tinta de Toro

90 ★★★★   12€

Color: cereza intenso. Aroma: fruta madura, hierbas secas, roble cremoso, fruta negra, flores marchitas. Boca: potente, fruta madura, especiado, frutoso, sabroso, taninos secos pero maduros.

Abdón Segovia 2020 T
tinta de Toro

87 ★★★★   6,5€

Abdón Segovia 2022 T RB
tinta de Toro

90 ★★★★★   4,5€

Color: cereza, borde violáceo. Aroma: expresión frutal, fruta roja, especiado, fruta negra, tostado. Boca: sabroso, frutoso, potente, cierta persistencia, tostado, retronasal ahumado, taninos secos pero maduros.

DO TORO / D.O.P.

DO TORO / D.O.P.

La Pasión Abdón Segovia 2016 T R
tinta de Toro

92   22€

Color: cereza brillante. Aroma: expresión frutal, fruta madura, fruta negra, fruta roja, hierbas secas, especias dulces. Boca: sabroso, frutoso, estructurado, equilibrado, taninos secos pero maduros.

BODEGA Y VIÑEDOS MAIRES
Camino los Llanos Km 0,4
49800 Toro (Zamora)
☎: +34 669 363 761
ademan@bodegamaires.com
www.bodegamaires.com

Ademán Adalia 2023 B
verdejo

87 ★★★★   7€

Ademán Carabizal 2023 T
100% tinta de Toro

87   9€

Ademán Valdearanda 2021 T C
100% tinta de Toro

91 ★★★★★   12€

Color: cereza intenso. Aroma: fruta madura, hierbas secas, roble cremoso, fruta negra. Boca: fruta madura, especiado, taninos maduros.

Ademán Valdecarretas 2021 T FB
100% tinta de Toro

90   20€

Color: cereza intenso. Aroma: fruta madura, hierbas secas, roble cremoso, especiado, café aromático. Boca: potente, fruta madura, especiado, taninos maduros, cierta persistencia.

Cuzo 2023 T
100% tinta de Toro

88 ★★★★   6€

Frutal, maduro, hierbas secas, especiado.

Maires 2021 T
100% tinta de Toro

92   50€

Color: cereza intenso. Aroma: hierbas secas, roble cremoso, cacao fino, fruta negra. Boca: potente, fruta madura, especiado, taninos maduros.

Tente Necio 2022 T
100% tinta de Toro

89 ★★★   10€

Boca correcta, algo secante, especiado, fresco, frutal.

Tente Necio 2023 B
50% malvasía, 50% verdejo

88 ★★★★   7,5€

Cítrico, fresco, herbal, correcto.

BODEGAS A. VELASCO E HIJOS
Pol. Norte, Parc. 17-18
49800 Toro (Zamora)
☎: +34 980 692 455
admon@bodegasvelascoehijos.com
www.bodegasvelascoehijos.com

Candongo 2022 T RB
tinta de Toro

87 ★★★ 🌿   8€

Garabitas Viñas Viejas 2021 T
tinta de Toro

89 🌿   12€

Corpulento, especiado, tostado, sabroso, maduro.

Peña Rejas 2023 T
tinta de Toro

87 ★★★★ 🌿   5€

BODEGAS BIGARDO
Plaza de San Agustín, 1
49800 Toro (Zamora)
☎: +34 651 999 917
vinobigardo@gmail.com
www.bigardo.es

Bigardo 2021 T
100% tinta de Toro

88 — 12€

Confitado, corpulento, especiado, herbáceo, tostado.

Calma. Relaxing Wine 2021 T
tinta de Toro

88 — 25€

Cálido, confitado, opulento.

Maldito Parné 2021 T C
100% tinta de Toro

90 — 18€

Poco intervencionista. Color: cereza intenso. Aroma: hierbas secas, especiado, cacao fino, fruta confitada. Boca: fruta madura, especiado, taninos maduros.

Pellejo. Vino Tinto de Parcela 2021 T
100% tinta de Toro

88 — 22€

Confitado, corpulento, sabroso, potente, amable.

Satélite Boarding Wine 2021 T
100% tinta de Toro

89 — 15€

Corpulento, correcto, especiado, hierbas secas, maduro.

BODEGAS CAMPO ELÍSEO
Calle Nueva, 12
47491 La Seca (Valladolid)
☎: +34 983 034 030
bodega@campoeliseo.com
www.campoeliseo.es

Campesino 2022 T
100% tinta de Toro

89 — 11€

Confitado, especiado, herbal, sabroso.

Campesino Natural 2023 T
100% tinta de Toro

88 🌱 — 15€

Especiado, fresco, frutal, herbal, equilibrado.

Campo Elíseo Contracorriente 2023 T
100% tinta de Toro

90 🌱 — 18€

Color: cereza, borde violáceo. Aroma: expresión frutal, fruta roja, floral, especiado. Boca: sabroso, frutoso, buena acidez.

Campo Eliseo Cuvée Alegre 2022 T
100% tinta de Toro

92 ★★★★ 🌱 — 18€

Color: cereza, borde violáceo. Aroma: expresión frutal, fruta roja, floral, especiado. Boca: sabroso, frutoso, buena acidez, largo.

Hermanos Lurton Natural 2023 T
100% tinta de Toro

91 ★★★★ 🌱 — 14€

Color: cereza, borde violáceo. Aroma: expresión frutal, floral, especiado, fruta negra, terroso. Boca: sabroso, frutoso, buena acidez.

Hermanos Lurton Tempranillo 2022 T
tempranillo

89 ★★★★ 🌱 — 9€

Frutal, tostado, especiado, maduro, herbal.

BODEGAS COVITORO
Ctra. de Tordesillas, 13
49800 Toro (Zamora)
☎: +34 980 690 347
calidad@covitoro.com
www.covitoro.com

50 Aniversario 2018 T R
100% tinta de Toro

92 — 35€

Por hacer. Color: cereza, borde violáceo. Aroma: fruta madura, fruta negra, especiado, tostado, hierbas secas. Boca: frutoso, sabroso, madera marcada, fresco, cierta persistencia, taninos secos pero maduros.

Arco del Reloj 2018 T
100% tinta de Toro

91 — 17,6€

Color: cereza muy intenso. Aroma: muy tostado (torrefactado), café aromático, potente, pimienta negra, fruta negra. Boca: retronasal ahumado, persistente, taninos maduros, sabroso, lleno, cierta persistencia.

Barandales 2023 B
malvasía castellana

87 ★★★★ — 3,8€

Barandales 2023 RD
tinta de Toro

87 ★★★★ — 3,8€

Barandales 2023 T
85% tinta de Toro, 15% garnacha

88 ★★★★ — 3,8€

Equilibrado, especiado, fresco, frutal, herbal.

DO TORO / D.O.P.

DO TORO / D.O.P

Barbián 2022 T RB
100% tinta de Toro

90 ★★★★★ 4,8€

Color: cereza intenso. Aroma: hierbas secas, roble cremoso, especiado, fruta negra. Boca: fruta madura, especiado, sabroso, taninos secos pero maduros.

Cañus Verus Malvasia Castellana 2022 B FB
100% malvasía castellana

89 ★★★★ 8,5€

Frutal, cítrico, flores secas, herbal.

Cañus Verus Viñas Viejas 2021 T
100% tinta de Toro

89 ★★★★ 8,5€

Corpulento, especiado, herbal, maduro, algo secante.

Cermeño Vendimia Seleccionada 2023 T
100% tinta de Toro

87 ★★★★ 3,6€

Gran Cermeño 2020 T C
100% tinta de Toro

89 ★★★★ 5,8€

Frutal, especiado, tostado, sabroso, maduro.

BODEGAS DIEZ GÓMEZ
Plaza Mayor, 3
49800 Toro (Zamora)
☎: +34 651 693 849
oscar@bodegasdiezgomez.com
www.bodegasdiezgomez.com

Americo 2021 T C
100% tinta de Toro

90 ★★★★ 12€

Color: cereza, borde violáceo. Aroma: expresión frutal, fruta roja, floral, especiado. Boca: sabroso, frutoso, buena acidez.

Americo Roble Español 2022 T RB
100% tinta de Toro

90 ★★★★★ 7€

Color: cereza intenso. Aroma: fruta madura, hierbas secas, roble cremoso, fruta negra, tostado. Boca: potente, fruta madura, especiado, taninos maduros, sabroso, frutoso.

la JOTA de To V.R. (Viuda Rica) 2021 T RB
100% tinta de Toro

92 25€

Color: cereza intenso. Aroma: fruta madura, roble cremoso, cacao fino, hierbas silvestres. Boca: potente, fruta madura, especiado, taninos maduros.

BODEGAS ERNESTO DEL PALACIO
Ctra. de la Estación, 6
47530 San Román de Hornija (Valladolid)
☎: +34 616 999 708
administracion@ernestodelpalacio.com
www.ernestodelpalacio.com

Ernesto del Palacio 2019 T C
100% tinta de Toro

89 ★★★ 10€

Aromático, confitado, corpulento, cremoso, especiado, maduro, sabroso.

Ernesto del Palacio 2021 T RB
tinta de Toro

89 ★★★★ 8€

Potente, madera marcada, corpulento, maduro.

Ernesto del Palacio 2022 T
100% tinta de Toro

87 ★★★★ 5€

Ernesto del Palacio Verdejo Malvasía 2023 B
100% tinta de Toro

89 ★★★★ 5,6€

Cítrico, equilibrado, herbal, lleno, maduro, sabroso.

BODEGAS FARIÑA
Camino del Palo, s/n
49800 Casaseca de Las Chanas (Zamora)
☎: +34 980 577 673
comercial@bodegasfarina.com
www.bodegasfarina.com

Fariña 2020 T C
tinta de Toro

90 14,4€

Color: cereza, borde violáceo. Aroma: expresión frutal, floral, especiado, fruta negra, tostado. Boca: sabroso, frutoso, fruta madura, especiado, cierta persistencia, taninos secos pero maduros.

Fariña Lágrima 2022 T RB
tinta de Toro

89 ★★★★ 8,9€

Equilibrado, especiado, fresco, herbal, tostado.

Mascaradas 2021 T RB
tinta de Toro

87 10,45€

Primero 2023 T
tinta de Toro

90 ★★★★★ 7,4€

Color: cereza, borde violáceo. Aroma: expresión frutal, fruta roja, floral, especiado. Boca: sabroso, frutoso, buena acidez.

Gran Colegiata "Original" 2018 T R
tinta de Toro

92 19,9€

Color: cereza intenso. Aroma: fruta madura, hierbas secas, roble cremoso, fruta negra, cuero muy curtido. Boca: potente, fruta madura, especiado, sabroso, frutoso, taninos secos pero maduros.

BODEGAS FRANCISCO CASAS
Avda. de Los Comuneros, 67
49810 Morales de Toro (Zamora)
☎: +34 980 698 032
info@bodegascasas.com
www.bodegascasas.com

Camparrón 2020 T R
100% tinta de Toro

90 ★★★★★ 10€

Color: cereza intenso. Aroma: fruta madura, hierbas secas, roble cremoso, especiado, tostado. Boca: fruta madura, especiado, sabroso, taninos secos pero maduros.

Camparrón 2021 T C
100% tinta de Toro

88 ★★★★ 8€

Fresco, frutal, herbal, correcto.

Camparrón 2023 T RB
100% tinta de Toro

84 5,5€

Camparrón Novum 2023 T
100% tinta de Toro

87

Los Bayones Finca La Manga 2020 T BA
100% tinta de Toro

90 15€

Color: cereza intenso. Aroma: hierbas secas, roble cremoso, fruta negra, madera marcada. Boca: fruta madura, especiado, taninos maduros.

Viña Abba 2021 T
100% tinta de Toro

90 18€

Color: cereza oscuro. Aroma: tostado, especiado, cacao fino, fruta negra, ahumado. Boca: sabroso, tostado, fino amargor, frutoso, fresco, cierta persistencia.

BODEGAS FRONTAURA
Santiago, 17 5º
47001 Valladolid (Valladolid)
☎: +34 983 880 488
crobles@nexusfrontaura.com
www.bodegasfrontaura.com

Aponte+ 2018 T
100% tempranillo

92

Balsámico, corpulento. Color: cereza intenso, borde granate. Aroma: hierbas de monte, tomillo, especiado, fruta negra, fruta madura. Boca: sabroso, taninos maduros, potente, varietal.

Dominio de Valdelacasa 2019 T RB
100% tempranillo

89

Confitado, maduro, hierbas secas, especiado, potente, sabroso. Aroma: fruta negra.

BODEGAS MONTE LA REINA
Ctra. Toro-Zamora (N-122) Km 436.7
49881 Toro (Zamora)
☎: +34 980 082 011
export@montelareina.es
www.montelareina.es

Inaraja 2016 T R
tinta de Toro

93 60€

Color: cereza oscuro, borde granate. Aroma: fruta madura, ebanistería, tabaco, especias dulces, fruta roja, fruta de hueso, caramelo tostado. Boca: especiado, taninos maduros, frutoso, sabroso, largo.

DO TORO / D.O.P.

DO TORO / D.O.P.

Castillo de Monte la Reina Vendimia Seleccionada 2017 T
90
Color: cereza, borde granate. Aroma: fruta sobremadura, roble cremoso, cálido, notas cárnicas, fruta negra, cuero muy curtido. Boca: confitado, potente, taninos dulces, frutoso, cierta persistencia.

Castillo de Monte la Reina Verdejo 2023 B
100% verdejo

88 ★★★★ 6€

Cítrico, equilibrado, fresco, herbal, correcto.

Castillo de Monte la Reina 2021 T C
100% tinta de Toro

88 10€

Boca correcta, equilibrado, especiado, herbáceo, maduro.

Castillo de Monte la Reina 2022 T RB
100% tinta de Toro

87 ★★★★ 7€

Castillo de Monte la Reina 2023 T
100% tinta de Toro

86 4,5€

BODEGAS PANDORA
Ctra. Nava del Rey, Km 1
47490 Rueda (Valladolid)
☎: +34 669 989 038
marketing@bodegaspandora.com
www.bodegaspandora.com

Pandora Tinta de Toro 2022 T RB
100% tinta de Toro

88 10€

Corpulento, equilibrado, especiado, herbal.

BODEGAS RODRÍGUEZ Y SANZO
Avda. de Tordesillas, 5
47490 Rueda (Valladolid)
☎: +34 983 150 150
comunicacion@rodriguezysanzo.com
www.rodriguezysanzo.com

La Viña de Amaya 2021 T C
tempranillo

92 ★★★★ 15€

Color: cereza, borde violáceo. Aroma: expresión frutal, fruta roja, especiado, fruta negra, hierbas de monte. Boca: sabroso, frutoso, buena acidez, fresco, potente, cierta persistencia.

Las Tierras de Javier Rodríguez El Pego 2020 T C
100% tinta de Toro

92 ★★★★★ 9,25€

Color: cereza intenso, cereza, borde violáceo. Aroma: fruta madura, hierbas secas, roble cremoso, fruta negra. Boca: potente, fruta madura, especiado, frutoso, sabroso, taninos secos pero maduros.

🏆 PODIO

Las Tierras de Javier Rodríguez El Teso Alto 2018 T
tinta de Toro

95 77€

Color: cereza intenso. Aroma: hierbas secas, roble cremoso, fruta negra, tostado. Boca: potente, fruta madura, especiado, taninos maduros.

Las Tierras Extinta 2018 T C
tinta de Toro

92 26€

Color: cereza, borde violáceo. Aroma: expresión frutal, fruta roja, floral, especiado. Boca: sabroso, frutoso, buena acidez, largo.

BODEGAS SIETECERROS
Finca Villaester Arriba, s/n
47112 Pedrosa del Rey (Valladolid)
☎: +34 914 355 556
atconsumidor@jgc.es
www.garciacarrion.com

Bodega La Ermita Toro 2018 T
tinta de Toro

91 25€

Color: cereza intenso. Aroma: fruta madura, hierbas secas, roble cremoso, fruta roja, flores marchitas. Boca: potente, fruta madura, especiado, frutoso, sabroso, taninos secos pero maduros.

Pata Negra Edicion Especial Toro 2023 T RB
tinta de Toro

87 ★★★★ 6€

BODEGAS SOBREÑO
Ctra. N-122, Km. 423
49800 Toro (Zamora)
☎: +34 980 693 417
sobreno@sobreno.com
www.sobreno.com

Finca Sobreño 2021 T C
100% tinta de Toro

87 9,95€

Finca Sobreño 2023 RD
100% tinta de Toro

87 ★★★   7,75€

Finca Sobreño 2023 T RB
100% tinta de Toro

89 ★★★★   6,45€
Equilibrado, especiado, fresco, herbal, maduro, sabroso.

Finca Sobreño Ecológico 2022 T
100% tinta de Toro

88 🌿   9,95€
Equilibrado, especiado, frutal, fresco, herbal.

Finca Sobreño Selección Especial 2021 T R
100% tinta de Toro

91   19,3€
Color: cereza, borde violáceo. Aroma: expresión frutal, fruta roja, floral, especiado. Boca: sabroso, frutoso, buena acidez, largo.

Las Viñas de Paloma Colección 2020 T
100% tinta de Toro

91   19,95€
Color: cereza, borde violáceo. Aroma: expresión frutal, fruta roja, floral, especiado. Boca: sabroso, frutoso, buena acidez.

Las Viñas de Paloma Selección de Parcelas 2021 T C
100% tinta de Toro

88   9,95€
Confitado, especiado, herbáceo, maduro, tostado.

BODEGAS TORREDUERO
Pol. Ind. Toro Norte, Parcela 5
49800 Toro (Zamora)
☎: +34 941 454 050
bodega@bodegasriojanas.com
www.bodegasriojanas.com

Marqués de Peñamonte Colección Privada 2022 T
100% tinta de Toro

90   20€
Color: cereza, borde violáceo. Aroma: fruta roja, especiado. Boca: sabroso, frutoso, buena acidez.

Peñamonte 2021 T C
100% tinta de Toro

88 ★★★★   8€
Corpulento, equilibrado, especiado, herbal, tostado.

Peñamonte 2022 RD
100% tinta de Toro

88 ★★★★ 🌿   7€
Frutal, especiado, maduro, tostado, sabroso, algo secante.

Peñamonte 5 meses 2023 T RB
100% tinta de Toro

86   7€

Peñamonte Garnacha 2022 T RB
100% garnacha

87 ★★★★   7€

Peñamonte Verdejo 2023 B
100% verdejo

85   5€

BODEGAS VATAN
Pol. Norte, 1 Parcela 29B
49800 Toro (Zamora)
☎: +34 952 504 706
info@jorgeordonez.es
www.jorgeordonez.es

Tritón Tinta Toro 2022 T

93 ★★★   19,75€
Color: cereza oscuro. Aroma: tostado, especiado, cacao fino, fruta negra, fruta confitada. Boca: sabroso, tostado, fino amargor.

DO TORO / D.O.P.

DO TORO / D.O.P.

🏆 **PODIO**

Vatan 2021 T

95

Complejo, corpulento, jugoso. Color: cereza, borde violáceo. Aroma: fruta roja, floral, especiado, roble cremoso. Boca: sabroso, frutoso, buena acidez, largo.

🏆 **PODIO**

Vatan Arena 2017 T
tinta de Toro

95

Tostado, potente. Color: cereza muy intenso. Aroma: complejo, expresivo, especiado, mineral, muy tostado (torrefactado). Boca: elegante, lleno, largo, persistente.

BODEGAS VEGA SAUCO
Avda. Comuneros, 108
49810 Morales de Toro (Zamora)
☎: +34 980 698 294
vegasauco@vegasauco.es
www.vegasauco.es

Adoremus 2019 T R
100% tinta de Toro

88

Equilibrado, especiado, hierbas secas, maduro, confitado.

La Sonrisa del Nómada 2022 T RB
100% tinta de Toro

88

Frutal, goloso, especiado, confitado, tostado.

Piedras y Princesas 2020 T C
100% tinta de Toro

89

Corpulento, especiado, hierbas secas, maduro, tostado.

Vega Sauco El Beybi 2022 T RB
100% tinta de Toro

87

Vega Saúco Selección 2020 T
100% tinta de Toro

89

Frutal, hierbas secas, especiado, maduro, sabroso.

BODEGAS VETUS
Ctra. Toro a Salamanca, Km. 9,5
49800 Toro (Zamora)
☎: +34 980 056 012
vetus@bodegasvetus.com
www.bodegasvetus.com

Flor de Vetus 2021 T

92 ★★★★★   12€

Color: cereza intenso. Aroma: fruta madura, hierbas secas, roble cremoso. Boca: potente, fruta madura, especiado, taninos maduros.

Vetus 2021 T
tinta de Toro, garnacha

94 ★★★★   20€

Color: Cereza. Aroma: expresivo, especiado, mineral, fruta madura. Boca: lleno, largo, persistente.

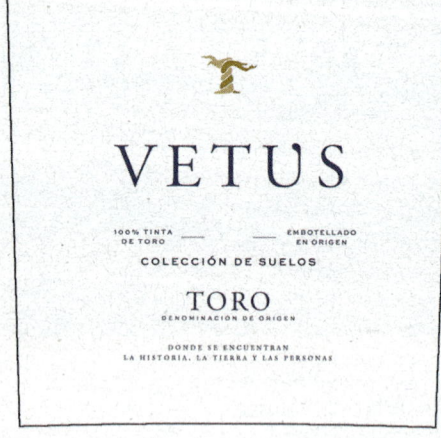

BODEGAS VIRIATUS
Cl. Camino las Viñas, s/n
49622 Brime de Urz (Zamora)
☎: +34 649 876 187
vino@grupobarrero.com
www.viriatus.es

Alboca 2020 T C
100% tinto fino
88 15€
Corpulento, equilibrado, especiado, maduro, hierbas secas.

BODEGAS Y VIÑEDOS DIVINA PROPORCIÓN
Camino del Cristo s/n
49800 Toro (Zamora)
☎: +34 678 730 760
info@divinaproporcionbodegas.es
www.divinaproporcionbodegas.es

24 Mozas 2022 T
88
Amable, especiado, maduro.

Abracadabra 2022 T C
88
Ahumado, tostado, sabroso, maduro.

Madremia 2022 T
91
Color: cereza intenso. Aroma: hierbas secas, roble cremoso, fruta negra, fruta madura. Boca: fruta madura, especiado, taninos maduros.

BODEGAS Y VIÑEDOS PINTIA
Ctra. San Román a Morales s/n
47530 San Román de Hornija (Valladolid)
☎: +34 983 784 178
vegasicilia@vega-sicilia.com
www.temposvegasicilia.com

Pintia 2020 T
93 55€
Goloso. Color: cereza, borde granate. Aroma: fruta confitada, potente, tostado, fruta negra. Boca: sabroso, largo, opulento.

BODEGUEROS QUINTA ESENCIA
Eras, 37
47520 Castronuño (Valladolid)
☎: +34 605 887 100
info@bodeguerosquintaesencia.com
www.bodeguerosquintaesencia.com

Silbon 2022 T
tinta de Toro
89
Equilibrado, especiado, fresco, frutal, herbal, maduro.

Sofros 2020 T
tinta de Toro
89
Frutal, hierbas secas, especiado, maduro, sabroso.

Sofros P&M 2019 T
tinta de Toro
91
Color: cereza, borde violáceo. Aroma: expresión frutal, fruta roja, especiado, fruta negra, tostado. Boca: sabroso, frutoso, buena acidez, especiado, retronasal ahumado, taninos secos pero maduros.

CORAL DUERO
Calle Ascensión s/n
49154 El Pego (Zamora)
☎: +34 980 606 333
info@coralduero.com
www.coralduero.com

Envena 2022 T
100% tinta de Toro
86 7,9€

Las Parvas 2018 T
100% tinta de Toro
93 35,9€
Por hacer. Color: cereza intenso. Aroma: fruta madura, hierbas secas, roble cremoso, expresión frutal, fruta negra, café aromático. Boca: potente, fruta madura, especiado, frutoso, muy vivo, taninos potentes, largo.

Los Lastros 2021 T
100% tinta de Toro
91 ★★★★★ 10,25€
Algo secante, silvestre. Color: cereza intenso. Aroma: hierbas secas, roble cremoso, fruta negra. Boca: potente, fruta madura, especiado.

Rompesedas 2019 T
100% tinta de Toro
90 26,75€
Color: cereza intenso. Aroma: hierbas secas, roble cremoso, especias dulces, fruta confitada. Boca: potente, fruta madura, especiado, frutoso, taninos potentes.

Salgadero 2020 T BA
100% tinta de Toro
91 16,75€
Color: cereza intenso. Aroma: hierbas secas, roble cremoso, fruta negra. Boca: potente, fruta madura, especiado, taninos maduros.

DO TORO / D.O.P.

DÍSCOLO

Ctra. El Pego – Guarrate, s/n
49154 El Pego (Zamora)
☎: +34 670 095 149
bodega@vinodiscolo.com
www.vinodiscolo.com

Díscolo 2020 T BA S
100% tinta de Toro

90   16,5€

Color: cereza intenso. Aroma: hierbas secas, roble cremoso, fruta roja. Boca: fruta madura, especiado, taninos maduros.

Díscolo El Magnífico 2019 T BA S
tinta de Toro

92   80€

Color: cereza intenso. Aroma: fruta madura, hierbas secas, roble cremoso, fruta negra, especiado. Boca: potente, fruta madura, especiado, taninos maduros, cierta persistencia.

DOMINIO DEL BENDITO

Cº Llano La Silla, Pol.1 Parcela 4524
49800 Toro (Zamora)
☎: +34 980 667 010
info@bodegadominiodelbendito.es
www.bodegadominiodelbendito.com

Dominio del Bendito
El Primer Paso 2022 T RB
100% tinta de Toro

91 ★★★★   12,9€

Color: cereza, borde violáceo. Aroma: expresión frutal, fruta roja, floral, especiado. Boca: sabroso, frutoso, buena acidez.

🏆 PODIO

El Titán del Bendito 2021 T
100% tinta de Toro

95   49€

Color: cereza brillante. Aroma: fruta negra, fruta madura, hierbas silvestres, cacao fino, especiado, flores secas, violetas, elegante. Boca: frutoso, sabroso, varietal, muy vivo, equilibrado, elegante, persistente, taninos maduros.

Dominio del Bendito Las Sabias 2021 T
100% tinta de Toro

93   23€

Color: cereza intenso. Aroma: hierbas secas, chocolate, fruta negra, hierbas de monte. Boca: potente, fruta madura, especiado, taninos maduros.

El Buen Rollo 2021 T

90

Maduro, jugoso. Color: cereza intenso. Aroma: fruta madura, hierbas secas, roble cremoso. Boca: potente, fruta madura, especiado, taninos maduros.

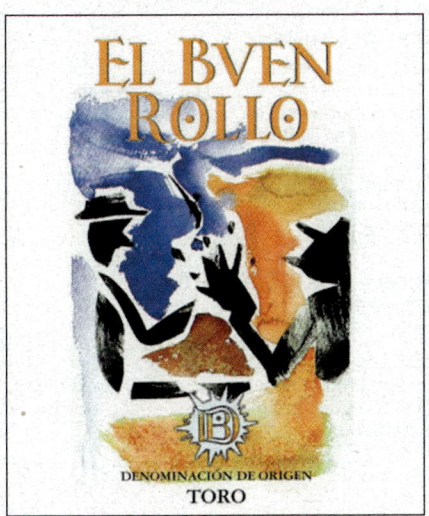

Mi Verdadejo 2020 B FB
100% verdejo

92   20,5€

Color: pajizo. Aroma: hierbas secas, flores marchitas, fósforo, fruta blanca. Boca: potente, fruta madura, equilibrado, sabroso.

DOMINIO DEL BIENAMADO
Paraje El Álamo,
Cº de Los Taberneros s/n, Finca 109
49810 Morales de Toro (Zamora)
☎: +34 917 138 879
info@dominiodelbienamado.com

Caray Expresión 2023 T C
100% tinta de Toro

87

Caray Viñedos Seleccionados 2021 T
100% tinta de Toro

93

Color: cereza oscuro, cereza brillante. Aroma: fruta madura, ebanistería, tabaco, especias dulces, fruta negra. Boca: especiado, taninos maduros, largo, sabroso, potente, retronasal ahumado.

Equitez Tempranillo 2023 T C
100% tempranillo

88

Frutal, maduro, especiado, tostado, potente.

Lucas Pastor VS 2022 T C
100% tinta de Toro

88

Frutal, maduro, tostado, especiado, ahumado.

Marmaria 2023 B
100% malvasía

90

Equilibrado, herbal, notas de levadura, floral, sabroso, lleno, maduro.

ELÍAS MORA
47530 San Román de Hornija (Valladolid)
☎: +34 983 784 029
info@bodegaseliasmora.com
www.bodegaseliasmora.com

Descarte 2019 T
tinta de Toro

91   19,5€

Color: cereza intenso, borde violáceo. Aroma: fruta madura, hierbas secas, roble cremoso, fruta negra, especias dulces. Boca: potente, fruta madura, especiado, sabroso, taninos potentes.

DO TORO / D.O.P.

DO TORO / D.O.P.

Elias Mora Don Daniel 2019 T R
tinta de Toro

93   89€

Por hacer. Color: cereza brillante. Aroma: fruta negra, fruta madura, hierbas secas, café aromático, especiado, tostado. Boca: sabroso, potente, estructurado, retronasal ahumado, taninos potentes.

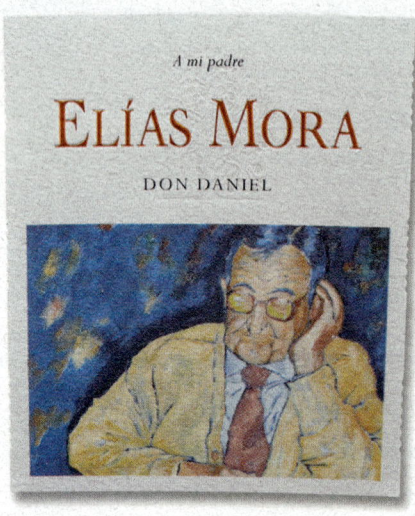

Viñas Elías Mora 2022 T RB
tinta de Toro

90 ★★★★★   9,3€

Ligera reducción. Color: cereza, borde violáceo. Aroma: fruta roja, floral, especiado. Boca: sabroso, frutoso, buena acidez.

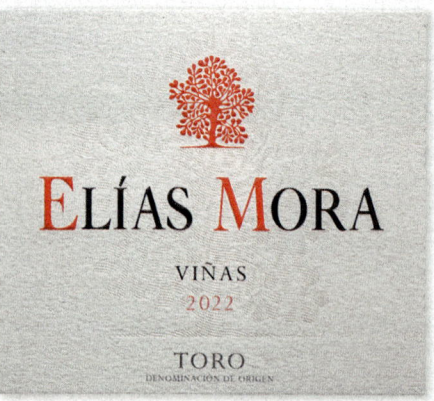

Elías Mora 2020 T C
100% tinta de Toro

92 ★★★★★   14€

Color: cereza intenso, borde violáceo. Aroma: fruta madura, hierbas secas, roble cremoso, fruta negra, ahumado. Boca: potente, fruta madura, especiado, frutoso, sabroso, taninos secos pero maduros, cierta persistencia.

Gran Elías Mora
La Senda de Los Lobos 2017 T
tinta de Toro

92   31€

Color: cereza intenso. Aroma: fruta madura, hierbas secas, roble cremoso, regaliz negro, hierbas silvestres. Boca: potente, fruta madura, especiado, taninos secos pero maduros.

FRUTOS VILLAR

Eras de Santa Catalina, s/n
49800 Toro (Zamora)
☎: +34 983 586 868
admon@bodegasfrutosvillar.com
www.bodegasfrutosvillar.com

Buen Chico Red 2020 T
100% tinta de Toro

87   9,75€

Miralmonte 2021 T C
100% tinta de Toro

88 ★★★   8,75€

Boca correcta, corpulento, especiado, fresco, frutal, herbal.

Muruve 2019 T R
100% tinta de Toro

91 ★★★★★   11,45€

Color: cereza intenso. Aroma: fruta madura, hierbas secas, roble cremoso, especias dulces, tostado. Boca: potente, fruta madura, especiado, frutoso, sabroso, taninos secos pero maduros.

Muruve 2023 T
100% tinta de Toro

87 ★★★★   5,76€

Muruve Élite 2020 T RB
100% tinta de Toro

90   19,75€

Color: cereza intenso. Aroma: fruta madura, hierbas secas, roble cremoso, fruta negra, especias dulces. Boca: potente, fruta madura, especiado, taninos secos pero maduros.

Muruve 2020 T C
100% tinta de Toro

90 ★★★★★ 9,05€

Color: cereza intenso. Aroma: fruta madura, hierbas secas, roble cremoso, fruta negra, especiado. Boca: potente, fruta madura, especiado, taninos secos pero maduros.

HACIENDA TERRA DURO
Doctrinos 20, 5°C
47001 Valladolid (Valladolid)
☎: +34 670 609 440
administracion@terraduro.com
www.terraduro.com

Finca La Rana 2022 T C
100% tinta de Toro

90 ★★★★★ 9,85€

Color: cereza intenso. Aroma: fruta madura, hierbas secas, roble cremoso, fruta negra, pimienta negra. Boca: potente, fruta madura, especiado, sabroso, taninos secos pero maduros.

GIL LUNA
Ctra. Toro - Salamanca, Km. 2
49800 Toro (Zamora)
☎: +34 980 698 509
info@giluna.es
www.giluna.es

Lunas Nuevas 2019 T R
100% tinta de Toro

92

Color: cereza intenso. Aroma: fruta madura, hierbas secas, roble cremoso, fruta confitada, hierbas silvestres. Boca: potente, fruta madura, especiado, taninos secos pero maduros, cierta persistencia.

Lunas Nuevas Orange 2022 B
85% verdejo, 15% albillo

90

Austero. Color: pajizo brillante. Aroma: hierbas de tocador, lías finas, fruta blanca, notas de cereal. Boca: lleno, buena acidez, sabroso.

Sin Complejos 2022 T
100% tinta de Toro

88

Corpulento, equilibrado, especiado, frutal, herbal.

Tres Lunas 2020 T
100% tinta de Toro

90

Color: cereza brillante. Aroma: fruta fresca, roble cremoso, fruta roja, hierbas de monte. Boca: buena acidez, especiado, taninos finos.

Picio 2023 T
garnacha, tinta de Toro

89 11€

Equilibrado, especiado, floral, fresco, herbal.

Terra Duro
La Enfermera 2023 T RB
tinta de Toro

89 ★★★★ 7€

Correcto, fresco, sabroso, especiado, herbal.

Terraduro
Selección 2020 T
100% tinta de Toro

91 22€

Color: cereza, borde granate. Aroma: roble cremoso, fruta confitada, terroso. Boca: potente, fruta madura, especiado, taninos maduros.

Tres 60° 2021 T

92 31€

Color: cereza, borde violáceo. Aroma: floral, especiado, cacao fino, fruta negra, fruta madura. Boca: sabroso, frutoso, buena acidez, largo.

DO TORO / D.O.P.

Uro 2022 T
100% tinta de Toro

92 31€

Color: cereza intenso. Aroma: fruta madura, hierbas secas, roble cremoso, fruta negra, pimienta negra. Boca: potente, fruta madura, especiado, taninos maduros, sabroso, equilibrado.

HAMMEKEN CELLARS
03700 Denia (Alacant/Alicante)
☎: +34 965 791 967
cellars@hammekencellars.com
www.hammekencellars.com

Aventino 121 2022 T
89
Amable, tostado, sabroso, potente, maduro.

LA VIÑA DEL ABUELO
Merced, 1, 3 y 5
49800 Toro (Zamora)
☎: +34 617 329 426
bodega@abuelovino.com
www.abuelovino.com

739m 2018 T C
tinta de Toro

91

Color: cereza intenso. Aroma: fruta madura, hierbas secas, roble cremoso, fruta escarchada, fruta roja, ahumado. Boca: potente, fruta madura, especiado, taninos maduros, frutoso, sabroso, persistente.

739m 2019 T RB
tinta de Toro

90

Color: cereza intenso. Aroma: fruta madura, hierbas secas, roble cremoso, fruta negra. Boca: potente, fruta madura, especiado, taninos maduros, sabroso, retronasal ahumado.

La Viña del Abuelo Premium 2019 T
tinta de Toro

90

Color: cereza brillante. Aroma: fruta negra, fruta madura, especiado, roble cremoso, hierbas secas. Boca: frutoso, sabroso, equilibrado, cierta persistencia, taninos secos pero maduros.

La Viña del Abuelo Selección Especial 2018 T C
tinta de Toro

92

Color: cereza intenso, borde violáceo. Aroma: fruta madura, hierbas secas, roble cremoso, fruta roja, especias dulces. Boca: potente, fruta madura, especiado, taninos maduros, frutoso, sabroso.

LEGADO DE ORNIZ
Ctra. San Román de Hornija-Toro, VP 7000 km 1
47530 San Román de Hornija (Valladolid)
☎: +34 669 545 976
info@legadodeorniz.com
www.legadodeorniz.com

Cindus 2020 T
tinta de Toro

87 ★★★ 7,5€

Epitafio 2020 T RB
tinta de Toro

91 20,95€

Color: cereza intenso. Aroma: hierbas secas, roble cremoso, fruta negra. Boca: potente, fruta madura, especiado, taninos maduros.

Triens 2020 T RB
tinta de Toro

90 ★★★ 12,9€

Color: cereza, borde violáceo. Aroma: fruta roja, floral, especiado. Boca: sabroso, frutoso, buena acidez.

MATSU
Ctra. Tordesillas, 13
49800 Toro (Zamora)
☎: +34 608 302 372
marketing@vintae.com
www.bodegamatsu.com

Matsu El Pícaro 2023 T
tinta de Toro

89 ★★★★ 8,95€

Frutal, maduro, hierbas secas, sabroso, especiado.

Matsu El Recio 2022 T
tinta del país

91 16,5€

Color: cereza intenso. Aroma: hierbas secas, roble cremoso, fruta negra. Boca: fruta madura, especiado, taninos rugosos.

Matsu El Viejo 2021 T
tinta de Toro

92 41,95€

Color: cereza intenso. Aroma: hierbas secas, fruta negra, fruta madura, fina reducción, especiado. Boca: potente, fruta madura, especiado, taninos maduros.

Matsu La Jefa 2021 B
malvasía

91 22,25€

Color: pajizo brillante. Aroma: hierbas de tocador, lías finas, floral, fruta blanca. Boca: lleno, graso, largo, buena acidez.

MOISÉS GRAN VINO
Avda. Comuneros, 102
49810 Morales de Toro (Zamora)
☎: +34 915 610 894
bodega@heredaduruena.com
www.heredaduruena.com

Moisés Gran Vino 2016 T BA
100% tinta de Toro

92 30€

Color: cereza intenso. Aroma: hierbas secas, roble cremoso, cuero mojado, notas cárnicas, especias dulces, fruta escarchada. Boca: potente, fruta madura, especiado, taninos secos pero maduros, retronasal ahumado.

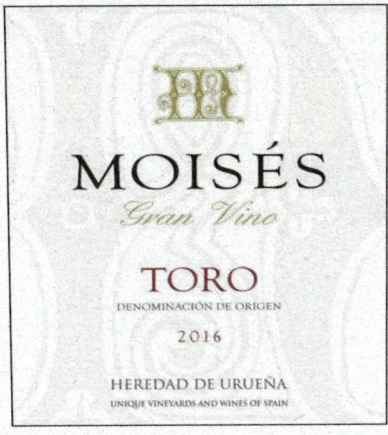

Toralto 2017 T BA
100% tinta de Toro

90 17€

Color: cereza oscuro, borde granate. Aroma: fruta madura, fruta confitada, ebanistería, tabaco, especias dulces. Boca: especiado, cierta persistencia, retronasal ahumado, taninos secos pero maduros.

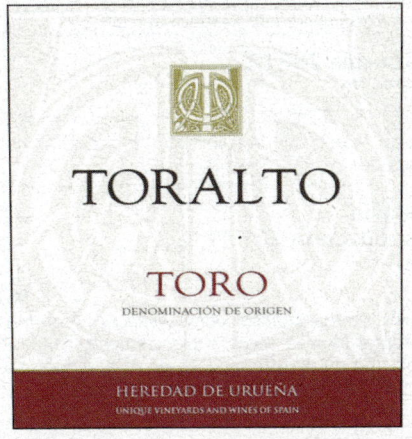

Víctor de Valdeguariza 2022 B
100% malvasía castellana

88 17€

Láctico, lleno, especiado, correcto.

PAGO DE MARINACEA
Marqués de la Ensenada 16 - 12º
28004 Madrid (Madrid)
☎: +34 983 361 046
info@marinacea.com
www.marinacea.com

Pago de Marinacea 2018 T
tinta de Toro

90 27,3€

Color: cereza intenso. Aroma: hierbas secas, roble cremoso, fruta madura, fruta confitada. Boca: potente, fruta madura, especiado, taninos maduros.

Sublime 2020 T GR
tinta de Toro

93 104,8€

Color: cereza intenso. Aroma: hierbas secas, roble cremoso, fruta negra, cacao fino. Boca: potente, fruta madura, especiado, taninos maduros.

DO TORO / D.O.P.

Pago de Marinacea 2018 T RB
87

Pago de Marinacea Joven 2023 T
88 🌿
Aromático, frutal, hierbas secas, muy primario, herbal.

PAGOS DEL REY
Avda. de los Comuneros, 90
49810 Morales de Toro (Zamora)
☎ : +34 980 698 023
toro@pagosdelrey.com
www.pagosdelrey.com

Arnum 2022 T RB
tinta de Toro
87

El Pillo Viñas Rebeldes 2021 T
90 ★★★★★   9,5€
Color: cereza, borde violáceo. Aroma: fruta roja, floral, especiado. Boca: sabroso, frutoso, buena acidez.

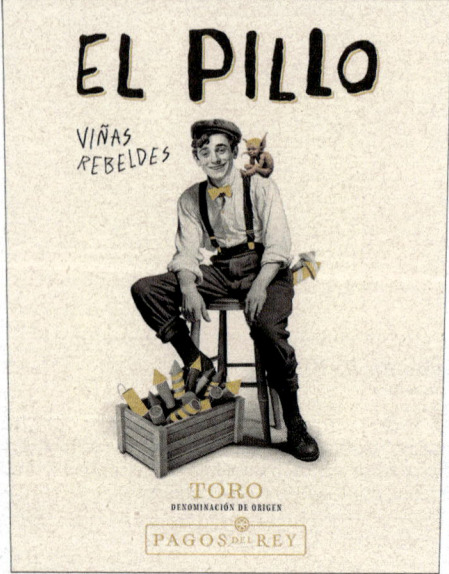

Arnum 2023 T
87

Bajoz 2023 T RB
tempranillo
87 ★★★★   5,5€

El Pillo 2023 T RB
tempranillo
88 ★★★★   6€
Corpulento, equilibrado, especiado, fresco, frutal.

Gran Bajoz 2021 T
tempranillo, tinta de Toro
91 ★★★★★   8,5€
Color: cereza, borde violáceo. Aroma: expresión frutal, fruta roja, especiado, fruta negra, flores secas. Boca: sabroso, frutoso, fresco, equilibrado, cierta persistencia, taninos secos pero maduros.

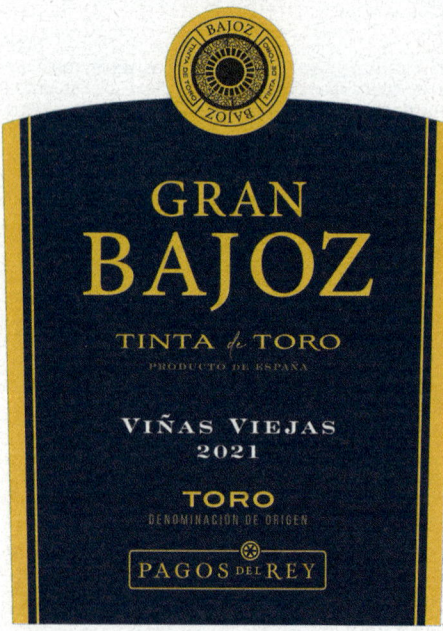

PALACIO DE VILLACHICA
Ctra. N-122 Km. 433
49800 Toro (Zamora)
☎ : +34 638 330 767
comunicacion@grupopalaciodevillachica.com
www.grupopalaciodevillachica.com

Arbocala 2021 T
tinta de Toro
89 ★★★★   8,75€
Boca correcta, equilibrado, especiado, herbal, tostado.

Palacio de Villachica 2017 T C
tinta de Toro
92 ★★★   16,4€
Color: cereza intenso, borde violáceo. Aroma: fruta madura, hierbas secas, roble cremoso, fruta negra. Boca: potente, fruta madura, especiado, sabroso, taninos secos pero maduros.

Palacio de Villachica Dehesa San Andrés Vendimia Seleccionada 2020 T
tinta de Toro

91 20,95€

Color: cereza, borde violáceo. Aroma: expresión frutal, fruta roja, floral, especiado, hierbas de monte. Boca: sabroso, frutoso, buena acidez, largo.

SAN ROMÁN BODEGAS Y VIÑEDOS

Ctra. N-122, Km. 412 - Villaester
47112 Pedrosa del Rey (Valladolid)
☎: +34 983 784 118
info@bodegasanroman.com
www.bodegasanroman.com

Cartago 2019 T
100% tinta de Toro

94 🌿 90€

Color: cereza intenso. Aroma: fruta madura, hierbas secas, fruta negra, cacao fino. Boca: potente, fruta madura, especiado, taninos maduros.

San Román 2021 T
100% tinta de Toro

94 🌿 33€

Color: cereza intenso. Aroma: fruta madura, hierbas secas, fruta negra, cacao fino. Boca: fruta madura, especiado, taninos maduros, equilibrado, con tensión.

SPANISH PALATE

Avda. Carlos Latorre, 30
49800 Toro (Zamora)
☎: +34 980 690 643
export@spanishpalate.es
www.spanishpalate.es

El Alma de Gildo 2021 T
100% tinta de Toro

90 45€

Color: cereza, borde violáceo. Aroma: expresión frutal, fruta roja, floral, especiado. Boca: sabroso, frutoso, buena acidez.

TESO LA MONJA

Paraje Valdebuey s/n
49882 Valdefinjas (Zamora)
☎: +34 980 568 143
info@sierracantabria.com
www.sierracantabria.com

🏆 **PODIO**

Alabaster 2021 T

99

Amable, maduro, suave. Color: cereza muy intenso. Aroma: complejo, expresivo, especiado, mineral, terroso. Boca: elegante, lleno, largo, persistente.

Almirez 2022 T

93 28€

Color: cereza, borde violáceo. Aroma: fruta roja, floral, especias dulces, roble cremoso. Boca: sabroso, frutoso, buena acidez, largo.

Románico 2022 T

89

Aromas nítidos, boca correcta, especiado, jugoso, maduro, sabroso, tostado.

🏆 **PODIO**

Teso La Monja 2018 T
tinta de Toro

97

Tostado. Color: cereza oscuro, borde granate. Aroma: fruta madura, fruta confitada, ebanistería, tabaco, especias dulces. Boca: especiado, taninos maduros, largo.

🏆 **PODIO**

Victorino 2021 T
tinta de Toro

95 42€

Aromas nítidos, exuberante. Color: cereza intenso. Aroma: complejo, expresivo, especiado, mineral, fruta madura, fruta negra, arándano azul. Boca: lleno, largo, persistente.

TINTA ROSA

Ctra. Valdefinjas, Km. 6.9
49882 Valdefinjas (Zamora)
☎: +34 626 410 524
info@tintarosa.wine
www.tintarosa.wine

Tinta Rosa 2022 T RB
100% tinta de Toro

88 ★★★★ 5,95€

Equilibrado, herbáceo, maduro, sabroso, especiado.

Tinta Rosa Selección 2020 T C
100% tinta de Toro

89 ★★★ 9,95€

Floral, frutal, fresco, herbal, corpulento.

Tinta Rosa Vinificación Integral 2021 T C
100% tinta de Toro

89 15€

Algo secante, especiado, hierbas secas, maduro.

DO TORO / D.O.P.

DO TORO / D.O.P.

VIÑADORES DE CASTILLA
Corrillo Toto Vasco, 5
05220 Madrigal de las Altas Torres (Segovia)
☎: +34 658 846 188
info@rodriguezdevera.com
www.rodriguezdevera.com

Ingrato 2020 T
tinta de Toro

92   35,4€

Color: cereza, borde granate. Aroma: fruta confitada, fruta al licor, potente, tostado, roble cremoso. Boca: sabroso, dulcedumbre, largo.

VIÑEDOS ALONSO DEL YERRO
49810 Morales de Toro (Zamora)
☎: +34 947 540 014
administracion@vay.es
www.alonsodelyerro.es

Paydos 2019 T
100% tinta de Toro

93   33€

Color: cereza oscuro, borde violáceo. Aroma: tostado, especiado, cacao fino, fruta madura, fruta negra, flores secas. Boca: sabroso, tostado, fino amargor, frutoso, especiado, taninos secos pero maduros.

VIÑEDOS DEL YASO
Rozabella, 6 ED. Paris, Pl.1
28293 Las Rozas (Madrid)
☎: +34 683 394 005
export@vinosiberian.com
www.vinosiberian.com

Yaso 2022 T
tinta de Toro

87   8,95€

Yaso Flor de Matteria 2022 T
tinta de Toro

89   13,5€

Amaderado, cremoso, especiado, herbáceo, maduro.

Yaso Matteria Viñas Viejas 2018 T
100% tinta de Toro

93   58€

Por hacer. Color: cereza intenso, borde violáceo. Aroma: fruta madura, hierbas secas, roble cremoso, tostado, cacao fino. Boca: potente, especiado, taninos potentes, frutoso, cierta persistencia, retronasal ahumado.

DO. UCLÉS
CONSEJO REGULADOR

Avda. Miguel Cervantes, 93
16400 Tarancón (Cuenca)
☎: +34 969 135 056
@: info@vinosdeucles.com
www.vinosdeucles.com

SITUACIÓN:

A caballo entre Cuenca (al oeste) y Toledo (al noroeste), comprende 25 pueblos de la primera provincia y tres de la segunda. Sin embargo, la mayor parte del viñedo se concentra en Tarancón y los pueblos colindantes de Cuenca, hasta Huete donde se inicia la Alcarria como punto más limítrofe de la DO.

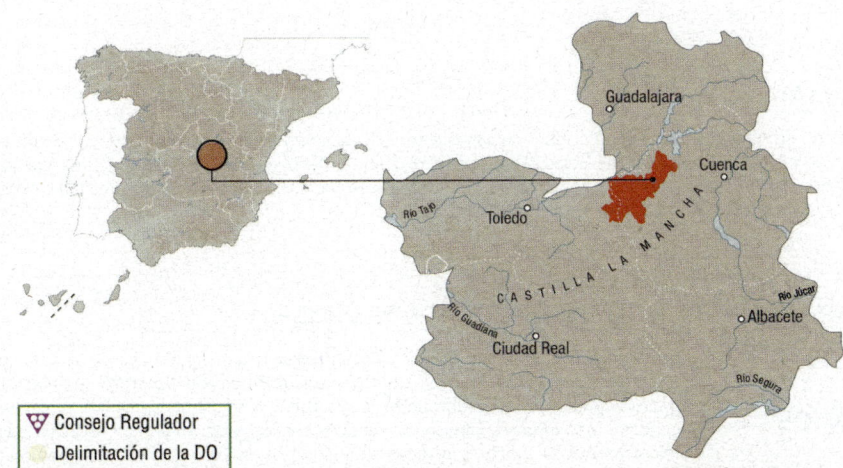

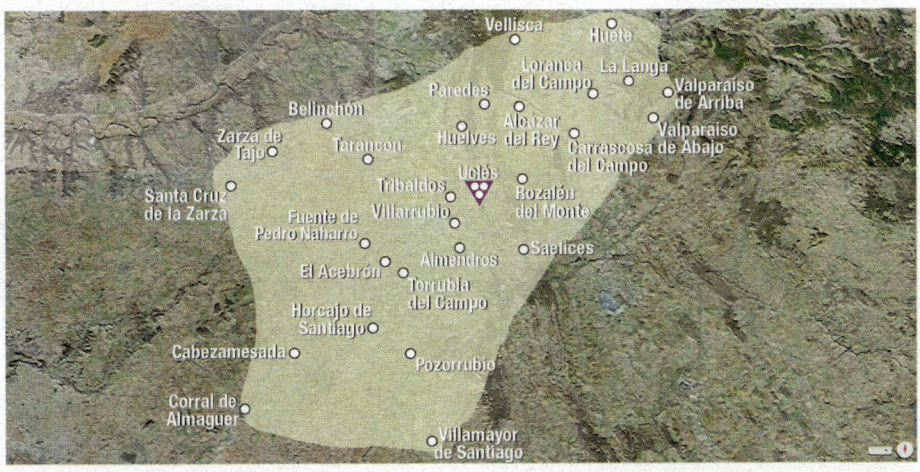

DO UCLÉS / D.O.P.

VARIEDADES:

TINTAS: tempranillo, merlot, cabernet sauvignon, garnacha y syrah.

BLANCAS: verdejo, moscatel de grano menudo, chardonnay, sauvignon blanc, viura (macabeo) y airén.

DATOS CONSEJO REGULADOR:

Nº Has. Viñedo: 1.700 – **Nº Viticultores:** 532 – **Nº Bodegas:** 4 – **Cosecha 22:** SC – **Producción 22:** 2.943.593 L. – **Comercialización:** 79% Nacional - 21% Internacional.

SUELOS:

Pese a abarcar dos provincias con componente de suelos diferentes, los comunes son profundos y poco fértiles, de textura arenosa y franco arenosa, con presencia de abundantes arcillas, según nos acercamos a los márgenes de los ríos Riansares y Bendija.

CLIMA:

La sierra de Altamira forma ondulaciones suaves que van ascendiendo desde los 600 metros de media en La Mancha y llegan hasta los 1.200. Estas variaciones provocan alteraciones en el clima continental, que aquí es menos extremo, más templado y con un componente mediterráneo. Por este motivo las precipitaciones son escasas, más propias de un clima semiárido.

CARACTERÍSTICAS GENERALES DE LOS VINOS

TINTOS En su mayoría son de cencibel. Los vinos jóvenes o con algo de crianza se definen por aromas a hollejo más fresco y cuerpo más sabroso y redondo, fruto de un equilibrio grado-acidez más ajustado que en otras zonas manchegas cercanas. Aquellos con crianzas más largas conjugan los matices tostados del roble con la fruta madura, mientras que en boca se ofrecen sabrosos, con buenos taninos y ligeros matices balsámicos.

BLANCOS Son minoría en la zona. Actualmente se pueden encontrar desde macabeo, sauvignon blanc, verdejo o chardonnay. Los colores van del pajizo al amarillo brillante. Son vinos ligeros, frescos y de cierta persistencia.

CALIFICACIÓN DE COSECHAS DE VINOS JÓVENES GUÍA**PEÑÍN**

2019	2020	2021	2022	2023
SC	SC	SC	SC	SC

BODEGAS & VIÑEDOS FONTANA

Extramuros s/n
16411 Fuente de Pedro Naharro (Cuenca)
☎: +34 969 125 433
o.moreno@peninsula.wine
www.peninsula.wine

Dominio de Fontana Sauvignon Blanc & Verdejo 2023 B
sauvignon blanc, verdejo

89 ★★★★ 🌱 6,5€
Cítrico, fresco, herbal, sabroso.

Dominio de Fontana Tempranillo & Cabernet Sauvignon 2020 T C
tempranillo, cabernet sauvignon

90 ★★★★★ 🌱 7,99€
Color: cereza intenso. Aroma: hierbas secas, roble cremoso, fruta roja, pan tostado, fruta negra. Boca: fruta madura, especiado, taninos maduros.

Dominio de Fontana Tempranillo & Syrah 2021 T RB
tempranillo, syrah

89 ★★★★ 🌱 6,5€
Equilibrado, especiado, herbáceo, maduro, tostado.

Mesta Tempranillo 2023 RD
tempranillo

88 ★★★★ 🌱 4,25€
Floral, maduro, sabroso.

Mesta Tempranillo 2023 T

88 ★★★★ 🌱 4,25€
Agradable, maduro, frutal, cálido.

Mesta Verdejo 2023 B
verdejo

88 ★★★★ 🌱 4,25€
Agradable, tropical, suave, sencillo.

Quinta de Quercus Single Vineyard 2020 T
tempranillo, syrah

90 🌱 15€
Color: cereza, borde violáceo. Aroma: expresión frutal, fruta roja, especiado, hierbas secas. Boca: sabroso, frutoso, buena acidez.

BODEGAS SOLEDAD

Ctra. Tarancón, s/n
16411 Fuente de Pedro Naharro (Cuenca)
☎: +34 969 125 039
calidad@bodegasoledad.com
www.bodegasoledad.com

Solmayor Airén 2023 B SD
airén

85

Solmayor Tempranillo T

87

Solmayor Verdejo-Sauvignon Blanc 2023 B
verdejo, sauvignon blanc

86

FINCA LA ESTACADA

Ctra. N-400, Km. 103
16400 Tarancón (Cuenca)
☎: +34 969 327 099
comunicacion@fincalaestacada.com
www.fincalaestacada.com

Finca la Estacada 6 meses 2022 T RB
tempranillo

88 ★★★★ 3,85€
Frutal, maduro, ahumado, tostado.

Finca la Estacada Varietales 2019 T R
tempranillo, cabernet sauvignon, malbec, syrah

89 ★★★★ 6€
Frutal, herbal, especiado, sabroso.

La Estacada Chardonnay 2023 B FB
chardonnay

86 8€

La Estacada Selección de Parcelas 2020 T C
tempranillo, cabernet sauvignon

89 ★★★ 10€
Frutal, especiado, maduro, herbal, sabroso.

La Estacada Syrah Merlot 2021 T C
syrah, merlot

90 ★★★★★ 9€
Color: cereza, borde violáceo. Aroma: expresión frutal, fruta roja, especiado, fruta negra, fruta madura, tostado. Boca: sabroso, frutoso, retronasal ahumado, tostado, cierta persistencia, taninos secos pero maduros.

DO UCLÉS / D.O.P.

DO. UTIEL - REQUENA
CONSEJO REGULADOR

Sevilla, 12. Apdo. 61
46300 Utiel (Valencia)
☎: +34 962 171 062
@: info@utielrequena.org
www.utielrequena.org

SITUACIÓN:

Al oeste de la provincia de Valencia. Engloba los términos municipales de Camporrobles, Caudete de las Fuentes, Fuenterrobles, Requena, Siete Aguas, Sinarcas, Utiel, Venta del Moro y Villagordo de Cabriel.

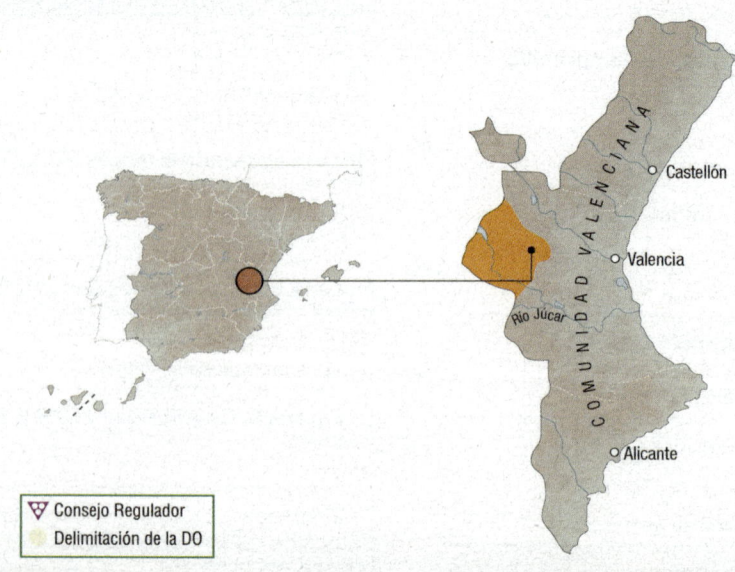

▽ Consejo Regulador
   Delimitación de la DO

VARIEDADES:

BLANCAS: tardana, macabeo, merseguera, chardonnay, sauvignon blanc, parellada, verdejo, moscatel de grano menudo, viognier, xarell-lo, godello, garnacha blanca, albariño y tortosí.

TINTAS: bobal, tempranillo, garnacha, cabernet sauvignon, merlot, syrah, pinot noir, garnacha tintorera, petit verdot, cabernet franc, graciano y monastrell.

DATOS CONSEJO REGULADOR:

Nº Has. Viñedo: 31.565 – **Nº Viticultores:** 4.390 – **Nº Bodegas:** 117 – **Cosecha 23:** Muy Buena – **Producción 23:** 26.966.106 L. – **Comercialización:** 44% Nacional - 56% Internacional.

SUELOS:

Son en su mayoría de color pardo casi rojizo y de composición caliza, pobres en materia orgánica y con buenos índices de permeabilidad. El horizonte del viñedo está insertado de algún árbol que se erige en medio de las viñas, las cuales están limitadas por bosques, ofreciendo un paisaje atractivo.

CLIMA:

De tipo continental con influencias mediterráneas, inviernos fríos y veranos algo más suaves que en otras zonas de la provincia. El índice de lluvias es bastante bajo y la media anual es de 400 mm.

CARACTERÍSTICAS GENERALES DE LOS VINOS

BLANCOS
Predominan los de la variedad macabeo, de color pajizo verdoso, frescos en boca, con una acidez agradable y aromas que recuerdan a manzana verde y flores blancas. Otras variedades utilizadas, son la sauvignon blanc, donde se apreciarán matices cítricos acompañados de rasgos balsámicos y buena acidez, y la chardonnay, utilizada habitualmente en vinos blancos con paso por barrica.

ROSADOS
Elaborados históricamente con la variedad autóctona bobal, son vinos de color vivo, intensos aromas a frutos rojos y ligera acidez. Es frecuente encontrar junto a la bobal variedades como la cabernet sauvignon o la garnacha que aportan ligeros matices balsámicos y florales al conjunto final del vino.

TINTOS
Dominan los tintos de la variedad bobal cultivada tradicional y mayoritariamente en todo el territorio. Estos vinos se caracterizan por su intenso color y por su potente estructura y volumen, armonizados con sensaciones en boca y nariz que recuerdan la fruta roja madura. Su paso por barrica añade recuerdos a frutos secos, regaliz y especias. Además de la bobal, la zona cuenta con plantaciones de otras variedades tintas que encontraremos fundamentalmente en los cupajes escogidos por cada bodega.

CALIFICACIÓN DE COSECHAS DE VINOS JÓVENES GUÍAPEÑÍN

2019	2020	2021	2022	2023
MUY BUENA	MUY BUENA	MUY BUENA	BUENA	BUENA

DO UTIEL-REQUENA / D.O.P.

BODEGA & VIÑEDOS CARRES
Francho, 1
46352 Casas de Eufema (València/Valencia)
☎: +34 675 515 729
torrescarpio.jl@gmail.com
www.bodegacarres.com

Malarado 2022 RD FB
bobal, garnacha

87 9€

Membrillera 2022 T C
bobal

90 ★★★★ 12€

Color: cereza, borde violáceo. Aroma: fruta madura, especiado, tostado, hierbas secas. Boca: especiado, frutoso, taninos maduros, fruta madura.

Olivastro 2021 T
bobal

88 14€

Frutal, especiado, maduro, correcto.

Pico d´Aliga 2021 T C
garnacha

88 13€

Equilibrado, especiado, tostado, hierbas secas.

Sabinilla 2022 B FB
100% tardana

88 13€

Rústico, oxidativo, silvestre, ácido, correcto, flores secas, especiado.

BODEGA ARANLEÓN
Ctra. Caudete, 3
46310 Los Marcos (València/Valencia)
☎: +34 963 631 240
vinos@aranleon.com
www.aranleon.com

Aranleón Sólo 2021 T C
80% bobal, 20% cabernet sauvignon

89 ★★★ 10€

Agradable, suave, sabroso, balsámico.

Aranleón Sólo 2023 B
macabeo, sauvignon blanc

90 ★★★★★ 8€

Aroma: flores blancas, jazmín, hierbas secas. Boca: sabroso, frutoso, equilibrado, amargoso.

Blés 2021 T RB

88 ★★★★ 8€

Amable, tostado, sabroso, cálido.

Blés 2023 B
macabeo, sauvignon blanc

88 ★★★★ 7€

Agradable, aromático, floral, tropical.

BODEGA DE MOYA
Avda. de Las Bodegas, 14
46300 Utiel (València/Valencia)
☎: +34 665 330 991
info@demoya.es
www.demoya.es

Justina 2021 T
100% bobal

89 ★★★★ 7,35€

Equilibrado, herbal, maduro, balsámico.

María 2021 T R
100% bobal

89 11,9€

Equilibrado, maduro, lleno, hierbas secas, tostado, silvestre.

Sofía 2021 T
100% bobal

90 22,5€

Color: cereza intenso. Aroma: hierbas secas, roble cremoso, fruta negra. Boca: fruta madura, especiado, taninos rugosos.

BODEGA DUSSART PEDRÓN
Saliente, 12
46355 Los Pedrones (València/Valencia)
☎: +34 722 270 944
bodegadussartpedron@gmail.com
www.bodegadussartpedron.com

Le Bobal 2022 T BA
bobal

91 22€

Aromas nítidos, muy primario. Color: cereza poco intenso. Aroma: fruta roja. Boca: correcto, taninos finos, fácil de beber, cierta persistencia.

Le Cencibel 2022 T BA
tempranillo

90 22€

Correcto, flores secas, herbáceo, suave, silvestre, sencillo, boca correcta, poco intervencionista. Aroma: intensidad media, franco. Boca: correcto.

Le Grenache 2021 T RB
garnacha

93 22€

Silvestre, varietal. Color: Cereza. Aroma: balsámico, hierbas de monte. Boca: especiado, balsámico, buena acidez, con tensión, fácil de beber.

Le Rosé 2022 RD
bobal, garnacha, tempranillo

91 ★★★ 🌱   16€

Color: rosáceo pálido. Aroma: fruta roja, floral, hierbas de tocador. Boca: especiado, buena acidez, fino amargor.

BODEGA FINCA LA PICARAZA
46313 Las Casas de Utiel (València/Valencia)
info@bodegafincalapicaraza.com
www.bodegafincalapicaraza.com

La Picaraza Bobal Clásico 2020 T C
100% bobal

92 ★★★★★   14€

Con personalidad. Color: cereza intenso. Aroma: fruta madura, hierbas secas, roble cremoso, hierbas silvestres, incienso, tomate. Boca: potente, fruta madura, especiado, taninos secos pero maduros, cierta persistencia.

BODEGA JIMÉNEZ-VILA
46340 Requena (València/Valencia)
☎: +34 604 553 279
bodegas@jimenezvila.es
www.jimenezvila.es

Nexo 2020 T C
bobal, syrah

89

Especiado, maduro, algo secante, hierbas secas.

Nexo 2021 T C
80% bobal, 20% syrah

90   18,75€

Color: cereza intenso. Aroma: fruta madura, hierbas secas, roble cremoso, especiado, tostado. Boca: potente, fruta madura, especiado, sabroso, taninos rugosos.

Núcleo 2021 T
100% bobal

89   27,85€

Frutal, especiado, tostado, ahumado, algo secante.

Terra de Tardor 2023 B FB
60% tardana, 40% sauvignon blanc

89   12,25€

Cítrico, herbal, correcto.

BODEGA VERA DE ESTENAS
Ctra. N-III, km. 266 - Paraje La Cabezuela
46300 Utiel (València/Valencia)
☎: +34 962 171 141
estenas@veradeestenas.es
www.veradeestenas.es

Casa Don Ángel Bobal 2021 T
bobal

92

Herbal, maduro, por hacer. Color: cereza intenso. Aroma: fruta madura, hierbas secas, pimienta negra. Boca: jugoso, lleno, taninos maduros.

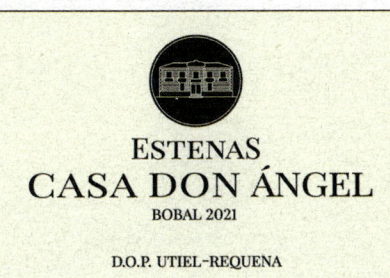

El Bobal Estenas 2023 T

88

Especiado, floral, hierbas secas, algo secante.

Estenas Bobal 2023 RD

87

La Tardana Estenas 2023 B
tardana

89

Color: pajizo brillante, borde verdoso. Aroma: fruta fresca, cítricos, hierbas silvestres, hierbas de monte, arbusto. Boca: fresco, frutoso, fino amargor, fruta madura.

BODEGAS ARRÁEZ
Pol. 6 Parcela 386 Paraje Ciscar
46630 La Font de la Figuera (València/Valencia)
☎: +34 962 290 031
info@bodegasarraez.com
www.bodegasarraez.com

Vividor 2022 T
100% bobal

87 ★★★★   6,9€

DO UTIEL-REQUENA / D.O.P.

DO UTIEL-REQUENA / D.O.P.

BODEGAS COVIÑAS
Avda. Rafael Duyos, s/n
46340 Requena (València/Valencia)
☎: +34 628 124 926
palvarez@covinas.com
www.covinas.com

Adnos Bobal 2019 T
bobal
90 ★★★★★ 9,72€
Color: cereza intenso. Aroma: fruta negra, hierbas de monte, madera de cedro. Boca: fruta madura, especiado, taninos maduros.

Aula 2023 B
macabeo, sauvignon blanc
84 3,1€

Aula Bobal 2023 RD
bobal
87 ★★★★ 3,1€

Aula Bobal Tempranillo 2020 T C
bobal, tempranillo
85 3,88€

Enterizo 2019 T R
bobal, tempranillo, cabernet sauvignon, garnacha
85 4,36€

Veterum Vitium 2021 T
bobal
87 ★★★★ 6,5€

BODEGAS EMILIO CLEMENTE
Camino de San Blas, s/n
46340 Requena (València/Valencia)
☎: +34 601 410 728
administracion@eclemente.es
www.eclemente.es

Chardo Day 2023 B
macabeo
85 5€

Emilio Clemente 2022 T
bobal, tempranillo
87 ★★★ 8€

Peñas Negras 2022 T
tempranillo
85 5€

BODEGAS HISPANO SUIZAS
Ctra. N-322, Km. 451,7
46357 El Pontón (València/Valencia)
☎: +34 962 349 370
info@bodegashispanosuizas.com
www.bodegashispanosuizas.com

Bassus Pinot Noir Dulce 2023 RD D
100% pinot noir
89 28,5€
Agradable, aromático, frutal, goloso.

Finca Casa Julia 2022 B
100% albariño
93 31,5€
Con tensión. Color: amarillo brillante. Aroma: fruta madura, hierbas secas, flores marchitas, tostado. Boca: fruta madura, equilibrado, sabroso.

Quod Superius 2019 T
bobal, cabernet franc, merlot, syrah
93 47,7€
Complejo, tostado, sabroso. Color: cereza oscuro. Aroma: tostado, especiado, cacao fino, café aromático, fruta madura. Boca: sabroso, tostado, fino amargor.

BODEGAS IRANZO
46315 Caudete de las Fuentes (València/Valencia)
☎: +34 962 319 282
comercial@bodegasiranzo.com
www.bodegasiranzo.com

Ensamblaje Clandestino MMXX 3º Edición 2020 T
tempranillo, bobal, cabernet sauvignon
90 🌱 22,5€
Clásico, corpulento, especiado, hierbas secas, cálido. Aroma: fruta negra, fruta madura, cera.

Finca Cañada Honda 2023 T MC
bobal, garnacha

88 11,75€

Aromático, frutal, muy primario, maduro, correcto, sabroso, goloso.

Finca Cañada Honda Bobal 2019 T BA
bobal

87 12,5€

Living Tempranillo 2022 T
tempranillo

85 7,5€

Tardana Oculta 2022 B
tardana

89 18€

Agradable, cítrico, correcto, flores secas, hierbas secas, especiado, maduro.

BODEGAS MURVIEDRO
Ampliación Pol. El Romeral, s/n
46340 Requena (València/Valencia)
☎: +34 962 329 003
murviedro@murviedro.es
www.murviedro.es

Expresion Reserva Bobal 2019 T R
100% bobal

88 ★★★★ 5€

Corpulento, equilibrado, especiado, herbal.

La Casa de la Seda 2021 T BA
100% bobal

91 19€

Color: cereza intenso. Aroma: fruta madura, hierbas secas, roble cremoso, tostado. Boca: fruta madura, especiado, taninos maduros.

Vallejo Avenas 2022 B FB
100% chardonnay

91 16,95€

Color: amarillo brillante. Aroma: potente, roble cremoso, fruta madura, especiado, fruta asada. Boca: graso, estructurado, tostado, fino amargor, fresco.

Murviedro Cepas Viejas Bobal 2020 T C
100% bobal

90 ★★★★★ 9,5€

Tostado. Color: cereza intenso. Aroma: hierbas secas, roble cremoso, fruta negra. Boca: fruta madura, especiado, taninos maduros.

Murviedro Colección Bobal 2022 T RB
100% bobal

88 ★★★★ 4,5€

Equilibrado, especiado, herbáceo, tostado.

Sericis Cepas Viejas Bobal 2020 T
100% bobal

88 11,5€

Corpulento, especiado, maduro, tostado.

BODEGAS NODUS
Finca El Renegado, s/n
46315 Caudete de las Fuentes (València/Valencia)
☎: +34 962 174 029
info@bodegasnodus.com
www.bodegasnodus.com

Nodus Chardonnay 2023 B
chardonnay

88 14€

Frutal, especiado, maduro, sabroso, sin personalidad. Aroma: fruta de hueso.

Nodus DP 2021 T
bobal

89 17€

Aromas nítidos, confitado, especiado, maduro, agradable, amable. Aroma: terroso.

DO UTIEL-REQUENA / D.O.P.

Nodus Summun 2020 T
60% tempranillo, 20% merlot, 20% cabernet sauvignon
89 25€
Cálido, tostado, suave, maduro.

Nodus Summun 2021 T
tempranillo, merlot, cabernet sauvignon
90 22€
Color: cereza oscuro. Aroma: tostado, especiado, cacao fino, fruta madura. Boca: sabroso, tostado, fino amargor.

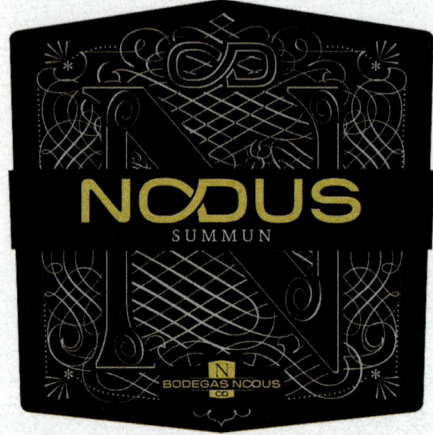

BODEGAS PASIEGO
Avda. Virgen de Tejeda, 28
46320 Sinarcas (València/Valencia)
☎: +34 609 076 575
bodega@bodegaspasiego.com
www.bodegaspasiego.com

Pasiego "CÆSAR" 2017 T C
cabernet sauvignon, merlot, bobal, syrah
88
Frutal, confitado, especiado, algo secante.

Pasiego Aurum 2022 B
70% chardonnay, 30% sauvignon blanc
89 13€
Frutal, herbal, maduro, sabroso.

Pasiego Bobal 2018 T C
100% bobal
89 14€
Con vejez, frutal, especiado, confitado, algo secante, rústico.

Pasiego de Autor 2017 T C
25% cabernet sauvignon, 25% merlot, 25% syrah, 25% bobal
89 16€
Frutal, confitado, especiado, algo secante, sobremaduro.

Pasiego Julieta Naturalmente Dulce 2018 B D
70% chardonnay, 30% sauvignon blanc
93 30€
Color: amarillo brillante. Aroma: expresión frutal, fruta de hueso, floral, notas amieladas. Boca: sabroso, frutoso, dulce, equilibrado, buena acidez.

Pasiego Julieta Naturalmente Dulce B D
70% chardonnay, 30% sauvignon blanc
93 35€
Color: amarillo brillante. Aroma: expresión frutal, fruta de hueso, floral, notas amieladas. Boca: sabroso, frutoso, dulce, equilibrado, buena acidez.

Pasiego La Suertes 2023 B
50% sauvignon blanc, 50% macabeo
86 6,5€

BODEGAS RODENO
Paraje Los Rodenos, Pol. 84 Parc. 207
46357 Hortunas - Requena (València/Valencia)
☎: +34 607 350 277
bodegasrodeno@bodegasrodeno.com
www.bodegasrodeno.com

Rodeno 2020 T C
80% tempranillo, 20% bobal
88 14,5€
Corpulento, especiado, hierbas secas, maduro, muy tostado (torrefactado).

Rodeno Chardonnay Lías 2021 B
chardonnay
88 9,7€
Cítrico, correcto, equilibrado, hierbas secas.

Rodeno Sauvignon Blanc Lías 2021 B
sauvignon blanc
87 9,7€

BODEGAS UTIELANAS
Actor Rambal, 31
46300 Utiel (València/Valencia)
☎: +34 962 171 157
administracion@bodegasutielanas.com
www.bodegasutielanas.com

Vega Infante 2022 T
80% bobal, 10% tempranillo, 10% garnacha
86 12,5€

Vega Infante 2023 B
100% macabeo

86 4,1€

Vega Infante 2023 RD
100% bobal

87 ★★★★ 4,1€

BODEGAS VEGALFARO
Ctra. Pontón - Utiel, Km. 3
46340 Requena (València/Valencia)
☎: +34 962 320 680
oficina@vegalfaro.com
www.vegalfaro.com

Caprasia Bobal
Ánfora Biparcelario 2022 T
100% bobal

90 🌱 16€

Color: cereza intenso. Aroma: hierbas secas, hierbas de monte, pan tostado, fruta negra. Boca: fruta madura, especiado, taninos maduros.

Caprasia
Bobal-Merlot 2022 T RB
50% bobal, 50% merlot

87 🌱 10€

Rebel.lia 2023 B
60% chardonnay, 40% sauvignon blanc

86 🌱 8€

Rebel.lia 2023 RD
100% bobal

85 🌱 8€

Rebel.lia 2023 T
garnacha tintorera

87 ★★★ 🌱 8€

Rebel.lia Selección Especial 2021 T RB

91 ★★★★ 🌱 13€

Color: cereza, borde violáceo. Aroma: fruta roja, floral, especiado, potente. Boca: sabroso, frutoso, buena acidez, largo.

BODEGAS VIBE
Los Olmos, 1
46357 El Azagador (València/Valencia)
☎: +34 636 329 183
bodega@bodegasvibe.com
www.bodegasvibe.com

Parsimonia 2020 T C
merlot, cabernet sauvignon

87 ★★★ 8€

Parsimonia Bobal de Autor 2022 T FB
bobal

91 ★★★★★ 12€

Jugoso, elegante. Color: cereza intenso. Aroma: hierbas secas, roble cremoso, fruta negra. Boca: potente, fruta madura, especiado, taninos maduros.

Parsimonia Tardana 2023 B
tardana

86 7€

BODEGAS Y VIÑEDOS SENTENCIA
Ctra. Almansa, 23
46355 Los Pedrones (València/Valencia)
☎: +34 665 969 009
info@bodegassentencia.com
www.bodegassentencia.com

El Indulto 2022 T
100% bobal

93 23€

Color: Cereza. Aroma: balsámico, hierbas de monte, terroso, especiado, mineral. Boca: especiado, balsámico, buena acidez, jugoso.

CHOZAS CARRASCAL
46390 San Antonio de Requena (València/Valencia)
☎: +34 963 410 395
chozas@chozascarrascal.es
www.chozascarrascal.com

Anma 2020 T BA
syrah, garnacha

92 ★★★★ 🌱 15€

Color: cereza intenso. Aroma: fruta madura, hierbas de monte, fruta negra. Boca: fruta madura, especiado, taninos maduros.

Las Dosces 2021 RD
100% garnacha

89 ★★★ 🌱 9,5€

Cítrico, correcto, hierbas secas, goloso.

Las Dosces 2022 T RB
bobal

90 ★★★★ 🌱 9,5€

Color: cereza, borde violáceo. Aroma: expresión frutal, fruta roja, floral, fruta madura. Boca: frutoso, sabroso, equilibrado.

Las Dosces 2023 B
sauvignon blanc, macabeo

90 ★★★★ 🌱 9,5€

Color: pajizo. Aroma: hierbas secas, flores marchitas, fruta blanca. Boca: fruta madura, equilibrado, graso, con poca acidez.

DO UTIEL-REQUENA / D.O.P.

Materia 2020 T C
100% bobal

93 🌱   65€

Color: cereza intenso. Aroma: roble cremoso, fruta negra, fruta madura, hierbas de monte, hierbas secas, chocolate, terroso, muy tostado (torrefactado). Boca: potente, fruta madura, especiado, taninos maduros.

Mudare 2020 B
100% macabeo

88 🌱   55€

Oxidado. Color: amarillo brillante. Aroma: especiado, fruta de hueso, floral. Boca: graso, estructurado, fresco.

CLOS COR VÍ
Ctra. N-322, Km. 431
46354 Requena- Los Isidros (València/Valencia)
☎: +34 963 145 807
comunicacion@closcorvi.com
www.closcorvi.com

Las Hoces 2021 T
100% bobal

91 🌱   19€

Color: Cereza. Aroma: balsámico, hierbas de monte, terroso, fruta negra. Boca: especiado, taninos maduros, sabroso.

Maloco 2022 T
100% bobal

89 ★★★ 🌱   9,5€

Amable, correcto, maduro, silvestre, acidez marcada, frutal.

DOMINIO DE LA VEGA
Ctra. Madrid - Valencia, Km. 270,6
46390 San Antonio de Requena (València/Valencia)
☎: +34 962 320 570
dv@dominiodelavega.com
www.dominiodelavega.com

Finca La Beata 2017 T GR
100% bobal

92   42,8€

Color: cereza intenso. Aroma: fruta madura, hierbas secas, cera, especiado. Boca: fruta madura, taninos maduros, sabroso, jugoso.

Paraje Tornel 2019 T R
bobal

90   14,2€

Aromático, floral, acidez marcada, aromas nítidos, frutal. Aroma: fruta madura, hierbas silvestres, equilibrado.

ENVERO WINE COMPANY
Colón, 28
13700 Tomelloso (Ciudad Real)
☎: +34 630 565 000
info@allblackwines.com
www.allblackwines.com

Allblack Bobal 2019 T BA
100% bobal

91   23€

Color: cereza intenso. Aroma: fruta madura, hierbas secas, roble cremoso. Boca: potente, fruta madura, especiado, taninos maduros.

FAMILIA BASTIDA
C. Canónigo Lozano, 11
30520 Jumilla (Murcia)
☎: +34 968 780 142
info@familiabastida.com
www.familiabastida.com

Biftu 2021 T RB
bobal

88 ★★★★   6,7€

Maduro, sabroso, tostado, suave.

FAUSTINO RIVERO ULECIA
Avda. Rafael Duyos, 6-8
46340 Requena (València/Valencia)
☎: +34 941 380 057
www.faustinorivero.com

Audiencia 2022 T RB
bobal

89 ★★★★   5€

Agradable, cálido, tostado, sabroso.

Audiencia 2023 B

86   5€

Audiencia 2023 RD

87 ★★★★   5€

Faustino Rivero Ulecia 2017 T GR

88 ★★★★   6€

Agradable, clásico, complejo, suave.

Faustino Rivero Ulecia Bobal Tempranillo 2019 T R
bobal, tempranillo

89 ★★★★   4,5€

Amable, tostado, sabroso, maduro.

Faustino Rivero Ulecia Bobal Tempranillo 2021 T C
75% bobal, 25% tempranillo

88 ★★★★   3,5€

Agradable, sabroso, maduro, clásico.

Faustino Rivero Ulecia Bobal Tempranillo 2022 T RB
87 ★★★★ 3€

LADRÓN DE LUNAS
Ctra. Villar de Olmos, Km. 2
46340 Requena (València/Valencia)
☎: +34 652 577 972
contabilidad@ladrondelunas.es

Ladrón de Lunas 2023 B
macabeo, sauvignon blanc
88 ★★★★ 6€
Cítrico, flores secas, frutal, maduro, tropical.

Ladron de Lunas Exclusive Vino de Autor 2019 T GR
bobal
88 10€
Frutal, especiado, confitado, sencillo.

LAS MERCEDES DEL CABRIEL
Ctra. Villargordo a Camporrobles, Km. 3
46317 Villargordo del Cabriel (València/Valencia)
☎: +34 659 954 310
jose.leon@bodegalasmercedes.com
www.bodegalasmercedes.com

Las Mercedes del Cabriel Bobal al Límite 2021 T C
bobal
92 25€
Maduro, persistente, por hacer. Color. cereza brillante. Aroma: fruta madura, hierbas secas, roble cremoso, hierbas silvestres. Boca: fruta madura, especiado, taninos maduros.

LATORRE AGROVINÍCOLA
Ctra. Requena, 2
46310 Venta del Moro (València/Valencia)
☎: +34 962 185 028
bodega@latorreagrovinicola.com
www.latorreagrovinicola.com

Duque de Arcas 2021 T C
bobal, tempranillo, cabernet sauvignon
86

Duque de Arcas Madurado 2023 T
tempranillo, cabernet sauvignon
87

Parreño 2023 B
83

Parreño 2023 RD
83

Parreño 2023 T
tempranillo, cabernet sauvignon
86

MONTESANCO
Casa de la Viña, Ctra. Utiel-Los Isidros km. 7
46340 Requena (València/Valencia)
☎: +34 962 121 626
vinos@montesanco.com
www.montesanco.com

Casa de la Viña 2021 T
bobal
90 ★★★★ 12€
Color. Cereza. Aroma: balsámico, especias dulces, hierbas de monte, tomillo. Boca: especiado, balsámico, buena acidez.

Món Macabeo 2023 B
88 🌱
Fruta golpeada, lleno, maduro, amable, notas de levadura.

Món Montesanco Bobal 2016 T
100% bobal
92 🌱
Color. cereza intenso. Aroma: fruta madura, hierbas secas, roble cremoso, fruta negra, especiado. Boca: potente, fruta madura, especiado, frutoso, taninos secos pero maduros.

Món Montesanco Bobal 2018 T
100% bobal
91 🌱
Color. cereza brillante. Aroma: fruta sobremadura, roble cremoso, cálido, hierbas secas. Boca: confitado, potente, taninos dulces, frutoso, sabroso.

Món Montesanco Bobal 2019 T
100% bobal
92 🌱 29€
Aroma: complejo, expresivo, especiado, mineral, fruta negra, fruta madura. Boca: lleno, largo.

Món Tempranillo 2022 T
tempranillo
91 🌱
Agradable. Color. cereza intenso. Aroma: fruta madura, hierbas secas, roble cremoso, balsámico, hierbas de monte. Boca: fruta madura, especiado, taninos maduros.

PAGO DE THARSYS

Ctra. Nacional III, km. 274
46340 Requena (València/Valencia)
☎: +34 962 303 354
pagodetharsys@pagodetharsys.com
www.pagodetharsys.com

Carlota Suria Organic Bobal 2021 T C
bobal

89 🌱   11€

Frutal, especiado, maduro, hierbas secas, sabroso, varietal.

Carlota Suria Organic Chardonnay 2023 B FB
chardonnay

89 🌱   11€

Frutal, flores secas, herbal, láctico, maduro.

Pago de Tharsys Cabernet Franc Sin Sulfitos 2023 T
cabernet franc

91 ★★★★ 🌱   13€

Color: cereza intenso, borde violáceo. Aroma: fruta madura, hierbas secas, roble cremoso, toques silvestres, especiado. Boca: potente, fruta madura, especiado, taninos maduros, sabroso, frutoso.

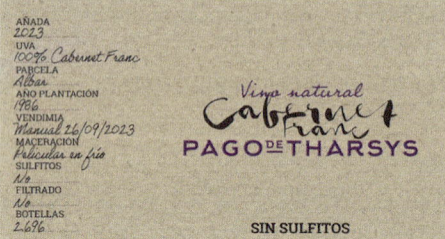

Pago de Tharsys Merseguera Sin Sulfitos 2023 B
merseguera

89   13€

Frutal, fresco, cítrico, hierbas secas, sabroso.

TERRACOTA WINES CHI TAO JIU

Ronda Diputación, 7 P. 2 P. 26
46512 Faura (València/Valencia)
☎: +34 629 013 515
info@terracottawines.es
www.terracottawines.es

Bobale Manneken Pis 2018 T C
100% bobal

89

Frutal, maduro, ahumado, tostado, sabroso, algo secante.

Daniela 2017 T C
100% bobal

90

Color: Rubí. Aroma: fruta confitada, fruta al licor, potente, especias dulces. Boca: sabroso, dulcedumbre, frutoso, estructurado, taninos potentes.

Dolia Amphorae Chardonnay 2021 B
chardonnay

88

Equilibrado, especiado, hierbas secas, maduro, láctico.

Dolia Amphorae Chardonnay 2022 B
88

Color: amarillo brillante. Aroma: fruta madura, especiado, especias dulces, lácticos. Boca: graso, estructurado, fino amargor, especiado.

Dolia Bobal Amphorae 2021 T
bobal

90

Color: cereza intenso. Aroma: fruta madura, hierbas secas, roble cremoso, fruta negra, hierbas de monte. Boca: potente, fruta madura, especiado, taninos maduros.

VICENTE GANDÍA

Ctra. Cheste a Godelleta, s/n
46370 Chiva (València/Valencia)
☎: +34 962 524 242
info@vicentegandia.com
www.vicentegandia.es

Vicente Gandía Bobal Blanco by Pepe Hidalgo 2023 B
bobal

88   16,99€

Cítrico, equilibrado, herbal, notas de levadura.

Vicente Gandía Bobal Dulce 2023 RD D
bobal

88   16,99€

Equilibrado, goloso, golosinas, frutal, lleno, sabroso.

Vicente Gandía Bobal Negro by Pepe Hidalgo 2021 T
bobal

90   16,99€

Color: cereza, borde violáceo. Aroma: fruta roja, floral, especiado, pan tostado. Boca: sabroso, frutoso, buena acidez.

Vicente Gandía Bobal Rosa by Pepe Hidalgo 2023 RD
bobal

90   16,99€

Color: piel cebolla. Aroma: flores marchitas, fruta roja, hierbas silvestres. Boca: ligero, correcto, frutoso.

VINÍCOLA REQUENENSE
Avda. Rafael Duyos-8
46340 Requena (València/Valencia)
☎: +34 637 711 997
rafael@ochando.vin
www.vinicolarequenense.es

1935 2017 T R
bobal

89
Frutal, especiado, tostado, maduro, fresco.

Casagrande 2019 T C
tempranillo, syrah, garnacha

88 ★★★★ 6€
Frutal, maduro, especiado, ahumado.

Casagrande 2021 T C
tempranillo, garnacha tintorera, syrah, cabernet sauvignon

87 ★★★★ 5€

Casagrande 2023 B
chardonnay, sauvignon blanc, macabeo

87 ★★★★ 5€

Casagrande Bobal 2021 T
bobal

88 ★★★★ 5€
Frutal, especiado, maduro, algo secante.

Palacio Imperial 2021 B
macabeo, chardonnay

86 6€

VINOS SIERRA NORTE
Paraje Finca Calderón
46390 Requena (València/Valencia)
☎: +34 962 323 099
info@bodegasierranorte.com
www.bodegasierranorte.com

Bercial Ladera los Cantos 2021 T R
bobal, cabernet sauvignon

90 16,6€
Color: cereza, borde violáceo. Aroma: fruta madura, hierbas secas, roble cremoso, hierbas silvestres. Boca: potente, fruta madura, especiado, taninos maduros, algo secante.

Bercial Selección 2022 B BA

90 14,45€
Lleno, cremoso, goloso. Color: amarillo brillante. Aroma: roble cremoso, fruta madura, especiado. Boca: graso, estructurado, tostado, fino amargor.

Mariluna 2023 B
verdejo, macabeo

88 ★★★★ 7,95€
Correcto, aromático, suave, sencillo, maduro.

Mariluna 2021 T RB
tempranillo, bobal

90 ★★★★★ 7,95€
Color: cereza intenso, borde violáceo. Aroma: fruta madura, hierbas secas, roble cremoso, fruta negra, especiado. Boca: potente, fruta madura, especiado, taninos maduros.

Pasion de Bobal 2021 T RB
bobal

89 ★★★ 9,65€
Frutal, especiado, correcto, herbal, maduro.

VIÑA MEMORIAS
Ctra. Madrid-Valencia, Km 270
46390 San Antonio de Requena (València/Valencia)
☎: +34 669 043 007
contact@vinamemorias.com
www.vinamemorias.com

Alkunya 2022 B
macabeo

89 27,9€
Cítrico, hierbas secas, maduro, mineral.

Memorias del Rambam Blanc 2023 B S
macabeo, xarel.lo

85 15,9€

Memorias del Rambam Origen 2023 T RB S

87 15,9€

Memorias del Rambam Rosé 2023 RD PL
bobal

87 15,9€

DO UTIEL-REQUENA / D.O.P.

DO. VALDEORRAS
CONSEJO REGULADOR

Ctra. Nacional 120, km. 463
32340 Vilamartín de Valdeorras (Ourense)
☎: +34 988 300 295
@: consello@dovaldeorras.com
www.dovaldeorras.tv

SITUACIÓN:

La Denominación de Origen Valdeorras está situada al noroeste de la provincia de Orense. En ella se integran los municipios de Larouco, Petín, O Bolo, A Rua, Vilamartín, O Barco, Rubiá y Carballeda de Valdeorras.

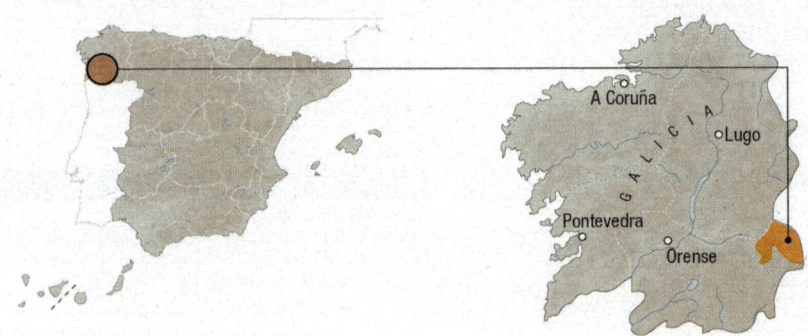

▽ Consejo Regulador
○ Delimitación de la DO

VARIEDADES:

BLANCAS: godello, dona blanca, palomino, loureira, treixadura, dona branca, albariño, torrontes y lado.

TINTAS: mencía, merenzao, grao negro, garnacha, tempranillo (araúxa), brancellao, sousón, caíño tinto, espadeiro, ferrón, gran negro, garnacha tintureira y mouratón.

DATOS CONSEJO REGULADOR:

Nº Has. Viñedo: 1.198 – **Nº Viticultores:** 991 – **Nº Bodegas:** 43 – **Cosecha 23:** SC – **Producción 23:** 5.600.000 L – **Comercialización:** 91% Nacional -9% Internacional.

SUELOS:

Son bastante variados. Cabe distinguir entre aquellos que se apoyan sobre pizarras, poco profundos, con abundantes piedras y texturas limosas; los que lo hacen sobre materiales graníticos, más profundos y ricos en arena; y los que se asientan sobre sedimentos y terrazas, donde suelen abundar los cantos rodados.

CLIMA:

De carácter continental y con influencias atlánticas. La temperatura media es de unos 11ºC y el índice de lluvias oscila entre los 850 y los 1.000 mm. anuales.

CARACTERÍSTICAS GENERALES DE LOS VINOS

BLANCOS
Elaborados a partir de la variedad godello, ofrecen un alto nivel de calidad. Poseen un color amarillo pálido o amarillo pajizo. Aromáticamente no son excesivamente intensos, pero sí muy finos y delicados, con agradables notas florales. En la boca se caracterizan por su sabrosidad, excelente acidez y, a menudo, por un tacto graso.

TINTOS
Para ellos se utiliza la variedad mencía, con la que se elaboran fundamentalmente tintos jóvenes que combinan un carácter atlántico y mediterráneo, con aromas frutales bien definidos; en la boca son secos y afrutados.

CALIFICACIÓN DE COSECHAS DE VINOS JÓVENES GUÍAPEÑÍN

2019	2020	2021	2022	2023
EXCELENTE	MUY BUENA	MUY BUENA	MUY BUENA	MUY BUENA

DO VALDEORRAS / D.O.P.

DO VALDEORRAS / D.O.P.

ADEGA A COROA
A Coroa, s/n
32350 A Rúa (Ourense/Orense)
☎: +34 988 310 648
acoroa@acoroa.com
www.acoroa.com

A Coroa 200 Cestos 2022 B FB
godello

93 23€

Aromas nítidos, complejo. Color: pajizo brillante. Aroma: expresivo, fruta madura, floral, lías finas, mineral. Boca: lleno, complejo, especiado, largo, elegante.

A Coroa Godello 2023 B
godello

90 ★★★ 13€

Color: pajizo brillante. Aroma: hierbas de tocador, lías finas, fruta blanca. Boca: lleno, graso, buena acidez.

A Coroa Lías 2022 B
100% godello

92 ★★★★ 16€

Aroma: fruta fresca, expresión frutal, cítricos, hierbas verdes. Boca: frutoso, fresco, graso, muy vivo, sabroso.

ADEGA ALAN DE VAL
San Roque, 36
32350 A Rúa (Ourense/Orense)
☎: +34 679 154 466
enologia@alandeval.com
www.alandeval.com

A Costiña 2020 T
brancellao

91 33,3€

Color: cereza, borde violáceo. Aroma: floral, especiado, madera marcada, fruta negra, terroso. Boca: sabroso, frutoso, buena acidez.

Alan de Val Caíño 2021 T
caíño longo

90 33,3€

Color: cereza brillante. Aroma: fruta madura, fruta negra, flores secas, violetas, hierbas secas. Boca: frutoso, fresco, muy vivo, sabroso, equilibrado, taninos secos pero maduros.

Alan de Val Castes Nobres 2021 T
brancellao, caíño, sousón

91 ★★★ 15,5€

Color: cereza, borde violáceo. Aroma: expresión frutal, fruta roja, floral, especiado, fruta negra, hierbas silvestres. Boca: sabroso, frutoso, buena acidez, fresco, taninos secos pero maduros.

Alan de Val Godello 2023 B
godello

89 12,2€

Frutal, herbal, fresco, maduro, sabroso.

Alan de Val Mencía 2023 T
mencía

90 ★★★★★ 9,95€

Color: cereza, borde violáceo. Aroma: expresión frutal, especiado, fruta negra, hierbas silvestres. Boca: sabroso, frutoso, buena acidez, muy vivo, taninos secos pero maduros.

Pedrazais Godello 2023 B
godello

91 ★★★ 15,5€

Austero. Color: pajizo brillante. Aroma: lías finas, fruta blanca, hierbas secas. Boca: lleno, graso, largo, buena acidez.

DO VALDEORRAS / D.O.P.

ADEGA CEPADO
Patal, 11
32310 Rubiá (Ourense/Orense)
☎: +34 686 611 589
diegocepado@gmail.com
www.cepado.com

Cepado Finca a Coronela 2022 T
100% garnacha tintorera

90 20€

Color: cereza, borde violáceo. Aroma: expresión frutal, fruta roja, toques silvestres, hierbas silvestres, flores secas, fruta madura. Boca: frutoso, fresco, equilibrado, algo secante.

Cepado Finca A Devesa 2022 B
100% godello

91 20€

Color: pajizo brillante. Aroma: fruta madura, hierbas de tocador, lías finas, cera, flores blancas. Boca: lleno, graso, largo, buena acidez.

Cepado Godello 2023 B
100% godello

90 ★★★★★ 10€

Color: pajizo brillante. Aroma: hierbas de tocador, lías finas, fruta blanca. Boca: lleno, graso, buena acidez.

ADEGA DA PINGUELA
Camiño da Pinguela, 23
32357 Carballal - Petín (Ourense/Orense)
☎: +34 654 704 753
adega@adegadapinguela.com
www.adegadapinguela.com

A Cotarona Selección Brancellao 2021 T
brancellao

89 25€

Aromático, flores secas, frutal, hierbas secas.

A Cotarona Selección Sousón 2020 T
sousón

89 25€

Frutal, herbal, especiado, fresco, silvestre.

Dez X 2021 T
50% brancellao, 35% sousón, 15% garnacha tintorera

89 ★★★★ 7€

Frutal, silvestre, maduro, muy primario, algo secante.

Memoria de Ventura Garnacha 2020 T
garnacha tintorera

88 10€

Flores secas, frutal, maduro, especiado, algo secante.

Memoria de Ventura Godello Lías 2023 B
godello

90 ★★★★★ 8€

Color: pajizo brillante. Aroma: expresión frutal, fruta madura, fruta de hueso, flores secas. Boca: sabroso, fresco, frutoso, graso, fino amargor.

Trebón 2021 T
brancellao, sousón

90 ★★★ 14€

Color: cereza intenso. Aroma: hierbas secas, roble cremoso, fruta negra, floral. Boca: potente, fruta madura, especiado, taninos maduros.

ADEGA MELILLAS E FILLOS
A Coroa, 22
32350 A Rúa (Ourense/Orense)
☎: +34 699 358 747
info@adegamelillas.com
www.adegamelillas.com

Lagar do Cigur Garnacha Tintorera 2015 T C
100% garnacha tintorera

88

Boca correcta, con vejez, confitado, especiado, flores secas, tostado.

Lagar do Cigur Godello 2023 B

85

Lagar do Cigur Godello sobre lías 2020 B
godello

90

Color: amarillo brillante. Aroma: caramelo de limón, expresión frutal, fruta madura, hierbas secas. Boca: frutoso, fresco, varietal, equilibrado, muy vivo.

Lagar do Cigur Mencía 2018 T
mencía

87

ADEGA O CASAL
Malladin, s/n
32310 Rubiá (Ourense/Orense)
☎: +34 663 563 079
casalnovo@casalnovo.es
www.casalnovo.es

Casal Novo Godello 2023 B
100% godello

89 ★★★★ 9€

Herbáceo, frutal, cítrico, correcto.

Casal Novo Mencía 2022 T
100% mencía

89 ★★★★ 8€

Frutal, herbal, sabroso, silvestre, fresco.

DO VALDEORRAS / D.O.P.

Casal Novo Merenzao 2022 T
merenzao
91 ★★★ 16€
Color: cereza, borde violáceo. Aroma: expresión frutal, floral, especiado, fruta negra, terroso. Boca: sabroso, frutoso, buena acidez.

ADEGA PONTE DA BOGA
O Couto-Sampaio s/n
32764 Castro Caldelas (Ourense/Orense)
☎: +34 988 203 306
info@pontedaboga.es
www.pontedaboga.es

O Godello 2023 B
100% godello
89 12€
Equilibrado, fresco, maduro, lleno, notas de levadura, sabroso.

ADEGA VIÑA COSTEIRA VALDEORRAS
Avda. de Portomourisco s/n
32371 A Portela, Larouco (Ourense/Orense)
☎: +34 988 477 210
informacion@costeira.es
www.costeira.wine

A Traba 2023 B
godello
89 12,5€
Correcto, frutal, goloso, hierbas secas, muy primario.

Codos de Larouco Mencía 2022 T
mencía
87 23€

Modus Vivendi Mencía 2023 T
90 ★★★★ 11€
Color: cereza, borde violáceo. Aroma: fruta negra, hierbas silvestres, hierbas de monte, expresivo. Boca: frutoso, fresco, crujiente, taninos secos pero maduros.

Vía Barrosa Godello 2023 B
godello
89 12€
Frutal, flores secas, láctico, silvestre, toques salinos.

Viña Costeira Mencía 2023 T
mencía
89 ★★★★ 7,7€
Frutal, herbal, muy primario, silvestre.

BIOCA
Barxela, s/n
32356 Petín de Valdeorras (Ourense/Orense)
☎: +34 639 642 989
bioca@bioca.es
www.bioca.es

Bioca Garnacha 2023 T
garnacha
85 10€

Bioca Laureles 2023 B
godello
89 11€
Cítrico, flores secas, frutal, maduro.

Bioca Mencía 2023 T
mencía
86 6€

Bioca Selección 2023 B
godello
89 ★★★★ 8€
Cítrico, frutal, hierbas secas, maduro, sabroso.

BODEGA COOP. JESÚS NAZARENO S.C.G.
Avda. Florencio Delgado Gurriarán, 62
32300 O Barco de Valdeorras (Ourense/Orense)
☎: +34 988 320 262
vinobarco@vinosbarco.com
www.vinosbarco.com

Aurensis 2023 B FB
89
Equilibrado, especiado, fresco, frutal, hierbas secas, sabroso.

Valdouro 2020 T BA
92
Color: cereza intenso. Aroma: fruta madura, hierbas secas, roble cremoso, hierbas silvestres, fruta negra. Boca: potente, fruta madura, taninos maduros, sabroso, frutoso, fresco, cierta persistencia.

Viña Abad Godello 2023 B
88
Frutal, herbal, maduro, sencillo.

Viña Abad Sumum Godello 2023 B
88
Equilibrado, hierbas secas, maduro, lleno, sabroso.

BODEGA LA TAPADA
32310 Rubiá (Ourense/Orense)
☎: +34 988 324 197
bodega.atapada@gmail.com
www.guitianvinos.com

Guitián Godello 2022 B FB
100% godello

92   22€

Aroma: caramelo de limón, expresión frutal, fruta madura, hierbas secas, caramelo tostado. Boca: frutoso, graso, sabroso, fresco, fruta madura, cierta persistencia.

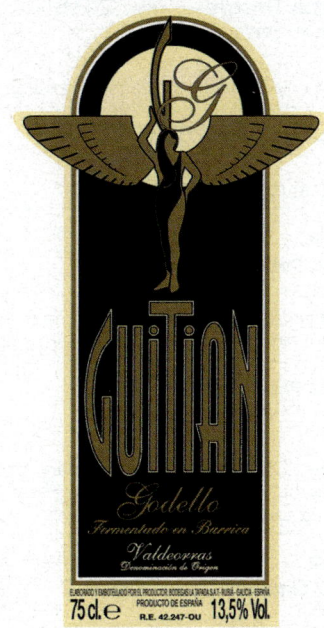

Guitián Godello 2023 B
100% godello

90 ★★★   14€

Color: pajizo brillante, borde verdoso. Aroma: fruta fresca, cítricos, hierbas silvestres, lías finas. Boca: fresco, frutoso, buena acidez, fino amargor.

Guitián Godello sobre Lías 2022 B
100% godello

92 ★★★   18€

Color: amarillo brillante. Aroma: fruta blanca, hierbas silvestres, notas anisadas, fruta madura. Boca: sabroso, graso, frutoso, fresco, equilibrado, especiado, cierta persistencia.

BODEGA ROANDI
O Lagar, 1
32336 Entoma - O Barco (Ourense/Orense)
☎: +34 988 335 198
info@bodegaroandi.com
www.bodegaroandi.com

Alento 2023 B BA
100% godello

90 ★★★   13,9€

Color: pajizo. Aroma: hierbas secas, flores marchitas, lías finas, especiado, fruta blanca. Boca: potente, fruta madura, equilibrado.

Bancales Moral 2021 T BA
mencía, sousón

87 ★★★   8€

Brinde de Godello 2014 BE R
100% godello

88   14€

Equilibrado, fresco, sabroso, mineral.

Domus de Roandi 2021 T C

89   12€

Equilibrado, especiado, herbal, maduro, sabroso, tostado.

Flavia 2020 T
88

Equilibrado, especiado, maduro, tostado, sabroso, rústico, herbal.

Roandi Godello 2023 B
100% godello

88 ★★★   9€

Cítrico, correcto, frutal, herbal, rústico.

BODEGAS ALBAMAR
O Adro, 11 - Castrelo
36639 Cambados (Pontevedra)
☎: +34 660 292 750
xurxoalbamar@gmail.com

Ceibo 2023 B
93

Color: pajizo brillante. Aroma: fruta madura, hierbas de tocador, lías finas, especias dulces, bajamar. Boca: lleno, graso, largo, buena acidez, mineral.

DO VALDEORRAS / D.O.P.

DO VALDEORRAS / D.O.P.

BODEGAS AVANCIA
Parque Empresarial a Raña, 7 Parcela 135-136
32300 O Barco de Valdeorras (Ourense/Orense)
☎: +34 952 504 706
info@jorgeordonez.es
www.jorgeordonez.es

Avancia Cuvee de O Godello 2023 B
91
Color: pajizo brillante. Aroma: expresión frutal, fruta madura, floral, notas tropicales. Boca: sabroso, buena acidez, retronasal afrutado.

Avancia Godello 2023 B
godello
93   29,95€
Cítrico, serio. Color: pajizo brillante, borde verdoso. Aroma: fruta fresca, cítricos, hierbas silvestres, fruta blanca. Boca: fresco, frutoso, buena acidez, fino amargor.

🏆 PODIO

Avancia Nobleza Carballedo 2022 T
90% mencía, garnacha tintorera, mouratón, sousón
95   53€
Aromas nítidos, balsámico. Color: cereza intenso. Aroma: complejo, expresivo, especiado, mineral, potente. Boca: lleno, largo, persistente, jugoso.

Avancia Nobleza Godello 2022 B
94   53€
Aromas nítidos, tostado. Color: amarillo brillante. Aroma: roble cremoso, fruta madura, especiado, mineral. Boca: estructurado, largo, tostado, fino amargor.

Avancia Nobleza Mencía 2022 T
90% mencía, garnacha tintorera, mouratón, sousón
93   30€
Balsámico. Color: cereza intenso. Aroma: fruta madura, hierbas secas, fruta negra, hierbas silvestres, arbusto. Boca: potente, fruta madura, especiado.

BODEGAS D'BERNA
Corgomo, s/n
32340 Villamartín de Valdeorras (Ourense/Orense)
☎: +34 667 435 778
info@bodegasdberna.com
www.bodegasdberna.com

D'Berna 2021 RD
100% mencía
88
Frutal, hierbas secas, sencillo, maduro, goloso.

D'Berna Garnacha Tintorera "ele" 2018 T
100% garnacha tintorera
88
Frutal, especiado, maduro, sabroso, algo secante.

D'Berna Godello 2023 B
89
Austero, cítrico, correcto, varietal.

D'Berna Godello sobre Lías 2022 B
90
Color: pajizo brillante. Aroma: hierbas de tocador, lías finas, fruta blanca. Boca: lleno, graso, buena acidez.

D'Berna Mencía 2022 T
85% mencía, 15% garnacha
91
Color: cereza brillante. Aroma: arándano azul, fruta negra, hierbas silvestres, especiado. Boca: frutoso, fresco, muy vivo, sabroso, taninos suaves.

D'Berna Souson Barrica "Juan" 2018 T
100% sousón
88
Austero, frutal, hierbas secas, maduro, rústico.

BODEGAS GODEVAL
32317 Xagoaza – O Barco de Valdeorras (Ourense/Orense)
☎: +34 988 108 282
godeval@godeval.com
www.godeval.com

Godeval 1986 2019 B
100% godello
94   101,6€
Color: amarillo brillante. Aroma: expresión frutal, fruta blanca, hierbas silvestres, mineral, hierbas de monte. Boca: fresco, frutoso, muy vivo, retronasal afrutado, sabroso, equilibrado.

Godeval 2023 B
100% godello

92 ★★★   16,2€

Color: pajizo. Aroma: hierbas secas, lías finas, fruta blanca. Boca: potente, fruta madura, equilibrado, lleno, sabroso.

Godeval Cepas Vellas 2021 B
100% godello

94   26,55€

Color: dorado brillante. Aroma: elegante, fruta escarchada, especias dulces, pan tostado. Boca: lleno, potente, sabroso, buena acidez.

Godeval Cepas Vellas 2022 B
100% godello

93   26,55€

Color: pajizo brillante. Aroma: fruta madura, lías finas, violetas, especias dulces. Boca: lleno, graso, largo, buena acidez.

Godeval Revival 2021 B
100% godello

93   46,35€

Color: pajizo brillante. Aroma: fruta madura, hierbas silvestres, caramelo de limón, fruta blanca. Boca: frutoso, fresco, graso, persistente, salino, sabroso.

BODEGAS SAMPAYOLO
Ctra. de Barxela, s/n
32356 Petín de Valdeorras (Ourense/Orense)
☎: +34 679 157 977
info@sampayolo.com
www.sampayolo.com

Garnacha Vella da Chaira do Ramiriño 2022 T
88

Corpulento, hierbas secas, maduro, algo secante, amaderado, falta de equilibrio.

Sampayolo Garnacha Tintorera 2022 T
garnacha tintorera

87

Sampayolo Godello en Lágrimas de los Bancales de Olivedo 2023 B
92

Color: pajizo. Aroma: hierbas secas, flores marchitas, especias dulces, pan tostado, fruta blanca. Boca: potente, fruta madura, equilibrado.

Sampayolo Godello sobre Lías 2023 B
godello

89

Cítrico, frutal, maduro, herbal, varietal.

Sampayolo Mencía 2022 T
86

CAMINO DE CABRAS
Hermanos Maristas, 27
36700 Tui (Pontevedra)
☎: +34 698 145 790
info@caminodecabras.com
www.caminodecabras.com

Camino de Cabras Godello 2023 B
100% godello

90 ★★★★★   8,95€

Color: pajizo brillante. Aroma: fruta blanca, cítricos, hierbas verdes, hierbas silvestres, mineral. Boca: frutoso, fresco, graso, varietal, equilibrado, fino amargor.

COMPAÑÍA DE VINOS TELMO RODRÍGUEZ
El Monte
01308 Lanciego (Araba/Álava)
☎: +34 945 628 315
contact@telmorodriguez.com
www.telmorodriguez.com

A Falcoeira 2021 T
94   59€

Aromático, con tensión. Color: cereza brillante. Aroma: balsámico, especias dulces, hierbas de monte, tomillo, arbusto. Boca: especiado, balsámico, buena acidez, amargoso.

🏆 PODIO

As Caborcas 2021 T
95   64,5€

Amable, aromas nítidos. Color: cereza brillante. Aroma: hierbas silvestres, fruta roja, toques silvestres. Boca: pulido, muy vivo, largo, crujiente, fácil de beber.

🏆 PODIO

Falcoeira Branco 2021 B
95   90€

Aromas nítidos, equilibrado. Color: pajizo brillante. Aroma: intensidad media, franco, fresco, fruta blanca, elegante. Boca: jugoso, pulido, muy vivo, graso.

DO VALDEORRAS / D.O.P.

DO VALDEORRAS / D.O.P.

HACIENDA UCEDIÑOS
32300 O Barco de Valdeorras (Ourense/Orense)
☎: +34 686 240 374
info@haciendaucedinos.es
www.haciendaucedinos.es

Hacienda Ucediños Godello 2023 B
godello

89 ★★★   9,5€
Equilibrado, maduro, sabroso, agradable. Boca: graso.

JOAQUÍN REBOLLEDO
San Roque, 11
32350 A Rúa (Ourense/Orense)
☎: +34 988 372 307
info@joaquinrebolledo.com
www.joaquinrebolledo.com

Joaquín Rebolledo Finca Trasdairelas 2022 B
godello

91   18€
Color: amarillo brillante. Aroma: fruta madura, hierbas secas, flores marchitas, cítricos. Boca: potente, fruta madura, equilibrado.

Joaquín Rebolledo Godello 2023 B
godello

90 ★★★★   11€
Color: amarillo brillante. Aroma: expresión frutal, fruta madura, hierbas secas, flores secas, mineral. Boca: sabroso, fresco, retronasal afrutado, graso, cierta persistencia, fino amargor.

Joaquín Rebolledo Mencía 2023 T
mencía

89 ★★★★   8€
Frutal, fruta golpeada, silvestre, algo secante, sabroso.

Mª TERESA LÓPEZ FIDALGO (ADEGA O CABALIN)
Rúa Da Fonte, 15
32340 Vilamartín de Valdeorras (Ourense/Orense)
☎: +34 691 782 528
adegaocabalin@gmail.com
www.adegaocabalin.com

A Espedrada 2022 B FB
godello

91
Color: pajizo brillante. Aroma: fruta blanca, expresión frutal, hierbas silvestres, notas anisadas. Boca: frutoso, fresco, acidez marcada, retronasal afrutado.

A Valigota 2020 T
mencía, merenzao, brancellao, gran negro, ferrón, otras

90
Especiado. Color: cereza intenso. Aroma: hierbas secas, roble cremoso, fruta negra, violetas. Boca: fruta madura, especiado, taninos rugosos.

O Cabalin 2020 T C
mencía, garnacha tintorera, merenzao, otras, brancellao, otras

92
Color: cereza intenso. Aroma: hierbas secas, arándano azul, especias dulces. Boca: fruta madura, especiado, taninos maduros, taninos secos pero maduros.

O Cabalin 2021 T C
mencía, garnacha tintorera, brancellao, merenzao, otras

90
Silvestre, rústico. Color: cereza, borde violáceo. Aroma: expresión frutal, fruta roja, floral, especiado. Boca: sabroso, frutoso, buena acidez.

Viladequinta 2021 T C
mencía, brancellao, merenzao, ferrón, otras

91
Color: cereza, borde violáceo. Aroma: fruta negra, fruta madura, hierbas silvestres, especiado. Boca: frutoso, acidez marcada, algo secante, fruta madura.

MANUEL CORZO RODRÍGUEZ
32372 O Bolo (Ourense/Orense)
☎: +34 689 978 094
info@manuelcorzo.es
www.manuelcorzo.es

Viña Corzo Godello 2023 B
100% godello

88   12€
Equilibrado, fresco, herbal, maduro.

Viña Corzo Mencía 2022 T
100% mencía

89   12€
Especiado, equilibrado, flores secas, herbal, sabroso.

MÉNDEZ-ROJO (TERRIÑA)
Ctra. de Carballal s/n
32356 Petín de Valdeorras (Ourense/Orense)
☎: +34 626 216 493
valdeorras@mendezrojo.com
www.mendezrojo.com

Mil Ríos Garnacha 2019 T
100% garnacha tintorera

90   15,9€
Color: cereza intenso. Aroma: hierbas secas, fruta negra, terroso, especiado, flores marchitas. Boca: fruta madura, especiado, taninos maduros.

Mil Ríos Godello 2020 B BA
100% godello

89   15,95€
Frutal, herbal, mineral, rústico.

Mil Ríos Godello Sobre Lías 2022 B
100% godello

89　　　　　　　　　　　　　　13,9€

Equilibrado, hierbas secas, sabroso, notas de levadura.

O Luar do Sil Godello sobre Lías 2022 B
100% godello

91　　　　　　　　　　　　　　22,2€

Amable. Color: pajizo brillante. Aroma: fruta madura, hierbas de tocador, lías finas. Boca: lleno, carnoso, con poca acidez.

Mil Ríos Mencía 2021 T BA
mencía, garnacha

89　　　　　　　　　　　　　　17,95€

Confitado, equilibrado, especiado, flores secas, hierbas secas, mineral.

Mil Ríos Mencía 2022 T
100% mencía

89 ★★★　　　　　　　　　　　9,5€

Frutal, confitado, tostado, rústico, algo secante.

O LUAR DO SIL
Ctra. Petin - Seadur, Pol. 7, Parc. 569
32358 Seadur (Ourense/Orense)
☎: +34 988 343 661
bodega@pagodeloscapellanes.com
www.pagodeloscapellanes.com

O Luar do Sil Godello 2023 B
100% godello

90 ★★★　　　　　　　　　　　13,3€

Color: pajizo brillante, borde verdoso. Aroma: cítricos, hierbas silvestres, fruta blanca. Boca: fresco, frutoso, buena acidez, fino amargor.

🏆 **PODIO**

O Luar do Sil Tostado 2021 B
100% godello

95　　　　　　　　　　　　　　115€

Complejo, diferente. Color: ámbar. Aroma: notas amieladas, piel de naranja, mineral, cera, notas almizcladas, ahumado. Boca: estructurado, sabroso, lleno, opulento.

O Luar do Sil Vides de Córgomo 2022 B
godello

92　　　　　　　　　　　　　　44,55€

Color: pajizo. Aroma: hierbas secas, flores marchitas, especias dulces, fruta blanca. Boca: potente, fruta madura, equilibrado, graso, sabroso.

PABLO VIDAL - VINOS CON PERSONALIDAD
Rúa do Miradoiro 8
32004 Ourense/Orense (Ourense/Orense)
☎: +34 609 152 251
pablovidal@vinosconpersonalidad.com
www.vinosconpersonalidad.com

Maldito 2021 T
60% mencía, 20% garnacha tintorera, 20% brancellao, caíño longo, sousón

91　　　　　　　　　　　　　　18€

Color: cereza, borde violáceo. Aroma: caramelo de violetas, fruta negra, fruta madura, toques silvestres, hierbas de monte. Boca: fresco, frutoso, sabroso, equilibrado, taninos secos pero maduros.

PACO & LOLA
Valdamor, 18 - Xil
36968 Meaño (Pontevedra)
☎: +34 986 747 779
comercial@pacolola.com
www.pacolola.com

Paco & Lola Godello 2023 B
100% godello

88　　　　　　　　　　　　　　12,95€

Equilibrado, fresco, hierbas secas, lleno, notas de levadura.

DO VALDEORRAS / D.O.P.

DO VALDEORRAS / D.O.P.

PAZO DE TOUBES
Valdepereira, 1
32415 Ribadavia (Ourense/Orense)
☎: +34 988 477 210
comercial@toubes.es
www.toubes.es

Codos de Larouco Godello 2022 B
90
Diferente. Color: pajizo. Aroma: flores marchitas, fruta blanca, fruta asada, balsámico. Boca: fruta madura, equilibrado, sabroso.

RAFAEL PALACIOS
Avda. de Somoza, 22
32350 A Rúa (Ourense/Orense)
☎: +34 988 357 122
bodega@rafaelpalacios.com
www.rafaelpalacios.com

🏆 **PODIO**

As Sortes Val do Bibei 2022 B
95
Aromas nítidos, complejo, con tensión. Color: pajizo brillante, borde verdoso. Aroma: fruta fresca, hierbas silvestres. Boca: fresco, frutoso, buena acidez, fino amargor.

Louro do Bolo Godello 2023 B
93
Por hacer. Color: pajizo brillante. Aroma: expresivo, flores blancas, hierbas secas, mineral. Boca: sabroso, frutoso, equilibrado, fresco, muy vivo.

🏆 **PODIO**

Sorte Antiga 2022 B
godello
99
Color: amarillo brillante. Aroma: fruta blanca, hierbas silvestres, hierbas verdes, flores blancas, elegante, toques silvestres, flores secas, equilibrado. Boca: frutoso, fresco, potente, afilado, buena acidez, equilibrado, persistente.

🏆 **PODIO**

Sorte O Soro 2022 B
godello
98
Varietal. Color: amarillo brillante. Aroma: fruta madura, fruta blanca, hierbas silvestres, elegante, expresivo, especiado. Boca: frutoso, fresco, elegante, buena acidez, persistente, taninos suaves.

SANTA MARTA
Ctra. San Vicente, s/n
32348 Córgomo-Vilamartin de Valdeorras (Ourense/Orense)
☎: +34 988 324 559
gerencia@vinaredo.com
www.vinaredo.com

A Cercada de Viñaredo 2023 B
100% godello
91 ★★★ 15€
Color: pajizo. Aroma: hierbas secas, flores marchitas, especiado, fruta de hueso, tostado. Boca: fruta madura, equilibrado.

Fardelas de Viñaredo 2023 B
100% godello
91 ★★★★ 13€
Color: pajizo brillante. Aroma: expresión frutal, fruta madura, floral, hierbas verdes, cítricos. Boca: sabroso, fresco, buena acidez, retronasal afrutado.

Viñaredo Godello 2023 B
100% godello
89 ★★★★ 9€
Equilibrado, fresco, herbal, maduro, lleno, notas de levadura.

Viñaredo Mencía 2023 T
85% mencía, 15% sousón
88 ★★★★ 7€
Confitado, hierbas secas, especiado, tostado, rústico.

Viñaredo Sousón 2022 T BA
100% sousón
89 12€
Especiado, maduro, herbal, sabroso, rústico.

VALDESIL

Ctra. a San Vicente OU 807, km. 3
32348 Vilamartín de Valdeorras (Ourense/Orense)
☎: +34 988 337 900
valdesil@valdesil.com
www.valdesil.com

Asadoira 2019 B
100% godello

93 70€

Color: pajizo brillante. Aroma: hierbas de tocador, lías finas, fruta blanca, piedra seca, mineral. Boca: lleno, graso, largo, buena acidez.

🏆 PODIO

Pedrouzos Magnum 2019 B FB
godello

96

Color: amarillo brillante. Aroma: fruta blanca, expresión frutal, hierbas silvestres, hierbas de monte, expresivo. Boca: fresco, frutoso, muy vivo, sabroso, equilibrado, elegante, persistente.

🏆 PODIO

Pezas da Portela 2019 B FB
100% godello

95 75€

Color: pajizo brillante. Aroma: fruta madura, hierbas de tocador, lías finas, brioche, ahumado. Boca: lleno, graso, largo, buena acidez, salino, fino amargor.

Pezas da Portela 2023 B FB
100% godello

94 75€

Color: pajizo brillante. Aroma: hierbas de tocador, lías finas, fruta blanca, mineral. Boca: lleno, graso, largo, buena acidez.

Valdesil Parcela O Chao 2019 B FB
100% godello

94 120€

Opulento. Color: pajizo. Aroma: hierbas secas, fruta blanca, fruta madura, especiado, frutos secos. Boca: potente, fruta madura, equilibrado.

Valteiro 2022 T
100% maría ardoña

92 46€

Color: cereza, borde violáceo. Aroma: fruta madura, fruta negra, hierbas silvestres, especiado, tostado. Boca: sabroso, frutoso, especiado, taninos secos pero maduros.

VIÑA SOMOZA

Rua do Pombar s/n
32350 A Rúa (Ourense/Orense)
☎: +34 915 130 180
bodega@vinosomoza.com
www.vinosomoza.com

Alma do Vello Tesouro 2022 T C
albarello, brancellao

93 31,5€

Color: cereza, borde violáceo. Aroma: expresión frutal, floral, especiado, terroso. Boca: sabroso, frutoso, buena acidez.

As 2 Ladeiras 2022 B
100% godello

92 20,1€

Austero. Color: amarillo brillante. Aroma: fruta blanca, hierbas silvestres, hidrocarburo. Boca: frutoso, fresco, sabroso, equilibrado, fino amargor.

Ededia 2022 B BA
100% godello

93 32,5€

Color: pajizo brillante. Aroma: fruta madura, hierbas silvestres, hierbas de monte, fruta blanca, toques silvestres. Boca: fresco, frutoso, graso, sabroso, equilibrado, persistente.

Neno Viña Somoza Godello Sobre Lias 2023 B
100% godello

92 ★★★★★ 13,8€

Color: amarillo brillante. Aroma: fruta fresca, hierbas silvestres, hierbas verdes, arbusto, varietal. Boca: fresco, frutoso, buena acidez, fino amargor, sabroso.

O Tesouro 2021 T
brancellao

92

Aromático, con tensión. Color: cereza brillante. Aroma: balsámico, especias dulces, hierbas de monte, floral, fruta roja. Boca: especiado, balsámico, buena acidez.

Via XVIII 2022 T
65% mencía, 30% garnacha tintorera, 5% brancellao

91 ★★★ 15,5€

Color: cereza brillante. Aroma: fruta negra, flores marchitas, caramelo de violetas, expresión frutal, fruta madura. Boca: frutoso, fresco, sabroso, taninos maduros.

Viña Somoza Taté 2022 T C
garnacha tintorera, mencía, merenzao, brancellao

92 33,5€

Color: cereza intenso. Aroma: hierbas secas, roble cremoso, fruta negra, terroso, flores marchitas. Boca: fruta madura, especiado, taninos maduros.

DO VALDEORRAS / D.O.P.

DO VALDEORRAS / D.O.P.

VIRGEN DEL GALIR

Las Escuelas, s/n Entoma
32336 O Barco de Valdeorras (Ourense/Orense)
☎: +34 988 335 200
www.cvne.com/bodegas/virgen-del-galir

A Villeira 2022 T
mencía, brancellao, merenzao, garnacha tintorera

92 — 36€

Herbal, silvestre. Color: cereza poco intenso. Aroma: notas almizcladas, fina reducción, hierbas silvestres, regaliz negro. Boca: jugoso, fácil de beber.

Los Carismáticos 2023 T
merenzao

92 — 36€

Representativo, rústico. Color: cereza poco intenso. Aroma: hierbas silvestres, hierbas de monte, mineral, fruta madura. Boca: equilibrado, fino amargor.

Maruxa Godello 2023 B
100% godello

88 — 11€

Cítrico, frutal, hierbas secas, maduro, silvestre.

Maruxa Mencía 2023 T
100% mencía

88 ★★★ — 9€

Maduro, frutal, rústico, algo secante.

Regueirón 2023 B
100% godello

93 — 36€

Complejo. Color: amarillo brillante. Aroma: potente, fruta madura, especiado, terroso, flores secas, tostado. Boca: graso, estructurado, largo, tostado, fino amargor.

Sede e Fame As Ermitas 2021 B
palomino

92 — 36€

Con personalidad, salino, silvestre. Aroma: fósforo, franco, equilibrado, flores marchitas. Boca: equilibrado, correcto, fino amargor, con tensión.

Val do Galir Godello 2023 B
100% godello

90 — 15€

Color: pajizo brillante. Aroma: expresión frutal, fruta madura, floral, hidrocarburo, cítricos. Boca: sabroso, fresco, buena acidez, retronasal afrutado, graso, cierta persistencia.

Val do Galir Mencía 2022 T
100% mencía

90 ★★★★ — 11€

Color: cereza, borde violáceo. Aroma: expresión frutal, fruta madura, fruta negra, toques silvestres, hierbas silvestres. Boca: frutoso, fresco, especiado, cierta persistencia, taninos secos pero maduros.

DO. VALDEPEÑAS
CONSEJO REGULADOR

Constitución, 23
13300 Valdepeñas (Ciudad Real)
☎: +34 926 322 788
@: dovaldepenas@dovaldepenas.es
www.dovaldepenas.es

SITUACIÓN:

En el borde meridional de la meseta sur, dentro de la provincia de Ciudad Real. Engloba los términos municipales de Alcubillas, Moral de Calatrava, San Carlos del Valle, Santa Cruz de Mudela, Torrenueva y Valdepeñas y parte de los de Alhambra, Granátula de Calatrava, Montiel y Torre de Juan Abad.

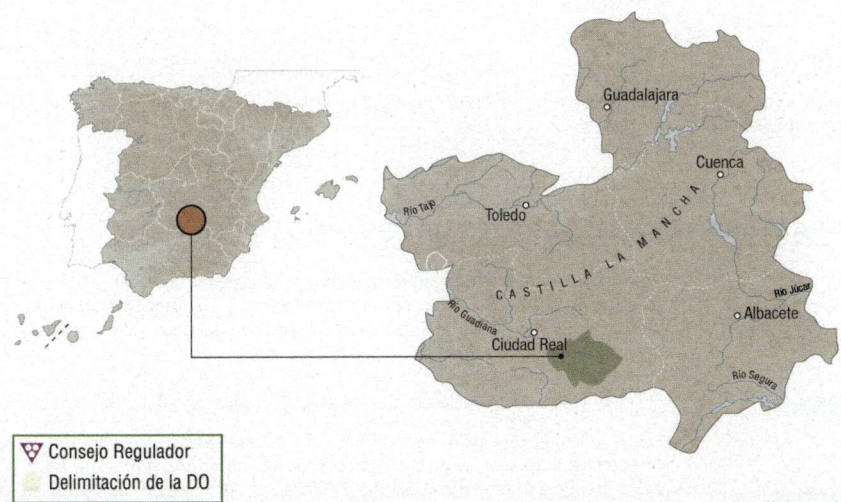

▽ Consejo Regulador
  Delimitación de la DO

VARIEDADES:

BLANCAS: airén, macabeo, chardonnay, sauvignon blanc, moscatel de grano menudo y verdejo.

TINTAS: cencibel (tempranillo), garnacha, cabernet sauvignon, merlot, syrah y petit verdot.

DATOS CONSEJO REGULADOR:

Nº Has. Viñedo: 21.957– **Nº Viticultores:** 2.419 – **Nº Bodegas:** 21 – **Cosecha 20:** SC – **Producción 20:** 82.080.000 L. – **Comercialización:** 70% Nacional - 30% Internacional.

SUELOS:

Son, principalmente, suelos pardo-rojizos y pardo-calizos con alto contenido en cal y bastante pobres en matetia orgánica.

CLIMA:

De tipo continental, con inviernos fríos, veranos muy cálidos y escaso índice de lluvias que suele situarse entre los 250 y 400 mm. anuales.

CARACTERÍSTICAS GENERALES DE LOS VINOS

BLANCOS — Se elaboran fundamentalmente con airén, y cada vez más con verdejo. Presentan un color pálido o amarillo pajizo; en nariz son frescos y afrutados y pueden desarrollar aromas que recuerdan al plátano o la piña; en la boca son agradables, pero ligeramente bajos de acidez.

ROSADOS — De color frambuesa o rosáceo, son frescos, afrutados, agradables y fáciles de beber.

TINTOS — Los jóvenes de cencibel presentan un color cereza granate con matices violáceos; ofrecen aromas afrutados, casi siempre de buena intensidad; en la boca poseen cierta frescura y carga frutal. Son vinos fáciles de beber y algo ligeros. En los criados en barrica se interceptan rápidamente los matices de la madera que irán del roble cremoso a la ebanistería dependiendo de la vejez de la barrica utilizada. En la boca son suaves, redondos y bastante sabrosos. Las largas crianzas desarrollan con cierta rapidez los matices de reducción como el cuero muy curtido o la presencia de aromas que recuerdan a puro o a tabaco.

CALIFICACIÓN DE COSECHAS DE VINOS JÓVENES GUÍA**PEÑÍN**

2019	2020	2021	2022	2023
BUENA	BUENA	BUENA	REGULAR	SC

BODEGA LOS LLANOS

Polígono 157 S, 19
13300 Valdepeñas (Ciudad Real)
☎: +34 926 320 300
amagoia.urteaga@jgc.es
www.garciacarrion.com

Pata Negra 2018 T R
86

Pata Negra Cepas Viejas 2017 T R
tempranillo
85 .... 5€

Pata Negra Tempranillo Cabernet Sauvignon 2019 T
80% tempranillo, 20% cabernet sauvignon
84 .... 5€

Pata Negra Valdepeñas Reservado 2014 T
tempranillo
85 .... 6€

Señorío de los Llanos 2017 T R
tempranillo
84 .... 6€

Señorío de los Llanos 2018 T R
85 ....

Señorío de los Llanos 2019 T C
tempranillo
83 .... 5€

Señorío de los Llanos 2020 T C
84 ....

Señorío de los Llanos B
83

BODEGA Y VIÑEDOS CASA DE LA NAVA

Avda. de España s/n
13300 Valdepeñas (Ciudad Real)
☎: +34 630 184 876
fnavarro@casadelanava.es
www.casadelanava.es

Casa de la Nava 2021 T C
cencibel
92 ★★★   17,5€
Amable, maduro. Color: cereza intenso. Aroma: hierbas secas, roble cremoso, fruta negra, fruta madura, chocolate. Boca: potente, fruta madura, especiado, taninos maduros.

BODEGAS FERNANDO CASTRO

Paseo Castelar, 70
13730 Santa Cruz de Mudela (Ciudad Real)
☎: +34 926 342 168
info@bodegasfernandocastro.com
www.bodegasfernandocastro.com

Casa Safra 2018 T GR
tempranillo
87 ★★★★   6€

Finca Los Altos Gran Selección 2022 T
tempranillo
86 .... 3€

Raíces 2018 T GR
tempranillo
85 .... 5€

Raíces 2019 T R
tempranillo
84   4,5€

DO VALDEPEÑAS / D.O.P.

DO VALDEPEÑAS / D.O.P.

Raíces 2020 T C
tempranillo
85 .... 4€

Raíces Airén 2023 B
100% airén
84 .... 3€

Raíces Tempranillo 2023 T
100% tempranillo
84 .... 3€

BODEGAS MEGÍA E HIJOS -CORCOVO
Magdalena, 33
13300 Valdepeñas (Ciudad Real)
☎: +34 926 347 828
comercial@corcovo.com
www.corcovo.com

Corcovo Airén 2023 B
airén
85 .... 3,6€

Corcovo Airen 24 Barricas 2022 B FB
airén
87 .... 9€

Corcovo Syrah 24 Barricas 2022 T RB
syrah
88 ★★★ ♣ .... 9€
Especiado, equilibrado, maduro, hierbas secas, tostado.

Corcovo Tempranillo 2018 T R
tempranillo
89 ★★★★ .... 7,5€
Equilibrado, especiado, maduro, tostado.

Corcovo Tempranillo 2021 T C
tempranillo
86 .... 5€

Corcovo Tempranillo 2022 T RB
tempranillo
87 ★★★★ .... 4,7€

CORRALES ESPINOSA FAMILY WINES
Paraguay, 2
13300 Valdepeñas (Ciudad Real)
☎: 647 442 686
josemcorrales@hotmail.com
www.corralesesinosa.com

José Manuel Corrales 2022 T
tempranillo
92 .... 30€
Color: cereza intenso. Aroma: fruta madura, hierbas secas, roble cremoso, cacao fino. Boca: potente, fruta madura, especiado, taninos maduros.

Vendimia Manual Seleccionada
José Manuel Corrales
2022
Viñas Viejas
CORRALES ESPINOSA FAMILY WINES S.L.
VALDEPEÑAS
DENOMINACIÓN DE ORIGEN

Néctar de Farruche 2022 T D
88
Corpulento, confitado, especiado, herbáceo, maduro.

FÉLIX SOLIS AVANTIS
Autovía del Sur, Km. 199
13300 Valdepeñas (Ciudad Real)
☎: +34 926 322 400
marketing@felixsolisavantis.com
www.felixsolisavantis.com

Los Molinos 2019 T R
tempranillo
86 .... 3,35€

Marqués de Canova 2020 T C
tempranillo
86

Marqués de Canova 2023 RD
85

Marqués de Canova Airén 2023 B
airén
85

Marqués de Canova Tempranillo 2022 T
86

Viña Albali 2018 T GR
tempranillo
86 5,99€
Ligera oxidación, ligera reducción, maduro, sencillo. Aroma: madera vieja, especiado.

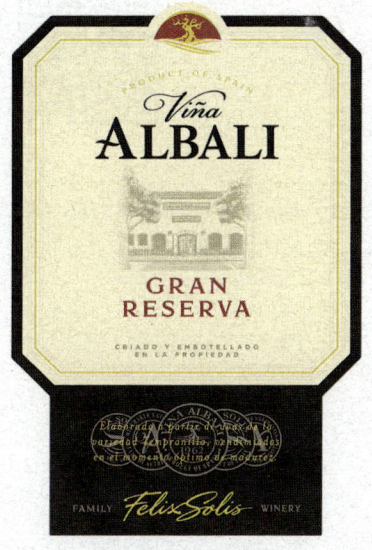

Viña Albali 2019 T R
tempranillo
86 3,95€

Viña Albali 2020 T C
tempranillo
84 3,35€

Viña Albali Airén Verdejo Sauvignon Blanc 2023 B
airén, verdejo
84

VINÍCOLA DE VALDEPEÑAS
Autovía Madrid - Andalucía, km. 198,3
13300 Valdepeñas (Ciudad Real)
☎: +34 926 347 074
coovival@gmail.com
www.coovival.com

Concejal Airén 2023 B
airén
85 3€

Concejal Multivarietal 2022 B
33% verdejo, 33% sauvignon blanc, 33% chardonnay
86 3,9€

Concejal Multivarietal 2023 B
85

Concejal Tempranillo 2022 T
tempranillo
86 3,6€

Concejal Tempranillo 2022 T RB
tempranillo
85 3,9€

Concejal Verdejo 2023 B
verdejo
85 3,6€

DO VALDEPEÑAS / D.O.P.

DO. VALENCIA
CONSEJO REGULADOR

Quart, 22
46001 Valencia
☎: +34 963 910 096
@: info@vinovalencia.org
www.vinovalencia.org

SITUACIÓN:

En la provincia de Valencia. Aglutina a 66 municipios divididos en cuatro subzonas diferenciadas: Alto Turia, Moscatel de Valencia, Valentino y Clariano.

SUBZONAS:

Alto Turia, la subzona de mayor altitud (700 - 800 m. sobre el nivel del mar), que engloba a 6 municipios.

Valentino (23 municipios), en la parte central de la provincia; la altitud oscila entre los 250 y 650 m.

Moscatel de Valencia (9 municipios), también en la parte central donde se elaboraba el vino histórico de la región.

Clariano (33 municipios), al sur y con una altitud entre los 400 y 650 m.

VARIEDADES:

BLANCAS: macabeo, malvasía, merseguera, moscatel de alejandría, moscatel de grano menudo, pedro ximénez, plantafina, plantanova, tortosí, verdil, chardonnay, semillon blanc, sauvignon blanc, verdejo, riesling, viognier, albariño, granacha blanca y gewüztraminer.

TINTAS: bobal, garnacha, monastrell, tempranillo, tintorera, forcallat tinta, cabernet sauvignon, merlot, pinot noir, syrah, graciano, malbec, mandó, marselan, mencía, merlot, mazuelo, miguel arco y petit verdot.

DATOS CONSEJO REGULADOR:

Nº Has. Viñedo: 7.773– **Nº Viticultores:** 1.320 – **Nº Bodegas:** 60 – **Cosecha 23:** Muy Buena – **Producción 23:** 22.475.945 L. – **Comercialización:** 43% Nacional - 57% Internacional.

SUELOS:

Son en su mayoría pardos, con contenido de caliza; no existen problemas de drenaje.

CLIMA:

Mediterráneo, marcado por fuertes tormentas y aguaceros durante el verano y el otoño. La temperatura media anual es de unos 15°C y el índice medio de lluvias de 500 mm. anuales.

CARACTERÍSTICAS GENERALES DE LOS VINOS

BLANCOS — Los más clásicos, jóvenes, frescos y con agradables matices silvestres, se elaboran a partir de merseguera. También son muy caracterizados los de moscatel (la variedad histórica de la región), que se destina tanto a blancos secos, muy aromáticos y ligeros, como a las características mistelas de la zona, de color pálido cuando pertenecen a la última cosecha y amarillo dorado si son más viejas. Todos ellos se caracterizan por sus aromas almizclados y auvados.

ROSADOS — La tendencia actual es hacia rosados de color rosáceo-frambuesa, frescos y ligeros, con buen potencial frutal y aromático.

TINTOS — Los más característicos se elaboran a partir de monastrell y garnacha; son vinos algo cálidos y con notas a fruta madura en los que domina el carácter mediterráneo de la zona, con interesantes recuerdos a monte bajo. También empiezan a imponerse elaboraciones con un amplio abanico de variedades, que dan tintos suaves, sabrosos y de similar carácter mediterráneo.

CALIFICACIÓN DE COSECHAS DE VINOS JÓVENES GUÍA**PEÑÍN**

2019	2020	2021	2022	2023
MUY BUENA	MUY BUENA	MUY BUENA	MUY BUENA	MUY BUENA

DO VALENCIA / D.O.P.

ANECOOP BODEGAS
Monforte, 1 – entlo.
46010 València/Valencia (València/Valencia)
☎: +34 963 938 500
anecoopbodegas@anecoop.com
www.anecoopbodegas.com

Amatista al Mar B MO D
100% moscatel

86

Amatista Moscato Fizzy BE
100% moscatel

84

El Enhebro 2022 T
50% garnacha tintorera, 50% monastrell

89 ★★★★   9€

Frutal, hierbas secas, especiado, algo secante, silvestre.

El Enhebro 2023 B
50% verdil, 50% merseguera

86   9€

Icono Urban 2022 B
100% moscatel

87

Juan de Juanes Bronce 2023 T
50% tempranillo, 30% garnacha, 20% syrah

88 ★★★★   6,5€

Frutal, muy primario, boca correcta, floral, algo secante.

Juan de Juanes Plata Petit Verdot 2022 T
100% petit verdot

88 ★★★   9€

Frutal, maduro, hierbas secas, sabroso.

Juan de Juanes Plata Viognier 2023 B
100% viognier

88 ★★★   9€

Cítrico, frutal, hierbas secas, herbal, fresco.

La Cartuja Vino de Licor B
100% moscatel

89

Cálido, maduro, varietal, cítrico.

Los Escribanos 2020 T
90% monastrell, 10% garnacha tintorera

90   20€

Color: cereza brillante. Aroma: fruta madura, hierbas secas, roble cremoso, notas cárnicas. Boca: fruta madura, especiado, taninos maduros, muy vivo, fresco.

Reymos BE MO D
100% moscatel

88

Aromático, suave, sabroso, floral.

Reymos Selección BE MO D
100% moscatel

89

Amable, aromas nítidos, suave, sabroso.

Sol de Reymos B Mistela D
100% moscatel

91

Color: amarillo brillante. Aroma: notas amieladas, floral, especias dulces, expresivo. Boca: graso, frutoso, potente, sabroso.

Venta del Puerto Nº 12 2021 T BA
cabernet sauvignon, tempranillo, merlot, syrah

90

Color: cereza intenso. Aroma: fruta madura, hierbas secas, roble cremoso, especiado, fruta negra. Boca: potente, fruta madura, especiado, sabroso, retronasal torrefactado, cierta persistencia.

Venta del Puerto Nº 18 2019 T BA
cabernet sauvignon, tempranillo, merlot, syrah

90

Color: cereza, borde granate. Aroma: tostado, especiado, cacao fino, fruta madura, hierbas secas. Boca: sabroso, tostado, fino amargor, potente, taninos potentes.

Vida Viña Tendida Moscato Bianco B SD
100% moscatel
86

Viña Tendida B
100% moscatel
87

BALDOVAR 923
Ctra. Baldovar 17
46178 Alpuente (València/Valencia)
☎: +34 617 426 717
bodega@baldovar923.es
www.baldovar923.es

Arquela 2022 B FB S
merseguera
91 36€
Poco intervencionista, silvestre. Color: amarillo brillante. Aroma: fruta madura, hierbas secas, flores marchitas, pólvora. Boca: fruta madura, equilibrado, sabroso, frutoso.

Berandía 2020 T S
100% bobal
93 24€
Color: cereza brillante. Aroma: fruta roja, especiado, balsámico, fruta madura, con oscuridad. Boca: sabroso, frutoso, buena acidez, ligero, taninos maduros.

Cañada París 2022 B C S
100% merseguera
90 ★★★ 14€
Color: amarillo brillante. Aroma: expresión frutal, fruta madura, caramelo de limón, flores secas. Boca: sabroso, equilibrado, frutoso, taninos suaves.

Cerro Negro 2022 T AG S
100% mencía
91 18€
Frutal. Color: cereza, borde violáceo. Aroma: expresión frutal, fruta roja, floral, especiado, hierbas silvestres, balsámico. Boca: sabroso, frutoso, buena acidez, equilibrado, muy vivo.

Pieza la Moza 2022 RD S
70% tempranillo, 30% bobal
90 16€
Frutal, herbal, maduro, fresco, sabroso. Aroma: fruta asada, cítricos, flores secas, hierbas secas. Boca: acidez marcada.

Rascaña 2022 B S
70% merseguera, 30% macabeo
92 20€
Color: amarillo brillante. Aroma: expresión frutal, fruta blanca, fruta madura, hierbas secas, frutos secos. Boca: frutoso, jugoso, especiado, graso, sabroso.

BODEGA AMANOVO
Finca Santa Rosa, Ctra. Fontanars, CV-660, K. 24.5
46870 Ontinyent (València/Valencia)
info@besvinos.com

Amanovo El Versátil 2021 T
malbec, garnacha
91 ★★★★★ 6€
Mineral. Color: cereza intenso. Aroma: fruta madura, hierbas secas, roble cremoso. Boca: potente, fruta madura, especiado, taninos maduros.

Amanovo, Edición Especial 2021 T
88
Confitado, frutal, especiado, maduro, algo secante.

BODEGA ARANLEÓN
Ctra. Caudete, 3
46310 Los Marcos (València/Valencia)
☎: +34 963 631 640
vinos@aranleon.com
www.aranleon.com

El Árbol de Aranleón 2022 T C
89
Amable, agradable, maduro, tostado.

BODEGA EL ANGOSTO
Ctra. Fontanars CV-660, Km. 24.5
46870 Ontinyent (València/Valencia)
☎: +34 962 380 638
info@bodegaelangosto.com
www.bodegaelangosto.com

Almendros 2023 B
sauvignon blanc, verdejo, riesling
92 ★★★★★ 7,5€
Complejo, con personalidad. Color: pajizo. Aroma: fruta madura, hierbas secas, flores marchitas. Boca: potente, fruta madura, equilibrado.

La Tribuna 2022 T
bobal, garnacha, syrah
90 ★★★★★ 6€
Frutal, maduro, especiado, tostado, rústico.

La Vereda 2022 T BA
monastrell, malbec
91 ★★★★★ 7,5€
Color: cereza, borde violáceo. Aroma: expresión frutal, fruta roja, especiado, balsámico. Boca: sabroso, frutoso, buena acidez, taninos secos pero maduros, equilibrado.

Teuladí 2023 T
arco, forcallat, bonicaire
91 ★★★★★ 7,5€
Color: cereza, borde violáceo. Aroma: expresión frutal, fruta roja, floral, balsámico. Boca: frutoso, sabroso, equilibrado.

DO VALENCIA / D.O.P.

BODEGAS ARRÁEZ
Pol. 6 Parcela 386 Paraje Ciscar
46630 La Font de la Figuera (València/Valencia)
☎: +34 962 290 031
info@bodegasarraez.com
www.bodegasarraez.com

Los Arráez Lagares 2020 T RB
60% monastrell, 40% cabernet sauvignon

90 ★★★★   10,9€

Color: cereza, borde violáceo. Aroma: expresión frutal, fruta roja, especiado, hierbas silvestres. Boca: sabroso, frutoso, especiado, fruta madura, retronasal ahumado.

Los Arráez Parcela 0 2020 T RB
40% garnacha tintorera, 30% monastrell, 15% cabernet sauvignon, 10% arco, 5% forcallat

91 ★★★   14,9€

Color: cereza intenso. Aroma: fruta madura, hierbas secas, roble cremoso, fruta negra. Boca: potente, fruta madura, especiado, taninos maduros, retronasal ahumado.

Mala Vida 2021 T RB
30% monastrell, 30% tempranillo, 20% syrah, 20% cabernet sauvignon

87 ★★★   7,4€

Mala Vida 2023 B
40% moscatel, 40% merseguera, 20% verdil

88 ★★★★   7,4€

Agradable, tropical, suave.

Mala Vida Edición Limitada 2021 T RB
monastrell, garnacha tintorera

90 ★★★★★   10€

Color: cereza intenso. Aroma: fruta madura, hierbas secas, roble cremoso, cacao fino, especiado. Boca: potente, fruta madura, especiado, taninos maduros, taninos secos pero maduros.

BODEGAS EL VILLAR
Avda. del Agricultor, 1
46170 Villar del Arzobispo (València/Valencia)
☎: +34 618 779 079
acortell@makesense.es
www.elvillar.com

Cantalares Merlot 2021 T
merlot

86   5€

Cantalares Merseguera 2022 B
merseguera

86   5€

Laderas 2023 B
merseguera, macabeo

87 ★★★★   3€

Viña Villar 2020 T C
tempranillo, merlot

86   6€

Viña Villar Chardonnay 2022 B
chardonnay

86   4€

Viña Villar Syrah 2022 T
syrah

87 ★★★★   4€

BODEGAS ENGUERA
Chiva 51, Bajo
46018 València/Valencia (València/Valencia)
☎: +34 664 613 791
j.martinez@bodegasenguera.com
www.bodegasenguera.com

Blanc d'Enguera Arroyo 2021 B
verdil

88 🌱   17€

Frutal, flores secas, hierbas secas, maduro, sabroso, tropical.

Blanc d'Enguera Original 2022 B FB
70% verdil, 10% sauvignon blanc, 10% chardonnay, 10% viognier

90 ★★★★ 🌱   12€

Color: pajizo brillante. Aroma: expresión frutal, fruta madura, fruta de hueso, hierbas secas, caramelo de limón. Boca: sabroso, equilibrado, frutoso, cierta persistencia.

Megala 2021 T
monastrell, tempranillo, marselan

92 ★★★★ 🌱   16€

Color: cereza intenso, borde violáceo. Aroma: fruta madura, hierbas secas, roble cremoso, hierbas silvestres. Boca: potente, fruta madura, especiado, taninos maduros, cierta persistencia.

Sueño de Megala 2018 T BA
marselan

93 🌱   27€

Color: cereza intenso, borde violáceo. Aroma: fruta madura, hierbas secas, roble cremoso, expresión frutal, fruta negra. Boca: potente, fruta madura, especiado, taninos maduros, sabroso, cierta persistencia.

Verdil de Gel 2022 B D
verdil

88 🌱   15€

Agradable, tropical, sabroso, cítrico.

BODEGAS HISPANO SUIZAS

Ctra. N-322, Km. 451,7
46357 El Pontón (València/Valencia)
☎: +34 962 349 370
info@bodegashispanosuizas.com
www.bodegashispanosuizas.com

Bassus Finca Casilla Herrera 2020 T
bobal, petit verdot, syrah, merlot, cabernet franc

92 29,5€

Cremoso, tostado. Color: cereza oscuro, cereza, borde violáceo. Aroma: tostado, especiado, cacao fino, fruta madura, fruta roja. Boca: sabroso, tostado, fino amargor, frutoso, cierta persistencia, retronasal torrefactado.

BODEGAS LOS PINOS

Casa Los Pinos, s/n
46635 Fontanars dels Alforins (València/Valencia)
☎: +34 600 584 397
bodegaslospinos@bodegaslospinos.com
www.bodegaslospinos.com

Brote 2023 RD
garnacha

87 ★★★★ 🌱 6,75€

Ca'ls Ls Pins 2023 B
moscatel, sauvignon blanc

87 ★★★★ 🌱 6,75€

Ca'ls Ls Pins 2023 T BA
cabernet sauvignon, monastrell, merlot

88 ★★★★ 🌱 6,75€

Correcto, frutal, herbal, maduro.

Dx de Dominio Los Pinos 2021 T RB
monastrell, cabernet sauvignon

88 ★★★★ 🌱 7,4€

Frutal, muy primario, sencillo, herbal.

La Sort 2022 T
garnacha

90 🌱 15,9€

Color: cereza, borde violáceo. Aroma: expresión frutal, especiado, fruta negra, hierbas secas. Boca: sabroso, frutoso, cierta persistencia, taninos secos pero maduros.

Los Pinos 0 % Sulfito 2023 T
monastrell, syrah, garnacha

88 🌱 10,9€

Frutal, confitado, goloso, maduro, sabroso.

BODEGAS MURVIEDRO

Ampliación Pol. El Romeral, s/n
46340 Requena (València/Valencia)
☎: +34 962 329 003
murviedro@murviedro.es
www.murviedro.es

Audentia 2020 T R
40% tempranillo, 40% monastrell, 20% cabernet sauvignon

90 ★★★★★ 8,25€

Color: cereza poco intenso. Aroma: expresión frutal, fruta roja, hierbas silvestres, fruta madura. Boca: sabroso, frutoso, tostado, cierta persistencia, taninos secos pero maduros.

CV05 2022 T
100% cabernet sauvignon

90 16,95€

Color: cereza intenso, borde violáceo. Aroma: fruta madura, hierbas secas, roble cremoso, fruta negra, hierbas verdes. Boca: potente, fruta madura, especiado, taninos potentes, retronasal ahumado.

La Muleta 2019 T R
50% tempranillo, 50% bobal

88 ★★★★ 4,5€

Cálido, maduro, especiado, tostado, suave.

Murviedro Colección 2020 T C
50% tempranillo, 30% monastrell, 20% syrah

88 ★★★★ 5,25€

Frutal, maduro, especiado, algo secante.

Murviedro Colección 2020 T R
40% tempranillo, 40% monastrell, 20% cabernet sauvignon

90 ★★★★★ 5,5€

Color: cereza, borde violáceo. Aroma: expresión frutal, fruta roja, floral, especiado, hierbas secas. Boca: sabroso, frutoso, cierta persistencia, taninos maduros.

BODEGAS POLO MONLEÓN

Ctra. Valencia - Ademuz, Km. 86
46178 Titaguas (València/Valencia)
☎: +34 617 918 448
info@hoyadelcastillo.com
www.hoyadelcastillo.com

Hoya del Castillo 2023 B
merseguera

88 ★★★★ 6€

Cítrico, frutal, flores secas, hierbas secas, sabroso.

DO VALENCIA / D.O.P.

DO VALENCIA / D.O.P.

BODEGAS SANTA BÁRBARA
Ctra. de Alpuente, 27
46178 Titaguas (València/Valencia)
☎: +34 690 189 017
info@vinosaltoturia.com
www.vinosaltoturia.com

2L 2022 B
100% merseguera
86 🌿   7,5€

Llanos de Titaguas 2022 B
100% merseguera
86   4€

Mersé 2020 B FB
100% merseguera
87 ★★★★   5,5€

BODEGAS VEGAMAR
Garcesa, s/n
46175 Calles (València/Valencia)
☎: +34 962 781 443
amalia.alcocer@vegamar.es
www.vegamar.es

Altos de la Muela 2020 T C
garnacha
91
Color: cereza brillante. Aroma: fruta confitada, fruta al licor, fruta roja, especias dulces, cuero muy curtido. Boca: sabroso, frutoso, especiado, confitado, cierta persistencia, retronasal ahumado.

Esencia Vegamar 2021 T
garnacha, syrah
91
Color: cereza intenso. Aroma: fruta madura, hierbas secas, roble cremoso, fruta roja, fruta negra, especiado. Boca: potente, fruta madura, especiado, taninos potentes.

Huella de Merseguera 2023 B
merseguera
89
Frutal, flores secas, maduro, muy primario, sabroso.

Huella de Syrah 2023 T
syrah
88
Frutal, tostado, especiado, maduro.

Vegamar 2021 T C
89
Frutal, floral, muy primario, maduro, algo secante.

Vegamar 2023 B
89
Amable, suave, tropical, cítrico.

BODEGAS VINIVAL
Ctra. Chiva a Montserrat, Km. 1
30520 Chiva (València/Valencia)
☎: +34 963 568 750
nerea.bardaji@garciaperezgroup.com
www.vinival.es

Dolçaina BF Mistela D
moscatel de alejandría
91   18€
Color: amarillo brillante. Aroma: notas amieladas, especias dulces, expresivo. Boca: graso, potente, sabroso.

BODEGAS VOLVER
Ctra de Pinoso a Fortuna, s/n
03658 Rodriguillo (Alacant/Alicante)
☎: +34 966 185 624
export@bodegasvolver.com
www.bodegasvolver.com

Espeto Bobal 2022 T
bobal
88
Aromas nítidos, agradable, frutal, sabroso, jugoso.

BODEGAS Y DESTILERÍAS VIDAL
Pol. Ind. El Mijares. Valencia, 16
12550 Almazora (Castelló/Castellón)
☎: +34 964 503 300
info@bodegasvidal.com
www.bodegasvidal.com

Moscatel Orgullo Vino de Licor B
89
Color: dorado. Aroma: notas amieladas, fruta escarchada, hierbas de tocador. Boca: dulce, fresco, buena acidez.

Uva D'Or Moscatel de Licor B D
90
Color: dorado brillante. Aroma: notas amieladas, floral, especias dulces, expresivo. Boca: graso, potente, sabroso.

CARMELITANO BODEGAS Y DESTILERÍAS
Bodolz, 12
12560 Benicassim (Castelló/Castellón)
☎: +34 964 300 849
carmelitano@carmelitano.com
www.carmelitano.com

Carmelitano Moscatel 2023 B MO D
moscatel de alejandría
90 ★★★★★   7,95€
Color: amarillo brillante. Aroma: balsámico, notas amieladas, floral, expresivo. Boca: frutoso, sabroso, elegante.

CASA LOS FRAILES

Casa Los Frailes, s/n
46635 Fontanars dels Alforins (València/Valencia)
☎: +34 962 222 220
info@bodegaslosfrailes.com
www.casalosfrailes.es

1771 Casa Los Frailes 2021 T C
monastrell

93 🍷

Color: cereza brillante. Aroma: expresión frutal, fruta roja, flores marchitas, hierbas de monte. Boca: frutoso, equilibrado, sabroso, fruta madura, tanino domado.

La Danza de la Moma 2021 T BA
marselan, monastrell

91 🍷

Color: cereza muy intenso, borde violáceo. Aroma: fruta madura, fruta negra, hierbas silvestres, hierbas de monte, especiado. Boca: frutoso, sabroso, fruta madura, buena acidez, equilibrado, taninos secos pero maduros.

Los Frailes Caliza 2022 T
monastrell

93 🍷

Amable, balsámico. Color: cereza, borde violáceo. Aroma: fruta madura, fruta roja, hierbas silvestres, hierbas de monte, flores marchitas, mineral. Boca: sabroso, frutoso, fresco, equilibrado, taninos maduros, cierta persistencia.

Los Frailes Dolomitas 2022 T
monastrell

92 🍷

Color: cereza, borde violáceo. Aroma: expresión frutal, fruta roja, floral, especiado, piedra seca, hierbas silvestres. Boca: sabroso, frutoso, buena acidez, fresco, cierta persistencia.

Los Frailes Rubificado 2022 T
garnacha tintorera

94 🍷

Color: cereza brillante. Aroma: fruta madura, fruta roja, hierbas silvestres, especiado. Boca: fruta madura, especiado, frutoso, equilibrado, sabroso.

Trilogía 2020 T C

90 🍷

Color: cereza, borde violáceo. Aroma: expresión frutal, fruta roja, especiado, fruta madura, hierbas silvestres. Boca: sabroso, frutoso, especiado, retronasal ahumado, taninos secos pero maduros.

CELLER CATARUZ

Ctra. CV-590, km 51,5
46810 Enguera (València/Valencia)
☎: +34 678 513 800
cataruzsl@gmail.com
www.cellercataruz.com

Il.Lusiona't 2023 B

88 ★★★★ 🍷   7€

Amable, frutal, sencillo, suave.

Il.Lusiona't Rosé 2023 RD
marselan, tempranillo

87 ★★★★ 🍷   7€

Malcriat 2022 T
monastrell, marselan

88 ★★★★ 🍷   7€

Frutal, correcto, sencillo, silvestre.

Maneras de Vivir 2019 T
bobal, syrah

87 🍷   15€

Melic 2019 T
50% bobal, 30% cabernet sauvignon, 20% merlot

88 🍷   11€

Especiado, frutal, maduro, silvestre.

CELLER DEL ROURE

Ctra. de Les Alcusses, Km. 11,1
46640 Moixent (València/Valencia)
☎: +34 962 295 020
info@cellerdelroure.es
www.alcusses.es

Maduresa 2021 T
80% monastrell, cariñena

91 🍷

Color: cereza, borde violáceo. Aroma: fruta roja, floral, especiado, hierbas de monte, fruta negra, fruta madura. Boca: sabroso, frutoso, buena acidez.

Parotet 2021 T

92 🍷

Color: cereza, borde violáceo. Aroma: expresión frutal, fruta roja, especiado, con oscuridad. Boca: sabroso, frutoso, buena acidez, fresco.

Safrà 2022 T

91 🍷

Jugoso. Color: cereza brillante. Aroma: equilibrado, fruta roja, hierbas silvestres. Boca: sabroso, frutoso, buena acidez.

DO VALENCIA / D.O.P.

DO VALENCIA / D.O.P.

CLOS COR VÍ

Ctra. N-322, Km. 431
46354 Requena- Los Isidros (València/Valencia)
☎: +34 963 145 807
comunicacion@closcorvi.com
www.closcorvi.com

Cimera Clos Cor Ví 2020 B C

92 — 22€

Color: amarillo brillante. Aroma: fruta madura, hierbas secas, flores marchitas, caramelo de limón, flores blancas. Boca: fruta madura, equilibrado, frutoso, fresco, cierta persistencia.

Cimera Clos Cor Ví 2022 B C

92 — 22€

Aromático. Color: amarillo brillante. Aroma: fruta madura, hierbas secas, flores marchitas, caramelo de limón, flores blancas. Boca: fruta madura, equilibrado, frutoso, fresco, cierta persistencia.

Cimera Clos Cor Ví Magnum 2019 B FB
50% viognier, 50% riesling

93 — 49,8€

Complejo, maduro. Color: amarillo brillante. Aroma: fruta madura, especiado, hidrocarburo, hierbas secas, tostado. Boca: estructurado, fino amargor, sabroso, frutoso, tostado, retronasal ahumado.

Clos Cor Ví Riesling 2022 B BA
100% riesling

90 ★★★ — 14€

Color: amarillo brillante. Aroma: fruta madura, flores secas, expresivo, mineral. Boca: frutoso, fresco, muy vivo, sabroso.

Clos Cor Ví Viognier 2022 B S
viognier

90 ★★★ — 14€

Suave, sencillo. Color: pajizo brillante. Aroma: hierbas secas, flores marchitas. Boca: potente, fruta madura.

CorSalvatge 2022 B
verdil

91 ★★★★★ — 12€

Color: amarillo brillante. Aroma: caramelo de limón, expresión frutal, fruta de hueso, flores marchitas, hierbas secas. Boca: frutoso, fresco, sabroso, fluido, equilibrado.

Versat Clos Cor Ví 2023 B
verdil

90 ★★★★★ — 9€

Color: pajizo brillante. Aroma: fruta fresca, cítricos, hierbas secas. Boca: fresco, frutoso, buena acidez, final amargor.

CLOS DE LÔM

Ctra. CV 655, km 6,8
46870 Ontinyent (València/Valencia)
☎: +34 963 349 777
info@closdelom.wine
www.closdelom.wine

Clos de Lôm Garnacha 2022 T
100% garnacha

88 — 12,5€

Cálido, tostado, maduro, amargoso.

Clos de Lôm Isidra 2021 T
85% garnacha, 15% tempranillo

90 — 18€

Color: cereza intenso. Aroma: fruta al licor, fruta sobremadura, cálido, tostado. Boca: sabroso, dulcedumbre, largo.

Clos de Lôm Malvasía 2023 B
malvasía

89 — 12,5€

Cítrico, correcto, floral, fresco, maduro.

Clos de Lôm Monastrell 2023 RD
100% monastrell

89 — 12,5€

Afilado, cítrico, herbal, notas de levadura.

Clos de Lôm Tempranillo 2023 T
100% tempranillo

91 ★★★★ — 12,5€

Color: cereza, borde granate. Aroma: potente, tostado, fruta negra, fruta madura. Boca: sabroso, largo.

COOP. SANT PERE

Plaza de la Hispanidad 4
46640 Moixent (València/Valencia)
☎: +34 962 260 020
info@coopmoixent.com
www.coopmoixent.com

Sant Pere 2022 RD
88
Frutal, herbal, muy primario, sencillo.

Sant Pere Blanc 2021 B
90% macabeo, 10% merseguera
88
Cítrico, frutal, hierbas secas, sencillo.

Sant Pere Negre 2021 T
81% tempranillo, 14% monastrell, 5% merlot
87

Sant Pere Vinyes Velles Blanc 2019 B
pedro ximénez, macabeo, malvasía
90
Color: dorado brillante. Aroma: fruta madura, hierbas secas, flores marchitas, caramelo de limón. Boca: fruta madura, equilibrado, jugoso, frutoso, algo evolucionado.

Sant Pere Vinyes Velles Negre 2017 T
70% monastrell, 30% cariñena
89
Confitado, frutal, algo secante, especiado.

COOPERATIVA AGROVINÍCOLA MONTSERRAT

Dr. Marañón, 34
46192 Montserrat (València/Valencia)
☎: +34 962 999 042
info@agrovinicolamontserrat.com
www.agrovinicolamontserrat.com

Mistelanova 2023 B Mistela D
100% moscatel
88 ★★★★ 3,75€
Cálido, flores secas, maduro, cítrico.

FIL·LOXERA & CÍA.

Josep Renau, 53
46635 Fontanars dels Alforins (València/Valencia)
☎: +34 606 099 599
pilar@filoxeraycia.es

Beberás de la Copa de tu Hermana 2022 B
55% verdil, 29% macabeo, 10% monastrell, 6% malvasía
92 ★★★★★ 12,9€
Color: pajizo. Aroma: hierbas secas, fruta de hueso, piel de naranja, regaliz negro, floral. Boca: potente, fruta madura, equilibrado, sabroso, dulcedumbre.

El Cordero y las Vírgenes 2020 T R
garnacha tintorera, garnacha, monastrell, graciano, tempranillo, malvasía
93 27€
Color: Cereza. Aroma: balsámico, hierbas de monte, fruta negra, fruta madura, especiado. Boca: especiado, balsámico, buena acidez.

Sentada sobre La Bestia 2021 T BA
monastrell, garnacha tintorera, graciano, garnacha, tempranillo
92 ★★★★★ 12,9€
Amable, floral, silvestre, con personalidad. Color: cereza brillante. Aroma: fruta negra, fruta roja, franco, hierbas de monte. Boca: especiado, fácil de beber, buena acidez, con tensión.

Bienvenidos al Extraordinario Mundo de la Mujer Caballo mitad Mujer, mitad Caballo Azul (Arco) 2022 T C
100% arco
91 24€
Equilibrado, frutal, fresco. Color: Cereza. Aroma: fruta madura, intensidad media, equilibrado. Boca: frutoso, jugoso, muy vivo, pulido.

DO VALENCIA / D.O.P.

Bienvenidos al Extraordinario Mundo de la Mujer Caballo mitad Mujer, mitad Caballo Naranja (Valenci) 2022 B C
valencí, moscatel romano, airén, otras

92   24€

Poco intervencionista. Color: ámbar. Aroma: hierbas secas, flores marchitas, fruta de hueso, hierbas de monte, piel de naranja. Boca: fruta madura, equilibrado, carnoso.

Bienvenidos al Extraordinario Mundo de la Mujer Caballo mitad Mujer, mitad Caballo Verde (Ullet de Perdiu) 2022 T C

93   24€

Aromas nítidos, aromático, flores secas, silvestre. Aroma: franco, fresco, expresivo, hierbas de tocador. Boca: buena acidez, jugoso, con tensión.

GUILELLA AGRICOLA
Diseminados 575 Pol. 12 Parc. 40
46880 Bocairente (València/Valencia)
☎: +34 649 444 919
guilella@guilella.com

Font de l'Árbre 2021 T RB
100% cabernet sauvignon

85

Font de la Carrasca 2020 T
100% pinot noir

87

Font de la Coveta 2021 T
100% syrah

88

Confitado, especiado, frutal, rústico, tostado.

Font Freda 2021 B
80% riesling, 20% chardonnay

88 ★★★★   7€

Suave, sencillo, sabroso.

Font Freda 2022 B
80% riesling, 20% chardonnay

88

Frutal, herbal, sencillo, fresco.

HAMMEKEN CELLARS
03700 Denia (Alacant/Alicante)
☎: +34 965 791 967
cellars@hammekencellars.com
www.hammekencellars.com

Albades Malvasía 2023 B
malvasía

88   10€

Frutal, hierbas secas, flores secas, maduro, sabroso.

Borneo 2023 B
viura, verdejo

88

Cítrico, fresco, herbal, sabroso.

JAVI REVERT VITICULTOR
46630 La Font de la Figuera (València/Valencia)
javirevert@icloud.com

Micalet 2022 B

94

Flores secas. Color: amarillo brillante. Aroma: expresivo, jazmín, hierbas secas, flores secas, fruta madura. Boca: sabroso, frutoso, equilibrado.

Sensal 2022 T

93   22€

Agradable, aromas nítidos, balsámico. Color: Cereza. Aroma: balsámico, especias dulces, hierbas de monte. Boca: especiado, balsámico, buena acidez.

🏆 **PODIO**

Simeta 2021 T
arco

96   42€

Afilado, balsámico, con personalidad. Color: cereza brillante. Aroma: balsámico, especias dulces, hierbas de monte, expresión frutal, fruta roja. Boca: especiado, balsámico, buena acidez, muy vivo.

Premio al Vino Revelación - Guía Peñín 2023

LA BARONÍA DE TURIS
Avda. D. Bautista Soler Crespo, 22
46389 Turis (València/Valencia)
☎: +34 669 479 708
comercial@baroniadeturis.es
www.baroniadeturis.es

Baronia 2022 B RC S
100% malvasía

91 ★★★★★   4,75€

Color: yodo, borde ambarino. Aroma: complejo, frutos secos, barniz. Boca: graso, largo, especiado.

Cañamar 2022 B Mistela
100% malvasía

87 ★★★★   4,75€

Son 2 Días 2023 B SS
100% moscatel de alejandría

86   4,2€

Valencian Sun 2023 B Mistela D
100% moscatel de alejandría

90   15€

Maduro, lleno, suave, varietal, equilibrado.

LA COMARCAL

Ctra Caudete Los Isidros CV-452 , 2,
46310 Venta del Moro (València/Valencia)
☎: +34 654 547 305
javirevert@icloud.com

Delmoro 2022 B
merseguera

90 ★★★★★   8,9€

Color: pajizo brillante. Aroma: fruta madura, hierbas de tocador, lías finas, con carácter. Boca: lleno, buena acidez, amargoso.

Delmoro 2022 T
80% garnacha, 20% syrah

91 ★★★★★ 🌱   9,5€

Color: Cereza. Aroma: especias dulces, hierbas de monte, fruta madura, fruta negra. Boca: especiado, balsámico, buena acidez, amargoso.

Grillat 2023 T
75% monastrell, 25% garnacha

93 ★★★★★   14€

Aromático, con tensión. Color: cereza brillante. Aroma: balsámico, especias dulces, hierbas de monte, expresión frutal, hierbas verdes. Boca: especiado, balsámico, buena acidez.

LaFont 2023 B
malvasía

92 ★★★★★   13,5€

Con tensión. Color: pajizo brillante. Aroma: fruta madura, floral, lías finas, mineral, tiza. Boca: complejo, especiado, largo, mineral.

LES VINS BONHOMME

Partida el Barranquet, 6
03580 Alfaz del Pi (Alacant/Alicante)
☎: +34 965 843 281
nathalie@seaviewwines.es
www.lesvinsbonhomme.com

Caminos del Bonhomme 2022 T
87

El Bonhomme Blanco 2023 B
86

RAFAEL CAMBRA

Casa Colaus, 1 Ctra. Fontanars a Moixent, Km. 1.4
46635 Fontanars dels Alforins (València/Valencia)
☎: +34 626 309 327
rafael@rafaelcambra.es
www.rafaelcambra.es

El Bon Homme 2023 T
90

Color: cereza, borde violáceo. Aroma: fruta roja, floral, especiado, pan tostado. Boca: sabroso, frutoso, buena acidez.

La Forcalla de Antonia 2022 T
forcallat

93

Balsámico. Color: cereza brillante. Aroma: fruta madura, fruta roja, hierbas silvestres, especiado, terroso, pan tostado. Boca: frutoso, sabroso, retronasal afrutado, taninos maduros, dulcedumbre.

Rafael Cambra Dos 2022 T
91

Color: cereza, borde violáceo. Aroma: expresión frutal, fruta roja, especiado, fruta negra, hierbas de monte. Boca: sabroso, frutoso, buena acidez, cierta persistencia, especiado.

Rafael Cambra Uno 2022 T
monastrell

92

Color: cereza brillante. Aroma: fruta madura, fruta negra, hierbas silvestres, hierbas de monte, especiado. Boca: frutoso, fresco, sabroso, equilibrado, cierta persistencia, taninos maduros.

Soplo 2022 T
92

Aromático, frutal. Color: cereza, borde violáceo. Aroma: expresión frutal, fruta roja, floral, especiado, hierbas silvestres. Boca: sabroso, frutoso, buena acidez, fresco, fluido.

TONI BENEITO

Partida Sant Antoni.- Finca El Cabeço
46880 Bocairent (València/Valencia)
☎: +34 681 909 243
info@tonibeneito.com
www.tonibeneito.com

Alma Sana 2021 T C
bonicaire, tempranillo

87   9,9€

Alma Sana Orange Wine 2021 B RB
tortosina

88 ★★★   8,25€

Frutal, flores secas, hierbas secas, silvestre, sabroso.

Estribillo 2021 T C
cabernet sauvignon, garnacha tintorera

88   9,9€

Frutal, herbal, maduro, especiado, sabroso, algo secante.

Toni Beneito Bonicaire 2021 T
100% bonicaire

91

Color: cereza, borde granate. Aroma: fruta confitada, potente, especias dulces. Boca: sabroso, largo, estructurado, lleno.

DO VALENCIA / D.O.P.

DO VALENCIA / D.O.P.

Toni Beneito Cabernet Sauvignon 2022 T
100% cabernet sauvignon

89

Balsámico, correcto, especiado, madera marcada, hierbas secas, maduro, sabroso.

Toni Beneito Viticultor Tortosí 2023 B
tortosina

90 ★★★★★ 8,25€

Color: pajizo. Aroma: fruta madura, hierbas secas, cítricos, lías finas. Boca: potente, fruta madura, equilibrado.

VICENTE GANDÍA
Ctra. Cheste a Godelleta, s/n
46370 Chiva (València/Valencia)
☎: +34 962 524 242
info@vicentegandia.es
www.vicentegandia.es

Ceramic Monastrell criado en Tinaja 2021 T
monastrell

92 25,99€

Color: cereza, borde violáceo. Aroma: floral, ahumado, especiado, fruta negra, equilibrado. Boca: sabroso, frutoso, buena acidez, carnoso.

Ceramic Sauvignon Blanc 2023 B
sauvignon blanc

90 25,99€

Color: pajizo. Aroma: hierbas secas, flores marchitas, pan tostado, fruta tropical. Boca: fruta madura, equilibrado, sabroso, salino.

Clos de Gallur 2020 T RB
syrah, tempranillo, cabernet sauvignon

91 35,99€

Clásico, corpulento. Color: Cereza. Aroma: especias dulces, hierbas de monte, balsámico, regaliz negro. Boca: especiado, buena acidez, taninos maduros.

VINOS SIERRA NORTE
Paraje Finca Calderón
46390 Requena (València/Valencia)
☎: +34 962 323 099
info@bodegasierranorte.com
www.bodegasierranorte.com

Pasion de Moscatel 2023 B
moscatel

87 ★★★ 🌱 7,35€

VINYA ALFORI
CV-655, Km. 3.1 Pol. 31 Parc. 22
46635 Fontanars dels Alforins (València/Valencia)
☎: +34 699 986 349
rebeca@vinyaalfori.es
www.vinyaalfori.es

Cubet 2020 B
100% macabeo

88 🌱 14,5€

Frutal, maduro, floral, sabroso.

Parcela Solana 2019 T RB
100% monastrell

89 🌱 23,4€

Frutal, hierbas secas, tostado, especiado, maduro.

Parcela Umbría 2017 T RB
100% monastrell

90 🌱 23,4€

Color: cereza brillante, borde granate. Aroma: fruta madura, hierbas secas, roble cremoso, especias dulces. Boca: fruta madura, especiado, taninos maduros, fácil de beber, frutoso.

Vinya Alforí 2019 T
100% monastrell

88 🌱 10€

Frutal, herbal, especiado, hierbas secas.

Vinya Alforí 2021 B
100% macabeo

88 🌱 10€

Frutal, hierbas secas, láctico, silvestre, varietal.

Vinya Alforí Negre 2019 B
100% macabeo

92 🌱 21,7€

Maduro. Color: dorado brillante. Aroma: elegante, fruta escarchada, especias dulces, flores marchitas. Boca: lleno, potente, sabroso, buena acidez, taninos maduros.

VIÑAS DEL PORTILLO

Pol. Ind. El Llano, F2 P4
46360 Buñol (València/Valencia)
☎: +34 696 451 326
info@alturia.es
www.canasybarro.com

Albufera Selección 2023 T
50% syrah, 50% garnacha

87 ★★★   8€

Cañas y Barro 2023 B
45% malvasía, 45% merseguera, 10% moscatel

87 ★★★   8€

Cañas y Barro 2023 RD PL
tempranillo

85   8€

WINES N' ROSES

Arcediano Ros, 35
46630 La Font de la Foguera (València/Valencia)
☎: +34 677 388 186
hello@wnr.es
www.wnr.es

Light My Fire 2021 T
100% garnacha tintorera

88 ★★★★   6,9€

Frutal, goloso, maduro, flores secas, algo secante, varietal.

The Final Countdown 2021 T RB
100% monastrell

89 ★★★★ 🌱   6,9€

Maduro, frutal, hierbas secas, sabroso, algo secante.

DO VALENCIA / D.O.P.

DO. VALLE DE GÜÍMAR
CONSEJO REGULADOR

Tafetana, 14
38500 Güímar (Santa Cruz de Tenerife)
☎: +34 922 514 709
@: consejo@vinosvalleguimar.com
www.vinosvalleguimar.com

SITUACIÓN:

En la isla de Tenerife. Constituye prácticamente una prolongación de la región del Valle de la Orotava hacia el sureste, formando un valle abierto al mar con una zona, Las Dehesas, situada por encima del monte y limitada por bosques de pinos, donde la viña crece casi en un ámbito alpino. Engloba los municipios de Arafo, Candelaria y Güímar.

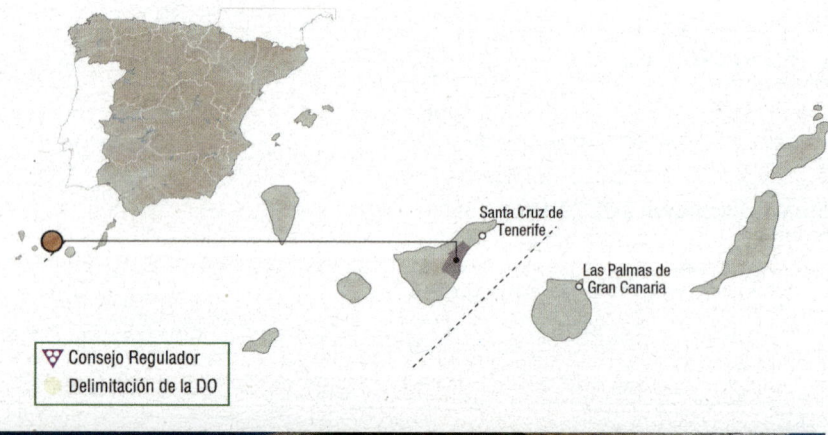

DO VALLE DE GÜÍMAR / D.O.P.

VARIEDADES:

BLANCAS: güal, listán blanco, malvasía, moscatel, verdello y vijariego.

TINTAS: bastardo negro, listán negro, malvasía tinta, moscatel negro, negramoll, vijariego negro, cabernet sauvignon, merlot, pinot noir, ruby cabernet, syrah y tempranillo.

DATOS CONSEJO REGULADOR:

Nº Has. Viñedo: 177 – **Nº Viticultores:** 417 – **Nº Bodegas:** 12 – **Cosecha 23:** SC– **Producción 23:** 233.115 L –
Comercialización: 99% Nacional - 1% Internacional.

SUELOS:

De tipo volcánico en las alturas. Cruzando la zona aparece una lengua negra de lava, donde se cultiva la viña en un terreno hostil, con orquetas de madera para levantar los largos sarmientos.

CLIMA:

Aunque la influencia de los vientos alisios es más marcada que en Abona, cabe señalar las importantes diferencias de altitud en un espacio muy reducido, lo que da lugar a diversos microclimas, y los acusados contrastes térmicos entre el día y la noche, lo que retarda la vendimia hasta el primero de noviembre.

CARACTERÍSTICAS GENERALES DE LOS VINOS

BLANCOS Es el producto más característico de la zona. Elaborados con listán blanco, los mejores se distinguen por su expresividad, finura y complejidad. Son de color amarillo pálido; en la nariz presentan delicados aromas florales y frutales; y en boca resultan complejos, sabrosos y persistentes.

TINTOS En el conjunto de la producción, tienen un carácter minoritario. Los más característicos se elaboran con listán negro, alternando en su composición con otras variedades como merlot, syrah o tempranillo. Son de color cereza granate, suelen ser afrutados y con matices silvestres; en la boca, secos, frutosos y ligeros.

CALIFICACIÓN DE COSECHAS DE VINOS JÓVENES GUÍA**PEÑÍN**

2019	2020	2021	2022	2023
MUY BUENA	MUY BUENA	MUY BUENA	EXCELENTE	MUY BUENA

DO VALLE DE GÜÍMAR / D.O.P.

BODEGA COMARCAL VALLE DE GÜIMAR
Ctra. a La Cumbre, Km. 4
38550 Arafo (Santa Cruz de Tenerife)
☎: +34 922 510 437
info@bodegacomarcalguimar.com
www.bodegavalledeguimar.com

Brumas de Ayosa 2023 T
88
Amable, láctico, muy primario, frutal, correcto, equilibrado.

Brumas de Ayosa BE BN
86

Brumas de Ayosa Marmajuelo 2023 B
100% marmajuelo,
88
Aromas nítidos, correcto, cítrico, fresco, frutal, tropical.

Brumas de Ayosa Seco 2023 B S
listán blanco,
86

Brumas de Ayosa sobre Lías 2023 B
87

BODEGA HERMANOS MESA
De Sosa, 2
38550 Arafo (Santa Cruz de Tenerife)
☎: +34 678 404 237
info@bodegahermanosmesa.com
www.bodegahermanosmesa.com

La Choza del Cabrero 2022 B
listán blanco,
93 ★★★   20€
Complejo, con personalidad. Aroma: fruta madura, equilibrado, piel de naranja, floral. Boca: buena acidez, equilibrado, fino amargor, sabroso.

Los Brezos 2022 T
85% listán negro, 15% listán blanco,
90   20€
Aromas nítidos, fluido, herbal, jugoso, muy primario. Aroma: fruta roja, fruta madura, hierbas silvestres. Boca: jugoso, frutoso, fácil de beber.

Nominado Vino Revelación

Los Pelados 2021 B
100% listán blanco,
94 ★★★★   20€
Original, silvestre, maduro. Color: amarillo brillante. Aroma: fruta macerada, complejo, equilibrado, hierbas silvestres, anisado, fruta madura. Boca: muy vivo, lleno, con tensión, buena acidez.

Oracan Orange 2021 B
listán blanco,
92   20€
Corpulento, original. Color: amarillo, dorado. Aroma: hierbas de tocador, con carácter. Boca: lleno, sabroso, amargoso, con tensión.

JUAN FRANCISCO FARIÑA PÉREZ
Subida Los Loros, km. 4,2
38530 Arafo (Santa Cruz de Tenerife)
☎: +34 636 824 919
jfcofarina@movistar.es

Los Loros "La Bota de Mateo" 2022 B
100% listán blanco,
94
Complejo, diferente, exuberante. Color: amarillo, pálido. Aroma: expresivo, con carácter, punzante, frutos secos, curry, apio. Boca: jugoso, balsámico, especiado, largo.

Los Loros "Siete Lomas" 2023 B FB
marmajuelo, listán blanco, gual, vijariego blanco,
92
Color: pajizo brillante. Aroma: expresión frutal, fruta de hueso, especiado. Boca: sabroso, retronasal afrutado, largo, fruta madura, especiado.

Los Loros Albillo Criollo 2023 B
albillo criollo,
92
Cítrico, fresco, jugoso, muy vivo. Color: pajizo brillante. Aroma: fruta blanca, fruta fresca, hierbas silvestres. Boca: buena acidez, equilibrado, fino amargor, afilado.

Los Loros Vijariego Blanco 2022 B
verijadiego blanco,
93
Color: amarillo, borde verdoso. Aroma: expresivo, fruta madura, floral, lías finas, mineral. Boca: lleno, complejo, largo, jugoso, muy vivo, fresco.

Los Loros Viñas Viejas 2023 B
100% listán blanco,
93
Aromas nítidos. Aroma: flores secas, hierbas secas, notas de levadura, franco, intensidad media. Boca: equilibrado, fino amargor, con tensión.

VIÑA GÓMEZ

Brisas de Chimisay, 1
38508 Güimar (Santa Cruz de Tenerife)
☎: +34 636 955 759
javiervinagomez@gmail.com
www.bodegavinagomez.com

1400M 2021 B C
90
Madera marcada. Color: amarillo brillante. Aroma: potente, fruta madura, especiado. Boca: graso, tostado, fino amargor.

1400M 2022 B FB
listán blanco,
92
Corpulento, exuberante, maduro. Aroma: fruta madura, flores secas, roble cremoso, flores marchitas. Boca: graso, lleno, potente, equilibrado, jugoso.

1400M 2022 T
listán negro, negramoll,
89
Balsámico, especiado, herbal, frutal, algo apagado, correcto, diferente, maduro, confitado.

1400M 2023 B S
90
Color: pajizo. Aroma: fruta madura, flores marchitas, notas de levadura. Boca: potente, fruta madura, equilibrado, frutoso.

1400M 2023 RD
87

Viña Gómez Listán 2020 B D
90
Goloso. Color: dorado. Aroma: fruta escarchada, notas amieladas. Boca: sabroso, dulce, potente.

VIÑAS HERZAS

Morra del Estanque s/n
38550 Arafo (Santa Cruz de Tenerife)
☎: +34 639 157 290
morraherzas@yahoo.es
www.herzas.es

Viñas Herzas 2023 B
listán blanco, marmajuelo, albillo criollo, moscatel de alejandría,
87

Viñas Herzas 2023 T
tempranillo, listán negro, cabernet sauvignon,
86

DO. VALLE DE LA OROTAVA
CONSEJO REGULADOR

Parque Recreativo El Bosquito, nº1
Urb. La Marzagana II - La Perdona
38315 La Orotava (Santa Cruz de Tenerife)
☎: +34 922 309 922
@: tecnico@dovalleorotava.com
www.dovalleorotava.com

SITUACIÓN:

En la zona norte de la isla de Tenerife. Limita al oeste con la DO de Ycoden - Daute - Isora y al este con la de Tacoronte - Acentejo. Se extiende desde el mar hasta el pie del Teide y aglutina los municipios de La Orotava, Los Realejos y El Puerto de la Cruz.

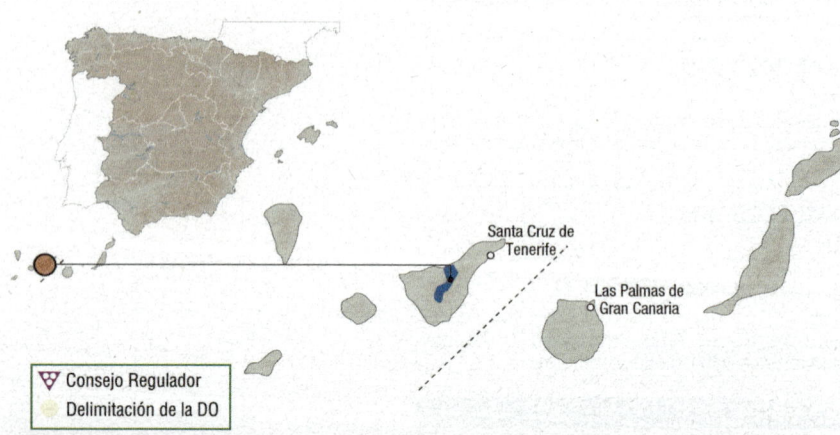

VARIEDADES:

BLANCAS:

Preferentes: güal, malvasía, verdello, vijariego, albillo, forastera blanca o doradilla, sabro, breval y burrablanca.

Autorizadas: bastardo blanco, forastera blanca (gomera), listán blanco, marmajuelo, moscatel, pedro ximénez y torrontés.

TINTAS:

Preferentes: listán negro, malvasía rosada, negramoll, castellana negra, mulata, tintilla, cabernet sauvignon, listán prieto, merlot, pinot noir, ruby cabernet, syrah y tempranillo.

Autorizadas: bastardo negro, moscatel negra, tintilla y vijariego negra.

DATOS CONSEJO REGULADOR:

Nº Has. Viñedo: 178 – **Nº Viticultores:** 393 – **Nº Bodegas:** 16 – **Cosecha 23:** Excelente– **Producción 23:** 340.000 L –
Comercialización: 72% Nacional - 28% Internacional.

SUELOS:

Son ligeros, permeables, ricos en nutrientes minerales y con un pH ligeramente ácido, debido a la naturaleza volcánica de la isla. El viñedo se asienta entre los 250 y 700 metros de altitud.

CLIMA:

Al igual que otras regiones de la islas, las condiciones meteorológicas están condicionadas por la influencia de los vientos alisios que, en esta región, determinan unos vinos de graduación moderada y carácter eminentemente atlántico. También es importante esta influencia atlántica en cuanto que dulcifica la temperatura de las zonas costeras y aporta altos niveles de humedad. Por último, el índice de lluvias es bastante bajo, pero en general las precipitaciones son más abundantes en la vertiente norte y zonas altas.

CARACTERÍSTICAS GENERALES DE LOS VINOS

BLANCOS — Similares a los de Tacoronte en cuanto que comparten el mismo carácter atlántico, aunque más acentuado que en su vecina del sur. De color amarillo pajizo; frescos, afrutados, con notas algo herbáceas pero que, en los mejores ejemplos, pueden reproducir la finura del hinojo o la menta.

ROSADOS — Aunque la producción es mucho más baja, existen algunos buenos ejemplos de rosados modernos, de color frambuesa, aromas muy afrutados, y frescos y agradables en boca.

TINTOS — Cada vez son más los tintos elaborados en la zona. Se trata de vinos que gozan de gran singularidad, de color cereza granate, buena intensidad aromática y con notas de frutos rojos de acuerdo con su carácter atlántico; en boca son ligeros, sabrosos y agradables. Sobresalen los matices balsámicos de sus vinos y en ocasiones toques salinos.

CALIFICACIÓN DE COSECHAS DE VINOS JÓVENES GUÍA**PEÑÍN**

2019	2020	2021	2022	2023
SC	SC	SC	SC	MUY BUENA

DO VALLE DE LA OROTAVA / D.O.P.

DO VALLE DE LA OROTAVA / D.O.P.

300 LIOS
Ctra. Palo Blanco, Km. 1 Lg. El Albornoz
38410 Los Realejos (Santa Cruz de Tenerife)
☎: +34 616 511 951
300lioswines@gmail.com
www.300lios.com

300 Lios 2022 RD
100% listán negro

90   16,94€

Ahumado, aromático, balsámico, especiado. Aroma: hierbas secas, lías finas, notas de levadura. Boca: jugoso, equilibrado.

300 Lios Albillo Criollo 2022 B BA
100% albillo

89   19,36€

Especiado, maduro, madera marcada, correcto, sabroso, persistente.

300 Líos Vidueño 2022 B
listán blanco, vijariego blanco, albillo

91   22,99€

Color: pajizo brillante. Aroma: fruta fresca, cítricos, hierbas silvestres. Boca: frutoso, buena acidez, fino amargor, equilibrado, jugoso.

In-cierto Proyecto de Valerio García 2021 B
100% albillo criollo

91   22,7€

Color: amarillo brillante. Aroma: pólvora, con carácter, equilibrado, franco, potente. Boca: sabroso, fruta madura, especiado, largo.

BODEGA FINCA MARAÑUELA
Cº La Arbeja, 48 La Perdoma
38315 La Orotava (Santa Cruz de Tenerife)
☎: +34 699 434 662
info@bodegafincamaranuela.com
www.bodegafincamaranuela.com

Calima Orange Vino Natural 2023 B
listán blanco

89   25€

Poco intervencionista, rústico. Aroma: notas almizcladas, cera, con carácter. Boca: sabroso.

Cariño Clarete Vino Natural 2023 RD
listán negro

88   36€

Poco intervencionista, notas animales, con oscuridad. Aroma: notas de cereal, con carácter.

Marañuela Vino Natural 2023 T
listán negro

89   25€

Silvestre, poco intervencionista, balsámico, maduro, rústico, sabroso.

TƎRNA Vino Natural 2023 T
listán negro

90   22€

Aromas nítidos, hierbas secas, representativo. Color: Cereza. Aroma: balsámico, hierbas de monte. Boca: especiado, balsámico, fruta madura.

BODEGA ILLADA
Calle Nueva, 31, La Cruz Santa
38413 Los Realejos (Santa Cruz de Tenerife)
☎: +34 627 229 735
bodegaillada@gmail.com

El Reboso 2023 B
listán blanco

87 ★★★★   7€

El Reboso 2023 RD
listán negro

87 ★★★★   7€

El Reboso Afrutado 2023 B
listán blanco

87 ★★★★   7€

El Reboso Listán Negro 2022 T
listán negro

87 ★★★★   7€

BODEGA TAFURIASTE
Las Candias Altas, 11
38312 La Orotava (Santa Cruz de Tenerife)
☎: +34 647 421 256
vinos@bodegatafuriaste.com
www.bodegatafuriaste.com

Engazo Familia Tafuriaste 2022 B BA
listán blanco

90   20€

Cítrico, flores secas. Color: amarillo brillante. Aroma: cera, flores marchitas. Boca: jugoso, sabroso, fruta madura.

Engazo Familia Tafuriaste 2023 T C
listán blanco

89   18€

Balsámico, maduro, frutal, persistente, silvestre. Boca: taninos secos pero maduros.

Ocho Islas 2022 T RB
95% listán negro, 5% castellana, tintilla

90   17€

Color: cereza brillante. Aroma: especias dulces, fruta madura, chocolate. Boca: frutoso, especiado, taninos maduros.

DO VALLE DE LA OROTAVA / D.O.P.

Prunet Esencia del Territorio 2022 T
90% listán negro, 10% tintilla
89 18€
Con oscuridad. Aroma: notas almizcladas, con carácter. Boca: amargoso, correcto.

Tafuriaste 2022 T
87 13€

Tafuriaste Afrutado Semidulce 2023 RD SD
86 12,5€

BODEGAS ARAUTAVA
Camino La Habanera, 286
38300 La Orotava (Santa Cruz de Tenerife)
☎: +34 922 309 024
info@bodegasarautava.com
www.bodegasarautava.com

Arautava Finca la Habanera Albillo Criollo 2022 B FB
albillo criollo
91 20,75€
Color: amarillo brillante. Aroma: roble cremoso, fruta madura, especiado, equilibrado. Boca: graso, estructurado, largo, fruta madura.

Arautava Finca la Habanera Listán Blanco Cordón Trenzado 2022 B
listán blanco
91 20,75€
Aromas nítidos, cítrico, equilibrado. Color: pajizo brillante. Aroma: lías finas, especiado. Boca: jugoso, fresco, equilibrado.

Arautava Finca la Habanera Listán Negro Cordón Trenzado 2021 T
100% listán negro
92 20,75€
Color: cereza poco intenso. Aroma: hierbas de monte, fruta madura, terroso, equilibrado, franco. Boca: especiado, balsámico, buena acidez.

Arautava Listán Blanco Seco 2023 B S
listán blanco
88 12,75€
Agradable, sencillo, frutal, maduro, correcto.

Arautava Paraje San Antonio 2022 T
listán negro
88 14,75€
Herbal, maduro, silvestre, sabroso, tostado, especiado.

Finca La Habanera Vidueño 2022 RD
listán blanco, albillo criollo, listán blanco
91
Color: cobrizo, brillante. Aroma: fruta madura, especias dulces, hierbas secas. Boca: carnoso, sabroso, especiado, largo, fino amargor.

BODEGAS MURCAL
Camino Tío Luis, 87
38315 La Orotava (Santa Cruz de Tenerife)
☎: +34 616 175 152
contacto@bodegasmurcal.es

Murcal 2023 T
100% listán negro
89 ★★★★ 8,35€
Amable, muy primario, frutal, hierbas secas, herbáceo, jugoso, balsámico.

Perdomero 2023 T
60% listán negro, 40% listán blanco
89 10,49€
Balsámico, rústico, sabroso, maduro, jugoso.

Stanis Tradicional 2023 T
100% listán negro
88 ★★★★ 7,44€
Balsámico, herbal, frutal, correcto, sabroso, maduro.

BODEGAS TAJINASTE
Ratiño 5
38315 La Orotava (Santa Cruz de Tenerife)
☎: +34 687 330 920
bodega@tajinaste.net
www.bodegatajinaste.com

Can 2022 T
vijariego negro, listán negro
91
Color: cereza brillante. Aroma: balsámico, fruta madura, hierbas de monte, roble cremoso. Boca: sabroso, balsámico, especiado.

Tajinaste Naturalmente Dulce 2021 T D
90
Aroma: especiado, fruta sobremadura, fruta pasificada. Boca: potente, sabroso, equilibrado, lleno, frutoso.

Tajinaste Vendimia Seleccionada 2022 T
90
Correcto, sabroso. Aroma: fina reducción, fruta negra. Boca: sabroso, lleno, estructurado.

DO VALLE DE LA OROTAVA / D.O.P.

LA HAYA
Calzadillas, 88 La Cruz Santa
38413 Los Realejos (Santa Cruz de Tenerife)
☎: +34 629 051 413
lahayabodegas@gmail.com

La Haya Afrutado
Cordón Trenzado 2022 B SS
90% listán blanco, 10% otras

88 ★★★   8,75€
Amable, aromas nítidos, frutal, maduro. Boca: sabroso.

La Haya Cordón Trenzado 2021 B BA
90% listán blanco, 10% otras

90 ★★★   13,5€
Color: amarillo brillante. Aroma: fruta madura, especiado, caramelo tostado. Boca: graso, largo, fino amargor.

La Haya Seco 2022 B
88   9,25€
Correcto, hierbas secas, flores secas. Aroma: notas almizcladas. Boca: fino amargor.

Piel de la Haya Cordón Trenzado 2022 B
90% listán blanco, 10% otras

88   15€
Tostado, ahumado, corpulento, astringente. Aroma: fruta de hueso.

LA SUERTITA
Real de la Cruz Santa
38413 Los Realejos (Santa Cruz de Tenerife)
☎: +34 669 408 761
bodegalasuertita@yahoo.es
www.bodegalasuertita.com

Informal
Proyecto de Valerio García 2022 B
80% vijariego blanco, 20% listán blanco

91   25,2€
Color: oro viejo. Aroma: fruta madura, fruta escarchada, roble cremoso, caramelo tostado, notas amieladas. Boca: lleno, opulento, sabroso.

La Suertita 2023 B S
listán blanco

89   14€
Agradable, fresco, frutal, suave, correcto, hierbas secas. Boca: fácil de beber.

La Suertita Albillo Criollo 2023 B
albillo criollo

88   19€
Maduro, frutal, boca correcta, sencillo, agradable, floral.

La Suertita Bagazo 2023 B
listán blanco, moscatel, albillo criollo, verdello

89   19€
Amable, aromático, floral, fresco, frutal. Boca: fruta madura, fácil de beber.

LA VIÑITA
Camino La Higuera, 9
38300 La Orotava (Santa Cruz de Tenerife)
☎: +34 639 369 330
daniari222@hotmail.com

Chivita 2023 B S
listán blanco

86   9,5€

Chivita Afrutado 2023 B
listán blanco

88   9,5€
Agradable, aromático, balsámico, herbal, silvestre, aromas nítidos.

Chivita Tinto Tradición 2023 T
listán negro, tintilla

86   9€

SUERTES DEL MARQUÉS
Cº Las Suertes Tercera, 10
38300 La Orotava (Santa Cruz de Tenerife)
☎: +34 922 501 300
ventas@suertesdelmarques.com
www.suertesdelmarques.com

Suertes del Marqués Edición 1 2022 T
100% listán negro

96   45€
Austero, con tensión, muy vivo. Color: cereza poco intenso. Aroma: intensidad media, franco, fruta roja, mineral. Boca: con tensión, elegante, fino amargor, largo, frutoso, jugoso.

Suertes del Marqués
La Solana 2022 T
listán negro

94 ★★★★★   18€
Aromas nítidos, jugoso. Color: cereza, borde violáceo. Aroma: fruta roja, floral, especiado, terroso, hierbas silvestres. Boca: sabroso, frutoso, buena acidez, largo.

Suertes del Marqués
Los Pasitos 2022 T
baboso

93   30€
Color: cereza, borde violáceo. Aroma: fruta roja, floral, especiado, terroso, cacao fino. Boca: sabroso, frutoso, buena acidez, mineral.

7 Fuentes 2021 T
95% listán negro, 5% castellana

92 ★★★★★ 11€

Aromático, silvestre, representativo. Color: cereza poco intenso. Aroma: bajamar, hierbas silvestres, fina reducción. Boca: jugoso, frutoso, fruta madura, largo, muy vivo.

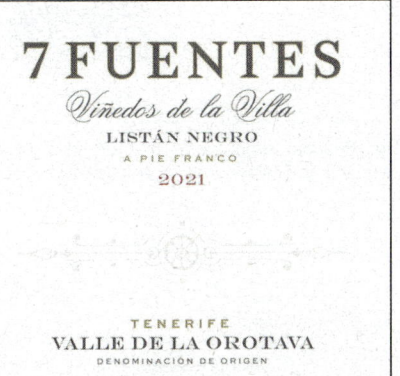

🏆 PODIO

Las Suertes 2022 T
listán negro

96 36€

Aromas nítidos, jugoso. Color: Cereza. Aroma: complejo, expresivo, especiado, mineral, violetas. Boca: elegante, largo, sabroso.

Suertes del Marqués Candio 2022 T

94

Aromas nítidos, amable. Color: Cereza. Aroma: complejo, expresivo, especiado, mineral, balsámico, anisado, fruta roja. Boca: elegante, lleno, largo, persistente.

Suertes del Marqués Cruz Santa 2022 T
vijariego negro

94 30€

Agradable, aromas nítidos. Color: cereza, borde violáceo. Aroma: expresión frutal, fruta roja, floral, hierbas verdes. Boca: sabroso, frutoso, buena acidez.

🏆 PODIO

Suertes del Marqués Edición 1 2022 B
listán blanco

97 95€

Aromas nítidos. Color: pajizo brillante. Aroma: expresivo, fruta madura, lías finas, mineral, cera, fósforo. Boca: lleno, complejo, especiado, largo, cremoso.

🏆 PODIO

Suertes del Marqués Trenzado 2022 B
100% listán blanco

94 ★★★★★ 18€

Aromas nítidos. Color: pajizo brillante. Aroma: expresivo, equilibrado, roble cremoso, intensidad media, pólvora, cítricos. Boca: varietal, fino amargor, equilibrado, fácil de beber, largo.

Suertes del Marqués Vidonia 2022 B
listán blanco

94 36€

Aromas nítidos, silvestre. Color: pajizo brillante. Aroma: fruta madura, hierbas de tocador, lías finas, fósforo, con carácter. Boca: lleno, graso, largo, buena acidez.

🏆 PODIO

Suertes del Marqués Vidonia V.P. 2022 B C
listán blanco

95 63€

Equilibrado, elegante, con potencial. Color: pajizo brillante. Aroma: lías finas, roble cremoso, equilibrado, expresivo, elegante. Boca: graso, largo, buena acidez, sabroso, redondo.

Suertes del Marqués Vidueño 2021 T
listán negro, malvasía rosada, negramoll, baboso, castellana, vijariego negro

94 30€

Con oscuridad, herbal, jugoso. Color: cereza poco intenso. Aroma: bajamar, con carácter, expresivo. Boca: fluido, frutoso, equilibrado, fino amargor, fácil de beber, balsámico.

DO VALLE DE LA OROTAVA / D.O.P.

DO. VINOS DE MADRID
CONSEJO REGULADOR

Ronda de Atocha, 7
28012 Madrid
☎: +34 915 348 511
@: prensa@vinosdemadrid.es
www.vinosdemadrid.es

SITUACIÓN:

En la zona sur de la provincia de Madrid, engloba tres regiones productoras diferenciadas: Arganda, Navalcarnero y San Martín de Valdeiglesias. En el Norte la región del Molar donde se incluyen 11 municipios.

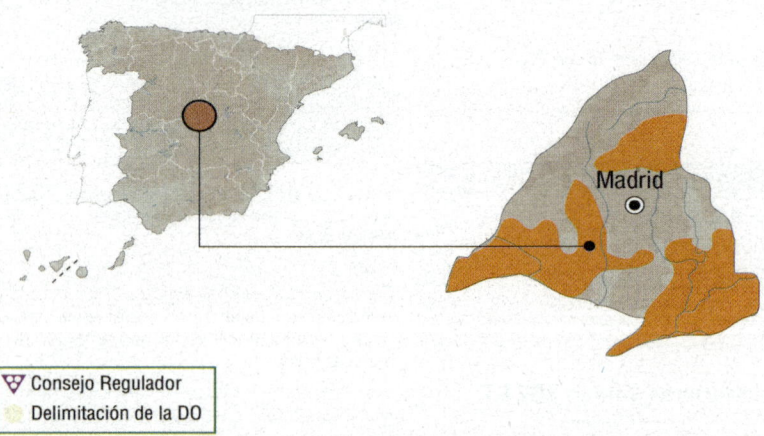

▽ Consejo Regulador
  Delimitación de la DO

SUBZONAS:

San Martín. Engloba nueve municipios y posee más de 3.821 hectáreas de viñedo con predominio de la garnacha (tinta) y la albillo (blanca).

Navalcarnero. Engloba 19 municipios entre los que suman unas 2.107 hectáreas. Los vinos más típicos son los tintos y rosados de garnacha.

Arganda. Con 5.830 hectáreas y 26 municipios, es la subzona más extensa de la Denominación. Las variedades dominantes son las blancas malvar y la tinta tempranillo o tinta fino.

El Molar. Con 600 hectáreas y 11 municipios. Se cultiva garnacha tinta y malvar.

VARIEDADES:

BLANCAS: malvar, airén, albillo, parellada, macabeo, torrontés, moscatel de grano menudo y sauvignon blanc.

TINTAS: tinto fino, garnacha, garnacha tintorera, merlot, cabernet sauvignon, syrah y petit verdot.

DATOS CONSEJO REGULADOR:

Nº Has. Viñedo: 5.898– **Nº Viticultores:** 2.760– **Nº Bodegas:** 45– **Cosecha 23:** SC– **Producción 23:** 4.812.182 L – **Comercialización:** 82% Nacional - 18% Internacional.

SUELOS:

Terrenos poco fértiles y de subsuelo granítico en la subzona de San Martín de Valdeiglesias; en Navalcarnero se encuentran tierras pardas, pobres, con subsuelo de arenas gruesas y arcillosas; la subzona de Arganda se caracteriza por sus terrenos pardos, PH ácido y subsuelo granítico. El Molar se distingue por sus suelos de granito y pizarra.

CLIMA:

De tipo continental extremo, con inviernos rigurosos y veranos calurosos. El índice de lluvias anual oscila entre los 461 mm. en Arganda y los 658 mm. en San Martín.

CARACTERÍSTICAS GENERALES DE LOS VINOS

BLANCOS
Responden a diferentes tipologías según su subzona y variedad. En Arganda los más característicos son los elaborados con malvar. Afrutados y agradables, en ocasiones presentan notas de tipo silvestre; en la boca se muestran frescos, sabrosos y suaves. Se elaboran también vinos tradicionales de "sobremadre" (siguen un proceso de encubado con el hollejo de unos tres meses) y, en línea con las tendencias más modernas, blancos fermentados en barrica. En San Martín de Valdeiglesias sobresalen los blancos de albillo por lo polifacético de sus aromas, donde aparecen matices herbales junto a recuerdos florales, y todo ello sobre un fondo mineral que ofrece el característico suelo de la zona.

ROSADOS
Elaborados en su mayoría a partir de la garnacha, presentan un color rosáceo; en nariz son frescos, potentes y afrutados; en boca poseen la sabrosidad típica que aporta esta variedad.

TINTOS
Por un lado están los elaborados a partir de tinto fino, procedentes principalmente de Arganda. La mayoría son vinos jóvenes, frescos y afrutados en línea con los manchegos. En Navalcarnero, la variedad utilizada es la garnacha, al igual que en San Martín. En esta última zona predominan las notas balsámicas y frescas de la garnacha, muestran importantes notas de terruño y son especialmente minerales, carnosos y sabrosos.

CALIFICACIÓN DE COSECHAS DE VINOS JÓVENES GUÍAPEÑÍN

2019	2020	2021	2022	2023
MUY BUENA	BUENA	BUENA	BUENA	BUENA

DO VINOS DE MADRID / D.O.P

BERNABELEVA
Ctra. N-403, km 81,600
28680 San Martín de Valdeiglesias (Madrid)
☎ +34 915 091 909
bodega@bernabeleva.com
www.bernabeleva.com

Bernabeleva Arroyo de Tórtolas 2022 T
garnacha

93 — 38€

Algo secante. Color: cereza poco intenso, cereza brillante. Aroma: notas almizcladas, expresivo, hierbas silvestres, hierbas de monte, fruta al licor. Boca: jugoso, lleno, varietal.

🏆 **PODIO**

Bernabeleva Arroyo de Tórtolas Tres Vendimias T
garnacha

95 — 58€

Con tensión, jugoso. Color: Cereza. Aroma: complejo, expresivo, especiado, mineral. Boca: elegante, lleno, largo, persistente.

Bernabeleva Carril del Rey 2022 T
garnacha

94 — 38€

Amable, aromas nítidos, complejo. Color: cereza poco intenso, cereza brillante. Aroma: franco, toques silvestres, intensidad media. Boca: jugoso, especiado, fácil de beber, fruta madura.

🏆 **PODIO**

Bernabeleva Viña Bonita 2022 T
garnacha

95 — 48€

Aromas nítidos, elegante, equilibrado. Color: cereza poco intenso. Aroma: fruta roja, fruta madura, hierbas secas, notas anisadas. Boca: jugoso, equilibrado, con tensión, taninos finos.

Camino de Navaherreros 2023 B FB
albillo real, macabeo, moscatel grano menudo, otras

90 ★★★★★ — 9€

Color: pajizo brillante. Aroma: fruta madura, hierbas de tocador, lías finas, hierbas silvestres. Boca: lleno, graso, buena acidez.

Camino de Navaherreros 2023 T
90% garnacha, 10% tempranillo

90 ★★★★ — 11€

Correcto, herbáceo. Aroma: hierbas silvestres, intensidad media, fruta roja, frutos secos. Boca: jugoso, fácil de beber, fruta madura.

Cantocuerdas Albillo 2022 B FB
albillo real

92 — 20,5€

Aromas nítidos. Aroma: hierbas secas, hierbas silvestres, lías finas, fruta madura, fruta macerada, anisado. Boca: equilibrado, fino amargor, fruta madura.

Cantocuerdas Moscatel de Bernabeleva Dulce B FB D
moscatel grano menudo

94 — 22,5€

Color: dorado. Aroma: potente, notas amieladas, fruta escarchada, hierbas de tocador, acetaldehído. Boca: sabroso, dulce, fresco, frutoso, buena acidez, largo.

Los Maestres 2022 T
garnacha

93 — 33,5€

Con oscuridad, frutal, maduro, confitado. Color: cereza brillante. Aroma: hierbas secas, notas cárnicas, fruta al licor. Boca: especiado, largo.

Manchomuelas Blanco de Bernabeleva 2022 B FB

93 — 22€

Atípico, especiado, exuberante, flores secas. Aroma: brioche, fruta asada, caramelo tostado. Boca: graso, jugoso, equilibrado.

Navaherreros Blanco de Bernabeleva 2022 B FB
70% albillo real, 30% macabeo

91 ★★★★★ — 11,5€

Con personalidad, oxidativo. Color: pajizo. Aroma: hierbas secas, cera, especiado, fruta madura. Boca: jugoso, especiado, graso, fácil de beber.

Navaherreros Garnacha de Bernabeleva 2022 T
garnacha

92 —

Color: Cereza. Aroma: especiado, cera, fruta al licor, equilibrado, flores secas. Boca: fruta madura, varietal, equilibrado.

BODEGA CRISTO DEL HUMILLADERO
Extramuros s/n
28640 Cadalso de los Vidrios (Madrid)
☎ +34 918 640 063
info@bodegahumilladero.es
www.vinosdecadalsoygredos.com

Antropomorfo 2021 T
syrah

87 — 9€

Joyuelo Classic Albillo 2021 B
albillo real

88   13€

Reducido, rústico, azufrado. Aroma: frutos secos, flores secas.

Ladrón de Sueños C.V.C B
albillo real

91 ★★★★   13€

Color: dorado. Aroma: cera, pan tostado, con carácter, fruta escarchada, cítricos. Boca: jugoso, sabroso, largo.

Matarratones 2021 T
listán prieto

87   26€

Murgaño Orange Wine 2021 B

82   13€

Vidrios Classic 2021 T
garnacha

87   9€

BODEGA CUARTO LOTE

Travesía José de Churriguera, 1
28514 Nuevo Baztán (Madrid)
☎: +34 916 492 088
info@bodegacuartolote.com
www.bodegacuartolote.com

Arrabal del Conjuro 2021 T
cabernet sauvignon, tempranillo, merlot

89   13,6€

Herbáceo, corpulento, especiado, maduro, jugoso. Aroma: pimiento verde, fruta negra, fruta madura.

Bálsamo de Fierabrás 2020 T
tempranillo, merlot

91   26€

Color: cereza intenso. Aroma: fruta madura, hierbas secas, roble cremoso, equilibrado, con carácter, incienso. Boca: potente, fruta madura, especiado, taninos maduros.

Cuarto Lote 2020 T RB
tempranillo, merlot

88   9,7€

Correcto, maduro, hierbas secas, especiado, sabroso.

Cuarto Lote 2022 B
malvar

90 ★★★★★   6,7€

Frutal, maduro, sabroso, ligera oxidación. Aroma: piel de naranja, flores marchitas. Boca: jugoso, muy vivo.

BODEGA DEL NERO

Don Ramiro Ortíz de Zárate, 6
28370 Chinchón (Madrid)
☎: +34 679 499 695
info@bodegadelnero.com
www.bodegadelnero.com

Neri 2023 B
100% airén

85   3,9€

Neri 2023 T
100% tempranillo

88 ★★★★   3,9€

Agradable, frutal, jugoso, muy primario, sencillo.

Neri Cepas Viejas 2022 T RB
100% tempranillo

88 ★★★★   4,8€

Balsámico, madera marcada, maduro, sabroso. Aroma: frutos secos, franco, equilibrado.

Trajín 2022 T
100% tempranillo

88   14,9€

Herbáceo, silvestre, especiado, maduro, persistente, amargoso.

Trapisondero 2022 T RB
100% tempranillo

88 ★★★★   5,8€

Aromático, especiado, maduro, madera marcada, correcto, frutal, jugoso.

Valdeliceda 2021 T C
100% tinto fino

89 ★★★   10€

Amable, especiado, maduro, frutal, boca correcta. Aroma: chocolate, fruta negra.

DO VINOS DE MADRID / D.O.P.

BODEGA ECOLÓGICA LUIS SAAVEDRA

Ctra. de Escalona, 5
28650 Cenicientos (Madrid)
☎: +34 629 124 622
info@bodegasaavedra.com
www.bodegasaavedra.com

100 y Cientos 2018 T RB
garnacha

90 ★★★★★ 10€

Clásico, madera marcada, cremoso. Color: cereza brillante. Aroma: fruta confitada, fruta madura, especias dulces. Boca: sabroso, taninos maduros, estructurado.

100 y Cientos 2022 B
moscatel grano menudo

92

Color: dorado brillante. Aroma: hierbas silvestres, hierbas de monte, floral, camomila, fruta madura, con carácter. Boca: estructurado, lleno, muy vivo.

Corucho 2022 T RB
garnacha

89 ★★★★ 6€

Balsámico, hierbas secas, maduro, cálido, sabroso. Aroma: terroso, fruta negra, fruta madura.

Corucho Finca Peazo de la Encina 2019 T RB
garnacha, tempranillo, syrah, merlot, graciano

90 ★★★ 13€

Ligera reducción. Aroma: habano, fruta negra, hierbas secas, con oscuridad. Boca: estructurado, sabroso, largo.

Corucho Orange Wine 2022 B
albillo real, moscatel grano menudo

92 ★★★★★ 8€

Color: dorado brillante. Aroma: expresivo, notas almizcladas, flores secas, franco, equilibrado. Boca: correcto, con tensión, equilibrado, fino amargor.

Luis Saavedra Vendimia Nocturna 2018 T RB
garnacha, tempranillo, syrah, merlot, cabernet sauvignon

87 15€

BODEGA EL REGAJAL

Antigua Ctra. de Andalucía, Km. 50.5
28300 Aranjuez (Madrid)
☎: +34 913 078 903
reservas@elregajal.es
www.elregajal.es

El Regajal Selección Especial 2022 T
cabernet sauvignon, tempranillo, syrah, merlot, petit verdot

91 ★★★ 15,25€

Confitado, frutal, láctico, maduro, sabroso, amable. Aroma: chocolate, especias dulces. Boca: concentrado, potente, sabroso, graso.

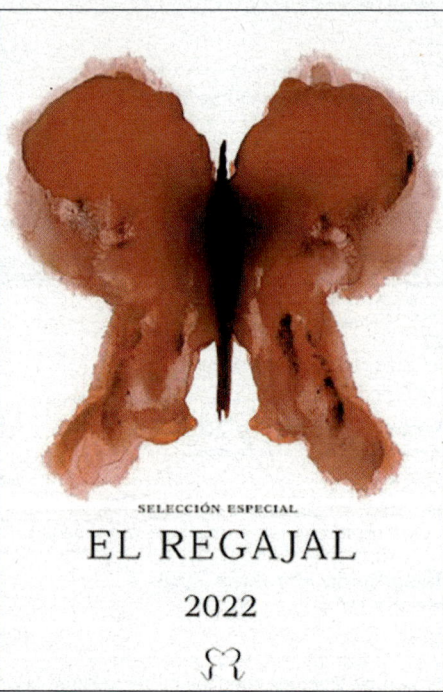

Las Retamas del Regajal 2021 T
tempranillo, syrah, merlot, cabernet sauvignon, petit verdot

90 ★★★★★ 9,5€

Equilibrado, correcto, herbal, maduro, jugoso. Aroma: hierbas silvestres, fruta madura. Boca: sabroso, jugoso, fácil de beber, especiado.

BODEGA SIGUÍN
Hilero 7, Escalera 1, Puerta 2 G
28696 Pelayos de la Presa (Madrid)
☎: +34 629 816 225
info@bodegasiguin.com
www.bodegasiguin.es

Garnacha de Relieve 2021 T S
100% garnacha

87 .... 17€

PK-3 2021 T
100% garnacha

87 .... 10€

BODEGAS ANDRÉS MORATE
Camino del Horcajuelo, s/n
28390 Belmonte de Tajo (Madrid)
☎: +34 918 747 165
bodegas@andresmorate.com
www.andresmorate.com

Esther 2021 T C
tempranillo, syrah, cabernet sauvignon

86 🌿 .... 8€

Viña Bosquera 2023 B
70% airén, 30% moscatel grano menudo

86 🌿 .... 5€

Viña Bosquera 2023 T
100% tempranillo

86 🌿 .... 5€

BODEGAS FIGUEROA
Convento, 19
28380 Colmenar de Oreja (Madrid)
☎: +34 918 944 859
info@bodegasfigueroa.com
www.bodegasfigueroa.com

Figueroa Blanco sobre Lías Finas 2023 B
malvar, moscatel

86 .... 4,25€

Figueroa Originem 2019 T C
tempranillo

88 ★★★★ .... 6€

Correcto, especiado, maduro, sabroso, equilibrado. Boca: taninos maduros, fácil de beber, especiado.

Figueroa Uno 2019 T R
tempranillo, cabernet sauvignon

89 ★★★★ .... 8€

Aromas nítidos, especiado, pulido. Aroma: roble cremoso, regaliz negro, fruta madura. Boca: sabroso.

Señorío de Zafra 2022 B
sauvignon blanc

91 ★★★★★ .... 6€

Color: pajizo brillante. Aroma: hierbas de tocador, lías finas, fruta blanca. Boca: lleno, graso, largo, buena acidez.

Señorío de Zafra Tempranillo Merlot 2022 T RB
80% tempranillo, 20% merlot

88 ★★★★ .... 5,5€

Fruta golpeada, lleno, maduro, amable, sabroso, confitado, herbal.

VII Generación de Bodegas Figueroa 2020 T RB
tempranillo, merlot, cabernet sauvignon

89 ★★★ .... 9,5€

Balsámico, especiado, herbal, maduro, sabroso, tostado. Boca: estructurado, taninos maduros.

BODEGAS Y VIÑEDOS PEDRO GARCÍA
Soledad, 10
28380 Colmenar de Oreja (Madrid)
☎: +34 918 943 278
byvpedrogarcia@gmail.com
www.byvpedrogarcia.com

Femme Malvar 2023 B SD
malvar

84 .... 4€

ISP (Isla de San Pedro) 2019 T C
60% tempranillo, 40% merlot

88 ★★★★ .... 7€

Confitado, corpulento, potente, amable, hierbas secas. Aroma: fruta negra, especiado.

La Romera 2022 T RB
60% tempranillo, 20% merlot, 20% syrah

88 ★★★★ .... 7€

Amable, correcto, frutal, herbal, jugoso, suave.

Pedro García 2022 B FB
60% malvar, 40% viura

88 .... 9,5€

Tostado, madera marcada, sabroso. Aroma: fruta de hueso, fruta madura, cítricos, caramelo tostado.

Pedro García 2022 BE BN
60% malvar, 40% viura

86 .... 9€

Pedro García Sauvignon y Malvar 2023 B
70% malvar, 30% sauvignon blanc

87 ★★★★ .... 7€

DO VINOS DE MADRID / D.O.P.

DO VINOS DE MADRID / D.O.P.

CA' DI MAT
C. del Hilero, 7 Nave 9
28696 Pelayos de la Presa (Madrid)
☎: +34 680 113 030
paolo@cadimat.wine
www.cadimat.wine

🏆 **PODIO**

Fuente de Los Huertos 2022 T
100% garnacha
96 ★★★★★ 20€
Color: cereza. Aroma: balsámico, hierbas de monte, flores secas, terroso, fruta roja, fruta madura. Boca: especiado, balsámico, buena acidez, sabroso, carnoso.

Los Peros Albillo Real 2022 B
albillo real
94 ★★★★★ 18€
Por hacer, cremoso. Color: pajizo brillante. Aroma: expresión frutal, fruta madura, floral, fruta de hueso, lías finas. Boca: sabroso, fresco, buena acidez, retronasal afrutado.

Los Peros Garnacha 2021 T
100% garnacha
93 28€
Color: cereza, borde violáceo. Aroma: expresión frutal, fruta roja, floral, balsámico, pimienta negra. Boca: sabroso, frutoso, buena acidez.

Valautín Albillo Real 2022 B FB
albillo real
92 ★★★★ 15€
Color: pajizo brillante. Aroma: hierbas de tocador, lías finas, piedra seca, fruta blanca. Boca: lleno, buena acidez, equilibrado.

COMANDO G VITICULTORES
Avda. Constitución, 23
28640 Cadalso de Los Vidrios (Madrid)
☎: +34 918 640 602
info@comandog.es
www.comandog.es

La Bruja de Rozas 2022 T
92
Aromas nítidos, suave. Aroma: pimienta negra, mineral, fina reducción, fruta madura. Boca: con tensión, fácil de beber.

Rozas 1er Cru 2022 T
93
Austero, complejo, mineral, por hacer. Boca: muy vivo, jugoso, especiado, largo, con tensión, buena acidez.

LAS MORADAS DE SAN MARTÍN
Pago de Los Castillejos Ctra. M-541, Km. 4,7
28680 San Martín de Valdeiglesias (Madrid)
☎: +34 687 457 235
bodega.lasmoradas@grupoenate.es
www.lasmoradasdesanmartin.es

Ensayo Albillo Real 2020 B
albillo real
93 🌱 23,9€
Diferente, oxidativo. Color: amarillo. Aroma: fruta asada, flores marchitas, cera, caramelo tostado. Boca: potente, sabroso, fruta madura, largo.

Las Moradas de San Martín Albillo Real 2022 B
albillo real
92 ★★★★★ 🌱 13,5€
Color: amarillo. Aroma: frutos secos, fruta escarchada, flores marchitas, con carácter, caramelo tostado. Boca: graso, largo.

Las Moradas de San Martín
La Sabina 2016 T R
garnacha

91 ★★★★   12,6€

Con vejez. Aroma: mineral, fruta negra, fruta madura, hierbas de monte, hierbas secas. Boca: lleno, sabroso, largo, jugoso.

Las Moradas de San Martín Initio 2019 T
garnacha

91 ★★★ 🌿   15,25€

Color: Cereza. Aroma: hierbas de monte, hierbas secas, fruta madura, varietal, equilibrado. Boca: especiado, balsámico, buena acidez, frutoso, jugoso.

Las Moradas de San Martín
Senda 2021 T
garnacha

90 ★★★★★ 🌿   9,5€

Amable, aromas nítidos. Aroma: violetas, floral, hierbas silvestres. Boca: varietal, jugoso, fácil de beber.

Las Moradas de San Martín, Libro dieciocho Las Luces 2018 T GR
garnacha

92 🌿   33,9€

Clásico, maduro. Color: Cereza. Aroma: expresivo, especiado, mineral, frutos secos, hierbas secas, madera marcada. Boca: lleno, largo, persistente, sabroso, especiado, balsámico, equilibrado.

MARAÑONES
28680 San Martín de Valdeiglesias (Madrid)
☎: +34 983 878 020
info@almacarraovejas.com
www.bodegamaranones.com

Marañones Picarana 2022 B
albillo

94

Color: pajizo brillante. Aroma: fruta madura, hierbas de tocador, lías finas, cera. Boca: lleno, largo, buena acidez.

🏆 PODIO

Peña Cruzada Piesdescalzos 2022 B
albillo real

95

Color: pajizo brillante. Aroma: fruta madura, floral, lías finas, mineral, fruta blanca. Boca: lleno, complejo, especiado, largo, elegante.

RAÍCES IBÉRICAS
Avda. Mudejar, 61
50340 Maluenda (Zaragoza)
☎: +34 976 893 017
contact@raices.wine
www.raicesibericas.com

Raíces Malvar 2023 B
malvar

88   16,95€

Especiado, frutal, maduro, tostado.

RECESPAÑA SOC. COOP.
Fray José de San Jacinto, 10
28590 Villarejo de Salvanés (Madrid)
☎: +34 918 744 129
administracion@reces.es
www.reces.es

Castillo de Salvanes 2021 T C

87 ★★★★   3,9€

DO VINOS DE MADRID / D.O.P.

Castillo de Salvanes 2022 T RB
tempranillo
86 .... 2,9€

Castillo de Salvanes 2023 B
airén, malvar
86 .... 2€

Castillo de Salvanes 2023 T
tempranillo
87 ★★★★ .... 2,4€

UVAS FELICES
Agullers, 7
08003 Barcelona (Barcelona)
☎: +34 902 327 777
www.vilaviniteca.es

Hombre Bala 2021 T
garnacha
92
Color. Cereza. Aroma: hierbas silvestres, fruta roja, fruta madura, varietal, flores secas. Boca: frutoso, jugoso, fruta madura, fácil de beber.

Hombre Bala 2023 B
albillo real
92
Varietal. Color. pajizo brillante. Aroma: fruta madura, hierbas de tocador, lías finas, cera. Boca: lleno, graso, largo, buena acidez.

La Mujer Cañón 2021 T
garnacha
94
Color. cereza poco intenso, borde granate. Aroma: expresivo, franco, mineral, expresión frutal, floral, violetas. Boca: fluido, frutoso, jugoso, con tensión.

VINOS DE LA POVEDA
Méntrida, 20
28630 Villa del Prado (Madrid)
☎: +34 619 928 576
comercial@vinosdelapoveda.com
www.vinosdelapoveda.com

Aceña 2023 T
tempranillo, garnacha
88 ★★★★ .... 6,65€
Balsámico, herbáceo, confitado, maduro, aromático, silvestre.

Olivita Pérez 2023 T
garnacha
90 ★★★★★ .... 7,5€
Amable, balsámico, frutal, varietal. Aroma: hierbas de monte, franco, equilibrado, fruta al licor.

VINOS DIVERTIDOS
Nicolas de Bussi 10
03203 Elche (Alacant/Alicante)
☎: +34 966 105 325
info@vinosdivertidos.es
www.vinosdivertidos.es

La Chelo 2020 T RB
88
Corpulento, equilibrado, especiado, herbáceo, maduro.

La Chelo Natural Sweet B
85

La Chelo Viñas Viejas 2015 T C
100% garnacha
87

VINOS JEROMÍN

Juan de Austria, 1
28590 Villarejo de Salvanés (Madrid)
☎: +34 918 742 030
comercial@vinosjeromin.com
www.vinosjeromin.com

Grego 2020 T C
50% tempranillo, 25% garnacha, 25% syrah
87   9,95€

Manu Vino de Autor 2019 T C
90% syrah, 10% tempranillo
89   19,95€
Corpulento, cálido, especiado, sabroso. Aroma: fruta al licor, tabaco, fina reducción, terroso.

Puerta de Alcalá 2019 T R
50% tempranillo, 25% syrah, 15% garnacha, 10% merlot
88 ★★★★   5,95€
Clásico, especiado, maduro, amable. Aroma: fina reducción, cera.

Puerta de Alcalá 2020 T C
50% tempranillo, 30% syrah, 20% garnacha
88 ★★★★   4,5€
Herbal, frutal, maduro, sabroso. Aroma: con carácter, especiado. Boca: fácil de beber.

Puerta de Alcalá 2023 B
malvar, airén
87

Puerta de Alcalá 2023 RD
malvar, airén, tempranillo, syrah
87

Puerta de Alcalá 2023 T
85

Puerta del Sol 2022 T
60% tempranillo, 30% syrah, 10% merlot
86   4,5€

Puerta del Sol Malvar 2023 B
malvar
87 ★★★★   4,5€

VINOS SANZ

Ctra. Madrid - La Coruña, Km. 170,5
47490 Rueda (Valladolid)
☎: +34 916 408 730
vinossanz@vinossanz.com
www.vinossanz.com

Sanz La Capital 2022 T RB
88
Tostado, maduro, especiado.

Sanz La Capital 2023 T
88
Agradable, frutal, maduro.

VINOS Y ACEITES LAGUNA

Illescas, 5
28360 Villaconejos (Madrid)
☎: +34 918 938 196
vyalaguna@gmail.com
www.lagunamadrid.com

Alma de Valdeguerra 2020 T C
80% tempranillo, 20% merlot
89 ★★★★   9€
Frutal, hierbas secas, especiado, confitado, sabroso.

Alma de Valdeguerra 2022 T BA
100% tempranillo
86   7€

Exun 2019 T
70% tempranillo, 20% merlot, 10% cabernet sauvignon
87   13€

La Intrusa de Malasaña 2021 T BA
50% graciano, 50% tempranillo
88   23€
Cálido, confitado, goloso, sabroso, dulzón.

Valdeguerra 2020 T R
80% tempranillo, 10% merlot, 10% syrah
91 ★★★★   14€
Color: cereza intenso, borde violáceo. Aroma: fruta madura, hierbas secas, roble cremoso, fruta negra, especias dulces, almendra tostada, ahumado. Boca: potente, fruta madura, especiado, frutoso, lleno, taninos secos pero maduros.

Valdeguerra 2022 B
100% malvar
87   8,5€

DO. YCODEN-DAUTE-ISORA
CONSEJO REGULADOR

La Palmita, 10
38440 La Guancha (Sta. Cruz de Tenerife)
☎: +34 922 130 246
@: viticultura@ycoden.com
www.ycoden.com

SITUACIÓN:

Ocupa el noroeste de la isla de Tenerife y engloba los municipios de San Juan de La Rambla, La Guancha, Icod de los Vinos, Los Silos, El Tanque, Garachico, Buenavista del Norte, Santiago del Teide y Guía de Isora.

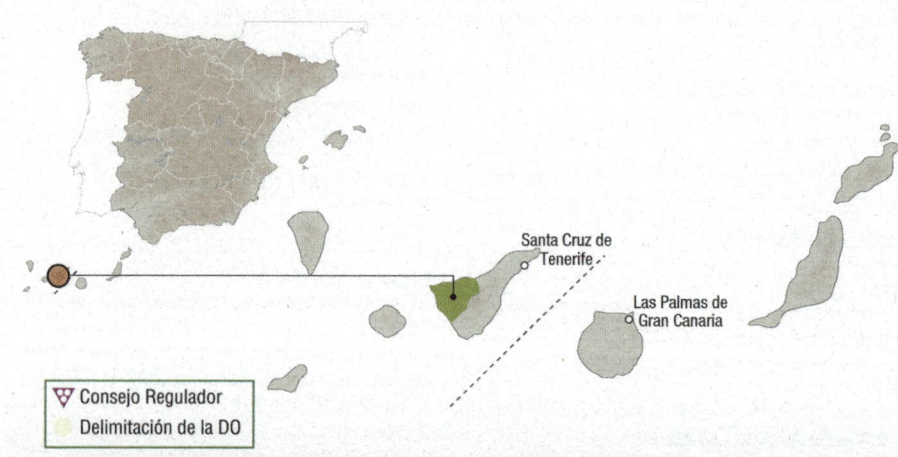

VARIEDADES:

BLANCAS: bermejuela (o marmajuelo), güal, malvasía, moscatel, pedro ximénez, verdello, vijariego. albillo, bastardo blanco, forastera blanca, listán blanco (mayoritaria), sabro y torrontés.

TINTAS: tintilla, listán negro (mayoritaria), malvasía rosada, negramoll, castellana, bastardo negra, moscatel negra y vijariego negra.

DATOS CONSEJO REGULADOR:

Nº Has. Viñedo: 90 – **Nº Viticultores:** 320 – **Nº Bodegas:** 8 – **Cosecha 23:** SC– **Producción 23:** 175.000 L. – **Comercialización:** 85% Nacional - 15% Internacional.

SUELOS:

De cenizas y rocas volcánicas en las tierras más altas, y de carácter arcilloso en cotas de menor altitud.

El viñedo se cultiva a alturas muy variadas, desde los 50 a los 1.400 metros.

CLIMA:

Es de tipo mediterráneo, caracterizado por la multitud de microclimas existentes en función de la altitud y de otras condiciones geográficas. Los vientos alisios proporcionan la humedad necesaria para el desarrollo de la viña. La temperatura media anual es de 19ºC y la pluviometría se sitúa en torno a los 540 mm. anuales.

CARACTERÍSTICAS GENERALES DE LOS VINOS

BLANCOS — Los vinos más abundantes de la Denominación son los blancos de listán, frescos, sabrosos y bastante expresivos. Se elaboran como vinos secos, semisecos, dulces y también existen experiencias de fermentación en barrica.

ROSADOS — Presentan un color fresa, ofrecen buena expresión frutal y resultan agradablemente herbáceos.

TINTOS — Presentan un color cereza granate; son muy afrutados y frescos; en ocasiones desarrollan aromas balsámicos: a eucalipto y hojarasca.

CALIFICACIÓN DE COSECHAS DE VINOS JÓVENES GUÍAPEÑÍN

2019	2020	2021	2022	2023
SC	SC	SC	SC	SC

DO YCODEN-DAUTE-ISORA / D.O.P.

BODEGAS INSULARES TENERIFE
Camino Cueva del Rey, 1
38430 Icod de los Vinos (Santa Cruz de Tenerife)
☎: +34 922 122 395
contacto@bodegasinsularestenerife.es
www.bodegasinsularestenerife.es

Tágara 2023 B S
100% listán blanco

88 ★★★★   7,86€
Correcto, jugoso, maduro, frutal, equilibrado, sabroso.

Tágara Marmajuelo 2023 B
marmajuelo

89   10,87€
Aromas nítidos, herbal, maduro, fresco, varietal, agradable.

BORJA PÉREZ GONZÁLEZ
Avda. Villanueva, 34
38440 La Guancha (Santa Cruz de Tenerife)
☎: +34 630 575 464
info@borjaperezviticultor.com
www.borjaperezviticultor.com

Artífice 2021 T
93
Con oscuridad, reductivo. Color: cereza, borde granate. Aroma: notas almizcladas. Boca: especiado, matices de reducción, frutoso, fresco.

Artífice Listan Blanco 2021 B FB
92
Poco intervencionista. Color: pálido. Aroma: pólvora, fruta fresca, fruta blanca, fósforo. Boca: muy vivo, pulido.

Artífice Llanito Perera 2021 B
92
Diferente, exuberante, azufrado. Aroma: fina reducción. Boca: jugoso, muy vivo, sabroso, frutoso.

Ignios Origenes Albillo Criollo 2022 B
albillo criollo

93
Afilado, aromas nítidos, cítrico. Aroma: fruta fresca, fósforo. Boca: muy vivo, fino amargor, acidez marcada.

🏆 PODIO

Ignios Origenes Listán Negro Vendimia Seleccionada 2021 T
listán negro

95
Aromático, diferente, con oscuridad, con personalidad. Aroma: mineral, notas almizcladas. Boca: buena acidez, con tensión, jugoso, frutoso.

Ignios Origenes Vijariego Negro 2021 T
vijariego negro

94
Herbal, silvestre, reductivo, azufrado. Aroma: hierbas silvestres, hierbas de monte, hierbas verdes, fruta fresca. Boca: pulido, jugoso.

Artífice Vidueños 2021 B
92
Atípico, poco intervencionista, rebelde, rústico. Aroma: notas de cereal, mineral. Boca: fresco, frutoso.

ENVINATE
Terrero 72
02630 La Roda (Albacete)
☎: +34 682 207 160
asesoria@envinate.es

Benje 2022 B
92
Azufrado. Color: cereza brillante. Aroma: arbusto, hierbas de tocador, fruta roja. Boca: fácil de beber, sabroso.

DO. YECLA
CONSEJO REGULADOR

Centro de Desarrollo Local
Poeta Francisco A. Jiménez, s/n - P.I. Urbayecla II
30510 Yecla (Murcia)
☎: +34 968 792 352
@: consejo@yeclavino.com
www.yeclavino.com

SITUACIÓN:

En el nordeste de la provincia de Murcia, dentro de la comarca del Altiplano, e integrada por un único término municipal, el de Yecla.

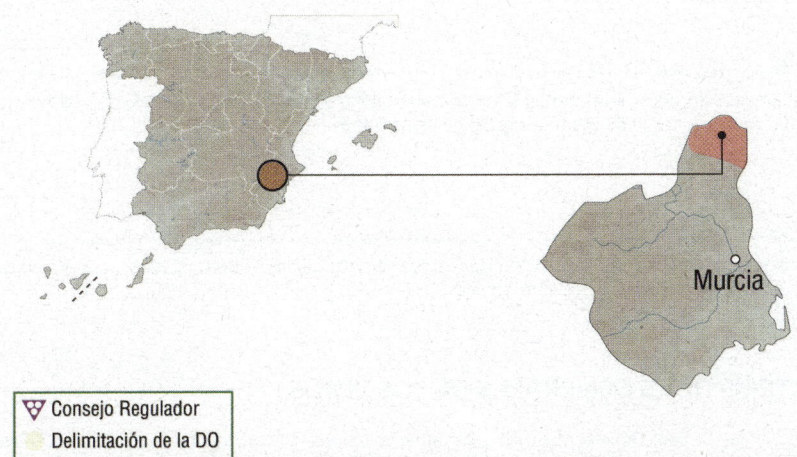

▽ Consejo Regulador
    Delimitación de la DO

DO YECLA / D.O.P.

SUBZONAS:
Se distingue entre Yecla Campo Arriba, con presencia mayoritaria de la monastrell y graduaciones de hasta 14 grados; y Yecla Campo Abajo, que da uvas de menor graduación (en torno a los 12 grados para tintos y 11,5 para blancos).

VARIEDADES:
BLANCAS: merseguera, airén, macabeo, malvasía, chardonnay y verdejo.

TINTAS: monastrell (mayoritaria, 85% del total), garnacha tinta, cabernet sauvignon, cencibel (tempranillo), merlot, tintorera y syrah.

DATOS CONSEJO REGULADOR:
Nº Has. Viñedo: 4.103 – **Nº Viticultores:** 291 – **Nº Bodegas:** 9 – **Cosecha 23:** Muy Buena – **Producción 23:** 5.130.317 L. – **Comercialización:** 14% Nacional - 86% Internacional.

SUELOS:
Fundamentalmente de tipo calizo, profundos y con una buena permeabilidad. El viñedo se asienta en un relieve ondulado a una altitud de entre 400 y 800 metros sobre el nivel del mar.

CLIMA:
De tipo continental y algo de influencia mediterránea, con veranos cálidos e inviernos fríos, y escaso índice de lluvias que se sitúa en torno a los 300 mm. anuales.

CARACTERÍSTICAS GENERALES DE LOS VINOS

BLANCOS Suelen presentar un color amarillo pajizo; son afrutados y de bastante buena intensidad aromática, aunque en boca pueden quedar algo cortos de acidez.

ROSADOS No son los más representativos de la zona, pero los mejores siguen las modernas elaboraciones para este tipo de vinos y resultan, por tanto, bastante afrutados, frescos y agradables.

TINTOS Son el producto más caracterizado de la región y también el más abundante. Elaborados básicamente a partir de monastrell, presentan un color cereza violáceo o cereza granate. Aromáticamente ofrecen notas de fruta madura y, a veces, pueden aparecer rasgos de pasificación debido a la fuerte insolación de la zona. En la boca, son carnosos, cálidos y suaves.

CALIFICACIÓN DE COSECHAS DE VINOS JÓVENES GUÍA**PEÑÍN**

2019	2020	2021	2022	2023
MUY BUENA	MUY BUENA	SC	SC	SC

BARAHONDA

Ctra. de Pinoso, km. 3
30510 Yecla (Murcia)
☎: +34 968 718 696
info@barahonda.com
www.barahonda.com

Casa del Capitán Macabeo 2022 B
100% macabeo

91 ★★★   14,9€

Color: pajizo. Aroma: fruta madura, hierbas secas, flores marchitas, frutos secos. Boca: fruta madura, equilibrado.

Casa del Capitán Monastrell 2022 T
100% monastrell

91 ★★★   14,9€

Fluido. Color: cereza, borde violáceo. Aroma: fruta roja, floral, especiado, hierbas silvestres. Boca: sabroso, frutoso, buena acidez.

BODEGAS CASTAÑO

Ctra. Fuenteálamo, 3
30510 Yecla (Murcia)
☎: +34 968 791 115
info@bodegascastano.com
www.bodegascastano.com

Casa Cisca 2018 T BA
100% monastrell

93   35,6€

Color: cereza intenso. Aroma: fruta madura, hierbas secas, fruta negra, pólvora, cacao fino. Boca: potente, fruta madura, especiado, taninos maduros.

Casa de la Cera 2018 T C
50% monastrell, 50% cabernet sauvignon, merlot, syrah, garnacha tintorera

93   33,45€

Cremoso, tostado. Color: cereza intenso. Aroma: hierbas secas, roble cremoso, fruta negra. Boca: potente, fruta madura, especiado, taninos maduros.

Castaño Colección Cepas Viejas 2019 T BA S
70% monastrell, 30% cabernet sauvignon

92 ★★★★★   12,9€

Color: cereza intenso. Aroma: fruta madura, hierbas secas, roble cremoso, fruta negra, pólvora. Boca: fruta madura, especiado, taninos maduros, lleno.

Viña al lado de la Casa 2021 T
monastrell, syrah

91

Aromas nítidos, varietal. Color: cereza oscuro. Aroma: cera, hierbas secas, fruta negra, fruta madura, tostado. Boca: sabroso, lleno.

Castaño Colección Chardonnay 2022 B
100% chardonnay

91 ★★★★★   10,8€

Color: amarillo brillante. Aroma: potente, roble cremoso, fruta madura, especiado, mineral. Boca: graso, estructurado, tostado, fino amargor.

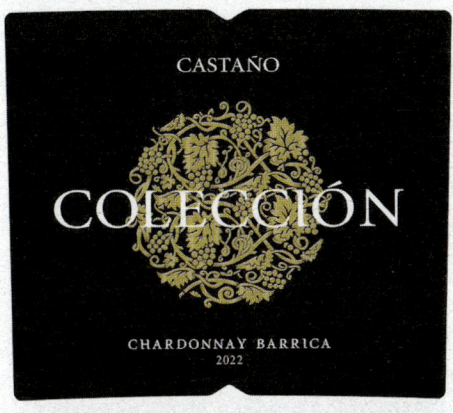

Castaño Santa 2020 T BA
90% monastrell, 10% garnacha tintorera

92   18,3€

Equilibrado, especiado, fluido. Color: cereza intenso. Aroma: hierbas secas, fruta negra, pan tostado, notas anisadas. Boca: fruta madura, especiado, taninos maduros.

Hécula Monastrell Organic 2022 T BA S
100% monastrell

90 ★★★★★ 🌱   7,75€

Color: cereza intenso. Aroma: hierbas secas, roble cremoso, fruta negra, tostado. Boca: fruta madura, especiado, taninos maduros.

DO YECLA / D.O.P.

BODEGAS LA PURÍSIMA
Ctra. de Pinoso, 3
30510 Yecla (Murcia)
☎: +34 968 751 257
info@bodegaslapurisima.com
www.bodegaslapurisima.com

Consentido Monastrell Barrica 2022 T RB
100% monastrell

88 ★★★★ — 4,35€

Confitado, especiado, herbáceo.

La Purísima Monastrell 2023 T
100% monastrell

88 —

Equilibrado, especiado, hierbas secas, tostado.

La Purisima Old Vines Expression 2021 T RB
85% monastrell, 10% syrah, 5% garnacha

90 ★★★ — 12,4€

Color: cereza, borde violáceo. Aroma: especiado, fruta roja, fruta negra, pan tostado. Boca: sabroso, frutoso, buena acidez.

La Purísima Premium 2021 T RB
95% monastrell, 5% garnacha

89 — 19,95€

Color: cereza intenso. Aroma: hierbas secas, roble cremoso, fruta confitada. Boca: fruta madura, especiado.

Old Hands 2022 T RB
100% monastrell

87 ★★★★ 🌱 — 5,49€

Trapío 2021 T RB
100% monastrell

90 — 15,97€

Color: cereza intenso. Aroma: hierbas secas, roble cremoso, fruta negra. Boca: fruta madura, especiado, taninos maduros.

BODEGAS TRENZA
Felix Mendelsohn, 8
03730 Jávea (Alacant/Alicante)
☎: +34 965 790 012
bodegas@bodegastrenza.com
www.bodegatrenza.com

La Nymphina Monastrell 2021 T
100% monastrell

90 ★★★★★ 🌱 — 8,95€

Color: cereza brillante. Aroma: expresión frutal, fruta roja, especiado, fruta negra, hierbas secas. Boca: sabroso, frutoso, fruta madura, retronasal ahumado, taninos secos pero maduros.

Realizado 2021 T RB
75% monastrell, 20% cabernet sauvignon, 5% syrah, garnacha tintorera

88 — 20€

Corpulento, especiado, herbáceo, maduro, sabroso.

Rizado 2020 T BA S
100% monastrell

93 — 65€

Color: cereza brillante. Aroma: especias dulces, fruta madura, chocolate, roble cremoso, madera marcada. Boca: frutoso, especiado, sabroso, taninos maduros.

Tofterup Brothers Monastrell 2020 T
100% monastrell

90 ★★★★★ — 8,95€

Color: cereza intenso. Aroma: fruta madura, hierbas secas, roble cremoso, ahumado, especiado, tostado. Boca: potente, fruta madura, especiado, taninos maduros.

Tofterup Brothers Monastrell Barrel Select 2020 T
100% monastrell

91 20€

Color: cereza intenso. Aroma: fruta madura, roble cremoso, especiado, fruta negra, hierbas secas. Boca: potente, fruta madura, especiado, taninos secos pero maduros.

Trenza Family Collection 2020 T
80% monastrell, 8% cabernet sauvignon, 12% garnacha tintorera

92 35€

Ahumado, potente. Color: cereza oscuro. Aroma: fruta negra, tostado, hierbas secas. Boca: estructurado, potente.

BODEGAS Y VIÑEDOS EVINE
Francisco Azorín, 18
30510 Yecla (Murcia)
☎: +34 653 997 673
bodegasevine@gmail.com
www.bodegasevine.es

Kyathos 2018 T C
monastrell

89

Hierbas secas, maduro, especiado, mineral, silvestre, tostado.

Llano Quintanilla 2020 T C

87

María Sarmiento 2022 T

86

BOQUERA DEL CARCHE
San Isidro, 5 4D
30510 Yecla (Murcia)
☎: +34 968 820 790
rafa@casaboquera.com
www.casaboquera.es

Casa Boquera Balance 2022 T
monastrell, garnacha tintorera

83 8€

Casa Boquera Elegance 2018 T C
monastrell, petit verdot

84 13,5€

Casa Boquera Harmony 2019 T
monastrell, syrah

84 10€

DE NARÍZ
Gran Vía, 22 3C
30004 Murcia (Murcia)
☎: +34 670 368 585
pedro.martinez@denariz.wine
www.denariz.wine

De Nariz De Nariz Coupage Monastrell Syrah 2022 T RB
60% monastrell, 40% syrah

90 ★★★★★ 9,9€

Color: Cereza. Aroma: balsámico, especias dulces, fruta madura, hierbas secas. Boca: especiado, balsámico, buena acidez.

De Nariz Edición Limitada 2021 T R
monastrell

91 49€

Color: cereza muy intenso. Aroma: café aromático, potente, tostado, chocolate, fruta negra, fruta madura. Boca: retronasal ahumado, persistente, taninos maduros.

De Nariz Magnum Pedro Martínez 2020 T R
monastrell

93 96€

Color: cereza intenso. Aroma: fruta madura, hierbas secas, roble cremoso, terroso, mineral. Boca: potente, fruta madura, especiado, taninos maduros.

De Nariz Terroir Monastrell 2021 T C

91

Color: cereza, borde violáceo. Aroma: especiado, fruta negra, hierbas de monte. Boca: sabroso, frutoso, equilibrado.

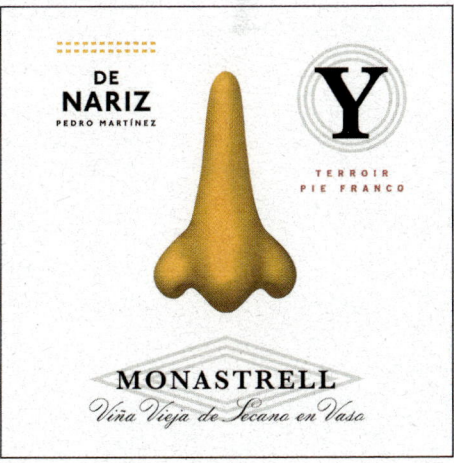

DO YECLA / D.O.P.

DO YECLA / D.O.P.

HAMMEKEN CELLARS
03700 Denia (Alacant/Alicante)
☎: +34 965 791 967
cellars@hammekencellars.com
www.hammekencellars.com

Pasas Rosé 2023 RD
monastrell

88   10€
Frutal, herbal, maduro, muy primario.

Pasas Viura-Sauvignon Blanc 2023 B
viura, sauvignon blanc

88   10€
Frutal, herbal, sabroso, maduro, fresco.

UVAS FELICES
Agullers, 7
08003 Barcelona (Barcelona)
☎: +34 902 327 777
www.vilaviniteca.es

**Detrás de la casa
Garnacha Tintorera 2022 T**
garnacha tintorera

90
Color: cereza, borde granate. Aroma: fruta confitada, potente, tostado, ahumado. Boca: sabroso, largo, taninos dulces.

VINOS DE PAGO

Los vinos de pago están ligados a una única bodega que recibe este distintivo por sus peculiares cualidades microclimáticas para dar vinos personales con una constancia de calidad en el tiempo. Hasta la fecha hay concedidos 25 vinos de pago por las comunidades autónomas de Aragón, Mancha, Comunidad Valenciana y Navarra, marcas que tienen el mismo nivel que una DO. No hay que confundir esta categoría con el término pago que se refiere a la finca o viñedo de calidad propiedad de algunas bodegas. La Asociación Pagos de España es una agrupación que congrega a algunas bodegas más que las reconocidas por la ley, lo que demuestra la importancia que adquiere este movimiento para reivindicar el terroir y la personalidad de los vinos.

PAGO ABADÍA RETUERTA

560 hectáreas de viñedo presentes en el término municipal de Sardón de Duero, Valladolid, con el río Duero al norte y el Monte de "El Carrascal" al sur como límites naturales. Se encuentra ubicado entre dos páramos de altitud, muy próximos entre sí, lo que les aporta corrientes de aire frío, mientras que el río, a una cota de 725 m., aporta humedad.

El lugar se caracteriza por estar bajo la influencia de un clima continental, con una pluviometría moderada (media anual de 450 mm.) y con veranos secos. Sus suelos son de textura arenosa a franco arcillosa, con predominio en casi toda la superficie de arenas, aunque con altos niveles de arcilla conforme nos acercamos a la superficie de la ladera. El pago cuenta con hasta 10 variedades tintas y 5 blancas, siendo las primeras las más importantes hasta la fecha por su mayor adaptación al medio.

PAGO BOLANDIN

140 hectáreas ubicadas en el término municipal de Ablitas, en el límite sur de la provincia de Navarra, zona central del valle del Ebro. Este pago está expuesto a la influencia mediterránea que asciende por el valle del río. El viñedo posee una orientación sur y tres tipos de suelos; francos y con abundantes cantos rodados en la parte más alta, franco arcillo limosa con poca pedregosidad en la mitad superior de la ladera y franco arcillosa en la parte baja. Las variedades autorizadas son cabernet sauvignon, merlot, tempranillo y syrah para tintas, y chardonnay, sauvignon blanc y moscatel de grano menudo.

PAGO DE AYLES

En el término municipal de Mezalocha, Zaragoza, dentro de los límites de denominación de origen Cariñena. La zona de producción se encuentra dentro de la cuenca del Ebro, en la subcuenca del río Huerva. Sus suelos están formados por calizas, margas y conglomerados. El clima es de tipo continental templado con precipitaciones medias no muy abundantes (350 y 550 mm. anuales). Las variedades autorizadas para la elaboración de tintos y rosados son: garnacha, merlot, tempranillo y cabernet sauvignon.

PAGO CALZADILLA

Ubicado en la alcarria conquense, sobre el Valle del Río Mayor, posee unas parcelas con altitudes que van desde los 845 metros hasta los 1.005 m.s.n.m. Asentados sobre unos suelos calizos, sus viñedos presentan pendientes pronunciadas de más de un 40% de inclinación, lo que les obliga a cultivar en laderas, terrazas y bancales siguiendo las curvas de nivel. Las variedades cultivadas en estos suelos son: tempranillo, cabernet-sauvignon, garnacha y syrah.

PAGO CAMPO DE LA GUARDIA

Los viñedos se encuentran en el municipio de La Guardia, situada al nordeste de la provincia de Toledo, en la llanura alta bautizada como la Mesa de Ocaña. Sus suelos poseen una textura franco-limosa y arcillo-arenosa, con una profundidad alta. Los veranos son muy cálidos y secos, y los inviernos fríos y secos (clima continental). El río Tajo al norte y los montes de Toledo al sur generan una menor presencia de precipitaciones que en las localidades vecinas, provocando una mayor concentración de aromas y polifenoles.

PAGO CASA DEL BLANCO

Sus viñas se encuentran a 617 metros de altitud en Campo de Calatrava, próximas al centro de la provincia de Ciudad Real, en el término municipal de Manzanares, donde reciben una influencia climática mediterráneo / continental. Sus suelos franco-arenosos se caracterizan por tener un alto contenido en litio, probablemente provenientes del pasado volcánico de la zona.

PAGO CHOZAS CARRASCAL

En San Antonio de Requena. Se trata del tercer Pago de la Comunidad Valenciana, con apenas 31 hectáreas. Ubicado a 720 m.s.n.m., posee una climatología continental con influencia mediterránea. De pluviometría baja (350-400 l. Anuales de media), sus suelos son de textura franca tendiendo a arcillosos y arenosos. Las variedades utilizadas son: bobal, tempranillo, garnacha, cabernet sauvignon, merlot, syrah, cabernet franc y monastrell en tintas y chardonnay, sauvignon blanc y macabeo en blancas.

PAGO SEÑORIO DE ARINZANO

Está situado en el noroeste de España, concretamente en Estella, Navarra. Su viñedo se asienta en un valle formado por las últimas estribaciones de los Pirineos y se encuentra dividido por el río Ega que actúa de moderador de temperaturas. Su clima posee una influencia atlántica con una alto diferencial térmico. Los viñedos de este Pago se localizan en un área de geología compleja, con proporciones variables de limos, margas, arcilla y degradación de roca calizo-calcárea.

PAGO DE OTAZU

Su viñedo se asienta en el termino municipal de Ayegui, Navarra, a una altitud media de 450 metros sobre el nivel del mar. Climatológicamente recibe una influencia atlántico-continental equilibrada. Sus suelos se caracterizan por ser un suelo de composición franca.

PAGO DE THARSYS

Este pago está ubicado entre la meseta castellana y el Mediterráneo, en la zona más occidental de la provincia de Valencia. El río Cabriel lo limita por el Oeste y el Sur, y la Sierra de Juan Navarro y el Pico Tejo por el Este y Norte, separándolo de las serranías del Turia. Sus viñas se asientan sobre suelos franco-arcillosos y están expuestas a un clima mediterráneo con influencia continental. Las variedades utilizadas son merlot, tempranillo, bobal, garnacha y cabernet franc en tintas y chardonnay y albariño en blancas.

PAGO DEHESA DEL CARRIZAL

Dehesa del Carrizal nace en 1987 con 8 hectáreas de viñedo de cabernet sauvignon en Retuerca de Bullaque, al norte de Ciudad Real. El viñedo cuenta en la actualidad con 26 hectáreas, situadas a 900 metros del altitud y bajo la influencia de un clima continental seco. Las variedades cultivadas son: cabernet sauvignon, syrah, merlot y tempranillo en tintas, y chardonnay en blancas, asentadas sobre un suelo arcilloso formado por cantos rodados.

PAGO DEHESA PEÑALBA

Se encuentra ubicado en el término municipal de Villabáñez, en la provincia de Valladolid, donde cuenta con una extensión de 91 hectáreas. Su viñedo se asienta sobre un suelo caliente y pobre con alto nivel de arenas, cantos y gravas. Sólo se elaboran vinos tintos y las variedades permitidas para su elaboración son por orden de importancia: tempranillo, syrah, cabernet sauvignon y merlot, estas tres últimas de ciclo más largo, y con capacidad de madurar en un entorno sensiblemente más protegido a las heladas y fríos. El clima imperante en la zona es continental.

PAGO DOMINIO DE VALPEDUSA

En Malpica de Tajo (Toledo), fue pionera en la introducción de la cabernet y la chardonnay en España, de la mano de Carlos Falcó; así como de las técnicas en espaldera para climas cálidos, diseñadas por Richard Smart. Sus vinos resultan carnosos, de uvas de ciclo largo y taninos muy elegantes.

PAGO EL TERRERAZO

Con El Terrerazo la Bodega Mustiguillo ha conseguido crear la segunda DO de Pago de Valencia. Esta DO está compuesta por 62 has. de viñedo situadas a 800 metros de altitud entre Utiel y Sinarcas, donde consiguen una excelente bobal que, gracias a la selección clonal, se presenta con bayas pequeñas y muy sueltas. Posee un clima mediterráneo-continental y su viñedo recibe la influencia de los vientos húmedos del mar, situado a escasos 80 kilómetros de distancia. Los suelos de este Pago se caracterizan por ser fundamentalmente arcillosos y calizos con presencia de cantos y arena.

PAGO EL VICARIO

Localizado en el término municipal de Ciudad Real, a 638 metros sobre el nivel del mar, junto al río Guadiana y en las primeras estribaciones de los Montes de Toledo. Posee unos suelos calcáreos, ligeros y poco profundos. La protección para esta denominación de origen abarca una extensión de 130,98 hectáreas donde se cultivan variedades blancas (chardonnay y sauvignon blanc), y tintas (tempranillo, garnacha tinta, graciano, syrah, cabernet sauvignon, merlot y petit verdot).

PAGO FINCA ÉLEZ

Fue la primera DO de este tipo superior, propiedad del polifacético Manuel Manzaneque, con una finca elevada a 1.000 metros en El Bonillo, en la provincia de Albacete. La bodega se dio a conocer por su blanco chardonnay, y hoy se ha impuesto con su syrah y otros ensamblajes.

PAGO FLORENTINO

Constituida por los terrenos ubicados en el término municipal de Malagón (Ciudad Real), se encuentra flanqueada por lagunas naturales en el sur y por la Sierra de Malagón en el norte. A una altitud media de 630-670 metros sobre el nivel del mar, su suelo posee una mayoría silicia, con restos calizos. El subsuelo está compuesto por pizarra y caliza, y la superficie cuenta también con una porción de guijarros (fragmentos de roca sueltos). Su clima se caracteriza por ser algo más atemperado y seco que en las poblaciones vecinas.

PAGO GUIJOSO

Se reconocen los vinos elaborados en Finca El Guijoso, propiedad de Bodegas Sánchez Muliterno, ubicada en el paraje de El Bonillo, entre Albacete y Ciudad Real. Rodeada de bosques de encinas y sabinas, el viñedo aprovecha suelos de guijarros, del que procede su nombre. A una altitud de 1.000 metros, se especializa en vinos de tendencia francesa, blancos y tintos elaborados con uvas galas.

PAGO HEREDAD DE URUEÑA

Primera denominación de origen de pago aprobada en Castilla León. Ubicada en el municipio de Urueña, en la provincia de Valladolid, cuenta con una superficie de 78 hectáreas donde cultivan tempranillo, cabernet sauvignon, merlot y syrah. El viñedo se encuentra sobre una amplia llanura a unos 710 metros de altitud, sobre suelos franco-arcillo-arenosos con buena capacidad de drenaje. La lluvia media anual en este lugar ronda los 410 mm.

PAGO LA JARABA

Se encuentra localizada en los términos municipales de Villarrobledo (Albacete) y El Provencio (Cuenca), a 700 metros de altitud y posee una extensión de 75,18 hectáreas donde cultivan solo variedades tintas; tempranillo, cabernet sauvignon, merlot y graciano. Posee unos suelos franco arenosos y arcillosos, con abundante presencia de elementos de aluvión.

PAGO LOS BALAGUESES

La finca El Pago de los Balagueses está situada al sur oeste de la comarca Utiel-Requena, a 20 kilómetros de Requena. Se encuentra aproximadamente a 700 m sobre el nivel del mar y presenta un clima de tipo continental e influencia mediterránea con precipitaciones anuales de 450 mm. Su viñedo se encuentra en una suave ladera, lo que favorece el drenaje del agua, rodeado de pinos, almendros y olivos, creando un entorno paisajístico muy especial.

PAGO LOS CERRILLOS

Se encuentra en el término municipal de Argamasilla de Alba, Ciudad Real, donde cultivan tempranillo, cabernet sauvignon y syrah. Se trata de un área que cubre toda sección de la vega alta del río Guadiana, en un área de más de 60 km2. Se encuentra junto al embalse de Peñarroya, a 695 metros de altitud, rodeado de cerros y con un suelo fundamentalmente calizo. Posee un clima mediterráneo continentalizado.

PAGO PRADO DE IRACHE

De origen navarro, su viñedo se encuentra situado entre la Sierra del Perdón y la Sierra de Echauri, en lo que podría ser el viñedo más septentrional de España para la elaboración de vinos tintos. Se trata de una zona fría con influencia atlántica en su climatología e importantes saltos térmicos durante el día y la noche. La zona de la comarca de Pamplona, donde se encuentran sus viñedos, son de base caliza. Los suelos donde están plantados los viñedos son de naturaleza arcillo-calcárea, pero predominando el canto rodado. Son suelos con muy buena permeabilidad, permitiendo que el sistema radicular profundice.

PAGO VALLEGARCIA

Se encuentra ubicada en el término municipal de Retuerta del Bullaque, en pleno corazón de los Montes de Toledo, en la provincia de Ciudad Real. La bodega se integra en una de las mejores muestras de bosque mediterráneo del mundo, que conserva una flora y una fauna de gran valor ecológico y unos paisajes de naturaleza aún intacta. Posee una extensión de más de 1.500 hectáreas donde se cultivan tanto variedades blancas como la viognier, como tintas (syrah, merlot, cabernet sauvignon, cabernet franc, petit verdot) o las recientemente incorporadas en su pliego de condiciones garnacha tinta, cariñena y monastrell.

PAGO VERA DE ESTENAS

Se encuentra enclavada en la comarca de Utiel-Requena, en la provincia de Valencia. Posee un clima mediterráneo con influencia continental. Sus suelos son pardocalizos de textura franco-arcillo-arenosa. La pluviometría media es de 420 mm y las variedades plantadas bobal, tempranillo, cabernet sauvignon y merlot en tintas y chardonnay en blancas.

PAGO ABADÍA RETUERTA

ABADÍA RETUERTA
47340 Sardón de Duero (Valladolid)
☎: +34 983 680 314
info@abadia-retuerta.es
www.abadia-retuerta.com

Abadía Retuerta Le Domaine 2022 B
80% sauvignon blanc, 20% verdejo

92 🌿

Por hacer. Color: pajizo brillante. Aroma: especiado, franco, expresivo, hierbas silvestres, hierbas secas, madera marcada. Boca: equilibrado, con tensión, buena acidez, tostado, fino amargor.

🏆 **PODIO**

Abadía Retuerta Pago Garduña 2020 T
100% syrah

95   97€

Color: cereza muy intenso. Aroma: café aromático, potente, fruta negra, fruta madura, arándano azul. Boca: retronasal ahumado, persistente, taninos maduros.

Abadía Retuerta Pago Negralada 2019 T
100% tempranillo

94   75€

Varietal, cremoso. Color: cereza oscuro. Aroma: tostado, especiado, cacao fino, fruta madura, fruta negra. Boca: sabroso, tostado, fino amargor.

Abadía Retuerta Pago Valdebellón 2020 T
100% cabernet sauvignon

94   90€

Color: cereza intenso, borde granate. Aroma: ebanistería, fruta madura, cacao fino, habano, tostado, balsámico. Boca: sabroso, especiado, tostado, taninos potentes.

🏆 **PODIO**

Abadía Retuerta Petit Verdot PV 2020 T
100% petit verdot

95   145€

Exuberante, especiado, equilibrado. Color: cereza oscuro, borde granate. Aroma: fruta madura, fruta confitada, ebanistería, tabaco, especias dulces. Boca: especiado, taninos maduros, largo.

Abadía Retuerta Selección Especial 2021 T
62% tempranillo, 19% cabernet sauvignon, 14% syrah, 4% merlot, 1% petit verdot

93   33,5€

Color: cereza oscuro, borde granate. Aroma: fruta confitada, ebanistería, tabaco, especias dulces, fruta negra. Boca: especiado, taninos maduros, largo.

PAGO AYLÉS

PAGO AYLÉS
Finca Aylés. Ctra. A-1101, Km. 24
50152 Mezalocha (Zaragoza)
☎: +34 970 140 473
pagoayles@pagoayles.com
www.pagoayles.com

Aylés "Tres de 3000" 2021 T
garnacha, cabernet sauvignon, merlot

92   24€

Color: cereza intenso. Aroma: fruta madura, hierbas secas, roble cremoso. Boca: fruta madura, especiado, taninos maduros, acidez marcada.

Cuesta del Herrero 2023 T BA
tempranillo, garnacha

91 ★★★★★ 🌿   12€

Amable. Color: cereza intenso, cereza brillante. Aroma: madera marcada, fruta madura, especiado, tostado. Boca: sabroso, taninos maduros, fruta madura, fácil de beber.

Patria Chica 2023 T
tempranillo, merlot, garnacha, cabernet sauvignon

92 ★★★★★ 🌿   10€

Color: cereza intenso. Aroma: fruta madura, hierbas secas, roble cremoso, complejo, con carácter. Boca: fruta madura, especiado, taninos maduros.

PAGO BOLANDIN

BODEGA PAGO DE CIRSUS
Ctra. de Ablitas a Ribafora, Km. 3
31523 Ablitas (Navarra)
☎: +34 948 386 427
info@pagodecirsus.com
www.pagodecirsus.com

Pago de Cirsus Chardonnay 2022 B FB
92
Color: amarillo brillante. Aroma: potente, roble cremoso, fruta madura, especiado, expresivo. Boca: graso, estructurado, tostado, fino amargor, sabroso, equilibrado.

Pago de Cirsus Selección de Familia 2018 T C
93
Maduro, amable, fluido. Color: cereza intenso. Aroma: hierbas secas, fruta negra, fruta madura, especiado. Boca: fruta madura, especiado, taninos maduros.

Pago de Cirsus Vendimia Seleccionada 2022 T C
91
Pulido, amable. Color: cereza, borde violáceo. Aroma: especiado, fruta negra, chocolate, tostado. Boca: fruta madura, sabroso.

PAGO CALZADILLA

PAGO CALZADILLA
Ctra. Huete a Cuenca, Km. 3,3
16500 Huete (Cuenca)
☎: +34 969 142 030
info@pagocalzadilla.com
www.pagocalzadilla.com

Calzadilla Allegro 2018 T
100% syrah

92 ♣   22€

Corpulento, cremoso. Color. cereza intenso. Aroma: hierbas secas, roble cremoso, fruta negra, fruta madura. Boca: potente, especiado, taninos maduros.

Calzadilla Classic 2014 T
tempranillo, garnacha, syrah, cabernet sauvignon

91 ★★★ ♣   16€

Color. cereza, borde granate. Aroma: fruta negra, fruta confitada, chocolate, cera, fina reducción. Boca: sabroso, largo, taninos dulces, cremoso.

Opta Calzadilla 2018 T
tempranillo, garnacha, syrah

91 ★★★★ ♣   12,5€

Color. cereza intenso. Aroma: fruta madura, hierbas secas, roble cremoso, equilibrado. Boca: fruta madura, especiado, taninos maduros, balsámico, largo.

PAGO CAMPO DE LA GUARDIA

BODEGAS MARTUE
Campo de la Guardia, s/n
45760 La Guardia (Toledo)
☎: +34 658 915 812
admin@martue.com
www.martue.com

Martúe 2020 T C
cabernet sauvignon, petit verdot, merlot, syrah, malbec, tempranillo

88 ★★★   8,5€

Balsámico, ahumado, correcto, maduro, cálido, sabroso.

Martúe Especial 2018 T R
petit verdot, syrah, merlot

89   14,5€

Maduro, reductivo, algo caído. Aroma: hierbas secas. Boca: taninos secos pero maduros.

Martúe Gran Vino 2018 T
malbec, syrah, petit verdot

91   24€

Color. Cereza. Aroma: especias dulces, hierbas de monte, franco, hierbas secas, incienso. Boca: especiado, taninos maduros.

Martúe Syrah 2020 T
100% syrah

90   15,6€

Aroma: fruta madura, especiado, flores secas. Boca: taninos maduros, especiado, fácil de beber, fruta madura, jugoso.

PAGO CASA DEL BLANCO

PAGO CASA DEL BLANCO
Ctra. Manzanares -Moral de Calatrava km.23,200
13200 Manzanares (Ciudad Real)
☎: +34 619 306 251
comercial@pagocasadelblanco.com
www.pagocasadelblanco.com

Pilas Bonas 2023 B
chardonnay, sauvignon blanc

88 ★★★★   7€

Amable, frutal, maduro, muy primario, sabroso, fresco.

Quixote Cabernet Sauvignon Syrah 2020 T C
cabernet sauvignon, syrah

88   13,5€

Frutal, especiado, confitado, tostado, sabroso.

Quixote Malbec Cabernet Franc 2020 T R
malbec, cabernet franc

88   13,5€

Frutal, confitado, especiado, algo secante.

Quixote Merlot Tempranillo Petit Verdot 2020 T
merlot, tempranillo, petit verdot

89   13,5€

Frutal, maduro, especiado, hierbas secas, sabroso.

Quixote Petit Verdot 2020 T C
petit verdot

89   15€

Frutal, especiado, confitado, maduro, herbal.

PAGO CHOZAS CARRASCAL

CHOZAS CARRASCAL
46390 San Antonio de Requena (València/Valencia)
☎: +34 963 410 395
chozas@chozascarrascal.es
www.chozascarrascal.com

El Cf de Chozas Carrascal 2020 T
100% cabernet franc

94

Color: cereza intenso. Aroma: hierbas secas, fruta negra, fruta madura, hierbas de monte. Boca: fruta madura, especiado, taninos maduros.

🏆 PODIO

Las Ocho 2020 T
bobal, monastrell, garnacha, tempranillo, cabernet sauvignon, cabernet franc

95 ★★★★   22€

Color: cereza intenso. Aroma: hierbas secas, fruta negra, hierbas de monte, fruta madura, terroso. Boca: potente, fruta madura, especiado, taninos maduros.

Las Tres 2020 B FB
chardonnay, sauvignon blanc, macabeo

92   18,5€

Color: pajizo. Aroma: fruta madura, hierbas secas, flores marchitas, frutos secos, pan tostado. Boca: potente, fruta madura, equilibrado.

PAGO DE ARÍNZANO

ARÍNZANO
Ctra. NA-132 Km. 3,1
31264 Aberin (Navarra)
☎: +34 948 555 285
reservas@arinzano.com
www.arinzano.com

Arínzano Cabernet Sauvignon 2019 T
100% cabernet sauvignon

92   34€

Color: cereza intenso. Aroma: hierbas secas, roble cremoso, fruta negra, fruta confitada. Boca: fruta madura, especiado, taninos maduros.

🏆 PODIO

Arínzano Eternidad B
100% chardonnay

95   200€

Tostado, opulento, con personalidad. Color: amarillo brillante. Aroma: potente, roble cremoso, fruta madura, especiado, frutos secos. Boca: graso, estructurado, largo, tostado, fino amargor.

Arínzano Gran Vino 2018 T
100% tempranillo

93   100€

Color: cereza oscuro, borde granate. Aroma: fruta madura, fruta confitada, ebanistería, tabaco, especias dulces. Boca: especiado, taninos maduros, largo.

Arínzano Gran Vino 2019 B
100% chardonnay

93   90€

Color: amarillo brillante. Aroma: potente, roble cremoso, fruta madura, especiado, hierbas silvestres, madera marcada. Boca: graso, estructurado, largo, tostado, fino amargor.

Arínzano Merlot Biológico 2019 T
100% merlot

91 🌿 43€

Color: cereza intenso. Aroma: fruta madura, hierbas secas, lácticos. Boca: fruta madura, especiado, taninos maduros.

Arínzano Pureza 2021 B
100% chardonnay

92 47€

Color: pajizo. Aroma: hierbas secas, flores marchitas, lías finas, fruta blanca. Boca: fruta madura, equilibrado, salino, sabroso.

Hacienda de Arínzano Chardonnay 2022 B
100% chardonnay

91 18€

Color: pajizo brillante. Aroma: fruta madura, hierbas de tocador, lías finas, pan tostado. Boca: lleno, buena acidez, sabroso.

Hacienda de Arínzano Tempranillo 2020 T
85% tempranillo, 10% merlot, 5% cabernet sauvignon

91 18€

Color: cereza intenso. Aroma: fruta madura, hierbas secas, roble cremoso. Boca: fruta madura, especiado, taninos maduros.

La Casona de Arínzano 2018 T
75% tempranillo, 25% merlot

92 29€

Color: cereza, borde granate. Aroma: fruta sobremadura, roble cremoso, cálido, tostado. Boca: confitado, potente, taninos dulces.

PAGO DE OTAZU

BODEGA OTAZU
Señorío de Otazu, s/n
31174 Otazu (Navarra)
☎: +34 948 329 200
info@bodegaotazu.com
www.bodegaotazu.com

Bodega Otazu Altar 2015 T
100% cabernet sauvignon

94 37,5€

Color: cereza oscuro, borde granate. Aroma: ebanistería, tabaco, especias dulces, fruta negra, hierbas verdes, balsámico. Boca: especiado, taninos maduros, largo.

Pago de Otazu 2022 T
57% merlot, 43% cabernet sauvignon

94 23€

Aromas nítidos. Color: cereza intenso. Aroma: fruta madura, hierbas secas, roble cremoso, arándano azúl, caramelo de violetas. Boca: fruta madura, especiado, taninos maduros.

VINOS DE PAGO / D.O.P.

Pago de Otazu Chardonnay con Crianza 2022 B
100% chardonnay

93 30,65€

Color: amarillo brillante. Aroma: fruta madura, hierbas secas, flores marchitas, flores blancas, fruta de hueso. Boca: fruta madura, equilibrado.

PAGO DE THARSYS

PAGO DE THARSYS
Ctra. Nacional III, km. 274
46340 Requena (València/Valencia)
☎: +34 962 303 354
pagodetharsys@pagodetharsys.com
www.pagodetharsys.com

Pago de Tharsys Argila 2020 T
merlot

90 ★★★ 14€

Color: cereza intenso. Aroma: fruta madura, hierbas secas, cacao fino, tomate. Boca: potente, fruta madura, especiado, taninos maduros.

Pago de Tharsys Bobal Diana García 2021 T
bobal

89 24€

Equilibrado, especiado, fresco, herbal.

Pago de Tharsys Vendimia Nocturna Albariño 2023 B
albariño

88 14€

Cítrico, fresco, herbal, correcto.

Pago de Tharsys Vendimia Nocturna Garnacha 2023 RD FB
garnacha

88 14€

Frutal, golosinas, herbal, pulido.

PAGO DEHESA DEL CARRIZAL

DEHESA DEL CARRIZAL
Ctra. Retuerta a Navas de Estena, Km 5
13194 Retuerta del Bullaque (Ciudad Real)
☎: +34 925 421 773
bodega@dehesadelcarrizal.com
www.dehesadelcarrizal.com

Dehesa del Carrizal Cabernet Sauvignon 2021 T
cabernet sauvignon

92 ★★★ 18€

Color: cereza, borde granate. Aroma: fruta al licor, potente, hierbas secas, complejo, con carácter. Boca: sabroso, largo.

Dehesa del Carrizal Petit Verdot 2021 T
petit verdot

94 ★★★ 22€

Color: Cereza. Aroma: complejo, expresivo, especiado, mineral, con carácter, fruta negra. Boca: lleno, largo, persistente.

Dehesa del Carrizal Syrah 2021 T
syrah

91 18€

Cálido. Color: cereza intenso. Aroma: fruta madura, hierbas secas, roble cremoso, potente. Boca: fruta madura, especiado, taninos maduros.

Dehesa del Carrizal C hardonnay 2022 B FB
chardonnay

90 20€

Ligera reducción. Color: pajizo. Aroma: fruta madura, hierbas secas, flores marchitas, mineral. Boca: fruta madura, equilibrado, sabroso.

Dehesa del Carrizal Colección Privada 2021 T
petit verdot, cabernet sauvignon

93 30€

Color: cereza oscuro. Aroma: tostado, especiado, cacao fino, fruta negra, fruta madura. Boca: sabroso, tostado, fino amargor.

Dehesa del Carrizal MV 2021 T
merlot, tempranillo, syrah, cabernet sauvignon

90 ★★★★★ 10€

Color: cereza intenso. Aroma: fruta madura, roble cremoso, hierbas silvestres. Boca: potente, fruta madura, especiado.

PAGO DEHESA PEÑALBA

BODEGAS VIZAR
Ctra. N-122. Ctra. Valladolid-Soria, Km 341
47329 Villabáñez (Valladolid)
☎: +34 983 682 690
info@bodegasvizar.es
www.bodegasvizar.es

Vizar Syrah 2020 T C
syrah

91 35,6€

Color: cereza intenso. Aroma: hierbas secas, roble cremoso, fruta negra. Boca: fruta madura, especiado, taninos maduros.

Vizar Prestigio 2019 T C
tempranillo, syrah, cabernet sauvignon, merlot

90 ★★★ 12,4€

Color: cereza intenso. Aroma: hierbas secas, roble cremoso, fruta negra. Boca: fruta madura, especiado, taninos maduros.

Vizar Selección Especial 2021 T C
tempranillo, syrah

90 29,7€

Color: cereza intenso. Aroma: fruta madura, hierbas secas, roble cremoso. Boca: potente, fruta madura, especiado, taninos marcados de roble.

PAGO EL TERRERAZO

BODEGA MUSTIGUILLO
El Terrerazo Ctra. N-330 km. 195
46300 Utiel (València/Valencia)
☎: +34 962 168 260
info@bodegamustiguillo.com
www.bodegamustiguillo.com

🏆 **PODIO**

Finca Terrerazo 2021 T
bobal

95

Aromas nítidos, agradable. Color: Cereza. Aroma: complejo, expresivo, especiado, mineral. Boca: lleno, largo, persistente.

🏆 **PODIO**

Quincha Corral 2021 T

95

Balsámico. Color: Cereza. Aroma: complejo, expresivo, especiado, mineral, fruta roja. Boca: elegante, lleno, largo, persistente.

VINOS DE PAGO / D.O.P.

PAGO EL VICARIO

PAGO DEL VICARIO
Ctra. Ciudad Real - Porzuna, Km. 16
13196 Las Casas (Ciudad Real)
☎: +34 926 666 027
pedidos@pagodelvicario.com
www.pagodelvicario.com

Pago del Vicario 50-50 2019 T C
tempranillo, cabernet sauvignon

90 ★★★★ 11€

Agradable, balsámico, equilibrado, sabroso. Aroma: hierbas de monte. Boca: especiado, balsámico, persistente.

Pago del Vicario 6 meses 2021 T
tempranillo, petit verdot, garnacha, merlot

89 ★★★★ 8€

Especiado, tostado, amaderado, correcto, maduro, sabroso.

Pago del Vicario Bancal del Río 2017 T
petit verdot

89 15€

Confitado, hierbas secas, equilibrado, sabroso, algo secante.

Pago del Vicario Blanco de Tempranillo 2023 B
100% tempranillo

87 ★★★★ 7€

Pago del Vicario Talva 2021 B FB
chardonnay, sauvignon blanc, tempranillo, garnacha

90 ★★★★ 11€

Color: amarillo brillante. Aroma: fruta madura, especiado, pan tostado. Boca: estructurado, tostado, fino amargor.

PAGO FINCA ÉLEZ

PAGO FINCA ÉLEZ
Ctra. Ossa de Montiel a El Bonillo, Km 11,5
02610 El Bonillo (Albacete)
☎: +34 626 882 250
administracion@fincaelez.com
www.pagofincaelez.com

El Secreto de Élez 2022 B
viognier

91 24€

Color: pajizo. Aroma: expresivo, flores blancas, hierbas secas, lías finas. Boca: sabroso, frutoso, equilibrado.

Finca Élez Chardonnay Lías 2022 B
chardonnay

89 14,09€

Equilibrado, especiado, herbal, cremoso, fresco.

Finca Élez Syrah 2021 T
syrah

90 24€

Color: cereza, borde violáceo. Aroma: floral, especiado, fruta negra, fruta roja, fruta madura, terroso. Boca: sabroso, frutoso, buena acidez.

Pago Finca Élez Cencibel 2021 T
cencibel

90 24€

Color: cereza, borde violáceo. Aroma: floral, especiado, fruta negra, fruta roja, hierbas silvestres. Boca: sabroso, frutoso, buena acidez.

Pago Finca Élez Chardonnay Fermentado en Barrica 2022 B FB
chardonnay

90 24€

Color: amarillo brillante. Aroma: roble cremoso, fruta madura, especiado, hierbas silvestres. Boca: graso, estructurado, tostado, fino amargor.

Pago Finca Élez Nostrum 2021 T
cencibel, syrah

90 14,09€

Color: cereza, borde violáceo. Aroma: expresión frutal, fruta roja, floral, especiado, hierbas silvestres. Boca: sabroso, frutoso, buena acidez.

PAGO FLORENTINO

BODEGAS LA SOLANA - PAGO FLORENTINO

Ctra. Porzuna -
Camino Cristo del Humilladero, km. 3
13420 Malagón (Ciudad Real)
☎: +34 983 681 146
bodeg@arzuaganavarro.com
www.pagoflorentino.com

Pago Florentino 2020 T
100% cencibel

90

Correcto, equilibrado, suave. Color: cereza brillante. Aroma: fruta madura, especiado, franco, equilibrado. Boca: fruta madura, especiado, fácil de beber, largo.

Pago Florentino 2021 T
89

Corpulento, correcto. Aroma: lácticos, chocolate, fruta madura.

PAGO GUIJOSO

BODEGAS FAMILIA CONESA - PAGO GUIJOSO

Crta Ossa de Montiel - El Bonillo km 11
02610 El Bonillo (Albacete)
☎: +34 608 612 254
mvruiz@familiaconesa.com
www.familiaconesa.com

El Beso de las Uvas Chardonnay 2021 B FB
chardonnay

87   10€

Finca La Sabina Cabernet 2016 T GR
100% cabernet sauvignon

89   15€

Con vejez, equilibrado, herbal, sabroso, especiado.

Finca La Sabina Merlot 2016 T
100% merlot

89   12€

Correcto, equilibrado, especiado, sabroso.

Finca La Sabina Syrah 2017 T C
100% syrah

89   16€

Con oscuridad, corpulento, especiado, equilibrado, hierbas secas, sabroso.

PAGO HEREDAD DE URUEÑA

PAGO HEREDAD DE URUEÑA

Ctra. Toro a Medina de Rioseco, km 21,300
47862 Urueña (Valladolid)
☎: +34 676 476 901
bodega@heredadurueña.com
www.heredadurueña.com

Fórum Etiqueta Negra 2018 T
100% tempranillo

90 ★★★★★   8,5€

Color: cereza intenso. Aroma: fruta madura, hierbas secas, roble cremoso, especias dulces, coco. Boca: fruta madura, especiado, taninos maduros.

Selección Excelencia 2017 T C
88   15€

Confitado, lleno, cremoso, tostado.

VINOS DE PAGO / D.O.P.

Santo Merlot 2018 T
80% merlot, 20% cabernet sauvignon

90 15€

Color: cereza intenso. Aroma: hierbas secas, roble cremoso, fruta negra, hierbas verdes. Boca: fruta madura, especiado, taninos maduros.

Santo Tempranillo 2017 T
tempranillo

91 ★★★ 15€

Color: cereza intenso. Aroma: hierbas secas, roble cremoso, fruta negra. Boca: fruta madura, especiado, taninos maduros.

Santo Syrah 2018 T
100% syrah

91 ★★★ 15€

Color: cereza intenso. Aroma: hierbas secas, roble cremoso, fruta negra, especiado, terroso. Boca: fruta madura, especiado, taninos maduros.

PAGO LA JARABA

PAGO DE LA JARABA
Ctra. Nacional 310, Km. 142,7
02600 Villarrobledo (Albacete)
☎: +34 967 138 250
info@lajaraba.com
www.lajaraba.com

Pago de la Jaraba 2021 T
tempranillo, cabernet sauvignon, merlot

91

Madera marcada. Color: cereza brillante. Aroma: especias dulces, fruta madura, chocolate, hierbas secas. Boca: especiado, taninos maduros, estructurado, jugoso.

Pago de la Jaraba Merlot 2021 T
merlot

89

Herbal, maduro, sabroso, silvestre, correcto, exuberante.

Pago de la Jaraba Sauvignon Blanc 2023 B
sauvignon blanc

89 🌱

Maduro, flores secas, exuberante.

PAGO LOS BALAGUESES

BODEGAS VEGALFARO
Ctra. Pontón - Utiel, Km. 3
46340 Requena (València/Valencia)
☎: +34 962 320 680
oficina@vegalfaro.com
www.vegalfaro.com

**Pago de los Balagueses
Chardonnay 2022 B FB**
chardonnay

89 　　　　　　　　　　　　　　　22€

Acidez marcada, madera marcada, especiado, tropical.

**Pago de los Balagueses
Garnacha Tintorera 2021 T C**
garnacha tintorera

92 　　　　　　　　　　　　　　　22€

Especiado. Color: cereza intenso. Aroma: hierbas secas, roble cremoso, fruta negra. Boca: fruta madura, especiado, taninos maduros.

**Pago de los Balagueses
Syrah 2021 T C**
syrah

93 　　　　　　　　　　　　　　　22€

Cremoso. Color: cereza intenso. Aroma: fruta madura, hierbas secas, roble cremoso, fruta negra. Boca: potente, fruta madura, especiado, taninos maduros.

Pasamonte 2021 T
garnacha tintorera, syrah, tempranillo

91 　　　　　　　　　　　　　　　17€

Color: cereza intenso. Aroma: hierbas secas, roble cremoso, fruta negra, hierbas verdes. Boca: fruta madura, especiado, taninos maduros.

PAGO LOS CERRILLOS

BODEGAS MONTALVO WILMOT
Finca Los Cerrillos Crtra. a Ruidera, Km. 10,200
13710 Argamasilla de Alba (Ciudad Real)
☎: +34 926 699 069
info@montalvowilmot.com
www.montalvowilmot.com

**Pago Los Cerrillos
Cabernet de Familia 2018 T**
100% cabernet sauvignon

89 　　　　　　　　　　　　　　　19€

Equilibrado, especiado, hierbas secas, sabroso.

**Pago Los Cerrillos Colección Privada
2018 T R**
75% tempranillo, 25% cabernet sauvignon

90 　　　　　　　　　　　　　　　19€

Color: cereza intenso. Aroma: fruta madura, hierbas secas, roble cremoso, tostado. Boca: potente, fruta madura, especiado, taninos maduros.

Pago Los Cerrillos Petit Verdot 2020 T C
100% petit verdot

87 　　　　　　　　　　　　　　　14€

Especiado, maduro, corpulento, herbáceo, algo secante.

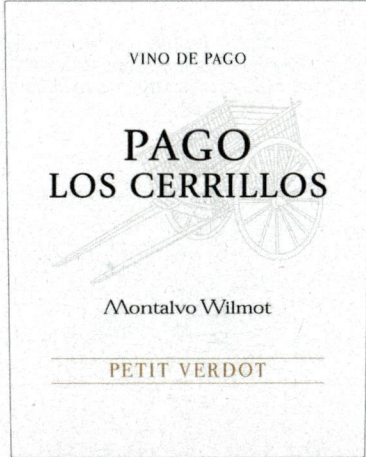

**Pago Los Cerrillos Petit Verdot
Selección 2018 T R**
100% petit verdot

89 　　　　　　　　　　　　　　　19€

Corpulento, especiado, equilibrado, hierbas secas, tostado.

VINOS DE PAGO / D.O.P.

VINOS DE PAGO / D.O.P.

Pago Los Cerrillos Syrah 2021 T RB
100% syrah
89 13€
Equilibrado, especiado, hierbas secas, maduro, tostado.

Pago Los Cerrillos Tempranillo Cabernet 2020 T RB
75% tempranillo, 25% cabernet sauvignon
87 12€

PAGO PRADO DE IRACHE

BODEGAS IRACHE
Avda. de Monasterio de Irache, 1
31240 Ayegui (Navarra)
☎: +34 948 551 932
irache@irache.com
www.irache.com

Prado Irache 2020 T BA
tempranillo, merlot, cabernet sauvignon
92 ★★★★ 15,7€
Color: cereza intenso. Aroma: hierbas secas, roble cremoso, café aromático, especiado, fruta confitada. Boca: potente, fruta madura, taninos maduros, frutoso, sabroso.

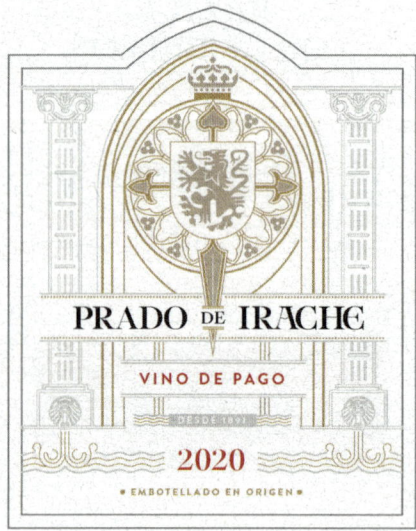

PAGO VALLEGARCÍA

PAGO DE VALLEGARCÍA
Finca Vallegarcía, s/n
13194 Retuerta del Bullaque (Ciudad Real)
☎: +34 925 421 407
vallegarcia@vallegarcia.com
www.vallegarcia.com

Hipperia 2021 T C
77% cabernet sauvignon, 19% cabernet franc, 3% merlot, 1% petit verdot
92 38,9€
Color: cereza intenso. Aroma: hierbas secas, roble cremoso, fruta negra, fruta madura, hierbas silvestres. Boca: potente, fruta madura, especiado, taninos maduros.

Petit Hipperia 2022 T
39% merlot, 30% cabernet franc, 14% petit verdot, 11% syrah, 6% cabernet sauvignon
91 19,9€
Color: cereza intenso. Aroma: roble cremoso, fruta negra, equilibrado, hierbas de monte. Boca: fruta madura, especiado, taninos maduros, fluido.

Vallegarcía Syrah 2022 T
100% syrah
90 29,9€
Color: cereza intenso. Aroma: fruta negra, equilibrado, violetas, pan tostado. Boca: fruta madura, especiado, taninos maduros.

Vallegarcía Viognier 2022 B
100% viognier
92 29,9€
Color: pajizo. Aroma: fruta madura, hierbas secas, flores marchitas, muy primario. Boca: fruta madura, equilibrado, varietal, sabroso, persistente.

PAGO VERA ESTENAS

BODEGA VERA DE ESTENAS
Ctra. N-III, km. 266 - Paraje La Cabezuela
46300 Utiel (València/Valencia)
☎: +34 962 171 141
estenas@veradeestenas.es
www.veradeestenas.es

Martínez Bermell Merlot 2021 T C
merlot
90 16€
Color: cereza, borde violáceo. Aroma: expresión frutal, fruta roja, floral, especiado. Boca: sabroso, frutoso, buena acidez, estructurado, potente.

VINOS DE CALIDAD/D.O.P.

Hasta la fecha en España solo existen siete zonas que hayan adquirido la marca "Vino de Calidad de": Cangas, Lebrija, Valtiendas, Sierra de Salamanca, Valles de Benavente, Cebreros e Islas Canarias distinguidas como VCPRD. No deja de ser un entrenamiento de aquellas zonas que aspiran a conseguir la categoría de DO, pero este término sigue siendo impreciso para el comprador.

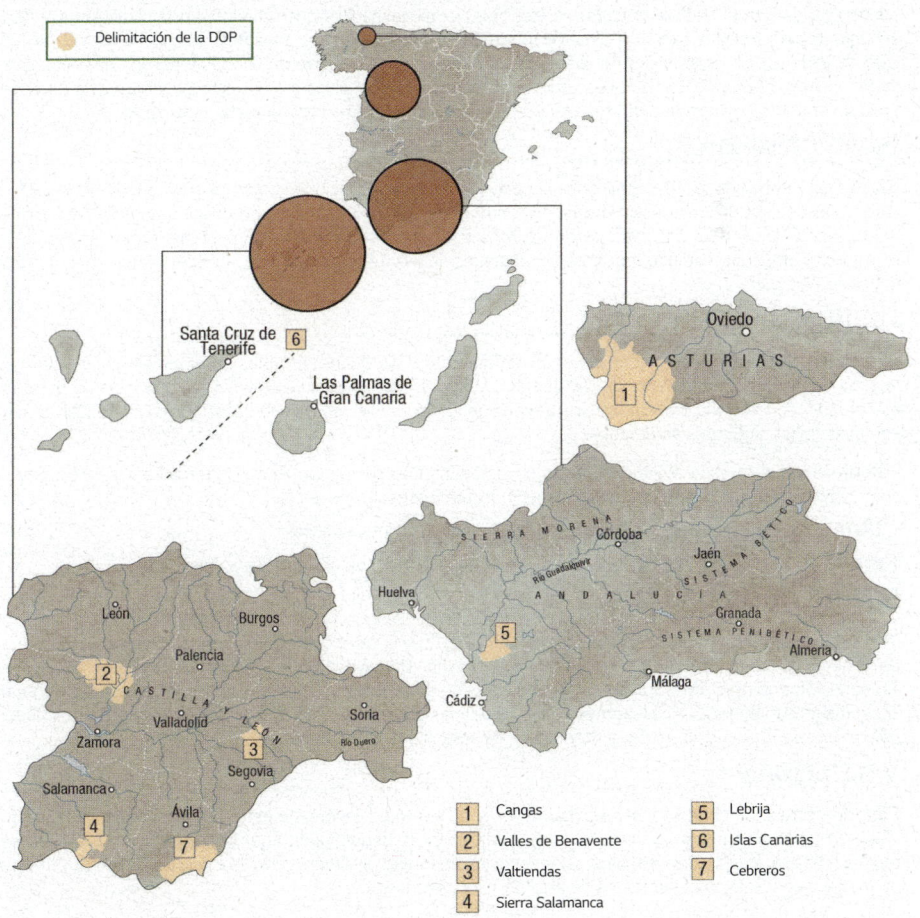

Delimitación de la DOP

1. Cangas
2. Valles de Benavente
3. Valtiendas
4. Sierra Salamanca
5. Lebrija
6. Islas Canarias
7. Cebreros

CANGAS

En suroeste asturiano, al límite de la provincia de León encontramos el consejo de Cangas del Narcea. Este viñedo tiene unas condiciones climáticas totalmente diferentes al resto de todos los municipios de Asturias, lo que hace que sus vinos tengan unas características exclusivas e inigualables. Con menos pluviometría y más horas de insolación que el resto de Asturias, se asientan los viñedos sobre suelos silíceos, pizarrosos y con arena muy suelta, de los Vinos de la Tierra de Cangas. Entre sus variedades permitidas encontraremos albarín blanco, moscatel de grano menudo, blanca extra y albillo en blancas y albarín negro, mencía, verdejo negro y carrasquín en tintas.

CEBREROS

Se encuentra ubicada al Sur de la comunidad autónoma de Castilla y León, en la provincia de Ávila, y comprende 35 municipios de esta provincia. El viñedo se asienta fundamentalmente sobre suelos graníticos, aunque pueden ser de pizarra en determinadas zonas. Posee un clima mediterráneo con influencia continental, aunque en algunas partes puede tener un clima de montaña en viñas superiores a los 900 metros de altitud. La zona está definida por el Sistema Central Ibérico, especialmente por la Sierra de Gredos y por los ríos Alberche y Tiétar, ambos tributarios del Tajo. Los variedades principales son albillo real en blancas y garnacha en tintas, aunque en tintas también se permiten como secundarias la garnacha tintorera y la tempranillo.

ISLAS CANARIAS

Aprobada en mayo de 2011, fecha de publicación en el Boletín Oficial de Canarias (BOC), la constitución de su órgano de gestión tuvo lugar el 27 de diciembre de 2012. La zona de producción engloba la totalidad del territorio de las Islas Canarias, permitiendo la libre circulación de uvas en el archipiélago canario. En su reglamento ampara un amplio registro de variedades de uva de origen canario, así como variedades de corte más internacional.

LEBRIJA

Reconocida por la Junta de Andalucía el 11 de marzo de 2009. Los términos municipales que constituyen la zona de producción del "Vino de Calidad de Lebrija" son Lebrija y El Cuervo, de la provincia de Sevilla. La elaboración de los vinos protegidos por la mención "Vino de Calidad de Lebrija" se realizará exclusivamente con uvas de las siguentes variedades:

- **BLANCAS:** moscatel de Alejandría, palomino, palomino fino, sauvignon blanc y la tradicionalmente conocida como vidueño (montuo de pilas, mollar cano, moscatel morisco, perruno).
- **TINTAS:** cabernet sauvignon, syrah, tempranillo, merlot y tintilla de Rota.

Tipos de vinos: blancos, tintos, generosos y generosos de licor, dulces naturales, mistelas.

SIERRA DE SALAMANCA

Reconocida por la Junta de Castilla y León en junio de 2010, se encuentra ubicada en el sur de la provincia de Salamanca. Se trata de la tercera referencia de vinos de calidad en la comunidad y reúne a un total de 26 municipios salmantinos. Su viñedo se asienta sobre bancales en las partes altas de las laderas, sobre un suelo mayoritariamente franco-arenoso. Las variedades autorizadas son viura, moscatel de grano menudo y palomino para las blancas y rufete, garnacha y tempranillo para las tintas.

VALTIENDAS

Conocida esta zona del norte de Segovia por el vino Duratón, a la vera de este río han surgido bodegas que elaboran vinos mayoritariamente con la tempranillo local, denominada aquí tinta del país. Los vinos son mucho más afrutados y tienen mayor acidez que los de Ribera del Duero, gracias a una altitud de 900 metros de media y unos suelos compuestos de arcilla y cantos rodados.

VALLES DE BENAVENTE

Reconocida por la Junta de Castilla y León desde septiembre del año 2000, la VCPRD acoge en la actualidad a más de 50 municipios y tres bodegas enclavadas en los municipios de Benavente, Santibáñez de Vidriales y San Pedro de Ceque. Son cinco las comarcas de producción vitícola en la región: Valle Vidriales, Valle del Tera, Valle Valverde, La Vega y Tierra de Campos, las cuales rodean a Benavente como centro natural de las mismas, y cuatro ríos (Tera, Esla, Órbigo y Valderadey, todos ellos afluentes del Duero), que marcan el ámbito geográfico de la región.

VINO DE CALIDAD CANGAS

BODEGA LA VERDEA
Puenticiella, 13
33817 Cangas de Narcea (Asturias)
☎: +34 678 067 857
lucianoverdea@hotmail.com
www.bodegaslaverdea.com

620 Albarín 2022 B
albarín

88   13€

Cítrico, frutal, maduro, fresco, especiado.

620 Albarín Negro y Verdejo Negro 2021 T
albarín negro, verdejo negro

88   13€

Frutal, maduro, especiado, hierbas secas, silvestre, afilado.

Verdea 2023 T
carrasquín, albarín negro, verdejo negro

88 ★★★   8,95€

Frutal, flores secas, aromático, maduro, herbal, fresco.

Verdea Albarín 2023 B
albarín

88   9,2€

Cítrico, tropical, suave, corpulento.

BODEGA MONASTERIO DE CORIAS
Monasterio de Corias, s/n
33800 Cangas del Narcea (Asturias)
☎: +34 985 810 493
bodega@monasteriodecorias.es
www.monasteriodecorias.es

Corias Guilfa 2022 B FB
91

Color: amarillo brillante. Aroma: roble cremoso, fruta madura, especiado, hierbas silvestres. Boca: graso, estructurado, tostado, fino amargor.

Valdemonje 2021 T
carrasquín

91

Muy vivo, silvestre, representativo. Color: Cereza. Aroma: balsámico, hierbas de monte. Boca: especiado, balsámico, buena acidez, fácil de beber.

Valdemonje Albarín Negro 2021 T
albarín negro

92

Representativo, silvestre. Color: cereza brillante. Aroma: toques silvestres, notas almizcladas, franco, expresivo. Boca: fluido, fresco, frutoso, jugoso.

Monasterio de Corias
Viña Grandiella 2023 B
87

COALLA
W5, 4
33211 Gijón (Asturias)
☎: +34 985 133 262
coalla@coalla.es
www.coalla.es

Escolinas Albarín Negro 2019 T
albarín negro

94 ★★★   21€

Herbal, rústico, silvestre, con oscuridad. Aroma: notas cárnicas, mineral. Boca: frutoso, fresco, buena acidez, con tensión.

Escolinas Blanco de Cangas 2023 B
albarín

91   17,8€

Austero, hierbas secas. Color: pajizo brillante, borde verdoso. Aroma: fruta fresca, cítricos, hierbas silvestres. Boca: fresco, frutoso, buena acidez, fino amargor.

Escolinas Mezcla Canguesa 2022 T
albarín negro, carrasquín, verdejo negro

93 ★★★★   16,9€

Aromas nítidos, balsámico, herbal. Color: cereza, borde granate. Aroma: fruta roja, toques silvestres. Boca: fino amargor, equilibrado, fácil de beber, balsámico, taninos finos.

Escolinas Verdejo Negro 2022 T
verdejo negro

92   19,7€

Balsámico, correcto, silvestre, suave. Aroma: notas almizcladas, hierbas de monte, hierbas silvestres. Boca: fluido, jugoso.

Escolinas Blanco Viña en Ibias 2023 B
albarín

92   30€

Color: pajizo brillante, borde verdoso. Aroma: cítricos, hierbas silvestres, fruta blanca. Boca: fresco, frutoso, buena acidez, fino amargor.

Escolinas Carrasquín 2021 T
carrasquín

93   24,2€

Equilibrado, jugoso, lleno, balsámico. Color: cereza poco intenso. Aroma: fruta roja, fruta madura, expresivo. Boca: muy vivo, sabroso, buena acidez.

VINOS DE CALIDAD / D.O.P.

SILUVIO BODEGAS Y VIÑEDOS
Cecos Ibias
Ibias (Asturias)
☎: +34 985 262 942
siluvio@siluvio.com
www.siluvio.com

Siluvio 2022 B
90   25€
Color: pajizo brillante. Aroma: fruta madura, hierbas secas, flores marchitas, cítricos. Boca: fruta madura, equilibrado, fresco, frutoso.

Siluvio 2022 T
albarín negro, carrasquín, verdejo negro, mencía
92   25€
Color: cereza brillante, borde violáceo. Aroma: caramelo de violetas, expresión frutal, fruta negra, hierbas silvestres. Boca: sabroso, frutoso, fresco, muy vivo, equilibrado, cierta persistencia.

VINO DE CALIDAD DE CEBREROS

AGRO-URDIENSE
Plaza España, 3
05114 Villanueva de Ávila (Ávila)
☎: +34 617 620 887
info@agrourdiense.com
www.agrourdiense.com

Perrachica 2021 T
garnacha
90   40€
Color: cereza, borde violáceo. Aroma: expresión frutal, fruta roja, floral, especiado, balsámico. Boca: sabroso, frutoso, buena acidez.

Urdiense 2022 T
garnacha
90   18€
Color: cereza, borde violáceo. Aroma: fruta roja, floral, especiado, balsámico, fruta madura. Boca: sabroso, frutoso, buena acidez, largo.

ARNACH
Dominio de Arroyo Quemao
05111 San Juan de La Nava (Ávila)
☎: +34 627 936 076
trescinco@live.com

Arnach Cepas Viejas 2021 T
100% garnacha
91   22,99€
Color: cereza intenso. Aroma: fruta madura, hierbas secas, roble cremoso, balsámico. Boca: potente, fruta madura, especiado, taninos maduros.

BODEGAS ARRAYÁN
Finca la Verdosa s/n
45513 Santa Cruz de Retamar (Toledo)
☎: +34 916 633 131
comercial@arrayan.es
www.arrayan.es

El Bufón de Arrayán Albillo Real 2022 B
100% albillo real
92   20€
Color: pajizo. Aroma: fruta madura, hierbas secas, flores marchitas, lías finas, cera. Boca: fruta madura, equilibrado, carnoso, mineral.

El Bufón de Arrayán Garnacha 2020 T

91

Color: cereza, borde granate. Aroma: fruta al licor, potente, flores marchitas, caramelo de violetas. Boca: largo, sabroso.

El Bufón de Arrayán Garnacha 2021 T
100% garnacha

92   36€

Cítrico. Color: cereza intenso, cereza brillante. Aroma: fruta roja, fruta madura, roble cremoso, equilibrado, franco. Boca: fruta madura, especiado.

COMANDO G VITICULTORES
Avda. Constitución, 23
28640 Cadalso de Los Vidrios (Madrid)
☎: +34 918 640 602
info@comandog.es
www.comandog.es

🏆 PODIO

La Breña 2021 T
garnacha

95

Afilado, cítrico, con potencial. Color: cereza poco intenso. Aroma: fruta fresca, expresivo, equilibrado, elegante. Boca: frutoso, largo, mineral, con tensión.

Navatalgordo 2022 T
garnacha

94

Color: cereza poco intenso. Aroma: franco, elegante, hierbas silvestres, notas anisadas. Boca: complejo, fresco, jugoso, largo, taninos finos.

Villanueva 2022 T
garnacha

93

Fresco, cítrico. Aroma: notas cárnicas, metálico, mineral. Boca: frutoso, con tensión, fácil de beber, largo.

COMPAÑÍA DE VINOS TELMO RODRÍGUEZ
El Monte
01308 Lanciego (Araba/Álava)
☎: +34 945 628 315
contact@telmorodriguez.com
www.telmorodriguez.com

🏆 PODIO

Arrebatacapas 2021 T

96   65€

Elegante, floral, con potencial. Color: cereza poco intenso. Aroma: expresivo, equilibrado, varietal, expresión frutal. Boca: fresco, jugoso, muy vivo, pulido, taninos finos.

🏆 PODIO

Pegaso "Barrancos de Pizarra" 2021 T

95   42€

Varietal, silvestre. Color: cereza, borde violáceo. Aroma: expresión frutal, fruta roja, floral, especiado, hierbas de monte. Boca: sabroso, frutoso, buena acidez, largo.

DANIEL RAMOS
San Pedro de Alcántara, 1
05270 El Tiemblo (Ávila)
☎: +34 687 410 952
dvrcru@gmail.com
www.danielramos.wine

Wanted Sotillo 2022 T
garnacha

91 ★★★★★   12€

Color: cereza brillante, borde granate. Aroma: fruta madura, hierbas secas, fruta escarchada, especiado. Boca: fruta madura, especiado, taninos maduros, sabroso, frutoso.

Zerberos Los Chorrancos 2022 T
90% garnacha, 5% garnacha tintorera, 5% otras

92 ♣.   28,95€

Con oscuridad, amargoso, especiado. Color: guinda. Aroma: fruta negra, hierbas secas.

HAMMEKEN CELLARS
03700 Denia (Alacant/Alicante)
☎: +34 965 791 967
cellars@hammekencellars.com
www.hammekencellars.com

Sancta Yusta 2023 T
garnacha

90

Color: cereza brillante, cereza poco intenso. Aroma: equilibrado, varietal, hierbas silvestres. Boca: jugoso, fácil de beber, frutoso.

LAS PEDRERAS VIÑEDOS Y VINOS
Serranillos, 24
05114 Villanueva de Ávila (Ávila)
☎ +34 616 520 572
info.laspedreras@gmail.com

Arquitón 2023 RD
92
Amable. Color: rosáceo pálido. Aroma: elegante, floral, hierbas de tocador, lías finas. Boca: buena acidez, fino amargor, sabroso.

Vertiente de Las Ánimas 2022 T
94
Color: cereza, borde violáceo. Aroma: expresión frutal, fruta roja, floral, especiado. Boca: sabroso, frutoso, buena acidez, largo.

RICO NUEVO VITICULTORES
Las Razuelas, 4
05113 Burgohondo (Ávila)
☎ +34 657 459 360
bodega@riconuevovinos.es
www.riconuevovinos.es

Al Raso 2022 RD
garnacha
94 — 26€
Color: cobrizo. Aroma: elegante, fruta roja, floral, hierbas de tocador, fósforo. Boca: ligero, especiado, buena acidez, fino amargor.

🏆 PODIO
Barrera de Sol 2021 T BA
95 — 40€
Color: cereza, borde granate. Aroma: fruta madura, fruta escarchada, hierbas secas, fruta de hueso. Boca: sabroso, largo, fruta madura.

Flor de Albihar 2022 B
94 — 26€
Aromas nítidos, con tensión. Color: pajizo brillante. Aroma: fruta de hueso, fruta escarchada, cítricos, especias dulces. Boca: frutoso, sabroso, fruta asada, buena acidez.

🏆 PODIO
Jirón de Niebla 2021 T C
garnacha
96 — 40€
Balsámico, sabroso. Color: cereza, borde violáceo. Aroma: expresión frutal, fruta roja, floral, especiado. Boca: sabroso, frutoso, buena acidez, largo.

🏆 PODIO
La Quebrá 2021 T BA
garnacha
97 — 90€
Aromas nítidos, sabroso. Color: Cereza. Aroma: complejo, expresivo, especiado, mineral, fruta de hueso, flores secas. Boca: elegante, lleno, largo, persistente.

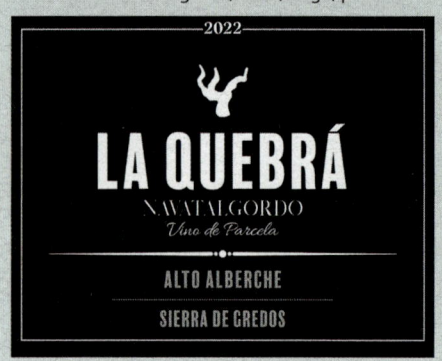

Rico Nuevo Garnacha 2022 T
garnacha
91 ★★★★★ — 11€
Color: cereza, borde violáceo. Aroma: fruta roja, floral, especiado. Boca: sabroso, frutoso, buena acidez.

Vereda de las Tórdigas 2021 T BA
garnacha
94 ★★★★ — 20€
Agradable, aromas nítidos. Color: Cereza. Aroma: balsámico, especias dulces, hierbas de monte. Boca: especiado, balsámico, buena acidez.

VIÑEDOS Y BODEGAS ALTO BUEN GRADO

Pol. Ind. Unión Europea, Parc.12-13
13200 Manzanares (Ciudad Real)
☎: +34 926 647 800
nacional@vinicoladecastilla.com
www.vinicoladecastilla.com

La Cendra 2022 T
93 25€

Con potencial. Color: cereza, borde violáceo. Aroma: expresión frutal, fruta roja, floral, especiado. Boca: sabroso, frutoso, buena acidez, largo.

La Cendra 2023 B
albillo real
92 24€

Color: pajizo brillante. Aroma: fruta madura, lías finas, cera, piedra seca, hierbas de tocador. Boca: lleno, graso, largo, buena acidez.

La Cendra Selección de Familia 2020 T
garnacha
93

Exuberante, silvestre. Color: cereza poco intenso. Aroma: fruta madura, fruta roja, flores secas, complejo, equilibrado, franco, varietal. Boca: lleno, frutoso, fácil de beber, jugoso.

La Cendra Selección de Familia 2021 T
93 60€

Color: cereza oscuro. Aroma: tostado, especiado, cacao fino, fruta madura, mineral. Boca: sabroso, tostado, fino amargor.

VINO DE CALIDAD DE LAS ISLAS CANARIAS

ALTOS DE TAMUJA

Bequeque 9, Edificio Felicar P1
38680 Guía de ISora (Santa Cruz de Tenerife)
☎: +34 648 789 158

Altos de Tamuja 2023 B
listán blanco
89 🌱

Aromas nítidos, agradable, fresco, cítrico, floral, suave, varietal.

Altos de Tamuja 2023 T
89

Con tipicidad, correcto, frutal, hierbas secas, jugoso, maduro, equilibrado.

BODEGA EL LOMO

Calle El Lomo, 18
38280 Tegueste (Santa Cruz de Tenerife)
☎: +34 922 545 254
administracion@bodegaellomo.com
www.bodegaellomo.com

El Lomo 4 Lías 2022 B
listán blanco
90 ★★★ 14€

Color: amarillo brillante. Aroma: fruta madura, lías finas, hierbas secas. Boca: graso, largo, buena acidez, sabroso.

El Lomo Doce y Uno 2021 B D
listán blanco
90 29€

Color: oro viejo. Aroma: fruta macerada, fruta escarchada, equilibrado, con carácter. Boca: lleno, jugoso, equilibrado, tostado.

El Lomo Listán Blanco 2023 B
listán blanco
88

Aromático, frutal, jugoso, sencillo, boca correcta. Aroma: fruta de hueso.

El Lomo Listán Negro 2023 T
listán negro
88

Agradable, aromas nítidos, frutal, maduro, jugoso, sabroso.

Origen 1989 2022 T RB
listán negro, vijariego negro, castellana
88

Confitado, especiado, fruta golpeada, sabroso, correcto, amable.

Qori 2022 B
gual, vijariego blanco, albillo criollo, verdelho
91 24€

Con personalidad. Aroma: frutos secos, expresivo, flores marchitas, hierbas silvestres. Boca: largo, muy vivo, sabroso.

BODEGA LINAJE DEL PAGO

Herrera, 85
38360 El Sauzal (Santa Cruz de Tenerife)
☎: +34 687 968 597
linajedelpago@gmail.com
www.linajedelpago.com

La Cerca 2022 B
marmajuelo
90 18€

Especiado, maduro. Aroma: especiado, fruta madura, fruta de hueso. Boca: sabroso, lleno, graso.

Linaje de Pago Marmajuelo 2022 B
marmajuelo

89 15€

Aromas nítidos, equilibrado. Aroma: intensidad media, hierbas silvestres. Boca: fino amargor, correcto, jugoso.

Linaje de Pago Marmajuelo 2023 B
marmajuelo

88

Amable, correcto, floral, amargoso, maduro, sabroso. Aroma: fruta de hueso, fruta madura.

BODEGA PIEDRA FLUIDA

Camelia, 1 Local 102 CC Lacúpula
38400 Puerto de la Cruz (Santa Cruz de Tenerife)
☎: +34 659 974 374
enologo@bodegapiedrafluida.com
www.bodegapiedrafluida.com

Piedra Fluida 2023 B
listán blanco

90 20€

Color: pajizo brillante. Aroma: fruta fresca, cítricos, hierbas silvestres. Boca: frutoso, buena acidez, fino amargor, equilibrado, fácil de beber.

Piedra Fluida Listán Negro 2021 T BA
100% listán negro

92 20€

Con oscuridad, con personalidad, silvestre, suave. Color: Cereza. Aroma: balsámico, hierbas de monte, notas almizcladas. Boca: especiado, jugoso.

Piedra Fluida Los Frontones 2022 B
listán blanco

91 35€

Con personalidad, equilibrado. Aroma: expresivo, fruta madura, lías finas, hierbas secas, hierbas silvestres, arbusto. Boca: lleno, complejo, especiado, largo, elegante.

Piedra Fluida Orange 2021 B
listán blanco

92 35€

Color: oro viejo. Aroma: fruta madura, piel de naranja, toques silvestres, expresivo, equilibrado, con carácter. Boca: jugoso, equilibrado, largo, amargoso.

Piedra Fluida Vidal 2021 T
listán negro

91 35€

Color: cereza, borde granate. Aroma: fruta madura, fruta confitada, hierbas de monte, hierbas secas. Boca: fruta madura, especiado, taninos maduros, sabroso.

BODEGAS ARAUTAVA
Camino La Habanera, 286
38300 La Orotava (Santa Cruz de Tenerife)
☎: +34 922 309 024
info@bodegasarautava.com
www.bodegasarautava.com

Arautava Listán Negro 2022 T
100% listán negro

89 12,75€

Aromas nítidos, frutal, maduro, jugoso, sabroso, silvestre.

Cruz del Teide Afrutado Semidulce 2022 B SD
listán blanco

85 8,75€

Cruz del Teide Seco 2022 T
listán negro

86 8,75€

Tanganillo Afrutado Semidulce 2022 B SD
listán blanco

85 8,75€

Tanganillo Tradicional 2022 T S
listán negro

87 8,75€

BODEGAS TAJINASTE
Ratiño 5
38315 La Orotava (Santa Cruz de Tenerife)
☎: +34 687 330 920
bodega@tajinaste.net
www.bodegatajinaste.com

Canarius 2022 B S

89

Flores secas, hierbas secas, jugoso, equilibrado. Boca: sabroso, frutoso, equilibrado.

Canarius Viñas Viejas 2023 T

89

Correcto, especiado, hierbas secas, maduro, sabroso, silvestre.

Paisaje de las Islas 2022 BE EBR

88

Aromático, correcto. Aroma: floral, notas de levadura, fresco. Boca: burbuja gruesa, fácil de beber.

Paisaje de las Islas 2023 B
malvasía, marmajuelo

89

Aromas nítidos, agradable, equilibrado, floral, frutal, jugoso, fresco. Boca: fácil de beber.

Paisaje de las Islas 2023 RD

88

Agradable, correcto, frutal, maduro, sabroso, jugoso. Aroma: frutos secos.

Paisaje de las Islas Forastera 2023 B
forastera

90

Varietal. Color: pajizo brillante. Aroma: hierbas silvestres, hierbas secas, hierbas de monte. Boca: jugoso, sabroso, muy vivo.

Paisaje de Las Islas Malvasía Aromática Naturalmente Dulce 2021 B D

91

Con personalidad, exuberante, flores secas. Aroma: notas amieladas, fruta escarchada. Boca: lleno, sabroso, untuoso.

Tajinaste 2022 T
listán negro

88

Equilibrado, frutal, maduro, especiado, herbal, sabroso, sencillo.

Tajinaste 2023 B

87 🍷

Tajinaste 2023 B S

86

Tajinaste 2023 RD

87

Tajinaste Afrutado B

86

Tajinaste Tradicional 2023 T

87

ENVINATE
Terrero 72
02630 La Roda (Albacete)
☎: +34 682 207 160
asesoria@envinate.es

La Santa de Úrsula 2022 T

93

Color: cereza, borde violáceo. Aroma: expresión frutal, fruta roja, floral, hierbas verdes, arbusto. Boca: sabroso, frutoso, buena acidez.

VINOS DE CALIDAD / D.O.P.

Migan 2022 T
92
Azufrado. Color: cereza brillante. Aroma: notas almizcladas, notas cárnicas, fruta roja. Boca: sabroso, ligero, con tensión.

Palo Blanco 2022 B
93
Cítrico, mineral, acidez marcada. Color: pajizo. Aroma: fruta madura, hierbas secas, flores marchitas, piedra seca, fósforo. Boca: potente, fruta madura.

Palo Blanco Las Molinas 2022 B
94
Cítrico, mineral, jugoso. Color: pajizo. Aroma: fruta madura, hierbas secas, flores marchitas, notas de cereal, salino. Boca: potente, fruta madura, equilibrado.

Táganan 2022 B
93
Mineral, fresco. Color: pajizo brillante. Aroma: lías finas, fruta blanca, especiado, floral. Boca: lleno, buena acidez, tostado.

Táganan 2022 T
94
Color: cereza, borde violáceo. Aroma: expresión frutal, fruta roja, floral, especiado, cacao fino, terroso. Boca: sabroso, frutoso, buena acidez.

Táganan Margalagua 2022 T
94
Color: cereza, borde violáceo. Aroma: fruta roja, especiado, terroso, ahumado. Boca: sabroso, frutoso, buena acidez, largo, mineral.

LÁZARO ALONSO ALONSO
Camino Nuevo, 50
38370 La Matanza de Acentejo (Santa Cruz de Tenerife)
☎: +34 667 769 181
atrevino.canarywine@gmail.com
www.bodegasatrevino.com

Atrevino 2022 B
83% listán blanco, 17% albillo criollo
89 ★★★   10€
Aromas nítidos, correcto, notas de levadura, equilibrado, frutal, maduro, silvestre, suave. Boca: sabroso, fino amargor.

Atrevino 2022 T
100% listán negro
87   9€

MATAZNOS 33
Camino De La Ferruja 12
38413 Los Realejos (Santa Cruz de Tenerife)
☎: +34 669 709 499
mataznos33@gmail.com
www.micapricho.es

Baruc Vendimia Seleccionada 2022 T
listán negro
90   15€
Color: cereza, borde granate. Aroma: fruta confitada, potente, pimienta negra, hierbas de monte, hierbas secas. Boca: sabroso, persistente, retronasal afrutado.

Mataznos 33 2023 B S
listán blanco
87   10,39€

Mataznos 33 Afrutado 2023 RD
listán negro
87   9,67€

Mataznos 33 Orange 2021 B
listán blanco
89   15€
Agradable, aromático, cítrico, correcto, especiado, maduro, sabroso. Aroma: caramelo tostado, especias dulces.

Mataznos 33 Tinto Tradicional 2022 T
listán negro
87   9,26€

Seraya Vendimia Seleccionada 2022 B
listán blanco
89   15€
Especiado, amable, madera marcada, maduro, sabroso. Aroma: fruta de hueso.

VIÑA ZANATA
El Sol, 3
38440 La Guancha (Santa Cruz de Tenerife)
☎: +34 922 828 166
zanata@zanata.net
www.zanata.net

Viña Zanata Afrutado 2023 B
listán blanco, moscatel, vijariego blanco, malvasía, marmajuelo
87   9,3€

Viña Zanata Blanco Tradicional 2023 B S
listán blanco
86   8,75€

Viña Zanata Malvasía Seco 2023 B S
malvasía
88   10,9€
Amable, aromático, correcto, floral, frutal, suave, boca correcta.

Viña Zanata Marmajuelo 2023 B
marmajuelo

89   10,9€

Aromas nítidos, cítrico, frutal, boca correcta, agradable. Boca: equilibrado, fino amargor.

Viña Zanata Tintilla 2021 T
tintilla

89   13,2€

Hierbas secas, jugoso, potente, especiado. Aroma: fruta negra, fruta madura.

Viña Zanata Vendimia Seleccionada 2023 B S
listán blanco, albillo, marmajuelo, vijariego blanco

88   10,9€

Sencillo, suave, correcto, frutal, flores secas. Boca: fácil de beber.

VINO DE CALIDAD DE LEBRIJA

BODEGAS GONZÁLEZ PALACIOS
Virgen Consolación, 60
41740 Lebrija (Sevilla)
☎: +34 954 085 465
felix@gonzalezpalacios.com
www.gonzalezpalacios.com

Frasquito en Rama BF R S
91

Color. amarillo brillante. Aroma: levaduras de flor, lías reducidas, punzante. Boca: buena acidez, amargoso, especiado.

Frasquito Original BF
89

Maduro, lleno, sabroso, salino.

🏆 **PODIO**

González Palacios 1986 BF PC
95

Color. caoba claro. Aroma: acetaldehído, punzante, barniz, ebanistería, frutos secos. Boca: potente, sabroso, especiado, largo, equilibrado.

González Palacios M. Fina B
91

Color. amarillo brillante. Aroma: equilibrado, fresco, levaduras de flor. Boca: sabroso, fino amargor.

Nebris Sauvignon Blanc Bajo Velo 2020 B
sauvignon blanc

92

Color. pajizo. Aroma: apio, hierbas silvestres, fruta blanca, balsámico, levaduras de flor. Boca: potente, fruta madura, equilibrado, sabroso.

Overo 2021 T C
88

Con oscuridad, corpulento, flores secas, maduro, tostado.

VINO DE CALIDAD DE LOS VALLES DE BENAVENTE

BODEGAS OTERO
Avda. El Ferial, 22
49600 Benavente (Zamora)
☎: +34 980 631 600
marcosbodegasotero@gmail.com
www.bodegasotero.es

Finca Valleoscuro Prieto Picudo 2023 RD
prieto picudo

89 ★★★★   7€

Aromático, balsámico, silvestre, varietal, jugoso, herbal, agradable.

Finca Valleoscuro Prieto Picudo Tempranillo 2023 RD
50% prieto picudo, 50% tempranillo

88 ★★★★   6€

Agradable, balsámico, correcto, frutal, herbal, silvestre, sabroso.

Finca Valleoscuro Tempranillo 2023 RD
tempranillo

88 ★★★★   6€

Afilado, aromas nítidos, cítrico, correcto, fresco, suave.

Finca Valleoscuro Verdejo 2023 B
verdejo

87 ★★★★   6€

Otero 2016 T R
prieto picudo

91 ★★★★★   10€

Clásico. Color. cereza oscuro, borde granate. Aroma: fruta confitada, ebanistería, tabaco, especias dulces, fruta negra. Boca: especiado, taninos maduros.

BODEGAS VIRIATUS
Cl. Camino las Viñas, s/n
49622 Brime de Urz (Zamora)
☎: +34 649 876 187
vino@grupobarrero.com
www.viriatus.es

Viriatus Prieto Picudo 2023 RD
100% prieto picudo

87 ★★★★   5€

SEÑORÍO DE LAS MATAS

Las Matas, 8
49626 Melgar de Tera (Zamora)
☎: +34 606 060 538
senoriodelasmatas@gmail.com

Señorío de Las Matas 2012 T GR
mencía, garnacha tintorera, tinta Madrid
86

Señorío de Las Matas 2014 T GR
mencía, garnacha tintorera, tinta Madrid
89
Con vejez, amable. Color: cereza oscuro, borde granate. Aroma: fruta confitada, tabaco, especias dulces, terroso. Boca: especiado, taninos maduros, sabroso, dulcedumbre.

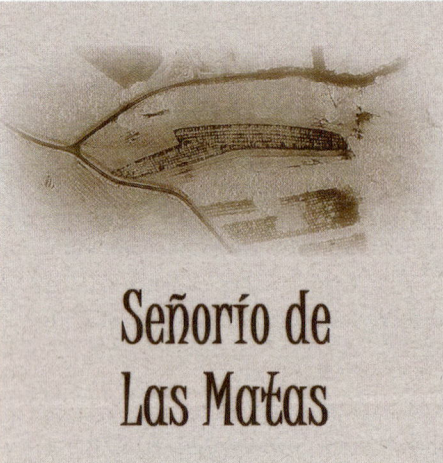

Señorío de Las Matas 2015 T GR
mencía, garnacha tintorera, tinta Madrid
87

Señorío de Las Matas 2017 T GR
mencía, garnacha tintorera, tinta Madrid
87

Señorío de Las Matas 2018 T GR
mencía, garnacha tintorera, tinta Madrid
88
Con vejez, equilibrado, especiado, hierbas secas, maduro.

Señorío de Las Matas 2019 T C
mencía, garnacha tintorera, tinta Madrid
89
Corpulento, especiado, hierbas secas, maduro, tostado.

VINO DE CALIDAD DE SIERRA DE SALAMANCA

AUTÉNTICOS VIÑADORES, VINOS DE TERROIR

24540 Cacabelos (León)
☎: +34 658 617 390
info@autenticosvinadores.com
www.autenticosvinadores.com

El Amante 2021 T C
100% rufete
91   30€
Color: cereza intenso. Aroma: fruta madura, hierbas secas, roble cremoso, fruta negra, especiado. Boca: fruta madura, especiado, taninos maduros, taninos secos pero maduros.

Los Vientos 2022 T
100% rufete
89   13€
Frutal, confitado, flores secas, maduro, rústico, algo secante.

BODEGA DON CELESTINO

Salas Pombo, 24 Bj
37671 San Esteban de la Sierra (Salamanca)
☎: +34 625 751 201
bodegadoncelestino@gmail.com

Don Celestino Rufete envejecido 2021 T
rufete
88
Frutal, maduro, especiado, silvestre.

BODEGA EL ABUELO FLORES

La Mata, 5-7 Bajo
37671 San Esteban de la Sierra (Salamanca)
☎: +34 653 151 694
bodegaelabueloflores@gmail.com
www.elabueloflores.es

El Notas Premium 2021 T RB
rufete
89   18€
Aromas nítidos, correcto, frutal, clásico. Boca: taninos secos pero maduros, algo secante.

Ilusión 2023 RD
tempranillo, palomino
88   10€
Frutal, herbal, maduro, notas de levadura.

Renegón 2021 T
87   13€

Notas 2022 T
rufete

90 ★★★★★ 10€

Color: cereza intenso. Aroma: hierbas secas, fruta madura, fruta negra, hierbas de monte. Boca: fruta madura, especiado.

BODEGAS Y VIÑEDOS EL ROBLEDO
Calle La Iglesia, 22
37650 Sequeros (Salamanca)
☎: +34 660 048 001
info@bodegaselrobledo.com
www.bodegaselrobledo.com

El Robledo Rufete 2018 T R
rufete

89 18€

Frutal, especiado, maduro, algo secante, flores secas.

El Robledo Rufete 2020 T C
rufete

89 14,9€

Frutal, herbal, maduro, especiado, sabroso.

El Robledo Selección Especial 2020 T
tempranillo, rufete

90 14,9€

Color: cereza brillante. Aroma: fruta madura, hierbas secas, roble cremoso, fruta roja. Boca: fruta madura, especiado, sabroso, taninos secos pero maduros.

El Robledo Tempranillo Rufete 2020 T
tempranillo, rufete

88 14,9€

Frutal, maduro, tostado, algo secante.

CÁMBRICO
37658 Villanueva del Conde (Salamanca)
☎: +34 923 217 473
info@cambrico.com
www.cambrico.com

575 Uvas de Cámbrico 2021 T R
64% tempranillo, 20% garnacha, 16% rufete

92 20€

Aromático, frutal, maduro, láctico, amable. Color: cereza oscuro. Aroma: especiado, roble cremoso, chocolate. Boca: sabroso, frutoso, equilibrado, correcto.

Cámbrico Rufete El Pocito 2020 T
100% rufete

91 53€

Reductivo, con oscuridad. Color: cereza oscuro. Aroma: cera, fruta madura, notas almizcladas, hierbas silvestres, notas de cereal. Boca: sabroso, balsámico.

Viñas del Cámbrico Rufete Blanca Granito 2021 B
rufete blanco

94 26€

Color: pajizo brillante. Aroma: expresivo, lías finas, mineral, fruta blanca, fruta madura, notas anisadas, hierbas silvestres. Boca: lleno, especiado, largo, buena acidez, fino amargor.

Viñas del Cámbrico Villanueva 2022 T
100% rufete

91 17€

Con personalidad, poco intervencionista. Aroma: arbusto, hierbas silvestres. Boca: jugoso, fácil de beber, correcto, fino amargor.

CUARTA GENERACIÓN BODEGAS Y VIÑEDOS
Castillo, 7
37658 Sotoserrano (Salamanca)
☎: +34 618 741 461
info@bodegacuartageneracion.com
www.bodegasantonioaparicio.com

27 de Cuarta Generación 2021 T
rufete, garnacha, tempranillo

87

97 Cuarta Generación Valdeherreros 2017 T
tempranillo, rufete

90

Color: cereza brillante. Aroma: expresión frutal, fruta roja, especiado, fruta confitada, flores marchitas. Boca: sabroso, frutoso, especiado, retronasal ahumado, taninos secos pero maduros.

DOMINIO DE LA SIERRA
Chorrito s/n
37671 San Esteban de la Sierra (Salamanca)
☎: +34 630 030 348
info@dominiodelasierra.com
www.dominiodelasierra.es

Dominio de la Sierra 2023 B
90% rufete blanco, 10% moscatel grano menudo

90 ★★★★★ 9€

Color: pajizo. Aroma: fruta madura, hierbas secas, flores marchitas, especiado. Boca: fruta madura, equilibrado, frutoso, fresco, cierta persistencia.

Dominio de la Sierra Momentvm 2022 T
rufete, tempranillo

90 ★★★★★ 9€

Color: cereza intenso. Aroma: fruta madura, hierbas secas, roble cremoso, hierbas silvestres, especiado, tostado. Boca: fruta madura, especiado, taninos secos pero maduros, sabroso.

VINOS DE CALIDAD / D.O.P.

MALAHIERBA VINOS
Crespo Salazar, 11
37650 Sequeros (Salamanca)
☎: +34 665 546 497
silvia@malahierbavinos.com
www.malahierbavinos.com

Malahierba Rufete 2022 T
rufete

89
Color: cereza, borde violáceo. Aroma: expresión frutal, fruta roja, especiado, flores secas. Boca: sabroso, frutoso, fresco, taninos suaves.

RAÍCES IBÉRICAS
Avda. Mudejar, 61
50340 Maluenda (Zaragoza)
☎: +34 976 893 017
contact@raices.wine
www.raicesibericas.com

Raíces Rufete 2021 T
rufete

88   16,95€
Frutal, herbal, maduro, especiado, acidez marcada, algo secante.

ROCHAL
Salas Pombo, 17
37670 Santibáñez de La Sierra (Salamanca)
☎: +34 923 435 260
info@bodegasrochal.com
www.bodegasrochal.com

Alsaliente 2022 T
aragonés

90
Color: cereza, borde violáceo. Aroma: expresión frutal, fruta roja, especiado, fruta negra, hierbas secas. Boca: sabroso, frutoso, largo, algo secante, taninos rugosos, retronasal ahumado.

Calixto 2023 T
rufete

91
Color: cereza, borde violáceo. Aroma: expresión frutal, fruta roja, especiado, fruta madura, flores marchitas, pétalos de rosa. Boca: sabroso, frutoso, jugoso, taninos secos pero maduros, cierta persistencia.

Calixto Bolosea 2022 T
rufete

90
Color: cereza intenso. Aroma: fruta madura, hierbas secas, roble cremoso, fruta negra. Boca: fruta madura, especiado, taninos maduros, frutoso.

Calixto Nieto 2021 T
rufete, tempranillo

91
Color: cereza intenso, borde violáceo. Aroma: fruta madura, hierbas secas, roble cremoso, fruta negra, tostado. Boca: potente, fruta madura, especiado, taninos secos pero maduros.

Calixto Osiris 2021 T

89
Frutal, maduro, especiado, ahumado, algo secante.

SEISDEDOS VINOS ÍNTIMOS
San Pedro, s/n
37610 Mogarraz (Salamanca)
☎: +34 923 418 018
familia@vinosseisdedos.es
www.vinosseisdedos.es

Seisdedos, AnaMari 2023 B
palomino, rufete blanco, viura, moscatel grano menudo

89   25€
Aromático, frutal, hierbas secas, sencillo, silvestre.

Seisdedos, Familia 2021 B
100% rufete blanco

92   33€
Color: amarillo brillante. Aroma: fruta de hueso, fruta madura, hierbas silvestres, especiado, notas de levadura. Boca: sabroso, frutoso, equilibrado, taninos suaves, cierta persistencia.

Seisdedos, Juíta 2021 B
100% rufete blanco

93   33€
Aroma: fruta madura, fruta asada, hierbas silvestres, especiado. Boca: frutoso, jugoso, sabroso, equilibrado, especiado.

Seisdedos, Ricardo 2023 T
100% rufete

92 33€

Color: cereza, borde violáceo. Aroma: expresión frutal, fruta roja, floral, especiado, toques silvestres. Boca: sabroso, frutoso, buena acidez, fresco, retronasal afrutado, persistente, equilibrado.

Seisdedos, Serafina 2023 T
garnacha

92 33€

Aromático, exuberante, floral, frutal, maduro. Aroma: fruta roja, expresivo, equilibrado, toques silvestres. Boca: muy vivo, jugoso, fácil de beber, sabroso.

VÍNCULO SERRANO

Santía, 22
37671 San Esteban de la Sierra (Salamanca)
☎: +34 636 030 566
oficina@bodegavinculoserrano.es
www.vinopedromartin.com

Pedro Martín Vino de Autor 2022 T
60% rufete, 40% tempranillo

89 14,95€

Frutal, herbal, maduro, especiado, silvestre, fresco.

Pedro Martín Vino de Autor Rufete 2022 T
100% rufete

90 14,95€

Color: cereza, borde violáceo. Aroma: expresión frutal, fruta roja, especiado, flores marchitas, fruta madura. Boca: sabroso, frutoso, muy vivo, taninos secos pero maduros.

VINOS LA ZORRA

San Pedro, s/n
37610 Mogarraz (Salamanca)
☎: +34 609 392 591
estanverdes@vinoslazorra.es
www.vinoslazorra.es

La Vieja Zorra Edición Especial 2020 T
100% garnacha

90 24€

Color: Cereza, borde anaranjado. Aroma: fruta madura, hierbas secas, roble cremoso, expresión frutal, fruta confitada. Boca: fruta madura, especiado, frutoso, algo secante, taninos secos pero maduros.

La Zorra 8 Vírgenes 2022 B

91 ★★★★ 13€

Color: pajizo brillante, borde verdoso. Aroma: fruta fresca, cítricos, hierbas silvestres, notas anisadas, caramelo tostado. Boca: fresco, frutoso, buena acidez, fino amargor, sabroso.

La Zorra La Novena Rufete Blanco 2020 B
100% rufete blanco

93 28€

Color: amarillo brillante. Aroma: cítricos, fruta blanca, toques silvestres, expresión frutal. Boca: frutoso, fresco, muy vivo, sabroso, equilibrado, especiado, fruta madura.

La Zorra Original 2021 T
tempranillo, rufete

90 14,5€

Color: cereza brillante. Aroma: expresión frutal, fruta roja, especiado, hierbas silvestres. Boca: sabroso, frutoso, muy vivo, taninos secos pero maduros.

La Zorra Rufete Ituero 2020 T
100% rufete

92 28€

Color: cereza, borde violáceo. Aroma: expresión frutal, fruta roja, especiado, fruta madura, flores secas. Boca: sabroso, frutoso, fruta madura, taninos secos pero maduros.

Raro (La Zorra Raro) 2021 T
100% rufete

90 14,5€

Color: cereza, borde violáceo. Aroma: expresión frutal, fruta roja, especiado, fruta madura. Boca: sabroso, frutoso, acidez marcada, taninos secos pero maduros.

VINOS RABILARGO

Avda. de la Constitución, 18 Bajo
37660 Miranda del Castañar (Salamanca)
☎: +34 622 543 441
vinosrabilargo@gmail.com

Rabilargo 2022 T
70% rufete, 30% tempranillo

91 19€

Aromas nítidos, suave. Color: cereza, borde violáceo. Aroma: fruta roja, franco, toques silvestres. Boca: fácil de beber, jugoso, muy vivo.

Rabilargo Aragonés 2022 T
100% tempranillo

88 19€

Frutal, hierbas secas, especiado, acidez marcada, algo secante.

Rabilargo Clarete 2023 RD
85% rufete, 15% rufete blanco

88 13€

Frutal, maduro, sabroso, silvestre, fresco.

VINOS DE CALIDAD / D.O.P.

VINOS DE CALIDAD / D.O.P.

VIÑAS SERRANAS
Ctra. Coria s/n
37656 Cepeda (Salamanca)
☎: +34 634 555 355
info@vserranas.com

El Ciclón Serrano 2022 T
rufete
92
Aromas nítidos, fluido, fresco. Aroma: fruta roja, fresco, toques silvestres. Boca: fresco, muy vivo, jugoso.

El Ciclón Serrano Paraje Pizarro 2022 T
93
Fluido, silvestre, suave. Color: cereza, borde violáceo, cereza poco intenso. Aroma: hierbas de monte, hierbas silvestres. Boca: frutoso, jugoso, lleno, muy vivo, largo.

El Helechal Orange 2022 B
92
Amable, herbal, silvestre, sutil. Aroma: franco, expresivo, flores secas, hierbas silvestres. Boca: buena acidez, correcto, equilibrado.

El Helechal Rufete Blanca 2022 B
94
Aromas nítidos. Aroma: franco, fruta madura, cera, con carácter, floral. Boca: graso, jugoso, lleno, muy vivo, potente, sabroso.

VINO DE CALIDAD VALTIENDAS

BODEGAS NAVALTALLAR
Calvario, s/n
40331 Navalilla (Segovia)
☎: +34 638 050 061
alejandro_costa@navaltallar.com
www.navaltallar.com

Navaltallar 2020 T C
tempranillo
86   10€

Navaltallar Roble 2021 T RB
86   8€

BODEGAS VALMENIA
Trinidad, 21
40237 Sacramenia (Segovia)
☎: +34 618 565 022
info@bodegasvalmenia.com
www.bodegasvalmenia.com

Valmenia Finca La Machorra Vendimia Seleccionada 2019 T
tempranillo
89   12€
Correcto, especiado, hierbas secas, maduro. Aroma: franco, equilibrado.

Valmenia Vendimia Seleccionada 18 Meses 2018 T C
tempranillo
89 ★★★   10€
Correcto, equilibrado, maduro, especiado, sabroso, herbal.

GONZÁLEZ FISCHER
Real, 53
40237 Sacramenia (Segovia)
info@gonzalezfischer.com
www.gonzalezfischer.com

Lechuzo 2022 T
tempranillo
88 ★★★★   7€
Corpulento, correcto, maduro, opulento. Aroma: fruta macerada, fruta negra.

JOSÉ GALINDO WINEGROWER

La Fuente 27D
40314 Valtiendas (Segovia)
☎: +34 692 671 141
josegalindo.winegrover@gmail.com

La Nota 2019 T
tempranillo

92 50€

Color: cereza intenso. Aroma: fruta madura, fruta negra, especiado, tostado, hierbas secas. Boca: frutoso, sabroso, equilibrado, especiado, retronasal ahumado, taninos potentes.

Mitema 2020 T
tempranillo

89 20€

Color: cereza intenso. Aroma: fruta madura, hierbas secas, roble cremoso, fruta negra, especiado. Boca: potente, fruta madura, especiado, taninos maduros, sabroso.

Paraje Ardalejos 2017 T R
tempranillo

91 30€

Color: cereza intenso. Aroma: fruta madura, hierbas secas, roble cremoso, tostado, especiado, fruta negra. Boca: potente, fruta madura, especiado, taninos secos pero maduros, cierta persistencia, retronasal ahumado.

PAGO EL ALMENDRO

Hilanderas, 11 2º D
40002 Segovia (Segovia)
☎: +34 645 962 008
oscar@restaurantemaracaibo.com
www.restaurantemaracaibo.com

Evolet 2020 T RB
tempranillo

86 10€

Evolet Vivencias 2019 T
tempranillo

88 17€

Frutal, tostado, rústico, especiado, algo secante.

VINOS DE CALIDAD / D.O.P.

VINOS DE LA TIERRA

El número de indicaciones de Vinos de la Tierra es cada vez más importante (43) teniendo en cuenta que los elaboradores sólo están obligados a especificar la indicación geográfica, las uvas o el grado. Para algunos, es una salida airosa a sus proyectos más arriesgados no contemplados por las normas de las DO's, como ocurre especialmente con las comunidades autónomas más extensas como Castilla-La Mancha, Castilla y León y Extremadura. Para la mayoría, es una marca que ampara áreas de viñedo con potencial de calidad y una cartera de uvas y elaboraciones singulares, una especie de antesala antes de conseguir el reconocimiento como DO.

Las distintas designaciones de vinos de la tierra se han organizado por orden alfabético.

Teóricamente, los vinos de la tierra se sitúan cualitativamente un escalón por debajo de los vinos que se integran dentro de las Denominaciones de Origen y equivalen a los vins de pays franceses, pioneros en el impulso de este estatus. En España, sin embargo, se han producido algunos fenómenos propios. Por ejemplo, el hecho de que la designación Vinos de la Tierra no sea siempre un fin en sí mismo, sino que se utilice como trampolín para alcanzar la ansiada categoría de DO. Y por otro lado, como ha ocurrido en otros países europeos, que muchos elaboradores hayan preferido optar por este tipo de asociaciones con reglamentaciones menos severas para elaborar sus vinos con mayor libertad. De ahí que en esta sección haya un poco de todo: desde grandes vinos a otros más simples y corrientes. Pero el gran saco sin fondo que son estos vinos también es un excelente campo de pruebas para acceder a sabores distintos y peculiares, y a variedades de ámbito local o regional.

La nueva Ley del Vino mantiene la categorización de los vinos de la tierra, pero establece un escalón intermedio entre estos y los vinos con DO. Son los denominados "vinos de calidad con indicación geográfica", que son una antesala previa a la DO en la que la zona en cuestión deberá permanecer un mínimo de cinco años.

En virtud de las catas realizadas para este apartado, se nota un progresivo aumento de la calidad de estos vinos y un temor menor por parte de las bodegas a integrarse en estas asociaciones.

3 RIBERAS

Aprobada a finales de 2008 para los vinos designados con la indicación geográfica "3 Riberas". Los vinos elaborados podrán ser rosados, blancos, tintos o vinos nobles, y sus viñedos deberán proceder de los términos municipales integrados en la Comunidad Foral de Navarra, excepto aquellos amparados por la DO Ca. Rioja.

ALTIPLANO DE SIERRA NEVADA

Con el fin de liberar la indicación geográfica Granada para su uso exclusivo en los vinos amparados bajo la denominación Vino de Calidad de Granada, en 2009 los VT Norte de Granada pasaron a llamarse Altiplano de Sierra Nevada. La indicación geográfica engloba 43 municipios del norte de la provincia. Las variedades de uvas autorizadas para la elaboración de estos vinos bajo esta certificación son chardonnay, baladí verdejo, airen, torrontés, palomino, Pedro Ximénez, macabeo y sauvignon blanc en blancos, y tempranillo, monastrell, garnacha tinta, cabernet franc, cabernet sauvignon, pinot noir, merlot, y syrah en tintos.

BAILÉN

La comarca de Bailén dispone de 350 hectáreas para el cultivo de la vid de esta indicación geográfica y muy cercana a La Mancha. Estos vinos son elaborados con la variedad autóctona molinera de la zona de Bailén, que no se puede encontrar en ningún sitio más, pero también se utilizan otras variedades para la elaboración de los vinos como las variedades tintas: garnacha tinta, tempranillo, cabernet sauvignon y la blanca: Pedro Ximénez.

BAJO ARAGÓN

La región más mediterránea de Aragón, fronterizo con Tarragona, Castellón y Teruel, divididas en cuatro comarcas: Campo de Belchite, Bajo Martín, Bajo Aragón y Matarraña. Los suelos de esta zona vitivinícola están compuestos por arcilla y caliza, muy rico en minerales y alto contenido en potasa. El clima de la zona es idóneo para la correcta maduración de la uva, donde el factor refrescante del cierzo, junto al diferencial térmico día-noche crea la combinación perfecta para la vid. Las variedades principales son la garnacha (tanto en tinta como en blanca), pero también están presentes las syrah, cabernet sauvignon, merlot y chardonnay, así como las tempranillo y cariñena. www.vinodelatierradelbajoaragon.com

BARBANZA E IRIA

Esta indicación geográfica fue la última que recibió la comunidad autónoma de Galicia en 2007. Situada en la zona vitivinícola Ribera de la Ría de Arosa, al norte de la provincia de Pontevedra. Del fruto de estos viñedos se elabora vinos blancos y tintos, utilizando siempre las variedades albariño, caíño blanco, godello, loureiro blanco o marqués, treixadura y torrontés para vinos blancos o brancellao, caíño tinto, espadeiro, loureiro tinto, mencía y sousón para tintos.

BETANZOS

La comarca de Betanzos, provincia de A Coruña, es la segunda designación de vinos de la tierra de Galicia. Su viñedo está formado por uvas blancas como la blanco legítimo (Albarín), agudelo (godello) y jerez (palomino), y en tintas, la mencía, brancellao, merenzao y garnacha tintorera.

CÁDIZ

Al sur de España en la provincia de Cádiz, encontramos una gran zona de producción vinícola: Los Vinos de la Tierra de Cádiz están formados por la agrupación de 15 municipios, cuya DO, curiosamente, controla la materia prima, la uva, pero no la elaboración de los vinos. Las variedades blancas autorizas son: garrido, palomino, chardonnay, moscatel, mantúa, perruno, macabeo, sauvignon blanc y Pedro Ximénez; y las tintas tempranillo, syrah, cabernet sauvignon, garnacha tinta, monastrel, merlot, tintilla de Rota, petit verdot y cabernet franc.

CAMPO DE CARTAGENA

La comarca de Campo de Cartagena esta ubicado sobre una amplia llanura bordeada por cadenas montañosas de poca altura a modo de barrera que limitan con el mar Mediterráneo. La superficie dedicada al cultivo exclusivo de vid para vinos de la tierra es de 8 hectáreas, gozando de un magnífico clima mediterráneo árido, de lluvias escasas e irregulares con unos veranos muy calurosos y el resto de las estaciones con unas temperaturas muy suaves. Las variedades uvas tintas que destacan en la zona son bonicaire, forcallat tinta, petit verdot, tempranillo, garnacha tintorera, crujidera, merlot, syrah y cabernet sauvignon, y en las variedades blancas encontramos chardonnay, malvasía, moravia dulce, moscatel de grano menudo y sauvignon blanc.

CASTELLÓ

Al este de España, en plena costa mediterránea encontramos la indicación geográfica Vinos de la Tierra de Castelló, dividida en las comarcas de Alto Palancia —Alto Mijares, Sant Mateu y Les Useres— y Vilafamés. Las condiciones climáticas de la zona permiten una excelente producción del tempranillo, monastrell, garnacha, garnacha tintorera, cabernet sauvignon, merlot y syrah en la variedad tinta, y destacando en blanca la macabeo y merseguera.
www.vinosdecastellon.com

CASTILLA

Castilla-La Mancha, que alberga el mayor viñedo del planeta, 600.000 hectáreas, equivale al 6% de la superficie de viñedo mundial, y a la mitad del de nuestro país. Aprobó esta indicación geográfica de Vinos de la Tierra en 1999 para acoger a todos los vinos producidos fuera de las DO de la región. Las variedades de uvas utilizadas en vinos blancos son: airén, albillo, chardonnay, macabeo o viura, malvar, sauvignon blanc, merseguera, moscatel de grano menudo, pardillo o marisancho, Pedro Ximénez y torrontés, y tintas: bobal, cabernet sauvignon, garnacha tinta, merlot, monastrell, petit verdot, syrah, tempranillo, cencibel o jacivera, coloraíllo, frasco, garnacha tintorera, moravia agria, moravia dulce o crujidera, negral o tinto yasto y tinto Velasco.

CASTILLA Y LEÓN

Otra de las "macrodenominaciones" regionales para los vinos que procedan de viñedos de un total de 317 localidades de la Comunidad Autónoma. Un clima continental de escasas precipitaciones, junto a la diversidad de suelos son las características más notables de la región, que a grandes rasgos se puede dividir en la Cuenca del Duero y parte de la meseta central, junto al perímetro montañoso que las rodea. www.asovintcal.com.

CÓRDOBA

Ampara a todos los vinos originarios de la zona vinícola de la provincia de Córdoba a excepción de los que están amparados en la DO Montilla-Moriles. En total cuenta con un viñedo de aproximadamente 300 hectáreas. Los tipos de vinos que se elaboran son rosados y tintos con las variedades de cabernet sauvignon, merlot, syrah, tempranillo, pinot noir y tintilla de Rota.

COSTA DE CANTABRIA

Son los vinos producidos en la zona vinícola de la Costa de Cantabria y los valles interiores hasta la cota de 600 metros. La variedad de uva utilizada para vinos blancos son: godello, albillo, chardonnay, malvasía, ondarribi zuri, picapoll blanco y verdejo blanco; y para tintas: ondarribi beltza y verdejo negro. Disponen de una extención de 8 hectáreas de viñedo para la producción de sus vinos.

CUMBRES DE GUADALFEO

Anteriormente conocido como Vino de la Tierra de Contraviesa Alpujarra es una indicación geográfica utilizada para designar los Vinos de la Tierra de la zona vitícola andaluza de la Alpujarra occidental que bordea la costa mediterránea granadina y almeriense, entre el valle bajo del río Guadalfeo y el bajo Andarax. Las variedades usadas blancas son montua, chardonnay, sauvignon blanc, moscatel, Jaén blanca, Pedro Ximénez, vijirego y perruno, en tintas: garnacha tinta, tempranillo, cabernet sauvignon, cabernet franc, merlot, pinot noir y syrah.

DESIERTO DE ALMERÍA

Aprobada en el verano de 2003, la zona de producción del desierto de Tarbenas linda Sierra de Alhamilla, Sierra de Cabrera y el Parque Natural Cabo de Gata, al norte de Almería. Las condiciones climáticas del desierto hace que los días sean cálidos y las noches sean frescas, lo que proporciona que se puedan cultivar variedades de vinos excepcionales. La altitud media de los viñedos se ubica a 525 metros sobre el nivel del mar. Las variedades que se encuentran en esta zona son en blancas: chardonnay, moscatel, macabeo y sauvignon blanc y en tintas: tempranillo, cabernet sauvignon, monastrell, merlot, syrah y garnacha tinta.
www.vinosdealmeria.es/zonas-viticolas/desierto-de-almeria

EIVISSA

El área de producción incluye la totalidad de la isla de Ibiza, con el viñedo ubicado en pequeños valles entre las montañas isleñas —los cuales nunca superan los 500 metros de altitud— sobre suelos pardo-rojizos cubiertos de una breve costra caliza. Las escasas lluvias y los veranos de temperatura y humedad elevadas son las características climáticas más interesantes. Las variedades autorizadas son las tintas: monastrell, tempranillo, cabernet sauvignon, merlot y syrah; y en blancas: macabeo, parellada, malvasía, chardonnay y moscatel.

EXTREMADURA

Comprende todos los municipios de Cáceres y Badajoz, agrupadas en seis comarcas vinícolas extremeñas. En diciembre de 1990, la Consejería de Economía, Industria y Comercio aprobó el reglamento de la Comisión Interprofesional de Vinos de la Tierra de Extremadura. Las variedades utilizadas para la elaboración de sus vinos son blancas: alarije, borba, cayetana blanca, chardonnay, chelva, malvar, viura, parellada, Pedro Ximénez y verdejo; y en tintas: bobal, mazuela, monastrell, tempranillo, garnacha, graciano, merlot, syrah y cabernet sauvignon.

FORMENTERA

Esta indicación geográfica ampara a los vinos elaborados en la isla de Formentera. El clima mediterráneo subtropical seco, caracterizado por una elevada insolación y veranos con elevadas temperaturas y humedad pero sin apenas lluvias, requiere evidentemente variedades de uva muy adaptadas a esa climatología. Las variedades tintas: monastrell, fogoneu, tempranillo, cabernet sauvignon y merlot; y blancas: malvasía, premsal blanco, chardonnay y viognier.

ILLA DE MENORCA

La isla de Menorca declarada Reserva de la Biosfera, posee una orografía muy suave, predominando los suelos profundos pardos calizos, de textura franca y/o arcillosa, formados sobre un substrato litológico complejo, integrado por rocas calizas, areniscas y pizarras. El clima mediterráneo y los vientos invernales de dirección norte son las características que más interesan desde el punto de vista de la viticultura. Los Vinos de la Tierra Illa de Menorca deben proceder exclusivamente de las variedades de uva blanca: chardonnay, macabeo, malvasía, moscatel, parellada y moll; y tinta: cabernet sauvignon, merlot, monastrell, tempranillo y syrah.

ILLES BALEARS

Incluye todos los municipios de las Islas Baleares. Ocupa una extensión de 4.992 km2 y la integran las islas Mallorca, Menorca, Eivissa, Formentera y Cabrera. Uvas Aceptadas Blancas: Moll, Chardonnay, Macabeo, Malvasía, Moscatel de Alejandría, Moscatel de Grano Menudo, Parellada, Riesling y Sauvignon Blanc. Tintas: Callet, Manto Negro, Fogoneu, Monastrell, Cabernet Sauvignon, Merlot, Syrah, Tempranillo y Pinot Noir.

LADERAS DE GENIL

Antiguamente conocido como Granada Suroeste hasta el año 2009 que pasó a llamarse Laderas del Genil. La calificación acoge a 53 municipios de la provincia de Granada. Los viñedos disfrutan de un microclima idóneo para el cultivo de la vid, con escasas lluvias y temperaturas suaves debido a la influencia del mar Mediterráneo. La variedad blanca utilizada para la elaboración de sus vinos son vijiriego, macabeo, Pedro Ximénez, palomino, moscatel de Alejandría, chardonnay y sauvignon blanc, y en tintas predominan la garnacha tinta, perruna, tempranillo, cabernet sauvignon, merlot, syrah y pinot noir.

LAUJAR-ALPUJARRA

Entre la Sierra de Gádor y el Parque Natural de Sierra Nevada, encontramos este viñedo entre los 800 y 1.500 metros sobre el nivel del mar. Incluye 800 hectáreas de vid cultivadas en bancales, en las laderas de los montes, sobre unos suelos franco-arenosos, pobres en materia orgánica pedregosa y poco profundos. El clima es continental moderado, debido a la influencia del mar en las temperaturas, encontrando un gran contraste entre el día y la noche. Las variedades predominantes son en blancas: Jaén blanco, macabeo, vijiriego, Pedro Ximénez, chardonnay y moscatel de grano menudo, y en tintas: cabernet sauvignon, merlot, monastrell, tempranillo, garnachas tinta y syrah

www.vinosdealmeria.es/bodegas/vino-de-la-tierra-laujar-alpujarra

LIÉBANA

Incluye a los términos municipales de Potes, Pesagüero, Cabezón de Liébana, Camaleño, Castro Cillorigo y Vega de Liébana, situados en la comarca de Liébana, al suroeste de la provincia de Cantabria, lindando con las provincias de Asturias, León y Palencia. Las variedades autorizadas para la producción de estos vinos son en la variedad tinta mencía, tempranillo, garnacha, graciano, merlot, syrah, pinot noir, albarín negro y cabernet sauvignon y en las variedades blancas: palomino, godello, verdejo, albillo, chardonnay y albarín blanco.

LOS PALACIOS

En la comarca del Bajo Guadalquivir en la zona suroccidental de la provincia de Sevilla se encuentra la zona vinícola de los Palacios. Los tipos de vinos que están amparados bajo esta calidad son blancos elaborados con variedades airén, chardonnay, colombard y sauvignon blanc.

MALLORCA

Todos los municipios de la isla de Mallorca están integrados en esta indicación geográfica de Vinos de la Tierra de Mallorca. El viñedo está asentado sobre suelos pardo-rojizos y un clima mediterráneo de temperaturas moderadas. Las variedades tintas son callet, manto negro, cabernet sauvignon, fogoneu, merlot, monastrell, syrah, tempranillo y pinot noir; y las blancas prensal o moll, chardonnay, macabeo, malvasía, moscatel de Alejandría, moscatel de grano menudo, parellada, riesling y sauvignon blanc.

NORTE DE ALMERÍA

La mención de Vinos de la Tierra norte de Almería lo forman 4 municipios de la comarca. Los vinos que se elaboran en la zona son blancos, tintos y rosados, utilizando para su elaboración variedades blancas como airén, chardonnay, macabeo y sauvignon blanc, así como las variedades tintas de cabernet sauvignon, merlot, monastrell, tempranillo y syrah; para los rosados se utilizan: tempranillo y monastrell.

POZOHONDO

Esta indicación geográfica fue reglamentada en el 2000 por la Junta de Castilla-La Mancha. Comprende los municipios de Alcadozo, Peñas de San Pedro y Pozohondo, en la provincia de Albacete.

RIBEIRAS DO MORRAZO

Casi la totalidad de la superficie dedicada al cultivo de viñedo se encuentra localizada en zona costera (Península del Morrazo y fondos de las Rías de Pontevedra y Vigo). Los vinos amparados por esta nueva IGP deben proceder de los términos municipales de Bueu, Cangas, Marín, Moaña, Poio, Pontevedra, Redondela y Vilaboa. La zona está expuesta a un clima oceánico-húmedo, aunque protegido por sierras al Este y al Sur que disminuyen las lluvias durante el verano. Poseen un amplio abanico de variedades gallegas tanto en blancas como en tintas.

RIBERA DEL ANDARAX

La zona de la Ribera del Andarax se ubica en el curso medio del río y los viñedos se encuentran entre los 700 y los 900 metros de altitud. En suelos de pizarra, arcilla y arenisca. Cuenta con un clima mediterráneo extremo, de escasas e irregulares precipitaciones y elevadas temperaturas sobre unos en suelos de pizarra, arcilla y arenisca. En uvas blancas predominan el macabeo, chardonnay y sauvignon blanc y en tintas cabernet sauvignonn, merlot, syrah, garnacha, tempranillo, monastrell, y pinot noir.

www.vinosdealmeria.es/zonas-viticolas/ribera-de-andarax

RIBERA DEL GÁLLEGO-CINCO VILLAS

Ribera del Gállego-Cinco Villas ocupa una amplia franja territorial a lo largo del curso del río Gállego hasta prácticamente la ciudad de Zaragoza. La superficie vinícola es muy reducida extendiéndose entre dos provincias: Huesca y Zaragoza. Los suelos son por lo general pedrosos (el famoso cascajo) y proveen al viñedo de un eficaz drenaje. Las variedades de uva que se cultivan para la elaboración de sus vinos son garnacha, tempranillo, cabernet sauvignon y merlot, mientras que en blancos la variedad utilizada es la macabeo.

www.vinosdelatierradearagon.es

RIBERA DEL JILOCA

La zona vinícola se asienta sobre el valle de Jiloca, en el suroeste de Aragón. Es una zona con un gran potencial neológico, porque sus condiciones geográficas en las laderas pizarrosas del Sistema Ibérico y a gran altura, permiten obtener vinos de gran calidad y tipicidad. El viñedo dispone de un suelo pedregoso y calizo de antiguas terrazas fluviales. La garnacha es la variedad predominante, seguida de la blanca macabeo. El clima seco junto con numerosas horas de sol anuales y los fríos inviernos son factores determinantes para la excelente calidad de la uva local.

www.vinosdelatierradearagon.es/empresas/ribera_del_jiloca.php

RIBERA DEL QUEILES

La agrupación de siete municipios navarros y nueve de la provincia de Zaragoza, dieron vida a esta indicación geográfica. Sus vinos son únicamente tintos, elaborados con las variedades tintas de cabernet sauvignon, graciano, garnacha tinta, merlot, tempranillo y syrah. Cuenta con un Comité Regulador de control y certificación y tiene una bodega inscrita. **www.vinosdelatierradearagon.es**

SERRA DE TRAMUNTANA-COSTA NORD

Actualmente esta zona vinícola esta formado por 41 hectáreas integradas en 18 municipios de la isla de Mallorca. Situado entre el cabo de Formentor y la costa suroeste de Andratx, con suelos mayoritariamente pardos o pardos-calizos. Destacan los vinos monovarietales tanto de uva blanca malvasía, moscatel, moll, parellada, macabeo, chardonnay y sauvignon blanc y de las tintas cabernet sauvignon, merlot, syrah, monastrell, tempranillo, callet y manto negro.

SIERRA DE ALCARAZ

La zona vitícola de la Sierra del Alcaraz comprende los municipios de Alcaraz, El Ballestero, El Bonillo, Povedilla, Robledo, y Viveros, situados en el oeste de Albacete, lindando con la provincia Ciudad Real. La indicación geográfica fue concedida en el año 2000 por la Junta de Castilla-La Mancha. Las variedades de uvas tintas son: cabernet sauvignon, merlot, bobal, monastrell, garnacha tinta y tintorera; en blanco moravia dulce, chardonnay, chelva, eva, alarije, malvar, borba, parellada, cayetana blanca y Pedro Ximénez.

SIERRA DE LAS ESTANCIAS Y LOS FILABRES

En la comarca que integran las sierras homónimas de la provincia de Almería, se elaboran los vinos con esta mención reglamentada en 2008. Las variedades de uvas que se producen en la zona son blancas: airén, chardonnay, macabeo, sauvignon blanc y moscatel de grano menudo o morisco; y en tintas: cabernet sauvignon, merlot, monastrell, tempranillo, syrah, garnacha tinta, pinot noir y petit verdot.

SIERRA NORTE DE SEVILLA

Al norte de la provincia de Sevilla encontramos la Sierra Norte, formando parte de las estribaciones de Sierra Morena, por lo que presenta una orografía de montes suaves y altitudes de 250 metros en las partes más bajas y casi 1.000 metros en las superiores. El clima de la comarca es mediterráneo, con veranos secos y calurosos, inviernos suaves y unas precipitaciones medias. Desde 1998 se han venido plantando en la zona variedades tintas tempranillo, garnacha tinta, cabernet sauvignon, cabernet franc, merlot, pinot noir, petit verdot y syrah; y las blancas chardonnay, Pedro Ximénez, colombard, sauvignon blanc, palomino y moscatel de Alejandría.

SIERRA SUR DE JAÉN

Existen unas 400 has. dedicadas al cultivo de la vid, aunque una pequeña parte se destina a la uva de mesa. Bajo esta indicación geográfica se engloban los vinos elaborados en la Sierra sur de Jaén. Se producen vinos blancos con las variedades de Jaén blanca y chardonnay y los vinos tintos se elaboran con garnacha tinta, tempranillo, cabernet sauvignon, merlot, syrah y pinot noir.

TORREPEROGIL

Esta indicación geográfica fue reglamentada en 2006 para los vinos elaborados en la comarca de La Loma, en el centro de la provincia de Jaén. Cuentan con una extensión de 300 hectáreas para el cultivo de la vid, con un clima mediterráneo continental, con inviernos fríos y húmedos y veranos secos y calurosos. Son vinos elaborados con las variedades tintas: garnacha tinta, syrah, cabernet sauvignon y tempranillo, y con las blancas: Jaén blanco y Pedro Ximénez.

VALDEJALÓN

Constituida en 1998, agrupa 36 municipios del curso medio y bajo del valle del río Jalón. El viñedo se asienta sobre suelos pardo-calizos y aluviales, y su escasa pluviometría ronda los 350 mm. anuales. Las variedades plantadas en esta zona vinícola son macabeo, garnacha blanca, moscatel y aíren para las uvas blancas, y garnacha, tempranillo, cabernet sauvignon, syrah, monastell y merlot para la uva tinta. www.vinodelatierravaldejalon.com

VALLE DEL CINCA

Ubicado en el sureste de la provincia de Huesca, lindando casi con Cataluña, el Valle del Cinca es una zona tradicional del cultivo de vid. Las condiciones climáticas con unas precipitaciones anuales de aproximadamente 300 mm. y los suelos calizo-arcillosos son muy favorables para el cultivo de la uva. Debida a la escasez de lluvias en muchas ocasiones deben de recurrir al riego. Las variedades predominantes de uva blanca son macabeo y chardonnay, y en tinta destacan garnacha tinta, tempranillo, cabernet sauvignon y merlot. www.vinosdelatierradearagon.es

VALLE DEL MIÑO-OURENSE

En el Valle del Miño, al norte de la provincia de Ourense, se encuentra esta zona productora de vinos. Las variedades de uvas que se deben de utilizar para acogerte a esta indicación geográfica deben ser treixadura, torrontés, godello, albariño, loureira y palomino (xerez) para blancas, y para tintos: mencía, brancellao, mouratón, sousón, caíño y garnacha.

VALLES DE SADACIA

Indicación creada para los vinos blancos elaborados principalmente con la moscatel riojana, variedad casi perdida con la filoxera y hoy en día recuperada para la elaboración del vino de licor y el vino blanco de moscatel. Dependiendo de su forma de elaboración, el vino procedente de la variedad moscatel puede ser seco, semiseco o dulce. Los municipios amparados por esta designación están situados en el sudoeste de la Comunidad Autónoma de La Rioja, en el Valle de Sadacia, los regados por el río Cidacos.

VILLAVICIOSA DE CÓRDOBA

Esta mención la pueden utilizar los vinos blancos y dulces elaborados en la comarca vinícola de Villaviciosa. Las variedades de uva autorizadas son: baladí, verdejo, moscatel de Alejandría, palomino fino, palomino, Pedro Ximénez, airén, calagraño Jaén, torrontés y verdejo. Esta indicación geográfica ha sido de las más recientes en conceder la Consejería de Agricultura y Pesca de Andalucía en 2008.

VT 3 RIBERAS

BODEGA CHIVITE
Ctra. NA-132, Km. 3,1
31132 Villatuerta (Navarra)
☎: +34 948 811 000
pr@chivite.com
www.chivite.com

Chivite Colección 125 2022 RD FB
57% garnacha, 24% tempranillo, 19% syrah

93   29,05€

Amable, exuberante. Color: salmón. Aroma: especias dulces, fruta roja, hierbas de tocador, flores secas. Boca: lleno, sabroso, especiado, dulcedumbre.

🏆 PODIO

Chivite Colección 125 Vendimia Tardía 2022 B FB D
100% moscatel grano menudo

95   32,95€

Aromas nítidos, amable. Color: amarillo brillante. Aroma: balsámico, notas amieladas, floral, especias dulces, expresivo. Boca: graso, frutoso, potente, sabroso, elegante.

Chivite Colección 125 Vino de Guarda 2021 T
85% tempranillo, 15% syrah

93   26,5€

Aromas nítidos. Color: cereza intenso. Aroma: fruta madura, hierbas secas, roble cremoso, fruta roja. Boca: fruta madura, especiado, taninos rugosos.

Chivite Colección 125 Vino de Guarda 2022 B FB
100% chardonnay

93   59,9€

Aromas nítidos, con tensión. Color: amarillo brillante. Aroma: fruta madura, especias dulces, cera. Boca: estructurado, largo, tostado, fino amargor.

Chivite Las Fincas 2023 RD
garnacha, tempranillo

92 ★★★★★   12,85€

Color: rosáceo pálido. Aroma: fruta roja, floral, hierbas de tocador, fruta madura. Boca: especiado, buena acidez, fino amargor.

Chivite Las Fincas Garnacha Viura 2023 B
garnacha, viura

90 ★★★   12,85€

Color: pajizo brillante. Aroma: fruta madura, floral, fruta de hueso. Boca: sabroso, buena acidez, retronasal afrutado.

🏆 PODIO

Chivite Moscatel Viejo Saca 2024 B
96

Color: caoba. Aroma: caramelo tostado, fruta sobremadura, cacao fino, café aromático, fruta pasificada, acetaldehído. Boca: dulcedumbre, complejo, tostado.

VT ALTIPLANO DE SIERRA NEVADA

ANCHURÓN
Calle Cortijo El Anchurón s/n
18181 Darro (Granada)
☎: +34 626 269 442
info@anchuron.es
www.anchuron.es

Tejalín 2011 T RB
34% cabernet sauvignon, 30% tempranillo, 26% syrah, 10% merlot

88 ★★★★   7€
Clásico, cremoso, tostado, hierbas secas, confitado.

Tejalín 2019 T
merlot, cabernet sauvignon, tempranillo

88 ★★★★   3€
Equilibrado, especiado, herbáceo, tostado.

VT BAJO ARAGÓN

BODEGAS IGNACIO GUALLART
N-211, Km. 246,2
44600 Alcañiz (Teruel)
☎: +34 978 089 556
info@bodegasignacioguallart.com
www.bodegasignacioguallart.com

Herrerillo 2023 RD
87

Siriguarach 2017 T
89
Clásico, confitado, corpulento, especiado, hierbas secas, con vejez.

DOMINIO MAESTRAZGO
Royal III, B12
44550 Alcorisa (Teruel)
☎: +34 978 840 642
bodega@dominiomaestrazgo.com
www.dominiomaestrazgo.com

Dominio Maestrazgo 2021 T C
75% garnacha, 25% syrah

89 ★★★   9,9€
Ahumado, correcto, especiado, maduro, persistente, sabroso. Aroma: especias dulces, piel de naranja.

Dominio Maestrazgo Garnacha Blanca 2022 B RB
100% garnacha blanca

90 ★★★★★   9,9€
Aromas nítidos, equilibrado, silvestre. Aroma: hierbas silvestres, lías finas, especiado. Boca: equilibrado, fino amargor.

Rex Deus 2019 T R
85% garnacha, 15% syrah

91 ★★★   15,9€
Color: Cereza. Aroma: fruta madura, hierbas secas, flores secas, cera. Boca: fruta madura, especiado, taninos maduros, sabroso, largo.

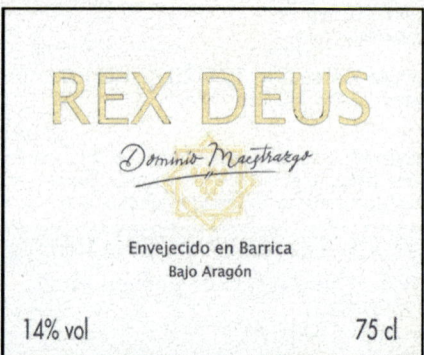

MAS DE TORUBIO
San Roque, 3
44623 Cretas (Teruel)
☎: +34 618 263 546
viticultores@masdetorubio.com
www.masdetorubio.com

Cloteta 2022 T
garnacha peluda

90 ★★★★★   10€
Fresco, fluido, herbal, especiado, muy vivo.

La Clota 2021 T
70% garnacha peluda, 20% merlot, 10% cabernet sauvignon

90   15€
Color: cereza intenso. Aroma: hierbas secas, fruta roja, fruta madura, hierbas de monte. Boca: fruta madura, especiado, taninos maduros.

Lo Pou 2022 B
garnacha blanca

91 ★★★   15€
Color: amarillo brillante. Aroma: roble cremoso, fruta madura, especiado. Boca: graso, estructurado, tostado, fino amargor.

Lo Pou 2022 T
garnacha peluda

92 ★★★★   15€
Color: cereza, borde violáceo. Aroma: expresión frutal, fruta roja, floral, especiado. Boca: sabroso, frutoso, buena acidez.

Nueve Rosas 2023 RD
garnacha peluda

87   10€

Xado 2022 B
85% garnacha blanca, 15% sauvignon blanc

89 ★★★ 10€

Cítrico, equilibrado, maduro, notas de levadura, herbal.

Xado 2022 T

88 10€

Confitado, especiado, herbáceo.

VENTA D'AUBERT
Ctra. Valderrobres a Arnes, Km. 28
44623 Cretas (Teruel)
☎: +34 978 769 021
info@ventadaubert.com
www.ventadaubert.com

El Serrats 2021 B
chardonnay

91 🌿 28,5€

Color: amarillo brillante. Aroma: potente, fruta madura, especiado, hierbas secas, tostado. Boca: graso, largo, tostado, fino amargor.

Ventepico 2021 B
garnacha blanca, chardonnay

90 🌿 16€

Color: pajizo brillante. Aroma: fruta madura, hierbas de tocador, lías finas, hierbas verdes. Boca: lleno, graso, buena acidez.

VT BARBANZA E IRIA

ADEGA ENTREOSRIOS
Lugar de Entreosrios, 2
15948 Pobra do Caramiñal (A Coruña/La Coruña)
☎: +34 670 712 700
adega@entreosrios.com
www.adega.entreosrios.com

Altares de Postmarcos 2021 B C

94

Color: pajizo brillante. Aroma: fruta madura, hierbas de tocador, lías finas, flores blancas. Boca: lleno, graso, largo, buena acidez, mineral.

Komokabras Amarillo 2022 B FB
albariño

93 ★★★★ 17€

Con tensión. Color: pajizo brillante. Aroma: expresión frutal, fruta madura, floral, especias dulces, fósforo. Boca: sabroso, fresco, buena acidez, retronasal afrutado.

Komokabras Naranja 2022 B
albariño

92 19€

Poco intervencionista, atípico. Color: pajizo, dorado. Aroma: fruta asada, hierbas secas, terroso, piedra seca, hierbas silvestres, anisado. Boca: equilibrado, sabroso, estructurado, fino amargor.

Komokabras Verde Lías 2021 B
albariño

92 ★★★★★ 13€

Color: pajizo brillante. Aroma: fruta madura, hierbas de tocador, lías finas, mineral, floral. Boca: lleno, graso, buena acidez.

Vulpes Vulpes 2022 B
albarín

92 ★★★ 17€

Color: pajizo. Aroma: expresivo, flores blancas, hierbas secas, cera, camomila. Boca: sabroso, frutoso, equilibrado.

BODEGAS CASTELLUN AUGUSTI
Forno 136-B Cordeiro
36647 Valga (Pontevedra)
☎: +34 603 425 302
bodegascastellunaugusti@gmail.com
www.bodegastorresaugusti.com

Castellum Augusti 2022 B
albariño

91 ★★★ 15,3€

Cítrico, floral. Color: pajizo. Aroma: expresivo, flores blancas, jazmín, hierbas secas. Boca: sabroso, frutoso, equilibrado.

Pepe Cabanas 2020 B
albariño

93 ★★★★★ 14,3€

Color: pajizo brillante. Aroma: fruta madura, hierbas de tocador, lías finas, fósforo, salino. Boca: lleno, graso, largo, buena acidez.

CAZAPITAS
36740 Tomiño (Pontevedra)
☎: +34 605 625 782
cazapitassl@gmail.com
www.cazapitas.com

Cazapitas 2022 B
albarín

88 25€

Frutal, maduro, hierbas secas, especiado, sabroso, fresco.

VINOS DE LA TIERRA - BARBANZA E IRIA / I.G.P.

VINOS DE LA TIERRA - BETANZOS / I.G.P.

Cazapitas
O Rebusco 2021 B
albariño

90   20€

Oxidativo. Color: dorado brillante. Aroma: expresión frutal, fruta madura, piel de naranja, flores marchitas, especias dulces. Boca: frutoso, fresco, cierta persistencia, taninos maduros, buena acidez, equilibrado.

Fonteneixe Albariño 2021 B
albariño

92   30€

Color: pajizo brillante. Aroma: fruta madura, floral, bajamar, fruta blanca, flores secas. Boca: sabroso, fresco, buena acidez, retronasal afrutado, equilibrado.

VT BETANZOS

PAGOS DE BRIGANTE
15314 Adragonte - Paderne (A Coruña/La Coruña)
☎: +34 630 806 459
admin@pagosdebrigante.com

Cataventos 2022 RD

90

Color: frambuesa, borde teja. Aroma: flores marchitas, fruta roja, fruta madura, lías finas, hierbas secas. Boca: carnoso, sabroso, fruta madura.

Garelo 2021 B
godello

90

Color: pajizo brillante. Aroma: hierbas de tocador, lías finas, fruta blanca, mineral. Boca: lleno, buena acidez, sabroso.

Na Beira 2021 B
godello

90

Color: pajizo. Aroma: expresivo, flores blancas, jazmín, hierbas secas. Boca: sabroso, frutoso, equilibrado.

Na Beira 2022 B

90

Afilado. Color: pajizo brillante. Aroma: lías finas, fruta blanca, hierbas verdes, mineral. Boca: lleno, largo, buena acidez.

Ramallo 2021 T
90% mencía, 10% garnacha tintorera

90

Con oscuridad, herbal, sabroso. Color: cereza intenso. Aroma: hierbas secas, fruta negra, fruta roja, terroso. Boca: fruta madura, especiado, taninos maduros.

Val do Ceo 2022 B
blanco lexítimo

91

Afilado. Color: pajizo brillante. Aroma: fruta madura, hierbas de tocador, lías finas, flores secas, cera. Boca: lleno, largo, buena acidez.

VT CÁDIZ

BODEGA DE FORLONG
Ctra. Jerez-Rota, km. 5
11500 El Puerto de Santa María (Cádiz)
☎: +34 620 211 203
info@bodegadeforlong.com
www.bodegadeforlong.com

Forlong La Fleur 2016 B

93 🌱

Color: amarillo brillante. Aroma: frutos secos, barniz, acetaldehído, potente, levaduras de flor. Boca: amargoso, espirituoso, largo, potente, sabroso, graso.

Forlong La Fleur 2017 B

94 🌱

Austero, mineral. Color: amarillo brillante. Aroma: levaduras de flor, lías reducidas, punzante, camomila. Boca: buena acidez, amargoso, especiado, largo.

BODEGA TESALIA
Ctra. La Perdiz - Las Abiertas, CA 6106 km. 3,5
11630 Arcos de la Frontera (Cádiz)
☎: +34 611 187 157
comercial@bodegatesalia.com
www.bodegatesalia.com

ARX 2021 T
50% tintilla de rota, 30% syrah, 10% petit verdot, 5% cabernet sauvignon

91   20€

Color: cereza, borde violáceo. Aroma: expresión frutal, fruta roja, floral, especiado. Boca: sabroso, frutoso, buena acidez, equilibrado.

Iceni 2021 T RB
50% tintilla de rota, 50% syrah

88   12€

Confitado, especiado, hierbas secas, maduro, ahumado. Aroma: terroso.

Tesalia 2016 T
petit verdot, syrah, tintilla de rota, cabernet sauvignon

93   50€

Clásico. Color: cereza, borde granate. Aroma: balsámico, fruta madura, hierbas de monte, fina reducción. Boca: sabroso, balsámico, especiado.

Tesalia 2017 T
65% petit verdot, 30% syrah, 2,5% tintilla de rota, 2,5% cabernet sauvignon

92 40€

Color: cereza oscuro. Aroma: fruta al licor, hierbas secas, balsámico, especias dulces, chocolate, fruta negra. Boca: especiado, taninos dulces, fruta madura.

BODEGAS BARBADILLO
Luis de Eguilaz, 11
11540 Sanlúcar de Barrameda (Cádiz)
☎ +34 956 385 500
marketing@barbadillo.com
www.barbadillo.com

Alba Balbaina 2022 B
palomino

89 11€

Agradable, suave, sabroso, maduro.

Ás de Mirabrás 2022 B S
palomino

91 ★★★★★ 11€

Color: pajizo. Aroma: expresivo, flores blancas, jazmín, hierbas secas. Boca: sabroso, frutoso, equilibrado.

Patinegro 2021 B
100% palomino

92 ★★★ 🌱 18€

Color: pajizo. Aroma: expresivo, flores blancas, jazmín, hierbas secas, punzante, notas de levadura. Boca: sabroso, frutoso, equilibrado.

Quadis 2022 T
syrah, cabernet sauvignon, tintilla de rota

87 ★★★ 7,5€

Quadis Envejecido 2021 T C
merlot, cabernet sauvignon, petit verdot, tintilla de rota

87 9,5€

Sábalo 2022 B
100% palomino

90 ★★★ 🌱 12,6€

Color: pajizo brillante. Aroma: hierbas secas, hierbas silvestres, franco, fruta blanca. Boca: fino amargor, fácil de beber.

BODEGAS PRIMITIVO COLLANTES
Calle Ancha, 51
11130 Chiclana de la Frontera (Cádiz)
☎ +34 956 400 150
administracion@bodegasprimitivocollantes.com
www.bodegaprimitivocollantes.es

Matalian 2023 B

91 🌱

Afilado, suave. Color: pajizo brillante. Aroma: expresión frutal, fruta blanca, expresivo, bajamar. Boca: salino, equilibrado, mineral, fácil de beber.

Socaire 2021 B FB

93 🌱

Color: pajizo brillante. Aroma: hierbas secas, mineral, bajamar, salino, apio. Boca: muy vivo, potente, sabroso, curry.

Socaire Oxidativo 2018 B FB

94 🌱

Afilado, fresco. Color: amarillo brillante. Aroma: complejo, expresivo, curry, especiado. Boca: fresco, buena acidez, con tensión.

Tivo 2020 B FB
uva rey

93 🌱

Aromas nítidos, con personalidad. Color: amarillo brillante. Aroma: hierbas silvestres, cítricos, piel de naranja. Boca: potente, sabroso, redondo, largo.

COMPAÑÍA DE VINOS SANTIAGO JORDI
Urb. Jardines de Jacaranda c/Federica Montseny, 12
11405 Jerez de la Frontera (Cádiz)
☎ +34 609 445 935
gerente@santijordi.com
www.thewinehuntercompany.es

Santiago Jordi Assemblage Finca Los Pinos 2020 T
50% tintilla de rota, 50% syrah

90 18,5€

Color: cereza brillante, borde granate. Aroma: fruta madura, fruta roja, hierbas silvestres, especiado, flores marchitas. Boca: frutoso, ligero, equilibrado, sabroso, cierta persistencia.

COTA 45
Pórtico de Bajo de Guía 68
14540 Sanlúcar de Barrameda (Cádiz)
☎ +34 956 129 232
info@cota45.com

UBE Miraflores 2022 B S

92

Color: pajizo. Aroma: expresivo, flores blancas, jazmín, punzante, salino. Boca: sabroso, frutoso, equilibrado.

VINOS DE LA TIERRA - CÁDIZ / I.G.P.

FINCA MONCLOA

Manuel María González, 12
11403 Jerez de la Frontera (Cádiz)
☎: +34 956 357 000
www.fincamoncloa.com

Finca Moncloa Tintilla de Rota 2019 T D
tintilla de rota

93   68,5€

Color: cereza oscuro, borde granate. Aroma: fruta madura, fruta confitada, ebanistería, tabaco. Boca: especiado, taninos maduros, largo.

Finca Moncloa Tintilla de Rota Edición Limitada 2020 T BA S
tintilla de rota

91   36,5€

Color: cereza, borde violáceo. Aroma: especiado, fruta negra, expresión frutal, hierbas de monte, tostado, chocolate. Boca: sabroso, frutoso, buena acidez, estructurado.

Finca Moncloa Tradicional 2020 T BA
syrah, tintilla de rota, cabernet sauvignon, petit verdot, merlot

91 ★★★   15,95€

Color: cereza, borde violáceo. Aroma: especiado, fruta negra, hierbas de monte, fruta confitada, chocolate, tostado. Boca: sabroso, frutoso, buena acidez, taninos rugosos.

HUERTA DE ALBALÁ

Ctra. CA - 6105, Km. 4
11630 Arcos de la Frontera (Cádiz)
☎: +34 956 101 300
info@huertadealbala.com
www.huertadealbala.com

Barbazul 2022 T
syrah, merlot, cabernet sauvignon, tintilla de rota

89

Aromático, con oscuridad, correcto, especiado, hierbas secas, maduro, pulido, sabroso, jugoso, con vejez.

Barbazul Chardonnay 2021 B
chardonnay

88

Agradable, frutal, tropical, suave.

Barbazul Selección Especial 2020 T
75% syrah, 20% tintilla de rota, 5% cabernet sauvignon

87

Barbazul Syrah Rosé 2023 RD
100% syrah

90

Equilibrado, especiado, flores secas, amable, sabroso. Color: piel cebolla. Aroma: fruta de hueso, flores secas, mineral. Boca: carnoso, sabroso, salino.

Taberner Selección Especial 2019 T

89

Amaderado, confitado, con vejez, fruta golpeada. Aroma: tostado, incienso, fruta negra, pimiento verde.

JOSÉ ESTÉVEZ

Ctra. N-IV Km. 640
11408 Jerez de la Frontera (Cádiz)
☎: +34 956 321 004
marketing@grupoestevez.com
www.grupoestevez.com

Albariza de José Estévez 2022 B
palomino

88 ★★★★   6,1€

Aromas nítidos, correcto, frutal, suave, sencillo. Aroma: fruta blanca, fruta madura, tiza.

Valdespino Viña Macharnudo Alto B FB

91

Aromas nítidos, representativo, por hacer. Color: amarillo brillante. Aroma: camomila, apio, mineral, cítricos. Boca: buena acidez, cierta persistencia.

MIGUEL DOMECQ

Finca Torrecera, Ctra. Jerez-La Ina Km 14,5
11595 Torrecera (Cádiz)
☎: +34 639 118 351
export@migueldomecq.com
www.migueldomecq.com

Entrechuelos Chardonnay 2022 B
chardonnay

88 ★★★★   6,75€

Agradable, aromático, correcto, frutal, maduro, tropical.

Entrechuelos Premium 2020 T RB
tintilla de rota, syrah, merlot, cabernet sauvignon

88   18,15€

Equilibrado, especiado, sabroso, tostado.

Entrechuelos Tercer Año 2021 T
tintilla de rota

89 ★★★★   9€

Aroma: hierbas secas, fruta roja, fruta negra, fruta madura, especiado. Boca: fruta madura, especiado, taninos maduros.

Alhocen Chardonnay 2021 B FB
chardonnay

89 19,25€

Tostado, ahumado, sabroso. Aroma: fruta madura, potente. Boca: graso, lleno.

Torre de Ceres Tintilla de Rota 2021 T
tintilla de rota

92 29,25€

Fresco, con tensión. Color: cereza, borde violáceo. Aroma: expresión frutal, fruta roja, floral, especiado. Boca: sabroso, frutoso, buena acidez, estructurado.

VALDESPINO
Ctra. Nacional IV, Km. 640
11408 Jerez de la Frontera (Cádiz)
☎: +34 956 321 004
marketing@grupoestevez.com
www.bodegavaldespino.com

Ojo de Gallo 2020 B
100% palomino

92 ★★★★★ 10,9€

Color: pajizo. Aroma: fruta madura, hierbas secas, flores marchitas, salino, punzante. Boca: potente, fruta madura, equilibrado.

VT CASTELLÓN

ALKAZAR BULDING
Pol. 24 Parc. 34
12185 Onda (Castelló/Castellón)
☎: +34 640 920 693
eshop@letsbeteam.com
www.vizuecos.com

Vizuecos Blanc de Noirs 2023 B
100% cariñena

89 21€

Poco intervencionista, reductivo, herbal, frutal, correcto, con tensión, silvestre, ácido.

Vizuecos Selection 2022 T
75% garnacha, 25% cariñena

87 13€

BARÓN D'ALBA
Partida Vilar La Call, 10
12118 Les Useres (Castelló/Castellón)
☎: +34 608 032 884
barondalba@gmail.com
www.barondalba.com

Clos D'Esgarracordes 2022 T C
cabernet sauvignon, merlot, syrah

85 13€

Clos D'Esgarracordes 2023 T
garnacha, tempranillo, monastrell

87 8,5€

VINOS DE LA TIERRA - CASTELLÓN / I.G.P.

VINOS DE LA TIERRA - CASTELLÓN / I.G.P.

BODEGA LES USERES
Calle Nueva, 23
12118 Les Useres (Castelló/Castellón)
☎: +34 964 760 233
info@bodegalesuseres.es
www.bodegalesuseres.es

33 Route 2021 T
tempranillo, bonicaire

88 ★★★★   5,1€

Agradable, flores secas, frutal, maduro, silvestre. Aroma: cera.

33 Route Macabeo 2023 B
macabeo

86   4,5€

33 Route Rosé 2023 RD
syrah, garnacha

86   4,1€

86 Winegrowers 2020 T R
tempranillo, cabernet sauvignon

89 ★★★★   9€

Agradable, aromas nítidos, ligera reducción, especiado, hierbas secas, maduro, sabroso, representativo, equilibrado.

86 Winegrowers Limited Edition Tempranillo Cabernet Sauvignon 2017 T
tempranillo, cabernet sauvignon

90   15€

Especiado, herbal, goloso, clásico, ligera reducción, balsámico, con vejez. Aroma: fruta negra, fruta madura. Boca: cierta persistencia.

El Pelegrí 2022 T
tempranillo

87 ★★★★   7€

BODEGAS LA CANETANA
Cami Rossell, 1
12350 Canet lo Roig (Castelló/Castellón)
☎: +32 475 231 255
tine@lacanetana.es
www.lacanetana.es

Alejandro 2022 T
garnacha

90 ★★★★★   9€

Color: cereza, borde violáceo. Aroma: expresión frutal, fruta roja, floral, especiado, notas animales. Boca: sabroso, frutoso, buena acidez.

La Canetana Daan 2021 T
70% cabernet sauvignon, 21% merlot, 9% cabernet franc

89   12€

Corpulento, especiado, maduro, con oscuridad, tostado.

La Canetana Émile 2021 T
90% merlot, 8% cabernet sauvignon, 2% cabernet franc

91 ★★★★★   12€

Color: cereza intenso. Aroma: fruta madura, hierbas secas, terroso, con oscuridad. Boca: fruta madura, especiado, taninos maduros, lleno.

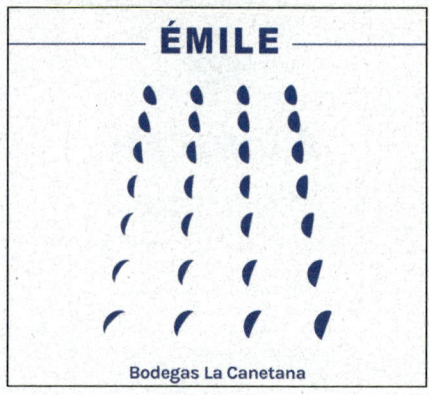

BODEGUES BESALDUCH VALLS BELLMUNT
Cami Assegador de la Catarra, 2
12170 Sant Mateu (Castelló/Castellón)
☎: +34 673 216 280
info@bvbbodegues.es
www.bvbbodegues.es

Gilbert de Montsoriu 2022 B
moscatel, chardonnay

90

Con personalidad. Color: amarillo, dorado. Aroma: fruta madura, pimienta negra, especiado, flores secas, mineral. Boca: estructurado, sabroso, salino.

Guillem Erill 2023 B
82

COOPERATIVA DE VIVER
Abadía, 4
12460 Viver (Castelló/Castellón)
☎: +34 964 141 050
agroturismo@cooperativaviver.es
www.cooperativaviver.es

Nube sobre la Piel 2023 B
100% chardonnay

88 ★★★★   8€

Cítrico, fresco, frutal, herbal.

Odisea 2021 T RB
60% tempranillo, 20% cabernet sauvignon, 20% syrah

88 ★★★★   7€

Especiado, equilibrado, hierbas secas, maduro, tostado.

La Perdición 2022 T C
60% syrah, 30% tempranillo, 5% garnacha, 5% merlot

90 15€

Especiado, herbáceo, maduro, sabroso. Aroma: con carácter, equilibrado, fina reducción, cera. Boca: sabroso, fruta madura.

Viento sobre la Piel 2021 T BA
100% syrah

90 ★★★★★ 9€

Frutal, herbal, maduro, pulido, especiado. Aroma: varietal, franco, expresivo, fresco. Boca: jugoso.

VT CASTILLA

#GARAGEWINE
Camelia, 4
45800 Quintanar de la Orden (Toledo)
☎: +34 625 226 946
info@garagewine.es
www.garagewine.es

Brujidera El Pocillo #garagewine 2023 T
brujidera

89 🌿 18€

Aromático, correcto. Aroma: fruta madura, caramelo tostado. Boca: frutoso, especiado, fácil de beber.

Cencibel La Venta #garagewine 2023 T
cencibel

90 🌿 17€

Correcto, confitado, muy primario, sabroso, láctico, herbal. Boca: equilibrado, jugoso, frutoso.

Garnacha Tintorera #garagewine 2022 T BA
garnacha tintorera

88 🌿 22€

Corpulento, especiado, frutal, amaderado, muy tostado (torrefactado).

La Forastera by #garagewine 2022 T
syrah

87 🌿 22€

Tinto Velasco #garagewine 2022 T
tinto velasco

87 🌿 17€

Verdoncho #garagewine Orangewine 2023 B
100% verdoncho

90 🌿 15€

Con personalidad, ligera oxidación. Color: pálido. Aroma: flores marchitas. Boca: jugoso, fácil de beber, persistente.

ALDONZA
Ctra. N-430 km 462,3
02612 Munera (Albacete)
☎: +34 967 217 711
info@aldonzagourmet.com
www.aldonzagourmet.com

Aldonza Albo 2022 B
sauvignon blanc, macabeo

84

VINOS DE LA TIERRA - CASTILLA / I.G.P.

VINOS DE LA TIERRA - CASTILLA / I.G.P.

Aldonza Clásico 2018 T
tempranillo, merlot, cabernet sauvignon, syrah

89   10,09€

Frutal, especiado, maduro, algo secante.

Aldonza Navamarín 2017 T R
cabernet sauvignon, merlot, syrah, tempranillo

90   24,18€

Color: cereza intenso. Aroma: fruta madura, hierbas secas, roble cremoso, especiado, pimienta negra, regaliz negro. Boca: potente, fruta madura, especiado, taninos maduros, retronasal ahumado, algo secante.

Aldonza Selección 2018 T C S
cabernet sauvignon, merlot, tempranillo, syrah

89   18,23€

Color: cereza intenso, borde violáceo. Aroma: expresión frutal, fruta roja, especiado, fruta negra, tostado. Boca: sabroso, frutoso, buena acidez, equilibrado, cierta persistencia.

ALTO DE PIOZ

Cº Viejo de las Navas, s/n
19162 Pioz (Guadalajara)
☎: +34 692 875 635
bodega@altodepioz.com
www.altodepioz.com

Alto de Pioz 2019 T
75% tempranillo, 25% cabernet sauvignon

90   15,5€

Color: cereza, borde violáceo. Aroma: fruta roja, floral, especiado. Boca: sabroso, frutoso, buena acidez.

Alto de Pioz 2021 T
tempranillo, cabernet sauvignon

92 ★★★★   15,5€

Corpulento, con tensión. Color: cereza intenso. Aroma: hierbas secas, roble cremoso, fruta negra. Boca: fruta madura, especiado, taninos maduros.

ATALAQUE

Santa Cruz, 28
45510 Fuensalida (Toledo)
☎: +34 658 846 188
info@rodriguezdevera.com
www.rodriguezdevera.com

Atalaque "Albillo de la Longuera" 2022 B
albillo real

90   29,2€

Color: pajizo brillante. Aroma: fruta blanca, fruta madura, toques silvestres, piedra seca, piel de naranja. Boca: sabroso, frutoso, fresco, equilibrado.

Atalaque Moscatel del Horcajo B Solera D
moscatel

90   26,5€

Ligera oxidación, maduro, potente, exuberante, lleno. Color: velado. Aroma: fruta escarchada, con carácter, notas amieladas.

BODEGA CAMPOS DE DULCINEA

Garay, 1
45820 El Toboso (Toledo)
☎: +34 695 976 874
camposdedulcinea@camposdedulcinea.es
www.camposdedulcinea.es

Campos de Dulcinea Sauvignon Blanc 2023 B
sauvignon blanc

86   11,5€

Campos de Dulcinea Selección de la Familia 2020 T
100% tempranillo

86   13€

Campos de Dulcinea Tempranillo 2021 T
100% tempranillo

87   10€

Unico 1926 2022 B FB
100% sauvignon blanc

91 ★★★   15€

Color: pajizo brillante. Aroma: expresión frutal, fruta madura, floral, hierbas secas. Boca: sabroso, fresco, retronasal afrutado, equilibrado.

Vale 2016 T R
100% tempranillo

90   21€

Color: cereza intenso. Aroma: fruta madura, hierbas secas, roble cremoso, tostado, ahumado. Boca: potente, fruta madura, especiado, taninos maduros, retronasal ahumado.

Vale Serie Oro 2016 T GR
100% tempranillo

89   27€

Frutal, maduro, sabroso, especiado, ahumado, algo secante.

BODEGA CARRASCAS

Ctra. El Bonillo - Ossa de Montiel P.K. 11,4
02610 El Bonillo (Albacete)
☎: +34 967 965 880
info@carrascas.com
www.carrascas.com

Al Cobijo de una Gran Sabina 2019 T C
51,6% cabernet sauvignon, 48,4% merlot

91 24,95€

Color: cereza oscuro. Aroma: tostado, especiado, cacao fino, fruta negra. Boca: sabroso, tostado, fino amargor.

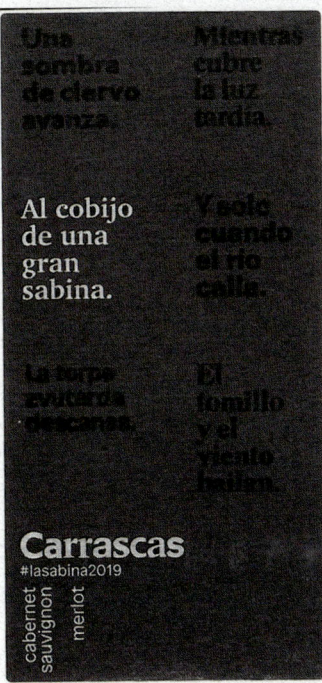

La Torpe Avutarda Descansa 2019 T C S
57,6% syrah, 42,4% tempranillo

91 ★★★★★ 11,95€

Color: cereza intenso. Aroma: hierbas secas, roble cremoso, especias dulces, fruta negra, arándano azul. Boca: potente, fruta madura, especiado, taninos maduros.

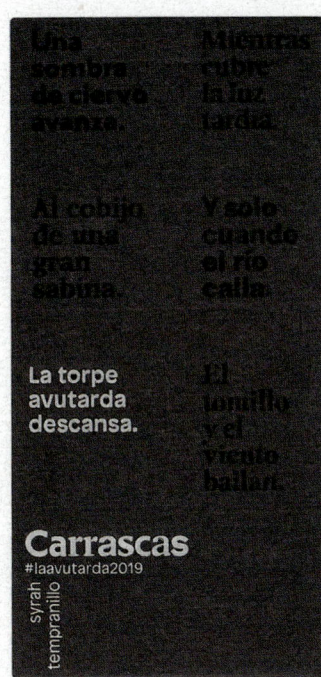

El Tomillo y El Viento Bailan Viognier 2022 B
viognier

90 ★★★★ 11,95€

Color: pajizo brillante. Aroma: expresivo, flores blancas, jazmín, hierbas secas. Boca: sabroso, frutoso, equilibrado.

Y Solo cuando El Río Calla 2021 B
100% chardonnay

88 22,95€

Amaderado, cremoso, especiado, tostado, lleno.

VINOS DE LA TIERRA - CASTILLA / I.G.P.

VINOS DE LA TIERRA - CASTILLA / I.G.P.

BODEGA CASA LOBOS
Ctra. Porzuna CM-412, Km. 6,5
13196 Picon (Ciudad Real)
☎: +34 676 017 482
gerardo@bodegacasalobos.com

Fuente del Ciervo 2022 T
tempranillo, syrah, garnacha tintorera

87 — 9€

Fuente del Ciervo 2023 B
sauvignon blanc, chardonnay

86 — 9€

Fuente del Ciervo Cencibel - Syrah 2021 T
cencibel, syrah

90
Corpulento, especiado, maduro, hierbas secas, persistente, potente, amable. Aroma: tabaco, fruta negra, fruta confitada, cera, hierbas secas, terroso.

BODEGA GARCÍA DE LA ROSA
Podadores, 12
45350 Noblejas (Toledo)
☎: +34 653 289 469
comercial@bodegagarciadelarosa.es
www.bodegagarciadelarosa.es

García de la Rosa Airén 2023 B
airén

85 — 5,5€

García de la Rosa Cencibel 2023 T
cencibel

85 — 5,5€

García de la Rosa Chardonnay 2022 B
chardonnay

87 ★★★★ — 6,5€

Mistela García de la Rosa BF Mistela D
moscatel

89 ★★★★ — 6€
Amable, aromático, cítrico, dulce, persistente, sabroso. Aroma: fruta escarchada.

Nóbriga 2022 T
tempranillo, syrah

86 — 8€

BODEGA LA ERA
Estación, 6
19110 Mondéjar (Guadalajara)
☎: +34 699 758 571
laera@bodegalaera.com
www.bodegalaera.com

Autillo 2022 B C
100% airén

89 ★★★★ — 9€
Agradable, balsámico, flores secas, frutal.

El Jardín de La Era 2021 T
98% tempranillo, 2% cabernet sauvignon

90 ★★★★★ — 10€
Color: cereza intenso. Aroma: hierbas secas, roble cremoso, fruta roja, fruta madura. Boca: fruta madura, especiado, taninos maduros.

La Era 2021 T
90% tempranillo, 10% cabernet sauvignon

91 — 19€
Color: cereza intenso. Aroma: hierbas secas, roble cremoso, fruta roja, fruta madura. Boca: potente, fruta madura, especiado, taninos maduros.

BODEGA LOS ALJIBES
Finca Los Aljibes
02520 Chinchilla de Montearagón (Albacete)
☎: +34 967 260 015
info@fincalosaljibes.com
www.fincalosaljibes.com

Aljibes 2020 T
cabernet sauvignon, merlot, cabernet franc

90 ★★★★★ — 8,5€
Color: cereza intenso. Aroma: hierbas secas, fruta negra, cacao fino. Boca: fruta madura, especiado, taninos maduros.

Aljibes Cabernet Franc 2020 T
100% cabernet franc

91 ★★★★★ 11,7€

Color: cereza intenso. Aroma: roble cremoso, fruta negra, hierbas de monte, especiado. Boca: potente, fruta madura, especiado, taninos maduros.

Aljibes Garnacha Tintorera 2020 T C
garnacha tintorera

90 ★★★★★ 8,5€

Color: cereza intenso. Aroma: fruta negra, fruta madura, hierbas de monte, terroso. Boca: fruta madura, especiado, taninos maduros, carnoso.

Aljibes Petit Verdot 2021 T
100% petit verdot

88 11,7€

Hierbas secas, maduro, corpulento, especiado, tostado.

Enclave 2017 T
monastrell

91 22,6€

Color: cereza oscuro, borde granate. Aroma: fruta confitada, tabaco, especias dulces, madera vieja. Boca: especiado, taninos maduros.

Viña Aljibes 2021 T RB
merlot, cabernet franc

88 ★★★★ 6,4€

Frutal, especiado, herbal, sabroso.

BODEGA MANZANEQUE
Labradores, 2
02110 La Gineta (Albacete)
☎: +34 967 263 728
info@eavinos.com
www.bodegamanzaneque.com

Mil Cepas Cencibel 2019 T BA
cencibel

88 22€

Frutal, maduro, sabroso, especiado.

BODEGA Y VIÑEDOS TINEDO
Ctra. CM 3102, Km. 30
13630 Socuéllamos (Ciudad Real)
☎: +34 926 118 999
admin@tinedo.es
www.tinedo.es

Cala N 1 2020 T
75% tempranillo, 20% syrah, 5% cabernet sauvignon

88 ★★★ 🌱 8,15€

Especiado, frutal, maduro, ahumado, algo secante.

Cala N 2 2019 T
tempranillo, graciano, cabernet sauvignon

89 🌱 13,75€

Frutal, especiado, confitado, maduro, suave.

JA! T
100% tempranillo

88 ★★★★ 🌱 5,6€

Frutal, muy primario, floral, silvestre, algo secante.

RunRún 2022 B
100% moscatel grano menudo

89 🌱 13,75€

Equilibrado, especiado, flores secas, maduro, lleno, oxidativo.

Selección Parcela Tempranillo 2019 T
100% tempranillo

90 🌱 15€

Color: cereza intenso. Aroma: fruta madura, hierbas secas, roble cremoso, especiado. Boca: potente, fruta madura, especiado, taninos maduros.

BODEGAS ALCARDET
Mayor, 130
45810 Villanueva de Alcardete (Toledo)
☎: +34 925 166 375
admin@alcardet.com
www.alcardet.com

Alcardet 12 meses 2020 T S
cencibel, petit verdot

87 ★★★★ 4,9€

Alcardet Cepas Viejas 2019 T BA
moravia, tinto velasco

87 ★★★ 7,3€

Alcardet Garnacha 2023 RD

86 3,8€

Alcardet Sauvignon Blanc 2023 B
sauvignon blanc

87 ★★★★ 3,8€

Seiscuerdas Riesling 2023 B
riesling

88 ★★★★ 5,5€

Aromático, frutal, maduro, tropical.

VINOS DE LA TIERRA - CASTILLA / I.G.P.

VINOS DE LA TIERRA - CASTILLA / I.G.P.

BODEGAS ANTONIO SERRANO
Galileo Galilei, 17
02600 Villarrobledo (Albacete)
☎: +34 627 029 943
administracion@bodegasantonioserrano.com
www.bodegasantonioserrano.com

Antonio Serrano Airén 2022 B
100% airén
86 .... 6,75€

Antonio Serrano Cencibel 2021 T RB
100% cencibel
88 ★★★ .... 8,75€
Equilibrado, especiado, hierbas secas, maduro, sabroso, tostado.

Antonio Serrano Etiqueta Negra 2019 T
50% cencibel, 25% monastrell, 25% garnacha
89 .... 16,5€
Amaderado, corpulento, especiado, maduro, sabroso.

Antonio Serrano Tempranillo de Tinaja 2022 T
100% tempranillo
88 ★★★★ .... 6,75€
Frutal, correcto, sencillo, rústico.

BODEGAS ARÚSPIDE
Ciriaco Cruz, 2
13300 Valdepeñas (Ciudad Real)
☎: +34 926 347 075
export@aruspide.com
www.aruspide.com

Ágora de Arúspide 2021 T RB
100% tempranillo
85 .... 6,05€

Ágora Tempranillo 2022 T MC
100% tempranillo
86 .... 7,65€

Ágora Viognier 2023 B MC
100% viognier
85

Autor de Arúspide Chardonnay 2020 B
chardonnay
86 .... 7,1€

Autor de Arúspide Tempranillo 2019 T
90 .... 20,15€
Color: cereza intenso. Aroma: fruta madura, hierbas secas, cera. Boca: potente, fruta madura, especiado, taninos maduros.

Pura Savia de Arúspide 2021 B
100% airén
90 .... 15,3€
Rústico, oxidativo, confitado, floral, maduro, fruta golpeada. Color: oro viejo. Aroma: fruta escarchada, flores marchitas, notas tropicales, notas amieladas, piel de naranja.

BODEGAS BARREDA
Ramalazo, 2
45880 Corral de Almaguer (Toledo)
☎: +34 925 207 223
nacional@bodegas-barreda.com
www.bodegas-barreda.com

Torre de Barreda Amigos Rosé 2023 RD
tempranillo, garnacha
85 .... 8€

Torre de Barreda Cabernet Sauvignon 2021 T
cabernet sauvignon
87 ★★★ .... 8€

Torre de Barreda Graciano 2021 T
graciano
88 ★★★★ .... 8€
Balsámico, maduro, herbáceo, equilibrado.

Torre de Barreda PañoFino Viña Singular 2021 T S
tempranillo
90 ★★★ .... 13€
Color: cereza intenso. Aroma: hierbas secas, fruta negra, especiado. Boca: fruta madura, especiado, equilibrado.

Torre de Barreda Amigos Multivarietal 2021 T
tempranillo, syrah, garnacha, graciano, cabernet sauvignon

90 ★★★★★   10€

Color: cereza, borde violáceo. Aroma: expresión frutal, fruta roja, floral, especiado. Boca: sabroso, frutoso, buena acidez.

Torre de Barreda Amigos Multivarietal 2023 B
airén, viognier, sauvignon blanc

85   8€

BODEGAS CAMINO ALTO
Polillo, 4 (Pol. Ind. Las Cabezas)
45860 Villacañas (Toledo)
☎: +34 686 939 201
julioraboso@bodegascaminoalto.com
www.bodegascaminoalto.com

Camino Alto Old Vines 2018 T BA
33% merlot, 25% tempranillo, 21% cabernet sauvignon, 21% petit verdot

90   27,5€

Color. Cereza. Aroma: balsámico, especias dulces, hierbas de monte, pimienta negra. Boca: especiado, balsámico, buena acidez, taninos maduros.

BODEGAS CAMPOS REALES
Castilla La Mancha, 4
16670 El Provencio (Cuenca)
☎: +34 967 166 066
tienda@bodegascamposreales.com
www.bodegascamposreales.com

Canforrales Nature Tempranillo Syrah 2023 T
tempranillo, syrah

87 ★★★★   4€

Canforrales Nature Viognier 2023 B
viognier

85   4€

BODEGAS CAÑAVERAS
Gloria, 42 -44
13730 Santa Cruz de Mudela (Ciudad Real)
☎: +34 926 342 128
administracion@bodegascanaveras.com
www.bodegascanaveras.com

Familia Cañaveras 2015 T
merlot, tempranillo

88   18€

Especiado, maduro, tostado, poco franco, herbáceo, amaderado.

Laurana Cabernet Tempranillo 2019 T
cabernet sauvignon, tempranillo

83   15€

Laurana Chardonnay 2023 B
100% chardonnay

87   9,95€

Laurana Verdejo 2023 B
100% verdejo

85   9,95€

BODEGAS CASTIBLANQUE
Isaac Peral, 19
13610 Campo de Criptana (Ciudad Real)
☎: +34 926 589 147
ma.castiblanque@bodegascastiblanque.com
www.bodegascastiblanque.com

Baldor Old Vines 2015 T
100% cabernet sauvignon

88   12,5€

Frutal, maduro, especiado, hierbas secas, sabroso.

Baldor Tempranillo 2021 T RB
100% tempranillo

86   7€

Ilex 2023 RD

84   5€

VINOS DE LA TIERRA - CASTILLA / I.G.P.

VINOS DE LA TIERRA - CASTILLA / I.G.P.

Ilex 2023 T
syrah, tempranillo
87 ★★★★ .... 5€

Ilex Coupage 2020 T
syrah, tempranillo, garnacha
85 .... 6€

Ilex Verdejo 2023 B
100% verdejo
83 .... 5€

BODEGAS DEL MUNI
Ctra. de Lillo, 48
45310 Villatobas (Toledo)
☎: +34 925 152 511
info@bodegasdelmuni.com
www.bodegasdelmuni.com

Corpus del Muni 2022 T RB
tempranillo, syrah, garnacha, petit verdot, merlot
86 .... 5,5€

Corpus del Muni Blanca Selección 2023 B
verdejo, chardonnay, sauvignon blanc, riesling
87 ★★★★ .... 5,5€

Corpus del Muni Lucía Selección 2020 T C
tempranillo
87 ★★★ .... 8€

Corpus del Muni Sara Selección 2023 B SS
verdejo, riesling
85 .... 7€

Corpus del Muni Vendimia Tardía 2021 T
syrah
87 .... 13€

Perea Navarro Airen Cuvee 2023 B
airén
89 ★★★★ .... 4,5€
Aromático, correcto, especiado, jugoso, sabroso. Aroma: notas tropicales, plátano.

BODEGAS FAMILIA CONESA - PAGO GUIJOSO
Crta Ossa de Montiel - El Bonillo km 11
02610 El Bonillo (Albacete)
☎: +34 608 612 254
mvruiz@familiaconesa.com
www.familiaconesa.com

Finca La Sabina Tempranillo 2021 T
100% tempranillo
87 🌱 .... 12€

La Doncella de las Viñas 2023 RD
100% tempranillo
87 ★★★ 🌱 .... 7,2€

La Doncella de las Viñas Chardonnay 2023 B
100% chardonnay
87 ★★★ 🌱 .... 7,2€

La Doncella de las Viñas Tempranillo 2023 T RB
100% tempranillo
86 🌱 .... 6,9€

BODEGAS FAUSTINO RIVERO ULECIA (VINOS MONOVARIETALES)
Avda. de los Vinos, s/n
13600 Alcázar de San Juan (Ciudad Real)
☎: +34 941 380 057
www.faustinorivero.com

Faustino Rivero Ulecia Verdejo B
87

Muy Top T
87

BODEGAS FERNÁNDEZ DE LA OSSA
San Antón, 42
02600 Villarrobledo (Albacete)
☎: +34 689 339 769
info@bodegasfernandezdelaossa.es
www.bodegasfernandezdelaossa.com

Casas de Peña Airén 2023 B
airén
85 .... 5,2€

Casas de Peña Chardonnay 2023 B
chardonnay
88 ★★★★ .... 5,4€
Cítrico, correcto, sencillo, toques salinos, fresco.

Casas de Peña Garnacha Tintorera 2022 T
garnacha tintorera
87 ★★★★ .... 5,8€

Familia Fernández de la Ossa 2022 T
75% tempranillo, 25% garnacha tintorera
90 .... 16€
Color: cereza muy intenso, borde violáceo. Aroma: fruta negra, fruta madura, hierbas secas, especiado, tostado. Boca: potente, sabroso, lleno, especiado, cierta persistencia, estructurado, taninos potentes.

BODEGAS FERNANDO CASTRO

Paseo Castelar, 70
13730 Santa Cruz de Mudela (Ciudad Real)
☎: +34 926 342 168
info@bodegasfernandocastro.com
www.bodegasfernandocastro.com

Viña Lastra 2023 RD
tempranillo

86 .... 3€

Viña Lastra Blanc de Noir 2023 B
bobal

86 .... 3,5€

Viña Lastra Cabernet Sauvignon 2023 T
cabernet sauvignon

87 ★★★★ .... 3€
Corpulento, amaderado, especiado, hierbas secas, maduro.

Viña Lastra Sauvignon Blanc 2023 B
sauvignon blanc

84 .... 3,5€

Viña Lastra Selecto 2023 T
tempranillo, syrah

85 .... 3€

Viña Lastra Verdejo 2023 B
verdejo

86 .... 3,5€

BODEGAS GARCÍA DE LARA

Del Cristo, 42
45360 Villarrubia de Santiago (Toledo)
☎: +34 648 733 298
info@bodegasgarciadelara.com
www.bodegasgarciadelara.com

Finca Villalobillos 2022 B FB
100% airén

90 ★★★★ .... 12€
Color: amarillo brillante. Aroma: potente, roble cremoso, fruta madura, especiado, madera marcada. Boca: graso, estructurado, tostado, fino amargor.

Finca Villalobillos 2023 B
100% airén

90 ★★★★★ .... 9€
Agradable, correcto, suave. Aroma: intensidad media. Boca: fino amargor, equilibrado, muy vivo, fácil de beber.

Finca Villalobillos Pampana Blanca 2022 T C
100% pampana blanca

90 ★★★★ .... 12€
Confitado, notas de levadura, sabroso. Aroma: piel de naranja. Boca: sabroso, fruta madura, especiado.

García de Lara Cencibel 2022 T
100% cencibel

88 ★★★★ .... 6€
Balsámico, correcto, especiado, herbal. Boca: taninos secos pero maduros.

La Viña de La Cueva Colorá 2021 T C S
100% cencibel

90 .... 16,5€
Color: Cereza. Aroma: especias dulces, fruta madura, chocolate, hierbas secas. Boca: especiado, potente, taninos maduros.

BODEGAS GARDEL ORGANIC WINES

Toledo, 2
16650 Las Mesas (Cuenca)
☎: +34 627 730 902
omar@bodegasgardel.com
www.bodegasgardel.com

El Jardín Secreto Verdejo 2023 B
verdejo

86 🌱 .... 7€

Poco a Poco Envejecido en Barrica 2022 T C
tempranillo, syrah

87 🌱 .... 15€

VINOS DE LA TIERRA - CASTILLA / I.G.P.

VINOS DE LA TIERRA - CASTILLA / I.G.P.

Poco a Poco Sauvignon Blanc 2023 B
sauvignon blanc

87 ★★★   8€

Poco a Poco Tempranillo Syrah 2023 T
tempranillo, syrah

86   10€

Rosa de Alejandría 2023 B SD
moscatel

86   10€

BODEGAS LA SOLANA - PAGO FLORENTINO
Ctra. Porzuna -
Camino Cristo del Humilladero, km. 3
13420 Malagón (Ciudad Real)
☎: +34 983 681 146
bodeg@arzuaganavarro.com
www.pagoflorentino.com

Pago Mota 2022 B
chardonnay

88 ★★★★   7,1€

Herbal, maduro, tropical, jugoso, frutal. Aroma: floral, azafrán.

Pago Mota 2023 B
chardonnay

89

Agradable, aromático, correcto, especiado, maduro, sabroso. Boca: fácil de beber.

BODEGAS LAZO
Finca La Zorrera, s/n
02436 Férez (Albacete)
☎: +34 622 766 900
info@lazotur.com
www.lazotur.com

Cabeza del Hierro 2020 T
monastrell, petit verdot

90 ★★★★★   8,5€

Color: cereza, borde violáceo. Aroma: expresión frutal, fruta roja, especiado, fruta madura, toques silvestres. Boca: sabroso, frutoso, taninos secos pero maduros, equilibrado, especiado.

La Suerte Perdida 2022 T C
monastrell, tempranillo, petit verdot

91 ★★★★★   12€

Color: cereza, borde violáceo. Aroma: expresión frutal, fruta roja, floral, especiado, fruta negra. Boca: sabroso, frutoso, equilibrado, retronasal ahumado, taninos secos pero maduros.

Nanku 2022 T
monastrell, tempranillo, petit verdot

92 ★★★★★   12€

Color: cereza, borde violáceo. Aroma: expresión frutal, fruta roja, floral, especiado, caramelo de violetas. Boca: sabroso, frutoso, buena acidez, equilibrado.

Oriolus 2022 B FB
viognier

90 ★★★★★   10€

Color: amarillo brillante. Aroma: potente, roble cremoso, fruta madura, especiado. Boca: graso, tostado, fino amargor, sabroso.

Pintablanca Viognier 2022 B
viognier

88 ★★★★   6€

Cítrico, frutal, herbal, sabroso, equilibrado, maduro.

BODEGAS MANO A MANO
Ctra. CM-412, Km. 100
13248 Alhambra (Ciudad Real)
☎: +34 926 694 317
info@bodegamanoamano.com
www.manoamano.com

**Venta la Ossa
Cabernet Sauvignon 2020 T C**
100% cabernet sauvignon

91   16,2€

Color: cereza intenso. Aroma: hierbas secas, fruta negra, cacao fino. Boca: fruta madura, especiado, taninos marcados de roble.

Venta la Ossa Syrah 2020 T
100% syrah

92 ★★★ 16,2€

Color: cereza oscuro. Aroma: especiado, cacao fino, terroso, fruta negra, fruta madura. Boca: sabroso, tostado, fino amargor, lleno.

Venta la Ossa TNT 2019 T
100% tempranillo

92 20,8€

Color: cereza intenso. Aroma: fruta madura, hierbas secas, floral, cacao fino. Boca: fruta madura, especiado, taninos finos.

BODEGAS MARISOL RUBIO
Goya, 54
45810 Villanueva de Alcardete (Toledo)
☎: +34 628 424 910
jorge@bodegasmarisolrubio.com
www.bodegasmarisolrubio.com

Marisol Rubio CIPMA I 2021 B
100% pedro ximénez

89 21€

Especiado, herbal, tropical, tostado.

Marisol Rubio CIPMA II 2021 B FB
100% pedro ximénez

89 25€

Amaderado, muy tostado (torrefactado), maduro, frutal, lleno, láctico.

Marisol Rubio SON D SOL 2022 B
100% pedro ximénez

89 11€

Cítrico, fresco, herbal, sabroso.

BODEGAS MARTÍNEZ SÁEZ
Ctra. Villarrobledo Barrax, Km. 14,800
02600 Villarrobledo (Albacete)
☎: +34 967 443 088
almacen@bodegasmartinezsaez.es
www.bodegasmartinezsaez.es

Martínez Saez Selección 2019 T C
petit verdot, syrah, cabernet sauvignon

87 10€

Martínez Saez Vendimia Tardía B D
moscatel, chardonnay

88 10€

Cítrico, especiado, floral, lleno, equilibrado.

Viña Orce 2022 RD
merlot

85 5€

Viña Orce Macabeo Verdejo 2022 B
macabeo, verdejo

86 5€

Viña Orce Tempranillo 2022 T RB
tempranillo

87 ★★★★ 6€

BODEGAS MARTUE
Campo de la Guardia, s/n
45760 La Guardia (Toledo)
☎: +34 658 915 812
admin@martue.com
www.martue.com

Dauco 2023 T

88

Frutal, maduro, especiado, tostado.

BODEGAS MÁS QUE VINOS
Camino de los Molinos, s/n
45312 Cabañas de Yepes (Toledo)
☎: +34 925 122 281
mqv@bodegasmasquevinos.com
www.bodegasmasquevinos.com

Garnacha de la Madre 2021 T
garnacha

88 🌱 17,5€

Frutal, maduro, ligera oxidación, ahumado, especiado.

La Malvar de Más Que Vinos 2022 B FB S
malvar

90 17,5€

Color: pajizo brillante, borde verdoso. Aroma: fruta fresca, cítricos, hierbas silvestres, especiado. Boca: fresco, frutoso, buena acidez.

BODEGAS MEGÍA E HIJOS -CORCOVO
Magdalena, 33
13300 Valdepeñas (Ciudad Real)
☎: +34 926 347 828
comercial@corcovo.com
www.corcovo.com

Corcovo 2023 RD
tempranillo

86 4,5€

Corcovo Muscat 2023 B S
moscatel grano menudo

87 ★★★★ 4,7€

Corcovo Verdejo 2023 B
verdejo

87 ★★★★ 4,3€

VINOS DE LA TIERRA - CASTILLA / I.G.P.

VINOS DE LA TIERRA - CASTILLA / I.G.P.

BODEGAS MIGUEL A. AGUADO
Cantalejos, 2
45165 San Martín de Montalbán (Toledo)
☎: +34 653 821 659
info@bodegasmiguelaguado.com
www.bodegasmiguelaguado.com

San Martineño Cabernet Sauvignon-Garnacha 2019 T
cabernet sauvignon, garnacha
85

San Martineño Garnacha 2022 T BA
84

San Martineño Macabeo 2022 B
82

San Martineño Tempranillo 2021 T RB
86

San Martineño Tempranillo 2022 T
tempranillo
85

BODEGAS MONTALVO WILMOT
Finca Los Cerrillos Crtra. a Ruidera, Km. 10,200
13710 Argamasilla de Alba (Ciudad Real)
☎: +34 926 699 069
info@montalvowilmot.com
www.montalvowilmot.com

Montalvo Wilmot Varietales 2021 T BA
40% petit verdot, 30% tempranillo, 30% syrah
88 ★★★★   8€
Equilibrado, especiado.

Montalvo Wilmot Verdejo 2023 B
100% verdejo
83   5,75€

BODEGAS NAVARRO LÓPEZ
Autovía N-IV, Km. 193
13300 Valdepeñas (Ciudad Real)
☎: +34 926 321 888
anabelen.navarro@navarrolopez.com
www.navarrolopez.com

Para Celsus 2023 T
tempranillo
88 ★★★★ 🌱   2,3€
Frutal, maduro, muy primario, sabroso.

Para Celsus Verdejo 2023 B
verdejo
86 🌱   2,3€

Premium 1904 Graciano 2022 T
graciano
89 ★★★★   4,94€
Frutal, varietal, silvestre, muy primario, maduro, sabroso, algo secante.

BODEGAS NOC
Orgaz, 12
45460 Manzaneque (Toledo)
☎: +34 925 344 727
info@bodegasnoc.com
www.bodegasnoc.es

Leyenda de Noc 2019 T
25% tempranillo, 25% syrah, 25% cabernet sauvignon, 25% petit verdot
88   34€
Corpulento, equilibrado, especiado, herbal, maduro, sabroso, tostado.

Noc Coupage 2018 T
42% syrah, 30% petit verdot, 28% cabernet sauvignon
91 ★★★★   12,4€
Equilibrado. Color. cereza intenso. Aroma: hierbas secas, roble cremoso, fruta negra, fruta madura, terroso. Boca: potente, fruta madura, especiado, taninos maduros.

Noc Rosé RE BR
100% tempranillo
86   21€

Noc Tempranillo 2019 T
100% tempranillo
90   15,5€
Color. cereza, borde violáceo. Aroma: especiado, chocolate, hierbas de monte. Boca: sabroso, frutoso, buena acidez.

Noc Viognier 2023 B
100% viognier

88 10,8€

Aromático, frutal, tropical, muy primario, sencillo.

BODEGAS OSBORNE
Ctra. Malpica - Pueblanueva, km. 6 Finca El Jaral
45692 Malpica del Tajo (Toledo)
☎: +34 925 860 990
valeria.morado@osborne.es
www.osborne.es

Solaz Rose 2023 RD
86

BODEGAS PUENTE DE RUS
Ctra. Almarcha, 50
16600 San Clemente (Cuenca)
☎: +34 969 300 155
exportassistant@puentederus.com
www.puentederus.com

Camino de Rus Sauvignon Blanc 2023 B
100% sauvignon blanc

86

Colmillo de Lobo 2022 T BA
40% cabernet sauvignon, 40% tempranillo, 10% merlot, 5% syrah, 5% petit verdot

87

Paso de Buey 2019 T
40% cabernet sauvignon, 40% tempranillo, 10% merlot, 5% syrah, 5% petit verdot

88

Amable, correcto, equilibrado, especiado, hierbas secas, lleno.

Pontevs 2020 T
60% tempranillo, 20% syrah, 10% cabernet sauvignon, 10% petit verdot

88

Corpulento, equilibrado, especiado, maduro, lleno.

Pontevs Chardonnay 2022 B
100% chardonnay

86

Vista de Halcón B
80% sauvignon blanc, 20% verdejo

85

BODEGAS ROSALÍO ALONSO & CO
Bosque, 21
45350 Noblejas (Toledo)
☎: +34 677 460 225
bodegasrosalioalonso@gmail.com
www.bodegasrosalioalonso.com

Casa de Isaac Syrah 2020 T
100% syrah

89 12€

Confitado, tostado, sabroso, maduro, ahumado.

BODEGAS TRENZA
Felix Mendelsohn, 8
03730 Jávea (Alacant/Alicante)
☎: +34 965 790 012
bodegas@bodegastrenza.com
www.bodegatrenza.com

Acentuado Rose Organic 2023 RD
garnacha

88 🌱 10€

Cítrico, equilibrado, especiado, hierbas secas.

Tofterup Brothers Organic Red 2023 T
tempranillo, syrah

88 🌱 10€

Amable, correcto, frutal, sabroso, sencillo, ahumado.

Tofterup Brothers Organic Rose 2023 RD
garnacha, bobal

87 🌱 10€

BODEGAS VENTA MORALES
Paraje Casas Alfaqui, 1
03650 Pinoso (Alacant/Alicante)
☎: +34 965 978 603
export@bodegasvolver.com
www.bodegasvolver.com

Venta Morales Ecológico 2023 B

87 ★★★★ 🌱 2,99€

BODEGAS VOLVER
Ctra de Pinoso a Fortuna, s/n
03658 Rodriguillo (Alacant/Alicante)
☎: +34 966 185 624
export@bodegasvolver.com
www.bodegasvolver.com

Paso a Paso Tempranillo 2023 T
100% tempranillo

90 ★★★★★ 6,33€

Color: cereza intenso. Aroma: fruta madura, hierbas secas, roble cremoso. Boca: fruta madura, especiado, taninos maduros.

VINOS DE LA TIERRA - CASTILLA / I.G.P.

Volver 2022 T
100% tempranillo

89 13,46€

Confitado, corpulento, especiado, hierbas secas, muy tostado (torrefactado).

Volver Cuvée 2020 T GR
80% tempranillo, 20% cabernet sauvignon

92 28,97€

Color: cereza intenso. Aroma: hierbas secas, roble cremoso, café aromático, fruta negra. Boca: potente, fruta madura, especiado, taninos maduros.

BODEGAS Y VIÑEDOS CASA DEL VALLE

Ctra. de Yepes - Añover de Tajo, Km. 47,700
45313 Yepes (Toledo)
☎: +34 925 155 533
casadelvalle@bodegasolarra.es
www.bodegascasadelvalle.es

Hacienda Casa del Valle 2022 T
87

BODEGAS Y VIÑEDOS VALTRAVIESO

Finca La Revilla, s/n
47316 Piñel de Arriba (Valladolid)
☎: +34 983 484 030
comunicacion@valtravieso.com
www.valtravieso.com

Milcantos 2021 T
100% bobal

91 38€

Color: cereza intenso. Aroma: hierbas secas, roble cremoso, fruta negra. Boca: potente, fruta madura, especiado, taninos rugosos.

BODEGAS YUNTERO

P.I. de Manzanares- Ctra. Alcazar
13200 Manzanares (Ciudad Real)
☎: +34 926 610 309
yuntero@yuntero.com
www.yuntero.com

Casa La Teja 2022 B
100% verdejo

86 4,25€

Casa La Teja 2022 RD
100% garnacha

87 ★★★★ 4,25€

Casa La Teja 2022 T
100% syrah

86 4,25€

CAPILLA DEL FRAILE

Francisco Vidal i Sureda 23,
07015 Palma de Mallorca
(Illes Balears/Islas Baleares)
☎: +34 675 217 334
direccion@gprocdf.com
www.fincacapilladelfraile.com

Capilla del Fraile Parcela Syrah 2020 T
87 ✿

Capilla del Fraile Petit Verdot 2018 T
petit verdot

89 ✿

Hierbas secas, maduro, reductivo. Aroma: hierbas de monte, tabaco, fruta negra, fruta madura, terroso. Boca: amargoso.

CARRIL CRUZADO

Ctra. Iniesta-Villagarcía del Llano km. 13
16236 Villagarcía del Llano (Cuenca)
☎: +34 616 960 992
bodega@carrilcruzado.com
www.carrilcruzado.es

Carril Cruzado Selección Syrah 9 Meses Barrica 2021 T C
100% syrah

84 18€

COOP. VINÍCOLA DEL CARMEN

Camino del Puente s/n
13610 Campo de Criptana (Ciudad Real)
☎: +34 926 561 257
bodega@vinicoladelcarmen.com
www.vinicoladelcarmen.com

D'Gigantes Airén 2023 B
airén

85 3€

Cítrico, herbal, fresco.

D'GIGANTES
AIRÉN

D'Gigantes Colombard 2023 B
colombard

86 .... 4€

COSECHEROS Y CRIADORES
Diputación, s/n
01320 Oyón (Araba/Álava)
☎: +34 945 601 944
nacional@cosecherosycriadores.com
www.familiamartinezbujanda.com

Infinitus Cabernet Sauvignon 2023 T

86 🌿 .... 4,85€

Infinitus Malbec 2023 T
100% malbec

86 🌿 .... 4,85€

Infinitus Moscatel B MO SD
100% moscatel

86 .... 4,95€

Infinitus Syrah 2023 T
100% syrah

87 ★★★★ 🌿 .... 4,85€

Infinitus Tempranillo 2023 T
100% tempranillo

86 🌿 .... 4,85€

Infinitus Viura & Chardonnay 2023 B
viura, chardonnay

86 🌿 .... 4,85€

DCOOP S. COOP. AND WINE DIVISION
Calle Mencía s/n
13600 Alcázar de San Juan (Ciudad Real)
☎: +34 926 547 404
sara.rodriguez@dcoop.es
www.grupobaco.com

Hacienda Real Airén 2022 B
airén

86

Hacienda Real Cencibel 2022 T
cencibel

86 .... 13€

DEHESA DE LOS LLANOS
Ctra. De Las Peñas de San Pedro, km. 5,5
02006 Albacete (Albacete)
☎: +34 967 243 100
info@dehesadelosllanos.es
www.dehesadelosllanos.es

Mazacruz 2023 T
merlot, syrah

90 ★★★ .... 12,2€
Color: cereza intenso, cereza brillante. Aroma: fruta madura, hierbas secas, expresión frutal, fruta roja, fruta negra, flores secas. Boca: potente, fruta madura, especiado, taninos maduros.

Mazacruz Cima 2022 T
cabernet sauvignon, merlot

90 .... 14,6€
Color: cereza brillante. Aroma: fruta madura, hierbas de monte. Boca: sabroso, frutoso, buena acidez, largo.

Mazacruz Merlot 2023 T
merlot

90 ★★★ .... 12,2€
Color: cereza, borde violáceo. Aroma: expresión frutal, fruta roja, floral, especiado. Boca: sabroso, frutoso, fruta madura, retronasal afrutado, cierta persistencia.

Mazacruz Sauvignon Blanc 2023 B
sauvignon blanc

88 .... 10,9€
Amable, floral, frutal, herbal, varietal.

DOMINIO DE EGUREN
Camino de San Pedro, s/n
01309 Páganos (Araba/Álava)
☎: +34 945 600 590
marketing@sierracantabria.com
www.sierracamtabria.com

Códice 2022 T BA

90 ★★★★★ .... 4,9€
Color: cereza intenso. Aroma: fruta madura, hierbas secas, roble cremoso, tostado. Boca: potente, fruta madura, especiado, taninos maduros.

Protocolo 2023 B
airén, macabeo

84 .... 3,4€

Protocolo 2023 RD
bobal, tempranillo

85 .... 3,4€

Protocolo Eco 2022 T

88 ★★★★ 🌿 .... 3,7€
Maduro, potente, cálido, boca correcta.

VINOS DE LA TIERRA - CASTILLA / I.G.P.

VINOS DE LA TIERRA - CASTILLA / I.G.P.

Protocolo Eco 2023 B
macabeo
85 .... 3,7€

Protocolo Eco 2023 RD
85 .... 3,7€

DOMINIO DEL LINZE
Avda. Gregorio Prieto, 5
13300 Valdepeñas (Ciudad Real)
☎: +34 926 035 811
info@seleccionlucendo.com
www.seleccionlucendo.com

El Linze 2022 T
tinto velasco, syrah
90
Color: cereza intenso, borde violáceo. Aroma: fruta madura, hierbas secas, roble cremoso, fruta negra, especiado, ahumado. Boca: potente, fruta madura, especiado, frutoso, sabroso, algo secante.

El Último Lobo 2022 T RB
88
Frutal, maduro, ahumado, especiado, sabroso, algo secante.

EL PROGRESO SDAD. COOP. CLM
Avda. de la Virgen, 89
13670 Villarubia de los Ojos (Ciudad Real)
☎: +34 926 896 135
info@bodegaselprogreso.com
www.bodegaselprogreso.com

Huertos de Palacio 2023 B
macabeo, verdejo, airén
82 .... 2,8€

Huertos de Palacio 2023 T
garnacha
86 .... 2,79€

Huertos de Palacio 2023 T BA
tempranillo
86 .... 2,79€

Medianiles 2023 B
airén
85 .... 3,19€

Medianiles 2023 T RB
84 .... 4,1€

Medianiles Tempranillo 2023 T
tempranillo
86 .... 3,19€

EL SAUCERAL
Finca El Sauceral, Ctra. CM 403, km 19
45127 Las Ventas con Peña Aguilera (Toledo)
☎: +34 684 041 747
administracion@parajes-invest.com
www.elsauceral.com

Acebrón 2022 T
tempranillo, petit verdot
89 .... 16,82€
Frutal, herbal, especiado, maduro, potente, sabroso.

La Peralosa 2022 T
syrah, cabernet sauvignon
90 .... 21,18€
Color: cereza intenso, borde violáceo. Aroma: fruta madura, hierbas secas, roble cremoso, flores marchitas. Boca: fruta madura, especiado, taninos maduros, frutoso, retronasal ahumado.

Puerto del Milagro 2022 T
syrah
90 .... 26,98€
Color: cereza oscuro, cereza, borde violáceo. Aroma: tostado, especiado, cacao fino, fruta negra, fruta madura. Boca: sabroso, tostado, frutoso, cierta persistencia.

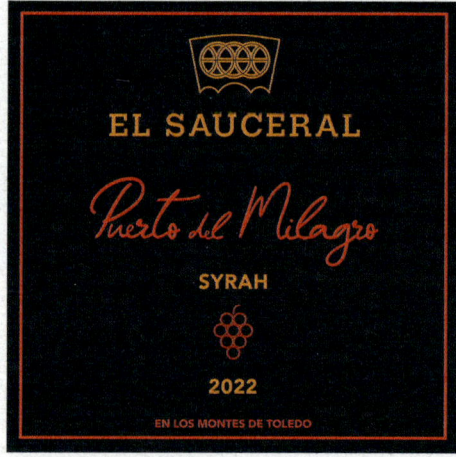

ENCOMIENDA DE CERVERA

CM-4111, KM 17 (Entrada Principal)
13270 Almagro (Ciudad Real)
☎: +34 663 732 209
hello@ecervera.com
www.encomiendadecervera.com

Sirena del Maar del Hielo 2023 B
90   16,9€
Austero, cálido, goloso. Color: amarillo brillante. Aroma: fruta escarchada, especiado, hierbas secas. Boca: sabroso, untuoso, frutoso, dulce.

Vulcanus Macerado con pieles 2023 B
sauvignon blanc
90 ★★★★ 🌿   11,7€
Color: pajizo. Aroma: fruta madura, hierbas secas, flores marchitas. Boca: potente, fruta madura, equilibrado.

FAMILIA BASTIDA

C. Canónigo Lozano, 11
30520 Jumilla (Murcia)
☎: +34 968 780 142
info@familiabastida.com
www.familiabastida.com

Alceo Verdejo 2023 B
verdejo
87 ★★★★   5,25€

Churubito Tempranillo 2023 T
100% tempranillo
86

Talma Garnacha 2023 T
100% garnacha
86

Talma Tempranillo 2023 T
100% tempranillo
87

FÉLIX SOLIS AVANTIS

Autovía del Sur, Km. 199
13300 Valdepeñas (Ciudad Real)
☎: +34 926 322 400
marketing@felixsolisavantis.com
www.felixsolisavantis.com

Viña Albali Cabernet Sauvignon 2023 T
cabernet sauvignon
86   3,89€

Viña Albali Chardonnay 2023 B
chardonnay
87 ★★★★   3,89€

Viña Albali Garnacha Rosé 2023 RD
87 ★★★★   3,89€

Viña Albali Merlot 2023 T
merlot
85   3,89€

Viña Albali Tempranillo Shiraz 2023 T
tempranillo, syrah
87 ★★★★   3,89€

Viña Albali Verdejo Sauvignon Blanc 2023 B
verdejo, sauvignon blanc
85   3,89€

FINCA ANTIGUA

Ctra. Quintanar - Los Hinojosos, Km. 11,5
16417 Los Hinojosos (Cuenca)
☎: +34 969 129 700
info@fincaantigua.com
www.familimartinezbujanda.com

Zagal de Finca Antigua 2021 T
100% tempranillo
88 ★★★ 🌿   8,5€
Frutal, maduro, especiado, tostado.

FINCA CONSTANCIA

Camino del Bravo, s/n
45543 Otero (Toledo)
☎: +34 925 861 535
prensa@gonzalezbyass.com
www.fincaconstancia.es

Altos de la Finca 2018 T
60% petit verdot, 40% syrah
91   20€
Color: cereza, borde granate. Aroma: fruta confitada, potente, balsámico, hierbas silvestres. Boca: sabroso, dulcedumbre, largo.

Finca Constancia Entre Lunas T BA
100% tempranillo
87 🌿   10€

Finca Constancia Graciano Parcela 12 2019 T
graciano
90 ★★★★★   8,15€
Color: cereza, borde violáceo. Aroma: expresión frutal, especiado, fruta negra, pimienta negra, tostado. Boca: sabroso, frutoso, potente, retronasal ahumado.

Finca Constancia Selección 2021 T BA
88 ★★★   8,15€
Frutal, maduro, sencillo, rústico.

Finca Constancia Tempranillo Parcela 23 2022 T
87   8,15€

VINOS DE LA TIERRA - CASTILLA / I.G.P.

VINOS DE LA TIERRA - CASTILLA / I.G.P.

Finca Constancia Verdejo Parcela 52 2021 B FB
verdejo

89 ★★★★ 8,15€

Equilibrado, fresco, herbal, ligera reducción.

Universal Cabernet Sauvignon Biodinámico 2023 T
cabernet sauvignon

88 🌱

Herbal, maduro, jugoso.

FINCA EL REFUGIO
Ctra. CM-3102, km. 14,6
13630 Socuéllamos (Ciudad Real)
☎: +34 629 512 478
info@fincaelrefugio.es
www.fincaelrefugio.es

Dominio del Prior Petit Verdot 2016 T BA
petit verdot

90 🌱

Color: cereza oscuro, borde granate. Aroma: fruta madura, fruta confitada, ebanistería, tabaco, especias dulces, fruta negra. Boca: especiado, taninos maduros, sabroso.

Legado Finca El Refugio Cabernet Merlot 2015 T RB
cabernet sauvignon, merlot

86 🌱 8€

Legado Finca El Refugio Petit Verdot 2016 T
petit verdot

86 🌱 15€

Legado Finca El Refugio Syrah 2016 T
syrah

88 ★★★★ 🌱 8€

Confitado, frutal, hierbas secas, especiado.

Legado Finca El Refugio Tempranillo 2022 T RB
tempranillo

85 🌱 6€

Quorum de Finca El Refugio Private Collection 2012 T BA
75% tempranillo, 25% petit verdot

91 🌱 35€

Color: cereza oscuro, borde granate. Aroma: fruta confitada, ebanistería, tabaco, especias dulces. Boca: especiado, taninos maduros.

FINCA LA ESTACADA
Ctra. N-400, Km. 103
16540 Tarancón (Cuenca)
☎: +34 969 327 099
comunicacion@fincalaestacada.com
www.fincalaestacada.com

Hello World Petit Verdot 2023 T
petit verdot

88 ★★★★ 🌱 4€

Frutal, maduro, muy primario, especiado.

Ochoymedio Malbec 2023 T
malbec

86 3,7€

Secua Cabernet-Syrah 2020 T R
cabernet sauvignon, syrah

90   15,75€

Color: Cereza. Aroma: balsámico, especias dulces, hierbas de monte, fruta negra, regaliz negro. Boca: especiado, buena acidez, frutoso, taninos potentes.

Secua Crianza en Lías 2023 B FB
viognier, sauvignon blanc

89 ★★★★   8,8€

Agradable, correcto, floral, maduro, notas de levadura, sabroso, silvestre.

Secua Merlot 2020 T C
merlot

90 ★★★   12,3€

Color: cereza, borde violáceo. Aroma: expresión frutal, fruta roja, especiado, hierbas silvestres, flores marchitas. Boca: sabroso, frutoso, buena acidez, cierta persistencia, taninos potentes.

Viginti Cabernet Franc 2023 T
cabernet franc

87 ★★★★    4,1€

FINCA LOS ALIJARES
Avda. de la Paz, 5
45180 Camarena (Toledo)
☎: +34 696 964 737
export@fincalosalijares.com
www.fincalosalijares.com

Finca Los Alijares Graciano 2021 T R
graciano

89   15€

Corpulento, herbal, maduro, tostado, sabroso, especiado, balsámico.

Finca Los Alijares Infiltrado 2022 B
viognier

89   11€

Cítrico. Color: pajizo, dorado. Aroma: fruta de hueso, lías finas, fruta madura. Boca: sabroso, especiado.

FINCA RÍO NEGRO
Ctra. CM 1001, Km. 37,200
19230 Cogolludo (Guadalajara)
☎: +34 913 022 648
info@fincarionegro.com
www.fincarionegro.es

992 Finca Río Negro 2022 T
85% tempranillo, 10% syrah, 5% merlot

90 ★★★★   12€

Color: cereza intenso. Aroma: fruta madura, hierbas secas, roble cremoso, fruta negra, especias dulces, pimienta negra. Boca: potente, fruta madura, especiado, taninos potentes.

Finca Río Negro 2020 T C
50% tempranillo, 30% cabernet sauvignon, 10% syrah, 5% merlot, tinto fragoso

91   18€

Color: cereza, borde violáceo. Aroma: tostado, especiado, cacao fino, fruta negra, fruta madura, pimienta negra. Boca: sabroso, tostado, fino amargor, estructurado, taninos potentes.

Finca Río Negro 5º Año 2019 T GR
70% tempranillo, 30% cabernet sauvignon

93   32€

Color: cereza intenso, borde violáceo. Aroma: fruta madura, hierbas secas, roble cremoso, fruta negra, regaliz negro. Boca: potente, fruta madura, especiado, taninos secos pero maduros, equilibrado.

Finca Río Negro Cerro del Lobo 2021 T
100% syrah

93   28€

Color: cereza intenso, borde violáceo. Aroma: fruta madura, hierbas secas, roble cremoso, fruta negra, pimienta negra. Boca: potente, fruta madura, especiado, taninos maduros, sabroso, persistente.

Finca Río Negro Gewürztraminer 2023 B
100% gewürztraminer

90   14,95€

Color: pajizo. Aroma: expresivo, flores blancas, jazmín, hierbas secas. Boca: sabroso, frutoso, equilibrado.

GALÁN DE MEMBRILLA - BODEGAS REZUELO
Ctra. de La Solana, 34
13230 Membrilla (Ciudad Real)
☎: +34 926 636 616
rezuelored@hotmail.com
www.galandemembrilla.es

Rezuelo 7.0 Frizzante 2023 BE
moscatel grano menudo

84   3,2€

Rezuelo Envejecido en Roble 2020 T
100% tempranillo

85   4,5€

VINOS DE LA TIERRA - CASTILLA / I.G.P.

VINOS DE LA TIERRA - CASTILLA / I.G.P.

GRAN SELLO
Ctra. Villarrubia, 11
45350 Noblejas (Toledo)
☎: +34 945 150 189
araex@araex.com
www.araex.com

Gran Sello Garnacha Syrah Tempranillo 2018 T
34% garnacha, 33% syrah, 33% tempranillo

88 .... 14€
Corpulento, equilibrado, especiado, hierbas secas, maduro, tostado.

Gran Sello Macabeo Verdejo 2023 B
70% macabeo, 30% verdejo

86 .... 6€

Gran Sello Rosé 2023 RD
100% tempranillo

86 .... 8€

Gran Sello Tempranillo Garnacha 2022 T
70% tempranillo, 30% garnacha

86 .... 14€

Gran Sello Tempranillo Syrah 2021 T
85% tempranillo, 15% syrah

87 ★★★ .... 8€

HACIENDA ALBAE
Ctra. de Argamasilla de Alba a Cinco Casas, km. 25.500
13710 Argamasilla de Alba (Ciudad Real)
☎: +34 667 109 422
administracion@haciendaalbae.com
www.haciendaalbae.com

Diablar 2021 T
100% syrah

88 .... 14,5€
Frutal, ahumado, especiado, maduro, tostado.

Hacienda Albae Cabernet Sauvignon 2021 T
100% cabernet sauvignon

87 ★★★ .... 7,5€

Hacienda Albae Chardonnay 2023 B
100% chardonnay

85 .... 7,5€

Hacienda Albae Malbec 2022 T
100% malbec

86 .... 7,5€

Hacienda Albae Top 888 2016 T R
90% cabernet sauvignon, 5% merlot, 5% syrah

87 .... 25,9€

Hacienda Albae Viognier 2023 B
100% viognier

88 ★★★★ .... 7,5€
Agradable, frutal, sabroso.

HACIENDA VILLARTA
Ctra. Nacional 403, km. 48
45910 Escalona (Toledo)
☎: +34 913 441 990
agrovillarta@gmail.com
www.haciendavillarta.com

La Perdiz y El Tomillo 2 2022 T
100% garnacha

88 .... 15€
Frutal, maduro, especiado, sabroso, acidez marcada.

Tozara 2023 T RB
100% tempranillo

86 .... 2,95€

HAMMEKEN CELLARS
03700 Denia (Alacant/Alicante)
☎: +34 965 791 967
cellars@hammekencellars.com
www.hammekencellars.com

Allegranza Slightly Oaked Chardonnay 2023 B
chardonnay

88 ★★★ .... 8,25€
Frutal, maduro, tostado, sabroso, herbal.

Aroma d' Abril 2023 B
verdejo, viura, moscatel

87 ★★★★ .... 6,5€

Capa Tempranillo 2023 T
tempranillo

88 ★★★ .... 8,8€
Correcto, frutal, herbal, maduro, sabroso, algo secante.

Mirada Organic Rosé 2023 RD
bobal

90 ★★★★★ 🌱 .... 9,75€
Color: rosáceo pálido. Aroma: elegante, fruta roja, floral, hierbas de tocador. Boca: especiado, buena acidez, fino amargor, frutoso.

Nanit Orange Wine 2023 B
viura

90 ★★★★★ 🌱 .... 10€
Color: dorado brillante. Aroma: hierbas silvestres, expresión frutal, fruta escarchada, piel de naranja, flores secas. Boca: fresco, frutoso, buena acidez, fino amargor, fruta madura, cierta persistencia.

Radio Boka Rosé 2023 RD
tempranillo, bobal

88 ★★★★ 6,5€

Correcto, frutal, goloso, maduro, sencillo.

Radio Boka Tempranillo 2023 T
tempranillo

88 ★★★★ 6,5€

Frutal, maduro, muy primario, sencillo.

Radio Boka Verdejo 2023 B
verdejo

88 ★★★★ 6,5€

Herbal, frutal, fresco, sabroso.

HEREDAD DE ATENCIA

Acacio Moreno, 4
02600 Villarrobledo (Albacete)
☎: +34 967 138 457
bodegas@heredad-atencia.com
www.heredad-atencia.com

Atencia 2015 T BA
30% cabernet sauvignon, 20% syrah, 16% touriga nacional, 12% tempranillo, 12% tinta de Toro, 5% petit verdot

88 18€

Equilibrado, especiado, hierbas secas, maduro, sabroso, tostado.

N-A De Atencia 2014 T BA
70% cabernet franc, 15% petit verdot, 15% carmenère

92 35€

Color. cereza intenso. Aroma: hierbas secas, roble cremoso, fruta negra, hierbas de monte. Boca: potente, fruta madura, especiado, taninos maduros.

INN WINE BODEGAS Y VIÑEDOS

Albacete, 1
13630 Socuéllamos (Ciudad Real)
☎: +34 689 038 238
info@innwine.com
www.innwine.com

Airén Selección 2023 B
airén

88 🌱 14,8€

Hierbas secas, notas de levadura, equilibrado, fresco.

Viña Veneración 2023 B
chardonnay, airén

88 🌱 24,79€

Equilibrado, frutal, herbal, fresco, especiado.

Malaño Airén Plus 2023 B
airén

89 🌱 11,25€

Correcto, flores secas, equilibrado, suave. Aroma: frutos secos.

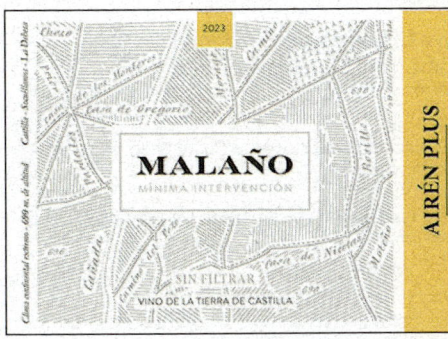

LA BALLESTERA

Ctra. Casterllar de Santiago-Torre de Juan Abad, Km. 27
13750 Castellar de Santiago (Ciudad Real)
☎: +34 657 784 214
isabel.zafra@laballestera.com
www.laballestera.com

La Ballestera Club de la Barrica 2021 T C
syrah, cabernet sauvignon, petit verdot

89 30€

Equilibrado, especiado, herbáceo, maduro.

La Ballestera Club de la Barrica 2022 T C
petit verdot, cabernet sauvignon, syrah

91 30€

Pulido, goloso. Color. cereza intenso. Aroma: hierbas secas, roble cremoso, fruta negra. Boca: fruta madura, especiado, taninos maduros.

La Ballestera Tinto Guarda Magnum 2021 T C
petit verdot

91 45€

Color. cereza intenso. Aroma: hierbas secas, roble cremoso, fruta negra. Boca: fruta madura, especiado, taninos maduros.

La Ballestera Tinto Guarda Magnum 2022 T C
petit verdot

90 45€

Color. cereza intenso. Aroma: hierbas secas, roble cremoso, fruta negra. Boca: fruta madura, especiado, taninos maduros.

VINOS DE LA TIERRA - CASTILLA / I.G.P.

LOS GREDALES DE EL TOBOSO

Paloma, s/n
45820 El Toboso (Toledo)
☎: +34 609 662 668
export@bodegalosgredales.com
www.bodegalosgredales.com

Los Gredales de El Toboso Cabernet Sauvignon 2022 T RB
cabernet sauvignon

89   12,2€

Corpulento, madera marcada, cremoso, especiado, sabroso, maduro.

Los Gredales de El Toboso Rosé 2023 B
100% garnacha

88 ★★★   8,17€

Amable, frutal, herbal, suave.

Los Gredales de El Toboso Sauvignon Blanc 2023 B
sauvignon blanc

89 ★★★★   9€

Equilibrado, herbal, cítrico, fluido.

Los Gredales de El Toboso Syrah 2022 T RB
100% syrah

90 ★★★   12,2€

Amable. Color: cereza, borde violáceo. Aroma: expresión frutal, floral, especiado, fruta negra. Boca: sabroso, frutoso, buena acidez.

Los Gredales de El Toboso Syrah 2023 T
100% syrah

88 ★★★★   5,1€

Equilibrado, especiado, con oscuridad, maduro.

MONT REAGA

Ctra. N-420, Km. 333,200
16649 Monreal del Llano (Cuenca)
☎: +34 645 769 801
mont-reaga@mont-reaga.com
www.mont-reaga.com

Blanco de Montreaga 2022 B FB
verdejo

90   17,5€

Color: pajizo brillante. Aroma: fruta madura, floral, fruta de hueso. Boca: sabroso, fresco, buena acidez, retronasal afrutado.

MontReaga Tempo 2019 T
cabernet sauvignon, syrah

88 ★★★★   7,5€

Equilibrado, especiado, herbal, silvestre, mineral.

Fata Morgana Dulce 2019 T D
100% merlot

91   40€

Color: cereza opaco, borde ocre. Aroma: balsámico, hierbas de monte, hierbas secas, fruta sobremadura, fruta negra. Boca: dulce, buena acidez, equilibrado, balsámico.

La Esencia de MontReaga 2019 T
syrah

90   15€

Equilibrado, especiado, ligera reducción, maduro, silvestre.

Las Liras 2014 T GR
cabernet sauvignon

89   38€

Con vejez, tostado, hierbas secas, maduro, mineral.

MontReaga El Secreto 2014 T

88

Con vejez, equilibrado, especiado, sabroso. Aroma: habano, notas cárnicas.

MONTEMUNDO UVAS Y VINOS

Calle El Pardal, 144
02449 Aldea El Pardal (Molinicos) (Albacete)
☎: +34 627 158 445
vinos@montemundo.com
www.montemundo.com

Doña Burra 2022 T
pardilla, jarrosuelto, moravia, monastrell, bobal

91 ★★★★   13,5€

Color: Cereza. Aroma: hierbas de monte, terroso, arcilloso, cera. Boca: especiado, sabroso.

MUREDA ALIMENTACIÓN

Autovía Andalucía, Km. 184,1
13300 Valdepeñas (Ciudad Real)
☎: +34 926 318 058
administracion@mureda.es
www.mureda.es

Mureda 2023 RD
100% garnacha

84　　　　　　　　　　　　　　4,3€

Mureda Cabernet Sauvignon 2023 T
100% cabernet sauvignon

88 ★★★★　　　　　　　　　　4,6€

Frutal, maduro, aromático, floral, sabroso.

Mureda Sauvignon Blanc 2023 B

85

Mureda Sauvignon Blanc Verdejo 2023 B S
50% sauvignon blanc, 50% verdejo

86　　　　　　　　　　　　　　4,3€

Mureda Syrah 2023 T
100% syrah

86　　　　　　　　　　　　　　4,6€

Mureda Tempranillo Syrah 2023 T
50% tempranillo, 50% syrah

86　　　　　　　　　　　　　　4,3€

PAGO CASA DEL BLANCO

Ctra. Manzanares -Moral de Calatrava km.23,200
13200 Manzanares (Ciudad Real)
☎: +34 619 306 251
comercial@pagocasadelblanco.com
www.pagocasadelblanco.com

Demente 2021 T
syrah

87 ★★★　　　　　　　　　　　7,2€

Mente T
tempranillo, merlot

88 ★★★★　　　　　　　　　　7,2€

Especiado, frutal, maduro, tostado, algo secante.

Veo Veo 2023 T
garnacha

86　　　　　　　　　　　　　　6,2€

PIES VIEJOS PARAJES Y VIÑEDOS+

Rafael Llamazares González, 2
13300 Valdepeñas (Ciudad Real)
☎: +34 610 551 360
piesviejos@piesviejos.com
www.piesviejos.com

La Viña es Bella 2021 T
garnacha

89　　　　　　　　　　　　　17,5€

Frutal, hierbas secas, especiado, tostado, ahumado, maduro.

Orange Wine by Pie Viejos "OW" 2022 B
100% airén

90　　　　　　　　　　　　　16,5€

Color: dorado brillante. Aroma: fruta madura, complejo, flores secas. Boca: fresco, frutoso, especiado, cierta persistencia.

πes Irracional OW 2022 B
airén

91　　　　　　　　　　　　　　20€

Color: oro viejo. Aroma: fruta asada, hierbas de monte, especiado, piel de naranja, toques silvestres. Boca: frutoso, fresco, sabroso, cierta persistencia, algo secante.

TRES REYES

Ctra. Villarrubia, 11
45350 Noblejas (Toledo)
☎: +34 945 150 189
araex@araex.com
www.araex.com

Tres Reyes Colección 2018 T
50% tempranillo, 50% syrah

88　　　　　　　　　　　　　　16€

Equilibrado, hierbas secas, maduro, tostado, boca correcta.

Tres Reyes Macabeo Verdejo 2023 B
70% macabeo, 30% verdejo

86　　　　　　　　　　　　　　6€

Tres Reyes Tempranillo Syrah 2021 T
85% tempranillo, 15% syrah

87 ★★★　　　　　　　　　　　8€

VINÍCOLA DE CASTILLA

Pol. Ind. Calle Unión Europea, Parcela B5
13200 Manzanares (Ciudad Real)
☎: +34 926 647 800
nacional@vinicoladecastilla.com
www.vinicoladecastilla.com

Guadianeja Macabeo 2023 B
macabeo

88 ★★★★　　　　　　　　　　7,2€

Aromático, frutal, tropical, sabroso, sencillo.

VINOS DE LA TIERRA - CASTILLA / I.G.P.

Guadianeja Paraje Alto Hungrao 2021 T
tempranillo

88 10,5€

Confitado, corpulento. Aroma: incienso, ahumado. Boca: taninos secos pero maduros.

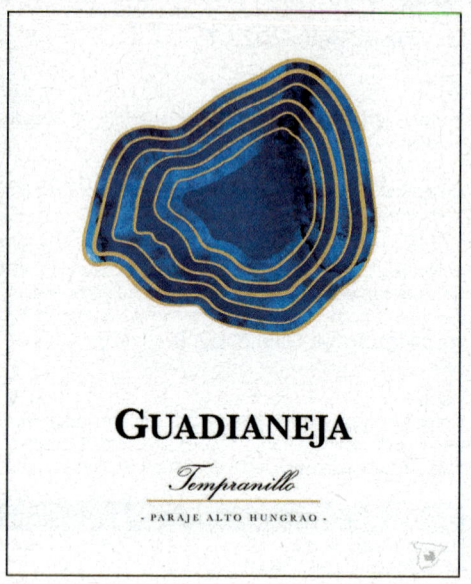

Pago Peñuelas Tempranillo 2023 T
tempranillo

86 5,3€

Pago Peñuelas Verdejo 2023 B
verdejo

84 5,3€

VINÍCOLA DE TOMELLOSO
Ctra. Toledo - Albacete, Km. 130,8
13700 Tomelloso (Ciudad Real)
☎: +34 926 513 004
vinicola@vinicoladetomelloso.com
www.vinicolatomelloso.com

Alsur Natura Tempranillo-Cabernet Sauvignon 2023 T
tempranillo, cabernet sauvignon

86 🌱 3,99€

Alsur Natura Verdejo-Sauvignon Blanc 2023 B
verdejo, sauvignon blanc

85 🌱 3,99€

El Viñedo de la Vida Tempranillo-Cabernet Sauvignon 2023 T
tempranillo, cabernet sauvignon

86 🌱 3,99€

El Viñedo de la Vida Verdejo-Sauvignon Blanc 2023 B
verdejo, sauvignon blanc

85 🌱 3,99€

VINÍCOLA DE VALDEPEÑAS
Autovía Madrid - Andalucía, km. 198,3
13300 Valdepeñas (Ciudad Real)
☎: +34 926 347 074
coovival@gmail.com
www.coovival.com

V5 By Concejal Chardonnay 2022 B
chardonnay

88 ★★★★ 8€

Amaderado, tostado, sabroso, especiado. Aroma: fruta de hueso, fruta madura.

V5 Orange Wine 2022 B
macabeo

88 ★★★ 9€

Aromático, hierbas secas, cítrico, sabroso, persistente, silvestre.

VINOS COLOMAN
Goya, 17
13620 Pedro Muñoz (Ciudad Real)
☎: +34 699 080 979
direccion@satcoloman.com
www.satcoloman.com

Pedroteño Airén 2023 B
100% airén

85 2,45€

Pedroteño Tempranillo 2023 T
tempranillo

86 2,8€

VINOS DAVID AUÑÓN

13320 Villanueva de Los Infantes (Ciudad Real)
☎: +34 600 531 264
vinos@davidaunon.com
www.davidaunon.com

Mother Mary 2023 B SS
50% airén, 50% verdejo

86   5,5€

Cítrico, hierbas secas, correcto.

VINOS LA ENCOMIENDA

Bernardo Balbuena, 131-A
13300 Valdepeñas (Ciudad Real)
☎: +34 660 421 553
gregorio@vinoslaencomienda.com
www.vinoslaencomienda.com

Himilce 2022 B
viognier

87   20€

Oretano 2022 T RB
cencibel, syrah, garnacha

88   14€

Frutal, maduro, especiado, sabroso, tostado.

Orissón 2021 T
cencibel, syrah, cabernet franc

89   20€

Frutal, especiado, tostado, algo secante, maduro.

VINOS LLÁMALO X

Pol. 147 Parc. 52
02600 Villarrobledo (Albacete)
☎: +34 625 163 506
contacto@vinosllamalox.es
www.vinosllamalox.es

Caminollano Airén Brisado Tinaja 2022 B
airén

88

Oxidativo, especiado, hierbas secas, cítrico, equilibrado.

Llámalo X 2022 T
cencibel, bobal, crujidera

89

Equilibrado, especiado, frutal, herbal, maduro.

Vestigium Cencibel 2022 T
cencibel

90

Color: cereza intenso. Aroma: hierbas secas, fruta negra, pan tostado, especias dulces. Boca: fruta madura, especiado, taninos maduros.

Vestigium Crujidera 2022 T
crujidera

89

Equilibrado, especiado, frutal, fresco, hierbas secas, correcto.

Vestigium Monastrell 2022 T
monastrell

90

Color: cereza, borde violáceo. Aroma: fruta roja, floral, especiado, fruta negra. Boca: sabroso, frutoso, buena acidez.

VINOS SIERRA NORTE

Ctra. de Munera La Roda, Km. 31,8
02630 La Roda (Albacete)
☎: +34 962 323 099
info@bodegasierranorte.com
www.bodegasierranorte.com

1564 Petit Verdot 2020 T BA
petit verdot

88 🌱   9,9€

Corpulento, herbáceo, especiado, maduro, tostado.

1564 Syrah 2021 T BA
syrah

88 ★★★★ 🌱   7,95€

Corpulento, equilibrado, especiado, hierbas secas, maduro.

1564 Viognier 2022 B BA
viognier

88 ★★★★ 🌱   7,95€

Correcto, especiado, maduro, sabroso, frutal. Boca: graso.

VINOS DE LA TIERRA - CASTILLA / I.G.P.

VINOS DE LA TIERRA - CASTILLA / I.G.P.

Olcaviana Chardonnay 2023 B
chardonnay

86 🌿   5,7€

Olcaviana Sauvignon Blanc 2023 B
sauvignon blanc

86 🌿   5,7€

Olcaviana Verdejo 2023 B
verdejo

85 🌿   5,7€

VINOS SIMBIOSIS
16234 Casas de Santa Cruz (Cuenca)
☎: +34 672 551 373
vinosimbiosis@gmail.com

Sape 2022 T
syrah

88   16€

Confitado, hierbas secas, maduro, tostado, ahumado.

Simbiosis 2017 BE GR BN
airén, xarel.lo, hondarrabi zuri

88   20€

Amable, maduro, sabroso, amargoso. Aroma: caramelo tostado, flores secas, flores marchitas. Boca: burbuja gruesa.

Simbiosis Airén de Tinaja 2022 B
airén

88   16€

Equilibrado, fresco, herbal, notas de levadura.

Simbiosis Bobal Sincero 2022 T
bobal

91 ★★★   16€

Color: cereza, borde violáceo. Aroma: expresión frutal, fruta roja, floral, especiado. Boca: sabroso, frutoso, buena acidez, carnoso.

VINOS Y BODEGAS TORRES ROMERO
Gran Via Ramon y Cajal 55-14
46007 València/Valencia (València/Valencia)
☎: +34 692 110 292
atorres@quijotealimentacion.com

Canyamel 2015 T RB
cabernet sauvignon, tempranillo

87 ★★★★ 🌿   6€

Canyamel 2022 T
tempranillo

86 🌿   3,5€

Torres Romero Ed. Limitada Tempranillo 2015 T
tempranillo

88 🌿   15€

Reducido, confitado, algo apagado, fruta golpeada, hierbas secas. Aroma: tabaco.

Torres Romero Ed.Limitada Cabernet Sauvignon y Merlot 2015 T
cabernet sauvignon, merlot

88 🌿   15€

Con oscuridad, correcto, con vejez, especiado, herbáceo.

Torres Romero Petit Verdot Coleccion Privada 2021 T
petit verdot

89 🌿   17€

Balsámico, con oscuridad, corpulento, especiado, herbáceo, sabroso, algo secante.

VIÑEDOS BALMORAL
Ctra. Casas Ibáñez desvío Casas D. Pedro
02690 Alpera (Albacete)
☎: +34 967 508 382
info@vinedosbalmoral.com
www.vinedosbalmoral.com

Edoné Gran Cuvée 2018 BE EBR
chardonnay, pinot noir

87

Maravides Chardonnay 2023 B
chardonnay

85 🌿

Maravides Syrah 2022 T
syrah

87 🌿

VIÑEDOS CIGARRAL SANTA MARÍA
Cerro del Emperador, s/n
45001 Toledo (Toledo)
☎: +34 639 330 991
adolfo@adolfo-toledo.com
www.grupoadolfo.com

Pago del Ama Colección 45 Aniversario 2021 T
syrah, merlot, tempranillo, cabernet sauvignon

88   35€

Potente, cálido, confitado, tostado, algo apagado, hierbas secas.

VIÑEDOS Y BODEGAS ALTO BUEN GRADO

Pol. Ind. Unión Europea, Parc.12-13
13200 Manzanares (Ciudad Real)
☎: +34 926 647 800
nacional@vinicoladecastilla.com
www.vinicoladecastilla.com

Olimpo 2021 T RB
cencibel

88   10,89€

Amable, correcto, frutal, maduro, silvestre, equilibrado, herbal, especiado.

Olimpo Cencibel 2021 T
cencibel

91 ★★★   14,5€

Color: cereza, borde granate. Aroma: fruta confitada, potente, chocolate, tostado, tabaco. Boca: sabroso, dulcedumbre, largo.

Olimpo Chardonnay 2022 B
chardonnay

91 ★★★★   14€

Color: amarillo brillante. Aroma: roble cremoso, fruta madura, especiado. Boca: estructurado, largo, tostado, fino amargor.

VIÑEDOS Y BODEGAS MUÑOZ

Ctra. Villarrubia, 11
45350 Noblejas (Toledo)
☎: +34 925 140 070
info@bodegasmunoz.com
www.bodegasmunoz.com

Legado Muñoz Chardonnay 2023 B
chardonnay

87 ★★★★   5,5€

Frutal, especiado, goloso, correcto.

Blas Muñoz Essentia 2022 T C

89

Confitado, tostado, hierbas secas, corpulento.

Finca Muñoz Colección de la Familia 2021 T

90

Color: cereza intenso. Aroma: fruta madura, hierbas secas, roble cremoso, fruta negra, especias dulces. Boca: potente, fruta madura, especiado, taninos maduros, frutoso, sabroso.

Finca Muñoz Colección de la Familia 2023 B BA
chardonnay, sauvignon blanc

89 ★★★★   6€

Herbal, muy vivo, silvestre, frutal, fresco, sabroso.

Blas Muñoz Cepas Viejas 2021 T
tempranillo

91 ★★★   15€

Color: cereza brillante. Aroma: expresión frutal, fruta madura, fruta negra, ahumado, especiado, hierbas secas. Boca: frutoso, sabroso, equilibrado, retronasal ahumado, taninos potentes.

Legado Muñoz Cencibel 2021 T
cencibel

88 ★★★★ 🌱   6,5€

Equilibrado, especiado, maduro, potente.

Blas Muñoz Chardonnay 2022 FB B
chardonnay

88   13,5€

Corpulento, cremoso, equilibrado, especiado, herbal, maduro, amaderado.

VINOS DE LA TIERRA - CASTILLA / I.G.P.

VT CASTILLA / CAMPO DE CALATRAVA

Legado Muñoz Garnacha 2023 T
garnacha
87 ★★★★ 4,3€

Legado Muñoz Macabeo Verdejo 2023 B
macabeo, verdejo
87 ★★★★ 4,3€

Legado Muñoz Tempranillo 2023 T
tempranillo
87 ★★★★ 4,3€

VIRGEN DE LAS VIÑAS BODEGA Y ALMAZARA
Ctra. Argamasilla de Alba, 1
13700 Tomelloso (Ciudad Real)
☎: +34 926 510 865
export.assistant@vinostomillar.com
www.vinostomillar.es

Lienzo Airén BE BN
87

Lienzo Airén Pie Franco 2022 B
89
Suave, frutal, sabroso, agradable.

Lienzo Cabernet Sauvignon Tempranillo Merlot 2018 T
cabernet sauvignon, tempranillo, merlot
89
Equilibrado, confitado, herbáceo, maduro, especiado.

Lienzo Chardonnay 2022 B FB
89
Aroma: potente, roble cremoso, fruta madura, especiado, fruta de hueso. Boca: graso, estructurado, largo, tostado.

Sentir B
85 🌿

Sentir RD
garnacha, tempranillo
85 🌿

Sentir T
86

BODEGAS NARANJO
Felipe II, 5
13150 Carrión de Calatrava (Ciudad Real)
☎: +34 687 045 574
comercial@bodegasnaranjo.com
www.bodegasnaranjo.com

Casa de la Dehesa 2020 T C
100% cencibel
87 9,5€

Lahar de Calatrava 2022 T
60% malbec, 40% syrah
84 4,5€

Lahar de Calatrava 2023 B FB
100% sauvignon blanc
86 4,5€

Lahar de Calatrava Selección 2023 B
60% moscatel de alejandría, 40% macabeo
85 4,5€

Viña Cuerva 2019 T RB
100% tempranillo
87 ★★★★ 6€

Viña Cuerva 2023 T
100% tempranillo
87 ★★★★ 4,5€

Viña Cuerva Airén 2023 B
100% airén
85 3,7€

BODEGAS QUINTA DE AVES
Ctra. CR-5222, Km. 11,200
13350 Moral de Calatrava (Ciudad Real)
☎: +34 915 716 514
hello@quintadeaves.es
www.quintadeaves.es

Quinta de Aves Cabernet Franc & Graciano Rosé 2023 RD
cabernet franc, graciano
88 9,9€
Aromático, frutal, golosinas, sabroso.

Quinta de Aves Coupage 2022 T C
tempranillo, merlot, graciano, cabernet franc
90 ★★★ 12,3€
Aromático, silvestre. Aroma: hierbas secas, equilibrado, con carácter, notas de cereal. Boca: sabroso.

Quinta de Aves Phoenix 2021 T C
tempranillo

91   22,5€

Color: Cereza. Aroma: fruta madura, hierbas secas, flores secas. Boca: fruta madura, especiado, largo, frutoso, fácil de beber.

Quinta de Aves Syrah 2023 T
syrah

90 ★★★★★   9,9€

Frutal, maduro, sabroso. Color: cereza intenso. Aroma: fruta madura, hierbas secas. Boca: potente, fruta madura, taninos maduros.

DOMINIO DEL LINZE
Avda. Gregorio Prieto, 5
13300 Valdepeñas (Ciudad Real)
☎: +34 926 035 811
info@seleccionlucendo.com
www.seleccionlucendo.com

El Linze 2023 B FB
chardonnay, viognier

89

Poco franco, aromático, frutal, especiado, tostado.

VT CASTYLE

AALTO BODEGAS Y VIÑEDOS
Paraje Vallejo de Carril, s/n
47360 Quintanilla de Arriba (Valladolid)
☎: +34 983 036 949
aalto@aalto.es
www.aalto.es

Aalto Blanco de Parcela – Fuente de Las Hontanillas 2022 B

94

Complejo. Color: pajizo brillante. Aroma: fruta madura, floral, lías finas, mineral, fósforo. Boca: complejo, especiado, largo, elegante.

ALTA PAVINA
Camino de Santibáñez, s/n
47328 La Parrilla (Valladolid)
☎: +34 674 891 592
comercial@altapavina.com
www.altapavina.com

Alta Pavina Pinot Noir 2022 T RB
100% pinot noir

87   10,85€

Alta Pavina Pinot Noir 2023 RD
100% pinot noir

88   14€

Aromático, amable, floral, frutal, correcto, ligero.

Citius Pinot Noir 2019 T
100% pinot noir

90   21€

Color: cereza, borde violáceo. Aroma: expresión frutal, fruta roja, floral, especiado. Boca: sabroso, frutoso, buena acidez, cierta persistencia.

Pago La Pavina 2019 T
tempranillo, cabernet sauvignon

90 ★★★   13,6€

Color: Cereza. Aroma: balsámico, hierbas de monte, fruta madura. Boca: especiado, balsámico, buena acidez, taninos maduros.

Pavina Red 2020 T
75% tempranillo, 25% pinot noir

89 ★★★   9,8€

Agradable, correcto, maduro, sabroso, silvestre, especiado. Boca: fácil de beber.

Pavina Verdejo 2023 B
100% verdejo

88 ★★★★   7,9€

Aromático, correcto, frutal, fruta golpeada, suave.

ALVAR DE DIOS
Higinio Vázquez, 29
49154 El Pego (Zamora)
hola@alvardedios.com
www.alvardedios.com

Aciano 2020 T
tempranillo

92 ★★★   17,5€

Color: cereza, borde granate. Aroma: balsámico, fruta madura, hierbas de monte, notas almizcladas, notas animales. Boca: sabroso, balsámico, especiado.

Camino de los Arrieros 2021 T

91 ★★★★   12,5€

Agradable, con personalidad, poco intervencionista, silvestre, suave, con oscuridad. Aroma: notas almizcladas, pimienta negra. Boca: fácil de beber, equilibrado.

VINOS DE LA TIERRA - CASTILLA Y LEÓN / I.G.P.

VINOS DE LA TIERRA - CASTILLA Y LEÓN / I.G.P.

Tío Uco 2023 T
90% tinta de Toro, 10% garnacha

90 ★★★★★   8,9€

Correcto, jugoso, maduro, muy primario. Aroma: fruta roja, fruta madura, franco, equilibrado. Boca: frutoso, jugoso.

ÁLVAREZ DE TOLEDO
Río Selmo, 8
24560 Toral de los Vados (León)
☎: +34 987 544 831
admon@bodegasalvarezdetoledo.com
www.bodegasalvarezdetoledo.com

Álvarez de Toledo Colección Familia 2022 T
93

Aromático, complejo. Color: cereza intenso. Aroma: fruta madura, hierbas secas, roble cremoso. Boca: potente, fruta madura, especiado, taninos maduros.

Álvarez de Toledo Verdejo Godello 2023 B
88

Aromático, frutal, sabroso, suave.

Marqués de Toro 2023 T
91

Color: Cereza. Aroma: expresivo, especiado, fruta madura. Boca: lleno, largo, persistente.

Señorío de la Antigua Mencía 2023 T
91

Color: cereza intenso. Aroma: fruta madura, hierbas secas, roble cremoso. Boca: fruta madura, especiado, taninos maduros.

ÁLVAREZ Y DÍEZ
Juan Antonio Carmona, 12
47500 Nava del Rey (Valladolid)
☎: +34 983 850 136
bodegas@alvarezydiez.com
www.alvarezydiez.com

Labyrinthvs Petra 2022 B
91 🌱

Color: amarillo brillante. Aroma: fruta madura, especiado, hierbas de monte. Boca: estructurado, tostado, fino amargor, equilibrado.

AVELINO VEGAS
Grupo Calvo Sotelo, 8
40460 Santiuste de San Juan Bautista (Segovia)
☎: +34 921 596 002
ana@avelinovegas.com
www.avelinovegas.com

Nicte Prieto Picudo 2023 RD
prieto picudo

89 ★★★   10€

Cítrico, frutal, herbal, sabroso.

Vegas Colección 2022 T
cabernet sauvignon, petit verdot

88 ★★★★   6€

Equilibrado, especiado, fresco, frutal, herbal, jugoso, maduro.

Vegas Colección 2023 B
verdejo, sauvignon blanc, viognier

87 ★★★★   6€

Vegas Colección 2023 RD
tempranillo, prieto picudo

88 ★★★★   6€

Correcto, equilibrado, frutal, herbal.

BARCO DEL CORNETA
Carreventosa, 7
47491 La Seca (Valladolid)
☎: +34 648 454 958
info@barcodelcorneta.com
www.barcodelcorneta.com

Barco del Corneta 2022 B FB
verdejo

93 ★★★ 🌱   20€

Poco intervencionista. Color: pajizo brillante. Aroma: fruta madura, hierbas de tocador, lías finas, flores blancas. Boca: lleno, graso, largo, buena acidez.

Cucú (Cantaba la Rana) 2023 B
90 ★★★★★ 🌱   10€

Color: pajizo brillante, borde verdoso. Aroma: fruta fresca, cítricos, hierbas silvestres. Boca: fresco, frutoso, buena acidez, fino amargor.

Tres Navíos 2021 T
tempranillo

92

Color: Cereza. Aroma: balsámico, especias dulces, hierbas de monte, fruta madura, fruta negra, fruta roja. Boca: especiado, balsámico, buena acidez.

Tres Navíos 2022 RD

89 18,5€

Notas de levadura, poco intervencionista, frutal.

BELONDRADE
Paraje de los Levantes, Quinta San Diego
47491 La Seca (Valladolid)
☎: +34 983 481 001
info@belondrade.com
www.belondrade.com

Belondrade Quinta Apolonia 2023 B
95% verdejo, 5% otras

92 20,3€

Color: pajizo brillante, borde verdoso. Aroma: fruta fresca, hierbas silvestres, hierbas secas, fósforo, anisado. Boca: fresco, frutoso, buena acidez, fino amargor.

Belondrade Quinta Clarisa 2023 RD
60% syrah, 40% tempranillo

91 ★★★★ 13,55€

Color: frambuesa. Aroma: expresión frutal, fruta roja, floral. Boca: frutoso, buena acidez, redondo.

BODEGA CUATRO RAYAS
Camino de la Fuentecilla, s/n
47491 La Seca (Valladolid)
☎: +34 983 816 320
comunicacion@cuatrorayas.es
www.cuatrorayas.es

Cuatro Rayas 10 meses en Barrica Tempranillo 2021 T
100% tempranillo

87 ★★★ 8€

Cuatro Rayas 10 meses en Barrica Tempranillo 2022 T
100% tempranillo

87 ★★★ 8€

Cuatro Rayas Blush Rosé 2023 RD
50% tempranillo, 50% verdejo

88 ★★★★ 5,5€

Cítrico, fresco, herbal, notas de levadura, frutal.

Cuatro Rayas Organic Rosé Tempranillo-Verdejo 2023 RD
50% tempranillo, 50% verdejo

87 ★★★★ 🌱 6,9€

Cuatro Rayas Organic Tempranillo 2023 T
100% tempranillo

89 ★★★★ 🌱 7,5€

Equilibrado, especiado, herbal, sabroso.

Green & Social Tempranillo 2023 T
tempranillo

88 ★★★★ 🌱 5€

Equilibrado, especiado, fluido, frutal, herbal.

Pisuerga Verdejo 2021 B
100% verdejo

93 25€

Color: amarillo brillante. Aroma: expresivo, lías finas, mineral, notas de levadura, lías reducidas, fruta escarchada. Boca: complejo, especiado, largo, salino.

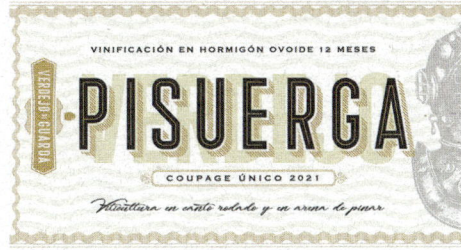

VINOS DE LA TIERRA - CASTILLA Y LEÓN / I.G.P.

Dolce Bianco Verdejo Frizzante 2023 BE AG SD
84 5€

BODEGA EL REGAJAL
Antigua Ctra. de Andalucía, Km. 50.5
28300 Aranjuez (Madrid)
☎: +34 913 078 903
reservas@elregajal.es
www.elregajal.es

Galia Clos Santuy 2020 T
tinto fino, albillo
94 66,2€
Amable, frutal. Color: cereza, borde violáceo. Aroma: fruta roja, floral, especiado, complejo, expresivo. Boca: sabroso, frutoso, buena acidez, largo.

Las Aldeas de Galia 2023 T
92 25€
Color: cereza brillante. Aroma: fruta fresca, roble cremoso, hierbas de monte. Boca: buena acidez, especiado, taninos finos.

BODEGA FINCA FUENTEGALANA
Km. 65 M-501
05429 Navahondilla (Ávila)
☎: +34 646 843 231
info@fuentegalana.com
www.fuentegalana.com

La Viña de Ramón 2019 T
garnacha
89 16€
Corpulento, equilibrado, especiado, hierbas secas, maduro, sabroso.

Soplón de Albillo Real 2021 B
albillo real
90 ★★★ 14€
Color: amarillo brillante. Aroma: fruta madura, hierbas secas, flores marchitas, caramelo de limón. Boca: fruta madura, equilibrado, frutoso, especiado.

Telúrico 2022 T
syrah
86 6€

BODEGA HINOJAR
Cabachuela, 12
09454 Hinojar del Rey (Burgos)
☎: +34 647 514 122
info@hinojar.wine
www.hinojar.wine

Celtibero 2020 T
100% tempranillo
90 25,5€
Color: cereza intenso. Aroma: hierbas secas, roble cremoso, fruta roja, fruta negra. Boca: potente, fruta madura, especiado, taninos maduros.

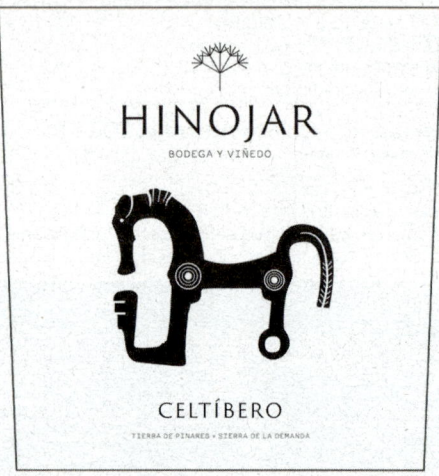

Visigodo 2021 T RB
tempranillo
89 ★★★★ 8,9€
Agradable, frutal, maduro, sabroso.

BODEGA MUELAS
Santa María, 3
47100 Tordesillas (Valladolid)
☎: +34 680 248 368
info@bodegamuelas.com
www.bodegamuelas.com

Lagartolapeña 2022 B SD
verdejo, moscatel
88 10€
Cítrico, dulce, herbal, sabroso, maduro.

Mvedra 2008 T GR
100% tempranillo
91 ★★★★ 12,5€
Clásico, con vejez. Aroma: notas anisadas, fina reducción, fruta negra, expresivo, terroso. Boca: sabroso, taninos maduros, equilibrado, redondo, fácil de beber.

Mvedra 2009 T GR
100% tempranillo

92   25€

Color: cereza oscuro. Aroma: fruta madura, fruta confitada, ebanistería, tabaco, hierbas secas, especiado. Boca: especiado, taninos maduros, largo.

Mvedra 2017 T C
100% tempranillo

90 ★★★★★   9,5€

Clásico. Color: cereza oscuro, borde granate. Aroma: fruta confitada, ebanistería, tabaco, especias dulces. Boca: especiado, taninos maduros.

Mvedra 2018 T C
100% tempranillo

90 ★★★★★   9,5€

Color: cereza intenso. Aroma: hierbas secas, roble cremoso, fruta negra, especiado, fina reducción. Boca: potente, fruta madura, especiado, taninos finos.

Mvedra Roble Español 2018 T C
100% tempranillo

90   17€

Agradable, correcto, jugoso, sabroso. Aroma: fruta madura, especiado. Boca: jugoso, sabroso, largo.

BODEGA SEVERINO SANZ
Del Río, s/n
40542 Montejo De La Vega De La Serrezuela (Segovia)
☎: +34 921 532 454
info@bodegaseverinosanz.es
www.bodegaseverinosanz.es

Murón Albillo Mayor 2022 B FB
albillo mayor

89   16,94€

Flores secas, exuberante, frutal, sencillo, láctico, oxidativo. Aroma: fruta blanca, fruta madura, fruta golpeada.

BODEGA VALDECUEVAS
Ctra. Rueda- Nava del Rey, Km 2,5
47490 Rueda (Valladolid)
☎: +34 983 034 356
info@valdecuevas.es
www.valdecuevas.es

Valdecuevas 724 Viognier 2022 B
85% viognier, 15% verdejo

90   14,9€

Color: pajizo. Aroma: expresivo, flores blancas, jazmín, hierbas secas. Boca: sabroso, frutoso, equilibrado.

Valdecuevas Alium 2021 T
100% tempranillo

90   16,2€

Color: cereza muy intenso. Aroma: muy tostado (torrefactado), café aromático, potente, fruta madura, fruta negra. Boca: retronasal ahumado, persistente, taninos maduros.

BODEGAS CASTELLANAS
San Juan, 18 Nave 6
05114 Villanueva de Ávila (Ávila)
☎: +34 696 631 939
bodegascastellanasbreton@gmail.com

Bretón Tempranillo 2022 T
tempranillo

87 ★★★★   4,95€

Bretón Verdejo 2022 B
verdejo

88 ★★★★   4,45€

Afilado, con personalidad, oxidativo, sabroso.

Bretón Verdejo 2023 B
verdejo

87

BODEGAS CASTELO DE MEDINA
Ctra. CL-602, Km. 48
47465 Villaverde de Medina (Valladolid)
☎: +34 983 831 932
info@castelodemedina.com
www.castelodemedina.com

Castelo de Medina Chardonnay Singular Collection 2022 B
100% chardonnay

89   23€

Aroma: fruta madura, lías finas. Boca: graso, fruta madura, sabroso, con poca acidez.

Castelo de Medina Sauvignon Blanc Fume Singular Collection 2022 B RB
sauvignon blanc

90   25€

Color: pajizo brillante. Aroma: fruta madura, hierbas secas, hierbas silvestres. Boca: sabroso, fresco, buena acidez, retronasal afrutado.

Castelo Nouveau 2023 T MC
100% tempranillo

88   9,8€

Maduro, frutal, aromático, sabroso.

VINOS DE LA TIERRA - CASTILLA Y LEÓN / I.G.P.

Castelo Roble 2020 T C S
60% syrah, 40% tempranillo

88　　　　　　　　　　　　　　　14,1€

Frutal, maduro, sencillo, hierbas secas.

Castelo Rosé 2023 RD
100% garnacha

88　　　　　　　　　　　　　　　9,8€

Agradable, aromático, correcto, frutal, golosinas.

BODEGAS CLUNIA
Ctra. BU-925, Km 27.25
09410 Coruña del Conde (Burgos)
☎: +34 948 838 640
info@bodegasclunia.com
www.bodegasclunia.com

Finca El Rincón de Clunia 2020 T
100% tempranillo

93　　　　　　　　　　　　　　　42€

Color: cereza oscuro. Aroma: tostado, especiado, fruta madura, fruta negra, hierbas secas, expresivo. Boca: sabroso, tostado, lleno, frutoso, fruta madura, taninos secos pero maduros.

Tesela by Clunia 2021 T
70% syrah, 30% tempranillo

91 ★★★★　　　　　　　　　　　14€

Color: cereza intenso. Aroma: hierbas secas, roble cremoso, fruta negra, terroso, madera marcada. Boca: potente, fruta madura, especiado, taninos maduros.

Clunia Albillo 2023 B
100% albillo

91　　　　　　　　　　　　　　　18€

Color: pajizo. Aroma: fruta madura, hierbas secas, flores marchitas, especias dulces. Boca: potente, fruta madura, equilibrado, sabroso, frutoso.

Clunia Malbec 2022 T
100% malbec

92　　　　　　　　　　　　　　　30€

Color: cereza intenso, borde violáceo. Aroma: fruta madura, hierbas secas, roble cremoso, fruta negra, tostado. Boca: potente, fruta madura, especiado, taninos secos pero maduros, sabroso.

Clunia Syrah 2020 T
100% syrah

92 ★★★　　　　　　　　　　　　18€

Color: cereza, borde violáceo. Aroma: fruta madura, hierbas secas, roble cremoso, fruta negra, tostado. Boca: potente, fruta madura, especiado, sabroso, taninos secos pero maduros.

BODEGAS COMENGE
Camino del Castillo, s/n
47316 Curiel de Duero (Valladolid)
☎: +34 983 880 363
admin@comenge.com
www.comenge.com

Comenge Verdejo Vino de Nieva 2021 B
100% verdejo

92　　　　　　　　　　　　　　　45€

Color: amarillo brillante. Aroma: potente, fruta madura, fruta blanca, fruta asada, especias dulces, pan tostado. Boca: graso, estructurado, largo, tostado, fino amargor.

BODEGAS CONDADO DE HAZA
Ctra. La Horra, s/n
09300 Roa (Burgos)
☎: +34 947 525 254
info@condadodehaza.com
www.familiafernandezrivera.com

20 Aldeas 2021 T
tempranillo

89 🌿　　　　　　　　　　　　　16€

Equilibrado, especiado, hierbas secas, maduro, sabroso.

BODEGAS DE ALBERTO
Ctra. de Valdestillas, 2
47231 Serrada (Valladolid)
☎: +34 983 559 107
info@dealberto.com
www.dealberto.com

De Alberto Selección 2018 T
80% tempranillo, 20% cabernet sauvignon

85　　　　　　　　　　　　　　　　8,8€

Finca Valdemoya 12 meses 2019 T C
80% tempranillo, 20% cabernet sauvignon

85　　　　　　　　　　　　　　　　4,7€

Finca Valdemoya 2023 RD
100% tempranillo

87 ★★★★　　　　　　　　　　　4,45€

BODEGAS EL LAGAR DE ISILLA
Camino Real, 1
09471 La Vid (Burgos)
☎: +34 947 530 434
administracion@lagarisilla.es
www.bodegasellagardeisilla.com

La Casona de la Vid 5V 2020 T
albillo mayor, cabernet sauvignon, merlot, tempranillo, syrah

90　　　　　　　　　　　　　　　15,25€

Color: cereza intenso. Aroma: fruta madura, hierbas secas, roble cremoso, especiado. Boca: fruta madura, especiado, frutoso, taninos secos pero maduros.

La Casona de la Vid Cabernet Cotarro 2018 T BA
cabernet sauvignon

93　　　　　　　　　　　　　　　40,5€

Varietal. Color: cereza intenso. Aroma: fruta madura, hierbas secas, roble cremoso, fruta negra, regaliz negro, tostado. Boca: potente, fruta madura, especiado, taninos maduros, retronasal ahumado, persistente.

La Casona de la Vid Garnacha 2020 T
100% garnacha

89　　　　　　　　　　　　　　　15,25€

Frutal, hierbas secas, maduro, sabroso, astringente.

La Casona de la Vid Syrah 2020 T
100% syrah

90　　　　　　　　　　　　　　　15,25€

Color: cereza intenso. Aroma: fruta madura, hierbas secas, roble cremoso, fruta negra, especiado. Boca: fruta madura, especiado, taninos maduros, frutoso, sabroso.

La Casona de la Vid Viognier 2022 B
viognier

89　　　　　　　　　　　　　　　　14€

Amable, floral, maduro, aromático, boca correcta, sabroso.

BODEGAS ERESMA
Ctra. N-601, Km. 151
47410 Olmedo (Valladolid)
☎: +34 983 601 026
info@bodegaslasoterrana.com
www.bodegaeresma.com

Eresma+ Godello sobre Lías 2023 B
godello

89 ★★★　　　　　　　　　　　　9,3€

Cítrico, herbal, sabroso, fresco.

BODEGAS ERNESTO DEL PALACIO
Ctra. de la Estación, 6
47530 San Román de Hornija (Valladolid)
☎: +34 616 999 708
administracion@ernestodelpalacio.com
www.ernestodelpalacio.com

Tardon 2022 T MC
tempranillo, cabernet sauvignon, merlot

89 ★★★★　　　　　　　　　　　　5€

Equilibrado, especiado, frutal, hierbas secas, lleno, maduro.

BODEGAS FARIÑA
Camino del Palo, s/n
49800 Casaseca de Las Chanas (Zamora)
☎: +34 980 577 673
comercial@bodegasfarina.com
www.bodegasfarina.com

Águedas 2022 B BA
malvasía

90　　　　　　　　　　　　　　　17,5€

Color: amarillo brillante. Aroma: potente, roble cremoso, fruta madura, especiado, madera marcada. Boca: graso, estructurado, tostado, fino amargor.

BODEGAS FRUTOS VILLAR
Ctra. Burgos - Portugal km. 113,5
47270 Cigales (Valladolid)
☎: +34 983 586 868
admon@bodegasfrutosvillar.com
www.bodegasfrutosvillar.com

Blanco Polar Verdejo 2023 B
100% verdejo

86　　　　　　　　　　　　　　　4,55€

Don Frutos Tempranillo 2023 T
100% tempranillo

87 ★★★★　　　　　　　　　　　4,55€

VINOS DE LA TIERRA - CASTILLA Y LEÓN / I.G.P.

Don Frutos Verdejo 2023 B
100% verdejo

85   4,55€

Sin + Tempranillo 2023 T
100% tempranillo

86   4,55€

Sin + Verdejo 2023 B
100% verdejo

86   4,55€

BODEGAS JOSÉ PARIENTE
Ctra. de Rueda, km. 2.5
47491 La Seca (Valladolid)
☎: +34 983 816 600
info@josepariente.com
www.josepariente.com

Victoria de José Pariente 2023 RD
viognier, tempranillo, garnacha

89   13,5€

Agradable, aromas nítidos, fluido, floral.

BODEGAS LEDA
Mayor, 48
47320 Tudela de Duero (Valladolid)
☎: +34 983 520 682
info@bodegasleda.masaveu.com
www.bodegasleda.com

Guarda de Leda Selección 2019 T
100% tempranillo

93   52€

Color: cereza intenso. Aroma: fruta madura, hierbas secas, fruta negra, expresivo, especiado. Boca: fruta madura, especiado, frutoso, sabroso, persistente, taninos maduros.

Más de Leda 2020 T C
100% tempranillo

90   15,1€

Color: cereza intenso. Aroma: fruta madura, hierbas secas, tostado, especiado, fruta negra. Boca: fruta madura, taninos maduros, sabroso, taninos secos pero maduros.

BODEGAS MARQUÉS DE RISCAL
Ctra. N-VI, km. 172,600
47490 Rueda (Valladolid)
☎: +34 983 868 083
marquesderiscal@marquesderiscal.com
www.marquesderiscal.com

Barón de Chirel Viñas Centenarias Verdejo 2022 B
verdejo

94   49,9€

Por hacer. Color: pajizo brillante. Aroma: expresión frutal, fruta madura, floral, tostado, roble nuevo. Boca: sabroso, fresco, buena acidez, retronasal afrutado.

BODEGAS MAURO
Ctra. Villabañez, km. 1
47320 Tudela de Duero (Valladolid)
☎: +34 983 521 972
comunicacion@bodegasmauro.com
www.bodegasmauro.com

Mauro 2022 T
85% tempranillo, 15% syrah, cabernet sauvignon, graciano

93   36,95€

Aromas nítidos. Color: cereza, borde violáceo. Aroma: fruta roja, especiado, expresivo. Boca: sabroso, frutoso, buena acidez, largo.

Mauro Vendimia Seleccionada 2021 T
100% tempranillo

94   68,5€

Aromas nítidos, complejo. Color: cereza intenso. Aroma: hierbas secas, roble cremoso, fruta madura, fruta negra, con carácter, complejo. Boca: potente, fruta madura, especiado, taninos maduros.

BODEGAS MENADE
Ctra. Rueda - Nava del Rey, km. 1
47490 Rueda (Valladolid)
☎: +34 983 103 223
info@menade.es
www.menade.es

La Misión by Menade 2022 B
100% verdejo

91   28€

Aromas nítidos, balsámico. Aroma: lías finas, franco, hierbas silvestres. Boca: jugoso, varietal, fácil de beber.

Menade Verdejo 2023 B
100% verdejo

90 ★★★★★   9,9€

Color: pajizo brillante, borde verdoso. Aroma: fruta fresca, cítricos, hierbas silvestres, anisado. Boca: fresco, buena acidez, fino amargor.

Nossa de Menade 2023 T
100% tempranillo

87 🌿   13,5€

Nosso by Menade 2023 B
100% verdejo

88 🌿   12,9€

Correcto, ligera oxidación, fruta golpeada, maduro, sabroso.

Sobrenatural by Menade 2018 B C
100% verdejo

93 🌿   55€

Oxidativo. Color: dorado brillante. Aroma: fruta escarchada, especias dulces. Boca: lleno, potente, sabroso, amargoso, graso, especiado.

BODEGAS MOCÉN
Arribas, 7-9
47490 Rueda (Valladolid)
☎: +34 983 868 533
info@bodegasmocen.es
www.bodegasmocen.es

Arlequín 2023 B
95% verdejo, 5% sauvignon blanc

86   7€

Arlequín 2023 RD
63% tempranillo, 37% cabernet sauvignon

86   7€

Arlequín 2023 T
tempranillo

87 ★★★★   7€

BODEGAS MONTE LA REINA
Ctra. Toro-Zamora (N-122) Km 436.7
49881 Toro (Zamora)
☎: +34 980 082 011
export@montelareina.es
www.montelareina.es

PINKTONE 2023 RD
86

ViZorro 2023 B
100% verdejo

85   6€

ViZorro Tempranillo 2023 T
100% tempranillo

84   6€

BODEGAS NIDIA
Camino La Cabaña, s/n
47452 Olmedo (Valladolid)
☎: +34 697 163 975
hola@bodegasnidia.com
www.bodegasnidia.com

Nidia 2023 RD
merlot, verdejo

89 ★★★★   9€

Frutal, hierbas secas, maduro, sabroso.

Nidia de Guarda 2021 B FB
verdejo

91   35€

Color: pajizo. Aroma: fruta madura, hierbas secas, flores marchitas, fruta blanca, fruta asada. Boca: fruta madura, equilibrado, frutoso, estructurado, jugoso.

Nidia Verdejo 2022 B
verdejo

88   12€

Amable, cítrico, frutal, fresco.

BODEGAS PANDORA
Ctra. Nava del Rey, Km 1
47490 Rueda (Valladolid)
☎: +34 669 989 038
marketing@bodegaspandora.com
www.bodegaspandora.com

Rosa Zarza 2020 T
tinta de Toro

91   50€

Color: cereza intenso. Aroma: fruta madura, roble cremoso, especiado. Boca: fruta madura, especiado, taninos maduros, jugoso.

Pandora Ovo Tempranillo 2020 T
100% tinta de Toro

91   42€

Color: cereza, borde granate. Aroma: fruta sobremadura, cálido, potente. Boca: confitado, potente, taninos dulces.

VINOS DE LA TIERRA - CASTILLA Y LEÓN / I.G.P.

VINOS DE LA TIERRA - CASTILLA Y LEÓN / I.G.P.

Pandora Godello 2023 B
100% godello

86 13,6€

BODEGAS PRIETO PARIENTE
Ctra. de Rueda, km. 2,5
47491 La Seca (Valladolid)
☎: +34 983 816 600
info@josepariente.com
www.prietopariente.com

El Origen de Prieto Pariente 2020 T C
95% tempranillo, 5% garnacha

93 30€

Color: cereza intenso. Aroma: fruta madura, hierbas secas, roble cremoso, fruta roja. Boca: fruta madura, especiado, taninos maduros.

La Provincia de Prieto Pariente 2020 T C
55% tempranillo, 45% garnacha

92 ★★★★★ 13,9€

Color: cereza, borde violáceo. Aroma: expresión frutal, fruta roja, floral, especiado. Boca: sabroso, frutoso, buena acidez.

Los Confines de Prieto Pariente 2021 T C
100% garnacha

94 30€

Complejo, aromas nítidos. Color: cereza brillante. Aroma: balsámico, especias dulces, hierbas de monte, fruta roja. Boca: especiado, balsámico, buena acidez.

Viognier de Prieto Pariente 2022 B
100% viognier

90 🌿 16€

Color: pajizo brillante. Aroma: flores blancas, jazmín, hierbas secas. Boca: sabroso, frutoso, equilibrado.

BODEGAS RAMIRO´S
Camino Viejo de Simancas, km. 3,5
47008 Valladolid (Valladolid)
☎: +34 639 306 279
bodegasramiros@hotmail.com
www.bodegasramiros.com

Ramiro's 2021 T
100% tempranillo

90 32€

Color: cereza intenso. Aroma: fruta madura, hierbas secas, roble cremoso, especias dulces, café aromático. Boca: potente, fruta madura, especiado, taninos secos pero maduros.

BODEGAS REBROTAR
Real, 11
47238 Hornillos de Eresma (Valladolid)
☎: +34 607 648 656
estherslv@gmail.com

Rebrotar 2022 B FB
100% verdejo

91 ★★★★★ 10€

Color: amarillo brillante. Aroma: roble cremoso, fruta madura, especiado, madera marcada. Boca: graso, estructurado, tostado, fino amargor.

BODEGAS RODRÍGUEZ Y SANZO
Avda. de Tordesillas, 5
47490 Rueda (Valladolid)
☎: +34 983 150 150
comunicacion@rodriguezysanzo.com
www.rodriguezysanzo.com

Rodriguez & Sanzo
Gotas de Noche 2023 RD

93

Color: cereza claro. Aroma: roble cremoso, especias dulces, fruta madura, fruta roja. Boca: carnoso, sabroso, especiado.

Rodriguez & Sanzo
WhisBa 18 2020 T
tempranillo

92 26,4€

Color: cereza intenso. Aroma: hierbas secas, roble cremoso, chocolate, fruta negra, tostado. Boca: potente, especiado, taninos maduros, opulento.

Rodriguez & Sanzo WhisBa 24 2019 T C

91 50,1€

Color: cereza intenso. Aroma: fruta madura, hierbas secas, roble cremoso, chocolate, madera marcada. Boca: potente, fruta madura, especiado, taninos maduros, dulcedumbre, carnoso.

Rodríguez Sanzo
Orange Wine 2020 B BA
albillo mayor

90 30,2€

Maduro. Color: dorado brillante. Aroma: fruta escarchada, equilibrado, cítricos. Boca: jugoso, sabroso.

BODEGAS TOTE ABE

Cº de Mora de la Sierra s/n
37454 Las Veguillas (Salamanca)
☎: +34 606 973 553
guillermo.alvarez@toteabe.com
www.toteabe.com

Mandamás 2018 T
100% syrah

90 27€

Color: cereza brillante. Aroma: expresión frutal, fruta roja, especiado, hierbas secas. Boca: sabroso, frutoso, muy vivo, equilibrado.

Tote Abe Tempranillo 2018 T GR
tempranillo

91 27€

Color: cereza intenso, borde teja. Aroma: fruta madura, hierbas secas, roble cremoso, especias dulces. Boca: fruta madura, especiado, frutoso, taninos secos pero maduros.

Mandamás 2019 T
100% syrah

90 27€

Color: cereza brillante. Aroma: expresión frutal, especiado, fruta negra, ahumado, tostado. Boca: sabroso, frutoso, especiado, retronasal afrutado, taninos secos pero maduros.

Tote Abe Tempranillo 2019 T GR
100% tempranillo

90 27€

Color: cereza intenso. Aroma: fruta madura, hierbas secas, roble cremoso, fruta negra, pimienta negra. Boca: fruta madura, especiado, sabroso, taninos secos pero maduros, algo secante.

BODEGAS TRIDENTE

Pol.1 Parc. 146/148 Paraje Cantagrillos
49708 Villanueva de Campeán (Zamora)
☎: +34 968 435 022
info@gilfamily.es
www.gilfamily.es

Gota de Arena 2022 T
100% tempranillo

92 ★★★★★ 7,5€

Color: cereza, borde violáceo. Aroma: expresión frutal, floral, especiado, fruta negra. Boca: sabroso, frutoso, buena acidez, largo.

Rejón 2021 T
100% tempranillo

94 42€

Aromas nítidos, potente, jugoso. Color: Cereza. Aroma: complejo, expresivo, especiado, mineral. Boca: elegante, lleno, largo, persistente.

Tridente Doña Blanca 2023 B

92 20€

Color: amarillo brillante. Aroma: flores secas, fruta escarchada, punzante. Boca: redondo, especiado, largo, persistente.

Tridente Prieto Picudo 2022 T
100% prieto picudo

92 28,1€

Aromas nítidos, aromático. Color: Cereza. Aroma: balsámico, especias dulces, hierbas de monte. Boca: especiado, balsámico, buena acidez.

VINOS DE LA TIERRA - CASTILLA Y LEÓN / I.G.P.

BODEGAS VALDESNEROS
Avda. La Paz, 4
34230 Torquemada (Palencia)
☎: +34 979 800 545
sv@bodegasvaldesneros.com
www.bodegasvaldesneros.com

Amantia Naturalmente Dulce 2019 RD D
91   30,5€
Color: cereza brillante, borde granate. Aroma: acetaldehído, fruta escarchada, especias dulces, especiado. Boca: frutoso, sabroso, dulce.

BODEGAS VALLE DEL BOTIJAS
Ctra. Valoria, 45
47315 Pesquera de Duero (Valladolid)
☎: +34 616 998 223
info@bodegasvdb.com
www.bodegasvdb.com

Valle del Botijas Selección Especial 2018 T C
tempranillo, merlot, cabernet sauvignon, syrah
89   30€
Color: cereza, borde granate. Aroma: fruta confitada, potente, café aromático, chocolate. Boca: sabroso.

Vdb Valle del Botijas 14 meses 2017 T C
tempranillo, merlot, cabernet sauvignon, syrah
92 ★★★★   15€
Color: cereza intenso. Aroma: hierbas secas, roble cremoso, fruta negra, chocolate. Boca: potente, fruta madura, especiado, taninos maduros.

Vdb Valle del Botijas Angela Verdejo 2022 B
verdejo
84   10€

Vdb Valle del Botijas Angela Verdejo 2023 B
verdejo
85   10€

BODEGAS VERDES
Camino Benavente, 21
49610 Santibáñez de Vidriales (Zamora)
☎: +34 980 648 405
comercial@bodegasverdes.com
www.bodegasverdes.com

Carpurias 2023 RD
prieto picudo
88 ★★★★   6€
Fresco, frutal, sabroso, maduro.

Lyrius One from Verdejo 2023 B SD
verdejo
85   4€

Señorío de Vidriales 2023 RD
prieto picudo
86   3€

Señorío de Vidriales 2023 T
tempranillo, prieto picudo
87 ★★★★   3€

Señorío de Vidriales Verdejo 2023 B
87 ★★★★   3€

BODEGAS VIDAL SOBLECHERO
Finca Pozo de la Nieve, s/n
47491 La Seca (Valladolid)
☎: +34 983 816 526
honesto@pagosdevillavendimia.es
www.pagosdevillavendimia.es

Pagos de Villavendimia Salvaje 2015 B
100% verdejo
92 🌿   37,8€
Color: amarillo brillante. Aroma: fruta madura, hierbas secas, tostado, especiado, fruta de hueso. Boca: potente, fruta madura, equilibrado, frutoso, fresco, muy vivo.

BODEGAS VINOS DE LEÓN
La Vega s/n
24009 León (León)
☎: +34 987 209 712
lafinca@lafinca.es
www.vilelafinca.es

Real Arbás B D
100% albarín

84 6,06€

BODEGAS VIRIATUS
Cl. Camino las Viñas, s/n
49622 Brime de Urz (Zamora)
☎: +34 649 876 187
vino@grupobarrero.com
www.viriatus.es

Viriatus Tempranillo 2022 T
88 ★★★★ 5€

Equilibrado, especiado, maduro, tostado.

Viriatus Verdejo 2023 B
100% verdejo

86 5€

BODEGAS VIZCARRA
Finca Chirri, s/n
09317 Mambrilla de Castrejón (Burgos)
☎: +34 947 540 340
bodegas@vizcarra.es
www.vizcarra.es

Vizcarra Garnacha 2022 T
100% garnacha

92 27€

Aromas nítidos, muy primario. Color: cereza brillante. Aroma: fruta roja, fruta madura, floral, hierbas silvestres. Boca: jugoso, muy vivo, largo, fácil de beber, retronasal afrutado.

Vizcarra Graciano 2022 T C
100% graciano

94 37€

Balsámico, maduro. Color: cereza oscuro. Aroma: especiado, cacao fino, hierbas de monte. Boca: sabroso, tostado, fino amargor, fluido, buena acidez.

Vizcarra Merlot 2022 T C
100% merlot

93 32€

Especiado, herbáceo. Color: cereza opaco. Aroma: fruta negra, hierbas de monte, fruta confitada. Boca: jugoso, sabroso, tostado, taninos maduros.

BODEGAS Y VIÑEDOS GALLEGO ZAPATERO
Segunda Travesía de la Olma, 4
09313 Anguix (Burgos)
☎: +34 648 180 777
bodega@bodegasgallegozapatero.com
www.bodegasgallegozapatero.com

Yotuel Garnacha 2021 T
100% garnacha

92 30€

Color: cereza, borde violáceo. Aroma: expresión frutal, especiado, cacao fino, fruta negra, toques silvestres. Boca: sabroso, frutoso, buena acidez.

BODEGAS Y VIÑEDOS LA MEJORADA
Monasterio de La Mejorada
47410 Olmedo (Valladolid)
☎: +34 983 483 057
contacto@lamejorada.es
www.lamejorada.es

La Mejorada Cabernet Sauvignon 2016 T
cabernet sauvignon

87

Tiento La Mejorada 2016 T
tempranillo, syrah, merlot, malbec

93

Color: cereza oscuro, borde granate. Aroma: fruta confitada, ebanistería, tabaco, especias dulces. Boca: especiado, taninos maduros.

Villalar 2021 T RB

90

Color: cereza intenso. Aroma: fruta madura, hierbas secas, roble cremoso, fruta negra. Boca: potente, fruta madura, especiado, taninos maduros, retronasal ahumado.

VINOS DE LA TIERRA - CASTILLA Y LEÓN / I.G.P.

La Mejorada Las Cercas 2019 T RB
60% tempranillo, 40% syrah
91
Color: cereza, borde granate. Aroma: fruta confitada, fruta al licor, potente. Boca: sabroso, dulcedumbre, largo.

La Mejorada Las Norias 2019 T RB
tempranillo
92
Color: cereza intenso. Aroma: fruta madura, hierbas secas, roble cremoso, fruta negra. Boca: potente, fruta madura, especiado, taninos maduros, equilibrado.

BODEGAS Y VIÑEDOS SOTERO PINTADO
Jardines, 15
49123 Benegiles (Zamora)
☎: +34 605 257 437
soteropintado@gmail.com
www.bodegasoteropintado.com

Bravucón 2020 T BA
tempranillo
90 ★★★★★   10€
Fluido, equilibrado. Color: cereza intenso. Aroma: fruta negra, hierbas de monte, pan tostado. Boca: fruta madura, especiado, taninos maduros.

Sotero Pintado 2018 T BA
tempranillo
91   35€
Color: cereza intenso. Aroma: hierbas secas, roble cremoso, fruta confitada, cacao fino. Boca: potente, especiado, taninos maduros.

Totem 2020 T BA
tempranillo
91 ★★★★★   10€
Color: cereza intenso. Aroma: hierbas secas, roble cremoso, fruta negra, fruta madura. Boca: fruta madura, especiado, taninos maduros.

BODEGAS Y VIÑEDOS VALTRAVIESO
Finca La Revilla, s/n
47316 Piñel de Arriba (Valladolid)
☎: +34 983 484 030
comunicacion@valtravieso.com
www.valtravieso.com

Valtravieso Rupture 2019 T
91
Color: cereza intenso. Aroma: hierbas secas, fruta negra, especiado, cacao fino, tomillo. Boca: potente, fruta madura, especiado, taninos maduros.

COMANDO G VITICULTORES
Avda. Constitución, 23
28640 Cadalso de Los Vidrios (Madrid)
☎: +34 918 640 602
info@comandog.es
www.comandog.es

🏆 PODIO

Tumba del Rey Moro 2021 T
95
Elegante, con tensión, complejo. Color: Cereza. Aroma: expresivo, mineral. Boca: elegante, lleno, persistente, con tensión, jugoso, largo.

COMPAÑÍA DE VINOS MIGUEL MARTÍN
Ctra. Burgos - Portugal, Km. 101
47290 Cubillas de Santa Marta (Valladolid)
☎: +34 983 250 319
comercial@ciadevinos.com
www.ciadevinos.com

Martín Verástegui Vendimia Seleccionada 2020 T R
tempranillo
91   25€
Color: cereza, borde violáceo. Aroma: expresión frutal, fruta roja, especiado, hierbas silvestres. Boca: sabroso, frutoso, buena acidez, equilibrado, retronasal ahumado, taninos maduros.

Retola 2020 T BA
87

CONCEJO BODEGAS
Ctra. Valoria, Km. 3.6
47200 Valoria La Buena (Valladolid)
☎: +34 983 502 263
info@concejobodegas.com
www.concejobodegas.com

Burro Loco 2023 RD
tempranillo, verdejo
86 🌿   6,7€

Burro Loco 2023 T
tempranillo
89 ★★★★ 🌿   6,7€
Maduro, potente, especiado.

Burro Loco Buchejo 2023 B
verdejo
86 🌿   7,4€

DEHESA LA GRANJA
Finca Dehesa La Granja
49420 Vadillo de la Guareña (Zamora)
☎: +34 980 566 009
lagranja@dehesalagranja.com
www.familiafernandezrivera.com

Dehesa La Granja 2020 T
tempranillo

89 ★★★ 🌿   10€

Clásico, maduro, hierbas secas, boca correcta, equilibrado. Aroma: especias dulces.

DETILIO BODEGA BOUTIQUE
Carretera Pesquera nº1
47300 Peñafiel (Valladolid)
☎: +34 623 039 728
franmsj@hotmail.com
www.bodegadetilio.es

Detilio "Rompecarros" 2021 T
95% tempranillo, 5% albillo

93   25€

Amable, aromas nítidos, balsámico. Color: cereza, borde violáceo. Aroma: floral, especiado, caramelo de violetas, arándano azul. Boca: sabroso, frutoso, buena acidez.

DOMINIO DEL BLANCO
Santísimo Cristo, 128
47490 Rueda (Valladolid)
☎: +34 699 726 469
botondegallo@botondegallo.com
www.botondegallo.com

Botón de Gallo Verdejo 2022 B
verdejo

90 ★★★★★   9€

Color: pajizo brillante, borde verdoso. Aroma: cítricos, hierbas silvestres, fruta madura. Boca: frutoso, buena acidez, fino amargor.

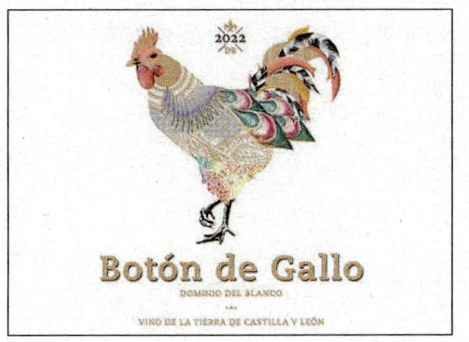

ESTEBAN CELEMIN & VITICULTOR
47520 Castronuño (Valladolid)
☎: +34 675 157 107
estebancelemindiez@gmail.com
www.estebancelemin.es

A Horquilla 2022 B
albillo real

93   29€

Cremoso. Color: pajizo. Aroma: flores marchitas, piedra seca, fruta de hueso, hierbas silvestres. Boca: fruta madura, equilibrado, lleno, graso, mineral, tostado.

Melquiades 2019 T C
tempranillo

90   20€

Color: cereza, borde granate. Aroma: fruta confitada, fruta al licor, potente. Boca: sabroso, dulcedumbre, largo.

Melquiades 2020 T
tempranillo

92   20€

Color: cereza oscuro. Aroma: tostado, especiado, cacao fino, fruta negra, fruta madura. Boca: sabroso, tostado, fino amargor.

Melquiades 2021 T C
tempranillo

92   20€

Color: cereza, borde violáceo. Aroma: expresión frutal, floral, especiado, fruta madura, fruta roja. Boca: sabroso, frutoso, buena acidez, largo.

Melquiades 2022 T
tempranillo

91   20€

Por hacer. Color: cereza, borde violáceo. Aroma: expresión frutal, fruta roja, especiado. Boca: sabroso, frutoso, buena acidez, largo.

Señora Vale 2022 B
albillo real

92   22€

Color: pajizo. Aroma: hierbas secas, flores marchitas, fruta blanca, fruta de hueso, lías finas, pan tostado. Boca: potente, fruta madura, opulento.

Ultimas Huellas - Parcela Cantos 2022 B
albillo real

92   26€

Color: pajizo. Aroma: hierbas secas, flores marchitas, especiado, fruta blanca, fruta de hueso. Boca: fruta madura, equilibrado, graso.

VINOS DE LA TIERRA - CASTILLA Y LEÓN / I.G.P.

Ultimas Huellas - Parcela El Pinar 2022 B
albillo real

93 26€

Color: pajizo. Aroma: hierbas secas, flores marchitas, lías finas, fruta blanca, fruta de hueso. Boca: fruta madura, equilibrado, carnoso.

EULOGIO & JAVIER WINES
Juan de Herrera
47130 Simancas (Valladolid)
☎: +34 983 150 150
comunicacion@rodriguezysanzo.com
www.eulogioyjavierwines.com

Clavius Verdejo 2020 B

93 🌿

Con personalidad, representativo. Color: amarillo. Aroma: lías finas, hierbas de monte, notas anisadas, expresivo, franco. Boca: equilibrado, fino amargor, largo.

FINCA ARAUZO
Ctra. N-501 Ávila-Salamanca, Km. 60
37850 La Nava de Sotrobal (Salamanca)
☎: +34 689 798 579
fgomez@ibericosdearauzo.es
www.bodegaarauzo.com

Finca Arauzo 2022 T
tempranillo, merlot, prieto picudo

90 18,5€

Color: Cereza. Aroma: hierbas secas, fruta roja, fruta negra, tostado. Boca: fruta madura, taninos rugosos.

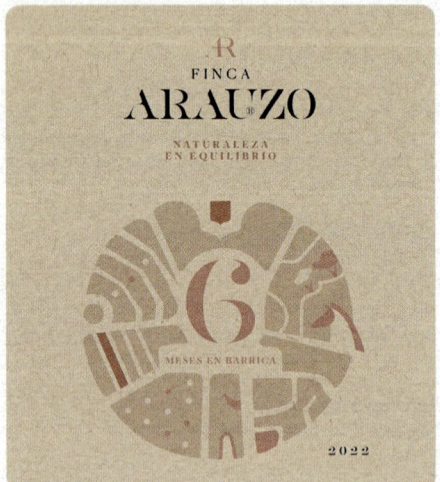

Finca Arauzo 2020 T R
tempranillo, merlot

89 22,45€

Aromático, sabroso, correcto, maduro, jugoso. Aroma: humedad.

FINCA TORREMILANOS
Finca Torremilanos
09400 Aranda de Duero (Burgos)
☎: +34 947 512 852
bodega@torremilanos.com
www.torremilanos.com

Peñalba-López 2022 B
40% chardonnay, 20% albillo mayor, 20% albillo real, 20% viura

92 🌿 21€

Color: pajizo brillante. Aroma: hierbas de tocador, lías finas, fruta blanca, piedra seca, frutos secos. Boca: lleno, graso, largo, buena acidez.

FUENTES DEL SILENCIO
Plaza Mayor, 2
24767 Herrreros de Jamuz (León)
☎: +34 987 688 861
info@fuentesdelsilencio.com
www.fuentesdelsilencio.com

Fuentes del Silencio Mataperezosa 2021 B FB
palomino, dona blanca

92 🌿 28,9€

Correcto, poco intervencionista. Color: pajizo brillante. Aroma: caramelo de limón, flores secas. Boca: jugoso, fino amargor, equilibrado.

JAVIER SANZ VITICULTOR
Ctra. CL-610, km 29
47491 La Seca (Valladolid)
☎: +34 983 816 669
info@bodegajaviersanz.com
www.bodegajaviersanz.com

Javier Sanz Paraje la Encina 2022 T RB
100% bruñal

90 14,25€

Color: cereza brillante. Aroma: fruta roja, hierbas verdes, hierbas de monte. Boca: taninos rugosos, frutoso, seco.

LA FURGONETA VINOS
Arriba, 9
24393 Santa Marina del Rey (León)
☎: +34 609 793 812
leon@sarahselections.com

La Furgoneta que miraba al Órbigo 2022 T
mencía, otras

90   24,9€

Color: cereza, borde violáceo. Aroma: fruta roja, especiado, tostado. Boca: sabroso, frutoso, buena acidez.

LAR DE MAÍA
La Higuera, 2
47290 Cubillas de Santa Marta (Valladolid)
☎: +34 650 986 098
export@lardemaia.com
www.lardemaia.com

Lar de Maía 5º 2020 T BA
100% tempranillo

87   15€

Lar de Maía 7º Autor 2020 T BA
100% tempranillo

90   34€

Color: cereza oscuro. Aroma: tostado, especiado, cacao fino, fruta madura, fruta negra. Boca: sabroso, tostado, fino amargor, frutoso, especiado, retronasal ahumado, taninos secos pero maduros.

Lar de Maía 8º 2023 RD
tempranillo

89   13,5€

Flores secas, frutal, maduro, muy primario, sabroso.

Lar de Maía Garnacha 2022 T C

89   45€

Color: cereza brillante. Aroma: fruta confitada, fruta al licor, potente, fruta negra. Boca: sabroso, frutoso, algo secante.

LEYENDA DEL PÁRAMO
Ctra. de León s/n, Paraje El Cueto
24230 Valdevimbre (León)
☎: +34 987 050 039
info@leyendadelparamo.com
www.leyendadelparamo.com

El Aprendiz 2019 T RB
100% prieto picudo

86   9,4€

El Aprendiz 2023 B
100% albarín

88   9,4€

Cítrico, fresco, hierbas secas, notas de levadura.

El Aprendiz 2023 RD
100% prieto picudo

88 ★★★   8,2€

Fresco, frutal, lleno, maduro, herbal.

El Médico 2016 T RB
100% prieto picudo

91   20€

Color: cereza intenso. Aroma: hierbas secas, roble cremoso, fruta negra, especias dulces. Boca: fruta madura, especiado, taninos maduros.

El Músico 2015 T
100% prieto picudo

89   25,95€

Corpulento, con vejez, especiado, equilibrado, herbáceo, maduro, sabroso.

MARQUÉS DE LA CONCORDIA
Crta. del Ciego, s/n
26350 Cenicero (La Rioja)
www.marquesdelaconcordia.com

Durius 2021 T
33% merlot, 33% malbec, 33% cabernet sauvignon

88

Tostado, suave, ligera reducción, cálido.

Hacienda Zorita Magister 2018 T
33% merlot, 33% malbec, 33% cabernet sauvignon

92

Color: cereza intenso, borde granate. Aroma: ebanistería, fruta madura, cacao fino, habano, tostado, fina reducción. Boca: sabroso, especiado, tostado, taninos potentes.

MEDINA AGRICULTURA ECOLÓGICA (FINCA LAS CARABALLAS)
47400 Medina del Campo (Valladolid)
☎: +34 678 552 943
info@lascaraballas.com
www.lascaraballas.es

Finca Las Caraballas Sector 2.8 2021 B

90 🌱

Color: amarillo brillante. Aroma: fruta fresca, hierbas silvestres, fruta madura, especiado, tostado. Boca: fresco, frutoso, buena acidez, fino amargor, sabroso.

Finca Las Caraballas Verdejo 2023 B
100% verdejo

89 🌱

Cítrico, frutal, fresco, golosinas, muy primario.

VINOS DE LA TIERRA - CASTILLA Y LEÓN / I.G.P.

MELGARAJO
Plaza Mayor, 9
47687 Melgar de Abajo (Valladolid)
☎ +34 679 082 972
melgarajo@melgarajo.es
www.melgarajo.es

Valdeleña B SD
100% verdejo

84 — 5€

NAVA VALLEY-GARCÍA SERRANO
Hermanos García Barbero, 11
40450 Nava de la Asunción (Segovia)
☎ +34 662 191 153
info@bodegasgarciaserrano.com
www.bodegasgarciaserrano.com

Diez Mil y Pico 2021 B FB
verdejo

91 — 18€

Color: amarillo brillante. Aroma: fruta madura, especiado, fruta asada, notas de levadura. Boca: graso, estructurado, largo, fino amargor.

Matabuey 2023 B
verdejo

90

Balsámico, herbal. Aroma: notas anisadas, hierbas silvestres, franco. Boca: fino amargor, jugoso, fácil de beber.

OSSIAN VIDES Y VINOS
Cordel de las Merinas s/n
40447 Nieva (Segovia)
☎ +34 983 878 020
info@almacarraovejas.com
www.ossianvinos.com

🏆 PODIO

Ossian 2022 B
verdejo

95 — 45€

Con tensión, maduro. Color: pajizo. Aroma: hierbas secas, flores marchitas, fruta de hueso, fruta madura, fósforo. Boca: fruta madura, equilibrado, sabroso.

🏆 PODIO

Ossian Capitel 2021 B FB
verdejo

96 — 171€

Con tensión. Color: amarillo brillante. Aroma: potente, roble cremoso, fruta madura, especiado. Boca: graso, estructurado, largo, tostado, fino amargor.

Ossian Quintaluna 2022 B
verdejo

93 ★★★★ — 18€

Color: pajizo brillante. Aroma: expresión frutal, fruta madura, floral, fósforo. Boca: fresco, buena acidez, retronasal afrutado.

PACO MULERO
Partida de la Hoya Torres s/n
30520 Jumilla (Murcia)
☎ +34 968 105 997
info@pacomulero.com
www.pacomulero.com

Aldeón de Lar Tempranillo 2023 T
tempranillo

92 ★★★★★ — 7€

Color: cereza intenso. Aroma: fruta madura, hierbas secas, roble cremoso. Boca: fruta madura, especiado, taninos maduros.

Paco Mulero Tempranillo 2021 T
tempranillo

93 ★★★★★ — 12€

Color: cereza oscuro, borde granate. Aroma: fruta madura, fruta confitada, ebanistería, tabaco. Boca: especiado, taninos maduros, largo.

VINOS DE LA TIERRA - CASTILLA Y LEÓN / I.G.P.

PAGO DE LA OLIVA

Senda de las Carretas, 41
47320 Tudela de Duero (Valladolid)
☎: +34 983 857 627
bodega@pagodelaoliva.com
www.pagodelaoliva.com/es

Pago de la Oliva Coupage 2018 T
100% tempranillo

91   23€

Color: cereza intenso. Aroma: fruta madura, hierbas secas, fruta negra, cacao fino. Boca: fruta madura, especiado, taninos maduros.

Pago de la Oliva Deja Vu Luz del Amanecer 2022 RD
100% tempranillo

90 ★★★   13,4€

Golosinas. Color: rosáceo pálido. Aroma: cálido, flores marchitas, notas anisadas, fruta roja. Boca: carnoso, sabroso, fruta madura.

Pago de la Oliva Savia 2019 T
100% tempranillo

90   15,2€

Color: cereza intenso. Aroma: hierbas secas, roble cremoso, fruta negra. Boca: fruta madura, especiado, taninos maduros.

Pago de la Oliva Serenite 2017 T
100% tempranillo

90   298€

Color: cereza intenso. Aroma: hierbas secas, roble cremoso, fruta negra, chocolate, madera marcada. Boca: potente, fruta madura, especiado, taninos maduros.

PAGOS DEL REY RIBERA DEL DUERO

Ctra. Palencia-Aranda, Km. 53
09311 Olmedillo de Roa (Burgos)
☎: +34 947 551 111
riberadelduero@pagosdelrey.com
www.pagosdelrey.com

Altos de Tamarón Tempranillo 2023 T
tempranillo

88

Aromas nítidos, amable, frutal, sabroso.

QUINTA SARDONIA

Casas Blancas s/n, Granja Sardón
47340 Sardón de Duero (Valladolid)
☎: +34 983 032 883
info@quintasardonia.com
www.quintasardonia.com

Quinta Sardonia QS 2021 T
66% tempranillo, 22% cabernet sauvignon, 6% merlot, 5% malbec, 1% syrah

94   38,5€

Color: cereza brillante. Aroma: complejo, expresivo, especiado, mineral, arándano azúl. Boca: elegante, lleno, largo, persistente.

Quinta Sardonia QS2 2021 T
75% tempranillo, 8% cabernet sauvignon, 8% petit verdot, 3% cabernet franc, 4% syrah, 2% malbec

92   21,45€

Color: cereza, borde granate. Aroma: fruta confitada, potente, tostado, especiado, chocolate. Boca: sabroso, dulcedumbre, largo.

Sardón 2021 T
98% tempranillo, 2% garnacha, garnacha tintorera, albillo, syrah, malbec

91 ★★★★★   10,45€

Color: cereza, borde violáceo. Aroma: expresión frutal, floral, especiado. Boca: sabroso, frutoso, buena acidez.

VINOS DE LA TIERRA - CASTILLA Y LEÓN / I.G.P.

RAÍCES IBÉRICAS

Avda. Mudejar, 61
50340 Maluenda (Zaragoza)
☎: +34 976 893 017
contact@raices.wine
www.raicesibericas.com

Andrés Alonso Verdejo Albillo 2023 B
verdejo, albillo

90 ★★★★★   7,95€

Color: pajizo brillante, borde verdoso. Aroma: fruta fresca, cítricos, hierbas silvestres. Boca: fresco, frutoso, buena acidez, fino amargor.

Raíces Albillo 2022 B
albillo

90 ★★★★★   9,95€

Color: pajizo, pálido, borde verdoso. Aroma: fruta tropical, fruta blanca, lías finas, hierbas secas, pan tostado. Boca: sabroso, fresco, equilibrado.

Raíces Verdejo 2022 B
verdejo

90 ★★★★★   9,95€

Color: pajizo brillante, borde verdoso. Aroma: cítricos, hierbas silvestres, fruta madura. Boca: frutoso, buena acidez, fino amargor.

VIDES SINGULARES

Ferreiros, 19
32950 Coles (Ourense/Orense)
☎: +34 646 428 288
maite.maestre@videssingulares.com
www.videssingulares.com

Carpentum 2021 T
garnacha

90 ★★★   13€

Con oscuridad, correcto, especiado. Aroma: con carácter, hierbas secas. Boca: taninos finos.

VINOS DE ARGANZA

Río Ancares, 2
24560 Toral de los Vados (León)
☎: +34 987 544 231
admon@vinosdearganza.com
www.vinosdearganza.com

Eira Vella 2023 T
89
Frutal, maduro, suave.

Encanto Selección 2023 T
90
Color: cereza intenso. Aroma: fruta madura, hierbas secas, roble cremoso, hierbas de monte, balsámico. Boca: fruta madura, especiado, taninos maduros.

Encanto Verdejo Godello 2023 B
88
Agradable, aromático, frutal, sabroso.

Encanto Mencía 2023 T RB
89
Amable, aromas nítidos, frutal, sabroso.

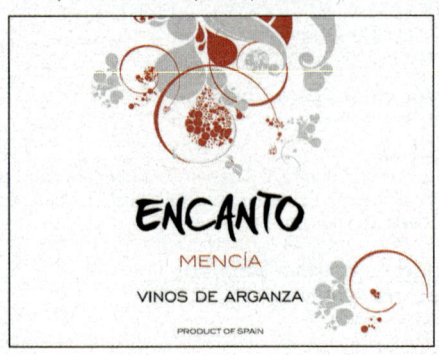

Flavium Premium 2023 T
90
Complejo, maduro. Color: cereza oscuro. Aroma: tostado, especiado, cacao fino. Boca: sabroso, tostado, fino amargor.

Flavium Verdejo Godello 2023 B
88
Agradable, amable, frutal, ligero.

Legado de Farro Mencía 2023 T RB
90
Cálido. Color: cereza intenso. Aroma: hierbas secas, roble cremoso, fruta negra. Boca: potente, fruta madura, especiado, taninos maduros.

Século Cepas Viejas 2023 T RB
90
Color: cereza, borde granate. Aroma: fruta confitada, potente, especiado. Boca: sabroso, largo.

Lagar de Robla Colección Cuatro Hermanos 2022 T
93
Color: Cereza. Aroma: complejo, expresivo, especiado, mineral, fruta madura, fruta negra. Boca: lleno, largo, persistente.

Lagar de Robla Premium 2023 T
89
Aromas nítidos, frutal, maduro, sabroso.

Lagar de Robla Selección 2023 T
90
Agradable, amable, frutal. Color: cereza brillante. Boca: taninos maduros.

Legado de Farro Godello Verdejo 2023 B
88
Aromas nítidos, amable, floral, fresco.

VIÑAS SERRANAS
Ctra. Coria s/n
37656 Cepeda (Salamanca)
☎: +34 634 555 355
info@vserranas.com

Renvivas 2021 T
94
Color: Cereza. Aroma: expresivo, especiado, fruta roja, fruta madura, frutos secos, hierbas secas. Boca: elegante, largo, persistente, fácil de beber.

VIÑEDOS DE LAS ACACIAS
Rio Selmo, 10
24560 Toral de los Vados (León)
☎: +34 987 544 831
bodegaslasacacias@gmail.com
www.palaciodearganza.com

Marqués de Montejos Selección 2023 T
90
Color: cereza, borde violáceo. Aroma: fruta roja, floral, especiado. Boca: sabroso, frutoso, buena acidez, largo.

Palacio de Arganza Cabernet Mencía 2023 T
90
Color: cereza, borde violáceo. Aroma: expresión frutal, fruta roja, floral, especiado. Boca: sabroso, frutoso, buena acidez, largo.

Palacio de Arganza Red Blend T
90
Color: cereza intenso. Aroma: fruta madura, hierbas secas, fruta roja. Boca: fruta madura, especiado, taninos maduros.

Señorío de Peñalba Selección 2023 T
90
Color: cereza, borde violáceo. Aroma: fruta roja, floral, especiado. Boca: frutoso, buena acidez.

WEIN & VINOS
Hardenbergstr. 9A
10623 Berlin (Berlin)
☎: +49 303 150 6080
info@vinos.de
www.vinos.de

Alvarez y Diez Sauvignon Blanc 2023 B
100% sauvignon blanc
88   9,95€
Cítrico, equilibrado, fresco, frutal, herbal.

Intuición Sauvignon Blanc 2023 B
87   11,95€

Intuición Verdejo Organic 2023 B
verdejo
91 ★★★★★ 🌱   9,95€
Varietal. Color: pajizo brillante. Aroma: expresivo, flores blancas, jazmín, hierbas secas. Boca: sabroso, frutoso, equilibrado.

Sariño 2023 B
verdejo
91 ★★★★★   9,95€
Color: pajizo. Aroma: fruta madura, hierbas secas, flores marchitas. Boca: fruta madura, equilibrado, opulento.

VINOS DE LA TIERRA - CASTILLA Y LEÓN / I.G.P.

Tamina Viognier 2023 B
viognier
88 10,95€
Cítrico, herbal, fresco, correcto.

YLLERA BODEGAS & VIÑEDOS
47490 Rueda (Valladolid)
☎: +34 983 868 097
grupoyllera@grupoyllera.com
www.grupoyllera.com

Yllera 12 meses 2020 T RB
tempranillo, syrah, cabernet sauvignon
90 ★★★★★ 7,5€
Amable, tostado. Color: cereza intenso. Aroma: fruta madura, hierbas secas, roble cremoso. Boca: potente, fruta madura, especiado, taninos maduros.

Yllera Chardonnay Vendimia Nocturna 2023 B
chardonnay
90 ★★★★★ 6,5€
Color: pajizo. Aroma: fruta madura, hierbas secas, flores marchitas, fruta de hueso. Boca: fruta madura, equilibrado.

Yllera Vendimia Seleccionada 2019 T R
92 ★★★★★ 12€
Color: cereza oscuro, borde granate. Aroma: fruta madura, ebanistería, tabaco, especias dulces, tiza. Boca: especiado, taninos maduros, largo.

VT CÓRDOBA

PÉREZ BARQUERO
Avda. Andalucía, 27
14550 Montilla (Córdoba)
☎: +34 957 650 500
info@perezbarquero.com
www.perezbarquero.com

Casa Villa-Zevallos 2021 T RB
tempranillo, syrah, merlot, cabernet sauvignon
85 5,95€

VT COSTA DE CANTABRIA

BODEGAS MIRADORIO
El Pomar, 10
39527 Ruiloba (Cantabria)
☎: +34 653 873 425
administracion@miradorio.com
www.miradorio.com

Mar de Fondo 2022 B
hondarrabi zuri, albariño, godello, riesling
90 16€
Color: pajizo brillante. Aroma: cítricos, hierbas silvestres, franco, fresco. Boca: buena acidez, equilibrado, fino amargor, con tensión.

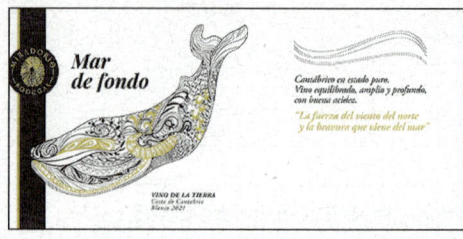

Tussio 2022 B
hondarrabi zuri, albariño
89 11€
Correcto, fresco, cítrico, floral, suave. Boca: fácil de beber.

VT EIVISSA

BODEGA Y VIÑEDOS CAN RICH
Camí de Sa Vorera, s/n
07820 San Antonio (Illes Balears/Islas Baleares)
☎: +34 971 803 377
info@bodegascanrich.com
www.bodegascanrich.com

Can Rich 2023 B
malvasía, moscatel, chardonnay
86 🌱 10€

Can Rich Blanc D'Amfora 2022 B
moscatel grano menudo, moscatel de alejandría
88 🌱 14€
Floral, herbal, sabroso, notas de levadura.

Can Rich Negre D'Amfora 2022 T
monastrell, syrah
86 🌱 17€

Can Rich Rosat D'Amfora 2023 RD
merlot

88 🌱   14€

Oxidativo, flores secas, notas de levadura, boca correcta.

Can Rich Selección 2018 T
merlot, cabernet sauvignon, monastrell

87 🌱   13€

Lausos 2021 T
merlot, cabernet sauvignon

87 🌱   22€

IBIZKUS WINES
Ctra. Santa Eulària (EI-200) Km. 2,5
07849 Santa Eulària des Riu (Illes Balears/Islas Baleares)
☎: +34 971 807 330
info@ibizkus.com

Ibizkus 2023 B
malvasía, macabeo

88   20€

Equilibrado, herbal, fresco, notas de levadura.

Ibizkus 2023 RD
monastrell

89   20€

Cítrico, flores secas, hierbas secas, notas de levadura, sabroso.

Ibizkus Monastrell Pie Franco 2021 T
monastrell

88   21€

Equilibrado, especiado, hierbas secas, tostado.

Totem
Las Canteras Rosé 2021 RD
monastrell

91   31€

Color: rosáceo pálido. Aroma: elegante, fruta roja, floral, hierbas de tocador, lías finas. Boca: ligero, especiado, buena acidez, fino amargor.

Totem Red La Cala 2021 T
monastrell

92   39€

Color: cereza, borde violáceo. Aroma: floral, especiado, cacao fino, fruta roja, fruta madura. Boca: sabroso, frutoso, buena acidez, largo.

Totem
Rosé La Veta 2021 RD
monastrell

90   31€

Color: salmón. Aroma: especias dulces, fruta roja, hierbas de tocador, flores secas. Boca: sabroso, especiado.

VT EXTREMADURA

BODEGAS HABLA
Ctra. N-V, km. 259
10200 Trujillo (Cáceres)
☎: +34 927 659 180
habla@bodegashabla.com
www.bodegashabla.com

Habla de ti... 2023 B
sauvignon blanc

90 ★★★★★   10€

Color: pajizo brillante. Aroma: expresión frutal, fruta madura, floral. Boca: sabroso, fresco, buena acidez, retronasal afrutado.

BODEGAS MARTÍNEZ PAIVA
Ctra. Gijón - Sevilla N-630, Km. 646 Apdo. 87
06200 Almendralejo (Badajoz)
☎: +34 924 671 130
info@bodegasmartinezpaiva.com
www.bodegasmartinezpaiva.com

Paiva 10 Meses 2020 T C
tempranillo

89 ★★★★   6,1€

Agradable, herbal, jugoso, maduro, especiado, lleno, sabroso.

Paiva 56 Barricas 2020 T FB
tempranillo

87   9€

BODEGAS RUIZ TORRES
Ctra. EX 116, Km. 33,8
10136 Cañamero (Cáceres)
☎: +34 927 369 024
info@ruiztorres.com
www.ruiztorres.com

Attelea 2019 T C
80% tempranillo, 20% cabernet sauvignon

88 ★★★   9€

Agradable, boca correcta, cálido, correcto, herbal.

Attelea Tempranillo 2021 T RB
100% tempranillo

87 ★★★★   5,5€

Cabernet Sauvignon de Bodegas Ruiz Torres 2020 T
100% cabernet sauvignon

90 ★★★★★   8,5€

Aromático, balsámico, corpulento, herbal, maduro. Aroma: hierbas silvestres, hierbas secas. Boca: sabroso, largo, especiado.

VINOS DE LA TIERRA - EXTREMADURA / I.G.P.

Guía Peñín   VINOS DE ESPAÑA

VINOS DE LA TIERRA - EXTREMADURA / I.G.P.

Syrah de Bodegas Ruiz Torres 2021 T
syrah
87   8,5€

Trampal 2020 T C
100% tempranillo
85   3,75€

Verdejo de Bodegas Ruiz Torres 2023 B
100% verdejo
85   5,5€

ENCINA BLANCA DE ALBURQUERQUE
Ctra. Ex 302, Km. 85,3
06510 Alburquerque (Badajoz)
☎: +34 679 807 326
bodega@encinablanca.com
www.encinablancadealburquerque.es

Blanco 12 Cepas 2023 B
cayetana blanca, pardina, cigüente, zurieles, folgasao, bastardo blanco
87 🌿   11,5€

Espumoso Encina Blanca 2021 BE BN
cayetana blanca, pardina, cigüente, zurieles, folgasao, bastardo blanco
89 🌿   11,5€
Aromático. Aroma: hierbas silvestres, anisado, fruta blanca, notas de levadura. Boca: correcto, fino amargor.

Espumoso Encina Blanca Edición Especial 2019 BE R BN
cayetana blanca, pardina, cigüente, hebén, verdejo
91 ★★★   15€
Rústico, atípico. Aroma: hierbas silvestres, regaliz negro, notas anisadas, expresivo, con carácter. Boca: sabroso, fino amargor, equilibrado.

P2 Alamo B
90
Oxidativo. Color: pajizo. Aroma: fruta madura, hierbas secas, lías finas, cítricos. Boca: fruta madura, equilibrado, sabroso.

Tinto Especial Encina Blanca 2019 T
tempranillo, malbec, cabernet sauvignon, petit verdot
87

PAGO LOS BALANCINES
Paraje la Agraria, s/n
06475 Oliva de Mérida (Badajoz)
☎: +34 924 367 399
info@pagolosbalancines.com
www.pagolosbalancines.com

Barbas de Gata 2019 T C
90
Color: cereza brillante. Aroma: tostado, especiado, cacao fino, frutos secos. Boca: sabroso, tostado, fino amargor.

PALACIO QUEMADO
Ctra. Almendralejo - Palomas, km 6,9
06840 Alange (Badajoz)
☎: +34 924 120 296
palacioquemado@alvear.es
www.palacioquemado.es

La Raya 2020 T
trincadeira preta
91   24€
Especiado, maduro, herbal. Color: cereza intenso. Aroma: roble cremoso, hierbas silvestres, hierbas verdes. Boca: fruta madura, especiado, taninos maduros.

PENTATEUCO WINES
Avda. Suertes del Campo, P 5/6
06225 Ribera del Fresno (Badajoz)
☎: +34 623 010 528
wine@riberanature.com
www.pentateuco.es

Abaxial Blanc de Noir 2022 B
garnacha
88   13€
Aromático. Aroma: metálico, intensidad media, equilibrado. Boca: fluido, cierta persistencia.

Pentateuco Basic 2020 T
60% garnacha, 30% monastrell, 8% tempranillo, 2% mazuelo, cabernet sauvignon
90 ★★★★   12€
Color: cereza, borde violáceo. Aroma: especiado, flores secas, hierbas de monte, fruta roja, fruta negra. Boca: sabroso, frutoso, buena acidez.

Pentateuco Cuvée 2020 T
40% tempranillo, 15% cabernet sauvignon, 15% garnacha, 5% monastrell, mazuelo
91 🌿   22€
Color: cereza intenso. Aroma: fruta madura, hierbas secas, roble cremoso, hierbas verdes, especiado. Boca: potente, fruta madura, especiado, taninos maduros.

Pentateuco Terroir 2020 T
60% garnacha, 30% monastrell, mazuelo, cabernet sauvignon
86 🌿   22€

SANTA MARTA VIRGEN S.C.A.
Cooperativa s/n
06150 Santa Marta de Los Barros (Badajoz)
☎: +34 924 690 218
info@bodegasantamarta.com
www.cooperativasantamarta.com

Calamón Semidulce 2023 B SD
100% pardina

85 3€

Calamón Semidulce 2023 RD AG SD
100% tempranillo

84 3€

VALDEQUEMAO VIDES & VINOS
Ctra. Fuente, 6
06220 Villafranca de Los Barros (Badajoz)
☎: +34 924 524 136
info@valdequemao.com
www.valdequemao.com

Valdequemao Clásico 2020 T C
100% tempranillo

86 7,5€

VIÑAOLIVA SOC. COOP.
Automoción, 1
06200 Almendralejo (Badajoz)
☎: +34 924 677 321
info@vinaoliva.com
www.zaleo.es

Tinaja de Zaleo 2022 T S
syrah

88 ★★★★ 8€
Frutal, tostado, especiado, ahumado.

Tinaja de Zaleo 2023 B
100% viura

87 ★★★ 8€

VIÑEDOS POZANCO
Ctra. de BA-001 Km. 15,700
06800 Mérida (Badajoz)
☎: +34 924 143 249
info@bodegaspozanco.com
www.bodegaspozanco.com

10·12 (Diez Punto Doce) 2023 BE AG SD
84 4,75€

10·12 (Diez Punto Doce) 2023 T
85 5€

10·12 Selección (Diez Punto Doce) 2021 T BA
88 ★★★★ 6,85€
Tostado, maduro, lleno, pulido.

VT FORMENTERA

CAP DE BARBARIA
Ctra. de Cap de Barbaria, km. 5,8
07860 Formentera (Illes Balears/Islas Baleares)
☎: +34 647 707 572
info@capdebarbaria.com
www.capdebarbaria.com

Cap de Barbaria 2018 T C
cabernet sauvignon, merlot, monastrell, fogoneu

92 35€
Clásico. Color: cereza oscuro, borde granate. Aroma: fruta madura, fruta confitada, tabaco, especias dulces. Boca: especiado, taninos maduros, sabroso.

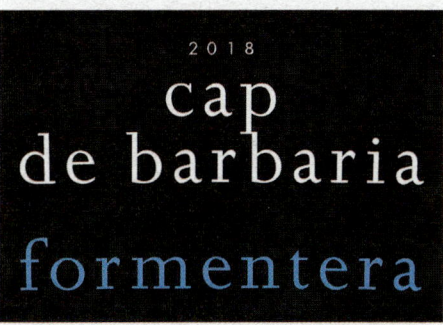

Cap de Barbaria Pansit de Formentera B Solera D
prensal

94 98€
Color: dorado. Aroma: potente, fruta escarchada, acetaldehído, pastelería, especias dulces, almendra tostada, barniz. Boca: sabroso, dulce, fresco, frutoso, buena acidez, largo.

Ophiusa 2021 T
cabernet sauvignon, merlot, monastrell, fogoneu

91 18€
Color: cereza intenso. Aroma: hierbas secas, fruta roja, fruta negra, especiado, cacao fino. Boca: fruta madura, especiado, taninos maduros.

TERRAMOLL
Ctra. de La Mola Km. 15.2
07872 Formentera (Illes Balears/Islas Baleares)
☎: +34 971 327 293
info@terramoll.es
www.terramoll.es

Astarté 2023 B
viognier

88 16€
Cítrico, herbal, correcto, fresco.

VINOS DE LA TIERRA - FORMENTERA / I.G.P.

VINOS DE LA TIERRA - ILLA DE MENORCA / I.G.P.

Es Monestir 2019 T R
92 🌱   36,3€
Color: cereza intenso. Aroma: hierbas secas, roble cremoso, fruta madura, fruta negra, fruta roja. Boca: potente, fruta madura, especiado, taninos maduros.

Es Virot 2021 T BA
92% merlot, 8% cabernet sauvignon
89 🌱   15,2€
Corpulento, equilibrado, especiado, hierbas secas, tostado.

Rosa de Mar 2023 RD
48% merlot, 26% viognier, 17% monastrell, 9% cabernet sauvignon
88 🌱   18,2€
Cítrico, herbal, notas de levadura, sabroso.

Savina 2023 B
64% viognier, 36% malvasía
88 🌱   20,6€
Cítrico, hierbas secas, maduro, sencillo, correcto.

VT ILLA DE MENORCA

BINITORD
Camí Lloc de Monges s/n
07760 Ciutadella de Menorca (Illes Balears/Islas Baleares)
☎: +34 722 474 555
info@binitord.com
www.binitord.com

Binitord Blanc 2023 B
chardonnay, malvasía, moscatel, prensal, macabeo
89   19€
Equilibrado, fresco, sabroso, hierbas secas, floral.

Binitord Ciutat de Parella 2020 T R
cabernet sauvignon, merlot, syrah
88   26€
Hierbas secas, maduro, cremoso, tostado.

Binitord Negre 2023 T
merlot, cabernet sauvignon, monastrell, syrah
89   17,5€
Equilibrado, frutal, herbal, fresco, fluido.

Binitord Rosat 2023 RD
syrah, monastrell, moscatel, ull de llebre, chardonnay, merlot
85   15,5€

BODEGA TORRALBA
Camí de Macarella, Km. 12 s/n
07760 Ciutadella de Menorca (Illes Balears/Islas Baleares)
☎: +34 971 713 550
administracion@bodegatorralba.es
www.bodegatorralba.es

Alba Blanca Menorca 2023 B
malvasía
89   24€
Equilibrado, especiado, notas de levadura, flores secas, sabroso.

Alba Negra Menorca 2023 T
85% monastrell, 15% cabernet sauvignon
92   24€
Color: cereza, borde violáceo. Aroma: expresión frutal, fruta roja, floral, especiado. Boca: sabroso, frutoso, buena acidez, largo.

Alba Negra Menorca Cabernet 2023 T
cabernet sauvignon
91   26€
Color: cereza, borde violáceo. Aroma: fruta roja, floral, especiado, ebanistería. Boca: sabroso, frutoso, buena acidez, largo.

Alba Rosé Menorca 2023 RD
monastrell
88   24€
Boca correcta, cítrico, herbal, fresco.

BODEGAS BINIFADET
Ses Barraques, s/n
07720 San Luis (Illes Balears/Islas Baleares)
☎: +34 971 150 715
binifadet@binifadet.com
www.binifadet.com

2 Tancas 2021 T
92
Color: Cereza. Aroma: balsámico, hierbas de monte, mineral, terroso. Boca: especiado, buena acidez, frutoso, taninos finos.

Binifadet 2022 T
88
Balsámico, herbal, frutal, maduro, persistente, sabroso, herbáceo.

Binifadet 2023 B
90
Color: pajizo brillante. Aroma: fruta madura, hierbas secas, notas anisadas, equilibrado. Boca: frutoso, fácil de beber, correcto, fino amargor.

Binifadet 2023 RD
89
Agradable, silvestre, suave, maduro, jugoso. Boca: fácil de beber.

Pieles 2022 B
92
Color: dorado brillante. Aroma: flores secas, camomila, toques silvestres, hierbas de monte. Boca: jugoso, especiado, lleno, sabroso.

Tanca Nº12 2022 B
100% chardonnay
93
Color: amarillo brillante. Aroma: flores marchitas, fruta de hueso, fruta madura, roble cremoso. Boca: potente, fruta madura, equilibrado, sabroso.

Tanca Nº13 2023 RD
91
Color: rosáceo pálido. Aroma: elegante, fruta roja, floral, hierbas de tocador. Boca: buena acidez, fino amargor, fácil de beber, jugoso.

BODEGAS TORRALBENC
Ctra de Mahon a Cala en Porter, km 10
07730 Alaior (Illes Balears/Islas Baleares)
☎: +34 676 232 734
info@bodegastorralbenc.com
www.bodegastorralbenc.com

Albenc Blanc 2023 B
88% parellada, 8% malvasía, 4% chardonnay
89   16,5€
Equilibrado, flores secas, herbal, notas de levadura, sabroso.

Torralbenc 2023 RD
40% monastrell, 34% merlot, 26% syrah
88   20€
Cítrico, herbáceo, correcto, fresco.

Torralbenc Chardonnay 2021 B
100% chardonnay
90   29,5€
Color: amarillo brillante. Aroma: roble cremoso, fruta madura, especiado, frutos secos. Boca: estructurado, tostado, fino amargor.

Torralbenc Coupage Tinto 2021 T
54% merlot, 46% syrah
92   22€
Color: cereza oscuro. Aroma: tostado, especiado, cacao fino, fruta negra, hierbas de monte. Boca: sabroso, tostado, fino amargor.

SA FORANA
Cugullonet Nou
07712 Sant Climent - Mahón (Illes Balears/Islas Baleares)
☎: +34 607 242 510
saforana@saforana.com
www.saforana.com

600 Metros Sa Forana 2023 T
32% cabernet sauvignon, 28% ull de llebre, 16% syrah, 24% prensal
88   14,65€
Amable, frutal, hierbas secas, fluido.

600 Metros Sa Forana Blanc 2022 B
69% prensal, 31% chardonnay
89   14,65€
Flores secas, maduro, sabroso, hierbas secas.

600 Metros Sa Forana Blanc 2023 B
74% prensal, 26% chardonnay
88   14,65€
Equilibrado, especiado, hierbas secas, sabroso.

Sa Forana 2022 T
64% cabernet sauvignon, 25% ull de llebre, 11% syrah
87   19,95€

Sa Forana Blanc 2022 B FB
90% chardonnay, 10% prensal
90   19,15€
Oxidativo. Color: pajizo. Aroma: fruta madura, hierbas secas, flores marchitas, lías finas. Boca: potente, fruta madura, equilibrado.

VT ILLES BALEARS

ÀNIMA NEGRA VITICULTORS
3ª Volta, 18
07200 Faianitx (Illes Balears/Islas Baleares)
☎: +34 971 584 481
admin@annegra.com
www.animanegra.com

Àn 2021 T
callet
94   42€
Color: cereza poco intenso. Aroma: muy tostado (torrefactado), potente, fruta roja, fruta negra, terroso. Boca: retronasal ahumado, persistente, taninos maduros, lleno.

Àn'R 2023 RD
callet
88   20€
Cítrico, hierbas secas, correcto, balsámico.

VINOS DE LA TIERRA - ILES BALEARS / I.G.P.

VINOS DE LA TIERRA - LAUJAR-ALPUJARRA / I.G.P.

Àn/2 2021 T
65% callet, 20% manto negro, fogoneu, 15% syrah

93   22,95€

Color: cereza intenso. Aroma: fruta madura, roble cremoso, hierbas de monte, fruta roja, terroso. Boca: potente, fruta madura, especiado, taninos maduros.

BODEGAS TORRALBENC
Ctra de Mahon a Cala en Porter, km 10
07730 Alaior (Illes Balears/Islas Baleares)
☎: +34 676 232 734
info@bodegastorralbenc.com
www.bodegastorralbenc.com

Torralbenc Coupage Blanc 2022 B
44% sauvignon blanc, 25% parellada, 19% chardonnay, 12% viognier

90   20€

Color: pajizo brillante. Aroma: hierbas de tocador, lías finas, fruta blanca, hierbas secas. Boca: buena acidez, equilibrado.

Torralbenc Pinot Noir 2023 RD
100% pinot noir

89   29,5€

Equilibrado, sabroso, hierbas secas, fresco.

TERRA DE FALANIS
Ctra. Campos Felanitx 10.3 Km.
07200 Felanitx (Illes Balears/Islas Baleares)
☎: +34 679 314 406
contactoterradefalanis@gmail.com
www.terradefalanis.com

Castell de Santueri Rouge 2021 T RB
60% callet, 30% manto negro, 10% cabernet sauvignon

89   11,4€

Equilibrado, especiado, maduro, sabroso, tostado, mineral.

Muac 2021 T
60% callet, 30% manto negro, 10% cabernet sauvignon

87   11,4€

VT LAUJAR-ALPUJARRA

BODEGA FUENTE VICTORIA
Paraje El Pedregal s/n
04479 Fuente Victoria (Almería)
☎: +34 670 071 999
info@bodegafuentevictoria.es
www.bodegafuentevictoria.com

Cabal 2022 T
tempranillo

86

Sulayr 2023 B
macabeo, jaén blanca, viognier

86   5,5€

Talento 2023 T
merlot, syrah, tempranillo

86   6€

CORTIJO EL CURA ECO-BODEGA
04470 Laujar de Andarax (Almería)
☎: +34 950 513 562
info@cortijoelcura.com
www.cortijoelcura.com

Infante 2023 RD
100% garnacha

87 ★★★ 🌱   7,25€

Jáncor 2022 T BA
87 🌱   11,5€

Jáncor 2022 T C
merlot, cabernet sauvignon, syrah, garnacha, tempranillo

87 🌱   15€

Oro del Llano 2022 B
90% jaén blanca, 10% chardonnay

87 🌱   10€

Sánchez Vizcaino 2020 T R
garnacha, merlot, cabernet sauvignon, syrah

85 🌱   21€

Sierra Gádor 2023 T
80% garnacha, merlot

83 🌱   8€

VT LIÉBANA

DESTILERÍA Y BODEGA CAYO
Mesasinpan s/n
39584 Frama (Cabezón de Liébana) (Cantabria)
☎: +34 942 730 689
info@bodegacayo.com
www.bodegacayo.com

Lusia 2021 T RB
85% mencía, 15% tempranillo

90 ★★★   13,5€

Color: cereza intenso. Aroma: hierbas secas, fruta negra, hierbas de monte, terroso, flores marchitas. Boca: fruta madura, especiado, taninos maduros.

Lusia Origen 2020 T
100% mencía

91 30€

Con oscuridad, corpulento. Color: cereza, borde violáceo. Aroma: expresión frutal, floral, especiado, balsámico, fruta negra. Boca: sabroso, frutoso, buena acidez, largo.

VT MALLORCA

3.10 CELLER
Camada Real s/n
07200 Felanitx (Illes Balears/Islas Baleares)
☎: +34 686 972 003
info@310celler.com
www.310celler.com

Estel 2023 RD
merlot, syrah, callet

87 10€

Mr. Ruc 2019 T
cabernet sauvignon, merlot, syrah

89 20€

Corpulento, cremoso, hierbas secas, maduro, lleno, tostado.

Ruc 2021 T
cabernet sauvignon, merlot, syrah

88 11€

Equilibrado, especiado, maduro, tostado.

Sitra 2023 B
prensal, giró, chardonnay

88 10€

Cítrico, fresco, hierbas secas, notas de levadura, sabroso.

4 KILOS VINÍCOLA
1ª Volta, 168
07200 Felanitx (Illes Balears/Islas Baleares)
☎: +34 971 580 523
4k@4kilos.com
www.4kilos.com

12 volts 2022 T

93

Aromas nítidos, con tensión. Aroma: fruta roja, fruta madura, hierbas silvestres, expresivo. Boca: muy vivo, taninos finos.

🏆 **PODIO**

4 Kilos 2022 T

95

Austero, con personalidad, representativo, persistente. Color: cereza poco intenso. Aroma: expresión frutal, flores secas. Boca: jugoso, largo.

🏆 **PODIO**

Gallinas & Focas 2020 T

95

Aromático, con tensión. Color: Cereza. Aroma: balsámico, especias dulces, hierbas de monte, fruta roja. Boca: especiado, balsámico, buena acidez.

🏆 **PODIO**

Grimalt Caballero 2020 T
callet, fogoneu

96

Silvestre, mineral. Aroma: piedra seca, hierbas silvestres. Boca: con tensión, especiado, largo.

Motor blanc 2022 B
malvasía, prensal

92

Con personalidad, poco intervencionista. Color: amarillo, pálido. Boca: sabroso, con tensión, correcto.

Tanuki Bob 2021 T

94

Silvestre, amable. Color: cereza, borde granate. Aroma: expresión frutal, fruta roja, floral, especiado, terroso, sotobosque, balsámico. Boca: sabroso, elegante, fluido.

VINOS DE LA TIERRA - MALLORCA / I.G.P.

VINOS DE LA TIERRA - MALLORCA / I.G.P.

BINIGRAU
Fiol, 33
07143 Biniali (Illes Balears/Islas Baleares)
☎ +34 971 512 023
info@binigrau.es
www.binigrau.es

Binigrau Bi-Blanc 2023 B FB
chardonnay

91　　　　　　　　　　　　　20€

Color: amarillo brillante. Aroma: potente, roble cremoso, fruta madura, especiado, amaderado. Boca: graso, estructurado, tostado, fino amargor.

Binigrau Bi-Negre 2022 T BA
93

Color: cereza intenso. Aroma: fruta madura, hierbas secas, roble cremoso, tostado, hierbas de monte. Boca: potente, fruta madura, especiado, taninos maduros.

Nounat 2023 B
prensal, chardonnay

93 ★★★★★　　　　　　　15€

Amable. Color: pajizo brillante. Aroma: fruta madura, hierbas de tocador, lías finas. Boca: lleno, graso, largo, buena acidez.

Obac de Binigrau 2022 T BA
manto negro, callet, merlot, syrah

92 ★★★★　　　　　　　　15,5€

Color: cereza intenso. Aroma: hierbas secas, fruta negra, tostado, cacao fino, regaliz negro. Boca: fruta madura, especiado, taninos maduros.

Guía Peñín　VINOS DE ESPAÑA

Binigrau E-Blanc 2023 B
riesling, sauvignon blanc

91 ★★★ 14,5€

Oxidativo. Color: pajizo brillante. Aroma: fruta madura, hierbas de tocador, lías finas, floral. Boca: lleno, graso, buena acidez.

Binigrau E-Negre 2021 T
manto negro, merlot

90 ★★★ 13,25€

Color: cereza intenso. Aroma: fruta madura, hierbas secas, tostado. Boca: fruta madura, especiado, taninos maduros.

BODEGA AVA VI
Camí de Muro, Políg. 9 Parcela 40
07140 Biniali (Illes Balears/Islas Baleares)
☎: +34 687 789 932
juliosumiller@gmail.com
www.ava-vi.es

ANAVA...a cercar un somni Rosat 2022 RD BA
manto negro

90 23€

Color: rosáceo pálido. Aroma: elegante, fruta roja, hierbas de tocador, flores secas, lías finas, piedra seca. Boca: ligero, especiado, buena acidez, fino amargor.

AVA Selecció 2019 T R
70% manto negro, 30% otras

91 23€

Color: cereza intenso. Aroma: hierbas secas, roble cremoso, fruta negra, tabaco. Boca: fruta madura, especiado, taninos maduros.

Ava Vi Rosat 2023 RD
manto negro

88 16€

Equilibrado, hierbas secas, fresco, sabroso.

TRIAVA Blanc "Vino de Guarda" 2022 B FB
prensal

91 40€

Color: pajizo brillante. Aroma: fruta madura, hierbas de tocador, lías finas, especiado, pan tostado. Boca: lleno, graso, largo, buena acidez.

TRIAVA Heritage "Vino de Guarda" 2021 T R

91 40€

Color: cereza intenso. Aroma: hierbas secas, roble cremoso, fruta negra, fruta madura, terroso. Boca: fruta madura, especiado, taninos maduros.

Ava Vi Blanc 2023 B
prensal, chardonnay

87 16€

BODEGA CASETA VELLA
Ctra. de Santa Margalida - Ca'n Picafort Ma-3410 Km 4,1
07450 Santa Margalida (Illes Balears/Islas Baleares)
☎: +34 659 521 073
info@casetavella.com
www.casetavella.com

Fora Por 2020 T
syrah, cabernet sauvignon, merlot, manto negro

90 17€

Color: Cereza. Aroma: fruta negra, fruta madura, hierbas de monte, fruta confitada, especiado. Boca: fruta madura, fino amargor.

Primavera de s´Hivern 2022 RD
syrah, manto negro, cabernet sauvignon, merlot

89 16€

Frutal, golosinas, herbal, maduro, lleno.

Uroo͟o! 2022 B
chardonnay, viognier, prensal

90 ★★★ 14€

Color: pajizo. Aroma: fruta madura, hierbas secas, flores marchitas. Boca: potente, fruta madura, equilibrado.

BODEGA CASTELL MIQUEL
Ctra. Alaró-Lloseta, Km. 8,7
07340 Alaró (Illes Balears/Islas Baleares)
☎: +34 971 510 698
lopez@castellmiquel.com
www.castellmiquel.com

Stairway To Heaven 2023 RD

87 13,95€

Stairway to Heaven Chardonnay 2023 B
chardonnay

87 13,95€

Stairway to Heaven Cuvée 2019 T R
cabernet sauvignon, syrah, merlot

90 14,9€

Color: cereza, borde violáceo. Aroma: expresión frutal, fruta roja, floral, especiado. Boca: sabroso, frutoso, buena acidez.

Stairway to Heaven Owners Edition 2023 RD
merlot, tempranillo

89 16,5€

Cítrico, herbal, sabroso, fresco.

VINOS DE LA TIERRA - MALLORCA / I.G.P.

Stairway to Heaven Owners Edition Sauvignon Blanc 2023 B
sauvignon blanc

88 🍃 16,5€

Cítrico, fresco, herbal, correcto.

Stairway To Heaven Sauvignon Blanc 2023 B
sauvignon blanc

87 🍃 13,95€

BODEGAS VI REI
Ctra. Cap Blanc, km 25
07620 Llucmajor (Illes Balears/Islas Baleares)
☎: +34 971 007 460
info@bodegasvirei.com
www.bodegasvirei.com

Vi Rei Es Gall Rose 2023 RD
syrah, cabernet sauvignon, merlot

88

Fresco, frutal, sabroso, hierbas secas.

Vi Rei Pescador Mallorqui 2023 B
prensal, giró ros

87 15€

BODEGUES MACIÀ BATLE
Camí Coanegre s/n
07320 Santa María del Camí (Illes Balears/Islas Baleares)
☎: +34 971 140 014
info@maciabatle.com
www.maciabatle.com

Gran Selec.ció Premsal Blanc per Macià Batle 2022 B
prensal

91 ★★★ 15€

Color: pajizo brillante. Aroma: fruta madura, lías finas, pan tostado, hierbas secas, notas anisadas. Boca: lleno, graso, largo, equilibrado.

Macià Batle 1856 2022 T BA

89 11€

Madera marcada, especiado, hierbas secas, maduro, sabroso.

Macià Batle 2023 T
merlot, manto negro, syrah, cabernet sauvignon

88 ★★★★ 6,9€

Equilibrado, especiado, maduro, tostado, fluido.

Macià Batle Blanc de Blancs 2023 B MC
prensal, chardonnay

89 11€

Amable, especiado, hierbas secas, sabroso, notas de levadura.

Macià Batle Negre 2023 T MC
manto negro

92 ★★★★★ 6,9€

Color: Cereza. Aroma: expresivo, fruta roja, fruta madura, regaliz negro, equilibrado, hierbas de monte. Boca: fino amargor, frutoso, sabroso.

Macià Batle Rosat 2023 RD
cabernet sauvignon, manto negro

87 ★★★ 8€

Macià Batle Rosat 2023 RD MC
gorgollassa

90 ★★★★★ 6,9€

Color: frambuesa, borde violáceo. Aroma: expresión frutal, fruta roja, floral, hierbas silvestres, expresivo. Boca: frutoso, buena acidez, fácil de beber.

Macià Batle Sauvignon Blanc 2023 B
sauvignon blanc

89 12,5€

Equilibrado, herbal, sabroso, notas de levadura, fresco.

Macià Batle Col.lecció Privada 2019 T
manto negro, merlot, cabernet sauvignon, syrah

91 18€

Color: cereza intenso. Aroma: fruta negra, hierbas de monte, fina reducción, especiado. Boca: fruta madura, especiado, taninos maduros.

Margalida Llompart Blanc 2022 B
90 ★★★ 12,5€

Tostado, equilibrado. Color: amarillo brillante. Aroma: roble cremoso, fruta madura, especiado, pan tostado, hierbas secas. Boca: estructurado, tostado, fino amargor.

Margalida Llompart Rosat 2023 RD
manto negro, cabernet sauvignon

89 ★★★★ 9€

Equilibrado, hierbas secas, frutal, notas de levadura, sabroso.

Margarida Llompart Negre 2017 T
manto negro, cabernet sauvignon

89 14€

Equilibrado, especiado, maduro, sabroso, tostado.

BODEGUES VIDAL SERRA
Ca ses Monges, 15
07142 Santa Eugènia (Illes Balears/Islas Baleares)
☎: +34 606 519 282
bodeguesvidalserra@gmail.com

Dièresi 2021 T
merlot, manto negro

90 ★★★★ 12€

Color: cereza intenso. Aroma: fruta madura, hierbas secas, tabaco, terroso. Boca: fruta madura, especiado, taninos maduros.

María Serra 2023 B
prensal, moscatel, chardonnay, sauvignon blanc

88 10€

Equilibrado, maduro, notas de levadura, boca correcta.

Xafarder 2023 RD
syrah, merlot

87 10€

CA'N VERDURA VITICULTORS
S'Era, 6
07350 Binissalem (Illes Balears/Islas Baleares)
☎: +34 695 817 038
info@vinscanverdura.com
www.vinscanverdura.com

Ca Ses Rosetes Giró Ros 2021 B
giró ros

94 ★★★★★ 17€

Color: pajizo. Aroma: flores marchitas, camomila, cera, especias dulces, piedra seca, lías finas, fruta de hueso. Boca: fruta madura, equilibrado, sabroso, salino.

Ca'n Xicatlà 2022 B
manto negro

93 32€

Con personalidad, suave. Color: pajizo. Aroma: fruta madura, hierbas secas, lías finas, flores blancas. Boca: fruta madura, equilibrado, sabroso.

CAN GELAT
Polígono 17
07316 Moscari (Illes Balears/Islas Baleares)
☎: +31 633 321 964
info@cangelat.com
www.cangelat.com

Can Gelat Callet Syrah 2022 RD
67% callet, 33% syrah

89 🌱 15,9€

Equilibrado, flores secas, herbáceo, sabroso.

VINOS DE LA TIERRA - MALLORCA / I.G.P.

VINOS DE LA TIERRA - MALLORCA / I.G.P.

Can Gelat Giró Ros 2022 B
100% giró ros

91   17,9€

Color: pajizo. Aroma: fruta madura, hierbas secas, flores marchitas. Boca: fruta madura, equilibrado.

Can Gelat Gran Vi 2022 T
30% syrah, 30% monastrell, 20% cabernet sauvignon, 10% callet, 10% manto negro

88   21,9€

Equilibrado, herbáceo, maduro, especiado, tostado.

CAN XANET
07470 Pollença (Illes Balears/Islas Baleares)
☎: +34 619 302 880
info@canxanet.com
www.canxanet.com

Cadmo 2020 T
93

Silvestre, tostado. Color: cereza intenso. Aroma: fruta madura, hierbas secas, hierbas de monte, especias dulces, pan tostado. Boca: fruta madura, especiado, taninos maduros.

Cumas 2020 T
93

Color: cereza, borde violáceo. Aroma: fruta roja, floral, especiado, hierbas de monte, lías finas, lácticos. Boca: sabroso, frutoso, buena acidez, largo.

Sibila 2020 T
94

Color: cereza, borde violáceo. Aroma: expresión frutal, fruta roja, floral, pan tostado, especias dulces. Boca: sabroso, frutoso, buena acidez, largo.

Siurell 2023 B
89

Agradable, correcto, silvestre, frutal, sencillo, suave.

Xanet 2020 T
93

Color: cereza, borde violáceo. Aroma: fruta roja, floral, especiado, flores secas, hierbas silvestres, lías finas. Boca: sabroso, frutoso, buena acidez, largo.

Xanet Rosé 2023 RD
90

Color: rosáceo pálido. Aroma: elegante, floral, hierbas de tocador. Boca: ligero, buena acidez, fino amargor, fácil de beber.

CELLER TIANNA NEGRE
Cami des Mitjans s/n
07350 Binissalem (Illes Balears/Islas Baleares)
☎: +34 971 886 826
info@tiannanegre.com
www.tiannanegre.com

Tianna Blanc 2022 B
giró ros

90   28,96€

Austero, hierbas secas. Color: pajizo. Aroma: hierbas secas, flores marchitas, fruta blanca. Boca: fruta madura, equilibrado, buena acidez.

Tianna Negre The Sommelier Collection "1" 2022 T
callet

92   34,7€

Fluido, hierbas secas, sutil. Color: cereza, borde violáceo. Aroma: fruta roja, especiado, flores secas. Boca: sabroso, frutoso, buena acidez.

Tianna Véloblanc 2022 B
100% manto negro

89   13,95€

Hierbas secas, notas de levadura, sabroso, fresco, salino.

DALT TURÓ
Ctra. Campos – Santanyi Km. 43,8
07630 Campos
(Illes Balears/Islas Baleares)
☎: +34 657 981 805
pedidos@daltturo.com
www.daltturo.com

Dalt Turó Acopinyat 2023 B
53% callet, 47% malvasía

89   11,5€

Equilibrado, fresco, herbal, mineral, sabroso, sutil.

Dalt Turó Brescat 2021 T
36,5% cabernet sauvignon, 28,1% syrah, 19,4% merlot, callet

90   15,9€

Color: cereza intenso. Aroma: fruta madura, hierbas secas, lías finas, tabaco. Boca: fruta madura, especiado, taninos maduros.

Dalt Turó Granat 2021 T C
38% callet, 37,4% cabernet sauvignon, 12,9% syrah, 11,6% merlot

89   12€

Clásico, equilibrado, hierbas secas, maduro, sabroso, tostado, con vejez.

Dalt Turó Pedrenc 2021 T
58,8% cabernet sauvignon, 24,7% merlot, 15,12% syrah, 1,31% callet

91 ★★★ 15,8€

Clásico. Color. cereza intenso. Aroma: fruta madura, hierbas secas, tostado, tabaco, terroso. Boca: fruta madura, especiado, taninos maduros.

Dalt Turó Roget 2023 RD
87% manto negro, 13% callet

90 ★★★★ 11,5€

Color. frambuesa. Aroma: fruta madura, fruta confitada, flores marchitas. Boca: carnoso, sabroso, fruta madura.

Dalt Turó Sauló 2022 T
100% callet

90 22€

Clásico. Color. cereza poco intenso. Aroma: hierbas secas, tabaco, terroso, fruta roja, fruta madura. Boca: fruta madura, especiado, taninos maduros.

Mal Bitxo Malvasía 2023 B
100% malvasía

89 13,5€

Amable, cítrico, frutal, flores secas, maduro.

DUNORD VITÍCOLA
El Cano, 28
07470 Port de Pollença
(Illes Balears/Islas Baleares)
☎: +34 670 645 978
dunordviticola@gmail.com
www.dunordviticola.com

Curolla 2021 T
80% gargallosa, 20% syrah

92 30€

Color. cereza, borde violáceo. Aroma: floral, especiado, fruta roja, fruta madura, hierbas de monte. Boca: sabroso, frutoso, buena acidez.

L'Insomni 2022 B
52% giró ros, 48% malvasía

91 ★★★ 16€

Color. pajizo. Aroma: expresivo, flores blancas, hierbas secas, especiado, pan tostado. Boca: sabroso, frutoso, equilibrado.

Selvatic 2022 T
47% monastrell, 35% gargallosa, 18% syrah

92 22€

Jugoso, tostado. Color. cereza, borde violáceo. Aroma: expresión frutal, especiado, fruta negra, hierbas de monte. Boca: sabroso, frutoso, buena acidez.

FINCA CAN AXARTELL
Ctra. Pollença – Campanet km 1,5
07460 Pollença (Illes Balears/Islas Baleares)
☎: +34 871 870 353
info@canaxartell.es
www.canaxartell.com

Can Axartell Blanco 2023 B
89 🌿

Equilibrado, herbal, mineral, sabroso, notas de levadura.

Can Axartell Corum 2022 B FB
91 🌿

Color. amarillo brillante. Aroma: flores secas, fruta escarchada, lías finas, pastelería. Boca: redondo, especiado, largo, persistente.

Can Axartell Rosado 2023 RD
89 🌿

Equilibrado, hierbas secas, flores secas, fresco.

Terrum 2021 T
callet

91 🌿

Reductivo, silvestre. Aroma: nota sulfhídrica, hierbas silvestres, notas almizcladas, hierbas secas, fruta madura. Boca: frutoso, jugoso, muy vivo, varietal.

The Artist 2021 T C
92 🌿

Amable, cremoso, silvestre. Color. cereza, borde granate. Aroma: regaliz negro, hierbas de monte, fruta negra, fruta madura. Boca: equilibrado, sabroso.

Ventum 2018 T C
merlot, syrah, callet

93 🌿

Color. cereza intenso. Aroma: hierbas secas, roble cremoso, fruta negra, terroso. Boca: potente, fruta madura, especiado, taninos maduros.

JAUME DE PUNTIRÓ
Pza. Nova, 23
07320 Santa María del Camí (Illes Balears/Islas Baleares)
☎: +34 606 429 023
pere@vinsjaumedepuntiro.com
www.vinsjaumedepuntiro.com

Brisat de Puntiró 2021 B
prensal

87 🌿 15€

Porprat 2018 T
merlot

88 🌿 18€

Confitado, hierbas secas, con vejez, rústico.

VINOS DE LA TIERRA - MALLORCA / I.G.P.

VINOS DE LA TIERRA - MALLORCA / I.G.P.

MURGUIALDI 3 DE BALEARS
Pare Bartomeu Pou, 29
07003 Palma de Mallorca
(Illes Balears/Islas Baleares)

Dos Marias 2022 T RB
89
Corpulento, equilibrado, especiado, maduro, sabroso, silvestre.

Llum 2023 B
89
Equilibrado, maduro, lleno, hierbas secas, sabroso.

PARET SECA VINS
Masia Cal Costas, s/n
08736 Font-Rubí (Barcelona)
☎: +34 616 258 068
info@paretseca.wine
www.paretseca.wine

Paret Seca Mantonegro 2022 T C
manto negro
91   26,5€
Silvestre, poco intervencionista. Aroma: pimienta negra, especiado, fruta negra, franco, hierbas secas, hierbas de monte. Boca: correcto, jugoso, taninos dulces.

SA CABANA
Cami de Son Roig, 10
07350 Binissalem (Illes Balears/Islas Baleares)
☎: +34 650 800 080
info@bodegasacabana.com
www.bodegasacabana.com

Sa Cabana Chardonnay 2023 B
90
Color: pajizo brillante, borde verdoso. Aroma: fruta fresca, cítricos, hierbas silvestres. Boca: fresco, frutoso, buena acidez, fino amargor.

Sa Cabana Girò Ros 2023 B
90
Color: pajizo. Aroma: fruta madura, hierbas secas, flores marchitas, lías finas. Boca: potente, fruta madura, equilibrado.

Sa Cabana Merlot 88 T BA
88
Equilibrado, especiado, hierbas secas, tostado.

Sa Cabana Rosat de Cabernet 2023 RD
cabernet sauvignon
89
Equilibrado, floral, hierbas secas, notas de levadura, sabroso, ligera oxidación.

Xisca Girò Ros 2023 B
87

SANTA CATARINA
07140 Sencelles (Illes Balears/Islas Baleares)
☎: +34 971 137 115
administracion@bodegasantacatarina.com
www.bodegasantacatarina.com

Enguany Blanc 2023 B
52% viognier, 48% giró ros
89   16€
Austero, boca correcta, equilibrado, hierbas secas.

Enguany Negre 2021 T
syrah, tempranillo, manto negro, callet
91   18€
Jugoso, maduro. Color: cereza intenso. Aroma: hierbas secas, fruta negra, fruta madura, hierbas de monte, regaliz negro. Boca: potente, fruta madura, especiado, taninos maduros.

Enguany Rosat 2023 RD
50% syrah, 30% manto negro, 20% callet
88   16€
Fresco, frutal, herbal, correcto.

Sta Callet 2021 T
callet
90   21€
Fluido, equilibrado. Color: cereza, borde violáceo. Aroma: expresión frutal, fruta roja, floral, especiado. Boca: sabroso, frutoso, buena acidez.

Sta Giró Ros 2023 B
100% giró ros
89   13€
Austero, equilibrado, especiado, flores secas, hierbas secas, sabroso.

Sta Prensal 2023 B
100% prensal
87   13€

SON GRAU GRAN
Ctra. Alaró – Lloseta km 9,1
07340 Alaró (Illes Balears/Islas Baleares)
☎: +34 649 038 389
adm@songrau.com
www.songrau.com

Son Grau Gran Blanc 2023 B
gorgollassa, giró ros, malvasía

90 ★★★ 🍷   13,9€

Aroma: especiado, tostado, fruta blanca, fruta madura. Boca: graso, largo, fino amargor, fruta madura, especiado.

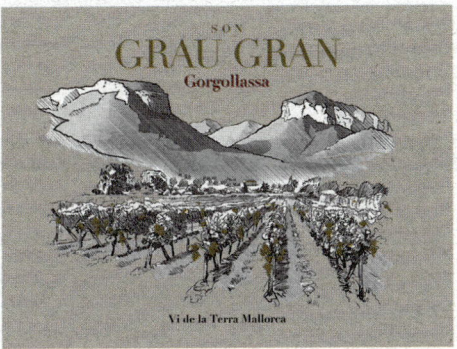

Son Grau Gran Gargollassa 2023 RD
100% gorgollassa

89 🍷   12,5€

Aromático, maduro, sabroso, flores secas.

SON JULIANA
Ctra. Santa Maria - Sencelles KM 7.2
07142 Santa Eugènia (Illes Balears/Islas Baleares)
☎: +34 681 264 390
info@sonjuliana.de
www.sonjuliana.es

Cuvée #1 Son Juliana 2023 B
89 🍷

Herbal, cítrico, notas de levadura, boca correcta.

Cuvée #2 Son Juliana 2018 T
cabernet sauvignon, merlot

90

Jugoso, especiado. Color: cereza intenso. Aroma: hierbas secas, fruta negra, hierbas silvestres. Boca: fruta madura, especiado, taninos maduros.

Mantonegro Blanco Son Juliana 2022 B
89 🍷

Equilibrado, hierbas secas, notas de levadura, sabroso.

Mantonegro Tinto Son Juliana 2021 T
88 🍷

Confitado, especiado, frutal, hierbas secas.

Son Juliana Selección 2022 T
manto negro, callet, cabernet sauvignon

92

Color: cereza intenso. Aroma: fruta roja, fruta madura, fruta negra, hierbas silvestres. Boca: fruta madura, especiado, taninos maduros, carnoso.

Syrah Son Juliana 2019 T
90

Maduro, jugoso. Color: cereza, borde violáceo. Aroma: potente, especiado, fruta negra, tostado. Boca: fruta madura, sabroso, estructurado.

SON RAMON VINS I VINYES
Ctra Muro-Inca, Km 4,5
07430 Llubí (Illes Balears/Islas Baleares)
☎: +34 651 870 085
bodega@sonramon.com
www.sonramon.com

Cabernet de Son Ramon 2019 T
100% cabernet sauvignon

89   15€

Corpulento, cremoso, equilibrado, especiado, tostado, hierbas secas.

Sirà de Son Ramon 2019 T
100% syrah

89   15€

Corpulento, correcto, equilibrado, especiado, hierbas secas, tostado.

Son Ramon Negre 2021 T
cabernet sauvignon, syrah, merlot

87   9,25€

Son Ramon Selecció Especial 2019 T
50% cabernet sauvignon, 50% syrah

90   18€

Color: cereza intenso. Aroma: hierbas secas, roble cremoso, fruta negra. Boca: fruta madura, especiado, taninos maduros.

TERRA DE FALANIS
Ctra. Campos Felanitx 10.3 Km.
07200 Felanitx (Illes Balears/Islas Baleares)
☎: +34 679 314 406
contactoterradefalanis@gmail.com
www.terradefalanis.com

Bla Bla Bla 2022 B
50% prensal, 50% giró ros

87   9,4€

VINOS DE LA TIERRA - MALLORCA / I.G.P.

Castell de Santueri Blanc 2022 B
50% prensal, 50% giró ros

89 ★★★ 9,4€

Cítrico, equilibrado, floral, hierbas secas, sabroso, notas de levadura, amargoso.

VINO DE LA ISLA
Ctra. Palma-Manacor, km.19 (salida 20)
07210 Algaida (Illes Balears/Islas Baleares)
☎: +34 971 211 496
info@isla.wine
www.isla.wine

Casa Sabine Sauvignon Blanc 2023 B
sauvignon blanc

88 13,9€

Cítrico, equilibrado, austero, herbal.

Mia 2023 B
malvasía, manto negro

87 12,5€

SaCaRo 2022 T
syrah

89 13,5€

Especiado, hierbas secas, maduro, sabroso, fluido.

Son Amaret 2023 B
viognier, prensal

88 13,9€

Equilibrado, hierbas secas, flores secas, boca correcta.

Son Amaret 2023 RD
syrah, merlot, callet

89 14,9€

Equilibrado, notas de levadura, maduro, suave, sabroso.

Viña Nina Magdalena Manto Negro 2021 T
manto negro

89 14,5€

Equilibrado, especiado, frutal, maduro, herbal, sabroso.

VINS NADAL
Ramón Llull, 2
07350 Binissalem (Illes Balears/Islas Baleares)
☎: +34 971 511 058
vinsnadal@vinsnadal.es
www.vinsnadal.es

Blanc 110 Giró 2023 B
giró ros

88 15€

Oxidativo, notas de levadura, suave. Color: pajizo. Aroma: fruta madura, hierbas secas, flores marchitas, lácticos. Boca: fruta madura, equilibrado.

Rosat 110 Vins Nadal Mantonegro 2023 RD
manto negro

87 15€

VINUM PRO NOBIS PETIT CELLER
Colomer, 18
07312 Mancor de la Vall
(Illes Balears/Islas Baleares)
☎: +34 639 320 402
info@vinumpronobis.com

22 Unces 2023 B
100% giró ros

93 24€

Color: amarillo, dorado. Aroma: floral, con carácter, expresivo, notas amieladas, jazmín. Boca: redondo, sabroso, largo, graso, jugoso.

Cucavel.la 2023 RD
manto negro, callet

90 14,5€

Agradable, aromático, flores secas, suave. Aroma: hierbas silvestres, franco, intensidad media. Boca: fácil de beber, jugoso.

L'Amo 2023 T
100% manto negro

92   30€

Silvestre, suave. Color: cereza poco intenso. Aroma: intensidad media, fruta roja, toques silvestres. Boca: muy vivo, fácil de beber, jugoso, con tensión.

Peremateu 2023 B
moll, giró ros, chardonnay

91 ★★★   14,5€

Color: pajizo brillante. Aroma: hierbas silvestres, hierbas de monte, anisado. Boca: frutoso, buena acidez, fácil de beber, equilibrado, fino amargor.

VINYES MORTITX
Ctra. Pollença Lluc, Km. 10,9
07315 Escorca (Illes Balears/Islas Baleares)
☎: +34 971 533 889
info@vinyesmortitx.com
www.vinyesmortitx.com

Flaires de Mortitx 2023 RD PL
86

Mortitx Blanc 2023 B
88

Cítrico, herbal, sabroso, notas de levadura.

Mortitx Callet - Gorgollassa 2022 T
89

Fresco, frutal, herbáceo, sabroso, floral, fluido.

Mortitx Negre 2022 T
88

Fresco, frutal, sabroso, jugoso, hierbas secas.

Rodal Pla de Mortitx 2020 T
merlot, cabernet sauvignon, syrah, tempranillo, manto negro, monastrell

89

Equilibrado, especiado, sabroso, tostado, hierbas secas, frutal.

VT MURCIA

DE NARÍZ
Gran Vía, 22 3C
30004 Murcia (Murcia)
☎: +34 670 368 585
pedro.martinez@denariz.wine
www.denariz.wine

De Nariz Clarete Monastrell Macabeo 2022 RD
monastrell, macabeo

89   17,9€

Flores secas, herbáceo, maduro, con poca acidez.

De Nariz Edición Limitada 2021 T R
monastrell

93   49€

Color: cereza, borde violáceo. Aroma: fruta negra, fruta roja, flores marchitas, violetas, hoja de té, con carácter, expresivo, varietal. Boca: frutoso, fresco, sabroso, potente, equilibrado, taninos maduros, persistente.

De Nariz Terroir Monastrell Valle del Aceniche 2021 T RB
monastrell

92 ★★★   17,9€

Color: cereza, borde violáceo. Aroma: especiado, tiza, terroso, hierbas de monte, hierbas de tocador. Boca: sabroso, frutoso, buena acidez.

VINOS DE LA TIERRA - RIBEIRAS DO MORRAZO / I.G.P.

EGO BODEGAS
Paraje Hoya de Torres s/n
30520 Jumilla (Murcia)
☎: +34 868 680 939
info@egobodegas.com
www.egobodegas.com

Crazy Grapes 2022 T
100% monastrell

88 ★★★ 🌱 8,5€
Flores secas, herbal, maduro, cálido, fruta golpeada, sabroso.

Manicomio 2022 T
100% monastrell

89 ★★★ 🌱 9,9€
Balsámico, especiado, hierbas secas, maduro, sabroso, varietal, cálido.

Yeya 2023 B
60% chardonnay, 40% moscatel de alejandría

89 ★★★★ 7,5€
Aromático, correcto, floral, frutal, maduro, agradable, boca correcta.

VT RIBEIRAS DO MORRAZO

BODEGAS TRENZA
Felix Mendelsohn, 8
03730 Jávea (Alacant/Alicante)
☎: +34 965 790 012
bodegas@bodegastrenza.com
www.bodegatrenza.com

Marzal 2023 B
90
Pulido. Color: pajizo brillante. Aroma: fruta madura, hierbas de tocador, lías finas. Boca: lleno, graso, buena acidez.

REBORAINA
Iglesia, 20
36818 Reboreda, Redondela (Pontevedra)
☎: +34 630 728 177
efernandezperan@reboraina.com
www.reboraina.com

Reboraina 2023 B
89 ★★★★ 8,5€
Equilibrado, herbal, notas de levadura, sabroso.

VT RIBERA DEL GÁLLEGO-CINCO VILLAS

BODEGAS EJEANAS
Avda. Cosculluela, 23
50600 Ejea de Los Caballeros (Zaragoza)
☎: +34 976 663 770
info@bodegasejeanas.com
www.bodegasejeanas.com

Un Garnacha Blanc de Noir 2021 B FB
100% garnacha

88 ★★★★ 8€
Frutal, flores secas, maduro, amargoso.

Un Merlot Uva Nocturna 2020 T C
100% merlot

84 7€

Un Uva Nocturna Garnacha + 2019 T C
100% garnacha

88 14€
Equilibrado, especiado, hierbas secas, maduro.

Un Uva Nocturna Garnacha Syrah 2020 T
60% garnacha, 40% syrah

87 ★★★★ 6€

Un Young Wine 2023 T
tempranillo, syrah, merlot, garnacha

85 5€

EDRA BODEGA Y VIÑEDOS
Ctra A - 132, km 26
22800 Ayerbe (Huesca)
☎: +34 679 420 455
edra@bodega-edra.com
www.edraculturaynatura.com

Edra "Sol" 2019 T BA
syrah, merlot

88 🌱 14€
Con vejez, reducido, especiado, hierbas secas, sabroso. Aroma: fruta negra, fruta al licor.

Edra Grullas de Paso 2021 T BA
merlot, cabernet sauvignon, garnacha

88 ★★★★ 🌱 8€
Aromático, balsámico, maduro, correcto, silvestre. Boca: fácil de beber.

Edra Xtra Syrah 2020 T C S
syrah

90 🌱 19€
Color: Cereza. Aroma: hierbas de monte, varietal, con oscuridad, notas cárnicas. Boca: especiado, sabroso.

VT RIBERA DEL QUEILES

GUELBENZU
Finca La Lombana
50513 Vierlas (Zaragoza)
☎: +34 948 202 200
info@bornosbodegas.com
www.guelbenzu.com

Guelbenzu Azul 2022 T
tempranillo, merlot, syrah

90 ★★★★★ 7,85€

Color: cereza intenso. Aroma: fruta madura, hierbas secas, roble cremoso. Boca: fruta madura, especiado, taninos maduros.

Guelbenzu Evo 2020 T
cabernet sauvignon, merlot, graciano

91 ★★★ 14,95€

Color: cereza oscuro. Aroma: tostado, especiado, cacao fino, hierbas verdes, hierbas de monte. Boca: sabroso, tostado, fino amargor.

Guelbenzu Lombana 2022 T
tempranillo, syrah, cabernet sauvignon, graciano

89

Agradable, balsámico, herbal, maduro, sabroso, boca correcta. Aroma: terroso.

VT SIERRA NORTE DE SEVILLA

BODEGAS DE FUENTE REINA
41450 Constantina (Sevilla)
☎: +34 955 880 407
jaimeg@destilerias1890.es
www.bodegasfuentereina.com

Fundus 2022 T RB
tempranillo, cabernet sauvignon, merlot

88 ★★★★ 6,5€

Aromático, especiado, herbal, silvestre, equilibrado, suave.

Pagos de Fuente Reina 2020 T
tempranillo, merlot

87 9,95€

COLONIAS DE GALEÓN
Polígono industrial Los Manantiales Fase II Nave 15-16
41370 Cazalla de La Sierra (Sevilla)
☎: +34 638 438 396
m.angeles@coloniasdegaleon.com
www.coloniasdegaleon.com

Marrurro 2021 T C
100% cabernet franc

91 ❦ 28€

Color: cereza intenso. Aroma: hierbas secas, fruta negra, tostado, hierbas silvestres. Boca: potente, fruta madura, especiado, taninos maduros.

VT VAL DO MIÑO-OURENSE

ADEGA TERRAS MANCAS
Lg. Soutomanco s/n
32172 Amoeiro (Ourense/Orense)
☎: +34 677 435 314
info@adegaterrasmancas.com
www.adegaterrasmancas.com

Terras Mancas 2021 B
albariño, treixadura, godello, loureiro

86

Terras Mancas 2023 B
albariño, treixadura, godello, loureiro

88 ★★★★ 7,87€

Cítrico, fresco, herbal, correcto.

VINOS DE LA TIERRA - VALLE DEL CINCA / I.G.P.

VIDES SINGULARES
Ferreiros, 19
32950 Coles (Ourense/Orense)
☎: +34 646 428 288
maite.maestre@videssingulares.com
www.videssingulares.com

1694 La Diestral 2022 B
albariño

92 ★★★★★   13€

Silvestre, aromas nítidos, equilibrado. Aroma: especiado, frutos secos, camomila, flores secas, toques silvestres. Boca: sabroso, fruta madura.

1719 La Diestral 2022 B
albariño, godello, loureiro

91 ★★★★★   11€

Color: pajizo brillante. Aroma: expresivo, lías finas, flores secas, especiado. Boca: largo, fresco, frutoso, fácil de beber.

Amarok 2021 T BA
mencía

91 ★★★★★   11€

Fluido, herbal, con oscuridad. Aroma: notas almizcladas, fina reducción, especiado. Boca: jugoso, muy vivo, fácil de beber.

BSM 2022 T
brancellao, sousón, mencía

91

Balsámico, rústico, suave. Color: cereza poco intenso. Aroma: fósforo, hierbas silvestres. Boca: fresco, acidez marcada.

VT VALLE DEL CINCA

FINCA VALONGA
Monte Valonga, s/n
22533 Belver de Cinca (Huesca)
☎: +34 974 435 127
teresa@valonga.com
www.valonga.com

Finca Valonga Claraluna 2021 B
90

Color: pajizo. Aroma: expresivo, flores blancas, jazmín, balsámico, equilibrado. Boca: sabroso, frutoso, equilibrado, fresco.

Finca Valonga Sofía 2022 D
87   10€

VINOS DE MESA / VINO

Los vinos de mesa son aquellos vinos que no son elaborados siguiendo los preceptos de ninguna de las anteriores categorías de producción.

A continuación se reseñan diferentes vinos elaborados en áreas geográficas que no se encuentran incluidas en ninguna Denominación de Origen Protegida ni Indicación Geográfica Protegida aunque muchos de ellos se producen en comarcas de cierta tradición vinícola. Dentro de este apartado de vino de mesa/vino se pueden encontrar también vinos con indicación de añada y variedad.

La Guía contiene 322 vinos de mesa puntuados como excelentes (90 o más puntos), lo que dice mucho de cómo hay que desterrar viejas creencias de que estos vinos son puro volumen.

Lo que sigue no intenta ser un compendio exhaustivo de los habitualmente prosaicos Vinos de Mesa, sino que quiere rescatar lo más destacado cualitativamente de lo que queda "sin etiquetar" dentro del panorama vinícola español.

Todas las bodegas están ordenadas por comunidades autónomas. Entre las marcas catadas, el lector descubrirá vinos de características singulares y, en muchos casos, de excelente calidad que pueden ser de gran interés para todos aquellos que busquen novedades y alternativas interesantes que llevar a la mesa.

ABADAL

Masia Oliveras, s/n
08279 Santa María D'Horta D'Avinyó (Barcelona)
☎: +34 938 743 511
info@abadal.net
www.abadal.net

🏆 PODIO

Abadal Sagristia C-1 BF RC
picapoll blanc, malvasía, pansera

95 37,5€

Clásico, representativo. Color: dorado brillante. Aroma: potente, complejo, frutos secos, barniz. Boca: graso, largo, especiado.

🏆 PODIO

Dolç de Foc Flama B
33% macabeo, 33% malvasía, picapoll blanc

95 76,5€

Complejo, agradable. Color: cereza brillante, borde granate. Aroma: acetaldehído, barniz, fruta escarchada, frutos secos, especias dulces. Boca: frutoso, sabroso, dulce, graso.

ABADÍA DE ARIBAYOS

Aribayos, 32 - Bis
49150 Moraleja del Vino (Zamora)
☎: +34 640 057 098
aribayos@abadiadearibayos.es
www.abadiadearibayos.es

Mesopotamia Orange 2022 B
pinot gris

89 15,9€

Oxidativo. Color: cobrizo. Aroma: fruta escarchada, notas de levadura, con carácter, caramelo tostado. Boca: graso, fruta asada.

ADEGA ENTREOSRIOS

Lugar de Entreosrios, 2
15948 Pobra do Caramiñal (A Coruña/La Coruña)
☎: +34 670 712 700
adega@entreosrios.com
www.adega.entreosrios.com

Komokabras Morado 2022 T
50% brancellao, 50% mencía

90 19€

Color: cereza, borde violáceo. Aroma: especiado, fruta negra, fruta roja, hierbas silvestres, terroso, sotobosque húmedo. Boca: frutoso, buena acidez.

Komokabras Rojo 2022 T BA S
caiño

92 19€

Con tensión, afilado. Color: Cereza. Aroma: balsámico, especias dulces, hierbas de monte, fruta roja, sotobosque húmedo. Boca: especiado, balsámico, buena acidez.

AGRÍCOLA CALCÁREA

C. Arocha, 7
11540 Sanlúcar de Barrameda (Cádiz)
agricolacalcarea@gmail.com
www.agricolacalcarea.com

Sin Bulla 2022 B
palomino

92

Equilibrado, representativo, ligera oxidación, maduro. Color: amarillo, pálido. Aroma: lías reducidas, hierbas silvestres, fruta madura, anisado, flores secas. Boca: lleno, largo, salino.

ALBARIZA DE LA TORRE

Ctra. Jerez Rota, Km. 8
11408 Jerez de la Frontera (Cádiz)
☎: +34 617 071 349
comercial@albarizadelatorre.es
www.albarizadelatorre.es

Esencia de la Torre 2023 B MO SD
moscatel de alejandría

87 10,3€

Esencia de la Torre Chardonnay 2023 B
chardonnay

85 🌱 10,2€

Esencia de la Torre Petit Verdot 2019 T
petit verdot

89 🌱 15,3€

Amable, especiado, balsámico, sabroso, correcto, equilibrado. Aroma: tostado. Boca: taninos secos pero maduros.

ALEMANY I CORRIO

Melió, 78
08720 Vilafranca del Penedés (Barcelona)
☎: +34 661 850 498
sotlefriec@sotlefriec.com
www.alemany-corrio.com

Cal Ganso 2021 T
50% cariñena, 50% tinta amarela

92 32€

Con oscuridad, balsámico. Color: cereza intenso. Aroma: fruta madura, hierbas secas, roble cremoso. Boca: potente, fruta madura, especiado, taninos maduros.

Cargol Treu Vi 2022 B
100% xarel.lo

92 🌱 22€

Color: pajizo. Aroma: expresivo, flores blancas, jazmín, hierbas secas. Boca: sabroso, frutoso, equilibrado.

Pas Curtei 2022 T
50% cariñena, 30% merlot, 20% cabernet sauvignon

91 20€

Poco intervencionista. Color: cereza intenso. Aroma: fruta confitada, hierbas de monte, terroso. Boca: fruta madura, especiado, taninos maduros.

🏆 **PODIO**

Sot Lefriec 2019 T
40% cariñena, 40% merlot, 20% cabernet sauvignon

95 70€

Color: Cereza. Aroma: complejo, expresivo, especiado, mineral, fruta madura, fruta negra. Boca: elegante, lleno, largo, persistente.

ALKAZAR BULDING
Pol. 24 Parc. 34
12185 Onda (Castelló/Castellón)
☎: +34 640 920 693
eshop@letsbeteam.com
www.vizuecos.com

Vizuecos Excellence 2020 T
100% cabernet sauvignon

88 25€

Corpulento, especiado, hierbas secas, maduro, con oscuridad.

Vizuecos Selection 2020 T
70% garnacha, 30% cariñena

90 15€

Con oscuridad, tostado. Color: cereza oscuro. Aroma: especiado, cacao fino, hierbas de monte. Boca: sabroso, tostado, fino amargor.

ALTA ALELLA
Camí Baix de Tiana s/n
08328 Alella (Barcelona)
☎: +34 934 693 720
info@altaalella.wine
www.altaalella.wine

AA Dolç de Neu 2023 B BA D
pansa blanca

94 ★★★ 🌱 20,5€

Color: amarillo brillante. Aroma: fruta madura, fruta escarchada, notas amieladas, especiado, flores secas. Boca: sabroso, untuoso, frutoso, dulce.

AA Dolç Mataró 2021 T D

91 🌱 20,5€

Color: cereza, borde granate. Aroma: fruta confitada, especiado, tostado, terroso, hierbas silvestres. Boca: potente, sabroso, equilibrado.

ALTO DE INAZARES
Camino de Majarazan, s/n Finca El Altico
30413 Moratalla (Murcia)
☎: +34 639 634 507
jpina@altodeinazares.com
www.altodeinazares.com

Alto de Inazares Blanco de Blancas 2022 B
61% viognier, 27% chardonnay, 7% gewürztraminer, 5% riesling

90 22€

Color: pajizo brillante. Aroma: hierbas de tocador, lías finas, fruta blanca. Boca: buena acidez, equilibrado, salino.

Alto de Inazares Cruzado 2022 T
77% monastrell, 13% syrah, 10% viognier

89 18€

Hierbas secas, maduro, frutal, fluido.

Alto de Inazares Majarazán 2021 T
90% monastrell, 7% syrah, 3% pinot noir

89 23€

Equilibrado, especiado, herbáceo, maduro, tostado.

Alto de Inazares Monastrell 2022 T
100% monastrell

89 🌱 21€

Maduro, frutal, especiado, fluido, amable.

Alto de Inazares Pinot Noir 2022 T C
100% pinot noir

90 🌱 30€

Color: cereza, borde violáceo. Aroma: fruta roja, floral, especiado, fruta negra, hoja de té. Boca: sabroso, frutoso, buena acidez.

Alto de Inazares Syrah 2021 T
100% syrah

91 🌱 27€

Color: cereza intenso. Aroma: fruta madura, hierbas secas, roble cremoso. Boca: fruta madura, especiado, taninos maduros.

Alto de Inazares Viognier 2022 B
100% viognier

91 🌱 25€

Austero. Color: pajizo brillante. Aroma: fruta madura, hierbas de tocador, lías finas. Boca: lleno, buena acidez, sabroso, salino.

ALTOS DEL ENEBRO
09460 Milagros (Burgos)
☎: +34 619 409 097
comercial@altosdelenebro.es
www.altosdelenebro.es

Altos del Enebro La Goyesca 2018 B
albillo mayor

93

Con personalidad, con vejez. Color: amarillo brillante. Aroma: roble cremoso, fruta madura, especiado, expresivo. Boca: graso, estructurado, largo, tostado, fino amargor, cremoso.

ÀNIMA NEGRA VITICULTORS
3ª Volta, 18
07200 Faianitx (Illes Balears/Islas Baleares)
☎: +34 971 584 481
admin@annegra.com
www.animanegra.com

Quíbia 2023 B
prensal, giró ros

90   17,95€

Aroma: flores blancas, jazmín, hierbas secas. Boca: sabroso, frutoso, equilibrado.

ARQUEOGASTRONOMÍA
11560 Trebujena (Cádiz)
☎: +34 661 308 787
arqueogastronomia@gmail.com
www.arqueogastronomia.com

Entasis 2022 BF
90% perruno, 10% palomino

94   24€

Color: oro viejo. Aroma: fruta escarchada, caramelo tostado, frutos secos. Boca: sabroso, largo, equilibrado.

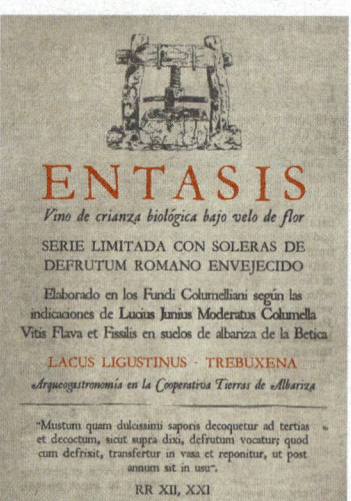

Favonio 2022 B
vidueño

88 🌿   23€

Con personalidad, poco intervencionista. Aroma: tufos de reducción, mineral, notas almizcladas, notas de cereal.

Lixivo 2022 B
vidueño

92 🌿   23,5€

Con personalidad, oxidativo. Color: oro viejo. Aroma: notas de levadura, frutos secos. Boca: equilibrado, fino amargor, correcto.

Paladio 2022 B
90% palomino, 10% moscatel

91   17,5€

Aromático, representativo. Color: amarillo brillante. Aroma: apio, hierbas secas, levaduras de flor, punzante. Boca: equilibrado, largo.

ATTIS BODEGA Y VIÑEDOS
Lg. Morouzos, 16D - Dena
36967 Meaño (Pontevedra)
☎: +34 986 744 790
administracion@attisbyv.com
www.attisbyv.com

Sitta 2023 RD
caíño, pedral, espadeiro

89   15,4€

Aromas nítidos, cítrico, correcto, frutal, silvestre, suave, agradable, fresco. Boca: fácil de beber.

Sitta Ancestros 2017 B
100% albariño

93   124,8€

Color: amarillo brillante. Aroma: especiado, caramelo de limón, lías finas, pastelería, expresivo. Boca: lleno, largo, fruta madura, equilibrado, redondo.

🏆 **PODIO**

Sitta Dulce Nana 2022 B D
100% albariño

95   57€

Diferente, exuberante, flores secas. Color: dorado brillante. Aroma: floral, camomila, cera, notas amieladas. Boca: lleno, muy vivo, equilibrado, buena acidez.

Sitta Pereiras 2023 B D
100% albariño

90   26,9€

Ácido, cítrico, suave. Aroma: floral, fruta fresca. Boca: fácil de beber.

AUTÓCTON CELLER

Camí del Cementiri, s/n
43717 La Bisbal del Penedès (Tarragona)
☎: +34 672 432 691
autocton@autoctonceller.com
www.autoctonceller.com

Autócton Blanc 2021 B FB
100% xarel.lo

91 ★★★★★   11,5€

Austero. Color: pajizo brillante. Aroma: hierbas de tocador, lías finas, fruta blanca, mineral. Boca: lleno, graso, buena acidez.

Autócton Blanc 2022 B FB
100% xarel.lo

90 ★★★★   11,5€

Color: pajizo. Aroma: hierbas secas, flores marchitas, fruta blanca, fruta asada. Boca: potente, fruta madura, equilibrado.

Autócton Negre 2016 T
100% sumoll

91 ★★★★★   11,5€

Color: cereza brillante. Aroma: fruta negra, fruta madura, fruta roja, toques silvestres, especiado, hierbas de monte. Boca: frutoso, fresco, sabroso, taninos secos pero maduros.

Gran Autócton Blanc 2021 B
90% xarel.lo, 10% malvasía de Sitges

92 ★★★   17€

Color: pajizo. Aroma: hierbas secas, flores marchitas, fruta blanca, fruta madura, pimienta negra. Boca: fruta madura, equilibrado.

Gran Autócton Blanc 2022 B
90% xarel.lo, 10% malvasía de Sitges

93 ★★★★   17€

Color: pajizo. Aroma: fruta madura, hierbas secas, flores marchitas, piedra seca, notas anisadas. Boca: potente, fruta madura, equilibrado, opulento.

Gran Autócton Negre 2017 T
100% sumoll

93 ★★★★   17€

Color: cereza brillante. Aroma: expresión frutal, fruta madura, fruta roja, fruta macerada, flores secas, especiado. Boca: frutoso, sabroso, equilibrado, retronasal afrutado, taninos maduros.

Gran Autócton Negre 2020 T
100% sumoll

93 ★★★★   17€

Color: cereza brillante. Aroma: expresión frutal, fruta madura, fruta negra, fruta roja, hierbas silvestres, violetas, con carácter. Boca: frutoso, fresco, muy vivo, sabroso, equilibrado.

BARCO DEL CORNETA

Carreventosa, 7
47491 La Seca (Valladolid)
☎: +34 648 454 958
info@barcodelcorneta.com
www.barcodelcorneta.com

Parajes del Infierno "El Judas" 2021 B FB

94   35€

Color: amarillo brillante. Aroma: flores secas, fruta escarchada, lías finas, notas de cereal. Boca: redondo, especiado, persistente.

🏆 PODIO

Parajes del Infierno "La Sillería" 2021 B FB
verdejo

95   37,5€

Color: pajizo brillante. Aroma: expresivo, fruta madura, floral, lías finas, mineral. Boca: lleno, complejo, especiado, largo, elegante.

Prapetisco 2020 T
juan garcía

90

Color: cereza, borde granate. Aroma: fruta confitada, fruta al licor, terroso, mineral, pimienta negra. Boca: sabroso, dulcedumbre, largo.

VINOS DE MESA / VINO

BELONDRADE

Paraje de los Levantes, Quinta San Diego
47491 La Seca (Valladolid)
☎: +34 983 481 001
info@belondrade.com
www.belondrade.com

🏆 **PODIO**

Belondrade Les Parcelles 2019 B
100% verdejo

100 275€

Clásico, complejo, sabroso. Color: dorado brillante. Aroma: elegante, fruta escarchada, especias dulces, hidrocarburo. Boca: lleno, sabroso, amargoso, buena acidez.

BERNARDO ESTÉVEZ

Outeiro Cruz, 56
32417 Arnoia (Ourense/Orense)
☎: +34 649 541 711
bernardoestevezvillar@yahoo.es

Chanselus 2017 B
92

Poco intervencionista. Color: amarillo brillante. Aroma: flores secas, fruta escarchada, pastelería, lías reducidas. Boca: redondo, especiado, largo, persistente.

BODEGA ALISTE

Plaza de España, 4
49520 Figueruela de Abajo (Zamora)
☎: +34 676 986 570
javier@hacedordevino.com
www.vinosdealiste.com

Llamoricas 2022 T
70% tempranillo, 9% syrah, 7% garnacha tintorera, 2% garnacha, 12% verdejo, godello

89 30€

Confitado, corpulento, fruta golpeada. Aroma: con carácter, potente. Boca: sabroso, taninos maduros.

Marina de Aliste 2022 T
85% tempranillo, 10% syrah, 5% mencía

89 15€

Frutal, ahumado, tostado, acidez marcada, algo secante.

BODEGA BELL CROS

Pol. Sort dels Capellans, Carretera Bellmunt s/n
43730 Falset (Tarragona)
☎: +34 621 210 744
info@bellcros.com
www.bellcros.com

Ida & Peter 2023 BE EBR
garnacha blanca

90 🌱 18€

Amable, notas de levadura, correcto. Aroma: fruta blanca, fruta golpeada. Boca: fácil de beber, jugoso.

La Figaflor 2023 B
garnacha

89 🌱 13€

Aromático, frutal, maduro, muy primario, correcto, sabroso.

BODEGA DE FORLONG

Ctra. Jerez-Rota, km. 5
11500 El Puerto de Santa María (Cádiz)
☎: +34 620 211 203
info@bodegadeforlong.com
www.bodegadeforlong.com

Forlong 2023 B
91 🌱

Color: pajizo. Aroma: fruta madura, hierbas secas, flores marchitas. Boca: fruta madura, equilibrado, mineral, sabroso, carnoso.

Forlong Mon Amour 2021 B
90 🌱

Amaderado, cremoso. Color: amarillo brillante. Aroma: potente, roble cremoso, fruta madura, especiado. Boca: graso, estructurado, tostado, fino amargor.

BODEGA DEITANIA
El Molino, 94
02660 Caudete (Albacete)
☎: +34 965 827 023
administracion@bodegadeitania.com
www.bodegadeitania.com

Cerva 2023 T
80% forcallat, 20% monastrell

87   10,5€

Deitum 2023 B
70% chardonnay, 30% sauvignon blanc

89 ★★★★   6,5€

Cítrico, fresco, herbal, correcto, pulido.

Deitum 2023 RD
100% forcallat

89 ★★★★   6,5€

Cítrico, equilibrado, flores secas, herbal, sabroso.

Deitum 2023 T
50% forcallat, 50% garnacha

88 ★★★★   6,5€

Frutal, hierbas secas, especiado, maduro.

BODEGA DUSSART PEDRÓN
Saliente, 12
46355 Los Pedrones (València/Valencia)
☎: +34 722 270 944
bodegadussartpedron@gmail.com
www.bodegadussartpedron.com

Le Vermentino 2022 B
vermentino

92 🌿   19€

Color: pajizo. Aroma: flores blancas, jazmín, hierbas secas, fósforo, fruta blanca. Boca: sabroso, frutoso, equilibrado.

BODEGA ECOLÓGICA KIENINGER
Los Frontones, s/n
29400 Ronda (Málaga)
☎: +34 630 161 156
martin@bodegakieninger.com
www.bodegakieninger.com

7 Vin Blau y Zweigelt 2019 T
blaufraenkisch, zweigelt

91 ★★★★ 🌿   14€

Con oscuridad, poco intervencionista. Color: cereza brillante. Aroma: fruta fresca, roble cremoso, fruta roja, fruta negra, terroso. Boca: buena acidez, especiado, taninos finos.

Rosara 2023 RD
blaufraenkisch

89 🌿   18€

Afilado, frutal, herbal, sabroso.

BODEGA ILLADA
Calle Nueva, 31, La Cruz Santa
38413 Los Realejos (Santa Cruz de Tenerife)
☎: +34 627 229 735
bodegaillada@gmail.com

El Reboso 2022 B RB
listán blanco

89   12€

Aromático, madera marcada, correcto, maduro, tostado. Aroma: fruta de hueso.

El Reboso Vijariego 2022 T RB
vijariego negro

89   15€

Confitado, exuberante, goloso, especiado, boca correcta. Boca: taninos dulces.

BODEGA LATARCE

Ctra. Medina de Rioseco, Km 1
49800 Toro (Zamora)
☎: +34 980 564 096
info@bodegalatarce.com
www.bodegalatarce.com

Latarce Dulce 2022 T
tinta de Toro

91

Opulento, dulce. Color: cereza opaco. Aroma: fruta al licor, fruta golpeada, fruta pasificada. Boca: lleno.

BODEGA LUIS PÉREZ

Ctra. el Calvario
11408 Jerez de la Frontera (Cádiz)
☎: +34 956 031 193
info@bodegasluisperez.com
www.bodegasluisperez.com

🏆 PODIO

La Escribana 2022 B

96

Aromas nítidos, con personalidad, ligera oxidación. Aroma: elegante, expresivo, fruta blanca, fruta madura, apio. Boca: lleno, complejo, mineral.

BODEGA MERIDIANO PERDIDO

Urb. Parque Avda. Bloque 1-1º
11405 Jerez de la Frontera (Cádiz)
pedidos@gomezbeser.com
www.meridianoperdido.com

Meridiano Perdido 2021 B
palomino

93 ★★★★ 🌿   17,5€

Color: amarillo brillante. Aroma: especiado, floral, fruta madura, lías finas. Boca: estructurado, sabroso, complejo, fino amargor.

BODEGA MUELAS

Santa María, 3
47100 Tordesillas (Valladolid)
☎: +34 680 248 368
info@bodegamuelas.com
www.bodegamuelas.com

Osluga Precioso B Solera
100% verdejo

94   75€

Color: yodo, borde ambarino. Aroma: potente, frutos secos, roble cremoso, barniz, especias dulces. Boca: graso, largo, especiado, salino, buena acidez.

BODEGA MUSTIGUILLO

El Terrerazo Ctra. N-330 km. 195
46300 Utiel (València/Valencia)
☎: +34 962 168 260
info@bodegamustiguillo.com
www.bodegamustiguillo.com

Finca Calvestra Margas 2019 B
merseguera

94 🌿

Color: amarillo brillante. Aroma: flores secas, fruta escarchada, lías finas, pastelería, cera. Boca: redondo, especiado, largo, persistente.

Finca Calvestra Merseguera 2022 B

93 🌿

Aromático, aromas nítidos. Color: pajizo. Aroma: flores blancas, jazmín, hierbas secas. Boca: sabroso, frutoso, equilibrado.

BODEGA PALOMILLO

Po. Ind.S.2 C/ Pr. José Viudez Moya 5-6
04600 Huercal Overa (Almería)
☎: +34 697 784 727
bodegapalomillo@gmail.com
www.bodegapalomillo.es

12 + 12 "Paco Palomillo" T C
60% syrah, 30% merlot, 10% tempranillo

89 🌿   18€

Confitado, cálido, herbáceo, especiado, potente, sabroso.

Está por venir 2022 T
tempranillo

87 ★★★★ 🌿   7€

Joya del Mediterráneo 2022 B
vermentino, chardonnay

88 ★★★★ 🌿   7€

Aromas nítidos, frutal, maduro, sabroso, silvestre, sencillo.

BODEGA PRIVILEGIO DEL CONDADO

San José, 2
21710 Bollullos par del Condado (Huelva)
☎: +34 959 410 261
comercial@vinicoladelcondado.com
www.vinicoladelcondado.com

Carámbano Ice Wine B D

92

Color: amarillo brillante. Aroma: fruta escarchada, notas amieladas, fruta tropical, especiado. Boca: sabroso, frutoso, graso, con poca acidez.

BODEGA SIESTO
Calle La Presa, 40
49152 Sanzoles (Zamora)
☎: +34 657 689 542
vsiesto@hotmail.com
www.bodegasiesto.com

Siesto 2020 T C
50% tempranillo, 50% bruñal

93   20,5€

Complejo. Color. Cereza. Aroma: expresivo, especiado, mineral, fruta madura, terroso. Boca: lleno, largo, persistente.

Vino de Contrabando 2022 T C
70% tempranillo, 30% touriga nacional

91 ★★★   15€

Color. cereza intenso. Aroma: hierbas secas, fruta madura, fruta negra, tostado, chocolate. Boca: fruta madura, especiado, taninos potentes.

BODEGA TORRALBA
Camí de Macarella, Km. 12 s/n
07760 Ciutadella de Menorca (Illes Balears/Islas Baleares)
☎: +34 971 713 550
administracion@bodegatorralba.es
www.bodegatorralba.es

Alba Blanca Garnacha 2023 B
garnacha blanca

86   26€

Alba Negra Garnacha 2023 T
garnacha

91   26€

Color. cereza, borde violáceo. Aroma: expresión frutal, fruta roja, floral, especiado, madera marcada. Boca: sabroso, frutoso, carnoso.

BODEGA TRES PILARES
El Rancho, 3
47491 La Seca (Valladolid)
☎: +34 983 816 682
bodega3pilares@gmail.com
www.bodega3pilares.com

Mónica Fernández Oxidativa 2017 B
verdejo

93

Color. amarillo, dorado. Aroma: madera marcada, especiado, fruta madura, fruta macerada. Boca: sabroso, lleno, persistente, tostado.

Mónica Fernández Solera B

93

Color. yodo, borde ambarino. Aroma: complejo, roble cremoso, barniz, frutos secos. Boca: especiado, redondo, madera vieja, matices de solera.

BODEGA WIN
Ctra. Renedo - Pesquera, VP-3012
47359 Valbuena de Duero (Valladolid)
☎: +34 983 683 3315
comunicacion@win-zero.com
www.win-zero.com

Win Verdejo B
verdejo

77   8,52€

BODEGA Y VIÑEDOS CAN RICH
Camí de Sa Vorera, s/n
07820 San Antonio (Illes Balears/Islas Baleares)
☎: +34 971 803 377
info@bodegascanrich.com
www.bodegascanrich.com

Can Rich Rosat 2021 RE BN
monastrell, moscatel de alejandría

87 ♣   17€

BODEGA Y VIÑEDOS CERRO SAN CRISTÓBAL
Finca Llanos del Silencio Km 2 H-8105
21350 Almonaster La Real (Huelva)
☎: +34 676 619 818
info@bodegacerrosancristobal.com
www.bodegacerrosancristobal.com

Dominio del Verso 2018 T
garnacha tintorera, tempranillo, syrah

92   29,5€

Corpulento, maduro, clásico. Color. Cereza. Aroma: complejo, expresivo, especiado, chocolate. Boca: lleno, largo, persistente, taninos dulces.

BODEGAS 7 LINDES
Calle Los Bonillas, 4
16270 Villalpardo (Cuenca)
☎: +34 606 514 936
perorubio@gmail.com

Clemencia 2021 T
90% bobal, 10% moravia

91 ★★★★   14€

Color. cereza, borde violáceo. Aroma: expresión frutal, fruta roja, especiado, fruta negra, hierbas silvestres. Boca: sabroso, frutoso, fresco, fluido.

VINOS DE MESA / VINO

BODEGAS ALBAMAR
O Adro, 11 - Castrelo
36639 Cambados (Pontevedra)
☎: +34 660 292 750
xurxoalbamar@gmail.com

Albamar Clarete 2023 RD
90
Con oscuridad, poco intervencionista, rústico. Color: cobrizo. Aroma: hierbas silvestres, con carácter. Boca: acidez marcada, fresco, frutoso.

O Sebal 2023 B
92
Con personalidad. Color: pajizo brillante. Aroma: mineral, bajamar, hierbas secas, notas almizcladas. Boca: buena acidez, fino amargor, equilibrado, con tensión.

BODEGAS ARZUAGA NAVARRO
Ctra. Nac. 122, Km. 325
47350 Quintanilla de Onésimo (Valladolid)
☎: +34 983 681 146
bodeg@arzuaganavarro.com
www.arzuaganavarro.com

Fan D.Oro 2022 B FB S
chardonnay
91   18€
Color: amarillo brillante. Aroma: roble cremoso, fruta madura, especiado. Boca: graso, estructurado, largo, tostado, fino amargor.

BODEGAS AYUSO
Polígono Eras de Santa Lucía, Parcela 35.1
02600 Villarrobledo (Albacete)
☎: +34 967 140 458
latienda@bodegasayuso.es
www.bodegasayuso.es

Azares Chardonnay 2023 B
100% chardonnay
86   7€

Azares Petit Verdot - Syrah 2021 T
50% petit verdot, 50% syrah
88 ★★★★   8€
Frutal, especiado, maduro, algo secante, muy tostado (torrefactado).

BODEGAS BAL MINUTA
Ctra. Barbenuta, Km. 8
22637 Barbenuta (Huesca)
☎: +34 677 254 659
www.bodegasbalminuta.es

De las Nieves 2023 B
100% riesling
90 🌱   17€
Color: pajizo brillante. Aroma: expresión frutal, fruta madura, floral, fruta blanca, cítricos. Boca: sabroso, fresco, buena acidez, retronasal afrutado, frutoso, mineral.

Manelmia 2021 BE R BN
100% chardonnay
92 🌱   20€
Color: amarillo. Aroma: lías finas, hierbas de tocador, con carácter, fruta madura, flores marchitas. Boca: sabroso, buena acidez, fino amargor, equilibrado.

Viña Balen 2020 T GR
100% garnacha
88 🌱   28€
Frutal, maduro, hierbas secas, algo secante, especiado.

BODEGAS BIGARDO
Plaza de San Agustín, 1
49800 Toro (Zamora)
☎: +34 651 999 917
vinobigardo@gmail.com
www.bigardo.es

Algoritmo 2023 B
50% malvasía, 50% albillo
89 ★★★   10€
Cítrico, con carbónico, floral, herbal, notas de levadura, poco intervencionista.

BODEGAS BORSAO
Camino del Tejar s/n
50540 Borja (Zaragoza)
☎: +34 976 867 116
m.sancho@bodegasborsao.com
www.bodegasborsao.com

Viña Borgia by Borsao 2023 T
garnacha
87 ★★★★ 🌱   6,5€

BODEGAS BRECA

Ctra. Monasterio de Piedra, s/n
50219 Munébrega (Zaragoza)
☎: +34 952 504 706
info@jorgeordonez.es
www.jorgeordonez.es

Breca 2021 T FB
garnacha

91　　　　　　　　　　　　　　　16,1€

Color: cereza, borde granate. Aroma: tostado, chocolate, fruta pasificada, fruta negra. Boca: sabroso, dulcedumbre, largo.

Breca El Nacido 2023 T
90 ★★★　　　　　　　　　　　　12,5€

Color: cereza, borde granate. Aroma: fruta confitada, fruta al licor, potente. Boca: sabroso, dulcedumbre, largo.

Breca Rosé 2023 RD
89　　　　　　　　　　　　　　　12,55€

Agradable, aromático, aromas nítidos, frutal.

Brega 2020 T
93　　　　　　　　　　　　　　　32,75€

Color. Cereza. Aroma: complejo, expresivo, especiado, mineral, fruta negra, fruta madura. Boca: lleno, largo, persistente.

BODEGAS CABALLERO

San Francisco, 32
11500 El Puerto de Santa María (Cádiz)
☎: +34 956 751 851
marketing1@caballero.es
www.caballero.es

Abulaga B SS
moscatel de alejandría

86　　　　　　　　　　　　　　　5,2€

BODEGAS CAMPESTRAL

Ctra. Arcos-Algar, km. 7
11630 Arcos de la Frontera (Cádiz)
☎: +34 670 586 035
info@campestral.es
www.campestral.es

Campestral AbuelHita 2021 T D
tintilla de rota, petit verdot, merlot

92　　　　　　　　　　　　　　　59€

Color: cereza oscuro. Aroma: ebanistería, fruta pasificada, asoleado, hierbas de monte, hierbas secas. Boca: sabroso, equilibrado, balsámico.

Campestral L'Orange 2023 B
palomino

88　　　　　　　　　　　　　　　18,9€

Poco intervencionista, ligera oxidación, maduro, persistente, con personalidad. Aroma: notas almizcladas.

Campestral Petit Verdot Coupage de Barricas 2021 T C
petit verdot

90　　　　　　　　　　　　　　　29,5€

Clásico. Color: cereza oscuro. Aroma: hierbas secas, ahumado, tostado, fruta negra. Boca: fruta madura, especiado, taninos maduros.

Campestral Red 2021 T C
syrah, merlot, cabernet sauvignon, tintilla de rota, petit verdot

86　　　　　　　　　　　　　　　10,5€

Campestral White B
palomino

88 ♣　　　　　　　　　　　　　　10,5€

Poco intervencionista, silvestre, aromas nítidos, flores secas, correcto. Aroma: notas de cereal.

Campestral White envejecido bajo Velo 2021 B
100% palomino

91 ♣　　　　　　　　　　　　　　18,9€

Aromático, silvestre, poco intervencionista. Aroma: flores marchitas, fruta de hueso, fruta madura, levaduras de flor. Boca: fino amargor, fácil de beber, equilibrado, salino.

VINOS DE MESA / VINO

BODEGAS CARCHELO
Casas de La Hoya, s/n
30520 Jumilla (Murcia)
☎: +34 968 435 137
info@carchelo.com
www.carchelo.com

Vina Maris 2023 B
verdejo, sauvignon blanc
89   59,9€
Suave, sabroso, herbal, frutal, amable.

BODEGAS CARPE DIEM
Avda. de las Américas, 35
29532 Mollina (Málaga)
☎: +34 622 716 321
promocion@bodegascarpediem.com
www.bodegascarpediem.com

Carpe Diem Envejecido 2022 B FI
100% pedro ximénez
90 ★★★★★   7,7€
Color: amarillo brillante. Aroma: levaduras de flor, lías reducidas, punzante, rancio. Boca: amargoso, especiado, carnoso.

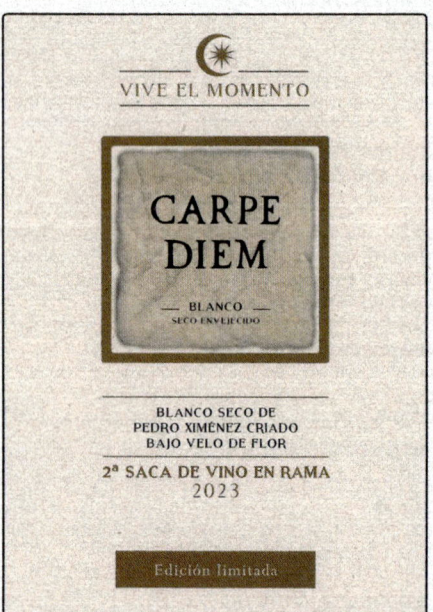

BODEGAS CASAL DE ARMÁN
32415 Ribadavia (Ourense/Orense)
☎: +34 680 979 763
info@casaldearman.net
www.casaldearman.net

Arman Doce Dulce B D
93   28€
Color: amarillo brillante. Aroma: balsámico, notas amieladas, floral, especias dulces, expresivo, fruta de hueso. Boca: graso, frutoso, potente, sabroso, elegante.

El Incomprendido B
92   28€
Color: amarillo brillante. Aroma: balsámico, floral, hierbas de monte, con carácter, equilibrado, notas amieladas. Boca: jugoso, fácil de beber.

BODEGAS CASTIBLANQUE
Isaac Peral, 19
13610 Campo de Criptana (Ciudad Real)
☎: +34 926 589 147
ma.castiblanque@bodegascastiblanque.com
www.bodegascastiblanque.com

Alejandrino I BE SD
100% moscatel
83   7,95€

Baldor Chardonnay B FB
100% chardonnay
87 ★★★   8€

Cripto 2021 T
tempranillo
86   4€

Señorío de Mareste T
tempranillo
83   5€

Silicon Red T
tempranillo
83   5€

Solamente Gold T
tempranillo
86   4€

BODEGAS CUATRO RAMAS
Camino de las Torres 92. 7 Dcha
50008 Zaragoza (Zaragoza)
☎: +34 670 540 227
bodegascuatroramas@gmail.com
www.bodegascuatroramas.com

Cuatro Ramas 2022 T
100% garnacha
87   20€

BODEGAS EJEANAS
Avda. Cosculluela, 23
50600 Ejea de Los Caballeros (Zaragoza)
☎: +34 976 663 770
info@bodegasejeanas.com
www.bodegasejeanas.com

Un Uva Nocturna Blanco Verde 2022 B FB
verdejo, garnacha

87 ★★★★　　　　　　　　6€

BODEGAS EL PARAGUAS
Lugar de A Aldea de Cobas, 135
15594 Ferrol (A Coruña/La Coruña)
☎: +34 636 161 479
info@bodegaselparaguas.com
www.bodegaselparaguas.com

Astillero 2022 B
100% blanco lexítimo

94　　　　　　　　　　　75€

Diferente, jugoso, fresco, con personalidad, con potencial. Color: amarillo brillante. Aroma: expresivo, equilibrado, franco, fresco, mineral, balsámico, yodado. Boca: fresco, salino, fino amargor, con tensión.

BODEGAS FRONTONIO
Cº de las Bodegas, s/n
50109 Alpartir (Zaragoza)
☎: +34 638 961 395
sales@bodegasfrontonio.com
www.bodegasfrontonio.com

🏆 **PODIO**

El Jardín de las Iguales Garnacha 2022 T
garnacha

97　　　　　　　　　　221,31€

Complejo, exuberante. Color: cereza brillante. Aroma: complejo, expresivo, especiado, mineral, fruta roja, fruta madura, cítricos. Boca: lleno, largo, persistente, muy vivo.

🏆 **PODIO**

El Jardín de las Iguales Macabeo 2021 B
macabeo

97　　　　　　　　　　192,75€

Cítrico, con tensión. Color: pajizo brillante. Aroma: fruta madura, floral, lías finas, mineral, expresión frutal. Boca: lleno, complejo, especiado, largo, elegante.

Frontonio Elástico 2020 B

94　　　　　　　　　　　30€

Aromas nítidos, amable, con tensión. Color: pajizo brillante. Aroma: expresión frutal, fruta madura, floral. Boca: sabroso, fresco, buena acidez, retronasal afrutado.

Frontonio Elástico 2022 B

93　　　　　　　　　　　30€

Cítrico. Color: pajizo brillante. Aroma: fruta madura, hierbas de tocador, notas de cereal. Boca: lleno, largo, buena acidez.

🏆 **PODIO**

Frontonio La Cerqueta 2022 T
garnacha, garnacha peluda, vidadillo, macabeo

95　　　　　　　　　　　45€

Aromas nítidos, balsámico, cítrico. Color: cereza, borde violáceo. Aroma: expresión frutal, fruta roja, floral, especiado. Boca: sabroso, frutoso, buena acidez, largo.

🏆 **PODIO**

Frontonio La Loma y Los Santos 2022 B
garnacha blanca, macabeo

96　　　　　　　　　　49,83€

Aromas nítidos, con tensión. Color: pajizo brillante. Aroma: expresivo, fruta madura, floral, lías finas, mineral. Boca: complejo, especiado, largo, elegante.

Frontonio Psicodélico 2022 T BA

93

Complejo, con personalidad. Color: cereza poco intenso. Aroma: balsámico, especias dulces, hierbas secas, hierbas de tocador. Boca: especiado, balsámico, buena acidez, taninos secos pero maduros.

Frontonio Telescópico 2022 T
garnacha, garnacha peluda, cariñena

93　　　　　　　　　　　23€

Color: cereza brillante. Aroma: balsámico, especias dulces, hierbas de monte, fruta roja, hierbas silvestres. Boca: especiado, balsámico, buena acidez.

🏆 **PODIO**

Las Alas de Frontonio La Tejera 2022 T FB
95% garnacha, 5% macabeo

96　　　　　　　　　　62,75€

Aromas nítidos, floral, frutal. Color: cereza brillante. Aroma: fruta roja, floral, especiado, expresivo, complejo. Boca: sabroso, frutoso, buena acidez, largo.

🏆 **PODIO**

Supersónico Frontonio 2022 T
90% garnacha, 10% macabeo

95　　　　　　　　　　24,49€

Aromas nítidos, amable. Color: cereza, borde violáceo. Aroma: expresión frutal, fruta roja, floral, especiado. Boca: sabroso, frutoso, buena acidez, largo.

VINOS DE MESA / VINO

VINOS DE MESA / VINO

BODEGAS GUTIÉRREZ DE LA VEGA
Les Quintanes, 1
03792 Parcent (Alacant/Alicante)
☎: +34 966 403 871
info@bodegasgutierrezdelavega.es
www.bodegasgutierrezdelavega.es

Casta Diva
Cosecha Dorada 2022 B
moscatel
92
Color: pajizo brillante, borde verdoso. Aroma: fruta fresca, cítricos, hierbas silvestres, camomila, especias dulces. Boca: frutoso, buena acidez, fino amargor.

Casta Diva
Cosecha Miel Dulce 2022 B D
93
Color: amarillo brillante. Aroma: flores secas, lías finas, pastelería, fruta de hueso, cítricos. Boca: redondo, especiado, largo, persistente.

Casta Diva Monte Diva 2022 B
moscatel
94   25€
Aromático, con personalidad, exuberante. Aroma: hierbas de monte, hierbas silvestres, complejo, cítricos. Boca: varietal, fino amargor, taninos finos.

🏆 PODIO

La Diva Dulce 2020 B D
95
Color: dorado. Aroma: potente, notas amieladas, fruta escarchada, hierbas de tocador, acetaldehído, piel de naranja. Boca: dulce, fresco, frutoso, buena acidez, largo.

🏆 PODIO

Recóndita Armonía 2011 T Solera D
96
Complejo, sabroso, jugoso. Color: cereza brillante, borde granate. Aroma: acetaldehído, barniz, fruta escarchada, fruta negra. Boca: frutoso, sabroso, dulce.

Recóndita Armonía 2022 T
93
Color: cereza, borde granate. Aroma: fruta confitada, especiado, tostado, ebanistería. Boca: potente, sabroso, graso, dulce.

Recóndita Armonía Dulce 2022 T D
93
Color: cereza, borde granate. Aroma: fruta confitada, especiado, tostado, ebanistería, hierbas de monte. Boca: potente, sabroso, dulce.

Tío Raimundo 2017 B
moscatel
92   30€
Con personalidad. Aroma: varietal, fruta blanca, tostado, ahumado, especiado, notas de levadura, levaduras de flor, frutos secos. Boca: fino amargor.

Viña Ulises 2022 T
giró
92 ★★★★   15€
Aroma: fruta roja, fruta madura, franco, floral. Boca: equilibrado, fácil de beber, jugoso, taninos finos.

BODEGAS HIDALGO-LA GITANA
Banda de la Playa, 42
11540 Sanlúcar de Barrameda (Cádiz)
☎: +34 956 385 304
bodegashidalgo@lagitana.es
www.lagitana.es

Las 30 del Cuadrado 2022 B FB
100% palomino
91 ★★★★   12,95€
Oxidativo. Color: dorado brillante. Aroma: lías reducidas, notas almizcladas, fruta escarchada, rancio. Boca: sabroso, potente.

BODEGAS IGNACIO MARÍN
Ctra. N-330, Km. 449
50400 Cariñena (Zaragoza)
☎: +34 976 142 494
sales@ignaciomarin.com
www.ignaciomarin.com

Divinis 2022 T
90% garnacha, 10% cariñena
90 ★★★★★   9€
Correcto, fresco, especiado, herbal. Boca: frutoso, estructurado, jugoso, pulido, fácil de beber.

Divinis 2023 B
90% garnacha blanca, 10% macabeo
89 ★★★★   9€
Aromas nítidos, correcto, floral, jugoso, suave, varietal. Aroma: lías finas.

BODEGAS IRANZO
46315 Caudete de las Fuentes (València/Valencia)
☎: +34 962 319 282
comercial@bodegasiranzo.com
www.bodegasiranzo.com

Living Semillon 2023 B
semillón
87 ★★★ 🌱   7,5€

BODEGAS JOSÉ PARIENTE

Ctra. de Rueda, km. 2.5
47491 La Seca (Valladolid)
☎: +34 983 816 600
info@josepariente.com
www.josepariente.com

🏆 PODIO

José Pariente 25 Años de Crianza en Barrica 1998 B RB
100% verdejo

95   75€

Complejo, con personalidad. Color: yodo, borde ambarino. Aroma: complejo, frutos secos, roble cremoso, barniz, fruta asada. Boca: largo, especiado, sabroso.

BODEGAS LA CANETANA

Cami Rossell, 1
12350 Canet lo Roig (Castelló/Castellón)
☎: +32 475 231 576
tine@lacanetana.es
www.lacanetana.es

Blanco de Canet 2023 B
87

La Canetana Maxim 2023 B
garnacha blanca
87   11€

BODEGAS LA DIVISA

Ctra. GR-5204 Km 4, Cortijo Juan de Reyes
18430 Torvizcón (Granada)
☎: +34 664 124 090
info@bodegasladivisa.com
www.bodegasladivisa.com

Azhar Black 2023 T
jaén negro
89   12,9€

Especiado, floral, frutal, herbal, fresco.

Azhar White 2023 B
vijariego blanco
85   12,9€

Forastero 2023 B
86   18,9€

La Divisa Limited Edition 2023 B
vermentino
85   39,9€

Macumba 2023 RD
garnacha
83   17,9€

Quimera 2023 T RB
garnacha tintorera
88   17,9€

Equilibrado, especiado, herbáceo, algo secante.

BODEGAS MAGASÉ

Blanca Paloma, 57
21700 La Palma del Condado (Huelva)
☎: +34 677 077 586
joaquin@bodegasmagase.com
www.bodegasmagase.com

21Setecientos 2023 B
zalema
90 ★★★★   10,45€

Boca correcta. Color: amarillo. Aroma: fruta madura, flores secas, flores marchitas. Boca: jugoso, graso, fruta madura, sabroso.

Dorus 2022 B
zalema
88   28€

Oxidativo, dulce. Aroma: frutos secos, fruta macerada, barniz.

Magasé Ámbar 2023 B
zalema
88   14€

Sabroso, correcto, ahumado. Color: amarillo. Aroma: especias dulces, caramelo de limón, incienso.

VINOS DE MESA / VINO

Magasé Ánfora B
zalema

90 ★★★ 12,5€

Aromas nítidos. Color. amarillo, pálido. Aroma: hierbas silvestres, flores secas, equilibrado, expresivo. Boca: fino amargor, fácil de beber.

Tartis 2023 B
colombard

91 ★★★★ 14€

Goloso. Color. amarillo. Aroma: fruta madura, cera, flores marchitas. Boca: graso, fruta madura, largo.

BODEGAS MAM
Ctra. A-493, Km. 1.5
21700 La Palma del Condado (Huelva)
☎: +34 959 402 567
dinfante@dinfante.com
www.dinfante.com

Mar Yena Ed. Limitada 2022 B
jaén blanca, listán blanco, colombard

91 20€

Con personalidad, rústico. Color. dorado. Aroma: notas de maceración, frutos secos, flores marchitas, camomila, notas de levadura. Boca: amargoso, sabroso, especiado.

Tercio de Elha 2022 T
tintilla, petit verdot, syrah

89 12€

Amable, hierbas secas. Aroma: fruta macerada, fruta confitada, chocolate, especias dulces.

BODEGAS MARQUÉS DE VIZHOJA
Finca La Moreira
36438 Arbo (Pontevedra)
☎: +34 986 665 825
online@marquesdevizhoja.com
www.bodegasmarquesdevizhoja.com

Marqués de Vizhoja 2023 B

87 ★★★★ 4,65€

Cítrico, fresco, herbal, sencillo.

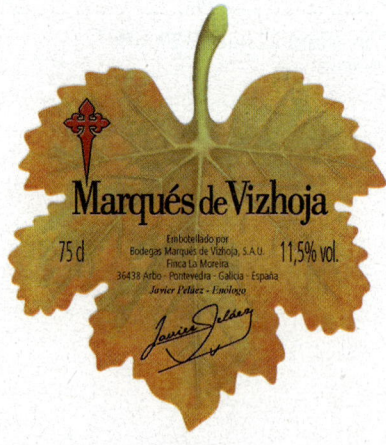

Versus Mare 2022 T
syrah

88 ★★★ 9€

Especiado, tostado, maduro, sabroso, correcto. Boca: taninos maduros.

1, 2, 3 Pescao! 2023 B
86 5,75€

BODEGAS MENADE
Ctra. Rueda - Nava del Rey, km. 1
47490 Rueda (Valladolid)
☎: +34 983 103 223
info@menade.es
www.menade.es

Adorado by Menade Crianza de 1967 B Solera
50% verdejo, 50% palomino
94 60€
Complejo, con personalidad, representativo, oxidativo. Color: dorado. Aroma: punzante, cera, frutos secos, fruta asada. Boca: sabroso, fino amargor, redondo.

BODEGAS NELEMAN
San Vicente, 23
46310 Casas del Rey (València/Valencia)
☎: +34 672 622 535
jorge@neleman.es
www.neleman.org

Neleman Bike Chardonnay Muscat 2023 B
chardonnay, moscatel
87 8,99€

Neleman Bobal 2022 T
88 13,99€
Frutal, maduro, especiado, tostado, sabroso.

Neleman Bobal Oolong 2021 T
bobal
88 95€
Frutal, maduro, herbal, sabroso, algo secante, floral.

Neleman Bobal Robusta 2021 T
bobal
90 20€
Color: cereza intenso, borde violáceo. Aroma: fruta madura, hierbas secas, roble cremoso, especiado, tostado. Boca: potente, fruta madura, especiado, taninos maduros, tostado.

Neleman Just Fucking Good Wine 2021 T
tempranillo, marselan
91
Color: cereza intenso. Aroma: fruta madura, hierbas secas, roble cremoso, expresión frutal, flores secas, fruta negra. Boca: potente, fruta madura, especiado, taninos maduros, sabroso, tostado.

Nucli 2023 B
macabeo, sauvignon blanc
86 9,99€

BODEGAS NODUS
Finca El Renegado, s/n
46315 Caudete de las Fuentes (València/Valencia)
☎: +34 962 174 029
info@bodegasnodus.com
www.bodegasnodus.com

Ocho Encinas Edición Limitada 2021 T
cabernet sauvignon, merlot
89 40€
Balsámico, equilibrado, especiado, varietal, silvestre, sabroso, potente.

Ocho Encinas 2021 B
chardonnay
88 33€
Cremoso, especiado, maduro, tostado.

BODEGAS OCHOA
Miranda de Arga, 35
31390 Olite (Navarra)
☎: +34 948 740 006
info@bodegasochoa.com
www.bodegasochoa.com

Uva Doble 2023 B
100% viognier
87 9€

BODEGAS PÁEZ MORILLA
Avda. Medina Sidonia, 20
11406 Jerez de la Frontera (Cádiz)
☎: +34 956 181 717
bodegas@paezmorilla.com
www.paezmorilla.net

La Botella Azul B SD
moscatel de alejandría
85 5,95€

Tierra Blanca 2023 B
84 4,1€

Tierra Blanca Semidulce 2023 B SD
85 4,1€

BODEGAS PAZO DE ARRETÉN
Lugar de Pousa
15917 Pazos Padrón (A Coruña/La Coruña)
☎: +34 619 724 778
elisardovidal@bodegaspazoarreten.com
www.hscala.com

D'Eli Finca A Pousa 2022 T
90 22€
Reductivo, rústico. Color: cereza, borde violáceo. Aroma: fruta roja, especiado, flores marchitas, ahumado, terroso. Boca: sabroso, frutoso, buena acidez.

BODEGAS RIBERA DEL JUÁ
Ctra. Jumilla - Albatana, km. 6
30520 Jumilla (Murcia)
☎: +34 620 540 949
gestion@bodegasriberadeljua.com
www.bodegasriberadeljua.com

Ribera del Juá Moscatel 2022 B
moscatel

87 ★★★ 🌿   7,2€

BODEGAS RUBUS
Pol. Industrial Parcela, 8
44415 Rubielos de Mora (Teruel)
☎: +34 659 917 677
info@bodegajesusromero.com
www.bodegajesusromero.com

Rubus 2023 T
garnacha, tempranillo

89 ★★★★   8€

Correcto, amable, frutal, maduro, agradable, boca correcta.

Rubus La Viña de Báguena 2022 T RB
94   25€

Color: cereza poco intenso. Aroma: fruta roja, fruta madura, hierbas silvestres, flores marchitas, expresivo, equilibrado, franco. Boca: fino amargor, muy vivo, sabroso, largo, fruta madura.

Rubus Quercus 2023 T
garnacha, miguel de arco

92 ★★★★★   14€

Aromático, silvestre. Aroma: hierbas silvestres, hierbas secas, fruta madura, expresión frutal. Boca: sabroso, muy vivo, fácil de beber.

BODEGAS TORRES FILOSO
Calle Nueva, 9
02600 Villarrobledo (Albacete)
☎: +34 967 144 426
hola@torresfiloso.com
www.torresfiloso.com

Ad Pater 2021 T
merlot, tempranillo

84 🌿   22€

Arboles Blanco 2023 B
88 🌿   9,8€

Tropical, maduro, jugoso, sabroso, sencillo, equilibrado.

Burbu Ancestral 2023 BE
87 🌿   14€

Juan José 2022 T
86 🌿   14€

BODEGAS TRENZA
Felix Mendelsohn, 8
03730 Jávea (Alacant/Alicante)
☎: +34 965 790 012
bodegas@bodegastrenza.com
www.bodegatrenza.com

La Orphica Edición Limitada Viva la Vida 2022 T
monastrell, garnacha tintorera, syrah

88   13€

Correcto, tostado, ahumado, especiado, amable, maduro.

La Orphica Monastrell Iluminada 2022 T BA SS
100% monastrell

89   15€

Confitado, tostado. Aroma: potente, fruta negra. Boca: sabroso, dulcedumbre, largo.

La Orphica Monastrell Selección Tardía 2022 T SS
100% monastrell

90 ★★★★★   10€

Color: cereza intenso. Aroma: fruta madura, hierbas secas, roble cremoso, cera. Boca: fruta madura, especiado, taninos maduros, sabroso.

La Orphica Perla Negra 2020 T
garnacha tintorera

90   18€

Maduro, balsámico, varietal. Aroma: fruta negra, tabaco, incienso, hierbas secas. Boca: opulento, taninos dulces.

La Orphica Selección Aurora 2023 B SS
macabeo, verdejo, sauvignon blanc, moscatel

88   10€

Amable, frutal, maduro, persistente, sabroso, especiado.

La Orphica Selección Sintonía 2023 RD
garnacha, bobal, tempranillo

87   10€

BODEGAS VALCABADINO
Ctra. N-122, Km. 463 Paraje Valcabadino
49026 Zamora (Zamora)
☎: +34 622 003 299
info@valcabadino.es
www.bodegasvalcabadino.es

Valcabadino 2021 B FB
malvasía castellana

92 ★★★★★   12€

Color: amarillo brillante. Aroma: flores secas, fruta escarchada, lías finas. Boca: redondo, especiado, largo.

Valcabadino Larga Custodia 2018 B R
malvasía castellana

94   24,9€

Color: yodo, borde ambarino. Aroma: complejo, elegante, frutos secos, tostado. Boca: amargoso, matices de solera, largo, especiado.

BODEGAS VIDAL SOBLECHERO
Finca Pozo de la Nieve, s/n
47491 La Seca (Valladolid)
☎: +34 983 816 526
honesto@pagosdevillavendimia.es
www.pagosdevillavendimia.es

Pagos de Villavendimia CO-Biológica 2022 B
50% doradilla, 50% viura

90   25€

Color: amarillo brillante. Aroma: fruta madura, flores marchitas, hierbas de monte, acetaldehído. Boca: frutoso, sabroso, equilibrado, fruta madura.

Pagos de Villavendimia Velo de Flor 2019 B
100% viura

92   40€

Color: amarillo brillante. Aroma: equilibrado, punzante, fruta madura, flores secas, con carácter. Boca: sabroso, fino amargor, frutoso, equilibrado, persistente.

BODEGAS VIÑAS DE VIÑALES
Jaen, 4
24319 Bembibre (León)
☎: +34 609 652 058
bodegasvinasdevinales@gmail.com
www.bodegasvinasdevinales.com

Miliario Ambar Orange Wine B
100% godello

87 ★★★★ 🌱   7€

BODEGAS Y VIÑEDOS ARTADI
Ctra. de Logroño, s/n
01300 Laguardia (Araba/Álava)
☎: +34 945 600 119
comunicacion@artadi.com
www.artadi.com

🏆 **PODIO**

Artadi El Carretil 2022 T

98 🌱

Con potencial, exuberante, por hacer. Aroma: café aromático, con carácter, fruta madura, expresivo, franco, potente. Boca: sabroso, lleno, complejo, buena acidez, especiado, largo, muy vivo.

🏆 **PODIO**

Artadi La Hoya 2022 T

97 🌱

Agradable, exuberante. Color: cereza, borde violáceo. Aroma: expresión frutal, fruta roja, floral, roble cremoso. Boca: sabroso, frutoso, buena acidez, jugoso.

🏆 **PODIO**

Artadi La Poza de Ballesteros 2022 T

96 🌱

Aromas nítidos, agradable, exuberante. Color: cereza, borde violáceo. Aroma: expresión frutal, floral, especiado, fruta madura. Boca: sabroso, frutoso, buena acidez, muy vivo, tanino sedoso.

Artadi Quintanilla 2022 T

94 🌱

Aromas nítidos, amable, por hacer. Color: cereza muy intenso. Aroma: fruta madura, fruta roja, tostado, roble cremoso. Boca: sabroso, muy vivo, frutoso.

🏆 **PODIO**

Artadi San Lázaro 2022 T
100% tempranillo

96 🌱

Color: Cereza, borde violáceo. Aroma: fruta roja, fruta madura, elegante, franco. Boca: equilibrado, fino amargor, taninos finos, pulido, varietal.

VINOS DE MESA / VINO

VINOS DE MESA / VINO

Artadi Valdeginés 2022 T
97% tempranillo, 3% viura

94

Aromas nítidos, frutal, jugoso. Color: cereza, borde violáceo. Aroma: expresión frutal, expresivo, franco, varietal, fruta madura. Boca: jugoso, lleno, muy vivo, potente, pulido.

Artadi Viñas de Gain 2020 B
viura

93

Color: amarillo. Aroma: con carácter, expresivo, especiado, lías finas, equilibrado. Boca: jugoso, lleno, especiado, equilibrado.

Artadi Viñas de Gain 2022 T

94

Aromas nítidos, exuberante. Color: cereza brillante. Aroma: fruta fresca, floral, expresivo, especias dulces. Boca: equilibrado, buena acidez, fácil de beber, jugoso.

BODEGAS Y VIÑEDOS LA MEJORADA

Monasterio de La Mejorada
47410 Olmedo (Valladolid)
☎: +34 983 483 057
contacto@lamejorada.es
www.lamejorada.es

Palomar de la Reina 2019 T
syrah

93

Color: cereza oscuro. Aroma: tostado, especiado, fruta negra, fruta madura, hierbas secas. Boca: sabroso, tostado, frutoso, potente, taninos secos pero maduros, persistente.

BODEGAS Y VIÑEDOS SENTENCIA

Ctra. Almansa, 23
46355 Los Pedrones (València/Valencia)
☎: +34 665 969 009
info@bodegassentencia.com
www.bodegassentencia.com

El Bosque Habitado 2021 T
bobal, syrah, garnacha

91

Color: cereza, borde violáceo. Aroma: expresión frutal, fruta roja, floral, especiado. Boca: sabroso, frutoso, buena acidez.

Lluvia Garnacha 2022 T
100% garnacha

90 16€

Aromático, frutal, reductivo. Color: cereza poco intenso. Aroma: hierbas silvestres, flores secas, fósforo, fruta madura. Boca: varietal, correcto, fácil de beber.

Sentencia 2020 T
88% bobal, 12% garnacha

92 44€

Complejo, por hacer. Color: Cereza. Aroma: expresivo, especiado, mineral, roble cremoso, pimienta negra, madera marcada. Boca: lleno, largo, persistente.

BODEGAS Y VIÑEDOS SOTERO PINTADO

Jardines, 15
49123 Benegiles (Zamora)
☎: +34 605 257 643
soteropintado@gmail.com
www.bodegasoteropintado.com

Dondellas 2021 T
95% garnacha, 5% garnacha gris

89 20€

Confitado, especiado, hierbas secas, algo secante.

BODEGAS ZIRÍES

Menasalbas, 18
45120 San Pablo de los Montes (Toledo)
☎: +34 639 502 147
javier@ziries.es
www.ziries.es

Con Viento Fresco 2020 T
garnacha

89 ★★★ 9,9€

Correcto, especiado, maduro, persistente, con vejez. Aroma: fruta negra.

Ziries 2015 T
100% garnacha

92 ★★★★★ 13,5€

Equilibrado, maduro, con vejez, con oscuridad, tostado. Color: rubí, borde teja. Aroma: habano, terroso, especiado, tostado. Boca: sabroso, equilibrado.

BODEGUES BESALDUCH VALLS BELLMUNT

Cami Assegador de la Catarra, 2
12170 Sant Mateu (Castelló/Castellón)
☎: +34 673 216 280
info@bvbbodegues.es
www.bvbbodegues.es

BVB Artículo del Año 1961 2022 T
tempranillo, merlot

87

BUEZO

Paraje Valdeazadón, s/n
09228 Mahamud (Burgos)
☎: +34 947 616 899
info@buezo.com
www.buezo.com

Buezo 79 Blanco de Guarda 2017 B
chardonnay, sauvignon blanc

92   125€

Color: amarillo brillante. Aroma: expresión frutal, fruta madura, lías finas, panadería, flores marchitas. Boca: sabroso, fresco, retronasal afrutado, frutoso, persistente.

CA'N VERDURA VITICULTORS

S'Era, 6
07350 Binissalem (Illes Balears/Islas Baleares)
☎: +34 695 817 038
info@vinscanverdura.com
www.vinscanverdura.com

Ca Ses Rosetes Callet 2023 T
95% callet, monastrell

92 ★★★   17€

Color: cereza poco intenso. Aroma: fruta roja, especiado, flores secas, hierbas de monte, habano. Boca: frutoso, fresco, fluido.

Vins Oblidats Blanc 2023 B
macabeo

91 ★★★   16€

Austero, afilado. Color: pajizo brillante, borde verdoso. Aroma: fruta fresca, cítricos, hierbas silvestres, flores secas, lías finas. Boca: fresco, buena acidez, amargoso.

Vins Oblidats Escursac 2023 T
escursac

93 ★★★★★   16€

Aromas nítidos, sutil. Color: cereza poco intenso. Aroma: fruta roja, floral, especiado, expresivo. Boca: frutoso, buena acidez, fluido.

CAMINO DE CABRAS

Hermanos Maristas, 27
36700 Tui (Pontevedra)
☎: +34 698 145 790
info@caminodecabras.com
www.caminodecabras.com

Almaviño 2023 B

88 ★★★★   4,45€

Cítrico, herbal, correcto, maduro.

CAN SUMOI

Plaça del Roure s/n
08770 Sant Sadurní d'Anoia (Barcelona)
☎: +34 938 183 262
info@cansumoi.cat
www.cansumoi.cat

Can Sumoi Garnatxa Sumoll 2022 T
garnacha, sumoll

90   15,58€

Color: cereza intenso. Aroma: cuero mojado, notas cárnicas, fruta madura.

Can Sumoi Sumoll 2021 T
sumoll

93   175€

Con tensión, silvestre. Color: Rubí. Aroma: fruta roja, fruta fresca, hierbas silvestres, especiado. Boca: sabroso, muy vivo, fresco, taninos rugosos.

CANTARIÑA

Calle Ribadeo, 35
24500 Villafranca del Bierzo (León)
☎: +34 606 075 194
info@vinoscantarina.es
www.vinoscantarina.es

Cantariña 1 La Tintorera 2018 T
75% garnacha tintorera, 15% gran negro, 10% otras

90   15€

Amable, aromas nítidos. Color: cereza intenso, cereza brillante. Aroma: balsámico, fruta negra. Boca: sabroso, correcto.

CASA AURORA

Olivo, s/n
24310 Albares de la Ribera (León)
☎: +34 635 432 351
ad@lively-wines.com
www.germanrblanco.com

La Nave
Casa Aurora 2022 T

91

Color: Cereza. Aroma: balsámico, especias dulces, hierbas de monte, fruta negra, arándano azul. Boca: especiado, balsámico, buena acidez.

VINOS DE MESA / VINO

VINOS DE ESPAÑA

La Truena 2022 B
92
Poco intervencionista. Color: pajizo brillante. Aroma: fruta madura, hierbas de tocador, lías finas, punzante. Boca: lleno, largo, buena acidez.

CASA CORREDOR
Autovía Alicante, Salida 1687
02660 Caudete (Albacete)
☎: +34 966 842 064
info@mgwinesgroup.com
www.mgwinesgroup.com

Alagu Forcallat 2022 T
forcallat
91 ★★★ 14,45€
Con tensión, ligero, silvestre. Color: cereza poco intenso. Aroma: intensidad media, fruta roja, fruta madura, flores secas. Boca: fino amargor, equilibrado, jugoso, fácil de beber.

CASTILLO DE MAETIERRA
Ctra. de Murillo
26500 Calahorra (La Rioja)
☎: +34 608 302 372
marketing@vintae.com
www.vintae.com

Libalis Rosé 2023 RD
garnacha, moscatel grano menudo
87 8,8€

Libalis Semidulce 2023 B
86 6,8€

Libalis White 2023 B
88
Cítrico, floral, correcto, goloso.

CELLER ARRUFÍ
Avda. Terra Alta, 12
43786 Batea (Tarragona)
☎: +34 722 224 772
hola@cellerarrufi.com
www.cellerarrufi.com

77 dies Celler Arrufi Natural Mínima Intervención 2023 B
garnacha blanca
90 ⚘ 15,5€
Amable, maduro. Aroma: hierbas secas, notas anisadas, fruta madura. Boca: opulento, especiado, fruta madura.

77 Nits Celler Arrufi 2022 T
garnacha
89 ⚘ 15,5€
Confitado, herbal, maduro, tostado, frutal.

77 Nits Celler Arrufi Natural Mínima Intervención 2023 T
garnacha
91 ★★★ ⚘ 15,5€
Aromático, balsámico. Color: cereza intenso. Aroma: fruta madura, hierbas secas, roble cremoso. Boca: potente, fruta madura, especiado, taninos maduros.

CELLER CAL BESSÓ
43777 Els Guiamets (Tarragona)
☎: +34 666 544 057
roquers@roquers.com
www.calbesso.com

Les Rotes de Cal Pau Malvasia de Sitges 2023 B
malvasía de Sitges
91 ★★★ ⚘ 15€
Oxidativo. Color: pajizo. Aroma: fruta madura, hierbas secas, flores marchitas. Boca: fruta madura, equilibrado, sabroso, lleno.

CELLER CATARUZ
Ctra. CV-590, km 51,5
46810 Enguera (València/Valencia)
☎: +34 678 513 800
cataruzsl@gmail.com
www.cellercataruz.com

Xtrmo (Extremo) 2021 B FB
verdejo, viognier
89 ⚘ 11€
Maduro, sabroso, tostado, especiado, equilibrado.

CELLER HOSPITAL DE SITGES
Plaça Joan Duran i Ferret s/n
08870 Sitges (Barcelona)
☎: +34 672 682 481
celler@hospitaldesitges.cat
www.cellerdelhospital.cat

Malvasia de Sitges 2013 BF Mistela D
malvasía de Sitges
90 19€
Cálido. Color: oro viejo. Aroma: fruta escarchada, notas amieladas, caramelo tostado. Boca: sabroso, frutoso, dulce.

CELLER JOC
17750 Capmany (Girona/Gerona)
☎: +34 607 222 002
info@vinojoc.com
www.vinojoc.com

Amunt Negre 2021 T
80% syrah, 10% garnacha, 10% monastrell
89 12€
Equilibrado, especiado, maduro, confitado.

Continua 2023 B
35% gewürztraminer, 65% macabeo

88 11€

Cítrico, equilibrado, floral, maduro.

Peligru 2022 T
garnacha, merlot

87 15€

Terrissa 2023 B
garnacha blanca

89 11€

Poco intervencionista, sabroso, herbal, acidez marcada, notas de levadura.

Visi 2023 RD
garnacha

87 10,5€

CELLER LES SOQUES
Partida de Asprillas, Pol.1, 136
03292 Elche (Alacant/Alicante)
☎: +34 646 364 848
info@cellerlessoques.es
www.cellerlessoques.es

Atabalat 2018 T
75% monastrell, 25% cabernet franc

91 18€

Con oscuridad. Color: cereza, borde granate. Aroma: balsámico, hierbas de monte, cuero muy curtido, cera, notas almizcladas. Boca: sabroso, taninos maduros.

Atabalat 2020 T
100% monastrell

89 18,5€

Confitado, corpulento, especiado, herbal, maduro. Aroma: notas cárnicas.

Atabalat Rosat 2019 RD
100% monastrell

91 16,5€

Con personalidad, poco intervencionista. Aroma: cera, notas almizcladas, flores secas, flores marchitas. Boca: jugoso, fino amargor, especiado, largo.

Rebombori Brisat 2018 B
50% macabeo, 50% moscatel

92 ★★★ 16,5€

Color: dorado. Aroma: fruta macerada, cítricos, piel de naranja, cera, floral. Boca: buena acidez, fino amargor, redondo, sabroso, muy vivo.

Rebombori Brisat 2020 B
50% macabeo, 50% moscatel

91 17,5€

Aromas nítidos, exuberante, fluido. Color: amarillo. Aroma: floral, expresivo, franco, varietal. Boca: fresco, frutoso, pulido.

Rebombori Macabeo 2019 B
100% macabeo

92 ★★★ 18€

Diferente, flores secas, oxidativo. Aroma: caramelo tostado, fruta madura, frutos secos, piel de naranja, lías finas. Boca: fino amargor, correcto, fácil de beber, con tensión.

CELLER MAR DE VINS
Avda. de Benidorm, 48 Bis
03530 La Nucía (Alacant/Alicante)
☎: +34 686 829 739
info@cellermardevins.com
www.cellermardevins.com

Mar de Vins
Alguer Vinyes Velles 2022 B
100% malvasía

92 ★★★★ 16€

Color: pajizo brillante. Aroma: fruta madura, hierbas de tocador, lías finas, flores secas. Boca: lleno, graso, buena acidez, mineral, salino.

Mar de Vins
Els Fustals Vinyes Velles 2022 B
100% malvasía

90 24€

Color: pajizo brillante. Aroma: fruta madura, hierbas de tocador, lías finas, especias dulces, pan tostado. Boca: lleno, graso, buena acidez.

Mar de Vins
Ermità Brisat Vinyes Velles 2022 B
100% malvasía

92 22,5€

Color: pajizo. Aroma: fruta madura, hierbas secas, flores marchitas, piel de naranja, notas anisadas. Boca: potente, fruta madura, equilibrado, estructurado.

Mar de Vins
La Illeta Vinyes Velles 2021 T
100% tempranillo

88 26€

Con oscuridad, especiado, hierbas secas, maduro, corpulento.

Mar de Vins Nacra 2023 RD
100% giró

90 19€

Color: frambuesa, borde violáceo. Aroma: fruta roja, floral, hierbas de monte. Boca: buena acidez, sabroso, salino.

Mar de Vins Negre 2022 T
70% monastrell, 30% giró

88 15€

Equilibrado, especiado, con oscuridad, fluido, silvestre.

VINOS DE MESA / VINO

CELLER SANROMÀ
Carrer Barcelona, 2
43814 Vila-Rodona (Tarragona)
☎: +34 678 048 121
cellersanroma@gmail.com
www.cellersanroma.copm

125 de Celler Sanromà 2021 T BA
ull de llebre

87 .... 15€

El Nexe de Celler Sanromà 2022 B
macabeo

88 .... 25€
Cítrico, frutal, hierbas secas, sencillo, fresco.

El Nexe de Celler Sanromà 2022 T C
sumoll

88 .... 25€
Frutal, herbal, silvestre, fresco, algo secante.

El Transgressor de Celler Sanromà Vi Brisat 2022 B
garnacha blanca

91 .... 18€
Color: dorado. Aroma: fruta blanca, expresión frutal, piel de naranja, toques silvestres, hierbas silvestres. Boca: fresco, frutoso, muy vivo, fruta madura.

L'Incorrecte de Celler Sanromà Vi Brisat 2022 B
parellada

90 .... 18€
Color: dorado brillante. Aroma: expresión frutal, fruta blanca, fruta escarchada, piel de naranja, toques silvestres. Boca: frutoso, fluido, fruta madura, taninos suaves.

Rústic de Celler Sanromà Vi Brisat 2023 B
macabeo

88 .... 14€
Frutal, hierbas secas, silvestre, sencillo, cítrico.

CELLER TIANNA NEGRE
Cami des Mitjans s/n
07350 Binissalem (Illes Balears/Islas Baleares)
☎: +34 971 886 826
info@tiannanegre.com
www.tiannanegre.com

Quattuor Insulae 2022 T
callet, escursac, gorgollassa, manto negro

92 .... 43€
Color: cereza, borde violáceo. Aroma: especiado, fruta roja, fruta madura, hierbas de monte. Boca: sabroso, frutoso, buena acidez, carnoso.

COLONIAS DE GALEÓN
Polígono industrial Los Manantiales
Fase II Nave 15-16
41370 Cazalla de La Sierra (Sevilla)
☎: +34 638 438 396
m.angeles@coloniasdegaleon.com
www.coloniasdegaleon.com

Cantueso 2022 T
syrah, viognier

89 .... 15,8€
Fresco, frutal, herbal, sabroso, silvestre.

Colonia 40 2022 T

88 .... 14,3€
Cremoso, frutal, madera marcada, sabroso.

Pinchaperas 2023 T C
tempranillo, bobal, syrah

87 .... 9,9€

Silente 2023 B BA
viognier

89 .... 15,5€
Aromático, correcto, sabroso, tostado. Aroma: fruta de hueso.

Soplagaitas 2023 B
90% chardonnay, 10% viognier

88 ★★★ .... 8,9€
Aromático, correcto, frutal, boca correcta, ácido.

COMPAÑÍA DE VINOS SANTIAGO JORDI
Urb. Jardines de Jacaranda c/Federica Montseny, 12
11405 Jerez de la Frontera (Cádiz)
☎: +34 609 445 935
gerente@santijordi.com
www.thewinehuntercompany.es

Patrick Murphy Bota Haurie 2015 B GR
palomino

93 .... 80€
Color: amarillo brillante. Aroma: yodado, frutos secos, acetaldehído, potente, fósforo. Boca: amargoso, largo, potente.

Patrick Murphy Bota Isabel Mijares 2019 B
doradilla

93 .... 38,5€
Color: yodo, borde ambarino. Aroma: frutos secos, roble cremoso, barniz, hierbas secas, caramelo tostado. Boca: graso, especiado, sabroso, salino.

COOPERATIVA AGRÍCOLA VIRGEN DE PALOMARES
Avda. de Sevilla, 82
11560 Trebujena (Cádiz)
☎: +34 956 395 106
virgenpalomares1@gmail.com
www.vinosdetrebujena.com

Capaxa 2020 B D
pedro ximénez
87

CURII UVAS Y VINOS

Curii 2022 T
92
Aromas nítidos, hierbas secas, poco intervencionista, pulido. Aroma: flores secas, fruta madura, especiado. Boca: jugoso, muy vivo.

Curii 2023 RD
giró, trepadell, malvasía
91
Frutal, suave, silvestre. Aroma: hierbas silvestres, flores secas. Boca: taninos finos, afilado, jugoso, con tensión.

🏆 PODIO

Curii Dra. Jekyll 2022 T
95
Aromas nítidos, balsámico, maduro, con tensión. Color: cereza intenso. Aroma: fruta madura, hierbas secas, roble cremoso. Boca: potente, fruta madura, especiado, taninos maduros.

Curii Trepadell 2023 B
92
Afilado, amable, aromas nítidos. Aroma: mineral, cera. Boca: fluido, fresco, salino.

Déka 2020 T
94
Con personalidad, silvestre. Color: cereza intenso. Aroma: hierbas secas, habano, hierbas de monte, terroso, fruta negra. Boca: fruta madura, especiado, taninos maduros, sabroso.

Una noche y un día 2022 T
93
Aromas nítidos, equilibrado, diferente, por hacer. Aroma: piedra seca. Boca: frutoso, jugoso, crujiente, lleno.

DALT TURÓ
Ctra. Campos – Santanyi Km. 43,8
07630 Campos (Illes Balears/Islas Baleares)
☎: +34 657 981 805
pedidos@daltturo.com
www.daltturo.com

Mal Bitxo Escursac 2022 T
90 ★★★★   11€
Fluido, hierbas secas. Color: cereza, borde violáceo. Aroma: expresión frutal, fruta roja, especiado, fruta al licor, tabaco. Boca: sabroso, frutoso.

Mal Bitxo Escursac Blanc de Noir 2023 B
100% escursac
88   11,5€
Amable, cítrico, frutal, herbal, fresco.

DANIEL RAMOS
San Pedro de Alcántara, 1
05270 El Tiemblo (Ávila)
☎: +34 687 410 952
dvrcru@gmail.com
www.danielramos.wine

Zerberos AF 2022 T
vidadillo
92 ★★★   18€
Maduro, poco intervencionista, oxidativo. Aroma: hierbas secas, tomillo, notas anisadas, fruta al licor, fruta negra. Boca: sabroso, frutoso, fruta madura.

Zerberos El Altar 2022 T
garnacha
92 🌿   24,95€
Con oscuridad, maduro. Aroma: fruta negra, toques silvestres, hierbas de monte, con carácter. Boca: jugoso, fruta madura, largo.

DE LA RIVA
C. de la Habana, 5
11407 Jerez de la Frontera (Cádiz)
☎: +34 679 885 906
info@bodegasdelariva.com

🏆 PODIO

La Riva "Las 10" 2021 B
97
Afilado, complejo. Color: amarillo brillante. Aroma: levaduras de flor, lías reducidas, punzante, con carácter, expresivo. Boca: buena acidez, amargoso, especiado, largo.

VINOS DE MESA / VINO

VINOS DE MESA / VINO

🏆 **PODIO**

La Riva San Cayetano 2022 B
96
Exuberante, especiado. Color: amarillo brillante. Aroma: yodado, frutos secos, barniz, acetaldehído, potente, punzante. Boca: amargoso, espirituoso, largo, potente.

DE MULLER
Camí Pedra Estela, 34
43205 Reus (Tarragona)
☎: +34 977 757 473
nacional@demuller.es
www.demuller.es

De Muller Avreo
Dulce Solera 1954 BF RC D
80% garnacha blanca, 20% garnacha
93 ★★★★   18€
Color: caoba claro. Aroma: barniz, fruta escarchada, frutos secos, equilibrado, expresivo, madera vieja, pastelería. Boca: sabroso, dulce.

De Muller Avreo
Seco Solera 1954 BF Añejo S
80% garnacha blanca, 20% garnacha
92 ★★★   18€
Color: oro viejo. Aroma: fruta asada, fruta escarchada, caramelo tostado, barniz. Boca: sabroso, especiado, madera leñosa, madera vieja.

De Muller Misa Dulce Superior B D
50% macabeo, 50% garnacha blanca
90 ★★★★★   6,3€
Color: oro viejo. Aroma: fruta escarchada, fruta madura, flores marchitas, franco. Boca: sabroso.

De Muller Misa Dulce
Superior Solera 1942
93
Clásico, con vejez. Aroma: barniz, fruta sobremadura, frutos secos, pastelería. Boca: sabroso, especiado, tostado, matices de solera.

De Muller Moscatel Añejo BF D
moscatel de alejandría
91 ★★★★★   6,6€
Aromático, correcto, varietal, goloso. Aroma: floral, con carácter, cálido, notas amieladas.

De Muller Rancio Seco BF Añejo S
50% garnacha blanca, 45% macabeo, 5% garnacha
91 ★★★★★   6,75€
Clásico, con vejez. Aroma: incienso, madera vieja, frutos secos. Boca: seco, tostado.

DESTILERÍA Y BODEGA CAYO
Mesasinpan s/n
39584 Frama (Cabezón de Liébana) (Cantabria)
☎: +34 942 730 689
info@bodegacayo.com
www.bodegacayo.com

Tostadillo de Potes TF D
garnacha, cariñena, moscatel
90 ★★★★★   6,9€
Confitado, fruta golpeada, goloso. Aroma: caramelo tostado, fruta al licor, fruta escarchada, especias dulces, pastelería, rancio.

DOMINIO DE CASALTA
Ctra. de Pétrola Km. 3,2
02695 Chinchilla de Monte-Aragón (Albacete)
☎: +34 658 846 188
info@rodriguezdevera.com
www.rodriguezdevera.com

Hoya Colorá
"Blanc de Blancs" 2014 BE BN
chardonnay
88   53,2€
Frutal, maduro, tostado, cremoso, flores secas.

DOMINIO DEL ÁGUILA
Los Lagares, 42
09370 La Aguilera (Burgos)
☎: +34 638 899 236
administracion@gmail.com
www.dominiodelaguila.com

🏆 **PODIO**

Dominio del Aguila Albillo Viñas Viejas 2016 B
albillo mayor
100
Color: pajizo. Aroma: fruta madura, hierbas secas, flores marchitas, fósforo, frutos secos. Boca: potente, fruta madura, equilibrado, sabroso, lleno, persistente.

🏆 **PODIO**

Dominio del Aguila Albillo Viñas Viejas 2019 B
albillo mayor
98
Afilado. Color: pajizo brillante. Aroma: hierbas de tocador, lías finas, fósforo, especias dulces, fruta blanca. Boca: lleno, largo, buena acidez.

DOMINIO DEL BLANCO

Santísimo Cristo, 128
47490 Rueda (Valladolid)
☎: +34 699 726 469
botondegallo@botondegallo.com
www.botondegallo.com

Clon de Gallo 2020 B
godello, verdejo, viura

92   19€

Color: pajizo. Aroma: hierbas secas, flores marchitas, pan tostado, especiado, fruta de hueso. Boca: potente, fruta madura, equilibrado.

Finca Cissus Oxidativo 2016 B
verdejo

94   30€

Oxidativo, sabroso. Color: pajizo brillante. Aroma: cítricos, hierbas silvestres, lías finas, notas de levadura, frutos secos, fósforo. Boca: fresco, frutoso, buena acidez, fino amargor.

Finca Cissus Solera 2016 B C
verdejo

93   30€

Color: yodo, borde ambarino. Aroma: frutos secos, roble cremoso, barniz, tostado, especias dulces. Boca: especiado, sabroso, estructurado.

Finca Cissus Tinaja 2016 B C
verdejo

91   30€

Color: pajizo brillante, borde verdoso. Aroma: cítricos, hierbas silvestres, especiado, fruta madura. Boca: fresco, frutoso, buena acidez, fino amargor.

ECCOCIVI CELLER

Paratge Montrodó, 3
17462 San Martí Vell (Girona/Gerona)
☎: +34 609 754 272
info@eccociwine.com
www.eccocivi.com

Ca L'Elsa 2018 T R
34% cabernet franc, 34% petit verdot, 32% cabernet sauvignon

91

Clásico, con vejez. Color: cereza, borde granate. Aroma: fruta negra, fruta madura, fina reducción, cacao fino. Boca: jugoso, sabroso, taninos maduros.

Can Noves Blanc 2022 B
garnacha blanca

91

Frutal, maduro, especiado. Aroma: lías finas, especiado. Boca: sabroso, lleno, redondo.

Can Noves Negre 2019 T C

90

Balsámico, maduro, cálido. Aroma: hierbas silvestres, hierbas de monte, fruta negra, fruta madura. Boca: lleno, frutoso, estructurado.

Montrodó Blanc 2023 B

89

Amable, frutal, maduro, silvestre, suave, equilibrado. Boca: fino amargor.

Montrodó Negre 2022 T S

90

Color: cereza intenso. Aroma: fruta madura, hierbas secas, hierbas de monte. Boca: potente, fruta madura, especiado, taninos maduros.

Montrodó Rosat 2023 RD

89

Amable, correcto, frutal, golosinas, jugoso, maduro.

ENVINATE

Terrero 72
02630 La Roda (Albacete)
☎: +34 682 207 160
asesoria@envinate.es

Albahra 2022 T

92

Color: cereza intenso. Aroma: fruta madura, hierbas secas, roble cremoso, notas cárnicas, tomate. Boca: potente, fruta madura, especiado, taninos maduros.

Doad Lousas 2022 T

94

Color: Cereza. Aroma: expresivo, especiado, mineral, terroso, hierbas silvestres, flores marchitas. Boca: lleno, largo, sabroso.

🏆 **PODIO**

Lousas Rosende 2022 T

95

Con personalidad. Color: cereza, borde violáceo. Aroma: fruta roja, floral, especiado, sotobosque, hierbas silvestres. Boca: sabroso, frutoso, buena acidez.

🏆 **PODIO**

Lousas Seoane 2022 T

95

Balsámico, exuberante. Color: Cereza. Aroma: complejo, expresivo, especiado, mineral, balsámico, flores marchitas. Boca: elegante, lleno, largo, persistente.

VINOS DE MESA / VINO

Lousas Viñas de Aldea 2022 T
94
Con oscuridad, silvestre. Color: Cereza. Aroma: expresivo, especiado, mineral, sotobosque. Boca: lleno, largo, taninos rugosos.

EQUIPO NAVAZOS
11403 Jerez de la Frontera (Cádiz)
equipo@navazos.com
www.equiponavazos.com

La Bota de Florpower (nº 119) MMXXII 2022 B
100% palomino
93 30€
Aromático. Color: pajizo. Aroma: expresivo, flores blancas, jazmín, hierbas secas, punzante, levaduras de flor. Boca: sabroso, frutoso, equilibrado.

Navazos Niepoort 2022 B
100% palomino
94
Austero, con tensión, equilibrado. Aroma: flores secas, mineral. Boca: fresco, seco, sabroso, calizo, crujiente, largo.

Ovni Palomino Fino 2022 B
palomino
93 ★★★★★ 15,8€
Con personalidad, representativo. Color: pálido. Aroma: tiza, pólvora. Boca: correcto, fácil de beber, fluido, salino.

ESTEBAN CELEMIN & VITICULTOR
47520 Castronuño (Valladolid)
☎: +34 675 157 107
estebancelemindiez@gmail.com
www.estebancelemin.es

Las Avutardas 2022 B
albillo real
93 29€
Color: pajizo. Aroma: flores marchitas, fruta de hueso, hierbas silvestres, especiado, lías finas, frutos secos. Boca: fruta madura, equilibrado, opulento.

Momvasia Orange Wine 2021 B
malvasía castellana
92 24€
Color: pajizo. Aroma: flores blancas, hierbas de monte, cítricos, lías finas, fruta de hueso. Boca: sabroso, frutoso, equilibrado, fino amargor.

Ultimas Huellas - Parcela 107 2022 B
albillo real
91 26€
Color: pajizo brillante. Aroma: cítricos, hierbas silvestres, fruta blanca, fruta de hueso, lías finas. Boca: frutoso, buena acidez, carnoso.

Verdeja Le Dicen 2021 B
verdejo
92 22€
Color: pajizo brillante, borde verdoso. Aroma: fruta fresca, cítricos, hierbas silvestres, fósforo. Boca: fresco, frutoso, buena acidez, fino amargor.

ESTEVE I GIBERT VITICULTORS
Els Casots
08739 Subirats (Barcelona)
☎: +34 600 343 125
albert@esteveigibert.com
www.esteveigibert.com

Clot dels Eixams 2021 B FB
93 ★★★★ 🌱 18€
Color: pajizo. Aroma: fruta madura, hierbas secas, flores marchitas, bajamar, lías finas, especias dulces. Boca: potente, fruta madura, equilibrado, carnoso.

Dolç de Esteve i Gibert 2021 B D
albariño
91 🌱 18€
Color: dorado brillante. Aroma: flores marchitas, notas amieladas, fruta al licor, fruta asada. Boca: sabroso, largo, dulce.

El Picapedrer 2021 B FB
macabeo
90 🌱 15€
Color: pajizo brillante. Aroma: hierbas de tocador, lías finas, fruta blanca, piedra seca. Boca: buena acidez, equilibrado.

Les Vistes 2021 B FB
xarel.lo
92 ★★★★ 🌱 15€
Color: pajizo. Aroma: fruta madura, hierbas secas, flores marchitas, lías finas, especias dulces. Boca: fruta madura, equilibrado, sabroso, salino.

Origen 2023 B
xarel.lo
88 🌱 10€
Cítrico, fresco, herbal, notas de levadura.

FÉLIX SOLIS AVANTIS
Autovía del Sur, Km. 199
13300 Valdepeñas (Ciudad Real)
☎: +34 926 322 400
marketing@felixsolisavantis.com
www.felixsolisavantis.com

Eora Afrutado B
verdejo, sauvignon blanc
85

Mucho Más Etiqueta Blanca T
89
Amable, frutal, sabroso, suave.

Mucho Más RD S
90
Color: rosáceo pálido. Aroma: fruta roja, floral, hierbas de tocador. Boca: especiado, buena acidez, fino amargor.

FÉLIX SOLÍS
Otumba, 2
45840 La Puebla de Almoradiel (Toledo)
☎: +34 618 416 563
mponte@felixsolisavantis.com
www.felixsolisavantis.com

Menuda Cepa 2023 T
merlot, syrah, tempranillo
88
Frutal, maduro, sencillo, sabroso.

FENTO WINES
Sisangándara, 22
36636 Ribadumia (Pontevedra)
☎: +34 986 099 486
info@eulogiopomares.com
www.eulogiopomares.com

Eulogio Pomares Uva Entera 2022 T
93
Color: Cereza. Aroma: balsámico, terroso, hierbas silvestres, hierbas verdes, pimienta negra. Boca: especiado, balsámico, buena acidez.

Penapedre 2021 T
94
Rústico. Color: Cereza. Aroma: expresivo, especiado, mineral, fruta roja, con oscuridad, fruta negra. Boca: elegante, lleno.

GIRÓ RIBOT
Finca El Pont, s/n
08792 Santa Fe del Penedès (Barcelona)
☎: +34 938 974 050
giroribot@giroribot.es
www.giroribot.es

Giró Ribot Mimat 2020 T BA
92
Color: Cereza. Aroma: hierbas secas, expresivo, fina reducción, fruta negra. Boca: fruta madura, fino amargor, sabroso.

HACIENDA LA QUINTERIA
Mauritania, 5
11408 Jerez de la Frontera (Cádiz)
☎: +34 674 637 507
comercial@thewinehuntercompany.es
www.haciendalaquinteria.com

Hacienda la Quintería Pago Balbaína Syrah 2022 T
syrah
90
Correcto, corpulento. Aroma: con carácter, cálido, fruta madura, fruta negra. Boca: sabroso, persistente.

Hacienda la Quintería Pago Balbaína Tintilla 2019 T
92
Color: cereza oscuro, borde granate. Aroma: fruta confitada, potente, cera, hierbas secas, especiado, cacao fino. Boca: sabroso, largo.

HAMMEKEN CELLARS
03700 Denia (Alacant/Alicante)
☎: +34 965 791 967
cellars@hammekencellars.com
www.hammekencellars.com

Albades Garnacha de Montaña 2023 T
garnacha
90 ★★★★★   9,5€
Color: cereza, borde violáceo. Aroma: expresión frutal, fruta roja, floral. Boca: frutoso, sabroso, equilibrado.

I`M Your Organic Red 2023 T
tempranillo
88 ♣
Agradable, boca correcta, maduro, sabroso. Boca: fruta madura.

I`M Your Organic Rosé 2023 RD
bobal
88 ★★★★ ♣   8€
Aromático, flores secas, frutal, herbal, maduro.

VINOS DE MESA / VINO

VINOS DE MESA / VINO

I`M Your Organic White 2023 B
viura, sauvignon blanc

87 ★★★ 🌱   8€

HERETAT OLLER DEL MAS
Ctra. de Igualada C-37Z, Km. 91
08241 Manresa (Barcelona)
☎: +34 938 768 315
comunicacio@ollerdelmas.com
www.ollerdelmas.com

Oller del Mas Especial Carinyena 2018 T BA
100% cariñena

93 🌱   290€

Color: cereza, borde granate. Aroma: equilibrado, complejo, fruta madura, especiado, fina reducción, terroso. Boca: estructurado, sabroso, taninos maduros, equilibrado, persistente.

Oller del Mas Especial Picapoll Negre 2021 T BA
100% picapoll negre

91 🌱   60€

Clásico. Color: cereza oscuro, borde teja. Aroma: fruta confitada, tabaco, especias dulces, hierbas de monte. Boca: especiado, taninos maduros, fresco.

INN WINE BODEGAS Y VIÑEDOS
Albacete, 1
13630 Socuéllamos (Ciudad Real)
☎: +34 689 038 238
info@innwine.com
www.innwine.com

Airén Asoleado 2023 B D
airén

94 ★★★★★   11,48€

Color: dorado brillante. Aroma: fruta madura, notas amieladas, notas de levadura, cera. Boca: sabroso, untuoso, frutoso, dulce.

Malaño Cabernet Sauvignon 2023 T
cabernet sauvignon

88 🌱   14,8€

Balsámico, correcto, maduro, varietal, sabroso, jugoso.

Origenes Airén 2023 B
airén

85 🌱   7,5€

JAUME DE PUNTIRÓ
Pza. Nova, 23
07320 Santa María del Camí
(Illes Balears/Islas Baleares)
☎: +34 606 429 023
pere@vinsjaumedepuntiro.com
www.vinsjaumedepuntiro.com

Ancestral de Puntiró 2022 BE SS
prensal

90 🌱   22€

Opulento, goloso. Color: amarillo brillante. Aroma: fruta madura, lías finas, equilibrado, hierbas secas. Boca: buena acidez, sabroso, fruta madura.

JAVIER SANZ VITICULTOR
Ctra. CL-610, km 29
47491 La Seca (Valladolid)
☎: +34 983 816 669
info@bodegajaviersanz.com
www.bodegajaviersanz.com

V Dulce de Invierno 2021 B D
80% verdejo, 20% gorda de moldavia

93   24€

Color: amarillo brillante. Aroma: fruta madura, fruta escarchada, notas amieladas, flores blancas, especiado. Boca: sabroso, untuoso, frutoso, dulce.

JOEL SALVAT RULL
43365 Alforja (Tarragona)
☎: +34 686 767 737
joelsalvatrull@gmail.com
www.preterit.cat

Pretèrit 2022 T
75% samsó, 20% garnacha, 5% otras

90   24€

Color: cereza intenso. Aroma: fruta madura, especiado, terroso, fruta confitada. Boca: fruta madura, especiado, taninos maduros, lleno, balsámico, cálido.

JORGE MARCÉN MONTESA
Ronda, 3
50160 Leciñena (Zaragoza)
☎: +34 647 930 025
jorgemarcen93@gmail.com

32 Cañas 2022 T BA
70% garnacha, 10% parrel, 10% monastrell, 10% otras

91 ★★★★   12,95€

Confitado, especiado. Aroma: fruta madura, expresivo, especiado, franco. Boca: lleno, taninos maduros, balsámico.

VINOS DE ESPAÑA

JOSÉ MANUEL BUSTILLO

Vino de Yerba 2022 B
93
Aromas nítidos, representativo, con personalidad, oxidativo. Color: amarillo, pálido. Aroma: levaduras de flor, complejo, notas almizcladas, apio. Boca: sabroso, especiado, largo.

JULIA CASADO
Finca La Junquera
30412 Caravaca (Murcia)
☎: +34 634 402 086
ladelterreno@gmail.com
www.facebook.com/ladelterreno

La Cañada del Jinete 2021 T
100% monastrell
90
Color: cereza, borde granate. Aroma: reducción precoz, fruta madura, terroso. Boca: correcto, especiado, con poca acidez.

LA BRUIXA DELS MUDEFES
☎: +34 677 022 562
info@labruixadelsmudefes.cat
www.labruixadelsmudefes.cat

Contratemps 2019 T
90 15€
Color: cereza intenso. Aroma: hierbas secas, fruta negra, tostado. Boca: fruta madura, especiado, taninos maduros.

Entrada de l'Spill 2020 T C
cariñena, garnacha
90 15€
Color: cereza intenso. Aroma: hierbas secas, hierbas verdes, fruta negra, terroso. Boca: potente, fruta madura, especiado, taninos maduros.

Terra Crua 2018 T C
garnacha, syrah
88 15€
Confitado, hierbas secas, maduro, sabroso. Aroma: cera.

LAGAR DE COSTA
Sartaxes, 8 - Castrelo
36639 Cambados (Pontevedra)
☎: +34 669 086 569
contacto@lagardecosta.com
www.lagardecosta.com

Viva la Vid-a 2021 T
100% espadeiro
91 20€
Color: cereza brillante. Aroma: fruta roja, toques silvestres, hierbas silvestres, piedra seca, flores secas, camomila, con carácter. Boca: frutoso, fresco, sabroso, muy vivo, taninos maduros.

LAGAR DE LA SALUD
Ctra. Córdoba_Málaga, km. 41
14550 Montilla (Córdoba)
☎: +34 659 467 525
info@lagardelasalud.com
www.lagardelasalud.com

Dulas del Lagar de la Salud "un americano en lagar de la salud" 2021 T
cabernet sauvignon
90 17,3€
Color: cereza intenso. Aroma: hierbas secas, fruta negra, pan tostado. Boca: fruta madura, especiado, taninos maduros.

Dulas del Lagar de la Salud "un francés en lagar de la salud" 2021 T
cabernet sauvignon
88 17,3€
Correcto, especiado, herbáceo, ligero.

Dulas del Lagar de la Salud 2023 RD
cabernet sauvignon
88 15,7€
Cítrico, fresco, herbal, equilibrado.

LAGAR DE SABARIZ
☎: +34 988 401 448
lagardesabariz@lagardesabariz.com

A Pita Cega 2016 B
94
Con personalidad, con tensión. Color: pajizo brillante, borde verdoso. Aroma: hierbas silvestres, fruta madura, ahumado. Boca: buena acidez, fino amargor.

A Pita Miuda 2017 B
treixadura
93
Color: pajizo brillante. Aroma: expresivo, fruta madura, floral, lías finas, mineral. Boca: lleno, complejo, especiado, largo, elegante.

VINOS DE MESA / VINO

Soul de Saa 2020 T
93
Con oscuridad, complejo. Aroma: balsámico, especias dulces, hierbas de monte, notas cárnicas. Boca: especiado, balsámico, buena acidez.

Soul de Souto 2019 T
93
Color: cereza intenso. Aroma: hierbas secas, roble cremoso, mineral, fruta madura, fruta negra. Boca: potente, fruta madura, especiado, taninos maduros.

LAOSA
Las Cuevas, 8
24232 Ardón (León)
☎: +34 666 217 032
noelia@laosavinos.com
www.laosavinos.com

La Voz del Viñador 2019 T
88
Austero, frutal, confitado, herbal, algo secante.

La Voz del Viñador 2021 B
albarín
90
Poco intervencionista. Color: amarillo brillante. Aroma: fruta madura, hierbas silvestres, notas anisadas, arbusto, piel de naranja. Boca: potente, fruta madura, equilibrado, sabroso, frutoso.

LAS PEDRERAS VIÑEDOS Y VINOS
Serranillos, 24
05114 Villanueva de Ávila (Ávila)
☎: +34 616 520 572
info.laspedreras@gmail.com

La Coronela 2022 T
92
Color: cereza intenso. Aroma: fruta madura, hierbas secas, roble cremoso, fruta confitada. Boca: fruta madura, especiado, taninos maduros, sabroso.

Linarejos 2023 B
94
Color: pajizo. Aroma: fruta madura, hierbas secas, flores marchitas, frutos secos, balsámico, camomila. Boca: potente, fruta madura, equilibrado.

LOALTO BODEGA Y VIÑEDOS
Crta. Caudete-Los Isidros, CV452
46340 Venta del Moro (València/Valencia)
☎: +34 646 314 016
info@casaloalto.com
www.casaloalto.com

LoAlto Bobal 2023 T
100% bobal
91 ★★★★ 🌱   13,3€
Color: cereza, borde violáceo. Aroma: expresión frutal, fruta roja, floral, especiado. Boca: sabroso, frutoso, buena acidez.

LoAlto Parcela Los Álamos 2023 B
100% garnacha blanca
91 🌱   21€
Color: pajizo brillante. Aroma: hierbas silvestres, notas anisadas, equilibrado, expresivo. Boca: frutoso, buena acidez, fino amargor.

LoAlto Tardana 2023 B
100% tardana
89 🌱   13,3€
Herbal, silvestre, correcto, ligero. Boca: fino amargor, correcto, cierta persistencia.

MARCELO RETAMAL
mretamalb@gmail.com

Ta-Mira 2022 B
91
Suave, cítrico. Color: pajizo brillante. Aroma: bajamar, tiza, notas de levadura. Boca: fluido, salino, correcto.

MARZAGANA ELEMENTALES
Puente La Barca, 17
38300 La Orotava (Santa Cruz de Tenerife)
☎: +34 609 133 722
marzaganaelementales@gmail.com

Chimaque 2023 T
93
Jugoso, maduro, por hacer, rebelde. Color: Cereza. Aroma: complejo, expresivo, equilibrado, con oscuridad. Boca: lleno, largo, persistente, frutoso, jugoso.

Higa 2022 T
listán negro
92 🌱
Reducido, poco intervencionista. Color: cereza brillante. Aroma: notas almizcladas, fruta negra, hierbas silvestres. Boca: sabroso, muy vivo, fino amargor.

Sencillez 2021 T
castellana

93 🌿

Aromas nítidos, con oscuridad, representativo. Aroma: pimienta negra, hierbas de monte, hierbas silvestres, hierbas verdes. Boca: jugoso, muy vivo, balsámico.

Vita 2022 B
albillo criollo, vijariego blanco, listán blanco, verdello

91 🌿

Poco intervencionista, reductivo, con oscuridad. Aroma: notas almizcladas, reducido. Boca: sabroso, equilibrado, con tensión.

MAS DE L'A
43730 Falset (Tarragona)
☎: +34 629 341 231
info@alfredoarribas.com

Tot-Ú 2021 RD
cariñena, garnacha, garnacha blanca, garnacha gris

91 ★★★   15,75€

Frutal, jugoso. Color. frambuesa. Aroma: flores marchitas, hierbas silvestres, fruta roja, fruta madura. Boca: carnoso, sabroso, fruta madura.

MAS RIBOT
Parc. Natural de les Gavarres
17251 Sant Antoni de Calonge (Girona)
☎: +34 629 773 917
info@masribot.com
www.masribot.com

Poem 2020 T
garnacha roja, syrah, cariñena

89 🌿   25€

Confitado, goloso. Color. Cereza. Aroma: especias dulces, hierbas de monte, tostado.

MAS VILELLA
Camí del Cementiri, s/n
43717 La Bisbal del Penedès (Tarragona)
☎: +34 672 432 691
masvilella@masvilella.net
www.masvilella.net

Mas Vilella Blanc 2020 B FB
100% malvasía de Sitges

93 🌿   23,5€

Color. pajizo. Aroma: flores marchitas, hierbas silvestres, hidrocarburo. Boca: fruta madura, equilibrado, lleno, sabroso, salino.

Mas Vilella Blanc 2021 B FB
100% malvasía de Sitges

92 🌿   23,5€

Color. pajizo. Aroma: hierbas secas, flores marchitas, fruta de hueso, lías finas. Boca: fruta madura, equilibrado, graso.

Mas Vilella Negre 2022 T
95% cabernet sauvignon, 5% sumoll

93 🌿   25€

Color. cereza intenso. Aroma: hierbas secas, roble cremoso, fruta negra, mineral, regaliz negro. Boca: potente, fruta madura, especiado, taninos maduros.

Tros de Mas Vilella 2018 T
50% sumoll, 50% cabernet sauvignon

91 ★★★★★ 🌿   11,5€

Color. cereza oscuro. Aroma: cuero muy curtido, terroso, fruta negra, hierbas de monte, hierbas secas. Boca: sabroso, correcto, cálido, equilibrado.

Tros de Mas Vilella 2021 T
50% cabernet sauvignon, 50% sumoll

91 ★★★★★ 🌿   11,5€

Color. Cereza. Aroma: balsámico, especias dulces, hierbas de monte, con carácter. Boca: especiado, fruta madura, largo, balsámico.

MIXTURA
Lugar de Esposende
32415 Esposende (Ourense/Orense)
info@mixturaiw.com
www.mixturaiw.com

Mix 2022 T C

93

Muy vivo, silvestre. Color. cereza, borde violáceo. Aroma: expresión frutal, fruta roja, floral, especiado, sotobosque. Boca: sabroso, frutoso, buena acidez.

🏆 PODIO

Mixtura Etiqueta Dorada 2021 B
96

Por hacer. Color. pajizo brillante. Aroma: fruta madura, hierbas de tocador, lías finas, especias dulces, flores blancas, piedra seca. Boca: lleno, graso, largo, buena acidez, mineral.

MONTESANCO
Camí Abiar Alta 23
03725 Teulada (Alacant/Alicante)
☎: +34 962 121 626
vinos@montesanco.com
www.montesanco.com

Món Montesanco Moscatel 2023 B
moscatel

92 ★★★★★ 🌿   14€

Muy primario. Color. pajizo. Aroma: expresivo, flores blancas, jazmín, hierbas secas, fruta blanca. Boca: sabroso, frutoso, equilibrado.

VINOS DE MESA / VINO

MUCHADA-LÉCLAPART
Dorantes, 1
11540 Sanlúcar de Barrameda (Cádiz)
info@muchada-leclapart.com
www.muchada-leclapart.com

Elixir 2021 B
moscatel

94 39,95€

Salino, herbal, balsámico, original, exuberante. Aroma: varietal, franco, expresivo, especiado. Boca: cremoso, jugoso, largo.

🏆 PODIO

Muchada-Léclapart Etoile 2019 B

97 ★★★ 39,95€

Complejo, con personalidad, aromas nítidos, poco intervencionista. Aroma: hierbas silvestres, notas anisadas, apio, sotobosque húmedo. Boca: jugoso, lleno, muy vivo, sabroso, largo, salino.

Muchada-Léclapart Etoile 2021 B

94 39,95€

Complejo, con personalidad, poco intervencionista. Color: oro viejo. Aroma: fruta de hueso, cítricos, hierbas verdes, mineral. Boca: lleno, muy vivo, sabroso, largo, salino.

🏆 PODIO

Muchada-Léclapart Lumière 2021 B
palomino

99 ★★★ 49,95€

Complejo, con tensión, sabroso. Aroma: elegante, mineral, tiza, anisado, fruta madura, hierbas silvestres. Boca: muy vivo, lleno, sabroso, largo, salino, complejo.

🏆 PODIO

Muchada-Léclapart Univers 2021 B

95

Poco intervencionista, complejo, con tensión. Color: pajizo, velado. Aroma: fruta blanca, cítricos, piedra seca, fósforo, notas anisadas, panadería. Boca: sabroso, muy vivo, calizo, mineral.

Muchada-Léclapart Univers 2022 B
palomino

93 29,95€

Agradable, aromas nítidos, mineral, muy vivo, salino. Color: pajizo brillante. Aroma: intensidad media, fresco, franco, hierbas secas. Boca: muy vivo, sabroso.

NANCLARES Y PRIETO VITICULTORES
Castriño, 13 - Castrelo
36639 Cambados (Pontevedra)
☎: +34 986 520 763
info@nanclaresyprieto.es
www.nanclaresyprieto.es

Cinerea 2015 B SD
albariño

94

Color: pajizo, dorado. Aroma: fruta de hueso, especias dulces, azafrán, pastelería. Boca: sabroso, largo, buena acidez, salino.

🏆 PODIO

Porta Franca 2023 B
albariño

95

Color: pajizo brillante. Aroma: fruta blanca, fruta asada, complejo, piel de naranja, frutos secos, hierbas silvestres, panadería. Boca: lleno, graso, largo, buena acidez, sabroso, salino.

NAVA VALLEY-GARCÍA SERRANO
Hermanos García Barbero, 11
40450 Nava de la Asunción (Segovia)
☎: +34 662 191 153
info@bodegasgarciaserrano.com
www.bodegasgarciaserrano.com

Voltio Vino de Pueblo 2018 T R

90

Agradable, equilibrado, especiado, maduro, silvestre. Aroma: hierbas de monte, equilibrado, franco. Boca: buena acidez, correcto.

Voltio Vino de Pueblo 2022 T

89 12€

Amable, aromas nítidos, frutal, maduro, agradable, suave. Boca: fácil de beber.

Voltio Vino Naranja 2023 B
viura, palomino

89

Silvestre, sencillo. Aroma: flores secas, cera, fruta madura, piel de naranja. Boca: jugoso, fácil de beber.

NAVE ROVER
Pol. 24, Par 416
07210 Algaida (Illes Balears/Islas Baleares)
☎: +34 610 468 132
admin@naverover.com
www.naverover.com

Rover Nº 1 2020 T
100% syrah

88

Clásico, corpulento, sobremaduro, tostado.

Rover Nº 1 2021 T

90

Color: cereza intenso. Aroma: hierbas secas, roble cremoso, fruta confitada, muy tostado (torrefactado). Boca: potente, fruta madura, especiado, taninos maduros.

OXER WINES
Ctra. Navaridas
01300 Laguardia (Araba/Álava)
☎: +34 616 984 118
oxer@oxerwines.com
www.oxerwines.com

Kuusu 2022 T

94

Color: Cereza. Aroma: especiado, mineral, fruta confitada, fruta pasificada. Boca: elegante, lleno, largo.

PAGO DE LA BOTICARIA
Diseminados, 31
50360 Daroca (Zaragoza)
☎: +34 636 093 554
pilar@pagodelaboticaria.com
www.pagodelaboticaria.com

Viña Satoshi Red 2021 T R
85% garnacha, 15% tempranillo

89 — 19,9€

Frutal, silvestre, tostado, sabroso, maduro.

PARAJES DEL VALLE BODEGAS Y VIÑEDOS
Avda. de Murcia, s/n
30520 Jumilla (Murcia)
☎: +34 616 426 520
nerea.bardaji@garciperezgroup.com
www.parajesdelvalle.es

Parajes del Valle Maceración Macabeo 2023 B
100% macabeo

88 ★★★★ — 7,95€

Cítrico, equilibrado, especiado, herbáceo, sabroso, lleno.

PARET SECA VINS
Masia Cal Costas, s/n
08736 Font-Rubí (Barcelona)
☎: +34 616 258 068
info@paretseca.wine
www.paretseca.wine

Paret Seca Macabeu 2022 B
macabeo

87 — 12,5€

Paret Seca Xarel.lo 2022 B
xarel.lo

87 — 18,75€

PAZO DE LA CUESTA
Pazo de La Cuesta – San Clodio
27310 Ribas de Sil (Lugo)
☎: +34 982 256 128
bodega@pazodelacuesta.com
www.pazodelacuesta.com

Pazo de La Cuesta Garnacha Tintorera Prefiloxérica 2021 T
garnacha tintorera

92 — 40€

Color: cereza oscuro, borde granate. Aroma: fruta madura, complejo, expresivo, varietal, cacao fino. Boca: especiado, largo, equilibrado, balsámico.

PERINET
Perinet Estate, s/n |
Ctra. de Poboleda T-702, km 1,6
43361 Cornudella de Montsant (Tarragona)
☎: +34 977 827 113
perinet@perinetwinery.com
www.perinetwinery.com

🏆 PODIO

Perinet Ranci 1950 B RC
100% garnacha

95 — 180€

Representativo, potente. Color: caoba claro. Aroma: potente, complejo, frutos secos, tostado, acetaldehído, expresivo, fruta al licor. Boca: graso, largo, matices de solera, especiado, redondo.

VINOS DE MESA / VINO

VINOS DE MESA / VINO

PLA DE MOREI
Cami de la Garça s/n
08789 La Torre de Claramunt (Barcelona)
☎: +34 931 313 454
plademorei@plademorei.com
www.plademorei.com

Riu de Gost Garnacha Blanca 2021 B RB
garnacha blanca

92 ♣   29,5€

Color: pajizo. Aroma: hierbas secas, flores marchitas, lías finas, fruta blanca. Boca: potente, fruta madura, equilibrado.

PRIMITIVO QUILES
Mayor, 4
03640 Monóvar (Alacant/Alicante)
☎: +34 965 470 099
info@primitivoquiles.com
www.primitivoquiles.com

Primitivo Quiles Moscatel Extra BF Mistela D

91 ★★★★★   7€

Ahumado, hierbas secas. Aroma: madera vieja, incienso, fruta escarchada, frutos secos. Boca: sabroso, largo, dulce.

Primitivo Quiles Moscatel Laurel BF Mistela D
moscatel

88 ★★★★   5€

Aromático, varietal, sabroso, floral, dulce. Aroma: notas amieladas.

PROYECTO GARNACHAS/VINTAE
Ctra. de Murillo
26500 Calahorra (La Rioja)
☎: +34 608 302 372
marketing@vintae.com
www.vintae.com

La Garnacha Perdida del Pirineo 2021 T C
garnacha

90 ♣   23,5€

Color: cereza oscuro. Aroma: tostado, especiado, cacao fino, chocolate. Boca: sabroso, tostado, fino amargor.

La Garnacha Salvaje del Moncayo 2021 T
garnacha

92 ★★★★★   9€

Color: cereza intenso. Aroma: fruta madura, hierbas secas, roble cremoso. Boca: potente, fruta madura, especiado, taninos maduros.

RAÚL MORENO
Dominio de las Animas, Calle Arcturus 12
11500 El Puerto de Santa María (Cádiz)
☎: +34 634 535 472
raul@raulmorenoyague.com
www.raulmorenoyague.com

Raúl Moreno 'Dark 'N' Stormy Tintilla (Jerez de la Frontera, Pago Carrascal) 2022 T

90

Notas animales, con oscuridad, poco intervencionista. Aroma: fruta negra. Boca: taninos finos, especiado, fruta madura.

Raúl Moreno 'Destellos' 2022 B

92

Color: amarillo. Aroma: hierbas secas, apio, fruta blanca, piedra seca. Boca: muy vivo, fino amargor, crujiente, con tensión, sabroso.

Raúl Moreno 'La Pretensión' 2022 B

91

Color: amarillo, dorado. Aroma: floral, balsámico, hierbas verdes. Boca: correcto, fácil de beber, salino.

Raúl Moreno 'La Retahíla' Perruno 2022 B
perruno

93

Rebelde, rústico, con personalidad. Color: amarillo, pálido. Aroma: fruta golpeada, fruta macerada, yodado, especiado. Boca: sabroso, potente, lleno.

SANT JOSEP VINS
Estació, 2
43780 Bot (Tarragona)
☎: +34 977 428 352
info@santjosepwines.com
www.santjosepvins.com

Roc Singulars Blanc de 3 Anys en Rama d'Agrícola St. Josep B
garnacha blanca

93 ★★★★   18€

Color: pajizo. Aroma: hierbas secas, flores marchitas, levaduras de flor, fruta blanca, frutos secos. Boca: potente, fruta madura, equilibrado, sabroso, salino.

SANTA MARTA
Ctra. San Vicente, s/n
32348 Córgomo-Vilamartin de Valdeorras (Ourense/Orense)
☎: +34 988 324 559
gerencia@vinaredo.com
www.vinaredo.com

Viñaredo 2023 RD
100% sousón

88 ★★★★ 7€

Maduro, lleno, herbal, frutal.

SAUVELLA
25655 Orcau (Lleida/Lérida)
☎: +34 600 765 803
sauvella@sauvella.com
www.sauvella.com

Sauvella Luscinia Canta 2013 T
syrah, garnacha, sumoll, cabernet sauvignon

87 17€

Sauvella Luscinia Eximia 2013 T R
syrah, sumoll

88 33€

Con vejez, confitado, herbáceo, especiado, poco intervencionista.

Sauvella Luteum 2022 B
macabeo, sumoll, brocada

88 17€

Poco intervencionista, notas de levadura, oxidativo, sabroso, fresco.

Sauvella Romance 2022 RD

88 17€

Poco intervencionista, notas de levadura, maduro, herbal.

Sauvella Rubí 2017 T
cabernet sauvignon

89 14€

Poco intervencionista, sabroso, maduro, hierbas secas, especiado.

Sauvella Sumoll 2019 T

90 15€

Color. Cereza. Aroma: hierbas silvestres, notas anisadas, fruta negra. Boca: fruta madura, fino amargor, fluido, fresco.

SETVINS DE MUNTANYA
Avda. Fuente de la Gota, 25
46392 Siete Aguas (Valencia)
☎: +34 662 551 284
setvinsdemuntannya@gmail.com
www.setvins.com

Blanquizar 2020 T
100% bobal

93 29,75€

Maduro, reductivo. Color: cereza oscuro. Aroma: hierbas secas, fina reducción. Boca: jugoso, sabroso, muy vivo, lleno, largo, fruta madura, persistente.

Cañada de los Moros Blanc 2021 B
100% merseguera

91 ★★★ 14,95€

Poco intervencionista. Color: dorado brillante. Aroma: expresión frutal, caramelo de limón, fruta de hueso, hierbas silvestres, notas de levadura. Boca: frutoso, fresco, especiado, taninos maduros.

Cañada de los Moros Bobal 2021 T
100% bobal

92 18,65€

Color: cereza intenso. Aroma: fruta madura, hierbas secas, roble cremoso, fruta negra. Boca: potente, fruta madura, especiado, equilibrado, taninos secos pero maduros.

Creu Pairal 2021 B
100% macabeo

90 ★★★★★ 9,45€

Poco intervencionista. Color: dorado brillante. Aroma: fruta madura, fruta asada, hierbas secas, notas de levadura, panadería. Boca: acidez marcada, frutoso, especiado, taninos suaves.

La Divisoria 2021 T
caladoc

91 ★★★★★ 11,25€

Amable. Color: cereza brillante. Aroma: fruta madura, lácticos, hierbas secas, hierbas silvestres, floral. Boca: fruta madura, especiado, amargoso, equilibrado.

VINOS DE MESA / VINO

VINOS DE MESA / VINO

SILUVIO BODEGAS Y VIÑEDOS
Cecos Ibias
Ibias (Asturias)
☎: +34 985 262 942
siluvio@siluvio.com
www.siluvio.com

Siluvio 2020 B
albarín

91   25€

Color: pajizo brillante. Aroma: fruta madura, fruta blanca, panadería, lácticos, hierbas secas, fresco. Boca: frutoso, fresco, equilibrado, sabroso.

Siluvio 2020 T
albarín negro, carrasquín, verdejo negro, mencía

90   25€

Color: cereza, borde violáceo. Aroma: fruta madura, fruta negra, hierbas silvestres, especiado. Boca: frutoso, sabroso, equilibrado, tostado.

SOMMOS GARNACHA
Ctra. Murero – Atea s/n
50366 Murero (Zaragoza)
☎: +34 976 174 740
info@bodegasommosgarnacha.com
www.bodegasommosgarnacha.com

Alquéz
de Sommos 2021 T
garnacha

91 ★★★★   12,8€

Color: cereza intenso. Aroma: hierbas secas, roble cremoso, fruta negra, pan tostado. Boca: fruta madura, especiado, taninos maduros.

Tiaso
de Sommos 2021 T
100% garnacha

91   24,9€

Color: cereza, borde violáceo. Aroma: fruta roja, especiado, fruta madura. Boca: sabroso, frutoso, buena acidez.

Araia de Sommos 2021 T R
100% garnacha

93   24,9€

Color: cereza, borde violáceo. Aroma: expresión frutal, floral, especiado, fruta roja, fruta negra, fruta madura, terroso. Boca: sabroso, frutoso, buena acidez, lleno.

Lamin de Sommos 2020 T
100% garnacha

93   35€

Color: cereza, borde granate. Aroma: expresivo, especiado, hierbas de monte, cacao fino, especias dulces, cuero mojado. Boca: elegante, lleno, largo, persistente.

SOPLA LEVANTE
Pérez Galdós 3, 2º Dcha.
02003 Albacete (Albacete)
☎: +34 658 846 188
info@rodriguezdevera.com
www.rodriguezdevera.com

Sopla Levante Moscatel 2022 B
moscatel

91   16,3€

Color: amarillo brillante. Aroma: caramelo de limón, fruta de hueso, flores marchitas, flores blancas, hierbas de tocador. Boca: frutoso, sabroso, fruta asada, fruta madura, taninos suaves.

Tros del Cantal 2021 T

91   39,9€

Color: cereza brillante. Aroma: fruta madura, fruta escarchada, hierbas silvestres, especias dulces. Boca: sabroso, frutoso, equilibrado, tostado, taninos secos pero maduros.

SOTOVELO

DS Balbaina, Pol. 4, Parc 4,
Casa de Viña de las Ánimas
11500 El Puerto de Santa María (Cádiz)
☎: +34 647 567 078
thomas@sotovelo.wine
www.sotovelo.wine

Sotovelo 2022 B
palomino

92 20,9€

Oxidativo. Aroma: frutos secos, levaduras de flor, lías reducidas. Boca: sabroso, lleno, largo, salino.

TEO LEGIDO

Plaza de la Iglesia s/n
05229 Castellanos de Zapardiel (Ávila)
☎: +34 605 619 723
teolegido@icloud.com
www.teolegido.com

Abubilla 2022 B
verdejo

93 🏆 25€

Color: pajizo. Aroma: fruta madura, hierbas secas, flores marchitas, anisado. Boca: potente, fruta madura, equilibrado.

El Joven Dryas 2023 T

91 25€

Color: cereza, borde granate. Aroma: fruta confitada, notas cárnicas, especias dulces, hierbas de monte. Boca: sabroso, dulcedumbre, largo.

🏆 PODIO

La Bovila 2021 T

95 🏆 50€

Aromas nítidos, complejo, floral. Color: cereza brillante. Aroma: balsámico, especias dulces, hierbas de monte, hierbas verdes. Boca: especiado, balsámico, buena acidez.

Las Galgas 2021 B
verdejo

94 🏆 50€

Complejo, con tensión. Color: amarillo brillante. Aroma: flores secas, fruta escarchada, lías finas, pastelería, cera, camomila. Boca: redondo, especiado, largo, persistente, salino.

TERRITORIO LUTHIER

Paraje La Rastrilla
09400 Aranda de Duero (Burgos)
☎: +34 947 650 034
luthier@territorioluthier.com
www.territorioluthier.com

Luthier Garnacha 2019 T
garnacha

92 190€

Potente, cálido. Color: cereza intenso. Aroma: hierbas secas, roble cremoso, fruta madura, fruta negra. Boca: fruta madura, especiado, taninos maduros, redondo, jugoso.

TIERRA FUNDIDA

Camino Las Medianías, 13. Finca Morales
38291 San Cristóbal de la Laguna
Santa Cruz de Tenerife
☎: +34 647 989 081
vinosentandem@gmail.com
www.tierrafundida.es

Tierra Fundida Cercado el Pino 2022 B S
listán blanco, albillo criollo, verdello

91 ★★★ 14,1€

Notas de levadura, poco intervencionista. Aroma: panadería, expresivo, con carácter, flores marchitas. Boca: fluido, jugoso, muy vivo.

Tierra Fundida Desormais 2022 B
listán blanco

91 19,8€

Con personalidad. Color: pajizo brillante. Aroma: fruta fresca, hierbas silvestres, flores secas, camomila. Boca: frutoso, buena acidez, fino amargor.

Tierra Fundida Los Topes 2022 B
albillo criollo

92 19,8€

Fresco, cítrico, con potencial. Aroma: fruta fresca, hierbas silvestres, fruta blanca, franco, elegante. Boca: fresco, frutoso, buena acidez.

Tierra Fundida Tinto 4/4 2022 T
listán prieto, listán blanco, negramoll

92 19,8€

Color: Cereza. Aroma: hierbas de monte, fruta roja, fruta madura, mineral. Boca: especiado, balsámico, buena acidez.

Tierra Fundida Verdello 2021 B
verdello

93 30€

Afilado, con potencial. Color: pajizo brillante. Aroma: expresivo, floral, lías finas. Boca: lleno, especiado, largo, elegante, fresco.

TONI BENEITO

Partida Sant Antoni.- Finca El Cabeço
46880 Bocairent (València/Valencia)
☎: +34 681 909 243
info@tonibeneito.com
www.tonibeneito.com

Toni Beneito BBM 2023 T
30% bobal, 50% bonicaire, 20% monastrell

89

Amable, especiado, hierbas secas, maduro, sabroso. Aroma: fruta madura.

TORRE DEL VEGUER

Urb. Torre de Veguer, s/n
08810 Sant Pere de Ribes (Barcelona)
☎: +34 938 963 190
torredelveguer@torredelveguer.com
www.torredelveguer.com

Torre del Veguer El Cucut 2021 T RB
100% garnacha

90 🌱

Confitado, especiado, lleno, sabroso, tostado.

Torre del Veguer La Rosada 2023 RD

90 🌱

Color: rosáceo pálido. Aroma: fruta roja, floral, hierbas de tocador. Boca: especiado, buena acidez, fino amargor.

Torre del Veguer Llum del Cadí 2021 T
100% pinot noir

89

Algo caído. Color: rubí, borde teja. Aroma: expresión frutal, floral, especiado, piel de naranja. Boca: sabroso, frutoso, buena acidez.

Torre del Veguer Llum del Cadí 2022 B

91

Color: pajizo brillante. Aroma: fruta madura, hierbas de tocador, lías finas, mineral. Boca: lleno, graso, largo, buena acidez.

VENTA D'AUBERT

Ctra. Valderrobres a Arnes, Km. 28
44623 Cretas (Teruel)
☎: +34 978 769 021
info@ventadaubert.com
www.ventadaubert.com

Dionus 2018 T R
cabernet sauvignon, merlot, cabernet franc

91 🌱   26€

Especiado, hierbas secas. Aroma: terroso, fruta negra, fruta madura, con carácter. Boca: jugoso, lleno, taninos maduros.

Divertus 2018 T
garnacha, syrah, monastrell

90 🌱   17,5€

Color: Cereza. Aroma: cera, fina reducción, hierbas secas, tomillo, franco. Boca: sabroso, largo, especiado.

Venta D'Aubert Solo 100 2022 T
monastrell

92 ★★★   17€

Balsámico, con personalidad, herbal, ligera reducción. Aroma: hierbas silvestres, notas anisadas, cera. Boca: fruta madura, fácil de beber.

VENTO

El Pilón, 88, Las Zocas
38638 San Miguel de Abona
(Santa Cruz de Tenerife)
☎: +34 630 038 886
clientes@bodegavento.com
www.bodegavento.com

Vento Blanco Brisado 2022 B
listán blanco

90 🌱

Aromático, cítrico, silvestre. Aroma: piel de naranja, fruta macerada, expresivo. Boca: jugoso, largo, fino amargor.

VICTORIA TORRES PECIS

Calle de Ciudad Real, s/n. Los Canarios
38740 Fuencaliente de la Palma
(Santa Cruz de Tenerife)
☎: +34 617 967 499
victoriatorrespecis@gmail.com

38740 Clarete 2022 RD

92

Poco intervencionista, mineral, con personalidad. Color: frambuesa. Aroma: fruta madura, flores marchitas, arcilloso, notas almizcladas. Boca: carnoso, sabroso, potente, salino.

VIDES CALIZA

Ctra. Tobarra, s/n
02652 Ontur (Albacete)
☎: +34 665 779 429
alfonso@videscaliza.com
www.videscaliza.com

Ruta de Las Especias Naturalmente Dulce 2022 T D

91   26€

Color: cereza, borde granate. Aroma: especiado, ebanistería, fruta sobremadura, fruta negra, balsámico. Boca: potente, sabroso, madera vieja, dulce.

VINOS GARCÍA DUQUE

47129 Barruelo del Valle (Valladolid)
☎: +34 649 986 056
info@quesosymantequilla.es

El Octavo Color 2022 B
sauvignon blanc

92 ★★★ 18€

Especiado, por hacer. Color: pajizo brillante, borde verdoso. Aroma: fruta fresca, cítricos, hierbas silvestres, especias dulces. Boca: frutoso, buena acidez, fino amargor.

VINS DE TALLER

Camí de St. Miquel
amb Ctra. St Tomàs de Fluvià, s/n
17469 Siurana d'Empordà (Girona/Gerona)
☎: +34 629 773 917
Info@vinsdetaller.com
www.vinsdetaller.com

Vins de Taller Siurà 2021 T C
marselan, merlot, malbec

91 35€

Color: Cereza. Aroma: balsámico, hierbas de monte, terroso, fruta negra, notas anisadas. Boca: especiado, balsámico, buena acidez.

VINS NUS

Sorts dels Capellans, 23-25
43736 Falset (Tarragona)
☎: +34 629 341 231
info@vinsnus.com
www.vinsnus.com

Néc-tar 2021 B
malvasía

91 43,1€

Poco intervencionista, sabroso, silvestre. Color: velado, pajizo. Aroma: fruta madura, hierbas de tocador, lías finas, piel de naranja, flores secas. Boca: lleno, graso, buena acidez.

Per Se 2019 T
garnacha

92 62€

Reductivo, con oscuridad. Color: cereza poco intenso, velado. Aroma: fruta roja, fruta madura, piel de naranja, sotobosque. Boca: fluido, jugoso, sabroso.

PXX 2020 B
pedro ximénez

93 78,4€

Color: pajizo brillante. Aroma: fruta madura, hierbas de tocador, lías finas, frutos secos, fruta blanca, fósforo. Boca: lleno, graso, largo, buena acidez.

VINS PEPE RAVENTÓS

Plaça del Roure s/n
08770 Sant Sadurní d'Anoia (Barcelona)
☎: +34 938 183 262
info@raventos.com
www.vinspeperaventos.com

Pepe Raventós Malvasia de Sitges 2022 B
malvasía

94 29€

Aromas nítidos, complejo, diferente. Color: amarillo brillante. Aroma: floral, camomila, cítricos, piel de naranja, hierbas silvestres. Boca: jugoso, fruta madura, largo.

Xarel.lo Vinya del Noguer 2022 B
100% xarel.lo

92 33€

Con personalidad, poco intervencionista. Color: amarillo brillante. Aroma: hierbas silvestres, hierbas verdes, toques silvestres. Boca: jugoso, largo, equilibrado, fino amargor.

VINOS DE MESA / VINO

VINUM PRO NOBIS PETIT CELLER
Colomer, 18
07312 Mancor de la Vall
(Illes Balears/Islas Baleares)
☎: +34 639 320 402
info@vinumpronobis.com

Pinyol Vermell 2023 T
100% espero de gall

92   27€

Aromas nítidos. Aroma: fruta roja, fruta madura, hierbas silvestres, franco. Boca: equilibrado, jugoso, fácil de beber, retronasal afrutado.

Tral.larel.lo 2023 T
100% escursac

90   17€

Fluido. Color. cereza poco intenso. Aroma: intensidad media, fruta roja, hierbas secas. Boca: equilibrado, fino amargor, fácil de beber, cierta persistencia.

VINYES DEL TIET PERE
Raval del Roser, 3
43886 Vilabella (Tarragona)
☎: +34 625 408 974
vinyesdeltietpere@gmail.com

Cami de Pell Orange 2022 B
100% macabeo

92   27€

Color. pajizo brillante. Aroma: hierbas de tocador, lías finas, fruta blanca, mineral, especiado. Boca: lleno, graso, equilibrado.

VINYES MORTITX
Ctra. Pollença Lluc, Km. 10,9
07315 Escorca (Illes Balears/Islas Baleares)
☎: +34 971 533 889
info@vinyesmortitx.com
www.vinyesmortitx.com

Giró Ros de Mortitx 2023 B
86

VIÑA DAMMIS
Paseo s/n
47591 La Seca (Valladolid)
☎: +34 695 949 123
info@vinadammis.es
www.vinadammis.es

Viña Dammis Selección Familiar 2023 B
92

Color. pajizo. Aroma: fruta madura, hierbas secas, flores marchitas, lías finas, especiado. Boca: potente, fruta madura, equilibrado, graso.

VIÑA EL PISÓN
Santa Engracia, 11
01300 Laguardia (Araba/Álava)
☎: +34 945 600 119
www.artadi.com

🏆 **PODIO**

Viña El Pisón 2022 T
100

Aromas nítidos, con tensión. Color. cereza intenso. Aroma: complejo, expresivo, especiado, mineral, expresión frutal. Boca: elegante, lleno, largo, persistente, jugoso, frutoso.

VIÑA SASTRE
San Pedro, s/n
09311 La Horra (Burgos)
☎: +34 947 542 108
sastre@vinasastre.com
www.vinasastre.com/es

Flavus 2018 B
jaén blanca

93 60€

Color: amarillo brillante. Aroma: potente, roble cremoso, fruta madura, especiado, madera marcada. Boca: graso, estructurado, largo, tostado, fino amargor.

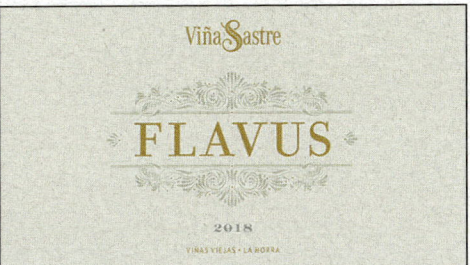

VIÑADORES DE CASTILLA
Corrillo Toto Vasco, 5
05220 Madrigal de las Altas Torres (Segovia)
☎: +34 658 846 188
info@rodriguezdevera.com
www.rodriguezdevera.com

Viñadores de Castilla Los Perdederos 2022 B
verdejo

90 35,4€

Color: amarillo brillante. Aroma: expresión frutal, fruta madura, especiado, pan tostado, frutos secos. Boca: sabroso, fresco, retronasal afrutado, especiado, retronasal ahumado, taninos maduros.

VIÑADORES DEL NORTE
Arrabal, 4
26120 Albelda de Iregua (La Rioja)
☎: +34 658 846 188
info@rodriguezdevera.com
www.rodriguezdevera.com

Guardalobos Clarete 2022 RD
tempranillo, viura

87 33,3€

VIÑAS SERRANAS
Ctra. Coria s/n
37656 Cepeda (Salamanca)
☎: +34 634 555 355
info@vserranas.com

El Helechal Solera Saca 2022 B

93

Color: dorado. Aroma: expresivo, con carácter, cera, flores marchitas, mineral. Boca: jugoso, equilibrado, elegante, especiado, fácil de beber.

VIÑEDOS ROBYN
Carlos Marx, 31
11560 Trebujena (Cádiz)
☎: +34 618 705 244
nlrobyn@aol.com

Primerizo 2018 T R
malbec

87 20€

Tinta Rota 2019 T
tintilla de rota

89 19€

Confitado, corpulento, especiado, hierbas secas, tostado.

Tr3soro 2019 T
syrah, pinot noir, malbec

88 15€

Con oscuridad, con vejez, equilibrado, especiado, confitado, goloso.

VIÑOS DE ENCOSTAS
Lugar de O Pazo, 4 As Viñas Gomariz
32429 Leiro (Ourense/Orense)
☎: +34 630 862 953
sebio@xlsebio.es
www.xlsebio.es

As Viñas 2022 B

93

Color: amarillo brillante. Aroma: especiado, roble cremoso, fruta blanca, fruta madura. Boca: graso, estructurado, largo, fino amargor, sabroso, fácil de beber.

Heaven & Hell 2022 B

93

Con personalidad, floral, maduro. Aroma: notas anisadas, hierbas de monte, franco. Boca: frutoso, jugoso, lleno, fruta madura, largo.

Máis Alá 2022 B

93

Muy vivo, representativo. Aroma: mineral, varietal, hierbas silvestres, hierbas de tocador, expresivo. Boca: fresco, fino amargor, buena acidez, equilibrado.

VINOS DE MESA / VINO

O Con 2022 B
94
Representativo, salino. Color: pajizo brillante. Aroma: bajamar, hierbas de monte, hierbas silvestres, franco, expresivo, lías finas. Boca: muy vivo, afilado, jugoso.

Salvaxe 2022 B
92
Maduro, sabroso. Color: pajizo. Aroma: fruta madura, franco, especiado, con carácter, potente, hierbas secas. Boca: lleno, sabroso, correcto.

Village 2022 B
92
Aromático, flores secas, maduro. Color: amarillo. Aroma: flores marchitas, lías finas, fruta blanca, fruta madura. Boca: graso, jugoso.

XOLAYR
Avda. Andalucía, 1
18659 Cozvijar (Granada)
☎: +34 620 126 514
lopezdelacasa@gmail.com

Elvira II Vigiriega 2020 B
100% vijariego blanco
90 15€
Aromas nítidos, maduro, fresco. Aroma: levaduras de flor, lías reducidas, flores marchitas, con carácter. Boca: sabroso, fino amargor.

Elvira Moscatel Grano Menudo 2020 B
moscatel grano menudo
89 15€
Aromas nítidos, varietal, silvestre, equilibrado, floral, sabroso.

Elvira Vigiriega 2021 B
100% vijariego blanco
91 ★★★ 15€
Original. Color: amarillo brillante. Aroma: almendra tostada, flores secas, especiado, notas de levadura. Boca: sabroso, acidez marcada.

VINOS ESPUMOSOS

Bajo este epígrafe se encuentran todos los vinos de mesa que guardan alguna relación con las burbujas y que no se acogen a ninguna mención específica, como denominación de origen, vinos de calidad, vinos de pago, etc.

El lector encontrará aquí algunos de los mejores vinos espumosos de segunda fermentación de España a día de hoy, que conviven entre estas páginas junto a otros vinos cuya relación con el carbónico le viene de otros métodos de elaboración, como el método ancestral, granvás, aguja, etc.

ADEGA ENTREOSRIOS
Lugar de Entreosrios, 2
15948 Pobra do Caramiñal (A Coruña/La Coruña)
☎: +34 670 712 700
adega@entreosrios.com
www.adega.entreosrios.com

Komokabras Ancestral 2022 BE EBR
albariño
90 — 18€
Cítrico, fresco, suave. Aroma: panadería, notas de levadura, fruta blanca, flores blancas.

Komokabras Ancestral Gran Cru 2022 BE EBR
albariño
91 — 18€
Floral, fresco, representativo. Color amarillo. Aroma: lías finas, brioche, fruta blanca. Boca: fresco, buena acidez, equilibrado, fino amargor.

AGRO-URDIENSE
Plaza España, 3
05114 Villanueva de Ávila (Ávila)
☎: +34 617 620 887
info@agrourdiense.com
www.agrourdiense.com

Petra Ancestral 2022 BE
87 — 18€

Petra Ancestral Rosé RE
85 — 18€

ALBARIZA DE LA TORRE
Ctra. Jerez Rota, Km. 8
11408 Jerez de la Frontera (Cádiz)
☎: +34 617 071 349
comercial@albarizadelatorre.es
www.albarizadelatorre.es

Galantería Albariza BE BN
89
Maduro, lleno, hierbas secas, sabroso.

Galantería BE C BR
89
Equilibrado, hierbas secas, maduro, goloso.

Galantería Chardonnay BE BN
87

Galantería Rosé RE BN
87

ALTA ALELLA - CELLER DE LES AUS
Cami Baix de Tiana, s/n
08328 Alella (Barcelona)
☎: +34 934 693 720
info@altaalella.wine
www.altaalella.wine

AUS Pét-Nat 2023 BE AG
100% pansa blanca
90 ★★★ ♣ — 12,95€
Agradable, austero. Aroma: franco, cítricos, hierbas silvestres. Boca: fresco, ligero.

AUS Pét-Nat Rosé 2023 RE AG
100% mataró
87 ♣ — 12,95€

ANECOOP BODEGAS
Monforte, 1 – entlo.
46010 València/Valencia (València/Valencia)
☎: +34 963 938 500
anecoopbodegas@anecoop.com
www.anecoopbodegas.com

Marqués de las Cuevas BE BR
100% sauvignon blanc
86   10€

AT ROCA
La Vinya, 15-17
08770 Sant Sadurní d'Anoia (Barcelona)
☎: +34 935 165 043
info@atroca.eu
www.atroca.eu

Anima Mundi Ancestral Cami dels Xops 2022 BE
macabeo, xarel.lo
91   17€
Con tensión. Color: pajizo brillante. Aroma: fruta fresca, cítricos, lías finas, fruta blanca. Boca: fresco, frutoso, buena acidez, burbuja fina.

Anima Mundi Ancestral Noguer Baix 2020 BE
93   26€
Color: amarillo brillante. Aroma: lías finas, equilibrado, hierbas secas, fruta blanca. Boca: buena acidez, sabroso, fruta madura, burbuja fina, elegante.

🏆 PODIO

Janes 2019 BE
xarel.lo
95   45€
Poco intervencionista, con personalidad. Color: pajizo, pálido. Aroma: lías finas, frutos secos, hierbas de tocador, panadería. Boca: sabroso, buena acidez, burbuja fina, fino amargor.

BAYOD BORRÁS
Calle Baja, 12
44650 Fórnoles (Teruel)
☎: +34 607 698 122
bb@bayodborras.com
www.bayodborras.com

Bayod Borrás Gloria 2023 RE BN
garnacha, trepat
89   12,9€
Agradable, aromático, correcto, fruta golpeada, frutal, maduro. Boca: burbuja gruesa.

Bayod Borrás Núria 2023 BE BN
xarel.lo, chardonnay
89   12,9€
Aromas nítidos, frutal, maduro, sabroso. Boca: amargoso, buena acidez.

Duna by Bayod Borrás 2024 BE
xarel.lo, chardonnay
91   24,9€
Color: pajizo brillante. Aroma: lías finas, floral, expresivo, trufas. Boca: sabroso, buena acidez, burbuja fina, equilibrado.

BODEGA Y VIÑEDOS CAN RICH
Camí de Sa Vorera, s/n
07820 San Antonio (Illes Balears/Islas Baleares)
☎: +34 971 803 377
info@bodegascanrich.com
www.bodegascanrich.com

Can Rich Blanc de Blancs 2022 BE
malvasía
88   17€
Cítrico, floral, amable, sabroso, notas de levadura.

BODEGAS ALCARDET
Mayor, 130
45810 Villanueva de Alcardete (Toledo)
☎: +34 925 166 375
admin@alcardet.com
www.alcardet.com

Alcardet Natura Espumoso BE BR
airén, macabeo, chardonnay
86   6,9€

Real Gana BE R BR
airén
89 ★★★★   7,4€
Correcto, hierbas secas, notas de levadura, suave. Boca: fácil de beber, fino amargor, cierta persistencia.

Real Gana Brut 18 BE
airén
86   6€

BODEGAS BARBADILLO
Luis de Eguilaz, 11
11540 Sanlúcar de Barrameda (Cádiz)
☎: +34 956 385 500
marketing@barbadillo.com
www.barbadillo.com

Toto Barbadillo 2021 BE BN
palomino, chardonnay
90   15€
Color: pajizo. Aroma: expresivo, flores blancas, lías finas, hierbas de tocador. Boca: sabroso, frutoso, fresco.

VINOS ESPUMOSOS / VINO

VINOS DE ESPAÑA

VINOS ESPUMOSOS / VINO

BODEGAS BILBAÍNAS
Estación, 3
26200 Haro (La Rioja)
info@bodegasbilbainas.com
www.bodegasbilbainas.com

Lumen 2020 BE R BR
88
Burbuja gruesa, cítrico, herbal, sabroso.

BODEGAS BINIFADET
Ses Barraques, s/n
07720 San Luis (Illes Balears/Islas Baleares)
☎: +34 971 150 715
binifadet@binifadet.com
www.binifadet.com

Buri Escumós Blanc BE
89
Cítrico, fresco, herbal, notas de levadura, burbuja gruesa.

Buri Escumós Rosat RE
90
Color: rosáceo pálido. Aroma: hierbas de tocador, mineral, cítricos. Boca: ligero, buena acidez, fino amargor.

BODEGAS CAMPESTRAL
Ctra. Arcos-Algar, km. 7
11630 Arcos de la Frontera (Cádiz)
☎: +34 670 586 035
info@campestral.es
www.campestral.es

Campestral White Ancestral 2022 BE
palomino
87   16,9€

BODEGAS CARPE DIEM
Avda. de las Américas, 35
29532 Mollina (Málaga)
☎: +34 622 716 321
promocion@bodegascarpediem.com
www.bodegascarpediem.com

Apiane 2022 BE
100% moscatel
86   7,88€

BODEGAS DELGADO
Cosano, 2
14500 Puente Genil (Córdoba)
☎: +34 957 600 085
fino@bodegasdelgado.com
www.bodegasdelgado.com

La Casualidad de Lemonier 2021 BE BN
pedro ximénez
91 ★★★   14,8€
Color: amarillo brillante. Aroma: fruta madura, lías finas, equilibrado, hierbas secas, piedra seca, apio, frutos secos. Boca: buena acidez, sabroso, fruta madura.

BODEGAS GODELIA
Antigua Ctra. N-VI, km. 403,5
24547 Pieros-Cacabelos (León)
☎: +34 987 546 279
info@godelia.es
www.godelia.es

Godelia Cuvée Espumoso de Godello BE GR EBR
100% godello
90   16,7€
Color: amarillo brillante. Aroma: lías finas, equilibrado, hierbas secas, fruta blanca, pan tostado. Boca: buena acidez, sabroso.

BODEGAS MIGUEL A. AGUADO
Cantalejos, 2
45165 San Martín de Montalbán (Toledo)
☎: +34 653 821 659
info@bodegasmiguelaguado.com
www.bodegasmiguelaguado.com

Pasión de Castillo de Montalban BE BN
80

BODEGAS OCHOA
Miranda de Arga, 35
31390 Olite (Navarra)
☎: +34 948 740 006
info@bodegasochoa.com
www.bodegasochoa.com

8A Moscato de Ochoa 2022 BE AG SD
100% moscatel
86   15€

BODEGAS SALADO
Camino de Mérida, 14
41806 Umbrete (Sevilla)
☎: +34 955 715 601
comunicacion@bodegassalado.com
www.bodegassalado.com

Umbretum 1810 BE
garrido fino
86   17€

Umbretum 2020 BE BN
87 .... 17€

Umbretum Reserva Familiar RE
garrido fino
87 .... 38€

BODEGAS YUNTERO
P.I. de Manzanares- Ctra. Alcazar
13200 Manzanares (Ciudad Real)
☎: +34 926 610 309
yuntero@yuntero.com
www.yuntero.com

Mundo de Yuntero BE
100% verdejo
85 .... 5,45€

Poetica 2023 BE SS
90% verdejo, 10% moscatel
84 .... 4,25€

CAN SUMOI
Plaça del Roure s/n
08770 Sant Sadurní d'Anoia (Barcelona)
☎: +34 938 183 262
info@cansumoi.cat
www.cansumoi.cat

Ancestral Montonega 2023 BE
montonega
90 🌱 .... 15,73€
Equilibrado, flores secas. Aroma: fruta blanca, equilibrado, cítricos. Boca: fresco, fácil de beber, cierta persistencia.

CASTELL SANT ANTONI
Passeig del Parc, 13
08770 Sant Sadurní d'Anoia (Barcelona)
☎: +34 938 183 099
cava@castellsantantoni.com
www.castellsantantoni.com

Castell Sant Antoni Camí del Sot 2015 BE GR BR
macabeo, xarel.lo, parellada
93 ★★★ .... 19,5€
Color: amarillo brillante. Aroma: fruta madura, lías finas, equilibrado, hierbas secas, humedad. Boca: buena acidez, sabroso, fruta madura.

Castell Sant Antoni Gran Barrica 2015 BE GR BN
macabeo, xarel.lo, parellada, chardonnay
93 .... 27,95€
Color: dorado brillante. Aroma: lías finas, frutos secos, hierbas de tocador, complejo, brioche. Boca: potente, sabroso, buena acidez, burbuja fina, fino amargor.

Castell Sant Antoni Gran Rosat Pinot Noir 2015 RE GR BN
pinot noir
91 .... 19,5€
Color: piel cebolla. Aroma: fruta roja, fruta madura, expresivo, fruta asada, expresión frutal. Boca: potente, equilibrado, sabroso, frutoso, fresco.

Castell Sant Antoni Jazz Nature 2021 BE R BN
macabeo, xarel.lo, parellada
92 ★★★★ .... 14,5€
Color: pajizo brillante. Aroma: fruta madura, lías finas, hierbas secas, flores marchitas. Boca: sabroso, buena acidez, burbuja fina, fresco, cierta persistencia, cremoso.

Castell Sant Antoni Jazz Nature Rosé 2021 RE R BR
trepat, garnacha
90 .... 15,5€
Color: rosa vivo. Aroma: fruta roja, hierbas silvestres, apio, fruta de hueso. Boca: fresco, frutoso, buena acidez, sabroso.

CELLER GRITELLES
Carrer de Les Bodegues, 3
43360 Cornudella de Montsant (Tarragona)
☎: +34 637 407 184
celler@gritelles.com
www.gritelles.com

Gritelles Ancestral Brisat BE BR
macabeo
88 🌱 .... 15€
Equilibrado, especiado, sabroso, poco intervencionista, hierbas secas.

Gritelles Ancestral Roig 2023 TE BR
83 🌱 .... 15€

DIMOBE - BODEGA A. MUÑOZ CABRERA
Ctra. Almachar, s/n
29738 Moclinejo (Málaga)
☎: +34 952 400 594
ignacio@dimobe.es
www.dimobe.es

Tartratos 2017 BE GR BN
moscatel de alejandría
88 .... 29€
Agradable, aromas nítidos, varietal, suave, sencillo, correcto, cítrico, con vejez.

VINOS ESPUMOSOS / VINO

VINOS ESPUMOSOS / VINO

FÉLIX SOLIS AVANTIS
Autovía del Sur, Km. 199
13300 Valdepeñas (Ciudad Real)
☎: +34 926 322 400
marketing@felixsolisavantis.com
www.felixsolisavantis.com

Eora Frizzante
Verdejo 5.5 BE AG
85

FINCA VALONGA
Monte Valonga, s/n
22533 Belver de Cinca (Huesca)
☎: +34 974 435 127
teresa@valonga.com
www.valonga.com

Finca Valonga
Teresa 2022 BE BR
chardonnay
88   12€
Maduro, herbal, mineral, equilibrado.

GRAMONA
Industria, 36
08770 Sant Sadurní d'Anoia (Barcelona)
☎: +34 938 910 113
info@gramona.com
www.gramona.com

🏆 PODIO

Enoteca Gramona 2011 BE BN
45% xarel.lo, 55% macabeo
100
Complejo, exuberante. Color: amarillo brillante. Aroma: notas de levadura, pastelería, especias dulces, expresivo, equilibrado. Boca: fino amargor, redondo, elegante, sabroso, muy vivo.

🏆 PODIO

Gramona Celler Batlle 2014 BE BR
98
Color: dorado brillante. Aroma: lías finas, frutos secos, complejo, hierbas silvestres. Boca: potente, sabroso, buena acidez, burbuja fina, fino amargor.

Gramona III Lustros 2015 BE BN
xarel.lo, macabeo
94
Complejo, especiado. Color: dorado brillante. Aroma: lías finas, frutos secos, hierbas de tocador, complejo, brioche. Boca: potente, sabroso, buena acidez, burbuja fina, fino amargor.

Gramona Imperial 2018 BE BR
92 🌱
Color: pajizo brillante. Aroma: lías finas, floral, hierbas de tocador, expresivo, especiado. Boca: potente, sabroso, buena acidez, burbuja fina.

Gramona Innoble BE BN
91
Color: dorado brillante. Aroma: lías finas, frutos secos, hierbas de tocador, complejo, notas de levadura. Boca: sabroso, burbuja fina, fino amargor, fresco, algo vegetal.

Gramona La Cuvée 2019 BE
60% xarel.lo, 30% macabeo, 10% parellada
91 🌱
Color: pajizo brillante. Aroma: hierbas secas, lías finas, floral, cítricos, fruta asada, hierbas verdes. Boca: fresco, frutoso, sabroso, buena acidez, equilibrado.

Gramona Imperial
Magnum 2018 BE GR BR
xarel.lo, macabeo, chardonnay, parellada
92
Color: pajizo brillante. Aroma: fruta fresca, cítricos, lías finas, hierbas de tocador. Boca: fresco, buena acidez, equilibrado, correcto, fácil de beber.

HIRUZTA BODEGA
Barrio Jaizubia, 266
20280 Hondarribia (Gipuzkoa/Guipúzcoa)
☎: +34 943 646 689
info@hiruzta.com
www.hiruzta.com

Hiruzta Basque 2020 BE BN
hondarrabi zuri
88   19€
Frutal, herbal, láctico, sabroso, afilado.

HUGUET DE CAN FEIXES
Finca Can Feixes, 1
08718 Cabrera D'Anoia (Barcelona)
☎: +34 937 718 227
canfeixes@canfeixes.com
www.canfeixes.com

Huguet de Can Feixes 2017 BE BN
parellada, macabeo, pinot noir
92 🌱   23€
Color: pajizo brillante. Aroma: lías finas, hierbas secas, franco, fresco. Boca: sabroso, buena acidez, equilibrado, fruta madura.

Huguet de Can
Feixes Classic 2017 BE BR
parellada, macabeo, pinot noir
92 🌱   23€
Color: amarillo brillante. Aroma: lías finas, equilibrado, fruta blanca, hierbas de tocador. Boca: buena acidez, sabroso, fruta madura.

J. GARCIA CARRION LA MANCHA
Guarnicionero, s/n
13250 Daimiel (Ciudad Real)
☎: +34 914 355 556
atcliente@jgc.es
www.garciacarrion.com

Don Luciano BE BR
airén, macabeo

84 .... 3,5€

Don Luciano BE SS
airén, macabeo

82 .... 3,5€

don Luciano Blue Moscato BE D
moscatel

82 .... 3,5€

Don Luciano Gold Moscato BE
moscatel

84 .... 3,5€

Don Luciano Pink Moscato RE D
moscatel, tempranillo

83 .... 3,5€

JÚLIA BERNET - VINYES DE MUNTANYA
Avda. de Barcelona, 24
08739 El Pago (Barcelona)
☎: +34 639 273 965
info@juliabernet.com

Júlia Bernet Barraca dels Coscons 2018 BE BN
xarel.lo

93 ★ .... 25€

Color: pajizo brillante. Aroma: fruta blanca, notas anisadas, hierbas silvestres, notas de levadura. Boca: fino amargor, equilibrado, balsámico, buena acidez.

Júlia Bernet Feixes de la Font 2020 BE BN
xarel.lo

93 ★★★ ★ .... 20€

Color: amarillo brillante. Aroma: lías finas, equilibrado, hierbas secas, mineral, arcilloso. Boca: buena acidez, sabroso, fruta madura.

María Bernet 2016 BE BN
xarel.lo

93 ★ .... 47€

Color: amarillo brillante. Aroma: intensidad media, fruta fresca, hierbas secas, lías finas, floral, fruta madura. Boca: fresco, frutoso, sabroso, buena acidez, equilibrado.

María Bernet Xarel.lo 2014 BE BN
xarel.lo

94 ★ .... 57€

Color: dorado brillante. Aroma: hierbas de tocador, con carácter, fruta madura, frutos secos, elegante. Boca: sabroso, burbuja fina, fino amargor, equilibrado.

LAGAR DE COSTA
Sartaxes, 8 - Castrelo
36639 Cambados (Pontevedra)
☎: +34 669 086 569
contacto@lagardecosta.com
www.lagardecosta.com

Lagar de Costa. Atlantic Rosé 2019 RE BN
100% espadeiro

89 .... 25€

Aroma: notas de levadura, fruta roja, fruta madura. Boca: ligero, fino amargor.

LLOPART
Ctra. Sant Sadurní – Ordal, km 4
08739 Subirats (Barcelona)
☎: +34 938 993 125
info@llopart.com
www.llopart.com

Llopart 2020 BE R BN
45% xarel.lo, 35% macabeo, 20% parellada

93 ★★★★ ★ .... 16,2€

Color: amarillo brillante. Aroma: fruta madura, lías finas, brioche, hierbas de tocador. Boca: frutoso, equilibrado, sabroso, muy vivo, retronasal afrutado.

Llopart Ex·Vite Viñas Singulares Les Flandes 2014 BE BR
60% xarel.lo, 40% macabeo

94 ★ .... 57€

Color: dorado brillante. Aroma: lías finas, frutos secos, hierbas de tocador, panadería. Boca: potente, sabroso, buena acidez, burbuja fina, fino amargor.

Llopart Leopardi 2017 BE BN
45% xarel.lo, 40% macabeo, 15% parellada

92 ★ .... 28€

Color: amarillo brillante. Aroma: lías finas, equilibrado, hierbas secas, fruta blanca, hierbas silvestres. Boca: buena acidez, sabroso, fruta madura.

🏆 PODIO

Llopart Llegat Familiar 2010 BE BN
xarel.lo

95 .... 140€

Color: amarillo brillante. Aroma: lías finas, frutos secos, hierbas de tocador, complejo, tostado. Boca: potente, sabroso, buena acidez, burbuja fina, fino amargor.

VINOS ESPUMOSOS / VINO

VINOS ESPUMOSOS / VINO

🏆 PODIO

Llopart Original 1887 Viñas Singulares Les Flandes 2013 BE BN
50% montonega, 25% xarel.lo, 25% macabeo

97 🍷 66€

Color: dorado brillante. Aroma: lías finas, hierbas de tocador, con carácter, fruta madura, frutos secos, notas anisadas. Boca: potente, sabroso, buena acidez, burbuja fina, elegante, equilibrado, cierta persistencia.

Llopart Panoramic Imperial 2018 BE BR
50% xarel.lo, 40% macabeo, 10% parellada

92 🍷 22€

Fresco, silvestre, suave. Color: pajizo. Aroma: expresivo, hierbas de tocador. Boca: burbuja fina, largo.

LMT WINES (LUIS MOYA)
Cerro Amurdi
31190 Cizur Menor (Navarra)
☎: +34 645 841 928
hola@lmtwines.com
www.lmtwines.com

Kimera Ancestral 2022 BE BN
garnacha blanca

90 16€

Color: pajizo brillante. Aroma: lías finas, floral, hierbas de tocador, expresivo, fósforo. Boca: potente, sabroso, buena acidez, burbuja fina.

Kimera Ancestral RE BN
garnacha

89 16€

Aroma: floral, fruta roja, fruta madura, hierbas de tocador. Boca: equilibrado, sabroso.

MAS CANDÍ
Mas Candí, s/n
08793 Les Gunyoles d'Avinyonet (Barcelona)
☎: +34 636 621 510
info@mascandi.com
www.mascandi.com

Indomable 2017 BE BN
xarel.lo, sumoll

92 🍷 23,05€

Acidez marcada. Color: pajizo brillante. Aroma: fruta fresca, cítricos, lías finas, hierbas de tocador, anisado. Boca: fresco, frutoso, seco, burbuja gruesa.

Mas Candí 2021 BE BN
xarel.lo, macabeo, sumoll

90 ★★★ 🍷 12,5€

Color: pajizo brillante. Aroma: fruta madura, hierbas secas, anisado, apio. Boca: seco, fresco, fácil de beber.

Prohibit 2021 RE BN

91 🍷 16,55€

Color: rosáceo pálido. Aroma: fruta roja, floral, hierbas de tocador, notas anisadas, hierbas silvestres. Boca: especiado, buena acidez, fresco, frutoso.

Segunyola 2018 BE BN
100% xarel.lo

93 ★★★★ 🍷 16,55€

Color: amarillo brillante. Aroma: lías finas, floral, hierbas de tocador, expresivo, expresión frutal, fruta blanca. Boca: potente, sabroso, buena acidez, burbuja fina, equilibrado, frutoso, cierta persistencia.

MONTRUBÍ
L'Avellà
08736 Font-Rubí (Barcelona)
☎: +34 933 712 332
comercial@montrubi.com
www.montrubi.com

L'Ancestral Blanc 2022 BE
parellada

87 🍷 14,95€

L'Ancestral Rosé 2022 RE
sumoll

88 🍷 14,95€

Austero, flores secas, fresco, amargoso.

MUSCÀNDIA - VIADER
Finca Can Rosell de la Llena
08790 Gelida (Barcelona)
☎: +34 625 632 620
ev@muscandia.com
www.muscandia.com

Muscàndia Deliri Ancestral 2022 BE
moscatel de frontignan, sauvignon blanc

86 🍷 15,9€

Muscàndia Deliri Ancestral 2022 RE
garnacha

88 15,99€

Agradable, floral, frutal, herbáceo.

NADAL
Finca Nadal de la Boadella
08775 Torrelavit (Barcelona)
☎: +34 938 988 011
comunicacio@nadal.com
www.nadal.com

Plot Twist BE

91

Color: amarillo brillante. Aroma: lías finas, equilibrado, hierbas secas, fruta blanca. Boca: buena acidez, sabroso, fruta madura.

Guía Peñín | VINOS DE ESPAÑA

Plot Twist RE BR
92
Color: frambuesa. Aroma: floral, fruta roja, fruta madura, hierbas de tocador, expresivo, lías finas. Boca: equilibrado, sabroso, fresco, fruta madura, cierta persistencia.

Ramón Nadal Giró 2004 BE GR BR
62% xarel.lo, 32% parellada
92
Con vejez, correcto, especiado, algo apagado. Color: pajizo brillante. Aroma: flores marchitas, notas de levadura, lías reducidas. Boca: sabroso, fino amargor.

RNG 2016 BE BR
93
Color: dorado brillante. Aroma: lías finas, hierbas de tocador, con carácter, fruta madura, frutos secos. Boca: potente, sabroso, buena acidez, burbuja fina, fino amargor.

Salvatge Edició Limitada 2015 BE BN
92
Color: pajizo brillante. Aroma: floral, hierbas de tocador, notas de levadura. Boca: sabroso, buena acidez, burbuja fina, equilibrado.

Salvatge Rosé Magnum 2014 RE BR
91
Color: frambuesa. Aroma: floral, fruta roja, fruta madura, hierbas de tocador, expresivo. Boca: potente, equilibrado, sabroso, muy vivo, pulido, fresco.

PÉREZ BARQUERO
Avda. Andalucía, 27
14550 Montilla (Córdoba)
☎: +34 957 650 500
info@perezbarquero.com
www.perezbarquero.com

Pérez Barquero G1 BE BN
pedro ximénez
91   17,9€
Color: amarillo brillante. Aroma: fruta madura, lías finas, equilibrado, hierbas secas, especiado, pan tostado. Boca: buena acidez, sabroso, fruta madura.

RAVENTÓS I BLANC
Plaça del Roure, s/n
08770 Sant Sadurní d'Anoia (Barcelona)
☎: +34 938 183 262
info@raventos.com
www.raventos.com

🏆 **PODIO**

Enoteca Personal
Manuel Raventós 2008 BE BN
xarel.lo, macabeo, parellada
99   139,15€
Color: dorado brillante. Aroma: lías finas, hierbas de tocador, con carácter, fruta madura, frutos secos, tiza. Boca: potente, sabroso, buena acidez, burbuja fina, fino amargor.

Manuel Raventós
Negra 2017 BE GR BN
xarel.lo, macabeo
94 🍷   87,65€
Color: dorado brillante. Aroma: lías finas, hierbas de tocador, con carácter, fruta madura, frutos secos, brioche. Boca: potente, sabroso, buena acidez, burbuja fina, fino amargor.

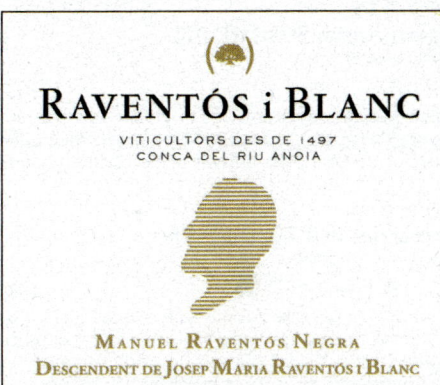

🏆 **PODIO**

Manuel Raventós
Negra Magnum 2013 BE GR BN
sumoll, xarel.lo
96 🍷   181,5€
Color: dorado brillante. Aroma: lías finas, hierbas de tocador, con carácter, fruta madura, frutos secos, elegante. Boca: sabroso, burbuja fina, fino amargor, equilibrado, persistente.

VINOS ESPUMOSOS / VINO

🏆 PODIO

Manuel Raventós
Negra Magnum 2016 BE GR BN
xarel.lo, macabeo

95 🌱   165,01€

Color: dorado brillante. Aroma: lías finas, frutos secos, hierbas de tocador, complejo, tostado, fruta madura. Boca: potente, sabroso, buena acidez, burbuja fina, fino amargor.

Raventos i Blanc
Textures de Pedra 2020 BE GR BN
xarel.lo vermell, sumoll, bastardo

93 🌱   34,7€

Color: amarillo brillante. Aroma: fruta madura, lías finas, equilibrado, hierbas secas, brioche, especias dulces. Boca: buena acidez, sabroso, fruta madura, largo.

RECAREDO
Tamarit, 10
08770 Sant Sadurní d'Anoia (Barcelona)
☎: +34 938 910 214
info@recaredo.com
www.recaredo.com

Recaredo
Intens Rosat 2020 RE BN
100% monastrell

90 🌱   33€

Color: frambuesa. Aroma: fruta roja, fruta madura, hierbas de tocador, expresivo, flores secas. Boca: equilibrado, frutoso, fresco, burbuja gruesa, fruta madura.

Recaredo
Serral del Vell 2018 BE BN
85% xarel.lo, 15% macabeo

94 🌱   43€

Color: dorado brillante. Aroma: frutos secos, hierbas de tocador, complejo, lías finas, expresivo. Boca: potente, sabroso, buena acidez, burbuja fina, fino amargor.

Recaredo
Subtil 2019 BE BN
100% xarel.lo

94 🌱   42€

Color: amarillo brillante. Aroma: lías finas, floral, hierbas de tocador, expresivo, fruta blanca. Boca: sabroso, buena acidez, burbuja fina, equilibrado, frutoso.

Recaredo
Terrers 2019 BE BN
57% xarel.lo, 25% macabeo, 17% parellada, 1% monastrell

93 🌱   27,5€

Color: dorado brillante. Aroma: lías finas, hierbas de tocador, regaliz negro. Boca: sabroso, buena acidez, burbuja fina, fino amargor.

🏆 PODIO

Reserva Particular
de Recaredo 2014 BE BN
55% xarel.lo, 45% macabeo

99 🌱   87€

Color: dorado brillante. Aroma: lías finas, hierbas de tocador, con carácter, fruta madura, frutos secos, tostado. Boca: sabroso, burbuja fina, fino amargor, equilibrado.

🏆 PODIO

Turo d'en Mota
de Recaredo 2010 BE BN
100% xarel.lo

99 🌱   145€

Complejo, sabroso. Color: pajizo brillante. Aroma: frutos secos, hierbas de tocador, complejo, lías finas, especias dulces, expresivo. Boca: potente, sabroso, buena acidez, burbuja fina, fino amargor, elegante.

ROSELL MIR
Barri El Rebato s/n
08739 Subirats (Barcelona)
☎: +34 938 911 354
nicolas@vitimundo.com
www.rosellmir.com

Can Guineu 2020 BE R BN
chardonnay, xarel.lo

87 🌱   11,2€

Can Guineu Rosat 2018 RE BN
pinot noir, macabeo

88 🌱   11,2€

Cítrico, flores secas, fresco, notas de levadura, sabroso.

El Serralet 2020 BE BN
macabeo, parellada, xarel.lo

88 ★★★ 🌱   8,4€

Equilibrado, especiado, notas de levadura, maduro, sabroso.

Marc Mir 2020 BE R BN
macabeo, pinot noir, chardonnay

90 🌱   18,4€

Color: amarillo brillante. Aroma: fruta madura, lías finas, equilibrado, hierbas secas, brioche, frutos secos. Boca: buena acidez, fruta madura.

SABATÉ I COCA - CASTELLROIG
Ctra. Sant Sadurní a Vilafranca, km. 1
08739 Subirats (Barcelona)
☎: +34 938 911 927
info@sabateicoca.com
www.sabateicoca.com

Castellroig 2020 BE R BN
xarel.lo, macabeo, parellada, chardonnay

90   14,95€

Color: amarillo brillante. Aroma: fruta madura, lías finas, hierbas secas, flores marchitas, cítricos. Boca: buena acidez, burbuja fina, frutoso, fresco.

Castellroig Rosat 2021 RE R BR
garnacha, xarel.lo, trepat

92 ★★★   16,8€

Color: rosáceo pálido. Aroma: fruta roja, floral, hierbas de tocador, fruta fresca, fresco. Boca: ligero, especiado, buena acidez, fino amargor.

Sabaté i Coca
Josep Coca 2017 BE GR BN
xarel.lo, macabeo

91   24,9€

Color: pajizo brillante. Aroma: lías finas, hierbas secas, cítricos. Boca: buena acidez, largo, correcto, fino amargor, fácil de beber.

Sabaté i Coca Mosset 2019 BE GR BN
xarel.lo, macabeo

92   18,9€

Color: pajizo. Aroma: expresivo, flores blancas, lías finas, hierbas de tocador. Boca: sabroso, frutoso, fresco.

Sabaté i Coca Mosset
Magnum 2014 BE GR BN
xarel.lo, macabeo, parellada

93   43,25€

Color: pajizo brillante. Aroma: hierbas de tocador, lías finas, hierbas secas, tostado, brioche. Boca: buena acidez, equilibrado, fino amargor.

Sabaté i Coca Reserva
Familiar 2014 BE GR BN
xarel.lo

94   43,1€

Color: pajizo brillante. Aroma: lías finas, hierbas de tocador, con carácter, fruta madura, frutos secos, elegante. Boca: sabroso, burbuja fina, fino amargor, equilibrado.

TORELLÓ VITICULTORS
Ctra. C-243b, km. 13,4
08790 Gelida (Barcelona)
☎: +34 938 910 793
torello@torello.es
www.torello.com

Gran Torelló 2016 BE BN
48% xarel.lo, 47% macabeo, 5% parellada

94   33,5€

Color: dorado brillante. Aroma: lías finas, frutos secos, hierbas de tocador, complejo. Boca: potente, sabroso, buena acidez, burbuja fina.

Torelló 2 Añadas
Microvinificación 2019 BE BN
41% xarel.lo, 36% macabeo, 23% parellada

92   23,5€

Color: amarillo brillante. Aroma: lías finas, equilibrado, hierbas secas, fruta blanca. Boca: buena acidez, sabroso, fruta madura.

Torelló 225
Enoteca 2013 BE BN
50% xarel.lo, 29% macabeo, 21% parellada

93   65€

Color: pajizo brillante. Aroma: fruta madura, lías finas, hierbas secas. Boca: sabroso, buena acidez, burbuja fina, muy vivo.

Torelló
Ancestral ANL/21 2021 BE BN
73% xarel.lo, 27% macabeo

91   25€

Agradable, cítrico. Aroma: fresco, hierbas silvestres, notas anisadas, notas de levadura. Boca: fresco, seco, fácil de beber.

Torelló Reserva
Special Edition 2019 BE BR
36% macabeo, 34% xarel.lo, 30% parellada

89   17,75€

Aromas nítidos, correcto, fresco, agradable, sabroso, silvestre, suave.

VINOS ESPUMOSOS / VINO

VINOS ESPUMOSOS / VINO

Torelló Tradicional 2018 BE BN
57% xarel.lo, 23% macabeo, 20% parellada

92 🏆   18,55€

Color: pajizo brillante. Aroma: lías finas, floral, hierbas de tocador, expresivo. Boca: potente, sabroso, buena acidez, burbuja fina, equilibrado.

🏆 **PODIO**

Torelló Collection 2012 BE BN
40% xarel.lo, 31% macabeo, 29% parellada

95   107€

Color: amarillo brillante. Aroma: brioche, lías finas, caramelo tostado, fruta asada, fruta de hueso, hierbas secas. Boca: frutoso, fresco, sabroso, equilibrado, retronasal afrutado.

VARDON KENNETT
Finca Santa Margarida d'Agulladolç
08773 Sant Joan de Mediona (Barcelona)
☎: +34 938 177 400
prensa@torres.es
www.torres.es

Cuvée Esplendor de Vardon Kennett 2015 BE EBR
60% pinot noir, 34% chardonnay, 6% xarel.lo

94   37,5€

Goloso, maduro. Color: amarillo brillante. Aroma: fruta madura, lías finas, equilibrado, hierbas secas. Boca: buena acidez, sabroso, fruta madura, largo.

VINARTIS
N-IV, KM. 200
13300 Valdepeñas (Ciudad Real)
☎: +34 926 320 300
orestes.garcia@jgc.es
www.garciacarrion.com

Andimar Pink Moscato RE
84

VINS EL CEP
Can Llopart de Les Alzines, s/n
08770 Sant Sadurní d'Anoia (Barcelona)
☎: +34 938 912 353
comercial@vinselcep.com
www.vinselcep.com

Pét - Nat Xarel.lo 2023 B
xarel.lo

91 ★★★★ 🏆   14€

Color: amarillo brillante. Aroma: fruta madura, hierbas de tocador, lías finas, panadería, expresión frutal, cítricos. Boca: lleno, graso, buena acidez, fresco, frutoso.

VINS PEPE RAVENTÓS
Plaça del Roure s/n
08770 Sant Sadurní d'Anoia (Barcelona)
☎: +34 938 183 262
info@raventos.com
www.vinspeperaventos.com

🏆 **PODIO**

Mas del Serral 2013 BE GR BN
97% xarel.lo, 3% bastardo

95   174,65€

Afilado, con tensión. Color: dorado brillante. Aroma: lías finas, frutos secos, hierbas de tocador, complejo, tostado. Boca: potente, sabroso, buena acidez, burbuja fina, fino amargor.

🏆 **PODIO**

Mas del Serral Clos Petit 2013 BE
75% xarel.lo, 25% sumoll blanc

96   350€

Con tensión. Color: salmón. Aroma: hierbas de tocador, con carácter, frutos secos, elegante, brioche, fruta escarchada. Boca: sabroso, burbuja fina, fino amargor, amargoso.

VINYES DEL TIET PERE

Raval del Roser, 3
43886 Vilabella (Tarragona)
☎: +34 625 408 974
vinyesdeltietpere@gmail.com

Ancestral Vinyes del Tiet Pere 2022 BE
100% xarel.lo vermell

90 ★★★★ 12€

Poco intervencionista. Color: amarillo brillante. Aroma: fruta madura, lías finas, equilibrado, hierbas secas. Boca: buena acidez, sabroso, fruta madura.

YLLERA BODEGAS & VIÑEDOS

47490 Rueda (Valladolid)
☎: +34 983 868 097
grupoyllera@grupoyllera.com
www.grupoyllera.com

Yllera 5.5 Rosé Frizzante RE AG
85

Yllera 5.5 Verdejo Frizzante BE AG SD
86

VINOS ESPUMOSOS - CUEVA

BODEGAS NARANJO
Felipe II, 5
13150 Carrión de Calatrava (Ciudad Real)
☎: +34 687 045 574
comercial@bodegasnaranjo.com
www.bodegasnaranjo.com

Lahar BE BN
60% moscatel de alejandría, 40% macabeo
86 6€

Lahar BE BR
60% moscatel de alejandría, 40% macabeo
86 5,6€

Lahar Rosado RE BN
100% tempranillo
85 6€

ÍNDICES

 LAS MEJORES COMPRAS

 LOS VINOS ECOLÓGICOS

 BODEGAS

 VINOS CATADOS

ÍNDICE MEJORES COMPRAS

En este apartado encontrará las mejores compras de vino de España. Son vinos calificados a partir de 90 puntos, atendiendo a la relación calidad/precio (en euros) que corresponde a las ★★★★★ que marcamos en la guía. (pag. 14)

Es posible que en algunas tiendas ciertas marcas figuren con un precio superior al reseñado, ello se deberá a circunstancias particulares del detallista. En los casos de precios todavía inferiores, la recomendación será aún más sólida. Todos los precios son de venta al público y han sido facilitados por las bodegas elaboradoras.

VINO	PVP	PÁG.
98		
PICO FERREIRA 2022 T	33,00 €	134
97		
SIN PALABRAS V 186 2018 B	30,00 €	495
96		
AMÓN BF AM S	16,60 €	390
FUENTE DE LOS HUERTOS 2022 T	20,00 €	896
LA FLORENS 2022 T	24,00 €	407
95		
FINO GRANERO EN RAMA BF FI	12,00 €	307
GRAN BARQUERO EN RAMA B FI S	16,60 €	393
VALTUILLE VINO DE VILLA 2022 T	20,00 €	135
94		
PEÑA DEL AGUILA FINO EN RAMA BF FI S	11,05 €	297
AIRÉN ASOLEADO 2023 B D	11,48 €	1056
LA CASILLA 2022 T RB	13,00 €	371
CHAPIRETE 2021 B FB	14,00 €	768
MANCUSO 2020 T	14,00 €	182
CASA CASTILLO LA TENDIDA 2023 T	15,50 €	314
HARENNA - TINAJA 2022 B	15,50 €	752
VALTUILLE VINO DE VILLA 2022 T BA	16,00 €	134
DEL PRÍNCIPE BF AM S	16,50 €	308
CA SES ROSETES GIRÓ ROS 2021 B	17,00 €	1017
LA CIGARRERA MANZANILLA PASADA BF MZ ES	18,00 €	298
LOS PEROS ALBILLO REAL 2022 B	18,00 €	896
SUERTES DEL MARQUÉS LA SOLANA 2022 T	18,00 €	888
SUERTES DEL MARQUÉS TRENZADO 2022 B	18,00 €	889

VINO	PVP	PÁG.
93		
SOLEAR BF MZ S	6,96 €	296
TÍO PEPE BF FI S	7,30 €	304
CLOS LOJEN 2022 T	7,50 €	371
LA GUITA EN RAMA BF MZ S	8,95 €	305
DON ZOILO BF FI S	9,90 €	300
BARBADILLO LA CILLA BF PX D	9,99 €	295
CA'N VERDURA 2022 T	10,00 €	144
RAYUELO 2021 T	10,00 €	369
VALSOTILLO FINCA BUENAVISTA 2019 T	10,00 €	586
PACO MULERO MONASTRELL 2022 T	11,00 €	325
SHAYA 2023 B	11,20 €	760
VILLOTA SELVANEVADA 2022 T	11,50 €	732
LA GITANA EN RAMA BF MZ S	11,75 €	298
IZADI 2021 T C	12,00 €	669
JUAN GIL ETIQUETA PLATA/SILVER LABEL 2022 T	12,25 €	316
MIQUEL PONS GRAN RESERVA VINTAGE 2018 BE GR BN	12,50 €	206
ACÚSTIC BLANC 2022 B FB	13,10 €	397
ACÚSTIC NEGRE 2021 T RB	13,10 €	397
ATTECA 2022 T	13,25 €	162
FRESQUITO VINO DE PASTO 2021 B	13,50 €	393
SEÑORÍO DE OTXARAN 2021 B	13,50 €	149
SOLERA FINA MARÍA DEL VALLE EN RAMA B FI S	13,70 €	392
TERRAJE 2021 T BA	13,95 €	326
GRILLAT 2023 T	14,00 €	877
JOSEP FORASTER TREPAT 2022 T	14,00 €	242
QUITE 2022 T	14,00 €	125
VIÑAS SILENCIOSAS LA DE MIKEL 2022 T	14,00 €	734
SUPERNOVA 2021 T C	14,27 €	574
PEPE CABANAS 2020 B	14,30 €	951
TRES PATAS 2022 T	14,50 €	378
TANTAKA 2022 B	14,65 €	110

VINO	PVP	PÁG.
OE GARNACHA 2022 T	14,82 €	699
DON ZOILO PX BF PX D	14,91 €	300
BIDEONA LAS PARCELAS 2021 T	14,95 €	650
YNOCENTE BF FI S	14,95 €	309
CUVÉE D.S. 2019 BE GR BR	14,99 €	212
ARTUKE PIES NEGROS 2022 T C	15,00 €	648
LA HOYA EL CUERNO 2022 T	15,00 €	664
NOUNAT 2023 B	15,00 €	1014
RENACCE GRAN VINO DE RUEDA 2021 B	15,00 €	753
SENDA DE LOS OLIVOS 2021 T C	15,00 €	607
VIÑAS SILENCIOSAS POSADERO 2018 B	15,00 €	734
ALTANZA 2019 T R	15,50 €	646
EME GRACIANO DE CASADO MORALES 2022 T	15,50 €	695
GAINTUS RADICAL 2018 T	15,50 €	448
OVNI PALOMINO FINO 2022 B	15,80 €	1054
ALONSO CUESTA LA GARNACHA DE LOLA PARAJE CUQUEÑA 2021 T RB	16,00 €	377
P.F. 2022 T	16,00 €	371
VINS OBLIDATS ESCURSAC 2023 T	16,00 €	1047
VIÑAS SILENCIOSAS REGOYOS 2022 T	16,00 €	734
VIVANCO BRUNES 2021 T	16,00 €	694
XOT BLANC 2022 B	16,00 €	275

92

VINO	PVP	PÁG.
SALVUEROS 2023 RD	5,00 €	234
MACIÀ BATLE NEGRE 2023 T MC	6,90 €	1016
ALDEÓN DE LAR TEMPRANILLO 2023 T	7,00 €	1002
CHAPIRETE PREFILOXÉRICO 2021 B	7,00 €	769
LA GITANA BF MZ S	7,45 €	298
ALMENDROS 2023 B	7,50 €	869
GOTA DE ARENA 2022 T	7,50 €	995
VINEA 2021 T C	7,50 €	236
CORUCHO ORANGE WINE 2022 B	8,00 €	894
CUTIO MACABEO 2021 B	8,00 €	182
PEPE YLLERA 2021 T RB	8,50 €	633
SOTO DEL VICARIO MEN DE MENCÍA 2018 T C	8,50 €	139
ARINDO 2023 B	8,75 €	760
VIVETTE CHARDONNAY 2023 B	8,90 €	777

VINO	PVP	PÁG.
AIRE DE PROTOS 2023 RD	8,95 €	233
BIDEONA TEMPRANILLO DE LADERAS 2021 T	8,99 €	651
CASA CASTILLO MONASTRELL 2023 T	9,00 €	314
CRUZ DE SAN ANDRÉS 2021 T RB	9,00 €	124
FRESQUITO VINO DE TINAJA 2022 B	9,00 €	393
LA GARNACHA SALVAJE DEL MONCAYO 2021 T	9,00 €	1062
MAESTRO VIÑA AXARKÍA 2022 BF D	9,00 €	364
PALACIO DE SADA CUVÉE ESPECIAL 2019 T C	9,00 €	414
LAS TIERRAS DE JAVIER RODRÍGUEZ EL PEGO 2020 T	9,25 €	820
LOS CUATRO BF MO D	9,25 €	307
UNO TXAKOLI 2022 B	9,85 €	109
LAGAR DE BENAVIDES B FI S	9,90 €	391
VOLADOR 2022 T	9,95 €	408
BARÓN DE LEY 2020 T R	10,00 €	649
CUATRO RAYAS VIÑEDOS CENTENARIOS 2023 B	10,00 €	743
NIVARIUS TEMPRANILLO BLANCO 2023 B	10,00 €	682
OVIDIO GARCÍA ESENCIA 2020 T C	10,00 €	237
PATRIA CHICA 2023 T	10,00 €	913
TRES JULIAS 2022 T C	10,00 €	815
VIÑAS DEL VERO CHARDONNAY 2022 B FB	10,00 €	779
VALDELOSFRAILES ROSÉ 2023 RD PL	10,28 €	232
DON ZOILO BF OL S	10,38 €	300
LA JACA BF MZ S	10,45 €	294
NÉCTAR BF PX D	10,45 €	304
LUSTAU FINO DEL PUERTO BF FI	10,50 €	306
LUSTAU PAPIRUSA BF MZ S	10,50 €	307
DON ZOILO BF AM S	10,84 €	300
OJO DE GALLO 2020 B	10,90 €	955
JOSÉ PARIENTE VERDEJO 2023 B	10,95 €	752
7 FUENTES 2021 T	11,00 €	889
CHARLATÁN 2023 RD	11,00 €	231
EXEDRA 2022 T	11,00 €	186
VALVARÉS DE ALTANZA 2020 T C	11,00 €	646
PLEAMAR EN RAMA BF MZ S	11,35 €	297
LA SONRISA DE TARES 2023 B	11,45 €	135
LA CARRA CABRA 2022 T	11,50 €	429
TABÁ 2022 T C	11,50 €	323
AD LIBITUM MATURANA BLANCA 2022 B	12,00 €	716
ALGUEIRA BRANDÁN GODELLO 2023 B	12,00 €	531

VINO	PVP	PÁG.
ASOMO FIGUERO 2022 T RB	12,00 €	612
DIMOBE PAJARETE BF TRASAÑEJO D	12,00 €	364
FLOR DE VETUS 2021 T	12,00 €	822
LA XARA 2022 T	12,00 €	371
NANKU 2022 T	12,00 €	966
OSTREA 2022 B	12,00 €	792
VALCABADINO 2021 B FB	12,00 €	1045
YLLERA VENDIMIA SELECCIONADA 2019 T R	12,00 €	1006
LA MALPREGONA MACABEO ALCAÑÓN 2021 B	12,50 €	778
NISIA 2023 B	12,50 €	758
PRUNO 2022 T	12,50 €	614
VIÑA SASTRE RAFAEL SASTRE 2022 T RB	12,50 €	631
VEGASUR 2021 B	12,75 €	363
CHIVITE LAS FINCAS 2023 RD	12,85 €	949
LUIS CAÑAS VIÑAS VIEJAS 2022 B	12,85 €	675
BEBERÁS DE LA COPA DE TU HERMANA 2022 B	12,90 €	875
CASTAÑO COLECCIÓN CEPAS VIEJAS 2019 T BA S	12,90 €	905
SENTADA SOBRE LA BESTIA 2021 T BA	12,90 €	875
HEREDAD ALTOS DE TALANA 2022 B FB	12,95 €	126
KAIROS DE SAN ESTEBAN 2019 T	12,95 €	687
1694 LA DIESTRAL 2022 B	13,00 €	1026
BRUMA DEL ESTRECHO DE MARÍN FINCA CQ 2022 T	13,00 €	320
CA'N VERDURA SUPERNOVA MOLL 2023 B	13,00 €	144
CUESTA DE LOS OLIVOS 2022 T	13,00 €	536
KOMOKABRAS VERDE LÍAS 2021 B	13,00 €	951
LAS BLANCAS TRADICIONALES 2023 B	13,00 €	96
MAR DE ENVERO SOBRE LÍAS 2022 B	13,00 €	514
MIRANIUS 2022 B	13,00 €	440
NIVIA 2022 B FB	13,00 €	271
TX TXOMIN ETXANIZ 2022 B BA	13,00 €	280
ACÚSTIC BLANC 2023 B FB	13,10 €	397
ELS COSTUMS 2020 T C	13,10 €	804
GRANBAZÁN LIMOUSIN 2021 B	13,21 €	499
ABADÍA DE GOMARIZ 2020 T	13,50 €	550
CAMINO DEL BOSQUE 2021 T	13,50 €	181
COTO DE GOMARIZ 2022 B	13,50 €	550
LA ATALAYA DEL CAMINO 2022 T	13,50 €	102
LAFONT 2023 B	13,50 €	877

VINO	PVP	PÁG.
LAS MORADAS DE SAN MARTÍN ALBILLO REAL 2022 B	13,50 €	896
PAGO DE VALDONEJE EL VALAO 2022 T BA	13,50 €	140
ZIRIES 2015 T	13,50 €	1046
CAN BLAU 2022 T	13,75 €	403
NENO VIÑA SOMOZA GODELLO SOBRE LIAS 2023 B	13,80 €	859
BIOGRÁFICO (ETIQUETA CARNE) 2021 T	13,90 €	379
LA PROVINCIA DE PRIETO PARIENTE 2020 T C	13,90 €	994
BARDOS VIÑEDOS DE ALTURA 2021 T	13,95 €	560
PUERTO SALINAS 2017 T R	13,95 €	92
AMADOR MEDRANO TERRA 2021 T FB	14,00 €	679
ANTISTIANA XARELLO 2019 B	14,00 €	447
CARLES ANDREU 2020 BE GR BN	14,00 €	207
CASAL DE ARMÁN 2023 B	14,00 €	548
EL RINCÓN DE LOS ENEBROS 2022 T BA	14,00 €	710
ELÍAS MORA 2020 T C	14,00 €	826
LA PICARAZA BOBAL CLÁSICO 2020 T C	14,00 €	839
MÓN MONTESANCO MOSCATEL 2023 B	14,00 €	1059
RUBUS QUERCUS 2023 T	14,00 €	1044
SALIA 2022 T R	14,00 €	372
SEULALIA GODELLO 2023 B	14,00 €	125
TERRA DE ASOREI 2022 B	14,00 €	496
VAL DE VID VERDEJO SOBRE LÍAS 2022 B FB	14,00 €	757

91

VINO	PVP	PÁG.
CARRATRAVIESA 2023 RD	4,50 €	236
BARONIA 2022 B RC S	4,75 €	876
BABU 2022 B	4,95 €	122
VINEA 2023 RD	5,30 €	236
AMANOVO EL VERSÁTIL 2021 T	6,00 €	869
SEÑORÍO DE ZAFRA 2022 B	6,00 €	895
AI AMA ! 2023 T	6,45 €	727
VALDELOSFRAILES CLARETE 2023 RD	6,46 €	232
HEREDAD 26 GODELLO 2021 B	6,50 €	126
PRISMA GARNACHA TINTORERA MONASTRELL 2023 T	6,50 €	105
PRISMA TEMPRANILLO 2023 T	6,50 €	722
DE MULLER MOSCATEL AÑEJO BF D	6,60 €	1052
MO SALINAS 2021 T FB	6,65 €	92

ÍNDICE MEJORES COMPRAS

VINO	PVP	PÁG.
DE MULLER RANCIO SECO BF AÑEJO S	6,75 €	1052
HONORO VERA RIOJA 2023 T	6,75 €	727
EL VÍGIA DE LA ATALAYA 2023 T	6,80 €	102
HONORO VERA GARNACHA 2023 T	6,80 €	162
LAYA 2023 T	6,80 €	102
COMOLOCO BAJO EN HISTAMINAS SIN SULFITOS AÑADIDOS 2023 T	6,85 €	316
LA GUITA BF MZ S	6,90 €	306
ALDEÓN DE LAR MONASTRELL SIN SULFITOS AÑADIDOS 2023 T	7,00 €	325
CLARETE DE LUNA 2023 RD	7,00 €	231
LA LOCA REINA 2023 B	7,00 €	745
MIL HISTORIAS SYRAH 2022 T	7,00 €	369
PRIMITIVO QUILES MOSCATEL EXTRA BF MISTELA D	7,00 €	1062
SER VIVO Y NATURAL 2023 T	7,00 €	585
TRES CUESTAS 2022 T BA S	7,00 €	237
LA CIGARRERA BF MZ ES	7,40 €	298
ANIMA NUA COR VIU 2023 T	7,50 €	242
LA VEREDA 2022 T BA	7,50 €	869
PROTOS CLARETE 2023 RD	7,50 €	233
REJADORADA ROBLE 2022 T RB	7,50 €	815
TEULADÍ 2023 T	7,50 €	869
PROTOS VERDEJO 2023 B	7,65 €	756
PARCELA 11 FINCA DEL TUERTO 2021 T C	7,75 €	322
ALVAREZ ALFARO GARNACHA BLANCA 2023 B FB	7,90 €	694
EL NOTERA 2022 T RB	7,90 €	564
EDULIS DE ALTANZA 2021 T C	7,95 €	647
MUSEUM ROSÉ 2023 RD	7,95 €	236
CARRASVIÑAS 100% VERDEJO 2023 B	8,00 €	751
CUTIO GARNACHA 2020 T	8,00 €	182
DIAZ BAYO 8 MESES 2023 T BA	8,00 €	620
LA GOYA BF MZ S	8,00 €	302
VALREINAS 2022 T RB	8,00 €	628
AURA VERDEJO VENDIMIA NOCTURNA 2023 B	8,25 €	747
ENRIQUE MENDOZA MOSCATEL DE LA MARINA DULCE 2023 B D	8,50 €	88
GRAN BAJOZ 2021 T	8,50 €	830
ROBLE DEL CONVENTO 2021 T RB	8,50 €	561
VIÑA VELLA 2023 B	8,50 €	540

VINO	PVP	PÁG.
ALVAREZ ALFARO FINCA LAS TRAVIESAS 2019 T	8,75 €	694
ALTOS R 2022 T C	8,90 €	647
ALBRET EL BALCÓN 2020 T C	9,00 €	426
ANADIGNA TRADICIONAL 2023 B	9,00 €	509
CONDADO DE SEQUEIRAS GODELLO 2023 B	9,00 €	534
DAMANA 5 2022 T	9,00 €	604
FINCA LADEIRA 2023 T	9,00 €	535
LADAIRO COLECCIÓN FAMILIA GODELLO TREIXADURA 2023 B	9,00 €	385
PRÍNCIPE DE VIANA EDICIÓN BLANCA 2023 B	9,00 €	424
PRÍNCIPE DE VIANA EDICIÓN ROSA 2023 RD	9,00 €	424
RECUNCO 12 MESES 2022 T C	9,00 €	137
SEÑORÍO DE BROCHES DULCE NATURAL 2022 BF MO D	9,00 €	364
TERRAS DE COMPOSTELA 2022 B	9,00 €	522
VALCUERNA 2020 T C	9,00 €	731
BERAMENDI ENSAMBLAJE 2020 T C	9,20 €	419
ÓBALO 2023 RD	9,40 €	683
DELMORO 2022 T	9,50 €	877
DÍEZ-CABALLERO 2021 T C	9,50 €	704
GUTIÉRREZ COLOSÍA BF FI S	9,50 €	305
OLBIETA 2023 T	9,50 €	804
PIRAPU 2021 T	9,50 €	322
TROUPE 2022 B	9,50 €	514
FINCA LUZÓN 2021 T C	9,59 €	317
VIÑAS DEL VERO CHARDONNAY 2023 B	9,60 €	779
MARQUÉS DE TOMARES 2020 B FB	9,75 €	720
LA CIGARRERA BF MO D	9,80 €	298
VIZCARRA SENDA DEL ORO 2023 T	9,80 €	599
EL LOCO DE FINCA LA COLINA 2023 B	9,95 €	767
INTUICIÓN VERDEJO ORGANIC 2023 B	9,95 €	1005
K PILOTA 2023 B	9,95 €	278
SARIÑO 2023 B	9,95 €	1005
8 DE CAECUS VENDIMIA SELECCIONADA 2020 T	10,00 €	722
8.0.1 EDICIÓN LIMITADA C.V.C T R	10,00 €	180
ALONSO CUESTA CÁLLATE 2021 T RB	10,00 €	377
CLOT D'ENCIS VI RANCI B RC S	10,00 €	805
CUPIDO BOBAL 2022 T	10,00 €	372
DOMINIO DE BERZAL 2021 T C	10,00 €	705
ELATUS 2020 T C	10,00 €	714

ÍNDICE MEJORES COMPRAS

VINO	PVP	PÁG.
FINCA SAN MARTÍN 2020 T C	10,00 €	730
GRAN RIGAU CHARDONNAY BE R BN	10,00 €	212
IZADI LARROSA NEGRA 2023 T	10,00 €	669
LA PRESUMIDA DEL PALLARS 2022 B	10,00 €	256
LAS TRES FILAS 2022 T RB	10,00 €	132
LOESS INSPIRATION 2022 T	10,00 €	617
MAIOR DE MENDOZA SOBRE LÍAS 2023 B	10,00 €	494
MARQUÉS DEL ATRIO 2019 T R	10,00 €	677
MAS CODINA XAREL.LO 2022 B	10,00 €	447
NIT DE LLUNA PLENA 2019 BE R BN	10,00 €	212
OTERO 2016 T R	10,00 €	935
PAZO SAN ANTÓN ALBARIÑO 2022 B	10,00 €	496
REBROTAR 2022 B FB	10,00 €	994
RENAIX DE GIRÓ 2022 T	10,00 €	91
SEÑORÍO DE RUBIÓS CONDADO DO TEA BLANCO 2022 B	10,00 €	521
TINTO ARROYO 2020 T C	10,00 €	564
TOBÍA CUVÉE B	10,00 €	690
TOTEM 2020 T BA	10,00 €	998
PIEDEMONTE 2019 T R	10,05 €	423
CANTOS DE VALPIEDRA 2020 T	10,25 €	710
LOS LASTROS 2021 T	10,25 €	823
EL POLVORETE 2023 B	10,30 €	127
VOLAINA 2021 B	10,30 €	440
FUENTENEBRO TEMPRANILLO 2022 RD	10,44 €	592
SARDÓN 2021 T	10,45 €	1003
BALTASAR GRACIÁN VIÑAS VIEJAS MACABEO "EL ORÁCULO" 2022 B FB	10,50 €	164
CARLES ANDREU ROSAT RE BR	10,50 €	207
PANDORA SAUVIGNON BLANC SOBRE LÍAS 2023 B	10,50 €	754
MASET NATURA 2020 T C	10,75 €	436
CASTAÑO COLECCIÓN CHARDONNAY 2022 B	10,80 €	905
LUIS CAÑAS 2021 T C	10,80 €	674
LA GAVACHA GARNACHA 2022 T BA	10,90 €	164
LA BESTIA GARNACHA 2021 T RB	10,95 €	170
PROTOS VERDEJO ECOLÓGICO 2023 B	10,95 €	756
1719 LA DIESTRAL 2022 B	11,00 €	1026
AMAROK 2021 T BA	11,00 €	1026
ÁS DE MIRABRÁS 2022 B S	11,00 €	953
CARCHELO CIENTO80 2021 T	11,00 €	314

VINO	PVP	PÁG.
CONDADO LAXAS 2023 B	11,00 €	501
EXEDRA 2023 B	11,00 €	186
GARCÍA DUQUE 2022 B	11,00 €	767
GIRO RIBOT AB ORIGINE BRUT RESERVA 2019 BE R BR	11,00 €	213
HACIENDA GRIMÓN "COMO LO HARÍA MI ABUELO" 2021 T	11,00 €	712
MUCY 12 MESES 2019 T C	11,00 €	233
OBAR DE PUENTE DEL EA 2023 B FB	11,00 €	699
RICO NUEVO GARNACHA 2022 T	11,00 €	930
TROBAT 2019 BE R BN	11,00 €	199
FINCA LA COLINA VERDEJO CIEN X CIEN 2023 B	11,15 €	768
LA DIVISORIA 2021 T	11,25 €	1063
MARTÍ FABRA SELECCIÓ VINYES VELLES 2022 T RB	11,30 €	268
TORNO HACIENDA EL TERNERO 2018 T C	11,30 €	712
CRUZ DEL MAR BF AM S	11,35 €	297
COMPARTIR 2021 T C	11,40 €	777
MURUVE 2019 T R	11,45 €	826
SUSQUVAT 2022 B FB	11,45 €	442
FUENTENEBRO ALBILLO MAYOR 2021 B BA	11,49 €	592
ACÚSTIC ROSAT 2023 RD	11,50 €	397
ALCEÑO 50 BARRICAS 2022 T	11,50 €	313
ARRAYÁN SELECCIÓN 2020 T	11,50 €	378
AUTÓCTON BLANC 2021 B FB	11,50 €	1031
AUTÓCTON NEGRE 2016 T	11,50 €	1031
CASADO MORALES 2019 T C	11,50 €	695
CONDE DEL PAZO GODELLO 2023 B	11,50 €	127
HURACÁN DANIELA 2023 B FB	11,50 €	427
JUAN GIL ROSADO 2023 RD	11,50 €	316
MUSEUM 2020 T R	11,50 €	236
NAVAHERREROS BLANCO DE BERNABELEVA 2022 B FB	11,50 €	892
PAUL CHENEAU 2019 BE R BR	11,50 €	213
PREVIUS DE NEPTIS 2021 T RB	11,50 €	571
TROS DE MAS VILELLA 2018 T	11,50 €	1059
TROS DE MAS VILELLA 2021 T	11,50 €	1059
VILLOTA SELVANEVADA 2022 B	11,50 €	732
PITTACUM 2020 T RB	11,55 €	141
ALJIBES CABERNET FRANC 2020 T	11,70 €	961
ALMODÍ ROURE 2023 T	11,70 €	795
DELICIOSA BF MZ	11,75 €	309

VINO	PVP	PÁG.
O FILLO DA CONDESA 2023 B	11,75 €	513
BARÓN DE LEY VARIETAL MATURANA 2020 T BA	11,85 €	650
EL GORU GOLD 2021 T	11,90 €	322
VILA CLOSA GARNACHA PELUDA 2020 T RB	11,90 €	798
ALMANOVA 2022 T	11,95 €	532
FINCA TEIRA 2023 B	11,95 €	544
LA CRUSSET BE R BN	11,95 €	196
LA TORPE AVUTARDA DESCANSA 2019 T C S	11,95 €	959
REAL AGRADO 2019 T R	11,95 €	726
"S" DE SAÓ COSTER 2021 T	12,00 €	473
ADEMÁN VALDEARANDA 2021 T C	12,00 €	816
AMADOR MEDRANO GRACIANO "FINCA VALDEGAMARRA" 2021 T	12,00 €	679
ANADIGNA SOBRE LÍAS 2022 B	12,00 €	509
ASTOBIZA 2023 B	12,00 €	109
BRUÑAL QUINTA LAS VELAS 2020 T C	12,00 €	117
CASA MOREIRAS SELECCIÓN 2022 T	12,00 €	534
CILLAR ROSADO DE SILOS 2023 RD	12,00 €	608
CLOS DE LES DÒMINES BLANC 2022 B FB	12,00 €	266
CONCA DE TREMP BLANC 2022 B	12,00 €	256
CORSALVATGE 2022 B	12,00 €	874
CUESTA DEL HERRERO 2023 T BA	12,00 €	913
DIAZ BAYO 15 MESES 2022 T C	12,00 €	620
ENCINA DEL INGLÉS 2023 T	12,00 €	366
FINA 1270 A VUIT 2021 T BA	12,00 €	471
GABARDA SELECCIÓN 2021 T	12,00 €	179
GÓMEZ CRUZADO 2º AÑO 2023 B	12,00 €	695
IEUP! BARRIKAN 2019 B FB	12,00 €	151
INSIGNIA 2020 BE GR BR	12,00 €	201
JANÉ VENTURA RESERVA DE LA MÚSICA 2021 BE R BN	12,00 €	214
JANÉ VENTURA RESERVA DE LA MÚSICA ROSÉ 2021 RE R BR	12,00 €	214
JOSEP FORASTER BLANC SELECCIÓ 2023 B	12,00 €	242
LA CANETANA ÉMILE 2021 T	12,00 €	956
LA CEPA DE PELAYO BOBAL 2020 T	12,00 €	373
LA CIGARRERA BF AM ES	12,00 €	298
LA SETERA SELECCIÓN ESPECIAL 2014 T C	12,00 €	119
LA SUERTE PERDIDA 2022 T C	12,00 €	966

VINO	PVP	PÁG.
MAGADI 2019 B	12,00 €	660
MAUDES 2021 T C	12,00 €	233
PARA MUESTRA UN BOTÓN 2021 T	12,00 €	136
PARSIMONIA BOBAL DE AUTOR 2022 T FB	12,00 €	843
PERE MATA L'ORIGEN 2018 BE GR BR	12,00 €	218
PROHOM EXPERIENTIA 2020 T	12,00 €	797
QUELÍAS ROSÉ 2023 RD	12,00 €	234
ROSELITO 2023 RD	12,00 €	570
SALTAVIÑAS 2021 T	12,00 €	668
SEGREL ÁMBAR 2023 B	12,00 €	506
SIERRA DE TOLOÑO 2022 T	12,00 €	729
SILEO 2022 T	12,00 €	404
SIN PALABRAS 2023 B	12,00 €	494
TREVEJOS MOUNTAIN WINES ORGANIC LISTÁN BLANCO 2022 B S	12,00 €	78
VALCABADINO 15 MESES 2022 B FB	12,00 €	810
VEIGAS DE PADRIÑÁN 2022 B	12,00 €	493
WANTED SOTILLO 2022 T	12,00 €	929

90

VINO	PVP	PÁG.
VERBENERA B FI S	4,25 €	391
ABDÓN SEGOVIA 2022 T RB	4,50 €	815
BARBIÁN 2022 T RB	4,80 €	818
FINCA LUZÓN SIN SULFITOS AÑADIDOS 2023 T	4,89 €	317
CÓDICE 2022 T BA	4,90 €	971
MINGUS 2021 T	4,95 €	122
BARBADILLO LAURA BF MO D	5,00 €	295
BASTIÓN GARNACHA 2023 T	5,00 €	379
HIRIART 2023 RD	5,00 €	237
MARQUÉS DEL ATRIO 2023 RD	5,00 €	677
SANTA CRUZ PURE GARNACHA TINTORERA 2023 T MC	5,09 €	106
SEÑORÍO DE SARRÍA VIÑEDO CINCO 2023 RD	5,21 €	415
GAUDEAMUS 2022 T RB	5,50 €	562
MURVIEDRO COLECCIÓN 2020 T R	5,50 €	871
REINA DE CASTILLA VERDEJO 2023 B	5,55 €	745
MONTAÑA FINCA LA VALENTINA 2021 T C	5,85 €	709
FINCA LUZÓN MONASTRELL SYRAH 2023 T	5,99 €	317
50 VENDIMIAS DE SINFORIANO 2023 RD	6,00 €	234

ÍNDICE MEJORES COMPRAS

VINO	PVP	PÁG.
CONDE DE ALTAVA 2023 B	6,00 €	694
JANE SANTACANA ETIQUETA DORADA 2020 BE R BN	6,00 €	205
LA FUENTE DE MOSITO 2020 T	6,00 €	654
LA TRIBUNA 2022 T	6,00 €	869
MERAYO MENCÍA 2023 T	6,00 €	132
TERRAI OVC OLD VINE CARIÑENA 2022 T RB	6,00 €	178
UBETA ROSE 2023 RD	6,00 €	418
GARRIGUELLA GARNATXA D'EMPORDÁ AMBRÉ DULCE RD BA D	6,25 €	269
GARRIGUELLA GARNATXA D'EMPORDÁ ROBÍ DULCE NATURAL T D	6,25 €	269
CASTILLO DE MONJARDÍN ROSADO DE LÁGRIMA 2023 RD	6,29 €	424
DE MULLER MISA DULCE SUPERIOR B D	6,30 €	1052
PASO A PASO TEMPRANILLO 2023 T	6,33 €	969
ALDEÓN DE LAR CALATAYUD GARNACHA 2023 T	6,50 €	164
CASA DE LA ERMITA 2023 T RB	6,50 €	323
OSTATU 2023 B	6,50 €	721
PARAJE DE TITOS 2022 T	6,50 €	340
PRISMA MONASTRELL ORGÁNICO 2023 T	6,50 €	325
SALTO DE RANA 2023 T	6,50 €	162
YLLERA CHARDONNAY VENDIMIA NOCTURNA 2023 B	6,50 €	1006
YLLERA VERDEJO VENDIMIA NOCTURNA 2023 B	6,50 €	769
CÁTULO GARNACHA 2022 RD	6,65 €	420
CUARTO LOTE 2022 B	6,70 €	893
VIÑA MAYOR VERDEJO 2023 B	6,70 €	768
HONORO VERA ORGÁNIC 2023 T	6,85 €	316
JOSÉ GALO VERDEJO VENDIMIA SELECCIONADA 2023 B	6,90 €	757
MACIÀ BATLE ROSAT 2023 RD MC	6,90 €	1016
TOSTADILLO DE POTES TF D	6,90 €	1052
VIÑA LOMBAS 2022 T	6,90 €	657
OINOZ VERDEJO 2023 B	6,93 €	742
ARMANTES VENDIMIA SELECCIONADA 2020 T	6,95 €	166
CUEVA LLANA SYRAH 2021 T	6,95 €	370
OLLA NEGRA 2023 T	6,95 €	404
XENYSEL PIE FRANCO 2022 T	6,95 €	327
FINCA LUZÓN 2023 T RB	6,99 €	317
ALDEÓN DE LAR GARNACHA TINTORERA 2023 T	7,00 €	105
AMERICO ROBLE ESPAÑOL 2022 T RB	7,00 €	818
CUATRO RAYAS CUARENTA VENDIMIAS VERDEJO 2023 B	7,00 €	743
DE ALBERTO SOBRE LÍAS VERDEJO 100% 2022 B	7,00 €	749
DOÑA ISABELLA GARNACHA 2023 T	7,00 €	425
DOÑA ISABELLA ROSÉ 2023 RD	7,00 €	425
DOÑA LEO ALTOLANDÓN 2023 B	7,00 €	369
LA BIEN PLANTÁ 2023 T	7,00 €	102
MVEDRA VERDEJO 2022 B	7,00 €	745
RIPPA DORII 2022 T RB	7,00 €	626
RIPPA DORII VERDEJO 2023 B	7,00 €	766
TRASLANZAS 2023 RD	7,00 €	237
VIÑA MIGARRÓN 2023 RD	7,00 €	127
CÉSAR FLORIDO MOSCATEL DORADO BF MO D	7,05 €	297
L'ORATORI 2022 T	7,10 €	268
SÀTIRS NEGRE 2020 T C	7,10 €	265
MATARILE 2022 T	7,11 €	173
JUAN GIL ETIQUETA AMARILLA/YELLOW LABEL 2023 T	7,20 €	316
JUAN GIL MOSCATEL SECO 2023 B	7,20 €	316
LUZÓN COLECCIÓN MONASTRELL 2023 T	7,20 €	318
ORO DE CASTILLA VERDEJO 2023 B	7,20 €	744
SEGUNDA BOTA B FI	7,20 €	390
LAN VERDEJO 2023 B	7,25 €	752
GRAN FEUDO LA CASILLA DEL GUAPO 2022 T	7,35 €	420
PRIMERO 2023 T	7,40 €	818
PRIOS MAXIMUS 2023 T RB	7,45 €	579
SANZ VERDEJO 2023 B	7,45 €	768
ORO VALEI 2023 B	7,49 €	509
ALVAREZ ALFARO ALTOS DE RABANERA T	7,50 €	694
DOÑA BEATRIZ VERDEJO CEPAS VIEJAS 2022 B	7,50 €	748
FINCA TRES OLMOS CLASSIC 2023 B	7,50 €	751
LES SORTS JOVE 2023 T	7,50 €	402
OLIVITA PÉREZ 2023 T	7,50 €	898
ORO DE CASTILLA SAUVIGNON BLANC 2023 B	7,50 €	744
PETIT PITTACUM 2023 T	7,50 €	141
SOLAGÜEN 2021 T C	7,50 €	696
SOTO DEL VICARIO ORANGE MARROWS 2023 B	7,50 €	139
YLLERA 12 MESES 2020 T RB	7,50 €	1006
CARPE DIEM ENVEJECIDO 2022 B FI	7,70 €	1038
HÉCULA MONASTRELL ORGANIC 2022 T BA S	7,75 €	905
GUELBENZU AZUL 2022 T	7,85 €	1025

VINO	PVP	PÁG.
TORREVAL 6 MESES BARRICAS 2022 T	7,90 €	630
900 VIÑAS 2022 T RB	7,95 €	166
ANDRÉS ALONSO VERDEJO ALBILLO 2023 B	7,95 €	1004
CARMELITANO MOSCATEL 2023 B MO D	7,95 €	872
MARILUNA 2021 T RB	7,95 €	847
MARQUÉS DE BURGOS 2022 T RB	7,95 €	618
DOMINIO DE FONTANA TEMPRANILLO & CABERNET SAUVIGNON 2020 T C	7,99 €	835
4G 2022 B	8,00 €	800
ALBRET LA LOMA GARNACHA 2022 T RB	8,00 €	426
ALMA DE UNX 2023 B BA	8,00 €	424
ARANLEÓN SÓLO 2023 B	8,00 €	838
CALDERONA 2021 T C	8,00 €	236
CIMADAGO 2019 T C	8,00 €	726
CUATRO RAYAS 1935 VERDEJO 2023 B	8,00 €	743
EQUILIBRIO 4 2021 T	8,00 €	326
HIRUZTA TXAKOLINA 2023 B	8,00 €	279
ISABELLA BOBAL 2022 T	8,00 €	641
ISABENA FINCA EL PLANO GARNACHA 2023 B	8,00 €	772
ISÁBENA MERLOT SELECCIÓN 2020 T C	8,00 €	772
MEMORIA DE VENTURA GODELLO LÍAS 2023 B	8,00 €	851
PAGO DE VALDONEJE 2023 T	8,00 €	140
PAZO DA TORRE ALBARIÑO 2023 B	8,00 €	508
SOLABAL 2020 T C	8,00 €	656
TAMPESTA ALBARÍN 2023 B	8,00 €	355
TINÁCULA WHITE 2023 B	8,00 €	641
VALDERIVERO 2021 T C	8,00 €	596
XTIRPE 2021 T	8,00 €	379
CRIANZA DE BOCA EN BOCA 2021 T C	8,03 €	655
VALDRINAL 2022 T RB	8,10 €	566
FINCA CONSTANCIA GRACIANO PARCELA 12 2019 T	8,15 €	973
AUDENTIA 2020 T R	8,25 €	871
FLOR DE MORCA 2023 T	8,25 €	174
TONI BENEITO VITICULTOR TORTOSÍ 2023 B	8,25 €	878
LA PERA 2023 B	8,40 €	712
ALJIBES 2020 T	8,50 €	960
ALJIBES GARNACHA TINTORERA 2020 T C	8,50 €	961
BLANCO NIEVA VERDEJO 2023 B	8,50 €	754
BRU BLANC 2023 B	8,50 €	252

VINO	PVP	PÁG.
CABERNET SAUVIGNON DE BODEGAS RUIZ TORRES 2020 T	8,50 €	1007
CABEZA DEL HIERRO 2020 T	8,50 €	966
CELLER ARRUFÍ PANICAL 2023 B	8,50 €	796
CONDESA EYLO VERDEJO 2023 B	8,50 €	757
FINCA TRES OLMOS SOBRE LÍAS 2023 B	8,50 €	751
FÓRUM ETIQUETA NEGRA 2018 T	8,50 €	921
IZADI LARROSA BLANCA 2023 B	8,50 €	669
JAROS 2022 T RB	8,50 €	632
MARQUÉS DEL ATRIO 2020 T C	8,50 €	677
VIÑA SALCEDA 2020 T C	8,55 €	733
PALACIO DE BORNOS LA CAPRICHOSA 2023 B	8,75 €	765
AZPILICUETA 2020 T C	8,80 €	649
CASA PRIMICIA 2020 T C	8,80 €	663
ABAD DOM BUENO 2023 RD	8,90 €	124
BIGA DE LUBERRI 2021 T C	8,90 €	717
CAP SENTIT PINOT NOIR 2022 T	8,90 €	187
DELMORO 2022 B	8,90 €	877
LAS PIZARRAS FABLA 2023 T BA	8,90 €	165
MALPASTOR 2020 T C	8,90 €	717
TÍO UCO 2023 T	8,90 €	986
ARNEGUI VIENTO NORTE 2021 T RB	8,95 €	722
CAMINO DE CABRAS GODELLO 2023 B	8,95 €	855
LA NYMPHINA MONASTRELL 2021 T	8,95 €	906
LAUS 2018 T R	8,95 €	773
TOFTERUP BROTHERS MONASTRELL 2020 T	8,95 €	906
BIDEONA VIURA DE CABEZADAS 2021 B	8,99 €	651
7030 2022 T	9,00 €	791
ALBRET EL ROCÍO 2023 RD	9,00 €	426
ALEJANDRO 2022 T	9,00 €	956
BODEGAS ADRIA SILK 2021 T RB	9,00 €	126
BOTÓN DE GALLO VERDEJO 2022 B	9,00 €	999
CAMINO DE NAVAHERREROS 2023 B FB	9,00 €	892
COLECCIÓN 880 2022 T RB	9,00 €	629
DIVINIS 2022 T	9,00 €	1040
DOMINIO DE LA SIERRA 2023 B	9,00 €	937
DOMINIO DE LA SIERRA MOMENTVM 2022 T	9,00 €	937
EMILIO VALERIO 2021 T	9,00 €	425
FINCA VILLALOBILLOS 2023 B	9,00 €	965

ÍNDICE MEJORES COMPRAS

ÍNDICE MEJORES COMPRAS

VINO	PVP	PÁG.
GANCEDO MENCÍA 2023 T RB	9,00 €	131
HERMANOS LURTON VERDEJO 2023 B	9,00 €	747
LA ESTACADA SYRAH MERLOT 2021 T C	9,00 €	835
MARÍA BARGIELA 2023 B	9,00 €	498
MILOCA CARINYENA 2023 T	9,00 €	403
MILOCA GARNACHA 2023 T	9,00 €	403
PILARES DE CIENCUEVAS 2019 T R	9,00 €	656
PIRINEOS GEWÜRZTRAMINER 2023 B	9,00 €	774
PUNTES DE CALNEGRE 2022 T	9,00 €	409
SOTO DEL VICARIO GO DE GODELLO 2023 B FB	9,00 €	139
TRILOGÍA PINOT NOIR BLANC DE NOIR BE R BN	9,00 €	791
TXOMIN ETXANIZ 2023 B	9,00 €	281
VAL DE VID VERDEJO 2023 B	9,00 €	758
VERSAT CLOS COR VÍ 2023 B	9,00 €	874
VIENTO SOBRE LA PIEL 2021 T BA	9,00 €	957
MURUVE 2020 T C	9,05 €	827
TARSUS 2022 T RB	9,10 €	593
ERESMA+ VERDEJO SOBRE LÍAS 2023 B	9,15 €	750
BBASTIDA 2022 T C	9,25 €	708
BLAUVERD 2023 T	9,25 €	403
CONVENTO OREJA 2023 T RB	9,25 €	608
EQUILIBRIO 9 2020 T BA	9,25 €	326
ALCEÑO SAUVIGNON BLANC 2022 B FB	9,30 €	313
BLANCO NIEVA SAUVIGNON BLANC 2023 B	9,30 €	754
COCA I FITÓ NATURA 2022 T	9,30 €	405
VIÑAS ELÍAS MORA 2022 T RB	9,30 €	826
ZURBANO 2021 T	9,32 €	656
MASCARÓ AMBROSIA BE R SS	9,35 €	194
VALREINAS 2021 T C	9,43 €	628
CREU PAIRAL 2021 B	9,45 €	1063
ALBADES GARNACHA DE MONTAÑA 2023 T	9,50 €	1055
CARRASVIÑAS 2023 B FB	9,50 €	751
CASTILLO DE BELARFONSO 2023 T RB	9,50 €	378
COLECCIÓN COMENGE VERDEJO 2023 B	9,50 €	749
EL PILLO VIÑAS REBELDES 2021 T	9,50 €	830
ESSÈNCIA DE LLUNA GARNACHA BLANCA 2023 B	9,50 €	803
L'APHRODISIAQUE GODELLO 2023 B	9,50 €	122
LACUESTA SELECTO 2022 T C	9,50 €	678
LAS DOSCES 2022 T RB	9,50 €	843
LAS DOSCES 2023 B	9,50 €	843
LAS MORADAS DE SAN MARTÍN SENDA 2021 T	9,50 €	897
LAS RETAMAS DEL REGAJAL 2021 T	9,50 €	894
MAS D'EN BERNAT 2023 T	9,50 €	472
MURVIEDRO CEPAS VIEJAS BOBAL 2020 T C	9,50 €	841
MVEDRA 2017 T C	9,50 €	989
MVEDRA 2018 T C	9,50 €	989
NABAL ROSÉ 2023 RD	9,50 €	588
OLAGOSA 2023 B	9,50 €	684
PANDORA VERDEJO ECOLÓGICO SOBRE LÍAS 2023 B	9,50 €	755
PEIQUE RAMÓN VALLE 2022 T	9,50 €	129
RUDELES "23" 2022 T	9,50 €	563
SILVANO GARCÍA ETIQUETA NEGRA 2021 T	9,50 €	320
VILA CLOSA CHARDONNAY 2022 B FB	9,50 €	798
VIÑA HIJOSA 2020 T	9,50 €	566
SENTIDO 2021 T	9,55 €	589
CHLOSS TERROIR 2023 T	9,60 €	420
TORREDEROS 2021 T C	9,60 €	594
VALLDOLINA 2021 BE R BN	9,60 €	225
VIVES AMBRÒS 2020 BE R BR	9,60 €	204
CASTILLO DE MONJARDÍN CHARDONNAY 2022 B FB	9,62 €	424
ESPINAPURA BF FI ES	9,70 €	247
SILENTIUM 2020 T C	9,70 €	576
ADNOS BOBAL 2019 T	9,72 €	840
BLANC DE GERISENA 2022 B RB	9,75 €	267
MARQUÉS DE TOMARES 2021 T C	9,75 €	719
MIRADA ORGANIC ROSÉ 2023 RD	9,75 €	976
VIVANCO 2021 T C	9,75 €	693
ALSINA & SARDÁ FINCA LA BOLTANA 2022 B	9,76 €	433
ZINIO STREET ART COLLECTION TEMPRANILLO BLANCO 2022 B	9,80 €	738
ALSINA & SARDÁ 2021 BE R BN	9,83 €	193
FINCA LA RANA 2022 T C	9,85 €	827
DE NARIZ DE NARIZ COUPAGE MONASTRELL SYRAH 2022 T RB	9,90 €	907
DOMINIO MAESTRAZGO GARNACHA BLANCA 2022 B RB	9,90 €	950
FINCA SANTA MARÍA VALTRAVIESO 2022 T RB	9,90 €	605
MENADE VERDEJO 2023 B	9,90 €	992

ÍNDICE MEJORES COMPRAS

VINO	PVP	PÁG.
QUINTA DE AVES SYRAH 2023 T	9,90 €	985
TÍO MATEO BF FI S	9,90 €	308
ALAN DE VAL MENCÍA 2023 T	9,95 €	850
FINCA MONASTASIA SYRAH NOBEL 2022 T	9,95 €	324
FINCAS DE VALDEMACUCO 2022 T RB	9,95 €	596
LA PLANTA 2023 T RB	9,95 €	572
RAÍCES ALBILLO 2022 B	9,95 €	1004
RAÍCES VERDEJO 2022 B	9,95 €	1004
VETUSTA VIÑAS DE FUENTENEBRO 2022 T	9,95 €	598
XENYS MONASTRELL 12 2021 T	9,95 €	327
CAMPILLO CUVÉE 2021 T	9,99 €	662
CHARLOTTE RIGAUD 2021 BE R BN	9,99 €	228
FAUSTINO V 2018 T R	9,99 €	667
100 Y CIENTOS 2018 T RB	10,00 €	894
13 CÁNTAROS NICOLÁS 2022 T RB	10,00 €	231
ACCENTUS 2022 T	10,00 €	570
AILALÁ 2022 T	10,00 €	546
ALMUDÍ 2020 T	10,00 €	155
ALTOS DEL BERGASA 2018 T GR	10,00 €	670
BRAVUCÓN 2020 T BA	10,00 €	998
CAMPARRÓN 2020 T R	10,00 €	819
CELLER MARIÀ PAGÈS GARNATXA D'EMPORDÀ DULCE 2021 B D	10,00 €	267
CEPADO GODELLO 2023 B	10,00 €	851
CILLAR 2023 T	10,00 €	607
CLOTETA 2022 T	10,00 €	950
CUCÚ (CANTABA LA RANA) 2023 B	10,00 €	986
CUPIDO MACABEO 2022 B BA	10,00 €	372
DEHESA DEL CARRIZAL MV 2021 T	10,00 €	919
EDUARDO BRAVO 2023 B	10,00 €	553
EIDOS DE PADRIÑÁN 2023 B	10,00 €	493
EL BUSCADOR 2021 T C	10,00 €	710
EL JARDÍN DE LA ERA 2021 T	10,00 €	960
EL PRESUMIT DEL PALLARS 2022 T	10,00 €	256
FARNADAS 2023 B	10,00 €	552
HABLA DE TI... 2023 B	10,00 €	1007
L'ESPATLLAT 2021 B	10,00 €	790
LA ORPHICA MONASTRELL SELECCIÓN TARDIA 2022 T SS	10,00 €	1044
LO PETIT PAU 2023 T	10,00 €	471
LOESS 2023 B	10,00 €	763
MAIOR DE MENDOZA SOBRE LÍAS 2022 B	10,00 €	494
MALA VIDA EDICIÓN LIMITADA 2021 T RB	10,00 €	870
MANUEL QUINTANO 2022 B	10,00 €	718
MANUEL QUINTANO EL PIONERO 2021 T	10,00 €	718
MEDITERRÁNICO 2022 T	10,00 €	619
MERAYO GODELLO 2023 B	10,00 €	132
MINIUS MENCÍA 2023 T	10,00 €	385
MOSCATEL REINUEVO 2023 B D	10,00 €	421
NANIT ORANGE WINE 2023 B	10,00 €	976
NOTAS 2022 T	10,00 €	937
ORIOLUS 2022 B FB	10,00 €	966
PAZO TIZÓN 2023 B	10,00 €	552
PITA VERDEJO (DOMINIO DE VERDERRUBI) 2023 B	10,00 €	756
RAMÓN IZQUIERDO MONASTRELL 2021 T	10,00 €	324
SADURNÍ OLIVER 2019 BE R BN	10,00 €	219
SAIAZ DE PUENTE DEL EA 2020 T	10,00 €	699
SEÑORÍO DE LA ERALTA 2017 T GR	10,00 €	670
SERÈ 2022 T	10,00 €	403
THE FLOWER AND THE BEE TREIXADURA 2023 B	10,00 €	550
TOBÍA CUVÉE 2020 T C	10,00 €	690
TORRE DE BARREDA AMIGOS MULTIVARIETAL 2021 T	10,00 €	963
VAL DE MEIGAS 2023 B	10,00 €	523

ÍNDICE VINOS ECOLÓGICOS

VINO	PÁG.
+ RITME BLANC 2022 B	487
+ RITME BLANC 2023 B	487
+CONCEJO 2021 T	235
100 VEREMES VINÍCOLA DE NULLES 2022 B FB	791
100 X 100 MONASTRELL 2022 T	326
100 X 100 SYRAH 2021 T	326
100 Y CIENTOS 2018 T RB	894
12 + 12 "PACO PALOMILLO" T C	1034
12 VOLTS 2022 T	1013
125 DE CELLER SANROMÀ 2021 T BA	1050
1270 A VUIT 2017 T	471
1270 A VUIT 2022 B	471
1564 PETIT VERDOT 2020 T BA	981
1564 SYRAH 2021 T BA	981
1564 VIOGNIER 2022 B BA	981
1771 CASA LOS FRAILES 2021 T C	873
1860 2022 B FB	102
1894 ORIGENS 2022 B	433
1903 CENTENARY GRENACHE 2022 T	484
1921 GARNACHA 2022 T	672
20 ALDEAS 2021 T	990
2052 2022 B	803
21SETECIENTOS 2023 B	1041
2L 2022 B	872
3015 2023 T	322
37 BARRICAS 2018 T C	155
4 KILOS 2022 T	1013
4G 2022 B	800
4G 2022 T	800
4G 2023 B	800
575 UVAS DE CÁMBRICO 2021 T R	937
7 VIN BLAU Y ZWEIGELT 2019 T	1033
77 DIES CELLER ARRUFI NATURAL MÍNIMA INTERVENCIÓN 2023 B	1048
77 NITS CELLER ARRUFI 2022 T	1048
77 NITS CELLER ARRUFI NATURAL MÍNIMA INTERVENCIÓN 2023 T	1048
77 VEREMAS GARNACHA MIQUEL PONS 2022 T	439
77 VEREMES XAREL·LO MIQUEL PONS 2022 B FB	439
77 VEREMES XAREL·LO VERMELL MIQUEL PONS 2022 B	439

A

VINO	PÁG.
A PART 2022 B	800
AA CAU D'EN GENIS 2021 B	82
AA CAU D'EN GENIS 2022 B	82
AA DOLÇ DE NEU 2023 B BA D	1029
AA DOLÇ MATARÓ 2021 T D	1029
AA LANIUS 2021 B S	82
AA PARVUS CHARDONNAY 2023 B	82
AA PARVUS SYRAH 2022 T	82
ABADÍA DE POBLET BLANC 2020 B	240
ABADÍA RETUERTA LE DOMAINE 2022 B	913
ABRIL DE AZUL Y GARANZA 2022 T	414
ABRISA'T BÀRBARA FORÉS 2022 B C	796
ABUBILLA 2022 B	1065
ACCENTUS 2022 T	570
ACENTUADO ROSE ORGANIC 2023 RD	969
ACIANO 2020 T	985
ACINIPO 2021 T C	360
ACÚSTIC BLANC 2022 B FB	397
ACÚSTIC BLANC 2023 B FB	397
ACÚSTIC ROSAT 2023 RD	397
AD LIBITUM MATURANA BLANCA 2022 B	716
AD LIBITUM MONASTEL 2022 T	716
AD PATER 2021 T	1044
ADARAS LLUVIA 2023 B SS	103
ADARO 2022 T	603
ADDA 2020 BE R BN	202

VINO	PÁG.
ADERNATS DE GUARDA ECO 2021 BE BN	226
ADRIÀ DE BIOPAUMERÀ 2020 T RB	789
AFORTUNADO 2023 B	769
AGALIU 2022 B FB	255
ÁGORA VIOGNIER 2023 B MC	962
AGUSTÍ TORELLÓ MATA BARRICA GRAN RESERVA 2019 BE GR BN	208
AGUSTÍ TORELLÓ MATA KRIPTA GRAN ANYADA 2013 BE GR BN	208
AGUSTÍ TORELLÓ MATA MAGNUM 2019 BE GR BN	208
AGUSTÍ TORELLÓ MATA ROSAT TREPAT 2021 RE R BR	208
AGUSTÍ TORELLÓ MATA UBAC 2019 BE GR BR	208
AGUSTÍ TORELLÓ MATA XIC 2023 B	440
AGUSTÍ TORELLÓ MATA XV XAREL·LO VERMELL 2023 RD	440
AIRÉN SELECCIÓN 2023 B	977
AL RASO 2022 RD	930
ALBA NEGRE T	439
ALBERT DE VILARNAU FERMENTADO EN CASTAÑO 2017 BE GR BN	226
ALBET I NOYA EL BOSC NEGRE 2021 B	433
ALBET I NOYA EL CORRAL CREMAT 2013 BE GR BR	433
ALBET I NOYA EL FANIO 2022 B	433
ALBET I NOYA LA MILANA 2019 T R	433
ALBET I NOYA LES TIMBES 2021 T C	433
ALBET I NOYA RESERVA MARTÍ 2017 T GR	433
ALCARDET NATURA CHARDONNAY 2020 B	333
ALCARDET NATURA ESPUMOSO BE BR	1073
ALCARDET NATURA TEMPRANILLO T	333
ALCEÑO 12 CEPAS VIEJAS 2021 T	313
ALCEÑO 50 BARRICAS 2022 T	313
ALCEÑO MONASTRELL 4 MESES 2022 T RB	313
ALDEA DE ADARAS 2022 T BA	103
ALDEÓN DE LAR CALATAYUD GARNACHA 2023 T	164

VINO	PÁG.	VINO	PÁG.	VINO	PÁG.
ALDEÓN DE LAR GARNACHA TINTORERA 2023 T	105	ALTICO SYRAH 2021 T C	314	ANIMA NUA COR VIU 2023 T	242
ALDEÓN DE LAR MONASTRELL SIN SULFITOS AÑADIDOS 2023 T	325	ALTO DE INAZARES MONASTRELL 2022 T	1029	ANMA 2020 T BA	843
		ALTO DE INAZARES PINOT NOIR 2022 T C	1029	ANSE MICHELINE 2021 T	186
ALDEÓN DE LAR TEMPRANILLO 2023 T	1002	ALTO DE INAZARES SYRAH 2021 T	1029	ANTISTIANA CABERNET FRANC 2017 T	447
ALDEÓN DE LAR VERDEJO 2023 B	764	ALTO DE INAZARES VIOGNIER 2022 B	1029	ANTISTIANA XARELLO 2019 B	447
ALGARS 2023 B	806	ALTO SIÓS 2022 T R	254	ANTONIO SERRANO AIRÉN 2022 B	962
ALGARS 2023 RD	806	ALTOS DE CORRAL SINGLE ESTATE 2019 T R	663	ANTONIO SERRANO CENCIBEL 2021 T RB	962
ALKUNYA 2022 B	847	ALTOS DE LUZÓN 2022 T	317	ANTONIO SERRANO TEMPRANILLO DE TINAJA 2022 T	962
ALMA LÓPEZ 12 MESES 2022 T	558	ALTOS DE TAMUJA 2023 B	931		
ALMA LÓPEZ AURA 2020 T	558	ALTOS DE TORONA 2023 B	497	ARANLEÓN SÓLO 2021 T C	838
ALMA LÓPEZ FLOR 2022 T	558	ALTOS DEL CABRIEL ALBILLA 2023 B	370	ARANLEÓN SÓLO 2023 B	838
ALMUDÍ 2020 T	155	ALTOS DEL CABRIEL BOBAL 2022 T	370	ARANLEÓN SÓLO BE BR	195
ALMUDÍ UNO P.V. 2020 T C	155	ALTOS DEL CABRIEL BOBAL 2023 RD	370	ARBOLES BLANCO 2023 B	1044
ALOERS 2021 B	440	ALTOS DEL CABRIEL BOBAL TEMPRANILLO 2022 T	370	ARESTEL BE BR	226
ALSINA & SARDÁ 2021 BE R BN	193	ALTOS DEL CABRIEL MACABEO 2023 B	370	ARGILA ROSÉ 2018 RE GR BN	446
ALSINA & SARDÁ FINCA LA BOLTANA 2022 B	433	AMARA 2023 B	360	ARÍNZANO MERLOT BIOLÓGICO 2019 T	917
ALSINA & SARDÁ SELLO 2020 BE GR BN	193	AMAT XARELLO 2023 B	265	ARNAU DE RENDÉ MASDÉU 2021 T C S	241
ALSUR NATURA TEMPRANILLO-CABERNET SAUVIGNON 2023 T	980	AMBURZA 2021 T BA	425	ARNAU OLLER 2019 T R	457
		AMETLLERS DEL JAN 2020 B FB	450	AROA GORENA 2014 T R	413
ALSUR NATURA VERDEJO-SAUVIGNON BLANC 2023 B	980	AMICAMAT NEGRE 2022 T BA	145	AROA JAUNA 2018 T C	413
		AMICAMAT ROSAT 2022 RD	145	AROA LARROSA 2023 RD	413
ALTA ALELLA 10 2012 BE GR BN	193	ANAVA...A CERCAR UN SOMNI ROSAT 2022 RD BA	1015	AROA MUTIKO 2021 T	413
ALTA ALELLA GX 2023 T	82	ANCESTRAL DE PUNTIRÓ 2022 BE SS	1056	ARQUELA 2022 B FB S	869
ALTA ALELLA LAIETÀ 2019 BE GR BN	193	ANCESTRAL MACABEU VINYA LES PEDRES 2022 BE	437	ARRAYAN 2023 RD	377
ALTA ALELLA LAIETÀ ROSÉ 2019 RE GR BN	193			ARRAYÁN GARNACHA BLANCA Y GRIS 2022 B	377
ALTA ALELLA MIRGIN 2020 BE R BN	193	ANCESTRAL MONTONEGA 2023 BE	1075	ARRAYÁN GRACIANO 2022 T	377
ALTA ALELLA MIRGIN EXEO EVOLUCIÓ + 2004 BE GR BN	193	ANHEL D'EMPORDÀ 2022 T BA	272	ARRAYAN ROSADO DE GARNACHA PELUDA 2023 RD	377
		ANHEL D'EMPORDÀ 2023 B	272		
ALTA ALELLA MIRGIN EXEO PARAJE CALIFICADO VALLCIRERA 2017 BE GR BN	193	ANIMA MUNDI ANCESTRAL CAMI DELS XOPS 2022 BE	1073	ARRAYÁN SELECCIÓN 2020 T	378
				ARROYO DE ARRAYÁN 2021 B	378
ALTA ALELLA MIRGIN OPUS PARAJE CALIFICADO VALLCIRERA 2019 BE BN	194	ANIMA MUNDI ANCESTRAL NOGUER BAIX 2020 BE	1073	ARTADI EL CARRETIL 2022 T	1045
				ARTADI LA HOYA 2022 T	1045
ALTA ALELLA MIRGIN ROSÉ 2020 RE R BN	194	ANIMA MUNDI CANTALLOPS 2022 B	433	ARTADI LA POZA DE BALLESTEROS 2022 T	1045
ALTA ALELLA PB 2023 B	82	ANIMA NUA COR VIU 2023 B	241	ARTADI QUINTANILLA 2022 T	1045
ALTAMENTE 2021 T	312	ANIMA NUA COR VIU 2023 T	241	ARTADI SAN LÁZARO 2022 T	1045

ÍNDICE VINOS ECOLÓGICOS

ÍNDICE VINOS ECOLÓGICOS

VINO	PÁG.
ARTADI VALDEGINÉS 2022 T	1046
ARTADI VIÑAS DE GAIN 2020 B	1046
ARTADI VIÑAS DE GAIN 2022 T	1046
ARTAZU PASOS DE SAN MARTÍN 2020 T	424
ARTAZU SANTA CRUZ DE ARTAZU 2021 B	424
ARTAZU SANTA CRUZ DE ARTAZU 2021 T	424
ARTAZURI 2023 RD	424
ARTUKE EL ESCOLLADERO 2022 T	648
ARTUKE FINCA DE LOS LOCOS 2022 T	648
ARTUKE LA CONDENADA 2022 T	648
ARTUKE PASO LAS MAÑAS 2022 T	648
ARTZAI 2020 B FB	148
ARZUAGA ECOLÓGICO 2022 T C	572
ASENSIO CARCELÉN MONASTRELL 2022 T	326
ASENSIO CARCELÉN SYRAH 2022 T	327
ÁTICA ROSÉ 2021 RE R EBR	221
AUDAÇ 2020 BE GR BN	203
AUDITORI 2018 T C	397
AUDITORI 2019 T C	397
AUDITORI 2020 T C	397
AUDITORI 2021 T C	397
AUDITORI BLANC 2021 B	397
AUDITORI BLANC 2022 B	397
AUDITORI BLANC 2023 B	397
AUS PÉT-NAT 2023 BE AG	1072
AUS PÉT-NAT ROSÉ 2023 RE AG	1072
AUTÉNTICO BE BR	197
AUTÓCTON BLANC 2021 B FB	1031
AUTÓCTON BLANC 2022 B FB	1031
AUZELLS 2023 B	256
AVA SELECCIÓ 2019 T R	1015
AVA VI BLANC 2023 B	1015
AVA VI ROSAT 2023 RD	1015
AVGVSTVS CHARDONNAY 2022 B FB	434
AVGVSTVS MICROVINIFICACIÓ MACABEO 2018 B FB	434
AVGVSTVS MICROVINIFICACIÓ XARELLO DE MAR 2017 B FB	434
AVGVSTVS TRAJANVS 2019 T R	434
AVINYÓ 2020 BE R BN	195
AVINYÓ 2021 BE R BR	195
AVINYÓ BLANC DE NOIRS 2021 BE R BN	195
AVINYÓ ROSÉ SUBLIM 2021 RE R BR	195
AYMAR 2017 BE R BN	434
AYMAR 2018 BE R BR	434
AYMAR ICE 2017 BE ES	435
AYMAR RESERVA ÚNICA 2016 BE GR BN	435
AYMAR ROSÉ 2019 RE R EBR	435
AZHAR BLACK 2023 T	1041
AZHAR WHITE 2023 B	1041
AZIMUT BLANC 2022 B	451
AZIMUT NEGRE 2019 T	451

B

VINO	PÁG.
BAGORDI 2021 T C	658
BAGORDI 2022 B FB	658
BAGORDI 2023 B	658
BAGORDI 2023 RD	658
BAGORDI GRACIANO 2019 T	658
BAGORDI MATURANA 2021 T	658
BALMA 2017 BE GR BN	446
BANCAL DEL BOSC GARNATXA BLANCA 2023 B	410
BANCAL DEL BOSC NEGRE 2022 T C	410
BÀRBARA FORÉS BLANC 2024 B	796
BÀRBARA FORÉS NEGRE 2021 T	797
BÀRBARA FORÉS ROSAT 2023 RD	797
BARCO DEL CORNETA 2022 B FB	986
BARRERA DE SOL 2021 T BA	930

VINO	PÁG.
BASOBE 2022 B	148
BATLLORI 2019 BE R BN	211
BATLLORI 2020 BE BN	211
BATLLORI ROSAT 2020 RE BR	211
BEBERÁS DE LA COPA DE TU HERMANA 2022 B	875
BELONDRADE Y LURTON 2022 B FB	742
BELSETÁN 2023 T	641
BENTO 2023 B	741
BERCIAL LADERA LOS CANTOS 2021 T R	847
BERCIAL SELECCIÓN 2022 B BA	847
BERNABELEVA ARROYO DE TÓRTOLAS 2022 T	892
BERNABELEVA CARRIL DEL REY 2022 T	892
BERNABELEVA VIÑA BONITA 2022 T	892
BERNAT OLLER 2019 T	457
BERNAT OLLER BLANC DE PICAPOLLS 2023 B	457
BERTHA 2021 BE R BN	204
BERTHA CARDÚS 2019 BE GR BN	204
BIENVENIDOS AL EXTRAORDINARIO MUNDO DE LA MUJER CABALLO MITAD MUJER, MITAD CABALLO AZUL (ARCO) 2022 T C	875
BIENVENIDOS AL EXTRAORDINARIO MUNDO DE LA MUJER CABALLO MITAD MUJER, MITAD CABALLO NARANJA (VALENCI) 2022 B C	876
BIENVENIDOS AL EXTRAORDINARIO MUNDO DE LA MUJER CABALLO MITAD MUJER, MITAD CABALLO VERDE (ULLET DE PERDIU) 2022 T C	876
BINIGRAU E-BLANC 2023 B	1015
BINIGRAU E-NEGRE 2021 T	1015
BINIMARE 2023 RD	144
BIOGRÁFICO (ETIQUETA CARNE) 2021 T	379
BIOGRÁFICO (ETIQUETA GRIS) 2016 T	379
BIU FINCA DE LA BORDA 2019 B	251
BIVAC 2023 B	452
BLANC D'ENGUERA ARROYO 2021 B	870
BLANC D'ENGUERA ORIGINAL 2022 B FB	870
BLANC DE CLOSOS 2021 B	477

ÍNDICE VINOS ECOLÓGICOS

VINO	PÁG.
BLANC DE DOS HIVERNS 2020 B FB	452
BLANC DE NOIRS BIOPAUMERÀ 2023 B	789
BLANC DE SERÈ 2023 B	255
BLANC SUBUR 2022 B	440
BLANCO 12 CEPAS 2023 B	1008
BLANCO DE MONTREAGA 2022 B FB	978
BLAUVERD 2023 T	403
BLÉS 2021 T RB	838
BLÉS 2023 B	838
BOBAL ICON 2021 T RB	374
BOIG PER TU 2021 T	410
BOLET CAMAGROC XARELLO 2023 B	439
BOLET CANTARELUS ULL DE LLEBRE 2021 T	439
BOLET CARTOIXÀ 2014 BE GR BN	205
BOLET CLASSIC ECO 2022 BE BN	205
BOLET CLASSIC ECO 2022 BE BR	205
BOLET ECO 2014 BE GR BR	205
BOLET ECO 2021 BE R BN	205
BOLET ECO 2021 BE R BR	205
BOLET FREDOLIC (SIN SULFITOS) 2023 T	439
BOLET GARNACHA BLANCA 2023 B	439
BOLET PINOT NOIR ROSAT 2018 RE R BR	205
BOLET SÀPIENS MERLOT 2016 T C	439
BOLET VINYA SOTA BOSC 2023 B	439
BOMBONETTA 2019 BE GR BR	214
BONESVALLS CABERNET SAUVIGNON 2019 T BA	452
BÒRIA SUMARROCA 2019 T	436
BRAÓ 2020 T C	397
BRAÓ 2021 T C	397
BRISAT DE PUNTIRÓ 2021 B	1019
BRISAT MACABEU VINYA MEIX 2022 B	437
BRISAT PARELLADA VINYA MARTRA 2022 B	437
BROTE 2023 RD	871
BROTS DE XARELLO 2021 B	449
BROTS SYRAH ROSAT 2023 RD	449

VINO	PÁG.
BRUJIDERA EL POCILLO #GARAGEWINE 2023 T	957
BUC 2018 T C	145
BURBU ANCESTRAL 2023 BE	1044
BURGO VIEJO GARNACHA ORGANIC 2023 T	665
BURGO VIEJO GRACIANO ORGANIC 2023 T	665
BURGO VIEJO ORGANIC 2023 B	665
BURRO LOCO 2023 RD	998
BURRO LOCO 2023 T	998
BURRO LOCO BUCHEJO 2023 B	998

C

VINO	PÁG.
CA'LS LS PINS 2023 B	871
CA'LS LS PINS 2023 T BA	871
CABELLUT CABERNET SAUVIGNON 2021 T FB	186
CABELLUT GARNATXA 2022 T	186
CABELLUT XARELLO 2021 B	187
CALA N 1 2020 T	961
CALA N 2 2019 T	961
CALA ROSTELLA 2020 T	270
CALIZA ORGANIC TEMPRANILLO 2023 T	340
CALIZA ORGANIC VERDEJO SAUVIGNON BLANC 2023 B	340
CALZADILLA ALLEGRO 2018 T	915
CALZADILLA CLASSIC 2014 T	915
CALZÁS 2020 T C	327
CÁMBRICO RUFETE EL POCITO 2020 T	937
CAMÍ DE CORMES 2021 T C	274
CAMI PESSEROLES 2021 T	485
CAMINO ALTO OLD VINES 2018 T BA	963
CAMINO DE NAVAHERREROS 2023 B FB	892
CAMINO DE NAVAHERREROS 2023 T	892
CAMINO DEL BOSQUE 2021 T	181
CAMP DEL CUC 2019 B BA S	450
CAMPESINO NATURAL 2023 T	817

VINO	PÁG.
CAMPESTRAL WHITE B	1037
CAMPESTRAL WHITE ENVEJECIDO BAJO VELO 2021 B	1037
CAMPO ELÍSEO CONTRACORRIENTE 2023 T	817
CAMPO ELISEO CUVÉE ALEGRE 2022 T	817
CAMPO ELISEO HARMONIA 2022 B	747
CAMPO ELISEO VERDEJO 2022 B FB	747
CAN AXARTELL BLANCO 2023 B	1019
CAN AXARTELL CORUM 2022 B FB	1019
CAN AXARTELL ROSADO 2023 RD	1019
CAN BAS LA CAPELLA 2017 T GR	437
CAN BAS LA CREU 2022 B	437
CAN FEIXES BLANC SELECCIÓ 2022 B	444
CAN FEIXES NEGRE SELECCIÓ 2021 T	444
CAN FEIXES NEGRE TRADICIÓ 2015 T C	444
CAN FEIXES RESERVA ESPECIAL 2011 T GR	444
CAN GELAT CALLET SYRAH 2022 RD	1017
CAN GELAT GIRÓ ROS 2022 B	1018
CAN GELAT GRAN VI 2022 T	1018
CAN GUINEU 2020 BE R BN	1080
CAN GUINEU ROSAT 2018 RE BN	1080
CAN RICH 2023 B	1006
CAN RICH BLANC D'AMFORA 2022 B	1006
CAN RICH BLANC DE BLANCS 2022 BE	1073
CAN RICH NEGRE D'AMFORA 2022 T	1006
CAN RICH ROSAT 2021 RE BN	1035
CAN RICH ROSAT D'AMFORA 2023 RD	1007
CAN RICH SELECCIÓN 2018 T	1007
CAN SUMOI GARNATXA SUMOLL 2022 T	1047
CAN SUMOI LA ROSA 2023 RD	438
CAN SUMOI XARELLO 2023 B	438
CANALS & MUNNÉ INSUPERABLE 2021 BE R BR	201
CANALS NADAL CN 1986 BLANC DE NOIRS 2019 BE R BR	202
CANALS NADAL ECOLÓGICO 2021 BE R BN	202

Guía Peñín VINOS DE ESPAÑA 1099

ÍNDICE VINOS ECOLÓGICOS

VINO	PÁG.
CANALS NADAL ROSÉ 2022 RE BR	202
CANDONGO 2022 T RB	816
CANFORRALES NATURE TEMPRANILLO SYRAH 2023 T	963
CANFORRALES NATURE VIOGNIER 2023 B	963
CANTA LA PERDIZ 2018 T R	611
CANTARIÑA 2 VIÑA DE LOS PINOS 2021 T	132
CANTARIÑA 3 EL TRIÁNGULO 2021 T	132
CANTARIÑA 6 MERENZAO 2022 T	133
CANTARIÑA 7 A FREITA 2022 T	133
CANTARIÑA EL GODELLO DE CONSUELO 2022 B FB	133
CANTOCUERDAS ALBILLO 2022 B FB	892
CANTOCUERDAS MOSCATEL DE BERNABELEVA DULCE B FB D	892
CANTUESO 2022 T	1050
CANYAMEL 2015 T RB	982
CANYAMEL 2022 T	982
CAÑADA PARÍS 2022 B C S	869
CAP DE TRONS 2022 T	442
CAPILLA DEL FRAILE PARCELA SYRAH 2020 T	970
CAPILLA DEL FRAILE PETIT VERDOT 2018 T	970
CAPRASIA 2021 BE R BN	200
CAPRASIA BOBAL ÁNFORA BIPARCELARIO 2022 T	843
CAPRASIA BOBAL-MERLOT 2022 T RB	843
CAPRASIA MACABEO BE BR	200
CAPRICHO DIVINO CHARDONNAY 2022 BE BN	374
CAPRICHO VAL DE PAXARIÑAS 2023 RD	131
CAPRICHO VAL DE PAXARIÑAS GODELLO 2023 B	131
CARA NORD BLANC 2023 B	240
CARA NORD TREPAT NEGRE 2023 T	241
CARA NORD TREPAT ROSAT 2023 RD	241
CARCHELO 2023 T RB	314
CARCHELO CIENTO80 2021 T	314
CARGOL TREU VI 2022 B	1028
CARLES ANDREU 12@ 2023 T	241
CARLES ANDREU 2021 BE BN	207
CARLES ANDREU ROSAT BARRICA 2021 RE R BR	207
CARLES ANDREU ROSAT RE BR	207
CARLOTA SURIA ORGANIC 2021 BE R BN	220
CARLOTA SURIA ORGANIC 2021 BE R BR	220
CARLOTA SURIA ORGANIC BOBAL 2021 T C	846
CARLOTA SURIA ORGANIC CHARDONNAY 2023 B FB	846
CARRAKRIPAN 2019 B	707
CARRAROA 2021 T C	570
CARRAVALSECA 2020 T C	662
CARRAVALSECA 2023 T MC	662
CARREDUEÑAS TINTO FINO 2022 T RB	235
CARTAGO 2019 T	831
CASA BOQUERA BALANCE 2022 T	907
CASA BOQUERA ELEGANCE 2018 T C	907
CASA BOQUERA HARMONY 2019 T	907
CASA CASTILLO CUVEE N 2021 T BA	314
CASA CASTILLO EL MOLAR 2023 T	314
CASA CASTILLO LA TENDIDA 2023 T	314
CASA CASTILLO LAS GRAVAS 2022 T	314
CASA CASTILLO MONASTRELL 2023 T	314
CASA CASTILLO PIE FRANCO 2022 T C	314
CASA DE ILLANA 10 MESES 2022 T C	641
CASA DE LA ERMITA PARCELA LA SOLANA 2023 B	323
CASA DE LA ERMITA PARCELA LOS PINOS 2022 T C	322
CASA MARIOL GARNATXA BLANCA 2023 B	799
CASA MARIOL GARNATXA NEGRA 2023 T	799
CASA RAVELLA 2021 BE R BN	202
CASA RAVELLA 2022 BE BN	202
CASA RAVELLA L'ISARD 2021 T	438
CASA RAVELLA ROSÉ 2021 RE R BR	202
CASA RAVELLA SELECCIÓN 2017 T	438
CASA RAVELLA SELECCIÓN 2021 B FB	438
CASA VELLA D'ESPIELLS 2019 T R	451
CASAR DE BURBIA 2022 T RB	133
CASAR DE BURBIA GODELLO 2023 B	133
CASAR DE VALDAIGA PARAJE EL TOLEIRO 2023 T	138
CASAR GODELLO (VINO DE PARAJE - VALDEPIÑEIRO) 2022 B FB	133
CASCABEL 2022 B	355
CASCABEL 2023 B	355
CASTELL D'OR ORGÀNIC BE BR	202
CASTELL DEL REMEI 1780 2019 T	251
CASTELLROIG 2020 BE R BN	1081
CASTELLROIG ROSAT 2021 RE R BR	1081
CASTILLO DE BELARFONSO 2023 T RB	378
CÁTULO GARNACHA 2022 RD	420
CÁTULO GARNACHA 2023 RD	420
CÁTULO GARNACHA 2023 T	420
CAUDUM BODEGAS LARRAZ 2016 T BA	697
CAUDUM BODEGAS LARRAZ 2018 T BA	696
CAVA BALLBÉ BE BN	211
CAVA ETERNO 2016 BE GR BN	209
CAVA ROXANNE 2022 BE BR	209
CELLER ARRUFÍ LLICSÓ 2021 B BA	796
CELLER ARRUFÍ PANICAL 2023 B	796
CELLER ARRUFÍ PANICORT 2019 T	796
CELLER ARRUFÍ TREPADELLA 2022 T	796
CELLER DEL FOIX BLANC 2023 B	435
CENCIBEL LA VENTA #GARAGEWINE 2023 T	957
CENT X CENT GARNACHA BLANCA 2022 B C	806
CENT X CENT GARNACHA NEGRA 2022 T	806
CERRO DEL BUEY 2022 T	103
CERRO LA ISA VIÑEDO SINGULAR 2020 T	716
CERRO LA ISA VIÑEDO SINGULAR 2021 B FB	716
CÉRVOLES BLANC 2022 B FB	253
CÉRVOLES COLORS BLANC 2023 B	253

ÍNDICE VINOS ECOLÓGICOS

VINO	PÁG.
CÉRVOLES COLORS NEGRE T C	253
CÉRVOLES ESTRATS 2019 T	253
CÉRVOLES NEGRE VINYES ALTES DE LES GARRIGUES 2021 T	254
CESILIA LA GARNACHA 2022 T	95
CESILIA ROSÉ LA RESERVE 2023 RD	95
CESILIA ROSÉ LA RÉSERVE ESPECIAL 2019 RD	95
CESILIA VS 2019 T	95
CHAVEO 2021 T C	155
CHLOSS TERROIR 2023 T	420
CIMADAGO 2019 T C	726
CIMERA CLOS COR VÍ 2020 B C	874
CIMERA CLOS COR VÍ 2022 B C	874
CIMERA CLOS COR VÍ MAGNUM 2019 B FB	874
CLAROR PARATGE QUALIFICAT CAN PRATS 2016 BE GR BN	228
CLAVIUS VERDEJO 2020 B	1000
CLEMENTE GARCÍA GARNACHA 2020 T	652
CLEMENTE GARCÍA GARNACHA 2022 T	652
CLEMENTE GARCÍA TEMPRANILLO 2019 T R	652
CLOS ALZINA 2021 T	477
CLOS ANCESTRAL 2022 T	442
CLOS ANCESTRAL 2023 B	442
CLOS COR VÍ RIESLING 2022 B BA	874
CLOS COR VÍ VIOGNIER 2022 B S	874
CLOS CYPRES 2021 T	477
CLOS DEL PI 2019 T C	453
CLOS GALENA 2019 T R	476
CLOS GELIDA 4 HERETATS 2019 BE GR BN	228
CLOS IBAI 2021 B	715
CLOS IBAI 2021 T	715
CLOS IBAI GARNACHA BLANCA 2021 B	716
CLOS IBAI GRACIANO 2021 T	716
CLOS LOJEN 2022 T	371
CLOS MESORAH 2021 T R	406
CLOS PONS ALGES 2018 T C	254
CLOS PONS AURA 2021 T C	254
CLOS PONS CINGLES 2018 B	254
CLOS PONS PLA DEL TET 2021 T C	254
CLOS PONS ROC NU 2013 T R	254
CLOS PONS SISQUELLA 2020 B C	254
CLOS SANT PAU 2021 B D	439
CLOS VIDAL CABERNET SAUVIGNON 2020 T RB	436
CLOS VIDAL MERLOT 2020 T C	436
CLOT DEL ROURE XARELLO 2022 B	453
CLOT DELS EIXAMS 2021 B FB	1054
CLOT DELS OMS BLANC 2022 B	435
CLOT DELS OMS GEWURZTRAMNIER 2022 B	435
CLOT DELS OMS NEGRE 2021 T R	435
COCA I FITÓ BLANC 2022 B	405
COCA I FITÓ NATURA 2022 T	405
COCA I FITÓ NU 2022 T	405
CODORNIU NON PLUS ULTRA 2020 BE R BR	209
COLECCIÓN COMENGE VERDEJO 2023 B	749
COLET A PRIORI 2020 BE R BR	440
COLET ANIVERSARI 2020 BE R BN	441
COLET ASSEMBLAGE 2018 RE EBR	441
COLET GRAN CUVEÉ 2020 BE R EBR	441
COLET NAVAZOS (ETIQ.NARANJA) 2020 BE R BN	441
COLET TRADICIONAL 2020 BE R BN	441
COLET VATUA! 2020 BE EBR	441
COLET VATUA! ROSÉ 2020 RE BN	441
COLONIA 40 2022 T	1050
COMA D'EN POU BÀRBARA FORÉS 2022 T C	797
COMA ROMÀ XARELLO MACERAT 2021 B	446
COMOLOCO BAJO EN HISTAMINAS SIN SULFITOS AÑADIDOS 2023 T	316
COMPTA OVELLES 2022 B	443
COMPTA OVELLES 2022 T	443
CON ALTURA 2023 BE AG	369
CON VIENTO FRESCO 2020 T	1046
CONCEJO CLARETE AGED 2023 RD	235
CONCEJO VINO DE PARAJE 2019 T R	235
CONCIENS 2023 T	323
CORCOVO SYRAH 24 BARRICAS 2022 T RB	864
CORET DE CAL BESSÓ 2023 B	399
CORET ROSAT DE CAL BESSÓ 2023 RD	399
CORISCA 2021 B	510
CORISCA 2022 B	510
CORRAL DE CASTRO 2022 T	290
CORRITJOLA – CELLER ARRUFÍ 2023 RD	796
CORSALVATGE 2022 B	874
CORUCHO 2022 T RB	894
CORUCHO FINCA PEAZO DE LA ENCINA 2019 T RB	894
CORUCHO ORANGE WINE 2022 B	894
COSTALARBOL RED 2022 T	672
COSTERS DE CORNUDELLA NEGRE 2021 T R	404
CRAZY GRAPES 2022 T	1024
CROMÀTIC CHARDONNAY + XARELLO 2023 B	433
CRUZ DE ALBA FUENTELUN 2019 T R	577
CUATRO RAYAS ORGANIC ROSÉ TEMPRANILLO-VERDEJO 2023 RD	987
CUATRO RAYAS ORGANIC TEMPRANILLO 2023 T	987
CUATRO RAYAS ORGANIC VERDEJO 2023 B	743
CUATRO RAYAS VENDIMIA NOCTURNA VERDEJO 2023 B	743
CUATRO RAYAS VIÑEDOS CENTENARIOS 2023 B	743
CUBET 2020 B	878
CUCÚ (CANTABA LA RANA) 2023 B	986
CUESTA DEL HERRERO 2023 T BA	913
CUEVA DE CHAMÁN ROBLE MONASTRELL 2022 T RB	105
CUEVA LLANA BOBAL 2021 T	370
CUEVA LLANA SYRAH 2021 T	370
CUNE ORGÁNICO 2021 T	704

ÍNDICE VINOS ECOLÓGICOS

VINO	PÁG.
CUPIDO BOBAL 2022 T	372
CUPIDO MACABEO 2022 B BA	372
CUSCÓ BERGA 2013 BE GR BN	210
CUSCÓ BERGA 2013 BE GR BR	210
CUSCÓ BERGA 2020 BE R BN	210
CUSCÓ BERGA 2021 BE R BR	210
CUVÉE #1 SON JULIANA 2023 B	1021
CYAN 2020 T C	813
CYAN PRESTIGIO 2018 T R	813

D

VINO	PÁG.
DAINA 2023 RD	269
DAURAT 2022 B FB	145
DE LAS NIEVES 2023 B	1036
DEHESA DEL CARRIZAL PETIT VERDOT 2021 T	918
DEHESA LA GRANJA 2020 T	999
DELMORO 2022 T	877
DESIERTO DE AZUL Y GARANZA 2020 T	414
DESTRANKIS 2021 T BA	468
DIEZ MIL Y PICO 2021 B FB	1002
DIONUS 2018 T R	1066
DÍSCOLO 2020 T BA S	824
DÍSCOLO EL MAGNÍFICO 2019 T BA S	824
DIVERTUS 2018 T	1066
DOLÇ DE ESTEVE I GIBERT 2021 B D	1054
DOMINIO BASCONCILLOS FINCA DE ALTURA 2022 T RB	609
DOMINIO DE FONTANA SAUVIGNON BLANC & VERDEJO 2023 B	835
DOMINIO DE FONTANA TEMPRANILLO & CABERNET SAUVIGNON 2020 T C	835
DOMINIO DE FONTANA TEMPRANILLO & SYRAH 2021 T RB	835
DOMINIO DE LA SIERRA MOMENTVM 2022 T	937

VINO	PÁG.
DOMINIO DE LA VEGA Nº 23 2021 BE	210
DOMINIO DE LA VEGA Nº1 2022 BE BR	210
DOMINIO DEL AGUILA 2020 T R	611
DOMINIO DEL BENDITO EL PRIMER PASO 2022 T RB	824
DOMINIO DEL BENDITO LAS SABIAS 2021 T	825
DOMINIO DEL PRIOR PETIT VERDOT 2016 T BA	974
DON JACOBO 2019 T R	663
DON MIGUEL COMENGE 2019 T R	576
DONDELLAS 2021 T	1046
DOÑA BEATRIZ VERDEJO ECOLÓGICO 2023 B	748
DOÑA LEO ALTOLANDÓN 2023 B	369
DOS MUNDOS 2021 T	619
DULCE ENERO 2022 B D	369
DURAN 5V RD 2015 BE	222
DURAN ORIGIN 2020 BE GR BR	222
DURAN ROSÉ 2017 RE GR BR	222
DX DE DOMINIO LOS PINOS 2021 T RB	871

E

VINO	PÁG.
EDRA "SOL" 2019 T BA	1024
EDRA GRULLAS DE PASO 2021 T BA	1024
EDRA XTRA SYRAH 2020 T C S	1024
EGIARTE ROSADO 2023 RD	421
EL ÁRBOL DE ARANLEÓN 2022 T C	869
EL BARRANCO DE LA MOLINERA 2021 T	731
EL BESO DE LAS UVAS CHARDONNAY 2021 B FB	921
EL BORDE 2020 T C	157
EL BUEN ROLLO 2021 T	825
EL CAMI 2021 T	398
EL CARRO GROS 2021 T	449
EL CF DE CHOZAS CARRASCAL 2020 T	916
EL CONJURO 2019 T	655
EL CORDERO Y LAS VÍRGENES 2020 T R	875
EL COSTER DE L'ALZINA 2018 T C	468

VINO	PÁG.
EL FOLLET ROSAT 2023 RD	241
EL FUNDAMENTALISTA 2022 T	372
EL JARDÍN DE LAS IGUALES GARNACHA 2022 T	1039
EL JARDÍN DE LAS IGUALES MACABEO 2021 B	1039
EL JARDÍN SECRETO VERDEJO 2023 B	965
EL LINZE 2022 T	972
EL LINZE 2023 B FB	985
EL MARUJO 2021 T C	728
EL MARUJO 2023 T	728
EL MIRADOR 2019 T	398
EL NEXE DE CELLER SANROMÀ 2022 T C	1050
EL PACTO DE LA SONSIERRA 2020 T	735
EL PICAPEDRER 2021 B FB	1054
EL QUINTÀ BÀRBARA FORÉS 2022 B FB	797
EL QUINTO PARAJE VERDEJO 2022 B	756
EL ROCALLÍS 2021 B FB	437
EL SECRETO DE ÉLEZ 2022 B	920
EL SEQUÉ 2022 T	94
EL SERRALET 2020 BE BN	1080
EL SERRATS 2021 B	951
EL SUEÑO DE LAS ALFORJAS ALBARÍN 2022 B	355
EL TEMPLARI BÀRBARA FORÉS 2022 T C	797
EL TITÁN DEL BENDITO 2021 T	824
EL TRACTE 2020 T	398
EL TRANSGRESSOR DE CELLER SANROMÀ VI BRISAT 2022 B	1050
EL VIÑEDO DE LA VIDA TEMPRANILLO-CABERNET SAUVIGNON 2023 T	980
EL VIÑEDO DE LA VIDA VERDEJO-SAUVIGNON BLANC 2023 B	980
EL VISIONARI 2023 RD	269
ELIANE CHARDONNAY 2022 B	439
ELISENDA DE LOXAREL 2021 RE R BN	446
ELITIA CARINYENES VELLES 2020 T R	264
ELITIA GARNATXA D'EMPORDÀ B SOLERA D	264

VINO	PÁG.
ELIXIR 2021 B	1060
ELLA CHARLES 2021 B	187
ELVIRA DE CAL BESSÓ 2021 B FB	399
EMILIO VALERIO 2021 T	425
EMPELTS 2021 T	410
ENSAMBLAJE CLANDESTINO MMXX 3º EDICIÓN 2020 T	840
ENSAYO ALBILLO REAL 2020 B	896
ENTRE PALABRAS 2021 T	628
EQUILIBRIO 4 2021 T	326
EQUILIBRIO 9 2020 T BA	326
EQUILIBRIO SAUVIGNON BLANC 2023 B	326
EREMUS 2022 T RB	585
ERIKA DE PAUMERA 2023 RD	789
ES MONESTIR 2019 T R	1010
ES VIROT 2021 T BA	1010
ESCALADEI VI DE VILA 2020 T C	481
ESENCIA DE LA TORRE CHARDONNAY 2023 B	1028
ESENCIA DE LA TORRE PETIT VERDOT 2019 T	1028
ESPARTER 2017 BE GR BN	434
ESPECTACLE 2021 T C	409
ESPELT TERRES NEGRES 2020 T	270
ESPORRERES 2020 T	404
ESPUMOSO ENCINA BLANCA 2021 BE BN	1008
ESTÁ POR VENIR 2022 T	1034
ESTEL 2023 RD	1013
ESTEL D'ARGENT 2018 BE GR BN	211
ESTHER 2021 T C	895
ESTONES PX 2022 B	803
ESTRUCH INICI 2018 BE GR BN	208
ETERN 2021 T BA	487
ETERN 2022 T BA	487
ETERNAL 2018 T	570
EULÀLIA DE PONS CUVÉE 2021 BE R BR	206
EVOLET 2020 T RB	941

VINO	PÁG.
EVOLET VIVENCIAS 2019 T	941
EZEQUIEL 2023 T	360

F

VINO	PÁG.
FAJERO 2020 T R	648
FAMILIA COMENGE RESERVA 2020 T	576
FAMILIA PACHECO MONASTRELL ORGÁNICO 2022 T	320
FANGAR ELEMENTS 2013 T R	461
FATA MORGANA DULCE 2019 T D	978
FAVONIO 2022 B	1030
FILIGRANA 2022 B	189
FILIGRANA 2022 T	189
FINA 1270 A VUIT 2021 T BA	471
FINCA BARQUERES 2019 T C	256
FINCA BINIAGUAL VERÁN BLANC 2023 B	145
FINCA CALVESTRA MARGAS 2019 B	1034
FINCA CALVESTRA MERSEGUERA 2022 B	1034
FINCA CAÑADA HONDA 2023 T MC	841
FINCA CAÑADA HONDA BOBAL 2019 T BA	841
FINCA COMABARRA 2020 T C	256
FINCA CONSTANCIA ENTRE LUNAS T BA	973
FINCA DOFÍ 2022 T C	465
FINCA EL OLMILLO 2021 T RB	323
FINCA ÉLEZ CHARDONNAY LÍAS 2022 B	920
FINCA ÉLEZ SYRAH 2021 T	920
FINCA ELS GORGS 2013 BE GR	434
FINCA LA MONTESA VIÑEDO ESENCIAL 2020 T C	684
FINCA LA MONTESA VIÑEDO ESENCIAL 2021 T C	684
FINCA LA SABINA CABERNET 2016 T GR	921
FINCA LA SABINA MERLOT 2016 T	921
FINCA LA SABINA SYRAH 2017 T C	921
FINCA LA SABINA TEMPRANILLO 2021 T	964
FINCA LAS CARABALLAS SECTOR 2.8 2021 B	1001

VINO	PÁG.
FINCA LAS CARABALLAS VERDEJO 2023 B	1001
FINCA LOS ALIJARES GRACIANO 2021 T R	975
FINCA LOS ALIJARES INFILTRADO 2022 B	975
FINCA LOS FRUTALES 2022 RD RB	361
FINCA LOS FRUTALES IGUALADO 2020 T	361
FINCA LOS FRUTALES MALVASÍA 2022 B	361
FINCA LOS HALCONES BOBAL 2021 T	374
FINCA LOS HALCONES CHARDONNAY 2022 B FB	374
FINCA LOS HALCONES VIOGNIER 2022 B FB	374
FINCA LUZÓN SIN SULFITOS AÑADIDOS 2023 T	317
FINCA MONTICO 2022 B	752
FINCA NOVENA 2022 B	806
FINCA OLIVARDOTS GROC D'ÀMFORA 2023 B	274
FINCA RACONS 2018 B	256
FINCA SANDOVAL 2021 T	372
FINCA SANGUIJUELA 2016 T C	360
FINCA SIÓS 2021 T C	254
FINCA SOBREÑO ECOLÓGICO 2022 T	821
FINCA TERRERAZO 2021 T	919
FINCA TRES OLMOS CLASSIC 2023 B	751
FINCA TRES OLMOS SOBRE LÍAS 2023 B	751
FINCA VILADELLOPS SELECCIÓN GARNATXA 2021 T C	443
FINCA VILADELLOPS XXX XARELLO 2022 B FB	443
FLOR DE ALBIHAR 2022 B	930
FLOR DE ENYA 2022 T RB	99
FLOR TRUFES NEGRE 2020 T	806
FORASTERO 2023 B	1041
FORLONG 2023 B	1032
FORLONG LA FLEUR 2016 B	952
FORLONG LA FLEUR 2017 B	952
FORLONG MON AMOUR 2021 B	1032
FORMIGA DE SEDA 2023 B	476
FORMIGA DE VELLUT 2021 T	476
FRANSOLA 2023 B	442

ÍNDICE VINOS ECOLÓGICOS

ÍNDICE VINOS ECOLÓGICOS

VINO	PÁG.
FRONTONIO LA CERQUETA 2022 T	1039
FRONTONIO LA LOMA Y LOS SANTOS 2022 B	1039
FRONTONIO PSICODÉLICO 2022 T BA	1039
FRONTONIO TELESCÓPICO 2022 T	1039
FRUTO NOBLE ROSADO 2023 RD	89
FRUTO NOBLE SAUVIGNON BLANC 2023 B	89
FRUTO NOBLE VINO DE FINCA 2022 T RB	89
FUCHS DE VIDAL 2017 BE GR BN	197
FUCHS DE VIDAL ROSÉ PINOT NOIR 2021 RE R EBR	197
FUCHS DE VIDAL UNIC 2021 BE R BN	197
FUENTES DEL SILENCIO MATAPEREZOSA 2021 B FB	1000
FUÏNA 2021 T	406
FURVUS 2022 T BA	410
FUSIÓ 2021 T C	480

G

VINO	PÁG.
GAIA DE LOXAREL 2022 B	446
GAINTUS RADICAL 2018 T	448
GALENA 2021 T R	476
GALL NEGRE 2019 T R	443
GALLINAS & FOCAS 2020 T	1013
GANADERO 2023 T	378
GANCEDO MENCÍA 2023 T RB	131
GARABITAS VIÑAS VIEJAS 2021 T	816
GARBINADA 2023 T	488
GARCIANO DE AZUL Y GARANZA 2021 T BA	414
GARNACHA DE LA MADRE 2021 T	967
GARNACHA TINTORERA =GARAGEWINE 2022 T BA	957
GARNATXA CASTELL DEL REMEI 2022 T	251
GARNATXA DE CÉRVOLES 2022 T	254
GÉMINA SIN SULFITOS AÑADIDOS 2023 T	321
GEMMA 2019 BE GR BN	219
GÉNESIS ES FANGAR 2023 T	460

VINO	PÁG.
GÉNESIS ES FANGAR SEMI DOLÇ 2023 B SD	460
GENUÍ GARNATXA VINYA LA CASILLA D'EN PEP 2023 T	437
GENUÍ MACABEU VINYA LES PEDRES 2023 B	437
GENUINA DE RENDÉ MASDÉU 2022 B	241
GEOL 2019 T C	257
GG 2020 T	97
GIRÓ DEL GORNER BLANC Ú 2022 B	443
GIRÓ DEL GORNER ROSAT 2022 RE BR	213
GIRÓ DEL GORNER ROSAT 2023 RD	443
GIRÓ DEL GORNER VINYA ELS GARROFERS 2021 B FB	443
GIRÓ DEL GORNER VINYA LA SERDALLA 2022 B	443
GIRÓ OSCAR MESTRE 2021 T C	91
GIRO RIBOT AB ORIGINE BRUT RESERVA 2019 BE R BR	213
GIRÓ RIBOT KARAMBA 2023 B	444
GIRÓ RIBOT MIMAT BLANC 2023 B	444
GIRÓ RIBOT UMA 2020 BE GR BR	213
GISELE 2022 B	439
GOTES DEL PRIORAT 2022 T	475
GRAMONA IMPERIAL 2018 BE BR	1076
GRAMONA LA CUVÉE 2019 BE	1076
GRAN AUTÓCTON BLANC 2021 B	1031
GRAN AUTÓCTON BLANC 2022 B	1031
GRAN AUTÓCTON NEGRE 2017 T	1031
GRAN AUTÓCTON NEGRE 2020 T	1031
GRAN BLANC PRÍNCEPS 2023 B	438
GRAN CAUS 2019 T	437
GRAN CAUS 2022 B	437
GRAN CLOT DELS OMS CHARDONNAY 2021 B C	435
GRAN CLOT DELS OMS XARELLO 2021 B BA	436
GRAN FUCHS DE VIDAL 2020 BE R BN	197
GRAN JUVÉ CAMPS 2018 BE GR BR	215

VINO	PÁG.
GRAN PRÍNCEPS 2017 T R	438
GRAN TORELLÓ 2016 BE BN	1081
GRANDALLA 2013 BE GR BR	214
GRANZA 2022 T	563
GRATALLOPS VI DE LA VILA 2021 T C	465
GRATALLOPS VI DE LA VILA 2022 T C	465
GRATAVINUM 2πR 2022 T	480
GRATAVINUM GV5 PARATGE GUINARDERES 2021 T	480
GREEN & SOCIAL TEMPRANILLO 2023 T	987
GREEN & SOCIAL VERDEJO 2023 B	743
GRITELLES ANCESTRAL BRISAT BE BR	1075
GRITELLES ANCESTRAL ROIG 2023 TE BR	1075
GRITELLES CARINYENA VINYES VELLES 2021 T C	401
GRITELLES GARNATXA VINYES VELLES 2021 T C	401
GRITELLES MACABEU TROS DE LA SERRA 2019 B	471
GRITELLES MANOU 2022 T	401
GRITELLES SIURANA ROIG 2021 RD	401
GRITELLES VEDRENYES 2023 B	401
GUARDA DE LEDA SELECCIÓN 2019 T	992
GUERINDA EL MÁXIMO 2022 T BA	427
GUERINDA PARCELAS DE GARNACHA "LA ABEJERA" 2022 T	427
GUERINDA PARCELAS DE GARNACHA "MURIOMOZO" 2022 T BA	427
GUERINDA+ LA ROSA 2022 RD	427
GUERINDA+ LA ROYA BLANC DE NOIR 2023 B	427
GUILLEM CAROL 2018 BE GR BN	208

H

VINO	PÁG.
HACIENDA ALCARAZ 2023 B	741
HACIENDA DE LA VIZCONDESA 2020 T RB	361
HACIENDA MONASTERIO 2019 T R	584
HACIENDA MONASTERIO 2021 T	584

VINO	PÁG.
HACIENDA MONASTERIO RESERVA ESPECIAL 2018 T R	584
HÉCULA MONASTRELL ORGANIC 2022 T BA S	905
HELLO WORLD PETIT VERDOT 2023 T	974
HERÈNCIA ALTÉS BENUFET 2023 B	803
HERÈNCIA ALTÉS LA PILOSA 2022 T	803
HERÈNCIA ALTÉS LA SERRA NEGRE 2022 T	803
HERÈNCIA ALTÉS LA XALAMERA 2021 T	803
HERÈNCIA ALTÉS LO GRAU DE L'INQUISIDOR 2021 T	803
HERETAT D'LÁCRIMA BACCUS 2022 BE R BR	217
HERMANOS FERNÁNDEZ 2022 B	745
HERMANOS LURTON NATURAL 2023 T	817
HERMANOS LURTON SAUVIGNON BLANC 2023 B	747
HERMANOS LURTON TEMPRANILLO 2022 T	817
HERMANOS LURTON VERDEJO 2023 B	747
HIBEU 2022 T	378
HIBEU FINCA LA MINERAL 2022 T	378
HIGA 2022 T	1058
HODGKINSON CARIÑENA 2021 T R	481
HODGKINSON GARNACHA PELUDA 2019 T R	481
HODGKINSON MAS DEL HABANERO 2018 T	481
HOMBROS (VINO DE PARAJE - VALDAIGA) 2022 T BA	133
HONORO VERA ORGÁNIC 2023 T	316
HOYA DE CADENAS BE R BR	225
HUGUET DE CAN FEIXES 2017 BE BN	1076
HUGUET DE CAN FEIXES CLASSIC 2017 BE BR	1076

I

VINO	PÁG.
I`M YOUR ORGANIC RED 2023 T	1055
I`M YOUR ORGANIC ROSÉ 2023 RD	1055
I`M YOUR ORGANIC WHITE 2023 B	1056
ICÒNIC 2018 BE GR BN	208
IDA & PETER 2023 BE EBR	1032
IDENTITAS 2021 B	790
IDIL.LIC MUSCAT 2024 B	438
IDRIAS 2021 T C	777
IDRIAS CHARDONNAY 2023 B	777
IDRIAS T RB	777
IDRIAS TEMPRANILLO 2023 RD	777
IDRIAS TEMPRANILLO 2023 T	777
IJALBA 2020 B R	732
IJALBA 2021 B C	732
IJALBA 2021 T C	732
IJALBA MATURANA 2022 T	732
IJALBA MATURANA BLANCA 2023 B	732
IJALBA TEMPRANILLO 2021 T	732
IKIGALL 2023 B	443
IL.LUSIONA'T 2023 B	873
IL.LUSIONA'T ROSÉ 2023 RD	873
ILLANA 2023 T	641
ILLANA ALMA 2023 B	642
IL·LÒGIC XAREL·LO ORGÀNIC SUMARROCA 2023 B	436
INCRÉDULO BLEND 2021 T	814
INDOMABLE 2017 BE BN	1078
INFANTE 2023 RD	1012
INFANTO TEMPRANILLO 2023 T	338
INFINITUS CABERNET SAUVIGNON 2023 T	971
INFINITUS MALBEC 2023 T	971
INFINITUS SYRAH 2023 T	971
INFINITUS TEMPRANILLO 2023 T	971
INFINITUS VIURA & CHARDONNAY 2023 B	971
INGOBERNABLE 2020 T	373
INHÒSPIT 2022 B	433
INICIAL VELO DE FLOR 2021 B	373
INQUIET DE RENDÉ MASDÉU 2023 T	241
INTUICIÓN VERDEJO ORGANIC 2023 B	1005

VINO	PÁG.
IRVING SYRAH 2021 T C	288
ISABELLA BOBAL 2022 T	641
IUVENIS DE BIOPAUMERÀ 2021 T	789
IVORI VINYA LA FINKA 2022 B	82

J

VINO	PÁG.
J.P. 2018 T R	145
JA! T	961
JÁNCOR 2022 T BA	1012
JÁNCOR 2022 T C	1012
JANÉ VENTURA FINCA ELS CAMPS MACABEU 2023 B	444
JANÉ VENTURA MALVASÍA DE SITGES 2023 B BA	444
JANÉ VENTURA RESERVA DE LA MÚSICA ROSÉ 2021 RE R BR	214
JANES 2019 BE	1073
JAUME DE PUNTIRÓ BLANC 2023 B	145
JAUME DE PUNTIRÓ CARMESÍ 2022 T	145
JAUME GIRÓ I GIRÓ MONTANER 2017 BE GR BN	214
JAUME GIRÓ I GIRÓ PINOT NOIR ROSADO 2021 RE BR	214
JAUME GIRÓ I GIRÓ SELECTE 2013 BE GR BN	214
JAUME LLOPART ALEMANY XARELLO 2023 B	445
JEAN LEON 3055 CHARDONNAY 2023 B	445
JEAN LEON 3055 ROSÉ 2022 RD	445
JEAN LEON VINYA GIGI CHARDONNAY 2022 B C	445
JEAN LEON VINYA LA SCALA CABERNET SAUVIGNON GRAN RESERVA 2017 T GR	445
JEAN LEON VINYA LE HAVRE CABERNET SAUVIGNON RESERVA 2020 T R	445
JEAN LEON VINYA PALAU MERLOT 2020 T C	445
JIMÉNEZ-LANDI PIÉLAGO 2022 T	378

ÍNDICE VINOS ECOLÓGICOS

VINO	PÁG.
JIMÉNEZ-LANDI SOTORRONDERO 2022 T	378
JIRÓN DE NIEBLA 2021 T C	930
JONCARIA GARNACHA ROJA 2022 B	272
JOSÉ PARIENTE 2021 B FB	752
JOSÉ PARIENTE CUVÉE ESPECIAL 2021 B	752
JOSÉ PARIENTE FINCA LAS COMAS 2021 B	752
JOSEFINA PIÑOL VENDIMIA TARDÍA VIÑAS VIEJAS 2018 B D	799
JOSEP FORASTER BLANC SELECCIÓ 2023 B	242
JOSEP FORASTER TREPAT 2022 T	242
JOYA DEL MEDITERRÁNEO 2022 B	1034
JUAN GIL ETIQUETA AMARILLA/YELLOW LABEL 2023 T	316
JUAN GIL ETIQUETA PLATA/SILVER LABEL 2022 T	316
JUAN JOSÉ 2022 T	1044
JÚLIA BERNET BARRACA DELS COSCONS 2018 BE BN	1077
JÚLIA BERNET FEIXES DE LA FONT 2020 BE BN	1077
JULIETA 2022 T	242
JUMENTA MERLOT SYRAH GARNACHA TINTORERA 2022 T	104
JUVÉ & CAMPS LA SIBERIA 2015 RE GR BN	215
JUVÉ & CAMPS MILESIMÉ 2019 BE R BR	215
JUVÉ & CAMPS MILESIMÉ XARELLO OLIVERA 2017 BE GR BN	216
JUVÉ & CAMPS RESERVA DE LA FAMILIA 2009 BE GR BN	216
JUVÉ & CAMPS RESERVA DE LA FAMILIA 2012 BE GR BN	216
JUVÉ & CAMPS RESERVA DE LA FAMILIA 2019 BE GR BN	216

K

VINO	PÁG.
KYATHOS 2018 T C	907

L

VINO	PÁG.
L'ANCESTRAL BLANC 2022 BE	1078
L'ANCESTRAL ROSÉ 2022 RE	1078
L'ESCUMÓS D'ANNA ESPELT 2015 BE	270
L'ESTACA 2018 T	489
L'INCORRECTE DE CELLER SANROMÀ VI BRISAT 2022 B	1050
L'OLIVERA 2021 BE R BN	255
L'OLIVERA RESERVA SUPERIOR 2019 BE GR BN	255
L'ORIGEN 2019 BE GR BN	203
LA BAIXADA 2022 T	465
LA BIEN PLANTÁ 2023 T	102
LA BLANCA 2022 B	806
LA BOVILA 2021 T	1065
LA CALMA 2021 B FB	437
LA CAÑADA DEL JINETE 2021 T	1057
LA CARRERADA 2019 T	408
LA CASA LLARGA 2022 B	438
LA CASILLA 2022 T RB	371
LA CEPA DE PELAYO BOBAL 2020 T	373
LA CIGÜEÑA GODELLO 2023 B	136
LA CIGÜEÑA MENCÍA 2022 T	136
LA DANZA DE LA MOMA 2021 T BA	873
LA DIVISA LIMITED EDITION 2023 B	1041
LA DONCELLA DE LAS VIÑAS 2023 RD	964
LA DONCELLA DE LAS VIÑAS CHARDONNAY 2023 B	964
LA DONCELLA DE LAS VIÑAS TEMPRANILLO 2023 T RB	964
LA ESENCIA DE MONTREAGA 2019 T	978
LA ESTRADA 2021 T	702
LA ESTRECHA 2022 T	371
LA FARAONA 2022 T BA	135

VINO	PÁG.
LA FELISA 2022 T	582
LA FIGAFLOR 2023 B	1032
LA FORASTERA BY ≡GARAGEWINE 2022 T	957
LA GALERA 2018 B	483
LA GARNACHA PERDIDA DEL PIRINEO 2021 T C	1062
LA HERRADA 2022 T FB	102
LA MERCED 2019 B FB	425
LA MISIÓN BY MENADE 2022 B	992
LA NAVE CASA AURORA 2022 T	1047
LA NIMFA BLANC 2023 B	241
LA NOTA 2019 T	941
LA NYMPHINA MONASTRELL 2021 T	906
LA QUEBRÁ 2021 T BA	930
LA ROSA FINCA SANDOVAL 2022 T BA	372
LA SIMA 2022 T MC	369
LA SORT 2022 T	871
LA TAPADA 2021 T	717
LA TAPADA 2022 T	717
LA TEMPTACIÓ 2021 B	449
LA VIÑA DE MATEO 2022 T	89
LA VIÑA DE MATEO 2023 B FB	89
LA VIÑA ESCONDIDA 2020 T	378
LA XARA 2022 T	371
LABRUIXA 2023 B	806
LABYRINTHVS PETRA 2022 B	986
LACRIMA BACCUS 2022 BE R BN	217
LÁCRIMA BACCUS ROSÉ RE C BR	217
LÁCRIMA BACCUS SUMMUM 2019 BE R BN	217
LADERAS DEL NORTE 2022 T	572
LAMEMÒRIA 2022 B	806
LANGA CLASSIC 2022 T	163
LANGA FRENESÍ 2022 T	163
LAR DE SOTOMAYOR ECOLÓGICO 2021 T	666
LAS ALAS DE FRONTONIO LA TEJERA 2022 T FB	1039

VINO	PÁG.	VINO	PÁG.	VINO	PÁG.
LAS BEATAS 2021 T	702	LEGADO FINCA EL REFUGIO SYRAH 2016 T	974	LLOPART 2020 BE R BN	1077
LAS DOSCES 2021 RD	843	LEGADO FINCA EL REFUGIO TEMPRANILLO 2022 T RB	974	LLOPART EX-VITE VIÑAS SINGULARES LES FLANDES 2014 BE BR	1077
LAS DOSCES 2022 T RB	843				
LAS DOSCES 2023 B	843	LEGADO MUÑOZ CENCIBEL 2021 T	983	LLOPART LEOPARDI 2017 BE BN	1077
LAS GALGAS 2021 B	1065	LES ARGILES D'ORTO VINS BLANC 2023 B	408	LLOPART ORIGINAL 1887 VIÑAS SINGULARES LES FLANDES 2013 BE BN	1078
LAS HOCES 2021 T	844	LES ARGILES D'ORTO VINS NEGRE 2023 T	408		
LAS LAMAS 2022 T BA	135	LES AUBAGUETES 2022 T C	465	LLOPART PANORAMIC IMPERIAL 2018 BE BR	1078
LAS MORADAS DE SAN MARTÍN ALBILLO REAL 2022 B	896	LES BRUGUERES 2022 T	482	LO CIRERER 2020 T	399
		LES CERVERES XARELLO 2022 B	449	LO DIVUIT GRAUS 2021 B FB	798
LAS MORADAS DE SAN MARTÍN INITIO 2019 T	897	LES CLIVELLES DE L'ALZINA 2020 T	468	LO MORENILLO 2021 T	807
LAS MORADAS DE SAN MARTÍN SENDA 2021 T	897	LES CLIVELLES DE TORROJA 2022 T	468	LO NOI DEL SAXO 2023 RD	796
LAS MORADAS DE SAN MARTÍN, LIBRO DIECIOCHO LAS LUCES 2018 T GR	897	LES ELIES 2020 T BA	270	LO PETIT PAU 2023 T	471
		LES PUJOLES 2019 T C	408	LO SYRAH DEL GRAU 2019 T C	798
LAS OCHO 2020 T	916	LES ROTES DE CAL PAU GARNATXA PELUDA 2022 T	399	LO VY 2022 B	789
LAS TRES 2020 B FB	916			LO VY 2022 T	789
LATITUD 40 GRACIANO (ETIQUETA VERDE) 2022 T	379	LES ROTES DE CAL PAU MALVASIA DE SITGES 2023 B	1048	LO VY ANCESTRAL 2022 B	789
				LO VY ANCESTRAL 2022 RD	789
LATÚE 2023 RD	336	LES TALLADES DE CAL NICOLAU 2019 T C	408	LOALTO BOBAL 2023 T	1058
LATÚE AIRÉN 2023 B	336	LES VISTES 2021 B FB	1054	LOALTO PARCELA LOS ÁLAMOS 2023 B	1058
LATÚE TEMPRANILLO 2022 T	336	LEZAUN 0,0 SULFITOS 2022 T	421	LOALTO TARDANA 2023 B	1058
LAUDUM 2022 T RB	88	LEZAUN 2018 T R	421	LOCO 2022 B FB	378
LAUDUM CHARDONNAY 2023 B	88	LEZAUN 2020 T C	421	LOLA BEL 2023 RD	804
LAULLA 2023 T	734	LEZAUN GAZAGA 2021 T RB	421	LORE DE OSTATU 2021 B FB	721
LAURANA VERDEJO 2023 B	963	LEZAUN TEMPRANILLO 2023 T MC	421	LOS BOBALISTAS BOBAL BLANC DE NOIR 2023 B	642
LAUSOS 2021 T	1007	LIBRE Y SALVAJE GARNACHA 2021 T	181	LOS BOBALISTAS BOBAL CLÁSICO 2022 T	642
LE BOBAL 2022 T BA	838	LIBRE Y SALVAJE GARNACHA BLANCA 2022 B	182	LOS BOBALISTAS BOBAL CUVÉE 2022 T	642
LE CENCIBEL 2022 T BA	838	LIBRE Y SALVAJE NARANCHA 2021 B	182	LOS BOBALISTAS BOBAL ROSÉ 2023 RD	642
LE GRENACHE 2021 T RB	838	LICOS 2021 B	801	LOS CANTOS DE TORREMILANOS 2021 T	613
LE NATUREL 2023 B	413	LICOS 2022 B	801	LOS CORRALES DE MONCALVILLO MATURANA TINTA 2020 T BA	663
LE NATUREL 2023 T	414	LIVING SEMILLON 2023 B	1040		
LE ROSÉ 2022 RD	839	LIVING TEMPRANILLO 2022 T	841	LOS FRAILES CALIZA 2022 T	873
LE VERMENTINO 2022 B	1033	LIXIVO 2022 B	1030	LOS FRAILES DOLOMITAS 2022 T	873
LEGADO FINCA EL REFUGIO CABERNET MERLOT 2015 T RB	974	LLANO QUINTANILLA 2020 T C	907	LOS FRAILES RUBIFICADO 2022 T	873
		LLAVORS BLANC 2023 B	270	LOS GREDALES DE EL TOBOSO CABERNET SAUVIGNON 2022 T RB	978
LEGADO FINCA EL REFUGIO PETIT VERDOT 2016 T	974	LLAVORS NEGRE 2021 T	270		

ÍNDICE VINOS ECOLÓGICOS

ÍNDICE VINOS ECOLÓGICOS

VINO	PÁG.
LOS GREDALES DE EL TOBOSO ROSÉ 2023 B	978
LOS GREDALES DE EL TOBOSO SAUVIGNON BLANC 2023 B	978
LOS GREDALES DE EL TOBOSO SYRAH 2022 T RB	978
LOS GREDALES DE EL TOBOSO SYRAH 2023 T	978
LOS LOSARES MONASTRELL 2019 T	103
LOS LOSARES MONASTRELL 2020 T	103
LOS PINOS 0 % SULFITO 2023 T	871
LOS PRADOS 2022 T	102
LOVE IS VERMELL 2022 B	443
LOXAREL GARNACHA BLANCA 2022 B	446
LOXAREL XARELLO ÀMFORES 2021 B	446
LÚCULO GARNACHA BLANCA 2022 B	420
LUIS SAAVEDRA VENDIMIA NOCTURNA 2018 T RB	894
LUNA 2023 T	379
LUNAS NUEVAS 2019 T R	827
LUNAS NUEVAS ORANGE 2022 B	827
LUZÓN COLECCIÓN MONASTRELL 2023 T	318

M

VINO	PÁG.
MA IAIA CINTA HOMENATGE 2020 B FB	798
MA IAIA CINTA ORIGEN 2022 B	798
MABAL 2022 T	155
MABAL MACABEO DE BALCONA 2022 B	155
MABRE 2023 B	269
MACABEU DE SOLERGIBERT 2022 B	456
MACUMBA 2023 RD	1041
MADAM 2023 B	731
MADURESA 2021 T	873
MAINETES VERDEJO 2023 B FB	319
MAIUS ASSEMBLAGE 2022 T	482
MAIUS BARRANC DE LA BRUXA 2021 T C	483

VINO	PÁG.
MAIUS GARNATXA BLANCA 2022 B	483
MALAÑO AIRÉN PLUS 2023 B	977
MALAÑO CABERNET SAUVIGNON 2023 T	1056
MALARADO 2022 RD FB	838
MALCRIAT 2022 T	873
MALLERENGA 2017 BE GR BN	208
MALOCO 2022 T	844
MALPASO 2022 T	378
MANCHOMUELAS BLANCO DE BERNABELEVA 2022 B FB	892
MANELMIA 2021 BE R BN	1036
MANERAS DE VIVIR 2019 T	873
MANICOMIO 2022 T	1024
MANTONEGRO BLANCO SON JULIANA 2022 B	1021
MANTONEGRO TINTO SON JULIANA 2021 T	1021
MANUEL RAVENTÓS NEGRA 2017 BE GR BN	1079
MANUEL RAVENTÓS NEGRA MAGNUM 2013 BE GR BN	1079
MANUEL RAVENTÓS NEGRA MAGNUM 2016 BE GR BN	1080
MAR DE ENVERO TREIXADURA SOBRE LÍAS 2021 B	514
MARAVIDES CHARDONNAY 2023 B	982
MARAVIDES SYRAH 2022 T	982
MARC MIR 2020 BE R BN	1080
MARCO VALERO MARCIAL 2021 T	163
MAREVIA CHARDONNAY ECOLÓGICO VGN 2019	206
MAREVIA ECOLÓGICO VGN 2019 BE R BR	206
MARFIL CLÀSSIC 2023 B	82
MARGER SUMARROCA 2022 B FB	436
MARÍA BERNET 2016 BE BN	1077
MARÍA BERNET XARELLO 2014 BE BN	1077
MARÍA CASANOVAS 2020 BE GR BN	217
MARÍA CASANOVAS PINOT NOIR ROSÉ RE R BN	217
MARÍA CASANOVAS XP 2019 BE GR BN	217
MARIA RIGOL ORDI 2016 BE GR BN	217

VINO	PÁG.
MARIA RIGOL ORDI MÀGNUM CUPATGE DOS MIL DISSET 2017 BE R BN	217
MARIA RIGOL ORDI MIL·LENNI 2019 BE R BN	217
MARÍA SARMIENTO 2022 T	907
MARILUNA 2021 T RB	847
MARILUNA 2023 B	847
MARKO GURE ARBASOAK 2023 B FB	151
MARQUÉS DE RISCAL SAUVIGNON BLANC 2023 B	753
MARQUÉS DE RISCAL VERDEJO ORGANIC 2023 B	753
MARRURRO 2021 T C	1025
MARTÍN BERDUGO PARCELA 100 2021 T RB	618
MARTÍN BERDUGO PRIMERA FRUTA 2021 T	618
MAS CANDÍ 2021 BE BN	1078
MAS CODINA 2019 BE GR BN	217
MAS CODINA 2021 BE R BN	217
MAS CODINA 2023 B	446
MAS CODINA CABERNET SAUVIGNON 2021 T	446
MAS CODINA ROSÉ 2021 RE R BR	217
MAS CODINA SYRAH 2021 T	447
MAS CODINA XARELLO 2022 B	447
MAS COMTAL 20 ANIVERSARI ROSADO 2014 RE R BN	447
MAS COMTAL POMELL DE BLANCS 2023 B	447
MAS COMTAL ROSAT DE LLÀGRIMA 2023 RD	447
MAS COMTAL XARELLO 2021 BE R BN	447
MAS DE LA PANSA MACABEU 2019 B	188
MAS DE LA PANSA PARELLADA 2019 B	188
MÁS DE LEDA 2020 T C	992
MAS DOIX POBOLEDA VI DE VILA 2023 T	485
MAS PICOSA BLANC 2023 B	187
MAS PICOSA NEGRE 2023 T	187
MAS SINÉN CLOS 2018 T	469
MAS SINÉN COSTER 2017 T C	469
MAS SINÉN GARNATXA NEGRA 2019 T	469
MAS SINÉN LA VALL 2018 T BA	469

VINO	PÁG.
MAS TORTÓ NEGRE 2022 T C	400
MAS VILELLA BLANC 2020 B FB	1059
MAS VILELLA BLANC 2021 B FB	1059
MAS VILELLA NEGRE 2022 T	1059
MASET 1917 2020 BE GR BN	198
MASET L'AVI PAU 2020 BE GR BN	198
MASET VINTAGE 2020 BE GR BN	199
MATABUEY 2023 B	1002
MATALIAN 2023 B	953
MATERIA 2020 T C	844
MATILDA 2022 B	796
MATRIA BE GR	434
MAURO VENDIMIA SELECCIONADA 2021 T	992
MAXX 2019 T C	360
MEDIANILES 2023 B	972
MEDIANILES 2023 T RB	972
MEDIANILES TEMPRANILLO 2023 T	972
MEDITERRÁNICO 2022 T	619
MEGALA 2021 T	870
MELIC 2019 T	873
MEMBRILLERA 2022 T C	838
MEMORIAS DEL RAMBAM 2021 BE R BR	228
MEMORIAS DEL RAMBAM BLANC 2023 B S	847
MEMORIAS DEL RAMBAM ORIGEN 2023 T RB S	847
MEMORIAS DEL RAMBAM ROSÉ 2023 RD PL	847
MENADE VERDEJO 2023 B	992
MENDI 2023 RD	720
MENDI BY MENDIETA OSABA 2023 T	720
MERIAN BLANC 2023 B	800
MERIAN NEGRE 2023 T	800
MERIAN ROSAT 2023 RD	801
MERIDIANO PERDIDO 2021 B	1034
MESTA TEMPRANILLO 2023 RD	835
MESTA TEMPRANILLO 2023 T	835
MESTA VERDEJO 2023 B	835

VINO	PÁG.
MESTRATGE 2022 B	447
MESTRATGE DE GARRAF 2022 B	447
MI VERDADEJO 2020 B FB	825
MIBAL SELECCIÓN 2020 T	616
MICROVINS CARINYENA 2019 T	271
MICROVINS GARNACHA BLANCA 2022 B	271
MIL HISTORIAS SYRAH 2022 T	369
MILÉNICO 2018 T	619
MILIARIO AMBAR ORANGE WINE B	1045
MILOCA CARINYENA 2023 T	403
MILOCA GARNACHA 2023 T	403
MILSETENTAYSEIS 2021 T	619
MILSETENTAYSEIS LA PEÑA 2022 RD	619
MIM NATURA BLANC DE NOIRS 2019 BE GR BN	228
MÍNIMO 2022 T	88
MÍNIMO 2023 B	88
MIQUEL JANÉ BALTANA BLANC 2022 B	435
MIQUEL JANÉ BALTANA ROSAT 2022 RD	435
MIQUEL JANÉ SAUVIGNON BLANC 2021 B	435
MIQUEL JANÉ SYRAH 2022 T	435
MIQUEL PONS 2020 BE R BN	206
MIQUEL PONS ARRELIUM 2023 B	440
MIRABELLES 2019 B	440
MIRADA ORGANIC ROSÉ 2023 RD	976
MIRADOR 2021 T BA	189
MIRANDA D'ESPIELLS 2023 B	451
MIRANIUS 2022 B	440
MIRASOLES 2023 B	323
MISSENYORA 2021 B FB S	255
MITEMA 2020 T	941
MIZARAN 2022 B	369
MIZARAN TEMPRANILLO 2020 T RB	369
MM DE LOXAREL 2018 RE R BN	446
MON IAIO SISCO HOMENATGE 2020 T C	798
MON IAIO SISCO ORIGEN 2021 T C	798

VINO	PÁG.
MÓN MACABEO 2019 BE R BN	218
MÓN MACABEO 2023 B	845
MÓN MONTESANCO BOBAL 2016 T	845
MÓN MONTESANCO BOBAL 2018 T	845
MÓN MONTESANCO BOBAL 2019 T	845
MÓN MONTESANCO MOSCATEL 2023 B	1059
MÓN TEMPRANILLO 2022 T	845
MONCERBAL 2022 T	135
MONT MARÇAL 2022 BE R BR	218
MONT MARÇAL EXTREMARIUM 2021 BE R BN	218
MONTARGULL MALVASIA DE SITGES 2022 B	440
MONTE TORO 5 2022 T RB	814
MONTE TORO 8 2021	814
MONTEBACO CARA NORTE 2021 T C	619
MONTECASTRILLO 2023 RD	614
MONTREAGA TEMPO 2019 T	978
MR. RUC 2019 T	1013
MUCHADA-LÉCLAPART ETOILE 2019 B	1060
MUCHADA-LÉCLAPART ETOILE 2021 B	1060
MUCHADA-LÉCLAPART LUMIÈRE 2021 B	1060
MUCHADA-LÉCLAPART UNIVERS 2021 B	1060
MUCHADA-LÉCLAPART UNIVERS 2022 B	1060
MUDARE 2020 B	844
MUNDO DE YUNTERO 2023 B AG	338
MUREDA 2023 RD	979
MUREDA CABERNET SAUVIGNON 2023 T	979
MUREDA SAUVIGNON BLANC 2023 B	979
MUREDA SAUVIGNON BLANC VERDEJO 2023 B S	979
MUREDA SYRAH 2023 T	979
MUREDA TEMPRANILLO SYRAH 2023 T	979
MURVIEDRO COLECCIÓN EKO 2023 T	90
MUSCÀNDIA 2018 BE GR BN	219
MUSCÀNDIA ANHEL BLANC DE NOIRS 2018 BE GR BN	219
MUSCÀNDIA BE R EBR	219

ÍNDICE VINOS ECOLÓGICOS

ÍNDICE VINOS ECOLÓGICOS

VINO	PÁG.
MUSCÀNDIA DELIRI ANCESTRAL 2022 BE	1078
MUSCÀNDIA DELIRI FLORAL 2022 B	448
MUSCÀNDIA ROSÉ PINOT NOIR 2021 RE R EBR	219
MUSIC DE CARRER 2022 B	796

N

VINO	PÁG.
N'AMARAT 2013 T GR	461
NADAL X COLECCIÓ XARELLO 2019 B	449
NADAL X COLECCIÓ XARELLO 2021 B	449
NADAL X COLECCIÓ XARELLO 2023 B	449
NADAL X COLECCIÓ XARELLO VERMELL 2021 B	449
NADAL X XARELLO VERMELL 2023 B	449
NAHIKUN 2023 B	729
NAHIKUN TEMPRANILLO 2022 T	729
NALTRES 2022 T C S	255
NANIT NATURAL WINE 2023 T	372
NANIT ORANGE WINE 2023 B	976
NATURALEZA SALVAJE GARNACHA 2021 T	414
NATURALIS MER BLANC 2023 B	797
NATURALIS MER NEGRE 2023 T RB	797
NAVAHERREROS BLANCO DE BERNABELEVA 2022 B FB	892
NAVAHERREROS GARNACHA DE BERNABELEVA 2022 T	892
NAVERAN NATURE 2021 BE BN	227
NAVERAN PERLES BLANQUES 2017 BE BR	227
NAVERÁN PERLES ROSES PINOT NOIR 2021 RE BR	227
NEGRE DE NEGRES 2022 T	475
NELEMAN BIKE CHARDONNAY MUSCAT 2023 B	1043
NELEMAN BOBAL 2022 T	1043
NELEMAN BOBAL ROBUSTA 2021 T	1043
NELEMAN JUST FUCKING GOOD WINE 2021 T	1043
NEMESIO (VINO DE PARAJE - BARREIRIÑAS) 2021 T RB	133

VINO	PÁG.
NEREUS GARNACHA NEGRA 2021 T	264
NEREUS SELECCIÓ 2022 T C	264
NILVA ECOLÓGICO 2022 B	366
NIMI ANCESTRAL BE	97
NIMI GERRA 2020 B	97
NIMI TOSSAL 2019 B R	97
NINJA DE LAS UVAS 2022 T	158
NIT DE LLUNA PLENA 2019 BE R BN	212
NIVIA 2022 B FB	271
NOA DE BOHIGAS BE R BN	206
NODUS CHARDONNAY 2023 B	841
NODUS DP 2021 T	841
NODUS SUMMUN 2020 T	842
NODUS SUMMUN 2021 T	842
NOIR PRÍNCEPS 2020 T C	438
NOSSA DE MENADE 2023 T	993
NOSSO BY MENADE 2023 B	993
NUCLI 2023 B	1043
NÚÑEZ DE GARAY 2023 B	641
NÚÑEZ DE GARAY 2023 T	641
NURI 2022 B	789
NÚRIA CLAVEROL ALLIER 2016 BE GR BR	201
NÚRIA CLAVEROL HOMENATGE 2016 BE GR BR	201
NÚRIA DE MONTARGULL ROSÉ 2020 RE R BR	206
NÚRIA DE MONTARGULL ROSÉ 2022 RD	440
NUTT MACABEU 2019 B	446
NUTT SUMOLL 2021 T	446
NUTT XARELLO 2022 B	446

O

VINO	PÁG.
OCHO ENCINAS 2021 B	1043
OCHO ENCINAS EDICIÓN LIMITADA 2021 T	1043
OCHOA 8A LA FOTO DE 1938 2021 T C	422
OCHOA ROSADO DE LÁGRIMA 2023 RD	423

VINO	PÁG.
OCHOA TEMPRANILLO 2021 T C	423
OLCAVIANA CHARDONNAY 2023 B	982
OLCAVIANA SAUVIGNON BLANC 2023 B	982
OLCAVIANA VERDEJO 2023 B	982
OLD HANDS 2022 T RB	906
OLE DE AROMAS 2023 T	373
OLIVASTRO 2021 T	838
OLIVÉ BATLLORI 2018 BE GR BN	211
OLIVER VITICULTORS 2022 BE BN	219
OLIVER VITICULTORS ROSÉ RE BN	219
OLLER DEL MAS ESPECIAL CARINYENA 2018 T BA	1056
OLLER DEL MAS ESPECIAL MACABEU 2019 B	457
OLLER DEL MAS ESPECIAL PICAPOLL NEGRE 2021 T BA	1056
ONTALBA SAUVIGNON BLANC 2023 B	325
OPTA CALZADILLA 2018 T	915
ORIGEN 2023 B	1054
ORIGENES AIRÉN 2023 B	1056
ORIOL ROSSELL ARIADNA 2017 BE GR BN	219
ORIOL ROSSELL MITIC 2019 BE GR BN	220
ORIOL ROSSELL RESERVA DE LA PROPIETAT 2016 BE GR BN	220
ORIOL ROSSELL RESERVA DE LA PROPIETAT ROSÉ 2017 RE GR BR	220
ORMUS EDICIÓN LIMITADA 2021 T	656
ORMUS VIURA 2022 B	656
ORO DEL LLANO 2022 B	1012
OROVELO 2022 B	373
OSSIAN 2022 B	1002
OSSIAN CAPITEL 2021 B FB	1002

P

VINO	PÁG.
P.F. 2022 T	371
PACO EL FEO 2020 T	182

VINO	PÁG.	VINO	PÁG.	VINO	PÁG.
PAGO DE LA JARABA SAUVIGNON BLANC 2023 B	922	PAGOS DE REVERÓN 2023 T S	79	PARÉS BALTÀ HISTORIC 2019 BE GR BN	221
PAGO DE LA OLIVA COUPAGE 2018 T	1003	PAGOS DE VILLAVENDIMIA SALVAJE 2015 B	996	PARÉS BALTÀ MARTA DE BALTÀ 2019 T	450
PAGO DE LA OLIVA DEJA VU LUZ DEL AMANECER 2022 RD	1003	PALMERI ADÁN 2018 T GR	175	PARÉS BALTÀ RADIX 2023 RD	450
		PALMERI EVA 2022 B	175	PARÉS BALTÀ ROSA CUSINÉ 2020 RE GR BN	221
PAGO DE LA OLIVA SAVIA 2019 T	1003	PANDORA VERDEJO ECO 2021 B FB	755	PARÉS BALTÀ SATÈL·LIT 2020 B	450
PAGO DE LA OLIVA SERENITE 2017 T	1003	PANDORA VERDEJO ECOLÓGICO SOBRE LÍAS 2020 B	755	PAROTET 2021 T	873
PAGO DE LOS BALAGUESES CHARDONNAY 2022 B FB	923			PARTAL CEPAS VIEJAS 2018 T	155
		PANDORA VERDEJO ECOLÓGICO SOBRE LÍAS 2023 B	755	PASAMONTE 2021 T	923
PAGO DE LOS BALAGUESES GARNACHA TINTORERA 2021 T C	923			PASANAU FINCA LA PLANETA 2020 T	472
		PARA CELSUS 2023 T	968	PASANAU LES MYRIAMS 2023 B	472
PAGO DE LOS BALAGUESES SYRAH 2021 T C	923	PARA CELSUS VERDEJO 2023 B	968	PASANAU VI DE PARATGE LOS TORRENTS 2020 T	472
PAGO DE MARINACEA 2018 T	829	PARA MUESTRA UN BOTÓN 2021 B	136	PASANAU VI DE VILA DE LA MORERA DE MONTSANT 2023 T	472
PAGO DE MARINACEA 2022 B	764	PARA MUESTRA UN BOTÓN 2021 T	136		
PAGO DE MARINACEA JOVEN 2023 T	830	PARA MUESTRA UN BOTÓN EDICIÓN LIMITADA FERMENTADA BAJO SUS LÍAS 2020 B FB	136	PASION DE BOBAL 2021 T RB	847
PAGO DE THARSYS ARGILA 2020 T	918			PASION DE MOSCATEL 2023 B	878
PAGO DE THARSYS BOBAL DIANA GARCÍA 2021 T	918	PARABÒLIC VINÍCOLA DE NULLES 2023 B	791	PATA NEGRA APASIONADO ORGANIC T	313
PAGO DE THARSYS CABERNET FRANC SIN SULFITOS 2023 T	846	PARAJES DEL VALLE 2023 RD	374	PATINEGRO 2021 B	953
		PARAJES DEL VALLE MACABEO 2023 B	374	PATOJO 2021 T	86
PAGO DE THARSYS CERÁMICA 2018 BE GR BN	220	PARAJES DEL VALLE MACERACIÓN MACABEO 2023 B	1061	PATRIA CHICA 2023 T	913
PAGO DE THARSYS CERÁMICA ROSÉ 2018 RE GR BN	220			PEDREGAR 2017 RE R BN	434
		PARAJES DEL VALLE MONASTRELL 2022 T	326	PENTATEUCO CUVÉE 2020 T	1008
PAGO DE THARSYS MILLESIME 2019 BE R BR	220	PARAÑY 2019 T C	443	PENTATEUCO TERROIR 2020 T	1008
PAGO DE THARSYS MILLÉSIME ROSÉ RESERVA 2019 RE R BR	220	PARATÓ 2020 BE R BN	221	PEÑA EL GATO GARNACHA 2021 T BA	716
		PARATÓ ROSAT PINOT NOIR 2023 RD	449	PEÑA EL GATO TINAJA 2021 T	717
PAGO DE THARSYS VENDIMIA NOCTURNA ALBARIÑO 2023 B	918	PARATÓ SAMSÓ 2019 T R	449	PEÑA REJAS 2023 T	816
		PARCELA SOLANA 2019 T RB	878	PEÑALBA-LÓPEZ 2022 B	1000
PAGO DE THARSYS VENDIMIA NOCTURNA GARNACHA 2023 RD FB	918	PARCELA UMBRÍA 2017 T RB	878	PEÑALBA-LÓPEZ BE BN	211
		PARDELASSES 2019 T	468	PEÑAMONTE 2022 RD	821
PAGO FINCA ÉLEZ CENCIBEL 2021 T	920	PARDELLS 2019 B	270	PEÑAS ALADAS 2018 T GR	611
PAGO FINCA ÉLEZ CHARDONNAY FERMENTADO EN BARRICA 2022 B FB	920	PARÉS BALTÀ ABSIS 2018 T R	450	PEPE RAVENTÓS MALVASIA DE SITGES 2022 B	1067
		PARÉS BALTÀ BLANCA CUSINÉ 2016 BE GR BN	221	PERDRE EL NORD 2022 T	269
PAGO FINCA ÉLEZ NOSTRUM 2021 T	920	PARÉS BALTÀ CUVÉE DE CAROL 2015 BE GR BN	221	PERE MATA CUPADA Nº 30 2019 BE R BN	218
PAGO FLORENTINO 2020 T	921	PARÉS BALTÀ ELECTIO XARELLO 2022 B	450	PERE MATA CUPADA ROSÉ 2021 RE R BR	218
PAGO FLORENTINO 2021 T	921	PARÉS BALTÀ ESPIGOL 2023 B	450	PERE MATA L'ENSAMBLATGE 2018 BE GR BN	218
PAGOS DE REVERÓN 2023 B S	79	PARÉS BALTÀ HISENDA MIRET GARNATXA 2021 T R	450	PERE MATA RESERVA FAMILIA 2018 BE GR BN	218

ÍNDICE VINOS ECOLÓGICOS

VINO	PÁG.
PERE VENTURA GRAN VINTAGE PARAJE CALIFICADO CAN BAS 2015 BE GR BR	221
PERSIANES 2021 B	447
PÉT - NAT XARELLO 2023 B	1082
PETIT SAÓ 2021 T	255
PETITES ESTONES BLANC 2023 B	803
PHINCA HAPA 2021 B	707
PHINCA HAPA 2021 T	707
PÍCARO DEL AGUILA 2022 T BA	611
PICO D´ALIGA 2021 T C	838
PICO DEL OSO 2021 T RB	104
PIEDRA FLUIDA 2023 B	932
PIEDRA FLUIDA LOS FRONTONES 2022 B	932
PIEDRA FLUIDA ORANGE 2021 B	932
PIEDRAS COLORADAS 2022 T RB	103
PILANOT NEGRE 2021 T	789
PINCHAPERAS 2023 T C	1050
PINO 2022 T RB	371
PINOSO ALTA EXPRESIÓN 2021 T C	91
PINOSO CLÁSICO 2021 T C	91
PISSARRES 2022 T BA	477
PITA 2023 RD	755
PITA FINCA LA CANTERA 2021 B FB	755
PITA SAUVIGNON BLANC 2023 B	755
PITA TERRACOTA 2021 B	756
PITA VERDEJO (DOMINIO DE VERDERRUBI) 2023 B	756
PLA DE TUDELA 2021 B	270
PLA DEL BOSC XARELLO VERMELL 2022 B	453
PLAER 2021 T C	487
PLAER 2022 T C	487
PLANAS ALBAREDA 2021 BE R BN	222
PLANAS ALBAREDA 2022 BE BN	222
PLANAS ALBAREDA 2022 BE BR	222
PLANAS ALBAREDA DESCLÒS 2022 T	451

VINO	PÁG.
PLANAS ALBAREDA GRAN RESERVA DE L'AVI 2019 BE GR BN	222
PLANAS ALBAREDA L'AVENC 2023 B	451
PLANAS ALBAREDA ROSAT 2021 RE BR	222
PLOM 2021 T	490
POCO A POCO ENVEJECIDO EN BARRICA 2022 T C	965
POCO A POCO SAUVIGNON BLANC 2023 B	966
POCO A POCO TEMPRANILLO SYRAH 2023 T	966
POEM 2020 T	1059
PÓLVORA 2022 T	243
PORPRAT 2018 T	1019
PORTA REGIA VF CHARDONNAY 2023 B	99
PORTA REGIA VF MONASTRELL 2021 T	99
PORTELL GLATIM NEGRE DE TREPAT 2022 T	243
PORTELL GUARDA SUPERIOR 2022 BE R BN	227
PORTELL MACABEU BLANC DE BÓTA 2023 B FB	243
PRAPETISCO 2020 T	1031
PRIMERA VINYA LES BRUGUERES 2022 B	482
PRIMICIA BLANC BOTA 2023 B FB	797
PRIMICIA LA BORRUDA 2023 RD	797
PRINCIPIA MATHEMATICA 2022 B	433
PRISMA MONASTRELL ORGÁNICO 2023 T	325
PROHIBIT 2021 RE BN	1078
PROHOM CONCEPTIA 2023 B	797
PROHOM CONCEPTIA 2023 RD	797
PROHOM EXPERIENTIA 2020 T	797
PROHOM EXPERIENTIA 2023 B FB	797
PROHOM VIOGNIER 2023 B	797
PROPIEDAD 2021 T	684
PROTOCOLO ECO 2022 T	971
PROTOCOLO ECO 2023 B	972
PROTOCOLO ECO 2023 RD	972
PROTOS 9 MESES 2022 T RB	624

VINO	PÁG.
PROTOS VERDEJO ECOLÓGICO 2023 B	756
PUNT I... 2022 T C	801
PUNTIAPART 2019 T	271
PURA SANGRE 2016 T R	327
PURGATORI 2021 T BA	253

Q

QUERENCIA CORACHE 2023 T	164
QUIM 2023 B	257
QUIMERA 2023 T RB	1041
QUINCHA CORRAL 2021 T	919
QUINTA DE AVES SYRAH 2023 T	985
QUINTA DE QUERCUS SINGLE VINEYARD 2020 T	835
QUINTA MILÚ EL MALO 2022 T C	625
QUINTA SARDONIA QS 2021 T	1003
QUINTA SARDONIA QS2 2021 T	1003
QUORUM DE FINCA EL REFUGIO PRIVATE COLLECTION 2012 T BA	974

R

RAIMAT CHARDONNAY 2023 B	256
RAIMAT EL MOLÍ 2020 T C	256
RAIMAT EL NIU DE LA CIGONYA 2021 B	256
RAÏMS DE LA INMORTALITAT MALVASIA DE SITGES 2022 B FB	452
RAMÓN CANALS GRAN RESERVA LIMITADA 2018 BE GR BN	222
RAMÓN IZQUIERDO MONASTRELL 2021 T	324
RAMÓN RAMOS SERIE NARANJA 2020 T	814
RAMÓN SÁENZ IVI ONE 2021 T	726
RAMÓN SÁENZ, PASIÓN DE VIDA 2023 T	726
RAMÓN SÁENZ, PEQUEÑO BASTIÓN 2022 T RB	726
RAMÓN SÁENZ, PIEDRAS RODANTES 2022 T RB	726

VINO	PÁG.	VINO	PÁG.	VINO	PÁG.
RANGO 2020 T C	327	RIMARTS 2021 BE R BN	223	SÁBALO 2022 B	953
RATPENAT 2021 B	440	RIMARTS 2022 BE R BR	223	SABATÉ I COCA JOSEP COCA 2017 BE GR BN	1081
RAVENTOS I BLANC TEXTURES DE PEDRA 2020 BE GR BN	1080	RIMARTS GRAN RESERVA ESPECIAL CHARDONNAY 2018 BE GR BN	223	SABATÉ I COCA MOSSET 2019 BE GR BN	1081
RAYUELO 2021 T	369	RIMARTS MARTÍNEZ ROSÉ 2021 RE BN	223	SABATÉ I COCA RESERVA FAMILIAR 2014 BE GR BN	1081
REAL GANA BE R BR	1073	RIPPA DORII VERDEJO ORGANIC WINE 2023 B	766	SABINILLA 2022 B FB	838
REAL GANA BRUT 18 BE	1073	RIU DE GOST GARNACHA BLANCA 2021 B RB	1062	SADURNÍ OLIVER 2019 BE R BN	219
REBELLIA 2023 B	843	ROCAFOSCA BLANC 2023 B	477	SADURNÍ OLIVER CUVEE BARRICA 2020 BE R BN	219
REBELLIA 2023 RD	843	ROCAFOSCA NEGRE 2021 T	477	SADURNÍ OLIVER ROSAT PINOT NOIR 2022 RE BN	219
REBELLIA 2023 T	843	ROCAPLANA 2022 T	449		
REBELLIA SELECCIÓN ESPECIAL 2021 T RB	843	ROGER GOULART ECOLÓGICO 2021 BE R BR	223	SAFRÀ 2022 T	873
REBUZNO 2022 T	672	ROLLAND GALARRETA VERDEJO ORGANIC 2022 B	765	SAIAL 2022 B BA	189
RECAREDO INTENS ROSAT 2020 RE BN	1080	ROQUERO ROJO 2023 T	104	SALIA 2022 T R	372
RECAREDO SERRAL DEL VELL 2018 BE BN	1080	ROSA DE ALEJANDRÍA 2023 B SD	966	SALTO DE RANA 2023 T	162
RECAREDO SUBTIL 2019 BE BN	1080	ROSA DE MAR 2023 RD	1010	SALVAVIDES 2022 T	251
RECAREDO TERRERS 2019 BE BN	1080	ROSAE ARZUAGA 2023 RD	572	SAN ROMÁN 2021 T	831
REFUGI DE LOXAREL 2019 BE R BN	446	ROSARA 2023 RD	1033	SÁNCHEZ VIZCAINO 2020 T R	1012
REINA DE CASTILLA ORGANIC 2023 B	745	ROSAT DE PLANAS ALBAREDA 2023 RD	451	SANCHO GARCÉS 2020 T C	738
RELEVO, COLECCIÓN DE PARCELAS 2021 T C	731	ROSÉ PRÍNCEPS 2023 RD	438	SANDOGAL SELECCIÓN DE PARCELA CENCIBEL 2021 T	341
REMELLURI 2021 B	712	ROSMARINUS 2021 T	157		
RENAIX DE GIRÓ 2022 T	91	ROSMARINUS 2021 T RB	158	SANDOGAL SELECCIÓN DE PARCELA SAUVIGNON BLANC 2021 B RB	341
RENAIX LA PASSIÓ 2023 B	92	ROSSINYOL 2017 BE GR BN	208		
RESERVA PARTICULAR DE RECAREDO 2014 BE BN	1080	ROVER Nº 1 2020 T	1061	SANTA CRUZ PURE 2023 RD	105
		ROVER Nº 1 2021 T	1061	SANTA CRUZ PURE GARNACHA TINTORERA 2023 T MC	106
REXACH BAQUES 2019 BE GR BN	222	RUBATOS 2019 T	373		
REXACH BAQUES BRUT IMPERIAL 2021 BE R BR	222	RUC 2021 T	1013	SANTA CRUZ PURE SAUVIGNON BLANC 2023 B	106
REY ZAGAL SAUVIGNON BLANC 2022 B	288	RUNRÚN 2022 B	961	SANZO VIÑAS VIEJAS 2023 B	756
RHODES 2021 T C	271	RÚSTIC DE CELLER SANROMÀ VI BRISAT 2023 B	1050	SAÓ ABRIVAT 2021 T C	255
RIALLA GARNATXA BLANCA 2023 B	800			SAÓ BLANC 2022 B FB	255
RIALLA GARNATXA PELUDA 2023 RD	800			SAÓ RIESLING 2022 B	255
RIALLA GARNATXA TINTA 2022 T	800			SAUVELLA LUSCINIA CANTA 2013 T	1063
RIALLA GARNATXA TINTORERA 2021 T RB	800	**S**		SAUVELLA LUSCINIA EXIMIA 2013 T R	1063
RIBERA DEL JUÁ MOSCATEL 2022 B	1044	SA FITA 2023 B	461	SAUVELLA ROMANCE 2022 RD	1063
RICO NUEVO GARNACHA 2022 T	930	SA NATURA 2021 T	799	SAUVELLA RUBÍ 2017 T	1063
RIMARTS 2018 BE GR EBR	223	SA SIVINA 2023 B	461	SAUVELLA SUMOLL 2019 T	1063

ÍNDICE VINOS ECOLÓGICOS

VINO	PÁG.
SAVINA 2023 B	1010
SCHATZ CHARDONNAY 2023 B	360
SCHATZ PETIT VERDOT 2018 T C	360
SCHATZ PINOT NOIR 2018 T C	360
SCHATZ ROSADO 2023 RD	360
SDM. SOLERGIBERT DE MATACANS 2021 T	456
SEDUCCIÓ VINÍCOLA DE NULLES 2023 B	791
SEGUIT 2021 T	801
SEGUNYOLA 2018 BE BN	1078
SEIS DE AZUL Y GARANZA 2020 T	414
SELECCIÓN PARCELA TEMPRANILLO 2019 T	961
SELLONGUES 2022 T	487
SENCILLEZ 2021 T	1059
SENDA DE LAS ROCHAS TEMPRANILLO 2018 T C	370
SENTADA SOBRE LA BESTIA 2021 T BA	875
SENTIR B	984
SENTIR RD	984
SEÑORA CARMEN 2021 T C	807
SEÑORÍO DE FUENTEÁLAMO MONASTRELL 2023 T	319
SEÑORÍO DE FUENTEÁLAMO VERDEJO 2023 B	319
SER VIVO Y NATURAL 2023 T	585
SEREZHADE 2022 B	672
SERRES VELLES GARNATXA 2021 T	448
SERRES VELLES MACABEU 2022 B C	448
SHAYA 2023 B	760
SIERRA GÁDOR 2023 T	1012
SILENTE 2023 B BA	1050
SILEO 2022 T	404
SILVANO GARCÍA MONASTRELL 2022 T	320
SIN COMPLEJOS 2022 T	827
SINGULARS CARINYENA BLANCA 2022 B	271
SINGULARS GARNATXA ROJA 2022 B FB	271
SIÓS CAU DEL GAT 2022 T C	254
SIÓS PLA DEL LLADONER 2022 B	254
SITRA 2023 B	1043

VINO	PÁG.
SOBRENATURAL BY MENADE 2018 B C	993
SOCAIRE 2021 B FB	953
SOCAIRE OXIDATIVO 2018 B FB	953
SOGAS MASCARÓ 2022 BE BN	225
SOL DEL 19 2019 T	379
SOLERA 2020 BE GR BN	203
SOLUS DE BIOPAUMERÀ 2023 T	789
SOMIATRUITES 2022 B	443
SON GRAU GRAN BLANC 2023 B	1021
SON GRAU GRAN GARGOLLASSA 2023 RD	1021
SON P. 2018 T BA	461
SOPLAGAITAS 2023 B	1050
STAIRWAY TO HEAVEN 2023 RD	1015
STAIRWAY TO HEAVEN CHARDONNAY 2023 B	1015
STAIRWAY TO HEAVEN OWNERS EDITION 2023 RD	1015
STAIRWAY TO HEAVEN OWNERS EDITION SAUVIGNON BLANC 2023 B	1016
STAIRWAY TO HEAVEN SAUVIGNON BLANC 2023 B	1016
SUBLIME 2020 T GR	829
SUEÑO DE MEGALA 2018 T BA	870
SUERTES DEL MARQUÉS CANDIO 2022 T	889
SUMARROCA 2020 BE GR BN	201
SUMARROCA 2021 BE R BR	201
SUMOLL DE SOLERGIBERT 2022 T	456
SUNEUS 2023 RD	264
SUNEUS BLANC 2023 B	264
SUNEUS NEGRE 2022 T RB	264
SUPERSÓNICO FRONTONIO 2022 T	1039
SURIOL DONZELLA 2022 B	451
SURIOL ELS BANCALS 2013 B	451
SURIOL MATARÓ 2022 T BA	451
SURIOL SANG DE DRAC 2016 T	451

T

VINO	PÁG.
TABÁ 2022 T C	323
TABUERNIGA 2020 T	703
TABUERNIGA 2021 T	703
TAJINASTE 2023 B	933
TAMERÁN BABOSO BLANCO 2022 B FB	284
TAMERÁN LISTÁN NEGRO 2022 T	284
TAMERÁN MALVASÍA VOLCÁNICA 2022 B FB	284
TAMERÁN MARMAJUELO 2022 B FB	284
TAMERÁN VERDELLO 2022 B FB	284
TAMERÁN VIJARIEGO BLANCO 2022 B FB	284
TANUKI BOB 2021 T	1013
TARAMBANA 2022 B	444
TARAMBANA 2022 RD	445
TARAMBANA NEGRE 2022 T C	445
TARDANA OCULTA 2022 B	841
TARDENCUBA 2021 T RB	814
TARIMA AL NATURAL ORGÁNICO SIN SULFITOS 2023 T	92
TEBAIDA 2022 T RB	133
TEBAIDA Nº5 (VINO DE PARAJE - VALDEPIÑEIRO) 2021 T RB	133
TEMPTACIÓ VINÍCOLA DE NULLES 2021 T	791
TERNARIO 1 2021 T BA	103
TERNARIO 10 2018 T	103
TERRA DEL MAÑA 6 MESES 2022 T C	87
TERRAJE 2021 T BA	326
TERRAPRIMA 2022 T	437
TERRUM 2021 T	1019
THE ARTIST 2021 T C	1019
THE FINAL COUNTDOWN 2021 T RB	879
THREE BY THREE ORGANIC WINE 2021 T	797
TIANNA BLANC 2022 B	1018

ÍNDICE VINOS ECOLÓGICOS

VINO	PÁG.
TIANNA NEGRE THE SOMMELIER COLLECTION "1" 2022 T	1018
TIANNA VÉLOBLANC 2022 B	1018
TINÁCULA EL IMPERIO 2023 T	641
TINÁCULA EL SANTILLO 2023 T	641
TINÁCULA RED 2023 T	641
TINÁCULA WHITE 2023 B	641
TINÁCULA X 2021 T	641
TINTO VELASCO #GARAGEWINE 2022 T	957
TINTORALBA EL CANTORRAL 2023 T	103
TINTORALBA EL ROMERAL 2020 T	103
TINTORALBA LAS CASILLAS 2023 T	104
TIVO 2020 B FB	953
TOFTERUP BROTHERS ORGANIC RED 2023 T	969
TOFTERUP BROTHERS ORGANIC ROSE 2023 RD	969
TON DEL ROS 2023 RD	438
TORBADOR I 2021 B	484
TORELLÓ 2 AÑADAS MICROVINIFICACIÓN 2019 BE BN	1081
TORELLÓ 50 LLIURES MAGNUM 2022 B	451
TORELLÓ ANCESTRAL ANL/21 2021 BE BN	1081
TORELLÓ GRAN CRISALYS 2021 B FB	451
TORELLÓ GRAN CRISALYS 2022 B FB	451
TORELLÓ MAS DE LA TORREVELLA 2023 B	451
TORELLÓ RAIMONDA 2019 T BA	452
TORELLÓ RESERVA SPECIAL EDITION 2019 BE BR	1081
TORELLÓ TRADICIONAL 2018 BE BN	1082
TORRE ALBÉNIZ 2020 T R	613
TORRE DEL VEGUER ABELLEROL 2023 B	452
TORRE DEL VEGUER EL CUCUT 2021 T RB	1066
TORRE DEL VEGUER FONOLL 2022 B	452
TORRE DEL VEGUER JERÓNIMUS 2021 T	452
TORRE DEL VEGUER LA ROSADA 2023 RD	1066
TORRE DEL VEGUER MARICEL 2022 B	452
TORREMILANOS 2020 T C	614

VINO	PÁG.
TORRENS & MOLINER 2020 BE GR BN	225
TORRENS & MOLINER 2021 BE R BN	225
TORRENS & MOLINER GRAN SELECCIO 2019 BE GR BN	225
TORRENS & MOLINER RESERVA PARTICULAR 2021 BE BN	225
TORRES ROMERO ED. LIMITADA TEMPRANILLO 2015 T	982
TORRES ROMERO ED.LIMITADA CABERNET SAUVIGNON Y MERLOT 2015 T	982
TORRES ROMERO PETIT VERDOT COLECCION PRIVADA 2021 T	982
TOSSUDES 2022 T	188
TRANCO DEL LOBO 2020 T C	370
TRASCUEVAS 2022 B	648
TRES 60º 2021 T	827
TRES GERMANES 2021 T	403
TRES JULIAS 2022 T C	815
TRES LUNAS 2020 T	827
TRES PATAS 2022 T	378
TREVEJOS MOUNTAIN WINES LISTÁN PRIETO 2022 T FB	78
TREVEJOS MOUNTAIN WINES ORGANIC LISTÁN BLANCO 2022 B S	78
TRIAVA HERITAGE "VINO DE GUARDA" 2021 T R	1015
TRILOGÍA 2020 T C	873
TROBALLA BLANC 2022 B	255
TROBALLA NEGRA 2021 T	255
TROS DE CLOS BUSCANDO A DARWIN 2020 T	475
TROS DE MAS VILELLA 2018 T	1059
TROS DE MAS VILELLA 2021 T	1059
TRUFES BLANC 2023 B	806
TRUFES NEGRE 2021 T	806
TURO D'EN MOTA DE RECAREDO 2010 BE BN	1080
TURÓ DE LES ABELLES 2021 T	443

VINO	PÁG.
TURONS DE LA PLETA 2021 B	256
TURONS VALLCORBA 2020 T C	256
TUTUSAUS 2019 BE GR BN	225
TWENTY TWELVE PINK 2023 RD	461
TWENTY TWELVE WHITE 2023 B	461

U

VINO	PÁG.
UBETA AIROTA 2022 B FB	418
UBETA COLECCIÓN ANCESTRAL (PARCELA METELUGA) 2022 T BA	418
UBETA GARNACHA 2022 T FB	418
UBETA GARNACHA BLANCA 2023 B FB	418
UBETA ROSE 2023 RD	418
ULIBARRI 2022 B	148
UNIVERSAL CABERNET SAUVIGNON BIODINÁMICO 2023 T	974
URBEZO CHARDONNAY 2023 B	182
UWE 2023 T	261
UWE CLARETE 2023 RD	261

V

VINO	PÁG.
VAEL WHITE WINE 2023 B	326
VALCHÉ 2020 T C	155
VALCUERNA 2020 T C	731
VALCUERNA CDVIN 2021 T C	731
VALCUERNA EL ORIGEN CLARETE FINO 2019 RD	731
VALDEHERMOSO 2021 T C	605
VALDEPEDRO DE OSTATU 2022 T	721
VALDERIZ 2021 T	605
VALDERIZ DE CHIRIPA 2022 T	605
VALDERIZ JUEGABOLOS 2020 T	605
VALDERIZ TOMÁS ESTEBAN 2018 T	605
VALENCISO 10 AÑOS DESPUÉS EDICIÓN LIMITADA 2012 T	702
VALENCISO 2018 T R	702

ÍNDICE VINOS ECOLÓGICOS

VINO	PÁG.
VALENCISO 2022 B C	702
VALENCISO ROSA 2022 RD	702
VALL DEL CALÀS 2022 T	400
VALLDOLINA 2018 BE GR BR	225
VALLDOLINA 2021 BE R BN	225
VALLDOLINA XAREL.LO 2022 B	452
VALLMORA 2021 T	83
VALTOSCA 2023 T	314
VD'O 1 2017 T	274
VEGA MEDIEN ECOLÓGICO BE BR	206
VEGA MEDIEN ROSÉ RE BR	206
VEGALFARO 2018 BE GR BN	200
VENTA MORALES ECOLÓGICO 2023 B	969
VENTEPICO 2021 B	951
VENTO 2023 B S	79
VENTO BLANCO BRISADO 2022 B	1066
VENTO ORIGEN (PIEDRA Y JABLE) 2022 B	79
VENTO ORIGEN ARCILLA 2020 B	79
VENTO ORIGEN ARCILLA 2022 B	79
VENTO VENDIMIA SELECCIONADA 2022 T	79
VENTUM 2018 T C	1019
VERDIL DE GEL 2022 B D	870
VERDONCHO ≡GARAGEWINE ORANGEWINE 2023 B	957
VEREDA DE LAS TÓRDIGAS 2021 T BA	930
VERGEL SELECCIÓN 2021 T C	91
VERÓNICA SALGADO CAPRICHO 2020 T C	560
VERSAT CLOS COR VÍ 2023 B	874
VETUSTA 2021 T C	598
VETUSTA VIÑAS DE FUENTENEBRO 2022 T	598
VETUSTA VIÑEDO ESPECIAL CARRASCALON ALTO 2019 T	598
VÍA EDETANA BLANC 2023 B	802
VÍA EDETANA NEGRE 2022 T BA	802
VIADER DAVANT DEL CORRAL 2022 B	448

VINO	PÁG.
VIADER SERRA DEL BOSC 2021 T	448
VIDAL I FERRÉ BE BR	207
VIDAL I FERRÉ BE R BN	207
VIDAL I FERRÉ BLANC DE NOIRS BE R BN	207
VIDAL I FERRÉ ROSAT RE BR	207
VIDILLA 2023 B	761
VIGINTI CABERNET FRANC 2023 T	975
VILARNAU 2021 BE R BN	226
VILARNAU 2021 BE R BR	226
VILARNAU BRUT ROSÉ DELICAT 2021 RE R BR	226
VILLA CONCHI 2018 BE GR BN	200
VILLA DE CORULLÓN 2022 T	135
VILLAVID BOBAL 2021 T RB	370
VILOSELL 2021 T	257
VINANA 2019 T	360
VINE – ESTONES DE MISHIMA 2022 B RB	803
VINE ROOTS GARNACHA 2020 T	663
VINS DE TALLER BASEIA 2022 B	190
VINS DE TALLER GEUM 2023 T C	190
VINS DE TALLER GRIS 2023 RD	190
VINS DE TALLER PHLOX 2023 B	190
VINS DE TALLER SIURÀ 2021 T C	1067
VINYA ALFORÍ 2019 T	878
VINYA ALFORÍ 2021 B	878
VINYA ALFORÍ NEGRE 2019 B	878
VINYES DE BARCELONA 2021 T FB	188
VINYES VELLES DE SAMSÓ 2019 T	410
VIÑA BALEN 2020 T GR	1036
VIÑA BORGIA BY BORSAO 2023 T	1036
VIÑA BOSQUERA 2023 B	895
VIÑA BOSQUERA 2023 T	895
VIÑA CORRALES PAGO BALBAINA BF FI	294
VIÑA DAMMIS SELECCIÓN FAMILIAR 2023 B	1068
VIÑA DE ARANBELZA 2017 T	425
VIÑA DE MIRABUENAS 2015 B	425

VINO	PÁG.
VIÑA DE SAN MARTÍN 2016 T	425
VIÑA EL PISÓN 2022 T	1068
VIÑA ESMERALDA 2023 B	442
VIÑA HIJOSA 2020 T	566
VIÑA POMAL ORGANIC 2018 T R	661
VIÑA POMAL ORGANIC ECOLÓGICO 2020 T	661
VIÑA SOL 2023 B	190
VIÑA VENERACIÓN 2023 B	977
VIÑA ZACO 2019 T	661
VIÑAS DEL CÁMBRICO VILLANUEVA 2022 T	937
VIÑAS SILENCIOSAS LA DE MIKEL 2022 T	734
VIÑAS SILENCIOSAS VALDESANJUAN 2022 T	734
VIOGNIER DE PRIETO PARIENTE 2022 B	994
VIORE ORGANIC 2023 B	759
VITA 2022 B	1059
VITIS DE AZUL Y GARANZA 2023 B	414
VIVANCO BRUNES 2021 T	694
VIVANCO LA ISLA VIÑEDO SINGULAR 2020 T	694
VIVANCO LA ISLA VIÑEDO SINGULAR PIE FRANCO 2020 B	694
VIVER D'ESPIELLS 2022 B	451
VIVIR SIN DORMIR 2021 T RB	313
VIVIR SIN DORMIR 2022 T RB	313
VIZAR PRESTIGIO 2019 T C	919
VIZAR SELECCIÓN ESPECIAL 2021 T C	919
VIZAR SYRAH 2020 T C	919
VOL D'ANIMA DE RAIMAT BLANC 2023 B	256
VOLAINA 2021 B	440
VOLALTO 2021 T BA	312
VOLTIO VINO DE PUEBLO 2018 T R	1060
VOLTIO VINO DE PUEBLO 2022 T	1060
VOLTIO VINO NARANJA 2023 B	1060
VULCANUS MACERADO CON PIELES 2023 B	973

VINO	PÁG.

X

XARELLO JERONI VALLÈS 2022 B	438
XARELLO PAIRAL 2021 B FB	437
XARELLO VERMELL VINÍCOLA DE NULLES 2022 B	791
XARELLO VINYA DEL NOGUER 2022 B	1067
XAXAXA 2022 B	438
XENYS MONASTRELL 12 2021 T	327
XENYS ROSÉ 2023 RD	327
XENYSEL PIE FRANCO 2022 T	327
XTRMO (EXTREMO) 2021 B FB	1048

Y

YO SOLO 2022 T FB	366
YO SOLO EDICIÓN MELONERA 2022 T C	366

Z

ZAGAL DE FINCA ANTIGUA 2021 T	973
ZERBEROS EL ALTAR 2022 T	1051
ZERBEROS LOS CHORRANCOS 2022 T	929
ZIRIES 2015 T	1046
ZURBAL 2022 T	715
ZUZARÁN FAJERO 2021 T C	648
ZUZARÁN MATURANA 2022 T	648

ÍNDICE VINOS ECOLÓGICOS

ÍNDICE BODEGAS

BODEGA	PÁG.
=GARAGEWINE	957
13 VIÑAS VIÑEDOS Y BODEGA	122
3.10 CELLER	1013
300 LIOS	886
3V & SINGULAR WINES	250
4 KILOS VINÍCOLA	1013

A

BODEGA	PÁG.
A VILERMA	544
AALTO BODEGAS Y VIÑEDOS	557, 985
ABADAL	456, 1028
ABADÍA DA COVA	529
ABADÍA DE ACÓN	557
ABADÍA DE ARIBAYOS	813, 1028
ABADÍA DE POBLET	240
ABADÍA RETUERTA	913
ACÚSTIC CELLER	397
ADEGA A COROA	850
ADEGA ALAN DE VAL	850
ADEGA CEPADO	851
ADEGA CONDES DE ALBAREI	493
ADEGA DA PINGUELA	851
ADEGA DAMM	529
ADEGA EIDOS	493
ADEGA ENTREOSRIOS	951, 1028, 1072
ADEGA FRANCISCO FERNÁNDEZ SOUSA	544
ADEGA MAIOR DE MENDOZA	493
ADEGA MANUEL FORMIGO	544
ADEGA MELILLAS E FILLOS	851
ADEGA O CASAL	851
ADEGA PONTE DA BOGA	530, 852
ADEGA SAIÑAS	530
ADEGA SAMEIRÁS	544
ADEGA TERRAS MANCAS	1025

BODEGA	PÁG.
ADEGA VIÑA COSTEIRA	545
ADEGA VIÑA COSTEIRA VALDEORRAS	852
ADEGAS CASTROBREY	494
ADEGAS DO REXURDIR - RIAS BAIXAS	495
ADEGAS DO REXURDIR - RIBEIRO	545
ADEGAS GRAN VINUM	495
ADEGAS GUIMARO	530
ADEGAS MALEIGA	545
ADEGAS MINIUS	385
ADEGAS MORGADÍO	495
ADEGAS TERRA DE ASOREI	495
ADEGAS TERRA SANTA	496
ADEGAS TOLLODOURO	496
ADEGAS VALDAVIA	545
ADEGAS VALMIÑOR	496
ADEGAS VALTEA	497
ADRIÁN MORENO LLORENTE	645
AGRÍCOLA CALCÁREA	1028
AGRÍCOLA CORBERA D'EBRE	795
AGRO-URDIENSE	928, 1072
AGUSTÍN CUBERO	161
AILALA-AILALELO	546
AITAREN LURRETIK	278
AIURRI	645
AIZPURUA	278
AKARREGI-TXIKI	278
ALBARIZA DE LA TORRE	1028, 1072
ALBET I NOYA	433
ALDEA DE ABAIXO	497
ALDONZA	193, 957
ALEGRE WINES & SPIRITS	264, 795
ALEJANDRO FERNÁNDEZ TINTO PESQUERA	557
ALEJANDRO HERRERO VINOS VALBUENA	558
ALEMANY I CORRIO	433, 1028
ALFREDO ARRIBAS	398

BODEGA	PÁG.
ALGIL BODEGAS Y VIÑEDOS	813
ALGUEIRA	531
ALIAGA	413, 646
ALKAZAR BULDING	955, 1029
ALMA DAS DONAS	532
ALMA LÓPEZ WINES	558
ALMÁZCARA MAJARA	122
ALREGI	264, 741, 789
ALSINA & SARDÁ	193, 433
ALTA ALELLA	82, 193, 1029
ALTA ALELLA - CELLER DE LES AUS	1072
ALTA PAVINA	985
ALTAMENTE VINOS	312
ALTANZA	646
ALTANZA - COLECCIÓN R. AMILLO	293
ALTAVINS VITICULTORS	795
ALTO DE INAZARES	1029
ALTO DE PIOZ	958
ALTOLANDÓN	369
ALTOS DE LAPUEBLA	647
ALTOS DE RIOJA VITICULTORES Y BODEGUEROS	647
ALTOS DE TAMUJA	931
ALTOS DE TORONA	497
ALTOS DE TREVEJOS	78
ALTOS DEL ENEBRO	558, 1030
ALVAR DE DIOS	985
ALVAREDOS-HOBBS	532
ÁLVAREZ DE TOLEDO	123, 986
ÁLVAREZ DURÁN PRIORAT	465
ÁLVAREZ Y DÍEZ	741, 986
ÁLVARO DOMECQ	293
ALVARO PALACIOS	465
ALVEAR	390
AMBORA	782
ANCHURÓN	288, 950

1118 Guía Peñín **VINOS DE ESPAÑA**

ÍNDICE BODEGAS

BODEGA	PÁG.
ANECOOP BODEGAS	413, 868, 1073
ANGUERA DOMENECH	398
ÀNIMA NEGRA VITICULTORS	1011, 1030
ANTONIO MASCARÓ	194
ARCO DA VELLA A ADEGA DE ELADIO	546
ÁREA PEQUEÑA VITICULTORES	648
ARINAS GIL	648
ARÍNZANO	916
ARNACH	928
AROA BODEGAS	413
ARQUEOGASTRONOMÍA	1030
ARRIBES DEL DUERO	117
ARTCAVA – MASIA CAN BATLLE	194
ARTIGA FUSTEL	170, 312
ARTOMAÑA TXAKOLINA	109
ARTUKE BODEGAS Y VIÑEDOS	648
ARTURO GARCÍA VIÑEDOS Y BODEGAS	123
ASTOBIZA	109
ASTRALES	559
AT ROCA	433, 1073
ATALAQUE	377, 958
ATAVUS PRIORAT	466
ATTIS BODEGA Y VIÑEDOS	123, 498, 1030
AURELIO FEO VITICULTOR	124
AUSÀS BODEGAS Y VIÑEDOS	559
AUTÉNTICOS VIÑADORES, VINOS DE TERROIR	936
AUTÓCTON CELLER	1031
AV BODEGUERS	264
AVELINO VEGAS	231, 559, 741, 986
AVGVSTVS FORVM	434
AVINYÓ	195
AYMAR - CASTELL DE PUJADES	434
AZPILICUETA	649
AZUL Y GARANZA	414

B

BODEGA	PÁG.
BADEN NUMEN	559
BAL D'ISÁBENA BODEGAS	772
BALBINA	498
BALDOVAR 923	869
BARAHONDA	905
BARCO DEL CORNETA	986, 1031
BARDOS	742
BARÓN D'ALBA	955
BARÓN DE LEY	649
BASOBE	148
BATAN DE SALAS	772
BAYOD BORRÁS	1073
BELA	560
BELONDRADE	466, 742, 987, 1032
BENITO SANTOS	498
BENJAMÍN MIGUEZ NOVAL	498
BERNABELEVA	892
BERNARDO ESTÉVEZ	1032
BERONIA RUEDA	742
BERTA VALGAÑÓN VIÑEDOS Y VINOS	650
BIELSA RUANO VINS	796
BIMBACHE VINÍCOLA	260
BINIGRAU	1014
BINITORD	1010
BIOCA	852
BIOPAUMERÀ	789
BLANCHER-CAPDEVILA PUJOL	185, 195, 435
BLECUA	772
BODEGA & VIÑEDOS CARRES	838
BODEGA 100 CEPAS	354
BODEGA A CARQUEIXA	532
BODEGA ABEL MENDOZA MONGE	650
BODEGA ALANÍS	546

BODEGA	PÁG.
BODEGA ALDAHARA	773
BODEGA ALISTE	1032
BODEGA AMANOVO	869
BODEGA ANDRÉS INIESTA	369
BODEGA ARANLEÓN	195, 838, 869
BODEGA ASCENSIÓN REPISO BOCOS	560
BODEGA AVA VI	1015
BODEGA BALCONA	155
BODEGA BARDOS	560
BODEGA BATGARA TXAKOLINA	109
BODEGA BELL CROS	398, 1032
BODEGA BERROJA TXAKOLI	148
BODEGA BIDEONA	650
BODEGA BRAVO ESCÓS	466
BODEGA CAMPOS DE DULCINEA	958
BODEGA CARLOS MARTÍN	231
BODEGA CARRASCAS	959
BODEGA CASA LA RAD	651
BODEGA CASA LOBOS	960
BODEGA CASAR DE VIDE	547
BODEGA CASETA VELLA	1015
BODEGA CASTELL MIQUEL	1015
BODEGA CEPALL	124
BODEGA CERRO DE LAS CRUCES	288
BODEGA CÉSAR PRÍNCIPE	231
BODEGA CHIVITE	949
BODEGA CLEMENTE GARCÍA	652
BODEGA CM DE MATARROMERA	560, 742
BODEGA COMARCAL VALLE DE GÜIMAR	882
BODEGA CONTADOR	652
BODEGA CONVENTO SAN FRANCISCO	561
BODEGA COOP. JESÚS NAZARENO S.C.G.	852
BODEGA COOPERATIVA CIGALES	232
BODEGA CORNICALES	260
BODEGA COSECHEROS REUNIDOS	414

Guía Peñín **VINOS DE ESPAÑA** 1119

ÍNDICE BODEGAS

BODEGA	PÁG.
BODEGA COVARRUBIAS	113
BODEGA CRISTO DEL HUMILLADERO	892
BODEGA CUARTO LOTE	893
BODEGA CUATRO RAYAS	561, 653, 742, 987
BODEGA CYAN	813
BODEGA DE FORLONG	952, 1032
BODEGA DE MOYA	838
BODEGA DE SADA	414
BODEGA DE SARRÍA	414
BODEGA DE TXAKOLI AMEZTOI	278
BODEGA DEITANIA	1033
BODEGA DEL ABAD	124
BODEGA DEL MONGE-GARBATI	654
BODEGA DEL NERO	893
BODEGA DOBLE R	561
BODEGA DON CELESTINO	936
BODEGA DUSSART PEDRÓN	838, 1033
BODEGA ECOLÓGICA KIENINGER	360, 1033
BODEGA ECOLÓGICA LUIS SAAVEDRA	894
BODEGA EL ABUELO FLORES	936
BODEGA EL ANGOSTO	869
BODEGA EL GRIFO	350
BODEGA EL HOMBRE ORQUESTA	654
BODEGA EL LOMO	931
BODEGA EL REGAJAL	894, 988
BODEGA EMINA	561
BODEGA EMINA RUEDA	744
BODEGA ENATE	773
BODEGA ERUPCIÓN	350
BODEGA ESLAVA	415
BODEGA F. SCHATZ	360
BODEGA FABIO COULLET	360
BODEGA FERNÁNDEZ HERRERO	288
BODEGA FINCA DE LOS ARANDINOS	654
BODEGA FINCA FUENTEGALANA	988

BODEGA	PÁG.
BODEGA FINCA LA PICARAZA	839
BODEGA FINCA MARAÑUELA	886
BODEGA FUEGO LENTO	86
BODEGA FUENTE VICTORIA	1012
BODEGA GARCÍA DE LA ROSA	960
BODEGA GIL ARMADA	499
BODEGA GRANBAZÁN	499
BODEGA HERMANOS DEL VILLAR	562, 744
BODEGA HERMANOS MESA	882
BODEGA HINOJAR	988
BODEGA HINOJO	284
BODEGA ILLADA	886, 1033
BODEGA INURRIETA	415
BODEGA JAUME SERRA	195
BODEGA JIMÉNEZ-VILA	839
BODEGA K5	278
BODEGA LA CERRADA	161
BODEGA LA DOLORES	161
BODEGA LA ERA	960
BODEGA LA TAPADA	853
BODEGA LA VERDEA	927
BODEGA LADAIRO	385
BODEGA LAS CALZADAS	641
BODEGA LAS VIRTUDES	86
BODEGA LATARCE	813, 1034
BODEGA LAUS	773
BODEGA LES USERES	956
BODEGA LINAJE DEL PAGO	782, 931
BODEGA LOS ALJIBES	960
BODEGA LOS BERMEJOS	350
BODEGA LOS FRUTALES	361
BODEGA LOS LLANOS	863
BODEGA LOS OLMOS	562
BODEGA LUIS PÉREZ	1034
BODEGA MAGALARTE ZAMUDIO	148

BODEGA	PÁG.
BODEGA MANZANEQUE	961
BODEGA MARQUÉS MONTECIERZO	416
BODEGA MARTINON	350
BODEGA MASOS	87
BODEGA MATARROMERA	562, 744
BODEGA MENCEY CHASNA	78
BODEGA MERIDIANO PERDIDO	1034
BODEGA MIQUEL JANÉ	435
BODEGA MONASTERIO DE CORIAS	927
BODEGA MONASTRELL	155
BODEGA MONTOROMARIO RODRÍGUEZ MENDOZA	330
BODEGA MUELAS	745, 988, 1034
BODEGA MUSTIGUILLO	919, 1034
BODEGA NUMANTHIA	814
BODEGA ONTAÑON	655
BODEGA OTAZU	917
BODEGA PADRÓN	260
BODEGA PAGO DE CIRSUS	417, 914
BODEGA PAGO DE CUBAS	814
BODEGA PAGO TRASLAGARES	745
BODEGA PAGOS DE ARAIZ	417
BODEGA PALOMILLO	1034
BODEGA PARDAL Y PUNTO	117
BODEGA PARDO TOLOSA	369
BODEGA PAZO DE SAN MAURO	499
BODEGA PAZOS DEL REY	385
BODEGA PIEDRA FLUIDA	932
BODEGA PINNA FIDELIS	563
BODEGA PIRINEOS	774
BODEGA PRIVILEGIO DEL CONDADO	246, 1034
BODEGA QUINTA LAS VELAS	117
BODEGA RAMÓN RAMOS/TARDENCUBA	814
BODEGA REBELDES	398
BODEGA REINA DE CASTILLA	745
BODEGA REJADORADA	815

BODEGA	PÁG.
BODEGA RENTO	563
BODEGA REYNO DE ARTAJON	417
BODEGA ROANDI	853
BODEGA ROQUESAN	563
BODEGA RUDELES	563
BODEGA S. ARROYO	564
BODEGA SAN ANTONIO ABAD COOPERATIVA DE VILLAMALEA	370
BODEGA SAN CEBRÍN	655
BODEGA SAN FRANCISCO JAVIER	294
BODEGA SAN GABRIEL	564
BODEGA SAN ISIDRO	155
BODEGA SAN ROQUE DE LA ENCINA	564
BODEGA SANCLODIO	547
BODEGA SANSTRAVÉ	196, 240
BODEGA SANTA CATALINA DEL MAÑÁN	87
BODEGA SEÑORÍO DEL JÚCAR	370
BODEGA SEPTIEN	113
BODEGA SEVERINO SANZ	565, 989
BODEGA SIESTO	1035
BODEGA SIGUÍN	895
BODEGA SOMMOS	774
BODEGA TAFURIASTE	886
BODEGA TAMERÁN	284
BODEGA TÁNDEM	417
BODEGA TAPIAS MARIÑÁN	385
BODEGA TEODORO RUIZ MONGE	655
BODEGA TERCIA DE ULEA	156
BODEGA TESALIA	952
BODEGA TIERRA ARANDA	566
BODEGA TORRALBA	1010, 1035
BODEGA TR3SMANO	566
BODEGA TRES PILARES	745, 1035
BODEGA ULIBARRI	148
BODEGA VALDECUEVAS	746, 989

BODEGA	PÁG.
BODEGA VALDEHERMOSO	746
BODEGA VALDELOSFRAILES	232
BODEGA VALDRINAL	566, 746
BODEGA VEGA AIXALÁ	240
BODEGA VERA DE ESTENAS	196, 839, 924
BODEGA VERÓNICA ORTEGA	125
BODEGA VETAS	361
BODEGA VICO	656
BODEGA VIÑA ARNAIZ	567
BODEGA VIÑA CAEIRA	500
BODEGA VIÑAGUAREÑA	815
BODEGA VIRGEN DE LA ASUNCIÓN	567
BODEGA VIRGEN DE LA SIERRA S. COOP.	162
BODEGA VIVA EL VINO	568
BODEGA VOCARRAJE	815
BODEGA WIN	1035
BODEGA Y VIÑAS ALDOBA	333
BODEGA Y VIÑEDOS ANSELMO ÁLVAREZ	125
BODEGA Y VIÑEDOS ARTIO	568
BODEGA Y VIÑEDOS CAN RICH	1006, 1035, 1073
BODEGA Y VIÑEDOS CASA DE LA NAVA	863
BODEGA Y VIÑEDOS CERRO SAN CRISTÓBAL	1035
BODEGA Y VIÑEDOS HEREDAD MORÁN & LÓPEZ	126
BODEGA Y VIÑEDOS MAIRES	816
BODEGA Y VIÑEDOS MORATALLA	370
BODEGA Y VIÑEDOS NUNTIUM	569
BODEGA Y VIÑEDOS PAZO CASANOVA	547
BODEGA Y VIÑEDOS SOLABAL	656
BODEGA Y VIÑEDOS TINEDO	961
BODEGA Y VIÑEDOS UBETA	418
BODEGAS & VIÑEDOS FONTANA	835
BODEGAS 1890	312
BODEGAS 7 LINDES	1035
BODEGAS A. VELASCO E HIJOS	816
BODEGAS ABADÍA LA ARROYADA	569

BODEGA	PÁG.
BODEGAS ABADÍA SAN QUIRCE	569, 747
BODEGAS ABINASA	775
BODEGAS ADRIÁ	126
BODEGAS AESSIR	196
BODEGAS AGUIUNCHO	500
BODEGAS AINZÓN	170
BODEGAS AL ZAGAL	288
BODEGAS ALBAMAR	500, 853, 1036
BODEGAS ALBERO ORGANIC VINEYARDS	641
BODEGAS ALCARDET	333, 961, 1073
BODEGAS ALCEÑO	313
BODEGAS ALCONDE	418, 657
BODEGAS ALONSO CUESTA	377
BODEGAS ALORE	657
BODEGAS ALTO MONCAYO	170
BODEGAS ALTOVELA	333
BODEGAS AMAREN	657
BODEGAS ANDRÉS MORATE	895
BODEGAS ANTÍDOTO	570
BODEGAS ANTONIO SERRANO	962
BODEGAS AQUITANIA	501
BODEGAS ARAGONESAS	171
BODEGAS ARAICO	658
BODEGAS ARAUTAVA	887, 933
BODEGAS ARCANO	570
BODEGAS ARCO DE CURIEL	570
BODEGAS ARFE	295
BODEGAS ARRÁEZ	88, 196, 313, 839, 870
BODEGAS ARRAYÁN	377, 928
BODEGAS ARROCAL	571
BODEGAS ARÚSPIDE	962
BODEGAS ARZUAGA NAVARRO	571, 1036
BODEGAS AS LAXAS	501, 532
BODEGAS ASENJO & MANSO	573
BODEGAS ATALAYA	102

ÍNDICE BODEGAS

BODEGA	PÁG.
BODEGAS ATECA	162
BODEGAS AUGUSTA BILBILIS	162
BODEGAS AURA	747
BODEGAS AVANCIA	854
BODEGAS AYUSO	333, 1036
BODEGAS BAGORDI	658
BODEGAS BAIGORRI	658
BODEGAS BAL MINUTA	1036
BODEGAS BALBÁS	573
BODEGAS BARBADILLO	295, 953, 1073
BODEGAS BARÓN	296
BODEGAS BARREDA	962
BODEGAS BENJAMÍN DE ROTHSCHILD & VEGA SICILIA	659
BODEGAS BERAMENDI	418
BODEGAS BERNARDO ÁLVAREZ	127
BODEGAS BERONIA	659
BODEGAS BETOLAZA	660
BODEGAS BIGARDO	817, 1036
BODEGAS BILBAÍNAS	661, 747, 1074
BODEGAS BINIFADET	1010, 1074
BODEGAS BLEDA	313
BODEGAS BOCOPA	88
BODEGAS BORSAO	172, 1036
BODEGAS BRECA	1037
BODEGAS BRIEGO	574
BODEGAS BRIONES ABAD	574
BODEGAS CA N'ESTELLA	196, 435
BODEGAS CABALLERO	747, 1037
BODEGAS CALVENTE	289
BODEGAS CAMINO ALTO	963
BODEGAS CAMPANTE	547
BODEGAS CAMPESTRAL	1037, 1074
BODEGAS CAMPILLO	662
BODEGAS CAMPO ELISEO	747

BODEGA	PÁG.
BODEGAS CAMPO ELÍSEO	817
BODEGAS CAMPOS DE ENANZO S. COOP.	419
BODEGAS CAMPOS REALES	334, 963
BODEGAS CANO	102
BODEGAS CANOPY	378
BODEGAS CANTALOBOS	127
BODEGAS CAÑALVA	636
BODEGAS CAÑAVERAS	963
BODEGAS CAPITÀ VIDAL	197, 436
BODEGAS CARCHELO	314, 1038
BODEGAS CARE	178
BODEGAS CARLOS SAN PEDRO PEREZ DE VIÑASPRE	662
BODEGAS CARLOS VALERO	173, 178
BODEGAS CARPE DIEM	361, 1038, 1074
BODEGAS CARRAMIMBRE	575, 748
BODEGAS CARREÑO	156
BODEGAS CASA ANTONETE	334
BODEGAS CASA CASTILLO	314
BODEGAS CASA PRIMICIA	662
BODEGAS CASAL DE ARMÁN	548, 1038
BODEGAS CASTAÑO	905
BODEGAS CASTELLANAS	989
BODEGAS CASTELLUN AUGUSTI	951
BODEGAS CASTELO DE MEDINA	748, 989
BODEGAS CASTIBLANQUE	334, 963, 1038
BODEGAS CASTILLEJO DE ROBLEDO	576
BODEGAS CAUDALIA	419
BODEGAS CENTRO ESPAÑOLAS	334
BODEGAS CERROLAZA	663
BODEGAS CERROSOL	748
BODEGAS CÉSAR FLORIDO	296
BODEGAS CLOS D'AGON	185, 264
BODEGAS CLUNIA	990
BODEGAS COMENGE	576, 749, 990

BODEGA	PÁG.
BODEGAS CONDADO DE HAZA	577, 990
BODEGAS CONDE DEL PAZO	127
BODEGAS CONVENTO DE LAS CLARAS	749
BODEGAS COPABOCA	749
BODEGAS CORRAL	663
BODEGAS COVILA	663
BODEGAS COVINCA	178
BODEGAS COVIÑAS	197, 840
BODEGAS COVITORO	817
BODEGAS CRAPULA & LANENA BY GABRIEL MARTÍNEZ	315
BODEGAS CRÁTER	782
BODEGAS CRUZ CONDE	390
BODEGAS CRUZ DE ALBA	577
BODEGAS CUATRO RAMAS	1038
BODEGAS CUEVAS JIMÉNEZ	578
BODEGAS CUNQUEIRO	548
BODEGAS D. MATEOS	501, 664
BODEGAS D'BERNA	854
BODEGAS DANI MABE WINES	578
BODEGAS DAVID MORENO	665
BODEGAS DE ALBERTO	749, 991
BODEGAS DE FAMILIA BURGO VIEJO	665
BODEGAS DE FUENTE REINA	1025
BODEGAS DE GALDAMES	148
BODEGAS DE LOS RÍOS PRIETO	578
BODEGAS DE SANTIAGO	665
BODEGAS DECORUS	113
BODEGAS DEL DIEZMO NUEVO	246
BODEGAS DEL MEDIEVO	665
BODEGAS DEL MUNI	964
BODEGAS DEL PALACIO DE FEFIÑANES	501
BODEGAS DEL ROSARIO	156
BODEGAS DEL SAZ	335
BODEGAS DEL SOCORRO	246

ÍNDICE BODEGAS

BODEGA	PÁG.
BODEGAS DELAMPA	315
BODEGAS DELGADO	390, 1074
BODEGAS DIEZ DEL CORRAL	666
BODEGAS DIEZ GÓMEZ	818
BODEGAS DIOS BACO	297
BODEGAS DOMECQ DE JARAUTA	666
BODEGAS DOMINIO DE ATAUTA	579
BODEGAS DOMINIO DE CAIR	579
BODEGAS DURÓN	580
BODEGAS E. MENDOZA	88
BODEGAS EGUÍA	666
BODEGAS EIDOSELA	502
BODEGAS EJEANAS	1024, 1039
BODEGAS EL HACEDOR	580
BODEGAS EL LAGAR DE ISILLA	580, 991
BODEGAS EL NIDO	315
BODEGAS EL PARAGUAS	549, 1039
BODEGAS EL VILLAR	870
BODEGAS EL VINCULO	335
BODEGAS EMILIO CLEMENTE	197, 840
BODEGAS EMILIO MORO	127, 581
BODEGAS EMINA	232
BODEGAS ENGUERA	870
BODEGAS EPIFANIO RIVERA/ERIAL	582
BODEGAS ERESMA	750, 991
BODEGAS ERNESTO DEL PALACIO	818, 991
BODEGAS ESCUDEIRO	502
BODEGAS ESTEBAN CASTEJÓN	163
BODEGAS ESTEFANIA, TILENUS	128
BODEGAS ESTRAUNZA	667
BODEGAS EXCELENCIA	362
BODEGAS FÁBREGAS	775
BODEGAS FAELO	89
BODEGAS FAMILIA CONESA - PAGO GUIJOSO	921, 964
BODEGAS FARIÑA	818, 991

BODEGA	PÁG.
BODEGAS FAUSTINO	667
BODEGAS FAUSTINO RIVERO ULECIA (VINOS MONOVARIETALES)	964
BODEGAS FÉLIX LORENZO CACHAZO	751
BODEGAS FÉLIX SANZ	751
BODEGAS FERNÁNDEZ DE ARCAYA	419
BODEGAS FERNÁNDEZ DE LA OSSA	964
BODEGAS FERNANDO CASTRO	863, 965
BODEGAS FIGUEROA	895
BODEGAS FILLABOA	502
BODEGAS FONTEDEI	289
BODEGAS FORJAS DEL SALNÉS	503
BODEGAS FOS	667
BODEGAS FRANCISCO BARONA	582
BODEGAS FRANCISCO CASAS	819
BODEGAS FRANCISCO GÓMEZ	89
BODEGAS FRANCO ESPAÑOLAS	668
BODEGAS FRONTAURA	819
BODEGAS FRONTONIO	1039
BODEGAS FRUTOS VILLAR	583, 751, 991
BODEGAS FUENTESPINA	583
BODEGAS FUNDADOR	297
BODEGAS GARCÍA DE LARA	965
BODEGAS GARCÍA DE OLANO	668
BODEGAS GARCÍAREVALO	751
BODEGAS GARDEL ORGANIC WINES	335, 965
BODEGAS GERARDO MÉNDEZ	503
BODEGAS GODELIA	128, 1074
BODEGAS GODEVAL	854
BODEGAS GONZÁLEZ PALACIOS	935
BODEGAS GORDONZELLO	354
BODEGAS GRAN FEUDO	419
BODEGAS GUTIÉRREZ DE LA VEGA	1040
BODEGAS HABLA	1007
BODEGAS HACIENDA MOLLEDA	179

BODEGA	PÁG.
BODEGAS HACIENDA MONASTERIO	584
BODEGAS HEMAR	584
BODEGAS HESVERA	584
BODEGAS HIBÉU	378
BODEGAS HIDALGO-LA GITANA	298, 1040
BODEGAS HIJOS DE FÉLIX SALAS	232
BODEGAS HISPANO SUIZAS	198, 840, 871
BODEGAS HNOS. PÁRAMO ARROYO	585
BODEGAS HNOS. PÉREZ PASCUAS – VIÑA PEDROSA	585
BODEGAS IGNACIO GUALLART	950
BODEGAS IGNACIO MARÍN	179, 1040
BODEGAS INSULARES TENERIFE	783, 902
BODEGAS IÑAKI NÚÑEZ	420
BODEGAS IRACHE	420, 924
BODEGAS IRANZO	840, 1040
BODEGAS ISIDRO MILAGRO	335, 669
BODEGAS ISLA	335
BODEGAS ISMAEL ARROYO - VALSOTILLO	586
BODEGAS ITSASMENDI	149
BODEGAS IZADI	669
BODEGAS JAVIER SAN PEDRO ORTEGA	669
BODEGAS JER	670
BODEGAS JIMÉNEZ LANDI	378
BODEGAS JOSÉ L. FERRER	144
BODEGAS JOSÉ PARIENTE	752, 992, 1041
BODEGAS JUAN GIL	316
BODEGAS JUAN PIÑERO	298
BODEGAS JUNCALES	246
BODEGAS LA CANETANA	956, 1041
BODEGAS LA CAÑA	503
BODEGAS LA CASA DE LÚCULO	420
BODEGAS LA CIGARRERA	298
BODEGAS LA CORTE - SCSME	636
BODEGAS LA DIVISA	1041
BODEGAS LA ERALTA	670

ÍNDICE BODEGAS

BODEGA	PÁG.
BODEGAS LA HORRA	586
BODEGAS LA PURÍSIMA	906
BODEGAS LA REMEDIADORA	336
BODEGAS LA SOLANA - PAGO FLORENTINO	921, 966
BODEGAS LA VAL	504
BODEGAS LAGUNILLA MARQUÉS DE LA CONCORDIA FAMILY OF WINES	670
BODEGAS LAN	671, 752
BODEGAS LANDALUCE	672
BODEGAS LANGA HNOS.	163
BODEGAS LAS CEPAS	672
BODEGAS LAS TIRAJANAS	284
BODEGAS LATÚE - SAN ISIDRO	336
BODEGAS LAUNA	672
BODEGAS LAUREATUS	504
BODEGAS LAVIA	157
BODEGAS LAZO	966
BODEGAS LEDA	992
BODEGAS LERMA	113
BODEGAS LEZAUN	421
BODEGAS LEZCANO-LACALLE	233
BODEGAS LLANO & MONTE	157
BODEGAS LLEIROSO	587
BODEGAS LOHER	783
BODEGAS LOLI CASADO	673
BODEGAS LÓPEZ CRISTÓBAL	587
BODEGAS LÓPEZ ORIA	674
BODEGAS LOS PINOS	871
BODEGAS LOZANO	336, 674
BODEGAS LUIS ALEGRE	674
BODEGAS LUIS CAÑAS	674
BODEGAS LUIS GURPEGUI MUGA	421, 675
BODEGAS LUIS MARÍN	179
BODEGAS LUZÓN	317
BODEGAS MAGASÉ	1041

BODEGA	PÁG.
BODEGAS MÁLAGA VIRGEN	362, 391
BODEGAS MALON DE ECHAIDE	421
BODEGAS MAM	246, 1042
BODEGAS MANILVA	363
BODEGAS MANO A MANO	966
BODEGAS MANZANOS	675
BODEGAS MANZANOS CAMPANAS	421
BODEGAS MAR DE FRADES	504
BODEGAS MARBA	783
BODEGAS MARCO REAL	422
BODEGAS MARISOL RUBIO	967
BODEGAS MARQUÉS DE CÁCERES	676
BODEGAS MARQUÉS DE REINOSA	676
BODEGAS MARQUÉS DE RISCAL	752, 992
BODEGAS MARQUÉS DE TERÁN	677
BODEGAS MARQUÉS DE VIZHOJA	505, 1042
BODEGAS MARQUÉS DEL ATRIO	677
BODEGAS MARTÍNEZ LACUESTA	678
BODEGAS MARTÍNEZ PAIVA	198, 636, 1007
BODEGAS MARTÍNEZ SÁEZ	336, 967
BODEGAS MARTUE	915, 967
BODEGAS MÁS QUE VINOS	967
BODEGAS MASET	185, 198, 436, 466
BODEGAS MASET RIOJA	678
BODEGAS MAURO	129, 992
BODEGAS MAZUELA	679
BODEGAS MEDRANO IRAZU	679
BODEGAS MEGÍA E HIJOS -CORCOVO	864, 967
BODEGAS MELER	775
BODEGAS MENADE	992, 1043
BODEGAS MIGUEL A. AGUADO	968, 1074
BODEGAS MILVUS	588
BODEGAS MIRADORIO	1006
BODEGAS MOCÉN	753, 993
BODEGAS MONÓVAR	89

BODEGA	PÁG.
BODEGAS MONTALVO WILMOT	923, 968
BODEGAS MONTE LA REINA	819, 993
BODEGAS MONTEALTO	680
BODEGAS MONTECILLO	680
BODEGAS MORCA	174
BODEGAS MUCY	233
BODEGAS MUGA	199, 680
BODEGAS MURCAL	887
BODEGAS MURIEL	681
BODEGAS MURO	681
BODEGAS MURUA	682
BODEGAS MURVIEDRO	90, 841, 871
BODEGAS NABAL	588
BODEGAS NAIA	754
BODEGAS NAIROA	549
BODEGAS NARANJO	984, 1083
BODEGAS NAVALTALLAR	940
BODEGAS NAVARRO LÓPEZ	968
BODEGAS NELEMAN	1043
BODEGAS NEO	588
BODEGAS NIDIA	993
BODEGAS NIDO DE CUCO	318
BODEGAS NIEVA	754
BODEGAS NIVARIUS	682
BODEGAS NOC	968
BODEGAS NODUS	841, 1043
BODEGAS O VENTOSELA	549
BODEGAS ÓBALO	683
BODEGAS OCHOA	422, 1043, 1074
BODEGAS OLARRA	683
BODEGAS OLIVARES	318
BODEGAS OLIVEROS	247
BODEGAS OLLAURI - CONDE DE LOS ANDES	683
BODEGAS ORBEN	683
BODEGAS ORTIGOSA	90

VINOS DE ESPAÑA

BODEGA	PÁG.
BODEGAS ORUBE	684
BODEGAS OSBORNE	299, 969
BODEGAS OSCA	776
BODEGAS OTERO	935
BODEGAS PABLO PADÍN	506
BODEGAS PÁEZ MORILLA	1043
BODEGAS PAGOS DE MOGAR	589
BODEGAS PALACIOS REMONDO	684
BODEGAS PANDORA	754, 820, 993
BODEGAS PANIZA	180
BODEGAS PASCUAL	589, 755
BODEGAS PASCUAL FERNÁNDEZ - FRONTERA NATURAL	117
BODEGAS PASIEGO	842
BODEGAS PAZO CILLEIRO	506
BODEGAS PAZO DE ARRETÉN	506, 1043
BODEGAS PEDROHERAS	336
BODEGAS PEIQUE	129
BODEGAS PENTECOSTÉS	506
BODEGAS PEÑA	549
BODEGAS PEÑAFIEL	589
BODEGAS PEÑALBA HERRÁIZ	590
BODEGAS PERE SEDA	460
BODEGAS PERICA	684
BODEGAS PETRÓN	532
BODEGAS PIEDEMONTE	423
BODEGAS PINCERNA	354
BODEGAS PINDAL	755
BODEGAS PINOSO	91
BODEGAS PIQUERAS	103
BODEGAS PITA	755
BODEGAS POLO MONLEÓN	871
BODEGAS PORTIA	590
BODEGAS PRADO DE OLMEDO	590
BODEGAS PRIETO PARIENTE	994

BODEGA	PÁG.
BODEGAS PRIMITIVO COLLANTES	299, 953
BODEGAS PRÍNCIPE DE VIANA	423
BODEGAS PROELIO	685
BODEGAS PROTOS	233, 756
BODEGAS PUENTE DE RUS	337, 969
BODEGAS PUIGGRÒS	186, 467
BODEGAS PUNKU	796
BODEGAS QUINTA DE AVES	984
BODEGAS QUITAPENAS	363
BODEGAS RAÍZ Y QUESOS PÁRAMO DE GUZMÁN	591
BODEGAS RAMÍREZ DE LA PISCINA	685
BODEGAS RAMIRO´S	994
BODEGAS REBROTAR	994
BODEGAS RECTORAL DE AMANDI	533
BODEGAS RESALTE	591
BODEGAS REVERÓN	79
BODEGAS RIBERA DEL JUÁ	318, 1044
BODEGAS RIKO	91
BODEGAS RIOJANAS	686
BODEGAS RODA	686
BODEGAS RODENO	842
BODEGAS RODERO	591
BODEGAS RODRÍGUEZ Y SANZO	506, 592, 687, 756, 820, 994
BODEGAS ROMALE	199, 636
BODEGAS ROMÁN	174
BODEGAS ROSALÍO ALONSO & CO	969
BODEGAS ROURA, J.A. PEREZ ROURA	82, 199
BODEGAS RUBUS	1044
BODEGAS RUEDA PÉREZ - VIÑAS Y BODEGA FAMILIAR	757
BODEGAS RUIZ TORRES	1007
BODEGAS SALADO	1074
BODEGAS SALVUEROS	233
BODEGAS SALZILLO	319

BODEGA	PÁG.
BODEGAS SAMPAYOLO	855
BODEGAS SAN ALEJANDRO	163
BODEGAS SAN ANTONIO ABAD	337
BODEGAS SAN DIONISIO, S. COOP.	319
BODEGAS SAN ESTEBAN	687
BODEGAS SAN MARTÍN	424
BODEGAS SAN MARTÍN DE ABALOS	687
BODEGAS SAN VALERO	180, 199
BODEGAS SANTA BÁRBARA	872
BODEGAS SANTIAGO APÓSTOL	319
BODEGAS SANTIAGO ROMA	506
BODEGAS SANTOS SODUPE ORIVE	687
BODEGAS SAUCI	247
BODEGAS SEMBRO	592
BODEGAS SEÑORÍO DE NAVA	592, 757
BODEGAS SEÑORÍO DE NEVADA	289
BODEGAS SIAH	550
BODEGAS SIERRA SALINAS	92
BODEGAS SIETECERROS	820
BODEGAS SILLERO	391
BODEGAS SILVANO GARCÍA	320
BODEGAS SIMBOLO	337
BODEGAS SINFORIANO	234
BODEGAS SOBREÑO	820
BODEGAS SOLEDAD	835
BODEGAS SONSIERRA	688
BODEGAS SUCRO	641
BODEGAS TAJINASTE	887, 933
BODEGAS TAMPESTA	355
BODEGAS TARÓN	688
BODEGAS TARSUS	593, 757
BODEGAS TEÓFILO REYES	593
BODEGAS THESAURUS CIGALES	234
BODEGAS THESAURUS RIBERA DEL DUERO	593
BODEGAS TIERRA	689

ÍNDICE BODEGAS

BODEGA	PÁG.
BODEGAS TOBÍA	690
BODEGAS TORRALBENC	1011, 1012
BODEGAS TORREDEROS	594, 757
BODEGAS TORREDUERO	821
BODEGAS TORREMORÓN	594
BODEGAS TORRES FILOSO	1044
BODEGAS TOTE ABE	995
BODEGAS TRADICIÓN	299
BODEGAS TRENZA	595, 641, 776, 906, 969, 1024, 1044
BODEGAS TRIAY	386
BODEGAS TRIDENTE	995
BODEGAS TROBAT	199, 265
BODEGAS TRUS	595
BODEGAS UTIELANAS	842
BODEGAS VAL DE VID	757
BODEGAS VALCABADINO	810, 1045
BODEGAS VALDEBARÓN	690
BODEGAS VALDECONTINA	130
BODEGAS VALDELACIERVA	690
BODEGAS VALDELANA	691
BODEGAS VALDEMAR	596, 691
BODEGAS VALDERIVERO	596, 758
BODEGAS VALDESNEROS	113, 996
BODEGAS VALDOVINOS	776
BODEGAS VALDUBÓN	596, 758
BODEGAS VALLE DEL BOTIJAS	996
BODEGAS VALLOBERA	596, 692
BODEGAS VALMENIA	940
BODEGAS VALPARAISO	597
BODEGAS VATAN	758, 821
BODEGAS VEGA DE YUSO	597
BODEGAS VEGA SAUCO	822
BODEGAS VEGA SICILIA	597
BODEGAS VEGALFARO	200, 843, 923

BODEGA	PÁG.
BODEGAS VEGAMAR	200, 872
BODEGAS VENTA MORALES	969
BODEGAS VERACRUZ	758
BODEGAS VERDES	996
BODEGAS VERDÚGUEZ	337
BODEGAS VETUS	759, 822
BODEGAS VETUSTA	598
BODEGAS VI REI	460, 1016
BODEGAS VIAZÁLEZ	130
BODEGAS VIBE	843
BODEGAS VIDAL SOBLECHERO	996, 1045
BODEGAS VIEJO ANTÓN	285
BODEGAS VILLA CONCHI - ARAEX	200
BODEGAS VILLAVID	370
BODEGAS VINÍCOLA REAL	692
BODEGAS VINIVAL	872
BODEGAS VINOS DE LEÓN	997
BODEGAS VIÑA BERNEDA	692
BODEGAS VIÑA ELENA	320
BODEGAS VIÑA HERMINIA	693
BODEGAS VIÑA LAGUARDIA	693
BODEGAS VIÑA MAYOR	598
BODEGAS VIÑA ROMANA	118
BODEGAS VIÑAS DE VIÑALES	1045
BODEGAS VIONTA	386, 507
BODEGAS VIORE	759
BODEGAS VIRGEN DE LOREA	149
BODEGAS VIRIATUS	823, 935, 997
BODEGAS VIRTUS	598
BODEGAS VITALIS	355
BODEGAS VITICULTORES DE BARROS	636
BODEGAS VIVANCO	693
BODEGAS VIVANZA	92
BODEGAS VIYUELA	599
BODEGAS VIZAR	919

BODEGA	PÁG.
BODEGAS VIZCARRA	599, 997
BODEGAS VOLVER	92, 103, 872, 969
BODEGAS WILLIAMS & HUMBERT	300
BODEGAS XALO	93
BODEGAS Y DESTILERÍAS VIDAL	872
BODEGAS Y VIÑAS DEL CONDE	694
BODEGAS Y VIÑEDOS ALFREDO SANTAMARÍA	235
BODEGAS Y VIÑEDOS ALILIAN	600
BODEGAS Y VIÑEDOS ALIÓN	600
BODEGAS Y VIÑEDOS ALVAREZ ALFARO	694
BODEGAS Y VIÑEDOS ÁNGEL LORENZO CACHAZO	759
BODEGAS Y VIÑEDOS ARTADI	1045
BODEGAS Y VIÑEDOS ARTAZU	424
BODEGAS Y VIÑEDOS CAL GRAU	467
BODEGAS Y VIÑEDOS CASA DEL VALLE	970
BODEGAS Y VIÑEDOS CASADO MORALES	695
BODEGAS Y VIÑEDOS DEL CONDE DE SAN CRISTÓBAL	600
BODEGAS Y VIÑEDOS DIEZ MERITO	301
BODEGAS Y VIÑEDOS DIVINA PROPORCIÓN	823
BODEGAS Y VIÑEDOS EL ROBLEDO	937
BODEGAS Y VIÑEDOS EL SEQUÉ	94
BODEGAS Y VIÑEDOS EVINE	907
BODEGAS Y VIÑEDOS GALLEGO ZAPATERO	601, 997
BODEGAS Y VIÑEDOS GANCEDO	131
BODEGAS Y VIÑEDOS GÓMEZ CRUZADO	695
BODEGAS Y VIÑEDOS GORMAZ	601
BODEGAS Y VIÑEDOS ILLANA	641
BODEGAS Y VIÑEDOS ILURCE	696
BODEGAS Y VIÑEDOS JUAN MANUEL BURGOS (AVAN VINOS)	602
BODEGAS Y VIÑEDOS LA MALDITA	696
BODEGAS Y VIÑEDOS LA MEJORADA	997, 1046
BODEGAS Y VIÑEDOS LABASTIDA	696
BODEGAS Y VIÑEDOS LADERO	338

BODEGA	PÁG.	BODEGA	PÁG.	BODEGA	PÁG.
BODEGAS Y VIÑEDOS LARRAZ	696	BODEGOSA	550	CAN PALOMA	187
BODEGAS Y VIÑEDOS LEZA GARCÍA	697	BODEGUEROS QUINTA ESENCIA	823	CAN RÀFOLS DELS CAUS	437
BODEGAS Y VIÑEDOS LUNA BEBERIDE	132	BODEGUES BESALDUCH VALLS BELLMUNT	956, 1047	CAN SUMOI	438, 1047, 1075
BODEGAS Y VIÑEDOS MARQUÉS DE CARRIÓN	698	BODEGUES MACIÀ BATLE	1016	CAN VALLÈS	438
BODEGAS Y VIÑEDOS MARQUÉS DE VARGAS	698	BODEGUES SUMARROCA	201, 436	CAN XANET	1018
BODEGAS Y VIÑEDOS MAYOR DE CASTILLA	760	BODEGUES VIDAL SERRA	1017	CANALS I MUNNÉ	201, 438
BODEGAS Y VIÑEDOS MERAYO	132	BODEM BODEGAS	180	CANALS NADAL	202
BODEGAS Y VIÑEDOS MONTEABELLÓN	602, 760	BOGARVE 1915	338	CANTARIÑA	132, 1047
BODEGAS Y VIÑEDOS MONTECASTRO	602	BOQUERA DEL CARCHE	907	CAP DE BARBARIA	1009
BODEGAS Y VIÑEDOS ORTEGA EZQUERRO	699	BORJA PÉREZ GONZÁLEZ	902	CAPILLA DEL FRAILE	970
BODEGAS Y VIÑEDOS PEDRO GARCÍA	895	BOUZA DE CARRIL	507	CAR VINÍCOLAS REUNIDAS	250
BODEGAS Y VIÑEDOS PINTIA	823	BOUZA DO REI	508	CARA NORD CELLER	240, 399
BODEGAS Y VIÑEDOS PONCE	371	BROTONS V & A	94	CARABIBAS	94
BODEGAS Y VIÑEDOS PRADOREY	603	BRUGAROL	265	CARLOS REY LUSTRES	509
BODEGAS Y VIÑEDOS PUENTE DEL EA	699	BRUNEO	118	CARLOS SERRES	701
BODEGAS Y VIÑEDOS PUJANZA	699	BSI - BODEGAS SAN ISIDRO	321	CARMELITANO BODEGAS Y DESTILERÍAS	872
BODEGAS Y VIÑEDOS QUIROGA DE PABLO	700	BUEZO	114, 1047	CARRAMATA	761
BODEGAS Y VIÑEDOS RAUDA S. COOP.	604	BUIL & GINÉ	467	CARRASCALEJO	157
BODEGAS Y VIÑEDOS ROSAN	235	BUTROI UPATEGIA	150	CARRIL CRUZADO	371, 970
BODEGAS Y VIÑEDOS SENTENCIA	843, 1046	BVINO	701	CASA AURORA	1047
BODEGAS Y VIÑEDOS SHAYA	760			CASA CORREDOR	95, 1048
BODEGAS Y VIÑEDOS SOTERO PINTADO	998, 1046			CASA GRAN DEL SIURANA	467
BODEGAS Y VIÑEDOS TÁBULA	604	**C**		CASA LOS FRAILES	873
BODEGAS Y VIÑEDOS TAMARAL	507, 604	CA N'ESTRUC	186	CASA MOREIRAS	533
BODEGAS Y VIÑEDOS U.V.R.	201	CA' DI MAT	896	CASA RAVELLA	202, 438
BODEGAS Y VIÑEDOS VALDERIZ	605	CA'N VERDURA VITICULTORS	144, 1017, 1047	CASA SICILIA 1707	95
BODEGAS Y VIÑEDOS VALTRAVIESO	114, 320, 605, 761, 970, 998	CABELLUT	186	CASAL DO CANTEIRO	550
BODEGAS Y VIÑEDOS VEGA REAL	606	CAMBADOS URBAN WINERY	508	CASAR DE BURBIA	133
BODEGAS Y VIÑEDOS VENTA LA VEGA	103	CÁMBRICO	937	CASTELL D'ENCUS	250
BODEGAS YUNTERO	338, 970, 1075	CAMINO DE CABRAS	509, 533, 855, 1047	CASTELL D'OR	202, 241, 399
BODEGAS ZAPATA	606	CAMPO VIEJO	701	CASTELL DEL REMEI	202, 251
BODEGAS ZIFAR	606	CAN BAS DOMINI VINICOLA	437	CASTELL SANT ANTONI	1075
BODEGAS ZIRÍES	1046	CAN GELAT	1017	CASTILLO DE MAETIERRA	1048
BODEGAS ZUGOBER	700	CAN GRAU VELL	187	CASTILLO DE MONJARDÍN	424
		CAN LLEÓ	437	CASTILLO DE MONSÉRAN	180

ÍNDICE BODEGAS

BODEGA	PÁG.
CASTRO VENTOSA	133
CAVA & HOTEL MASTINELL	203, 439
CAVA JOAN COLET RIUS	203
CAVA REVERTÉ	203
CAVA VARIAS	203, 439
CAVA VIVES AMBRÒS	204, 789
CAVAS BERTHA	204
CAVAS BOLET	205, 439
CAVAS HILL	205
CAVAS JANÉ SANTACANA	205
CAVAS MAREVIA	206
CAVES BOHIGAS	187, 206
CAVES MIQUEL PONS	206, 439
CAVES VIDAL I FERRÉ	207
CAYETANO DEL PINO Y CÍA	301
CAZAPITAS	509, 951
CELLER ABELLÓ	468
CELLER AIXALÀ I ALCAIT	468
CELLER ARCHÉ PAGÈS	265
CELLER ARDEVOL	469
CELLER ARRUFÍ	796, 1048
CELLER BÀRBARA FORÉS	796
CELLER BARTOLOMÉ	469
CELLER BATEA	797
CELLER BATLLIU DE SORT	251
CELLER BURGOS PORTA	469
CELLER CAL BESSÓ	399, 1048
CELLER CARLES ANDREU	207, 241
CELLER CASTELLET	470
CELLER CATARUZ	873, 1048
CELLER CEDÓ ANGUERA	399
CELLER CERCAVINS	252
CELLER COMA D'EN BONET	797
CELLER COOPERATIU CORNUDELLA	400
CELLER COOPERATIU D'ESPOLLA	266

BODEGA	PÁG.
CELLER COOPERATIU D'ESPOLLA – VINS DE POSTAL	266
CELLER COOPERATIU GANDESA	798
CELLER CREDO	440
CELLER DE CAPÇANES	187, 400
CELLER DE L'ABADÍA	470
CELLER DE L'ENCASTELL	470
CELLER DEL ROURE	873
CELLER GERISENA	267
CELLER GRAU I GRAU	188
CELLER GRITELLES	401, 471, 1075
CELLER HIDALGO ALBERT	471
CELLER HOSPITAL DE SITGES	440, 1048
CELLER JOC	267, 1048
CELLER JORDI LLUCH	207
CELLER JOSEP VICENS	798
CELLER KRIPTA	208, 440
CELLER LA BOTERA	798
CELLER LAURONA	401
CELLER LES FRESES	95
CELLER LES SOQUES	96, 1049
CELLER MAR DE VINS	1049
CELLER MARFIL	82
CELLER MARIÀ PAGÈS	267
CELLER MARIOL	799
CELLER MARTÍ FABRA	268
CELLER MAS BASTE	471
CELLER MAS D'EN BAIGET	789
CELLER MAS DE LES PERERES	471
CELLER MAS DE LES VINYES	401
CELLER MAS DEL BOTÓ	790
CELLER MASROIG	402
CELLER MASSIS DE L'ALBERA	268
CELLER MONTSEC	252
CELLER PALLARADES	790
CELLER PASANAU	472

BODEGA	PÁG.
CELLER PASCONA	402
CELLER PIÑOL	799
CELLER PURGATORI	253
CELLER RENDÉ MASDÉU	241
CELLER RIALLA	800
CELLER SABATÉ	472
CELLER SANMARTÍ	456
CELLER SANROMÀ	1050
CELLER SAÓ DEL COSTER	473
CELLER SOLERGIBERT	456
CELLER TIANNA NEGRE	1018, 1050
CELLER VALL-LLACH	473
CELLER VELL CAVA	208
CELLER VENDRELL RIVED	403
CELLER VILA CORONA	253
CELLER VILANOVA	800
CELLER XAVIER CLUA	800
CELLERS BLANCH	790
CELLERS CAN BLAU	403
CELLERS CAROL VALLÈS	208
CELLERS DE SCALA DEI	473
CELLERS SANT RAFEL	403
CELLERS TARRONÉ	800
CELLERS TERRA I VINS	404, 474, 801
CELLERS UNIÓ	188, 404, 790, 801
CELLERS UNIÓ - POBOLEDA	474
CEPA 21	607
CÉRVOLES CELLER	253
CÉSAR MÁRQUEZ BODEGAS Y VIÑEDOS	134
CHAN DE ROSAS	509
CHOZAS CARRASCAL	209, 843, 916
CÍA. BODEGUERA DE VALENCISO	702
CÍA. VINÍCOLA DEL SUR - TOMÁS GARCÍA	391
CÍA. VITÍCOLA SILEO	404
CIEN Y PICO WINE	372

ÍNDICE BODEGAS

BODEGA	PÁG.
CILLAR DE SILOS	607
CINGLES BLAUS	405
CLOS BERENGUER	474
CLOS COR VÍ	844, 874
CLOS DE LÔM	874
CLOS DEL PORTAL	475
CLOS FIGUERAS	405, 475
CLOS GALENA	476, 801
CLOS I TERRASSES	476
CLOS MOGADOR	405, 476
CLOS PACHEM	476, 801
CLOS PONS	254
COALLA	927
COCA I FITÓ	405, 802
CODORNÍU	209
COLECCIÓN DE TONELES CENTENARIOS	96
COLET	440
COLONIAS DE GALEÓN	1025, 1050
COMANDO G VITICULTORES	896, 929, 998
COMPAÑÍA DE VINOS HERACLIO	702
COMPAÑÍA DE VINOS MIGUEL MARTÍN	761, 998
COMPAÑÍA DE VINOS SANTIAGO JORDI	953, 1050
COMPAÑÍA DE VINOS TELMO RODRÍGUEZ	363, 608, 702, 855, 929
COMPAÑIA DE VINOS TRICÓ	509
CONCEJO BODEGAS	235, 998
CONDADO DE SEQUEIRAS	534
CONVENTO OREJA	608
COOP. AGRÍCOLA LA AURORA	391
COOP. ALBARIZAS DE TREBUJENA	301
COOP. CONDES DE FUENSALIDA	379
COOP. SAN VICENTE FERRER DE TEULADA	96
COOP. SANT PERE	875
COOP. SANTA QUITERIA - TINTORALBA	103
COOP. VINÍCOLA DEL CARMEN	338, 970

BODEGA	PÁG.
COOPERATIVA AGRÍCOLA VIRGEN DE PALOMARES	302, 1051
COOPERATIVA AGROVINÍCOLA MONTSERRAT	875
COOPERATIVA DE GARRIGUELLA	269
COOPERATIVA DE VIVER	956
COOPERATIVA FALSET MARÇA	406
COOPERATIVA SANTA CATALINA	339
COPABOCA RIBERA	608
CORAL DUERO	823
CORISCA	510
CORRALES ESPINOSA FAMILY WINES	864
CORTIJO EL CURA ECO-BODEGA	1012
CORTIJO LOS AGUILARES	363
COSECHERA WINES	784
COSECHEROS Y CRIADORES	971
COSTERS DEL PRIORAT	477
COSTERS DEL SIÓ	254
COTA 45	953
COTA 730	255
COTO DE GOMARIZ	550
COVIDES VINYES - CELLERS	441
COZAR DESDE 1837	364
CREACIONES EXEO	703
CREGO E MONAGUILLO	386
CRIADORES DE RIOJA	703
CUARTA GENERACIÓN BODEGAS Y VIÑEDOS	937
CUENTAVIÑAS	608, 703
CUM LAUDE	209
CURII UVAS Y VINOS	1051
CUSCÓ BERGA	210
CV SOLTERRA	608
CVNE	704, 761

BODEGA	PÁG.
D	
D´FRAN S.C.	534
DALCAMP	777
DALT TURÓ	1018, 1051
DANIEL FERNÁNDEZ (ALBA AL-BAR SL)	386
DANIEL RAMOS	929, 1051
DAVID MARTÍNEZ SOBRAL	510
DAVIDE	510
DCOOP S. COOP. AND WINE DIVISION	971
DCOOP SCA SECCIÓN VINOS	339
DE BRINGAS	150
DE LA RIVA	1051
DE MULLER	477, 790, 1052
DE NARÍZ	210, 907, 1023
DEHESA DE LOS LLANOS	971
DEHESA DEL CARRIZAL	918
DEHESA LA GRANJA	999
DELGADO ZULETA	302
DESCENDIENTES DE J. PALACIOS	135
DESTILERÍA Y BODEGA CAYO	1012, 1052
DESTINOS CRUZADOS VINOS	510
DETILIO BODEGA BOUTIQUE	609, 999
DIEGO DONIZ DIÉGUEZ	550
DIEZ-CABALLERO	704
DIMOBE - BODEGA A. MUÑOZ CABRERA	364, 1075
DÍSCOLO	824
DOBLEDEPEREZ MICROBODEGA	321
DOMENIO	188, 210, 241, 441
DOMÍNGUEZ CUARTA GENERACIÓN	784
DOMINIO BASCONCILLOS	609
DOMINIO DE ANZA	135, 705
DOMINIO DE BERZAL	705
DOMINIO DE BORNOS	609

ÍNDICE BODEGAS

BODEGA	PÁG.
DOMINIO DE CALOGÍA	609
DOMINIO DE CASALTA	104, 321, 1052
DOMINIO DE EGUREN	971
DOMINIO DE LA SIERRA	937
DOMINIO DE LA VEGA	210, 844
DOMINIO DE NOBLEZA	705
DOMINIO DE PINGUS	610
DOMINIO DE TARES	135
DOMINIO DEL ÁGUILA	611, 1052
DOMINIO DEL BENDITO	824
DOMINIO DEL BIENAMADO	825
DOMINIO DEL BLANCO	999, 1053
DOMINIO DEL CARABO	706
DOMINIO DEL CHALLAO	706
DOMINIO DEL LINZE	972, 985
DOMINIO DEL PIDIO	611
DOMINIO DO BIBEI	534, 551
DOMINIO FOURNIER	611
DOMINIO MAESTRAZGO	950
DON BERNARDINO	535
DUNORD VITÍCOLA	1019

E

BODEGA	PÁG.
ÉBANO VIÑEDOS Y BODEGAS	611
ECCOCIVI CELLER	1053
EDETÀRIA	802
EDICIONES ILIMITADAS	406, 478
EDRA BODEGA Y VIÑEDOS	1024
EDUARDO GARZA	478
EDUARDO PEÑA	551
EGO BODEGAS	322, 1024
EGUREN UGARTE	706
EIDO DA FONTE	510
EL COTO DE RIOJA	707
EL PROGRESO SDAD. COOP. CLM.	340, 972
EL SAUCERAL	972
EL SESEO	158
EL SUEÑO DE LAS ALFORJAS	355
ELADIO PIÑEIRO RURAL WINES	511
ELÍAS MORA	825
ELVIWINES	83, 340, 406, 642, 707
ELYSAR	260
EMILIO VALERIO	425
EMPORDÀLIA	269
ENCIMA WINES	136
ENCINA BLANCA DE ALBURQUERQUE	1008
ENCOMIENDA DE CERVERA	973
ENVERO WINE COMPANY	104, 844
ENVINATE	902, 933, 1053
EQUIPO NAVAZOS	303, 391, 1054
ES FANGAR VINS	460
ESENCIA WINES CELLARS	322
ESPAIVI	478
ESPELT VITICULTORS	270
ESSÈNCIA DE LLUNA	802
ESTEBAN CELEMIN & VITICULTOR	999, 1054
ESTEL D'ARGENT	211, 442
ESTEVE I GIBERT VITICULTORS	1054
ESTÉVEZ BODEGAS Y VIÑEDOS	136
ESTOL VERD CELLER	791
ESTONES VINS	407, 803
ETÉREA KRIPÁN	707
EULOGIO & JAVIER WINES	1000
EUSEBIO CASADO WINEMAKER (BODEGAS VIÑA LAGUARDIA)	708

F

BODEGA	PÁG.
FAMILIA ARIAS VIDAL VITICULTORES	137
FAMILIA BASTIDA	340, 708, 844, 973
FAMILIA MARTÍNEZ ELORZA	708
FAMILIA MONTAÑA	708
FAMILIA NIN ORTIZ	478
FAMILIA TORRES	242, 442
FAMILIA TORRES PRIORAT	479
FAUSTINO RIVERO ULECIA	323, 425, 511, 709, 844
FÉLIX SOLÍS	340, 1055
FÉLIX SOLIS AVANTIS	761, 864, 973, 1055, 1076
FENTO WINES	511, 535, 1055
FERNÁNDEZ EGUILUZ	709
FERNANDO DE CASTILLA	303
FERRÉ I CATASÚS	211, 442
FERRER BOBET	479
FIGUERO	612
FIL·LOXERA & CÍA.	875
FINCA ALBRET	426
FINCA ANTIGUA	340, 973
FINCA ARAUZO	1000
FINCA BACARA	323
FINCA BATLLORI	211
FINCA BINIAGUAL	144
FINCA CAN AXARTELL	1019
FINCA COLLADO	96
FINCA CONSTANCIA	973
FINCA CUARTA	535
FINCA DE LA RICA	710
FINCA EL OLMILLO	323
FINCA EL REFUGIO	974
FINCA LA CANTERA DE SANTA ANA	426
FINCA LA CAPILLA	613, 762
FINCA LA ESTACADA	835, 974

ÍNDICE BODEGAS

BODEGA	PÁG.
FINCA LOS ALIJARES	975
FINCA MILLARA	536
FINCA MONASTASIA	324
FINCA MONCLOA	954
FINCA MONTALVILLO	710
FINCA MONTEPEDROSO	762
FINCA MUSEUM	235
FINCA RÍO NEGRO	975
FINCA RODMA	613
FINCA SANDOVAL	372
FINCA TORREMILANOS	211, 613, 1000
FINCA VALONGA	1026, 1076
FINCA VALPIEDRA	710
FINCA VANDAMA	285
FINCA VILADELLOPS	443
FINCA VILLACRECES	614
FINCA Y VIÑEDOS SAN COBATE	614
FINCAS DE AZABACHE	710
FORTUNA WINES	512
FRAGAS DO LECER	386
FREIXA RIGAU	212
FREIXENET	188, 212
FROM GALICIA GROUP	386, 512, 711
FRUTOS VILLAR	236, 826
FUENTES DEL SILENCIO	1000

G

BODEGA	PÁG.
GAINTZA	279
GALÁN DE MEMBRILLA - BODEGAS REZUELO	341, 975
GALLINA DE PIEL WINES	137, 164, 270, 426, 443, 479, 551
GAÑETA	279
GARKALDE TXAKOLINA	150
GARMÓN CONTINENTAL	615

BODEGA	PÁG.
GATELL	212
GENIUM CELLER	480
GIL LUNA	827
GIL PEJENAUTE	174
GIRÓ DEL GORNER	213, 443
GIRÓ RIBOT	213, 444, 1055
GONZÁLEZ BYASS JEREZ	303
GONZÁLEZ FISCHER	940
GONZALO CELAYETA WINES	427
GORKA IZAGIRRE	150
GRACIA	392
GRAMONA	1076
GRAN CLOS DEL PRIORAT	480
GRAN SELLO	976
GRANDES VINOS	181
GRANJA NUESTRA SEÑORA DE REMELLURI	711
GRATAVINUM	480
GUELBENZU	1025
GUILELLA AGRICOLA	876
GUTIÉRREZ COLOSÍA	305

H

BODEGA	PÁG.
HACIENDA ACENTEJO	784
HACIENDA ALBAE	976
HACIENDA EL TERNERO	712
HACIENDA GRIMÓN	712
HACIENDA LA QUINTERIA	1055
HACIENDA LÓPEZ DE HARO	713
HACIENDA MIGUEL SANZ	615
HACIENDA SOLANO	615
HACIENDA TERRA DURO	827
HACIENDA UCEDIÑOS	856
HACIENDA VILLARTA	976
HAMMEKEN CELLARS	97, 104, 324, 372, 407, 481, 512, 551, 615, 828, 876, 908, 929, 976, 1055

BODEGA	PÁG.
HEREDAD ANSÓN	181
HEREDAD DE ATENCIA	977
HEREDADE DO PESO	427
HEREDEROS DEL MARQUÉS DE RISCAL	713
HERÈNCIA ALTÉS	803
HERETAT OLLER DEL MAS	457, 1056
HERMANOS FERNÁNDEZ	714
HERMANOS FRÍAS DEL VAL	715
HIDALGO	305
HIJOS DE ANTONIO POLO	615
HIJOS DE RUFINO IGLESIAS	236
HIKA BODEGA	279
HIRUZTA BODEGA	279, 1076
HM LAS VETAS	260
HNOS. CASTILLO PÉREZ	715
HODGKINSON PRIORAT	481
HORNILLOS BALLESTEROS	616
HUERTA DE ALBALÁ	954
HUERTO DE LA CONDESA	364
HUGUET DE CAN FEIXES	444, 1076
HVMA	715

I

BODEGA	PÁG.
IBAI VITICULTORES	715
IBIZKUS WINES	1007
IDRIAS	777
INN WINE BODEGAS Y VIÑEDOS	977, 1056
IVÁN VÁZQUEZ PATEIRO (PATEIRO VINOS DE GUARDA)	551
IZAR - LEKU MAHASTIAK	280
IZQUIERDO VIÑEDOS Y BODEGAS	324

J

BODEGA	PÁG.
J. GARCIA CARRION LA MANCHA	341, 1077

ÍNDICE BODEGAS

BODEGA	PÁG.
JABLE DE TAO	351
JAIME RUIZ DIAZ	716
JANÉ VENTURA	214, 444
JAUME DE PUNTIRÓ	145, 1019, 1056
JAUME GIRÓ I GIRÓ	214, 444
JAUME LLOPART ALEMANY	215, 445
JAVI REVERT VITICULTOR	876
JAVIER SANZ VITICULTOR	762, 1000, 1056
JEAN LEON	445
JESÚS DE MADRAZO WINES	616, 716
JOAN DE LA CASA. VITICULTOR	97
JOAQUÍN REBOLLEDO	856
JOEL SALVAT RULL	1056
JORGE MARCÉN MONTESA	1056
JORGE ORDÓÑEZ MÁLAGA	365
JOSÉ ANTONIO GARCÍA GARCÍA	137
JOSÉ ESTÉVEZ	954
JOSÉ GALINDO WINEGROWER	941
JOSÉ GIL VIGNERON	716
JOSÉ MANUEL BUSTILLO	1057
JOSEP FORASTER	242
JOSEP GRAU VITICULTOR	407, 481
JOSEP GUILERA RIAMBAU - COMA ROMÀ	446
JUAN CARLOS SANCHA	716
JUAN FRANCISCO FARIÑA PÉREZ	882
JÚLIA BERNET - VINYES DE MUNTANYA	1077
JULIA CASADO	158, 1057
JUVÉ & CAMPS	215

L

BODEGA	PÁG.
L'OLIVERA	188, 255
L'ORIGAN	216
LA BALDESA	785
LA BALLESTERA	977
LA BARONÍA DE TURIS	876
LA BRUIXA DELS MUDEFES	803, 1057
LA CALANDRIA. PURA GARNACHA	428
LA CARBONERA	717
LA CEPA DE PELAYO	372
LA COMARCAL	877
LA CONRERIA D'SCALA DEI	481
LA COVA DELS VINS	408
LA FURGONETA VINOS	1001
LA GAVACHA WINES	164
LA GUITA	305
LA HAYA	888
LA LOBA	616
LA MELONERA	366
LA NIÑA DE CUENCA	373
LA RIOJA ALTA	717
LA SETERA	118
LA SUERTITA	888
LA VINYETA	270
LA VIÑA DEL ABUELO	828
LA VIÑITA	888
LACRIMA BACCUS	217
LADRÓN DE LUNAS	845
LAFOU CELLER	804
LAGAR DA CACHADA	512
LAGAR DA CONDESA	512
LAGAR DE BESADA	513
LAGAR DE COSTA	513, 1057, 1077
LAGAR DE FORNELOS	513
LAGAR DE LA SALUD	392, 1057
LAGAR DE SABARIZ	1057
LAGAR DEL DUQUE	236
LAOSA	356, 1058
LAR DE MAÍA	1001
LAS MERCEDES DEL CABRIEL	845
LAS MORADAS DE SAN MARTÍN	896
LAS PEDRERAS VIÑEDOS Y VINOS	930, 1058
LATORRE AGROVINÍCOLA	845
LÁZARO ALONSO ALONSO	934
LEGADO DE ORNIZ	828
LEGARIS	617, 763
LEO & NINE	777
LES ACÀCIES	457
LES VINS BONHOMME	877
LES VINYES DEL CONVENT	804
LEYENDA DEL PÁRAMO	1001
LIBERSO CURIOSO VERDEJO	763
LIBRE Y SALVAJE	181
LLICORELLA VINS	482
LLOPART	1077
LMT WINES (LUIS MOYA)	150, 428, 717, 1078
LOALTO BODEGA Y VIÑEDOS	1058
LOESS VINOS	617, 763
LOS 3 MONOS WINES	617
LOS BARRANCOS	290
LOS GREDALES DE EL TOBOSO	978
LOS INSENSATOS DE LA ANTEHOJUELA	392
LOSADA, VINOS DE FINCA	137
LOXAREL	446
LUBERRI MONJE AMESTOY	717
LUIS GARCÍA ALVAREZ	514
LURE WINES	151
LUSTAU	306

M

BODEGA	PÁG.
Mª TERESA LÓPEZ FIDALGO (ADEGA O CABALIN)	856
MACROBERT & CANALS	718
MAGALARTE LEZAMA	151

BODEGA	PÁG.
MAIUS	482
MALAHIERBA VINOS	938
MANUEL ARAGÓN	307
MANUEL CORZO RODRÍGUEZ	856
MANUEL QUINTANO LABASTIDA	718
MAR DE ENVERO	514, 536
MARAÑONES	897
MARCELINO TIERRA Y VINO	536
MARCELO RETAMAL	1058
MARCO ABELLA	483, 804
MAREA SELECTION	98
MARÍA CASANOVAS	217
MARIA RIGOL ORDI	217
MARIA ZAMARREÑO	138
MARQUÉS DE BURGOS	617
MARQUÉS DE CÁCERES	763
MARQUÉS DE LA CONCORDIA	1001
MARQUÉS DE LA CONCORDIA FAMILY OF WINES	719
MARQUÉS DE MURRIETA	719
MARQUÉS DE TOMARES	719
MARQUÉS DE VELILLA	618
MARQUÉS DEL PUERTO	720
MARQUÉS DEL REAL TESORO	308
MARTÍN BERDUGO BODEGA Y VIÑEDOS	618, 763
MARTÍNEZ CORTA	720
MARTINSANCHO BODEGA Y VIÑEDOS	764
MARZAGANA ELEMENTALES	1058
MAS ALTA	483
MAS BERTRAN	446
MAS BLANCH I JOVÉ	255
MAS CANDÍ	1078
MAS CODINA	217, 446
MAS COMTAL	447
MAS DE L'A	484, 1059
MAS DE LA PANSA	188, 242
MAS DE TORUBIO	950
MAS DOIX	484
MAS LLUNES	271
MAS MARTINET VITICULTORS	485
MAS RIBOT	1059
MAS RODÓ VITIVINÍCOLA	447
MAS VILELLA	1059
MASÍA BACH	189
MATA I COLOMA	218
MATAZNOS 33	934
MATSU	828
MAURICIO LORCA AUTOR DE VINOS - VIÑAS DE BELESAR	536
MAURO ESTÉVEZ	552
MAYOR DE MIGUELOA	720
MEDINA AGRICULTURA ECOLÓGICA (FINCA LAS CARABALLAS)	1001
MELGARAJO	356, 1002
MÉNDEZ-ROJO (TERRIÑA)	856
MÉNDEZ-ROJO (VÍA ATLÁNTICA)	514
MÉNDEZ-ROJO (VÍA ROMANA)	537
MENDIETA OSABA WINES	720
MERITXELL PALLEJÀ	485
MERRUTXU UPELTEGIA	151
MERVM PRIORATI	486
MÉS QUE PARAULES	457
MESTRATGE VINS IDENTITARIS	447
MICHELINI I MUFATTO	138
MIGUEL DOMECQ	954
MILÉNICO	619
MILSETENTAYSEIS	619
MIQUEL OLIVER	461
MIRADOR DE ADRA	261
MIXTURA	1059
MOISÉS GRAN VINO	829
MONT MARÇAL VINÍCOLA	218
MONT REAGA	978
MONTEBACO	619, 764
MONTEGAREDO	620
MONTEMUNDO UVAS Y VINOS	104, 978
MONTESANCO	218, 845, 1059
MONTESQUIUS	218
MONTRUBÍ	448, 1078
MUCHADA-LÉCLAPART	1060
MUREDA ALIMENTACIÓN	979
MURGUIALDI 3 DE BALEARS	1020
MUSCÀNDIA - VIADER	219, 448, 1078

N

BODEGA	PÁG.
NADAL	449, 1078
NANCLARES Y PRIETO VITICULTORES	1060
NAUTILUS LANZAROTE	351
NAVA VALLEY-GARCÍA SERRANO	1002, 1060
NAVASCUÉS ENOLOGÍA	182
NAVE ROVER	1061
NAVISA INDUSTRIAL VINÍCOLA ESPAÑOLA	393
NEKEAS	428
NEXUS BODEGAS	620
NILVA ENOTURISMO	366
NOTAS FRUTALES DE ALBARIÑO	514
NTRA. SRA. DE LA CABEZA DE CASAS IBÁÑEZ SOC. COOP. DE CLM	373
NTRA. SRA. DE MANJAVACAS	341
NUESTRA SEÑORA DEL ESPINO	373
NUESTRA SRA. DE LA SOLEDAD S.C.	637
NUESTRO DE DÍAZ BAYO	620
NUEVOS VINOS	764

BODEGA	PÁG.
O	
O LUAR DO SIL	857
OCAMPO VINOS	785
OCELLUM DURII	119
OLIVEDA	271
OLIVER VITICULTORS	219, 449
ONTALBA SOC. COOP. DE C-LM	324
ORIGEN VITICULTORES	778
ORIOL ROSSELL	219, 449
ORTO VINS	408
OSSIAN VIDES Y VINOS	1002
OSTATU	721
OVIDIO GARCÍA	237
OXER WINES	151, 721, 1061
P	
PABLO VIDAL - VINOS CON PERSONALIDAD	387, 538, 552, 857
PACO & LOLA	515, 857
PACO MULERO	105, 164, 325, 409, 515, 722, 764, 1002
PAGO AYLÉS	913
PAGO CALZADILLA	915
PAGO CASA DEL BLANCO	915, 979
PAGO DE CARRAOVEJAS	621
PAGO DE LA BOTICARIA	165, 1061
PAGO DE LA JARABA	922
PAGO DE LA OLIVA	1003
PAGO DE LARRÁINZAR	428
PAGO DE LARREA	722
PAGO DE LOS CAPELLANES	621
PAGO DE MARINACEA	764, 829
PAGO DE THARSYS	220, 846, 918

BODEGA	PÁG.
PAGO DE VALLEGARCÍA	924
PAGO DEL CIELO	622, 764
PAGO DEL VICARIO	920
PAGO EL ALMENDRO	941
PAGO FINCA ÉLEZ	920
PAGO HEREDAD DE URUEÑA	921
PAGO LOS BALANCINES	637, 1008
PAGOS ALTOS DE ACERED	165
PAGOS DE ANGUIX	622
PAGOS DE BRIGANTE	952
PAGOS DEL MONCAYO	175
PAGOS DEL REY	515, 722, 764, 830
PAGOS DEL REY RIBERA DEL DUERO	623
PAISAJES Y VIÑEDOS	723
PALACIO DE BORNOS	765
PALACIO DE VILLACHICA	830
PALACIO QUEMADO	637, 1008
PALMERI SICILIA	175
PARAJES DEL VALLE BODEGAS Y VIÑEDOS	326, 374, 1061
PARATÓ	221, 449
PARÉS BALTÀ	221, 450
PARET SECA VINS	1020, 1061
PAZO BAIÓN	516
PAZO DE BARRANTES	516
PAZO DE LA CUESTA	538, 1061
PAZO DE RUBIANES	517
PAZO DE SEÑORANS	518
PAZO DE TOUBES	552, 858
PAZO DE VIEITE	552
PAZO DE VILLAREI	518
PAZO PONDAL	519
PAZO TIZÓN	552
PAZOS DE LUSCO	519

BODEGA	PÁG.
PENTATEUCO WINES	1008
PEPE MENDOZA CASA AGRÍCOLA	98
PERE GUARDIOLA	272
PERE VENTURA	221
PERELADA	272
PÉREZ BARQUERO	393, 1006, 1079
PÉREZ CARAMÉS	138
PERINET	486, 1061
PERSEO 7 BODEGAS	765
PICO CUADRO	624
PIES VIEJOS PARAJES Y VIÑEDOS+	979
PLA DE MOREI	189, 1062
PLANA D'EN JAN	450
PLANAS ALBAREDA	222, 451
PONTECABALEIROS	519
PONY FOODS	222
PRIMITIVO QUILES	98, 1062
PRIOR DE PANTÓN	538
PRIVIUS	387, 520, 552
PRODUCCIONES ARRAEZ BRAVO	351
PROPIETAT D'ESPIELLS	451
PROTOS BODEGAS RIBERA DUERO DE PEÑAFIEL	624
PROYECTO DE VINOS CARIÑOSOS	138
PROYECTO GARNACHAS/VINTAE	165, 486, 1062
PURÍSIMA CONCEPCIÓN, S.C. DE CLM	642
Q	
QUEIRÓN	723
QUINTA COUSELO	520
QUINTA MILÚ	625
QUINTA SARDONIA	1003

BODEGA	PÁG.
R	
R & G ROLLAND GALARRETA	625, 724, 765
R. LÓPEZ DE HEREDIA VIÑA TONDONIA	724
RAFAEL CAMBRA	877
RAFAEL PALACIOS	858
RAÍCES IBÉRICAS	165, 356, 804, 897, 938, 1004
RAIMAT	256
RAMÓN BILBAO	724, 765
RAMÓN CANALS	222
RAMÓN MARCOS FERNÁNDEZ	538
RAMÓN SAENZ ORGANIC WINES & VINEYARDS	726
RAÚL MORENO	1062
RAUL TAMAYO	625
RAVENTÓS I BLANC	1079
REAL AGRADO	726
REBORAINA	1024
RECAREDO	1080
RECESPAÑA SOC. COOP.	897
RECTORAL DO UMIA	520
REGINA VIARUM	538
REMIGIO DE SALAS JALON	237
REXACH BAQUES	222
REZABAL	280
RICO NUEVO VITICULTORES	930
RIMARTS	223
RIOJA VEGA	726
RIPPA DORII	626, 626, 766
RITME CELLER	487
RIVASANZ VIÑEDOS	766
ROBERT J. MUR	223
ROCHAL	938
ROGER GOULART (CVNE)	223
ROIG PARALS	274
ROMATE	308

BODEGA	PÁG.
RONSEL DO SIL	539
ROSARIO VERA	727
ROSELL MIR	1080
ROSENDO ESTEVE VINS I OLIS	804
ROVELLATS	224
RUFINO LECEA BLANCO	727
S	
S.A.T. VIRXEN DOS REMEDIOS	540
SA CABANA	1020
SA FORANA	1011
SABATÉ I COCA - CASTELLROIG	1081
SAMSARA PRIORAT	487
SAN COBATE FINCA Y VIÑEDOS	766
SAN GREGORIO	166
SAN ROMÁN BODEGAS Y VIÑEDOS	831
SANDRA DOIX MORA	487
SANGENÍS I VAQUÉ	488
SANT JOSEP VINS	189, 805, 1062
SANTA CATARINA	145, 1020
SANTA CRUZ DE ALPERA SOC. COOP. DE C-L-M	105
SANTA MARTA	858, 1063
SANTA MARTA VIRGEN S.C.A.	637, 1009
SANTALBA	727
SANTIAGO RUIZ	521
SAUVELLA	1063
SDAD. COOPERATIVA DEL CAMPO FRONTERA - VINÍCOLA INSULAR	261
SEGURA VIUDAS	224
SEI SOLO BODEGAS Y VIÑEDOS	626
SEISDEDOS VINOS ÍNTIMOS	938
SEÑORÍO DE ARANA	728
SEÑORÍO DE BEADE	553
SEÑORÍO DE LAS MATAS	936

BODEGA	PÁG.
SEÑORÍO DE LIBRARES	728
SEÑORÍO DE LOS ARCOS	139, 356
SEÑORÍO DE RUBIÓS	521
SEÑORÍO DE SAN VICENTE	728
SEÑORÍO DE VILLÁLVARO	626
SERRA & BARCELÓ	805
SERRA DE CAVALLS	806
SETVINS DE MUNTANYA	1063
SIERRA CANTABRIA	728
SIERRA DE TOLOÑO	729
SILUVIO BODEGAS Y VIÑEDOS	918, 1064
SOC. COOP. AGRARIA DE CLM SAN ISIDRO	374
SOC. COOPERATIVA CUMBRES DE ABONA	79
SOGAS MASCARÓ	225
SOLAR DE SAMANIEGO	729
SOLAR DE URBEZO	182
SOMMOS GARNACHA	1064
SON GRAU GRAN	1021
SON JULIANA	1021
SON RAMON VINS I VINYES	1021
SOPLA LEVANTE	1064
SOPLA PONIENTE	394
SOTO DEL VICARIO	139
SOTOVELO	1065
SPANISH PALATE	831
SPECTACLE VINS	409
SUERTES DEL MARQUÉS	888
SURIOL	451
T	
TALAI BERRI TXAKOLINA	280
TALLERI BERRIA UPATEGIA ETA MAHASTIAK	151
TANTAKA WINES	110
TEO LEGIDO	1065

ÍNDICE BODEGAS

BODEGA	PÁG.
TERRA DE FALANIS	1012, 1021
TERRACOTA WINES CHI TAO JIU	846
TERRAMOLL	1009
TERRAS DE COMPOSTELA	521, 540
TERRAS GAUDA	522
TERRAVINYADA	409
TERRER DE PALLARS	256
TERRES DE VIDALBA	488
TERRITORIO LUTHIER	626, 1065
TERROIR AL LIMIT	489
TERROIR SENSE FRONTERES	409
TESO LA MONJA	831
TIERRA FUNDIDA	1065
TINTA ROSA	831
TOBELOS BODEGAS Y VIÑEDOS	729
TOCAT DE L'ALA	274
TOLO DO XISTO	540, 553
TOMÁS CUSINÉ	256
TONI BENEITO	877, 1066
TORELLÓ VITICULTORS	451, 1081
TORRE DE OÑA	730
TORRE DEL VEGUER	452, 1066
TORRE PENELAS	522
TORRENS MOLINER	225
TORRES ICONS	189
TRASLANZAS BODEGAS Y VIÑEDOS	237
TRES REYES	979
TRESPIEDRAS	627
TRONADO WINES	730
TROSSOS DEL PRIORAT	489
TXAKOLI GÁRATE	110
TXAKOLI TXATXABARRI	152
TXAKOLI ULACIA	280
TXOMIN ETXANIZ TXAKOLI	280

U

BODEGA	PÁG.
UKAN WINERY	731
UNIVERSITAT ROVIRA I VIRGILI	190, 791
UNSI	428
UVA DE VIDA	379
UVAS FELICES	523, 540, 628, 731, 766, 898, 908
UWE URBACH	261

V

BODEGA	PÁG.
VAEL WINE - KERBEROS FOOD SOLUTIONS	326
VAL DE MEIGAS	523
VAL DE QUIROGA	540
VALCUERNA VITICULTORES CON ORIGEN	731
VALDELARES BODEGA Y VIÑA	429
VALDEMONJAS	628
VALDEQUEMAO VIDES & VINOS	637, 1009
VALDESIL	859
VALDESPINO	309, 955
VALL DE BALDOMAR	257
VALLDOLINA VITICULTORS I ELABORADORS	225, 452
VALPERDIZ	119
VALREINAS VIÑEDO Y BODEGA	628
VARDON KENNETT	1082
VEGA CLARA	628
VEGA DE LUCÍA	387
VEGA TOLOSA	374
VEIGA NAUM	523
VELVETY WINES - DOMINIO LUBIANO	628
VENTA D'AUBERT	951, 1066
VENTO	79, 1066
VENTURA	285
VICENTE GANDÍA	99, 225, 523, 846, 878
VÍCTOR MANUEL RODRÍGUEZ LÓPEZ	541
VICTORIA ORDÓÑEZ	366
VICTORIA TORRES PECIS	347, 1066
VID VICA	226
VIDES CALIZA	326, 1066
VIDES SINGULARES	1004, 1026
VIEJAS DE IZAN	628
VILADOMAT-ARAGÓ	452
VILARNAU	226
VILE LA FINCA, BODEGAS Y VIÑEDOS	357
VIMERUM	452
VINARTIS	1082
VÍNCULO SERRANO	939
VINÍCOLA CASTILLO DE CONSUEGRA	342
VINÍCOLA DE CASTILLA	342, 979
VINÍCOLA DE NULLES - ADERNATS	226, 791
VINÍCOLA DE TOMELLOSO	342, 980
VINÍCOLA DE VALDEPEÑAS	865, 980
VINÍCOLA DEL PRIORAT	490
VINÍCOLA REQUENENSE	847
VINÍCOLA SARRAL I SECCIÓ DE CRÈDIT	227, 243
VINO DE LA ISLA	1022
VINOS COLOMAN	343, 980
VINOS DAVID AUÑÓN	343, 981
VINOS DE ALGUEÑA	99
VINOS DE ARGANZA	139, 1004
VINOS DE LA LUZ	629, 766
VINOS DE LA POVEDA	898
VINOS DEL BIERZO S. COOP. - VINOS GUERRA	139
VINOS DIVERTIDOS	166, 629, 767, 778, 898
VINOS EN VOZ BAJA	731
VINOS GARCÍA DUQUE	767, 1067
VINOS I CAVAS NAVERAN	227, 453
VINOS JEROMÍN	899
VINOS LA ENCOMIENDA	981
VINOS LA ZORRA	939

BODEGA	PÁG.	BODEGA	PÁG.	BODEGA	PÁG.
VINOS LARA	387	VIÑA ALMIRANTE	523	VIÑAS DEL VERO	778
VINOS LLÁMALO X	981	VIÑA BUENA	630	VIÑAS HERZAS	883
VINOS RABILARGO	939	VIÑA BUJANDA	732	VIÑAS MURILLO	768
VINOS SANTOS ARRANZ	629	VIÑA CARTIN	524	VIÑAS SERRANAS	940, 1005, 1069
VINOS SANZ	767, 899	VIÑA DAMMIS	768, 1068	VIÑAS SILENCIOSAS	734
VINOS SIERRA NORTE	99, 326, 847, 878, 981	VIÑA DEL LENTISCO	732	VIÑEDOS ALONSO DEL YERRO	632, 832
VINOS SIMBIOSIS	982	VIÑA EDUARDO BRAVO	553	VIÑEDOS BALMORAL	982
VINOS VALTUILLE	139	VIÑA EL PISÓN	1068	VIÑEDOS CIGARRAL SANTA MARÍA	982
VINOS Y ACEITES LAGUNA	899	VIÑA ESTEVEZ	785	VIÑEDOS DE CAMARENA	379
VINOS Y BODEGAS TORRES ROMERO	982	VIÑA FRIEIRA	541	VIÑEDOS DE LAS ACACIAS	1005
VINOS Y VIÑEDOS DOMINIO LASIERPE	429	VIÑA GÓMEZ	883	VIÑEDOS DE PÁGANOS	734
VINOS Y VIÑEDOS FAMILIA FIEL	629	VIÑA IJALBA	732	VIÑEDOS DEL CONTINO	734
VINS ALGARS	806	VIÑA MAYOR	768	VIÑEDOS DEL YASO	832
VINS DE LA MEMÒRIA	83, 243, 274, 490, 806	VIÑA MEIN - EMILIO ROJO	553	VIÑEDOS EL PACTO	735
VINS DE PEDRA	243	VIÑA MEMORIAS	228, 847	VIÑEDOS LA NAVA	632
VINS DE TALLER	190, 1067	VIÑA MORAIMA	525	VIÑEDOS POZANCO	638, 1009
VINS DEL TROS	806	VIÑA NORA	525	VIÑEDOS REAL RUBIO	735
VINS EL CEP	228, 453, 1082	VIÑA OLABARRI	733	VIÑEDOS ROBYN	1069
VINS I LICORS GRAU	228	VIÑA PALACIOS	429	VIÑEDOS SAMPEDRO Y ALONSO	140
VINS MIQUEL GELABERT	462	VIÑA REAL	733	VIÑEDOS SIERRA CANTABRIA	735
VINS NADAL	145, 1022	VIÑA SALCEDA	733	VIÑEDOS SINGULARES	140, 410, 525, 632, 769
VINS NUS	1067	VIÑA SASTRE	630, 1069	VIÑEDOS Y BODEGA ALTOS DE CHIPUDE	330
VINS PEPE RAVENTÓS	1067, 1082	VIÑA SOMOZA	859	VIÑEDOS Y BODEGA LA MAGDALENA	642
VINTAE / ATLANTIS	110, 523	VIÑA TUELDA	631	VIÑEDOS Y BODEGA PARDEVALLES	357
VINUM PRO NOBIS PETIT CELLER	1022, 1068	VIÑA ZANATA	934	VIÑEDOS Y BODEGAS ALTO BUEN GRADO	931, 983
VINYA ALFORI	878	VIÑA ZORZAL WINES	429	VIÑEDOS Y BODEGAS ASENSIO CARCELÉN	326
VINYA ELS VILARS	257	VIÑADORES DE CASTILLA	832, 1069	VIÑEDOS Y BODEGAS ÁSTER	632
VINYES D'OLIVARDOTS	274	VIÑADORES DEL NORTE	734, 1069	VIÑEDOS Y BODEGAS DE LA MARQUESA	736
VINYES DEL TIET PERE	791, 1068, 1083	VIÑAOLIVA SOC. COOP.	638, 1009	VIÑEDOS Y BODEGAS GONZÁLEZ	379
VINYES DELS ASPRES	275	VIÑAS DEL BIERZO	140	VIÑEDOS Y BODEGAS MUÑOZ	343, 983
VINYES DOMÈNECH	410	VIÑAS DEL CÉNIT	810	VIÑEDOS Y BODEGAS PITTACUM	140
VINYES MORTITX	1023, 1068	VIÑAS DEL JARO	631	VIÑEDOS Y BODEGAS XENYSEL	327
VIÑA AGUILERA	630	VIÑAS DEL PORTILLO	879	VIÑOS DE ENCOSTAS	1069

BODEGA	PÁG.
VIRGEN DE LAS VIÑAS BODEGA Y ALMAZARA	344, 984
VIRGEN DEL GALIR	860
VITÍCOLA MENTRIDANA	380
VITICULTORES DE LAPUEBLA	737

W

WEIN & VINOS	167, 327, 737, 769, 1005
WINERY BURGMANN TENERIFE	785
WINES N' ROSES	879

X

XAVI PALLEJÀ VITICULTOR	490
XOLAYR	290, 1070

Y

YLLERA BODEGAS & VIÑEDOS	633, 769, 1006, 1083
YSIOS	737

Z

ZÁRATE	525
ZINIO BODEGAS	738

ÍNDICE VINOS

VINO	PÁG.
'G' GODELLO PONTE DA BOGA 2023 B	530
'P' PONTE DA BOGA 2023 T	530
"MARÍA" ALONSO DEL YERRO 2020 T	632
"S" DE SAÓ COSTER 2021 T	473
+ RITME BLANC 2022 B	487
+ RITME BLANC 2023 B	487
+CONCEJO 2021 T	235
πES IRRACIONAL OW 2022 B	979
1, 2, 3 PESCAO! 2023 T	1043
10 RF BF OL S	299
10-12 (DIEZ PUNTO DOCE) 2023 BE AG SD	1009
10-12 (DIEZ PUNTO DOCE) 2023 T	1009
10-12 SELECCIÓN (DIEZ PUNTO DOCE) 2021 T BA	1009
100 CEPAS 2019 T C	354
100 CEPAS 2022 T	354
100 CEPAS 2023 B	354
100 VEREMES VINÍCOLA DE NULLES 2022 B FB	791
100 X 100 MONASTRELL 2022 T	326
100 X 100 SYRAH 2021 T	326
100 Y CIENTOS 2018 T RB	894
100 Y CIENTOS 2022 B	894
100% LN BY LOHER 2022 T	783
1018 GARNATXA SUMOLL 2020 T	456
1018 MACABEU PICAPOLL 2022 B	456
1040 SAMEIRÁS 2022 B	544
12 + 12 "PACO PALOMILLO" T C	1034
12 LINAJES 2019 T R	601
12 LINAJES 2020 T C	601
12 LINAJES FINCA LOS ARENALES 2019 T	601
12 LINAJES GRANO A GRANO 2020 T C	601
12 LINAJES SENDA DE LA ESTACIÓN 2021 T	601
12 VOLTS 2022 T	1013
125 DE CELLER SANROMÀ 2021 T BA	1050

VINO	PÁG.
1270 A VUIT 2017 T	471
1270 A VUIT 2022 B	471
13 CÁNTAROS NICOLÁS 2022 T RB	231
1400M 2021 B C	883
1400M 2022 B FB	883
1400M 2022 T	883
1400M 2023 B S	883
1400M 2023 RD	883
1564 PETIT VERDOT 2020 T BA	981
1564 SYRAH 2021 T BA	981
1564 VIOGNIER 2022 B BA	981
1583 ALBARIÑO DE FEFIÑANES 2023 B	501
1670 PAJARETE 2019 B	363
1694 LA DIESTRAL 2022 B	1026
1719 LA DIESTRAL 2022 B	1026
1730 FINO EN RAMA BF FI S	293
1730 VORS BF AM S	294
1730 VORS BF OL S	293
1730 VORS BF PC S	294
1730 VORS BF PX D	294
1771 CASA LOS FRAILES 2021 T C	873
180 NOCHES 2023 B	163
1860 2022 B FB	102
1860 SELECCIÓN 2019 T R	102
1864 CASTILLO DE OLITE 2018 T R	421
1864 CASTILLO DE OLITE 2020 T C	421
1864 CASTILLO DE OLITE CHARDONNAY 2023 B FB	422
1890 MANZANOS SELECCIÓN ESPECIAL 2022 T	675
1890 MANZANOS VIÑEDO SINGULAR 2022 T	675
1894 ORIGENS 2022 B	433
1902 TOSSAL D'EN BOU GRAN VINYA CLASSIFICADA 2022 T C	484
1903 CENTENARY GRENACHE 2022 T	484

VINO	PÁG.
1903 COMA DE CASES GARNATXA VELLES VINYES 2022 T C	484
1913 2023 RD	414
1921 GARNACHA 2022 T	672
1931 NATURAL 2019 T	161
1931 NATURAL 2020 T	161
1935 2017 T R	847
1962 ORIGEN 2020 T	93
2 CEPAS MARQUÉS DEL ATRIO 2020 B BA	677
2 KISSES 2019 T C	711
2 KISSES 2023 T	711
2 TANCAS 2021 T	1010
20 ALDEAS 2021 T	990
200 MONGES 1920 2018 T	692
200 MONGES 2007 B GR	692
200 MONGES SELECCIÓN ESPECIAL 2006 T R	692
2052 2022 B	803
21SETECIENTOS 2023 B	1041
22 UNCES 2023 B	1022
24 MOZAS 2022 T	823
25 VENDIMIAS 2023 B	428
27 DE CUARTA GENERACIÓN 2021 T	937
270 VENDIMIA SELECCIONADA 2022 T	623
299 BY MONTE PINADILLO 2019 T R	564
2L 2022 B	872
3 DE OLANO SELECCIÓN 2019 T	668
3 DE OLANO VIÑAS VIEJAS 2017 T	668
3 MIRADAS PARAJE DE RÍO FRÍO ALTO 2019 B	390
3 SETMANES 2023 T	250
300 LIOS 2022 RD	886
300 LIOS ALBILLO CRIOLLO 2022 B BA	886
300 LÍOS VIDUEÑO 2022 B	886
3015 2023 T	322

ÍNDICE VINOS

VINO	PÁG.
32 CAÑAS 2022 T BA	1056
33 ROUTE 2021 T	956
33 ROUTE MACABEO 2023 B	956
33 ROUTE ROSÉ 2023 RD	956
3404 TUCA D'ANETO 2020 T C	774
37 BARRICAS 2018 T C	155
38740 CLARETE 2022 RD	1066
4 KILOS 2022 T	1013
409 2022 T C	623
426 2021 T C	670
4G 2022 B	800
4G 2022 T	800
4G 2023 B	800
50 ANIVERSARIO 2018 T R	817
50 VENDIMIAS DE SINFORIANO 2015 T	234
50 VENDIMIAS DE SINFORIANO 2023 RD	234
575 UVAS DE CÁMBRICO 2021 T R	937
600 METROS SA FORANA 2023 T	1011
600 METROS SA FORANA BLANC 2022 B	1011
600 METROS SA FORANA BLANC 2023 B	1011
61 DORADO EN RAMA BF SOLERA S	742
62 MILLAS AL CIELO 2022 T	622
620 ALBARÍN 2022 B	927
620 ALBARÍN NEGRO Y VERDEJO NEGRO 2021 T	927
7 FUENTES 2021 T	889
7 MARÍAS LÍAS 2021 B	261
7 MARÍAS LÍAS 2022 B	261
7 VIN BLAU Y ZWEIGELT 2019 T	1033
7030 2022 T	791
739M 2018 T C	828
739M 2019 T RB	828
77 DIES CELLER ARRUFI NATURAL MÍNIMA INTERVENCIÓN 2023 B	1048
77 NITS CELLER ARRUFI 2022 T	1048
77 NITS CELLER ARRUFI NATURAL MÍNIMA INTERVENCIÓN 2023 T	1048
77 VEREMAS GARNACHA MIQUEL PONS 2022 T	439
77 VEREMES XAREL·LO MIQUEL PONS 2022 B FB	439
77 VEREMES XAREL·LO VERMELL MIQUEL PONS 2022 B	439
8 DE CAECUS VENDIMIA SELECCIONADA 2020 T	722
8.0.1 EDICIÓN LIMITADA C.V.C T R	180
8000 MARQUÉS DE BURGOS 2021 T	617
86 WINEGROWERS 2020 T R	956
86 WINEGROWERS LIMITED EDITION TEMPRANILLO CABERNET SAUVIGNON 2017 T	956
875 M 2021 T	707
8A MOSCATO DE OCHOA 2022 BE AG SD	1074
8C+ 2019 T	400
8C+ 2023 RD	400
9 SET 2 2021 T	267
90 MINUTS 2022 T	489
900 VIÑAS 2022 T RB	166
900 VIÑAS EDICIÓN LIMITADA 2020 T C	167
97 CUARTA GENERACIÓN VALDEHERREROS 2017 T	937
992 FINCA RÍO NEGRO 2022 T	975

A

VINO	PÁG.
A CERCADA DE VIÑAREDO 2023 B	858
A COROA 200 CESTOS 2022 B FB	850
A COROA GODELLO 2023 B	850
A COROA LÍAS 2022 B	850
A COSTIÑA 2020 T	850
A COTARONA SELECCIÓN BRANCELLAO 2021 T	851
A COTARONA SELECCIÓN SOUSÓN 2020 T	851
A ESPEDRADA 2022 B FB	856
A FALCOEIRA 2021 T	855
A HORQUILLA 2022 B	999
A ILLA 2023 B	512
A MERCED 2022 T	138
A NOSA VICTORIA 2021 BE BR	512
A PART 2022 B	800
A PITA CEGA 2016 B	1057
A PITA MIUDA 2017 B	1057
A PONTE VELLA 2020 T RB	122
A PULMÓN (BLANCO BUZO) 2023 B	364
A PULMÓN 2022 T	364
A PULMÓN 2023 RD	364
A TELLEIRA CAIÑO 2022 B	547
A TELLEIRA GODELLO 2023 B	547
A TELLEIRA LOUREIRA 2022 B	548
A TELLEIRA PARCELAS 2023 B	548
A TRABA 2023 B	852
A VACA CUCA 2023 B	512
A VALIGOTA 2020 T	856
A VILERMA 2023 B	544
A VILLEIRA 2022 T	860
A&M 3 2023 T RB	573
A&M AUTOR 2020 T R	573
AA CAU D'EN GENIS 2021 B	82
AA CAU D'EN GENIS 2022 B	82
AA DOLÇ DE NEU 2023 B BA D	1029
AA DOLÇ MATARÓ 2021 T D	1029
AA LANIUS 2021 B S	82
AA PARVUS CHARDONNAY 2023 B	82
AA PARVUS SYRAH 2022 T	82
AALTO 2022 T	557
AALTO BLANCO DE PARCELA – FUENTE DE LAS HONTANILLAS 2022 B	985

ÍNDICE VINOS

VINO	PÁG.
AALTO PS (PAGOS SELECCIONADOS) 2022 T	557
ABA DE TRASUMIA 2023 B	525
ABAD DOM BUENO 2023 RD	124
ABAD DOM BUENO GODELLO 2023 B	124
ABAD DOM BUENO MENCÍA 2023 T	125
ABADAL 3.9 (VI DE FINCA) 2020 T R	456
ABADAL ARBOSET 2019 T	456
ABADAL MANDÓ 2021 T	456
ABADAL NUAT 2021 B C	456
ABADAL PICAPOLL 2023 B	456
ABADAL SAGRISTIA C-1 BF RC	1028
ABADE DE COUTO 2021 T	496
ABADÍA COVARRUVIAS 2020 T	113
ABADÍA DA COVA LOIA 2021 RD	529
ABADÍA DA COVA LOIA 2021 T	529
ABADÍA DA COVA O CIMBRO 2021 T	529
ABADÍA DA COVA PEDRAS LÍQUIDAS 2022 B	529
ABADÍA DA COVA PENAFIÓN 2020 T BA	529
ABADÍA DA COVA VEITUREIRA 2021 T	529
ABADÍA DE GOMARIZ 2020 T	550
ABADÍA DE POBLET BLANC 2020 B	240
ABADÍA DE SAN CAMPIO 2023 B	522
ABADÍA DE SAN QUIRCE 2018 T R	569
ABADÍA DE SAN QUIRCE 2020 T C	569
ABADÍA DE SAN QUIRCE 6 MESES 2023 T RB	569
ABADÍA DE SAN QUIRCE FINCA HELENA 2022 T	569
ABADÍA DE SAN QUIRCE M9 2022 T	569
ABADÍA DE SAN QUIRCE VERDEJO SOBRE LÍAS 2023 B	747
ABADÍA LA ARROYADA 2020 T C	569
ABADÍA LA ARROYADA 2021 T RB	569
ABADÍA LA ARROYADA 2022 T	569
ABADÍA RETUERTA LE DOMAINE 2022 B	913
ABADÍA RETUERTA PAGO GARDUÑA 2020 T	913

VINO	PÁG.
ABADÍA RETUERTA PAGO NEGRALADA 2019 T	913
ABADÍA RETUERTA PAGO VALDEBELLÓN 2020 T	913
ABADÍA RETUERTA PETIT VERDOT PV 2020 T	913
ABADÍA RETUERTA SELECCIÓN ESPECIAL 2021 T	913
ABAXIAL BLANC DE NOIR 2022 B	1008
ABDÓN SEGOVIA 2019 T C	815
ABDÓN SEGOVIA 2020 T	815
ABDÓN SEGOVIA 2022 T RB	815
ABEITXA 2022 B	152
ABEL MENDOZA 5V 2023 B	650
ABEL MENDOZA GRACIANO/GARNACHA GRANO A GRANO 2020 T	650
ABEL MENDOZA JARRARTE 2023 T	650
ABEL MENDOZA TEMPRANILLO GRANO A GRANO 2020 T	650
ABRACADABRA 2021 B	489
ABRACADABRA 2022 T C	823
ABRIGO EDAD DE BRONCE 2021 T	104
ABRIGO EDAD DE BRONCE LIMITED EDITION 2019 T	104
ABRIL DE AZUL Y GARANZA 2022 T	414
ABRISAT BÀRBARA FORÉS 2022 B C	796
ABUBILLA 2022 B	1065
ABUELO CAYO 2015 T R	700
ABUELO CAYO 2019 T C	700
ABUELO CAYO COLECCIÓN FAMILIAR 2022 RD	700
ABUELO CAYO COLECCIÓN FAMILIAR FIELD BLEND 2019 T	700
ABUELO CAYO COLECCIÓN FAMILIAR GARNACHA 2020 T	700
ABUELO CAYO TEMPRANILLO BLANCO 2023 B	700
ABULAGA B SS	1037
ACCENTUS 2022 T	570
ACEBRÓN 2022 T	972

VINO	PÁG.
ACEDIANO 2021 T C	625
ACENTUADO ROSE ORGANIC 2023 RD	969
ACEÑA 2023 T	898
ACIANO 2020 T	985
ACINIPO 2021 T C	360
ACÓN 2014 T GR	557
ACÓN 2018 T R	557
ACÓN 2019 T C	557
ACÓN 2021 T RB	557
ACÓN SELECCIÓN 2011 T	557
ACÓN TEMPRANILLO 2023 T	557
ACUSP 2020 T	250
ACÚSTIC BLANC 2022 B FB	397
ACÚSTIC BLANC 2023 B FB	397
ACÚSTIC NEGRE 2021 T RB	397
ACÚSTIC NEGRE 2022 T RB	397
ACÚSTIC ROSAT 2023 RD	397
AD LIBITUM MATURANA BLANCA 2022 B	716
AD LIBITUM MONASTEL 2022 T	716
AD PATER 2021 T	1044
ADAR DE ELVIWINES 2019 T R	642
ADARAS LLUVIA 2023 B SS	103
ADARO 2022 T	603
ADDA 2020 BE R BN	202
ADEGA VIÑA ALMIRANTE 2023 B	523
ADEMÁN ADALIA 2023 B	816
ADEMÁN CARABIZAL 2023 T	816
ADEMÁN VALDEARANDA 2021 T C	816
ADEMÁN VALDECARRETAS 2021 T FB	816
ADERNATS BE R BN	226
ADERNATS DE GUARDA ECO 2021 BE BN	226
ADERNATS PURN BE GR BN	227
ADEUS 2023 B	548

Guía Peñín | VINOS DE ESPAÑA 1141

ÍNDICE VINOS

VINO	PÁG.	VINO	PÁG.	VINO	PÁG.
ADN CANALS 2019 BE GR BN	201	AILALELO CASTES TINTAS 2020 T	546	ALBA NEGRA MENORCA 2023 T	1010
ADNOS BOBAL 2019 T	840	AILALELO GODELLO DE ALTURA 2022 B	546	ALBA NEGRA MENORCA CABERNET 2023 T	1010
ADORADO BY MENADE CRIANZA DE 1967 B SOLERA	1043	AINA JAUME LLOPART ALEMANY ROSADO 2020 RE R BR	215	ALBA NEGRE T	439
ADOREMUS 2019 T R	822			ALBA ROSÉ MENORCA 2023 RD	1010
ADRIÀ DE BIOPAUMERÀ 2020 T RB	789	AIRE DE L'O DE L'ORIGAN ROSE 2021 RE BN	216	ALBACEA MERLOT 2023 T	316
ADVENTICIA 2022 B	737	AIRE DE L'ORIGAN 2021 BE BN	216	ALBADA FINCA ALBERTO 2022 T	162
AFORTUNADO 2023 B	769	AIRE DE PROTOS 2023 RD	233	ALBADA FINCA GEMELO 2020 T	162
AFORTUNADO 2023 B	769	AIRÉN ASOLEADO 2023 B D	1056	ALBADA FINCA SANTOS 2021 T	162
AGALIU 2022 B FB	255	AIRÉN SELECCIÓN 2023 B	977	ALBADA GARNACHA VIÑAS VIEJAS SOBRE LÍAS 2023 T	162
AGNUS DE VALDELANA DE AUTOR 2021 T C	691	AITAKO 2022 B AG	279	ALBADA MACABEO VIÑAS VIEJAS SOBRE LÍAS 2023 B	162
ÁGORA DE ARÚSPIDE 2021 T RB	962	AITAREN 2022 B FB	278	ALBADA PARAJE LA CAÑADILLA 2022 T	162
ÁGORA TEMPRANILLO 2022 T MC	962	AITU! 2022 T	151	ALBADA PARAJE LLANO HERRERA 2020 T	162
ÁGORA VIOGNIER 2023 B MC	962	AIURRI 2021 T	645	ALBADES GARNACHA DE MONTAÑA 2023 T	1055
ÁGUEDAS 2022 B BA	991	AIZPURUA TXAKOLI 2023 B	278	ALBADES MALVASÍA 2023 B	876
AGUSTÍ TORELLÓ MATA BARRICA GRAN RESERVA 2019 BE GR BN	208	AIZPURUA TXAKOLI ROSADO 2023 RD	278	ALBAHRA 2022 T	1053
		AKARREGI TXIKI 2023 B AROM BR	278	ALBAICIN 2023 B	339
AGUSTÍ TORELLÓ MATA KRIPTA GRAN ANYADA 2013 BE GR BN	208	AL COBIJO DE UNA GRAN SABINA 2019 T C	959	ALBAICIN CHARDONNAY 2022 B	338
		AL PIE DEL CAÑÓN 2021 T	539	ALBAICIN RIESLING 2023 B	338
AGUSTÍ TORELLÓ MATA MAGNUM 2019 BE GR BN	208	AL RASO 2022 RD	930	ALBALEIA COLOMBARD 2019 B	246
AGUSTÍ TORELLÓ MATA ROSAT TREPAT 2021 RE R BR	208	ALABASTER 2021 T	831	ALBAMAR 2023 B	500
AGUSTÍ TORELLÓ MATA UBAC 2019 BE GR BR	208	ALACER 2019 T C	615	ALBAMAR 2023 T	500
AGUSTÍ TORELLÓ MATA XIC 2023 B	440	ALACER 2021 T RB	615	ALBAMAR ALBINO BLANC DE NOIRS 2023 B	500
AGUSTÍ TORELLÓ MATA XV XAREL·LO VERMELL 2023 RD	440	ALAGU FORCALLAT 2022 T	1048	ALBAMAR CLARETE 2023 RD	1036
AHARI 2022 T	721	ALAGU ROSÉ 2022 RD	95	ALBAMAR FINCA O PEREIRO 2022 B	500
AI AMA ! 2023 T	727	ALAN DE VAL CAÍNO 2021 T	850	ALBAMAR O ESTEIRO 2022 T	500
AIA 2018 T	461	ALAN DE VAL CASTES NOBRES 2021 T	850	ALBAMAR O ESTEIRO CAÍNO 2022 T	500
AIALLE TXAKOLI 2022 B	278	ALAN DE VAL GODELLO 2023 B	850	ALBAMAR O ESTEIRO ESPADEIRO 2022 T	500
AÏDA DE VIVES AMBRÒS 2023 B	789	ALAN DE VAL MENCÍA 2023 T	850	ALBAMAR O ESTEIRO MENCÍA 2022 T	500
AÏDA DE VIVES AMBRÒS 2023 T	789	ALAYA TIERRA 2022 T	102	ALBARDIALES 2023 T	337
AIER - VINO CERÁMICO 2020 T S	815	ALBA BALBAINA 2022 B	953	ALBARIÑO DE FEFIÑANES 2023 B	501
AIHEN 2020 B	150	ALBA BLANCA GARNACHA 2023 B	1035	ALBARIÑO DE FEFIÑANES III AÑO 2021 B	502
AILALÁ 2022 T	546	ALBA BLANCA MENORCA 2023 B	1010	ALBARIÑO DO FERREIRO 2023 B	503
AILALÁ 2023 B	546	ALBA NEGRA GARNACHA 2023 T	1035	ALBARIZA DE JOSÉ ESTÉVEZ 2022 B	954

VINO	PÁG.	VINO	PÁG.	VINO	PÁG.
ALBAYDA 2022 B FB	289	ALCEÑO 150 ANIVERSARIO 2021 T	313	ALEGRO 2021 T C	703
ALBÉITAR 2022 T	235	ALCEÑO 50 BARRICAS 2022 T	313	ALEJANDRA VIZCARRA 2022 B	599
ALBENC BLANC 2023 B	1011	ALCEÑO MONASTRELL 4 MESES 2022 T RB	313	ALEJANDRINO I BE SD	1038
ALBERT DE VILARNAU CHARDONNAY PINOT NOIR 2017 BE GR BN	226	ALCEÑO SAUVIGNON BLANC 2022 B FB	313	ALEJANDRO 2022 T	956
		ALCEÑO SELECCIÓN 2020 T R	313	ALENTO 2023 B BA	853
ALBERT DE VILARNAU FERMENTADO EN CASTAÑO 2017 BE GR BN	226	ALCEO TEMPRANILLO 2022 T RB	340	ALENZA 2019 T GR	577
		ALCEO VERDEJO 2023 B	973	ALFREDO SANTAMARÍA SELECCIÓN ESPECIAL 2018 T	235
ALBERTE TREIXADURA 2023 B	549	ALCONDE X01 GRACIANO 2016 T	418	ALGARS 2023 B	806
ALBET I NOYA EL BOSC NEGRE 2021 B	433	ALCOR 2016 T	187	ALGARS 2023 RD	806
ALBET I NOYA EL CORRAL CREMAT 2013 BE GR BR	433	ALDAHARA 2023 RD	773	ALGIL CRIANZA 2019 T C	813
ALBET I NOYA EL FANIO 2022 B	433	ALDAHARA CHARDONNAY 2023 B	773	ALGIL EXPRESIÓN 2021 T C	813
ALBET I NOYA LA MILANA 2019 T R	433	ALDAHARA GENERACIONES 2017 T	773	ALGIL GARNACHA 2021 T BA	813
ALBET I NOYA LES TIMBES 2021 T C	433	ALDAHARA RASÉ CHARDONNAY 2023 B RB	773	ALGIL MALVASÍA CASTELLANA 2021 B FB	813
ALBET I NOYA RESERVA MARTÍ 2017 T GR	433	ALDAHARA RASÉ MERLOT 2022 T	773	ALGO QUE CONTARTE 2020 T	692
ALBOCA 2020 T C	823	ALDEA DE ADARAS 2022 T BA	103	ALGOLPITO 2022 T C	285
ALBOR DE MASOS 2022 T C	87	ALDEASOÑA 2020 T R	561	ALGORITMO 2023 B	1036
ALBRET EL ALBA CHARDONNAY 2023 B FB	426	ALDEÓN DE LAR CALATAYUD GARNACHA 2023 T	164	ALGUEIRA BRANDÁN GODELLO 2023 B	531
ALBRET EL BALCÓN 2020 T C	426	ALDEÓN DE LAR GARNACHA TINTORERA 2023 T	105	ALGUEIRA CARRAVEL 2019 T C	531
ALBRET EL ROCÍO 2023 RD	426	ALDEÓN DE LAR MONASTRELL SIN SULFITOS AÑADIDOS 2023 T	325	ALGUEIRA ESCALADA 2022 B FB	531
ALBRET LA LOMA GARNACHA 2022 T RB	426			ALGUEIRA FINCA CORTEZADA 2022 B	531
ALBRET LA VIÑA DE MI MADRE 2019 T R	426	ALDEÓN DE LAR TEMPRANILLO 2023 T	1002	ALGUEIRA PATRIMONIO 2018 T C	531
ALBRET LASTRA 2019 T R	426	ALDEÓN DE LAR VERDEJO 2023 B	764	ALHOCEN CHARDONNAY 2021 B FB	955
ALBUFERA SELECCIÓN 2023 T	879	ALDOBA 2023 T MC	333	ALIAGA DOSCARLOS SAUVIGNON BLANC 2023 B	413
ALBUREJO BF OL S	294	ALDOBA VERDEJO 2023 B	333	ALIAGA GARNACHA VIÑAS VIEJA 2021 T	413
ALCARDET 12 MESES 2020 T S	961	ALDONZA ALBO 2022 B	957	ALIAGA HELENA SYRAH SYRAH 2022 T	413
ALCARDET CEPAS VIEJAS 2019 T BA	961	ALDONZA BE BN	193	ALIAGA LÁGRIMA DE LUNA 2023 RD	413
ALCARDET GARNACHA 2023 RD	961	ALDONZA BE BR	193	ALIAGA MOSCATEL VENDIMIA TARDÍA 2023 B D	413
ALCARDET NATURA CHARDONNAY 2020 B	333	ALDONZA BE R BR	193	ALICANTE BOUSCHET BY TARIMA 2021 T BA	92
ALCARDET NATURA ESPUMOSO BE BR	1073	ALDONZA CLÁSICO 2018 T	958	ALICE 2021 T R	470
ALCARDET NATURA TEMPRANILLO T	333	ALDONZA NAVAMARÍN 2017 T R	958	ALILIAN BUENAGENTE 2018 T	600
ALCARDET SAUVIGNON BLANC 2023 B	961	ALDONZA ROSÉ RE BR	193	ALILIAN CAMINATA 2019 T	600
ALCARDET TEMPRANILLO 2022 T	333	ALDONZA SELECCIÓN 2018 T C S	958	ALILIAN CLARETE 2022 RD	600
ALCEÑO 12 CEPAS VIEJAS 2021 T	313	ALEGRA DE BERONIA 2022 RD	659	ALILIAN PRÉMORA 2020 T BA	600

ÍNDICE VINOS

VINO	PÁG.
ALIÓN 2021 T	600
ALIBES 2020 T	960
ALIBES CABERNET FRANC 2020 T	961
ALIBES GARNACHA TINTORERA 2020 T C	961
ALIBES PETIT VERDOT 2021 T	961
ALKUNYA 2022 B	847
ALLBLACK BOBAL 2019 T BA	844
ALLBLACK GARNACHA TINTORERA 2020 T	104
ALLEGRANZA SLIGHTLY OAKED CHARDONNAY 2023 B	976
ALLOZO 2016 T GR	334
ALLOZO 2019 T C	334
ALLOZO 2019 T R	334
ALLOZO TEMPRANILLO 2021 T RB	334
ALLOZO TEMPRANILLO 2023 T	334
ALLOZO VERDEJO 2023 B	334
ALMA 2021 T	652
ALMA ALACER 2020 T	615
ALMA DE COMPOSTELA 2022 B	521
ALMA DE LUZON 2021 T	317
ALMA DE MAR 2023 B	500
ALMA DE UNX 2022 T	424
ALMA DE UNX 2023 B BA	424
ALMA DE UNX 2023 RD	424
ALMA DE VALDEGUERRA 2020 T C	899
ALMA DE VALDEGUERRA 2022 T BA	899
ALMA DO VELLO TESOURO 2022 T C	859
ALMA LA RAD 2019 T	651
ALMA LÓPEZ 12 MESES 2022 T	558
ALMA LÓPEZ AURA 2020 T	558
ALMA LÓPEZ FLOR 2022 T	558
ALMA SANA 2021 T C	877
ALMA SANA ORANGE WINE 2021 B RB	877
ALMA SERENA 2019 T R	589

VINO	PÁG.
ALMALARGA 2023 B	532
ALMALARGA GODELLO 2021 B BA	532
ALMALOLA 2023 RD	532
ALMAMADRE 2018 T	532
ALMANOVA 2022 T	532
ALMAVIÑO 2023 B	1047
ALMENDROS 2023 B	869
ALMIRANTE BF OL S	308
ALMIREZ 2022 T	831
ALMODÍ ROURE 2023 T	795
ALMUDÍ 2020 T	155
ALMUDÍ UNO P.V. 2020 T C	155
ALOERS 2021 B	440
ALONSO CUESTA 2021 B FB	377
ALONSO CUESTA 2022 RD FB	377
ALONSO CUESTA CÁLLATE 2021 T RB	377
ALONSO CUESTA CUVÉE 2020 T C	377
ALONSO CUESTA LA GARNACHA DE LOLA PARAJE CUQUEÑA 2021 T RB	377
ALONSO CUESTA LA GARNACHA DE LOLA PARAJE MAZALBA 2021 T RB S	377
ALONSO DEL YERRO 2020 T	632
ALPAIRO 2023 RD	233
ALPENDRE MERENZAO 2022 T	539
ALQUÉZ DE SOMMOS 2021 T	1064
ALSALIENTE 2022 T	938
ALSINA & SARDÁ 2021 BE R BN	193
ALSINA & SARDÁ FINCA LA BOLTANA 2022 B	433
ALSINA & SARDÁ GRAN RESERVA ESPECIAL 2017 BE GR BN	193
ALSINA & SARDÁ SELLO 2020 BE GR BN	193
ALSINA & SARDÁ VESTIGIS GRAN CUVÉE 2018 BE GR BN	193

VINO	PÁG.
ALSOCAYO 2021 B	767
ALSOCAYO 2022 B	767
ALSUR NATURA TEMPRANILLO-CABERNET SAUVIGNON 2023 T	980
ALSUR NATURA VERDEJO-SAUVIGNON BLANC 2023 B	980
ALTA ALELLA 10 2012 BE GR BN	193
ALTA ALELLA GX 2023 T	82
ALTA ALELLA LAIETÀ 2019 BE GR BN	193
ALTA ALELLA LAIETÀ ROSÉ 2019 RE GR BN	193
ALTA ALELLA MIRGIN 2020 BE R BN	193
ALTA ALELLA MIRGIN EXEO EVOLUCIÓ + 2004 BE GR BN	193
ALTA ALELLA MIRGIN EXEO PARAJE CALIFICADO VALLCIRERA 2017 BE GR BN	193
ALTA ALELLA MIRGIN OPUS PARAJE CALIFICADO VALLCIRERA 2019 BE BN	194
ALTA ALELLA MIRGIN ROSÉ 2020 RE R BN	194
ALTA ALELLA PB 2023 B	82
ALTA PAVINA PINOT NOIR 2022 T RB	985
ALTA PAVINA PINOT NOIR 2023 RD	985
ALTAMENTE 2021 T	312
ALTAMIMBRE 2019 T RB	575
ALTANZA 2016 T GR	646
ALTANZA 2019 T R	646
ALTANZA CLUB 2017 T R	646
ALTANZA COLECCIÓN ROBERTO AMILLO AMONTILLADO BF AM S	293
ALTANZA COLECCIÓN ROBERTO AMILLO OLOROSO BF OL S	293
ALTANZA COLECCIÓN ROBERTO AMILLO PALO CORTADO BF PC S	293
ALTANZA COLECCIÓN ROBERTO AMILLO PEDRO XIMÉNEZ BF PX D	293
ALTANZA FAMILIA 2019 T R	646

VINO	PÁG.	VINO	PÁG.	VINO	PÁG.
ALTANZA SAUVIGNON BLANC 2023 B	646	ALTOS DE TAMARÓN 2023 T RB	623	ALTOVELA VERDEJO 2023 B	333
ALTARES DE POSTMARCOS 2021 B C	951	ALTOS DE TAMARÓN TEMPRANILLO 2023 T	1003	ALVAREDOS-HOBBS GODELLO 2021 B FB	532
ALTAYA 2022 T	161	ALTOS DE TAMUJA 2023 B	931	ALVAREDOS-HOBBS MENCÍA 2021 T RB	532
ALTICO SYRAH 2021 T C	314	ALTOS DE TAMUJA 2023 T	931	ALVAREDOS-HOBBS MENCÍA GARNACHA TINTORERA 2020 T	532
ALTITUD 1100 2023 T	103	ALTOS DE TORONA 2021 B BA	497		
ALTO DE INAZARES BLANCO DE BLANCAS 2022 B	1029	ALTOS DE TORONA 2023 B	497	ÁLVAREZ ALFARO ALTOS DE RABANERA T	694
ALTO DE INAZARES CRUZADO 2022 T	1029	ALTOS DE TORONA ALBARIÑO 2023 B	497	ÁLVAREZ ALFARO FINCA LAS TRAVIESAS 2019 T	694
ALTO DE INAZARES MAJARAZÁN 2021 T	1029	ALTOS DE TORONA CAIÑO 2023 B	497	ÁLVAREZ ALFARO GARNACHA BLANCA 2023 B FB	694
ALTO DE INAZARES MONASTRELL 2022 T	1029	ALTOS DE TORONA GODELLO 2023 B	497	ÁLVAREZ ALFARO SELECCIÓN FAMILIAR 2017 T	694
ALTO DE INAZARES PINOT NOIR 2022 T C	1029	ALTOS DE TORONA ROSAL 2022 B	497	ÁLVAREZ ALFARO SELECCIÓN FAMILIAR 2018 T	695
ALTO DE INAZARES SYRAH 2021 T	1029	ALTOS DEL BERGASA 2018 T GR	670	ÁLVAREZ ALFARO SELECCIÓN FAMILIAR 2019 T	695
ALTO DE INAZARES VIOGNIER 2022 B	1029	ALTOS DEL BERGASA 2023 T	670	ÁLVAREZ DE TOLEDO COLECCIÓN FAMILIA 2022 T	986
ALTO DE LA JUDIEGA 2020 T RB	122	ALTOS DEL CABRIEL ALBILLA 2023 B	370	ÁLVAREZ DE TOLEDO MENCÍA 2023 T RB	123
ALTO DE PIOZ 2019 T	958	ALTOS DEL CABRIEL BOBAL 2022 T	370	ÁLVAREZ DE TOLEDO VERDEJO GODELLO 2023 B	986
ALTO DE PIOZ 2021 T	958	ALTOS DEL CABRIEL BOBAL 2023 RD	370	ALVAREZ Y DIEZ SAUVIGNON BLANC 2023 B	1005
ALTO MONCAYO 2020 T	170	ALTOS DEL CABRIEL BOBAL TEMPRANILLO 2022 T	370	ÁLVARO DEL SAZ CHARDONNAY 2022 B FB	335
ALTO MONCAYO VERATÓN 2021 T	170	ALTOS DEL CABRIEL MACABEO 2023 B	370	ÁLVARO DEL SAZ GARNACHA TEMPRANILLO 2022 T BA	335
ALTO SIÓS 2022 T R	254	ALTOS DEL ENEBRO 2020 T C	558	ALVEAR AMONTILLADO SECULAR B AM	390
ALTOS DE CORRAL SINGLE ESTATE 2019 T R	663	ALTOS DEL ENEBRO ALBILLO MAYOR 2023 B	558	ALVEAR PALO CORTADO Nº 7 BF PC	390
ALTOS DE CRISTIMIL ETIQUETA BLANCA 2023 B	514	ALTOS DEL ENEBRO FINCA LA HERRADURA 2020 T R	558	ALVEAR PEDRO XIMÉNEZ SOLERA 1920 B PX D	390
ALTOS DE HORNIXA 2023 T	138	ALTOS DEL ENEBRO LA GOYESCA 2018 B	1030	ALVINTE 2023 B	519
ALTOS DE INURRIETA 2019 T R	415	ALTOS DEL ENEBRO LA GOYESCA 2019 T R	558	AMA DE GORKA IZAGIRRE 2021 B	150
ALTOS DE LA FINCA 2018 T	973	ALTOS DEL MARQUÉS 2020 T BA	663	AMADEUS 2022 B	545
ALTOS DE LA MUELA 2020 T C	872	ALTOS DEL MARQUÉS 2021 T C	663	AMADOR DIEZ VERDEJO CUVÉE 2020 B FB	743
ALTOS DE LOSADA EL CEPÓN 2022 T	137	ALTOS R 2020 T R	647	AMADOR MEDRANO COLECCIÓN PRIVADA "FINCA LAS AGUZADERAS" 2019 T	679
ALTOS DE LOSADA LA BIENQUERIDA PARAJE LAS CHAS 2022 T C	137	ALTOS R 2022 T C	647		
		ALTOS R PIGEAGE 2021 T	648	AMADOR MEDRANO GRACIANO "FINCA VALDEGAMARRA" 2021 T	679
ALTOS DE LOSADA VILLA DE VALTUILLE DE ARRIBA 2022 T BA	137	ALTOS R PIGEAGE 2022 B FB	647		
		ALTOS R PIGEAGE GRACIANO 2022 T	647	AMADOR MEDRANO LOS SOTILLOS 2021 T	679
ALTOS DE LUZÓN 2022 T	317	ALTOS VALDEMAR SAUVIGNON BLANC 2023 B	691	AMADOR MEDRANO PARCELA 14.8 2019 T FB	679
ALTOS DE TAMARÓN 2019 T R	623	ALTOVELA CHARDONNAY 2023 B	333	AMADOR MEDRANO TEMPRANILLO BLANCO "FINCAS VAL-DEGAMARRA" 2022 B FB	679
ALTOS DE TAMARON 2021 T C	623	ALTOVELA SAUVIGNON BLANC 2023 B	333		
ALTOS DE TAMARÓN 2023 T	623	ALTOVELA TEMPRANILLO 2023 T	333	AMADOR MEDRANO TERRA 2021 T FB	679

ÍNDICE VINOS

Guía Peñín | VINOS DE ESPAÑA 1145

ÍNDICE VINOS

VINO	PÁG.
AMAITA 2018 T	672
AMANCIO 2020 T	735
AMANECER B	391
AMANECER B AM S	391
AMANECER B PX D	391
AMANECER SOLERA DRY OLOROSO BF OL S	391
AMANOVO EL VERSÁTIL 2021 T	869
AMANOVO, EDICIÓN ESPECIAL 2021 T	869
AMANTIA NATURALMENTE DULCE 2019 RD D	996
AMARA 2023 B	360
AMAREN 2021 B FB	657
AMAREN SELECCIÓN DE VIÑEDOS 2021 T BA	657
AMAROK 2021 T BA	1026
AMAT XARELLO 2023 B	265
AMATISTA AL MAR B MO D	868
AMATISTA MOSCATO FIZZY BE	868
AMATUS DULCE 2023 T D	313
AMAVIDA TREIXADURA 2023 B	546
AMAYA ARZUAGA 2018 T	571
AMBORA EL ROQUILLO 2022 B	782
AMBORA LA CALDERONA 2022 T	782
AMBORA NEGRAMOLL 2022 T	782
AMBORA PARAJE SAN IGNACIO 2022 T	782
AMBORA VIÑA DE TEGUESTE 2022 T	782
AMBURZA 2021 T BA	425
AMENITAL 2020 T BA	681
AMERICO 2021 T C	818
AMERICO ROBLE ESPAÑOL 2022 T RB	818
AMETLLERS DEL JAN 2020 B FB	450
AMEZTOI 2023 B S	278
AMIC DE CLOS D'AGON 2022 T	264
AMIC DE CLOS D'AGON 2023 B	264
AMIC DE CLOS D'AGON 2023 RD	264

VINO	PÁG.
AMICAMAT NEGRE 2022 T BA	145
AMICAMAT ROSAT 2022 RD	145
AMODIÑO 2018 B	511
AMÓN BF AM S	390
AMONTILLADO 51-1ª VORS BF AM S	299
AMONTILLADO DE AÑADA 1975 BF AM	303
AMONTILLADO DEL DUQUE VORS BF AM S	303
AMONTILLADO TRADICIÓN VORS BF AM S	299
AMONTILLADO VORS FINO IMPERIAL BF AM	301
AMORANY CUVÉE ESPECIAL BE BR	226
AMUNT NEGRE 2021 T	1048
ÀN 2021 T	1011
ÀN'R 2023 RD	1011
ÀN/2 2021 T	1012
ANA 2020 T C	775
ANA LASCELLAS 2023 RD	775
ANA LASCELLAS CHARDONNAY 2022 B	775
ANA LASCELLAS GEWURZTRAMINER 2023 B	775
ANA LASCELLAS T RB	775
ANACLETO 2019 B FI S	391
ANADIGNA 1932 2023 B	509
ANADIGNA CAIÑO 2022 T RB	509
ANADIGNA FUDRE 2021 B RB	509
ANADIGNA SOBRE LÍAS 2022 B	509
ANADIGNA TRADICIONAL 2023 B	509
ANALIVIA VERDEJO SELECCIÓN 2023 B	761
ANAVA..A CERCAR UN SOMNI ROSAT 2022 RD BA	1015
ANAYÓN CARIÑENA 2021 T	181
ANAYÓN CHARDONNAY 2023 B FB	181
ANAYÓN PARCELA 15 CARIÑENA 2019 T	181
ANAYÓN PARCELA 65 JUAN IBÁÑEZ 2021 T	181
ANAYÓN PARCELA 81 GARNACHA 2019 T	181
ANAYÓN SELECCIÓN 2021 T BA	181

VINO	PÁG.
ANCESTRAL DE PUNTIRÓ 2022 BE SS	1056
ANCESTRAL MACABEU VINYA LES PEDRES 2022 BE	437
ANCESTRAL MONTONEGA 2023 BE	1075
ANCESTRAL VINYES DEL TIET PERE 2022 BE	1083
ANCHURÓN 2012 T C	288
ANCHURÓN 2019 T	288
ANCHURÓN 2021 B S	288
ANCHURÓN MERLOT DULCE 2022 T D	288
ANDIMAR PINK MOSCATO RE	1082
ANDRÉS ALONSO SELECCIÓN ESPECIAL 2022 T	165
ANDRÉS ALONSO VERDEJO ALBILLO 2023 B	1004
ANDRÉS MELER 2014 T R	775
ANEXE 2023 T	399
ANEXE SYRAH 2023 T	399
ANEXE VINYES VELLES DE CARINYENA 2022 T	399
ANGEL BOBAL 2021 T	370
ÁNGELES DE AMAREN 2019 T	657
ANGELITA DEL CHALLAO 2021 T	706
ANHEL D'EMPORDÀ 2022 T BA	272
ANHEL D'EMPORDÀ 2023 B	272
ANI D'ANNA 2023 B	445
ANIER VENDIMIA SELECCIONADA 2017 T	602
ÀNIMA DEL PRIORAT 2022 T	467
ANIMA L'AVI ARRUFÍ 2022 B	799
ANIMA MUNDI ANCESTRAL CAMI DELS XOPS 2022 BE	1073
ANIMA MUNDI ANCESTRAL NOGUER BAIX 2020 BE	1073
ANIMA MUNDI CANTALLOPS 2022 B	433
ANIMA NUA COR VIU 2023 B	241
ANIMA NUA COR VIU 2023 B	241
ANIMA NUA COR VIU 2023 T	242
ANJOLI 2018 T	469
ANKAL 2021 T C	574
ANMA 2020 T BA	843

Guía Peñín | **VINOS DE ESPAÑA**

VINO	PÁG.	VINO	PÁG.	VINO	PÁG.
ANNA DE CODORNÍU BE BR	209	ARAGONIA CHARDONNAY SPECIAL SELECTION 2023 B.	171	ARETXABALETA 2021 B	148
ANSE MICHELINE 2021 T	186	ARAGONIA GARNACHA SPECIAL SELECTION 2023 RD	171	ARETXAGA TXAKOLI 2023 B	149
ANTAÑO 2017 T R	698	ARAGONIA SELECCIÓN ESPECIAL 2020 T	171	ARGILA ROSÉ 2018 RE GR BN	446
ANTAÑO 2018 T C	698	ARAIA DE SOMMOS 2021 T R	1064	ARIABAL VERDEJO 2023 B	754
ANTAÑO 2023 B	698	ARAICO 2021 T C	658	ARIMA BY GORKA IZAGIRRE VENDIMIA TARDÍA 2022 B	150
ANTÍDOTO 2022 T	570	ARAN 2022 BE BR	151	ARINDO 2023 B	760
ANTÍDOTO 2023 T	570	ARANDA CREAM BF CRM	294	ARÍNZANO CABERNET SAUVIGNON 2019 T	916
ANTIMA 2021 T C	269	ARANLEÓN SÓLO 2021 T C	838	ARÍNZANO ETERNIDAD B	916
ANTISTIANA CABERNET FRANC 2017 T	447	ARANLEÓN SÓLO 2023 B	838	ARÍNZANO GRAN VINO 2018 T	916
ANTISTIANA XARELLO 2019 B	447	ARANLEÓN SÓLO BE BR	195	ARÍNZANO GRAN VINO 2019 B	916
ANTOJO 2023 B D	354	ARAUTAVA FINCA LA HABANERA ALBILLO CRIOLLO 2022 B FB	887	ARÍNZANO MERLOT BIOLÓGICO 2019 T	917
ANTONA GARCÍA 2019 T C	815			ARÍNZANO PUREZA 2021 B	917
ANTONI CANALS NADAL CUPADA SELECCIÓ 2019 BE GR BR	202	ARAUTAVA FINCA LA HABANERA LISTÁN BLANCO CORDÓN TRENZADO 2022 B	887	ARLEQUÍN 2023 B	993
				ARLEQUÍN 2023 RD	993
ANTONIO MASCARÓ INDÒMIT 2020 BE GR BN	194	ARAUTAVA FINCA LA HABANERA LISTÁN NEGRO CORDÓN TRENZADO 2021 T	887	ARLEQUÍN 2023 T	993
ANTONIO MASCARÓ INITIUM 2020 BE R BR	194			ARMAN DOCE DULCE B D	1038
ANTONIO SERRANO AIRÉN 2022 B	962	ARAUTAVA LISTÁN BLANCO SECO 2023 B S	887	ARMÁN FINCA ISABEL MILLÁN 2021 T	548
ANTONIO SERRANO CENCIBEL 2021 T RB	962	ARAUTAVA LISTÁN NEGRO 2022 T	933	ARMÁN FINCA MISENHORA 2021 B	548
ANTONIO SERRANO ETIQUETA NEGRA 2019 T	962	ARAUTAVA PARAJE SAN ANTONIO 2022 T	887	ARMAN FINCA OS LOUREIROS 2022 B	548
ANTONIO SERRANO TEMPRANILLO DE TINAJA 2022 T	962	ARBOCALA 2021 T	830	ARMANTES VENDIMIA SELECCIONADA 2020 T	166
ANTROPOMORFO 2021 T	892	ARBOLEDILLA LEVANTE BF MZ S	295	ARMAS DE GUERRA 2023 B	139
ANZA 2022 T	705	ARBOLEDILLA PONIENTE BF MZ S	295	ARMAS DE GUERRA 2023 RD	139
ANZA ESPECIAL 2021 T	705	ARBOLES BLANCO 2023 B	1044	ARMAS DE GUERRA GODELLO 2023 B	139
AÑADA DE BALADIÑA 2012 B	513	ARBOSSAR 2022 T C	489	ARMAS DE GUERRA MENCÍA 2023 T	139
AÑIL FRESH 2023 B	342	ARCA DE ASSA 2021 T BA	669	ARMAS DE LANZÓS 2019 B	502
APIANE 2022 BE	1074	ARCO DEL RELOJ 2018 T	817	ARNACH CEPAS VIEJAS 2021 T	928
APOLINAR´S DREAM 2021 T BA	681	ARCUM 2019 T C	570	ARNAU DE RENDÉ MASDÉU 2021 T C S	241
APONTE+ 2018 T	819	ARCUM 2021 T C	570	ARNAU OLLER 2019 T R	457
APÓSTOLES VORS BF MED	303	ARCUM 2022 T RB	570	ARNEGUI 2018 T R	722
APTUS 2022 T RB	590	ARCUM 2023 T RB	570	ARNEGUI 2019 T C	722
AQUIANA 2021 T C	132	ARDORA MARIS 2023 B	502	ARNEGUI VIENTO NORTE 2021 T RB	722
AQUILÓN 2017 T	170	ÁREA PEQUEÑA 2022 T	648	ARNUM 2022 T RB	830
AQVITANIA 2023 B	501	ARESTEL BE BR	226	ARNUM 2023 T	830

ÍNDICE VINOS

VINO	PÁG.	VINO	PÁG.	VINO	PÁG.
ARO 2021 T	680	ARTADI QUINTANILLA 2022 T	1045	ARZUAGA RESERVA ESPECIAL 2019 T R	571
AROA GORENA 2014 T R	413	ARTADI SAN LÁZARO 2022 T	1045	AS 2 LADEIRAS 2022 B	859
AROA JAUNA 2018 T C	413	ARTADI VALDEGINÉS 2022 T	1046	AS CABORCAS 2021 T	855
AROA LARROSA 2023 RD	413	ARTADI VIÑAS DE GAIN 2020 B	1046	ÁS DE MIRABRÁS 2022 B S	953
AROA MUTIKO 2021 T	413	ARTADI VIÑAS DE GAIN 2022 T	1046	ÁS MIRABRÁS - SUMATORIO 2019 BF MZ	295
AROMA D' ABRIL 2023 B	976	ARTAZU PASOS DE SAN MARTÍN 2020 T	424	ÁS MIRABRÁS - SUMATORIO 2020 BF MZ	295
ARQUELA 2022 B FB S	869	ARTAZU SANTA CRUZ DE ARTAZU 2021 B	424	AS SORTES VAL DO BIBEI 2022 B	858
ARQUITÓN 2023 RD	930	ARTAZU SANTA CRUZ DE ARTAZU 2021 T	424	AS VIÑAS 2022 B	1069
ARRABAL DEL CONJURO 2021 T	893	ARTAZURI 2023 RD	424	ASADOIRA 2019 B	859
ARRAYAN 2023 RD	377	ARTE 2021 T	439	ASENSIO CARCELÉN MONASTRELL 2022 T	326
ARRAYÁN GARNACHA BLANCA Y GRIS 2022 B	377	ARTERO 2018 T R	343	ASENSIO CARCELÉN SYRAH 2022 T	327
ARRAYÁN GRACIANO 2022 T	377	ARTERO 2021 T C	343	ASOMO FIGUERO 2022 T RB	612
ARRAYAN ROSADO DE GARNACHA PELUDA 2023 RD	377	ARTERO 2023 RD	344	ASTARTÉ 2023 B	1009
ARRAYÁN SELECCIÓN 2020 T	378	ARTERO MACABEO VERDEJO 2023 B	344	ÁSTER 2021 T C	632
ARREBATACAPAS 2021 T	929	ARTERO TEMPRANILLO 2023 T	344	ÁSTER EL ESPINO 2021 T	632
ARRIBES DE VETTONIA 2021 T C	117	ARTESIÀ BALUARD 2022 T	252	ÁSTER FINCA EL OTERO 2021 T	633
ARRIBES DE VETTONIA 2022 T	117	ARTÍFICE 2021 T	902	ASTERISCO 2021 T	814
ARRIBES DE VETTONIA 2022 T RB	117	ARTÍFICE LISTAN BLANCO 2021 B FB	902	ASTILLERO 2022 B	1039
ARRIBES DE VETTONIA 2023 B	117	ARTÍFICE LLANITO PERERA 2021 B	902	ASTOBIZA 2023 B	109
ARRIBES DE VETTONIA VENDIMIA SELECCIONADA 2018 T R	117	ARTÍFICE VIDUEÑOS 2021 B	902	ASTOBIZA ROSÉ 2023 RD	109
		ARTIGAS 2021 T C	483	ASTOBIZA VENDIMIA TARDÍA 2019 B D	109
ARROCAL 2021 T C	571	ARTIGAS BLANC 2022 B FB	483	ASTRALES 2020 T	559
ARROCAL BLANCO DE GUARDA 2021 B	571	ARTUKE EL ESCOLLADERO 2022 T	648	ASTRALES CHRISTINA 2020 T C	559
ARROCAL RESERVA DE FAMILIA 2020 T R	571	ARTUKE FINCA DE LOS LOCOS 2022 T	648	ASTRONÒMIC 2021 T	252
ARROCAL SELECCIÓN ESPECIAL 2021 T	571	ARTUKE LA CONDENADA 2022 T	648	ASÚA 2021 T C	704
ARROYO DE ARRAYÁN 2021 B	378	ARTUKE PASO LAS MAÑAS 2022 T	648	ATABALAT 2018 T	1049
ARS COLLECTA 459 2010 BE GR BR	209	ARTUKE PIES NEGROS 2022 T C	648	ATABALAT 2020 T	1049
ARS COLLECTA BLANC DE NOIRS 2019 BE R BR	209	ARTZAI 2020 B FB	148	ATABALAT ROSAT 2019 RD	1049
ARS COLLECTA LA PLETA CHARDONNAY 2014 BE GR BR	209	ARX 2021 T	952	ATABALAT SUMMER WINE 2022 T RB	96
ARS NOVA 2016 T	417	ARZUAGA 2018 T GR	571	ATALAQUE "ALBILLO DE LA LONGUERA" 2022 B	958
ARTADI EL CARRETIL 2022 T	1045	ARZUAGA 2020 T R	572	ATALAQUE GARNACHA DEL HORCAJO 2021 T C	377
ARTADI LA HOYA 2022 T	1045	ARZUAGA 2022 T C	572	ATALAQUE GARNACHA LA PERALEDA 2021 T	377
ARTADI LA POZA DE BALLESTEROS 2022 T	1045	ARZUAGA ECOLÓGICO 2022 T C	572	ATALAQUE MOSCATEL DEL HORCAJO B SOLERA D	958

VINO	PÁG.
ATENCIA 2015 T BA	977
ÁTICA ROSÉ 2021 RE R EBR	221
ATICUS 2016 T R	663
ATICUS 2021 T C	663
ATLANTIS ALBARIÑO 2022 B	523
ATLANTIS TXAKOLI 2021 B	110
ATREVINO 2022 B	934
ATREVINO 2022 T	934
ATTECA 2022 T	162
ATTECA ARMAS 2022 T	162
ATTECA SELECCIÓN DE LA FAMILIA 2021 T	162
ATTELEA 2019 T C	1007
ATTELEA TEMPRANILLO 2021 T RB	1007
ATTIS ATALANTE 2021 B	498
ATTIS CORIBANTE 2021 B	498
ATTIS EMBAIXADOR 2021 B	498
ATTIS LÍAS FINAS 2023 B	498
ATTIS NANA 2022 B FB	498
AUCALÁ 2017 B	805
AUCALÁ 2021 B	805
AUCALÁ 2022 B	805
AUCALÁ 2022 T	806
AUDAÇ 2020 BE GR BN	203
AUDENTIA 2020 T R	871
AUDIENCIA 2022 T RB	844
AUDIENCIA 2023 B	844
AUDIENCIA 2023 RD	844
AUDITORI 2018 T C	397
AUDITORI 2019 T C	397
AUDITORI 2020 T C	397
AUDITORI 2021 T C	397
AUDITORI BLANC 2021 B	397
AUDITORI BLANC 2022 B	397

VINO	PÁG.
AUDITORI BLANC 2023 B	397
AULA 2023 B	840
AULA BE BN	197
AULA BE BR	197
AULA BE SS	197
AULA BOBAL 2023 RD	840
AULA BOBAL TEMPRANILLO 2020 T C	840
AULA CHARDONNAY BE R BN	197
AULA RE BR	197
AURA 2023 B	288
AURA SAUVIGNON BLANC VENDIMIA NOCTURNA 2023 B	747
AURA VERDEJO VENDIMIA NOCTURNA 2023 B	747
AÚREA MINERVA 2022 T	560
AURENSIS 2023 B FB	852
AURORA 2022 B	372
AUS PÉT-NAT 2023 BE AG	1072
AUS PÉT-NAT ROSÉ 2023 RE AG	1072
AUSÀS INTERPRETACIÓN 2022 T	559
AUTÉNTICA 2023 T	722
AUTÉNTICA RD	722
AUTÉNTICA VERDEJO 2023 B	762
AUTÉNTICO BE BR	197
AUTILLO 2022 B C	960
AUTÓCTON BLANC 2021 B FB	1031
AUTÓCTON BLANC 2022 B FB	1031
AUTÓCTON NEGRE 2016 T	1031
AUTOR DE ARÚSPIDE CHARDONNAY 2020 B	962
AUTOR DE ARÚSPIDE TEMPRANILLO 2019 T	962
AUZELLS 2023 B	256
AVA SELECCIÓ 2019 T R	1015
AVA VI BLANC 2023 B	1015
AVA VI ROSAT 2023 RD	1015

VINO	PÁG.
AVAN 2022 T C	602
AVAN OAK 2023 T BA	602
AVAN VIÑEDOS VIEJOS 2022 T C	602
AVANCIA CUVEE DE O GODELLO 2023 B	854
AVANCIA GODELLO 2023 B	854
AVANCIA NOBLEZA CARBALLEDO 2022 T	854
AVANCIA NOBLEZA GODELLO 2022 B	854
AVANCIA NOBLEZA MENCÍA 2022 T	854
AVELINO VEGAS 100 ANIVERSARIO 2020 T R	559
AVELINO VEGAS ÁUREO 2019 T R	559
AVENTINO 121 2022 T	828
AVENTINO 200 BARRELS 2021 T	615
AVGVSTVS ANTIGUES RESERVES 1999 T R	434
AVGVSTVS ANTIGUES RESERVES CHARDONNAY 2015 B	434
AVGVSTVS CHARDONNAY 2022 B FB	434
AVGVSTVS MICROVINIFICACIÓ MACABEO 2018 B FB	434
AVGVSTVS MICROVINIFICACIÓ XARELLO DE MAR 2017 B FB	434
AVGVSTVS TRAJANVS 2019 T R	434
AVINIUS MERLOT I SYRAH 2022 T	457
AVINYÓ 2020 BE R BN	195
AVINYÓ 2021 BE R BR	195
AVINYÓ BLANC DE NOIRS 2021 BE R BN	195
AVINYÓ ROSÉ SUBLIM 2021 RE R BR	195
AVINYÓ SELECCIÓ LA TICOTA 2017 BE GR BN	195
AYA 2023 B	284
AYLÉS "TRES DE 3000" 2021 T	913
AYMAR 2017 BE R BN	434
AYMAR 2018 BE R BR	434
AYMAR ICE 2017 BE ES	435
AYMAR RESERVA ÚNICA 2016 BE GR BN	435
AYMAR ROSÉ 2019 RE R EBR	435
AZ ALTO DE LOS ZORROS 10 MESES 2021 T RB	608

ÍNDICE VINOS

VINO	PÁG.
AZ ALTO DE LOS ZORROS 2019 T C	609
AZ ALTO DE LOS ZORROS 4 MESES 2022 T RB	609
AZ ALTO DE LOS ZORROS AUTOR 2017 T R	609
AZABACHE VENDIMIA SELECCIONADA 2021 T C	711
AZARES CHARDONNAY 2023 B	1036
AZARES PETIT VERDOT - SYRAH 2021 T	1036
AZHAR BLACK 2023 T	1041
AZHAR WHITE 2023 B	1041
AZIMUT BLANC 2022 B	451
AZIMUT NEGRE 2019 T	451
AZPILICUETA 2019 T R	649
AZPILICUETA 2020 T C	649
AZPILICUETA COLECCIÓN PRIVADA 2020 T	649
AZPILICUETA COLECCIÓN PRIVADA 2022 B FB	649
AZPILICUETA INSTINTO 2020 T	649
AZZULO B SD	171
¡BABALÀ – VI NEGRE EIXERIT 2023 T	266
BABALÀ VI BLANC SIMPÀTIC 2023 B	266
BABALÀ VI ROSAT ALEGRE 2023 RD	266
BABU 2022 B	122
BAC DE LES GINESTERES B RC D	275
BACH EXTRÍSIMA T	189
BACH EXTRÍSIMO SEMIDULCE B SD	189
BACH VIÑA EXTRÍSIMA B	189
BACH VIÑA EXTRÍSIMA RD	189
BACO IMPERIAL VORS BF AM S	297
BACO IMPERIAL VORS BF OL S	297
BACO IMPERIAL VORS BF PC S	297
BADEN NUMEN "AU" 2021 T	559
BADEN NUMEN "N" 2021 T C	559

VINO	PÁG.
BADEN NUMEN 2021 T C	559
BADEN NUMEN 2021 T RB	559
BADEN NUMEN 2023 B	559
BÁGOA DO MIÑO 2023 B	501
BÁGOAS LEDAS 2023 B	501
BAGORDI 2021 T C	658
BAGORDI 2022 B FB	658
BAGORDI 2023 B	658
BAGORDI 2023 RD	658
BAGORDI GRACIANO 2019 T	658
BAGORDI MATURANA 2021 T	658
BAGÚS 2021 T	587
BAHÍA DE DENIA 2021 B FB	94
BAIGORRI 2018 T R	659
BAIGORRI 2019 B FB	659
BAIGORRI 2020 T C	659
BAIGORRI B-70 2020 T	658
BAIGORRI BELUS 2019 T	658
BAIGORRI FINCA LA QUINTANILLA 2020 T	659
BAIGORRI GARNACHA 2018 T	659
BAIGORRI MATURANA 2021 T	659
BAILÉN BF OL S	299
BAJOZ 2023 T RB	830
BALA PERDIDA 2022 T	88
BALADIÑA 2022 B	513
BALADIÑA BARRO 2016 B	513
BALANCINES BLANCO SOBRE LÍAS 2022 B RB	637
BALANCINES GARNACHA & GARNACHA 2020 T C	637
BALBÁS 2019 T R	573
BALBÁS 2021 T C	574
BALCÓN DE PILATOS MATURANA 2020 T	691
BALDOMÀ SELECCIÓ 2021 T	257
BALDOR CHARDONNAY B FB	1038

VINO	PÁG.
BALDOR OLD VINES 2015 T	963
BALDOR TEMPRANILLO 2021 T RB	963
BALDÚS 2019 BE R BN	205
BALDÚS PRODUCCIÓ LIMITADA 2016 BE GR BN	205
BALMA 2017 BE GR BN	446
BÁLSAMO DE FIERABRÁS 2020 T	893
BALTASAR GRACIÁN EL POLÍTICO 2023 T	163
BALTASAR GRACIÁN VIÑAS VIEJAS EL HÉROE 2022 T	163
BALTASAR GRACIÁN VIÑAS VIEJAS MACABEO "EL ORÁCULO" 2022 B FB	164
BANCAL DEL BOSC GARNATXA BLANCA 2023 B	410
BANCAL DEL BOSC NEGRE 2022 T C	410
BANCALES MORAL 2021 T BA	853
BARAMBÁN 2021 T	171
BARANDALES 2023 B	817
BARANDALES 2023 RD	817
BARANDALES 2023 T	817
BARBADILLO EVA CREAM BF CRM	295
BARBADILLO LA CILLA BF PX D	295
BARBADILLO LAURA BF MO D	295
BARBADILLO SAN RAFAEL MEDIUM BF D	295
BÀRBARA FORÉS BLANC 2024 B	796
BÀRBARA FORÉS NEGRE 2021 T	797
BÀRBARA FORÉS ROSAT 2023 RD	797
BARBAS DE GATA 2019 T C	1008
BARBAZUL 2022 T	954
BARBAZUL CHARDONNAY 2021 B	954
BARBAZUL SELECCIÓN ESPECIAL 2020 T	954
BARBAZUL SYRAH ROSÉ 2023 RD	954
BARBIÁN 2022 T RB	818
BARBIANA EN RAMA BF MZ S	302
BARCO DEL CORNETA 2022 B FB	986
BARDOS VERDEJO 2023 B	742

VINO	PÁG.	VINO	PÁG.	VINO	PÁG.
BARDOS VILLALVARO 2021 T	560	BATGARA AROMAS DEL SUR 2021 B BA	109	BENITO SANTOS XOÁN 2019 B	498
BARDOS VIÑEDOS DE ALTURA 2021 T	560	BATLLORI 2019 BE R BN	211	BENJAMÍN ROMEO COLECCIÓN Nº 1: LA LIENDE 2015 T	652
BARÓN DE CHIREL 2019 T	713	BATLLORI 2020 BE BN	211		
BARÓN DE CHIREL VIÑAS CENTENARIAS VERDEJO 2022 B	992	BATLLORI ROSAT 2020 RE BR	211	BENJAMÍN ROMEO COLECCIÓN Nº 2: LA CANOCA 2012 T GR	653
		BAYOD BORRÁS GLORIA 2023 RE BN	1073		
BARÓN DE EBRO 2021 T C	710	BAYOD BORRÁS NÚRIA 2023 BE BN	1073	BENJAMÍN ROMEO COLECCIÓN Nº 3: EL BOMBÓN 2015 T	653
BARÓN DE LA JOYOSA 2017 T GR	179	BBASTIDA 2022 T C	708		
BARÓN DE LEY 2018 T GR	649	BEADE 25 AUTOR 2022 B	553	BENJAMÍN ROMEO COLECCIÓN Nº 4: LA DEHESA 2015 T	653
BARÓN DE LEY 2020 T R	649	BEADE ORIXE 2016 B	553		
BARON DE LEY 3 VIÑAS 2020 B R	649	BEADE ORIXE 2020 T C	553	BENJE 2022 B	902
BARÓN DE LEY BLANC DE NOIRS 2020 BE R BR	649	BEADE PRIMACÍA 2023 B	553	BENTO 2023 B	741
BARÓN DE LEY FINCA MONASTERIO 2021 T BA	650	BEBERÁS DE LA COPA DE TU HERMANA 2022 B	875	BERAMENDI 3 FLORES 2020 T C	418
BARÓN DE LEY VARIETAL MATURANA 2020 T BA	650	BEGASTRI 2020 T C	156	BERAMENDI 3 FLORES 2023 B	418
BARÓN DE URZANDE 2019 T R	675	BEGASTRI 2023 B	156	BERAMENDI 3 FLORES GARNACHA 2023 RD	419
BARÓN DE URZANDE 2021 T C	675	BEGASTRI 2023 RD	156	BERAMENDI CHARDONNAY 2023 B	419
BARÓN DE URZANDE 2023 RD	675	BEGASTRI 2023 T	156	BERAMENDI ENSAMBLAJE 2020 T C	419
BARÓN DE URZANDE 2023 T	675	BELA 2022 RD	560	BERAMENDI GARNACHA 2023 RD	419
BARONIA 2022 B RC S	876	BELA GRAN VINO DE RUEDA 2022 B	761	BERANDÍA 2020 T S	869
BARRANCO DEL SAN GINÉS 2022 T	718	BELA RIBERA DEL DUERO 2023 T	560	BERCIAL LADERA LOS CANTOS 2021 T R	847
BARRERA DE SOL 2021 T BA	930	BELEZOS 2014 T GR	700	BERCIAL SELECCIÓN 2022 B BA	847
BARRIOPASTORES 2022 T	731	BELEZOS 2019 T R	700	BERDÁ 2021 B	776
BARUC VENDIMIA SELECCIONADA 2022 T	934	BELEZOS FINCA LA MALGRANDA 2019 B FB	700	BERMEJO DIEGO SECO 2023 B	350
BASOBE 2022 B	148	BELEZOS FINCA SIERRA CARBÓN 2017 T	701	BERMEJO LISTÁN NEGRO 2023 T MC	350
BASSUS FINCA CASILLA HERRERA 2020 T	871	BELEZOS FINCA ZARZAMOCHUELO 2019 T	701	BERMEJO MALVASIA 2022 BE BN	350
BASSUS PINOT NOIR DULCE 2023 RD D	840	BELEZOS LA GARNACHA 2021 T	701	BERMEJO MALVASÍA VOLCÁNICA 2023 B S	350
BASTIÓN 2023 RD	379	BELLPUIG DE LES AVELLANES 2021 T BA	252	BERNABELEVA ARROYO DE TÓRTOLAS 2022 T	892
BASTIÓN GARNACHA + SYRAH 2023 T	379	BELONDRADE LES PARCELLES 2019 B	1032	BERNABELEVA ARROYO DE TÓRTOLAS TRES VENDIMIAS T	892
BASTIÓN GARNACHA 2023 T	379	BELONDRADE QUINTA APOLONIA 2023 B	987		
BASTIÓN SELECCIÓN 2022 T	379	BELONDRADE QUINTA CLARISA 2023 RD	987	BERNABELEVA CARRIL DEL REY 2022 T	892
BASTIÓN SEMIDULCE 2023 B SD	379	BELONDRADE Y LURTON 2022 B FB	742	BERNABELEVA VIÑA BONITA 2022 T	892
BATÁN DE SALAS MORISTEL 2022 T	772	BELSETÁN 2023 T	641	BERNAT OLLER 2019 T	457
BATEC 2015 BE GR BR	212	BEMBIBRE 2019 T R	135	BERNAT OLLER BLANC DE PICAPOLLS 2023 B	457
BATGARA 18 MESES 2021 B C	109	BENITO SANTOS ALBARIÑO 2023 B	498	BERNÓN 2023 B	501

ÍNDICE VINOS

VINO	PÁG.
BERONIA 198 BARRICAS 2019 T R	659
BERONIA 2016 T GR	659
BERONIA 2019 T R	659
BERONIA 50 ANIVERSARIO 2019 T	659
BERONIA GRACIANO 2020 T	659
BERONIA GRAN RESERVA COSECHA FUNDACIONAL 1973 T GR	660
BERONIA III A.C. 2020 T	660
BERONIA MAZUELO 2018 T R	660
BERONIA ROSÉ 2023 RD	660
BERONIA TEMPRANILLO ELABORACIÓN ESPECIAL 2022 T FB	660
BERONIA VERDEJO RUEDA 2023 B	742
BERONIA VIÑAS VIEJAS 2020 T	660
BERONIA VIURA 2023 B	660
BERTHA 2021 BE R BN	204
BERTHA CARDÚS 2019 BE GR BN	204
BERTHA CARDÚS MAGNUM 2010 BE GR BN	204
BERTHA MAX 2008 BE GR BN	204
BERTHA SEGLE XXI MAGNUM 2009 BE GR BN	204
BERTHA SEGLE XXI ROSÉ 2018 RE GR BR	204
BERTOLA 12 AÑOS BF PC S	301
BERTOLA BF CRM	301
BESANA REAL MACABEO 2023 B	343
BESANA REAL MACABEO SELECCIÓN 2023 B FB	343
BESANA REAL TEMPRANILLO 2018 T C	343
BESANA REAL TEMPRANILLO 2023 T	343
BESANA REAL VERDEJO 2023 B	343
BESO DE LUNA 2023 B	722
BESO DE LUNA 2023 RD	722
BESTIZO 2023 T	127
BETOLAZA 2019 T R	660
BETOLAZA 2021 T C	660

VINO	PÁG.
BIDEONA L4GD4 (LAGUARDIA) 2021 T	650
BIDEONA LAS PARCELAS 2021 B	650
BIDEONA LAS PARCELAS 2021 T	650
BIDEONA LNCG0 LANCIEGO 2021 T	650
BIDEONA MAYELA "COSECHERO 2.0" 2023 T	651
BIDEONA S4MG0 (SAMANIEGO) 2021 T	651
BIDEONA TEMPRANILLO DE LADERAS 2021 T	651
BIDEONA V1BN4 (VILLABUENA) 2021 T	651
BIDEONA VIURA DE CABEZADAS 2021 B	651
BIENVENIDOS AL EXTRAORDINARIO MUNDO DE LA MUJER CABALLO MITAD MUJER, MITAD CABALLO AZUL (ARCO) 2022 T C	875
BIENVENIDOS AL EXTRAORDINARIO MUNDO DE LA MUJER CABALLO MITAD MUJER, MITAD CABALLO NARANJA (VALENCI) 2022 B C	876
BIENVENIDOS AL EXTRAORDINARIO MUNDO DE LA MUJER CABALLO MITAD MUJER, MITAD CABALLO VERDE (ULLET DE PERDIU) 2022 T C	876
BIFTU 2021 T RB	844
BIG BANG 2022 T BA S	552
BIGA DE LUBERRI 2021 T C	717
BIGARDO 2021 T	817
BIKANDI VENDIMIA SELECCIONADA 2018 T R	733
BILUM LIMITED EDITION 5600 BOT. 2016 T R	693
BIMBACHE 2022 B	260
BIMBACHE TINTO 2022 T	260
BINIFADET 2022 T	1010
BINIFADET 2023 B	1010
BINIFADET 2023 RD	1011
BINIGRAU BI-BLANC 2023 B FB	1014
BINIGRAU BI-NEGRE 2022 T BA	1014
BINIGRAU E-BLANC 2023 B	1015
BINIGRAU E-NEGRE 2021 T	1015

VINO	PÁG.
BINIMARE 2023 RD	144
BINITORD BLANC 2023 B	1010
BINITORD CIUTAT DE PARELLA 2020 T R	1010
BINITORD NEGRE 2023 T	1010
BINITORD ROSAT 2023 RD	1010
BIOCA GARNACHA 2023 T	852
BIOCA LAURELES 2023 B	852
BIOCA MENCÍA 2023 T	852
BIOCA SELECCIÓN 2023 B	852
BIOGRÁFICO (ETIQUETA CARNE) 2021 T	379
BIOGRÁFICO (ETIQUETA GRIS) 2016 T	379
BITXIA BERRIA 2023 B	151
BIU FINCA DE LA BORDA 2019 B	251
BIVAC 2023 B	452
BLA BLA BLA 2022 B	1021
BLANC 110 GIRÓ 2023 B	1022
BLANC D'ENGUERA ARROYO 2021 B	870
BLANC D'ENGUERA ORIGINAL 2022 B FB	870
BLANC DE CLOSOS 2021 B	477
BLANC DE DOS HIVERNS 2020 B FB	452
BLANC DE GERISENA 2022 B RB	267
BLANC DE GRESA 2022 B FB	274
BLANC DE NOIR BY BURGMANN 2022 B	785
BLANC DE NOIRS BIOPAUMERÀ 2023 B	789
BLANC DE SERÈ 2023 B	255
BLANC DELS ASPRES 2022 B FB	275
BLANC MOSCATEL SEC LES FRESES DE JESÚS POBRE 2022 B MO	95
BLANC SEC ÁMFORA LES FRESES DE JESÚS POBRE B MO	95
BLANC SUBUR 2022 B	440
BLANCA 2023 B	403
BLANCH SUBIRAT BE GR BN	790

VINO	PÁG.	VINO	PÁG.	VINO	PÁG.
BLANCHER 2018 BE GR BN	195	BOBAL ICON 2021 T RB	374	BOHIGAS BE R BN	206
BLANCHER 2019 BE R BN	195	BOBALE MANNEKEN PIS 2018 T C	846	BOHIGAS GARNATXA NEGRA 2022 T BA	187
BLANCHER CLOS 7/12 2019 T C	435	BOCACHANCLA 2021 T C	672	BOHIGAS RE BR	206
BLANCHER DE LA TIETA 2014 BE GR BN	195	BOCACHANCLA 2023 T	672	BOHIGAS XARELLO 2023 B	187
BLANCHER PARCELLES 2023 B	185	BOCALASLOBAS 2019 T C	569	BOIG PER TU 2021 T	410
BLANCHER ROSAT 2022 RE R BR	195	BODEGA LA ERMITA 2019 T	698	BOLET CAMAGROC XARELLO 2023 B	439
BLANCO 12 CEPAS 2023 B	1008	BODEGA LA ERMITA JUMILLA 2019 T	312	BOLET CANTARELUS ULL DE LLEBRE 2021 T	439
BLANCO DE BOCA EN BOCA 2020 B	655	BODEGA LA ERMITA RIBERA DEL DUERO 2019 T	567	BOLET CARTOIXÀ 2014 BE GR BN	205
BLANCO DE CANET 2023 B	1041	BODEGA LA ERMITA TORO 2018 T	820	BOLET CLASSIC ECO 2022 BE BN	205
BLANCO DE CRÁTER 2023 B	782	BODEGA OTAZU ALTAR 2015 T	917	BOLET CLASSIC ECO 2022 BE BR	205
BLANCO DE MONTREAGA 2022 B FB	978	BODEGA PADRÓN 2023 B	260	BOLET ECO 2014 BE GR BR	205
BLANCO NIEVA PIE FRANCO 2023 B	754	BODEGA PADRÓN AFRUTADO 2023 B SD	260	BOLET ECO 2021 BE R BN	205
BLANCO NIEVA SAUVIGNON BLANC 2023 B	754	BODEGA ZAPATA 2020 T C	606	BOLET ECO 2021 BE R BR	205
BLANCO NIEVA VERDEJO 2023 B	754	BODEGA ZAPATA 2023 T	606	BOLET FREDOLIC (SIN SULFITOS) 2023 T	439
BLANCO POLAR VERDEJO 2023 B	991	BODEGA ZAPATA ALBILLO MAYOR 2022 B	606	BOLET GARNACHA BLANCA 2023 B	439
BLANEO GARNACHA 2022 T	417	BODEGAS ADRIA GODELLO 2023 B	126	BOLET PINOT NOIR ROSAT 2018 RE R BR	205
BLANEO SYRAH 2021 T FB	417	BODEGAS ADRIA GODELLO ORANGE 2020 B	126	BOLET SÀPIENS MERLOT 2016 T C	439
BLANQUIZAR 2020 T	1063	BODEGAS ADRIA MENCÍA 2023 T	126	BOLET VINYA SOTA BOSC 2023 B	439
BLAS DE LEZO 2021 T C	667	BODEGAS ADRIA SILK 2021 T RB	126	BOMBONETTA 2019 BE GR BR	214
BLAS MUÑOZ CEPAS VIEJAS 2021 T	983	BODEGAS ADRIA VELVET 2019 T	126	BONA NIT 2021 T	404
BLAS MUÑOZ CHARDONNAY 2022 FB B	983	BODEGAS ADRIA VILLA EL TOLEIRO 2019 B C	126	BONA NIT VS 2020 T C	404
BLAS MUÑOZ ESSENTIA 2022 T C	983	BODEGAS JUNCALES JUNCALES BF	246	BONESVALLS CABERNET SAUVIGNON 2019 T BA	452
BLASÓN DEL TURRA MACABEO 2023 B	637	BODEGAS JUNCALES PX B	246	BONFILL 2021 T C	265
BLASÓN DEL TURRA PARDINA 2023 B	637	BODEGAS RODA SELA 2022 T	686	BORDÓN 2018 T R	668
BLASÓN DEL TURRA TEMPRANILLO 2023 T	637	BODEGAS VALDECONTINA GODELLO 2022 B FB	130	BORDÓN 2020 T C	668
BLAUVERD 2023 T	403	BODEGAS VALDECONTINA GODELLO 2023 B	130	BORDÓN D'ANGLADE 2018 T R	668
BLECUA 2019 T R	772	BODEGAS VALDECONTINA LA GALAPANA 2022 T	130	BORDÓN D'ANGLADE 2020 T C	668
BLECUA MAGNUM 2016 T R	772	BODEGAS VALDECONTINA MARÍA PÍA 2022 T	130	BORDÓN VIÑA SOLE 2017 B R	668
BLÉS 2021 T RB	838	BODEGAS VALDECONTINA VALLE DEL RÍO 2022 T	130	BÒRIA SUMARROCA 2019 T	436
BLÉS 2023 B	838	BODEGAS VALDECONTINA VIÑA DE MARTÍN 2022 T	130	BORNEO 2023 B	876
BLUEGRAY 2022 T	482	BODEGAS ZAPATA SELECCIÓN 2020 T	606	BORSAO BEROLA 2020 T	172
BLUME SAUVIGNON BLANC 2023 B	762	BODEGAS ZAPATA VIÑAS VIEJAS 2019 T	606	BORSAO BOLÉ 2021 T RB	172
BLUME VERDEJO SELECCIÓN 2023 B	762	BOHIGAS 2020 BE GR BN	206	BORSAO CABRIOLA 2020 T	173

VINO	PÁG.	VINO	PÁG.	VINO	PÁG.
BORSAO SELECCIÓN 2023 B	173	BRISAT MACABEU VINYA MEIX 2022 B	437	BUEZO NATTAN 2006 T R	114
BORSAO SELECCIÓN 2023 RD	173	BRISAT PARELLADA VINYA MARTRA 2022 B	437	BUEZO PETIT VERDOT TEMPRANILLO 2006 T R	114
BORSAO SELECCIÓN 2023 T	173	BROTE 2023 RD	871	BUEZO TEMPRANILLO 2006 T	114
BORSAO SUIA 2022 B	173	BROTONS GRAN FONDILLON RESERVA 1964 T FO	94	BUEZO VARIETALES 2006 T R	114
BORSAO ZARIHS 2020 T	173	BROTONS GRAN FONDILLON RESERVA 1970 T FO	94	BUFARUT 2021 T C	264
BOSQUE DE FUSCALLO 2021 B	507	BROTONS GRAN FONDILLON RESERVA 1978 T FO D	94	BULEZA 2023 RD	126
BOTANI 2023 B	365	BROTS DE XARELLO 2021 B	449	BURBU ANCESTRAL 2023 BE	1044
BOTANI GARNACHA 2023 T	365	BROTS SYRAH ROSAT 2023 RD	449	BURBUJAS DE BALADIÑA 2017 BE BN	513
BOTANI NOBLEZA 2022 B	365	BRU BLANC 2023 B	252	BURBULLA DE SANTIAGO ROMA 2021 BE BN	506
BOTANI NOBLEZA 2023 B	365	BRU DE VERDÚ 14 2020 T	252	BURGMANN ROSÉ SELECTION 2022 RD	786
BOTICARIO DE SILOS (ISMAEL & GARAPITO) 2022 T	113	BRU DE VERDÚ 2021 T	252	BURGO VIEJO GARNACHA ORGANIC 2023 T	665
		BRÚIXOLA 2018 T C	474	BURGO VIEJO GRACIANO ORGANIC 2023 T	665
BOTICARIO DE SILOS 2022 B	113	BRÚIXOLA 2019 B	474	BURGO VIEJO ORGANIC 2023 B	665
BOTÓN DE GALLO VERDEJO 2022 B	999	BRÚIXOLA VS 2019 T	474	BURI ESCUMÓS BLANC BE	1074
BOUZA DE CARRIL ALBARIÑO 2023 B	507	BRUJIDERA EL POCILLO #GARAGEWINE 2023 T	957	BURI ESCUMÓS ROSAT RE	1074
BOUZA DO REI 2023 B	508	BRUMA DEL ESTRECHO DE MARÍN FINCA CQ 2022 T	320	BURÓ DE PEÑALOSA 2017 T R	589
BOUZA DO REI GRAN SELECCIÓN 2022 B	508	BRUMA DEL ESTRECHO DE MARÍN PARCELA VEREDA 2022 T	320	BURÓ DE PEÑALOSA 2020 T C	589
BRAM 2019 T RB	468			BURRO LOCO 2023 RD	998
BRAÓ 2020 T C	397	BRUMAS DE AYOSA 2023 T	882	BURRO LOCO 2023 T	998
BRAÓ 2021 T C	397	BRUMAS DE AYOSA BE BN	882	BURRO LOCO BUCHEJO 2023 B	998
BRAVUCÓN 2020 T BA	998	BRUMAS DE AYOSA MARMAJUELO 2023 B	882	BUTROI 2023 B	150
BRECA 2021 T FB	1037	BRUMAS DE AYOSA SECO 2023 B S	882	BUXUS DE LES AUBAGUES 2022 T	490
BRECA EL NACIDO 2023 T	1037	BRUMAS DE AYOSA SOBRE LÍAS 2023 B	882	BVB ARTÍCULO DEL AÑO 1961 2022 T	1047
BRECA ROSÉ 2023 RD	1037	BRUNEO BRUÑAL 2020 T C	118		
BREGA 2020 T	1037	BRUNEO JUAN GARCÍA 2020 T	118		
BRESQUE SAUVIGNON BLANC 2023 B	776	BRUÑAL QUINTA LAS VELAS 2020 T C	117	C	
BRESQUE SYRAH 2019 T RB	776	BSM 2022 T	1026	C DE V 2023 B	497
BRETÓN TEMPRANILLO 2022 T	989	BUC 2018 T C	145	C.F. LA MATEO LA ROSÉ 2022 RD	664
BRETÓN VERDEJO 2022 B	989	BUEN CHICO RED 2020 T	826	CA L'ELSA 2018 T R	1053
BRETÓN VERDEJO 2023 B	989	BUENCOMIEZO GODELLO SELECCIÓN 2021 B	124	CA N'ESTRUC BLANC 2023 B	186
BRIEGO ADALID 2019 T R	574	BUENCOMIEZO MENCIA SELECCIÓN 2019 T	124	CA SES ROSETES CALLET 2023 T	1047
BRINDE DE GODELLO 2014 BE R	853	BUEZO 1928 2009 T	114	CA SES ROSETES GIRÓ ROS 2021 B	1017
BRISAT DE PUNTIRÓ 2021 B	1019	BUEZO 79 BLANCO DE GUARDA 2017 B	1047	CA'LS LS PINS 2023 B	871

VINO	PÁG.
CA'LS LS PINS 2023 T BA	871
CA'N VERDURA 2022 T	144
CA'N VERDURA SUPERNOVA MANTONEGRO 2022 T C	144
CA'N VERDURA SUPERNOVA MOLL 2023 B	144
CA'N VERDURA SUPERNOVA ROSAT 2023 RD	144
CA'N XICATLÀ 2022 B	1017
CABAL 2022 T	1012
CABALLERO HIDALGO 2018 T R	344
CABALLERO HIDALGO 2019 T C	344
CABALLERO ZIFAR ALBILLO MAYOR 2022 B	606
CABALLERO ZIFAR TEMPRANILLO 2020 T BA	607
CABANELAS 2019 T	139
CABELLUT CABERNET SAUVIGNON 2021 T FB	186
CABELLUT GARNATXA 2022 T	186
CABELLUT XARELLO 2021 B	187
CABERNET DE SON RAMON 2019 T	1021
CABERNET SAUVIGNON DE BODEGAS RUIZ TORRES 2020 T	1007
CABEZA DE CUBA 2020 T C	729
CABEZA DEL HIERRO 2020 T	966
CABRIDA 2022 T C	400
CADMO 2020 T	1018
CAECUS 2019 T R	722
CAECUS 2020 T C	722
CAECUS VERDERÓN 2023 B FB	722
CAIR CUVÉE 2021 T	579
CAIR SELECCIÓN LA AGUILERA 2021 T	579
CAL GANSO 2021 T	1028
CALA MARQUESA 2023 B	264
CALA N 1 2020 T	961
CALA N 2 2019 T	961
CALA ROSTELLA 2020 T	270

VINO	PÁG.
CALABOBOS 2021 B	513
CALADOS DEL PUNTIDO 2020 T BA	734
CALAMÓN SEMIDULCE 2023 B SD	1009
CALAMÓN SEMIDULCE 2023 RD AG SD	1009
CALDERICO 2022 T RB	342
CALDERICO MACABEO 2023 B	342
CALDERICO TEMPRANILLO 2023 T	342
CALDERONA 2021 T C	236
CALDERONA 2022 T	236
CALIBER 2021 T BA	167
CALIMA ORANGE VINO NATURAL 2023 B	886
CALITRANCOS 2019 T	660
CALIXTO 2023 T	938
CALIXTO BOLOSEA 2022 T	938
CALIXTO NIETO 2021 T	938
CALIXTO OSIRIS 2021 T	938
CALIZA ORGANIC TEMPRANILLO 2023 T	340
CALIZA ORGANIC VERDEJO SAUVIGNON BLANC 2023 B	340
CALMA. RELAXING WINE 2021 T	817
CALVENTE 2022 B	289
CALVENTE FINCA DE CASTILLEJOS 2020 T R	289
CALVENTE GUINDALERA 2020 T C	289
CALVENTE RANIA 2018 BE BN	289
CALVENTE RANIA PREMIUM 2018 BE BN	289
CALZADILLA ALLEGRO 2018 T	915
CALZADILLA CLASSIC 2014 T	915
CALZÁS 2020 T C	327
CAMALEÓNICA 2022 T RB	321
CAMARILLAS 2021 T RB	91
CAMAROLOS 2018 T	366
CAMAROLOS SYRAH 2020 T	366
CÁMBRICO RUFETE EL POCITO 2020 T	937
CAMELOT TINTO DULCE MONASTRELL T D	319

VINO	PÁG.
CAMÍ DE CORMES 2021 T C	274
CAMI DE LA FONT 2022 B	791
CAMÍ DE LA MINA 2020 T	476
CAMI DE PELL ORANGE 2022 B	1068
CAMI PESSEROLES 2021 T	485
CAMINO A PARDOS 40 2022 T	166
CAMINO ALTO OLD VINES 2018 T BA	963
CAMINO DE CABRAS ALBARIÑO 2023 B	509
CAMINO DE CABRAS GODELLO 2023 B	855
CAMINO DE CABRAS MENCÍA 2023 T	533
CAMINO DE LA TORRE 2022 T C	737
CAMINO DE LOS ARRIEROS 2021 T	985
CAMINO DE NAVAHERREROS 2023 B FB	892
CAMINO DE NAVAHERREROS 2023 T	892
CAMINO DE RUS SAUVIGNON BLANC 2023 B	969
CAMINO DE SEDA 2023 T	312
CAMINO DEL BOSQUE 2021 T	181
CAMINO EMPEDRADO 2021 T	536
CAMINO EMPEDRADO AMANDI 2022 T	536
CAMINO EMPEDRADO BLEND DE FINCAS 2021 T RB	537
CAMINOLLANO AIRÉN BRISADO TINAJA 2022 B	981
CAMINOS DEL BONHOMME 2022 T	877
CAMINS DE L'ALBERA 2021 T	268
CAMINS DEL PRIORAT 2022 T	465
CAMIÑO DE COMPOSTELA 2022 T	540
CAMIÑO REAL GUÍMARO 2021 T	530
CAMP DEL CUC 2019 B BA S	450
CAMPARRÓN 2020 T R	819
CAMPARRÓN 2021 T C	819
CAMPARRÓN 2023 T RB	819
CAMPARRÓN NOVUM 2023 T	819
CAMPAZA MENCÍA 2023 T	533
CAMPEADOR 2019 T	678

VINO	PÁG.	VINO	PÁG.	VINO	PÁG.
CAMPEADOR 2021 B	678	CAN AXARTELL BLANCO 2023 B	1019	CANALS NADAL 2019 BE GR BN	202
CAMPEADOR GARNACHA 2023 T	678	CAN AXARTELL CORUM 2022 B FB	1019	CANALS NADAL CN 1986 BLANC DE NOIRS 2019 BE R BR	202
CAMPESINO 2022 T	817	CAN AXARTELL ROSADO 2023 RD	1019		
CAMPESINO NATURAL 2023 T	817	CAN BAS LA CAPELLA 2017 T GR	437	CANALS NADAL ECOLÓGICO 2021 BE R BN	202
CAMPESTRAL ABUELHITA 2021 T D	1037	CAN BAS LA CREU 2022 B	437	CANALS NADAL ROSÉ 2022 RE BR	202
CAMPESTRAL L'ORANGE 2023 B	1037	CAN BAS MONREAL 2016 T	437	CANARIUS 2022 B S	933
CAMPESTRAL PETIT VERDOT COUPAGE DE BARRICAS 2021 T C	1037	CAN BLAU 2021 T	403	CANARIUS VIÑAS VIEJAS 2023 T	933
		CAN BLAU 2022 T	403	CANASTA 20 AÑOS BF OL D	300
CAMPESTRAL RED 2021 T C	1037	CAN FEIXES BLANC SELECCIÓ 2022 B	444	CANDONGO 2022 T RB	816
CAMPESTRAL WHITE ANCESTRAL 2022 BE	1074	CAN FEIXES NEGRE SELECCIÓ 2021 T	444	CÁNFORA PIE FRANCO 2017 T R	334
CAMPESTRAL WHITE B	1037	CAN FEIXES NEGRE TRADICIÓ 2015 T C	444	CANFORRALES 2020 T C	334
CAMPESTRAL WHITE ENVEJECIDO BAJO VELO 2021 B	1037	CAN FEIXES RESERVA ESPECIAL 2011 T GR	444	CANFORRALES ALMA VERDEJO 2023 B	334
CAMPILLO 2015 T GR	662	CAN GELAT CALLET SYRAH 2022 RD	1017	CANFORRALES CHARDONNAY 2023 B	334
CAMPILLO 2020 T C	662	CAN GELAT GIRÓ ROS 2022 B	1018	CANFORRALES CLÁSICO TEMPRANILLO 2023 T	334
CAMPILLO CUVÉE 2021 T	662	CAN GELAT GRAN VI 2022 T	1018	CANFORRALES LUCÍA AIRÉN 2023 B	334
CAMPILLO RESERVA COLECCIÓN 2018 T R	662	CAN GUINEU 2020 BE R BN	1080	CANFORRALES NATURE TEMPRANILLO SYRAH 2023 T	963
CAMPO AMABLE 2018 T R	333	CAN GUINEU ROSAT 2018 RE BN	1080	CANFORRALES NATURE VIOGNIER 2023 B	963
CAMPO AMABLE 2021 T C	333	CAN NOVES BLANC 2022 B	1053	CANFORRALES PETIT VERDOT 2023 RD	334
CAMPO ELÍSEO CONTRACORRIENTE 2023 T	817	CAN NOVES NEGRE 2019 T C	1053	CANTA LA PERDIZ 2018 T R	611
CAMPO ELISEO CUVÉE ALEGRE 2022 T	817	CAN PALOMA 2018 T R	187	CANTALARES MERLOT 2021 T	870
CAMPO ELISEO HARMONIA 2022 B	747	CAN RICH 2023 B	1006	CANTALARES MERSEGUERA 2022 B	870
CAMPO ELISEO VERDEJO 2022 B FB	747	CAN RICH BLANC D'AMFORA 2022 B	1006	CANTALOBOS 2021 T	127
CAMPO MARÍN 2021 T C	179	CAN RICH BLANC DE BLANCS 2022 BE	1073	CANTALOBOS 2023 B	127
CAMPO REDONDO 2023 T RB	127	CAN RICH NEGRE D'AMFORA 2022 T	1006	CANTALOBOS 2023 T	127
CAMPO REDONDO GODELLO 2023 B	127	CAN RICH ROSAT 2021 RE BN	1035	CANTAMUDA 2023 T RB	574
CAMPO VIEJO 2018 T R	701	CAN RICH ROSAT D'AMFORA 2023 RD	1007	CANTAMUDA FINCA LA CEBOLLA 2021 T	574
CAMPO VIEJO 2020 TC	701	CAN RICH SELECCIÓN 2018 T	1007	CANTAMUDA LA ESTACIÓN 2021 T	575
CAMPO VIEJO 2023 B	701	CAN SUMOI GARNATXA SUMOLL 2022 T	1047	CANTAMUDA PARCELA 64 2021 T	575
CAMPOS DE DULCINEA SAUVIGNON BLANC 2023 B	958	CAN SUMOI LA ROSA 2023 RD	438	CANTARADA DE LAS MOZAS 2021 B	709
CAMPOS DE DULCINEA SELECCIÓN DE LA FAMILIA 2020 T	958	CAN SUMOI SUMOLL 2021 T	1047	CANTARIÑA 1 LA TINTORERA 2018 T	1047
		CAN SUMOI XARELLO 2023 B	438	CANTARIÑA 2 VIÑA DE LOS PINOS 2021 T	132
CAMPOS DE DULCINEA TEMPRANILLO 2021 T	958	CANALS & MUNNÉ INSUPERABLE 2021 BE R BR	201	CANTARIÑA 3 EL TRIÁNGULO 2021 T	132
CAN 2022 T	887	CANALS & MUNNÉ RESERVA DE L'AVI 2019 BE GR BN	201	CANTARIÑA 6 MERENZAO 2022 T	133

VINO	PÁG.	VINO	PÁG.	VINO	PÁG.
CANTARIÑA 7 A FREITA 2022 T	133	CAPILLA DEL FRAILE PETIT VERDOT 2018 T	970	CARDIA BRANCELLAO 2022 T	529
CANTARIÑA EL GODELLO DE CONSUELO 2022 B FB	133	CAPITÁN TRUENO 2021 T	730	CARDIA GODELLO 2022 B	529
CANTERABUEY VIÑEDO SINGULAR 2019 T	726	CAPITÁN XURELO 2022 T	500	CARDIA POMBEIRAS 2022 T	529
CANTOCUERDAS ALBILLO 2022 B FB	892	CAPRASIA 2021 BE R BN	200	CARDIA SEOANE 2022 T	529
CANTOCUERDAS MOSCATEL DE BERNABELEVA DULCE B FB D	892	CAPRASIA BOBAL ÁNFORA BIPARCELARIO 2022 T	843	CARDIA UCEIRA 2022 T	529
		CAPRASIA BOBAL-MERLOT 2022 T RB	843	CARE FINCA BANCALES 2020 T R	178
CANTOS DE VALPIEDRA 2020 T	710	CAPRASIA MACABEO BE BR	200	CARE FINCA MARIMÚ 2021 T BA	178
CANTOS DEL DIABLO 2021 T	380	CAPRICHO DE GODELLO 2022 B BA	530	CARE GARNACHA BLANCA 2023 B	178
CANTOSÁN VERDEJO VIÑAS VIEJAS 2023 B	769	CAPRICHO DE LANDALUCE 2020 T	672	CARE GARNACHA NATIVA 2022 T	178
CANTUESO 2022 T	1050	CAPRICHO DE SOUSÓN 2019 T	530	CARE XCLNT 2019 T	178
CANYAMEL 2015 T RB	982	CAPRICHO DIVINO CHARDONNAY 2022 BE BN	374	CARE XCLNT 2021 B	178
CANYAMEL 2022 T	982	CAPRICHO VAL DE PAXARIÑAS 2023 RD	131	CARGOL TREU VI 2022 B	1028
CAÑADA DE LOS MOROS BLANC 2021 B	1063	CAPRICHO VAL DE PAXARIÑAS GODELLO 2023 B	131	CARIÑO CLARETE VINO NATURAL 2023 RD	886
CAÑADA DE LOS MOROS BOBAL 2021 T	1063	CAPVESPRE SUNSET 2023 B	188	CARLES ANDREU 12@ 2023 T	241
CAÑADA PARÍS 2022 B C S	869	CAPVESPRE SUNSET 2023 RD	188	CARLES ANDREU 2020 BE GR BN	207
CAÑALVA ÉLÉGANCE CABERNET SAUVIGNON 2020 T C	636	CAPVESPRE SUNSET 2023 T	242	CARLES ANDREU 2021 BE BN	207
CAÑAMAR 2022 B MISTELA	876	CARA NORD BLANC 2023 B	240	CARLES ANDREU BARRICA 2019 BE R BN	207
CAÑAS Y BARRO 2023 B	879	CARA NORD GARRUT 2022 T	240	CARLES ANDREU L'ERA DEL CELDONI 2014 BE GR BN	207
CAÑAS Y BARRO 2023 RD PL	879	CARA NORD NEGRE 2021 T C	240	CARLES ANDREU PARELLADA 2022 B	241
CAÑUS VERUS MALVASIA CASTELLANA 2022 B FB	818	CARA NORD SINGLE ESTATE 2022 T	241	CARLES ANDREU ROSAT BARRICA 2021 RE R BR	207
CAÑUS VERUS VIÑAS VIEJAS 2021 T	818	CARA NORD TREPAT NEGRE 2023 T	241	CARLES ANDREU ROSAT RE BR	207
CAP DE BARBARIA 2018 T C	1009	CARA NORD TREPAT ROSAT 2023 RD	241	CARLES ANDREU TREPAT 2021 T BA	241
CAP DE BARBARIA PANSIT DE FORMENTERA B SOLERA D	1009	CARABIBAS MERSEGUERA 2023 B	94	CARLOS MORO FINCA PICÓN DE ZURITA 2019 T	560
		CARABIBAS MONASTRELL 2021 T	95	CARLOS SAN PEDRO PEREZ DE VIÑASPRE 2020 T	662
CAP DE TRONS 2022 T	442	CARABO DOLMEN VIEJO 2022 T	706	CARLOS SERRES 1896 FINCA EL ESTANQUE 2018 T R	701
CAP SENTIT ORANGE WINE 2022 B	187	CARABO SELECCIÓN DE VIÑEDOS 2021 T	706	CARLOS SERRES 1896 FINCA EL ESTANQUE 2019 T R	701
CAP SENTIT PINOT NOIR 2022 T	187	CARÁMBANO ICE WINE B D	1034	CARLOS SERRES 1896 FINCA EL ESTANQUE 2020 RD R	701
CAPA TEMPRANILLO 2023 T	976	CARAY EXPRESIÓN 2023 T C	825	CARLOS SERRES 2018 T R	701
CAPATAZ SOLERA DE LA CASA BF FI S	390	CARAY VIÑEDOS SELECCIONADOS 2021 T	825	CARLOS SERRES 2021 T C	701
CAPAXA 2020 B D	1051	CARBO CAPDEVILA 1975 BE GR BR	195	CARLOTA SURIA ORGANIC 2021 BE R BN	220
CAPDEVILA PUJOL 2020 BE R BN	195	CARCHELO 2023 T RB	314	CARLOTA SURIA ORGANIC 2021 BE R BR	220
CAPELLANIA 2019 B GR	719	CARCHELO CIENTO80 2021 T	314	CARLOTA SURIA ORGANIC BOBAL 2021 T C	846
CAPILLA DEL FRAILE PARCELA SYRAH 2020 T	970	CARDENAL CISNEROS BF PX D	308	CARLOTA SURIA ORGANIC CHARDONNAY 2023 B FB	846

VINO	PÁG.	VINO	PÁG.	VINO	PÁG.
CARMELITANO MOSCATEL 2023 B MO D	872	CARRELVILLAR 2022 T	737	CASA DE CASTILLA 2023 RD	234
CARMELO RODERO 2022 T C	591	CARRIL CRUZADO COLECCIÓN PETIT VERDOT 2023 RD	371	CASA DE ILLANA 10 MESES 2022 T C	641
CARMELO RODERO TSM 2021 T	592	CARRIL CRUZADO COLECCIÓN SAUVIGNON BLANC 2023 B	371	CASA DE ISAAC SYRAH 2020 T	969
CARPE DIEM AÑEJO 2022 BF AÑEJO D	361			CASA DE LA CERA 2018 T C	905
CARPE DIEM DULCE NATURAL 2022 BF D	361	CARRIL CRUZADO EDICIÓN LIMITADA PETIT VEDOT 2020 T C	371	CASA DE LA DEHESA 2020 T C	984
CARPE DIEM ENVEJECIDO 2022 B FI	1038			CASA DE LA ERMITA 2021 T C	323
CARPE DIEM TRASAÑEJO 1999 BF TRASAÑEJO D	362	CARRIL CRUZADO EDICIÓN LIMITADA SYRAH 2020 T C	371	CASA DE LA ERMITA 2023 T RB	323
CARPENTUM 2021 T	1004			CASA DE LA ERMITA IDÍLICO 2021 T C	323
CARPURIAS 2023 RD	996	CARRIL CRUZADO MULTIVARIETAL COLECCIÓN 3 MESES 2022 T	372	CASA DE LA ERMITA PARCELA LA SOLANA 2023 B	323
CARRA 2021 T	180			CASA DE LA ERMITA PARCELA LOS PINOS 2022 T C	322
CARRACEDO 2018 T RB	125	CARRIL CRUZADO SELECCIÓN SYRAH 9 MESES BARRICA 2021 T C	970	CASA DE LA ERMITA PETIT VERDOT 2021 T C	323
CARRAKRIPAN 2019 B	707			CASA DE LA NAVA 2021 T C	863
CARRALCOBA ALBARIÑO 2022 B	511	CARRO DE LEÑA 2022 T	558	CASA DE LA VEGA VERDEJO 2023 B	741
CARRAMATA VERDEJO 2023 B	761	CARTAGO 2019 T	831	CASA DE LA VIÑA 2021 T	845
CARRAMIMBRE 2021 T C	575	CARTESIUS BLANC 2023 B FB	265	CASA DEL CAPITÁN MACABEO 2022 B	905
CARRAMIMBRE 2023 T RB	575	CARTESIUS NEGRE 2021 T	265	CASA DEL CAPITÁN MONASTRELL 2022 T	905
CARRAMIMBRE VERDEJO 2023 B	748	CARTESIUS ROSAT 2023 RD	265	CASA DEL INCA 2021 B PX D	391
CARRAQUINTANA DE AMAREN 2020 T BA	658	CARTUS 2012 T GR	480	CASA DON ÁNGEL BOBAL 2021 T	839
CARRAROA 2021 T C	570	CASA ANTONETE MACABEO 2023 B	334	CASA JIMÉNEZ 2020 T C	99
CARRASCALEJO 2020 T C	157	CASA ANTONETE TEMPRANILLO 2020 T C	334	CASA LA LUNA VERDEJO VIURA 2023 B	764
CARRASCALEJO 2022 T	157	CASA ANTONETE TEMPRANILLO 2022 T SS	334	CASA LA RAD 2018 B	651
CARRASCALEJO 2023 RD	157	CASA BOQUERA BALANCE 2022 T	907	CASA LA RAD 2019 T RB	651
CARRASVIÑAS 100% VERDEJO 2023 B	751	CASA BOQUERA ELEGANCE 2018 T C	907	CASA LA RAD 2020 T RB	652
CARRASVIÑAS 2023 B FB	751	CASA BOQUERA HARMONY 2019 T	907	CASA LA RAD P-12 VIÑEDO SINGULAR MALVASÍA 2022 B	652
CARRASVIÑAS DORADO 2017 B	751	CASA CASTILLO CUVEE N 2021 T BA	314		
CARRASVIÑAS ESPUMOSO 2022 BE BR	751	CASA CASTILLO EL MOLAR 2023 T	314	CASA LA RAD P-38 2020 T	652
CARRASVIÑAS FELIX 2021 B	751	CASA CASTILLO LA TENDIDA 2023 T	314	CASA LA TEJA 2022 B	970
CARRATRAVIESA 2023 RD	236	CASA CASTILLO LAS GRAVAS 2022 T	314	CASA LA TEJA 2022 RD	970
CARRAVALSECA 2020 T C	662	CASA CASTILLO MONASTRELL 2023 T	314	CASA LA TEJA 2022 T	970
CARRAVALSECA 2023 T MC	662	CASA CASTILLO PIE FRANCO 2022 T C	314	CASA MARIOL GARNATXA BLANCA 2023 B	799
CARRAVID 2021 T C	590	CASA CISCA 2018 T BA	905	CASA MARIOL GARNATXA NEGRA 2023 T	799
CARREDUEÑAS ORGANIC ROSÉ 2023 RD	235	CASA DA BARROSA 2023 T	498	CASA MARIOL SAMSÓ 2020 T C	799
CARREDUEÑAS TINTO FINO 2022 T RB	235	CASA DA PORTA SANCLODIO 2022 B	547	CASA MARIOL SELECCIÓN 2021 B	799

VINO	PÁG.	VINO	PÁG.	VINO	PÁG.
CASA MARIOL SYRAH 2019 T R	799	CASAR DE VIDE 2023 B	547	CASTELL SANT ANTONI CAMÍ DEL SOT 2015 BE GR BR	1075
CASA MOREIRAS 2022 T BA	533	CASAR GODELLO (VINO DE PARAJE - VALDEPIÑEIRO) 2022 B FB	133		
CASA MOREIRAS GODELLO 2023 B	533			CASTELL SANT ANTONI GRAN BARRICA 2015 BE GR BN	1075
CASA MOREIRAS MENCÍA 2023 T	534	CASAS DE PEÑA AIRÉN 2023 B	964		
CASA MOREIRAS SELECCIÓN 2022 T	534	CASAS DE PEÑA CHARDONNAY 2023 B	964	CASTELL SANT ANTONI GRAN ROSAT PINOT NOIR 2015 RE GR BN	1075
CASA PRIMICIA 2020 T C	663	CASAS DE PEÑA GARNACHA TINTORERA 2022 T	964		
CASA PRIMICIA TEMPRANILLO 2023 T	663	CASCABEL 2022 B	355	CASTELL SANT ANTONI JAZZ NATURE 2021 BE R BN	1075
CASA RAVELLA 2021 BE R BN	202	CASCABEL 2023 B	355	CASTELL SANT ANTONI JAZZ NATURE ROSÉ 2021 RE R BR	1075
CASA RAVELLA 2022 BE BN	202	CASCARRABIAS 2022 T	117		
CASA RAVELLA L'ISARD 2021 T	438	CASTA DIVA COSECHA DORADA 2022 B	1040	CASTELLROIG 2020 BE R BN	1081
CASA RAVELLA ROSÉ 2021 RE R BR	202	CASTA DIVA COSECHA MIEL DULCE 2022 B D	1040	CASTELLROIG ROSAT 2021 RE R BR	1081
CASA RAVELLA SELECCIÓN 2017 T	438	CASTA DIVA MONTE DIVA 2022 B	1040	CASTELLUM AUGUSTI 2022 B	951
CASA RAVELLA SELECCIÓN 2021 B FB	438	CASTAÑO COLECCIÓN CEPAS VIEJAS 2019 T BA S	905	CASTELO DE MEDINA CHARDONNAY SINGULAR COLLECTION 2022 B	989
CASA SABINE SAUVIGNON BLANC 2023 B	1022	CASTAÑO COLECCIÓN CHARDONNAY 2022 B	905		
CASA SAFRA 2018 T GR	863	CASTAÑO SANTA 2020 T BA	905	CASTELO DE MEDINA PREFILOXÉRICO 2021 B FB	748
CASA SICILIA 1707 MONASTRELL 2022 T	95	CASTEL DE BOUZA 2023 B	508	CASTELO DE MEDINA SAUVIGNON BLANC FUME SINGULAR COLLECTION 2022 B RB	989
CASA VELLA D'ESPIELLS 2019 T R	451	CASTELL D'OR BE BN	202		
CASA VILLA-ZEVALLOS 2021 T RB	1006	CASTELL D'OR BE C BR	202	CASTELO DE MEDINA SAUVIGNON BLANC VENDIMIA SELECCIONADA 2022 B	748
CASADO MORALES 2015 T GR	695	CASTELL D'OR BE GR BN	202		
CASADO MORALES 2017 T R	695	CASTELL D'OR BRUT ROSAT RE BR	202	CASTELO DE MEDINA VERDEJO 2022 B FB	748
CASADO MORALES 2019 T C	695	CASTELL D'OR CABERNET SAUVIGNON, ULL DE LLEBRE, TREPAT 2023 T	241	CASTELO DE MEDINA VERDEJO 2023 B	748
CASAGRANDE 2019 T C	847				
CASAGRANDE 2021 T C	847	CASTELL D'OR ORGÀNIC BE BR	202	CASTELO DE MEDINA VERDEJO VENDIMIA SELECCIONADA 2022 B	748
CASAGRANDE 2023 B	847	CASTELL D'OR RESERVA IMPERIAL BE R BR	202	CASTELO NOUVEAU 2023 T MC	989
CASAGRANDE BOBAL 2021 T	847	CASTELL D'OR TREPAT 2023 RD	241	CASTELO ROBLE 2020 T C S	990
CASAL DE ARMÁN 2023 B	548	CASTELL DE SANTUERI BLANC 2022 B	1022	CASTELO ROSÉ 2023 RD	990
CASAL DO CANTEIRO 2023 B	550	CASTELL DE SANTUERI ROUGE 2021 T RB	1012	CASTILLO CLAVIJO 2021 T C	703
CASAL NOVO GODELLO 2023 B	851	CASTELL DEL REMEI 1780 2019 T	251	CASTILLO COLINA 2023 T	139
CASAL NOVO MENCÍA 2022 T	851	CASTELL DEL REMEI 2018 B GR	251	CASTILLO DE ALBAI 2018 T R	723
CASAL NOVO MERENZAO 2022 T	852	CASTELL DEL REMEI GOTIM BLANC 2023 B	251	CASTILLO DE ALBAI 2019 T C	722
CASAR DE BURBIA 2022 T RB	133	CASTELL DEL REMEI GOTIM BRU 2021 T	251	CASTILLO DE AYUD 2022 T R	163
CASAR DE BURBIA GODELLO 2023 B	133	CASTELL DEL REMEI ODA BLANC 2022 B FB	251	CASTILLO DE BELARFONSO 2023 T RB	378
CASAR DE VALDAIGA PARAJE EL TOLEIRO 2023 T	138	CASTELL DEL REMEI ODA NEGRE 2021 T C	251	CASTILLO DE GUZMÁN BF AM	301

ÍNDICE VINOS

VINO	PÁG.
CASTILLO DE GUZMÁN BF CRM	301
CASTILLO DE GUZMÁN BF FI	301
CASTILLO DE GUZMÁN BF OL	301
CASTILLO DE GUZMÁN BF PC	301
CASTILLO DE MONESMA 2016 T C	777
CASTILLO DE MONESMA 2018 T R	777
CASTILLO DE MONESMA 2018 T RB	777
CASTILLO DE MONESMA T	777
CASTILLO DE MONJARDÍN CHARDONNAY 2022 B FB	424
CASTILLO DE MONJARDÍN DEYO MERLOT DE AUTOR 2019 T C	425
CASTILLO DE MONJARDÍN ROSADO DE LÁGRIMA 2023 RD	424
CASTILLO DE MONSÉRAN GARNACHA 2022 T	180
CASTILLO DE MONSÉRAN GARNACHA BLANCA 2023 B	180
CASTILLO DE MONSÉRAN OLD VINE GARNACHA 2021 T	180
CASTILLO DE MONTE LA REINA 2021 T C	820
CASTILLO DE MONTE LA REINA 2022 T RB	820
CASTILLO DE MONTE LA REINA 2023 T	820
CASTILLO DE MONTE LA REINA VENDIMIA SELECCIONADA 2017 T	820
CASTILLO DE MONTE LA REINA VERDEJO 2023 B	820
CASTILLO DE PEÑAFIEL 2021 T C	593
CASTILLO DE PEÑAFIEL 2022 T RB	593
CASTILLO DE PEÑAFIEL EDICIÓN LIMITADA 2019 T R	594
CASTILLO DE SALVANES 2021 T C	897
CASTILLO DE SALVANES 2022 T RB	898
CASTILLO DE SALVANES 2023 B	898
CASTILLO DE SALVANES 2023 T	898
CASTILLO LASERNA 2020 T C	714
CASTILLO MONJARDÍN CABERNET SAUVIGNON SUPERIOR 2018 T R	425
CASTILLO SAN LORENZO 2018 T R	703

VINO	PÁG.
CASTILLO YGAY 2012 T GR	719
CASTIÑEIRO ALBARIÑO 2022 B	511
CATAVENTO ABARIÑO 2023 B	512
CATAVENTOS 2022 RD	952
CATAY 2018 T R	654
CATAY 2019 T C	655
CATAY 2023 RD	655
CATAY TEMPRANILLO MAZUELO 2021 T	655
CATERINA 2020 T	87
CATÓN BF OL	390
CÁTULO GARNACHA 2022 RD	420
CÁTULO GARNACHA 2023 RD	420
CÁTULO GARNACHA 2023 T	420
CAUDALIA DE VALLOBERA 2020 B FB	692
CAUDUM BODEGAS LARRAZ 2016 T BA	697
CAUDUM BODEGAS LARRAZ 2018 T BA	696
CAUDUM BODEGAS LARRAZ SELECCIÓN ESPECIAL 2018 T BA	697
CAUDUM BODEGAS LARRAZ SELECCIÓN ESPECIAL 2019 T BA	697
CAVA BALLBÉ BE BN	211
CAVA ESENCIA VEGAMAR BE BN	200
CAVA ESTENAS BE BN	196
CAVA ETERNO 2016 BE GR BN	209
CAVA REVERTÉ "ELECTE" BE R BN	203
CAVA REVERTÉ "ELECTE" MAGNUM 2018 BE R BN	203
CAVA REVERTÉ BE R BN	203
CAVA REVERTÉ RE R BN	203
CAVA ROXANNE 2022 BE BR	209
CAVAS HILL CUVÉE 1887 BE BN	205
CAVAS HILL PANOT GAUDÍ BE BR	205
CAVAS HILL PANOT GAUDÍ CORAL 2021 RE BR	205
CAYETANO DEL PINO BF CRM	301

VINO	PÁG.
CAYETANO DEL PINO BF FI	301
CAYETANO DEL PINO VORS BF AM	301
CAZAPITAS 2022 B	951
CAZAPITAS O REBUSCO 2021 B	952
CAZOGA CEPAS CENTENARIAS 2022 T	529
CDVIN 2021 T	705
CEIBO 2023 B	853
CELESTE CRIANZA 2020 T C	622
CELESTE RESERVA 2019 T R	622
CELESTE ROBLE 2023 T RB	622
CELESTE VERDEJO 2023 B	764
CELIA VIZCARRA 2021 T	599
CELLER ARRUFÍ LLICSÓ 2021 B BA	796
CELLER ARRUFÍ PANICAL 2023 B	796
CELLER ARRUFÍ PANICORT 2019 T	796
CELLER ARRUFÍ TREPADELLA 2022 T	796
CELLER BRUGAROL NEGRE 2018 T	265
CELLER BRUGAROL XARELLO 2022 B	265
CELLER DEL FOIX BLANC 2023 B	435
CELLER MARIÀ PAGÈS GARNATXA D'EMPORDÀ DULCE 2021 B D	267
CELLER MARIÀ PAGÈS MOSCAT D'EMPORDÀ DULCE 2023 B D	267
CELLER MARIÀ PAGÈS ROSA-T 2023 RD	267
CELLER MARIÀ PAGÈS VINYA DE L'HORT 2023 B	267
CELTIBERO 2020 T	988
CENCIBEL LA VENTA #GARAGEWINE 2023 T	957
CÉNIT 2020 T C S	810
CÉNIT 2021 B	810
CÉNIT BONALES 2022 T C	810
CÉNIT PAGO LAS SALINAS 2020 T	810
CENT X CENT GARNACHA BLANCA 2022 B C	806
CENT X CENT GARNACHA NEGRA 2022 T	806

VINO	PÁG.	VINO	PÁG.	VINO	PÁG.
CEPA 21 2021 T	607	CÉSAR PRÍNCIPE 2020 T C	231	CHLOSS TERROIR 2023 T	420
CEPA GAVILÁN 2022 T C	585	CÉSAR PRÍNCIPE 2022 B	231	CHOLO 2022 B	544
CEPA LEBREL 2018 T GR	690	CESILIA LA GARNACHA 2022 T	95	CHURUBITO TEMPRANILLO 2023 T	973
CEPADO FINCA A CORONELA 2022 T	851	CESILIA ROSÉ LA RESERVE 2023 RD	95	CIEN Y PICO DOBLE PASTA 2021 T	372
CEPADO FINCA A DEVESA 2022 B	851	CESILIA ROSÉ LA RÉSERVE ESPECIAL 2019 RD	95	CIEN Y PICO EN VASO 2021 T	372
CEPADO GODELLO 2023 B	851	CESILIA VS 2019 T	95	CIENTRUENOS 2021 T BA	428
CEPALL 2021 T	124	CHAFANDÍN 2021 T	631	CIES 2023 B	503
CEPALL 2023 RD	124	CHALLAO 2020 B	706	CIFRAS 2020 B	703
CEPAS DEL ZORRO 2020 T C	155	CHALLAO 2021 T	706	CIFRAS 2021 T	703
CEPAS DEL ZORRO 2023 RD	155	CHAN DE ROSAS CLÁSICO 2023 B	509	CILLAR 2023 T	607
CEPAS DEL ZORRO 2023 T RB	155	CHAN DE ROSAS CUVÉE ESPECIAL 2022 B	509	CILLAR DE SILOS 2021 T C	607
CEPAS DEL ZORRO MACABEO 2023 B	155	CHANSELUS 2017 B	1032	CILLAR ROSADO DE SILOS 2023 RD	608
CEPAS DEL ZORRO MONASTRELL 2023 T	155	CHAPIRETE 2021 B FB	768	CIMADAGO 2019 T C	726
CEPAS VIEJAS DE LUBERRI 2020 T	718	CHAPIRETE PREFILOXÉRICO 2021 B	769	CIMERA CLOS COR VÍ 2020 B C	874
CERAMIC MONASTRELL CRIADO EN TINAJA 2021 T	878	CHAPIRETE SELECCIÓN 2023 B	769	CIMERA CLOS COR VÍ 2022 B C	874
CERAMIC SAUVIGNON BLANC 2023 B	878	CHARCO DEL ZORRO 2021 T	318	CIMERA CLOS COR VÍ MAGNUM 2019 B FB	874
CERES 2021 T C	573	CHARDO DAY 2023 B	840	CINDUS 2020 T	828
CERES AL DESNUDO 2023 T	573	CHARDONNAY ROURE 2022 B FB	462	CINEREA 2015 B SD	1060
CERMEÑO VENDIMIA SELECCIONADA 2023 T	818	CHARLATÁN 2023 RD	231	CINGLES BLAUS MAS DE LES MORERES 2021 T	405
CERRO CEREZO 2021 T	114	CHARLOTTE RIGAUD 2021 BE R BN	228	CINGLES BLAUS MAS DE LES MORERES 2022 B	405
CERRO DEL BUEY 2022 T	103	CHAVEO 2021 T C	155	CINGLES BLAUS OCTUBRE 2023 RD	405
CERRO LA ISA VIÑEDO SINGULAR 2020 T	716	CHIMAQUE 2023 T	1058	CINGLES BLAUS OCTUBRE NEGRE 2022 T	405
CERRO LA ISA VIÑEDO SINGULAR 2021 B FB	716	CHIVITA 2023 B S	888	CINGLES BLAUS SELECCIÓ 2021 T C	405
CERRO NEGRO 2022 T AG S	869	CHIVITA AFRUTADO 2023 B	888	CIRCE VERDEJO 2023 B	741
CERVA 2023 T	1033	CHIVITA TINTO TRADICIÓN 2023 T	888	CIRERETS 2021 T	483
CÉRVOLES BLANC 2022 B FB	253	CHIVITE COLECCIÓN 125 2022 RD FB	949	CIRSION 2021 T	686
CÉRVOLES COLORS BLANC 2023 B	253	CHIVITE COLECCIÓN 125 VENDIMIA TARDÍA 2022 B FB D	949	CITIUS PINOT NOIR 2019 T	985
CÉRVOLES COLORS NEGRE T C	253			CLAR DEL BOSC 2022 T	482
CÉRVOLES ESTRATS 2019 T	253	CHIVITE COLECCIÓN 125 VINO DE GUARDA 2021 T	949	CLARETE DE LUNA 2023 RD	231
CÉRVOLES NEGRE VINYES ALTES DE LES GARRIGUES 2021 T	254	CHIVITE COLECCIÓN 125 VINO DE GUARDA 2022 B FB	949	CLARIÓN DE VIÑAS DEL VERO 2022 B	778
		CHIVITE LAS FINCAS 2023 RD	949	CLARIÓN DE VIÑAS DEL VERO MAGNUM 2020 B	779
CÉSAR FLORIDO MOSCATEL DORADO BF MO D	297	CHIVITE LAS FINCAS GARNACHA VIURA 2023 B	949	CLAROR PARATGE QUALIFICAT CAN PRATS 2016 BE GR BN	228
CÉSAR FLORIDO MOSCATEL PASAS BF MO D	296	CHIVITE MOSCATEL VIEJO SACA 2024 B	949		

VINO	PÁG.	VINO	PÁG.	VINO	PÁG.
CLAROS DE CUBA ORIGEN 2017 T	642	CLOS CLARA 2018 T GR	470	CLOS GALENA 2019 T R	476
CLÀSSIC PENEDÈS SAUVIGNON BLANC MIQUEL JANÉ 2018 BE BN	435	CLOS COR VÍ RIESLING 2022 B BA	874	CLOS GELIDA 4 HERETATS 2019 BE GR BN	228
		CLOS COR VÍ VIOGNIER 2022 B S	874	CLOS IBAI 2021 B	715
CLAUDIA 2019 B	509	CLOS CYPRES 2021 T	477	CLOS IBAI 2021 T	715
CLAVE DE SOL GARNACHA ROSÉ 2023 RD	178	CLOS D'AGON 2021 T	185	CLOS IBAI GARNACHA BLANCA 2021 B	716
CLAVE DE SOL MACABEO CHARDONNAY 2023 B	178	CLOS D'AGON 2022 B	185	CLOS IBAI GARNACHA TINTA 2021 T	716
CLAVE DE TÁBULA 2020 T	604	CLOS D'AGON ALBA DEL TINAR 2023 RD	264	CLOS IBAI GRACIANO 2021 T	716
CLAVIS 2016 T R	340	CLOS D'AGON MAS PALET 2021 T	264	CLOS LOJEN 2022 T	371
CLAVIUS VERDEJO 2020 B	1000	CLOS D'AGON SELECCIÓN ESPECIAL 2021 T	185	CLOS MARTINET 2021 T	485
CLEMENCIA 2021 T	1035	CLOS D'AGON VALMAÑA 2021 T	265	CLOS MESORAH 2021 T R	406
CLEMENTE GARCÍA GARNACHA 2020 T	652	CLOS D'AGON VALMAÑA 2022 B	185	CLOS MOGADOR 2021 T C	476
CLEMENTE GARCÍA GARNACHA 2022 T	652	CLOS D'AGON VIOGNIER 2022 B FB	185	CLOS MONLLEÓ SELECCIÓ CARINYENA 2013 T R	488
CLEMENTE GARCÍA TEMPRANILLO 2019 T R	652	CLOS D'ESGARRACORDES 2022 T C	955	CLOS PEITES 2008 T BA	471
CLÍO 2021 T	315	CLOS D'ESGARRACORDES 2023 T	955	CLOS PONS ALGES 2018 T C	254
CLON DE GALLO 2020 B	1053	CLOS DE GALLUR 2020 T RB	878	CLOS PONS AURA 2021 T C	254
CLÒNIC 2021 T R	399	CLOS DE LES DÒMINES 2020 T R	266	CLOS PONS CINGLES 2018 B	254
CLÒNIC CARINYENA VINYAS VIEJAS 2021 T R	399	CLOS DE LES DÒMINES BLANC 2022 B FB	266	CLOS PONS PLA DEL TET 2021 T C	254
CLÒNIC CARINYENA VINYES VELLES 2018 T	400	CLOS DE LÔM GARNACHA 2022 T	874	CLOS PONS ROC NU 2013 T R	254
CLOS ABELLA 2021 T	483	CLOS DE LÔM ISIDRA 2021 T	874	CLOS PONS SISQUELLA 2020 B C	254
CLOS ALZINA 2021 T	477	CLOS DE LÔM MALVASÍA 2023 B	874	CLOS SANT PAU 2021 B D	439
CLOS ANCESTRAL 2022 T	442	CLOS DE LÔM MONASTRELL 2023 RD	874	CLOS TREKAN 2020 T BA	478
CLOS ANCESTRAL 2023 B	442	CLOS DE LÔM TEMPRANILLO 2023 T	874	CLOS VIDAL CABERNET SAUVIGNON 2020 T RB	436
CLOS BADACELI DE LA SOLANA 2018 T C	467	CLOS DE TAFALL 2022 T	475	CLOS VIDAL MERLOT 2020 T C	436
CLOS BADACELI GARNACHA 2020 T	467	CLOS DEL BOU 2022 T	482	CLOT D'ENCIS VI RANCI B RC S	805
CLOS BALTASAR 2022 T	164	CLOS DEL GOS 2022 T	404	CLOT DEL ROURE XARELLO 2022 B	453
CLOS BARTOLOMÉ 2020 T BA	469	CLOS DEL PI 2019 T C	453	CLOT DELS EIXAMS 2021 B FB	1054
CLOS BARTOLOMÉ BLANC 2023 B	469	CLOS DEL PINELL GARNATXA BLANCA 2023 B	801	CLOT DELS OMS BLANC 2022 B	435
CLOS BERENGUER "ARI" 2022 T	474	CLOS DEL PINELL NEGRE 2023 T	801	CLOT DELS OMS GEWURZTRAMINER 2022 B	435
CLOS BERENGUER "ED" 2022 T R	475	CLOS DEL PINELL ROSAT 2023 RD	801	CLOT DELS OMS NEGRE 2021 T R	435
CLOS BERENGUER "MIN" 2022 T	475	CLOS DEL PRIOR 2021 T	404	CLOTETA 2022 T	950
CLOS BERENGUER SELECCIÓ 2021 T	475	CLOS DEL PRIOR 2023 T	404	CLUA MILLENNIUM 2019 T C	800
CLOS BERENGUER VINYA LES SORTS CABERNET SAUVIGNON 2020 T	475	CLOS ERASMUS 2021 T BA	476	CLUNIA ALBILLO 2023 B	990
		CLOS FLORESTA 2018 T C	272	CLUNIA MALBEC 2022 T	990

VINO	PÁG.	VINO	PÁG.	VINO	PÁG.
CLUNIA SYRAH 2020 T	990	COLECCIÓN DE FAMILIA LA MATEO VENDIMIA 2020 T BA	664	CON VIENTO FRESCO 2020 T	1046
CM VERDEJO 2019 B FB	742			CONCA DE TREMP 2021 T C	256
COBIJA DEL POBRE 2023 B	122	COLECCIÓN DE FAMILIA RESERVA PRIVADA 2018 T	664	CONCA DE TREMP BLANC 2022 B	256
COBRANA 2022 T	125	COLECCIÓN VIVANCO PARCELAS DE GARNACHA 2021 T	693	CONCEJAL AIRÉN 2023 B	865
COCA I FITÓ BLANC 2022 B	405	COLET A PRIORI 2020 BE R BR	440	CONCEJAL MULTIVARIETAL 2022 B	865
COCA I FITÓ D'OR 2022 B	802	COLET ANIVERSARI 2020 BE R BN	441	CONCEJAL MULTIVARIETAL 2023 B	865
COCA I FITÓ JADE 2018 T C	405	COLET ASSEMBLAGE 2018 RE EBR	441	CONCEJAL TEMPRANILLO 2022 T	865
COCA I FITÓ MARAGDA 2018 T	405	COLET GRAN CUVEÉ 2020 BE R EBR	441	CONCEJAL TEMPRANILLO 2022 T RB	865
COCA I FITÓ NATURA 2022 T	405	COLET NAVAZOS (ETIQ.NARANJA) 2020 BE R BN	441	CONCEJAL VERDEJO 2023 B	865
COCA I FITÓ NU 2022 T	405	COLET NAVAZOS (ETIQ.VERDE) 2019 BE R BN	441	CONCEJO CLARETE AGED 2023 RD	235
COCA I FITÓ ROSA 2022 RD	405	COLET TRADICIONAL 2020 BE R BN	441	CONCEJO COLECCIÓN 1999 T GR	235
CÓDICE 2022 T BA	971	COLET VATUA! 2020 BE EBR	441	CONCEJO VINO DE PARAJE 2019 T R	235
CODORNIU ARS COLLECTA BLANC DE BLANCS 2021 BE R BR	209	COLET VATUA! ROSÉ 2020 RE BN	441	CONCIENS 2023 T	323
		COLLAGE 2023 B	124	CONDADO DE HAZA 2022 T C	577
CODORNIU ARS COLLECTA GRAND ROSÉ 2021 RE GR BR	209	COLLEITA DE MARTIS ALBARIÑO 2022 B	506	CONDADO DE ORIZA 2023 T RB	623
		COLMILLO DE LOBO 2022 T BA	969	CONDADO DE SEQUEIRAS 2017 T RB	534
CODORNIU GRAN PLUS ULTRA 2021 BE R BN	209	COLONIA 40 2022 T	1050	CONDADO DE SEQUEIRAS GODELLO 2023 B	534
CODORNIU GRAN PLUS ULTRA PINOT NOIR ROSADO RE R BR	209	COM TU 2021 T C	405	CONDADO DE SEQUEIRAS MENCÍA 2022 T	534
		COMA D'EN POU BÀRBARA FORÉS 2022 T C	797	CONDADO LAXAS 2023 B	501
CODORNIU NON PLUS ULTRA 2020 BE R BR	209	COMA D'EN ROMEU 2019 T RB	469	CONDE ANSÚREZ 2023 RD	236
CODOS DE LAROUCO GODELLO 2022 B	858	COMA ROMÀ XARELLO MACERAT 2021 B	446	CONDE DE ALTAVA 2023 B	694
CODOS DE LAROUCO MENCÍA 2022 T	852	COMENGE VERDEJO VINO DE NIEVA 2021 B	990	CONDE DE ALTAVA 2023 RD	694
COFRADES BIDEONA 2021 T	651	COMOLOCO BAJO EN HISTAMINAS SIN SULFITOS AÑADIDOS 2023 T	316	CONDE DE ALTAVA TEMPRANILLO 2023 T	694
COJÓN DE GATO 2021 T	778			CONDE DE HARO 2020 BE R BR	199
COJÓN DE GATO 2023 B	778	COMPARTIR 2021 T C	777	CONDE DE HARO ROSÉ 2021 RE BR	199
COJÓN DE GATO 2023 T	778	COMPARTIR 2022 T RB	777	CONDE DE LA CORTE 2020 T C	636
COJÓN DE GATO VERDEJO 2023 B	767	COMPARTIR 2023 T	777	CONDE DE LA CORTE 2023 T	636
COLECCIÓN 68 2023 B	545	COMPASS 2022 T RB	637	CONDE DE LA CORTE MACABEO 2023 B	636
COLECCIÓN 880 2022 T RB	629	COMPTA OVELLES 2022 B	443	CONDE DE LA CORTE PARDINA 2023 B	636
COLECCIÓN COMENGE VERDEJO 2023 B	749	COMPTA OVELLES 2022 T	443	CONDE DE LOS ANDES 2019 B	683
COLECCIÓN DE FAMILIA LA MATEO GARNACHA CEPAS VIEJAS 2018 T	664	COMTE DE FOIX CHARDONNAY B BA	441	CONDE DE MONTERROSO 2018 T R	335
		CON ALTURA 2023 BE AG	369	CONDE DE SAN CRISTÓBAL 2021 T C	600
COLECCIÓN DE FAMILIA LA MATEO TEMPRANILLO BLANCO 2020 B	664	CON UN PAR ALBARIÑO 2023 B	523	CONDE DE SAN CRISTÓBAL FLAMINGO ROSÉ 2023 RD	601

ÍNDICE VINOS

Guía Peñín | VINOS DE ESPAÑA | 1163

VINO	PÁG.	VINO	PÁG.	VINO	PÁG.
CONDE DE SIRUELA 2018 T R	583	CONVENTO LAS CLARAS VERDEJO 2022 B	749	CORET ROSAT DE CAL BESSÓ 2023 RD	399
CONDE DE SIRUELA 2020 T C	583	CONVENTO OREJA 2021 T C	608	CORIAS GUILFA 2022 B FB	927
CONDE DE SIRUELA 2023 T RB	583	CONVENTO OREJA 2023 T RB	608	CORIMBO 2020 T	586
CONDE DE SIRUELA ELITE 2020 T	583	CONVENTO OREJA MEMORIA 2020 T R	608	CORIMBO I 2018 T R	587
CONDE DE SIRUELA VERDEJO SOBRE LÍAS 2023 B	751	CONVENTO OREJA SELECCIÓN DE FAMILIA 2020 T	608	CORISCA 2021 B	510
CONDE DE VALDEMAR 2017 T R	691	CONVENTO SAN FRANCISCO 2020 T C	561	CORISCA 2022 B	510
CONDE DEL PAZO GODELLO 2023 B	127	CONVENTO SAN FRANCISCO LA ZAPATERA 2020 T R	561	CORNICALES 2023 B	260
CONDE VALDEMAR EDICIÓN LIMITADA 2019 T	691	CONVENTO SAN FRANCISCO SELECCIÓN ESPECIAL 2020 T BA	561	CORNICALES 2023 T	260
CONDES DE ALBAREI ALBARIÑO 2023 B	493			CORNICALES AFRUTADO 2023 B SD	260
CONDES DE ALBAREI CARBALLO GALEGO 2022 B FB	493	COOP 1958 2021 T	252	CORNITERO 2023 T MC	113
CONDES DE ALBAREI ENXEBRE 2023 B MC	493	COQUINERO EN RAMA BF FI S	299	CORONAS 2021 T C	189
CONDES DE FUENSALIDA 100 AÑOS 2022 T	379	COR DE GRANIT 2022 B	402	CORONÍN 2022 T	532
CONDES DE FUENSALIDA 2023 RE D	379	CORANYA 2016 T	488	CORPUS DEL MUNI 2022 T RB	964
CONDES DE FUENSALIDA GARNACHA 2023 RD	379	CORAZ DE PUENTE DEL EA 2020 T	699	CORPUS DEL MUNI BLANCA SELECCIÓN 2023 B	964
CONDES DE FUENSALIDA GARNACHA Y SYRAH 2023 T	379	CORAZ FINCA LA ESCLAVITUD 2020 T	699	CORPUS DEL MUNI LUCÍA SELECCIÓN 2020 T C	964
CONDES DE LOS ANDES 2017 T	683	CORAZÓN DE MALÓN 2023 RD	421	CORPUS DEL MUNI SARA SELECCIÓN 2023 B SS	964
CONDESA EYLO VERDEJO 2023 B	757	CORAZÓN INDOMABLE 2023 T MC	679	CORPUS DEL MUNI VENDIMIA TARDÍA 2021 T	964
CONSENTIDO MONASTRELL BARRICA 2022 T RB	906	CORAZÓN LOCO 2022 T	369	CORRAL DE CASTRO 2022 T	290
CONTADOR 2016 T	653	CORAZÓN LOCO 2023 B	369	CORRAL DEL OBISPO 2022 T RB	140
CONTADOR 2021 T	653	CORAZÓN LOCO 2023 RD	369	CORRITJOLA – CELLER ARRUFÍ 2023 RD	796
CONTADOR 3 PARCELAS MAGNUM 2020 T	653	CORAZÓN LOCO VERDEJO 2023 B	369	CORSALVATGE 2022 B	874
CONTADOR LAS PAULEJAS 2020 T	653	CORCOVO 2023 RD	967	CORTIJO LOS AGUILARES PAGO EL ESPINO 2021 T BA	363
CONTINO 2019 T GR	734	CORCOVO AIRÉN 2023 B	864	CORTIJO LOS AGUILARES PINOT NOIR 2022 T C	363
CONTINO 2020 T R	734	CORCOVO AIREN 24 BARRICAS 2022 B FB	864	CORUCHO 2022 T RB	894
CONTINO 2021 RD	735	CORCOVO MUSCAT 2023 B S	967	CORUCHO FINCA PEAZO DE LA ENCINA 2019 T RB	894
CONTINO 2022 B	735	CORCOVO SYRAH 24 BARRICAS 2022 T RB	864	CORUCHO ORANGE WINE 2022 B	894
CONTINO GARNACHA 2022 T	735	CORCOVO TEMPRANILLO 2018 T R	864	COSCOJARES 2019 T	711
CONTINO GRACIANO 2020 T	735	CORCOVO TEMPRANILLO 2021 T C	864	COSECHERA ENSAMBLAJE I 2020 T	784
CONTINO MAZUELO 2020 T	735	CORCOVO TEMPRANILLO 2022 T RB	864	COSECHERA ENSAMBLAJE II 2020 B	784
CONTINO VIÑA DEL OLIVO 2021 T	735	CORCOVO VERDEJO 2023 B	967	COSECHERA ENSAMBLAJE III 2020 T	784
CONTINUA 2023 B	1049	COREOGRAFÍA MONTSANT 2023 T	409	COSECHERA LOS BARRANQUILLOS LISTÁN NEGRO 2019 T	784
CONTRAAPAREDE 2021 B	493	COREOGRAFÍA PRIORAT 2023 RD	489		
CONTRATEMPS 2019 T	1057	CORET DE CAL BESSÓ 2023 B	399	COSECHERA NEGRAMOL 2022 T	784

VINO	PÁG.	VINO	PÁG.	VINO	PÁG.
COSECHERA PIELES 2021 B	784	CREAM TRADICIÓN VOS BF CRM	299	CUATRO RAMAS 2022 T	1038
COSTALARBOL RED 2022 T	672	CREENCIA CON ACTITUD 2021 T	324	CUATRO RAYAS 10 MESES EN BARRICA TEMPRANILLO 2021 T	987
COSTER D'EN FORNÓS 2021 T	407	CREENCIA CON VIRTUD 2020 T	324		
COSTER DEL MARIO 2019 T	481	CREGO E MONAGUILLO GODELLO 2023 B	386	CUATRO RAYAS 10 MESES EN BARRICA TEMPRANILLO 2022 T	987
COSTERS DE CORNUDELLA BLANC 2022 B	404	CREGO E MONAGUILLO MENCÍA 2023 T	386		
COSTERS DE CORNUDELLA NEGRE 2021 T R	404	CREU PAIRAL 2021 B	1063	CUATRO RAYAS 1935 VERDEJO 2023 B	743
COSTERS DEL GRAVET 2022 T C	400	CRIANZA DE BOCA EN BOCA 2021 T C	655	CUATRO RAYAS BLUSH ROSÉ 2023 RD	987
COSTUMBRES 2022 B	731	CRIPTO 2021 T	1038	CUATRO RAYAS CUARENTA VENDIMIAS CUVÉE 2022 B	742
COSTUMBRES 2022 T	731	CRISTIARI 2022 B	257	CUATRO RAYAS CUARENTA VENDIMIAS RIBERA DEL DUERO 2021 T	561
COTO DE GOMARIZ 2022 B	550	CRISTIARI 2023 RD	257		
COTO DE GOMARIZ 2023 B	550	CRISTIARI D'ALÒS MERLOT 2021 T BA	257	CUATRO RAYAS CUARENTA VENDIMIAS RIOJA 2021 T C	653
COTO DE GOMARIZ FINCA O FIGUEIRAL 2020 B	550	CROMÀTIC CHARDONNAY + XARELLO 2023 B	433		
COTO DE HAYAS GARNACHA SYRAH 2023 T	171	CROSSOS PRIORAT 2021 T	476	CUATRO RAYAS CUARENTA VENDIMIAS VERDEJO 2023 B	743
COTO DE IMAZ 2018 T GR	707	CRU-Z 2020 T C	285		
COTO DE IMAZ 2020 T R	707	CRUCEIRO 2023 T	538	CUATRO RAYAS LONGVERDEJO VIÑEDOS CENTENARIOS 2022 B	743
COTO MAYOR 2020 T C	707	CRUCEIRO REXIO 2023 B	538		
COTO MAYOR 2023 B	707	CRUOR 2019 T	468	CUATRO RAYAS ORGANIC ROSÉ TEMPRANILLO-VERDEJO 2023 RD	987
COTO MAYOR 2023 RD	707	CRUSH 2023 RD	777		
COUPAGE 110 VINS NADAL 2019 T R	145	CRUZ DE ALBA 2021 T C	577	CUATRO RAYAS ORGANIC TEMPRANILLO 2023 T	987
COVA DE LA RAPOSA 2020 T	129	CRUZ DE ALBA 2022 T RB	577	CUATRO RAYAS ORGANIC VERDEJO 2023 B	743
COVILA 2018 T GR	663	CRUZ DE ALBA FINCA LOS HOYALES 2018 T	577	CUATRO RAYAS TEMPRANILLO 2022 T RB	561
COVILA 2019 T R	663	CRUZ DE ALBA FUENTELUN 2019 T R	577	CUATRO RAYAS VENDIMIA NOCTURNA VERDEJO 2023 B	743
COVILA 2021 T C	663	CRUZ DE PIEDRA SELECCIÓN ESPECIAL GARNACHA 2022 T	162	CUATRO RAYAS VIÑEDOS CENTENARIOS 2023 B	743
COVILA 2023 B	663			CUBET 2020 B	878
COVILA 2023 RD	664	CRUZ DE SAN ANDRÉS 2021 T RB	124	CUCAVELLA 2023 RD	1022
COVILA AEX 2021 T	664	CRUZ DEL MAR BF AM S	297	CUCO DEL ARDAL 2020 T C	318
CRÁPULA BASADO EN HECHOS REALES 2021 T C	315	CRUZ DEL MAR BF OL S	297	CUCO DEL ARDAL 2021 T C	318
CRÁPULA GOLD 2022 T	315	CRUZ DEL PENDÓN 2020 T	580	CUCÚ (CANTABA LA RANA) 2023 B	986
CRÁPULA SOUL EDICIÓN LIMITADA 2021 T	315	CRUZ DEL TEIDE AFRUTADO SEMIDULCE 2022 B SD	933	CUENTAVIÑAS 2021 T	608
CRÁTER 2021 T C	782	CRUZ DEL TEIDE SECO 2022 T	933	CUENTAVIÑAS ALOMADO 2021 T	703
CRÁTER EL JOVEN 2023 T	782	CUARTO LOTE 2020 T RB	893	CUENTAVIÑAS ARRISCADO 2022 B	703
CRAZY GRAPES 2022 T	1024	CUARTO LOTE 2022 B	893	CUENTAVIÑAS EL TIZNADO 2021 T	703
CRAZY TEMPRANILLO 2023 RD	588	CUATRO CORROS 2022 T	718	CUENTAVIÑAS GARNACHA CDVIN 2021 T	703

VINO	PÁG.
CUENTAVIÑAS LOS YELSONES 2021 T	703
CUESTA DE LOS OLIVOS 2022 T	536
CUESTA DE LOS OLIVOS 2023 B	536
CUESTA DEL HERRERO 2023 T BA	913
CUESTA ROA 940 2020 T C	629
CUESTA ROA 940 ETIQUETA NEGRA 2016 T R	630
CUEVA DE CHAMÁN ROBLE MONASTRELL 2022 T RB	105
CUEVA DE LOBOS ALPHA 2021 T	669
CUEVA DEL RAPOSO 2020 T	580
CUEVA LLANA BOBAL 2021 T	370
CUEVA LLANA SYRAH 2021 T	370
CULMEN 2019 T R	671
CUM LAUDE BE R BN	209
CUMAS 2020 T	1018
CUNE 2019 T GR	704
CUNE 2020 T R	704
CUNE 2021 T C	704
CUNE 2023 B	704
CUNE 2023 RD	704
CUNE ORGÁNICO 2021 T	704
CUNE RIBERA DEL DUERO 2023 T RB	560
CUNE RUEDA 2023 B	761
CUNE SEMIDULCE B SD	704
CUNQUEIRO CENTENARIO 2022 T	548
CUNQUEIRO CENTENARIO 2023 B	549
CUNQUEIRO EL PRIMERO 2023 T	549
CUNQUEIRO III MILENIUM 2023 B	549
CUÑAS DAVIA 2022 B FB	545
CUÑAS DAVIA 2023 B	545
CUÑAS DAVIA A XIADA 2023 B	545
CUPIDO BOBAL 2022 T	372
CUPIDO MACABEO 2022 B BA	372
CURII 2022 T	1051

VINO	PÁG.
CURII 2023 RD	1051
CURII DRA. JEKYLL 2022 T	1051
CURII TREPADELL 2023 B	1051
CUROLLA 2021 T	1019
CUSCÓ BERGA 2013 BE GR BN	210
CUSCÓ BERGA 2013 BE GR BR	210
CUSCÓ BERGA 2020 BE R BN	210
CUSCÓ BERGA 2021 BE R BR	210
CUSCÓ BERGA ROSÉ RE R BR	210
CUTIO GARNACHA 2020 T	182
CUTIO MACABEO 2021 B	182
CUVÉE #1 SON JULIANA 2023 B	1021
CUVÉE #2 SON JULIANA 2018 T	1021
CUVÉE ANTONIO MASCARÓ 2016 BE GR BN	194
CUVÉE D.S. 2019 BE GR BR	212
CUVÉE ESPLENDOR DE VARDON KENNETT 2015 BE EBR	1082
CUZO 2023 T	816
CV05 2022 T	871
CYAN 2020 T C	813
CYAN PRESTIGIO 2018 T R	813

D

VINO	PÁG.
D. BENIGNO BF PC	295
D'ACÁN VEGA CLARA T C	628
D'BERNA 2021 RD	854
D'BERNA GARNACHA TINTORERA "ELE" 2018 T	854
D'BERNA GODELLO 2023 B	854
D'BERNA GODELLO SOBRE LÍAS 2022 B	854
D'BERNA MENCÍA 2022 T	854
D'BERNA SOUSON BARRICA "JUAN" 2018 T	854
D'ELI FINCA A POUSA 2022 T	1043

VINO	PÁG.
D'EN JAN BON JAN BLANC 2021 B FB	450
D'EN JAN TRÉS AMFORES 2018 B C S	450
D'GIGANTES AIRÉN 2023 B	970
D'GIGANTES CHARDONNAY & RIESLING 2023 B	338
D'GIGANTES COLOMBARD 2023 B	971
D'SEMPRE 2020 B	488
D1 MABE 2022 T	578
DAINA 2023 RD	269
DAIRO 2021 T C	404
DALMAU 2020 T R	719
DALT TURÓ ACOPINYAT 2023 B	1018
DALT TURÓ BRESCAT 2021 T	1018
DALT TURÓ GRANAT 2021 T C	1018
DALT TURÓ PEDRENC 2021 T	1019
DALT TURÓ ROGET 2023 RD	1019
DALT TURÓ SAULÓ 2022 T	1019
DAMANA 2021 T C	604
DAMANA 5 2022 T	604
DANIELA 2017 T C	846
DAUCO 2023 T	967
DAURAT 2022 B FB	145
DAVID PERICA SELECCIÓN FAMILIAR 2018 T	684
DAVIDE 2º AÑO 2023 B	510
DAVIDE OBSERVADOR 2023 B	510
DAVILA L-100 2022 B	496
DAVILA M-100 2018 B	496
DE ALBERTO DORADO VERDEJO 100% BF SOLERA	749
DE ALBERTO DORADO VERDEJO DULCE B SOLERA D	750
DE ALBERTO EDICIÓN LIMITADA 2021 B	750
DE ALBERTO PÁLIDO B PL	749
DE ALBERTO SELECCIÓN 2018 T	991
DE ALBERTO SOBRE LÍAS VERDEJO 100% 2022 B	749
DE ALBERTO VERDEJO 2021 B FB	750

VINO	PÁG.	VINO	PÁG.	VINO	PÁG.
DE BRINGAS 2023 B	150	DEHESA DEL CARRIZAL PETIT VERDOT 2021 T	918	DESIERTO DE AZUL Y GARANZA 2020 T	414
DE CAP A PEUS 2022 B	267	DEHESA DEL CARRIZAL SYRAH 2021 T	918	DESNIETE 2021 T	655
DE LA CRUZ DE 1767 BF PC S	295	DEHESA LA GRANJA 2020 T	999	DESTINOS CRUZADOS POUSADA 2022 B	510
DE LAS NIEVES 2023 B	1036	DEITUM 2023 B	1033	DESTRANKIS 2021 T BA	468
DE MULLER AVREO DULCE SOLERA 1954 BF RC D	1052	DEITUM 2023 RD	1033	DETILIO "FINCA TESO LA TALDA" 2022 T	609
DE MULLER AVREO SECO SOLERA 1954 BF AÑEJO S	1052	DEITUM 2023 T	1033	DETILIO "ROMPECARROS" 2021 T	999
DE MULLER CABERNET SAUVIGNON 2022 T C	790	DÉKA 2020 T	1051	DETRÁS DE LA CASA GARNACHA TINTORERA 2022 T	908
DE MULLER CARINYENA 2019 T C	477	DEL PRÍNCIPE BF AM S	308	DEZ X 2021 T	851
DE MULLER CHARDONNAY 2023 B FB	790	DELAMPA 50 AÑOS 2020 T C	315	DIABLAR 2021 T	976
DE MULLER MISA DULCE SUPERIOR B D	1052	DELAMPA SELECCIÓN 2023 T	315	DIACONO 2023 RD	421
DE MULLER MISA DULCE SUPERIOR SOLERA 1942	1052	DELER 2023 RD	408	DIAMANTE B SD	668
DE MULLER MOSCATEL AÑEJO BF D	1052	DELER 2023 T	408	DIAZ BAYO 15 MESES 2022 T C	620
DE MULLER MUSCAT 2023 B	790	DELGADO 1874 B AM S	390	DIAZ BAYO 20 MESES 2020 T R	620
DE MULLER RANCIO SECO BF AÑEJO S	1052	DELGADO 1874 B OL S	390	DIAZ BAYO 4U 2023 T	620
DE NARIZ CLARETE MONASTRELL MACABEO 2022 RD	1023	DELGADO 1874 BF PX D	390	DIAZ BAYO 8 MESES 2023 T BA	620
DE NARIZ DE NARIZ COUPAGE MONASTRELL SYRAH 2022 T RB	907	DELICIOSA BF MZ	309	DIÈRESI 2021 T	1017
		DELIT 2020 T	96	DIEZ MIL Y PICO 2021 B FB	1002
DE NARIZ EDICIÓN LIMITADA 2021 T R	907	DELIT 2021 T	97	DÍEZ-CABALLERO 2018 T R	704
DE NARIZ EDICIÓN LIMITADA 2021 T R	907	DELMORO 2022 B	877	DÍEZ-CABALLERO 2021 T C	704
DE NARIZ MAGNUM PEDRO MARTÍNEZ 2020 T R	907	DELMORO 2022 T	877	DÍEZ-CABALLERO 2023 B	705
DE NARIZ MONASTRELL ZERO DOSAGE 2020 RE BN	210	DEMASIADO CORAZÓN 2022 B FB	122	DÍEZ-CABALLERO PELILLO MALO 2022 T	704
DE NARIZ TERROIR MONASTRELL 2021 T C	907	DEMENTE 2021 T	979	DÍEZ-CABALLERO VENDIMIA SELECCIONADA 2020 T R	705
DE NARIZ TERROIR MONASTRELL VALLE DEL ACENICHE 2021 T RB	1023	DENUEDO GODELLO 2023 B	130	DIMOBE PAJARETE BF TRASAÑEJO D	364
		DEPENDE 2023 B	507	DIMOBE SECO BF TRASAÑEJO S	364
DE RODRIGO 2020 T	569	DEPÓSITO 70 COLECCIÓN PRIVADA 2022 T	708	DIODORO AUTOR 2011 T	589
DE TIROS LARGOS 2021 T	563	DEPÓSITO 70 GRACIANO EDICIÓN ESPECIAL 2020 T C	708	DIODORO PASCUAL 2019 T	589
DECORUS 2023 B	113	DEPÓSITO 70 VINO DE FAMILIA 2018 T R	708	DIONUS 2018 T R	1066
DECORUS ROSÉ 2023 RD	113	DEPÓSITO 70 VINO DE FAMILIA 2019 T C	708	DIOS BACO IMPERIAL VORS PEDRO XIMÉNEZ BF PX	297
DECORUS VALDURA 2022 T BA S	113	DESBORDANT 2022 T	457	DISCO 2023 T	589
DEHESA DEL CARRIZAL CABERNET SAUVIGNON 2021 T	918	DESCARTE 2019 T	825	DÍSCOLO 2020 T BA S	824
DEHESA DEL CARRIZAL CHARDONNAY 2022 B FB	919	DESCONCIERTO 2022 T	508	DÍSCOLO EL MAGNÍFICO 2019 T BA S	824
DEHESA DEL CARRIZAL COLECCIÓN PRIVADA 2021 T	919	DESCONCIERTO ALBARIÑO 2023 B	508	DITS DEL TERRA 2022 T C	489
DEHESA DEL CARRIZAL MV 2021 T	919	DESCUIDO 2023 T MC	687	DIVERTUS 2018 T	1066

VINO	PÁG.	VINO	PÁG.	VINO	PÁG.
DIVINIS 2022 T	1040	DOMINIO BASCONCILLOS VIÑA MAGNA 2021 T C	609	DOMINIO DE GAR 2023 B	514
DIVINIS 2023 B	1040	DOMINIO DE ANZA FINCA EL RAPOLAO 2022 T	135	DOMINIO DE GARDEL TEMPRANILLO SYRAH 2020 T C	335
DIVUS 2021 T RB	313	DOMINIO DE ANZA SELECCIÓN DE PARCELAS 2022 T	135	DOMINIO DE LA SIERRA 2023 B	937
DOAD LOUSAS 2022 T	1053	DOMINIO DE ATAUTA 2021 T C	579	DOMINIO DE LA SIERRA MOMENTVM 2022 T	937
DOBIÑON 2022 T	139	DOMINIO DE ATAUTA DOS FINCAS 2021 T	579	DOMINIO DE LA VEGA CERRO TOCÓN BLANC DE NOIRS 2017 BE R BR	210
DOBLE R 2021 T C	561	DOMINIO DE ATAUTA LA MALA 2018 T C	579		
DOBLE R 2023 RD	561	DOMINIO DE ATAUTA LA ROZA 2018 T	579	DOMINIO DE LA VEGA CUVÉE PRESTIGE 2019 BE R BN	210
DOBLE R 2023 T	561	DOMINIO DE ATAUTA LLANOS DEL ALMENDRO 2018 T	579	DOMINIO DE LA VEGA Nº 23 2021 BE	210
DOBLE R 5 MESES 2022 T RB	561	DOMINIO DE ATAUTA SAN JUAN 2018 T	579	DOMINIO DE LA VEGA Nº1 2022 BE BR	210
DOBLE R VENDIMIA SELECCIONADA 2019 T	561	DOMINIO DE ATAUTA VALDEGATILES 2018 T	579	DOMINIO DE LA VEGA RESERVA ESPECIAL 2020 BE R BR	211
DOIX COSTERS DE VINYES VELLES 2022 T C	484	DOMINIO DE BACO AIRÉN 2023 B	339		
DOLÇ DE ESTEVE I GIBERT 2021 B D	1054	DOMINIO DE BACO TEMPRANILLO 2023 T	339	DOMINIO DE LA VEGA RESERVA ESPECIAL ROSÉ 2020 RE R BR	211
DOLÇ DE FOC FLAMA B	1028	DOMINIO DE BACO VERDEJO 2023 B	339		
DOLÇAINA BF MISTELA D	872	DOMINIO DE BERZAL 2021 T C	705	DOMINIO DE MIROS 2019 T	590
DOLCE BIANCO VERDEJO FRIZZANTE 2023 BE AG SD	988	DOMINIO DE BERZAL 2023 B	705	DOMINIO DE NAVA 2018 T	592
		DOMINIO DE BERZAL 2023 T MC	705	DOMINIO DE NOBLEZA 2019 T C	705
DOLIA AMPHORAE CHARDONNAY 2021 B	846	DOMINIO DE BERZAL 7 VARIETALES 2021 T	705	DOMINIO DE NOBLEZA 2023 B	706
DOLIA AMPHORAE CHARDONNAY 2022 B	846	DOMINIO DE BERZAL SELECCIÓN PRIVADA 2021 T	705	DOMINIO DE NOBLEZA EDICIÓN LIMITADA 2017 T R	706
DOLIA BOBAL AMPHORAE 2021 T	846	DOMINIO DE BORNOS 2022 T RB	609	DOMINIO DE NOBLEZA VENDIMIA SELECCIONADA 2017 T R	706
DOMECO DE JARAUTA GARNACHA 2021 T	666	DOMINIO DE CALOGÍA BY JOSÉ MANUEL PÉREZ OVEJAS 2022 T	610		
DOMECO DE JARAUTA GARNACHA BLANCA 2021 B	666			DOMINIO DE ONTUR MONASTRELL 2022 T	324
		DOMINIO DE CALOGÍA BY JOSÉ MANUEL PÉREZ OVEJAS CUVÉE S 2021 T	610	DOMINIO DE ONTUR SYRAH, MONASTRELL, GARNACHA 2022 T	324
DOMENIO TREPAT 2019 T	241				
DOMENIO ULL DE LLEBRE 2019 T	241	DOMINIO DE CALOGÍA BY JOSÉ MANUEL PÉREZ OVEJAS DOBLE M 2020 T	609	DOMINIO DE TARES CEPAS VIEJAS 2021 T C	135
DÒMINE 2023 B	761			DOMINIO DE TARES GODELLO 2023 B FB	135
DOMINE 2023 RD S	234	DOMINIO DE CASALTA 2019 T	104	DOMINIO DE TORREVIÑAS ROSADO LÁGRIMA 2023 RD	99
DOMÍNGUEZ 2021 T	784	DOMINIO DE CASALTA 2022 RD	104	DOMINIO DE TORREVIÑAS VERDIL 2023 B	99
DOMÍNGUEZ COLECCIÓN CASTELLANA BABOSO 2018 T	784	DOMINIO DE FONTANA SAUVIGNON BLANC & VERDEJO 2023 B	835	DOMINIO DE UNX CHARDONNAY 2023 B	413
				DOMINIO DE UNX GARNACHA OLD VINES 2022 T	413
DOMÍNGUEZ MALVASÍA CLÁSICO 2012 B D	784	DOMINIO DE FONTANA TEMPRANILLO & CABERNET SAUVIGNON 2020 T C	835	DOMINIO DE UNX ROSADO DE LÁGRIMA 2023 RD	413
DOMINIO BASCONCILLOS FINCA DE ALTURA 2022 T RB	609			DOMINIO DE VALDELACASA 2019 T RB	819
		DOMINIO DE FONTANA TEMPRANILLO & SYRAH 2021 T RB	835	DOMINIO DEL AGUILA 2020 T R	611
DOMINIO BASCONCILLOS VIÑA MAGNA 2020 T R	609			DOMINIO DEL AGUILA ALBILLO VIÑAS VIEJAS 2016 B	1052

VINO	PÁG.	VINO	PÁG.	VINO	PÁG.
DOMINIO DEL AGUILA ALBILLO VIÑAS VIEJAS 2019 B	1052	DON LUCIANO 2023 RD	341	DOÑA BURRA 2022 T	978
DOMINIO DEL BENDITO EL PRIMER PASO 2022 T RB	824	DON LUCIANO AIRÉN 2023 B	341	DOÑA ISABELLA GARNACHA 2023 T	425
DOMINIO DEL BENDITO LAS SABIAS 2021 T	825	DON LUCIANO BE BR	1077	DOÑA ISABELLA ROSÉ 2023 RD	425
DOMINIO DEL CARABO ABULON 2022 B	706	DON LUCIANO BE SS	1077	DOÑA LEO ALTOLANDÓN 2023 B	369
DOMINIO DEL CARABO LIENDE 2022 T	706	DON LUCIANO BLUE MOSCATO BE D	1077	DORA PEÑÍN NATURAL 2019 T	161
DOMINIO DEL CÁRABO VILLAGE 2022 T	706	DON LUCIANO GOLD MOSCATO BE	1077	DORA PEÑÍN NATURAL 2020 T	161
DOMINIO DEL CHALLAO GARNACHA 2021 T	706	DON LUCIANO PINK MOSCATO RE D	1077	DORIVM 2021 T C	594
DOMINIO DEL PIDIO 2021 T	611	DON LUCIANO TEMPRANILLO 2023 T	341	DORIVM 2023 T RB	594
DOMINIO DEL PRIOR PETIT VERDOT 2016 T BA	974	DON MIGUEL COMENGE 2019 T R	576	DORIVM SELECCIÓN DE LA FAMILIA 2019 T	594
DOMINIO DEL VERSO 2018 T	1035	DON PEDUZ 2023 B	715	DORUS 2022 B	1041
DOMINIO DO BIBEI 2021 T	534	DON PEDUZ 2023 T	715	DOS CORTADOS 20 AÑOS BF PC S	300
DOMINIO FOURNIER 2020 T R	611	DON PEDUZ VIÑA EL FLAKO 2022 B	715	DOS GERMANS BLANC 2023 B	804
DOMINIO FOURNIER 2021 T C	611	DON QUIEN 2021 T BA	250	DOS GERMANS BLANC CUPATGE 2023 B	805
DOMINIO LASIERPE 1920 CENTENARIO 2020 T	429	DON QUIEN 2022 B FB	250	DOS GERMANS NEGRE 2023 T	805
DOMINIO LUBIANO 2020 T	628	DON QUINTIN ORTEGA 2022 B FB	699	DOS GERMANS ROSAT 2023 RD	805
DOMINIO MAESTRAZGO 2021 T C	950	DON RICARDO 2022 B	512	DOS MARIAS 2022 T RB	1020
DOMINIO MAESTRAZGO GARNACHA BLANCA 2022 B RB	950	DON ROMÁN BE BR	201	DOS MUNDOS 2021 T	619
		DON ROMÁN BE R EBR	201	DRAC 2018 T RB	468
DOMUS DE ROANDI 2021 T C	853	DON SALVADOR MOSCATEL TRASAÑEJO 30 AÑOS BF MO D	362	DRY SACK MEDIUM 15 AÑOS BF MED	300
DOMUS PENSI 2019 T R	795			DUAL 2022 T	465
DON BERNARDINO 4ªGENERACIÓN 2019 T BA	535	DON SUERO 2022 T RB	357	DUAL 2023 B	465
DON BERNARDINO AMANDI 2023 T	535	DON ZOILO BF AM S	300	DULAS DEL LAGAR DE LA SALUD "UN AMERICANO EN LAGAR DE LA SALUD" 2021 T	1057
DON BERNARDINO IBIO 2020 T FB	535	DON ZOILO BF FI S	300		
DON CELESTINO RUFETE ENVEJECIDO 2021 T	936	DON ZOILO BF OL S	300	DULAS DEL LAGAR DE LA SALUD "UN FRANCÉS EN LAGAR DE LA SALUD" 2021 T	1057
DON FREDE 2020 T C	246	DON ZOILO BF PC	300		
DON FREDE 2023 T	246	DON ZOILO PX BF PX D	300	DULAS DEL LAGAR DE LA SALUD 2023 RD	1057
DON FREDE RD	246	DONCEL DE MATAPERRAS 2016 T	618	DULAS DEL LAGAR DE LA SALUD PEDRO XIMÉNEZ 2021 B FB	392
DON FRUTOS TEMPRANILLO 2023 T	991	DONCELES CRUZ CONDE B FI	390		
DON FRUTOS VERDEJO 2023 B	992	DONDELLAS 2021 T	1046	DULAS DEL LAGAR DE LA SALUD PEDRO XIMÉNEZ SOBRE LÍAS 2022 B	392
DON JACOBO 2011 T GR	663	DOÑA BEATRIZ BE BN	748		
DON JACOBO 2019 T R	663	DOÑA BEATRIZ VERDEJO 2023 B	748	DULCE CORAZÓN 2023 B D	369
DON LUCIANO 2018 T R	341	DOÑA BEATRIZ VERDEJO CEPAS VIEJAS 2022 B	748	DULCE ENERO 2022 B D	369
DON LUCIANO 2019 T C	341	DOÑA BEATRIZ VERDEJO ECOLÓGICO 2023 B	748	DULCE SILLERO 2022 B D	391

VINO	PÁG.
DUNA BY BAYOD BORRÁS 2024 BE	1073
DUQUE DE ARCAS 2021 T C	845
DUQUE DE ARCAS MADURADO 2023 T	845
DUQUESA DE LA VALL 2021 T C	94
DURAN 5V 2017 BE GR BR	222
DURAN 5V RD 2008 BE GR BR	222
DURAN 5V RD 2015 BE	222
DURAN ORIGIN 2020 BE GR BR	222
DURAN ROSÉ 2017 RE GR BR	222
DURIUS 2021 T	1001
DURÓN 2019 T R	580
DURÓN 2020 T C	580
DX DE DOMINIO LOS PINOS 2021 T RB	871

E

VINO	PÁG.
ÉBANO 6 2022 T RB	611
ÉBANO SALVAJE 2019 T C	611
EBURUS 2020 T C	636
ECANIA 2018 T R	693
ECANIA 2019 T C	693
ECANIA COLECCIÓN PRIVADA 2022 T	693
ECANIA EDICIÓN LIMITADA 2018 B FB	708
ECHEDO 2022 T	260
ECLÍPTIC 2022 B	405
ECOSISTEMA ARCCO 2019 T R	568
EDEDIA 2022 B BA	859
EDERRA 2018 T R	661
EDERRA 2020 T C	661
EDERRA VERDEJO 2023 B	747
EDETÀRIA DOLÇ 2022 B D	802
EDETÀRIA SELECCIÓ 2021 B C	802
EDETÀRIA SELECCIÓ VI DE FINCA EL MAS 2021 T C	802

VINO	PÁG.
EDONÉ GRAN CUVÉE 2018 BE EBR	982
EDRA "SOL" 2019 T BA	1024
EDRA GRULLAS DE PASO 2021 T BA	1024
EDRA XTRA SYRAH 2020 T C S	1024
EDUARDO BRAVO 2023 B	553
EDUARDO GARZA 2018 T	478
EDUARDO GARZA SOCARRATS 2020 T	478
EDUARDO PEÑA 2023 B	551
EDUARDO PEÑA LA VISTA 2022 B	551
EDULIS DE ALTANZA 2021 T C	647
EGIARTE ROSADO 2023 RD	421
EGUREN UGARTE 2017 T R	706
EGUREN UGARTE 2019 B R	706
EIDAN 2023 B S	285
EIDAN 2023 B SD	285
EIDO DA FONTE ALBARIÑO 2022 B FB	510
EIDO DA FONTE ALBARIÑO 2023 B	510
EIDO DA FONTE PLURIVARIETAL 2021 T	510
EIDO DA FONTE SOUSÓN 2019 T	510
EIDO DA SALGOSA ALBARIÑO 2022 B	509
EIDOS 2022 B BA	493
EIDOS DE PADRIÑÁN 2023 B	493
EIDOSELA 2023 B	502
EIDOSELA BURBUJAS DEL ATLÁNTICO BE BN	502
EIDOSELA BURBUJAS DEL ATLÁNTICO BE BR	502
EIDOSELA SELECCIÓN 2017 B	502
EIRA VELLA 2023 T	1004
EIVI 2023 B	523
EJE MONASTRELL 2022 T	92
EJE MONASTRELL 2023 T	92
EKAM 2022 B	250
EL ALMA DE GILDO 2021 T	831
EL AMANTE 2021 T C	936

VINO	PÁG.
EL ANCÓN 2023 T	783
EL ANDÉN 2021 T	680
EL APRENDIZ 2019 T RB	1001
EL APRENDIZ 2023 B	1001
EL APRENDIZ 2023 RD	1001
EL ÁRBOL DE ARANLEÓN 2022 T C	869
EL ARTE DE VIVIR 2023 T	589
EL BARRANCO DE LA MOLINERA 2021 T	731
EL BELISARIO 2021 T	689
EL BESO DE LAS UVAS CHARDONNAY 2021 B FB	921
EL BOBAL ESTENAS 2023 T	839
EL BON HOMME 2023 T	877
EL BONHOMME BLANCO 2023 B	877
EL BORDE 2020 T C	157
EL BOSQUE HABITADO 2021 T	1046
EL BUEN ROLLO 2021 T	825
EL BUFÓN DE ARRAYÁN ALBILLO REAL 2022 B	928
EL BUFÓN DE ARRAYÁN GARNACHA 2020 T	929
EL BUFÓN DE ARRAYÁN GARNACHA 2021 T	929
EL BUFÓN VERDEJO 2023 B	745
EL BUITRE 2020 T	370
EL BUSCADOR 2021 T C	710
EL CAIRE 2023 RD	89
EL CAIRE MONASTRELL 2021 T	89
EL CAMI 2021 T	398
EL CAMINO DE NEKEAS 2022 T RB	428
EL CAMINO MENDI 2021 T	720
EL CAMPEADOR 2023 T	312
EL CANDADO BF PX D	309
EL CARRIEGO 2023 RD	356
EL CARRO GROS 2021 T	449
EL CASTRO DE VALTUILLE 2023 T	133
EL CASTRO DE VALTUILLE GODELLO 2022 B BA	133

VINO	PÁG.	VINO	PÁG.	VINO	PÁG.
EL CERRILLAL 2023 T	285	EL HELECHAL RUFETE BLANCA 2022 B	940	EL LOMO LISTÁN NEGRO 2023 T	931
EL CF DE CHOZAS CARRASCAL 2020 T	916	EL HELECHAL SOLERA SACA 2022 B	1069	EL MAJUELO DEL ABUELO 2020 B	568
EL CHICO ROBUSTO 2022 T	687	EL HIJO DE LA DOLORES 2023 T	161	EL MAJUELO DEL ABUELO 2022 RD	569
EL CICLÓN SERRANO 2022 T	940	EL HOMBRE ORQUESTA 2021 B	654	EL MANIFIESTO DE VALTRAVIESO 04 2020 B R	605
EL CICLÓN SERRANO PARAJE PIZARRO 2022 T	940	EL HOMBRE ORQUESTA 666 G 2021 T	654	EL MAQUINISTA 2021 T	552
EL CODOLAR 2022 T	400	EL HOMBRE ORQUESTA 666 M 2021 T	654	EL MARUJO 2021 T C	728
EL CONJURO 2019 T	655	EL HOMBRE ORQUESTA 666 T 2021 T	654	EL MARUJO 2023 T	728
EL CORAZÓN DE LA TIERRA 2019 T	567	EL HOMBRE ORQUESTA 666 V 2021 B	654	EL MÉDICO 2016 T RB	1001
EL CORDERO Y LAS VÍRGENES 2020 T R	875	EL INCOMPRENDIDO B	1038	EL MIRACLE ART 2021 T	99
EL COSTER DE L'ALZINA 2018 T C	468	EL INDULTO 2022 T	843	EL MIRACLE ROSÉ RE BR	225
EL COTO 2020 T C	707	EL JARDÍN DE LA ERA 2021 T	960	EL MIRADOR 2019 T	398
EL CRISTO DE SAMANIEGO 2020 T	657	EL JARDÍN DE LAS IGUALES GARNACHA 2022 T	1039	EL MÚSICO 2015 T	1001
EL DUENDE 2021 T	427	EL JARDÍN DE LAS IGUALES MACABEO 2021 B	1039	EL NEXE DE CELLER SANROMÀ 2022 B	1050
EL ENHEBRO 2022 T	868	EL JARDÍN DE LUCIA 2023 B	523	EL NEXE DE CELLER SANROMÀ 2022 T C	1050
EL ENHEBRO 2023 B	868	EL JARDÍN SECRETO VERDEJO 2023 B	965	EL NIDO 2021 T	315
EL FOEHN 2020 T	720	EL JESUITA 2022 T	592	EL NÓMADA SELECCIÓN DE PARCELAS 2021 T	710
EL FOLLET ROSAT 2023 RD	241	EL JOVEN DRYAS 2023 T	1065	EL NOTAS PREMIUM 2021 T RB	936
EL FUNDAMENTALISTA 2022 T	372	EL LABERINTO DE VIÑA ANE 2021 T C	654	EL NOTERA 2022 T RB	564
EL GAMO 2023 B	246	EL LAGAR DE ISILLA ALBILLO MAYOR SELECCIÓN DE AÑADA 2021 B	580	EL OCTAVO COLOR 2022 B	1067
EL GODELLO DE JUAN MIGUEZ 2023 B	549			EL ORGULLO DE JULIAN 2021 T	658
EL GORDO 2023 T	179	EL LAGAR DE ISILLA COLECCIÓN ESPECIAL RESERVA DE LA FAMILIA 2017 T R	581	EL ORIGEN DE PRIETO PARIENTE 2020 T C	994
EL GORU GOLD 2021 T	322			EL OUTSIDER 2022 T	732
EL GRIFO ARIANA 2022 T	350	EL LAGAR DE ISILLA TERRITORIO MATANZA DE SORIA 2020 T RB	581	EL PACTO DE CÁRDENAS OJO GALLO 2022 T	735
EL GRIFO GRANO A GRANO 2021 T	350			EL PACTO DE LA SONSIERRA 2020 T	735
EL GRIFO MALVASIA COLECCIÓN 2023 B	350	EL LAGAR DE ISILLA TERRITORIO PARCELA LA SABINA 2020 T RB	581	EL PACTO DEL ALTO NAJERILLA 2022 B	735
EL GRIFO MALVASÍA LÍAS 2018 B	350			EL PALACIO 2019 T	675
EL GRIFO MOSCATEL DE ANA B D	350	EL LAGAR DE ISILLA TERROTORIO SAN JUAN 2021 T RB	581	EL PARAGUAS ATLÁNTICO 2022 B	549
EL GRIFO ROSADO DE LÁGRIMA 2023 RD	350	EL LINZE 2022 T	972	EL PAS DE L'ESTUDIANT 2022 T	407
EL GUARDIÁN 2018 T R	703	EL LINZE 2023 B FB	985	EL PATITO FEO CASTES TINTAS 2023 T	551
EL GUARDIÁN 2021 T C	703	EL LOCO DE FINCA LA COLINA 2023 B	767	EL PATITO FEO GODELLO 2023 B BA	551
EL GUARDIÁN DE LA VIÑA, VIÑEDO SINGULAR 2020 T	722	EL LOMO 4 LÍAS 2022 B	931	EL PATITO FEO TREIXADURA SOBRE LÍAS 2023 B	551
EL GUARDIÁN SIN SULFITOS 2023 T	703	EL LOMO DOCE Y UNO 2021 B D	931	EL PEDREGAL 2022 B	129
EL HELECHAL ORANGE 2022 B	940	EL LOMO LISTÁN BLANCO 2023 B	931	EL PELEGRÍ 2022 T	956

ÍNDICE VINOS

Guía Peñín **VINOS DE ESPAÑA** 1171

VINO	PÁG.	VINO	PÁG.	VINO	PÁG.
EL PERRO VERDE 2023 B	766	EL SECRETO DE ÉLEZ 2022 B	920	ELÁLBA DE EMILIO MORO 2023 RD	581
EL PIANO 2021 T	427	EL SECRETO DE MARÍA ALBILLO 2022 B	567	ELATUS 2020 T C	714
EL PICAPEDRER 2021 B FB	1054	EL SECRETO DEL ABUELO 2020 T C	157	ELBADIU 2022 B	83
EL PILLO 2023 T RB	830	EL SEQUÉ 2022 T	94	ELIANE CHARDONNAY 2022 B	439
EL PILLO VIÑAS REBELDES 2021 T	830	EL SERRALET 2020 BE BN	1080	ELÍAS MORA 2020 T C	826
EL POLVORETE 2023 B	127	EL SERRATS 2021 B	951	ELIAS MORA DON DANIEL 2019 T R	826
EL PREDILECTO 2022 T	695	EL SUECO 2020 T C	598	ELISENDA DE LOXAREL 2021 RE R BN	446
EL PRESUMIT DEL PALLARS 2022 T	256	EL SUECO ALBILLO MAYOR 2022 B C	599	ELITIA CARINYENES VELLES 2020 T R	264
EL PRIMAVERA 2022 T	689	EL SUEÑO DE AMADO VIÑEDO 2019 T C	696	ELITIA GARNATXA D'EMPORDÀ B SOLERA D	264
EL PROPÓSITO 2023 T	737	EL SUEÑO DE LAS ALFORJAS ALBARÍN 2022 B	355	ELIXIR 2021 B	1060
EL PUNTIDO 2008 T GR	734	EL TEMPLARI BÀRBARA FORÉS 2022 T C	797	ELLA CHARLES 2021 B	187
EL PUNTIDO 2021 T	734	EL TITÁN DEL BENDITO 2021 T	824	ELLE DE LANDALUCE 2020 T	672
EL QUINTÀ BÀRBARA FORÉS 2022 B FB	797	EL TOMILLO Y EL VIENTO BAILAN VIOGNIER 2022 B	959	ELLE DE LANDALUCE 2023 B	672
EL QUINTO PARAJE VERDEJO 2022 B	756	EL TRACTE 2020 T	398	ELS COSTUMS 2020 B	804
EL RAPOLAO 2021 T	129	EL TRANSGRESSOR DE CELLER SANROMÀ VI BRISAT 2022 B	1050	ELS COSTUMS 2020 T C	804
EL RAPOLAO VINO DE PARAJE 2022 T	134			ELS ESCURÇONS 2021 T	485
EL REBOSO 2022 B RB	1033	EL TREMPAT 2022 T	243	ELS PÁJAROS 2022 T	400
EL REBOSO 2023 B	886	EL TRESILLO 1874 AMONTILLADO MUY VIEJO BF AM S	305	ELVIRA DE CAL BESSÓ 2021 B FB	399
EL REBOSO 2023 RD	886	EL TRESILLO AMONTILLADO FINO BF AM S	305	ELVIRA II VIGIRIEGA 2020 B	1070
EL REBOSO AFRUTADO 2023 B	886	EL ÚLTIMO LOBO 2022 T RB	972	ELVIRA MOSCATEL GRANO MENUDO 2020 B	1070
EL REBOSO LISTÁN NEGRO 2022 T	886	EL VAL 2022 B	134	ELVIRA VIGIRIEGA 2021 B	1070
EL REBOSO VIJARIEGO 2022 T RB	1033	EL VEÏNAT 2022 T	410	ELYSAR VARIETAL 2023 B	260
EL REGAJAL SELECCIÓN ESPECIAL 2022 T	894	EL VÍGIA DE LA ATALAYA 2023 T	102	ELYSAR VIJARIEGO 2022 T	260
EL REGOLLAR DE AMAREN 2020 T	657	EL VÍNCULO 2018 T R	335	ELYSAR VIJARIEGO 2023 T	260
EL RETABLO IV T	603	EL VÍNCULO 2020 T C	335	ELYSSIA BE BN	212
EL RINCÓN DE LOS ENEBROS 2022 T BA	710	EL VÍNCULO ALEJAIRÉN 2022 B C	335	ELYSSIA GRAN CUVÉE BE BR	212
EL RINCÓN DE NEKEAS 2023 B	428	EL VÍNCULO PARAJE LA GOLOSA 2017 T GR	335	ELYSSIA PINOT NOIR ROSÉ RE BR	212
EL ROBLEDO RUFETE 2018 T R	937	EL VIÑEDO DE LA VIDA TEMPRANILLO-CABERNET SAUVIGNON 2023 T	980	EMBAUCADOR MONASTRELL 2021 T	87
EL ROBLEDO RUFETE 2020 T C	937			EMBRUIX DE VALL-LLACH 2022 T	473
EL ROBLEDO SELECCIÓN ESPECIAL 2020 T	937	EL VIÑEDO DE LA VIDA VERDEJO-SAUVIGNON BLANC 2023 B	980	EME GARNACHA DE CASADO MORALES 2022 T	695
EL ROBLEDO TEMPRANILLO RUFETE 2020 T	937			EME GRACIANO DE CASADO MORALES 2022 T	695
EL ROCALLÍS 2021 B FB	437	EL VISIONARI 2023 RD	269	EME MAZUELO DE CASADO MORALES 2022 T	695
EL SANTIGUADERO 2022 B	664	EL ZARZAL 2022 B BA	128	EMERGENTE 2021 T C	416

VINO	PÁG.	VINO	PÁG.	VINO	PÁG.
EMERGENTE CHARDONNAY 2023 B BA	416	ENCANTO MENCÍA 2023 T RB	1004	ENTRECHUELOS TERCER AÑO 2021 T	954
EMERGENTE ROSADO DE LÁGRIMA 2023 RD	416	ENCANTO SELECCIÓN 2023 T	1004	ENTRELÍMITES 1905 EL RENACER 2016 T C	119
EMILIO CLEMENTE 2022 T	840	ENCANTO VERDEJO GODELLO 2023 B	1004	ENTRELIMITES LA BALANZA 2009 T GR	119
EMILIO MORO 2021 T	581	ENCINA DEL INGLÉS 2023 T	366	ENTRELIMITES LIMITE NATURAL 2016 T	119
EMILIO MORO CLON DE LA FAMILIA 2018 T	581	ENCINADO 2022 T	138	ENTRELOBOS 2022 T	632
EMILIO MORO VENDIMIA SELECCIONADA 2021 T	581	ENCLAVE 2017 T	961	ENTRESIJO 2022 T C	326
EMILIO MORO VENDIMIA SELECCIONADA 2022 T	581	ENCONTRADO BF OL S	308	ENVENA 2022 T	823
EMILIO ROJO 2021 B	553	ENCRUCIJADA 2022 T	138	ENVIDIACOCHINA 2022 B	511
EMILIO VALERIO 2021 T	425	ENGAZO FAMILIA TAFURIASTE 2022 B BA	886	ENVIDIACOCHINA MAGNUM 2021 B	511
EMINA 2021 T C	561	ENGAZO FAMILIA TAFURIASTE 2023 T C	886	EO, THE OCEAN COLLECTION 2023 B	498
EMINA ATIO 2019 T R	561	ENGUANY BLANC 2023 B	1020	EORA AFRUTADO B	1055
EMINA EMOCIÓN 2019 T R	562	ENGUANY NEGRE 2021 T	1020	EORA FRIZZANTE VERDEJO 5.5 BE AG	1076
EMINA PASIÓN 2023 T	562	ENGUANY ROSAT 2023 RD	1020	EPÍLOGO 2020 T RB	338
EMINA ROSÉ 2023 RD	232	ENOTECA GRAMONA 2011 BE BN	1076	EPÍLOGO SAUVIGNON BLANC 2023 B	338
EMINA ROSÉ PRESTIGIO 2023 RD	232	ENOTECA PERSONAL MANUEL RAVENTOS 2008 BE BN	1079	EPITAFIO 2020 T RB	828
EMINA SAUVIGNON BLANC 2023 B	744			EQUILIBRIO 4 2021 T	326
EMINA VERDEJO 2021 B FB	744	ENRIQUE MENDOZA CHARDONNAY 2023 B	88	EQUILIBRIO 9 2020 T BA	326
EMINA VERDEJO 2023 B	744	ENRIQUE MENDOZA CHARDONNAY 2023 B FB	88	EQUILIBRIO SAUVIGNON BLANC 2023 B	326
EMPELTS 2021 T	410	ENRIQUE MENDOZA ESTRECHO MONASTRELL 2022 T C	88	EQUITEZ TEMPRANILLO 2023 T C	825
EMPERADOR DE BARROS CAYETANA 2023 B	636	ENRIQUE MENDOZA FINCA XACONERO 2022 T	88	ERAI TEMPRANILLO 2021 T	668
EMPERADOR DE BARROS TEMPRANILLO 2022 T	636	ENRIQUE MENDOZA LAS QUEBRADAS 2022 T C	88	EREMUS 2022 T RB	585
EMPIT 2021 T C	470	ENRIQUE MENDOZA MOSCATEL DE LA MARINA DULCE 2023 B D	88	ERESMA VERDEJO VENDIMIA SELECCIONADA 2023 B	750
EMPIT SELECCIÓ 2021 T R	470			ERESMA+ CUVÉE ESPECIAL GRAN VINO 2021 B	750
EMPÓRION 2020 T	271	ENRIQUE MENDOZA SANTA ROSA 2022 T C	89	ERESMA+ FERMENTADO BARRICA 2022 B FB	750
EN CONTACTO 2023 B	321	ENSAMBLAJE CLANDESTINO MMXX 3º EDICIÓN 2020 T	840	ERESMA+ GODELLO SOBRE LÍAS 2023 B	991
ENATE 2023 RD	773	ENSAYO ALBILLO REAL 2020 B	896	ERESMA+ SAUVIGNON BLANC SOBRE LÍAS 2023 B	751
ENATE CABERNET - CABERNET 2017 T	773	ENTASIS 2022 BF	1030	ERESMA+ VERDEJO SOBRE LÍAS 2023 B	750
ENATE CABERNET - CABERNET 2021 T	773	ENTERIZO 2019 T R	840	ERIAL TF (TRADICIÓN FAMILIAR) RIVERA APARICIO 2021 T	582
ENATE CABERNET SAUVIGNON MERLOT 2021 T	773	ENTERIZO BE BN	197		
ENATE CHARDONNAY 2022 B FB	773	ENTRADA DE L'SPILL 2020 T C	1057	ERIDANO 2020 T C	699
ENATE MERLOT-MERLOT 2021 T R	773	ENTRE PALABRAS 2021 T	628	ERIKA DE PAUMERA 2023 RD	789
ENATE SYRAH-SHIRAZ 2021 T	773	ENTRECHUELOS CHARDONNAY 2022 B	954	ERMITA VERACRUZ VERDEJO 2022 B FB	758
ENATE VARIETALES 2021 T R	773	ENTRECHUELOS PREMIUM 2020 T RB	954	ERMITA VERACRUZ VERDEJO 2023 B	758

ÍNDICE VINOS

VINO	PÁG.	VINO	PÁG.	VINO	PÁG.
ERNESTO DEL PALACIO 2019 T C	818	ESPIADIMONIS 2023 RD	265	ESTONES PX 2022 B	803
ERNESTO DEL PALACIO 2021 T RB	818	ESPIADIMONIS 2023 T	265	ESTRELA 2023 T	534
ERNESTO DEL PALACIO 2022 T	818	ESPINAPURA BF FI ES	247	ESTRIBILLO 2021 T C	877
ERNESTO DEL PALACIO VERDEJO MALVASÍA 2023 B	818	ESPINAPURA CRUZADO BF FI ES	247	ESTRUCH INICI 2018 BE GR BN	208
ES MONESTIR 2019 T R	1010	ESPORRERES 2020 T	404	ETAPA 24 2020 B SS	127
ES VIROT 2021 T BA	1010	ESPUMOSO ENCINA BLANCA 2021 BE BN	1008	ETCÉTERA 2023 T	596
ESCABECES CARTOIXÀ BLANC 2022 B C	791	ESPUMOSO ENCINA BLANCA EDICIÓN ESPECIAL 2019 BE R BN	1008	ETERN 2021 T BA	487
ESCABECES CARTOIXÀ VERMELL ORANGE 2022 RD BA	792			ETERN 2022 T BA	487
ESCALADEI VI DE VILA 2020 T C	481	ESSENCES Nº3 T	591	ETERNAL 2018 T	570
ESCAMBRON 2022 T C	137	ESSÈNCIA DE LLUNA 1925 2022 T C	802	ÈTIM DOLÇA CARINYENA TF D	406
ESCLAFIT 2018 T	479	ESSÈNCIA DE LLUNA BLANC CUPATGE 2023 B	803	ÈTIM L'ANTULL 2023 B	406
ESCOLINAS ALBARIN NEGRO 2019 T	927	ESSÈNCIA DE LLUNA GARNACHA 2023 T	803	ÈTIM L'ORIGEN 2021 T C	406
ESCOLINAS BLANCO DE CANGAS 2023 B	927	ESSÈNCIA DE LLUNA GARNACHA BLANCA 2023 B	803	ÈTIM LA PAUSA 2023 RD	406
ESCOLINAS BLANCO VIÑA EN IBIAS 2023 B	927	ESSÈNCIA DE LLUNA ROSAT 2023 RD	803	ÈTIM VEREMA TARDANA BLANC DULCE B MISTELA D	406
ESCOLINAS CARRASQUÍN 2021 T	927	ESSENTIA 2020 T R	179	ETXEBARRIA 2023 B	150
ESCOLINAS MEZCLA CANGUESA 2022 T	927	ESSENTIA GARNACHA BLANCA MOSCATEL 2023 B	179	EUGENIA TXOMIN ETXANIZ BLANCO 2020 BE R	280
ESCOLINAS VERDEJO NEGRO 2022 T	927	ESTÁ POR VENIR 2022 T	1034	EUKENI APARDUNA 2021 BE EBR	109
ESCONDIDO BF PC	308	ESTEL 2023 RD	1013	EUKENI TXAKOLI 2023 B	109
ESCULLE DE SOLABAL 2019 T C	657	ESTEL D'ARGENT 2018 BE GR BN	211	EULÀLIA DE PONS CUVÉE 2021 BE R BR	206
ESENCIA DE LA TORRE 2023 B MO SD	1028	ESTEL D'ARGENT 2019 BE R BN	211	EULOGIO POMARES MACERACIÓN CON PIELES 2022 B	511
ESENCIA DE LA TORRE CHARDONNAY 2023 B	1028	ESTEL D'ARGENT 2023 B	442	EULOGIO POMARES UVA ENTERA 2022 T	1055
ESENCIA DE LA TORRE PETIT VERDOT 2019 T	1028	ESTEL D'ARGENT 2023 RD	442	EVOLET 2020 T RB	941
ESENCIA DIVIÑA 2023 B	495	ESTEL D'ARGENT CABERNET SAUVIGNON 2020 T	442	EVOLET VIVENCIAS 2019 T	941
ESENCIA VEGAMAR 2021 T	872	ESTEL D'ARGENT ESPECIAL 2019 BE GR EBR	211	EXCELLENS DE MARQUÉS DE CÁCERES SAUVIGNON BLANC 2023 B	763
ESPARTER 2017 BE GR BN	434	ESTEL D'ARGENT ESPECIAL 2019 BE R EBR	211		
ESPECTACLE 2021 T C	409	ESTEL D'ARGENT ROSÉ 2019 RE R BN	211	EXCELLENS DE MARQUÉS DE CÁCERES VERDEJO 2023 B	763
ESPELT AIRAM SOLERA 1998 DULCE RF SOLERA D	270	ESTENAS BOBAL 2023 RD	839		
ESPELT COMABRUNA 2018 T	270	ESTHER 2021 T C	895	EXEDRA 2022 T	186
ESPELT LA VELLA 2022 B	270	ESTOLA 2016 T GR	333	EXEDRA 2023 B	186
ESPELT LLEDONER ROIG 2021 B	270	ESTOLA 2019 T R	333	ÉXODO 2021 T RB	315
ESPELT TERRES NEGRES 2020 T	270	ESTOLA SELECCIÓN 2021 T	333	ÉXODO AUTOR 2020 T C	315
ESPETO BOBAL 2022 T	872	ESTOLA VERDEJO 2023 B	333	EXORDIO 2019 T	318
ESPIADIMONIS 2023 B	265	ESTONES GS 2019 T	407	EXPRESION RESERVA BOBAL 2019 T R	841

VINO	PÁG.	VINO	PÁG.	VINO	PÁG.
EXUN 2019 T	899	FAUSTINO RIVERO ULECIA 2016 T GR	709	FERNANDO DE CASTILLA FINO EN RAMA BF FI S	303
EZEQUIEL 2023 T	360	FAUSTINO RIVERO ULECIA 2017 T GR	844	FERNANDO DE CASTILLA PEDRO XIMÉNEZ SINGULAR BF PX D	303
		FAUSTINO RIVERO ULECIA 2019 T R	709		
F		FAUSTINO RIVERO ULECIA 2021 T C	709	FERRATUS 2022 B	578
		FAUSTINO RIVERO ULECIA 2023 RD	709	FERRATUS 2023 RD FB	578
F DE FUENTESPINA 2020 T R	583	FAUSTINO RIVERO ULECIA ALBARIÑO 2023 B	511	FERRATUS AØ 2021 T RB	578
FABIO COULLET ROMÉ 2023 T RB	360	FAUSTINO RIVERO ULECIA BOBAL TEMPRANILLO 2019 T R	844	FERRATUS ORIGEN 2019 T	578
FÁBREGAS GARNACHA BLANCA 2021 B FB	775			FERRER BOBET SELECCIÓ ESPECIAL VINYES VELLES 2019 T	479
FÁBREGAS PURO SYRAH 2021 T C	775	FAUSTINO RIVERO ULECIA BOBAL TEMPRANILLO 2021 T C	844	FERRER BOBET VINYES VELLES 2019 T	479
FÁBULA PRIMINILLO 2023 T	180	FAUSTINO RIVERO ULECIA BOBAL TEMPRANILLO 2022 T RB	845	FERRERET MANTONEGRO 2021 T	144
FÁFILA PÉTRIZ 2022 B C	354			FERRUM 2023 B	520
FAGUS DE COTO DE HAYAS 2022 T BA	172	FAUSTINO RIVERO ULECIA CVC VENDIMIA SELECCIONADA T	709	FET A MÀ 2021 T	97
FAI UN SOL DE CARALLO 2020 B	549			FIELD BLEND BONALES 2022 T	810
FAJERO 2020 T R	648	FAUSTINO RIVERO ULECIA GARNACHA 2023 RD	425	FIELD BLEND LAS CONTIESAS 2022 B	810
FALA DE MIN TREIXADURA 2023 B	545	FAUSTINO RIVERO ULECIA SEMIDULCE 2023 B SD	709	FIELD BLEND TRADICIÓN 2023 RD	810
FALCOEIRA BRANCO 2021 B	855	FAUSTINO RIVERO ULECIA TEMPRANILLO GARNACHA 2023 T	709	FIGUERO 2021 T C	612
FAMILIA CAÑAVERAS 2015 T	963			FIGUERO TINUS 2020 T	612
FAMILIA COMENGE RESERVA 2020 T	576	FAUSTINO RIVERO ULECIA VERDEJO B	964	FIGUERO VIÑAS VIEJAS 2021 T	612
FAMILIA FERNÁNDEZ DE LA OSSA 2022 T	964	FAUSTINO RIVERO ULECIA VIURA 2023 B	709	FIGUEROA BLANCO SOBRE LÍAS FINAS 2023 B	895
FAMILIA MARTÍNEZ ELORZA 2022 T BA	708	FAUSTINO V 2018 T R	667	FIGUEROA ORIGINEM 2019 T C	895
FAMILIA PACHECO GARNACHA 2022 T	320	FAVONIO 2022 B	1030	FIGUEROA UNO 2019 T R	895
FAMILIA PACHECO MONASTRELL ORGÁNICO 2022 T	320	FEITIZO DA NOITE BE BR	506	FILIGRANA 2022 B	189
FAMILIA PACHECO SYRAH 2022 T	320	FELIPE AUÑÓN 2019 T R	343	FILIGRANA 2022 T	189
FAN D.ORO 2022 B FB S	1036	FÉLIX SALAS 2018 T C	232	FILLABOA 2023 B	502
FANGAR ELEMENTS 2013 T R	461	FÉLIX SALAS 2021 T	232	FILLABOA SELECCIÓN FINCA MONTE ALTO 2021 B	503
FARDELAS DE VIÑAREDO 2023 B	858	FELIZ UVAS FRESCAS 2023 B RB	596	FILS DE VI 2021 T BA	478
FARIÑA 2020 T C	818	FEMME MALVAR 2023 B SD	895	FINA 1270 A VUIT 2021 T BA	471
FARIÑA LÁGRIMA 2022 T RB	818	FERNÁNDEZ DE ARCAYA SELECCIÓN PRIVADA 2019 T R	419	FINCA A PONTE GUÍMARO 2020 T	531
FARNADAS 2023 B	552	FERNANDO DE CASTILLA "FINO ANTIQUE" BF FI S	303	FINCA ANTIGUA 2018 T R	340
FATA MORGANA DULCE 2019 T D	978	FERNANDO DE CASTILLA "PALO CORTADO ANTIQUE" BF PC S	303	FINCA ANTIGUA PETIT VERDOT 2020 T	341
FAUSTINO 2021 T C	667			FINCA ANTIGUA SYRAH 2020 T C	341
FAUSTINO EDICIÓN LIMITADA 2020 T C	667			
FAUSTINO I 2015 T GR	667	FERNANDO DE CASTILLA FINO CLASSIC BF FI S	303	FINCA ANTIGUA ÚNICO 2019 T C	341

ÍNDICE VINOS

VINO	PÁG.
FINCA ARAUZO 2020 T R	1000
FINCA ARAUZO 2022 T	1000
FINCA BARQUERES 2019 T C	256
FINCA BINIAGUAL GRAN VERÁN 2021 T C	144
FINCA BINIAGUAL MANTONEGRO 2021 T FB	144
FINCA BINIAGUAL NEGRE 2020 T R	144
FINCA BINIAGUAL VERÁN 2021 T BA	145
FINCA BINIAGUAL VERÁN BLANC 2023 B	145
FINCA BUTARÓS 2018 T	271
FINCA CALVESTRA MARGAS 2019 B	1034
FINCA CALVESTRA MERSEGUERA 2022 B	1034
FINCA CAÑADA HONDA 2023 T MC	841
FINCA CAÑADA HONDA BOBAL 2019 T BA	841
FINCA CAPELIÑOS GUÍMARO 2021 T	531
FINCA CASA DEL HONDO 2022 B	102
FINCA CASA JULIA 2022 B	840
FINCA CISSUS OXIDATIVO 2016 B	1053
FINCA CISSUS SOLERA 2016 B C	1053
FINCA CISSUS TINAJA 2016 B C	1053
FINCA COLLADO GARNATXA MONASTRELL 2022 T	97
FINCA COLLADO MESSEGUERA 2021 B	97
FINCA COMABARRA 2020 T C	256
FINCA CONSTANCIA ENTRE LUNAS T BA	973
FINCA CONSTANCIA GRACIANO PARCELA 12 2019 T	973
FINCA CONSTANCIA SELECCIÓN 2021 T BA	973
FINCA CONSTANCIA TEMPRANILLO PARCELA 23 2022 T	973
FINCA CONSTANCIA VERDEJO PARCELA 52 2021 B FB	974
FINCA CUARTA A COSTA POR RUBÉN MOURE 2020 T	535
FINCA CUARTA CONSENTIDA POR RUBÉN MOURE 2020 T	535
FINCA CUARTA GODELLO POR RUBÉN MOURE 2023 B	535
FINCA CUARTA MALCRIADO POR RUBÉN MOURE 2021 T C	535
FINCA CUARTA MENCÍA POR RUBÉN MOURE 2021 T BA	535
FINCA CUARTA MENCÍA POR RUBÉN MOURE 2023 T	535
FINCA DOFÍ 2022 T C	465
FINCA EL BOSQUE 2021 T	736
FINCA EL BOSQUIL 2022 T	664
FINCA EL CARRIL VALERIA 2022 B	369
FINCA EL EMPECINADO 2018 T R	606
FINCA EL EMPECINADO 2019 T C	606
FINCA EL OLMILLO 2021 T RB	323
FINCA EL PUIG 2021 T	480
FINCA EL RINCÓN DE CLUNIA 2020 T	990
FINCA EL SERRANO 2022 T	90
FINCA ÉLEZ CHARDONNAY LÍAS 2022 B	920
FINCA ÉLEZ SYRAH 2021 T	920
FINCA ELS GORGS 2013 BE GR	434
FINCA ERNITE 2021 T	363
FINCA FEROES 2022 B	749
FINCA GARABATO CEPAS VELLAS 2022 B	497
FINCA GARABELOS 2022 B	514
FINCA GENOVEVA 2020 T	503
FINCA HOYA MAÑAS 2022 B	102
FINCA IRIARTE 2022 T	720
FINCA JAKUE TXAKOLINA 2023 B	280
FINCA LA ATALAYA VALTRAVIESO 2020 T R	605
FINCA LA BEATA 2017 T GR	844
FINCA LA COLINA SAUVIGNON BLANC 2023 B	767
FINCA LA COLINA VERDEJO CIEN X CIEN 2023 B	768
FINCA LA ESTACADA 6 MESES 2022 T RB	835
FINCA LA ESTACADA VARIETALES 2019 T R	835
FINCA LA HABANERA VIDUEÑO 2022 RD	887
FINCA LA LUNA 2020 T R	583
FINCA LA MARÍA 2021 T RB	618
FINCA LA MATEA GARNACHA 2020 T C	179
FINCA LA MONTESA VIÑEDO ESENCIAL 2020 T C	684
FINCA LA MONTESA VIÑEDO ESENCIAL 2021 T C	684
FINCA LA ORACIÓN 2021 T	712
FINCA LA PEDRISSA 2020 T	802
FINCA LA PERSONAL DE EDETÀRIA 2021 T	802
FINCA LA RANA 2022 T C	827
FINCA LA SABINA CABERNET 2016 T GR	921
FINCA LA SABINA MERLOT 2016 T	921
FINCA LA SABINA SYRAH 2017 T C	921
FINCA LA SABINA TEMPRANILLO 2021 T	964
FINCA LA TERRENAL 2020 B	802
FINCA LA TORRE RIESLING 2023 B	772
FINCA LADEIRA 2023 T	535
FINCA LAS CARABALLAS SECTOR 2.8 2021 B	1001
FINCA LAS CARABALLAS VERDEJO 2023 B	1001
FINCA LASIERPE BLANCO DE VIURA 2023 B	429
FINCA LASIERPE CHARDONNAY 2023 B	429
FINCA LASIERPE GARNACHA 2023 RD	429
FINCA LES LLERES 2017 B BA	251
FINCA LES ROQUES 2022 B RB	267
FINCA LOS ALIJARES GRACIANO 2021 T R	975
FINCA LOS ALIJARES INFILTRADO 2022 B	975
FINCA LOS ALTOS GRAN SELECCIÓN 2022 T	863
FINCA LOS FRUTALES 2022 RD RB	361
FINCA LOS FRUTALES IGUALADO 2020 T	361
FINCA LOS FRUTALES MALVASÍA 2022 B	361
FINCA LOS HALCONES BOBAL 2021 T	374
FINCA LOS HALCONES CHARDONNAY 2022 B FB	374
FINCA LOS HALCONES VIOGNIER 2022 B FB	374
FINCA LUNA BEBERIDE T RB	132
FINCA LUZÓN 2021 T C	317
FINCA LUZÓN 2023 T RB	317
FINCA LUZÓN MONASTRELL SYRAH 2023 T	317

VINO	PÁG.
FINCA LUZÓN SIN SULFITOS AÑADIDOS 2023 T	317
FINCA MARTELO 2019 T R	730
FINCA MASDENERES 2021 T RB	267
FINCA MEIXEMAN GUÍMARO 2021 T	531
FINCA MILLARA 2021 T C	536
FINCA MONASTASIA MONASTRELL NOBEL 2022 T RB	324
FINCA MONASTASIA PARAJE CERRO BLANCO 2021 T	324
FINCA MONASTASIA PIE FRANCO 2021 T	324
FINCA MONASTASIA SYRAH NOBEL 2022 T	324
FINCA MONASTASIA VIDES ENCONTRADAS DULCE NATURAL 2021 T	324
FINCA MONCLOA TINTILLA DE ROTA 2019 T D	954
FINCA MONCLOA TINTILLA DE ROTA EDICIÓN LIMITADA 2020 T BA S	954
FINCA MONCLOA TRADICIONAL 2020 T BA	954
FINCA MONTALVILLO 2022 B	710
FINCA MONTALVILLO 2022 T	710
FINCA MONTEPEDROSO VERDEJO 2023 B	762
FINCA MONTICO 2022 B	752
FINCA MUÑOZ COLECCIÓN DE LA FAMILIA 2021 T	983
FINCA MUÑOZ COLECCIÓN DE LA FAMILIA 2023 B BA	983
FINCA NOVENA 2022 B	806
FINCA OLIVARDOTS GROC D'ÀMFORA 2023 B	274
FINCA OLIVARDOTS VERMELL 2020 T C	274
FINCA PEPE LA MAJADA 2020 T C	813
FINCA RACONS 2018 B	256
FINCA RESALSO 2023 T	582
FINCA RÍO NEGRO 2020 T C	975
FINCA RÍO NEGRO 5º AÑO 2019 T GR	975
FINCA RÍO NEGRO CERRO DEL LOBO 2021 T	975
FINCA RÍO NEGRO GEWÜRZTRAMINER 2023 B	975
FINCA RODMA AVIZOR 2020 T	613
FINCA RODMA SELECCIÓN 2021 T C	613
FINCA RODMA SELECCIÓN 2022 T C	613
FINCA SALTAMONTES 2018 B	762
FINCA SAN MARTÍN 2020 T C	730
FINCA SANDOVAL 2021 T	372
FINCA SANGUIJUELA 2016 T C	360
FINCA SANTA MARÍA VALTRAVIESO 2022 T RB	605
FINCA SEVE LOS QUEMAOS 2020 T	813
FINCA SIÓS 2021 T C	254
FINCA SOBREÑO 2021 T C	820
FINCA SOBREÑO 2023 RD	821
FINCA SOBREÑO 2023 T RB	821
FINCA SOBREÑO ECOLÓGICO 2022 T	821
FINCA SOBREÑO SELECCIÓN ESPECIAL 2021 T R	821
FINCA TEIRA 2023 B	544
FINCA TERRERAZO 2021 T	919
FINCA TORREA 2020 T	713
FINCA TRES OLMOS CLASSIC 2023 B	751
FINCA TRES OLMOS SOBRE LÍAS 2023 B	751
FINCA VALDELASCARRETAS 2020 B R	684
FINCA VALDEMOYA 12 MESES 2019 T C	991
FINCA VALDEMOYA 2023 RD	991
FINCA VALLEJO 2021 T C	560
FINCA VALLEJO 2023 B	761
FINCA VALLEJO 2023 T RB	560
FINCA VALLEOSCURO PRIETO PICUDO 2023 RD	935
FINCA VALLEOSCURO PRIETO PICUDO TEMPRANILLO 2023 RD	935
FINCA VALLEOSCURO TEMPRANILLO 2023 RD	935
FINCA VALLEOSCURO VERDEJO 2023 B	935
FINCA VALONGA CLARALUNA 2021 B	1026
FINCA VALONGA SOFÍA 2022 D	1026
FINCA VALONGA TERESA 2022 BE BR	1076
FINCA VALPIEDRA 2018 B R	710
FINCA VEGA REAL VIÑEDO 1950 2021 T	606
FINCA VIDALES 2023 B	665
FINCA VIEJA AIRÉN 2022 B	342
FINCA VIEJA TEMPRANILLO 2020 T C	342
FINCA VIEJA TEMPRANILLO 2022 T C	342
FINCA VILADELLOPS SELECCIÓN GARNATXA 2021 T C	443
FINCA VILADELLOPS XXX XARELLO 2022 B FB	443
FINCA VILLACRECES NEBRO 2021 T C	614
FINCA VILLACRECES SPECIMEN Nº3 T	614
FINCA VILLALOBILLOS 2022 B FB	965
FINCA VILLALOBILLOS 2023 B	965
FINCA VILLALOBILLOS PAMPANA BLANCA 2022 T C	965
FINCA VIÑOA EMBOTELLADO TARDÍO 2021 B	547
FINCA VIÑOA PARAJE PENABOA 2020 B	547
FINCA VIÑOA TREIXADURA SOBRE LÍAS 2023 B	547
FINCA ZURIENA 2020 B	667
FINCAS DE AZABACHE GARNACHA 2021 T C	711
FINCAS DE AZABACHE TEMPRANILLO BLANCO 2023 B	710
FINCAS DE LANDALUCE 2021 T C	672
FINCAS DE VALDEMACUCO 2021 T C	596
FINCAS DE VALDEMACUCO 2022 T RB	596
FINO AMANECER B FI S	391
FINO CORREDERA B FI S	392
FINO DE MOSCATEL 2018 BF MO	303
FINO DE PALOMINO 2016 BF FI S	304
FINO DE PEDRO XIMÉNEZ 2015 BF PX	304
FINO GRANERO EN RAMA BF FI	307
FINO QUINTA BF FI S	299
FINO TRADICIÓN BF FI S	299
FLAIRES DE MORTITX 2023 RD PL	1023
FLAVIA 2020 T	853
FLAVIUM PREMIUM 2023 T	1004

ÍNDICE VINOS

Guía Peñín | VINOS DE ESPAÑA | 1177

ÍNDICE VINOS

VINO	PÁG.
FLAVIUM SELECCIÓN T	139
FLAVIUM VERDEJO GODELLO 2023 B	1004
FLAVUS 2018 B	1069
FLOR D'ALBERA 2021 B FB	268
FLOR DE ALBIHAR 2022 B	930
FLOR DE AÑON 2022 T RB	170
FLOR DE CAYUS 2021 T BA	170
FLOR DE CHASNA ALBILLO PREMIUM 2023 B	79
FLOR DE CHASNA BLANCO SELECCIÓN PREMIUM 2022 B	79
FLOR DE CHASNA MARMAJUELO PREMIUM 2023 B	79
FLOR DE ENYA 2022 T RB	99
FLOR DE KALDEVA 2023 B	247
FLOR DE LASIERPE GARNACHA 2023 RD PL	429
FLOR DE LASIERPE TINTO SELECCIÓN GARNACHA 2022 T	429
FLOR DE MORCA 2023 T	174
FLOR DE MUGA 2021 B R	680
FLOR DE MUGA ROSÉ 2023 RD	680
FLOR DE NIT 2023 B	801
FLOR DE NIT 2023 RD	801
FLOR DE NIT VS 2020 B C	801
FLOR DE PINGUS 2022 T	610
FLOR DE SILOS 2019 T	608
FLOR DE VETUS 2021 T	822
FLOR DE VETUS VERDEJO 2023 B	759
FLOR TRUFES NEGRE 2020 T	806
FONDILLÓN 10 AÑOS 2000 T FO	89
FONDILLÓN 1944 T FO	89
FONDILLÓN 1968 T FO	89
FONDILLÓN 1975 T FO	90
FONDILLÓN 1996 GRAN RESERVA T FO D	90
FONDILLÓN 50 AÑOS T FO D	90
FONDILLÓN ED. LIMITADA 1959 T FO	90

VINO	PÁG.
FONDILLÓN LUIS XIV 25 AÑOS T FO	96
FONDONET SELECCIÓN 5 AÑOS 2010 T BA D	99
FONT DE L'ÁRBRE 2021 T RB	876
FONT DE LA CARRASCA 2020 T	876
FONT DE LA COVETA 2021 T	876
FONT DE LA FIGUERA 2022 T FB	475
FONT DE LA FIGUERA 2023 B	475
FONT FREDA 2021 B	876
FONT FREDA 2022 B	876
FONTENEIXE ALBARIÑO 2021 B	952
FORA POR 2020 T	1015
FORASTERO 2023 B	1041
FORJADOR 2022 T RB	580
FORLONG 2023 B	1032
FORLONG LA FLEUR 2016 B	952
FORLONG LA FLEUR 2017 B	952
FORLONG MON AMOUR 2021 B	1032
FORMIGA DE SEDA 2023 B	476
FORMIGA DE VELLUT 2021 T	476
FORMIGO 2023 B	544
FÓRUM ETIQUETA NEGRA 2018 T	921
FOS BARANDA 2020 T	667
FOSSI 2/3 SOLERA NO BF AM	299
FRAGA DO CORVO GODELLO 2023 B	386
FRANCISCO BARONA 2022 T C	582
FRANCISCO BARONA FINCA LAS DUEÑAS 2020 T R	583
FRANSOLA 2023 B	442
FRASQUITO EN RAMA BF R S	935
FRASQUITO ORIGINAL BF	935
FREIXENET MALVASÍA DULCE 2014 BE GR D	212
FREIXENET SELECCIÓN ESPECIAL 2022 T	188
FREIXENET SELECCIÓN ESPECIAL 2023 B	188
FREIXENET TREPAT ROSADO 2021 RE R BR	212

VINO	PÁG.
FRESQUITO VINO DE PASTO 2021 B	393
FRESQUITO VINO DE TINAJA 2022 B	393
FRONTONIO ELÁSTICO 2020 B	1039
FRONTONIO ELÁSTICO 2022 B	1039
FRONTONIO LA CERQUETA 2022 T	1039
FRONTONIO LA LOMA Y LOS SANTOS 2022 B	1039
FRONTONIO PSICODÉLICO 2022 T BA	1039
FRONTONIO TELESCÓPICO 2022 T	1039
FRORE DE CARME 2020 B	511
FRORE DE CARME MILLÉSIME 2019 BE BN	511
FRUTO NOBLE ROSADO 2023 RD	89
FRUTO NOBLE SAUVIGNON BLANC 2023 B	89
FRUTO NOBLE VINO DE FINCA 2022 T RB	89
FUCHS DE VIDAL 2017 BE GR BN	197
FUCHS DE VIDAL 2020 BE R BN	197
FUCHS DE VIDAL ROSÉ PINOT NOIR 2021 RE R EBR	197
FUCHS DE VIDAL UNIC 2021 BE R BN	197
FUEGO LENTO 2018 T C S	86
FUEGO LENTO DOLÇ D'ALEXANDRÍA B D	86
FUEGO LENTO DOLÇ DE MONASTRELL T D	86
FUEGO LENTO MONASTRELL SECANO EXTREMO 2020 T BA	86
FUEGO LENTO ROSE 2021 RE BN	86
FUENCONCEJO 2021 T C	588
FUENCONCEJO 2022 T RB	588
FUENCONCEJO 2023 T	588
FUENTE CORTIJO 2020 T C	636
FUENTE DE LOS HUERTOS 2022 T	896
FUENTE DEL CIERVO 2022 T	960
FUENTE DEL CIERVO 2023 B	960
FUENTE DEL CIERVO CENCIBEL - SYRAH 2021 T	960
FUENTE LA VIEJA TERROIR 2013 T	343
FUENTENEBRO ALBILLO MAYOR 2021 B BA	592

VINO	PÁG.	VINO	PÁG.	VINO	PÁG.
FUENTENEBRO TEMPRANILLO 2021 T	593	GALEAM 2019 T C	90	GARNACHA VELLA DA CHAIRA DO RAMIRIÑO 2022 T	855
FUENTENEBRO TEMPRANILLO 2022 RD	592	GALEAM DRY MUSCAT 2023 B	90	GARNATA 2017 T R	289
FUENTES DEL SILENCIO MATAPEREZOSA 2021 B FB	1000	GALENA 2021 T R	476	GARNATXA CASTELL DEL REMEI 2022 T	251
FUENTESPINA 3 2023 T RB	583	GALIA CLOS SANTUY 2020 T	988	GARNATXA DE CÉRVOLES 2022 T	254
FUENTESPINA C 2021 T C	584	GALL NEGRE 2019 T R	443	GAROINA 2023 B	272
FUENTESPINA R 2020 T R	583	GALLINAS & FOCAS 2020 T	1013	GAROUBAS 2021 T RB	532
FUERZA BY EGO 2021 T	322	GALTZADA BIDEONA 2022 T	651	GARRIGUELLA GARNATXA D'EMPORDÁ AMBRÉ DULCE RD BA D	269
FUÏNA 2021 T	406	GALVÁN 2023 B	386		
FUNDUS 2022 T RB	1025	GAMELLÓN 2021 T C	317	GARRIGUELLA GARNATXA D'EMPORDÁ ROBÍ DULCE NATURAL T D	269
FUROT 2018 T R	272	GAMELLÓN 2023 T	317		
FURVUS 2022 T BA	410	GAMELLÓN EDICIÓN ESPECIAL SYRAH 2023 T	318	GARRIGUELLA MOSCATEL D'EMPORDÁ DULCE 2023 B MO D	269
FUSIÓ 2021 T C	480	GANADERO 2023 T	378		
FUSIÓN 2022 BE BR	199	GANAGOT 2013 T GR	790	GATELL AMBROSÍA 2017 BE GR BN	212
		GANCEDO MENCÍA 2023 T RB	131	GATELL HERITAGE 2017 BE GR BN	212
		GANDADIA 2022 T	125	GATELL INITIAL 2017 BE GR BN	213
		GAÑETA 2023 B AG	279	GATELL ROSÉ 2017 RE GR BN	213
G		GAÑETA BEREZIA 2022 B	279	GAUDEAMUS 2022 T RB	562
G22 DE GORKA IZAGIRRE 2022 B	150	GARABITAS VIÑAS VIEJAS 2021 T	816	GAUDIR 2023 BE BN	222
GABARDA SELECCIÓN 2021 T	179	GARBINADA 2023 T	488	GAUDIUM 2020 T R	676
GABRIEL MARTÍNEZ. PEQUEÑOS PASOS, GRANDES ILUSIONES 2021 T	315	GARBUIX VEREMA VERMELLA 2023 RD	252	GÉMINA CHARDONNAY 2023 B FB	321
GADEA 2022 T RB	361	GARCÍA DE LA ROSA AIRÉN 2023 B	960	GÉMINA CUVÉE SELECCIÓN 2021 T C	321
GAIA DE LOXAREL 2022 B	446	GARCÍA DE LA ROSA CENCIBEL 2023 T	960	GÉMINA FINCA LA CABRA 2020 T C	321
GAINTUS RADICAL 2018 T	448	GARCÍA DE LA ROSA CHARDONNAY 2022 B	960	GÉMINA FINCA LOS TOMILLARES 2020 T	321
GAINTUS VERTICAL 2017 T C	448	GARCÍA DE LARA CENCIBEL 2022 T	965	GÉMINA SELECCIÓN MONASTRELL 2022 T	321
GAINTZA 2023 B	279	GARCÍA DUQUE 2022 B	767	GÉMINA SIN SULFITOS AÑADIDOS 2023 T	321
GAINTZA ROSES 2023 RD	279	GARCIANO DE AZUL Y GARANZA 2021 T BA	414	GEMMA 2019 BE GR BN	219
GALÁCTICO 2022 T	737	GARELO 2021 B	952	GÉNESIS ES FANGAR 2023 T	460
GALÁN DE MEMBRILLA AIRÉN 2023 B	341	GARKALDE TXAKOLINA 2023 B	150	GÉNESIS ES FANGAR SEMI DOLÇ 2023 B SD	460
GALÁN DE MEMBRILLA TEMPRANILLO 2023 T	341	GARMÓN 2021 T	615	GENIUM COSTERS VI DE GUARDA 2021 T R	480
GALANTERÍA ALBARIZA BE BN	1072	GARNACHA CENTENARIA DE COTO DE HAYAS 2022 T	172	GENUÍ GARNATXA VINYA LA CASILLA D'EN PEP 2023 T	437
GALANTERÍA BE C BR	1072	GARNACHA DE LA MADRE 2021 T	967	GENUÍ MACABEU VINYA LES PEDRES 2023 B	437
GALANTERÍA CHARDONNAY BE BN	1072	GARNACHA DE RELIEVE 2021 T S	895	GENUINA DE RENDÉ MASDÉU 2022 B	241
GALANTERÍA ROSÉ RE BN	1072	GARNACHA TINTORERA =GARAGEWINE 2022 T BA	957	GEOL 2019 T C	257

VINO	PÁG.	VINO	PÁG.	VINO	PÁG.
GERARD T R	257	GIRÓ ROS DE MORTITX 2023 B	1068	GOTES DEL PRIORAT 2022 T	475
GG 2020 T	97	GISELE 2022 B	439	GOYA XL BF MZ S	302
GHM C+G - GRAN HACIENDA MOLLEDA CARIÑENA+GARNACHA 2020 T C	179	GLÁRIMA DE SOMMOS 2023 T	774	GRACIA PEDRO XIMÉNEZ DULCE VIEJO BF PX D	392
		GNATXA 2021 T	466	GRACIANO DE FOS 2020 T	668
GHM CARIÑENA - GRAN HACIENDA MOLLEDA CARIÑENA+CARIÑENA 2021 T C	179	GOBEO GARNACHA 2020 T	655	GRÁCIL DE ZALEO 2019 T C	638
		GODA 2023 B	520	GRADAS VIEJAS 2019 T RB	370
GHM GARNACHA - GRAN HACIENDA MOLLEDA GARNACHA 2020 T C	179	GODELIA CUVÉE ESPUMOSO DE GODELLO BE GR EBR	1074	GRAMONA CELLER BATLLE 2014 BE BR	1076
		GODELIA GODELLO 2023 B	128	GRAMONA III LUSTROS 2015 BE BN	1076
GIL ARMADA (VIÑEDOS PROPIOS DA TORRE DE SAN FARDÁN) 2022 B	499	GODELIA MENCÍA 2019 T RB	128	GRAMONA IMPERIAL 2018 BE BR	1076
		GODELIA SELECCIÓN GODELLO 2020 B	128	GRAMONA IMPERIAL MAGNUM 2018 BE GR BR	1076
GIL ARMADA (VIÑEDOS PROPIOS NO PAZO DE FEFIÑÁNS) 2022 B	499	GODELIA SELECCIÓN MENCÍA 2017 T	128	GRAMONA INNOBLE BE BN	1076
		GODEVAL 1986 2019 B	854	GRAMONA LA CUVÉE 2019 BE	1076
GILBERT DE MONTSORIU 2022 B	956	GODEVAL 2023 B	855	GRAN ALANÍS CASTES BLANCAS 2023 B	546
GINÉ GINÉ 2021 T RB	467	GODEVAL CEPAS VELLAS 2021 B	855	GRAN ALANÍS CASTES TINTAS 2022 T	546
GIRALUNA 2022 B FB	647	GODEVAL CEPAS VELLAS 2022 B	855	GRAN ALANÍS TREIXADURA/GODELLO 2023 B	547
GIRÓ DEL GORNER 2018 T R	443	GODEVAL REVIVAL 2021 B	855	GRAN ALLEGRANZA 2022 T	97
GIRÓ DEL GORNER 2019 BE R BN	213	GODINA 2022 T	174	GRAN AMAT BE BN	199
GIRÓ DEL GORNER 2019 BE R BR	213	GOLIARDO A TELLEIRA 2022 B C	503	GRAN ARZUAGA 2019 T R	572
GIRÓ DEL GORNER BLANC Ú 2022 B	443	GOLIARDO CAIÑO 2020 T	503	GRAN AUTÓCTON BLANC 2021 B	1031
GIRÓ DEL GORNER ROSAT 2022 RE BR	213	GOLÓS NEGRE 2018 T	462	GRAN AUTÓCTON BLANC 2022 B	1031
GIRÓ DEL GORNER ROSAT 2023 RD	443	GÓMEZ CRUZADO 2º AÑO 2023 B	695	GRAN AUTÓCTON NEGRE 2017 T	1031
GIRÓ DEL GORNER VINYA ELS GARROFERS 2021 B FB	443	GÓMEZ CRUZADO HONORABLE 2019 T	695	GRAN AUTÓCTON NEGRE 2020 T	1031
GIRÓ DEL GORNER VINYA LA SERDALLA 2022 B	443	GONFAUS 2022 T	442	GRAN BAJOZ 2021 T	830
GIRÓ OSCAR MESTRE 2021 T C	91	GONZÁLEZ PALACIOS 1986 BF PC	935	GRAN BARQUERO B AM S	393
GIRO RIBOT AB ORIGINE BRUT RESERVA 2019 BE R BR	343	GONZÁLEZ PALACIOS M. FINA B	935	GRAN BARQUERO B OL S	393
GIRÓ RIBOT AVANT 2018 BE R BR	213	GONZALO DE BERCEO 2011 T GR	675	GRAN BARQUERO B PC	393
GIRÓ RIBOT EXCELSUS 100 MONTHS MAGNUM 2012 BE GR BR	213	GORKA IZAGIRRE 2023 B	150	GRAN BARQUERO BF PX D	393
		GOROBEL 2021 B	150	GRAN BARQUERO EN RAMA B FI S	393
GIRÓ RIBOT KARAMBA 2023 B	444	GOTA DE ARENA 2022 T	995	GRAN BIERZO GODELLO 2023 B	140
GIRÓ RIBOT MIMAT 2020 T BA	1055	GOTAS DE MAR ALBARIÑO 2023 B	512	GRAN BIERZO ORIGEN 2021 T	140
GIRÓ RIBOT MIMAT BLANC 2023 B	444	GOTAS DE MAR GODELLO 2022 B FB	551	GRAN BLANC PRÍNCEPS 2023 B	438
GIRÓ RIBOT UMA 2020 BE GR BR	213	GOTAS DE MAR GODELLO 2023 B	551	GRAN CAUS 2019 T	437
GIRÓ RIBOT UNPLUGGED ROSADO 2019 RE R BR	213	GOTES DEL MONTSANT 2021 T C	398	GRAN CAUS 2022 B	437

VINO	PÁG.	VINO	PÁG.	VINO	PÁG.
GRAN CERMEÑO 2020 T C	818	GRAN SELLO MACABEO VERDEJO 2023 B	976	GRILLAT 2023 T	877
GRAN CLOS 2021 B FB	480	GRAN SELLO ROSÉ 2023 RD	976	GRIMALT CABALLERO 2020 T	1013
GRAN CLOT DELS OMS CHARDONNAY 2021 B C	435	GRAN SELLO TEMPRANILLO GARNACHA 2022 T	976	GRITELLES ANCESTRAL BRISAT BE BR	1075
GRAN CLOT DELS OMS NEGRE 2019 T GR	436	GRAN SELLO TEMPRANILLO SYRAH 2021 T	976	GRITELLES ANCESTRAL ROIG 2023 TE BR	1075
GRAN CLOT DELS OMS XARELLO 2021 B BA	436	GRAN TÁBULA 2019 T	604	GRITELLES CARINYENA VINYES VELLES 2021 T C	401
GRAN COLEGIATA "ORIGINAL" 2018 T R	819	GRAN TORELLÓ 2016 BE BN	1081	GRITELLES GARNATXA VINYES VELLES 2021 T C	401
GRAN CORONAS 2020 T R	442	GRAN TORONDOS 2022 T	232	GRITELLES MACABEU TROS DE LA SERRA 2019 B	471
GRAN CRUOR SELECCIÓ CARANYENA 2015 T	467	GRAN VALTRAVIESO 2019 T R	605	GRITELLES MANOU 2022 T	401
GRAN CRUOR SYRAH 2018 T	468	GRAN VINO DE REMELLURI 2020 T R	711	GRITELLES SIURANA ROIG 2021 RD	401
GRAN CRUZ DEL CALVARIO 2022 B	260	GRAN VINO PAZO DE BARRANTES ALBARIÑO 2021 B	516	GRITELLES VEDRENYES 2023 B	401
GRAN DUC 2017 BE GR BN	201	GRAN VINUM 2023 B	495	GRIZZLY 2020 T	356
GRAN ELIAS MORA LA SENDA DE LOS LOBOS 2017 T	826	GRAN VINYA SON CAULES 2015 T C	462	GRUÑON 2019 T	171
GRAN FAUSTINO I 2004 T GR	667	GRAN VOS DE VIÑAS DEL VERO 2018 T R	779	GUADIANEJA MACABEO 2023 B	979
GRAN FEUDO 2023 RD	419	GRAN VOS DE VIÑAS DEL VERO MAGNUM 2015 T R	779	GUADIANEJA PARAJE ALTO HUNGRAO 2021 B	342
GRAN FEUDO HOYA DE LOS LOBOS CHARDONNAY 2023 B	420	GRANBAZÁN DON ÁLVARO DE BAZÁN 2021 B	499	GUADIANEJA PARAJE ALTO HUNGRAO 2021 T	980
		GRANBAZÁN ETIQUETA ÁMBAR 2023 B	499	GUADIANEJA PARAJE ALTO HUNGRAO 2022 B	342
GRAN FEUDO LA CASILLA DEL GUAPO 2022 T	420	GRANBAZÁN ETIQUETA VERDE 2023 B	499	GUADIANEJA PARAJE ALTO HUNGRAO 2023 B	342
GRAN FUCHS DE VIDAL 2020 BE R BN	197	GRANBAZÁN LIMOUSIN 2021 B	499	GUARAFÍA 2023 T	314
GRAN JUVÉ CAMPS 2018 BE GR BR	215	GRANDALLA 2013 BE GR BR	214	GUARDA DE LEDA SELECCIÓN 2019 T	992
GRAN LEIRIÑA TREIXADURA 2023 B	549	GRANIT 2018 B	407	GUARDALOBOS 2020 T	734
GRAN LERMA VINO DE AUTOR 2018 T R	113	GRANIT 2022 B	407	GUARDALOBOS CLARETE 2022 RD	1069
GRAN MAÑÁN 1982 T FO D	87	GRANS MURALLES 2019 T R	242	GUARDIANES DEL FONDILLÓN 1955 T FO D	99
GRAN NOVAS ALBARIÑO 2023 B	497	GRANZA 2022 T	563	GUARDIANO 2019 T C	701
GRAN PRÍNCEPS 2017 T R	438	GRATALLOPS VI DE LA VILA 2021 T C	465	GUARDIANO 2020 T C	701
GRAN RESALTE 2021 T	591	GRATALLOPS VI DE LA VILA 2022 T C	465	GUELBENZU AZUL 2022 T	1025
GRAN RESERVA 904 SELECCIÓN ESPECIAL 2015 T GR	717	GRATALLOPS VI DE VILA ROSAT 2021 RD C	476	GUELBENZU EVO 2020 T	1025
GRAN RESERVA FAMILIAR MILLENIUM 2013 BE GR BR	208	GRATAVINUM 2πR 2022 T	480	GUELBENZU LOMBANA 2022 T	1025
GRAN RIGAU CHARDONNAY BE R BN	212	GRATAVINUM GUINARDERES 2019 T	480	GUERINDA EL MÁXIMO 2022 T BA	427
GRAN RODMA 2019 T R	613	GRATAVINUM GV5 PARATGE GUINARDERES 2021 T	480	GUERINDA PARCELAS DE GARNACHA "LA ABEJERA" 2022 T	427
GRAN SALMOR DULCE 2017 B GR D	261	GREEN & SOCIAL TEMPRANILLO 2023 T	987		
GRAN SELEC.CIÓ PREMSAL BLANC PER MACIÀ BATLE 2022 B	1016	GREEN & SOCIAL VERDEJO 2023 B	743	GUERINDA PARCELAS DE GARNACHA "MURIOMOZO" 2022 T BA	427
		GREGO 2020 T C	899		
GRAN SELLO GARNACHA SYRAH TEMPRANILLO 2018 T	976	GRESA 2017 T R	274		

ÍNDICE VINOS

VINO	PÁG.
GUERINDA PARCELAS DE GARNACHA "TXIROLAS, QUITANA Y BILARRAGA"" 2022 T BA	427
GUERINDA PARCELAS DE GARNACHA "VINO DE PUEBLO" 2022 T	427
GUERINDA+ LA ROSA 2022 RD	427
GUERINDA+ LA ROYA BLANC DE NOIR 2023 B	427
GÜERTANA SAUVIGNON BLANC 2 MESES LÍAS 2023 B	319
GÜERTANO MONASTRELL 4 MESES 2022 T BA	319
GUILLAMINA 2023 B	252
GUILLEM CAROL 2018 BE GR BN	208
GUILLEM ERILL 2023 B	956
GUIMARO 2023 B	531
GUIMARO MENCÍA 2023 T	531
GUIMARO MUNDIN 2020 T	531
GUIMARO SAN PEDRO 2020 T	531
GUITIÁN GODELLO 2022 B FB	853
GUITIÁN GODELLO 2023 B	853
GUITIÁN GODELLO SOBRE LÍAS 2022 B	853
GUIX VERMELL NEGRE 2022 T	409
GURDOS 2023 RD	354
GURE ABERRIA 2023 B	151
GURE NATURA MAGNUM 2020 B	151
GUREAGA 2015 T	646
GUTIÉRREZ COLOSÍA BF AM S	305
GUTIÉRREZ COLOSÍA BF CRM	305
GUTIÉRREZ COLOSÍA BF FI S	305
GUTIÉRREZ COLOSÍA BF OL	305
GUTIÉRREZ COLOSÍA BF PX D	305
GVIVM BLANC DE BLANCS 2023 B	460
GVIVM MERLOT-CALLET 2019 T	460

H

VINO	PÁG.
HABLA DE TI. 2023 B	1007
HACHÓN SAUVIGNON BLANC 2023 B	753
HACHÓN VERDEJO VIURA 2023 B	753
HACIENDA ACENTEJO 2023 B S	784
HACIENDA ACENTEJO 2023 T S	784
HACIENDA ALBAE CABERNET SAUVIGNON 2021 T	976
HACIENDA ALBAE CHARDONNAY 2023 B	976
HACIENDA ALBAE MALBEC 2022 T	976
HACIENDA ALBAE TOP 888 2016 T R	976
HACIENDA ALBAE VIOGNIER 2023 B	976
HACIENDA ALCARAZ 2023 B	741
HACIENDA CASA DEL VALLE 2022 T	970
HACIENDA DE ACENTEJO 2023 T BA	784
HACIENDA DE ARÍNZANO CHARDONNAY 2022 B	917
HACIENDA DE ARÍNZANO TEMPRANILLO 2020 T	917
HACIENDA DE LA VIZCONDESA 2020 T RB	361
HACIENDA EL TERNERO 2016 T R	712
HACIENDA EL TERNERO 2021 B FB	712
HACIENDA EL TERNERO SELECCIÓN ESPECIAL 2018 T C	712
HACIENDA ELSA GODELLO 2023 B	123
HACIENDA ELSA MENCÍA 2023 T	123
HACIENDA GRIMÓN "COMO LO HARÍA MI ABUELO" 2021 T	712
HACIENDA GRIMÓN "NO ME TUTEES" 2022 T	712
HACIENDA GRIMÓN "PA MIS AMIGOS" 2022 T	712
HACIENDA GRIMÓN CHARDONNAY 2022 B	712
HACIENDA GRIMÓN SAUVIGNON BLANC 2023 B FB	713
HACIENDA LA QUINTERÍA PAGO BALBAÍNA SYRAH 2022 T	1055
HACIENDA LA QUINTERÍA PAGO BALBAÍNA TINTILLA 2019 T	1055
HACIENDA LÓPEZ DE HARO 2014 T GR	713
HACIENDA LÓPEZ DE HARO 2018 B R	713
HACIENDA LÓPEZ DE HARO 2018 T R	713

VINO	PÁG.
HACIENDA LÓPEZ DE HARO 2020 T C	713
HACIENDA LÓPEZ DE HARO 2021 T C	713
HACIENDA LÓPEZ DE HARO 2022 B	713
HACIENDA LÓPEZ DE HARO VINO DE PUEBLO DE SAN VICENTE DE LA SONSIERRA 2020 T	713
HACIENDA MOLLEDA CARIÑENA 2023 T	179
HACIENDA MOLLEDA GARNACHA 2023 T	179
HACIENDA MONASTERIO 2019 T R	584
HACIENDA MONASTERIO 2021 T	584
HACIENDA MONASTERIO RESERVA ESPECIAL 2018 T R	584
HACIENDA REAL AIRÉN 2022 B	971
HACIENDA REAL CENCIBEL 2022 T	971
HACIENDA SAEL GODELLO 2023 B	123
HACIENDA SAEL MENCÍA 2023 T	123
HACIENDA SOLANO FINCA CASCORRALES 2021 T	615
HACIENDA SOLANO VIÑAS VIEJAS 2021 T BA	615
HACIENDA SUSAR 2018 T	669
HACIENDA UCEDIÑOS GODELLO 2023 B	856
HACIENDA ZORITA MAGISTER 2018 T	1001
HALLAZGO 2021 T C	715
HALLAZGO 2023 B	715
HALLAZGO 2023 T	715
HARAGÁN RESERVA ESPECIAL 2018 T R	637
HARENNA - TINAJA 2022 B	752
HARENNA 2022 B	752
HARVEYS AMONTILLADO VORS BF AM S	297
HARVEYS OLOROSO MEDIUM VORS BF OL MED	297
HARVEYS PALO CORTADO VORS BF PC MED	297
HARVEYS PEDRO XIMÉNEZ VORS BF PX D	297
HEAVEN & HELL 2022 B	1069
HECHANZA REAL 2021 T C	117
HÉCULA MONASTRELL ORGÁNIC 2022 T BA S	905
HEGO MENCÍA 2021 T	131

VINO	PÁG.
HELENA LA LÍA 2021 B FB	745
HELLO WORLD PETIT VERDOT 2023 T	974
HEMAR 2022 T C	584
HERACLIO ALFARO 2020 T C	702
HERACLIO ALFARO FINCA ESTARIJO 2017 T	702
HEREDAD 26 2020 T RB	126
HEREDAD 26 GODELLO 2021 B	126
HEREDAD 26 MENCÍA 2023 T	126
HEREDAD ALTOS DE TALANA 2022 B FB	126
HEREDAD DE ANSÓN 2023 B	181
HEREDAD DE ANSÓN 2023 RD	181
HEREDAD DE ARANO 2021 T C	560
HEREDAD DE LOZA TEMPRANILLO 2023 T	334
HEREDAD DE PEÑALOSA 2022 T RB	589
HEREDAD DE PEÑALOSA 2023 B	755
HEREDAD DEL VIEJO IMPERIO HOMENAJE 2018 T	118
HEREDAD GARCÍA DE OLANO 2020 T C	668
HEREDAD GARCÍA DE OLANO 2023 B	669
HEREDAD GARCÍA DE OLANO 2023 T MC	669
HEREDAD X GARNACHA BLANCA Y RADIANTE 2023 B	173
HEREDAD X GARNACHA CARLOS VALERO 2021 T	178
HERÉDITAS B D	360
HEREDITAS VENDIMIA TEMPRANA B MO D	360
HERÈNCIA ALTÉS BENUFET 2023 B	803
HERÈNCIA ALTÉS LA PILOSA 2022 T	803
HERÈNCIA ALTÉS LA SERRA NEGRE 2022 T	803
HERÈNCIA ALTÉS LA XALAMERA 2021 T	803
HERÈNCIA ALTÉS LO GRAU DE L'INQUISIDOR 2021 T	803
HERENCIA DEL CAPRICHO 2021 B FB	131
HERENZA 2018 T R	707
HERENZA 2020 T C	707
HERENZA 2021 T	707
HERENZA 2023 B	83
HERENZA COLLECTION 2020 T	707
HERENZA ROSÉ 2021 RD	707
HERETAT D'LÁCRIMA BACCUS 2022 BE R BR	217
HERMANOS FERNÁNDEZ 2022 B	745
HERMANOS FRÍAS DEL VAL 2016 T R	715
HERMANOS LURTON NATURAL 2023 T	817
HERMANOS LURTON SAUVIGNON BLANC 2023 B	747
HERMANOS LURTON TEMPRANILLO 2022 T	817
HERMANOS LURTON VERDEJO 2023 B	747
HERRERILLO 2023 RD	950
HESVERA 2021 T C	584
HESVERA 6 MESES BARRICA 2023 T RB	584
HESVERA COSECHA LIMITADA 2020 T	585
HIBEU 2022 T	378
HIBEU 2023 RD	378
HIBEU FINCA LA MINERAL 2022 T	378
HIBRUS GARTATXA 2023 T	795
HIDALGO CASTILLA 2017 T GR	337
HIDALGO CASTILLA 2019 T R	337
HIGA 2022 T	1058
HIKA BASQUE RED WINE 2022 T RB	279
HIKA BASQUE ROSÉ WINE 2022 RD	279
HIKA BASQUE WHITE WINE 2022 B	279
HIKA BILDUMA 2020 B	279
HIKA TXINPART 2020 BE EBR	279
HIMILCE 2022 B	981
HIPPERIA 2021 T C	924
HIRIART 2023 RD	237
HIRUZTA BASQUE 2020 BE BN	1076
HIRUZTA ROSÉ 2023 RD	279
HIRUZTA TXAKOLINA 2023 B	279
HISPANIA 2021 T	626
HISPANIA 2022 B	626
HITO 2023 RD	607
HITO 2023 T	607
HM LAS VETAS DULCE 2019 B	260
HODGKINSON CARIÑENA 2021 T R	481
HODGKINSON GARNACHA PELUDA 2019 T R	481
HODGKINSON MAS DEL HABANERO 2018 T	481
HOMBRE BALA 2021 T	898
HOMBRE BALA 2023 B	898
HOMBROS (VINO DE PARAJE - VALDAIGA) 2022 T BA	133
HOMENAJE 2023 RD	422
HONORIS DE VALDUBÓN 2019 T	596
HONORO VERA GARNACHA 2023 T	162
HONORO VERA ORGÁNIC 2023 T	316
HONORO VERA RIOJA 2023 T	727
HONORO VERA VERDEJO 2023 B	760
HORITZÓ 2022 B	255
HORTA COLOMER 2023 B	473
HOYA COLORÁ "BLANC DE BLANCS" 2014 BE BN	1052
HOYA COLORÁ "PINOT NOIR" 2020 T	104
HOYA DE CADENAS BE R BR	225
HOYA DEL CASTILLO 2023 B	871
HUELLA DE MERSEGUERA 2023 B	872
HUELLA DE SYRAH 2023 T	872
HUERTO DE LA CONDESA 2022 T RB	364
HUERTO DE LA CONDESA 2023 B	365
HUERTO DE LA CONDESA EL PINSAPO 2021 T	365
HUERTO DE LA CONDESA LA PALMERA 2021 T C	365
HUERTO DE LA CONDESA LOS CIPRESES 2021 T C	365
HUERTO DE LA CONDESA LOS CIPRESES 2023 RD	365
HUERTO DE LA CONDESA PAMPANEANDO 2023 T	365
HUERTOS DE PALACIO 2023 B	972
HUERTOS DE PALACIO 2023 T	972
HUERTOS DE PALACIO 2023 T BA	972

ÍNDICE VINOS

VINO	PÁG.
HUGO AFRUTADO 2023 RD	783
HUGUET DE CAN FEIXES 2017 BE BN	1076
HUGUET DE CAN FEIXES CLASSIC 2017 BE BR	1076
HUMBOLDT 1997 B D	783
HURACÁN DANIELA 2023 B FB	427
HURACÁN DANIELA CUVEE 2020 B	427

I

VINO	PÁG.
I`M YOUR ORGANIC RED 2023 T	1055
I`M YOUR ORGANIC ROSÉ 2023 RD	1055
I`M YOUR ORGANIC WHITE 2023 B	1056
IBERO DE PANIZA III 2018 T GR	180
IBIZKUS 2023 B	1007
IBIZKUS 2023 RD	1007
IBIZKUS MONASTRELL PIE FRANCO 2021 T	1007
ICENI 2021 T RB	952
ICNOS 2019 T C	269
ICÒNIC 2018 BE GR BN	208
ICONO URBAN 2022 B	868
IDA & PETER 2023 BE EBR	1032
IDENTITAS 2021 B	790
IDILLIC MUSCAT 2024 B	438
IDOIA BLANC 2021 B FB	186
IDRIAS 2021 T C	777
IDRIAS CHARDONNAY 2023 B	777
IDRIAS T RB	777
IDRIAS TEMPRANILLO 2023 RD	777
IDRIAS TEMPRANILLO 2023 T	777
IEUP! 2023 B	151
IEUP! BARRIKAN 2019 B FB	151
IEUP! SOBRE LÍAS 2022 B	151
IEUP! SOBRE LÍAS MAGNUM 2019 B	151

VINO	PÁG.
IGNIOS ORIGENES ALBILLO CRIOLLO 2022 B	902
IGNIOS ORIGENES LISTÁN NEGRO VENDIMIA SELECCIONADA 2021 T	902
IGNIOS ORIGENES VIJARIEGO NEGRO 2021 T	902
IGREXARIO DE SAIAR 2023 B	498
IJALBA 2020 B R	732
IJALBA 2021 B C	732
IJALBA 2021 T C	732
IJALBA MATURANA 2022 T	732
IJALBA MATURANA BLANCA 2023 B	732
IJALBA TEMPRANILLO 2021 T	732
IKIGALL 2023 B	443
IKUNUS 2018 T	673
IL·LUSIÓ DE CLUA 2021 T	800
IL·LUSIÓ DE CLUA 2023 T	800
IL·LUSIONAT 2023 B	873
IL·LUSIONAT ROSÉ 2023 RD	873
ILAGARES 2023 RD	424
ILAGARES GARNACHA 2023 T	424
ILDANIA 2018 T	373
ILERCAVÒNIA 2023 B	795
ILEX 2023 RD	963
ILEX 2023 T	964
ILEX COUPAGE 2020 T	964
ILEX VERDEJO 2023 B	964
ILLANA 2023 T	641
ILLANA ALMA 2023 B	642
IL·LÒGIC XAREL·LO ORGÀNIC SUMARROCA 2023 B	436
ILUMINADO VINOS DE LA LUZ 2019 T R	629
ILUN GORKA IZAGIRRE 2022 T	150
ILURCE 2021 T C	696
ILURCE 2023 RD	696
ILURCE TEMPRANILLO 2023 T	696

VINO	PÁG.
ILURCE TEMPRANILLO BLANCO 2023 B	696
ILUSIÓN 2023 RD	936
IMPERIAL 2018 T GR	704
IMPERIAL 2020 T R	704
IMPERIAL TOLEDO 2017 T GR	337
IMPERIAL TOLEDO 2019 T R	338
IMPERIAL TOLEDO OAKED SELECTION 2022 T	338
IMPERIAL TOLEDO TEMPRANILLO 2021 T C	338
IN-CIERTO PROYECTO DE VALERIO GARCÍA 2021 B	886
INARAJA 2016 T R	819
INAUDITA 2022 T	321
INCITADOR BE BN	735
INCÓLUME 2022 T	417
INCONTINENCIA SUMMA 2022 B	654
INCRÉDULO BLEND 2021 T	814
INDOMABLE 2017 BE BN	1078
INÉS VIZCARRA 2021 T R	599
INFANTE 2023 RD	1012
INFANTO CABERNET SAUVIGNON SYRAH 2023 T	339
INFANTO TEMPRANILLO 2023 T	338
INFINITO 2020 T C	322
INFINITUS CABERNET SAUVIGNON 2023 T	971
INFINITUS MALBEC 2023 T	971
INFINITUS MOSCATEL B MO SD	971
INFINITUS SYRAH 2023 T	971
INFINITUS TEMPRANILLO 2023 T	971
INFINITUS VIURA & CHARDONNAY 2023 B	971
INFINT 2022 T	255
INFORMAL PROYECTO DE VALERIO GARCÍA 2022 B	888
INGÉNITO 2023 T RB	360
INGOBERNABLE 2020 T	373
INGOBERNABLE 2021 T	321
INGRATO 2020 T	832

VINO	PÁG.	VINO	PÁG.	VINO	PÁG.
INHÒSPIT 2022 B	433	ISABENA FINCA EL PLANO GARNACHA 2023 B	772	IZADI SELECCIÓN 2023 B	669
INICIAL VELO DE FLOR 2021 B	373	ISABENA FINCA IRENE GARNACHA 2022 T	772	IZAR DE NEKEAS 2017 T R	428
INMÁCULA 2021 B FB	417	ISABENA FINCA LA TORRE CHARDONNAY 2023 B	772	IZAR-LEKU 2019 BE BN	280
INMORTALIS MONASTRELL 2022 T	156	ISABENA FINCA LOS NOGALES 2023 B	772		
INMUNE 2022 T	418	ISÁBENA MERLOT SELECCIÓN 2020 T C	772	**J**	
INQUIET DE RENDÉ MASDÉU 2023 T	241	ISHII DE VIVES AMBRÒS 2023 B	789	J. CANTERA 2023 B	670
INSIGNIA 2020 BE GR BR	201	ISLA ORO AIRÉN 2023 B	335	J. CANTERA 2023 RD	670
INSPIRACIÓN VALDEMAR 2020 T	692	ISLA ORO CABERNET SAUVIGNON 2023 T	335	J.L. VILELA LADAIRO 2019 T C	385
INSTANT DE FLOR 2023 B	457	ISLA ORO GARNACHA 2023 RD	335	J.P. 2018 T R	145
INTUICIÓN SAUVIGNON BLANC 2023 B	1005	ISLA ORO MACABEO 2023 B	335	JA! T	961
INTUICIÓN VERDEJO ORGANIC 2023 B	1005	ISLA ORO TEMPRANILLO 2023 T	335	JABLE DE TAO 2022 B	351
INURRIETA CORAL 2023 RD	415	ISLA ORO TEMPRANILLO CABERNET SAUVIGNON 2020 T C	335	JALIFA VORS "30 YEARS" BF AM S	300
INURRIETA CUATROCIENTOS 2021 T C	415			JÁNCOR 2022 T BA	1012
INURRIETA MEDIODÍA 2023 RD	415	ISP (ISLA DE SAN PEDRO) 2019 T C	895	JÁNCOR 2022 T C	1012
INURRIETA MIMAO GARNACHA 2022 T	415	ITSASMENDI 7 2020 B	149	JANE SANTACANA 2018 BE GR BN	205
INURRIETA MIMAO GARNACHA BLANCA 2021 B BA	415	ITSASMENDI 7 MAGNUM 2019 B C	149	JANE SANTACANA ETIQUETA BLANCA 2020 BE R BN	205
INURRIETA ORCHÍDEA CUVÉE 2021 B	415	ITSASMENDI ARTIZAR 2020 B	149	JANE SANTACANA ETIQUETA COBRE 2020 BE R BR	205
INURRIETA ORCHÍDEA SAUVIGNON BLANC 2023 B	416	ITSASMENDI ARTIZAR MAGNUM 2018 B	149	JANE SANTACANA ETIQUETA DORADA 2020 BE R BN	205
INURRIETA PURO VICIO 2021 T	416	ITSASMENDI PARADISUAK LEIOA 2021 B	149	JANÉ VENTURA "DO M" VINYES VELLES 2018 BE GR BN	214
INVOCA 2022 T	418	ITSASMENDI PARADISUAK MORGA 2021 B	149	JANÉ VENTURA 1914 VINYES VELLES CENTENARI 2013 BE GR BN	214
IÑAKI NÚÑEZ VENDIMIA SELECCIONADA 2021 T	420	ITSASMENDI PARADISUAK TXIRENE 2021 B	149		
IRACHE 18.91 2020 T C	420	IURA 2019 B	466	JANÉ VENTURA 1914 VINYES VELLES CENTENARI MAGNUM 2009 BE GR BN	214
IRACHE 18.91 2023 T RB	420	IUVENIS DE BIOPAUMERÀ 2021 T	789		
IRACHE 2019 T C	420	IVORI VINYA LA FINKA 2022 B	82	JANÉ VENTURA FINCA ELS CAMPS MACABEU 2023 B	444
IRACHE 2023 RD	420	IXEIA 2023 B	772	JANÉ VENTURA FINCA ELS CAMPS NEGRE 2019 T	444
IRACHE CHARDONNAY 2023 B	420	IXEIA 2023 RD	772	JANÉ VENTURA FINCA ELS CAMPS NEGRE 2020 T	444
IRENE ROSAT 2023 RD	439	IXEIA 2023 T	772	JANÉ VENTURA MALVASÍA DE SITGES 2023 B BA	444
IRIENSIS 2022 B	506	IZADI 2021 T C	669	JANÉ VENTURA RESERVA DE LA MÚSICA 2021 BE R BN	214
IRUJO JOVEN 2022 T	657	IZADI EL REGALO 2021 B	669	JANÉ VENTURA RESERVA DE LA MÚSICA MAGNUM 2018 BE R BN	214
IRUJO VENDIMIA SELECCIONADA 2022 T	657	IZADI EL REGALO 2022 T	669		
IRVING SYRAH 2021 T C	288	IZADI LARROSA BLANCA 2023 B	669	JANÉ VENTURA RESERVA DE LA MÚSICA ROSÉ 2021 RE R BR	214
ISABEL BAÑARES 2022 T	656	IZADI LARROSA NEGRA 2023 T	669		
ISABELLA BOBAL 2022 T	641	IZADI LARROSA ROSÉ 2023 RD	669	JANÉ VENTURA SUMOLL 2020 T	444

ÍNDICE VINOS

VINO	PÁG.
JANÉ VENTURA XARELLO 2023 B	444
JANES 2019 BE	1073
JARABE DE ALMÁZCARA MAJARA 2020 T	122
JARDÍN DE VALPARAISO 2021 T	597
JAROS 2021 T	632
JAROS 2022 T RB	632
JAROS ALBILLO MAYOR 2022 B	632
JARRIERO BF SOLERA CRM	302
JAUME DE PUNTIRÓ BLANC 2023 B	145
JAUME DE PUNTIRÓ CARMESÍ 2022 T	145
JAUME GIRÓ I GIRÓ BARÓN MERTEN 2011 BE GR BN	214
JAUME GIRÓ I GIRÓ MONTANER 2017 BE GR BN	214
JAUME GIRÓ I GIRÓ PINOT NOIR ROSADO 2021 RE BR	214
JAUME GIRÓ I GIRÓ SELECTE 2013 BE GR BN	214
JAUME GRAU I GRAU COL·LECCIÓ SUMOLL BLANC 2022 B	188
JAUME GRAU I GRAU GARNATXA COL·LECCIÓ 2019 T	188
JAUME LLOPART ALEMANY 2017 BE GR BN	215
JAUME LLOPART ALEMANY BE R BN	215
JAUME LLOPART ALEMANY BE R BR	215
JAUME LLOPART ALEMANY CABERNET SAUVIGNON 2023 RD	445
JAUME LLOPART ALEMANY MERLOT 2023 T	445
JAUME LLOPART ALEMANY XARELLO 2023 B	445
JAUME SERRA 2019 BE R BN	195
JAUME SERRA BE BN	195
JAUME SERRA BE SS	195
JAUME SERRA CHARDONNAY 2018 BE GR BN	196
JAUME SERRA PINOT NOIR ROSÉ RE BR	196
JAUME SERRA VINTAGE 2020 BE R BN	196
JAUN DE ALZATE CEPAS VIEJAS 2010 B	673
JAVIER SANZ PARAJE LA ENCINA 2022 T RB	1000
JAVIER SANZ VERDEJO 2023 B	762

VINO	PÁG.
JEAN LEON 3055 CHARDONNAY 2023 B	445
JEAN LEON 3055 ROSÉ 2022 RD	445
JEAN LEON VINYA GIGI CHARDONNAY 2022 B C	445
JEAN LEON VINYA LA SCALA CABERNET SAUVIGNON GRAN RESERVA 2017 T GR	445
JEAN LEON VINYA LE HAVRE CABERNET SAUVIGNON RESERVA 2020 T R	445
JEAN LEON VINYA PALAU MERLOT 2020 T C	445
JEITA 2019 T R	574
JERONIMO 2022 T	347
JESÚS MADRAZO ERMITA DE SAN GREGORIO 2021 B R	716
JESÚS MADRAZO NUM. IV 2020 T	716
JESÚS YLLERA 2018 T C	633
JIMÉNEZ-LANDI PIÉLAGO 2022 T	378
JIMÉNEZ-LANDI SOTORRONDERO 2022 T	378
JIRÓN DE NIEBLA 2021 T C	930
JOAN GINÉ 2018 T R	467
JOAN MIRÓ 2017 T R	587
JOANA 2022 T	403
JOAQUÍN REBOLLEDO FINCA TRASDAIRELAS 2022 B	856
JOAQUÍN REBOLLEDO GODELLO 2023 B	856
JOAQUÍN REBOLLEDO MENCÍA 2023 T	856
JOHN STONE 2022 B	260
JONAS CLARETE 2021 RD	122
JONCARIA GARNACHA ROJA 2022 B	272
JORGE ORDÓÑEZ & CO Nº 1 SELECCIÓN ESPECIAL DULCE (SIN FORTIFICAR) 2023 B D	365
JORGE ORDÓÑEZ & CO Nº 2 VICTORIA DULCE (SIN FORTIFICAR) 2023 B D	365
JORGE ORDÓÑEZ & CO. Nº3 VIÑAS VIEJAS (SIN FORTIFICAR) 2022 B D	365
JOSÉ GALO SAUVIGNON BLANC 2023 B	757
JOSÉ GALO VERDEJO VENDIMIA SELECCIONADA 2023 B	757

VINO	PÁG.
JOSÉ GIL EL BARDALLO 2022 T	716
JOSÉ GIL VIÑEDOS DE SAN VICENTE 2021 T	716
JOSÉ L. FERRER 2020 T C	144
JOSÉ MANUEL CORRALES 2022 T	864
JOSÉ PARIENTE 2021 B FB	752
JOSÉ PARIENTE 25 AÑOS DE CRIANZA EN BARRICA 1998 B RB	1041
JOSÉ PARIENTE CUVÉE ESPECIAL 2021 B	752
JOSÉ PARIENTE FINCA LAS COMAS 2021 B	752
JOSÉ PARIENTE VERDEJO 2023 B	752
JOSEFINA PIÑOL VENDIMIA TARDÍA VIÑAS VIEJAS 2018 B D	799
JOSEP FORASTER BLANC SELECCIÓ 2023 B	242
JOSEP FORASTER PEP 2022 T	242
JOSEP FORASTER TREPAT 2022 T	242
JOYA DEL MEDITERRÁNEO 2022 B	1034
JOYUELO CLASSIC ALBILLO 2021 B	893
JUAN DE JUANES BRONCE 2023 T	868
JUAN DE JUANES PLATA PETIT VERDOT 2022 T	868
JUAN DE JUANES PLATA VIOGNIER 2023 B	868
JUAN GIL ETIQUETA AMARILLA/YELLOW LABEL 2023 T	316
JUAN GIL ETIQUETA AZUL/BLUE LABEL 2022 T	316
JUAN GIL ETIQUETA PLATA/SILVER LABEL 2022 T	316
JUAN GIL MOSCATEL SECO 2023 B	316
JUAN GIL PETIT VERDOT 2023 T	316
JUAN GIL ROSADO 2023 RD	316
JUAN JOSÉ 2022 T	1044
JUJOL DE VIVES AMBRÒS 2022 B FB	789
JÚLIA BERNET BARRACA DELS COSCONS 2018 BE BN	1077
JÚLIA BERNET FEIXES DE LA FONT 2020 BE BN	1077
JULIÁN MADRID 2018 T R	662
JULIÁN SANTOS MARTÍNEZ EDICIÓN CENTENARIO 2019 T C	315

VINO	PÁG.
JULIETA 2022 T	242
JUMENTA MERLOT SYRAH GARNACHA TINTORERA 2022 T	104
JUSTINA 2021 T	838
JUVÉ & CAMPS LA SIBERIA 2015 RE GR BN	215
JUVÉ & CAMPS MILESIMÉ 2019 BE R BR	215
JUVÉ & CAMPS MILESIMÉ BLANC DE NOIRS - RIERAL 2019 BE GR BR	216
JUVÉ & CAMPS MILESIMÉ CHARDONNAY CAN RIUS MAGNUM 2008 BE BN	216
JUVÉ & CAMPS MILESIMÉ XARELLO OLIVERA 2017 BE GR BN	216
JUVÉ & CAMPS RESERVA DE LA FAMILIA 2009 BE GR BN	216
JUVÉ & CAMPS RESERVA DE LA FAMILIA 2012 BE GR BN	216
JUVÉ & CAMPS RESERVA DE LA FAMILIA 2019 BE GR BN	216

K

VINO	PÁG.
K PILOTA 2023 B	278
K_I DE PASCONA 2022 T	402
K-NAIA 2023 B	754
K5 2015 B	278
K5 2021 B	279
K5 MAGNUM 2019 B	279
K5 VENDIMIA TARDÍA 2021 B	279
KABERRI 2023 B	151
KAIAREN 2016 B	279
KAIROS DE SAN ESTEBAN 2019 T	687
KALAMITY 2022 B	721
KALAMITY 2022 T	721
KALMA 2022 B	363
KALMA ROSE 2022 RD	363
KANPAI 2023 B	452
KENTIA 2023 B	512
KHUR 2023 RD	354
KIMERA 2021 T	428
KIMERA ANCESTRAL 2022 BE BN	1078
KIMERA ANCESTRAL RE BN	1078
KINKI T	125
KOMOKABRAS AMARILLO 2022 B FB	951
KOMOKABRAS ANCESTRAL 2022 BE EBR	1072
KOMOKABRAS ANCESTRAL GRAN CRU 2022 BE EBR	1072
KOMOKABRAS MORADO 2022 T	1028
KOMOKABRAS NARANJA 2022 B	951
KOMOKABRAS ROJO 2022 T BA S	1028
KOMOKABRAS VERDE LÍAS 2021 B	951
KUUSU 2022 T	1061
KYATHOS 2018 T C	907

L

VINO	PÁG.
L'ALLEU 2022 T C	403
L'AMO 2023 T	1023
L'ANCESTRAL BLANC 2022 BE	1078
L'ANCESTRAL ROSÉ 2022 RE	1078
L'ÁNIMA DE TERRAVINYADA 2020 T C	409
L'APHRODISIAQUE GODELLO 2023 B	122
L'APHRODISIAQUE ROSÉ 2022 RD	122
L'ARTESAÑA 2021 T C	737
L'ARXIDUC ROSAT 2023 RD	460
L'AVI ARRUFÍ 2021 T	799
L'AVI ARRUFÍ 2022 B FB	799
L'AVI DE LA PIPA 2022 B	790
L'ENCANTERI 2022 T C	269
L'ENRIQUETA 2022 B	449
L'ERMITA 2022 T C	465
L'ESCALETA 2021 T	466
L'ESCUMÓS D'ANNA ESPELT 2015 BE	270
L'ESPATLLAT 2021 B	790
L'ESTACA 2018 T	489
L'ESTACIÓ BLANC 2020 B	189
L'ESTACIÓ NEGRE 2020 T C	189
L'INCORRECTE DE CELLER SANROMÀ VI BRISAT 2022 B	1050
L'INICI DE TERRAVINYADA 2021 T	409
L'INSOMNI 2022 B	1019
L'INTRÚS 2021 T	274
L'O DE L'ORIGAN BE BN	216
L'OLIVERA 2021 BE R BN	255
L'OLIVERA RESERVA SUPERIOR 2019 BE GR BN	255
L'OM NEGRE 2021 T	402
L'ONCLU 2022 T	790
L'ORATORI 2022 T	268
L'ORIGEN 2019 BE GR BN	203
L'ORNI 2022 B	243
L'ÚNIC 88 T	398
LA ABUELA VISI 2022 B BA	689
LA ATALAYA DEL CAMINO 2022 T	102
LA BAIXADA 2022 T	465
LA BALDESA CASTELLANA NEGRA 2023 T	785
LA BALDESA LISTÁN NEGRO 2023 T	785
LA BALDESA NEGRAMOLL 2023 T	785
LA BALLESTERA CLUB DE LA BARRICA 2021 T C	977
LA BALLESTERA CLUB DE LA BARRICA 2022 T C	977
LA BALLESTERA TINTO GUARDA MAGNUM 2021 T C	977
LA BALLESTERA TINTO GUARDA MAGNUM 2022 T C	977
LA BASSETA 2020 T C	483
LA BESTIA GARNACHA 2021 T RB	170
LA BESTIA MONASTRELL 2021 T BA	312
LA BESTIA NEGRA 2022 T	271

ÍNDICE VINOS

VINO	PÁG.
LA BIEN CERCADA AÑADA SELECCIÓN 2023 T	814
LA BIEN PINTÁ 2023 B	753
LA BIEN PLANTÁ 2023 T	102
LA BLANCA 2022 B	806
LA BONA VIDA 2022 BE BR	203
LA BOTA DE AMONTILLADO VIEJÍSIMO (BOTA Nº 125) "BOTA NO" B AM	391
LA BOTA DE FINO (BOTA Nº 124) B FI	391
LA BOTA DE FLORPOWER (Nº119) MMXXII 2022 B	1054
LA BOTA DE MANZANILLA PASADA Nº 120 (BOTAS NO) BF MZ	303
LA BOTA DE PALO CORTADO (BOTA Nº 121) BF PC	303
LA BOTA DEL RINCÓN BF OL	302
LA BOTELLA AZUL B SD	1043
LA BOTERA 2019 T C	274
LA BOVILA 2021 T	1065
LA BREÑA 2021 T	929
LA BRUJA DE ROZAS 2022 T	896
LA CALLEJA DEL SASTRE 2018 B	715
LA CALLEJA DEL SASTRE 2021 T	715
LA CALMA 2021 B FB	437
LA CALMA MÁGICA 2018 T	413
LA CALMA MÁGICA 2020 B	413
LA CANDELERA 2023 B FB	710
LA CANETANA DAAN 2021 T	956
LA CANETANA ÉMILE 2021 T	956
LA CANETANA MAXIM 2023 B	1041
LA CAÑA 2023 B	503
LA CAÑA NAVIA 2022 B	503
LA CAÑADA BF PX D	394
LA CAÑADA DEL JINETE 2021 T	1057
LA CAPILLA 2018 T R	613
LA CAPILLA 2020 T C	613

VINO	PÁG.
LA CAPILLA 2022 B	762
LA CAPILLA VENDIMIA SELECCIONADA 2021 T	613
LA CARMINA 2023 B	507
LA CARRA CABRA 2022 T	429
LA CARRERADA 2019 T	408
LA CARTUJA VINO DE LICOR B	868
LA CASA DE LA SEDA 2021 T BA	841
LA CASA LLARGA 2022 B	438
LA CASILLA 2022 T RB	371
LA CASILLA DE ADRIÁN BOBAL 6 MESES 2020 T RB	370
LA CASILLA DE ADRIÁN MACABEO 2022 B	370
LA CASONA DE ARÍNZANO 2018 T	917
LA CASONA DE LA VID 5V 2020 T	991
LA CASONA DE LA VID CABERNET COTARRO 2018 T BA	991
LA CASONA DE LA VID GARNACHA 2020 T	991
LA CASONA DE LA VID MERLOT 2020 T	581
LA CASONA DE LA VID SYRAH 2020 T	991
LA CASONA DE LA VID VIOGNIER 2022 B	991
LA CASUALIDAD DE LEMONIER 2021 BE BN	1074
LA CENDRA 2022 T	931
LA CENDRA 2023 B	931
LA CENDRA SELECCIÓN DE FAMILIA 2020 T	931
LA CENDRA SELECCIÓN DE FAMILIA 2021 T	931
LA CEPA DE PELAYO BOBAL 2020 T	373
LA CERCA 2022 B	931
LA CHELO 2020 T RB	898
LA CHELO NATURAL SWEET B	898
LA CHELO VIÑAS VIEJAS 2015 T C	898
LA CHICA FINA 2022 T	687
LA CHOZA DEL CABRERO 2022 B	882
LA CIGARRERA BF AM ES	298
LA CIGARRERA BF MO D	298
LA CIGARRERA BF MZ ES	298

VINO	PÁG.
LA CIGARRERA BF OL S	298
LA CIGARRERA BF PX D	299
LA CIGARRERA MANZANILLA PASADA BF MZ ES	298
LA CIGÜEÑA GODELLO 2023 B	136
LA CIGÜEÑA MENCÍA 2022 T	136
LA CISQUETA DE CORBERA BLANC 2023 B	795
LA CISQUETA DE CORBERA NEGRE 2023 T	795
LA CLOTA 2021 T	950
LA COMTESSE GRAN VINO DE GUARDA 2019 B FB	516
LA CORONELA 2022 T	1058
LA COSTA DEL RIU 2020 T C	485
LA COSTANA 2019 T C	354
LA CREU ALTA 2020 T R	483
LA CRUSSET BE R BN	196
LA CUNA 2023 B	804
LA CUVÉE CASTELL DEL REMEI BE BN	202
LA DAMA 2020 T C	89
LA DANSADA 2022 B	795
LA DANSADA 2022 T	795
LA DANZA DE LA MOMA 2021 T BA	873
LA DIEGO 2022 B	351
LA DIVA DULCE 2020 B D	1040
LA DIVISA LIMITED EDITION 2023 B	1041
LA DIVISORIA 2021 T	1063
LA DOLORES VIÑAS VIEJAS 2022 T	161
LA DONCELLA DE LAS VIÑAS 2023 RD	964
LA DONCELLA DE LAS VIÑAS CHARDONNAY 2023 B	964
LA DONCELLA DE LAS VIÑAS TEMPRANILLO 2023 T RB	964
LA DULA 2022 T	729
LA ERA 2021 T	960
LA ESCRIBANA 2022 B	1034
LA ESENCIA DE MONTREAGA 2019 T	978
LA ESTACADA CHARDONNAY 2023 B FB	835

VINO	PÁG.
LA ESTACADA SELECCIÓN DE PARCELAS 2020 T C	835
LA ESTACADA SYRAH MERLOT 2021 T C	835
LA ESTRADA 2021 T	702
LA ESTRECHA 2022 T	371
LA FARAONA 2022 T BA	135
LA FELISA 2022 T	582
LA FIGAFLOR 2023 B	1032
LA FILLABOA 1898 2016 B	502
LA FLEUR VIVALTUS 2019 T	633
LA FLOR DE MARGOT TREIXADURA 2023 B	546
LA FLORENS 2022 T	407
LA FONT DEL MOSQUIT 2022 B	466
LA FORASTERA BY #GARAGEWINE 2022 T	957
LA FORCALLA DE ANTONIA 2022 T	877
LA FUENTE DE MOSITO 2020 T	654
LA FURGONETA QUE MIRABA AL ÓRBIGO 2022 T	1001
LA GALBANA 2021 T R	132
LA GALERA 2018 B	483
LA GARGANTILLA TEMPRANILLO 2020 T	692
LA GARNACHA OLVIDADA DE ARAGÓN 2021 T	165
LA GARNACHA PERDIDA DEL PIRINEO 2021 T C	1062
LA GARNACHA SALVAJE DEL MONCAYO 2021 T	1062
LA GARNATXA D'EN PITU 2012 RF GR D	269
LA GARNATXA FOSCA DEL PRIORAT 2021 T	486
LA GAVACHA GARNACHA 2022 T BA	164
LA GENUÏNA DE EDETÀRIA 2020 T	802
LA GITANA ANIVERSARIO BF MZ S	298
LA GITANA BF MZ S	298
LA GITANA EN RAMA BF MZ S	298
LA GITANA GRADO NATURAL 2017 BF MZ	298
LA GOYA BF MZ S	302
LA GUERRERA 2018 T C	233
LA GUERRERA FINCA CENTENARIA 2020 T MC	234

VINO	PÁG.
LA GUITA AMONTILLADO EN RAMA BF	305
LA GUITA BF MZ S	306
LA GUITA EN RAMA BF MZ S	305
LA GUITA PASADA EN RAMA BF MZ	305
LA HAYA AFRUTADO CORDÓN TRENZADO 2022 B SS	888
LA HAYA CORDÓN TRENZADO 2021 B BA	888
LA HAYA SECO 2022 B	888
LA HERRADA 2022 T FB	102
LA HONDA AMONTILLADO EN RAMA BF AM	299
LA HONDA FINO EN RAMA BF FI	299
LA HORMIGA DE ANTÍDOTO 2022 T	570
LA HOYA DE MAZUELA 2018 T R	679
LA HOYA EL CUERNO 2022 T	664
LA HUELLA DE AITANA 2023 RD	427
LA HUELLA DE AITANA CUVÉE ZEN 2021 RD C	427
LA INTRUSA DE MALASAÑA 2021 T BA	899
LA JACA BF MZ S	294
LA JANDA BF FI S	294
LA JOTA DE TO V.R. (VIUDA RICA) 2021 T RB	818
LA LLORONA 2022 B	125
LA LOBA 2018 T	616
LA LOBERA CUATRO VARIETALES 2016 T R	726
LA LOBITA 2022 T	616
LA LOCA REINA 2023 B	745
LA LOCOMOTORA 2015 T GR	731
LA MALDITA GARNACHA 2023 RD	696
LA MALDITA GARNACHA 2023 T	696
LA MALDITA GARNACHA BLANCA 2023 B	696
LA MALDITA REVOLUTION 2021 T	696
LA MALDITA ROSÉ 2021 RE BR	696
LA MALPREGONA 2022 T	778
LA MALPREGONA CHARDONNAY MACABEO ALCAÑÓN 2022 B	778

VINO	PÁG.
LA MALPREGONA MACABEO ALCAÑÓN 2021 B	778
LA MALVAR DE MÁS QUE VINOS 2022 B FB S	967
LA MAR DE TERRAS GAUDA 2022 B	522
LA MARAGATA 2019 B FB	140
LA MARE DE PASCONA 2021 T	402
LA MARQUESA 2022 T	736
LA MATACALVA 2022 T	424
LA MEJORADA CABERNET SAUVIGNON 2016 T	997
LA MEJORADA LAS CERCAS 2019 T RB	998
LA MEJORADA LAS NORIAS 2019 T RB	998
LA MERCED 2019 B FB	425
LA MILOQUERA 2021 T C	403
LA MIRANDA DE SECASTILLA 2021 T	779
LA MIRANDA DE SECASTILLA GARNACHA 2023 RD	779
LA MIRANDA DE SECASTILLA GARNACHA BLANCA 2023 B	779
LA MISIÓN BY MENADE 2022 B	992
LA MONTAÑA 2022 T	330
LA MUJER CAÑÓN 2021 T	898
LA MULETA 2019 T R	871
LA MUNTERA 2020 T	795
LA MUSA 2020 T	243
LA NAVA BY TUDANCA 2021 T	632
LA NAVE CASA AURORA 2022 T	1047
LA NEGRA FLOR 2022 T	801
LA NEGRA FLOR 2023 B	801
LA NIETA 2021 T	734
LA NIMFA BLANC 2023 B	241
LA NOTA 2019 T	941
LA NYMPHINA MONASTRELL 2021 T	906
LA OFICINA DE JULIÁN SARDINA 2015 T	632
LA OLA 2020 B	511
LA ORPHICA EDICIÓN LIMITADA VIVA LA VIDA 2022 T	1044

ÍNDICE VINOS

VINO	PÁG.
LA ORPHICA MONASTRELL ILUMINADA 2022 T BA SS	1044
LA ORPHICA MONASTRELL SELECCIÓN TARDIA 2022 T SS	1044
LA ORPHICA PERLA NEGRA 2020 T	1044
LA ORPHICA SELECCIÓN AURORA 2023 B SS	1045
LA ORPHICA SELECCIÓN SINTONÍA 2023 RD	1045
LA PACHA 2021 T	656
LA PANESA ESPECIAL FINO BF FI S	305
LA PASIÓN ABDÓN SEGOVIA 2016 T R	816
LA PASQUALA 2023 T	790
LA PEONA 2023 B	448
LA PERA 2023 B	712
LA PERALOSA 2022 T	972
LA PERDICIÓN 2022 T C	957
LA PERDIZ Y EL TOMILLO 2 2022 T	976
LA PETITE AGNÈS 2022 T BA	467
LA PICARAZA BOBAL CLÁSICO 2020 T C	839
LA PICONADA 2020 T C	666
LA PICONADA 2022 T	666
LA PICONADA MATURANA 2021 T	666
LA PINALETA 2021 T	592
LA PITXOTXA CABERNET SAUVIGNON 2020 T C	90
LA PITXOTXA MOSCATEL DE ALEJANDRÍA B SD	90
LA PITXOTXA ROSÉ 2023 RD	90
LA PLANTA 2023 T RB	572
LA PRESUMIDA DEL PALLARS 2022 B	256
LA PROHIBICIÓN 2019 T RB	140
LA PROVINCIA DE PRIETO PARIENTE 2020 T C	994
LA PUJADA 2016 T	473
LA PURÍSIMA MONASTRELL 2023 T	906
LA PURISIMA OLD VINES EXPRESSION 2021 T RB	906
LA PURÍSIMA PREMIUM 2021 T RB	906
LA QUEBRÁ 2021 T BA	930
LA QUINTA DE RAFA 2022 T	103
LA RAYA 2020 T	1008
LA RELLANILLA 2023 T	733
LA RENACIDA 2022 T	235
LA REQUEMADA 2022 T	664
LA RETORCIDA 2022 T	354
LA REVELIA 2021 B	128
LA REVELIA 2022 B	128
LA RIVA "LAS 10" 2021 B	1051
LA RIVA SAN CAYETANO 2022 B	1052
LA ROCA DE L'ABELLAR 2021 T	466
LA ROMERA 2022 T RB	895
LA ROSA FINCA SANDOVAL 2022 T BA	372
LA SACA DE ALTANZA BF PC S	293
LA SALVACIÓN 2022 B	134
LA SANTA DE ÚRSULA 2022 T	933
LA SENOBA 2018 T C	687
LA SENYORIA 2020 RE BN	804
LA SETERA 2021 T C	118
LA SETERA 2022 T	118
LA SETERA SELECCIÓN ESPECIAL 2014 T C	119
LA SETERA TINAJA VARIETAL 2015 T RB	119
LA SIMA 2022 T MC	369
LA SISCA DE PAQUI 2023 B	96
LA SOBRADA 2022 B	509
LA SOLANA DELS MARGES 2020 T R	475
LA SOMBRILLA 2021 B	549
LA SONRISA DE TARES 2023 B	135
LA SONRISA DEL NÓMADA 2022 T RB	822
LA SORT 2022 T	871
LA SUERTE DE ARRAYÁN ALBILLO REAL 2022 B	378
LA SUERTE DE ARRAYÁN GARNACHA 2021 T	378
LA SUERTE PERDIDA 2022 T C	966
LA SUERTITA 2023 B S	888
LA SUERTITA ALBILLO CRIOLLO 2023 B	888
LA SUERTITA BAGAZO 2023 B	888
LA TACONERA 2022 T	669
LA TAPA LOCA VERDEJO 2023 B	767
LA TAPADA 2021 T	717
LA TAPADA 2022 T	717
LA TARDANA ESTENAS 2023 B	839
LA TEMPTACIÓ 2021 B	449
LA TERCIA B PX D	390
LA TORPE AVUTARDA DESCANSA 2019 T C S	959
LA TRIBANA 2021 T	268
LA TRIBU DE OLVA 2022 T	161
LA TRIBUNA 2022 T	869
LA TRUCHA 2023 B	514
LA TRUCHA ACERO 2017 B	514
LA TRUCHA BARRICA 2022 B	514
LA TRUCHA DE OTOÑO 2019 B	515
LA TRUENA 2022 B	1048
LA VAL ALBARIÑO 2023 B	504
LA VAL CONDADO DE TEA 2023 B	504
LA VAL FINCA ARANTEI 2023 B	504
LA VAL GRAN AÑADA CRIANZA SOBRE LÍAS 2019 B C	504
LA VEREDA 2022 T BA	869
LA VICALANDA 2022 B	661
LA VICALANDA VIÑAS VIEJAS 2019 T	661
LA VIEJA ZORRA EDICIÓN ESPECIAL 2020 T	939
LA VILELLA BAIXA VI DE VILA 2018 T C	490
LA VILLA REAL CABERNET SAUVIGNON 2020 T C S	336
LA VILLA REAL CHARDONNAY 2023 B	336
LA VILLA REAL MACABEO 2023 B	336
LA VILLA REAL MOSCATEL 2023 B D	336
LA VILLA REAL SAUVIGNON BLANC 2023 B	336

VINO	PÁG.	VINO	PÁG.	VINO	PÁG.
LA VILLA REAL TEMPRANILLO 2021 T BA S	336	LACRUZ VEGA TERROIR 2016 T C	338	LAGAR DE COSTA TRADICIÓN 2021 B BA	513
LA VIÑA DE AMALIO 2021 T	608	LACRUZ VEGA VERDEJO 2023 B	338	LAGAR DE COSTA. ATLANTIC ROSÉ 2019 RE BN	1077
LA VIÑA DE AMAYA 2021 T C	820	LACUESTA SELECTO 2022 T C	678	LAGAR DE ENSANCHA 2023 B	334
LA VIÑA DE LA CUEVA COLORÁ 2021 T C S	965	LADAIRO 2020 T C	385	LAGAR DE ROBLA COLECCIÓN CUATRO HERMANOS 2022 T	1005
LA VIÑA DE MARÍA 2021 B	670	LADAIRO 2021 B FB	385		
LA VIÑA DE MATEO 2008 T D	89	LADAIRO COLECCIÓN FAMILIA GODELLO TREIXADURA 2023 B	385	LAGAR DE ROBLA PREMIUM 2023 T	1005
LA VIÑA DE MATEO 2022 T	89			LAGAR DE ROBLA SELECCIÓN 2023 T	1005
LA VIÑA DE MATEO 2023 B FB	89	LADAIRO COLECCIÓN FAMILIA MENCÍA Y ARAÚXA 2023 T	385	LAGAR DE SANTIAGO 2021 T C	665
LA VIÑA DE RAMÓN 2019 T	988			LAGAR DE SANTIAGO 2023 B	665
LA VIÑA DEL ABUELO PREMIUM 2019 T	828	LADERA 2022 T	347	LAGAR DE SANTIAGO 2023 T MC	665
LA VIÑA DEL ABUELO SELECCIÓN ESPECIAL 2018 T C	828	LADERAS 2023 B	870	LAGAR DE SANTIAGO ELITE 2015 T	665
LA VIÑA ES BELLA 2021 T	979	LADERAS DE INURRIETA 2020 T	416	LAGAR DEL DUQUE 2023 RD	236
LA VIÑA ESCONDIDA 2020 T	378	LADERAS DEL NORTE 2022 T	572	LAGAR DEL DUQUE 2023 T	236
LA VIRGEN PARAJE SAN CRISTÓBAL PAGOS DE VIÑA REAL 2021 T	733	LADERAS OSTATU 2018 T	721	LAGAR DEL REY 2021 B FB	746
		LADERO 2021 T C	338	LAGAR DEL REY SAUVIGNON BLANC SOBRE LÍAS 2023 B	746
LA VOZ DEL VIÑADOR 2019 T	1058	LADERO AIRÉN VERDEJO 2023 B	338		
LA VOZ DEL VIÑADOR 2021 B	1058	LADERO TEMPRANILLO 2023 T	338	LAGAR DEL REY VERDEJO SOBRE LÍAS 2023 B	746
LA XARA 2022 T	371	LADRÓN DE GUEVARA 2021 T C	691	LAGAR DO CIGUR GARNACHA TINTORERA 2015 T C	851
LA ZORRA 8 VIRGENES 2022 B	939	LADRÓN DE LUNAS 2023 B	845	LAGAR DO CIGUR GODELLO 2023 B	851
LA ZORRA LA NOVENA RUFETE BLANCO 2020 B	939	LADRON DE LUNAS EXCLUSIVE VINO DE AUTOR 2019 T GR	845	LAGAR DO CIGUR GODELLO SOBRE LÍAS 2020 B	851
LA ZORRA ORIGINAL 2021 T	939			LAGAR DO CIGUR MENCÍA 2018 T	851
LA ZORRA RUFETE ITUERO 2020 T	939	LADRÓN DE SUEÑOS C.V.C B	893	LAGAR DOS MATEOS 2023 B	501
LABRUIXA 2023 B	806	LAFONT 2023 B	877	LAGAR PEDREGALES FLORACIÓN 2023 B	510
LABYRINTHVS PETRA 2022 B	986	LAFOU DE BATEA 2019 T R	804	LAGARTOLAPEÑA 2022 B SD	988
LACIMA 2021 T	534	LAFOU DE RAMS 2018 B	804	LÁGRIMA DE LISTÁN 2023 T	351
LACRIMA BACCUS 2022 BE R BN	217	LAFOU EL SENDER 2021 T C	804	LÁGRIMA DE MALVASÍA VOLCÁNICA 2023 B S	351
LÁCRIMA BACCUS ROSÉ RE C BR	217	LAFOU ELS AMELERS 2022 B	804	LÁGRIMA DE MALVASÍA VOLCÁNICA 2023 B SD	351
LÁCRIMA BACCUS SUMMUM 2019 BE R BN	217	LAGALIN 2022 T	137	LÁGRIMA DE MALVASÍA VOLCÁNICA 2023 RD	351
LACRIMUS CRIANZA 2021 T C	687	LAGAR DA CACHADA 2023 B	512	LÁGRIMA DE VITALIS 2023 RD	355
LACRUZ VEGA 2018 T RB	338	LAGAR DE BENAVIDES B FI S	391	LÁGRIMA DE VITALIS ALBARÍN 2023 B	355
LACRUZ VEGA SAUVIGNON BLANC 2023 B	338	LAGAR DE BRAIS 2023 B	544	LÁGRIMA NEGRA 2021 T C	629
LACRUZ VEGA SYRAH 2022 T	338	LAGAR DE CERVERA 2023 B	513	LÁGRIMA NEGRA 2022 T RB	629
LACRUZ VEGA TEMPRANILLO 2022 T	338	LAGAR DE COSTA 2023 B	513	LAGUNILLA 2021 T C	670

VINO	PÁG.	VINO	PÁG.	VINO	PÁG.
LAHAR BE BN	1083	LAR DE MAÍA 7º AUTOR 2020 T BA	1001	LAS MACHUQUERAS 2021 B	347
LAHAR BE BR	1083	LAR DE MAÍA 8º 2023 RD	1001	LAS MAMBLAS 2020 T	114
LAHAR DE CALATRAVA 2022 T	984	LAR DE MAÍA GARNACHA 2022 T C	1001	LAS MARGAS LOS CEREZOS 2021 T BA	180
LAHAR DE CALATRAVA 2023 B FB	984	LAR DE SOTOMAYOR ECOLÓGICO 2021 T	666	LAS MERCEDES DEL CABRIEL BOBAL AL LÍMITE 2021 T C	845
LAHAR DE CALATRAVA SELECCIÓN 2023 B	984	LARA DA SILVA 2023 B	387		
LAHAR ROSADO RE BN	1083	LARA DA SILVA 2023 T	387	LAS MORADAS DE SAN MARTÍN ALBILLO REAL 2022 B	896
LAÍNOA 2021 B	149	LARA O CLARETE 2021 RD C	627	LAS MORADAS DE SAN MARTÍN INITIO 2019 T	897
LAÍNOA 2022 B	149	LARGO PLAZO 2019 T R	670	LAS MORADAS DE SAN MARTÍN LA SABINA 2016 T R	897
LAJAS "FINCA EL PEÑISCAL" 2019 T	165	LAS 30 DEL CUADRADO 2022 B FB	1040	LAS MORADAS DE SAN MARTÍN SENDA 2021 T	897
LALAMA 2021 T	534	LAS ALAS DE FRONTONIO LA TEJERA 2022 T FB	1039	LAS MORADAS DE SAN MARTÍN, LIBRO DIECIOCHO LAS LUCES 2018 T GR	897
LALOMBA FINCA LADERO 2018 T	724	LAS ALDEAS DE GALIA 2023 T	988		
LALOMBA FINCA LALINDE 2023 RD	724	LAS AVUTARDAS 2022 B	1054	LAS OCHO 2020 T	916
LALOMBA FINCA VALHONTA 2019 T	725	LAS BEATAS 2021 T	702	LAS PARADAS 2022 T	174
LALUME 2022 B	551	LAS BLANCAS TRADICIONALES 2023 B	96	LAS PARVAS 2018 T	823
LAMEMÒRIA 2022 B	806	LAS CAMPANAS 2018 T R	422	LAS PIZARRAS FABLA 2023 T BA	165
LAMIN DE SOMMOS 2020 T	1064	LAS CAMPANAS 2020 T C	422	LAS PIZARRAS LAS LOMAS 2022 T	165
LAN 2017 T GR	671	LAS CAMPANAS 2023 B	422	LAS PIZARRAS VIÑA ACERED 2022 T	166
LAN 2018 T R	671	LAS CAMPANAS 2023 RD	422	LAS PIZARRAS VIÑA ALARBA 2022 T BA	166
LAN 2021 T C	671	LAS CAMPANAS ROSÉ 2023 RD PL	422	LAS REÑAS SELECCIÓN MONASTRELL SYRAH 2021 T C	156
LAN 7 METROS 2021 T C	671	LAS CAMPANAS TEMPRANILLO 2023 T	422	LAS RETAMAS DEL REGAJAL 2021 T	894
LAN A MANO 2021 T	671	LAS CÁRMENES 2017 B FI S	391	LAS ROBADAS T	660
LAN D-12 2021 T C	672	LAS DOSCES 2021 RD	843	LAS ROCAS GARNACHA VIÑAS VIEJAS 2022 T	164
LAN VERDEJO 2023 B	752	LAS DOSCES 2022 T RB	843	LAS SALINAS BELTZA 2021 T C	718
LANDUA 2021 T	645	LAS DOSCES 2023 B	843	LAS SALINAS ZURI DE LUBERRI 2023 B FB	718
LANGA CLASSIC 2022 T	163	LAS GALGAS 2021 B	1065	LAS SUERTES 2022 T	889
LANGA FRENESÍ 2022 T	163	LAS GEMELAS MARAVILLA 2022 B	687	LAS TIERRAS DE JAVIER RODRÍGUEZ EL PEGO 2020 T C	820
LAPENA 2021 B	534	LAS HOCES 2021 T	844	LAS TIERRAS DE JAVIER RODRÍGUEZ EL TESO ALTO 2018 T	820
LAPOLA 2022 B	534	LAS LADERAS DE JOSÉ LUIS 2020 T	705		
LAQUARTA BLANC 2º ANY VINYES VELLES 2022 B	805	LAS LAMAS 2022 T BA	135	LAS TIERRAS EXTINTA 2018 T C	820
LAQUARTA GRANS ANYADES NEGRE VINYES VELLES 2018 T	805	LAS LIRAS 2014 T GR	978	LAS TIRAJANAS AYACATA 2022 T	284
		LAS LUCERAS 2014 T C	237	LAS TIRAJANAS HOYA DE LOS CARDOS 2022 B	284
LAQUARTA NEGRE 3ER. ANY VINYES VELLES 2021 T	805	LAS LUCERAS 2023 RD	237	LAS TIRAJANAS HOYA DE LOS CARDOS 2022 T	284
LAR DE MAÍA 5º 2020 T BA	1001	LAS LUCERAS B	237	LAS TIRAJANAS LLANOS DEL CORRAL 2023 B	284

VINO	PÁG.
LAS TIRAJANAS MALVASÍA VOLCÁNICA 2023 B	284
LAS TIRAJANAS TINAMAR 2022 T RB	284
LAS TRES 2020 B FB	916
LAS TRES FILAS 2022 T RB	132
LAS UVAS DE LA IRA 2022 T	380
LAS VIÑAS DE PALOMA COLECCIÓN 2020 T	821
LAS VIÑAS DE PALOMA SELECCIÓN DE PARCELAS 2021 T C	821
LASALDE 2023 B	278
LASCALA 2022 B	92
LASLIAS DE BERONIA RUEDA 2022 B	742
LATARCE DULCE 2022 T	1034
LATARCE GRAN SELECCIÓN MAGNUM 2018 T C	813
LATARCE SELECCIÓN 2020 T	813
LATARCE VERDEJO 2022 B	813
LATERTIUS T	582
LATITUD 40 GRACIANO (ETIQUETA VERDE) 2022 T	379
LATÚE 2023 RD	336
LATÚE AIRÉN 2023 B	336
LATÚE TEMPRANILLO 2022 T	336
LAUDUM 2022 T RB	88
LAUDUM CHARDONNAY 2023 B	88
LAUDUM FONDILLÓN 1994 T FO D	88
LAUDUM MONASTRELL 2022 T RB	88
LAULLA 2023 T	734
LAUNA 2021 T C	673
LAUNA 2023 B	673
LAUNA SELECCIÓN FAMILIAR 2019 T R	673
LAUNA SELECCIÓN FAMILIAR 2020 T C	673
LAUNA SELECCIÓN FAMILIAR 2022 B FB	673
LAURANA CABERNET TEMPRANILLO 2019 T	963
LAURANA CHARDONNAY 2023 B	963
LAURANA VERDEJO 2023 B	963

VINO	PÁG.
LAUREATUS 2023 B	504
LAUREATUS DOLIUM 2013 B C	504
LAUREATUS LÍAS 2019 B C	504
LAUREL 2021 T	476
LAURONA 2014 T	401
LAUS 2018 T R	773
LAUS 2020 T C	773
LAUS 2021 T BA	773
LAUS 2023 RD	773
LAUS 2023 T	774
LAUS CHARDONNAY GARNACHA 2023 B	774
LAUS GARNACHA 2022 T	774
LAUSOS 2021 T	1007
LAVENTURA GARNACHA 2022 T	718
LAVENTURA MALVASÍA 2022 B	718
LAVENTURA VIURA 2022 B	718
LAVIA FINCA PASO MALO 2021 T C	157
LAVIA VALLE DEL ACENICHE 2021 T C	157
LAVIA VALLE VENTA DEL PINO 2021 T C	157
LAXAS 2023 B	501
LAYA 2023 T	102
LAZO ROJO 2020 T	400
LAZTAN 2021 T	673
LE BOBAL 2022 T BA	838
LE CENCIBEL 2022 T BA	838
LE GRENACHE 2021 T RB	838
LE NATUREL 2023 B	413
LE NATUREL 2023 T	414
LE ROSÉ 2022 RD	839
LE ROSÉ DE ANTÍDOTO 2022 RD	570
LE VERMENTINO 2022 B	1033
LECHUZO 2022 T	940
LEGADO DE FARRO GODELLO VERDEJO 2023 B	1005

VINO	PÁG.
LEGADO DE FARRO MENCÍA 2023 T RB	1004
LEGADO FINCA EL REFUGIO CABERNET MERLOT 2015 T RB	974
LEGADO FINCA EL REFUGIO PETIT VERDOT 2016 T	974
LEGADO FINCA EL REFUGIO SYRAH 2016 T	974
LEGADO FINCA EL REFUGIO TEMPRANILLO 2022 T RB	974
LEGADO MUÑOZ CENCIBEL 2021 T	983
LEGADO MUÑOZ CHARDONNAY 2023 B	983
LEGADO MUÑOZ GARNACHA 2023 T	984
LEGADO MUÑOZ MACABEO VERDEJO 2023 B	984
LEGADO MUÑOZ TEMPRANILLO 2023 T	984
LEGARIS 2019 T R	617
LEGARIS 2021 T C	617
LEGARIS 2022 T RB	617
LEGARIS ALCUBILLA DE AVELLANEDA 2020 T BA	617
LEGARIS CALMO 2019 T	617
LEGARIS GUMIEL DE MERCADO 2020 T	617
LEGARIS MORADILLO DE ROA 2020 T BA	617
LEGARIS SAUVIGNON BLANC 2023 B	763
LEGARIS VERDEJO 2023 B	763
LEGITIM 2021 T C	478
LEIRA PONDAL 2023 B	519
LEIRANA 2023 B	503
LEIRANA GENOVEVA 2022 B	503
LEIX 2021 T	257
LENTO LATIDO 2019 B	148
LEONOR BF PC S	304
LERMA 2019 T C	113
LES ARGILES D'ORTO VINS BLANC 2023 B	408
LES ARGILES D'ORTO VINS NEGRE 2023 T	408
LES AUBAGUES 2022 T RB	490
LES AUBAGUETES 2022 T C	465
LES BRUGUERES 2022 T	482

ÍNDICE VINOS

VINO	PÁG.
LES BRUGUERES 2023 B	482
LES CAMADES 2021 T	466
LES CERVERES XARELLO 2022 B	449
LES CLIVELLES DE L'ALZINA 2020 T	468
LES CLIVELLES DE TORROJA 2022 T	468
LES COMES D'ORTO 2021 T C	408
LES CRESTES 2023 T	484
LES ELIES 2020 T BA	270
LES MANS 2018 T	408
LES MANYES 2022 T	489
LES MARGUES 2021 B R	484
LES ONES SAMSÓ 2019 T	467
LES PUJOLES 2019 T C	408
LES PUSSES 2020 T C	478
LES ROTES DE CAL PAU GARNATXA PELUDA 2022 T	399
LES ROTES DE CAL PAU MALVASIA DE SITGES 2023 B	1048
LES SORTS JOVE 2023 T	402
LES SORTS SYCAR 2021 T	402
LES SORTS VINYES VELLES 2020 T C	402
LES TALLADES DE CAL NICOLAU 2019 T C	408
LES TERRASSES 2022 T	465
LES TOSSES 2022 T C	489
LES TROIES BLANC 2023 B	400
LES TROIES ROSAT 2023 RD	400
LES VISTES 2021 B FB	1054
LETRAS MINÚSCULAS 2021 T	703
LEUKADE AUTOR 2018 T	729
LEYENDA DE NOC 2019 T	968
LEZA GARCÍA 2016 T GR	697
LEZA GARCÍA EDICIÓN GRACIANO 2022 T	697
LEZAUN 0,0 SULFITOS 2022 T	421
LEZAUN 2018 T R	421
LEZAUN 2020 T C	421

VINO	PÁG.
LEZAUN GAZAGA 2021 T RB	421
LEZAUN TEMPRANILLO 2023 T MC	421
LEZCANO-LACALLE 2018 T R	233
LEZCANO-LACALLE DÚ 2019 T	233
LG DE LEZA GARCÍA 2020 T	697
LÍA BY NIVARIUS 2017 BE R	682
LIALA ALBILLO 2021 B FB	234
LIANTE 2022 T RB	679
LIBALIS ROSÉ 2023 RD	1048
LIBALIS SEMIDULCE 2023 B	1048
LIBALIS WHITE 2023 B	1048
LIBERSO CURIOSO VERDEJO 2016 B FB	763
LIBERSO CURIOSO VERDEJO 2017 B FB	763
LIBERSO CURIOSO VERDEJO 2018 B FB	763
LIBERSO CURIOSO VERDEJO 2020 B FB	763
LIBERSO CURIOSO VERDEJO 2021 B FB	763
LIBERTARIO 2021 T C	336
LIBRARES 2023 B	728
LIBRARES SELECCIÓN 2022 T	728
LIBRE Y SALVAJE GARNACHA 2021 T	181
LIBRE Y SALVAJE GARNACHA BLANCA 2022 B	182
LIBRE Y SALVAJE NARANCHA 2021 B	182
LIBRO 2022 B	544
LIBRO 2022 T	544
LICOS 2021 B	801
LICOS 2022 B	801
LIENZO AIRÉN BE BN	984
LIENZO AIRÉN PIE FRANCO 2022 B	984
LIENZO CABERNET SAUVIGNON TEMPRANILLO MERLOT 2018 T	984
LIENZO CHARDONNAY 2022 B FB	984
LIGHT MY FIRE 2021 T	879
LINAJE DE PAGO MARMAJUELO 2022 B	932

VINO	PÁG.
LINAJE DE PAGO MARMAJUELO 2023 B	932
LINAJE DEL PAGO 2020 T BA	782
LINAJE DEL PAGO 2021 T	782
LINAREJOS 2023 B	1058
LINDARAJA 2021 T RB	289
LINDARAJA 2022 T RB	289
LINDEIROS 2021 B	513
LISTÁN 1414 DE ALTURA 2021 B	78
LITTLE CALIBER 2021 T	167
LIVING SEMILLON 2023 B	1040
LIVING TEMPRANILLO 2022 T	841
LIXIVO 2022 B	1030
LLABUSTES CABERNET SAUVIGNON 2021 T C	253
LLABUSTES CHARDONNAY 2023 B	253
LLABUSTES MERLOT 2023 T C	253
LLABUSTES RIESLING 2023 B	253
LLABUSTES ULL DE LLEBRE 2022 T C	253
LLÀGRIMES DE TARDOR BLANC 2022 B FB	805
LLÁMALO X 2022 T	981
LLAMORICAS 2022 T	1032
LLANO QUINTANILLA 2020 T C	907
LLANOS DE TITAGUAS 2022 B	872
LLANUM 2020 T R	584
LLAVORS BLANC 2023 B	270
LLAVORS NEGRE 2021 T	270
LLEBRE 2022 T	257
LLEGAT LLOPIS 2021 B	440
LLEIROSO 2019 T R	587
LLEIROSO 2021 T C	587
LLICORELLA CLÀSSIC 2020 T	474
LLICORELLA PEDRO XIMÉNEZ 2023 B	474
LLICORELLA VITIS 60 2020 T	474
LLODÍO 2023 B	124

VINO	PÁG.
LLODÍO SELECCIÓN 2022 B	124
LLOPART 2020 BE R BN	1077
LLOPART EXVITE VIÑAS SINGULARES LES FLANDES 2014 BE BR	1077
LLOPART LEOPARDI 2017 BE BN	1077
LLOPART LLEGAT FAMILIAR 2010 BE BN	1077
LLOPART ORIGINAL 1887 VIÑAS SINGULARES LES FLANDES 2013 BE BN	1078
LLOPART PANORAMIC IMPERIAL 2018 BE BR	1078
LLUM 2023 B	1020
LLUM D'ALBA 2022 B	489
LLUM DE VI BLANC 2023 B	240
LLUVIA GARNACHA 2022 T	1046
LO BANCAL DE GRANATXA 2022 T	488
LO CABALÓ 2017 T R	478
LO CIRERER 2020 T	399
LO COSTER BLANC 2023 B	488
LO DE PEPITÍN 2023 T	96
LO DIVUIT GRAUS 2021 B FB	798
LO MAS D'EDETÀRIA 2021 T	802
LO MÓN 2018 T	490
LO MORENILLO 2021 T	807
LO NOI DEL SAC DE PASCONA 2023 B	402
LO NOI DEL SAXO 2022 T	796
LO NOI DEL SAXO 2023 RD	796
LO NOIR 2021 T	484
LO PETIT PAU 2023 T	471
LO POU 2022 B	950
LO POU 2022 T	950
LO SYRAH DEL GRAU 2019 T C	798
LO VY 2022 B	789
LO VY 2022 T	789
LO VY ANCESTRAL 2022 B	789

VINO	PÁG.
LO VY ANCESTRAL 2022 RD	789
LOALTO BOBAL 2023 T	1058
LOALTO PARCELA LOS ÁLAMOS 2023 B	1058
LOALTO TARDANA 2023 B	1058
LOCO 2022 B FB	378
LOCURA 2023 RD	87
LOCURA DE YAYOS VINO DE PARAJE 2021 T	122
LOESS 2023 B	763
LOESS BLUE CAP 2021 T C	617
LOESS COLLECTION 2020 T C	617
LOESS COLLECTION 2022 B FB	763
LOESS INSPIRATION 2022 T	617
LOHER 2020 T C	783
LOHER FINCA EL LORO 2022 T	783
LOIDANA BLANC 2022 B	483
LOLA BEL 2023 RD	804
LOLA BY PACO & LOLA 2020 BE	515
LOLA DE FOS 2016 T GR	668
LOLA ROSÉ PINOT NOIR RE R BR	201
LOLI CASADO EL ABRIGADO 2020 T	673
LOLI CASADO LA CANCILLA 2022 B FB	673
LÓPEZ CRISTOBAL ALBILLO MAYOR 2022 B S	587
LÓPEZ CRISTOBAL LA COLORADA 2021 T C	587
LÓPEZ CRISTOBAL LA LINDE 2022 T RB	587
LÓPEZ CRISTOBAL PARCELA 1 2020 T R	587
LORE DE OSTATU 2021 B FB	721
LOREAKO AMA 2022 B	149
LOS ARRÁEZ LAGARES 2020 T RB	870
LOS ARRÁEZ PARCELA 0 2020 T RB	870
LOS BAYONES FINCA LA MANGA 2020 T BA	819
LOS BOBALISTAS BOBAL BLANC DE NOIR 2023 B	642
LOS BOBALISTAS BOBAL CLÁSICO 2022 T	642
LOS BOBALISTAS BOBAL CUVÉE 2022 T	642

VINO	PÁG.
LOS BOBALISTAS BOBAL ROSÉ 2023 RD	642
LOS BREZOS 2022 T	882
LOS CANTOS DE TORREMILANOS 2021 T	613
LOS CARISMÁTICOS 2023 T	860
LOS CONFINES DE PRIETO PARIENTE 2021 T C	994
LOS CORRALES DE MONCALVILLO MATURANA TINTA 2020 T BA	663
LOS CUATRO BF MO D	307
LOS ESCRIBANOS 2020 T	868
LOS FRAILES CALIZA 2022 T	873
LOS FRAILES DOLOMITAS 2022 T	873
LOS FRAILES RUBIFICADO 2022 T	873
LOS FRONTONES 2014 T C	362
LOS GALANES 2015 T R	339
LOS GALANES AIRÉN 2023 B	339
LOS GALANES CHARDONNAY 2023 B FB	339
LOS GALANES ROSÉ 2023 RD	339
LOS GALANES SELECCIÓN 2023 T	339
LOS GALANES TEMPRANILLO 2023 T	339
LOS GREDALES DE EL TOBOSO CABERNET SAUVIGNON 2022 T RB	978
LOS GREDALES DE EL TOBOSO ROSÉ 2023 B	978
LOS GREDALES DE EL TOBOSO SAUVIGNON BLANC 2023 B	978
LOS GREDALES DE EL TOBOSO SYRAH 2022 T RB	978
LOS GREDALES DE EL TOBOSO SYRAH 2023 T	978
LOS HOMBRES DE LA CIA 2023 T	122
LOS INSENSATOS DE LA ANTEHOJUELA. PARCELA DE LA MANGA DEL NEGRO 2021 B S	392
LOS INSENSATOS DE LA ANTEHOJUELA. PARCELA DEL BARCO 2022 B S	392
LOS INSENSATOS DE LA ANTEHOJUELA. PARCELA DEL LECHINAR 2022 B S	392

ÍNDICE VINOS

VINO	PÁG.
LOS INSENSATOS DE LA ANTEHOJUELA. PARCELA EL PRETIL 2022 B S	393
LOS INSENSATOS DE LA ANTEHOJUELA. PARCELA LA CONDENÁ 2021 B S	393
LOS INSENSATOS DE LA ANTEHOJUELA. PARCELA LOS INJERTOS 2022 B	392
LOS JALONES 2022 RD	584
LOS JALONES 2023 T RB	584
LOS LASTROS 2021 T	823
LOS LOROS "LA BOTA DE MATEO" 2022 B	882
LOS LOROS "SIETE LOMAS" 2023 B FB	882
LOS LOROS ALBILLO CRIOLLO 2023 B	882
LOS LOROS VIJARIEGO BLANCO 2022 B	882
LOS LOROS VIÑAS VIEJAS 2023 B	882
LOS LOSARES MONASTRELL 2019 T	103
LOS LOSARES MONASTRELL 2020 T	103
LOS MAESTRES 2022 T	892
LOS MOLINOS 2019 T R	864
LOS MOLINOS TEMPRANILLO 2023 T	340
LOS NATOS DE LEZA GARCÍA VIÑEDO SINGULAR 2021 T	697
LOS OLIVOS DE NEKEAS 2017 T R	428
LOS OLMOS 2015 T R	562
LOS OLMOS 2020 T C	562
LOS OLMOS 2021 T RB	562
LOS OLMOS 2023 RD	562
LOS OLMOS 2023 T	562
LOS PELADOS 2021 B	882
LOS PEROS ALBILLO REAL 2022 B	896
LOS PEROS GARNACHA 2021 T	896
LOS PINOS 0 % SULFITO 2023 T	871
LOS PRADOS 2022 T	102
LOS TABLEROS 2022 T BA	78
LOS TABLEROS VIJARIEGO BLANCO - ALBILLO 2023 B	78
LOS TOPOS DE LEZA GARCÍA 2021 T	697
LOS VIENTOS 2022 T	936
LOSADA 2022 T	138
LOSADA GODELLO 2023 B	138
LOUIS GOUDARD 2022 B	261
LOURO DO BOLO GODELLO 2023 B	858
LOUSAS ROSENDE 2022 T	1053
LOUSAS SEOANE 2022 T	1053
LOUSAS VIÑAS DE ALDEA 2022 T	1054
LOVE IS VERMELL 2022 B	443
LOXAREL GARNACHA BLANCA 2022 B	446
LOXAREL XARELLO ÀMFORES 2021 B	446
LUBERRI 2023 T MC	718
LUBERRI ZURI 2023 B	718
LUCAS PASTOR VS 2022 T C	825
LÚCULO GARNACHA BLANCA 2022 B	420
LUIS ALEGRE 2021 T C	674
LUIS ALEGRE FINCA LA REÑANA 2019 B FB	674
LUIS ALEGRE FINCA LA REÑANA SELECCIÓN ESPECIAL 2019 T R	674
LUIS ALEGRE PARCELA Nº 5 2019 T R	674
LUIS ALEGRE VIURA SOBRE LÍAS 2022 B	674
LUIS CAÑAS 2018 T R	675
LUIS CAÑAS 2021 T C	674
LUIS CAÑAS SELECCIÓN DE FAMILIA 2019 T R	675
LUIS CAÑAS VIÑAS VIEJAS 2022 B	675
LUIS MARÍN GARNACHA AMETHYST EDICIÓN LIMITADA 2021 T C	179
LUIS PEIQUE 2020 T RB	129
LUIS SAAVEDRA VENDIMIA NOCTURNA 2018 T RB	894
LUIS XIV ÁNFORAS 2023 T	96
LUIS XIV BRISAT 2023 B	96
LUIS XIV VINO NOBLE T SOLERA	96
LUMEN 2020 BE R BR	1074
LUNA 2023 T	379
LUNA BEBERIDE MENCÍA 2023 T	132
LUNA CRECIENTE 2023 B	525
LUNAS NUEVAS 2019 T R	827
LUNAS NUEVAS ORANGE 2022 B	827
LUNO BLANC 2022 B	406
LURRETIK 2022 B	278
LUSCO ALBARIÑO 2023 B	519
LUSIA 2021 T RB	1012
LUSIA ORIGEN 2020 T	1013
LUSTAU ALMACENISTA AMONTILLADO DEL CASTILLO ANTONIO CABALLERO Y SOBRINOS BF AM S	306
LUSTAU ALMACENISTA MANZANILLA PASADA MANUEL CUEVAS JURADO BF MZ	306
LUSTAU ALMACENISTAS PATA DE GALLINA GARCÍA JARANA BF OL S	306
LUSTAU EAST INDIA BF D	306
LUSTAU FINO DEL PUERTO BF FI	306
LUSTAU MOSCATEL VORS BF D	306
LUSTAU OLOROSO VORS BF OL S	306
LUSTAU PALO CORTADO VORS BF PC S	306
LUSTAU PAPIRUSA BF MZ S	307
LUSTAU SAN EMILIO BF PX D	307
LUTHIER 2012 T GR	627
LUTHIER 2014 T GR	627
LUTHIER 2018 B GR	627
LUTHIER GARNACHA 2019 T	1065
LUXURIA 2022 B	387
LUZ DE OBSIDIANA 2022 T	350
LUZ MILLAR 2022 T RB	587
LUZÓN COLECCIÓN 2023 T RB	318
LUZÓN COLECCIÓN MONASTRELL 2023 T	318

VINO	PÁG.
LYRIUS ONE FROM VERDEJO 2023 B SD	996

M

VINO	PÁG.
M DE MURUA 2020 T	682
M MONTEVANNOS 2022 T	580
MA ANDREA MUFATTO DONA BLANCA 2022 B	138
MA ANDREA MUFATTO GODELLO 2022 B	138
MA IAIA CINTA HOMENATGE 2020 B FB	798
MA IAIA CINTA ORIGEN 2022 B	798
MABAL 2022 T	155
MABAL MACABEO DE BALCONA 2022 B	155
MABRE 2023 B	269
MACABELIUS 2022 B D	790
MACABEU DE SOLERGIBERT 2022 B	456
MACÁN 2020 T	659
MACÁN CLÁSICO 2021 T	659
MACCERATO 2023 B	523
MACIÀ BATLE 1856 2022 T BA	1016
MACIÀ BATLE 2023 T	1016
MACIÀ BATLE BLANC DE BLANCS 2023 B MC	1016
MACIÀ BATLE COLLECCIÓ PRIVADA 2019 T	1017
MACIÀ BATLE NEGRE 2023 T MC	1016
MACIÀ BATLE ROSAT 2023 RD	1016
MACIÀ BATLE ROSAT 2023 RD MC	1016
MACIÀ BATLE SAUVIGNON BLANC 2023 B	1016
MÁCULA 2015 T	418
MACUMBA 2023 RD	1041
MADAM 2023 B	731
MADREMIA 2022 T	823
MADURESA 2021 T	873
MAESTRO DE DURÓN 2020 T C	580
MAESTRO VIÑA AXARKÍA 2022 BF D	364
MAGADI 2019 B	660

VINO	PÁG.
MAGALARTE LEZAMA 2023 B	151
MAGALARTE ZAMUDIO 2021 B FB	148
MAGASÉ ÁMBAR 2023 B	1041
MAGASÉ ÁNFORA B	1042
MAGMA BLANCO DE CRÁTER 2022 B	782
MAGMA DE CRÁTER 2019 T C	782
MAGMA DE CRÁTER 25 ANIVERSARIO 2021 T	782
MAGRAN PARTIDA LES MANYETES 2018 T C	485
MAICA 2022 T C	285
MAINETES MONASTRELL 12 MESES 2020 T C	319
MAINETES PETIT VERDOT 2022 T RB	319
MAINETES VERDEJO 2023 B FB	319
MAIO 2021 B	513
MAIOR DE MENDOZA 3 CRIANZAS 2019 B	493
MAIOR DE MENDOZA FINCA LAS TABLAS 2018 B FB	493
MAIOR DE MENDOZA SOBRE LÍAS 2022 B	494
MAIOR DE MENDOZA SOBRE LÍAS 2023 B	494
MAIOR DE MENDOZA VARIEDADES TINTAS 2022 T	494
MAIRES 2021 T	816
MÁIS ALÁ 2022 B	1069
MAIS DE CUNQUEIRO GODELLO 2023 B	549
MAIS DE CUNQUEIRO TORRONTÉS 2022 B	549
MAIUS ASSEMBLAGE 2022 T	482
MAIUS BARRANC DE LA BRUXA 2021 T C	483
MAIUS GARNATXA BLANCA 2022 B	483
MAJADA DE REYES 2022 T	681
MAL BITXO ESCURSAC 2022 T	1051
MAL BITXO ESCURSAC BLANC DE NOIR 2023 B	1051
MAL BITXO MALVASÍA 2023 B	1019
MALA VIDA 2021 T RB	870
MALA VIDA 2023 B	870
MALA VIDA EDICIÓN LIMITADA 2021 T RB	870
MALABRIGO 2021 T	607

VINO	PÁG.
MÁLAGA ORO VIEJO 2017 BF TRASAÑEJO D	363
MÁLAGA PX NOBLE QUITAPENAS BF PX D	363
MÁLAGA VIRGEN DUNKEL BF PX D	362
MÁLAGA VIRGEN SWEET BF PX D	362
MALAHIERBA RUFETE 2022 T	938
MALAÑO AIRÉN PLUS 2023 B	977
MALAÑO CABERNET SAUVIGNON 2023 T	1056
MALARADO 2022 RD FB	838
MALARINA 7 2022 T	692
MALCRIAT 2022 T	873
MALDITO 2021 T	857
MALDITO PARNÉ 2021 T C	817
MALEIGA INTRE 2022 B	545
MALEIGA LAPSO 2022 T	545
MALKOA PRIVATE COLLECTION 2017 B BA S	109
MALKOA TXAKOLI 2017 B	109
MALLEOLUS 2021 T	582
MALLEOLUS DE SANCHOMARTÍN 2020 T	582
MALLEOLUS DE VALDERRAMIRO 2020 T	582
MALLERENGA 2017 BE GR BN	208
MALLOLET 2021 T	274
MALOCO 2022 T	844
MALÓN DE ECHAIDE 2023 B	421
MALÓN DE ECHAIDE 2023 RD	421
MALPASO 2022 T	378
MALPASTOR 2020 T C	717
MALPUESTO 2022 T	683
MALVASIA DE SITGES 2013 BF MISTELA D	1048
MALVASÍA VICTORIA TORRES 2022 B	347
MANAR DOS SEIXAS 2021 B	551
MANCHOMUELAS BLANCO DE BERNABELEVA 2022 B FB	892
MANCUSO 2020 T	182

ÍNDICE VINOS

VINO	PÁG.	VINO	PÁG.	VINO	PÁG.
MANDAMÁS 2018 T	995	MAR DE ENVERO TREIXADURA SOBRE LÍAS 2021 B	514	MARCELINO I 2023 T	536
MANDAMÁS 2019 T	995	MAR DE FONDO 2022 B	1006	MARCENCA 2023 T	409
MANDÓ DE SOLERGIBERT 2021 T	456	MAR DE FRADES ALBARIÑO 2023 B	505	MARCO REAL FINCA LA PARED CHARDONNAY 2021 B	422
MANELMIA 2021 BE R BN	1036	MAR DE FRADES BE BN	505	MARCO REAL FINCA LA PARED ROSÉ 2023 RD	422
MANERAS DE VIVIR 2019 T	873	MAR DE FRADES FINCA LOBEIRA 2019 B	504	MARCO REAL PEQUEÑAS PRODUCCIONES CHARDONNAY 2023 B	422
MANICOMIO 2022 T	1024	MAR DE FRADES FINCA VALIÑAS 2019 B	505		
MANOLIÑO VERBENAS 2023 B	549	MAR DE FRADES GODELLO ATLÁNTICO 2022 B	505	MARCO REAL PEQUEÑAS PRODUCCIONES ROSÉ 2023 RD	422
MANTEL BLANCO SAUVIGNON BLANC 2023 B	741	MAR DE FRADES MONTEVEIGA 2019 B	505		
MANTEL BLANCO VERDEJO 2022 B FB	741	MAR DE LLUNA MOSCAT 2023 B	267	MARCO REAL PEQUEÑAS PRODUCCIONES SAUVIGNON BLANC 2023 B	422
MANTEL BLANCO VERDEJO 2023 B	741	MAR DE ONS 2023 B	500		
MANTOLÁN BE BN	342	MAR DE ONS BARRICA 2022 B	500	MARCO REAL PEQUEÑAS PRODUCCIONES SYRAH 2022 T RB	422
MANTONEGRO BLANCO SON JULIANA 2022 B	1021	MAR DE ONS LÍAS 2022 B	500		
MANTONEGRO TINTO SON JULIANA 2021 T	1021	MAR DE VINS ALGUER VINYES VELLES 2022 B	1049	MARCO REAL SELECCIÓN DE FAMILIA 2018 T C	422
MANTTONI 2022 T	721	MAR DE VINS ELS FUSTALS VINYES VELLES 2022 B	1049	MARCO VALERO MARCIAL 2021 T	163
MANU VINO DE AUTOR 2019 T C	899	MAR DE VINS ERMITÀ BRISAT VINYES VELLES 2022 B	1049	MAREVIA CHARDONNAY ECOLÓGICO VGN 2019	206
MANUEL ARAGÓN PREMIUM BF AM S	308	MAR DE VINS LA ILLETA VINYES VELLES 2021 T	1049	MAREVIA ECOLÓGICO VGN 2019 BE R BR	206
MANUEL ARAGÓN PREMIUM BF OL S	308	MAR DE VINS NACRA 2023 RD	1049	MARFIL CLÀSSIC 2023 B	82
MANUEL ARAGÓN PREMIUM BF PC S	307	MAR DE VINS NEGRE 2022 T	1049	MARFIL MOLT DOLÇ B SOLERA MED	82
MANUEL ARAGÓN PREMIUM BF PX D	308	MAR DE VIÑAS 2023 B	495	MARGALIDA LLOMPART BLANC 2022 B	1017
MANUEL D'AMARO ALBARIÑO LÍAS 2017 B	521	MAR DEL NORTE ALBARIÑO 2023 B	514	MARGALIDA LLOMPART ROSAT 2023 RD	1017
MANUEL D'AMARO LOUREIRA 2018 B	521	MAR YENA ED. LIMITADA 2022 B	1042	MARGARIDA LLOMPART NEGRE 2017 T	1017
MANUEL QUINTANO 2018 T R	718	MARAÑONES PICARANA 2022 B	897	MARGE 2019 T	471
MANUEL QUINTANO 2022 B	718	MARAÑUELA VINO NATURAL 2023 T	886	MARGER SUMARROCA 2022 B FB	436
MANUEL QUINTANO CEPAS VIEJAS 2022 T	718	MARAVIDES CHARDONNAY 2023 B	982	MARÍA 2021 T R	838
MANUEL QUINTANO EL PIONERO 2021 T	718	MARAVIDES SYRAH 2022 T	982	MARÍA ANDREA 2023 B	551
MANUEL QUINTANO SELECCIÓN PARTICULAR 2021 T	719	MARBA 2023 B BA	783	MARÍA BARGIELA 2023 B	498
MANUEL RAVENTOS NEGRA 2017 BE GR BN	1079	MARBA 2023 RD	783	MARÍA BERNET 2016 BE BN	1077
MANUEL RAVENTÓS NEGRA MAGNUM 2013 BE GR BN	1079	MARBA 2023 T BA	783	MARÍA BERNET XARELLO 2014 BE BN	1077
		MARBA 2023 T MC	784	MARÍA CASANOVAS 2020 BE GR BN	217
MANUEL RAVENTÓS NEGRA MAGNUM 2016 BE GR BN	1080	MARBA CAPRICHO 2022 T FB	784	MARÍA CASANOVAS PINOT NOIR ROSÉ RE R BN	217
		MARBELLA BLUSH ROSÉ 2023 RD	362	MARÍA CASANOVAS XP 2019 BE GR BN	217
MANYETES VI DE PARATGE 2021 T C	476	MARBORÉ CUVÉE 2020 T	774	MARIA CATASÚS BE R BN	211
MAR DE ENVERO SOBRE LÍAS 2022 B	514	MARC MIR 2020 BE R BN	1080	MARÍA DE MOLINA VERDEJO 2023 B	751

VINO	PÁG.	VINO	PÁG.	VINO	PÁG.
MARÍA LA BALTASARA NATURAL 2020 T	161	MARQUÉS DE CÁCERES 2018 T R	676	MARQUÉS DE RISCAL LIMOUSIN 2022 B FB	752
MARIA RIGOL ORDI 2016 BE GR BN	217	MARQUÉS DE CÁCERES 2019 T R	676	MARQUÉS DE RISCAL SAUVIGNON BLANC 2023 B	753
MARIA RIGOL ORDI MÀGNUM CUPATGE DOS MIL DISSET 2017 BE R BN	217	MARQUÉS DE CÁCERES EXCELLENS CUVEE ESPECIAL 2020 T C	676	MARQUÉS DE RISCAL VERDEJO ORGANIC 2023 B	753
MARIA RIGOL ORDI MIL·LENNI 2019 BE R BN	217	MARQUÉS DE CÁCERES GENERACIÓN MC 2021 T	676	MARQUÉS DE TERÁN 2017 T R	677
MARÍA SANZO 2022 B	506	MARQUÉS DE CÁCERES MATURANA 2021 T	676	MARQUÉS DE TERÁN 2019 T C	677
MARÍA SARMIENTO 2022 T	907	MARQUÉS DE CÁCERES SELECCIÓN ESPECIAL 2020 T	676	MARQUÉS DE TERÁN SELECCIÓN ESPECIAL 2020 T	677
MARÍA SERRA 2023 B	1017	MARQUÉS DE CANOVA 2020 T C	864	MARQUÉS DE TOMARES 2016 B GR	719
MARILUNA 2021 T RB	847	MARQUÉS DE CANOVA 2023 RD	864	MARQUÉS DE TOMARES 2016 T GR	719
MARILUNA 2023 B	847	MARQUÉS DE CANOVA AIRÉN 2023 B	864	MARQUÉS DE TOMARES 2017 T R	719
MARÍN GARNACHA BLANCA 2023 B	179	MARQUÉS DE CANOVA TEMPRANILLO 2022 T	864	MARQUÉS DE TOMARES 2020 B FB	720
MARÍN RESERVA ESPECIAL C.V.C T	179	MARQUÉS DE CARRIÓN 2018 T C	698	MARQUÉS DE TOMARES 2021 T C	719
MARÍN VIÑAS VIEJAS 2022 T RB	179	MARQUÉS DE IRÚN VERDEJO 2023 B	747	MARQUÉS DE TORO 2023 T	986
MARINA ALTA 2023 B	88	MARQUÉS DE LAS CUEVAS BE BR	1073	MARQUÉS DE VARGAS 2017 T GR	698
MARINA DE ALISTE 2022 T	1032	MARQUÉS DE MONTEJOS SELECCIÓN 2023 T	1005	MARQUÉS DE VARGAS 2019 T R	698
MARINA ESPUMANTE BE	88	MARQUÉS DE MURRIETA 2020 T R	719	MARQUÉS DE VELILLA 2019 T R	618
MARIO VC 2021 T	628	MARQUÉS DE MURRIETA PRIMER ROSÉ 2023 RD	719	MARQUÉS DE VELILLA 2020 T C	618
MARISOL RUBIO CIPMA I 2021 B	967	MARQUÉS DE PEÑAMONTE COLECCIÓN PRIVADA 2022 T	821	MARQUÉS DE VELILLA 2022 T RB	618
MARISOL RUBIO CIPMA II 2021 B FB	967			MARQUÉS DE VINUESA 2020 T C	674
MARISOL RUBIO SON D SOL 2022 B	967	MARQUÉS DE REINOSA PRIVATE COLLECTION GARNACHA 2022 T BA	676	MARQUÉS DE VIZHOJA 2023 B	1042
MARKO GURE ARBASOAK 2023 B FB	151			MARQUÉS DEL ATRIO 2019 T R	677
MARLA CARINYENA VI DE PARATGE LES SALANQUES 2021 T C	487	MARQUÉS DE REINOSA PRIVATE COLLECTION SELECCIÓN MATURANA 2022 T	676	MARQUÉS DEL ATRIO 2020 T C	677
				MARQUÉS DEL ATRIO 2023 B	677
MARLA GARNATXA VI DE PARATGE LES SALANQUES 2021 T	487	MARQUÉS DE REINOSA PRIVATE COLLECTION TEMPRANILLO BLANCO 2022 B	676	MARQUÉS DEL ATRIO 2023 RD	677
				MARQUÉS DEL ATRIO 2023 T	677
MARLA VI DE VILA POBOLEDA 2021 T C	487	MARQUÉS DE REINOSA RESERVA ESPECIAL GARNACHA 2019 T R	676	MARQUÉS DEL ATRIO EDICIÓN LIMITADA 2020 T	677
MARLAURO GARNACHA 25 BARRICAS 2022 T	416			MARQUÉS DEL ATRIO GRAN SELECCIÓN CVC T	677
MARMARIA 2023 B	825	MARQUÉS DE REINOSA RESERVA ESPECIAL TEMPRANILLO 2019 T R	677	MARQUÉS DEL PUERTO 2016 T GR	720
				MARQUÉS DEL PUERTO 2017 T R	720
MARNES 2023 B	94	MARQUÉS DE REINOSA TEMPRANILLO BLANCO 2023 B	677	MARQUÉS DEL PUERTO 2021 T C	720
MARQUÉS DE BILAR 2016 T GR	693			MARRURRO 2021 T C	1025
MARQUÉS DE BURGOS 2021 T C	618	MARQUÉS DE RISCAL 150 ANIVERSARIO 2019 T GR	713	MARTÍ AGUILAR 2016 T	366
MARQUÉS DE BURGOS 2022 T RB	618	MARQUÉS DE RISCAL 2019 T GR	714	MARTÍ FABRA SELECCIÓ VINYES VELLES 2022 T RB	268
MARQUÉS DE CÁCERES 2018 T GR	676	MARQUÉS DE RISCAL 2020 T R	713	MARTIN & PONS 2021 T	569

ÍNDICE VINOS

Guía Peñín | VINOS DE ESPAÑA | 1199

VINO	PÁG.
MARTÍN BERDUGO 2018 T R	618
MARTÍN BERDUGO 2021 T C	618
MARTÍN BERDUGO 2022 T RB	618
MARTÍN BERDUGO PARCELA 100 2021 T RB	618
MARTÍN BERDUGO PRIMERA FRUTA 2021 T	618
MARTÍN BERDUGO VERDEJO 2023 B	763
MARTÍN VERÁSTEGUI VENDIMIA SELECCIONADA 2020 T R	998
MARTINET BRU 2022 T	485
MARTÍNEZ BERMELL MERLOT 2021 T C	924
MARTÍNEZ CORTA 2017 T R	720
MARTÍNEZ LACUESTA COLECCIÓN FAMILIA 2012 T GR	678
MARTÍNEZ LACUESTA HINIA 2014 T R	678
MARTÍNEZ LACUESTA HINIA 2020 B R	678
MARTÍNEZ LACUESTA LA SUCURSAL 2022 T BA	678
MARTÍNEZ SAEZ SELECCIÓN 2019 T C	967
MARTÍNEZ SAEZ VENDIMIA TARDÍA B D	967
MARTINÓN AFRUTADO 2023 B	350
MARTINÓN BLANC DE NOIRS 2023 B	350
MARTINÓN LÁGRIMA 2023 B	350
MARTINÓN MALVASÍA SECO 2023 B	350
MARTÍNSANCHO 2023 B	764
MARTIVILLÍ SAUVIGNON BLANC 2023 B	759
MARTIVILLÍ VERDEJO 2023 B	759
MARTÚE 2020 T C	915
MARTÚE ESPECIAL 2018 T R	915
MARTÚE GRAN VINO 2018 T	915
MARTÚE SYRAH 2020 T	915
MARUXA GODELLO 2023 B	860
MARUXA MENCÍA 2023 T	860
MARZAL 2023 B	1024
MARZAS 2023 T	315
MAS CANDÍ 2021 BE BN	1078

VINO	PÁG.
MAS CODINA 2019 BE GR BN	217
MAS CODINA 2021 BE R BN	217
MAS CODINA 2023 B	446
MAS CODINA CABERNET SAUVIGNON 2021 T	446
MAS CODINA ROSÉ 2021 RE R BR	217
MAS CODINA SYRAH 2021 T	447
MAS CODINA XARELLO 2022 B	447
MAS COMTAL 20 ANIVERSARI ROSADO 2014 RE R BN	447
MAS COMTAL POMELL DE BLANCS 2023 B	447
MAS COMTAL ROSAT DE LLÀGRIMA 2023 RD	447
MAS COMTAL XARELLO 2021 BE R BN	447
MAS D'EN BERNAT 2023 T	472
MAS D'EN BRUNET 2020 T R	400
MAS D'EN CAÇADOR VI DE PARATGE CARINYENA I GARNATXA 2021 T	471
MAS D'EN POL 2020 T C	800
MAS D'EN POL 2023 B	800
MAS D'EN POL 2023 T	800
MAS DE LA MONA 2022 B	87
MAS DE LA PANSA MACABEU 2019 B	188
MAS DE LA PANSA PARELLADA 2019 B	188
MAS DE LA PANSA TREPAT 2019 T RB	242
MAS DE LA ROSA 2020 T C	479
MÁS DE LEDA 2020 T C	992
MAS DE MANCUSO 2018 T	182
MAS DE MANCUSO 2020 B	182
MAS DE MANCUSO CARIÑENA 2019 T	182
MAS DE SOTORRES 2020 B	804
MAS DEL SERRAL 2013 BE GR BN	1082
MAS DEL SERRAL CLOS PETIT 2013 BE	1082
MAS DOIX POBOLEDA VI DE VILA 2023 T	485
MAS LA PLANA 2019 T R	442
MAS MALLOLA 2021 T R	483

VINO	PÁG.
MAS PICOSA BLANC 2023 B	187
MAS PICOSA NEGRE 2023 T	187
MAS RODÓ CABERNET SAUVIGNON 2015 T R	447
MAS RODÓ INCÒGNIT 2021 T	447
MAS RODÓ INCÒGNIT 2022 RD	447
MAS RODÓ MERLOT 2016 T R	447
MAS RODÓ MONTONEGA 2020 B	447
MAS SINÉN CLOS 2018 T	469
MAS SINÉN COSTER 2017 T C	469
MAS SINÉN GARNATXA NEGRA 2019 T	469
MAS SINÉN LA VALL 2018 T BA	469
MAS TORTÓ NEGRE 2022 T C	400
MAS VILELLA BLANC 2020 B FB	1059
MAS VILELLA BLANC 2021 B FB	1059
MAS VILELLA NEGRE 2022 T	1059
MASCARADAS 2021 T RB	818
MASCARÓ AMBROSIA BE R SS	194
MASCARÓ PURE 2019 BE R BN	194
MASCARÓ RUBOR AURORAE 2020 RE BR	194
MASCÚN BLANC DE NOIRS GARNACHA 2023 B	776
MASCÚN GARNACHA 2019 T C	776
MASCÚN GARNACHA BLANCA 2023 B	776
MASET 1777 2019 T R	436
MASET 1917 2020 BE GR BN	198
MASET CLOS VILÓ 2020 T C	466
MASET FOC MERLOT 2019 T R	436
MASET L'AVI PAU 2020 BE GR BN	198
MASET L'AVI PAU MAGNUM 2020 BE GR BN	198
MASET LA SÍNIA 2022 B FB	436
MASET LA SOLEDAD 2021 B FB	436
MASET MAS VILÓ 2021 T RB	466
MASET NATURA 2018 T R	436
MASET NATURA 2020 T C	436

VINO	PÁG.	VINO	PÁG.	VINO	PÁG.
MASET RESERVA FAMILIAR 2008 BE GR BN	198	MATAZNOS 33 2023 B S	934	MEDUSA 2023 B	515
MASET RESERVA FAMILIAR 2018 BE GR BN	198	MATAZNOS 33 AFRUTADO 2023 RD	934	MEGALA 2021 T	870
MASET SYRAH 2020 T R	185	MATAZNOS 33 ORANGE 2021 B	934	MEIK 2019 T	426
MASET TEMPRANILLO 2018 T R	678	MATAZNOS 33 TINTO TRADICIONAL 2022 T	934	MEIN 2021 T	553
MASET TEMPRANILLO 2021 T C	678	MATERIA 2020 T C	844	MEIN 2022 B	553
MASET VINTAGE 2020 BE GR BN	199	MATHER TERESINA 2020 T	799	MEÍN CASTES BRANCAS 2023 B	553
MASIA CAL COSTAS SYRAH CABERNET SAUVIGNON 2021 T	435	MATILDA 2022 B	796	MELANCÓLICA 2022 T	737
		MATILDA NIEVES MENCÍA 2023 T	533	MELER 15 2018 T C	775
MASÍA CARRERAS BLANC 2021 B FB	268	MATIUS CRIANZA BLEND 12 MESES 2022 T C	319	MELER 6 2021 T C	775
MASÍA CARRERAS NEGRE 2021 T	268	MATRIA BE GR	434	MELER 9 2020 T	776
MASÍA PAIRAL CAN CARRERAS GARNATXA DE L'EMPORDÀ BF SOLERA D	268	MATSU EL PÍCARO 2023 T	828	MELER CHARDONNAY 2023 B	776
		MATSU EL RECIO 2022 T	828	MELER SYRAH 2022 T	776
MASIA PUBILL 2023 T	188	MATSU EL VIEJO 2021 T	828	MELGUS 2014 T R	356
MASIA PUBILL BLANC 2023 B	188	MATSU LA JEFA 2021 B	828	MELGUS 2015 T C	356
MASROIG 2021 T C	402	MATUSALEM VORS BF OL CRM	304	MELIC 2019 T	873
MASTINELL BRUT REAL 2015 BE GR BR	203	MAUDES 2021 T C	233	MELIOR DE MATARROMERA SAUVIGNON BLANC 2023 B	745
MASTINELL BRUT ROSÉ 2020 RE R BR	203	MAURO 2022 T	992		
MASTINELL CARPE DIEM 2018 BE GR BN	203	MAURO ESTÉVEZ 2023 B	552	MELIOR DE MATARROMERA VERDEJO 2023 B	745
MASTINELL CHAPÓ 2015 BE R BR	203	MAURO VENDIMIA SELECCIONADA 2021 T	992	MELQUIADES 2019 T C	999
MASTINELL CRISTINA 2016 BE GR EBR	203	MAXX 2019 T C	360	MELQUIADES 2020 T	999
MASTINELL NATURE 2014 BE GR BN	203	MAYOR DE CASTILLA VERDEJO 2023 B	760	MELQUIADES 2021 T C	999
MATA LOS PARDOS 2020 T	129	MAYORAL 2018 T C	312	MELQUIADES 2022 T	999
MATABUEY 2023 B	1002	MAYORAL 2022 T	312	MELQUIADES SAENZ "VINO DE NARANJA" B	246
MATALIAN 2023 B	953	MAYORAL RESERVADO T	312	MEMBRILLERA 2022 T C	838
MATALLANA 2021 T	608	MAZACRUZ 2023 T	971	MEMORIA DE VENTURA GARNACHA 2020 T	851
MATARILE 2022 T	173	MAZACRUZ CIMA 2022 T	971	MEMORIA DE VENTURA GODELLO LÍAS 2023 B	851
MATARRATONES 2021 T	893	MAZACRUZ MERLOT 2023 T	971	MEMORIAS DEL RAMBAM 2021 BE R BR	228
MATARROMERA 2016 T GR	562	MAZACRUZ SAUVIGNON BLANC 2023 B	971	MEMORIAS DEL RAMBAM BLANC 2023 B S	847
MATARROMERA 2019 T R	562	MEDIANILES 2023 B	972	MEMORIAS DEL RAMBAM ORIGEN 2023 T RB S	847
MATARROMERA 2021 T C	562	MEDIANILES 2023 T RB	972	MEMORIAS DEL RAMBAM ROSÉ 2023 RD PL	847
MATARROMERA PAGO DE LAS SOLANAS 2016 T R	562	MEDIANILES TEMPRANILLO 2023 T	972	MENADE VERDEJO 2023 B	992
MATARROMERA PRESTIGIO 2020 T	562	MEDIEVO 2018 T R	665	MENCEY CHASNA SECO 2023 B	78
MATARROMERA VERDEJO 2022 B FB	744	MEDITERRÁNICO 2022 T	619	MENCEY CHASNA SEMISECO 2023 B SS	78

VINO	PÁG.
MENCEY DE CHASNA VIJARIEGO NEGRO 2023 T	79
MENDI 2023 RD	720
MENDI BY MENDIETA OSABA 2023 T	720
MENTE T	979
MENTIREIRO 2023 B	386
MENUDA CEPA 2023 T	1055
MERALDIS ALBILLO MAYOR VINIFICACIÓN INTEGRAL 2019 B FB	633
MERALDIS VERDEJO VINIFICACIÓN INTEGRAL 2021 B FB	769
MERAYO FINCA EL LLANO 2020 T BA	132
MERAYO GODELLO 2023 B	132
MERAYO MENCÍA 2023 T	132
MERCÈ JOVE 2022 T	435
MERIAN BLANC 2023 B	800
MERIAN NEGRE 2023 T	800
MERIAN ROSAT 2023 RD	801
MERIDIANO PERDIDO 2021 B	1034
MERRUTXU 2023 B	151
MERSÉ 2020 B FB	872
MERUM PRIORATI DESTI 2021 T	486
MERUM PRIORATI DESTI SOLS GARNATXA 2020 T	486
MERUM PRIORATI EL CEL 2020 T	486
MÉS QUE PARAULES BLANC 2023 B	457
MÉS QUE PARAULES NEGRE 2021 T C	457
MESOPOTAMIA 2021 T	813
MESOPOTAMIA ORANGE 2022 B	1028
MESTA TEMPRANILLO 2023 RD	835
MESTA TEMPRANILLO 2023 T	835
MESTA VERDEJO 2023 B	835
MESTRATGE 2022 B	447
MESTRATGE DE GARRAF 2022 B	447
MESTRE VILA VELL 2019 T	186
MEU 2023 B	545

VINO	PÁG.
MEXILLÓN 2023 B	514
MI VERDADEJO 2020 B FB	825
MIA 2023 B	1022
MIBAL 2020 T C	616
MIBAL 2022 T RB	616
MIBAL 2023 T	616
MIBAL SELECCIÓN 2020 T	616
MICALET 2022 B	876
MICROVINS CARINYENA 2019 T	271
MICROVINS GARNACHA BLANCA 2022 B	271
MIGAN 2022 T	934
MIL CEPAS CENCIBEL 2019 T BA	961
MIL HISTORIAS SYRAH 2022 T	369
MIL RÍOS GARNACHA 2019 T	856
MIL RÍOS GODELLO 2020 B BA	856
MIL RÍOS GODELLO SOBRE LÍAS 2022 B	857
MIL RÍOS MENCÍA 2021 T BA	857
MIL RÍOS MENCÍA 2022 T	857
MILAGRO DE MAGMASIA COLECCIÓN 2022 B	350
MILAGROS DE FIGUERO 2022 T	612
MILCANTOS 2021 T	970
MILÉNICO 2018 T	619
MILIARIO AMBAR ORANGE WINE B	1045
MILMANDA 2021 B C	242
MILOCA CARINYENA 2023 T	403
MILOCA GARNACHA 2023 T	403
MILSETENTAYSEIS 2021 T	619
MILSETENTAYSEIS LA PEÑA 2022 RD	619
MILVUS EDICIÓN ESPECIAL 2021 T	588
MIM NATURA BLANC DE NOIRS 2019 BE GR BN	228
MIMETIC 2023 T	164
MINAIRÓ 2022 T	482
MINERAL 2022 T C	399

VINO	PÁG.
MINGUA 2022 T	775
MINGUS 2021 T	122
MÍNIMO 2022 T	88
MÍNIMO 2023 B	88
MINIUS GODELLO 2023 B	385
MINIUS MENCÍA 2023 T	385
MIÑA VIDA 2023 B	519
MIQUEL JANÉ BALTANA BLANC 2022 B	435
MIQUEL JANÉ BALTANA ROSAT 2022 RD	435
MIQUEL JANÉ SAUVIGNON BLANC 2021 B	435
MIQUEL JANÉ SYRAH 2022 T	435
MIQUEL PONS 2020 BE R BN	206
MIQUEL PONS ARRELIUM 2023 B	440
MIQUEL PONS GRAN RESERVA VINTAGE 2018 BE GR BN	206
MIQUEL PONS MONTARGULL 2017 BE GR BN	206
MIQUEL PONS MONTARGULL XARELLO 2020 BE GR BN	206
MIRABELLES 2019 B	440
MIRADA ORGANIC ROSÉ 2023 RD	976
MIRADOR 2021 T BA	189
MIRADOR DE ADRA 2020 B SD	261
MIRALMONTE 2021 T C	826
MIRANDA D'ESPIELLS 2023 B	451
MIRANIUS 2022 B	440
MIRASOLES 2023 B	323
MIROS DE RIBERA 2019 T R	590
MIROS DE RIBERA 2020 T C	590
MIROS DE RIBERA 2022 T RB	590
MIRTO DE RAMÓN BILBAO 2018 T	725
MISSENYORA 2021 B FB S	255
MISTELA GARCÍA DE LA ROSA BF MISTELA D	960
MISTELA SELECTA DE TEULADA BF MISTELA D	96
MISTELANOVA 2023 B MISTELA D	875

VINO	PÁG.
MISTERIO CONDADO VIEJO BF S	246
MISTERIO DULCE BF MISTELA D	246
MISTERIO ORANGE NARANJA BF SOLERA D	246
MITEMA 2020 T	941
MIX 2022 T C	1059
MIXTURA ETIQUETA DORADA 2021 B	1059
MIZARAN 2022 B	369
MIZARAN TEMPRANILLO 2020 T RB	369
MM DE LOXAREL 2018 RE R BN	446
MO SALINAS 2021 T FB	92
MO&GAR 2022 T RB	589
MO&GAR COLECCIÓN PRIVADA 2019 T R	589
MO&GAR VENDIMIA SELECCIONADA 2021 T C	589
MOCÉN SAUVIGNON BLANC 2023 B	753
MOCÉN VERDEJO 2023 B	754
MOCÉN VERDEJO SELECCIÓN ESPECIAL 2023 B	753
MODERNITXEN VINO NOBLE DE ALICANTE 2020 TF TRASAÑEJO CRM	91
MODUS VIVENDI 2023 B	552
MODUS VIVENDI MENCÍA 2023 T	852
MODUS VIVENDI RIBEIRO 2023 B S	545
MOISÉS GRAN VINO 2016 T BA	829
MOLT MANDÓ 2022 T C	457
MOLT MÉS QUE PARAULES 2019 T R	457
MOLT PICAPOLL 2023 B	457
MOMVASIA ORANGE WINE 2021 B	1054
MON IAIO SISCO HOMENATGE 2020 T C	798
MON IAIO SISCO ORIGEN 2021 T C	798
MÓN MACABEO 2019 BE R BN	218
MÓN MACABEO 2023 B	845
MÓN MONTESANCO BOBAL 2016 T	845
MÓN MONTESANCO BOBAL 2018 T	845
MÓN MONTESANCO BOBAL 2019 T	845

VINO	PÁG.
MÓN MONTESANCO MOSCATEL 2023 B	1059
MÓN TEMPRANILLO 2022 T	845
MONASTERIO DE CORIAS VIÑA GRANDIELLA 2023 B	927
MONASTERIO DE SAN MIGUEL 1940 2022 B	590
MONASTERIO DE SAN MIGUEL 2019 T R	590
MONASTERIO DE SAN MIGUEL 2021 T C	590
MONASTERIO DE SAN MIGUEL ALBILLO MAYOR 2023 B	590
MONASTRELÓN 2021 T	325
MONCERBAL 2022 T	135
MONDEO SELECCIÓN ESPECIAL 2022 T BA	327
MONEMBASIA 2018 BE BN	440
MONGE-RUIZ 2023 T	656
MÓNICA FERNÁNDEZ OXIDATIVA 2017 B	1035
MÓNICA FERNÁNDEZ SOLERA B	1035
MONOPOLE 2017 B GR	704
MONOPOLE 2023 B	704
MONOPOLE CLÁSICO 2021 B R	704
MONOPOLE S. XXI 2023 B	761
MONT CLOU 2023 B	776
MONT MARÇAL 2022 BE R BR	218
MONT MARÇAL EXTREMARIUM 2021 BE R BN	218
MONTALVO WILMOT VARIETALES 2021 T BA	968
MONTALVO WILMOT VERDEJO 2023 B	968
MONTAÑA FINCA EL FARAÓN 2020 T R	708
MONTAÑA FINCA LA CLAUDIA 2019 T R	708
MONTAÑA FINCA LA MARQUESITA 2019 T	709
MONTAÑA FINCA LA VALENTINA 2021 T C	709
MONTARGULL MALVASIA DE SITGES 2022 B	440
MONTE DE LAS MOZAS BOBAL 2023 RD	374
MONTE DE LAS MOZAS MACABEO 2023 B	374
MONTE PINADILLO 2020 T R	565
MONTE PINADILLO 2021 T C	565
MONTE PINADILLO 2023 T	565

VINO	PÁG.
MONTE PINADILLO ROSADO DE LÁGRIMA 2023 RD	565
MONTE REAL 2017 T GR	686
MONTE REAL CEPAS VIEJAS 2022 T	686
MONTE REAL COLECCIÓN LARREDANT 2020 B	686
MONTE REAL CUVÉE 2022 T C	686
MONTE REAL GARNACHA 2022 T	686
MONTE REAL RESERVA DE FAMILIA 2021 T R	686
MONTE REAL TEMPRANILLO BLANCO 2022 B	686
MONTE TORO 5 2022 T RB	814
MONTE TORO 8 2021	814
MONTEABELLÓN 14 MESES 2021 T C	602
MONTEABELLÓN 5 MESES 2022 T RB	602
MONTEABELLÓN FINCA LA BLANQUERA 2018 T GR	602
MONTEABELLÓN FINCA MATAMBRES 2019 T	602
MONTEABELLÓN VERDEJO 2023 B	760
MONTEAGUDO BF AM S	302
MONTEAGUDO BF PC S	302
MONTEBACO CARA NORTE 2021 T C	619
MONTEBACO DE FINCA 2021 T C	619
MONTEBACO SELECCIÓN ESPECIAL 2018 T	619
MONTEBACO VERDEJO + SAUVIGNON 2023 B	764
MONTECASTRILLO 2023 RD	614
MONTECASTRO 2020 T R	603
MONTECASTRO 2021 T C	602
MONTECIERZO RESERVA 2018 T R	416
MONTECIERZO ROSÉ LÁGRIMA 2023 RD	416
MONTECILLO 2017 T GR	680
MONTECILLO 2017 T R	680
MONTECILLO 2019 T R	680
MONTECILLO 2020 T C	680
MONTECILLO EDICIÓN LIMITADA 2022 B FB	680
MONTEGAREDO 2022 T C	620
MONTEGAREDO GRAN SELECCIÓN 2022 T C	620

ÍNDICE VINOS

VINO	PÁG.	VINO	PÁG.	VINO	PÁG.
MONTELIOS MENCÍA CENTENARIA 2016 T	124	MOSSÈN NEGRE 2020 T	460	MUREDA 2023 RD	979
MONTES OBARENES 2021 B	695	MOTHER MARY 2023 B SS	981	MUREDA CABERNET SAUVIGNON 2023 T	979
MONTESPEJO 2022 B	361	MOTOR BLANC 2022 B	1013	MUREDA SAUVIGNON BLANC 2023 B	979
MONTESPINA SAUVIGNON 2023 B	741	MR. RUC 2019 T	1013	MUREDA SAUVIGNON BLANC VERDEJO 2023 B S	979
MONTESPINA VERDEJO 2023 B	742	MUAC 2021 T	1012	MUREDA SYRAH 2023 T	979
MONTESQUIUS LA ESENCIA 2016 BE GR BN	218	MUCHADA-LÉCLAPART ETOILE 2019 B	1060	MUREDA TEMPRANILLO SYRAH 2023 T	979
MONTESQUIUS NATURELOVERS ROSÉ 2021 RE R BN	218	MUCHADA-LÉCLAPART ETOILE 2021 B	1060	MURGAÑO ORANGE WINE 2021 B	893
MONTESQUIUS VINTAGE 2019 BE R EBR	218	MUCHADA-LÉCLAPART LUMIÈRE 2021 B	1060	MURI VETERES 2021 T C	314
MONTESQUIUS VINTAGE ROSÉ 2019 RE R EBR	218	MUCHADA-LÉCLAPART UNIVERS 2021 B	1060	MURIEL 2015 T GR	681
MONTEVANNOS 2021 T RB	580	MUCHADA-LÉCLAPART UNIVERS 2022 B	1060	MURIEL FINCA DE LA VILLA 2021 T C	681
MONTORO 2023 B	330	MUCHAS MANOS 2019 T C	340	MURIEL FINCA DE LA VILLA 2023 B	681
MONTICARA 2023 B	366	MUCHO MÁS ETIQUETA BLANCA T	1055	MURIEL FINCA DE LA VILLA 2023 RD	681
MONTORO DE FORASTERA 2022 B FB	330	MUCHO MÁS RD S	1055	MURMURI 2023 B	485
MONTREAGA EL SECRETO 2014 T	978	MUCY 12 MESES 2019 T C	233	MURMURÓN 2023 T	728
MONTREAGA TEMPO 2019 T	978	MUCY 2023 RD	233	MURO 2018 T R	681
MONTRODÓ BLANC 2023 B	1053	MUDARE 2020 B	844	MURO VIURA MADURADO 2022 B	681
MONTRODÓ NEGRE 2022 T S	1053	MUDÈFER BLANC 2021 B C	798	MURÓN ALBILLO MAYOR 2022 B FB	989
MONTRODÓ ROSAT 2023 RD	1053	MUDÈFER NEGRE 2018 T C	798	MURON EDICIÓN LIMITADA 2021 T	565
MONTULIA 8 AÑOS B AM	393	MUGA 2021 T C	681	MURON ROBLE 2022 T	565
MONTULIA BF OL S	393	MUGA 2023 B	681	MURUA BLANCO FERMENTADO EN BARRICA 2022 B FB	682
MONTULIA ETIQUETA NEGRA B FI	393	MUGA 2023 RD	681	MURUA RESERVA 2016 T R	682
MORAIMA ALBARIÑO 2023 B	525	MUGA SELECCIÓN ESPECIAL 2020 T R	681	MURUVE 2019 T R	826
MORAIMA CAIÑO 2020 T	525	MULLER CEPA 2022 T BA	539	MURUVE 2020 T C	827
MORAIMA MEMORIA 2022 B	525	MUNDO DE YUNTERO 2023 B AG	338	MURUVE 2023 T	826
MORCA 2021 T	174	MUNDO DE YUNTERO BE	1075	MURUVE ÉLITE 2020 T RB	826
MORENO Y CABEZÓN 2021 B	418	MUNIA 2023 T RB	815	MURUVE VERDEJO SOBRE LÍAS 2023 B	751
MORGADÍO 2023 B	495	MUNIA CARÁCTER 2022 T RB	815	MURVIEDRO CEPAS VIEJAS BOBAL 2020 T C	841
MORTITX BLANC 2023 B	1023	MUNIA ESPECIAL 2021 T GR	815	MURVIEDRO CEPAS VIEJAS MONASTRELL 2019 T R S	90
MORTITX CALLET - GORGOLLASSA 2022 T	1023	MUNIADONA 2021 B FB	114	MURVIEDRO COLECCIÓN 2020 T C	871
MORTITX NEGRE 2022 T	1023	MUÑARRATE 2023 B	657	MURVIEDRO COLECCIÓN 2020 T R	871
MOSCATEL ORGULLO VINO DE LICOR B	872	MUÑARRATE DE SOLABAL 2023 RD	657	MURVIEDRO COLECCIÓN BOBAL 2022 T RB	841
MOSCATEL REINUEVO 2023 B D	421	MUÑARRATE DE SOLABAL 2023 T MC	657	MURVIEDRO COLECCIÓN EKO 2023 T	90
MOSCATEL RESERVA DE FAMILIA BF MO D	362	MURCAL 2023 T	887	MUSCÀNDIA 2018 BE GR BN	219

VINO	PÁG.
MUSCÀNDIA ANHEL BLANC DE NOIRS 2018 BE GR BN	219
MUSCÀNDIA BE R EBR	219
MUSCÀNDIA DELIRI ANCESTRAL 2022 BE	1078
MUSCÀNDIA DELIRI ANCESTRAL 2022 RE	1078
MUSCÀNDIA DELIRI FLORAL 2022 B	448
MUSCÀNDIA ROSÉ PINOT NOIR 2021 RE R EBR	219
MUSCAT MIQUEL OLIVER 2023 B S	461
MUSEUM 2020 T R	236
MUSEUM ROSÉ 2023 RD	236
MUSGO VERDEJO 2023 B	757
MUSIC DE CARRER 2021 T C	796
MUSIC DE CARRER 2022 B	796
MUY TOP T	964
MVEDRA 2008 T GR	988
MVEDRA 2009 T GR	989
MVEDRA 2017 T C	989
MVEDRA 2018 T C	989
MVEDRA EDICIÓN ESPECIAL 2019 T C	745
MVEDRA ROBLE ESPAÑOL 2018 T C	989
MVEDRA VERDEJO 2022 B	745
MYOTRAGUS NEGRE 2021 T	460

N

VINO	PÁG.
N DE CUCO 2020 T C	318
N DE CUCO 2021 T C	318
N-A DE ATENCIA 2014 T BA	977
N'AMARAT 2013 T GR	461
NA BEIRA 2021 B	952
NA BEIRA 2022 B	952
NABAL 2018 T GR	588
NABAL 2019 T R	588
NABAL 2021 T C	588
NABAL ALBILLO MAYOR 2022 B	588
NABAL ROSÉ 2023 RD	588
NABULÉ TERROIR 2020 T	172
NABULÉ TERROIR ESENCIA 2019 T	172
NACE LA SIERRA 2022 T	732
NADAL X COLECCIÓ XARELLO 2019 B	449
NADAL X COLECCIÓ XARELLO 2021 B	449
NADAL X COLECCIÓ XARELLO 2023 B	449
NADAL X COLECCIÓ XARELLO VERMELL 2021 B	449
NADAL X XARELLO VERMELL 2023 B	449
NAHIKUN 2023 B	729
NAHIKUN TEMPRANILLO 2022 T	729
NAI E SEÑORA 2023 B	495
NAIA 2023 B	754
NAIA SAUVIGNON BLANC 2023 B	754
NAIADES 2021 B FB	754
NAIZ CHARDONNAY 2021 B C	393
NAIZ JOVEN PX 2023 B	393
NALA VC 2022 B FB	628
NALTRES 2022 T C S	255
NALUAR 2021 T	625
NANIT NATURAL WINE 2023 T	372
NANIT ORANGE WINE 2023 B	976
NANKU 2022 T	966
NARYA MONASTRELL 2021 T	158
NARYA MONASTRELL 2022 T	158
NAT-1917 – CABERNET SAUVIGNON 2022 T C	441
NAT-1917 2023 B	441
NATURALEZA SALVAJE GARNACHA 2021 T	414
NATURALIS MER BLANC 2023 B	797
NATURALIS MER NEGRE 2023 T RB	797
NAUTILEA 2018 T C	401
NAUTILUS MALVASÍA VOLCÁNICA SUBMARINO 2022 B	351
NAVAHERREROS BLANCO DE BERNABELEVA 2022 B FB	892
NAVAHERREROS GARNACHA DE BERNABELEVA 2022 T	892
NAVALTALLAR 2020 T C	940
NAVALTALLAR ROBLE 2021 T RB	940
NAVATALGORDO 2022 T	929
NAVAZOS NIEPOORT 2022 B	1054
NAVE TRINIDAD BF MZ S	295
NAVERAN NATURE 2021 BE BN	227
NAVERAN PERLES BLANQUES 2017 BE BR	227
NAVERÁN PERLES ROSES PINOT NOIR 2021 RE BR	227
NDM COZAR DESDE 1837 2023 B MO D	364
NDQ SELECCIÓN 2021 T	315
NEBRIS SAUVIGNON BLANC BAJO VELO 2020 B	935
NÉC-TAR 2021 B	1067
NÉCTAR BF PX D	304
NÉCTAR DE FARRUCHE 2022 T D	864
NÉGORA CHARDONNAY 2023 B	334
NÉGORA SAUVIGNON BLANC 2023 B	334
NÉGORA VERDEJO 2023 B	334
NEGRE 110 MANTONEGRO 2023 T	145
NEGRE DE GERISENA 2022 T	267
NEGRE DE NEGRES 2022 T	475
NEGRE DELS ASPRES 2020 T C	275
NELEMAN BIKE CHARDONNAY MUSCAT 2023 B	1043
NELEMAN BOBAL 2022 T	1043
NELEMAN BOBAL OOLONG 2021 T	1043
NELEMAN BOBAL ROBUSTA 2021 T	1043
NELEMAN JUST FUCKING GOOD WINE 2021 T	1043
NELIN 2021 B	476
NEMESIO (VINO DE PARAJE - BARREIRIÑAS) 2021 T RB	133
NENO VIÑA SOMOZA GODELLO SOBRE LIAS 2023 B	859

VINO	PÁG.
NEO 2021 T BA	588
NEPTIS EXPRESION 2019 T R	570
NEREUS GARNACHA NEGRA 2021 T	264
NEREUS SELECCIÓ 2022 T C	264
NERI 2023 B	893
NERI 2023 T	893
NERI CEPAS VIEJAS 2022 T RB	893
NERINTERRA 2020 T	466
NERO DE SORT 2022 T	251
NEROS 2022 B	113
NEROS ROSÉ 2023 RD	113
NEXO 2020 T C	839
NEXO 2021 T C	839
NEXUS 2019 T C	620
NEXUS ONE 2020 T	620
NICE TO MEET YOU MADRID 2021 B	494
NICOLAS 2020 B	509
NICTE 2021 T C	583
NICTE PRIETO PICUDO 2023 RD	986
NICTE VERDEJO 2023 B	742
NIDIA 2023 RD	993
NIDIA DE GUARDA 2021 B FB	993
NIDIA VERDEJO 2022 B	993
NILVA ECOLÓGICO 2022 B	366
NILVA ORIGINAL 2022 B	366
NIMI ANCESTRAL BE	97
NIMI GERRA 2020 B	97
NIMI NATURALMENT DOLÇ 2017 B FB D	97
NIMI TOSSAL 2019 B R	97
NINJA DE LAS UVAS 2022 T	158
NIÑO DE LAS UVAS 2023 B	156
NIÑO DE LAS UVAS MONASTRELL 2022 T RB	156
NISIA 2023 B	758

VINO	PÁG.
NISIA LAS SUERTES 2023 B	758
NIT DE LLUNA PLENA 2019 BE R BN	212
NIT DE NIN COMA D'EN ROMEU 2021 T	478
NITA 2021 T	486
NIVARIUS 2016 B R	682
NIVARIUS EDICIÓN LIMITADA 2020 B	682
NIVARIUS FINCA LA NEVERA 2019 B	682
NIVARIUS TEMPRANILLO BLANCO 2023 B	682
NIVARIUS VALDEABRIL 2021 B	682
NIVIA 2022 B FB	271
NO T'HO DIRÉ 2021 B	488
NO T'HO DIRÉ 2022 B	488
Nº 12 BY PACO & LOLA 2023 B	515
NOA DE BOHIGAS BE R BN	206
NOBBIS 2022 T	627
NÓBRIGA 2022 T	960
NOC COUPAGE 2018 T	968
NOC ROSÉ RE BR	968
NOC TEMPRANILLO 2019 T	968
NOC VIOGNIER 2023 B	969
NODUS CHARDONNAY 2023 B	841
NODUS DP 2021 T	841
NODUS SUMMUN 2020 T	842
NODUS SUMMUN 2021 T	842
NOÉ VORS BF PX D	304
NOIR PRÍNCEPS 2020 T C	438
NOMEOLVIDES 2021 T	426
NOMEOLVIDES GARNACHA 2023 RD	426
NOMEOLVIDES VIURA 2023 B	426
NORA 2023 B	525
NORA DA NEVE 2021 B FB	525
NORA DA NEVE ENCARNACIÓN RODRÍGUEZ 2020 B FB	525
NOROESTE 2022 T	347

VINO	PÁG.
NOSSA DE MENADE 2023 T	993
NOSSO BY MENADE 2023 B	993
NOTAS 2022 T	937
NOTAS DEL MEDIEVO 2021 T	665
NOUNAT 2023 B	1014
NOVELLUM TEMPLE 2020 T C	815
NOVOA 2018 T	511
NPU BF AM S	308
NUBE DE LEZA GARCÍA 2023 RD S	697
NUBE SOBRE LA PIEL 2023 B	956
NÚCLEO 2021 T	839
NUCLI 2023 B	1043
NUESTRA SRA. DEL PORTAL 2023 B	799
NUEVE ROSAS 2023 RD	950
NUMANTHIA 2019 T	814
NUNCA JAMÁS 2022 T	670
NUNCI CABERNET FRANC 2018 T	471
NUNCI COSTERO 2012 T	472
NUNCI NEGRE 2017 T	472
NUNCI ROSÉ 2021 RD	472
NUNCITO 2016 T BA	472
NUNSWEET DULCE 2016 T D	472
NÚÑEZ DE GARAY 2023 B	641
NÚÑEZ DE GARAY 2023 T	641
NURI 2022 B	789
NÚRIA CLAVEROL ALLIER 2016 BE GR BR	201
NÚRIA CLAVEROL HOMENATGE 2016 BE GR BR	201
NÚRIA DE MONTARGULL ROSÉ 2020 RE R BR	206
NÚRIA DE MONTARGULL ROSÉ 2022 RD	440
NUTT MACABEU 2019 B	446
NUTT SUMOLL 2021 T	446
NUTT XARELLO 2022 B	446

O

VINO	PÁG.
O CABALIN 2020 T C	856
O CABALIN 2021 T C	856
O CON 2022 B	1070
O ESTRANXEIRO 2022 T	535
O FILLO DA CONDESA 2023 B	513
O GODELLO 2023 B	852
O GRAN MEIN 2020 T	553
O GRAN MEÍN CASTES BRANCAS 2022 B	554
O GRAN MEIN LUSTRO 2019 B	554
O LUAR DO SIL GODELLO 2023 B	857
O LUAR DO SIL GODELLO SOBRE LÍAS 2022 B	857
O LUAR DO SIL TOSTADO 2021 B	857
O LUAR DO SIL VIDES DE CÓRGOMO 2022 B	857
O SEBAL 2023 B	1036
O TESOURO 2021 T	859
OBAC DE BINIGRAU 2022 T BA	1014
ÓBALO 2023 RD	683
ÓBALO BLANCO 2022 B	683
OBALO SAN ROQUE 2022 T	683
OBAR DE PUENTE DEL EA 2023 B FB	699
OBSCENO 2022 B	741
OBSESIÓN 2022 T BA	327
OCAMPO LISTÁN BLANCO 2022 B	785
OCAMPO LISTÁN NEGRO 2022 T	785
OCAMPO VIDUEÑO BLANCO 2022 B	785
OCAMPO VIJARIEGO TINTO 2022 T	785
OCHO ENCINAS 2021 B	1043
OCHO ENCINAS EDICIÓN LIMITADA 2021 T	1043
OCHO ISLAS 2022 T RB	886
OCHOA 2015 T R	422
OCHOA 8A LA FOTO DE 1938 2021 T C	422
OCHOA MOSCATEL VENDIMIA TARDÍA DULCE 2022 B MO D	422
OCHOA ROSADO DE LÁGRIMA 2023 RD	423
OCHOA TEMPRANILLO 2021 T C	423
OCHOYMEDIO MALBEC 2023 T	974
ODISEA 2021 T RB	956
OE GARNACHA 2022 T	699
OFERENTE 2019 B BA	319
OFERENTE 2019 T C	320
OFERENTE 2020 T C	320
OFERENTE SELECCIÓN 2022 T	320
OINOZ VERDEJO 2023 B	742
OJO DE GALLO 2020 B	955
OJOS DEL GUADIANA 2018 T R	340
OJOS DEL GUADIANA SAUVIGNON BLANC 2023 B	340
OJOS DEL GUADIANA SELECCIÓN 2022 T BA	340
OJOS DEL GUADIANA SYRAH 2022 T RB	340
OJOS DEL GUADIANA TEMPRANILLO 2023 T	340
OJOS DEL GUADIANA VERDEJO 2023 B	340
OLA OESTE 2022 B	148
OLAGOSA 2023 B	684
ÒLBIA 2022 B	483
OLBIETA 2023 T	804
OLBIETA BLANC 2023 B	804
OLCAVIANA CHARDONNAY 2023 B	982
OLCAVIANA SAUVIGNON BLANC 2023 B	982
OLCAVIANA VERDEJO 2023 B	982
OLD HANDS 2022 T RB	906
OLD MOUNTAIN 2012 B D	363
OLE DE AROMAS 2023 T	373
OLETXE 2023 B	150
OLIMPO 2021 T RB	983
OLIMPO CENCIBEL 2021 T	983
OLIMPO CHARDONNAY 2022 B	983
OLIVARES 2023 RD	318
OLIVASTRO 2021 T	838
OLIVÉ BATLLORI 2018 BE GR BN	211
OLIVER VITICULTORS 2022 BE BN	219
OLIVER VITICULTORS ROSÉ RE BN	219
OLIVEROS 2020 T C	247
OLIVEROS COUPAGE 2023 B	247
OLIVEROS PEDRO XIMÉNEZ 2020 BF PX D	247
OLIVEROS VINO NARANJA BF MISTELA D	247
OLIVIA BY BURGMANN 2022 B	786
OLIVITA PÉREZ 2023 T	898
OLLA NEGRA 2023 T	404
OLLER DEL MAS ESPECIAL CARINYENA 2018 T BA	1056
OLLER DEL MAS ESPECIAL MACABEU 2019 B	457
OLLER DEL MAS ESPECIAL PICAPOLL NEGRE 2021 T BA	1056
OLMO HUECO 2022 T RB	373
OLMO HUECO 2023 RD	373
OLMO HUECO CENCIBEL 2022 T	373
OLMO HUECO SYRAH 2022 T	373
OLOROSO TRADICIÓN VORS BF OL S	300
OLVIDADO BF AM S	309
OLVIDO TEMPRANILLO 2022 T	119
OMBRA 2021 T BA	408
OMBRA 2023 B	408
OMBRA DE CARMELO ORTEGA 2021 T	699
ONE OFF #6 2022 T	398
ÒNIX EVOLUCIÓ 2020 T	490
ONTALBA EQUILIBRISTA 2020 T	325
ONTALBA SAUVIGNON BLANC 2023 B	325
ONTAÑÓN 2015 T R	655

VINO	PÁG.	VINO	PÁG.	VINO	PÁG.
ONTAÑÓN 2020 T C	655	ORIOL ROSSELL GRAN PROPIETAT ENOTECA FAMILIAR 2008 BE GR BN	219	OSLUGA PRECIOSO B SOLERA	1034
ONTAÑÓN ANTOLOGÍA 2019 T C	655			OSSIAN 2022 B	1002
ONTAÑÓN LAGARNACHA 2020 T	655	ORIOL ROSSELL GRAN PROPIETAT ENOTECA FAMILIAR 2010 BE GR BN	219	OSSIAN CAPITEL 2021 B FB	1002
ONTAÑÓN NATURA SIN SULFITOS AÑADIDOS 2020 T	655			OSSIAN QUINTALUNA 2022 B	1002
ONTAÑÓN VIURA 2019 B	655	ORIOL ROSSELL MITIC 2019 BE GR BN	220	OSTATU 2021 T C	721
ONTOS 2022 T	166	ORIOL ROSSELL RESERVA DE LA PROPIETAT 2016 BE GR BN	220	OSTATU 2023 B	721
OPHIUSA 2021 T	1009			OSTATU 2023 T MC	721
OPIMIUS 2021 T	580	ORIOL ROSSELL RESERVA DE LA PROPIETAT ROSÉ 2017 RE GR BR	220	OSTREA 2022 B	792
OPOSITOR BLANC 2023 B	457			OTERO 2016 T R	935
OPOSITOR NEGRE 2023 T BA	457	ORIOLUS 2022 B FB	966	OTOÑAL 2019 T R	683
OPTA CALZADILLA 2018 T	915	ORISSÓN 2021 T	981	OTOÑAL 2020 T C	683
OPTIMO DE DURÓN 2019 T R	580	ORISTÁN 2021 T C	336	OTOÑAL 2021 T C	683
ÓPTIMUS 2021 T	608	ORISTÁN VERDEJO 2023 B	336	OURIVE DONA BRANCA 2022 B FB	539
ORACAN ORANGE 2021 B	882	ORMUS 2018 T C	656	OURIVE GODELLO 2022 B	539
ORÁCULO 2021 T	615	ORMUS EDICIÓN LIMITADA 2021 T	656	OUTÓN 2023 B	520
ORANGE BY LEZA GARCÍA 2023 B	697	ORMUS VIURA 2022 B	656	OVERO 2021 T C	935
ORANGE PEELS 2023 B	361	ORO DE CASTILLA 2021 T C	562	OVIDIO GARCÍA DE AUTOR 2018 T R	237
ORANGE WINE BY PIE VIEJOS "OW" 2022 B	979	ORO DE CASTILLA FINCA LOS HORNOS 2021 B	744	OVIDIO GARCÍA ESENCIA 2020 T C	237
ORBALLO ALBARIÑO 2023 B	504	ORO DE CASTILLA SAUVIGNON BLANC 2023 B	744	OVIDIO GARCÍA SELECCIÓN 2022 T RB	237
ORBEN 2022 T	683	ORO DE CASTILLA VERDEJO 2023 B	744	OVNI PALOMINO FINO 2022 B	1054
ORETANO 2022 T RB	981	ORO DEL LLANO 2022 B	1012		
ORGULLO DE BARROS 2021 T C	637	ORO VALEI 2023 B	509	**P**	
ORGULLO DE BARROS 2023 B SD	637	OROVELO 2022 B	373	P.F. 2022 T	371
ORGULLO DE BARROS TEMPRANILLO 2023 T	637	ORTEGA EZQUERRO 2021 T C	699	P2 ALAMO B	1008
ORIG 2023 B	461	ORUBE 2019 T R	684	PAAL 01 100% SYRAH 2022 T	419
ORIGEN 1989 2022 T RB	931	ORUBE 2020 T C	684	PACHEM 2020 T	477
ORIGEN 2020 T C	538	ORUBE 2022 B FB	684	PACHEM CARINYENA 2021 T	477
ORIGEN 2023 B	1054	ORUBE GARNACHA 2021 T	684	PACIENCIA INFINITA 2020 T D	98
ORIGEN BRUÑAL QUINTA LAS VELAS 2020 T R	117	ORUBE SELECCIÓN DE FAMILIA 2020 T C	684	PACO & LOLA 2023 B	515
ORIGEN DE RESALTE 2021 T	591	OSBORNE PEDRO XIMÉNEZ 1827 BF PX D	299	PACO & LOLA GODELLO 2023 B	857
ORIGENES AIRÉN 2023 B	1056	OSCA 2023 B	776	PACO & LOLA HERITAGE 2019 B C	515
ORIOL ROSSELL ARIADNA 2017 BE GR BN	219	OSCA GARNACHA BLANCA 2023 B	776	PACO & LOLA VINTAGE 2018 B	515
		OSCA GRAN EROLES 2017 T R	776	PACO EL FEO 2020 T	182

VINO	PÁG.
PACO MULERO ALBARIÑO 2023 B	515
PACO MULERO GARNACHA 2022 T	164
PACO MULERO MONASTRELL 2022 T	325
PACO MULERO QUINCE MESES GARNACHA TINTORERA 2021 T	105
PACO MULERO QUINCE MESES GARNACHA TINTORERA 2022 T	105
PACO MULERO VEINTE MESES 2021 T	325
PACO MULERO VEINTE MESES 2022 T	325
PAGO DE CARRAOVEJAS "CUESTA DE LAS LIEBRES" 2020 T R	621
PAGO DE CARRAOVEJAS 2021 T	621
PAGO DE CARRAOVEJAS EL ANEJÓN 2020 T	621
PAGO DE CIRSUS 011 SELECCIÓN 2018 T	417
PAGO DE CIRSUS CHARDONNAY 2022 B FB	914
PAGO DE CIRSUS CHARDONNAY 2023 B	417
PAGO DE CIRSUS SELECCIÓN DE FAMILIA 2018 T C	914
PAGO DE CIRSUS VENDIMIA SELECCIONADA 2022 T C	914
PAGO DE FUENTECOJO 2020 T	624
PAGO DE LA JARABA 2021 T	922
PAGO DE LA JARABA MERLOT 2021 T	922
PAGO DE LA JARABA SAUVIGNON BLANC 2023 B	922
PAGO DE LA OLIVA COUPAGE 2018 T	1003
PAGO DE LA OLIVA DEJA VU LUZ DEL AMANECER 2022 RD	1003
PAGO DE LA OLIVA SAVIA 2019 T	1003
PAGO DE LA OLIVA SERENITE 2017 T	1003
PAGO DE LOS BALAGUESES CHARDONNAY 2022 B FB	923
PAGO DE LOS BALAGUESES GARNACHA TINTORERA 2021 T C	923
PAGO DE LOS BALAGUESES SYRAH 2021 T C	923
PAGO DE LOS CAPELLANES CRIANZA 2022 T C	621
PAGO DE LOS CAPELLANES DOROTEO 2019 T	621

VINO	PÁG.
PAGO DE LOS CAPELLANES PARCELA EL NOGAL 2020 T FB	621
PAGO DE LOS CAPELLANES PARCELA EL PICÓN 2020 T	621
PAGO DE LOS CAPELLANES RESERVA 2021 T R	622
PAGO DE LOS CAPELLANES UN SUEÑO EN LAS ALTURAS 2020 T	622
PAGO DE MARINACEA 2018 T	829
PAGO DE MARINACEA 2018 T RB	830
PAGO DE MARINACEA 2022 B	764
PAGO DE MARINACEA JOVEN 2023 T	830
PAGO DE OTAZU 2022 T	917
PAGO DE OTAZU CHARDONNAY CON CRIANZA 2022 B	918
PAGO DE THARSYS ARGILA 2020 T	918
PAGO DE THARSYS BOBAL DIANA GARCÍA 2021 T	918
PAGO DE THARSYS CABERNET FRANC SIN SULFITOS 2023 T	846
PAGO DE THARSYS CERÁMICA 2018 BE GR BN	220
PAGO DE THARSYS CERÁMICA ROSÉ 2018 RE GR BN	220
PAGO DE THARSYS MERSEGUERA SIN SULFITOS 2023 B	846
PAGO DE THARSYS MILLESIME 2019 BE R BR	220
PAGO DE THARSYS MILLÉSIME ROSÉ RESERVA 2019 RE R BR	220
PAGO DE THARSYS VENDIMIA NOCTURNA ALBARIÑO 2023 B	918
PAGO DE THARSYS VENDIMIA NOCTURNA GARNACHA 2023 RD FB	918
PAGO DE TORROSILLO 2022 T	612
PAGO DE VALDONEJE 2023 T	140
PAGO DE VALDONEJE EL VALAO 2022 T BA	140
PAGO DE VALDONEJE LA CERRADA 2023 B	140
PAGO DE VALTARREÑA 2020 T	591
PAGO DEL AMA COLECCIÓN 45 ANIVERSARIO 2021 T	982
PAGO DEL CIELO 2019 T R	622

VINO	PÁG.
PAGO DEL VICARIO 50-50 2019 T C	920
PAGO DEL VICARIO 6 MESES 2021 T	920
PAGO DEL VICARIO BANCAL DEL RÍO 2017 T	920
PAGO DEL VICARIO BLANCO DE TEMPRANILLO 2023 B	920
PAGO DEL VICARIO TALVA 2021 B FB	920
PAGO EL CORDONERO TEMPRANILLO 12 MESES 2020 T BA	235
PAGO EL CORDONERO TEMPRANILLO 9 MESES 2021 T	235
PAGO FINCA ÉLEZ CENCIBEL 2021 T	920
PAGO FINCA ÉLEZ CHARDONNAY FERMENTADO EN BARRICA 2022 B FB	920
PAGO FINCA ÉLEZ NOSTRUM 2021 T	920
PAGO FLORENTINO 2020 T	921
PAGO FLORENTINO 2021 T	921
PAGO LA PAVINA 2019 T	985
PAGO LOS CERRILLOS CABERNET DE FAMILIA 2018 T	923
PAGO LOS CERRILLOS COLECCIÓN PRIVADA 2018 T R	923
PAGO LOS CERRILLOS PETIT VERDOT 2020 T C	923
PAGO LOS CERRILLOS PETIT VERDOT SELECCIÓN 2018 T R	923
PAGO LOS CERRILLOS SYRAH 2021 T RB	924
PAGO LOS CERRILLOS TEMPRANILLO CABERNET 2020 T RB	924
PAGO MOTA 2022 B	966
PAGO MOTA 2023 B	966
PAGO PEÑUELAS TEMPRANILLO 2023 T	980
PAGO PEÑUELAS VERDEJO 2023 B	980
PAGOS DE ANGUIX BARRUECOS 2021 T	622
PAGOS DE ANGUIX COSTALARA 2021 T	622
PAGOS DE ANGUIX EL ROSADO 2023 RD	623
PAGOS DE ANGUIX PRADO LOBO 2019 T R	623
PAGOS DE BALBÁS 2022 T	574
PAGOS DE FUENTE REINA 2020 T	1025

ÍNDICE VINOS

VINO	PÁG.	VINO	PÁG.	VINO	PÁG.
PAGOS DE LA SONSIERRA 2015 T R	688	PAIXAR MENCÍA 2022 T	132	PALOMAR DE LA REINA 2019 T	1046
PAGOS DE PEÑAFIEL 2019 T R	615	PÁJARO LOCO GODELLO 2023 B	387	PAM DE NAS 2018 T	490
PAGOS DE PEÑAFIEL 2020 T C	615	PÁJARO LOCO MENCÍA 2022 T	387	PAMPANITO 2021 B D	363
PAGOS DE PEÑAFIEL 2022 T RB	615	PALACIO DE ARGANZA CABERNET MENCÍA 2023 T	1005	PANCRUDO DE GÓMEZ CRUZADO 2022 T	695
PAGOS DE PEÑAFIEL VENDIMIA SELECCIÓN 2022 T	616	PALACIO DE ARGANZA RED BLEND T	1005	PANDORA 2023 B	754
PAGOS DE REVERÓN 2023 B S	79	PALACIO DE BORNOS LA CAPRICHOSA 2023 B	765	PANDORA GODELLO 2023 B	994
PAGOS DE REVERÓN 2023 B S	79	PALACIO DE BORNOS SAUVIGNON BLANC 2023 B	765	PANDORA OVO TEMPRANILLO 2020 T	993
PAGOS DE REVERÓN 2023 T S	79	PALACIO DE BORNOS SAUVIGNON BLANC SEMIDULCE 2023 B SD	765	PANDORA OVO VERDEJO 2020 B	755
PAGOS DE REVERÓN AFRUTADO 2023 B SD	79			PANDORA SAUVIGNON BLANC CRIADO EN BARRICA 2021 B C	754
PAGOS DE VALCERRACÍN 10 MESES 2022 T RB	629	PALACIO DE BORNOS VERDEJO 2023 B	765	PANDORA SAUVIGNON BLANC SOBRE LÍAS 2023 B	754
PAGOS DE VALCERRACÍN VENDIMIA SELECCIONADA 2020 T C	629	PALACIO DE SADA 2023 B	414	PANDORA TINTA DE TORO 2022 T RB	820
		PALACIO DE SADA 2023 RD	414	PANDORA VERDEJO 2021 B FB	754
PAGOS DE VILLAVENDIMIA CO-BIOLÓGICA 2022 B	1045	PALACIO DE SADA CUVÉE ESPECIAL 2019 T C	414	PANDORA VERDEJO ECO 2021 B FB	755
PAGOS DE VILLAVENDIMIA SALVAJE 2015 B	996	PALACIO DE SADA GARNACHA 2022 T	414	PANDORA VERDEJO ECOLÓGICO SOBRE LÍAS 2020 B	755
PAGOS DE VILLAVENDIMIA VELO DE FLOR 2019 B	1045	PALACIO DE VILLACHICA 2017 T C	830	PANDORA VERDEJO ECOLÓGICO SOBRE LÍAS 2023 B	755
PAGOS REVERÓN AFRUTADO 2023 RD SD	79	PALACIO DE VILLACHICA DEHESA SAN ANDRÉS VENDIMIA SELECCIONADA 2020 T	831	PANDORA VERDEJO SOBRE LÍAS 2023 B	755
PAGOS REVERÓN MALVASIA 2023 B S	79	PALACIO IMPERIAL 2021 B	847	PANIZA ANCESTOR'S GARNACHA 2021 T	180
PAI EDICIÓN ESPECIAL ALBAMAR 2023 B	500	PALACIO QUEMADO 2021 T C S	637	PANIZA GARNACHA FROM SLATE 2022 T	180
PAISAJE DE LAS ISLAS 2022 BE EBR	933	PALADIO 2022 B	1030	PANTIGANA 2022 B	251
PAISAJE DE LAS ISLAS 2023 B	933	PALADOR 2018 T R	691	PAÑO DE LÁGRIMAS 2022 T RB	233
PAISAJE DE LAS ISLAS 2023 RD	933	PALAGÓ BLANC DE NOIR SELECTION 2017 BE R BN	194	PARA CELSUS 2023 T	968
PAISAJE DE LAS ISLAS FORASTERA 2023 B	933	PALAGÓ FARMER'S SELECTION 2018 BE R BN	194	PARA CELSUS VERDEJO 2023 B	968
PAISAJE DE LAS ISLAS MALVASÍA AROMÁTICA NATURALMENTE DULCE 2021 B D	933	PALAGÓ FOODIE'S SELECTION 2019 BE R BN	194	PARA MUESTRA UN BOTÓN 2021 B	136
PAISAJES CECIAS 2021 T	723	PALAGÓ ROSÉ SELECTION 2021 RE BN	194	PARA MUESTRA UN BOTÓN 2021 T	136
PAISAJES LA PASADA 2021 T	723	PALAGÓ WINEMAKER SELECTION 2021 BE BN	195	PARA MUESTRA UN BOTÓN EDICIÓN LIMITADA FERMENTADA BAJO SUS LÍAS 2020 B FB	136
PAISAJES VALSALADO 2021 T	723	PALAU SOLÀ 2022 BE BN	197		
PAIVA 10 MESES 2020 T C	1007	PALMA BLANCA DULCE B MISTELA D	89	PARABÒLIC VINÍCOLA DE NULLES 2023 B	791
PAIVA 2020 BE R BN	198	PALMERI ADÁN 2018 T GR	175	PARABÒLIC VINÍCOLA DE NULLES 2023 T	791
PAIVA 2022 BE BN	198	PALMERI EVA 2022 B	175	PARADA DE ATAUTA 2021 T	579
PAIVA 56 BARRICAS 2020 T FB	1007	PALO BLANCO 2022 B	934	PARAJE ARDALEJOS 2017 T R	941
PAIVA COSECHA 2023 T	636	PALO BLANCO LAS MOLINAS 2022 B	934	PARAJE CHUPADERO 2022 B	351
PAIVA SEMIDULCE 2023 B SD	636	PALO CORTADO TRADICIÓN VORS BF PC S	300	PARAJE DE GUEZARI 2021 T	415

VINO	PÁG.	VINO	PÁG.	VINO	PÁG.
PARAJE DE LA VIRGEN 2022 T	718	PARÉS BALTÀ HISENDA MIRET GARNATXA 2021 T R	450	PASANAU VI DE PARATGE LOS TORRENTS 2020 T	472
PARAJE DE TITOS 2022 T	340	PARÉS BALTÀ HISTORIC 2019 BE GR BN	221	PASANAU VI DE VILA DE LA MORERA DE MONTSANT 2023 T	472
PARAJE PEÑALOBOS EL LAGAR DE ISILLA 2021 T RB	581	PARÉS BALTÀ MARTA DE BALTÀ 2019 T	450		
PARAJE TORNEL 2019 T R	844	PARÉS BALTÀ RADIX 2023 RD	450	PASAS ROSÉ 2023 RD	908
PARAJES DEL INFIERNO "EL JUDAS" 2021 B FB	1031	PARÉS BALTÀ ROSA CUSINÉ 2020 RE GR BN	221	PASAS VIURA-SAUVIGNON BLANC 2023 B	908
PARAJES DEL INFIERNO "LA SILLERÍA" 2021 B FB	1031	PARÉS BALTÀ SATÈL·LIT 2020 B	450	PASCONA CLÀSSIC 2022 T C	402
PARAJES DEL VALLE 2023 RD	374	PARET SECA MACABEU 2022 B	1061	PASIEGO "CÆSAR" 2017 T C	842
PARAJES DEL VALLE MACABEO 2023 B	374	PARET SECA MANTONEGRO 2022 T C	1020	PASIEGO AURUM 2022 B	842
PARAJES DEL VALLE MACERACIÓN MACABEO 2023 B	1061	PARET SECA XARELLO 2022 B	1061	PASIEGO BOBAL 2018 T C	842
PARAJES DEL VALLE MONASTRELL 2022 T	326	PAROTET 2021 T	873	PASIEGO DE AUTOR 2017 T C	842
PARAJES VINO DE REGIÓN 2022 T	134	PARREÑO 2023 B	845	PASIEGO JULIETA NATURALMENTE DULCE 2018 B D	842
PÁRAMOS DE LEGARIS 2020 T BA	617	PARREÑO 2023 RD	845		
PARAÑY 2019 T C	443	PARREÑO 2023 T	845	PASIEGO JULIETA NATURALMENTE DULCE B D	842
PARATÓ 2020 BE R BN	221	PARSIMONIA 2020 T C	843	PASIEGO LA SUERTES 2023 B	842
PARATÓ ROSAT PINOT NOIR 2023 RD	449	PARSIMONIA BOBAL DE AUTOR 2022 T FB	843	PASION DE BOBAL 2021 T RB	847
PARATÓ SAMSÓ 2019 T R	449	PARSIMONIA TARDANA 2023 B	843	PASIÓN DE CASTILLO DE MONTALBAN BE BN	1074
PARCELA 11 FINCA DEL TUERTO 2021 T C	322	PARTAL CEPAS VIEJAS 2018 T	155	PASION DE MOSCATEL 2023 B	878
PARCELA 11 FINCA DEL TUERTO 2022 T C	322	PARTAL DE AUTOR 2006 T	155	PASO A PASO TEMPRANILLO 2023 T	969
PARCELA SOLANA 2019 T RB	878	PARTICULAR BLANC DE NOIRS BE BN	199	PASO DE BUEY 2019 T	969
PARCELA UMBRÍA 2017 T RB	878	PARTICULAR CARIÑENA VIÑAS VIEJAS 2022 T	180	PASOTISMO 2022 B	772
PARDELASSES 2019 T	468	PARTICULAR CHARDONNAY & MOSCATEL DE ALEJANDRÍA 2023 B	180	PASOTISMO 2022 T	772
PARDELLS 2019 B	270			PASTORA PASADA BF MZ S	295
PARDEVALLES ALBARÍN 2023 B	357	PARTICULAR GARNACHA 2023 T	180	PASTRANA MANZANILLA PASADA BF MZ S	298
PARDEVALLES CARROLEÓN 2020 T C	357	PARTICULAR GARNACHA OLD VINE 2022 T C	180	PATA NEGRA 2018 T R	863
PARDEVALLES CARROLEÓN 2023 B FB	357	PARTICULAR GARNACHA ROSÉ RE BN	199	PATA NEGRA 2023 T RB	567
PARDEVALLES GAMONAL 2022 T C	357	PARTICULAR GARNACHA VIÑAS CENTENARIA 2018 T	180	PATA NEGRA APASIONADO ORGANIC T	313
PARDEVALLES PRIETO PICUDO 2023 T	357	PAS CURTEI 2022 T	1029	PATA NEGRA APASIONADO T	313
PARÉS BALTÀ ABSIS 2018 T R	450	PAS DELS CAUS 2022 T	466	PATA NEGRA CEPAS VIEJAS 2017 T R	863
PARÉS BALTÀ BASSEGUES 2010 BE	221	PASAL DE ESILE GODELLO 2023 B	533	PATA NEGRA EDICION ESPECIAL FAUNA SAUVIGNON BLANC VERDEJO 2023 B	760
PARÉS BALTÀ BLANCA CUSINÉ 2016 BE GR BN	221	PASAMONTE 2021 T	923		
PARÉS BALTÀ CUVÉE DE CAROL 2015 BE GR BN	221	PASANAU EL VELL COSTER 2019 T	472	PATA NEGRA EDICION ESPECIAL TORO 2023 T RB	820
PARÉS BALTÀ ELECTIO XARELLO 2022 B	450	PASANAU FINCA LA PLANETA 2020 T	472	PATA NEGRA TEMPRANILLO CABERNET SAUVIGNON 2019 T	863
PARÉS BALTÀ ESPIGOL 2023 B	450	PASANAU LES MYRIAMS 2023 B	472		

ÍNDICE VINOS

Guía Peñín VINOS DE ESPAÑA **1211**

VINO	PÁG.	VINO	PÁG.	VINO	PÁG.
PATA NEGRA VALDEPEÑAS RESERVADO 2014 T	863	PAZO DE MONTERREY MENCÍA 2022 T	385	PEDRO MARTÍN VINO DE AUTOR 2022 T	939
PATA NEGRA VERDEJO 2023 B	760	PAZO DE MONTERREY RAÚL BOO GODELLO 2022 B	385	PEDRO MARTÍN VINO DE AUTOR RUFETE 2022 T	939
PATEIRO ANFORA 2022 B	552	PAZO DE MONTERREY RAÚL BOO MENCÍA 2022 T	385	PEDRO XIMÉNEZ RESERVA DE FAMILIA BF PX D	362
PATEIRO TREIXADURA 2021 B BA	552	PAZO DE PIÑEIRO 2021 B	519	PEDRO XIMÉNEZ TRADICIÓN VOS BF PX D	300
PATERNINA BANDA AZUL 2022 T C	719	PAZO DE RUBIANES 1411 2018 B	517	PEDROHERAS 2018 T C	336
PATIENS 2017 B R	688	PAZO DE RUBIANES 1411 2021 B	517	PEDROHERAS AIRÉN 2023 B	336
PATINEGRO 2021 B	953	PAZO DE RUBIANES ALBARIÑO 2014 B	517	PEDROHERAS MACABEO VERDEJO 2023 B	336
PATOJO 2021 T	86	PAZO DE RUBIANES ALBARIÑO 2022 B	517	PEDROHERAS SYRAH TEMPRANILLO 2023 T S	337
PATRE 2020 T C	325	PAZO DE RUBIANES GARCÍA DE CAAMAÑO 2013 B	517	PEDROHERAS TEMPRANILLO 2022 T RB	337
PATRIA CHICA 2023 T	913	PAZO DE RUBIANES GARCÍA DE CAAMAÑO 2021 B	518	PEDROHERAS VERDEJO 2023 B	337
PATRICK MURPHY BOTA HAURIE 2015 B GR	1050	PAZO DE RUBIANES PALOMA 2020 B	517	PEDROTEÑO AIRÉN 2023 B	980
PATRICK MURPHY BOTA ISABEL MIJARES 2019 B	1050	PAZO DE SEOANE O ROSAL 2023 B	514	PEDROTEÑO TEMPRANILLO 2023 T	980
PAUL CHENEAU 2019 BE R BR	213	PAZO DE VILLAREI ALBARIÑO 2023 B	518	PEDROUZOS MAGNUM 2019 B FB	859
PAVINA RED 2020 T	985	PAZO DE VILLAREI GODELLO 2023 B	518	PEGASO "BARRANCOS DE PIZARRA" 2021 T	929
PAVINA VERDEJO 2023 B	985	PAZO PONDAL 2019 BE BN	519	PEIQUE GODELLO 2023 B	129
PAXARO TOLO 2022 T	540	PAZO PONDAL CUVÉE 2019 B	519	PEIQUE MENCÍA 2023 T	129
PAYDOS 2019 T	832	PAZO SAN ANTÓN ALBARIÑO 2022 B	496	PEIQUE RAMÓN VALLE 2022 T	129
PAYOYA NEGRA 2022 T R	366	PAZO SAN MAURO ALBARIÑO 2023 B	499	PEIQUE SELECCIÓN FAMILIAR 2020 T	129
PAZO BAIÓN ALBARIÑO 2022 B	516	PAZO SEÑORANS 2023 B	518	PEIQUE VIÑEDOS VIEJOS 2021 T RB	129
PAZO CILLEIRO 2023 B	506	PAZO SEÑORANS COLECCIÓN 2020 B	518	PEITES 2008 T C	471
PAZO CILLEIRO VIÑEDO CINCUENTENARIO 2022 B	506	PAZO SEÑORANS SELECCIÓN DE AÑADA 2014 B	518	PELIGRU 2022 T	1049
PAZO DA TORRE ALBARIÑO 2023 B	508	PAZO TIZÓN 2023 B	552	PELL DE GERRES 2022 B	406
PAZO DAS BRUXAS 2023 B	522	PAZO TORRE PENELAS BLANCO GRANITO 2021 B	522	PELLEJO. VINO TINTO DE PARCELA 2021 T	817
PAZO DE ARRETÉN 2022 B	506	PEDRA DE GUIX 2022 B C	489	PEMARTIN BF FI S	301
PAZO DE LA CUESTA BRANCAS 2023 B	538	PEDRABONA 2022 T	481	PEMARTÍN BF PX D	301
PAZO DE LA CUESTA BRANCELLAO 2022 T	538	PEDRANAI DE SANTIAGO ROMA ALBARIÑO 2020 B	507	PENAPEDRE 2021 T	1055
PAZO DE LA CUESTA GARNACHA TINTORERA PREFILOXÉRICA 2021 T	1061	PEDRANEIRA 2022 B	511	PENDÓN DE LA AGUILERA 2021 T	580
		PEDRAS RUBRAS MILLESIME 2014 BE GR BN	497	PENSANTE MATURANA 2015 T	663
PAZO DE LA CUESTA GODELLO 2023 B	538	PEDRAZAIS GODELLO 2023 B	850	PENTATEUCO BASIC 2020 T	1008
PAZO DE LA CUESTA MENCÍA 2022 T	538	PEDREGAR 2017 RE R BN	434	PENTATEUCO CUVÉE 2020 T	1008
PAZO DE MARIÑAN 2023 B	385	PEDRO GARCÍA 2022 B FB	895	PENTATEUCO TERROIR 2020 T	1008
PAZO DE MARIÑAN MENCÍA ARAUXA 2022 T	385	PEDRO GARCÍA 2022 BE BN	895	PENTECOSTÉS ALBARIÑO 2022 B	506
PAZO DE MONTERREY GODELLO 2023 B	385	PEDRO GARCÍA SAUVIGNON Y MALVAR 2023 B	895	PENTECOSTÉS VARIETALES 2022 B	506

VINO	PÁG.	VINO	PÁG.	VINO	PÁG.
PENYA EL CASTELLET 2022 RD	87	PEPE MENDOZA GIRÓ DE ABARGUES 2021 T C	98	PERELADA GRAN CLAUSTRO 2021 T C	273
PEÑA CRUZADA PIESDESCALZOS 2022 B	897	PEPE RAVENTÓS MALVASIA DE SITGES 2022 B	1067	PEREMATEU 2023 B	1023
PEÑA DEL AGUILA FINO EN RAMA BF FI S	297	PEPE YLLERA 2021 T RB	633	PÉREZ BARQUERO G1 BE BN	1079
PEÑA EL GATO GARNACHA 2021 T BA	716	PEPITO GRILLO 2022 B	552	PÉREZ PASCUAS GRAN SELECCIÓN 2017 T GR	585
PEÑA EL GATO TINAJA 2021 T	717	PER SE 2019 T	1067	PERFIL 2020 T R	616
PEÑA LA ROSA 2022 T MC	709	PERAJ HA'ABIB. FLOR DE PRIMAVERA 2022 T C	400	PERFUME DE JULIA 2006 B D	95
PEÑA LA ROSA 2023 B	709	PERDOMERO 2023 T	887	PERFUME DE SONSIERRA 2016 T	688
PEÑA LA ROSA GRANO A GRANO 2016 T	709	PERDRE EL NORD 2022 T	269	PERICA VIÑA OLAGOSA 2012 T GR	684
PEÑA LA ROSA SECRETO DEL ABUELO 2020 T	709	PERE MATA 20 ANIVERSARI 2009 BE GR BN	218	PERICA VIÑA OLAGOSA 2014 T R	684
PEÑA LA ROSA VENDIMIA SELECCIONADA 2020 T	709	PERE MATA CUPADA Nº 30 2019 BE R BN	218	PERICA VIÑA OLAGOSA 2020 T C	684
PEÑA REJAS 2023 T	816	PERE MATA CUPADA ROSÉ 2021 RE R BR	218	PERINET RANCI 1950 B RC	1061
PEÑAFIEL EDICIÓN LIMITADA 2019 T C	629	PERE MATA L'ENSAMBLATGE 2018 BE GR BN	218	PERINET ROSÉ 2022 RD	486
PEÑALBA-LÓPEZ 2022 B	1000	PERE MATA L'ORIGEN 2018 BE GR BR	218	PERLA MARIS VERDEJO 2023 B	764
PEÑALBA-LÓPEZ BE BN	211	PERE MATA RESERVA FAMILIA 2018 BE GR BN	218	PERLAT BLANC 2023 B	404
PEÑAMONTE 2021 T C	821	PERE PUNYETES BLANC 2023 B	439	PERLAT GARNATXA 2021 T	404
PEÑAMONTE 2022 RD	821	PERE PUNYETES NEGRE 2022 T	439	PERPETUAL 2020 T C	479
PEÑAMONTE 5 MESES 2023 T RB	821	PERE VENTURA GRAN VINTAGE PARAJE CALIFICADO CAN BAS 2015 BE GR BR	221	PERRACHICA 2021 T	928
PEÑAMONTE GARNACHA 2022 T RB	821			PERROCHICO 2023 B	772
PEÑAMONTE VERDEJO 2023 B	821	PERE VENTURA TRESOR ANNIVERSARY 2018 BE GR BR	221	PERROCHICO 2023 T	772
PEÑAS ALADAS 2018 T GR	611	PERE VENTURA TRESOR MAGNUM 2016 BE GR BR	221	PERSEO 7 VERDEJO SOBRE LÍAS 2023 B	765
PEÑAS ALADAS CLARETE 2020 RD	611	PERE VENTURA TRESOR ROSÉ RE R BR	221	PERSIANES 2021 B	447
PEÑAS NEGRAS 2022 T	840	PERE VENTURA VINTAGE 2016 BE GR BR	221	PESSEROLES BRISAT 2022 B	485
PEÑAZUELA VENDIMIA SELECCIONADA GARNACHA 2021 T RB	170	PERE VENTURA VINTAGE ROSÉ 2018 RE GR BR	221	PÉT - NAT XARELLO 2023 B	1082
		PEREA NAVARRO AIREN CUVEE 2023 B	964	PÉTALOS DEL BIERZO VIÑAS VIEJAS 2022 T	135
PEÑAZUELA VENDIMIA SELECCIONADA GARNACHA BLANCA 2023 B	170	PEREGRINO 2023 RD	354	PETARDO 2022 T	267
		PEREGRINO ALBARÍN 2023 B	354	PETIT BALDOMÀ 2023 B	257
PEPE CABANAS 2020 B	951	PERELADA AIRES DE GARBET 2020 T R	272	PETIT BALDOMA 2023 T	257
PEPE CARRASCA 2022 B	548	PERELADA EX EX 14 2019 T C	272	PETIT HIPPERIA 2022 T	924
PEPE LUIS 2022 B FB	501	PERELADA FINCA GARBET 2005 T R	273	PETIT PITTACUM 2023 T	141
PEPE MENDOZA CASA AGRÍCOLA 2022 T	98	PERELADA FINCA GARBET 2021 T R	273	PETIT SAÓ 2021 T	255
PEPE MENDOZA CASA AGRÍCOLA VELO FLOR 2021 B	98	PERELADA FINCA MALAVEÏNA 2021 T	273	PETITES ESTONES BLANC 2023 B	803
PEPE MENDOZA EL VENENO 2021 T BA	98	PERELADA GARNATXA DE L'EMPORDÀ 12 ANYS DULCE NATURAL BF SOLERA D	273	PETITES ESTONES NEGRE 2022 T	407
PEPE MENDOZA FIERROCA 2021 T	98			PETRA ANCESTRAL 2022 BE	1072

ÍNDICE VINOS

VINO	PÁG.
PETRA ANCESTRAL ROSÉ RE	1072
PEZAS DA PORTELA 2019 B FB	859
PEZAS DA PORTELA 2023 B FB	859
PHINCA HAPA 2021 B	707
PHINCA HAPA 2021 T	707
PÍCARO DEL AGUILA 2022 T BA	611
PICEA 650 2014 T	712
PICIO 2023 T	827
PICO D´ALIGA 2021 T C	838
PICO DE LUYAS 2020 T	595
PICO DEL OSO 2021 T RB	104
PICO FERREIRA 2022 T	134
PIE FIRME DE VALTRAVIESO 2021 T R	320
PIEDEMONTE 2019 T R	423
PIEDEMONTE CHARDONNAY 2023 B	423
PIEDEMONTE CUATRO TIERRAS 2021 T C	423
PIEDEMONTE GAMMA 2023 T	423
PIEDEMONTE MOSCATEL 2023 B MO D	423
PIEDEMONTE OLD VINES GARNACHA 2019 T C	423
PIEDRA FLUIDA 2023 B	932
PIEDRA FLUIDA LISTÁN NEGRO 2021 T BA	932
PIEDRA FLUIDA LOS FRONTONES 2022 B	932
PIEDRA FLUIDA ORANGE 2021 B	932
PIEDRA FLUIDA VIDAL 2021 T	933
PIEDRAS COLORADAS 2022 T RB	103
PIEDRAS Y PRINCESAS 2020 T C	822
PIEL DE LA HAYA CORDÓN TRENZADO 2022 B	888
PIELES 2022 B	1011
PIEZA LA MOZA 2022 RD S	869
PIJUS MAGNIFICUS 2021 T	654
PILANOT NEGRE 2021 T	789
PILAR DEL CERRO 2022 T	174

VINO	PÁG.
PILARES DE CIENCUEVAS 2019 T R	656
PILARES DE CIENCUEVAS 2020 T C	656
PILARES DE CIENCUEVAS GARNACHA 2021 T RB	656
PILAS BONAS 2023 B	915
PIM PAM POOM 2023 T	473
PINCERNA ALBARÍN 2023 B	354
PINCERNA PRIETO PICUDO 2023 RD	354
PINCERNA PRIETO PICUDO 2023 T	354
PINCERNA SUMILLER 2022 T	354
PINCHAPERAS 2023 T C	1050
PINDAL VERDEJO 2023 B	755
PINDAL VERDEJO VIÑAS VIEJAS 2023 B	755
PINGOROTE SAUVIGNON BLANC 2023 B	336
PINGOROTE TEMPRANILLO 2019 T C	336
PINGOROTE TEMPRANILLO 2019 T R	336
PINGUS 2022 T	610
PINKGALL 2023 RD	426
PINKTONE 2023 RD	993
PINNA FIDELIS 2019 T R	563
PINNA FIDELIS 2020 T C	563
PINNA FIDELIS 2022 T RB	563
PINO 2022 T RB	371
PINO DONCEL 12 MESES 2021 T C	313
PINO DONCEL 24 MESES SELECCIÓN DE PARCELAS 2020 T C	314
PINO DONCEL BLACK 2022 T RB	314
PINOSO ALTA EXPRESIÓN 2021 T C	91
PINOSO CLÁSICO 2021 T C	91
PINTABLANCA VIOGNIER 2022 B	966
PINTIA 2020 T	823
PINYERES NEGRE 2021 T	402
PINYOL VERMELL 2023 T	1068
PIÑERO CREAM GREAT DUKE B SOLERA CRM	298

VINO	PÁG.
PIONERO 2023 B	523
PIRÁMIDE 2022 T C	620
PIRAPU 2021 T	322
PIRGOS 2500 BOT. 2018 T	693
PIRGOS VINO ENTERRADO 2018 T	708
PIRINEOS CHARDONNAY VIÑEDO SELECCIONADO 2023 B	774
PIRINEOS GEWÜRZTRAMINER 2023 B	774
PIRIPINTADO 2022 RD	628
PISSARRES 2022 T BA	477
PISUERGA VERDEJO 2021 B	987
PITA 2023 RD	755
PITA FINCA LA CANTERA 2021 B FB	755
PITA SAUVIGNON BLANC 2023 B	755
PITA TERRACOTA 2021 B	756
PITA VERDEJO (DOMINIO DE VERDERRUBI) 2023 B	756
PITTACUM 2020 T RB	141
PITTACUM AUREA 2019 T RB	140
PITTACUM VAL DE LA OSA 2019 T RB	140
PITUCO MST 2019 T	321
PITUCO MST 2022 T	322
PK-3 2021 T	895
PLA DE TUDELA 2021 B	270
PLA DEL BOSC XARELLO VERMELL 2022 B	453
PLAER 2021 T C	487
PLAER 2022 T C	487
PLANA D'EN FONOLL BLANC 2023 B	189
PLANA D'EN FONOLL SAUVIGNON BLANC 2023 B	189
PLANA D'EN FONOLL SYRAH 2021 T	189
PLANA D'EN JAN ANCESTRAL INSOLIT MALVASÍA 2022 BE	450
PLANA D'EN JAN ANCESTRAL INSOLIT XARELLO VERMELL 2022 BE	450

VINO	PÁG.	VINO	PÁG.	VINO	PÁG.
PLANAS ALBAREDA 2021 BE R BN	222	POLA 2023 T MC	674	PORTELL MACABEU BLANC DE BÓTA 2023 B FB	243
PLANAS ALBAREDA 2022 BE BN	222	POLA ANTONIO LÓPEZ 2020 T	674	PORTELL PETRIGNANO 2018 BE GR BN	227
PLANAS ALBAREDA 2022 BE BR	222	POLA ANTONIO LÓPEZ 2022 B FB	674	PORTELL ROSAT TREPAT 2023 RD	243
PLANAS ALBAREDA DESCLÒS 2022 T	451	POLA VALECILLA 2022 T	674	PORTELL ROSAT TREPAT 2023 RE BR	227
PLANAS ALBAREDA GRAN RESERVA DE L'AVI 2019 BE GR BN	222	POLUS 2018 T R	673	PORTELL SECRETS PÀL·LID DE TREPAT 2023 RD	243
		POLUS 2020 T C	674	PORTELL VINTAGE 2018 BE R BN	227
PLANAS ALBAREDA L'AVENC 2023 B	451	POLUS VIURA 2023 B	674	PORTIA 10 MESES 2022 T	590
PLANAS ALBAREDA ROSAT 2021 RE BR	222	PÓLVORA 2022 T	243	PORTIA 24 MESES 2021 T C	590
PLANASSOS 2016 T	473	PONT FOSC 2022 B	790	PORTICO DA GLORIA BRANCELLAO 2022 T	539
PLANASSOS 2020 T	477	PONTE DA BOGA PIZARRAS Y ESQUISTOS 2021 T	530	PÓRTICO MAYOR 2018 T R	657
PLANDENAS CUVÉE SELECCIÓN 2020 T	421	PONTEVS 2020 T	969	PÓRTICO MAYOR 2019 T C	657
PLANETES CLASSIC 2021 T	478	PONTEVS CHARDONNAY 2022 B	969	PÓRTICO MAYOR 2022 T	657
PLANETES DE NIN 2022 B	478	POPUL 2021 T C	488	PORTO DE LOBOS 2018 T	530
PLANTADETA BLANC 2023 B	472	POR LOS CIEN 2020 T	668	POST-CRUCIFIXIÓN 2022 T	138
PLANTADETA CARINYENA 2022 T	472	POR TÍ 2021 T	318	POYOTOS 2020 T	675
PLANTADETA GARNATXA 2021 T RB	472	PORPRAT 2018 T	1019	POZO DE NIEVE 2022 T	597
PLANTADETA SELECCIÓ 2018 T C	472	PORRERA VI DE VILA DE ÁLVAREZ DURÁN 2022 T	465	PRADO DE FONZALECHE 2018 T R	687
PLEAMAR EN RAMA BF MZ S	297	PORRERA VI DE VILA DE VALL LLACH 2022 T C	473	PRADO IRACHE 2020 T BA	924
PLERET 2015 T GR	467	PORRERA VI DE VILA DE VALL LLACH 2023 B	473	PRADO NEGRO 2017 T C	289
PLINI 2019 T C	401	PORRETÓN 2020 T	182	PRADO NEGRO 2018 T C	289
PLOM 2021 T	490	PORTA FRANCA 2023 B	1060	PRADOREY FINCA LA MINA 2019 T R	603
PLOT TWIST BE	1078	PORTA REGIA VF CHARDONNAY 2023 B	99	PRADOREY FINCA REAL SITIO DE VENTOSILLA 2017 T GR	603
PLOT TWIST RE BR	1079	PORTA REGIA VF MONASTRELL 2021 T	99		
POBLE VELL BLANC DULCE NATURAL 2021 B SOLERA D	795	PORTAL DE MONCAYO ILUSIÓN 2022 T	174	PRADOREY FINCA VALDELAYEGUA 2021 T C	603
POBLETS DEL MONTSANT 2023 B	405	PORTAL DE MONCAYO PASIÓN 2020 T	174	PRADOS COLECCIÓN SYRAH 2022 T	175
POBLETS DEL MONTSANT 2023 T	405	PORTAL DE MONCAYO PASIÓN 2021 T	174	PRADOS FUSION GARNACHA SYRAH 2022 T	175
POBOLEDA VI DE VILA GENIUM 2021 T C	480	PORTAL DE MONCAYO ROSÉ 2020 RD	174	PRADOS PRIVÉ 2021 T C	175
POCO A POCO ENVEJECIDO EN BARRICA 2022 T C	965	PORTELL 2019 T R	243	PRAPETISCO 2020 T	1031
POCO A POCO SAUVIGNON BLANC 2023 B	966	PORTELL BLANC DE BLANCS 2023 B S	243	PREDICADOR 2021 T	653
POCO A POCO TEMPRANILLO SYRAH 2023 T	966	PORTELL BLANC DE TREPAT 2023 BE BR	227	PREDICADOR 2022 B	653
POEM 2020 T	1059	PORTELL GLATIM NEGRE DE TREPAT 2022 T	243	PREGÓN 2023 B	759
POETICA 2023 BE SS	1075	PORTELL GUARDA SUPERIOR 2022 BE R BN	227	PRELUDIO DE SEI SOLO 2021 T R	626
POLA 2020 T C	674	PORTELL LA PARELLADA 20236 BE BR	227	PREMIUM 1904 GRACIANO 2022 T	968

VINO	PÁG.	VINO	PÁG.	VINO	PÁG.
PRESAS OCAMPO GRAN ALYSIUS 2021 T	785	PRIOS MAXIMUS 2023 T RB	579	PROTOS '27 2021 T	624
PRESAS OCAMPO VENDIMIA SELECCIONADA 2022 T	785	PRISMA GARNACHA 2023 T	164	PROTOS 2016 T GR	624
PRETÈRIT 2022 T	1056	PRISMA GARNACHA TINTORERA MONASTRELL 2023 T	105	PROTOS 2018 T R	624
PRETIUM WHITE WINE 2020 B	650	PRISMA MONASTRELL ORGÁNICO 2023 T	325	PROTOS 2020 T C	624
PREVIUS DE NEPTIS 2021 T RB	571	PRISMA TEMPRANILLO 2023 T	722	PROTOS 9 MESES 2022 T RB	624
PRIBILO 2022 B	330	PRISMA VERDEJO 2023 B	764	PROTOS CLARETE 2023 RD	233
PRIMAVERA DE S BIVERN 2022 RD	1015	PRIVILEGIO DE ROMALE 2018 T R	636	PROTOS SELECCIÓN FINCA EL GRAJO VIEJO 2020 T	624
PRIME BY PACO & LOLA 2020 B	515	PRIVILEGIO DE ROMALE 2020 BE R BN	199	PROTOS VERDEJO 2023 B	756
PRIMERA VINYA LES BRUGUERES 2022 B	482	PRIVILEGIO DE ROMALE 2020 T C	636	PROTOS VERDEJO ECOLÓGICO 2023 B	756
PRIMERIZO 2018 T R	1069	PRIVILEGIO DE ROMALE COUPAGE 2022 T RB	636	PROTOS VERDEJO GRAN VINO 2020 B R	756
PRIMERO 2023 T	818	PRIVILEGIO DEL CONDADO B S	246	PROVENTUS BY TR3SMANO 2022 T	566
PRIMICIA BLANC BOTA 2023 B FB	797	PROELIO 2016 T GR	685	PRUNET ESENCIA DEL TERRITORIO 2022 T	887
PRIMICIA LA BORRUDA 2023 RD	797	PROELIO 2021 T C	685	PRUNO 2022 T	614
PRIMITIU DE BELLMUNT 2019 T	469	PROELIO LA CANAL DEL ROJO 2020 T	685	PSI 2022 T	610
PRIMITIU DE BELLMUNT 2021 T	469	PROELIO PUERTO RUBIO 2020 T	685	PUEBLO DE LAVIA 2021 T	157
PRIMITIVO QUILES FONDILLÓN 1948 T FO	98	PROELIO VENDIMIA SELECCIONADA 2020 T R	685	PUENTE DE RUS 2022 BE BN	337
PRIMITIVO QUILES GRAN IMPERIAL 1892 BF SOLERA D	98	PROELIO VIÑEDOS VIEJOS 2020 T	685	PUENTE DE RUS SAUVIGNON BLANC 2023 B	337
PRIMITIVO QUILES MOSCATEL EXTRA BF MISTELA D	1062	PROHIBIT 2021 RE BN	1078	PUENTE DE RUS SYRAH 2023 T	337
PRIMITIVO QUILES MOSCATEL LAUREL BF MISTELA D	1062	PROHOM CONCEPTIA 2023 B	797	PUENTE DE RUS TEMPRANILLO 2019 T C	337
PRIMUS AMEZTOI 2022 B	278	PROHOM CONCEPTIA 2023 RD	797	PUENTE DE RUS TEMPRANILLO 2023 T	337
PRÍNCIPE DE VIANA 1423 2019 T R	423	PROHOM EXPERIENTIA 2020 T	797	PUENTE DE RUS VERDEJO 2023 B	337
PRÍNCIPE DE VIANA 2019 T R	423	PROHOM EXPERIENTIA 2023 B FB	797	PUERTA DE ALCALÁ 2019 T R	899
PRÍNCIPE DE VIANA 2020 T C	423	PROHOM VIOGNIER 2023 B	797	PUERTA DE ALCALÁ 2020 T C	899
PRÍNCIPE DE VIANA ANIVERSARIO 2018 T R	423	PROMESA BF MO D	309	PUERTA DE ALCALÁ 2023 B	899
PRÍNCIPE DE VIANA EDICIÓN BLANCA 2023 B	424	PRÓMINE 2022 T RB	532	PUERTA DE ALCALÁ 2023 RD	899
PRÍNCIPE DE VIANA EDICIÓN LIMITADA 2020 T C	424	PRÓMINE 2023 T	532	PUERTA DE ALCALÁ 2023 T	899
PRÍNCIPE DE VIANA EDICIÓN ROSA 2023 RD	424	PROMINE SINGULAR 2022 T	533	PUERTA DEL SOL 2022 T	899
PRÍNCIPE DE VIANA GARNACHA 2023 RD	424	PROPIEDAD 2021 T	684	PUERTA DEL SOL MALVAR 2023 B	899
PRINCIPIA MATHEMATICA 2022 B	433	PROTOCOLO 2023 B	971	PUERTA SANTA 2023 B	495
PRINCIPIO MORISTEL 2022 T	774	PROTOCOLO 2023 RD	971	PUERTA VIEJA 2021 T C	686
PRIORAT IDUS DE VALL-LLACH 2022 T	473	PROTOCOLO ECO 2022 T	971	PUERTO ALICANTE AROMÁTICO 2023 B S	99
PRIOS MAXIMUS 2018 T R	578	PROTOCOLO ECO 2023 B	972	PUERTO DEL MILAGRO 2022 T	972
PRIOS MAXIMUS 2021 T C	578	PROTOCOLO ECO 2023 RD	972	PUERTO SALINAS 2017 T R	92

ÍNDICE VINOS

VINO	PÁG.
PUJANZA CISMA 2020 T	699
PUJANZA FINCA VALDEPOLEO 2021 T	699
PUJANZA HADO 2021 T	699
PUJANZA LA PAUL 2021 T	700
PUJANZA NORTE 2021 T	700
PUJANZA S.J. ANTEPORTALATINA 2022 B	700
PULPO ALBARIÑO 2023 B	516
PUNT L. 2022 T C	801
PUNTES DE CALNEGRE 2022 T	409
PUNTIAPART 2019 T	271
PUNTILS 2021 T C	269
PUNTILS BLANC 2023 B	269
PUNTILS NEGRE 2023 T	269
PUNTO GEODÉSICO 2021 T	595
PURA SANGRE 2016 T R	327
PURA SAVIA DE ARÚSPIDE 2021 B	962
PURESA GARNATXA BLANCA 2022 B FB	798
PURESA MORENILLO 2017 T C	798
PURGATORI 2021 T BA	253
PXX 2020 B	1067

Q

VINO	PÁG.
Q ALTA EXPRESIÓN ESPECIAL 2021 T	563
QBQ 2022 B FB	461
QORI 2022 B	931
QUADIS 2022 T	953
QUADIS ENVEJECIDO 2021 T C	953
QUARS 2021 B	484
QUATREVINT BRISAT 2023 B	795
QUATTUOR INSULAE 2022 T	1050
QUÉ BONITO CACAREABA 2022 B	653
QUEIRÓN ENSAYOS CAPITALES GRACIANO 2022 T	723

VINO	PÁG.
QUEIRÓN MI LUGAR 2019 T BA	723
QUEIRÓN MI LUGAR TEMPRANILLO BLANCO 2021 B FB	723
QUELÍAS ROSÉ 2023 RD	234
QUERENCIA CORACHE 2023 T	164
QUEST 2016 T	250
QUÍBIA 2023 B	1030
QUIETUS 2022 B FB	769
QUIETUS VERDEJO 2023 B	769
QUIKE 2023 RD	187
QUIM 2023 B	257
QUIMERA 2023 T RB	1041
QUINCHA CORRAL 2021 T	919
QUINTA DE AVES CABERNET FRANC & GRACIANO ROSÉ 2023 RD	984
QUINTA DE AVES COUPAGE 2022 T C	984
QUINTA DE AVES PHOENIX 2021 T C	985
QUINTA DE AVES SYRAH 2023 T	985
QUINTA DE COUSELO 2023 B	520
QUINTA DE QUERCUS SINGLE VINEYARD 2020 T	835
QUINTA DEL 67 2022 T	103
QUINTA LAS VELAS TEMPRANILLO 2021 T C	117
QUINTA MILÚ 2022 T	625
QUINTA MILÚ BELLAVISTA 2022 T	625
QUINTA MILÚ EL MALO 2022 T C	625
QUINTA MILÚ LA COMETA 2021 T C	625
QUINTA MILÚ VALDEVICENTE 2022 T	625
QUINTA MILÚ VIÑAS VIEJAS 2022 T	625
QUINTA REGIA BOBAL 2022 T	374
QUINTA SARDONIA QS 2021 T	1003
QUINTA SARDONIA QS2 2021 T	1003
QUINTAS DAS TAPIAS GODELLO 2023 B	385
QUINTAS DAS TAPIAS MENCÍA 2023 T	386
QUINTAS DAS TAPIAS TREIXADURA 2022 B	386

VINO	PÁG.
QUIÑONES DE TOBELOS VIÑEDO SINGULAR 2021 B BA	730
QUITAPENAS MOSCATEL DORADO 2022 BF D	363
QUITE 2022 T	125
QUIVIRA VERDEJO 2023 B	744
QUIXOTE CABERNET SAUVIGNON SYRAH 2020 T C	915
QUIXOTE MALBEC CABERNET FRANC 2020 T R	915
QUIXOTE MERLOT TEMPRANILLO PETIT VERDOT 2020 T	915
QUIXOTE PETIT VERDOT 2020 T C	915
QUOD SUPERIUS 2019 T	840
QUORUM DE FINCA EL REFUGIO PRIVATE COLLECTION 2012 T BA	974

R

VINO	PÁG.
RABETLLAT I VIDAL 2020 BE R BN	197
RABETLLAT I VIDAL BRUT CA N'ESTELLA BE BR	197
RABETLLAT I VIDAL GRAN RESERVA DE LA FINCA 2019 BE GR BN	197
RABETLLAT I VIDAL GRAN RESERVA XAREL·LO 2016 BE GR	196
RABETLLAT I VIDAL ROSAT 2020 RE R BR	197
RABILARGO 2022 T	939
RABILARGO ARAGONÉS 2022 T	939
RABILARGO CLARETE 2023 RD	939
RADIO BOKA ROSÉ 2023 RD	977
RADIO BOKA TEMPRANILLO 2023 T	977
RADIO BOKA VERDEJO 2023 B	977
RAFAEL CAMBRA DOS 2022 T	877
RAFAEL CAMBRA UNO 2022 T	877
RAÍCES 2018 T GR	863
RAÍCES 2019 T R	863
RAÍCES 2020 T C	864
RAÍCES AIRÉN 2023 B	864

VINO	PÁG.	VINO	PÁG.	VINO	PÁG.
RAÍCES ALBARÍN 2023 B	356	RAMÓN BILBAO FINCA LAS AMEDIAS 2019 B	765	REAL AGRADO 2020 T C	726
RAÍCES ALBILLO 2022 B	1004	RAMÓN BILBAO FINCA LAS AMEDIAS 2020 B	766	REAL AGRADO 2023 RD	726
RAÍCES DE VALPARAISO 2021 T	597	RAMÓN BILBAO LÍMITE NORTE 2021 B R	725	REAL ARBÁS B D	997
RAÍCES MALVAR 2023 B	897	RAMÓN BILBAO LÍMITE SUR 2021 T C	725	REAL DE ASÚA 2021 T	704
RAÍCES RUFETE 2021 T	938	RAMÓN BILBAO RESERVA DE LA FAMILIA 2018 T	725	REAL GANA BE R BR	1073
RAÍCES TEMPRANILLO 2023 T	864	RAMÓN BILBAO VERDEJO SOBRE LÍAS 2021 B	766	REAL GANA BRUT 18 BE	1073
RAÍCES VERDEJO 2022 B	1004	RAMÓN BILBAO VIÑEDOS DE ALTURA 2021 T	726	REAL RUBIO 2020 T C	735
RAIMAT CHARDONNAY 2023 B	256	RAMÓN CANALS GRAN RESERVA LIMITADA 2018 BE GR BN	222	REAL RUBIO 2023 B	735
RAIMAT EL MOLÍ 2020 T C	256			REAL RUBIO 2023 RD	735
RAIMAT EL NIU DE LA CIGONYA 2021 B	256	RAMÓN IZQUIERDO MONASTRELL 2021 T	324	REAL RUBIO FINCA EL TORDILLO 2020 T	735
RAIMS DE LA INMORTALITAT MALVASIA DE SITGES 2022 B FB	452	RAMÓN NADAL GIRÓ 2004 BE GR BR	1079	REAL RUBIO GMT - 125 2023 B	735
		RAMÓN RAMOS SERIE NARANJA 2020 T	814	REALIZADO 2021 T RB	906
RAÍZ DE GUZMÁN 2019 T R	591	RAMÓN SÁENZ IVI ONE 2021 T	726	REBELLIA 2023 B	843
RAÍZ DE GUZMÁN 2020 T C	591	RAMÓN SÁENZ PL ONE 2022 B	726	REBELLIA 2023 RD	843
RAÍZ DE GUZMÁN 2023 RD	591	RAMÓN SÁENZ, PASIÓN DE VIDA 2023 T	726	REBELLIA 2023 T	843
RAÍZ DE GUZMÁN 9 MESES 2021 T RB	591	RAMÓN SÁENZ, PEQUEÑO BASTIÓN 2022 T RB	726	REBELLIA SELECCIÓN ESPECIAL 2021 T RB	843
RAIZ PROFUNDA 2019 T	591	RAMÓN SÁENZ, PIEDRAS RODANTES 2022 T RB	726	REBELDES 2023 B	398
RAJADERO 2022 B	330	RANCI VINÍCOLA DEL PRIORAT T RC	490	REBELDES 2023 T	398
RAJADERO 2023 B	330	RANGO 2020 T C	327	REBELDÍA 2023 RD	156
RAMALLO 2021 T	952	RAPOLAO 2020 T C	140	REBOMBORI BRISAT 2018 B	1049
RAMBLA DE ULEA 2023 T	156	RARO (LA ZORRA RARO) 2021 T	939	REBOMBORI BRISAT 2020 B	1049
RAMÍREZ DE LA PISCINA 2019 T R	685	RASCAÑA 2022 B S	869	REBOMBORI MACABEO 2019 B	1049
RAMÍREZ DE LA PISCINA 2022 B	685	RATPENAT 2021 B	440	REBOMBORI MOSCATELL 2022 B	96
RAMÍREZ DE LA PISCINA 2023 B	685	RAÚL MORENO 'DARK 'N' STORMY TINTILLA (JEREZ DE LA FRONTERA, PAGO CARRASCAL) 2022 T	1062	REBORAINA 2023 B	1024
RAMIRO'S 2021 T	994			REBROTAR 2022 B FB	994
RAMÓN BILBAO 2011 T GR	725	RAÚL MORENO 'DESTELLOS' 2022 B	1062	REBUZNO 2022 T	672
RAMÓN BILBAO 2016 T GR	724	RAÚL MORENO 'LA PRETENSIÓN' 2022 B	1062	RECAREDO INTENS ROSAT 2020 RE BN	1080
RAMÓN BILBAO 2021 T C	725	RAÚL MORENO 'LA RETAHÍLA' PERRUNO 2022 B	1062	RECAREDO SERRAL DEL VELL 2018 BE BN	1080
RAMÓN BILBAO EARLY HARVEST 2023 RD	725	RAVENTOS I BLANC TEXTURES DE PEDRA 2020 BE GR BN	1080	RECAREDO SUBTIL 2019 BE BN	1080
RAMÓN BILBAO EARLY HARVEST VERDEJO 2023 B	765			RECAREDO TERRERS 2019 BE BN	1080
RAMÓN BILBAO EDICIÓN LIMITADA 2021 T	725	RAYUELO 2021 T	369	RECLOT 2022 T	398
RAMÓN BILBAO EDICIÓN LIMITADA GARNACHA 2021 T C	725	RAZA 2021 T R	591	RECÓNDITA ARMONÍA 2011 T SOLERA D	1040
		REAL AGRADO 2019 T R	726	RECÓNDITA ARMONÍA 2022 T	1040

VINO	PÁG.	VINO	PÁG.	VINO	PÁG.
RECÓNDITA ARMONÍA DULCE 2022 T D	1040	REMONTE 2023 RD	419	RHODES 2021 T C	271
RECTORAL DE AMANDI MENCÍA 2023 T	533	REMONTE CHARDONNAY 2023 B	419	RIALLA GARNATXA BLANCA 2023 B	800
RECTORAL DO UMIA ALBARIÑO 2023 B	520	RENACCE GRAN VINO DE RUEDA 2021 B	753	RIALLA GARNATXA PELUDA 2023 RD	800
RECTORAL DO UMIA ALBARIÑO SOBRE LÍAS VAL DO SALNÉS 2023 B	520	RENACIDO 2022 B	552	RIALLA GARNATXA TINTA 2022 T	800
		RENAIX DE GIRÓ 2022 T	91	RIALLA GARNATXA TINTORERA 2021 T RB	800
RECUNCO 12 MESES 2022 T C	137	RENAIX LA PASSIÓ 2023 B	92	RIBERA DE LOS NARANJOS 2021 T	536
REFUGI DE LOXAREL 2019 BE R BN	446	RENEGÓN 2021 T	936	RIBERA DEL JUÁ MOSCATEL 2022 B	1044
REGENTE BF PC S	309	RENTO 2018 T	563	RIBERA DEL UMIA 2023 B	502
REGINA 2018 RD	407	RENVIVAS 2021 T	1005	RIBERAL 2020 T C	583
REGINA VIARUM EXPRESIÓN 2021 T BA	538	RESACO 2020 T	660	RIBERAL 2023 T RB	583
REGINA VIARUM FINCA LA CAPITANA 2018 T C	538	RESALTE EXPRESIÓN 2020 T R	591	RICARDO DUMAS 2016 T GR	567
REGINA VIARUM GODELLO 2023 B	539	RESALTE VENDIMIA SELECCIONADA 2022 T	591	RICARDO DUMAS 2023 RD	567
REGINA VIARUM MENCÍA 2023 T	539	RESERVA PARTICULAR DE RECAREDO 2014 BE BN	1080	RICARDO DUMAS SELECCIÓN 2020 T	567
REGINA VIDES 2020 T	630	RESERVA REAL 2019 T R	442	RICO NUEVO GARNACHA 2022 T	930
REGUEIRÓN 2023 B	860	RESERVA REAL 2020 T R	442	RIESLING DE MASCÚN 2023 B	776
REGULUS BE BR	197	RESERVA REAL 2021 BE R BR	212	RIGAU ROS CABERNET SAUVIGNON 2018 T GR	272
REINA DE CASTILLA ORGANIC 2023 B	745	RETOLA 2020 T BA	998	RIMARTS 2018 BE GR EBR	223
REINA DE CASTILLA VERDEJO 2023 B	745	RETORNO A LOS PALOMARES 2021 T BA	682	RIMARTS 2021 BE R BN	223
REINA VIOLANT BE R BN	791	REVOLT 2021 T	274	RIMARTS 2022 BE R BR	223
REJADORADA ROBLE 2022 T RB	815	REX DEUS 2019 T R	950	RIMARTS GRAN RESERVA ESPECIAL CHARDONNAY 2018 BE GR BN	223
REJÓN 2021 T	995	REXACH BAQUES 2019 BE GR BN	222		
RELATO DE VALIENTES 2017 T	647	REXACH BAQUES BRUT IMPERIAL 2021 BE R BR	222	RIMARTS MARTÍNEZ ROSÉ 2021 RE BN	223
RELEVO, COLECCIÓN DE PARCELAS 2021 T C	731	REY ZAGAL SAUVIGNON BLANC 2022 B	288	RINCÓN DE HEREDAD 2021 T	126
RELIQUIA BF AM S	296	REYES DE ARAGÓN "EL FRASNO" 2022 T	163	RIODIEL CONDADO VIEJO BF OL S	247
RELIQUIA BF OL S	296	REYMOS BE MO D	868	RIOJA VEGA 2019 T R	726
RELIQUIA BF PC S	296	REYMOS SELECCIÓN BE MO D	868	RIOJA VEGA COLECCIÓN TEMPRANILLO BLANCO 2023 B	727
RELPASO 2021 T	399	REYNO DE ARTAJONA 2021 T C	417	RIOJA VEGA EDICIÓN LIMITADA 2021 T C	727
REMELLURI 2021 B	712	REYNO DE ARTAJONA 2023 RD	417	RIOJA VEGA GARNACHA 2023 RD	727
REMINDE 2022 T	727	REZUELO 7.0 FRIZZANTE 2023 BE	975	RIOJA VEGA GARNACHA BLANCA TEMPRANILLO BLANCO 2023 B	727
REMINDE 2023 T MC	727	REZUELO ENVEJECIDO EN ROBLE 2020 T	975		
REMINDE VIÑEDO SINGULAR 2020 T	727	REZUELO SELECCIÓN MOSCATEL 2023 B	341	RIOJA VEGA TEMPRANILLO BLANCO 2021 B R	727
REMOLÓN ROSÉ 2023 RD PL S	237	REZUELO SELECCIÓN SAUVIGNON BLANC 2023 B	341	RIPPA DORII 2021 T C	626
REMONTE 2020 T C	419	REZUELO SELECCIÓN VERDEJO 2023 B	341	RIPPA DORII 2022 T RB	626

ÍNDICE VINOS

VINO	PÁG.	VINO	PÁG.	VINO	PÁG.
RIPPA DORII GEOGRAFÍAS LOS CURAS 2022 B FB	766	RODA I 2021 B	687	ROQUESAN 2023 RD	563
RIPPA DORII GEOGRAFÍAS SALOMÓN 2021 T	626	RODAL PLA DE MORTITX 2020 T	1023	ROSA DE ALEJANDRÍA 2023 B SD	966
RIPPA DORII VERDEJO 2023 B	766	RODENO 2020 T C	842	ROSA DE MAR 2023 RD	1010
RIPPA DORII VERDEJO ORGANIC WINE 2023 B	766	RODENO CHARDONNAY LÍAS 2021 B	842	ROSA RUIZ 2023 B	521
RITME NEGRE 2021 T	487	RODENO SAUVIGNON BLANC LÍAS 2021 B	842	ROSA ZARZA 2020 T	993
RITME NEGRE 2022 T	487	RODILES GRACIANO 2012 T R	726	ROSA-O 2023 RD	289
RITUS 2020 T BA	573	RODÓ 2021 T	466	ROSADO DE BOCA EN BOCA 2020 RD	655
RIU DE GOST GARNACHA BLANCA 2021 B RB	1062	RODRIGUEZ & SANZO GOTAS DE NOCHE 2023 RD	994	ROSADO DE LARRAINZAR 2023 RD	428
RIU RAU DULCE 2021 B MISTELA D	93	RODRIGUEZ & SANZO WHISBA 18 2020 T	994	ROSADO VIZCARRA 2023 RD	599
RIVASANZ VERDEJO SOBRE LÍAS 2023 B	766	RODRIGUEZ & SANZO WHISBA 24 2019 T C	994	ROSAE ARZUAGA 2023 RD	572
RIZADO 2020 T BA S	906	RODRÍGUEZ SANZO BAJO VELO 2021 B	756	ROSARA 2023 RD	1033
RIZOMA GARNACHA 2022 T	166	RODRÍGUEZ SANZO ORANGE WINE 2020 B BA	994	ROSAT 110 VINS NADAL MANTONEGRO 2023 RD	1022
RIZOMA TEMPRANILLO 2022 T	166	ROGER GOULART 2021 BE R BN	223	ROSAT DE GERISENA 2023 RD	267
RNG 2016 BE BR	1079	ROGER GOULART CORAL ROSÉ 2022 RE BR	223	ROSAT DE PLANAS ALBAREDA 2023 RD	451
ROANDI GODELLO 2023 B	853	ROGER GOULART ECOLÓGICO 2021 BE R BR	223	ROSÉ PRÍNCEPS 2023 RD	438
ROBATIE 2021 T C	680	ROGER GOULART JOSEP VALLS 2020 BE GR EBR	224	ROSELITO 2023 RD	570
ROBATIE CONIS 2021 T C	680	ROGER GOULART MILLESIMÉ 2022 BE BR	223	ROSMARINUS 2021 T	157
ROBATIE VENDIMIA SELECCIONADA 2016 T	680	ROGER GOULART ROSÉ MILLÉSIME 2021 RE BR	224	ROSMARINUS 2021 T RB	158
ROBERT J. MUR ESPECIAL TRADICIÓ 2021 BE R BN	223	ROLLAND GALARRETA ESENCIA 2018 T	724	ROSSINYOL 2017 BE GR BN	208
ROBERT J. MUR ROYAL MAGNUM 2019 BE R BN	223	ROLLAND GALARRETA ICONIC 2018 T R	724	ROURA 5* BE BN	199
ROBERT J. MUR SIGNATURE 2015 BE GR BN	223	ROLLAND GALARRETA PARCELAS EN ALTURA 2020 T	625	ROURA BE BN	199
ROBLE DEL CONVENTO 2021 T RB	561	ROLLAND GALARRETA RUEDA VERDEJO PARCELA 25 2020 B	765	ROURA BE BR	199
ROC 2021 T	125			ROURA COUPAGE 2020 T C	82
ROC SINGULARS BLANC DE 3 ANYS EN RAMA D'AGRÍCOLA ST. JOSEP B	1062	ROLLAND GALARRETA VERDEJO ORGANIC 2022 B	765	ROURA MERLOT 2023 RD	82
		ROLLURA 2021 T	124	ROURA SAUVIGNON BLANC 2023 B	82
ROC SINGULARS BRISAT D'AGRÍCOLA ST. JOSEP 2023 B	805	ROMÁN 2019 T	174	ROURA XARELLO 2023 B	82
ROCA DEL CRIT 2021 T	270	ROMÁNICO 2022 T	831	ROUREDA 2017 T R	790
ROCAFOSCA BLANC 2023 B	477	ROMPESEDAS 2019 T	823	ROVELLATS COLLECCIÓ 2017 BE GR EBR	224
ROCAFOSCA NEGRE 2021 T	477	RONDARTE 2019 T	362	ROVELLATS CUVÉE ESPECIAL 2010 BE R BN	224
ROCAPLANA 2022 T	449	ROQUERO ROJO 2023 T	104	ROVELLATS GRAN RESERVA ORIGINAL 2017 BE GR BN	224
ROCK & ROLL 2022 T RB	538	ROQUERS DE PORRERA 2019 T R	470	ROVELLATS MAGNUM 2019 BE BN	224
RODA 2021 T R	686	ROQUESAN 2020 T C	563	ROVELLATS MASIA S. XV 2014 BE GR BN	224
RODA I 2020 T R	686	ROQUESAN 2022 T RB	563	ROVELLATS RESERVA IMPERIAL 2020 BE BR	224

VINO	PÁG.	VINO	PÁG.	VINO	PÁG.
ROVELLATS RESERVA IMPERIAL ROSÉ 2020 RE R	224	RUXE RUXE 2022 T	540	SAIÑAS - SILENTE 2021 T	530
ROVER Nº 1 2020 T	1061			SAIÑAS - SINUOSO 2021 T	530
ROVER Nº 1 2021 T	1061			SALANQUES 2022 T C	485
ROZAS 1ER CRU 2022 T	896	**S**		SALAS 2021 T	645
RQT FELIZ, CEPAS ENTRE VIÑAS 2021 B C	596	S-NAIA 2023 B	754	SALGADERO 2020 T BA	823
RUBATOS 2019 T	373	S' NARANJA BF AROM D	247	SALGÜERO 2020 B	603
RUBUS 2023 T	1044	S'ALOU 2019 T C	275	SALIA 2022 T R	372
RUBUS LA VIÑA DE BÁGUENA 2022 T RB	1044	SA CABANA CHARDONNAY 2023 B	1020	SALICORNIA BF MZ	296
RUBUS QUERCUS 2023 T	1044	SA CABANA GIRÒ ROS 2023 B	1020	SALINILLAS DE TOBELOS 2018 T	730
RUC 2021 T	1013	SA CABANA MERLOT 88 T BA	1020	SALIX 2023 B FB	485
RUDELES "23" 2022 T	563	SA CABANA ROSAT DE CABERNET 2023 RD	1020	SALMOS 2020 T C	479
RUDELES "23" 2023 B	563	SA FITA 2023 B	461	SALSIPUEDES 2021 T C	117
RUDELES AIRE 2021 B FB	563	SA FORANA 2022 T	1011	SALTAVIÑAS 2021 T	668
RUDELES CERRO EL CUBERILLO 2021 T	563	SA FORANA BLANC 2022 B FB	1011	SALTO DE RANA 2023 T	162
RUDELES FINCA LA NACIÓN 2020 T	564	SA NATURA 2021 T	799	SALVATGE EDICIÓ LIMITADA 2015 BE BN	1079
RUDELES LOS ARENALES 2020 T	564	SA SIVINA 2023 B	461	SALVATGE ROSÉ MAGNUM 2014 RE BR	1079
RULEI VIÑA BARRACALLO 2017 T	645	SA VALL SELECCIÓ PRIVADA 2019 B FB	462	SALVAVIDES 2022 T	251
RULEI VIÑA BARRACALLO 2020 B	645	SÁBALO 2022 B	953	SALVAXE 2022 B	1070
RULEI VIÑA BARRACALLO RENQUES DE CHENIN 2020 B FB	645	SABATÉ I COCA JOSEP COCA 2017 BE GR BN	1081	SALVUEROS 2023 RD	234
		SABATÉ I COCA MOSSET 2019 BE GR BN	1081	SALVUEROS GARNACHA GRIS 2023 RD	234
RULEI VIÑA BARRACALLO TEMPRANILLO-GARNACHA 2015 T	645	SABATÉ I COCA MOSSET MAGNUM 2014 BE GR BN	1081	SAMEIRÁS 2022 T	544
		SABATÉ I COCA RESERVA FAMILIAR 2014 BE GR BN	1081	SAMEIRÁS 2023 B	544
RULEI VIÑA EL MORAL 2019 RD FB	645	SABINILLA 2022 B FB	838	SAMITIER 2021 T RB	162
RULEI VIÑA EL MORAL VIÑEDO SINGULAR 2019 T	645	SACARO 2022 T	1022	SAMITIER 2022 T RB	162
RUNRÚN 2022 B	961	SADURNÍ OLIVER 2019 BE R BN	219	SAMITIER GARNACHA BLANCA 2022 B FB	163
RUPESTRE DE ALPERA GARNACHA TINTORERA 2018 T R	105	SADURNÍ OLIVER CUVEE BARRICA 2020 BE R BN	219	SAMITIER GARNACHA BLANCA 2023 B SS	163
		SADURNÍ OLIVER ROSAT PINOT NOIR 2022 RE BN	219	SAMITIER GARNACHA VIÑAS VIEJAS 2021 T	163
RUPESTRE GOLD GARNACHA TINTORERA 2021 T C	105	SAFRÀ 2022 T	873	SAMPAYOLO GARNACHA TINTORERA 2022 T	855
RUSTIC 2020 T C	87	SAIAL 2022 B BA	189	SAMPAYOLO GODELLO EN LÁGRIMAS DE LOS BANCALES DE OLIVEDO 2023 B	855
RÚSTIC DE CELLER SANROMÀ VI BRISAT 2023 B	1050	SAIAZ DE PUENTE DEL EA 2020 T	699		
RUTA 49 2023 B	524	SAIAZ DE PUENTE DEL EA 2023 RD	699	SAMPAYOLO GODELLO SOBRE LÍAS 2023 B	855
RUTA DE LAS ESPECIAS NATURALMENTE DULCE 2022 T D	1066	SAIÑAS - SECRETO 2021 T RB	530	SAMPAYOLO MENCÍA 2022 T	855
		SAIÑAS - SECULAR 2021 T RB	530	SAMSARA PRIORAT 2021 T	487

ÍNDICE VINOS

VINO	PÁG.
SAN CLEMENTE 2021 B	783
SAN CLEMENTE 2021 RD	783
SAN CLEMENTE 2021 T BA	783
SAN COBATE LA FINCA 2020 T C	614
SAN COBATE VERDEJO 2020 B FB	766
SAN CUCUFATE "MONASTERIO" 2019 T	614
SAN CUCUFATE ALTOS DEL VISO 2019 T	614
SAN CUCUFATE BANCALES DE JALÓN 2019 T	614
SAN GABRIEL 2022 T RB	564
SAN GABRIEL 2023 RD	564
SAN GINÉS 2022 T	705
SAN MARTINEÑO CABERNET SAUVIGNON-GARNACHA 2019 T	968
SAN MARTINEÑO GARNACHA 2022 T BA	968
SAN MARTINEÑO MACABEO 2022 B	968
SAN MARTINEÑO TEMPRANILLO 2021 T RB	968
SAN MARTINEÑO TEMPRANILLO 2022 T	968
SAN ROMÁN 2021 T	831
SAN SALVADOR GODELLO 2020 B FB	125
SAN VICENTE 2020 T BA	728
SÁNCHEZ VIZCAINO 2020 T R	1012
SANCHO GARCÉS 2020 T C	738
SANCLODIO 2023 B	547
SANCTA YUSTA 2023 T	929
SANDOGAL SELECCIÓN DE PARCELA CENCIBEL 2021 T	341
SANDOGAL SELECCIÓN DE PARCELA SAUVIGNON BLANC 2021 B RB	341
SANGARIDA EL MORREDERO 2022 T C	123
SANGARIDA LA GUIANA 2022 B FB	123
SANGARIDA LA YEGUA 2022 B FB	123
SANGARIDA PICO TUERTO 2022 T	123
SANGO DE REJADORADA 2016 T R	815
SANGRE DE TORO 2019 T R	189

VINO	PÁG.
SANGRE DE TORO ORIGINAL 2022 T	190
SANGRE Y TRABAJADERO BF OL S	305
SANSTRAVÉ AGRAÏMENT 2022 T GR	240
SANSTRAVÉ BRINDIS 2018 BE GR BN	196
SANSTRAVÉ PARTIDA DELS JUEUS 2022 T C	240
SANT JERONI DOLÇ 2020 T GR D	470
SANT JERONI FORN 2022 T	470
SANT JERONI HORT 2022 T	470
SANT PERE 2022 RD	875
SANT PERE BLANC 2021 B	875
SANT PERE NEGRE 2021 T	875
SANT PERE VINYES VELLES BLANC 2019 B	875
SANT PERE VINYES VELLES NEGRE 2017 T	875
SANTA CRUZ PURE 2023 RD	105
SANTA CRUZ PURE GARNACHA TINTORERA 2023 T MC	106
SANTA CRUZ PURE SAUVIGNON BLANC 2023 B	106
SANTA MARÍA CREAM BF CRM	299
SANTALBA 2018 T R	727
SANTALBA 2021 T C	727
SANTALBA 2023 B	727
SANTIAGO JORDI ASSEMBLAGE FINCA LOS PINOS 2020 T	953
SANTIAGO ROMA ALBARIÑO 2022 B	507
SANTIAGO ROMA ALBARIÑO SELECCIÓN 2022 B	507
SANTIAGO RUIZ 2023 B	521
SANTO MERLOT 2018 T	922
SANTO SYRAH 2018 T	922
SANTO TEMPRANILLO 2017 T	922
SANTOS SODUPE 2016 T R	688
SANTOS SODUPE 2020 T C	688
SANTOS SODUPE GRACIANO 100% 2015 T C	688
SANZ CLÁSICO 2023 B	768
SANZ LA CAPITAL 2022 T RB	899

VINO	PÁG.
SANZ LA CAPITAL 2023 T	899
SANZ SAUVIGNON BLANC 2023 B	768
SANZ VERDEJO 2023 B	768
SANZO SAUVIGNON BLANC 2023 B	757
SANZO VIÑAS VIEJAS 2023 B	756
SAÓ ABRIVAT 2021 T C	255
SAÓ BLANC 2022 B FB	255
SAÓ RIESLING 2022 B	255
SAPE 2022 T	982
SARA PEÑA 2023 T RB	551
SARADA CALIZO GARNACHA TINTORERA 2021 T	103
SARAMUSA TREIXADURA 2023 B	552
SARDASOL 2018 T R	418
SARDASOL 2023 RD	418
SARDASOL TEMPRANILLO 2021 T C	418
SARDÓN 2021 T	1003
SARGAS DE IDUES GARNACHA 2022 T	163
SARGAS DE IDUES GARNACHA BLANCA 2022 B	163
SARIÑO 2023 B	1005
SASIKUME 2023 T	707
SASINE 2023 RD	150
SATÉLITE BOARDING WINE 2021 T	817
SÀTIRS NEGRE 2020 T C	265
SAUCI 2020 T C	247
SAUCI BF AM	247
SAUVELLA LUSCINIA CANTA 2013 T	1063
SAUVELLA LUSCINIA EXIMIA 2013 T R	1063
SAUVELLA LUTEUM 2022 B	1063
SAUVELLA ROMANCE 2022 RD	1063
SAUVELLA RUBÍ 2017 T	1063
SAUVELLA SUMOLL 2019 T	1063
SAVINA 2023 B	1010
SCALA DEI CARTOIXA 2020 T R	473

VINO	PÁG.	VINO	PÁG.	VINO	PÁG.
SCALA DEI L'HERETGE 2021 T	473	SEGURA VIUDAS BRUT ROSÉ RE BR	224	SENDEROS DE UKAN 2021 T	731
SCALA DEI MASDEU 2018 T	474	SEGURA VIUDAS LAVIT BE BN	224	SENSAL 2022 T	876
SCALA DEI MASDEU 2019 T	474	SEGURA VIUDAS RESERVA HEREDAD 2017 BE GR BR	224	SENSE SENTITS 2019 T	186
SCALA DEI PLA DELS ÁNGELS 2023 RD	474	SEGURA VIUDAS VINTAGE 2016 BE GR BN	224	SENSUM LAXAS BE BR	501
SCALA DEI PRIOR 2022 T C	474	SEI SOLO 2021 T	626	SENTADA SOBRE LA BESTIA 2021 T BA	875
SCALA DEI SANT ANTONI 2021 T	474	SEIS DE AZUL Y GARANZA 2020 T	414	SENTENCIA 2020 T	1046
SCHATZ CHARDONNAY 2023 B	360	SEISCUERDAS RIESLING 2023 B	961	SENTIDO 2021 T	589
SCHATZ PETIT VERDOT 2018 T C	360	SEISDEDOS, ANAMARI 2023 B	938	SENTIR B	984
SCHATZ PINOT NOIR 2018 T C	360	SEISDEDOS, FAMILIA 2021 B	938	SENTIR RD	984
SCHATZ ROSADO 2023 RD	360	SEISDEDOS, JUÍTA 2021 B	938	SENTIR T	984
SDM. SOLERGIBERT DE MATACANS 2021 T	456	SEISDEDOS, RICARDO 2023 T	939	SENTITS BLANCS 2021 B FB	186
SEBASTIÀ 2021 T BA	790	SEISDEDOS, SERAFINA 2023 T	939	SENTITS NEGRES GARNATXA NEGRA 2019 T	186
SECASTILLA 2020 T C	779	SELECCIÓ 259 2015 T C	189	SENYOR DE LES PEDRES 2019 T RB	268
SECRET D´EN PERICO NEGRE 2021 T	460	SELECCIÓ GARNATXA BLANCA 2020 B	795	SEÑOR DA FOLLA VERDE 2022 B	505
SECRET DEL PRIORAT 2021 T C	479	SELECCIÓN BARTOLOMÉ ABELLÁN 2023 T BA	316	SEÑORA CARMEN 2021 T C	807
SECRETOS DE CONFESIÓN 2020 T	617	SELECCIÓN EXCELENCIA 2017 T C	921	SEÑORA VALE 2022 B	999
SECRETS DE MAR 2021 T RB	801	SELECCIÓN JESÚS MADRAZO RIOJA ALAVESA 2020 T	716	SEÑORÍO DA TORRE 2023 B	497
SECRETS DE MAR 2023 B	801	SELECCIÓN JESÚS MADRAZO SELECCIÓN RIBERA DEL DUERO 2020 T	616	SEÑORÍO DA TORRE SOBRE LÍAS 2022 B	497
SECUA CABERNET-SYRAH 2020 T R	975			SEÑORÍO DE BEADE 2023 B	553
SECUA CRIANZA EN LÍAS 2023 B FB	975	SELECCIÓN PARCELA TEMPRANILLO 2019 T	961	SEÑORÍO DE BEADE 2023 T	553
SECUA MERLOT 2020 T C	975	SELECCIÓN RAMÍREZ DE LA PISCINA 2020 T R	685	SEÑORÍO DE BROCHES DULCE NATURAL 2022 BF MO D	364
SECUENCIAL 2023 B	361	SELLONGUES 2022 T	487	SEÑORÍO DE FUENTEÁLAMO MONASTRELL 2021 T RB	319
SÉCULO CEPAS VIEJAS 2023 T RB	1004	SELMA DE NIN 2018 B	478	SEÑORÍO DE FUENTEÁLAMO MONASTRELL 2023 T	319
SED DE CANÁ 2019 T	632	SELMA DE NIN 2020 B	478	SEÑORÍO DE FUENTEÁLAMO VERDEJO 2023 B	319
SEDE E FAME AS ERMITAS 2021 B	860	SELVA NEGRA 2021 T	714	SEÑORÍO DE LA ANTIGUA MENCÍA 2023 T	986
SEDUCCIÓ VINÍCOLA DE NULLES 2023 B	791	SELVATIC 2022 T	1019	SEÑORÍO DE LA ERALTA 2017 T GR	670
SEGEDA GARNACHA 2022 T	163	SEMBRO 12 MESES 2021 T	592	SEÑORÍO DE LA ERALTA 2018 T R	670
SEGREL ALBARIÑO 2023 B	506	SEMBRO 2022 T	592	SEÑORÍO DE LA ERALTA 2020 T C	670
SEGREL ÁMBAR 2023 B	506	SEMELE 2022 T C	620	SEÑORÍO DE LA ERALTA 2023 T	670
SEGUIT 2021 T	801	SENCILLEZ 2021 T	1059	SEÑORÍO DE LAS MATAS 2012 T GR	936
SEGUNDA BOTA B FI	390	SENDA DE HOYAS ORÍGENES 2022 T RB	174	SEÑORÍO DE LAS MATAS 2014 T GR	936
SEGUNYOLA 2018 BE BN	1078	SENDA DE LAS ROCHAS TEMPRANILLO 2018 T C	370	SEÑORÍO DE LAS MATAS 2015 T GR	936
SEGURA VIUDAS BRUT RESERVA 2021 BE R BR	224	SENDA DE LOS OLIVOS 2021 T C	607	SEÑORÍO DE LAS MATAS 2017 T GR	936

VINO	PÁG.	VINO	PÁG.	VINO	PÁG.
SEÑORÍO DE LAS MATAS 2018 T GR	936	SEÑORÍO DE VILLÁLVARO 19 MESES 2021 T	626	SIBILA 2020 T	1018
SEÑORÍO DE LAS MATAS 2019 T C	936	SEÑORÍO DE VILLÁLVARO ALBILLO MAYOR 2022 B	626	SIERRA CANTABRIA 2015 T GR	729
SEÑORÍO DE LAZÁN 2018 T R	774	SEÑORÍO DE VILLÁLVARO CLARETE 2022 RD	626	SIERRA CANTABRIA 2016 T R	729
SEÑORÍO DE LOS LLANOS 2017 T R	863	SEÑORÍO DE VILLÁLVARO SELECCIÓN ESPECIAL 2020 T	626	SIERRA CANTABRIA 2020 T C	729
SEÑORÍO DE LOS LLANOS 2018 T R	863	SEÑORÍO DE ZAFRA 2022 B	895	SIERRA CANTABRIA 2023 B	729
SEÑORÍO DE LOS LLANOS 2019 T C	863	SEÑORÍO DE ZAFRA TEMPRANILLO MERLOT 2022 T RB	895	SIERRA CANTABRIA 2023 RD	729
SEÑORÍO DE LOS LLANOS 2020 T C	863	SEÑORÍO DEL BIERZO GODELLO 2020 B	139	SIERRA CANTABRIA COLECCIÓN PRIVADA 2022 T	736
SEÑORÍO DE LOS LLANOS B	863	SEÑORÍO DEL BIERZO MENCÍA 2019 T C	139	SIERRA CANTABRIA CUVÈE 2020 T	736
SEÑORÍO DE MARESTE T	1038	SEÑORÍO DEL BISPO 2021 T RB	379	SIERRA CANTABRIA MÁGICO 2020 T	736
SEÑORÍO DE NAVA 2019 T C	593	SEÑORÍO DO LANCERO 2023 B	549	SIERRA CANTABRIA ORGANZA 2022 B	736
SEÑORÍO DE NAVA VERDEJO 2023 B	757	SER VIVO Y NATURAL 2023 T	585	SIERRA DE TOLOÑO 2022 T	729
SEÑORÍO DE NEVADA 2023 B	289	SERAYA VENDIMIA SELECCIONADA 2022 B	934	SIERRA DE TOLOÑO 2023 B	729
SEÑORÍO DE NEVADA 2023 RD	289	SERÈ 2022 T	403	SIERRA GÁDOR 2023 T	1012
SEÑORÍO DE NEVADA BRONCE 2021 T	289	SEREZHADE 2022 B	672	SIERRA PERRA 2021 T	418
SEÑORÍO DE NEVADA ORO 2021 T	289	SERICIS CEPAS VIEJAS BOBAL 2020 T	841	SIESTO 2020 T C	1035
SEÑORÍO DE NEVADA PLATA 2021 T	289	SERICIS CEPAS VIEJAS MONASTRELL 2019 T R	90	SIETE PELDAÑOS BRUÑAL 2022 T	117
SEÑORÍO DE OTXARAN 2021 B	149	SERRA DA ESTRELA 2023 B	496	SIETE PELDAÑOS JUAN GARCÍA 2022 T	117
SEÑORÍO DE OTXARAN 2022 B	149	SERRA DE CAVALLS 2023 B FB	806	SIETE PELDAÑOS MALVASÍA SELECCIÓN 2023 B	118
SEÑORÍO DE PEDRAZA 2021 T C	637	SERRA DE CAVALLS GARNACHA BLANCA 2023 B	806	SIETE PELDAÑOS MANDÓN 2022 T	118
SEÑORÍO DE PEÑALBA SELECCIÓN 2023 T	1005	SERRA DE CAVALLS GARNATXA D'ÀMFORA 2022 T	806	SIETE PELDAÑOS MANDÓN ROSÉ 2023 RD	118
SEÑORÍO DE RUBIÓS ALBARIÑO 2023 B	521	SERRA DE CAVALLS NEGRE 2023 T	806	SIETE PELDAÑOS MENCÍA 2023 T	118
SEÑORÍO DE RUBIÓS CONDADO BLANCO BE BN	521	SERRA DE CAVALLS ROURE 2021 T RB	806	SIGLO SACO TEMPRANILLO C.V.C T	675
SEÑORÍO DE RUBIÓS CONDADO DO TEA BLANCO 2022 B	521	SERRAS DEL PRIORAT 2023 B	475	SIGLO SELECCIÓN 2021 T C	675
		SERRES VELLES GARNATXA 2021 T	448	SIGNES DEL PRIORAT 2021 T	467
SEÑORÍO DE RUBIÓS EDICIÓN LIMITADA 2022 T	521	SERRES VELLES MACABEU 2022 B C	448	SILBON 2022 T	823
SEÑORÍO DE SARRÍA 2018 T R	414	SERVENTIA 2023 T	784	SILENCIO DE MIROS 2019 T	590
SEÑORÍO DE SARRÍA 2020 T C	414	SES FERRITGES 2018 T C S	461	SILENTE 2023 B BA	1050
SEÑORÍO DE SARRÍA 2023 RD	414	SET TOTA LA VIDA 2022 T	407	SILENTIUM 2017 T R	576
SEÑORÍO DE SARRÍA CHARDONNAY 2023 B	415	SEULALIA GODELLO 2023 B	125	SILENTIUM 2020 T C	576
SEÑORÍO DE SARRÍA VIÑEDO CINCO 2023 RD	415	SEULALIA MENCÍA 2021 T	126	SILENTIUM 2023 T	576
SEÑORÍO DE VIDRIALES 2023 RD	996	SHAYA 2023 B	760	SILENTIUM 2023 T RB	576
SEÑORÍO DE VIDRIALES 2023 T	996	SHAYA HABIS 2022 B FB	760	SILENTIUM EXPRESIÓN 2018 T C	576
SEÑORÍO DE VIDRIALES VERDEJO 2023 B	996	SIAH ISABEL SALGADO 2022 B	550	SILEO 2022 T	404

VINO	PÁG.	VINO	PÁG.	VINO	PÁG.
SILGA 2023 B	741	SIN PALABRAS P 242 2022 B	495	SOLABAL 2018 T R	657
SILICON RED T	1038	SIN PALABRAS V 186 2018 B	495	SOLABAL 2020 T C	656
SILLERO PEDRO XIMÉNEZ 2022 B PX D	391	SINFO 2022 RD FB	234	SOLAGÜEN 2021 T C	696
SILLERO TINAJA 2022 B S	391	SINFO ROSÉ 2023 RD	234	SOLAMENTE GOLD T	1038
SILUVIO 2020 B	1064	SINFORIANO 2017 T R	234	SOLANA DE RIUAVALL PORRERA 2021 B	470
SILUVIO 2020 T	1064	SINGULARS CARINYENA BLANCA 2022 B	271	SOLANA DE RIUAVALL PORRERA 2021 T R	470
SILUVIO 2022 B	918	SINGULARS GARNATXA ROJA 2022 B FB	271	SOLAR DE CASTRO VENDIMIA SELECCIONADA 2022 T	666
SILUVIO 2022 T	918	SINOLS 2020 T R	269	SOLAR DE ESTRAUNZA 2021 T C	667
SILVANO GARCÍA 4 MESES 2022 T BA	320	SINTAUTO 2018 T	696	SOLAR DE ESTRAUNZA 2023 B	667
SILVANO GARCÍA COLECCIÓN DIVINA 2021 T C	320	SIÓS BRUT BLANC DE NOIRS 2021 BE R BR	254	SOLAR DE ESTRAUNZA 2023 RD	667
SILVANO GARCÍA DULCE MONASTRELL 2019 T D	320	SIÓS CAU DEL GAT 2022 T C	254	SOLAR DE ESTRAUNZA 2023 T	667
SILVANO GARCÍA ETIQUETA NEGRA 2021 T	320	SIÓS PLA DEL LLADONER 2022 B	254	SOLAR DE SAEL MENCÍA 2020 T C	123
SILVANO GARCÍA MONASTRELL 2022 T	320	SIÓS ROSÉ 2022 RE R BR	255	SOLAR DE SAMANIEGO 2020 T C	729
SILVANUS 2020 T C	573	SIRÀ DE SON RAMON 2019 T	1021	SOLAR DE SAMANIEGO 7 CEPAS 2019 T R	729
SILVANUS EDICIÓN LIMITADA 2021 T	573	SIRENA DEL MAAR DEL HIELO 2023 B	973	SOLAR DE SAMANIEGO VALCAVADA 2019 T R	729
SIMBIOSIS 2017 BE GR BN	982	SIRIGUARACH 2017 T	950	SOLARCE 2020 B	652
SIMBIOSIS AIRÉN DE TINAJA 2022 B	982	SITRA 2023 B	1013	SOLARCE 2020 T	652
SIMBIOSIS BOBAL SINCERO 2022 T	982	SITTA 2023 RD	1030	SOLARCE 2022 RD	652
SÍMBOLO AIRÉN 2023 B	337	SITTA ANCESTROS 2017 B	1030	SOLARCE 2023 RD	652
SÍMBOLO CHARDONNAY SELECCIÓN 2023 B	337	SITTA DULCE NANA 2022 B D	1030	SOLAZ ROSE 2023 RD	969
SÍMBOLO MOSCATEL 2023 B	337	SITTA PEREIRAS 2023 B D	1030	SOLEAR BF MZ S	296
SÍMBOLO TEMPRANILLO 2019 T RB	337	SIURANA BRISAT 2021 B BA	401	SOLEAR EN RAMA SACA DE INVIERNO BF MZ S	296
SÍMBOLO TEMPRANILLO 2022 T	337	SIURELL 2023 B	1018	SOLERA 1931 ESPOLLA GARNATXA D'EMPORDÀ BF SOLERA D	266
SÍMBOLO VERDEJO 2023 B	337	SOBRENATURAL BY MENADE 2018 B C	993		
SIMETA 2021 T	876	SOCAIRE 2021 B FB	953	SOLERA 2020 BE GR BN	203
SIN + TEMPRANILLO 2023 T	992	SOCAIRE OXIDATIVO 2018 B FB	953	SOLERA FINA MARÍA DEL VALLE EN RAMA B FI S	392
SIN + VERDEJO 2023 B	992	SOFÍA 2021 T	838	SOLERGIBERT CABERNET 2018 T R	456
SIN BULLA 2022 B	1028	SOFROS 2020 T	823	SOLIMAR 2023 B	791
SIN COMPLEJOS 2022 T	827	SOFROS P&M 2019 T	823	SOLISERENA ESPOLLA GARNACHA D'EMPORDÀ BF SOLERA D	266
SIN DUDA 2023 T	166	SOGAS MASCARÓ 2022 BE BN	225		
SIN PALABRAS 2023 B	494	SOGAS MASCARÓ 2022 BE BR	225	SOLISTA GARNATXA 2021 T	796
SIN PALABRAS CRIANZA EN DAMAJUANA 2022 B BA	494	SOL DE REYMOS B MISTELA D	868	SOLISTA GARNATXA BLANCA 2021 B	796
SIN PALABRAS EDICIÓN ESPECIAL 2018 B	494	SOL DEL 19 2019 T	379	SOLMAYOR AIRÉN 2023 B SD	835

VINO	PÁG.	VINO	PÁG.	VINO	PÁG.
SOLMAYOR TEMPRANILLO T	835	SONROJO 2023 RD	428	STA MANTONEGRO 2021 T	145
SOLMAYOR VERDEJO-SAUVIGNON BLANC 2023 B	835	SONSIERRA 2015 T GR	688	STA PRENSAL 2023 B	1020
SOLPOST BLANC 2022 B RB	403	SONSIERRA 2017 T R	688	STAIRWAY TO HEAVEN 2023 RD	1015
SOLPOST GARNATXA 2017 T C	403	SONSIERRA TEMPRANILLO BLANCO 2023 B	688	STAIRWAY TO HEAVEN CHARDONNAY 2023 B	1015
SOLPOST ORIGEN 2019 T	404	SONSIERRA VENDIMIA SELECCIONADA 2020 T C	688	STAIRWAY TO HEAVEN CUVÉE 2019 T R	1015
SOLUS DE BIOPAUMERÀ 2023 T	789	SONSIERRA VIURA 2022 B FB	688	STAIRWAY TO HEAVEN OWNERS EDITION 2023 RD	1015
SOMDINOU 2019 T C	798	SOPLA LEVANTE MOSCATEL 2022 B	1064	STAIRWAY TO HEAVEN OWNERS EDITION SAUVIGNON BLANC 2023 B	1016
SOMDINOU 2021 B FB	798	SOPLA PONIENTE CERRO DE LA CAPELLANÍA B FI	394		
SOMDINOU BLANC JOVE 2022 B	798	SOPLA PONIENTE SALINILLAS 2022 B	394	STAIRWAY TO HEAVEN SAUVIGNON BLANC 2023 B	1016
SOMIATRUITES 2022 B	443	SOPLA PONIENTE SAN ROQUE B AM	394	STANIS TRADICIONAL 2023 T	887
SOMMELIER 2017 T R	728	SOPLAGAITAS 2023 B	1050	STELVIO 2020 T C	679
SOMMELIER 2019 T C	728	SOPLO 2022 T	877	STELVIO BLANCO 2023 B	679
SOMMELIER 2022 B	728	SOPLÓN DE ALBILLO REAL 2021 B	988	STYLO 4 MESES 2022 T	161
SOMMOS CHARDONNAY 2023 B RB	774	SOQUES 2018 T R	275	STYLO 8 MESES 2021 T BA	161
SOMMOS COLECCIÓN CABERNET SAUVIGNON 2020 T R	774	SORTE ANTIGA 2022 B	858	SUBLIME 2020 T GR	829
SOMMOS COLECCIÓN CHARDONNAY 2022 B	775	SORTE O SORO 2022 B	858	SUCRO 2020 T	641
SOMMOS COLECCIÓN GARNACHA BLANCA 2022 B	775	SOT LEFRIEC 2019 T	1029	SUD LES OBAGUES 2020 T	406
SOMMOS COLECCIÓN SYRAH 2020 T R	775	SOTAVENTO 100% SAUVIGNON BLANC LÍAS 2023 B	746	SUD ROMPUDA 2021 B	406
SOMMOS COLECCIÓN TEMPRANILLO 2020 T R	775	SOTAVENTO 100% VERDEJO LÍAS 2023 B	746	SUEÑO DE MEGALA 2018 T BA	870
SOMMOS PREMIUM 2019 T R	775	SOTERO PINTADO 2018 T BA	998	SUERTES DEL MARQUÉS CANDIO 2022 T	889
SOMNI 2019 T	475	SOTNERAL GARNACHA 2023 RD	250	SUERTES DEL MARQUÉS CRUZ SANTA 2022 T	889
SOMNIS DE GERISENA RF AÑEJO D	267	SOTNERAL MACABEU 2023 B	250	SUERTES DEL MARQUÉS EDICIÓN 1 2022 B	889
SON 2 DÍAS 2023 B SS	876	SOTNERAL SYRAH 2023 T	250	SUERTES DEL MARQUÉS EDICIÓN 1 2022 T	888
SON AGULLÓ 2022 T C	144	SOTO DEL VICARIO EL ORIGEN 2018 T	139	SUERTES DEL MARQUÉS LA SOLANA 2022 T	888
SON AMARET 2023 B	1022	SOTO DEL VICARIO GO DE GODELLO 2023 B FB	139	SUERTES DEL MARQUÉS LOS PASITOS 2022 T	888
SON AMARET 2023 RD	1022	SOTO DEL VICARIO MEN DE MENCÍA 2018 T C	139	SUERTES DEL MARQUÉS TRENZADO 2022 B	889
SON GRAU GRAN BLANC 2023 B	1021	SOTO DEL VICARIO ORANGE MARROWS 2023 B	139	SUERTES DEL MARQUÉS VIDONIA 2022 B	889
SON GRAU GRAN GARGOLLASSA 2023 RD	1021	SOTOVELO 2022 B	1065	SUERTES DEL MARQUÉS VIDONIA V.P. 2022 B C	889
SON JULIANA SELECCIÓN 2022 T	1021	SOUL DE SAA 2020 T	1058	SUERTES DEL MARQUÉS VIDUEÑO 2021 T	889
SON MOIX NEGRE 2017 T	462	SOUL DE SOUTO 2019 T	1058	SUFREIRAL 2022 T	134
SON P. 2018 T BA	461	SR. CARTOIXÀ 2023 B	790	SULAYR 2023 B	1012
SON RAMON NEGRE 2021 T	1021	STA CALLET 2021 T	1020	SUMARROCA 2 CV INALTERAT 2021 BE R	201
SON RAMON SELECCIÓ ESPECIAL 2019 T	1021	STA GIRÓ ROS 2023 B	1020	SUMARROCA 2020 BE GR BN	201

VINO	PÁG.
SUMARROCA 2021 BE R BR	201
SUMARROCA LETARGIA 2012 BE GR BN	201
SUMOLL DE SOLERGIBERT 2022 T	456
SUNEUS 2023 RD	264
SUNEUS BLANC 2023 B	264
SUNEUS NEGRE 2022 T RB	264
SUPERMARFIL B SS	82
SUPERNOVA 2021 T C	574
SUPERNOVA ROBLE 2023 T RB	574
SUPERSÓNICO FRONTONIO 2022 T	1039
SURIOL DONZELLA 2022 B	451
SURIOL ELS BANCALS 2013 B	451
SURIOL MATARÓ 2022 T BA	451
SURIOL SANG DE DRAC 2016 T	451
SUSQUVAT 2022 B FB	442
SUTRA BY TONI ARRAEZ BE BR	196
SUTRA BY TONI ARRAEZ BE R BR	196
SUTSU 2021 B AG	109
SUZZANE 2022 T	721
SWEET CLOS FIGUERAS 2023 TF D	475
SYLARION 2022 T	98
SYRAH DE BODEGAS RUIZ TORRES 2021 T	1008
SYRAH SON JULIANA 2019 T	1021

T

VINO	PÁG.
TA-MIRA 2022 B	1058
TABÁ 2022 T C	323
TABERNER SELECCIÓN ESPECIAL 2019 T	954
TABUCA 2022 T	175
TABUERNIGA 2020 T	703
TABUERNIGA 2021 T	703
TÁBULA 2020 T	604

VINO	PÁG.
TADEO PETIT VERDOT CORTIJO LOS AGUILARES 2021 T C	364
TAFURIASTE 2022 T	887
TAFURIASTE AFRUTADO SEMIDULCE 2023 RD SD	887
TÁGANAN 2022 B	934
TÁGANAN 2022 T	934
TÁGANAN MARGALAGUA 2022 T	934
TÁGARA 2023 B S	902
TÁGARA MARMAJUELO 2023 B	902
TAGUS 2020 T RB	362
TAHÓN DE TOBELOS 2018 T R	730
TAHÓN DE TOBELOS 2020 B R	730
TAJINASTE 2022 T	933
TAJINASTE 2023 B	933
TAJINASTE 2023 B S	933
TAJINASTE 2023 RD	933
TAJINASTE AFRUTADO B	933
TAJINASTE NATURALMENTE DULCE 2021 T D	887
TAJINASTE TRADICIONAL 2023 T	933
TAJINASTE VENDIMIA SELECCIONADA 2022 T	887
TALAI BERRI ROSÉ 2023 RD	280
TALAI BERRI TXAKOLINA 2023 B	280
TÁLAMO 2020 T C	815
TALEIA 2022 B	251
TALENTO 2023 T	1012
TALENTO BY EGO 2023 T	322
TALLA DE DIAMANTE SEMIDULCE 2023 B SD	668
TALLAT DE LLUNA 2022 T	257
TALMA GARNACHA 2023 T	973
TALMA TEMPRANILLO 2023 T	973
TAMARAL 2020 T C	604
TAMARAL 2020 T R	604
TAMARAL 2023 RD	604

VINO	PÁG.
TAMARAL FINCA VELIA 2020 T	604
TAMBORÁ 2023 B S	545
TAMERÁN BABOSO BLANCO 2022 B FB	284
TAMERÁN LISTÁN NEGRO 2022 T	284
TAMERÁN MALVASÍA VOLCÁNICA 2022 B FB	284
TAMERÁN MARMAJUELO 2022 B FB	284
TAMERÁN VERDELLO 2022 B FB	284
TAMERÁN VIJARIEGO BLANCO 2022 B FB	284
TAMINA VIOGNIER 2023 B	1006
TAMPESTA 2020 T RB	355
TAMPESTA 2023 RD	355
TAMPESTA ALBARÍN 2023 B	355
TAMPESTA GOLÁN 2019 T C	355
TAMPESTA MANEKI 2022 B FB	355
TAMPESTA MANEKI ED. ESPECIAL 2022 B FB	355
TANCA Nº12 2022 B	1011
TANCA Nº13 2023 RD	1011
TANGANILLO AFRUTADO SEMIDULCE 2022 B SD	933
TANGANILLO TRADICIONAL 2022 T S	933
TANTAKA 2021 T	110
TANTAKA 2022 B	110
TANTAKA DIAPIRO (LACRE CALABAZA) 2022 B	110
TANTAKA PETIT COURBU 2022 B	110
TANTUM ERGO CHARDONNAY PINOT NOIR 2021 BE BN	198
TANTUM ERGO EXCLUSIVE MAGNUM 2013 BE GR BN	198
TANTUM ERGO PINOT NOIR ROSÉ 2021 RE BN	198
TANTUM ERGO VINTAGE 2019 BE BN	198
TANUKI BOB 2021 T	1013
TAPIAS DE MARQUÉS DE RISCAL 2020 T	713
TAPIAS DE MARQUÉS DE RISCAL 2021 T	714
TARABELO 2021 T C	546
TARABELO 2022 T C	546
TARAMBANA 2022 B	444

ÍNDICE VINOS

Guía Peñín | VINOS DE ESPAÑA 1227

ÍNDICE VINOS

VINO	PÁG.
TARAMBANA 2022 RD	445
TARAMBANA NEGRE 2022 T C	445
TARDANA OCULTA 2022 B	841
TARDENCUBA 2021 T RB	814
TARDON 2022 T MC	991
TAREIXA 2023 RD	532
TARES P. 3 2019 T R	136
TARIMA AL NATURAL ORGÁNICO SIN SULFITOS 2023 T	92
TARIMA HILL 2022 T	92
TARIMA HILL 2023 B FB	92
TARIMA SELECCIÓN 2023 T	92
TARÓN 2017 T R	689
TARÓN 2019 T C	689
TARÓN CEPAS CENTENARIAS 2020 T	689
TARÓN TEMPRANILLO BLANCO 2022 B C	689
TARSUS 2021 T C	593
TARSUS 2022 T RB	593
TARSUS LA DESPISTADA 2022 B	593
TARSUS VERDEJO 2023 B	757
TARTALO 2022 T	721
TARTIS 2023 B	1042
TARTRATOS 2017 BE GR BN	1075
TATXAM 2022 T	791
TAUROMAQUIA AMONTILLADO VIEJÍSIMO B AM S	392
TAUROMAQUIA OLOROSO VIEJÍSIMO B OL S	392
TAUROMAQUIA PEDRO XIMÉNEZ SUPERIOR BF PX D	392
TEAR DOS DODI 2023 B	550
TEAR DOS DODI 2023 T	551
TEATINOS 40 BARRICAS TEMPRANILLO 2017 T R	642
TEATINOS B	642
TEATINOS CLAROS DE CUBA 2016 T R	642
TEATINOS SIGNVM 2018 T C	642
TEATINOS SYRAH T	642

VINO	PÁG.
TEBAIDA 2022 T RB	133
TEBAIDA Nº5 (VINO DE PARAJE - VALDEPIÑEIRO) 2021 T RB	133
TEIRA X 2022 B	544
TEJALÍN 2011 T RB	950
TEJALÍN 2019 T	950
TELÚRICO 2022 T	988
TEMPLER 2023 T	399
TEMPLER SELECCIÓ 2021 T	399
TEMPTACIÓ VINÍCOLA DE NULLES 2021 T	791
TENESAR 2022 B	351
TENTE NECIO 2022 T	816
TENTE NECIO 2023 T	816
TEÓFILO REYES 15 MESES 2021 T C	593
TEÓFILO REYES 2019 T R	593
TERÁN VERSUM 2019 T	677
TERCIO DE ELHA 2022 T	1042
TERESEÑO 2022 T	729
TERMANTHIA 2016 T	814
TERMES 2021 T	814
TERMES 2022 B	814
TERNARIO 1 2021 T BA	103
TERNARIO 10 2018 T	103
TERRA CRUA 2018 T C	1057
TERRA D'HOM 2019 T	469
TERRA DE ASOREI 2018 BE BR	495
TERRA DE ASOREI 2022 B	496
TERRA DE ASOREI BARRICA DE CARBALLO 2022 B FB	495
TERRA DE ASOREI ESPADEIRO 2021 T	495
TERRA DE ASOREI SELECCIÓN PRIVADA 2021 B	496
TERRA DE CUQUES BLANC 2023 B	489
TERRA DE CUQUES NEGRE 2022 T	489
TERRA DE TARDOR 2023 B FB	839

VINO	PÁG.
TERRA DEL MAÑÁ 6 MESES 2022 T C	87
TERRA DURO LA ENFERMERA 2023 T RB	827
TERRA MINEI 2023 B	544
TERRA SANTA ALBARIÑO 2023 B	496
TERRA VERMELLA DE NIN 2016 B	479
TERRA VERMELLA DE NIN 2019 B	479
TERRADURO SELECCIÓN 2020 T	827
TERRAI OVC OLD VINE CARIÑENA 2022 T RB	178
TERRAI OVG VENDIMIA SELECCIONADA GARNACHA 2021 T BA	178
TERRAJE 2021 T BA	326
TERRAM 2021 T	473
TERRAPRIMA 2022 T	437
TERRAS DE COMPOSTELA 2021 B	521
TERRAS DE COMPOSTELA 2022 B	522
TERRAS DE LANTAÑO 2023 B	524
TERRAS DE LANTAÑO BE BN	524
TERRAS GAUDA 2023 B	522
TERRAS GAUDA ETIQUETA NEGRA 2021 B FB	522
TERRAS MANCAS 2021 B	1025
TERRAS MANCAS 2023 B	1025
TERRAZAS DEL MONCAYO GARNACHA 2020 T BA	170
TERRERS DE LLICORELLA CARINYENA 2021 T	490
TERRERS DE LLICORELLA GARNATXA NEGRA 2021 T C	490
TERRERS DE LLICORELLA PEDRO XIMÉNEZ 2022 B	490
TERRESTRE 2021 T	478
TERRÍCOLA 2021 T	406
TERRÍCOLA BLANC 2022 B	406
TERRISSA 2023 B	1049
TERRITORIO LUTHIER 2019 T R	627
TERRITORIO LUTHIER BLANCO DE GUARDA 2020 B R	627
TERRITORIO LUTHIER CLARETE DE GUARDA 2020 RD R	627
TERRITORIO TARÓN 2017 T	689

VINO	PÁG.
TERROIR HISTORIC BLANC 2023 B	489
TERROIR SENSE FRONTERES BRISAT 2023 B	409
TERROIR SENSE FRONTERES NEGRE 2023 T	410
TERROIR X EL SEGUNDO 2022 T	465
TERROIR X LA TERCERA 2022 T	465
TERROIR X LA VIÑA VIEJA 2022 T	465
TERRÒS 2021 T	408
TERROTXA 2021 T	470
TERRUM 2021 T	1019
TESALIA 2016 T	952
TESALIA 2017 T	953
TESELA BY CLUNIA 2021 T	990
TESÍN DE LA CAMPANA 2020 T RB	125
TESIN DE LA CAMPANA 2021 T	129
TESO LA MONJA 2018 T	831
TESORO DE VILLENA FONDILLÓN 1972 T FO D	86
TESTAMENTO MALVASÍA AROMÁTICA 2022 B FB S	79
TESTAMENTO MALVASÍA AROMÁTICA DRY 2023 B	79
TEULADÍ 2023 T	869
TƎRNA VINO NATURAL 2023 T	886
THALARN 2018 T	251
THALER DE PLATA 2020 T	670
THE ARTIST 2021 T C	1019
THE FINAL COUNTDOWN 2021 T RB	879
THE FLOWER AND THE BEE TREIXADURA 2023 B	550
THESAURUS X 2021 T	594
THREE BY THREE ORGANIC WINE 2021 T	797
TIANNA BLANC 2022 B	1018
TIANNA NEGRE THE SOMMELIER COLLECTION "1" 2022 T	1018
TIANNA VÉLOBLANC 2022 B	1018
TIASO DE SOMMOS 2021 T	1064
TIENTO LA MEJORADA 2016 T	997

VINO	PÁG.
TIERRA 2021 T C	690
TIERRA ARANDA 2018 T R	566
TIERRA ARANDA 2021 T C	566
TIERRA ARANDA EDICIÓN ESPECIAL VIÑEDOS SINGULARES 2021 T C	566
TIERRA ARANDA VENDIMIA SELECCIONADA 2021 T C	566
TIERRA BLANCA 2023 B	1043
TIERRA BLANCA SEMIDULCE 2023 B SD	1043
TIERRA DE MARMOL 2022 RD	689
TIERRA FIDEL 2020 T	689
TIERRA FUNDIDA CERCADO EL PINO 2022 B S	1065
TIERRA FUNDIDA DESORMAIS 2022 B	1065
TIERRA FUNDIDA LOS TOPES 2022 B	1065
TIERRA FUNDIDA TINTO 4/4 2022 T	1065
TIERRA FUNDIDA VERDELLO 2021 B	1065
TIERRAS DE CAIR 2020 T R	580
TIERRAS DE MURILLO 2019 B FB	687
TIERRAS DE MURILLO 2019 T C	687
TIERRAS DE MURILLO 2023 B	687
TIERRAS DE MURILLO 2023 RD	687
TIERRAS DE MURILLO GARNACHA 2021 T	687
TILENUS ENTRECUESTAS GODELLO 2022 B FB	128
TILENUS GODELLO MONTESEIROS 2023 B	128
TILENUS LA FLORIDA 2019 T C	128
TILENUS LADERAS 2021 T	128
TILENUS PAGOS DE POSADA - PARAJE LA FLORIDA 2018 T BA	128
TILENUS PIEROS - PARAJE ALTO DE LOS COTOS 2018 T	128
TINÁCULA EL IMPERIO 2023 T	641
TINÁCULA EL SANTILLO 2023 T	641
TINÁCULA RED 2023 T	641
TINÁCULA WHITE 2023 B	641
TINÁCULA X 2021 T	641

VINO	PÁG.
TINAJA DE ZALEO 2022 T S	1009
TINAJA DE ZALEO 2023 B	1009
TINO 2022 B	544
TINTA ROSA 2022 T RB	831
TINTA ROSA SELECCIÓN 2020 T C	831
TINTA ROSA VINIFICACIÓN INTEGRAL 2021 T C	831
TINTA ROTA 2019 T	1069
TINTO ARROYO 2016 T GR	564
TINTO ARROYO 2019 T R	564
TINTO ARROYO 2020 T C	564
TINTO ARROYO 2022 T RB	564
TINTO ARROYO 2023 T	564
TINTO ARROYO VENDIMIA SELECCIONADA 2017 T FB	564
TINTO DE BOCA EN BOCA 2020 T	655
TINTO ESPECIAL ENCINA BLANCA 2019 T	1008
TINTO PESQUERA 2022 T C	557
TINTO PESQUERA ALBILLO MAYOR 2022 B	557
TINTO PESQUERA MILLENIUM 2019 T GR	557
TINTO PESQUERA MXI 2021 T	557
TINTO ROA 2021 T C	604
TINTO VELASCO #GARAGEWINE 2022 T	957
TINTORALBA CANTORRAL SAUVIGNON BLANC - VERDEJO 2023 B	103
TINTORALBA EL CANTORRAL 2023 T	103
TINTORALBA EL ROMERAL 2020 T	103
TINTORALBA LAS CASILLAS 2023 T	104
TÍO CATO 2021 T C	288
TÍO DIEGO BF AM S	309
TÍO MATEO BF FI S	308
TÍO PEPE BF FI S	304
TÍO PEPE CUATRO PALMAS BF AM S	304
TÍO PEPE DOS PALMAS BF FI S	304
TÍO PEPE EN RAMA BF FI S	304

VINO	PÁG.	VINO	PÁG.	VINO	PÁG.
TÍO PEPE ESTRELLA DE LOS MARES BF FI	304	TOMILLAR 2017 T R	344	TORRE ALBÉNIZ 2020 T R	613
TÍO PEPE TRES PALMAS BF FI S	304	TOMILLAR 2020 T C	344	TORRE DE BARREDA AMIGOS MULTIVARIETAL 2021 T	963
TÍO PEPE UNA PALMA BF FI S	305	TOMILLAR AIRÉN 2023 B	344	TORRE DE BARREDA AMIGOS MULTIVARIETAL 2023 B	963
TÍO RAIMUNDO 2017 B	1040	TOMILLAR TEMPRANILLO 2023 T	344	TORRE DE BARREDA AMIGOS ROSÉ 2023 RD	962
TÍO UCO 2023 T	986	TON DEL ROS 2023 RD	438	TORRE DE BARREDA CABERNET SAUVIGNON 2021 T	962
TIPICITAT 2020 T C	797	TONI BENEITO BBM 2023 T	1066	TORRE DE BARREDA GRACIANO 2021 T	962
TITIS 2023 RD	688	TONI BENEITO BONICAIRE 2021 T	877	TORRE DE BARREDA PAÑOFINO VIÑA SINGULAR 2021 T S	962
TITIS 2023 T	688	TONI BENEITO CABERNET SAUVIGNON 2022 T	878		
TIVO 2020 B FB	953	TONI BENEITO VITICULTOR TORTOSÍ 2023 B	878	TORRE DE CAPMANY GARNATXA D'EMPORDÀ B GR	272
TOBELOS 2023 B	730	TORALTO 2017 T BA	829	TORRE DE CERES TINTILLA DE ROTA 2021 T	955
TOBELOS CRIANZA 2020 T C	730	TORBADOR I 2021 B	484	TORRE DE GAZATE 2017 T R	343
TOBELOS GARNACHA 2022 T BA	730	TORELLÓ 2 AÑADAS MICROVINIFICACIÓN 2019 BE BN	1081	TORRE DE GAZATE 2021 T RB	343
TOBÍA CUVÉE 2020 T C	690	TORELLÓ 225 ENOTECA 2013 BE BN	1081	TORRE DE GAZATE AIRÉN 2023 B	342
TOBÍA CUVÉE B	690	TORELLÓ 50 LLIURES MAGNUM 2022 B	451	TORRE DE GAZATE VERDEJO 2023 B	342
TOBÍA GARNACHA BLANCA 2022 B	690	TORELLÓ ANCESTRAL ANL/21 2021 BE BN	1081	TORRE DE LOIZAGA BIGARREN 2023 B	148
TOBÍA LUZ DE LUNA 2023 RD	690	TORELLÓ COLLECTION 2012 BE BN	1082	TORRE DE LOIZAGA CRIANZA EN ÁNFORA 2022 B	148
TOBÍA SELECCIÓN DE AUTOR 2019 T BA	690	TORELLÓ GRAN CRISALYS 2021 B FB	451	TORRE DE LOIZAGA SELECCIÓN 2022 B	149
TOBÍA SELECCIÓN DE AUTOR 2021 B	690	TORELLÓ GRAN CRISALYS 2022 B FB	451	TORRE DE OÑA - VIÑEDOS ARTESANALES 2021 T	730
TOCAT DE L'ALA BLANC 2023 B	274	TORELLÓ MAS DE LA TORREVELLA 2023 B	451	TORRE DEL VEGUER ABELLEROL 2023 B	452
TOCS 2020 T C	488	TORELLÓ RAIMONDA 2019 T BA	452	TORRE DEL VEGUER EL CUCUT 2021 T RB	1066
TODO VA A SALIR BIEN 2023 RD FB	679	TORELLÓ RESERVA SPECIAL EDITION 2019 BE BR	1081	TORRE DEL VEGUER FONOLL 2022 B	452
TOFTERUP BROTHERS MONASTRELL 2020 T	906	TORELLÓ TRADICIONAL 2018 BE BN	1082	TORRE DEL VEGUER JERÓNIMUS 2021 T	452
TOFTERUP BROTHERS MONASTRELL BARREL SELECT 2020 T	907	TORMENTA 2021 B	125	TORRE DEL VEGUER LA ROSADA 2023 RD	1066
		TORNO HACIENDA EL TERNERO 2018 T C	712	TORRE DEL VEGUER LLUM DEL CADÍ 2021 T	1066
TOFTERUP BROTHERS ORGANIC RED 2023 T	969	TORONDOS CLARETE 2023 RD	232	TORRE DEL VEGUER LLUM DEL CADÍ 2022 B	1066
TOFTERUP BROTHERS ORGANIC ROSE 2023 RD	969	TORONDOS ROSÉ 2023 RD	232	TORRE DEL VEGUER MARICEL 2022 B	452
TOFTERUP BROTHERS TEMPRANILLO 2021 T	595	TORONDOS VERDEJO 2023 B	232	TORRE GALIMANY 2017 BE GR BN	224
TOFTERUP BROTHERS TEMPRANILLO 2021 T C	595	TORQUES DO CASTRO 2022 B	546	TORRE LA MOREIRA 2023 B	505
TOFTERUP BROTHERS TEMPRANILLO 2022 T	641	TORRALBENC 2023 RD	1011	TORRE MUGA 2020 T	681
TOLEMIA 2023 B	553	TORRALBENC CHARDONNAY 2021 B	1011	TORRE PINGÓN 2019 T R	575
TOLLODOURO 2022 B	496	TORRALBENC COUPAGE BLANC 2022 B	1012	TORRE PINGÓN 2021 T C	575
TOLO DO XISTO 2020 T	540	TORRALBENC COUPAGE TINTO 2021 T	1011	TORRE PINGÓN 2023 B	748
TOMÁS GONZÁLEZ 2023 T RB	558	TORRALBENC PINOT NOIR 2023 RD	1012	TORREDEROS 2017 T R	594

VINO	PÁG.
TORREDEROS 2021 T C	594
TORREDEROS 2022 T RB	594
TORREDEROS 2023 RD	594
TORREDEROS SELECCIÓN 2016 T	594
TORREDEROS VERDEJO 2023 B	757
TORRELONGARES OLD VINE GARNACHA 2022 T RB	178
TORRELONGARES OLD VINE TEMPRANILLO 2022 T RB	178
TORREMILANOS 2020 T C	614
TORREMORÓN 2017 T R	594
TORREMORÓN 2021 T C	594
TORREMORÓN 2022 T RB	595
TORREMORÓN TEMPRANILLO 2023 T	594
TORRENS & MOLINER 2020 BE GR BN	225
TORRENS & MOLINER 2021 BE R BN	225
TORRENS & MOLINER GRAN SELECCIO 2019 BE GR BN	225
TORRENS & MOLINER RESERVA PARTICULAR 2021 BE BN	225
TORRENS & MOLINER TREPAT ROSE 2022 RE R BR	225
TORRENT NEGRE SELECCIÓ PRIVADA 2015 T	462
TORRES ROMERO ED. LIMITADA TEMPRANILLO 2015 T	982
TORRES ROMERO ED.LIMITADA CABERNET SAUVIGNON Y MERLOT 2015 T	982
TORRES ROMERO PETIT VERDOT COLECCION PRIVADA 2021 T	982
TORRESILO 2021 T R	607
TORREVAL 6 MESES BARRICAS 2022 T	630
TORROXAL ALBARIÑO 2023 B	496
TOSALET 2023 T	407
TOSALET CARIGNAN VINYES VELLES 2019 T	481
TOSALET VINYES FINS A 50 ANYS 2023 T	481
TOSSUDES 2022 T	188
TOSTADILLO DE POTES TF D	1052
TOT-Ú 2021 RD	1059

VINO	PÁG.
TOTE ABE TEMPRANILLO 2018 T GR	995
TOTE ABE TEMPRANILLO 2019 T GR	995
TOTEM 2020 T BA	998
TOTEM LAS CANTERAS ROSÉ 2021 RD	1007
TOTEM RED LA CALA 2021 T	1007
TOTEM ROSÉ LA VETA 2021 RD	1007
TOTO BARBADILLO 2021 BE BN	1073
TOURÁN 2021 T	174
TOZAL D'A MALPREGONA 2022 T	778
TOZARA 2023 T RB	976
TR3SMANO ALBILLO MAYOR 2022 B	566
TR3SMANO TM 2019 T BA	566
TR3SMANO VENDIMIA 2022 T	566
TR3SMANO VIÑEDOS HISTÓRICOS 2021 T	566
TR3SORO 2019 T	1069
TRACA I MOCADOR BLANC 2022 B	401
TRAILARA 2023 B	495
TRAJÍN 2022 T	893
TRALLARELLO 2023 T	1068
TRAMP 2020 T	187
TRAMPAL 2020 T C	1008
TRANCO DEL LOBO 2020 T C	370
TRANQUERA GARNACHA 2023 T	163
TRAPÍO 2021 T RB	906
TRAPISONDERO 2022 T RB	893
TRAS LOS MUROS 2019 B BA	518
TRASCUEVAS 2022 B	648
TRASLAGARES SAUVIGNON BLANC 2023 B	745
TRASLAGARES VERDEJO 2023 B	745
TRASLANZAS 2019 T	237
TRASLANZAS 2020 T	237
TRASLANZAS 2023 RD	237
TRASLANZAS VERDEJO +ALBILLO 2022 B	237

VINO	PÁG.
TRASTO 2021 T	356
TRASTO 2022 B BA	356
TRASTO FINCA EL BARRANCO 2021 T	356
TRAVESURA CABERNET SAUVIGNON 2023 T	156
TRAVESURA SHIRAZ 2023 T	156
TREBÓN 2021 T	851
TRECE DE PASCUAL 2022 T	414
TRENCACLOSQUES DE PASCONA 2023 RD	402
TRENZA & ZINIO FINCA LA RASILLA 2017 T	738
TRENZA FAMILY COLLECTION 2020 T	907
TRES 60° 2021 T	827
TRES AMIGOS 2018 T BA S	377
TRES CUESTAS 2022 T BA S	237
TRES GERMANES 2021 T	403
TRES JULIAS 2022 T C	815
TRES LEONES NATURALMENTE DULCE B D	362
TRES LUNAS 2020 T	827
TRES MATAS 2018 T R	597
TRES MATAS 2021 T C	597
TRES MATAS VENDIMIA SELECCIONADA 2019 T	597
TRES MULLERES GODELLO 2022 B	386
TRES NAUS 2017 BE R BN	210
TRES NAUS 2018 BE BN	210
TRES NAUS 2018 BE BR	210
TRES NAUS ROSÉ 2021 RE BR	210
TRES NAVÍOS 2021 T	987
TRES NAVÍOS 2022 RD	987
TRES PASAS BF PX D	393
TRES PATAS 2022 T	378
TRES PILARES SELECCIÓN 2022 B	745
TRES PILARES VERDEJO 2023 B	745
TRES REYES COLECCIÓN 2018 T	979
TRES REYES MACABEO VERDEJO 2023 B	979

ÍNDICE VINOS

VINO	PÁG.
TRES REYES TEMPRANILLO SYRAH 2021 T	979
TREVEJOS ALBILLO CRIOLLO 2020 BE GR BN	78
TREVEJOS LISTÁN BLANCO 2020 BE BN	78
TREVEJOS MOUNTAIN WINES BABOSO NEGRO 2021 T	78
TREVEJOS MOUNTAIN WINES LISTÁN BLANCO & MALVASÍA 2022 B	78
TREVEJOS MOUNTAIN WINES LISTÁN PRIETO 2022 T FB	78
TREVEJOS MOUNTAIN WINES ORGANIC LISTÁN BLANCO 2022 B S	78
TREVEJOS MOUNTAIN WINES VIJARIEGO NEGRO 2022 T	78
TREVEJOS ROSADO 2020 RE BN	78
TREVEJOS VOLCANIC WINES BABOSO NEGRO & SYRAH 2020 T	78
TREVEJOS VOLCANIC WINES BLANCO ALBILLO & VERDEJO 2023 B	78
TRIAVA BLANC "VINO DE GUARDA" 2022 B FB	1015
TRIAVA HERITAGE "VINO DE GUARDA" 2021 T R	1015
TRIAY 38 2021 T	386
TRIAY GODELLO 2023 B	386
TRIAY MENCÍA 2023 T	386
TRICÓ 2021 B	510
TRIDENTE DOÑA BLANCA 2023 B	995
TRIDENTE PRIETO PICUDO 2022 T	995
TRIENS 2020 T RB	828
TRIFINIO 2022 T	429
TRIGA 2020 T GR	93
TRIGA 2023 B	93
TRILO-VITES 2021 T	165
TRILOGÍA 2020 T C	873
TRILOGÍA PINOT NOIR BLANC DE NOIR BE R BN	791
TRITÓN TINTA TORO 2022 T	821
TROBALLA BLANC 2022 B	255
TROBALLA NEGRA 2021 T	255

VINO	PÁG.
TROBAT 2018 BE GR BN	200
TROBAT 2019 BE R BN	199
TROBAT ROSAT 2020 RE BR	200
TROQUEAO 2021 T	716
TROS BLANC NOTARIA MAGNUM 2007 B R	398
TROS BLANC SALERES 2017 B	398
TROS DE CLOS BUSCANDO A DARWIN 2020 T	475
TROS DE MAS VILELLA 2018 T	1059
TROS DE MAS VILELLA 2021 T	1059
TROS DEL CANTAL 2021 T	1064
TROS DEL TOSSAL 2021 T	254
TROS NEGRE NOTARIA 2017 T	398
TROSSOS SANTS 2021 B	398
TROUPE 2022 B	514
TRUFES BLANC 2023 B	806
TRUFES NEGRE 2021 T	806
TRUS 2018 T R	595
TRUS 2021 T C	595
TRUS 2023 T RB	595
TRUS ALBILLO 2020 B	596
TU RAI 2022 T BA	253
TUDANCA VICENTA MATER 2018 T	632
TUERCEBOTAS 2022 B FB	665
TUERCEBOTAS GARNACHA 2020 T C	665
TUERCEBOTAS GRACIANO 2021 T C	666
TUERCEBOTAS TEMPRANILLO BLANCO 2023 B	665
TUÏT DE VIVES AMBRÒS 2020 T C	789
TULONIO 2022 B	690
TUMBA DEL REY MORO 2021 T	998
TUNANTE TEMPRANILLO 2023 T	710
TURO D'EN MOTA DE RECAREDO 2010 BE BN	1080
TURÓ DE LES ABELLES 2021 T	443
TURONS DE LA PLETA 2021 B	256

VINO	PÁG.
TURONS VALLCORBA 2020 T C	256
TUSSIO 2022 B	1006
TUTUSAUS 2019 BE GR BN	225
TWENTY TWELVE PINK 2023 RD	461
TWENTY TWELVE WHITE 2023 B	461
TX BERRIA MAGNUM 2020 B	152
TX TXOMIN ETXANIZ 2022 B BA	280
TXAKOLI AGUIRREBEKO 2022 B	148
TXAKOLI AGUIRREBEKO 2023 B	148
TXAKOLI BERROJA 2020 B	148
TXAKOLI IRRIBARRAK 2020 B	110
TXAKOLI IRRIBARRAK 2021 B	110
TXAKOLI IZARO 2023 B	280
TXAKOLI MADDY 2022 B	148
TXAKOLI REZABAL ROSÉ 2023 RD	280
TXAKOLI ULACIA 2023 B	280
TXAKOLITZA 2022 B	152
TXATXABARRI 2023 B	152
TXATXABARRI 2023 RD	152
TXATXABARRI 2023 T	152
TXATXABARRI EXTRA 2023 T	152
TXATXATXA 2021 T	265
TXOMIN ETXANIZ 2023 B	281
TXOMIN ETXANIZ 2023 RD	281

U

VINO	PÁG.
UBE MIRAFLORES 2022 B S	953
UBETA AIROTA 2022 B FB	418
UBETA COLECCIÓN ANCESTRAL (PARCELA METELUGA) 2022 T BA	418
UBETA GARNACHA 2022 T FB	418
UBETA GARNACHA BLANCA 2023 B FB	418

VINO	PÁG.	VINO	PÁG.	VINO	PÁG.
UBETA ROSE 2023 RD	418	UNIVERSITAT ROVIRA I VIRGILI 2020 T C	791	VAL DE VID VERDEJO SOBRE LÍAS 2022 B FB	757
UCEDO 2021 T RB	131	UNIVERSITAT ROVIRA I VIRGILI 2023 B	190	VAL DO CEO 2022 B	952
UDINA DE FERMÍ BOHIGAS 2022 B	187	UNO TXAKOLI 2022 B	109	VAL DO GALIR GODELLO 2023 B	860
UKAN 2021 T	731	UNSI "FINCA EL BOYERAL" 2018 T BA	428	VAL DO GALIR MENCÍA 2022 T	860
ULIBARRI 2022 B	148	UNSI "FINCA LASIERRA" 2017 T	428	VAL DO SOSEGO ALBARIÑO 2023 B	501
ULL DE SERP LA CLOSA CARINYENA 2020 T C	265	UNSI "TERRAZAS BLANCO" 2022 B BA	428	VAL DO SOSEGO MENCÍA 2022 T	532
ULL DE SERP LA CLOSA MACABEU 2022 B FB	266	UNSI "TERRAZAS" 2020 T	428	VALAUTÍN ALBILLO REAL 2022 B FB	896
ULTIMAS HUELLAS - PARCELA 107 2022 B	1054	UNSI DULCE GARNACHA RF RC D	429	VALBUENA 5º 2020 T	597
ULTIMAS HUELLAS - PARCELA CANTOS 2022 B	999	URBEZO CHARDONNAY 2023 B	182	VALCABADINO 15 MESES 2022 B FB	810
ULTIMAS HUELLAS - PARCELA EL PINAR 2022 B	1000	URDIENSE 2022 T	928	VALCABADINO 18 MESES 2020 T	810
UMBRETUM 1810 BE	1074	URO 2022 T	828	VALCABADINO 2021 B FB	1045
UMBRETUM 2020 BE BN	1075	UROOO! 2022 B	1015	VALCABADINO LARGA CUSTODIA 2018 B R	1045
UMBRETUM RESERVA FAMILIAR RE	1075	URTARAN 2021 B FB	109	VALCABADINO LARGA CUSTODIA 2018 T	810
UMEA GARNACHA 2023 T	419	URTARAN 2022 B FB	110	VALCERRACÍN SELECCIÓN LIMITADA 2023 RD	237
UMEA GARNACHA BLANCA 2023 B	419	UVA D'OR MOSCATEL DE LICOR B D	872	VALCERRACÍN SELECCIÓN LIMITADA VERDEJO 2023 B	766
UMEA ROSÉ 2023 RD	419	UVA DOBLE 2023 B	1043	VALCHÉ 2020 T C	155
UN GARNACHA BLANC DE NOIR 2021 B FB	1024	UWE 2023 T	261	VALCUERNA 2020 T C	731
UN MERLOT UVA NOCTURNA 2020 T C	1024	UWE CLARETE 2023 RD	261	VALCUERNA CDVIN 2021 T C	731
UN UVA NOCTURNA BLANCO VERDE 2022 B FB	1039	UXÍA DA PONTE 2023 B	552	VALCUERNA EL ORIGEN CLARETE FINO 2019 RD	731
UN UVA NOCTURNA GARNACHA + 2019 T C	1024			VALDAMOR 2023 B	520
UN UVA NOCTURNA GARNACHA SYRAH 2020 T	1024	**V**		VALDECUEVAS 724 VIOGNIER 2022 B	989
UN YOUNG WINE 2023 T	1024			VALDECUEVAS ALIUM 2021 T	989
UNA NOCHE Y UN DÍA 2022 T	1051	V DULCE DE INVIERNO 2021 B D	1056	VALDECUEVAS CUVÉE VERDEJO 2022 B	746
UNANIMOUS FINCA LA MARICANA 2021 T	627	V MALCORTA 2022 B	763	VALDECUEVAS ORANGE 2022 B	746
UNANIMOUS FINCA LA TEJERA 2021 T C	627	V5 BY CONCEJAL CHARDONNAY 2022 B	980	VALDECUEVAS SAUVIGNON BLANC 2023 B	746
UNANIMOUS PAGO SAN VICENTE 2021 T	627	V5 ORANGE WINE 2022 B	980	VALDECUEVAS VERDEJO 2022 B FB	746
UNANIMOUS SANTA CRUZ ALBILLO MAYOR 2019 B	627	VA DE BO 2021 T C	97	VALDECUEVAS VERDEJO 2023 B	746
UNANIMOUS SANTA CRUZ ALBILLO MAYOR 2020 B	627	VADO DE LA REINA 2019 T BA	665	VALDEGUERRA 2020 T R	899
UNCULÍN MENCÍA DE VALTUILLE 2022 T	137	VAEL WHITE WINE 2023 B	326	VALDEGUERRA 2022 B	899
UNICO 1926 2022 B FB	958	VAL DA LENDA 2023 T	541	VALDEHERMOSO 2021 T C	605
UNICUS AMEZTOI 2015 BE EBR	278	VAL DE MEIGAS 2023 B	523	VALDEHORTA 2022 T	135
UNIVERSAL CABERNET SAUVIGNON BIODINÁMICO 2023 T	974	VAL DE NAIROA 2022 B	549	VALDELACIERVA 2019 T R	690
		VAL DE VID VERDEJO 2023 B	758	VALDELACIERVA 2020 T C	690

VINO	PÁG.	VINO	PÁG.	VINO	PÁG.
VALDELACIERVA CANTOGORDO 2020 T	690	VALDERIVERO 2023 T	596	VALENCISO 2018 T R	702
VALDELACIERVA GRANO A GRANO 2020 T	690	VALDERIVERO 2023 T RB	596	VALENCISO 2022 B C	702
VALDELACIERVA LA SALMUERA 2020 T	690	VALDERIVERO VERDEJO 2023 B	758	VALENCISO CEMENTO 2020 T	702
VALDELACIERVA MONTEPEDRIZA 2020 T	691	VALDERIZ 2021 T	605	VALENCISO GRACIANO 2017 T	702
VALDELAGARES 2023 RD	356	VALDERIZ AL ALBA 2019 T	605	VALENCISO ROSA 2022 RD	702
VALDELARES 2021 T C	429	VALDERIZ DE CHIRIPA 2022 T	605	VALERNA 2021 T BA	250
VALDELARES 2023 RD	429	VALDERIZ JUEGABOLOS 2020 T	605	VALERNA 2022 B FB	250
VALDELARES ALTA EXPRESIÓN 2021 T C	429	VALDERIZ TOMÁS ESTEBAN 2018 T	605	VALEYO 2022 T	129
VALDELARES CHARDONNAY 2023 B	429	VALDESALAS 2023 B	126	VALJUNCO 2023 RD	357
VALDELARES MOSCATEL 2023 B MO	429	VALDESIL PARCELA O CHAO 2019 B FB	859	VALJUNCO ALBARÍN 2022 B	357
VALDELARES SAUVIGNON BLANC 2023 B	429	VALDESNEROS 2021 T RB	113	VALL DE XALÓ GIRÓ VINO DE LICOR 2022 TF MISTELA D	94
VALDELEÑA 2023 B	356	VALDESPINO VIÑA MACHARNUDO ALTO B FB	954	VALL DEL CALÀS 2022 T	400
VALDELEÑA 2023 RD	356	VALDIHUETE SOBRE LÍAS 2023 B	769	VALL LLACH MAS D'EN CAÇADOR 2022 T	473
VALDELEÑA B SD	1002	VALDOCEA 2023 B	520	VALL POR 2021 T R	488
VALDELEÑA TINTO DE AUTOR 2014 T	356	VALDOURO 2020 T BA	852	VALLDOLINA 2018 BE GR BR	225
VALDELICEDA 2021 T C	893	VALDOVINOS 2018 T C	776	VALLDOLINA 2021 BE R BN	225
VALDELOSFRAILES 2017 T R	232	VALDOVINOS SELECCIÓN SYRAH 2018 T	776	VALLDOLINA XARELLO 2022 B	452
VALDELOSFRAILES 2021 T C	232	VALDRINAL 2022 T RB	566	VALLE DE NABAL 2022 T	588
VALDELOSFRAILES CLARETE 2023 RD	232	VALDRINAL DE SANTAMARÍA 2023 B	746	VALLE DEL BOTIJAS SELECCIÓN ESPECIAL 2018 T C	996
VALDELOSFRAILES ROSÉ 2023 RD PL	232	VALDRINAL ROSÉ 2023 RD	566	VALLEGARCÍA SYRAH 2022 T	924
VALDEMONJE 2021 T	927	VALDRINAL SQR 2019 T	566	VALLEGARCÍA VIOGNIER 2022 B	924
VALDEMONJE ALBARÍN NEGRO 2021 T	927	VALDRINAL V24 2019 T R	566	VALLEJO AVENAS 2022 B FB	841
VALDEPEDRO DE OSTATU 2022 T	721	VALDUBÓN 9 MESES 2022 T RB	596	VALLEJO DE VÍCTOR "ALTA EXTRACCIÓN" 2020 T	104
VALDEPINARES 2021 T	615	VALDUBÓN DIEZ T BA	596	VALLEJO DE VÍCTOR "BAJA EXTRACCIÓN" 2020 T	104
VALDEPINARES UNIQUE TERROIR 2021 T	615	VALDUBÓN SAUVIGNON BLANC 2023 B	758	VALLMORA 2021 T	83
VALDEQUEMAO 2021 T RB	637	VALDUBÓN TEMPRANILLO 2023 T	596	VALLOBERA 2021 T C	692
VALDEQUEMAO CLÁSICO 2020 T C	1009	VALDUBÓN VERDEJO 2023 B	758	VALMAGAZ MENCÍA 2023 T	140
VALDEQUEMAO MACABEO 2023 B	637	VALDUBÓN VERDEJO 2023 B RB	758	VALMENIA FINCA LA MACHORRA VENDIMIA SELECCIONADA 2019 T	940
VALDEQUEMAO PARDINA 2023 B	637	VALE 2016 T R	958		
VALDEQUEMAO PARDINA SEMIDULCE 2023 B SD	637	VALE SERIE ORO 2016 T GR	958	VALMENIA VENDIMIA SELECCIONADA 18 MESES 2018 T C	940
VALDEQUEMAO TEMPRANILLO 2023 T	638	VALENCIAN SUN 2023 B MISTELA D	876		
VALDERICA MENCÍA 2023 T	123	VALENCISO 10 AÑOS DESPUÉS EDICIÓN LIMITADA 2012 T	702	VALMIÑOR 2023 B	496
VALDERIVERO 2021 T C	596			VALNUEVO SELECCIÓN 2018 T	814

ÍNDICE VINOS

VINO	PÁG.
VALPARAÍSO 2020 T C	597
VALPARAÍSO 2021 T RB	597
VALPINCIA VERDEJO 2023 B	767
VALREINAS 2021 T C	628
VALREINAS 2022 T RB	628
VALSANZO 2020 T C	592
VALSANZO QUINTO AÑO 2020 T R	592
VALSERRANO 2016 T GR	736
VALSERRANO 2018 T R	736
VALSERRANO 2019 B GR	736
VALSERRANO 2023 B FB	736
VALSERRANO MAZUELO 2019 T	736
VALSOTILLO 2019 T C	586
VALSOTILLO 2019 T R	586
VALSOTILLO 2022 B	586
VALSOTILLO FINCA BUENAVISTA 2019 T	586
VALSOTILLO VS "40 ANIVERSARIO" 2016 T BA	586
VALSOTILLO VS 2019 T R	586
VALTEA 2023 B	497
VALTEA CUVÉE ESPECIAL BE BN	497
VALTEA CUVÉE ESPECIAL LÍAS 2022 B	497
VALTEIRO 2022 T	859
VALTOSCA 2023 T	314
VALTRAVIESO 2021 T C	605
VALTRAVIESO NOGARA 2022 B	761
VALTRAVIESO RUPTURE 2019 T	998
VALTRAVIESO VINO DE FINCA 2020 T	605
VALTROPÍN VERDEJO 2023 B	743
VALTUILLE CEPAS CENTENARIAS 2022 T BA	134
VALTUILLE GODELLO PARAJE EL VAL 2022 B BA	134
VALTUILLE LA COVA DE LA RAPOSA 2022 T	134
VALTUILLE LA VITORIANA 2022 T	134
VALTUILLE VILLEGAS 2022 T BA	134
VALTUILLE VINO DE PARAJE RAPOLAO 2022 T C	134
VALTUILLE VINO DE VILLA 2022 T	135
VALTUILLE VINO DE VILLA 2022 T BA	134
VALVARÉS DE ALTANZA 2020 T C	646
VAN GUS VANA 2016 T	138
VANDAMA HOYA OSCURA 2022 T	285
VANDAMA REVENTÓN 2022 T	285
VANDAMA VINO DE FINCA 2022 T	285
VANIDADE 2023 B	524
VAREIA BERONIA VIÑEDO SINGULAR 2020 T	660
VARIAS AL·LEGORIA 2018 BE R BN	203
VARIAS AL·LEGORIA 2018 BE R BR	204
VARIAS CUVÉE IMPERIAL 2009 BE GR BN	204
VARIAS EDICIÓ LIMITADA XARELLO 2008 BE GR BN	204
VARIAS GENUÍ 2022 BE BN	204
VARIAS LLUERT B FB	439
VASCOMENDI V.S. 2021 T	720
VASCOMENDI V.S. 2022 B	721
VATAN 2021 T	822
VATAN ARENA 2017 T	822
VD 12 2019 T	629
VD 4 2022 T RB	629
VD'O 1 2017 T	274
VD'O 2 2017 T	275
VDB VALLE DEL BOTIJAS 14 MESES 2017 T C	996
VDB VALLE DEL BOTIJAS ANGELA VERDEJO 2022 B	996
VDB VALLE DEL BOTIJAS ANGELA VERDEJO 2023 B	996
VEGA AIXALÀ CARINYENA 2015 T R	240
VEGA AIXALÀ GARNATXA VILANOVA 2015 T R S	240
VEGA AIXALÀ LA BAUMA 2023 B	240
VEGA AIXALÀ LA FONT DELS AUBACS 2019 T BA	240
VEGA AIXALÀ VIERN 2014 T R S	240
VEGA CARRIEGOS 2021 T RB	356
VEGA CARRIEGOS 2023 B	356
VEGA CARRIEGOS 2023 RD	356
VEGA DE LUCÍA GODELLO 2023 B	387
VEGA DE LUCÍA GODELLO SOBRE LÍAS 2022 B	387
VEGA DE LUCÍA MENCÍA 2021 T	387
VEGA DEL PAS VERDEJO SOBRE LÍAS 2022 B	748
VEGA DEL PAS VERDEJO SOBRE LÍAS 2023 B	748
VEGA INFANTE 2022 T	842
VEGA INFANTE 2023 B	843
VEGA INFANTE 2023 RD	843
VEGA LOS ZARZALES 2023 RD	231
VEGA MEDIEN ECOLÓGICO BE BR	206
VEGA MEDIEN ROSÉ RE BR	206
VEGA MORAGONA BOBAL 60'S 2020 T C	642
VEGA MORAGONA LA DUNA 2020 T	642
VEGA MORAGONA MACABEO VERDEJO 2023 B	642
VEGA MORAGONA MOSCATEL DE GRANO MENUDO 2023 B D	642
VEGA SAUCO EL BEYBI 2022 T RB	822
VEGA SAÚCO SELECCIÓN 2020 T	822
VEGA SICILIA ÚNICO 2015 T	597
VEGA SICILIA ÚNICO RESERVA ESPECIAL T GR	598
VEGA VALERIO 2020 T C	566
VEGALFARO 2018 BE GR BN	200
VEGAMAR 2021 T C	872
VEGAMAR 2023 B	872
VEGAMAR PRIVÉE 18 BE R BN	200
VEGAMIAN 2019 T C	631
VEGANTIGUA 2022 T RB	597
VEGAS COLECCIÓN 2022 T	986
VEGAS COLECCIÓN 2023 B	986
VEGAS COLECCIÓN 2023 RD	986
VEGASUR 2021 B	363

Guía Peñín — VINOS DE ESPAÑA

VINO	PÁG.
VEGUÍN DE MURUA 2015 T GR	682
VEIGA NAÚM 2023 B	523
VEIGAS DE PADRIÑAN 2022 B	493
VEINTEVEINTE 20-20 2021 T C	568
VEINTEVEINTE 20-20 EDICIÓN FAMILIAR "CASILDA" 2020 T C	568
VEL'UVEYRA 2022 RD	539
VEL'UVEYRA GODELLO 2022 B BA	539
VEL'UVEYRA MENCÍA 2022 T	539
VELÁZQUEZ COLECCIÓN ARTISTAS ESPAÑOLES 2011 T R	647
VENERABLE VORS BF PX D	299
VENT DE GREGAL 2023 B MO SS	96
VENT DE LLEBEIG 2023 RD AG SS	96
VENTA D'AUBERT SOLO 100 2022 T	1066
VENTA DEL PUERTO Nº 12 2021 T BA	868
VENTA DEL PUERTO Nº 18 2019 T BA	868
VENTA LA OSSA CABERNET SAUVIGNON 2020 T C	966
VENTA LA OSSA SYRAH 2020 T	967
VENTA LA OSSA TNT 2019 T	967
VENTA LAS VACAS LA CUARTILLEJA 2019 T R	628
VENTA MORALES ECOLÓGICO 2023 B	969
VENTEPICO 2021 B	951
VENTO 2023 B S	79
VENTO BLANCO BRISADO 2022 B	1066
VENTO ORIGEN (PIEDRA Y JABLE) 2022 B	79
VENTO ORIGEN ARCILLA 2020 B	79
VENTO ORIGEN ARCILLA 2022 B	79
VENTO VENDIMIA SELECCIONADA 2022 T	79
VENTUM 2018 T C	1019
VEO VEO 2023 T	979
VERA-PINTO 2021 B	261
VERBENERA B FI S	391

VINO	PÁG.
VERDALA BLANC 2022 B	805
VERDALA NEGRE 2022	805
VERDEA 2023 T	927
VERDEA ALBARÍN 2023 B	927
VERDEJA LE DICEN 2021 B	1054
VERDEJO 5000 2023 B	746
VERDEJO DE BODEGAS RUIZ TORRES 2023 B	1008
VERDELUZ CONDADO VIEJO BF	246
VERDELUZ CREAM BF OL CRM	246
VERDIL DE GEL 2022 B D	870
VERDONCHO #GARAGEWINE ORANGEWINE 2023 B	957
VEREDA DE LAS TÓRDIGAS 2021 T BA	930
VERGEL SELECCIÓN 2021 T C	91
VERITAS 2018 T R	144
VERITAS MILLESIMÉ 2019 BE BN	144
VERITAS ROIG 2023 RD	144
VERÓNICA SALGADO CAPRICHO 2020 T C	560
VERSAT CLOS COR VÍ 2023 B	874
VERSOS DE VALTUILLE PAL DE LA VEGA GODELLO 2022 B FB	136
VERSOS DE VALTUILLE PARAJE CASARES 2022 T	136
VERSOS DE VALTUILLE PARAJE EL RAPOLAO 2022 T	136
VERSOS DE VALTUILLE PARAJE LA VITORIANA 2022 T	136
VERSOS DE VALTUILLE PARAJE MATA LOS PARDOS 2022 T	136
VERSOS DE VALTUILLE PARAJE VILLEGAS 2022 T	136
VERSUS MARE 2022 T	1042
VÉRTEBRA DE LA FIGUERA 2023 T	410
VERTIENTE DE LAS ÁNIMAS 2022 T	930
VESPRES 2022 T	407
VESPRES BLANC MAGNUM 2021 B	408
VESTIGIUM CENCIBEL 2022 T	981

VINO	PÁG.
VESTIGIUM CRUJIDERA 2022 T	981
VESTIGIUM MONASTRELL 2022 T	981
VETAS COLECCIÓN 2018 T C	361
VETAS MAR DE TETHYS 2012 T GR	361
VETAS PETIT VERDOT 2014 T GR	361
VETAS SELECCIÓN 2013 T GR	361
VETERUM VITIUM 2021 T	840
VETUS 2021 T	822
VETUSTA 2021 T C	598
VETUSTA ALBILLO MAYOR 2021 B FB	598
VETUSTA VIÑAS DE FUENTENEBRO 2022 T	598
VETUSTA VIÑEDO ESPECIAL CARRASCALON ALTO 2019 T	598
VI REI ES GALL ROSE 2023 RD	1016
VI REI ES POP 2023 B	460
VI REI MERLOT 2022 T	460
VI REI PESCADOR MALLORQUI 2023 B	1016
VI REI PRENSAL BLANC 2023 B	460
VÍA BARROSA GODELLO 2023 B	852
VIA CENIT COLECCIÓN 2020 T C	810
VÍA EDETANA BLANC 2023 B	802
VÍA EDETANA NEGRE 2022 T BA	802
VÍA ROMANA AÑADA MENCÍA 2022 T	537
VÍA ROMANA DO CAMIÑO GODELLO 2022 B	537
VÍA ROMANA DO CAMIÑO MENCÍA GARDA 2021 T	537
VÍA ROMANA DO CAMIÑO MENCÍA GARDA LEVADURAS AUTÓCTONAS 2021 T RB	537
VIA XVIII 2022 T	859
VIADER DAVANT DEL CORRAL 2022 B	448
VIADER SERRA DEL BOSC 2021 T	448
VIARIL BOBAL 2023 RD	373
VIARIL CABERNET SAUVIGNON T	373
VIARIL MACABEO 2023 B	373

VINO	PÁG.
VIARIL MACABEO B FB	373
VIARIL VERDEJO SAUVIGNON BLANC 2023 B	373
VIAZÁLEZ MENCÍA 2021 T	131
VICA RADIO BLANC 2023 B	435
VICENTE GANDÍA BOBAL BLANCO BY PEPE HIDALGO 2023 B	846
VICENTE GANDÍA BOBAL DULCE 2023 RD D	846
VICENTE GANDÍA BOBAL NEGRO BY PEPE HIDALGO 2021 T	846
VICENTE GANDÍA BOBAL ROSA BY PEPE HIDALGO 2023 RD	846
VICIUS 2022 B	524
VÍCTOR DE VALDEGUARIZA 2022 B	829
VICTORIA DE JOSÉ PARIENTE 2023 RD	992
VICTORIA DÍEZ-CABALLERO 2019 T R	705
VICTORIA REGINA VORS BF OL	301
VICTORINO 2021 T	831
VIDA VIÑA TENDIDA MOSCATO BIANCO B SD	869
VIDAL BALAGUER 2021 T R	87
VIDAL DEL SAZ CHARDONNAY 2023 B	335
VIDAL I FERRÉ BE BR	207
VIDAL I FERRÉ BE GR BN	207
VIDAL I FERRÉ BE R BN	207
VIDAL I FERRÉ BLANC DE NOIRS BE R BN	207
VIDAL I FERRÉ ROSAT RE BR	207
VIDALBA 2017 T	488
VIDILLA 2023 B	761
VIDRIOS CLASSIC 2021 T	893
VIEJAS DE IZAN 2021 T C	628
VIEJO C.P. VOS BF PC S	309
VIEJO RONDALLA 2015 B OL S	391
VIEJO ZULETA VOS BF AM S	302
VIENTO SOBRE LA PIEL 2021 T BA	957

VINO	PÁG.
VIERNES GODELLO 2023 B	128
VIERNES MENCÍA 2022 T	128
VIGINTI CABERNET FRANC 2023 T	975
VIGOROUS 2023 RD	670
VII GENERACIÓN DE BODEGAS FIGUEROA 2020 T RB	895
VILA CLOSA CHARDONNAY 2022 B FB	798
VILA CLOSA GARNACHA PELUDA 2020 T RB	798
VILA CLOSA GARNATXA BLANCA 2023 B	798
VILA CLOSA RUBOR 2023 RD	799
VILADEQUINTA 2021 T C	856
VILARNAU 2021 BE R BN	226
VILARNAU 2021 BE R BR	226
VILARNAU BRUT ROSÉ DELICAT 2021 RE R BR	226
VILARNAU VINTAGE 2017 BE GR BN	226
VILARS 2021 T C	257
VILLA ABAD TEMPRANILLO 2017 T R	337
VILLA CONCHI 2018 BE GR BN	200
VILLA CONCHI IMPERIAL 2019 BE EBR	200
VILLA DE CORULLÓN 2022 T	135
VILLAGE 2022 B	1070
VILLAHUERCOS 2021 B FB	670
VILLALAR 2021 T RB	997
VILLANUEVA 2022 T	929
VILLAPANÉS BF OL S	305
VILLAREI 2023 B	518
VILLAVID 1952 2020 T C	370
VILLAVID BOBAL 2021 T RB	370
VILLAVID BOBAL 2023 RD	370
VILLAVID VERDEJO 2023 B	371
VILLAZO 2023 B	361
VILLOTA 2021 T	732
VILLOTA GARNACHA 2021 T	732
VILLOTA GRACIANO 2021 T	732

VINO	PÁG.
VILLOTA SELVANEVADA 2022 B	732
VILLOTA SELVANEVADA 2022 T	732
VILOSELL 2021 T	257
VINA MARIS 2023 B	1038
VINALOPÓ ALICANTE BOUSCHET 2021 T C	86
VINANA 2019 T	360
VINE – ESTONES DE MISHIMA 2022 B RB	803
VINE ROOTS GARNACHA 2020 T	663
VINEA 2021 T C	236
VINEA 2023 RD	236
VINO DE CONTRABANDO 2022 T C	1035
VINO DE YERBA 2022 B	1057
VINS DE POSTAL - CAMÍ DE MOLLET 2019 B	266
VINS DE POSTAL - COLL DE RIBERA 2014 T BA	266
VINS DE POSTAL - L'ESTANY 2020 B	266
VINS DE POSTAL – LA COROMINA 2016 T	266
VINS DE POSTAL – LES PLANES 2020 B	266
VINS DE TALLER BASEIA 2022 B	190
VINS DE TALLER GEUM 2023 T C	190
VINS DE TALLER GRIS 2023 RD	190
VINS DE TALLER PHLOX 2023 B	190
VINS DE TALLER SIURÀ 2021 T C	1067
VINS OBLIDATS BLANC 2023 B	1047
VINS OBLIDATS ESCURSAC 2023 T	1047
VINYA ALFORÍ 2019 T	878
VINYA ALFORÍ 2021 B	878
VINYA ALFORÍ NEGRE 2019 B	878
VINYA D'EN FERRAN JAUME LLOPART ALEMANY 2015 BE GR BN	215
VINYA D'EN LLUC 2023 B	445
VINYA ESCUDÉ 523 2018 BE R EBR	207
VINYA ESCUDÉ DAURAT 2019 BE R BN	207
VINYA GASÓ 2018 T C	398

ÍNDICE VINOS

VINO	PÁG.	VINO	PÁG.	VINO	PÁG.
VINYA MAS DEL XES GARNATXA 2018 T	486	VIÑA ARNAIZ 2019 T C	698	VIÑA CUERVA 2019 T RB	984
VINYA MAS VELL GARNATXA 2018 T GR	486	VIÑA ARNÁIZ 2019 T R	567	VIÑA CUERVA 2023 T	984
VINYA PENDENTS CARINYENA 2018 T GR	486	VIÑA ARNÁIZ 2020 T C	567	VIÑA CUERVA AIRÉN 2023 B	984
VINYES DE BARCELONA 2021 T FB	188	VIÑA ARNÁIZ 2022 T RB	567	VIÑA CUMBRERO 2015 T R	680
VINYES VELLES DE SAMSÓ 2019 T	410	VIÑA ARNAIZ VERDEJO 2023 B	760	VIÑA CUMBRERO 2019 T C	680
VIÑA 98 BF PX D	294	VIÑA AZENICHE SYRAH 2020 T C	156	VIÑA CURVADA ALBILLO MAYOR 2021 B BA	595
VIÑA AB BF AM S	305	VIÑA BALEN 2020 T GR	1036	VIÑA CURVADA TEMPRANILLO 2021 T	595
VIÑA ABAD GODELLO 2023 B	852	VIÑA BERNEDA 2023 B	692	VIÑA CURVADA TEMPRANILLO 2021 T C	595
VIÑA ABAD SUMUM GODELLO 2023 B	852	VIÑA BERNEDA 2023 T MC	692	VIÑA DAMMIS SELECCIÓN FAMILIAR 2023 B	1068
VIÑA ABBA 2021 T	819	VIÑA BISPO 2021 T	379	VIÑA DAMMIS VERDEJO 2023 B	768
VIÑA AINZÓN 2021 T C	170	VIÑA BISPO 2023 B	380	VIÑA DE ARANBELZA 2017 T	425
VIÑA AL LADO DE LA CASA 2021 T	905	VIÑA BISPO 2023 RD	380	VIÑA DE MIRABUENAS 2015 B	425
VIÑA ALBALI 2018 T GR	865	VIÑA BORGIA BY BORSAO 2023 T	1036	VIÑA DE NEIRA 2023 B	540
VIÑA ALBALI 2019 T R	865	VIÑA BOSQUERA 2023 B	895	VIÑA DE NEIRA 2023 T	540
VIÑA ALBALI 2020 T C	865	VIÑA BOSQUERA 2023 T	895	VIÑA DE SAN MARTÍN 2016 T	425
VIÑA ALBALI AIRÉN VERDEJO SAUVIGNON BLANC 2023 B	865	VIÑA BOTIAL 2022 T RB	156	VIÑA DEL OJA 2015 T GR	728
		VIÑA BUENA 2020 T C	630	VIÑA DEL OJA 2017 T R	728
VIÑA ALBALI CABERNET SAUVIGNON 2023 T	973	VIÑA BUENA 2022 T RB	630	VIÑA DO AVÓ 2022 B	544
VIÑA ALBALI CHARDONNAY 2023 B	973	VIÑA BUENA 2023 T	630	VIÑA EGUÍA GARNACHA & GRACIANO 2022 T	666
VIÑA ALBALI GARNACHA ROSÉ 2023 RD	973	VIÑA BUJANDA 2018 T R	732	VIÑA EGUÍA GARNACHA, VIURA & MAZUELO 2023 RD	666
VIÑA ALBALI MERLOT 2023 T	973	VIÑA CAEIRA 2023 B	500	VIÑA EGUÍA TEMPRANILLO & MAZUELO 2022 T	666
VIÑA ALBALI TEMPRANILLO SHIRAZ 2023 T	973	VIÑA CALDERONA 2023 RD	236	VIÑA EGUÍA TEMPRANILLO BLANCO & VIURA 2023 B	666
VIÑA ALBALI VERDEJO SAUVIGNON BLANC 2023 B	973	VIÑA CALDERONA BLUSH ROSÉ 2023 RD	236	VIÑA EL CHORRO 2020 T	624
VIÑA ALBERDI 2020 T C	717	VIÑA CANSINA 2023 RD	236	VIÑA EL DORRE 2020 T C	417
VIÑA ALBINA VERDEJO 2023 B	759	VIÑA CANSINA VERDEJO SOBRE LÍAS 2023 B	751	VIÑA EL DORRE 2023 T	417
VIÑA ALJIBES 2021 T RB	961	VIÑA CARTIN 2023 B	524	VIÑA EL PISÓN 2022 T	1068
VIÑA ALMIRANTE CAIÑO BRANCO 2022 B	524	VIÑA CIMBRÓN SAUVIGNON 2023 B	751	VIÑA ENCINA CABERMET SAUVIGNON 2022 T	340
VIÑA ANE AUTOR 2020 T C	654	VIÑA CIMBRÓN VERDEJO 2023 B	751	VIÑA ENCINA TEMPRANILLO 2021 T	340
VIÑA ANE CENTENARIA 2022 B FB	654	VIÑA CORRALES PAGO BALBAINA BF FI	294	VIÑA ESMERALDA 2023 B	442
VIÑA ANE SELECCIÓN 2020 T	654	VIÑA CORZO GODELLO 2023 B	856	VIÑA ESTÉVEZ 2022 T BA	785
VIÑA ARANA 2016 T GR	717	VIÑA CORZO MENCÍA 2022 T	856	VIÑA ESTÉVEZ BABOSO NEGRO 2022 T	785
VIÑA ARDANZA 2017 T R	717	VIÑA COSTEIRA 2023 B	545	VIÑA FRIEIRA 2019 T BA	541
VIÑA ARNAIZ 2017 T R	698	VIÑA COSTEIRA MENCÍA 2023 T	852	VIÑA FRIEIRA 2023 T	541

VINO	PÁG.	VINO	PÁG.	VINO	PÁG.
VIÑA FRONTERA AFRUTADO SELECCIÓN 2023 B	261	VIÑA MIGARRÓN 2023 RD	127	VIÑA POMAL ORGANIC ECOLÓGICO 2020 T	661
VIÑA FRONTERA BABOSO 2021 T	261	VIÑA MIGARRÓN 2024 B	127	VIÑA POMAL SELECCIÓN 500 2020 T C	661
VIÑA FRONTERA BABOSO BLANCO 2021 B	261	VIÑA MONTY GARNACHA 2016 T	680	VIÑA REAL 2018 T GR	733
VIÑA FRONTERA BABOSO BLANCO 2022 B	261	VIÑA MONTY VIURA 2018 B R	680	VIÑA REAL 2018 T R	733
VIÑA FRONTERA DULCE 2018 T GR D	261	VIÑA MOREJONA VERDEJO SOBRE LÍAS 2023 B	751	VIÑA REAL 2021 T C	733
VIÑA FRONTERA SECO 2023 B	261	VIÑA MURIEL 2020 B R	681	VIÑA REAL 2022 B FB	733
VIÑA FRONTERA TRADICIONAL 2022 T	261	VIÑA NINA MAGDALENA MANTO NEGRO 2021 T	1022	VIÑA REAL 2023 RD	733
VIÑA FRONTERA VARIETALES 2021 T	261	VIÑA NORTE 2023 B	783	VIÑA ROEL SOBRE LÍAS 2023 B	502
VIÑA FRONTERA VIJARIEGO 2022 T	261	VIÑA NORTE 2023 T	783	VIÑA ROMALE 2022 BE BN	199
VIÑA GENA 2021 T BA	732	VIÑA NORTE 2023 T MC	783	VIÑA ROMALE 2022 BE SS	199
VIÑA GÓMEZ LISTÁN 2020 B D	883	VIÑA NORTE SELECCIÓN 2023 T	783	VIÑA ROMALE MACABEO 2023 B	636
VIÑA GOY 2023 RD	234	VIÑA OLABARRI 2019 T C	733	VIÑA ROMALE ROSADO 2022 RE SS	199
VIÑA GOY RUEDA 2023 B	761	VIÑA OLABARRI 2023 B	733	VIÑA ROMALE TEMPRANILLO 2022 T	636
VIÑA HERMINIA 2018 T R	693	VIÑA ORCE 2020 T C	336	VIÑA ROMALE XARELLO 2022 BE BN	199
VIÑA HIJOSA 2020 T	566	VIÑA ORCE 2022 RD	967	VIÑA SALCEDA 2020 T C	733
VIÑA LA CEJA 2021 T	372	VIÑA ORCE MACABEO VERDEJO 2022 B	967	VIÑA SALCEDA SOBRE LÍAS 2023 B	733
VIÑA LANCIANO 2019 T R	671	VIÑA ORCE TEMPRANILLO 2022 T RB	967	VIÑA SAN JUAN 2023 B	340
VIÑA LASTRA 2023 RD	965	VIÑA PAROT GRAN CUVEÉ 2019 T R	421	VIÑA SAN JUAN 2023 RD	340
VIÑA LASTRA BLANC DE NOIR 2023 B	965	VIÑA PEDROSA 2019 T GR	585	VIÑA SAN JUAN MERLOT SYRAH TEMPRANILLO 2023 T	340
VIÑA LASTRA CABERNET SAUVIGNON 2023 T	965	VIÑA PEDROSA 2021 T R	586	VIÑA SASTRE 2021 T C	630
VIÑA LASTRA SAUVIGNON BLANC 2023 B	965	VIÑA PEDROSA 2022 T C	586	VIÑA SASTRE MARCELINA GÓMEZ 2023 RD	631
VIÑA LASTRA SELECTO 2023 T	965	VIÑA PEDROSA FINCA LA NAVILLA 2021 T R	586	VIÑA SASTRE PAGO DE SANTA CRUZ 2018 T GR	631
VIÑA LASTRA VERDEJO 2023 B	965	VIÑA PEÓN 2022 T RB	536	VIÑA SASTRE PESUS 2016 T	631
VIÑA LOMBAS 2022 T	657	VIÑA PEÓN MENCÍA DE AMANDI 2022 T	537	VIÑA SASTRE RAFAEL SASTRE 2022 T RB	631
VIÑA MARRO 2017 T GR	666	VIÑA PERGUITA 2020 T C	419	VIÑA SATOSHI ORANGE 2022 B	165
VIÑA MARRO 2019 T R	666	VIÑA PERGUITA 2022 T RB	419	VIÑA SATOSHI RED 2021 T R	1061
VIÑA MAYOR 2017 T GR	598	VIÑA PICOTA 2023 RD	232	VIÑA SOL 2023 B	190
VIÑA MAYOR 2019 T R	598	VIÑA POMAL 2015 T GR	661	VIÑA SOMOZA TATÉ 2022 T C	859
VIÑA MAYOR 2021 T C	598	VIÑA POMAL 2018 T R	661	VIÑA TENDIDA B	869
VIÑA MAYOR 2022 T RB	598	VIÑA POMAL 2021 T C	661	VIÑA TEULADA 2023 B	96
VIÑA MAYOR VERDEJO 2023 B	768	VIÑA POMAL 2023 RD	661	VIÑA TONDONIA 2012 T R	724
VIÑA MIGARRÓN 2018 T C	127	VIÑA POMAL ALTO DE LA CASETA 2019 T R	661	VIÑA TUELDA 2016 T R	631
VIÑA MIGARRÓN 2022 T	127	VIÑA POMAL ORGANIC 2018 T R	661	VIÑA TUELDA 2020 T C	631

VINO	PÁG.	VINO	PÁG.	VINO	PÁG.
VIÑA TUELDA 2022 T RB	631	VIÑAREDO GODELLO 2023 B	858	VIÑEDOS POZANCO 2020 T C	638
VIÑA ULISES 2022 T	1040	VIÑAREDO MENCÍA 2023 T	858	VIÑEDOS POZANCO VERDEJO 2023 B	638
VIÑA VALDABLE 2020 T C	113	VIÑAREDO SOUSÓN 2022 T BA	858	VIOGNIER DE PRIETO PARIENTE 2022 B	994
VIÑA VALDABLE 2021 T	113	VIÑAS DEL CÁMBRICO RUFETE		VIOLET 2023 T	413
VIÑA VELLA 2023 B	540	BLANCA GRANITO 2021 B	937	VIOLETES DE FANG 2020 T	406
VIÑA VELLA MENCÍA 2023 T	540	VIÑAS DEL CÁMBRICO VILLANUEVA 2022 T	937	VIONTA 2023 B	507
VIÑA VENERACIÓN 2023 B	977	VIÑAS DEL CIERZO DE COTO DE HAYAS 2019 T R	172	VIONTA GODELLO 2023 B	386
VIÑA VEREDA DEL RÍO 2020 T C	687	VIÑAS DEL VERO CHARDONNAY 2022 B FB	779	VIORE ORGANIC 2023 B	759
VIÑA VICUANA BODEGAS BILBAINAS 2018 T	661	VIÑAS DEL VERO CHARDONNAY 2023 B	779	VIORE VERDEJO 2023 B	759
VIÑA VILLAR 2020 T C	870	VIÑAS DEL VERO GEWÜRZTRAMINER 2023 B	779	VIORE VERDEJO SOBRE LÍAS 2022 B	759
VIÑA VILLAR CHARDONNAY 2022 B	870	VIÑAS DEL VERO PINOT NOIR 2023 RD	779	VIRACOCHA 2020 T R	588
VIÑA VILLAR SYRAH 2022 T	870	VIÑAS DEL VERO SAUVIGNON BLANC 2023 B	779	VIRIATUS PRIETO PICUDO 2023 RD	935
VIÑA VIRGINIA ROSÉ 2023 RD	370	VIÑAS DEL VERO VIOLETA 2022 T	779	VIRIATUS TEMPRANILLO 2022 T	997
VIÑA X 2023 RD	231	VIÑAS ELÍAS MORA 2022 T RB	826	VIRIATUS VERDEJO 2023 B	997
VIÑA ZACO 2019 T	661	VIÑAS HERZAS 2023 B	883	VIRTUS 2017 T GR	599
VIÑA ZANATA AFRUTADO 2023 B	934	VIÑAS HERZAS 2023 T	883	VISI 2023 RD	1049
VIÑA ZANATA BLANCO TRADICIONAL 2023 B S	934	VIÑAS SILENCIOSAS LA DE MIKEL 2022 T	734	VISIGODO 2021 T RB	988
VIÑA ZANATA MALVASÍA SECO 2023 B S	934	VIÑAS SILENCIOSAS POSADERO 2018 B	734	VISTA DE HALCÓN B	969
VIÑA ZANATA MARMAJUELO 2023 B	935	VIÑAS SILENCIOSAS REGOYOS 2022 T	734	VITA 2022 B	1059
VIÑA ZANATA TINTILLA 2021 T	935	VIÑAS SILENCIOSAS VALDESANJUAN 2022 T	734	VITALIS SELECCIÓN 2019 T C	355
VIÑA ZANATA VENDIMIA SELECCIONADA 2023 B S	935	VIÑAS ZORZAL MALAYETO 2022 T	430	VITIS DE AZUL Y GARANZA 2023 B	414
VIÑA ZORZAL 4 DEL 4 2021 T	429	VIÑASPERI 2016 T GR	662	VITTIOS GARNACHA 2019 T D	452
VIÑA ZORZAL 4 DEL 4 2022 T	429	VIÑASPERI 2017 T R	662	VIVA LA VID-A 2021 T	1057
VIÑA ZORZAL BAKAN 2023 T	430	VIÑASPERI 2022 B	662	VIVALTUS 2019 T	633
VIÑA ZORZAL GARNACHA BLANCA 2022 B	430	VIÑASPERI BLUE OCEAN 2020 T BA	662	VIVANCO 2019 T R	694
VIÑA ZORZAL GOLERGA 2022 T	430	VIÑASPERI SELECCIÓN 2018 T	662	VIVANCO 2021 T C	693
VIÑA ZORZAL SEÑORA DE LAS ALTURAS 2022 B	430	VIÑAVERDE 2023 B SS	392	VIVANCO BRUNES 2021 T	694
VIÑA ZORZAL SEÑORA DE LAS ALTURAS 2022 T	430	VIÑEDOS DE SONSIERRA		VIVANCO LA ISLA VIÑEDO SINGULAR 2020 T	694
VIÑADORES DE CASTILLA LOS PERDEDEROS 2022 B	1069	DUERMEALMAS 2017 T BA	688	VIVANCO LA ISLA VIÑEDO SINGULAR	
VIÑAGAMO SECO 2022 B	246	VIÑEDOS DE SONSIERRA		PIE FRANCO 2020 B	694
VIÑAGAMO SEMIDULCE 2023 BE AG SD	246	EL RINCÓN DE LOS GALOS 2018 T BA S	688	VIVANZA 2016 T C	92
VIÑAHONDA 2020 T C	320	VIÑEDOS DE SONSIERRA VIÑEDO DE ALTURA 2021 T	688	VIVANZA ELITE 2017 T C	92
VIÑAREDO 2023 RD	1063	VIÑEDOS DE SONSIERRA, VIÑEDO VIEJO 2018 T	688	VIVANZA GOLD 2019 T C	92

VINO	PÁG.	VINO	PÁG.	VINO	PÁG.
VIVER D'ESPIELLS 2022 B	451	VOLADERO 2022 B	366	XARDÍN DE XAMPEDRO 2021 T BA	140
VIVERTELL BLANC DE NOIRS 2023 B	797	VOLADEROS GHIARA MAGNUM 2018 B	366	XARELLO JERONI VALLÈS 2022 B	438
VIVES AMBRÒS 2020 BE R BR	204	VOLADOR 2022 T	408	XARELLO PAIRAL 2021 B FB	437
VIVES AMBRÒS JUJOL 2020 BE GR BN	204	VOLAINA 2021 B	440	XARELLO VERMELL VINÍCOLA DE NULLES 2022 B	791
VIVES AMBRÒS NAÏF ÀMFORA 2023 B	789	VOLALTO 2021 T BA	312	XARELLO VINYA DEL NOGUER 2022 B	1067
VIVES AMBRÒS ROSAT 2021 RE R BR	204	VOLANDERA 2022 T	428	XASTRA 2023 T	538
VIVES AMBRÒS TRADICIÓ 2017 BE GR BN	204	VOLANDIA 2019 T C	536	XAVI 2019 T	404
VIVETTE CHARDONNAY 2023 B	777	VOLTIO VINO DE PUEBLO 2018 T R	1060	XAXAXA 2022 B	438
VIVETTE GEWÜRZTRAMINER 2023 B	777	VOLTIO VINO DE PUEBLO 2022 T	1060	XENYS FINA SIERRA DE LOS GAVILANES 2020 T C	327
VIVIDOR 2022 T	839	VOLTIO VINO NARANJA 2023 B	1060	XENYS MONASTRELL 12 2021 T	327
VIVIR SIN DORMIR 2021 T RB	313	VOLTONS 2021 T	481	XENYS ROSÉ 2023 RD	327
VIVIR SIN DORMIR 2022 T RB	313	VOLVER 2022 T	970	XENYSEL PIE FRANCO 2022 T	327
VIYUELA 2016 T GR	599	VOLVER CUVÉE 2020 T GR	970	XESTAL 2022 T RB	131
VIYUELA 2019 T R	599	VS MURUA 2021 T	682	XF SIERRA CANTABRIA 2023 RD	729
VIYUELA 2022 T RB	599	VT TINTO FINO VALTRAVIESO 2020 T BA	605	XI'IPAL GARNACHA LAS BAJADAS 2022 T	419
VIZANA 2020 T C S	636	VULCANUS MACERADO CON PIELES 2023 B	973	XIMENIS VI DE VILA 2023 B	480
VIZAR PRESTIGIO 2019 T C	919	VULPES VULPES 2022 B	951	XIÓN CUVÉE 2020 T	498
VIZAR SELECCIÓN ESPECIAL 2021 T C	919	VXVX XARELLO VERMELL 2023 RD	438	XISCA GIRÒ ROS 2023 B	1020
VIZAR SYRAH 2020 T C	919			XIXARITO BF AM	296
VIZCARRA 2021 T	599			XIXARITO BF CRM	296
VIZCARRA GARNACHA 2022 T	997	**W**		XIXARITO BF FI	296
VIZCARRA GRACIANO 2022 T C	997	W1 MABE 2023 B RB	578	XIXARITO BF OL	296
VIZCARRA MERLOT 2022 T C	997	WANTED SOTILLO 2022 T	929	XIXARITO BF PC	296
VIZCARRA SENDA DEL ORO 2023 T	599	WIN VERDEJO B	1035	XIXARITO BF PX	296
VIZCARRA TORRALVO 2021 T	600	WINNER PREMIUM 2018 T C	118	XOLAYR 2021 B	290
VIZORRO 2023 B	993			XOT BLANC 2022 B	275
VIZORRO TEMPRANILLO 2023 T	993			XPERIMENT 2018 T FB S	462
VIZUECOS BLANC DE NOIRS 2023 B	955	**X**		XR DE MARQUÉS DE RISCAL 2020 T R	714
VIZUECOS EXCELLENCE 2020 T	1029	XADO 2022 B	951	XR DE MARQUÉS DE RISCAL 2023 RD	713
VIZUECOS SELECTION 2020 T	1029	XADO 2022 T	951	XTIRPE 2021 T	379
VIZUECOS SELECTION 2022 T	955	XAFARDER 2023 RD	1017	XTRMO (EXTREMO) 2021 B FB	1048
VOILÀ 2023 RD	413	XANET 2020 T	1018	XUXUR 2022 B	151
VOL D'ANIMA DE RAIMAT BLANC 2023 B	256	XANET ROSÉ 2023 RD	1018		

VINO	PÁG.
Y	
Y SOLO CUANDO EL RÍO CALLA 2021 B	959
YASO 2022 T	832
YASO FLOR DE MATTERIA 2022 T	832
YASO MATTERIA VIÑAS VIEJAS 2018 T	832
YEYA 2023 B	1024
YLLERA 12 MESES 2020 T RB	1006
YLLERA 5.5 ROSÉ FRIZZANTE RE AG	1083
YLLERA 5.5 VERDEJO FRIZZANTE BE AG SD	1083
YLLERA CHARDONNAY VENDIMIA NOCTURNA 2023 B	1006
YLLERA SAUVIGNON BLANC VENDIMIA NOCTURNA 2023 B	769
YLLERA VENDIMIA SELECCIONADA 2019 T R	1006
YLLERA VERDEJO VENDIMIA NOCTURNA 2023 B	769
YNOCENTE BF FI S	309
YO SOLO 2022 T FB	366
YO SOLO EDICIÓN MELONERA 2022 T C	366
YOTUEL 2020 T BA	601
YOTUEL FINCA LA NAVA 2018 T	601
YOTUEL FINCA VALDEPALACIOS 2019 T	601
YOTUEL GARNACHA 2021 T	997
YOTUEL SELECCIÓN 2019 T	601
YOU & ME 2023 B	507
YSIOS 2022 B	737
YSIOS GRANO A GRANO 2021 T	737
YSIOS LAGUNAZURI 2019 T	738
YSIOS ROSÉ 2023 RD	737
YSIOS SELECCIÓN 2018 T	737
YUNTERO MACABEO – SAUVIGNON BLANC 2023 B	338
YUNTERO VIÑAS VIEJAS 2016 T R	338
Z	
ZABALONDO 2023 B	148

VINO	PÁG.
ZAGAL DE FINCA ANTIGUA 2021 T	973
ZAÍNO TEMPRANILLO 2022 T C	374
ZAÍNO TEMPRANILLO SYRAH 2022 T	374
ZAPADORADO VERDEJO 2023 B	757
ZAPICOS - FRUTO DEL MINIFUNDIO 2023 T	550
ZAPICOS DO VEREA 2023 B	550
ZAPICOS DO VEREA GODELLO 2023 B	550
ZÁRATE ALBARIÑO 2023 B	526
ZÁRATE EL BALADO 2022 B	525
ZÁRATE EL PALOMAR 2021 B FB	526
ZÁRATE ESPADEIRO TINTO 2022 T	526
ZÁRATE TRAS DA VIÑA 2021 B	526
ZENIZATE MONASTRELL 4 MESES 2022 T	319
ZENIZATE SYRAH 4 MESES 2022 T	319
ZERBEROS AF 2022 T	1051
ZERBEROS EL ALTAR 2022 T	1051
ZERBEROS LOS CHORRANCOS 2022 T	929
ZINIO FINCA EL APRISCO 2017 T	738
ZINIO STREET ART COLLECTION TEMPRANILLO BLANCO 2022 B	738
ZIRIES 2015 T	1046
ZISMERO 2022 T	171
ZORTUN 2022 B	656
ZUMBRAL TRASAÑEJO BF MO D	364
ZURA 2021 B	150
ZURBAL 2022 T	715
ZURBAL 2022 T	715
ZURBAL 2023 B	715
ZURBAL 2023 RD	715
ZURBANO 2021 T	656
ZUZARÁN FAJERO 2021 T C	648
ZUZARÁN MATURANA 2022 T	648

MAPAS

ANDALUCÍA
1 DO/DOP Málaga- Sierras de Málaga
2 DO/DOP Montilla-Moriles
3 DO/DOP Condado de Huelva y Vino Naranja del Condado de Huelva
4 DO/DOP Jerés-Xérèz-Sherry Manzanilla de SanLlucar
5 DO/DOP Granada

ARAGÓN
1 DO/DOP Somontano
2 DO/DOP Cariñena
   P1. Pago de Aylés /DOP
3 DO/DOP Campo de Borja
4 DO/DOP Calatayud

CASTILLA LA MANCHA
1 DO/DOP La Mancha
   P1.Pago Guijoso /DOP
   P2.Pago Finca Élez /DOP
   P3.Pago Calzadilla /DOP
   P4.Pago Campo de la Guardia /DOP
   P5.Pago de Valdepusa /DOP
   P6.Pago Dehesa del Carrizal /DOP
   P7.Pago Casa del Blanco /DOP
   P8.Pago Florentino /DOP
   P9.Pago El Vicario /DOP
   P10.Pago Los Cerillos /DOP
   P11.Pago Vallegarcía /DOP
   P12. Pago La Jaraba /DOP
   P13. Pago Abadía Retuerta
   P14. Pago Dehesa Peñalba
3 DO/DOP Almansa
4 DO/DOP Ribera de Júcar
5 DO/DOP Manchuela
6 DO/DOP Uclés
7 DO/DOP Méntrida
8 DO/DOP Valdepeñas

CASTILLA Y LEÓN
1 DO/DOP Rueda
2 DO/DOP Ribera del Duero
3 DO/DOP Arlanza
4 DO/DOP Cigales
5 DO/DOP León
6 DO/DOP Bierzo
7 DO/DOP Toro
8 DO/DOP Tierra del Vino de Zamora
9 DO/DOP Arribes
   P1.Pago Urueña /DOP

CATALUÑA
1 DO/DOP Terra Alta
2 DO/DOP Montsant
3 DO/DOP Ca. Priorat
4 DO/DOP Tarragona
5 DO/DOP Conca de Barberà
6 DO/DOP Penedès
7 DO/DOP Alella
8 DO/DOP Catalunya
9 DO/DOP Empordà
10 DO/DOP Pla de Bages
11 DO/DOP Costers del Segre

EXTREMADURA
1 DO/DOP Ribera del Guadiana

COMUNIDAD VALENCIANA
1 DO/DOP Alicante
2 DO/DOP Valencia
3 DO/DOP Utiel-Requena
   P1.Pago El Terrerazo /DOP
   P2.Pago Los Balagueses /DOP
   P3. Pago de Tharsys /DOP
   P4 Pago Chozas Carrascal /DOP

GALICIA
1 DO/DOP Monterrei
2 DO/DOP Valdeorras
3 DO/DOP Ribeira Sacra
4 DO/DOP Rías Baixas
5 DO/DOP Ribeiro

ILLES BALEARS
1 DO/DOP Pla i Llevant
2 DO/DOP Binissalem Mallorca

ISLAS CANARIAS
1 DO/DOP Lanzarote
2 DO/DOP Gran Canaria
3 DO/DOP Valle de Güimar
4 DO/DOP Tacoronte-Acentejo
5 DO/DOP Ycoden-Daute-Isora
6 DO/DOP Abona
7 DO/DOP Valle de la Orotava
8 DO/DOP La Gomera
9 DO/DOP El Hierro
10 DO/DOP La Palma

MADRID
1 DO/DOP Vinos de Madrid

MURCIA
1 DO/DOP Bullas
2 DO/DOP Yecla

NAVARRA
1 DO/DOP Navarra
   P1.Pago Otazu /DOP
   P2.Pago Señorío de Arínzano /DOP
   P3.Pago Prado de Irache /DOP

PAÍS VASCO
1 DO/DOP Getariako Txakolina
2 DO/DOP Bizkaiko Txakolina
3 DO/DOP Arabako Txakolina

INTERCOMUNITARIAS
1 DO Ca Rioja
2 DO Jumilla

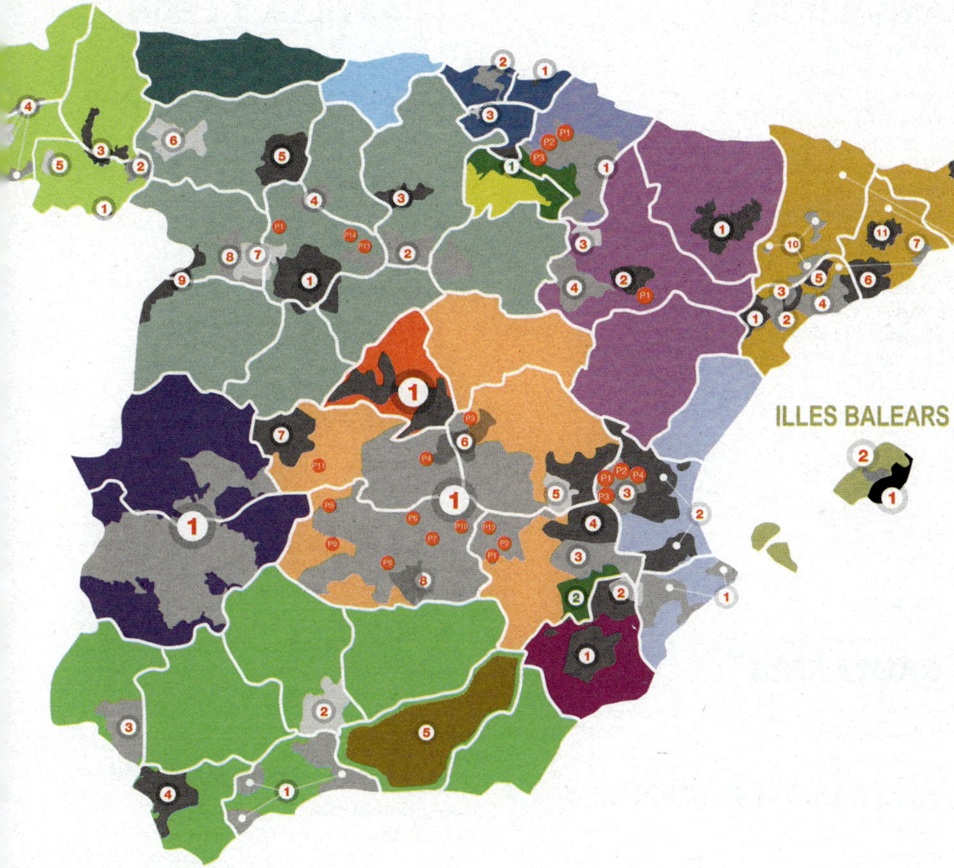

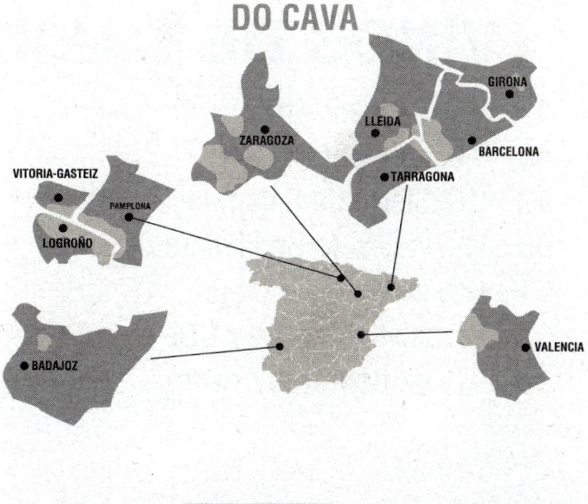

MAPA DE DO'S / D.O.P. Y VINOS DE PAGO / D.O.P.

ILLES BALEARS

ISLAS CANARIAS

DO CAVA

Indicador de la denominación de origen en cada provincia.

Indicador de los diferentes vinos de pago en cada provincia.

VINOS DE ESPAÑA

ANDALUCÍA

1. Norte de Almería
2. Sierra de las Estancias
3. Desierto de Almería
4. Ribera de Andarax
5. Laujar-Alpujarra
6. Contraciesa-Alpujar/Cumbres de Guadalfeo
7. Laderas de Genil
8. Altiplano de Sierra Nevada
9. Sierra Sur de Jaén
10. Bailén
11. Torreperogil
12. Córdoba
13. Villaviciosa de Córdoba
14. Sierra Norte de Sevilla
15. Los Palacios
16. Cádiz

ARAGÓN

17. Ribera del Gállego-Cinco Villas
18. Ribera del Jiloca
19. Valdejalón
20. Bajo Aragón
21. Valle del Cinca

CANTABRIA

22. Liébana
23. Costa de Cantabria

CASTILLA-LA MANCHA

24. Castilla
25. Pozohondo
26. Sierra de Alcaraz
27. Gálvez

CASTILLA Y LEÓN

28. Castilla y León

EXTREMADURA

29. Extremadura

GALICIA

30. Betanzos
31. Barbanza e Iria
32. Val DO Miño-Ourense
33. Riberias do Morrazo

ILLES BALEARS

34. Illa de Menorca
35. Mallorca
36. Serra de Tramuntana-Costa Nord
37. Eivissa
38. Formentera
39. Illes Balears

LA RIOJA

40. Valles de Sadacia

MURCIA

41. Murcia
42. Campo de Cartagena
43. Abanilla

NAVARRA-ARAGÓN

44. Ribera del Queiles
45. 3 Riberas

COMUNIDAD VALENCIANA

46. Castelló

VINOS DE CALIDAD

47. V.C. Cangas / DOP
48. V.C. Lebrija / DOP
49. V.C. Sierra de Salamanca / DOP
50. V.C. Valles de Benavente / DOP
51. V.C. Valtiendas / DOP
52. V.C. Islas Canarias / DOP
53. V.C. de Cebreros / DOP

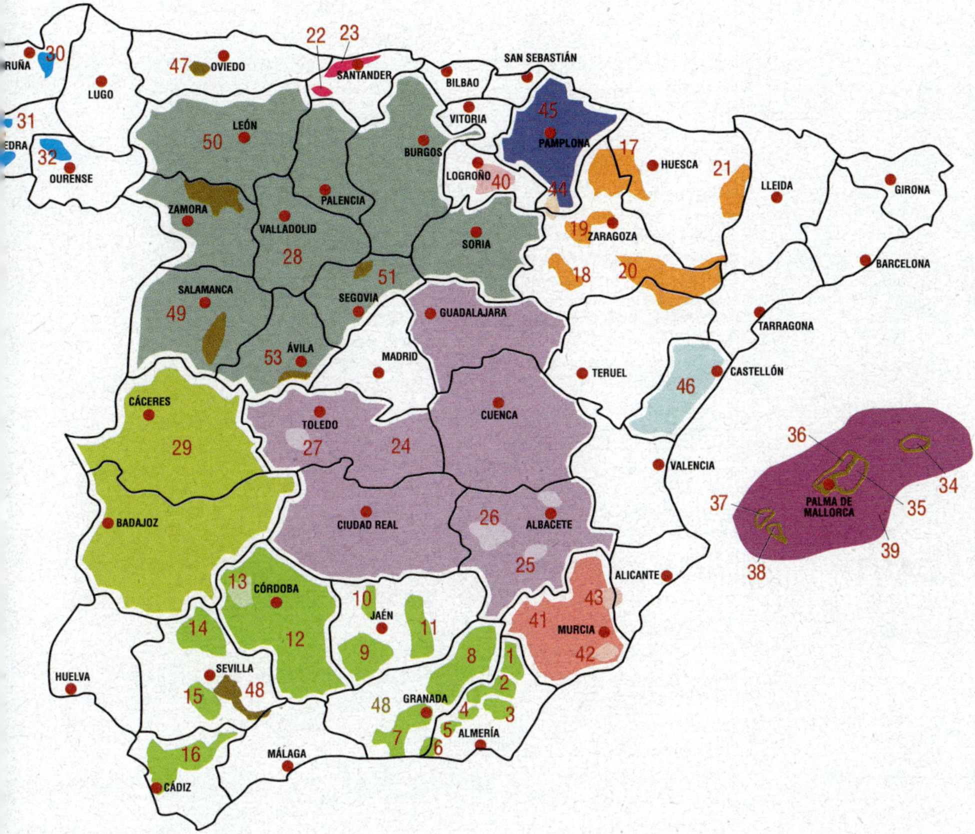

MAPA DE VINOS DE LA TIERRA / I.G.P. Y DE CALIDAD / D.O.P.

VINOS DE ESPAÑA

× ABREVIATURAS

ABREVIATURAS POR TIPO DE VINO/COLOR

BLANCO	B
ROSADO	RD
TINTO	T
BLANCO ESPUMOSO	BE
BLANCO FORTIFICADO	BF
ROSADO ESPUMOSO	RE
ROSADO FORTIFICADO	RF
TINTO ESPUMOSO	TE
TINTO FORTIFICADO	TF

ABREVIATURAS POR DULZOR

BRUT NATURE	BN
EXTRA BRUT	EBR
BRUT	BR
EXTRA SECO	ES
SECO	S
SEMISECO	SS
DULCE	D
SEMIDULCE	SD
MEDIUM	MED
CREAM	CRM

OTRAS ABREVIATURAS

BARRICA	BA
CRIANZA	C
FERMENTADO EN BARRICA	FB
GRAN RESERVA	GR
MACERACIÓN CARBÓNICA	MC
RESERVA	R
ROBLE	RB
AGUJA	AG
AROMATIZADO	AROM
FINO	FI
PEDRO XIMÉNEZ	PX
FONDILLÓN	FO
PÁLIDO/PALE	PL
MOSCATEL	MO
RANCIO	RC
AMONTILLADO	AM
MANZANILLA	MZ
OLOROSO	OL
PALO CORTADO	PC